DER GROSSE KULTURFAHRPLAN

Meinem Vater
ERWIN STEIN
(* 1888, † 1966)
in Dankbarkeit gewidmet

Meinem lieben Freund, Verleger und Onkel *Walter Kahnert* (* 10. 11. 1901, † 21. 11. 1964), der mein Leben entscheidend beeinflußte und der auch die Anregung zu diesem Buch gab, sei hier in Wehmut ein Denkmal gesetzt.

Werner Stein

DER GROSSE KULTURFAHRPLAN

Die wichtigsten Daten der Weltgeschichte bis heute
in thematischer Übersicht
Politik · Kunst · Religion · Wirtschaft

Herbig

ZEICHENERKLÄRUNG

 POLITIK

 DICHTUNG · SCHAUSPIELKUNST

 RELIGION · PHILOSOPHIE · ERZIEHUNG
GEISTESWISSENSCHAFTEN · ALLGEMEINES
GEISTIGES LEBEN

 BILDENDE KUNST · ARCHITEKTUR · FILM

 MUSIK · OPER · TANZ

 WISSENSCHAFT · TECHNIK

 WIRTSCHAFT · TÄGLICHES LEBEN

∼ U M · E T W A (für zeitliche Unbestimmtheiten bis zu etwa 10 Jahren)

≈ U M · E T W A (für zeitliche Unbestimmtheiten, die darüber hinausgehen und für zeitlich sehr ausgedehnte Ereignisse)

Kurzbezeichnungen der Spalten vgl. Registerüberschrift

Alle Jahresangaben vor unserer Zeitrechnung sind mit dem Minus-Zeichen (z. B. – 1000) versehen

470. Tausend
Copyright 1946 by F. A. Herbig Verlagsbuchhandlung
Umschlaggestaltung: Christel Aumann, München
Gesamtherstellung: Welsermühl, Wels – Printed in Austria 1978
ISBN 3-7766-0885-4

Zum zweiten Mal wechselt seit 31 Jahren der »Kulturfahrplan« seine äußere Gestalt. 1955 wurden die Teilbände zusammengefaßt, die als »Kleiner Kulturfahrplan« 1946 zu erscheinen begannen. Mit dieser Auflage nimmt er das Lexikonformat an. Damit wird die Lesbarkeit trotz der Fülle der Daten verbessert. Damit bietet er sich auch als »passender Nachbar« von Nachschlagewerken an, die er auf seine Weise ergänzt.

Aber nicht nur das Äußere ändert sich. Abgesehen von der Ergänzung bis zum Jahr 1977 wurde der Inhalt erneut gründlich durchgesehen. Manch frühere Anregung konnte jetzt berücksichtigt werden. Der Registerteil wurde zusammengefaßt, so daß das Nachschlagen erleichtert wird.

Autor und Verlag hoffen, daß der »Kulturfahrplan« weiterhin neue Freunde findet.

Es erscheint angebracht, aus den Vorworten früherer Auflagen zu zitieren, mit denen dieses Buch sich einem wachsenden Benutzerkreis vorstellte, bis es eine Gesamtauflage von über 500 000 erreichte.

Berlin 1. Juni 1978   Prof. Dr. Werner Stein

AUS DEM VORWORT 1946

Der Plan dieser Übersicht entstand im Freundeskreis. Bei der gemeinsamen Bemühung, sich über die Wechselwirkungen geschichtlicher Ereignisse aller Kulturgebiete Rechenschaft zu geben, wurde eine Tabelle vermißt, die das mühselige Zusammensuchen der verschiedensten Daten ersparte. In der Annahme, daß eine solche Zusammenstellung auch einem erweiterten Kreis sehr willkommen sein dürfte, wurde im Auftrage des Verlages geeignetes Material zusammengesucht und in dem vorliegenden Buch verarbeitet.

Die Mängel, die einem Werk dieser Art anhaften können, liegen auf der Hand: Es wäre möglich, daß die getroffene Auswahl nicht jeden befriedigt oder daß bei einigen Daten sich Irrtümer eingeschlichen haben.

Was das letzte betrifft, so ist zu berücksichtigen, daß manche Nachschlagewerke, vor allem die des Auslandes, noch nicht wieder zugänglich waren. Bei der zu treffenden Auswahl wiederum blieb es problematisch, die Grenze zwischen »wichtig« und »unwichtig« zu finden, weil es für diese Wertung keinen allgemeingültigen Maßstab gibt. So wird manches vielleicht entbehrlich erscheinen, anderes wiederum gelegentlich vermißt werden. Jedoch dürften Umfang und Zuverlässigkeit des Materials ausreichen, um die angestrebte geschichtliche Zusammenschau zu erreichen.

AUS DEM VORWORT 1954

Als der »Kulturfahrplan« im Jahre 1946 zu erscheinen begann, gehörte er zu den ersten geistigen Orientierungshilfen nach dem Kriege. Die überaus freundliche Aufnahme zeigte, daß er – trotz seiner gerade damals unvermeidbaren Mängel – eine deutlich empfundene Lücke ausfüllte. Die daraus folgende Ermutigung für Verlag und Herausgeber ist der Grund, weshalb er jetzt in einer neuen, gründlich überarbeiteten, einbändigen Ausgabe den inzwischen gehobenen Ansprüchen zu genügen sucht. Dabei wurde der alte Name beibehalten, auch wenn er vielleicht von manchem als etwas salopp empfunden wird; aber er ist inzwischen zu einer Art »Schutzmarke« geworden, die vor unerwünschten Verwechslungen schützt.

Es ist unbestritten, daß ein überblickendes Wissen – neben soliden Fachkenntnissen – ebenso zu den dringenden Notwendigkeiten unserer Zeit gehört, wie es immer schwieriger wird, es zu erwerben und zu besitzen. Von den möglichen Ordnungsprinzipien ist das synoptisch-historische sicherlich eines der natürlichsten und interessantesten. Faszinierend zu sehen, wie aus dem anspruchslosen Zusammenstellen einzelner Daten ein abenteuerliches Muster sich verschlingender und entwirrender Entwicklungslinien hervorgeht, die alle im Heute münden und es als ein Gewordenes erklären. Diesem Jetzt und Hier zu dienen, ist ein Hauptanliegen dieses Rückblickes.

Bewußt wurde die hier verwendete spezielle Form der synoptischen Darstellung gewählt und beibehalten. Sie übertrifft erprobterweise an Übersichtlichkeit, Lesbarkeit, Raumausnutzung und Handlichkeit andere Methoden. So war es auch möglich, die räumliche Ausdehnung der Zeitabschnitte nicht schematisch zu wählen, sondern sinnvoll den Erfordernissen anzupassen. Der zeitliche Abstand wirkt nicht nur wie ein Nebel, in dem die ferneren Dinge undeutlich werden, sondern auch wie ein Sieb, durch das Entbehrliches ausgeschieden wird. Zudem wurde der Zeitraum 1900–1950 besonders breit zu einer Art »Gegenwartslexikon« ausgebaut. Dazu gehört auch der Anhang »Das Leben in Zahlen«, der den Zustand unserer Zeit weiter zu verdeutlichen sucht. Auch der Zahlenfeind wird gelegentlich erkennen, daß aus einer kurzen Zahlenreihe mehr Einsicht fließen kann als aus langatmigen Erörterungen.

Da der »Kulturfahrplan« sehr verschiedenartiges menschliches Können und Wissen zusammenfaßt, ist außerdem eine Übersicht beigegeben, aus der die Einheit und Verschränkung aller Erkenntnisse trotz ihrer starken Differenziertheit hervorgeht. Nähere Erläuterung gibt der dort vorangestellte Text S. 1277.

Die Frage der »Objektivität« ist bekanntlich ein besonders heikler Punkt jeder historischen Darstellung, besonders, wenn sie sich bis in die Gegenwart erstreckt. Es liegt in der Natur der Sache, daß nur die öffentliche Kritik dazu gültige Stellung nehmen kann. Der »Chronist« darf jedoch versichern, daß er aus der Freude an den Tatsachen und ihren Verknüpfungen, also aus einer wissenschaftlichen Grundhaltung heraus tätig war. Jedenfalls werden durch Anführungszeichen, Klammern, Ausdrucksweisen wie »gilt als ...« Kommentare, Urteile und Einordnungen so weit relativiert, daß sie dem Benutzer nur als erste Anregung, nicht aber als aufgedrängte Meinung erscheinen. Die bisherigen Kritiken aus allen Lagern rechtfertigen den eingeschlagenen Weg.

Den vollen möglichen Nutzen dieser Tabellen wird nur der haben, der sich von ihnen zu eigener Aktivität anregen läßt. Dafür gibt es eine Unzahl von Möglichkeiten, die hier um so weniger aufgezählt werden können, als die Wahl stark von den persönlichen Neigungen abhängen wird. Ein Beispiel für viele: Es kann sehr anregend sein, vor dem Besuch einer Oper mit wenigen Blicken ihre Entstehungszeit zu überschauen. In diesem Sinne will der »Kulturfahrplan« nicht nur ein Nachschlagewerk sein (so gut er sich mit seinem Register auch dazu eignet), sondern mindestens ein »Buch zum Blättern«. Gerade in der Kulturgeschichte darf man die Aussagekraft eines einzelnen Datums nicht überschätzen. Stets vergeht eine längere Zeit vom ersten Einfall, über die Verwirklichung, Veröffentlichung und weitere Auswirkung – eine Entwicklung, zu der die verfügbaren Daten nur einzelne Akzente liefern können. Je länger der betrachtete Zeitabschnitt, um so besser schließen sich die einzelnen Notizen zu einem zuverlässigen Gesamtbild zusammen, um so deutlicher vermitteln sie das »Klima« des überschauten Zeitraums.

Es bedarf kaum eines Wortes, daß die Spalteneinteilung nicht so eindeutig sein kann, daß jeder Zweifel, wohin ein bestimmtes Ereignis gehört, völlig vermieden wird. So gibt es Werke, die in gleicher Weise philosophische, literarische und wissenschaftliche Bedeutung haben. Es empfiehlt sich daher, »quer« zu lesen und nicht nur einer Spalte zu folgen. Dabei dem Fachmann den Blick für andere Bereiche zu öffnen und die leidige Spezialisierung unserer Zeit aufzulockern, gehört mit zu den angestrebten Zielen dieses Buches.

Für die Auswahl war kein anderes Prinzip maßgebend als das, ein möglichst vielseitiges Bild von den Grundlagen und Verästelungen unserer Kultur entstehen zu lassen. In keinem Fall sind Aufnahme oder Weglassung eines Datums als Werturteile aufzufassen; ein Drittrangiger kann durchaus das Bild beleben, wo ein Zweitrangiger entbehrlich erscheint.

Um den historischen Zusammenhang alles Gewordenen bis zur Neige auszuschöpfen und zu unterstreichen, sind kurze Übersichten über die Geschichte der Erde und des Lebens sowie über die Ur- und Frühgeschichte des Menschen vorangestellt. Sie weichen naturgemäß von der Spalteneinteilung des Hauptteils ab, obwohl sie stetig zu ihm überleiten.

Berlin-Schmargendorf 1954
Dr. Werner Stein

AUS DEM VORWORT 1968

Die Bewältigung unserer sich immer rascher verändernden Welt benötigt zahlreiche und vielseitige geistige Orientierungshilfen. Von Zeitung und Zeitschrift über Schul-, Lehr-, Fach- und Sachbuch bis zur Biografie und Utopie reicht das Spektrum der Wegweiser in gedruckter Form. In diesem weiten Rahmen nimmt der »Kulturfahrplan« inzwischen eine gesicherte Stellung ein, vielleicht weil er zu jeder dieser Sparten gewisse Beziehungen hat. Er faßt ihr Informationen in einer bestimmten Form zusammen. Das nicht neue, aber hier erneuerte und erweiterte Prinzip der Synopse, der historischen Zusammenschau verschiedener Kultur- und Lebensbereiche vermittelt Einsichten, welche helfen, die heutige Welt in ihrer geschichtlichen Entstehung zu verstehen.

Wie wesentlich das ist, erkennt man, wenn man sich ein Wesen von einem »anderen Stern« vorstellt, dem unsere kulturellen, sozialen und politischen Umstände weithin unverständlich, ja widersinnig erscheinen müßten. Erst wenn es sich mit der Geschichte der verschiedenen Bereiche und besonders auch mit den Wechselwirkungen zwischen ihnen befaßte, finge es an, unsere gegenwärtigen Verhältnisse zu verstehen. Man kann es auch weniger astronautisch mit dem Goethe-Wort sagen:

> Wer nicht von dreitausend Jahren
> sich weiß Rechenschaft zu geben,
> bleibt im Dunkeln unerfahren,
> mag von Tag zu Tage leben.

Diese Zeilen verwendete seinerzeit Wolfgang Goetz in einer Art Gebrauchsanweisung für den »Kulturfahrplan«.

Auch der heute so ersehnte Blick in die Zukunft, etwa bis zum magischen Jahr 2000, ist rational nu möglich, wenn man mit aller gebotenen Vor- und Umsicht die in der Vergangenheit ablesbare Entwicklung in die zukünftige Zeit hinein geistig fortsetzt. Auch die Futurologie bedarf also des Rückblicks auf die Entwicklung in der Vergangenheit.

Mit welchen Absichten auch immer der »Kulturfahrplan« in die Hand genommen wird, er wird sich am nützlichsten erweisen, wenn der Benutzer ihn recht eng und intensiv mit seinem täglichen Leben und seinen Interessen verbindet. Ob man vor einem Theaterbesuch das geistige Klima zur Lebenszeit des Bühnenautors erkundet, auf einer Reise mehr über die Entstehungszeit eines Bau- oder Kunstwerkes wissen will, als Leser einer historischen Lebensbeschreibung für die dort vielleicht nicht erwähnten gleichzeitigen Zeitumstände Interesse hat, oder ob man die Kette der wissenschaftlich-technischen Erfindungen bis zur Technik der heutigen Arbeitsplätze verfolgen will, auf diese und viele andere Fragestellungen geben diese Tabellen Antworten und Anregungen.

Wenn der »Kulturfahrplan« sich auch zu einem bewährten Nachschlagewerk entwickelt hat, wozu er sich dank seines umfangreichen Registers sehr gut eignet, so will er doch besonders zum »Blättern« auffordern. Mit anderen Worten: Neben der Frage ›Was geschah *vor* hundert Jahren?‹ ist es besonders die Fragestellung ›Was geschah *in* hundert Jahren?‹, auf welche die hier gewählte Form besonders zugeschnitten ist. Dabei den Blick des Benutzers auch quer über die den verschiedenen Bereichen zugeordneten Spalten zu führen, ist ein besonderes Ziel der synoptischen Anordnung. In unserer Zeit der notwendigen Arbeitsteilung und des Spezialistentums ist die Information über andere Fach- und Lebensbereiche eine notwendige Korrektur der sonst drohenden Einseitigkeit und Verständnislosigkeit. Natürlich ist eine solche Zusammenstellung nicht frei von subjektiven Entscheidungen, was aus der praktisch unbegrenzten Fülle der Daten ausgewählt werden soll, um die kulturelle Entwicklung deutlich zu machen. Diese Auswahl ist für die gegenwartsnahe Zeitgeschichte noch schwieriger als für die fernere Vergangenheit. Wie auch immer die Auswahl im einzelnen getroffen wurde, es steht hinter dem Ergebnis das ernste Bemühen um Objektivität. Zahlreich inzwischen geäußerte Meinungen von Buchkritikern und Benutzern haben dieses Bemühen voll anerkannt.

An dieser Stelle sei den vielen alten und neuen Freunden des »Kulturfahrplans« für ihr Interesse herzlich gedankt, besonders wenn es sich in wertvollen Ratschlägen und Anregungen geäußert hat. Darauf ist ein Werk dieser Art angewiesen. Es bedarf kaum der Erwähnung, daß viel Spezialliteratur und zahlreiche Nachschlagewerke bei der Zusammenstellung dieser Übersicht herangezogen wurden. Ein nicht unerheblicher Prozentsatz der Daten stammt aus einer persönlichen Sammeltätigkeit des Verfassers, zu der er durch vielseitige Teilnahme am kulturellen Leben in und außerhalb Berlins Gelegenheit hatte.

Berlin 33, den 1. Juni 1968   Prof. Dr. Werner Stein

AUS DEM VORWORT 1976

Verfasser und Verlag des »Kulturfahrplans« stellen hiermit dem Benutzer das Werk in der Form vor, die 30 Jahre Bearbeitung hervorgebracht haben. Am Jahresende 1946 erschien das erste Teilbändchen unter dem Titel »Kleiner Kulturfahrplan«, die Zeit 1849–1900 umfassend. 1955 erschien die erste Gesamtausgabe »Von Anbeginn bis heute«.

Der »Kulturfahrplan« hat sich in einem Maße durchgesetzt, wie es ursprünglich nicht erwartet wurde. Die deutsche Auflage steht bei 428 000. Mit der englischen Bearbeitung, die gerade in New York und London erschien, werden weitere Benutzer in aller Welt erreicht. Damit ist bewiesen, daß das synoptische Prinzip in der hier benutzten Form einem verbreiteten Bedürfnis entgegenkommt.

Läßt man die Kulturgeschichte mit der Benutzung der Schrift um 3000 v. Chr. beginnen, so ist sie rund 5000 Jahre alt. Die letzten 30 Jahre waren nur eine der 150 Generationen, die in diese Zeit fallen. Die auf allen Gebieten geradezu explosive Entwicklung seit 1945 mag das Bedürfnis verstärkt haben, einen größeren Zeitraum zu überblicken, um unsere Zeit als Summe dieser Entwicklung zu verstehen. Auch ist jedem deutlich geworden, daß die Spalte Politik nicht ausreicht, um Geschichte zu schreiben und zu analysieren. Die technisch-industrielle Revolution ist der deutliche Schrittmacher unserer Zeit. Was bedeutet ein Regierungswechsel gegenüber der Erfindung und Anwendung des Transistors?! Tägliches Leben und kulturelle Entwicklung spiegeln das erdweite Fernsehen eine Synopse, auf die man früher hätte lange warten müssen.

Der »Kulturfahrplan« will weiterhin eine Hilfe sein, sich in dieser dynamischen Welt zurechtzufinden, damit Albert Einsteins Alternative »Eine Welt – oder keine Welt« nicht negativ entschieden wird.

München, 1. November 1976   Berlin, 1. November 1976
F. A. Herbig Verlagsbuchhandlung   Prof. Dr. Werner Stein
Dr. Herbert Fleißner

ERD-

Zeit (vor etwa Millionen Jahren)	Erdzeitalter	Formation	Gebirgsfaltungen	Land- und Wasserverteilung	Klima
17 000				ENTSTEHUNG DER HEUTIGEN Beginn des radioaktiven Zerfalls Aus Wasserstoff bilden sich Sterne, in deren Innerem die	
4500				ENTSTEHUNG UNSERES PLANETEN- (Aus kosmischem Staub in	
2500	Urzeit	Archaikum	Laurentischer Faltungszyklus		
1000	Vorzeit	Algonkium	Algonkischer Faltungszyklus	Ein zusammenhängender Urkontinent, durchbrochen von Urpazifik, nördl. Uratlantik, südl. Uratlantik, Urarktik, Urskandik	Mehrere Eiszeiten
560					
460	Erdaltertum	Kambrium		Kerne von Eurasien, Nordamerika, Äquatorialamerika; Süderde (Gondwanaland um Afrika). Schelfmeer über Westeuropa	
400		Silur	Kaledonischer Faltungszyklus im Gebiet zwischen Grönland, Skandinavien und Schottland	Schelfmeer über Britannien, Südskandinavien, Baltikum, Böhmen	
320		Devon		Nordeuropa hebt sich (Alter Rotsandstein), Meeresvertiefung im Süden (Ablagerung der Schichten des rheinisch. Schiefergebirges)	
250		Karbon	Variscischer Faltungszyklus in Spanien, Frankreich, Mitteldeutschland (rhein. Schiefergeb.), Südrußland	Landvergrößerung mit Steinkohlenbildung in Sumpfgebieten	Tropisches Klima der Norderde Eiszeit auf d. Süderde (u. a. Zentralafrika) Verbreitete TrockenKlimate (Wüsten)
220		Perm (Dyas)	Starker Vulkanismus	Kontinente über den Gebieten Nordamerika—Grönland—Europa, Sibirien, Südamerika, Malaiisch. Archipel, Süderde (Afrika—Vorderindien—Antarktis—Ostbrasilien). Beginnender Zerfall der Süderde (Gondwanaland). Erdumspann. Mittelmeer (Tethys); üb. Deutschland Zechsteinmeer (Salzablagerung)	

GESCHICHTE

Neue Tierformen	Vorherrschende Tierformen	Neue Pflanzenformen	Vorherrschende Pflanzenformen	Erstes Auftreten auch menschlicher Organisations- und Lebensformen am Lebensstammbaum
PHYSIKALISCHEN WELT *und der Expansion der Welt* *schwereren Elemente bei hohen Temperaturen entstehen*				
SYSTEMS EINSCHLIESSLICH DER ERDE *der Umgebung der Sonne)*				
Ur-Atmosphäre enthält Methan, Ammoniak, Wasserdampf, keinen Sauerstoff — Chemische Evolution				
Entstehung des Lebens im Meer — Früheste Lebensspuren		Spaltpflanzen (Bakterien, Blaualgen) Algen Photosynthese der Pflanzen erzeugt Sauerstoffatmosphäre		Stoffwechsel, Wachstum, Vermehrung, Bewegung, Reizempfindlichkeit (Einzeller)
Nach der sog. „Kambrischen Explosion": Alle Tierstämme außer Wirbeltieren im Meer vorhanden (über 1000 Arten): Einzeller, Quallen, Korallen, Würmer, Armfüßler, Kopffüßler, Seesterne, Trilobiten			Algen	Blut- und Nervengefäße (Würmer)
Graptolithen Seelilien, Riesenkrebse (2 m), Panzerfische, Knorpelfische (erste Wirbeltiere)	Korallen, Armfüßler, Kopffüßler	Erste Landpflanzen: Nacktfarne ohne Wurzeln und Blätter	Algen (z. T. Riesenformen)	Innenskelett (Fische)
Lungenfische, Ichthyostega („vierbeiniger Fisch"), Amphibien (erste Vierfüßler) — Insekten	Korallen, Armfüßler, Seelilien	Erste Baumformen		Nasen- und Lungenatmung (Lungenfische), Vierfüßigkeit (Amphibien)
Reptilien (Saurier)	Kalkschalige Amöben (Foraminiferen), Armfüßler, Kopffüßler	Farne, Schachtelhalme, Siegel- und Schuppenbäume Lebermoose		Hinterhauptgelenk (Reptilien)
	Foraminiferen, Arm- u. Kopffüßler, Panzerlurche, Fische	Nacktsamige Nadelhölzer u. Palmfarne (erste Samen- oder Blütenpflanzen)	Zungenblättr. Farne der kalten Süderde (Glossopteris)	Schläfengrube (Reptilien)

Zeit (vor etwa Millionen Jahren)	Erdzeitalter	Formation	Gebirgsfaltungen	Land- und Wasserverteilung	Klima
220	Erdmittelalter	Trias		Tethys-Mittelmeer greift auf Mitteleuropa über, wo Land und Meer wechseln (Buntsandstein, Muschelkalk, Keuper) Zunehmender Zerfall der Süderde (Gondwana)	
180		Jura		Die Meeresbedeckung Mitteleuropas geht zurück	Stärker ausgeprägte Klimazonen
130		Kreide	Andenfaltung Vorphasen der alpidischen Hauptfaltung im Tertiär	Das Kreidemeer bedeckt zeitweilig große Teile Europas (Insel zwischen Böhmen und Rhein), Rußlands, Nordamerikas, Nordafrikas	
60	Erdneuzeit	Tertiär	Alpidischer Faltungszyklus: Entstehung bzw. Vollendung der heutigen Hochgebirge. Starker Vulkanismus. Braunkohlen- u. Erdölbildung	Unter fester Scheidung von Kontinenten und Tiefsee gliedert sich das heutige Erdbild heraus (Entstehung der jüngsten bekannten Sterne)	An den Polen gemäßigtes, in Europa warmes Klima
1		Diluvium	Pasadenische Faltung in Kalifornien	Entstehung von Adriatischem und Ägäischem Meer. Rhein- u. Themsemündungen bei Doggerbank. Vermutete Landbrücke zwischen Schottland und Grönland	Eiszeiten und Zwischeneiszeiten auf der nördlichen Halbkugel
0,012 (12 000)		Quartär		Vulkanismus, Erdbeben, Erosion	Übergang z. heutigen Klima. Klimaänderungen d. Waldabholzungen
Gegenwart		Alluvium		Künstliche Landgewinnung und -sicherung. Stauseen, Kanäle, Entwaldung	

Neue Tierformen	Vorherrschende Tierformen	Neue Pflanzenformen	Vorherrschende Pflanzenformen	Erstes Auftreten auch menschlicher Organisations- und Lebensformen am Lebensstammbaum
Dinosaurier	Muscheln, Kopffüßler, Reptilien		Farne, Palmfarne, Nadelhölzer	Weicher und harter Gaumen, Gebiß mit verschiedenen Zahnformen, Säulenbeine (Reptilien)
Übergang vom Reptil zum Säugetier				Milchdrüsen (Reptil-Säugetiere)
Schnabel- und Beuteltiere Archaeopteryx (Urvogel) Knochenfische	Ammoniten und Belemniten (Kopffüßler), Land-, Meer- und Flugsaurier	Anpassung der Pflanzen an die Klimazonen	Palmfarne, Ginkgogewächse	Gebärmutter (beuteltierartige Säugetiere)
Aussterben der Ammoniten, Belemniten, Saurier. Entwicklung der Säugetiere und Vögel		Bedecktsamige: Birkengewächse, Becherfrüchtler, eigentliche Blütenpflanzen	Nadelhölzer, Ginkgogewächse, Farne	Warmes Blut (Säugetiere, Vögel)
Süßwasserfische, Huftiere, Insektenfresser, Halbaffen, Affen. Im „Proconsul" gabelt sich Affen- und Menschenzweig, Hominisationsphase, Australopithecos	Säugetiere Vögel	Laubmoose	Laubbäume (zeitweise bis Spitzbergen; Palmen in Mitteleuropa) Blütenpflanzen	Gebißformel d. Menschen, Schwanzlosigkeit, Stirnhöhlen (Affen). Gabelung d. Stammbaumes in Affen- u. Menschenzweig Aufrechter Gang, Hirnvergrößerung,
Nebeneinander entwickeln sich Archanthropinen, Paläanthropinen u. Neanthropinen. Letztere entwickeln sich zum Homo sapiens. Die beiden and. Zweige sterben als primitivere aus	Mammut, Höhlenbär, Ren Insekten		Blütenpflanzen, Laubbäume (in Eisnähe Kälteformen)	Werkzeuge Intelligentes Verhalten Technik Arbeitsteilung Religion Kunst Neolithische Revolution
Haustiere	Insekten Mensch, Übergang zur heutigen Tierwelt	Kulturpflanzen	Übergang zur heutigen Pflanzenwelt	Sklaverei Staatenbildung Wissenschaft Entwicklung demokratischer Lebensformen

UR- UND FRÜH-

Jahrtausende v. Chr.*)	Name der Eiszeit (nach Alpenflüssen)	Zeitstufe (nach Werkstoff)	Kulturperiode (nach franz. u. a. Fundorten)	Menschentyp (nach Fundorten)
1000 Quartär (Diluvium)	Donaukaltzeit (Villafranchium)	Vor-Steinzeit	Nicht bezeichnet	Nach der Hominisationsphase im letzten Tertiär (Pliozän) verzweigt sich die Menschenentwicklung in Archanthropinen, Paläanthropinen und Neanthropinen (Radiations-Hypothese) Australopithecus (Südafrika) mit aufr. Gang, menschenähnl. Gebiß, jedoch kleinem Gehirn (600 ccm)
600 Quartär (Diluvium)	Günz I, II		Prä-Abbevillien (besonders in NW-Frankr.)	
540	1. Zwischen-Eiszeit		Abbevillien oder Chelléen (Halberstädter Stufe, bes. in West- u. Südeuropa)	Archanthropinen aus China, Peking (Sinanthropus), Java (Pithecanthropus) und Heidelberg (Mauer) mit 800–1000 ccm Gehirnvolumen. „Oldoway-Mensch" am Kilimandscharo (archanthropiner Vertret. afrikan. Faustkeilkultur)
480		Ältere Altsteinzeit (Alt-Paläolithikum)		
	Mindel I, II, III			
370				
	2. (große) Zwischen-Eiszeit		Levalloisien und Acheuléen (Markkleeberger Stufe)	Mensch von Steinheim (a. d. Murr) und Mensch von Swanscombe (Kent) (können als neanthropine Vorläufer des Homo sapiens gelten, obwohl sie gleichzeitig mit Archanthropinen leben)
240	Riss I, II			
135		Mittlere Altsteinzeit		
	3. Zwischen-Eiszeit		Moustérien (Weimarer und Sirgensteiner Stufe)	Prä-Neandertaler (Funde von Ehringsdorf, aus Palästina u. a.)
120				Neandertal- u. Rhodesia-Mensch (paläanthropine Zweige: niedrige Stirn, Augenwülste, kinnlos, nicht ganz aufrechter Gang; später aussterbender Nebenzweig der Entwicklung zum Homo sapiens)
	Würm (letzte Eiszeit)	Jüngere Altsteinzeit		
60				Etwa gleichzeitig leben der primitivere Ngandong-Mensch und Präsapiens-Typen (z. B. in Palästina)

*) Die zeitl. Zuordnung ist noch sehr unsicher

GESCHICHTE

Technik und soziales Leben	*Geist, Kunst und Religion*	*Tier- und Pflanzenwelt Klima*
Steinwerkzeuge der Heidelberger und verwandter Kulturen erweisen tertiäre Werkzeugtechnik Sammler- und Wildbeuterstufe Feuerbenutzung nicht nachgewiesen	Sprachentwicklung vermutbar Einfachstes techn. Denken, Tradition Kannibalismus	Entstehung der jüngsten bekannten Sterne, blaue O-Sterne aus kondensierter Materie Übergang von tertiär-subtropischen zu eiszeitl. Verhältnissen in Europa
Primitive Sammler- und Wildbeuterstufe Rohe Steinwerkzeuge	Keine Spuren künstlerischer Betätigung	*Merck*sches Nashorn, Waldelefant, Flußpferd, Urbär Birke, Haselnuß, Linde, Ahorn, Eiche, Esche, Mistel Mildes Waldklima
Faustkeil-Kultur: Rohe Faustkeile, daneben faustkeilfreie Clactonien-Kultur in NW-Europa, Freilandwohnungen Sammler- und Jägerstufe	Arbeitsteilung zwischen den Geschlechtern Religiöse Opfergaben vermutet	Wollhaariges und *Merck*sches Nashorn, Auerochse, Riesenhirsch, Reh, Wildpferd, Biber, Wildschwein u. a.
Feuergebrauch (datierbar) Handspitzen, Kratzer, Schaber, Bohrer, Säge, Stichel		Waldelefant, *Merck*sches Nashorn, Flußpferd, Höhlenbär Birke, Linde, Ahorn, Eiche, Fichte, Haselnuß Mildes Waldklima, teilweise wärmer als heute
Regelmäßige Faustkeile mit Schönheitsretuschen Holzwurfspeere (?)		Mammut, wollhaariges Nashorn, Wildpferd, Auerochse Kaltes Tundrenklima
Spitzen-Kultur: Kleinere Handspitzen, Schaber, Klingen, erste Knochenwerkzeuge, Lochbohrer Höhlenbär-Jägerkultur Vermutlich einfache Fellkleidung Höhlen wahrscheinl. Kultstätten u. keine Wohnung	Körperbemalung mit Erdfarben Totenfärbung Religiöse Vorstellungen ergeben sich wahrscheinl. aus den Problemen des Traumes, des Todes und der Naturkräfte Opfer von Bärenschädeln in Steinkästen (Urmonotheismus vermutet)	Waldelefant, *Merck*sches Nashorn, Wildkatze, Löwe, Höhlenlöwe und -hyäne, Wolf, Höhlenbär, Wildpferd, Wildschwein, Rothirsch, Damhirsch, Riesenhirsch, Reh, Elch, Wisent, Auerochse u. a. Farne, Moose, Kiefer, Fichte, Edeltanne, Eiche, Weide, Birke, Erle, Buche, Eibe, Esche, Stechpalme, Faulbaum, Ahorn, Linde, Seelilie, Seerose Mildes Waldklima
In d. Horden vermutl. häufig mutterrechtl.-totemist. Ordnung und keine regelmäßige Einehe Geringe Bevölkerungsdichte (viell. nur wenige tausend Menschen in Europa) Feuergebrauch gesichert	Die Gedankenwelt des Jägers konzentriert sich vermutl. auf d. Geschlechtsleben, die Jagd und den Tod. Totenbestattung z. T. in Schlafstellung. Kannibalismus gewinnt kultische Bedeutung	Mammut, wollhaariges Nashorn, Wildpferd, Rot- und Riesenhirsch, Ren, Moschusochse, Höhlenbär, Löwe, Luchs, Wolf, Fuchs, Eisfuchs, Vielfraß, Höhlenhyäne, Schneehuhn und Schnee-Eule Kaltes Tundren- und Steppenklima

Jahr-tausende v. Chr.*)	Name der Eiszeit (nach Alpenflüssen)	Zeitstufe (nach Werkstoff)	Kulturperiode (nach franz. u. a. Fundorten)	Menschentyp (nach Fundorten)
60	Würm I (letzte Eiszeit)		Prä-Aurignacien	
40	Kurze Zwischen-eiszeit (40—30) Würm II und III	Jüngere Altsteinzeit (Jung-Paläo-lithikum)	Aurignacien (Willendorfer Stufe; im Mittel-meergebiet: Alt-Capsien)	„Homo sapiens": Aurignac-, Brünn-Mensch (ähnlich den heutigen Ur-einwohnern Australiens; Gehirn-volumen ca. 1000 ccm) verdrängt von Osten kommend Neandertaler, der ausstirbt
			Solutréen (Predmoster Stufe) (Jung-	Cro-Magnon-Mensch (hohe Stirn, Kinn, große eckige Augenhöhlen, ca. 1200 ccm Gehirnvolumen) Aus-bildung der heutigen Hauptrassen
10 (Alluvium)			Capsien im Mittel-meergebiet) Magdalénien (Thainger Stufe)	Amerika besiedelt
	Nach-Eiszeit (neue Zwischen-Eiszeit?)	Mittel-steinzeit (Meso-lithikum; wird nicht immer besonders unterschieden)	Azilien (End-Capsien) Campignien	Nachkommen des Cro-Magnon-Menschen (Zunahme des Gehirn-volumens auf den heutigen Wert von 1500 ccm; max. 2000)
5		Jung-steinzeit (Neo-lithikum)	In Europa versch. nach der Keramik-verzierung unterschiedene Kulturen. In Mesopotamien und Ägypten Übergang zur historischen Zeit	Ausbreitung der Bauernkulturen
3				

Anschließend bis ≈ —750: Kupfer- und

*) Die zeitl. Zuordnung ist noch sehr unsicher

Technik und soziales Leben	Geist, Kunst und Religion	Tier- und Pflanzenwelt Klima
Übergang von der primitiveren zur höheren Jägerstufe: Mammutjagd Klingen-Kultur: Wurfspeer, Pfeil u. Bogen. Zahlreiche u. vielgestalt. Werkzeuge: Klingen, Schaber, Bohrer. Mehr Knochenwerkzeuge: Nadeln, Pfriemen, Wurfspeerspitzen Freiland- und Grottenwohnungen; teilw. schon hüttenartige Wohnbauten f. Sippen (Südrußland, z. B. 5,5 · 21 m) „Beruf" des Künstler/Zauberers bedeutet frühe Arbeitsteilung Rentierjagd	Beginn v. anfangs vermutl. profaner Bildkunst: Tier- u. Frauenplastiken („Venus" mit übertriebenen weibl. Merkmalen; auch teilw. als zweigeschlecht. Symbol gedeutet); später sicher z. Zauberzwecken. Umrißzeichnung. a. Felsen u. Werkzeug. Ketten, Anhänger aus Tierzähnen, Muscheln, Elfenbeinperlen. Geometrische Muster einschl. Spirale. Kunstvolle Haarfrisuren Totenbestattg. in natürl. Vertiefungen, Hockerstellg., Steinbeschwerung (Angst vor Wiederkehr), Beigaben	Im wesentlichen unverändert; europäisches Klima der Eiszeiten ca. 10—15° kälter als heute; in Nordwesteuropa niederschlagsreich Waldgrenze: Nordfrankreich, Norditalien, Südböhmen Rentier beherrscht als wichtigstes Jagdtier die gesamte Jüngere Altsteinzeit
Höhepunkt der Feuersteinbearbeitung (bes. im Osten): Feste Klingen, lorbeerblattförmige Lanzenspitzen, Pfeilspitzen, Schaber, Bohrer u. a. Wildpferdjagd Verbesserung der Stein- und Knochenwerkzeuge: Harpunen aus Rengeweih, Pfriemen, Nadeln Höhlen- und Grottenwohnungen	Zeichnungen in Osteuropa stark geometrisch stilisiert. Bildkunst verschwindet in Europa bis auf die naturalist. Höhlenmalerei in Südfrankr. (z. B. bei Lascaux) u. Nordspanien (z. B. bei Altamira): z. T. farb. u. monum. Jagdszenen z. Zauberzwecken Kultisches Tierfriesrelief (7 m) von Roc de Sers (Charente). Gravierte „Kommandostäbe". Tanzmasken	Noch kalt-trockenes Tundrenklima Bergkiefer Durch Aussterben bleiben außer heutiger Tierwelt nur noch: Wildpferd, Wisent, Auerochse, Riesenhirsch Übergang zu kühl-feuchtem Klima
Übergang z. Fischerei, Hackbau, Tierzucht; große Küchenabfallhauf. („Kjökkenmöddinger") b. fest. Wohnplätzen in Nordeuropa; älteste Großsiedl. (Jericho); Kernbeil, kleine Steinwerkzeuge (Mikrolithe). Anfänge der Töpferei; noch mutterrechtl. Stammesverf.; vermehrt. Einzelbes.; Sklaverei	Anfänge ein. Bilderschrift (?) In Ostspanien und Nordafrika besonders Jagdszenen mit Bogenwaffen (Spät- und End-Capsien); sonst verschwindet naturalistische Bildkunst. „Malkiesel" mit schriftähnl. geometrischen Zeichen. Flechtmuster auf Gefäßen	Nach Kälterückfall Übergang vom kühl-feuchten zum warm-trocknen Klima Ostsee wechselt zwischen Binnensee und offenem Meer Birke Waldkiefer Hasel Eichenmischwald (Eiche, Linde, Ulme)
Ausbau d. Ackerbaus (Gerste, Weizen, Hirse) und Viehzucht (Hund, Rind, Schwein, Schaf, Ziege, Pferd); einfache Holzpflüge. Stein-Bergbau u. -Industrie (durchbohrte Hämmer u. Beile). Geschliff. Steinwerkzeuge. Mahlsteine. Wohngrube, Pfostenhütte, Blockhaus. Einbäume, Wagen; Handel. Staatenbildung	Jagd- und Schiffsbilder in Ostägypten Vielgestalt. u. geschmückte Keramik (Tulpenbecher, Band-, Schnur-, bemalte Keramik) Großsteingräber, daraus Hügelgräber. Reihen und Kreise meterhoher Steine in Westeuropa (kultische Bedeutung?)	Das feucht-warme Klima wird kühler und trockner Ostsee wird zum heutig. Binnensee

Bronzezeit; ab ≈ —750: Eisenzeit

	Neolithische Revolution	Keine Schrift	Neolithische Revolution
Genaue Jahreszahlen gibt es erst ab ≈ −800			
−10000		≈ Lautsprachen sicher entwickelt, gestatten Mitteilung und Überlieferung ≈ Anfänge einer Bilderschrift	
−9000	≈ Mongolen wandern von Alaska her nach Amerika ein (früheste Besiedlung nicht vor ≈ −15 000)		Neolithische Revolution
−8000	≈ Jericho, frühe stadtartige Siedlung der Jungsteinzeit ≈ Mittlere Steinzeit in China (≈ −10000 bis ≈ −5000). Im Nordosten Tungusen; im Nordwesten Turkmongolen; im Westen Tibetaner; im Süden Tai-Völker; im Südosten malaiische Völker		≈ Übergang vom Jägerdasein zum Ackerbau in der Mittelsteinzeit hat vermutlich tiefgreifende „weltanschauliche" Folgen: Muttergottheiten
−6700	≈ Älteste Menschenreste Südamerikas (in einer Höhle Chiles; Datierung durch radioaktiven Kohlenstoff auf ± 450 Jahre genau) ≈ Präkeramische Siedlung Qalat Jarmo (Ostirak): Häuser mit Steinsockel, Ackerbau, Haustiere, Steingefäße Stadtkultur von Catal Hüyük vgl. 4. Spalte		≈ Sitzende Frauenfiguren als Fruchtbarkeitsidole in Qalat Jarmo
−5000	≈ Jungsteinzeit in Europa (bis ≈ −2000, vgl. −4000) Geld als wichtige „soziale Erfindung" beeinflußt das Gemeinschaftsleben ≈ Völkerwanderungen in Europa mit Kreuzungspunkt in Süddeutschland und am Mittelrhein		Seit ≈ −10 000 spielt sich ein grundlegender Wandel menschlicher Existenz ab (Neolithische Revolution): Haustiere, Ackerbau, Seßhaftigkeit, stadtartige Siedlungen. Damit sind die Voraussetzungen einer höheren Zivilisation gegeben
−4750	≈ Staatenbildung unter Auflösung der oft mutterrechtlichen Stammesorganisationen ≈ Bauernkulturen erfordern besondere Formen sozialen Zusammenlebens		

Rückgang der Bildkunst Ornamente	Tanz	Pflanzenanbau	Geld
≈ Ostspanische Felsbilder mit stilisiert langgezogenen Menschengestalten (bis Nordafrika und Ägypten)		≈ Während der Mittelsteinzeit (≈ —1000 bis ≈ —5000) geht die Kleinsteingerätkultur des Tardenoisien in Nord- und Westeuropa allmählich in die Großgerätkultur des pflanzenanbautreibenden Campignien über ≈ Älteste erhaltene Bögen in Dt. Feuergebrauch seit ≈-350 000	≈ Kälterückfall in Europa (bis ≈ —7800) ≈ Bastsandalen im nördlichen Oregon (Nordamerika; Datierung durch radioaktiven Kohlenstoff auf ± 350 Jahre gesichert)
≈ In der Mittelsteinzeit entwickelt sich gravierende u. malende Felsbilderkunst in Südafrika (wird bis in das 19. Jhdt. fortgesetzt) ≈ In Jericho werden Menschenschädel durch Lehm und Muschelaugen zur Kopfplastik ergänzt			
≈ Neolithische Kultur der stadtartigen Siedlung Catal Hüyük (Anatolien): Hohe Handwerkskunst, Wandmalerei, Statuetten, Keramik, Kupfer- und Blei-Verwendung	≈ Tänze und bildliche Darstellung nachgewiesen. Gesang und Schlaginstrumente vermutet	≈ Künstliche Schädelöffnungen mit Steinwerkzeugen; wurden z. T. überlebt Früheste Keramik- und Metallgegenstände	Neolithische Revolution verändert menschliche Existenz grundlegend ≈ Hund als ältestes Haustier in Europa Älteste Ackerbausiedlungen in Anatolien u. Palästina
	≈ Die Erfindung der Keramik bedeutet früheste Technik als bewußte Umwandlung anorganischen Materials	Feuergebrauch seit ≈ —400 000 nachgewiesen ≈ Ackerbau und Viehzucht erweisen sich als entscheidende „Erfindungen" (erstere wahrscheinl. durch die Frau): Steigerung d. Siedlungsdichten Kupferguß in Kleinasien	≈ Übergang zu Ackerbau und Viehzucht führte wohl seit mehreren Jahrtausenden zur stärkeren Arbeitsteilung auch zwischen den Geschlechtern, zu größerem Privatbesitz, Handel, Fertigung v. Handelsgütern, „Geld" (geeig. Naturalien, Schmuck usw.). Übergang vom Mutter- zum Vaterrecht
≈ Rückgang der Bildkunst durch stärkeren Ackerbau ≈ Ornamental verzierte Keramik			≈ Frühest. Städtebau in Mesopotamien (Datierung durch radioaktiven Kohlenstoff auf ± 320 Jahre gesichert)

Genaue Jahreszahlen gibt es erst ab ≈ −800	Erste Staatenbildung	Keine Schrift	Vatergottheiten
−4500	≈ Dörfliche Kultur in Merimde-Beni Salâme am Nildelta: Mischung von Jagd, Fischerei und Ackerbau, zentraler Getreidevorrat		
−4300			
−4221			
−4000	≈ Deutlichere Ausprägung sozialer Unterschiede und der Arbeitsteilung in Mesopotamien (in Ägypten ≈ −3300; auf Kreta ≈ −2000; in Griechenland ≈ −1000; bei den Germanen ≈ 500). Gleichzeitig meist Übergang von der Sippenverfassung zur eigentl. Staatenbildung ≈ Jungsteinzeit in Europa (≈ −5000 bis ≈ −2000) a) Nordischer Kreis (Großsteingräbergruppe, Kugelamphorengruppe, schnurkeramische Gruppe) b) Westischer Kreis (u. a. Michelsberger Gruppe, Glockenbechergruppe) c) Südosteuropa: Bandkeramik (Linearbandkeramik, Stichbandkeramik Hinkelstein-Theißkultur) ≈ Die westeuropäische Kultur ist stärker kriegerisch-aristokratisch: Kupferwaffen, Rundhäuser, Glockenbecherkeramik		≈ In Nordeuropa immer stärker unterteilte Großsteingräber als Sippenbegräbnis. In der Bandkeramik-Kultur Südosteuropas Totenverbrennung (wohl um Wiederkehr d. Toten z. verhindern) ≈ Übergang Jungsteinzeit/Kupferzeit entspricht i. Ägypten (später wohl auch in anderen Ländern) dem Übergang von magischer Verehrung d. fruchtbaren Erd- und Allmutter (Mutterrecht, kein Privatbes. an Boden, relativ friedliches „Goldenes Zeitalter") zur Verehrung eines männl. Gottes, Metallerzeug., Metallwaffen, Kampf um Rohstoffe und Besitz, technisch-rationales Denken

Keramik	Tanz	Pflug	
		≈ Primitive ovale Lehmhütten in Merimde-Beni Salâme (Nildelta)	≈ Rind und Schaf als Haustiere in Europa zur Kjökkenmöddingerzeit: „Zeit d. Küchenabfallhaufen"
≈ Wiederaufleben der jungsteinzeitlichen naturalistischen Bildkunst in der Bauernkultur Ägyptens (seit ≈ —4800) mit der weiß und später rot bemalten Keramik. Einfluß der ursprünglich im Westmittelmeer beheimateten End-Capsien-Kultur, die damit Quelle der späteren ägypt. u. mesopotam. Kunstblüte wird			
		Angebl. Schaffung des ägypt. Kalenders (dieses „älteste Geschichtsjahr" hat keine reale Bedeutung)	
≈ Keramik mit schwarzen und roten geometr. Mustern in Assyrien (ohne Töpferscheibe) ≈ Gefäßmalerei in Südosteuropa ≈ In Nordeuropa bildet sich Keramik mit „Tiefstich"-Ornamenten heraus (auch für Schachbrett- und andere Flächen-Muster) ≈ Kalt bearbeiteter Kupfer-, Silber- und Goldschmuck in Ägypten und Mesopotamien		≈ Die südosteuropäische bäuerliche Bandkeramik-Kultur entwickelt den „Megaron"-Haustyp mit Vorhalle (später griechischer Haus- und Tempelgrundriß) ≈ Holzpflug einfachster Form in Europa ≈ Fiedelbohrer in Ägypt. nachgewiesen (dieser mit dem Jagdbogen in Drehung versetzte Bohrer ist zum Feuermachen und zur Werkstoffbearbeitung vielleicht schon i. d. Eiszeit bekannt) ≈ Glasperlen in Ägypten Töpferscheibe in Zentral-Vorderasien	≈ Südosteuropäische Bandkeramik gilt als älteste Akkerbaukultur in Europa (vielleicht schon als Folge des Aurignaciens in der jüngeren Altsteinzeit) ≈ Übergang vom Hackbau z. Pflugkultur in Europa ≈ Raub- u. Kaufehe in der Jungsteinzeit Europas

	Sumerer in Mesopotamien	Bilderschrift	Ägyptische und sumerische Religion
Genaue Jahreszahlen gibt es erst ab ≈ –800			
— 3900	≈ Im vordynastischen Ägypten unterscheidet man Badâri-, Tasa-, Amratien-, Gerzeen-Kultur im Übergang von der Jungsteinzeit zur Metallzeit. Zusammenwachsen von Dörfern zu größeren politischen Verbänden		≈ Fruchtbarkeitsfest in Ägypten kurz vor der Nilüberschwemmung mit Ertränkung eines Mädchens im Nil („Hochzeit des Nils", unter dem Islam in eine symbolische Urkundenversenkung umgewandelt) ≈ Ägypt. Grabsitten deuten auf einen Glauben an ein Weiterleben nach dem Tode; Unterägypten: Siedlungs-, Oberägypten: Friedhofsbestattung
— 3700	≈ Tell-Halaf-Stufe in Mesopotamien bis ≈ —3300; hier entstehen Stufenterrassen als Fluchtberge vor Überschwemmungen (später entstehen darauf Hochtempel)		
— 3300	≈ Die Sumerer wandern vermutlich aus Zentralasien nach Mesopotamien ein (Anklänge an altaische Turksprachen; Gestaltung und bildschriftliche Kennzeichnung der Tempel als „Bergtempel", Identität der Schriftzeichen „Land" und „Gebirge") (Die Datierungen der sumerischen Geschichte sind teilweise bis zu mehreren hundert Jahren unsicher)	≈ Sumerische Bilderschrift	≈ Religiöse Gebräuche der Sumerer deuten auf Herkunft aus Gebirgsgebiet (vermutl. Zentralasien oder Baktrien): Bergtempel, Verehrung d. Gebirgstieres Wisent, freiwilliger Gifttod des Königsgefolges beim Tode des Königs wie in Zentralasien
— 3200		≈ Die sumerische Schrift entwickelt sich wahrscheinl. aus der umfangreichen Güterverwaltung der Tempel	≈ Babylon. Darstellung der Erdmutter als Schlange ≈ In der Obeid-Zeit Mesopotamiens gibt es Tonfiguren männl. und weibl. Gottheiten

Ägyptische Kunst der Vorzeit	Tanz	Kupferzeit im östlichen Mittelmeer	
		≈ Beginn der Kupferzeit in Ägypten u. Mesopotamien. Kupfererzeugung wird in Ägypten bei der Erfindung der Fayenceglasur mit kupferhaltiger Malachitfärbung entdeckt. Erste Verwendung von Meteoreisen. Metallschmelzkunst	≈ Gesamte Erdbevölkerung etwa zwischen 5 und 20 Millionen (—750: ca. 100 Millionen, 400: ca. 200 Millionen). Beginnt nach sehr langsamer Entwicklung jetzt rascher zu wachsen
≈ Mehrfarbige Keramik mit vorwiegend Spiralornamenten aus Tripolje (Ukraine) kennzeichnet ein weitstrahlendes Kulturzentrum (z. B. nach Böhmen und China)		≈ Schmelzen von Kupfer, Silber und Gold mit Blasrohrofen in Ägypten	≈ Sintflutartige Überschwemmungskatastrophe in Mesopotamien
≈ Tell-Halaf-Keramik zeigt Doppelaxt, Stierköpfe u. a. religiöse Symbole ≈ Samarra-Keramik (oft zweifarbig) kennt Tiere um das Hakenkreuz ≈ Kunst der Vorzeit in Ägypten: Negade I.-Stufe in Oberägypten: rotpolierte, schwarzgeränderte Keramik mit geometrischem u. figürlichem Schmuck (Jagdmotive); Negade II.-Stufe: rotbemalte, weiße Keramik, Gefäße in Tierform (Ackerbaukultur in Verbindung mit Syrien-Palästina)		≈ Ackerbaugeräte in Ägypten: Holzhacke, Rinderpflug, von 2 Männern bedient, Holzsichel mit Feuersteinsplittern. Getreide: Gerste (Bier), „Emmer", Weizen. Flachsbau für Spinnerei, Weberei ≈ Papyrus (aus d. Papyrusstaude) in Ägypten bekannt ≈ Sumer. schwere vierrädr. Wagen m. Scheibenrädern zu Kriegszwecken, mit 4 Eseln bespannt (später vorübergehend nur f Götter u. Könige)	≈ Vermuteter Seeverkehr zwischen Mesopotamien und Indusgebiet ≈ Sumerische Stadtkulturen in Südmesopotamien (≈ —3500 bis ≈ — 2000): Städte (z. B. Ur) mit Palästen und Tempeln, Keramik, Plastik, Bildschrift. Wirtschaftliche Grundlage: Ackerbau u. Viehzucht
≈ Sumerische Siegelrollen mit religiösen Darstellungen (zur Siegelung der Gefäße mit Abgaben an die Tempel) ≈ Mesopotamische Töpferscheibenkeramik mit geometrischer Malerei der El-Obeid-Kultur		Der auf —3372 datierte Beginn der Maya-Zeitrechnung in Mittelamerika hat nur mythischen, aber keinen realen historischen Charakter (vgl. 164 n. Chr.) ≈ Töpferscheibe in Mesopotamien	≈ Leinwand in Ägypten bekannt

Genaue Jahreszahlen gibt es erst ab ≈ −800	*Sumerer in Mesopotamien*	*Keilschrift*	*Ägyptische und sumerische Götterwelt*
—3000	≈ Von Zeit zu Zeit dringen Nomadenvölker, wie Semiten, aus den umliegenden Steppen gegen die seßhaften Ackerbau- und Stadthochkulturen im fruchtbaren Mesopotamien vor. (Derartige Nomadenvorstöße und Kulturüberlagerungen sind immer wiederkehrende, oft entscheidende Vorgänge in der Weltgeschichte bis zur neueren Zeit) ≈ Babylon entsteht (gewinnt erst ≈ −2000 größere Bedeutung) ≈ Allmählicher Übergang zur frühen Metallzeit (Vorbronzezeit: Kupfer, Bronze, Silber, Gold) in den Kulturen des östl. Mittelmeergebietes (≈ −2000 setzt sich die Bronzekultur durch) ≈ Vordynastische Könige einigen Unterägypten ≈ Dörfliche Kultur auch in Oberägypten ≈ Jungsteinzeit (≈ −5000 bis ≈ −1500) in China. Mischung d. Kulturen d. mittleren Steinzeit. Im Norden Yangshao-Ackerbaukultur (Hirse, Weizen, Reis, Schweine, Hunde, Erdhütten, Steinwerkzeuge, Keramik mit Bemalung u. Ornamenten). Im Nordwesten Kansu-Kultur (bemalte Keramik, frühe Kupferverwendung). Im Nordosten Fengt'ien-Kultur (Menschenopfer, Schnurkeramik) ≈ Jungsteinzeitliche Muschelhaufen-Kultur d. Ainu in Japan ≈ Blüte der Jungsteinzeit in Spanien: Glockenbecher-Keramik in Zentralspanien, reiche Kupferverwendung, Großsteingräberkultur in Portugal, Felsschlucht- u. Erdschachtgräber im Südosten (Almeria); Übergang zur Großsteingräberkultur der Kupferzeit in den Pyrenäen	≈ Die in Mesopotamien entstandene Bilderschrift einer uraltaischen Sprache verringert ihre Zeichen von mehreren tausend auf 560 (wird von d. babylonischen u. assyrischen Kulturen übernommen u. durch Einritzen in weichen Ton zur Keilschrift umgewandelt) ≈ Sumerische religiöse Dichtung in Uruk (z. B. Klagelied um d. Tod des Hirtengottes Tammuz) ≈ „Gilgamesch-Epos" entsteht (sumer. Epos von den Heldentaten d. sagenhaften Königs *Gilgamesch* v. Uruk und seines Freundes *Enkidu;* mit Motiven der Sintflut, d. Jagd nach dem ewigen Leben u. des frühzeitigen Todes wegen eines Weibes; überliefert auf späteren Tontafeln; vgl. −1200) ≈ Abstrakte Begriffe in der sumerischen Bilderschrift: „Gestalt" = Tongefäß, „Erhabenheit" = 5-zackiger Stern (Drudenfuß), „Gott" = einzelner 8-zackig. Stern, „Beschwörung" = Gott (Stern) unter einem Berg (gefangen) ≈ Die ursprünglich vorhandene indoeuropäische (indogermanische) Grundsprache ist bereits in starker Aufspaltung in Einzelsprachen begriffen; als eine der ersten sondert sich die indoiranische Sprachgruppe ab. Urheimat vermutl. Gebiet d. Schw. Meeres	≈ Die Ägypter kennen eine Vielzahl lokaler Gottheiten, die meist in Menschengestalt mit Tierkopf vor- und dargestellt werden. Allmählich entwickelt sich ein Mythos der Universalgötter: Atum (All) zeugte durch Selbstbegattung Schu (Luftgott) und seine Zwillingsschwester Tefnut (Feuchtigkeit), diese wieder gemeinsam Geb (Erdgott) und Nut (Himmelsgöttin) (vgl. −2270) ≈ In den frühesten sumerischen Stadtstaaten hat meist jede Stadt besondere Gottheiten, die bei Besiegung der Stadt zusammen mit der Bevölkerung vom Sieger weggeführt werden ≈ Die sumerische Kultur im Stadtstaat Uruk in Südmesopotamien kennt als Hauptgottheit die Erdmutter Innin und verehrt daneben ihren Sohn, den Hirtengott Tammuz, der im Tode zur Wiedergeburt zu ihr zurückkehrt (wird später als ihr Geliebter aufgefaßt) ≈ Einzelgräberkultur in Norddeutschland und Dänemark

Sumerischer Tempelbau	*Erste Instrumente*	*Babylonische Medizin*	
≈ Erste Blüte der sumerischen Kunst im Stadtstaat Uruk; sie ist rein religiös. Lehmziegel-Tempel z. T. mit farbigen, geometrischen Tonstift-Mosaiken an den Säulen; später auch Tierreliefs. Einfarbige unbemalte Keramik	≈ Sumerische Priester benutzen Lyra mit Resonanzkasten als kultisches Musikinstrument. Auch mit Fell bespannte Pauke bekannt	≈ Anfänge der altbabylon. Medizin (ca. ein- bis zweitausend Tafelfragmente erhalten): Götter u. Dämonen, Gestirne u. d. Blut verursachen Krankheiten	≈ Schwein und Ziege als Haustiere in Europa
≈ Falkenstele: Grabstein des Königs *Wenephês-Ezôjet*. Entwicklung einer nationalen ägypt. Kunst	≈ Harfe, Flöte u. Doppelklarinette in d. ägypt. Musik. Chor klatscht im Takt, der Einzelsänger zeichnet Melodiebewegung in die Luft	≈ Zwei Arten sumerischer Ärzte: „Wasserkenner" (soviel wie „Bader") u. „Ölkenner" (Verwendg. v. Salböl). Schreiber u. Siegelschneider als Träger des geistigen Lebens. Siegelbewahrer als Kenner v. Wissenschaft und Wahrsagekunst	≈ Sumerer bauen Gerste und Emmer an, bereiten daraus Bier. Herstellg. v. Brot im Backofen. Mehl im Mörser, Verwendung von Rind, Esel u. Maultier als Zugtiere. Flachs u. Spindel bekannt. Sie tragen Schafspelze, von Schneidern zusammengenäht u. mit Band als Gürtel gehalten sowie wollene Zottengewänder; haben geschorene Köpfe
≈ Ägyptische Tierplastiken (erste ägypt., monumentale Freiplastiken)			
≈ Erste Bauten aus behauenen Steinen in Ägypten (vorher ungebrannte Ziegel)			
≈ Beginn der kretisch-minoischen Kultur (frühminoisch bis ≈ —2000). Auf Kreta: rechteckige Wohnbauten aus Lehmziegeln, Ansätze zu stadtähnl. Siedlungen, Rund- u. Kuppelgräber (Sippengräber bis 10 m ⌀), früheste Metallwaffen u. -werkzeuge, Gold- u. Silbergeräte; Spiralmuster in der Keramik			
≈ Kultur der ältesten Grabungsschicht Trojas		≈ Sumer. Tischler bauen Betten, Traggestelle, Haustüren in Drehzapfen	≈ In Mesopotamien treten Kupfer und Silber als „Geld" neben die Gerste
≈ Urnen in Hausform verbreitet in Böhmen, Siebenbürgen, Bulgarien (∼ —1000 auch in Nordeuropa u. Italien)		≈ Sumer. Schmiede stellen aus Silber ü. Kupfer mit Hilfe von Öfen Werkzeug u. Waffen her	Sumer. Wertmaße u. Preise: 1 Talent/3600 Sekel/30,3 kg Silber; 1 Sekel/180 Korn; 3,4 l Brot/10 Korn; 8,4 l Bier/10 Korn; 50 l Mehl/1 Sekel; 250 l Fische (360 Stck.)/1 Sekel; 1,7 l Dattelsirup/1 Sekel; 1 Esel/20 Sekel; 1 Rind/20 Sekel; 3 Kleider/1 Sekel; 1 Schiff mit Kajüte/60 Sekel; 1 Lohnschiffer/1 Sekel tägl.; 1 Sklave/20 Sekel oder 8 Sekel jährlich Miete; Lastwagen/100 Sekel; Silberbeil („Sekel") als Zahlungsmittel
≈ Hakenkreuz-Verzierungen in Bessarabien u. Siebenbürgen (in Nordeuropa i. d. Bronzezeit, stärker verbreitet ab —1. Jahrhundert)		≈ Blei in Babylonien bekannt	
		≈ Ägypt. Landkarte (gilt als älteste der Welt)	
		≈ Ägypter gelangen über See bis Somaliland	
		≈ Steingefäße mit Steinbohrern in Ägypten hergestellt	
		≈ Webstuhl in Europa bekannt	
		≈ Abortanlagen in Mesopotamien	
		≈ Beginn systematischer Himmelsbeobachtungen in Babylonien, Ägypten, Indien u. China	≈ Erste Indianersiedlung auf dem Boden New Yorks

Genaue Jahreszahlen gibt es erst ab ≈ −800	Altes Reich in Ägypten	Hiëroglyphen	Jungsteinzeitlicher Totemismus
−2900	≈ Altes Reich in Ägypten (1.—6. Dynastie bis ≈ −2150) 1. u. 2. Dynastie bis ≈ −2780 ≈ *Menes*, erster historisch nachweisb. Kg. v. Ägypt., vereinigt Unter- u. Oberägypt., grdt. Hauptstadt Memphis ≈ Ägypten ist ein autokratisch regierter Doppelstaat mit 42 Gauen und entwickeltem Beamtenwesen ≈ In der sumerischen Kultur wird die Uruk-Zeit durch die Djemdet-Nasr-Epoche abgelöst: Tempelherrschaft, kein Privatbesitz an Boden ≈ Intensive Seehandelsbeziehungen zwischen dem Mesopotamien der Djemdet-Nasr-Kultur und Ägypten	≈ Erste ägypt. Hiëroglyphen-Texte (meist religiöser Natur; Hiëroglyphen stellen entgegen äußerem Augenschein Lautschrift dar, in sich ständig wandelnder Form in Gebrauch bis ≈ 450)	≈ Pharao wird zum Gott-König ≈ Verehrung von Naturgottheiten und totemistisch. Tierkult in der europäischen Jungsteinzeit

	Sumerische Turmtempel	Tanz	Glas in Ägypten	
	≈ König *Semempsēs* in 3facher Gestalt: mit der Krone Oberägyptens, mit der Krone Unterägyptens und als Besieger der Beduinen (Felsrelief am Sinai)		≈ Älteste bekannte Glasscherbe in Ägypten (vgl. —4000)	≈ Sumerer sind bartlos und tragen Zottenröcke
	≈ Schminktafel aus Schiefer des Königs *Menes* von Ägypten (mit Reliefdarstellung des Königs als Kämpfer und Sieger; Fabeltiere)		≈ Vollendete Steinwerkzeuge der europäischen Jungsteinzeit (z.B. durchbohrte Beile)	
	≈ Sumerische Schalen aus weichem Mineral mit stark erhöhten naturalist. Tierreliefs		≈ Funde im Federseemoor (Oberschwaben): „Pfahlbauten"; hölzerne Wagenräder, Bohlenwege, Einbäume (Boote)	
	≈ In der sumerischen Djemdet-Nasr-Zeit entsteht in Uruk neuartige Tempelform: Terrassen mit siebenstufigem Turmtempel (wahrscheinlich für Opfer an Sterngottheiten); verbreitet sich über Mesopotamien (Urbild des „Turms von Babel")			
	≈ Alabaster Kultvase der Muttergöttin Inanna-Ischtar in Uruk mit 3 Reliefstreifen: Tiere, Menschen, Götter ·			
	≈ Mehrfarbig bemalte sumerische Keramik mit einfachen Mustern löst in der Djemdet-Nasr-Epoche die einfarbige unbemalte Keramik der Uruk-Zeit ab			
	≈ Mehrteilige sumerische Gefäße für Schüttopfer, aus hartem Stein gedreht, mit eingelegten geometrischen Mustern			
	≈ Sumerische Tierkleinplastiken (mit Durchbohrung als Weihgaben). Für jeden Tiertyp (bes. Widder, Jungstiere, Kälber) gibt es eine feststehende Form			
	≈ Die Djemdet-Nasr-Kultur Mesopotamiens beeinflußt das frühdynastische Ägypten			

	König Cheops	Papyrus des Ptahotep	Ägyptische und sumerische Götterwelt
Genaue Jahreszahlen gibt es erst ab ≈ −800			
−2850	≈ Ägypten als einheitlicher Staat konsolidiert; fremde Einflüsse werden ausgeschaltet ≈ Beamtenstand in Ägypten		≈ Urnendeckel-Kalender von Troja verbindet die Jahreszeiten mit den Symbolen Baum, Mann, Schlange, Weib
−2780	≈ *Djoser* König von Ägypten bis ≈ −2720 (3. Dynastie) (3.—5. Dynastie Ägyptens wird auch bis zu etwa 100 Jahre später angesetzt)		
−2772			≈ Ägypt. König gilt als Verkörperung des falkengestaltig. Himmelsgottes Horus
−2750	≈ Sagenhafter König Gilgamesch von Uruk		
−2720	≈ 4. Dynastie in Ägypten bis ≈ −2560, mit den Königen *Snofru, Cheops, Chephren, Mykerinos* u. a.: kultureller Hochstand		
−2700	≈ *Cheops* ägypt. Kg. der 4. Dynastie (nach *Snofru*) bis ≈ −2675; baut 137 m hohe *Cheops*-Pyramide bei Gizeh	≈ Papyrus des *Ptahotep*: Lehren eines Vaters an seinen Sohn (eines der ältesten literarischen Zeugnisse überhaupt) ≈ Ägyptische Lieder kennen redende Fische	≈ „Sonnenschiffe" zur Reise der Seele Kg. *Cheops*' in das Jenseits (eines wird voll ausgerüstet und unversehrt 1954 in einer Felsgruft neben der Pyramide gefunden)

	Ägyptische Pyramiden	*Ägyptische und sumerische Musik*	*Ägyptischer Kalender*	
	≈ Lebensgroßer Alabaster-Kopf einer Priesterin aus Uruk (gilt als erste Großplastik des Menschen)		≈ Urnendeckel aus der ältesten Schicht Trojas (indoeurop.: Dardania) mit als Sonne-Mond-Kalender deutbaren Ritzzeichnungen (gilt als ältestes Dokument abendländischer Astronomie)	≈ Mesopotamien vergröß. sich durch Anschwemmg. v. Euphrat u. Tigris, die ihr Bett jährl. um 50 m verlagern (führt in 5000 Jahren zu 260 km Landanschwemmung südlich Ur)
			≈ Zinn in Ägypten u. Babylonien bekannt	≈ Ägypter gewinnen Kupfer auf Sinai
	≈ Kg. *Djoser* von Ägypten u. sein Baumeister *Imhotep*: Stufenmastaba (Grab als Stufenpyramide) von Sakkâra (ältester ägypt. Bau ganz aus Stein; Totenopfer-Reliefs in d. Kultkammern) ≈ König *Djoser* (lebensgr. ägypt. Sitzbild aus Sakkâra) ≈ Grab des *Hesirê* bei Sakkâra (ägypt. Bau mit Holzreliefs)		≈ *Imhotep*, ägypt. Priester, Arzt und Baumeister, Beamter von Kg. *Djoser* (I. wird später als Hauptärztegott Thot m. Ibiskopf verehrt) ≈ Einführung des 365tägigen ägypt. Kalenders ohne Schaltungen	
			≈ Große Stadtmauer im sumerischen Uruk mit 900 Türmen entsteht (9,5 km lang)	
			≈ In Ägypten Übergang vom Goldwaschen zum Goldbergbau	
	≈ Relativ hohe Entwicklung der ägypt. Bildhauerei mit Kupfermeißel am weichen Kalkstein. Anfänge der Hartsteinbildnerei mit Steinhammer ≈ Verschiedene Sitzplastiken von Herrschern in Ägypten (Kalkstein) ≈ Bau der *Cheops*-Pyramide		≈ Ägypt. Heilkunde kennt Schienung d. gebrochenen Unterarms ≈ *Cheops*pyramide ist nach den Himmelsrichtungen orientiert ≈ Älteste Bronze mit 9:1 Kupfer: Zinn-Mischung	≈ Botanische Gründe sprechen für Baumwollanbau in Peru nach Kreuzung mit asiatischen Sorten ≈ In China werden Ballspiele (wie Polo und Fußball) vermutet

		1. Dynastie von Ur	Pyramidentexte	Sumerisches Neujahrsfest
Genaue Jahreszahlen gibt es erst ab ≈ −800				
—2650		≈ *Chephren* ägypt. Kg. der 4. Dynastie; baut *Chephren*-Pyramide b. Gizeh	≈ Biograph. Grabinschriften ägyptischer Beamter	≈ Legendäre Herrschaft einer blonden Kurtisane in Ägypten deutet auf Sonderstellung der Königin als Frau hin (die übrigen vornehmen ägyptisch. Frauen erhalten erst im Mittl. Reich größere Rechte)
—2620				
—2600		≈ *Mes-anni-padda* König von Ur (erster urkundl. nachgewiesener Herrscher in Mesopotamien; die Überlieferung nennt vor ihm 35 weitere Könige seit der Sintflut und 8 vor dieser). 1. Dynastie von Ur bis ≈ — 2450 ≈ Die sumerischen Soldaten sind mit Schilden und langen Speeren bewaffnet und kämpfen in geschlossener Aufstellung (Phalanx) ≈ Semitische Akkader dringen von Arabien nach Nordmesopotamien vor und übernehmen sumerische Kultur		≈ Hauptfest im sumerischen Mesopotamien ist das Neujahrs-Frühlings-Fest. Feier der Weltschöpfung durch den Sieg des Frühlingsgottes über die Chaos-Göttin mit Aufhebung d. Standesunterschiede und mehrtägig. Herrschaft eines Kgs. aus dem Volke. Der rechtmäßige Kg. erhält vom Oberpriester einen Backenstreich
—2560		≈ 5. Dynastie in Ägypten bis ≈ —2420, u. a. d. Könige *Weserkef* u. *Onnos (Unas)*	≈ „Pyramidentexte" (ägypt. Spruchsammlung in den Grabkammern von vor ≈ —3000) sollen den Königen im Leben nach dem Tode dienen	

	Große Sphinx von Gizeh	*Ägyptische und sumerische Musik*	*Sumerisches Zahlensystem*	
	≈ Die große Sphinx von Gizeh (73 m lang, 20 m hoch) entsteht vermutl. gleichzeitig mit der *Chephren*-Pyramide und stellt wohl die Apotheose dieses Königs dar ≈ Die Tempel der Gizeh-Pyramiden zeigen wuchtige geometrische Linien: ungegliederte Flächen und Pfeiler		≈ Pyramiden von Gizeh (eins der „Sieben Weltwunder") zeigen hohen Stand der Bautechnik unter Verwendung einfacher Hilfsmittel i. Ägypten: Bauzeit einer Pyramide *(Snofru)* 17 Jahre m. 650 000 cbm Mauerwerk. (Versuche, die Maße und Orientierung der ägypt. Pyramiden i. Sinne ungewöhnl. astronomischer Kenntnisse z. deuten, gelten als widerlegt)	≈ Ägyptisch. Handelsbeziehung. mit d. phöniz. Byblos. In der Hauptsache Handel nur mit Nachbarländern
	≈ Kg. *Mykerinos* von Ägypten zwischen zwei Göttinnen (Stele [Bilddenkmal] im Tempel des Kgs. bei Gizeh; graugrüner Schiefer) ≈ Unvollendete Werkstücke im Pyramidentempel d. Kgs. *Mykerinos* zeigen, daß ägyptische Bildhauer mit Steinhammer unter Verwendung weniger Hilfslinien die Figuren schichtenweise allseitig aus dem Block arbeiten		≈ Die sumerische Astrologie (Sterndeutg.) entsteht in Einh. m. d. frühen Astronomie (Sternkunde) (Diese auf unvollk. Erkenntn. gestützte Astrolog. wird v. d. folgend. Jahrtsden. b. heute übernommen)	
	≈ Tempel der Muttergöttin in Ur: Treppe, Terrasse, Vorhalle mit hölzernen Säulen (mit Kupfer belegt), Mosaike und Tierplastiken ≈ In der Dynastie von Ur entwickelt sich die nach wie vor hauptsächlich religiös gebundene sumerische Plastik in Mensch- und Tierdarstellung zu vollkommen typisierten und stilisierten Formen ≈ Stein- und Metallgefäße verdrängen in Sumerien die vielfarbig bemalten Tongefäße		≈ Sumerisches auf der Sechs u. Zwölf beruhendes Zahlensystem u. Rechnungsarten, einschl. Wurzelziehen. Festgelegte Zeit- und Längenmaße. Kalendereinteilung.	≈ Sagenhafter Beginn der chines. Seidenraupenzucht (vgl. —1240)
	≈ Abstrakt-stilisierte Statuen aus der früh-akkadisch beeinfl. Meselim-Stufe in Babylonien			

	Ägyptisches Beamtentum	Kaukasisches Sprachzentrum	Frühminoische Religion
Genaue Jahreszahlen gibt es erst ab ≈ −800			
−2550	≈ Allmählicher Übergang v. d. Tempelpriesterherrschaft zur Königsherrschaft' im sumerischen Mesopotamien (ähnliche Vorgänge spielen sich zu gegebener Zeit in anderen Frühkulturen ab und sind meist mit der Notwendigkeit stärkerer polit. Aktivität verbunden) ≈ Ägypten entwickelt sich von einer autokratisch-patriarchalischen Form d. Monarchie zu einer Beamtenmonarchie mit wachsender Macht der hohen Beamten und Priester		≈ Kult des Sonnengottes Rê in Heliopolis wird ägypt. Staatsreligion; König wird „Sohn der Sonne" ≈ Zahlreiche Menschenopfer in den Königsgräbern von Ur ≈ In der sumerischen Religion, Kunst und Literatur der frühdynast. Zeit spiegelt sich pessimistische geistige Haltung und Furcht vor Lebensnot und Tod
−2500	≈ Sumerisches Kgr. v. Lagasch. Vorläufiges Ende der Herrschaft von Ur ≈ *Eannadu*, Enkel *Ur-Ninas*, erobert große Teile Babyloniens ≈ Die Kanaaniter besetzen Palästina u. gründen feste Städte (≈ −1479 zeitw. v. Ägypt. unterworfen) ≈ Jungsteinztl. Induskultur in Indien: große Städte, Töpferei, Bilderschrift (geht ≈ −1800 zugrunde) ≈ Übergang zur Bronzezeit im östl. Mittelmeergebiet ≈ Übergang von der Jungsteinzeit zur Kupferzeit in Europa ≈ Chinesische Shantung-Kultur (in Ch'eng-tsu-yai) mit entwickelter Töpferei und ummauerten Städten (geht ≈ −1550 in die *Shang*-Kultur über)	≈ Es entsteht eine abgekürzte ägypt. Hieroglyphenschrift (hieratische) ≈ Ausführl. Königsinschriften der 1. sumerischen Dynastie v. Lagasch ≈ Die Völker aus der japhetitisch-kaukasischen Sprachfamilie siedeln südlich des Kaukasus; in ihr Gebiet gelangen in der Folgezeit indoeuropäische Stämme(Chalder, Armanen). Dieses Gebiet gilt als Ausgangspunkt der Iberer (Basken), Berber, Kelten ≈ Großstein-Grabkammer in Europa wird für mehrere Tote zum Ganggrab verlängert und mit Erdhügel gedeckt	≈ König von Ur vollzieht die „Heilige Hochzeit" mit Königin (od. Hohepriesterin) stellvertretend für Muttergöttin und ihren Geliebten Dumuzin ≈ In der frühminoischen Zeit Kretas (bis ≈ −2000) gelten als religiöse Symbole u. a.: Die erdgebundene Schlange, der Stier (als Symbol der Zeugungskraft), das bronzene Doppelbeil f. d. Stieropfer. Daneben v. d. Kykladen übernommene, besonders geschätzte Idole in Form geschlechtsbetonter Frauengestalten (meist bemalt, um den Hals getragen u. Grabbeigaben als Symbol der Fruchtbarkeit) ≈ Unter der akkadischen Herrschaft in Sumer beginnen sich beide Kulturen stärker zu mischen (akkadisch-semit. Sprache, sumerische Kunst und Religion) ≈ Spielbretter in den Königsgräbern von Ur

Ägyptische Plastik *Sumerische Kunst*	*Bronze*		

≈ Kalksteinreliefs mit Darstellungen aus dem täglichen Leben im Grabe des ägypt. Wesirs *Ptahotep* bei Sakkara

≈ Ägypt. Sonnenheiligtümer haben in der Mitte eines Hofes großen Obelisken auf Unterbau, davor einen Altar. Farbige naturalistische Reliefs in einer Kammer zur Ehre des Gottes

≈ Sumerische Statue eines Beters; im Zottenrock mit kunstvoll gerollter Haar- und Barttracht

---

≈ Silbervase d. sumerischen Königs *Entemena* von Lagasch mit symbol. Tierdarstellungen ≈ „Schreiber" (hoher Beamter in hockender Stellung, ägypt. Granitplastik im geometrisch-symmetrischen Stil) ≈ In der ägypt. Baukunst erscheint die Säule in Gestalt stilisierter Palmen oder Papyrus-Stengel ≈ Ägypt. Kalksteinfigur eines bierbereitenden Sklaven ≈ „Der Dorfschulze" (ägypt. Holzplastik eines hohen Beamten) ≈ Reliefs im Grab des Königs *Ti* bei Sakkâra: Nilpferdjagd, Bildhauerwerkstatt, Tischlerwerkstatt, Ichneumon auf Vogelfang u. a. ≈ Kleinasiatischer Siegel-Zylinder mit vierrädrigem Wagen u. 4 Pferden (stark stilisierte, älteste Pferdedarstellung aus dem —3. Jtsd.) ≈ Induskultur von Mohenjo-Daro (u. a. Befestigungen, die den mesopotamischen sehr ähnlich sind) ≈ Die sumerische frühdynastische Zeit in Mesopotamien bringt vollplastische Menschendarstellungen hervor (stark typisierende flache Formen, eingelegte Augen) ≈ In der sumerischen religiösen Kunst tritt neben den alten Symbolen (z. B. Lebensbaum) ein Adler mit Löwenkopf als Sinnbild der Bedrohung auf ≈ Mosaik-Standarte von Ur: 2 Tafeln mit Perlmutt- und Muschelfiguren auf Lapislazuli-Grund: Trinkgelage des Königs, Auftrieb von Schlachttieren, Krieger und Gefangene, Streitwagen. Kopfschmuck der Königin mit Pflanzennachahmung in Gold. „Widder auf der Blütenstaude" aus Gold und Lapislazuli (Funde aus den Königsgräbern von Ur)	≈ Entwicklung d. Astronomie in Babylonien ≈ In Babylonien sind Wagen für Kampf, Jagd, Transport u. kultische Zwecke bekannt ≈ Gewinnung v. Bronze i. Ägypten. Erste Bronzeplastiken ≈ Ägypt. Plankenschiffe (bald auch mit Achterkajüte) ≈ In Mesopotamien gibt es Töpferofen, Töpferscheibe u. Metallgießverfahren (Kupfer) ≈ Darstellung ägyptischer Chirurgen ≈ Bronzeguß in Kleinasien	≈ Bandkeramische Dorfsiedlung im Ruhrgebiet (bei Bochum) m. Langhaus-Gehöft (mehrschiffig. Langhaus mit 113 Pfostenlöchern) ≈ Früheste ägypt. Mumien (seit —3. Jtsd.) ≈ Dattelkultur in Ägypten ≈ Brettspiel mit 20 Feldern i. Ur

	Kg. Sargon v. Akkad Yao-Dynastie in China	Ägyptische „Weisheitslehre"	Liebesgöttin Ischtar
Genaue Jahres- zahlen gibt es erst ab ≈ −800			
−2450	≈ Soziale Reformen im sumerischen Reich von Lagasch schränken Priesterherrschaft über d. wirtschaftlich Schwachen ein. Relativ entwickeltes Recht einschl. Wirtschafts- u. Familien-Recht (Kredit-Recht, Ehescheidung u. a.) ≈ Vorindogermanische uralische Hirtenkriegerkultur im südrussischen Steppengebiet; stoßen über das indoeuropäisch-bandkeramische Donauland nach der Balkan- und Apenninenhalbinsel vor (werden so vermutlich zus. mit indoeuropäischen Bauernvölkern zu Vorfahren der Räter, Tyrrhener und Etrusker)	≈ „Weisheitslehre" (ägyptische Spruchsammlung zur erfolgreichen Lebensführung von einem hohen Beamten)	
−2420	≈ Ägyptische Feldzüge nach Libyen und Palästina ≈ 6. Dynastie i. Ägypten b. ≈ 2150 u. a. mit Kg. *Phiobs II.;* Zentralgewalt zugunsten der Fürsten geschwächt (Feudalismus) ≈ *Yao*-Dynastie in China bis ≈ −2300. Beginn der chines., noch sagenhaften Überlieferung		≈ In Anatolien Verehrung eines Sonnengottes, eines Stier-Wettergottes u. einer Hirschgottheit
−2400	≈ Kg. *Lugalzaggisi* von Uruk besiegt das Reich von Lagasch und nennt sich „König der Länder" (angebl. vom Pers. Golf bis Mittelmeer). Wird selbst ≈ −2350 von *Sargon* gestürzt		
−2350	≈ Kg. *Sargon* von Akkad (Nordmesopotamien) schafft großes semitisches Reich in ganz Mesopotamien (bis ≈ −2100). Nennt sich „Kg. d. vier Erdteile" (näml. Babylonien, Elam, Subartu, Amurru)	≈ Bei Ablösung der sumerischen Kultur durch die semitische verdrängt die waagerechte Schreibweise von links nach rechts die senkrechte von rechts nach links	
−2300	≈ Östliche Fremdvölker begrd. *Shun*-Dynastie in China (bis ≈ −2205): Einteilung in 12 Provinzen, Viehzucht, Verehrung eines Reisgottes. Gleichzeitig dringen südl. Fremdvölker bis nach Mittel-China u. verbreiten Reisbau		≈ In Sumerien treten an Stelle der früheren Erdmuttergottheit Innin (vgl. −3000 und −2000) mehrere weibliche Gottheiten, u. a. Ischtar als Liebes- u. Schlachtengöttin (zu ihrer Verehrung Tempel-Prostitution)

Höhepunkt und Ausklang der sumerischen Kunst	Ägyptische und babylonische Musik	Speichenräder	
≈ Sumerisches Pfeiler-Denkmal (sog. „Geierstele") mit Darstellung d. Königs von Lagasch im Streitwagen vor der Schlachtreihe seiner Soldaten (sumerische stark stilisierende Kalksteinreliefs)			
≈ Höhepunkt der altbabylonischen Kunst unter Fürst *Gudea*; u. a. große Tempelbauten mit Sitzplastik des Fürsten ≈ Früh-hethitischer Bronzeguß in Anatolien (Kleinasien); naturalist. Tierbronzen, Bronzegeräte ≈ Stark stilisierte weibl. Tonfiguren zum Fruchtbarkeitszauber im Grenzgebiet Kleinasien-Nordsyrien (Hethiter-Gebiet)		≈ Ägypt. Seefahrten zum Goldland Punt (Südafrika) ≈ Babylonische Landkarte	
≈ Bau der ägypt. Pyramiden von Abusir (seit ≈ —2560; Reliefs in den Kultkammern mit Szenen des tägl. Lebens)		≈ Im Vorderen Orient lösen die Speichenräder die Vollscheibenräder ab	
		≈ König *Phiobs II.* v. Ägypten wird ein Zwerg vorgeführt (erste belegte Entdeckung der afrikanischen Pygmäen)	≈ Im Reich von Akkad blüht der Land- u. Seehandel ≈ Haushuhn in Babylonien
		≈ Die akkadisch-semitische bewegl. Waffentechnik des Bogenschießens verdrängt mehr u. mehr die sumer. Kampfweise mit Schild und Speer in geschlossener Phalanx	≈ Im semitischen Reich von Akkad tritt an Stelle des sumerischen, den Oberkörper freilassenden Zottenrockes ein langer Mantel; kräftiges Haupt- und Barthaar an Stelle glatter Rasur

Genaue Jahreszahlen gibt es erst ab ≈ −800	Naramsin von Akkad	Hieroglyphen und Keilschrift	Isis und Osiris
− 2270	≈ *Naramsin* Herrscher von Babylonien bis ≈ −2233; Handelsbeziehungen zum Industal; nach seinem Tod verfällt Dynastie von Akkad.		≈ Die Priesterschaft d. Sonnentempels in Heliopolis stellte eine Neunheit v. ägyptisch. Gottheiten auf: Atum-Rê (Sonnengott und Schöpfer), Geb (Erdgott), Nut (Himmelsgöttin), Schu (Luftgott), Tefnut (Göttin d. Feuchtigkeit), Osiris (Sohn von Geb und Nut, Totengott), Isis (Schwester u. Gattin des Osiris, später Muttergöttin), Seth (feindlicher Bruder des Osiris, später Gott der Finsternis), Nephthys (Schwester d. Osiris, Gemahlin d. Seth). Mythos: Seth tötet Osiris, Isis findet und begräbt ihn, Osiris' Sohn Horus (= Atum-Rê) tötet Seth, Osiris wird wiedererweckt u. Herr d. Totenreiches. Jeder Mensch kann wie Osiris im Totenreich auferstehen. Osiriskult verbreitet sich in der Folgezeit stark
− 2255			

Höhepunkt und Ausklang der sumerischen Kunst	Ägyptische und babylonische Musik	Frühe Bronzetechnik	
≈ Bau der Pyramiden von Sakkâra (seit ≈ —2400) ≈ Höhepunkt der sumerisch-akkadischen Kunst in Babylonien; u. a. Kupferkopf des *Naramsin* (oder *Sargon?*) aus Ninive und zahlreiche Rollsiegel			
≈ Sieges-Denkmal (Stele) d. akkadisch-sumerischen Kgs. *Naram-Sin* in Kurdistan bei Diabekr; ab ≈ —1180 in Susa)			≈ Volkszählung in China ergibt 39 200 000 Einwohner

Genaue Jahreszahlen gibt es erst ab ≈ −800	Ägyptisches Zwischenreich	Babylonisches Weltschöpfungs-Epos	Ägyptisches Pantheon
—2225	≈ Das Bergvolk der Gutäer dringt vom Iran in Mesopotamien ein, in dessen Nordteil (Akkad) es eine Gewaltherrschaft führt (bis ≈ —2100)		
—2205	Nach d. chin. Überlieferung grdt. der Herrscher *Yü* die *Hsia*-Dynastie in China (bis ∼ —1550) am Huangho-Knie in Süd-Shansi, wo er eine Überschwemmungskatastrophe beseitigt haben soll (vorher sollen neben Pflug, Wagen, Einbaum usw. schon Knotenschrift, Astronomie und Kalender entwickelt worden sein)		
—2150	≈ Durch Umsturz von innen und durch Feinde von außen wird das Alte Reich Ägyptens beendet ≈ 7.—10. Dynastie (Zwischenzeit) in Ägypten bis ≈ —2100. Es wächst die Macht der Gaufürsten; führt zur Zersplitterung der Herrschaft	≈ Babylonisches Epos von der Weltschöpfung entsteht: Die 3 menschengestaltigen Götter des Himmels, der Luft und der Erde mit Unterwelt vernichten die Urgötter des Chaos, die als Tiersternbilder an den Himmel versetzt werden. (Andere Epen berichten über Ischtars Höllenfahrt, Auferstehung des Tammuz, Himmelfahrt des Etana; Adapa-Epos: erster Mensch verscherzt das ewige Leben) ≈ Die ägypt. Literatur zeigt einen skeptischen Grundton: Klagen, Fragen nach dem Sinn des Lebens (parallel zur politischen Ohnmacht des Zwischenreiches). Sie blüht vor allem am Hof der Gaufürsten von Herakleopolis, welche die politische Führung haben	≈ Nach der Überlieferung: ägypt. labyrinthartiger Riesentempel für alle Gottheiten (Pantheon) bei Medinet el Fayum

„Schatz des Priamos"	*Ägyptische und babylonische Musik*	*Berechnungen in Keilschrift*	
≈ Trojanische Kultur der zweiten Ausgrabungsschicht mit bedeutender Kunst (fälschlich „Schatz des Priamos": Kupfergefäße, Gold- u. Silberschmuck; polierte Tongefäße, vgl. —1300)		≈ Tontafeln aus Babylon mit Aufzählung v. Grundstücken mit Maßangaben und Berechnungen in Keilschrift	
≈ Bemalte Keramik in NW- und Schwarze Keramik in O-China			≈ Unter der *Hsia*-Dynastie herrscht in China Neunfelderwirtschaft m. mittlerem Brunnenfeld f. d. Abgaben an den Feudalherrn. Die übrigen Felder jährlich neu verteilt
≈ Auflösungserscheinungen in der ägyptischen Kunst am Ende des Alten Reiches			

Genaue Jahreszahlen gibt es erst ab ≈ −800	Gudea von Lagasch Mittleres Reich in Ägypten	Hiëroglyphen Keilschrift	Ägyptische und babylonische Götterwelt
—2100	≈ Fürst *Gudea* von Lagasch kann trotz der Gutäer-Herrschaft in Mesopotamien ein neues sumerisches Reich mit hoher Kultur errichten (u. a. in d. Städten Lagasch, Ur, Uruk, Nippur) ≈ Fürsten von Theben (Oberägypten) gründen Mittleres Reich (11.—13. Dynastie) in Ägypten (bis ≈ —1700), 11. Dynastie bis ≈ —2000 ≈ Gesetzestafel von König *Lipit Ischtar* von Nippur (fixiertes Gesetz vor *Hammurapi*)	≈ Ägypt. „Weisheitslehre f. König *Merikare*" (glaubt an ausgleichende Gerechtigkeit im Jenseits) ≈ Sumerische Bauhymne berichtet von Tempelbau und Kult in Lagasch	
—2065	≈ Letztes sumerisches Reich von Ur (3. Dynastie, im —21. Jhdt.) nach Befreiung Babyloniens von den Gutäern durch Uruk (Kge: *Urnammu, Schulgi, Amarsuena, Schusuen, Ibbisuen*) ≈ Im neusumerischen Reich werden die Stadtfürsten Statthalter des Kgs. von Ur		≈ Die neusumerische, semitisch beeinflußte Kultur in Ur verehrt im König den Gott. Die weibliche Muttergottheit (vgl. —3000 und —2000) tritt demgegenüber zurück
—2050			≈ Ägyptische Grabanlagen sind durch die Achse des „Heiligen Weges" gekennzeichnet ≈ Nach Vollzug der „Heiligen Hochzeit" wird der Kg. v. Ur vergöttert
—2029	≈ Der anläßlich eines Frühlingsfestes in der südmesopot. Stadt Isin eingesetzte Kg. aus dem Volk (vgl. —2600) behält infolge eines tödlichen Unfalls des rechtmässigen Kgs. die Herrschaft 24 Jahre		≈ Selbstvergöttlichg der Herrscher in Isin (Mesopotamien)
—2025	≈ Indoeuropäische Ackerbauer und Viehzüchter dringen nach Südsibirien vor (neue Welle im —7. Jh.; im Kontakt mit ihnen entwickeln Mongolen Reiterkriegertum u. gewinnen ≈ —500 die Herrschaft über dieses Gebiet)	≈ Klassische Zeit der sumerischen Literatur m. Mythendichtungen und Klageliedern	≈ Das sumerisch Pantheon mit 360 Göttern ist in Götterstaaten gegliedert ≈ In der Induskultur tritt als Siegelbild schiwaartiger Herr der Tiere auf

Ägyptische Grabanlagen	Ägyptische und babylonische Musik	Chinesischer Kalender	
≈ Fürst Gudea von Lagasch (Plastik)		≈ Steinern. Becher mit Keilschrift des sumerischen Königs *Gudea* aus Lagasch (zeigt ältest. Schlangen- [Äskulap-] Stab, wird gedeutet als Wahrzeichen d. Ärzte, die den bis 100 cm langen Fadenwurm durch Aufwickeln auf einen Stab, meist aus den Beinen, entfernten)	≈ Ausgedehnter Handel nach allen Seiten liefert dem sumerischen Fürsten *Gudea* von Lagasch die vielfältigen Baustoffe für seine zahlreichen und bedeutenden Bauten ≈ Babylonische Briefe i. Keilschrift
≈ Unter d. letzten Dynastie von Ur gibt es noch einmal ein Aufleben der altsumerischen Kunst (jedoch stärker semitisch beeinflußt) ≈ König von Ur erbaut Sin, dem Mond- und Hauptgott der Stadt, einen Tempelturm			
≈ Grab *Mentuhoteps III.* u. *IV.* in Deir-el-Bahari: Zwei Stockwerke mit Pfeilerhallen, im Zentrum Pyramide, breite Rampe zum oberen Stockwerk (ägypt. Bauwerk) ≈ Modellschiffe mit farbig bemalten Figuren, u. a. ägypt. Grabbeigaben		≈ Sumer. „Listenwissenschaft": Listenm. Aufzählung d. bek. Dinge angef. v. Göttern u. Königen bis zu den Dingen des Alltags.	
≈ Diorit-Büste des *Urningirsus* aus Lagasch (Babyl.)		≈ Eisengewinnung mit Herdöfen in Afrika (z. B. Südrhodesien)	
≈ Prinzessin *Kawit* wird frisiert (Sargrelief; Prinzessin mit Metallspiegel, vor ihr der Mundschenk) ≈ Knieender bärtiger Mann von zwei Schlangen umwunden („Sumerischer Laokoon", Alabasterplastik) ≈ Siegelbilder mit naturalistischen Tierdarstellungen in der Induskultur; dienen zur Warenkennzeichnung		≈ Hoher Stand d. ägypt. Webkunst; Webstühle ≈ Chinesen gehen auf d. gebundene Mondjahr über: Mond-Sonnenjahr-Zyklus von 19 Jahren mit 12 Jahren zu 12 Monaten u. 7 Jahren zu 13 Monaten (benutzten ursprüngl. z. Zeitrechnung d. Mondjahr zu 360 Tagen)	≈ Amulettgebrauch zur Krankheitsvorbeugung in Europa ≈ Das Neusumerische Reich hat Handelsbeziehungen bis nach Indien

Genaue Jahreszahlen gibt es erst ab ≈ −800	 Völkerwanderungen	 Gublitische Schrift	Babylonische Götterwelt
−2000	≈ 12. Dynastie in Ägypten bis ≈ −1770, mit den Kgen. *Amenemhêt I., Sesostris I., Amenemhêt III., Sesostris III.* ≈ *Amenemhêt I. (Amenemmês)* macht sich zum König von Ägypten u. beschränkt die Macht der Stadt- und Gaufürsten. Höhepunkt des Mittleren Reiches bis ≈ −1770 ≈ Äthiopien Teil des ägyptischen Reiches (bis ≈ −1100) ≈ *Zariku* von Assur, Statthalter des *Amar-Sin* von Ur, hinterläßt älteste erhaltene Inschrift eines assyrischen Fürsten ≈ Durch Einwanderung indoeuropäischer Stämme in Kleinasien entstehen mit der dortigen Bevölkerung die Anfänge des Hethiter-Reiches (bis ≈ −1200) ≈ Grab des Hethiterkönigs *Yarim-Lim* (1947 entdeckt) ≈ Die semitischen Phönizier besiedeln die Küste Syriens (bis ≈ −1000 meist unter der Oberherrschaft der umliegenden Großmächte) ≈ Einwanderung eines neuen Volksstammes auf die Balkanhalbinsel und Mischung mit der Urbevölkerung. Es entsteht die mykenische Kultur in Wechselwirkung mit der auf Kreta ≈ Ionier besiedeln Attika ≈ Italiker (aus der indoeurop. Sprachfamilie) wandern vom Nordosten her in Italien ein ≈ Entwickelte Bronzezeit in den Kulturen des östl. Mittelmeergebietes ≈ Beginn der Bronzezeit in Nord- u. Mitteleuropa (bis ≈ −750): Waffen, Schmuck, reich entwickelte Töpferkunst, Übergang von Skelettgräbern zu Urnenfriedhöfen. Aunjetitz-Leubinger-Kultur in Mitteldeutschland, Lausitzer Kultur von Illyriern, Adlerbergkultur (Fortsetzung der Glockenbecherkultur in Südwestdeutschland), Hügelgräberkultur von Kelten in Süddeutschland ≈ Vorderasiatische Kulturelemente erreichen Mitteleuropa als Bandkeramik entlang der Donau und Großsteingräberkultur entlang der europäischen Küste	≈ Eine größere Zahl literarisch bedeutungsvoller moralisch-lehrhafter Schriften entstehen in Ägypten ≈ „Geschichte des Schiffbrüchigen" (ägypt. Erzählung) ≈ Entwickelte Schreibkunst in Ägypten: Papyrus, Binsenfeder, Rußtinte, Federkasten u. a. Schreibzeug ≈ Drawidische Induskultur besitzt protoelamitische Bilderschrift (160 Symbole finden sich auf der Osterinsel wieder) ≈ Gublitische Schrift in Byblos (entziffert 1946/48); ist mit 100 Zeichen Bindeglied zwischen ägyptischen Hiëroglyphen und altsemitischer Schrift in Phönizien (ab ≈ −1750)	≈ Ninive in Assyrien als Hauptstätte d. Verehrung d. Liebesgöttin Ischtar bekannt ≈ Aus den alten sumerischen Stadtgöttern entstand babylonische Götterwelt: Anu (Himmelsgott), Enlil (Erdgott), Ea (Gott des Wassers u. Wissens), Ninmach (Götterherrin); Sin (Mondgott), Schamasch (Sohn d. Sin, Sonnengott), Adas (Wetter-, Orakelgott), Ischtar (Geliebte d. Anu, Göttin d. Liebe und des Kampfes), Ereschkigal (Göttin d. Unterwelt). Daneben zahlr. andere Götter, Göttinnen u. Dämonen. Götter haben Menschen geschaffen, um Opfer zu empfangen; kein Glaube an ein Leben im Jenseits ≈ Blei-Idol einer Fruchtbarkeitsgöttin aus Troja III mit hakenkreuzverziertem Schoß (ähnliche Idole sind über die Ägäis als Grabfiguren [„Totenbraut"] verbreitet) ≈ Hügelgräber breiten sich von Norden her über Europa aus ≈ Hockergräber (vorzugsweise in d. Jungsteinzeit u. Bronzezeit) Feuerbestattung erreicht Ost-Europa (≈ −1100 die Rheingegend)

 *Mittelminoische Kultur*	*Chinesische Musik*	*Babylonische Mathematik*	
≈ Betender Herrscher vor dem Sonnengott (Relief aus Susa [Persien], der Hauptstadt von Elam) ≈ Plastische ägypt. Tierminiaturen (Fayencen): Nilpferd, Igel, Hase, Maus u. a. ≈ Beginn der mittelminoischen Zeit auf Kreta (bis ≈ —1600); Paläste in Knossos u. Phästos, städt. Siedlungen mit mehrstöck. Häusern; hoher Stand von Kunstgewerbe u. Handwerk; Wandmalereien ≈ Knossos wird mit seinem ausgedehnten Königspalast Mittelpunkt d. minoisch-kretischen Kultur (bis ≈ —1400) ≈ Dreifußgefäße aus d. Huangho-Ebene in China (kennzeichnend für die früheste Kultur in China, die in dieser Landschaft entsteht) ≈ Westlich d. Huangho-Ebene Chinas blüht eine Kultur, die sich durch gutgeformte bemalte Keramik auszeichnet und bis nach Rumänien nachweisbar ist (bis ≈ —1500). Wahrscheinlich Wechselwirkung mit d. chin. „Dreifuß"-Kultur in d. östl. Nachbarschaft ≈ Töpferei mit Ornamenten auf mattenabdruckartigem Untergrund aus d. frühesten Kulturstufe in Japan („Matten-Keramik") ≈ Irland bildet wegen seines Goldreichtums unter den aus Nordfrankreich eingewanderten „Großsteingräberleuten" wichtigen Kulturmittelpunkt ≈ Bronzeplastiken in Form stilisierter Menschen- und Tierfiguren aus sardinischen Nuragen (Wachtürme oder Gräber) ≈ Starke Entwicklung der vorindoeuropäischen südschwed. Felszeichnungen (seit der Jungsteinzeit): Szenen aus Landwirtschaft, Schiffahrt, Jagd, Kampf in einfacher Strichtechnik (wohl immer noch Bildmagie)	≈ Die Musik der Chinesen beruht auf fünfstufiger Oktave ohne Halbtöne	≈ Babylon. Mathematik (als Priesterwissenschaft): Zahlenschreibung mit nur zwei Zahlzeichen n. d. Stellenwertsystem u. mit d. Grundzahl 60; Inhaltsberechnung v. Rechteck, Dreieck, Trapez, Kreis (mit Kreiszahl 3), Rechtkant, Zylinder; Tafeln m. Quadraten u. Kuben der ganzen Zahlen. Auf d. Mathematik beruht entwickelte Astronomie u. Kalenderrechnung ≈ Papyrus aus Kahun, ält. Dokum. d. ägypt. Medizin: Priestergeheimlehre stützt sich auf 6 überlieferte hermetische Bücher ≈ In der Bronzezeit Europas zeigt sich mit d. Formentwicklung (z. B. Flachbeil, Randleistenbeil, Absatzbeil, Tüllenbeil) eine zunehmende Verwend. technologisch anspruchsvollerer Werkstoffe (Reinkupfer, Kupfer mit Silber-, Nickel-, Arsen-, Antimongehalt, Kupfer mit zunehmender Zinnlegierung = Bronze)	≈ Go-Spiel in China erfunden (kommt ~ 700 nach Japan) ≈ Durch Verlagerung des Euphrat kommt Babylon z. Blüte (≈ —3000 begünstigte er die Stadt Kisch) ≈ Zwisch. Ägypten und Palästina-Syrien besteht reger Verkehr (besonders m. phöniz. Hafenstädten) ≈ Die babylon. Herrscher zeigen gepflegten, reihenweis gelockten Bart ≈ Harappa u. Mohenjo-daro sind hochentwickelte Städte der Induskultur: geometr. Grundriß, Kanalisationssystem ≈ Joch von Vinlez (ältest. bekanntes Zugtierjoch in Mitteleuropa) ≈ Pferd als Haustier in Europa ≈ Weizen u. Hirse in Europa (seit ≈ 500 auch Roggen in Mitteleuropa) ≈ Frauenkleidung in der Bronzezeit: Jacke mit kurzen Ärmeln, knielang. Rock aus Schnüren gebunden; üb. der Stirn kurzgeschnittenes Haar (Baumsarg - Fund von Egtved)

Genaue Jahreszahlen gibt es erst ab ≈ −800	Letzte Dynastie von Ur	Ägyptische „Weisheitslehre"	Ägyptische und babylonische Götterwelt
−1985	≈ Riesengrab eines ägypt. Gutsbesitzers und Offiziers in Assiut. 7 Kammern auf 50 m Länge. Inschriften regeln den Totendienst nach seinem Tode	≈ „Weisheitslehre Königs *Amenemhêt*" für seinen Sohn *Sesostris* I. v. Ägypten (pessimistische Haltung)	
−1955	≈ Die Elamiter erobern vom Osten her Sumerien und beseitigen die letzte sumerische Dynastie von Ur, deren König gefangen wird (herrschen bis ≈ −1728) ≈ Pharao *Amenemhêt I.* wird ermordet ≈ Pharao *Sesostris I.* dehnt ägypt. Einfluß bis zum 3. Katarakt in Nubien aus. Wüstenfestung Buhen mit Bastionen in Nubien		
−1950	≈ Eroberung Babylons durch die palästinensischen Amoriter vom Westen her. Neben diesem Kgreich herrschen in Babylonien die elamitischen Kge. in Larsa u. Isin (Südbabylonien) ≈ Stadtfürsten von Assur nach Zusammenbruch des Reiches von Ur selbständig (vgl. −1875) ≈ Indoeuropäische „Protogriechen" führen vaterrechtliche Ordnung ein; Mutterrecht hält sich auf Kreta		≈ Massenopfer von Nubiern bei der Beisetzung ägypt. Fürsten

Ägyptische Grabmalkunst	Ägyptische Musik	Babylonisches Weltbild	
≈ Ältester mykenischer Palast in Tiryns (Rundbau)		≈ Backöfen in Mitteleuropa in Form länglicher Kuppeln ≈ Eisenverwendung i. Babylonien	
≈ Grab des *Sirenpowet* in Assuan: Treppe, Hof, Vorhalle, dreischiffiger Sammlungsraum, Gang, Grabraum mit Kultnische; straffe Gliederung; Reliefs			
≈ Obelisk am Tempel in Heliopolis, errichtet zum Dreißigjahrfest Kg. *Sesostris' I.* v. Ägypten (Obelisken sind Kultsymbole des Sonnengottes) ≈ Ägypt. Felsengräber bei Beni-Hasan mit kulturhist. aufschlußreichen Bildern und Texten; im Grab des Königs *Amenemhêt I.* dreischiffiger Innenraum mit Doppelreihe kannelierter Säulen ohne Kapitell (ähnlich Grundform und Stil des griech. Tempels) ≈ Wandgemälde im Grab des Königs *Amenemhêt I.* in Beni-Hasan (Ägypten): Antilopenjagd, Tänzer (filmartige Reihe von Bewegungsphasen), Gabenbringer ≈ Die ägypt. Reliefkunst benutzt Quadratnetze als Hilfslinien ≈ Fürstengrab von Leubingen mit zeltartigen Holzeinbauten zeigt hohen Stand der Baukunst in Mitteleuropa		≈ Babylonisches Weltbild: Erde als Boden einer geschlossenen Schachtel; in der Mitte Schneeberge als Euphratquelle; darum Wassergraben; jenseits himmeltragende Berge ≈ Das Gewichtssystem der Induskultur beruht auf den Zahlen 2, 4, 8, 16, 32 usw.	≈ Während der Aunjetitz/Leubinger Kultur (von ≈ —2100 bis ≈ —1800) ist Europa von einem Netz v. Handelsstraßen durchzogen; von der südwestdt. Adlerbergkultur führen Beziehungen bis ins östl. Mittelmeergebiet

	Kg. Sesostris III.	Hiëroglyphen Keilschrift	Ägyptische Sargtexte
Genaue Jahreszahlen gibt es erst ab ≈ −800			
−1927	≈ Gesetzestafel von König *Lipit Ischtar* von Nippur (fixiertes Gesetz vor *Hammurapi*)		
−1920	≈ In Babylonien gewinnt Larsa(m) die Oberhand über Isin		
−1900	≈ Dynastie von Babylon wird begründet ≈ Übergang von der Kupfer- zur reinen Bronzezeit in Westeuropa: Flachbeile, Dolchklingen, Armringe mit spitzen Enden. Relativ ornamentarm verglichen mit Nordeuropa (vgl. −1750)		≈ Im ägypt. Mittleren Reich sind auf den Innenwänden d. Särge Texte angebracht, die dem Toten im Jenseits dienen sollen (im Alten Reich als „Pyramidentexte" an den Grabwänden; im Neuen Reich als „Totenbücher")
−1875	≈ Altassyrische Handelskolonien in Anatolien (Kanesch/Kültepe)		
−1850	≈ Kg. *Sesostris* III. v. Ägypten stützt sich auf das aufsteigende Bürgertum; vollendet Eroberung Nubiens, zieht nach Palästina ≈ Die ägypt. Eroberungen in Palästina (z. B. Stadt Sichem) führen zu keiner dauerhaften Herrschaft	≈ Nach Übernahme der Keilschrift erste hethitische Inschriften	≈ Marduk erscheint als Stadtgott Babylons (gilt als von sumer. Göttern eingesetzt) ≈ Totenkultplatz von Stonehenge (Engl.): große Steinringe (Steine bis 40 t schwer); benachbarte Pferderennbahn (Alter durch radioaktiven Kohlenstoff bis auf 275 Jahre gesichert)

	Knossos-Palast auf Kreta	*Ägyptische Musik*	*Minoische Bautechnik*	
	≈ Kultureller Austausch zwischen Ägypten und Mesopotamien nachweisbar ≈ Russisch-asiatische Steppenkulturen schlagen Brücke zwischen mesopotamischer und chinesischer Kultur (vgl. —7. Jhdt.)			≈ In Süddtl.: Weizen, Gerste, Hirse, Erbsen, Linsen, Mohrrübe, Flachs, Mohn, Äpfel; Torfrind, Torspitz, Pferd, Schaf, Ziege
	≈ „Antilopenfütterung" (ägypt. naturnahes Wandgemälde im Grab d. *Chnemhotep* bei Beni-Hasan) ≈ Grab des (zweiten) *Sirenpowet* in Assuan; noch schwerer und strenger gegliedert als das von —1955; in der Kultnische Gemälde des Toten mit seiner Familie		≈ Ägypter konstruieren rechte Winkel mit Hilfe des Knotenseil-Dreiecks mit den Seitenlängen 3, 4, 5 („pythagoreische Zahlen")	
	≈ Palast in Knossos auf Kreta: labyrinthartiger weitläufiger Bau, in kleine Einzelbilder unterteilte Wandmalereien ≈ Thronender Mann (hethitische Plastik in Bronzeguß, versilbert) ≈ *Nofret* (ägypt. Granitplastik der Gemahlin König *Sesostris' II.*) ≈ *Chertihotep* (ägypt. Sandstein-Sitzplastik in geschlossener, stark stilisierter Form)		≈ Licht- und Luftschächte, Bade- u. Aborträume mit Kanalisation im Knossos-Palast auf Kreta ≈ Älteste Wagendarstellung Europas in der nordhessischen Steinkiste von Züschen	≈ Turnerische Reiterballspiele (i. Huckepack) in Ägypten
				≈ Arbeitersiedlung in der libyschen Oase Fayum für Pyramidenbau
	≈ Die ägypt. Reliefkunst des Mittleren Reiches betont symmetrische, geometrische u. ornamentale Formen ≈ Die ägyptische Plastik führt zum „Würfelhocker" als Ideal einer blockartig geschlossenen Form ≈ Viergesichtige Göttin aus Dur-Rimusch (Babylonien), Bronze		≈ Ägypter machen die Oase Fayum in der Libysch. Wüste urbar, d. bisher unter Überschwemmung. litt: Schleusen- und Kanalsystem für den überschwemmenden Nilarm u. Dämme um den Überschwemmungssee („Moiris-See")	≈ In Babylonien sind Getreidedarlehen nach d. Ernte mit 33% Aufschlag zurückzugeben. (Zinsen u. Schuldknechtschaft sind so alt wie der Grundbesitz) ≈ Große Stadtmauer Babylons erbaut

	König Hammurapi Kodifiziertes Recht	Altsemitische Schrift	Baumsärge und Steinkisten
Genaue Jahres- zahlen gibt es erst ab ≈ −800			
—1815	≈ Assyrisches Reich mit Mari und benachb. Gebirgsländern begründet (bis ≈ −1735)		
—1800	≈ Zeit des sagenhaften *Abraham*: aramäische Wanderhirten gelangen vom Osten oder Nordosten nach Palästina und versuchen dort unter der ansässigen, politisch und religiös zersplitterten Bevölkerung mit vorwiegend semitischer Sprache Fuß zu fassen (ihre Heimat wird auch im Kaukasus vermutet) ≈ In Mesopotamien bestehen semitisch-kanaanäische Dynastien in Isin und Larsan (−20. bis −18. Jhdt.), sowie Babylon (−19. bis −17. Jhdt.). Bestimmend bleibt sumerische Kultur	≈ Blüte der ägypt. Literatur des Mittleren Reiches: Märchen u. a. ≈ Tontafelarchiv im gr. Königspalast der Stadt Mari am Euphrat mit vorwiegend wirtschaftlichen und politischen Texten	≈ Zivil- und sachenrechtliche Gesetzestafeln des Königs von Eschnunna aus Tell Abu Harmal (bei Bagdad): Regelung von Entschädigungen, Lohn- und Preisordnung, keine Todesstrafe ≈ Bewußte Prinzenerziehung zur Verantwortung in Assyrien
—1770	≈ Ende der 12. Dynastie in Ägypten (durch radioaktiven Kohlenstoff vom Leichenschiff *Sesostris* III. um −1800 sichergestellt) ≈ 13. Dynastie in Ägypten, letzte des Mittleren Reiches, bis ≈ −1700 ≈ *Rim-Sin* Kg. von Larsa (Südmesopotam.) bis ≈ −1700; erobert das benachbarte Kgr. Isin, das übrige Mesopotamien (außer Babylon), Assur und Elam; fördert Handel (seine Herrschaft wird durch *Hammurapi* beseitigt)		≈ Aus sumer. Überlieferung entsteht babylon. Mythus v. der Erschaffung des ersten Menschen aus Lehm und von der Sintflut
—1750	≈ Assur verliert nach vorübergehender Eroberung Südbabylonien ≈ Soziale Unruhen in Ägypten ≈ Indo-Europäer gewinnen Herrschaft in Anatolien (Vorstufe des Hethiter-Reichs) (vgl. −1450)	≈ Altsemitische Inschriften in Byblos (älteste bekannte Inschriften in dieser Mutterschrift der unsrigen)	≈ In der frühesten Bronze- (Kupfer-) Zeit Nordeuropas: Leichenbeisetzung in Steinkisten u. Baumsärgen unter Hügeln (seit ≈ −1900)
—1728	≈ Hammurapi Kg. von Babylonien bis ≈ −1686; unterwirft Mesopotamien mit Assyrien. Babylon wird Hauptstadt des dadurch begründeten babylonischen Reiches (das bis ≈ −1600 besteht); läßt Gesetzessammlg. in Stein meißeln (*H.* wird auch −1793 bis −1750 angesetzt) ≈ Ausgebildetes Beamtenwesen im Reich *Hammurapis*. König im briefl. Verkehr mit Statthaltern; bestimmt Löhne und Preise. Steuern als Natural-Zehnt. Domänenpächter liefern an den König. Erblicher Kriegerstand (meist Amoriter) auf erblichem Grundbesitz: stammrollenähnliche Erfassung		≈ Der Stadtgott Babylons Marduk wird Hauptgott Babyloniens. Im obersten Stockwerk seines siebenstöckigen Tempelturms feierte alljährlich die Oberpriesterin die „Heilige Hochzeit" mit dem Gott

Ägyptische Kunst des Mittleren Reiches	*Hethitische Musik*	*Ägyptischer Rechenpapyrus*	
≈ Sphinx *Amenemhêts III.* aus Tanis (ägypt. Fabeltierplastik aus schwarzem Granit)			
≈ „Würfelhocker" (ägypt. Sitzplastik aus Granit; verschmilzt in archaischem Geist menschlichen Körper mit geometrischer Würfelform) ≈ Isis, den Horus säugend (ägypt. Kupferplastik; stark bewegte Linienführung) ≈ Pyramide und Totentempel in Hawâra (Fayum) ≈ Königspalast mit Gemälden in Mari/Nordbabylonien (vollendet ≈ —1760)		≈ Rechenbuch d. *Ahmes* (ägyptisch. „Papyrus - Rhind" mit mathematisch. Aufzeichnungen; vorwiegend Beispiele aus d. Landwirtsch. m. Bruchrechnung und Flächenberechnungen. (Geht zurück auf Aufzeichnungen um —2200)	≈ Ägypt. Männerkleidung: Langer Schurz aus Leinen od. Baumwolle. Ägyptische Frauenkleidung: Hemdartiges Gewand aus Leinen od. Baumwolle m. Schulterbändern, bunter Leinenkragen. Beide Geschlechter keine Schuhe; gr. Lokkenperücken
≈ Die ägypt. Kunst des Mittleren Reiches zeigt einen spannungsreichen, energischen Stil, der häufig auf Traditionen des Alten Reiches zurückgreift. Die Porträts zeigen oft psychologische Wirklichkeitsnähe ≈ *Neferhotep I.* (ägyptische Statue) ≈ Palast mit Wandbildern in Mari (Babylonien), u. a. Einsetzung des Königs durch Ischtar ≈ Unter *Rim-Sin* letzte Blütezeit der sumerischen Kultur		≈ Aus Brettern zusammengesetztes Plankenboot in Nordeuropa bekannt ≈ Babylonische Keilschrifttafel enthält sog. pythagoreische Zahlen (z. B. $3 \times 3 + 4 \times 4 = 5 \times 5$)	≈ In d. frühesten Bronze- (Kupfer-) Zeit Nordeuropas: Flachbeile m. gerundet. Schneide, Hammeräxte, dreieckige Dolche, Kurzschwerter, offene Arm- und Halsringe; feine geradlinige Bronzeverzierungen (seit ≈ —1900)
≈ Verweltlichung und Verbürgerlichung der ägypt. Kultur gegen Ende des Mittleren Reiches ≈ Breitraumcella mit Kultnische und Postament tritt in Babylonien als Tempelgrundriß auf		≈ Leichte zweirädrige Jagd- und Streitwagen bei d. Assyrern	≈ Assyr. Kaufleute vermitteln Zinnhandel in das anatolische Zentrum der Bronzeerzeugung
≈ Relief der Gesetzessäule König *Hammurapis*: König empfängt Gesetz aus der Hand des Sonnengottes Schamasch ≈ Hethitische Siegel und Rollsiegel in Kleinasien zum Kennzeichnen persönl. Eigentums. Große Formenfülle, teilw. babylonisch beeinflußt		≈ Im Gesetz des Kgs. *Hammurapi* von Babylonien werden chirurgische Operationen, u.a. am Auge, erwähnt. Honorare u. Strafen (bis zum Abhauen d. Hände) für Ärzte gesetzl. festgelegt. Ärztl. Honorare f. Freie, Freigelassene und Sklaven verhalten sich wie 10:5:2	≈ Aus dem Recht *Hammurapis*: Keine Blutrache; Ehebrecherin wird ertränkt (König kann begnadigen); Priesterin hat Recht auf Heirat, aber nicht auf Kinder (dafür Kebsweib); genaues Erbrecht

Genaue Jahreszahlen gibt es erst ab ≈ −800	Hyksos in Ägypten Indoiraner in Indien	Minoisch-kretische Schrift	Kretischer Kult
—1700	≈ Kg. *Hammurapi* von Babylonien schließt die Beseitigung der elamitisch. Herrschaft ab durch Eroberung des Stadt-Königreichs von Larsa und Gefangennahme seines Herrschers *Rim-Sin* in Elam ≈ Eindringen der semit. (?) Hyksos in Ägypten; Hyksoszeit (14.—16. Dynastie) bis ≈ —1600; Zerfall d. staatl. Einheit ≈ Ende des Mittleren Reiches in Ägypten (brachte Blütezeit von Kunst, Bautätigkeit, Schrifttum; Herrschaftserweiterung nach Süden) ≈ Die Könige von Knossos (u. a. der sagenhafte König *Minos*) beherrschen ganz Kreta. Seeherrschaft und ausgedehnter Handel mit Syrien, Ägypten u. Mesopotamien. Vorstöße ins westliche Mittelmeer. Seeherrschaft sichert weitgehend friedl. Leben auf der Insel (≈ —1400 durch Mykenä beendet)	≈ Höhepunkt der akkadisch-babylonischen Literatur: Hymnen, Epen, sumerisch-akkadische Wörterbücher, Samml. von Opfervorzeichen, Mathematik ≈ Minoisch-kretische Schrift bildet sich von bilderartiger Hiëroglyphenschrift z. einer linearen um (Schrifttäfelchen-Verzeichnis des Palast - Inventars; 1952 entziffert *Michael Ventris* diese Schrift als Griechisch)	≈ Der Priesterkönig in Knossos auf Kreta leitet den im allgemeinen bilderlosen Kult, der vor allem eine Muttergöttin u. einen männl. Begleiter durch Stieropfer mit Doppelbeil (Labyrinthos), Stierspiele u. Reigen verehrt. Mittelpunkt ist ein Frühlingsfest mit Auferstehungsfeier des Gottes ≈ Anlage des großen Reihenfriedhofes bei Singen. Hockergräber in Baumsärgen m. Beigaben (ununterbroch. bis ≈ —700; erst ≈ —1200 unter illyrischem Einfluß Brandbestattung)
—1686	≈ *Samsuiluna*, Sohn des *Hammurapi*, wird König in Babylonien bis ≈ —1648; unter ihm zerfällt Einheit des Staates ≈ Lehensverhältnis der Fürsten von Theben zu den Hyksos		
—1600	≈ *Amenophis I.* unternimmt erfolgr. Feldzüge in Asien u. Nubien ≈ Kossäer dringen vom Nordosten aus d. Gebirge nach Babylonien vor u. errich. hier ihre Herrschaft bis ≈ —1171 ≈ 17. Dynastie bis ≈ —1555 mit d. Kgn. *Kemose*, *Amosis* u. a. Vertreibung der Hyksos durch Fürsten v. Theben. Einigung Ägyptens ≈ Nach d. Tode d. Hethiter-Kgs. *Hattusilis I.* (≈ —1615), der Teile Syriens eroberte, Höhepunkt d. ält. Reiches ≈ Hethiter vernicht. babyl. Reich ≈ Besiedlung Indiens durch indoiranische Bauernvölker, die von Afghanistan her eindringen und die alte Induskultur vernichten. Rückdrängung der drawidischen Bevölkerung nach Süden (Dekkan) ≈ Aus Südrußl. stoßen kriegerische Indoiraner mit Streitwagen nach Vorderasien vor (nach ≈ —1500 Streitwagen auch in China). Streitwagen verbreitet sich in den folgenden Jhdten. über die Länder des östl. Mittelmeergebietes	≈ Festlegung der Konsonantenwerte in der altsemitischen Schrift Phöniziens, die sich aus der gublitischen Schrift entwickelt hat (vgl. —2000 und —1750)	≈ In den griech.-myken. Schachtgräbern werden die Toten außerhalb der Siedlungen in gestreckter (statt Hocker-) Lage beigesetzt. Reliefs mit Spiralen, Jagd- und Streitwagendarstellungen; goldene Totenmaske; zahlreiche minoisch-kretisch beeinflußte Metallgeräte und überladener Goldschmuck in monumentalen Fürstengräbern ≈ Minoisch-kretische Gottheiten sind weitgehend mit den klassisch-griechischen identisch (vgl.— 1000) ≈ Die Stellung d. Hethiter-Königin zeigt mutterrechtliche Züge

	Kretische Kunst	Kretische Tänze	Ägyptische Medizin	
	≈ Im Mittleren Reich Ägyptens entstanden die letzten großen Pyramiden ≈ Wiederaufbau des durch Brand (Erdbeben?) zerstörten Palastes von Knossos auf Kreta (wieder zerstört durch mykenische Eroberer ≈ —1400) ≈ Zweifarbiger Stil mit Pflanzen u. Meerestieren in d. kretischen Keramik (vorher vielfarbiger dünnwand. Kamaresstil mit verschlungener Ornamentik; ab ≈ —1600 Erstarrung in geometr. Stilisierung in festländ. beeinfluß. „Palaststil") ≈ Entstehung der kretisch-minoisch beeinflußten indoeuropäisch-mykenischen Kultur auf dem griech. Festland. Zentren: Mykenä, Tiryns u. a. (frühmyken. Zeit bis ≈ —1600). Die mykenischen Paläste sind im Gegensatz zu den kretischen befestigt	≈ Kultische Tänze auf Kreta	≈ Dezimales Zahlensystem u. Gewichtsordnung auf Kreta ≈ Pferd u. Wagen kommen aus Mesopotamien über die Hyksos nach Ägypten (waren v. d. Kossäern als „Esel der Berge" nach Babylonien gebracht worden; vgl. —1750) ≈ Wasserräder z. Feldbewässerung in Babylonien; ihr Diebstahl wird bes. unter Strafe gestellt ≈ Babylonische Mathematik ohne Beweise	≈ Höfische Kultur am minoischen Hof in Knosos auf Kreta: Dominierende Stellung der Frau. Höfische Frauentracht: Geöffnete Jacke mit freier Brust, stark geschnürte Taille, glockenförmiger Volantrock. Männertracht: Lockenhaar m. Federkrone; bartlos; Lendenschurz, wertvolle Gürtel
			≈ Rajsamand-Staudamm in Indien (Baubeg.≈—1661, 5,4 km lang, 14 m hoch, aus poliertem Marmor)	≈ Gesetz des *Hammurapi* kennt Eisenmetall (jedoch noch lange ohne wesentliche Bedeutung)
	≈ Beginn der Blüte der kretisch-mykenischen Hochkultur (bis ≈ —1200), die in der Folgezeit auch die Kunst des Neuen Reiches in Ägypten beeinflußt ≈ Für die kretische Kunst d. mittel- u. spätminoischen Zeit sind Kleinformen und der Versuch zur Erfassung lebensnaher Augenblicksbilder kennzeichnend (spätminoische Zeit bis ≈ —1200) ≈ Hoher Stand der kretischen Goldschmiedekunst (gold. Anhänger in Tierform, Gemmen, eingelegte Brettspiele) ≈ Email-Technik in Babylonien (führt zur Verwendung glasierter farbiger Ziegel an repräsentativen Wandflächen)		≈ Papyrus *Edwin Smith*, enth. ägypt. medizin. Anschauungen; relat. große chirurg. Kenntn.: Kastration, Entfernung von Geschwüren, Behandlung von Leisten- u. Knochenbrüchen u. Schädelverletzungen, Nähen v. Wunden ≈ Der Wagen in ägypt. u. europ. Darstellungen (indo-iran. Pferde-Streitwagen, in Europa Pferde- u. Rinderkarren; i. Babylonien Streit-, Transport-, Jagd- und kult. Wagen schon im —3. Jtsd.)	≈ Elfenbeinkästchen, Kämme, Schminkbüchsen u. a. Toilettengegenstände an den Höfen in Knossos (Kreta) u. Mykenä (Griechld.). Auch gleiche Frauentracht (vgl. —1700). Männertracht in Mykenä: Hemdart. Gewand u. Mantel, Gewandnadeln ≈ Die griech.-myken. Streitwagen-Darstellgen. erweisen erstmal. Streitroß im ägäischen Raum (gleichz. in Vorderasien nachgewies.; Zuchterfolge in d. folg. Jhdten.)

	Neues Reich in Ägypten	Literatur der ältesten Hochkulturen	Ägyptische Reichsgottheit Amon
Genaue Jahreszahlen gibt es erst ab ≈ −800			
−1580	≈ *Amosis I.* König von Ägypten bis ≈ −1555; beseitigt endgültig Herrschaft der Hyksos		
−1575			
−1570	≈ König *Amosis I.* von Theben (Ägypten) vertreibt die Hyksos endgültig aus Ägypten und verfolgt sie bis Palästina		
−1555	≈ Nach Vertreibung der Hyksos Neues Reich in Ägypten (18.—24. Dynastie) bis −712. Straffe zentrale Verwaltung. 18. Dynastie bis ≈ −1350. Entwickelt sich schnell zu einem kolonialen Großreich ≈ *Amenophis I.* König von Ägypten bis ≈ −1530		≈ Ägyptischer Reichsgott ist Amon. Ständiges Wachsen der Macht seiner Priester
−1550	≈ Übertragung der Kupfer-Zinn-Metallkultur von Innerasien nach China ≈ In der Shang-Dynastie Nord-Chinas herrscht ein Großkönig mit Priesterfunktionen über zahlreiche Lehnsleute. Kämpfe mit den Nachbarn Hethiter erobern Babylon		≈ Übergang zur Leichenverbrennung in Europa
−1530	≈ *Thutmosis I.* König von Ägypten bis ≈ −1515 (es folgt *Thutmosis II.*) ≈ Hethiter erobern vorüb. Babylon		≈ König *Thutmosis I.* von Ägypten trennt als erster ägypt. König sein Grab vom Totentempel und läßt sich das erste Felsengrab im „Tal der Könige" bei Luxor bauen; offensichtl. als Schutzmaßnahme gegen die seit Jhdten. verbreitete Räuberei
−1501	≈ *Thutmosis III.* König von Ägypten bis ≈ −1447; erobert Syrien und begründet ägypt. Großreich; zunächst neben seiner Stiefmutter *Hatschepsut;* ab ≈ −1480 Alleinherrscher ≈ *Hatschepsut,* Gemahlin ihres Halbbruders *Thutmosis II.*, führt als Pharao zusammen mit ihrem Günstling u. Kanzler *Senmut* friedliche Regierung bis ≈ −1480, ordnet Verwaltung, läßt Expedition an die Somaliküste unternehmen („Weihrauchland Punt")		

	Stilwandel in Ägypten	Ägyptische Musik	Ägyptische Technik	
			≈ Gewinnung v. Kupfer aus Schwefelerzen i. Ägypten	
	≈ Kretisches Tempelgrab bei Knossos mit unterird. Grabräumen und oberird. Kulträumen (ägypt. beeinflußt?)			
	≈ 2. Zerstörung des Palastes von Knossos auf Kreta (wahrscheinlich Erdbeben)			
	≈ Fibel (Gewandnadel) aus Bronze kommt auf. Eingliedrig im Süden und Südosten, zweigliedrig im Norden Europas (wird bis ~ 800 verwendet) ≈ Kultur-Verfeinerung in Ägypten. Entwicklung einer naturalistischen und ausdrucksstarken Kunst		≈ Ägyptern ist Entwicklung des Pillendrehers aus dem Ei, der Fliege aus der Made, des Frosches aus der Kaulquappe bekannt	
	≈ *Amenophis I.* läßt Bauten in der Totenstadt Thebens errichten ≈ *Shang*-Kultur in China: Städte mit Mauern u. Tempeln, polit. einflußreiche Priesterschicht, Reisgott, Erdgöttin, Mutterrecht, Streitwagen, Menschenopfer, hochentwickelte Bronzekunst, Keramik, Textilgewebe, Schrift, Astronomie		≈ Papyrus *Ebers*: Über 700 ägypt. Medikamente. Krankheitsursach.: Dämonen u. falsche Ernährung, Würmer; Diagnostik durch Abtasten u. Abhören. (Ägypt. Medizin ist rationaler als babylonische)	~ In Knossos sind folgend. Berufe bekannt: Ärzte, Herolde, Köche, Bäkker, Töpfer, Walker, Zimmerleute, Schiffsbauer, Maurer, Waffenschmiede, Schmiede, Goldschmiede, Bogenmacher, Holzfäller, Hirten, Jäger; Badewärterinnen, Getreidemahlerinnen
	≈ Spinnende Frau mit fächerndem Diener (Relief aus Susa [Persien], Hauptstadt von Elam) ≈ Einwanderer aus dem Nordwesten erscheinen in Japan mit geringer verzierter Keramik, verdrängen die „Matten-Keramik", bringen Haustiere (z. B. Pferd) und Nutzpflanzen (z. B. Weizen) mit ≈ Kultrelief eines Berggottes aus Assur ≈ Beginn kunstvoller Glasbearbeitung in Ägypten; z. B. Trinkgefäße (noch keine Glasbläserei, vgl. - 1450 Kunst)		≈ Ägypter suchen in Nubien (oder sogar im östlichen Südafrika) n. Gold, Zinn, Kupfer. Vielleicht schon Umfahrten um Afrika vom Roten Meer aus ≈ Ägypt. Schiffe: bis 50 m lang und schmal; Bug- und Heckkajüten; Segel; bis 30 Ruderer	≈ Fahrbare Igelfigur als Kinderspielzeug (elamitisch, aus Susa)

	Mykenäer in Spanien	*Rigweda*	*Priestermacht im Hethiter-Reich*
Genaue Jahreszahlen gibt es erst ab ≈ −800			
− 1500	≈ Ägypten wirft Aufstände in Nubien nieder, wo die Stadt Napata am oberen Nil entsteht ≈ Mykenäer besiedeln Spanien ≈ Griechenland ist im Süden von den Ioniern und Achäern, im Norden von Dorern besiedelt (die ≈ −1000 nach Süden vordringen) ≈ Vollentwickelte Bronzezeit in China	≈ Entwicklung einer frühesten zusammenhängenden „Weltliteratur" in Ägypten, Babylonien u. Indien ≈ „Das Märchen vom verwunschenen Prinzen" (ägypt. Erzählung, mit redendem Krokodil als „Schicksal" des Prinzen)	≈ Große Macht der Priester im kleinasiat. Hethiter-Reich. Besondere Bedeutung f. ihre Entscheidungen hat die Leber der Opfertiere; zu ihrer Ausdeutung dienen Lebermodelle aus Ton mit Keilschrift-Erläuterungen. Ca. 1000 Götter werden verehrt ≈ Großsteingräber am Mittelmeer, in Bulgarien, Südrußl., Nordpersien, Süd- u. Ostasien
Im −2. Jahrtausend	Hügelgräberbronzezeit in Mitteleuropa (≈ −1800 bis ≈ −1200): starke Änderungen der Kultur weisen auf Bevölkerungswechsel. Entwickelung des Schwertes, der Beile, des Schmuckes, der Keramik (Kerbschnittkeramik). Kelten sind Hauptträger dieser Kultur in Süddeutschland In Nord- und Mitteleuropa entstehen indo-europ. Urgermanen (vgl. −2000)	„Rigweda" (1028 Götter- u. Siegeslieder, ind.philos.Dichtungen in 10 Büchern). Beginn des indischen Schrifttums in „Sanskrit" gehobener Sprache. Es folgen weitere Weden (Spruch- und Liedersammlungen)	Die indischen Weden dreiteilen Weltall und Götterreich in Himmel, Luft und Erde Gesichtsurnen in Troja
− 1490		≈ „Bronzespatel des Hasdrubal aus dem Tempel der Herrin von Byblos" (altsemitische Inschrift als Vorläufer der aramäischen, hebräischen, arabischen, griech.-römischen Schriften)	≈ Im ägypt. Neuen Reich gibt es nur noch Felsengräber für die Herrscher (keine Pyramiden). Die Gräber werden gegen Räuber bewacht und die Mumien von Zeit zu Zeit zur Sicherung heimlich in andere Grabstätten gebracht (so gelangen bis zu 13 Königsmumien in ein Grab) ≈ In der mykenischen Kultur Griechenlands verdrängt das Kammer- und Kuppelgrab das frühere Schachtgrab

Ägyptische Malerei	Ägyptische Musik	Ägyptische Medizin	
≈ „Totenbücher" (ägypt. Papyri), enthalten Miniaturmalereien mit Bildnissen; Zaubersprüche für das Jenseits und religiöse Gedanken (im Alten Reich als „Pyramidentexte" an den Grabkammerwänden, im Mittleren Reich auf den Innenwandungen der Särge) ≈ In der Bronzezeit Europas findet eine Entwicklung des Ornaments vom Kreis über die Spirale zu naturhaften Formen statt, die im Mittelmeergebiet eher erreicht und stärker festgehalten werden als in Nordeuropa	≈ Festgesellschaft mit musizierenden Mädchen (Wandgemälde in einem Grab in Theben)	≈ Die Lehre der ägypt. Medizin erfolgt als Geheimlehre i. d. Tempelschulen bes. von Memphis u. Theben ≈ Ägypt. Papyri kennen Kot und Harn von Tier u. Mensch als Heilmittel („Dreckapotheke", bis in die Neuzeit angewandt)	≈ Neben d. Baumwoll-Lendenschurz entwickelt sich in Ägypten ein Leibrock mit kurzen Ärmeln. Daneben Schulterkragen u. Umwurf. „Sphinx-Kappe" ≈ Reich geschnitzte Salblöffel aus Holz in Ägypten (Stiel oft in Gestalt einer nackten Dienerin)
≈ Die Bronzezeit in Ungarn ist gekennzeichnet durch vielseitige Einflüsse u. Reichtum an Gold u. Kupfer; viel Spiralornamente, „barocke" Tongefäße ≈ Früheste Datierung der mexikanischen Olmeken-Kultur (auch erst um Chr. Geb. angesetzt)		Pflug i. Nordeuropa durch Abbildung nachgewiesen	Während der Bronzezeit in Ungarn zahlreiche Handelsdepots (z. B. an d. Bernsteinstraße nach Vorderasien) Weinbau dringt v. Süden des Kaspischen Meeres nach Griechenland vor
≈ Totentempel der Königin *Hatschepsut* i. Deir-el-Bahari: Terrassenbau mit Säulenhallen, in der Achse führt eine Rampenstraße z. d. Kulträumen in der abschließ. Felswand ≈ Farbige ägypt. Reliefs im Totentempel der *Hatschepsut*: u. a. Geburt der Königin, Huldigende Fremdvölker, Gabenträger, Schiffslandung in Punt (trotz formaler Ähnlichkeit mit der Kunst d. Mittleren Reiches in einem dekorativen höfisch-verfeinerten Stil) ≈ Sitzstatue der Königin *Hatschepsut* (ägypt. Plastik, die traditionelle Elemente d. Mittleren Reiches [schlichte Haltung, Königshaube, Schurz] m. höfischfeinen Zügen d. Neuen Reiches verbindet) ≈ Kanzler *Senmut* mit Tochter der Königin *Hatschepsut* als „Würfelhocker" (ägypt. Porträtplastik, mit zu einem Würfel stilisierten Körpern, dem die Köpfe aufsitzen) ≈ Königin *Hatschepsut* als Sphinx (ägypt. Plastik)		≈ Ägypt. Sägen m. Bronzeblättern ≈ Quecksilber in Ägypten bekannt	≈ Im Neuen Reich Ägyptens beginnen die Güter fremder Völker nach Ägypten zu strömen (vgl. —1250)

Genaue Jahreszahlen gibt es erst ab ≈ −800	Ägyptisches Großreich	Literatur der ältesten Hochkulturen	Kretisches Auferstehungsfest
— 1480	≈ *Thutmosis III.* nach dem (gewaltsamen?) Tode seiner Gattin *Hatschepsut* Alleinherrscher in Ägypten bis ≈ −1450; erobert vorderasiatische Gebiete zurück und kolonisiert sie. Unter ihm erlangt das ägypt. Reich größte Ausdehnung: vom Euphrat bis zum 4. Nilkatarakt in Nubien	≈ Ägypt. Sieg in der Schlacht v. Megiddo in ägypt. Annalen verzeichnet	≈ Hethitische Gesetze zeigen Abnahme grausamer Strafpraxis
— 1450	≈ *Amenophis II.* König v. Ägypten, bis ≈ −1430 ≈ Ägyptisches Großreich bis zum Euphrat. Aufstand syrischer Fürsten niedergeschlagen. Sieben ihrer Leichen in Theben und Napata (Nubien) öffentlich ausgestellt ≈ Neues Reich d. indoeuropäischen Hethiter in Kleinasien (dringen wiederholt nach Syrien vor. Kultur stark babylonisch beeinflußt; Ende des Reiches ≈ −1200) ≈ Kossäer aus dem Norden beherrschen ganz Babylonien (bis ≈ −1171). Kämpfe gegen Assyrien und Elam. Diplomatische Beziehungen z. Ägypten		≈ Bemalter kretischer Steinsarkophag aus Hagia Triada mit relig. Darstellungen d. Auferstehungs-Frühlingsfestes (vgl. −1700). Daneben einfache wannenartige Tonsärge mit Hockerbestattung ≈ Beginnende Leichenverbrennung in der Bronzekultur in Nordeuropa
— 1430	≈ *Thutmosis IV.* König von Ägypten, bis ≈ −1420		
— 1420	≈ *Amenophis III.* König von Ägypten bis ≈ −1385; friedlicher, auch brieflicher Verkehr m. Vorderasien; ausgedehnter Handel; hohe kulturelle Blüte		
— 1410			

Stilwandel in Ägypten	*Hethitische Musik*	*Ägyptisches Handwerk*	
≈ König *Thutmosis III.* v. Ägypten läßt Bilder und Inschriften mit Namen seiner rivalisierenden Gemahlin *Hatschepsut* zerstören ≈ *Thutmosis III.* triumphiert über seine asiatischen Feinde (Relief am Amon-Tempel in Karnak)			≈ Insel Santorin i. d. Ägäis durch gewaltigen Vulkanausbruch zerstört (vielleicht Ursache d. „Ägypt. Finsternis"; vgl. —1230)
≈ Kapelle *Thutmosis' III.* im Tempel von Luxor (renoviert von *Ramses II.* ≈ —1250) ≈ Kg. *Thutmosis III.* von Ägypten errichtet zwei Obelisken in Heliopolis (diese „Nadeln der Kleopatra" kommen —25 nach Alexandria, ~ 1879 nach London und New York) ≈ Amon-Tempel in Karnak mit Festtempel *Thutmosis' III.*, Plastiken und Reliefs mit Bildnissen von ihm und der Königin *Hatschepsut* ≈ *Thutmosis III.* kniend beim Opfer (ägypt. Marmorkleinplastik im verfeinerten Stil; König in schlichter altägypt. Kleidung: Faltenschurz, Königshaube) ≈ Ägypt. Glasvasen mit bunter Fadeneinlage (Grab Kg. *Thutmosis' III.*) ≈ Frondienste von Kriegsgefangenen (ägyptische Wandmalerei in einem Grab)	≈ Hethitische Musik, Tanz, Akrobatik in Verbindung mit religiösem Kult. Musikinstrumente: Gitarre, Leier, Trompete, Tamburin u. a.	≈ Seilerhandwerk in Ägypten bildlich dargestellt ≈ Metallschmelzöfen mit Gebläsen u. Guß größerer Gegenstände in Ägypten ≈ Blasebalg in Ägypten bekannt (bisher Blasrohr) ≈ Ägypt. Obelisken dienen als Sonnenuhr u. -Kalender. *Thutmosis* besitzt Reisesonnenuhr	≈ Leinwanddecken mit vielfarbig eingewirkten Mustern aus dem Grabe v. *Thutmosis III.* ≈ Bronzekultur in Nordeuropa zeigt Absatz- u. Hohlbeile, reich verzierte Hammeräxte, Schwerter m. achteckigem Griff, älteste, zweigliedr. Fibeln, Armbänder m. Doppelvoluten, kragenförm. Halsbänder; Spiralbandornamente ≈ Leichter, pferdebespannter Kampf- und Rennwagen allgemein im vorderasiatisch-ägyptischen Raum verbreitet
≈ König *Thutmosis IV.* von Ägypten läßt die große Sphinx von Gizeh aus dem Wüstensand ausgraben			
≈ Stärkere Abwendung d. ägypt. Kunst von den Traditionen des Mittleren Reiches: zunehmende Auflockerung des Stils und Bevorzugung weicher, gefälliger Formen; asiatische Einflüsse			
≈ „Memnonskolosse" (zwei ägypt., 21 m hohe Sitzfiguren vor einem verschwundenen Tempel *Amenophis' III.* bei Theben) ≈ Löwe *Amenophis' III.* (ägypt. Plastik, mit einer gegenüber den Sphinxen freieren, gelösten Stellung) ≈ Höhepunkt theban. Grabmalerei			

	König Echnaton	Ägyptische Sonnengott-Hymnen	Religiöse Revolution in Ägypten
Genaue Jahreszahlen gibt es erst ab ≈ −800			
−1400	≈ *Teje*, die Gemahlin des Königs *Amenophis III.* und Mutter des Königs *Amenophis IV. (Echnaton)*, ist einfacher Herkunft (negroider Typ). Unter ihrem Einfluß vielleicht Entwicklung der revolutionären Haltung ihres Sohnes ≈ Hethiter besiegen das Reich der iranischen Mitani in Mesopotamien (von denen die Hethiter Streitwagen übernehmen). Dadurch Bedrohung der ägypt. Machtinteressen ≈ Mit der Eroberung Nordsyriens gewinnt das Hethiter-Reich unter Kg. *Schubbiluliuma* (bis ≈ −1350) größte politische Macht und hohe Kulturblüte. Schließt günstige Verträge mit Ägypten, Mitani (Nord-Mesopotamien) und Amoritern (Syr.-Palästina) (≈ −1170 durch die „Seevölker" zerstört) ≈ Einwanderung semitischer Hirtenvölker in Ägypten ≈ Kreta wird von Griechenland aus erobert (Achäer). Ende der kretisch-minoischen Kultur (Nachwirkungen bis ≈ −1250) ≈ Mykenä reißt die minoisch-kretische Seeherrschaft an sich	≈ In Babylonien wird unter der Kossäerherrschaft religiöse u. wissenschaftliche Literatur kanonisiert	≈ Sammlungen religiöser Vorzeichen in Babylonien ≈ Babylonisches Weltschöpfungs-Epos
−1390			
−1385	≈ † *Amenophis III.*, Kg. von Ägypten seit ≈ −1420; baute gr. Luxor-Tempel ≈ König *Amenophis IV.* ändert den Königsnamen in *Echnaton* und gründet neue Residenz in Amarna („Amarnazeit" bis ≈ −1358). Seine revolutionären Maßnahmen lösen Widerstand bei Priesterstand und Heer aus	≈ Preislieder des Königs *Echnaton* zu Ehren des Sonnengottes Aton	≈ Kg. *Amenophis IV* v. Ägypten führt al alleinigen Kult den c Sonnengottes Aton ein. Bau neuer Heilig tümer im ganz. Reich Unterdrückung d. Ku tes d. bisherig. Reichs gottes Amon u. andere tiergestalt. Gottheite

Spätmykenische Bauten	Ägyptische Musik	Ägyptische Medizin	
≈ Ägypt. Tempel in Luxor mit Säulenhof *Amenophis' III.*, Säulen in Form gebündelter Papyrusstengel ≈ Grab des *Chaemhet* bei Theben (reichgeglied. ägypt. Reliefs; die dargestellten Menschen tragen höfische Kleidung, Schmuck und Frisuren) ≈ Ägypt. Wandgemälde im Grab des *Nacht* bei Theben; u. a.: Tanzende und Harfe spielende Frauen (weich-eleganter Stil); Feldbestellung (Pflügen, Hacken, Säen, Baumfällen; sachlich schildernder Stil) ≈ In der spätmykenischen Zeit (bis ≈ —1250) wird die Burg von Mykenä stark ausgebaut und erhält das „Löwentor" (Relief mit minoischer Säule, flankiert von zwei Löwen), Megaron (Herrenhaus) m. Fresken von Schlachten, Streitwagen u. a. (Die myken. Kunst ist im Gegensatz z. kretisch. monumental) ≈ Monumentales Kuppelgrab bei Mykenä („Schatzkammer des Atreus") aus gr. Steinquadern; setzt entwickelte Steinmetztechnik, Hebewerkzeuge und viele Arbeiter (Sklaven) voraus ≈ Großes mykenisches Kuppelgrab bei Orchomenos/Böotien („Schatzhaus d. Minyas") ≈ Die Funde aus den großen mykenischen Kuppelgräbern zeigen hohe Goldschmiedekunst	≈ Höfischer Tanz ägypt. Frauen nach Harfenmusik	≈ Schriftrollen aus Pergament in Ägypten bekannt ≈ Papyrus *Brugsch*, enthält Angaben über ägypt. Medizin: Anfänge einer Atemlehre (wird bei den Griechen als Pneumalehre zu einem Mittelpunkt der Medizin)	≈ Haushuhn in Ägypten ≈ In Ägypten werden von den Vornehmen schwere Perücken getragen. Höfische Verfeinerung der Kleidung und Lebensformen ≈ Zweirädriger ägyptischer Jagd- und Kampfwagen aus Holz, mit vergoldetem, gepreßtem Leder überzogen
≈ Reliefs und Wandgemälde im Grab des *Ramose* bei Theben (bringen die höfische Verfeinerung der Lebensformen gegenständlich und stilistisch zum Ausdruck; starke Auflösung der altägypt. strengen Formen)			
≈ Kopf der Königin *Teje*, der Mutter *Echnatons* (ägypt. Eibenholzplastik; realist. Stil) ≈ Gipsmasken aus der Werkstatt des Bildhauers *Thutmosis* in Amarna (zeigen teilweise derb-realistische Züge)			

Genaue Jahreszahlen gibt es erst ab ≈ −800	Altassyrisches Reich	Amarna-Archiv	Aton-Kult in Ägypten
−1380			
−1375			
−1370	≈ Die Könige von Ägypten unterhalten enge Beziehungen zum Ausland durch Heiraten, Geschenkaustausch, Briefwechsel (z. B. wechselseitige Eheschließungen mit Mitani). Reger Land- u. Schiffsverkehr bis zur Ägäis	≈ Tontafelarchiv in Amarna: Korrespondenz der ägyptischen Könige mit Nachbarstaaten und Vasallen (Babylonien, Assyrien, Mitani, Palästina, Syrien, Zypern, Hethiter-Reich, Kreta); zeigt schwindenden Einfluß Ägyptens in Asien	≈ Mexikanische Sonnenpyramide in Teotihuacan (Alter durch radioaktiven Kohlenstoff auf 230 Jahre gesichert)
−1365			
−1360	≈ *Assur-uballit* von Assur schlägt die Mitani, erobert Ninive (−612 zerstört) u. begründet assyr. Großreich; wird vom Pharao als „Bruder" anerkannt. Unter ihm entsteht altassyr. Gesetzestafel in Keilschrift (57 Paragraphen: u. a. Todesstrafe für Ehebrecher und Ehebrecherinnen; schwere Verstümmelungen u. Todesstrafe für Diebstahl, Kuppelei, Homosexualität; Abschlagen der Unterlippe für Küssen einer fremden Ehefrau. Familien- und Erbrecht. Kriegerwitwe muß fünf Jahre bis zu einer neuen Ehe warten. Keine Blutrache. Niedrige Stellung der Frau)		

	Amarna-Stil	Ägyptische Musik	Ägyptische Technik	
	≈ Formauflösender Naturalismus der Kunst der Amarnazeit; stößt auf starken inneren Widerstand. Die Auseinandersetzung des neuen Realismus mit den alten Formen u. Auffassungen führt oft zu spannungsreichen Kunstwerken ≈ Farbige Wandgemälde i. d. Grabkammern zu Theben (Ägypten)			
	≈ Grab eines Bildhauers bei Theben (Ägypten) mit Bildern aus der Tätigkeit von Kunsthandwerkern			
	≈ Ägyptische Bildhauer verwenden mehr und mehr Hilfslinien und Umrißzeichnungen (Werkstückfunde in Amarna) ≈ *Echnaton* küßt seine Tochter (ägypt. Kalksteinplastik) ≈ *Echnaton* und *Nofretete* spielen mit ihren Kindern unter den Strahlenarmen des Sonnengottes Aton (ägypt. Relief in bewegter, kursiver Linienführung) ≈ Köpfe ägypt. Prinzessinnen (Steinplastiken, einige mit karikaturistisch scharfen, andere mit weichen Zügen)	≈ Das syrisch beeinfl. Tonsystem aus Ganz- u. Halbtönen kann sich in Ägypten nicht durchsetzen. Die kultische Musik Ägyptens bleibt b. einer fünfstufigen Tonleiter. Musik hat d. Bedeutg. einer ethisch-religiös aufgefaßten Tonmystik. Instrumente: Harfe, Schalmeien, Schlaginstrumente		≈ Handelskorrespondenz Ägyptens über Schatzhandelsgeschäfte mit umliegenden Staaten
	≈ Kopf der ägyptischen Königin *Nofretete* (*Nefretete*, „Die Schöne kommt", bemalte Kalksteinbüste als Bildhauermodell; wiedergef. 1912) ≈ Gesamtbild der Königin als bemaltes negatives Relief u. eine realistische Kalksteinstatuette			≈ Phönizische Handelswaren in Ägypten (z. B. Holzmodelle für Goldschmuck)
	≈ Denkstein eines syrischen Söldners in Ägypten: Der Krieger mit einer ägypt. Frau und Sohn, trinkt mit Saugrohr Bier aus einem Krug ≈ In der Bronzezeit Chinas entstehen weiße Gefäße aus dickwandigem, unglasiertem „Porzellan" mit rechtwinkligem, tiefgefurchtem Streifenmuster ≈ Zikkurat (Götterburg) von Dur-Kurigalzu (Babylon.) als Ziegelbau der Kossäer			

Genaue Jahreszahlen gibt es erst ab ≈ −800	König Tut-ench-Amun	Ugarit-Schrift	Amon wieder ägyptischer Reichsgott
−1358	≈ *Tut-ench-Amun* ägypt. König bis ≈ −1350 (ermordet); hebt unter dem Druck der altgläubigen Priesterschaft in Theben den Sonnen(Aton)-Kult seines Vorgängers und Schwiegervaters *Amenophis IV. (Echnaton)* zugunsten des alten Amonkultes auf; Residenz wird von Amarna nach Theben zurückverlegt		
−1355	≈ Ägypt. Feldherr *Haremheb* bringt das Vordringen der Hethiter in Syrien zum Stehen ≈ Grausame assyrische Kriegführung in Babylonien mit Umsiedlung unterworfener Völker		≈ Nachdem in Ägypten schon vorher die Verehrung der anderen Götter neben dem des Sonnengottes Aton freigegeben war, wird jetzt der orthodoxe Kult des Reichsgottes Amon wiederhergestellt
−1350	≈ 19. Dynastie in Ägypten bis ≈ −1200, mit den Königen *Haremheb, Sethos I., Ramses II.* u. a.; Höhepunkt altägypt. Bautätigkeit ≈ *Haremheb*, General unter den Königen *Tut-ench-Amun* und *Eje*, wird König von Ägypten bis ≈ −1320; endgültige Wiederherstellung des Kultes des Reichsgottes Amon ≈ Achäer besiedeln Cypern (≈ −1200 wird hier die myken.-kret. Bronzezeit von der Eisenzeit abgelöst) ≈ Land und Boden sind in Ägypten aus den Händen des Adels in die des Königs und der Tempel übergegangen. Die Krone verpachtet sie gegen Naturalabgaben an die Bauern. Große Bedeutung der Beamten („Schreiber"). Beamteter Priester einer Ortsgottheit erhält pro Jahr: 36000 einfache Brote, 900 Weißbrote, 360 Krüge Bier	≈ Tontäfelchen mit Keilschrift-Alphabet aus Ras Shamra (Syrien): 30 Ugarit-Schriftzeichen (wahrscheinl. vom phöniz. Alphabet abgeleitet)	≈ In einem Papyrus (in Leiden) heißt es „Alle Götter sind drei Amon, Re und Ptah und es gibt keinen, der ihnen gleichkäme ‚Verborgen' ist sein Name als Amon, im Gesicht ist er Re, und sein Leib ist Ptah." ≈ Urkunden u. Dichtungen aus Ugarit (Syrien) stellen syrisch-phönizische Religion dar
−1340	≈ Memphis wird anstelle Thebens Hauptstadt Ägyptens		

	Hethiter-Kunst	Ägyptische Musik	Ägyptische Technik	
	≈ Gleichzeitige Blütezeit (≈ —1400 bis ≈ —1200) der mykenischen, ungarischen und germanischen Bronzekultur mit gemeinsamen Formen (Spirale)			
	≈ Die ägypt. Kunst setzt die der Amarnazeit fort, jedoch weniger radikal (vgl. —1385): Stuhl mit genrehafter Szene auf der Rückenlehne (König und seine Gemahlin im Palast); andere reich geschnitzte und eingelegte Stühle; Truhe mit eingelegten Bildern: Jagd von zweirädrigen Streitwagen aus, Kampf mit Negern; vergoldete Holzstatuetten des Königs; Schrein mit Goldblechreliefs: König und Königin auf der Wildentenjagd (aus dem Grabe *Tut-ench-Amuns* bei Theben)			
	≈ Gefangene aus Kanaan vor König *Haremheb* v. Ägypten (ägypt. Relief aus dem Grabe des Königs in Memphis; reicher gegliedert durch Doppelreihe der Gefangenen) ≈ Die parallel zur Wiedereinführung des Amonkultes vor sich gehende Restaurierung der ägypt. Kunst gelangt wieder zum weichen Stil der Vor-Amarnazeit, jedoch unter stärkerer Betonung des Körperlich-Räumlichen ≈ Holzstatuetten ägypt. Offiziere (ägypt. Plastiken, im typischen Stil der Nach-Amarnazeit) ≈ Totenfeier (Relief an einem Grabe bei Memphis: psychologisch-individuelle Durcharbeitung der Einzelfiguren) ≈ Höhepunkt hethitischer Kunst			≈ Vergoldeter Bronzespiegel mit nackter Frauengestalt als Griff (ägypt. Kunstgewerbe)
	≈ Statue des Kgs. *Haremheb* v. Ägypten			

Genaue Jahreszahlen gibt es erst ab ≈ −800	Ausdehnung des assyrischen Reiches	Hethiter-Bibliothek	Mykenischer Totenkult
−1331	≈ China erhält unter der *Shang*-Dynastie (die sich in *Yin*-Dynastie umbenennt) feste Hauptstadt Yin in der großen Ebene des Huangho bei Anyang (bis ∼ −1050)	≈ In Yin entsteht ein Archiv von mit Schriftzeichen versehenen Orakelknochen	
−1320	≈ *Sethos I.* König von Ägypten bis ≈ −1300, beginnt Wiedereroberung asiatischer Gebiete		
−1300	≈ Assyrerkönig *Adadnirari I.* unterwirft ganz Mesopotamien und erobert Hethiterfestung Karkemisch am Euphrat ≈ Lausitzer Kultur der Illyrier in Mittel- und Osteuropa: Buckelkeramik; bauen Wallburgen gegen Germanen (z. B. Siedlung bei Berlin-Buch) ≈ *Ramses II.* König von Ägypten bis ≈ −1232; „Der Bauherr unter den Pharaonen"	≈ Bibliothek aus bis 30 cm hohen Tontafeln mit Keilschrifttexten in Hattuscha, d. Hauptstadt d. Hethiter-Reiches (heut. türk. Boghasköi). In 8 indoeurop.-hethitischen Sprachen Gesetze, Verträge, Annalen, Briefe, Festbeschreibungen u. a. (Hethiter übernahmen Keilschrift aus Babylonien ≈ −1758). Briefe werden in gebrannten Tonhüllen befördert ≈ Eine der ältesten Formen des phöniz.-altsemit. Alphabets auf einem Königssarkophag in Byblos (reine Form der Buchstabenschrift in Form der Konsonantenschrift; beeinfl. v. den ägypt. Hiëroglyphen; vgl. −2000) ≈ Die griech.-mykenische Seemacht und Kultur gibt den Rahmen für die späteren *Homer*ischen Epen	≈ In Ägypten gewinnen die Priester zunehmend an Macht (Könige werden jetzt oft kniend vor den Göttern dargestellt; im Alten Reich dienten die Götter dem König, im Mittleren Reich waren sie gleichrangig) ≈ Im Gegensatz zu minoisch-kretischer Kultur kennt d. myken.-griech. einen Totenkult mit Waffen Grabbeilagen, Totenopfer, Erhebung de fürstl. Toten zu Heroen. In den Gräbern d. Armen zeigen weibliche Idole dagege den Fortbestand de Kultes einer Muttergöttin ≈ In der chin. Anyang Kultur d. *Yin*-Dynastie herrschen magischer Orakelglaube u Ahnenkult. Sklaveropfer und reiche Grabbeigaben f. d. Herrschenden

	Troja	*Ägyptische Musik*	*Traumdeutungen*	
	≈ Bemalte Reliefs im Grabe *Haremhebs* (ägypt. Reliefs mit gegenüber der Amarnazeit wieder scharfen Linien und strenger Haltung; u. a.: König *Tut-ench-Amun* werden aus Asien Pferde gebracht)			
	≈ Die ägyptischen Reliefs (teilweise farbig) zeigen einen immer stärker idealisierenden und ornamentalen Stil ≈ Totentempel *Sethos' I.* in Abydos (vielen Göttern geweiht, mit Pfeilerhalle und Säulensälen im monumentalen Stil) ≈ Amon-Tempel in Karnak mit Säulensaal (im monumentalen Stil; am Stamm der Säulen Reliefs und Schriftstreifen). Außenreliefs: Ausgedehnte Darstellung der Kriegstaten Kg. *Sethos' I.* mit wiederholter Hervorhebung des Königs auf seinem Streitwagen ≈ Bei Sakkâra (Memphis) entstehen Begräbniskammern der heiligen Apis-Stiermumien mit großer Sphinxallee (vgl. —300) ≈ Bau der mykenisch-griech. Fürstenburg Tiryns am Ägäischen Meer (Hof mit Altar, Herrenhaus [Megaron] mit gr. Thronsaal, Baderaum; Fresken mit Kampf- u. Jagdszenen) ≈ Trojanische Kultur der 6. Ausgrabungsschicht: das Troja der Ilias aus myken. Zeit, Ringmauer m. Toren u. Türmen, etwa 150 m Durchmesser (insges. 9 Schichten von ≈ —3500 bis zur röm. Herrschaft über Kleinasien)		≈ Leichte zweirädrige Wagen mit zwei Pferden zu kultischen Zwecken in Mittel- u. Nordeuropa; daneben schwere vierrädrige Wagen, auch mit Speichenrädern ≈ In der ägypt. Heilkunde spielt das Deuten von Träumen eine Rolle ≈ Wasserauslaufuhren in Ägypten	≈ Die Anyang-Kultur der chin. *Yin*-Dynastie ist eine Stadtkultur auf bäuerl. Grundlage (Lehmbauten, zahlr. Haustiere und Nutzpflanzen, Seidenraupenzucht der Frauen) ≈ *Kikkuli* aus Mitanni: Anweisung z. Pferdetraining f. d. Hethiter (ähnliche Ratschläge übernehmen die Assyrer)

	Ägypten erobert Südsyrien	Ägyptische Tierfabel	Ägyptische Totenbücher
Genaue Jahreszahlen gibt es erst ab ≈ −800			
−1295	≈ Im Kampf um die Vorherrschaft in Syrien besiegt der ägypt. Kg. *Ramses II.* die Hethiter trotz ihrer Streitwagen in Südsyrien. Hethiter werden auf Nordsyrien beschränkt		
−1270	≈ Nach etwa 60jährigen Kämpfen um Syrien schließen Ägypten und das Hethiter-Reich Frieden. Nordsyrien bleibt den Hethitern		≈ Hethiterkg. rechtfertigt seine Throneroberung als gottgewollt
−1260	≈ *Ramses II.* heiratet hethitische Prinzessin ≈ Frondienste der Israeliten in Ägypten unter König *Ramses II.* ≈ König *Salmanassar I.* von Assyrien (von ≈ −1276 bis ≈ −1246); gründet Kalach/Nimrud; bekämpft Hethiter		≈ Kg. *Salmanassar I.* v. Assyrien (≈ −1270 bis ≈ −1240) erneuert großen Assur-Tempel in Assur u. Ischtar-Heiligtum in Ninive
−1250		≈ Die chines. Schrift (weitgehend Bilderschrift) findet in der Yin-Dynastie ausschl. zum Verkehr mit den Geistern durch Orakelknochen Verwendung (setzt Priester mit Beherrschung d. Schrift voraus; vor dieser Bilderschrift sollen Knotenschnüre für Orakelzwecke verwendet worden sein) ≈ Ägypt. Papyrus (aus Turin) mit Göttern in Tiergestalt und tierfabelartigen Szenen und der „Mythos vom Sonnenauge", ebenfalls mit Tiergesprächen und -szenen (gelten als ägypt. religiöse Quelle der Tierfabel) ≈ Ägypt. Literatur in der Volkssprache: Märchen, Kriegsereignisse, Liebeslieder (z. T. Reimverse)	≈ Totenbuch des kgl. Schreibers *Hunefer* mit bildlicher Darstellung des ägypt. Totengerichts: Osiris als Herrscher des Jenseits, neben ihm seine Schwestern Isis u. Nephthys, Kollegium v. 14 Göttern; das Herz des Verstorbenen wird vom schakalköpfigen Totengott Anûbis auf der „Waage d. Wahrheit" gewogen. Bei gutem Befund nimmt Osiris den Toten auf, sonst wird Seele vom Totengott (Krokodilrachen, Löwenleib, Nilpferdhinterteil) verschlungen ≈ Im Totenbuch beteuert der Verstorbene, an folgenden Sünden u. Leiden unschuldig zu sein: Hunger, Tränen, Tötung, Befehl zur Tötung, Bosheit, Verringerung d. Opferspeisen, Ehebruch, Fälschung der Kornmaße und Gewichte, Vertreibung d. Kleinviehs vom Futter, Störung religiöser Prozessionen

Ramses II. als Bauherr	Ägyptische Musik	Kanal Nil—Rotes Meer	
≈ Ägypt. Relief zeigt, wie die abgeschnittenen Hände gefallener Hethiter vor *Ramses II.* aufgeschichtet werden			
≈ Große Stein- und Felsreliefs im Hethiter-Reich (Kleinasien-Nordsyrien)			
≈ *Ramses II.* (ägyptische Sitzplastik aus schwarzem Granit, glatter archaischer Stil) ≈ Zahlreiche Kolossalstatuen des Pharaos ≈ Grab der ägypt. Königin *Nefertari* im Tal der Königinnen			
≈ Höhepunkt der altägypt. Bautätigkeit unter Kg. *Ramses II.*; u. a.: Felsentempel in Abu Simbel/Nubien (in monumentalem Stil; riesige Menschenfiguren an der Fassade, als Pfeiler und in den dramatischen Schlachtenreliefs); Tempel in Abydos mit realistischen Schlachtenreliefs ≈ Wuchtiges hethitisches Sphinxpaar am Tor d. Hauptstadt Hattuscha (Löwenleib mit weibl. Kopf und Vogelschwingen; 2,75 m hoch) ≈ Ägyptischer Felsentempel in Es' Sebû'a, mit Sphinx-Allee ≈ Vollplastisches hethitisches Götterfigürchen (vergoldet, durch Stifte bewegliche Arme). Daneben schwach modellierte Figuren von Opferbringern mit übergroßem Kopf ≈ Reich verzierte Opfergefäße aus Bronze in China, z. T. in stilisierter Tierform in symbolisch-magischer Bedeutung ≈ In der chinesischen Bronzekunst erscheint eine dämonische Tiermaske (T'ao-t'ieh, Tiger mit Widderhörnern), die als Kunstelement mit unklarem magischem Symbolgehalt viele Jahrhunderte wirksam bleibt		≈ Schiffahrtskanal zwischen Nil und Rotem Meer unter Kg. *Ramses II.* ≈ Ägypt. Landkarte vom Goldminengebiet in Nubien, mit erläuternder, kursiver Schrift ≈ Möglicherweise haben d. Ägypter bei Fahrten um Afrika die Kanarischen Inseln entdeckt ≈ Prüfung des Goldgehaltes in Ägypten durch Strichprobe am Probierstein ≈ Wagen mit Speichenrädern, auch als Streitwagen, in China bekannt. Pferd ist nur Zug-, nicht Reittier (vgl. —481)	≈ Das stehende ägyptische Heer besteht zu mindestens 60% aus Nicht-Ägyptern. Die Streitwagenkämpfer werden zur exklusiven Elitetruppe ≈ Silberbecher m. geometrisch. Mustern, figürliche Ziselierung m. trinkendem Bock als Henkel (ägyptisch. Kunstgewerbe) ≈ Ägypten exportiert Gold, Stoffe, Papyrusrollen, Getreide, kunstgewerbliche Gegenstände; importiert vom Norden: Pferde, Wagen, Hölzer, Öl, Bier, Wein, Schlachtvieh, Kupfer, Silber; vom Süden: Weihrauch, Ebenholz, Elfenbein, Leopardenfelle, Gold ≈ Die ägyptische Kultur beginnt zu „altern" und in archaischen Formen zu erstarren

Genaue Jahreszahlen gibt es erst ab ≈ −800	„Seevölker"-Einfall	Babylonische und ägyptische Literatur	Die zehn Gebote
—1240	≈ *Tukulti-Ninurta* König v. Assyrien, „König der vier Weltteile"; Babylonien wird assyr. Provinz. Nach Ermordung des Königs noch einmal Selbständigkeit der Kossäerkönige in Babel (Ende der Kossäerherrschaft ≈ −1171)		
—1230	≈ Unter König *Merenptah* v. Ägypten Sieg über die Libyer. Nach seinem Tode innere Wirren	≈ Das Siegeslied des Königs *Merenptah* von Ägypten nach Unterwerfung des aufständ. Palästina erwähnt erstmalig die Israeliten (≈ −1400 eingewandert)	≈ *Moses*, sagenhafter jüd. Religionsstifter, führt Israeliten aus Ägypten n. Palästina zurück; Tafeln mit 10 Geboten am Berge Sinai
—1200	≈ 20. Dynastie in Ägypten bis ≈ −1090, mit den Königen *Sethnacht, Ramses III.—XI.* Zunehmende Priesterherrschaft. Verlust der Kolonialgebiete. Erstarrung der Kultur ≈ Große Völkerwanderung der „nördlichen Seevölker" (von Ägypten aus gesehen); führt zum Untergang des Hethiter-Reiches, der mykenischen Kultur und zur Bedrohung Ägyptens ≈ Die aus Europa kommenden „Seevölker" wandern in Kleinasien und Syrien ein. Nach Zerstörung des ursprüngl. Hethiter-Reiches entsteht in Nordsyrien (etwa ab −10. Jh.) eine zweite hethitische Kulturblüte (bis ∼ −717) (*J. Spanuth* vermutet „Atlantis"-Untergang als Ursache der Seevölkerwanderung; er will d. versunkene Königsinsel 1952 nahe Helgoland entdeckt haben; gilt als widerlegt) ∼ Übergang v. d. Bronzezeit z. Früheisenzeit im östl. Mittelmeergebiet ≈ Philister begründen ihre Städtekultur an der Küste des nach ihnen benannten Palästina. Bilden Fünfstädtebund: Gaza, Asdod, Askalon, Gath, Ekron (werden ≈ −1000 von den Israeliten besiegt und auf ihr Küstengebiet beschränkt) ≈ Juden erobern bis ≈ −1130 Kanaan, zunächst unter *Josua*	≈ Klassische Zeit der jüngeren babylonischen Literatur (≈ −1400 bis ≈ −1050). Aus mehreren älteren Einzeldichtungen entsteht die kanonische Form des Gilgamesch-Epos ≈ Altsemit. Schrift Phöniziens greift auf griech. Kulturkreis über	≈ Auf religiöser Grundlage bildet sich in Palästina ein Verband von 12 israelit. Stämmen; Gesetzesauslegung durch „Richter" (Richterzeit bis ≈ −1000) ≈ Die geistige Struktur von Reiternomaden ersetzt das magische Weltbild der Ackerbauvölker durch sinnsuchende transzendentale Universalreligionen (A. Weber) (vgl. −1. Jtsd.) ≈ Die phönizischen Kanaaniter glauben an mischgestaltige Dämonen, die in der Wüste auf Tiere Jagd machen (führt zu entsprechenden Opferkulten Israels) ≈ In der nordeuropäischen Bronzezeit: allgemeine Leichenverbrennung ≈ Sechsrädriger Bronzewagen mit Pferd u. Kreisscheibe: „Sonnenwagen von Trundholm" (Dänemark)

	Phönizische Elfenbeinarbeiten	Bronze-Luren	Chinesische Mathematik	
	≈ Relief des assyr. Königs bei kultischer Handlung (nebeneinander stehend u. kniend dargestellt)			≈ Frühester Nachweis chinesischer Seidengewebe
				≈ Die Kleidung der Israeliten ist durch den Aufenthalt in Ägypten von dort beeinflußt: Schurz, Kalasiris (hemdart. Gewand m. kurz. Ärmeln), Kappe; teppichart. Mantel (schon vorägypt.)
	≈ Blütezeit der Bau- u. Bildkunst in Babylonien unter den Königen von Elam: Hochtempel von Dur-Untasch, Plastik der Königin *Napirasu* ≈ Phöniz. Elfenbeinarbeiten in Megiddo (Nordpalästina); u. a. Darstellung eines Triumphes und einer Siegesfeier mit von Cherubim (Löwenleib, Adlerflügel, Menschenkopf) getragenem Thron; ferner: Kuh, ihr Kalb säugend und ableckend ≈ Kultur der spätmykenischen Stadt VII Trojas ≈ Fels-Strichzeichnungen in Bohuslän (Schweden; ≈ —1500 bis —800)	≈ Bronze-Luren (Blasinstrumente), paarweise abgestimmt; meist in Dänemark	≈ Buch der Permutationen (chin. mathemat. Kombinationslehre). Kenntnis der „Magischen Quadrate" (Zahlenquadrate m. gleichen Quersummen) i. China ≈ Schweißeisenerzeugung und Oberflächen-Stahlhärtung der Chalder in Armenien und Südkaukasien ≈ Eisenverwendung setzt sich in Ägypten gegenüber der Bronze nur langsam durch ≈ Ägypt. Expeditionen in den Indischen Ozean mit Schiffen bis 67 m Länge (führen wahrscheinl. zum Goldbergbau auf Sumatra) ≈ Einteilung der Sonnenbahn i. d. 12 Tierkreisbilder in Babylonien	≈ Der Reiterkrieger beginnt in Europa und Vorderasien eine immer stärkere Rolle zu spielen und fördert die Pferdezucht. Reiterkrieger verdrängt allmählich Streitwagen in Vorderasien. (Die Technik des Reiterkrieges wurde von Indoiranern beim Zusammenstoß mit innerasiatischen Reitervölkern entwickelt) ≈ In der nordeurop. Bronzezeit: Tüllenbeile, Fibeln mit gekrümmten u. geknoteten Bügeln, „Kesselwagen" ≈ Gänsezucht in Ägypten u. Babylonien (in Palästina auf Grund von Elfenbeintäfelchen nur vermutet)

Genaue Jahreszahlen gibt es erst ab ≈ −800	Große Wanderung	Ägyptische Literatur	Monotheismus der Israeliten
—1193	≈ Der sagenhafte, in den *Homer*isch. Epen beschriebene Trojanische Krieg zwischen Griechen und Trojanern ≈ *Ramses III.* (≈ —1198 bis ≈ —1166) rettet Ägypten vor d. Seevölkern; wird durch Haremsverschwörung ermordet.	≈ „Weisheitsbuch des Amenemope" (ägypt., teilweise wörtlich die „Sprüche Salomos")	≈ Sagenhafter Staat der Amazonen in Kleinasien (dort noch lange mutterrechtliche Verfassungen)
—1190	≈ Nach Zerstörung der Hethiterherrschaft bilden thrakische Phryger Großreich in Kleinasien (bis ∼ —675)		≈ Zahlreiche Stiftungen Pharaos für die Tempel
—1171	≈ Sturz der Kossäerherrschaft in Babylonien (seit ≈ —1600) durch König *Assurdan I.* von Assyrien. Neue Dynastie in Babylonien		
—1150	≈ Die Dorische Wanderung ist ein Teil der Ägäischen Wanderung, die durch d. Vorstoß der Illyrer v. Mitteleur. z. Mittelmeer ausgelöst wird ≈ Zerstörung der myken. Kultur im Verlauf der Großen Wanderung ≈ Kolonie der phöniz. Stadt Sidon auf dem Boden Karthagos ≈ Legendärer spätwedischer König *Parikshit* bei Delhi, Residenz Asandivat		≈ „Sonnenaufgangsfeier" (elamitische Votivplatte aus Susa)
—1140	≈ Assur in Abhängigkeit von König *Nebukadrezzar I. (Nebukadnezar)* von Babylonien (bis ≈ —1127; ≈ —1100 kommt Babylonien unter assyrische Herrschaft)		≈ Die ≈ —1240 nach Assyrien entführte Bildsäule des Stadtgottes von Babylon Marduk wird zurückerobert
—1130			≈ Nach Eroberung des Landes Kanaan wird das Land um den Jordan unter den 12 jüd. Stämmen aufgeteilt. Der Stamm *Levi* stellt die Priester. Verehrung des einzigen Gottes Jahve, dessen „auserwähltes Volk" Israel ist
—1123	≈ †*Nebukadrezzar I.*, König von Babylonien seit ≈ —1146; kämpfte unglücklich gegen die nördlichen Gebirgsvölker, wodurch Assyrien wieder Selbständigkeit erlangt		≈ Die israelitische Jahvevorstellung wird m. d. kanaanitischen Vorstellung d. Gottes Zebaoth auf dem Cherubimthron allmählich verschmolzen

Monumentale Bauten in Ägypten	Ägyptische Musik	Ägyptische Technik	
≈ Tempel *Ramses' III.* in Medînet Hâbu, mit monumentaler Säulenfassade sowie Schlachten- u. Jagdreliefs (u. a. erfolgreicher Kampf gegen die „Nordvölker")			≈ Troja (Stufe VI) durch Erdbeben zerstört (nicht im Kampf erobert)
≈ Hof *Ramses' III.* im Amon-Tempel u. der Tempel des Mondgottes, beide in Karnak (monumentaler Stil, Verschmelzung der riesigen Plastiken mit den Pfeilern)			≈ Fortschreitende Korruption der ägypt. Beamten
≈ Isis mit ausgebreiteten Flügeln (ägypt. Relief v. Sarg *Ramses' III.*)			≈ Streik d. staatl. Arbeiter in d. Totenstadt Thebens
≈ Felsengrab *Ramses' VI.* b. Theben (mit der Darstellung einer Fahrt des Königs mit dem Sonnengott durch die Unterwelt; eine schwer zu deutende dämonisch-religiöse Kunst)		≈ Kult- u. Kampfruderschiffe mit doppeltem Kiel in Nordeuropa (Anpassung an Eis- u. Klippengefahr)	≈ Nordeurop. Kleidung (Baumsargfunde): Männer: Wollene Fuß- u. Beinbinden, gegürteter Leibrock, weiter Mantel, konische Filzmütze; Frauen: Langer Rock, Ärmeljacke, reicher Schmuck
			≈ Getreideteuerung in Ägypten
		≈ Hausformen in Nordeuropa: Kuppel-, Zelthütten, Rundjurten, Viereckshäuser m. Satteldach, Fachwerkhäuser auf Pfosten in der Weichselmündung	~ Urkundlich belegter Prozeß gegen ägypt. Königsgräber-Räuber (kennzeichnet Höhepunkt dieses Räuberunwesens)
			≈ Schlitten- und Skigebrauch in Nordeuropa

Genaue Jahreszahlen gibt es erst ab ≈ −800	Assyrisches Großreich	Älteste Bibelteile	Der „Himmelssohn" Chinas
−1120			
−1116	≈ *Tiglatpileser I.* König von Assyrien bis ≈ −1077; Begrd. der assyrischen Großmacht; unterwirft angeblich in 6 Jahren 42 Länder und Fürsten; sichert sein Land gegen den Ansturm d. Völkerwanderung; erobert Babylon	≈ In Assyrien wird babylonische Literatur gepflegt	≈ In Assyrien wird strenges Strafrecht kodifiziert
−1110	≈ Feudalverfassung in China, unter dem Kaiser als formalem Eigentümer alles Landes, zersplittert die Macht in den Händen der in fünf Besitzklassen geteilten Fürsten		
−1105	≈ Urnenfelder-Bronzezeit in Mitteleuropa (≈ −1200 bis ≈ −1000); Träger: ackerbautreibende Illyrier vom Osten; Helm und Schild, neue Schwertformen (Ronzano- u. Antennenschw.), Bogen- u. Spiralplattenfibeln verdrängen Nadeln; Metalltreibtechnik, Tongefäße in Metallformen		
−1100	≈ Selbständiges äthiopisches Reich entsteht ≈ Assyrer erobern Babylonien ≈ Tyros erlangt die Vorherrschaft unter den phönizischen Seestädten ≈ Phönizier besiedeln Küstenplätze in Spanien (werden kulturell vor allem in Andalusien wirksam). Bedeutungsvoll wird Gewinnung von Zinn und sein Handel ≈ Dorer besetzen Kreta	≈ „Debora-Lied" entsteht als einer der ältesten Bibelteile (in Richter 5)	≈ Feuerbestattung erreicht Rheingegend (vgl. −2000)
−1090	≈ 21. Dynastie in Ägypten bis ~ −945. Zunehm. Schwäche durch Zerfall in Fürstentümer; Herrschaft der Amonspriester von Theben ≈ Unter Kg. *Ramses XI.* kommt es zum Bürgerkrieg, in dem der Vizekönig von Nubien und Hohepriester des Amon in Theben, *Herihor*, siegt	≈ Pessimistischer Zug der babylonischen Literatur; so der Psalm „Ich will preisen den Herrn der Weisheit" mit Hiob-Problematik	
−1050	≈ Die *Chou*, Hirtennomaden aus dem Westen, stürzen in China die *Yin-(Shang)*-Dynastie und herrschen bis −256; errichten Lehnsstaat, erhöhen Abgaben der Bauern, fördern Viehzucht, verbieten Sklavenopfer	≈ In der *Chou*-Dynastie in China werden Bronzetafeln gegossen mit schriftl. Mitteilungen an die Ahnen	
−1002	≈ *Saul* erster König eines israelitisch. Staates bis ≈ −1000. Kämpft gegen die Philister und andere Nachbarvölker; vertreibt seinen Nachfolger *David*; tötet sich selbst wegen einer Niederlage gegen die Philister		≈ Die *Chou* in China führen Abstammung ihrer Herrscher auf „Himmelssohn" zur. Bußgebete *Assurnassirpals I.* v. Assyrien

Assyrische Tempel	Ägyptische Musik	Chinesisches Wissen	
			≈ Edikt geg. Alkoholgenuß in China
			≈ Ägypt. Gesandte in China (stärk. Beeinflussg. d. ägypt. Kult. wahrscheinl.)
		≈ Kenntnis von Teilinhalten des pythagoreischen Dreiecksatzes in China	
≈ Kg. *Tiglatpileser I.* v. Assyrien vollendet die monumentalen Tempeltürme des Anu (Himmelsgott) und des Adad (Wettergott) in Assur und baut dort den Königspalast um		≈ Beginn einer echten Eisenkultur in Syrien/Palästina (Herkunft der Eisentechnik vermutl. v. d. Chaldern a. Schwarz. Meer; vgl. —1200)	≈ Die umfangreichen Bauten in Assur bedingen weitreichend. Handel u. Verkehr ≈ Höhepunkt der europ. Bronzezeit: schön verzierte Waffen, Gebrauchs- und Schmuckgegenstände
≈ Ägypt. Priester mit kleiner Osiris-Figur auf dem Schurz (ägypt. Bronzeplastik, kennzeichnend für die vielen Priesterbilder dieser Zeit)		≈ Messung der Sonnenhöh. m. ein. Gnomon (schattenwerf. Stab) u. Berechng. d. Neigung d. Erdachse gegen ihre Bahn (Schiefe d. Ekliptik) i. China	≈ König *Tiglatpileser I.* von Assyrien will in Mesopotamien 920 Löwen, meist vom Streitwagen aus, erlegt haben
≈ Unter der *Chou*-Dynastie in China tritt allmählich ein Stilwandel bei den Bronzegefäßen zur mehr ornamentalen, nicht-magischen Auffassung ein		Abacus (Rechenbrett) in China	≈ Übergang der mythischen Zeit Chinas in die historische
			≈ Königsmumien w. bei Theben vor Grabräubern versteckt (erst 1881 entdeckt)

	Griechische Staatenbildung König David	Griechische und chinesische Schrift	Griechische Götterwelt
Genaue Jahreszahlen gibt es erst ab ≈ —800			
—1000	≈ Vorübergehend treiben die Phönizier, gestützt auf die Hafenstadt Tyros, eine selbst. Politik: besetzen Cypern und treffen hier mit den Griechen zusammen (unternehmen bis ≈ —800 ungewöhnlich weite Seefahrten in das westliche Mittelmeer und werden die Mittler zwischen vorderasiat. und griech. Kultur) ≈ Phönizier gründen an der Westküste Marokkos Kolonien (zwischen ≈ —1100 und ≈ —950) ≈ Im Verlauf der Dorischen Wanderung lassen sich die Dorer am Ägäischen Meer nieder; erobern Korinth (dessen Königtum wird —748 gestürzt) ≈ Der griech. Volksstamm der Ionier, von den Dorern vom griech. Festland vertrieben, besiedelt Westküste Kleinasiens und Ägäische Inseln. Gründet in Kleinasien 12 Städte (darunter Milet und Ephesos), die sich zum Ionischen Bund zusammenschließen ≈ Die äolischen Böoter verdrängen Urbevölkerung Böotiens ≈ Im griech.-trojan. Kulturkreis wird der Heerführer zum Verwalter der Beute, König und Oberpriester; sein Sitz zur Burg und Stadt. Anwachsen und Handel der Bevölkerung sprengt die Sippenverfassung und führt zur Arbeitsteilung und Staatenbildung mit sozialökonom. Schichtung. (Später gelingt es dem Adel, den König zu entmachten) ≈ *David*, aus dem Stamm Juda, König von Israel bis ≈ —960 (†); erkämpft in Palästina das Reich Israel u. Juda mit der Hauptstadt Jerusalem, in der die Bundeslade mit den Gesetzestafeln aufgestellt wird	≈ Die griech. Schrift, die sich seit ≈ —1200 aus der altsemitisch-phönizischen unter Hinzunahme der Vokale entwickelt, hat bis ≈ —800 nur große Buchstaben ≈ Volle Ausbildung d. chinesischen Schrift	≈ Die klassische griechische Götterwelt entsteht. (Aus dem Chaos gehen Uranos u. Gäa [Himmel u. Erde] hervor, von denen das Göttergeschlecht der Titanen abstammt. Diese werden besiegt von der olympischen Götterwelt: Zeus, Hera, Poseidon, Demeter, Apollo, Artemis, Hermes, Ares, Aphrodite, Hephästus, Athene, u. a.) ≈ Ausbildung der pantheistischen regelstrengen Priesterreligion in Indien („Brahmanismus"). Lehre v. der Identität des „Ichs" (Atman) mit dem Welturgrund (Brahman) und der Seelenwanderung. Strenge Einteilung der Bewohner in vier Kasten
—965	~ Chinesische militär. Expeditionen n. Zentralasien (ohne bleibenden Erfolg)		
—960	≈ † *David*, König von Juda und Israel seit ≈ —1000; vorher Hirtenknabe und Zitherspieler bei König *Saul;* besiegte den Philister *Goliath*, vereinigte Juda u. Israel unter der Hauptstadt Jerusalem (Philister ≈ —1200 in Palästina eingewandert) ≈ *Salomo*, Sohn *Davids*, König von Israel und Juda bis ≈ —925 (†); erbaut Jahve-Tempel in Jerusalem; Höhepunkt des Reiches	≈ König *David* (†) dichtete Psalmen	

	Tempel von Jerusalem	Israelitische Musik	Chinesisches Rechenbuch	
	≈ Nordsyrisch-hethitische Göttin mit Mauerkrone (stark stilisierte Bronzefigur, zeigt geringen gestalterischen Fortschritt in der hethitischen Plastik seit —2000) ≈ Bronze-Elefant, als chines. Opfergefäß, zeigt trotz seiner Bedtg. als Symbol d. weibl. Fruchtbarkeit stark realist. und ornamentale Züge ≈ Malpinsel in China bekannt (Lackmalerei schon vorgeschichtlich) ≈ In Indien Übergang von der frühwedischen Kultur (entlang dem oberen Indus) zur spätwedischen (entlang dem oberen Ganges). (Die Geschichte der wedischen Zeit ist kaum zu rekonstruieren)	≈ Im alten Orient geht die 5-stufige Tonleiter in die 7-stufige über	≈ Färbung von Geweben mit dem Farbstoff der Purpurschnecke und Alaunbeizung im Mittelmeergebiet (bes. bei den Phöniziern) ≈ Wasserleitung in Jerusalem mit mehreren ausgemauerten Tunnels bis zu 537 m Länge ≈ Inder benutzen zur Zeitrechnung das Mondjahr zu 360 Tagen, das durch willkürl. Schaltungen mit dem Sonnenstand in Übereinstimmung gebracht wird ≈ Chinesisches Rechenlehrbuch (Flächenberechng., Verhältnisse, Regeldetri, Wurzeln, Rauminhalte, Bewegungslehre, Gleichungen mit einer u. mehreren Unbekannten, pythagoreisches Dreieck)	≈ Lockenperücken der Vornehmen in Ägypten u. Assyrien ≈ Bevorzugung bunter Kleider u. reichen Schmucks bei den Phöniziern. Langes rockartiges Untergewand, schurzartig. Obergewand, großer Kragen; Kappe ≈ Kaftan und Ephod (zwei über den Schultern zus. genähte Decken) kommen in der israelit. Kleidung auf. Zipfelkappe oder Kopfband; Sandalen oder Schuhe ≈ Vermuteter Schiffsverkehr zwischen Südwestarabien u. Indien ≈ Germanen bisher auf altgermanischen Siedlungsraum (Dänemark, Schleswig-Holst.) beschränkt (breiten sich bis Chr. Geb. über größere Teile Europas aus, wobei die Einheit der bronzezeitl. Kultur in zahlr. Formenkreise aufsplittert)
	≈ Tempel von Jerusalem: Langhaus mit Vorhalle und dreistöckigen Seitengeschossen. Mitarbeit phöniz. Architekten	≈ König *David* (†) sang zur Harfe	≈ Zum Tempelbau in Jerusalem werden schon namhafte Mengen Eisen aufgebracht (wohl vor allem zum Tempelschatz)	≈ Mohnblumen in Ägypten nachgewiesen

Genaue Jahreszahlen gibt es erst ab ≈ −800	König Salomo	Anfänge israelitischer Literatur	Chinesischer Rationalismus
—950	≈ Kg. *Hiram I.* v. Tyros phönizischer Verbündeter Kg. *Salomos* ≈ Damaskus Hauptstadt eines Aramäer-Reiches (Mitte des —9. Jhdts. Kampf mit Assyrern; von diesen —732 erobert; vgl. —859) ≈ Die aramäischen Chaldäer dringen immer stärker aus Südbabylonien gegen Babylon vor (beherrschen vom —8. Jh. ab wiederholt Babylon) ≈ Kge. von Athen einigen Attika ≈ Unabhängiges Kgr. Nubien unter äthiopischer Dynastie (vgl. —770) ≈ Stadt Peking existiert	≈ Anfänge einer israelitischen Literatur: weltliche u. religiöse Lieder, Erzählungen (als ältestes gilt „Lied der Debora"; private weltl. Dichtung später im „Hohen Lied" gesammelt; „Sprüche Salomos" auch im wesentlichen später; vgl. —700)	≈ In China überwiegt in der mittleren *Chou*-Dynastie mehr und mehr die rationale Weltauffassung dieses ehemaligen Nomadenvolkes gegenüber dem magischen Denken d. früheren bäuerlichen *Yin*-Dynastie
—945	∼ 22. Dynastie in Ägypten bis ∼ —745, mit Herrschaft libyscher Söldnerführer ∼ *Scheschonk I.* (in der Bibel *Schischak*, libyscher Abkunft) König von Ägypten bis ∼ —920; stützt sich auf die Priester in Theben; unternimmt Feldzüge nach Palästina		
—932	∼ *Assurdan II.* König von Assyrien bis —912; kann dem Verfall der Macht (seit etwa 100 Jahren) Einhalt gebieten		
—925	≈ † *Salomo*, König von Israel seit ≈ —960; stärkte sein Reich durch Handelsverträge u. zahlreiche Heiraten m. fremden Fürstenhäusern; hohe Steuern u. Frondienste führten zum Aufstand. Zerfall des Reiches in Südreich Juda mit Hauptstadt Jerusalem und Nordreich Israel mit Hauptstadt Sichem, später Samaria. (In der Folgezeit Feindschaft zwischen beiden Reichen und Kämpfe mit umliegenden Staaten) ∼ *Jerobeam I.* Kg. v. Israel (bis —907) ≈ König *Scheschonk I.* von Ägypten erobert und plündert Jerusalem		
—917	≈ *Rehabeam*, König von Juda als Sohn *Salomos* seit ≈ —925, unterliegt im Kampf gegen Israel, dem Ägypten hilft (Ende des Hauses *David*)		

Geometrischer Stil der Griechen	*Israelitische Musik*	*Eisen im griechisch. Kulturkreis*	
≈ Griech. Kleinkunst und Keramik mit geometr. Mustern („Geometr. Kunst" bis —8. Jh.) ≈ Bronzezeitliche Trinkschalen und Schmuck (Goldfund von Eberswalde)	≈ In Israel gibt es 4000 Berufsmusiker. Feierlich. Massenchöre im Unisono-Gesang z. Tempelfeier. Verwendung v. Rahmentrommel (Tof), Kastenleier mit 10 Saiten (Kinnor; „Harfe"), Widderhorn (Schofar; fälschlich „Posaune"), Silbertrompete (Chasosrah), Leier (Nabla), Doppeloboe (Chalil)	≈ Frühe Eisenverwendung im griechischen Kulturkreis ≈ Hütten aus Holzpfosten und Schilfflechtwerk mit Lehmbewurf aus der Jäger-Kultur der Pinto-Indianer (Sierra Nevada, Kalifornien) (bezeugt Seßhaftigkeit vor Einführung des Ackerbaues)	≈ Tüllenbeile, plastische Armringe und Fibeln m. konzentrischen Kreisornamenten, Rasiermesser mit Spiralgriff, getriebene Bronzen südl. Herkunft in der nordeuropäischen Bronzezeit
		≈ Die Chaldäer besitzen ein geschlossenes Maßsystem: Wassergefüllter Kubikfuß großer Würfel ist gleichzeitig Wasseruhr, Gewichts- und Längenmaß	
		≈ Juden haben zweierlei Längenmaße: „heilige" u. „gewöhnliche"	*Salomo* (†) besaß großen Harem

Genaue Jahreszahlen gibt es erst ab ≈ −800	Assyrisches Großreich	Hebräische Sprache	Israelitische Propheten
−911	*Adadnirari II.* König von Assyrien bis −891; erneuert das Reich; schließt siegreichen Frieden mit Babylonien; fördert Ackerbau, liebt die Jagd ≈ Dorer in Sparta		
−900	≈ Phönizier besiedeln teilweise Cypern (≈ −700 zeitweilig assyrisch) ≈ Einwanderung der Meder in Medien (Nordwestiran), werden den assyrischen Königen tributpflichtig ≈ Lausitzer Kultur der Bronzezeit/Eisenzeit im östl. Mitteleuropa. Entwickelte Keramik (Buckelurnen, große Urnenfriedhöfe mit Beigefäßen) von ≈ −1300 bis ≈ −500; (Träger der Kultur: Illyrier oder Thraker)	≈ Siegesdenkstein d. Moabiterkönigs *Mesa* bei Dibon im Ostjordanland (eine der ältesten Urkunden für hebräische Sprache u. Schrift)	≈ Die frühesten israelitischen Propheten treten derwischartig in Gruppen auf, wirken mit ekstatischen Worten auf das Volk, das ihnen Wunder zutraut. Vertreten teils die Baal-, teils die Jahve-Religion
−883	*Assurnasirpal II.* König von Assyrien bis −859; bekämpft Aramäer; macht phönizische Hafenstädte tributpflichtig; fördert Verwaltung und Beamtentum; stellt Großreich wieder her		
−879	≈ Samaria als Hauptstadt des Reiches Israel erbaut (−722 von *Sargon II.* zerstört; −30 als Sebaste [Augusta] von *Herodes* neu erbaut) ≈ Blüte des phönizischen Stadtstaates Tyros		≈ Samaria ist auch die sakrale Hauptstadt Israels
−860	≈ Reich der Chalder (nicht Chaldäer!) in Armenien bis −585: hohe hethitisch beeinflußte Kultur		

Assyrische Reliefs und Fabeltiere	*Assyrische und israelitische Musik*	*Assyrische Chronologie*	
		Mit Kg. *Adadnirari II.* von Assyrien beginnt neue assyrische Chronologie (Beamtenliste; gesichert durch Anschluß an die Sonnenfinsternis —763, 15. Juni)	
≈ Attische Tongefäße mit geometrischen Mustern und stark stilisierten Figuren (Dipylonstil) ≈ König *Katuwas*, späthethitisches Relief aus Karkemisch			
∼ Kg. *Assurnasirpal II.* von Assyrien baut Kalach (auch Nimrud, nördlich Assur) als Hauptstadt neu auf: Prunkvoller Königspalast ≈ Ausdrucksvolle Reliefs im assyrischen Königspalast und Ninurta-Tempel zu Kalach: Kampf- und Jagdszenen mit technischen und genrehaften Details ∼ Sandsteinstele *Assurnasirpals II.* im Palast Kalach/Nimrud		∼ Assyr. Sandsteinstele i. Kalach/Nimrud beschreibt Fauna und Flora des Landes einschl. importierter Arten	≈ Kunstv. Haar- u. Barttracht sowie Ohrschmuck des assyr. Kgs.
≈ Monumentale geflügelte Stier- u. Löwenfiguren mit Menschenkopf (assyr. Bildwerke aus dem Königspalast bei Kalach) ≈ Geflügelter Genius mit Vogelkopf (assyr. Relief in Kalach)		≈ Verteidigung einer Stadtmauer durch Werfen brennender Fackeln (auf einem Relief in Ninive) ≈ Kaukas.-indoeurop. (?) Chalder gelten als Urheber der Eisenkultur u. Stahlerzeugung (vgl. —1200)	≈ Große Bedeutung der Jagd am assyr. Hofe (meist vom Streitwagen aus); Kalach od. Nimrud gilt als Gründung d. sagenhaften Königs u. Jägers *Nimrod*

	Machtverfall Ägyptens	Assyrische Texte	Prophet Elias
Genaue Jahreszahlen gibt es erst ab ≈ —800			
—859	*Salmanassar III.* König von Assyrien bis —824; kämpft mit wachsendem Erfolg gegen Aramäer in Syrien; gewinnt starken Einfluß in Babylonien		
—854	~ Ägypten unterstützt vergeblich Syrien gegen König *Salmanassar III.* von Assyrien		~ Der Prophet *Elias* kämpft gegen d. phönizischen Baal-Kult im palästinens. Nordreich Israel unter Kg. *Ahab* (†, seit ~ —875). Der von ihm eingesetzte Kg. *Jehu* tötet Nachkommen *Ahabs* und verbietet Baal-Kult
—852	König *Salmanassar III.* von Assyrien nutzt Thronstreitigkeiten in Babylonien aus, um dort großen Einfluß zu erlangen		
—850	~ Damaskus widersteht wiederholt den Assyrern		≈ Nordsyrisch-hethitisches Relief am Tempelpalast z. Guzana (Tell Halaf): Zwei Stiermenschen und d. Wilde Mann stützen als Dämonen zwischen Himmel und Erde die Flügelsonne mit Sternen als Himmelssymbol (stark schematisierte religiös-symbol. Darstellung) ≈ Israelitischer Hörneraltar ≈ In der ägyptischen Religion verstärkt sich Tierkult

Assyrische Kunst	Assyrische und israelitische Musik	Assyrische Kriegstechnik	
~ Erneuerung von Ischtar-Tempel u. Kgs.-Palast in Ninive durch Kg. *Assurnasirpal II.* (†) und Kg. *Salmanassar III.*		~ König *Assurnasirpal II.* (†) von Assyrien legte Tiergärten an	≈ Besonders grausame Behandlung d. besiegten Feinde durch die Assyrer: Schinden, Pfählen, Verbrennen von Kindern, Ausstechen der Augen, Ausreißen der Zunge u. a. ~ König *Assurnasirpal II.* (†) von Assyrien ergänzte Streitwagen durch Reitertruppe
≈ Priester als Würfelhocker mit Götter-Relief (ägypt. Plastik) ≈ Königspalast von Balawat (Imgur-Ellil) mit Bronzetor (Höhepunkt assyr. Metallkunst, schildert die militärischen Erfolge von König *Salmanassar III.*) ≈ Schwarzer Obelisk des Königs *Salmanassar III.* von Assyrien (feiert in Inschriften und Reliefs den Sieg des Königs über die Syrer) ≈ Gewaltige steinerne Sphinx-, Löwen- und Panther-Figuren als Sinnbild der kgl. Macht und magische Beschützer an den Burg- u. Stadt-Toren des hethitisch-nordsyrischen Staates ≈ Hethitisch-nordsyrisches Reiterrelief (vermutlich älteste vorderasiatische Reiterdarstellung)		≈ Die assyrischen Reliefs zeigen die Verwendung von Belagerungsmaschinen: Rammbock, Belagerungstürme u. a. ≈ Sprachrohr in Ninive bekannt	≈ Nordsyrisch-hethitisches Relief zeigt königliche Hoftracht: Langes Untergewand mit schwerem Saum und kurzen Ärmeln; dreimal um den Körper geschlungenes Fransentuch, v. Gürtel gehalten; Pickelhelm mit Schmuckkordel; Haar und Bart gelockt; in den Händen Kelchblüte (als Zeichen königlicher Macht) und Beutel

	Etrusker in Italien	Homer	Kult der Großen Erdmutter
Genaue Jahreszahlen gibt es erst ab ≈ −800			
Im —9. Jahrhundert	*Sargur I.* vereinigt urartäische Königreiche mit der Hauptstadt Tuschpa (Reich geht ≈ −600 zugrunde) Dorer gründen Korinth	Keilschrift in Urartu (hatte im —14. Jhdt. größte Verbreitung)	Baal-Kult dringt in Israel ein (der Kult dieses Fruchtbarkeitsgottes ist oft orgiastisch)
—841	Israel Assyrien tributpflichtig ~ In Jerusalem regiert Kgin. *Athalja*, phönizischer Abstammung		~ Königin *Athalja* unterstützt Baal-Kult; Prophet *Elisa* läßt sie töten
—814	~ Phönizier aus Tyros gründen Karthago (in Tunesien); dort entsteht Kaufmanns-Aristokratie mit engerem und weiterem Senat unter zwei Richtern (Königen)		
—811	*Samuramat* Königin von Assyrien bis —807 an Stelle ihres unmündigen Sohnes; führt erfolgreiche Feldzüge (ihre ungewöhnliche Persönlichkeit wird zur *Semiramis* der Sage)		
—806	*Adadnirari III.* König von Assyrien bis —782; beherrscht Babylonien; kämpft gegen Syrien (Damaskus)		
—800	≈ 23. Dynastie in Ägypten (≈ —817 bis —730), herrscht neben der 22. ≈ Griechen besiedeln Küstenplätze von Spanien ≈ Auf dem ≈ —1100 von den Dorern besetzten Kreta entstehen mehrere rivalisierende Stadtstaaten (—67 von Rom erobert) ≈ Einwanderung der Etrusker nach Italien (erobern bis ≈ —600 Toskana; entfalten hochentwickelte Stadtkultur (vgl. —2450)	≈ „Ilias" (Kampf um Troja) und „Odyssee" (Irrfahrten des Odysseus) des sagenhaften blinden griech. Dichters u. Sängers *Homer* entstehen in Kleinasien (griech. Epen in Hexametern; wahrscheinlich nicht vom gleichen Verfasser) ≈ Über Phönizien beeinflußt das altbabylonische Buchwesen das aufkommende ionisch-griechische. Lederrollen mit aramäischen u. griechischen Übersetzungen vermitteln zwischen den babylonischen Tontafeln und den späteren (ab ≈ —550) griechischen Papyrusrollen	≈ In Theben regiert ein weiblicher Hohepriester als „Gemahlin des Amon" ≈ In Phrygien gibt es den Geheimdienst d. Großen Erdmutter Kybele (Mysterien mit orgienhaftem Kult, später v. Griechen u. Römern übernommen; vgl. —204) ≈ *Homer*ische Epen beeinflussen nachhaltig griech. Geistesleben

Urartu-Kultur	Assyrische Musik	Einfache Maschinen	
Zwei Stiere zu beiden Seiten eines Volutenbaumes (hetith. Plastik; hier erscheint wieder das altsumerische Motiv des von Tieren umgebenen Lebensbaumes) Dorisch. Holztempel m. Säulenkranz			Erst von jetzt an genauere Jahreszahlen
		Feste Chronologie in der chines. Geschichtsschreibung	
≈ Nach-hethitische Kultur im Urartu-Reich am Vansee in Armenien, zw. Schwarzem und Kaspischem Meer (—9. bis —7. Jh.): Besondere Blüte der Metallbildnerei; Export der Metallgefäße und Möbelteile (z. B. Bronzegreif [Löwe mit Vogelkopf und Flügeln], feinziseliert, als Möbelfuß) ≈ Die griech. Kunst übernimmt lineare u. pflanzl. Ornamente v. asiatischen Völkern, bildet sie aber zu feststehenden Typen um u. beeinflußt d. Ornament-Kunst d. Etrusker u. Römer ≈ Blüte d. phryg. Kultur in Westkleinasien (Teppichweberei, Stickerei, kunstvolle Felsengrabmäler) ≈ „Grüne Stele" in Armenien, mit chaldischer und assyrischer Inschrift ≈ In der mittleren *Chou*-Dynastie entstehen mehr und mehr rein ornamentale Bronzegefäße, nachdem einige Jahrhunderte der magisch symbol. Stil d. früheren *Yin-(Shang-)* Zeit nachwirkte (vgl. —1050)	≈ Musik spielt eine große Rolle in den Kulten Babyloniens. Verwendung des Fünf- u. Siebenton-Systems. Aufzeichnung von Musikstücken in Keilschrift	≈ *Homer* kennt eine relativ hochentwickelte Kriegschirurgie ≈ Der nordsyrisch-hethitische Streitwagen besteht aus einem nur oben offenen Kübel, an der Seite Köcher für Pfeile, an der Rückwand vorspringender Löwenkopf, an der Deichsel halbmondförmiger Schild als magisches Abwehrmittel ≈ Handkurbel bei den Etruskern ≈ Transport schwerer Lasten durch Schlitten auf Rollen in Vorderasien	≈ Hemdförmiger Leibrock mit kurzen Ärmeln bei den Assyrern. (Bei den Vornehmen lang und mit Binde gegürtet.) Assyrische Kleidung ist faltenlos u. besitzt zahlreiche Fransen u. Troddeln. Männer- u. Frauenkleidung nicht sehr unterschiedlich ≈ Dichtungen *Homers* kennen schon Brot, doch überwiegt in der Antike die Breinahrung

	Hethitische Kleinstaaten in Nordsyrien	Assyrische Texte	Assyrischer Gott der Schreibkunst
—790	~ *Panammu* König von Samal (Nordsyrien). Dort zweite Blüte der hethitischen Kultur (—10. bis —8. Jh.): Monumentale Bauplastik, Reliefs und Kunsthandwerk. (In 300 Jahren nur geringe Stilentwicklung) ~ *Amazja* König von Juda (—799 bis —785); wird von Israel vernichtend geschlagen und in einer judäischen Verschwörung getötet		
—787	~ † König *Joas* v. Israel (seit ~ —801), eroberte die an Damaskus verlorenen Gebiete zurück, plünderte Jerusalem		Kg. *Adadnirari III.* v. Assyrien errichtet dem alten sumerischen Gott d. Schreibkunst Nebo (Nabu) in Kalach einen großen Tempel u. erweist fast ausschl. ihm Verehrung
—776	Mit den Olympischen Spielen entsteht auch ein politischer und geistiger Mittelpunkt der Griechenwelt. Zeiteinteilung nach 4jährigen Olympiaden ≈ Übergang von der italienischen Villanova-Kultur in Mittel- und Oberitalien (seit ≈ —1000) zur Kultur der einwandernden Etrusker. Villanova-Kultur kannte Hausurnen u. bauchige Gefäße mit kropfartigem Hals, geradlinige geometrische und stilisierte Tierornamente; ursprüngl. Leichenbrand-, später Körperbestattung. War donauländisch-balkanisch und vorderasiatisch beeinflußt		Frauen sind auch als Zuschauer von den Olympischen Spielen ausgeschlossen ≈ Der gesunde nackte Körper rückt für den Griechen in den Mittelpunkt ästhetischer, ethischer und pädagogischer Gedanken

	Nordsyrisch-hethitische Kunst	*Assyrische Musik*	*Indische Medizin*	
	≈ Nordsyrische-hethitische Kunst: Paläste mit Freitreppen, Vorhallen, Holzsäulen, mit Bronze verkleidet und auf steinerner Basis, meterdicke farbig verputzte Mauern aus ungebrannten Lehmziegeln, an den Toren gewaltige Tierplastiken aus hartem Stein; Gebrauchskeramik bevorzugt einfache geometrische Muster (teilweise assyr. Einfluß); Reliefs zeigen als häufige Motive Kampf- und Jagdszenen zu Fuß, mit Pferd- und Streitwagen. Die Darstellung ist starr schematisiert bis zu einer Art Bilderschrift; monumentale Steinplastik d. Gewittergottes Hadad (4 m hoch, mit Weihinschrift d. Kgs. *Panammu*)		≈ Die wedische Medizin Indiens (seit ≈ −1500) geht in die brahmanische (bis ≈ 1000) über: Ärzte trennen sich vom Priesterstand; es entsteht geregelter ärztlicher Unterricht, auch Übungen am Phantom	
	≈ Ägyptisierende Elfenbeinarbeiten im assyr. Kalach/Nimrud			
			≈ Mit der etruskischen Kultur kommen Pferd u. Streitwagen nach Italien	Erste griechische Olympische Spiele (Aufzeichn. d. Siegers; Beginn einer gemeins. griech. Zeitrechnung) Olympische Spiele als griech. Nationalfest fanden alle 4 Jahre statt und umfaßten 1. Tag: Pferderennen, 2. Tag: Fünfkampf (Laufen, Springen, Ringen, Diskus- u. Speerwurf), 3. Tag: Opfer und Prozession, 4. Tag: Wettläufe, 5. Tag: Ring-, Faust- u. gemischter Kampf. Daneben reges geistiges u. wirtschaftliches Leben (Ol. Sp. 393 von *Theodosios d. Gr.* aufgehoben)

	Germanen-Expansion	Ägyptische Fabeln	Propheten in Israel
—775	≈ Wegen Klimaverschlechterung Expansion der Germanen. Kämpfe mit den Kelten		
—771	∼ Der nubische Staat Napata (Nordostafrika) herrscht über Unterägypten (besteht urspr. als Priesterstaat seit —9. Jh.; verfällt ∼ —670, nachdem seine ägypt. Kultur verlorenging) ∼ Chou-Dynastie machtlos. Chinesischer Staat zerfällt in sich bekämpfende Einzelstaaten		
—760	∼ Unter *Usia*, König von Juda, —784 bis —755, wird der Staat nach innen u. außen gefestigt		
—753	Sagenhafte Gründung Roms und Herrschaft der sieben Könige (bis —510) (historische Entstehung wahrscheinlich ≈ —600)		
—750	≈ Hallstatt-Zeit (Früh-Eisenzeit) in West-, Mittel- und Südosteuropa (Illyrier, Räter, Kelten); Bronze überwiegt noch, teilw. überladene Formen, auch Goldfunde. Erst Feuer-, später auch Erdbestattung (bis ≈ —500; vgl. —637) ≈ Der Stadtstaat, die Polis, entwickelt sich zur typischen griech. Lebensform. Adelsherrschaft ≈ Der Adel Attikas beginnt sich in Athen zu sammeln ∼ Kolonisation aus sozialer Not ∼ Griechen siedeln in Unteritalien ≈ Sagenhafte strenge Gesetzgebung des *Lykurgos* in Sparta ≈ Kelten wandern in England ein	≈ „Streit des Bauches mit dem Kopf" (ägyptische Fabel)	≈ Delphi wird zum wichtigsten Ort des Apollokultes ≈ Gesichtsurnen zwischen Oder und Weichsel (≈ —1000 bis ≈ —500, Früheisen- u. Latènezeit)
Im —8. Jahrhundert	Spartanische Auswanderer gründen Tarent in Unteritalien (wird ≈ —450 zur bedeutendsten Handelsstadt Italiens) Etrusker erlangen politische und kulturelle Vorherrschaft in Italien (Herkunft vermutl. aus Kleinasien, sprachlich u. kulturell beeinflußt von uralischen u. indoeurop. Völkern) Zerfall der indischen Urgemeinde, Übergang zum Sklavenstaat	Phönizische Inschriften in Karatepe (Kilikien) erweisen Ausdehnung dies. Sprache u. Schrift bis nach Kleinasien, während in Syrien bereits der Übergang zum Aramäischen stattfindet	*Schu-king*: „Großer Plan" (chines. Versuch einer nicht mythologischen Philosophie mit Einfluß auf *Konfuzius*) Die Propheten *Amos*, *Hosea* und *Jesajas* wenden sich gegen religiöse und soziale Mißstände in Israel

Archaischer Stil der griechischen Kunst	*Assyrische und israelitische Musik*	*Technik der Früh-Eisenzeit*	
≈ Phönizische Elfenbeinarbeiten in Chadatu (Arslan-Tasch, südwestl. von Edessa / Urfa), Samaria (Sebaste) und Dur-Scharukin (Chorsabad b. Mosul)		≈ Babylon. Astronomie hat eine hohe Sicherheit i. d. Bestimmung d. Bewegung der Himmelskörper erreicht (vgl. —2000)	Sonnenfinsternis vom 6. September stellt das erste sichere Datum der chinesischen Geschichte dar
		≈ Steinschleudern auf den Wehranlagen Jerusalems	
≈ Kanopen in Ägypten (Eingeweidegefäße mit menschen- oder tierförmigem Deckel)		≈ Assyrer benutzen aufgeblasene Tierhäute als Schwimmhilfe bei Fischerei und Kriegszügen ≈ Keltische vierrädrige Prunkwagen mit Speichenrädern für Pferdezug in der Hallstatt-Zeit (verbreiten sich bis nach Dänemark) ≈ Hufeisen in der keltisch. Hallstatt-Kultur Frankreichs	≈ Roggen in Südrußland ≈ Erdbevölkerg. überschreitet vermutlich 100-Millionengrenze ≈ Griech. Handwerk und Handel gedeihen, Bauern in Not
Entstehung einer Großkunst in Griechenland im archaischen Stil (einfache, strenge Formen; bis ≈ —480) Bis über 1 m hohe attische Amphoren mit geometr. und gelegentlichen Anfängen von Bild-Schmuck (dienen als Vorratsbehälter, mitunter auch als Graburnen) ≈ Arab. Tempel am Harem Bilqis im Yemen, dar. prächtiger Ilumquh-Tempel (ausgegraben 1951)		Gesichertes Bestehen chin. Astronomie u. Kalenderrechnung (frühere Ansätze bis ≈ —2000 vermutet) Helme in der Hallstatt-Zeit aus Bronze, Holz und Leder	Blüte der Spiralverzierungen i. d. nordeurop. Bronzezeit; daneben Wellenlinien, schiffs- u. tierkopfähnliche Ornamente; Schmuck wird größer, brillenartige Fibeln; Langschwerter. Erste vereinzelte Eisengegenstände

	Assyrien erobert Syrien	Religiöse israelitische Literatur	Prophet Jesajas
—748	In Korinth wird Königtum gestürzt und Wahl-Monarchie der 200 Bakchiaden-Familien errichtet (Blütezeit Korinths, bis —582 Oligarchie eingeführt wird)		
—745	Libysche, 24. Dynastie in Nordägypten *Tiglatpileser III.* König von Assyrien bis —727; erobert Damaskus; verpflanzt häufig unruhige Völkerschaften, beschränkt die Macht der Bezirksherren; fördert Bürger und Bauten; entwickelt Heerwesen		
—744	† *Jerobeam II.*, Kg. von Israel seit —784; letzter bedeutender Herrscher des Staates (der —722 zur assyrischen Provinz wird)		
—740			≈ *Jesajas* Prophet in Juda († ∼ —701)
—735	∼ Messina auf Sizilien v. d. Griechen gegründet ∼ Syrakus (Sizilien) von Griechen aus Korinth gegründet		
—734	Israel verliert Galiläa an Assyrien (G. kommt —105 wieder zum jüd. Staat)		
—732	König *Tiglatpileser III.* von Assyrien erobert mit Damaskus Syrien und Phönizien, ein Ziel, um das Assyrien über 100 Jahre gekämpft hat		
—730	≈ Sparta erlangt Vorherrschaft in Griechenland durch Unterwerfung Messeniens (—480 wird Athen gleich mächtig)	∼ Bücher mit Scharnier und Schreibzeug aus Tusche und Pinsel auf einem nordsyr.-hethitischen Relief	≈ In Sparta herrschen harte, oft grausame Erziehungsformen für Knaben und Mädchen und soldatische Lebensformen

Assyrische Reliefs	Assyrische und israelitische Musik	Assyrische Technik	
≈ Vernichtung einer Festung durch die Assyrer (Relief vom Palast in Kalach)		≈ Assyr. Relief zeigt fahrbaren Rammbock	
≈ Unter König *Tiglatpileser III.* von Assyrien wird die Kunst naturalistischer: Reliefs mit richtiger Seitenansicht, Landschaften, weniger monumental (u. a. im Palast zu Kalach) ≈ Höhepunkt der nordsyrisch-hethitischen Reliefkunst in Samal (heute Sendschirli): Die Reliefplatten schützen den Mauersockel d. Paläste u. stellen wahllos gemischte Szenen politischen, mythologischen, kultischen, alltäglichen Inhalts mit Freude am Detail dar ≈ Hethitisches Grabrelief einer durch den Tod vergöttlichten Königin mit Priester bei kultischer Handlung (ägypt. beeinflußt)		≈ Neubewaffnung des assyr. Heeres (teilweise Eisenwaffen)	≈ Reich gearbeitete Sessel (Throne), Fußbänke, Tische, vielseitige Tischgeräte auf nordsyrisch - hethitischen Reliefs mit höfischen Szenen

	Assyrien erobert Israel	Religiöse israelitische Literatur	Prophet Jesajas
—729	König *Tiglatpileser III.* erobert Babylon; Babylonien kommt zum Assyrer-Reich (bis ~ —605)		
—725	Assyrien beginnt die Hauptstadt Israels Samarie zu belagern (wird nach 3jähriger Belagerung erobert)	~ Kanne aus Athen mit der Inschrift: „Wer jetzt von den Tänzern am anmutigsten tanzt, der soll dies bekommen" (gilt als älteste griech. Inschrift)	
—724	*Hiskia* Kg. v. Juda bis —699; verbündet sich mit Ägypten gegen Assyrien, unterstützt d. Propheten *Jesajas* im Kampf gegen den Götzendienst seiner Vorgänger		~ *Hiskia* verbietet Jahve-Kult außerhalb Jerusalems
—722	Assyrien erobert das paläst. Nordreich Israel (ca. 30 000 Einwohner werden in d. Gefangenschaft geführt; ein selbständiger Staat Israel entsteht erst wieder 1948)	≈ Die Worte der israelitischen großen Propheten werden gesammelt und später zu „Büchern" zusammengefaßt	~ Durch *Jesajas'* Weissagungen entsteht der Glaube an das Erscheinen des Gründers eines Gottesreiches (Messias, d. h. „Der Gesalbte")
—721	*Sargon II.* Kg. v. Assyrien bis —705 (†); erweitert sein Reich in ständigen Feldzügen gegen Syrien, Babylonien, Armenien, Phrygien von Cypern bis zum Pers. Meerbusen; fällt im Kampf		≈ Prophet *Micha* unter den Königen *Jotham, Ahas* u. *Hiskia* von Juda
—717	~ Kg. *Sargon II.* von Assyrien erobert die hethitischen Staaten in Nordsyrien und besiegt das Chalder-Reich Urartu. Ende d. neuhethit. Kultur		
—715	~ Äthiopier erobern ganz Ägypten, 25. Dynastie bis —663 *Numa Pompilius* sagenhafter 2. König Roms bis —672 (vgl. —600)		~ *Jesajas* prophezeit den Untergang Assyriens ≈ Orthodoxie und Puritanismus in der ägypt. Religion

Nordsyrisch-hethitische Kunst	Assyrische Musik	Assyrische Heilpraxis	
≈ Bronzestatue eines kgl. Mannes (Ansätze einer bildnishaften Gestaltung; aus dem armenischen Urartu-Reich) ≈ Kgl. Löwenjagd mit Streitwagen (nordsyr.-hethit. Relief; Bedeutung d. Dargestellten entspricht nicht seiner Stellung im Bilde) ≈ Pferdekopf mit reich verziertem Zaumzeug (nordsyr.-hethitische Steinplastik)			
≈ Sammlung von Elfenbeinarbeiten (Flachschnitzerei mit Goldauflage) aus dem Assurnasirpal-Palast in Kalach/Nimrud		≈ Assyrische maskierte Priester treiben weiblichen Dämon aus einem Kranken aus (Sandstein-Relief aus Kalach-Nimrud)	≈ Babylonischer König belehnt einen Magnaten mit Grundbesitz (babylonischer Urkundenstein mit Bildrelief, Keilschrift und Symbolen der Hauptgottheiten)

	Griechische Kolonisation	Hesiod	Griechische Gedankenwelt
—712	Spätzeit (25. bis 30. Dynastie) in Ägypten bis —332. 25. Dynastie bis —663 mit äthiopischen Königen		
—705	*Sanherib* König v. Assyrien bis —681(†); läßt prachtvolle Bauten u. Stadtmauer errichten, Ninive wird glanzvolle Weltstadt (zerstört —612) Ende der bisherigen assyrischen Residenz Kalach/Nimrud (zerstört?) ≈ In den voraufgehenden beiden Jhdten. gewannen die Assyrer ganz Vorderasien		≈ Die Großgräber d. Bronzezeit werden durch Urnengräber abgelöst ~ *Sanherib* leugnet seinen Vater u. führt seine Abstammung auf vorsintflutliche sagenhafte Könige zurück
—703	Aufstand Babyloniens gegen Assyrien (wird —702 niedergeschlagen)		
—701	Niederlage Ägyptens und Judas gegen König *Sanherib* von Assyrien bei Elteke (Altaku/Südpalästina)		~ † *Jesajas*, Prophet in Juda
—700	~ † Kg. *Midas*, nimmt sich nach Niederlage durch *Sargon II.* v. Assyrien das Leben (* ~ —738) ≈ Griechen gründen Trapazunt am Schwarzen Meer ≈ Bildung griech. Siedlungen in Unteritalien, Sizilien, am Schwarzen Meer ≈ Etrusker tauchen in Mittelitalien auf (stammen wahrsch. aus Vorderasien) ≈ In China entstehen fünf größere, zeitweise rivalisierende Lehnsreiche, welche die kleineren beherrschen (davon erlangt Ch'in — 240 die Kaiserwürde). Hunnen bedrängen wiederholt China ~ Die Weltstadt Ninive ist für die umliegenden Völker das Symbol der Gewalt und blutiger Unterdrückung ≈ Skythen verdrängen indoeurop. Kimmerier aus Südrußland. Diese dringen kriegerisch nach Vorderasien vor (wo sie ≈ —600 vom Lyderkönig besiegt werden) ≈ Perser bezeugt; übernehmen Sprache und Keilschrift von den Elamitern. Achämeniden-Herrschaft	≈ Die Spruchsammlung der „Sprüche Salomos" beginnt zu entstehen (bis ≈ —400; teilw. ägypt. Herkunft) ≈ *Hesiod*, griech. Dichter aus Böotien, schreibt „Theogonie" (Götter- u. Weltentstehung; vgl. —1000), „Werke und Tage" (Lehrgedicht), „Schild des Herakles" (Schild- und Schlachtbeschreibung)	≈ *Hesiod* unterscheidet 5 Zeitalter: das goldene oder saturnische (das paradiesische), das silberne (üppig u. gottlos), das eherne (das d. Künste u. Kriege), das heroische (zeitweiser Aufstieg), das menschliche oder eiserne (die Gegenwart als d. schlechteste) (ähnl. Einteilungen finden sich bis in die Neuzeit) ≈ *Hesiod* kennt neun Musen: Klio (Geschichte), Euterpe (Lyrik), Thalia (Komödie), Melpomene (Tragödie), Terpsichore (Tanz), Erato (Liebesdichtung), Polyhymnia (ernster Gesang), Urania (Sternkunde), Kalliope (erzählende Dichtung). Am Olympos u. Helikon wurden ursprünglich nur 3 Musen verehrt: Melete (Nachdenken), Mneme (Gedächtnis), Aoide (Gesang)

Bauten in Ninive Dorische Tempel	Griechische Musik	Assyrische Technik	
≈ Die Kunst der Spätzeit in Ägypten bringt eine Renaissance alter Formen			
Sargonsburg (Chorsabad nördlich Ninive) wird aufgegeben (erbaut —713 bis —708 von *Sargon II.* mit Terrassenpalast, Turmtempel, 7 km langer Mauer mit 7 Toren und 183 Türmen)			
≈ Einwohner Judas fliehen vor *Sanherib* (Relief aus Ninive)			
≈ Dorischer Holztempel der Göttin Hera in Olympia ≈ Etrusker bringen vorderasiatisch geprägte Kultur nach Italien (ihre Sprache ist wahrsch. indogermanisch, vgl. 1972 Ph) ~ Geometrisches Hilfsliniennetz auf ägypt. Bildhauer-Werkstücken und Modellstücke deuten auf Kopierverfahren nach Modellen. Neben dem Steinhammer kommt auch beim Hartstein der Meißel auf ≈ Blütezeit der assyrischen Kultur ~Baubeginn des assyrischen Königspalastes in Ninive (mit reicher, natur- und lebensnaher Reliefkunst)	≈ Griech. Musik erhält große Bedeutung für das ganze öffentl. Leben (Rhapsoden [Wander-Sänger]; kultische, Fest- und Schauspiel-Musik bilden sich aus, bes. Chormusik; nach —300 allmählicher Verfall; vgl. —500 u. —100)	≈ König *Sanherib* von Assyrien hält einen Garten beim Palast in Ninive mit seltenen Pflanzen und Tieren (die Pflanzlöcher und Wasserkanäle werden in den Felsen gesprengt) ~ Mauer um Ninive (24 m hoch, 40 Ziegel dick, davor 42 m breiter Graben) ≈ Baumwollstaude u. babylonisches Schöpfwerk in Assyrien ≈ Trieren als griech. Kriegsschiffe (z. B. in Korinth; etwa 100 t, 150 Ruderknechte, 50 Krieger; begrenzt seetüchtig)	≈ König *Sanherib* von Assyrien besteigt mehr. hohe Berge (früheste Erwähnung einer alpinen Naturfreude) ≈ *Hesiods* „Tagewerke" zeigen primitive griech. Landwirtschaft: Gerste, Weizen, Hülsenfrüchte, Weinstock, Olive, Feige, Pferde, Rinder, Ziegen, Schafe, Schweine ≈ Die Griechen, die bisher ihre Gewebe aus Assyrien u. Babylonien bezogen haben, beginnen deren ornamentale Muster selbständig umzugestalten ≈ Älteste lydische Münzen bestehen aus Elektrum (natürl. Gold-Silber-Legierung)

	Herrschaft Ninives	Entwicklung der Hiëroglyphen	Griechische Kulte
—699	*Assur-nadin-schum*, Sohn König *Sanheribs* von Assyrien, wird König von Babylonien bis —694		≈ *Hesiod:* Der Mensch hat die Pflicht zu arbeiten
—692	~ *Manasse* Kg. v. Juda bis —638; führt babylonisch-assyrischen Gottesdienst ein		
—689	König *Sanherib* von Assyrien erobert und zerstört Babylon (wird ab ~ —681 von König *Asarhaddon* von Assyrien wiederaufgebaut) ≈ Indoeurop. Kimmerier vernichten phrygische Kultur		≈ In der griech. Religion gewinnen die Kulte des Apollo, des Dionysos, der Mysterien (Geheimlehren, z. B. die orphische) u. das Delphische Orakel wachsende Bedeutung
—688	*Taharka* aus Äthiopien König von Ägypten bis —663; unter ihm kommt Ägypten zum assyrischen Reich		
—682	*Gyges*, Kg. v. Lydien bis —652 (†) nach Sturz des Lyderkgs. *Kandaules*; *Gyges* unterstützt die Einigung Ägyptens durch Waffenhilfe; mit ihm beginnt d. Herrschaft der Mermnaden über Lydien/Westkleinasien (letzter Kg. *Kroisos* bis —546) Abschaffung des Königtums in Athen. Jährlich Wahl von 9 adligen Archonten. Gerichtshof aus früheren Archonten (Areopag) hat gerichtliche Oberaufsicht		≈ Unter dem Einfluß Delphis geht der phallische Kult des Dionysos in gezügeltere Formen über. D. wird zum Gott des Weines (Bacchus)
—681	† *Sanherib*, König von Assyrien seit —705, von seinen älteren Söhnen ermordet, weil er einen jüngeren zum Nachfolger einsetzte *Asarhaddon* König von Assyrien bis —669; unterwirft Ägypten. Höhepunkt der Assyrermacht ~ Chinesische Liga geg. äußeren Feind		
—680			
—676	~ Phönizische und palästinensische Städte anerkennen erneut Tributpflicht gegenüber Assyrien		
—675	≈ Die indoeuropäischen Kimmerier dringen nach Medien und Kleinasien vor und bedrängen u. a. Assyrien. Phrygien verliert Selbständigkeit	≈ Aus den ägypt. Hiëroglyphen entwickelt sich eine Schrägschrift (demotische od. Volksschrift)	

Assyrische Bauten	Griechische Musik	Assyrische Technik	
		≈ Wasserleitung in Jerusalem	
	≈ In der griech. Musik tritt zum Rhapsodengesang nach der Kithara kunstvollerer Gesang zur Flöte (Aulos), die aus Kleinasien kommt	~ König *Sanherib* von Assyrien läßt Aquädukt (Wasserleitung) bauen	
≈ König *Asarhaddon* von Assyrien baut Babylon wieder auf und erneuert Tempel und Tempelturm des Gottes Marduk (war —1251 geplündert worden, zerstört —689; wird —479 durch *Xerxes I.* erneut zerstört)	≈ *Terpandros* von Lesbos erneuert griechische Musik durch Sätze für Sologesang mit Instrumentalbegleitung; soll Lyra v. 4 auf 7 Saiten erweitert haben		
≈ Dorische Säule taucht zuerst i. d. Peloponnes auf		≈ Ziehbrunnen in Ninive	
		Etrusker als „Tyrsener" bei *Hesiod* genannt	

	Assyrien erobert Ägypten	Griechische Dichtung	Brahmanismus
—671	König *Asarhaddon* von Assyrien erobert Memphis und ganz Ägypten (—656 wieder unabhängig). Höhepunkt der assyrischen Macht		≈ Entwicklung der sechs Richtungen des indischen Brahmanismus in den Upanischaden-Texten. Alle erstreben die Befreiung der Seele aus dem Kreislauf der Seelenwanderung durch Vereinigung mit d. Weltseele (Brahman): 1. Sankhja: Erlösung durch Trennung der Seele vom Stoff in einen Zustand ewiger Bewußtlosigkeit. 2. Yoga: Erlösung durch Abwendung v. d. Außenwelt mittels Versenkung. Anerkennung eines persönl. Gottes. 3. Wedanta: Erlösung durch Erkenntnis, daß Seele einzige Wirklichkeit im falschen Schein der Welt. 4. Mimamsa: Erlösung der Seele durch Einhaltg. kult. Vorschriften. 5. u. 6. Waischeschika und Njaja: Erlösung durch wahre Erkenntnis der atomistischen Welt (Reihenfolge in der zeitlichen Entwicklg.)
—670	~ *Zaleukos* aus Lokroi schafft erste geschriebene griech. Rechtsordnung von sprichwörtlicher Strenge Chinesischer Fürstenbund unter Graf *Huan von Ts'i* (—685 bis —652). Ts'i in O-Honan ist wirtschaftliches und kulturelles Zentrum Chinas	≈ *Kallinos*, frühester bekannter griech. Lyriker (erhalten ein „Kampflied")	
—669	*Assurbanipal* König von Assyrien bis ~ —630; unter ihm Schwächung der politischen Macht; kulturelle und wissenschaftliche Blüte		
—668	In Babylonien wird der ältere Bruder von König *Assurbanipal* von Assyrien König (Babylonien wird nach einem Aufstand —648 assyrische Provinz)		
—663	26. Dynastie in Ägypten bis —525, mit den Königen *Psammetich I.*, *Necho*, *Psammetich II.*, *Apries*, *Amosis* u. a. Erneute vorübergehende Blüte *Psammetich I.* libyscher Herrscher in Ägypten bis —609; befreit Ägypten von den Assyrern und einigt es		
—660	≈ Megarer gründen Byzanz als Handelsplatz Beginn d. japanischen Zeitrechnung mit dem sagenh. ersten Mikado *Jimmu Tenno* (gilt in Japan als Nachkomme d. Sonnengöttin)		
—656	König *Psammetich I.* von Ägypten benutzt die Kämpfe Assyriens gegen Elam, um Ägypten von Assyrien unabhängig zu machen und es zu einigen (Ägypten war seit ~ —671 in assyrischer Gewalt)		
—655	Elamiter-Reich mit Hauptstadt Susa kommt in assyrische Abhängigkeit (endgültig vernichtet — 640)		

Assyrische Reliefs	Assyrische und israelitische Musik	Assyrische Technik	
			~ Nach Assyrien umgesiedelte Ägypter beeinflussen assyrisches Leben und Kultur
~ Siegesstele König *Asarhaddons* von Assyrien aus Samal (Nordsyrien): König hält unterworfenen König *Taharka* von Ägypten und den *Baal* von Tyros an Lippenringen			
~ Assyrer erstürmen eine ägyptische Festung (Verwendung von Sturmleitern; Darstellung der Fische im Fluß; assyrisches Relief in Ninive)			
≈ Bewußt archaisierende Kunst in Ägypten: Altes und Mittleres Reich bleiben Vorbild			
≈ Assyr. Reliefs aus Kujundschik (Ninive) mit naturalistischen Löwendarstellungen			
			~ Assyrisches Relief in Ninive zeigt Soldaten beim Gelage mit Troßdirnen während des Feldzuges gegen Elam

	Bedrohung Assyriens	Assyrische Bibliothek	Griechische Götterwelt
—650	≈ Große Tontafelbibliothek in Ninive enthält Staatsarchiv mit Briefen der Statthalter und hoher Beamter sowie Berichte über Kriegszüge ≈ Etrusker gründen Ostia (späterer Hafen Roms)	≈ *Archilochos*, griech. Dichter, frühe griech. Lyrik, schreibt u. a. Tierfabeln; erhebt den Jambus (Versfuß) zur Kunstform (fällt im Kriege) ≈ Große Tontafelbibliothek in Ninive enthält alte Lieder in der heiligen sumerischen Sprache; überliefert z. B. „Gilgamesch-Epos"; ferner Lehrbücher u. Grammatiken zur Übertragung sumerischer Texte in das Semitische (über 20000 Tafelstücke)	~ *Nahum*, der kleine israelitische Prophet des Alten Testamentes, verkündet den Untergang d. assyrischen Reiches und seiner Hauptstadt Ninive (dieser Untergang wird in Juda und Israel schon längere Zeit ersehnt u. prophezeit) ≈ Große Tontafelbibliothek in Ninive enthält viele Angaben über sumerisch-babylonisch-assyrische Religion: Beschwörung v. Hexen und Dämonen; Wahrsagen, Zeichendeutung (Leberschau), Astrologie
Im —7. Jahrhundert	Tyrannis in vielen griech. Staaten (Gegenbewegung im —6. Jhdt.) Griechen gründen Stadt Kyrene (Cyrenaika in Nordafrika) Skythen im Altaigebiet entwickeln sich zu Reiternomaden (von wenigen Zentren aus verbreitet sich diese Lebens- und Kulturform bis etwa zum —2. Jh. über die Steppen Zentralasiens und verleiht ihren Trägern kriegerische Überlegenheit über Nichtreiter)	Italien (Rom) übernimmt westgriechisch. Alphabet Griech. Spottgedicht „Margites" (= Tölpel) (dem *Homer* zugeschrieben) Älteste Teile der indischen Upanischaden	In Griechenland 12 höchste olympische Götter: Zeus, Hera, Apollon, Artemis, Ares, Athena, Aphrodite, Hephaistos, Hermes, Poseidon, Demeter, Hestia Gesichtsurnen bei den Etruskern
—648	Babylonien wird assyrische Provinz (bis —626), nachdem König *Assurbanipal* von Assyrien einen Aufstand seines älteren Bruders (babylonischer König seit —668) trotz starker Unterstützung durch Ägypten, Lydien, Syrien, Palästina niedergeworfen hat		
—645	~ Ein starkes v. Assyrien unabh. Königreich Medien (östl. von Assyrien) entsteht (fällt —550 an d. Perser-Reich)	≈ *Alkman* (Haupt der dorischen Dichterschule in Sparta und Chormeister v. Jungfrauenchören): „Mädchenlied der Artemis"	

Eurasischer Tierstil / Assyrische Reliefs	Assyrische Musik	Assyrische Wissenschaft	
≈ Archaische Stufe der etruskischen Kunst (im —7. u. —6. Jhdt.). Parallelen zur griech. Kunstentwicklung (vgl. —776) ≈ Etruskische Gesichtsurne mit Ohrringen ≈ Bei den Etruskern in Italien besteht ein entwickeltes Kunsthandwerk (Keramik, Goldfibeln u. a.) ≈ Siegesmahl des assyrischen Königspaares nach dem siegreichen Krieg gegen die Elamiter (Relief in Ninive: Gartenszene mit Speiseträgerinnen und Musikantinnen; ein Höhepunkt lebensnaher assyrischer Kunst) ≈ König *Assurbanipal* auf der Löwenjagd (assyrisches naturalistisches Relief aus Ninive) ≈ Ägypt. Reliefkopf aus durchsichtig grünem üb. opak-rotem Glas mit blaßblauer Zwischenschicht ≈ Apollo-Tempel in Delphi (brennt —548 ab) ≈ Griechische Steintempel und Monumentalplastik	≈ Musikszenen in d. assyrisch. Kunst	≈ König *Assurbanipal* läßt eine große Tontafel-Bibliothek in Ninive anlegen, für die er Schriften in anderen Städten (Babylon, Nippur) abschreiben läßt; sie enthält Angaben über Himmelskunde (besonders Astrologie), Kalenderwesen, Heilkunde (meist Beschwörungen) sowie historische Schriften; u. a. 66 Tafeln mit Namen für Tierkreisbilder u. Planeten sowie astrologische Voraussagen. (Die Astrologie-Astronomie i. Mesopotamien besteht schon Jahrtausende)	≈ Große Tontafelbibliothek in Ninive enthält Urkunden und Verträge über Kauf u. Verkauf, Tausch, Miete, Pacht, Zinsen, Belehnungen usw. ≈ Ninive ist bedeutendes Handelszentrum
Farbige Umrißzeichnungen in Griechenland im archaischen Stil Im Süden Rußlands am Schwarzen Meer entsteht als Nomaden-Gebrauchskunst der Skythen ein kraftvoll stilisierender „eurasischer Tierstil", der sich in den folgenden Jahrhunderten fast über ganz Europa und Asien verbreitet (≈ —400 griech. überfremdet; vgl. —401)		Milet beginnt zum Sammelpunkt der oft noch sagenhaften Nachrichten aus dem Orient zu werden	Etrusker betreiben Bergbau, Industrie, Handwerk i. ital. Küstenstädten Prägung von Edelmetallstückchen als Vorläufer der Münzen mit Bildprägung in Lydien (Kleinasien)

	Drakonische Gesetze	Frühgriechische Dichtung	Erneuerung der Jahve-Religion
—640	~ Mit der Zerstörung der Hauptstadt Susa durch Assyrien ist das Elamiter-Reich (nordöstl. Tigrismündung) endgültig vernichtet (vgl. —655). Dadurch wird den Medern der Weg in das assyrische Reich geöffnet ≈ Kroaten wandern in das heutige Nordjugoslawien ein ~ * *Solon*, Staatsmann und Gesetzgeber Athens († ~ —560)		~ Tempelturm in Susa zerstört
—638	*Josia* König von Juda bis —608; stellt nach Beseitigung assyrischer Kultformen den strengen Jahvedienst wieder her; verliert sein Leben gegen König *Necho* von Ägypten		
—637	≈ Die Siedlungen der früheisenzeitlichen Hallstatt-Kultur (von ≈ —750 bis ≈ —500) zeigen zuerst friedlichere Formen, die gegen die Latène-Zeit wieder kriegerischer werden (Ringwälle als Fluchtburgen)		≈ Beigaben der Hallstatt-Gräber: Waffen, Bronze- u. Tongefäße mehr in Brandgräbern, Bernsteinschmuck mehr in den Körpergräbern
—626	*Nabopolassar* (ein Chaldäer) König von Babylon bis —604; befreit Babylonien —625 von den Assyrern; verbündet sich mit Medien gegen Assyrien	≈ *Tyrtaios*, griech. Dichter in Sparta, schreibt Elegien u. anfeuernde Kampflieder	
—625	*Kyaxares* Kg. von Medien bis —585; vertreibt Skythen	≈ Der griech. Dichter *Mimnermos* dichtet in Ionien Liebes-, Kampflieder und Elegien	~ *Jeremias*, Prophet in Juda, sagt den Untergang des Staates voraus († ~ —585 in Ägypten)
—624	Erste schriftl. Gesetzgebung in Athen durch *Drakon* (hartes Recht im Interesse d. besitzenden Adels; Änderung —594)		~ * *Thales von Milet*, ionischer Naturphilosoph († ~ —544)
—621			Wiedereinführung des reinen Jahvedienstes in Jerusalem durch Kg. *Josia*, angeblich nach Auffindung d. Gesetzbuches im Tempel (war seit —9. Jh. zunehmend durch babylon. Kulte verdrängt)

Hallstatt-Keramik	Assyrische und israelitische Musik	Früheisenzeit-Technik	
		≈ Öffentl. Wasseruhren in Assyrien	
≈ Vorherrschen eines geometrischen Stils mit Ansätzen zum Figürlichen in der Hallstatt-Kultur; vielfarbige Keramik m. oft verspielter Formenfülle. Keine Großkunst		≈ Hauptgeräte der Hallstatt-Zeit sind Messer verschiedener Form; Wetzsteine; Waffen; lange Schwerter verschied. Form, Helm, Teilpanzer. Bronzeguß tritt zurück geg. Treib- u. Schmiedearbeiten	~Triumphzug König *Assurbanipals* von Assyrien, dessen Prunkwagen von vier unterworfenen Fürsten gezogen wird
≈ Steintempel der Hera in Olympia ≈ Etruskische Gesichtsurne auf einem Thron			≈ Hausformen d. Hallstatt-Zeit reichen v. einfachen Pfosten- u. Blockhaus bis z. mehrschiffigen Haus u. hufeisenförm. Gehöft
			≈ Schmuck der Hallstatt-Zeit: reichverzierte Gürtel, achtförmige, Kahn-, Halbmondfibeln; Armringe, Anhängsel, Bernstein- u. Glasperlen; Kleider m. Bronzeschüppchen; Haarkämme

	Ende Ninives *Großmacht Lydien*	*Frühgriechische* *Dichtung*	*Altes Testament* *Naturphilosophie*
—620	Sparta unterdrückt Aufstand in Messenien im „2. Messenischen Krieg" (seit —640; 1. ≈ —730) ≈ Kg. *Kyros I.* (—640 bis —600), aus dem pers. Achämeniden-Geschlecht, ist zeitw. Vasall d. Assyrer-Reiches		≈ Mit Einführung des 5. Buch Mosis beginnt Kanonbildung im Alten Testament
—617	*Alyattes* Kg. v. Lydien bis ~ —561; begrdt. Lydiens Macht durch Vertreibung d. Kimmerier aus Kleinasien u. Vernichtung d. phrygischen Staates		
—616	Ägypten verbündet sich mit Assyrien gegen Babylonien und Medien		
—614	Meder zerstören Assur und verbünden sich mit Babylonien zur Eroberung von Ninive, dem letzten Rest des assyrischen Großreiches		
—612	Kg. *Kyaxares* v. Medien zerstört im Bund mit König *Nabopolassar* von Babylonien d. assyrische Hauptstadt Ninive und damit das Assyrer-Reich (Großmacht seit ≈ —1116)		Freudenfeste in Juda über den Fall Ninives (schon in den vorhergehenden Jahren des Verfalls der assyr. Macht wurde assyr. Religion aus Juda verdrängt)
—611			~ * *Anaximander*, griech. Philosoph aus Milet († ~ —546)
—609	*Necho II.* König von Ägypten bis —594; versucht Syrien zu erobern und Reste der assyrischen Herrschaft zu unterstützen; wird von Babylonien und Medien geschlagen; *Nebukadrezzar (II.)* von Babylonien verfolgt ihn (—605) bis zur ägyptischen Grenze		
—605	*Necho II.*, Kg. v. Ägypten, wird von *Nebukadrezzar (II.)* v. Babylonien bei Karkemisch a. Euphrat geschlagen u. verliert Syrien. Grdg. d. neubabylon. Reiches (—539 von Persern unterworfen)		~ Die griech. Naturphilosophie begr. einen wichtigen Zweig abendl. Denkens

Frühgriechische Kunst	Frühgriechische Musik	Früheisenzeitliche Technik	
	~ *Arion*, griech. Musiker und Dichter auf Lesbos; führte Strophe für Vorsänger und Antistrophe für Chor ein	~ *Kaläos* von Samos durchfährt als erster die Säulen d. Herkules (Straße von Gibraltar)	

	Babylon Weltstadt Rom entsteht	Sappho Indische Weden	Lao-tse Vorsokratiker
—604	† *Nabopolassar*, Kg. v. Babylonien seit —626; sein im erfolgreichen Krieg geg. Kg. *Necho II.* v. Ägypt. begriffener Sohn *Nebukadrezzar II.* (*Nebukadnezar*) wird Kg. v. Babylonien bis —562 (†); unter seiner Herrschaft Höhepunkt d. neubabyl. Reiches u. d. Kultur seiner Hauptstadt Babylon Babylon wird Weltstadt	≈ *Stesichoros* (*~ —640, †~—555), sizilianischer Chordichter; gilt als Begründer der Heldenballade	≈ * *Lao-tse*, südchin. Philosoph; begründet mit seiner Aphorismensammlung „Taoteking" (das „Buch vom Weg des Menschen") den pantheistischen Taoismus, eine Philosophie des Nicht-Handelns; (bildet später einen Gegensatz zur nordchin. Philosophie des *Konfuzius*, die das praktische Handeln betont) (vgl. —310)
—600	≈ Unter den Etruskern wächst Rom aus mehreren sabinischen Siedlungen (mit Totenbegrabung) und latinischen (mit Totenverbrennung) zur Servianischen Stadt zusammen (das Gründungsjahr —753 und die Könige sind sagenhaft). Seit ≈ —625 Tarquinier-Herrschaft; seit ~ —607 1. etrusk. Kg. *Tarquinius Priscus*, der Rom eig. gründet (bis —569) ~ Griechen gründen Kolonie in Naukratis im Nildelta; Aphrodite-Tempel m. ägypt. zunächst nicht beeinflußtem Kult; Scarabaeen-Fabrikation (Amulette meist in Form d. hlg. Mistkäfers) mit Export nach Italien, Samos, Cypern, Ephesos, Südrußland ≈ Phokäer aus Kleinasien gründen Massalia (Marseille). Wird aristokratischer Freistaat mit bedeutendem Handel (—49 v. *Cäsar* erobert) ≈ Kolonien d. Seemacht Karthago in Sardinien, Sizilien, Spanien, Gallien, Westafrika Phrygien (Westkleinasien) kommt unter lydische Herrschaft (seit ≈ —1190; —546 unter pers., —130 unter röm.) ≈ Das Urartureich geht nach langen Kämpfen mit Kimmeriern, Skythen und Assyriern zugrunde ≈ Indianische Kultur in Mexiko (durch Radiokohlenstoff 1956 als fast 1000 Jahre älter erkannt, vgl. 300)	≈ *Alkaios*, adliger Dichter von Lesbos, dichtet als Vertriebener politische, Liebes- und Weinlieder ~ *Sappho* von Lesbos, griech. Dichterin; schafft klangschöne Natur- u. („lesbische") Liebeslieder ≈ Die griech. Dichtkunst entwickelt sich in der ionischen Elegie, dem äolischen Melos und dem dorischen Chorlied ≈ Entstehung der Weden in Indien im wesentlichen abgeschlossen (seit —3. Jahrtausend): Sanhita („Sammlung" von Hymnen mit „Rigweda"); Brahmana (Prosa zur Erläuterung des Opferkultes); Aranyaka („Waldbücher" mit Opfermystik); Upanishaden (Philosophie der Wedanta; teilw. in Dialogform); Wedanga („Lehrbücher", Leitfäden für Phonetik, Ritual, Grammatik, Etymologie, Metrik, Astronomie)	≈ Naturphilosophie der „Vorsokratiker" in Kleinasien u. Griechenland (bis ≈ —450) ≈ Die Etrusker verwenden d. Eingeweide d. Opfertiere als Orakelzeichen (beschriftetes Bronzemodell einer Leber als Hilfsmittel), außerdem werden Ort u. Art d. Blitze gedeutet (d. Eingeweideschau wird von den Römern übernommen u. dort v. d. Haruspices geübt) ≈ An die Spitze der röm. Staatsgötter tritt die Dreiergruppe Jupiter, Juno, Minerva an Stelle von Jupiter, Mars, Quirinus der frühesten Zeit (daneben zahlr. Hausgötter, Totengötter u. Götter d. tägl. Bauernlebens, d. Pflügens usw.) ≈ Rechtliche Stellung der griech. Frau verschlechtert sich (von hier aus fehlende Gleichberechtigung bis in das 20. Jh.)

Dorischer Tempel Babylonischer Turm	Frühgriechische „Lyrik"	Frühgriechische Heilkunde	
≈ Ionische Säule taucht zuerst auf Samos auf		≈ *Glaukos von Chios* erfindet Lötung des Eisens ∼ Kg. *Necho* beginnt Vorläufer d. Suezkanals (vollendet —517)	
≈ Griech. Tempel aus Kalkstein später Marmor (statt wie bisher aus Holz u. Lehm auf Steinfundament). Gleichzeitiger Übergang vom einfachen wohnhausartigen Grundriß (rechteckige Cella, Vorhalle mit Pfosten) zur allseitigen Säulenfront ≈ Steintempel auf der Akropolis Athen ≈ Aufkommen des wuchtigen und strengen dorischen Baustils (Höhepunkt ≈ —500) ≈ Mit dem Bau großer Tempel im dorischen Stil kommen lebensgroße Frauenstandbilder im streng-archaischen Stil auf ≈ „Apoll" von Tenea (griech. Plastik im archaischen, ägypt.-symmetr. Stil) ≈ Koloß eines Jünglings von Sunion (griech.-archaische Plastik mit geometrisch betonten Formen in Athen) ≈ Blütezeit babylonischer Kunst unter *Nebukadrezzar II.*: u. a. Burg in Babylon mit Ischtar-Tor (mosaikartige Fabeltierdarstellung aus farbig glasierten Ziegeln) ≈ Erbauung des Hochtempels des Stadtgottes *Marduk* in Babylon (Gesamthöhe 92 m; „Der Turm zu Babel")	≈ In der griech. Musik kommt der Gesang zur Lyra (Lyrik) auf	≈ *Eupalinos* legt auf Samos etwa 1000 m langen Wasserleitungstunnel an, der von zwei Seiten zugleich erbohrt wird ≈ In den Heiligtümern des griech. Gottes der Heilkunde Asklepios wirken in Epidauros Priester-Ärzte. Üblich ist z. B. das Schlafen auf der Haut eines Opfertieres („Inkubation"), um im Schlaf oder Traum Heilung oder Rat zu finden (vgl. —353) ≈ *T. Priscus* baut erste römische Steinbrücke ≈ In China und Griechenland dient ein schattenwerfender Stab (Gnomon) als einfaches astronomisch.Meßgerät	≈ „Römerschanze" (b. Potsdam): Volksburg d. Lausitzer Kultur mit mehrfach. Grabengürtel(Durchmess. rd. 140m) m. Haus: 11,5 × 7 m, 20 Pfähle, Wände aus Flechtwerk, Vorhalle, quadratisch. Steinherd ≈ Der Ölbaum kommt von Griechenland nach Italien (wird ≈ —100 das ölbaumreichste Land) ≈ Die Kultur der Etrusker in Italien zeigt mutterrechtliche Züge ≈ In Lydien blühen Wollweberei u. Erzgewinnung u. -verarbeitung; hochentwickelte Keramik mit geometr. Mustern ≈ Chines. Seidenhandel mit Indien und Westasien (nach Europa über die Seidenstraße erst —114)

	Solons Klassenstaat	Alttestamentliche Schriften	Vorsokratische Naturphilosophie
—597	Erste Eroberung Jerusalems durch Kg. *Nebukadrezzar II.* von Babylonien. Teile der Bevölkerung werden weggeführt (vgl. —587)	~ „Buch Hesekiël" entsteht als erstes geschlossenes israelitisches Prophetenbuch	Israelitischer Prophet *Hesekiël* wird nach Babylonien verbannt
—595			
—594	Rechtserneuerung durch *Solon* in Athen (Aufhebung der Schuldsklaverei, Begrenzung des Grundbesitzes, 4-Klassen-Einteilung der Bürger mit entspr. Wehr- und Steuerpflicht; Regierung durch 9 Archonten aus der 1. Kl., Rat der 400 aus den ersten 3 Kl. und Volksversammlung aller Klassen)		
—590	~ „1. Heiliger Krieg" der griech. Stämme zur Brechung der Vorherrschaft der Hafenstadt Kirrha über Delphi (—594 bis —584) ~ Griechen besiedeln Agrigent in Unteritalien		Von den umliegenden griech. Stämmen unterstützt, gewinnt das Delphische Orakel im Apolloheiligtum Selbständigkeit und große relig. u. polit. Bedeutung. (Die auf einem Dreifuß über einer Erdspalte sitzende Priesterin wurde „Pythia" genannt; verliert ab ≈ —350 schnell an Einfluß) ≈ Inschriften griech. Söldner in Nubien erweisen verbreitete Elementarbildung
—587	*Apries* Kg. v. Ägypten bis —569; ein syrischer Aufstand gegen Babylonien mißlingt trotz seiner Hilfe Kg. *Nebukadrezzar II.* v. Babylonien erobert das palästinens. Südreich Juda, zerstört Jerusalem und führt die Bevölkerung in d. „Babylonische Gefangenschaft" (Rückkehr —539). Viele Juden fliehen nach Ägypten Kelten unter *Bellovesus* dringen über die Alpen nach Oberitalien ein (entreißen es bis —521 den Etruskern)	~ „Klagelieder Jeremiae" entst. (wahrscheinlich nicht von J.)	Babylonische Gefangenschaft der Juden (bis —539)
—586			* *Anaximenes* aus Milet, griech. Naturphilosoph († —526)

Dorischer Stil in Griechenland	Frühgriechische „Lyrik"	Umfahrt Afrikas	
			≈ Drachme, Münze aus Athen mit Eulenbild
≈ Kentaur, etrusk. Grabstatue		Erste gut bezeugte, 3jährige Umfahrt Afrikas durch die Phönizier im Auftrag des Königs *Necho* v. Ägypten v. Roten Meer aus	

	Erscheinen der Perser	Frühgriechische Dichtung	Vorsokratische Naturphilosophie
—585	Durch die Schlacht am Halys wird dieser Fluß Grenze zwischen Lydien und Medien. Armenier und Meder erobern das Reich der Chalder (nicht das der Chaldäer) (seit ~ —860)		≈ Entwicklung eines wissenschaftlichen Rationalismus im griech. Kulturkreis (erhält starken Einfluß auf das nachmittelalterl. abendländische Geistesleben) ~ † *Jeremias* (in Ägypten), Prophet in Juda
—582	Aristokratische Verfassung in Korinth (unter der vorangegangenen Wahl-Monarchie Blüte Korinths seit —748)		Pythische Spiele in Delphi (alle 4 Jahre)
—580		~ * *Anakreon*, griech. Dichter († ~ —495)	~ * *Pythagoras* aus Samos, griech. Philosoph u. Wissenschaftler († ~ —496)
—576	~ Das Gebirgsvolk der Perser, ein Vasallenvolk Mediens, stößt nach Nordwesten (gegen Susa) vor und gründet hier ein Königreich (wird —550 zum Ausgangspunkt des persischen Weltreiches)		
—575	Kg. *Alyattes* von Lydien (—605 bis —560) zerstört Smyrna; größte Ausdehnung Lydiens		

Dorischer Stil in Griechenland	*Frühgriechische Musik*	*Thales von Milet*	
		Angeblich erste Vorhersage einer Sonnenfinsternis i. abendl. Kulturkreis durch *Thales von Milet*	
		~ *Thales v. Milet* weiß, daß der Magnet Eisen und geriebener (elektrischer) Bernstein Wollfäden anzieht	
		~ „Satz von Thales" (von Milet): Dreiecke über dem Durchmesser eines Kreises sind rechtwinklig (gilt als ältester Lehrsatz der abendländisch. Mathematik)	
~ Attische Jünglingsstatue („Athlet"; griech.-archaische Plastik mit stärker herausgearbeiteter Muskulatur)			
~ Mann mit Opfertier („Kalbträger", griech.-archaische Plastik von der Akropolis) Forum, Jupiter-Tempel u. Rennbahn in Rom		~ *Nebukadrezzar II.* läßt für seine medische Gemahlin *Amythis* Palast mit Terrassengärten anlegen (vermutl. die „Hängenden Gärten der Semiramis", eines der „Sieben Weltwunder" der Alten) ~ 900 m lange Tunnelverbindung zwischen Palast in Babylon und Sonnentempel, im Tagebau unter dem Euphrat hindurch	

	Krösus Nachblüte Ägyptens	Frühgriechische Dichtung	Vorsokratische Naturphilosophie
—573	Das phönizische Tyros kommt nach 13jähriger Belagerung von der Landseite unter babylonische Herrschaft. Sidon wird erste Stadt Pöniziens		
—570			* Xenophanes, griech Philosoph († ~ —480)
—569	Kg. Apries von Ägypten wird wegen angebl. Begünstigung griechischer Söldner gestürzt Amasis II. Kg. von Ägypten bis —526; unter ihm blühen Kultur und Handel mit Griechenland; hält enge Freundschaft mit Polykrates von Samos, fördert griech. Stadt Naukratis in Ägypten. Seine Herrschaft gilt als letzte Glanzzeit Ägyptens Servius Tullius 2. etrusk. Kg. v. Rom (bis ~ —525)		≈ Zarathustra (Zoroaster * —599, † —522) gründet altpers. Religion: Kampf der Herrscher des Lichtes und der Finsternis, in dem der Mensch Partei zu ergreifen hat (wird unter den Achämeniden und Sassaniden pers. Staatsreligion)
—561	~ Kroisos (Krösus) letzter Kg. von Lydien bis —546; unterwirft griech. Städte in Kleinasien (außer Milet)		
—560	~ † Solon, Staatsmann u. Gesetzgeber Athens (* ~ —640) Peisistratos (* ~ —600) wird, gestützt auf d. arme Landbevölkerung, Alleinherrscher in Athen bis —527 († —528); wird zweimal vertrieben, fördert Wirtschaft, Baukunst, Neuausgabe d. Homer. Cypern wird ägypt. (—525 persisch)	Solon (†) dichtete Elegien und Epigramme ~ Peisistratos richtet in Athen die großen Dionysien mit musischen Wettkämpfen u. Theateraufführungen ein	~ Peisistratos richtet in Athen das Panathenäenfest ein (alle 4 Jahre: 6tägige Feiern, Prozession der Bürgerschaft auf die Burg, Vortrag Homers, Wettkämpfe) ≈ Mahavira Jina begründet in Indien „Jainismus" (ähnlich Buddhismus, jedoch radikaler weltfeindlich u. intoleranter). Gleichzeitig predigt indische Bhagavata-Religion d. Liebe zu Gott
—556		~ * Simonides von Keos, griech. lyrischer Dichter († ~ —468)	
—551			~ * Kung-tse (Konfuzius), chin. Philosoph und Sittenlehrer († —479)

Griechische Vasenmalerei	Frühgriechische Musik	Frühgriechische Wissenschaft	
~ Stehende Göttin (oder Frau) aus Attika (griech.-archaische Plastik)			
Unter Kg. *Kroisos* wird Lydien Brücke zwischen babylonisch-assyrischer und griechischer Kultur			
~ *Peisistratos* läßt in Athen den Hekatompedon-Tempel errichten ≈ *Klitias* (Maler) u. *Ergotimos* (Keramiker): „François-Vase" (attische Amphore mit Darstellung d. Hochzeit d. Peleus mit Thetis) ≈ Thrakische Kultur im bulgarisch-rumänischen Raum, gekennzeichnet durch den Goldfund von Valci Tran		≈ Die griech. Gelehrten betrachten die Erde als Scheibe, der die Himmelshalbkugel aufsitzt (*Thales von Milet*) oder die frei in der Himmelskugel schwebt (*Anaximander* aus Milet, Schüler von *Thales*) ~ Erdkarte des *Anaximander*: alles Festland bildet eine zusammenhängende Insel, umgeben vom Ozean	~ Durch *Solon*(†) wurde in Athen das Dikterion gegründet, in dem Sklavinnen Prostitution üben. Die Einnahmen fließen dem Staat zu. (Bis dahin wurde d. P. meist in Form der Tempelprostitution ausgeübt. Diese stammt aus Asien u. geht auf Fruchtbarkeitszauber u. d. Opfergedanken zurück)
≈ *Rhoikos* auf Samos: „Die Nacht" (Erzstatue in neuer Gußtechnik)			

	König Kyros *Kelten in Spanien*	*Äsops Fabeln*	*Ausgestaltung* *des Alten Testaments*
—550	*Kyros* beseitigt die Herrschaft der Meder in Persien u. wird erster Kg. des altpersischen Reiches bis —529 (†). Unterwirft Babylonien und Kleinasien (Ende d. Meder-Reiches, bestand seit —645) ≈ Kelten dringen von Norden in Spanien ein; verbreiten in West- u. Zentral-Span. eine geschlossene, mit d. südfrz. verwandte Kultur. Vermischen sich mit der nicht-indoeurop. Urbevölkerung d. Iberer (Basken) zu den Keltiberern	≈ *Äsop* (ursprünglich phryg. Sklave) schreibt lehrhafte Tierfabeln (diese griech. Fabeln finden viele Bearbeiter bis in die Neuzeit; als Heimat der Tierfabel gilt Ägypten; vgl. —1250) ≈ *Theognis* aus Megara dichtet Elegien u. Sinnsprüche (Epigramme) mit teilw. politischem Inhalt (für die Erhaltung der altadligen Ordnung) ≈ Die Erweiterung des Sagenkreises um Troja und Theben durch die griech. „zyklischen Dichter" beendet (etwa seit *Homers* Zeiten, ≈ —800). Verbreitung dieser epischen Dichtungen durch Rhapsoden (fahrende Sänger)	~ Der griech. Philosoph *Anaximenes* führt die Lehre *Anaximanders* fort und nimmt die Luft als Urstoff an ~ *Peisistratos*, Tyrann von Athen, ordnet das Panathenäen-Fest neu (vgl. —560) ~ * *Buddha (Siddhattha)*, indischer Religionsstifter († ~ —480) ≈ In d. „Babylonischen Gefangenschaft" entsteht die eigentliche Ausprägung d. jüd. Religion. Die Bücher Mosis entstehen in Anlehnung an altbabylonisches Sagengut (Sintflutsage, Kindesaussetzung im Körbchen u. a. m.)
Im —6. Jahrhundert	Grdg. des Böotischen Bundes in Griechenland unter Theben (—171 von den Römern aufgelöst) Griechen (Ionier aus Milet) gründen Kolonien an der Südküste der Krim Über Rom herrschen nach der Sage z. T. Könige aus d. etruskischen Geschlecht d. *Tarquinier* Malta, Sardinien und Westsizilien geraten unter die Herrschaft Karthagos In Indien bestehen zahlreiche Staaten	Älteste lateinische Inschriften Eine große Zahl der Psalmen des Alten Testaments entsteht (werden zum heutigen Psalter zusammengefaßt) Indische Literatur des Dharmasutra (relig. Gesetz) beginnt zu entstehen (bis —2. Jhdt.)	Zeitalter der „Sieben Weisen" von Griechenland, auf die Sprüche praktischer Lebensweisheit zurückgeführt werden (*Thales, Pittakos, Bias, Solon, Kleobulos, Periandros, Chilon*) In Griechenland entsteht d. Geheimlehre d. orphischen Mysterien. Die Orphiker suchen durch Weihen, Askese und Reinigungen die Seligkeit zu erlangen Der hebräische Wortlaut alttestamentlicher Schriften wird auf Grund d. mündlichen Überlieferung festgelegt

	Dorischer Stil in Griechenland	Frühgriechische Musik	Frühgriechische Wissenschaft	
	≈ Giebel des Artemistempels in Korfu (griech.-archaische Reliefs) ∼ Löwenplastik aus Milet (griech.-archaische ausdrucksvolle Tierplastik) ≈ Tempel der Artemis in Ephesos (110 m lang, 55 m breit, eines der „Sieben Weltwunder"; —356 von Herostratos eingeäschert; danach in alter Form neu erbaut) ≈ Etruskische Sarkophage aus Cerveteri (in der wiederkehrenden Form eines Paares auf dem Ruhebett; archaischer Stil) ≈ Etruskische Bronze-Dreifüße m. Reliefs u. Vollplastiken (Fabeltiere, u. a. Sphinxe) ≈ Die etruskische Keramik kommt in Beziehung zur griechischen; formen- u. figurenreiche gedrungene Bucchero-Vasen ≈ Reliefs im pers. Palast zu Pasargadae zeigen starken assyr. stilist. Einfluß		≈ *Theodoros* Tempelarchitekt und -ingenieur auf Samos; gilt als Erfinder eines vollkommenen Erzgußverfahrens (m. *Rhoikos*), v. Wasserwaage, Winkelmaß, Schlüssel, Drehbank ≈ Attisches Vasenbild mit einem fliegenden Menschen (wahrscheinlich mit Bezug auf die Daedalos- u. Ikaros-Sage) ≈ Römisch. Mondjahr zu 10 Monaten (später zu 12) mit unregelmäßigen Schaltungen	∼ König *Kyros* von Persien richtet Kurierdienst mit reitenden Boten ein ≈ Enganliegende Lederkleidung der Perser: Geschlossener kurzer Rock, Gürtel, Hosen, Schuhe, Kappe. Sie übernehmen die Kleidung der besiegten Meder als Hoftracht: Geraffter, gegürteter Rock mit weiten Ärmeln u. weichfließenden Falten (Kandys) (Hose war schon den Babyloniern bekannt) ≈ Juden lernen in Babylonien d. Rose kennen (frühestes Zeugnis)
	Gigantenkampf von der Akropolis (griech.-archaische Reliefs) Karyatiden (Stützpfeiler in Form einer weibl. Gestalt) in der griech. Baukunst Beginn der Herstellung farbiger Terrakotten in Tanagra/Böotien (Höhepunkt —4. bis —3. Jh.) Arkesilas-Schale (aus Sparta) zeigt in schwarzen Figuren auf weißem Grund Wägen und Verfrachten der Arznei- und Gewürzpflanze „Silphium" im nordafrikanischen Hafen von Kyrene (diese Pflanze, der Kyrene seinen Wohlstand verdankte, konnte bisher botanisch nicht bestimmt werden) Die Römer übernehmen mit der etruskischen Baukunst den Bogenbau und quadratischen Tempelgrundriß Skythen bei Vettersfelde/Niederlausitz (ihre hohe Kultur beweist der Goldfund von 1882 mit 13 Stücken der Ausrüstung eines vornehmen Skythen und seines Pferdes)		In Babylonien ist mit genauen Vorhersagen der Gestirnstände u. Finsternisse das Anfangsstadium einer wissenschaftlichen Astronomie erreicht. Sie bleibt jedoch mit der Astrologie eng verbunden, die Chaldäer zur Blüte führen In Babylonien wird der Mondjahr-Kalender (354 Tage, 12 Monate mit abwechselnd 30 und 29 Tagen) durch regelmäßige, auf Rechnung beruhende Schaltmonate verbessert (bisher wurden Monate b. Bedarf ein- od. ausgeschaltet)	Bei den Spartanern spielt d. Päderastie (Knabenliebe) als Erziehungsfaktor eine große Rolle (wird auch von anderen Griechen und den Römern übernommen; verfällt in der hellenistischen Zeit der allgem. Sittenverderbnis) Das bis dahin in Griechenland allgemein kurz getragene hemdartige Männergewand Chiton wird langes Frauengewand (bleibt kurz für Jugendliche) Banken u. Bankgeschäfte in Babylon

	Perser-Reich entsteht	Frühgriechische Dichtung	Vorsokratische Naturphilosophie
—549	~ Sparta vereinigt Südgriechenland im Peloponnesischen Bund		
—547	Tyrannis in Athen durch *Peisistratos* Kg. *Kroisos* v. Lydien verliert sein Reich an Kg. *Kyros* v. Persien. (Delphi: „Wenn du den Halys überschreitest, wirst du ein großes Reich zerstören")		~ *Deutero-Jesaias* weissagt den Juden in Babylonien baldige Heimkehr
—546	Kg. *Kyros* von Persien erobert Lydien und Teile Kleinasiens. Ende des lydischen Reiches (seit ~ —682) *Bimbisara* Kg. von Magadha (Indien), bis —494. Er, sein Sohn und weitere Könige der Haryanka-Dynastie beherrschen Nordostindien (bis —414)		~ † *Anaximander* aus Milet, griech. Naturphilos., Schüler des *Thales*, lehrte Entstehen der Dinge aus einem gestaltlosen Urstoff (Apeiron) und Rückkehr in diesen als Buße (* ~ —611)
—544		≈ Die zum Staatskult erhobenen Dionysien haben als Kern die Aufführung von Tragödien und Komödien (damit hat sich der aus Thrakien stammende Dionysoskult (—8. Jhdt.) zum Ursprung des griech. und europäischen Theaters entwickelt)	~ † *Thales von Milet*, ionischer Naturphilosoph, gilt als erster Philosoph des abendl. Kulturkreises; sah im Urstoff Wasser das Element alles Wirklichen („Erkenne dich selbst"). (* ~ —624) ~ * *Heraklit* v. Ephesos, griech. Philosoph († ~ —483)
—540	Perser unterwerfen den Ionischen Städtebund in Kleinasien (12 Städte; ihr Befreiungsversuch —500 führt zu den Perserkriegen) ~ *Polykrates* wird Tyrann von Samos; erwirbt durch Flotte von 50 Fünfzigruderern gr. Reichtum, den er für Nutzbauten, Tempel, Kunst u. Wissenschaft verwendet (~ —524 vom pers. Satrapen *Oroetes* nach Magnesia gelockt u. gekreuzigt) Die Karthager vertreiben zus. mit den Etruskern die Griechen aus Korsika Karthager besetzen d. griech. besiedelte Sardinien (—238 v. d. Römern besetzt) Ende der griech. Kolonisation im westlichen Mittelmeer	~ *Theognis* aus Megara: Aristokratische Lebensregeln in Versen für seinen jungen Freund *Kyrnos* (ein anderes Gedicht preist die Knabenliebe)	~ Unter *Peisistratos* wird der Mysterientempel in Eleusis erweitert, in der der Geheimdienst zu Ehren d. Gottheiten Demeter, Persephone u. Dionysos von alters her gepflegt wird *Xenophanes* gründet griech. Philosophenschule der Eleaten („erst das Denken erschließt die wahre Welt")

	Zeustempel in Athen	Frühgriechische Musik	Frühgriechische Wissenschaft	
	≈ Apollon-Tempel in Korinth			~ Erste Münzen mit Bildprägung (Schildkröte) in Lydien unter König *Kroisos*
			Sonnenuhr kommt von Babylonien nach Sparta	
	~ Tempel des olympischen Zeus in Athen		~ *Anaximander* (†): Alle Lebewesen entwickelt sich aus Wassertieren ~ Athen erhält erste Wasserleitg. (Enneakrunos = Neunröhren-Brunnen)	
	≈ Sphinx, griech. Marmorplastik aus Athen ~ Theseus tötet den Minotauros, attisches Vasenbild		*Thales* von Milet (†), griech. Philosoph, Mathematiker u. Naturwiss. Fand den Satz v. rechtwinklig. Dreieck über d. Durchmesser eines Kreises ≈ In der griech. Naturphilos. entst. der Begriff des „Elements"	
	~ Kulturblüte auf Samos ≈ Griechen entwickeln in der Plastik eigenes Gewandfaltensystem (Falte wurde vermutl. aus dem mittleren Anatolien übernommen)			

	König Kyros	*Thespis-Karren*	*Ende der Babylonischen Gefangenschaft*
—539	Kg. *Kyros* von Persien erobert Babylon. Persien wird Weltreich (bis —331); Ende d. neubabylon. Reiches (seit —605) Nach der Eroberung Babylons gestattet der Perserkg. *Kyros* den Juden die Rückkehr nach Palästina (Ende der „Babylonischen Gefangenschaft" seit —587)		Ende der Babylonischen Gefangenschaft der Juden (seit —587), schubweise Heimkehr bis —458
—538	Die von den Persern unterworfenen phönizischen Städte behalten einheimische Herrscher. Bilden den Kern der persischen Seestreitkräfte		Kg. *Kyros* befiehlt Wiederaufbau des Tempels in Jerusalem (—515 beendet)
—534		Der griech. Dichter *Thespis* führt in Athen das erste Trauerspiel auf (angebl. von einem Wagen herab). Die griech. Tragödie entwickelte sich aus einem Loblied (Dithyrambus) auf Dionysos von *Arion* von Lesbos (∼ —620)	
—530		∼ *Anakreon* aus Teos dichtet am Hofe des *Polykrates* Lieder der Lebensfreude ≈ Der verarmte griechische Dichter *Hipponax* aus Ephesos schreibt scharfe Spottgedichte im Gassenton in „Hink-Iamben"	
—529	† *Kyros*, Kg. von Persien seit —550; gründete pers. Großstaat *Kambyses*, sein Sohn, Kg. von Persien bis —522 (†); unterwirft Ägypten		

Dorischer Stil in Griechenland	*Griechische Musik*	*Griechische Heilkunde*	
			~ Durch die Eroberung Babylons gelangt die babylonische Astrologie nach Persien
		~ *Alkmaion* aus Kroton, griech. Arzt; findet durch Zergliederung von Tieren Unterschied von Venen und Arterien und Verbindung von Hirn und Sinnesorganen; erklärt Krankheiten u. Gesundheit aus der Mischung von feucht, trocken, kalt, warm, bitter, sauer, süß	
≈ Griechen gründen Pästum (Unteritalien); erhält dorische Tempel d. Poseidon, der Demeter und Basilika ~ *Exekias*, attischer Töpfer, Bildmotive u. a. aus dem trojanischen Krieg		~ Der karthag. Admiral *Hanno* gelangt mit Schiffen an der Westküste Afrikas bis auf die Höhe d. Kamerunberges (1 Grad nördlicher Breite) (nach anderer Auffassung nur bis franz. Guinea; vielleicht auch erst ~ —465) ~ *Euthymenes* von Massilia erreicht möglicherweise zur See die Senegalmündung	

	König Dareios I.	Griechische Dichtung	Buddha
—526	Nach dem Tode *Peisistratos'* (—527) übernahmen seine Söhne *Hippias* und *Hipparchos* die Alleinherrschaft in Athen (bis —514; in Sparta sammeln sich die Feinde der Tyrannis)		† *Anaximenes* aus Milet, griech. Naturphilosoph, führte die Lehre *Anaximanders* fort, indem er „Luft" (für ihn gleich „Seele") als Urstoff annahm. Letzter Vertreter der ionischen Naturphilosophen in Milet (* —586)
—525	Kg. *Kambyses* von Persien unterwirft Ägypten (Ägypten bis —405 unter pers. Herrschaft) 27. (pers.) Dynastie in Ägypten bis —338 ~ *Tarquinius Superbus* 3. etrusk. Kg. v. Rom (bis ~ —510) Cypern wird persisch ~ **Themistokles*, athen. Politiker u. Feldherr († — 459)	* *Äschylos*, griech. Tragödiendichter († —456) ≈ *Ibykos* aus Unteritalien, griech. Dichter dorischer Chöre zum Preis der Knabenliebe am Hofe d. *Polykrates* in Samos	Perserkönig *Kambyses* zerstört ägypt. Tempel, während sonst Perser die Religion der Unterworfenen schonen
—522	† *Kambyses*, Kg. von Persien seit —529		
—521	*Dareios I.* (Sohn des *Hystaspes*) Kg. v. Persien bis —485 (†); unterdrückt erfolgr. zahlr. Aufstände der beherrschten Völker; unterwirft Thrakien u. Makedonien. Unter ihm Reichsreform: Einteilung in 20 Satrapien, stehendes Heer, regelm. Steuern, einheitl. Währung mit Goldmünze „Dareikos" u. a.		~ *Buddha* verläßt als Bettelasket seine reiche Familie
—520		~ * *Kratinos*, griech. Komödiendichter († ~ —421)	
—519	~ * *Xerxes I.*, König von Persien von —485 bis —465 (†)		
—517	~ *Dareios* erobert Industal ~ Große Heerstraße durch Persien		

Dorischer Stil in Griechenland	Griechische Musik	Persische Seefahrten	
~ Gewandfaltenwurf in der persischen Plastik am Palast von Pasargadae (übernommen aus dem griech. Kleinasien)			
~ „Apoll" von Piombino (griech. archaische Bronzeplastik in schon gelockerter Haltung) ~ Athene wird Gegenstand der bildenden Kunst ~ Götter- und Gigantenkampf vom Fries des Siphnierschatzhauses in Delphi (reichbewegte spätarchaische Reliefs)		~ Der Leibarzt des Tyrannen *Polykrates* erhält 2 Talente Jahreshonorar (entspr. etwa 45 000 Mark Kaufkraft)	
~ Liegender Zecher, farbiges etruskisches Wandbild aus einem Grab in Tarquinia			~ Persische Goldmünze (Dareikos) zeigt erstmals Bild des Herrschers
~ „Dareios-Relief" von Bisutun: Triumph über die neun „Lügenkönige" in Süd-Medien; der dreisprachige Text (persisch, elamitisch, babylonisch) berichtet über die Niederwerfung der zahlreichen Aufstände im Perser-Reich unter König *Dareios I.*	~ * *Pindar*, griech. Musiker und Dichter († ~ —447)		
~ *Dareios* gründet Palaststadt Persepolis		~ König *Dareios* läßt durch *Skylax von Karyanda* Küste zwischen Indus und Persischem Golf erforschen u. vollendet Vorläufer d. Suez-Kanals (vgl. —604)	

	Athenische Demokratie *Römische Republik*	*Griechische Dichtung*	*Buddha*
—516			Weihung des nach der „Babylonischen Gefangenschaft" neuerbauten Tempels in Jerusalem
—515			~ * *Parmenides*, griechisch. Philosoph der Eleatischen Schule: Materie u. Geist fallen im unveränderl. Sein zusammen; das Sein wird allein durch das Denken erfaßt; es gibt kein Nicht-Sein. Alles ist eins, es gibt keine Vielheit und keine Bewegung; die Sinne trügen
—514	*Harmodios* und *Aristogeiton* versuchen die Söhne des *Peisistratos Hippias* und *Hipparchos* zu töten. *Hippias* entkommt, beide „Tyrannenmörder" werden getötet, ihre Nachkommen hochgeehrt (vgl. —510 Kunst)		~ „Erleuchtung" *Buddhas*
—510	Der letzte Tyrann von Athen *Hippias* (seit —527) wird von *Kleisthenes* vertrieben ~ Ende d. etruskischen Königtums in Rom. An die Spitze treten zwei Konsuln, die jährl. wechseln, daneben ein Oberpriester (Rex sacrorum). An ihrer Seite der patrizische Senat. (Bis ~ —266 ist die Geschichte Roms beherrscht vom inneren Kampf um d. polit. Gleichberechtg. d. Plebejer. Rom bleibt Republik bis —31)		≈ Noch zur Zeit der Könige sollen die „Sibyllinischen Bücher" zur Orakeldeutung n. Rom gekommen sein
—509	Demokratische Phylen- (Bezirks-) Verfassung des *Kleisthenes* in Athen: 10 Bezirke aus örtl. nicht zusammenhängenden Gemeinden wählen Vertreter in d. Rat der 500; Bezirke wechseln in d. Leitung, Ämterverteilung durch Los, Volksversammlung entscheidet weiter über Gesetze u. Krieg Patrizieraufstand zur Wiederherstellung des röm. Königtums *Lucius Junius Brutus*, sagenhafter Befreier Roms von den *Tarquiniern*, wird einer der ersten beiden Konsuln		~ Weihung d. Staatstempels des Jupiter auf d. Kapitol in Rom (bis 100; nach Bränden viermal erneuert; 455 durch Plünderung zerstört)

	Dorischer Stil in Griechenland	*Indische Musik*	*Griechische Wissenschaft*	
	~ Tempel in Jerusalem auf Befehl von Kg. *Kyros* wiedererbaut (seit —538)		~ *Xenophanes* von Kolophon deutet Fossilien von Meerestieren bereits zutreffend aus früheren Überschwemmungen d. Landes	
			Dareios I. läßt auf seinem erfolglosen Zug gegen d. Skythen eine Schiffsbrücke über den Bosporus schlagen	
	Antenor: Bronzegruppe der Tyrannenmörder *Harmodios* und *Aristogeiton* ≈ Auf der Halbinsel Lykien in Südwestkleinasien entstehen Felsengräber mit bankartigen Podien für den Toten; Außenfassade ahmt Holzbauelemente in Stein nach. Inschriften in noch nicht gedeuteter lykischer Sprache	≈ Die indische Musik verwendet Tonleiter mit Vierteltönen. Verwendung des Zupfsaiteninstrumentes Vina: zwei Hohlkürbisse durch ein Bambusrohr mit Saiten verbunden (Urform aller Saiteninstrumente)		
	~ *Aristokles*: Bemalte Stele des Kriegers *Aristion* ≈ Nereiden-Monument, Satrapen-Grabmal in Xanthos/Lykien, Grabkammer-Sockel mit Reliefstreifen		~ Cloaca maxima in Rom erbaut	

	Etrusker besiegen Rom	*Chinesische Literatur*	*Zarathustra*
—508	Etrusker besiegen und unterwerfen Römer (röm. Sagen von der Tapferkeit des *Horatius Cocles* und *Mucius Scaevola*)		
—507	Athen schlägt Sparta und dessen Verbündete	~ *Epicharmos* aus Megara (* ~ —550, † ~ —460) schreibt Mythenparodien u. Rüpelkomödien	≈ Im Zeusheiligtum zu Olympia dienen Eingeweide und der Brand der Opfertiere als Orakelzeichen
—500	≈ Höhepunkt der politischen Macht u. Kultur d. Etrusker in Italien (In den folg. Jhdten. geht die polit. Führung mehr u. mehr an Rom über, das viel von d. etruskischen Kultur übernimmt) ~ In Notzeiten wird in der röm. Republik ein „Diktator" mit unbeschränkten Vollmachten für 6 Monate auf Senatsbeschluß ernannt ~ * *Perikles*, athen. Staatsmann; unter ihm Kulturblüte d. „Perikleischen Zeitalters" ab —443 († —429) Aufstand der griech. Kolonien in Kleinasien gegen die Perser und die Hilfe Athens und Eritreas rufen die Perserkriege hervor (bis —445) ~ Karthager erobern Cadiz und unternehmen v. hier aus Fahrten a. d. Ozean ~ Die Edomiter wandern von Süden her in Juda ein (werden —126 in den jüd. Staat aufgenommen) ≈ Der feudale Lehnsstaat der chin. *Chou*-Dynastie wird durch innere Kämpfe der Feudalherren mehr und mehr erschüttert ≈ Dänen erobern aus Südschweden kommend dänische Inseln ≈ Latène-Zeit (nach Schweizer Fundstelle benannte Periode d. Jüng. Eisenzeit in Nord- und Westeuropa, bis ZW): Kelten breiten sich vom Westen her gegen die Germanen stark aus. Vorwiegend Eisenanwendung; Gold- u. Bronzeschmuck, bemalte Keramik, Kelt. Körperbestattg. mit Grabbeigaben; germ. Aschenbeisetzung (vgl. —400) ≈ Ende der Bronzezeit in Nordeuropa (später als in West- und Südeuropa): Bronzezierstil geht in einen relativ rohen Eisenstil über	~ *Pratinas* führt aus dem Peloponnes das Satyrspiel in Athen ein, als heiteres Nachspiel zur Tragödie ≈ *Homer* (≈ —800) gilt in Griechenland als Autor aller troischen Epen ≈ Beginn der Blütezeit des klassischen chinesischen Schrifttums (bis ≈ 600) ≈ In Palästina verdrängt die aramäische Sprache das Althebräische	~ * *Anaxagoras*, griechisch. Philosoph aus Klazomenä/Kleinasien († —428) ≈ *Vardhamana* begründet in Indien den Dschainismus; er gilt als letzter von 24 Dschainas (Propheten). Fordert wie Buddhismus rechten Glauben, rechtes Erkennen, rechten Wandel, bes. aber Schonung jedes Lebewesens

Übergang zur griechischen Klassik	*Pindar*	*Griechische Geschichtsschreibung*	
≈ *Kanachos* aus Sikyon: Apollo Philesios (Statue in einem Heiligtum bei Milet)			
≈ „Apollo" von Veji (etrusk. Tonplastik vom Tempel in Veji)			
≈ „Die kapitolinische Wölfin" (etrusk. Plastik; urspr. ohne die Kinderfiguren von Romulus und Remus)			
~ * *Phidias*, griech. Bildhauer in Athen, führender Meister des klass. Stils († ~ —435)	~ Dreiteilige Ode *Pindars* (eines der wenigen erhaltenen griech. Musikwerke)	~ *Hekatäus von Milet* (* —549, † —486) erwähnt als erster Europäer Indien in seiner „Rundreise"	≈ Die Etrusker unterhalten teilw. schon seit Jahrhdt. Handelsbeziehungen mit den Ländern am Mittelmeer (bes. Griechenland, Ägypten, Phönizien), Handel mit Schweden, Irland u. a. ist nachweisbar
~ Mädchenstandbilder auf d. Athener Akropolis (reifer archaischer Stil)	~ Höhepunkt der griech. Musik in der Chorlyrik *Pindars*. Hohe ethische Bedeutung d. Musik, meist einstimmig (gelegentl. improvisierte Zweistimmigkeit durch das begl. Instrument); 4 Tonarten: dorisch („erhaben"), phrygisch („enthusiastisch" oder „friedlich"), lydisch („klagend" oder „anmutig"), mixolyd. („leidenschaftlich")	≈ Griechen ersetzen die früheren Zahlzeichen durch Buchstaben (erschwert die Entwicklung der Zahlenrechnung)	
≈ Knabe von Ptoion/Böotien (griech. archaische Plastik)			≈ Münzen verbreiten sich als Zahlungsmittel in der griech. Welt
≈ In der griechischen Plastik geht der archaische, starr gebundene Stil in den klassischen, ruhend-gelösten über (≈ —300 in den hellenistischen, aufgelöst-bewegten)		≈ In Ionien erste Ansätze griech. Geschichtsschreibung als Anfänge einer griech. Prosa („Logographen"; seit ~ —550)	≈ Chiton und Himation in der griech. Kleidung (Chiton = rechteckiges Stoffstück, links mit Ärmelloch, über der rechten Schulter vernestelt; oft auch blusenartig gegürtet; Doppelchiton der Frauen über dem Oberkörper doppelt liegend. Himation = Straßenkleid aus einem Stück mit runden Ecken)
~ In der griech. Vasenmalerei erscheinen rote Figuren auf schwarzem Grund (statt wie bisher schwarze Figuren auf rotem Grund). Vasen werden jetzt meist signiert		≈ Beleuchtung in Griechenland durch Fackeln in Haltern mit Harz u. Pech getränkt	
~ „Grüner Kopf" (ägypt. Bildnisplastik in einem klassischen Stil)		≈ Die Kelten in Kärnten kennen die Schweißstahlerzeugung aus manganhaltigen Eisenerzen	
~ Glasierter Ziegelrelief-Fries am Palast *Dareios'* I. in Susa (u. a. Bogenschützen der Leibwache)	≈ Hauptinstrumente der griech. Musik: Aulos (oboenartig, bes. im Dionysos-Kult) und Kithara (Saiteninstrument, bes. im Kult des Apollo), Lyra (Leier)		
≈ Etruskischer gravierter Handspiegel mit Liebespaar			
≈ Die Eisenzeit in Europa ist arm an künstlerischen Formen. In der Keramik überwiegt das Mäanderornament		≈ Arzt *Atreya* u. Chirurg *Susrata* in Indien (Operation des grauen Stars und Leistenbruchs, Kenntnis von 700 Arzneipflanzen)	≈ Weinanbau in Italien u. Gallien. (Gallier führen hölzerne Fässer zur Aufbewahrung ein)
≈ Pflanzenornamente auf Schwertscheiden der kelt. Latène-Kultur. (In der Folgezeit verdrängt der geometrische Stil immer stärker den figuralen)			
≈ Kultur der skythischen Fürstenhügelgräber i. Sibirien (dar. d. Pazyryk-Teppich; vgl. 1949 W)			

	Perserkrieg	Griechische Lyrik	Pythagoras
Im —1. Jahrtausend	Einwanderer vom Süden (Malaien?) fassen in Japan Fuß und dringen nach Norden vor; erringen politische und geistige Führung. (Dieser Eindringungsprozeß ist etwa um die Zeitenwende abgeschlossen) Polynesier wandern aus Südostasien nach Polynesien ein; (geben dort aus Rohstoffmangel Metallbearbeitung und Keramikherstellung auf; neuerdings wird wieder ihre Herkunft aus Südamerika behauptet)		Die Mitte dieses Jahrtausends bringt mit *Lao-tse*, *Konfuzius*, *Buddha*, *Zarathustra*, den jüd. Propheten, griech. Dichtung, Philosophie und Wissenschaft einen Höhepunkt menschlichen Denkens, v. dem Fernwirkungen in Raum u. Zeit ausgehen
—496	~ Die junge röm. Republik gewinnt unter patrizischer Herrschaft nach anfängl. Niederlagen gegen d. Etrusker d. Hegemonie über d. lateinische Gebiet ihrer Umgebung. (Ständige Kämpfe im —5. Jh. gegen Etrusker, Sabiner, Äquer, Volsker in d. Nachbarschaft) angebl. Handelsverträge mit Karthago	~ * *Sophokles*, griech. Tragödiendichter in Athen († —406)	~ † *Pythagoras* aus Samos, griech. Philosoph u. Wissenschaftler, Gründer der pythagoreischen Schule mit Mysterienkult; lehrte Seelenwanderung und in ganzen Zahlen ausdrückbare Harmonie des Weltbaues (* ~ —580) ~ Aristokrat. Schule der Pythagoreer in einem Hause eingeschlossen und verbrannt Griechische Kulte in Rom (griech. Kultureinfluß schon im —6. Jh.)
—495		~ † *Anakreon*, griech. Dichter von Trink- u. Liebesliedern (* ~ —580)	
—494	Perser erobern Milet und beenden dadurch zunächst den Aufstand der griech.-ionischen Städte in Kleinasien (—479 wieder befreit) Durch Auszug d. Plebejer aus Rom wird die Einsetzung d. Volkstribunates in Rom erzwungen (stand unter d. Tribunen und hatte die Aufgabe, Übergriffe d. Patrizier zu verhindern)		

Spätdorischer Stil	Griechische Musiktheorie	Pythagoreische Wissenschaft	
Älteste Tempelbauten in Japan (z. B. Heiligtum der Sonnengöttin in Ise in einfacher Holzarchitektur mit Strohdächern; polynesisch beeinflußt?)		Bronzeglocken in China	
≈ Höhepunkt der Verbreitung des dorischen Stils. Allmähliches Aufkommen des weniger strengen ionischen Stils, von Kleinasien ausgehend (Höhepunkt ≈ —400) ≈ Sieben Tempel im dorischen Stil in Selinunt/Sizilien (Stadt —629 v. d. Griechen gegründet, —409 v. d. Karthagern zerstört) ~ Unter persischer Herrschaft wird der Amuntempel in der ägypt. Oase El Charge erbaut	≈ Von der auf den Beziehungen zu den ganzen Zahlen beruhenden Musiklehre des *Pythagoras* aus wird die griech. Musiktheorie ständig weiterentwickelt	≈ Astron. Weltbild des *Pythagoras* (†): Erde, Mond, Sonne, Planeten, Fixsternsphäre, „Gegenerde" kreisen in Sphärenharmonie um das Zentralfeuer ≈ Der „Lehrsatz d. Pythagoras" ist bereits bekannt, sein Beweis vielleicht erstmalig b. *Euklid* ≈ Die Schule des *Pythagoras* erkennt die Harmonie der Töne einer ganzzahlig geteilt. Saite (Monochord; vgl. —365). Befestigt ihre philosophische Auffassung, daß d. Welt durch harmonische Gesetze der ganzen Zahlen beherrscht wird	≈ In der röm. Republik führen die vornehmen Römer mindestens drei Namen: Vor-, Geschlechts- und Familiennamen, evtl. für besondere Taten noch einen Beinamen. Die ursprüngl. im indoeurop. Sprachbereich gebräuchl. Einzelnamen aus zwei Wortstämmen (z. B. griech. Philippos = Pferdefreund) waren früh unter etrusk. Einfluß verlorengegangen ≈ Griech. Bildwerke zeigen Ballspiele
		~ * *Herodot*, erster bedeutend. griech. Historiker († ~ —424)	

	Marathon	Äschylos	Vorsokratische Naturphilosophie
—493	Kg. *Alexander I.* von Makedonien (—498 bis —454) muß dem Perserkönig gegen Griechenland Heerfolge leisten (~ —450 gewinnt Griechenland in Makedonien Einfluß) *Miltiades* flieht nach Athen Unter dem röm. Patrizier *Gnäus Marcius* erobern Römer die Stadt Corioli d. Volsker (*M.* erhält den Beinamen *Coriolanus*)	≈ Im griech. Theater spielen die Schauspieler (erst einer, bald drei) auf Kothurn mit Maske (lat. persona), dazu 12-15köpfiger Chor	
—490	Athener unter *Miltiades* siegen über die Perser bei Marathon; ein Läufer bringt die Siegesmeldung nach Athen, wo er tot zusammenbricht (*Miltiades* stirbt nach militärischen Mißerfolgen —488) ~ Auf dem Höhepunkt seiner Macht erstreckt sich das Perser-Reich vom Indus bis Makedonien und Ägypten nebst Libyen Perserzug unter *Dareios I.* gegen Griechenland mißlingt		~*Empedokles, griech. Philosoph († —430) ~ * *Zeno* aus Elea („Der Eleat"), griech. Philosoph († ~ —430) Kult des Hirtengottes Pan in Athen (zum Dank für den „panischen Schrecken" der Perser)
—487	Die 9 Athener Archonten erstmalig aus 500 Kandidaten der b e i d e n ersten Vermögensklassen mit Bohnen ausgelost (bisher nur aus der ersten Klasse gewählt). Verbannung durch „Scherbengericht", das —488 eingeführt		≈ Elementarschulen u. geringes Analphabetentum in Athen
—485	† *Dareios I.* (d. Große), pers. Kg. seit —521; dehnte pers. Reich bis zum Indus aus *Xerxes I.*, sein Sohn, Kg. v. Persien bis —465 (ermord.); unterwirft Ägypten u. Babylonien; kämpft erfolglos gegen Griechenland Aufstand d. Ägypter gegen Perserherrschaft unterdrückt (weitere Aufstände —463 u. —405)		~ * *Protagoras* aus Abdera (Thrakien), griech. Philos. d. Sophistik († ~ —415)
—484		Der griech. Tragödiendichter *Äschylos* siegt zum erstenmal im Wettstreit (erliegt —468 *Sophokles*; siegt erneut —467) ~ * *Euripides*, griech. Tragödiendichter († —406)	

Übergang vom dorischen zum ionischen Stil	*Griechische Musik*	*Babylonische Astronomie*	
~ Dionysos-Theater am Südhang der Akropolis (1. griech. Theater, erst aus Holz, später aus Stein)		≈ Babylon. Astronomie erkennt aus ihren tausendjähr. Beobachtungen d. 18jährlichen Saros-Zyklus der Finsternisse	
~ *Makron:* „Parisurteil", attisches Vasenbild mit bekleideten Frauengestalten			
≈ Knabenstatuen aus dem Perserschutt der Akropolis, dar. der „Knabe des *Kritios*" (griech. frühklass. Plastiken mit freier Haltung: Stand- und Spielbein) ~ Schatzhaus von Persepolis zeigt Herrscherbildnisse			
~ Saturntempel und Tempel der Dioskuren am Forum in Rom			

	Salamis Thermopylae	Griechische Dichtung	Heraklit Buddha
—483	*Themistokles* veranlaßt in Athen den Bau einer Flotte und begründet so die attische Seemacht ~ Rom beginnt Kampf gegen das etrusk. Veji (erobert es —396)		~ † *Heraklit* von Ephesos („Der Dunkle"), griech. Naturphilosoph; lehrte: Nur das Denken erfaßt die Welt, die sich in ewiger Umwandlung befindet, vom „Logos" (Weltvernunft) gelenkt. („Alles fließt", „Der Kampf ist der Vater aller Dinge"). Schrieb „Über die Natur" (* ~ —544)
—481	≈ China übernimmt von den mongolischen Reitervölkern des Nordens das Reiten u. die Reiterkrieger, wodurch der Streitwagen verdrängt wird		
—480	Kg. *Xerxes I.* v. Persien unternimmt erfolglosen 3. Perserzug gegen Griechenland (Perser werden —449/45 von Athen endgültig siegreich abgewehrt) *Themistokles* schlägt in der Seeschlacht bei Salamis entscheidend die persische Flotte vor den Augen von König *Xerxes* (die Perser ziehen sich über den Hellespont zurück) 300 Spartaner unter ihrem Kg. *Leonidas* verteidigen mit einigen Bundesgenossen den Engpaß von Thermopylä gegen die Perser. Werden d. Verrat d. *Ephialtes* überwunden. Burg u. Stadt Athen v. d. Persern zerstört *Gelon*, Tyrann von Gela, schlägt, von Syrakus zu Hilfe gerufen, d. Karthager bei Himeran; unter ihm wird Syrakus d. mächtigste Stadt Siziliens († —478, es folgt sein Bruder *Hiëron*) Trotz militärischer Niederlage bei Himeran behaupten sich die mit den Persern verbündeten Karthager gegen die griechischen Kolonien auf Sizilien Bosporanisches Reich auf der Krim (besteht bis 335, ab —64 von Rom abhängig)	* *Antiphon*, der erste der 10 attischen Redner († —411)	~ † *Buddha (Siddhatha)*, ind. Religionsstifter d. „Buddhismus", Gegner des regelstrengen Brahmanismus; lehrte Erlösung d. Seele (Nirwana) aus der Seelenwanderung durch Überwindung d. weltl. Begierden (* ~ —550) ≈ Ende des reinen Brahmanismus in Indien mit der Kasteneinteilung: Brahmanen (Priester), Krieger, Ackerbauer, Sklaven, und den Göttern: Brahma (Gott der Schöpfung); Wischnu (Gott der Welterhaltung); Schiwa (Gott der Zerstörung) ~ † *Xenophanes*, griechisch. Philos., gründete Eleatische Schule in Elea/Unterital.; ersetzte anthropomorphen Polytheismus durch pantheist. Monotheismus; unterschied das Gedachte als unveränderlich Seiendes von den Erscheinungen; schrieb Lehrgedichte „Über die Natur" (* —570)

Übergang vom dorischen zum ionischen Stil	*Griechische Musik*	*Persische Technik*	
~ „Themistokles", griech. Plastik		≈ Silberbergbau im Laurion-Gebirge; Quelle der Seerüstung Athens	
≈ Blüte der Bildhauerkunst auf der Insel Ägina. Giebelfiguren am Aphäatempel („Sterbende Krieger" u. a., griech. Plastiken im Übergang vom archaischen zum klassischen Stil, bunt bemalt) ~ Thronende Göttin (griech. spätarchaische Plastik) ~ Trinkschale des Töpfers *Brygos*: Zecher mit Flötenspielerinnen; Innenbild: sich übergebender Zecher ~ Siegestempel in Himera/Sizilien		Perser schlagen zwei Schiffsbrücken über den Hellespont und graben Kanal zur Abschneidung des Vorgebirges Athos	

	Griechen besiegen Perser Perser zerstören Babylon	Chinesische Literatur	Konfuzius
—479	Griechen besiegen unter dem Spartaner *Pausanias* in der Landschlacht von Platäa die Perser unter *Mardonios* (†, * ~ —530), dem Schwiegersohn von *Dareios* Sparta und Athen schlagen die Perser bei Mykale und befreien dadurch die Küstenstädte Kleinasiens Perser erobern und zerstören Babylon	≈ Entwicklung der weltlich. chines. Literatur aus altem chin. Gedankengut, beeinflußt von *Konfuzius* (†) und seinen Schülern: „Buch der Lieder" („Shi-king", Weisheiten d. alt. Chinas); „Buch der Schriften" („Shu-king" aus d. Heroenzeit Chinas); „Buch der Wandlungen" („I-king", Deutung alter Orakelzeichen); „Frühling u. Herbst" („Ch'un-Chiu", geschichtl. Quellensammlg. von —722 bis —481 aus d. Landschaft Lu in Shantung)	~ † *Kung-tse (Konfuzius)*, chin. Philosoph; gründete eine Staats- u. Sittenlehre auf altchinesischer Überlieferung, betonte Menschlichkeit und Familienbande (* ~ —551). Lehre u. Aussprüche erst von seinen Schülern niedergeschrieben Die Griechen weihen d. Zehnten d. Kriegsbeute nach d. Niederlage d. Perser bei Platää d. Göttern (darunter Goldener Dreifuß für Delphi)
—478	*Aristides* (* ~ —550, † ~ —467), athen. Heerführer, Gegner des *Themistokles*, gründet —477 ersten Attischen Seebund (besteht bis —404)	*Hiëron I.* Herrscher von Syrakus bis —467, ruft die griech. Dichter *Äschylos, Pindar, Bakchylides* an seinen Hof	≈ Die religiöse Grundeinstellung der Juden begrenzt den Einfluß d. babyl. Astrologie; Übernahme d. „heilig. Zahl" 7 (Sonne, Mond, 5 Planeten)
—477	Sagenhafter Tod von 306 Mitgliedern des röm. *Fabier*-Geschlechtes in der Schlacht gegen die etruskischen Vejenter; kennzeichnet die wechselvollen Kämpfe der Römer gegen die Etrusker in der Frühzeit Roms		~ † *Vardhamana (Mahawira)*, ind. vorbuddhistisch. Reformator, Begrd. d. Dschainismus (vgl. —500)
—475	≈ Kretisches „Recht von Gortyn" auf 12 Quadersteinen (ältestes Stadtrecht, mit Familien-, Erb- und Vermögensrecht)	~ *Phrynichos:* „Phoinissen" (griech. Tragödie mit dem Stoff der „Perser")	
—474	*Hieron I.* von Syrakus (herrscht von —478 bis —467) besiegt etruskische Flotte bei Cumae (—466 wird Syrakus Demokratie)		

Klassische griechische Bildhauerkunst	Griechische Musik	Chinesische Geschichtsschreibung	
Syrakusisches Zehndrachmenstück mit Nymphenkopf, von Delphinen umgeben, zur Feier des Sieges über d. Karthager bei Himeran —480 (kennzeichnet hohe griech. Münzkunst) Xerxes I. zerstört Marduk-Heiligtum in Babylon ~ Schlangensäule in Delphi als (ältestes europäisches) Siegesdenkmal nach der Schlacht bei Plataä ~ Griech. Rundtheater in Syrakus		~ Konfuzius (†) stützte seine Geschichtsbetrachtungen auf das Studium geschichtlicher Originalquellen (vgl. Literaturspalte)	Athen erhält Stadtmauer
„Siegreicher Wagenlenker" von Delphi (griech. frühklass. Bronzeplastik) ~ Marmortempel des Apollo von Delphi vollendet (älterer —548 verbrannt)			
~ Palast des Perserkönigs Xerxes in Persepolis (mit reichen Ornamenten und Reliefs, Terrasse mit Doppeltreppe)			
~ Werke des griech. Bildhauers Myron entstehen in Athen; u. a. „Der Diskuswerfer" (eine der ersten Darstellungen einer schnellen Bewegungsphase, Bronze); „Athena und Marsyas" und Tierfiguren			
Opferkessel aus Bronze d. chin. Kgs. Fuchai von Wu (—495 bis —473) mit ornamentaler Auflösung d. früheren symbol. Tierformen. Diesen Stil zeigen auch andere gleichzeitige Bronzegeräte (Waffen, Spiegel u. a.)			

	Themistokles	Äschylos Sophokles	Philosophische Atomlehre
—472		Äschylos: „Die Perser" (griech. Tragöd.)	
—471	Themistokles durch „Scherbengericht" aus Athen verbannt (flieht nach Argos, schließl. z. Perserkönig u. stirbt —459)	~ Äschylos führt 2. Schauspieler neben Protagonisten und Chor ein	
—470	≈ Die phönizische Vorherrschaft über das östl. Mittelmeer wird durch d. griech. Trieren (Dreiruderer) abgelöst		* Sokrates, Moralphilosoph in Athen, Geg. d. Sophistik († —399)
—469	~ * Nikias, athen. Staatsmann u. Feldherr († —413, hingerichtet)		
—468	≈ Durch die Ausbreitung der Italiker (Umbrier und Osker) findet die Ausbreitung der Etrusker in Italien (seit ≈ —750) ihr Ende	~ † Simonides von Keos, griech. Dichter; schuf dorische Chöre u. Epigramme (kurze Sinngedichte) auf die Helden der Perserkriege (* ~ —556)	
—466	Kimon, Sohn des Miltiades, vernichtet in der Doppelschlacht am Eurymedon (Südkleinasien) Heer u. Flotte d. Perser, die Ionien zurückerobern wollten	~ Sophokles führt 3. Schauspieler ein	
—465	† Xerxes I. (mit seinem ältesten Sohn v. d. Leibwache ermordet), Kg. von Persien seit —485 (* ~ —519) Artaxerxes I., sein Sohn, Kg. v. Persien bis —424		≈ Leukippos von Milet, Lehrer Demokrits, lehrt als erster, daß die Dinge aus unteilbaren Teilchen („Atome") zusammengesetzt sind
—462	Die demokratische Partei in Athen unter Perikles schränkt die Macht der adligen Archonten zugunsten der minderbemittelten Klassen ein. Großer Einfluß d. 10 jährl. gewählten Strategen		
—461	Der spartafreundliche Kimon wird unter der demokratischen Partei in Athen verbannt (—454 zurückgerufen); Athen strebt nach der Vorherrschaft über ganz Griechenland		
—460	Hafen Piräus wird mit Athen durch die „Langen Mauern" verbunden (werden —404 geschleift)		~ * Demokrit(os) von Abdera, griech. Philosoph, Schüler d. Leukippos († ~ —360)

Klassischer Stil in Griechenland	Griechische Musik	Griechische Wissenschaft	
≈ *Mikon* (griech. Maler, teilweise m. *Polygnotos*) „Amazonenschlacht", „Kampf der Kentauren", „Rückkehr der Argonauten" u. a.			
~ * *Polyklet*, griech. Bildhauer des klass. Stils in Argos († ~ —420) ~ Bildwerke des Zeustempels zu Olympia (kennzeichnen den Beginn des klassischen griech. Stils)		~ *Empedokles* versucht eine mechanistische Erklärung der Entstehung d. biologischen Arten (frühest. Versuch einer Art Selektionstheorie)	Sparta verliert durch Erdbeben (—464) den Kern seines Heeres
			Besoldung der Richter u. Truppen in Athen eingeführt
~ Hera-Tempel von Akragas/Sizilien		~ * *Hippokrates* von Kos, Begründer der griech. Heilkunde († ~ —377) ~ * *Thukydides*, griech. Historiker († ~ —395)	≈ Männerhaartracht in Griechenland geht vom langen zum kurzen Haar über (vorher trugen nur Sklaven geschorenes Haar)

	Athen führt in Griechenland	Äschylos	Esra erneuert jüdische Religion
—459	† *Themistokles*, athen. Politiker und Feldherr, seit —471 verbannt nach Persien, begründete durch Flottenbau u. Sieg bei Salamis über die Perser attische Seemacht (* ~ —525)		
—458		*Äschylos*: „Agamemnon" (gr. Tragödie); „Die Orestie" (griech. Tragödien-Trilogie)	Wiederherstellung des Gesetzes von *Moses* durch *Esra* (u. a. Verbot der Ehe mit Fremden) im neuerstandenen Staat Juda, an dessen Spitze unter pers. Oberhoheit der Hohepriester steht
—456	Unterwerfung der aufständischen leibeigenen Heloten durch Sparta (3. Messenischer Krieg seit —464, Hilfe Athens schließlich zurückgewiesen)	† *Äschylos*, griech.Tragödiendichter, entwickelte Dialog; Chor nicht mehr Hauptträger der Handlung (* —525)	
—454	Mit der Verlegung der Bundeskasse nach Athen wird dieses Hauptstadt eines umfassenden griechischen Reiches (daneben Sparta mit peloponnesischen Bundesgenossen)		
—450	~ * *Alkibiades*, Politiker und Heerführer Athens († —404, ermordet) ≈ Tarent bedeutendste (griech.) Handelsstadt Italiens (—275 von Rom unterworfen) ~ Dezemvirn (Behörde von 10 Männern) schaffen in Rom die Zwölftafelgesetze (privates u. öffentl. Recht); gegen Widerstand d. Patrizier beschlossen. Grundlage des Röm. Rechts ≈ Satrapenaufstände und Günstlingsherrschaft schwächen das persische Reich ~ Indisches Großreich Magadha entsteht (die „Wiege des Buddhismus"; Höhepunkt unter Kg. *Tschandragupta* ~ —320)	~ * *Aristophanes*, griech. satirischer Lustspieldichter in Athen († ~ —387) ~ † *Bakchylides*, griechischer Lyriker und Balladendichter ≈ *Sophron* aus Syrakus begründet die Form des Mimus (griech. kleines Schauspiel aus dem tägl. Leben, oft derb erotisch) ≈ Die Darsteller im griech. Schauspiel sind 2 bis 3 Schauspieler u. der Chor	~ *Anaxagoras* bekämpft Aberglauben durch rationalistisch-naturwissenschaftl. Denken ≈ Die Philosophie d. griech. Sophisten beginnt den überlieferten Götterglauben zu erschüttern ≈ Griechische Erziehung erstrebt Harmonie von Körper und Geist ≈ Der ostiranische Mithras-Kult verbreitet sich über ganz Persien

Griechische Malerei	Griechische Musik	Griechische Technik	
Der griechische Maler *Polygnotos* (* ~ —500, † ~ —446) malt in Athen u. Delphi (dort „Zerstörung Trojas", „Abfahrt d. Griechen" u. „Besuch d. Odysseus in d. Unterwelt"); gilt als Begründer d. Monumentalmalerei (seine Bilder dienen der Vasenmalerei als Vorbild). Sein Wirken in Athen kennzeichnet Höhepunkt der antiken griech. Malerei: Schlachtenbilder, mythol. Szenen; Zimmerfresken; angeblich erste Farbenmischung; Farbskala: Weiß, Schwarz, Rot, Ockergelb (nur Beschreibungen erhalten)			In der „Orestie" spiegelt sich der Übergang von mutter- zu vaterrechtlichen Zuständen
≈ Chimäre (etrusk. Bronzeplastik) ≈ Etruskische Grab-Wandbilder zeigen lebensfrohe, teilweise erotische in Farbe und Form naturalistische Darstellungen			
~ Theseion (Tempel des Theseus) in Athen ~ Dorischer Poseidontempel in Pästum (Unteritalien) ~ „Kasseler" Apollo-Statue (griech. Plastik) ≈ Metopen (Zwischenfelder) dorischer Tempel von Selinunt/Sizilien (u. a. Zeus und Hera) ≈ Höhepunkt der attischen Vasenmalerei (bis ≈ —340). Feine Zeichnungen, Farbskala: Weiß, Schwarz, Rot, Ockergelb, mit Farbmischungen. Signierungen seltener; Themen aus Mythologie, Geschichte und Alltag		≈ Griechen kennen Wasseruhren (Klepshydren) auch zur Begrenzg. der Redezeit bei Gerichtsverhandlungen ≈ Griech. Helme aus Bronze ≈ In der Latène-Kultur (Jüngere Eisenzeit in Nord- u. Westeuropa) finden sich Schachtöfen zur Metallverhüttung	≈ Hetäre *Aspasia*, zweite Gattin des *Perikles*, häufig in Lustspielen satir. angegriffen ≈ Etruskische Hand-Bronzespiegel mit reich gravierter Rückseite (werden v. d. Römern übernommen; auch Griechen kennen Metallspiegel) ≈ Die kelt. Einwanderung führt auf d. brit. Inseln zu rechteckig umwallten Äckern

	Ende des Perserkrieges Plebejer-Auszug	Griechische Rhetorik	Sophistik
Im — 5. Jahr- hun- dert	Etrusker verlieren Vorherrschaft in Italien zugunsten Roms Zunehmende germanische Besiedlung d. zunächst vorwiegend keltischen Niederlande Marseille ist Tor der griech. u. etrusk. Kultur nach dem kelt. Westeuropa	„Frosch-Mäuse-Krieg" (Parodie auf die Ilias unter dem Namen *Homers*, auch später angesetzt) *Korax* aus Syrakus schreibt erstes Lehrbuch der Beredsamkeit; sein Schüler ist *Teisias*	Erziehung der athenischen männl. Jugend in den Gymnasien: Akademia, Lykeon, Kynosarges Verehrung der Laren als Feld- u. Ortsgeister mit Opfern u. Spielen in Italien (werden später zus. mit den Penaten u. dem Genius im röm. Haus verehrt)
— 449	† *Kimon*, Sohn d. *Miltiades*, athen. Feldherr; besiegte —465 die Perser, war —461 bis —454 verbannt, beendete —451 ersten Peloponnesischen Krieg durch Waffenstillstand mit Sparta Durch die Doppelschlacht bei Salamis (Cypern) über persische phönizische Flotte und Truppen beenden Athen und seine Bundesgenossen erfolgreich die Perserkriege; seit —500 (vgl. —445) Nach der Aufstellung d. Zwölftafelgesetzes durch die Dezemvirn protestieren d. Plebejer durch zweiten Auszug aus Rom geg. Willkür d. Dezemvirn u. erreichen Wiederherstellung d. Unverletzlichkeit d. Volkstribunen		
— 448			
— 447	In Rom erhalten die Quästoren die Verwaltung der Staatskasse Sparta lehnt panhellenischen Kongreß ab	~ *Pindar* (†) s. Spalte Musik	

	Phidias	Griechische Musik	Griechische Mathematik	
	Agatharch führt die Perspektive, *Apollodor* Licht und Schatten in die klass. griech. Malerei ein		*Hippokrates* von Chios, griech. Mathematiker, versucht Quadratur des Kreises und Würfelverdopplung (beide mit Lineal u. Zirkel nicht ausführbar), findet Satz von den „Möndchen des Hippokrates"	Der Königspalast in Persepolis beherbergt 15 000 Diener, 1000 Reiter u. 10 000 Fußsoldaten. Die hohen Abgaben schwächen Persien u. die unterworfenen Völker wirtschaftlich
	Persische Königspaläste in Persepolis (von *Alexander d. Großen* zerstört): „Hundertsäulenhalle", Eingang mit geflügelten Stiermenschen, Reliefs (ägypt. u. griech. Einflüsse)			
	Geflügelter Dämon entführt eine Verstorbene (etruskische Malerei auf Tonplatten)			
	Einbrennmalerei (Enkaustik) entsteht (erhalten sind ägypt. Mumienbildnisse erst aus dem 1. bis 4. Jh.)			Griechenland übernimmt von Ägypten den Papyrus als Schreibpapier, den schräg zugeschnittenen Binsenhalm als Feder (ab —3. Jahrhdrt. Rohrfeder) u. die Rußtinte
	Heraklestempel, Concordiatempel (dorisch), Zeustempel in Olympia und in der griech. Stadt Agrigent (Sizilien)		Die römische Kultur wird stark von Wissen und Technik der Etrusker beeinflußt	
	Aufstellung porträtähnl. Ehrenstatuen aus der Hand etrusk. Künstler in Rom. Auch sonst starke Einfl. der etrusk. Kunst		Fackeltelegraphie bei den Griechen u. bei den Persern	
	≈ Wölfin mit Romulus und Remus (etruskische Bronzeplastik auf dem Kapitol in Rom; —65 durch Blitz beschädigt, vgl. —507)		≈ Röm. 12-Tafel-Gesetz kennt goldenen Zahnersatz	≈ Brieftauben in Griechenland erwähnt
	≈ Persischer Knüpfteppich mit 36 Knoten qcm (1950 im skythischen Grabhügel im Ost-Altai gef.; gilt als ältester bekannter Knüpfteppich; wird aber auch als Noppenwirkteppich angesprochen)		≈ Eine jonische Schrift weist auf Klima und Umgebung als Gesundheits- u. Heilfaktoren hin	≈ Athen ist besonders durch Produktion von und Handel mit Tonwerk vorherrsch. Macht im östlichen Mittelmeer
	Phidias beginnt im Auftrage *Perikles'* Wiederaufbau der —480 durch d. Perser zerstörten Akropolis durch Bau des Parthenon-Tempels mit 160 m langem Relief-Fries, einen kult. Festzug in Athen darstellend (Tempelbau fertiggestellt —438)		∼ *Xanthos*, griechischer Logograph, schreibt Geschichte Lydiens	∼ *Herodot* bekundet Baumwolle in Indien
		∼ † *Pindar*, griech. Musiker u. Dichter, schrieb Oden u. Siegerpreislieder für d. national. Festspiele i. Olympia, Delphi, Korinth, Nemea (* ∼ —520)		

	Perikles	Griechische Dichtung	Sophistik
—445	Zwischen Athen und Sparta wird ein 30jähriger Friede geschlossen: Athen auf Seemacht beschränkt. Gleichzeitiger stillschweigender Friedensschluß zwischen Athen und den Persern sichert (bis auf Cypern) griechische Macht u. Besitz in Europa und Kleinasien		~ *Mo Ti*, chin. Denker (* ~ —480, † ~ —410), vertritt „allumfassende Liebe" und verurteilt Angriffskriege
—444	*Nehemia*, Mundschenk von Perserkg. *Artaxerxes I.* in Susa, wird von diesem zum Statthalter in Juda ernannt (bis —433); erneuert neben *Esra* d. Judentum in Jerusalem u. baut dort eine Mauer in 52 Tagen		~ * *Antisthenes*, griechischer Philosoph, gründet Schule der Kyniker († ~ —366)
—443	*Perikles* für 15 Jahre Feldherr in Athen; jährlich durch Volkswahl verlängert	~ *Sophokles:* „Antigone"	~ Thora mit Priesterkodex wird z. Grundgesetz des jüdischen Staates mit Jerusalem als Mittelpunkt
—440			~*Melissos* von Samos, griech. Philos. und Staatsmann; lehrt ein einziges räumlich und zeitlich unbegrenztes Sein, von dem die Sinne nur den Schein wahrnehmen ~ Eheverbot zwischen Judäern und Fremden
—439	Aufstand der Plebejer in Rom. *Lucius Quinctius Cincinnatus* zum Diktator ernannt	*Perikles:* Rede auf die Gefallenen	
—438			

	Parthenon-Tempel	Griechische Musik	Herodot	
	≈ Die griech. Baukunst pflegt die farbige Bemalung von Bau- und Bildwerken (meist nur noch Reste vorhanden)		~ Herodot liest einen Teil seines Geschichtswerkes in Athen vor und erhält eine Staatsbelohnung (sein Werk beruht zum Teil auf eigenen Forschungen an Ort u. Stelle)	In Rom wird das Eheverbot zwischen Patriziern u. Plebejern gesetzl. aufgehoben
			~ Meton mißt Punkte der Sonnenwende mit dem Gnomon (senkrecht schattenwerfender Stab)	
	≈ „Perikleisches Zeitalter": Blüte der athenischen Kultur unter dem Feldherrn und Volksredner *Perikles* (bis —429)			Im Athen des *Perikles* kommen auf etwa 50000 freie Bürger ungefähr 100000 Sklaven
	~ *Phidias* schafft die Giebelgruppen des Parthenon-Tempels (Geburt d. Athene aus dem Haupte des Zeus, Kampf zw. Athene und Poseidon um Attika), außerdem wahrscheinl. Mitarbeit am Fries des Tempels (vgl. —448) ~ Zentauren- und Gigantenkampf vom Parthenon auf der Akropolis in Athen (92 griech. Reliefplastiken in den Zwischenfeldern [Metopen] über dem Säulenumgang) ~ Poseidon-Tempel auf Kap Sunion		Meton verbessert den griechischen Kalender, der auf d. Mond-Sonnenjahr (gebundenes Mondjahr) beruht, indem er eine Periode von 19 Sonnenjahren = 235 Mondmonaten einführt (seit dem —7. Jh. galt d. schlechtere Beziehung 8 Sonnenjahre = 99 Mondmonate)	~ *Perikles* läßt der Stadt Thurios (Unterital.) nach Plänen von *Hippodamos* von Milet unter hygienisch. Gesichtspunkten anlegen
	~ *Kresilas:* „Perikles" (gilt als erste griech. Porträtbüste)			
	Fertigstellung und Einweihung des Athener Parthenon-Tempels (in Marmor seit —448 unter *Phidias* erbaut und mit Bildwerken ausgestattet, eines der letzten großen Bauwerke im dor. Stil) Aufstellung der „Athene Parthenos" von *Phidias* im Kultraum des Parthenon-Tempels auf der Athener Akropolis (12 m hohes Monumentalstandbild aus Gold u. Elfenbein)		~ Erste Bestimmung von Fixsternorten in Griechenland	

	Perikles / Peloponnesischer Krieg	*Euripides* / *Sophokles*	*Sophistik*
—436		* *Isokrates*, griechisch. Redner in Athen († —338)	
—435	~ In Rom werden Zensoren mit Amtszeit von 18 Monaten gewählt (für d. Schätzung nach d. 5 Vermögens- u. Heeresklassen; Überwachung d. Sitten; Aufsicht d. Bauten)	~ *Euripides* und *Sophokles* wirken im Athen *Perikles*'; *Euripides* im Sinne der sophistischen Aufklärung, *Sophokles* eher im Sinne überlieferter Religiosität	~ * *Aristippos* aus Kyrene, griech. Philosoph, *Sokrates*-Schüler († —355) ~ *Prodikos* aus Keos, griech. Sophist; lehrt: Angst vor dem Tode sei überflüssig (weder der Lebende noch der Tote könne ihn „erleben"), schildert im „Herakles am Scheideweg" die Wahl des steinigen Pfades der Tugend vor dem blumigen des Lasters
—432			Gesetz gegen Gottlosigkeit in Athen (zielt auf *Anaxagoras* und Aufklärung der Sophistik)
—431	Beginn des Peloponnesischen Krieges zwischen der attischen, unter Athen ihren Handel stärkenden Demokratie und dem aristokratisch regierten Peloponnes unter Sparta (bis —404)	*Euripides:* „Medea"	~ *Zeno aus Elea* gilt als Begrd. der „Dialektik" (Frage- und Gesprächskunst)
—430		~ * *Xenophon*, griech. Historiker u. Schriftsteller († ~ —354) ~ *Euripides* verwend. in seinen Schauspielen zur Lösung tragischer Verwicklungen das plötzliche Erscheinen eines Gottes mittels einer Theatermaschine („Deus ex machina")	† *Empedokles* (angeblich Selbstmord im Ätna), griech. Philosoph; schrieb „Über die Natur" (Liebe und Haß mischen und entmischen d. 4 Elemente: Erde, Wasser, Luft, Feuer) (* —490) ~ † *Zeno aus Elea* („Der Eleat"), Schüler des *Parmenides*; suchte dessen Lehre, die die Brauchbarkeit d. Sinne, Bewegung u. Vielheit d. Dinge leugnet, durch Trugschlüsse zu beweisen (z. B. „Achilles und die Schildkröte") (* ~ —490)

Perikleisches Zeitalter	Griechische Schauspielmusik	Griechische Wissenschaft	
~ † *Phidias* (im Gefängnis, Vorwurf der Materialunterschlagung), griech. Bildhauer in Athen; u. a. Monumentalstandbilder d. „Athene" (Athen) und des „Zeus von Olympia" (eins der „Sieben Weltwunder"); leitete Bau und Bildschmuck des Parthenon-Tempels auf der Akropolis unter *Perikles* (* ~ —500) ~ *Agorakritos* und *Alkamenes*, Schüler von *Phidias*, wirken als griech. Bildhauer			
Propyläen (Torweg) auf der Athener Akropolis (seit —437)			~ Athen erhält 600 Talente (zu je etwa 4715 Mark) Tribute. Kommen s. Ausbau zugute
Apollo-Tempel in Rom			~ Die Bevölkerung Griechenlands beträgt etwa 3 Millionen, davon ca. 1 Million Sklav.
~ Eleusinisches Weih-Relief mit Erdmutter Demeter	≈ Chorstück aus dem „Orest" des *Euripides* (als einziges Fragment aus der umfangreiche Chöre und Rezitative umfassenden griech. Schauspielmusik)		

	Perikles	*Aristophanes*	*Sokrates*
— 429	† *Perikles*, Feldherr v. Athen, führte kulturelle Blüte herbei (* ∼ —500) (*Perikles* stirbt an einer Pockenseuche im belagerten Athen, nicht an d. „Pest"). In Athen tritt an die Spitze der demokratischen Partei *Kleon* (Besitzer einer Lederfabrik), an die Spitze der aristokratischen Partei *Nikias* († —413)		∼ *Esra* gibt Juda ein sakrales Gesetz (wohl das Pentateuch heutiger Form)
— 428		*Euripides:* „Hippolytos"	† *Anaxagoras*, ionisch. Philosoph (das Element „Vernunft" belebt u. bewegt die übrigen); floh aus Athen, wegen Gottlosigkeit angeklagt (* ∼ —500)
— 427	Versuchter Abfall Mytilenes; Lesbos von Athen hart bestraft	*Sophokles:* „Ödipus"	∼ *Gorgias von Leontini* (Sizilien) in Athen; griech. Philosoph ein. sophist. Nihilismus. Es existiert nichts: Existierte etwas, wäre es nicht erkennbar. Wäre etwas erkennbar, wäre es nicht mitteilbar * *Plato*, griech. Philosoph († —347)
— 425	*Kleon* lehnt Friedensangebot Spartas ab		
— 424	*Xerxes II.* wird König v. Persien und bereits im zweiten Monat seiner Herrschaft ermordet. Beginnender Niedergang d. persischen Macht *Dareios II.* König von Persien bis —405 (†)		≈ Die Sophisten Griechenlands unterrichten in philosophischen und grammatisch-rhetorischen Fragen. *Sokrates* entwickelt für d. Belehrung d. „Sokratische Methode" („Sokratische Ironie") des Zwiegespräches, wobei der Schüler durch Fragen angeleitet wird, selbständig die Wahrheit zu finden
— 423		*Aristophanes:* „Die Wolken" (griech. satirisches Lustspiel gegen Sophisten)	

Griechische Malerei	Herodot		
	* *Archytas von Tarent*, griechischer Gelehrter d. pythagoreischen Schule († —365)		
≈ Die griech. Vasenmalerei zeigt teilweise einen „unklassischen" realistischen Stil (läßt auf ähnliche Richtungen in der verlorenen Wandmalerei größerer Bilder schließen)			≈ Hierodulen („Heilige Sklavinnen") üben Prostitution im Aphrodite-Tempel zu Korinth
	~ † *Herodot*, erst. griech. Historiker, „Vater der Geschichtsschreibg.", Forschungsreisender; unternahm ausgedehnte Reisen (Griechenland, Italien, Kleinasien, Persien, Arabien, Ägypten, Cyrenaika	u. Karthago); gab relativ zuverlässige Darstellung d. bekannten Erdbildes; schrieb griechische Geschichte bis —479, bes. Perserkriege (* ~ —495)	

	Peloponnesischer Krieg	*Aristophanes*	*Sokrates*
—421	Friede zu Nikias (auf 50 Jahre geschlossen) unterbricht kurzzeitig den Peloponnesischen Krieg (seit —431) und bringt die vorübergehende Anerkennung des attischen Reiches unter Athen	*Aristophanes:* „Der Friede" (griech. satir. Lustspiel) ~ † *Kratinos*, griechischer Komödiendichter; Gegner *Aristophanes*', den er noch —423 besiegte (* ~ —520)	
—420	~ * *Epaminondas*, thebanischer Feldherr und Politiker († —362)		
—418	Fortgang des Peloponnesischen Krieges. Spartaner gewinnen durch den Sieg bei Mantinea über Athen und Argos ihre Macht auf dem Peloponnes wieder		
—416		Der Sieg d. athenischen Tragikers *Agathon* (* ~ —445, † —402); wird später im Dialog „Symposion" („Gastmahl") seines Freundes *Plato* aufgenommen	
—415	Mißglückter Feldzug Athens nach dem Getreideland Sizilien (Syrakus; bis —413) zunächst unter *Alkibiades*, der, in Abwesenheit wegen Religionsfrevels verurteilt, zu den Spartanern übergeht; Abfall zahlreicher athenischer Bundesgenossen	*Euripides:* „Die Troerinnen"	~ † *Protagoras* (ertrinkt auf der Flucht vor Verfolgung wegen Gottlosigkeit), erster und bedeutendster Sophist; lehrte „Der Mensch ist das Maß aller Dinge" im Sinne eines individuellen Subjektivismus (* ~ —485) Athener befragen vor d. Zug nach Sizilien das Zeusorakel „Dodona" im Epiros (vgl. —219), weil ihnen das Delphische Orakel (vgl. —590) politisch voreingenommen scheint

Klassisch-griechischer Stil	Griechische Musik	Griechische Wissenschaft	
~ *Paionios*: Nike (Siegesgöttin im Flug, griech. Plastik)			
~ † *Polyklet*, griech. Bildhauer; u. a. „Speerträger" (Bronze, Vorbild [„Kanon"] vieler folgender Statuen), „Diadumenos" (Jüngling, die Siegerbinde umlegend; Marmor), „Verwundete Amazone"; Goldelfenbeinbild der Göttin Hera im Tempel bei Argos (* ~ —465) ~ * *Skopas*, griech. Bildhauer in Athen († ~ —340) Nike-Tempel auf der Akropolis (dorisch-ionischer Mischstil; Baubeginn —448)			
≈ Höhepunkt der griech. Münzkunst (Stempelschneider beginnen zu signieren)			

	Peloponnesischer Krieg Alkibiades	Euripides Sophokles	Sokrates
—414		*Aristophanes*: „Die Vögel" (griech. satir. Lustspiel)	
—413	† *Nikias*, athen. Staatsmann u. Feldherr, Hinrichtung nach der von ihm verschuldeten Nichteinnahme v. Syrakus im Jahre —415 (* ∼ —469) Der Peloponnesische Krieg tritt in seine letzte Phase (—404 wird Athen eingenommen) *Archelaos*, Kg. v. Makedonien bis —399; bemüht sich um Anschluß an griech. Kultur		
—412	Der wegen Religionsfrevels nach Sparta geflohene Athener *Alkibiades* flieht von dort zum persischen Statthalter		∼ * *Diogenes von Sinope*, griech. Philosoph der kynischen Schule († —323)
—411	Der mit Athen ausgesöhnte *Alkibiades* siegt über Spartaner und (—410) über Spartaner und Perser Oligarchischer Staatsstreich in Athen scheitert	† *Antiphon*, erster der 10 attischen Redner (der letzte † —291); Begründer der von d. Sophisten beeinflußten kunstgemäßen Beredsamkeit, veröffentlichte geschriebene Reden als Muster (* —480) *Aristophanes*: „Lysistrata" ∼ † *Eupolis*, attischer Lustspieldichter	
—410	*Alkibiades*, seit —411 wieder auf der Seite Athens, vernichtet die peloponnesische Flotte bei Kyzikos (gleichzeitig Landschlacht)		
—407	Der Athener *Alkibiades* wegen militärischen Fehlschlages verbannt (—404 ermordet)	∼ *Euripides*: „Orestes", „Iphigenie in Aulis"	*Plato* wird für 8 Jahre der Schüler von *Sokrates*

	Ionischer Stil 1. korinthische Säulen	Griechische Musik	Griechische Wissenschaft	
	~ Apollo-Tempel in Bassä mit dorischen, ionischen und frühesten korinthischen Säulen; innerer Marmorfries: Amazonen- und Kentaurenkampf			Der athen. Feldherr *Nikias* (†) verzögert Rückzug von Syrakus aus Aberglauben vor einer Mondfinsternis (27. August)
	≈ Griech. Vasen mit eleganten Mädchenbildern		* *Eudoxos von Knidos*, griech. Astronom († —356)	
	~ Erechtheion (Tempel des Erechtheus auf der Akropolis; erster rein ionischer Bau in Athen)			*Hippodamos* von Milet baut Stadt u. und Hafen Rhodos m. rechtwinkligem Straßensystem

	⚔ Sparta besiegt Athen	📖 *Euripides Sophokles*	*Sokrates*
—406	Im Kampf gegen d. Karthager wird *Dionysios I.* (* —430, † —367) Tyrann von Syrakus (gilt unter ihm als schönste Stadt des Altertums; unter seinen Nachfolgern verfällt die Macht) Athen lehnt Friedensangebot Spartas ab	† *Euripides*, Athener Tragödien-Dichter, in Makedonien seit —408; Chor tritt bei ihm zurück; schrieb „Medea", „Herakles", „Elektra", „Iphigenie bei den Tauriern", „Iphigenie in Aulis" und 87 andere Tragödien (* ~ —484) †*Sophokles*, griechisch. Tragödiendichter in Athen; führte 3. Schauspieler ein, bevorzugte Einzelstück vor Trilogie und Tetralogie; schrieb ca. 120 religiös gebundene Tragödien, u. a. „Elektra", „König Ödipus", „Antigone" (* ~ —496)	≈ Sophistik fördert Erziehung der vornehmen athenischen Jugend im Sinne einer aufgeklärten, umfassenden Bildung als Mensch und Staatsbürger
—405	Spartanische Flotte unter *Lysander* vernichtet entscheidend athenische Seestreitkräfte bei den Ziegenflüssen (Aigospotamoi) Karthager zerstören dorische Kultur in Agrigent auf Sizilien † *Dareios II.*, Kg. von Persien seit —424 *Artaxerxes II.* Kg. von Persien bis —359; erlangt —387 wieder Herrschaft über Griechenstädte in Kleinasien Nach wiederholten Aufständen gegen die Perserherrschaft (—485, —463 bis —454) erlangt Ägypten Selbständigkeit (—343 wieder persisch)	*Aristophanes*: „Die Frösche" (griechisch. satir. Lustspiel auf den Stil des *Äschylos* und *Euripides*)	
—404	Nach der Seeschlacht bei den Ziegenflüssen (Aigospotamoi) beendet der spart. Feldherr *Lysander* († —395) den Peloponnesischen Krieg (seit —431) durch die Eroberung Athens. Ende der attischen Demokratie durch Errichtung einer Oligarchie von „Dreißig Tyrannen" † *Alkibiades* (in der Verbannung auf Betreiben Spartas ermordet), Politiker und Heerführer Athens (* ~ —450)		
—403	Wiederherstellung der Demokratie in Athen gegen die „Dreißig Tyrannen" (seit —404)	*Lysias* (* ~ —440), griech. Logograph u. Lehrer der Rhetorik in Athen bis ~ —380	

	Klassisch-griechischer Stil / Chinesische Bronzekunst	Griechische Musik	Griechische Wissenschaft	
	≈ In der späten *Chou*-Dynastie in China herrscht bei den Bronzegeräten ein Stil, der alte dämonische Tierformen stark ornamental auflöst und Beziehungen zum „eurasischen Tierstil" (vgl. —7. Jh.) hat ≈ Chines. Bronze-Deckelvase mit Jagddarstellung (vereinigt chines. Tierornamente [T'ao-t'ieh] mit „eurasischem Tierstil") ≈ Die entwickelte chines. Goldschmiedekunst der späten *Chou*-Zeit bringt Kunstgegenstände aus Bronze mit Gold- und Silbereinlagen im ornamentalen Stil hervor ≈ Schmuckstücke aus Jade für weltliche Zwecke in China		≈ *Hippokrates* verfaßt Aphorismen (u. a. „Das Leben ist kurz, die Kunst ist lang, der günstige Zeitpunkt flüchtig, die Erfahrung trügerisch, das Urteil schwierig") und eine Schrift über die örtlichen Heilkräfte geeigneter Kurorte	
	~ Sandalenlösende Nike von der Balustrade des Nike-Tempels auf der Akropolis (Hochrelief in gelockertem Stil)		≈ *Archytas*, Haupt d. pythagoreischen Mathematik, und *Theodoros*, *Platos* Lehrer, erkennen die „Inkommensurabilität" ("Irrationalität") der Diagonalen von Quadrat u. Würfel	
	≈ Iranischer Streitwagen mit vier Pferden (Goldschmiedearbeit aus NO-Persien, am Oxus-Fluß)		~ *Xenokrates* sucht eine atomistische Geometrie zu begründen, indem er Strecken aus kleinsten unteilbaren Teilen annimmt („Atomlinien", *Theophrast* schreibt —320 eine Gegenschrift)	

	Schlacht bei Kunaxa	Xenophon	Sokrates
—401	Perserkg. *Artaxerxes II.* besiegt seinen Bruder *Kyros* (†), der sich als Satrap von Kleinasien gegen ihn empörte, in d. Schlacht bei Kunaxa (bei Babylon). *Xenophon* führt die 10000 griech. Söldner d. *Kyros* ans Schwarze Meer zurück	~ *Xenophon:* „Anabasis" (etwa: „Der Weg zurück"; schildert die Rückführung der 10000 griech. Söldner d. *Kyros* ans Schwarze Meer u. *Xenophons* Leitung)	Der „Hippokratische Eid", dem Menschen zu helfen, bleibt Tradition der europ. Medizin
—400	Mit Bezahlung des Besuches der Volksversammlung in Athen erreicht das System, einen großen Teil der freien Bürger aus Staatsgeldern zu bezahlen, seinen Höhepunkt (nach *Aristoteles* lebten mehr als 50% auf Staatskosten) Karthager besetzen Malta (wird —218 römisch) ≈ Hohe Blüte d. phöniz.-griech. Städte auf Cypern ≈ Kelt. Volk der Bojer in Oberitalien und Böhmen ~ Kelten verdrängen Etrusker aus der Po-Ebene ≈ Die keltische Latène-Kultur in Europa ist stark vom Ostmittelmeergebiet beeinflußt ≈ Ende einer indianischen Hochkultur in Mexiko, der ein Teil der mexikanischen Altertümer entstammt	≈ *Panini* bringt die klassische indische Literatursprache, d. Sanskrit (das „Zurechtgemachte") in strenge Formen. (Das Sanskrit bildet sich bis ≈ —300 voll aus) ≈ Das griech. Schauspiel ist reine Sprechkunst unter Verwendung von Maske und Kothurn. Nur der erste Schauspieler wird bezahlt (Protagonist). Keine Schauspielerinnen	~ *Hippias* auf Elis, griech. Sophist und Wissenschaftler, lehrt Wesensverwandtschaft der Menschen über die konventionellen Staatsgrenzen hinweg ≈ In Griechenland verdrängt die Totenverbrennung die Erdbestattung ≈ Die fünf Bücher Mosis („Pentateuch") erhalten nach älteren, z. T. vorprophetischen, Werken ihre endgültige Form (vgl. —550) ≈ Die Samarit(an)er werden v. d. Juden als Teilnehmer an ihrer Religion zurückgewiesen u. bauen einen eigenen Tempel auf d. Berge Garizim b. Sichem (—129 zerstört) ≈ *Lao-tse*, chinesisch. Philosoph, vgl. —604 ≈ Geheimlehre der Druiden bei d. Kelten. Sie bilden ein hierarchisches System u. sind Priester, Ärzte, Lehrer, Richter. Menschenopfer ≈ Kelten kennen ausgeprägten Schädelkult

Ionischer Stil	Griechische Schauspielmusik	Hippokrates	
≈ Der skythische ornamentale Tierstil nördl. d. Schwarzen Meeres wird vom Kunstgewerbe d. griech. Kolonialstädte verdrängt. Gleichzeitig nimmt dieses ind.-persische Einflüsse durch das iranische Nomadenvolk der Sarmaten auf		~ *Ktesias aus Knidos*, Leibarzt von Kg. *Artaxerxes II.* faßt das Wissen über Indien zusammen u. schreibt eine Geschichte Vorderasiens	≈ Kleinmünzen aus Kupfer im griech.-röm. Kulturkreis
~ *Parrhasios* wirkt als griech. Maler in Kleinasien ≈ Der griech. Maler *Pauson* malt d. Menschen ohne Idealisierung u. wird deswegen angegriffen ~ * *Praxiteles*, griech. Bildhauer in Athen († ~ —330) ≈ *Zeuxippos (Zeuxis)*, griech. Maler aus Unterital., in Athen, Makedonien u. Ephesos tätig; verfeinert Licht- u. Schattenwirkungen; u. a. „Kentaurenfamilie", „Herakles", „Helena", „Thronender Zeus" ≈ Übergang zum spätklass. griech. Stil ≈ Höhepunkt des ionischen („klassischen") Baustils. Aufkommen der korinthischen Säule (dominiert ab ≈ —325) ≈ Tempelfries von Phigalia/Bassä in Arkadien (mit Amazonen- und Kentaurenkampf) ≈ Drei Nymphen (Quellgöttinnen) von Hermes geführt, Flußgott und betender Mann (griech.-attisches Weihrelief) ≈ Standbilder des Gottes der Heilkunde Äskulap kommen auf ≈ Man beginnt den griech. Gott Dionysos nicht mehr als älteren Mann, sondern als Jüngling darzustellen ≈ Etruskisches Bronzestandbild des Kriegs- u. Frühlingsgottes Mars ≈ Persischer Königspalast in Susa mit Fries (schreitende Krieger, aus farbig glasierten Ziegeln)	≈ Musik zu den Komödien d. *Aristophanes* gibt diesen teilweise den Charakter ein. parodistischen „Operette"	~ *Hippokrates* begründet die Säftelehre, daß durch die Lebenswärme aus dem „kalten Schleim" das „warme Blut", die „trockene gelbe Galle" und die „feuchte schwarze Galle" entstehen; Krankheit ist Fehlmischung (in Anlehnung an die 4-Elementenlehre des *Empedokles*) ≈ Die Schule des *Hippokrates* auf Kos lehrt eine natürliche Heilkraft des Körpers, die der Arzt zu unterstützen habe ≈ Armbrustartige Torsionsgeschütze (Wurfmaschinen) für Stein- u. Pfeilgeschosse bei den Griechen (Reichweite bis zu mehreren hundert Metern) ≈ Hochentwickelte Eisenwerkzeuge i. d. kelt. Latène-Kultur. Stempel erweisen fabrikart. Herstellg. Handdrehmühlen ≈ Töpferscheibe i. d. Latène-Kultur (schon ≈ —2500 in Mesopotamien zus. m. Töpferofen nachgewiesen)	≈ Kottabos-Gesellschaftsspiel b. griech. Gastmahl: man zielt mit einem Weinrest aus dem Becher nach einem Plättchen auf einem Kandelaber, um es klingend in eine tiefer stehende Schale fallen zu lassen (auch Liebesorakel) ≈ Das unbebaute Marsfeld in Rom dient als Versammlungsplatz für militärische u. gymnastische Übungen ≈ Die Astrologie fand Eingang in Indien und führt hier zur Siebentagewoche (analog den bekannten 7 Hauptgestirnen: Sonne, Mond, 5 Planeten) ~ *Dionysios* von Syrakus läßt seinen Höfling *Damokles* unter einem Schwert am Pferdehaar fürstlich bewirten ≈ Bei d. griech. Landleuten u. Jägern auch Schuhe und Schnürstiefel neben Sandalen ≈ Würfel u. Dominosteine i. d. kelt. Latène-Kultur

	Korinthischer Krieg	Griechische Dichtung	Sokrates Plato
—399	Krieg Spartas gegen Persien um die griech. Städte in Kleinasien (löst —395 den Korinthischen Krieg aus)		† *Sokrates* (wegen angeblicher Verderbnis der Jugend durch den Giftbecher hingerichtet), Moralphilosoph in Athen, Lehrer des *Plato;* Gegner der Relativierung der Begriffe und des Sittlichen durch Sophistik und Tragödien des *Euripides*. Erlangte die sicheren Begriffe durch kritisches Fragen („Sokratische Ironie"). Der Mensch handelt schlecht, wenn er das Gute nicht weiß. „Erkenne dich selbst" (* —470)
—396	~ Rom erobert und zerstört unter *Camillus* das etruskische Veji, Landverteilung an d. röm. Bürger. Ende d. etruskischen Macht Änderung d. röm. Heerwesens: Einteilung nicht mehr nach Besitz, sondern n. Dienstzeit; 1 Legion = 30 Manipeln = 60 Centurien (Hundertschaften); Schwer- u. Leichtbewaffnete. Zu jeder Legion 300 Reiter. Jeder Konsul befehligte 2 Legionen (vgl. —104); angebl. Soldzahlung Karthager zerstören Messina (hieß seit d. Eroberung durch die Messenier aus dem südlichen Peloponnes —493 „Messana")		~ *Plato:* „Apologie" (Verteidigung des *Sokrates*)
—395	Korinthischer Krieg zwischen Korinth, Athen, Theben u. a. einerseits und Sparta andererseits (wird —387 durch Eingreifen Persiens zugunsten Spartas entschieden) ~ Syrakus hat Vormachtstellung auf Sizilien (dehnt ab —389 Machtbereich nach Unteritalien aus)		~ *Euklid* von Megara begründet Megarische Schule. Schüler des *Sokrates*, der dessen Philosophie mit der eleatischen verbindet: Das Eine = das Gute = Vernunft = Gott. Megarische Schule sinkt später unter dem Einfluß der Kyniker zur Streitsucht mit Trugschlüssen herab (z. B. „Der Lügner")

Griechische Spätklassik	Griechische Musik	Thukydides	
≈ Klassische Stufe der etruskischen Kunst (im —5. u. 4. Jhdt). Parallelen zur griech. Kunstentwicklung		≈ In Epidauros bestehen hotelartige Kurhäuser für Heilungsuchende Hippokrates entd. Heilkraft des Fiebers (vgl. −400)	≈ Griechen benutzen niedrige Tische und Ruhebetten beim Essen (aus dem Orient übernommen)
			≈ Griech. Betten sind aus Holz oder Bronze mit reichverzierten Füßen und haben Gurtbespannung (später v. d. Römern übernommen)
		~ † *Thukydides*, griech. Historiker; beschrieb bes. den Peloponnesischen Krieg, begründete sachl.-wissenschaftliche Historik (* ~ −460)	

	Korinthischer Krieg	Aristophanes	Plato
—394	Persische Flotte unter dem Athener *Konon* schlägt spartanische Flotte entscheidend Spartaner *Agesilaos* schlägt Athen und Theben bei Koroneia		~ * *Speusippos*, Neffe u. Nachfolger *Platos* als Leiter der Akademie nach dessen Tode (—347) († —339, Selbstmord)
—390		~ Die Rednerschule des *Isokrates* in Athen; pflegt rein attische Sprache und vollendete Formen	~ † *Meh Tih*, chinesischer Philosoph einer umfass. Menschenliebe; vertrat logische Beweisverfahren in d. Philosophie und Planwirtschaft
—387	Gallier unter *Brennus* erobern u. zerstören Rom („Vae victis"; *Camillus* vertreibt den Feind und stärkt d. röm. Macht durch Unterwerfung d. abgefallenen Bundesgenossen) Ende des Korinthischen Krieges (seit —395): auf Veranlassung des Spartaners *Antalkidas* diktiert der Perserkönig den Frieden. Alle Griechenstädte Kleinasiens und Cypern persisch, Athen behält nur Lemnos, Imbros und Skyros; Sparta behält Messenien	~ † *Aristophanes*, griechischer Dichter politisch-satirischer Komödien, die das zeitgenöss. Leben Athens glossieren: u. a. „Lysistrata" (Komödie m. pazifistisch. Tendenz), „Weiberversammlung" (Satir. Komödie auf *Platos* kommunist. Männerstaat der „Politeia") (* ~ —450)	~ *Plato:* „Symposion" („Gastmahl" mit philosophischen Gesprächen über die Liebe; „Eros" als philosophischer Trieb) *Plato* gründet seine Akademie für philosophischen Unterricht: „Nur mathematisch Gebildete sollen hier eintreten"
—384	*M. Manlius Capitolinus*, der mit seinem Vermögen Plebejer aus der Schuldhaft befreite, wird wegen „Strebens nach Alleinherrschaft" vom Tarpejischen Felsen gestürzt * *Demosthenes*, griech. Politiker und Redner († —322)		~ * *Aristoteles*, griechischer Philosoph († —322)
—382	~ * *Philipp II.*, König von Makedonien von —359 bis —336 (†)		
—380	30. Dynastie in Ägypten als letztes nationales Herrscherhaus (bis —343), rege Bautätigkeit, Verwendung griech. Söldner gegen Persien	~ *Eudoxos* übersetzt ägyptische Tierfabeln („Hundegespräche")	~ † (angeblich 108-jährig) *Gorgias von Leontini* (Sizilien), griech. Hauptvertreter der Sophistik

	Griechische Spätklassik	Griechische Musik	Griechische Astronomie	
	~ Grabmal der *Mnesarete* (griech. Hochrelief im spätklass. Stil)			
			~ *Kidenas*, babylon. Astronom, entdeckt aus alten Beobachtungen die Präzession d. Tag- u. Nachtgleichen	
			~ Der griechische Astronom *Eudoxos* macht eine Reise nach Ägypten; übernimmt dort wichtige astronomische Anregungen	~ In Athen beträgt der übliche Zinsfuß 18% (sinkt bald auf 10 bis 12%)

	Krieg zwischen Theben und Sparta	Griechische Dichtuug	Plato
—379	Die Durchführung des „Antalkidischen Friedens" durch Sparta verursacht Krieg zwischen Theben und Sparta (bis —362) und damit entscheidende Schwächung Griechenlands Sparta besiegt u. beendet d. Städtebund um Olynthos auf Chalkidike (bestand seit ∼ —480; —375 tritt Olynthos d. zweiten Attischen Seebund bei) Der thebanische Heerführer *Pelopidas* († —364) befreit Theben v. d. spart. Herrschaft (siegt wieder —371 unter *Epaminondas* b. Leuktra über d. Spartaner)		∼ *Plato:* „Phaidon" (philosophischer Dialog über die Unsterblichkeit der Seele)
—377	Zweiter attischer Seebund unter Führung Athens ∼ Stadtmauern um Rom		
—376			∼ * *Pyrrhon von Elis*, griech. Philos. d. Skeptizismus († —270)
—375	≈ Keltische Gälen besiedeln Irland		

	Griechische Spätklassik	Griechische Musik	Hippokrates	
			~ *Plato* lehrt im „Phaidon" d. Kugelgestalt d. Erde, (vermutlich von oder um *Archytas von Tarent* entdeckt)	
			~ † *Hippokrates* v. Kos, griech. Arzt, begründete aus der Asklepiadentradition i. Kos die griech. Heilkunde; erklärte Krankheiten aus fehlerhafter Mischung der 4 Körpersäfte (Blut, Schleim, schwarze u. gelbe Galle); gewann genauere anatom. Kenntnisse durch Tiersektionen; teilw. Verfasser des medizinischen Sammelwerkes „Corpus Hippocraticum" (ca. 60 Schriften, davon weniger als die Hälfte echt). Auswirkung über *Galenos* bis in die Neuzeit(*~—460)	
	≈ Die Frau als Schönheitsideal beeinflußt stärker griech. Plastik (bisher überwog die Formung des Jünglingskörpers)		~ *Xenophon*: „Ökonomikos" (griech. Gespräch über d. Führung d. Landwirtschaft mit vollständ. Betriebsangabe)	

	Epaminondas Demokratisierung Roms	Griechische Dichtung	Plato Aristoteles
—372			* *Theophrastos* von Lesbos, Nachfolger d. *Aristoteles* als Leiter d. peripatetischen Schule (Peripatetische Philosophie = Philosophie des *Aristoteles*; nach d. Ort seiner Vorträge: peripatos = Wandelgang) († ~ —287) * *Meng-tsi(tse)*, chin. konfuzianischer Philosoph († —289)
—371	Friede zwischen Athen und Sparta Der Thebaner *Epaminondas* siegt bei Leuktra über die Spartaner (Anwendung der schiefen Schlachtordnung) und befreit Messenien von der spartanischen Herrschaft		
—370			
—367	≈ Die Gallier unternehmen in den folgenden Jahren von Norditalien aus wiederholte Vorstöße nach Mittelitalien		*Aristoteles* tritt in die Akademie *Platos* ein, zu dem er in Gegensatz gerät (bleibt bis zu *Platos* Tod)
—366	*Camillus* sucht Patrizier und Plebejer zu versöhnen und dankt ab Nach 10jährig. Kampf erreichen die Plebejer Annahme eines Gesetzes, das die hohen Zinsen ermäßigt, den Besitz an Gemeindeland auf 125 ha begrenzt, einen Konsul den Plebejern vorbehält (behebt nur vorläufig d. wirtschaftl. Not der armen Schichten) In Rom wird erstmalig ein Plebejer Konsul (von jetzt an erreichen d. Plebejer Zugang zu immer mehr Staatsämtern) Neben die röm. Konsuln treten die patrizischen „Ädilen" (f. d. städt. Verwaltung) u. patriz. „Prätoren" (f. d. Gerichtsbarkeit). Es entwickelt sich das „Prätorische Recht", das die Gesetze unter dem Gesichtspunkt der „Billigkeit" und der Anwendbarkeit auf Nichtrömer den Bedürfnissen anpaßt		*Camillus* weiht in Rom der Concordia (Eintracht) einen Tempel ~ † *Antisthenes*, griechischer Philosoph, Schüler des *Sokrates*, Gründer der kynischen Schule in Athen (im Gymnasium Kynosarges): Ablehnung v. Lust u. Reichtum zugunsten eines natürl. u. bedürfnislosen Lebens (auch gegen moralische Konventionen: „Zynismus"). Anerkennt Sinne als einzige Erkenntnisquelle (Sensualismus); lehrte: alle Aussagen sind tautologisch (ohne Erkenntnisgewinn) (* ~ —444)

Griechische Spätklassik	Griechische Musik	Griechische Wissenschaft	
		≈ *Theaitetos* (* ~ —416, † —369), Freund Platos, konstruiert die 5 regelmäßigen Körper (4-, 6-, 8-, 12-, 20flach) und behandelt Irrationalzahlen	
~ *Kephisodotos:* „Eirene" (griech. Plastik einer Friedensgöttin im klass. Stil)			

	Politische Schwäche Griechenlands	Schauspiel in Rom	Demokrit Plato
—365	~ † *Marcus Furius Camillus*, röm. Feldherr u. Diktator, Sieger über die Etrusker		
—364		~ Etruskische Schauspieler sollen szenische Vorführungen nach Rom gebracht haben. (Das etruskische Schauspiel hat angebl. nur aus Tanz u. Flötenspiel bestanden)	
—362	† *Epaminondas*, thebanischer Feldherr (* ~ —420), fällt in der siegreichen Schlacht bei Mantinea gegen König *Agesilaos II.* von Sparta (* —444, † —359) und Athen. Trotzdem Ende der thebanischen Vorherrschaft in Griechenland (seit —371). Friedensvertrag unter den griech. Staaten ohne Sparta, das —371 Messenien verloren hat. Griechenland entscheidend geschwächt		
—361		~ * *Philemon*, Begründer d. neuen Komödie in Athen († —262)	
—360			~ † *Demokrit(os)* v. Abdera, griech. Philosoph, Schüler des *Leukippos;* baute dessen Atomlehre weiter aus und begründete damit eigentlich die vorwissenschaftl. - philosophische Atomtheorie, deren Kausalprinzip auch das Denken als Bewegung unterworfen ist. Sinneseindrücke müssen durch Denken überprüft werden (* ~ —460)

Griechische Spätklassik	Griechische Musik	Griechische Wissenschaft	
		† *Archytas von Tarent*, Pythagoreer; entdeckte die einfachen Zahlenverhältnisse zwischen Tonhöhe u. Länge der schwingenden Saite, vermutlich die Kugelgestalt d. Erde und lehrte kreisförmige Bahnen der Planeten (* —428)	
		~ *Eudoxos von Knidos* berechnet Kegelinhalt und findet Vorform d. Integralrechnung („Exhaustionsmethode"); baut Himmelsglobus	
≈ In Ägypten entstehen: Tempel in Tanis und Behbet el Hagar, Sphinxallee vor dem Luxortempel, Tore in Karnak, Chnumtempel auf Elephantine		~ * *Hieronymos von Kardia*, griech. Historiker d. Diadochenzeit († ~ —256) ~ Atomlehre v. Demokrit. Die philosophische Atomlehre hat keine direkten naturwissenschaftlichen Ergebnisse	~ Ägypten prägt Münzen für griech. Söldner

	König Philipp II. von Makedonien	Griechische Dichtung	Plato
—359	Philipp II. König v. Makedonien bis —336 (†)		
—358	~ * Seleukos I. Nikator, König von Syrien († —280)		
—357	Kg. Philipp II. von Makedonien greift in das Bundesgebiet Athens über (erlangt —338 Vorherrschaft in Griechenland)		
—356	* Alexander d. Gr., Sohn König Philipps II. von Makedonien, König von Makedonien von —336 bis —323 (†) 2. Heiliger Krieg um Delphi gegen die Phoker (bis —346) ~ In China entsteht erste Mauer gegen die Hunnen (weitere folgen, bis seit ~ —221 die „Große Mauer" entsteht)		
—355	Ende des Krieges zwischen Athen und seinen vom Attischen Seebund abtrünnigen Bundesgenossen (seit —357). Athen anerkennt ihre Unabhängigkeit, wodurch d. Bund seine Bedeutung und Athen seine Seeherrschaft verlieren		† Aristippos aus Kyrene, griech. Philosoph, Sokrates-Schüler; betrachtete aber Lustgewinn als wichtigsten Trieb („Hedonismus", urspr. jedoch nicht sinnl. gemeint). „Tugend ist Genußfähigkeit." Empfindungen sind Quelle der Erkenntnis (Sensualismus) (* ~ —435)

Griechische Spätklassik	Griechische Musik	Griechische Astronomie	
			Philipp II. von Makedonien verwendet geschlossene Phalanx mit schiefer Schlachtordnung
~ Eudoxos von Knidos (†) fand das harmonische Doppelverhältnis von Strecken nach dem „Goldenen Schnitt" (wird zeitweise zum ästhetischen Ideal)		† Eudoxos von Knidos, griech. Astronom u. Philosoph, Schüler d. Archytas von Tarent; gab math. Theorie d. Bewegung von Sonne, Mond u. Planeten mit Hilfe von sich um verschiedene Achsen drehenden (nicht realen) Kugeln, in deren Mittelpunkt die Erde steht u. erklärte so die Rückläufigkeit d. Planeten; stellte Krümmung der Erde fest, teilte Sternbilder ein u. schuf mathematische Ähnlichkeitslehre (* —410)	Der Grieche Herostratos steckt den Tempel der Artemis in Ephesos in Brand, um seinen Namen unsterbl. zu machen. Der Tempel gehörte zu den „Sieben Weltwundern" (erbaut ≈ —550)
≈ Der Bezug auf das fünfte Jahrhundert führt zu einem „Klassizismus" in der griech. Kunst		~ Ephoros von Kyrene (*~ —400) schreibt erste allgemeine Weltgeschichte (von der Dorischen Wanderung bis —355)	≈ Wandteppichartig gewirkter Stoff aus einem griech. Grab auf d. Krim

	Aufstieg Roms Politische Schwäche Griechenlands	Xenophon	Plato Chinesische Philosophie
—354	Vertrag mit den Samniten kennzeichnet Roms Vorherrschaft im Latinerbund	~ † *Xenophon*, griech. Historiker u. Schriftsteller; schrieb u. a. „Anabasis", „Hellenika" (griechisch. Geschichte von —411 bis —362), „Kyropädie" (Erziehung des älteren *Kyros*), „Apomnemoneumata" („Erinnerungen" an *Sokrates*) (* ~ —430)	≈ „Metternich-Stele" (Inschriftensammlung f. einen ägypt. Priester)
—353			≈ Der Kult des Heilgottes *Asklepios* kommt (erst nach *Hippokrates*) von Epidauros nach Kos (im —3. Jh. Bau eines Asklepios-Tempels u. eines hotelartigen Kurhauses)
—350	~ Phönizische Städte Sidon, Tyros, Arados, Byblos fallen von Persien ab (unterwerfen sich —332 *Alexander d. Gr.*) ~ Privateigentum an Grund und Boden beginnt im Nordwesten Chinas die alte Agrarverfassung (Neun-Felder-System) zu verdrängen	≈ Die attische Umgangssprache mit ionischem Einschlag verbreitet sich als griech. Schriftsprache („Koine") über ganz Griechenland u. später über den hellenistischen Kulturkreis ~ Altgriech. Kurzschrift (Akropolis Athen, Verwendung unbekannt)	≈ *Herakleides* (aus Heraklea am Pontus), *Plato*-Schüler, schreibt ca. 60 Werke über Philosophie, Grammatik, Geschichte, Musik u. Mathematik ~ Der Sophist *Zoilos* spricht *Homer* weitestgehend die Autorschaft an den Trojaepen ab
Im —4. Jahr- hun- dert	Gallier wandern von Südfrankreich nach Oberitalien (Gallia Cisalpina) ein Kelt. Latène-Kultur erstreckt sich von Nordfrankreich bis Mittelungarn	„Mahabharata" beginnt zu entstehen (ind. Epos in 100000 Doppelversen vom Untergang d. Stammes der Kurus durch die Pandawas; abgeschlossen etwa im 4. Jh.) Ägypt. Priestern ist teilweise noch die kretisch-minoische Schrift bekannt (wurde nach *Plutarch* nicht nur für Archivzwecke verwandt)	Mutterrecht bei den Karern in Kleinasien *Shuang-tse*, chinesisch. Dichterphilosoph, begründet chines. monistische Weltansicht im Rahmen der Seins- und Sittenlehre des Taoismus Geschlossenes System der konfuzianischen Lehre entsteht in China

	Griechische Malerei	Griechische Musik	Heliozentrisches System	
	≈ Der Kult- oder Prunkwagen von Dejberg (Dänemark) zeigt Verzierungen im kelt. Latène-Stil ~ *Leochares:* „Ganymed, vom Adler emporgetragen", „Apollo von Belvedere"			
	† Kg. *Mausolos* v. Karien; seine Gemahlin *Artemisia* erbaut ihm in Halikarnassos (Kleinasien) ein tempelartiges Grabmal („Mausoleum", eines d. „Sieben Weltwunder" d. Alten; 50 m hoch, 129 m Umfang, Kolossalstatuen d. Königspaars, Reliefs von d. Bildhauern *Skopas, Bryaxis, Timotheos, Leochares*)			
	≈ Der griech. Maler *Pamphilos* aus Makedonien, Schüler d. *Eupompos*, lehrt: ohne Mathematik und Geometrie keine vollendete Malerei ≈ *Pausias,* Schüler d. griech. Malers *Pamphilos,* entwickelt Enkaustik (Einbrennen von Wachsfarben) und Perspektive ≈ Gemälde des griech. Malers *Philoxenos* (Vorlage für das *Alexander*-Mosaik in Pompeji) ~ Genrehafte Darstellungen auf griech. Münzen		≈ *Herakleides* lehrt Achsendrehung der Erde und als erster heliozentrisches System ≈ Geschichte der Mathematik (angeregt v. *Aristoteles*)	≈ Im Gesellschaftsleben Athens spielen d. Hetären als gebildete Gesellschafterinnen eine große Rolle. (Die eigentl. Prostitution wird daneben meist v. Sklavinnen ausgeübt)
	Erste Theater aus Stein i. Athen u. Epidauros Leda mit dem Schwan (Marmorrelief aus Argos) Grabsteine (Stelen) mit realistischen Reliefs in Athen (u. a. eines Jünglings mit Diener, Vogel und Katze; der *Hegeso* mit Dienerin u. Schmuckkästchen) Korinthische Säule mit Blattschmuck-Kapitell in der griech. Baukunst Der Schwerpunkt d. griech. Vasenherstellung verlagert sich n. Unteritalien Älteste noch erhaltene Bauten in Indien		Strengere Trennung der griechischen Fachwissenschaften Erste Himmelsbeobachtungen bei den germ. Völkern zur Zeit- und Fest-Rechnung Regenmessungen in Indien Eisen als Werkstoff in China	4—5 Mill. Griechen im Mutterland (außerhalb Griechenlands ca. die gleiche Zahl) Bankwesen in Griechenland: Privat- u. Tempelbanken; Depositen, Geldwechsel, Pfandleihe, Urkundenausstellung Griechisches Kochbuch vorhanden Älteste Privatbriefe (auf ägypt. Papyri)

	⚔ Rom unterwirft Mittelitalien	📖 Griechische Dichtung	Plato
—348	Erster sicherer Handelsvertrag zwischen Rom u. Karthago (das dafür auch angegebene Jahr —509 ist unwahrscheinlich)		
—347	*Plato* (†) versuchte zweimal (vor u. nach der Akademiegründung —387) sein Staatsideal in Syrakus auf Sizilien vergeblich zu verwirklichen. Soll wiederholt Gesetzbücher für verschiedene Staaten verfaßt haben; schrieb u. a.: „Politeia" (Der beste Staat mit ständischer Gliederung, ohne Familien, Philosophen als Herrscher), „Nomoi" (Gesetze für einen zweitbesten Staat), „Kritias" (Staatswissenschaft) ~ *Demosthenes* hält in Athen seine Reden gegen *Philipp* von Makedonien („Philippika")		† *Plato*, griech. Philosoph, Schüler d. *Sokrates*; lernte auf zahlr. ausgedehnten Reisen die wichtigsten philosoph. Schulen an Ort und Stelle kennen. Gründer d. Akademie und des philos. Idealismus: Ideen sind die allg. Urbilder d. Dinge, an denen der Mensch teil hat und durch die er die konkreten Dinge erkennt. Schrieb 35 philosoph. Gespräche (13 erhalten), darunter: „Apologie" (Verteidigungsrede d. *Sokrates*), „Laches" (über die Tapferkeit), „Protagoras" (gegen Sophistik), „Theätet" (Erkenntnislehre), „Philebos" (Ethik durch vernunftgelenkte Triebe), „Symposion" („Gastmahl", Idee d. Eros), „Timaios" (Naturphilosophie), „Phaidon" (Unsterblichkeit d. Seele), „Gorgias" (Philosophen als Staatsleiter), „Phaidros" (Ideenlehre); Briefe (* —427)
—346	Kg. *Philipp II.* von Makedonien unterwirft im „Heiligen Krieg" die Phoker, die das Delphische Orakel beraubt hatten		
—343	Die drei Samniterkriege der Römer (—343 bis —341; —327 bis —304; —298 bis —290) festigen die Herrschaft Roms in Mittelitalien Persische Wiedererob. Agyptens	* *Ch'ü Yüan*, erster namentl. bek. Dichter Chinas († —277)	*Aristoteles* wird Lehrer *Alexanders d. Groß.* am makedonischen Hof bis —334
—342		* *Menandros*, griech. Komödiendichter in Athen († —290)	

	Griechische Spätklassik	*Griechische Musik*	*Platos Weltbild*	
			Plato (†) lehrte das pythagoreische Weltbild: Um das „Zentralfeuer" kreisen der Reihe nach Erde und „Gegenerde", Mond, Sonne (die das Zentralfeuer für die Erde spiegelt) und die Planeten; begründete im „Timaios" sein mathemat. Weltbild durch Heranziehung der 5 regelmäßigen Körper und des harmonischen Doppelverhältnisses im Goldenen Schnitt	Senkung des gesetzlichen Zinsfußes in Rom von $8^1/_3\%$ auf $4^1/_6\%$
				Römisches Gesetz verbietet Zinsnahme (praktisch unwirksam)

	Makedonische Herrschaft über Griechenland	Griechische Literatur	Platonismus
—341	Thrazien wird mazedonische Provinz		* *Epikur*, griech. materialist. Philosoph († —271)
—340	~ Rom zieht gegen Latium und Campania zu Felde, die Gleichstellung mit Rom verlangen, besiegt sie und gewährt ihnen Teilrechte (—338)		
—339			† *Speusippos* (Selbstmord), Neffe *Platos*, ab —347 dessen Nachfolger als Leiter der Akademie; von ihm wird eine erste Enzyklopädie vermutet (* ~ —394) *Xenokrates* von Chalcedon (* —396, † —314) wird zweiter Leiter d. Akademie nach *Platos* Tode; unterscheidet Philosophie, Physik, Ethik; nimmt Dämonen an als Vermittler zwischen Göttern und Menschen
—338	Kg. *Philipp II.* von Makedonien schlägt bei Chäronea die verbündeten Athener, Thebaner, Phoker, Korinther, Achäer. Harte Behandlung Thebens, milde Athens, Aufteilung spart. Gebietes. *Philipp* läßt sich in der neuen Hauptstadt Korinth zum griech. Heerführer gegen Persien wählen. Griechenland bis —146 unter makedonischer Vorherrschaft Römer erobern Antium der altitalischen Volsker in Latium. Auflösung des Latinischen Bundes † *Artaxerxes III.*, König (seit —358) und Erneuerer des Perser-Reiches Ägypten für 2 Jahre von Persien unabhängig	† *Isokrates*, griechisch. Redner in Athen, Lehrer zahlr. Politiker u. Redner; sah zuletzt in *Philipp II.* v. Makedonien den herbeigesehnten Einiger Griechenlands (* —436) *Lykurg* schafft in Athen Archiv für Bühnenwerke	† (hinger.) *Shang Yang*, chin. Rechtsphilosoph, betont Macht des Herrschers und des Staates und Gleichberechtigung aller vor dem Recht
—337	Kg. *Philipp II.* von Makedonien einigt im Korinthischen Bund alle griech. Staaten außer Sparta		

Griechische Spätklassik	Griechische Musik	Griechische Wissenschaft	
≈ „Schöner Stil" der zweiten griechischen Klassik; bereitet hellenistische Kultur vor			
~ † *Skopas*, griech. Bildhauer eines spätklass. leidenschaftl. Stils; u. a. Bildwerke Athena-Tempel zu Tegea, stark bewegtes Amazonen-Relief am Mausoleum in Halikarnassos (Kleinas.) „Rasende Mänade" (* ~ —420)		~ *Praxagoras* von Kos, griech. Mediziner, erkennt Unterschied zwischen Arterien (Schlagadern) und Venen, übt das Pulsfühlen z. ärztlichen Diagnose	
≈ Komödianten, Terrakotta-Figuren aus Taras			
~ Löwe in Chäronea (Gefallenendenkmal, 5,50 m hohe Monumentalplastik aus drei Marmorstücken)			Beginn des röm. Münzwesens ≈ Korinth blüht als Umschlagplatz des Mittelmeerhandels

	Alexander der Große	Hellenistische Literatur	Aristoteles
—336	† (ermordet) *Philipp II.*, König von Makedonien seit —359 (* ~ —382) *Alexander der Große*, sein Sohn, König von Makedonien bis —323 (†); unternimmt einen Zug gegen die Völker im Norden (Skythen, Illyrier), wobei er die Donau überschreitet	*Äschines* (* —389, † —314) unterliegt als Anhänger Makedoniens im Redekampf gegen *Demosthenes*	~ * *Zeno* von Kition (Cypern), griech. Philosoph, Gründer der Stoa († —264)
—335	*Alexander d. Gr.* gewinnt durch Zerstörung Thebens Oberherrschaft in Griechenland		
—334	*Alexander d. Große* beginnt seinen Zug gegen Persien, auf dem er ein Weltreich erobert Bithynien behauptet sich gegen *Alexander* (wird —297 Kgr.; kommt —74 als Erbschaft an Rom)	~ *Aristoteles:* Tragödie soll durch „Erweckung von Furcht und Mitleid" dem Menschen Herrschaft über diese Gefühle geben	*Aristoteles* gründet die peripatetische Philosophenschule in Athen (Lehre von der formenden Entelechie gegen *Platos* Ideenlehre, führt zu einer teleologischen Biologie, „Das Ganze ist vor dem Teil")
—333	*Alexander d. Große* besiegt bei Issos den Perserkönig *Dareios III.* und gewinnt Kleinasien und Syrien		
—332	*Alexander d. Große* erobert nach siebenmonatiger Belagerung d. phönizische Küstenstadt Tyros (Ende ihrer führenden Stellung im Handel d. Alten Welt) und die Hafenstadt Gasa in Südpalästina (vorher nacheinander im Besitz der Philister, Ägypter, Babylonier, Perser, später der Römer; 635 an die Mohammedaner) *Alexander* besetzt kampflos Ägypten, gründet dort Alexandria und wird zum Sohn des Gottes Amon geweiht		
—331	*Alexander* schlägt *Dareios* bei Gaugamela/Mesopotamien entscheidend		* *Kleanthes* aus Assos, griech. Philos. der Stoa († —232)

Hellenismus	Hellenistische Musik	Aristoteles	
			~ Vereinheitlichung d. Münzfußes (Münzgewicht) durch Einführung d. attischen Münzfußes f. Gold- u. Silbermünzen d. griech. Kulturkreises
~ Grabrelief eines Jägers mit Vater, Diener und Hund in Athen (griech. Hochrelief im Übergang zum hellenistischen Kunststil) Nach Zerstörung der Hauptstadt v. Böotien Theben durch *Alexander d. Gr.* erfährt die Herstellung genrehafter farbiger Terrakotten in Tanagra einen neuen Auftrieb und verbreitet sich von dort im hellenist. Kulturkreis		≈ „Mechanische Probleme" (griech. Schrift, welche in der Mechanik die scheinbaren Widersprüche hervorhebt, z. B. Hebel; wurde früher dem *Aristoteles* zugeschrieben)	
~ Faustkämpfer aus Olympia und Philosophenkopf (aus dem Meer bei Antikythera), kennzeichnend für lebensvolle griech. Bildnisplastik Siegesdenkmal des Dichters *Lysikrates* in der Dreifußstraße Athens (mit korinthischen Säulen und Relief-Fries)		~ *Aristoteles* führt in die Wissenschaften die Ganzheitsbetrachtungen ein	
≈ Im Weltreich *Alexanders* entsteht der Hellenismus als eine fruchtbare griech.-orientalische Mischkultur, die sich in der Folgezeit über das weitere Mittelmeergebiet verbreitet (bis ≈ —31)			

	Alexander der Große	Hellenistische Literatur	Aristoteles
—330	*Alexander* besetzt Babylon, Susa und Persepolis; versucht den „Babylonischen Turm" wiederaufzubauen Perserkönig *Dareios III.* (seit —335) wird auf der Flucht vor *Alexander d. Großen* von einem Satrapen ermordet	~ *Kallisthenes:* Verherrlichende Geschichte *Alexanders d. Gr.*	≈ „Buch Habakuk" des Alten Testaments entsteht ~ Samariter trennen sich vom Judentum u. errichten auf dem Berge Garizim eigenes Heiligtum („Samaritisches Schisma")
—328	*Alexander d. Große* heiratet die baktrische Königstochter *Roxane* (die zusammen mit ihrem —323 geborenen Sohn *Alexander* —311 ermordet wird). *Alexander* nimmt die Haltung eines oriental. Despoten an und läßt seinen Jugendgefährten *Kallisthenes* bis zu dessen Tod ins Gefängnis werfen	~ Dionysos-Theater in Athen f. 14000 Zuschauer, ältestes steinernes Theater. (Man spielt bis ≈ —150 im kreisförm. Orchestra-Tanzraum um den Dionysosaltar vor d. Bühnengebäude, der Skene; zwischen ihren Flügelbauten befindet sich als Dekorationswand das Proskenion)	~ *Alexander d. Gr.* sucht griech.-mazedonische mit orientalischer Kultur zu verschmelzen; dagegen starker Widerstand seiner Umgebung
—326	Aufhebung der Schuldknechtschaft für die Plebejer in Rom erleichtert ihre erneut verschlechterte Lage (vgl.—366) Neapel schließt sich an Rom an (entstand als griechische Kolonie) *Alexander d. Große* wird von seinem Heer in Indien zur Umkehr gezwungen; marschiert zur Indusmündung		

	Hellenismus	Hellenistische Musik	Pytheas' Entdeckungsfahrten	
	~ *Apelles* aus Kolophon wirkt als griech. Maler (bes. geschätzt von *Alexander d. Gr.*): „Alexander mit dem Blitz", „Aphrodite Anadyomene" in Kos ~ *Lysippos von Sikyon*, griech. Bildhauer am Hofe *Alexanders d. Gr.*, leitet durch realistische Bildwerke vom spätklass. zum hellenistischen Stil über. U. a. „Der Schaber" (Athlet in entspannter Haltung), „Herakles Farnese", Bildnisstatue des Agias, Bildnisse *Alexanders d. Gr.* ~ † *Praxiteles*, griech. Bildhauer eines spätklass. (weicheren und ausdrucksvolleren) Stils; u. a. „Hermes mit dem Kind Dionysos", „Apollo mit der Eidechse", „Ausruhender Satyr", „Bekleidete Aphrodite" (Nachbild in Arles), „Aphrodite von Knidos" (einer der ersten lebensvollen griech. Frauenakte) (* ~ —400; die geistvolle Hetäre *Phryne* war seine Geliebte) ~ Ariadnekopf (Akropolis Athen) ~ Flüchtende Tochter der Niobe (spätklass. griech. Plastik im Stile des *Skopas*)		~ Der griech. Forscher *Pytheas* aus Massilia (Marseille) gelangt nach Britannien, umsegelt es, erreicht „Thule" (Norwegen oder Shetland-Inseln), Jütland. Stellt die Änderung der Polhöhe mit der Breite durch Messungen fest. Erste geschichtliche Nachricht über d. Germanen („Goten"). Schreibt „Vom Ozean". (Seine bedeutende Leistung wird im Altertum verkannt)	≈ Die bei den Griechen als pädagogisch wertvoll angesehene Knabenliebe (Päderastie; z. B. *Plato*: „Gastmahl") unterliegt im Hellenismus moralischem Verfall
	~ *Aëtion*: „Hochzeit *Alexanders d. Gr.* mit *Roxane*" (griech. Gem.)			

	Alexander der Große	*Ältestes Buch Hellenistische Literatur*	*Aristoteles*
—325	~ Alexander d. Gr. gründet in seinem Weltreich zwischen Balkan und Indus mehr als 70 Städte	~ Schon zu Lebzeiten *Alexanders* beginnt man sein Leben und seine Feldzüge teils berichtend, teils romanhaft zu beschreiben	~ *Aristoteles* sucht philosophisch Minderwertigkeit von Frauen, Handwerkern u. Sklaven zu rechtfertigen
—323	† *Alexander d. Große* in Babylon, König von Makedonien seit —336, Schüler des *Aristoteles*, Gründer eines griech. Weltreiches (* —356) Die Feldherrn *Alexanders des Großen* (Diadochen) teilen in Kämpfen bis —280 sein Weltreich: Makedonien und Griechenland an *Antipater*, Thrakien an *Lysimachos*, Lykien, Pamphylien, Phrygien an *Antigonos*, Ägypten an *Ptolemäus*, Babylonien an *Seleukos* ≈ Herrschaft und Kämpfe der Diadochen. Es bilden sich die gr. Monarchien Ägypten, Syrien, Makedonien u. mehrere kl. Staaten in Kleinasien und Griechenland (vgl. —280) Ägypten unter den von *Alexander d. Großen* eingesetzten makedonischen *Ptolemäern*. Neuer Machtanstieg. *Ptolemäus I. Lagi* bis —285	~ Papyrusrolle mit Text der „Perser" von *Timotheos v. Milet* (ältestes erhaltenes abendländisches „Buch")	*Aristoteles* verläßt nach dem Tode *Alexanders* als sein Anhänger Athen, wo er wegen Gottlosigkeit angeklagt ist Alexandergrab i. Alexandria (Ägypt.) wird für Jahrhunderte zum religiösen Mittelpunkt der Stadt † *Diogenes von Sinope*, griech. Philosoph der kynischen Schule, die ein naturnahes anspruchsloses Leben lehrt (* ~ —412)

	Hellenismus	Hellenistische Musik	Euklid	
	≈ Vorherrschen des korinthischen Stils ≈ Werke des griech. Malers *Nikias* entstehen (Nachbildungen in Pompeji) ~ Griechische Grabmalskunst mit lebensvollen Bildnisköpfen ~ *Lysistratos* aus Sikyon, Bruder des *Lysippos*, verwendet erstmals Gipsformen nach dem lebenden Modell für Porträtbüsten		~*Euklid* führt in den 13 Büchern seiner „Elemente" die Geometrie, die durch das Parallelenaxiom ausgezeichnet ist, auf wenige Grundsätze zurück (erste Axiomatisierung einer Wissenschaft) *Nearchos* von Kreta, Admiral *Alexanders*, befährt Südküste Asiens v. d. Indus- bis zur Euphratmündung und beschreibt Land und Leute in seiner „Küstenfahrt"	~ Durch d. Feldzüge *Alexanders* kommt d. erste Kunde vom Zuckerrohr n. Europa (wird jedoch erst n. d. Kreuzzügen allg. bekannt) ~Im Heer *Alexanders* heiraten makedonische Soldaten persische Frauen (—324 heiratet *A.* zwei persische Prinzessinnen)
	~ Alexander d. Gr. als Herakles (griech. Münzbild) ≈ Gewölbte Kuppeln in d. griech. Architektur ≈ Silberkessel von Gundestrup/Dänemark, wahrscheinlich norditalienisch-keltischer Herkunft, zeigt Elefanten und Gott mit Hirschgeweih		Die Feldzüge *Alexanders* veränderten und erweiterten das antike geographische Weltbild beträchtlich ~ *Aristoteles* erkennt den freien Fall als beschleunigte Bewegung; glaubt aber, daß schwerere Körper schneller fallen (erst durch *Galilei* richtiggestellt)	Alexandria wird kultureller Mittelpunkt („Alexandrinisches Zeitalter", bis 641 die Araber die Stadt erobern)

	Diadochen	*Aristoteles*
—322	Athen und Bundesgenossen verlieren den Lamischen Krieg gegen die makedonische Herrschaft † *Demosthenes* (Giftselbstmord), griech. Politiker und Redner (*—384); forderte in seinen Reden Freiheitskampf Griechenlands gegen *Philipp II.* von Makedonien *Ptolemäer* erhalten Herrschaft über das Gebiet der Cyrenaika (Nordafrika) Palästina kommt unter die Herrschaft der *Seleukiden* (bis ~ —161) Die vergleichende Staatslehre des *Aristoteles* (†) unterscheidet: Monarchie, Aristokratie, demokratische Oligarchie (Politie), Oligarchie, Demokratie, Tyrannis (letztere 3 hält er für schlecht). Sklaven, Handwerker, Frauen haben nach ihm keine politischen Rechte. Der Mensch ist für ihn ein „Zoon politikon" (Gemeinschaftswesen)	† *Aristoteles* (emigriert weg. Religionsdelikt; * ~ —384), griech. Philosoph, Schüler *Platos*; begründete klassische Logik (mit Regeln log. Schließens und Sätzen von ausgeschlossenen Dritten u. ausgeschl. Widerspruch); faßte das Wissen seiner Zeit zusammen: Logik, Physik, Psychologie, Metaphysik, Ethik, Politik, Verfassungslehre, Rhetorik, Poetik Die aristotelische Ethik lehrt die Vernunft als einen die Extreme meidenden Weg zur Glückseligkeit *Aristoteles* faßte die 4 Elemente als Eigenschaftsträger auf und die „Quintessenz" (die 5. Wesenheit) als geistiges Ordnungsprinzip n. folg. Schema: Erde- (trocken) -Feuer (kalt) Quint- (warm) essenz Wasser- (feucht) -Luft *Aristoteles'* psychologische Schriften „Über die Seele", „Über die Wahrnehmung" u. a. kennen eine Stufenfolge des Seelischen entsprechend der Stufenreihe der Substanzen: Unbewußte tote Materie, vegetative Seele d. Pflanzen, animalische der Tiere, denkende des Menschen, Gott als „Denker des Denkens"
—321	*Seleukos I. Nikator* begründet die Herrschaft der *Seleukiden* in Syrien (wird —64 röm. Provinz). *S.* herrscht bis —280 (†), gibt Indusgebiet auf Samniter besiegen die Römer bei den kaudinischen Pässen und lassen sie durch ein „kaudinisches" Joch aus Speeren gehen	
—320	~ *Tschandragupta* vertreibt die Makedonier aus dem Indusgebiet; erobert ganz Nordindien; herrscht —322 bis —298 (sein Enkel ist *Aschoka*, vgl. —272). Erstes Großreich in Nordindien (bisher Vielzahl kleinerer Fürstentümer)	* *Timon von Phlius*, Philos. d. Skeptizismus in Athen († —230)
—319	*Olympias*, die Mutter *Alexanders d. Gr.*, wird in den Kämpfen um seine Nachfolge getötet, nachdem sie selbst mehrere die Nachfolge ihres Enkels *Alexander* (Sohn der *Roxane*) bekämpfende Mitglieder der kgl. Familie töten ließ	

Hellenistische Literatur

~ Anfänge einer systematischen Sprachästhetik (Poetik) bei *Aristoteles* (†), der auch eine Rhetorik schrieb

Aristoteles

Aristoteles (†) errichtete im Lyzeum eine Lehr- und Forschungsstätte, in der er das Wissen der Zeit zu einem ersten umfassenden abendländ. Weltbild zusammenschloß; führte wieder das Weltbild mit Erde als Mittelpunkt ein, da sich sonst seiner Meinung nach die Erdbewegung in den Sternen widerspiegeln müßte. Er weiterte das Weltbild des *Eudoxos* (vgl. —356) von 27 auf 56 Kugeln, denen er reale Existenz zuschrieb (seine Autorität verhindert für lange Zeit den Durchbruch zum heliozentrischen Weltbild). Seine physikalischen Schriften (Physik, Vom Entstehen u. Vergehen, Über den Himmel, Meteorologie) sammeln das noch sehr spekulative physikal. Wissen seiner Zeit (beeinflussen noch die physikalischen Anschauungen d. Mittelalters). *Aristoteles* teilte Mineralien in „Steine" u. „Erze" ein. Seine zoologischen Schriften „Naturgeschichte der Tiere", „Die Teile der Tiere", „Zeugungs- und Entwicklungsgeschichte der Tiere" enthalten eine einfache Klassifikation in „Bluttiere" u. „Blutlose" (d. h. ohne rotes Blut) u. begründen das zool. Wissen d. Altertums (wesentl. Fortschritte erst ~ 1550 durch *Gesner*); *Aristoteles* nimmt Fossilien als Beweis der Urzeugung von Lebewesen aus Erde und Schlamm. (Diese Lehre einer „plastischen Kraft" der Erde beeinflußt die Biologie und besonders die Fossilienkunde bis zur Neuzeit)

≈ *Diokles von Karystos*, Schüler d. *Aristoteles*, veröffentlicht „Gesundheitslehre" u. maßgebendes medizin. „Kräuterbuch" († ~ —295)

	Diadochen	Hellenistische Literatur	Stoizismus
—315			* *Arkesilaos*, griech. Philos. d. Skeptizismus innerhalb d. platonischen Akademie († —241)
—312	Censor Appius Claudius Cäcus gibt allen besitzlosen Freigelassenen römisches Bürgerrecht		≈ Es entstehen chinesische Ritualhandbücher
—310	Die leiblichen Erben *Alexanders d. Gr.* werden ermordet (bis —309)		≈ Es entsteht das mystische Buch Tao te-king mit d. passiven Lebensphilosophie der Taoisten (geht zurück auf einen Denker *Lao-tse*, der ≈ —600 lebte (vgl. —604)
—309	Rom erobert die etrusk. Stadt Perusia (Perugia/Umbrien)		
		≈ Die röm. Spruchdichtung „Sententiae" des röm. Konsuls *Appius Claudius Cäcus* zeigt erste Einflüsse des griech. Schrifttums (erst unter diesem Einfluß entwickelt sich in der Folgezeit eine röm. Literatur)	*Zeno* v. Kition gründet in der Athener Stoa poikile (Säulenhalle mit Gemälden) die danach gen. stoische Philosophenschule in Anlehnung an die kynische Sokratik: Naturgemäße Lebenskunst mit vier Haupttugenden (moral. Einsicht, Tapferkeit, Besonnenheit, Gerechtigkeit); Wirken einer notwend. u. zweckvollen Weltvernunft (Logos): Feuer und Luft als Kräfte wirken auf Erde und Wasser als Materie
—307	Athen von *Demetrios Poliorketes* (von —294 bis —288 Kg. v. Makedonien) erobert		

	Hellenismus	Alexandrinische Wissenschaft	
		~ * *Herophilos*, griech. Anatom in Alexandria	≈ Der Mittelpunkt der griech. Wissenschaft verlagert sich nach Alexandria	~ Das Herrscherbild verdrängt das Götterbild von d. griech. Münzen
		Straße von Rom nach Süditalien begonnen (Via Appia; vgl. —272). Ihre Führung	durch die Pontinischen Sümpfe macht Dränage-Arbeiten erforderlich	
	„Aldobrandinische Hochzeit"(frühhellenistisches Gemälde; im —1. Jh. in Rom kopiert)	~* *Aratos*, griech. Gelehrter u. Dichter i. Athen u. am makedonischen Hof († ~ —245) ≈ *Dikaiarchos* aus Messene gibt Erdbeschreibung (Grundlage f. *Eratosthenes*); schreibt griech. Kulturge-	schichte, empfiehlt Mischung von Monarchie, Oligarchie und Demokratie; bekämpft Unsterblichkeitslehre ~ * *Kallimachos* v. Kyrene, griech. Gelehrter u. Dichter in Alexandria († ~ —240)	

	Diadochen-Reiche Staatsämter für Plebejer	Hellenistische Literatur	Epikur
—306		≈ In der griech. Literatur werden erotische Themen immer stärker bevorzugt (Höhepunkt im griech. Roman ab 1. Jh.)	*Epikur* gründet Philosophenschule i. Athen, in der er eine Philosophie eines dauerhaften Lebensglücks und atomistisch-materialistischer Naturerkenntnis lehrt
—305	Satrap *Ptolemäus I.* wird König von Ägypten (bis —285) Satrap *Seleukos I.* wird König von Kleinasien (bis —281) Rom erobert Bovianum, den Hauptort der Samniten	≈ Im hellenistischen Kulturkreis entstehen unter dem Einfluß der naturnahen kynischen Ethik eine Reihe utopischer Erzählungen v. idealen gesellschaftlichen Zuständen bei fernen Naturvölkern (z. B. in Form fingierter Reiseberichte)	~ *Euhemeros:* „Die Heilige Aufzeichnung" (griech. utopischer Roman eines Idealstaates; erklärt Göttersagen als Geschichten von vergötterten Menschen)
—303	Der ind. König *Tschandragupta* schlägt *Seleukos I. Nikator* von Syrien aus Nordindien zurück	≈ Romane und Novellen in China	≈ Der ind. König *Tschandragupta* fördert Buddhismus gegen die Brahmanenkaste der Priester
—300	~ In Rom erreichen die Plebejer Zugang zu den Priesterämtern Pontifikat und Augurat (damit sind alle Staatsämter den Plebejern zugänglich) ≈ Nizza (Nicaea) als Tochterstadt der griech. Kolonie Massalia (Marseille) gegründet ≈ Durch Gründung Seleukias verliert Babylon seinen Rang als Hauptstadt des Perser-Reiches ~ Antiochia gegründet ≈ Äthiopisches Reich mit Hauptstadt Meroë (bis ≈ 350); ägypt. beeinflußte Baukunst u. Religion (Amon-Tempel, Pyramiden)	≈ *Hegesias von Magnesia* begründet in der griech. Rhetorik den überladenen „asianischen" Stil. (In d. Antike ringen bis ≈ 500 eine derartige „barocke" Stilrichtung u. eine schlicht-klass. im Wechsel miteinander) ~ *Kleitarchos* in Alexandria schreibt im gezierten („asianischen") Stil unterhaltenden u. spannenden Roman d. Feldzüge *Alexanders*, beeinflußt zahlr. spätere *Alexander*-Romane ≈ *Palaiphatos:* „Über das Unglaubliche"(rationalist. Kritik von Wundergeschichten durch Zurückfüh. auf einen glaubhaft. Kern) ≈ *Rinthon* von Tarent führt die altdorische Volksposse als Tragödienparodie (bes. des *Euripides*) ein	~ *Epikur* gibt in Briefen an Anhänger und berühmte Zeitgenossen Auszüge aus seiner Lehre; wird damit Begründer der philos. Briefliteratur ~ Das erste u. zweite Buch der Chronik des Alten Testaments entstehen ~ † *Aristoxenos*, griech. peripatetischer Philosoph ~ *Ptolemäus I.* gründet Serapeion bei Sakkâra als Verehrungsstätte des Stiergottes Ser-Apis als neuen Reichsgott. Hier die Begräbnisstätten der hlg. Stiermumien seit ≈ —1300. Weiteres Serapeion bei Alexandria

Hellenismus	Hellenistische Musik	Euklid	
		Demetrios Poliorketes („Städtebelagerer") erobert m. Hilfe großer Belagerungsmaschin. Salamis	
~ *Bryaxis* (Grieche): Statue des ägyptischen Gottes Serapis (*Ptolemäus I.* erhebt ihn als Verschmelzung von Osiris und Apis zum Reichsgott)		*Appius Claudius* baut erste Wasserleitung mit gr. Aquädukt f. Rom. Wichtig für die Hygiene der sich entwickelnden Großstadt	≈ Babylon. Astrologie verbreitet sich stärker in Griechenland und wird hier mit der Lehre von den 4 Urelementen verbunden
≈ Griech. Gemälde „Alexanderschlacht" vermutet (vgl. —3. Jh.) ≈ Verfall der griech. Vasenmalerei (nachlässige Malereien, Überladung, Herstellung z. T. in Formen statt auf der Töpferscheibe) ≈ Die hellenistische Kunst geht v. der Vasenmalerei auf die Wandmalerei über und wird stärker realistisch und profan ≈ Attischer bemalter Prunksarkophag mit Reliefdarstellungen aus dem Leben *Alexanders d. Gr.* in Sidon (Phönizien) ≈ Serienherstellung bemalter Tonfiguren in Tanagra bei Theben in Böotien ≈ Ägypt. Tempel der Göttin Isis auf Philä mit Wandgemälden ≈ Mexikan. Sonnentempel Atetello in Teotihuacan (durch radioaktiven Kohlenstoff Alter auf 150 Jahre gesichert) ≈ Skythisches Königsgrab von Tschertomlyk (unterer Dnjepr) mit griech. Silberamphore (zeigt Motive der Pferdezucht)	~ *Aristoxenos* (†), griech. peripatetischer Philosoph, schrieb „Elemente der Harmonik", die Gehörempfindungen berücksichtigen	~ Die „Optik" des *Euklid* enthält den Satz von der Gradlinigkeit der Lichtstrahlen u. d. Reflexionsgesetz (vgl. aber 4. Jh. n. Chr.) ~ *Megasthenes* geht als Gesandter d. Kgs. *Seleukos I. Nikator* von Mesopotamien an den Hof *Tschandraguptas* und beschreibt in seiner ausführl. „Indika" das Gebiet zwischen Indus und Ganges geographisch und ethnographisch	≈ Ballspiele b. Griechen u. Römern bekannt; auch Brett- u. Würfelspiele (in Rom Würfelspiele nur an den Saturnalien erlaubt) ≈ Übergang von langer zu kurzer Haartracht in Rom ≈ Keltische Kleidung in Gallien: Lange, enge Hose, Rock u. Mantel; f. d. Frauen langer, weiter, gegürteter Rock (später wird röm. Kleidung übernommen) ≈ Seeweg der Malaien zwischen Indien und China vermutet

	Samniterkrieg 3. Plebejer-Auszug	Hellenistische Literatur	Hellenistische Philosophie
—298	3. Samniterkrieg: Samniter, Sabiner, Umbrer, Etrusker, Gallier, Lukaner verbünden sich gegen Rom (werden bis —290 von Rom unterworfen)	≈ *Walmiki:* „Ramajana" („Ramas Leben", ind. Epos in 24000 Versen v. Leben eines Königssohns)	
—295	Die Etrusker werden endgültig Rom untertan	~ * *Apollonios der Rhodier* (aus Alexandria), griech. Dichter († ~ —215)	Venus- (Aphrodite-) Kult in Rom Angeblich noch Menschenopfer in Rom zur Wendung des Kriegsglücks
—290	Rom beendet die Unterwerfung der Samniter in Mittelitalien (Beginn der Samniterkriege ~ —343)	† *Menandros*, griech. Komödiendichter in Athen; u. a. „Brüder", „Der doppelte Betrüger" (spät. bearb. v. *Terenz* mit treffend. Szenen a. d. bürgerl. u. Sklaven-Leben) (* —342)	~ Kult des Asklepios von Epidauros in Rom (Tempelmedizin)
—289	3. Auszug der Plebejer aus Rom; erzwingt Verbindlichkeit der Volksversammlungsbeschlüsse in der Lex Hortensia. Die effektive Macht bleibt bei den Patriziern und dem neuen Amtsadel (Nobiles, welche die meist unbesoldeten Staatsämter besetzen)	~ *Poseidippos* (aus Kassandreia) in Athen schreibt Komödien, u. a. „Die Zwillinge" (auf *Plautus* u. *Shakespeare* nachwirkendes Verwechslungsmotiv)	† *Meng-tsi (tse)*, chin. Philosoph; verbreitete die Lehre d. *Konfuzius*, glaubte a. d. ursprüngl. Güte der Menschen, stellte das Volk über d. Fürsten (* —372)
—287			~ † *Theophrastos* von Lesbos, von *Aristoteles* als Leiter der peripatetischen Schule eingesetzt, schrieb „Ethische Charaktere" und verbreitete die aristotelische Philosophie in etwa 200 Schriften (* —372)
—286	*Lysimachos* (* ~ —355, † —281) wird durch d. Erwerb Makedoniens (vorher Thrakien —306) neben *Seleukos* der mächtigste Diadoche		~ *Demetrios* von Phaleron (* ~ —345, † ~ —283), Schüler des *Theophrast*, lehrt als Flüchtling aus Athen die aristotelische Philosophie in Alexandria u. rät Kg. *Ptolemäus I.* Errichtung eines wissenschaftl. Zentrums

	Hellenismus	*Bibliothek in Alexandria*	
	~ Grab des *Petosiris* in Hermopolis (Mischung ägypt. u. griech. Stilelemente)	~ *Aristobulos von Kassandreia:* Geschichte *Alexander d. Gr.*	
		~ † *Diokles von Karsytos* (Euböa), „der zweite Hippokrates", griech. Arzt d. hippokrat. Schule in Athen	
	~ Kuppelgrab mit Wandmalerei bei Kasanlak/Thrakien		
		Theophrastos von Lesbos (†) schrieb eine Religionsgeschichte; erwähnte in seinem Werk „Über d. Gesteine" (griech.) neben ander. Stoffen erstmalig d. Steinkohle und d. Darstellung des Quecksilbers („flüssig. Silber"); gab i. seiner „Geschichte d. Pflanzen" eine Beschreibung von etwa 500 Arten und stellte philosophische Überlegungen üb. ihre Entstehung an	
		~ Museion mit Bibliothek i. Alexandria gegründet (umfaßt schließlich ca. 700 000 Buchrollen; zerstört —47). Hier wirkt ein auf Staatskosten lebender Gelehrtenkreis	

	Hellenistische Reiche	Hellenistische Literatur	Epikur
—285	Ptolemäus II. Philadelphos König von Ägypten bis —247 (†)	~ Zenodotos v. Ephesos (* ~ —325, † ~ —260) wird erster Leiter d. Bibliothek in Alexandria, veranstalt. erste krit. Ausgabe der Epen Homers mit der noch heute gültigen Einteilung	~ Epikur: Es gibt zwar Götter, aber sie kümmern sich nicht um den Menschen
—284	Keltische Gallier dringen über die Balkanhalbinsel nach Kleinasien vor und lassen sich dort als Galater —278 nieder		
—282	Durch vertragswidriges römisches Vordringen zur See bis in das Seegebiet vor Tarent entsteht zwischen diesem und Rom ein Krieg (bis —272), an dessen Ende Rom ganz Mittel- und Süditalien beherrscht (vgl. —266)		
—281	Von der Griechenstadt Tarent zu Hilfe gerufen, kommt Kg. Pyrrhos von Epiros nach Italien (verläßt es —275 völlig geschlagen)		
—280	Kg. Pyrrhos siegt bei Herakleia über die Römer (—279 neuer Sieg bei Asculum). Kann diese Siege jedoch nicht entscheidend ausnutzen („Pyrrhos-Sieg") Römer zerstören die etruskische Stadt Volsinii (hier entsteht Urbs vetus = Orvieto) Gründung d. griech.-achäischen Städtebundes gegen Makedonien (geht —146 im röm. Weltreich auf) ~ Aus den Kämpfen der Diadochen (Feldherrn Alexanders) seit —323 bildeten sich die hellenistischen Reiche: Ägypten unter der Herrschaft der Ptolemäer, Syrien unter der Herrschaft der Seleukiden, Makedonien unter den Antigoniden † (erm.) Seleukos I. Nikator, Kg. v. Syrien, erhielt nach Alexander d. Gr. Tod Babylonien, eroberte ein Reich vom Hellespont bis zum Ganges, das bald zerfällt (* ~ —358) (Die von ihm begründete Dynastie der Seleukiden wird —64 endgültig von Rom beseitigt)	~ Dichtungen d. Kallimachos (Gelehrter in Alexandria): Götterhymnen, Liebeselegien, Epigramme in höfisch geistreicher Form; Gegner der Erneuerung des griech. Heldenepos durch Apollonios ~ Philetas, alexandrinischer Dichter aus Kos, schreibt erotische Elegien	

	Hellenismus	Hellenistische Musik	Alexandrinische Wissenschaft	
	Chares von Lindos gießt ein 34 m großes Erzbild d. Gottes Helios für d. Hafen von Rhodos („Koloß von Rhodos" galt als eines der „Sieben Weltwunder" im Altertum; —227 durch Erdbeben umgestürzt)		~ * Archimedes, griech. Physiker u. Mathematiker († —212) Patrokles, griech. Gesandter des Seleukos in Indien, umfährt Kaspisches Meer (bis —282; weiter nach Norden dringt das Altertum in Asien nicht vor)	
	≈ Höhepunkt der iberischen Kultur (—4./3. Jhdt.) unter griech. u. karthag. Einfluß: reichgeschmückte Frauenbüste von Elche Altperuanische Vicus-Kultur (bis ≈ —650, entd. 1956)		~ Manetho, ägypt. Oberpriester i. Heliopolis, schreibt Geschichte Ägyptens (griechisch, 3 Bücher) ~ Philochoros: „Atthis" (Geschichte Athens)	

	Pergamenisches Reich Indisches Großreich	Hellenistische Literatur	Epikur
—279	~ *Philetairos* gründet Pergamenisches Reich (kommt —131 an Rom), indem er den auf der Burg Pergamon verwahrten Kriegsschatz des *Lysimachos*, nach dessen Sturz, als Grundlage seiner Macht verwendet		
—278	*Ptolemäus II.* v. Ägypten heiratet seine Schwester		~ *Chrysippos*, griech. Philosoph, Mitbegründer d. Stoa († ~ —206)
—277		† *Ch'ü Yüan*, erster namentlich bekannter Dichter Chinas, u. a. „Himmelsfragen" (Dichtung mythologisch-historischen Inhalts) (* —343)	
—275	*Hiëron II.* Herrscher von Syrakus bis —215, im 1. Punischen Krieg im Bündnis mit den Karthagern von den Römern —264 geschlagen, kämpft er auf röm. Seite bis zu ihrem Siege —241 Kg. *Pyrrhos* von Epiros († —272) verläßt, völlig von Rom bei Beneventum geschlagen, Italien		≈ Unter Einfluß der Fortschritte in der griech. Anatomie verlegt man den Sitz der „Seele" vom Herz in das Gehirn
—272	Nach dem Sieg über Tarent erobert Rom das restliche Mittel- und Unteritalien (Samniter, Lukaner, Bruttier) ~ *Aschoka* Kg. eines Großreiches in Indien und Afghanistan, bis —231. Blütezeit des Buddhismus und seiner Kunst. (Das Reich zerfällt im —2. Jh.)		
—271			† *Epikur*, griech. materialist. Philosoph; erneuerte in einem sensualist. Materialismus die Atomlehre *Demokrits*. Kämpfte gegen Furcht u. Aberglauben. Höchste Lust: Einsicht und Unerschütterlichkeit der Seele (stoisch beeinflußt) (* —341)

Hellenismus	Alexandrinische Wissenschaft	
	Sostratos v. Knidos: Leuchtturm auf d. Insel Pharos vor Alexandria (angeblich über 100 m hoch, eines der „Sieben Weltwunder" des Altertums)	
Der chines. Dichter *Ch'ü Yüan* (†) bezeugte mythologisch-historische Fresken in China	~ *Herophilos* fordert vom Arzt Vollendung in Theorie u. Praxis	
	~ *Herophilos* begründet in Alexandria in einem umfassenden Werk d. Anatomie, gestützt auf Sektionen von Menschen und Tieren, unterscheidet sensorische und motorische Nerven, fördert Geburtshilfe; Krankheitsdiagnose m. Hilfe d. Pulses ~ * *Eratosthenes* a. Kyrene, griech. Gelehrter in Alexandria († ~ —195)	≈ *Erasistratos* griech. Arzt in Alexandria; erkennt Zusammenhang zwischen Hirnwindungen u. Intelligenz, das Fieber als eine Begleiterscheinung d. Krankheiten, versucht physikalische Erklärung für die Lehre vom Lebensatem (Pneumenlehre)
	~ Römer verlängern die „Via Appia" von Capua bis Tarent u. Brundisium	≈ Nach dem siegr. Krieg geg. Tarent (seit — 282) erwacht ein stärkeres Interesse d. Römer an der Seefahrt u. am Seehandel
	≈ *Timaios* aus Sizilien (* ~ —346, † ~ —250): Geschichte Siziliens m. geographischen Studien	

	Rom beherrscht Mittel- und Unteritalien	Hellenistische Literatur	Stoa
—270		~ Theokrit(os) aus Syrakus (* ~ —305) begründet mit „Erntefest" u. a. die griech. Hirtenpoesie („bukolische" Dichtung)	† Pyrrhon von Elis, griech. Philos., Schüler des Anaxarchos von Abdera aus der Schule Demokrits; begründete philos. Schule des Skeptizismus i. Athen: „Jede Behauptung läßt sich widerlegen" (* —376)
—269			
—267			Arkesilaos begründet als Leiter die sog. „mittlere" Akademie Platos und ihre skeptizistische Richtung („akademischer Skeptizismus")
—266	Rom herrscht über ganz Mittel- u. Süditalien. Die Gemeinden teilen sich in Munizipien (halbes Bürgerrecht), Kolonien (röm. Festungen unter Herrschaft röm. Bürger), Verbündete (vertragliches Verhältnis, Stellung von Hilfstruppen, keine Tribute, weitgehende Selbständigkeit). Ausgedehnter Straßenbau. Geldwirtschaft setzt sich durch		
—265	~ Athen mißlingt die Befreiung von Makedonien (—266/261) (—229 ziehen die Makedonier ab)		≈ In der Stoa entwickelt sich eine humanistische Haltung auch gegenüber Sklaven und „Barbaren"
—264	In drei schweren „Punischen" Kriegen vernichtet Rom d. politische u. wirtschaftliche Macht d. Patrizier-Republik Karthago (wird —146 völlig zerstört). Der erste Punische Krieg (bis —241) beginnt mit dem Kampf um Sizilien		† Zeno von Kition, griech. Philos.; gründete —308 die stoische Schule in Athen (* ~ —336)

	Hellenismus	Heliozentrisches System	
		~ *Aristarchos von Samos* schreibt: „Von der Größe und Entfernung v. Sonne u. Mond" u. begründet damit entgegen d. aristotelischen Auffassung das heliozentrische Weltsystem (Planeten u. Erde kreisen um die Sonne). Diese Lehre setzt sich bis zum Beginn der Neuzeit nicht durch	
		~ Heliotrop d. babylonischen Baals-Priesters u. Astrologen *Berossos*: Kleine schattenwerfende Kugel als Sonnenuhr	~ *Berossos*: Geschichte Babylons (3 Bücher)	Römer prägen von jetzt ab Silbermünzen („Denarius"); bisher vorwiegend gegossene Bronzestücke („As")
≈ Es verstärkt sich der griech. Einfluß auf die röm. Baukunst; der bisher quadr. Tempelgrundriß wird längliches Rechteck	≈ Erste Berührung Roms mit der griechischen Medizin durch kriegsgefangene heilkundige Sklaven. (Frühere medizin. Kenntnisse i. Rom waren sehr gering u. voller Aberglauben)	≈ Die Unterwerfung des teilw. griech. besiedelten Unteritaliens bringt Rom in engeren Kontakt mit d. griech. Kultur
		~ * *Apollonios von Perga*, griech. Mathematiker († ~ —170)	≈ Römer beginnen Sklaven als Gladiatoren zu verwenden, die auf Leben u. Tod im Zirkus kämpfen müssen (Ausbildung in Gladiatoren-Schulen)

	1. Punischer Krieg	Hellenistische Literatur	Buddhismus
—263	Eumenes I. grdt. Reich v. Pergamon	† Philemon, Begründer d. neuen Komödie in Athen, u. a. „Das Gespenst", „Der Schatz" (Stoffe später v. Plautus übernommen) (* ~ —361)	
—262	Rom baut Fünfruderer-Kriegsflotte nach karthagischem Vorbild		
—260	Nach Antiochos I. Soter (seit —281) ist Antiochos II. Theos Herrscher von Persien (—261 bis —246)		Aschoka verkündet auf Felsinschriften u. Säulenedikten einen Wohlfahrtsstaat für Menschen und Tiere im Geiste buddhistischer Ethik (sein Sohn Mahinda bekehrt Ceylon) ≈ Antigonos aus Karystos: Lebensbeschreibungen von Philosophen
—257		~ *Aristophanes v. Byzantion, griech. Philologe in Alexandria († ~ —180)	
—256	Römer landen vorübergehend bei Karthago; werden von spartanischen Söldnern zurückgeschlagen Shi huang-ti († —209) einigt von seinem Lehnsstaat Ch'in aus ganz China, beseitigt das feudale Lehnswesen der Chou-Dynastie, wird —221 erster eigentlicher „Kaiser" Chinas. China erhält zentrale Grafschaftsverfassung. Beseitigung des Erbadels, Landverteilung unter die Bauern, Freihandel, gewaltsame Eingriffe in das geistige Leben zugunsten einer Zentralisierung. Vereinheitlichung v. Schrift, Maßen u. Gewichten. Sicherung d. Nordgrenze		
—254	Römer nehmen das von den Phöniziern gegründete Ponormus (Palermo)		

	Hellenismus	*Hellenistische Musik*	*Alexandrinische Wissenschaft*	
			Aufstellung einer Sonnenuhr in Rom	
	≈ Aschoka-Säule mit Löwenkapitell aus Sarnath/Benares ≈ *Antigonos aus Karystos* (* ~ —290, † ~ —235), Bildhauer u. Schriftsteller in Athen und Pergamon schreibt Buch über Porträtbildhauerei		~Kanal m. Schleusenanlagen zw. Nil und Rotem Meer unter *Ptolemäus II.* verbessert (stammt aus d. —7. Jh., ein Vorläufer vermutl. aus d. —13. Jh.) ~ Flaschenzug v. *Archimedes* angegeben Römer siegen mit Hilfe von Enterbrücken b. Mylae. (Rom hatte seit —262 eine Seeflotte nach karthag. Muster gebaut)	
			≈ Primitive Vorläufer d. Drehbank f. d. Bearbeitg. verschiedener Werkstoffe bekannt	
			~ † *Hieronymos von Kardia*, griech. Historiker; beschrieb ausführlich und zuverlässig die Kämpfe der Diadochen, der Nachfolger *Alexanders* (* ~ —360) ~ Tretrad für Sklaven häufiger Antrieb für einfache Maschinen in Griechenland	Volkszählung im Röm. Reich (in Ital. südl. d. Arno) ergibt ca. 300 000 Staatsbürger
			~Wasser-Kolbenpumpe mit Windkessel in Griechenland bekannt	~Ägypt. Postbuch registriert eingeschriebene Eilbriefe

	1. Punischer Krieg	Hellenistische Literatur	Hellenistische Philosophie
—250	Die röm. Tribus-Volksversammlung umfaßt Patrizier und Plebejer; wird 17 Tage vorher durch Herolde bekanntgegeben; fand nur statt, wenn die Auguren die Opferzeichen günstig fanden; nach Beratung unter offenem Himmel fand abends die Abstimmung, nach 35 Tribus eingeteilt, in Umfriedungen statt; entscheidend war die Mehrheit d. Tribus, durch deren geschickte Einteilung polit. Beeinflussung d. Resultats möglich war. (Ähnl. verliefen die Versammlungen nach 373 Zenturien, die nach Stand und Vermögen eingeteilt waren) ~ Helenobaktrisches Reich in NO-Persien (dehnt sich ~ —170 nach Indien aus; wird ~ —140 von den Yüe-Tschi aus Ostchina erobert)	≈ *Herondas* v. Kos erneuert mit seinen naturalist. „Mimiamben" den Mimus des *Sophron*; u. a. „Der Schuster", „Der Schulmeister" (kleine, oft humor. u. drastische Vortragsstücke aus d. Alltagsleben) ~ * *Titus Maccius Plautus*, röm. Komödiendichter († —184) ≈ Die germanischen Sprachen trennen sich von den indogermanischen durch die erste Lautverschiebung (z. B. werden b, d, g zu p, t, k und p, t, k zu f, th [wie engl. this], h, so wird lat. „porcus" zu „Ferkel", „cornu" zu „Horn", „pater" zu „father" und „Vater")	≈ *Menippos* von Gadara (Palästina) vertritt in Vers u. Prosa satir. Lebensphilosophie (veranl. *M. T. Varro* († —27] zu seinen „Menippischen Satiren", beeinflußt *Seneca* u. *Lukian*) ≈ Das Patrizier-Priesterkollegium in Rom umfaßt 9 Mitglieder (urspr. 3, unter *Cäsar* 16) unter dem Pontifex Maximus, der auf Vorschlag d. Kollegiums v. d. Tribus-Versammlungen d. Plebejer gewählt wird. Der Pontifex Maximus schreibt die Staatschronik u. hat Einfluß auf die Politik
Im —3. Jahrhundert		Gelegentlich werden die Anfänge germanischer Heldendichtung bis um diese Zeit zurückverlegt (vgl. 300) „Synode der dionysischen Künstler" (griechischer Berufsverband)	In den Büchern Dharmashastra und Smriti beginnt man das indische Kastenwesen in dichterischer Form zu regeln (abgeschlossen 5. Jhdt.) Buddhismus kommt nach Ceylon und bildet hier eine die ursprüngl. Lehre bewahrende Richtung aus Buddhistische Staatskirche in Indien (wird schließlich durch Sektenbildung und Brahmanismus verdrängt) Über 100 Totenstädte m. mehr als 5000 kelt. Flachgräbern i. Frankreich (Marne-Departement)

	Hellenismus	*Hellenistische Musik*	*Archimedes*	
	„Opferndes Mädchen" aus Antium (spätklass.-hellenist. Plastik) ≈ Bronzeglocken als Anfang des Übergreifens der Bronzezeit von China (dort seit ≈ —1500) nach Japan ≈ Marmortempel Samothrake als Basilika mit Querschiff (auf S. Geheimkult der Fruchtbarkeitsgötter „Kabiren") ≈ Bau des Mahabodhi-Tempels in Bodh Gaya/Magadha		~ *Archimedes* kennt die Wasserschnecke zum Heben von Wasser, bes. zur Feldbewässerung; findet Gesetze des Auftriebs (Schwimmen), des Schwerpunkts und des Hebels u. a. ~ Von der Schule d. griech. Mediziners *Herophilos* zweigt sich auf Kos unter *Philinos* die Schule der Empiriker ab, die sich unter Vermeidung jeder Theorie nur auf direkte Beobachtung stützt ~ Nach dem Wirken von *Herophilos* u. *Erasistratos* in Alexandria nimmt die wissenschaftliche Bedeutung der dortigen medizinischen Schule rasch ab	
	Aus Kleinasien gelangen ionische u. korinthische Formen in die röm. Baukunst (z. B. Rundtempel in Tivoli mit korinth. Säulen) „Alexanderschlacht" (griech. Gem.; danach 6,20 × 2,90 m großes Mosaikbild in Pompeji, 1831 wiederentdeckt; vgl. 50) „Mediceische Venus", Marmorstandbild d. Aphrodite (hellenist. Plastik) „Die Venus von Milo" (hellenist. Plastik) „Schlafender Satyr" („Barberinischer Faun", im wirklichkeitsnahen hellenist. Stil) Griech. Porträtstatuen und Bildwerke mit Themen des tägl. Lebens „Homer" (hellenistische Idealbüste)		*Ktesibios*, griech. Mechaniker, erfindet Windbüchse, Druckpumpe, Wasserorgel und eine Wasseruhr m. Zahnradgetriebe u. einer auf einem senkrechten Zifferblatt die Zeit anzeigenden Schwimmerfigur; beschreibt Zahnräder und Zahnstange. (Wird auch im —2. Jhdt. angesetzt) Schere in der Latène-Zeit Mitteleuropas	Ausbildung des röm. Bankwesens nach Vorbild d. griech. (vgl. —4. Jh.) Lebhafter Kurbetrieb im Asklepieion in Kos (vgl. —353) mit Pflege teils priesterärztlicher teils hippokratischer Traditionen

	1. Punischer Krieg	Hellenistische Literatur	Skeptizismus
—247	Ptolemäus III. Euergetes Kg. von Ägypten bis —221 (†)		~ Unter Kg. Ptolemäus II. Philadelphus v. Ägypt. (—285 bis —247 [†]) entstand d. Septuaginta, die älteste griech. Übersetzung d. Alten Testaments, angebl. durch 72 Übersetzer
—246	Die röm. Macht erstreckt sich über Mittel- und Unteritalien. Skizze ihrer Ausbreitung: Bis —238 (nach dem 1. Pun. Krieg): Sizilien, Korsika, Sardinien. Bis —201 (n. d. 2. Pun. Krieg): Syrakus, Süd- u. Ostküste Spaniens. Bis —133: Spanien, Oberitalien, Griechenland, Westkleinasien, Karthago. Bis —44 (Cäsars Tod): Gallien, Nordafrika, Kreta, Cypern, Syrien, Mittel- u. Nordkleinasien. Bis 14 (Tod des Kaisers Augustus): Alpen-, Donauländer u. Mösien, Palästina, Ägypten. Bis 180 (Tod d. Mark Aurel, größte Ausdehnung): Britannien, Dacien u. Thrakien (Rumänien), Ostkleinasien, Mesopotamien, Arabien, Mauretanien (Marokko und Algerien) * Hannibal, karthagischer Feldherr; kämpft im 2. Punischen Krieg gegen Rom († —182)		
—245			
—241	Seesieg der Römer über die Karthager bei den Ägatischen Inseln. Ende des 1. Punischen Krieges: Karthager verzichten auf Sizilien; Westsizilien erste röm. Provinz Kg. Agis IV. von Sparta wird vom Adel getötet, als er versucht, in Sparta die drückende Lage der Besitzlosen durch Wiedereinführung der lykurgischen Gesetze zu verbessern (vgl. —221)		† Arkesilaos, seit —267 Leiter d. platon. Akademie, schuf innerhalb dieser die skeptizistische Richtung: für die aus den Wahrnehmungen gebildeten Vorstellungen gibt es nur verschiedene Grade der Wahrscheinlichkeit (* —315)

Hellenismus	Hellenistische Musik	Alexandrinische Wissenschaft	
		≈ Der griech. Mathematiker *Philon* v. Byzanz verfaßt eine „Mechanik" (bes. Kriegstechnik); beschreibt u. a. Mechanismen, deren Bewegung auf der Ausdehnung erwärmter Luft beruhen	
		~ † *Aratos*, griechisch. Gelehrter u. Dichter in Athen u. am makedonischen Hof; schrieb ein astronomisches Lehrgedicht „Himmelserscheinungen" (wird später öfter bearbeitet u. wirkt bis ins Mittelalter nach) (* ~ —310)	
			≈ Erstmalige Feier d. panhellenischen Asklepieion - Festspiele in Kos (mit Wettkämpfen, Wiederholung alle 4 Jahre)

	Parther-Reich	Hellenistische Literatur	Hellenistische Philosophie
—240	~ Das irano-persische Reitervolk der Parther befreit sich v. d. Herrschaft der *Seleukiden* (seit —323) u. gründet unter *Arsakes* ein selbst. Reich zwischen Euphrat, Indus, Kasp. Meer u. ind. Ozean (das parthische Reich d. *Arsakiden* wird 224 v. d. *Sassaniden* gestürzt)	~ *Kallimachos* (†) in Alexandria: „Die Locke der Berenike" (Lobgedicht auf die Opferung des Haupthaares durch die ägypt. Königsgemahlin für die glückliche Heimkehr ihres Gatten)	† *Straton von Lampsakos* („Der Physiker") Schüler d. *Theophrastos* von Lesbos, Leiter der peripatetischen Schule; suchte die Lehren *Aristoteles'* und *Demokrits* in einem pantheistischen Naturalismus zu verbinden
—239		* *Quintus Ennius*, röm. Dichter u. Geschichtsschreiber († —169)	
—238	Bei einem Aufstand karthag. Söldner besetzen die Römer Sardinien und machen es zusammen mit Korsika zur 2. römischen Provinz (458 bis 533 zum Wandalenreich)	~ Der griech. Kriegsgefangene und Sklave *Livius Andronicus* begründet röm. Literatur durch Übersetzung d. „Odyssee" und griech. Dramen	
—237	Karthager beginnen ihr Machtgebiet über das erzreiche Südspanien auszudehnen (bis —218; geht dann an Rom verloren). Neu-Karthago —227 gegründet		
—234	* *Marcus Porcius Cato* (d. Ä.), röm. Politiker († —149)		~ † *Han-Fei*, chin. Philosoph des Naturrechts
—233	~ * *Publius Cornelius Scipio Africanus* (d. Ä.), röm. Staatsmann u. Feldherr († —183) *Attalos I. Soter*, seit —241 Herrscher von Pergamon, nimmt Königstitel an (besiegt Galater in Kleinasien, verbündet sich mit Rom; —197)		~ † *Sün-tsi*, chines. Philosoph; lehrte: der Mensch ist ursprünglich böse und braucht Erziehung ≈ Ende der chines. Philosophie der klassischen Zeit
—232	Volkstribun *Gajus Flaminius* setzt Verteilung des von den Galliern eroberten Landes an die Plebejer durch (fällt —217)		† *Kleanthes* aus Assos, erst Faustkämpfer, dann Schüler d. *Zeno* von Kition, schließl. sein Nachfolger als Leiter d. stoischen Schule (* —331)

Hellenismus	Hellenistische Musik	Alexandrinische Wissenschaft	
		~ † *Kallimachos* v. Kyrene, Gelehrter u. Dichter in Alexandria; schrieb ca. 800 Bücher, darunter Katalog d. griech. Klassiker für alexandr. Bibliothek (120 Bücher) u. „Denkwürdigkeiten" (kulturgesch. Inhalt, u. a. Sammlg. von Wundern u. Seltsamkeiten) (* ~ —310)	
		Die Ägypter gehen vom Sonnenjahr zu 365 Tagen auf das Sonnenjahr zu 365 $\frac{1}{4}$ Tagen über; kennen keine Schaltung	
~ Säulenkapitell mit Löwen (ind. Granitplastik unter Kg. *Aschoka*, angebl. an der Stelle der ersten Predigt *Buddhas*)			

	Rom erobert Oberitalien	Hellenistische Literatur	Skeptizismus
—230			† *Timon von Phlius*, Philos. d. Skeptizismus in Athen, Schüler des *Pyrrhon von Elis*; schrieb „Sillen" im Stile *Homers* als parodistische Verspottung der dogmatischen Philosophenschulen (* —320)
—228	Rom besiegt die seeräuberischen Illyrier an der dalmatinischen Küste		
—222	Rom erobert (seit —225) Oberitalien mit Mailand (Mediolanum) durch Besiegung der immer wieder nach Mittelitalien vorgestoßenen Gallier. Grdg. d. röm. Kolonien Placentia, Cremona, Mutina in Oberitalien. (Gesichert ist die röm. Herrschaft über Gallia Cisalpina erst ~ —191) ~ Rom hat etwa 325 000 wehrfähige Bürger und etwa 457 000 Bundesgenossen		~ *Polystratos:* „Über die grundlose Verachtung der Volksmeinung" (gemeint ist die Verachtung der Ansicht, daß Moral u. Recht auf überlieferten zweckmäßigen Vereinbarungen beruhen; griech. Moralphilosoph aus der Schule *Epikurs*)
—221	*Ptolemäus IV. Philopator* König von Ägypten bis —205; verliert gegen *Antiochos III.* von Syrien Besitzungen im Libanon und Kleinasien; Niedergang der Dynastie Achäischer Bund (mit Korinth, Megara, Argos u. a. gegrdt. —280) schlägt zusammen mit Makedonien Sparta, wodurch Makedoniens Herrschaft in Griechenland gefestigt wird (—220 neuer Krieg gegen Sparta und Ätolischen Bund) Kg. *Kleomenes III.* von Sparta, der dort —226 zur Besserung der Lage der Besitzlosen revolutionäre Reformen durchgeführt hatte, flieht nach Ägypten (dort Selbstmord —220) *Shi huang-ti* begründet die *Tsin*-Dynastie (bis —207), nimmt chin. Kaisertitel an (bis —209 [†]). Die Einigung Chinas gelang ihm durch Überlegenheit seiner Reiterei und Eisenwaffen über die bisher üblichen Streitwagen und Bronzewaffen seiner Gegner; beginnt unter Verwendung älterer Befestigungen „Chinesische Mauer" gegen Feinde aus dem Norden zu bauen		

	Hellenismus	Hellenistische Musik	Antike Technik	
	~ *Attalos I.* von Pergamon stiftet zum Dank für den Sieg über die keltischen Galater in Kleinasien (—240) Weihgeschenk für die Akropolis in Athen. Große Galliergruppen: „Sterbender Gallier", „Gallier sein Weib tötend", „Kämpfender Gallier" ~ Ägypt. Tempel des Sonnengottes Horus in Edfu (—142 geweiht)		≈ Baggerartige Schöpfeimerketten mit Antrieb durch Wasserrad, Tretrad oder Kurbel bekannt ~ Öllampe in Griechenland	
			≈ Maße und Gewichte werden in China vereinheitlicht	

	Zug Hannibals über die Alpen	Hellenistische Literatur	Venuskult in Rom
—220	*Gajus Flaminius* römischer Censor; erbaut Via Flaminia (Straße zur adriatischen Küste) und Circus Flaminius ≈ Nach Abzug der Makedonier (—229) ist Athen politisch machtlos, bleibt aber geistiges Zentrum		
—219	Die Eroberung des spanischen, mit Rom verbündeten Sagunt durch *Hannibal* dient Rom als Anlaß des 2. Punischen Krieges (Sagunt —214 zurückerobert)		Das schon zu *Homers* Zeiten bekannte Orakel-Heiligt. des Zeus „Dodona" in Epiros v. d. Ätolern zerstört. (Das Orakel wurde aus Baumrauschen, Quellgemurmel u. mit Hilfe eines Erzbeckens gewonnen; stand häufig in polit. Rivalität zum Delphischen Orakel)
—218	*Hannibal* zieht mit 50 000 Mann zu Fuß, 9000 Reitern, 37 Schlachtelefanten auf dem Landwege von Spanien nach Italien und gelangt mit 26 000 Mann und wenigen Elefanten über die Alpen		
—217	*Hannibal* vernichtet in der Schlacht am Trasimenischen See röm. Heer. In Rom wird *Quintus Fabius Maximus* („Der Zauderer", † —203) zur Abwendung der Gefahr zum Diktator ernannt Frieden zwischen Makedonien und dem Ätolischen Bund Mittelgriechenlands		Venuskult wird von Sizilien in Rom eingeführt Römer geloben den Göttern „ver sacrum" (ein Frühlingsopfer), nach dem alle Kinder, die in einem Frühling geboren werden, sobald sie erwachsen sind, auswandern müssen (letzte Anwendung dieser altitalischen Sitte)
—216	*Hannibal* vernichtet in der Schlacht bei Cannae durch doppelte Umfassung ein röm. Heer (von 86 000 Römern etwa 50 000 getötet). Rom sammelt seine letzten Kräfte und kann (—215) den Krieg wenden		

Hellenismus	Hellenistische Musik	Griechisch-römische Heilkunde	
~ *Hermogenes:* Arthemistempel in Magnesia und Dionysostempel auf Teos		~ *Serapion von Alexandria*, griech. Arzt; gilt neben *Philinos* aus Kos (~ —250) als Begründer der theorienfeindlichen, empirisch-praktischen Ärzteschule	
		Der griech. Arzt *Archagathos* kommt aus dem Peloponnes nach Rom, wo noch starke Widerstände gegen griech. Gelehrte herrschen	
	~ * *Aristarchos* von Samothrake, bedeutender *Homer*-Philologe in Alexandria († —145)	Die röm. Saturnalien werden unter griech. Einfluß umgestaltet: Fest vom 17.—23. Dezember mit Spielen, Geschenken (Kerzen, Puppen), Festmahl, bei dem d. Herren d. Sklaven bedienen. Das Fest zur Erinnerung an das Goldene Zeitalter d. Saturnus stand unter einem durch Los bestimmten „König"	
		≈ In Rom erhält d. Fleischergewerbe wachsende Bedeutung (ursprünglich schlachtete der Hausvater). Ein Fleischer wird röm. Konsul	

	2. Punischer Krieg	Hellenistische Literatur	Skeptizismus
—215	1. Makedonisch-römischer Krieg bis —205. Rom verbündet sich mit griech. Städten, kann seine Stellung in Griechenland halten. Karthago verbündet sich mit Makedonien und Syrakus gegen Rom	~ † *Apollonios der Rhodier* (aus Alexandria), griech. Dichter, Schüler d. *Kallimachos*, erneuerte gegen dessen Widerstand griech. Heldensage als Abenteuer- u. Liebesgeschichte: „Argonautika" (* ~ —295)	
—214			* *Karneades* aus Kyrene, griech. Philos. des Skeptizismus († —129)
—212	Im Kampf gegen die Karthager erobern und plündern die Römer Syrakus nach starker Verteidigung (*Archimedes* getötet, der dort techn. Verteidigungsanlagen schuf) *Hannibal* erobert Tarent (wird —123 röm. Kolonie)	~Bücherverbrennung in China, um die Traditionen des Feudalismus auszurotten zur Festigung des entstehenden zentralistischen Beamtenstaates	
—211	*Hannibal* erscheint vor Rom, zieht aber ohne Angriff wieder ab, da er Rom zur Abwehr entschlossen findet („Hannibal ad portas") Rückschlag im 2. Punischen Krieg für die Römer in Spanien; werden über den Ebro zurückgedrängt; *Publius* u. *Gnäus Cornelius Scipio* fallen		
—209	† *Shi huang-ti*, Kaiser von China seit —221 *Antiochos III.* (d. Gr.), Herrscher von Persien (—223 bis —187), gewinnt gegen Baktrien und die Parther ganz Iran bis zum Hindukusch zurück	Kaiser *Shi huang-ti* (†) von China vereinigte die Staatsarchive der Einzelstaaten mit dem alten chines. Schrifttum (Orakel, „Bücher" des *Konfuzius*, vgl. —479)	

Hellenismus	*Archimedes*	
		≈ In Rom Fleischmärkte mit staatl. Einrichtungen (später auch Fleischbeschau)
	† *Archimedes*, griech. Physiker u. Mathematiker; Werke: Über Kugel u. Zylinder; Die Kreismessung; Über Konoide u. Sphäroide; Über Spiralen; Über das Gleichgewicht von Ebenen; Die Sandzahl; Die Quadratur d. Parabel; Über schwimmende Körper; Die Methodenlehre, Stomachion (Geduldsspiel) (enthalten u. a. Auftrieb, Hebelgesetz, schiefe Ebene, Brennspiegel, Flaschenzug, Kreisberechnung., Quadratwurzeln, kubische Gleichung); erschlagen durch römische Soldaten bei der Eroberung von Syrakus: „Störe mir meine Kreise nicht" (* ∼ —285)	*Archimedes* (†) kannte d. Brennspiegel (Hohlspiegel; daß er ihn zur Verteidigung v. Syrakus gegen Römer verwendet haben soll, ist unrichtig)
	Durch Zentralarchiv in China wird umfassendere Geschichtsschreibung ermöglicht. In d. Kämpfen nach Kaiser *Shi huang-tis* Tode verbrennt d. Zentralarchiv (die spätere konfuzianische Geschichtsschreibung behauptet vorsätzl. Bücherverbrennung des Kaisers)	

	Rom siegt im 2. Punischen Krieg	Römische Dichtung	Skeptizismus Stoa
—207	Nach der Niederlage seines Bruders *Hasdrubal* (†) am Metaurus (Mittelitalien) durch die Römer zieht sich *Hannibal* nach Süditalien zurück		
—206	~ Machtkämpfe in China nach dem Tode des Kaisers und Einigers *Shi huang-ti*; enden mit der Gründung der mächtigen *Han*-Dynastie (—202 bis 220). Der Lehnsstaat wird allmählich durch einen Beamtenstaat ersetzt. Blütezeit des chinesischen Reiches ≈ Trotz einer Agrarreform in China unter Kaiser *Shi huang-ti* entsteht in der *Han*-Zeit ein großes, unruhiges Bauernproletariat		~ † *Chrysippos*, griech. Philosoph, nach *Zeno* der führende Denker d. stoischen Schule, die er neu begrdte. Hinterließ etwa 700 Schriften (* ~ —278)
—205	*Ptolemäus V. Epiphanes* Kg. von Ägypten bis —181		
—204		≈ In der griech. Literatur nehmen die Erzählungen über Wunder und Seltsamkeiten („Paradoxographie") in Anlehnung an *Kallimachos* einen sehr breiten Raum ein	Mysterienkult d. „Großen Mutter" („Magna Mater") in Rom (v. d. Griechen übernommener, urspr. phrygischer Kult der Erdgottheit Kybele; vgl. —800)
—202	Tripolitanien kommt aus der Abhängigkeit von Karthago an Numidien (—46 zur röm. Provinz Africa) Das römische Heer schlägt unter *P.C. Scipio d. Ä.* die Karthager unter *Hannibal* in Nordafrika (bei Zama) entscheidend. *Hannibal* flieht ins Ausland *Liu Pang*, früherer Dorfschulze, grdt. chin. Han-Dynastie	≈ Helminschrift (ältestes germanisches Sprachdenkmal)	≈ Weihe-Depots von Kriegsbeute in Nordeuropa, wie etwa der Hjortspring-Fund in Dänemark
—201	Ende des 2. Punischen Krieges (seit —219). Karthago muß Spanien und Mittelmeerinseln an Rom abtreten, seine Kriegsflotte vernichten, Tribute zahlen (50 Jahre jährl. 200 Talente [ca. 1 Mill. Mark] und auf selbst. Außenpolitik verzichten). Triumphzug des *Publius Cornelius Scipio d. Ä.* „*Africanus*" in Rom	~ † *Gnäus Nävius*, röm. Dichter; schrieb Komödien n. griech. Vorbildern, erstmalig Tragödien mit nationalen Stoffen u. erstes nationales Epos in saturnischem Versmaß über d. 1. Punischen Krieg, in dem er mitgekämpft hatte; stirbt als verbannter Feind d. röm. Adelspartei	

Hellenismus	Hellenistische Musik	Bibliothek in Pergamon	
			Erhöhung d. Salzpreises in Italien (außer Rom) zugunsten d. röm. Staatskasse ruft Unzufriedenheit d. Bevölkerung hervor
			≈Gemauerte zweistöckige Flachdach-Wohnhäuser in Pompeji mit großem Mittelraum (Atrium)
		Gründung der Bibliothek in Pergamon von Kg. *Attalos I.* als Konkurrenz zu der in Alexandria	≈ Starke Entwicklung der Briefliteratur durch Veröffentlichung von Briefen berühmter Persönlichkeiten (gleichz. Anwachsen der Fälschungen)
		~ *Bolos* aus Mende schreibt über alchemist. Nachahmung von Edelmetallen u. Edelsteinen ~*Polybios* aus Megalopolis, griech. Historiker († ~ —120)	≈ Einwohnerzahl Italiens ca. 4 Mill. davon ca. 1 Mill. Sklaven (≈ 100: 7 Mill. Einw.). Preis eines Sklaven ca. 2000 Sesterzen = 400 Mark ≈ Italien hört auf, vorwiegend Bauernland zu sein; die entstehenden großen Latifundien vernachlässigen Getreideanbau

	Rom besiegt Griechenland Cato	Hellenistische Literatur	Auflösung altrömischer Religiosität
—200	Beginn des 2. Makedonischen Krieges (bis —197) Germanische Bastarner am Schwarzen Meer nachgewiesen ≈ Großreich der Hunnen in Mongolei und Turkestan unter *Mao-tun* (Mongolen werden in den folgenden Jh. nach Westen gedrängt; dadurch Völkerwanderung) ≈ Die politische Macht in China liegt in den Händen einiger Beamtenfamilien mit verpachtetem Grundbesitz (diese Verfassung hält sich im wesentlichen bis zum 20. Jh.) ≈ Nomaden aus Innerasien bedrohen nordiranische Gebiete	~ *Cato* (d. Ä.): „De agricultura" („Der Landbau", älteste lat. Prosa) und „Origines" (ital. Geschichte) ~ *Hermagoras* von Temnos arbeitet in d. griech. Rhetorik mit seiner Statuslehre (4 Frageformen) die Gerichtsrede aus (beeinflußt röm. Rhetorik) ≈ Blütezeit d. Philologenschule an der Bibliothek in Alexandria ≈ Der hellenist.-griech. Prosa-Roman („Drama" genannt) beginnt sich aus der „dramatischen Erzählung" der Rhetorenschulen zu entwickeln. Er beginnt mit Götter- und Heldensagen und vereinigt schließlich in freier Erfindung Abenteuer mit Erotik (Höhepunkt 1. bis 5. Jh.) ≈ Entwicklung der lat. Lautzeichen abgeschlossen (c wie k gesprochen)	≈ Jüd. Gemeinde in Jerusalem ist gespalten in eine gesetzestreue und eine hellenistische Partei ~ *Jesus Sirach* in Jerusalem: Sprüche (nach Art d. „Sprüche Salomos") ≈ Die röm. Götter werden mit den griech. gleichgesetzt (z. B. Jupiter = Zeus, Minerva = Athene, Juno = Hera); zugleich gewinnen die Gottheiten menschlich-bildliche Gestalt u. unter Einfluß d. hellenist. Aufklärung schwindet d. alte röm. Religion
—197	Rom im Bündnis mit Sparta und dem Ätolischen Bund schlägt Kg. *Philipp V.* von Makedonien bei Kynoskephalae. Ende des 2. Makedonischen Krieges (seit —200). Röm. „Freiheitserklärung" für Griechenland Syrien erobert Palästina von Ägypten	Dreisprachiger „Stein von Rosette" entsteht (vgl. 1822) ~ Nach Sachgruppen geordnetes chin. Wörterbuch „Erya" (ältestes erhaltenes)	≈ Starke Hellenisierung Palästinas im syrischen *Seleukidenreich* (Jahve = Zeus)
—195	Die oligarchische Partei in Karthago denunziert *Hannibal* wegen demokratischer Reformen in Rom. *Hannibal* flieht zu *Antiochos* von Syrien *Cato* d. Ä. röm. Konsul	~ * *Publius Terentius Afer (Terenz)*, röm. Lustspieldichter nach griech. Vorbildern († —159)	
—191	Rom besiegt die keltischen Bojer und vollendet damit die Unterwerfung des oberitalienischen Gallia Cisalpina	Aufhebung d. Bücherverbotes in China fördert Entstehung eines weltlichen Schrifttums	

 *Hellenismus*	*Apollonios · Eratosthenes*		
≈ *Boethos* aus Chalkedon: Knabe mit Gans (hellenistische Bronze) ≈ Durch Plünderung gelangen viele griech. Kunstwerke nach Rom, wo sie häufig kopiert werden ≈ Spätstufe der etruskischen Kunst (—3. bis —1. Jhdt.) parallel zur hellenistischen Stufe der griech. Kunst ~ Stupa (Kuppelbau mit Buddha-Reliquien) von Barhut; ihre Umzäunung besitzt Pfeilerreliefs (frühe ind.-buddhist. Plastik) ≈ In der chines. Kunst der *Han*-Dynastie setzen sich stark geometrische Formen durch; dadurch wird die ornamentale Auflösung der frühzeitlichen magischen Tierformen in der *Chou*-Dynastie fortgesetzt ≈ Vasenmalerei in China	≈ *Apollonios von Perga* in Alexandria, berechnet Kreiszahl (π), schreibt Zusammenfassung über Kegelschnitte, gibt Theorie des Epizykels (Kreis rollt auf Kreis); vereinigt im „ägyptischen" Weltsystem die Vorstellungen von *Eudoxos-Aristoteles* (geozentrisch) und *Aristarchos* (heliozentrisch), in dem er die fünf Planeten um die Erde, diese jedoch um die Sonne kreisen läßt ~ *Eratosthenes* berechnet aus den verschiedenen Sonnenhöhen in Alexandria und Assuan den Erdumfang zu 46000 km. (Die gute Übereinstimmung mit dem wahren Wert kam zufällig zustande)	≈ Griech. Geographen vermuten in Zusammenhang mit einer Kugelgestalt der Erde einen den nördlichen Landmassen entsprechenden Südkontinent („Südland", „Terra incognita"; wird noch bis zum 18. Jh. vermutet) ≈ „Kunst des Eudoxos" (ägypt. astron. Papyros; eines der wenigen antiken Bücher mit Bildern) ≈ Ägypter übernehmen Tierkreis aus Babylonien ≈ Die Zeitrechnung d. german. Völker beruht im allgem. auf Voll- u. Neumondbeobachtungen u. Festlegung d. Sonnenstandes (z. B. genauer östl. Aufgang) mit Hilfe v. Steinmarken	~ *Cato d. Ä.* bekämpft Astrologie ≈Römerkleidung: Tunika (genähter Leibrock mit Gürtel, f. d. Männer kurz, als Amts- u. Festkleid, u. f. d. Frauen lang, mit Würdeabzeichen f. Bürger hohen Ranges), Toga (Staats- u. Festmantel d. Männer, etwa 5 × 3 m kunstvoll umgelegt) Palla (Frauenmantel) ~ Haarpinsel als chines. Schreibgerät (löst Holzgriffel ab)
	~ *Catos* Schriften (vgl. —200 Dichtung) sind früher Anfang röm. Fachschrifttums	~ Quintus Fabius Pictor: Römische Geschichte (in griech. Sprache)	
	~ † *Eratosthenes* aus Kyrene, griech. Wissenschaftler; begründete mit seiner „Geographie" diese Wissenschaft	und mit seiner „Chronographie" die histor. Chronologie; bestimmte Erdumfang (* ~ —275)	

	Rom besiegt Syrien	Plautus	Hellenistische Philosophie
—190	*Antiochos III.* von Syrien wird von den Römern besiegt. Muß Kleinasien bis zum Taurusgebirge abtreten und 15 000 Talente (ca. 70 Mill. Mark) Tribut zahlen W-Kleinasien an Pergamon u. Rhodos		
—189	Mit dem Sieg Roms über Kg. *Antiochos III.* des syrischen Reiches der *Seleukiden* († —187) setzt der endgültige Abstieg dieser Dynastie ein (—64 von Rom beseitigt)		
—186		Bronzetafel mit Verbot der Bacchanalien in Tiriolo, Kalabrien (älteste bekannte röm. Staatsurkunde)	Mysterien d. Bacchus als ausschweifend in Rom verboten
—185	~ * *Publius Cornelius Scipio Aemilianus Africanus d. J.*, durch Adoption Enkel von *Scipio Africanus d. Ä.*; zerstört Karthago († —129)		
—184	*M. Porcius Cato* (d. Ä.) römischer Censor	† *Titus Maccius Plautus*, röm. Komödiendichter, griech. beeinflußt; u. a. „Amphitryon", „Die Zwillinge", „Der Kaufmann", „Der ruhmredige Soldat" (erste vollständig erhaltene Werke des latein. Schrifttums) (* ~ —250)	*Cato* vertritt das Ideal alten Römertums in Politik, Wirtschaft und Kultur gegen Hellenisierung und individualistischen Egoismus
—183	† *Publius Cornelius Scipio Africanus* (d. Ä.), röm. Staatsmann u. Feldherr; besiegte *Hannibal* (* ~ —233) Parma (Nordital.) wird röm. Kolonie		
—182	† *Hannibal* (Selbstmord im Exil, um der Auslieferung an Rom zu entgehen), karthagischer Feldherr, von *P. C. Scipio d. Ä.* geschlagen (* —246)		
—181	Ägypten unter der Herrschaft der letzten *Ptolemäer* (*Ptolemäus VI.* bis *XVI.*) bis —30 (Rom unterstützt Ägypten —168 gegen Syrien)		*Aristobul*, jüd.-hellenistischer Philosoph in Alexandria (bis —145), nennt im Kommentar zum Pentateuch die Gottheit eine durch die Vernunft zu erfassende allbeherrschende Kraft

	Hellenismus	Hellenistische Musik	Wissenschafts-zentrum Alexandria	
	~ Polemon der Periëget beschreibt Bau- und Kunstdenkmäler der Akropolis in Athen		~ * Hipparchos, griech. Astronom, Begründer der auf Beobachtung beruhenden Astronomie († ~ —125)	
	~ Siegesgöttin von Samothrake (späthellenist. Plastik mit starker Dynamik)			
	Cato d. Ä. läßt nach griech. Vorbild d. Basilica Porcia in Rom als Markthalle erbauen			
				Gesetz gegen überhandnehmenden Luxus in Rom
				Kg. Philipp V. v. Makedonien ersteigt mit 57 Jahren den Ribo Dagh im Rhodope-Gebirge

	Römische Weltherrschaft	Hellenistische Literatur	Griechisch-hellenistischer Einfluß in Rom
—180	Die Etruskerstadt Pisa wird röm. Kolonie	~ † *Aristophanes von Byzantion*, griech. Philologe in Alexandria; gab viele kritische Ausgaben d. griech. Literatur heraus (u. a. *Homer*, *Plato*); schrieb lexikographisch. Werk über sprachliche Ausdrücke, begründete mit „Über Analogie" wissenschaftl. Grammatik; schuf Sprichwörtersamml. (* ~ —257)	~ * *Panaitios* v. Rhodos, griech. Philos.; Begrd. d. mittleren Stoa († —110)
—178	Römer gründen Militärkolonie Pola (Istrien)		
—170	~ Griechen dringen aus Baktrien in das Industal vor und gründen dort mehrere Staaten	~ *Kratos* von Mallos wirkt als Haupt der stoisch beeinfl. Philologenschule in Pergamon, schreibt griech. Grammatik unter Hervorhebung d. sprachl. Ausnahmen, versucht im Sinne der Stoa allegorische (abwegige) *Homer*-Erklärung	
—169		† *Quintus Ennius*, röm. Dichter u. Geschichtsschreiber; verwandte als erster den Hexameter in der röm. Dichtung und schrieb „Annalen" (Geschichte Roms seit Gründung) (* —239)	*Antiochos IV.* v. Syrien schändet Tempel in Jerusalem und verbietet jüdischen Kult
—168	Der letzte Kg. v. Makedonien *Perseus* (seit —179) unterliegt gegen d. Römer bei Pydna. Ende des 3. Makedonischen Krieges (seit —171); es entstehen hier zunächst vier v. Rom abhäng. Gebiete (—146 Makedonien röm. Provinz) Glänzender Triumphzug in Rom mit dem gefangenen Kg. *Perseus*. Die überreiche Beute befreit die Bürger Roms von jeder Steuer Das Jahr der Schlacht bei Pydna gilt als Beginn der röm. Weltherrschaft (vgl. —246)	*Kratos* v. Mallos regt als Gesandter Pergamons in Rom grammatische Studien an	Griech. Geiseln i. Rom aus d. 3. Makedon. Krieg verbreiten als Sklaven der Aristokratie hellenistische Bildung in diesen Kreisen (u. a. *Polybios*). Das siegreiche Rom unterwirft sich der griech. Kultur

	Späthellenismus	Apollonios	
	Zeus-Altar in Pergamon von *Eumenes II.* erbaut mit großem Fries (Götter-Giganten-Kampf, „hellenist. Barock") und kleinerem Fries (Telephos-Sage in mehr spätklassischem Stil)	Philologie in Alexandria (vgl. Dichtung)	Gesetz des Tribunen *L. Villius* gegen d. Ämtersucht in Rom (setzt Mindestalter fest). Die Ädilen müssen Kosten für die öffentl. Spiele meist selbst tragen, daher ist dies. Amt nur sehr Vermögenden zugänglich
	~ In Athen beginnt sich jetzt erst der korinthische Stil durchzusetzen (vgl. —4. Jh.)	Pons Aemilius, 1. Steinbrücke in Rom	
		~ † *Apollonios von Perga*, griech. Mathematiker; schrieb Buch über Kegelschnitte, denen er d. Namen „Ellipse", „Parabel", „Hyperbel" gab; berechnete genauer die Kreiszahl π; begründete Epizyklentheorie der Planetenbahnen (vgl. —200) (*~ —265)	~ Pflasterung von Straßen in Rom
			Ennius (†) schrieb Kochbuch f. Feinschmecker
			Nach der Schlacht von Pydna werden die Bewohner von 70 Städten im Epeiros als Sklaven verkauft (Preis etwa 200—300 Mark, schöne Sklavinnen über 2400 Mark)

	Makkabäer in Judäa	Terenz	Priesterstaat Judäa
—167	Priestergeschlecht d. *Makkabäer* kämpft unter *Judas Makkabäus* († —161) erfolgreich geg. d. Syrer und herrscht über Judäa (bis —35)		
—165			~ „Buch Daniel" des Alten Testaments entsteht Wiedereinweihung d. Tempels in Jerusalem
—164			*Tai Te* und *Tai Scheng* stellen „Li-Ki" zusammen (chin. Morallehre mit „Große Wissenschaft" und „Maß und Mitte")
—163	In China wird die „Jahreslosung" zur Zeitrechnung eingeführt, welche ungefähr mit der Regierungszeit eines Kaisers zusammenfällt u. diese kennzeichnen soll		
—162	* *Tiberius Gracchus*, röm. Volkstribun († —133)		
—161	† *Judas Makkabäus*, fällt im erfolgreich. Befreiungskampf d. Juden geg. seleukidisch-syrische Herrschaft. Palästina wird ein unabhängiger Staat unter Leitung der Priester (ab —63 unter röm. Herrschaft)		
—160	~ † *Eumenes II.*, Kg. von Pergamon seit —197; unter ihm wurde der Pergamonaltar erbaut (vgl. —180) ~ Blüte des Pergamenischen Reiches in Kleinasien (wird —131 Rom vermacht und röm. Provinz)		
—159	~ * *Jugurtha*, König von Numidien bis —104 (†)	† *Publius Terentius Afer* (*Terenz*), auf einer Reise nach Griechenland, röm. Lustspieldichter; schrieb nach Lustspielen des Griechen *Menander* „Die Schwiegermutter", „Der Selbstpeiniger", „Die Brüder", „Der Eunuche" (* ~ —195)	

Pergamon-Altar	Hellenistische Musik	Wasseruhr in Rom	
			Rom entrechtet Rhodos u. macht statt dessen Delos zum neuen Handelszentrum nach dem Orient
			In Milet entsteht ein rathausähnlich. Verwaltungsgebäude
		Erste Wasseruhr in Rom	

	Unruhen im römischen Weltreich	Römisches Schauspiel	Griechische Philosophen in Rom
—156	* *Gajus Marius*, röm. Feldherr, Volkstribun und Konsul († —86)		*Karneades* (Akademiker), *Kritolaos* (Peripatetiker), *Diogenes der Babylonier* (Stoiker) gehen als athenische Gesandtschaft n. Rom und verbreiten dort griech. Philosophie
—153	* *Cajus Sempronius Gracchus*, röm. Volkstribun († —121)		
—150	Medien (Nordwestiran) kommt von Syrien (seit —323) an Parthien. Damit verschwindet sein Name aus d. Geschichte ≈ Bei zahlreichen sozialen Erhebungen zwischen —174 und —133 in und um Griechenland greift Rom zugunsten der bestehenden Besitzordnung ein (vgl. —129)	≈ Rom entwickelt das griech. Schauspiel durch Vermehrung d. Personen u. Weglassen der Masken, wodurch Kunst durch Mimik entsteht. Schauspieler gut bezahlt, aber ohne bürgerliches Ansehen. (Schauspielerinnen erst in der Kaiserzeit) ≈ „Des Mädchens Klage" (griech. Liebeslyrik in bewegtem Versmaß; auf Papyrus)	≈ Das röm. Priesterkollegium der 3 Auguren (ab *Cäsar* 15) wird durch Wahlen d. Volksversammlung d. Plebejer aus Kandidaten d. Patrizier ergänzt. Auf Grund von Zeichendeutungen (Vogelflug, Eingeweideschau) entscheiden sie über Vertagung v. Volksversammlungen u. d. Rechtmäßigkeit umstrittener staatl. Beschlüsse (*Cato d. Ä.* spricht vom „Lächeln der Auguren")
Im —2. Jahrhundert		Der Schauplatz des griech. Schauspiels im Theater wird die erhöhte Bühne. (Bisher spielte man im kreisförmigen Tanzplatz, der Orchestra, mit dem Dionysosaltar in der Mitte vor dem Bühnengebäude, der Skene; zwischen den Flügeln der Skene stand die Dekorationswand, das Proskenion; vgl. —328) Griech. Verstechnik verdrängt d. italischen Versbau b. d. Römern	*Scipionen* begründen „Ersten Humanismus" in Rom Weitere Hellenisierung der röm. Kultur, aber auch Widerstand dagegen (vgl. —184) „Bhagawadgita" („Der Gesang des Erhabenen"), ind. religionsphilosophisches Gedicht innerhalb des Volksepos „Mahabharata" (Sanskrit) (vgl. —4. Jhdt.)

Späthellenistischer „Barock"	Alexandrinische Wissenschaft		
≈ Aphrodite von Melos (hellenist.-klassizistische Statue) ∼ Poseidon von Melos (hellenist. Statue)			
			1. Januar Jahresanfang in Rom (bisher 1. März)
≈ *Apollonios* und *Tauriskos aus Tralles:* „Farnesischer Stier" (Marmorplastik d. hellenist. Barock für Rhodos, aus einem Block) ≈ Ende der griech. Vasenmalerei in d. unterital. rotfigurigen Vasen (teilw. in Formen hergestellt, überladen in Farbe und Form) ∼ Zwei umschlungene Paare, ind. Felsplastiken an der Eingangswand der buddhist. Tschaitya-Halle in Karli unweit Bombay (dreischiffiger basilikaähnl. Höhlentempel mit Stupa in der Apsis) ∼ Rani-Gumpha-Höhle bei Udayagiri in Orissa (östl. Vorderind.) mit buddhist. Reliefs	∼ *Hipparchos* kennt Armillarsphäre (Ringkugel mit Visier) als einfaches astron. Meßinstrument ∼ *Seleukos von Seleukia* versucht heliozentrisches Weltsystem des *Aristarchos* (∼ —270) wieder zu beleben; scheitert jedoch an *Hipparchos*, der weder die auf ein-	fachen Kreisbewegungen beruhende heliozentrische noch die geozentrische Theorie mit seinen Beobachtungen vereinbar findet	≈ Griechen und Römer verwenden Schreibtafeln mit Wachs und Griffel ≈ Erste Bäckereien in Rom (Breinahrung überwiegt in der Antike)
„Katze tötet einen Vogel" (Beispiel eines realist. Mosaiks in Pompeji) *Menelaos* mit d. Leiche des *Patroklos* (oder Aias mit d. Leiche Achills; hellenist. Marmorgruppe) „Reitender Jüngling" (späthellenistische Bronzeplastik) Hermesstatue aus Olympia (angebl. von *Praxiteles*: ist aber kein Werk aus dem —4. Jh.) Hellenist.-ind. Mischkunst in Gandhara (Nordwestindien, bis 5. Jh.) Erste ind. Tempelreliefs (aus dem Leben *Buddhas*, der zunächst nur symbolisch dargestellt wird) Ind.-buddhistischer Höhlentempel in Ajanta (sog. „Tschaitya-Halle"), später mit Fresken aus Leben und Lehre *Buddhas* versehen, ein Höhepunkt ind. Malerei Frühe Seidenmalerei i. China	Der ind. Arzt *Charaka* berücksichtigt schon stark Erfahrungen Griech. Gedichte über eine „Umschiffung Europas" u. „Umschiffung d. Schwarzen Meers" v. *Skymnos* aus Chios in „Periegesis" (Erdbeschreibung) ≈ Optischer Buchstabentelegraph in Griechenland	Hochdruckwasserleitung in Metallröhren in Pergamon	Röm. Wohnhaus mit Atrium (Empfangsraum m. Säulen) ≈ In Rom beginnt sich Buchherstellung u. Buchhandel zu entwickeln (Niederschrift v. Sklaven n. Diktat, Zusammenleimen d. Blätter zu langen Rollen; Verleger; Buchhändler) Pergament tritt in Pergamon wieder als Schreibunterlage neben den Papyrus

	Zerstörung Karthagos	*Hellenistische Literatur*	*Skeptizismus*
—149	† *Marcus Porcius Cato* (d. Ä.), röm. Konsul u. Statthalter in Sardinien u. Spanien, Gegner Karthagos (* —234). Auf Betreiben *Catos* („Ceterum censeo Carthaginem esse delendam" = „Im übrigen meine ich, daß Karthago zerstört werden muß") beginnt Rom den 3. Punischen Krieg, der —146 mit Karthagos völliger Vernichtung endet Röm. Gerichtshof gegen Steuererpressungen in den Provinzen		~ *Karneades* aus Kyrene leugnet Wahrheitskriterien der Stoa u. begrdt. philosophische Wahrscheinlichkeitslehre
—146	Mit der Eroberung und restlosen Zerstörung Karthagos durch die Römer (von ca. 500 000 Einwohnern bleiben nur ca. 50 000 als Sklaven übrig) endet der 3. u. letzte der Punischen Kriege (erster Pun. Krieg begonnen —264) Römer erobern und zerstören Korinth Griech. Staaten mit eigener Verfassung unter röm. Statthaltern, z. T. tributpflichtig Makedonien wird römische Provinz (abhängig seit —168) Achäischer Bund (gegrdt. —280) geht im röm. Weltreich auf Rom besitzt 7 Provinzen: Sizilien (seit —210), Sardinien u. Korsika (—234), 2 span. Provinzen (seit —201), Gallien diess. d. Alp. (seit —191), Afrika u. Makedonien (—146); Verwaltg. d. d. Prorätoren u. Quästoren; Eintreibung d. Abgaben durch Steuerpächter; Handel durch Bankiers u. Großkaufleute, Amtsadel ist von Handelsgeschäften ausgeschlossen, besitzt Latifundien, die durch Sklaven bearbeitet werden	≈ *Gaius Lucillius* (* ~ —180, † —102) schreibt „Satiren" (prägt diese Gattung in Rom in Polemiken gegen die Sitten der röm. Gesellschaft)	Jüdische Essener-Sekte in Kumram am Toten Meer. Wird im Kochba-Aufstand von den Römern 86 zerstört (1947 wird ihr Schrifttum gefunden). Beeinflußt Judenchristentum
—145	*Ptolemäus VII. Physkon* Kg. v. Ägypten bis —116; wegen seiner despotischen Regierung verlassen zahlreiche Gelehrte Alexandria, darunter der Philologe *Aristarchos* (†)		

	Späthellenismus	*Hellenistische Musik*	*Wissenschafts-zentrum Alexandria*	
	≈ *Damophon* von Messene: Kultbildgruppe des Tempels des Despoina in Lykosura/Arkadien (späthellenist. monumentaler Stil)		∼ Globus des *Kratos* v. Mallos mit 4 Inselkontinenten, getrennt durch 2 ringförmige Meere (Vorbild des Reichsapfels)	In Rom wird ein Gerichtshof errichtet, der Wiedererstattung von Erpressungssummen v. röm. Beamten in d. Provinzen durchzusetzen hat
	Marmorverwendung in Rom für Porticus Metelli (Wandelhalle; —157 für Hercules-Tempel)		≈ Des Karthagers *Mago* umfassendes Werk über die Landwirtschaft (40 Bände) wird vermutlich in Rom bekannt und übersetzt	≈ Bauernlegen (Einziehung von Bauernstellen) führt zur röm. Latifundienwirtschaft mit Anwachsen d. Sklavenarbeiter. In Italien nach karthagischem Vorbild mehr und mehr Plantagenwirtschaft (Wein, Öl) und Viehzucht
	≈ *Homers* Apotheose am Musenberg (Marmorrelief aus Latium)		† *Aristarchos* von Samothrake, bedeutender *Homer*-Philologe in Alexandria schuf Grundbegriffe der Grammatik (* ∼ —217) Röm. Schiffe unter Leitung d. griech. Historikers *Polybios* an der Westküste Afrikas (gelangen vielleicht bis zur Senegalmündung)	

	Gracchen in Rom	*Hellenistische Literatur*	*Hellenistische Philosophie*
—141	*Simon d. Makkabäer*, jüd. Hohepriester von —142 bis —135, vertreibt die syrische Besatzung aus Jerusalem u. erlangt Unabhängigkeit d. jüd. Gebietes		
—140	*Wu-Ti* chinesischer Kaiser bis —87; errichtet Weltreich bis Korea, Turkestan, Mandschurei, Annam; im Innern Despotie und Staatswirtschaft; Entmachtung des Feudaladels Partherkg. *Mithridates I.* (—171 bis —138) entreißt den Seleukiden Babylonien, erobert auch Persis und Elymais		~ *Apollodoros* aus Athen: „Über die Götter" (philologisch-theologische Abhandlung über die griech. Götterwelt)
—138	* *Lucius Cornelius Sulla*, röm. Politiker auf seiten d. Senatspartei, Gegner des *Marius* († —78) Römer gründen Valentia Edetanorum (Valencia)		
			* *Poseidonios* aus Syrien, griech. Philos., verbind. mittl. Stoa mit platon. Mystik († —50)
—133	Die sozialen u. politischen Gegensätze im Röm. Reich führen zum Bürgerkrieg; beginnt mit den sozialen u. polit. Reformversuchen d. *Gracchen* (—121 wird die Senatsherrschaft wiederhergestellt; führt schließlich —31 zur Monarchie) † *Tiberius Gracchus*, röm. Volkstribun (von röm. Adelspartei erschlagen, wegen seines Ackerverteilungsgesetzes für die Armen) (* —162). Blutige Verfolgung der röm. Volkspartei durch die folgenden Konsuln Spanien von Rom endgültig unterworfen durch Unterdrückung eines Aufstandes der Lusitaner und Keltiberer (seit —154) Pergamon kommt durch Erbschaft an das Römische Reich (wird —123 die neue römische Provinz Asia)		
—132	Rom unterwirft d. ersten Sklavenaufstand in Sizilien (seit —135, war zunächst geg. mehrere röm. Heere erfolgreich) ~ * *Mithridates* (*Mithradates*) *VI. Eupator* (der Große), König v. Pontos von —111 bis —63 (†)		

	Späthellenismus	Alexandrinische Wissenschaft	
		~ Bogenbau bei röm. Brücken	~ Erste jüdische Münzen (*Makkabäer*münzen)
		~ *Apollodoros* aus Athen (* ~ —180) aus der pergamenisch. Philologenschule schreibt eine Chronologie (in Versen), die politische, Literatur-, Kunst- und Philosophie-Geschichte von —1184 (Eroberung Trojas) bis —144 umfaßt	
		Tschang-K'ien unternimmt Erkundungsreise nach Innerasien (bis —126); bereitet chines. Expansion nach Westen vor; kommt in Berührung mit hellenist. Kultur	

	Wiederherstellung der Senatsherrschaft in Rom	Hellenistische Literatur	Skeptizismus
—130		~ *Dionysios Thrax* (* ~ —170, † ~ —90), Schüler des alexandr. Philologen *Aristarchos*, verfaßt in Rhodos erste griech. Grammatik (ohne Syntax), die bis ins 13. Jh. Lehrbuch für das Byzant. Reich bleibt	
—129	† *Publius Cornelius Scipio Aemilianus (Africanus d. J.)*, durch Adoption Enkel von *Scipio Africanus d. Ä.* († —183), zerstörte Karthago (* —185) Soziale Erhebung in Pergamon von Rom niedergeschlagen (vgl. —150)		† *Karneades* aus Kyrene, griech. Philos. d. akademischen Skeptizismus, Gegner der Stoiker, Leiter der sog. „mittleren" Akademie *Platos* (* —214)
—126	Aufnahme d. Edomiter in d. jüd. Staat		
—125			≈ Erste akademieartige Adelsschulen in China, wo der Adel zunächst noch vorwiegend in den ritterlichen Waffenkünsten ausgebildet wird. Erst allmählich überwiegt eine Erziehung im Geiste des *Konfuzius* für den entstehenden chinesischen Beamtenstaat
—121	† *Cajus Sempronius Gracchus*, röm. Volkstribun, bei der Erstürmung des Aventin durch die Truppen des röm. Adels, wo sich die Volkspartei im Zuge der Auseinandersetzung in Landverteilung und Kolonisation verschanzt hatte. Wiederherstellung der Senatsherrschaft in Rom (* —153)		
—120			~ *Tung Chung-shu* (* ~ —179, † ~ —104) verbindet konfuzianische Ethik mit Kosmologie der Naturkräfte (2 Urkräfte, 5 Elemente, 4 Jahreszeiten, 4 Himmelsrichtungen)

Späthellenismus	Hipparch Polybios		
	Hipparchos erkennt d. ungleiche Länge d. Sonnentage von Mittag zu Mittag; bestimmt Mondentfernung annähernd richtig, Sonnenentfernung nur zu $^1/_{20}$ des wahren Wertes		
	~ † *Hipparchos*, griech. Astronom; begrdte. die wissenschaftliche, auf Beobachtung beruhende Astronomie; baute Epizyklentheorie des *Apollonios* aus (doppelte Kreisbewegung der Planeten um die Sonne); beobacht. Sonnenjahr zu 365$^1/_4$ Tagen,	das Vorrücken d. Tag- u. Nachtgleichen (Präzession); stellte, durch neuen Stern veranlaßt, ersten Sternkatalog mit 1025 Fixsternen auf; begrdte. sphärische Trigonometrie; kritisierte die „Geographie" des *Eratosthenes* (*~ —190)	~ Via Domitia als Verbindungsstraße zwischen Italien u. Spanien über Massilia (Marseille)
			Aufhebung der *Gracchen*-Reformen hat Ausdehnung d. Latifundienwirtschaft zur Folge
	~ † *Polybios* aus Megalopolis, griechischer Historik., kam als Geisel —167 für 17 Jahre n. Rom, wurde Bewunderer des römischen Staates; schrieb „Weltgeschichte" (40 Bü-	cher, bes. Entstehung d. röm. Weltherrschaft v. —221 bis —168), vertrat eine kausalanalytische „pragmatische" Geschichtsschreibung von u. für Staatsmänner (*~ —201)	

	Volkstribun Marius	Hellenistische Literatur	Pharisäer und Sadduzäer
—119	Der röm. Volkstribun *Gajus Marius* schränkt durch das „Lex Maria" d. Einfluß d. Adels b. den Wahlen ein (bildet —107 aus den ärmsten Bürgern im „Jugurthinischen Krieg" eine ihm ergebene Truppe)		
—118	Der röm. Bürger *Martius* grdt. mit Veteranen erste außerital. Bürgerkolonie Narbo (kommt 536 ans Frankenreich; später Narbonne/Provence)		
—116		* *Marcus Terentius Varro*, röm. Schriftsteller u. enzyklopäd. Gelehrter († —27)	
—115	~ * *Marcus Licinius Crassus*, röm. Politiker († —53)		
—114			
—113	Die von Jütland aufgebrochenen germ. Cimbern erreichen d. röm. Provinz Noricum (Kärnten u. Krain) u. fordern Land (werden in den Kämpfen mit den Römern schließlich —101 vernichtend geschlagen, wie die Teutonen —102) Die keltischen Helvetier verlassen Süddeutschland, das von den Sueben besiedelt wird		
—111	Kg. *Jugurtha* v. Numidien verletzt bei der Ausbreitung seiner Macht röm. Interessen. Es kommt trotz Bestechung von Senatsmitgliedern zum Krieg, in dem die Römer zunächst geschlagen werden (—105 von *Marius* siegreich beendet) *Mithridates VI.* (d. Große) Kg. v. Pontos bis —63 (†); erobert griech. Krimstädte, d. Reich am Bosporus, Kolchis u. Kleinarmenien. (Wird von —88 ab von Rom mehr und mehr zurückgedrängt)		≈ Im jüd. Volk entstehen die beiden relig. Schulen der Pharisäer (berücksichtigen neb. d. Gesetz auch die mündl. Überlieferung, Anhang im Volk) und Sadduzäer (hängen orthodox am Schriftwort, Anhang in den gehobenen sozialen Schichten)

	Späthellenismus	Hellenistische Musik	Wissenschafts-zentrum Alexandria	
				~ Sturmflutkatastrophen i. Jütland (vgl. —113)
				≈ Benutzung der „Seidenstraße" v. Zentral- nach Vorderasien (mit Unterbrechungen bis 127)

	Sklavenaufstände	Stoizismus in Rom
—110	~ Partherkg. *Mithridates II.* (—123 bis —87) stellt das Partherreich wieder her, das —130 bis —128 gegen die Seleukiden und Skythen zusammenbrach	† *Panaitios* von Rhodos, griech. Philos., Begrd. der mittleren Stoa; brachte die stoische Lehre nach Rom, die dort die Philosophie und Rechtslehre stark beeinflußt; prägte d. Begriff d. „Humanität" (* ~ —180)	Nach *Kleitomachos* aus Karthago (†) folgt *Philon von Larissa* als Leiter der mittleren platonischen Akademie. Ersetzt ihren Skeptizismus (seit ~ —267) wieder durch urspr. Dogmatismus
—108	~ * *Lucius Sergius Catilina*, röm. Politiker († —62)	
—106	* *Marcus Tullius Cicero*, röm. Politiker und Redner († —43) * *Gnäus Pompeius (Magnus)*, römischer Feldherr und Staatsmann († —48)	
—105	*Marius* beendet siegreich den anfangs (seit —111) unglückl. geführten „Jugurthinischen Krieg" gegen Kg. *Jugurtha* v. Numidien. Das numidische Reich in Nordafrika wird geteilt	~ „Erstes Buch der Makkabäer" (hebräisch)
—104	Die röm. Volkspartei wählt *Marius* zum Konsul geg. d. Germanengefahr. Dieser reorganisiert das röm. Heer: 1 Legion = 10 Kohorten = 60 Centurien (Hundertschaften), gleichm. Bewaffnung, Hauptwaffe d. kurze Wurfspeer. Reiterei stellen d. Bundesgen. Das Heer besteht vorwiegend aus besitzlosen Bürgern, die nach d. Dienstzeit Land erhalten (vgl. —396) Zweiter Sklavenaufstand auf Sizilien (wird —100 endgültig niedergeschl.). Gleichzeitig Sklavenaufstand im Bosporanischen Königreich † Kg. *Jugurtha* von Numidien, nach dem Krieg gegen Rom (seit —111) dort Hungertod nach Triumphzug (* ~ —159)	
—103	Die Cimbern vereinigen sich mit den Teutonen u. beschließen Einfall nach Italien v. d. Provence (Cimbern) u. von Kärnten (Teutonen) aus	

	Späthellenismus	Hellenistische Musik	Wissenschafts-zentrum Alexandria	
				Röm. Legionen erhalten Adler mit entfalteten Flügeln als Feldzeichen ≈ Auf Sizilien überwiegt d. Zahl der Sklaven (ca. 400000) die der übrig. Bevölkerung
			≈ „Tabula smaragdina" (älteste Urkunde d. ägypt. Alchemie; gehört zu den Geheimschriften, die dem Gott Hermes Trismegistos [ägypt. Mondgott Thot] zugeschrieben wurden)	~ Die reichen Silbergruben in Attika kommen zum Erliegen

	Rom schlägt Cimbern und Teutonen	Hellenistische Literatur	Bibelhandschriften
—101	Nach Besiegung der Teutonen in d. Schlacht b. Aquae Sextiae (Provence) —102 schlägt *Marius* auch d. Cimbern b. Vercellae. Wird vom röm. Volk hoch gefeiert Turkestan zu China		≈ Rasch wachsender griech. Einfluß auf das röm. Erziehungs- und Bildungswesen ≈ *Sse-ma Ts'ien* (* ∼ —145, † ∼ —86); „Schi-ki" (umfass. Geschichte des chines. Reiches)
—100	* *Gajus Julius Cäsar*, röm. Staatsmann und Heerführer († —44, ermordet) *Marius* wird zum 6. Male röm. Konsul ≈ Arles (Arelate) wird römisch; erhält ein heute noch verwendetes Amphitheater ≈ Germanen verdrängen Kelten aus Mitteleuropa nach Südwesten ≈ Jerusalem steht für etwa ein Jahrhundert unter dem Einfluß der Thronwirren im Seleukidenreich. Höhepunkt und Verfall der Makkabäer-Dynastie	∼ *Aristeides*: „Milesische Liebesgeschichten" (novellenartige Erzählungen aus Milet, wirken auf die spätere Literatur) ∼ *Bion* aus Smyrna: „Totenklage um Adonis" (griech. bukolische Dichtung) ∼ * *Cornelius Nepos*, röm. Schriftsteller († ∼ —25)	≈ Die uralten Liedertexte der Priester-Tänzer (Salier) zu Ehren des Kriegsgottes Mars in Rom sind trotz jährlichen Vortrages den Zeitgenossen unverständlich geworden ≈ Älteste bekannte Bibelhandschriften: 11 hebräische Pergamentrollen mit „Buch Jesaja", Kommentar z. „Buch Habakuk", Danklieder, „Kämpfe der Kinder des Lichtes gegen die Kinder der Finsternis", Sektenbuch der „Kinder des Lichtes" (aus d. Essäer-Sektenbibliothek des Tempels Qumram; um 70 n. Chr. versteckt; gefunden 1947 in einer Höhle am Toten Meer bei Jericho; die bis dahin ältesten Handschriften des Alten Testaments stammen aus dem 10. Jh.)
—98			∼ * *Titus Lucretius Carus (Lukrez)*, röm.-epikureischer Philos. u. Dichter († —55) ∼ * *Nigidius Figulus*, röm. Philos. († —45)
—95	* *Marcus Porcius Cato* (d. Jg.), Gegner Cäsars († —46)		

	Späthellenismus	Römische Musik		
			≈ Ssu-ma Ch'ien (* ∼ —145, † ∼ —85): „Aufzeichnungen des Geschichtsschreibers"; v. sagenhaft. Urkaiser *Huang-ti* an (ab —840 Jahresdaten)	∼ Rom versorgt sich aus d. span. Silbergruben (viele tausend Arbeiter; angebl. 40000)
	≈ *Apollonios* aus Athen: „Ruhender Faustkämpfer" (Plastik aus der neuattisch-klassischen Schule) ∼ Feldherr *Domitius Ahenobarbus* opfert Mars, röm. Reliefbasis ≈ Gerichts- und Markt-Basilika in Pompeji ≈ In der röm. Baukunst werden gebrannte Ziegel u. Bruchsteine mit Mörtel an Stelle der bisherigen Quadern verwendet. Die Säule tritt als rein dekorative Halbsäule vor die Bogenpfeiler *Ptolemäus XII.* beg. den Bau des Hathortempels von Dendera ∼ Stupa von Sanchi in Nordindien (steinerne Umzäunung und Tore sind reich mit Reliefs verziert; die Formen lehnen sich an Holzkonstruktionen an; darunter auch früheste ind. Rundplastik) ≈ Stupa von Bharhut/Nordindien mit Relief-Zaun	≈ Römer übernahmen nach d. Eroberung Griechenlands auch dessen Musik, die bei ihnen allmählich durch Virtuosentum und äußere Monumentalität verfällt	∼ Der griechische Seemann *Hippalos* entdeckt die regelmäßigen Monsunwinde zw. Afrika u. Asien u. begrdt. damit d Seefahrt über den offenen Ind. Ozean nach Indien	∼ *Quintus Scaevola* schreibt erste system. Abhandlung über röm. Zivilrecht ≈ In Rom gibt es zahlr. staatl. u. private Bordelle, daneben selbständige Prostituierte, die Abgaben zahlen müssen u. bestimmten Kleidervorschriften unterliegen ≈ Die ersten chin. Schiffe erreichen die Ostküste Indiens ≈ Verstärkung der Handelsbeziehungen zwischen China und Vorderasien
			≈ In Indien entsteht die Lehre von augenblickshaften „Zeitatomen"	

	Bürgerkrieg in Rom	Hellenistische Literatur	Skeptizismus
—90	„Bundesgenossenkrieg"; danach (—88) erhalten die italienischen Gemeinden röm. Bürgerrecht (auch Gallia Cisalpina)		
—88	Rom bekämpft *Mithridates'* Ausdehnungsbestrebungen n. Kleinasien im 1. „Mithridatischen" Krieg; *M.* läßt in Kleinasien ca. 80 000 Römer ermorden; siegt zunächst, muß aber —84 gegen *Sulla* auf alle Eroberungen verzichten Im Krieg geg. *Mithridates* v. Pontos (bis —84) weigert sich *Sulla*, den Oberbefehl an *Marius* abzugeben. Das führt zum Bürgerkrieg zwischen dem Amtsadel u. d. Volkspartei, den *Sulla* —82 durch Errichtung seiner Diktatur beendet *Sulla* wird röm. Konsul, zwingt den ihn bekämpfenden *Gajus Marius* zur Flucht n. Afrika (—87 kehrt *Marius* zurück, erobert Rom, während *Sulla* in Asien geg. *Mithridates* kämpft, und wird mit seinem Kampfgen. *Cinna* Konsul) Großer theban. Aufstand geg. *Ptolemäus IX.* (bis —85) Cyrenaika (in Nordafr.) röm. Provinz (—46 auch Tripolis)		
—87	Volkspartei unter *Marius* herrscht in Rom. Blutige Verfolgung des Adels (wird von *Sulla* —82 durch Ausrottung der Samniter und Etrusker gerächt)	~ * *Gajus Valerius Catullus (Catull)*, röm. Dichter († —54)	Bibliothek des *Aristoteles* und *Theophrastos* kommt nach Rom
—86	Athen durch *Sulla* zurückerobert (ging —88 an *Mithridates* verloren) † *Gajus Marius*, röm. Feldherr, Volkstribun u. Konsul, Gegner des *Sulla* (* —156)	* *Gajus Sallustius Crispus (Sallust)*, röm. histor. Schriftsteller († ~ —35)	
—85	* *Marcus Junius Brutus*, röm. Politiker, Anhänger der Republik; Neffe und Schwiegersohn *Catos* († —42)		

	Späthellenismus	Römische Musik	Hellenistische Wissenschaft	
			Asklepiades a. Prusa (Bithynien) Arzt in Rom; vereinigt Medizin mit der philos.-materialist. Atomlehre gegenüber der hippokratischen Viersäftelehre; fördert Naturheilkunde	
	∼ *Mithridates VI. Eupator* von Pontos als Herakles, Marmorkopf		∼ Getreidemühle mit Wasserradantrieb in Kabira (Kleinasien)	
			≈ 18 m hohe und 17 t schwere Eisensäule in Indien (Delhi)	
			∼ Astron. Kunstuhr in Rom von *Poseidonios*	

	Spartacus-Aufstand	Römische Literatur	Isiskult in Rom
—82	*Sulla* errichtet nach der Einnahme Roms und einem Blutbad unter d. Anhängern *Marius*' eine Diktatur mit Gesetzen im Interesse des Senatorenstandes (legt —79 die Macht nieder; seine Gesetzgebung wird —70 im wesentlichen aufgehoben)		≈ Die Zeit d. *Gracchen* und die sullanische Epoche zeitigen kulturelle Rückwendung
—80	Der röm. Feldherr *Quintus Sertorius* sucht in Spanien gegen die Adelspartei der Optimaten ein eigenes Reich zu schaffen. (Wird von *Pompeius* —77 bis —72 bekämpft und —72 von seinem Legaten *Perperna* ermordet) Durch *Sullas* „Proskriptionen" werden seine Gegner enteignet und vogelfrei (dadurch gewinnt z. B. *Crassus* sein Vermögen, mit dem er *Cäsar* unterstützt)		~ *Änesidemos* v. Kreta lehrt als Philosoph des Skeptizismus in Alexandria (bis ~ —60): Sinneswahrnehmungen können nicht das wahre Wesen d. Dinge erfassen; Sitte u. Recht beruhen auf zweckmäßigen Übereinkünften
—79	Voltera in Etrurien kapituliert vor Rom (gilt als das Ende jeder Etruskermacht. —40 macht Rom Etrurien zur 7. Region)	*Cicero* studiert den Redestil des Atticismus in Athen und Rhodos (bis —77)	
—78	† *Lucius Cornelius Sulla*, röm. Politiker der Adelspartei (* —138)		
—72	Germ. Sueben (Alemannen) unter *Ariovist* dringen über den Oberrhein nach Gallien vor (werden von *Cäsar* —58 geschlagen)		
—71	*Pompeius* schlägt den großen Sklavenaufstand unter dem thrakischen Gladiator *Spartacus* in Italien endgültig nieder (seit —73). 6000 Sklaven werden an der Straße Rom-Capua gekreuzigt		
—70	Die Konsuln *Pompeius* und *Crassus* stellen die von *Sulla* (—82) eingeschränkte Macht der Volkstribunen wieder her ~ Ostiranischer Stamm der Shaka verdrängt bis ~ —30 griech. Einfluß aus Indien	~ * *Gajus Cilnius Mäcenas*, aus etruskischer Familie, Freund Kais. *Augustus'*, Förderer d. röm. Dichtkunst († —8) * *Publius Vergilius Maro* (*Vergil*), röm. Dichter († —19)	≈ Kult der ägypt. Muttergöttin Isis mit ihrem Sohn Horus kommt nach Rom und gewinnt großen Einfluß

Späthellenismus	*Römische Musik*	*Bibliothek in Pergamon*	
		Alexander Polyhistor aus Milet in Rom; schreibt eine Geschichte der Juden	
≈ Bei Fortwirken der italisch-etruskischen Tradition bildet sich eine mehr typisch römische Kunst heraus, bes. in der Baukunst		~ Poseidonios bestimmt Erdumfang auf ca. 11% genau ~ Sergius Orata erfindet in Rom zentrale Fußbodenheizung durch Warmluft (Hypokausten)	~ Der Name „Germane" taucht in d. griech. Literatur bei Poseidonios auf
		~ Römer übernehmen Ziegelbrennerei aus Griechenland (dort seit kretisch-mykenischer Zeit)	~ Lucullus bringt Edelkirsche aus Kleinasien nach Rom
Tabularium in Rom (Senatorenpalast u. Verwaltungsgebäude für das Röm. Reich)			
		~ Der griech. Mathematiker Geminos in Rom schreibt u. a. über die geschichtl. Entwicklung d. Mathematik	

	„Catilinarische Verschwörung"	Römische Literatur	Cicero
—67	Gegen d. Widerstand d. Senats beauftragt die röm. Volkspartei *Pompeius* mit der Vernichtung der Seeräuber im Mittelmeer. Das gelingt ihm in kürzester Zeit mit 500 Schiffen u. großem Heer. Kreta wird röm. Provinz (395 an Byzanz)		
—66	*Lucius Sergius Catilina* aus dem verarmt. röm. Adel erstrebt die Diktatur u. sucht durch Landversprechungen Anhänger zu gewinnen (die „Catilinarische Verschwörung" wird von *Cicero* aufgedeckt u. *Catilina* wird —62 b. Pistoria besiegt u. getötet) Der röm. Feldherr *Lucius Licinius Lucullus* (* ~ —108, † ~ —56 i. Wahnsinn) muß das Kommando gegen *Mithridates* in Kleinasien an *Pompeius* abgeben. Macht sein Haus zu einem Mittelpunkt des geistigen Lebens u. d. Genusses		~ *Marcus Tullius Cicero* schreibt philosophische Werke (bes. Ethik und Staatsphilosophie) unter Auswahl aus den Lehren verschiedener griechisch. Philosophenschulen („Eklektizismus")
—65		* *Quintus Horatius Flaccus (Horaz)*, röm. Dichter († —8) ~ *Marcus Tullius Tiro*, freigelassener Sklave *Ciceros*, erfindet röm. Kurzschrift („Tironische Noten", wirken bis ins 10. Jhdt. nach)	
—64	Römer erobern unt. *Pompeius* Damaskus Nach endgültiger Niederwerfung des Königs *Mithridates VI.* von Pontos (seit —74) grdt. *Pompeius* 3 asiat. röm. Provinzen: Bithynien-Pontos (am Schwarzen Meer), Cilicia (Südostkleinasien), Syria (Küstenland vor Damaskus)		
—63	* *Cajus Octavianus (Oktavian,* seit—27 *Augustus),* erster röm. Kaiser von —31 bis 14 (†) * *Marcus Vipsanius Agrippa,* röm. Staatsmann und Feldherr († —12) † *Mithridates VI. Eupator* (d. Große), Kg. v. Pontos u. Bosporus seit —111; läßt sich töten, nachdem er von Rom seit —74 im wechselvollen 3. „Mithridatischen" Krieg mehrfach besiegt wurde (* ~ —132) *Cicero* klagt *Catilina* wegen Verschwörung gegen d. Senat an. Dieser verläßt Rom und fällt im Jahre —62		

Späthellenismus	Alexandrinische Wissenschaft		
		Die Zugehörigkeit zum röm. Ritterstand wird durch Gesetz an ein Vermögen von über 400 000 Sesterzen gebunden (rund	100 000 Goldmark; Ritter erwerben als Steuerpächter große Geldmacht; besitzen zahlreiche Sonderrechte)
		~ Das Haus des *Lucullus* ist kennzeichnend für röm. Wohlstand	
	~ * *Strabon* aus Amaseia, griech. Weltreisend., Geograph u. Historiker († ~ 20)		

	Cäsar	Römische Literatur Cäsar	Skeptizismus
—62	† *Lucius Sergius Catilina*, röm. Politiker, bei Pistoria besiegt und getötet (* ~ —108)		
—61	*Pompeius* entläßt, nach Italien zurückgekehrt, sein Heer, feiert großen Triumph u. wird zunächst Gegner d. Senates *Julius Cäsar* ist als Proprätor in einer span. Provinz (Hispania ulterior) siegreich		
—60	Erstes Triumvirat geg. d. Senatspartei zwischen *Cäsar, Pompeius* u. *Crassus* ~ Die keltischen Bojer in Böhmen wandern nach Gallien und Ungarn	~ *Catull:* Liebeslieder an Lesbia (d. h. *Clodia*, die sittenlose Schwester d. Konsul *Clodius*)	
—59	*Cäsar* wird Konsul u. bringt den vom Senat abgelehnten Antrag des *Pompeius* auf Landverteilung an seine Veteranen vor die Volksversammlung, die ihn annimmt. *Cäsar* wird durch Volksbeschluß für 5 Jahre Statthalter in Gallien (ab —58)		
—58	Vor seinem Amtsantritt in Gallien setzt *Cäsar* die Entfernung seiner Gegner *Cicero* u. *Cato* aus Rom durch Römer gewinnen von Ägypten durch Testament Cypern; *Cato* wird mit der Verwaltung beauftragt *Cäsar* wird Statthalter von Gallien, das er bis —51 unterwirft *Cäsar* verhindert Versuch der Helvetier (seit ≈ —100 Einwohner der Schweiz), Südgallien zu erobern Die Sueben (später Alemannen) unter *Ariovist* von *Cäsar* besiegt; dadurch kommt das spätere Elsaß unter röm. Herrschaft		
—57	Der —58 wegen Hinrichtung angesehener Parteigänger des *Catilina* verbannte *Cicero* wird zurückgerufen und —51 Statthalter in Kilikien (Südkleinasien)		
—56	*Cäsar, Pompeius* u. *Crassus* erneuern ihr Triumvirat. *Pompeius* u. *Crassus* werden zu Konsuln gewählt. *Pompeius* erhält Statthalterschaft in beiden span. Provinzen, *Crassus* in Syrien, *Cäsar* für 5 weitere Jahre in Gallien		

Späthellenismus	*Römische Musik*	*Alexandrinische Wissenschaft*	
		~ * *Titus Livius*, römischer Historiker († 17)	„Acta diurna", von *Cäsar* in Rom eingeführte Tafeln m. wichtigen öffentl. Nachrichten (bis 3. Jhdt.)
			Cäsars „Gallischer Krieg" gilt als Höhepunkt militärischer Berichterstattung

	Cäsar	Catull / Cicero	Lukrez
—55	*Cäsar* unternimmt Feldzüge über den Rhein und nach Britannien (Wiederholungen —54, —53) *Cäsar* schlägt die germ. Tenkterer zurück, die —58 von Oberhessen aus den Rhein überschritten hatten Rhein wird die Grenze des römischen Reiches	Cicero: „De oratore" (Schrift über die Beredsamkeit) ~ * *Albius Tibullus (Tibull)*, röm. Dichter († ~ —19)	† Selbstmord *Titus Lucretius Carus (Lukrez)*, röm. epikureischer Philos. u. Dichter; schrieb naturphilos. Lehrgedicht „De rerum natura" (6 Bücher) m. d. Lehre *Epikurs* (* ~ —98)
—54	† *Ariovist*, Heerführer der Germanen, besetzte Teile Galliens, unterlag *Cäsar* (—58) (gilt als früheste germanische Gestalt) (* nicht bekannt)	~ † *Gajus Valerius Catullus (Catull)*, röm. Lyriker, beeinfl. v. d. alexandr.-griech. Dichtung, u. a. Liebeslieder an Lesbia *(Clodia)* (* ~ —87)	
—53	† *Marcus Licinius Crassus*, vermögender röm. Politiker; fällt auf einem verlorenen Feldzug gegen die Parther in Mesopotamien (* ~ —115); die erbeuteten röm. Feldzeichen werden —20 an *Augustus* zurückgegeben Die aufständischen Treverer in Gallien werden unterworfen (weitere erfolglose Aufstände —29, 21 und 70; Hauptstadt Augusta Treverorum = Trier, —15 gegründet) Nach dem Tod des *Crassus* stellen sich *Pompeius* und Senat gegen *Cäsar*		
—52	Großer Gallier-Aufstand unter *Vercingetorix* (wird —46 beim Triumphzug in Rom gezeigt und hingerichtet) Averner unter *Vercingetorix* schlagen *Cäsar* Der röm. Feldherr *Labienus* zerstört die Hauptstadt Lutuhezi (Paris) der keltischen Parisier (wird von *Cäsar* wieder aufgebaut)		
—50	Gallien römische Provinz ≈ Gegen Ende der röm. Republik sind die Vornehmen Roms durch Luxus, die Armen durch Freiverteilung von Lebensmitteln demoralisiert; beide ergeben sich dem Müßiggang u. erfreuen sich an blutigen Schauspielen („Panem et circenses" = „Brot und Spiele!"). Verfall des Bauernstandes durch Zuzug in die Städte ~ „Acta senatus", Verhandlungsberichte des röm. Senats beginnen zu erscheinen (bis ~ 14)	~ * *Sextus Propertius (Properz)*, röm. Dichter († —15) ≈ In Jerusalem entstehen die sog. „Psalmen Salomos" (18 hebr. Lieder)	† *Poseidonios* aus Syrien, griech. Philos. u. Naturforscher in Rom, verband mittlere Stoa des *Panaitios* mit platonischer Mystik, Lehrer des *Pompeius* und *Cicero* (* —135) ~ „Zweites Buch der Makkabäer" (griech.; umfaßt die Zeit —175 bis —161, enth. zahlr. Legenden)

	Späthellenismus	Römische Musik	Alexandrinische Wissenschaft	
	Pompeius baut erstes römisches Theater aus Stein ≈ Das altrömische Theater hat eine halbkreisförmige Orchestra (Bühnenvorplatz), anschließend 5 Fuß hohe Bühne, dahinter Bühnengebäude		*Cäsar* baut Pfahlbrücke über den Rhein (bei Bonn)	
			≈ „Turm d. Winde" in Athen mit Windfahne, Sonnen- und Wasseruhr; 12,8 m hoch	≈ Einwohnerzahl Galliens (Frankr.) ca. 6—7 Mill. (800: ca. 7 Mill., 1325 bis 1670: ca. 21 Mill.)
	≈ *Eukleides*: Zeuskopf (dreifach lebensgroße, späthellenist. Plastik) ~ Pompeius, röm. Marmorkopf ≈ Hellenistisch beeinflußte Sitzfigur des Buddha in Gandhara (beeinflußt viele weitere Darstellungen)		*Poseidonios* (†) war der bekannteste Universalgelehrte seiner Zeit; lehrte Flutentstehung durch den Mond ≈ Messing bekannt (vorh. fraglich)	≈ Reger Kulturaustausch u. Handel zwischen China u. d. Röm. Reich. Besonders begehrt ist die chinesische Seide („Seidenstraße": China, Ost-Turkestan, Pamir, Persien, Europa)

	Cäsar Kleopatra	Römische Literatur	Skeptizismus
Im —1. Jahr- hun- dert	Das äthiopische Reich zerfällt in Fürstentümer Der indische Fürst *Dilu* gründet Burg Delhi (nach Zerstörung 1052 neu besiedelt) Anfänge gesicherter japan. Geschichte mit dem Geschlechterstaat Yamato; religiöser Ahnenkult	*Publius Syrus*, ehemal. Sklave, dichtet in Rom Mimen u. volkstüml. Spruchweisheit Hochlatein trennt sich von der Volkssprache	„Die Weisheit Salomos" (jüd.-hellenist. apokryphe Schrift des Alten Testaments mit griech.-philos. Rechtfertigung der jüdisch. Gottesidee) Weltfeindlicher jüd. Geheimbund d. Essäer in Ostjuda (beeinflußt frühchristliche Sekten; vgl. —100)
—49	Die Frage, wann *Cäsar* seine Statthalterschaft in Gallien niederzulegen habe, führt zum Bürgerkrieg zwischen *Cäsar* u. dem Amtsadel, auf dessen Seite sich inzwischen *Pompeius* gestellt hat (—45 von *Cäsar* gewonnen) *Cäsar* entschließt sich zum Bürgerkrieg durch Überschreiten des Rubikon (angebl. „Die Würfel sind gefallen")	~ *Titus Pomponius Atticus* (* —109, † —32) gilt als erster namentlich bekannter röm. „Verlagsbuchhändler"; verbreitet u. a. *Ciceros* Werke (in Abschriften durch Sklaven vervielfältigt; keine Honorare, sondern Mäzenatentum)	≈ Die griech. Philosophenschule d. Skeptizismus begrdt. ihre erkenntnistheoretisch. Zweifel mit 1. Gegensätze der Meinungen, 2. Endlosigkeit d. Begründens, 3. Relativität aller Wahrnehmungen, 4. alle Voraussetzungen logisch Schließens sind Hypothesen, 5. Logik liefert nur Zirkelschlüsse
—48	† *Gnäus Pompeius (Magnus)*, nach der Niederlage bei Pharsalus als Asylsuchender in Ägypten ermordet; seit —60 im Triumvirat mit *Cäsar* und *Crassus*, seit —53 Gegner *Cäsars* und Anhänger der Senatspartei (* —106)	~ *Cäsar:* „De bello Gallico" (Geschichte des Gallischen Krieges, latein.)	
—47	Nach Besiegung *Pompeius'* und des ägypt. Heeres setzt *Cäsar Kleopatra* neben ihrem Bruder u. Gemahl *Ptolemäus XIII.* als ägypt. Königin ein *Cäsar* schlägt *Pharnakes II.*, Kg. d. Bosporanischen Reiches, bei Zela (meldet nach Rom: „Veni, vidi, vici", d. h. „Ich kam, sah, siegte")	*Cäsar:* „De bello civili" (Geschichte d. Bürgerkrieges, latein.)	

	Spräthellenismus	Römische Musik	Bibliothek in Alexandria zerstört	
	Agasias: Fechter („Borghesischer Fechter"; griech. Marmorstandbild) „Der Dornauszieher" (späthellen. Plastik) Marktor von Milet (späthellenist. Prunkbau) „Vater Nil und seine Kinder" (alexandr.-späthellenist. Marmorgruppe) Ind.-buddhist. Höhlentempel in Nasik (sog. „Tschaitya-Halle")		Eisenguß wird bekannt	Parkähnliche Gartenanlagen in Rom (z. B. für *Lucullus*)
			Durch den Krieg zwischen *Cäsar* u. *Pompeius* wird die Bibliothek in Alexandria mit über 500000 Schriften durch Feuer zerstört. Dadurch entsteht große Lücke in der geistigen Tradition	~ *Cäsar* benutzt Reiterstafetten z. Übermittlung von Siegesmeldungen Liebesverhältnis zwischen *Cäsar* u. *Kleopatra* in Alexandrien, aus dem ihr Sohn *Cäsarion* hervorgeht(*—47, †—30)

	Cäsar *Kleopatra*	„Goldenes Zeitalter" Roms	Neu-Pythagoreismus
—46	† *Marcus Porcius Cato* (d. Jg.), Urenkel *Catos* (d. Ä.), Selbstmord wegen *Cäsars* entscheidendem Sieg über seine Gegner bei Thapsus (Afrika) (* —95). Andere Anhänger der Republik begehen ebenfalls Selbstmord Numidien (Ostalgerien) wird röm. Provinz *Cäsars* Diktatur wird auf 10 Jahre (später lebenslänglich) verlängert. Großer Triumph mit Bewirtung d. Volkes für die Siege in Gallien, Ägypten, Bosporan. Reich, Afrika. Ackerverteilung an die Veteranen. *Cäsar* verringert dagegen freie Getreidezuteilung, verbietet Handwerkerverbände („Kollegien"), lehnt Gesetz zur Schuldenverringerung ab. Volksabstimmung wendet sich teilweise gegen ihn		*Cäsar* weiht in Rom Mars und Venus einen Tempel zur Verherrlichung der göttl. Abstammung seiner Familie; sein Bild wird in allen Tempeln aufgestellt (göttliche Verehrung seiner Person erst nach seinem Tode)
—45	*Cäsar* Alleinherrscher im Röm. Reich (Imperator); adoptiert *Gajus Octavianus* (später Kaiser *Augustus*), den Enkel seiner Schwester (*Cäsar* lehnt —44 angetragene Königskrone ab) *Cäsar* siegt in Südspanien über die Söhne des *Pompeius* und *Labienus*	~ *Sallust* erteilt in Briefen *Cäsar* politischen Rat	†*Nigidius Figulus*, röm. Mystik. (* ~ —98); mit ihm beginnt der Neu-Pythagoreismus, gekennzeichnet durch Offenbarungsglauben, Zahlensymbolik und Mystik (einflußr. bis ins 2. Jhdt.)
—44	Karthago von *Cäsar* neu gegrdt. (439 von Wandalen erobert) † *Gajus Julius Cäsar*, im Senat ermordet durch eine Verschwörung unter *Marcus Brutus* und *Gajus Cassius* (* —100)		
—43	Zweites Triumvirat: zwischen *Antonius*, *Oktavian* und *Lepidus* (*Lepidus* später von *Oktavian* abgesetzt) † *Marcus Tullius Cicero* (als Führer der Senatspartei mit vielen anderen auf Veranlassung des *Antonius* ermordet), röm. Politiker und Redner (* —106) Lyon als röm. Kolonie gegründet (175 Bischofssitz)	*Cicero* (†) schrieb u. a. ein Lehrbuch der Beredsamkeit, Briefe, philosoph. Schriften. Von ihm an bis 14 rechnet das „Goldene Zeitalter" der röm. Literatur * *Publius Ovidius Naso (Ovid)*, röm. Dichter († ~ 18)	
—42	*Oktavian* und *Antonius* besiegen *Brutus* und *Cassius* bei Philippi (Makedonien); bedeutet das Ende der röm. Republik † *Marcus Junius Brutus* (Selbstmord wie auch *Cassius*) nach der Niederlage gegen *Oktavian* bei Philippi, Anführer der Verschwörung gegen *Cäsar* (* —85)		~ Kommentar zum „Buch Habakuk" (berichtet vom Märtyrertod eines messiashaften „Meisters" (~ —63)

	Späthellenismus	Römische Musik	„Julianischer Kalender"	
	Basilica Julia von *Cäsar* erbaut und geweiht		„Julianischer Kalender": *Cäsar* verbessert d. röm. Kalender, indem er d. reine Sonnenjahr zu 365¹/₄ Tagen einführt u. jed. 4. Jahr einen Schalttag einlegt (bisher Mondjahr zu 12 Monaten m. willkürlichen, nicht selten eigensüchtigen Schaltungen d. röm. Priester); der 7. Monat wird „Juli" genannt	
	~ Porträtbüste *Julius Cäsars* (?); eine authentische Büste ist nicht überliefert, jedoch Münzbilder. Die stärksten Leistungen der sonst unselbst. u. schwachen röm. Plastik liegen in der Porträtkunst			~ *Cäsar* versieht die Münzen mit seinem Kopfbild u. beginnt vorwiegend Goldmünzen in Umlauf zu setzen (auch in der Kaiserzeit vorwiegend Goldmünz.)
				Antonius folgt seiner Geliebten *Kleopatra* nach Alexandria

	Kleopatra Herodes	Sallust Vergil	Skeptizismus
—40	Marcus Antonius (* —82, Selbstmord —30) erhält die östliche, Oktavian (Augustus) die westliche Reichshälfte Antonius heiratet Octavia († —11), die Schwester Oktavians (verläßt sie —37 wegen Kleopatra)	Vergil prophezeit in seiner „Bucolica" ein Goldenes Zeitalter nach Geburt eines heilbringenden Kindes	
—38	Die westgermanischen Ubier siedeln unter röm. Schutz auf die linke Seite des Rheins bei dem Ort Ara Ubiorum über (d. h. Altar, zu Ehren des Augustus). Der röm. Feldherr Agrippa grdt. hier eine Niederlassung mit dem späteren (50) Namen Colonia Agrippinensis nach der hier geborenen Kaiserin Agrippina (das heutige Köln)	≈ Didymos aus Alexandria schreibt ca. 4000 (?) Bücher: Kommentare zu fast allen griech. Dichtern u. literar. Wörterbücher; auch „Tischgespräche"	≈ Griech.-persische Gottheiten im Pantheon Antiochos I. in Ostanatolien
—37	Römer erobern Jerusalem Herodes (der Große), König der Juden bis —4 (†, * ~ —72); baut den Tempel in Jerusalem wieder auf, als Nichtjude beim Volk unbeliebt, befiehlt angebl. Kindermord in Bethlehem (Die falsche Datierung seiner Regierung durch Abt Dionysius im 6. Jahrh. führt zum falschen Geburtsjahr für Jesus)	Vergil beginnt sein Lehrgedicht „Georgica" über den Landbau auf Veranlassung seines Gönners Mäcenas (abgeschl. —29, verherrlicht Bauernstand)	Herodes rottet mit röm. Duldung die Makkabäer aus
—36	Antonius gelingt es nicht, das Partherreich zu unterwerfen (erobert —34 Armenien und verteilt römische Ostprovinzen an die Kinder Kleopatras, die z. T. auch die seinen sind)		
—35	Herodes tötet die letzten männl. Makkabäer (Kleopatra versucht in Palästina in ihrem Interesse einzugreifen) Ein Versöhnungsversuch der Octavia zwischen Octavian (Bruder) und Antonius (Gatten) scheitert an dem Einfluß Kleopatras	~ † Gajus Sallustius Crispus (Sallust), röm. Schriftsteller; schrieb über die Catilinarische Verschwörung, den „Jugurthinischen Krieg" u. Geschichte über die Jahre —78 bis —67; führte künstlerisch hochstehende Sprache i. d. röm. Geschichtsschreibung ein (* —86)	
—33	Rom erklärt Kleopatra (und damit indirekt Antonius) den Krieg (siegt —30) Römer unterwerfen Ostküste des Adriatischen Meeres (Illyrien, Dalmatien)		

Späthellenismus	Römische Musik	Römische Geschichtsschreibung	
~ *Hagesandros, Polydoros* u. *Athenodoros*: „Laokoon-Gruppe" (rhodische Marmorgruppe des späthellenistischen Barock)			
			Tib. Claudius Nero (Vater d. spät. Kaisers *Tiberius*) tritt seine Frau *Livia Drusilla*(*—58,†29 n. Chr.) im 6. Mon. der Schwangersch. an *Octavian* ab, der damit z. Stiefvater des in seiner Ehe geborenen Sohnes *Drusus* wird
		708 m langer Straßentunnel zwischen Neapel und Puzzuoli für die Via Flaminia (noch heute benutzbar)	
		Sallust (†) schrieb Geschichtswerke	

	Römische Kaiserzeit Augustus	Vergil · Tibull Properz	Pantheon
—31	*Antonius* verliert die Seeschlacht bei Aktium gegen *Oktavian*. *Kleopatra*, seine Geliebte, verläßt mit ihrer Flotte vorzeitig die Schlacht (tötet sich, von *Oktavian* gefangen, —30 durch Schlangenbiß; * —69) *Oktavian* (später *Augustus*) alleiniger Herrscher im Röm. Reich (bis 14 [†]) Der röm. Republik war es nicht gelungen, für ihr großes Reich eine wirksame demokratische Vertretung zu schaffen; ebenso fehlte eine gemeinsame kulturelle oder religiöse Idee. Die durch Imperialismus und die Geld- und Sklavenwirtschaft auftretenden Widersprüche drängen zur Monarchie	~ Katalog der Palastbibliothek des chin. Kaisers von *Liu Hsiang* (* —77, † —8)	
—30	† *Marcus Antonius* (als Selbstmörder, angebl. in den Armen *Kleopatras*), röm. Politiker; kam durch seine von *Kleopatra* beeinflußte Politik im Osten des Reiches in Gegensatz zu Rom und *Octavian* (* —83) *Octavian* läßt den 17jährigen Sohn *Cäsars* und *Kleopatras*, *Cäsarion*, töten Ägypten wird röm. Provinz (bis 395) Speyer röm. Militärstation	*Horaz* beginnt seine „Oden" *Vergil* beginnt die „Aeneis"	
—27	*Augustus* besiegt Aufstand in NW-Spanien (hindert ihn am Feldzug gegen Britannien) *Oktavian* übernimmt mit dem ehrenden Beinamen *Augustus* als vom Senat bestätigter „Princeps" die Herrschaft im Röm. Reich. Der Kaiser ist Oberbefehlshaber, oberster Gerichtsherr, Zensor, oberster Priester (—12), erhält die tribunizische Gewalt (—23). Daneben Senat, auf 600 Mitglieder beschränkt, u. ehrenamtl. Konsuln Einteilung des Röm. Reiches in senatorische Provinzen (ohne Truppenbesetzung): Afrika, Asien, Achaia (Südgriechenland), Illyricum (dalmatin. Küste), Makedonien, Sizilien, Kreta und Cyrenaika, Bithynien (am Schw. Meer), Sardinien, Südspanien; und kaiserl. Provinzen: Ostspanien, Westspanien und Portugal, die vier gallischen Provinzen (mit Germanien), Syrien, Cilicia (Südostkleinasien), Cypern, Ägypten. *Augustus* versucht dieses Weltreich so zu erweitern, wie es zu seiner Sicherung notwendig ist	† *Marcus Terentius Varro*, röm. Schriftsteller; schrieb „Altertümer der menschlichen und göttlichen Dinge", „Über die lateinische Sprache", „Drei Bücher über die Landwirtschaft","Disciplinae" (Enzyklopädie d. Wissenschaften), „Bilder" (Werk mit 700 Bildern berühmter Männer) (* —116)	Der Gedanke eines Pantheons bedeutet einen gewissen Abschluß der röm. Vielgötterei

	Pantheon in Rom	Römisches Fachwissen	
	Villa des *P. Fannius Synistor* bei Pompeji mit gemalter Wanddekoration		
		~ *Diodor* glaubt, daß Bergkristalle aus Wasser durch Hitze entstanden sind *Dionysios von Halikarnass* wird Lehrer der Rhetorik in Rom; tritt ein für Erneuerung des klassischen Stils gegen Schwulst, schreibt „Römische Archäologie" (Geschichte d. alt. Roms; griech.)	
	Marcus Agrippa läßt das Pantheon in Rom erbauen (zur Verehrung aller Götter; im 2. Jhdt. durch Kaiser *Hadrian* erneuert; im 9. Jhdt. zur christl. Kirche geweiht) ~ Tempel des Divus Julius und des Apollo auf dem Palatin in Rom	*M. Terentius Varro* (†) schrieb Enzyklopädie u. Fachschriften (vgl. Dichtung)	4 063 000 römische Bürger (nach Zählung von —29) *Augustus* siedelt 120 000 Veteranen an Ägypten wird Roms Getreideprovinz u. Grundlage der Brotverteilung an das röm. Volk 8. Monat wird nach *Augustus* „August" genannt

	Römische Kaiserzeit Augustus	Mithras-Kult
—25	Erfolgloser römischer Feldzug gegen Äthiopien (bis —24) Galatien (mittl. Kleinasien) römische Provinz Augusta Praetoria (Aosta) als röm. Militärlager gegrdt.	~ * *Philon von Alexandria* jüd.-hellenist. Philosoph († 50) ≈ Der persisch-indische Kult des Licht- u. Sonnengottes Mithras verbreitet sich durch d. röm. Heer i. Europa (Feier d. Mithrasmysterien in unterird. Grotten; kennt Taufe, Abendmahl, Sonntag, Geburtstagsfeier des Gottes am 25. 12.)
—23	*Augustus* legt das Konsulat nieder und erhält lebenslängl. die tribunizische Gewalt (wird —12 oberster Priester)	
—22	*Augustus* stellt selbst die römische Macht in Asien gegenüber den Parthern wieder her (bis —20; —27 ordnete er die Verhältnisse in den gallischen und spanischen Provinzen; vgl. —53)	
—19	Kaiser *Augustus* erläßt in Rom ein Gesetz gegen Luxus und Ehelosigkeit	≈ „Tipitaka" („Dreikorb"), Kanon des Ceylon-Buddhismus i. Pali-Sprache: „Korb der Ordensregeln", „Korb d. Lehrreden", „Korb der Dogmatik" ≈ Als „Großes Fahrzeug" (zur Aufhebung d. Leidens) entwickelt sich neue Richtung des Buddhismus
—16	Die keltische Provinz Noricum (Steiermark) kommt an Rom (Gold- u. Eisengewinnung)	
—15	Römer unterwerfen Alpenvorland bis zur Donau Augsburg (Augusta Vindelicorum) als röm. Militärkolonie gegrdt. *Tiberius* erobert Rätien (Graubünden und Tirol) Kaiser *Augustus* grdt. im Gebiet der seit —53 unterworfenen kelt. Treverer Augusta Treverorum (Trier) Lusitania (Portugal) röm. Provinz. Baetica (Andalusien) senat. Provinz mit Sonderrechten	

Vergil · Tibull Properz	Römische Musik	Vitruv	
~ † *Cornelius Nepos*, röm. Schriftsteller; schrieb vor allem hist. Lebensbeschreibungen (bes. griech. Feldherren) mit vielen anekdotenhaften Zügen (* ~ —100)		≈ Römer kennen tragbare Sonnenuhren	
~ *Sulpicia:* Liebeselegien (einer jg. Römerin; einziges Zeugnis röm. Frauendichtung)			
In Rom kommen die Pantomimen (dramat. Handlungen in stummen Gebärden) auf und sind in der ganzen Kaiserzeit bei den höheren Ständen sehr beliebt		Römer erreichen nilaufwärts die Hauptstadt von Äthiopien, Meroë	
† *Publius Vergilius Maro (Vergil)*, röm. Dichter um *Augustus* und *Mäcenas*; schrieb „Bucolica" (Hirtenlieder), „Georgica" (Gedichte über den Landbau), „Aeneis" (*das* röm. Nationalepos) (* —70)		*L. Cornelius Balbus* zieht durch d. Sahara n. Fessan (ca. 500 km südl. Tripolis)	
~ † *Albius Tibullus (Tibull)*, gefühlvoller röm. Dichter, bes. von Liebeselegien (* ~ —55)			
~ *Properz:* Elegie über Gatten- u. Mutterliebe („Königin d. Elegien")			
† *Sextus Propertius (Properz)*, röm. Dichter v. Liebeselegien u. patriot. Liedern; unterstützt von *Maecenas* (* ~ —50)		~ *Vitruvius Pollio (Vitruv):* „De architectura" (Bücher 1—7: v. d. Architektur, 8: Wasserleitungen, 9: Uhren, 10: Maschinen; eigene u. griech. Erfahrungen)	

	Römische Kaiserzeit Augustus	Horaz	Spätantike Philosophie
—13	*Drusus* gründet röm. Kastell Maguntiacum (Mainz) auf keltischen Siedlungsresten	~ *Horaz:* „Ars poetica" (röm. „Dichtkunst" in Briefen)	
—12	† *Marcus Vipsanius Agrippa*, Schwiegersohn des *Augustus*, ließ Straßennetz, Wasserleitung, Thermen, Pantheon in Rom bauen (* —63) *Tiberius* unterwirft Pannonien (Südwestungarn) bis —9 u. stellt damit die Donaugrenze des Imperiums her *Drusus'* Germanenkrieg (bis —9)		*Augustus* wird Pontifex Maximus (Oberpriester); wird nur außerhalb Roms, bes. im Osten des Reiches göttlich verehrt
—11	Die Römer grd. im Gebiet d. Mattiaker die befestigte Stadt „Aquae Mattiacae" (später Wiesbaden), deren Heilquellen sie benutzen		
—10	* *Claudius (Tiberius Claudius Nero Germanicus)*, röm. Kaiser von 41 bis 54 (†)		
—9	*Nero Claudius Drusus* (†, * —38), Bruder des Kaisers *Tiberius*, dringt (seit —12) bis zur Elbe vor, grdt. Römerkastell am Zusammenfluß von Rhein und Mosel (das spätere Koblenz) Markomannen unter Kg. *Marbod* besetzen von *Drusus* besiegt Böhmen (das bis —60 von Kelten besiedelt war)		
—8		† *Gajus Cilnius Maecenas*, Freund d. Kais. *Augustus*, Förderer („Mäzen") d. Dichter *Horaz, Properz, Vergil* (* ~ —70) † *Quintus Horatius Flaccus (Horaz)*, röm. Dichter von Oden, Satiren, Briefen (* —65)	

Kunst des kaiserlichen Roms	Römische Musik	Römisches Fachwissen	
Der röm. Senat errichtet zum Dank für d. siegr. Feldzüge Kaiser *Augustus'* einen tempelartigen „Friedensaltar" (Ara Pacis) mit reliefgeschmückten Marmorwänden (figurenreiche Szenen aus d. röm. Sage u. Zug d. kaiserl. Familie u. d. Senatoren z. Dankopfer; vollend. —9) Marcellus-Theater in Rom			~ Rom hat etwa 800 000 Einw.
Vesta-Tempel auf dem Palatin, Rom		*Agrippa* (†) ließ Röm. Reich vermessen u. danach eine Weltkarte entwerfen	
≈ Ägyptisierender Stil in der römischen Malerei		Gr. Aquädukt bei Nimes erbaut	Dienstvertrag einer röm. Schenkenkellnerin mit zahlreichen jurist. Einzelbestimmungen Röm. Kalenderreform

	Römische Kaiserzeit Augustus	„Gold. Zeitalter" Roms	Spätantike Philosophie
—7	~ Die Messias-Erwartung im Röm. Reich hat vielfach einen antirömischen politischen Hintergrund Zensus des *Quirinus* (legt Christi Geburt fest) Errichtung der röm. Provinz **Germanien** mit Zentrum bei Köln		~ * *Jesus* von Nazareth, der „Christus" (d. h. der Messias, der Gesalbte). Nach der Bibel: der Heiland, der Herr, die Offenbarung Gottes, der Sohn Gottes. Durch seine Lehre entstand das Christentum, eine Erlösungsreligion, die sich in verschiedenen Kirchen und vielen Sekten verkörpert. (Gekreuzigt ~30) Die häuslichen Laren und der häusliche Genius des *Augustus* werden zum offiziellen römischen Staatskult erhoben
—4	*Herodes Antipas* jüd. Kg. bis ~ 40 (†); läßt (nach 27) *Johannes den Täufer* auf Veranlassung seiner Gemahlin *Herodias* und deren Tochter *Salome* enthaupten		
—3			* *Lucius Annaeus Seneca*, neustoischer Philosoph in Rom († 65)
—2	*Augustus* erhält Ehrentitel „Pater patriae" („Vater des Vaterlandes")		Forum Augusti mit Tempel des Mars Ultor in Rom geweiht

Anmerkung: Ein Jahr „Null" gibt es nicht. Die historische Jahreszählung springt von 1 vor

	Spätrömische Kunst	Spätantike Musik	Astronomie Astrologie	
	~ Augustus von Primaporta, Marmorstatue Porticus Liviae, röm. Säulenhalle ~ Villa der Kaiserin *Livia* bei Primaporta an der Via Flaminia mit realist. Landschaftswandmalereien		Langwährende, eindrucksvolle Saturn-Jupiter-Begegnung stärkt im Morgenland den Messiasglauben u. weist auf Palästina hin (Saturn gilt astrologisch als Stern der Juden, Jupiter als Königsstern)	~ Volkszählung in Syrien unter *Quirinus*
				~ Röm. Flotte gelangt an die Küste von Südskandinavien

d. Zeitrechnung auf 1 nach d. Zeitrechnung (nur die Astronomen schalten ein Jahr „Null" ein)

	Römische Kaiserzeit Augustus	„Gold. Zeitalter" Roms	Spätantike Philosophie
Um Chr. Geb.	Kaiser *Augustus* unterteilt Rom in 14 Regionen, die er je einem Curator unterstellt, schafft ein stehendes Heer, vermindert die Zahl der Legionen von 50 auf 25 (zus. mit den Hilfsvölkern besitzt das Röm. Reich etwa 300 000 Soldaten) *Augustus* baut die Prätorianer-Garde aus (9 Kohorten unter 2 Präfekten; gewinnt große politische Macht) Verona, eine der ältesten Städte Italiens, gelangt als röm. Kolonie zu hoher Blüte; erhält u. a. ein Theater Goten im Weichselgebiet und Ostpreußen ≈ Westgrenze der slawischen Völker etwa an der Weichsel (dringen erst ab ≈ 455 zur Elbe vor) In China hat sich unter der *Han*-Dynastie ein zentral gelenkter Beamtenstaat gebildet, der auf der Lehre des *Konfuzius (Kung-tse)* basiert und zu dessen Ämtern jeder auf Grund vorgeschriebener Examina Zutritt hat ≈ Skytho-Parther vernichten indisches Feudalreich der Shaka	„Pantschatantra" entsteht (ind. Sammlung v. Erzählungen, Märchen, Fabeln; älteste Textfassung ≈ 350)	*Jesus* von Nazareth vgl. —7, 28 und 30 * *Apollonios von Tyana*, neupythagoreischer Philosoph († ~ 100) Unter Verfall d. klass. griech. Philosophie durch Einfluß des Orients setzen sich im hellenistischen Kulturkreis mehr u. mehr mystisch-theosophische Weltanschauungen durch
4	Gesetz gegen Ehe- und Kinderlosigkeit von Kaiser *Augustus* (zweiter Teil im Jahre 9) *Augustus* adoptiert *Tiberius* und ernennt ihn zum Nachfolger		
5	Der spätere Kaiser *Tiberius* schlägt die Langobarden an der Elbmündung		
8	Judäa wird vom röm. Landpfleger in Syrien verwaltet		

Spätrömische Kunst	Spätantike Musik	Chinesische Astronomie	
Im Rom des Kaisers *Augustus* wird Marmor der wichtigste Baustoff für die rege Bautätigkeit; der Baustil wird in Anlehnung an den korinthischen mehr „barock" In der röm. Wandmalerei überwiegen Szenen aus der griechischen Mythologie Röm. Wand- u. Deckenmosaike (bes. Stilleben, Tierdarstellungen in Abhängigkeit von früheren griechisch-hellen. Motiven; vorher nur Fußbodenmosaike) Die chinesischen Seidenstoffe (nachgewiesen bereits ~ —1250) zeigen hohen technischen u. künstlerischen Stand der Webekunst. Neben figuraler Ornamentik erscheinen geometrische und Schrift-Formen Torso'einer Aphrodite aus grünem Glasblock gemeißelt (Alexandria)	Indische Musik: Halb- u. Vierteltöne, Variation überlieferter Weisen, vorherrschend einstimmiger Gesang mit Begleitung von Saiteninstrumenten, Flöten und Handpauken Im Röm. Reich verfällt die von Griechenld. übernommene Musik ins Virtuosenhafte und Kolossale	*Diodoros* aus Sizilien: „Historische Bibliothek" (griech. populäre Weltgeschichte in 40 Büchern) *Vitruvius Pollio*, röm. Baumeister u. Ing., schreibt „De architectura" („Über die Baukunst", 10 Bde.) Großer Aquädukt von Segovia (röm. Wasserleitungsbau in Spanien) Blütezeit der chin. Astronomie und Kalenderrechnung in d. *Han*-Dynastie (— 206 bis 220). Berechg. v. Finsternissen, Planetenbeweg., Mondphasen ≈ Erfindung der Glasbläserei in Sidon (Phönizien) Abacus (Rechenbrett) im römisch. Reich bekannt	In Rom entstehen die widerstreitenden Rechtsschulen der *Sabinianer* und *Proculeianer* (dieser Gegensatz wird im 2. Jh. überwunden) In Norwegen geht erst jetzt die Stein-Bronze-Zeit zu Ende (während in den subtropischen Siedlungsräumen d. frühesten Hochkulturen dieses Stadium schon mehrere tausend Jahre zurückliegt) Zierliche Bronzemöbel in Pompeji Sprechrohrleitungen in röm. Pal.
≈ Vorstufen der Maya-Kultur in Mittelamerika kennen massigplumpe Steinfiguren			~ Liste mit 200000 röm. Plebejern, die empfangsberechtigt für freies Getreide sind
~ Concordia-Tempel in Rom (vollendet 10)			~ Veteranenversorgung und 5% Erbschaftssteuer i. Rom

Schlacht im Teutoburger Wald · Augustus · Tiberius

9	Schlacht im Teutoburger Wald: *Arminius* (Hermann der Cherusker, * —17, † 21, ermordet) besiegt die Legionen des *Publius Quinctilius Varus*, der darauf Selbstmord begeht Der Sieg von *Arminius* über die röm. Legionen des *Varus* im Teutoburger Wald verhindert d. Plan, die röm. Reichsgrenze durch Vorverlegung an die Elbe zu verkürzen u. militärisch zu sichern	Nach einem großen Aufstand wird Pannonien (am gr. Donauknie) endgült. v. Rom unterworfen (im 5. Jhdt. an die Hunnen, 453 an d. Ostgoten, 527 an d. Langobarden, 568 an d. Awaren); liefert vor allem Holz *Wang Mang* beseitigt in China vorübergehend *Han*-Dynastie und macht sich zum Kaiser; Aufhebung des Privateigentums an Grund u. Boden, staatl. Regulierung d. Preise, Münz- und Steuerreform (23 durch Aufstand abgesetzt)
10		
14	† *Augustus (Gajus Octavianus)*, Großneffe und Erbe *Cäsars*, erster röm. Kaiser seit —31; unter ihm das kulturfreundliche „Augusteische Zeitalter" in Rom (* —63) Der röm. Senat überträgt dem von *Augustus* i. J. 4 adoptierten Stiefsohn *Tiberius* auf Lebenszeit das Prinzipat *Tiberius (Claudius Nero)* röm. Kaiser	bis 37 (†); verfolgt geringste Beleidigung seiner Person und die republikan.-oppositionellen Patrizier 3 Kriegszüge des röm. Feldherrn *Germanicus* (* —15, † 19) nach Germanien bis 16. (*G.* ist verheiratet mit *Agrippina* [d. Ä.], Vater des Kaisers *Caligula* und von *Agrippina* [d. J.], Gattin seines Bruders, d. spät. Kaisers *Claudius*)
17	Nach Sieg des *Arminius* über Kg. *Marbod* der Markomannen in Böhmen flieht *Marbod* auf röm. Gebiet: die Markomannen gelangen in Abhängigkeit von Rom (bis ~ 250) Triumphzug des *Germanicus* in Rom unter Mitführung *Thusneldas*, Gattin von *Arminius*, mit ihrem Söhnchen *Thumelikus*	
18		

„Silbernes Zeitalter" Roms	Spätantike Philosophie	Spätantike Technik und Wissenschaft
		~ *Pompejus Trogus* (aus Gallien): „Historiae Philippicae" (erste lateinische Weltgeschichte)
~ *Gajus Asinius Pollio* gründet erste öffentl. Bibliothek in Rom		
„Silbernes Zeitalter" der röm. Literatur (bis 117)	Kaiser *Augustus* läßt sich schon zu seinen Lebzeiten wie einen Gott verehren u. wird nach seinem Tode zum Gott erklärt	
		†*Titus Livius*, röm. Historiker; schrieb röm. Geschichte von d. Gründung Roms bis — 9 in 142 Büchern (* ~ — 59)
~ † *Publius Ovidius Naso (Ovid)*, röm. Dichter, seit 8 in der Verbannung a. Schwarzen Meer; schrieb „Amores" (Liebeselegien), „Heroides" (Liebesbriefe von Heroinen), „Ars amandi" („Liebeskunst"), „Remedia amoris" („Heilmittel gegen die Liebe"), „De medicamine faciei" („Schönheitsmittel"), „Metamorphosen" („Verwandlungssagen", 15 Bücher in Hexametern), „Fasti" (über d. Festgebräuche, in Distichen); in d. Verbannung: „Tristia" (Klageelegien), „Epistulae ex Ponto" („Briefe v. Schwarzen Meer") (* —43)		~ *Nikolaus v. Damaskus* (Aristoteliker): Weltgeschichte (in 144 Bänden)

	Römische Kaiserzeit Tiberius	Jesus lehrt und wird gekreuzigt
20		
23	Großer Bauernaufstand in China beseitigt den Usurpator d. kaiserl. Macht *Wang Mang* (seit 9; wird hingerichtet). *Han*-Dynastie kommt wieder an die Macht (bis 220)	
24		
25		∼ * *Wang Tsch'ung*, chin. Philosoph († ∼ 98)
27		∼ *Johannes der Täufer* tritt in der Wüste auf, tauft (auch *Jesus*) und predigt die Ankunft des Messias bis ∼ 30; später von *Herodes Antipas* enthauptet
28	Römer geben Friesland nach einem Aufstand auf	∼ Öffentliches Wirken *Jesu* in Galiläa und Judäa; „Bergpredigt"
30		∼ † *Jesus* von Nazareth (am Kreuz) (7. April 30 oder 3. April 33 nach astronom. Berechnung d. Jahre, in denen Sabbat und erster Tag d. Passah-Festes zusammenfielen) (* ∼ —7)
31	Der Befehlshaber der Prätorianer-Leibwache *Sejanus* wird nach Gewalttaten (Ermordung d. *Drusus*, Sohn des Kaisers) gestürzt u. *Macro* wird Prätorianerführer. Die Prätorianer erlangen starken Einfluß auf d. Einsetzung u. gewaltsame Absetzung der Kaiser	

Spätrömische Kunst	*Spätantike Geographie und Medizin*		
	† *Strabo* aus Amaseia, griech. Weltreisender, Geograph u. Historiker; schrieb „Geographie" unt. Anerkennung der absoluten Autorität *Homers* im Sinne	der stoischen Philosophie u. Philologie (Buch 1—2: math.-phys. Geographie, 3—10: Europa, 11—16: Asien, 17: Afrika) (* ~ —63)	Ca. 5 Mill. röm. Bürger
	~ * *Gajus Secundus Plinius d. Ä.*, röm. Schriftsteller; sammelt das Wissen seiner Zeit († 79)		
	≈ Das Röm. Reich stützt sich im geistigen u. kulturell. Leben stark auf griech. Sklaven.	Außer Anwendung in d. Technik keine wesentliche Weiterentwicklung d. Wissenschaften	~ Bronze-Geräte, -Waffen, -Münzen gelangen aus China nach Japan. Vereinzelt auch eiserne Gegenstände
	~ *Aulus Cornelius Celsus*, röm. Verfasser einer Enzyklopädie; besond. wichtig die 8 Bücher üb. Medizin,	u. a. Darstellung plastischer Operationen u. der Behandlung von Unterleibsbrüchen	~ Kochbuch des *Apicius* (lat.)

	Römische Kaiserzeit Tiberius · Caligula · Claudius	„Silb. Zeitalter" Roms Phaedrus	Christl. Urgemeinde
33	† *Agrippina d. Ä.* (durch freiwilligen Hungertod), Gattin v. *Germanicus*, Mutter d. Kaisers *Caligula* u. v. *Agrippina d. J.*; wurde 29 von *Tiberius* verbannt		† *Stephanus* (gesteinigt), Pfleger in der Urgemeinde Jerusalems ~ Der strenge Pharisäer u. Gegner der Christen *Saul* wird durch das „Damaskuserlebnis" z. Christentum bekehrt (wird als *Paulus* erfolgreicher Heidenapostel)
34		* *Persius Flaccus*, röm.-stoischer Satiriker († 62)	
35		~ * *Marcus Fabius Quintilianus* (*Quintilian*), röm. Lehrer der Rhetorik († ~95)	
36	Der röm. Landpfleger von Judäa *Pontius Pilatus* (seit 26) wird wegen strenger Regierung auf Wunsch d. Juden abberufen	~ *Phaedrus*, freigel. Sklave, dichtet Fabeln in Versen (in Anlehnung an *Aesop*)	† *Trasyllos*, Astrologe des Kaisers *Tiberius*; ordnete *Plato*-Dialoge, verband Platonismus m. neupythagorëischer Zahlenmystik
37	*Caligula* (*Gajus Cäsar Caligula*) röm. Kaiser bis 41 († , wegen seiner Gewaltherrschaft ermordet) * *Nero* (*Claudius Drusus Germanicus Nero*) röm. Kaiser von 54 bis 68 (†)		
38			Mit dem Bau eines Isis-Tempels auf dem Marsfeld in Rom durch Kaiser *Caligula* setzt sich der Kult dieser ägypt. Mutter-Göttin i. Rom endgültig durch
39		* *Marcus Annäus Lucanus* (*Lukan*), röm. Dichter († 65)	~ Kaiserkult verbreitet sich in den röm. Provinzen, Kultstätte auch in Jerusalem
41	*Claudius* (*Tiberius Claudius Cäsar Augustus Germanicus*) röm. Kaiser bis 54 (†); steht unter dem Einfluß seiner Frauen *Messalina* (die er 48 ermorden läßt) und *Agrippina d. J.* (die ihn vergiftet)	~ * *Marcus Valerius Martialis* (*Martial*), röm. Epigrammdichter († ~ 100) ~ * *P. P. Statius*, röm. Dichter († 96)	~ *Herodes Agrippa*, Kg. v. Judäa 41-44, verfolgt christliche Urgemeinde in Jerusalem *Seneca*: „Über den Zorn" (Stoizismus)

	Spätrömische Kunst	Spätantike Musik	Spätantike Technik und Wissenschaft	
				≈ Die Astrologie spielt am Kaiserhof in Rom eine oft unheilvolle Rolle
		* *Flavius Josephus*, jüd. Historiker u. Feldherr († ~ 97)		

	Römische Kaiserzeit Claudius	„Silb. Zeitalter" Roms	Paulus Seneca
43	Neue röm. Provinzen: Südbritannien, Mauretanien (Algerien), Lykien (Südkleinasien), Thrakien		
44	Judäa kommt zur röm. Provinz Syrien		† *Jakobus* (Märtyrertod), Bruder des Evangelisten *Johannes*
45			*Paulus* beginnt seine Missionsreisen (1. b. 48, 2. 49—52, 3. 53 bis 58)
46			~ * *Plutarch(os)*, griech. Histor., Philos. u. Schriftst. († ~ 120)
48			~Apostelkonzil: Apostel *Petrus* und *Paulus* besprechen in Jerusalem Aufteilung der Missionsgebiete und das Problem der Christen urspr. nichtjüd. Religion
50	≈ Blütezeit der Handelsstadt Antiochia i. Syrien (gegrdt. ≈ —300). Bringt es auf etwa 500000 Einwohner „Stadt der Ubier" gegrdt. (bald „Colonia Agrippinensis" genannt, das spätere Köln) ~ Ernste Konflikte zw. jüd. Zeloten („Eiferern") und Römern in Palästina		~ * *Epiktet*, griech. stoisch. Philos. († 138) * *Ben Joseph Akiba*, jüd. Schriftgelehrter († 135) ~ „Galaterbrief" des Apostels *Paulus* (Heidenchristen in Galatien unterliegen danach nicht dem jüd. Gesetz) † *Philon von Alexandria*, jüd.-hellenist. Philosoph; verbindet aristotel.-platonische Philosophie mit allegorischer Auslegung der Schriften des Alten Testaments (* ~ —25) Apostel *Paulus* grdt. in Philippi (Makedonien) Christengemeinde (schreibt an sie ~ 63 „Philipperbrief")

Spätrömische Kunst Wandbilder in Pompeji	Spätantike Musik	Römische Fachbücher	
		≈ Wasserräder für Mühlen, Schöpf- u. Sägewerke i. Röm. Reich	
		~ Der Neupythagoreer *Nikomachos* schreibt in Alexandria erstes griech. Buch über Arithmetik (wird über *Boëtius* z. Lehrbuch d. Mittelalters)	~ Ostia (gegrdt. ≈ —300) erhält Hafen m. Leuchtturm, Molen und Kai und wird für Rom Hafen und Badeort
		~ Kaiser *Claudius*: „Thyrrenika" (Etruskerkunde, geht verloren)	
		~ *Frontinus* schreibt ein Fachbuch über die röm. Wasserleitungen (in der röm. Kaiserzeit entstehen zahlr. Fachbücher bes. über praktisch-technisches Wissen)	
~ Naturalistische Malerei in Pompeji ≈ „Alexanderschlacht" (Pompeji) u. Darstellung Ägyptens (in Präneste) (zwei große röm. Wandmosaike n. griech.-hellenist. Motiven; vgl. —3. Jh.) ≈ Mysterienvilla (Villa Item) b. Pompeji mit einzigartigen Gemälden einer Mysterienfeier		~ *Pedanios Dioskorides* gibt i. seiner „De materia medica" eine Beschreibung von etwa 600 Arzneipflanzen (abgesehen von arab. Beiträgen entwickelt sich d. Botanik in Europa erst im 16. Jhdt. weiter) ~ Der griech. Astronom *Kleomedes* erwähnt die Brechung d. Lichtstrahlen in d. Lufthülle der Erde ~ * *Cornelius Tacitus*, röm. Historiker († ~ 116)	≈ Röm. Metallschreibfedern (z. B. in Köln gefunden) ≈ Römer lernen Seife v. d. Galliern kennen ≈ Römer bauen die Quellen Aquae grani (Aachen) z. Bad aus

	Römische Kaiserzeit Claudius · Nero	„Silb. Zeitalter" Roms	Paulus Seneca
Im 1. Jahr- hun- dert	Entstehung des äthiopischen Reiches	*Meleagros* von Gadara: Anthologie aus den Werken von sich und 46 and. griech. Dichtern	„Worte des Herrn" (verm. eine Quelle des Matthäus-Evangeliums) „Po-hu-t'ung" (chin. spekulativ-logische Naturphilosophie) Auf d. dänischen Insel Seeland wird d. germ. Fruchtbarkeitsgöttin Nerthus verehrt. Jährl. Umzug mit einem von Kühen gezogenen Wagen u. Ertränkung d. ihn begleitenden Sklaven (früher hielt man Rügen für die Stätte eines solchen „Hertha"-Kultes)
51	* *Domitian (Titus Flavius Domitianus)*, röm. Kaiser von 81 bis 96 (†, ermordet)		Erste christliche Gemeinde in Griechenland (Korinth) durch *Paulus*
53	* *Trajan (Marcus Ulpius Trajanus)*, röm. Kaiser von 98 bis 117 (†)		
54	† *Claudius (Tiberius Claudius Cäsar Augustus Germanicus)*, röm. Kaiser seit 41 (von seiner zweiten Gattin *Agrippina* [d. J.] zugunsten ihres Sohnes *Nero* vergiftet) (* —10) *Nero (Claudius Drusus Germanicus Nero)* röm. Kaiser bis 68 (†); grausam u. prachtliebend		*Paulus* schreibt in Korinth „Römerbrief" a. d. Gemeinde in Rom
55	*Nero* vergiftet seinen Stiefbruder *Britannicus*		Apostel *Paulus* in Ephesos (bis 58)
57			~ Apostel *Paulus* schreibt die beiden Briefe an die Gemeinde in Korinth („Korintherbriefe" d. Neuen Testaments)

Spätrömische Kunst	Spätantike Musik	Spätantike Technik und Wissenschaft	
Dioskuren-Standbild (4 m große Gruppe mit Pferden) in Rom Ind. Höhlentempel in Mathura (mit erster körperhafter Darstellung *Buddhas*, bis dahin nur symbolisch dargestellt) Kunstvolles röm. Tafelsilber des „Hildesheimer Silberfundes" (1868) mit Athenaschale Glasgefäße aus den syrischen Werkstätten in Sidon; erste in Hohlformen geblasene Gefäße mit Reliefs 14 m hohes Grabmal des Römers *Lucius Poblicius* i. Köln	Trinklied(Skolion) vom Grabmal des *Seikilos* in Kleinasien (einer d. seltenen Überreste griech. Musik aus ihrer späten Verfallzeit)	*Caraka* bedt. Vertreter d. ind.-brahmanischen Medizin. Zentrum Benares am Ganges. Anatomie kennt 62 Glieder, 360 Knochen, 15 Organe und zahlr. Adern Den Römern *(Seneca, Plinius)* sind Brennwirkung u. Bildvergrößerung einer wassergefüllten Glaskugel bekannt (Brenngläser kannte vermutlich schon *Aristoteles*)	Das röm. Weltreich umfaßt ca. 3,3 Mill. qkm mit 54 Mill. Einwohnern In röm. Mühlen drehen Frauen an Göpeln die Mühlsteine Römer lassen sich während ihres Aufenthaltes auf ihr. Landsitzen v. Freigelassenen über d. Ereignisse in Rom brieflich berichten Römer kennen Zahnpulver aus Hirschhorn und Zahnstocher
		Tunnel zur Regulierung und Ableitung des Fucino-Sees (Abruzzen) i. d. Lirisfluß von 30000 Mann seit 44 erbaut (5,6 km lang, 5,8 m hoch, 2,8 m breit)	
		≈ Heißwasserbereiter mit Röhrenrost u. Feuerbüchse in Pompeji	

	Römische Kaiserzeit Nero	„Silb. Zeitalter" Roms	Spätrömische Kunst
58	Armenien kommt unter röm. Oberhoheit (*Nero* gibt dem Partherkg. *Tiridates* 63 die Krone zurück und verurteilt seinen Feldherrn *Corbulo* 67 zum Tode)	* *Juvenalis*, röm. Dichter († 138)	
59	*Nero* läßt seine Mutter *Julia Agrippina* (d. J.) ermorden (* 16)		
61			
62	Kaiser *Nero* läßt seine Gattin *Octavia* töten und heiratet *Poppäa Sabina*	† *Persius Flaccus*, röm.-stoischer Satiriker (* 34)	
64		~ *Seneca* schildert als Stoiker in seinen Tragödien „Oedipus" u. a. die Leidenschaften so, daß sie abschreckend wirken ~ Kaiser *Nero* gibt sich als Künstler und verfolgt wahre Künstler mit seinem eifersüchtigen Haß	~ Thermen *Neros* in Rom ≈ 4. (neo-hellenist.) Stil der röm. Malerei
65	Nach der Aufdeckung der sog. Pisonischen Verschwörung veranlaßt Kaiser *Nero* den Tod von *Seneca* u. *Lukan*	† *Marcus Annäus Lucanus (Lukan)*, röm. Dichter, von *Nero* zum Selbstmord gezwungen; schrieb „Pharsalia" (Epos über den Bürgerkrieg *Cäsars*) (* 39 in Spanien)	

Christliche Urgemeinde Paulus · Seneca		Antike	Landwirtschaft
~ Der Apostel *Paulus* wird auf Betreiben d. Juden von den Römern in Jerusalem gefangengenommen (67 in Rom enthauptet)	*Seneca:* „Über das glückliche Leben" (röm. Stoizismus)		
Der stoische Philosoph *Seneca* verläßt seine Stellung als erster Berater Kaiser *Neros*	(muß sich auf dessen Befehl 65 das Leben nehmen)	~ Unter *Nero* versucht man vergeblich, einen Kanal durch die Landenge von Korinth zu bauen (erst 1893 verwirklicht)	≈ Bei d. Römern kommt der Radpflug auf
Paulus schreibt in der 1. röm. Gefangensch.	Kolosser-, Epheser-, Philemon-, Philipper-Brief		Erster Rechtsschutz für Sklaven i. Rom
† *Jakobus* (Steinigung), „Bruder" *Jesu*, zusammen mit *Petrus* Haupt der juden-christlichen Urgemeinde in Jerusalem; angeblich dort erster Bischof	Christl. Urgemeinde zieht nach Pella im Ostjordanland; verliert ihre Bedeutung *Seneca:* „Über die innere Ruhe" (röm. Stoizismus)		
Kaiser *Nero* läßt nach einem 9täg. Brand in Rom dafür d. Christen verfolgen, um den Verdacht von sich abzulenken (die Berechtigung dieses Verdachtes ist nicht erwiesen). *Nero* läßt die zu $2/3$ zerstörte Stadt wieder aufbauen, dabei wird das „Goldene Haus", ein großer Palast, erbaut Vermutete Reise des *Paulus* nach Spanien und dem Orient	≈ Die christl. Urgemeinde lebt in unmittelbarer Erwartung d. Reiches Gottes. Sie zieht Spenden ein und verteilt Almosen: kein „Urkommunismus" i. Sinne einer Arbeits- u. Gütergemeinschaft	~ *Lucius Junius Moderatur Columella*, Grundbesitzer in Italien: „Über den Landbau" (12 Bücher, beschreibt u. a. das Entwässern [Drainieren] mit Stein- und Faschinengräben; enthält „De medicina veterinaria", d. h. Veterinär-Heilkunde; erwähnt darin den Karthager *Mago* m. einem Werk von 40 Büchern als „Vater der Landwirtschaft")	≈ Hoher Stand d. römischen Landwirtschaft: Zahlr. Formen v. Pflug, Egge, Walze, Spaten, Hacke, Rechen; Stall- und Grün- (Lupinen-) Dünger; Weizen, Gerste, Hirse, Bohnen, Linsen, Flachs, Hanf, Mohn, Senf u. a.; genaueste, a. Erfahrung beruhende Anweisungen für d. Pflügen u. Säen (römisch. Schrifttum üb. d. Ackerbau bleibt maßgeb. bis ins 18. Jhdt.)
† *Lucius Annäus Seneca* (Selbstmord auf Befehl *Neros*), neustoischer Moralphilosoph; lehrte Sündhaftigkeit des Menschen und Menschenliebe; „der Tod ist der Ge-	burtstag ewiger Seligkeit". Schrieb zahlr. moralphilosophische Schriften u. philos. Tragödien üb. griech. Stoffe; war Gegner d. Gladiatorenkämpfe (* —3)	*Seneca* (†) schrieb „Naturwissenschaftl. Untersuchungen" (noch im MA als Lehrbuch d. Physik verwendet)	~ Beim Wiederaufbau Roms entsteh. 2-3-stöckige Wohnhäuser ~ Inflation in Rom

	Römische Kaiserzeit Nero · Vespasian	„Silb. Zeitalter" Roms	Spätrömische Kunst
66	Jüdischer Aufstand gegen den röm. Landpfleger über Palästina (endet 70 mit der Zerstörung Jerusalems)	† Petronius Arbiter (wegen Verdachts der Verschwörung zum Selbstmord gezwungen), röm. Schriftsteller am Hofe Neros; maßgebend f. den höfischen Geschmack; schrieb „Saturae" (satir. Roman üb. röm. Emporkömmlinge nach griech. Vorlage)	Kaiser Nero besucht die Kunststätten Griechenlands und erklärt es für „frei" Nero-Denkmal in Mainz
67	Neros Feldherr Corbulo begeht nach Todesurteil durch den Kaiser Selbstmord		
68	† Nero (Claudius Drusus Germanicus Nero) (Selbstmord nach einem Aufstand in Gallien und Ächtung durch d. Senat), röm. Kaiser seit 54 (* 37)	Quintilian erster staatl. Lehrer d. Beredsamkeit in Rom	
69	Vespasian (Titus Flavius Vespasianus) wird erster röm. Kaiser aus d. Plebejer-Hause d. Flavier bis 79 (†); ordnet Finanzen; vorher regierten im selben Jahr die Soldatenkaiser Galba (seit 68), Otho u. Vitellius, die sämtlich im Bürgerkrieg um den Thron umkamen		
70	Der seit 66 in Galiläa gegen Rom gerichtete jüd. Aufstand findet durch die Zerstörung Jerusalems und ein grausames Gericht durch Titus, den Sohn Kaiser Vespasians, sein Ende. Nach dem Fall Jerusalems gewinnen die Pharisäer die Überhand über die Sadduzäer (vgl. —111) Bataver schlagen Römer beim Kastell Bonn	~ * Gajus Suetonius Tranquillus (Sueton), römischer Schriftsteller († ~ 130)	Judentum verliert durch die Zerstörung des Tempels in Jerusalem religiösen Mittelpunkt ≈ Pompejanische Wandbilder
71	Unter der erfolgr. Regierung d. Kaisers Vespasian wird d. Bataveraufstand in Gallien niedergeworfen (seit 69) und ein unabhängiges Gallien verhindert		

	Tod Petri und Pauli	Spätantike Musik	Glashütten	
			Flavius Josephus kommt wegen Leitung eines Aufstandes in Galiläa als Gefangener n. Rom; freigelassen schreibt er „Geschichte des Jüd. Kriegs" u. „Jüdische Archäologie" (Geschichte v. d. Schöpfung b. *Nero*)	
	† Apostel *Paulus*, i. Rom enthauptet; (Reise nach Spanien [seit 60] fragl.); löste durch seine Heidenbekehrung. das Christentum vom jüd. Gesetz † Apostel *Petrus*, Haupt d. Christengemeinde i. Jerusalem. (Nach der kathol. Überlieferung Märtyrertod in Rom durch Kreuzigung m. Kopf n. unten; die nichtkathol. Forschung bezweifelt seinen Aufenthalt in Rom) Der Buddhismus gelangt von Indien nach China; erlangt zunächst keinen großen Einfluß, da die Lehren des *Kung-tse (Konfuzius)* und *Laotse* ihm entgegenstehen (vgl. 385 u. 386)			
	~ „Markus-Evangelium" entsteht (vgl. 100) Die Zerstörung Jerusalems vernichtet die Gemeinde der Juden-Christen, die Jesus als jüdischen Messias erwartete. Tragend wird nun das paulinisch-hellenistische Christentum, das in Auseinandersetzung mit den Mysterien-Religionen Jesus als Heiland aller gläubigen Menschen verehrt.		≈ Glashütten in Spanien u. Gallien entstehen (Glasherstellung war schon früher in Ägypten bekannt)	

	Römische Kaiserzeit Vespasian · Titus · Domitian	„Silb. Zeitalter" Roms	Evangelien
73	Festung Massada a. Toten Meer wird von den Juden bis zum letzten gegen die Römer verteidigt. Männer, Frauen u. Kinder geben sich den Tod		
75	≈ Die Indoskythen unter d. *Kushana*-Dynastie beginnen Eroberung Nordindiens bis zum Benares	~ *Antonios Diogenes:* „Die Wunder jenseits Thule" (griech. abenteuerl. Reise- u. Liebesroman unter d. myst. Einfluß des Neupythagoreismus)	
76	* *Hadrian (Publius Älius Hadrianus)*, röm. Kaiser von 117 bis 138 (†)		
79	*Titus (Titus Flavius Vespasianus)*, Sohn Kaiser *Vespasians*, wird Kaiser bis 81 († , * 39); führt wider Erwarten milde Regierung, bekommt den Ehrennamen „Lust und Freude des Menschengeschlechtes" *Plinius d. Ä.* (†) warnte vor der auf Sklavenarbeit beruhenden Latifundien-Landwirtschaft, die im Röm. Reich vorherrscht und mehr und mehr zu sozialer Schwäche und Anfälligkeit gegenüber äußeren Feinden führt Eboracum (York) wird größte röm. Stadt in Britannien (zeitweil. Sitz der röm. Verwaltung)		
80	4 röm. Kastelle nördl. der Donau		~ Matthäus- und Lukas-Evangelium (i. Anlehnung an Markus)
81	*Domitian (Titus Flavius Domitianus)* röm. Kaiser und Gewaltherrscher bis 96 († , ermordet)		

	Spätrömische Kunst Kolosseum	Spätantike Technik und Wissenschaft Plinius		
		Tafel mit astron. babylon. Text (gilt als letztes Zeichen der sumer.-babylon. Kultur)		
	Erste abendländ. kunstgeschichtliche Betrachtungen bei *Plinius d. Ä.* (†)	† *Gajus Secundus Plinius d. Ä.* (beim Vesuvausbruch), röm. Flottenbefehlshaber i. Misenum; schrieb als umfassendes Sammelwerk d. Wissens seiner Zeit „Naturalis historia" („Naturgeschichte", 37 Bücher geograph., naturw., mediz., kunstgeschichtl. Inhalts, das später oft benutzt wird); teilte i. seiner „Naturgeschichte" d. Tierreich in Land-, Wasser- u. Flugtiere u. beschrieb zahlr. Mineralien (* ~ 24)	Im röm. Weltreich sind zahlr. technische Verfahren bekannt, die meist von anderen Völkern übernommen wurden, deren Herstellung jedoch durch den großen Bedarf Fortschritte machte (z. T. bei *Plinius d. Ä.* erwähnt): Metallgewinnung, Ziegelei, Töpferei, Färberei, Gerberei, Großbäckerei, Ölpresserei; Herstellung von Glas, Mörtel, Seife, Kosmetika; Düngerverwendung u. a.	Pompeji u. Herculaneum durch Vesuvausbruch zerstört. Von den 20 000 Einw. Pompejis kommen etwa 2000 um. Bild d. Stadt: Von 2-stöck. Säulenhallen umgebenes Forum, Jupiter- und Apollo-Tempel, 2 Theater, Amphitheater (Arena), Markt- u. Verkaufshallen, zweistöck. Wohnhäuser, Verwaltungsgebäude, Badeanlagen (Thermen), Bäckereien, Walkereien, Gerbereien, Gaststätten; Wandmalereien, Bildhauerwerke (Ausgrabungen ab 1808)
	Kolosseum als größtes Amphitheater Roms mit etwa 50 000 Plätzen fertiggestellt (von Kaiser *Vespasian* begonnen; dient vor allem grausamen Gladiatorenkämpfen zwischen Sklaven und Gefangenen)	~ *Pan Ku* († 92): Geschichte d. chin. Han-Dynastie		Brand Roms Panzernashorn wird in Rom gezeigt
	Titus-Bogen in Rom zu Ehren von Kaiser *Titus*, der 70 den Krieg in Palästina durch Zerstörung Jerusalems beendete (mit Reliefs und Kompositionskapitellen, welche d. röm. Baukunst aus einer Verschmelzung d. korinth. u. ionischen Kapitells entwickelt hatte)			
	Das 80 abgebrannte Capitol in Rom wird bis 82 wiederaufgebaut			

	Römische Kaiserzeit Domitian · Nerva	„Silb. Zeitalter" Roms	
84	Römische Herrschaft bis Schottland Kaiser *Domitian* beginnt röm. Befestigungswall (Limes) gegen Germanien (Hauptteil unter *Trajan*; im fertigen Zustand 584 km lang, etwa 1000 Wachttürme, über 100 Kastelle		
85		~ * *Favorinus v. Arelate*, Begrd. d. späthellenist. „Buntschriftstellerei" († ~ 160)	
90	Zur Grenzsicherung zwei germanische Provinzen gegrdt. (Hauptstädte: Mainz und Köln)		
95		~ † *Marcus Fabius Quintilianus* (*Quintilian*), röm. Lehrer der Rhetorik; schrieb maßgebendes Lehrbuch der Beredsamkeit, „Institutio oratoria", mit lat. Grammatik (* ~ 35)	
96	Nach Ermordung d. autokratischen Kaisers *Domitian* (seit 81, * 51) wird der Senator *Nerva* Kaiser, der d. adoptierten *Trajan* zum Mitregenten und Nachfolger (ab 98) ernennt	† *P. Papinius Statius*, röm. Dichter, Redner und Erzieher, geistreicher Improvisator (* ~ 41)	~ Unter *Domitian* Prachtbauten in Rom: Tempel, Kaiserpalast
97			

Spätantike und frühchristliche Philosophie *Schriften des Neuen Testaments*	

≈ Zwischen 68 und 100 entsteht die „Offenbarung Johannis" von einem Unbekannten. Auch die Apostelgeschichte d. Neuen Testaments entsteht um diese Zeit	
	~ Neuer Kanal Nil—Rotes Meer
~ Unter Verwendung echter Briefe von *Paulus* entstehen die sog. „Pastoralbriefe" an *Thimotheus* und *Titus* mit Anweisungen für ein geordnetes christl. Gemeindewesen	~ *Klemens I.* Bischof von Rom. In einem Brief sucht d. röm. Gemeinde die Gemeinde Korinths kirchlich zu ordnen. Vertreibung d. Philosophen aus Italien durch Kaiser *Domitian* (u. a. verläßt *Epiktet* Rom)
Kaiser *Domitian* (†) wurde mit „Gott und Herr" angeredet; forderte Opfer vorm Kaiserbild	
	~ † *Flavius Josephus*, jüd. Historiker und Feldherr (* 37)

	 Römische Kaiserzeit Trajan	 Germanische Sagen	Germanische Religion
98	*Trajan (Marcus Ulpius Trajanus)* röm. Kaiser bis 117 (†); erster Kaiser aus einer röm. Provinz stammend (* 53 in Spanien); gibt dem Röm. Reich seine größte Ausdehnung, erweitert Straßennetz, fördert das Unterstützungswerk für Minderbemittelte seines kaiserl. Adoptivvaters *Nerva* (†); stützt den Senat ≈ In Germanien: Sippenverfassung unter Gaufürsten; Stände: Freie, Halbfreie, Knechte; Gerichtsherr ist der Gaufürst, Strafen durch Priester oder Sippen; Muntehe (Kauf der Braut von der Sippe). (Bis zur Völkerwanderung setzen sich von den Ostgermanen her stärker Staatenbildung und Königstum durch)	*Tacitus:* „Germania" (röm. Schilderung der Germanen, nicht ohne moralische Tendenzen gegenüber dem zeitgenössischen Römertum; sicherste Quelle d. heutigen Kenntnisse über Germanien) ≈ Helden u. Götterlieder bei den Germanen erwähnt	≈ *Dion* aus Prusa (gen. *Chrysostomos* = Goldmund), röm. Redner u. Philosoph d. stoisch-kynischen Moral (* ∼ 0, † ∼ 120) ∼ † *Wang Tsch'ung*, chines. Philosoph eines rationalist. Empirismus (* ∼ 25) ≈ *Heron* unterhält in Alexandria eine Schule f. Mechaniker u. Feldmesser (frühes „Polytechnikum") ≈ Religion in Germanien: Verehrung in Hainen unter Priestern von Thor (Donar = „Sohn der Erde") mit Gattin Sif („Sippe") und Odin (Wotan = Totengott mit der wilden Jagd) mit Gattin Frigg. Walhall als ird. Wohnort d. gefallenen Krieger (später Heldenparadies). Am letzten Tage (Götterdämmerung) besiegen die Riesen die Götter. Weissagende Frauen ≈ Die Germanen nehmen ein gewisses körperliches Fortleben nach dem Tode an (z. B. Walhall; Anzeichen für solche Vorstellungen eines „lebenden Leichnams" finden sich in vielen Frühkulturen)

Chin. Kunst der Han-Dynastie	*Germ. Musik*	*Tacitus*	

≈ Das chinesische Kunsthandwerk der *Han*-Dynastie führt die Techniken der Gold- und Lackarbeiten auf eine hohe Stufe; Neigung zu geometrischen Formen

≈ Opfer- und Grabkammern aus Ziegeln, z. T. mit Gewölbe (sind die ersten erhaltenen chines. Bauten. Vorher hochentwickelte Holzbauweise; die Ziegel oft mit geometrischen Mustern verziert, ein Kennzeichen der *Han*-Dynastie)

≈ Germanen kennen Schlachtgesänge, Hochzeits- und Totenlieder

---

≈ *Heron von Alexandria*, griech. Mathematik., Naturforsch. u. Techniker; fand neue („Heronische") Formel f. Dreiecksinhalt; erfand angeblich Wasserspritze („Heronsball"); beschrieb Kolbenpumpe als Feuerspritze, „Feuermaschine" (sich ausdehnende Luft öffnet automatisch Tempeltüren), „Äolsball" (frühest. Vorläufer d. Dampfturbine), Weihwasserautomaten u. a.

≈ Rom kennt Bockkräne in der Bautechnik; teilweise durch Treträder angetrieben

≈ Römer kennen einfache Drachen, die man an einer Schnur steigen läßt; es werden auch drachenartige Feldzeichen an einer Stange getragen, die vom Wind aufgeblasen u. bewegt werden

≈ Im Röm. Reich hält man das über den Landweg erreichbare Sererland (Nordchina) und das zur See erreichbare Thinae (Südchina) für zwei weit auseinanderliegende Gebiete

---

≈ Zunehmende Beeinflussung d. Germanen durch römische Kultur u. Sprache

≈ Feldgraswirtschaft bei d. Germanen; Anbau v. Getreide, Hirse, Hülsenfrüchten. Zucht v. Pferden, Rindern, Schafen, Ziegen, Schweinen, Gänsen. Land ist Sippeneigentum. Privateigentum an Haus, Hof u. Vieh

≈ Germanen kennen Todesstrafe durch Hängen und Ertränken i. Moor (z. B. für Ehebrecherinnen), die durch Priester vollstreckt wird

≈ Nach *Tacitus* ziehen die Germanen den Krieg d. friedlichen Arbeit vor

≈ Bewaffnung d. Germanen: Lanze, Schwert, hölzerner Schild, Streitaxt

≈ In Germanien: Wohnhaus einräumiger Holzbau. Männl. Kleidung: Mantel, Leibrock, Unterkleid, Hosen (lang oder kurz), Bundschuhe. Weibl. Kleidung: Kleid, Unterkleid, Kopftuch, Schuhe

≈ Germanische Ringwälle gegen Römer

≈ In Rom befinden sich etwa 150000 Personen, die sich in der Hauptsache aus Staatsspenden ernähren

	Römische Kaiserzeit *Trajan*	„Silb. Zeitalter" Roms Antiker Roman	*Altes und* *Neues Testament*
100	Röm. Militärstation Timgad in Algerien gegrdt. (wird Kreuzungspunkt von 6 Römerstraßen) ≈ Unter Kg. *Kanischka* erlangt die nordind. Kuschan-Dynastie größte Ausdehnung; Übertritt zum Buddhismus ≈ Altperuanische Kultur von Chavín de Huanter (Andenhochland) mit entwickelter Baukunst, Skulpturen, Töpferei; Hauptmotiv: Jaguargott	≈ *Aschwagoscha:* „Buddhascharita" (Buddha-Dichtung im Sanskrit) ≈ Erster griech. Liebesroman von *Chariton* aus Aphrodisias (abenteuerliche Trennung u. Wiedervereinigung eines Liebespaares, bleibt ein Hauptthema des griech. Romans) ~ † *Marcus Valerius Martialis (Martial)*, röm. Dichter geistvoller Epigramme (* ~ 41) *Plinius d. J.:* „Panegyricus" (feierlich. Dankrede an *Trajan*) ≈ *Xenophon v. Ephesos:* „Ephesische Geschichten von Antheia und Abrokomes" (griech. abenteuerlicher Liebesroman)	~ † *Apollonios von Tyana*, neupythagoreischer Philosoph; lehrte Unreinheit der Materie und einen vor den übrigen Göttern besonderen Gott (* um Chr. Geb.) ≈ Christentum steht noch stark unter d. Wiedererwartung *Christi* ≈ Abendmahl als Sakrament aufgefaßt; erste Form d. Abendmahlliturgie als „Apostellehre" ~ Schon alle vier christl. Evangelien vorhanden (zuletzt das des *Johannes*; *Lukas*- u. *Matthäus*-Evgl. entstanden aus dem des *Markus* und einer zweiten, verlorenen Quelle; vgl. 1. Jh., 70 u. 80) ≈ Kanon des Alten Testamentes abgeschlossen ≈ In Griechenland entsteht die „zweite Sophistik" mit dem Ideal einer allgem. gebildeten Persönlichkeit auf Grund der klassischen Quellen. Wirkt besonders durch Rhetorik; beeinfl. stark die Literatur, bes. den erotischen Roman
102	Aus einem vorgerückten chin. Feldlager am Kaspischen Meer werden Kundschafter in das Röm. Reich entsandt, deren Nachrichten einen weiteren chines. Vormarsch aufhalten		

Spätrömische Kunst Bauten in Trier	Spätantike Musik	Spätantike Technik und Wissenschaft	
≈ Höhepunkt der röm. Porträtplastik (auch Kinderbildnisse)	≈ Laute als Musikinstrument in Nordwestindien	~ Menelaos, alexandrinischer Mathematiker i. Rom, schreibt über Geometrie auf der Kugel, findet den nach ihm benannten Satz d. Dreiecksgeometrie	≈ Engere Verbindung zwisch. Mittelmeerländern u. Indien (Malakka wird bekannt; Tongking erreicht; vgl. 2. Jhdt.)
≈ Säuglingsporträt (röm. Plastik)			
~ Bronzefigur eines knienden Germanen (römisch)			
≈ Die röm. Kopisten gestalten griech. Plastiken oft weitgehend um (so wird die „Venus von Esquilin" aufgefaßt als ein Isis-Venus-Akt nach einer bekleideten griech. Hebe aus dem —5. Jhdt.)			≈ Die Einwohnerzahl Roms beträgt wahrscheinl. 1—2 Millionen (d. Großteil d. Bevölkerung wohnt in mehrstöckigen Mietshäusern)
		~ *Claudius Ptolemäus aus Ägypten, Astronom u. Geograph i. Alexandria († ~ 178)	
≈ Forum und Amphitheater in Trier		≈ Leuchtturm (Herkulesturm) in La Coruña (span. Atlantikküste) (bis in die neueste Zeit im Gebrauch)	≈ In der röm. Kaiserzeit gibt es ein Stationsnetz zur Nachrichten- u. gelegentl. Personenbeförderung durch Reitpferde u. Wagen auf d. ausgebauten Militärstraßen d. Röm. Reiches
≈ Kölner Glaskunst pflegt Verzierung durch Glasschnitt und Fadenauflage			
≈ Reichgearbeitete Fibeln in Mitteleuropa			
≈ Älteste Madonnendarstellung in der Priscilla-Katakombe in Rom (Wandmalerei)		≈ Im griech.-röm. Kulturkreis ist d. praktische Gewinnung der wichtigsten Metalle aus den Erzen trotz alchimistischer Fehldeutungen gut bekannt (bes. Gold, Silber, Kupfer, Eisen, Blei und Zinn)	
≈ Mäander-Urnen im Elbegebiet			≈ Zwei über den Schultern zusammengefügte Wolldecken u. m. Brustschlitz versehener genähter Rock als Kleidung der Germanen. Die Germanen an Donau u. Rhein beginnen nach Vorbild der Gallier u. Daker Hosen zu tragen. (Später mehr und mehr römische Tracht)
≈ Ind.-buddhist. farben- u. formenfrohe Fresken-Malerei erscheint (weist auf frühere Entwicklung auch weltlicher Malerei; Rückgang im 7. Jhdt.)			
		≈ Die unter- u. oberirdischen Wasserleitungen in Rom haben eine Gesamtlänge von etwa 400 km	
		≈ römische Wasserleitung Eifel-Köln (ca. 100 km lang)	
			≈ Etwa 4½ Millionen Juden auf d. Erde (im —5. Jhdt. etwa ½ Mill.; im 20. Jhdt. etwa 16 Mill.)
			≈ Der röm. Seehandel führt über Hinterindien bis nach China: Seidenhandel

	Römische Kaiserzeit Trajan	„Silb. Zeitalter" Roms Antiker Roman	Bischofsgewalt
105			~ Das Bischofsamt des *Ignatius v. Antiochia* zeigt die Entstehung eines monarchischen Episkopats (bis zum 3. Jh. wird die Bischofsgewalt voll ausgebaut, später durch Primat d. Papstes eingeschränkt)
106	Kaiser *Trajan* unterwirft Araber und grdt. röm. Provinz Arabia		
107	Kaiser *Trajan* besiegt endgültig die Thraker in Dacien (Dacien röm. Provinz bis 270)		
109		*Gajus Cäcilius Secundus Plinius d. J.* (Neffe von *Plinius d. Ä.*; * 62, † 113): „Briefe" (neun Bde. seit 97; darunter amtl. Briefwechsel als röm. Beamter mit Kaiser *Trajan*; ein Höhepunkt d. alten Briefliteratur, wichtig für d. Zeitgeschichte)	
112			Kaiser *Trajan* schränkt durch Gesetze willkürliche Christenverfolgung ein. Angehörigkeit zum Christentum bleibt weiterhin strafbar
113			

Spätrömische und altchristliche Kunst Trajan-Forum	Spätantike Musik	Papier in China	
	~ *Apollodoros aus Damaskus:* Odeum (Tonhalle in Rom)	~ *Apollodoros aus Damaskus* baut d. Donaubrücke beim Eisernen Tor ~ Röm. Militärexpedition gelangt in d. Tschadsee-Gebiet Erfindung der Papierherstellung v. *Ts'ai Lun* in China (später durch Araber nach Europa gebracht; vgl. 793)	≈ Dem Gewürzhandel sind anscheinend schon d. Molukken bekannt, die von d. wissenschaftl. Geographie noch nicht erwähnt werden (derselbe Tatbestand ist auch für d. Mittelalter nachweisbar, bis 1512 endgültige Wiederentdeckung)
			~ Röm. Goldpreis sinkt wegen Eroberung der Bergwerke in Dacien
		~ *Archigenes* aus Apameia (Syrien) operiert als Arzt in Rom Brustkrebs	≈ Die röm. Frauenkleidung d. Kaiserzeit entspr. d. spätgriechischen: Stola (langes, weißes Ärmelgewand) u. Palla (farbiger Umwurf als Straßengewand), hohe Perücke (häufig blond)
Apollodoros aus Damaskus: Trajan-Forum in Rom (das bedeutendste der kaiserl. Foren [umbaute Plätze] mit 5schiffiger Basilika, Bibliothek u. a.) Mit dem historischen, 80 m langen Reliefband d. *Trajan*-Säule findet diese für Rom kennzeichnende Kunstform einen Höhepunkt			

	Römische Kaiserzeit Trajan · Hadrian	„Silb. Zeitalter" Roms Antiker Roman	Plutarch
116	Aufstand der Juden in Cyrenaika und Ägypten		
117	† *Trajan (Marcus Ulpius Trajanus)*, röm. Kaiser seit 98 (* 53); nach seinen erfolgr. Kriegen hat das röm. Weltreich seine größte Ausdehnung erreicht: Dacien (Rumän.), Armenien, Assyrien, Mesopotamien (bis zum Pers. Golf); wird außer Dacien von Kaiser *Hadrian* aufgegeben: Euphratgrenze *Hadrian (Publius Älius Hadrianus)* röm. Kaiser bis 138 (†); läßt Grenzbefestigungen und künstlerische Bauten errichten	Ende des „Silbernen Zeitalters" d. röm. Literatur. Es beginnt das „Eherne Zeitalter", für das der barocke Stil der „Zweiten Sophistik" (*Apulejus*) kennzeichnend ist	
120	~ Mit Kg. *Kanishka* erlebt d. nordind. indoskythische *Kushana*-Dynastie (seit 1. Jhdt.) ihren Höhepunkt. Die von griech. u. parthischen Fürsten in Nordwestindien errichteten Satrapen-Herrschaften (seit d. —2. Jhdt.) werden beseitigt (*Kanishkas* Regierungsantritt wird frühestens 78, spätestens 144 angesetzt)	~ * *Lukian*, griech. satir. Schriftsteller der zweiten Sophistik († ~ 180)	~ † *Plutarch(os)*, griechisch. Historiker, Philosoph u. Schriftsteller, Anhänger *Platos*; schrieb u. a. „Vitae parallelae" (46 charaktervolle vergl. Biographien von berühmten Griechen u. Römern), „Probleme beim Gastmahl" (philos. Dialoge), „Späte Bestrafung durch die Gottheit" (Theodizee) u.a. „Moralia"; lehrte: Zwischen Gott und Materie stehen die platonischen Ideen (* ~ 46) ≈ Nachblüte d. Delphischen Orakels (*Plutarch* war delphischer Priester)
121	* *Mark Aurel (Marcus Aurelius Antoninus)*, röm. Kaiser von 161 bis 180 (†)		

Spätrömische und altchristliche Kunst	*Ptolemäus*	
	~ † *Cornelius Tacitus*, röm. Geschichtsschreiber; schrieb „Germania", die römische Kaisergeschichte von 14 bis 96 in den „Annales" u. „Historiae" (* ~ 50)	
		≈ Länge d. Straßennetzes i. Röm. Reich etwa 80000 km (Einbeziehung von Schottland u. Jerusalem; Straßen 4—7 m breit mit Gehsteigen; mehrere Schichten Schottersteine mit Kiesdecke)
≈ Griech. und iranische Kultureinflüsse in Nordindien	~ *Ptolemäus* von Alexandria untersucht experimentell Lichtbrechung in Wasser u. Luft (Refraktion des Sternenlichtes) (Brechungsgesetz erst 1621 von *Snellius*)	
Kaiser *Hadrian* tritt eine Rundreise durch d. Provinzen d. Röm. Reiches an (bis 126 u. 129 bis 134) und hält sich besonders in Athen auf, das er durch Bauten fördert Das keltische Nemausus (Nîmes in Frankreich) wird römisch; erhält Amphitheater für 24000 Zuschauer, Aquädukt, Dianatempel, Augustustor u. a. m.		

	Römische Kaiserzeit Hadrian	Antiker Roman	Gnosis
122	Römer bauen *Hadrians*wall geg. Schottland (Kaledonia)		
125	~ Seit ~ 73 eroberten die Chinesen Teile Zentralasiens von den Hunnen zurück	~ * *Apulejus*, röm. Schriftsteller u. Wanderredner († ~ 180) ~ *Phlegon v. Tralles:* „Von wunderbaren Dingen", „Von langlebigen Menschen" (die älter als 100 J.)	≈ Die christl. Gnostikersekte der *Karpokratianer* beziehen Christus in die Seelenwanderungslehre ein
130	≈ Unter Kaiser *Hadrian* bildet sich immer stärker ein jurist. gebildetes Berufsbeamtentum f. d. röm. Verwaltung aus, wodurch die alten Wahlämter sehr an Bedeutung verlieren Kaiser *Hadrian* läßt das von *Titus* 70 völlig zerstörte Jerusalem wieder aufbauen	~ † *Gajus Suetonius Tranquillus (Sueton),* röm. Schriftsteller; schrieb „De vita Cäsarum" (Lebensbeschr. d. röm. Herrscher v. *Cäsar* bis *Domitian*) „De poetis" („Über d. Dichter") (* ~ 70)	~ *Basilides* aus Syrien, christl. Gnostiker, sieht in der christl. Offenbarung die Erlösung des Lichtes aus der Finsternis Beschneidungsverbot Kaiser *Hadrians* (löst 132 Aufstand in Palästina unter *Bar Kochba* aus)
132	Der röm. Prätor *Salvius Julianus* schließt das seit —366 entstandene prätorische Recht im „Prätorischen Edikt" ab (zeichnet sich aus durch sachgemäße Behandlung der Einzelfälle unter dem abwägenden Gesichtspunkt der „Billigkeit")		
135	Kaiser *Hadrian* unterwirft den jüd. Aufstand unter dem als Messias auftretenden *Simon Bar Kochba* (seit 132) Jerusalem wird röm. Militärkolonie u. für Juden verboten		† *Ben Joseph Akiba* (hingerichtet wegen Aufstandes gegen die Römer), jüd. Schriftgelehrter; schuf erste Talmud-Gesetzessammlung (Mischna) (* ~ 50)

Spätrömische und altchristliche Kunst Bauten Hadrians	Spätantike Musik	Pantheonkuppel	
		Römische Steinbrücke über Mosel b. Trier	~ Römische Moselbrücke b. Trier (dient bis heute)
~ *Hadrian* baut das 110 durch Blitzschlag zerstörte Pantheon (in seiner heutigen Form) wieder auf ≈ Verwendung farbigen Marmors in der römischen Baukunst		~ Christl.-symbol. Zoologie („Tierbuch") eines unbekannten Verfassers *„Physiologus"* i. Alexandria (wird in viele Sprachen übersetzt u. Hauptwerk über Tierkunde im Mittelalter)	~ *Hadrian* trägt als erster römisch. Kaiser einen Bart und macht damit die griech. Philosophentracht hoffähig
~ In u. bei Rom entstehen unter Kaiser *Hadrian* Doppeltempel für Venus u. Roma (135), Grabmal (Engelsburg 139), Villa b. Tibur (Tivoli) mit präch. Gartenanlagen ~ Porträtbüste des *Antinoos* (bithynischer Geliebter Kaiser *Hadrians*; wahrscheinl. v. einem griech. Künstler; Marmor) ~ Taubenmosaik in *Hadrians* Villa b. Tivoli (röm. Fußbodenmosaik)		~ *Galen(us)*, röm. Mediziner aus Pergamon († ~ 205) ~ Das Pantheon in Rom erhält unter Kaiser *Hadrian* seine Kuppel von 43 m Spannweite	~ Kaiser *Hadrian* erbaut seinem Geliebten *Antinoos* aus Bithynien, der für des Kaisers Lebensverlängerung sein Leben durch Selbstmord stellvertretend opfern zu müssen glaubte, die Stadt Antinoopolis und mehrere Tempel zu seiner Verehrung
			~ Kaiser *Hadrian* besteigt den Ätna (Antike kennt i. allg. keinen den Naturschönheiten aufgeschlossenen „Alpinismus")
		~ *Antyllos* entwickelt entscheidend Chirurgie (Luftröhrenschnitt, Operationen an der Schlagader)	

	Römische Kaiserzeit Hadrian · Antoninus Pius	Antiker Roman	Röm. Sarkophage
138	† *Hadrian (Publius Älius Hadrianus)*, röm. Kaiser seit 117; baute Limes (Grenzwall geg. Germanen) u. *Hadrians*wall (in Britannien), Zeustempel in Athen, Palast in Tibur, sein Mausoleum (Engelsburg) (* 76) *Antoninus Pius* röm. Kaiser bis 161 (†, * 86); sichert dem Reich Frieden durch Grenzschutz (u. a. zweiter, nördl. Grenzwall in Britannien), fördert Armenpflege u. Kultur, schont Christen. Seine Regierungszeit gilt als glücklichste der röm. Kaiser	~ † *Juvenalis*, röm. satir. Dichter, klagte in seinen Gedichten den moralischen Verfall seiner Zeit an, bes. in der „Weibersatire" (* 58)	~ Kg. *Kanishka* von Nordindien fördert Buddhismus ≈ Nach der Zerstörung Jerusalems wird Jamnia am Mittelmeer (Palästina) zum relig. Zentrum der Juden. Synode setzt hier Kanon des Alten Testaments fest
140	~ * *Ämilius Papinianus*, altröm. Rechtsgelehrter († 212, hingerichtet)		
144			
147			≈ Barbara-Thermen in Trier
150	≈ 1. german. Völkerwanderung (ihr Druck auf die Donauvölker gefährdet Röm. Reich) Goten wandern zum Schwarzen Meer		≈ Zahlreiche Sarkophage mit figurenreichen Reliefbändern nach griech Motiven in Rom ≈ Wandmalereien und Platten mit Flachreliefs (z. B. Totenfeier) in chines. Grabkammern

	Stoa · Christl. Glaubensregel	Ptolemäus	
Aristides von Athen: Verteidigungsschrift f. das Christentum (Anfänge christl. Apologetik gegen jüd. und heidnische Angriffe) † *Epiktet,* stoischer Philos. in Rom und Griechenland, freigelassener Sklave; Kosmopolit und Lehrer prakt. Lebensweisheit;	schrieb „Handbüchlein" („Encheiridion") u. „Unterredungen" (* ~ 50). Sein Schüler *Arrianus* überlieferte seine Lehre ~ Kaiser *Hadrian* (†) errichtete das Athenäum, die erste universitätsähnliche Institution Roms		≈ Ausbau d. Römer-Kastells Saalburg am Limes im Taunus (Prätorium, Mannschaftsbaracken, Magazine, Backöfen, Bad, Hütten für Händler u. Gastwirte; Heiligt. d. Mithras, d. Kybele, d. syrischen Jupiter Dolichenus; ~ 245 aufgegeben)
Hermas, apostolischer Vater in Rom, mahnt in seiner Schrift „Hirt des Hermas" zur Buße vor dem nahen Weltende ~ Bischof *Papias* von Hierapolis (Phrygien): „Erläuterungen zu d. Worten des Herrn" (wichtige, verlorene	Quelle über d. Jünger Jesu) ~ *Valentinus* wirkt als christl. Gnostiker in Rom († ~ 160), vermengt in seiner Emanationslehre der Geisterwelt die christl. Lehre mit orientalischer u. platonischer Metaphysik	~ *Ptolemäus* kennt Armillarsphäre (Ringkugel) und Mauerquadrant als astr. Beobachtungsinstrumente (mißt Sternörter m. Fehlern bis zu einer Drittel Vollmondbreite)	
Christl. Gemeinde in Rom schließt *Marcion* aus, der unter Ablehnung des Alten Testaments und Betonung der Lehre *Paulus'* aske-	tisches Leben fordert (im 6. Jhdt. Verschmelzung seiner Lehre mit dem Manichäismus)		
Der Partherprinz *An-shi-kao* übersetzt indische buddhistische Schriften ins Chinesische und trägt so zur Ausbreitung des Buddhismus in China bei. Der Buddhismus ent-	wickelt sich zunächst in China als „Tantrismus", einer Form mit mystischem Dogma u. stark ritueller Bindung. Später abgelöst durch Amida- und Ch'an-Buddhismus	≈ Feuerzeichenverständigung längs der Postenkette am röm. Limes	
~ Gemeinsame Glaubensregel (regula fidei) d. christl. Urkirche. Leitung d. Gemeinden durch Bischöfe als Nachfolger d. Apostel zunächst ohne zentrale Leitung, jedoch bald bes. Bedtg. des Bischofs von Rom	~ Apokryphes „Petrus-Evangelium"	~ *Soranos* aus Ephesos schreibt „Über akute und chronische Krankheiten" sowie über Geburtshilfe und Säuglingspflege (beweist relativ hohen Stand der griech. Medizin)	≈ In Rom beginnt die Bestattung in Sarkophagen die Verbrennung zu verdrängen

	Römische Kaiserzeit Antoninus Pius · Mark Aurel	Antiker Roman	Verbreitung des Mithraskultes
Im 2. Jahrhundert	Finnen beginnen in das schwach besiedelte Finnland einzuwandern Palasteunuchen spielen eine große Rolle bei dem Streit der Gruppen am chin. Kaiserhof um Einfluß und Erbfolge	*Hephästion:* „Encheiridion" („Handbuch" d. antiken Verskunde) Griech. Sprichwörtersammlungen entstehen Koptische Sprache in Ägypten (gesprochen bis 17. Jh.; ab 10. Jh. vom Arabischen verdrängt)	Zweiter „Petrusbrief" d. Neuen Testaments entsteht (auch d. Echtheit d. ersten ist zweifelhaft) Christliche Versammlungshäuser entstehen in Anlehnung an die Basilikaform Chin. Ritualbuch „Liki" (gehört zum Kanon d. Konfuzianer)
154		~ * *Bardesanes*, syr. Hymnendichter († 222)	
155		* *Tsau Tsau*, chin. Dichter († 220)	≈ *Aquila* übers. Altes Testament aus dem Hebräischen ins Griechische
156		≈ *Aulus Gellius:* „Attische Nächte" (20 Bde. über röm. Literatur und Sprache)	~ Der Phryger *Montanus* (daher „Montanisten") verspricht, d. Christentum zu vollenden, und fordert, in strenger Askese das baldige Ende der Welt zu erwarten (seine Lehre wird im 3. Jhdt. v. d. Kirche verdammt)
160		~ † *Favorinus v. Arelate*, griech. Schriftsteller; begrdte. mit „Allerlei Geschichten" die Merkwürdigkeiten aller Gebiete sammelnde „Buntschriftstellerei" (* ~ 85)	~ *Justinus*, Märtyrer aus Neapolis-Sichem: zwei Verteidigungsschriften (Apologien) d. Christentums ~ Kaiser *Antonius Pius* förderte Philosophie (2. Sophistik)
161	*Mark Aurel* röm. Kaiser bis 180 (†), bis 169 gemeinsam mit *Lucius Verus*; besiegt Parther u. verteidigt d. Grenzen gegen die Germanen *Gajus* (* 117, † 180): „Institutionen" (röm. Lehrbuch des Privat- u. Prozeßrechtes)		≈ Unter *Mark Aurel* verbreiten röm. Legionen mit dem Kult des Mithras und Jupiter Dolichenus orientalische Religionen
164			

Altchristliche und spätrömische Kunst Erste Christusbilder	Spätantike Musik	Spätantike Technik und Wissenschaft	
Erste Christusbilder (bisher nur symbolische Zeichen) Reichgeprägte Medaillen in Rom (Vorderseite Kaiserporträt, Rückseite figurenr. Szene, Inschriften) Große Tempelbauten in Baalbek (Heliopolis, Syrien), darunter großer Sonnentempel (300 m lang, mit 23 m hohen Säulen v. 7 m Umfang); Bacchustempel mit reliefgeschmückter Kassettendecke Rundtempel in Baalbek (Syrien) zeigen ein ausgesprochenes „Barock" der röm. Baukunst	Hymnen des *Mesomedes* an Götter und an die Muse (einige von d. wenigen erhaltenen griech. Musikwerken aus der späten Verfallzeit) *Nikomachos v. Gerasa:* „Handbuch der Harmonik"	*Nikomachos v. Gerasa:* „Einf. i. d. Arithmetik" Schreibpapier löst in China Holztäfelchen ab 5 stöckiges Wohnhaus in Rom	Tongking (an der Grenze zw. China u. Indochina) wichtiger Umschlaghafen für d. Handel zw. Mittelmeerländern und China (bleibt bis z. Mittelalter der fernste vom Westen erreichte Punkt)
		~ * *Dio Cassius*, griech. Geschichtsschreiber in Rom († ~ 229)	
≈ Dionysos-Mosaik i. ein. röm. Palast i. Köln (1941 neben dem Dom entdeckt)			
~ Unter *Antonius Pius* entst. auf dem Forum Tempel des *Hadrian* (145), *Antonius* und seiner Frau *Faustina* ~ Dreitoriges Markttor von Milet		Kaiser *Antonius Pius* förderte Wissenschaft	
	Odeon (Tonhalle) in Athen		
~ Älteste datierbare Maya-Denkmäler			Große Pestseuche im Röm. Reich (durch den Partherkrieg a. Asien eingeschleppt; wütet bis 180)

	Römische Kaiserzeit Mark Aurel	Antiker Roman	Spätantike und frühchristliche Philosophie
165	Ein Teil Mesopotamiens wird noch einmal röm. Provinz (bis 363) ~ Röm. Gesandtschaft in China		Der griech.-kynische Wanderprediger *Peregrinus Proteus* verbrennt sich selbst b. d. Olymp. Spielen nach vorher. Ankündigung
166	Aufstand d. Donauvölker unter Führung d. Markomannen (180 von Kaiser *Mark Aurel* niedergeschlagen)		
170		~ *Aelius Aristeides* (* ~ 117, † ~ 180): „Lobrede auf Rom" (griechisch) ~ *Aulus Gellius:* „Noctes Atticae" (Auslese aus der älteren röm. Literatur)	~ *Tatian* (aus Mesopotamien): „Diatessaron" (erste Evangelienharmonie, d. h. Leben *Jesu* nach den vier Evangelien)
171	Die ursprüngl. aus Skandinavien stammend. ostgerman. Wandalen-Stämme der Silingen und Asdingen siedeln von Schlesien u. Polen in die Karpaten und an die obere Theiß um		≈ Kanon des Neuen Testamentes entsteht
175		~ * *Claudius Älianus* röm.-griech. Schriftsteller († ~ 235)	~ * *Ammonios Sakkas*, Begründer d. Neuplatonismus († ~ 242) ≈ Lyon Bischofssitz (—43 als röm. Kolonie gegrdt.)
176	* *Caracalla (Marcus Aurelius Antonius)*, röm. Kaiser von 211 bis 217 (†)		
178			~ *Celsus:* „Wahre Worte" (erste philos. Kritik des Christentums vom Standpunkt eines platonisch-stoischen Eklektizismus aus) ~ Bischof von Rom beginnt als Lehrautorität gegenüber Ketzerlehren zu gelten

Altchristliche und spätrömische Kunst	*Ptolemäus*	
~ *Pausanias* (aus Magnesia/Kleinasien): „Rundreise durch Griechenland" („Periegesis", reiseführerartig, wichtige Quelle für antike Kunstgeschichte)	~*Ptolemäus:* „Geographie" mit einer Welt- u. 26 Länderkarten (beeinflußt von *Marinus von Tyrus*. Wichtige Quelle f. d. politischen u. kulturellen Verhältnisse	in Ländern mit fehlenden eigenen schriftl. Überlieferungen; Autorität des Verfassers erschwert geographischen Fortschritt bis zum Ausgang des Mittelalters)
	≈ Inder kennen dezimales Zahlensystem m. Ziffern, die später von den	Arabern weiterentwickelt werden (vgl. 814)
≈ Umfassende Neugestaltung des Asklepieions in Pergamon zur Zeit des *Galen*	~ † *Claudius Ptolemäus* aus Ägypt., Astronom u. Geograph in Alexandria; faßte i. seinem geozentrischen „Großen astronomischen System" (arab. „Almagest") griech. Himmelskunde zusammen (verwirft heliozentr. Weltbild d.	*Aristarchos* von —270); fertigte Tabellen d. geogr. Lage v. 8000 Orten u. geogr. Karten; versuchte in „Tetrabiblos" wissenschaftl. Begrd. d. Astrologie (seine Schriften waren bis in das ausgehende Mittelalter wirksam) (*~ 100)

	Römische Kaiserzeit Mark Aurel · Commodus	Antiker Roman	
179	Röm. Standlager Castra Regina an der Donau entsteht (späteres Regensburg)		
180	† *Mark Aurel (Marcus Aurelius Antoninus)* in Vindobona (später Wien), im Begriff die Grenze zu sichern, röm. Kaiser seit 161; kämpfte wechselvoll gegen d. Germanen (* 121) Mit seinem sittenlosen Sohn *Commodus* (ermordet 192) beginnt ein Jhdt. der Wirren	~ *Alkiphron* gibt in 118 erdichteten Briefen aus dem Volk ein Bild des griech. Stadt- und Landlebens ~ † *Apulejus*, röm. Schriftsteller; schrieb „Metamorphoses" (oder „Vom goldenen Esel", satir. Roman mit griech. Märchen von Amor u. Psyche), „Über Magie" (Verteidigung gegen die	Anklage d. Zauberei) (* ~ 125) ~ † *Lukian*, griech. satir. Schriftsteller d. „zweiten Sophistik"; verspottete dogmatische Philosophie (bes. Stoa), Aberglauben, d. phantastisch. Reiseroman u. Wundergeschichten; schrieb u. a. „Hetärengespräche" und „Der magische Esel" (* ~ 120)
185			
189	~ Nach dem Volksaufstand der „Gelben Turbane" kämpfen die Generale des chin. Kaisers um die Macht		
190		~ *Tertullianus* (* ~ 160, † ~ 220) wird Christ; beeinflußt frühchristl.-lat. apologetische Literatur und Ausbildung des Kirchenlateins; wird 207 Montanist	
192		* *Tsau Tschih*, chin. Dichter († 232)	
193	*Pertinax* u. *Didius Julianus* sind kurze Zeit röm. Kaiser. Mit *Septimius Severus* beginnt d. eigentl. Zeit der „Soldatenkaiser", die von den Truppen auf den Thron gehoben werden (bis 284). Die große Macht des Heeres ist durch die ständige Bedrohung d. Grenzen bedingt. Die durch d. röm. Sklavenwirtschaft bedrückte Bevölkerung leistet teilw. a. d. Grenzen keinen Widerstand. Häufige Aufstände i. d. Provinzen. *Septimus Severus* regiert bis 211 (†, * 146)		

	Spätantike und frühchristliche Philosophie		*Altchristliche und spätrömische Kunst*	
			~ Reiterstandbild Mark Aurels (Rom)	
	Mark Aurel (†) schrieb: „Selbstbetrachtungen" (griech., stoische Lebensphilosophie) ~ Commodus betrachtet sich als Inkarnation der Götter Herkules u. Mithras ~ Das Leiden der christl. Märtyrer wird aufgezeichnet	≈ Entsteh. d. westl. beeinfl. Amida-Buddhismus, wonach die Seele durch Gnade Buddhas das Nirwana findet (gelangt im 4. Jh. nach China)	~ Die Reliefs der Markussäule in Rom zur Verherrlichung des Markomannenkrieges (166 bis 180 in Böhmen) zeigen eine Verflachung d. röm. Bildhauerkunst (vgl. 113)	Silbergeldinflation i. Röm. Reich
	~ * Origenes, griech. Kirchenschriftsteller i. Alexandria († ~ 253)			
	Mit Bischof Viktor I. v. Rom (bis 198) beginnt d. Bedtg. d. röm. Bischofsstuhles zu wachsen	≈ Sextus Empiricus, Philosoph des Skeptizismus in Athen, Alexandria u. Rom		
	Klemens v. Alexandria (* ~ 160, † ~ 216) wird nach seinem Übertritt zum Christentum Lehrer an der Katechetenschule in Alexandria (flieht vor d. Christenverfolgung	202); schreibt als philosophisch freie Einführung in d. Christentum „Ermahnungsrede an die Hellenen", „Pädagog", „Teppiche"		
	≈ Die orientalisch-mystisch beeinfl. Gnosis lehrt Erlösung d. übersinnl. Erkenntnis statt durch Glauben (wird zu einer immer wieder auftretenden Richtung der christl. Philosophie)			

	Römische Soldatenkaiser	Antiker Roman	Neuplatonismus Frühchristentum
195	~ Kaiser *Septimius Severus* bildet aus Gütern seiner Gegner große Domänen in vielen Reichsteilen	~ *Athenaios von Naukratis*: „Sophistenmahl" (wahllose Sammlung v. Zitaten, Anekdoten, Literaturbruchstücken)	~ Erste lateinische Bibelübersetzung, sog. „Itala" (405 durch die Bibelübers. „Vulgata" des *Hiëronymus* ersetzt)
196	Römer zerstören Byzanz (von *Caracalla* bald wieder hergestellt)		
200	≈ Blüte der röm. Rechtspflege (z. B. *Papinianus, Ulpianus* u. a.). Zahlreiche Rechtsschulen im Röm. Reich ≈ Blüte der altphöniz. Hafenstadt Leptis Magna bei Tripolis unter röm. Herrschaft ≈ Blütezeit des röm. Nordafrikas. Karthago wieder Weltstadt Mesopotamien wieder röm. Provinz ≈ Röm. Einfluß in Böhmen veranlaßt die „Alemannen", aus Sachsen und Thüringen über den Main zum Rhein vorzudringen, wo die Römer sie mit Befestigungen aufhalten	~ *Babrios*, griech. Dichter, sammelt Fabeln des *Äsop* ~ *Hermogenes v. Tarsos* faßt die Technik der griech. Rhetorik zusammen ~ *Jamblichos* aus Syrien: „Babylonische Geschichten" (Liebesroman unter d. Einfluß der griech. Neusophistik; wirkt auf den frz. Roman d. 17. Jhdts. ein) ≈ Ende der kulturellen Nachblüte (bes. Literatur) in Griechenland unter den röm. Kaisern ≈ Das Neuhebräische entsteht	≈ Der Bischof von Rom erlangt als Nachfolger *Petri* mehr und mehr den Vorrang über die anderen Bischöfe und wird zum „Papst" ≈ Christliche Theologenschule in Alexandria versucht Christentum mit griechischer Philosophie zu vereinigen (besteht bis ~ 450, Angehörige u. a. *Origenes, Klemens, Kyrillos*) ≈ Das Christentum gibt die allgemeine Verurteilung d. Reichtums mehr und mehr auf und fordert die Verwendung d. Überschüssigen zugunsten der Kirche ≈ In starker Auseinandersetzung mit dem Mithras-Sonnenkult wird Christus als die „wahre Sonne" bezeichnet ≈ *Juda ha-Nasi* schließt die Sammlung „Mischna" d. jüd. Gesetzes in neuhebräischer Sprache ab: 6 Ordnungen mit Bestimmungen üb. Gebete, Ackerbau, Feste, Ehe-, Zivil- u. Strafgesetze, Opfer- u. Reinheitsgesetze (wird ≈ 500 zum Talmud erweitert)

Altchristliche und spätrömische Kunst Porta nigra	Späthellenistisch-christlicher Übergang	Galenus	
≈ Im Zuge der Ummauerung Triers entsteht die „Porta nigra" (römische Torburg) ~ „Pferd und Hund" (röm. Mosaik in Trier) ~ Katakomben-Malerei in der Calixtus-Kapelle in Rom (u. a. Jonasgeschichte, noch stark antik beeinfl. frühchristl. Wandmalerei) ≈ Mumienbildnisse in Ägypten (mit Wachsfarben im Einbrennverfahren bemalte Holzmasken Verstorbener; bis ≈ 400) ~ Stupa zu Amaravati (östl. Vorderindien) mit reich komponierten Steinreliefs; auch genreartige Szenen ≈ Königsbildnis (3 m hohe Steinplastik) in Anuradhapura (bis 846 Hauptstadt Ceylons) u. vier Buddhafiguren	≈ Die frühchristliche Vokalmusik unterliegt orientalisch-hellenistisch. Einfluß (syr. Hymnen, vgl. 222)	~ *Sextus Julius Africanus* schreibt in Alexandria eine christl.-synchronistische Weltgeschichte (gilt als Begründer dieser Betrachtungsweise) ≈ Der röm. Arzt *Galenus* unterscheidet entspr. den 4 Elementen 4 körperl.-seelische Temperamente je nach Überwiegen eines der Körpersäfte: cholerisch (gelbe Galle = Feuer, warm u. trocken), melancholisch (schwarze Galle = Erde, kalt und trocken), phlegmatisch (Schleim = Wasser, kalt u. feucht), sanguinisch (Blut = Luft, warm und feucht); fördert Physiologie, Diagnose u. Prognose ≈ Vorläufer der chemischen Destillation bei den Griechen (voll ausgebildet und angewandt erst ≈ 1100 in Süditalien)	≈ Das Rom der Kaiserzeit besitzt etwa 800 öffentliche Bäder ≈ Bei d. Römern kommen neben d. Truhe zur Kleideraufbewahrung Schränke mit Türen u. Fächern in Gebrauch ≈ Christen übernehmen die griechisch-röm. Trauerfarbe Schwarz ≈ Seidenraupenzucht gelangt von China nach Korea (von dort später nach Japan)

	Römische Soldatenkaiser	Neuplatonismus	Frühchristentum
203		≈ Gnostizismus versucht Christentum in eine hellenistische Geheimphilosophie umzubilden	~ Aufkommender christl. Märtyrerkult
205		~ Alexander v. Aphrodisias, Lehrer d. Philosophie in Athen, schreibt maßgebende Kommentare zu den aristotelischen Schriften und eigene philos. Werke	* Plotin(os), griech. Philos., Hauptvertr. d. mystischen Neuplatonismus († 270) ≈ Die Bezeichnung „katholisch" für die christl. Gesamtkirche entsteht
210		~ * Cäcilius Thascius Cyprianus, Kirchenvater aus Karthago († 258)	
211	Caracalla (Marcus Aurelius Antonius) röm. Kaiser bis 217 (†, ermordet), zunächst gemeinsam mit seinem Bruder Geta		
212	Kaiser Caracalla läßt seinen Bruder Geta in Anwesenheit ihrer Mutter ermorden und mehrere tausend seiner Anhänger hinrichten; errringt dadurch die Alleinherrschaft (ermordet 217) Der bedeutendste altröm. Rechtsgelehrte Ämilius Papinianus wird hingerichtet, weil er es ablehnt, d. Brudermord d. Kaisers zu verteidigen (* ~ 140) Alle freien Bewohner d. Röm. Reiches erhalten d. Bürgerrecht; damit fällt Italiens Vorzugsstellung		
213	Alemannen am oberen Rhein	~ * Cassius Longinos, griech. Philolog († ~ 274)	
214	* Aurelian (Lucius Domitius Aurelianus), röm. Kaiser von 270 bis 275 (†)		
215	Nordmesopotamien mit Hauptstadt Edessa wird römisch	~ * Mani, pers. Religionsgründer († 276, gekreuzigt)	
216			

Altchristliche und spätrömische Kunst Caracalla-Thermen	*Galenus*	
Triumphbogen d. *Septimius Severus* in Rom ∼ Nymphäum i. Rom (monumental u. kunstvoll gefaßte Wasserquellen)		
≈ Röm. Grabreliefs von Neumagen (≈ 150—250) mit realist. Darstellung röm. Lebens	∼ † *Galen(us)*, röm. Arzt aus Pergamon; vertrat philos. Medizin u. hippokratische Theorie d. Säftemischung, entwickelte d. Anatomie auf Grund von Tiersektionen; schrieb „Über die	Lehren d. Hippokrates u. Platon" (beherrscht mit *Hippokrates* d. Medizin bis ins ausgehende Mittelalter, was den medizinischen Fortschritt teilweise erschwert) (* ∼ 130)
∼ Röm. Triumphbogen und Minervatempel in Tebessa (Nordafrika) ∼ Porträtbüste d. Kaisers *Caracalla*		
Die Thermen (Bäder) des *Caracalla* in Rom (großes Bad mit Aufenthaltsräumen; Ziegelbau mit farbigem Marmor und vergoldeter Bronze verkleidet)		

Römische Soldatenkaiser

217	† (ermordet) *Caracalla* (*Marcus Aurelius Antonius*), röm. Kaiser seit 211; Gewaltherrscher, unter ihm zahlreiche Bauten in Rom (* 176)	
218	Malta wird römisch (454 v. d. Wandalen erobert) *Heliogabal* (auch *Elagabalus*), Sonnenpriester in Syrien, von den Truppen	ausgerufener röm. Kaiser bis 222 (†, weg. Mißwirtschaft und Ausschweifungen erschlagen, * 204); führte syrischen Sonnengottkult in Rom ein
220	*Han*-Dynastie in China (seit —206) durch Bauernaufstände beseitigt. Zerfall des Reiches in zunächst 3 rivalisierende Teile (Nord-, Süd- und Westchina, bis 280)	Nach der *Han*-Dynastie folgt in China eine Zeit innerer Zerrissenheit, in der der Feudalismus wieder vorherrscht (bis 589)
222	*Severus Alexander* röm. Kaiser bis 235 (†)	
224	Kurz nach einem Sieg über die Römer (217) wird das irano-persische *Arsakiden*reich Parthien v. d. *Sassaniden* zer-	stört (bestand seit ∼ —250 und hatte persisch-zoroastrische Religion)
225		
226	Nach Sturz d. Partherkge. wird Ktesiphon am Tigris Hauptstadt d. *Sassaniden*, die dort gr. Paläste bauen	
229		
230		

Antiker Roman	Neuplatonismus Frühchristentum	Spätantike Technik und Wissenschaft	
	Hippolytos (* ~ 165, † ~ 240) als Gegenpapst zu *Kalixt I.* gewählt u. 235 verbannt		
† *Tsau Tsau*, chin. Dichter (* 155)	~ *Sabellius*, ägypt. Monarchianer: Gott spielte als Christus Rolle des Menschensohns		
† *Bardesanes*, syr. Hymnendichter, Schöpfer d. syr. Kirchenliedes; Religionsphilosoph beeinfl. v. babyl. Mythologie u. Astrologie (* ~ 154)			
	Diogenes (Laertius): „Über Leben, Ansichten und Aussprüche der berühmten Philosophen" (griech.; in 10 Büchern)		
		~ † *Dio Cassius*, griech. Geschichtsschreiber in Rom; schrieb röm. Geschichte von Gründung der Stadt bis zu seinen Lebzeiten in 80 Büchern (* ~ 155)	
	~ Christl. Gottesdienst in Rom geht von der griech. zur lat. Sprache über	≈ Technikerschulen in Rom. Wachsende Förderung des Ingenieurwesens, bes. für die Kriegstechnik	≈ In Rom beginnt der Wagen die Sänfte zu verdrängen

	Römische Soldatenkaiser	Antiker Roman	Altchristliche und spätrömische Kunst
232		† *Tsau Tschih*, chin. Dichter (* 192)	
233	Die östl. Grenze d. Röm. Reiches wird geg. d. Perser behauptet (vgl. 363)		
235	† (ermordet in Mainz) *Severus Alexander*, röm. Kaiser seit 222; *Gajus Julius Varus Maximinus* (thrakischer Bauernsohn) vom Heer bei Mainz z. röm. Kaiser ausgerufen; kämpft erfolgreich geg. Germanen, Sarmaten u. Daker († 238, von d. Soldaten erschlagen auf dem Zug nach Rom, wo der Senat Gegenkaiser aufstellte)	~ † *Claudius Älianus*, röm.-griech. Schriftsteller; schrieb „Bunte Geschichten" (griech., Höhepunkt der aus allen Gebieten Merkwürdigkeiten sammelnden „Buntschriftstellerei") und „Tiergeschichte" (neben Merkwürdigkeiten auch Beobachtungen zur Tierpsychologie) (* ~ 175)	~ Unter dem Sassaniden *Ardascher* (227-241) wird die Lehre *Zarathustras* erneuert
242	~ Goten erhalten (wie andere Fremdvölker an der Grenze des Röm. Reiches) Jahresgelder für Soldatenstellung		
244	† *Gordianus III.*, röm. Kaiser seit 238; sein Mörder Gardepräfekt *Philippus Arabs* Kaiser bis 249 († , ermordet)		
248			
249	Römisches Heer erhebt *Decius* (* ~ 200, † 251 bei einer Niederlage gegen die Goten in Rumänien) zum Kaiser; *D*. bekämpft Christentum		≈ Naturalist. Wandbilder i. Pompeji

Neuplatonismus · Frühchristentum Mani		Spätantike Technik und Wissenschaft	
~ *Origenes:* „Hexapla" (Altes Testament in 6 hebr. u. griech. Texten nebeneinander)			
* *Porphyrios* aus Syrien, Schüler d. *Plotin*, neuplaton. Philosoph († 304)			
~ *Hippolytos:* „Chronik" (über 5738 Jahre seit d. Schöpfung, mit Ankündigung des Jüngsten Gerichts)			
≈ „Reines Gespräch" (chin.-taoist. Philosophie eines mystischen Individualismus)			
Mani grdt. in Persien neue gnostische Religion (der Manichäismus versteht die Welt als Mischung und ihre Erlösung als Scheidung von Licht und Finsternis; breitet sich von Indien bis Nordafrika aus; trotz starker Unterdrückung	im 4. Jhdt. wirksam bis zum Mittelalter) ~ †*Ammonios Sakkas*, aus Alexandria; war zunächst Last-(Sack-)träger, trotz christl. Erziehung wandte er sich d. griech. Philosophie zu und begrdte. Neuplatonismus, Lehrer des *Plotin* (* ~ 175)		
Plotin aus Ägypten kommt nach Rom			
Cyprian Bischof von Karthago; lehrt „Kein Heil außerhalb der Kirche" und Gleichberechtigung aller Bischöfe. Nimmt f. d. Bischöfe das Recht in	Anspruch, denen zu vergeben, die das vom Staat geforderte Opfer für d. röm. Götter gebracht haben (d. „Gefallenen"); vgl. 251		Rom feiert seine (sagenhafte) Gründung vor 1000 Jahren

	Römische Soldatenkaiser	Antiker Roman	
250	≈ Gepidenreich in Norddacien (Rumän.) (418 bis 454 unter Hunnenherrschaft, wird 567 v. d. Langobarden u. Awaren zerstört; vgl. 450) ~ Kushana-Reich in Nordindien verliert durch die Sassaniden mit dem Sindh-Gebiet Macht und Einfluß	≈ Fund von Chenoboskion/Oberägypten (1946) beweist frühen hohen Stand der Buchbindekunst: Papyrus-Codices in z. T. verzierten Ledereinbänden	≈ „Natyashastra" (ind. Handbuch der Dramaturgie und des Tanzes)
Im 3. Jahrhundert	Die Soldatenkaiser sind in dauernde wechselvolle Kämpfe um die militär. Sicherung der Reichsgrenzen verwickelt Die röm. Legionen werden durch d. Legitimierung d. Soldatenehen immer stärker an das Heerlager gebunden u. somit unbeweglich Ostgermanen verlassen Odergebiet (wird ab ~ 450 von den Slawen besetzt)	*Heliodoros von Emesa*: „Äthiopische Geschichten von Theagenes u. Charikleia" (griech. Liebesroman unter Einfl. d. Neupythagoreismus) *Longos v. Lesbos*: „Daphnis und Chloe" (spätgriech. Hirtenroman zweier ausgesetzter Kinder, die sich später lieben lernen)	Älteste Runeninschriften (Runen entwickelten sich in Anlehnung an d. griech. u. lat. Buchstaben; wahrscheinl. b. d. Goten a. Schwarz. Meer im 2. Jhdt. entstanden) Spruchsammlung „Kurral" in südind.-drawidischer (nichtindoiran.) Sprache
251	Kaiser *Decius* fällt im Kampf gegen die Ostgoten in der Dobrudscha *Trebonianus Gallus* zum röm. Kaiser ausgerufen (bis 253, danach kurzzeitig der Maure *Aemilianus* Kaiser)		
253	P. *Licinius Valerianus* und sein Sohn *Gallienus* röm. Kaiser (V. bis 260, G. bis 268)		
256	Allmannen (Alemannen, Sueben) dringen nach Oberitalien vor und werden 258/59 bei Mailand besiegt ~ Einfälle der Franken nach Gallien über den Limes		

	Neuplatonismus · Frühchristentum Origines		Kompaß in China	
~ * *Antonius d. Große*, Eremit in Ägypten, spätererHeiliger(†356) Einführung des Christentums in Paris durch d. hlg. *Dionysios*, den ersten Bischof von Paris († 285) Große Christenverfolgung in Rom unter *Decius* ~ Papstgruft in der *Calixtus* - Katakombe Roms ~ Aufzeichnung einer Papstliste	~ Zusammenfassung d. relig. Schriftforschungen in d. jüd. Diaspora in den „Midraschim" (teils religionsgesetzlich, teils erbaulich) ≈ Koptisch-gnostische Bibliothek in Oberägypten (Fund v. Chenoboskion 1946): 12 gebundene Codices mit 42 gnostischen Werken in koptischen Sprachen		~ *Diophantos*, griech. Mathematiker in Alexandria: „Arithmetica" (13 Bücher). Behandelt erstmalig in übersichtl. Form Gleichungen mit einer und mehreren Unbekannten („Diophantische Gleichung" zu Unrecht nach ihm benannt) ~ Die moderne Form d. Tischlersäge mit Spannschnur im Röm. Reich	~ Röm. Badeanlagen in Zülpich (Tolbiacum) bei Köln
Christl. Märtyrer als Heilige u. Fürsprecher verehrt Neutestamentl. Handschrift (Chester Beatty Papyri) entsteht Im wieder erstarkenden ind. Brahmanismus nimmt „Brahma" die Bedtg. eines persönl. Gottes an, der	mit den Göttern Schiwa und Wischnu die Dreieinigkeit („Trimurti") bildet (ursprgl. war „Brahma" ein theol.-philos. Prinzip, etwa im Sinne einer „Weltseele")		Emaillieren von Bronze in Gallien und England Kompaß als Wegweiser für Wagen in China Höhepunkt der altindischen Medizin	Neben die röm. Stadtkultur des 2. Jh. tritt die Latifundienwirtsch. auf kaiserl. Domänen Gläserne Parfümflaschen in Köln
Novatian grdt. schismatische Kirchenpartei der „Katharoi" („Reinen"). Tritt geg. die von *Cyprian* (vgl. 248) geübte Toleranz	gegenüber den „Gefallenen" auf, welche dem staatlichen Druck, heidnische Opfer zu bringen, erlegen waren		≈ Eiserne Hängebrücken in China	
~ † *Origenes* (an d. Folgen d. Christenverfolgung unter *Decius*); schuf selbst. griech.-christl. Theologie (z. B. zeitlose Schöpfung,	Vergeistigung d. Auferstehung), die zu langen theologischen Streitigkeiten führt u. schließlich 553 verurteilt wird (* ~ 185)			

	Römische Soldatenkaiser	Neuplatonismus · Frühchristentum Plotin	
257	Die Goten erreichen Griechenland Franken in Spanien und Marokko	Große Christenverfolgung in Rom unter *Valerian*. Verbot der Märtyrerfeiern	
258		† *Cäcilius Thascius Cyprianus* (enthauptet), Kirchenvater aus Karthago (dort Bischof seit 248) (* ~ 210)	
260	Alemannen beginnen in die heute deutschsprachigen Teile der Schweiz einzuwandern (ab 443 kommen die Burgunder in den heute frz. Teil) Kaiser *Valerian* (seit 253) *Sassaniden*-Kg. *Sapor I.* v. Persien geschlagen und gefangen. Zahlreiche Gegenkaiser *Gallienus* röm. Kaiser (bis 268)	~ * *Eusebius*, „Vater d. Kirchengeschichte" († 340) Toleranzedikt für die Christen	
269	Kaiser *Marcus Aurelius Claudius* (268 bis 270) besiegt in Gallien Alemannen und Goten (1. der illyrischen Kaiser) Teilung in West- und Ostgoten	Die Lehre d. „Monarchianer", die Christus u. d. hlg. Geist nur als vorübergehende Offen-	barungsformen d. einen Gottes auffassen, kirchl. verdammt
270	*Aurelian (Lucius Domitius Aurelianus)* röm. Kaiser bis 275 (†) Dacien (seit 107 röm. Provinz) wird von Kaiser *Aurelian* an d. Westgoten abgetreten u. damit die Donau Reichsgrenze; kennzeichnet die zerfallende Macht d. Röm. Reiches (vgl. 450)	† *Plotin(os)*, griech. Philos. in Rom, Hauptvertr. eines mystischen Neuplatonismus: Die Seele als Teil d. Weltseele wird Gott stufenweise genähert durch 1. sinnl. Wahrneh-	mung, 2. Dialektik, 3. Schauen d. Göttlichen, 4. Ekstasis; „Ich schäme mich, einen Körper zu haben", „Eros beseelt die Welt" (* 205) ~ Bistum Trier
272		*Paulus von Samosata* als Bischof von Antiochia abgesetzt, weil er zur Aufrechterhaltung der göttl. Ein-	heit („Monarchianer") in Christus nur einen zu gottgleicher Würde erhobenen Menschen sieht
274	Kaiser *Aurelian* wird im Triumph als Wiederhersteller der Reichseinheit gefeiert, nachdem er 272 durch den Sieg über Kaiserin *Zenobia* (seit 267) das palmyrenische Reich (Ägypt., Syrien, Großteil Kleinas.) erobert und 273 Gallien v. d. Franken zurückgewonnen hatte	*Aurelian* führt Sonnenkult als röm. Reichsreligion ein und bekämpft Christentum	~ † *Cassius Longinos* (enthauptet), griech. Philologe u. Redner; Ratgeber der Kaiserin *Zenobia* (* ~ 213)
275	† *Aurelian (Lucius Domitius Aurelianus)*, seit 270 röm. Kaiser; kämpfte erfolgreich gegen Goten, Wandalen, Alemannen, Markomannen und das syr.-kleinasiat. palmyrenische Reich (* 214) Germanen zerstören Trier		

Altchristliche und spätrömische Kunst	Späthellenistisch-christlicher Übergang	Spätantike Technik und Wissenschaft	
≈ Elfenbeinkästchen mit figürl. Schnitzerei aus Begram/Nordiran			
			∼ Finanzkatastrophe u. Münzverschlechterung im Röm. Reich (erst ∼ 310 überwunden)
≈ Sonnentempel des Baal in Palmyra (Oase d. Syr. Wüste) mit ursprüngl. ca. 1400 etwa 17 m hohen Säulen, Kassettendecken, Ornam. ∼ Bild des „Guten Hirten" auf christlichen Sarkophagen ∼ Gallienische Renaissance der römischen Kunst			
			≈ Goten vermitteln Handelsverkehr zum und vom Röm. Reich auf der Bernsteinstraße zur Ostsee
Templum solis als Stätte des röm. Sonnenkults			
			Aurelian (†) baute neue Stadtmauer von Rom (seit 270)

	Römische Kaiserzeit Diokletian	Antiker Roman	Neuplatonismus Frühchristentum
276	Marcus Aurelius Probus röm. Kaiser bis 282 (†, * 232), dann folgt Carus bis 283 († durch Blitz?)		† Mani (Kreuzigung), pers. Religionsstifter (Manichäismus) (* ~ 215; vgl. 242)
279	~ Starke Ansiedlung von Fremdvölkern an den Grenzen des Röm. Reiches und Aufnahme vieler Germanen ins röm. Heer		
280	Chin-Dynastie in China (bis 420), vorübergehende Einigung d. Landes; abgestufte Zuteilung d. Ackerlandes zur Beseitigung d. Bauernelends	In den „Instructiones" des Commodianus (christl.-lat. Dichter) finden sich lat. Gedichte mit Endreim	
283	Der Limes (röm. Grenzwall) geht an die Alemannen verloren u. verfällt		
284	Diokletian (Gajus Aurelius Valerius Diocletianus Jovius, * ~ 243, † 316) wird von den Truppen zum röm. Kaiser ausgerufen (dankt 305 ab) Mit Kaiser Diokletian wird d. Röm. Reich eine absolute Monarchie nach oriental. Vorbild. Ausschaltung des Senats. Einteilung d. Reiches (auch Italiens) in 12 Diöcesen mit insges. 101 Provinzen Trier Hauptstadt des westl. Teils des Röm. Reiches (bis 400)		
288	~ * Konstantin I. (der Große), röm. Kaiser von 306 bis 337 (†)		
290	Franken besetzen Inseln der Rheinmündung		Der japan. Kaiser verbietet erstmalig beim Tod der Kaiserin Menschenopfer und läßt dafür Tonfiguren in das Großstein- (Dolmen-) Grab mitgeben
293	Kaiser Diokletian ernennt aus militär. Gründen neben seinem Mitregenten Maximianus Augustus die „Cäsaren" Constantius Chlorus mit Sitz in Augusta Treverorum (Trier) u. seinen Schwiegersohn Galerius mit Sitz in Sirmium (in Kroatien)		
295			~*Athanasius, griech. Kirchenvater, Bischof von Alexandria ab 328 († 373)

Altchristliche und spätrömische Kunst	*Spätantike Technik und Wissenschaft*		
			≈ Die in Gallien u. Germanien gebräuchliche Hose gelangt über die Soldatenkleidung in die röm. Tracht
			~ Kaiser *Probus* (276—282) fördert den Weinbau in Gallien, am Rhein u. an der Mosel
Röm. Amphitheater (Arena) in Verona	~ *Pappos* v. Alexandria beschreibt d. fünf einfachen Maschinen: Hebel, Rolle, Wellrad, Keil u. Schraube;	findet math. Fundamentalsatz über Doppelverhältnisse und „Guldinsche Regel" f. Körperinhalte (v. *Guldin* 1641 neu entdeckt)	

	Römische Kaiserzeit *Diokletian*	Antiker Roman	Neuplatonismus Frühchristentum
296	Römer schlagen Aufstand in Britannien nieder (seit 286)		† (Märtyrertod durch Enthauptung) *Menas*, christl. Einsiedler in Phrygien (sein Grab in Unterägypt. wird im 5. u. 6. Jhdt. Mittelpunkt u. Wallfahrtsort seines Kultes und mit zahlr. Bauten geschmückt)
300	≈ Seit d. 2. Jhdt. haben sich fünf german. Völker als Kern der späteren Stammesherzogtümer gebildet: Sachsen (Norddeutschl. zw. Elbe u. Rhein), Franken (beiderseitig d. Rheins), Alemannen (Oberrhein), Thüringer (zw. Werra u. Mulde nördl. d. Mains) u. Goten (an d. unteren Donau) ~ Langobarden beginnen von der unteren Elbe aus südlich zu wandern (gelangen 568 nach Italien) ≈ Altes Reich d. Maya-Städte in Mittelamerika Uaxaktun, Tikal u. a., archaische Kunst, Monumentalbauten, Terrassen m. Treppen u. Tempelpyramiden (bis ≈ 900) (vgl. aber —600)	≈ *Bhasa*, ind. Dramatiker ≈ Anfänge ind. Schauspielkunst ≈ Es lebt der älteste, historisch nachgewiesene Held einer germanischen Dichtung, der Westgote *Vidigoia* (i. d. Epik *Witeche* genannt) ≈ Anfänge germanischer Heldendichtung (einige Sagenstoffe werden auch für älter gehalten, so die von Helgi, Hamlet, Jungsiegfried, Wieland)	~ *Lucius Cäcilius Lactantius* wirkt als Kirchenschriftsteller und Lehrer d. Beredsamkeit in Nikomedien (Nordwestkleinasien) ≈ Durch die Lehre von der Verdammnis der Ungetauften bürgert sich mehr und mehr die Kindertaufe ein ~ In dem durch die Römer von den Persern befreiten Armenien bildet sich eine christl. Kirche („Gregorianische Kirche") ~ Übersetzung der Bibel ins Koptische (neuägypt. Sprache seit 2. Jh.)
301			
303			Letzte und größte Christenverfolgung in Rom unter *Diokletian*
304		Märtyrertod des christl. Schauspielers *Genesius* während einer Aufführung ~ Zerstörung der christl. Bibliothek in Caesarea (Palästina)	† *Porphyrios* aus Syrien, Schüler des *Plotin*; schrieb dessen philos. Lehre nieder, lehrte Entstehung d. Materie aus der Seele, bekämpfte Christentum (* 233)

Altchristliche und spätrömische Kunst	*Indische Medizin*		
≈ Kaiser *Diokletian* läßt Palast in Spalato (Dalmatien) bauen, den er n. seiner Abdankung 305 bezieht (wird v. d. Einwohnern des 615 zerstörten Salonas zur Altstadt Spalatos umgewandelt) ≈ Beispiele reifer röm. Glaskunst (Kannen, Goldgläser) in christl. Katakomben ≈ Christliche Katakomben-Fresken in Rom werden gestaltreicher ≈ Ausdrucksstarke Bodenmosaike in einem röm. Palast in Piazza Armerina (Sizil.) von einem wahrscheinl. nordafrikanischen Künstler ≈ Die „christliche Antike" übernimmt die geflügelten Erosknaben (Vorbild der späteren Engelfiguren)	*Julius Firmicus Maternus* verwendet die Bezeichnung „Scientia chimae" f. d. chem. Wissenschaft („Chemi" ursprüngl. Ägypten als Land der schwarzen Erde, also wahrscheinl. soviel wie ägypt. oder dunkle Wissenschaft) ≈ *Sushruta*, ind. Mediziner, kennt 760 Heilmittel (z.T. anorganische) und über 1100 Krankheiten. Anwendung von Gesicht, Gehör, Geruch, Geschmack, Gefühl in der Diagnose	≈ Im dt. Siedlungsraum überwiegen die freien Bauern gegenüber dem Adel und den Halb- u. Unfreien. Durch den Übergang von Weidewirtschaft z. Ackerbau entsteht bis z. 9. Jhdt. allmählich die Aufteilung in Grundherren und zinspflichtige, aber selbst. Ackerbauern (nach anderer Auffassg. stammt	d. Grundherrsch. schon aus frühest. vorchristl. Zeit) ≈ Herstell. festen Zuckers aus Zuckerrohr in Nordindien (verbreitet sich langsam über Vorderasien und Europa; erste dt. Zuckerraffinerie 1573 in Augsburg)
		Höchstpreise durch Kaiser *Diokletian* (setzen sich nicht durch). Erhebung einer zweifach. Ab-	gabe: Kopf- und Grundsteuer zur Deckung d. ständig steigenden Militärausgaben

	Römische Kaiserzeit Konstantin der Große	Antiker Roman	Neuplatonismus Frühchristentum
305	Kaiser *Diokletian* († 316) u. sein Mitregent *Maximianus* danken ab *Gajus Galerius*, seit 293 Schwiegersohn *Diokletians*, wird röm. Kaiser bis 311 (†); verfolgt die Christen	~ * *Ephräm der Syrer*, syr. Hymnendichter u. Prediger († 373)	Das Konzil von Elvira untersagt den höheren Geistlichen d. Ehe. (Das Konzil zu Nicäa 325 gestattet den bereits Verheirateten die Weiterführung der Ehe)
306	† *Constantius Chlorus*, seit 293 röm. Herrscher in Gallien und Britannien, seit 305 röm. Kaiser neben *Gajus Galerius* *Konstantin I.* (der Große), Sohn des „Cäsars" *Constantius*, wird i. York zum Regent d. weström. Provinzen ausgerufen; zunächst *Licinius* Mitregent im Osten (bis 323) In Rom wird durch d. Prätorianer *Maxentius*, der Sohn *Maximianus'*, zum Kaiser ernannt (wird 312 von *Konstantin* gestürzt)		
311	≈ 1. germ. Völkerwanderung (seit ≈ 150) klingt ab	~ * *Decimus Magnus Ausonius*, „letzter röm. Dichter" († 393)	* *Wulfila* (*Ulfilas*), Bischof d. Westgoten († 383)
312			Nach dem Siege *Konstantins* (d. Großen) über *Maxentius* erhält die kaiserl. Fahne des röm. Heeres das Christusmonogramm („In diesem Zeichen siege!")
313			Kaiser *Konstantin* erläßt Edikt von Mailand zum Schutz der Christen ~ Bistum Köln
314			*Eusebius* Bischof von Cäsarea (Palästina)
315		~ * *Hilarius*, Bischof von Poitiers; dichtete u. a. lat. Hymnen († 367)	~ * *Cyrillus von Jerusalem*, Kirchenvater († 386)
317	* *Konstantin II.*, Sohn Kaiser *Konstantins I.*, röm. Kaiser in Gallien, Spanien, und Britannien von 337 bis 340 (†)		

Altchristliche und spätrömische Kunst	Späthellenistisch-christlicher Übergang	Spätantike Technik und Wissenschaft	
		Älteste Rheinbrücke bei Köln	
Lateranbasilika als 1. griech. christl. Kirche (Rom)			
Konstantin-Bogen in Rom (Figurenschmuck nicht mehr original, sondern wird zusammengetragen; Niedergang d. röm. Bildhauerkunst)			

	Römische Kaiserzeit Konstantin der Große	Klostergründung · Konzil zu Nicäa	
320	Unter *Tschandragupta I.* entsteht in Nordindien d. Großreich d. *Gupta* (Höhepunkt unter *Samudragupta* 330 bis ~ 380; ≈ 500 v. d. Hunnen zerstört)	~ *Pachomius* (* ~ 292, † 346) grdt. in Tabennese (Nil, Oberägypt.) erstes christl. Kloster † Bischof *Gregor* (Illuminator = „Erleuchter"), führte Christentum in Armenien ein	Das christl. Kreuz wird zum röm. Reichssymbol der Sonne gefügt
321	* *Valentinian I.*, röm. Kaiser von 364 bis 375 (†)	*Chalcidius* übers. *Platons* „Timäos" ins Lat. (dadurch wird *P*'s Naturphilosophie d. Mittelalter bekannt) Erstes Ges. über Einschränkung d. Sonntagsarbeit von Kaiser *Konstantin*	Testamente zugunsten der christl. Kirche erlaubt
323	*Konstantin d. Große* siegt bei Adrianopel über *Licinius*, den Herrscher („Cäsar") in d. östl. Reichshälfte, und wird Alleinherrscher bis 337 (†)	~ *Eusebius:* „Chronik" (über die „2016 Jahre seit Abraham")	
325	*Konstantin* röm. Alleinherrscher; versucht Festigung des Reiches durch Anerkennung des Christentums	Erstes Kirchenkonzil zu Nicäa unter Vorsitz des noch ungetauften Kaisers *Konstantin I.* (d. Großen) verdammt Lehre des *Arius von Alexandria*, wonach Gott u. Christus nicht wesensgleich, sondern nur ähnlich sind, zugunsten der des *Athanasius:* „Wesenseinheit" v. Gottvater und Sohn. Dieses Kirchendogma wird als kaiserliches Reichsgesetz veröffentlicht; das Konzil verfaßt ein Glaubensbekenntnis	(„Nicänum"), das als nicänisch-konstantinopolitanisches 381 im wesentlichen bestätigt wird. (Der Arianismus verschwindet allmählich aus dem Römischen Reich. Goten, Wandalen, Burgunder, Langobarden geben ihn erst im 6. und 7. Jhdt. auf) Das Osterfest wird v. Konzil auf den Sonntag nach dem ersten Frühlingsvollmond u. d. Frühlingsanfang auf den 21. März festgelegt
326			

St.-Peter-Basilika	Späthellenistisch-christlicher Übergang	Spätantike Technik und Wissenschaft	
Wang Hsi-chi, chines. Schriftkünstler, Maler und Dichter († 379)			Juden gelang. nach Deutschland (zunächst in Köln nachweisbar; bis zu den Kreuzzügen erträgliche soziale u. rechtliche Stellung)
			Röm. Münzreform: 1 Solidus = 4,48 g Gold (700 Jahre gültig)
St.-Peter-Basilika in Rom (frühchristl. Kirche in Anlehnung a. d. antiken profanen Basilikabau; die bedeutendste d. etwa 400 Kirchen Roms; Neubau 1506 bis 1626)			

| | Römische Kaiserzeit
Konstantin der Große | Antiker Roman | Neuplatonismus
Frühchristentum |
|---|---|---|---|
| 328 | | ~ Maya-Monumente m. Bilderschr. setz. ein (setz. sich bis 889 fort) | *Athanasius* Bischof v Alexandria |
| 330 | Kaiser *Konstantin I.* (d. Gr.), seit 323 Alleinherrscher, verlegt Hauptstadt d. Röm. Reiches nach Konstantinopel (früher Byzanz gen.), vollendet d. Neuordnung d. Verwaltung u. begünstigt als Nichtchrist das Christentum. Unter ihm wird das Röm. Reich in die 4 Präfekturen Orient, Illyricum (Griechenland), Italien u. Gallien mit 14 Diöcesen u. 117 Provinzen eingeteilt. 7 Minister als höchste Hofbeamte; Staatsrat; Trennung von Zivil- und Militärgewalt. 2 Kronfeldherren führen 175 Legionen
~ Zweiter *Gupta*-Kaiser *Samudragupta* in Indien (bis ~ 380); seit *Aschoka* größte Ausdehnung d. nordind. Reiches, leitet die brahman. Kunst d. nordind. Tiefebene ein | | ~ * *Basilius* (d. Große), griech. Kirchenvater († 379) Grdg. der christlichen Kirche Abessiniens
~ † *Jamblichos*, neuplaton. Philosoph aus Chalkis; baute d. Lehre *Plotins* mythologisierend aus
≈ Im turkmongol. Teil Nordchinas dürfen die Einwohner buddhist. Mönche werden (deren Zölibat widerspricht dem konfuzianischen Ahnenkult) |
| 334 | Pers. Angriff auf Armenien | | |
| 335 | Westgoten stellen Teile des röm. Reichsheeres an der Donaugrenze. Ihr Gebiet wird in das Reich aufgenommen | | *Athanasius* in Streit gegen *Arius* erstmal. verbannt (insges. dreimal) |
| 337 | † *Konstantin I.* (d. Große), röm. Kaiser seit 306, Alleinherrscher seit 323; Förderer d. Christentums, läßt sich auf dem Totenbett von Bischof *Eusebius* taufen; teilt sein Reich unter seine drei Söhne *Konstantin II.*, *Constantius II.* und *Constans* als Augusti, welche sich bekämpfen (* ~ 288) | | ~ Kaiser *Konstantin* gilt als 13. Apostel |
| 338 | | | |

	Grabes- und Geburtskirche	Späthellenistisch-christlicher Übergang	Spätantike Technik und Wissenschaft	
Kaiser *Konstantin* läßt in Jerusalem die Heilige Grabeskirche erbauen Baubeginn der Geburtskirche in Bethlehem Palastaula (Basilika) u. Kaiserthermen i. Trier			~ Das Regionenverzeichnis der Stadt Rom zählt 28 öffentl. Bibliotheken auf	Mit der Verlegung der Hauptstadt d. Röm. Reiches von Rom nach Byzanz beginnt auch der äußere Niedergang Roms ~ Das Regionenverzeichnis der Stadt Rom zählt 144 öffentl. Bedürfnisanstalten und 46 Bordelle auf
* *Ku K'ai-chi*, chin. Maler († 405)				
			≈ Die Juden verbessern ihren auf dem Mondsonnenjahr beruhend. Kalender durch Einführung verschiedener Jahreslängen (bis etwa z. Zeitenwende gab es Schaltmonate nach Bedarf)	

	Römisches Doppelreich	Ulfilas-Bibel	Spätantike Technik und Wissenschaft
340	† *Konstantin II.*, Sohn *Konstantins d. Großen*, im Kampf gegen seinen Bruder *Constans* bei Aquileja Röm. Doppelreich unter *Constans* (im Westen, bis 350) und *Constantius* (im Osten, bis 361)		
341			
343			
346			
347	* *Theodosius I.* (der Große) (in Spanien), röm. Kaiser von 379 bis 395 (†)		
348			
350	~ Ostgotenreich unter *Ermanrich* nördl. v. Schwarzen Meer (erstreckt sich bis in die Gegend von Danzig und Riga; 375 von d. Hunnen unterworfen) Alemannen überschreiten den Rhein *Flavius Magnus Magnetius* wird als erster Germane röm. Kaiser (bis 353)	~ *Wulfila* (*Ulfilas*, Arianer) übersetzt Bibel ins Gotische (Beginn des germanischen Schrifttums) ≈ „Pantschatantra" (ind. Sammlung von Fabeln, Märchen und Erzählungen für die Prinzenerziehung; älteste Textfassung vgl. um Chr. Geb.)	

		Altchristliche und spätrömische Kunst	
Neuplatonismus · *Dogmenstreit*			
~ * *Ambrosius*, Kirchenlehrer in Mailand († 397) † *Eusebius*, „Vater der Kirchengeschichte"; vermittelte im Arianischen Streit um Gleichheit oder Ähnlichkeit zw. Gottvater u. Sohn	(Kirchengeschichte in 10 Büchern) (* ~ 260) ~ *Maria*, Schwester d. *Pachomius*, grdt. in Ägypt. erste Nonnenklöster Christenverfolgung in Persien		
Wulfila wird Missionsbischof unter d. Westgoten in Mösien (Balkan)			
Synode zu Sardika spricht d. röm. Bischof das Recht d. Revision bei Berufungen verurteilter Bischöfe zu	Christengemeinde hält sich im (342) von den Römern aufgegebenen Straßburg		
Speyer als Bistum bezeugt (Reihenfolge der Bischöfe erst ab ~ 650 überliefert)			
~ † Bischof *Nikolaus* von Myra in Lykien; gibt zusammen mit d. Bischof *Nikolaus* von Pinara in Lykien	(† 564) Anlaß zur „Legende vom Heiligen Nikolaus" (vom 10. Jhdt. an in Deutschl. verehrt)		
~ * *Aurelius Prudentius Clemens*, christl.-lat. Schriftsteller aus Spanien († ~ 406)		≈ Kirche Santi Giovanni e Paolo auf dem Monte Celio in Rom mit Wandgemälde aus dem Märtyrerleben	
≈ In den Mittelpunkt der christl. Theologie tritt die Dogmatik (bisher vorwiegend Bibelauslegung; philosophische Begründung erst in der Scholastik)	≈ Arianisches Christentum im Ostgotenreich	≈ Röm. Basilika in Trier (später evangel. Kirche) ≈ Zweiflügelige Elfenbein-Altäre (Diptychen) und steinerne Prunksärge (z. B. mit bibl. Relief-Darstellungen) in der frühchristl. Kunst ≈ Die frühchristl. Sarkophage zeigen deutlichen hellenistischen Einschlag ≈ Ostgoten übern. südruss. Kulturelemente (Tierstil, Zellenverglasg.): gotisch-sarmatische Mischkultur	≈ Dem Christent. gelingt es, nur die in Rom erneut aufkommende Tempelprostitution zu beseitigen (d. weltl. Form bleibt bestehen)

	Römische Abwehrkämpfe Constantius II.	Antiker Roman	Antonius d. Gr.
Im 4. Jahrhundert	≈ Blütezeit Triers („Rom des Nordens")	*Aelius Donatus:* „Ars grammatica" (bleibt b. zum 18. Jh. Lehrbuch d. lat. Grammatik) *Achilles Tatius*, alexandr. Sophist: „Leukippe u. Kleitophon" (einer der letzten Romane der Antike) Blüte d. meist religiösen syrischen Schrifttums (bis 7. Jhdt.) Endgültige chinesische Normalschrift entsteht	„Codex Vaticanus" u. „Codex Sinaiticus" (neutestamentl. Handschriften) Unterägyptisch-koptische Bibelübersetzung „Lamm Gottes" (Agnus Dei) als Christus-Symbol Buddhismus wird in China Staatsreligion Predigt erhält in den christl.-theologischen Kämpfen zunehmende Bedeutung Christentum verstärkt die schon in der Antike geltende Unterordnung der Frau, z. B.: „Das Weib soll in der Kirche schweigen" Blütezeit Triers („Rom des Nordens")
351	*Constantius II.*, seit 337 Herrscher der oström. Provinzen, wird röm. Kaiser bis 361 (†)		
354			* *Aurelius Augustinus*, Kirchenvater († 430) Das Weihnachtsfest wird (an Stelle d. Sonnenwendfeier, „Geburtsfest d. unbesiegten Sonne") in Rom auf den 25. Dezember verlegt
356	Franken erobern röm. Plätze am Rhein (Xanten, Köln, Bonn, Andernach)		† *Antonius d. Große*, „Vater des Mönchtums", frühester christl. Wüsten-Eremit (* ~ 250)
357	*Julian* besiegt die Alemannen bei Argentoratum (später Straßburg; anerkennen 360 Rheingrenze)		

Altchristliche und spätrömische Kunst	Späthellenistisch-christlicher Übergang	Spätantike Technik und Wissenschaft	
Beginn des christlichen Kirchenbaus (Basilika, Kuppelbauten für Tauf- und Grabkirchen) S. Lorenzo, älteste Kirche Mailands (Um- u. Anbauten bis z. 15. Jhdt.) Dom in Trier (vgl. 1196) Frühchristliche Mosaiken in den ersten Kirchen Roms Mosaik in der Apsis von St. Pudentiana in Rom erstmalig mit Tiersymbolen der 4 Evangelisten in der bildenden Kunst Standbilder und Büsten von Personen christl. Glaubens Christliche Kunst verwendet Heiligenschein (Glorie) b. Christusbildern, b. Engeldarstellungen außerdem Flügel *Virgil*-Handschrift mit Buchmalerei (eine d. ältest. Miniaturmalereien nach der Zeitenwende) Die ersten erhaltenen gemauerten Tempel in Indien (vorher meist Höhlen- u. Felsentempel). Bis zum 6. Jhdt. meist Flachbauten, dann als Türme oder mit Türmen Beginn d. Hochblüte ind. Bildhauerkunst, dient vor allem den brahmanischen Hauptgöttern: Brahma, Schiwa und Wischnu		*Castorius* fertigt Straßenkarte des Röm. Reiches an (wird im 12. Jhdt. nachgebildet) *Pelagonius*: „Ars veterinaria" (lat. Tierheilkunde) *Theon*: Lehre von den optischen Spiegelungen (auch *Euklid* zugeschrieben) Übergang von der Buchrolle zum Codex (eigentl. Buchform; fördert Buchmalerei; vgl. 250) Zeitalter d. Alchimie (bis 16. Jhdt.). Zunächst i. Alexandria bis 6. Jhdt. Bis etwa zum 15. Jh. erlischt selbständiges naturwissenschaftl. Forschen i. Abendland	Blüte der griech.-semitisch-christl. Misch-Kultur in Abessinien bis 7. Jhdt. (unter jüd. Königen von ≈ 900 bis 1262) Röm. Stadtkerne werden militärisch befestigt. Die Unsicherheit des Reiches militarisiert das ganze Leben
~ St. Constanza in Rom (Zentralbau-Grabkirche d. *Konstanza* mit Mosaiken i. antik-naturalist. Stil)		~ *Oreibasios* aus Pergamon, Leibarzt Kaiser *Julians*, schreibt medizin. Sammelwerk nach *Galen* u. a.	

	Römische Abwehrkämpfe Julian Apostata	Christiche Hymnen	Dogmenstreit
358			
361	*Julian Apostata* (der „Abtrünnige") röm. Kaiser bis 363 (†, * 332); neuplatonischer Gegner des Christentums, versucht Mithraismus als Religion einzuführen		
363	Rom muß Mesopotamien u. d. christl. Armenien an Persien abtreten (es beherrschte M. 114 bis 117 u. seit 165)		
364	*Valentinian I.* röm. Kaiser bis 375 (†); sein Bruder *Valens* († 378) Mitkaiser im Osten		
365		* *T'ao Yüan-ming*, chin. Dichter († 427)	
366			
367		† *Hilarius*, Bischof v. Poitiers, vermittelte zwischen abendl. und morgenl. Rechtgläubigkeit; schrieb „De trinitate" („Über die Dreieinigkeit"), dichtete als erster christl.-lat. Hymnen u. übertrug den Wortakzent (vgl. *Ephräm* 373, Musik) auf die lat. Poesie (* ~ 315)	
369			≈ Hochschule in Bordeaux (Bericht von *Ausonius*)
370	~ * *Alarich I.*, Kg. der Westgoten von 395 bis 410 (†) Westgoten anerkennen nach neuen Kämpfen röm. Donaugrenze Röm. Rheingrenze noch einmal hergestellt Römer schlagen Picten und Scoten in Schottland zurück	~ *Ausonius* (* ~ 310, † ~ 394): „Bissulalieder" (auf ein im Feldzug erbeutetes schwäb. Mädchen) und „Mosella" (Moselpreislied, entst. 371 i. Trier)	*Basilius* (der Große) wird Bischof von Cäsarea (Kappadokien) und gründet christl. Wohltätigkeitsanstalt „Basilias", die erste Krankenhäuser unterhält

Altchristliche und spätrömische Kunst	Späthellenistisch-christlicher Übergang	Wasserräder	
			Für Paris kommt der Name Parisia auf
Erste buddhistische Grottentempel und Bildhauerarbeiten im turk-mongol. beeinfl. Nordchina			
		Steinsägewerk mit Wasserradantrieb in d. Eifel	

	Große Völkerwanderung	Christliche Hymnen	Ambrosius
372			*Martin* wird Bischof von Tours bis ~ 400 (†); grdt. Kloster Marmoutier (375) u. bekämpft restliches Heidentum unter der Landbevölkerung Chin.-buddhist. Mission in Korea
373		† *Ephräm d. Syrer*, syr. Hymnendichter und Prediger (* ~ 305)	† *Athanasius*, griech. Kirchenvater, Bischof von Alexandria seit 328; vertrat gegen die Lehre des *Arius* Wesensgleichheit v. Christus und Gott (Grundlage d. späteren „Athanasianischen" Glaubensbekenntnisses) (* ~ 295)
375	Einbruch des Reitervolkes der Hunnen von Osten nach Europa (372 Wolga überschritten; dringen 451 nach Gallien vor) Hunnen beseitigen Reich der Ostgoten zwischen Ostsee und Schwarzem Meer und lösen dadurch europ. Völkerwanderung aus † *Valentinian I.*, röm. Kaiser seit 364 (* 321); sein Sohn *Gratian* regiert den Westen bis 383 (†) und anerk. seinen Halbbruder *Valentinian II.* (* 371, † 392) als Mitregenten		*Ambrosius* (d. Heilige) Bischof v. Mailand bis 397 ≈ „Mithras-Hymnus" (lat.; später vom Christentum im eigenen Sinn umgedeutet; Dokumente der Gedankenwelt des Mithras-Kultes wurden vom Christentum fast völlig beseitigt)
378	Nach Überschreiten der Donau besiegen und töten die von den Hunnen vertriebenen christl. Westgoten bei Adrianopel Kaiser *Valens*, der sie im Röm. Reich ansiedeln wollte		

Altchristliche Kunst	Hymnen	Spätantike Technik und Wissenschaft	
≈ In verschiedenen Typen von Christusbildern (z. B. ohne oder mit Bart) stehen sich mehr antike bzw. mehr weltabgewandte Anschauungen gegenüber			≈ Chinesische Kultur (zunächst der Buddhismus) beginnt auf der Halbinsel Korea Fuß zu fassen. (Korea vermittelt in der Folgezeit diese Kultur weiter an Japan)
	~ Die Hymnen v. *Ephräm dem Syrer* (†) zeigen strenge Unterscheidung v. betonten u. unbetonten Silben (bisher wurde meist nach Länge und Kürze unterschieden)		
Bronzestatue Kaiser *Valentinians I.* (röm. Plastik in Barletta) ~ St. Maria Maggiore (Basilikakirche in Rom mit Mosaiken; vollendet 13. Jhdt.) ~ Höhepunkt d. Kunst u. Literatur im nordind. *Gupta*-Reich unter Kg. *Tschandragupta II.* (375 bis 413)		~ *Valens* läßt Wasserleitung in Konstantinopel bauen	≈ Blüte Triers als Hauptstadt der weström. Provinzen
		~ *Ammianus Marcellinus* (* ~ 300, † ~ 400): Geschichte d. Röm. Reiches von 96 bis 378 in 31 Bänden	

	Römische Kaiserzeit · Völkerwanderung	*Mönchstum · Christliches Glaubensbekenntnis*	
379	Theodosius I. (der Große) wird von Gratian zum Herrscher über Ostrom eingesetzt; vereinigt 394 noch einmal das ganze Röm. Reich unter seiner Herrschaft bis 395 (†, * 346)	† Basilius (d. Große), griech. Kirchenvater, entwickelte Mönchswesen in Griechenland (* ~ 330)	
380	Burgunder vertreiben Alemannen zwischen Taunus und Neckar ~ Tschandragupta II., Kg. des ind. Guptareiches bis 414, setzt polit. und kulturelle Blüte fort (danach Verfall)	~ Mönchstum wird im Westen bekannt u. führt zu klosterartigen Einrichtungen b. Rom und Mailand Gregor v. Nazianz (* ~ 329, † ~ 390),	Bischof u. Prediger in Konstantinopel (neben Athanasius, Basilius v. Cäsarea, Joh. Chrysostomos einer d. 4 gr. morgenl. Kirchenlehrer)
381		Zweites Konzil zu Konstantinopel bestätigt Dreieinigkeitslehre des Konzils zu Nicäa (325) und stellt das „Nicänisch-konstantinopolitanische Glaubensbekenntnis" auf.	(Jedoch nicht mehr „Wesenseinheit", sondern „Wesensgleichheit" von Vater, Sohn und Hl. Geist) Kloster in Konstantinopel
382	Kaiser Theodosius verbündet sich mit den Westgoten	Gratian schafft die Vestalinnen ab, die Hüterinnen d. Ewigen Feuers im Tempel der	Herdgöttin Vesta (Vestalinnen genossen große Verehrung) Hieronymus in Rom
383		† Wulfila (Ulfilas) (in Konstantinopel), Missionsbischof der Westgoten; lehrte arianisches Christentum,	übersetzte d. Bibel ins Gotische und schuf damit erstes german. Literaturdenkmal (* 311)
385		Der Inder Kumarajiva übersetzt in China buddhist. Texte. Trotz Widerstand des Konfuzianismus starke Ausbreitung des Buddhis-	mus in China, wobei er Wechselwirkungen mit den Lehren Laotses u. Kung-tses (Konfuzius) eingeht
386	Zeit d. feudalistischen Kleinstaaterei in China, Liu-chao-Zeit (d. h. „Zeit der 6 Dynastien", in Wahrheit bis 581 fast 16) Turkmongolische Wei-Dynastie in Nordchina (bis 557)	† Cyrillus v. Jerusalem, Kirchenvater; schrieb 23 katechetische Schriften für den frühesten christlichen Unterricht (* ~ 315)	Turkmongolische Wei-Dynastie in Nordchina (bis 557) fördert Buddhismus (Tempelbauten, Mönchswesen). Von hier aus dringt Buddhismus nach Süden vor
387		Der Neuplatoniker u. Lehrer der Beredsamkeit Augustinus wird zum Christentum bekehrt	Heidnische Heiligtümer in Edessa und Apameia v. Christen zerstört

Christliche Prunkbasilika	Ambrosianischer Gesang	Römische Tierheilkunde	
† *Wang Hsi-chi*, chines. Schriftkünstler, Maler und Dichter, „Meister der drei Künste"; schrieb u. a. „Orchideen-Pavillon" (Gedicht) (* 321)		Handschrift der „Arzneimittellehre" des *Dioskorides* (vgl. 50) mit 600 farb. Pflanzenbildern (vgl. 550)	
		~ *P. Vegetius Renatus:* „Vier Bücher über d. Kunst d. Tierheilkunde" (lat.)	
~ S. Paolo fuori le mura in Rom (frühchristl. fünfschiffige Prunkbasilika; wiederhergest. im 19. Jhdt.)	~ Einführung des Singens von Hymnen nach den Psalmenweisen der morgenländischen Christen unter *Ambrosius* in Mailand		

	Theodosius I. West- und Ostrom · Völkerwanderung	*Ausonius* Sagenentstehung	*Christentum* Staatsreligion
390	*Ambrosius* von Mailand zwingt den Kaiser *Theodosius* zur öffentl. Buße, weil er 7000 aufständische Bürger aus Saloniki (Thessalonike) im Zirkus hat umbringen lassen * *Flavius Aëtius*, röm. Staatsmann (bis 451 Vormund Kaiser *Valentinians III.*, † 454, von diesem ermordet)		Christen verbrennen Serapeion-Bibliothek in Alexandria (enthielt etwa 200 000 Rollen) ≈ Auffassung der Messe als Kultopfer Christi Weihnachten als Geburtsfest Jesu (seit 388)
391			*Theodosius* verbietet heidnische Kulte und Gebräuche. Christentum wird Staatsreligion
393	Vertrag zwischen Römern und ripuarischen Franken (die seit 388 über den Rhein drängten)	† *Decimus Magnus Ausonius*, röm. Dichter, Erzieher des Kaisers *Gratianus* (375 bis 383); schrieb u. a. „Mosella" (Rhein- u. Moselreise), gilt als letzter klassisch-röm. Dichter (* ~ 311)	
394	Kaiser *Theodosius I.* (der Große) seit 379 Herrscher über Ostrom, vereinigt noch einmal das ganze Röm. Reich. Gegner von Heidentum und Arianismus		
395	† *Theodosius I.* (der Große), röm. Kaiser seit 379 (* 347) Die unter Kaiser *Diokletian* 293 erstmalig vorgenommene Teilung d. Verwaltung d. Reiches wird nach dem Tod d. Kaisers *Theodosius* zur bleibenden Reichsteilung in Westrom (Hauptstadt Rom, ab 403 Ravenna) u. Ostrom oder Byzanz (Hauptstadt Konstantinopel); *Honorius* wird Kaiser des Weström. Reiches bis 423 (†, * 384); sein Bruder *Arcadius* Kaiser des Oström. Reiches bis 408 (†, * 377) Bei d. Trennung vom Weström. Reich umfaßt d. Oström. (Byzanz) das Land südl. d. Donau, östl. Mittelmeerinseln, röm. Provinzen in Asien (Palästina, Syrien) u. Ägypten *Alarich I.* König der Westgoten bis 410 (†)		*Augustinus* wird Bischof in Nordafrika. Bekämpft besonders die Lehren von *Pelagius* (vgl. 411), *Mani* und *Donatus d. Großen*

Frühchristliche Kunst	Späthellenistisch-christlicher Übergang	Maya-Astronomie	
≈ Höhepunkt christl. Elfenbeinkunst (z. B. Lipsanothek-Reliquiar aus Brescia ≈ 350)	≈ „Hallelujah" (Lobgesang: „Lobet Jehova") bürgert sich in der christlichen Kirche ein		
			Theodosius d. Große hebt die Olympischen Spiele auf (seit —776)
		≈ Vom 3. bis 6. Jh. entstehen zahlreiche Kalenderinschriften der Maya in Mittelamerika (ein viele Jtsde. hohes Alter der Mayakultur gilt heute als unbewiesen)	≈ Bettlerunwesen u. Massenelend im sich auflösenden Röm. Reich. Die bisher übliche Armenpflege der christlichen Gemeinden unter Armendiakonen verschwindet infolge Vergrößerung der Gemeinden u. ihrer Aufgaben

	West- und Ostrom · Völkerwanderung	Sagenentstehung	Augustinus
397	Lex Quisquis, erstes Gesetz gegen Majestätsbeleidigung von *Arcadius* u. *Honorius*. Verhängt strenge Strafen	≈ *Nonnos:* „Dionysiaka" (beschr. Zug des Dionys nach Indien in 25 000 Hexametern; schreibt später als Christ Paraphrase zum Johannes-Evgl. in Versen)	† *Ambrosius*, Kirchenlehrer, Bischof von Mailand seit 375; stärkte Machtstellung der Kirche, schrieb bes. über Schriftauslegung und Morallehre, u. a. „De officiis clericorum" („Über die Aufgaben d. Geistlichen") (* ∼ 340) *Augustinus* empfiehlt in „De doctrina christiana" („Über die christliche Lehre") d. Studium der freien Künste
398		≈ *Macrobius Theodosius:* „Saturnalia" (7 Bücher mit literarischen u. philosoph. Tischgesprächen)	*Johannes Chrysostomos* (* 344, † 407), Kirchenlehrer und bedeutender Prediger, wird Patriarch von Konstantinopel, schreibt „Vom Priestertum", bekämpft Sittenlosigkeit des Hofes
399			Erste chines.-buddhist. Pilgerfahrt nach Indien
400	≈ Königreich Thüringen d. Hermunduren vom Harz bis südl. des Mains (wird 531 von den Franken erobert) ≈ Niederfranken beginnen die bisher zum Röm. Reich gehörigen u. von den Batavern u. Friesen bewohnten Niederlande zu besiedeln ≈ Während des ind. Guptareiches kommt die friedliche Durchdringung Südost-Asiens mit ind. Kultur auf ihren Höhepunkt. Es entstehen zahlreiche indische Staaten	≈ *Avianus:* 42 äsopische Fabeln im elegischen Versmaß (lat.) ≈ Irische Ogamschrift, aus Punkten und Strichen auf, unter oder über einer Grundlinie bestehend (diese älteste Schrift- und Sprachform d. Irischen findet sich auf Grabmälern bis ins 9. Jh.) ≈ Mit der Übernahme der chinesischen Schrift durch Japan beginnt die chinesische Kultur Japan zu durchdringen (vgl. 552)	≈ Aus dem Gemeindeältesten (Presbyter) wird allmählich der Pfarrer für die einzelnen christlichen Kirchengemeinde ≈ Durch Zusammenfassung von Mischna (jüd. Gesetz; vgl. 200) und Gemara (Auslegung dazu) entsteht der jerusalemische Talmud i. neuhebräischer und palästinensisch-aramäischer Sprache (hat neben d. babyl. Talmud von ≈ 500 nur religionsgeschichtliche Bedeutung) Erste Kirchenglocken in Nola (Italien)

	Frühbyzantinische Kunst	Ambrosianischer Gesang	Indische Mathematik	
	~ Dom in Ravenna als 5schiffige Basilika (1743 umgebaut)	*Ambrosius* (†) förderte entscheidend Kirchengesang; schrieb u. a. die Hymnen „Aeterne rerum conditor" („Ewiger Schöpfer d. Dinge"), „Veni redemptor gentium" („Der Heiden Heiland komm herzu")	Inder kennen 5 Planeten, genaue Jahreslänge, Präzession der Äquinoktien, Sinus u. Cosinus	
	St. Pudenziana in Rom (flachgedeckte Basilika-Kirche mit großem Apsis-Mosaik) Röm. Kaiser verbietet durch Erlaß Beeinträchtigung historischer Gebäude			
	≈ „Quedlinburger Itala" (Handschrift d. ältest. lat. Bibelübers. mit Buchmalerei) ≈ Von der chines. Malerei zwischen *Han-* und *T'ang-*Zeit (≈ 200 bis 600) sind viele Namen, aber fast keine Werke überliefert; jedenfalls Anfänge der Landschaftsmalerei (vgl. 844) ≈ Höhepunkt der ind. Malerei in den farben- u. formenfrohen Fresken d. Adschanta-Höhlentempel (2. bis 7. Jh.) ≈ Beginn der Höhlen- und Felsen-Tempelbauten im Hochland von Dekkan/Westvorderindien (bis 14. Jh.) ≈ Der Gott Wischnu in Eber-Inkarnation befreit die Erde aus Dämonengewalt (ind., 3,75 m hohe Steinrelief-Plast. an der Höhle zu Udayagiri) ≈ Ornamental illustrierte Totenbücher in Südperu	≈ *Niceta von Remesia* (Dacien): „Te deum laudamus" („Dich Gott loben wir", sog. „Ambrosianischer" Lobgesang) ≈ Frühchristliche zweisprachige (griech.-lat.) Antiphonen (Wechselgesänge) b. d. Anbetung des Kreuzes am Karfreitag in Jerusalem mit Texten aus dem syrischen Memrâ (~ 125) entwickelt sich parallel einerseits zur byzantin. Hymne und andererseits zur lateinisch-römischen Responsorie (vgl. 5. Jh.)	≈ Vereinzelte Abdrucke von einzelnen Buchstaben u. Holzschnitten in der Folgezeit nachweisbar ≈ Germanen benutzen schwere zweirädrige Wagen mit Scheibenrädern (Bau von Wagenburgen) ≈ „Surya Siddhanta" (bedeutendes Werk d. ind. Mathematik und Astronomie). Die Blütezeit der ind. Mathemat. (wahrscheinlich auch v. außen beeinflußt) dauert etwa bis z. 12. Jh. und wirkt stark auf d. arab. Wissenschaft ein	Als bedeutendste Städte im europäischen Kulturkreis werden genannt: Rom, Konstantinopel, Karthago, Antiochia, Alexandria; ferner Trier, Mailand, Capua, Aquileja, Arlate, Hispalis, Cordoba (Athen, Syrakus zählen nur noch zu den kleineren Städten; in den nächsten Jhdten. geht die Bedeutg. des Städtewesens bis zum Mittelalter weiter zurück)

	Alarich in Rom · Völkerwanderung	Hiëronymus	
401	Kg. *Alarich* d. Westgoten wird bei seinem ersten Einfall in Italien von dem röm. Feldherrn *Stilicho* zurückgeschlagen	~ *Theodoros*, seit 392 Bischof von Mopsuhestia (i. Kilikien), wirkt als Exeget d. an-	tiochenischen Schule (553 verurteilt)
403	Zum Schutz vor den andringenden Fremdvölkern wird die Hauptstadt d. Weström. Reiches in das schwer einnehmbare Ravenna verlegt	~ *Synesios v. Kyrene*, Neuplatoniker, tritt zum Christentum über und wird (411) Bischof von Ptolemais	
405	Rom muß die Rheingrenze zum Schutz Italiens gegen die Ostgoten u. a. Fremdvölker militärisch entblößen und verliert sie (407 verläßt die letzte röm. Garnison auch Britannien)	*Eunapios* aus Sardes (* 346, † ~ 415) schreibt 23 Biographien klass. Philosophen und verbreitet neuplatonische Philos. *Hiëronymus* (Kirchenvater, * ~ 345, † 420)	übersetzt in Bethlehem die Bibel aus dem Hebräischen und Griechischen ins Lateinische (ab 1546 gilt diese „Vulgata" als einzig maßgebende Bibelübers. f. d. katholische Kirche)
406	Wandalen, Alemannen und Alanen dringen aus den Donauländern gegen die Franken über den Rhein vor (erreichen und besiedeln 409 Spanien) ~ Die Franken lassen sich am nördl. linken Rheinufer nieder, die Alemannen am südl.; Burgunder gründen am mittleren Rhein ein Reich mit der Hauptstadt Worms (437 von den Hunnen zerstört)	~ † *Aurelius Prudentius Clemens*, christl.-lat. Schriftsteller aus Spanien; schrieb „Psychomachia" (Kampf d. christl. Tugenden u. heidn. Laster um die Seele) (* ~ 348)	
408	Kaiser *Honorius* läßt seinen Feldherrn und ehemaligen Vormund *Stilicho* (* ~ 360), wandalischer Herkunft, wegen Beziehungen zu *Alarich* hinrichten *Theodosius II.*, oström. Kaiser bis 450 (†)	≈ *Ishvarakrishna*: „Sankhyakarika" (ind. yogaähnliche, antitheistische religiöse Schrift in 72 Versen)	
409	Wandalen dringen mit Alanen und Sueben nach Spanien vor (werden 415 von den Westgoten geschlagen u. 429 nach Afrika gedrängt)		
410	Einnahme und Plünderung Roms durch die Westgoten unter *Alarich* † *Alarich I.*, Kg. der Westgoten seit 395, nach der Einnahme Roms auf dem Wege nach Süden. Bestattet im Bett des Busento bei Cosenza (* ~ 370) *Alarichs* Schwager *Athaulf* führt Westgoten nach Gallien, wo er 414 *Galla Placidia*, Tochter Kaiser *Theodosius'* d. Gr. heiratet, und nach Spanien (dort wird er 415 ermordet)	*Synesios* aus Kyrene (* ~ 370, † ~ 430) wird Bischof; verbindet als Neuplatoniker Philosophie mit Theologie ≈ In China entwickelt sich der „Amitabha"-Buddhismus mit einer leicht faßlichen Morallehre: Wartezeit nach	dem Tode auf das Paradies richtet sich nach Zahl u. Art der Sünden. Auch der größte Sünder kann durch Lippenbekenntnis in d. Todesstunde Seligkeit erlangen (gelangt ~ 1000 als „Amida"-Buddhismus auch nach Japan)

Frühbyzantinische Kunst	Frühchristliche Hymnen	Spätantike Technik und Wissenschaft	
~ Münchner Himmelfahrtstafel		~ *P. Vegetius* schreibt lat. Tierheilkunde (einzige erhaltene röm.)	
† *Ku K'ai-chi*, chin. Maler; bevorzugte buddhist. Themen, u. a. Bildrollen (* 334)			
	~ *Prudentius* (†) schrieb christl.-lat. Hymnen	≈ Um diese Zeit wirken die Ärzte *Cälius Aurelianus* v. Numidien, *Theodorus Priscianus* aus Afrika, *Marcellus Empiricus* von Gallien	~ *Hieronymus* will warmes Bad nur für Kinder zulassen
		Synesios von Kyrene, Bischof von Ptolemaïs, gibt in einem Brief den ersten Tauch-Dichtemesser für Wasser (Volumen-Aräometer) an, mit dem er das Trinkwasser prüft	~ *Hieronymus* leitet aus „leihet, daß ihr nichts dafür hoffet", (Lukas) kirchliches Zinsverbot ab (Reaktion auf antike Geldwirtschaft; dieses Verbot erlangt nur begrenzte Wirksamkeit, schon infolge Rentenkaufs)

Westrom verliert Südgallien, Spanien und Nordafrika · Völkerwanderung

411		
415	Westgoten verdrängen in Spanien die 409 eingedrungenen Alanen, Wandalen und Sueben und unterwerfen 585 die ganze Halbinsel	Durch Grdg. d. Westgotenreiches unter *Wallia* in Südgallien u. Spanien gehen diese Gebiete dem Weström. Reich verloren (Westgotenreich wird 711 v. d. Arabern zerstört)
417	*Galla Placidia* heiratet den Feldherrn und späteren (ab 421) Mitregenten	*Konstantius*
418	Toulouse wird Hauptstadt des Westgotenreiches (daher auch „Tolosanisches Reich")	*Theoderich I.* König der Westgoten bis 451 (†)
419	* *Valentinian III.*, weström. Kaiser von 425 bis 455 (†)	
425	*Valentinian III.* weström. Kaiser bis 455 (†) unter Vormundschaft seiner Mutter *Galla Placidia* († 450) und *Aëtius* († 454)	
427		
429	Innere Zwistigkeiten und überholte soziale Zustände ermöglichen den Wandalen unter *Geiserich*, von Spanien	aus die röm. Provinzen in Nordafrika gegen geringen Widerstand zu erobern
430		

Sagenentstehung	Hypatia · Augustinus		Spätantike Technik und Wissenschaft
~ *Sulpicius Severus* (* ~ 363, † ~ 420): „Vita S. Martini" (das Leben d. Bisch. *Martin von Tours*)	Der britische Mönch *Pelagius* († ~ 429) leugnet die Erbsünde u. hält den Menschen für fähig, aus eigener Kraft selig zu werden. (Dieser „Pelagianismus" wird bes. von	*Augustinus* bekämpft und 431 vom Konzil zu Ephesos verworfen) *Proklos* aus Konstantinopel, Philos. d. plotinschen Neuplatonismus i. Athen († 485)	
	† *Hypatia* (von Christen gesteinigt), neuplaton. Philosophin i. Alexandria, Tochter d. Mathem. *Theon*	≈ *Joh. Cassianus* von Massilia (* ~ 360, † ~ 434) gründet in Marseille zwei Klöster (Gegner *Augustinus'*)	
	~ † *Orosius*, Presbyter in Afrika, schrieb	Weltgeschichte „gegen die Heiden"	
	≈ Syrische Bibelübersetzung „Peschittho" („Die Einfache")	Univ. Konstantinopel gegrdt.	
† *T'ao Yüan-ming*, chin. Lyriker; u. a. „Heimwärts" (Gedicht mit buddhist. Gedanken und lyrischer Naturschilderung) (* 365)			
	~ Ohrenbeichte verdrängt. öffentl.		
	† *Aurelius Augustinus*, Kirchenvater, seit 395 Bischof in Nordafrika; schrieb „Confessiones" („Bekenntnisse") und „De civitate Dei" („Über den Gottesstaat"), begrdte. christl. Geschichtsphilosophie, betonte Prädestinations- u. Gnadenlehre,	ergänzte d. Ethik *Platos* durch „Glaube, Liebe, Hoffnung" (* 354) *Patrick* verbreitet Christentum in Irland, das in der Völkerwanderungszeit ein Mittelpunkt der röm.-christl. Kultur ist	

	Hunnen am Rhein · Völkerwanderung	*Dogmenstreit*	
431		Drittes Konzil zu Ephesos gegen die Anhänger des Patriarchen von Konstantinopel, *Nestorius* († 451), der bei Christus menschl. und göttl. Wesen unterschied u. menschl.	Natur Mariä lehrte) beschließt die Verehrung der Maria als Mutter Gottes (Nestorianer bilden bis ins 13. Jh. große christl. Sekte im Orient, vgl. 411)
432			
433	* *Odoaker (Odovakar)*, germ. Söldnerführer, „Patricius" von Westrom von 476 bis 493 (†)		
436			
437	Hunnen in röm. Dienst zerstören am Rhein das Reich der Burgunder (ursprüngl. von d. Insel Bornholm), das seit 406 mit d. Hauptstadt Worms bestand Neues Burgunderreich im südöstl. Frankreich (bis 534)		
438	„Codex Theodosianus" wird Gesetz (von Kaiser *Theodosius II*. gesammelte kaiserliche Edikte)		
439	Wandalen erobern unter *Geiserich* Karthago	~ *Sokrates Scholasticus* von Konstantinopel	(* ~ 370, † ~ 450): Kirchengeschichte
440		*Leo I*. (d. Gr.) Papst bis 461 (vor ihm seit Chr.	schon etwa 44 andere Bischöfe v. Rom)
443	Der röm. Staatsmann *Aëtius* siedelt die von ihm und hunnisch. Söldnern am Rhein geschlagenen Burgunder in Savoyen, dem heute frz. Teil der Schweiz, an (vgl. 437). (Seit 260 hatten die Alemannen den heute dt. Teil besiedelt) ~ Alemannen besetzen das elsäss. Gebiet (496 von den Franken unterworfen)	~*Vasubandhu*(*~400, † ~ 480): „Abhidharmakosha" (buddhist. Lehre)	

Frühbyzantinische Kunst	Frühchristliche Hymnen	Spätantike Technik und Wissenschaft	
~ St. Sabina in Rom (dreischiffige Basilika mit Mosaiken) ~ Älteste „Kreuzigung Christi" (Holzrelief an der Tür v. St. Sabina in Rom) ~ „Moses-Mosaik" in Santa Maria Maggiore, Rom (Beginn von häufiger werdenden Moses-Darstellungen)			
~ Mosaike mit der Jugendgeschichte *Jesu* in St. Maria Maggiore in Rom (frühbyzant. Stil)			

	König Attila · Völkerwanderung	Sagenentstehung	Dogmenstreit
445	Nach der Ermordung seines Bruders *Bleda* wird *Attila* Kg. des Hunnenreiches bis 453 (†)		Kaiser *Valentinian III.* verleiht den kirchl. Anordnungen Bischof (Papst) *Leos I.* v. Rom Gesetzeskraft. *Leo I.* (d. Gr.) erreicht dadurch Anerkennung d. Primats des „Papstes" in der Kirche
446			Buddhistenverfolgung in Nordchina mit wirtschaftl.-sozialem Hintergrund
448	Ostrom wird dem Hunnenkg. *Attila* tributpflichtig		
449	Britannien wird von Angeln, Sachsen u. Jüten besetzt (wurde 407 von der letzten röm. Garnison geräumt); in Schottland u. Wales bleiben Kelten		Synode zu Ephesos (turbulent, daher „Räubersynode") bestätigt die Lehre d. Monophysiten, die eine einzige, gottmenschliche Natur Christi lehren (451 in Chalkedon wieder verurteilt, spalten sich bald in eine gemäßigte u. eine radikale Richtung)
450	† *Theodosius II.*, oström. Kaiser seit 408 (* 401); zunächst unter Vormundschaft des *Anthemius* und seiner Schwester *Pulcheria* Die Slawen beginnen in die von den germanischen Stämmen verlassenen Gebiete bis Elbe und Saale vorzudringen Völkerstrom durch Dacien (Rumänien): Hunnen und Gepiden (450), Awaren (555), Slawen und Bulgaren (680), Ungarn (830), Petschenegen (900), Kumanen (1050)	≈ *Sedulius*: „Carmen paschale" („Geschichte Christi" in Hexametern) ≈ Griechische Schrift löst die ägypt. Hiëroglyphenschrift i. Ägypten ab	~ Beginnende Ausbildung der Formen des christl. Meßopfers durch Zusammenstellung eines Meßbuches von Papst *Leo I.* (vollständige Ausbild. des Meßgottesdienstes um ≈ 1000; vereinheitlicht 1570) Die syrische Kirche zerfällt in Nestorianer (in Christus menschl. u. göttl. Natur getrennt) u. Monophysiten (eine gottmenschl. Natur); daneben bleibt das röm.-kathol. Bekenntnis (bis 498)

Frühbyzantinische Kunst	Frühchristliche Hymnen	Spätantike Technik und Wissenschaft	
~ Grabkapelle d. Kaisermutter *Galla Placidia* (†) in Ravenna (frühbyzant.)	≈ *Paulus Diaconus* u. *Sedulius*, christliche Hymnendichter		

	West- und Ostrom · Völkerwanderung	Indische Dramen	Irische Klosterschulen
Im 5. Jahrhundert	Beginn der Aufzeichnung des Rechts der dt. Stämme in lat. Sprache ≈ Kultur des fränkischen Gräberfeldes bei Krefeld-Gellep (belegt 3.–8. Jh.) erweist antike Tradition	*Nonnos*, griech. Dichter aus Ägypt.: „Dionysiaka" („Zug des Dionysos n. Indien", i. 25 000 Hexametern) u. eine metrische Umschreibung d. „Johannes-Evangeliums" *Kalidasa:* „Jahreszeiten" und „Der Wolkenbote" (ind. lyr. Dichtungen), „Sakuntala" (führt diese Dramengattung, ursprüngl. aus Tempeltänzen entstanden, aus der Improvisation auf literarische Höhe) u. a. Dramen sowie Epen (Höhepunkt der alt-ind. Dichtung) Fränkische liedmäßige Fassung der beiden Teile des „Nibelungenliedes" „Goldenes Zeitalter" der Literatur in Armenien (Bibelübersetzungen, armenische Werke, Übers. aus d. Griechischen) Japan übernimmt aus Korea chin. Schrift	Christliches („apostolisches") Glaubensbekenntnis entsteht, vermutl. in Gallien (Anfänge im 2. Jh. in Rom) Sog. „Athanasianisches Glaubensbekenntnis" entsteht (Dreieinigkeit und Menschwerdung Gottes durch Christus), vermutl. in Südgallien oder Spanien Bibelübersetzung des Armeniers *Mesrop* festigt armenische Staatskirche (anerkennt nur eine gottmenschliche Natur Christi, „monophysitisch") Irische Klosterschule in Armagh (bedeutender geistiger Mittelpunkt bis zum 9. Jh.) Die geistige Tradition d. Antike wird v. d. Klöstern d. Byzantinischen Reiches bewahrt (befruchten Humanismus u. Renaissance im 15. Jh.) Bischöfe beginnen den Ring zu tragen als Symbol d. Vermählg. mit der Kirche Ohrenbeichte in der christl. Kirche Die christl. Kirche Ägyptens (koptische Kirche mit Patriarchen in Kairo) trennt sich v. d. morgenländ. Kirche. Verwendet griech. beeinfl. neuägypt. Sprache *Buddhagosa:* „Der Weg zur Reinheit" (System des südl. Buddhismus) Yoga entwickelt sich von einem System der Askese zur Erlösungslehre

Frühbyzantinische Kunst	Frühchristliche Vokalmusik	Spätantike Technik und Wissenschaft	
Frühchristliche Mosaike in Rom und Ravenna Erste Darstellungen des Abendmahls (erst i. 11. Jh. häufiger) „Wiener Genesis" mit Buchmalereien im antik-syrischen Mischstil Nordeuropa übernimmt von Italien den Campanile (frei stehender Glockenturm) Buddhist. Höhlentempel in Adschanta (Westvorderind.) mit zahllosen, aus dem Fels gearbeiteten Buddha-Figuren und Felsgemälden (die Anfänge der 29 Höhlen gehen in das −2. Jh. zurück) Syrische Glaswerkstätten erzeugen Gefäße mit Fadenauflage, Kopfgefäße, solche mit eingeschnittenen und geätzten Mustern, doppelwandige Vexiergläser u. a.	In Rom kennt der christliche Gottesdienst den Gesang im Wechsel zw. Vorsänger u. Gemeinde (responsorisch) u. zw. mehreren Chören (antiphonisch; beides n. jüd. Vorbild; vgl. 400)		Kulturhöhe i. Süddänemark gekennzeichnet durch d. Fund von Nydam: Schiffe aus Eichenholz, Schwerter, Helme, Schilde, Wagenteile, Eggen, röm. Münzen „Kamasutra" (ind. Lehrbuch d. Erotik; nach älteren Quellen)

Schlacht auf den Katalaunischen Feldern · Völkerwanderung

451	Röm. Heer unter *Flavius Aëtius* und Westgoten unter Kg. *Theoderich* (†) schlagen Hunnen unter Kg. *Attila* in der Schlacht auf den Katalaunischen Feldern (Gallien) über den Rhein zurück. Höhepunkt der Hunnenmacht überschritten	
452	Hunneneinfall in Italien Die vor *Attila* flüchtende Festlandsbevölkerung grdt. Venedig auf einer Laguneninsel	Papst *Leo I.* schützt Rom durch Friedensverhandl. mit *Attila*, der aus Italien abzieht
453	† *Attila*, Kg. d. Hunnen seit 445 (nach der Hochzeit mit *Hildiko* [= *Kriemhild*] schneller Zerfall des Hunnenreiches)	Nach dem Ende d. Hunnenreiches lassen sich d. Ostgoten unter röm. Oberhoheit in Pannonien (Ungarn) nieder
454	Wandalen beherrschen Malta (ab 494 unter d. Ostgoten)	Kaiser *Valentinian III.* läßt seinen verdienten Feldherrn *Flavius Aëtius* (* 390) töten und wird (455) selbst ermordet
455	Franken beginnen d. Eroberung des linken Rheinufers u. d. Moselgebietes † (ermordet) *Valentinian III.*, weström. Kaiser seit 425, (* 419); es folgen noch neun schwache weström. Kaiser, bis 476 der Führer d. german. Söldner *Odoaker* den letzten weström. Kaiser absetzt	Wandalen unter Kg. *Geiserich* erobern u. plündern v. Karthago aus Rom (vernichten 460 eine römische, 468 eine byzantinische Flotte; der Begriff: „Wandalismus" wird erst 1794 geprägt)
456	Wandalen erobern Korsika (wird 533 v. Byzanz erobert)	* *Theoderich der Große*, König der Ostgoten von 471 bis 526 (†)
457	*Leo I.* (d. Gr.) byzantinischer Kaiser bis 471 (†). Befreit d. Reich von d. Herrschaft d. german. Söldner; kämpft gegen die Wandalen in Afrika	~ *Childerich I.* König der sal. Franken in Tournai bis 481 (†)
458	Wandalen beherrsch. Sardinien (bis 533)	
466	* *Chlodwig I.*, Merowingerkg. d. Franken von 481 bis 511 (†); Gründer des Frankenreiches *Eurich* († 484) beseitigt seinen Bruder	*Theoderich II.* und wird Kg. der Westgoten. Läßt westgot. Recht aufzeichnen, erobert Teile von Gallien (Frankr.) und Spanien
470		
471	*Theoderich der Große* König der Ostgoten bis 526 (†) ≈ Blüte d. Maya-Städte-Kultur i. Südmexiko: Steintempel u. -paläste auf Erdpyramiden; entwickelte Metallbearb., Keramik, Weberei; Anbau zahlr.	Kulturpflanzen; Menschen- u. Tieropfer; auf astronom. Erfahrung begründete Kalenderrechnung; Bilderschrift (bis ~ 610, dann Verfall durch Abwanderung)

Neuplatonismus · Dogmenstreit	*Frühbyzantinische Kunst*	
Papst *Leo I.* beeinfl. mit seinen „Epistula dogmatica" („Dogmatische Briefe" über d. Doppelnatur Jesu) das Konzil zu Chalkedon Die vierte ökumenische Kirchenversammlung in Chalkedon (am Bosporus) verkündet den Lehrsatz, daß göttl. u. menschl. Natur Christi unvermischt u. unzertrennbar vereinigt sind, und stellt d. Patriarchen v. Konstantinopel dem Papst gleich		
	Taufkirche in Ravenna (durch Umbau der Thermen; achteckig, mit Reliefs u. Mosaiken)	
Staatstempel des Jupiter auf dem Kapitol in Rom durch Plünderung zerstört (geweiht —509)		
~ *Salvianus* v. Trier (* ~ 400, † ~ 480): "Von der Weltregierung Gottes" (asketischer Grundzug)		
~ * *Damaskios*, letzter Lehrer der neuplatonischen Schule in Athen (529 durch Kaiser *Justinian* geschlossen)		

	Ende des Weströmischen Reiches Frankenreich	Sagenentstehung	Dogmenstreit
475			
476	Sturz d. letzten weström. Kaisers *Romulus Augustulus* durch *Odoaker* (auch *Odovakar*), den Führer german. Söldnertruppen, der als „Patricius" des oström. Kaisers *Zenon* die „Diöcese" Italien verwaltet *Odoaker* verteilt Land an seine Truppen; achtet die polit. u. relig. Einrichtungen Roms. Ende d. Weström. Kaiserreiches. (Die Idee d. röm. Kaisertums wird im Mittelalter tragende Ideologie der kathol. Kirche u. des röm.-dt. Reiches)		~ *Proklos:* „Platonische Theologie" (lehrt die Entfaltung der Welt aus Gott in einem dialektischen dreiphasigen Prozeß; beeinfl. *Hegel*). Letzte Blüte nichtchristlicher Philosophie in Athen
480			~ * *Benedikt v. Nursia*, Begründer des abendländ. Klosterwesens († ~ 543) ~ * *Anicius Torquatus Severinus Boëtius*, röm. Philosoph u. Politiker († ~ 524, hingerichtet)
481	† *Childerich I.*, seit ~ 457 Kg. der salischen Franken in Tournai (sein Grab wurde seit dessen Entdeckung 1653 berühmt) *Chlodwig I.* Kg. d. Franken aus d. Geschlecht d. salischen *Merowinger* bis 511 (†) (*Merowinger* erheben Franken zu einem mächtigen Reich; durch wiederholte Teilungen geschwächt, wird d. letzte *Merowinger* 751 von *Pippin d. Kleinen* abgesetzt)		~ *Zosimos* sieht die Ursache des Zerfalls des röm. Reiches im Christentum
483	~ * *Justinian I.*, oström. Kaiser von 527 bis 565 (†)		Dogmenstreit zwischen Rom u. Byzanz (b. 519)
485			† *Proklos* aus Konstantinopel, Philosoph des plotinschen Neuplatonismus in Athen; versuchte das „Ursprüngliche" durch theosophische Zahlenmystik zu ergründen (* 411)

Frühbyzantinische Kunst	Frühchristliche Vokalmusik	Ind. Mathematik	
~ Höhlentempel in Yün-kang (Nordchina) der *Wei*-Dynastie mit zahlreichen handwerksmäßigen Steinfiguren (bes. Buddhafiguren) in Nischen		* *Aryabhata*, ind. Mathematiker; schreibt üb. Arithmetik (Dreisatzaufgaben, Wurzeln, einfache Gleichungen), Flächen- u. Körperberechnungen, stellt Sinustafel auf, wendet die Algebra unter Verwendg. negativer Zahlen auf die Astronomie an	
~ Fundsachen aus dem *Childerich*-Grab zeigen gotische Beeinfl. des fränkischen Kunstgewerbes: goldene, mit rötlichen Edelsteinen geometrisch verzierte Schmucksachen und Waffen			
~ S. Stefano Rotondo in Rom (Zentralbau-Grabkirche in einem antik-dekorativen Stil)			

	Italienisches Ostgotenreich Frankenkönig Chlodwig I.	Sagenentstehung	Christentum im Frankenreich
486	Frankenkg. *Chlodwig I.* besiegt den letzten röm. Machthaber in Gallien (Soissons) *Syagrius*. Beginn d. fränkischen Reiches (macht Paris 508 zur Hauptstadt seines Frankenreiches). Damit letzter Rest des Weström. Reiches beseitigt		~ Armenien wird im pers. *Sassaniden*-Reich der Christenglaube u. völliger Ausschluß d. zoroastrischen Staatsreligion zugestanden
489	Kg. *Theoderich* d. Ostgoten besiegt d. ital. Herrscher *Odoaker* (auch *Odovakar*) bei Verona (daher in d. Sage „Dietrich von Bern" [= Verona] genannt)		
490		~ *Dracontius* v. Karthago: „Laudes Dei" (Epos über den Zorn und die Gnade Gottes)	
493	*Chlodwig I.*, Kg. d. Franken, heiratet burgundische Königstochter *Chlothilde* († 548), die ihn zum Christentum bekehrt † Kg. *Odoaker*, von Kaiser *Zenon* von Byzanz als Patrizius v. Rom zunächst anerkannt, wird n. d. Niederlage gegen den v. *Zenon* zum kaiserl. Feldherrn ernannten *Theoderich* von diesem ermordet (* 433) Kg. *Theoderich d. Große* begrdt. das Ostgotenreich in Italien (dieses wird 554 v. Byzanz beseitigt) Ostgoten erobern Sizilien (gehörte seit —241 zum Röm. Reich; 535 v. Byzanz erobert)		~ *Brigida* (* ~ 453, † 523) grdt. in Irland weibl. Brigidenorden und Klöster ~ *Gelasius I.*, Papst v. 492—496 (†), stellt bischöfl. neben weltl. Gewalt ~ Im Ostgotenreich sind Goten als Arianer und Römer als Katholiken streng geschieden
494	Ostgoten herrschen über Malta (ab 534 unter byzant. Herrschaft)		
496	*Chlodwig I.* unterwirft Alemannien		*Chlodwig I.* läßt sich von *Remigius* (d. Hlg.) in Reims taufen
498	≈Mochica-Kultur der Chimú-Indianer in Peru: reiche bildhaft schildernde Keramik (u. a. Porträtvasen) Lehmziegel-Stufenpyramiden, menschenförmige Gottheit, Menschenopfer		Die Nestorianer, seit 431 als Ketzer aus d. Röm. Reich vertrieben, gründen Kirche i. Persien mit Patriarchat in Ktesiphon und Schule in Nisibis. Mission bis Indien, China u. Afrika (lehren getrennte göttliche und menschliche Natur Christi u. reine Menschennatur Mariä)

Frühbyzantinische Kunst	Frühchristliche Vokalmusik	Spätantike Technik und Wissenschaft	
		Der oström. Kaiser *Zenon* läßt die Schule der Nestorianer in Edessa zerstören. Gelehrte	fliehen an d. pers. Schule v. Gondêšapûr (bleibt auch im Islam bes. medizinisch bedeutend)
		~ * *Cassiodorus*, röm. Gelehrter († ~ 583) Kg. *Theoderich der Große* schenkt Kg. *Gundebald* von Bur-	gund eine Wasseruhr *Prokopios*, griech.-byzant. Historiker († ~ 562)
		≈ Entwickelte Weberei mit einfachen Handwebapparaten bei den Chimú-Indianern	

	 *Frankenreich · Völkerwanderung*	 *Spätantike Literatur*	*Neuplatonismus Frühchristentum*
500	*Chlodwig I.* versucht vergeblich, Burgund zu unterwerfen Burgunderkg. *Gundobad* († 516) kodifiziert burgund. Recht ~ Lex Salica (Salisches Gesetz), lat. Niederschrift d. Volksrechts d. sal. Franken (schließt d. weibl. Geschlecht a. d. Erbfolge d. Grundbesitzes aus, ein Grundsatz, der später in das Erbrecht zahlr. Fürstenhäuser übernommen wird) ≈ Die Bajuwaren (Markomannen) dringen aus Böhmen in Bayern ein ≈ Tschechen besetzen Böhmen, als die Markomannen nach Bayern wandern ~ Eindringen slaw. Stämme in die Donauprovinzen d. Oström. Reiches (Byzanz) Nach Besetzung des Niederdonau-Gebietes (~ 490) erobern Langobarden die ungar. Ebene zwischen Theiß und Donau und zerstören dort das mächtige Reich der (Ost-) Heruler (505) ≈ *Artus (Artur)*, Kg. der kelt. Briten u. Bretonen, kämpft gegen Sachsen. Mittelpunkt der sagenhaften Tafelrunde, welche Vorbild des Rittertums wird ≈ Die von den Angelsachsen aus England vertriebenen keltischen Bretonen kommen in die Bretagne ≈ Von Nordirland dringen die Skoten in Schottland ein (errichten 844 Kgr.) Die Hunnen erobern d. nordind. *Gupta*-Reich (bestand seit 320; in kleineren Staaten erhalten sich Nachkommen d. Dynastie bis ins 8. Jh.) ≈ Nazca-Kultur in Peru mit vielfarbigen Deckenstickereien und elf-farbiger Keramik, Wildkatzenartiger Gott mit zweitem Schlangenleib ≈ Vor-Inkakultur der Aimara in Tiahuanaco (Peru); bis ≈ 1200	≈ *Aristainetos* gibt in einer fingierten Briefsammlung ein Bild d. unmoral. Lebens in d. Großstadt Alexandria *Johannes Stobaios* aus Makedonien: Anthologie aus der griech. Literatur (Nachwirkungen i. d. Renaissance)	~ Verbindung des Christentums mit neuplatonischer Philosophie in dem griech. Werk des (Pseudo-) *Dionysius Areopagita* aus Syrien (wirkt stark auf d. Mystik d. Mittelalters) (vgl. auch 403) ≈ Ende der christl. Sitte, Taufe u. Abendmahl geheim abzuhalten ≈ Weihrauch i. christl. Gottesdienst (war schon d. Ägyptern, Babyloniern, Persern, Griechen, Römern, Israeliten als Räuchermittel bekannt) ≈ Durch Zusammenfassung von Mischna (jüd. Gesetz) u. Gemara (Auslegungen dazu) entsteht d. babylonische Talmud in babylon.-aramäischer Sprache (wird als eigentlicher Talmud maßgebend f. d. Judentum; vgl. 200 u. 400) ~ Durch *Tamo* aus Ceylon entsteht i. China der Ch'an-Buddhismus, der durch Meditationen, aber auch durch ein weltlich-tätiges Leben ohne feste religiöse Formen, das nichtige Wesen des Seins zu erkennen sucht, um so erlöst zu werden (gelangt 1191 als kämpferischer Zen-Buddhismus nach Japan) ≈ Der regelstrenge philosophische Brahmanismus beginnt in Indien die Erlösungsreligion des Buddhismus völlig zu verdrängen. Dieser besteht im übrigen Ostasien weiter

 Frühbyzantinische Kunst	Frühchristliche Vokalmusik	Boëtius	
≈ Aus der Erstarrung antiker Kunstformen entsteht d. byzant. Stil in Byzanz u. Ravenna mit linien- u. flächenhaften Darstellungen ≈ Blüte d. byzant. Mosaikkunst in Byzanz u. Ravenna (v. ≈ 400 bis ≈ 650; zunächst antik beeinfl., erstarrt v. 7. Jh. ab) Großes Kuppelmosaik im Baptisterium d. Orthodoxen, Ravenna Mosaike im Mausoleum d. *Galla Placidia*, Ravenna ∼ San Apollinare nuovo in Ravenna (frühbyzant. Basilika m. reichem Mosaikschmuck) ≈ „Codex argenteus" (oberital. Prunkhandschrift auf Pergament mit Evangelien in der ostgotischen Übersetzung *Wulfilas*) ∼ Unter Papst *Symmachus* entsteht d. erste Anlage d. Vatikan-Palastes (wird 1378 päpstl. Residenz) ≈ Reichgearbeitete ostgot. goldene Adlerfibel mit Edelsteinen (Fundort Italien) ≈ Blüte der Goldschmuckarbeiten im Europa der Völkerwanderungszeit: Filigran, Schmelzarbeiten (Funde u. a. bei Cottbus, in Südrußland, Rumänien, Ungarn, Spanien, Frankreich) ≈ Die germanische Schmuckkunst der Völkerwanderungszeit zeigt neben der neueren phantastischen Tierornamentik auch die schon aus d. Bronzezeit stammenden geometrischen Ornamente ∼ Wischnu-Tempel zu Deogarh (Nordind.) mit Steinreliefs ≈ China kennt Ölmalerei ≈ Muster aus bunten Federn in Alt-Peru („Federgemälde")	∼ *Boetius:* „De institutione musica" (wird Grundlage d. Musiktheorie d. Mittelalters) ≈ *Romanos* (der Melode) aus Syrien, bedeutender Hymnen-Verfasser der griech. Kirche ≈ Musikinstrumente in Alt-Peru: Panflöte, Knochenflöte, Muschelhorn, Tontuba, Felltrommel	≈ Bischof *Nemesios* von Emesa: „Über die Natur des Menschen" (griech. medizin. philosoph. Schrift, maßgebend für d. Mittelalter; vgl. 1041) ∼ *A. T. S. Boëtius* bearbeitet die Arithmetik d. *Nikomachos* aus Alexandria (v. 1. Jh.; wird ab ≈ 700 in d. Klöstern und Domschulen benutzt) ≈ Seit *Cäsar* wird an der Urbarmachung der Pontinischen Sümpfe gearbeitet. (Auch die Versuche von ≈ 1300 bis ≈ 1900 haben nur geringen Erfolg) Blüte der Alchimisten-Schule in Alexandria (400 bis 600). In Anlehnung an die griech. Naturphilosophie Versuche, unedle Metalle in edle zu verwandeln, (z. B. Gold aus gelbem Schwefel und glänzendem Quecksilber). Suche nach dem unbekannten „Stein d. Weisen", (auch „Prima materia", „Quintessenz")	≈ Angelsachsen tragen Hemden, darüber Tunika u. Mantel ≈ In Franken sind gepfropfte Obstbäume bekannt (der schon in *Homers* Zeiten bek. Obstbau kam mit den rom. Legionen *Cäsars* nach Mitteleuropa) ≈ Roggen in Europa als Brotgetreide ≈ *Tamo* bringt mit dem Ch'an-Buddhismus den Tee nach China, der ein beliebtes Getränk des Meditations-Buddhismus wird ≈ Gewandstoffe u. Tempelbehänge aus koptisch. Gräberfunden (spätägypt. Webkunst) ≈ Gänsefeder als Schreibfed. kommt auf (stärkere Verbreitung erst ab 13. Jh., allgemein i. Deutschland im 17. Jh.)

	Theoderich d. Gr. Frankenreich · Völkerwanderung	Spätantike Literatur	Boëtius
502		† *Narsai v. Mealletha*, syr. Dichter u. Leiter der nestorianischen Hochschule i. Nisibis	
507	Nach Unterwerfung der Alemannen (502) erobert Frankenkg. *Chlodwig I.* das westgot. Gebiet zwischen Loire und Garonne. Damit entsteht ein selbständiges Frankenreich Westgotenreich in Altkastilien (bis 711)		≈ Bei den Alemannen Gräber mit Holzsarg und zahlreiches Holzgerät
508	~ * *Theodora*, Gemahlin Kaiser *Justinians I.* († 548)		
510	Die südfrz. Provence kommt zum Reich d. Ostgoten in Italien (536 zum Frankenreich)		
511	† *Chlodwig I.*, *Merowinger*-Kg. d. Franken seit 481, Grd. des Frankenreiches (* 466). Erste Teilung des fränk. Reiches nach dem Tode des ersten Kgs. *Chlodwig I.* unter seine vier Söhne mit Höfen in Soissons, Paris, Metz, Orléans		
517	Das v. *Chlodwig* 486 gegr. Frankreich übernimmt mit d. röm. Recht Grundzüge der antiken Gesellschaft (vgl. 486)		~ Starke Förderung d. Buddhismus u. seiner Kultur in Mittelchina durch *Wu-ti*, Kaiser von China 502 bis 549, der vom Konfuzianismus zum Buddhismus übertritt und später Mönch wird. Abschaffung von Todesstrafe und Tieropfer
519			Oström. Kirche anerkennt weström. Dogma (Streit seit 483)
522			
524			~ † *Anicius Torquatus Severinus Boëtius*, Berater des Ostgotenkgs. *Theoderich*, wegen angeblichen Verrats hingerichtet; übersetzte Logik des *Aristoteles*, schrieb im Gefängnis „Trost der Philosophie" (*~ 480; beeinfl. Scholastik)

Ostasiatische Kunst	Frühchristliche Vokalmusik	Ind. Astronomie	
~ Frauenkloster St. Césaire in Arles			
		~ *Arjabhata*, ind. Astronom (476), schreibt astron. Lehrbuch (dar. Achsendrehung d. Erde); faßt das ind. mathem. Wissen in 33 Verspaare zusammen	
„Zwei Buddhas im Gespräch" (chines. Bronzeplastik im archaischen Stil der *T'ang*-Zeit)			
Älteste erhaltene chin. Pagode (entwickelte sich aus der ind. Stupakuppel u. dem chin. Pavillon)			

	Theoderich d. Gr. Ende des Wandalenreichs	Ende der antiken Philosophie	
525		Dionysius Exiguus († 540): „Ostertafel" (irrt sich im Geburtsjahr Christi; vgl. 735) ~ Konstanz Bischofssitz	
526	† *Theoderich d. Gr.*, Kg. d. Ostgoten seit 471, Herrscher in Italien seit 493; obwohl selbst arian. Christ bewahrte er d. röm. Staatsverfassung (* ~ 456). Nach seinem Tode zerfällt das Ostgotenreich in Italien, Dalmatien, Sizilien, Slawonien, Alpen, Provence. Lebt als „Dietrich v. Bern" (Bern = Verona) in d. dt. Sage fort. Seine Regierung bedeutete Wohlstand für Italien		
527	*Justinian I.* oström. Kaiser bis 565 (†); wird stark von seiner Gattin *Theodora* beeinflußt; läßt umfassendes Gesetzbuch „Corpus juris civilis" zusammenstellen		
529	Regensburg wird Hauptstadt des Hzgt. Bayern	Kaiser *Justinian* läßt Redner- u. Philosophenschulen in Athen schließen. Äußerliches Ende der direkten Tradition d. klass. griech. Philosophie *Benedikt von Nursia*	grdt. d. Kloster Monte Cassino (Mittelitalien), den Ursprung d. europ. Mönchswesens Mit d. Grdg. d. Benediktinerordens entstehen d. ersten europ. Klosterschulen
531	Franken erobern das Hermundurenreich in Thüringen (seit ≈ 400) *Chosrau I. Anoscharwan* Kg. v. Persien bis 579; bedeutendster *Sassaniden*-Herrscher; herrscht nach erfolgr. Kriegen zwischen Indus und Mittelmeer, Schwarzem Meer und Arabien; beseitigt antifeudale Reform seines Vorgängers einschl. Güter- und Weibergemeinschaft		
532	*Belisar* unterdr. Aufstand d. „Blauen" u. „Grünen" Partei in Konstantinopel. Stadt wird zerstört		
533	Der oström. Kaiser *Justinian* und seine Feldherren zerstören das Wandalenreich in Afrika, auf d. Balearen, Korsika, Sardinien u. Sizi'ien (entstand seit 429)		

Pers. Literatur	Frühbyzantinische Kunst	Frühchristliche Wissenschaft	
	~ Baptisterium der Arianer i. Ravenna (frühbyzant. Zentralbau mit Mosaiken)	~ Der griechische Kaufmann u. Geograph *Kosmas Indikopleustes* aus Alexandria reist nilaufwärts, dann bis zur ostafrika-	nischen, persisch., indischen Küste. Schreibt „Christliche Ortskunde", worin er die Erde als viereck. Scheibe darstellt
	~ Grabmal *Theoderichs* b. Ravenna (zweistöck. Rundbau) ~ Apsismosaik in S. Cosma e Damiano, Rom		
		~ Schaufelradschiff mit Tiergöpel-Antrieb beschrieben und abgebildet	
		Der zu Monte Cassino gegründete Benediktinerorden übernimmt später auch die hippo-	kratisch-galenische Medizin der Antike u. verbreitet sie nach Deutschland
≈ Unter König *Chosrau I*. Blüte d. pers. Literatur			
	Kaiser *Justinian I*. baut das durch Parteikämpfe zerstörte Konstantinopel wieder auf; 25 Kirchen, darunter die Hagia Sophia		

	Ende des italienischen Ostgotenreiches	Frühchristl. Literatur	Christliche Dogmatik
534	Kaiser *Justinian* sammelt Rechtsgrundlagen im „Corpus juris civilis" Die *Merowinger*-Frankenkge. haben das Reich der Burgunder mit d. Schweizer Gebiet unterworfen (im Südwesten Burgunder, in Graubünden Räter, im übrigen Teil Alemannen ansässig) Toledo wird Hauptstadt und kirchlicher Mittelpunkt des span. Westgotenreiches (bis 711, dann unter arab. Herrschaft) Malta unter byzant. Herrschaft (bis 870, dann arabisch)		
535	Oströmischer Feldherr *Belisar* vernicht. das Ostgotenreich in Italien (seit 489), das ab 553 oströmische Provinz unter *Narses* wird Byzanz erobert Sizilien v. d. Ostgoten (S. wird 827 bis 878 v. d. Arabern erobert)	~ * *Fortunatus Venantius*, christl.-lat. Dichter und Bischof († ~ 600)	
536	Nach Untergang des Ostgotenreiches kommt die Provence zum Frankenreich Goten verlieren Neapel an Byzanz (kommt im 11. Jh. an die Normannen)		
537			*Vigilius*, Papst bis 555 (†); zeigt schwächliche Haltung im Lehrstreit mit Byzanz
540	Byzanz verliert den Handelsplatz Antiochia (Syrien) an d. Perser (Byzanz wird im Frieden von 561 an Persien tributpflichtig; A. kommt 637 an d. Araber)		

Frühbyzantinische Kunst	Frühchristliche Wissenschaft		
	~ *Johannes Philoponos (Grammatikos* ~ 485, † ~ 555) lehrt: Einem geworfenen Körper ist eine Kraft eingeprägt, die ihn vorwärtstreibt (korrigiert durch das Trägheitsgesetz v. *Galilei* um 1600)		
~ Chinesische Fresken in Tunhuang in der Art von Bilderrollen (Kakemono) (früheste erhaltene chines. Wandmalereien mit Anfängen einer Landschaftsdarstellung)			
Hagia Sophia in Konstantinopel (byzantinische Kuppelbasilika, Baubeginn 533)			
~ Lucius-Krypta in Chur (Graubünden)	~ **Gregor*, Bischof v. Tours, fränk. Geschichtsschreiber († ~ 594)	~ Die byzantin. Kaiserin (*Theodora*) trägt langes, helles Gewand mit Goldstickerei und Edelsteinsaum, Purpurmantel mit Stickerei, Perlendiadem mit Gehänge, spitze Schuhe	Der byzant. Kaiser (*Justinian*): Kurzes, weißes, goldverziert., gegürtet. Untergewand, Purpurmantel m. viereckig. Einsatz als Würdeabzeichen, Perlendiadem, spitze Schuhe

	Theodora · Awaren	Frühchristl. Literatur	Benedikt v. Nursia
542	*Totila*, Kg. der Ostgoten seit 541, erobert bis 550 gegen die Byzantiner Rom und Italien (außer Ravenna)		
543			~ † *Benedikt v. Nursia*, wurde mit Grdg. des ersten Benediktinerklosters Monte Cassino Begrd. des abendländ. Mönchswesens (* ~ 480)
546	*Totila* erobert Rom (gibt es 547 auf) Langobarden besetzen Pannonien (Westungarn)		~ „Dreikapitelstreit" zw. Papst *Vigilius* und *Justinian*, der 544 in drei Sätzen Theologie der Antiochenischen Schule verurteilte
547			
548	† *Theodora*, Gemahlin Kaiser *Justinians I.*; vorher Tänzerin und Hetäre; zeigte später Frömmigkeit und Wohltätigkeit (* ~ 508)		
549			
550	Rom wird zum zweitenmal von Totila erobert ≈ Die tatarischen Awaren stoßen zur Donau vor (seit ≈ 400 im Vorstoß von Mittelasien nach Westen, sie werden von den Bulgaren 803 endgültig geschlagen; 873 verschwindet ihr Reich; vgl. 570)	~ *Hesychios aus Milet*: Lexikon griechischer Schriftsteller	~ * *Columbanus* (d. J.), irischer Missionar in Burgund u. Lombardei († 615) ~ Grab vornehmer Fränkin mit wertvollem Schmuck im späteren Dombereich i. Köln (entd. 1950)

Frühbyzantinische Kunst	Spätantike Technik und Wissenschaft		
~ Säulenbasilika mit Mosaiken in Parenzo (Porec)	~ *Gildas* d. Weise (* ~ 500, † 570) schreibt Britanniens Geschichte seit röm. Eroberung (erste brit. Geschichtsschreibung)	Beulenpest, seit d. 3. Jh. in Ägypten u. Syrien, erreicht mit eingeschleppten Ratten u. ihren Flöhen Konstantinopel (wirkt verheerend in Europa bis ≈ 600)	(Die früheren als „Pest" bezeichneten Seuchen sind nicht sicher als echte Beulenpest erwiesen, teilw. als andersart. Krankheiten erkannt)
	Bei d. Belagerung Roms durch die Goten werden erstmalig Schiffsmühlen verwendet, d.h. durch den Strom angetriebene Wasserräder auf verankerten Schiffen		
San Vitale in Ravenna (frühbyzant. achtseitiger Zentralbau)			
San Apollinare in Classe in Ravenna (frühbyzant. Basilika mit Mosaikschmuck, Baubeginn ~ 535)		≈ Adlige Kultur i. Sassanidenreich: Jagd, Polo, Saitenspiel, Schach, Frauenverehrung, Kosmetik, Tanz	
~ Maximians-Kathedrale in Ravenna Mosaik in S. Apollinare (Ravenna) mit einer der ersten Abendmahlsdarstellungen ≈ „Josuarolle" (10 m lange Pergamentrolle mit Bildern aus d. Leben *Josuas*, Kopie im Stil d. 4. Jhs.) ≈ Ajanta-Höhle (vgl. —2. Jh.) wird mit buddhistischer Malerei geschmückt	≈ *Dioskorides'* Arzneimittellehre als Handschrift m. Bildnissen von Ärzten ~ Ein heilkundig. griechisch. Sklave kostet in Rom 60 Goldstücke		

	Frankenreich · Völkerwanderung	Indische Literatur	Christliche Dogmatik
Im 6. Jahrhundert	Slawische Stämme besiedeln Mecklenburg Die Uckermark wird von den slawischen Ukrainern bewohnt (1250 von Brandenburg erobert) Polen besiedeln westliches, Ukrainer östliches Galizien In Nubien (Nordostafrika) entsteht ein christl. Staat (wird ≈ 1300 nach Eroberung durch d. Araber mohammedanisch) Toltekenreich unter einem Priesterkg.; setzt die Teotihuacankultur in Mexiko fort: gr. Tempelpyramiden, Zeitrechnung, Ackerbau	*Bharavi*, ind. Epiker *Cúdraka:* „Vasantasena" („Das Tonwägelchen", ind. Schauspiel) *Musaios:* „Hero und Leander" (griech. erotisches Epos)	Augsburg wird Bistum In den christlichen Kirchen kommen Nebenaltäre auf Die Kirche übernimmt das schon b. d. Persern u. in Rom gefeierte Neujahrsfest als Tag der Beschneidung u. Namensgebung Christi 8 Tage n. Weihnachten Strengere Sonntagsruhe setzt sich durch *Zarathustras* Lehre im pers. „Avesta" zusammengefaßt
551	Ostgotische Flotte von den Byzantinern geschlagen		
552	† *Totila*, Kg. d. Ostgoten seit 541, im Kampf geg. d. Byzantiner unter *Narses* *Teja*, letzter Kg. d. Ostgoten, fällt *Shotoku Taishi* Herrscher von Japan bis 621; übernimmt d. polit. Formen d. chines. Beamtenstaates unter zentraler Herrschaft u. chin.-buddhist. Kultur		~ Japan übernimmt aus China die buddhistische Religion (ausgelöst durch Schenkung einiger Buddhabilder u. Schriften v. einem Kg. auf Korea)
553			Nach langem Streit wird die Philosophie von *Origenes* aus Alexandria († ~ 253) auf d. 5. allg. Konzil zu Konstantinopel als nicht rechtgläubig verurteilt

Frühbyzantinische Kunst	Frühchristliche Vokalmusik	Frühchristliche Wissenschaft	
„Goldenes" Justinianisches Zeitalter der byzantinischen Kunst		Den Indern sind die negativen Zahlen u. die Null bekannt (in Europa im 16. Jh.); sie setzen die Kreiszahl Pi = 3,1416	Anfänge d. Schachspiels in Indien
Byzantinische Mosaike, bes. in Ravenna			
Zahlreiche byzantinische Kirchen entstehen: darunter San Vitale in Ravenna (Zentralbau).			
Byzant. Zellenschmelzarbeiten		Mathemat., Astronomie u. Medizin im späten Sassanidenreich sind indisch beeinflußt	
Kaiserin *Theodora* u. Gefolge (byzant. Mosaik in S. Vitale, Ravenna)			
Bischofsstuhl des *Maximian* (Elfenbeinschnitzerei in Ravenna)			
Santa Maria in Organo (Verona; langobard. Bau; 1481 i. Renaissancestil umgebaut)		Mosaik-Karte v. Palästina in der Kirche Mádaba	
Grdg. d. St.-Servatius-Kirche in Maastricht (ältest. Kirche d. Niederlande, Neubau im 15. Jh. fertiggestellt)			
In der christl. Kunst entsteht die Form des Kruzifixes (vorher nur Kreuz als Symbol, ohne Leib Christi)			
Tierornamentik in d. nordischen Kunst (u. a. sehr reich gearbeitete Metallfibeln)			
Indische Tempel erhalten turmartige Hochbauform			
Chinesische Grabsteine mit Szenen aus dem Leben *Buddhas* und früher Landschaftsdarstellung		~ *Jordanis* (*~500, †~552), Bischof in Unteritalien: „Geschichte der Goten"	
≈ Hoher Stand des Kunsthandwerks im späten Sassanidenreich: Teppiche, Brokat, Silber- u. Emailarbeiten			Mönche schmuggeln Seidenraupeneier v. Ceylon nach Byzanz (von hier verbreitet sich die Seidenraupenzucht über Europa)
~ Krypta St. Médard in Soissons			~ Seidenindustrie wird Staatsmonopol im oström. (byzant.) Reich

Langobardenreich in Italien

554	Nach dem endgültigen Sieg über das Ostgotenreich wird der oström. Feldherr *Narses* der erste Exarch über die	oström. Provinz Italien mit Sitz in Ravenna ~ *Garibald I.*, 1. bayr. Herzog, Sitz Regensburg
558	*Chlotar I.*, Kg. in Soissons seit 511, Sohn *Chlodwigs I.*, wird Herrscher im ganzen Frankenreich einschl. Thüringen bis 561	
559	*Belisar* (* ~ 500, † 565), Heerführer des oström. Herrschers *Justinian I.*, schlägt die Hunnen bei Konstantinopel zurück	
561	Das unter Kg. *Chlotar I.* (seit 558) vereinigte Frankenreich wird erneut geteilt in Austrasien (mit Reims u. Metz), Neustrien (mit Soissons, Paris, Orléans	u. Tours) und Burgund (Rhônegebiet). Zerfall des Reiches durch innere Kämpfe der Adelsparteien (bis 618)
562		
565	† *Justinian I.*, oström. Kaiser seit 527; zerstörte Wandalen- und Ostgotenreich, machte Italien zur oström. Provinz (* ~ 483)	Durch d. Langobarden werden die Byzantiner nach Süditalien verdrängt (halten jedoch Ravenna bis 754)
567	Langobarden vernichten gemeins. mit den Awaren das Gepidenreich d. Goten an d. unteren Weichsel (seit ≈ 250)	*Leovigild* (letzter arianischer) Kg. der Westgoten bis 586; verdrängt Byzantiner aus Südspanien
568	Langobarden dringen in Italien ein und begrden. unter Kg. *Alboin (Albuin)* Langobardenreich in Nord- und Mittelitalien (774 durch *Karl d. Gr.* zerstört)	
570	Asiatisches Nomadenvolk d. Awaren grdt. Reich in Ungarn/Niederösterr.	
573		
575	~ Slowenen wandern in Krain ein (kommen 788 unter bayer. Oberhoheit, wo sie vor d. Awaren Schutz suchen)	

Christliche Dogmatik	Spätantike Technik und Wissenschaft
	~ † *Prokopios*, griech.-byzantin Historiker, Begleiter d. Feldherrn *Belisar*; schrieb eine sachliche Darstellung d. Kriege *Justinians* mit den Persern, Wandalen u. Goten (* ~ 490)
Westgotenkg. *Leovigild* hebt Eheverbot zw. Goten u. Romanen auf	
~ Der chinesische Mönch *Chi-k'ai* (*531, † 597) deutet die Schriften des Buddhismus im Sinne eines mystischen Symbolismus für Eingeweihte ~ * *Mohammed* (in Mekka), arab. Begrd. d. Islam († 632)	
**Abu Bekr*, erster Kalif der Mohammedaner, Vater der Lieblingsfrau *Mohammeds*, *Aïscha* († 634)	
	~ *Alexander v. Tralles* (* ~ 525, † 605) schreibt in Rom griech. medizin.-therapeut. Sammelwerk

	Westgoten in Spanien	Arianer werden katholisch Christliche Dogmatik	
583			
585	Westgotenkg. *Leovigild* unterwirft ganz Spanien	Auf der Synode von Mâcon beansprucht d. Kirche die Abgabe d. Kirchenzehnts v. allen Gläubigen (wird später v. *Karl d. Gr.* bestätigt)	
586			
587		Westgoten i. Spanien treten vom Arianismus (Christus nicht von Ewigkeit her) z. Katholizismus über (führt in d. Folgezeit zur Herrschaft der	Geistlichkeit, zu deren Bekämpfung 711 die Araber zu Hilfe gerufen werden) Ältestes japan. buddhist. Kloster gegrdt.
589	Herzog *Yang* beendet die Uneinigkeit Chinas und begrdt. *Sui*-Dynastie (wird 618 ermordet)	≈ Unter Kg. *Authari* (seit 584, † 590) und seiner Gemahlin *Theodelinde*, Tochter des Bayernhzgs. *Garibald*,	vollzieht sich der Übergang der Langobarden vom arianischen zum katholischen Christentum
590	*Agilulf* König der Langobarden bis 615 (†)	*Gregor I.* (der Große) Papst bis 604 (†, * ~ 540); fördert Kirchengesang, Mönchtum u.	Christentum in Britannien; erster Mönchspapst Lausanne Bischofssitz
591	*Chosrau II.* Kg. v. Persien bis 628 (unt. ihm höchste Macht d. Sassaniden)		
594			

Frühbyzantinische Kunst	Frühchristliche Wissenschaft	
	~ † *Cassiodorus*, röm. Gelehrter, Anhänger d. Ostgoten; schrieb „Chronika" (Weltgeschichte), „Institutiones divinarum et humanarum litterarum" (Enzyklopädie); sorgte für Erhaltung der antiken Literatur durch Abschriften i. Kloster Vivarium (* ~ 490)	
Horyuji-Tempel in Nara gegründet (erhält „Goldene Halle", 5 geschossige Pagode und „Traumhalle"; vgl. 710)		
„Etschmiadsin-Evangeliar" (byzantinische Bilderhandschrift im armenischen Kloster Etschmiadsin) „Rabula-Evangeliar" (lat. Bibel mit frühbyzant. Buchmalerei)		
~ St. Gereonskirche in Köln		
	~ Der fränkische Historiker *Gregor von Tours* erwähnt Kirchenfenster aus Glas	
	~ † *Gregor*, Bischof von Tours und Historiker; schrieb „Gesta Francorum" („Taten der Franken") (* ~ 540)	

	 *Frankenreich · Völkerwanderung*	 *Arabische Dichtung 2. Lautverschiebung*	*Gregor d. Gr.*
600	~ In Tibet entsteht ein einheitlicher Staat ≈ Tschechen u. Slowaken besiedeln unter awarischer Oberhoheit Böhmen u. Mähren (Slowakei ab 10. Jh. unter ungar. Herrschaft) ≈ Die südslaw. Serben wandern in d. serbische Gebiet ein (im 9. Jh. bilden sich unter byzant. Oberhoheit zwei größere Staaten: Rascien [d. eigentl. Serbien] u. Zeta [an d. Küste]) ≈ Abklingen der Völkerwanderung ≈ Chasaren (Hunnen?) bilden Reich zwisch. unterer Wolga und unterem Don	~ † *Antara ibn Schaddad*, einer der 7 bedeutenden vormohammedan.-arab. Dichter; schrieb „Diwan" (Gedichtsammlung) ≈ Kasside („Zweckgedicht", arab.) entsteht (arab. Lob- oder Spottgedicht in etwa 20zeiliger Reimform) ~ † *Fortunatus Venantius*, Bischof von Poitiers; schrieb lat. Heiligengeschichten und Gedichte (dar. eine Mosel- und Rheinfahrt) (* ~ 535) ≈ Zweite (hochdeutsche) Lautverschiebung: die ober- und mitteldt. Mundarten trennen sich vom Niederdt.; u. a. werden k, t, p im Anlaut zu kch, z, pf, nach Vokalen zu ch, ss, ff; z. B. water = Wasser, tid = Zeit ≈ Chinesische Umgangssprache kommt auf, besonders durch die Lyrik der *T'ang*-Dynastie	~ Papst *Gregor* (d. Gr.) fordert Bilder als Bibelersatz für Analphabeten; erstrebt friedl. Bekehrung der Juden; entwickelt Lehre vom Meßopfer und Fegefeuer, fördert Heiligen- u. Reliquienkult, schreibt Erklärung d. Buches Hiob, „Dialoge" und ein Handbuch der Pflichten des Klerus ~ *Isidorus* (* ~ 560, † 636) Bischof von Sevilla, sammelt antikes Schrifttum ~ Canterbury erstes Bistum in England ≈ Religiöse Toleranz im späten Sassanidenreich Vorderasiens: Neben Zarathustrismus und Astrologie Nestorianer- und Judentum ≈ Im Chasarenreich herrscht relig. Toleranz (≈ 800 dominiert mosaischer Glaube) ≈ Große Hügelgräber mit zahlreichen Beigaben in Nordeuropa (bes. f. Fürsten)

Vorkarolingische Kunst Indische Kunst	*Gregorianischer Gesang*	*Frühchristliche Wissenschaft*	

∼ Erste Anfänge der Kathedrale in Arles (Umbauten noch im 12. Jh.)

≈ Die Goldschmiedekunst der merowingisch-fränkischen Zeit bringt zahlreichen Schmuck hervor u. verwendet d. Techniken der Gravierung, Tauschierung, Zellverglasungen, Edelsteinfassungen u. a. (z. B. Adlerfibeln)

≈ Goldschale des Kgs. *Chosrau II.* (pers. Goldschmiedearbeit)

≈ Germanisches Bildmotiv: Mann zwischen Tierköpfen (u. a. Daniel zw. Löwen)

≈ Koptische Kunst in Ägypten (Mischstil unter ägypt., hellenist., byzantin., arabischem Einfluß, von ≈ 250 bis ≈ 850)

≈ Die buddhistische Plastik Chinas zeigt gegenüber dem archaischen Stil ∼ 500 eine besser durchgearbeitete Körperlichkeit

≈ Der jetzt einsetzenden hochentwickelten nord- u. südindischen Bau- und Bildhauerkunst in Stein müssen hochentwickelte Kunstepochen mit vergängl. Material (bes. Holz) vorangegangen sein

∼ Indische Höhlentempel bei Badami (Westvorderindien); Reliefplastiken; gr. Hallen mit Säulenreihen (5 m hoch)

≈ Brahmanischer Muktesvara-Tempel in Bhubanesvara mit relativ geringem, die Architektur betonendem, plastischem Schmuck. Steht am Anfang der umfassenden brahm. Tempelbaukunst in d. ind. Provinz Orissa am Beng. Golf, wo der nordind. (Nagara-) Stil bis ∼ 1300 etwa 600 Tempel hervorbringt

≈ In Bihar (in Nordindien, früher Magadha), dem Ausgangsort des Buddhismus, entstehen klassische Buddha-Figuren in Yoga-Haltung

≈ Zahlreiche buddhist. Steinreliefs u. Felsfiguren bei Anuradhapura (Ceylon)

∼ Sammlung von Kirchengesängen im „Antiphonar" durch Papst *Gregor I.* faßt die durch viele Völker beeinflußte frühchristliche einstimmige Musik zusammen (*Gregorianischer Gesang*). Beginn der Neuordnung d. christlichen Kirchengesanges (abgeschl. erst im 12. Jh., vgl. 1100)

∼ *Gregor I.* grdt. „Schola cantorum" (Singschule) als klösterl. Bruderschaft

∼ *Isidorus* v. Sevilla schreibt Enzyklopädie aller Wissenschaften

≈ In China kommt der Buchdruck mit geschnitzten Holztäfelchen auf (ohne bewegliche Lettern; vgl. 868)

≈ Langobardische Spangenhelme (aus mehr. Metallplatten zusammenges.)

≈ In Italien wird Geld- durch Naturalwirtschaft verdrängt

≈ Nach der Völkerwanderg. löst in Mitteleuropa d. geregelte zeitliche Wechsel v. Acker- u. Weideland die „wilde" Feldgraswirtschaft ab (im 8. Jh. Aufkommen d. Dreifelderwirtschaft), u. das gutsherrlich-bäuerliche Verhältnis bildet sich aus

∼ Aus Indien gelangt die Pockenkrankheit über China nach Vorderasien u. Südeuropa (im 15. Jh. nach Deutschland; war auch schon vorher in Europa aufgetreten, z. B. —429 in Athen)

	Perser erobern Damaskus	Gregor d. Gr. Anfänge des Islam	
602			
604	London erwähnt (entstand schon in d. vorrömischen, keltischen Zeit)	† *Gregor I.* (d. Gr.), Papst seit 590 (*~ 540)	
606	Letztes nordind. Großreich unter einheimischen Herrschern durch Kg. *Harsha* v. Kanauj errichtet († 647) (danach zerfällt Nordindien in eine Vielzahl v. Staaten, die v. d. Kriegerkaste d. *Radschputen* regiert werden)	* *Fatima*, Tochter *Mohammeds* († 632) Ausbau eines Beamten-Prüfungssystems in China (gilt bis ins 20. Jh.)	
607	Venedig wird zu einem Staat unter einem Dogen Erste japan. Gesandtschaft n. China	Fest aller Märtyrer in der röm. Kirche	
609		~ *Columbanus* (d. J.) grdt. Kloster Luxeuil in den Vogesen mit streng asket. Regel	
610	*Heraklios I.* oström. Kaiser bis 641 († , * 575); kommt 628 zu einem siegreichen Frieden mit den sein Reich bedrohenden Persern	~ *Mohammed* tritt als Prophet auf u. wendet sich im Namen des einzigen Gottes (Allah) gegen d. götzendienerische Verehrung des Kaaba-Heiligtums in	Mekka. Findet besonders Anhänger unter d. Armen, während d. Reichen ihn bekämpfen, aus Furcht vor materiellen Nachteilen für Mekka
612		*Arnulf* Bischof von Metz bis 627 (* ~ 582, † 641); Stammvater d. *Arnulfinger* u. *Karolinger*. Sein Sohn heiratet die Tochter des Hausmeiers *Pippin I.* († 639)	~ *Gallus*, Schüler des *Columbanus*, grdt. Einsiedlerzelle, woraus Kloster St. Gallen entsteht
614	Perser erobern Damaskus (613) und Jerusalem und erbeuten das Heilige Kreuz (628 v. Byzanz zurückgewonnen)	*Columbanus* (d. J.) grdt. Kloster Bobbio/Oberitalien	

	Japanische Kunst	Gregorianischer Gesang	Frühchristliche Wissenschaft	
	≈ Mittelamerikanische „Olmeken"-Kultur von Cozumalhuapa (bis ≈ 900): Tempel mit Reliefstelen (Sonnengott, Menschenopfer, Siege üb. Maya, Tanzszenen)			Große Laufverlegung des Hoangho in China (bis 1852 mehr als sieben weitere, bilden zus. mit den großen Überschwemmungen ein ernstes soziales Problem Chinas)
	Kathedrale St. Trophime in Arles (1152—80 umgebaut)			
	~ Älteste japan. Pagode im Horyuji-Tempel in Nara (diese Form entwickelt sich aus d. chin. Holzpagoden)			
		Crewth (keltisches Streichinstrument der Barden) erwähnt		

	Frankenreich · Merowinger	Mohammed	
615	† *Agilulf*, Langobardenkg. seit 590; führte das Christentum ein (dadurch Annäherung an Rom)	† *Columbanus* (d. J.), irischer Missionar i. Burgund u. Lombardei; grdte. Klöster m. strenger Regel (* ~ 550)	
618	~ Jeder der 3 Reichsteile Frankens (Neustrien, Austrasien, Burgund) besitzt einen Majordomus (Hausmeier) als Vorsteher der kgl. Hofhaltung Ende der chin. *Sui*-Dynastie (vgl. 589). *T'ang*-Dynastie in China (bis 907). Größte Machtausdehnung (bis zum Kaspischen Meer) und hohe Kultur		
620			
622		„Hedschra": *Mohammed* flieht vor seinen Feinden aus Mekka nach Medina und grdt. dort eine Gemeinde, da sich die Bewohner Medinas	durch jüd.-religiösen Einfluß f. seine Lehre aufgeschlossener zeigen (wird Ausgangsjahr der mohammed. Zeitrechnung)
623	Slawenreich des frank. Kaufmanns *Samo* bis 656. Die Herrschaft d. Awaren und Franken wird abgeschüttelt. Das Reich erstreckt sich bis Magdeburg und Passau		
624		*Mohammed* heiratet *Abu Bekrs* 10jähr. Tochter *Aïscha* (heiratet in d. Folgezeit noch viele	Frauen, was bes. nach seinem Tode zu Familienintrigen führt)
625	~ *Narasimhavarman I.* Kg. in Südindien aus d. *Pallava*-Dynastie bis ~ 645; regt wahrsch. d. südind.-drawidische Stein- und Felskunst an, erobert Hauptstadt Badami d. *Chalukya*-Kgs. *Pulakesin II.*, empfängt d. chines. Reisenden *Hsüan Tsang* (der auch von *Pulakesin* empfangen wurde; vgl. 629)	*Honorius I.*, Papst bis 638 (†) (680 als monotheletischer Ketzer verdammt) ~ Straßburg Bischofssitz	*Dagobert I.* gründet Abtei Saint Denis

Japanische Kunst	Gregorianischer Gesang	Chin. Porzellan	
		≈ Erste nachweisbare Porzellan-Keramik in China (dünnwandiges glasiertes Hartporzellan erst ~ 1350)	
Tori: Buddha-Bronzestatue im Horyuji-Tempel in Nara (frühest. japan. Plastik eines Künstlers chin. Herkunft)			

	Eroberungen Byzanz' · Merowinger	*Ausbreitung des Islam*	
626	Awaren vor Konstantinopel zurückgeschlagen (ihre Macht beginnt zu verfallen; vgl. 803)		
627	Nach freiwilliger Abdankung seines Vaters *Kau-tsu* wird *T'ai-tsung* Kaiser von China († 649); ordnet das wiederhergestellte Reich der früheren *Han*-Dynastie, unterwirft Tibet	Medina wird von Gegnern *Mohammeds* aus Mekka erfolglos belagert. *Mohammed* läßt	700 Juden hinrichten, die auf seiten Mekkas standen
628	Kaiser *Heraklios I.* v. Byzanz (610 bis 641) besiegt entscheidend d. persische *Sassaniden*-Reich (die Perser waren 616 bis Karthago vorgedrungen und bedrohten zusammen mit d. Awaren das Oström. Reich) Kg. *Chosrau II.* von Persien (seit 591) flieht vor den pers. Großen nach Medien, wo ihn sein Sohn ermorden läßt. Rascher Niedergang d. pers. *Sassaniden*-Reiches	Kaiser *Heraklios* gewinnt das von den Persern entführte angebl. Kreuz Christi zurück	
629	† *Chlotar II.*, Kg. d. Franken; (einigte 613 das Frankenreich und ließ westgot. Kgs.-Tochter *Brunhild* als Gemahlin des Kgs. v. Austrasien hinrichten) *Dagobert I.* Kg. in ganz Franken bis 638 (†), seit 626 in Austrasien; letzter *Merowinger*, der neben seinem Majordomus noch selbständig regiert Byzanz erobert Jerusalem von d. Persern zurück (614 v. diesen erobert)	Der chin. Buddhist *Hsüan Tsang* unternimmt entgeg. d. Verbot von Auslandsreisen eine beschwerliche Pilgerfahrt nach Indien, um dort den Buddhismus an seinen Quellen zu studieren.	Findet ihn entartet u. v. Brahmanismus verdrängt. Kehrt 645 zurück, schreibt ein wichtiges Quellenwerk üb. das Indien dieser Zeit und übersetzt d. buddhist.-ind. Literatur ins Chinesische
630		Mekka ergibt sich *Mohammed*, der d. Götzenbilder d. Kaaba zertrümmert, sie aber als Wallfahrtsort u. Zen-	tralheiligtum d. Islam bestehen läßt. Alle Stämme d. arab. Halbinsel anerkennen seine Lehre
631		Der chines. buddhist. Pilger *Hsüan Tsang* kommt nach Kambodscha (Hinterind.)	und findet dort ein mächtiges Reich vor (vgl. 889 u. 1125, Kunst)

Vorkarolingische Kunst	Gregorianischer Gesang	Ind. Mathematik	
Kg. *Dagobert* baut in Saint Denis (an d. Seine) eine Kirche (wird zum Mittelpunkt eines berühmten Marktes)			
		Brahmagupta (* 598): „Brahma Siddhanta" (ind. astron. Werk; enthält u. a. im math. Teil Rechnung m. ganzen Zahlen u. Brüchen, Reihenlehre, Dreisatzaufgaben, Zinsrechnung, Inhaltsberechnungen, Trigonometrie)	
			Ein christl. Priester aus Rom reist nach Peking (ein Beweis für eine auch geistige Verbindg. zwischen d. abendländischen u. orientalischen Welt)

	Ende des Perserreiches der Sassaniden	*Ausbreitung des Islam*	
632	Abu Bekr, Schwiegervater Mohammeds, erster Kalif. (Der Kalif ist der oberste Herrscher d. Islam, gilt als rechtm. Nachfolger Mohammeds) Medina wird Sitz d. ersten Kalifen (bis 661, kommt dann unter die Herrschaft von Mekka; später häufiger Wechsel d. polit. Abhängigkeit)	† Mohammed (in Medina), arab. Grd. des Islam (* ~ 570) † Fatima, jgst. Tochter Mohammeds, als Mutter von Hassan u. Hussein Ahnfrau der Nachkommen Mohammeds (u. a. des Fürsten-	geschlechtes der Fatimiden im 10. bis 12. Jh.) (* 606) ~ Buddhismus gelangt nach Tibet und wird Staatsreligion. Klöster und Tempel n. ind. Vorbild bei Lhasa (wird Residenz)
633	Beginn der arab. Angriffe gegen das Perserreich	Kirchl. Verbot der Narrenfeste in d. Zeit um d. Jahreswende (mit parodist. Gottesdienst unter einem	Narrenbischof oder -papst; wirksam erst n. wiederholten Verboten im 16. Jh.)
634	Oswald der Heilige (* 604, † 642) Kg. von Northumbrien, begünstigt irisch-schottische Mission d. Klosters Lindisfarne † Abu Bekr, erster Kalif d. Mohammedaner, Vater der Aïscha, Lieblingsfrau Mohammeds (* 573) Omar I., Mohammeds Berater, wird zweiter Kalif bis 644 (†); führt mohammed. Zeitrechnung ein; seine Feldherren erobern Syrien, Persien und Ägypten	≈ Lehre des Islams: Ein einziger Gott Allah, Ergebung in seinen Willen (Fatalismus), Glaube an die Propheten Moses, Jesus, Mohammed u. a., Wallfahrt nach Mekka, regelm. Gebetsübungen, Freuden d. Paradieses für gute Taten,	Begrenzung der Vielweiberei auf 4 Frauen; „Heiliger Krieg" gegen Ungläubige Testament aus Verdun, als älteste bekannte mittelalterl. Urkunde, die sich auf dt. Gebiet bezieht
635	Damaskus wird nach Eroberung durch die Mohammedaner Kalifenstadt (bis 750) Gasa/Südpalästina kommt an die Mohammedaner		
637	Araber erobern Jerusalem und Antiochia/Syrien		
640		* Jakob von Edessa, syr. Gelehrter († 708)	
641	Constans II. oström. Kaiser bis 668 († , * 629); unter ihm wird Sizilien zur Zufluchtsstätte d. Griechentums vor den Arabern (vgl. 827) Eroberung Alexandrias durch d. Araber. Bibliothek verbrennt. Ende des Zeitalters von Alexandria Unter Omar zerstören die Araber das neupers. Sassaniden-Reich (seit 226). Arab. Kalifen beherrschen Persien bis 1258	~ In dem von den Arabern erobert. Persien verdrängt der Islam die im Sassaniden-Reich erneuerte altpersische Religion des Zarathustra (Zoroaster)	

Frühchristliche Literatur	Südindische Felstempel	Araber in Alexandria	
~ Georgios Pisides: „Hexameron" (Tage-Buch, byzant. Lehrgedicht auf die Schöpfung)			
~ Ein Mönch *Johannes* b. Jerusalem gibt griech. Fassung d. Legende „Barlaam und Josaphat" (Bekehrung eines ind. Prinzen zum Christentum)		~ *Paulos v. Aigina* byzant. Arzt in Alexandria; seine Schriften beweisen relativ hochentwickelte Chirurgie (neue Höhe d. abendl. Medizin erst im 11. Jh.)	
	~ Südindische Felsentempel „Rathas" in Mamallapuram, aus Granit herausgearbeitet, bis etwa 10 m hoch, mit wenigen, strengen, die Architektur betonenden Reliefs aus dem Wirken Wischnus: vor dem Tempel stilisierte Figuren heiliger Tiere aus einem Block		
	~ Apsismosaik in S. Agnese, Rom		Araber grden. Basra als Handelszentr. nach Indien
~ Der fränk. Chronist *Fredegar* bezeugt das Bestehen einer Tiersage (die sich später zum „Reineke Fuchs" ausbildet; vgl. 1170)		≈ Das v. Alexandria überlieferte antike Wissen wird von den Arabern übernommen, gepflegt und später an das Europa des Mittelalters überliefert	

	Araber in Nordafrika	*Frühchristliche Literatur*	*Ausbreitung des Islam*
642	Einfall der Araber in Ägypten. Beginn der mohammed. Herrschaft in Nordafrika Durch d. Unterwerfung von Syrien, Mesopotamien u. Ägypten durch d. Araber wird das Oströmische Reich (Byzanz) empfindl. geschwächt		
644	Libyen von den Arabern erobert (seit 641) Chin. Feldzug in Korea bis 645 (ab 688 ist d. größte Teil politisch vom T'ang-Reich abhängig) Seit 635 Syrien, Palästina, Ägypten und Nordafrika vom Islam erobert ~ *Rothari*, Kg d. Langobarden 636 bis 652, kodifiziert das langobard. Recht		≈ Schwed. Helmbeschlag zeigt den nord. Hauptgott Odin auf seinem achtbeinigen Pferd mit Schild, Speer, Schlapphut, den beiden Raben und Schlange
645	Die „Taikwa"-Reform vollendet den japan. zentralen Staatsaufbau n. chines. Muster. Die bis zum 6. Jh. vorherrschenden Adelsfamilien werden weitgehend entmachtet		
650	≈ Chasaren erobern Großbulgarisches Reich in Südrußland	≈ *Amarasimka*: „Amarakoscha" (ind. Lexikon der Wörter und ihres Geschlechts)	~ *Martin I.*, Papst von 649 bis 655 (†), hält Laterankonzil gegen morgenländ. Monotheletismus (vgl. 680) ab (wird deshalb 653 vom oström. Kaiser *Constans II.* festgen. u. verbannt) ~ Wanderbischof *Emmeram* († ~ 715) grdt. Kloster in Regensburg Kalif *Othman* stellt die Lehre *Mohammeds* im Koran in 114 Suren zusammen (in arab. Sprache, christl. und jüd. beeinflußt) ~ Der chinesische Mönch *Shan-tao* (*612, † 681) bekämpft den mystisch. Buddhismus des *Chi-k'ai* (~ 570) u. macht den Amida-Buddhismus volkstümlich, wonach schon ein Lippenbekenntnis in d. Todesstunde zur Erlösung führt (vgl. 2. Jhdt.)

	Moscheen	Gregorianischer Gesang	Arabische Wissenschaft	
	Amr-Moschee in Kairo (kennzeichnet den Beginn d. Entwicklung d. neueren Stadt)		~ Fredegar Scholasticus: „Historia Francorum" (lat. Geschichte der Franken)	Omar (Amr ibn el Asz) grdt. neue ägypt.-arabische Hauptstadt Kairo
			Die mohammedanische Zeitrechnung beruht auf dem reinen Mondjahr, wobei ein Zyklus v. 30 Jahren 11 Schalttage hat; als Ausgangsjahr gilt das Jahr 622 („Hedschra")	
	~ Goldschatz des angelsächs. Kgs. *Ethelher* (1939 im Schiffsgrab von Sutton Hoo/Suffolk gefunden)			
	≈ Die byzant. Webkunst ahmt in ihren Anfängen bes. in d. Seidenweberei pers.-sassanidische Muster nach, wodurch oriental. Einflüsse nach Europa gelangen ≈ Verschlungene Tierornamentik in Nordeuropa ~ Felsenmoschee („Omar-Moschee") in Jerusalem (achteckiger Rundbau am Ort des Tempels Israels) ~ Holzplastik eines Bodhisattva (eines Wesens, das die Buddhaschaft erlangen kann) im Nonnenkloster Chuguji in Nara (japan. Plastik unter starkem chines. Einfluß) ~ Tamamushi-Schrein in Tempelform mit Ölmalerei auf Lackgrund aus dem Leben *Buddhas* (japan. Malerei früh-indisch u. chines. beeinflußt) in Nara ~ Grabrelief des chin. Kaisers *Tai Tsung* († 649) mit seinen 6 Lieblingspferden	≈ Christl. Musik beginnt in Nordeuropa einzudringen (bis zum 9. Jh.)		≈ Beisetzung ein. angelsächsischen Kgs. in einem gr. Schiffsgrab (nördl. London). Reiche Grabbeigaben, darunter silberner Taschenbeschlag mit fränkisch beeinfl. Daniel-Löwen-Motiv u. silberner Schale (0,5 m ⌀) aus Byzanz (gefunden 1939)

	Kalifat Damaskus	Anfänge englischer Literatur	Ausbreitung des Islam
Im 7 Jahrhundert	Slawische Landnahme östl. d. Elbe unter mindestens teilw. Absorption der ansässigen german. Bevölkerung Kroaten und Serben besetzen Bosnien und Dalmatien Hindureich auf Sumatra (im 13. Jh. erobern d. Araber d. Insel) Bildung eines tibetanischen Staates	*Bana:* „Kadambari" (ind. Liebesroman) Zeitweilige Verarmung d. griech.-byzant. Literatur durch d. Ausbleiben d. Papyrus aus Ägypten nach dessen arab. Eroberung Im arab. Reich wird Arabisch vorherrschende Sprache (Koran darf nicht übersetzt werden)	*Bhartrihari*, buddhist. Mönch: Je 100 Sprüche über Liebe, Lebensklugheit u. Weltentsagung Irisch-schottische Nationalkirche wird von röm. Kirche verdrängt Blütezeit des Buddhismus in Japan Glocken kommen in Frankr. auf (in Dt. im 8. Jhdt.) Landkirchenbauten im Rheinland und abnehmende Grabbeigaben erweisen wachsende Macht der Kirche
651	† *Yazgard III.*, letzter Sassaniden-Herrscher Persiens		Benediktiner-Abtei Stablo (Stavelot)
652			
660	Kalifenwürde geht nach Ermordung *Alis* (Schwiegersohn *Mohammeds*) auf die *Omajjaden* in Damaskus über (bis 750)		
668	*Konstantin IV.* oström. Kaiser bis 685 († , * 648); zwingt Araber 678 vor Konstantinopel zum Abzug		* *Gyogi*, buddhist. Priester aus Korea; vereinigt in Japan Buddhismus mit Shintoismus († 749)
670	~ Kodifizierung des westgot. Rechts in Spanien		
671		~ *Caedmon*, (ältester bek.) engl. Dichter, keltischer Abkunft, erhalten „Hymnus auf den Schöpfer"	*I-tsing* reist als chin.-buddhist. Mönch nach Indien und zum malaiischen Archipel (bis 695)
672	Araber belagern bis 678 erfolglos Konstantinopel. Verteidiger wenden „Griech. Feuer" an (vgl. 671)		~ * *Beda Venerabilis*, altengl. Mönch und Geschichtsschreiber († 735)

Indischer Tempelbau	*Indische Medizin* „Griechisches Feuer"		
Anfänge von St. Maria im Kapitol, Köln (vgl. 11. Jh.) St. Martin in Canterbury Burgundische Schnallen mit Motiv des Daniel zwischen Löwen Nebeneinander drei Hauptstile des indischen Tempelbaues: Nördl. Nagarastil (Turmtempel mit gewölbten Seitenflächen und reichem äußerem Bildschmuck). Südl. Drawidenstil (pyramid. Turmtempel in Stockwerken). Südwestl. Dekkanstil (turmlose Tempel mit durchbrochenem Steinfenstern auf sternförmigem Grundriß) Potala (Palastburg) d. Dalai Lama i. Lhasa erb.	*Vagbatha* (d. Ä.), letzter bedt. Vertreter d. ind.-brahmanisch. Medizin, schreibt „Zusammenfassung d. acht Teile d. Medizin" (diese Medizin entwickelte sich seit $\approx$ —800 mit geregeltem Unterricht). Hohe Entwicklg. der Chirurgie: Darmnaht, Blasensteinschnitt, Nasenplastik, Heilg.	von Darmrissen durch Ameisenköpfe (vgl. 8. Jhdt.) Die arabisch-islam. Kultur übernimmt die Bewahrung u. teilweise auch Weiterentwicklung der antiken Wissenschaft u. Kultur, die so, vom Kreuzzugszeitalter ab, dem Abendland überliefert werden	Die röm. Kleidung (Tunika) wird im Byzant. Reich steif u. faltenlos. Daneben enge Kniehose, Schuhe mit Wadenstrümpfen od. Schnürschuhe Fränkische Krieger tragen kurze Hosen, Kittel, togaartigen Mantel, sandalenartige Schuhe m. Kreuzriemen bis z. Knie, Helm, Gürtel mit Schwert, Streitaxt, Lanze Im Reich der Kalifen entsteht ein Nachrichtendienst
* *Li Ssu-hsün*, chin. Maler († 716)			
„Wildgans"-Pagode (siebenstöckiger chin. Bau)			
$\sim$ Islamische Bauten (Moscheen Kalifenschlösser) im omajjadischen Stil (bis $\sim$ 750, in Spanien bis $\sim$ 1000; Pflanzenornamente als dichter Flächenschmuck)			
$\approx$ 4,30 m hohes Steinkreuz in Bewcastle/Cumberland mit Ornamenten und Inschriften			
$\sim$ * *Li Chao-tao*, chin. Landschaftsmaler, Sohn *Li Ssu-hsüns* († $\sim$ 730)			
	Kallinikos von Byzanz erfindet das „Griechische Feuer" aus Schwefel, Steinsalz, Harz, Erdöl, Asphalt u.	gebranntem Kalk, das aus Druckspritzen geschleudert wird u. auch auf dem Wasser brennt	

	Karolinger im Frankenreich	Arabischer „Diwan"	Christliche Dogmatik
673			~ * *Bonifatius*, „Apostel der Deutschen" (Märtyrertod 754)
674	~ Araber dringen bis zum Indus vor	† *Hassân ibn Thâbit*, arab. Hofdichter *Mohammeds*; schrieb einen „Diwan" (Gedichtsammlung)	
675	Langobardische Hzge. herrschen in Tarent (bis 856)		
679	Teil der türk. Bulgaren besiedeln Gebiet südl. unterer Donau: Gründung des ostbulgarischen Reiches		
680		~ † *Caedmon*, ältester bekannter christlicher angelsächsischer Dichter, ursprünglich Hirt	6. allg. Konzil zu Konstantinopel verurteilt d. Lehre der Monotheleten, d. Christus trotz seiner doppelten Natur einen einzigen gottmenschlichen Willen zuschreibt
681			~ *Theodor von Tarsus*, Erzbischof v. Canterbury 669—690, organisiert engl.-römische Kirche
687	Mit dem Sieg des Majordomus von Austrasien, *Pippin* (der Mittlere), über den Majordomus von Neustrien erlangen *Karolinger* erblichen Besitz der Majordomuswürde über das ganze Frankenreich		~ † Bischof *Kilian* in Würzburg (als Märtyrer hingerichtet; später Hlg. u. Schutzpatron v. Würzburg)
692			Trullanische Synode stellt den Bischof von Konstantinopel dem von Rom gleich
696			Bistum Utrecht entsteht an d. Stelle des römischen Kastells Trajectum ad Rhenum *Willibrord* (* 657 in England, †739), „Apostel d. Friesen", wird von *Pippin* als Bischof v. Utrecht eingesetzt
697	Karthago von den Arabern zerstört		

Japanischer Holzbau	Gregorianischer Gesang	Englische Glasfenster	
		Glasfenster i. engl. Kirchen (~ 1180 in Privathäusern)	
≈ Baptisterium St. Jean, Poitiers			
~ Kirche in Bradford on Avon			
Ostpagode des buddhist. Yakushi-Tempels in Nara (japan. Holzbau, einer der ältest. erhaltenen Holzbauten d. Welt; erdbebensichere Bauweise; vgl. 586)			
Trullanische Synode verbietet symbolische Darstellung Christi zugunsten der leiblichen			

	Frankenreich · Karolinger-Hausmeier	Indische Literatur	Klosterschulen
698		* *Wang Wei*, chines. Dichter u. Landschaftsmaler († 759)	*Willibrord* stiftet Benediktiner-Abtei Echternach (dort sein Grab)
700	Unter den *Karolingern* (zunächst Hausmeier) erzwingt das Frankenreich die Aufhebung des Hzgts. Thüringen, das damit wieder zum Frankenreich zurückkehrt; es folgen die Hzgtr. Alemannien (730), Schwaben (744), Aquitanien (768), Bayern (788) ≈ Die *agilolfingischen* Stammeshzge. v. Bayern machen Regensburg zu ihrer Residenz (bis ≈ 800) ∼ Araber erobern Algerien (gründen ∼ 935 Algier) und Marokko	≈ *Bharavabhuti*, ind. Dramendichter (gilt als letzter großer ind. Dichter d. klassischen Zeit) ∼ *Dandin:* „Die 10 Prinzen" (ind. humorvoller Roman) u. Lehrbuch der Poetik *Omar ibn Abi Rabi'a* († 719), dichtet arab. Liebesgedichte ∼ Beginn der schriftlichen Überlieferung bei den Angelsachsen in lat. Sprache ≈ Umbildung der urnord. in die altnordische Sprache (z. B. angehängter Artikel) ≈ Staatssprache im oström. Reich griechisch statt lateinisch	*Rupertus* (Ruprecht; † ∼ 715) grdt. Peterskloster in Salzburg (wird der Schutzpatron Bayerns) ≈ In den Dom- und Klosterschulen des fränk. Reiches gibt es neben dem Unterricht in Religion u. Latein auch solchen in Rechnen (nach *Boëtius*) u. Naturwissenschaften in Anlehnung an die Bibel u. *Aristoteles* ≈ Im Islam entsteht d. asketisch-mystische Richtung d. Sufismus (etwa 770 Klöster werden gegründet; starke Beeinflussung bes. d. pers. Schrifttums) ≈ Spaltung d. Meditations-(Ch'an-)Buddhismus Chinas in eine höfisch-modische Nord- u. eine verinnerlichte Südschule, die allein von Dauer ist ≈ Der urspr. heidnische Gebrauch der Ostereier wird vom Christentum übernommen

Angelsächsische Buchmalerei	Gregorianischer Gesang	Wasserräder	
St. Peter in Salzburg gegründet			~ Bischof von Utrecht entd. als Schiffbrüchiger Helgoland
~ * *Wu Tao-tse*, chin. Maler († ~ 760) ≈ Entwicklung d. angelsächs.-irischen Buchmalerei mit phantasievoller Ornamentik: „Book of Durrow", „Book of Kells", „Book of Lindisfarne" u. a. Evangeliare (kennzeichnend: Initialen aus verschlungenem Riemenwerk u. Tierköpfen) ≈ Steinerne Kirchenbauten verdrängen in England Holzbauten ≈ Reiterstein von Hornhausen (Relief eines Reiters mit Schild und Lanze) ~ Goldfibel des Fürsten *Ulfila* ~ Arab. Wüstenschloß in Mschatta/Transjordanien (früh-islam. Bau im omajjadischen Stil) ≈ Moschee als dreischiffige Basilika in Damaskus ≈ Die buddhistische Plastik Chinas zeigt eine vollendete Darstellung des menschlichen Körpers (damit gelangt eine seit ~ 500 datierbare künstlerische Entwicklung zum relativen Abschluß) ≈ Koreanische Kunst (Wandmalerei, Skulpturen) vermittelt zw. China u. Japan ≈ Höhlentempel in Ellora (Westvorderindien) mit einer der frühesten Darstellungen d. tanzenden Schiwa (etwa 3 m hohes Relief) ≈ Jokhang-Tempel in Lhasa Tibet) ≈ Blüte der Tiahuanaco-Kultur in Peru (am Titicacasee; Steinfiguren, torartige Bauten, darunter das „Sonnentor": 3 m hoch, 4 m breit aus einen Steinblock, mit Reliefs um ein Götterbild mit Strahlenkranz)		≈ Wasserräder besond. f. Mühlenantrieb verbreiten sich über ganz Europa	≈ Nach d. Völkerwanderung entsteht im dt. Siedlungsgebiet der Großgrundbesitz; mehr u. mehr freie Bauern werd. zinspflichtig oder unbegrenzt dienstpflichtig; mehrere Hufen bilden eine Genossenschaft mit genau festgelegten Rechten u. Pflichten gegenüber dem Grundherrn; Besitz wird oft an den „Meier" verpachtet ≈ Fränkische Kleidung: Enger, kurzer Rock m. lang. Ärmeln u. Brustschlitz, über dem Gürtel gebauscht; Schuhe mit über dem Schenkel gekreuzten Riemen; Hemd und knielanger, auf d. rechten Schulter befestigter Mantel ≈ Millionenstädte in China. Rasches Anwachsen d. Bevölkerung

	Araber in Spanien	Frühe japanische Prosa	Ausbreitung des Islam
701	Gesetzbuch mit japan. Staatsrecht (nach chines. Vorbild): Beamtenstaat unter dem Mikado, der alleiniger Eigentümer des Bodens ist (bis 1192)	* *Li Tai Po* (*Li Tai peh*, „Großer Glanz"), chin. Lyriker († 762)	
705	Kaiserin *Wu-hou* von China, urspr. Nebenfrau d. Kaisers *T'ai-tsung*, durch Morde und Intrigen auf den Thron gelangt, muß abdanken. Förderte buddhistische Religion und Kunst		
708			† *Jakob von Edessa*, syr. Gelehrter; schrieb syr. Grammatik und übersetzte *Aristoteles* (* 640)
710	~ Unter *Welid I.* (705—715) Blüte des Kalifenreiches Bulgaren gelangen bis vor Konstantinopel (weitere Vorstöße 763, 813) Nara wird erste feste Hauptstadt Japans (bis 794)	≈ In der Nara-Zeit erste Anfänge einer japan. Literatur (in chin. Sprache)	≈ Japan. Buddhisten-Klöster erwerben großen Grundbesitz und werden Zentren der Kultur
711	In d. Wirren d. span. Westgotenreiches werden die Araber geg. d. Kg. *Roderich* zu Hilfe gerufen: arab. Feldherr *Tarik* schlägt ihn b. Xeres de la Frontera. Es entsteht ein Araberreich mit hoher wirtschaftl. u. kultureller Blüte (bis ≈ 1031). In Asturien bleibt ein christl. Königreich		Araber befreien Juden in Spanien von den Verfolgungen d. Westgoten; hohe jüd. Kultur entwickelt sich (bes. ab ~ 1000)
712	Höhepunkt des Langobardenreiches in d. Lombardei unter Kg. *Liutprand* († 744) Die Araber besetzen Samarkand und machen es zu einem Zentrum von Kultur u. Handel d. Islam Die Araber erobern Sevilla	* *Tu Fu*, chin. Lyriker († 770) „Kojiki" (erste jap. Chronik, früheste jap. Prosa)	
713	*Ming-huang* aus der *T'ang*-Dynastie Kaiser von China bis 756 († 762); sein Hof in Ch'ang-an wird kultureller Mittelpunkt		

	Japanische Nara-Kunst	Gregorianischer Gesang	Arabische Wissenschaft	
~ Herzog *Hetan II.* errichtet auf dem Marienberg b. Würzburg eine Rundkirche (ältest. heute noch erh. Steinbau im rechtsrhein. Dtl., 706 geweiht)				
~ Große buddhist. Tempelanlagen aus Holz mit reichem künstl. Bildschmuck entstehen in Nara, der vorübergehenden (bis 794) Hauptstadt Japans. Beginn der „Nara"-Kunstepoche ~ Buddha-Fresken in d. „Goldenen Halle" des Horyuji-Tempels in Nara (japan. Malerei, ein Höhepunkt d. buddhist. Kunst Ostasiens)				
* *Chang Hsüan*, chin. Maler der Hofgesellschaft d. Kaisers *Minghuang* († 742)				

	Frankenreich · Karolinger-Hausmeier	Japanische Annalen	Bonifatius
714	*Karl Martell*, fränk. Hausmeier bis 741 (†, * 688); bekriegt Friesen (722), Sachsen (724), Bayern (728), Alemannen (730); regiert ab 737 ohne König * *Pippin d. Kleine*, König der Franken von 751 bis 768 (†)		
715			*Gregor II.* Papst bis 731; verbindet durch *Bonifatius* dt. Kirche mit Rom
716	Araber erobern Lissabon ~ Alemannisches Volksrecht kodifiziert		
717	*Leo III.* (d. Syrer) durch Militärrevolution byzantin. Kaiser bis 741 (†, * ~ 675); ordnet Heer, Rechtsprechung u. Finanzen		
718	*Leo III.*, Kaiser v. Byzanz, verteidigt Konstantinopel erfolgreich gegen 13-monat. Belagerung d. Araber und entreißt ihnen Kleinasien (vgl. 1204)		*Bonifatius* beginnt auf Geheiß des Papstes das Christentum in Thüringen, Hessen, Bayern u. Friesland einzuführen und dort zahlreiche Klöster und Bistümer zu gründen
720	Araber erobern Narbonne	„Nikongi" (japan. Annalen bis 696)	
725	≈ Die chines. Hauptstadt Ch'ang-an ist als größte Stadt der Welt politischer und kultureller Mittelpunkt. (Daneben blühen Konstantinopel [Byzanz] und später Bagdad)	≈ *Cynewulf*, engl. Mönch u. Dichter	~ *Bonifatius* fällt die Donars-Eiche b. Fritzlar (Hessen) u. zerstört damit germanischen Götterglauben ≈ Blüte des Buddhismus in China (vgl. 700 und 732) ~ † *Korbinian* (i. Freising), Missionar i. Bayern

Ostasiatische Kunst	Chinesische Musik	Arabische Wissenschaft
† *Li Ssu-hsün*, chin. Landschaftsmaler; Begründer der „nördlichen Schule" mit einem gegenüber der südlichen strengeren und farbenreicheren Stil (vgl. 759) (* 651)		
„Buddha mit Sonnen- und Mondgottheit" (japan. überlebensgr. Plastik in dunkler polierter Bronze in Nara)		
		~ * *Paulus Diaconus*, langobard. Historiker († ~ 797)
	≈ Das Hoforchester Kaiser *Minghuangs* v. China repräsentiert d. hohe musikalische Kultur der *T'ang*-Dynastie (Fünfstufige Tonleiter - ohne Halbtöne. Instrumente: lauten- u. zitherartige Saiteninstr., Flöten, Xylophon, Gong, Trommel, Glokken; keine Mehrstimmigkeit und Harmonie im europ. Sinne)	≈ Indianer-Fort „Casa Grande" u. Bewässerungsanlagen (Arizona, USA)

	Frankenreich · Pippin d. Kl.	Bonifatius	Oströmischer Bilderstreit
726		*Leo III.*, byzant. Kaiser, verbietet religiösen Bilderdienst. Papst	*Gregor II.* bekämpft dieses Bilderverbot
728		† *Hubertus*, Bischof v. Lüttich; später Schutzheiliger der Jäger	(nach ihm „Hubertussage")
730		Kaiser *Leo III.* v. Byzanz befiehlt nach einem Verbot der Bilder in Kirchen und Klöstern (726) ihre Vernichtung. Das Verbot des Bilderdienstes	bricht die Macht der Klöster, die große Teile d. Bodens besitzen und viele Menschen d. Wirtschaftsprozeß entziehen
732	Der Majordomus (Hausmeier) des Frankenreiches *Karl Martel* (714 bis 741) verteidigt erfolgreich das Reich gegen die vordringenden Araber in der 7 tg. Schlacht zwischen Tours und Poitiers	Papst *Gregor III.* ernennt *Bonifatius* zum Erzbischof ≈ Unter der *T'ang* Dynastie in China verdrängt d. diesseitige Konfuzianismus all—	mählich den metaphysischen Buddhismus. Durch vielseitige internationale Beziehungen kommt es zum Kontakt mit Christentum und Islam
735		† *Beda Venerabilis*, nordengl. Theologe u. Historiker; schrieb „Kirchengeschichte d. Angeln" (lat.) (* ~ 672)	*Egbert* Erzbischof von York (hierher brachte *Paulinus* 625 d. Christentum)
736		~ Benediktiner-Abtei in Hersfeld gegrdt. (auch um 768 anges.)	
739		*Bonifatius* gründet Bistümer Freising, Passau, Regensburg u.	Salzburg (798 Erzbistum)
740		~ Kloster St. Leodegar gegrdt. (in seiner Nachbarschaft entsteht Luzern)	~ Kloster St. Gallen entsteht (vgl. 612)
741	*Pippin III.* (d. Kleine) fränk. Hausmeier bis 751, dann König bis 768 (†, * ~ 714); unterstützt den Papst	*Bonifatius* grdt. Bistum Würzburg (Ort 704 genannt; Bischöfe er-	werben als „Herzöge zu Franken" bedeutende weltl. Macht)
742	* *Karl I.* (d. Gr.), Sohn *Pippins* (d. Kl.), erster röm.-dt. Kaiser, Kg. d. Franken 768 bis 814 (†)	~ Wanderbischof *Pirminius* († ~ 753, wahrsch. Westgote) grdt. mehrere Klöster, dar. Reichenau/Bo-	densee 724, Murbach/Elsaß 728, Niederaltaich/Bayern 731, Hornbach/Pfalz 750
744		*Bonifatius* grdt. Abtei Fulda (1752 Bistum)	

Chinesische Maler	Gesangschule Fulda	Christliche Zeitrechnung	
Freie Plastik verschwindet aus der byzantinischen Kunst, jedoch bleibt Relief (Elfenbein)			
~ † Li Chao-tao, chin. Maler; malte wie sein Vater Li Ssu-hsün Landschaften mit Menschen und Tieren im „Blau-Grün-Stil" (* ~ 670)			
		Beda Venerabilis (†), führte die Zählung der Jahreszahlen von Christi Geburt an ein (vgl. 525)	
			Bonifatius verbietet Genuß v. Pferdefleisch
~ „Kreuzigung" (Wandmalerei i. d. Kapelle S. Quiricus v. S. Maria Antiqua in Rom; gilt als ält. abendländ. Kreuzigungsdarstllg. n. syr. Vorb.)			
† Chang Hsüan, chin. Maler; malte am Hofe Kaiser Ming-huangs lebendige, sorgfältig komponierte Szenen der Gesellschaft (z. B. „Seide plättende Damen"; *713)			
	Gesangschule im Kloster Fulda		

	Frankenreich · Abbasiden-Kalifen	Chinesische Lyrik	Bonifatius
745			Fränkische Generalsynode unter *Bonifatius* in Frankfurt am Main: Ausbildung einer römisch-päpstlichen u. einer nationalen Partei. *Pippin* drängt den Einfluß *Bonifatius'* zurück
748			*Bonifatius* Erzbischof von Mainz
749	*Aistulf*, Kg. d. Langobarden bis 757 (erobert 751 Ravenna, bedroht 754 u. 756 Rom)	≈ Altenglisches Epos über *Walther v. Aquitanien* (vgl. 925)	† *Gyogi*, buddhist. Priester aus Korea in Japan; vereinigt Shinto- („Weg"-) Religion Japans mit dem Buddhismus durch die Lehre, daß die zahlr., in Schreinen verehrten Shinto-Gottheiten (Naturgeister u. Nationalhelden) Verkörperungen des Buddha seien (* 668)
750	~ Bayern-Hzg. gewinnt Krain ≈ Frankenreich ist in Grafschaften eingeteilt mit Grafen als kgl. Beamten. Jährliche Gesetzesberatung d. Kgs. mit dem Adel. Kriegsdienst aller Freien Die *Abbasiden* erlangen nach blutiger Ausrottung d. *Omajjaden* die Kalifenwürde (bis 1517; Sitz 763 bis 1258 in Bagdad)	~ * *Abu Nuwas*, arab. Dichter († 811) ≈ „Hildebrandlied" aus dem Kloster Fulda (Sage von Hildebrands [Dietrichs Waffenmeister] Kampf mit dem unerkannten Sohn; älteste Niederschrift einer dt. Heldensage. Im 13. Jhdt. erhält das Lied eine Neubearbeitung mit glücklichem Ausgang d. Erzählung) ≈ Althochdeutsche Sprache (bis 11. Jhdt.) ≈ Blütezeit chinesischer Lyrik *(Li Tai Po, Tu Fu)* ≈ Regelmäßigkeit u. Symmetrie als strenge Kunstprinzipien der chin. Dichtung der T'ang-Zeit	*Willibald* aus England (* ~ 700, † ~ 787) grdt. Kloster Heidenheim Es entsteht eine gefälschte Urkunde, wonach Kaiser *Konstantin d. Gr.* († 337) kirchliche und weltliche Herrschaft des Papstes über Rom u. d. abendländ. Provinzen für alle Zeiten anerkannt hätte (als Fälschung nachgew. von *Valla* [† 1457]) *Johannes v. Damaskus* († , * ~ 700) schrieb morgenländ.-christl. Glaubenslehre „Quelle der Gnosis"

	Ostasiatische Kunst	Neumen	Arabische Wissenschaft	
	≈ „Wiehernder Hengst" (chin. Kleinplastik aus Ton)			
	~ Zahlreiche Maler am Hofe Kaiser *Ming-huangs* von China (Bildnisse des Kaisers, seiner Geliebten *Yang Kuei-fei*, Bilder seiner Pferde) ≈ Realistisch-historische Malerei in China. Daneben Großformen einer buddhistischen Kunst ≈ Vier „Weltenwächter" (japan. lebensgroße bemalte Tonplastiken in Nara) ~ Sitz-Statue des Buddha-Jüngers *Vimalakirti* (japan. Plastik aus Trockenlack [lackgetränktes Leinen] in Nara) ~ „Heilender Buddha" (japan. vergold. Plastik der Nara-Zeit aus Trockenlack in Kyoto) ≈ „Herabkunft der Ganga (Ganges) auf die Erde" (9 m hohes, 27 m breites Felsrelief mit etwa 150 Einzelfiguren bei Mamallapuram/Südind.; zur Regenzeit entsteht ein die Darstellung naturalist. unterstützender Wasserfall)	≈ Neumen-Notenschrift, versinnbildlicht zunächst nur d. allgemeine Bewegung d. Melodie u. ihre Beziehung zum Text	≈ In Spanien setzen die Araber die Pflege d. besonders in Alexandria übernommenen kulturellen Güter fort. Beschäftigung mit Medizin (vgl. 765), Astronomie, Mathematik, Alchimie, Optik u. a. unter Teilnahme von Lernenden aus vielen Ländern ~ Gründung der Hanlin-Akademie in China zur Pflege der chinesischen Literatur, Geschichtsschreibung und Bildung (besteht bis ins 20. Jhdt.)	Der Marstall des chines. Kaisers besitzt 40000 Pferde, die vor allem dem Polospiel dienen ≈ „Gottesurteile" im Frankenreich zur Schuldfindung üblich

	Frankenreich · König Pippin	Chinesische Lyrik	Sekten des Islam
Im 8. Jahrhundert	Oxford entsteht (spätere engl. Universitätsstadt) Araber gründen Granada in Spanien Neues Anwachsen des Bauernproletariats in China fördert Räuberunwesen und füllt buddhistische Klöster. Agrarreformen scheitern (vgl. 844 u. 1086) Auf der Handelsstraße Magdeburg–Lebus entst. slawische Siedlung b. (Berlin-)Spandau	*Bhavanbhuti*: „Malatimadhava" (ind. Schauspiel mit Romeo-und-Julia-Motiv) *Kamandaki:* ind. Lehrbuch der Regierungskunst Dieses Jahrhundert gilt als „Goldene Zeit" der chinesischen Dichtung	Klosterschulen entst., die bes. in Grammatik, Rhetorik und Dialektik Unterricht erteilen und vor allem Geistliche und Laienkinder Vornehmer ausbilden Als Dankfest für die Beendigung einer Veitstanzepidemie entsteht die Echternacher Springprozession Aus Buddhismus und einheimischen Kulten entsteht in Tibet die auf Priester-Hierarchie beruhende lamaistische Kirche. Ausbildung eines Priesterstaates (Abschluß etwa im 11. Jhdt.)
751	Der letzte *Merowinger-Kg. Childerich III.* d. Franken von *Pippin d. Kleinen* abgesetzt (*Merowinger* herrschten seit 481) *Pippin* (der Kleine), erster *Karolinger*-Kg. der Franken bis 768 (†) (war seit 741 Hausmeier, vereinigte 747 d. ganze Frankenreich; *Karol.* Frankenreich besteht bis zur Reichsteilung 888) In der Schlacht bei Samarkand (Usbekistan) verliert China Herrschaft über Westasien an Araber		≈ 4 rechtgläubige Sekten des Islams: Sunniten (traditionsgebunden), Hafeniten (Rationalisten), Schafi'iten (antiphilosophisch), Malikiten (Tradition u. Vernunft)
754	Bündnis zwischen Karolinger und Papst (vgl. 756 Ph)		† (Märtyrertod) *Bonifatius*, der „Apostel d. Deutschen" in Friesland (* ~ 673)
755	Kalifat von Cordoba (bis 1031) Araber verlieren León an d. König v. Asturien		
756	Kaiser *Ming-huang* tritt nach politischer und kulturell glanzvoller Regierung zurück, nachdem ein Aufstand das Leben seiner Favoritin *Yang Kuei-fei* gekostet hatte, der man Günstlingswirtschaft vorwarf Arab. *Omajjaden*-Dynastie grdt. in Spanien selbst. Reich von Cordoba (bis 1031; wird 929 Kalifat). Erleichterung d. Lebensbedingungen für d. unteren Klassen u. Juden		Kg. *Pippin d. Kleine* v. Franken unterstützt d. Papst gegen Langobarden (seit 754) und übergibt ihm i. d. „Pippinschen Schenkung" das eroberte Ravenna (Beginn des Kirchenstaates); erhält den Titel eines Patricius von Rom

Ostasiatische Kunst	Gregorianischer Gesang	Arabische Wissenschaft	
Ind. Monumentalbüste eines dreiköpfigen Schiwa Ind. Tempel in Kantschi (Turmtempel im Stil d. drawidischen Südens, pyramidenartiger Stockwerkbau) Jahrhundert gilt als klassisches Zeitalter der ind. Kunst ≈ Klösterliche angelsächsische Kultur dominiert i. Europa	Der gregorianische Choral in Deutschland, England u. Frankreich Die Windorgel kommt von Byzanz ins Abendland (verdrängt nur langsam d. Wasserorgel, die noch i. 10. Jh. i. d. Klöstern vorherrscht)	Vagbatha (d. J.): „Sammlung des Wesens der acht Teile d. Medizin" (ind. Heilkunde; vgl. 7. Jh.) „Compositiones ad tinguenda", Handschrift über die Chemie (wichtige Quelle über die Chemie d. Altertums) Apotheke in Bagdad: Arzneikunde trennt sich von Heilkunde	Bett im german. Gebiet Hopfen als Bierwürze i. Deutschland (Bayern) angebaut Kanton Welthandelsplatz
~ Han kan, chin. Maler, bes. v. Pferdebildern		Durch den Sieg bei Samarkand erhalten Araber Kenntnis von wichtigen chines. Erfindungen (Papier), die durch sie später nach Europa gelangen	
		Mit Kalif Almansor (754—775) beg. Blütezeit v. Wissenschaft u. Kunst	
~ Japan. Tanzmasken aus Trockenlack (in Nara, nach chines. Mustern)			
Der Hausrat des jap. Kaisers Shomu (†) wird dem Buddha geweiht und gibt heute Kunde von dem hohen Stand des chinesischen Kunsthandwerkes während der T'ang-Zeit (Möbel, Spiegel, Spiele, Musikinstrumente u. a.; Pflanzen-Ornamente, lebendige Tierdarstellungen; Einlege-, Gravierarbeiten, hochentwickelte Goldschmiedetechniken)			

	König Pippin · Kalifat Bagdad	Li Tai Po	„Parsen"
759	Franken erobern Narbonne v. d. Arabern (von diesen 720 erobert)		
760		„Manyoshu" (japan. Sammlung von etwa 4500 Gedichten, meist Kurzgedichten „Tanka" mit 31 Silben)	
762		† *Li Tai Po (Li Tai peh)*, chin. Lyriker der Lebensfreude am Hofe Kaiser *Ming-huangs*, Taoist (angebl. ertrunken beim Versuch, im Rausch das Spiegelbild des Mondes zu umarmen; * 701)	
763	Kalif *Almansor* gründet Bagdad als Hauptstadt des arab. Reiches (bisher Damaskus)		
764			Benediktinerabtei in Ottobeuren gegrdt.
765	Fränkischer Königshof b. Aachen bezeugt	Glossar von Freising (Worterklärungen n. langobard. Vorlage)	
766			Wegen der arab. Verfolgung wandern die Zoroastier aus Persien (daher „Parsen") i. Indien ein („Feueranbeter", setzen ihre Toten auf den „Türmen des Schweigens" d. Geiern zum Fraße aus)

	Chinesische Kunst	Gregorianischer Gesang	Arabische Wissenschaft	
	† *Wang-Wei*, chin. Dichter und Landschaftsmaler; Begründer der „südlichen Malschule" mit einem lyrischen Schwarzweißstil (vgl. 716); bedichtete und malte sein Landgut, auf dem er in buddhistischer Zurückgezogenheit lebte (* 698)			
	~ † *Wu Tao-tse*, chin. Maler der *T'ang*-Zeit; u. a. Fresken in d. buddhist. Tempeln u. Palästen von Ch'ang-an und Loyang, darunter der oft kopierte realist. „Tod Buddhas" (zerstört in d. Buddhist.-Verfolgung 844; * ~ 700)		~ Sanduhr i. Frankenreich vermutl. bekannt (bis ≈ 1300 nicht sehr verbreitet)	
	Grdg. des Benediktinerklosters Lorsch mit (heute allein erhaltener) Torhalle			
	≈ Von Bagdad aus verbreitet sich d. abbasidische Stil in d. pers.-islam. Baukunst (bis ≈ 1050; Backsteinbauten, Stukkatur aus fortlaufenden Ornamenten)		Am Kalifenhof in Bagdad beginnt durch persische Leibärzte d. Übersetzung syrischer und antiker medizinischer Schriften ins Arabische (bgrdt. arabische Medizin)	

	Karl der Große	Chinesische Lyrik	Oströmischer Bilderstreit
768	† *Pippin d. Kleine*, Kg. v. Franken seit 751; teilt vor seinem Tode das Reich unter seine Söhne *Karlmann* u. *Karl* (d. Gr.) (* 714) *Karl I.* (d. Gr.) Kg. der Franken bis 814 (†) neben seinem Bruder *Karlmann* (nach dessen Tod 771 Alleinherrscher); erneuert das röm. Kaisertum mit starker Zentralgewalt (Kaiserkrönung 800)		
770		† *Tu Fu*, chin. Lyriker, Freund *Li Tai Po's*, wegen Freimutes vom Hof verbannt (* 712)	
772	*Karl I.* (d. Gr.) beginnt die Sachsen unter *Widukind* zu unterwerfen und zum Christentum zu bekehren (bis 805) Zerstörung der den Sachsen heiligen Irmensäule („Irminsul")	* *Peh Kü-jih*, chin. Lyriker († 846)	*Hadrian I.* Papst bis 795; stützt sich auf *Karl d. Gr.*
773		* *Liu Tsung-ngüan*, chin. Prosadichter († 819)	
774	*Karl d. Gr.* hilft dem Papst gegen seinen ehemaligen Schwiegervater Kg. *Desiderius* der Langobarden und läßt sich mit der eisernen Krone der Langobarden zum Kg. v. Italien krönen (Südital. bleibt byzantinisch)		
775	† *Konstantin V.*, oström. Kaiser seit 741; kämpfte erfolgreich gegen Araber und Bulgaren; bekämpfte Bilderdienst und Klosterwesen (* 719) ~ Tibet unterwirft die Himalajaländer u. schließt mit China Grenzvertrag		
777	Erster Reichstag *Karls d. Gr.* n. d. Unterwerfung d. Sachsen in Paderborn	Mu'allakât (Auswahl je eines Gedichtes eines berühmten arab. Dichters); wird in der Kaaba aufgehängt	Hzg. *Tassilo III.* von Bayern grdt. Benediktinerstift in Kremsmünster

	Indische Felstempel	Arabische Wissenschaft		
	~ Kaïlasa-Felstempel bei Ellora (Westvorderindien). Der Tempel ist aus d. Felsen herausgearbeitet und reich mit Plastiken geschmückt, die besonders der Verherrlichung Schiwas dienen	~ * *Einhard*, Gelehrter am Hofe *Karls d. Gr.* († 840)		
	Ältester Salzburger Dom unter Bischof *Virgil* (745–784)	~ Unter d. Kalifen *Almansor* v. Bagdad (†) wurden d. „Elemente" (der Geometrie) d. *Euklid* ins Arabische übersetzt. (Weitere wissenschaftliche griechische Werke folgen)		
			~ Die Urteilsfindung d. Grafengerichte wird „Schöffen" (Schöppen = Schöpfern) übertragen. Die Verkündung er-	folgt durch d. Grafen (i. „Sachsenspiegel" wird die Eignung zum Schöffen an Mindestlandbesitz geknüpft)

	Karl der Große Widukind	Chinesische Lyrik	Köln Erzbistum
778	Kg. *Karl I.* (d. Gr.) kämpft erfolglos in Spanien gegen die Araber. Auf dem Rückzug fällt der Ritter *Roland* (*Hruodlandus*, Graf der Bretagne) im Nachhutkampf gegen d. Basken im Tal Roncesvalles * *Ludwig I.* (der Fromme), Kaiser im Frankenreich von 814 bis 840 (†)		
780			
781			Missionstätigkeit der seit 645 in China ansässigen Gemeinde d. syrischen Christen („Nestorianer")(durch Tafelinschrift in syrischer u. chinesischer Sprache i. d. Prov. Schensi bezeugt)
782	*Karl d. Gr.* läßt in Verdun a. d. Aller 4500 Geiseln d. aufständischen Sachsen hinrichten Bremen erwähnt ~ Einführung d. fränkischen kgl. Grafschaftsverfassung in Sachsen		
783			~ Osnabrück Bistum
784			
785	Sachsenhzg. *Widukind* († ~ 812) unterwirft sich *Karl d. Gr.* u. läßt sich taufen		Köln wird Erzbistum
786	*Harun al Raschid* Kalif in Bagdad bis 809 (†, * 765); fördert Kunst und Wissenschaft, wird durch seine Gerechtigkeit populär	* *Han Jü*, chin. Prosadichter († 824) Erstmals „deutsche" („theodisce") Sprache im Sinne von „Volks"-Sprache im Gegensatz zum Lat. erwähnt	

	Karolingische Kunst	Gregorianischer Gesang	Akademie Alkuins	
	~ Die aufkommende karolingische Buchmalerei (bis ~ 900) beruht im Gegensatz zum ornamentalen Stil der irischen Schule auf spätantiken Formen			
	≈ Godescalc-Evangeliar mit karoling. Buchmalerei d. *Ada*-Schule			
			~ *Alkuin* (* 735, † 804) versammelt am Hof *Karls d. Gr.* Gelehrtenkreis („Akademie")	
	Hzg. *Tassilo III.* v. Bayern schenkt dem von ihm 777 gegründeten Kloster Kremsmünster (Oberösterr.) Abendmahlskelch („Tassilo-Kelch", aus Kupfer mit vergoldetem Schmuckwerk; ältester erhalt. Abendmahlskelch)			
			~ * *Hrabanus Maurus*, dt. Gelehrter († 856)	
	Baubeginn d. gr. Moschee in Cordoba (islam. vielsäuliger Stil; fertiggestellt 990, im 16. Jhdt. zur Kathedrale umgestaltet)			
	~ Bagdad wird im Kalifenreich bedeutendes Zentrum von Kunst und Wissenschaft		* *Al-Ma'mûn*, Sohn d. *Harun al Raschid*, arab. Kalif in Bagdad u. Wissenschaftl. († 833)	

	Karl der Große Wikingerzüge	Chinesische Lyrik	Oströmischer Bilderstreit
787			Das zweite Konzil zu Nicäa anerkennt Bilderverehrung; ist das letzte von den sieben, das die morgenländische Kirche (Orthodox-anatolische K.) seit dem 1. Konzil zu Nicäa (325) anerkennt Der Erzbischof v. Mailand grdt. ein Findelhaus, das Kinder bis zum 8. Jahr betreut
788	Nach Absetzung des Hzgs. *Tassilo* hebt Kg. *Karl I.* (d. Gr.) das Hzgt. Bayern auf (912 wieder Herzogtum)		Bremen Bischofssitz
790			
792			
793	Frankfurt am Main urkundlich genannt Normannen überfallen von Skandinavien aus das engl. Inselkloster Lindisfarne: ~ Beginn der „Wikingerzeit"		

Karolingische Kunst	Schola cantorum	Arabische Wissenschaft	
			≈ *Karl d. Gr.* erläßt eingehende schriftl. Vorschriften für die Bewirtschaftung seiner großen Güter (darunter Anweisungen für den Anbau von 70 Gartengewächsen u. zahlr. Obstsorten)
~ Kaiserpfalz Ingelheim erbaut	≈ Schulen d. Kirchengesanges in Metz, Soissons, Paris, Köln u. anderen Orten. St. Gallen beginnt d. Pflege der Musik. Die Schola cantorum i. Rom überwacht d. Pflege des Kirchengesanges in Europa; *Karl d. Gr.* mit *Alkuin* fördert seine Reinerhaltung und Vereinheitlichung		~ Nachdem die Kirche zunächst warme Bäder verboten oder nur d. Kindern erlaubt hatte, führt *Karl d. Gr.* durch Benutzung d. warmen Bäder in Aachen das Baden wieder stärker ein (im Mittelalter hat das öffentl. Badewesen große Bedeutung, bis Seuchen, bes. Syphilis ≈ 1600 das Badewesen fast völlig verdrängen)
Baubeginn d. Doms zu Fulda (als erster zwei Chöre, werden jetzt in Deutschl. allgemein [vgl. 1075]); Frankreich bleibt im wesentl. bei einem Chor			
		Die (in China 105 erfundene) Papierherstellung gelangt nach Bagdad (nach Kairo 900, Spanien 1150, Italien 1276, Frankreich 1350, Nürnberg 1390, England 1494, Moskau 1576, Nordamerika 1690, Oslo 1698)	Erstmalig Teesteuer in China

	Karl der Große	Germanische Sagen	Fränk. Schulen
794	Heian (heute Kyoto) japan. Hauptstadt (bis 1867). Die bisherige Hauptstadt Nara (seit 710) bleibt Mittelpunkt d. buddhist. Kultur		Karl d. Gr. verwirft auf der Synode zu Frankfurt Bilderverehrung u. -zerstörung (entg. Nicäa-Konzil)
795	* Lothar I., Frankenkaiser von 840 bis 855 (†) Kg. Karl I. (d. Gr.) gründet Spanische Mark Normannen dringen in Irland ein (dessen Klosterschulen sind seit dem 6. Jhdt. ein bedeutendes Zentrum europäischer Gelehrsamkeit)		Leo III. Papst bis 816 (†) (läßt sich 799 von Karl d. Gr. schützen) ≈ Irische Mönche beeinflussen über die Klöster im Frankenreich nachhaltig mittellat. Literatur u. übriges geistiges Leben in Mittel- u. Westeuropa
796	Karls I. (d. Gr.) Sohn *Pippin* besiegt die Awaren zwischen Donau und Theiß und grdt. die Awarische Mark (Awarenreich seit ~ 567) mit Erzbistum Salzburg (798)		4. Ehe *Karl d. Gr.* (hat einschl. illegitimer 17 leibliche Kinder)
797	800–1200 entst. 7 slawische Burganlagen b. (Berlin-)Spandau. Es folgt eine 8. askanische Anlage (vgl. 1175)		≈ In der jap. Heian-Zeit verbindet sich Buddhismus mit der Volksreligion Shintoismus ≈ Kulturelle Blüte Freisings (b. München)
800	Kaiserkrönung *Karls d. Gr.* ≈ Die skandinavischen, seeräuberischen Normannen („Wikinger") beginnen ihre Eroberungszüge, die zu bedeutenden Staatenbildungen führen ≈ Slawische Wenden wandern in den Raum zwischen Havel, Oder, Spree, Erzgebirge ein ≈ Die slawischen Pomerani in Pommern haben selbst. Fürsten (995 v. Polen unterworfen) ≈ Aus Vasallität (Gefolgschaft) und der Landleihe (Benefizium) entwickelt sich im fränk. Reich das Lehns- oder Feudalwesen (setzt sich bis zum 10. Jhdt. in Mitteleuropa allg. durch; Ausbildung d. Rittertums mit Berufskriegerheer) Irländer entd. Island (vgl. 874)	≈ „Beowulfsage" entsteht in England (als erstes germ. Buchepos) in Stabreimen ≈ Anfänge der „Gudrunsage" (Wikingerlied) gelangen an die Scheldemündung ≈ In *Karls d. Gr.* Gelehrtenschulen entsteht als Schrift d. *karolingische* Minuskel (die Grundlage d. heutigen „lateinischen" Schrift u. d. Antiqua) ≈ Nach Sachgruppen geordnetes „Kasseler Glossar" (althochdt. Übersetzung lat. Worte und Sätze)	~ Karl d. Gr. verbreitet das nicänisch-konstantinopolitanische Glaubensbekenntnis v. 381. (Der spätere Zusatz, daß d. Heilige Geist von Vater „und Sohn" [„filioque"] ausgeht, wird zum entscheidenden theolog. Streitpunkt zw. morgenl. u. röm. Kirche) ≈ Die Lehre, Christus sei als Mensch von Gott adoptiert, tritt auf und wird unterdrückt ≈ Erste Blüte d. fränk. Kloster- und Domschulen (neue Blüte im 10. Jhdt.)

Karolingische Kunst / Japanische Heian-Epoche	Gregorianischer Gesang	Hochschule Tours	
Mit der Verlegung der japan. Hauptstadt von Nara nach Heian beginnt die „Heian"-Kunstepoche m. strengerem sog. Jogwan-Stil (bes. Holzplastik, bis 895)			
~ Moschee in Córdoba (vollendet 10. Jh.)		*Alkuin* erhebt Klosterschule in Tours zur Hochschule antiker Wissenschaft	
≈ Kultureller Höhepunkt im geeinten Korea (8. u. 9. Jh.)		~ † *Paulus Diaconus*, langobard. Historiker, kurzzeitig auch am Hofe *Karls d. Gr.*; schrieb „Historia Langobardorum" (* ~ 720)	~ Pferdewechselstellen und Fronfuhrwerke für Königsboten i. Frankenr. (jeder muß diesen Pferde und Unterkunft gewähren)
~ „Ada-Handschrift" (Prachtevangeliar d. Äbtissin *Ada* mit karoling. Buchmalerei) ~ Godeskalk-Evangeliar *Karls d. Gr.* mit Goldbuchstaben auf Purpurpergament und Evangelistenbildern „Sitzender Buddha" (japan. lebensgr. Holzplastik i. Stil der Heian-Zeit) ≈ Die Buddhafiguren in Indien erhalten z. T. eine bewegtere und belebtere Haltung ≈ In Mitteljava entstehen buddhist. u. brahmanische Tempelanlagen ≈ Während die Ornamentik der Völkerwanderungszeit verfällt, übernimmt die Kunst Mitteleuropas antike und christliche Formen („Karolingische Renaissance")		≈ Auf Seefahrten werden Nordkap, Färöer und Island von Normannen erreicht	~ *Karl d. Gr.* trägt fränkische Tracht mit Hose (seine Nachfolger bevorzugen die röm. Tracht, die mit langer Tunika u. langem Mantel schon b. d. *Merowingern* Hoftracht war) In d. *Karolingerzeit* bildet sich eine fränk.-röm. Mischtracht aus: Hose, Ärmeltunika, Schultermantel ≈ Bartlosigkeit in Europa (b. ~1500)

	Karl der Große	Skaldendichtung	Fränkische Schulen
801	Kaiser *Karls I.* (d. Gr.) Sohn *Ludwig* erobert Barcelona u. grdt. die spanische Mark (von wo aus bis 1492 die Araber allmählich aus Spanien verdrängt werden)	≈ *Bragi* (ältester bekannter) norw. Skalde (spät. als göttl. Dichter verehrt)	
802	∼ Es entsteht der von Wikinger beherrschte Handelsplatz Sliesthorp (d. spätere Haithabu. Vgl. 1050)		*Karl d. Gr.* grdt. Kloster Münster (erster Bischof ist *Ludger d. Hlg.* von 804 bis 809 [†])
803	Bulgaren befreien sich von d. Macht d. tatarischen Awarenreiches an d. Donau		
804	Letzter Feldzug gegen die Sachsen. *Karl d. Gr.* erweiterte dadurch das Frankenreich bis zur Elbe u. Saale ∼ * *Ludwig der Deutsche*, erster dt. (ostfränk.) Kg. von 843 bis 876 (†)		*Karl d. Gr.* gründet das Carolineum-Gymnasium in Osnabrück
805	Magdeburg erwähnt		∼ * *Gottschalk*, Mönch und Theologe († 868)
807	∼ Burg Halla (Halle; 1064 als Stadt erwähnt)		
808	Fes wird Hauptstadt des v. den Arabern ≈ 700 eroberten Marokko		
809	Bulgaren erobern Sofia (1382 v. d. Türken erobert)		
810	† Kg. *Godfred* v. Dänemark; erbaute Danewerk (Verteidigungswall) gegen *Karl d. Gr.*		∼ * *Johannes Scotus Eriugena*, irischer Scholastiker in Paris († 877) ≈ In den „Pfarrschulen" des *karolingischen* Reiches lehren die Pfarrer anordnungsgemäß alle Angehörigen ihrer Gemeinde Glaubensbekenntnis u. Vaterunser ∼ Halberstadt wird Bischofssitz

	Karolingische Kunst	Gregorianischer Gesang	Arabische Wissenschaft	
				~ Unter *Karl d. Gr.* ist die Prostitution verboten
				≈ Mönche bringen die Edelrose nach Mitteleuropa
	Odo von Metz: Pfalz-Kapelle Karls d. Gr. in Aachen (karoling. Rundbau mit byzant. Einfl.; Baubeginn 798; Kern des Aachener Münsters; got. Chor im 14. Jhdt.)			~ Magdeburg Handelsplatz an der Grenze gegen die Slawen
			Kaiser *Karl d. Gr.* erhält aus Bagdad eine Wasseruhr	Großer Sonnenfleck mit bloßem Auge sichtbar
			~ Der Perser *Muhammed ibn Musa al Chwarazmi* schreibt am arab. Kalifenhof zu Bagdad ein Buch über mathemat. Gleichungen und prägt dabei durch den Titel die Bezeichnung „Algebra" (d. h. „Die Gleichungen")	~ Münzreform durch Einführung d. Silberwährung unter *Karl d. Gr.* (1 Pfund = 20 Schilling [Solidus] = 240 Denare [Pfennige]). Der *karoling.* Pfennig verbreitet sich über ganz Europa

	Karl der Große / Ludwig I.	„Wessobrunner Gebet" / Dt. Heldensagen	Oströmischer Bilderstreit
811	Bulgaren besiegen *Nikephoros I.*, byzantin. Kaiser 802—811	~ † *Abu Nuwas*, arab. Dichter geistvoller, pers. beeinflußt. Trink- u. Liebeslieder (* ~ 750)	
813	Kaiser *Karl I.* (d. Gr.) krönt seinen Sohn *Ludwig* (den Frommen) auf dem Reichstag in Aachen Aachen Krönungsstadt der dt. Könige (bis 1531) *Leo V.* (d. Armenier) Kaiser von Byzanz bis 820 († durch Verschwörung); besiegt Bulgaren vor Konstantinopel und erneuert Bilderverbot		~ * *Al Kindi*, arab. Philosoph († ~ 870) Allg. öffentliche Weihnachtsfeier von der Synode in Mainz beschlossen (bis 1773 vier, dann zwei Feiertage)
814	† *Karl I.* (d. Große), Kg. d. Franken seit 768, erster röm.-dt. Kaiser seit 800; schuf starke Zentralgewalt, förderte Wissenschaft, Kunst und Rechtspflege (* 742; Heiligsprechung 1165) *Ludwig I.* (der Fromme) Kaiser im Frankenreich bis 840 (†); gerät 829 in Konflikt mit seinen Söhnen um die Reichsteilung	~ „Wessobrunner Gebet" (biblische Schöpfungsgeschichte in althochdt. Stabreimen) ~ Unter *Karl d. Gr.* Sammlung von Heldensagen und Versuch einer deutschen Grammatik	
815			Bistum Hildesheim gegründet
816	Kaiser *Ludwig I.* übergibt Stift Innichen (seit 769) dem bayr. Hochstift Freising		*Gosbert* Abt von St. Gallen bis 836; grdt. große Bibliothek
817	*Ludwig I.* teilt das Frankenreich unter seine Söhne *Lothar (I.)*, *Pippin* und *Ludwig* (den Deutschen): *Lothar* wird Mitregent, *Ludwig* erhält Bayern, *Pippin* Aquitanien		
819		† *Liu Tsung-ngüan*, chines. Prosadichter (* 773)	

Karolingische Kunst	Gregorianischer Gesang	Arabische Wissenschaft	
			≈ Dreifelderwirtschaft gelangt nach Deutschland (wegen Klee und Kartoffelbau im 18. u. 19. Jhdt. aufgegeben)
Regierungssitz in Venedig als Anfang des Dogenpalastes		≈ Araber übernehmen indische Ziffern einschl. Null und Stellenwertsystem (werden im 12. Jh. in Europa als „arabische Ziffern" bekannt)	≈ Die von Karl d. Gr. gegrdte. gesetzl. Armenpflege verschwindet; sie geht an die Kirche, Grundherren, später auch Zünfte u. Städte über und nimmt die Form unsystematischer Almosen an
Säulenbasilika als Domvorläufer in Fulda			

	Araber erobern Kreta und Sizilien	Chinesische Literatur	Christliche Mission in Skandinavien
820	Normannen errichten auf Irland in Dublin einen Staat (besteht bis 1170) Phrygische Dynastie löst in Byzanz die syrische (seit 717) ab: Intrigen, Thronstreitigkeiten, Luxus. (867 bis 1057 folgt makedonische Dynastie)		
822			
824	Kg. *Egbert* von Wessex (seit 802, † 839) unterwirft die übrigen engl. Staaten und vereint die Teilreiche	† *Han Jü*, chin. Prosadichter; leitete als Konfuzianer den Kampf gegen d. Buddhismus ein (* 786)	
825			~ Altsächs. Genesis (Erstes Buch Moses in altniederdt. Sprache)
826	Araber erobern Kreta und plündern von dort aus griech. Inseln u. Saloniki (Kreta von Byzanz 961 zurückerobert)		*Ansgar* (* 801, † 865), „Apostel d. Nordens", begleitet auf Befehl *Ludwigs des Frommen* d. getauften Dänenkg. *Harald*, um in Dänemark u. Schweden (829) d. Christentum zu verbreiten
827	Araber erobern Sizilien und beunruhigen von dort aus die Küste Italiens		
828	Afrikanische Araber erobern Sizilien und Sardinien		Angebl. Stiftung des *Gregorius*festes durch Papst *Gregor IV.*: Ein Knabe erhält für einen Tag Befehlsgewalt eines Bischofs u. predigt i. d. Kirche (z. B. i. Meiningen bis 1799) * *Ibn Koteiba*, arab. Gelehrter und Historiker († 889)

	Karolingische Kunst	Arabische Wissenschaft	
	Bauplan d. Klosters St. Gallen (nicht ausgeführt; mit Vierung als Maßeinheit des sich durchdringenden Lang- u. Querhauses, zwei Chöre; wichtiges Beispiel karoling.-roman. Baugesinnung) ~ Utrecht-Psalter mit karoling. Buchmalerei d. Reimser Schule (Federzeichnungen)	~ *Abdullah al Mamum* bestimmt Erdumfang auf 3,6% genau	
	Michaelis-Kirche in Fulda (karoling. Romantik, Baubeginn 820) Abtei in Corvey/Weser gegründet (vgl. 885) ~ Mosaiken in S. Prassede, Rom		
	≈ Japan importiert buddhist. Gemälde der späteren T'ang-Zeit		
		Geozentrisches „Großes astronomisches System" von *Ptolemäus* († ~ 178) als „Almagest" ins Arabische übersetzt	Arab. Gradmessung in Mesopotamien ergibt 11016 km für den Erdquadranten Pol—Äquator (statt 10001 km)	~ Araber bringen Baumwollanbau nach Sizilien

	Teilung des Frankenreichs	"Heliand"	
829	*Karl der Kahle* erhält von seinem Vater *Ludwig I.* Hzgt. Schwaben, was zum Konflikt seiner Stiefbrüder mit *Ludwig I.* führt		
830	Fürst *Moimir* gründet Großmährisches Reich, herrscht bis 846 (später kommen Böhmen und Slowakei hinzu)	~ *Ludwig d. Fromme* vernichtet die von seinem Vater *Karl d. Gr.* angelegte Sammlung german. Heldenlieder. Unter ihm entsteht „Heliand" (altsächs. Evangelienharmonie in Stabreimen mit Christus als germanischem König)	~ „Muspilli" („Mundtöter" = Christus, Weltuntergang im Feuer; althochdt. stabreimendes Gedicht üb. die letzten Dinge mit der Figur des Antichrist) von einem bayrischen Geistlichen
831			~ *Einhard:* „Vita Caroli Magni" („Das Leben Karls d. Gr.")
833	*Ludwig I.* (d. Fromme) unterliegt seinen Söhnen *(Ludwig dem Deutschen, Lothar I.* u. *Karl II.)* bei Kolmar durch Abfall seines Heeres auf dem „Lügenfeld" u. muß vorübergehend abdanken	~ Die Evangelienharmonie „Diatessaron" (vgl. 170) wird in Fulda ins Althochdt. übersetzt	
836	Normannen erobern England (werden von ~ 900 bis ~ 1000 auf die Küsten beschränkt)		
837	Neue Teilung des Frankenreiches zwischen Kaiser *Ludwig I.* (dem Frommen) und seinem Sohn *Lothar (I.)*		
838	Araber besiegen byzant. Heer in Kleinasien b. Amorion (942 wieder zurückgedrängt)		
839	* *Karl III.* (der Dicke), röm.-dt. Kaiser 876 bis 887 († 888)		

Hamburg Erzbistum	Arabische Kunst	Arabische Wissenschaft	
		Kalif *Al-Ma'mûn* grdt. Übersetzer-Akademie in Bagdad (verstärkt wissensch. Kontakt mit der Umwelt)	
Erzbist. Hamburg unter *Ansgar* gegrdt. (845 wegen Zerstör. d. d. Normannen nach Bremen verlegt); Zentrum d. Mission in Nordeuropa			
		† *Al-Ma'mûn*, arab. Kalif und Wissenschaftl.; übersetzte altgriech. philos. u. wissenschaftliche Schriften ins Arabische, gründete Sternwarte auf einem Stadttor von Bagdad (* 786)	
	In der Kalifenhauptstadt d. *Abbasiden* Samarra (Irak) entstehen prächtige Bauten; u. a. Palast u. riesige Hauptmoschee mit Schneckenminarett nach altbabyl. Muster (Samarra wird 883 aufgegeben u. verfällt)		

	Reichsteilung	Chinesische Lyrik Althochdeutsch	Bilderstreit beendet
840	† *Ludwig I.* (der Fromme), Kaiser im Frankenreich seit 814 (* 778) *Lothar I.* strebt nach dem Tode seines Vaters Kaiser *Ludwigs des Frommen* gegen seine Brüder nach Alleinherrschaft; Kaiser bis 855 (†)		
841	*Karl II.* (d. Kahle) und *Ludwig d. Deutsche* siegen über Kaiser *Lothar I.* (führt 843 zum Vertrag von Verdun)		∼Fulda wird berühmt. Klosterschule unt. Abt *Hrabanus Maurus*
842	∼ Türkische Söldner in arabischen Diensten ∼ Kgl. Heer unterdrückt „Stellinga"-Aufstand d. sächs. Bauern	„Straßburger Eide" (zw. *Ludwig d. Deutschen* u. *Karl d. Kahlen* gegen ihren Bruder *Lothar*) i. altfranz. u. althochdt. Sprache (ältestes Denkmal der sprachl. Trennung zw. Ost- u. Westfranken)	*Walafried Strabo* (* ∼ 808, † 849) Abt des Klosters Reichenau, dessen theolog. Schule er zur Blüte bringt; schreibt „Glossa ordinaria" (erklär. Randglossen zur Bibel) u. Gedichte
843	Teilung des *karolingischen* Reiches unter den Söhnen *Ludwigs des Frommen* im Vertrag von Verdun: ostfränk. Reich unter *Ludwig dem Deutschen*; westfränk. Reich unter *Karl II.* (dem Kahlen); Italien mit der Kaiserwürde und Gebiet zwischen Rhein, Schelde und Rhône an *Lothar I.* Drei Dynastien aus dem Hause der *Karolinger*: dt. bis 911, frz. bis 987, ital.-lothring. bis 875 *Karl II.* (d. Kahle) Kg. v. Frankr. bis 877 (†)	∼ *Walafried Strabo*: „Hortulus" (Gedicht über d. Klostergarten Reichenau)	Kaiserin *Theodora* von Byzanz beendet den Streit um d. Bilderdienst endgültig, indem sie durch das Konzil zu Nicäa die Ikonen-Verehrung wieder gestatten läßt (der Bilderstreit begann mit d. Bilderverbot Kaiser *Leos III.* 726)
844	∼ Die (früher nordir.) Skoten errichten in Nordschottland ein Königreich	∼ *Abû Tammâm* (†): „Hamâsa" (arabische Sammlung v. Heldenliedern, Sprüchen, Schmähversen u. a.)	Große Buddhistenverfolgung in China beseitigt dort endgültig die Vorherrschaft dieser Religion. Aufteilung des Reichtums der Klöster zur Linderung der wirtschaftlichen Not
845	Normannen zerstören Hamburg, Erzbischof *Ansgar* geht n. Bremen		Bremen wird statt Hamburg Erzbischofssitz und damit Zentrum der nordeuropäischen Mission
846		† *Peh Kü-jih* (auch *Po Chü-I*), chin. Lyriker, schrieb 71 Bücher (* 772)	∼ Im Kloster Corbie beg. 1. Abendmahlsstreit

Zerstörung buddhistischer Kunst	Hymnen	Arabische Wissenschaft	
		† *Einhard*, Gelehrter am Hofe *Karls d. Gr.* (bis 830); schrieb „Vita Caroli Magni" (* ~ 770)	~ Jena erstmalig erwähnt
~ Ende des religiös. Bilderstreits belebt die Entwicklung der bildenden Kunst auch im Frankenreich			
Buddhistische u. taoistische Kunst Chinas, bes. auch die monumentalen Wandbilder d. T'ang-Zeit, wird fast völlig zerstört			Papiergeld i. China (führt zu Inflation u. Staatsbankrott)

	Angelsächsischer Großstaat	Nordische Sprachen	Hrabanus Maurus
847			*Leo IV.* Papst bis 855; befestigt d. vatikanische Viertel (Leostadt) und besiegt 849 Araber bei Ostia *Hrabanus Maurus* Erzbischof v. Mainz; fördert Kloster-, Schulwesen und romanische Bildung
849	* *Alfred d. Gr.*, engl. Kg., wird 854 vom Papst zum König gesalbt, folgt 871 als König von Wessex († 901)		
850	~ * *Arnulf* von Kärnten, röm.-dt. Kaiser von 887 bis 899 (†) Araber erobern Korsika (kommt 1020 zu Pisa)	≈ Spaltung d. altnord. Sprache i. Ostnordisch (Dänisch, Schwedisch) u. Westnordisch (Norweg., Isländ., Grönländ.) ≈ In Japan entsteht neben der chin. Wortschrift eine Silbenschrift („Kana"), die zur Grundlage d. jap. Prosadichtung d. folg. Jahrhunderte wird: Monogatari (romanhafte Erzählungen), Nikki (Tagebücher), Zuihitsu (unterhaltsame Erzählungen)	≈ Beginn d. Frühscholastik bis ≈ 1150 (Herausschälung der Probleme d. Hochscholastik, besond. des Universalien-Streites) ≈ In der Erzdiözese Reims entstehen die sog. „Pseudo-Isidorischen Dekretalen", gefälschte Rechtsquellen, um die Macht d. Kirche und besonders die des Papstes zu stärken (Nachweis d. Fälsch. 1628 durch *Blondel*)
Im 9. Jahrhundert	Friesen lassen sich an der Westküste Schleswigs nieder; sichern in der Folgezeit das Land durch Deiche und bilden kleine Bauernfreistaaten Angelsächsischer Gesamtstaat entsteht (vgl. 824) Reich der Wolgabulgaren mit Hauptstadt Bolgary (besteht bis zum 13. Jhdt.)	Anonymus v. Einsiedeln: 80 Inschriften aus Rom „Ave Maria stella" (lat. Marienhymnus) Beginn der Edda-Dichtung (vgl. 10. Jh.) Hymnensammlung „Tiruwaschagam" in drawidischer Sprache Ansiedlung jüdischer Gruppen in Deutschland als Handwerker, Bauern, Kaufleute, Ärzte (entwickeln i. d. folgenden Jahrhund. jüdisch-dt. Mischsprache: „jiddisch" mit hebräischer Schreibw.)	Dt. Könige beanspruchen das Recht der Investitur (Belehnung der Bischöfe und Äbte mit Ring und Stab) Die Reliquien-Verehrung kommt zu großer Bedeutung (vgl. 1215) Die Nubier d. östl. Sudans treten zum Islam über

Karolingische Buchmalerei	Zweistimmigkeit Kirchentonarten	Arabische Wissenschaft	
Evangeliar *Karls des Kahlen* und Utrechter Psalter (karolingische Buchmalerei) ~ S. Miguel de Lino (westgot. Bau in Asturien) ≈ Borobodur-Heiligtum (Mitteljava) in 9 Terrassen mit 1600 Relieftafeln von insges. 5 km Länge; etwa 500 Buddhafiguren; gekrönt von einem Stupa; stark epische Hochreliefs mit Szenen aus d. buddhist. Mythologie; wahrscheinl. beeinfl. von der Kunst in Amaravati a. d. 2. Jhdt.; Ansätze von Landschaftsdarstellung ≈ Dumar-Lena-Höhlen-Tempel bei Ellora (Westvorderindien) mit Großreliefs	~ Der irische Philos. *Johannes Scotus Eriugena* erwähnt erstmalig zweistimmiges Singen ≈ Alle christl. Kirchen außer der römischen pflegen den Hymnen-Gesang	~ * *Rhases*, arab. hippokrat.-galenischer Mediziner († 923)	≈ Seifensieder-Handwerk i. Marseille (Grundstoff Olivenöl) ≈ Die Entwicklung d. fränk. Heeres zum Reiterheer bedingt einen begüterten Berufskriegerstand. Es bildet sich d. Ritterstand aus ≈ Politische und kulturelle Zentren sind die Höfe von Indien, China, Bagdad u. Byzanz
Beginnender Backsteinbau in Oberitalien Das sog. „Westwerk" als Neben-Kirchenanbau wird zunächst der Träger einer Turmgruppe Der Spitzbogen verschiedener Form beginnt in der islam. Baukunst zu überwiegen	Entstehung der 12 Kirchentonarten, auf den altgriech. Tongeschlechtern beruhend (führen ≈ 1600 zu d. Dur- u. Moll-Tonarten)	Araber vervollkommnen das Astrolab (astron. Meß- und Rechengerät)	Bäckerei als Verkaufsgewerbe Blüte d. mittellat. Briefstellerei Araber bringen d. ind.-pers. Schachspiel n. Spanien u. Sizilien In Hessen versucht man bei Mondfinsternissen „das den Mond verschlingende Ungeheuer" durch Lärm zu verscheuchen Steinkohlenverwendung in England (vgl. 1113)

	Königreich Lothringen *Normannen-Züge*	*Frühscholastik* *„Peterspfennig"*	
851		*Johannes Scotus Eriugena*: „De divina praedestinatione" (widerlegt die Prädestina-	tionslehre von *Augustin* u. bringt Verfasser in den Ruf der Ketzerei)
853		Abtei Gandersheim gegrdt. (Äbtissinnen sind später Reichsfürsten)	
854	Ulm als Königspfalz erwähnt		
855	† *Lothar I.*, Kaiser seit 840 (* 795); verteilte sein Reich an seine drei Söhne: *Lothar II.* erhält das nach ihm benannte Kgr. Lothringen (Lotharingien); *Karl* Provence und Südburgund Kaiser *Ludwig II.* (* ~ 822, † 875), Sohn Kaiser *Lothars I.*, erhält nach dem Tode s. Vaters Italien, wo er erfolgr. geg. d. Araber kämpft	Kg. *Ethelwolf v. Essex* erhebt d. „Peterspfennig" von jedem Hausstand f. d. Papst (ab 11. Jh. auch in Skandinavien, Island und Polen)	
856	Ende der langobardischen Herrschaft in Tarent	† *Hrabanus Maurus*, dt. Gelehrter, „Präceptor Germaniae"; schrieb u. a. „De rerum naturis" (En-	zyklopädie i. 22 Bdn.), war 822 bis 842 Abt in Fulda, seit 847 Erzbischof v. Mainz (*~ 784)
857			
858		*Nikolaus I.* Papst bis 867 (†); setzt sich gegenüber d. Frankenkgen. stärker durch	(setzt Erzbischöfe ab, um Heirat *Lothars II.* m. dessen Mätresse zu verhindern)
859	Die Normannen dringen als Seeräuber in das Mittelmeer vor und plündern d. Küsten bis n. Kleinasien.		
861	Paris zum 3. mal von d. Normannen vom Fluß her erobert u. geplündert (vorher 845, 857; dasselbe Schicksal erleiden und erlitten Aachen, Köln, Mainz, Metz, Worms, Toulouse)		

Anfänge japanischer Malerei	Arabische Wissenschaft	
		≈ Armbrust in Frankreich (in Dt. erst ab 12. Jh. häufiger)
† *Kudara Kawanari*, (gilt als) erster bedeutender japan. Maler (vom 7. bis 13. Jh. Blüte d. rein buddhist.-religiösen Malerei in Japan) ∼ Münster in Essen gegründet		
„Himmelfahrt Christi" (Fresko in d. Unterkirche S. Clemente in Rom; gilt als Überwindung byzantinischer Starre)		
	Hrabanus Maurus (†) war ein Vertreter kirchlicher Gelehrsamkeit	
		Erster Bericht von einer starken Kriebelkrankheit-Seuche i. Westeuropa („Antoniusfeuer", Verlust brandiger Glieder durch Genuß von mit Mutterkorn vergiftetem Getreide; bis z. 14. Jhdt. bes. in Frankreich unter der ländl. Bevölkerung)
„Codex aureus" aus St. Emmeram, Regensburg (Prachthandschrift)		

	Normannen in Nowgorod Alfred der Große von England	Althochdeutsche Dichtung	Karolingische Kunst
862	Normannen unter *Rurik* († 879) setzen sich in Nowgorod fest (als „Waräger" fahren sie von d. Ostsee auf d. Wasserwege durch Rußland zum Schwarzen Meer, unternehmen Raubzüge und machen sich die Bewohner tributpflichtig. Verschmelzen in d. Folgezeit m. d. slawischen Oberschicht)	~ *Photios:* „Bibliotheca" (griech. Auszüge aus 280 antiken u. christl. Werken)	
863		~ Slawische Schrift entsteht (vgl. Spalte „Religion")	
864			
865	~ Normannisch-russischer Kriegszug nach Konstantinopel		
868	*Tuluniden*-Dynastie in Ägypten bis 935	~ *Otfried von Weißenburg* verfaßt Evangelienharmonie „Krist" (eine der ersten althochdt. Dichtungen mit End- statt Stabreimen)	
870	Lothringen wird im Vertrag von Mersen zwischen *Ludwig dem Deutschen* und *Karl dem Kahlen* geteilt: östl. Teil mit Metz zu Ostfranken Malta von den Arabern erobert (1090 entreißen es ihnen d. Normannen)		Evangeliar *Karls d. Kahlen* mit karol. Buchmalerei d. Schule von St. Denis („Codex aureus" = goldenes Buch) Erstes gedrucktes Buch in China
871	*Alfred* (d. Gr.) Kg. v. England (Wessex) bis 899 († , * 849); besiegt die Dänen, baut Flotte, ordnet Verwaltung und Rechtswesen, übersetzt u. a. *Boëtius* ins Angelsächsische		~ Kunstvoller Folchart-Psalter, St. Gallen

	Mission in Mähren · Al Kindi	Chinesischer Buchdruck	
Papst *Nikolaus I.* setzt d. Patriarchen *Photios* v. Konstantinopel ab und erweitert dadurch entscheidend d. Kluft zwischen morgenländ. u. röm. Kirche (endgültige Trennung 1054) — Der großmähr. Kg. *Rastislaw* erbittet vom Kaiser v. Byzanz Entsendung von Geistlichen d. oström. Kirche, um dem Einfluß der fränkisch-bayer.	Geistlichkeit zu begegnen. Dieser schickt die Brüder *Cyrillos, Konstantinus* (* 827, † 869) u. *Methodius*, welche die Apostel Mährens werden. *Cyrillos* schafft dazu ältestes slawisches Alphabet (Glagoliza), in das er christl. Texte überträgt („Kyrillisches" [russisches] Alphabet erst später und nicht von *Cyrillos*)		
Fürst *Boris I.* v. Bulgarien (seit 852, † 907 als Mönch) tritt mit	dem Adel zum Christentum über		
† *Gottschalk*, Mönch in Fulda und Orbais; nach lebenslängl. Kerkerhaft wegen Lehre	der doppelten Prädestination (zur Seligkeit und zur Verdammnis) (* ~ 805)	Eines der ältesten gedruckten Bücher in China in Rollenform, ohne bewegl. Lettern (Übersetzung aus d. Indischen)	
~ * *Farabi*, arab. Philosoph († 950) — ~ † *Al Kindi*, arab. Philosoph, Mathematiker und Astrologe i. Bagdad; übers. *Aristoteles*; gilt als erster arab. Philosoph (* ~ 813)	8. Konzil, in Konstantinopel — Papst lehnt selbständ. bulgarisch. Patriarchat ab. Bulg. Kirche unterstellt sich dem Patriarchen von Konstantinopel (vgl. 917)	~ *Johann Scotus Eriugena:* „Über die Einteilung der Natur" (lat. Enzyklopädie)	

Reichseinigung · König Alfred d. Gr. von England

872	Harald Haarfagr, Kg. von Norwegen seit 860, besiegt d. norweg. Kleinkönige und begründet Großkönigtum	
873		
874	Norweger besiedeln Island (bis ~ 930)	Volksaufstand erschüttert chin. T'ang-Dynastie (vgl. 907)
875	Kg. *Karl II.* (d. Kahle) v. Frankr. erobert Italien und wird zum Kaiser gekrönt	
876	† *Ludwig der Deutsche*, erster dt. (ostfränkischer) Kg. seit 843 (* ~ 804) *Karl III.* (der Dicke) röm.-dt. Kaiser bis 887 († 888, Kaiserkrönung 881); vereinigt 885 noch einmal das Reich Karls d. Gr.	*Ludwig III.* (d. Jüngere) ostfränk. Kg. neben seinen Brüdern *Karl* (dem Dicken) und *Karlmann* († 880) bis 882 (†); herrscht über Thüringen, Franken, Sachsen, Bayern, Lothringen * *Heinrich I.*, dt. Kg. 919 bis 936 (†)
877	*Ludwig II.* (der Stammler) Kg. v. Frankr. bis 879 (†)	
878	Araber haben ganz Sizilien von Byzanz erobert (seit 827); Palermo Hauptstadt (die arab. Zeit bis 1061 ist wirtschaftl. u. kulturelle Blütezeit)	Kg. *Alfred* gewinnt London als angelsächs. Vorposten v. d. Dänen zurück
879	*Ludwig III.* Kg. v. Frankr. bis 882 (†); besiegt d. Normannen, teilt Herrschaft mit seinem Bruder *Karlmann* († 884) Königreich Niederburgund (Arelat) unter Graf *Boso* (934 mit Königreich Hochburgund zu Königreich Burgund vereinigt)	Nach *Ruriks* Tod übernimmt d. normann. Waräge *Oleg* d. Herrschaft in Nowgorod, erobert Kiew, wird erster Großfürst v. Kiew, schließt Handelsvertrag mit Byzanz Niederlande (außer Flandern) kommen z. Hzgt. Niederlothringen d. ostfränk. (dt.) Reiches
880	Im Vertrag von Ribémont erhält Kg. *Ludwig III.* (d. J.) von Ostfranken den Rest Lothringens (gewann 879 Bayern)	

	Frühscholastik	Arabische Wissenschaft	
Domkirche Hildesheim geweiht			
		†*Honain ibn Iszhâk*, arab. Arzt; übersetzte d. Werke d. röm. Arztes *Galenus* ins Arabische. (Die Araber bewahren i. d. Folge-	zeit d. antike Heilkunde, entwickeln sie aber wenig, gehemmt durch das relig. Verbot anatomischer Studien)
		≈ Zeitmessung durch Abbrennen dicker, mit einer Skala versehener Kerze nam Königs-	hof in England (Kerzenuhren, vermutl. chin. Erfindung)
† *Johannes Scotus Eriugena*, irischer Scholastiker in Paris; schrieb „Über die Einteilung der Natur" (lat., erstes	umfassendes Weltbild des Mittelalters, 1210 seiner Mystik wegen von der Kirche verboten) (* ~ 810)		
Patriarch *Photios* von Konstantinopel läßt d. Beschlüsse d. Konzils v. Konstantinopel v. 869 verbrennen (der	Papst und er bannen sich gegenseitig; führt mit zur Trennung d. röm. u. morgenländ. Kirche)		
Grdg. d. Benediktiner-Klosters auf dem Monserrat (Katalonien; wird vielbesuchter Wall-	fahrtsort mit einem als wundertätig geltenden Marienbild)		

	Normannen vor Paris	Althochdeutsche und Skalden-Dichtung	Frühscholastik
881	Karl III. (der Dicke) zum Kaiser gekrönt Normannen zerstören Aachener Pfalz u. teilw. Köln ~Burgos (Altkastilien) als Festung gegen die Araber gegründet	„Ludwigslied" (Preislied auf den Sieg Ludwigs III. von Frankr. über d. Normannen; in althochdt. Reimversen)	
882	Karlmann, Bruder Ludwigs III., Kg. v. Frankr. bis 884 (†) Normannen zerstören Trier	~Sequenz d. hl. Eulalia i. 14 Verspaaren (ältest. frz. Literaturdenkmal)	
884	Karl der Dicke auch Kg. v. Frankr. bis 887 († 888)	* Tsuraguki, japan. Dichter († 946)	
885	Karl III. (der Dicke) vereinigt noch einmal das Reich Karls d. Großen (Alemannien, Italien, Ost- und Westfrankenreich) Normannen belagern Paris (Kaiser Karl erkauft ihren Abzug durch Geldzahlung und Verpfändung Burgunds, wird deshalb 887 abgesetzt)		Kloster San Marino genannt (bei ihm entsteht Stadt u. Freistaat San Marino)
886	† Basilios I., byzantin. Kaiser seit 867 (unt. ihm Höhepunkt byzantin. Macht)		
887	Kaiser Karl III. (d. Dicke) wird von den Fürsten Ostfrankens abgesetzt († 888), weil er den Abzug der Normannen von Paris durch Geld erkaufen mußte Arnulf von Kärnten röm.-dt. Kaiser bis 899 (†) (896 in Rom zum Kaiser gekrönt); kämpft gegen Normannen und Slawen in Mähren		
888	† Karl III. (der Dicke), röm.-dt. Kaiser von 876 bis 887; vereinigte noch einmal das Reich Karls d. Großen (* 839) Auflösung d. einheitl. Frankenreichs Odo von Paris (Kapetinger), Kg. von Frankreich bis 898 (†); wird von Karl III. (d. Einfältigen) bekämpft, der ab 893 Gegenkönig wird Hochburgund (Westschweiz) wird selbständ. Kgr. (Niederburgund [Arelat] seit 879 Kgr. Beide 934 zum Königreich Burgund vereinigt) Osnabrück Marktort mit Zoll und Münze (seit ~ 783 Bistum; wird 1082 befestigt) Bremen erhält Marktrecht	≈ Thjodolf: „Ynglinga tal" u. Thorbjorn: „Haralds-mal" (Skalden-Lobgedichte am Hofe Harald Haarfagrs)	

Karolingische Kunst	Kirchentonarten Zweistimmigkeit	Arabische Wissenschaft	
~ Ibu-Tulun-Moschee in Kairo (erbaut seit 876)			
			Der Begriff „Lehen" erstmals erwähnt (in Cluny)
Westwerk der Abtei Corvey/Weser (Kirche 844) geweiht (vgl. 822) ~ „Skylla im Kampf mit Odysseus" (Wandmalerei im Johannischor der Klosterkirche in Corvey; antikes Vorbild vermutet)		*Ibn Chordadhbeh* (* ~ 820, † ~ 912, Postmeister): „Buch der Wege und Länder" (arab. Erdkunde Vorderasiens)	
		† *Abu Ma'schar*, arab. Astrologe (seine Werke werden i. 15. Jhdt. ins Lateinische übers.)	
~ Tragaltar des Kgs. *Arnulf*			

	Fujiwara-Zeit in Japan	Lateinische Mönchsdichtung	Frühscholastik Schulen in England
889			† *Ibn Koteiba*, arab. Gelehrter; schrieb eine schöngeistige Enzyklopädie, ein „Handbuch der Geschichte", ein Buch über arab. Poesie und ein „Stilistisches Handbuch" (* 828)
890		~ † *Ratpert*, Vorsteher d. Klosterschule zu St. Gallen; schrieb dt. „Lobgesang auf d. heiligen Gallus" und lat. Hymnen	
894	† *Swatopluk*, Kg. eines großmährischen Reiches seit 869. Unter seinen Söhnen zerfällt sein Reich 906		
895	Unter dem Großfürst. *Apad* dringen die Magyaren, von den türk. Petschenegen aus Südrußland vertrieben, in Ungarn ein Die *Fujiwara*-Familie übernimmt in Japan die Regierungsgewalt bis 1192; in dieser „*Fujiwara-Zeit*" relat. friedliche Kulturblüte Japan distanziert sich vorübergehend vom politisch schwachen China (parallel geht kulturelle Emanzipation)		
898	*Karl III.* (der Einfältige) Kg. v. Frankr. bis 929 (†) (war seit 893 Gegenkg. gegen Kg. *Odo*); setzt sich gegen den Adel nicht durch (gerät 923 in Gefangenschaft)		
899	† *Arnulf* v. Kärnten, röm.-dt. Kaiser seit 887; kämpfte erfolglos mit den Ungarn gegen Slawenstaat in Mähren, schlug 891 Normannen bei Löwen, unternahm zwei Italienzüge (* ~ 850) Der von *Karl d. Gr.* gegrdt. Reichshof Dortmund urkundlich erwähnt † Kg. *Alfred d. Gr.* von England (* 849)		*Alfred d. Gr.* (†) förderte Schulwesen, Übersetzungen aus d. Latein, Gesetzessammlung in England

Japanische Kunst	Kirchentonarten Zweistimmigkeit	Arabische Wissenschaft	
~ Bayon-Tempel in Angkor-Thom (Kambodscha, Indochina) mit zahlr. religiös. u. höfischen Reliefplastiken (Türme mit nach d. vier Himmelsrichtg. blickenden Gesichtern Brahmas)	~ *Regino* (* ~ 850, † 915); Abt. d. Klosters Prüm (Eifel): „De harmonica institutione" (lat. Schrift über Kirchengesang)		
≈ *Kose no Kanaoka*, japan. Maler am Hofe zu Heian (angebl. bedeutender Meister weltl. Malerei, kein Werk erhalten) ~ Erste bildl. Darstellung von Shinto-Gottheiten in Japan (z. B. Holzplastik eines sagenhaften Tennos als Kriegsgott; Beginn der zunehmend stärkeren national-japan. Durchdringung der übernommenen chines. Kultur)	*Ratpert* (†) schrieb lat. Hymnen		
Beginn der *Fujiwara*-Kultur in Japan			

	Zerfall des Karolingischen Reiches	Altisländische Literatur / Lat. Mönchsdichtung	Frühscholastik
900	*Ludwig IV.* (das Kind) dt. Kg. unter Vormundschaft Erzbischof *Hattos* von Mainz und Bischof *Salomos* von Konstanz bis 911 (†, * 893) ~ Unter *Alfons III.* v. Kastilien (Kg. 866—909) beginnt die christl. Wiedereroberung (Reconquista) Spaniens (vgl. 1492) ≈ Die Herzöge von Sachsen erlangen Oberhoheit über Thüringen ≈ Böhmische Burg Wrotizlav (das spätere Breslau) gegründet ≈ Östlich der Elbe gibt es vom 7. Jh. an eine friedliche Koexistenz v. Germanen und Slawen ≈ Während das *Karolingische* Reich zerfällt, wird die Herrschaft in Italien von verschiedenen Fürsten umkämpft. Ital. Raubzüge der Araber und Magyaren ~ Die Grafen d. Spanischen Mark Frankens machen sich selbst.; es entstehen Kgr. León (Asturien mit Grenzgebiet Kastilien), Kgr. Navarra und Barcelona ~ Neben den Königreichen Burgund entsteht das frz. Hzgt. Burgund (Bourgogne) Erste Ungarneinfälle in Bayern ≈ Maya geben ihr weites Siedlungsgebiet im tropischen Tiefland Mexikos plötzlich auf und wandern zur Halbinsel Yucatán	~ *Notker Balbulus*, Mönch in St. Gallen, führt (lat.) Sequenzen in die Meßliturgie ein (vgl. 912 Musik) und schreibt „Gesta Caroli Magni"(„Taten Karls d. Gr.", Erzählungsbuch) ~ „Eulalialied" (ältestes erhalt. frz. Gedicht) ≈ In der Klosterdichtung findet sich auch die Gattung des Schwankes ≈ Isländische vorchristl. Skaldenkunst an norweg. Königshöfen ≈ Die arabische Märchensammlung „Tausendundeine Nacht" beginnt zu entstehen (indische und persische Einfl.; heutige Form entsteht i. 16./17. Jhdt. in Ägypten)	~ *Abû Tabari* (* 838, † 923; Gelehrter in Bagdad): „Teffir" (arab. Zusammenfassung d. Koran-Kommentare) ≈ In Deutschland unterstehen die Juden als Religions- u. Landfremde direkt den Fürsten (z. B. als kaiserl. Kammerknechte), was diese in den folgenden Jhdten. häufig zur Durchführung v. Geldgeschäften benutzen, die dem Christen verboten sind (Zinserhebung)
901	*Ludwig III.* (d. Blinde) röm. Kaiser, seit 900 Kg. v. Italien († 905, geblendet)		

Spätbyzantische u. ostasiatische Kunst	Musik in St. Gallen	Galenische Medizin	
≈ Mönch *Tutilo* wirkt in St. Gallen als Baumeister, Elfenbeinschnitzer, Dichter und Musiker (Tropen) († ~ 909)	≈ „Musica enchiriadis", Musiktraktat nördl. der Alpen mit zweistimmig notierten liturg. Gesängen (Organum)	≈ Die angebl. von *Gabir ibn Haiyan* („Geber") stammenden alchimist. Schriftenentstehen bei den schiitischen Ismailiten (östl. Mohammedanersekte)	≈ Höhenburgen werden befestigte Wohnsitze des europ. Adels
≈ Flache Holzdecken in den Kirchenschiffen (in der Hochromanik d 12. bis 13. Jhdts. erscheinen das Tonnen- und Kreuzgewölbe)			≈ Arabische Kleidung für Männer: Schenkelschurz u. halbkreisförmiger Mantel. Daneben sackartiger Mantel mit Arm- und Kopflöchern. Ledersandalen; für Frauen: Langes Hemd u. viereckiger Überwurf. Schleier
≈ Nordische Osebergkunst, gekennzeichn. durch d. Königingrab mit Wikingerschiff b. Oseberg (bei Oslo) m. Geräten, Wagen, Schlitten; geschnitzte Tier- und Flechtbandornamente	~ Beginnende Mehrstimmigkeit in der frz. Kirchenmusik	~ Der arabische Arzt *Rhases* nennt fast dieselben ansteckenden Krankheiten wie *Galenus* (~ 200): Pest, Auszehrung, Tollwut, bestimmte Augenkrankheiten und Pocken, deren Krankheitsbild er beschreibt	
≈ Die byzant. Zellenschmelz-Malerei greift auf d. Abendland über (farb. Glas-Schmelzmasse in Zellen aus Goldstegen)	~ Notenlinien f. d. Neumen-Tonschrift werden eingeführt		
≈ Aus spätgriech.-byzant. Elementen (Akanthus, Palmetten) baut sich die Ornamentik d. Islam auf („Arabesken", z. T. angewandt in Form der „unendlichen Fortsetzung")	≈ Blüte d. geistlichen Musik i. St. Gallen; u. a. „Tropen" als Textparaphrasen unter den koloraturhaften Ausschmückungen des „Kyrie eleison" (vgl. 912)		
~ Landschaftsbilder des chines. Malers *Ching Hao* (* ~ 855, † 915) leiten ein Jahrhundert starker Entwicklung dieser Kunstgattung in China ein		≈ Grdg. d. medizinischen Schule v. Salerno unter Einfluß des Benediktinerordens als abgeschlossene Gilde vonLaien- u. geistl. Ärzten; Überliefg. d. hippokratischen u. galenischen Medizin (blüht bis ~ 1400, Höhepunkt im 12. Jhdt.)	
≈ Die buddhist. Tempel in Nara, der Hauptstadt Japans bis 794, werden mehr und mehr zu einer Sammelstätte japan.-buddhist. Kunst			
≈ Brahmanischer Lingaraja-Tempel bei Bhubanesvara in d. ind. Prov. Orissa am Beng. Golf (kuppelartige Tempeltürme mit die Architektur unterstreichenden Skulpturen		≈ Hoher Stand d. Schiffbaus bei den skand. Wikingern: (hochseefeste Kielboote im Klinkerbau, etwa 3 m breit, 25 m lang, für Ruder u. Segel)	
≈ Ind. Höhlentempel auf d. Elephanta-Insel bei Bombay; reliefartige Monumentalplastiken			
≈ Dschaina-Felsen-Tempel zu Ellora (Westvorderindien), teilweise als Freibau aus dem Felsen herausgearbeitet, mit Skulpturen		~ Normannenentdecken Grönland Papierherstellung gelangt nach Kairo	

Deutsches Wahlkönigtum · Normandie

904		
905	* *Konstantin VII.*, byzant. Kaiser von 912 bis 959 (†)	
907	Ungarn vernichten, nach Westen vordringend, d. großmährische Reich (entstanden im Anfang des 9. Jhdts.; Ungarn unternehmen in d. Folgezeit Beutezüge n. Deutschl. u. Oberitalien)	Preßburg erwähnt; dort unterliegen die Bayern geg. die Ungarn u. verlieren Pannonien Politische Schwäche Chinas (bis zum Beginn der *Sung*-Dynastie 960 herrschen 5 Dynastien)
910	Herrschaft des mohammedanischen Fürstengeschlechtes der *Fatimiden* (n. *Mohammeds* jgst. Tochter *Fatima*) in	Nordafrika, später in Ägypten u. Syrien (bis 1171)
911	Frankenherzog *Konrad I.* nach Aussterben der *Karolinger* zum Kg. von Ostfranken gewählt, erster dt. Wahlkönig, bis 918 (†). Seitdem selbständige Entwicklung Deutschlands, wo sich die Stämme der Franken, Sachsen, Schwaben, Bayern, Thüringer zusammenschließen	Der Normanne *Rollo* erhält nach zahlr. Raubzügen geg. Nordfrankr. von *Karl d. Einfältigen* d. Seinemündung (Normandie) als Lehen und seine Tochter *Gisela* zur Frau; *Rollo* wird Christ u. regiert als Hzg. *Robert I.* († 933). Rouen wird Hauptstadt d. Normandie Fürst *Oleg* v. Kiew schließt m. Byzanz einen Handelsvertrag
912	* *Otto I.* (d. Gr.), dt. Kg. u. Kaiser von 936 bis 973 (†) *Konstantin VII.* Kaiser von Byzanz bis 959 (†)	

Jap. Kaiserdichter	Tiefstand des Papsttums	Sequenzen	
~ Ibn Doreid (* 837, † 933, Bagdad): „Genealogisch-etymologisches Handbuch" (arab. Wörterbuch mit Wortgeschichte)	Sergius III. Papst bis 911; seine Geliebte Marozia wird Mutter u. Großmutter zweier Päpste u. beherrscht Rom u. Kirchenstaat		
~ In Japan beginnen amtliche kaiserl. Gedichtsammlungen zu erscheinen (meist i. d. sog. „Tanka"-Form mit 31 Silben). Die erste Sammlung „Kokinshu" gibt *Tsuraguki* heraus			
	Benediktinerabtei Cluny gegrdt. (Ausgangsort kirchl. Reformbewegung i. 11. Jhdt.)		
		† Notker Balbulus, Mönch i. St. Gallen (* ~ 840) schrieb Sequenzen, d. h. Texte f. d. langen Schlußkoloraturen d. Hallelujas, die bisher auf einem Wort gesungen wurden; bekannteste Sequenz „Media vita in morte sumus" („Mitten im Leben sind wir	vom Tode umfangen"). (Die Herkunft der Sequenz aus St. Gallen ist umstritten: Sie wird auch direkt auf das orientalische Alleluja zurückgeführt, das durch syro-palästinensische Emigranten nach Europa kam)

	"Deutschland" Altbulgarisches Reich	Arabische Literatur	Tiefstand des Papsttums
914			*Theodora*, Gattin eines röm. Konsuls, erhebt ihren früheren Geliebten z. Papst *Johann X*. Sie ist d. Mutter v. *Marozia* (vgl. 904). Der Einfluß dieser Frauen bedeutet moral. Tiefstand d. Papsttums: „Pornokratie"
915		* *Mutanabi*, arab. Dichter († 965)	
916	Die Vereinigung mongolischer Reiterstämme in d. Mandschurei führt zum Reich d. *K'i-tan*, das Nordchina erobert, u. 937 zur *Liao*-Dynastie (ihre nordchin. Herrschaft wird 1115 bis 1123 von den *Kin*, d. Vorfahren d. *Mandschu*, beseitigt)		
917	*Simeon* v. Bulgarien (890—927) nimmt d. Titel „Zar d. Bulgaren u. Griechen" an; grdt. selbst. bulg. Patriarchat (bulg. Kirche unterstand seit 870 d. Patriarchen v. Konstantinopel). Höhepunkt der Macht des altbulg. Reiches	≈ Blüte der altbulgarischen Literatur	~ Bulgarische Kirche wird selbständig
918	† *Konrad I.*, dt. Kg. seit 911; konnte Macht der Stammesherzöge nicht brechen		
919	*Heinrich I.* dt. Kg. (erster sächs. Herrscher) bis 936 (†); gilt als Gründer des Dt. Reiches. Sächsische Kaiser auf dem dt. Thron bis 1024		
920	Der Name „Regnum teutonicum" als einheitl. Bezeichnung für die 5 dt. Stämme urkundlich erstmalig erwähnt		
921	*Wenzel I.* (d. Heilige) Hzg. v. Böhmen unter Vormundschaft seiner Großmutter *Ludmilla* bis 929 (†, von seinem Bruder *Boleslaw* ermordet, * ~ 910); fördert Ausbreitung d. Christentums		
922	Kg. *Heinrich I.* grdt. Goslar *Robert I.* von Francien *(Kapetinger)* Kg. v. Frankr. bis 923 (†), als Gegenkönig gegen *Karl III.* (den Einfältigen)		

🎨 Abteikirche Cluny	🎵 Frühe Mehrstimmigkeit	🦉 Arabische Wissenschaft	🎩
		~ Abû Tabari: „Annalen" (arab. Geschichte bis 914)	
Abteikirche in Cluny geweiht (Basilika mit Tonnengewölbe)			
~ Kaiserpfalz zu Werla			
			Arab. Gesandtschaftsreise nach Rußland
~ Muiredach-Kreuz (frühchristl. Bildhauerarbeit auf d. Monasterboice-Friedhof, Irland)			

421

Heinrich I. · Kalifat Cordoba

923	*Rudolf von Burgund* Kg. v. Frankr. bis 936 (†), zunächst als Gegenkönig gegen *Karl III.* (den Einfältigen)	
924	Dritte bulgar. Belagerung v. Konstantinopel abgewehrt (1. u. 2. 913 u. 922)	
925	Kg. *Heinrich I.* erobert Lothringen Mit Lothringen kommt Trier an das Dt. Reich Elsaß mit dem Hzgt. Schwaben vereinigt Kgr. León entsteht aus Kgr. Asturien (1037 an Kastilien)	
928	Kg. *Heinrich I.* erobert das slaw. Brennabor (Brandenburg)	
929	*Heinrich I.* unterwirft Böhmen und Slawen östlich der Elbe Burg Meißen gegrdt. (Kern d. späteren kursächs. Staates; vgl. 1423; 1089 werden *Wettiner* Markgrafen v. Meißen; wird 968 Bistum)	Zürich als Stadt genannt (war d. kelt.-röm. Siedlung Turicum) Das arab. Cordoba-Reich in Spanien wird Kalifat: unter ihm hohe wirtschaftl. u. kulturelle Blüte mit starker Beteiligung d. Juden
930	Grdg. d. Allthings auf Island (regelmäßige Volksversammlungen im Juli, als höchste staatl. Instanz)	
931	∼ * *Adelheid* (die Heilige), dt. Kaiserin († 999)	
933	*Heinrich I.* besiegt die Ungarn an der Unstrut, nachdem er das Land gegen sie befestigt hatte	† *Harald I. Haarfagr*, König von Norwegen seit 860 bis 930
934	Kgr. Burgund bildet sich aus den Königreichen Nieder- (seit 879) und Hochburgund (seit 888)	Herzogtum Schleswig von Dänemark an das Deutsche Reich (bis 1026)
935	∼ Algier von Arabern gegründet Kalifen und ihre Statthalter wieder Herrscher in Ägypten (bis 969, seit 868 herrschte die von den Kalifen unabhängige türkische *Tuluniden*-Dynastie) Islamisch-schiitische *Bujiden*-Dynastie in Vorderasien; erreicht 945 vom	Kalifen in Bagdad d. Titel „Fürst der Fürsten" (1055 durch d. Seldschuken beseitigt) Einheitliches koreanisches Reich, in kultureller und loser politischer Abhängigkeit von China (bleibt nach wie vor Ziel japan. Ausdehnungsversuche); Wang-Dynastie (bis 1392)

 *Altisländische Literatur* / *Lateinische Mönchsdichtung*	*Arabische Wissenschaft*	
	† *Rhases*, arab. hippokratisch-galenischer Mediziner; schrieb „Al-Hâvê" (medizin. Quellensammlung), „Buch der Medizin" (Abriß) u. eineSchrift über Blattern und Masern (* ~ 850)	
~ *Ekkehart I.* (Mönch in St. Gallen; * ~ 909, †973): „Waltharilied" (in lat. Hexametern) (nach neuerer Forschung wesentlich früher von einem westdt. Mönch nach Erzählungen von *Statius* und *Ovid* unter Verwendung dt. Namen gedichtet) ≈ Wechselgesang d. drei Marien u. d. Engel wird am Ostermorgen i. d. Kirchen vorgetragen (daraus entwickelt sich d. Osterspiel)		
	† *Al Battâni*, arab. Astronom am oberen Euphrat; beobachtete und berechnete Elemente d.	Sonnenbahn und Präzession, verbesserte trigon. Methoden, berechnete astron. Tafeln (* ~ 858)
	 Turnier unter *Heinrich I.* erwähnt (vgl. 1127, 1313, 1559)	
~ * *Roswitha von Gandersheim*, dt. Dichterin und Nonne († ~ 1000)		

	Otto der Große	Altisländische Literatur Lat. Mönchsdichtung	Frühscholastik
936	† *Heinrich I.*, Sachsenherzog., dt. Kg. seit 919; gilt als Begründer d. Dt. Reiches (* 876) *Otto I.* (d. Gr.) dt. Kg. bis 973 (†) (Kaiserkrönung 962) *Ludwig IV.* (der „Überseeische", weil in England aufgewachsen) Kg. v. Frankr. bis 954 (†). Machtlos gegen Hzg. *Hugo d. Großen* von Francien	≈ In der Ottonischen Renaissance bricht die Überlieferung der deutschsprach. Dichtung ab (bis ≈ 1060)	*Otto d. Gr.* u. seine Mutter *Mathilde* grden. das reichsfürstl. Frauenstift Quedlinburg
937	*Liao*-Dynastie in Nordchina bis 1123 (vgl. 916)		
939	Araber verlieren Madrid an d. Kgr. León (ab 1083 dauernd unter christl. Herrschaft)	* *Firdausi*, pers. Ependichter († 1020)	
940	~ Markgraf *Gero* unterwirft die Wenden im Gebiet der Mark Brandenburg (befreien sich wieder 983)	~ „Ecbasis captivi" („Die Flucht des Gefangenen" i. lat. Hexametern; aus Toul, ältest. mittelalterl. Tierepos)	
941	Konstantinopel wehrt russischen Flottenangriff ab		
942			* *Eshin*, japan.-buddhist. Priester u. Begrd. d. Amidaismus († 1017)
946	~ Persische Bujiden werden Hausmeier der Kalifen von Bagdad (eroberten seit 932 Persien, herrschen bis 1055)	† *Tsuraguki*, jap. Dichter; gab 905 erste kaiserl. Gedichtsammlung „Kokinshu" heraus und schrieb fingiertes „Reisetagebuch einer Dame" (* 884)	
948		≈ *Egill Skallagrimssohn* bedeutendster vorchristl. Skalde Islands	Bistum Brandenburg gegründet

Ottonische und spätbyzantinische Kunst	Frühe Mehrstimmigkeit	Arabische Wissenschaft	
≈ Beginn der „Ottonischen Renaissance", bes. in Baukunst und Miniaturmalerei (bis ≈ 1000) Wiperti-Krypta in Quedlinburg (aus d. 9. Jhdt.) wird frühroman. umgebaut			
		* *Abû'l Wefâ*, arab. Mathematiker und Astronom a. Nordpersien († 998)	
Verkörperung d. Amida-Buddha mit Begleitern und Stiftern (chin. Seidengemälde, Forts. d. buddhist. Kunst d. *T'ang*-Zeit)		Russische Kriegsflotte vor Konstantinopel durch das explosive u. auf d. Wasser brennende „Griechische Feuer" vernichtet (erfunden 671)	Hungersnot in Europa (wiederholen sich im Mittelalter mehrmals im Jahrhundert)
Erster Kapellenkranz um Chorumgang (in Clermont)			

	Kg. Blauzahn von Dänemark	Altisländische Literatur Lat. Mönchsdichtung	Frühscholastik Arabische Philosophie
950	~ Dt. Kge. erlangen Lehnsoberhoheit über Böhmen ~ Harald Blaatand (Blauzahn), Sohn Gorms d. Alten, Kg. v. Dänemark bis ~ 986; tritt zum Christentum über	~ * Notker III. Labeo (Teutonicus), Lehrer u. Übersetzer in St. Gallen († 1022) ≈ In Japan entsteht als neue Prosaform d. Roman (Monogatari) in vielerlei Gestalt. Wird besonders von den Frauen gepflegt (vgl. Malerei 1147)	† Farabi, arab. Philos.; kommentierte griech. Philosophie, schrieb, durch Plato beeinflußt, „Musterstaat" (* ~ 870)
Im 10. Jahrhundert	Nimwegen (Niederlande) wird karoling. Pfalz (1248 an Grafen v. Geldern verpfändet) Ober- u. Mittel-Steiermark werden als „Kärntner Mark" vom Hzgt. Kärnten abgezweigt (kommt 1056 an Graf Otakar von Steyr) Tschechen einigen Slawenstämme Böhmens Wilna gegründet Warägische (normannische) Oberschicht in Rußland wird slawisiert Araber besiedeln Sansibar an d. Ostküste Afrikas (wird 1503 portug.) In Turkestan türk.-mohammed. Samaniden-Dynastie, kulturelle Blüte Tataren und Mongolen dringen vom Westen in China ein	„Georgslied" (älteste dt. Legende) Zwei „Merseburger Zaubersprüche", Stabreime i. Fuldaer Mundart (sollen zur Befreiung von Fesseln und Heilung von Pferdebeinen dienen) „Wachtendonksche Psalmen" (i. niederfränkischem Dialekt, aus dem sich bis ≈ 1200 die niederländ. Sprache entwickelt) Mysterien (geistliche Schauspiele) entstehen, beeinflußt durch die morgenländische Kirche, in England, Frankreich u. Deutschl. in lateinischer Sprache u. werden b. Gottesdienst durch Geistliche aufgeführt Altengl. Elegie als Ausgangspunkt der engl. Lyrik Die altisländische Sprache wird zur Trägerin der isländ. Literatur: Edda- und Skalden-Dichtung (Strophen mit Stabreim) Die persische Sprache tritt im islamischen Kulturbereich neben die arabische	Neue Blüte d. mitteleurop. Kloster- und Domschulen Zeit der sittenlosen Päpste; führt zu Reformbestrebungen (vgl. 1048) Dieses Jahrhund. gilt oft als das „dunkle" der abendl. Kulturgeschichte „Lautere Brüder" in Basra; arab. freisinniger Orden zur Versöhnung von Glauben und Wissen; verfassen eine Enzyklopädie

Ottonische und spätbyzantinische Kunst	Musikinstrumente nach Europa	Arabische Wissenschaft	
	~ *Abu'l Faradsch* (* 897, † 967): „Buch der Gesänge" (arab. Gesänge mit Angabe d. musikal. Begleitung)	~ *Ibn Junis*, arab. Astronom († ~ 1009) ≈ *Suidas* verf. griech. Wort- und Sachlexikon	≈ Große Urbarmachung in Europa (läßt Bevölkerung bis 1300 anwachsen)
Augsburger Dom entsteht Ältester Bau des Doms zu Minden (geweiht 952) (vgl. 1065) Kapelle Santa Maria bei Pontresina/Engadin Darstellung d. Abendmahls wird durchgeformt u. häufiger Blütezeit d. chin. Landschaftsmalerei (u. a. reine Landschaften in Tuschmalerei) Kunstakademien i. d. chin. Einzelstaaten Die indischen Tempel werden mehr und mehr mit Bildwerken erotischen Inhalts geschmückt Blüte d. koreanischen Töpferkunst (beeinfl. vom 17. Jh. ab Japan)	Die ≈ —200 in Alexandria erfundene Wasserorgel ist in d. europ. Klöstern verbreitet (d. im 8. Jhdt. von Byzanz übernommene Windorgel setzt sich nur langsam durch) Araber bringen Handpauke und Trompete n. Europa. Außerdem gelangen Dudelsack, Fiedel, Glockenspiel, Hackbrett, Horn, Monochord (Trumscheit) u. a. nach Europa	Glasfenster i. Kloster Tegernsee (in dt. Wohnhäusern erst im 14. Jhdt.) Steinerner Burgenbau beginnt (erreicht im 12. Jhdt. Höhepunkt) Abakus (Rechenbrett) in Europa benutzt (kommt ab 13. Jh. außer Gebrauch)	Schattenspiele in China erwähnt In Mitteleuropa wird das Holzriegel-Schloß durch kompliziertere Formen m. Schlüsseln abgelöst Der im 7. Jhdt. gegrdt. Nachrichtendienst im Reich d. Kalifen umfaßt nahezu 1000 Stationen Stadtbevölkerung i. Dtl. im 10. Jh. 2% v. 3 Mill. um 1400 8% v. 12 Mill. im 16. Jh. 10% v. 20 Mill.

Otto d. Große · Schlacht auf dem Lechfeld

951	Otto I. heiratet *Adelheid*, Tochter Kg. *Rudolfs II.* v. Burgund, Witwe Kg. *Lothars* v. Italien, nachdem er sie aus	der Gefangenschaft dessen Nachfolgers befreit hat
953	Erzbischof *Bruno I.* v. Köln (bis 965) erstmalig gleichzeitig Landesherr d. Gebietes Aufstand Herzog *Liudolfs* von Schwa-	ben gemeinsam mit seinem Schwager Herzog *Konrad* von Lothringen gegen seinen Vater *Otto I.*; verliert sein Herzogtum
954	~ Durch Unterwerfung mehrerer Aufstände (seit 938) bricht *Otto I.* die Macht der Stammesherzöge und stützt sich auf die von ihm eingesetzten geistlichen Fürsten	*Lothar* Kg. v. Frankr. bis 986 (†); versucht vergeblich Lothringen zu erobern
955	Der Sieg *Ottos d. Gr.* über die Ungarn in der Schlacht auf dem Lechfeld beendet 60jährige ungar. Beutezüge nach Deutschl., Ital. u. Frankr. mit Frauen- u. Kinderverschleppungen	Kg. *Otto I.* und Markgraf *Gero* werfen gr. Slawenaufstand nieder (Schlacht an der Recknitz) * *Otto II.*, röm. dt. Kaiser 973 bis 983 (†)
956		
959	Teilung Lothringens in Oberlothringen (heute Lothringen schlechthin) und Niederlothringen (heute Benelux und Rheinprovinz)	† *Konstantin VII.*, byzant. Kaiser seit 912; schrieb Geschichtswerke, ließ histor. u. literar. Enzyklopädien anlegen (* 905)
960	~ *Piasten*fürst *Mieczyslaw I.* erster historischer polnischer Herrscher (wird 963 durch Markgraf *Gero* Lehnsmann d. dt. Kgs.) *Sung*-Dynastie in China (bis 1279)	Einigung Chinas (außer dem Norden unter *Liao*-Dynastie der tungusischen *K'i-tan* [937 bis 1123], der *Sung* ab 1004 Tribute zahlt); Vollendung d. zentralen Beamtenherrschaft d. *T'ang*-Zeit
961	Byzanz erobert Kreta v. d. Arabern	

Persische Literatur	Frühscholastik	Ottonische und spätbyzantinische Kunst	
			Göttingen als Dorf neben Königspfalz Grone genannt (1202 Stadt)
† *Rûdagi*, erster bedtd. neupersischer Dichter			
~ * *Aelfric*, engl. Benediktinerabt u. Schriftsteller († ~ 1020)	*Johannes XII.* Papst bis 963 (* 937, † 964); stützt sich machtmäßig auf *Otto I.*, den er 962 zum Kaiser krönt		
			Die Salzquellen v. Lüneburg gewinnen Bedeutung; Lüneburg entsteht als Salinenstadt (es folgen Reichenhall 1163, Hallein 1177; erstes Gradierwerk 1579 i. Mannheim)
			~ Byzant. Sammelwerke über Verwaltung und Hofleben
~ *Konstantinos Kephalos:* „Anthologia palatina" (griech. Blütenlese alter Epigramme)		≈ In der *Sung*-Zeit Höhepunkt der chin. Töpferei mit Glasuren	
~ *Eyvind Skaldaspillir* († ~ 990): „Hakonarmal" (norw. Skaldendichtung auf Kg. *Hakon*)		Baubeginn d. Nonnenstiftskirche i. Gernrode (frühroman. Basilika mit Wandgliederung durch Stützenwechsel: abwechselnd Säule und Pfeiler durch Bögen verbunden) Kaiser *Li Yü* (* 937, † 978) beginnt seine Regierung in Nanking; fördert Malerei durch Zusammenschluß v. Malern zu einer Akademie	

	„Heiliges Römisches Reich Deutscher Nation"	Arabische Literatur	Magdeburg Erzbistum
962	Otto I. wird Kg. des langobardisch-ital. Reiches und läßt sich vom Papst zum Kaiser krönen. Beginn des „Heiligen Römischen Reiches Deutscher Nation" (Italien unter dt. Kaisern bis 1268)		Otto I. erlangt Herrschaft über den Kirchenstaat, der vorher v. röm. Adelsparteien beherrscht wurde ~ * Odilo, Abt von Cluny 994 bis 1048 (†)
963	Nikephoros II. Phokas, byzant. Kaiser bis 969 (†); heiratet Theophano, die Witwe seines Vorgängers, kämpft erfolgr. gegen Araber u. Bulgaren Markgraf Gero unterwirft die Lausitz Lützelburg kommt an Graf Siegfried, den Urahn des Hauses Luxemburg		Erste Klostergrdg. auf dem griech. Athos-Gebirge. (Die dortigen Klöster werden in den folgenden Jhdten. bedeutende Pflegestätten christl. Kultur)
964	≈ Neues Reich der Maya (erster Abschnitt bis ~ 1191; Städtebund um Mayapán 1104—1201)		
965	† Gero, seit 937 durch Otto I. zum Markgrafen eingesetzt; unterwarf die Slawen bis zur Oder Bremens Marktrecht erneuert (888 begründet) Byzanz entreißt Arabern Zypern (961 bereits Kreta)	* Lin Pu, chin. Dichter († 1026) † Mutanabi (ermordet), arab. Dichter; gab sich als Prophet aus, schrb. „Diwan" (289 Gedichte) (* 915)	
966	Michinaga Kaiser von Japan bis 1027 (†), Vater von 3 Kaiserinnen, Großvater von 4 Kaisern; Höhepunkt der Macht der Fujiwara-Familie		Der poln. Piasten-Fürst Mieczyslaw I. tritt zum Christentum über (968 Grdg. d. ersten poln. Bistums Posen)
968			Kaiser Otto I. stiftet auf der Synode zu Ravenna Erzbistum Magdeburg u. d. Bistümer Meißen, Merseburg u. Zeitz zur Bekehrung u. polit. Unterwerfung d. Slawen
969	Johannes I. Tzimiskes Kaiser von Byzanz bis 976 (†); gewinnt Donaugrenze zurück; erobert Kleinasien u. Syrien mit Antiochia v. d. Arabern zurück. Die Grenze d. Oström. Reiches ist wieder bis zum oberen Euphrat u. Tigris vorgeschoben Ägypten sondert sich unter dem selbständigen Fatimiden-Kalifat vom geschwächten islamischen Abbasiden-Reich ab (bis 1171)		

Chinesische Blumenmalerei	Frühe Mehrstimmigkeit	Arabische Wissenschaft	
~ *Hsü Hsi* an d. Akademie Nanking und *Huang Ch'üan* an d. Akademie Schu begründen Blüte d. chin. Blumenmalerei			
		~ * *Alhazen (Abu Ali Muhammed ben el Hasan)*, arab. Physiker († 1038)	
		Uhr mit Gewichtsantrieb	Salzwerk i. Lüneburg genannt
		~ *Widukind von Corvey* († ~ 1004): „Res gestae saxonicae" (Geschichte der Sachsen, in Nachahmung *Sallusts*)	Beginn d. Kupfer- und Silberbergbaus i. Rammelsberg b. Goslar (deckt bis z. 12. Jhdt. einen großen Teil des europ. Bedarfs)
~ Der fatimidische Stil in d. syr.-ägypt. Baukunst d. Islam (bis ~ 1170; u. a. Tierbilder auf Rankengrund)			

	Kaiserin Theophano · Otto II.	*Altisländische Literatur Lat. Mönchsdichtung*	*Frühscholastik*
970		~ *Roswitha von Gandersheim:* Legenden Theophilus u. Proterius, „Gallicanus" u. and. christl. Dramen	
971	Byzanz erobert d. ostbulgarische Reich an d. unteren Donau (gegründet 679; 969 hatten d. Russen auf Veranlassung Byzanz' Bulgarien besiegt; 1201 muß Byzanz ein neues bulg. Reich anerkennen)		
972	*Otto II.* (dt. Kaiser ab 973) heiratet in Rom die byzantinische Prinzessin *Theophano*. Capua und Benevent kommen unter dt. Herrschaft; Apulien, Kalabrien, Neapel u. Salerno bleiben bei Byzanz Großfürst *Geisa* von Ungarn (bis 997 [†]) läßt sich und seinen Sohn, den späteren Kg. *Stephan I.*, taufen (einigt die ungar. Stämme) Ostslaw. Stämme in Rußland geeint		*Wolfgang* (* ~ 924, † 994) Bischof von Regensburg (gründet n. d. Legende die 1194 urkundllich erwähnte Pfarrkirche am Wolfgangsee/Salzkammergut) Universität Kairo gegründet
973	† *Otto I.* (d. Große), dt. Kg. seit 936, röm.-dt. Kaiser seit 962; Stifter des „Heiligen Römischen Reiches Deutscher Nation", Italienzüge 951/2, 961/5 u. 966/72 (* 912) *Otto II.* röm.-dt. Kaiser bis 983 (†) (Kaiserkrönung schon 967); kämpft erfolgreich gegen Bayern und Frankreich, unterliegt gegen Araber in Süditalien * *Heinrich II.* (der Heilige), röm.-dt. Kaiser v. 1002 bis 1024 (†)		≈ Brahmanismus verdrängt Buddhismus in Indien
975	Weimar als Burg genannt (≈ 1250 Stadt) ~ Mark Schleswig von *Otto II.* gegründet (1026 an Dänemark)		Erzbischof v. Mainz erhält d. „Primas"-Ehrentitel (wird später bedeutungslos, da ihn auch die Erzbischöfe v. Trier [1016], Salzburg [1026], Köln [1052] erhalten) Bistum Prag gegrdt. (1344 Erzbistum)

Ottonische und spätbyzantinische Kunst	Frühe Mehrstimmigkeit	Arabische Wissenschaft	
~ „Gerokreuz" (realist. Plastik d. Gekreuzigten d. „Ottonischen Renaissance", im Kölner Dom) ~ Ottonische Buchmalerei d. Reichenau-Schule (bis ~ 1030): *Gero*-Codex (~ 970), *Egbert*-Codex (~ 980), Evangeliar *Ottos III.* (~ 1000), Perikopenbuch *Heinrichs II.* (~ 1016) u. anderes. El Azhar-Moschee in Kairo gegrdt.		~ *Abû'l Wefâ*, Astronom an der Sternwarte zu Bagdad, fördert Trigonometrie durch Einführung d. Tangens und Aufstellung von Sinus- u. Tangens-Tafeln	
Gr. Moschee in Cordoba (Baubeginn 785 im maurischen Stil)			
Durch d. Vermählung v. Kaiser *Otto II.* mit der byzant. Prinzessin *Theophano* gewinnt das dt. Kunstgewerbe reiche Anregungen aus Byzanz (bes. Goldschmiedearbeiten im Kloster St. Maximin b. Trier: Andreastragaltar u. Echternacher Codex, mit Elfenbeinschnitzerei, Goldfiligran mit Edelsteinen, Email, Zellenverglasung, flache Treibarbeiten)			
≈ In der ottonischen Kunst und an den Hochkreuzen Irlands beginnt man den Sündenfall Adam und Evas unter dem Kruzifix darzustellen (Motiv des Christus als „Zweiter Adam")		* *Beruni*, arab. Historiker († 1048)	
~ Benedictionale für Bischof *Aethelwold* von Winchester (engl. Bildhandschrift)			~ Kaiser gibt das Braurecht an die Kirche zu Lüttich

	Babenberger in Österreich Slawenaufstand	Altisländische Literatur	Arabische Philosophie
976	Kaiser *Otto II.* besiegt den aufständ. Hzg. *Heinrich d. Zänker* von Bayern. Verkleinerung Bayerns durch Abtrennung d. Hzgts. Kärnten mit Mark und Stadt Verona und Bildung einer Nordmark (nördl. v. Regensburg). (Kärnten seit 8. Jhdt. bei Bayern, ab 1286 zu Tirol) Mit *Leopold I.* werden die *Babenberger* Markgrafen von Österreich (sterben 1246 aus) *Basilios II.*, Kg. von Byzanz bis 1025 (†)		≈ Blüte d. arabischen Philosophie in Spanien
979	Durch einen Feldzug bis vor Paris verhindert Kaiser *Otto II.* die Eroberung Lothringens durch Frankreich (der Kaiser war 978 in Aachen durch Kg. *Lothar* v. Frankreich angegriffen worden)		
980	* *Otto III.*, röm.-dt. Kaiser 983 bis 1002 (†) *Wladimir* (d. Heilige) siegt gegen seine Brüder u. wird Herrscher d. Fürstentums Kiew bis 1015 (†) Gründung d. slaw. Siedlung Julin (später Wollin; 1277 Lübisches Recht; wird oft von den Wikingern heimgesucht u. Anlaß zur Vineta-Sage) Dänen beg. England zu erobern		* ∼ *Ekkehart IV.*, Mönch in St. Gallen und Mainz († ∼ 1061)
982	Niederlage Kaiser *Ottos II.* im Kampf gegen Sarazenen und Byzantiner in Unteritalien (Sarazenen dringen bis zu den Alpenpässen vor)		
983	† *Otto II.*, röm.-dt. Kaiser seit 973 (* 955) *Otto III.* röm.-dt. Kaiser bis 1002 (†) (Kaiserkrönung 996); versucht die „Erneuerung des Römischen Reiches" im christlichen Geist. Die Regentschaft für *Otto III.* führen seine Mutter *Theophano* bis 991 (†), dann seine Großmutter *Adelheid* u. Erzbischof *Willegis* von Mainz (bis 995) Aufstand der Slawen östlich der Elbe beseitigt größten Teil der dt. Eroberungen Südostholstein (Wagrien) kommt an die slaw. Obotritenfürsten in Stargard (1139 zu Holst.)		*Otto II.* (†) förderte Gelehrsamkeit und Bildung, unter ihm Verfeinerung der Hofhaltung

Markuskirche · Mainzer Dom	Frühe Mehrstimmigkeit	Arabische Wissenschaft	
Baubeginn der Markuskirche in Venedig (fünfkuppliger Bau, bes. i. 11. Jhdt. n. oriental. Vorbild umgebaut; vgl. 1094) ≈ Höhepunkt d. arab. Kultur i. Spanien: Blüte von Kunst, Baukunst, Wissenschaft (Akademien, Bibliotheken), Philosophie unter starker Beteiligung d. Juden; Handel, Gewerbe, Ackerbau		≈ Blüte der arab. Wissenschaft in Spanien	
~ Goldene Statue der heil. Fides in der Abteikirche von Conques/Südfrankr. (gilt als eines der ältesten mittelalt. Kultbilder) ·			
~ Baubeginn des Mainzer Doms (zunächst romanisch; Weiterbau bis ins 19. Jhdt.) 2. Klosterkirche in Cluny (wird zum Vorbild benediktin. Kirchen im 11./12. Jh.) ~ Westbau von St. Pantaleon, Köln (vollendet 1175—1220)	~ Orgel mit 400 Pfeifen im englischen Kloster Winchester	* *Avicenna (Ibn Sina)*, arab. Arzt und Aristoteliker († 1037)	
		Chinesische Enzyklopädie fertiggestellt (1000 Bücher seit 977)	

	Otto III. Kapetinger in Frankreich	Japanische Literatur Latein. Mönchsdichtung	Frühscholastik
984			
985			Chorherrenstift Melk von *Leopold I. v. Babenberg* gegrdt. (1089 in Benediktinerkloster umgewandelt)
986	*Ludwig V.* (der Faule) Kg. v. Frankr. bis 987 (†)		
987	*Hugo Capet* Kg. v. Frankr. bis 996 (†). (*Kapetinger* auf dem frz. Thron bis 1328; dann folgt Haus *Valois*)		
988			Hilfs- u. Ehevertrag des Fürsten *Wladimir* (d. Heiligen) v. Kiew mit Byzanz, worin *Wladimir* sich verpflichtet, mit seinem Staat zum Christentum überzutreten. Kiew wird zum Zentrum Rußlands
990	~ * *Konrad II.* (der *Salier*), dt. Kg. von 1024 bis 1039 (†)	† *Ekkehart II.* (*Palatinus*), Mönch in St. Gallen und Lehrer der Herzogin *Hadwig* von Schwaben (Held des gleichnamigen Romans von *Scheffel*) ~ „Ise-monogatari" (japan. romanhafte Lebensgeschichte eines Prinzen, mit zahlr. Gedichten; regt stark die bildende Kunst an)	
993			† Erzbischof *Egbert* von Trier, 976 bis 977 Kanzler *Ottos II.*; förderte Wiederaufbau d. durch die Normannen zerstörten Kirchen u. die kirchliche Kleinkunst einschl. Buchmalerei (z. B. „Codex Egberti")

Ottonische und spätbyzantinische Kunst	*Frühe Mehrstimmigkeit*	*Grönland*	
		Der Normanne *Erik der Rote* benennt Grönland (d. h. „Grünland") u. besiedelt Westküste (~ 900 entdeckt; vgl. 996)	
~ An der Nanking-Akademie wirken der chin. Landschaftsmaler *Tung Yüan* und sein Schüler, der Mönch *Chü-jan;* erste „Stimmungslandschaften"			
Bernward († 1022) wird Bischof von Hildesheim und fördert dort nachhaltig die Kunst, z. B. St. Michaelskirche			

	Otto III. König Stephan I. von Ungarn	Altisländische Literatur Latein. Mönchsdichtung	Frühscholastik
994	Olof Skötkonung Kg. v. Schweden bis 1022; nimmt das Christentum an (das ~ 831 nach Schweden kam) Herzog v. Polen erobert Pommern		Kloster Monte Cassino von den Arabern zerstört (Neubau 1066)
995	Olaf I. Trygvesson Kg. v. Norwegen bis 1000 (†); früher Wikingerhäuptl., wurde 994 in England Christ ~ *Knut (der Große), dän. Kg. in einem nordeurop. Großreich von 1018 bis 1035 (†)		
996	Kaiserkrönung Ottos III. in Rom durch den dt. Papst Gregor V. Robert II. (der Fromme) Kg. v. Frankr. bis 1031 (†); heiratet 1000 die ehrgeizige Constance von Arles Der röm. Patrizier Joh. Cresentius, (998 hingerichtet) Herrscher in Rom seit 985, unterwirft sich Kaiser Otto III., setzt dann aber Gegenpapst ein Bayr. Ostmark wird „Ostarrichi" genannt ~ Isländische Siedler kommen in das ~ 900 entdeckte Grönland. (Ihre Kolonie geht ab 14. Jh. wohl durch Klimaverschlechterung ein)		Gregor V. (*972,†999, erster dt.) Papst bis 999; krönt Otto III.
997	Stephan I. (d. Heilige) Kg. v. Ungarn bis 1038 (†, * ~ 975); erhält 1001 vom Papst d. Titel eines apostol. Kgs.		
998			
999	† Adelheid (Die Heilige), dt. Kaiserin, seit 951 Gattin Ottos I., 991—995 Regentin für Otto III. (* ~ 931) Bischof erhält d. Gerichtsbarkeit über die Siedlung Passau Polen erobern Schlesien (vgl. 1025)		Kaiser Otto III. macht Erzbischof Gerbert v. Reims zum Papst Sylvester II. (bis 1003); dieser Papst beschäftigt sich mit Mathematik, Astronomie, Musik. Otto plant von Rom aus christl. Universalstaat zu regieren

Chinesische Landschaftsmalerei	Frühe Mehrstimmigkeit	Arabische Wissenschaft	
Der chines. Landschaftsmaler *Yen Wen-Kuei* (* 967, † 1044) wirkt an der Maler-Akademie des 2. Kaisers der *Sung*-Dynastie *T'ai-tsung* (976 bis 998)	~ * *Guido von Arezzo*, frz. Musiker († ~ 1050)		
		Sonnenuhr für Magdeburg	Rohrzucker kommt aus Alexandria n. Venedig (Arabern ist Zuckerraffinade schon bekannt)
St. Martin in Tours grundlegend umgebaut (bis 1015)			Krönungsmantel Kg. *Stephans I.* v. Ungarn mit Goldstickerei (ältest. erhaltene mittelalterl. Stickerei)
		† *Abû'l Wefâ*, arab. Mathematiker und Astronom a. Nordpersien; förderte Trigonometrie u. schrieb eine „Astronomie" (* 940)	

	Dänen besiegen Norwegen Altamerikanische Reiche	Japanische Literatur Latein. Mönchsdichtung	Frühscholastik Reichenau
1000	≈ Vereinigung Böhmens und Mährens Kg. *Olaf I. Trygvesson* v. Norwegen (seit 995) wird in d. Schlacht bei Svolder getötet. Norwegen kommt unter dän. Oberhoheit Kaiser *Otto III.* anerkennt Unabhängigkeit Polens ~ Fürstengeschlecht d. *Piasten* beginnt in Polen zu herrschen (stirbt 1370 aus; angebl. poln.-bäuerl. Herkunft) ≈ Venedig erlangt Herrschaft über dalmatinische Küste und beherrscht das Adriatische Meer ~ Der südind. Kg. *Rajaraja* aus der *Chola*-Dynastie erobert Ceylon (die *Chola*-Dyn. herrscht in Südindien vom 9.—12. Jhdt.) ≈ Am Ende der Tiahuanaco-Kultur dehnt sich diese vom Andenhochland (Perus) auf die Küste aus Bauernaufstand i. d. Normandie blutig unterdrückt	~ † (nach ~975) *Roswitha von Gandersheim*, dt. Dichterin u. Nonne, schrieb lat. Heiligenlegenden, Schauspiele, Gedichte (*~ 935) ≈ „Freisinger Denkmäler" (ältest. slowenischer Text [Predigt, Beichtformeln]; im Kloster Freising aufbewahrt; bis zur Reformation fehlt weitere slowen. Literatur) ~ „Leodegarlied" u. „Passion Christi" in altfrz. Sprache ≈ Fragment über *Boëtius* (ältest. Denkmal d. provenzalisch. Dichtung) ≈ Die skandinavischen Runensteine des 9. bis 12. Jhdts. zeigen meist nur kurze Inschriften mit dem Namen des Schreibers und dem des Geehrten (der umfang- und inhaltsreichste ist mit 700 Runen, darunter Geheimrunen, der Stein von Rök in Östergötland mit teilweise unklarer Schilderung v. Kämpfen) ~ Die japanische Hofdame *Shonagon* schreibt die satirischen „Kopfkissen-Skizzenhefte" ~ „Tagebuch einer Eintagsfliege" (Dichtung einer japanischen Frau) ~ Romanartiger Novellenzyklus einer jap. Hofdame für die Kaiserin („Genji-monogatari", Liebesabenteuer d. Prinzen Genji)	Begriffsrealismus in der Frühscholastik; „Ich glaube, damit ich erkenne" ~ * *Berengar von Tours*, franz. Scholastiker († 1088) Einschließlich Papst *Sylvester II.* (999 bis 1003) gab es seit Christi Geburt etwa 153 Päpste mit einer durchschnittl. Regierungszeit von etwa 6 bis 7 Jahren (demgegenüber regiert d. dt. Kaiser durchschnittlich ca. 20 Jahre) Kaiser *Otto III.* stiftet polnisches Erzbistum Gnesen (bis 1320 Krönungsstadt d. poln. Könige) Breslau wird Bischofssitz ≈ Kloster Einsiedeln gegründet. (Späterer Bau 1735) ~ Kg. *Stephan I.* (d. Heilige) von Ungarn grdt. Kloster Gran ~ In Island wird Christentum Staatsreligion ~ Christentum kommt nach Grönland ≈ Das Kloster Reichenau ist maßgebend auf theologischem, künstlerischem, historischem, juristischem Gebiet (etwa vom 9. bis 11. Jhdt.). Erwirbt umfangr. Grundbesitz ~ Worms wird bischöfliche Stadt (seit 4. Jhdt. Bischofssitz, ~ 1200 befreien sich d. Bürger) Klöster werden dem Papst unterstellt (statt Bischof)

Frühromanische Wandbilder Reichenauer Buchmalerei	*Frühe Mehrstimmigkeit*	*„Erste Entdeckung Amerikas"*	

∼ Bronzereliefs und -geräte aus der Werkstatt des Bischofs *Bernward* von Hildesheim (* ∼ 960, † 1022)
≈ Romanik d. europ. Kunst, in Frankreich bis ∼ 1140 (vgl. 1137) in Deutschland, Italien bis ≈ 1250, in England (normann. Stil) bis ≈ 1170 (vgl. 1075)
≈ Umbau d. Stiftskirche St. Georg in Reichenau-Oberzell (im 10./11. Jhdt., urspr. Bau stammt aus dem 9. Jhdt.)
∼ „Wunder Christi" u. „Jüngstes Gericht" (früheste roman. Wandmalereien in der Stiftskirche St. Georg in Oberzell auf Reichenau)
∼ Reichenauer Schule der Buchmalerei (flächenhafte, stark bewegte Darstellungen in lebhaften Farben, u. a. Codex *Egberti*, Evangeliar *Ottos III.*, Perikopenbuch *Heinrichs II.*)
∼ Abendländisch-christl. Engeltyp (i. Evangeliar *Heinrichs II.*)
≈ Aufkommen der Glasmalerei in Reims und Tegernsee
≈ Die dt. frühroman. Buchmalerei ist stark symbolisch und unnaturalistisch
≈ Abtei St. Hilaire in Poitiers (wird berühmter Wallfahrtsort)
≈ San Pietro in Perugia (Basilika-Kirche mit teilw. antiken Säulen)
≈ Heiligen-Medaillons (byzantin. Goldzellenschmelzarb.: farb. Glasflüsse zw. erhöhten Goldstegen)
≈ Tuschmalerei „impressionistischer" Landschaftsbilder in China bildet sich aus
∼ Schiwa-Tempel in Prambanan (Java), Terrassenumgänge mit Relieffolgen a. d. ind. Ramajana-Epos (vgl. —298); beeinfl. durch d. Borobudur-Stupa (vgl. 850), bes. in d. Landschaftsdarstellung, Szenen sind jedoch dramatischer
≈ Auf Ceylon entwickelt sich buddhist. Bronze-Kunst. (Blütezeit der ind. Bronzekunst bis in d. 17. Jhdt.)
≈ „Hiddenseer Goldschatz" (Goldschmuck m. reicher, verschlungener Ornamentik aus d. Wikingerzeit)

≈ Einfache Zweistimmigkeit mit häufigen Quintparallelen
≈ Drehleier als erstes Saiteninstrument mit Tasten
≈ Langleik (Griffbrettzither) als volkstüml. Musikinstrument in Norwegen

∼ *Leif Erikson*, Sohn des Normannen *Erik des Roten*, findet auf einer Fahrt nach Grönland „Vinland" (Neuschottland) an der nordamerikanischen Ostküste („Erste Entdeckung Amerikas", Vinland-Karte erweist sich 1974 als Fälschg.)
∼ Umfassende Beschreibung des arabischen Reiches durch *Al Mukaddasi*
∼ Der ind. Mathematiker *Sridhara* erkennt klar die Bedeutung der Null
≈ Der Islam verbietet seinen Angehörigen blutige medizinische Eingriffe mit dem Messer. Daher Verwendung des Glüheisens in der arabischen Chirurgie u. mangelnde Fortschritte in der Anatomie
≈ Aus dem 9. bis 11. Jhdt. werden verschiedene mißglückte Flug- und Schwebeversuche mit künstlichen Flügeln berichtet (bes. auch Araber beteiligt)
≈ Araber u. Juden als Leibärzte in Deutschland. Auf Märkten Harnbeschauer und Heilmittelverkäufer. Neben Schäfern u. Schmieden Benediktinermönche als Volksärzte

Verbreitete Angst vor einem Weltuntergang und Jüngstem Gericht
≈ In den Städten bilden sich die Handwerksberufe heraus
≈ Stein. Wohntürme f. d. oberen Stände als Stadtwohnungen. (Erdgeschoß: Stall, 1. Stock: heizbarer Wohnraum, durch Außentreppe zugänglich, darüber Schlafräume). Daneben herrscht noch der Holzbau in Mitteleuropa vor
≈ Minnedienstartiger Frauenkult am japanisch. Hof. Rege Teilnahme d. Hofdamen am kulturellen Leben
∼ „Dänengeld" (f. d. Tribut an die Dänen) als allg. Steuer i. England
≈ Im Andenhochland Perus werden Kartoffeln und Mais angebaut

Stadtartige Siedlungen mit 100–1000 Einw.
   um 1000 40
   um 1100 100
   um 1200 200

	Heinrich II. Dänen erobern England	Altisländische Literatur Italienische Sprache	Chines. Religionen
1001	Sancho III. (d. Große) Kg. v. Navarra (Nordspanien) bis 1035; unter ihm Großreich mit Aragon u. Kastilien (zerfällt durch Erbteilungen) Papst Sylvester II. verleiht Stephan (dem Heiligen) von Ungarn die Königskrone und den Titel eines „apostolischen Königs". Ungarn wird christlich	≈ Ältestes ital. Sprachdenkmal (ital. Literatur entwickelt sich im Anfang des 12. Jhdts., beeinflußt durch die Provence)	≈ Der geistige Mittelpunkt der Juden verlagert sich innerhalb des Islam von Mesopotamien (etwa ab 600) nach Spanien (bis 1492)
1002	† Otto III., röm.-dt. Kaiser seit 983; kämpfte vor allem um Rom und wollte das römische Weltreich im christlichen Sinne wieder aufrichten (* 980) Heinrich II. (d. Heilige) röm.-dt. Kaiser bis 1024 (†) (Kaiserkrönung 1014); bekämpft Aufstände in Deutschland mit kirchlicher Hilfe Oberlausitz kommt zu Polen (bis 1031) Die Ermordung sämtlicher Dänen in England führt zu dän. Rachefeldzügen und 1017 zur dän. Herrschaft. Kg. Sven v. Dänemark gewinnt d. größten Teil Englands (von ~ 900 an waren die Normannen auf die Küsten Englands beschränkt gewesen) ~ * Eduard der Bekenner, König von England 1042 bis 1066 (†)		≈ In China stehen Konfuzianismus, Buddhismus u. Taoismus in einem toleranten u. angleichenden Gedankenaustausch (gefördert durch Ausbreit. des ~ 600 erfundenen Buchdrucks). Der chines. Meditations- (Ch'an-) Buddhismus (seit ~ 500) beginnt erst jetzt unter dem Einfluß des schreib- u. druckfreudigen Jhdts. eine eigene Literatur zu entwickeln
1003	Essen als Stadt genannt		
1004	Heinrich II. unterwirft auf seinem erst. Italienzug Oberitalien (unternimmt bis 1022 zwei weitere Italienzüge, wobei er siegreich bis Salerno vordringt)		
1007			* Petrus Damiani, ital. Kardinalbischof († 1072) Gründung d. Bistums Bamberg zur Slawenmission
1008			

Südindische Kunst	Frühe Mehrstimmigkeit	Arabische Wissenschaft	
			~ Lehen und Vasallentum werden eng verknüpft
≈ Turmtempel zu Tanjore mit geraden Seitenwänden im südind. Stil; architektonisch eingeordn. Figurenschmuck, u. a. Tempelwächter in Nischen, große straff stilisierte heilige Tierfiguren ≈ In Südindien beginnen brahmanische Bronzefiguren zu entstehen. Bes. häufiges Motiv: der tanzende vierarmige Schiwa			
Heinrich II. grdt. Bamberger Dom (1. Weihe 1012)			
St. Philibert in Tournus brennt ab u. wird bis zum 12. Jh. neu erbaut			
Umgestaltung des Doms von Torcello bei Venedig (gegrdt. 639)	*Berno* Abt von Kloster Reichenau († 1048); schreibt musiktheoret. Arbeiten		

	Heinrich II. Normannen verlieren Irland	Mission in Preußen	
1009	* *Sema Kuang*, chin. Agrarreformer und Historiker († 1086) In Goslar erste Reichsversammlung	Preußen erschlagen bei einem Bekehrungsversuch *Bruno von Querfurt* („Apostel der Preußen") *Thietmar* (*975, †1018) Bischof von Merseburg; von ihm wich-	tige Chronik in acht Büchern über Merseburg, Reichsgeschichte und Slawenkriege von 908 bis 1018; er leitet geistige Blüte des Hochstifts ein (bis ~ 1070)
1010			
1011		Das „Schweißtuch der Veronika" wird in der Peterskirche zu Rom in einem besonderen	Altar verwahrt (auch an ca. 12 anderen Orten vorhanden u. als echt beansprucht)
1012		*Benedikt VIII.* Gegenpapst bis 1024, anerkannt von König *Hein-*	*rich II.*; sucht Kirchenzucht zu heben
1013			
1014	*Heinrich II.* wird auf seinem zweiten Italienzug in Rom zum Kaiser gekrönt (dritter Italienzug 1022) Ende der normannischen Macht in Irland (seit 795; das irl. Königstum zerfällt im 12. Jhdt., wodurch d. engl. Einfluß Boden gewinnt, vgl. 1171) Westbulgarien an Byzanz Dänen erobern London		
1015	Leipzig genannt (slaw. Siedlung) *Olaf II.* (d. Heilige) Kg. v. Norwegen bis 1028 († 1030); setzt energisch Christentum durch u. vollendet d. Entmachtung d. Kleinkönige, wird von Kg. *Knut d. Großen* von Dänemark vertrieben		

Frühromanische und spätbyzantinische Kunst	*Frühe Mehrstimmigkeit*	*Arabische Wissenschaft*	
~ Bischof *Meinwerk* erneuert den Dom in Paderborn (gegrdt. ~ 820, umgebaut 13. Jh., vgl. 1275)		~ † *Ibn Junis*, arab. Astronom d. Kalifen *Al-Hakim*; schuf auf der für ihn erbauten Sternwarte die „Hakimitischen Tafeln" und verbesserte den Gno-	mon als Beobachtungsinstrument; schrieb „Über die Figur der Schneidenden", erste selbständige Darstellung der Trigonometrie (* ~ 950)
≈ Blüte des Kunstgewerbes im Kloster St. Emmeram in Regensburg (u. a. Deckel vom *Uta*codex mit Treibarbeit, Filigran, Schmelzarbeit, Steinfassungen; goldenes Kreuz in d. Reichen Kapelle in München mit reicher Schmelzarbeit)			
Heinrich-Dom in Bamberg (vgl. 1192) Hakim-Moschee, Kairo (s. 990)			
		* *Hermann der Lahme*, Historiker und Mönch im	Kloster Reichenau († 1054)
~ Evangeliar d. Äbtissin *Uta* aus der Regensburger Schule der ottonischen Buchmalerei (byzant. beeinflußt u. a. im Hervortreten geom. Formen)			
Bischof *Bernward:* Bronzetüren für den Dom Hildesheim (zweimal 8 Relieffelder mit Sündenfall und Erlösung) Kirche d. Abtei Obermünster in Regensburg (ottonisch-vorroman. Stil, Baubeginn 1002; umgebaut ~ 1700) Baubeginn d. urspr. roman. Doms in Straßburg (ab 1176 Neubau; vgl. dort)			

	Knut d. Gr. v. Dänemark Friede von Bautzen	Persische Literatur Latein. Mönchsdichtung	Amida-Buddhismus
1016	Die frühere Gemahlin Hzg. *Ernsts I.* von Schwaben *Gisela* († 1043) vermählt sich mit dem späteren Kaiser *Konrad II.*		
1017	* *Heinrich III.*, röm.-dt. Kaiser von 1039 bis 1056 (†) *Knut* v. Dänemark vollendet Eroberung Englands (dän. Herrschaft bis 1042)		† *Eshin*, japan. Priester der Amida-Buddhas; lehrte Erlösung auch durch Lippenbekenntnis in der Todesstunde. Dieser „Amidaismus" erlangt i. Japan der *Fujiwara*-Zeit gr. Einfluß (* 942)
1018	Ende des Krieges (seit 1004) zwischen Kaiser *Heinrich II.* und Kg. *Boleslaw* (d. Tapferen) von Polen durch den Frieden von Bautzen: Polen verliert Böhmen, behält aber das Land rechts der Elbe *Knut* (d. Große) Kg. v. Dänemark bis 1035 (†), seit 1016 nach erfolgreichen Kämpfen Kg. v. England Südschottland kommt zum nordschott. Königreich (seit ~ 844). In Südschottland dringt in den folgenden Jahrhunderten immer stärker d. engl. Einfluß durch Byzanz gewinnt Makedonien zurück durch Zerstörung des westbulgarisch. Reiches (ostbulg. Reich schon 971 erobert; herrscht bis 1186)		*~ M. Psellos*, byzant. Philosoph u. Staatsm. († ~ 1078)
1019	*Jaroslaw* (d. Weise) Herrscher von Kiew bis 1054 (†, * 978); veranlaßt die Gesetzessammlung „Russkaja Prawda" („Russ. Recht")		~ *Jaroslaw* v. Kiew läßt Städte, Schulen u. Kirchen gründen
1020	Christlicher Normannenstaat in Unteritalien im Entstehen (Normannen waren ~ 1000 als Söldner ins Land gekommen) Korsika kommt zu Pisa (1300 zu Genua)	~ † *Aelfric*, engl. Benediktinerabt und Schriftsteller; u. a. „Homiliae catholicae" („Heiligenleben")(*~ 955) † *Firdausi*, (der Paradiesische), pers. Dichter; schrieb Epen: Geschichte des Perser-Reiches bis 651 („Königsbuch") und Epos von der Liebe Josephs zur Gattin des Pharao (* 939)	

Frühromanische und spätbyzantinische Kunst	Frühe Mehrstimmigkeit	Arabische Wissenschaft	
Paulskirche in Worms (roman. mit zwei Rundtürmen; Westvorhalle u. fünfseitig. Ostchor ~ 1250)			
Krypta von St. Bénigne, Dijon (seit 1001) ~ „Kain tötet Abel" Stiftmosaik i. d. Pfarrkirche Mariä Himmelfahrt i. Schuttern b. Lahr (1972 entd., gilt als ältestes Stiftmos. auf dt. Boden)			
~ Bischof *Bernward:* Christussäule im Dom von Hildesheim (29 Szenen aus dem Leben Jesu auf 4 m hoher Metallsäule)			
Heinrich II. stiftet Münster in Basel (roman., nach 1356 gotisch umgebaut)			
≈ Krypta der Kathedrale von Chartres (vgl. 1220) ~ * *Kuo Hsi,* chin. Maler und Kunsttheoretiker († 1090)			Im „Königsbuch" gab der pers. Dichter *Firdausi* (†) eine Beschreibung des Schachspiels (Schach wahrscheinl. im 6. Jhdt. in Indien entstanden)

Konrad II.
Königreich Polen

1021	* *Wang An-shih*, chin. Staatsmann u. Dichter († 1086)	
1022	Kaiser *Heinrich II.* besiegt auf seinem dritten Italienzug die Griechen in Unteritalien (u. a. in Salerno)	
1024	† *Heinrich II.* (d. Heilige), röm.-dt. Kaiser seit 1002, Hzg. von Bayern seit 995; erneuerte dt. Herrschaft in Italien durch 3 Italienzüge 1004, 1014, 1022 (* 973) *Konrad II.* (der *Salier*) röm.-dt. Kaiser bis 1039 (†); (Kaiserkrönung in Rom	1027). Umritt durch das Reich: Aachen, Nimwegen, Dortmund, Hildesheim, Goslar, Magdeburg, Augsburg, Konstanz, Basel, Straßburg, Worms. Fränkische Kaiser *(Salier)* auf dem dt. Thron bis 1125
1025	Nach Eroberung von Pommern (994), Krakau mit Schlesien (999), Oberlausitz (1002), Gebiet um Kiew (1018), vorübergehend auch Böhmen-Mähren, nimmt *Boleslaw I.* (der Tapfere, * 966, † 1025) d. Titel eines Kgs. v. Polen an (herrschte seit 992; 1018 hatte Kaiser	*Heinrich II.* Seine Unabhängigkeit anerkannt) *Mieczyslaw II.* Kg. v. Polen bis 1034; verliert Pommern a. d. Dänen, Mähren an die Ungarn, Kiew an die Russen, Oberlausitz an das Deutsche Reich ~ Byzant. Macht beginnt zu verfallen
1026	*Konrad II.* setzt seine Anerkennung als Kg. v. Italien durch (damit wird die Herrschaft des dt. Königs in Italien grundsätzlich anerkannt) *Konrad II.* tritt Mark Schleswig an Kg. *Knut d. Großen* v. Dänemark ab (Mark Schleswig v. *Otto II.* ~ 975 gegrdt.) Herzog *Ernst II.* von Schwaben erhebt sich gegen seinen Stiefvater	Kaiser *Konrad II.* wegen der strittigen Erbschaft des Königreichs Burgund (fällt 1030, geächtet, als er sich weigert, gegen seinen Freund, Graf *Werner von Thurgau*, zu kämpfen) Kastilien kommt vom Kgr. León an Kgr. Navarra (Kastilien wird 1035 selbst.)
1027	*Robert d. Teufel* Hzg. d. Normandie bis 1035 (†, stirbt auf einer Pilgerfahrt nach Jerusalem * *Wilhelm I.* (der Eroberer), Sohn *Roberts II.* (des Teufels), Hzg. d. Nor-	mandie, König v. Engl. von 1066 bis 1087 (†) Normannen gründen Aversa (Prov. Neapel) (vgl. 1047)

Chinesische Lyrik Althochdeutsch	Frühscholastik	Frühromanische und spätbyzantinische Kunst	Notenlinien
	* *Gabirol (Salomon ben Jehuda ibn)*, jüd. Philosoph in Spanien († 1070) Tanzwut-Epidemie in Europa (veitstanzähnliche Zustände religiöser Besessenheit)		
† *Notker III. Labeo (Teutonicus)*, Lehrer in St. Gallen; übersetzte röm. und griech. Texte ins Althochdt.; gilt als erste wissenschaftliche Verwendung der dt. Spr. (* ~ 950)		Landschaftsfresken in einem Mausoleum d. ostmong.-nordchin. *Liao*-Dynastie (u. a. Jagdszenen mit lebendigen Tierdarstellungen)	
~ „Ruodlieb" (sagenhafte Rittergeschichte aus dem Kloster Tegernsee in lat. Hexametern)		Stiftskirche in Limburg/Haardt (roman. Stil) ~ Goldschmuck d. Kaiserin *Gisela* beweist hohen Stand des Kunsthandwerkes (u. a. Adlerfibel; Bogengalerien als Steinfassungen, Filigran- u. Goldzellenschmelzarbeiten)	
† *Lin Pu*, chines. Dichter; suchte alle seine Gedichte als unvollkommen zu vernichten bis auf sein letztes, das er mit ins Grab nahm (*965)		~ Unter Bischof *Burchard* erster Dom in Worms erbaut (vgl. 1181)	~ Der frz. Musiker *Guido von Arezzo* führt die „Solmisation" ein (Tonsilben Do, Re, Mi, Fa, Sol, La nach den Halbzeilenanfängen eines Johanneshymnus) und Vierliniensystem mit Notenschlüsseln in der Notenschrift
~* *Omar Chajjam*, pers. Dichter, Mathematiker, Physiker u. Astronom († ~ 1123)			

Burgund kommt zum Deutschen Reich
Ende des Kalifats von Cordoba

1028	Kg. *Knut* (d. Große) v. Dänemark u. England wird auch Kg. v. Norwegen Kg. *Olaf II.* (d. Heilige) v. Norwegen (seit 1015), der Norwegen christlich	machte, wird von den Dänen vertrieben († 1030) (1035 wird sein Sohn *Magnus d. Gute* anerkannt)
1030	Wien als Vienni erwähnt Dorpat von den Russen unterworfen	
1031	*Heinrich I.* Kg. v. Frankr. bis 1060 (†); Übermacht des Großadels Sturz der letzten arab.-omajjadischen Kalifen v. Cordoba (ihr span. Reich zerfällt in Teilreiche und beginnt der christl. Eroberung von Norden zu erliegen)	
1032	Kgr. u. Freigrafschaft Burgund kommen zum Dt. Reich (b. 1384), damit wird auch die Schweiz Bestandteil d. röm.-dt. Reichs. Kaiser *Konrad II.* wird erst	nach Kämpfen gegen Graf *Odo von der Champagne* 1034 endgültig König von Burgund
1033	Verbündete Deutsche und Russen besiegen Kg. *Mieczyslaw II.* von Polen. Dieser muß Königstitel ablegen, dt. Oberhoheit anerkennen und Lausitz abtreten (polnisch seit 1002)	
1034	Kaiser *Konrad II.* wird auch Kg. von Burgund. Umfang des Kaiserreichs: Deutschland, Italien, Burgund *Michael IV.* (der *Paphlagonier*) byzantin. Kaiser bis 1041 (†); war von seinem	Bruder, dem Eunuchen *Johannes*, an den Hof gebracht worden und wurde von der Kaiserin *Zoe* zum Mann gewählt und zum Kaiser gemacht
1035	† *Knut* (der Große), dän. Kg. seit 1018 in einem nordeurop. Großreich (Dänemark, England, Norwegen, Schleswig) (* ~ 995). Auflösung seines Reiches Kg. *Sancho III.* v. Navarra teilt sein Reich unter seine Söhne: Kgr. Navarra, Kgr. Kastilien, Kgr. Aragon, daneben Markgrafschaft Barcelona (in den folgenden Jahrhunderten steigt	Kastilien besonders durch erfolgreich. Kampf gegen Araber zum Kernland Spaniens auf) *Ferdinand I.* (der Große) Kg. von Kastilien (ab 1037 auch Kg. von León) bis 1065 (†); führt ab 1054 den Kaisertitel mit Anspruch auf Herrschaft über ganz Spanien

Frühscholastik	*Frühromanische und spätbyzantinische Kunst*	*Pfingst-Sequenz*	
Bistum Zeitz (seit 968) wird nach Naumburg verlegt			
	~ St.-Blasius-Dom zu Braunschweig geweiht (1137 niedergerissen) ~ Codex Aureus von Echternach (Evangeliar, kunstvoller Einband mit Elfenbeinschnitzerei)	~ Pfingst-Sequenz (Schluß des Pfingst-Hallelujas): „Veni sancte spiritus" („Komm heiliger Geist"), angebl. v. König *Robert* v. Frankr. (†). (Die früheste der 5 vom Tridentinischen Konzil zugel. Sequenzen; vgl. 912, 1050, 1274, 1306, 1320)	~ Familiennamen kommen beim Adel auf
			Stadtmauer in Bremen
* *Anselm von Canterbury*, scholast. Philosoph in England († 1109) *Benedikt IX.* Papst; wird mit zwei Gegenpäpsten von Kaiser *Heinrich III.* 1046 abgesetzt	Kirche St. Michael in Hildesheim vollendet und geweiht (Baubeg. ~ 1007, frühromanisch, erstmalig Türme über Vierung); Bronzetüren		
	Baubeg. d. Würzburger Doms (vgl. 11. Jhdt.)		

	Konrad II. · Heinrich III. Feudalismus		Frühscholastik
1036	Kaiser *Konrad II.* unterstützt erfolgreich die ritterlichen Vasallen in der Lombardei gegen den Erzbischof *Aripat* von Mailand im Kampf um die Erblichkeit ihrer Lehen. Kann aber Mailand nicht erobern In Nordafrika herrscht die Dynastie der *Almoraviden* (bis 1147)		
1037	Kaiser *Konrad II.* erläßt Gesetz, daß die kleinen mittelbaren Lehen erblich sind („Constitutio de feudis") Türkisch-mohammedanische Seldschuken kommen in Chorassan zur Macht (stürzen 1055 in Bagdad die Bujiden-Dynastie; vgl. 1072)	Die Lehen werden erblich (dadurch geht auch die Angehörigkeit zum Ritterstand meist vom Vater auf den Sohn über). Es bilden sich feste Bräuche für die Erziehung zum Ritter aus: mit	7 Jahren Edelknabe, mit 14 Jahren Knappe, mit 21 Jahren Ritterschlag mit Abendmahl, zwei ritterlichen Zeugen; ritterl. Ideale: Zucht, Hohe Minne, Treue, christl. Barmherzigkeit
1038			
1039	† *Konrad II.*, röm.-dt. Kaiser seit 1024; erwarb Burgund und unternahm 1026 u. 1036 bis 1038 Italienzüge (* ~ 990) *Heinrich III.* röm.-dt. Kaiser bis 1056 (†)		
1040	*Macbeth* Kg. v. Schottland bis 1057 († , fällt im Kampf gegen den Sohn seines von ihm getöteten Vorgängers)	~ Von Frankreich aus verbreitet sich die Idee des „Gottesfriedens" (Fehdeverbot an be-	stimmten Tagen; 1085 von *Heinrich IV.* für das Reich verkündet)
1041			
1042	*Heinrich III.* macht Böhmen lehnspflichtig (1044 auch Ungarn) Kg. *Magnus der Gute* v. Norwegen (1035 bis 1046) erwirbt durch Vertrag vorübergehend Dänemark England befreit sich von dänischer Herrschaft (wird 1066 von den Normannen erobert); *Eduard der Bekenner* König von England bis 1066 (†)		

Frühromanische und spätbyzantinische Kunst	Frühe Mehrstimmigkeit	Arabische Wissenschaft	
* *Su Tung-p'o*, chin. Maler, Dichter und Staatsmann († 1101)			
Sophienkathedrale in Kiew (ältest. russ. Steinkirche, fünfschiffig, byzant. Stil; Baubeginn 1020)		† *Avicenna (Ibn Sina)*, arab. Arzt u. Aristoteliker; schrieb „Canon medicinae" (1685 lat. gedruckt); vermittelte wirksam und nach-	haltend griech. Wissen an das mittelalterl. Europa; teilte die Mineralien in Steine, Salze, Erze und Brenze (brennbare) ein (* 980)
		† *Alhazen (Abu Ali Muhammed ben el Hasan)*, arab. Physiker; entwickelte bes. die Optik (Reflexion an verschiedenartigen Spiegeln u.	Brechung, nahm die Lichtstrahlen vom Gegenstand zum Auge an und nicht, wie seit den alten Griechen, vom Auge ausgehend) (* ~ 965)
		Alfanus (* ~ 1015, † 1085), Arzt in Salerno (ab 1058 Erzbischof); schreibt „Über die vier Säfte" und „Zusammenfassung der	Pulslehre" (zwei latein. Schriften), übersetzt Schrift des Bischofs *Nemesios* (vgl. 500) ins Lateinische

	Normannen erobern Unteritalien von den Arabern	*Kirchenreform · Frühscholastik*	
1043	Normannen entreißen Apulien (Unteritalien) den Arabern (vgl. 1047)		
1045	~ * *Cid (Rodrigo Diaz)*, span. Nationalheld († 1099) Kg. *Peter* von Ungarn, der 1040 vertrieben wurde, leistet Kaiser *Heinrich III.*, der ihn 1044 wieder einsetzte, den Lehnseid		
1046	* Markgräfin *Mathilde von Toskana* († 1115)	*Heinrich III.* setzt nach seiner Kaiserkrönung auf der Synode zu Sutri in Rom Papst *Gregor VI.* und die Gegenpäpste *Sylvester III.*	und *Benedikt IX.* ab u. macht dt. Bischof als *Klemens II.* zum Papst († 1047). Höhepunkt d. kaiserl. Macht gegenüber d. Papsttum
1047	Belehnung normannischer Ritter mit Apulien und Aversa (bei Neapel) durch *Heinrich III.* (ihre Eroberungszüge führen zu Kämpfen mit Papst und Arabern)		
1048	Kaiser *Heinrich III.* setzt Papst *Leo IX.* ein	*Leo IX.* (Graf *Bruno v. Egisheim*) Papst bis 1054 (†); fördert Reformbewegung d. Klosters Cluny, bekämpft Simonie (Ämterkauf) und Priesterehe † Abt *Odilo* von Cluny (seit 994); unter ihm und seinem Nachfol-	ger gewinnt die Reformbewegung der benediktinischen Cluniazenser-Kongregation, die sich gegen die Verweltlichung der Kirche richtet, großen Einfluß (im 12. Jhdt. erlischt diese Bewegung) (* ~ 962)
1049			
1050	* *Heinrich IV.*, röm.-dt. Kaiser von 1056 bis 1105 († 1106) ~ Die *Ludovinger* erringen die Vorherrschaft in Thüringen (sterben 1247 aus) Nürnberg urkundl. erwähnt (erhält 1062 Marktrecht) ≈ Haithabu in Schleswig-Holstein ist wirtschaftlich und kulturell bedeutende Großsiedlung der Wikinger, wird ~ 1050 zerstört, danach Grdg. v. Schleswig ~ Oslo entsteht Delhi gegründet	Der Russe *Ilarion* wird Metropolit von Kiew (geg. byzant. Einfluß)	

Chines. Literatur Frühmittelhochdt.	Sophienkathedrale in Nowgorod	Oster-Sequenz	Arabische Wissenschaft
			Hungersnot in Europa
~ Ou Yang Hsiu (* 1007, † 1072), chines. Dichter, schreibt Geschichte der *T'ang*-Dynastie	Klosterkirche St. Maria in Reichenau-Mittelzell (vorroman.; Baubeginn ~ 980) ~ Welfenkreuz (goldenes Reliquienkreuz mit Zellenschmelz, Filigran, Edelsteinen u. Perlen auf silbervergoldetem Fuß; vermutlich aus Mailand)		† *Beruni*, arab. Historiker; schrieb „Chronologie der orientalischen Völker", „Geschichte Indiens" (* 973)
	* *Li Lung-mien*, chin. Maler eines rein zeichnerischen Stils († 1106)		~ † *Elias bar Schinaja*, syr. Historiker
~ „Memento mori" (lat. Gedicht) v. einem *Notker* ~ „Alexiuslied" (alt-frz. Dichtung über einen asketischen Heiligen aus Rom) ≈ „Merigarto" (Erdbeschreibung in frühmittelhochdeutschen Sagversen aus Bayern)	Sophienkathedrale d. Kremls in Nowgorod (eine der ältesten der dortigen 47 Kirchen) ~ Der seldschukische Stil in der türk.-islam. Baukunst Asiens (bis ~ 1250; Typ d. Iwanmoschee mit 4 Portalen u. paarweisen Rund-Minaretten; Hochschulbauten, monumentale Grabbauten ≈ Gewirkte westdt. Bildteppiche (aus farbiger Wolle mit Fabeltieren u. byzant. beeinfl. Ornamenten) ~ Dom zu Goslar geweiht (1819 abgebrochen)	~ † *Guido von Arezzo*, frz. Musiker (* ~ 995) ~ † *Wipo*, Priester und Kaplan der Kaiser *Konrad II.* und *Heinrich III.*; schrieb die Ostersequenz (Schluß des Osterhallelujas): „Victimae paschali laudes" (vgl. 912, 1031, 1274, 1306, 1320)	† *Gariopontus*, Arzt in der Frühepoche der Schule von Salerno *Sema Kuang*: „Allgemeiner Spiegel d. Weltgeschichte" in 294 Büchern (Höhepunkt der chin. Geschichtsschreibung als ausgebildetster chin. Wissenschaft)

	 *Expansion der Normannen*	 *Reimbibeln Frühmittelhochdeutsch*	*Frühscholastik*
Im 11. Jahrhundert	Im byzant. Reich behindert die Bürokratie die Entfaltung militärischer Kräfte: Nach größter Ausdehnung um 1025 beginnt die Macht zu verfallen Normannen dringen in England ein (vorher Kelten, Angelsachsen, Wikinger und Dänen) Timbuktu im Sudan gegründet (wird bedeutender Handelsplatz) Die Drachenschiffe d. Wikinger verschwinden von den Meeren (Ende d. Wikingerzeit. Vgl. 793)	Mittelhochdt. Sprache (bis ≈ 1350; vor allem Abschwächung der Endsilben) Reimbibeln kommen auf (übersetzte, gereimte bibl. Erzählungen, besonders in Frankreich) In Frankr. entsteht die Heldensage durch Spielleute, die sich auf die in den Klöstern überlieferten örtlichen Sagen stützen Fahrende Sänger als Träger der Spielmannsdichtung „Karhasaritsagara" („Der Ozean der Ströme von Erzählungen", ind. Märchen und Erzählungen in einer Rahmenerzählung)	Erste christl. Ordensgenossenschaften nach den „Augustinerregeln" entstehen Verbreitung d. asketischen Sekte d. Katharer aus dem Orient („Reinen") in Süd- u. Westeuropa (ausgerottet durch Albigenserkriege 1229 und Inquisition) Älteste russische Klöster in Kiew (darunter Höhlenkloster)

 *Frühromanische und spätbyzantinische Kunst*	*Mehrstimmige Vokalmusik*	*Arabische Wissenschaft*	
St. Maria im Kapitol (Kölner Kirche mit Langhaus und dreichörigem Zentralbau)	Mehrstimmiger Gesang verdrängt allmählich einstimmigen *gregor*ianischen Choral	Der Historiker *Adam von Bremen* hält die Ostsee für ein nach Osten offenes Meer	Chorgestühl aus Holz (statt bisher Stein)
Baubeginn des Münsters in Konstanz (roman., bis zum 16. Jhdt. gotisch umgeb.)	Die frühmittelalterliche Art der mehrst. Kompos., bei der die zweite begleitende Stimme im Notenbild immer unter der Hauptstimme bleibt („Organum"), wird durch Stimmkreuzungen belebt	Vorläufer d. Buchdrucks mit beweglichen Lettern in China	„Englische Stickereien" (Weißstickerei) der Benediktiner-Mönche
Baubeginn d. Doms und Neumünsters in Würzburg (im 18./19. Jhdt. fertiggestellt)		Astrolab (astronomisches Gerät) kommt aus dem arab. Orient n. Europa	Formularbücher (Mustersammlung. von Urkunden u. Briefen) für Kanzleien mit lehrbuchartiger Einführung setzen sich für den Kanzleidienst immer stärker durch
Anfänge der dt. Glasmalerei im Dom von Augsburg		Medizin. Schule in Salerno entsteht	
Auferstehung Christi wird Motiv der Malerei			
Erste Altar-Marienfiguren (Essen, Paderborn)			
Christl. Altar erhält Altaraufsatz			
Grafenburg in Nürnberg mit fünfeckigem Turm	„Sys willekommen heirre kerst" („Sei willekommen, Herre Christ", ältest. dt. Weihnachtslied)		Beginn des europäischen Fernhandels (führt bis ≈ 1450 zu einem engen Verkehrs- und Handelsnetz auch über Europa hinaus)
Burg Rolandseck a. Rhein (1475 zerstört bis auf den „Rolandsbogen")			
Palazzo Reale, Palermo (normann.)			
In Italien entwickelt sich aus der altchristl. Baukunst der romanische Stil mit z. T. landschaftl. Eigenarten (lombardischer, toskanischer Stil u. a.)	Die byzant. Musikaufzeichnungen (10. bis 12. Jhdt.) zeigen orientalisch beeinflußte Melodienbildung. Auch der jetzt entwickelte *gregor*ianische Gesang geht auf oriental. Vorbilder zurück, die er weiterformte		
Baubeginn der Kathedrale in Winchester (bis zum 15. Jhdt., normannisch-gotischer Stil)			Kloster Weihenstephan b. München erhält (1043) Braugerechtigkeit
Baubeginn des Doms in Drontheim im gotisch-normannischen Stil			
Dt. Kaiserkrone wird angefertigt			
Byzantinische Chorakirche (Kuppelbau) in Konstantinopel	Harfe in Europa		
„Makedonische Renaissance" der byzantinischen Kunst			
Blüte der byzant. Goldschmiedekunst (z. B. vergoldete Silberschüssel im Dom zu Halberstadt; Kreuz-Reliquiare mit reicher Treibarbeit und Email)			
Buchdeckel mit Maria u. Madaillons in Zellenschmelzarbeit in San Marco, Venedig (byzant. Kleinkunst)			
In Rußland entsteht selbständiger Zweig der byzantinischen Kunst (bis zum 18. Jhdt.)			
Byzant. Grubenschmelzarbeiten			

	Heinrich III. Höhepunkt der Kaisermacht	Kirchenspaltung · Kirchenreform	
1052	Pisa erobert Sardinien von den Arabern (1297 an Aragonien)		
1053	Der Normanne *Robert Guiscard* (* ~ 1015, † 1085) beginnt die byzant. und langobard. Gebiete Unteritaliens zu erobern; gründet dort normann. Reich Papst *Leo IX.* unterliegt gegen die Normannen (1059 wird *Robert* vom Papst mit Apulien, Kalabrien und Sizilien belehnt)		
1054	Polen gewinnt Schlesien von Böhmen zurück	Endgültige Trennung der morgenländischen (orthodox-anatolisch.) christl. Kirche von d. röm.-kathol. (i. Unterschied zu dieser: meh-	rere Patriarchen, Konzilien, höchste Autorität, trotz geringer Unterschiede in der Lehre starke Gegnerschaft zum Papsttum)
1056	† *Heinrich III.*, röm.-dt. Kaiser seit 1039; unter ihm größte Ausdehnung d. Kaisermacht, Italienzüge 1046 u. 1055; unterstützte Cluny-Reform (* 1017) *Heinrich IV.* (unmündig) röm.-dt. Kaiser bis 1105 († 1106; Kaiserkrönung 1084); unter der Regentschaft seiner Mutter *Agnes* u. der Erzbischöfe *Anno* von Köln und *Adalbert* von Bremen (bis 1065) Vergrößerung der Fürstenmacht Saalfelder Klostergut am Ort der Veste Coburg erwähnt	Kirchl. Reformbewegung der Patarener (d. h. „Die aus dem Lumpensammlerviertel Pataria") entsteht	in Mailand und stützt sich auf die breiten Volksschichten (niedergeworfen 1075) (vgl. 1071)
1057		*Stephan IX.* Papst bis 1058 (†), ernennt Reformkardinal, bekämpft Laieninvestitur	
1058		*Nikolaus II.* Papst bis 1061 (†); überträgt 1059 Papstwahl den Kardinälen (vorher ab-	hängig von d. Macht d. Kaisers u. d. röm. Adels)
1059	*Robert Guiscard* wird von Papst *Leo IX.* mit Apulien, Kalabrien und Sizilien belehnt (vgl. 1053)	Kardinäle erhalten das ausschließliche Recht d. Papstwahl	* *Al Gazali*, arab. Theologe († 1111)

 *Frühromanische und japanische Kunst*	*Reichenauer Chronik*
~ Baubeginn des Doms in Hildesheim	
Kaiserpalast mit „Phönix-Halle" in Uji (japan. Palast in prunkvoller Ausstattung der *Fujiwara*-Zeit, dem Amida-Buddha geweiht, zwischen Kyoto u. Nara). Auf d. Altar der Phönix-Halle d. Holzplastiken d. Amida-Buddha und seiner Begleiter von *Jocho* († 1057) im Stil d. *Fujiwara*-Zeit	
~ Bronzetür vom Dom in Augsburg ~ Holztüren St. Maria, Köln ≈ In Japan beginnt sich eine naturnahe Malerei mit erzählender Darstellung auf Langrollen zu entwickeln („Yamato-e")	† *Hermann der Lahme*, Historiker u. Mönch i. Kloster Reichenau; schrieb mit umfassendem Wissen „Chronik von der Gründung der Stadt bis zum Jahr 1054" (d. h. von der Gründung Roms an; lat.) (* 1013) Chinesische Annalen verzeichnen einen überhellen neuen Stern (Supernova) in der Milchstraße (heute als „Krabbennebel" nachweisbar, als expandierende Reste einer Sternexplosion mit einem Pulsar [Neutronenstern] im Mittelpunkt) (vgl. 1572, 1604)
~ Kaiserpfalz in Goslar (roman. Palast; bis 1878 wiederholt erneuert) ~ Klosterkirche La Charité-sur-Loire (roman.) ~ „Höllenfahrt Christi", Mosaik in der Kirche Nea Moni, Chios	
Baubeginn d. Domes von Parma (lombard.-roman. Stil; vollendet im 12. Jh.)	
~ Bronzekruzifix, Werden (b. Essen)	

	Normannen erobern England	Deutsche geistl. Dichtg.	Frühscholastik
1060	~ * Lothar III. von Sachsen, röm.-dt. Kaiser von 1125 bis 1137 (†) Philipp I. Kg. v. Frankr. bis 1108 (†)	~ Abt *Williram*: „Paraphrase des Hohen Liedes" (dt. Prosa, mit cluniazensischer Heilslehre) ≈ Die cluniazensische Dichtung reicht von 1060—1170	Lund in Schweden Bistum (entwickelt sich zur geistl. u. weltl. Hauptstadt des dän. Reiches; 1100 Erzbistum)
1061	Normannen erobern von Unteritalien aus das von den Arabern besetzte Sizilien bis 1091 (1194 v. Kaiser *Heinrich VI*. erobert)	~ † *Ekkehart IV*., Mönch in Mainz, schrieb „Casus Sancti Galli" (* ~ 980)	
1062	Erzbischof *Anno II*. von Köln (* 1010, † 1075) bestimmt während Unmündigkeit König *Heinrichs IV*. stark die Reichspolitik Marrakesch (die heutige Stadt Marokko) unter der *Almoraviden*-Dynastie gegründet		
1063	Erzbischof *Adalbert* von Hamburg-Bremen (* ~ 1000, † 1072) Reichsregent und Vormund König *Heinrichs IV*. (1066 durch Fürsten abgesetzt)		Bistum Olmütz gegründet
1064	Ungarn erobern Belgrad von Byzanz		
1065		~ *Ezzo* (Bamberger Priester, Teilnehmer an dem Kreuzzug des Bischofs *Gunther* von Bamberg 1064/65): „Gesang von den Wundern Christi"	Hohe Schule in Bagdad gegründet. Wird Mittelpunkt arabisch. Kunst u. Wissenschaft
1066	† *Eduard der Bekenner* (* ~ 1002), engl. Kg. seit 1042; befreite England von der dänischen Herrschaft und begünstigte Normannen. Sein Schwager *Harald II*. wird Nachfolger *Wilhelm* (der Eroberer), Hzg. d. Normandie, besiegt bei Hastings Kg. *Harald II*. v. England und gewinnt engl. Thron; errichtet normannischen Lehnsstaat unter Beibehaltung der angelsächsischen Grafschaftverfassung (kgl. Gerichte)	≈ Durch die Normannen verbreitet sich die französ. Sprache in England (besonders beim Adel)	Neubau d. Klosters Monte Cassino (994 von d. Arabern zerstört). Erlangt m. Archiv und Bibliothek große kulturelle Bedeutung (1321 Bistum)

Frühromanische Dome	*Mehrstimmige Vokalmusik*	*Alchimie in Deutschland*	
Speyerer Dom (frühroman. Kreuzbasilika, Baubeginn 1030 als Grabstätte d. *salischen* Kaiser; bis ≈ 1200 zweimal umgebaut; erneuert im 19. Jhdt.) Norweg. Stabkirche v. Urnes (Holzbauweise m. Hauptstützen aus Rundhölzern, übereinandergeschichtete Dächer, phantast. Schnitzornamentik)			
~ Vorhallenreliefs in St. Emmeram, Regensburg ≈ Kirche Mont-Saint-Michel			Schachspiel in Italien bekannt
~ Klosterkirche St. Benoit-sur-Loire (roman.)			
		~ Alchimistische Studien am Hofe *Adalberts* von Bremen (d. Alchimie gelangte aus dem	arab. Spanien über Frankreich u. Italien nach Mitteleuropa)
Baubeginn d. Doms zu Minden (als frühom. Hallenkirche; ~ 1270 frühgot. fertiggestellt)			
~ Glasfenster mit Prophetenbildern im Augsburger Dom Weihe von St. Maria im Kapitol, Köln	*Wilhelm v. Hirsau*, Abt im Kloster Hirsau (Schwarzwald) bis 1091 (†), verfaßt musiktheoretischen Traktat		
≈ Verschmelzung des romanisch-normannischen und des angelsächsischen Stils (lange Kirchenschiffe mit großen Türmen über der Vierung)	≈ Spielleute in England erwähnt; singen zum Instrument u. machen Akrobaten-Kunststücke; sind rechtlos bis z. 15. Jhdt. Verwenden schon Dur-Tonarten für heitere Tanzlieder (während sonst nur Kirchentonarten i. Gebrauch sind)		

Normannen in Unteritalien
Sachsenaufstand

1070	*Welfen* (ital. Linie *Este*) erhalten Hzgt. Bayern v. *Heinrich IV*. ~ Höhepunkt der maurischen Abbadiden-Dynastie in Sevilla (1023—1091)	
1071	Byzanz verliert Kleinasien an die türk. Seldschuken, die hier das Reich von Konia (Ikonion) gründen. (Konia wird 1190 von Kreuzfahrern erobert und dadurch Byzanz von der Seldschukengefahr befreit)	Aachen als Stadt erwähnt
1072	Normannen unter *Robert Guiscard* erobern Palermo (Sizilien) und dringen auch gegen den Kirchenstaat vor (Papst versöhnt sich 1080 mit *Robert*, um freie Hand gegen den Kaiser zu gewinnen) *Melikschah* herrscht als Großsultan der	türk. Seldschuken (≈ 1000 von *Seldschuk* zum Islam bekehrt) über ein Reich v. Kleinasien bis Mesopotamien bis 1092 (dann zerfällt das Reich in Einzelstaaten, deren letzter, Ikonion, 1277 von den osmanischen Türken beseitigt wird)
1073		
1074	Die aufständischen Sachsen zerstören die Harzburg König *Heinrichs IV*. (1180 von *Barbarossa* neu erbaut)	
1075	Sachsenaufstand (seit 1073) von *Heinrich IV*. niedergeschlagen Papst *Gregor VII*. setzt den von *Heinrich IV*. ernannten Erzbischof *Theobald* von Mailand ab ≈ Lombardische Städte entwickeln Selbstverwaltung gegen bischöfliche Stadtherren	~ Stärkung des Feudaladels, Verfall der Königsmacht
1076		

	Frühscholastik · Investiturstreit	*Frühromanische Kunst*	
† *Gabirol (Salomon ben Jehuda ibn)*, erster jüd. Philosoph in Europa (Spanien) mit Einfluß auf die Scholastik; schrieb „Der Lebensquell" (arab.) (* 1021) Kaufleute aus Amalfi	gründen in Jerusalem den Johanniterorden mit Rittern, Priestern u. dienenden Brüdern z. Krankenpflege. (Ordenskleidung schwarzer Mantel mit. weiß. Kreuz)	~ Mosaike in St. Gereon, Köln Benediktiner gründen Kloster Banz in Oberfranken Baubeginn der Kathedrale in York (normannisch - gotisch, 3türmig, Glasbilder, Plastiken; fertiggestellt 1472)	
Vorübergehender Sieg der kirchl. Reformbewegung d. Patarener gegen Adel u. hohe Geistlichkeit in Mai-	land (1075 niedergeworfen). Mailand wird zunehmend unabhängiger von seinen Erzbischöfen	~ „Teppich von Bayeux" schildert die Eroberung Englands durch die Normannen	
† *Petrus Damiani*, 1058 bis 1061 Kardinalbischof von Ostia, Anhänger der Cluny-Reformen (* 1007)	~ Cluny-Reform im Kloster Hirsau („Hirsauer Regel"). Hirsau wird Mittelpunkt der Partei v. Papst *Gregor VII.* (vgl. 910, 1048 Ph, 1091 K)	≈ Auf Sizilien ergibt sich nach der Eroberung durch die Normannen in d. Baukunst ein eigentüml. normannisch - arab. - byzantinischer Mischstil (bes. in Palermo) Ste.-Etienne u. Ste.-Trinité (gegründet 1059) in Caen (frz. romanische Kirchen mit Kreuzgratgewölben; erbaut von *Wilhelm d. Eroberer*)	Zunftordnung in Venedig (vgl. 1106, 1212, 72 etc.)
Gregor VII. (vorher einflußreich als Mönch *Hildebrand*) Papst bis 1085 (†, * ~ 1020). Kämpft gegen König	*Heinrich IV.* Verbietet Laieninvestitur u. Simonie. Setzt Zölibat durch	~ Wandmalereien in der Kirche S. Angelo in Formis b. Capua (zählen zu den wenigen erhaltenen monumentalen Wandmalereien des frühen Mittelalters)	
Papst *Gregor VII.* erläßt auf der Fastensynode in Rom das Dekret, daß höhere Geistliche keine gültige Ehe eingehen können (damit wird d.	Grundsatz d. Zölibats endgültig im Abendland verwirklicht, dem sich auch d. weltliche Gesetzgebung anschließt)		
Gregor VII. formuliert in 27 Lehrsätzen die Rechte des Papstes („Dictatus papae") Investiturstreit: Beginn des Streites um die Einsetzg. der Bischöfe und Äbte durch die Investitur mit Ring	und Stab (seit 9. Jhdt. durch die weltlichen Herrscher vorgenommen) zwischen Papst *Gregor VII.* und *Heinrich IV.* (beend. 1122 durch Wormser Konkordat, wobei *Heinrich V.* auf d. eigentl. Investitur verzichtet)	≈ Dt. Frühromanik (≈ 1000 bis ≈ 1150): Massige, horizontal betonte Kirchenbauten; Vierung im Schnittpunkt von Lang- und Querhaus als rationales Maß des Grundrisses; Vierungstürme; allmähliche Überwölbung d. Mittel- u. Seitenschiffe; Stützenwechsel in d. Seitenwänden; Rundbogen; Würfelkapitell; Grabkirchen	
Synode zu Worms setzt Papst *Gregor VII.* ab. *Gregor* antwortet auf d. Synode zu Rom	mit dem Bann über *Heinrich IV.*, der Abfall u. Aufstand gegen *Heinrich* zur Folge hat		

Investiturstreit · Canossa

1077	Durch den Bußgang nach Canossa erlangt König *Heinrich IV.* die Lösung des von Papst *Gregor VII.* 1076 ausgesprochenen Bannes. Stärkt dadurch seine Macht im Reich gegen d. Fürsten	*Rudolf* v. Schwaben Gegenkg. der dt. Fürsten zu *Heinrich IV.* bis 1080 (†) † *Agnes v. Poitou*, zweite Gattin Kaiser *Heinrichs III.* seit 1043, Regentin 1056 bis 1062 für ihren Sohn *Heinrich IV.*
1078		
1079	Hzgt. Schwaben kommt nach langen Kämpfen um die Herrschaft an die *Staufer* (Hzgt. zerfällt nach Aussterben der *Staufer* 1268)	
1080	König *Heinrich IV.* setzt Papst *Gregor VII.* ab, nachdem dieser zuvor zum zweitenmal über ihn Fluch und Absetzung verhängt hatte Markgräfin *Mathilde v. Toskana* schenkt ihr Erbgut der Kirche unter Vorbehalt des lebenslänglichen Nießbrau-	ches (wird nach ihrem Tod 1115 zunächst vom Kaiser besetzt) ~ Papst stützt sich bei der Auseinandersetzung mit dem Kaiser auf das unterital. Normannenreich, die Markgräfin *Mathilde von Toskana* und die lombardischen Städte
1081	Die Gefahr der Byzanz bedrohenden Normannen (in Thessalien) und türk. Seldschuken (in Kleinasien) rufen in Konstantinopel eine Militärrevolution hervor, die wieder ein Mitglied des mächtigen kleinasiat. Landadels (*Kom*-	*nenen*) auf d. Thron setzt (die *Komnenen* regieren bis 1185 u. schlagen Normannen u. Seldschuken zurück; vgl. 1057) * *Heinrich V.*, röm.-dt. Kaiser von 1106 bis 1125 (†)
1083	Madrid endgültig in christl. Händen	
1084	*Heinrich IV.* belagert Papst *Gregor VII.* in Rom (Engelsburg) und läßt sich vom Gegenpapst *Klemens III.* zum Kaiser krönen	*Robert Guiscard* befreit Papst *Gregor VII.*, der von Kaiser *Heinrich IV.* in Rom eingeschlossen ist. (*Gregor VII.* stirbt 1085 verbannt in Salerno)

Frühscholastik	*Mainzer Dom*	*Buchdruck in China*	
	Baubeginn der Feste Hohensalzberg (im dt. Sprachgebiet entst. bes. in d. roman. Zeit ca. 10000 Burgen)		
~† *Michael Psellos*, byzant. Philosoph trat f. *Plato* ein (*~ 1018)	*Wilhelm der Eroberer* veranlaßt Bau des Tower in London (erbaut bis ~ 1300; bis ~ 1500 Residenz, später Staatsgefängnis)		
* *Peter Abaelard*, frz. Scholastiker († 1142) „Hirsauer Regel" (entspricht der Klosterreform v. Cluny) (vgl. 1048 Ph, 91 K)			~ Verwendung von Hopfen zur Bierbereitung. Die Bierbrauerei wird von einem hauswirtschaftl. zu einem mit besond. Rechten ausgestatteten Zunftgewerbe
	~ Grabmal *Rudolfs* von Schwaben im Dom zu Merseburg (mit Bronzereliefs) ~ Mosaike im Dom zu Salerno (Frühwerke d. zunächst spätbyzant. beeinfl. ital.-roman. Malerei) ~ Reliefs in Santo Domingo de Silos (nordspan.-roman. Bildhauerwerke)		
	Neubau des Mainzer Doms (roman. 3schiffige Basilika mit Querschiff und 2 Chören; Anbauten und Neubauten bis ins 19. Jhdt.; vgl. 980)		
* *Jehuda Halevi*, jüd. Dichter und Philosoph aus Spanien († 1140)	~ Anbau des Ostchors am Speyrer Dom ~ Kathedrale von Ely/Engl. (spätnormann. Stil)	Druck mathematischer Bücher in China (bes. Arithmetik, die sich auf frühere Erkenntnisse stützt)	
Der heilige *Bruno von Köln* (*~ 1030, † 1101) grdt. Kartäuserkloster La Grande Chartreuse bei Grenoble (Kartäuser - Einsiedlerord. 1176 päpstlich bestätigt)			

	Normannen erobern Unteritalien	*Mittelhochdt. Literatur*	*Frühscholastik*
1085	Das spanische Kgr. Kastilien erobert Toledo von den Arabern Unteritalien („Sizilien diesseits d. Meerenge") vom Normannen *Robert Guiscard* (†) seit 1053 von Byzanz erobert. Gleichzeitig (1061—1091) erobert sein Bruder *Roger I.* Sizilien von den Arab. Byzanz besiegt d. Normannen nach ihrer Vertreibung aus Thessalien mit Hilfe Venedigs zur See. Venedig erlangt dafür wertvolle Handelsprivilegien, wodurch die Rivalität zwischen beiden Handelsmächten stark wächst		Kaiser *Heinrich IV.* verkündet in Mainz den „Gottesfrieden" (vgl. 1040) ~ „Physiologus" (1. Fassung eines christl. allegorischen Tierbuches, 2. u. 3. Fassung ≈ 1130). Alexandrin. Herkunft (vgl. 125)
1086	Mainzer Reichssynode Die Araber schlagen die Christen mit den zu Hilfe gerufenen berberischen *Almoraviden* (maurisch-islamische Sekte u. Dynastie) bei Sakala (*Almoraviden* erobern 1090 ganz arab. Spanien) Agrigent (Sizilien) an die Normannen † *Sema Kuang*, chin. Agrarreformer u. Historiker; beseitigte die seit etwa dem 8. Jhdt. bestehende Agrarkrise durch Verpachtung des Kronbesitzes, Enteignung der großen unrentablen Privatgüter (seitdem ist China ein Land der Kleinbauern) (* 1009) † *Wang An-shih*, chin. Staatsmann und Dichter; verwirklichte seit 1069 staatssozialistische Reformen zugunsten der Armen, formte die Beamtenausbildung um. Wurde auf Druck seiner Gegner entlassen und ging in die Verbannung; seine Reformen meist wieder aufgehoben (* 1021)		
1087	† *Wilhelm I.* (der Eroberer), Kg. von England seit 1066; Begrd. des engl.-normannischen Lehnsstaates mit Grafschaftsrecht (* 1027) *Wilhelm II. Rufus*, Sohn *Wilhelms I.* (des Eroberers), Kg. v. England bis 1100 (†, ermordet) Landgraf *Ludwig* (d. Springer) v. Thüringen (* 1042, † 1123) läßt Pfalzgraf *Friedrich* v. Sachsen ermorden, um dessen Gattin zu heiraten; entkommt d. Gefangenschaft d. Kaisers auf einer Burg b. Halle durch Sprung mit seinem Pferd in die Saale		

Frühromanische und chines. Kunst	Mehrstimmige Vokalmusik	Medizinschule in Salerno	
		~ † *Adam v. Bremen*, Domherr und Historiker; schrieb „Hamburgische Kirchengeschichte" 5624 Wassermühlen in England	
Unter dem Einfluß des Westgarten-Kreises um *Su Tung-p'o* verbreitet sich die Auffassung der Malerei als regelfreies „Tuschespiel" u. Kunst des Fortlassens, zur sinnlichen und geistigen Ergänzung auffordernd („Eineck-Stil" nach *Konfuzius*)			Grundbesitzbuch („Domesdaybook") *Wilhelms des Eroberers* ergibt für England etwa 2,5 Mill. Einwohner (ändert sich in den nächsten Jhdten. nicht sehr; erst im 17. Jhdt. Anstieg auf 5 Mill.)
Li Lung-mien: „Geistvolle Gesellschaft im Westgarten" (chin. Gruppenbildnis der Gesellschaft von 16 akademiefeindlichen Künstlern in K'ai-feng)		† *Constantinus Africanus* (aus Karthago), Mediziner; brachte erstmals das arabische Schrifttum des 10. Jhdts. nach Salerno, übersetzte es u. begründete so die Hochblüte dieser medizin. Schule im 12. Jhdt. (Pulslehre, Harnschau)	

Papst bekämpft Kaisertum · 1. Kreuzzug

1088		
1089	Die *Wettiner* werden Markgrafen von Meißen	
1090	*Welf von Bayern* (* 1073) heiratet *Mathilde v. Toskana* (* 1046). Diese Ehe wird vom Papst in kaiserfeindlicher Absicht gefördert wie auch der Bund lombardischer Städte 1093 Der *Almoraviden*-Emir von Marokko unterwirft das arabische Spanien (die	*Almoraviden*-Dynastie über Marokko u. Spanien wird 1147 durch die *Almohaden*-Dynastie gestürzt) Normannen erobern Malta (kommt 1530 an den von Rhodos vertriebenen Johanniterorden)
1091	~ Normannen eroberten Sizilien (seit 1061)	
1092	† *Wratislaw II.*, seit 1061 Herzog, seit 1086 König v. Böhmen (* ~ 1031) Seldschuken-Staat in Vorderasien wird geteilt	
1093	* *Konrad III.*, dt. Kg. von 1138 bis 1152 (†) Bündnis der lombardischen Städte ge-	gen Kaiser *Heinrich IV.*, der in Verona eingeschlossen wird (kehrt 1097 geschlagen nach Deutschland zurück)
1094	*Cid* erobert arab. Kleinstaat Valencia	
1095	Kg. *Alfons VI.* v. Kastilien überträgt Portugal als Grafsch. seinem Schwiegersohn *Heinrich v. Burgund* (dessen Sohn *Alfons I. d. Eroberer* wird 1139 Kg. v. Portugal; Haus *Burgund* herrscht bis 1383)	~ Ungarn unter Kg. *Ladislaus I.* (dem Heiligen [†], seit 1077) und Kg. *Koloman* (bis 1116 [†]) erobert Kroatien und Dalmatien
1096	Erster Kreuzzug zur Eroberung Jerusalems und Brechung der Macht des türkischen Islam von Papst *Urban II.* veranlaßt und von *Peter v. Amiens* durch Predigten unterstützt (bis 1099)	Ein schlecht ausgerüsteter Haufen armer Bauern zieht vor dem Kreuzritter-Heer durch Südosteuropa nach Kleinasien und wird dort vernichtend geschlagen. Reste schließen sich in Konstantinopel dem Ritterheer an

		„Hirsauer Bauschule" San Marco i. Venedig	
Frühscholastik · Kreuzzüge			
Urban II. Papst bis 1099 (†); stützt sich auf Normannen, beginnt Kreuzzüge † *Berengar von Tours*, frz. Scholastiker; lehrte Unveränderlichkeit v.	Brot und Wein im Abendmahl u. leugnet leibhaftige Gegenwart Christi. Lehre von der Kirche verurteilt (* ∼ 1000)	≈ Priester *Chung-Jen*: „Uferlandschaft" (chin. Tuschmalerei auf Seide)	
		Baubeg. d. 3. Klosterkirche in Cluny mit doppeltem Querhaus, 5schiff.	
		† *Kuo Hsi*, chin. Maler und Angehöriger der Akademie in K'aifeng; sein Sohn gibt seine Gedanken und Äußerungen über Malerei (bes. Landschaftsmalerei) heraus (* ∼ 1020)	
* *Bernhard von Clairvaux*, Kirchenlehrer in Frankreich († 1153)		Peter-Pauls-Kirche in Hirsau/Wttbg. (Baubeginn 1082); romanischer Musterbau der „Hirsauer Bauschule" Fassade des Doms i. Trier	
∼ * *Ibn Esra*, arab. jüd. Bibelerklärer und vielseitiger Gelehrter († 1167)			
Gründung d. Klosters Maria Laach durch Pfalzgraf *Heinrich II.* (vgl. 1156)			
		San Marco (Markuskirche) in Venedig (byzant. Kirchenbau mit 5 Kuppeln; Baubeginn 976)	
Papst *Urban II.* löst auf dem Konzil zu Clermont die Kreuzzugsbewegung aus (beend. 1291). Findet besonderen Anklang	auch bei armen Bauern (Hungerjahre), landlosen oder verschuldeten Rittern, Städten mit Orienthandels-Interessen	Cluniazenser-Kloster in Alpirsbach (Wttbg.)	
* *Hugo v. St. Viktor*, Scholastiker und Mystiker († 1141)		Baubeginn der Kathedrale in Norwich (engl.-normannischer Stil; Umbau ≈ 1375) ≈ St. Sernin in Toulouse (frz.-romanische Basilikakirche mit Tonnengewölbe und Reliefs im Chorumgang und am Hochaltar)	

	1. Kreuzzug	Altisländische u. mittelhochdeutsche Literatur	Frühscholastik
1097	*Heinrich IV.* verliert in Kämpfen seit 1090 Herrschaft in Italien und kehrt nach Deutschland zurück (wird 1105 von seinem Sohn, *Heinrich V.*, an der Spitze der päpstl. Partei gestürzt) Kreuzfahrer erobern Nicäa v. d. türk. Seldschuken zurück (die es 1080 erobert hatten)		
1098	Dänen zerstören die Festung Jomsburg der Wikinger auf Wollin (vermutlich das sagenhafte Vineta)		*Robert von Citeaux* (* ~ 1022, † 1110) aus dem Benediktinerorden grdt. Zisterzienserorden mit Benediktinerregeln und neuen Satzungen (Laienbrüder; trennt sich 1118 vom Benediktinerorden; dt. Zisterzienser-Klöster: Altencampen 1122, Ebrach 1127, Pforta 1127, Maulbronn 1139, Oliva 1170, Doberan 1171, Lehnin 1180, Chorin 1256) ~ * *Hildegard v. Bingen*, Äbtissin und Gelehrte; bekämpft kirchliche Mißstände, schreibt religiöse u. wissenschaftliche Werke († 1179)
1099	Kreuzheer unter *Gottfried von Bouillon* (* ~ 1060, † 1100) erobert Jerusalem. Bildung d. Kgrs. Jerusalem mit Lehnsstaaten unter *Gottfried* (1187 durch Sultan *Saladin* zurückerobert) † *Cid (Rodrigo Diaz)*, span. Nationalheld; führte ein Erobererleben, zeitweise auf seiten der Araber (* ~ 1045). Nach seinem Tode fällt das von ihm 1094 eroberte Valencia an die *Almoraviden* (vgl. 1090)		*Paschalis II.* Papst bis 1118 (†); beend. durch Anerkennung d. Belehnung Investiturstreit in England und Frankreich

Ostasiatische Kunst	*Frühe Mehrstimmigkeit*	*Arabische Wissenschaft*	
≈ Rajarani-Tempel zu Bhubanesvara (Orissa); kuppelartiger Tempelturm mit zahlr. Nebentürmchen; plast. Schmuck löst sich von der Fläche; häufiges (alt-buddhist.) Motiv: Frauengestalt, in d. Zweige eines Baumes greifend; hier in anmutig-tänzerischen Stellungen		~ Nicolas Prevost aus Tours: „Antidotarum" mit 2650 medizinischen Rezepten aus Salerno (wird 1549 gedruckt und gilt dann als verloren)	≈ Schemel mit Rückenlehnen (das frühe Mittelalter kennt den Stuhl nur als Ehrensitz)
≈ Notre-Dame-du Port, Clermont-Ferrand (roman. auf westgot. Grundlagen des 6. Jh.) ≈ Hochkultur der Khmer in Südhinterindien (u. a. Tempel in Angkor; Khmer-Kge. 880 bis 1260) ≈ Bemalte Fächerblätter bilden den Ausgangspunkt einer sich rasch entwickelnden weltlichen Malerei in Japan			≈ Aus England und Skandinavien gelangt d. „Mark" als Münzeinheit ins Rheingebiet. 1 Kölnische Mark = ½ Pfund (Silber) = 12 Schillinge = 144 Pfennige ≈ Kaufleute aus Nowgorod stoßen nach Sibirien vor ≈ Starke Ausdehnung des chinesischen Seehandels (u. a. bis Spanien)

	 *Feudalismus*	 *Ausbildung von Nationalsprachen*	*Frühscholastik*
1100	∼ *Albrecht der Bär (Askanier)*, ab 1134 Markgraf von Brandenburg († 1170) München urkundlich erwähnt (∼ 1158 Salzniederlage, Münzstätte und bald darauf Stadt) *Heinrich I.*, jüngster Sohn *Wilhelms I.* (des Eroberers), Kg. v. England bis 1135 (†); versöhnt durch Heirat Angelsachsen mit Normannen; stützt sich auf die Kirche (Konkordat 1107) ≈ Im Hochmittelalter dehnt sich das feudale Lehnswesen durch Niederadel (Ministerialen) und städt. Patriziat über d. ganze gesellschaftliche Leben aus (bis ≈ 1300) ≈ In Deutschland entwickelt sich die städtische Gemeindeverfassung: Keine grundherrliche Hörigkeit, eigene Gerichtsbarkeit mit Schöffen, Mitverwaltung eines Teils d. Einw., Marktrecht (im 12. Jhdt. kommt die Stadtmauer dazu) ∼ Stettin als Burg genannt ≈ Die Bauern im russ. Reich von Kiew sinken zu Leibeigenen herab ≈ Vermutete Besiedlung Polynesiens von Südamerika her (diese „Kon Tiki"-Theorie *Heyerdahls* ist stark umstritten; im allgem. wird Besiedlung von Südostasien aus angenommen)	∼ *Dschajadewa:* „Gitagowinda" (indisches, sinnbildliches Liebesgedicht in 12 Gesängen) ∼ Unter *Sämund dem Weisen* (* 1056, † 1133) beginnt Geschichtsschreibung auf Island ∼* *Wace*, anglonorm. Legendendichter († ∼ 1183) ∼ „Rolandslied" (altfrz. Nationalepos mit Verherrlichung *Karls d. Gr.*) ∼ „Das Spiel von den klugen und törichten Jungfrauen" (frz. gstl. Schauspiel, teilw. noch lateinisch) ∼ „Salve Regina" (lat. Mariendichtung in Form des Wechselgesangs) ≈ „Digenis Akritas" (byzant. Heldenepos, kennz. Entw. einer Literatur in d. griech. Volkssprache) ∼ „Deutsch" („diutisch") nicht nur zur Kennzeichnung der Sprache, sondern auch auf Land und Leute angewandt ≈ Blütezeit d. keltisch-kymrischen Schrifttums in Wales; u. a. „Maginobion" (Sagen in Prosa)	∼* *Arnold von Brescia*, Gegner der weltlichen Papstmacht († 1155, hingerichtet) ≈ Zerstörung d. heidnischen Tempels von Alt-Upsala vollendet die Christianisierung Schwedens

Romanik	„Ars antiqua"	Rechtsschule Bologna	

~ *Rogerus von Helmershausen*, Goldschmied: zwei Tragaltäre in Dom u. Franziskanerkirche Paderborn; schreibt vermutlich unt. d. Namen *Theophilus*: „Schedula diversarum artium" (das bedeutendste mittelalterl. Kunstlehrbuch)

≈ Weltgerichtsdarstellung i. Burgfelden/Schwäb. Alb (frühroman. Malerei)

≈ In der roman. Kirchenbaukunst setzt sich das Kreuzgewölbe im bisher meist flachgedeckten Mittelschiff durch

≈ Romanische Benediktiner-Stiftskirche in Hersfeld

≈ Stiftskirche in Reichenau-Niederzell

≈ Ruprechtskirche in Wien (roman.)

~ St. Jouin de Marnes (südfrz.-roman. Abteikirche, beeinfl. v. d. Hallenkirchenstil aus Poitiers)

≈ St. Germain des Prés (roman. Kirche in Paris, gegrdt. im 6. Jh.)

≈ Blütezeit roman. Bildhauerkunst in Südfrankr. (Arles, Moissac, Toulouse, St. Gilles)

≈ Pala d'Oro (Hochaltarvorsatz) f. San Marco in Venedig (1,4×3,5 m große byzant. Schmelzarbeit mit Edelsteinen aus Konstantinopel)

≈ San Miniato al Monte, Florenz (roman. Basilika mit geometrischen schwarz-weißen Marmorinkrustationen)

≈ An den europäischen Kirchen erscheinen kunstvoll geschmiedete Türbeschläge

~ Burg Chillon (schweizer. Wasserburg)

≈ Aufkommen des maurischen Stils in d. islam. Baukunst Spaniens u. Nordafrikas (bis 15. Jhdt.; reiche Stukkatur)

≈ In der islam. Baukunst entsteht das (tropfsteinhöhlenartige) Stalaktitengewölbe

≈ Tiergestalten in geometrisch begrenzten Feldern sind das Hauptmotiv der orientalischen und byzantinischen Weberei

≈ „Ars antiqua" („Alte Kunst") in der frz. Musik: Mehrstimm. einfacher Kontrapunkt mit ténor (Träger) und Diskant (bis z. 14. Jhdt.). Bisherige einfachere Zweistimmigkeit mit Quart- u. Terz-Parallelen tritt zurück gegenüber einem aufgelockerten Kontrapunkt i. Gegenbewegung

≈ Die seit *Gregor d. Gr.* beg. Regelung der Kirchenmusik ist im wesentlichen abgeschlossen: 8 Kirchentonarten (4 Haupt- u. 4 Neben-Tonarten im Anschluß an die griech.). Feststehende Messegesänge; Kyrie, Gloria, Credo, Sanctus, Benedictus, Agnus und gelegentliche: Introitus, Graduale, Hallelujah (mit Sequenz), Offertorium, Communio

≈ Zweistimmige Organa aus der Musikschule St. Martial in Limoges

* *Idrisi*, arab. Geograph († 1166)

~ Mönch *Theophilus* (vielleicht *Rogerus v. Helmershausen*) schreibt über Technik der Glasherstellung u. -verarbeitung, ferner über Glockenguß

≈ Anscheinend sind in Europa schon alte Rezepte zur Narkose bekannt („Schlafschwämme" mit Opiumsaft). Die meisten Operationen werden jedoch ohne Betäubung ausgeführt (bis ins 19. Jhdt.)

≈ Die Rechtsschule in Bologna studiert das römische Recht u. verhilft ihm, dem ital. Kirchenrecht, dem Zivil- und Strafrecht d. ital. Städte u. dem lombard. Lehnsrecht zur Verbreitung in ganz Europa (ihre Vorherrschaft dauert bis ≈ 1500)

≈ Unter der *Sung*-Dynastie in China hohe Blüte der historisch. Wissenschaften; daneben nur schwache Ansätze in den Naturwissenschaften

~ Beginn d. Kupferbergbaus in Schlesien

≈ Männerkleidg. in Deutschland: Gebauscht gegürtete Tunika bei den Vornehmen u. Schultermantel. In den Volksschichten hält sich d. alte fränk. Kleidung. Frauenkleidung in Deutschl.: Hemd, Unterkleid, oben enges, unten lang u. faltiges Oberkleid, z. T. mit weiten Hängeärmeln, Mantel. Handschuhe (im 13. Jhdt. Fingerhandschuhe)

≈ Männerkleidg. in Frankr.: Hemd, kurzer Rock mit weiten Ärmeln, kurze Hose, daran befestigt Tuchstrümpfe m. Beinlingen, Mantel auf beiden Schultern, auf der Brust schließbar, Knöchelschuhe, phrygische oder byzant. platte Mütze. Frauenkleidung in Frankr.: Langes Hemd und langer gegürt. Rock, kurzes Überkleid (nur bei den Vornehmen), Kopftuch, Schleier oder byzant. Mütze mit Kinnband

≈ Kegelförmiger Filzhut

≈ Kleine gewölbte Glasspiegel auf den Burgen; Spiegel am Gürtel und um den Hals

	Stärkung der französischen Zentralgewalt	Annolied	Frühscholastik Investiturstreit
1101	Roger II. Graf von Sizilien (herrscht bis 1154, vgl. 1130) Minsk Hauptstadt eines selbst. Fürstentums (im 14. Jhdt. zu Litauen, im 15. zu Polen)		
1103			Heinrich IV. nimmt im Landfrieden die unter d. Kreuzfahrern stark leidenden Juden in Schutz. Die Juden werden mehr u. mehr aus den „ehrlichen" Berufen (Handwerk) verdrängt
1104	Aufstand Heinrichs V. gegen seinen Vater Kaiser Heinrich IV.; dieser muß 1105 abdanken Alfons I. König von Aragonien bis 1134 (†)		Kirche erreicht in Frankr. Verzicht der Kge. auf Investitur, i. Engl. 1107 (vgl. 1075) Abzweigung d. Erzbistums Lund (Südschweden) vom Erzbistum Hamburg (1106 Bistum in Island)
1106	† Heinrich IV., röm.-dt. Kaiser von 1056 bis 1105 (* 1050) Heinrich V. röm.-dt. Kaiser (Krönung 1111) bis 1125 (†, * 1081); letzter Salier; schließt Wormser Konkordat	~ „Annolied" von einem mittelfränk. Geistlichen (mittelhochdeutsch, Weltgeschichte und Lob des heiligen Anno v. Köln)	
1107	Verona wird Freistaat		Kg. Heinrich I. von England schließt Vergleich im Investiturstreit durch das Konkordat v. Canterbury
1108	Ludwig VI. (der Dicke) Kg. v. Frankreich bis 1137 (†). Mit Unterstützung von Bürgertum u. Kirche erstarkt Königsmacht gegen Adel		

Chinesische Kunst	„Ars antiqua"	Arabische Wissenschaft	
Der akademiefreundliche chin. Kaiser und Maler *Hui-tsung* (* 1082, † 1135) besteigt den Thron in K'ai-feng. Der Westgarten-Kreis löst sich auf (vgl. 1086) † *Su Tung-p'o*, chin. Maler, Dichter und Staatsmann d. Westgarten-Kreises (vgl. 1086); schrieb Aphorismen zur Kunst im Sinne des regelfeindlichen Meditations-Buddhismus (* 1036)		*Heinrich I.* befiehlt Festlegung der Längeneinheit (sächsische) „Elle"	≈ Von Frankreich her hat sich das Turnier als ritterliches Kampfspiel allgemein verbreitet (im 14. Jhdt. auch bei den Byzantinern und Arabern; verschwindet im 16. Jhdt.)
∼ *Han Jo-Cho* (*∼ 1050, †∼1125): „Sperlinge im reifen Reis" (chin. Malerei aus der K'ai-feng-Akademie; wahrsch. einzig erhaltenes Werk des Malers)			≈ Fahnenwagen (Karraschen) in Deutschland und Italien
		Erstes in Europa erwähntes Hammerwerk (Katalonien)	
† *Li Lung-mien*, chin. Maler eines rein zeichnerischen Stils, stand dem Meditations- (Ch'an) Buddhismus nahe; u. a. „Vimalakirti" (Darstellung des geistvollen Weltmannes und Jüngers *Buddhas*); gilt als größter Figurenmaler der Sungzeit (* 1049) Romanischer Kaiserdom in Speyer (Baubeginn ∼ 1030; vgl. 1060)			Schiffer in Worms bilden erste dt. Zunft (1128 Schuhmacher in Würzburg, 1149 Bettziechenweber in Köln, 1158 Schuhmacher in Magdeburg usw.)
Kaiser *Hui-tsung:* „Taube auf Pfirsichzweig" (chin. Malerei) † *Mi Fu*, chin. Landschaftsmaler d. akademiefeindl. Westgarten-Kreises			

	Aufstand der sächsischen Fürsten gegen den Kaiser	*Frühscholastik · Anselm v. Canterbury*	
1109		† *Anselm von Canterbury*, Philosoph i. England, „Vater der Scholastik"; gab den ontologischen Gottesbeweis (* 1033)	
1110	Grafen *von Schaumburg* erhalten Holstein (1290 geteilt, Hauptlinie stirbt 1459 aus)		
1111	Kg. *Heinrich V.* nimmt Papst *Paschalis II.* in der Peterskirche gefangen u. erzwingt von ihm Investitur u. Kaiserkrönung (Papst nimmt Zugeständnis 1112 zurück, flieht 1117 vor dem Kaiser nach Unteritalien) Speyer Reichsstadt (— 30 röm. Militärstation; seit 346 Bistum)	† *Al Gazali (Algazel)*, arab. Theologe, skeptisch gegen Philosophie u. Wissenschaft;	schrieb „Belebung der Religionswissenschaften" (* 1059)
1112	Aufstand d. Sachsenhzgs. *Lothar (III.)* u. Erzbischofs *Adalbert* von Mainz gegen Kaiser *Heinrich V.* (vgl. 1115)		
1113	*Wladimir II. Monomachos* Großfürst von Kiew bis 1125 (†, * 1053); vereinigt große Teile Rußlands	Papst *Paschalis II.* gibt d. Johanniterorden eigene Verfassg., dieser widmet sich als geistl.	Ritter-Orden besond. der Krankenpflege („Hospitalbrüder")
1114		Augustiner-Chorherrenstift in Klosterneuburg/Wien gegründet	(wird zum Sammelplatz wichtiger Kunstdenkmäler)
1115	Niederlage Kaiser *Heinrichs V.* am Welfesholz im Kampf gegen Aufstand der sächs. Fürsten (der Kaiser meistert die bedrohliche Lage durch Wormser Konkordat 1122) † Markgräfin *Mathilde von Toskana* (* 1046); vermacht der Kirche ausgedehnte Ländereien, die zunächst vom Kaiser besetzt werden (Anspruch des Papstes wird erst 1209 von *Otto IV.* anerkannt) Grafen von *Scheyern* legen ihren Sitz von Scheyern nach Wittelsbach. Von nun an „*Wittelsbacher*"	*Bernhard v. Clairvaux* grdt. Zisterzienserkloster Clairvaux	
1116			

Chinesische Kunstsammlung	Ärztin Trota		
	≈ Trota, Ärztin in Salerno, schreibt über Entbindung,	Mißgeburten, Arzneimittel, Kosmetik	
∼ Hui-Tsung, chin. Kaiser 1101 bis 1125, läßt Katalog seiner Sammlung mit etwa 6400 Gemälden zusammenstellen (gehen später fast sämtlich verloren)			
Säulenbasilika von Paulinzella (von Hirsauer Mönchen bis 1132 erbaut; 1525 zerstört)			
	Steinkohlenverwendung in Deutschland nach-	weisbar (in England schon im 9. Jhdt.)	∼ Erster europ. Steinkohlenbergbau vom Kloster Klosterrade (heute Rolduc)
	* Bhaskara, ind. Mathematiker († 1185)	* Gerhard von Cremona, mittelalterl. Gelehrter († 1187)	
∼ 5 m hohes Steinrelief der Kreuzabnahme in der Grottenkapelle der Externsteine im Teutoburger Wald (Paderborner Meister vermutet. Vorher an dieser Stelle germanische Kultstätte)	Planmäßige Seezeichen a. d. Nord- u. Ostseeküste		
	2. Ausgabe der sog. „Nestorschen Chronik" (behandelt d. Geschichte	d. Dnjepr-Gebietes von 850 bis 1110; eine der ältesten russ. Chroniken)	

	Araber verlieren Saragossa *Wormser Konkordat*	*Frühscholastik · Erste Lateransynode*	
1117			
1118	Das span. Kgr. Aragonien erobert Saragossa v. d. Mauren	~ * *Thomas Becket*, Erzbischof von Canterbury († 1170)	
1119		Tempelorden z. Schutz des Heiligen Grabes in Jerusalem gegrdt. (1128 vom Papst bestätigt; 1312 aufgelöst)	*Kalixt II.* Papst bis 1124 (+); beendet 1122 Investiturstreit Univ. Bologna gegrdt. (bes. Röm. Recht)
1120	Hzge. von Zähringen gründen Freiburg im Breisgau mit Kölner Stadtrecht	~ * *Johann von Salisbury*, engl. Historiker und Philosoph († 1180)	
1121		*Norbert* (* ~ 1085, † 1134), ab 1126 Erzbischof v. Magdeburg, grdt. Prämonstratenserorden mit Augustinerregel; Mittelpkt. i. Magdeburger Marienstift (betreibt vor allem Wenden-Mission)	Der erste (seit 1112) Bischof *Eirik (Erikson)* auf dem normannisch besiedelten Grönland (seit 984) besucht christl.-normannische Kolonie in „Vinland" an der Ostküste Nordamerikas (entdeckt ~ 1000)
1122	~ * *Friedrich I.* (Barbarossa), röm.-dt. Kaiser von 1152 bis 1190 (†) Wormser Konkordat (vgl. Philosophie)	*Petrus Venerabilis* Abt v. Cluny bis 1155 (†, * ~ 1092); stellt Klosterzucht wieder her, fördert Kongregation von Cluny, schützt *Abaelard* Wormser Konkordat zwischen Papst *Ka-*	*lixt II.* und Kaiser *Heinrich V.*: Kaiser verzichtet auf Investitur, belehnt aber die geistlichen Fürsten mit dem weltlichen Besitz vor ihrer Weihe (Ende des Investiturstreites [seit 1075])
1123	Die *Kin* (Dschurdschen) beseitigen seit 1115 mit chines. Hilfe die *Liao*-Dynastie der *K'i-tan* in Nordchina (seit 937; *Kin*-Dynastie bis 1234)	Erste Lateransynode unter Papst *Kalixt II.*; behandelt Wormser Konkordat	

Troubadoure	*Romanik*	
	Basilika di San Michele in Pavia (schon 730 lombard. Krönungs-	kirche) wird in lombard.-roman. Stil umgebaut (geweiht 1155)
	Kathedrale San Lorenzo in Genua (1312 gotisch umgebaut, 1567 mit Renaissancekuppel versehen)	Dom in Pisa (Baubeginn 1063, 5-schiffige Basilika mit Vierlingskuppel und Schauseite aus weißem Marmor im toskan.-roman. Stil)
* *Ferîd-ud-Dîn Attar*, pers. Dichter († 1229) ∼ *Philippe de Thaon*: „Li Cumpoz" (anglonormann. Kalender)	Dekrete in Rom schützen Trajans- und Marc-Aurel-Säule	
	* *Chao Po-chü*, chin. Maler aus dem *Sung*-Kaiserhaus († 1182) ∼ Heiliges Grab in d. Stiftskirche zu Gernrode (roman. Bildhauerarbeit) ∼ In Caen (Normandie) berühren sich der hochromanische Stil mit Ansätzen zum gotischen: St. Etienne (Überwölbung des Mittelschiffes mit Kreuzgratgewölbe, Kapellen-	kranz um Chor); Ste. Trinité (Übergang vom Kreuzgrat- zum tragenden Kreuzrippengewölbe; vgl. 1137) ∼ St. Front i. Périgueux (Neubau nach Brand; Bauanlage aus dem 11. Jhdt., eine der ältesten roman. Kirchen Frankrs. mit wenig gegliederten Wandflächen; byzant. beeinflußte Kuppelkirche)
	Dom in Piacenza (lombard.-roman. Stil) Baubeginn d. Freiburger Münsters (spätroman. Querhaus, dreischiffiges gotisch. Langhaus und hochgot. Turm i. 13.—14. Jhdt., spätgotisch. Chor 1354—1513)	
∼ † *Omar Chajjam*, pers. Dichter u. Naturforscher; schrieb „Rubaijat" (600 geistr. u. freidenker. Vierzeiler); verbesserte pers. Kalender (* ∼ 1027)	St. Bartholomäus-Kirche in London (normann.-got.) Kathedrale von Tewkesbury (engl.-roman.-normann.)	

	Kampf der Staufer gegen Welfen	*Troubadoure*	*Frühscholastik*
1124	Hzg. *Wratislaw I.* v. Pommern-Stettin nimmt v. Bischof *Otto v. Bamberg* das Christentum an (seine Söhne werden 1170 dt. Herzöge) Stettin größte u. älteste Stadt Pommerns (~ 1100 als Burg genannt)		Bischof *Otto v. Bamberg* (* ~ 1060, †1139) wirkt als Missionar in Pommern („Apostel d. Pommern", bis 1128)
1125	† *Heinrich V.*, röm.-dt. Kaiser (letzter *Salier*) seit 1106 (* 1081) *Lothar III.* von Sachsen *(Welfe)* röm.-dt. Kaiser bis 1137 (†) (Kaiserkrönung 1133) Beginn des Kampfes zwischen *Staufern* und *Welfen* (vgl. 1127) Nach Aussterben d. slaw. Obotritenfürsten kommt Südostholstein (Wagrien) an Schleswig (1139 an Holstein) *Vicelin* verbreitet dort Christentum	† *Cosmas von Prag*, schrieb „Chronica Bohemorum" (ältest. böhmische Chronik) (* 1045) ~ *Lamprecht d. Pfaffe:* „Alexanderlied" (erste größere dt. Dichtung weltlichen Inhalts; frz. beeinflußt) „Kyrie eleison" (eine der frühesten Dichtungen in tschechisch. Sprache) ≈ Ur-Tristan entsteht (kelt. Sagengestalt)	*Yüan - wu* (* 1063. † 1135): „Aufzeichnungen vom grünen Felsen" (Kommentar zu den ~ 1050 entstandenen Lehrsätzen und Gedichten des chin. Meditations-Buddhismus) erscheint im Druck
1126	Kaiser *Lothar III.* belehnt seinen Schwiegersohn Welfenherzog *Heinrich d. Stolzen* v. Bayern († 1139) mit dem Herzogtum Sachsen		**Averroës* (*Ibn Ruschd*), arab. Aristoteliker († 1198)
1127	*Konrad III.*, *Staufer*hzg. in Ostfranken, wird als Gegenkönig zu König *Lothar* aufgestellt (gewählt 1138). *Lothar* nimmt Nürnberg (1129) und Speyer (1130) ein und schließt 1134 Friede mit den *Staufern* Die *Sung*-Dynastie wird v. d. tungus. *Kin* nach Süden vertrieben; die „Süd-*Sung*"-Dynastie verlegt die Hauptstadt von K'ai-feng nach Hang-tschou (bis 1279); der kunstfreudige Kaiser *Hui-tsung* wird in die Gefangenschaft geführt	† *Ava*, dt. Dichterin religiöser Gedichte; schrieb poetische „Geschichte des Neuen Bundes" † Graf *Wilhelm VII. von Poitiers;* gilt als erster Troubadour; seine Lyrik ist teilw. derb-sinnlich, verwendet Landschaftsbilder	

	Romanik	Höfische Musik „Ars antiqua"	Arabische Wissenschaft	
	Grabkapelle eines japan. *Fujiwara*-Prinzen („Goldene Halle") bei Hiraizumi (Goldmalerei auf Schwarzlack, Perlmutt-Arbeiten, Bronzebeschläge)		Kompaß in China	
	≈ Bildhauer *Wilhelm* in Italien, u. a. Reliefs des Domes in Modena, frz. beeinflußt ∼ Kathedrale von Autun (südfrz.-roman. Stil mit zahlr. Bildhauerarbeiten, bes. an den Portalen) ∼ Notre-Dame-la Grande (roman. Hallenkirche in Poitiers; Baubeginn Ende d. 11. Jhdts., ist Vorbild zahlr. frz.-roman. Hallenkirchen) ∼ Wandgemälde in d. Kirche zu St. Savin, dar. „Thronender Christus" (frz.-roman. Malerei) ≈ In der roman. Plastik Frankreichs findet das Gewand u. sein Faltenwurf eine zunehmend differenzierte Darstellung parallel mit der stärkeren Plastik der Figuren; diese erhalten jedoch nur gelegentl. eine naturalist. Ausgestaltung (wie in der Proto-Renaiss. in St. Gilles) ≈ Angkor-Vat-Tempel (Kambodscha, Indochina) mit zahlr., teilweise stark bewegten Flachreliefs mit ind.-religiösen u. höfischen Motiven	≈ Beginn d. Blüte der südfrz. Troubadour- und nordfrz. Trouvères-Musik (vgl. 1150)	∼ * *Helmold*, Historiker aus Holstein († ∼ 1180)	≈ Verwendung v. Schreib-Graphitstiften bei der Herstellung v. Handschriften nachgewiesen
	∼ Langhaus-Umbau in St. Hilaire, Poitiers			
	∼ *Chang Tse-tuan*, Begleiter d. gefangenen chin. Kaisers, malt lange farbige Handrolle „Ch'ing-ming-Fest" ∼ *Su Han-ch'en*, chin. Maler der *Sung*-Dynastie, malt vorzugsweise Kinderbilder Neugründung d. chin. Akademie in Hang-tschou St. Matthias in Trier (roman., fertiggestellt in d. 2. Hälfte d. 12. Jhdts.)			Ritterturnier in Dtl. (kommt aus Nordfrankreich) (vgl. 1313 Ph, 13. Jh., 1559 V)

	Normannisches Königreich Neapel	Rolandslied Troubadoure	Frühscholastik Gegenpäpste
1128			
1129	* *Heinrich der Löwe*, *Welfen*herzog von Sachsen und Bayern († 1195) † *Shirakawa*, jap. Kaiser; befreite sich mit Hilfe der Kronfeldherren (Shogun) von der Vorherrschaft der *Fujiwara*-Familie. Dadurch entscheidende Stärkung der Shogun-Macht (vgl. 1192)		
1130	Die *Ludovinger* (seit ~ 1050 führend in Thüringen) erhalten Landgrafenwürde. Zunächst den übrigen thür. Grafen nicht übergeordnet, versuchen sie in der Folgezeit, diese unter ihre Macht zu beugen Der Normanne *Roger II.* läßt sich von Papst *Anaklet II.* zum Kg. „beider Sizilien" (d. h. Unteritalien u. Sizilien oder Kgr. Neapel) krönen (zwingt 1139 *Innozenz II.* zur Anerkennung)	*Konrad der Pfaffe:* „Rolandslied" (dt. Übersetzung des altfrz. Nationalepos) ~ *Philippe de Thaon:* „Le Bestiaire" (Tierbuch i. anglonormann. Sprache)	*Innozenz II.* Papst bis 1143 (†); flieht vor *Anaklet II.* n. Frankr. und wird 1133 von *Lothar III.* wieder n. Rom geführt *Anaklet II.* Gegenpapst zu *Innozenz II.* bis 1138 (†); stützt sich auf Normannen und Mailand * *Chu Hsi*, chin. konfuzian. Staatsphilosoph († 1200)
1132			
1133	*Innozenz II.* krönt *Lothar III.* in Rom zum Kaiser, der den Gegenpapst *Anaklet II.* aus Rom vertrieb		
1134	*Albrecht der Bär* erhält von *Lothar III.* von Sachsen Nord-(Alt-)mark. (Die *Askanier* bleiben Markgrafen von Brandenburg bis 1319) Navarra selbständig		
1135	*Stephan von Blois*, Enkel Kg. *Wilhelms I.* (des Eroberers), wird Kg. v. Engl. bis 1154 (†) gegen die Ansprüche von *Mathilde*, der Tochter Kg. *Heinrichs I.* Die ital. Linie des Hauses *Este (Fulc-Este)* entsteht (im 16. Jhdt. ist ihr Hof in Ferrara ein Mittelpunkt der ital. Renaiss.; Mannesstamm stirbt 1803 aus)		* *Moses Maimonides*, Rabbiner u. jüd. Religionsphilosoph aus Spanien in Palästina u. Ägypten († 1204)

Romanische Kirchen	Höfische Musik „Ars antiqua"	Arabische Wissenschaft	
S. Clemente (Oberkirche) in Rom (roman. Kirche, Baubeginn ~1110, mit Mosaik in d. Apsis) Kathedrale in Santiago (span.-roman., Baubeginn 1078); Schwesterkirche zu St. Sernin in Toulouse			Zunft der Schuhmacher in Würzburg
Dom in Quedlinburg (roman. dreischiff. flachgedeckte Basilika; Baubeginn Ende 11. Jhdt.; got. Chor 1321) Dom in Cremona begonnen (Glockenturm 1284)			
~ Domkirche in Olmütz (später got. umgebaut) ~ Kathedrale in Sens (Anfänge frz. Gotik) ~ Mittelportal von Ste. Madeleine in Vézelay (südfrz.-roman. Plastiken u. Reliefs) Baubeg. d. Kathedrale zu Chartres (nach Brand 1194 i. J. 1260 geweiht; vgl. 1155, 1220) ≈ S. Ambrogio, Mailand (romanisch, gegründet 4. Jh.) Chor der Kathedrale v. Coventry geweiht (im Bau seit 1070)			
San Giovanni degli Eremiti in Palermo (Kirche mit 5 roten Kuppeln im arab.-normann. Stil)			
~ Notre Dame in Paray le Monial (frz. roman. Kirche; zeigt den für diese Epoche kennzeichnenden kreuzförmigen Grundriß)			Erste neuzeitliche steinerne Brücke in Würzburg (Regensburg 1146, London 1209)
~ Dom in Ferrara (vollendet 14. Jh.)			
Klosterkirche Königslutter gegründet (Kreuzgang ~1170) ~ Wandmalerei im Gewölbe des Langhauses der Kirche zu Idensen/ Niedersachsen (gilt als einzigartig für Norddeutschland)			

	Albrecht der Bär besiegt Wenden Stauferkönige	*Troubadoure*	*Frühscholastik Gegenpäpste*
1136	Wenden verlieren in langen Kämpfen (bis 1157) Prignitz und Havelland an den Markgrafen der Nordmark *Albrecht den Bären* Niederlausitz kommt an die *Wettiner* Markgrafen von Meißen (1303 an Brandenburg)	*Abaelard:* „Historia calamitatum mearum" (schildert sein Liebesverhältnis zur *Heloise*)	
1137	† *Lothar III.* von Sachsen, röm.-dt. Kaiser seit 1125 (* ~ 1060) *Ludwig VII.* (der Junge) Kg. v. Frankreich bis 1180 (†); heiratet die sittenlose *Eleonore von Aquitanien* († 1202), die nach der Scheidung 1152 *Heinrich II.* von England heiratet *Suger* (* 1081, † 1151), Abt von Saint Denis seit 1122, ist einflußreicher frz. Staatsmann Aragonien u. Barcelona durch Heirat vereinigt	~ Der provenzal. Troubadour *Marcabrun* († ~ 1150) dichtet seine Lieder, von denen viele die Minne schmähen	
1138	*Konrad III.* dt. Kg. bis 1152 (†), erster *Staufer*herrscher (*Staufer* herrschen bis 1254); begünstigt *Babenberger* gegen *Welfen* (vgl. 1142) *Boleslaw III.* von Polen teilt den Staat vor seinem Tode unter seine 5 Söhne (die nächsten 200 Jahre ist Polen ein schwaches Großfürstentum) Kg. *Stephan von Blois* von England besiegt die Schotten; innere Kämpfe mit den englischen Baronen		
1139	Toskana unter *staufischer* Reichsverwaltung bis 1266 (Kaiser erkennen die Schenkung der letzten Markgräfin *Mathilde* [† 1115] an die Päpste nicht an) Kg. *Roger II.* von Sizilien zwingt Papst *Innozenz II.* durch Gefangennahme zu seiner Anerkennung Portugal wird Königreich (vgl. 1095)		Zweite Lateransynode in Rom: Papst *Innozenz II.* verdammt alle Handlungen des Gegenpapstes *Anaklet II.*

	Romanik Französische Frühgotik	Höfische Musik „Ars antiqua"	Hochschule Montpellier	
			Abraham bar Chyja (* ~ 1070, † ~ 1136): „Liber embadorum" (jüd.-span. Mathematik)	
	Romanischer Kaiserdom in Mainz im wesentl. fertiggestellt (Baubeginn 1081) ~ Portal von St. Pierre in Moissac (südfrz.-roman., mit reichem Figurenschmuck) Baubeg. v. S. Denis b. Paris (bis 1144). Die hier erstmals hervortretende franz. Frühgotik (bis ≈ 1200) vereinigt Spitzbogen (aus Burgund), Rippengewölbe (aus d. Normandie; vgl. 1120) u. Strebewerk (teilw. schon in d. Antike verwendet). Gotik in Frankr. bis ≈ 1500		*Geoffrey of Monmouth:* „Geschichte d. Könige der Briten" (engl. Geschichtswerk in lat. Sprache, erstmalige Erwähnung des Zauberers u. Propheten Merlin aus der Runde des Königs *Artus*) ~ Medizinschule Montpellier beginnt sich zu entwickeln	
	~ St. Zeno in Verona (ital.-roman. Basilika-Kirche; Fassade mit Fensterrose ~ 1225)			

	Kampf der Welfen und Babenberger	Troubadoure	Frühscholastik Abaelard
1140	Ludwig II. (d. Eiserne) Landgraf von Thüringen bis 1172 (†); bricht die das Land bedrückende Macht des Adels („Landgraf werde hart") ~ Graf *Adolf II.* v. Holstein gewinnt Gebiet d. Wagrier, siedelt westfälische und friesische Bauern an	~ * *Bertran de Born*, Troubadour in England († ~ 1215) ~ *Heinrich von Melk*: „Marienlied" (Hymn.) ~ Epos vom „Cid" (span. Spielmannsdichtung, frz. beeinfl.; Beginn des span. Heldenepos) † *Jehuda Halevi*, jüd. Dichter u. Philosoph aus Spanien; seine Gedichte über das Schicksal des jüd. Volkes wurden z. T. ins jüd. Gebetbuch übernommen (* 1083)	Französ. Kloster La Trappe gegrdt. (wird 1662 der Ausgangspunkt der strengen Zisterzienser - Reform der Trappisten) *Jehuda Halevi* (†) hält Glauben u. Philosophie im Sinne *Al Gazalis* für unvereinbar
1141	*Heinrich II.* (Jasomirgott) Markgraf (ab 1156 Herzog) von Österreich bis 1177 (†); schafft 1159 Münzstätte in Krems, macht Wien zur Residenz, fördert Außenhandel mit dem Orient über die Donau *Géza II.* Kg. v. Ungarn bis 1161 (†); siedelt Deutsche in Oberungarn (Zips) und Siebenbürgen an	* *Nisâmî*, neupers. Dichter; Begründer d. romant. Epos in der pers. Literatur († 1202)	† *Hugo v. St. Viktor*, Scholastiker und Mystiker in Paris (* 1096 in Sachsen)
1142	Kampf der *Welfen* und *Babenberger* um Sachsen und Bayern (seit 1139) endet mit dem Frieden zu Frankfurt: *Heinrich d. Löwe* behält Sachsen; Bayern an *Heinrich II.* von Österreich (1156 auch an *Heinrich den Löwen*). *Albrecht der Bär* gewinnt Havelland (ab 1150 „Markgraf von Brandenburg") Naumburg a. d. Saale wird Stadt	~ Briefwechsel mit *Heloise* von *Abaelard* (†) frei gestaltet	† *Peter Abaelard*, frz. Scholastiker, bes. Logik der Allgemeinbegriffe(„Universalien"). Entmannt wegen Liebesverhältnis zu *Heloise*, der Nichte des Abtes *Fulbert* (*1079)
1143	Lübeck durch Graf *Adolf II.* von Holstein neu gegründet (Altlübeck 1066 erwähnt, wurde 1138 verwüstet); wird von *Heinrich d. Löwen* ab 1159 besonders gefördert In Rom wird die Republik nach klassischem Vorbild ausgerufen		
1144	Christl. Fürstentum Edessa von den Seldschuken erobert	~ * *Chrétien de Troyes*, frz. höfischer Romandichter († ~ 1191)	

Romanik Französische Frühgotik	Höfische Musik „Ars antiqua"	Medizinische Prüfung	
~* *Liang K'ai*, chin. Maler (+ 1210) ~Reliquienschrein d. hl. Hadelinus mit Jesus als Sieger (Silberarbeit u. Bronzeguß; ältest. Reliquienschrein i. Maasgebiet, Saint-Marzin i. Visé)		König *Roger II.* v. Neapel macht die Zulassung von Ärzten von einer Prüfung vor der medizin. Fakultät in Salerno abhängig (dasselbe durch Kaiser *Friedrich II.* 1224)	~ *Roger II.* bringt arabische Seiden-Kunstweberei n. Palermo und d. übrigen Sizilien
Fassade d. Abteikirche in St. Gilles (in d. Plastiken zeigt sich eine Wiederbelebung antiker Formen [sog. Proto-Renaissance], deren Einfl. hier in d. Provence am stärksten ist)			
Kathedrale in Durham (engl.-normann. Stil, Baubeginn ~ 1093) Capella Palatina in Palermo (normannische Kirche in einem der Gotik ähnl. Stil mit bedeutenden Mosaiken)			1. Brauereigerechtigkeit an das Kloster Weihenstephan bei Freising
~ Dom zu Lund (schwed.-roman.)			Hungersnot in Europa

	2. Kreuzzug	Troubadoure	Hochscholastik Bernhard v. Clairvaux
1146	*Roger II.* v. Sizilien setzt sich in Tunis und Tripolis fest	≈ Die Troubadoure dichten und singen ihre höfische Lyrik in der Sprache der Provence (diese wird ≈ 1400 durch das Nordfrz. verdrängt, bleibt aber als Mundart)	Bischof *Otto v. Freising* (* ~ 1114, †1158) schreibt auf aristotel.-august. Grundlage geschichtsphilosophische Chronik „Chronicon sive historia de duabus civitatibus" („Chronik oderGeschichted.beid. [weltl. u. göttl.] Reiche"; bis 1209 v. *Otto v. St. Blasien* fortgesetzt)
1147	Zweiter Kreuzzug wegen der Eroberung Edessas (Lehnsstaat d. Kgrs. Jerusalem in Nordmesopotamien), veranlaßt durch *Bernhard v. Clairvaux* unter König *Konrad III.* und Kg. *Ludwig VII.* v. Frankr. (bis 1149, ohne Erfolg) Kg. *Alfons I.* (d. Eroberer) v. Portugal erobert v. d. Arabern Lissabon und macht es statt Coimbra zu s. Hauptstadt Die maurisch-islamische Berberdynast. d. *Almohaden* beseitigt in Nordafrika die Dynastie d. *Almoraviden* (seit 1036; erobert 1195 auch Spanien) Sevilla (712 v. d. Arabern erobert) wird Hauptstadt der arab. *Almohaden* mit hoher Blüte des kulturellen Lebens (1248 an Kastilien) Moskau urkundlich erwähnt	≈ Geistl. Epiphanias-Spiel aus Toledo (span., 147 Verse, dramat. Form)	*Bernhard von Clairvaux* veranlaßt 2. Kreuzzug unter *Konrad III.* (bis 1149), der fehlschlägt
1148	~ *Roger II.* v. Sizilien verwüstet Griechenland 2. Kreuzzug scheitert vor Damaskus		
1150	*Heinrich d. Löwe* grdt. Stadt Braunschweig (Dorf Bruneswik 1031 erwähnt) ~ Sachsen werden in Ungarn (Siebenbürgen) angesiedelt (ihre Selbstverw. wird 1224 bestätigt) ≈ Während die Stammesherzogtümer an Bedeutung verlieren, gewinnen die landesherrl. Gebiete unter weltl. und geistl. Fürsten (Reichsfürsten) an Einfluß, (vgl. 1180) *Erich d. Heilige* v. Schweden († 1160) erobert in einem Kreuzzug gegen Finnland Tavastland *Albrecht d. Bär* (* ~ 1100, † 1170) erbt Mark Brandenburg (vgl. 1157)	~ * *Saxo Grammaticus*, dän. Historiker u. Schreiber des Erzbischofs *Absalon* († 1220) ~ *Konrad der Pfaffe*: „Kaiserchronik" (mittelhochdt. Dichtung über die Kaiser von *Cäsar* bis *Konrad III.* in Anlehnung an das „Annolied" von ~ 1106) ~ „König Rother" (dt. Spielmannsepos einer Königswerbung)	~ Universität Paris entst. aus d. Zusammenschl. d. geistlichen Schulen. Beginn des europ. Universitätswesens ≈ Beginn der Hochscholastik in der röm.-christl. Philosophie, (bis ≈ 1300) welche unter starker Heranziehung der aristotelischen Philosophie den Glauben weitgehend mit Vernunftsgründen zu beweisen sucht

	Kathedrale zu Chartres *Französische Frühgotik*	*Höfische Musik* *„Ars antiqua"*	*Arabische* *Wissenschaft*	
			Donaubrücke in Regensburg (Steinbrücke, 305 m lg.; beg. 1135)	
	~ In Japan entstehen Handrollen mit erzählenden Bilderfolgen (Makimono) als stärkster Ausdruck d. entstehend. national-weltl. Malerei. U. a. 4 „Genji-Rollen" zur Dichtung d. „Genji-monogatari" (vgl. 1000), Darstellung d. höfischen Lebens			≈ In Italien entstehen die „Montes", weltliche Kapitalvereinigungen zur Unterbringung von Anleihen. Erhielten als Gesellschaft Einnahmequellen, wodurch das kirchliche Verbot des Zinsnehmens umgangen wurde (vgl. 1362)
	~ Baptisterium, Florenz Doppelkapelle mit Ober- und Unterkirche i. Schwarzrheindorf b. Bonn (roman. Stil, Wandgem. aus d. 12. Jh., geweiht 1151)		† *Ari*, isl. Geschichtsschreiber; schrieb „Isländerbuch" mit der Geschichte Islands bis zu seiner Zeit	
	~ Westportal d. Kathedrale zu Chartres (Plastiken säulenhaft erstarrt; ≈ 1200 belebt sich d. frz. got. Plastik wieder) ~ St. Trophime in Arles (südfrz.-roman. Kirche mit reichem Figurenschmuck, besonders am Portal; bis ~ 1180) Norweg. Stabkirche in Borgund (vgl. 1060) ~ Romanische Fresken in der Kirche von Prüfening ≈ Amida-Buddha mit 25 Begleitern (Bodhisattva) (japan. Seidengemälde f. d. Tempelburg Heians, früher. Aufenthaltsort des Amida-Priesters *Eshin*)	~ „Arnsteiner Marienleich" (religiöses Lied) ≈ Einstimmige weltl. Kunstmusik der Troubadoure in Südfrankreich (bis ≈ 1300)	~ Handwerk der Goldschläger in Nürnberg erwähnt Araber bringen Technik d. Papierherstellung nach Spanien (vgl. 793) ~ *Idrisi*: „Weltbeschreibung" mit Karten (arabisch) ≈ Medizinische Schule in Bologna	≈ Städtesiegel kommen auf ≈ Im Rittertum verbreitet sich der Gebrauch von Wappen (entsteht aus dem Schutzschild mit Erkennungszeichen) ≈ Wappensiegel kommen auf ≈ In Deutschland entstehen d. Familiennamen (Nachnamen); oft Berufs- und Herkunftsbezeichnungen

	 *Entwicklung des Stadtrechts*	 *Troubadoure Tischzuchten*	*Hochscholastik Kreuzzüge*
Im 12. Jahrhundert	Soest wird Stadt (sein Stadtrecht wird Grundlage des Lübischen; wird führend im Ostseehandel; ~ 1278 Hansestadt) Skandinavische u. deutsche Handelsniederlassungen in Nowgorod. Die Macht Kiews zerfällt ≈ Ende des Toltekischen Reiches in Mexiko; Kulturquelle des mittelamerikanischen Reiches: Schrift, Kalender, Religion, Kunst; Pyramidenbauten (Höhepunkt etwa im 6. Jh.). Beeinflußt in der Folgezeit Maya-Kultur in Mittelmexiko (vgl. 1191) Höhepunkt der durch Bewässerungstechniken gekennzeichneten Indianerkulturen der Anasazi, Mogollon, Hohokam und Patayan im SW Nordamerikas (Arizona)	*Gautier de Coincy*: „Marienmirakel" (altfranz. geistl. Dichtg.) *Krishnamishra*: „Mondaufgang der Erkenntnis" (ind. allegorisches Schauspiel. Eines der letzten bedeutend. altind. Schauspiele) *Petrus Alphonsi*: „Disciplina clericalis" (span.-lat. Tischzucht für Geistliche) „Phagifacetus" (lat., am Anfang d. mittelalterl. Tischzucht-Literatur; übersetzt 1490 von *Sebastian Brant*) Übergang von der altenglischen (angelsächsischen) zur mittelenglischen Sprache Von Nordfrankreich aus verbreitet sich die erzählende Ritterdichtung (im 13. Jhdt. auch in Deutschland) Die lat. abgefaßten kirchl. Mysterienspiele erhalten in Frankreich volkstüml. Einlagen i. d. Umgangssprache (dasselbe gilt für Deutschl. i. 13. Jhdt.) Überwiegen d. religiösen Themen (Sünde, Buße) über weltliche Stoffe in der europ. Dichtung Der röm. Dichter *Vergil* († —19) wird in der Sage zum Zauberer. Lose mit Zitaten aus seinen Werken dienen zur Weissagung (diese *Vergil*-Gestalt verwendet *Dante*) Das Wort „deutsch" bürgert sich in Deutschland ein (vgl. 786, 1100) „Kalevala" (finnisches Heldenepos)	*Simon Darschan*: „Jalkut" (umfass. ethisch erbauliche Auslegung [„Midrasch"] der 24 Bücher d. Alt. Testaments im Sinne d. jüd. Religion) Während d. Kreuzzüge entstehen ritterliche Krankenpflegeorden, die Krankenhäuser errichten Die Oberherrschaft d. Grundherren über die auf ihrem Boden stehenden Kirchen gewinnt die feste Form des Patronats In den Niederlanden entstehen „Beginenhöfe" (religiöse Frauenvereinigungen ohne Gelübde)

 Romanik Französische Frühgotik	Höfische Musik „Ars antiqua"	Salerno Bergbau	
Romanische Pfeilerbasilika in der Stadt Brandenburg	*Leoninus*, ein Hauptmeister der „Ars antiqua" in Paris; schreibt dreistimmige Organalsätze, verwendet Rhythmus im Sinne der Versmetrik; freierer Kontrapunkt der Motetusform (vgl. 1100 u. 13. Jhdt.)	Förderung mineralogischer Studien durch Ausdehnung des dt. Bergbaus (niedergelegt im 13. Jh. in „De mineralibus" von *Albertus Magnus* u. im „Bergbüchlein", erscheint 1509)	Gemeindeeigentum an Wald u. Weideland (Allmende) mit genossenschaftlicher Nutzung in den fränkischen u. alemannischen Gebieten (gibt es bis zur Gegenwart)
Peterskirche in München (eine d. ältesten Bauten i. M.)			
Kaiserburg in Nürnberg mit Doppelkapelle			
Bronzegrabmal Erzbischof *Friedrichs von Wettin* im Magdeburger Dom			Entwicklung der Warenmessen im Anschluß an den Gottesdienst. Bis ≈ 1300 sind die Messen der Champagne die bedeutendsten
Bildwirkereien in Halberstadt		Zahlreiche wissenschaftl. Werke, besonders auch mathematische, werden aus dem Arabischen ins Lateinische übersetzt	
Backsteinbau kommt in Norddeutschland auf. (Führt in den folgenden Jhdtn. zur Backsteingotik)			
Erzengel Michael erscheint in d. Kunst als Führer d. himml. Heerscharen im Kampf geg. d. Mächte d. Finsternis; (∼ 1200 auch als Drachentöter)		Höhepunkt der medizin. Schule in Salerno (≈ 1100 bis ≈ 1225): Etwa 20 Ärzte bilden „Civitas Hippocratica", darunter Magister *Urso* (∼ 1163), der auch Philosoph (Neuplatoniker) u. Theologe ist	Neben die Klosterwerkstätten treten die bürgerl. Handwerker. Außer der Kirche beginnen Ritter u. (später) die Städte als Auftraggeber aufzutreten
Marienkirche in Bergen/Norw. (dt. beeinfl. Stil)	Aus dem mehrsaitigen Polychord entsteht das Klavichord (klavierartiges Tasten-Saiten-Instrument)		
Reliefs mit „Jüngstem Gericht" an d. Kathedrale zu Autun (Burgund)			
Frz. gotische Glasmalerei in der Kathedrale in St. Denis			
Neue Blüte d. spätbyzant. beeinfl. Mosaikkunst in Italien (Cefalù, Monreale, Venedig u. a.; von ≈ 1080 bis ≈ 1300)	Nach Beseitigung der alten kultisch. Tanzbräuche beginnen die verschiedenen Stände neue Tanzformen zu entwickeln (u. a. Volkstänze nach Tanzliedern)		Der Wechsel (Zahlungsverpflichtg.) als Eigen-Wechsel mit Wohnortsangabe urkundlich nachgewiesen
Mosaike d. Kuppeln u. oberen Wände in S. Marco, Venedig (spätbyzant. Stil)		Höhepunkt i. steinernen Burgenbau	
Die rein byzant. Wandmalerei u. Mosaikkunst in Kiew u. Nowgorod geht über in d. russ. Ikonenmalerei (Höhepunkt ≈ 1400, Verfall im 17. Jhdt.)		Blüte der niederländ. Eisenindustrie	Anfänge einer genossenschaftlichen Versicherung gegen Brand und Viehseuchen in Island
		Schießpulver in China	
Ind. Tempel in Halebid (turmloser Tempel auf sternförm. Grundriß, durchbrochene Steinfenster, südwestl. Dekkanstil)			Stickerei - Werkstätten in Palermo (arab. beeinflußt; Stickereien der Reichskleinodien: Mantel, Handschuh, Schuhe)
Brahmanischer Tempelturm in Puri (ind. Hochtempel, viele Plastiken an d. Außenwänden)	 Münster in Basel, und Synagoge in Worms		
Blütezeit der buddhistischen Kultur in Birma; in 3 Jhdten. entstehen ca. 5000 Tempel			Araber stellen Ledertapeten her (Cordoba-Tapeten)
Chines. Plastiken aus Holz und Ton (oft farbig) der *Sung*-Zeit zeigen einen individuelleren und aufgelockerteren Stil gegenüber der *T'ang*-Zeit			Schachspiel gelangt nach England

	Barbarossa	Troubadoure Minnesänger	Hochscholastik Hildegard v. Bingen
1151		~ *Nivardus:* „Ysengrinus" (lat. Tiererzählung vom Fuchs)	*Hildegard von Bingen:* „Liber Scivias"(Schilderung von Visionen, prophet. Gesichten, Bußmahnungen; wirkt stark auf d. Zeitgen.)
1152	† *Konrad III.*, dt. Kg. seit 1138, Gegenkönig seit 1127 (* 1093) *Friedrich I.* (Barbarossa) röm.-dt. Kaiser bis 1190 (†) (Kaiserkrönung 1155)	~ Die frühesten (anonymen) dt. Minnelieder sind meist sog. „Frauenstrophen" (weibl. Liebesmonolog; später analoge „Männerstrophen")	Irländische Kirche d. Papst unterstellt
1153			† *Bernhard von Clairvaux*, erster Zisterzienserabt, Gegner *Abaelards*, Kreuzzugprediger; förderte Christus-Mystik u. Marienverehrung (* 1091)
1154	*Heinrich II.*, Sohn von Graf *Gottfried V. v. Anjou-Plantagenet* u. engl.-normann. Erbtochter *Mathilde*, Kg. v. England bis 1189 (†); erwirbt durch Erbschaft Bretagne, Normandie, Anjou, Maine, Touraine, durch Heirat mit *Eleonore von Aquitanien* (1152) Poitou, Guyenne, Gascogne, d. h. ganz Westfrankr. Das Haus *Plantagenet* herrscht bis 1485, wo es in den Rosenkriegen als Haus *York* zugrunde geht		*Hadrian IV.* (engl.) Papst bis 1159 (†); beginnt Kampf gegen *Hohenstaufen*, schließt 1156 Vertrag mit Sizilien
1155	Kaiserkrönung *Friedrichs I.* (Barbarossa) in Rom ~ * *Dschingis Khan*, Gründer u. Herrscher eines mongolischen Weltreiches von 1206 bis 1227 (†) Ulm Reichsstadt (seit 1027 Stadt; neben Augsburg führende schwäb. Stadt, Leinen- u. Barchentweberei)	≈ „Das Spiel vom Antichrist" (Schausp in lat. Sprache)	† *Arnold von Brescia*, Gegner der weltlichen Macht des Papsttums in öffentlichen Reden, in Rom hingerichtet (* ~ 1100) Karmeliter - Bettelorden auf dem Berge Karmel (Nordpalästina) gegrdt. zunächst als Eremitenvereinigung (päpstl. bestätigt 1226, eigentlicher Bettelorden 1253)

Romanik Französische Frühgotik	Höfische Musik „Ars antiqua"	Hildegard von Bingen	
Doppelkapelle Schwarzrheindorf mit roman. Wandmalerei (Langhaus ~ 1170) ≈ Höhepunkt der japan. Lackkunst (Malerei, Einlegearbeiten) Bischof *Heinrich von Winchester* sendet in Rom erworbene antike Statuen nach England		~ *Irnerius* erster bedeutender Lehrer der Rechtsschule in Bologna (Schule seit ≈ 1100)	≈ Kreuzfahrer bringen schwarze Ratte nach Europa, deren Flöhe die Pest verbreiten
Dom in Stavanger (norweg., engl. beeinflußter Steinbau, Baubeginn 1130; got. Chor 1272)			
~ Kölner Meister *Eilbertus*: Tragaltar mit den Kardinaltugenden (Gruben-, Zellenschmelz, gravierte Kupferplatte) Kathedrale in Senlis begonnen		~ *Hildegard von Bingen*: „Physica" (naturwissensch.-medizin. Schrift, kennt u. a. 18 Edelsteine mit speziellen Heilwirkungen) u. „Causae et curae" („Ursache und Behandlung von Krankheiten", auf der antiken Viersäftelehre beruhend)	Brauordnung in Augsburg (älteste dt.; 1420 in München, vgl. 1516)

	Machtkampf zwischen Kaiser- und Papsttum	Troubadoure Minnesänger	Hochscholastik
1156	Reichstag in Regensburg: Österreich wird Herzogtum, *Heinrich der Löwe* erhält Herzogtum Bayern Leipzig erhält Magdeburgisches Stadtrecht; wirtschaftliche Bedeutung durch Verkehr Halle—Breslau (später Frankfurt a. M.—Krakau) *Rainald von Dassel* († 1167) Reichskanzler und Erzbischof von Köln (1159); unterstützt Kaiser *Friedrich I.* gegen den Papst Kampf der erstarkenden Kriegerfamilien um die Macht in Japan (endet 1192 mit der Errichtung des Shogunats durch *Yoritomo*)	~ Mit der provenzalischen Troubadourdichtung des *Bernart von Ventadorn* († ~ 1195) wird eine Blütezeit dieser höfischen Kunstdichtung eingeleitet (bis ~ 1250) ≈ In Frankreich entsteht eine höfische Lyrik in Anlehnung an die provenzalischen Troubadoure	
1157	Auf dem Reichstag von Besançon kommt es zum Zusammenstoß des Kaisers und der Fürsten mit Gesandten des Papstes um die Frage, ob die Kaiserkrone ein päpstliches „beneficium" („Lehen", „Wohltat") sei *Albrecht der Bär*, Markgraf von Brandenburg, erobert Prignitz und Havelland (seit 1136) * *Richard I.* (Löwenherz), Kg. v. Engl. von 1189 bis 1199 (†)	~ *Der von Kürenberg*, erster namentl. bek. dt. Minnesänger, dichtet einf. volkstüml. Lieder	
1158	Hrzg. *Heinrich der Löwe* grdt. München. M. erhält Marktrecht, Münze und Zollbrücke Nach Unterwerfung Mailands wird die Herrschaft des Kaisers in Italien wiederhergestellt. Der Roncalische Hoftag beschließt die „Constitutio de regalibus", welche die grundherrlichen, politischen und fiskalischen Rechte des Kaisers in Italien (Regalien) aufzählt, u. a. Münz-, Bergwerk-, Zoll-, Jagd-, Fischerei-, Juden-Regal		
1159	Neugrdg. Lübecks durch *Heinrich d. Löwen*		*Alexander III.* Papst bis 1181 (†); Gegner Kaiser *Friedrichs I.*, Freund von Kunst u. Wissenschaft (1160 v. Gegenpapst *Viktor IV.* gebannt; kehrt 1165 nach Rom zurück)

Romanik Französische Frühgotik	Höfische Musik „Ars antiqua"	Salerno Bologna	
Klosterkirche Maria Laach geweiht (dreischiffige roman. Basilika mit zwei Querhäusern, zwei Chören, 5 Türmen, Kreuzgewölbe)			
Abteikirche St. Georges in Boscherville (normannische streng - gewölbte, ornamentarme Basilika-Kirche, Baubeginn ~ 1114)			Erste Erwähnung des Kegelspiels
			~ München wird Mittelpunkt des Salzhandels aus Reichenhall Zunft der Schuhmacher in Magdeburg
~ In Lübeck entsteht erste Marienkirche (wahrsch. Holz- od. Fachwerkbau)			

	Machtkampf zwischen Kaiser- und Papsttum	Troubadoure Minnesänger	Hochscholastik
1160	*Albrecht der Bär* grdt. Stendal als Marktort (erhält Magdeburger Recht; später Hansestadt) Spandau bei Berlin gegrdt. (wird 1232 Stadt) Malaien gründen Singapur als Hauptstadt ihres Reiches in Südmalakka	~ *Ditmar von Aist*, österr. Minnesänger, schreibt erstes „Tagelied" (Tag beendet Stelldichein) ~ *Heinrich von Melk*: „Erinnerung an den Tod" und „Priesterleben" (sittenkritische Gedichte)	† *Petrus Lombardus*, Scholastiker und Bischof v. Paris, Schüler *Abaelards*; schrieb „Sententiarum libri IV" (Sammlung und Erläuterung v. Glaubenssätzen der Kirchenväter; wird maßgeb. Lehrbuch der Glaubenslehre)
1161	Trier erhält Stadtrecht		
1162	Kaiser *Friedrich I.* (Barbarossa) zerstört im Kampf gegen die von Papst *Alexander III.* unterstützten oberital.-lombardischen Städte Mailand		
1163	Das bisher zu Polen gehörende Schlesien erhält eigene Herzöge für Breslau u. Ratibor aus d. polnischen Herrscherhaus d. *Piasten* (fördern im 13. Jhdt. deutsche Einwanderung)		
1164	Katalonien kommt durch Heirat zum Königreich Aragonien	~ Tätigkeit des sich „*Archipoeta*" nennenden lat. Dichters beim Erzbischof von Köln (u.a. „Lebensbeichte")	
1165	* *Heinrich VI.*, Sohn Kaiser *Friedrichs I.*, röm.-dt. Kaiser von 1190 bis 1197 (†) * *Philipp II. August*, Kg. von Frankr. von 1180 bis 1223 (†)	~ * *Hartmann v. Aue*, mittelhochdt. Meister des höfischen Epos († ~ 1215) ~ *Wace*: „Roman de Brut" (Reimchronik mit der Tafelrunde des Königs *Artus*; W. gilt als erster namentl. bekannter Dichter der frz. Literatur	~ *Heinrich d. Löwe* grdt. Bistümer Oldenburg u. Schwerin Gegenpapst spricht *Karl d. Gr.* heilig (Kirche läßt nur Verehrung als Seliger zu)

Romanik Französische Frühgotik	Höfische Musik „Ars antiqua"	Arabische Wissenschaft	
~ Bronzetüren mit Leben Christi aus Magdeburger Gießhütte für den Dom in Nowgorod	≈ Der frühe Minnesang ist vom ländlichen Tanzlied beeinflußt		
S. Cataldo in Palermo (normannische Kirche, byzant.-arab. beeinfl. Stil, das Äußere kubisch mit 3 aufgesetzten Kuppeln)			Constitutum Usus von Pisa (frühestes Handels- und Seerecht)
Kathedrale in Poitiers (frühgot., fertiggestellt Anf. des 14. Jhdts.) „Weltenwächter" (japan. farbige Holzplastik im Stil d. *Fujiwara*-Zeit)			
Pariser Kathedrale Notre-Dame (got., fertiggestellt im 14. Jhdt.)			
~ Kuppel-Reliquiar aus dem *Welfen*schatz von *Fridericus* aus dem Kloster St. Pantaleon in Köln (reicher ornamentaler u. figürl. Schmuck, farbige Schmelzarbeiten) ~ Buddhist. Felsbauten und Felsskulpturen bei Pollonaruwa (seit 846 Hauptstadt v. Ceylon) unter Kg. *Parakrama Bahu* (d. Gr.); bis 6 m hohe Buddha-Figuren			

	Kaiser unterwirft Rom	Troubadoure Minnesänger	Hochscholastik
1166		≈ Aufführung kirchlicher Dramen in London („Misteries" und „Miracles")	
1167	Kaiser *Friedrich I.* unterwirft Rom und bestätigt dessen Selbstverwaltung. Papst *Alexander III.* flieht. Seuche zwingt den Kaiser zum Rückzug. „Lombardische Liga" gegen d. Kaiser Fürst *Pribislaw* von Mecklenburg, aus d. Stamm d. slaw. Obotriten wird Vasall Hzg. *Heinrichs des Löwen* von Sachsen; endgültige Festigung des Christentums i. M. (*Pribislaw* wird 1170 Reichsfürst u. ist Stammvater des bis 1918 herrschenden Hauses) Wismar genannt (1229 als Stadt bezeugt) * *Johann* (ohne Land), Bruder *Richards I.* (Löwenherz), Kg. v. Engl. von 1199 bis 1216 (†)	~ *Marie de France*: „Lais" (Sammlg. frz. ritterl. Erzählungen) ~ *Heinrich von Veldeke* (* ~ 1140, † ~ 1200): „Servatiuslegende" (niederl. Dichtung) ≈ Beginn der höfisch-ritterlich. Blüte staufischer Dichtung nach französ. Vorbildern. Ausbildung einer dt. Hochsprache (bis ≈ 1250)	† *Ibn Esra*, arab.-jüd. Bibelerklärer; schrieb auch über Philosophie, Astronomie, Mathematik, Grammatik (* ~ 1092) † *Rainald von Dassel* im Heerlager vor Rom, Erzbischof von Köln seit 1159; brachte aus dem 1162 zerstörten Mailand Dreikönigsreliquien nach Köln (* ~ 1120)
1168	Kg. *Waldemar I.* (d. Gr.) v. Dänemark (1157 bis 1182) erobert Rügen im Kampf gegen d. heidnischen Wenden (wird von slaw. Fürsten unter dän. Oberhoheit regiert und 1325 mit Pommern-Wolgast vereinigt), zerstört slaw. Burg Urkan (Arkona a. Rügen; hier befindet sich auch der Tempel des vierköpfigen Gottes Swantewit)	*Chrétien de Troyes* (bald auch *Hartmann v. Aue*) behandelt die bretonische Sage des *Artus*-Ritters Iwein	
1170	† *Albrecht d. Bär*, seit 1134 Markgraf d. Nordmark, seit 1157 im Bes. d. Havellandes mit Brandenburg (* ~ 1100) Lübeck erhält Soester Stadtrecht (verbreitet sich als Lübisches Recht u. a. auf Kiel 1242, Reval 1257, Memel 1258, Danzig 1263, Wismar 1266) Handelsboykott gegen den Handel Venedigs im Byzant. Reich. Venedig entgilt durch Wegnahme Ragusas (1184 Blutbad unter den Venezianern u. a. „Lateinern" in Konstantinopel)	~* *Wolfram v. Eschenbach*, mittelhochdt. Dichter († ~ 1220) ~ *Heinrich der Gleisner*: „Reinhart Fuchs" (ältestes dt. Tierepos nach dem frz. Vorbild „Roman de Renard") ~ * *Walther von der Vogelweide*, dt. Minnesänger ritterlicher Abstammung († ~ 1230)	† *Thomas Becket*, Erzbischof von Canterbury, als Gegner der kirchlichen Machtbestrebungen Kg. *Heinrichs II.* ermord. (Heinrich bereut 1174 an seinem Grabe) (* ~ 1118) El-Azhar-Universität in Kairo gegrdt. (vgl. 970)

Romanik Französische Frühgotik	Höfische Musik „Ars antiqua"	Arabische Wissenschaft	
Bonner Münster geweiht (ergänzt bis 1224 und nach 1239) Wandgemälde im St. Patroklus-Münster in Soest (frühroman. Bau aus d. 10.—13. Jhdt.) Bronzelöwe auf dem Burgplatz in Braunschweig		† *Idrisi*, arab. Geograph; durchreiste Spanien, Nordafrika (bis ins Innere), Kleinasien; gelangte bis England; fertigte für König *Roger II.* von Sizilien ein silbernes Erdbild, gestützt auf die Ansichten *Ptolemäus'* (* 1100)	
			≈ Einseitig geprägte Münzen auf dünnem Silberblech (Brakteaten) führen wegen ihres größeren Durchmessers zu einem Höhepunkt der Stempelschneiderkunst
~ Abteikirche St. Rémi in Reims (frühgot., Baubeginn im 11. Jhdt.) ~ Umbau d. St. Peter-Doms in Worms (frühroman. Anlage von ~ 1000 bis 1025; roman. Basilika mit 2 Chören, 4 Rundtürmen, 2 achteckigen Zentraltürmen über der Vierung u. Westchor; fertiggestellt ~ 1250) ≈ Antependium mit Kreuzigung aus der Walburgiskirche Soest (gilt als ältestes dt. Tafelbild)	Dreiteilige Gliederung der Strophen in der mhdt. Lyrik (2 Stollen als Auf- und Abgesang)		~ Der engl. Geistliche *Johannes von Tilbury* entwickelt in „Nova ars notaria" ein Kurzschriftsystem Nordseesturmflut erweitert Zuidersee und bildet Inseln Texel u. Wieringen

	Kaiser unterliegt in Oberitalien	*Troubadoure Minnesänger*	*Hochscholastik Ketzergerichte*
1171	Kg. *Heinrich II.* v. Engl. landet in Irland u. läßt sich als „Herr von Irland" vom Papst bestätigen *Saladin* (* 1138, † 1193) begründet in Ägypten Dynastie d. *Ejjubiden* (bis 1252); unterwirft 1174 Damaskus und Syrien und besiegt 1183 Mesopotamien und Seldschukenfürsten in Kleinasien	~ „Oswald-Epos" (mittelfränk. Sage um Kg. *Oswald von Northumbrien* [† 642])	
1172	Rothenburg ob der Tauber erhält Stadtrecht Venedig setzt großen Rat ein (500 Mitglieder der Aristokratie), der die Macht des Dogen beschränkt	~ *Benoit de Sainte-More* (Normanne): „Roman de Troie" (altfrz. Bearbeitung der Troja-Sage)	*Heinrich d. Löwe* pilgert n. Palästina (bis 1173)
1173	*Béla III.* Kg. v. Ungarn bis 1196; Ungarn dehnt sich auf der Balkanhalbinsel aus	≈ Die Spielmannsdichtung des 12. und 13. Jh. kennt stehende Formeln für Einleitg., Übergänge u. Schluß sowie wiederkehrende Motive u. Situationen; bevorzugt Kreuzzugserzählungen	*Petrus Waldus* aus Lyon verbreitet Bibel in Übersetzungen; daher die Sekte der Waldenser, die v. d. Dominikanern verfolgt werden. Es entstehen geistl. Ketzergerichte und damit die Anfänge der Inquisition (als päpstl. Einrichtung ab 1232)
1174	~ * *Otto IV.* von Braunschweig, Sohn *Heinrichs des Löwen*, röm.-dt. Kaiser von 1198 bis 1218 (†), zeitweise als *welfischer* Gegenkönig		
1175	Spandauer Burg v. d. Askaniern a. d. Stelle d. heutigen Zitadelle verlegt	~ *Giraut de Bornelh*, Troubadour einfacher Herkunft, dichtet bis ~ 1220 u. wird zum anerkannten Meister der Troubadoure seiner Zeit	~ * *Alexander von Hales*, engl. Aristoteliker († 1245) „Hortus deliciarum" („Garten des Vergnügens") d. Äbtissin *Herrad von Landsberg*. (Elsässische Handschr. m. Federzeichnungen; zum Unterricht von Kindern verwendet: 1870 in Straßburg verbrannt)
1176	Lombardische Städte besiegen Kaiser *Friedrich I.* (Barbarossa) in der Schlacht bei Legnano, wodurch Wiederherstellung der Kaisermacht in Ober- und Mittelitalien mißlingt ~ Zitadelle von Kairo entsteht		

Romanik Französische Frühgotik	Höfische Musik „Ars antiqua"	Arabische Wissenschaft	
			~ Grdg. d. span. Alcantara-Ritterordens gegen d. Mauren (1218 mit der Stadt A. beschenkt)
		* *Ibn al Kifti*, arab. Gelehrter u. Biograph († 1248)	~ Silberbergbau b. Freiberg/Sachs. beginnt
Heinrich der Löwe gründet neuen Dom in Braunschweig ~ *Fujiwara Mitsunaga*: „Bandainagon-Makimono" (3 japan. Bilderrollen) Lübecker Dom gegrdt. (im 13. u. 14. Jhdt. gotisch erweitert)			Erste geschichtl. nachweisbare Grippeepidemie
~ Mosaike im Dom zu Monreale (ital., spätbyzant. Stil) ~ Kathedrale in Wells/Engl.			
~ Liebfrauenkirche in Halberstadt (viertürmiger roman. Bau) ≈ Kathedrale in Oxford (engl., im wesentlichen gotisch) ≈ Unter d. arab. *Almohaden* entsteht Alkazar (Königspalast) in Sevilla			
Neubau d. Straßburger Münsters (roman. Dom seit 1015; spätrom.-frühgot. Chor u. Querschiff bis ~ 1250; 1235 bis 1275 got. Langhaus; ab 1276 hochgot. Westfassade; 1439 m. Nordturm fertiggest.). Münster brannte viermal i. Jh. ab			

	Niederlage Heinrichs des Löwen	Troubadoure Minnesänge,	Hochscholastik
1178		*Walther von Châtillon:* „Alexandreïs" (mittellat. *Alexander*dichtg.) * *Snorri Sturluson*, isl. Dichter, Historiker u. Politiker († 1241)	
1179	*Heinrich der Löwe* wird wegen Nichtteilnahme an den Zügen des Kaisers nach Italien, 1174 u. 1176, geächtet und verliert in den folgenden Jahren seine Herzogtümer Sachsen u. Bayern (1181 nach Unterwerfung begnadigt)		† *Hildegard von Bingen*, Äbtissin und Gelehrte; bekämpfte kirchliche Mißstände, wurde bekannt durch ihre Visionen (* ~ 1098) Dritte Lateransynode regelt d. Papstwahl
1180	~ * *Philipp* von Schwaben, Sohn des *Staufer*kaisers *Friedrich I.*, dt. Gegenkönig gegen *Welfen*könig *Otto IV.* von Braunschweig von 1198 bis 1208 (†, ermord.) Nach Ächtung *Heinrichs des Löwen* (Exil in England) geht das Hzgt. Sachsen auf die *Askanier* über, die nur in den Gebieten um Lauenburg u. Wittenberg herrschen (Teilung 1260) Nach Auflösung des Stammesherzogtums Sachsen wird Westfalen selbst. Hzgt. unter d. Erzbschf. v. Köln; daneben zahlr. andere weltl. u. geistl. Herrschaften in Westfalen (Hochstifte Münster, Paderborn, Osnabrück, Minden; Grafsch. Mark, Ravensberg, Lippe, Lingen). Die Grafen v. *Oldenburg*, bisher *Heinrichs* Vasallen, erhalten Reichsunmittelbarkeit Die bisherige Markgrafschaft (seit 10. Jhdt.) Steiermark wird unter *Otakar I.* Hzgt. (kommt 1192 a. d. *Babenberger* Hzge. v. Österreich) Einheimische Reichsfürsten in Mecklenburg und Pommern *Philipp II. August* König von Frankreich bis 1223 (†) † *Manuel I.*, oström. Kaiser seit 1143; unterwarf 1151 Serbien, 1168 das Magyarenreich (* 1120)	*Alexandre de Bernay* und *Lambert li Tors:* „Roman d'Alexandre" (altfrz. Sage von *Alexander d. Gr.*) ~ Der Troubadour *Bertran de Born* ist stärkster Vertreter d. polit. u. krieger. Streitgedichtes. Unterstützt mit Lied und Waffe den Kampf der Söhne König *Heinrichs II.* von England gegen ihren Vater *Chrétien de Troyes:* „Gralssage" (frz.) ~ *Eilhart von Oberge:* „Tristant" (*Artus*roman) ~ Mittelfränk. Dichtung „Herzog Ernst" entsteht nach lat. Quelle (hist. Vorbilder: Aufstand *Ernst' II.* v. Schwaben gegen seinen Stiefvater Kaiser *Konrad II.* 1026 u. Aufstand *Liudolfs* gegen seinen Vater Kaiser *Otto I.* (953)	† *Johann von Salisbury*, engl. Historiker und Philosoph; beschrieb das Leben von *Thomas Becket*, „Metalogicus" (Kritik der starren scholastischen Logik), „Polycraticus" (christliche Staatsphilosophie) (* ~ 1120) Markgraf *Otto I.* von Brandenburg (1170 bis 1184 [†]) grdt. Kloster Lehnin

Romanik / Französische Frühgotik	Höfische Musik „Ars antiqua"	Medizinschule Montpellier	
~ Um- u. Neubau d. Kathedrale v. Canterbury (im engl. Perpendicular-Stil, bis 1503)			~ Das Wort „Weihnachten" („wihe naht") wird erstmals gebraucht
		Hildegard von Bingen(†), erste dt. Ärztin, schrieb naturwissenschaftl. medizinische Werke (vgl. 1155)	
≈ Benedetto Antelami, ital. Bildhauer in Parma u. Borgo San Donnino, südfrz. beeinflußt (nachweisbar bis ~ 1200) Bonannus v. Pisa: Bronzereliefs an der Domtür in Pisa (lombard. beeinflußt) ~ Schloß der Grafen von Flandern in Gent (roman. Bau) ≈ Älteste erhaltene Teile d. Wartburg (gegrdt. im 11. Jhdt.): dreistöckiges Landgrafenhaus		~ † Helmold, Historiker aus Holstein; schrieb „Slawenchronik" für Holstein (* ~ 1125) ≈ Glasfenster in engl. Privathäusern (in Deutschland erst im 14. Jhdt.) Die seit ~ 1137 besonders durch jüd. Gelehrte aus dem arab. Spanien sich entwickelnde medizinische Schule in Montpellier erhält erstes landesherrliches Privileg (führt zunächst zu Mißständen, vgl. 1220)	≈ Das ritterliche Liebesverhältnis nimmt die Form d. „Minnedienstes" an (erreicht Höhepunkt Mitte des 13. Jhdts.) Windmühlen in England u. Normandie (Mühlen und Muskelkraft von Mensch und Tier sind die einzigen Energiequellen, die pro Kopf rd. 100mal geringer sind als im heutigen Europa

	Mainzer Pfingstfest	Troubadoure Minnesänger	Hochscholastik
1181	*Welfen*herzog *Heinrich der Löwe* verliert seine Herzogtümer durch Kaiser *Friedrich I.* (Barbarossa) *Askanier* werden Herzöge von Sachsen-Wittenberg (bis 1423) Polen verliert Pommern, das als Hzgt. unter dem Hause *Wratislaw* und unter d. Lehnsoberhoheit v. Brandenburg (bis 1529) sich d. Dt. Reich anschließt		Heiligsprechung wird Vorrecht des Papstes
1182			* *Franz von Assisi*, Gründer des Franziskanerordens († 1226)
1183	Kaiser *Friedrich I.* (Barbarossa) erkennt im Frieden von Konstanz Selbstverwaltung der lombardischen Städte an, diese anerkennen kaiserliche Oberhoheit	~ *Heinrich von Veldeke:* „Eneide" (mittelhochdt. ritterliche Dichtung in strenger Vers- u. Reimtechnik) ~ † *Wace*, verfaßte altfrz. Reimchronik für den engl.-normannischen Hof (* ~ 1100)	
1184	Mainzer Pfingstfest (glanzvolle Darstellung der Macht Kaiser *Friedrichs I.* [Barbarossa] mit Schwertleite der Kaisersöhne)	~ * *Saadi*, volkstüml. pers. Dichter († ~ 1283)	Kanonikus *Meinhard* aus Holstein baut eine Kirche in Livendorf/Livland (dorthin unternahmen die Lübecker über Gotland Handelsfahrten)
1185			

Romanik Französische Frühgotik	Höfische Musik „Ars antiqua"	Ende der indischen Mathematik	
Verduner Altar d. *Nikolaus v. Verdun* (Altaraufsatz mit 51 Tafeln in Grubenschmelzmalerei im Augustiner-Chorherrenstift, Klosterneuburg-Wien) Dom von Worms erneuert (Grundriß von ≈ 1026; fertiggestellt 1234) Salzburger Dom 5schiffig erneuert (brennt 1598 ab)			
† *Chao Po-chü*, chin. Maler aus dem *Sung*-Kaiserhaus; u. a. Bilderrolle „Einzug des ersten Han-Kaisers in Kuan-chung" (chin. Blau-Grün-Malerei durch Goldlinien gehöht in einem akademischen Stil) (* 1120) Chor von Notre Dame, Paris			
Die Kaiserpfalz Kaiser *Friedrichs I.* (Barbarossa) in Kaiserswerth (Baubeginn 1174) Dom in Modena geweiht (begonnen 1099, Turm 1100—1319)			
Dom in Palermo (v. d. Normannen erbaut; Baubeginn 1169) **Brand des Doms in Bamberg**		† *Bhaskara*, ind. Mathematiker; schrieb Hauptwerk in poet. Form, gab der Teilung durch Null einen unendl. großen Wert, verwandte negative Zahlen und erkannte die Unmöglichkeit, aus diesen Wurzeln zu ziehen (* 1114). Mit ihm endet die Blüte der ind. Mathematik (seit ~ 400)	„Tyroler Bergordnung" des Bischofs *Albert* von Trient (Aufzeichn. v. Gewohnheitsrecht). Der Bergbau ist in Europa im 12./13. Jhdt. königl. Regal, das gegen Abgaben auch an dritte übertragen wird (geht allmählich in Deutschland und England an d. Landesherren über)

	Magdeburger Stadtrecht · 3. Kreuzzug	Troubadoure Minnesänger	Hochscholastik Dt. Orden
1186	Kaiser *Friedrich I.* (Barbarossa) setzt sich gegen Papstmacht in Italien durch und sichert seinem Sohn *Heinrich VI.* Anwartschaft auf das norm. Kgr. Sizilien durch dessen Heirat mit der norm. Erbin *Konstanze* (* 1152, † 1198) ∼ Münster erhält v. Bischof Stadtrecht (wird im 13. Jhdt. Hansestadt) Neues Bulgarenreich entsteht (bis 1393)	≈ Der provenzalische Troubadour *Arnaut Daniel* verfaßt seine Lyrik in einem „dunklen", gesuchten Stil und begründet die Kanzonen-Form der Sestine (6 Strophen mit 6 Jamben und 3 Schlußversen)	
1187	Sultan *Saladin* v. Ägypt. schlägt d. Kg. v. Jerusalem, nimmt ihn u. d. Großmeister d. Templer u. Johanniter gefangen, erobert Akkon u. Jerusalem (Anlaß zum 3. Kreuzzug; behält Jerusalem trotz Niederlage gegen *Richard Löwenherz* [1191])		
1188	Erzbschf. *Wichmann* v. Magdeburg (seit 1153, † 1192) läßt erstmalig das Magdeburger Stadtrecht niederschreiben (diese stadtrechtl. Umbildung des „Sachsenspiegels" gewinnt im östl. Mitteleuropa großen Einfluß: übernommen 1261 v. Breslau, 1233 v. Kulm, 1364 von Halle usw.)		
1189	*Richard I.* (Löwenherz) Kg. v. England bis 1199 (†) Dritter Kreuzzug wegen Eroberung Jerusalems durch die Türken (1187) unter Kaiser *Friedrich I.,* Kg. *Philipp II. August* v. Frankr. u. Kg. *Richard Löwenherz* v. Engl. (bis 1192, erreichte nur d. Einnahme Akkons 1191, das für ein Jhdt. z. Hauptsitz d. Kreuzfahrer wird)	∼ Der Troubadour *Raïmon von Miraval* († ∼ 1216) dichtet in einem höfischen Stil ∼ Burggraf von *Regensburg,* Minnesänger der ält. volkstüml. Lyrik	∼ *Joachim* (* ∼ 1130, † 1202), Mönch, grdt. Kloster mit strenger Regel in Fiore; vertritt Lehre von den 3 Zeitaltern Gottes, Sohnes u. des Heiligen Geistes u. Anfang der mönchisch. „Geistzeit" 1260 (vgl. 1215)
1190	† *Friedrich I.* (Barbarossa), röm.-dt. Kaiser seit 1152. Ertrinkt im kleinasiatischen Fluß Saleph auf dem 3. Kreuzzuge (* ∼ 1122) *Heinrich VI.* röm.-dt. Kaiser bis 1197 (†) (Kaiserkrönung 1191); erobert Königreich Sizilien Byzanz von der Gefahr d. türk. Seldschuken durch Eroberung Konias durch Kreuzfahrer befreit (das 1071 an die Seldschuken verlorene Kleinasien wurde seit dem 1. Kreuzzug schrittweise zurückerobert)	∼ *Hartmann von Aue:* „Erek" (mittelhochdt. Ritterdichtung in Reimversen nach dem frz. Vorbild d. *Chrétien de Troyes)* † *Friedrich von Hausen* (gefallen auf dem Kreuzzug von 1189), dt. Sänger d. „Hohen Minne"; verwandte romanische Formen	Lübecker und Bremer Kaufleute gründen Deutschen Orden (zunächst zur Krankenpflege)

Romanik Französische Frühgotik	Höfische Musik „Ars antiqua"	Arabische Wissenschaft	
Bonannus v. Pisa: Bronzereliefs an der Domtür in Monreale, Sizilien (lombard. beeinflußt)			
Zisterzienserabtei in Heiligenkreuz/ Niederdonau (romanische Pfeilerbasilika; Baubeginn 1150) Weihe des Doms in Würzburg (romanisch, vgl. 1034) Dom in Verona (roman., Baubeg. 1139)		† *Gerhard von Cremona*, übersetzte d. „Almagest" des *Ptolemäus* ins Lateinische (1515 in Venedig gedruckt) (* 1114)	Innsbruck (Insprucke) urkundl. erwähnt (erhält 1239 Stadtrecht)
Dom in Stendal gegrdt. (frühgot. beg.; spätgot. im 15. Jhdt. fertiggestellt)			
Mosaik im Dom zu Cefalù (ital., spätbyzant. Stil; seit 1148)			
Dom zu Pisa (erbaut seit 1063) Godehardikirche, Hildesheim (Baubeginn 1133) ~ *Hsia Kuei* († 1224) chin. Landschaftsmaler aus der Süd-*Sung*-Akademie in Hang-tschou ~ *Ma Yüan* aus d. Sung-Akademie malt „impressionistische" Landschaftsbilder	Blütezeit des höfischen Minnesanges mit Instrumentalbegleitung (bis ≈ 1220)	Kompaß im Abendland bekannt (vgl. 1124)	

	Staufer erobern Sizilien	Chrétien de Troyes Spielmannsepen	Hochscholastik
1191	*Hohenzollern* werden Burggrafen von Nürnberg (1427 kauft der Rat ihnen die Besitzrechte ab) Cypern ist unter der Dynastie der *Lusignan* selbständig bis 1489 (dann zu Venedig; war seit 395 bei Byzanz) ≈ Zweite Epoche d. Maya-Hochkultur in Mittelamerika (vgl. 471 und 964). Die Städte als Träger der vielseitigen Kultur werden von mexikan. Völkern (Tolteken) erobert; in den folgenden Jahrhunderten zerfällt Mayakultur	∼ † *Chrétien de Troyes*, frz. höfischer Romandichter; u.a. die Verserzählungen „Parzival", „Lancelot", „Wilhelm von England", „Erek und Enite", „Yvain" („Löwenritter") (* ∼ 1144)	Der Meditations-Ch'an-Buddhismus gelangt von China nach Japan; verbindet sich mit der polit. Macht des Shogunats durch seine kriegerisch-tatfreudige Ideologie. Wird in Japan Zen-Buddhismus genannt
1192	Hzgt. Steiermark kommt zum Hzgt. Österreich der *Babenberger* Der japan. Shogun (Kronfeldherr) *Yoritomo* († 1199) errichtet Lehnsstaat unter dem Einfluß des Shoguns (bis 1867). Mikado und Hofadel verlieren Macht und Besitz Nach der neuen Hauptstadt d. japan. Shogunats wird die folgende Epoche „Kamakura-Zeit" genannt (bis 1336). Ende der Heian-Zeit i. Japan (vgl. 794)	∼ „Orendel" (mittelfränk. Spielmannsepos um den „grauen Rock" in Trier) ∼ „Salman und Morolf" (mittelhochdt. Spielmannsepos: Der Bruder König *Salomos* gewinnt dessen Gattin, eine Pharaostochter, für ihn zurück)	Waffenstillstand mit *Saladin*: Christen dürfen Jerusalem und andere hl. Stätten besuchen ≈ Religiöse Verehrung der Federschlange Quetzalcouatl mit Menschenopfern in der Tolteken-Maya-Mischkultur in Yucatán
1193			∼ * *Albertus Magnus*, dt. Philosoph und Naturforscher, Aristoteliker († 1280)
1194	Kg. *Richard I.* (Löwenherz) v. Engl. befreit sich durch Lösegeld und Lehnseid aus der Gefangenschaft Kaiser *Heinrichs VI.*, in die er auf dem Rückweg vom 3. Kreuzzug (1189 bis 1192) geraten war. Dadurch wird der *Welfen*aufstand (seit 1192) beendet *Heinrich VI.* erobert das normannische Königreich Sizilien, dessen Erbtochter *Konstanze* seit 1186 seine Gemahlin ist (in den Händen der *Staufer* bis 1268). Dadurch wird der Kirchenstaat von kaiserlichem Besitz eingeschlossen * *Friedrich II.*, Enkel Kaiser *Friedrichs I.* (Barbarossa), röm.-dt. Kaiser von 1212 bis 1250 (†) Bulgarien unter der neuen Dynastie der *Aseniden* besiegt Byzanz u. zwingt es 1201, ein neues bulgarisches Reich anzuerkennen		Hinweise auf eine christliche Bestattung i. Spandau b. Berlin

Romanik / Französische Frühgotik	Höfische Musik „Ars antiqua"	Arabische Wissenschaft	
≈ Mexikanischer Einfluß in der Mayakunst der Halbinsel Yucatán (bes. Baukunst): Tempelbezirk mit 30 m hohem Pyramidentempel in Chichén Itzá			Tee kommt von China nach Japan (gleichzeitig mit dem Zen-Ch'an-Buddhismus)
~ Baubeginn des Bamberger Doms teils romanisch, teils frz.-frühgot. beeinfl. (1237 geweiht; alter Dom, 1012 geweiht, 1185 abgebrannt) ≈ Der weiche japan. Kunststil der *Fujiwara*-Zeit wird in der Kamakura-Zeit schärfer u. realistischer			

	Krieg zwischen England und Frankreich	*Troubadoure* *W. v. d. Vogelweide*	*Hochscholastik* *Averroës*
1195	† *Heinrich der Löwe*, seit 1139 Welfenherzog v. Sachsen u. Bayern, als Gegner des Kaisers 1180 abgesetzt (* 1129) Die nordafrikanische Berberdynastie d. islam. *Almohaden* („Anbeter d. einzigen Gottes") erobern Spanien und sind (im Gegensatz zum früheren Kalifat von Cordoba) religiös intolerant (von Kastilien 1212 geschlagen, wonach ihre Macht zerfällt)	~ * *Gonzalo de Berceo*, geistl. Dichter Spaniens († ~ 1264) ≈ Bereicherung der dt. Sprache durch geistliche u. höfische Bildung sowie durch die Kreuzzüge	* *Antonius von Padua*, Bußprediger in Südeuropa († 1231)
1196	Heidelberg urkundlich erwähnt	≈ Igorlied (russ. Heldensage; mit dem Mongoleneinfall 1224 erlischt vorläufig die russ. Literatur)	
1197	† *Heinrich VI.*, röm.-dt. Kaiser seit 1190, im Begriff, einen Kreuzzug zu unternehmen (* 1165) Aufstand in Italien gegen dt. Herrsch.		
1198	*Otto IV.* von Braunschweig röm.-dt. Kaiser bis 1218 (†) (Kaiserkrönung 1209), als *welf*. Gegenkg. zum *Staufer Philipp* von Schwaben (1208 ermordet) Kg. *Philipp* v. Schwaben verleiht *Otakar I. Přemysl* d. erbl. Königswürde von Böhmen (regiert bis 1230 [†])	~ *Konrad von Heimesfurth* im Hochstift Eichstätt (bis ~ 1212); dichtet „Himmelfahrt der Maria" u. „Urstende"(von Leiden u. Auferstehung Christi) *Walther von der Vogelweide* wird fahrender Spielmann; preist die „niedere Minne", d.h. die Liebe zu Frauen aus dem Volk, ein frühes Zeichen der beginnenden Auflösung streng höfischfeudaler Gesinnung	† *Averroës (Ibn Ruschd)*, arab. Aristoteliker; leugnete Unsterblichkeit der Einzelseele zugunsten der einer allgem. Vernunft, beeinflußt christl. Philosophie des 13. Jhdts. (* 1126) *Innozenz III.* Papst bis 1216 († , * 1161); unter ihm Höhepunkt der päpstl. polit. Macht Deutscher Orden (gegründet 1190) wird geistl. Ritterorden (Sitz Akkon/Palästina) *Johann von Matha* und *Felix von Valois* gründen Trinitarierorden zur Loskaufung von Christensklaven
1199	† *Richard I.* (Löwenherz), Kg. v. England seit 1189; Kreuzfahrer, erlitt Niederlagen gegen Kg. *Philipp II. August* v. Frankreich (* 1157) *Johann* (ohne Land) Kg. v. England bis 1216 († , * 1167); Gegner v. Kg. *Philipp II. August* v. Frankreich	~ *Hartmann v. Aue*: „Iwein" (Epos) † *Richard von England*, frz. höfischer Dichter ≈ Ital. Schriftsprache entsteht in bes. Anlehnung an das Florentinische	

		Romanik Französische Frühgotik	Kompaß in Europa		

Romanik Französische Frühgotik	Kompaß in Europa		
~ *Fujiwara Takanobu* (* 1141, † 1204): Bildnis d. Shogun *Yoritomo* (japan. Malerei noch im *Fujiwara*-Stil) Dom v. Braunschweig unter *Heinrich d. Löwen* erbaut (Baubeg. 1173) Palazzo della Ragione in Verona (roman. Palast)	Seekompaß in Europa	Dt. (einköpfiger) Reichsadler nachweisbar	
Turm d. Kathedrale in Sevilla (Beginn d. arab.-got. Mudejar-Mischstiles in Südspanien; bis 16. Jhdt.) Ostchor des Doms in Trier (röm. Bau aus d. 4. Jhdt., wird seit dem 11. Jhdt. zu einer dreischiffigen Hallenkirche ausgebaut)		≈ Blütezeit des Bürgertums in den flandrischen (Gent, Brügge) und oberitalienischen Städten (Pisa, Venedig, Genua blühen	durch ihren Handel mit dem Orient auf) Hungersnot i. Europa
		≈ Im Lütticher Gebiet beginnt d. Steinkohlenbergbau	Spandau (b. Berlin) erwähnt
≈ In Wladimir zeigt der russ. Steinkirchenbau einen hochstrebenden, in der Reliefbehandl. romanikartigen Stil (Mariä-Himmelfahrts- u. Demetrius-Kathedrale zwischen 1185 u. 1197) ≈ Tempel des Gottes Wischnu in Bhubanesvara (ind. Tempel des vierarmigen Gottes in 10 Verkörperungen)		Papst *Innozenz III.* führt beim Ospedale di Santo Spiritu eine Drehlade für Findlinge ein, in die jeder unerkannt von außen Säuglinge einlegen kann (in der Folge-	zeit gründen die geistl. Orden in den Städten, besond. Italiens und Frankreichs, weitere Findelhäuser; Drehlade wird erst im 15. Jhdt. wieder angewandt)
≈ Bildteppiche im Dom zu Halberstadt: Abraham u. Hl. *Michael;* Christus u. 12 Apostel; *Karl d. Gr.* u. 4 Philosophen. Bildteppich mit Darstellung d. Hochzeit d. Merkur u. d. Philologie in der Schloßkirche Quedlinburg	≈Mansfelder Kupferbergbau führt zu großem Reichtum des Grafen v.Mansfeld (geht nach dem 30jähr. Krieg an Gewerkschaften über)	Unter König *Richard I.* v. Engl. (†) wurde Plymouth Flottenstation ≈ Die frz. Knöchelschuhe werden vorn spitz	≈ In Italien und Frankreich tragen die Frauen Zöpfe (meist über die Schultern nach vorn gelegt und durchflochten)

	 *Städteregierung durch Patrizier*	 *Ritterliche Dichtung*	Hochscholastik Kabbalistik
1200	≈ Stammesherzogtümer treten durch Teilungen gegenüber den Landesterritorien zurück, mit denen weltliche und geistliche Fürsten belehnt werden ∼ Amt d. Reichsvögte im Vogtland wird im Hause d. Vögte v. Plauen erblich (1327 unter böhm. Lehnsoberhoheit, 1466 an d. *Wettiner* Markgrf. v. Meißen) ≈ In den Städten bildet sich aus den mächtigsten Familien ein die Verwaltung leitendes Patriziertum ∼ Bürger von Worms befreien sich von der Bischofsherrschaft ∼ Gründung der schlesischen Stadt Neiße (befestigt ∼ 1350) ≈ Gründung des Priesterstaates der Inka um Cuzco (Andenhochland) in Peru. Alles Land ist Gemeindebesitz. Verehrung der Sonne unter dem König als Oberpriester (1533 von Spanien erobert) ≈ Chimú-Reich um die gemauerte und befestigte Hauptstadt Chanchan (Peru). Primitivere Kultur als ≈ 500	∼ *Jean Bodel:* „Das Spiel vom heiligen Nikolaus" (erste frz. Heiligenlegende i. Schauspielform) ∼ *Robert de Borron:* „Merlin-Roman" (anglonormannisch - frz. Versroman über den Zauberer u. Propheten der *Artus*runde Merlin; bald in frz. Prosa umgearbeitet u. Vorbild zahlr. mittelalterl. Bearbeitungen, u. a. in dt. Sprache) ∼ *Schota Rusthweli:* „Wepchis Tkaosani" („Der Recke im Tigerfell", georgisches Nationalepos) ≈ „Rabenschlacht" (mittelhochdt. Epos, behandelt den Sieg Dietrichs *(Theoderich d. Gr.)* über *Ermanrich* bei Ravenna und Tod d. Söhne *Etzels*) ∼ „Adam" (frz. geistl. Schauspiel, ohne lat. Texte; gilt als ältestes franz. Theaterstück) ∼ „Fabliaux" (frz. Sammlung schwankhafter Erzählungen aus dem Bürger- und Bauernleben) ≈ „Ogier der Däne" (frz. Epos, die Sagen um einen Gegner *Karls d. Gr.* zusammenfassend) ≈ Pflege des Minnesanges am Hof der *Babenberger* in Wien ≈ Die Benediktinerabtei in Muri (im Schweiz. Aargau) bildet die Mariendichtung als Sequenz weiter (d. h. als Text auf den Tönen des Schluß-Hallelujas)	≈ Schriften des *Aristoteles* sowie arab. u. jüd. Kommentare dazu werden im Abendland bekannt und nicht ohne kirchl. Widerstand mit der christl. Theologie verbunden (vgl. 1241) † *Chu Hsi,* chin. Staatsphilosoph, Begründer d. Neukonfuzianismus, den er mit Buddhismus und Taoismus verband; entwickelte Weltentstehungslehre (* 1130) ≈ Die jetzt voll ausgebildete augustinische Staatsauffassung der kathol. Kirche ordnet die weltliche Gewalt der geistlichen unter ≈ Universität in Cambridge entsteht ≈ Nach einigen Jahrhunderten eines durch das Christentum eingeschränkten Aberglaubens festigt er sich langsam wieder. Kirche unterscheidet zwischen erlaubter „Weißer Magie" und verbotener „Schwarzer Magie" ≈ In Südeuropa entsteht die jüd. Kabbalistik, eine mystische Philosophie z. T. mit Begriffs- u. Zahlensymbolik; breitet sich in der Folgezeit über das ganze Judentum aus und verdrängt den seit der Zeitenwende herrschenden begriffsrationalen Talmudismus ≈ Der Islam beginnt indische Religionen zu verdrängen

 *Französische Gotik Deutsche Spätromanik*	*Höfische Musik „Ars antiqua"*	*Handwerkstechnik Arab. Wissenschaft*	
≈ Dt. Spätromanik (≈ 1150 bis ≈ 1250): Der Kirchenbau entwickelt sich zu vieltürmigen Bauten mit reicher Gliederung d. Räume und d. inneren sowie äußeren Wandflächen, zunehmende Bildplastik an d. Portalen, organ. Schmuckformen an Säulenfuß und Kapitell Dreikönigsschrein (Goldschmiedearbeit für den Kölner Dom, seit 1187 vom lothr. Goldschmied *Nikolaus v. Verdun*) ≈ Beginn der Frühgotik in England (frühgotische Teile der Westminster-Abtei entstehen) ≈ Im römischen Kirchenbau werden noch antike Säulen verwendet ~ Kloster-Kuppelkirche in Athos (byzantinisch) ~ Galluspforte am Münster zu Basel (mit roman. Plastiken u. Ornamenten reich geschmücktes Portal) ~ St. Aposteln (Kölner Kirche mit Langhaus u. dreichörigem Zentralbau) ~ Hzg. *Leopold VI.* v. Österr. baut Wiener Burg (an dieser Stelle heute die Hofburg) ~ Kaiserpfalz Wimpfen in Hessen (ab 1220 Reichsstadt) Altes Schloß (Gravensteen) in Gent erneuert (stammt ursprüngl. aus dem 9. Jhdt.) ≈ Frühgot. Kathedrale Notre-Dame in Laon (Île-de-France) ≈ Befestigte Benediktinerabtei auf dem Felsen v. Mont-Saint-Michel (Frankreich) ≈ Kathedrale in Soissons (got.) ≈ Kathedrale zu Tournai (beg. ~ 1130; niederl.-roman. Stil; got. Chor 1245—1325) ≈ Kathedrale in Tarragona (an der Stelle eines antiken Jupiter-Tempels) Alte Kathedrale in Coimbra (portugies.-roman. Bau) ≈ Blüte des Yamato-e in Japan (vgl. 1054)	≈ Kompositionstechnik des „Faux bourdon" in England (vgl. 14. Jhdt.) ≈ Kunst d. Troubadoure u. Minnesänger (vgl. auch Dichtung) ≈ Pflege der Sequenz in Muri (vgl. Dichtung) ≈ „Christ ist erstanden" (geistliches Volkslied mit Kehrreim „Kyrieleis", sog. „Leise") „In Gottes Namen fahren wir"(Kreuzfahrer-Leise) ≈ In Irland bildet sich ein berufsmäßiges Bardentum (Sänger) heraus ≈ Becken als musikalisches Schlagzeug	≈ Trotz des Bekanntwerdens der antiken naturwissenschaftlichen Schriften (*Aristoteles, Ptolemäus* u. a.) wird die Entwicklung kritischwissenschaftlichen Denkens u.a. durch die Autorität ihrer Verfasser eher gehemmt als gefördert ~ * *Ibn al Baitar*, arab. Gelehrter († 1248) ≈ „Weingeist" (Alkohol) wird bekannt u. als Heilmittel verwendet ≈ In den mittelalterlichen Städten überwiegt bisher der Fachwerkbau. Steinbau nur für Burgen u. Kirchen ≈ Schiffe mit alleinigem Segelantrieb entstehen (bisher meist mit Ruder kombiniert) ≈ Besonders in den *Alexander*-Romanen spielen technische Phantasien vom Tauchen u. Fliegen u. entsprechende Bilder eine Rolle (technische Realisierung von Taucherglocken erst ab ~ 1535) Es gibt i. Goslar 27 Wassermühlen i. verschied. Gewerben	≈ Zur Erhöhung der Einkünfte aus den Grundherrschaften werden in Niedersachsen u. Westfalen mehrere Hufen zusammengefaßt u. Freigelassenen zu höherer Zeitpacht gegeben; die überzähligen Freigelassenen treiben Gartenbau oder ziehen in die Städte oder nach dem Osten. In Mittel-, West- u. Süddeutschland bleibt die große Menge der Landbevölkerung erbl. zinspflichtig ≈ Kulturelle Blütezeit des Rittertums ~ In Konstantinopel sind etwa 60000 ital. Kaufleute ansässig. Byzantinische Landwirtschaft und Industrie leiden unt. hohen Steuern, Zöllen, Monopolisierung u. Latifundienwirtschaft ≈ Rasche Entwicklung v. Paris: An den aus den geistl. Schulen entstehend. Universität etwa 20000 Studenten; Erneuerung der Befestigung; Bau d. alten Louvre („Sammelplatz d. Wolfsjäger"); über 100000 Einwohner ≈ Ringwechsel d. Verlobten kommt auf (Ehering erst im späteren Mittelalter) ~ Paris hat ca. 100 000 Einw.

	Kreuzzug Venedig erobert Konstantinopel	Ritterliche Dichtung	Hoch-Scholastik Marienkult
1201	Byzanz muß neues bulgarisches Reich anerkennen	† *Renaud de Coucy*, frz. höfischer Liedichter * *Thibaut IV.* (König von Navarra), frz. höf. Lyriker († 1253) ≈ Urfassung d. mhdt. „Eckenliedes" a. d. Kreis d. Dietrichsage entstanden	Bischof *Albert I.* von Livland (früher Domherr in Bremen; † 1229) gründet Riga (1255 Erzbistum) Papst best. Laienbrüderschaft d. Humiliaten („Demütige"; gegrdt. ~ 1150 in Mailand)
1202		† *Nisâmî*, pers. Dichter; schrieb „Fünf Schätze" gen. Dichtungen: „Schatzkammer der Geheimnisse" (relig.-eth. Gedicht), „Chosrau u. Schîrîn" (Liebesepos), „Leila u. Medschnûn" (Liebesepos), „Die sieben Schönheiten" (sieben Novellen, darunter die von Turandot), „Iskendernâme"(*Alexander*sage) (* ~ 1141)	Bischof *Albert I.* von Livland gründet „Schwertbrüder"-Orden; erobert mit ihm Livland ≈ Festigung des Marienkults (parallel zum weltl. Minnedienst)
1204	Venedig führt das Heer des 4. Kreuzzuges gegen das byzantinisch-christliche Konstantinopel. Die Stadt wird erobert, geplündert und zerstört. Errichtung des „Lateinischen Kaisertums", das den venezianischen Orienthandel begünstigt (1261 Konstantinopel von Byzantinern zurückerobert); Venedig gewinnt Kreta (1669 von den Türken erobert) *Alexios Komnenos* gründet das Kaisertum Trapezunt (Pontos, Krim, Paphlagonien; wird 1461 von den Türken erobert) Byzantin. Kaiser *Theodoros Laskaris* († 1222) grdt. nach der Eroberung Konstantinopels Reich von Nicäa (fällt 1330 an die Türken)	~ *Geoffroy Willehardouin* (* ~ 1160, † 1213) schreibt Geschichte des 4. Kreuzzuges *Wirnt von Grafenberg*: „Wigalois oder der Ritter mit dem Rad" (mittelhochdt. *Artus*roman) ≈ „Disziplina clericalis" (Tischzucht für Klöster, lat.) ≈ Mittellat. Chronik eines anonymen Notars in Ungarn	† *Moses Maimonides*, Rabbiner, jüd. Religionsphilosoph und Leibarzt des Sultans in Kairo; schrieb u. a. „Mischna-Kommentar" (1168), „Führer der Unschlüssigen" (philosoph. liberale Begründung der jüd. Religion von 1190) (* 1135)

Notre-Dame Deutsche Spätromanik	Höfische Musik „Ars antiqua"		Handwerkstechnik
~ Fassade von Notre-Dame in Paris (bis ~ 1235; Grundstein 1163) ~ Baubeg. d. ältesten Teils d. Marienkirche in Lübeck als roman. dreischiff. Basilika ≈ In der Buchmalerei kommen Federzeichnungen auf. Auch Bücher zeitgen. Dichter werden illustriert ~ Burg Marienberg über Würzburg entsteht (vgl. 1253)		* *Nasir ed-din et-Tusi*, arab. Universalgelehrt. († 1274) ~ Gotthard-Alpenstraße eröffnet	≈ Beginn der Inka-Kultur in Peru (Sonnengott, Sippenverfassung, Ackerbau, Viehzucht, entwickeltes Handwerk; beend. 1531 durch die Spanier)
~ Baubeg. d. Freiburger Münsters m. spätroman. Querhaus (vollend. 1536) ≈ An Maas, Mosel u. Rhein blüht d. Schmelzmalerei bes. bei d. Verzierung kirchl. Gegenstände (Vertiefungen in Kupferplatten mit farb. Glasschmelzmasse) ~ „Amida-Buddha hinter den Bergen" (japan. Gemälde des Schutzgottes von Kyoto mit zwei Begleitern, schon außerhalb d. *Fujiwara*-Stils) ~ Hoher Stand der chin. Keramik zur *Sung*-Zeit (Steinzeug mit farbig. Glasur, teilw. bemalt; Kannen, Vasen, Schalen u. a.) ~ Baubeg. d. Freiburger Münsters mit spätroman. Querhaus (vollendet 1536)		*Leonardo Pisano Fibonacci* (* 1180, † ~ 1250): „Liber abaci" (italienisch. Rechenbuch in 15 Kap. mit Beispielen bes. aus dem kaufmännisch. Leben). F. führt die arabischen Ziffern als erster in Italien ein ≈ Auf den scholastischen Hochschulen spielt die Mathematik eine geringe Rolle ~ Wasserkunstuhr mit Schlagwerk a. d. Moschee in Damaskus	≈ Der Hofnarr wird aus dem Orient von den europ. Fürstenhöfen übernommen (bis z. 18. Jhdt.) ≈ Gerichtl. Zweikämpfe zwischen Mann und Frau bei Rechtsstreitigkeiten (besond. um zu entscheiden, ob Untreue d. Frau od. Notzucht vorliegt; der Mann muß sich bis zu den Hüften in einem Loch gegen die Frau auf Leben und Tod verteidigen)
≈ Nikolai-Kirche in Soest (roman.; erhält ≈ 1400 Nikolaus-Altar von *Konrad von Soest*) ~ Deckengemälde in St. Michael zu Hildesheim Dom in Evora (portugies. roman.-got. Übergangsstil, Baubeg. 1185) ≈ Kathedrale von Lincoln (Engl.) wird gotisch umgebaut (roman. Kern von 1123–48) ≈ Kathedrale zu Molfetta (Apulien; vereinigt byzantinische, romanische und sarazenische Stilelemente)		~ *Hartmann v. Aue* schildert im „Iwein" arbeitsteiligen Manufakturbetrieb (vgl. 1199)	Konstantinopel erleidet vom 6. Jhdt. bis 1453 zehn schwere Belagerungen als Auswirkungen der drei großen Völkerwanderungen: europäisch-nordasiatische (4. bis 7. Jhdt.), arabische (7. bis 10. Jhdt.), türkische (Seldschuken, Osmanen im 11. bis 14. Jhdt.). Erliegt 1204 und 1453

	Albigenserkriege Dschingis Khan	*Ritterliche Dichtung*	*Albigenser Hoch-Scholastik*
1205		† *Jean Bodel*, frz. höfischer Lyriker ~ * *Tannhäuser*, mittelhochdt. Lyriker u. Vagant in Süddeutschland († ~ 1270) ~ Das Nibelungenlied erhält in Österreich seine endgültige Form	
1206	Äbte vom Kloster Sankt Gallen werden Reichsfürsten; herrschen über Appenzell (erkämpft 1405 seine Freiheit) Mohammedaner erobern Delhi (seit 1192) und regieren als schwache Sultane (ihre Herrschaft wird durch *Timur* 1398 mit der Zerstörung Delhis beendet) Mongolische Fürsten wählen *Dschingis Khan* zum Oberhaupt; dieser beendet Stammesstreitigkeiten u. schafft festes Recht	~ *Layamon* übers. d. Reimchronik „Roman de Brut" von *Wace* (* ~ 1090, † ~ 1174) ins Angelsächs. und erweitert sie um 20000 Verse	
1207	„Brüder des Ritterdienstes Christi" („Schwertbrüder"), ein vom Bischof *Albert I.* von Livland 1202 gegründet. geistl. Ritterorden, erhält vom Bischof ein Drittel Livlands (schließt sich 1237 dem Dt. Orden an)	* *Dschelal ed Din Rumi*, persischer mystischer Dichter († 1273)	* *Elisabeth* (die Heilige), ungar. Königstochter und spätere (1221) Gemahlin Landgraf *Ludwigs IV.* von Thüringen († 1231)
1208	† *Philipp* von Schwaben (ermordet im Bürgerkrieg), dt. König seit 1198, nachdem er im Bürgerkrieg gegen den Welfen *Otto IV.* von Braunschweig gesiegt hatte (* ~ 1180) Kg. *Philipp II. August* v. Frankr. gewinnt v. Engl. d. meisten westfrz. Besitzungen zurück, d. durch Heirat und Erbschaft 1152 bis 1154 an England gekommen waren (einschl. Normandie und Bretagne)		Päpstl. Legat in Südfrankreich v. Albigensern getötet (führt 1209 zum Kreuzzug gegen sie)
1209	Beginn d. Albigenserkriege (bis 1229) (Albigenser gehören zur Sekte der Katharer (dah. „Ketzer"), die kirchliche Ordnung und Teile des kirchl. Dogmas ablehnen)	~ In Österreich entsteht höfische Umdichtung der Gudrunsage, die schon im 12. Jhdt. von Spielleuten aufgenommen wurde	*Durandus* gründet in Lyon die Vereinigung der „katholischen Armen" als Gegengewicht zu den „Armen von Lyon" des *Petrus Waldus* *Franz von Assisi:* Ordensregeln

Französische Gotik Magdeburger Dom	Höfische Musik „Ars antiqua"	Handwerkstechnik	
≈ Ende der Tradition der Völkerwanderungskunst in Skandinavien *Nikolaus von Verdun:* Marienschrein der Kathedrale in Tournai (lothr. Goldschmiedearbeit)			≈ Die italienisch. Handelsstädte entwickeln im Mittelmeerraum das Konsulatswesen (die Konsuln haben urspr. vorwiegend richterliche Aufgaben)
	Angebl. Sängerkrieg auf d. Wartburg zwisch. Minnesängern unter Landgr. *Hermann I.* von Thüringen (1190 bis 1217 [†])		Regensburg verbietet die Spielhäuser (allmählich wird die verbreitete Glücksspielsucht des Mittelalters eingedämmt)
Unkei (* ~ 1153, † 1224): Figurengruppe eines Buddha und zweier Begleiter (bemalte japanische Holzplastik im realist. strengen Stil der Kamakura-Zeit für einen Tempel in Nara) Baubeginn des Magdeburger Doms (gilt als erster got. Bau in Deutschland; fertiggestellt 1263, Westtürme erst 1520)		Steinbrücke über die Themse in London	

	Kaiser und Gegenkaiser	*W. v. Eschenbach* *G. v. Straßburg*	*Hoch-Scholastik* *Kinderkreuzzug*
1210	Kaiser *Otto IV.* von Papst *Innozenz III.* gebannt, als er Kgr. Sizilien zu erobern beginnt. *Friedrich II.* wird vom Papst als Gegenkg. nach Deutschland gesandt (vgl. 1212) *Hermann von Salza* Hochmeister d. Dt. Ordens bis 1239 (†); beginnt 1226 Eroberung Preußens	~ *Wolfram v. Eschenbach*: „Parzival" (mittelhochdt. Epos mit dem Gralsinnbild nach dem frz. Vorbild des *Chrétien de Troyes*; seit ~ 1197) ~ *Herbort v. Fritzlar*: „Liet von Troie" (mittelhochdt. Reimversdichtung, älteste dt. Bearb. d. Trojasage) ~ † *Reinmar von Hagenau*, österr. Minnesänger am Wiener Hofe der *Babenberger*, Lehrer *Walthers von der Vogelweide*, Vertreter formstrenger Dichtung ~ *Albrecht von Halberstadt* verfaßt eine Nachdichtung von *Ovids* „Metamorphosen" in dt. Reimversen ~ *Gottfried v. Straßburg* (wahrscheinlich bürgerl. Herkunft): „Tristan" (mittelhochdt. Dichtung um Tristan und Isolde; vollendet von *Ulrich von Türheim* u. *Heinrich von Freiberg*)	
1211	Deutscher Orden erhält das Burzenland in Siebenbürgen als ungar. Lehen (bis 1225) und gründet Kronstadt	~ † *Peire Vidal*, weitgereister altprovenzal. Troubad. (* ~ 1175)	
1212	Papst *Innozenz III.* läßt sein Mündel *Friedrich II.* als Gegenkg. zum *Welfen Otto IV.* v. Braunschweig aufstellen, den er 1209 zum Kaiser gekrönt hatte. *Friedrich* verspricht, Unteritalien als päpstl. Lehen nie mit dem Reich zu vereinigen (Kaiserkrönung 1220) Kastilien u. Aragonien besiegen die maurischen *Almohaden* so entscheidend, daß deren Macht in Spanien zerfällt		Hl. *Franz von Assisi* u. hl. *Klara* gründen Orden d. Klarissinnen Tausende von Knaben und Mädchen unternehmen einen „Kinderkreuzzug" (viele sterben schon in Europa, andere kommen auf den Sklavenmarkt in Alexandria)

Kathedrale in Reims Deutsche Spätromanik	Höfische Musik „Ars antiqua"	Handwerkstechnik	
† *Liang K'ai*, chin. Maler eines spielerisch-improvisierenden Stils; u. a. „Li T'ai-po" (Bildnis d. ber. chin. Dichters d. *T'ang*-Zeit) (* ∼ 1140) ∼ Chorschranken der Liebfrauenkirche in Halberstadt (roman. Plastik) ∼ Zisterzienserkirche in Maulbronn (got., fertiggestellt ≈ 1250)			
			Handelsbuch eines Florentiners (gilt als ältestes bekanntes)
Kathedrale in Reims gegründet (hochgot. mit reichem Bildhauerschmuck: 530 Skulpturen, Fensterrose von 12 m Durchmesser; Chor 1241 fertiggestellt, Fassade ∼ 1295)		∼ *Gervasius von Tilbury* (* 1150, † 1235): „Otia imperialia" („Kaiserliche Mußestunden", mittellat. Auswahl aus der röm. Fachliteratur sowie Geographie u. Geschichte Englands für Kaiser *Otto IV.*)	Wollenzunft i. Florenz nachweisbar

	Magna Charta *Dschingis Khan*	*Hartmann v. Aue* *W. v. d. Vogelweide*	*Hoch-Scholastik* *4. Lateransynode*
1213	*Friedrich II.* verzichtet auf die Rechte des Reichs bei der Besetzung der Bischofsstühle Kg. *Johann* v. England schwört Papst *Innozenz III.* Lehnseid, um sich vom Bann zu befreien, mit dem er im Streit um die Wahl des Erzbischofs v. Canterbury belegt wurde *Jakob I.* (der Eroberer) Kg. v. Aragonien bis 1276 (†, * 1208); erobert von den Mauren die Balearen (1229 bis 1235) und Königreich Valencia (1238)	* *Bussiri*, arab. Dichter († 1296) ~ *Thomasin von Zerklaere* (aus Venetien): „Der Welsche Gast" (ritterliche Tugendlehre in Reimen)	
1214	*Staufer Friedrich II.* besiegt im Bündnis mit Kg. *Philipp II. August* v. Frankr. den *Welfen*kaiser *Otto IV.*, der mit England verbündet ist Rheinpfalz kommt an die *Wittelsbacher* Hzge. v. Bayern (gehörte s. 1155 dem in Aachen sitzenden *lothring.* Pfalzgrafen) * *Ludwig IX.* (der Heilige), König von Frankreich von 1226 bis 1270 (†) Marseille wird vom Viscomte und Bischof unabhängige Republik	~ „Winsbecke" (mittelhochdt. ritterl. Tugendlehre in Reimen von einem fränk. Ritter *von Windsbach* an seinen Sohn; oft nachgeahmt)	Privilegien für die Universität Oxford
1215	Nördlingen freie Reichsstadt Englische Barone erzwingen von Kg. *Johann* die „Magna Charta" (Privilegien der Städte, freier Verkehr d. Kaufleute, Erblichkeit d. Lehen, Steuern nur mit Zustimmung d. Barone, freie Wahl d. Bischöfe durch d. Geistlichkeit) Bestätigung der Vorrechte d. Londoner City (vorbildlich für englische Stadtverfassungen) *Dschingis Khan* erobert Peking (leitet die Eroberung eines mongol. Weltreiches bis ~ 1278 ein)	~ † *Bertran de Born*, Troubadour in England; kämpfte auf seiten *Heinrichs II.* (* ~ 1140) ~ † *Hartmann von Aue*, mittelhochdt. Dichter ritterl. Art; schrieb u. a. die Legenden „Gregorius auf dem Steine" und „Der arme Heinrich", die den Konflikt zwischen der erwachend. Weltfreude und dem religiösen Denken erkennen lass. (*~ 1165) *Heinrich von Türlin:* „Der aventiure krone" (z. T. neu erfund. Abenteuer d. *Artus*runde) *Walther von der Vogelweide* erhält von dem von ihm politisch unterstützten *Staufer Friedrich II.* ein Lehen	~ * *Roger Bacon*, engl. Philosoph einer naturwissenschaftl. Denkweise († 1294) 4. Lateransynode unt. Papst *Innozenz III.*: Transsubstantiationsdogma (Abendmahlsverwandlungslehre), Pflicht zur jährlichen Beichte u. Kommunion, Verdammung d. Albigenser. Genaue Bestimmungen über die Reliquienverehrung, um verbreiteten Mißständen (Fälschungen, Handel) zu steuern. Höhepunkt der geistl. u. weltl. Macht des Papsttums Kirche verbietet die vorher üblichen Gottesurteile (Feuer- und Wasserprobe) Trinitätslehre *Joachims* († 1202) verurteilt (vgl. 1189) Satzung f. d. Universität Paris

Engl. Frühgotik / Deutsche Spätromanik	Höfische Musik „Ars antiqua"	Medizinschulen in Italien u. Frankreich	
Romanische Westschauseite vom St.-Viktor-Dom zu Xanten (Bau der im wesentl. got. Kirche 12. bis 16. Jhdt.)		In Bologna entwickelt sich neben der Rechtsschule eine medizinische Fakultät Adelsberg. Tropfsteingrotten (Prov. Triest) entdeckt	
≈ Engl. Frühgotik "Early English" (≈ 1170–1250)	≈ Neben der Fiedel (seit 10. Jhdt., 5 Saiten) kommt die Geige (2 bis 3 Saiten) auf	≈ Erste Apotheken in dt. Städten	

	Dschingis Khan	W. v. d. Vogelweide / W. v. Eschenbach	Hoch-Scholastik / Franz v. Assisi
1216	Dresden (slaw.: „Sumpfwald") erstmalig als Stadt genannt † *Johann* (ohne Land), Kg. v. England seit 1199; unter seiner Herrschaft verlor engl. Königstum stark an innerer und äußerer Macht (* 1167) *Heinrich III.* Kg. v. Engl. bis 1272 (†); seine Geldforderungen führen zum Aufstand der Barone	*Eberhard v. Gandersheim* schreibt eine Reimchronik (gilt als Beginn der mittelniederdt. Dichtung)	*Dominikus* (* 1170, † 1221), stiftet Dominikanerorden in Toulouse; zunächst als Beicht- und Predigtorden (ab 1220 Bettelorden, ab 1232 vom Papst mit der Inquisition gegen Ketzer betraut) *Honorius III.* Papst bis 1227; bestätigt Dominikanerorden (und die endgültigen Regeln des Franziskanerordens 1226)
1217	*Ludwig IV.* (der Heilige) Landgraf von Thüringen bis 1227 († auf einem Kreuzzug; heiratet 1221 *Elisabeth die Heilige*) *Haakon* (der Alte) norweg. Kg. bis 1263 (†); Krönung erst 1247 nach einem Bürgerkrieg; vereinigt 1262 Island mit Norwegen *Ferdinand III.* (der Heilige) Kg. von Kastilien bis 1252 (†, * 1199); entreißt den Arabern Cordoba und Sevilla; vereinigt 1230 endgültig Kastilien mit León (Westaltkastilien) Nach Einigung d. serb. Teilstaaten unter d. *Nemanjiden* im 12. Jhdt. nehmen diese jetzt den Königstitel an	~ *Walther von der Vogelweide* tritt auf seinen Wanderfahrten als Gegner des Papstes für seinen Lehnsherrn *Friedrich II.* ein, nachdem er zuvor König *Philipp I.* und seit 1208 *Otto IV.* durch politische Spruchdichtungen unterstützt hatte	Universität Salamanca von König *Alfons IX.* von León gegründet
1218	† *Otto IV.* von Braunschweig, röm.-dt. Kaiser seit 1198; bis 1208 *welfischer* Gegenkönig gegen den *Staufer Philipp* von Schwaben, seit 1212 neben dem *Stauferkönig Friedrich II.* (* ~ 1174) * *Rudolf I. von Habsburg*, dt. Kg. von 1273 bis 1291 (†) Rostock erhält Lübisches Stadtrecht	*Wolfram von Eschenbach:* „Willehalm" (mittelhochdt. Kreuzzugsepos, seit ~ 1212, unvollendet)	
1219	Nürnberg als „Königliche Stadt" bezeugt (häufiger Aufenthalt d. Könige). Die Verwaltung d. Stadt beruht auf einer aristokratischen Verfassung Estland von Dänemark erobert. Dänen gründen Reval und setzen Bischof ein (1300 Hansestadt, 1346 z. Dt. Orden; 1561 an Schweden) *Dschingis Khan* erobert Turkestan	† *Conon de Béthune*, frz. höfischer Lieddichter ~ *Cäsarius von Heisterbach* (* ~ 1180, † 1240): „Die Wundergeschichten" (8 Bücher lat. Erzählungen, kulturgeschichtl. aufschlußreich)	*Franz v. Assisi* kommt auf seinen Missionswanderungen (seit 1208), auf denen er mit seinen Anhängern Buße predigt u. Kranke heilt, bis nach Ägypten

Kathedrale i. Amiens Deutsche Spätromanik	Höfische Musik „Ars antiqua"	Medizinschulen in Italien u. Frankreich	
~ Ausbau der Wartburg, Sitz der thür. Landgrafen seit ~ 1200			
Durch Testament *Ottos IV.* wird Blasiusdom in Braunschweig Hüter des *Welfen*schatzes (bis 1482 140 Reliquiare) Baubeginn der Kathedrale zu Amiens (hochgotisch, im wesentlichen fertiggestellt 1268)			
Palazzo della Ragione in Padua (got.; mit offener Halle, 84 m lang, 24 m hoch, Baubeginn 1172; 1420 erneuert) ~ „Kitano - tenjin - Makimono" (8 japan. Bilderrollen vom Leben u. Jenseits d. kaisertreuen Dichters u. Staatsmannes *Sugawara no Michizane*[~ 900], der n. s. Tode zur Shinto-Gottheit Kitano-tenjin wurde)			Nordseesturmflut erzeugt Jadebusen

	Deutsche Fürsten erhalten vom Kaiser Hoheitsrechte	Ritterliche Dichtung W. v. Eschenbach	Hoch-Scholastik Franz v. Assisi
1220	Kaiserkrönung *Friedrichs II.* Kaiser *Friedrich II.* erteilt den Hoheitsrechten der Landesfürsten reichsrechtliche Anerkennung (wiederholt und ergänzt 1232) *Heinrich* (* 1211, † 1242), Sohn Kaiser *Friedrichs II.*, zum dt. Kg. gewählt; erhält später von seinem Vater Regierung im Dt. Reich; versammelt einen Kreis von Minnesängern *Dschingis Khan* erobert Samarkand ≈ Germanische Siedler siedeln östl. d. Elbe und grden zus. mit ansässiger slawischer Bevölkerung Straßenangerdörfer (z. B. Zehlendorf, Berlin)	~ *Wolfram von Eschenbach*: „Titurel" (Epos um den ersten Gralskönig, unvollendet) ~ † *Wolfram von Eschenbach*, mittelhochdt. Dichter (* ~ 1170) ~ *Konrad Fleck*, Schüler *Hartmanns von Aue*, bearbeitet nach frz. Vorbild die Dichtung von „Flore u. Blancheflor" (Stoff einer byzant. Liebessage) † *Saxo Grammaticus*, dän. Historik.; schrieb „Historia Danica" od. „Gesta Danorum", die viele Sagen enthalten (* ~ 1150) ~ *Der Stricker* (fahrender österr. Dichter): „Daniel vom blühenden Tal" (phantastischer *Artus*roman) ~ *Snorri Sturluson*: „Heimskringla" „Weltkreis", isländ. Geschichte der norw. Könige)	~ In Oxford entsteht erstes Universitäts-College Saint Edmund Hall (bis 1871 entstehen insges. 22 Colleges)
1221	Wien erhält Stadtrecht *Heinrich* (der Erlauchte) Markgraf von Meißen bis 1288 (†, * ~ 1215); gehört zu den Minnesängern Nischni-Nowgorod (heute Gorki) als Grenzfestung geg. d. ostfinnischen Mordwinen (i. 14. Jh. v. hanseatischen Kaufleuten besucht) Indusgebiet und Afghanistan mongolisch	~ *Peire Cardenal*, altprovenzal. Troubad. am Hofe Aragons, verspottet herkömml. Liebesdichtung ~ „Huon de Bordeaux" (altfrz. Epos: Oberon, der Gemahl der Feenkönigin Titania, hilft dem Ritter Huon auf der Brautfahrt) ~ In Italien entsteht die Gedichtform des Sonetts	* *Bonaventura*, ital. Kirchenlehrer († 1274) *Franz von Assisi* stellt die Ordensregel der Franziskaner auf (Bettelorden mit strengen Armutsregeln; werden später bei seiner großen Ausbreitung gemildert; 1517 wieder gefestigt. Kleidung: braune Kutte mit weißem Strick)
1222		† *Heinrich von Morungen*, dt. Minnesänger	Universität Padua gegründet

Kathedrale i. Chartres *Deutsche Spätromanik*	*Höfische Musik* „*Ars antiqua*"	*Medizinschulen in Italien u. Frankreich*	
~ * *Niccolo Pisano*, ital. Bildhauer († ~ 1278) ~ In der got. Plastik Frankreichs tritt eine die Körperformen „klassisch" betonende Belebung der Gewandfalten ein (von ~ 1230 bis ~ 1250 auch in Bamberg, Braunschweig, Hildesheim, Halberstadt) Figurenschmuck der Westportale von Notre Dame, Paris (im „harten Stil") ~ Plastischer Bildschmuck der Kathedrale zu Amiens (ähnlich wie dieser zeigt der Außenschmuck der frz. hochgot. Kathedralen mit Monatsbildern, Jahreszeiten, Wissenschaften, Lebenstypen, Tugenden, Lastern ein umfassendes Abbild des menschl. Lebens. In Deutschland später nur in Köln und Straßburg) Baubeginn der Kirche Saint-Gudule in Brüssel (niederl.-got; bis 1273 Chor, Langhaus ab 1350, Fassade im 15. Jhdt. fertiggestellt) Kathedrale in Chartres (frz. Frühgotik, Baubeg. 1194; mit Fassade von 1155) Höhep. d. Glasmalerei ~ Triumphkreuzgruppe im Dom zu Halberstadt (roman. Plastik) ~ Taufbecken im Dom zu Hildesheim (roman. Bronzearbeit, ein Höhepunkt der sächs. romanischen Plastik des 13. Jhdts.)	~ Dresdner Knaben-Kreuzchor entsteht	Papst *Honorius III.* gründet und ordnet die medizinische Fakult. Montpellier (wird einem Bischof unterstellt; 1289 zur Volluniversität erweitert) Ältest. dt. Leuchtturm (Travemünde; 1286 L. an der Elbmündung)	Erste Giraffe wird in Dt. gezeigt ≈ Mongoleninvasion führt zu starker Auswanderung von Chinesen nach Japan
~ Erneuerung von St. Gereon, Köln (vgl. 590) Kathedrale zu Burgos gegründet (span.-got., frz. beeinflußt, fertiggestellt im 15. Jhdt.) ~ Westfassade der Kathedrale in Peterborough (engl. Kirchenbau im anglo-normannischen Mischstil; gegrdt. 1118)			

	Friedrich II. Mongolen in Europa	Ritterliche Dichtung	Hoch-Scholastik Franz v. Assisi
1223	† *Philipp II. August*, Kg. v. Frankreich seit 1180; gewann Westfrankreich v. England zurück, schuf zuverlässige Verwaltung mit Berufsbeamtentum (* 1165) *Ludwig VIII.* (der Löwe) Kg. v. Frankreich bis 1226 (†); entreißt den Engländern Poitou; Frankr. Erbreich mit Krönungsstadt Reims	Die Sage vom „ewigen Juden" in einem ital. Geschichtswerk	Papst bestätigt Franziskaner-Ordensregel (v. *Franz v. Assisi* 1209 aufgest.)
1224	Schwertbrüderorden erobert die seit 1030 von den Russen unterworfene estnische Stadt Dorpat (1558 und 1721 wieder russisch) Nach der Zersplitterung der Macht der Herrscher von Kiew durch Entstehung mächtiger Teilfürstentümer (bes. in Wladimir, Nowgorod) gelingt den Mongolen der Einfall in das europ. Rußland. Südrußland bis zum Dnjepr von den Mongolen unter *Dschingis Khan* erobert Siebenbürger Sachsen erhalten Goldenen Freibrief von Kg. *Andreas II.* von Ungarn (1205 bis 1235) Warschau erwähnt (bis 17. Jhdt. entstehen Schloß u. Altstadt; wird 1550 poln. Residenz)		Vision d. *Franz von Assisi* mit Stigmatisation (erhält spontan die Wundmale Christi) ~ Universität Neapel durch Kaiser *Friedrich II.* gegründet
1225	Passau wird Stadt Dt. Ritterorden aus Siebenbürgen (Ungarn) vertrieben ~ 50 000 seldschukische Türken wandern vor den Mongolen von Nordostpersien nach Westen unter dem Herrscher *Suleiman* (bilden den Kern d. 1288 entstehenden osmanischen Reiches)	~ Der Troubadour *Peire Cardinal* (* ~ 1150, † ~ 1240) schreibt vor allem gegen d. Geistlichkeit u. hohen Adel gerichtete Lieder, wendet sich gegen d. blutigen Albigenserkriege ~ *Der Stricker*: „Karl der Große" (mittelhochdt. Epos) ~ Das lehrhafte Gleichnis kommt in der dt. Literatur auf (*Der Stricker*) ~ *Snorri Sturluson*: „Edda" (altisländ. Lehrbuch für Skalden mit Mythologie und Verskunde) ~ Eine Leichenrede als älteste Urkunde ungar. Sprache	~ * *Thomas v. Aquino*, ital. scholast. Philosoph († 1274) ~ Byzanz bekämpft Bogomilen-Sekte („Gottesfreunde", die einen guten und einen bösen Gott anerkennen)

Französische Gotik Deutsche Spätromanik	Höfische Musik „Ars antiqua"	Medizinschulen in Italien u. Frankreich	
~ Madonnen-Mosaik in der Apsis von S. S. Maria e Donato, Murano (neuerbaut Anfang des 12. Jh.)		Kaiser *Friedrich II.* macht die Zulassung von Ärzten von einer Prüfung vor der medizinischen Fakultät in Salerno abhängig	Begräbnisbruderschaft in Florenz
≈ Die spätbyzant. beeinfl. Mosaikkunst Italiens entwickelt sich mehr zu einem roman. Stil (z. B. die im Baptisterium-Chor in Florenz von *Fra Jacopo*) ~ Bestiensäule in der Krypta des Freisinger Domes (bayr.-roman. Bildhauerarbeit) Baubeginn des Wiener Stephansdoms (ursprünglich geweiht 1147; fertiggestellt nach 1450) ~ Psalter der heiligen *Elisabeth*, mit roman. Buchmalerei „Kreuzigung Christi", Tafelgem. aus der Wiesenkirche in Soest. Diese Malerei entwickelte sich aus dem Altaraufsatz (Retabel)			~ *Wilhelm von Auxerre* (Frkr.) beklagt die Häufigkeit außerehelicher Verhältnisse Rouen brennt seit 1200 6mal ab

Friedrich II. · 5. Kreuzzug · Dschingis Khan

1226	In Deutschland entstehen die unmittelbar dem Kaiser unterstellten Reichsstädte (gewinnen rasch große rechtliche Selbständigkeit; vgl. 1248) Lübeck freie Reichsstadt (Hamburg 1510, Bremen 1646) Deutscher Orden beginnt die Eroberung Preußens (bis ~ 1283) *Ludwig IX.* (der Heilige) Kg. v. Frankreich bis 1270 (†); stärkt erfolgreich Zentralgewalt durch Einziehung von Lehen, Fehdeverbot, Oberaufsicht der kgl. Gerichte; schafft Gottesurteile ab; sein Kaplan ist *Robert de Sorbon* (* 1201, † 1274)	Mailand erneuert und führt den Lombardischen Städtebund * *Alfons X.* (der Weise), Kg. v. Kastilien von 1252 bis 1282 († 1284) Mongolen vernichten das Reich der Tanguten in Nordtibet (best. seit 1004)
1227	* *Wilhelm von Holland*, päpstlicher Gegenkönig in Deutschland v. 1247 bis 1256 (†) Bauernrepublik Dithmarschen mit 48 Regenten entsteht in Holstein (1559 durch Kg. *Friedrich II.* von Dänemark und Norwegen unterworfen; ab 1447 Hauptstadt Heide) Kg. *Waldemar II.* (der Sieger) v. Dänemark (1202 bis 1241) verliert in der Schlacht von Bornhöved gegen die norddt. Fürsten	seine großen wendisch-dt. Eroberungen außer Estland, Teilen Preußens und Rügen † *Dschingis Khan*, schuf seit 1206 ein Mongolenreich; ließ sich vom Tungusen *Yelü Ch'u-tsai* beraten, der mongolische Verfassung schuf und für Menschlichkeit gegenüber den Besiegten sorgte. Sein Reich zwischen Schwarzem Meer und Pazifik wird unter seine drei Söhne geteilt (* ~ 1155)
1228	Xanten wird Stadt (gehört seit Jahrhunderten zum Erzstift Köln) Fünfter Kreuzzug unter Kaiser *Friedrich II.* gedrängt von Papst *Gregor IX.* (bis 1229; Übergabe der heiligen Städte Jerusalem, Bethlehem, Nazareth an die Christen, 10-jähr. Waffenstillstand mit ägypt. Sultan)	* *Konrad IV.*, letzter *Staufer* i. Deutschland, dt. König von 1250 bis 1254 (†) ~ Das griech. Reich um Nicäa gewinnt allmählich die Oberhand über das Lat. Kaiserreich der Venezianer in Konstantinopel und über die Bulgaren (erobert 1261 Konstantinopel zurück)
1229	Kaiser *Friedrich II.* wird im 5. Kreuzzug (seit 1228) König von Jerusalem Stuttgart erwähnt (wird ~ 1260 Stadt) Kg. *Ludwig IX.* (der Heilige) v. Frankreich beendet siegreich den Krieg geg. die südfranz. Albigenser, die seit 1209 wegen ihres abweichenden Glaubens (Sekten der Katharer und Waldenser) blutig verfolgt wurden. Stärkerer Zusammenschluß Nord- u. Südfrankreichs Aragonien erobert Balearen	

Ende der Troubadoure	_Hoch-Scholastik_ _Bibelverbot_	_Französische Gotik_ _Deutsche Spätromanik_	
Franz von Assisi (†): „Cantico del Sole" („Sonnengesang") aus den lat. „Laudes creaturarum" (gilt als früheste ital. Poesie)	† _Franz von Assisi_, Stifter des Franziskaner-Bettelordens (* 1182). Sein Leben beschreibt 1228 sein Gefährte _Thomas von Celano_ (* ~ 1190, † ~ 1255) * _Bar-Hebräus_, arab. u. syr. Enzyklopädist († 1286)	Baubeginn d. Marienkirche in Krakau (got., fertiggestellt ~ 1600) Domkirche in Riga (Baubeginn 1215)	
	Gregor IX. Papst bis 1241 (†). Bannt Kaiser _Friedrich II._, fördert Bettelorden Dominikaner _Konrad von Marburg_ († 1233, erschlagen), Beichtvater der hl. _Elisabeth_, wird päpstl. Inquisitor in Deutschland	Bau der Kathedrale in Toledo (got.; bis 1493) ~ Domschloß und Domkirche in Reval Der japan. Töpfer _Toshiro_ bringt von einer Reise nach China (seit 1223) die Kunst des dünnwandigen, glasierten Geschirrs i. s. Heimat	
~ „Bescheidenheit" (Sammlung von Lebensregeln u. Sprichwörtern eines bürgerl. Kreuzfahrers mit dem Pseudonym _Freidank_)	Landgräfin _Elisabeth_ (die Heilige) _von Thüringen_ sucht Zuflucht in Marburg Heiligsprechung des _Franz von Assisi_ („Heiliger Franziskus", † 1226)		
† _Ferîd-ud-Dîn Attar_, neupers. Dichter; schrieb „Gespräche d. Vögel" (myst. Pilgerfahrt d. Seele), „Pendnâmeh" („Buch des guten Rates") (* 1119) ~ Durch die blutigen Albigenserkriege (seit 1209) erlosch die höfische Lyrik der Troubadoure i. d. Provence. Als Anhänger d. Albigenser-Sekte verließen die meisten Troubadoure das Land und gingen an die Höfe Spaniens u. Italiens	Älteste Stiftungsurkunde der engl. Universität Cambridge (entstand aus einer Schule von 630) Universität Toulouse gegründet Konzil von Toulouse verbietet das Lesen der Bibel in der Landessprache, um Sektenbildung vorzubeugen (Verbot 1622 erneuert, 1902 aufgehoben)	Dom in Siena beg. (in farbig. Marmor; ~ 1350 vollendet)	

	Städtegründungen des Deutschen Ordens Friedrich II.	Ritterliche Dichtung W. v. d. Vogelweide	Hoch-Scholastik Antonius v. Padua
1230	Der poln. Teilfürst Hzg. *Konrad* von Masowien tritt dem Dt. Orden für die Bekämpfung d. heidnischen Preußen Kulm u. Löbau ab *Wenzel I.* Kg. v. Böhmen bis 1253 (†, * 1205); kämpft gegen seinen aufrühr. Sohn *Otakar (II.)* und mit ihm um das Erbe d. *Babenberger* in Österr.; fördert Minnesang ~ * *Otakar II. Przemysl*, König von Böhmen von 1253 bis 1278 (†) ≈ Blütezeit des neuen Bulgarenreiches; Eroberung v. Makedonien u. Albanien Kgr. León wird mit Kgr. Kastilien vereinigt ~ Berlin u. Kölln im Zuge dt. Ostbesiedlung an Stelle älterer slaw. Siedlungen gegrdt. (1237 urkundlich erwähnt)	*Rudolf von Ems*: „Barlaam und Josaphat" (Bekehrungsroman eines ind. Königssohns; nach einer griech. Bearb. im 7. Jhdt.) ~ * *Jacopone da Todi*, ital. Dichter von geistl. Liedern u. Satiren († 1306) ~ * *Hugo von Trimberg*, mittelhochdt. lehrhafter Dichter († ~ 1313) ~ † *Walther von der Vogelweide*, dt. Minnesänger und Lyriker (* ~ 1170) ~ „Ortnit" (mittelhochdt. Heldenepos von einem ostfränk. Dichter; Ortnit, Sohn des Zwergenkönigs Alberich, unterliegt gegen einen Drachen)	
1231	Kaiser *Friedrich II.* gibt Unteritalien eine geordnete Verwaltung und Rechtspflege. Städtevertreter auf d. Landtagen Minden erhält Stadtrechte (seit 798 Bischofssitz; tritt 1254 Rhein. Städtebund bei, wird 1295 Hansestadt) Dt. Orden baut Ordensburg in Kulm (Westpr.) und gibt ihm 1233 das Magdeburg.-Kulmische Stadtrecht (kommt 1466 an Polen) Dt. Orden gründet Thorn (erhält 1232 „Kulmisches" Stadtrecht) Uri erhält vom Kaiser entg. d. Interessen der *Habsburger* Reichsunmittelbarkeit (1240 auch Schwyz)		Anerkennung der Fakultäten der Theologie, Rechtswissenschaften, Medizin u. (etwas später) freien Künste an der Universität Paris (verdrängen später allmählich den Einfluß der Nationalkollegien, vgl. 1250) † *Elisabeth* (die Heilige), Landgräfin von Thüringen, ungar. Königstochter und Gemahlin des Landgrafen *Ludwig IV.* von Thüringen; nach dem Tode ihres Gatten (1227) von der Wartburg vertrieben, widmete sie sich der Wohltätigkeit (* 1207) † *Antonius von Padua*, Bußprediger in Südeuropa (* 1195)

Französische Gotik / *Deutsche Spätromanik*	*Höfische Musik* „Ars antiqua"	*Deutsche Weltchronik*	
~ Standbilder Kaiser *Heinrichs II.* u. seiner Gemahlin *Kunigunde* (der Heiligen) am Bamberger Dom ~ Georgenchor-Schranken im Bamberger Dom (eine der wenigen roman. Bildhauerarbeiten in Süddeutschland) ~ Schottenkirche St. Jakob in Regensburg (roman. Neubau, Baubeginn ~ 1150) St. Maria zur Höhe in Soest mit bedeutenden Wandgemälden (got.-roman. Übergangsstil; Baubeginn 1170) „Kreuzigung" in der Wechselburger Schloßkirche (spätromanische Holzplastik) ~ Engelspfeiler im Straßburger Münster ≈ 3 Bilderrollen mit satirischen Tierfabeln (japan. Tuschmalereien, vielleicht auch schon ≈ 1130; u. a. Satire auf eine buddhistische Messe, von Tieren zelebriert)		~ „Sächs. Weltchronik" (erst. dt. Geschichtswerk in Prosa) † *Wilhelm von Saliceto*, Arzt; zeigte gegenüber d. herrschenden Scholastik mehr selbständiges Denken	~ Kreuzzüge schleppen Lepra (Aussatz) nach Europa ein
~ Klosterkirche Neuwerk, Goslar (roman., gegrdt. 1186, mit Wandmalereien)		Reichstag verkündet Medizinal- und Apotheken-Ordnung * *Kou Chou King*, chines. Wissenschaftler u. Techniker († 1316)	

	Kaiser residiert auf Sizilien „Sachsenspiegel"	Ritterliche Dichtung	Hoch-Scholastik Inquisition
1232	Kaiser *Friedrich II.* macht seinen Hof in Palermo zum Mittelpunkt des italien. kulturellen Lebens und überläßt in Deutschland den geistlichen und weltlichen Fürsten wichtige kaiserliche Hoheitsrechte Bernau wird Stadt Innsbruck zur Stadt erhoben		Papst *Gregor IX.* unterstellt sich die Ketzergerichte als „Inquisition" und bestellt die Dominikaner zu päpstl. Inquisitoren (besteht in Deutschland bis zur Reformation, in Italien bis 1808, in Spanien bis 1834)
1233			Verbrennung besonders umkämpfter religiös-philosophischer Schriften des *Moses Maimonides* († 1204) in Montpellier (die orthodoxen Juden hatten sich gegen *Maimonides* mit dem Dominikanerorden verbündet)
1234	Ein Kreuzfahrerheer besiegt die Stedinger Bauern in Oldenburg. Sie verweigerten der Kirche den Zehnten und wurden der Ketzerei beschuldigt Stralsund erhält dt. Stadtrecht Chinesen beseitigen mit den Mongolen die Kin-Dynastie im Nordosten Chinas (seit 1115)	~ *Gottfried von Neifen*, schwäb. formgewandter Minnesänger aus dem Kreis um König *Heinrich VII.* von Schwaben	
1235	Nach Niederwerfung des Aufstandes seines Sohnes *Heinrich* erläßt Kaiser *Friedrich II.* auf dem Reichstag zu Mainz ein Landfriedensgesetz (das als erstes Reichsgesetz auch in dt. Sprache veröffentlicht wird) Das Recht der dt. Landesfürsten, Zölle zu erheben, wird allgemein Die *Welfen* werden Herzöge v. Braunschweig-Lüneburg ≈ *Eike von Repkow:* „Sachsenspiegel" (zunächst lateinisches Land- u. Lehnrechtsbuch mit sächs. Gewohnheits-Privatrecht; wird Grundlage vieler weiterer Rechtsbücher)	~ * *Jacob van Maerlant*, niederl. Dichter; Vertreter der lehrhaften bürgerl. Dichtung († ~ 1295) ~ Der ital. Dichter *Giacomino Pugliese* vermittelt zwischen der höfisch-schulmäßigen Dichtung Süditaliens und einer mehr volkstümlich-lebensnahen ~ *Ulrich von Türheim* setzt den „Tristan" *Gottfried von Straßburgs* fort *Omar ibn al Farid*, arab. mystischer Dichter; schrieb „Taijet" („Hohes Lied der Liebe") (* ~ 1181)	* *Raimundus Lullus*, katalanischer Scholastiker und Gegner des Islam († 1316)

Französische Gotik Straßburger Münster	Höfische Musik „Ars antiqua"	Arabische Wissenschaft	
		Kaiser *Friedrich II.* erhält vom ägypt. Sultan eine astron. Kunstuhr z. Geschenk	~ Kaiser *Friedrich II.* schreibt ein Buch über Falkenjagd
Romanischer Kaiserdom in Worms (Baubeginn 1181) ~ Durch den Mongoleneinfall gelangen persische Einflüsse in die russische Baukunst (Kielbogen, Zwiebel- u. Birnenkuppel)			
* *Ch'ien Hsüan*, chin. Maler von Landschaften, Pflanzen, Figuren d. ausgehend. (Süd-)*Sung*-Zeit († 1302) ~ Fürstenportal des Bamberger Doms (spätromanische Standbilder, u. a. Ecclesia und Synagoge) „Goldene Pforte" am Dom zu Freiberg/Sachsen (vergoldete Standbilder spätromanischer Bildhauerkunst; der übrige Dom wird 1484 bis 1501 spätgotisch erneuert) Dom zu Limburg a. Lahn (Baubeginn 1215, roman. siebentürmiger Bau, teilw. gotische Merkmale) Reiterstandbild des Kaisers *Otto d. Gr. (Karl d. Gr.?)* auf d. Marktplatz in Magdeburg Gotisches Langhaus des Straßburger Münsters (fertiggestellt 1275; 1176 bis 1250 spätroman.-frühgot. Querschiff u. Chor; hochgot. Westfassade ab 1276)	≈ Die fahrenden Spielleute gelten i. „Sachsenspiegel" als fast vogelfrei	~ *Villard de Honnecourt:* „Bauhüttenbuch" (franz. techn. Handschrift, enth. auch eine Skizze eines Perpetuum mobile u. eines - wohl nicht ausgeführten - Wasserrad-Sägewerkes) Bau einer Kammerschleuse in Holland	Pfingstfest Kaiser *Friedrichs II.* in Mainz (in Verbindung mit dem Reichstag; gilt mit seinen Turnieren u. Prachtentfaltg. als Höhepunkt des Mittelalters)

	Konflikt Kaiser — Papst Arab. Reich i. Granada	Ritterliche Dichtung am Hof Palermo	Hoch-Scholastik
1236	Kaiser *Friedrich II.* beginnt Kampf gegen die lombardischen Städte, in denen die Gegner des *Staufer*-Kaisertums (der *Guelfen* = *Welfen*) die Oberhand haben (erst erfolgreich, 1248 geschlagen) Feudale Reaktion d. frz. Barone gegen erstarkendes Königtum schlägt fehl Araber verlieren Cordoba an Königreich Kastilien	~ *Neidhart von Reuenthal*, bayer. mittelhochdeutsch Minnesänger lebendiger und derber „höfischer Dorfpoesie" ~ *Reinmar von Zweter* dichtet am Hof *Wenzels I.* von Böhmen polit. u. moral. Spruchgedichte	
1237	Kaiser *Friedrich II.* besiegt lombard. Städte und gerät dadurch mit dem Papst in Konflikt Dt. Orden beherrscht Livland u. Kurland ≈ Berlin entsteht a. d. Handelsstraße Magdeburg–Lebus Kölln (Brandenburg) urkundl. erwähnt (Berlin selbst 1244)	~ *Guillaume de Lorris*: „Roman de la Rose" („Rosenroman", allegor. Versepos, eine der ersten frz. großen bürgerlichen Romandichtungen) vollendet ~ 1287 von *Jean de Meung* (*Clopinel de Meun*)	
1238	Das span. Kgr. Aragonien erobert Valencia v. d. Mauren (1229 d. Balearen-Inseln) ≈ Blütezeit Granadas als Hauptstadt eines selbständigen arabischen Reiches (vgl. 1246)		
1239	Kg. *Béla IV.* v. Ungarn (1235 bis 1270) weist d. Turkvolk d. Kumanen (aus der Kuma-Steppe) Land an der Theiß an (bleiben bis ~ 1350 Heiden)		
1240	Der *Guelfe Pagano della Torre* wird Herrscher von Mailand (seine Familie stellt die Signoren bis ~ 1277) Nach langen Kämpfen mit dem Adel, der dabei weitgehend vernichtet wurde, siegt in Norwegen d. Königstum aus d. Geschlecht v. *Harald Haarfagr* († 933) Großfürst *Alexander Newskij* von Rußland (* 1220, † 1263) besiegt die Schweden an der Newa Mongolen erobern und zerstören Kiew	~ Der Hof Kaiser *Friedrichs II.* in Palermo ist Mittelpunkt des ital. Minnesanges. *Pier della Vigna*, *Giacomo da Lentini* u.a. sind mit ihrer Lyrik an der Ausbildung der ital. Schriftsprache beteiligt (Sizilian. Dichterschule ~ 1220 bis 1260) ~ *Guido Guinizelli*, ital. Dichter, begrdt. Schule des dolce stil nuove (phil. mystische Liebeslyrik im „süßen neuen Stil", den auch *Dante* später pflegt)	

Französische Gotik Bamberger Dom	Höfische Musik „Ars antiqua"	Arab.-span. Planeten-Tafel	
~ Heiji-Makimono (3 japan. Bilderrollen mit Szenen aus dem Bürgerkrieg zwischen den Kronfeldherren der Heijizeit [~ 1160], realist. dramatische Schilderungen)			
~ Bamberger Dom geweiht (auf Resten aus dem 11. Jh.) mit Bamberger Reiter, Figuren des Fürstenportals (vgl. 1235), d. Adamspforte u. a. (Baubeginn ~ 1192) Burg Runkelstein bei Bozen Heiliggeisthospital in Mainz (roman. Bau)		† *Jordanus Nemorarius*, dt. Gelehrter; untersucht mechanische Bewegungsprobleme (bisher meist nur Gleichgewichtsbetrachtungen)	
~ Standbilder an der Kathedrale in Reims	~ * *Adam de la Halle*, franz. Komponist von Singspielen u. Dichter des Minnesanges († ~ 1287)	~ * *Arnaldus Villanovanus*, ital. Alchemist und Mediziner († 1311)	
~ Die Passion Christi erscheint als Bildhauerthema bei der Kathedrale zu Amiens			
~ * *Cimabuë* (*Cenno di Pepo*), florent. Maler d. spätbyzant. Stils († ~ 1302) Grabmal *Heinrichs des Löwen* und seiner Gemahlin *Mathilde* im Braunschweiger Dom (spätromanisch, Kalkstein) Ehernes Taufbecken im Dom zu Hildesheim Groß-St. Martin (Kölner Kirche mit Langhaus und dreichörigem Zentralbau, Baubeginn 1185) ~ Gotischer Figurenschmuck am Straßburger Münster Temple Church (Tempelherren-Kirche) i. London (Baubeginn 1185)	„Sumer is icumen in" („Sommerkanon", engl. Doppelkanon für sechs Stimmen aus der Frühzeit des Kanons)	Kg. *Alfons X.* (der Weise) v. Kastilien beruft astronom. Kongreß von 50 arab., jüdisch. u. christl. Gelehrten nach Toledo, der die neueren Planetenbeobachtungen mit der ptolemäischen Kreis-auf-Kreis-(Epizyklen-)Theorie durch Einführung weiterer Kreise in Übereinstimmg. bringt und die Ergebnisse in den „Alfonsinischen Tafeln" niederlegt	Messe in Frankfurt a. M. urkundl. erwähnt Münzvertrag zwischen den Bodenseestädten ≈ Bedeutende Förderung des böhm. Silberbergbaus (2 Mill. kg. bis 1620)

	Vordringen u. Rückzug der Mongolen in Europa	Ritterliche Dichtung Snorri Sturluson	Hoch-Scholastik Thomas v. Aquino
1241	Seesieg *Friedrichs II.* über die Genuesen verhindert zunächst Konzil gegen ihn Bündnis zwischen den Städten Lübeck (seit 1226 freie Reichsstadt) und Hamburg; Vorstufe der Städte-Hanse (vgl. 1294) *Ulrich* Graf von Württemberg bis 1265; erwirbt als Marschall in Schwaben Vogtei über Ulm und kauft Urach Mongolen fallen in Ungarn ein (teilw. Entvölkerung) u. zerstören Budapest Mongolen zerstören Breslau (bald wieder aufgebaut) Dt.-poln. Heer bei Liegnitz von den Mongolen besiegt (angebl. durch einen Gasangriff, einer wohl von den Chinesen übernommenen Technik) Der Tod d. mongol. Großkhans *Ügedei* veranlaßt die Mongolen zum Rückzug aus Mitteleuropa	† *Snorri Sturluson* (ermordet), isländ. Dichter, Historiker u. Parteiführer in den Sippenfehden der isländ. Großbauernaristokratie; schrieb oder ließ schreiben: „Heimskringla" (Geschichte des norweg. Königtums), „Edda" (Lehrbuch d. Skaldendichtung), „Gylfaginning" (altnord. Mythologie), „Skaldskarpamal" (Skaldenlehrbuch), „Hattatal" (Verskunde in Form eines Lobgedichts) (* 1178) 1. Papstwahl i. Konklave (vgl. 1179)	† Papst *Gregor IX.* (seit 1227); erließ Studiumsverbot d. naturwissenschaftl. Schriften des *Aristoteles* bis zu ihrer Prüfung durch eine Kommission (Widerstände geg. *Aristoteles* auch bei den Dominikanern und Franziskanern) * *Mechthild von Hackeborn*, dt. Mystikerin († 1299) Weltuntergangsvorstellungen der *Snorri*-Edda: Fenriswolf verschlingt Odin; Thor und Midgardschlange töten sich gegenseitig; Fimbulwinter, den nur ein Menschenpaar übersteht; Weltbrand als Folge des siegreichen Kampfes der Riesen gegen die Götter, wobei die Erde im Meer versinkt; taucht wieder auf, und Göttersöhne herrschen über eine erneuerte Welt
1242	Kiel erhält Lübisches Stadtrecht u. wird Mitglied der sich bildenden Hanse Wiesbaden als Stadt bezeugt Grdg. d. mong. Reiches der „Goldenen Horde" von Kiptschak; die Mongolen-Khane ernennen in d. Folgezeit d. russ. Großfürsten und die Teilfürst. Mongolen zerstören Agram/Kroatien (1093 als Bischofssitz gegründet) Großfürst *Alexander Newskij* besiegt die Schwertritter auf dem zugefrorenen Peipussee. Verhindert die Katholisierung Rußlands		Durch die Mongolenherrschaft in Rußland wird der Kontakt zu Mittel- u. Westeuropa für längere Zeit weitgehend unterbrochen
1243	Stettin erhält Magdeburg. Stadtrecht (~ 1100 als Burg genannt) Brünn erhält Stadtrecht	~ *Ulrich von Türheim* vollendet den „Willehalm" *Wolfram von Eschenbachs*	*Thomas von Aquino* tritt in den Dominikanerorden ein (1309 wird seine Philosophie offizielle Ordenslehre) *Innozenz IV.* Papst bis 1254 (†); Gegner Kaiser *Friedrichs II.*

Französische Gotik Naumburger Dom	Höfische Musik „Ars antiqua"	Alchimie	
~ Südportal der Kathedrale zu León (span.-got. Bildhauerarbeit unter frz. Einfluß)		~ *Albertus Magnus* veranlaßt durch seine scholastisch-mystische Philosophie, in die er die Alchimie einbezieht, deren mystisch-philosophische Ausweitung	Bei einem Turnier-Scharfstechen in Neuß gibt es 60 Tote
Romanischer Hauptbau des Naumburger Doms (kreuzförmige Pfeilerbasilika, Baubeginn 1220; gotisch weitergebaut 1249 bis 1300, Südturm erst 1894)		*Roger Bacon* berichtet v. Schießpulver (im 12. Jhdt. in China erfunden)	

	Wachsende Macht Kastiliens. Reichsstädte gewinnen Bedeutung	*Ritterliche Dichtung am Hof Palermo*	*Hoch-Scholastik Alex. v. Hales*
1244	Jerusalem kommt endgültig unter die Herrschaft des Islam (ab 1517 türkisch) Wertheim (Main) als Stadt bezeugt (erhält 1306 Frankfurter Stadtrecht) Berlin urkundl. erwähnt (vgl. 1237)		
1245	Im Konzil zu Lyon läßt Papst *Innozenz IV*. Kaiser *Friedrich II*. als Gegner der Kirche absetzen und unterstützt in den folgenden Jahren dt. Gegenkönige Regensburg wird Reichsstadt Russen schlagen Litauer zurück		† *Alexander von Hales*, engl. Phil. des christlichen Aristotelismus; schrieb „Summa universae theologiae" (* ~ 1175)
1246	Mit Hzg. *Friedrich II*. v. Österreich (fällt gegen die Ungarn) sterben die *Babenberger* aus. Unter ihrer Herrschaft vervierfachte sich etwa ihr Herrschaftsgebiet (seit 976) und wurde der Orienthandel über die Donau gefördert Arab. Kgr. Granada muß Oberhoheit Kastiliens anerkenn. (besteht bis 1492)	~ † *Gonzalo de Berceo*, gilt als ältester span. Dichter (* ~ 1180)	
1247	*Wilhelm von Holland* päpstlicher Gegenkönig (bis 1256 [†]) gegen die *Staufer Konrad IV*. und *Friedrich II*. Mit König *Heinrich Raspe* stirbt das thür. Landgrafengeschlecht der *Ludovinger* im Mannesstamm aus. Im Erbfolgestreit (bis 1264) gewinnen die *Wettiner* Markgrafen von Meißen Thüringen. Der hessische Besitz geht an das Haus *Brabant*		
1248	≈ Die Reichsstädte gewinnen immer mehr Rechte (Wehr-, Münz-, Zoll-, Geleit-Recht u. a.). In Süddeutschland gibt es ca. 70 Reichsstädte, in Norddeutschland weniger, da dort Krongüter seltener sind Sechster Kreuzzug unter Kg. *Ludwig IX*. v. Frankr. (bis 1254; Kg. *Ludwig* gerät nach der Eroberung Damiettes Nordägypt. in Gefangenschaft) Liegnitz (gegrdt. 1242) Sitz d. poln. *Piasten*-Herzöge (ab 1675 zu Österr.) Araber verlieren das 712 eroberte Sevilla an Kgr. Kastilien		6. (mißlungener) Kreuzzug

Rathaus i. Dortmund *Kölner Dom*	*Europ. Pulvergeschütze* *Arabische Wissenschaft*	
~ Baubeginn des Rathauses in Dortmund (roman., einer d. frühesten dt. steinernen Profanbauten) ~ Liebfrauenkirche in Trier (frühgotischer Zentralbau; beg. 1227)		
~ *Giovanni Pisano*, Sohn von *Niccolo P.*, ital. Bildhauer der Frühgotik († ~ 1320) Westminster-Abtei in London (hochgot., fertiggestellt 1760; engl. Nationalheiligtum) ~Türme von Notre Dame, Paris	Im Auftrage des Papstes reist der Franziskaner *Johann von Carpini* (* ~ 1182, † 1252) z. Mongolen-Großkhan nach Karakorum auf dem Landweg; schreibt 1247 zurückgekehrt „Liber Tartarorum" u. „Historia Mongolorum" („Tataren-Buch" u. „Geschichte der Mongolen") (vgl. 1253)	~ *Albertus Magnus* sind vier Rosenarten bekannt
Jagdschloß Castel del Monte bei Andria in Apulien für Kaiser *Friedrich II*.	≈ Beginn d. Verwendung von Pulvergeschützen in Europa (erfunden in China). Zunächst Eisenbüchsen für Steingeschosse; Schießpulver wird auch als Treibmittel für Raketen benutzt (bedingt mit Niedergang des Rittertums)	≈ Eisenbeschlagene Truhen als wichtigste Kastenmöbel des Mittelalters ≈ Faltstühle werden hergestellt
~ Sitzbilder Kaiser *Ottos d. Gr*. u. s. Gemahlin *Editha* und zehn Standbilder d. klugen u. törichten Jungfrauen (Magdeburger Dom) Kunibertskirche in Köln (spätrom.) geweiht ~ Kathedrale in Beauvais begonnen (bleibt unvollendet)	*Chin-Kiu Shao:* „Neun Teile der Mathematik" (Wiederbelebg. der chin. Mathematik; in Anlehnung an einen klassischen Titel von —1000)	≈Bedürftige Laien werden gelegentl. durch sog. Panisbriefe (Brotbriefe) von den dt. Königen zur unentgeltlichen Ernährung i. Klöster gewiesen (bis 1806)
Meister Gerhard beginnt den Bau d. Kölner Domes (auf d. Fundamenten einer roman. Kirche d. 9. Jhdts., im ganzen über 10 damals teilw. unbekannten Bauschichten, die bis in die röm. Kolonialzeit reichen; fertiggestellt 1842 bis 1880) Sainte Chapelle in Paris erbaut (got. Kirche im Justizpalast Paris) mit Glasmalereien und hochgotischen Apostel-Bildwerken Baubeg. d. Alhambra in Granada (islam. Palastbau; Löwenhof 1354 vollendet; 1492 erobert)	† *Ibn al Baitar*, arab. Gelehrter; schrieb „Buch der einfachen Arzneimittel" (Zusammenfassung der arab. Arzneikunde) (* ~ 1200) † *Ibn al Kifti*, arab. Gelehrter; schrieb u. a. „Chronik der Ärzte"(enthalten 414 Biographien v. Medizinern, Astronomen und Philosophen) (* 1172)	≈„Rolandsäulen" (barhäuptig. Mann mit Schwert) beginnen auf den Marktplätzen das Marktkreuz als Zeichen d. Marktfriedens u. d. Gerichtsbarkeit zu ersetzen (diese Deutung der R. ist nicht unbestritten)

	 Höhepunkt des ritterlichen Mittelalters	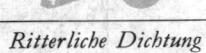 Ritterliche Dichtung Ital. Prosa	Hoch-Scholastik Mystik
1250	† *Friedrich II.*, röm.-dt. Kaiser seit 1212, Kg. von Sizilien und Jerusalem (Kaiserkrönung 1220; * 1194) *Konrad IV.* dt. Kg. bis 1254 (†) ≈ Ende der Blütezeit des mittelalterlich. Kaisertums. Rückgang d. Zentralgewalt zugunsten d. Fürsten u. Städte (gipfelt in d. „Goldenen Bulle" 1356) ~ * *Albrecht I.* von Österreich, dt. Kg. von 1298 bis 1308 (†), Sohn Kg. *Rudolfs I. von Habsburg* ~ * *Adolf von Nassau*, dt. Kg. von 1292 bis 1298 (†) Brandenburg erobert Uckermark Lübeck erhält Handelsprivileg in Norwegen (durch weitere Vorrechte in der Folgezeit kommt Norwegen wirtschaftlich in stärkste Abhängigkeit von der Hanse) ~ Weimar erhält Stadtrecht (975 als Burg genannt) Bearbeitung des „Sachsenspiegels" (von ~ 1235) für Süddeutschland: „Deutschenspiegel" Demokratische Verfassung in Florenz (1260 von d. *Ghibellinen* beseitigt) Nach einem Jhdt. dauernder Thronkämpfe gelangen d. *Folkunger* in Schweden auf den Thron; Kg. *Waldemar* († 1275), unter Leitung seines Vaters *Birger Jarl* († 1266), gründet Stockholm; knüpft Beziehungen zur Hanse und festigt Schwedens Macht in Finnland, das 1249 in einem Kreuzzug erobert wurde Mandingo-Reich islam. Sudanneger im westl. Sudan (bis ≈ 1500; ~ 1300 wird Timbuktu einbezogen)	*Friedrich II.* (†) schrieb lyrische Gedichte in ital. Sprache ~ * *Heinrich Frauenlob von Meißen*, bürgerl. Meistersinger († 1318) ≈ Schwester *Hadewijch* (Begine) drückt in ekstatischen Liedern ihre Minne zu Gott (furor amoris) aus (gilt als Höhepunkt d. niederl. Mystik) ~ *Pfaffe Konemann*: „Kaland" (mittelniederdt. Lehrgedicht) *Mechthild von Magdeburg* (* 1207, † 1282): „Das fließende Licht der Gottheit" (myst. Visionenbuch in niederdt., ausdrucksstarker Sprache) ≈ Übergang von der ritterl. zur bürgerl. Dichtung in Dtld. (bis ≈ 1350) ≈ „Fernan Gonzalez" (national-span. Epos) von einem Mönch aus Arlanza ≈ „Van den Vos Reinaerde" (niederl. Tierroman) beg. von *Aernout*, beend. von *Willem* ~ Mit dem Osterspiel von Muri (Schweiz) entstehen Anfänge des dt. Dramas ~ Norwegischer „Königsspiegel" (altnorweg. Kulturgeschichte in Gesprächsform) ≈ Beginn der ital. Prosa mit Übersetz. frz. und lat. Werke ≈ Englische Landessprache gleichberechtigt neben Französ. und Latein	~ König *Ludwig IX* (der Heilige) v. Frankreich steht in dem Ruf, Wunderheilungen durch Handauflegen erzielen zu können Bald nach dem Tode Kaiser *Friedrichs II.* kommt die Sage seiner Wiederkehr auf (erst ≈ 1500 auf *Barbarossa* übertragen) An der Pariser Universität haben sich vier Nationalkollegien gebildet (gallisches, englisches, picardisches, normannisches), deren Prokuratoren (Vorsteher) den Rektor wählen ~ *Bertold von Regensburg* (* ~ 1220, †1272) beginnt als bedeutender Beicht- u. Sittenprediger von der Schweiz bis nach Ungarn zu wirken (400 lat. und 70 dt. Predigten sind erhalten) ~ Cölestinerorden wird gegründet ~ Nordfrz. Bibelübersetzung d. Albigenser ≈ Blütezeit der Univ. Bologna als Rechtsschule

 *Dt. Früh-, frz. u. engl. Hoch-Gotik*	*Höfische Musik „Ars antiqua"*	*Scholastische Wissenschaft*	
≈ Die spätroman. Plastik Deutschlands gelangt durch Übernahme der Gewandkunst aus Frankreich (vgl. 1125) zu manieristischen, unruhigen, plastischen Formen, die durch die Gotik abgelöst werden ≈ Übergang v. d. Früh- zur Hochgotik in Frankreich. Blüte d. Buch-, Glas-, Schmelzmalerei und Bildwirkerei ≈ Beginn d. Gotik in Deutschland. Früh- u. Hochgotik bis ≈ 1400, Spätgotik ≈ 1400 bis ≈ 1500. Kirchenbauten mit immer stärker vertikal betontem Stil. Auflösung der Wandflächen, Spitzbogen, sich entfaltendes Maßwerk, Fensterrosen, Kreuzblumen, Kreuzrippen, Bündelpfeiler, Strebewerk, Triforium, Glasmalerei, reicher Portalschmuck, Andachtsbilder ≈ Hochgotik in der engl. Baukunst („Decorated Style", bis ≈ 1350) ~ Sebaldus-Kirche in Nürnberg (spätroman.-frühgot.Basilika-Langhaus mit Westchor; ~ 1309 hochgot. Seitenschiffe; 1372 spätgot. Ost-Hallenchor) Johannis-Kirche in Thorn ≈ Mittelschiff im Münster zu Straßburg (spätroman.-got. Übergangsstil) ~ Thomaskirche in Leipzig (bis 15. Jhdt.) ~ Westfassade mit Seitenportalen der Kathedrale von Rouen (got.; Weiterbau 1370–1420, 1509–14) ~ Altaraufsatz aus St. Maria zur Wiese in Soest: Maria, Dreieinigkeit, Ev. Johannes (zählt zu der ältesten dt. Tafelmalerei) ~ Rathaus in Goslar (got.) ~ Baubeginn des Rathauses in Braunschweig (got.; Arkaden ab 1393) Marienkirche in Hitterdal (norweg. Stabkirche; vgl. 1060)	≈ Vortrag der Passionsgeschichte von drei Sängern (Evangelist, Christus, übrige) im *gregor*ianisch. Gesang (Anfang der Choralpassion) ≈ Einstimmige, ital. volkstüml., geistl. Lieder aus der franziskan. Beweg.: „Lauden" ≈ Vagantenlyrik und -gesänge (gesammelt in den „Carmina Burana", vgl. 13. Jhdt.) ≈ Aufteilung des Orgelpfeifenwerks in Register ≈ Portativ, tragbare Orgel mit 1 bis 2 Oktaven, wird viel benutzt (bis ins 15. Jhdt. beliebt) ≈ Querpfeife	~ *Vinzenz v. Beauvaix* († 1264): „Speculum - naturale, historiale, doctrinale" (dreiteilige Enzyklopädie; gedruckt 1473 mit einem zugefügten 4. Teil: „Speculum morale") ~ *Jordanus Ruffus*, Oberstallmeist. am Hof Kaiser *Friedrichs II.* auf Sizilien: „De medicina equorum" (erstes mittelalterl. Buch über Krankheiten und Haltung von Pferden) *Albertus Magnus* beschreibt Metallfiguren, die mit Wasser gefüllt u. erwärmt die verschließenden Holzkeile wegschleudern („Püsteriche"); ihm sind 4 Rosenarten bekannt	≈ Blütezeit von Handel u. Gewerbe der norditalienischen Städte (besonders Florenz; vgl. — 1399) ≈ Die belgische Stadt Dinant besitzt bedeutende Messingwarenindustrie ≈ Blüte d. Erzgusses in den Niederlanden (besonders Dinant) u. Norddeutschland ≈ Dolch gehört zur ritterlichen Bewaffnung ≈ Rechenpfennige als Hilfsmittel für Rechnungen auf dem Rechenbrett ≈ Die sog. „gotische" Schrift entsteht (mit eckigem gebrochenem Schriftbild, Grundlage der heutigen „Fraktur") ≈ In Mitteleuropa kommt Hut auf (zunächst meist spitzförmig) ≈ Bundhaube als männl. dt. Kopfbedeckung (bis z. 15. Jhdt.) ≈ Zopf auch als europ. Männer-Haartracht ≈ Leinwand-Stikkerei (gipfelt in der Bildstickerei der rhein. u. niederl.-burgund. Werkstätten) Fußballregeln in China

	 *Höhepunkt des ritterlichen Mittelalters*	 *Edda Carmina Burana*	*Hoch-Scholastik Mystik*
Im 13. Jahrhundert	Aus der Gerichtsbarkeit der fränk.-kgl. Grafen entwickeln sich die fürstl. erblichen Landesherrschaften Handelsgenossenschaft unter der Führung der Stadt Soest auf Wisby (Vorstufe der Hanse) Aufzeichnungen der altschwedischen Landschaftsrechte (in schwed. Sprache) Sumatra wird von mohammedanischen Arabern erobert	„Carmina Burana" (Sammlung mittellat. u. dt. Lieder fahrender Schüler; gefunden 1803 als Handschr. i. Kloster Benediktbeuren) In Österr. entsteht „Rosengarten-Epos" (Kriemhild ruft Dietrich v. Bern zum Kampf gegen Siegfried, den Wächter ihres Rosengartens; Siegfried wird besiegt) „Richard Cœur de Lion" („Richard Löwenherz", engl. Dichtung in frz. Sprache) Die nordfranzösische Mundart der Île de France beginnt sich allmählich immer stärker durchzusetzen und führt zur modernen frz. Schriftsprache Langsames Zurücktreten der lateinischen Schriftsprache „Hofzuchten" (höfische Tischzucht-Literatur) Nach langer, sich umgestaltender mündl. Überlieferg. d. histor. Stoffe (seit ≈ 950) werden die nordisch. Sagas niedergeschrieben Lieder-Edda entsteht; altisländ. Liedersammlung mit germ. Götter- und Heldensagen einschl. der Götterdämmerung in der „Völuspa" (in Stabreim; entstanden seit dem 9. Jahrhundert) Malaiische Sprache wird vor allem durch den Islam mehr u. mehr Verkehrssprache im Umkreis Indonesiens Mongolische Schrift entsteht	Universität Siena gegründet Mittelalterl. Einteilung der „freien Künste" in das Trivium: Grammatik, Rhetorik, Dialektik u. das Quadrivium: Musik, Astronomie, Arithmetik, Geometrie Blütezeit der ritterlichen Erziehung Seit den Kreuzzügen Judenverfolgungen in Europa und Abtrennung der Juden in Gettos (Gleichstellung in Frankreich ab 1791, Deutschland ab 1808) Christl. Bettelorden versuchen Verweltlichung der Kirche aufzuhalten Fest-Gottesdienste in Form d. Reim-Offizien in d. Vulgärsprache m. verteilten Rollen und eingeschaltet. Liedern (Prosen). Neigen zur Parodie und Verweltlichung Die Taufe durch Benetzen mit Wasser wird in der christl.-röm. Kirche üblich (nicht mehr Ganztaufe) In der kathol. Kirche wird es üblich, den Laien das Abendmahl nur noch in der Form des Brotes zu reichen Erste dt. Rechenschulen in Handelsstädten In Tibet bildet sich eine Hierarchie verheirateter, landbesitzender Priester aus (Reform im 14. Jh.)

Übergang Romanik — Gotik	*Höfische Musik „Ars antiqua"*	*Arabische Wissenschaft*	
Blüte der dt. gotischen Glasmalerei (u. a. in St. Kunibert in Köln, Elisabeth-Kirche in Marburg, Stiftskirche Klosterneuburg)	Geistl. Lieder in dt. Sprache neben den latein. Kirchenliedern (meist sog. „Leisen" nach „kyrie eleison")	Durch arab. Überlieferung gelangte die Kenntnis der griechischen (bes. ptolemäischen) Astronomie (und Astrologie) nach Europa, die hier wieder aufgenommen wird (*Alfons der Weise* von Kastilien)	Frühmerkantilismus (bis 17. Jhdt; gleichzeitig Vorbereitung d. Kapitalismus und seiner auf Handwerksarbeit beruhenden Frühformen)
Gotische Glasmalerei in der Kathedrale in Chartres	Magister *Perotinus*, Hauptvertreter d. Pariser „Ars antiqua" (mehrstimmiger Stil unter Verwendung der Mensuralnot.: Organum und Discantus in einfacher Gegenbewegung; dreistimmig. Motetus mit Cantus firmus in der Mittelstimme; Hoquetus [„Schluchzer"] m. zerhackter Stimmführung; Conductus mit freier Erfindung der Stimmen; Rondellus als erste Art kanonisch nachahmender Stimmführg.); führt Vierstimmigkeit ein (vgl. 1100 und 12. Jhdt.)		Entstehung des Verlagswesens: Händler gibt dem Handwerker Geld oder Rohstoffe u. „verlegt" seine Erzeugnisse. Zunächst im Textilhandwerk u. Bergbau (führt zur Arbeitsteilung und sozialen Abhängigkeit der Handwerker)
Castel Nuovo in Neapel (1458 Triumphbogen *Alfonsos V.*)			
Fondaco de'Turchi in Venedig (frühroman. Palast am Canale grande)		Araber bringen Baumwolle n. Europa (wird u. a. in Augsburg verarbeitet)	
Synagoge in Toledo (1405 zur christl. Kirche umgebaut)			
Synagoge zu Worms (eine der am längsten erhaltenen in Deutschl.)		Eiserne, geschlossene Topf- oder Kübelhelme mit Augenschlitz (darunter oft noch Kettenhaube).	**Venezianische Glasindustrie in Murano**
Die italien. Bildhauerkunst steht merklich noch unter antikem Einfluß, z. B. „Hl. Martin mit Bettler" am Dom zu Lucca. Dieser Einfluß kommt z. T. aus der ehemaligen röm. Provinz in Südfrankreich (Provence)		Gleichzeitig entsteht „Eisenhut"	Entwicklung eines Großhandels, der auch außerhalb v. Messeorten und -zeiten tätig ist
Höhepunkt der Emailmalerei in Limoges; u. a. Reliquienschrein d. hl. *Calmine*			Kaufleute beginnen Handlungsbücher zu führen und das Urkundenwesen zu entwickeln (ermöglicht das Kreditwesen)
Hoher Stand der Fayencekunst in Persien			
Türk. beeinfl. mameluckischer Stil in der ägypt.-syr. Baukunst d. Islam (bis ~ 1520)			Gänsefeder als Schreibfeder findet stärkere Verbreitung (in Deutschland erst im 17. Jhdt.; seit ≈ 500 bekannt)
Mongolischer Stil in der Baukunst des islam. Orients (bis ~ 1500; Kuppelbauten)			
Dschaina-Tempel in Mount Abu (bei Dilwara/Nordwestindien) mit reicher Ausschmückung der Innenräume (Marmor) und Einbeziehung des figürl. Schmuckes in die Dekoration; die Götterbilder selbst sind entspr. der asket. Grundauffassung starr-schematisch stilisiert	Kanonform als strenger Kontrapunkt		Brotkonsum setzt sich gegenüber d. nach wie vor verbreiteten Breinahrung stärker durch
	Verbot der Oktavparallelen		
Tempel des Sonnengottes Surya zu Konarak in Orissa/Ind. (größte Dichte des plastischen Schmuckes an der Außenwand, es überwiegen erotische Szenen; lebensgroße Tierfiguren aus einem Block vor den Eingängen)			Höhepunkt d. Ritter-Turniers (vgl. 1127 V, 1313 Ph)
Bildnisplastik des Shogun *Yoritomo* (jap. Holzplastik)			
Während d. Korai-Dynastie i. Korea (928–1392) Blüte der Töpferei			

	Alfons d. Weise *Rheinischer Städtebund*	*Ausklingende* *ritterliche Dichtung*	*Hoch-Scholastik* *Sorbonne*
1251	*Otakar (II.)* v. Böhmen erhält mit Hilfe d. päpstl. Partei d. Hzgt. Österr. (1261 d. Hzgt. Steiermark, 1269 Kärnten; verliert diese Länder 1278 an die *Habsburger*) Mit der Eroberung v. Algarve erreicht Portugal seine heutige Ausdehnung	„Calila e Dimna" (span. Fabelsammlung nach ind. Vorbild)	
1252	*Alfons X.* (der Weise) König von Kastilien bis 1282 (dt. König von 1257 bis 1274, ohne Deutschland zu betreten, † 1284) Die im 12. Jhdt. unter den *Ejjubiden* nach Ägypten zu Heereszwecken gebrachten türkischen Sklaven (Mamelucken) erlangen nach der Ermordung der *Ejjubiden* die Herrschergewalt (bis 1517)	∼ † *Rudolf von Ems*, mittelhochdt. epischer Dichter, zuletzt in Italien; schrieb u. a. „Alexander" und unvollendete „Weltchronik" (* ∼ 1200) ∼ †*Reinmar von Zweter*, mittelhochdt. ritterlicher Spruchdichter u. Vagant; schuf auch polit. Spruchdichtung.	Inquisition beginnt Folter anzuwenden
1253	Frankfurt a. d. Oder u. Glogau erhalten Stadtrecht Nordhausen freie Reichsstadt *Otakar II. Przemysl* Kg. v. Böhmen bis 1278 (†, * ∼ 1230); fördert Einwanderung dt. Siedler u. Handwerker nach Böhmen u. Mähren, grdt. zahlr. Städte Dt. Kolonisten gründen eine Siedlung bei der poln. Stadt Posen, die Magdeburger Stadtrecht erhält (dt. Einfluß in Posen verschwindet zunächst in der Gegenreformation) Blüte des ukrainischen Staates mit dem Mittelpunkt Halicz (seit ≈ 1200). Der Herrscher *Danylo* (1205 bis 1264) erhält vom Papst *Innozenz IV.* Königskrone (1340 zerfällt dieser Staat)	† *Thibaut IV.* (Kg. v Navarra), frz. höfischer Lyriker, Ketzerverfolger in den Albigenserkriegen (*1201)	Fürstbischöfe von Würzburg beziehen endg. die Festung Marienberg
1254	† *Konrad IV.* bei dem vergebl. Versuch, das sizilianische Reich für das *Staufer*haus zu retten, dt. König seit 1250 (* 1228) Rheinischer Städtebund von über 50 Städten zur Erhaltung d. Landfriedens und zum Schutz gegen das die wirtschaftl. Entfaltung d. Städte durch Abgaben und Überfälle behindernde Rittertum (Auflösung ∼ 1450) ∼ Aus dem Kgl. Hofrat in Paris entwickeln sich Staatsrat, Rechnungshof und Gerichtshof (Parlament, mit Prozeß-, Untersuchungs- u. Bittschriftenkammer)	∼ „Biterolf und Dietleib" (dt. Heldenepos in Reimversen)	Hofkaplan *Robert de Sorbon* gründet in Paris Theologenschule, (im 14. Jhdt. „Sorbonne" genannt; wird 1554 Sitz der theolog. Fakultät der Pariser Universität) *Alexander IV.* Papst bis 1261 (†)

Stadtkern München Norddt. Backsteingotik	Höfische Musik „Ars antiqua"	Weltkarte Reise nach Asien	
Weiterbau der Marienkirche zu Lübeck als frühgot. Hallenkirche (fertiggest. 1351): Beginn der norddt. Backsteingotik			Brand von Lübeck Dorf Wedding (b. Berlin) urkundl. erw. (gegründet ~ 1210)
Mit der gotischen Kirche des heiligen *Franziskus* in Assisi beginnen die Bettelorden in vielen italienischen Städten gotische Kirchen zu bauen (Baubeginn 1229)		≈ Ebstorfer Weltkarte entsteht (Rundkarte von 3,5 m Durchmesser auf 30 Pergamentblättern mit Jerusalem als Mittelpunkt; Nachahmung einer römischen Weltkarte aus d. 4. Jh.)	~ Von Italien (Florenz, Venedig) aus verbreiten sich Goldmünzen in Europa (Floren, Zechinen, Gulden, Dukaten)
		Der Flame *Wilhelm von Rubruk* (* ~ 1225, † ~ 1270) unternimmt im Auftrage des Papstes und des Königs v. Frankreich Gesandtsch.-Reise an den Mongolenhof in Karakorum bis 1255; liefert zutreffenden Bericht über Zentralasien (vgl. 1245)	≈ Bettgestelle werden mit Bemalung, Schnitzerei oder Einlegearbeit verziert. Es entstehen sofaähnl. Spannbetten ≈ Bett der Ritter erhält Strohsack oder Matratze
* *Chao Meng-fu*, chin. Maler d. Übergangszeit zwischen *Sung-* und der mongol. *Yüan-* Dynastie († 1322) ~ Befestigungen u. Alter Hof (Ludwigsburg) in München (ältester Stadtkern) Kathedrale in Le Mans geweiht (Baubeginn 1217)		* *Marco Polo*, ital. Forschungsreisender in Asien († 1324)	König *Ludwig der Heilige* v. Frankreich läßt Armenregister in den Gemeinden führen und sorgt für Verpflegung der Armen auf Gemeindekosten Handstrickerei angeblich schon in Italien bekannt

	Mongolisches Weltreich Interregnum	Ausklingende ritterliche Dichtung	Hoch-Scholastik Augustiner
1255	Hzg. *Ludwig II.* (der Strenge) von Bayern (1253 bis 1294 [†]) erhält die Rheinpfalz und Oberbayern, macht München zum Herzogssitz Vertreter der Reichsstädte erscheinen auf den Reichstagen (regelmäßig erst ab 1489) Kg. *Otakar II. Przemysl* von Böhmen gründet auf einem Kreuzzug gegen die Preußen Königsberg Prager Altstadt erhält dt. Stadtrecht (1257 auch die Kleinseite)	~ *Ulrich von Lichtenstein*: „Frauendienst" (autobiograph. Versroman m. Minne- u. Tanzliedern) ~ „Alexandergedicht" (span., in vierzeiligen Alexandrinerstrophen)	
1256	† *Wilhelm von Holland* im Kampf gegen die Friesen, päpstlicher Gegenkönig in Deutschland seit 1247 (* 1227) Nürnberg wird Mitglied d. Rhein. Städtebundes „Hundertjähriger Krieg" zwischen Venedig und Genua (vgl. 1381)		Augustiner-Orden gegründet Kloster Chorin am Parsteiner See gegr. (1273 n. Chorin verlegt)
1257	Nach Herrschern aus dem Hause *Staufen* (seit 1138) setzt sich reines Wahlkönigtum durch: Gleichzeitige Wahl von *Richard von Cornwallis* bis 1272 (†) und *Alfons* von Kastilien bis 1274 († 1284) zu dt. Königen. Beginn des „Interregnums" (Zeit ohne effektive Königsgewalt in Deutschland bis 1273) Krakau erhält Magdeburgisches Stadtrecht	*Ulrich von Lichtenstein*: „Frauenbuch" (Lehrgedicht, beklagt das Verschwinden ritterlicher Sitten)	
1258	Memel erhält Lübisches Recht (1252 als Neu-Dortmund gegrdt., kommt 1326 vom Schwertorden des Bischofs von Kurland an den Dt. Orden) Mongolen erobern den Irak, der bisher (seit 750) unter der Herrschaft des mohammedanischen Herrscherhauses der *Abbasiden* in Bagdad stand Mit dem Sturz des Kalifats in Bagdad wird arabische Herrschaft über Asien durch die Mongolen beendet	~ *Saadi*: „Diwan" (Gedichtsammlung), „Rosengarten" (pers. Prosa mit eingestreuten Versen)	
1259	*Kublai Khan* (auch *Kubilai Chan*) mongolischer Herrscher bis 1294 (†). Unter ihm größte Macht des Mongolen-Weltreiches: Birma, Annam, Tibet, bis Theiß und Weichsel (ab 1280 Kaiser von China)		

Gotik	Höfische Musik „Ars antiqua"	Alfons der Weise Pulvergeschütze	
~ * *Duccio di Buoninsegna*, ital. Maler aus Siena († 1319)		Handelsreisen führen *Nicolo* u. *Maffeo Polo* bis Peking, von wo sie 1269 nach Ital. zurückkehren (vgl. 1271)	≈ In Deutschland werd. ständige berufsmäßige Scharfrichter erwähnt (schließen sich zu Zünften zusammen, gelten wie die Henker u. Abdecker als „unehrlich")
		Kg. *Alfons X.* (der Weise) von Kastilien verwendet zu astronomisch. Beobachtungen Kerzen-, Quecksilber- und Wasseruhren	
Hochgotische Bildhauerarbeiten in Notre-Dame, Paris			
Kathedrale in Salisbury/England geweiht (1220 begonnen, bis 1265 ausgebaut, Turm und Westfassade ~ 1350 vollendet)			
		~ Anwendung v. Pulvergeschützen durch die Chinesen (auch schon ~ 1234)	

	Entwicklung der Städte	Ausklingende ritterliche Dichtung	Hoch-Scholastik Mystik
1260	Durch Teilung des *Askanier*hauses entstehen d. Herzogtümer Sachsen-Lauenburg (bis 1689) u. Sachsen-Wittenberg (erhält 1356 d. Kur u. kommt 1423 a. d. Markgrafen v. Meißen) Wittenberg Hauptstadt von Sachsen-Wittenberg ~ Die *askanischen* Markgrafen erwerben d. Neumark rechts d. Oder für Brandenburg ~ Stuttgart wird Stadt Das Geschlecht d. *Scala* begrdt. seine Macht in d. Markgrafschaft Verona (wird starke Stütze der kaiserfreundl. *Ghibellinen* ~ 1300 bis ~ 1350)	~ „Thidreks-Saga" (norweg. Sammlung dt. Sagen; wurd. durch dt. Kaufleute nach Norwegen gebracht u. sind z. T. nur aus dieser Quelle bekannt) ~ „Wartburgkrieg" (mitteldt. Gedicht; im 1. Teil besiegen im Lobpreis des Landgrafen Walther, Wolfram u. andere den Heinrich v. Ofterdingen; im 2. Teil wird er im Rätselspiel von Wolfram besiegt)	~ * *Meister Eckart*, dt. Mystiker und Prediger († 1327) *Segarelli* grdt. Sekte der Apostelbrüder, die sich gegen Verweltlichung der Kirche wenden (vgl. 1307) Geißlerzüge unt. Bußgesängen durch Italien bis nach Deutschland (1349 vom Papst verboten, in Deutschland noch bis zum 15. Jhdt.)
1261	Kaiser *Michael VIII. (Paläologus)*, Grd. des letzten byzant. Herrscherhauses d. *Paläologen*, erobert mit Hilfe Genuas Konstantinopel u. beseitigt das „Lateinische Kaiserreich" (seit 1204); regiert v. 1259 bis 1282 (†). Dadurch gewinnt Genua im Orienthandel vor Venedig eine Vorzugsstellung (vgl. 1381) Kairo Sitz der *Abbasiden*-Kalifen (bis 1517) Magdeburg. Stadtrecht f. Breslau		*Urban IV.* Papst bis 1264 (†); verbündet sich mit *Karl v. Anjou* gegen die *Staufer-*Herrschaft i. Sizilien; führt 1264 Fronleichnamsfest ein
1262	Straßburg macht sich vom Bischof unabhängig und wird Reichsstadt Das span. Kgr. Kastilien erobert Cadiz (1236 Cordoba, 1248 Sevilla) v. den Mauren ≈ Auf d. Pyren. Halbinsel bestehen die christl. Kgr. Aragonien, Kastilien, Navarra, Portugal u. d. arab.-maurische Granada mit hoher wirtschaftlicher u. kultureller Blüte (bis 1492) Island u. Grönland (1261) v. Norwegen erobert und mit ihm vereinigt	*Adam de la Halle:* „Laubenspiel" (frz. Posse, verhöhnt Bürgertum)	

Gotik Naumburger Dom	Höfische Musik „Ars antiqua"	Roger Bacon Dialekt. Heilkunde	
Niccolo Pisano: Marmorkanzel in d. Taufkirche in Pisa (antik beeinflußte Reliefs des Übergangs zwischen Romanik u. Gotik in Italien) ∼ *Meister vom Naumburger Dom:* 12 lebensgr., bemalte Stifterfiguren (*Ekkehard, Uta* u. a.) an den Pfeilern der got. Westchores; „Passion Christi" als plast. Schmuck im real. Stil im got. Westlettner (Plastiken zeigen nordfrz. Einfluß; Westchor u. Bildhauerarbeiten ∼ 1250 beg.) ∼ Die Reliefs mit der Passionsgeschichte im Westlettner d. Naumburger Doms gehören zusammen mit Glasmalereien in d. Kathedrale von Chartres aus d. gleichen Jhdt. zu den frühesten Passionsdarstellungen, die eine vollständige Bilderreihe zeigen ∼ Dom zu Upsala (Westfassade vollendet 1435; got.) ∼ Der Meditations-(Ch'an-)Buddhismus und seine Mönche beeinfl. d. zeitgen. chin. Malerei; u. a. „Ma-Lang-fu" (Darstellung einer sagenhaften Buddha-Verkörperung in einem schönen Mädchen von einem Maler-Mönch)	Erste Meistersinger-Schule i.Mainz gegründ. (Meistergesang ist eine bürgerliche Nachahmung d. Minnesanges des Adels, wird nach strengen Regeln betrieben; Blütezeit ≈ 1450 bis ≈ 1600)	∼ * *Henri de Mondeville*, franz. Chirurg und Anatom († 1320) ∼ Die Philosophie von *Roger Bacon*, die sich neben Autorität und Vernunft auch ausdrücklich auf experimentelle Erfahrung stützt, beeinflußt nachhaltig die Alchimie ≈ Nach alchimistischer Auffassung bestehen die Metalle aus Quecksilber, Schwefel u. Salz und lassen sich ineinander(mit Hilfe des „Steins der Weisen") umwandeln	Lübeck durch Brand weitgehend zerstört ≈ Die Ritter vereinigen Schild und Helm zu einem einheitl. Wappenbild
∼ Bau des hochgotischen Ostchors der Lübecker Marienkirche durch einen nordfrz. geschulten Baumeister (bis ∼ 1280) ∼ Psalter des heiligen *Ludwig* Haakons-Halle in Bergen (Königshalle, bedeutendster norwegischer Profanbau aus dem Mittelalter)		∼ *Thaddeus Florentinus* (* 1223) lehrt in Bologna die Heilkunde nach dialektisch-scholastischer Methode: Behauptung – – Einwände – Gegeneinwände	

	Englischer König in der Hand der Barone Englisches Parlament	Ausklingende ritterliche Dichtung	'Hoch-Scholastik Thomas von Aquino
1263	Neues span. Gesetzbuch v. Kg. *Alfons X.*		
1264	*Habsburger* erhalten Thurgau (1460 von den Schweizer Eidgenossen erobert) ~ Thüringen kommt an die *Wettiner* Markgrafen von Meißen Das Parlament der Barone läßt König *Heinrich III.* v. Engl. gefangennehmen (u. a. wegen hoher Geldford. an das Land). Wird nach einem Jahr vom Kronprinzen befreit. Erkennt erneut Magna Charta an	~ † *Gonzalo de Berceo,* span. Dichter, Weltgeistlicher; schrieb „Marienwunder" u. a. geistl. Dichtung in vierzeiligen, einreimigen Strophen (* ~ 1195)	Thomas von Aquino: „Summa contra gentiles" (Verteidigung des Katholizismus gegen die Erneuerung der Lehre des arab. Aristotelikers *Averroës* († 1198) im „lateinischen Averroismus" (vgl. 1270) Fronleichnamsfest gestiftet (wird 1311 allgemeine Übung)
1265	Das englische Parlament (zunächst ausnahmsweise) durch je 2 Bürger aus jeder Stadt erweitert (ab 1295 bilden Ritter und Bürger als „Commons" gemeinsam den 3. Stand)	* *Dante Alighieri,* ital. Dichter († 1321)	~ * *Notburga,* kath. Schutzheilige d. Bauern u. Mägde († 1313) ~ *Brunetto Latini* (* ~ 1220, † ~ 1294) „Li Livres dou Trésor" (florentin. Enzyklopädie in frz. Sprache mit Weltchronik, Ethik d. *Aristoteles,* Rhetorik des *Cicero*)
1266	Wismar erhält Lübisches Stadtrecht (seit 1229 als Stadt bezeugt) Königreich Neapel zum französ. Hause *Anjou* (vgl. 1268)		* *Johannes Duns Scotus,* scholastischer Philosoph aus Schottland († 1308)
1267			

	Gotik Magdeburger Dom	Höfische Musik „Ars antiqua"	Alchimie	
	Magdeburger Dom i. Bau (erste gotische Kirche Deutschlands, Baubeginn 1209; Westtürme erst 1520) (vgl. 1363)			
	~ Grabmäler Kg. *Dagoberts I.* († 638), *Roberts II.* († 1134) u. der *Constance von Arles* in der Abteikirche v. Saint Denis (hochgot. frz. Plastiken)			
	Dom in Münster i. W. (Pfeilerbasilika in roman.-got. Übergangsstil, Baubeginn 1225, später umgebaut) Marienkirche i. d. Berliner Neustadt (frühgot. Hallenkirche)		~ *Raimundus Lullus* wendet sich n. einem ausschweifenden Leben am aragonischen Hof philosophierend d. Wissenschaft. zu; schreibt auch über Alchimie, ohne selbst Versuche zu machen; regt dadurch viele weitere alchimistische Spekulationen an ~ * *Ottokar von Steiermark*, deutscher Geschichtsschreiber	
	~ * *Giotto di Bondone*, ital. Maler († 1337) Kathedrale von Salisbury fertiggestellt (engl. frühgot. Kirche; Baubeginn 1220)			
			Bei der mongolischen Truppe d. *Kublai Khan* befinden sich arabische Techniker	Schwere Nordsee-Sturmflut

	Ende der Kaiserherrschaft in Italien	Tannhäuser	Hoch-Scholastik Mystik
1268	*Karl v. Anjou*, Bruder Kg. *Ludwigs IX.* v. Frankreich, besiegt bei Tagliacozzo den Sohn *Konradin* d. *Staufer*königs *Konrad IV.* und läßt ihn hinrichten. Damit geht d. Kgr. Neapel-Sizilien d. *Staufern* endgültig verloren. Ende der dt. Kaiserherrschaft in Italien * *Philipp IV.* (der Schöne), Kg. von Frankreich von 1285 bis 1314 (†)		
1269	Kg. *Otakar II.* v. Böhmen erbt Kärnten u. Krain (verliert sie 1278 zusammen mit der 1261 erworbenen Steiermark u. dem 1251 gewonnenen Österreich)		
1270	*Ludwig IX.* (der Heilige) unternimmt einen Kriegszug nach Tunis (sog. siebenter Kreuzzug); er und ein großer Teil seines Heeres sterben an einer Seuche (* 1214) *Philipp III.* (der Kühne) Kg. v. Frankr. bis 1285 (†) ~ Lemberg von ukrain. Fürsten gegründet	~ *Albrecht:* „Jüngerer Titurel" (Forts. v. *Wolframs* „Titurel" in gesteigert geheimnisvoller u. rätselhafter Sprache; gedruckt 1477) ~ *Der Pleier* aus Salzburg: „Garel vom blühenden Tal", „Tandareis u. Flordibel", „Meleranz" (drei mittelhochdeut. *Artus*romane) ~ † *Tannhäuser*, mittelhochdt. Lyriker und Vagant in Süddeutschland, Vertreter der kraftvollen „höfischen Dorfpoesie" (* ~ 1205) ~ „Cronica general" („Weltchronik", span. Prosawerk auf Veranl. *Alfons' X.*; leitet span. Chronik-Literat. ein)	*Jacobus de Voragine*, Erzbischof v. Genua (* ~ 1230, † 1298): „Legenda aurea" (Sammlg. von Heilig.-Legenden in Versen) Kathol. Kirche verurteilt „lateinisch. Averroismus", der Ewigkeit der Welt u. Sterblichkeit d. Einzelmenschen lehrt. Einzelseele nicht unsterblich, sondern vorübergeh. Teilerscheinung einer Gesamtvernunft; Hauptvertreter *Siger von Brabant* († ~ 1282)

Gotik Niccolo Pisano	Höfische Musik „Ars antiqua"	Magnetismus	
Niccolo Pisano: Marmorkanzel im Dom zu Siena (ital. Reliefs im antik beeinfl. Übergangsstil zwischen Romanik und Gotik) Kathedrale von Amiens (frz. Hochgotik, Baubeginn 1218)		~ *Teodorico Borgognoni* (* 1205, † 1298, Bisch. v. Bitonto): Lehrbuch d. Chirurgie (aus d. medizin. Schule von Bologna)	
~ Maler-Mönch *Mu-hsi* (* ~ 1220, † ~ 1290) malt Bilderrolle: „Acht Ansichten vom Hsiao-Hsiang" (Chines. „impressionist." Landschaftsmalerei im geistvoll-knappen Stil des Meditations-[Ch'an-]Buddhismus)		„Epistola Petri Peregrini Maricurtensis de Magnete" (Brief des *Pierre v. Maricourt* üb. den Magnetismus, die älteste bekannte experimentalphysikal. Darstellung dieses Gebietes)	
	~ * *Giovanni da Cascia,* ital. Komponist, ein Hauptmeister der weltlichen Liedmusik mit Instrumentalbegleitung („Ars nova"), Madrigale	~ *Etienne Boileau:* „Livre des Métiers" (französ. Berufskunde)	~ Tiroler Münze mit Doppelkreuz als Urbild des „Kreuzers" (1551 Reichsmünze)

	Ende des Interregnums Rudolf I. von Habsburg	Persische Dichtung	Hoch-Scholastik Mystik
1271	Grafschaft Toulouse kommt zur frz. Krone. Durch diese und andere Vereinigungen Stärkung der Zentralgewalt		
1272	*Eduard I.* König von England bis 1307 (†, * 1239). Fördert Gesetzgebung („Justinian Englands")		† *David von Augsburg*, dt. Mystiker; schrieb: „Über des äußeren u. inneren Menschen Bildung, nach dem dreifachen Stand der Anfangenden, Fortschreitenden und Vollendeten" (Anweisungen zur geistl. Lebensführung, in myst. Gebetsversenkung gipfelnd)
1273	*Rudolf I. von Habsburg* wird zum dt. Kg. gewählt (bis 1291 [†]); Ende des Interregnums seit 1257, während dessen sich die Fürstengewalt entscheidend stärkte *Rudolf I. v. Habsburg* stellt d. Herrschaft über die 3 Schweizer Waldstätte wieder her (führt 1291 zum „Ewigen Bündnis" gegen *Habsburg*, 1315 erneuert. Haus *Habsburg* erwarb seit 10. Jhdt. Besitzungen im Elsaß und in d. Schweiz)	† *Dschelal ed Din Rumi*, persischer mystischer Dichter; schrieb „Diwan" und „Mesnewi" (Erzählungssammlungen); grdte. Orden der tanzenden Derwische (* 1207)	*Thomas von Aquino*: „Summa theologica" (hochscholast. Zusammenfassung der röm.-christl. Theologie unter Verwendung der aristotel. Philosophie; ersetzt das „Ich glaube, damit ich erkenne" [„Credo ut intelligam"] der Frühscholastik durch d. Grundsatz „Glauben durch vernünftige Erkenntnis"; anerkennt die Offenbarung als außer-, aber nicht widervernünftige Erkenntnisquelle theolog. Wahrheiten)

Gotik Niccolo Pisano	Höfische Musik „Ars antiqua"	Marco Polo	
		Der Venezianer *Marco Polo* begleitet seinen Vater *Nicolo* auf einer Kaufmannsreise d. Innerasien nach Peking. Er wird Statthalter d. Groß-Khans in einer Provinz (bis 1292)	„Jura et libertates silvanorum" („Recht und Freiheiten der Waldwerke"), Harzer Bergrecht, vereinbart zwischen dem Herzog v. Braunschweig-Lüneburg und den „Waldwerken"
Cimabuë in Rom Dom in Stavanger/Norw. (aus dem 11. Jhdt.) gotisch ausgebaut			Die Bäckerinnung in Berlin gegrdt.; verlangt vor der Aufnahme eine Brotbackprobe als Befähigungsnachweis (d. Meisterstück wird in den Zünften erst später üblich, vgl. 15. Jhdt.) Gesetzl. Festpreise f. Bäckereiprod. i. Berlin
Niccolo Pisano: Brunnen vor dem Dom in Perugia (ital. Bildhauerarbeit des Übergangstils Romanik-Gotik) ~ Kathedrale zu León (span.-got., Baubeginn 1199) Zisterzienser erb. Kloster i. Chorin (Backsteingotik) (vgl. 1256)		* *Abu'l Feda*, arab. Historiker u. Geograph († 1331)	

	Mongolisches Weltreich Rechtsordnungen	*Dante und Beatrice*	*Thomas von Aquino Mystik*
1274	*Eduard I.* Kg. v. Engl. bis 1307 (†); beschränkt die Macht der Barone, erweitert das Parlament, organisiert Steuer- u. Militärwesen Der Mongolenherrscher *Kublai Khan* versucht vergeblich, Japan zu unterwerfen (1281 wird bei einem zweiten Versuch große mongol. Flotte durch Sturm vernichtet)	Beginn der Liebe *Dantes* zu *Beatrice* (* 1266, † 1290)	† *Bonaventura*, ital. Kirchenlehrer, Erneuerer u. bedeutendst. Angehör. d. augustinisch-scholast. Franziskanerschule; schrieb: „De reductione artium ad theologiam" („Rückführung der Wissenschaften auf die Theologie") u. „Breviloquium", Abriß der Glaubenslehre (* 1221) † *Thomas von Aquino*, Schüler von *Albertus Magnus*, ital. scholast. Philosoph, „Doctor angelicus universalis"; vereinigte aristotel. Philosophie m. christl. Theologie (* ~ 1225, Heiligsprechung 1323) 14. Allg. Konzili. Lyon
1275	~ * *Heinrich VII. von Luxemburg*, röm.-dt. Kaiser von 1308 bis 1313 (†) ~ „Schwabenspiegel", süddt. Rechtsbuch in oberd. Mundart, umfaßt Land- u. Lehnsrecht, lehnt sich an „Sachsen"- u. „Deutschenspiegel" an, enth. auch röm. Recht *Magnus I.* Kg. v. Schweden bis 1290 (†); vollendet Eroberung Finnlands, schützt Bauernstand vor d. Adel, führt ritterl. Kultur ein Seit 1250 wurden schwedische Landschaften zu einem Staat verschmolzen	≈ Am Hofe Kg. *Haakons d. Guten* von Norwegen entstehen unter Einfl. d. festländischen Ritterdichtung zahlr. „Riddarasagas"	≈ Herz-Jesu-Brautmystik in den Nonnenklöstern ≈ *Moses de León*, jüd.-span. Kabbalist, verfaßt vermutlich „Sohar" („Glanz", Hauptwerk der jüdischen Mystik)
1276	Augsburg wird im Kampf gegen die Bischofsgewalt freie Reichsstadt Neuordnung d. norweg. Rechtswesens unter Kg. *Magnus Lagaböte* (herrscht von 1263 bis 1280)	*Brun von Schönebeck* verarbeitet das „Hohelied" zu einem allegorischen Gedicht von Salomos Brautwerbg. ~ † *Ulrich von Lichtenstein*, dt. Minnesänger	

Erwin von Steinbach Straßburger Münster	Höfische Musik „Ars antiqua"	Arabische Wissenschaft	
Marienburg (Westpr.) gegrdt. (got. Backsteinbau, im wesentlichen 1398 fertiggestellt)	~ Fronleichnams-Sequenz (Schluß des Messe-Hallelujas): „Lauda Sion salvatorem" („Zion, lobe den Heiland") von *Thomas von Aquino* (†) (vgl. 912, 1031, 1050, 1306, 1320)	† *Nasir ed-din et-Tusi*, arab. Universalwissenschftl. in Bagdad. Veranlaßte den Mongolenfürsten *Holagu* zum Bau einer Sternwarte in Megara. Verarbeitete seine Beobachtungen zu Planetentafeln und Fixsternkatalog (* 1201)	
* *Kao (Liang-ch'üan)*, chines. Maler in Japan († 1335) Kathedrale in Lausanne (Baubeginn 1235) ~ Dom zu Paderborn (spätroman.-frühgot. Übergangsstil, Teile aus dem 11. Jhdt., gegrdt. im 8. Jhdt., durch *Karl d. Gr.*) ~ St.-Peter-Dom in Regensburg (hochgot. dreischiff. Basilika mit Querschiff; Glasgemälde i. 14. Jhdt.; fertiggestellt ~ 1525, Türme 1859 bis 1869) Liebfrauenkirche i. Roermond (niederländ.-roman., Baubeg. ~ 1225) ≈ Statuen im Chor und in der Johannes-Kapelle des Doms zu Meißen (got. Plastiken, Dom erbaut im 13. u. 14. Jhdt.)		* *Mondino di Luzzi*, italienisch. Anatom († 1326) ~ Der Perser *Al Schirasi* erklärt den Regenbogen durch zweimalige Brechung und einmalige Zurückwerfung des Sonnenlichtes in den Wassertröpfchen der Wolken Windmühlen in Europa allgemein üblich (vgl. 1180)	Vermählung der *Francesca (da Rimini)*, Tochter des Fürsten von Ravenna, mit *Gianciotto Malatesta* von Rimini, der wegen ihrer Neigung zu seinem Bruder *Paolo* 1284 beide ermordet (wird von *Dante* in der „Göttlichen Komödie" bedichtet)
Baubeginn der Nikolai-Kirche in Stralsund (norddt. Backsteingotik) Hochgot. Westfassade des Straßburger Münsters mit reicher Plastik der Portale und großer Fensterrose (13,5 m), ab 1284 nach Plänen *Erwins von Steinbach* (Baubeginn des Münsters 1176, mit dem Nordturm 1439 fertiggestellt)		Papierherstellung kommt nach Italien (vgl. 793)	Augsburg. Stadtrecht; sieht u. a. Kontrolle d. Brotqualität vor Heiliggeisthospital in Lübeck

	Mongolisches Weltreich *Rudolf I. von Habsburg*	*Anfänge bürgerlicher Dichtung*	*Hoch-Scholastik Mystik*
1277		~ *Jansen Enikel* aus d. Bürgerstand verf. i. Wien eine „Weltchronik" u. „Fürstenbuch von Österreich" (mittelhochdt. Reimverse) *Konrad von Würzburg*: „Partonopier und Meliur" (mittelhochdt. Epos nach französ. Vorbild) Mit der Einnahme Konias (Ikonion) wird in der türkischen Staatskanzlei türkisch Amtssprache (bleibt jedoch stark arabisch u. persisch durchsetzt)	*Nikolaus III.* Papst bis 1280 (†); versucht, die Gegensätze im Franziskanerorden auszugleichen
1278	Kg. *Rudolf I. von Habsburg* besiegt Kg. *Otakar II.* von Böhmen (†) auf dem Marchfeld, der nach dem Aussterben der *Babenberger* ihr österr. Hzgt. und Kärnten erworben hatte (vgl. 1282) † *Otakar II.*, Kg. v. Böhmen seit 1253, im Kampf gegen dt. Kg. *Rudolf I. von Habsburg* (* ~ 1230) *Wenzel II.* Kg. v. Böhmen bis 1305 (†, * 1271); zunächst unter Vormundschaft d. Markgrafen *Otto* v. Brandenburg; kämpft gegen den Adel, wobei er seinen Stiefvater hinrichten läßt, kommt 1300 vorübergehend auf den poln. Thron Soest kommt zum Erzbistum Köln (bis 1449; wird Hansestadt mit führender Rolle in diesem Bund) * *Robert* (der Weise) *von Anjou*, König von Neapel von 1309 bis 1343 (†) ~ Das mongolische Weltreich auf der Höhe seiner Macht u. Ausdehnung (erstreckt sich von China bis Polen, von Sibirien bis zum Himalaja; zerfällt 1294 in mehrere Staaten)		Tanzwut-Epidemie in Europa (relig. Massenwahn mit veitstanzähnlichen Zuständen)

Gotik	Höfische Musik „Ars antiqua"	Weltchronik für Geistliche	
Neubau des Doms in Osnabrück (spätroman., Baubeginn 1254; urspr. Bau aus dem 8. Jhdt. durch Brand zerstört) ≈ Tiere u. Fabelwesen als Wasserspeier an got. Kirchen ≈ In deutschen Städten entstehen Rathausbauten mit repräsentativem Saal im Obergeschoß Bibelfenster d. Münsterkirche in Mönchengladbach			≈ In den Händen der Kaufleute sammeln sich teilweise große Geld- und Kapitalmengen Nordseesturmflut erzeugt Dollart (Emsmündung; b. 1400 durch weitere Überschwemmungen erweitert)
~ † *Niccolo Pisano*, ital. Bildhauer; leitete mit einem antik beeinfl. Stil von der Romanik zur Gotik über (* ~ 1220)		† *Martin von Troppau*, Erzbischof v. Gnesen; schrieb Weltchronik zum Gebrauch f. Geistliche (lat.; mehrfach fortgesetzt m. vielen unhistorischen Fabeln)	

	Mongolisches Weltreich / Sizilianische Vesper	„Mittelalterl. Faust"	Albertus Magnus / Mystik
1279	Der Kurfürst-Erzbischof von Mainz unterdrückt die Selbständigkeitsbestrebungen der Rheingaugrafen (seit ~ 1250) u. wird Landesherr ihres Gebietes *Eberhard I.* (d. Erlauchte) Graf von Württemberg bis 1325; gewinnt als Landvogt in Schwaben wichtige Hoheitsrechte und macht Stuttgart zur Residenz *Diniz der Gerechte (Dionysius)* Kg. v. Portugal bis 1325 (†, * 1261); fördert Kunst u. Wissenschaft; behauptet geg. d. Papst seine Macht über d. port. Kirche; schreibt ein Liederbuch *Kublai Khan* grdt. Peking neu und verlegt von Nanking seine Residenz dorthin Ganz China von den Mongolen erobert		Der Papst stellt sich auf die Seite der gemäßigten Franziskaner, während die strengen Observanten in einen Gegensatz zum Papsttum kommen und später von der Inquisition als Ketzer angesehen werden
1280	*Kublai Khan*, seit 1259 Enkel von *Dschingis Khan* Herrscher des mong. Weltreiches, wird erster chin. Kaiser (bis 1294 [†]) der *Yüan*-Dynastie (bis 1368); tritt zur Erwerbung d. Priesterstaates Tibet zum Buddhismus über; toleriert Kulturen und Religionen seines Reiches Deutsche Hanse in London	~ † *Rutebeuf*, Pariser Dichter zeitnaher Gedichte und geistl. Schauspiele; u. a. „Miracle de Théophile" (die Gestalt des Theophilus gilt als „mittelalterl. Faust")	† *Albertus Magnus*, dt. Philosoph und Naturforscher; kommentierte und verbreitete die Werke des *Aristoteles* im christlichen Sinne, lehrte u. a. an der Universität Paris, Lehrer des *Thomas von Aquino* (* ~ 1193)
1282	König *Rudolf I.* belehnt seine Söhne *Albrecht* und *Rudolf* mit Hzgt. Österr. u. Hzgt. Steiermark (der *habsburg.* Besitz in Österr. vergrößert sich bis 1496 von 57 000 qkm auf 110 000 qkm) Das span. Kgr. Aragonien erobert Sizilien v. d. Franzosen (gewinnt 1442 auch Neapel) Die kastilischen Städte schließen Bündnis gegen Kg. *Alfons X.* Riga wird Hansestadt Volksaufstand in Sizilien unter d. *staufischen Ghibellinen*-Partei. Ermordung aller Franzosen („Sizilianische Vesper") in Palermo. *Karl v. Anjou* verliert Sizilien an Kg. *Peter III.* v. Aragonien, behält Kgr. Neapel Die oberen Zünfte entreißen in Florenz dem Adel die Macht. Florenz erhält Verfassung	* *Juan Manuel*, span. Dichter († 1348)	

Ende der Sung-Akademie Chin. Kunst der Yüan-Dynastie	*Höfische Musik „Ars antiqua"*	*Fossiliendeutung Albertus Magnus*	
		Sternwarte in Peking erbaut	≈ Nanking mit über 800 000 Einw. größte Stadt Chinas (wird in der Folgezeit von der neuen Hauptstadt Peking überflügt.)
Neubau des Domes zu Verden nach einem Brand St. Maria sopra Minerva (einzige gotische Kirche Roms)		*Albertus Magnus* (†) schrieb u. a. „De animalibus" („Über die Tiere") mit Ansätzen einer Tiergeographie	Aufstand der flandrischen Texthandwerker gegen die patrizischen Kaufleute u. Verleger, von denen (als Eigentümer d. Rohstoffe) sie abhängig sind
Kathedrale Ste.-Cécile in Albi (Süd-Frkr.) begonnen (Chor 1330, Turm 1485) Die *Sung*-Akademie in Hangchou fand durch den Einfall der Mongolen unter *Kublai Khan* ihr Ende. Die neuen mong. Herrscher suchen die chin. Kulturtradition fortzusetzen und werden dabei teilweise von namhaften Chinesen unterstützt Nach dem Ende der *Sung*-Akademie, in der die Kaiser starken Einfl. auf die Kunst nahmen, entsteht in China unter der mong. *Yüan*-Dynastie (ab 1280) eine vom Herrscher unabh. Kunstausübung von Künstlern, die oft als Verwaltungsbeamte im Staatsdienst stehen		*Ristoro d'Arezzo* deutet Fossilien als Sintflutüberreste gegenüber d. sonst nach wie vor (seit *Aristoteles*) angenommenen „plastischen Kraft" d. Erde	Florenz führt im westeurop. Wirtschaftsleben durch Tuchindustrie und Bankwesen ≈ Frühkapitalistischer Woll- und Tuchhandel (unterliegt ≈ 1400 d. Zunftverfassung)

	Blüte in Genua England erobert Wales	Ausklingende ritterliche Dichtung	Hoch-Scholastik Mystik
1283	Kg. *Eduard I.* v. England erobert d. Restfürstentum d. Waliser (ab 1301 erhält d. engl. Thronerbe d. Titel „Prince of Wales"). Schottland bleibt unabhg. Im Privilegium von Saragossa erhalten die Reichsstände (Cortes) von König *Peter III.* von Aragonien erhebliche Rechte, um die Kriegskosten des Kampfes um Sizilien (1282) zu bestreiten	~ † *Saadi*, pers. Dichter; schrieb „Diwan" (Gedichte), „Duftgarten" (moralisierende Verserzählg.), „Rosengarten" (Prosa-Erz. mit eingeflochtenen Versen) (* ~ 1184) ~ *Kézai*: mittellat. Chronik (aus Ungarn)	
1284	* *Eduard II.*, König von England von 1307 bis 1327 (†) Genua besiegt Pisa in der Seeschlacht bei Meloria entscheidend, gewinnt Sardinien, Elba und wird führende Handelsstadt am Mittelmeer † *Alfons X.* (der Weise) als Flüchtling in Sevilla bei den Mauren, Kg. von Kastilien von 1252 bis 1282, v. Deutschland gleichzeitig mit *Richard von Cornwallis* von 1257 bis 1274, förderte Astronomie und Geschichtsschreibung (* 1226) Das unter schwed. Herrschaft stehende Finnland wird Hzgt. (1581 Großfürstentum)	~ *Ulrich von Eschenbach*: „Alexandreis" (romant. Epos in lat. Sprache am Hofe Kg. *Wenzels II.* v. Böhmen)	
1285	*Philipp IV.* (der Schöne) Kg. v. Frankreich bis 1314 (†)	~ „Lohengrin" (mittelhochdt. Sagendichtung eines thüring. Fahrenden und eines bayr. Ritters)	*Honorius IV.* Papst bis 1287; bestätigt Augustiner- und Karmeliterorden
1286	~ * *Friedrich der Schöne*, dt. Gegenkg. von 1314 bis 1330 (†) Schottland vorübergehend von England abhängig (bis 1328) durch dessen Einmischung in den Streit der schott. Barone	*Bar-Hebräus* (†) gilt als letzter Vertreter der klass. syr. Literat.	† *Bar-Hebräus*, arab. und syr. Enzyklopädist; schrieb eine Welt- u. Kirchengeschichte. (* 1226)

Gotik	Höfische Musik „Ars antiqua"	Wassermühlen	
Elisabeth-Kirche in Marburg (frühgot.; Baubeginn 1235; Türme 1360; mit Grabmal und Reliquienschrein der hl. *Elisabeth* 1240; gilt als erstes völlig gotisches dt. Bauwerk) Sta. Maria Novella, Florenz, begonnen ~ Caernarvon Castle (engl. Schloß in NW-Wales)			
Erwin von Steinbach Baumeister am Straßburger Münster * *Simone Martini*, ital. Maler aus Siena († 1344) Glockenturm (Torazzo) am Dom in Cremona (121 m) Stiftskirche in Innichen (Dolomiten) (teilweise romanisch, frühere verbrannte 1200)		Kg. *Alfons X.* (d. Weise) (†) förderte Astronomie, Geschichtswissensch. und Übers. arab. wissensch. Werke ins Lateinische	Kg. *Alfons der Weise* von Kastilien (†) schrieb: „Schachzabelbuch" (Schachbuch) Grdg. d. schwed. Großen Kupferbaugesellschaft in Falun (gilt als „älteste AG") Sagenhaftes Auftreten des „Rattenfängers von Hameln" (wird heute vielf. mit massenhysterischen Tanzepidemien in Zusammenhang gebracht)
~ Conway Castle (engl. Burganlage) Baubeginn d. Doms zu Orvieto (ital. Gotik, fertiggest. im 16. Jhdt.)			
		Wassermühlen in Berlin	*Thaddeus Florentinus (Alderotti)* (* 1223), scholastisch. Arzt aus Bologna, behandelt Papst *Honorius IV.* für 100 Goldstücke pro Tag

	Köln vom Erzbischof unabhängig *Osman I.*	*Anfänge bürgerl.* *Dichtung*	*Hoch-Scholastik* *Mystik*
1287	* *Ludwig IV.* (der Bayer), röm.-dt. Kaiser von 1314 bis 1347 (†) Mongolen erobern Burma	† *Adam de la Halle*, franz. Dichter (vgl. Spalte Musik) ~ *Jean de Meung (Clopinel de Meun)* vollendet den „Rosenroman" (frz. allegorischer Vers-Roman in der Volkssprache; schildert den Weg eines „Liebenden" zur Erkenntnis, begonnen ~ 1237 von *Guillaume de Lorris*; beeinflußt nachhaltig die frz. Literatur bis zur Renaissance u. *Dante*) † *Konrad von Würzburg*, mittelhochdt. Dichter; schrieb „Der trojanische Krieg" in 40000 Versen und lebensechte Kurzerzählungen in Versen; Vertreter des Überganges vom Minnesang zum Meistergesang	
1288	Düsseldorf wird Stadt Die Stadt Köln erkämpft sich gegen d. Erzbischof Reichsunmittelbarkeit (dadurch starke Handelsbelebung) ≈ Der Rhein hat größte Bedeutung für Schiffahrt u. Handel, die aber durch wachsende Zahl von Stromzöllen behindert werden *Osman I.* Herrscher der Türken bis 1326 (†, * 1259); nimmt 1300 Sultantitel an	*Jan van Heelu*, aus der Schule von Maerlant, gibt in einem Gedicht eine Beschreibung der Schlacht v. Woeringen (kennzeichnend f. d. niederl.-bürgerl. Dichtung dieser Zeit)	*Nikolaus IV.* Papst bis 1292 (†); fördert franziskanische Mission in China
1289			König *Diniz* von Portugal setzt sich in einem Konkordat gegen die Ansprüche des Papstes durch (widerruft die Zugeständnisse seines Vaters) Gründung der Universität in Montpellier, Frankr. (entwickelt sich im 14. Jhdt. zu einer der größten in Europa)

Gotik	Adam de la Hale	Medizin. Schulen in Italien u. Frankreich	
	~ † Adam de la Halle, nordfranz. Troubadour (Trouvère), Komponist mehrstimmiger Lieder und ältester Singspiele mit volkstümlich. Weisen, u. a. „Le jeu de Robin et Marion" (* ~ 1238)		
Rathaus in Preßburg (got.; fertiggestellt im 16. Jhdt.)	St.-Nikolai-Bruderschaft in Wien (erste Zunft von Spielleuten, sorgt für musikalische Ausbildung u. soziale Fürsorge)		
	* Johannes de Muris, franz. Komponist († 1355)	Arnaldus von Villanovanus, Arzt und Mediziner i. Montpellier bis 1299 (Höhepunkt dieser Fakultät); schreibt „Breviarium practicae medicinae" u. „Parabolae medicationis" („Parabeln der Heilkunst")	

	Ende der Kreuzzüge *Hansebund*	*„Meier Helmbrecht"*	*Hoch-Scholastik* *Roger Bacon*
1290	Könige von Böhmen-Mähren *(Przemysliden)* erhalten Kurwürde. Die Königswahl steht nunmehr sieben Kurfürsten zu (Erzbischöfe von Trier, Mainz, Köln, Pfalzgraf bei Rhein, Herzog von Sachsen, Markgraf von Brandenburg, König von Böhmen)	≈ *Thomas von Erceldoune* („der Reimer"), einer der frühesten schott. Dichter ~ *Wernher der Gartenaere* (mittelhochdt. Dichter aus Bayern): „Meier Helmbrecht" (epische Verserzählg. üb. einen als Raubritter endenden Bauernsohn) ~ „La gran conquista de Ultramar" (span. Prosaschilderung der Kreuzzüge)	~ * *Wilhelm v. Occam*, engl. nominalistischer Philosoph in Paris († 1349) König *Diniz* von Portugal gründet Universität Lissabon (wird 1307 nach Coimbra verlegt) Nach etwa 100jähriger Verfolgung werden d. Juden aus England ausgewiesen
1291	† *Rudolf I. von Habsburg*, dt. Kg. seit 1273; bekämpfte das Raubrittertum (* 1218) * *Cangrande I. della Scala*, Herrscher von Verona († 1329) Antwerpen als Stadt erwähnt Mit der Eroberung von Akkon (Paläst.) durch die türk.-ägypt. Mamelucken gehen die letzten politischen Gewinne d. Kreuzzüge verloren. Es bleibt Bereicherung d. europ. Wissens u. Kultur durch d. Orient und Ausweitung d. Handels bes. von Venedig u. Genua „Ewiges Bündnis" der Schweizer Waldstätte gegen *Habsburg* (1315 erneuert) Die Benediktineräbte verkaufen Luzern an Haus *Habsburg*		Ende d. Kreuzzüge (seit 1096; wirken stark auf abendl. Kultur nach)
1292	*Adolf von Nassau* dt. Kg. bis 1298 (†) Land Stargard kommt an die Fürsten von Mecklenburg		
1294	~ Lübeck gründet Städte-Hanse (Städtebund z. Förderung d. Handels; auch zahlreiche norddt. Binnenstädte schließen sich an; Gründung von „Kontoren" im Ausland); Ursprung sind die vorher bestehenden Kaufmanns-Hansen im 12. Jhdt. † *Kublai Khan*, erster mongol. Herrscher d. *Yüan*-Dynastie in China seit 1280; Herrscher der Mongolei s. 1259; das übrige mongol. Weltreich zerfällt in mehrere Staaten		† *Roger Bacon*, engl. Philosoph einer naturwissenschaftl. Denkweise; suchte Kalender, Unterricht, Wissenschaft und Kirche zu reformieren (* ~ 1215) *Bonifatius VIII.* Papst bis 1303 (†)

Gotik Giovanni Pisano	Höfische Musik „Ars antiqua"	Marco Polo	
~ *Andrea Pisano*, ital. Bildhauer († 1349) Giovanni Pisano: Monumentalstatuen an d. Domschauseite in Siena (ital. Frühgot.) ≈ Die aufkommende ital. Gotik bleibt körperlicher u. lebensnäher als die frz. u. dt. Gotik, wahrscheinlich durch antike Überlieferung beeinflußt Glasmalereien im nördl. Seitenschiff des Straßburger Münsters ~ Bild des Schreibkünstlers *Ono Dofu* (* 896, † 966; früheste japan. weltl. Malerei, stark karikaturist.)	~ * *Philippe de Vitry*, frz. Komp. († 1361)	~ Anfänge des Bergbaus im Erzgebirge (bis 1599)	≈ In Frankreich entsteh. Schnabelschuhe (ab ≈ 1350 auch in Deutschl. u. England; verschwinden Ende des 15. Jhdt.)
~ *Pietro Cavallini*: Apsis-Mosaik in S. Maria Maggiore u. Mosaik zum Marienleben in S. Maria in Trastevere (beide in Rom) Kathedrale in York/Engl. begonnen			≈ Durch die Kreuzzüge kam v. Orient nach Europa: Buchweizen, Mais, Reis, Pfeffer, Zitrone, Aprikose; stärkerer Rohrzuckerverbrauch; Stoffe, Kleidung, Möbel; Glas-, Seidenherstellung, Spielkarten und anderes
Baubeginn der Marienkirche in Stargard i. Pommern (got.)		Marco Polo verläßt China und kehrt über Sunda-Inseln, Vorderindien und Kleinasien nach Venedig zurück	Löwenapotheke i. Trier
		Roger Bacon (†) benutzte (erfand?) Vergrößerungsgl.	~ Die Ausdehnung und Verbesserung der Landwirtschaft führt zu einem Höhepunkt der Bevölkerungsdichte, in Europa um 1300, die in der Folgezeit durch Seuchen reduziert wird

	Städte im englischen Parlament	Dante Bürgerl. Dichtung	Hoch-Scholastik Mystik
1295	Minden u. Paderborn als Hansestädte bezeugt Kg. *Eduard I.* v. England beruft Vertreter der Städte ins Parlament (das 1297 sein Steuerbewilligungsrecht anerkennt) Herzog *Przemyslaw II.* von Polen in Gnesen zum König gekrönt Nach Erwerb des westl. Pommerellen teilt sich Hzgt. Pommern in Pommern-Wolgast (Vor- u. Hinterpommern) und Pommern-Stettin (1478 wieder vereinigt; 1532—1815 wieder getrennt)	*Dante:* „Das neue Leben" (ital. Gedichte m. verbindendem Text über seine Jugendliebe zu *Beatrice*) ~ † *Jacob van Maerlant*, niederl. Lyriker u. Vertreter d. bürgerlichen lehrhaften Dichtung; schrieb Lehrgedichte über Staatskunst, Naturwissenschaften, Geschichte, Bibelstoffe; „Vater aller dietscher Dichter" (* ~ 1235)	~ * *Heinrich Seuse (Amandus)*, dt. Mystiker († 1366)
1296	* *Johann von Luxemburg*, König von Böhmen von 1310 bis 1346 (†), Sohn Kaiser *Heinrichs VII.*	† *Bussiri*, arab. Dichter; schrieb „Burda", ein Lobgedicht auf den Propheten (*1213)	
1297	Sardinien kommt mit Korsika an Aragonien (1720 an Piemont-Savoyen) Die „Schließung des großen Rates" v. Venedig, d. h. die Begrenzung der Teilnahme auf wenige Familien, vollendet die aristokratisch-oligarchische Verfassung (diese Verfassungsänderung hat Verschwörungen zur Folge, z. B. 1310)	~ *Heinrich von Freiberg:* „Ritterfahrt Johannes von Michelsberg" (am Hofe König *Wenzels II.* von Böhmen)	
1298	† *Adolf v. Nassau,* dt. Kg. seit 1292, im Kampf gegen Kurfürsten und *Albrecht* v. Österreich (* 1250) *Albrecht I.* von Österreich dt. Kg. bis 1308 (†), durch seinen Sieg über *Adolf von Nassau*		~ *Ägidius Romanus* (* ~ 1247, † ~ 1316) seit 1295 Erzbischof v. Bourges, Schüler des *Thomas v. Aquin,* Erzieher *Philipps d. Schönen* von Frankr.: „De regimine principum" (über Prinzenerziehung)
1299	Rotterdam wird Stadt (entwickelt sich zum Zentrum der Heringsfischerei)		† *Mechthild v. Hackeborn,* Benediktinernonne im Kloster Helfta bei Eisleben; schrieb „Liber specialis gratiae" („Buch von besonderer Gnade", von Freundinnen gesammelte mystische Visionen) (* 1241)

Cimabuë Kathedrale i. Reims	Mensural-Noten	Marco Polo	
~ Cimabuë: „Madonna mit dem hl. Franziskus" (ital. Fresko in der Kirche S. Francesco in Assisi im Stil der byzant. Ikonographie) St. Croce, Florenz, begonnen ~ Fassade der Kathedrale i. Reims (frz. Hochgotik; Baubeginn 1212) ~ Baubeginn der Doberaner Klosterkirche (vollendet 1368; vorbildlich wirkender Bau der norddeutschen Backsteingotik)			≈ Mehrstöckige Steinwohnhäuser in west- und süddeutschen Städten ≈ Das dt. Bürgerhaus ist aus Platzgründen schmal u. tief (im Erdgesch. Flur und Werkstatt, im Obergeschoß zwei Räume, dazwischen Kochgelegenheit) Erste urkundl. bekannte Braurechte in Pilsen
Arnolfo di Cambio (* ~ 1240, † 1301) beginnt roman.-gotischen Dom Santa Maria del Fire in Florenz (achtseitige Kuppel 1436 vollendet)			≈ Ringelstechen als ritterlich. Spiel
Palazzo Comunale (got. Stadthaus in Perugia; erweitert u. erneuert bis ins 15. Jhdt.)			≈ Aussterben der Moa auf Neuseeland (3—4 m hohe Koloß- oder Giraffenvögel)
„Das Jüngste Gericht" (Mosaik im Baptisterium, Florenz)	≈ Aufkommen v. Notenzeichen, die neben der Tonhöhe auch die Dauer kenntlich machen (Mensuralnotenschrift; die darauf beruhende mehrstimm. Mensuralmusik währt bis ≈ 1600)	Marco Polo diktiert einem Mitgefangenen in der Gefangensch. Genuas seine Reiseerlebnisse i. Asien; stoßen auf Unglauben Spinnrad in der Webeordnung der Stadt Speyer erwähnt	Marco Polo berichtet vom chinesischen Staatskurierdienst mit ausgedehntem Stationsnetz ≈ Vorschriften über Preis u. Qualität des Bieres werden v. Landesherrn und Gemeinden erlassen
~ Cimabuë: „Thronende Madonna mit Engeln" (ital. Gemälde im Stil der byzant. Ikonographie) Festung Akerhus in Oslo gegrdt.		~ * Guy de Chauliac, frz. Chirurg († ~ 1367)	~ Kuttenberger Bergordnung in Böhmen ordnet Knappschaftskass. zur gegenseit. Unterstützung der Bergleute ~ Dukaten (Goldmünze) wird in Venedig geprägt

	 Ständische Gesellschaftsordnung	 Bürgerl. Dichtung Frühhumanismus	Spätscholastik Mystik
1300	≈ In Nürnberg steht neben d. Reichsschultheiß ein Rat aus 13 Bürgermeistern, 13 Schöffen u. 8 „Genannten" (Gemeindeausschuß) ≈ Regensburg entwickelt sich zur bedeutenden Handelsstadt ≈ Landrecht in Deutschland vorwiegend Gewohnheitsrecht. Nur in den Städten ausdrückliche Rechtssetzung ≈ Westfälische geheime Femgerichte greifen auf andere Teile Deutschlands über (beseitigt im 15. Jahrh.) ≈ Die feudale weicht einer mehr ständischen Gesellschaftsordnung ≈ Die Oberschicht d. Unfreien, die Ministerialen, gehen in d. Ritterstand auf ≈ Die Landbevölkerung Europas befindet sich überwiegend in wirtschaftl. u. persönl. Abhängigkeit vom adligen und klerikalen Grundbesitz ≈ Nach Erlöschen d. Kaisermacht in Italien bilden sich in Ober- und Mittelitalien in d. folg. Jhdten. zahlr. Kleinstaaten, die teilweise zu größerer polit. Macht aufsteigen Genua gewinnt Korsika von Pisa (1768 an Frankreich verkauft) Kg. *Wenzel II.* v. Böhmen läßt sich in Gnesen zum Kg. v. Polen krönen (1320 wird wieder ein *Piaste* Kg. v. Polen) Amsterdam (seit 1204 eine Burg) wird Stadt ≈ Weitgehende Unabhängigkeit der niederländ. Städte u. großer Einfluß der Stände Reval wird Hansestadt (1346 an Dt. Orden) ≈ Bürgerversammlung leitet den Freistaat Nowgorod (erstreckt sich bis zum Weißen Meer). Blüte des Handels mit der Hanse	~ * *Guillaume de Machaut*, frz. Dichter u. Komponist († 1377) ~ *Heinrich von Neustadt* behandelt den griech. Stoff der Lebensgeschichte des *Apollonios von Tyros* ~ „Aucassin et Nicolette" (frz. Liebesnovelle) „Caballero Cifar" (span. Prosa, ältest. Ritterroman; diese Literaturgattung erhält 1508 i. „Amadis" endgültige Form) ~ Im Bereich des Deutschen Ordens entstehen „Passional" (Verserzählung vom Leben Christi und der Heiligen, beruht auf d. „Legenda aurea") und „Väterbuch" (Legendensammlung) ~ Bürgerliche verdrängt ritterliche Dichtung ≈ Auf Zypern, Rhodos, Kreta entsteht aus einer Mischung v. romanischem (u. a. venezianischem) mit hellenist.-byzantinischem Geist die neugriech. Literatur: Einfluß d. westeurop. Rittertums auf d. griech. Liebes- und Abenteuerroman (z. B. „Erotokritos" ~ 1500) ≈ In Schweden entsteht eine unbedeut. ritterl. Ependichtung ≈ Entstehung realistischer Sitten- und historischer Romane in China ≈ Ausbildung des chinesischen Dramas	≈ Beginn der Spätscholastik: Nominalismus, Überwindung d. streng scholast. Denkens (Neoscholastik in der Gegenreformation u. Ende 19. Jhdt.) ~ * *Johann Buridan*, frz. Scholastiker († ~ 1358) ~ * *Johannes Tauler*, dt. Mystiker u. Volksprediger († 1361) ~ Die im 12. Jhdt. in den Niederlanden entstandenen religiösen Frauenvereinigungen „Beginenhöfe" (ohne Gelübde) verbreiten sich in Mittel- und Westeuropa ≈ Durch die Bettelorden wird die im Mittelalter zunächst wenig gepflegte geistl. Predigt ein wichtiges Mittel d. Volksmission ≈ Armen- (Bilder-) Bibel kommt auf (vorerst als Handschrift) Erstes Jubeljahr der kathol. Kirche von Papst *Bonifatius VIII.* eingeführt mit großem Ablaß, durch Wallfahrten nach Rom oder Spende der Kosten (ab 1475 alle 25 Jahre) ≈ In Italien u. Frankreich werden Handschriften für Studienzwecke unter Aufsicht der Universitäten verliehen (Handel in diesen Ländern und in Deutschl. ab ≈ 1350) ≈ Neben den städt. Lateinschulen bestehen Schulen d. Schreib- u. Rechenmeister

 Gotik	„Ars nova" Meistersang	Mühlen Handwerkstechnik	
Giovanni Pisano: „Madonna" im Dom von Prato (ital. Plastik der Frühgotik)	≈ „Manessische Handschrift"(„Gr. Heidelberger Liederhandschrift") aus Zürich; mit etwa 6000 Strophen von ungefähr 140 süddt. Minnesängern und 138 ganzseitigen Miniaturen (ab 1888 wieder in Heidelberg)	≈ An Höfen und in Städten bildet s. ein Apothekerstand in Deutschland	≈ Durch das erstarkende französ. Königstum werden in Westfrankreich d. Hörigen in zinspflichtig. freie Bauern verwandelt (in Ostfrankr. bleibt die Hörigkeit, gemildert d. die Willkür einschränkende Gesetzgebung, bis z. 16. Jhdt. erhalten)
≈ Die hochgot. dt. Plastik löst sich vom Bauwerk und wird zum „Andachtsbild" in den Nebenkapellen: Christus mit Johannes, Vesperbild, Schmerzensmann		≈ Harnschau zur Krankheitsdiagn.	
~ „Jüngstes Gericht" (frz. Portalrelief an der Kathedrale in Bourges)		≈ Brillenherstellung in Italien	
~ „Bonner Pietà" (frühestes Vesperbild = Maria mit Leichnam Christi; got.-„expressionistische" Darstellung des Leidens und der körperlichen Vergänglichkeit)		≈ Glasfenster beginnen sich sehr langsam zu verbreiten, zunächst nur bei Wohlhabenden	≈ Ende d. Sklavenhandels in Europa (bis auf Spanien)
~ Baubeginn der St.-Lorenz-Kirche in Nürnberg (fertiggestellt ~ 1472) Baubeginn von St. Mary the Virgin in Oxford (Universitätskirche, fertiggestellt 1498)	≈ In Italien beg. d. Renaissance d. Musik mit d. Ausbildung einer ausdrucksstärk. weltlichen Liedkunst: „Ars nova"(„Neue Kunst"); Madrigal (Lied v. Einzelinstr. begleitet m. Vor-, Zwischen-, Nachspielen), Ballata (Tanzlied) u. Caccia (lebhafter zweist. Kanon üb. Instrumentalbaß), verdrängen Motetus (seit 12. Jhdt.)	≈ Wie seit ältest. Zeiten herrscht d. Spinnen von Hand (ohne Spinnrad) vor	≈ Die Dienste des hörigen engl. Bauern werden allmählich auf Geldzins umgestellt. Verpachtung d. Herrenlandes (etwa ein Drittel bis zur Hälfte des Pfluglandes der Grundherrschaft) an „Farmer"
≈ Römling in Regensburg (eines der vielen Patrizierhäuser m. Streitturm)		≈ Der Trittwebstuhl kommt auf	
≈ Rathaus zu Lübeck (got. Bau aus glasierten schwarzen Ziegeln; letzte Anbauten im Renaissancestil im 16. Jhdt.)		≈ Räderuhr mit Hemmrad in Italien vermutl. bekannt	
≈ Katharinenkirche in Oppenheim (Gotik; Glasmalereien und Plastiken ≈ 1500) Rathaus in Reval (got.)		≈ Durch die Erfindung d. Walkmühle verlagert sich engl. Textilindustrie an die Wasserläufe (im 14. Jh. verdreifacht sich in Engl. die Produktion feiner Tuche)	≈ Die Messen zu Brügge (Stapelplatz für engl. Wolle), Antwerpen, Lyon u. Genf gewinnen stark an Bedeutung
≈ In Venedig entsteht als Niederlassung der dt. Kaufleute der Fondaco dei Tedeschi (Palastbau; fertiggestellt im 15. Jhdt.)	≈ Ritterl. Minnesang geht in d. bürgerl. Meistergesang über (letzte Vertr. d. Minnesanges noch im 15. Jhdt. Es sind etwa 300 Minnesänger und Gedichte von 160 bekannt)		
≈ Aus Frankreich kommend verbreiten sich die „Bauhütten" über Deutschland. (Die Traditionen dieser Bauhandwerker-Genossenschaften mit Geheimregeln gehen 1731 auf die Freimaurer über)			≈ Gent mit seiner Tuchindustrie eine führende Handelsstadt in Europa
≈ Im russischen Kirchenbau bevorzugt man hochgiebelige Bauten mit farbigen Dächern und Kuppeln; Fünfkuppel-Bauweise setzt sich durch	≈ Volkstänze n. Tanzliedern (entwickelt seit dem 12. Jhdt.) werden Ausgangspunkt d. mehrstimmigen Kunstliedes		≈ Löwen blüht als Hauptstadt von Brabant und Mittelpunkt d. Tuchindustrie (bis ≈ 1400)
≈ Dschaina-Tempel zu Sadri (Udaipur/Nordwestind.); reicher ornamental-arabesker Schmuck um starr-schematisierte Dschaina-Fig., die mit farbigen Steinen besetzt sind	≈ Blütezeit der nordfranz. Berufsspielleute („Jongleure")		≈ Ypern entwikkelt sich in scharfer Konkurrenz m. den and. Städten Flanderns zu einer der einwohnerreichsten Städte Europas

	Vordringen der Türken in Kleinasien *Papsttum von Frankreich abhängig*	*Frühhumanismus* *Dante*	*„Unam Sanctam"*
1301	Das ungar. Herrscherhaus d. *Arpaden* (seit ≈ 895) stirbt aus. Die Macht des Hochadels (Magnaten) ist vorherrsch. Die Türken unter *Osman* beginnen ihren erfolgr. Vormarsch in Kleinasien (bis ~ 1400 ist Byzanz aus fast ganz Kleinasien verdrängt)	* *Antonio Pucci*, ital. Dichter († 1390)	
1302	Die Bürger Brügges und Yperns schlagen ein frz. Ritterheer bei Kortrijk vernichtend („Goldene-Sporen-Schlacht") Der oberste Gerichtshof Frankreichs befindet sich endgültig in Paris Kg. *Albrecht I.* wirft mit Unterstützung der Städte die rheinischen Kurfürsten nieder und hebt Rheinzölle auf Erste Berufung der frz. Generalstände	*Dante*, Prior von Florenz, als Gegner der päpstlichen Partei zum Tode verurteilt (floh bereits 1301 aus F.) ~ In Zürich wirkt der Schweizer Minnesänger *Johannes Hadlaub*, schreibt auch derbe Bauerndichtung	Papst *Bonifatius VIII.* erläßt die „Unam sanctam"-Bulle, nach der „jede menschliche Kreatur" um ihres Seelenheils willen dem Papst unterstehen soll und die Fürsten das weltliche Schwert im Auftrage der Kirche führen (bestritten von König *Philipp IV.* von Frankreich)
1303	Niederlausitz kommt an Brandenburg (1368 an Böhmen) ~ Die Markgrafen von Brandenburg erlangen die Herrschaft über die ganze Mark Kg. *Philipp IV.* (der Schöne) v. Frankr. läßt Papst *Bonifatius VIII.* gefangennehmen, erzwingt 1305 Wahl des Papstes *Klemens V.*, der 1309 nach Avignon übersiedelt. Höhepunkt d. frz. Königsmacht im Mittelalter *Guillaume de Nogaret* (* ~ 1265, † 1313), seit 1295 einflußr. Ratgeber König *Philipps d. Schönen* v. Frankr., nimmt Papst *Bonifatius VIII.* in Anagni gefangen u. macht Papsttum u. Kirche weitgehend v. Frankr. abhängig	* *Birgitta*, schwed. relig. Dichterin und Ordensstifterin († 1373) Kgl. Privileg für die Pariser Basoche (Berufsvereinigung der Schreiber am obersten Gericht). Führen an kirchl. Festtagen Moralitätenspiele auf und zu Fastnacht eine satirische Gerichtsverhandlung (was oft zu ihrer Verfolg. führt)	Universität Rom gegründet
1304		* *Francesco Petrarca*, ital. Dichter u. Humanist († 1374)	Erste Lehrerin in Florenz erwähnt

	Gotik Cimabuë	„Ars nova" Meistersang	Handwerkstechnik	
	Giovanni Pisano: Marmorkanzel in Sant'Andrea in Pistoia (ital. frühgot. Bildhauerarbeit) ≈ „Christus mit den goldenen Haaren" (russ. Ikonenmalerei) ≈ Stifterin Helmburgis (farbige Eichenholzplastik aus der Stiftskirche Fischbeck/Weser)			≈ Die bisher stark ungeordnete Forstwirtschaft in Deutschland (sog. „Femelbetrieb") macht planmäßigerer Forstnutzung Platz
	† *Ch'ien Hsüan,* chin. Maler von Landschaften, Figuren, Pflanzen eines in Form und Inhalt schlichten Stils (* 1235) *Cimabuë:* Figur des „Johannes" im Mosaik der Domapsis zu Pisa ~ † *Cimabuë* (eig. *Cenni di Pepo*), ital. Maler des Übergangs von der byzantinischen Kunst zu der der Renaissance (* ~ 1240) Baptisterium in Parma (Baubeginn 1196, lombard.-roman. Stil)	~ Fürst *Witzlaw v. Rügen* (bis 1325): „Es grünen frisch die Wiesen, die Blumen sich erschließen" (späte dt. Minnesänger-Dichtung)	Kg. *Karl II.* v. Neapel gründet dort den neuzeitlichen Hafen Erste nachweisbare gerichtl. Leichenöffnung (in Bologna, begrdt. dort Anatomie an der menschlichen Leiche)	≈ Ballspiele in zahlreichen Ballhäusern ≈ Wams als gesteppter Männerrock unter d. Panzerhemd; entwickelt sich zum allgemeinen kurzen, engen Oberkleid (Joppe) der Männer Zufallsentdeckung der Ruhrkohle
	Giovanni Pisano: „Madonna" in der Arenakap. in Padua (ital. Plastik d. Frühgotik) ≈ In Italien gewinnt die Wandmalerei große Bedeutung, während sie in der nordeurop. Gotik mangels großer Wandflächen zurücktritt ≈ Profane Bildteppiche in Paris, Arras, Tournai, Brüssel nach Kartons bedeutender Maler ≈ Nach den Kreuzzügen nimmt die Schmiedekunst bes. auch in Deutschland hohen Aufschwung: Beschläge und Gitter mit verschlungenem Rankenwerk		*Bernhard von Gordon* (von 1282 bis 1318 Arzt in Montpellier): „Lilium medicinae" („Lilie der Medizin"; gedruckt Neapel 1480, Lyon 1491, Venedig 1494 u. 1496); beschreibt Pest, Tuberkulose, Krätze, Fallsucht, Sacer ignis, Milzbrand, Augentripper, Lepra als ansteckend	≈ Die Familiennamen haben sich (seit dem 11. Jhdt.) weitgehend durchgesetzt. Biblische Namen verdrängen in Europa mehr und mehr die indoeurop. Namen aus zwei Wortstämmen, die sich in Deutschland vielfach als Rufnamen erhalten. (z. B. Kuon-rad) Ältestes Privileg f. die Schwanenapotheke in Prenzlau
	„Christus am Kreuz" („Schmerzensmann", St. Maria in Köln) Weiterbau des Stephansdoms in Wien (urspr. roman. Basilika von ≈ 1225; bis 1340 got. Chor; ab 1359 dreischiffiges Hallenlanghaus; fertiggestellt nach 1450) Tuch- u. Kaufhalle in Ypern (Baubeginn 1200; got.)		* *Ibn Battuta,* arab. Forschungsreisender († 1377) *Dietrich von Freiberg* (Sachsen) erklärt den Regenbogen	≈ In Italien und Deutschland entstehen Seidenwebereien, z. T. mit orient. Arbeitern; arbeiten meist für kirchl. Zwecke

	Papsttum von Frankreich abhängig	Dantes „Göttliche Komödie"	Spätscholastik Mystik
1305		*Dante*: „Von d. Volkssprache" (Verteidigung d. Volks- als Literatursprache, lat.)	*Klemens V*. Papst bis 1314
1306	*Robert I. Bruce* (* 1274, † 1329) Kg. v. Schottland (erkämpft 1314 Unabh. v. England) Mit der Ermordung Kg. *Wenzels III.* von Böhmen (seit 1305) stirbt der Mannesstamm der Przemysliden aus	† *Jacopone da Todi*, ital. Dichter, Franziskaner u. Gegn. d. Papstes *Bonifatius VIII.*, der ihn 1298 bis 1303 einkerkerte; schrieb volkstüml. geistliche Lieder und Satiren (* ~ 1230)	100000 Juden werden enteignet u. aus Frankreich vertrieben (erneut 1394)
1307	Vereinigung von Berlin und Kölln *Eduard II.* Kg. v. England bis 1327 (†, ermordet von den Baronen) Erzbischöfe von Lyon schließen sich Frankr. an (Lyon gehörte seit 1032 mit Burgund zum Dt. Reich; seit 1173 unter Bischofsherrschaft; erhält 1320 Verfassung) Sagenhafter Rütlischwur der 3 Schweizer Urkantone gegen *Habsburg* (Schillers „Tell" ist auch sonst nicht histor.)	~ *Dante* beginnt „Göttliche Komödie" („Divina Commedia", Wanderung des Dichters durch „Inferno" [Hölle], „Purgatorio" [Läuterungsberg] und „Paradiso" [Paradies]; 100 Gesänge in Terzinen; 600 Abschriften erhalten)	* *Rulman Merswin*, dt. Mystiker († 1382) Die Apostelbrüder (gegründet ~ 1260 von *Gerardo Segarelli*) unterliegen unter *Dolcino* im Kampf gegen die staatl. und kirchl. Gewalt zusammen mit aufständischen italien. Bauern. *Dolcino* wird verbrannt Universität Perugia (Umbrien) gegründet Papst ernennt *Johannes von Montecorvino* (* ~ 1252, † ~ 1328) zum Erzbischof von China in Peking (geringe Missionserfolge)

Gotik *Giotto*	*„Ars nova"*	*Leichenöffnung* *in Bologna*	
	Psalter des *Robert de Lisle* (London, englische Buchmalerei)		≈ Die Kleidung in Deutschl. beginnt im Sinne v. „Moden" häufiger zu wechseln
In den Bildern *Giotto di Bondones* erscheinen Anfänge von Raumtiefe und Landschaftsdarstellung Giotto: „Beweinung" (Wandbild i. d. Arenakapelle, Padua)	*Jacopone da Todi* (†): Marien-Sequenz (Schluß d. Messe-Hallelujas): „Stabat mater dolorosa" („Es stand die schmerzensreiche Mutter [am Kreuz]") (vgl. 912, 1031, 1050, 1274, 1320)	*Pietro d'Abano* (* 1250, † 1315) wird Lehrer der Medizin in Padua und begründet Ruhm dieser Fakultät; schreibt „Vermittler der Abweichungen zu den Problemen d. Philosophen und besonders d. Ärzte" (lat., kennzeichnend für scholastisch-dialektische Medizin) Erste öffentl. Leichensezierg. durch *Mondino di Luzzi* in Bologna (wiederholt 1315), führt zum ersten Lehrbuch d. Anatomie	≈ Die Prostituierten der mittelalterlichen Städte sind meist zunftartig zusammengeschlossen, offiziell anerkannt, zu Abgab. verpflichtet und unterstehen neben selbstgewählten Vertretern meist d. Henker. Bordellbesuch gilt nicht als Ehebruch; hohen Ehrengästen d. Stadt werden Bordelle kostenlos zur Verfügung gestellt; Syphilis noch nicht bekannt
Giotto: „Thronende Madonna mit Engeln" (ital. Gemälde mit Auflockerung d. Regeln d. byzant. Ikonographie, beeinfl. von *Cimabuë*, vgl. 1299); „Leben Mariä und Christi", „Jüngstes Gericht" (Fresken in der Arenakapelle zu Padua) St.-Antonio-Kirche in Padua (dreischiffige got. Basilika, 1232 als Grabkapelle d. hl. *Antonius v. Padua* beg.; Teile bis 1424)		~ Die Briefe des Erzbischofs *Johannes von Montecorvino* aus Peking ergänz. Polos Chinabericht (vgl. 1298)	Berliner Stadtmauer erbaut ≈ Zünfte beginnen nach dem Anteil an der Stadtregierung zu streben und eigene Gerichtsbarkeit, Selbstverwalt. ihrer Angelegenheiten und gewerbepolizeiliche Befugnisse zu erlangen (erfolgr. Zunftkämpfe gegen Patrizier in Ulm [1292], Straßburg [1332], Regensbg. [1334], Augsburg [1368])

	Marienburg Sitz des Deutschen Ordens	Frühhumanismus Dante	Papstsitz in Avignon
1308	† *Albrecht I.* v. Österreich, dt. Kg. seit 1298 (* ~ 1250) *Heinrich VII. von Luxemburg* röm.-dt. Kaiser bis 1313 (†) (Kaiserkrönung 1312) *Waldemar* Markgraf v. Brandenburg bis 1319 (†, * 1281); letzter *Askanier*, verliert Stargard, erwirbt Crossen, Züllichau u. Schwiebus *Karl I. Robert von Anjou* König von Ungarn bis 1342; stärkt das ungarische Königtum auf feudaler Grundlage Mittelmärkischer Städtebund unter Führung Berlins		† *Johannes Duns Scotus*, scholastischer Philosoph aus Schottland; lehrte in Paris, Oxford und Köln; scharfsinniger Begriffsrealist; betonte Primat des Willens bei Gott und Mensch. Entwickelte aristotelische Logik (* 1266)
1309	Marienburg Sitz des Hochmeisters des Deutschen Ordens (bislang in Venedig, nachdem Akkon in Palästina 1291 an die Mohammedaner verlorenging) Deutscher Orden erobert Danzig und die Pommerellen (östl. der Persante mit Hauptstadt Danzig) *Robert* (d. Weise) *v. Anjou* Kg. v. Neapel bis 1343 (†, * 1278); Haupt der *Guelfen* u. Gegner Kaiser *Heinrichs VII.*; zieht *Boccaccio* u. *Petrarca* an seinen Hof	*Dante:* „Das Gastmahl" (erste ital. wissenschaftliche Prosa, Kommentar zu philosoph. Gedichten, die als Speisen eines Gastmahls bezeichnet werden) *Jean de Joinville* (*1225, † 1317): „Histoire de Saint-Louis" (frz. gereimte Chronik über Kg. Ludwig IX.)	Papst *Klemens V.* (vorh. Bischof von Bordeaux) verlegt Papstsitz nach Avignon („Babylonische Gefangenschaft der Kirche" bis 1376; Papsttum von Frankreich abhängig) Universität in Orléans gegründet Die Philosophie des *Thomas von Aquino* († 1274) wird offizielle Lehre im Dominikanerorden; wegen ihrer Anlehnung an *Aristoteles* teilweise heftig umstritten
1310	Kg. *Heinrich VII.* wird von den *Ghibellinen* (dar. *Dante*, 1302 aus Florenz verbannt) nach Italien gerufen. Erlangt Kaiserkrönung in Rom (1312). Belagert vergeblich das von den *Guelfen* beherrschte Florenz. Stirbt auf diesem Zug 1313 *Johann von Luxemburg* Kg. v. Böhmen bis 1346 (†); gewinnt bis 1335 Lehnsoberhoheit über Schlesien sowie Eger, Bautzen, Görlitz, Breslau. *Luxemburger* Könige v. Böhmen bis 1437 Rat der Zehn in Venedig zur Unterdrückung von Verschwörungen	~Älteste tschechische Reimchronik (bis 1310, getragen von starkem Nationalgefühl)	Johanniterorden siedelt von Cypern nach Rhodos über Magister *Peter v. Paris,* ungar. Domherr: „Gesta Hungarorum" (ungar. Geschichte)

	Gotik	„Ars nova" Kontrapunkt	Medizin. Schulen in Italien u. Frankreich	
	~ * *Andrea Orcagna*, florent. Bildhauer, Baumeister u. Maler († 1377)			≈ Umfangreiche Geldgeschäfte in Paris (über 61 Millionen Goldmark Umsatz; Zinssätze etwa 20% u. höher) ≈Italienische Banken haben großen Einfluß auf französisches Geldwesen
	Takashina Takakane: Kasuga-Makimono (20 jap. Bilderrollen mit Themen aus der Geschichte des shintoist. Kasuga-Heiligtums u. über die Wundertaten s. Gottheiten; mit z. T. realist. Schilderungen d. Alltagslebens) Palazzo Pubblico in Siena ital.) Gotik, Baubeginn 1288; mit 102 m hohem Glockenturm) Dogenpalast Venedig begonnen (vollendet 1438) Erweiterungsbau der Marienburg	*Marchettus von Padua* unterstützt die Einführung des Kontrapunktes in seinen musiktheoretischen Schriften (der Contrapunctus in seiner freieren und kunstvolleren Mehrstimmigkeit verdrängt die einfacheren Formen d. Organum und Discantus)	~ * *Konrad von Megenberg*, dt. Gelehrter, Domherr von Regensburg († 1374)	~ Der Dt. Orden macht die ostpr. Bernsteingewinn. zum Finanzregal ≈ Flandrische, rheinische u. Brabanter Weber bringen die Wollweberei n. England
	Fassade des Doms von Orvieto (ital. Gotik) ~ „Jesus u. Johannes" (oberschwäbisch. bemalte Holzplastik)		≈ Erste Seekarten (sog. „Rumbenkarten" aus Ital. u. Spanien)	

	Heinrich VII.	*Frühhumanismus Meistersinger*	*Verfolgung der Templer*
1311	Luther von Braunschweig Hochmeister d. Deutschen Ordens bis 1335	~ Unter *Luther von Braunschweig* Blüte der Dichtung d. Deutschen Ordens (christl. Heldendichtung und Chroniken)	15. Allg. Konzil zu Vienne Einführung des Fronleichnam-Festes; dadurch wird die Monstranz beliebter Gegenstand des Kunsthandwerkes
1312	Kaiser *Heinrich VII.* belagert vergeblich Florenz König *Philipp IV.* von Frankreich erwirbt Lyon Polnisches Teilfürstentum der *Piasten* in Sagan (1549 an *Habsburg*)		Papst *Klemens V.* hebt Templerorden auf (besteht seit 1119) Aufhebung u. blutige Verfolgung des Templerordens in Frankreich auf Veranlassung König *Philipps IV. des Schönen* von Frankreich (seit 1307; 1314 wird der Großmeister mit anderen Rittern verbrannt, die großen Güter fallen an den frz. König) Beginen-Frauenorden verboten
1313	† *Heinrich VII. von Luxemburg,* röm.-dt. Kaiser seit 1308, Kaiserkrönung 1312 (* ~ 1275)	* *Giovanni Boccaccio* als unehelicher Sohn eines Florentiners u. einer Französin, ital. humanist. Dichter († 1375) ~ † *Hugo von Trimberg,* Verfasser des mittelhochdt. Lehrgedichtes „Renner" (bürgerl. Sittenspiegel) (* ~ 1230)	† *Notburga,* Dienstmagd des Grafen von Rothenburg (Alchensee); wird als kath. Schutzheilige der Bauern und Mägde verehrt (* ~ 1265) Päpstl. Turnierverbot (setzt sich nicht durch) (vgl. 1559)

Gotik	"Ars nova" Kontrapunkt	Alchimistische Medizin	
Duccio di Buoninsegna: „Maestà" („Thronende Madonna", ital. Tafelaltar mit etwa 100 Tafeln im Dom zu Siena, Übergang vom sienesisch-byzant. Stil zur Gotik) Kirche St. Chiara in Neapel gegrdt. (got., mit Grabmälern d. Anjou)		† Arnaldus Villanovanus, ital. Alchimist und Mediziner am Hofe Kg. Friedrichs II. v. Sizilien; wendete die Alchimie auf die Heilkunde an (Heilkraft des „Steins der Weisen"), erkannte Giftigkeit d. faulen Fleisches (*~1238)	Dante besteigt den Pinto al Saglio in den Apenninen
		Genueser entdeckt wieder die Kanarischen Inseln (waren schon im Altertum den Röm. als „Glückliche Inseln", vielleicht schon den Ägyptern im −13. Jhdt. bekannt)	
			~ England exportiert jährlich etwa 30000 Sack Wolle und 5000 Stück Tuch (~ 1550 4000 Sack Wolle und mehr als 100000 Stück Tuch; vgl. 1405) Die Tuchproduktion in Ypern hat sich seit 1306 fast verneunfacht

	Unabhängigkeit der Schweizer Waldstätte	*Spätscholastik Mystik*	
1314	*Friedrich der Schöne* v. Österr. dt. Gegenkönig bis 1330 (†) *Ludwig IV.* (der Bayer) röm.-dt. Kaiser bis 1347 (†) (Kaiserkrönung 1328); Gegenkönig gegen *Friedrich den Schönen* von Österreich † *Philipp IV.* (der Schöne), König von Frankr. seit 1285; unter ihm größte Entfaltung der frz. Königsmacht im Mittelalter (* 1268). Ihm folgen als letzte *Kapetinger* seine drei Söhne *Ludwig X.* (1314), *Philipp V.* (1316) und *Karl IV.* (1322) *Ludwig X.* (der Zänker) König von Frankreich bis 1316 (†) Entscheid. Sieg d. Schotten über Engl. in ihrem Kampf um Unabhängigkeit		
1315	Egerland kommt an Böhmen Die Schweizer Waldstätte Schwyz, Uri, Unterwalden besiegen am Morgarten das Ritterheer unter Herzog *Leopold I.* v. Österr. u. erringen endgültig damit ihre Unabhängigkeit; erneuern „Ewiges Bündnis" von 1291 Antwerpen (seit 1291 Stadt) wird Mitglied der Hanse		
1316	* *Karl IV. von Luxemburg*, röm.-dt. Kaiser von 1347 bis 1378 (†) Meißen erhält Stadtrecht *Philipp V.* (der Lange) Kg. v. Frankr. bis 1322 (†) *Gedimin* Großfürst von Litauen bis 1341; dehnt sein Reich bis Kiew und an das Schwarze Meer aus	*Johannes XXII.* Papst bis 1334 (†,* ~ 1245); geht nach Avignon † *Raimundus Lullus*, katalanischer Scholastiker, Gegner des Averroismus; be-	kämpfte Islam in Afrika, entwickelte „Ars magna Lulli" („Große Lullische Kunst": Erkenntnisgewinn durch mech. Begriffskombinationen) (* 1235)
1317			

Gotik · Giotto	1. Dichter-Krönung	Chinesische Wissenschaft	
Palazzo *Vecchio* in Florenz (Baubeginn 1298 von *Arnolfo di Cambio*) Isar-Tor in München (umgebaut 1835)	Der Humanist *Albertino Mussato* vom Bischof und Rektor zu Padua erstmalig „zum Dichter gekrönt"		~ Beschwerden gegen rauchende Kohlenherde in England
~ *Giotto di Bondone*: „Tod Mariä" (ital. Gem.) *Martini*: „Maestà" („Maria als Himmelskönigin"; ital. Fresko im got. Stil im Rathaus von Siena) Karlstor in München (umgebaut 1861)			
~ Umbau d. frühgot. Halle der Lübecker Marienkirche zu einem hochgot. Langhaus von *Hartwicus* unter Einfluß d. Doberaner Klosterkirche (bis ~ 1330; Türme 1351 vollendet)		† *Kou Chou King*, chinesischer Wissenschaftler und Techniker; baute u. a. große astronomische Instrumente aus Bronze für die Sternwarte auf den Mauern Pekings (* 1231)	Statuten der genuesischen Handelsniederlassungen in Pera (b. Konstantinopel) u. Gazaria (Krim), stellen frühes Handels- und Seerecht dar
Giotto: „Leben des hl. Franziskus und der beiden Johannes'" (ital. Freskenserien in der Kirche St. Croce, Florenz, in einem neuen, die Starrheit d. byzant. Überlieferg. überwindenden Stil) *Martini*: „Bildnis d. hl. Ludwig v. Toulouse", Bruder d. Kgs. von Neapel aus dem Hause *Anjou* (ital. Gemälde)			

	Erneuerung Polens	Dante · Meistersinger	Spätscholastik Mystik
1318		† *Heinrich Frauenlob von Meißen*; bürgerlich. Meistersinger; schrieb Gedichte mit prahlender Gelehrsamkeit; entschied sich i. Streit mit *Regenbogen* um die Bezeichnung. „Weib" oder „Frau" für letztere (* ~ 1250)	
1319	Das norweg. Kgsh. *Harald Haarfagr* († 933) stirbt mit *Haakon V.* in der männl. Linie aus. Sein Enkel, *Magnus Eriksson*, wird Kg. v. Schweden bis 1389 u. Norwegen bis 1343	*Ottokar v. Steiermark* schreibt zeitgen. Geschichte in d. „Steirischen Reimchronik" (über 83 000 Verse)	König *Diniz* von Portugal gründet nach dem Konkordat mit der Kirche (1289) den Christusorden, den der Papst bestätigt
1320	*Wladislaw I. Lokietek (Piaste)* wird in Krakau zum Kg. eines neu geeinten Polens gekrönt; herrscht bis 1333 (†) Krakau poln. Hauptstadt (bis 1550) Kiew kommt an Litauen (1686 an Rußland zurück) Lyon erhält Verfassung	~ * *Daffyd ab Gwilym*, keltisch-kymrischer Dichter in Wales († ~ 1380) * *Hafis (Schemseddin Muhammed)*, persisch. Dichter u. Koranausleger († 1389) „Zehnjungfrauenspiel" in Eisenach aufgeführt (geistl. Schauspiel von den klugen und vom Gericht üb. die törichten Jungfrauen); der zuschauende Landgraf von Thüringen, *Friedrich der Freidige*, wird gemütskrank († 1324)	
1321		† *Dante Alighieri*, ital. Dichter; gilt als größter Dichter Italiens (* 1265) Der Gebrauch des Wortes „Zeitung" in d. Bedeutung „Reiseerlebnis" belegt	Monte Cassino wird Bistum Universität Florenz gegründet

Gotik	"Ars nova" in Frankreich	Anatomie	
† *Erwin von Steinbach*, seit 1284 Baumeister am Straßburger Münster		*Odorico di Pordenone* (* 1286, † 1331) unternimmt als Missionar große Asienreise b. 1330: Konstantinopel, Bagdad, Indien, Sunda-Inseln, China, zurück durch Innerasien (wahrscheinlich erst. Europäer in Tibet)	In Venedig bestimmt ein Gesetz, daß jeder, d. Wertgegenstände und Geld (Deposita) annimmt und darauf Überweisungen im Weg der Umschreib. (Giro) vornimmt, Bürgschaft hinterlegen muß
† *Duccio di Buoninsegna*, ital. (sienesischer) Maler; schuf gegenüber den byzantinischen Vorbildern lebendigere Madonnenbildnisse (* ~ 1255) *Ambrogio Lorenzetti* († ~ 1348): Madonna in S. Francesco, Siena (ital. Malerei)		*Pietro Visconte*: Seekarte der Erde (jetzt Norden statt Osten oben) ~ Erste Pulvergeschütze (glatte Vorderlader)	Beginn der neuen Ummauerung von München durch *Ludwig d. Bayer*; (begrenzt die Stadt bis ins 19. Jahrhundert)
Pietro Lorenzetti (* ~ 1280, † ~ 1348): Altarwerk in Pieve de S. Maria, Arezzo (ital. Malerei) ~ † *Giovanni Pisano*, ital. Bildhauer; Begründer des ital.-frühgot. Stils (* ~ 1245) Gotische Marienkirche in Kolberg (Baubeginn 1280) ~ "Kopf des Baumeisters" am Freiburger Münsterturm (noch stark stilisiert; vgl. 1380); Turm 1275 begonnen Kirche des Doppelklosters Königsfelden/Schweiz (mit gotischen Glasbildern im Chor)	~ "Dies irae" ("Der Tag d. Zornes"), möglicherweise von *Thomas v. Celano* († ~ 1255) wird Sequenz der Totenmesse. (Letzte d. 5 vom Tridentinischen Konzil zugelassenen Sequenzen, vgl. 912, 1031, 1050, 1274, 1306) ~ *Philippe de Vitry* und *Johannes de Muris* pflegen als erste frz. Komp. die weltliche Liedkunst der italien. "Ars nova" ≈ Großgeige	† *Henri de Mondeville*, frz. Chirurg und Anatom in Montpellier; steht außerhalb der in klassischer Überlieferung u. scholastischem Denken erstarrten Medizin seiner Zeit (* ~ 1260) Hammerwerk in Deutschland bekannt Kaiser-Kanal in China zw. Peking (Nord) u. Hangtschou (Süd) (beg. — 540) Wasserradantrieb für Eisenhammer in der Lausitz	Handelsbuch aus Konstanz (gilt als ältestes bekanntes in Deutschland)
~ Queen-Mary-Psalter (englische Buchmalerei)	*Dantes* (†) Kompositionen sind verloren	~ Der Araber *Levi ben Gerson* erwähnt Lochkamera (Camera obscura) als Hilfsmittel zur Sonnenbeobachtung	

	Schottisches Parlament der Stände Osman I.	*Frühhumanismus Bürgerliche Dichtung*	*Wilhelm v. Occam Meister Eckart*
1322	Ludwig d. Bayer siegt bei Mühldorf (am Inn) über d. Gegenkönig Friedrich den Schönen von Österreich Karl IV. (der Schöne) Kg. v. Frankr. bis 1328 (†); letzter Kapetinger		
1323	Wittelsbacher erlangen die Herrschaft in Brandenburg Nowgorod erbaut Festung Schlüsselburg (beim heut. Leningrad) gegen die Schweden Wilna wird Hauptstadt von Litauen		~ * Thomas von Stitny, tschech. thomistisch. Philosoph († 1401)
1324	Das span. Kgr. Aragonien erobert Sardinien v. Genua König Ludwig IV. (der Bayer) von Papst Johannes XXII. in Avignon gebannt	Die provenzalische Dichtkunst der Troubadoure (von ≈ 1150 bis ≈ 1250) wird vom Bürgertum weitergepflegt: Erste Veranstaltung der „Blumenspiele" in Toulouse, bei denen goldene u. silberne Blumen als Preise für provenzal. Dichtg. verteilt werden (ab 1513 wird auch die frz. Sprache zugelassen)	Der nominalistische Scholastiker Wilhelm von Occam wird wegen seiner Lehre, daß der Staat von der Kirche unabhängig sein soll, nach Avignon geladen und flieht nach München, wo er bis zu seinem Tode (1349) bleibt
1325	König Ludwig IV., der Bayer, macht den Habsburger Gegenkönig Friedrich den Schönen zum Mitregenten, nachdem er ihn 1322 gefangengenommen hatte Fürstentum Rügen kommt an die slaw. Herzöge von Pommern-Wolgast (war seit 1168 unter dän. Oberhoheit)	~ „Sproke van Beatrijs" (niederl. religiöse Spruchdichtung) ~ Der Erzbschf. Daniel gibt in seinem „Geschlechtsregister" in kirchenslawischer Sprache eine Lebensbeschreibung d. serb. Kge. seit 1272 ≈ „Der Salbenhändler" (tschechisches Osterspiel)	Wegen Ermordung d. Propstes von Bernau wird Berlin gebannt
1326	Kg. Robert I. von Schottland (vorher Baron Bruce) beruft d. geistl. u. weltl. Lords sowie 7 Städte zur Aufbringung d. Kriegskosten gegen England ein (Grdg. d. schott. Parlaments) † Osman I., Herrscher d. Türken seit 1288, Gründer d. osmanischen Reiches. Sein Sohn Urchan erobert Brussa (Westkleinasien), wo er als Residenz den Palast „Hohe Pforte" baut (1366 wird Adrianopel Residenz)		Meister Eckart: „Rechtfertigungsbuch" (Meister Eckart ist wegen seiner Mystik von der Inquisition angeklagt)

	Kathedrale in York Kölner Dom	„Ars nova" Kontrapunkt	Erweiterung geographischer Kenntnisse	
	† *Chao Meng-fu*, chin. Maler in der Übergangszeit zw. *Sung-* u. mong. *Yüan*-Dynastie; seit 1274 Minister, Berater u. Maler am Hofe der ersten mong. Kaiser von China (* 1254) Chor des Kölner Domes geweiht	Papst verbietet mehrstimmigen Kontrapunkt in d. Kirchenmusik, wegen Gefahr d. Verweltlichung	*Ma Tuan Lin*: Enzyklopädie (erwähnt z. B. Sonnenflecken - Beob. vor 1300 Jahren)	
	Dom San Gennaro in Neapel (got.; Baubeginn 1294)		~ * *Nicolaus Oresmius*, franz. Volkswirtschaftler und naturwiss. Denker († 1382)	Sozialer Aufstand in Flandern (bis 1328) Torsteuer (Octroi) in Paris
	Einweihung der fünfschiffigen Kathedrale von Bourges (Baubeginn 1192) ~ Quer- u. Langschiff der Kathedrale in York (seit 1291, Decorated Style)		† *Marco Polo*, ital. Forschungsreisender in China (* 1254)	
	„Histoire d'Alexandre" (*Alexander*sage mit niederländ. Buchmalerei) Tuchhalle in Gent	~ * *Francesco Landino*, ital. Komp. u. Organist aus Florenz, blind († 1397) ~ Messe aus Tournai (erste erhalt. mehrstimmige Messe) ~ Orgelpedal	Erste Kunde über die Hauptstadt Tibets, Lhasa, kommt d. *Odorico di Pordenone* n. Europa ~ Italien. Kartographen erhalten über Nordafrika u. Abessinien durch die Gesandtschaften von Venedig und Genua genauere Kunde	
	~ Chorgestühl des Kölner Domes		† *Mondino di Luzzi*, ital. Anatom in Bologna; sezierte Leichen i. J. 1306 und schrieb auf Grund dieser Erfahrungen, die scholastisch. Denken sprengten, 1316 eine maßgebende Anatomie (* 1275)	

	Widerstand gegen Feudalismus	*Frühhumanismus Bürgerliche Dichtung*	*Meister Eckart Hexenverfolgungen*
1327	Kg. *Ludwig der Bayer* zieht nach Rom, erlangt Kaiserkrönung. Vermag jedoch Kaiserherrschaft in Ital. nicht wieder zu festigen. Kehrt 1330 zurück † *Eduard II.* König v. Engl. seit 1307 (von d. Baronen ermordet, * 1284) *Eduard III.* Kg. v. Engl. bis 1377 (†)		† *Meister Eckart*, dt. Mystiker u. Prediger, u. a. Lehrer in Paris; schrieb „Opus tripartitum", suchte „Die Geburt Gottes in der Seele" (* ~ 1260)
1328	England muß Schottlands Unabh. anerkennen (war 1286 vorübergeh. von Kg. *Eduard I.* v. England durch Einmischung in d. Streit d. schott. Barone abhäng. geworden) *Philipp VI.* Kg. v. Frankreich bis 1350 (†). Haus *Valois* regiert bis 1589 *Iwan I.* (* 1304, † 1341), Großfürst v. Rußland (seit 1325), macht Moskau zur Hauptstadt. Moskau Sitz russ. Großfürsten bis 1712 u. d. Metropoliten		~ * *John Wiclif*, engl. Reformator und Bibelübersetzer († 1384)
1329	† *Cangrande I. della Scala*, Herrscher von Verona; sein Hof war Mittelpunkt f. Dichter (zeitw. *Dante*) u. Gelehrte (* 1291). Das ghibellinische Adelsgeschlecht der *Scala* reg. v. 1260 bis 1387 in Verona Aus christl. Gefangenen, die z. Islam übertreten mußten, wird die türk. Fußtruppe „Janitscharen" gebildet (im 15. Jhdt. 40 000) (vgl. 1359)	*Dantes* († 1321) „De monarchia" („Über d. Monarchie") wegen antikirchl. Haltung öffentl. verbrannt	*Marsilius v. Padua* (* ~ 1275, † ~ 1345) will einen auf Volkssouveränität gegründeten Staat (v. Avignon gebannt)
1330	† *Friedrich der Schöne* von Österreich, dt. Gegenkönig seit 1314; seit 1325 Mitregent von Kaiser *Ludwig IV.* (dem Bayern) (* ~ 1286) *Stephan Uros III.* v. Serbien annektiert Bulgarien (nach seiner Absetzung durch serb. Adel 1331 herrscht sein Sohn als Kg., vgl. 1346) Kg. *Eduard III.* v. England setzt Friedensrichter ein	*Konrad von Ammenhausen* schreibt eine Schach-Allegorie in 20000 Versen (Vergleich d. menschl. und gesellsch. Lebens mit dem Schachspiel) *Jan van Boendale* (* ~ 1285, † ~ 1365): „Der Leken Spiegel" (niederl.-bürgerliches Lehrgedicht)	Benedikt.-Kloster Ettal gegründet ~ *Kenko*: „Allerlei aus müßigen Stunden" (Aphorismen d. jap. Meditations- [Zen-] Buddhismus, bevorzugen das Natürliche gegenüber dem Gekünstelten) ~ Beg. planmäßiger Hexenverfolgungen i. d. Pyrenäen (breitet sich nach Mitteleuropa aus)
1331	22 schwäb. Städte (u. a. Augsburg, Ulm) gründen Schwäb. Städtebund z. gegenseit. Beistand (findet 1389 durch d. Landfrieden von Eger sein Ende) Coburg erhält Stadtrecht Türken entreißen Byzanz Nikäa		

Martini · Wiesenkirche in Soest	„Ars nova" Kontrapunkt	Handwerkstechnik	
			Großer Brand in München
Martini: Reiterbildnis des siegr. Feldherrn *Guidoriccio di Ricci* (ital. Fresko im Rathaus Siena, frühestes neuzeitl. Reiterbildnis)		≈ Die Erfindung der Sägemühle bringt einen Umschwung in d. Möbeltischlerei. Aus Rahmenwerk und Füllungen zusammengesetzte Möbel. Reiche Schnitzereien und Eisenbeschläge	Ein Rechtsbuch verbietet den vorher häufigen gerichtlichen Zweikampf als Gottesurteil zur Klärung der Schuldfrage (setzt sich nur allmählich durch)
	~ *Philipp de Vitry* prägt für den neuen, stark kontrapunktischen Musikstil den Begriff „Ars nova"		Breslauer Gürtlergesellen streiken ein Jahr (älteste bekannte Arbeitseinstellung in Deutschland)
* *Peter Parler* (aus Gmünd), dt. Bildhauer und Steinmetz in Prag († 1399) Kirche des Erlösers im Walde (älteste der ca. 400 Kirchen Moskaus) „Dienstboten-Madonna" (Steinbildwerk im Wiener Stephansdom) ~ St. Maria zur Wiese (Wiesenkirche) in Soest (fertiggestellt im 15. Jhdt.; spätgot. Hallenkirche) A. *Lorenzetti* (* 1295, † ~ 1348): „Maestà" (ital. Wandbild i. Siena)	Musikantenzunft i. Paris („Ménétriers"; Oberhaupt, Gesetze, Versammlungstage, bis 1773)	~ Großer Drehkran in Lüneburg mit Tretradantrieb Geschützdarstellung durch einen engl. Kleriker (gilt als bisher älteste)	Kaiser verleiht Frankfurt/Main 2. (Frühjahrs-) Messe Stadtumwallung v. Aachen (seit 1257; 11 Tore, 22 Türme)
		† *Abu'l Feda*, arab. Historiker u. Geograph (* 1273)	

	Machtzuwachs der Zünfte	*Frühhumanismus Bürgerliche Dichtung*	*Spätscholastik Mystik*
1332	Straßburger Zünfte erlangen Sitz im Rat		
1333	*Kasimir III.* (der Große) Kg. v. Polen bis 1370 (†, * 1309); überläßt d. Dt. Orden Westpreußen, erwirbt Galizien, Wolhynien, Podolien (Südostpolen); schafft erstes geschriebenes poln. Gesetz; bessert d. Lage d. Bauern u. Juden		
1334	Landgraf v. Thüringen u. Markgraf v. Meißen, *Friedrich II.* (d. Ernsthafte), erhält für Ablehnung der Königskrone von *Karl IV.* 10 000 Mark Silber		
1335	Kg. *Kasimir III.* v. Polen verzichtet auf Schlesien, nachdem die meisten ober- u. niederschles. Teilherzogtümer die böhm. Lehnsoberhoheit anerk. haben Kärnten kommt durch Belehnung an Hzgt. Österreich	≈ Höhepunkt der Deutschordenslit. unt. den Hochmeistern *Ludern v. Braunschweig* (1331—35) und *Dietrich v. Altenburg* (1335—41); *Thilo von Kulm*: „Daniel" (1331) und „Hiob" (1338)	
1336	Unter Führung des Ritters *Rudolf Brun* stürzen d. Zünfte d. Vorherrschaft der Großgrundbesitzer u. Großkaufleute in Zürich u. bilden einen Rat aus den 13 Zunftmeistern u. 13 Vertretern dieser Patrizier *Takauji* aus d. Familie *Ashikaga* zerstört Kamakura u. macht sich in Kyoto z. japan. Reichsmarschall (*Ashikaga-*Shogune regieren bis 1573); Zerfall der Zentralgewalt * *Timur*, Herrscher über ein mongolisches Weltreich von 1370 bis 1405 (†)	† Schwester *Hadewijch*, Verfasserin niederld. relig.-myst. Lieder	~ *Jan van Ruisbroek*, fläm. Mystiker, „Doctor ecstaticus" (* 1293, † 1381): „Die Zierde der geistlichen Hochzeit" (unterscheidet u. ordnet „tätiges", „inniges" u. „gottschauendes" Leben, gewinnt Einfluß auf die „Brüder des gemeinsamen Lebens", vgl. 1374 u. 1380)

Rathaus in Münster	„*Ars nova*" Kontrapunkt	*Arabische Wissenschaft*	
		* *Ibn Chaldun*, arabischer Historiker († 1406)	Aus Persien kommt die Rosenart Rosa Centifolia nach Europa
~ *Bernardo Daddi* (* ~ 1300, † ~ 1350): „Verkündigung" (ital. florent. Tafelbild im got. Stil) *Martini*: Altar des hl. *Ansanus* mit „Verkündigung" (ital. Malerei im Dom zu Siena im got. Stil; gemeins. mit s. Schwager *Lippo Memmi*) Ausbau des Bargello (Palast) in Florenz (älteste Teile von 1255; Ausbau bis 1345) Prager Hofburg auf dem Hradschin (fertiggestellt 1774; 707 Räume)		Erster öffentlicher Botanischer Garten in Venedig	Gedeckte hölzerne Kapellbrücke in Luzern (Bildschmuck aus d. 17. Jh.)
Giotto beginnt Glockenturm des Domes in Florenz ~ Papstschloß in Avignon beg.			
Aachener Münster erhält got. Chor Fassade des Rathauses in Münster in Westf. (got.; Baubeginn im 13. Jhdt.) † *Kao* (*Liang-ch'üan*), aus China wegen der Mongolen emigrierter Maler u. Mönch d. Zen-Buddhismus in Japan, malte Tuschbilder im chines. Sung-Stil (* 1275). Vorherrschaft der Sungmalerei in Japan			
Andrea Pisano: Südl. Bronzetür am Baptisterium in Florenz (got. ital. Reliefs) Engl.-gotische Kathedrale in Chichester (Baubeginn 1114) *Ashikaga*-Epoche in d. japan. Kunst (bis 1573); Mittelpunkt sind die Zen-Klöster d. Meditations-Buddhismus			

	Kurverein von Rhense „Hundertjähriger Krieg"	Petrarca · Boccaccio	Spätscholastik Mystik
1337		* Jean Froissart, frz. Dichter u. Historiker († ~ 1410) ~ Robert Mannyng: „Die Geschichte Englands" (engl. Reime) Petrarca in Rom	~ Lupold v. Bebenburg (* 1297, † 1363), Domherr (1353 Bischof) in Bamberg verf. Staatsrecht im Sinne des Kurvereins v. Rhense
1338	Kurfürsten verwahren sich im Kurverein von Rhense gegen die Ansprüche der Päpste in Avignon, dt. Königswahl zu bestätigen	~ Boccaccio: „Filostrato" (ital. Verserzählung in Stanzen) Petrarca: „Africa" (lat. Epos)	Universität Pisa gegründet ~ 6 elementare und 4 höhere Schulen in Florenz
1339	Kg. Eduard III. v. England beansprucht statt des Hauses Valois den frz. Thron und eröffnet den „Hundertjährigen Krieg" gegen Frankreich (bis 1453) * Haakon VI. Magnusson, Kg. von Norwegen von 1343 bis 1380 (†)	~ Nikolaus von Jeroschin, Deutschordenskaplan, überträgt „Chronica terrae Prussiae", 1326 von Peter von Duisburg lat. geschrieben, in dt. Verse	Universität Grenoble gegründet ~ Richard Rolle, engl. Mönch u. Begründer d. engl. Mystik (* ~ 1300, † 1349): „Incendium amoris", und „Anleitung zum vollk. Leben" (engl., für Nonnen) ~ Giovanni Villani (* ~ 1280, † 1348) schreibt Chronik von Florenz
1340	Waldemar IV. Atterdag Kg. v. Dänemark bis 1375 (†); unterliegt 1370 gegen d. Hanse Nach Aussterben (1323) der Roman-Dynastie in d. Ukraine (seit 1189) zerfällt d. Staat: Ostukraine u. Wolhynien an Litauen, Galizien an Polen, Karpato-Ukraine an Ungarn Lemberg kommt an Polen (~ 1270 v. ukr. Fürsten gegr., erhält 1356 Magdeburgisches Stadtrecht) Engl. Handelsflotte schlägt frz. im Enterkampf Kastilien schlägt Marokkaner-Heer	~ * Geoffrey Chaucer, engl. Dichter († 1400) † Johannes Hadlaub, Schweizer Minnesänger (* vor 1300) Hadamar v. Laber, bayr. Ritter: „Die Jagd" (Vergleich der ritterl. Minne mit einer Jagd, eine der zahlr. Minneallegorien um diese Zeit, welche d. Minnedienst d. 13. Jhdts. mit d. allegor. Sittenlehren d. Zeit verbinden) ~ Gedicht über den Sieg Alfons' XI. bei Salado über d. Mauren 1340 (Übergang zur span. Romanze) ≈ Handpuppen-Theater (nach Art d. Kasperle-Th.)	

Gotik · Giotto	„Ars nova" Kontrapunkt	Wetterbeobachtungen	
† *Giotto di Bondone*, ital. Maler; leitete von der byzantinischen zur mehr körperhaften Malerei der Frührenaissance über (* 1266)		Erste regelmäßige Wetterbeobachtg. (bis 1344 in Oxford; noch ohne Messungen)	
Belfried in Gent (Glockenturm mit Glockenspiel, 100 m hoch, Baubeginn 1183). Solche Glockentürme sind für die Städte d. Niederlande kennzeichnend Marienkirche in Wismar (norddt. Backsteingotik, fertiggestellt in der 2. Hälfte d. 14. Jhdts.)			≈ Die Woll- und Seidenindustrie in Florenz hat sich von der kleinhandwerklichen Betriebsform zur Verlagsindustrie und Manufaktur entwickelt: 30 000 Personen (1/3 der Bevölkerung von Florenz) fertigen jährl. über 25 000 Stück Tuch (Wert etwa 15 Mill. Mark)
Altes Rathaus in Nürnberg (got.; Baubeginn 1332; im 16. Jhdt. spätgot. ergänzt; Renaissancebau im 17. Jhdt.)		Die gegen d. Franzosen bei Slugs siegreiche Flotte d. Engländer besteht aus ausgehobenen Handelsschiffen unter einem königlichen Admiral. Enterkampf ohne Fernwaffen	*Eduard III.* von England erklärt sich mit seiner persönl. Freiheit seinen Brabanter Gläubigern gegenüber haftbar

	Bayern, Tirol und Brandenburg in einer Hand	Petrarca · Boccaccio	Spätscholastik Mystik
1341	Spaltung d. byzantinischen Reiches (bis 1354); wird durch äußere Gegner (Serben, Türken) und innere Unruhen mehr und mehr geschwächt	Dichterkrönung *Petrarcas* in Rom	
1342	*Ludwig d. Ältere* (* 1315, † 1361), Hzg. v. Bayern u. Markgraf v. Brandenburg, erwirbt durch Heirat mit *Margarete Maultasch* Tirol (tritt Brandenburg 1351 an seine Brüder ab) *Ludwig d. Gr. von Anjou*-Neapel, Sohn v. Kg. *Karl I.*, wird Kg. v. Ungarn bis 1382 (†); festigt die Abhängigkeit der Vasallenstaaten auf d. Balkanhalbinsel, besiegt Venedig u. gewinnt Dalmatien zurück, wird 1370 Kg. v. Polen	*Boccaccio:* „Amorosa visione" („Liebesvision", ital. Volkserzählung)	
1343	*Haakon VI. Magnusson* Kg. v. Norwegen bis 1380 (†, * 1339); wird 1362 Mitregent seines Vaters *Magnus Eriksson* in Schweden, heiratet 1363 *Margarete*, Tochter des dän. Kgs. † *Robert* (der Weise) von *Anjou*, Kg. v. Neapel seit 1309 (* 1278)	*Boccaccio:* „Fiametta" (ital. lyr. Liebesroman) ≈ *Juan Ruiz v. Hita* (* ~1283, † 1351): „Buch des guten Liebens" (span. satirische Lehrged. in Form d. Selbstbiographie mit eingestreuten Liebesliedern, 7000 Verse, vollendet in d. Gefangenschaft des Erzbischofs von Toledo)	*Petrarca:* „De contemptu mundi"(„Über die Weltverachtung", Zwiegespräch mit *Augustinus* über das Seelenheil, i. lat. Sprache)

Gotik *Martini*	*„Ars nova"* *Kontrapunkt*	*Handwerkstechnik*	
Heilig-Geist-Kirche in Nürnberg (Baubeginn 1331; bewahrt ab 1424 Reichskleinodien)			Lübeck erhält als erste dt. Stadt das Recht der Goldmünzenpräg. (1356 erhalten es auch d. Kurfürsten)
			Karnevalsumzug i. Köln erstmalig erwähnt (geht auf d. Verehrung einer Göttin der Schiffahrt und Fruchtbarkeit in spätröm. Zeit zurück. Einfluß der altröm. Saturnalien mit Festessen u. Aufhebung d. Standesunterschiede; vgl. auch — 2600)
Martini: Passionsaltar (ital. Malerei im dramat.-got. Stil am päpstl. Hof in Avignon)			
Wang Meng (* 1308, † 1383, Enkel von *Chao Meng-fu*), chin. Maler und Staatsmann unter d. mongol. *Yüan*-Dynastie: „Landschaft mit Wasserfall und Bambushalle"			
Jean Pucelle: Brevier von Belleville (frz. Buchmalerei)			
Marienkirche in Prenzlau (backsteingotische Hallenkirche, Baubeginn 1290)			
~ Dom von Triest (entstand seit dem 11. Jhdt. aus der Vereinigung von 3 Kirchen aus dem 5./6. Jhdt. mit Glockenturm aus Resten eines römischen Tempels)			

	Päpstlicher Gegenkönig Altserbisches Reich	Frühhumanismus Bürgerl. Dichtung	Spätscholastik Mystik
1344	Spanien erobert Algeciras v. d. Mauren		
1345	In der thüring. Grafenfehde (seit 1342) erlangt der *Wettiner* Landgraf *Friedrich II.* (d. Ernsthafte) das Übergewicht über die thür. Grafen		*Hermann von Fritzlar:* „Heiligenleben" (Sammlung von Legenden in Prosa)
1346	*Karl IV. von Luxemburg* wird als päpstlicher Gegenkönig aufgestellt, trotz d. Beschlusses d. Kurvereins v. Rhense 1338 (wird 1347 anerkannt) Entscheidender Sieg d. Engländer bei Abbeville (Crecy) über die Franzosen † *Johann von Luxemburg* (fällt bei Crecy im Kampf mit d. Franzosen gegen die Engländer), Kg. v. Böhmen seit 1310, Lehnsherr über schles. Hzge (* 1296) Brandenburg (seit 1323), Tirol (s. 1342), Holland, Seeland, Hennegau gehören vorübergehend zur bayr.-*wittelsbach*ischen Hausmacht (Holland u. Hennegau 1433 an Burgund, 1482 an die *Habsburger*) Bund der Sechsstädte der Oberlausitz (Bautzen, Görlitz, Zittau, Kamenz, Löbau, Lauban) Kg. *Waldemar IV. Atterdag* von Dänemark verkauft Estland (erobert 1219) an den Deutschen Orden *Stephan Duschan* (* ~ 1308, † 1355), Kg. v. Serbien seit 1331, läßt sich nach d. Eroberung v. Südmakedonien und Albanien (Thessalien 1348) zum Zaren krönen; Höhepunkt d. altserb. Reiches, das nach seinem Tode in Einzelstaaten zerfällt	* *Eustache Deschamps*, frz. Balladendichter († 1406)	Universität Valladolid (Altkastilien) gegrdt.

Glasmalerei Norddt. Backsteingotik	*„Ars nova"* Kontrapunkt	*Handwerkstechnik*	
† *Simone Martini*, ital. Maler aus Siena; gotischer Stil (* 1284) Zisterzienser-Klosterkirche Chorin (norddt. Backsteingotik; Baubeginn 1273) Baubeg. d. St.-Veits-Doms in Prag (vollendet erst im 20. Jh.)			
† *Mokuan*, japan. Maler u. Mönch d. Zen-Buddhismus in China; malte in der Art d. chin. Malers *Mu-hsi* (~ 1269) u. erhielt das Recht, seine Bilder mit dessen Siegel zu zeichnen; u. a. „Die vier Schläfer" (Buddhist, Abt, Küchenjunge, Dichter-Vagant und Tiger als häufiges buddhist. Motiv) ≈ Glasmalereien im Langhaus des Straßburger Münsters		*Taddeo Gaddi:* Ponte Vecchio in Florenz (mit Bogen kleiner als ein Halbkreis)	Bankrott der Florentiner Banken d. *Bardi* und *Peruzzi* (hatten große Anleihen nach England gegeben)
Liebfrauen- oder Überwasserkirche in Münster i. W. (got. Hallenkirche)			≈ Der dt. Adel sichert den Bodenbesitz durch Errichtung v. Stammgütern, die in der männl. Linie bleiben (außerdem ist die Veräußerung und Teilung nur mit Genehmigung der Lehnsherren erlaubt) ≈ Die dt. Landesherren erheben mehrmals im Jahr die „Bede" (eine Art Grund- u. Gebäudesteuer, jetzt meist in Geld, vorher auch in Naturalien; Begünstigung der Städte) ≈ In den norditalien. Städterepubl. entwickeln sich Formen d. Vermögenssteuer

	Rienzi *Zünfte im Rat Nürnberg*	*Frühhumanismus* *Petrarca*	*Geißlerzüge im Pestjahr*
1347	† *Ludwig IV.* (der Bayer), röm.-dt. Kaiser seit 1314, bis 1330 Gegenkönig geg. *Friedrich den Schönen* von Österreich; erweiterte vorübergehend stark die *wittelsbach*ische Hausmacht (* 1287) Päpstlicher Gegenkönig *Karl IV. von Luxemburg* von den dt. Fürsten anerkannt (bis 1378 [†]; Kaiserkrönung 1355). *Luxemburger* Kaiser auf dem dt. Thron bis 1437 Der „*falsche Waldemar*" erlangt Herrschaft u. Anerkennung in Brandenburg bis 1355 († 1356); behauptet, der Markgraf *Waldemar* († 1319) zu sein, wird 1450 als früherer Müller entlarvt Calais kommt in engl. Besitz (bis 1558) *Cola di Rienzi* versucht, in Abwesenheit der Päpste (in Avignon) als Volkstribun die röm. Republik wieder zu begründen; wird vertrieben u. 1354 im Volksaufstand getötet	*Petrarca* unterstützt in einem leidenschaftlichen Brief den Versuch *Cola di Rienzis*, in Rom die antike Republik zu erneuern, u. fordert d. Einheit Italiens	* *Katharina von Siena*, ital. Heilige der kath. Kirche († 1380)
1348	*Karl IV. von Luxemburg* gründet Prager Neustadt als Residenz Die Fürsten von Mecklenburg aus dem slawischen Geschlecht *Pribislaws* werden reichsunmittelbare Hzge. (erhielten 1292 d. Land Stargard, erwerben 1358 Grfsch. Schwerin) Nach dem Handwerkeraufstand sitzen im Kleinen Rat d. Stadt Nürnberg 8 neue Zunftmitglieder	† Don *Juan Manuel*, schrieb 1335 „Graf Lucanor" (span. Novellensammlung mit Rahmenerzählung) (* 1282)	Universität Prag durch *Karl IV.* gegründet (erste dt. Universität) Im Pestjahr nehmen Geißlerzüge zur Erlangung der Sündenvergebung überhand. Vom Papst 1349 verboten (vgl. 1260) Pest löst schwere Judenverfolgungen aus
1349	Kg. *Philipp VI.* v. Frankr. erwirbt die Dauphiné (burgund. Gebiet zwischen Rhône und Durance) Gesetzbuch „Zakonik" d. serb. Zaren *Duschan*	* *Smil Flaska von Pardubitz*, tschech. Dichter († 1403) Das durch die Normannen (~ 1066) eingeführte Französisch verschwindet aus den englischen Schulen (1362 auch aus den mündlichen Gerichtsverhandlungen)	† *Wilhelm von Occam* (auch *Ockham*), engl. Philosoph in Paris; Vertreter des Nominalismus (Begriffe sind nur Namen und Zeichen); bekämpfte unnötige Allgemeinbegriffe („Rasiermesser des *Occams*") (* ~ 1290)

Gotik „Triumph des Todes"	Flagellanten-Lieder	Pestabwehr	
			Erster Seeversicherungsvertrag i. Italien (Vorläufer sind die Seedarlehen)
			≈ In den Niederlanden entsteh. aus den waffenfähigen Bürgern Schützengesellschaften, die große Feste abhalten (in München z. B. 1466)
	~ Die Lieder der Flagellanten (Geißelbrüder) verbreiten sich rasch im Volk	Städt. Spitäler dienen in Pestzeiten und bei anderen Seuchen als Krankenhäuser	Gr. Pestepidemie in Europa bis 1350
	~ Aufkommen d. dt. weltl. Volksliedes (gesammelt im „Lochheimer Liederbuch", 1455)	Schrift der Pariser Universität üb. die Pest nennt, gestützt auf *Aristoteles* u. *Albertus Magnus*, als Hauptursache die Konjunktion von Saturn, Jupiter, Mars am 20.3.1345. Empfiehlt Flucht, saure Speisen, Duftmittel, Edelsteinamulette	≈ Der Nürnberger Handel blüht, vor allem mit Italien, und wird von den Patriziern getragen
			≈ In den Zünften gibt es auch Frauenarbeit (reine Frauenzünfte, z. B. Garnmacherinnen, Goldstickerinnen)
			Zwickauer Feuerlöschordnung (andere Städte folgen wegen häufiger Brandkatastroph.)
† *Andrea Pisano*, Bildhauer der ital. Gotik (* ~ 1290)		*Konrad von Megenberg*: „Buch der Natur" (erstes dt. Kräuterbuch)	Streik der Gerbergesellen in Paris z. Erlangung höherer Löhne
~ „Triumph des Todes" (makabre ital. Fresken im Campo Santo von Pisa unter dem Eindruck der großen Pestepidemie)			Der Kaiser gestattet d. Nürnberger Metzgerzunft das „Schönbartlaufen" als Fastnachtsumzug (angebl. für Nichtbeteil. an ein. Aufstand; 1539 v. Rat aufgehoben)

	Kaiser fördert Bürgertum *Engl. Unter- u. Oberhaus*	*Frühhumanismus* *Petrarca*	*Spätscholastik* *Mystik*
1350	~ *Karl IV. von Luxemburg*, „der erste Kaufmann auf d. Kaiserthron", fördert Bürgertum, Handel u. Gewerbe, gestützt auf seine Hausmacht Die Schöffensprüche d. Oberhofes in Magdeburg werden zum „Systematischen Schöffenrecht" zusammengefaßt; maßgebend für alle Städte mit Magdeburg. Stadtrecht *Johann II. der Gute* Kg. v. Frankr. bis 1364 (†) ~ Kg. *Eduard III.* v. England stiftet Hosenbandorden (26 Ritter) ~ Teilung d. engl. Parlaments in Oberhaus (House of Lords) und Unterhaus (House of Commons), welches Steuerbewilligungsrecht und Petitionsrecht erhält. Ausbildung d. Selbstverwaltung durch ehrenamtliche Friedensrichter in den Grafschaften ≈ Unter *Jussuf I.* (reg. 1333—54) u. seinem Sohn *Muhammed V.* hohe Blüte des arab. Nasriden-Reiches in Granada	~ *Eysteinn Asgrimsson*: „Lilja" (relig. Hymnus, eines der letzten Werke aus der Blütezeit d. altisländ. Literatur) ~ *Ulrich Boner*: „Edelstein" (Fabeln mit christl. Moral, nach d. Vorbild *Äsops;* findet zahlr. Nachfolger) ~ *Petrarca* schafft mit seinen literarisch hochstehenden lateinischen Briefen in Vers und Prosa eine wesentliche Gattung d. humanistischen Schrifttums „Maastrichtsche Paaschspel" (frühestes niederl. geistl. Mysterien-Spiel) ≈ Übergang von der mittel- z. neuhochdt. Sprache durch Einfluß der Kanzleisprachen (frühneuhochdt. bis ≈ 1625) ≈ In Italien, Frankreich und Deutschland beginnt Handel mit Handschriften (vgl. 1300) ~ *Li Hsing Tao*: „Der Kreidekreis" (chines. Drama)	≈ In der scholastischen Philosophie verdrängt der „Nominalismus" (Begriffe sind Namen und Zeichen) den „Realismus" (den Begriffen entsprechen reale Ideen)

Gotik · Glasmalerei	„Ars nova" Kontrapunkt	Berthold „der Schwarze"	

Gotik · Glasmalerei	„Ars nova" Kontrapunkt	Berthold „der Schwarze"	
~ *Nino Pisano* (* ~ 1315, † nach 1363, Sohn v. *Andrea Pisano*) schafft Madonnenfigur im ital.-got. Stil	≈ Blütezeit der isorhythmischen, 4stimmigen (auch weltl.) Motette	≈ Langsam beginnt sich in den Wissenschaften induktives (erfahrungsmäß.) Denken gegenüber der deduktiven Ableitung v. Erkenntnissen aus allgem. Begriffen zu verbreiten	† *Till Eulenspiegel*, dt. Schalksnarr (seine Streiche werden Ende d. 15. Jhs. aufgezeichnet)
≈ Die Skizzenbücher der Maler enthalten mehr und mehr Studien nach der Natur an Stelle von Kompositions-Schemata	≈ Trumscheit, ein Streichinstr. mit nur einer Saite für Flageolettöne, bes. in Nonnenklöstern („Marientrompete")		Die schweren Seuchen seit 1348 („Schwarz. Tod", wahrsch. Pest und Pocken) verursachten in Europa etwa 25 Mill. Tote (ca. 25% der Bevölk.). Wurden teils als göttliches Strafgericht angesehen (Selbstkasteiungen, Flagellantenzüge), teils als Folge v. Brunnenvergiftgn. durch Juden, was zu schweren Judenverfolgung. führte
Baubeg. d. Westfassade d. Kölner Doms			
~ Got. Glasbilder im Kölner Dom (ein Höhepunkt dt. Glasmalerei)		~ Der Magister der freien Künste und Bernhardinermönch *Berthold* („der Schwarze") fördert die Entwicklung d. Feuerwaffen (hat nicht das Schießpulver erfunden)	
~ Pietà in d. Elisabethkirche Marburg (in einem got.-dekorativen Stil)			
Vesperbild (Pietà) im Ursulinerinnenkloster in Erfurt			
~ Burg Eltz an d. Mosel (got. Burgbau mit Zinnen u. Türmchen; der Burgenbau der Gotik ist vom Kirchenbau beeinfl., während in d. Romanik der Einfluß umgekehrt vorhanden war)		~ Leichensezierung als sündhaft untersagt (ab 1560 wieder allgem. gestattet; vgl. 1376)	Granada 200000 Einwohner (1492: 500000)
			≈ Städtewappen kommen auf (Städtesiegel schon ≈ 1150)
~ Kathedrale in Palma/Mallorca (span.-got. Stil, frz. beeinfl.)		Papierherstellung in Frankreich bekannt (vgl. 793)	≈ Im Rheinland kommt Filet-Stikkerei auf
Glockenturm in Pisa (wegen Bodensenkung der „Schiefe Turm") (Baubeginn 1174)			
~ Dom von Bergamo erbaut (begonnen im 12. Jhdt.)			~ Drahtzieherhandwerk in Augsburg u. Nürnberg
~ Dom in Wetzlar (frühgot., Baubeginn 2. Hälfte 13. Jhdt.; roman. Westbau aus dem 12. Jhdt.)			~ Ausgehend von den Zen-Klöstern und dem ihnen verbund. Kriegeradel ist das Teetrinken in Japan große Mode geworden u. gipfelt in verschwenderischen Teefesten. Der Shogun verbietet mit geringer Wirkung das Teetrinken
~ Kg. *Eduard III.* von England läßt Schloß in Windsor (Windsor Castle) neu erbauen			
~ Kathedrale in Salisbury vollendet (vgl. 1258)			
≈ Blüte des Lederkunstgewerbes in Europa			
≈ (Heute erhaltene) Hauptteile der Burg Alhambra in Granada entst. (gilt als eines der bedeutendsten islam. Bauwerke; 1492 erobert)			
~ In China entsteht die Herstellung feinen Porzellans, oft Bemalung mit Kobaltblau unter der Glasur (seit ≈ 620 gibt es ein derberes „Frühporzellan")			

	Schwächung von Kaiser- und Papsttum Azteken-Reich	 Frühhumanismus	 Spätscholastik Mystik
Im 14. Jahrhundert	Schwächung von Kaiser- und Papsttum (vgl. 1303, 1356, 1378) Das Marktrecht geht von den Stadtherren an die Städte selbst über Gründung d. Reiches von Ajuthia in Siam (Blüte im 17. Jahrhundert) Reich der Azteken-Indianer in Mexiko mit hoher Kultur entsteht mit Hauptstadt Tenochtitlan: autokratischer Wahlkönig, Sippenverfassung; Sklavenarbeit, Ackerbau; Kunsthandwerk; organisierte Priesterschaft, Steintempel, Menschenopfer, Huitzilipochtli als Stammgott; Literatur in Bilderschrift; Astronomie und Astrologie (vernichtet 1519 durch *Cortez*) Schanghai befestigte Kreisstadt	Innsbrucker Osterspiel (volkstümlich. geistl. Schauspiel; Hauptrollen ein Salbenhändler u. sein Knecht) St. Gallener Passionsspiel (ältest. ganz in dt. Sprache abgefaßtes Passionsspiel) Anfänge des Meistergesanges Gereimte Briefe in deutscher Sprache „Fridthiofs-Saga" (isl. Sage) „Reimser Evangelienbuch", teils in cyrillischer, teils in glagolitischer (ältest. slaw. Schrift in Anlehnung an griech. Minuskeln) Schrift, entsteht in Serbien „Wiener Bilderchronik" (mittellat. Chronik aus Ungarn) Die türkische Literatur (Epen, Lyrik) ist stark von persischen Vorbildern beeinflußt „Die drei Reiche", „Die Räuber vom Liang schan Moor" (früheste chin. Romane i. d. Umgangssprache)	Erste hochdeutsche Bibelübersetzung aus der „Vulgata" Neben der rational-scholastischen Philosophie der Kirche entsteht besonders in Deutschland eine mehr individuell-irrationale Mystik, die gegen Ende des Jahrhunderts auch praktische Lebensordnungen in religiösen Gemeinschaften entwickelt Ausgehend von der Beschäftigung mit den antiken Schriftstellern entwickelt sich in Italien die geistige Bewegung des Humanismus, die im idealisierten Geist der Antike ein neues Menschen- und Kulturideal sieht; äußert sich zunehmend i. antischolastisch. und nationalist. Schreib- und Leseschulen in d. Städten Judenverfolgungen mit Friedhofsschändungen führen zur Verwendung der Grabsteine bei profanen Bauten

Gotik	*„Ars nova"* *Kontrapunkt*	*Handwerkstechnik* *Feuerwaffen*	

Gotik	„Ars nova" Kontrapunkt	Handwerkstechnik Feuerwaffen	
Darstellung Christi als „Schmerzensmann" kommt auf	Die aus England (≈ 1200) stammende Kompositionstechnik des „Faux bourdon" („falscher Baß" = Stimmführung in der Oberstimme mit Sext- u. Terz-Parallelen) wird i. Frankr. ausgebildet und von dort nach Rom übertragen (ab 1377). „Diskant"-Stil m. Stimmführung in d. tieferen. Stimme (seit ~ 1100) wird verdrängt	Papier beginnt Pergament in Europa zu verdrängen (vgl. 793)	Die Einführung d. vorn zu schließenden Gewänder in der europäischen Kleidung bedeutet weitgehende Unabhängigkeit von antikem Vorbild.
„Totentanz" als Thema in der bildenden Kunst (v. Frankr. aus)		Einfaches, leichtes Rohr mit Zündloch und Lunte ohne Schloß als „Handrohr" verwendet. Diese älteste Handfeuerwaffe ist z. T. noch als Griff einer Streitaxt ausgebildet; wird auch in Holzschäftung verwendet	Frankreich übernimmt die Führung in der europäischen Kleidermode
Christlicher Flügelaltar entsteht			
Aus Elfenbein geschnitzte Dreiflügel-Altäre für Haus- und Reisegebrauch			
Böhmische Malerschule ~1340 bis 1380 (*Meister von Hohenfurth* und *Wittingau*)			In Frankreich tritt an Stelle des Mantels ein tief gegürtetes, langes Oberkleid, am Gürtel Tasche oder Dolch (Vorläufer d. Tappert, vgl. 1400)
Pietà oder Vesperbild aus dem Frauenkloster Sonnefeld (Pappelholzplastik, Veste Coburg)			
Stadtmauer mit Wehrgang und Türmen in Nördlingen (~ 1600 erneuert)		Kogge mit hohen Aufbauten am Bug und Heck charakteristische Schiffsform der Hanse	
Stadtbefestigungen von Rothenburg ob der Tauber (erb. 1350—80)			Männerkleidung i. Deutschl.: Schecke (kurzer Rock), enge Strumpfhose (Beinlinge) u. Gugel (langzipfelige Kapuze mit Schulterkragen), teilw. überladene Verzierungen mit Bändern, Schellen, Besatz usw.
Rathaus in Ulm (gotischer Stil; Teil im Renaissancestil im 16. Jh.)	Londoner Handschrift in sog. Orgeltabulatur (früheste Orgelmusik mit originalen Orgelstücken u. Liedübertragungen)	Segelkriegsschiffe mit zahlreich. Geschützen	
Backstein-Giebelwand der Wohnhäuser in nord- u. ostdt. Städten			
Spätgotik in der engl. Baukunst („Perpendicular Style", bis ≈ 1550)		Glasfenster in dt. Wohnhäusern (in engl. schon 1180)	
Kathedrale in Coventry (englische Kirche, im Bau seit dem 12. Jh.)	Verbot der Quintparallelen		
„Paläologische Renaissance" der byzantinischen Kunst	Notenschrift erhält die Taktvorzeichnung		Schnürleibchen in d. dt. Frauenkleid.
Wandmalerei d. „Griechen Theophanes" in der Verkündigungskirche, Nowgorod	Cambrai wird an Stelle v. Paris Mittelpunkt d. franz. Musik		In d. engl. Frauenkleidung erscheint d. Schleppe; Trennung von Rock u. Leibchen
Das reiche arab. Kunstgewerbe in Spanien stellt u. a. buntglasierte Fayenceplatten („Azulejos") zur Wandbekleidung her	Aus dem Gottesdienstgesang der Laienbruderschaft entstehen Singschulen, aus denen die Singschulen d. Meistersinger hervorgehen, daneben „Zechsingen" im Wirtshaus		Übergang von langer zu kurzer männlicher Haartracht in Mitteleuropa
In China wirken die 4 bedeutenden Landschaftsmaler der Yüan-Zeit: *Huang Kung-wang, Wu Chen, Wang Meng, Ni Tsan*			Kleine Wand- und Taschenspieg. werden verwendet
In Japan setzt sich Schwarzweiß-Tuschemalerei in Verbindung mit dem Zen-Buddhismus durch „Shakya (Buddha), dem Baum der Erleuchtung entgegenschreitend", „Abreise der verkauften Haremsfrau *Chao Chun* zu den Hunnen", „Kuchenkorb" (chin. Seidenmalerei)	Vom arab. Spanien her verbreitet sich die Laute üb. ganz Europa (wird in d. folg. Jahrhund. d. Hauptinstrument der Hausmusik)		Klimaverschlechterung und häufige Unwetter in Europa (schon. im 13. Jh.)
Wohngebäude der Spandauer Burg unter Verwendg. jüd. Grabsteine			

	Wachsender politischer Einfluß des städtischen Bürgertums	Boccaccio · Petrarca	Spätscholastik Mystik
1351	*Winrich von Kniprode* Hochmeister d. Dt. Ordens bis 1382 (†); unter ihm polit. u. wirtsch. Blüte d. Ordensstaates * *Leopold III.*, Herzog von Österreich von 1365 bis 1386 (†) *Gian Galeazzo, aus der Familie *Visconti*, Herzog v. Mailand von 1395 bis 1402 (†)	~ *Jan de Weert* aus Ypern, Vertreter der niederl.-bürgerl. Dichtung, schreibt Lehrgedichte	
1352			
1353	Coburg kommt durch Heirat an die Landgrafen von Thüringen Bern tritt als letzte d. „8 alten Orte" d. eidgen. „Ewigen Bund" v. 1291 u. 1315 zwischen Uri, Schwyz u. Unterwalden bei (1332 Luzern, 1351 Zürich, 1352 Glarus u. Zug) Durch Einführung d. Zunftverfassung d. Leineweber gewinnt St. Gallen Unabhängigkeit vom Kloster-Abt Gegen das neue mit Bulgarien verbündete Großreich d. Serben, dessen Herrscher *Duschan* sich zum Kaiser v. Byzanz krönen läßt, ruft der byzant. Gegenkaiser die in Kleinasien siegreichen Türken zu Hilfe. Diese setzen nach Europa über u. besetzen bis 1390 Bulgarien u. Serbien (1361 Adrianopel; vgl. 1389)	*Boccaccio:* „Decameron" (ital. Novellen, seit d. Pestjahr 1348); begrdt. Novellenform	Engl. Kg. verbietet Anruf d. Papstes in Sachen, für die Krone zuständig ~ † *Nicolaus v. Autrecourt;* entwickelte atomistisches Weltbild; erster abendl. Kritiker des Kausal- und Substanzbegriffes
1354	Zehn-Städte-Bund d. elsäss. Reichsstädte (außer Straßburg u. Mühlhausen) Grafschaft Luxemburg wird Hzgt.	*Petrarca:* „Vom einsamen Leben" (lat. Prosa)	
1355	*Karl IV. von Luxemburg* läßt sich in Rom zum röm.-dt. Kaiser krönen, gibt Herrschaft in Italien auf Hinrichtung des Dogen von Venedig *Marino Falieri* (* ~ 1280) wegen Verschwörung gegen die Aristokratie Türken erobern Gallipoli	Kaiserliche Kanzleisprache und -formen werden festgelegt	

Gotik · Lübecker Marienkirche	„Ars nova" Kontrapunkt	Seeatlas Handwerkstechnik	
Marienkirche in Lübeck vollendet (vgl. 1159, 1201, 1251, 1261, 1316) Spätgot. Hallenchor d. Kreuzkirche in Schwäb.-Gmünd von *Heinrich von Gmünd* (Vater von *Peter Parler*; vgl. 1399)		„MediceischerSeeatlas" (enth. neue, auf Grund d. Kompaßgebrauches [vgl. 1195] gewonnene Erfahrungen)	Streik der Webergesellen in Speyer zur Erlangung höherer Löhne ≈ In England verwandelt sich Tennis vom Hallen- zum Rasenspiel
* *Mincho*, japan. Maler († 1431) Baubeginn der Kathedrale von Antwerpen (spätgotisch; fertiggestellt 1616)		Der arab. Geograph *Ibn Battuta* durchquert d. Sahara und erreicht Timbuktu a. Niger im Sudan Erste Kunstuhr f. d. Straßburg. Münster mit Glockenspiel u. beweglich. Figuren (krähend. Hahn)	≈ In der Tuchindustrie beginnt sich eine frühkapitalistische Produktionsweise durchzusetzen ~ „Buch von guter Speise" (eines der frühesten deutsch. Kochbücher)
			≈ Vollstreckung der Todesstrafe durch Hängen, Enthaupten, Rädern, Ertränken, Vierteilen, Verbrennen, Pfählen. Bei leichteren Vergehen Verstümmelungen oder Geldstrafen (Freiheitsstrafen selten)
		216 m lange, gedeckte Brücke üb. d. Ticino in Pavia (lombard.)	Eiserner Hahn d. astronom. Uhr i. Straßburg. Münster (ältest. europ. Automat)
Frauenkirche in Nürnberg v. Kaiser *Karl IV*. gestiftet (got. Hallenkirche)	† *Johannes de Muris*, frz. Komponist (* 1289)		

	„Goldene Bulle"	Frühhumanismus Petrarca	Spätscholastik Buridan
1356	Kaiser *Karl IV.* bestätigt in der „Goldenen Bulle" den sieben Kurfürsten in der Rangfolge: Mainz, Trier, Köln, Böhmen, Pfalz, Sachsen, Brandenburg das seit ~ 1250 bestehende Recht der ausschließlichen Königswahl. Frankfurt a. Main (seit 13. Jh. Reichsstadt) wird Ort der Königswahl. Bedeutet entscheidende Schwächung der dt. zentralen Reichsgewalt Die Pfalz (seit 1329 selbst. unter einer *Wittelsbacher* Linie) erhält Kurwürde („Kurpfalz") Sachsen-Wittenberg erhält Kurwürde, die es bisher gemeinsam mit Sachsen-Lauenburg beanspruchte Frz. Kg. gerät in engl. Gefangenschaft		„*Buridans* Esel" kann sich zwischen zwei gleichwertigen Heubündeln nicht entscheiden (drastische Veranschaulichung v. B's Willenlehre)
1357	Der Vorsteher d. Pariser Kaufleute *Marcel* entfesselt Unruhen, um das Bürgertum zur Macht zu bringen (werden 1358 niedergeschlagen) Hansestädte nennen sich erst jetzt „Städte der Deutschen Hanse" (vgl. 1294) Großer Bauernaufstand „Jacquerie" in Nordfrankr. gegen den Adel wird blutig unterdrückt	* *Hugo von Montfort*, mittelhochdt. ritterlicher Dichter aus der Steiermark († 1423) *Petrarca:* „Die Triumphe" (ital. allegor.-moral. Gedicht i. Terzinen)	Kardinal *Ägidius Albornoz* (* 1300, † 1367) festigt Kirchenstaat d. Gesetzgebung
1358	Herzöge von Mecklenburg erwerben Grafschaft Schwerin Bremen tritt d. Hanse bei		~ † *Johann Buridan*, frz. Scholastiker; behandelte philosoph. u. physikal. Fragen, gab Ansätze zu einer volkswirtschaftl. Preistheorie; Haupt der Pariser Nominalisten-Schule (* ~ 1300)
1359	Berlin Mitglied der Hanse. Führt hier zu einem Jahrhundert der Blüte städt. Freiheit † *Urchan*, türk. Emir seit 1326; organisierte das Reich nach dem Koran u. d. Staatsrecht Kanun; gründete 1329 Janitscharentruppe aus Kriegsgefangenen u. Spahi-Reiterei, die mit Abgaben unterlegener Ortschaften belehnt werden. Zur türk. Heermacht stoßen zahlreiche christliche Renegaten		

Gotik · Peter Parler	"Ars nova" Kontrapunkt	Handwerkstechnik	
Peter Parler: Chor des St.-Veits-Doms i. Prag (bis 1385) Baubeginn der Kaiserpfalz in Ulm (fertiggestellt 1603) ~ Hauptportal der Lorenzkirche in Nürnberg *Matthias von Arras:* Burg Karlstein/Böhmen f. *Karl IV.* (frz. Gotik, beg. 1348) Teile d. Basler Münster d. Erdbeben zerstört			Kurfürsten erhalten Regalien: Bergwerks-, Salz-, Münz-Regal (stärkt Landesfürsten wirtschaftlich) Durch die "Goldene Bulle" wird in den weltlichen Kurfürstentümern für die Erbfolge d. Erstgeburtsrecht festgelegt (Primogenitur) Pestepidemien im Rheinland (m. Unterbrechungen bis 1667)
Orcagna: Altar d. *Strozzi* kapelle in der Kirche Santa Maria Novella in Florenz (ital. spätgot.) *Parler* beginnt die Karlsbrücke in Prag (Altstädter Turm; d. 16 bogige, 502 m lange Brücke mit 2 got. Türmen u. Plastiken wird 1503 fertiggestellt)			Chemnitz erhält Bleichprivileg; wird dadurch zu einem Textilzentrum (seit 12. Jh. Marktrecht)
		Buridan (†) näherte sich mit seinem Begriff "Impetus" dem physikalisch. "Impuls"-Begriff (exakte Fassung erst durch *Newton*)	
Orcagna: Sakramentshäuschen im Or San Michele in Florenz (mit Reliefs im spätgot. Stil Italiens) Saint-Nicholas-Kathedrale in Newcastle (engl. Gotik) Mittel- und Seitenschiffe des Stephansdoms in Wien (spätgotischer Stil)			

	England bekommt Teile Frankreichs Türken in Europa	Frühhumanismus in Prag	Spätscholastik Mystik
1360	Stettin Hansestadt Kg. *Eduard III.* v. Engl. erhält im Frieden zu Bretigny Calais u. Südwestfrankreich ohne Lehnspflicht unter Verzicht auf frz. Krone (geht ab 1435 wieder verloren; vgl. 1453) ~ Es bilden sich die Fürstentümer Moldau u. Walachei (kommen im 15. und 16. Jhdt. unter türk. Oberhoheit; 1861 zu Rumänien vereinigt ~ *Timur* beginnt sich in Mittelasien durchzusetzen		E. *Deschamps:* „Dit des quatre offices de l'ostel de roi" (erste frz. Moralität)
1361	Dänen erobern Hansestadt Wisby Danzig Hansestadt Grafschaft Champagne kommt zum Königreich Frankreich *Murad I.*, türk. Herrscher v. 1359 bis 1389 (†), erobert Adrianopel u. macht es (1366) zur Hauptstadt		Universität Pavia gegründet † *Johannes Tauler*, dt. Mystiker und Volksprediger; Schüler *Eckarts*, gehörte zur Gemeinschaft der mystischen „Gottesfreunde" (* ~ 1300)
1362	Graf *Amadäus VI.* v. Savoyen (Norditalien) stiftet Annunziatenorden (1950 aufgeh.)	*William Langland* (* ~ 1332, † ~ 1389): „Visionen Peters des Pflügers" (engl. reformatorische Dichtung mit satir. Beschreibung aller Stände)	*Urban V.* Papst bis 1370
1363	*Philipp der Kühne*, Sohn Kg. *Johanns II.* v. Frankr., erhält Hzgt. Burgund (Bourgogne) Hzg. *Rudolf IV.* v. Österr. erwirbt Tirol *Demetrius Iwanowitsch Donskoi* Großfürst von Moskau bis 1389 (†, *1350); läßt Kreml erbauen	* *Christine de Pisan*, frz. Dichterin († 1430)	
1364	*Karl V.* (der Weise) Kg. v. Frankr. bis 1380 (†); fördert Wissenschaften; wiederholte Empörungen gegen seine finanziellen Maßnahmen	~ *Johann von Neumarkt* (* ~ 1310, † 1380), Kanzl.Kais.*Karls IV.*, „erster Humanist diesseits der Alpen", beeinflußt üb. d. Sprache der kaiserlichen Kanzlei in Prag die Ausbildung der neuhochdt. Schriftsprache	König *Kasimir III.* von Polen gründet Universität Krakau

	Gotik	„Ars nova" Kontrapunkt	Französische Chirurgie	
	Peter Parler: Pulverturm in Prag ~ Vesperbild (Pietà) in der Veste Coburg ~ Altartafeln aus der Augustinerkirche Erfurt mit „Geburt Christi" (wenig perspektivisch) ~ Ca'd'Oro (Goldenes Haus) in Venedig	≈ Anfänge der Entwicklung von Clavichord u. Clavicymbal (Cembalo) (vgl. 1500)		≈ In England u. Frankreich ist die Jacke entstanden und weit verbreitet (in Frankreich mit hohem Stehkragen, i. d. Mitte eingeschnürt, Wattierung) Bettelverbot in Engl. (in Frkr. 1350, in Dt. 1384)
		† *Philippe de Vitry*, frz. Komp.; Motetten u. Balladen in freier Mehrstimmigkeit der „Ars nova" (* ~ 1290)	Kunstuhr für die Frauenkirche in Nürnberg (stündliche Verneigung der 7 Kurfürsten vor dem Kaiser)	
	Moschee Sultan *Hassans* in Kairo (Baubeg. 1356)			Erste kirchl. leihhausartige Bank (Montes pietatis) zur Bekämpfung d. Wuchers d. weltl. Kapitalgesellsch. i. Italien (Montes profani, seit ≈ 1147; erste dt. 1591 in Augsburg)
	Magdeburger Dom geweiht (vgl. 1263)		*Guy de Chauliac,* Arzt und Wundarzt in Montpellier, schreibt Sammelwerk d. Chirurgie (bis ≈ 1550 maßgebend)	Schwere Sturmflut zerstört Teile der nordfriesischen Inseln
	Kaufhalle in Brügge (got.; Baubeginn 1284)	*Machaut:* Krönungs-Festmesse (frz., 4 stimmig m. Cantus firmus)	Normannen erreichen u. besiedeln die Senegalmündung (westafrikan. Küste) Turmuhr mit Gewichtsantrieb und Schlagwerk von *Heinrich v. Wiek* f. das Palais *Karls V.* in Paris	

	Kleinadel gegen Großadel	*Frühhumanismus Petrarca*	*Spätscholastik Mystik*
1365	*Leopold III.* Herzog von Österreich bis 1386 (†); vergrößert den steirischen Besitz der *Habsburger* (vgl. 1386)		Papst *Urban V.* fordert rückständ. Tribut für das 1213 an König *Johann ohne Land* gegebene päpstl. „Lehen" England. Forderung wird vom engl. König u. Parlament abgelehnt u. von *Wiclif* in einer Schrift öffentlich bekämpft ∼ * *Hieronymus von Prag*, Freund von *Hus* († 1416, als Hussit verbrannt) Universität Wien von Herzog *Rudolf IV.* von Österreich (†) gegründet
1366	Der ritterliche Kleinadel Schwabens gründet Schlegelerbund gegen Großadel und Städte (wird 1395 besiegt und aufgelöst) Venedig erwirbt Euböa (1387 Korfu und die ionischen Inseln) Adrianopel wird Sitz der osmanischen Herrscher (bis 1453)	*Petrarca*: „Canzoniere" (Samml. ital. Sonette u. Kanzonen über seine unerfüllte Liebe zu *Laura*); „Trostspiegel i. Glück u. Unglück" (in lat. Sprache)	†*Heinrich Seuse (Amandus)*, dt. Mystiker, Schül. *Meister Eckarts*; schrieb „Selbstbiographie", „Büchlein von der ewigen Weisheit", „Büchlein der Wahrheit", „Briefbüchlein" zusammengefaßt i. „Exemplar" (* ∼ 1295)
1367	Bessarabien kommt an das Fürstentum Moldau (1503 an die Türkei) Kölner Bund d. Hansestädte beg. Krieg gegen Dänemark (nach Eroberung Kopenhagens 1370 erfolgreich)		

Gotik	„Ars nova"	Handwerkstechnik	
Kastell der *Visconti* in Pavia (Baubeginn 1360; seit 1359 herrschen in Pavia d. *Visconti* aus Mailand)		Stecknadelherstellung in Nürnberg erwähnt	
Meier Abdeli: Synagoge in Toledo „El Transito" (arab.-got. Mudejar-Mischstil; Baubeginn 1360) St.-Martins-Kirche in Kolmar (Baubeginn 1234) Chor der Kathedrale in Krakau (poln. Backsteingotik, Baubeginn 1322; Krönungsort u. Gräber der poln. Könige) Umbau von Or San Michele in Florenz zur Kirche (bis 1380; ursprünglich Getreidebörse)			
		~ † *Guy de Chauliac*, frz. Chirurg, päpstl. Leibarzt in Avignon (* ~ 1299)	*Fugger* kommen als Weber nach Augsburg (werden bald Verleger d. Landweber und Fernhändler in Luxusstoffen) Erste Steinmauer um den Kreml in Moskau (heutige 1487)

	Ming-Dynastie Höhepunkt der Hanse	Frühhumanismus	Spätscholastik Wicliff
1368	* *Sigismund*, Sohn Kaiser *Karls IV.*, röm.-dt. Kaiser von 1410 bis 1437 (†) Niederlausitz kommt an Böhmen (Oberlausitz 1320) Kg. *Kasimir III.* von Polen läßt poln. Gesetzbuch ausarbeiten ≈ Unter d. mongol. *Yüan*-Dynastie in China (seit 1280) waren der Ackerbau u. bes. d. Bewässerungsanlagen vernachlässigt worden; daher periodische Hungersnöte u. soziale Unruhen Chinesische Kleinbauern unter dem buddhistischen Mönch *Chu-Yüan-shung* beseitigen durch Eroberung Pekings mongolische *Yüan*-Dynastie. *Chu* begründet als Kaiser *Hungwu* die *Ming*-Dynastie (bis 1644) u. herrscht bis 1398. Agrar- u. Finanzreform reorganisieren China		≈ Unter der *Ming*-Dynastie in China verbreitet sich der Neukonfuzianismus im Sinne *Chu Hsis* († 1200)
1369	Freiburg im Breisgau kommt zu Hgt. Österreich Kg. *Karl V.* v. Frankr. erbaut Bastille gegen d. Pariser Volk u. d. Engländer Amsterdam tritt der Hanse bei Kastilien verbündet sich mit Frankr. gegen England, das seinen Wollhandel behindert (K. wendet sich 1474 Engl. zu)		~ * *Johann Hus*, tschech. Reformator († 1415, als Ketzer verbrannt) Gründung des Cölestiner-Klosters Oybin b. Zittau (C.-Orden ~ 1250 gegrdt.)
1370	Zweiter Krieg d. Hanse gegen Dänenkg. *Waldemar IV. Atterdag* endet siegreich. Im Frieden zu Stralsund erhält Hanse für 15 Jahre Küste von Schonen (große Bedeutg. f. Heringsfang) u. Mitbestim. bei der Nachfolge des Dänenkönigs; Höhepunkt d. Hansemacht (vgl. 1536) *Ludwig der Große von Anjou*-Neapel, König von Ungarn seit 1342 wird König von Polen bis 1382 (†) *Timur* macht sich zum mongolischen Herrscher bis 1405 (†) (vgl. 1380) und Samarkand zur Hauptstadt ~ Tenochtilan, Hauptstadt d. Aztekenreichs gegründet (vgl. 14. Jhdt.)	~ Dekan *Gerhard von Minden*: „Wolfenbüttler Äsop" (mittelniederdt. Fabelsammlung)	*Gregor XI.* Papst bis 1378 ~ *Wicliff* in Oxford verwirft Heiligendienst, Zölibat, päpstl. Oberherrschaft, kath. Abendmahlslehre und vertritt sozialrevolutionäre Grundsätze
1371	Haus *Stuart* auf d. schott. Thron (entwickelt geg. d. Lords eine nur schwache Zentralgewalt; ab 1603 auch auf dem engl. Thron; 1688 gehen beide Kronen verloren)		

Gotik · Rathäuser	„Ars nova" Kontrapunkt	Handwerkstechnik	
≈ Unter der *Ming*-Dynastie in China entwickelt sich hohe Kunstblüte unter Einschmelzung d. mongolischen Einflüsse d. *Yüan*-Zeit; zahlreiche Malerschulen entstehen Zisterzienser-Klosterkirche in Doberan (norddt. Backsteingotik; Baubeg. ∼ 1295)		≈ Unter d. *Ming*-Dynastie wird die große chinesische Mauer wiederhergestellt, die unter d. Mongolenherrschern zerfall. war Turmuhr in Breslau	
∼ Kathedrale von Exeter (hochgot. engl. Kirche; Baubeginn ∼ 1280)	∼ * *John Dunstable*, engl. Komponist († 1453)		
∼ * *Hubert van Eyck*, niederl. Maler († 1426; vgl. dort) ∼ * *Gentile da Fabriano* (eig. *di Nicollò di Giovanni Massi*), ital. spätgot. Maler († 1427) ∼ Beginn der Kölner Malerschule (zarte religiöse Malerei, bis zum 16. Jhdt.) Mittelteil d. Kölner Rathauses mit Hansesaal (Baubeginn 1350; Turm 1407 bis 1414; fertiggestellt 1573) Rathaus in Aachen (got., seit 1333)		Die Erfindung d. Drahtziehens führt zum Handwerk d. Nadelherstellg. (in Nürnberg) Gelochte Nähnadeln werden hergestellt (Öhr vorher hakenartig)	≈ Blüte der flandrischen Tuch-Industrie (besonders Brügge, seine wirtschaftliche Führung geht im 15. Jhdt. auf Antwerpen über). Soziale Spannungen zwischen patrizischen Tuchhändlern, städtischen Webern und ländlichen Heimarbeitern
* *Jacopo della Quercia*, ital. Bildhauer in Siena († 1438)		∼ *Nikolaus Oresmius* stellt (wohl erstmals) physikalische Bewegungsgrößen graphisch dar	Wollweber-Gesellen in Siena streiken zur Erlangung höherer Löhne

	Frankfurt am Main kauft sich frei	*Petrarca · Boccaccio*	*Spätscholastik Mystik*
1372	Frankfurt/Main kauft sich vom kaiserl. Schultheiß frei * Burggraf *Friedrich* von Nürnberg, ab 1417 als *Friedrich I.* Kurfürst von Brandenburg bis 1440 (†)	∼ In den Klöstern des Birgittenordens entsteht eine reiche relig. Dichtung in schwed. Sprache	≈ Oxford geistiger Mittelpunkt Englands (Cambridge gewinnt im 15. Jahrh. ähnliche Bedeutung)
1373	Kaiser *Karl IV.* erwirbt von *Otto dem Faulen von Wittelsbach* für d. *luxemburgische* Hausmacht Mark Brandenburg (schon 1369 Niederlausitz) Bündnis England—Portugal Bürgermeister *Wardenberg* von Berlin muß wegen Widerstandes gegen den Kaiser fliehen	† *Birgitta,* schwed. relig. Dichterin und Ordensstifterin; schrieb visionäre „Offenbarungen" (schwed. Sprache) (* 1303)	
1374		† *Francesco Petrarca,* ital. Dichter; Begründ. d. Humanismus (* 1304)	*Geert Groote* (* 1340, † 1384), niederl. Geistlicher, entsagt d. Welt u. predigt gegen Sittenverderbnis. (Unter seinem Einfluß gründet *Florentius Radewijns* [* 1350, † 1400] die relig. Genossenschaft der „Brüder des gemeinsamen Lebens" [vgl. 1336 u. 1380]) *Wicliff* von Oxford als Pfarrer nach Lutterworth verwiesen
1375		*John Barbour* (*∼ 1320, † ∼ 1395): „The Brouce" (eine der ältesten national-schottischen Verserzählungen; vergl. 1326) † *Giovanni Boccaccio,* ital. humanist. Dichter, Freund *Petrarcas* (* 1313) ∼ „Reinaerts Historie" entst. (niederländ. Vorlage von „Reinke de Vos"; vgl. 1487) ≈ „Marienklage" (frühest. ung. Dicht.)	Tanzwut-Epidemie in Europa (religiöser Massenwahn mit veitstanzähnlichen Zuständen) ∼ *Katharina von Siena* rühmt sich des unmittelbaren Umgangs mit ihrem „Verlobten" Jesus Christus, mit dem sie die Herzen getauscht und dessen Wunden sie erhalten

Gotik · Peter Parler	„Ars nova" Lautenmusik	„Handbuch der Physik"	
Heinrich Behaim Parlier (aus der Gmünder Steinmetzfamilie der *Parler*): Ostchor d. Sebalduskirche in Nürnberg (Baubeginn 1361)			
Unter *Peter Parler* entst. in d. Prager Dombauhütte spätgot. Bildwerke: „Heiliger Wenzel" (1373), Grabmäler *Otakars I.* (1377) und *Otakars II.* (1378), Bildnisbüsten am Triforium (1378 bis 1393)			
Ni Tsan (* 1301, † 1374), chin. Maler u. Dichter: „Herbstlandschaft" (chin. Landschaftsmalerei, mit einem stimmungsgleichen Gedicht des Künstlers)		† *Konrad von Megenberg*, dt. Gelehrter, Domherr von Regensb.; schrieb „Sphära" (Art ersten dt. Handbuches der Physik), „Buch d. Natur" (dt. Naturgesch. mit Sagen vermengt), außerdem histor.lat.Schriften (* ~ 1309)	
	≈ In Italien blüht die Lautenmusik (hoher Aufschwg. im 16. Jhdt. durch den Notendruck)		In der Mark Brandenburg wird ein Grundbuch angelegt ≈ Ärmellos. Mantel („Heuke") als männl. Kleidungsstück in Mitteleuropa. Wird in der Folgezeit auch weibl. Kleidungsstück

	Süddeutscher Städtekrieg	Frühhumanismus	Papst wieder in Rom
1376	Schwäb. Städtebund und süddt. Ritterbünde gegen Fürsten u. Städte		Papst *Gregor XI.* kehrt nach Rom zurück; Ende der „Babylonischen Gefangenschaft der Kirche" (seit 1309)
1377	Süddt. Städtekrieg gegen Fürsten und Adel (bis 1389) *Richard II.* Kg. v. Engl. bis 1399 (* 1367, † 1400) † *Olgierd*, Großfürst v. Litauen seit 1345; dehnte sein Reich durch Besiegung der Tataren bis zur Ukraine aus	† *Guillaume de Machaut*, frz. Dichter u. Komponist; schrieb allegorische Liebesballaden (* ~ 1300) ~ * *Oswald von Wolkenstein*, dt. ritterlicher Dichter († 1445) ~ In der engl. Volksballade taucht die Gestalt d. Robin Hood auf (im 15. Jhdt. entsteht das Epos „Little Geste of RobinHood", gedr. 1510)	
1378	† *Karl IV.* von Luxemburg, röm.-dt. Kaiser seit 1347; sein Hof in Prag war Zentrum frühhumanistischer Bildung (* 1316) Sein Sohn *Wenzel* dt. Kg. bis 1400; Kg. v. Böhmen als *Wenzel IV.* bis 1419 (†) Vatikan wird päpstl. Residenz	~ Ser *Giovanni Fiorentino*: „Pecorone"(ital. Novellenkranz in d. Form von *Boccaccios* „Decameron") *Karl IV.* (†) schrieb Geschichte seiner Jugend	*Urban VI.* Papst bis 1389 (†); gegen ihn wählen die frz. gesinnten Kardinäle den Gegenpapst *Klemens VII.* Das große Schisma mit Gegenpäpsten in Avignon und Rom, kennzeichn. einen Tiefpunkt der Papstmacht (bis 1417) * *Tsong-kha-pa*, tibet. Reformator der verweltlichten lamaistischen Kirche († 1419)

Gotik · Kölner Malerei	de Machaut Päpstl. Kapelle	Französische Anatomie	
		Herzog von *Anjou* gestattet den Medizinern der Universität Montpellier, mit Erlaubnis d. kirchlichen Behörden pro Jahr eine Leiche zu sezieren	
* *Filippo Brunelleschi*, ital. Baumeister († 1446) † *Andrea Orcagna*, florent. Bildh., Baumeister u. Maler d. ital. Spätgotik (* ~ 1308) Baubeginn des Ulmer Münsters (got. fünfschiffige Basilika; 1529 unvollendet unterbrochen; 1890 fertiggestellt) Vierung und Chor d. Kathedrale in Gloucester (engl. Gotik, Baubeg. 1080, beendet 1437) Lebensechte Puppe von Kg. *Eduard III.* (†) v. Engl. mit (ältester erhalt. europ.) Totenmaske	*Guillaume de Machaut* (†), frz. Dichter u. Komponist von Vokalmusik i. Stil der „Ars nova", setzt die alte Motetus-Kunst d. Pariser Schule (seit 12. Jhdt.) fort ≈ Nach Rückkehr d. päpstl. Kapelle aus Avignon wird Rom zu einem Musikzentrum für die folgend. Jahrhunderte	† *Ibn Battuta*, arab. Forschungsreisender; erforschte Vorderasien, China u. Mittelafrika (* 1304) Erste Quarantäne in europäisch. Häfen gegen die Pest (Quarantänekrankenhaus in Venedig 1403) ≈ Desinfektion d. Häuser und d. Inventars durch Ausräuchern, Lüften und Sonnen Großes Eisengeschütz für 360 Pfd. schwere Steingeschosse in Amsterdam	Hanse erhält Vorrechte in England Allg. Kopfsteuer in England (1381 führt Wiederholung zum Aufstand) ~ Spielkart. kommen nach Deutschland (verdrängen d. ältere Würfelspiel) Nordsee-Sturmflut erweitert Dollart
* *Lorenzo Ghiberti*, ital. Bildhauer († 1455) ~ † *Wilhelm von Herle* (wahrscheinl. identisch mit Meister *Wilhelm von Köln*), Maler in Köln seit ~ 1358; u. a. Wandgemälde im Kölner Ratssaal, Teile des Hochaltars im Kölner Dom ~ Armreliquiar d. Hl. Georg (Braunschweig, Zedernholz mit Silberbeschlägen)			Streikartiger Aufstand in der Textil-Industrie von Florenz. Bildung revolutionärer Zünfte mit religiöser Ideologie (werden bis 1382 aufgelöst)

	Aufstand in England *Venedig besiegt Genua*	*Frühhumanismus* *Bürgerliche Dichtung*	*Spätscholastik* *Mystik*
1379	Haus *Habsburg* teilt sich in d. *Albertinische* (österreichische) u. *Leopoldinische* (steirische) Linie. Von den in d. österr. Ländern bisher gemeinsam regierenden Hzgen. erhält *Albrecht III.* Ober- u. Niederösterr., *Leopold III.* alle übrigen Länder (Steiermark, Tirol, später Vorarlberg)		
1380	Deutscher Orden erobert Schamaiten in Westlitauen *Karl VI.* (der Wahnsinnige) Kg. v. Frankr. bis 1422 (†) † *Haakon VI. Magnusson*, Kg. v. Norwegen seit 1343 (* 1339). Sein und seiner Gemahlin *Margarete* v. Dänemark Sohn *Olaf V.* wird Kg. v. Norwegen u. Dänemark bis 1387 (†) Großfürst *Demetrius Iwanowitsch Donskoi* von Moskau besiegt die Tataren am Don (wird ein Jahr später von ihnen geschlagen; beide Länder sind bis 1814 vereint) *Timur* beginnt seine 35 erfolgreichen Feldzüge geg. Persien, Georgien, Rußland, Mittelasien, Hindustan, Ägypten, Damaskus, Bagdad (stirbt 1405, im Begriff, gegen China zu ziehen)	~ † *Daffyd ab Gwilym*, keltisch - kymrischer Dichter in Wales (* ~ 1320) ~ † *Pulkava von Radenin*, tschech. Priester; schrieb Prosachronik in d. Volkssprache ~ Verein Pariser Bürger zur Aufführung geistl. Theaterstücke (Mystères; erhält 1402 kgl. Privilegium)	* *Thomas von Kempen (a Kempis)*, dt. Mystiker († 1471) † *Katharina von Siena*, ital. Dominikanerin; übte selbstl. Krankenpflege, veranlaßte den Papst zur Rückkehr nach Rom, schrieb Briefe asket. Geisteshaltung (* 1347, Heiligsprechung 1461) ~ Gründg. d. kirchl. Schulgenossenschaft d. Fraterherren („Brüder des gemeinsamen Lebens"). Bildet den gelehrten Nachwuchs für die Kirche heran (im 16. Jhdt. durch die Jesuitenschulen ersetzt)
1381	Gr. Bauernaufstand in England unter *Wat Tyler*, greift auf London über, wird blutig unterdrückt (in seiner Folge vermindert sich allmähl. d. Abhängigkeit d. Bauern v. d. Grundbesitzern) Rheinischer Städtebund schließt sich d. Schwäbischen Städtebund gegen Fürsten und Adel an Venedig gewinnt den „Hundertjährigen Krieg" (seit 1256) gegen Genua um die Seeherrschaft und beherrscht damit den Handel mit dem Orient		Bürger von Cambridge zerstören während der Unruhen Satzungen und Urkunden der Universität

Gotik · Meister Bertram	Jenaer Liederhandschrift	Handwerkstechnik	
Meister Bertram (* ~ 1345, † ~ 1415), dt. Maler und Bildschnitzer, schafft Hamburger Petrialtar (Grabower Altar)			
~ In der dt. Plastik macht sich stärkere Porträtähnlichkeit bemerkbar (so bei *Peter Parler*) ~ „Schöne Madonnen" (böhm.-schlesische Plastiken; bis ~ 1420) Alte Kathedrale in Lissabon (Baubeginn 1344) Got. Fassade d. Domes von Siena (Ital.) nach Plänen von *G. Pisano*			≈ In Engl. kursiert der agrarrevolutionäre Spruch: „Als Adam grub und Eva spann, wo war denn da der Edelmann?"
Nikolaikirche in Wismar begonnen (vollendet im 15. Jhdt.)	~ „Jenaer Liederhandschrift" (eine Sammlung mittelhochdt. Lyrik mit Singweis. i. prunkvoller Ausstattg.) Die engl. fahrenden Sänger und Berufsmusiker im Dienste d. Fürsten (Minstrels) erhalten eigenen Gerichtshof (1579 dagegen unter Gemeindegerichtsbarkeit wie die Vagabunden)	~ Trittwebstuhl i. Nürnberg durch Bild nachgewiesen Gewehrfertigung in Augsburg	Nach dem Sieg üb. Genua blühen in Venedig Handel, Gewerbe, Wissenschaft und Künste (bis 16. Jhdt.) Begr. d. „Handelsbilanz" in Engl. (entw. sich zum zentralen Begr. d. Merkantilismus)

	Aufstand in Frankreich	Frühhumanismus Wiclif	Spätscholastik Wiclif
1382	Aufstand in Paris gegen d. neuen Steuern durch d. „Maillotins" („Hammerträger") Flandrisches Bürgertum unterliegt geg. einheim. Adel, der sich m. Frankr. verbündete, trotz früh. Siege („Sporenschlacht" 1302). Flandern kommt 1384 an die Herzöge v. Burgund Triest kommt an das Hzgt. Österr. (1797—1814 frz.) Durch Eroberung u. Niederbrennung Moskaus stellen die Mongolen ihre vorübergehend abgeschüttelte Oberherrschaft über das russ. Großfürstentum wieder her (bis 1480) Türken erobern Sofia	*Willem van Hildegaersberch*, niederl. fahrend. Dichter (* ~ 1350, † ~ 1409), am Hofe d. holländ. Grafen; verfaßt lehrhafte und satir. Gedichte *John Gower* (* ~ 1330, † 1408): „Vox clamantis" (lat. Dichtung über d. engl. Bauernaufstand 1381; schrieb auch engl. und frz.)	Konzil in London verurteilt *Wiclifs* reformatorische Lehre (seine Anhänger werden nach seinem Tode 1384 als „Lollharden" ausgerottet; *Wiclif* 1415 zum Ketzer erklärt) † *Rulman Merswin*, dt. Mystiker, einer der „Gottesfreunde", erfand die Figur des „großen Gottesfreundes aus dem Oberland" (* 1307) Lateinschule in Winchester (Vorläufer der exklusiven englischen „Public Schools" wie Eton)
1383		*Wiclif:* Übersetzung d. Neuen Testamentes aus dem Latein. ins Englische	
1384	Freigrafschaft Burgund, Artois und Flandern kommen zum frz. Hzgt. Burgund. Unter dessen Herzögen Spätblüte frz. Ritterkultur (bis 1482)	*Wiclifs* Bibelübersetzung (aus der Vulgata) fördert engl. Schriftsprache entscheidend gegenüber der immer noch in England vorherrschenden französischen	† *John Wiclif*, engl. Reformator; forderte vom Papst unabhängige Nationalkirche; seit 1344 Prof. in Oxford, seit 1374 Pfarrer in Lutterworth (* ~ 1328)
1385	*Johann I.*, König von Portugal bis 1433 (†); verteidigt sein Land erfolgreich gegen Kastilien in der Schlacht von Aljubarrota	* *Alain Chartier*, frz. Dichter († 1450)	

Norddeutsche Backsteingotik Rathäuser	„Ars nova" Kontrapunkt	Handwerkstechnik	
Neubau d. Marienkirche in Stralsund (norddt. Backsteingotik) Rathaus in Straubing (Niederbayern) Rechtsstädtisches Rathaus in Danzig (Baubeginn 1378)		† *Nicolaus Oresmius*, Bischof von Lisieux, frühzeit. naturw. Denker u. Volkswirtschaftl.; schrieb „De origine, natura, jure et mutationibus monetarum" („Über die Entstehung, die Natur, das Recht und die Veränderungen des Geldes") (* ~ 1323)	Volksaufstand gegen Wiedererhöhung d. Salzsteuer in Frankr.
* *Masolino da Panicale*, ital. Maler († 1447)			
Pietà aus d. Elisabethkirche in Breslau (got. Bildwerk in einem „expressionistischen" Stil)			≈ Enganliegende Kleidung mit tiefsitzendem Gürtel kommt auf
Baubeginn des Dominikanerklost. St. Maria de Victoria in Batalha bei Lissabon (roman.-got.; Kirche im 16. Jhdt.)			Erster frz. Ball (b. der Vermählung *Karls VI.* mit *Isabella v. Bayern*; die Tanzfestlichkeit verbreitet sich von Frankreich über Europa) Die Zunft der Lübecker Bernsteindreher verbietet aus Geheimhaltungsgründen das Gesellenwand. (d. sonst i. d. Zünften allgem. üblich ist)

	Jagellonen in Polen	Frühhumanismus Chaucer	Spätscholastik Mystik
1386	† *Leopold III.* in der Schlacht bei Sempach gegen die Schweizer, Hzg. von Österr. seit 1365; erwarb f. d. steirisch. Länder d. *Habsburger* Freiburg i. Br. (1368), Montfort-Feldkirch, Vorarlberg (1380), Grfsch. Hohenberg (1381), Landvogtei Schwaben (1379), Triest (1382), Bludenz u. Montafon (1384), Lauffenburg (1386) (* 1351) Schleswig fällt als dänisches Lehen an d. Grafen *v. Schaumburg*-Holstein (war seit 1027 dänisch) *Wladislaw v. Anjou* Kg. von Neapel bis 1414 (†, * 1377); gewinnt große Macht u. d. Stadtherrschaft über Rom Großfürst *Jagiello* von Litauen besteigt nach seiner Vermählung mit d. Kgin. *Jadwiga (Hedwig,* Tochter *Ludwigs des Großen)* v. Polen den poln. Thron u. herrscht als Kg. *Wladislaw II.* v. Polen bis 1434 (†) (Seine Nachfolger, d. *Jagellonen,* regieren bis 1572 in Polen, wobei sie immer mehr Macht an den Adel verlieren) Polen erobert russische Fürstentümer in Galizien (1772 an Österr.) Der schwed. Hochadel stürzt den von ihm 1364 berufenen Kg. *Albrecht* von Mecklenburg zugunsten von Kgin. *Margarete* v. Dänemark († 1412) *Mircea* Fürst d. Walachei bis 1418; bringt das in d. ersten Hälfte des 14. Jhdt. auf d. Boden d. Kumanenreiches entstand. Fürstent. zu größerer Macht (1460 unter türk. Oberhoheit)		Kurfürst *Ruprecht I.* von der Pfalz stiftet Universität Heidelberg
1387	Nach d. Tode ihres Sohnes, des Kgs. *Olaf V.* v. Norwegen u. Dänemark, übernimmt *Margarete* v. Dänemark, die Schwiegertochter des Kgs. *Magnus Eriksson* v. Schweden, die norweg. u. dän. Krone (vereinigt 1397 i. d. Kalmarer Union Dänemark, Norwegen u. Schweden) Hzg. *Gian Galeazzo* v. Mailand beseitigt die Macht des Hauses *Scala* in Verona (1406 an Venedig) Der spätere Kaiser *Sigismund* wird Kg. v. Ungarn bis 1437 (†); Haus *Luxemburg* herrscht in Ungarn bis 1415 (1373 bis 1415 auch in Brandenburg) Wilna (gegrdt. im 10. Jhdt.) erhält von Kg. *Wladislaw II. (Jagiello)* Magdeburger Stadtrecht	*Jean d'Arras:* „L'histoire de Lusignan" (altfrz. Prosaroman über d. schöne Meerfee Melusine, gedr. 1478; ~ 1400 in Versen v. *Couldrette)* *Chaucer:* „Canterbury Tales" (24 engl. volkstümliche Novellen in Reimversen mit starker Auswirkung auf die Entwicklung der Sprache)	

Gotik · Mailänder Dom	„Ars nova" Kontrapunkt	Handwerkstechnik	
~ * *Donatello* (eig. *Donato di Nicolò di Betto Bardi*), ital. Bildhauer der Frührenaissance († 1466) Baubeginn d. Mailänder Domes (ital. Gotik, weißer Marmor; fertiggestellt 1813)			Rheinisch. Münzverein schafft ein festes Verhältnis zwischen Kölnischer Mark und Rheinisch. Goldgulden (in der Folgezeit verschlechtern sich laufend sowohl Silber- wie Goldmünzen)
* *Fra Angelico* (*Fra Giovanni da Fiesole*), ital. Maler († 1455) *Hans Stethaimer* (d. Ä.) (* ~ 1355, † 1432): Spitalkirche in Landshut Rathaus in Brügge erbaut (Baubeginn 1376, hochgotisch) Der Campanile des Doms in Florenz (Baubeginn 1334)			Straßburg. Schuhmachergesellen streiken, um Milderung der Strafe bei Kontraktbruch zu erreichen

	Städte-Kriege · Türken schlagen Serben	Frühhumanismus Hafis	Spätscholastik Mystik
1388	Graf *Eberhard* (d. Greiner) v. Württemberg (1344—1392) bricht d. Macht d. schwäb. Reichsstädte in d. Schlacht bei Döffingen Kurfürst *Ruprecht II.* v. d. Pfalz besiegt d. Rhein. Städtebund bei Worms Stadt Nürnberg kämpft gegen d. *Hohenzollern* als Burggrafen v. Nürnberg (weitere Kämpfe 1449, 1552)	~ * *Lionardo Giustiniani*, ital. Dichter († 1446)	Universität Köln gegründet (besteht bis 1797, Neugründung 1919)
1389	Landfriede zu Eger beendet süddeut. Städtekrieg (seit 1377); König *Wenzel* bestätigt d. Städten Reichsfreiheit, untersagt aber Sonderbündnisse * *Cosimo de Medici*, Herrscher v. Florenz von 1434 bis 1464 (†) *Magnus II. Eriksson*, Kg. v. Schweden seit 1319 (* ~ 1316) muß abdanken, nachdem ihm bereits 1371 der größte Teil seiner Macht genommen war; unter ihm entstand das schwed. Reichsrecht „Landslagh" Verteidigung v. Stockholm durch d. Anhänger Kg. *Albrechts* v. Mecklenburg u. d. seeräuberischen „Vitalienbrüder" geg. Kgin. *Margarete* v. Dänemark (bis 1395 d. Hanse gegen Stockholm einschreitet) Die Türken schlagen in d. Schlacht auf d. Amselfeld d. verein. Serbenfürsten (erobern ganz Serbien bis 1459)	* Marqués *de Santillana*, span. Dichter u. Gelehrter († 1458) † *Hafis (Schemseddin Muhammed)*, persisch. weltl. Lyriker u. Koranausleger (* 1320; beeinflußt Goethes „Westöstl. Diwan") ~ In Japan entsteht das No-Schauspiel der Samurai-Kriegerkaste als lyrisch-epische Pantomime in strenger Form. Schauspieler in Frauenrollen. Keine niedrige Kaste zugelassen	*Bonifatius IX.* Papst bis 1404 (†); fördert Ablaßhandel
1390	Byzanz bereits in starker polit. Abhängigkeit von den Türken	† *Antonio Pucci*, ital. Dichter; schrieb volkstüml. spöttische Gedichte (* 1301)	
1391	*Timur* durchzieht das Gebiet der „Goldenen Horde" (zum zweiten Mal 1395)	* Hzg. *Karl von Orléans*, frz. Dichter († 1465)	Judenverfolgung in Sevilla nach einer antijüd. Predigt des Erzbischofs

Gotik · Burgundische Buchmalerei	Handwerkstechnik · Mühlen		
„Konzilsgebäude" i. Konstanz (hier nur die Papstwahl-Konklave 1417) Baubeginn der got. Barbarakirche in Kuttenberg (böhm. Silberbergwerks-Stadt seit 1237; Kirche fertiggestellt 1554) Dom S. Petronio, Bologna, beg. (1440 beendet)	Der Nürnberger Bürger *Konrad Mendel* gründ. ein Altersh. f. Handwerker. Über die „Brüder" wird bis 1535 laufend Buch geführt u. ihre Arbeitstechnik durch	Bilder erläutert. (Dieses „Hausbuch der Mendelschen Stiftung" wird eine wichtige Quelle d. Geschichte der Technik)	Hospital Sta Maria Nuova in Florenz
~ „Schöne Madonna" aus Pilsen (farbige Kalksteinplastik; vgl. 1380)	Schleiferei m. Wasserradantrieb in Augsburg ~ Fingerhutherstellung in Nürnberg Frankfurter Chronik nennt zwisch. 1389 u. 1497 15 Ärztinnen, darunt. auch Chirurginnen und Leibärztinnen		Streik der Schneidergesellen i. Konstanz um Regelung der Gerichtsbarkeit und Anerkennung d. Organisationen (neuer Streik 1410) Gr. Stadtbrand i. Berlin
~ *Jan van Eyck*, niederl. Maler († 1441) ~ Tuchhaus in Krakau ≈ Beginn. Hochblüte d. Miniatur-Buchmalerei in Burgund, Frankr. u. d. Niederlanden, bes. Gebetbücher (bis ~ 1500) ≈ Erneuerung der Medaillenkunst in Burgund u. Italien (erste Neubelebung seit d. röm. Kaiserzeit)	Papierherstellg. m. Wasserradantr. in Deutschl. (Nürnberg; vgl. 793) PariserBilderhandschrift erwähnt Windmühlen in	feststehender Richtung (Windmühlen vor d. Kreuzzügen mit Sicherheit nur bei den Arabern nachgewiesen)	≈ Leipzig und Frankfurt a. d. O. werden bedeutende Zentren für den Handel mit dem Osten; Abhaltung von Märkten
C. Sluter: Muttergottes am Portal der Chartreuse Champmol bei Dijon (vollendet 1397) ~ „Tod Buddhas" (jap. Kopie des chin. Freskos; vgl. 760)			Bauernunruhen b. Gotha

	Kämpfe gegen Feudalismus	*Frühhumanismus*	*Spätscholastik Mystik*
1392	Kg. *Karl VI.* v. Frankr. verfällt in Wahnsinn. Kampf um die Macht zwischen d. Hzg. v. Orléans u. d. Hzg. v. Burgund. Kämpfe zwischen Adel u. Bürgertum helfen den Engländern Ashikaga Shogun *Yoshimitsu* beendet Spaltung des japan. Kaiserhauses	*Eustache Deschamps:* „Art de Dictier" (erste frz. Poetik)	Universität Erfurt gegründet (best. bis 1816) *Francesco Eiximenis* (*1340, † 1409), katalan. Mönch: ,,Buch ü. d. Engel" (verbr. Engelverehrung)
1393	Mittelmärkischer Städtebund unter Führung Berlins Kg. *Wenzel* läßt d. Generalvikar und Beichtvater d. Kgin. *Johannes von Nepomuk* (* 1340) wegen Ausübung kirchlicher Rechte in der Moldau ertränken Bulgarien wird türkische Provinz (bis 1878; war seit 1186 selbständig) Mongolensultane in Persien (b. 1505)		
1394	Seoul Hauptstadt von Korea (die 1392 von einem General gegrdte. Li-Dynastie [bis 1910] führt zur starken Abhängigkeit von China)		Während der Li-Dynastie wird der Einfluß buddhistischer Klöster durch Verbreitung konfuzianischer Schriften beseitigt
1395	Die in Mailand herrschende lombard. Adelsfamilie d. *Visconti* (1277—1447) erhält d. Herzogs-Titel „Grauer Bund" in Graubünden zum Kampf gegen *Habsburger* Herrschaft gegrdt. (1499 Bündnis mit Schweizer Eidgen.; 1803 Schweizer Kanton)		
1396	Kg. *Sigismund* v. Ungarn (ab 1410 röm.-dt. Kaiser) wird von d. Türken in der Schlacht von Nikopolis geschlagen (unter seiner Herrschaft dringen d. Venezianer in Dalmatien u. d. Hussiten in Oberungarn ein; vgl. 1387) * *Philipp der Gute*, Herzog von Burgund von 1419 bis 1467 (†) In Köln erhalten d. Zünfte durch Aufnahme in d. Rat Anteil an d. Stadtverwaltung (Auflockerung d. rein patrizischen Stadtverwaltung erfolgt in den meisten Städten)	Der Grieche *Manuel Chrysoloras* (* ∼ 1350, † 1415) beginnt i. Florenz die griechische Sprache öffentlich zu lehren und öffnet damit einen breiteren Zugang zur griech. Literatur ∼ Der Humanismus beginnt neben d. klass. lat. auch d. griech. Autoren zu studieren, zu übersetzen und in den Nationalsprachen nachzuahmen	

Gotik · Peter Parler	„Ars nova"	Panzerhemden	
Melchior Broederlam († ~ 1409): Altar für Champmol (fläm. Malerei, gilt als wichtiger Vorläufer der Gebr. *Eyck*)			Engl. Gesetze suchen Schiffahrt zu fördern (erste Navigationsakten)
Parler: „Karl IV." (Steinbüste im Prager Dom) Rathaus in Thorn (gotisch) Klever Tor in Xanten (Teil d. alten Stadtbefestigung)			Engl. Gesetz zum Schutz der Landwirte weg. Getreideabsatz-Schwierigkeiten (weitere ähnliche Gesetze 1425, 1436, 1442, 1444, 1463 usw.)
		* *Ulug-Beg* („Großer Fürst"), Tatarenfürst u. Astronom in Samarkand († 1449) Abbildung d. Herstellung v. Ringpanzern (Panzerhemden) in Nürnberg	
* *Konrad Witz*, dt. oberrhein. Maler († 1447)		~ Medizin. Fakultät in Köln gegründet	
**Michelozzo di Bartolommeo*, Baumeister d. ital. Früh-Renaissance i. Florenz († 1472) Der *Ashikaga*-Shogun *Yoshimitsu* (* 1358, † 1408) dankt ab und legt eine Sammlung chinesischer Gemälde u. Keramiken an, die von seinem Enkel fortgesetzt wird. (Nach dessen Tode 1490 zerstreut sich die Sammlung) „Schöner Brunnen" in Nürnberg Rathaus in Wesel (spätgot. schmuckreicher Stil, Baubeginn 1390) College of St. Mary Winton in Winchester (engl. höhere Schule, begonnen 1373)			≈ Stadtmauer mit 4 Toren im gotischen Stil i. Neubrandenburg (gegründet 1248)

	Kalmarer Union *Timur erobert Delhi*	*Frühhumanismus* *Bürgerliche Dichtung*	*Spätscholastik* *Mystik*
1397	Württemberg erwirbt durch Heirat d. burgund. Grafsch. Mömpelgard (Montbéliard) Kalmarer Union Dänemarks, Norwegens u. Schwedens (bis 1523) unter Kgn. *Margarete* v. Dänemark *Erich XIII.* (der Pommer) zum nordischen Unionskönig gewählt; folgt seiner Großtante *Margarete* von 1412 bis 1442 († 1459)		
1398	*Timur* erobert Delhi und beseitigt d. Herrschaft d. mohammed. Sultane in Nordindien (seit 1206)	Erste niederl. „Redekammer" in Ypern (diese gildeartigen Theatervereine entstehen u. a. in Amsterdam, Antwerpen, Brüssel, Gent; pflegen zunächst das geistliche Schauspiel, später auch Moralitäten u. Possen; Rückgang nach 1700)	
1399	Im Kampf mit den Baronen wird Kg. *Richard II.* v. England (seit 1377) von seinem Vetter gestürzt (stirbt 1400 im Gefängnis) *Heinrich IV.* aus d. Hause *Lancaster* kommt nach d. Sturz seines Vetters *Richard II.* auf d. engl. Thron (bis 1413 [†])		

Gotik · Holzschnitte	„Ars nova"	Handwerkstechnik	
~ * *Pisanello (Antonio Pisano)*, ital. Maler in Verona († 1450) ≈ „Porzellanturm" (neunstöckige, ca. 80 m hohe, achteckige Tempelpagode südl. Nanking mit glasierten Tonreliefs verkleidet) ≈ Neben der blauen Malerei unter der Porzellanglasur, entsteht in China die vielfarbige Malerei auf der Glasur (nach dem Brennen), wodurch sich größere künstl. Freiheiten in der Verzierung ergeben	† *Francesco Landino*, ital. Komp. u. Organist d. „Ars nova" aus Florenz (blind); kompon. Madrigale, Balladen (* ~ 1325)	~ * *Johannes Gutenberg (Gensfleisch)*, Erfinder d. Buchdrucks m. beweglichen Lettern († ~ 1468) ~ Pfahl mit Einkerbungen z. Halten von Werkstücken im Nürnberger Handwerk (Vorläufer des Schraubstocks)	≈ Das Bier beginnt in Deutschland den Wein zu verdrängen. Große Trinkgelage sind üblich. Gewaltige Trinkleistungen werden hoch anerkannt ≈ Erste Quellen der dt. Gaunersprache („Rotwelsch")
Frühgot. Ostchor der St.-Jacobs-Kirche in Rothenburg o. d. T. (Baubeg. 1373; Westchor 1471 beend.) Marienburg (Schloß des Deutschen Ordens in Backsteingotik, Baubeginn 1274) ≈ Holzschnitt entsteht in Europa; wird verwendet für Blockbücher u. Einzelblätter, meist koloriert (entstanden aus antikem und oriental. Stempeldruck)		Elbe-Trave-Kanal (Lübeck-Lauenburg) mit einfach. Schleusen (Baubg. 1390)	~ Hansestädte schlagen jährlich mehrere 100 000 Tonnen Heringe von Südschweden nach Deutschland und Oberitalien um. Daneben handelt z. B. Lübeck u. a. mit Korn, Eisen, Kupfer, Butter aus Nordeuropa
Ulrich Ensinger (* ~ 1359, † 1419) leitet Bau des Ulmer Münsters (seit 1392) und beginnt Turmbau des Straßburger Münsters (beendet 1419) † *Peter Parler* (aus Gmünd), dt. Bildhauer u. Steinmetz in Prag; baute u. a. Altstädter Brückenturm in Prag, Chor d. Bartholomäuskirche in Kollin, Barbarakirche in Kuttenberg; Bildwerke des Prager Doms (* 1330) * *Luca della Robbia*, ital. Bildhauer († 1482) Westminster Hall im Parlamentsgebäude, London (Baubeginn 1097) ~ Der osmanische Stil in d. türk.-islam. Baukunst (besonders Kuppelmoscheen, bis ~ 1750)	~ * *Guillaume Dufay*, niederl. Komponist († 1474)		≈ Florenz verliert seine Führung in der Textil-Industrie u. im Bankwesen ≈ Nach Zurücktreten der Gottesurteile (Feuerprobe, Wasserprobe, Zweikampf) führt die Absicht, nur Urteile nach Geständnissen zu fällen, zur immer stärkeren Anwendung der Folter i. Gerichtsverfahren (konsequent durchgeführt in d. „Peinlichen Halsgerichtsordnung" Karls V. von 1532)

	Schwaches Kaisertum · Blüte der Zünfte	*Humanismus · „Ackermann aus Böhmen"*	*Mystik Humanismus*
1400	Die rhein. Kurfürsten setzen schwachen dt. Kg. *Wenzel* ab u. wählen *Ruprecht III.* v. d. Pfalz (bis 1410 [†]), der nur teilweise anerkannt wird ≈ In Deutschland erhalten zahlreiche Landgemeinden Stadtrecht („Landstädte"): Werden meist v. einem Rat regiert, der Marktzoll u. Steuern erhebt u. d. Landesherrn Rente zahlt. Diese Landstädte unterstehen im Gegensatz z. d. Reichsstädten dem Landesherrn, sind teilw. auf d. Reichstag vertreten. Entwickeln sich manchmal zu bedeut. Städten (Leipzig) Würzburger Bürger unterliegen bischöflichem Heer * *Bartolomeo Colleoni*, oberital. Söldnerführer († 1475) ≈ Das röm. Recht Kaiser *Justinians* († 565) kommt über d. Rechtsschule in Bologna nach Deutschland u. wird hier von d. aufkommenden Juristenstand verbreitet („Rezeption") ≈ Feuerwaffen verdrängen Ritterheere aus Lehnspflichtigen u. führen mehr u. mehr zu Landsknecht-Söldner-Heeren ≈ Aufstieg d. Hauses *Medici* in Florenz ≈ Blütezeit der Zünfte (ab ≈ 1500 müssen sie mehr und mehr gegen merkantilistische Hausindustrie und Manufakturen konkurrieren)	† *Geoffrey Chaucer*, engl. Dichter; beeinflußt stark engl. Sprache (* ∼ 1340) ∼ *Johann von Saaz* (auch *Johannes von Tepl*) (* ∼ 1350, † 1414): „Der Ackermann aus Böhmen" (frühhumanist. Streitgespräch mit und um den Tod, leitet frühneuhochdt. Prosa ein) ∼ Heinrich von Wittenweiler: „Der Ring" (Schweiz. Versepos, das im Rahmenthema einer Bauernhochzeit eine Morallehre und eine Darstellung vom „Lauf der Welt" gibt) ∼ *Pero Lopez de Ayala* (* 1332, † 1407): „Rimado del Palacio" (span. Zeitsatire) ≈ „Theophilus" (mittelniederdt. Schauspiel, sog. „Faust des Mittelalters") ≈ Mittelfranzösische Sprache löst altfranzösische ab (herrscht bis ≈ 1600) ≈ Blüte des geistl. Schauspiels in Italien ≈ Nach den ersten poln. Sprachdenkmälern im 14. Jhdt. (Predigten, Gebete, liturgische Bücher) wird die poln. Sprache im 15. Jhdt. vor allem durch das geistl. Lied entwickelt (daneben vorwiegend lat. Literatur) ≈ Span. Lyrik als Hof- u. Kunstpoesie, teilweise von Italien *(Dante)* beeinflußt (576 kastilische Gedichte zweier Schulen mit 60 Dichtern im „Cancionero de Bacua" gesammelt)	Die das weltl. Leben ordnende, gemäßigte Mystik (vgl. 1336) hat 3 Vertreter in *Thomas von Kempen*, dem bayr. Benediktiner *Johannes von Kastl* und dem geistl. Verfasser des „Frankfurter" aus Sachsenhausen ∼ Die Kirche beginnt die Zulässigkeit des Tyrannenmordes zu diskutieren ≈ Aufkommen des Humanismus in Deutschland ≈ Internat. Kunststil i. West-, Mitteleuropa u. Italien als Auswirkung einer verfeinerten höfischen Kultur

 Frührenaissance in Italien Spätgotik in Deutschland	„Ars nova"	 Handwerkstechnik Feuerwaffen	
~ *Hans Multscher*, Maler der schwäb. Schule († 1467) ~ *Andrej Rublew*: „Heilige Dreifaltigkeit" (Höhepunkt d. russ. Ikonenmalerei im Troiza-Sergius-Kloster bei Moskau) ~ *Claus Sluter* († 1406): Mosesbrunnen in Dijon (gilt als Höhepunkt der niederl. Plastik) ~ *Rogier van der Weyden*, niederl. Maler († 1464) ≈ Kunst d. Frührenaissance in Italien: Quattrocento (bis ≈ 1500) ≈ Spätgotik in Deutschland bis ≈ 1500: Entwicklung zur großräumigen Hallenkirche; Stern- und Netzgewölbe, Kiel- (Eselsrücken) u. Gardinenbogen, stilisierende Entkörperlichung der Bildplastik (S-Form); rasch veränderlicher Bildhauer-Stil („weich" bis ~ 1433, hart-realist. bis ~ 1470, „spätgot. Barock" bis ~ 1500) ≈ Frz. Spätgotik bis ≈ 1500 (nach starkem Rückgang der Baukunst im 14. Jhdt. entwickelt sich der style flamboyant = Flammen- oder Fischblasenstil, nach d. Formen s. Maßwerkes, u. a. auch am Straßburger Münster) ≈ Zu den Themen der Andachtsbilder (vgl. 1300) kommen: Christus, das Kreuz tragend, und Trauernde Maria ~ Gotische Bildwerke in der Turmvorhalle des Freiburger Münsters entstehen (im Bau ~ 1200 bis 1536) ≈ Soest wird (wie im 13. Jhdt.) wieder Mittelpunkt d. westfälisch. Malerei Neubau der Marienkirche in Danzig (gegrdt. 1343, fertiggest. 1502, spätgot. Backsteinbau) ~ Rathaus in Breslau (spätgot., verputzter Backsteinbau) ~ Rathaus in Stralsund (monumentale Backsteingotik; Baubeginn ~ 1300) ≈ Altneu-Synagoge u. Judenfriedhof im Judenviertel von Prag	~ *Gilles Binchois*, niederl.-burgund. Komponist († 1460) ≈ Blockflöte ≈ Krummhorn (Blasinstrument)  Von 12 Mill. Deutschen sind 8% Stadtbewohner (vgl. 10. Jh.)	F. Brunelleschi: Erste Ausgrabungen des antiken Roms ≈ Die medizinische Schule i. Bologna beschränkt sich im wesentlichen auf d. Ordnung und Auslegung der antiken und arabischen Schriften ~ Drehbank mit primitiv. Schnurantrieb im Nürnberger Handwerk (ähnlich d. Schießbogenantrieb, jedoch mit Fußbedienung) ≈ Aus den Handrohren entwickelt sich die Arkebuse (Hakenbüchse), eine armbrustähnliche Handfeuerwaffe (zu schwer zum freihändigen Gebrauch) ~ Verhaltungsmaßregeln f. einen Pestarzt in 16 Paragraphen: Schutzkleidung, Maske m.Essigschwamm, kurze Besuchszeit, wenig Atemholen u. a. ≈ In der Alchimie machen sich mehr und mehr betrügerische Absichten bemerkbar ≈ Zunehmende Metallverwendung (Gold, Silber, Bronze) in der Inka-Kultur Alt-Perus	≈ In Mitteleuropa ist alles brauchbare Land in Kultur genommen ≈ 62 Zollstellen am Rhein (≈ 1300 waren es 44) ~ Brügge m. Kontor der Hanse führende Handelsstadt (bald führt Antwerpen) ~ In Naumburg a. d. Saale (seit 1142 Stadt) gewinnt die „Peter- und Paul"-Handelsmesse größere Bedeutung (blüht bis ~ 1600) ≈ Flandrische Kleidung der vornehmen Frauen: Enges, weit ausgeschnitten. Kleid mit sehr weiten, gezackten Ärmeln; der Männer: kurze enge Schecke (Jakke) mit sehr weiten gezackten Ärmeln, geteilte Beinlinge (Hosen) mit Schuhen in rechts und links verschieden. Farben (sog. Miparti) ≈ Tappert: mantelartiges, oft tief gegürtetes Überkleid mit und ohne Kapuze als europäisch. Kleidungsstück (bis zum 16. Jhdt., Vorläufer der Schaube, vgl. 1460) ≈ In der Frauenkleidung Frankreichs u. Deutschlands herrscht die hohe Taille vor (bis ≈ 1500)

	Vereinigung Polen — Litauen	Humanismus Nationalsprachen	Humanismus
1401	Hamburger überwältigen d. Anführer d. seeräuber. Vitalienbrüder *Godeke Michels* u. *Klaus Störtebeker* (werden hingerichtet) Mongolen zerstören Damaskus Staatsrechtl. Union zwischen Polen u. Litauen unter d. *Jagellonen* (Polen umfaßt damit Litauen, Weißrußland, Ukraine)	~ *Isidoris von Monemwasia* (Grieche) und (unabh.) *Ciriaco von Ancona* (Ital.) begründen antike Inschriftenkunde	* *Nikolaus von Kues (Cusanus)*, dt. Philos. und Bischof (+ 1464) † *Thomas von Stitny*, tschech. thomistischer Philosoph; seine Werke werden zu den besten Prosaschriften der tschech. Literatur gerechnet (* ~ 1325) Universität Würzburg gegrdt. (vgl. 1582)
1402	Deutscher Orden erwirbt die Neumark von Brandenburg (kommt 1455 an Brandenburg zurück) † *Gian Galeazzo*, Hzg. v. Mailand aus d. Familie *Visconti* seit 1395; unterwarf Pisa, Siena, Perugia, Padua, Verona, Bologna; förderte Kunst u. Wissenschaft, veranlaßte Baubeginn des Mailänder Doms (* 1351) *Timur* besiegt den türk. Emir *Bajesid I.* (seit 1389; † 1403 in Gefangenschaft)		
1403	Kg. *Heinrich IV.* v. Engl. besiegt im Bund mit d. Kirche die aufständ. Barone; verfolgt blutig die Anhänger des Reformators *Wiclif* († 1384) Schweiz. Eidgenossen beg. Tessin vom Hzgt. Mailand zu erobern (bis 1516) *Tsch'eng-tsu (Yunglo)* Kaiser von China bis 1424 (†); stärkt und erweitert die chinesische Macht	† *Smil Flaska von Pardubitz*, gilt als erster tschechischer Dichter (* 1349) *Dirc Potter* (* ~ 1370, †1428), Kanzleischreiber u. Gesandter von Holland; in dieser Eigenschaft in Rom, dichtet er „Der Minnenloep" (Philosophie d. Liebe in Versen mit 57 kurzen Geschicht.)	*Leonardo Bruni* ubersetzt die Rede des *Basilius* († 379), „De utilitate studii" („Über den Nutzen des Lernens") ins Italienische
1404	Steinerner Roland i. Bremen als Symbol d. Stadtfreiheit	* *Domenico Burchiello*, ital. Dichter († 1448)	* *Leon Battista Alberti*, ital. Künstler und Gelehrter († 1472) Universität Turin gegründet

Frührenaissance in Italien Deutsche Tafelbilder	„Ars nova"	Quarantäne-Krankenhaus	
* *Masaccio* (eig. *Tommaso di Giovanni di Simone Guidi*), ital. Maler d. aufkommenden Frührenaissance in Florenz († 1428) ~ Totentanz-Gemälde des Friedhofes „Cimetière des Innocents" in Paris (dieses Thema kennt die bildende Kunst seit dem 14. Jhdt.)			≈ Nürnberg führende deutsche Handelsstadt (bis zum 16. Jhdt.; im Bankwesen geht die Führung im Laufe des 15. Jhdts. auf das Augsburg d. *Fugger* über)
~ „Das Leben Christi" (kölnisches Tafelbild in 35 Abteil.) Kathedrale in Sevilla (got. siebenschiff. Kirche, Umbau einer Moschee, 11 520 qm, 83 Altäre; fertiggestellt 1517; mit Minarett v. 1196 als Glockenturm) ≈ In Valencia werden spanisch-maurische Lüsterfayencen hergest. ≈ Vereinzelt werden Totenmasken abgenommen (allgemeiner erst im 19. Jhdt.)			≈ Die Zünfte verhindern Arbeitslosigkeit unter ihren Mitgliedern (die außerhalb stehenden, sozial deklassierten Landstreicher u. Bettler dagegen werden bei geringen Eigentumsvergehen mit dem Tode bestraft)
≈ Aus der vom Ch'an-Buddhismus beeinfl. chines. Malerei der *Sung*-Akademie d. 12. u. 13. Jhdts. entsteht in Japan durch Kunstsammlungen und Förderung die „China-Malerei", bes. „impressionistische" Tuschbilder von Landschaften ~ Priester *Joetsu*, erster jap. Landschaftsmaler im Sung-Stil, fördert China-Malerei („Kara-e") d. Grdg. einer Schule im Zen-Kloster Kyoto		Quarantäne-Krankenhaus in Venedig Buchdruck m. beweglichen Metallettern in Korea	≈ Wachssiegel m. Papierunterl. werden verwendet (meist farblos, Verwendung v. Rotwachs ist ein Privileg) ~ Bundschuh als Fußbekleidung d. dt. Bauern (teilw. bis in das 17. Jhdt.) ~ Ausbildung d. symbolischen Bedeutung von Farben und Blumen in Europa
Konrad von Soest: Altar von Niederwildungen bei Waldeck (früheste dt. Tafelmalerei) Rolandsäule in Bremen Bibi-Chanum-Moschee in Samarkand (Baubeginn 1399)			St.-Georgs-Bank i. Genua

	Ende des Reiches unter Timur	Humanismus Nationalsprachen	Humanismus
1405	Appenzell erkämpft sich seine Freiheit vom Kloster St. Gallen (vgl. 1411, 1457 kauft sich d. Stadt St. Gallen vom Stift völlig frei) † *Timur*, Herrscher über ein mongol. Großreich (Turkestan, Mittelasien, Persien, Indusland, Syrien, Kleinasien, Rußland bis Moskau) seit 1370 (* 1336). Zerfall seines Reiches China erobert Ceylon (bis 1459 abhängig). Ausdehnung des chin. Seehandels, Rückgang des Landhandels	* *Georges Castelain*, frz. Dichter am burgund. Hof († 1475) ~ „Magdeburger Äsop" (Fabelsammlung eines unbekannt. Geistlichen, mittelniederdeutsch)	
1406	Die steirische Linie d. *Habsburger* teilt sich in eine steir. u. eine Tiroler Linie. Damit ist d. *habsburgische* Besitz geteilt in Nieder- u. Oberösterr.; Steiermark, Kärnten, Krain; Tirol, Vorarlberg, schwäb. Vorlande (ab 1490 unter Kaiser *Friedrich III. v. Habsburg* wieder vereinigt; 1564 erneute Teilung) Florenz erhält Pisa Verona kommt v. Mailand an Venedig	† *Eustache Deschamps*, frz. Balladendichter; schrieb „Ehespiegel" (frauen- und ehefeindlich (* 1346)	† *Ibn Chaldun*, arab. Historiker; schrieb Weltgeschichte mit bedeutender geschichtsphilosophisch. Einleitung (* 1332) * *Lorenzo Valla*, ital. Humanist, Gegner der Scholastik († 1457)
1407			
1408	Aufstand gegen den Rat in Lübeck		

Frührenaissance in Italien / Spätgotik in Deutschland	„Ars nova"	Pestschriften	
~ *Stephan Lochner*, dt. spätgot. Maler († 1451) ~ „Apokalypse" auf 105 Wandteppichen für Hzg. *Ludwig I. v. Anjou*; gewebt im Atelier *N. Bateille*, Paris, nach Entw. von *Jean Bandol* (od. *Hennequin de Bruges*) ≈ Künstlerische Ofenkacheln in Deutschland mit Reliefs und Bleiglasur ≈ Von Italien aus verbreitet sich Silberschmelz-Malerei (in Silber gravierte Zeichnung mit Glasschmelz überzogen) Universitätsgebäude in Salamanca begonnen ~ Mausoleum *Timurs* in Samarkand (islamischer Kuppelbau mit einem Paar runder Türme)		Konrad Kyeser von Eichstätt: „Bellifortis" („Der Kriegsheld", lat. bebild. Pergamenthandschrift, gilt als älteste dt. Waffenhandschrift) beschreibt unter anderem Warmluftdrachen (schlangenartige Tierform aus Pergament, Leinen und Seide, in deren Rachen eine Petroleumlampe brennt u. d. Drachen Auftrieb gibt; vielleicht mong. Einfluß) u. in 11 Versen eine Höllenmaschine ~ Pestschriften rhein. Ärzte empfehlen neben gottesfürchtigem Leben schnelle und weite Flucht aus dem Pestort sowie häufige Handwaschungen u. reichlichen Essiggenuß	≈ Die Holzarmut zwingt in den Niederlanden zur Anlage von Moorkolonien z. Torfgewinnung ≈ Venedig und Mailand sind Zentren für Einlegearbeiten; Florenz für die Herstellung bemalter Truhen ~ Ypern wird durch Konkurrenz der engl. Tuchindustrie ruiniert (vgl. 1309)
~ *Fra Filippo Lippi*, ital. Maler († 1469)		~ Beginn d. Verwendung v. Bronze für Geschützrohre	≈ Die familiensteuerart. „Taille" in Frankreich (seit 11. Jh.) wird zu einer direkt. Kopf- und Vermögenssteuer
≈ Passions- und andere Freskenbilder in der alten Pfarrkirche in Garmisch (gelten als schönste bayr. Kunstwerke aus dieser Zeit)		Bau einer astronomischen Kunstuhr für d. Marienkirche in Lübeck (die bis zum zweiten Weltkrieg erhalt. Form stammt aus d. Jahre 1562)	1. urkundl. Erwähnung von Zigeunern in Dtld. (werden nur für wenige Tage an einem Ort geduldet) (vgl. 1417)
Rubljow und *Tschorny*: Wandmalereien der Mariä-Himmelfahrts-Kathedrale in Wladimir (russ.)			

	Schlacht bei Tannenberg	Humanismus	Hus Universität Leipzig
1409	Berlin unterliegt gegen *Dietrich von Quitzow* (vgl. 1414)		Reformkonzil in Pisa (stellt Konzilautorität über die des Papstes; Schisma bleibt bis 1417) Die dt. Professoren u. Studenten verlassen Universität Prag weg. d. Hussiten u. gründen Universität Leipzig
1410	*Sigismund*, Sohn *Karls IV.*, König von Ungarn (seit 1387), wird röm.-dt. Kaiser bis 1437 (†) (Kaiserkrönung 1433) Polen besiegt in der Schlacht bei Tannenberg Deutschen Orden. *Heinrich von Plauen* Hochmeister des Deutschen Ordens bis 1413; sein Reformversuch mißlingt	~ † *Jean Froissart*, frz. Dichter u. Historiker; schrieb u. a. „Chroniques de France, d'Angleterre, d'Ecosse, d'Espagne, de Bretagne" und „Méliador" (Versroman n. Art der *Artus*epik) (* 1337)	*Hus* vom Erzbischof von Prag gebannt, der vorher zusammen mit König *Wenzel* auf seiner Seite stand Gleichzeitig 3 Päpste, in Rom, Avignon und Mailand
1411	Deutscher Orden verliert im ersten Thorner Frieden die 1380 eroberte westlitauische Landschaft Schamaiten Appenzell schließt sich nach Aufstand gegen den Abt von St. Gallen (1401 bis 1405) der Schweizer Eidgenossenschaft an	* *Juan de Mena*, span. Dichter († 1456)	*Hus*: „De Ecclesia" („Über die Kirche", tschechische Reformationsschrift, die sich auf Grund der Bibel gegen Verweltlichung der Kirche wendet u. allgem. Konzil fordert) Universität Saint Andrews (Schottl.) gegrdt.
1412	* *Jungfrau von Orléans (Jeanne d'Arc)*, frz. Nationalheldin († 1431) † *Gian Maria Visconti*, Herrscher von Mailand seit 1402 (ermordet). Sein Bruder u. Mitregent *Filippo Maria Visconti* wird Alleinherrscher († 1447 ohne männl. Erben)	* *Gómez Manrique*, span. Lyriker († 1490)	
1413	* *Friedrich II.*, Kurfürst von Brandenburg von 1440 bis 1470 († 1471) *Heinrich V.* Kg. v. Engl. bis 1422 (†); unterdrückt Aufstand der Anhänger des Reformators *Wiclif* („Lollharden") Aufstand d. „Cabochiens" in Paris Vereinigung des litauischen und polnischen Adels in einem Reichstag; führt zur Wahl gemeinsamer Herrscher *Mohammed I.* türk. Herrscher (Emir) bis 1421; vereint das nach dem Sieg *Timurs* (1402) zerfallene und verkleinerte Reich		*Joseph Albo* (* ~ 1380, † ~ 1444) verteidigt in der Disputation in Tortosa (Spanien) den jüdischen Glauben

Perspektive Spätgotik in Deutschland	„Ars nova"	Große Pulvergeschütze	
Bremer Rathaus erb. (1609–13 umgeb.)			
~ * *Dirk Bouts*, niederl. Maler († 1475) ~ * *Andrea del Castagno (di Bartolommeo)*, ital. Maler, bes. in Florenz († 1457) „Beweinung Christi" (Tonplastik, Limburg a. Lahn) „Große Gilde" in Reval (Haus der Kaufmannsvereinigung der Hansestadt, später Börse)	~ „Weingartner Liederhandschr." (Minnesängerhandschrift mit Bildern)		~ Anbau u. Genuß des Kaffees gelangen v. Abessinien n. Arabien (nach Europa im 17. Jhdt. durch Venedig)
Stockwerkpagode der Drachenschönheit (chin. Bauwerk b. Schanghai)		Seilschwebebahn dargestellt (m. Gewißheit verwendet erst 1644 in Danzig)	
~ *F. Brunelleschi* entd. Zentralperspektive			
J. d. Quercia: Wandaltar in der Kirche San Frediano zu Lucca (ital. Bildhauerarbeit d. Frührenaissance) Der Römer (spätgotisches Rathaus in Frankfurt a. Main; Baubeg. 1405)		Geschütz aus Eisenguß („Faule Mette"), 180 Zentner, schießt mit 30pfündig. Pulverladung Steingeschosse von 750 Pfund	

	1. Kurfürst von Brandenburg „Hundertjähriger Krieg"	Vorreformation · Hus	
1414	Kaiser *Sigismund* stärkt Kaisertum durch Konzileinberufung Burggraf *Friedrich VI.* von Nürnberg, seit 1411 kgl. Statthalter in Brandenburg (ab 1417 Kurfürst als *Friedrich I.*), erobert die befestigten Schlösser Friesack und Plaue der *Quitzows*, die durch Raub und Fehde das mächtigste märkische Adelsgeschlecht geworden waren Engl. Unterhaus erlangt Gleichberechtigung mit Oberhaus	2. Reformkonzil in Konstanz (bis 1418); beendet Schisma und verurteilt *Hus*; stellt das Konzil über den Papst, vertagt die „Erneuerung an Haupt und Gliedern" der Kirche auf das Konzil zu Basel (1431 bis 1449) *Hus* widersetzt sich dem Konzil in Kon-	stanz, vor dem er zur Vertretung seiner reformator. Lehre mit freiem Geleit Kaiser *Sigismunds* erschienen war, u. wird verhaftet Gegen den Willen des Patriarchen in Konstantinopel wird in Kiew ein zweiter russ. Metropolitensitz gegründet (der erste seit 1328 in Moskau)
1415	* *Friedrich III.*, dt. König ab 1440, röm.-dt. Kaiser von 1452 bis 1493 (†) Kg. *Heinrich V.* v. England erneuert den „Hundertjährigen Krieg" gegen Frankreich (seit 1339); der größte Teil Frankreichs mit Paris wird von den Engländern besetzt Schweizer Eidgen. erobern d. Aargau v. d. *Habsburgern* (1460 d. Thurgau) Portugal erobert Ceuta (N.-Afrika)	† *Johann Hus* (als Ketzer verbrannt), tschech. Reformator, vom engl. Reformator *Wiclif* († 1384) beeinfl.; hielt jedoch an der	Abendmahl-Verwandlungslehre (Transsubstantiation) fest (* ∼ 1369) *Wiclif* wird zum Ketzer erklärt
1416	*Alfons V. (d. Weise)* Kg. v. Aragon bis 1458 († , * 1396)	† *Hieronymus von Prag*, Freund von *Johann Hus* (als Hussit verbrannt); brachte von Oxford Schriften des engl. Reformators *Wiclif* nach Prag (* ∼ 1365)	
1417	Kaiser *Sigismund* macht den Burggrafen von Nürnberg *Friedrich VI.* als *Friedrich I.* zum ersten Kurfürsten von Brandenburg (nachdem er ihn schon 1411 zum erbl. Statthalter und 1415 zum Markgrafen von Brandenburg eingesetzt hatte)	Kaiser *Sigismund* erreicht auf dem Konstanzer Reformkonzil (1414 bis 1418) die Beilegung des Großen Schismas (Kirchenspaltung durch Gegenpäpste in Rom und Avignon seit 1378); das Kaisertum gewinnt dadurch noch einmal hohes Ansehen	*Martin V.* Papst bis 1431 (†); schließt Konkordate mit Deutschland, England und Frankreich; stellt seine Autorität im Kirchenstaat wieder her; schiebt Kirchenreform auf

Humanismus *Hus*	*Frührenaissance in Italien* „*Paradiesgärtlein*"	*Portugiesische Entdeckungen*	
~ *Maulana Dschâmi*, pers. Dichter (gilt als letzter Klassiker d. islam. Literatur)	*Meister Bertram* wirkte seit 1367 i. Hamburg († ~ 1415) (vgl. 1379)		
Johann Hus (†) förderte die tschechische Sprache, u. a. durch Regelung der Rechtschreibung	*Donatello:* „Heiliger Georg" (ital. Plastik der Frührenaissance) *Brüder von Limburg (Paul, Hermann* und *Jan) :* „Très riches heures" („Stundenbuch") d. Hzgs. *v. Berry* (niederl.-frz. Handschrift mit Miniaturen, bes. eingehende Landschaftsdarstellungen) ~ „Das Paradiesgärtlein" eines mittelrhein. Meisters (spätgot. Malerei)		
Pogglio Bracciolini findet im Kloster St. Gallen vollständige Handschrift der „Institutio oratoria" von *Quintilian* (vgl. 86); wirkt maßgebend auf die Entwicklung des Humanismus und wird bis 1600 etwa 100mal gedruckt		*Heinrich d. Seefahrer* (* 1394, † 1460, Sohn Kg. *Johanns I.* v. Portugal) entsendet aus seiner Seefahrtsschule Expeditionen, um über den Gambia oder Senegal das sagenhafte Reich d. Erzpriesters *Johannes von Abessinien* zu erreichen (1462 wird die Liberiaküste als zunächst südlichster Punkt erreicht)	
			≈ Auf der Wanderung von ihrer Urheimat Indien (vielleicht seit dem 10. Jh.) gelangen die Zigeuner nach Deutschland u. Ungarn (finden neue Heimat in Rußland [1500] u. Ungarn) (vgl. 1407)

	Hussitenkriege	Humanismus Nationalsprachen	Vorreformation Hussiten
1418	Die Pariser Zünfte erringen unter *Pertinet le Clerc* die Herrschaft in d. Stadt (übergeb. sie nach ihrer Niederlage geg. d. frz. Kg. an die Engländer) Piemont wird mit Hzgt. Savoyen vereinigt		Tanzwut-Epidemie in Europa (religiöser Massenwahn mit veitstanzähnlichen Zuständen)
1419	Nach dem Tode Kg. *Wenzels IV.* Aufstand der Anhänger des Reformators *Hus* (verbrannt 1415) in Böhmen. Mit dem ersten Prager Fenstersturz beginnen die Hussitenkriege (bis 1433/36; in deren Verlauf verschwindet zunächst das dt. Bürgertum aus Prag) *Philipp der Gute* Hzg. v. Burgund bis 1467 († * 1396); erwirbt Brabant, Limburg, Namur, Hennegau, Holland, Seeland, Picardie, Luxemburg; sein Hof wird Mittelpunkt einer Spätblüte d. Ritterkultur ~ Durch Klimaverschlechterung und damit zusammenhängende Eskimoangriffe gehen die norweg. Siedlungen auf Grönland ein		Beginn der Hussitenkriege (bis 1433/36), weil Kaiser *Sigismund* ihre religiösen Forderungen ablehnt: freie Predigt, Laienkelch, Armut der Geistlichen, Aburteilung der Todsünden durch weltliche Gerichte Universität Rostock gegründet † *Tsong-kha-pa*, tibet. Reformator; beseitigte Verweltlichung und Moralverfall der lamaist. Kirche, stellte die Kirche und den Priesterstaat unter die Doppelherrschaft des Dalai Lama mit weltl. und polit. Oberherrschaft u. Taschi Lama als geistliches Oberhaupt (* 1378)
1420	Venedig erneuert Herrschaft über dalmatinische Küste Kg. *Heinrich V.* v. England heiratet Tochter Kg. *Karls VI.* v. Frankr., erhält Regentschaft und Anrecht auf Thronfolge. England verbündet sich mit Burgund Portugiesen besiedeln das schon bekannte Madeira	≈ Im dt. Sprachgebiet entwickeln sich volkstüml. Fastnachtsspiele (bestehen bis ≈ 1600) ~ *Franziskus*legende (ungar. Übersetzung aus einem ungarischen Kloster)	* *Thomas Torquemada*, span. Großinquisitor († 1498)

	Fra Angelico Spätgotik in Deutschland	„Ars nova"	Handwerkstechnik	
	Fra Angelico kehrt n. Fiesole zurück, von wo er während d. Papststreits geflüchtet war. Bis 1435 zwei Marienkrönungen (ital. Gemälde) *Brunelleschi:* Modell des Doms von Florenz	~ *G. Dufay* in Italien		
	~ *Donatello:* Ev. Johannes (Plastik im Florenzer Dom) *J. d. Quercia:* Brunneneinfassung d. Fonte Gaia in Siena (ital. Bildhauerarbeit der Frührenaissance) *Darssow*-Madonna (Sandsteinplastik i. d. Lübecker Marienkirche)		*Niccolò dei Conti*, Kaufmann aus Venedig, reist nach Indien und den Sunda-Inseln (schreibt nach seiner Rückkehr 1444 „Vier Bücher mit Geschichten eines wechselvollen Schicksals" [lat.], einen vom Papst zur Sühne für seinen Übertritt zum Islam geforderten Reisebericht) Astron. Kunstuhr am Rathaus von Olmütz von *Anton Pohl* (15 m hoch; Datumsangabe, Mondphasen, Planetenstand, Orts- und Sternzeit, Glockenspiel, viele bewegl. Figuren) Feilenhauer in Nürnberg erwähnt	
	~ * *Petrus Christus*, niederl. Maler in Brügge († 1473) ~ Die *Brüder Eyck* vervollkommnen die im 14. Jhdt. aufgekommene Ölmalerei ~ * *Jean Fouquet*, frz. Maler († ~ 1480) * *Piero della Francesca*, spätgot. ital. Maler († 1492) * *Shubun*, chin. Maler († ~ 1454) Die flämischen Meister d. Bildteppichwirkerei *Johann v. Brügge* u. *Valentin d'Arras* kommen nach Venedig Ca d'Oro, venezian. Palast (got. Stil, vollend. 1440)		Der ital. Techniker *Joanes Fontana* skizziert einen Torpedo mit Raketenantrieb und einen Selbstfahrer durch Seilantrieb Drahtziehen mit Muskelkraft in Nürnberg erwähnt	≈ Frauenkleidung in Deutschl.: Langes, weites, vorn weit ausgeschnitt. Oberkleid (Robe) mit hoher Taille u. Schleppe, Schnabelschuhe, Hauben verschiedenster Art Hohe kegelförm. Hornhaube mit Schleier („Hennin") in d. europ. Frauenmode Tanzwettkämpfe d. Florent. Jugend

	Hussitenkriege Medici in Florenz	Humanismus Nationalsprachen	Vorreformation Humanismus
1421	Mailand beherrscht Genua (bis 1436 und 1464—1499, dann wird Genua bis 1528 frz.) *Giovanni di Bicci de Medici* (* 1360, † 1429), Führer d. Volkspartei u. reicher Kaufherr, wird zum Oberhaupt (Gonfaloniere) v. Florenz gewählt		
1422	*Heinrich VI.* Kg. v. Engl. bis 1461 (schwachsinnig, † 1471, im Tower ermordet) *Karl VII.* Kg. v. Frankr. bis 1461 (†) Der erblindete hussitische Feldherr *Zizka von Trocnow* (* ~ 1370, † 1424 a. d. Pest) schlägt an d. Spitze d. radikalen Taboriten das Heer unter Kaiser *Sigismund* b. Prag Türken belagern Konstantinopel	† *Suleimân von Brussa*; mit seinem Gedicht auf die Geburt d. Propheten erster, von persischen Vorbildern unabhängig. türkischer Dichter	
1423	Nach Aussterben d. *Askanier* fällt Sachsen-Wittenberg als Kursachsen an die *Wettiner* Markgrafen v. Meißen (Teilung 1485) * *Ludwig XI.*, Kg. v. Frankr. von 1461 bis 1483 (†) *Francesco Foscari* Doge von Venedig bis 1457; kämpft erfolgr. geg. den letzten Hzg. aus dem Hause *Visconti* in Mailand, wobei er Padua, Brescia u. a. Städte gewinnt	† *Hugo von Montfort*, mittelhochdt. ritterlicher Dichter aus der Steiermark (* 1357)	*Vittorino da Feltre (Ramboldini*, * 1378, † 1446) errichtet vor Mantua eine humanistische Schule „Casa giocosa"
1424	Hussitenführer *Prokop der Große* (* ~ 1380, † 1434) wird nach d. Tode *Zizkas* Feldherr d. Taboriten; nach siegr. Kriegszügen in und außerhalb Böhmens b. Böhmisch-Brod besiegt und fällt Türken erobern Smyrna (Kleinasien) † *Tsch'eng-tsu (Yunglo)*, chin. Kaiser d. *Ming*-Dynastie seit 1403; förderte Grenzsicherung und Handel		
1425			

Frührenaissance in Italien / *Meister Francke*	*Feuerwaffen* / *Technische Bilderhandschrift*		
≈ In Brussa (Westkleinasien) entstehen nach der Verwüstung durch die Mongolen (1402) zahlreiche prächtige Bauten, bes. Moscheen (hier bis 1453 Erbbegräbnis der türkischen Herrscher)	Handfeuerwaffen i. China nachgewiesen (waren wohl schon früher vorhanden)		
≈ Die in den Niederl. aufkommende Tafelmalerei zeigt im Gegens. zur ital. Frührenaissance Herkunft v. d. Buchminiatur, bürgerlich-genrehafte Züge, handwerkl. Traditionen	≈ Stärkere Ausbreitung d. Anwendung des Schießpulvers durch *Abrahams* „Feuerwerksbuch" Entwicklung der Geschützgießerei. Große Geschütze zunächst noch aus	Eisenstangen mit Querreifen zusammengeschweißt (gegen Ende d. Jhts. auch Guß gr. Geschütze) ~ Technische Bilderhandschrift v. *Jacopo Marino* aus Siena	
„Buxheimer Christophorus" (ältester deutscher Holzschnitt mit echter Jahreszahl)	* *Georg Purbach*, Wiener Mathematiker und Astronom († 1461)		
~ *Meister Francke* (i. Hamburg): Thomasaltar der Englandfahrer mit Leben Christi (im Geist d. Mystik) *Ghiberti:* Nördliche Bronzetür am Baptisterium, Florenz (Reliefs, beg. 1403; vgl. 1452) ~ Chines. Grabtempel des Kaisers *Yang Mao* (†) b. Peking (mit 20 m hohen Säulen)			Die Reichskleinodien werden in Nürnberg aufbewahrt (bis 1796)
Brunelleschi erneuert San Lorenzo in Florenz in Form einer Säulenbasilika ~ Mittelrhein. *Meister des Ortenberger Altars* (spätgot. Malerei, die Mitteltafel „Maria im Kreise weibl. Heiliger" mit Goldhintergrund im Sinne höfischen Minne- u. Marienkultes)			≈ Städtische Botenanstalten in Straßburg, Köln, Konstanz, Frankfurt a. M., Augsburg u. a. (es gibt auch Kloster- und Universitätsboten)

	Hussitenkriege Nürnberg wird selbständig	Humanismus	Vorreformation Humanismus
1426		*Alain Chartier* (* ~ 1390, † ~ 1450): „La belle Madame sans merci" (frz. höfische Verserzählung)	Universität Löwen gegründet
1427	~ Bestrebungen zu einer Reichsreform kommen auf Nürnberg wird selbständig durch Kauf der Besitzrechte von den Burggrafen *(Hohenzollern)* Kg. *Jakob I.* v. Schottland läßt durch das Parlament mehr Vertreter d. Kleinadels u. d. Städte zu diesem hinzuziehen, um ein Gegengewicht gegen die Macht d. Großadels zu haben *Itzcoatl* Kg. d. Azteken in Mexiko; erweitert das Reich		*Francesco Filelfo* (* 1398, † 1481) bringt die Kenntnis griech. Schriftsteller von Konstantinopel nach Ital. Übersetzt sie teilweise ins Lateinische
1428	Brünn behauptet sich gegen Hussiten (Stadtrecht seit 1243) Condottiere (Söldnerführer) *Carmagnola* (* ~ 1385, † 1432, hinger. i. Venedig) erobert f. Venedig Brescia u. Bergamo von Mailand (eroberte 1421 Genua für Mailand)		*Giovanni Aurispa*, ital. Humanist (* 1369, † 1459), bringt vollst. griech. Text d. Werke *Platos* von Konstantinopel nach Venedig *Johann Nider*, Dominikaner († 1438), predigt den Nürnberger Bürgern ein asketisches Leben und faßt diese Predigten in d. Schrift „Die 24 goldenen Harfen" zusammen (gedruckt 1475)

Brunelleschi *Spätgotik in Deutschland*	„*Ars nova*"	*Feuerwaffen*	
† *Hubert van Eyck*, niederl. Maler; begrdte. mit seinem Bruder *Jan* neuzeitl. niederl. Ölmalerei (* ~ 1370) (Die nur indirekt erschlossene Existenz dieses Malers wird auch bestritten) *Masaccio*: Altar in Pisa (u. a. „Anbetung d. Könige", ital. Tafelmalerei d. Frührenaiss.) Der chin. Kaiser *Hsüan-te* aus der *Ming*-Dynastie sammelt und fördert wieder an seinem Hof in Peking „Berufsmaler" (ähnlich d. Akademie d. *Sung*-Zeit; im Unterschied zum vom Herrscher unabh. Künstler d. mong. *Yüan*-Dynastie 1280). In diesem Kreise wird bewußt dem Kunstideal der *Sung*-Zeit nachgestrebt	~ Der Schwerpunkt d. europ. Musik liegt in d. südl. Niederlanden (Burgund, Cambrai) (Weiterentwicklung d. frz. u. engl. Musik; die niederl. Musikschulen führen v. ~ 1430 bis ≈ 1600)		*Joh. Bassenheimer*: „Das ist die Ordnung, wie man sich halten soll über Meer und auch die heiligen Städte besuchen" (Reiseführer) ≈ Bunte Wappenscheiben f. Fenster niederländ. Bürgerhäuser
† *Gentile da Fabriano* (eig. *di Nicollò di Giovanni Massi*), ital. spätgot. Maler (* ~ 1370) *Masaccio*: Fresken in der *Brancacci*-Kapelle der Kirche St. Maria del Carmine in Florenz (mit „Zinsgroschen", „Vertreibung aus dem Paradies" u. a.; italien. Malerei, welche z. Frührenaissance überleitet, Bildnisse der Stifter-Familie nach Rückkehr d. ihr feindl. *Medici* zerstört) Kirche Maria am Gestade in Wien (got., mit reich durchbroch. Kuppel-Turmhelm; Baubeginn 1340)	*G. Dufay* in Diensten der päpstl. Kapelle in Rom (bis 1437)	≈ Handfeuerwaffen (seit Mitte 14. Jhdts.) der Armbrust an Durchschlagskraft und Feuergeschwindigkeit noch nicht merklich überlegen. Daher noch sehr geringe Verbreitung in den Heeren (in den Hussitenkriegen z. B. nur 0,25%)	„Gemeiner Pfennig", letzter Versuch allgemeiner Reichssteuern im Mittelalter; wird durch die großen militärischen Ausgaben (z. B. Hussitenkriege) veranlaßt (bis 1551 11 mal mit geringem Erfolg erhoben)
~ * *Giovanni Bellini*, ital.-venezian. Maler († 1516) *Brunelleschi*: Pazzi-Kapelle an S. Croce, Florenz (gilt als erster reiner Renaissance-Bau) *Masaccio*: „Dreieinigkeit" (ital. Fresko d. Frührenaissance in der Kirche St. Maria Novella in Florenz; eines der ersten Bilder, das vollkommene Raumperspektive zeigt) † *Masaccio* (eig. *Tommaso di Giovanni di Simone Guidi*), ital. Maler aus Florenz; leitete über zur Frührenaiss. (* 1401) ~ *Meister von Flémalle*: *Mérode*-Altar mit „Verkündigung" (niederl. Tafelbilder)		~ Hans Schiltberger (* 1380), bayr. Kämmerer, schildert seine Reisen u. Abenteuer in Asien als türkischer (seit 1396) u. mongolischer (seit 1402) Kriegsgefangener (erscheinen 1473)	

643

	Jeanne d'Arc wendet „Hundertjährigen Krieg"	Humanismus	Vorreformation Humanismus
1429	Die *Jungfrau von Orléans* entsetzt Orléans u. erreicht d. Krönung *Karls VII.* in Reims zum Kg. ganz Frankreichs. Entscheidende Wendung des „Hundertjährigen Krieges" gegen England Florenz unterwirft Pisa, beherrscht Landschaft Toskana („Terra ferma") Dänemark erhebt Sundzoll (bis 1857)		
1430	Tagung der Hanse-Städte in Lübeck (einschl. Berlin) Krakau tritt dem Hanse-Bund bei Türken erobern Saloniki ~ Östl. v. Mukden entsteht ein kleiner Staat d. mongol. *Mandschu* (erobern ~ 1650 ganz China)	~ *Perez de Guzman* (* ~ 1376, † ~ 1460): Lebensbilder spanisch. Könige (span. Prosa, zusammen mit anderen Schriftstellern und Dichtern) ~ *Alfonso Martinez de Toledo* (* ~ 1398, † ~ 1470): „Corbacho" (über d. Sittenlosigkeit d. Frauen, Höhepunkt der span. satir. Dichtung) ~ *Muskatblüt*, nordbayerischer lehrhafter Spruchdichter † *Christine de Pisan*, frz. Dichterin; Balladen u. Rondaux im höfischen Stil (* 1363) ≈ Umherziehende od. fest angestellte politische Dichter in Italien	

🎨 Meister von Flémalle Spätgotik in Deutschland	🎵 1. niederländische Schule	🦉 Mühlen Entdeckungen	🎩🧴🏓
* Antonio del Pollajuolo, ital. Bildhauer, Maler und Goldschmied; leitet über zur Hochrenaissance († 1498)		Neuentd. d. Azoren durch Portugiesen	Herzog *Philipp der Gute* von Burgund stiftet als Auszeichnung den Orden „Goldenes Vlies"
			Erwähnung der Steinkohle i. Saargebiet (wurde schon im 12. Jh. in England gehandelt)
~ Meister von Flémalle: Bildnis eines Geistlichen, „Salting-Madonna", „Maria mit dem Kinde" u. „Die heilige Veronika" (frühniederl. Tafelbilder) ~ * Nikolaus Gerhaert van Leiden, dt. Bildhauer († 1473) ~ * Antonello da Messina, ital. Maler († 1479) J. d. Quercia: Taufbrunnen in der Kirche San Giovanni, Siena (ital. Bildhauerarbeit d. Frührenaissance) Gotisches Rathaus in Halberstadt (Baubeginn 1381) ~ Hochaltar d. Pfarrkirche Malchin mit Leben Jesu und Johannes-Legende „Maria in der Strahlenglorie" (Standbild in der Sebalduskirche in Nürnberg) San Giovanni e Paolo in Venedig (got. Kirche, Baubeginn 1246) ~ Am Hof d. chin. Ming-Kaisers *Hsüan-te* (reg. 1425–36 [†]) entw. sich eine Schule von Malern vorwiegend aus d. Provinz Chekiang, welche die Sung-Kunst nachahmen	~ Beginn d. erst. niederl. Schule mit *Gilles Binchois* und *Guillaume Dufay*, pflegt von Instrumenten begleitete kontrapunktische Gesangsmusik, u. a. Messen mit weltlichen Liedern (bis ~ 1460) ~ * *Jakob Obrecht*, niederl. Komponist von mehrstimmigen Messen, Motetten in streng imitierend. Stil, Meister der 2. niederl. Schule (vgl. 1460; † 1505) ~ * *Johannes Okkenheim (Okeghem)*, niederländ. Komp. v. Messen, Motetten, Chansons in strengen kontrapunkt. Formen (Kanon, Fuge), Meister der 2. niederl. Schule (vgl. 1460; † 1495) ≈ Dt. Orgeltabulatur: Notierung eines mehrstimmigen Musikstückes durch übereinandergeschrieb. lat. Buchstaben (Anfänge seit dem 9. Jh.)	~ In einer kriegstechnischen Bilderhandschr. werden eisenbeschlagene Holzschienen erwähnt ~ Erfindung der Luftbüchse (Luftgewehr) in Nürnberg; (als Erfindungsjahr wird auch 1566 genannt) Auf einem Bock drehbare Windmühle (sog. dt. Bauart) mit Sackaufzug beschrieben Beschreibung einer Wassermühle, die durch ein Rad mit senkrechter Achse betrieben wird (angeblich v. einem Papst erfunden; Vorläufer der Turbine)	≈ Ravensburger Handelsgesellsch. monopolisiert und organisiert Textilgroßhandel; bringt zahlreiche Handwerker in ihre Abhängigkeit (z. B. Leineweber am Bodensee)

	Erstarkung Burgunds *Cosimo de Medici*	*Humanismus*	*Vorreformation* *Humanismus*
1431	† *Jungfrau von Orléans (Jeanne d'Arc*, in engl. Gefangenschaft als Hexe verbrannt); wendete den „Hundertjährigen Krieg" zugunsten Frankreichs (* 1412) (das geistl. Urteil vom Papst 1456 widerrufen, Seligsprechung 1894, Heiligsprechung 1920)	† *Andrea Magnabotti von Barberino*, italien. Schriftsteller; u. a.: „Reali di Francia" (ital. Übers. n. Samml. d. volkstüml. altfrz. Ritterepen) (*~1370) * *François Villon*, frz. volkstümlicher Lyriker u. Abenteurer; seit d. Begnadigung vom Galgen (wegen Diebstahls) 1463 verschollen; schreibt „Das große Testament", „Das kl. Testament" (Vermächtnisse in Versen), „Die Gehängten" u.a. Gedichte († vor 1480)	3. Reformkonzil zu Basel (bis 1449; wegen Einschränkung der Rechte des Papstes verläßt 1437 die päpstlich gesinnte Minderheit das Konzil u. hält das Ferrara-Florenzer Konzil ab) *Eugen IV*. Papst bis 1447 (†) *L. Valla* verteidigt stoische u. epikureische Lebensphilosophie gegen Scholastik Universität Poitiers gegründet
1432	Bernau wehrt sich erfolgreich gegen Hussiten (Stadt seit 1232) Vereinigung d. patrizischen Räte von Berlin und Kölln (Selbstverw. geht bald verloren, vgl. 1442, 1447)	* *Luigi Pulci*, italien. Dichter († 1484)	
1433	* *Karl der Kühne*, Sohn Hzg. *Philipps d. Guten* von Burgund; Hzg. v. Burgund von 1467 bis 1477 (†) Burgund erobert Holland, Seeland und Hennegau (erhielt 1429 Namur durch Kauf, 1430 Brabant und Limburg durch Erbschaft) Kg. *Wladislaw II. (Jagiello)* von Polen sichert in d. Konstitution v. Krakau d. poln.-litauischen Adel Unverletzlichkeit d. Person zu (hatte 1422 Münzausgabe von Zustimmung des Adels abhängig gemacht u. Gütereinziehungen vom Richterspruch)		Durch das Konzil zu Basel werden in Prag mit den gemäßigten Hussiten die Prager „Kompaktaten" abgeschlossen (Landtag in Iglau bestätigt 1436 dies. Vergleich; Ende der Hussitenkriege, seit 1419). Die radikalen Taboriten kämpfen weiter und werden 1434 endgült. besiegt
1434	*Cosimo de Medici* wird Herrscher von Florenz bis 1464(†); stiftet „Accademia Platonica", läßt Palazzo *Medici* u. Domkuppel erbauen; respektiert d. republ. Staatsform ~ Versuche zur Reichsreform auf den Reichstagen 1434–38; scheitern an den Gegensätzen zwischen König und Reichsständen (vgl. 1427, 1495)	**Matteo Maria Bojardo* Graf *Scandino*, italien. Humanist u. Dichter († 1494)	*Nikolaus von Kues*: „De concordantia catholica" (mit d. Lehre, daß Konzile dem Papst übergeordnet, die er auf dem Baseler Konzil vertritt, vgl. 1441)

	Genter Altar Fra Angelico	
* *Andrea Mantegna*, ital. Maler und Kupferstecher († 1506) † *Mincho*, jap. Maler d. Zen-Buddhismus; malte Bilder d. *Buddha*-Schüler (* 1352) *Lukas Moser*: Magdalenenaltar in Tiefenbronn (perspekt. betont) Londoner Rathaus (Baubeg. 1411)		Bauernunruhen bei Worms
∼ *del Castagno*: „Kreuzigung" (ital. Fresko) *Hubert* († 1426) und *Jan van Eyck*: Genter Altar; gilt als Anfang der neueren Ölmalerei mit ersten Bildnissen (Stifter), Akten („Adam und	Eva"), Landschaft mit Luftperspektive ∼ (vor 1435) * *Meister E. S.*, dt. Kupferstecher († ∼ 1467)	∼ Lemberg Stapelplatz f. Orienthandel
Fra Angelico: Madonnenaltar mit Engelkonzert für Leineweberzunft in Florenz (ital. Malerei) ∼ *Donatello*: „David", Florenz (ital. Plastik, früher neuzeitlicher Akt; vgl. 1432) *Jan van Eyck*: Reisealtärchen für Karl VII. („Madonna in d. Kirche") und „Lucca-Madonna" (niederl. Malerei; zeigen deutlich Herkunft der neuen niederl. Tafelmalerei von den Buch-Miniaturen)	* *Hans Memling*, niederl. Maler († 1494) ∼ *Witz*: „Klage unter dem Kreuz" (Gemälde) Gotischer Turm des Stephansdoms in Wien vollendet („Steffel", Baubeginn 1365)	Doppeladler bleibendes Wahrzeichen des Kaisers (vgl. 1195)
Jacques Daret († ∼ 1404, † nach 1468): Marienaltar in der Klosterkirche St. Vaast (niederl.) *Jan van Eyck*: „Giovanni Arnolfini und seine Frau" (niederl. Gemälde, eines der ersten Bildnisse, Ausdruck bürgerlicher Kultur) und „Madonna des Kanzlers Rollin"	*Fra Filippo Lippi*: „Madonna betet das Kind an" (ital. Tafelbild) * *Michael Wolgemut*, dt. Maler und Holzschnitt-Zeichner († 1519) ∼ *K. Witz*: „Christophorus"	

	Ende der Hussitenkriege	Humanismus	Nikolaus von Kues
1435	Karl VII. v. Frankr. schließt Frieden mit Burgund unter Gebietsabtretung *Engelbrekt Engelbrektsson* beruft gegen die dän. Herrschaft ersten schwed. Reichstag u. wird z. „Reichshauptmann" gewählt (ermordet 1436) Hanse kann sich gegen Dänemark behaupten (ihre Macht beginnt allmählich zu sinken, vgl. 1494) Von Moskau unterstützt, unterliegen die ukrainischen Fürsten im Kampf um ihre Unabhängigkeit geg. Litauen-Polen und werden durch litauische Statthalter ersetzt		*Cyriacus von Ancona* (* 1391, † nach 1441) beg. systematisch antike Altertümer zu sammeln: „Ich gehe, die Toten zu erwecken"
1436	Ende der Hussitenkriege (vgl. 1433); Kaiser *Sigismund* erlangt seine Anerkennung als Kg. von Böhmen ≈ Die zerstörte Kleinseite v. Prag wird wiederhergestellt u. wieder Sitz zahlr. Deutscher *Karl VII.* v. Frankr. nimmt Paris ein	~ *Elisabeth von Nassau-Saarbrücken* verdeutscht frz. Erzählungen; u. a. „Hug Schapler"(frz.Schlächtergesell wird Schwiegersohn d. Königin, Unterhaltungsroman)	Mit der Anerkennung der „Kompaktaten" wird der Laienkelch gestattet (vgl. 1433)
1437	† *Sigismund*, röm.-dt. Kaiser seit 1410 (letzter *Luxemburger*) (* 1368) † *Jakob I.* (vom Adel ermordet), Kg. von Schottland; unterstützte Bürgertum (* 1394)	~ Kg. *Jacob I.* von Schottland (†) schrieb Gedichte in schott. u. lat. Sprache	*Nikolaus von Kues* schließt sich Papst *Eugen IV.* an u. geht für ihn nach Konstantinopel, um für eine Wiedervereinigung mit der morgenländischen Kirche zu wirken

Fra Angelico v. der Weyden	*1. niederländische Schule*	*Standuhr*	
Leon Battista Alberti: „Über die Malerei" (ital., behandelt Perspektive, Anatomie) ~ * Francesco del Cossa, ital. Maler aus Ferrara († 1477) ~ * Michael Pacher, süddt. spätgot. Bildschnitzer u. Maler († 1498) da Panicale: Fresken aus dem Leben Mariä, Johannes d. Täufers, der Heiligen Stephanus u. Laurentius in d. Kollegiatkirche zu Castiglione d'Olona/Lombardei (ital. Wandmalerei zwischen Gotik u. Renaiss.) ~ Pisanello: „Hl. Georg" (ital. Fresko in Verona mit natural. Tierdarstellung) ~ Witz: Heilsspiegel-Altar in Basel (Tafelbilder mit alttestamentarischen Gestalten) Rathaus in Tübingen (Fachwerkbau; fertiggestellt im 16. Jhdt.)		Standuhr mit Federzug u. Schnecke für Herzog *Philipp den Guten* von Burgund	Erste Seeversicherungs-Ordn. (Barcelona; Seeversicherungen seit ~ 1347) England legt eine Art allg., progressiver Einkommensteuer auf
Fra Angelico malt die Fresken im Kloster San Marco, Florenz (bis 1445) Brunelleschi: achtseitige Kuppel des Florenzer Doms (Baubeginn 1420; Baubeginn des Domes 1296) Jan van Eyck: Rolin-Madonna und Paele-Madonna (niederl. Gemälde, Madonnen mit Stifterbildnissen) Tai Wen-chin, chin. Maler am Ming-Hof in Peking: „Landschaft" (in bewußter Abhängigkeit von d. Malerei der Sung-Zeit, bes. von Hsia Kuei) * Andrea del Verrocchio, ital. Bildhauer u. Maler in Florenz u. Venedig († 1488) Erster russ. Glockenturm in Nowgorod		* Regiomontanus („Der aus Königsberg", eigentlich Johannes Müller) in Königsberg/Franken, dt. Astronom, Schüler Purbachs i. Wien († 1476)	
Multscher: Wurzacher Altar (Gemälde) mit Darstellungen auf 8 Altarflügeln aus dem Leben Christi und Mariä della Robbia: Säulenkanzel im Dom zu Florenz (ital. Bildhauerarbeit in Marmor) ~ van der Weyden: Bildnis einer jungen Frau (niederl. Gemälde)			Nach vernichtenden Frösten geht der in Deutschland bis Ostpreußen verbreitete Weinbau zurück; in Norddeutschl.u. Bayern kommen Hopfenanbau u. Bierbereitung auf

	Habsburger deutsche Herrscher	Humanismus	Vorreformation Humanismus
1438	Albrecht II. von Habsburg, seit 1437 verheiratet mit der Erbtochter Kaiser Sigismunds und damit Kg. von Böhmen und Ungarn, wird dt. Kg. bis 1439 (†); mit ihm gelangt Haus Habsburg fast ununterbrochen bis 1806 auf d. dt. Thron. Ende des reinen Wahlkönigtums (seit 1257) Kaiser Johann VIII. v. Byzanz tritt zum kathol. Glauben über, um westl. Hilfe geg. Türken zu erlang. (bleibt aus) Pachacutec begrdt. Inka-Herrschaft in Alt-Peru (Spanier erob. 1532 d. v. Bürgerkrieg. geschwächte Reich; vgl. 1475)		König Karl VII. von Frankreich grenzt in den „Gallikanischen Freiheiten" die Rechte der frz. Kirche gegen das Papsttum ab Ferrara-Florenz. Konzil (bis 1442) beschließt Vereinigung der römischen mit der morgenländ. Kirche (Beschluß unwirksam, endgültige Trennung seit 1054)
1439	Der Thronfolger Frankreichs erhält d. Namen „Dauphin" als Graf v. Le Dauphiné (hatte vorher den Titel eines „Herzogs d. Normandie")		Das Reformkonzil zu Basel wählt gegen das Florenzer Konzil der Papstpartei Felix V. zum Gegenpapst (erkennt aber, als dieser 1449 abdankt, Nikolaus V. an, womit das Papsttum seine starke Stellung in der Kirche wiedergewinnt)
1440	Friedrich III., Hzg. von Steiermark und Kärnten, wird röm.-dt. Kaiser bis 1493 (†) (Kaiserkrönung 1452) † Friedrich I., seit 1398 Burggraf von Nürnberg, seit 1417 erster Kurfürst von Brandenburg; bekämpfte erfolgr. brandenburg. Adel (* 1372) Friedrich II. (der Eiserne) Kurfürst von Brandenburg bis 1470 († 1471) * Iwan III., Herrscher von Rußland von 1462 bis 1505 (†) Kaiser Friedrich III. unterstützt den Papst gegen das Baseler Reformkonzil Preußischer Bund des Adels und· der Städte unter Anlehnung an Polen geg. Dt. Orden		~ Peter Chelcicky, tschech. relig.-sozial. Philosoph (* ~ 1390, † 1460): „Netz des Glaubens" (Bibel als einzige Glaubensquelle; christl. Vernunft gegen kirchl. Autorität; gegen staatliche Gewalt, Kriege und Todesstrafe; diese Lehren sind die Grundlage der „Böhmischen Brüder" ab ~ 1457; gemäßigte Richtung ab 1494) Cusanus: „De docta ignorantia" (vom unerfaßbaren Gott), „De coniecturis"; die Erkenntnislehre des Cusanus unterscheidet: sinnl. Wahrnehmung, Verstand, spekulative Vernunft u. d. myst. Anschauung durch d. Verschmelzung der Seele mit Gott

🎨 *Lochner* Kupferstiche	🎵 *1. niederländische Schule*	🦉 *Mühlen*	🎩🎾
~ *Jan v. Eyck:* Bildnis eines Ritters vom Goldenen Vliess (niederl. Gem.) ~ *Meister von Flémalle:* „Werl-Altar" (für einen Kölner Magister; niederl. Tafelbilder, schildern Heilige in bürgerl. Umgebung) *J. d. Quercia:* Portal d. Kirche San Petronio in Bologna (beg. 1425; ital. Bildhauerarbeit d. Frührenaiss.) † *Jacopo della Quercia*, ital. Bildhauer der Frührenaissance (* 1371) Dogenpalast in Venedig (byzant.-got. Stil; Baubeginn 1309; ursprünglich gegrdt. 814)		*Leonardo Bruni* übersetzt die „Politik" des *Aristoteles* ins Italienische Wasserradantrieb für Gebläse wird bekannt Italienische Skizze einer Flut- (Gezeiten-)Mühle (mit Sicherheit erst im 17. Jhdt. verwend.)	Städtische Armenpfleger in Frankf. Main
Jan van Eyck: „Madonna am Brunnen" (niederl. Gemälde) ~ *Pisanello* begrdt. die Bildnisdarst. auf gegossenen Medaillen (meist in Verbindung mit Tierdarstellungen) ~ Meister d. Darmstädter Passion am Mittelrhein tätig Nordturm des Straßburger Münsters fertiggestellt (Baubeginn d. Münsters 1176)			„Reformation des Kaisers Siegmund" (politisch-soziale Reformschrift eines Augsburger Leutpriesters; in dt. Sprache) Feuerspritze in Nürnberg erwähnt
del Castagno: Fresken im Refektorium von St. Apollonia, Florenz (4 ital. Fresken im real. Stil, u. a. „Das Abendmahl", das als Vorstufe f. *Leonardo da Vincis* „Abendmahl" gilt) ~ *Donatello:* „Niccolò da Uzzano" (ital. Bildnisbüste) * *Hugo van der Goes*, niederl. Maler († 1482) ~ *Lochner:* „Dreikönigsaltar" (Gemälde i. Kölner Dom) ~ * *Bernt Notke*, dt. spätgot. Bildschnitzer und Maler in Lübeck († 1509) ~ *van der Weyden:* „Der hl. Lukas malt die Madonna" (niederl. Gemälde: Maria beim Stillen, landschaftl. Hintergrund; es existieren mindestens 5 Varianten) ~ Tucheraltar in der Frauenkirche zu Nürnberg (Tafelmalerei) ~ Kupferstiche des *Spielkartenmeisters* (erste erhaltene Kupferst. der in den vorangegangenen Jahrzehnten in Deutschland erfundenen Technik)		~*Cusanus:* Die einzige sichere Wissenschaft ist die Mathematik	

	Burgund auf der Höhe seiner Macht	*Humanismus*	*Vorreformation Eton College*
1441	Venedig gewinnt Ravenna (R. kommt 1509 zum Kirchenstaat)		*Nikolaus von Kues* wirkt in Deutschland für Wiederherstellung der päpstl. Rechte (vgl. 1434) u. Reform des Klerus *Heinrich VI.* von England gründet Eton-College *Cosimo de Medici* grdt. öffentl. Bibliothek v. S. Marco i. Florenz
1442	Die freie Hansestadt Berlin und die märkischen Städte verlieren ihre Selbständigkeit unter dem *Hohenzollern*-Kurfürsten *Friedrich II.* (dem Eisernen) * *Berthold von Henneberg*, Erzbischof und Kurfürst von Mainz; fördert Reichsreform († 1504) Kg. *Alfons V.* v. Aragonien erob. Kgr. Neapel (seit 1266 beim frz. Hause *Anjou*) und vereinigt es wieder mit Kgr. Sizilien (seit 1282 b. Aragonien). Sein Hof wird ein Mittelpunkt d. Humanismus *Agnes Sorel* (* 1422, † 1450) wird Geliebte v. Kg. *Karl VII.* v. Frankr., den sie stark beeinflußt		
1443	Nach Aussterben d. Hauses *Luxemburg* (Kaiser *Sigismund* †1437) kommt Hzgt. Luxemburg an d. Hzge. v. Burgund (1482 an *Habsburg*); damit erreicht Burgund größte Ausdehnung (Flandern, Artois seit 1384, Namur seit 1429, Brabant, Limburg seit 1430, Hennegau, Holland, Seeland seit 1433, Picardie seit 1435) Niederlage der Türken gegen ein ungarisch-polnisches Kreuzfahrerheer * *Matthias I. Corvinus*, Kg. v. Böhmen (1469—1471) und v. Ungarn von 1458 bis 1490 (†)		

Frührenaissance in Italien und den Niederlanden	1. niederländische Schule	Portugiesische Entdeckungen	
† *Jan van Eyck*, niederl. Maler; begrdte. mit seinem Bruder *Hubert* neuzeitliche niederl. Ölmalerei (* ~ 1390) ~ * *Luca Signorelli*, ital. Maler, bes. von Aktbildern († 1523) „Der Tod von Basel" (Totentanz im Kloster Klingenthal in Basel; begonnen 1437) ≈ Blüte der Medaillen-Kunst in Italien, bes. durch *Antonio Pisano*; ferner später *Matteo dei Pasti* († 1468), *Sperandio* († 1528), *Benedetto da Maiano* († 1497). Meist auf der Vorderseite Porträt eines bedt. Zeitgenossen, auf der Rücks. relig. oder allegorische Szene		Portugiesen finden b. Kap Blanco (W.-Afrika) erste Neger	Portugal beginnt Negersklavenhandel (bis ins 17 Jhdt.)
* *Benedetto da Maiano*, ital. Bildh. u. Baumeister d. Frührenaiss. († 1497) ≈ *della Robbia* arbeitet zahlr. Madonnenreliefs aus glasiertem Ton, eine von ihm selbst entwickelte Technik ~ *van der Weyden*: „Kreuzabnahme" (niederl. Altargemälde) Gotische Kirche Santa Croce in Florenz (Baubeginn 1295) **Schlüsselfelder Christophorus vom Südturm St. Sebald, Nürnberg**			
Burg- und Schloßbau d. Kurfürsten in Berlin-Kölln Krantor in Danzig ~ *Tosa Hirokata* (* ~ 1405, † 1491) „Märchen von dem jungen Himmelsprinzen" (jap. Tuschmalerei auf Langrolle; Spätwerk d. jap. Yamato-e; vgl. 1050)		* *Rudolf Agricola* (*Huysman*), dt. Humanist († 1485)	Frankreich verbietet Einfuhr engl. Tuche

	Kreuzzug gegen die Türken	*Humanismus Fastnachtsspiele*	*Vorreformation Humanismus*
1444	Schweiz. Eidgen. besiegen die frz. Armagnaken (Söldnerscharen) unter d. Dauphin *Ludwig*, mit denen sich Zürich 1442 gegen Schwyz verbündet hatte *Murad II.*, türk. Herrscher v. 1421 bis 1451 (†), besiegt d. Ungarn b. Warna (1448 nochmals auf d. Amselfeld; damit scheitert der Kreuzzug geg. d. Türken; erobern 1446 Griechenland v. Byzanz; waren 1353 n. Europa übergesetzt) In der Schlacht bei Warna geg. die Türken fällt *Wladislaw III.* v. Polen (seit 1434) und v. Ungarn (als *W. I.* seit 1440) (∼ 1424)	*Enea Silvio Piccolomini* (ab 1458 Papst *Pius II.*): „Euryalus und Lukretia" (ital. Liebesroman) ∼ *Hans Rosenplüt*, Büchsenmeist. i. Nürnberg, dichtet Schwänke, Fastnachtsspiele, Sprüche; Wappendichtungen	*Leonardo Bruni* (†, * 1369, ital. Humanist) forderte die Erkenntnis „was der Staat, die Stadt sei" (frühe Ansätze einer politischen Wissenschaft)
1445	Kg. *Heinrich VI.* v. England heiratet *Margarete von Anjou* (* 1429, † 1482); sie beeinfl. in d. Rosenkriegen stark d. *Lancaster*partei; Gefangene *Eduards IV.* von 1471 bis 1475 Kg. *Karl VII.* v. Frankr. schafft mit 15 besoldeten Ordonnanz-Kompagnien (mit insges. 1500 Rittern mit je 5 berittenen Gefolgsleuten) Anfänge eines stehenden Heeres Kopenhagen wird Sitz der dän. Könige	† *Oswald von Wolkenstein*, dt. ritterl. Dichter (* ∼ 1377)	Ausgabe des chin. Taoistischen Kanons in 5485 Heften beginnt (bis 1607)
1446	„Alfonsinische Gesetzessammlung" (port. Recht seit 1211)	† *Lionardo Giustiniani*, ital. Dichter, bes. volkstümliche Lieder (* ∼ 1388)	

Frührenaissance in Italien Konrad Witz	1. niederländische Schule	Buchdruck Entdeckungen	
~ *Botticelli* (eig. Sandro Filipepi), ital. Maler der Frührenaissance († 1510) * *Donato Bramante*, ital. Baumeister († 1514) Ende der seit ~ 1428 nachweisbaren Wirksamkeit d. *Meisters von Flémalle* (nach Bildern aus d. Abtei Flémalle zwischen Lüttich und Namûr). Eine etwaige Identität dieses Meisters mit anderen niederl. Malern (bes. *Rogier van der Weyden*) wird vermutet *Michelozzo* beginnt den Palazzo *Medici-Ricardi* in Florenz (im strengen Stil d. florent. Frührenaiss.) ~ *Konrad Witz:* Genfer Altar (der dort dargestellte „Fischzug Petri" gilt mit der Wiedergabe des Genfer Sees als erstes dt. naturalist. Landschaftsbild) Tanz- und Festsaal Gürzenich in Köln (Baubeginn 1441)		*Cosimo de Medici* gründet „Biblioteca Medicea Laurenziana"	
Fra Angelico malt Fresken in der Nikolauskapelle des Vatikans (mit strenger Zentralperspektive) ~ *del Castagno:* „Himmelfahrt" (ital. Tafelbild) ~ *Lochner:* „Madonna im Rosenhag" (spätgot. Malerei auf Goldgr.) ~ * *Martin Schongauer*, süddt. Maler und Kupferstecher († 1491) Notre-Dâme-Kirche in Dijon (mit Vorhalle in burgundischem Spitzbogenstil; Baubeginn 1331)		~ Erster Druck m. beweglichen, gegossenen Metallbuchstaben v. *Gutenberg* in Mainz: Gedicht v. Weltgericht. (Weitere Ausbreitung des Buchdrucks: Straßburg 1458, Köln 1465, Rom 1467, Barcelona u. Pilsen 1468,	Utrecht u. Venedig 1469, Nürnberg u. Paris 1470, Florenz u. Neapel 1471, Budapest, Krakau u. Messina 1473, Genua, Löwen u. Valencia 1474, Breslau 1475, London 1476, Leipzig 1481, Wien u. München 1482, Moskau 1564; vgl. auch 1501)
† *Filippo Brunelleschi*, ital. Baumeister; u. a. große Domkuppel, die Kirchen San Lorenzo u. Santo Spirito in Florenz (* 1377) *Petrus Christus:* Bildnis eines engl. Gesandten u. Bildnis einer jungen Dame (Lady *Talbot*) (niederl. Gemälde) ~ * *Pietro Perugino*, ital. Maler Umbriens († 1523) *della Robbia:* Reliefs im Dom zu Florenz (ital. Bildhauerarbeiten in halbkreisförm. Feldern) Älteste Datierung eines Kupferstichs („Berliner Passion")		*Diniz Fernandez* (Portug.) erreicht Westspitze Afrikas (Kap Verde)	

	„Berliner Unwille"	Humanismus	Vorreformation Humanismus
1447	„Berliner Unwille" (Aufstand der Bürgerschaft): Berlin und Kölln suchen gegen den Kurfürsten ihre städt. Freiheit zurückzuerobern (scheitert endgültig 1448; müssen Verbindung zur Hanse lösen) *Kasimir IV.*, Großfürst v. Litauen, wird Kg. v. Polen bis 1492 (†, * 1427)	*Rosenplüt*: „Lobspruch auf Nürnberg"	*Nikolaus V.* Papst bis 1455 (†); Humanist, schließt 1448 mit *Friedrich III.* Wiener Konkordat; grdt. Vatikanische Bibliothek
1448	*Christian I.* Kg. von Dänemark, Norwegen (1450) und Schweden (1457 bis 1464); ab 1460 auch Herrscher in Schleswig-Holstein (* 1426, † 1481) Schweden wählen *Karl VIII. Knutsson* zum Kg. (1457 vertrieben) ~ Dem wirtschaftl. v. d. Hanse beherrschten Norwegen gelingt es nicht, sich von der immer stärker werdenden Abhängigkeit von Dänemark freizumachen Türken besiegen Ungarn i. d. Schlacht auf dem Amselfeld	† *Domenico Burchiello*, ital. Dichter; schrieb volkstüml. burleske Gedichte (* 1404)	
1449	In der Soester Fehde (seit 1444) macht sich Soest von Kurköln unabhängig u. schließt sich Kleve an (b. Kurköln seit 1278) * *Lorenzo* (il Magnifico = der Prächtige) *de Medici*, Herrscher i. Florenz von 1469 bis 1492 (†); hervorragender Förderer d. Renaissance in Italien		

Fra Angelico *Lochner*	*1. niederländische Schule*	*Selbstfahrer*	
~ *Fra Angelico*: „Das jüngste Gericht" (ital. Flügelaltar) *Fra Filippo Lippi*: „Marien-Krönung" (seit 1441, ital. Tafelbild) *Lochner*: „Darbringung im Tempel" (spätgot. Malerei auf Goldgr., Kölner Schule) † *Masolino da Panicale*, ital. Maler zwischen Gotik- u. Renaissancestil (* 1383) † *Konrad Witz*, dt. Maler d. oberrheinischen Schule; bes. Altarwerke (* 1395)		Selbstfahrer durch Menschenkraft, in Memmingen erwähnt	~ Dt. Handschr.-Fabrik in Hagenau (Handschriftenhandel in Dtschl. seit ≈ 1350)
Jacopo Bellini (* ~ 1400, † ~ 1470, Vater von *G. B.*): Madonna (venezianische Malerei) *Montegna*: Freskenfolge in der Eremitani-Kirche in Padua (bis 1457), zunächst gemeinsam mit *Niccolò Pizzolo* († 1453) ~ Kapelle des King's College in Cambridge (die Bauten der Colleges in C. entstehen vom 14. bis 16. Jh.) ≈ Himmelstempel in Peking			≈ In Deutschl. werden Briefe zunehmend im dt. Kanzleistil abgefaßt (vorher meist lateinisch, geschrieben v. Geistlichen u. Klosterangehörigen)
Petrus Christus: „Der heilige Eligius in der Werkstatt" (gilt als erstes niederl. Genrebild) * *Ghirlandajo* (eig. *Domenico di Tomaso Bigordi*), ital. Maler relig. Bilder († 1494) ~ *van der Weyden*: Mehrflügliger Altar d. Kanzlers *Rolin* für das Hospital in Beaune (Burgund) mit „Jüngstem Gericht" u. Bildnis d. Stifters mit Frau (niederl. Tafelmalerei) Italienreise *Rogiers van der Weyden* (bis 1450), die sein Schaffen vielfach beeinflußt Got. Kapelle d. Hofburg in Wien ~ *Nakao Noami* (* 1397, † 1494): „Reiher in Sumpflandschaft" (jap. Tuschmalerei aus Kyoto)		† *Ulug-Beg*, Tatarenfürst u. Astronom in Samarkand, wo er vorteleskop. Sternwarte mit riesigen Instrumenten errichtete. Bestimmte die Position von 1018 Sternen des ptolemäischen Katalogs mit größerer Genauigkeit (* 1394)	In Nürnberg findet Zählung der gesamten Bevölkerung statt zur Ermittlung des Ernährungsbedarfes in Kriegszeiten (i. allgemeinen sind d. Zählungen in d. Städten dieser Zeit nur zweckgebundene Teilzählungen) ≈ Reichgeschnitzte got. Truhen. Himmelbetten mit Schnitzereien und Bemalung Pest in Deutschland (Seuchen und Hungersnöte werden als „Gottesgeißel" gedeutet

	Auflösung des Rheinischen Städtebundes Sforza in Mailand	*Humanismus*	*Vorreformation Humanismus*
1450	Markgraf *Albrecht III. Achilles* versucht vergebl. die freie Reichsstadt Nürnberg zu unterwerfen ∼ Auflösung des Rheinischen Städtebundes (bestand seit 1254) Der Condottiere *Franz Sforza* wird Hzg. v. Mailand; hatte sich nach dem Tode des letzten Herzogs aus d. Hause *Visconti* (1447), mit dessen natürl. Tochter er verheiratet war, die Macht angeeignet Türken vertreiben von der Krim die Genueser, die dort seit d. 13. Jh. Handelsniederlassungen hatten ∼ Der an der Regierung und Verwaltung teilnehmende Ausschuß d. schott. Parlamentes besteht aus 6 Geistlichen, 6 Baronen und 3 Bürgern. (Die Zahl der Vertreter der Städte im Parlament steigt im 15. Jhdt. von 5 auf 34) ≈ Inkas erobern Indianerstaat der Chimú in Nordperu	† *Alain Chartier*, frz. Dichter; schrieb allegorische Zeit- u. Liebesgedichte (* 1385)	„Germania" des *Tacitus* als Handschrift im Kloster Hersfeld entdeckt ∼ *Gutenberg* druckt Konstanzer Meßbuch (wahrscheinlich noch vor der 42zeiligen Bibel; vgl. 1455) *Nikolaus von Kues* wird Bischof von Brixen (hier von Hzg. *Siegmund* von Tirol zeitweilig in Haft genommen) * *Jakob Wimpfeling*, dt. Humanist im Elsaß († 1528) Universität Glasgow (Schottl.) gegründet ∼ Große Knabenwallfahrten a. Deutschld. z. frz. Kloster-Wallfahrtskirche auf Mont-Saint-Michel (Normandie) ≈ Unter den *Medici* ist Florenz Mittelpunkt der Renaissance u. des Humanismus

 *Frührenaissance in Italien und den Niederlanden*	*1. niederländische Schule*	*Buchdruck*	
≈ *Meister aus Avignon:* „Beweinung Christi" (frz. spätgot. Malerei, niederl. beeinflußt) ~ * *Hieronymus Bosch*, niederl. Maler († 1516) † *Pisanello (Antonio Pisano)*, ital. Maler, vorzugsw. in Verona; pflegte naturnahe Tierdarstellungen, schuf Bildnis-Medaillen (* ~ 1397) ~ *della Robbia:* „Madonna" (ital. Plastik der Renaissance) ~ * *Veit Stoß*, dt. spätgot. Bildhauer in Nürnberg u. Krakau († 1533) ~ *Rogier van der Weyden:* Middelburger Flügelaltar ~ St. Lambertikirche in Münster in Westf. (spätgot. Hallenkirche, Baubeginn im 14. Jhdt.) ~ Rathaus in Tangermünde (mit offener Gerichtslaube) ~ Palazzo Dario in Venedig (Renaissance-Palast) Sforza-Kastell in Mailand beg. ~ Der spätgot. „Weiche Stil" der dt. Malerei wird durch einen vorrenaissancehaft naturalistischen „Harten Stil" abgelöst ~ Die Kunst d. Renaissance greift von Florenz auf Rom über (neben naturalist. Zügen enthält die ital. Kunst dieser Zeit auch neogot.-empfindsame) Kölner Dom bleibt unvollendet (1842–81 vollendet) ~ „Ars moriendi" („Kunst des Sterbens", niederl. Blockbuch, von Holztafeln gedruckt) ≈ In den Buchmalereien der burgundischen Gebets- und Stundenbücher zeigt sich wachsender Realismus ≈ Chin. feines Porzellan (seit ~ 1350) mit blauer Bemalung unter d. Glasur kommt in den Orient und nach Europa und beeinflußt in der Folgezeit islam. und europ. Kunst und Kunsthandwerk (Delft) ≈ 10–17 m große starr-stilisierte Dschaina-Fels-Figuren in der Arwahi-Schlucht (Gwalior, Nordind.)	~ * *Josse* (auch *Josquin*) *Desprez*, ndl. Komponist von Messen u. Motetten im strengen Kontrapunkt († 1521) *Dufay* siedelt endgültig n. Cambrai über (war 1428 bis 1437 Sänger in der päpstl. Kapelle) ~ * *Heinrich Isaak*, dt. Liederkomp. niederl. Herkunft; u. a. „Innsbruck, ich muß dich lassen" († 1517)	*Nikolaus von Kues:* „De Staticis" (Dialoge über Versuche mit der Waage) ~ Höhepunkt der Blockbuch-Herstellung (v. Holzschnittplatten mit Text und Bild). U. a. Armenbibel, Antichristus, Totentanz, Planetenbuch *Gutenberg* leiht sich von *Joh. Fust* 800 Gulden z. Einrichtung e. Druckerei, die er ihm verpfändet. Er trennt sich 1455 wegen Geldschwierigkeiten v. *Fust*, der die Druckerei mit seinem Schwiegersohn *Peter Schöffer* übernimmt ~ Schlauch mit Sprech- u. Horchtrichter zwischen Gottvater u. Maria auf der „Verkündigung", Relief über dem Eingang zur Marienkapelle in Würzburg * *Bartolomäo Diaz*, portug. Seefahrer († 1500)	≈ Flandern steht im Zentrum der starken und allseitigen Handelsbeziehungen in Europa und im Mittelmeergebiet ≈ Entwicklg. einer handwerklich. Exportindustrie in vielen Teilen Europas ≈ Mokka ist Hafen für die Kaffeeausfuhr Südwestarabiens ≈ Die größten dt. Städte sind u. a. Augsburg, Ulm, Breslau, Nürnberg, Hamburg, Straßburg mit etwa 20000 Einw. (Frankfurt, Basel, Rostock 10000 bis 15000; Dresden, Leipzig, Heidelberg, Eger, Zürich, Mainz 4000 bis 7000). Venedig 190000, Palermo 100000, Genua und Mailand 80000, Brüssel und Antwerpen 50000 bis 60000, Florenz 40000 (vielfach wahrscheinl. überschätzt) ≈ Blüte des Fachwerk-Wohnhauses in Niederdeutschland, gelegentlich auch reiche Schnitzereien (Blüte in Süd- und Westdeutschland im 16. Jhdt.) ≈ Ritter tragen Visierhelme

	Vordringen der Türken	*Humanismus*	*Vorreformation Humanismus*
Im 15. Jahrhundert	Der landesherrliche Grundbesitz in den neukolonisierten Gebieten östl. d. Elbe ist in zahlr. Gutsherrschaften aufgesplittert, die sich auf ein oder wenige Dörfer erstrecken. Die Bevölkerung ist wirtschaftl. u. rechtl. vom Gutsherrn abhängig infolge schwacher Zentralgewalt. Macht der illegalen Femegerichte (bes. in Westfalen) wird durch Landesherren und Städte gebrochen. In England beginnt d. Freilassung d. hörigen Bauern. Durch Umwandlung d. Ackerlandes in Weideland (Schafzucht) und Vergebung an wenige Pächter geht der Bauernstand zugrunde (bis ≈ 1600; 3 bis 4 Hirten statt 200 Landleute leben dann auf derselben Fläche). **Unter dem Shogunat der Ashikaga in Japan (1336 bis 1573) zerfällt die Zentralgewalt, blühen aber Wissenschaft und Kunst**	*Martorelli:* „Tirant lo Blanch" (katalanisch. Ritterroman, kennzeichnet Höhepunkt d. katalan. Literatur seit d. 13. Jhdt.) Die Humanistenschrift greift auf die *karoling.* Minuskel zurück, da die sog. „gotische" schwer leserlich geworden war (entwickelt sich weiter zur modernen „lateinischen" Antiqua) Von Mainz aus entstehen bürgerl. Meistersingerschulen in ganz Süddeutschland mit strengen handwerksmäßigen Kunstgesetzen „Lorengel" (Meistersinger-Bearb. der Lohengrinsage) Im 14.—16. Jhdt. entstehen u. verbreiten sich im dt. Volksmund die Schwänke, die im 16. Jhdt. in Schwankbüchern gesammelt werden In Frankreich entstehen Moralitäten- und Narrenspiele als Schauspielarten Durch Einführung allegorischer Figuren verwandeln sich die engl. Kirchendramen in Moralitäten- (Moralities) und Zwischenspiele (Interludes) „Little Geste of Robin Hood" (engl. Epos; gedruckt 1510)	Im ital. Humanismus findet eine ausgedehnte Diskussion über Wesen und Verhältnis der Wissenschaften statt. Bevorzugt werden die „Geisteswissenschaften". Erziehung zum verantwortungsbewußten Staatsbürger wird gefordert

 Frührenaissance in Italien Spätgotik in Deutschland	Niederländische Schulen	Entdeckungen Arkebuse	
Norddt. Backsteingotik	In d. niederländ. Schule entsteht die Motette, die Vertonung eines geistlichen Textes in streng kontrapunktisch-imitatorischem Stil für Singstimmen allein (Höhepunkt i. 16. Jhdt.)	Die Arkebuse mit Luntenschloß als Schußwaffe (vorher Luntenzündg. von Hand)	I. d. Gotik gibt es neben dem Bocktisch (Platte auf Böcken) d. Kastentisch (Kasten auf Brettwänden mit Querhölzern), oft m. reichen Formen u. Schnitzereien
Gotische Glasmalereien in den Domen von Metz und Köln (teilweise bis ins 16. Jhdt.)		Von der Erdoberfläche sind im europäischen Kulturkreis bekannt:	
Glasmalereien in der Stiftskirche Klosterneuburg			
Gotisches Rathaus in Lübeck (Baubeginn ≈ 1300)		— 400: 2,8% (6,1% Land, 1,4% Wasser)	Im Handwerk wird das Meisterstück allgemein
Heiliggeist- u. Salvatorkirche in München			
Spätgotik in England ("Perpendicular style" ≈ 1350 bis ≈ 1550, u. a. mit flachem *Tudor*-Bogen)	In Frankreich blüht die strenge Kunstform der Ballade ("Tanzlied")	200: 7,0% (13,4% Land, 4,2% Wasser)	Breiter, um d. Kopf gelegter Zopf als Frauenhaartracht i. Deutschland
Kathedrale in York (engl., teilweise hochgotische Kirche; Baubeginn im 11. Jhdt. im normannischen Stil)	Kielklavier (Vorform d. Hammerklaviers)	1000: 8,1% (15,2% Land, 5,2% Wasser)	Hörnerhaube in d. dt. Frauenkleidung
Der kolorierte Umriß-Holzschnitt (seit ~ 1400) wird durch linienreichere Schwarzweißtechnik ersetzt	Verbesserte Orgelmechanik gestattet fließendes Spiel (d. mittelalterl. Orgel mußte mit den Fäusten geschlagen werden). Erste Zungenstimmen	1400: 11,2% (21,0% Land, 7,0% Wasser)	In Mitteleuropa Männerhüte mit hohem Kopf, hinten aufgeschlag. Krempe u. Feder
Zahlr. nur durch ihr Signum (Monogramm) bekannte, meist dt. Kupferstichmeister nachweisbar (z. B. *E. S.*, *I. A. M.*, *I. B.* [ital.], *L. C. Z.*, *L. Z.*, *W.*)		1500: 22,1% (25,0% Land, 20,9% Wasser)	Gruß durch Hutabnehmen wird in Europa häufiger
	In die Mensuralnotenschrift (vgl. 1298) werden für die zeitlich größeren Notenwerte schwarzumrandete weiße Notenzeichen (Hohlnoten) eingeführt	1600: 49,0% (40,0% Land, 52,5% Wasser)	Hemd dient als Leibwäsche (vorher nur Ober- od. Untergewand)
Dt. Bildteppiche (Altarvorhänge, Minneteppiche)		1700: 60,7% (50,6% Land, 64,7% Wasser)	Die Wohnhäuser Wohlhabender in den dt. Städten werden geräumiger und erhalten breitere Straßenfront
Blütezeit d. burgund.-nordfrz. Bildteppich-Wirkerei (Hauptmeister in Tournai [Flandern] *Pasquier Grenier* mit Schwanenteppich, *Alexander*-Folge, *Esther*-Folge)		1800: 82,6% (60,0% Land, 92,1% Wasser)	
Der Samt wird Material der jetzt auch weltlichen Webkunst; Entwicklung d. Granatapfelmusters in Italien und Deutschland	Im höfischen Tanz nach mehrstimmiger Instrumentalbegleitg. wechseln Schreittänze i. geradem Takt mit Rundtänzen i. ungeradem (aus diesen Folgen entwickeln sich im 16. Jhdt. Suite u. and. mehrsätz. Instrumentalformen)	1900: 95,7% (90,0% Land, 97,8% Wasser)	
		1950: fast 100%	Die Verweltlichg. d. Spätgotik bringt eine Entwicklung d. Wohnkultur (d. mittelalterl. Wohnraum war sehr einfach mit spärlich. Mobiliar)
In der span. Webkunst (seit 12. Jhdt.) herrschen noch die geometrischen Arabesken u. das ital. Pflanzenornament		Eisenhütten verbreiten sich von d. Niederlanden n. England u. Schweden. Hochöfen entstehen aus großen Stücköfen	
In Italien entsteht d. Maleremail (Kupferplatte mit Schmelzüberzug, in den Farben eingebrannt)			
Blüte d. islam. Miniatur- und Buchmalerei in Persien (gepflegt seit d. 9. Jhdt.)			Von Italien aus verbreitet sich allgemeiner das Zahlwort „Million"
Al-Moayed-Moschee in Kairo (islam.)	Meistersinger siehe auch Spalte Dichtg.		

	Türken erobern Konstantinopel	Humanismus	Vorreformation Humanismus
1451	*Mohammed II.* (d. Große) türk. Herrscher bis 1481 (†); erobert Konstantinopel, Serbien (ohne Belgrad), Bosnien, Albanien, Griechenland, Trapezunt u. a., zwingt d. Khan d. Krimtataren zur Anerkennung seiner Oberhoheit; nimmt 1471 Sultantitel an (bis dahin sind die türk. Herrscher Emire) Afghanische Herrscher lösen die von *Timur* (1398) eingesetzte Dynastie in Nordindien ab (1526 entsteht d. Reich d. Großmoguln)		
1452	*Friedrich III.* wird in Rom zum Kaiser gekrönt (letzte Krönung eines dt. Kaisers in Rom) Die Markgr. v. *Este* werden von Kaiser *Friedrich III.* zu Hzgen. v. Modena erhoben (1471 vom Papst mit Hzgt. Ferrara belehnt) ~ Aufstand der Maya gegen die Tolteken in Yucatán leitet langen Bürgerkrieg und Kulturverfall ein		* *Girolamo Savonarola*, ital. Bußprediger in Florenz († 1498, verbrannt)
1453	Kaiser *Friedrich III. v. Habsburg* erhebt Österreich zum Erzherzogtum Englands Feldherr *Talbot* fällt in der Schlacht bei Castillon: Ende des „Hundertjährigen Krieges" (seit 1339). Nachdem Kg. *Karl VII.* v. Frankr. mit dem England verbündeten Hzg. *Philipp* von Burgund Frieden geschlossen hatte (1435), verloren die Engländer alle frz. Besitzungen außer Calais (1558 geräumt) Der poln. Reichstag zerfällt in eine Magnatenkammer (Senat) u. f. d. Gesetzgebung maßgebende Ritterkammer (mit je 2 „Landboten" aus jeder Landschaft). Der poln. Adel gewinnt immer stärkeren Einfluß über d. König Der kastilische Adel setzt seine Macht gegen d. span. Kg. durch (Adelsmacht wird 1476 gebrochen) Der türk. Emir *Mohammed II.* (der Große) erobert Konstantinopel u. vernichtet d. Reich des letzten byzant. Herrscherhauses d. *Paläologen* in Morea Der letzte byzantinische Kaiser *Konstantin XI. Paläologos* (seit 1448) fällt. Ende des Oström. Reiches (Byzanz)		~ Nach der Eroberung Konstantinopels durch die Türken fliehen griech. Gelehrte nach Italien und fördern hier die Ausbildung des Humanismus

Frührenaissance in Italien / Spätgotik in Deutschland	1. niederländische Schule	Granaten und Bomben	
~ *Jean Fouquet:* „Etienne Chevalier u. d. hl. Stephanus" (frz. Gem.) † *Stephan Lochner* (a. d. Pest), dt. spätgot. Maler, Haupt der Kölner Schule (* ~ 1405)		* *Christoph Kolumbus* in Genua, Seefahrer in spanisch. Diensten u. Entdecker Amerikas († 1506) * *Amerigo Vespucci*, ital. Seefahrer und Entdeckungsreisender († 1512)	
Ghiberti: Paradiestür am Baptisterium in Florenz (ital. Bronzereliefs der Frührenaissance, begonn. 1425) * *Leonardo da Vinci*, ital. Maler und Forscher († 1519)	*Conrad Paumann*, dt. blinder Organist (* 1410, † 1473): „Fundamentum organisandi" (eine der frühesten Sammlungen von Orgelstücken mit Vorspielen, weltlichen u. geistl. Liedern, Tänzen)		Stadtmauer von Nürnberg (beg. 1345; erweitert bis zum 17. Jh.)
Donatello: Reiterstandbild d. päpstl. Feldherrn *Gattamelata* (erstes lebensgroßes bronzenes Reiterdenkmal der neueren Zeit) ≈ Byzantinische Kunst zieht sich nach der Eroberung Konstantinopels in die Athosklöster u. griech. Werkstätten Venedigs zurück ≈ Die Führung in der Glaskunst geht von Byzanz auf Venedig über (war in Byzanz nach der Völkerwanderungszeit entwickelt worden und stand zeitweilig unter persischem Einfl.)	† *John Dunstable*, engl. Komponist; schrieb im „Fauxbourdon"-Stil Messen (Antiphonen) u. weltliche Lieder (Chansons), u. a. „O rosa bella". Begründer d. mehrstimmigen, kunstvollen Gesangstils (*~1369)	Bei der Belagerung und Eroberung von Konstantinopel werden neben Steinkugeln auch eiserne Granaten u. Bomben verwendet ≈ Casseler Handschrift beschreibt die sieben „Eigenkünste" als Diener der freien Künste: Baukunst, Webkunst, Schiffahrt, Ackerbau, Kochkunst, Medizin, Hofkunst (Spiele, Unterhaltung)	≈ Mit dem Humanismus gelangt auch die Astrologie nach Europa; paßt sich stark dem christlichen Glauben an

	„Rosenkriege"	Humanismus Villon	Bibeldruck Humanismus
1454	In d. Nessauer Statuten verzichtet Kg. *Kasimir IV.* v. Polen (1447—1492 [†]) auf wichtige Rechte zugunsten d. Adels (z. B. Entscheidung über Krieg und Frieden) Thorn sagt sich vom Dt. Orden los und wird selbständige Stadt (unter poln. Oberhoheit vom 2. Thorner Frieden 1466 ab)		*Purbach* beginnt mit humanistischen Vorlesungen in Wien *Gutenberg* druckt Ablaßbriefe
1455	Kurfürst *Friedrich II.* v. Brandenburg kauft d. Neumark (rechts d. Oder) vom Dt. Orden zurück (1402 v. Kg. *Sigismund* verpfändet) Ritter *Kunz v. Kauffungen* entführt die beiden Söhne d. sächs. Kurfürsten aus d. Altenburger Schloß, um Erfüllung v. Geldforderungen zu erzwingen (wird gefangen und hingerichtet) Beginn der Kämpfe um d. engl. Thron („Rosenkriege") zwischen dem Hause *Lancaster* (rote Wappenrose) und *York* (weiße Wappenrose). Führt 1485 zur Thronbesteig. d. Hauses *Tudor* u. zur entscheid. Schwächung d. engl. Hochadels	*Hermann von Sachsenheim*: „Goldener Tempel" (schwäb. ritterl. Dichtung, Verherrlichung der Jungfrau Maria)	*Kalixt III.* Papst bis 1458 (†) * *Johann Reuchlin*, führender dt. Humanist († 1522) „Mahnung der Christenheit wider die Türken" (einer der ersten Drucke *Gutenbergs*) ~ 42zeilige *Gutenberg*-Bibel gedruckt (lat., gemalte Initialen ~ 1485)
1456	Türken erobern Griechenland (seit 395 ohne wesentl. polit. u. kultur. Bedeutung; selbständig 1822) Belgrad verteidigt sich gegen die Türken unter *Johann Hunyadi* (* ~ 1385, † 1456), dessen Sohn *Matthias (I.) Corvinus* 1458 ungar. König wird	† *Juan de Mena*, span. Dichter; schrieb unter ital. Einfluß allegor. Dichtungen teils mystisch-visionär, teils m. Gelehrsamkeit überladen (* 1411) † Gräfin *Elisabeth von Nassau-Saarbrücken*, übersetzte volkstüml. frz. Romane ins Deutsche *Thüring von Ringoltingen* schreibt d. dt. Volksbuch von der schönen Melusine (nach frz. Vorbildern; vgl. 1387) *Villon*: „Das kleine Testament" (frz. Vagantendichtung)	*Peter Luder* (* 1415, † 1475) Prof. in Heidelberg; erster dt. Lehrer des Humanismus (später in Erfurt, Leipzig, Basel und Wien) Gründung der Universität Greifswald

Frührenaissance in Italien Spätgotik in Deutschland	Lochheimer Liederbuch	Portugiesische Entdeckungen	
* *Simone de Cronaca*, ital. Renaiss.-Baumeister († 1509) ~ † *Shubun*, chin. Maler, Schüler von *Joetsu* (vgl. 1401), malte im Stil d. chin. *Sung*-Zeit Tuschbilder von Landschaften (* 1420) ~ Flämische Meister errichten auf Anregung von Papst *Nikolaus V.* Bildteppich-Werkstätten in Rom			Vermögenssteuer in Sachsen
† *Fra Angelico (Fra Giovanni da Fiesole)*, Dominikaner, ital. Maler religiöser Bilder (* 1387) † *Lorenzo Ghiberti*, ital. Bildhauer; u. a. Bronzetüren des Baptisteriums in Florenz (* 1378) *Jacques van Thienen* u. *Jan van Ruysbroek*: Rathaus in Brüssel (spätgot. Prunkstil, Baubeginn 1401) ~ **Peter Vischer d. Ä.*, Sohn d. Nürnberger Bronzegießers *Hermann Vischer d. Ä.* († 1488), entwickelt die Nürnberger Gießhütte zu hoher Blüte († 1529) *Hsia Ch'ang* (* 1388, † 1470): „Frühlingsregen am Flusse Hsiang" (chin. Tuschmalerei auf Langrolle)	~ „Lochheimer Liederbuch" (Volks- u. Minnelieder-Handschr.)		
Alberti beg. Fassade v. S. Maria Novella in Florenz *della Robbia*: Grabmal eines Bischofs in d. Kirche Santa Trinità in Florenz (ital. Bildhauerarbeit in Marmor) *Paolo Ucello*, florent. Maler (* 1397, † 1475): „Schlacht von S. Romano" (3 Tafelbilder, perspekt. betont) ~ Baubeginn d. Palazzo Venezia in Rom (im neogot. beeinflußten Renaissancestil)			Ca. 3000 stadtartige Siedlungen i. Dtl. Davon nur Köln, Lübeck, Straßburg, Danzig, Breslau, Nürnberg, Augsburg, Ulm, Erfurt mit 20 000–30 000 Einw.

	Vordringen der Türken *Matthias Corvinus*	*Humanismus*	„*Accademia Platonica*"
1457	Kaiser *Friedrich III.* erbt Ober- und Niederösterreich durch den Tod *Ladislaus' V. Posthumus* (wahrsch. Giftmord, * 1440), Kg. von Ungarn seit 1444, Kg. v. Böhmen seit 1453 Polen erobert Marienburg (wird 1466 Schloß d. poln. Könige); Königsberg wird Sitz d. Hochmeisters v. Dt. Orden * *Heinrich VII.*, erster *Tudor*-König von England von 1485 bis 1509 (†)	* *Sebastian Brant*, dt. Satiriker, Humanist u. Dichter in Straßburg († 1521) Frz. Volksbuch v. d. Prinzessin Magelone v. Neapel und Peter v. Provence (dt. Bearb. 1527)	† *Lorenzo Valla*, ital. Humanist und antischolast. Philosoph, seit 1448 am päpstl. Hof; bewies, daß die „Schenkung *Konstantins d. Gr.*" eine Fälschung ist (* 1406) Kunwalder Vereinigung (auf der Grundlage der Lehren *Chelcickys* [vgl. 1440]; Vorläufer der „Böhmischen Brüdergemeinde" von 1494)
1458	*Georg von Podiebrad* (Hussit) Kg. von Böhmen bis 1471 (†) *Ferdinand I.* (* 1423, † 1494) Kg. von Neapel; macht seinen Hof zur Pflegestätte hoher Renaissancekultur. Sizilien bleibt mit Aragon unter *Johann II.* († 1479) vereinigt Unter Kg. *Alfonso V.* (dem Afrikaner) faßt Portugal in Marokko Fuß *Matthias I. Corvinus* Kg. v. Ungarn bis 1490 (†); ab 1469 auch Kg. v. Böhmen mit Mähren, Schlesien u. Lausitz; erobert 1485 Wien u. Niederösterreich; pflegt als Renaissancefürst bes. ital. Wissenschaft und Kunst Buda(pest) Residenzstadt Türken erobern Athen	* *Jacopo Sannazaro*, neulat. ital. Dichter span. Herkunft; dichtet Fischer- u. Hirtenidylle († 1530) † *Marqués de Santillana*, span. Dichter; schrieb Sonette u. allegor. Liebesdichtung in der Art *Dantes*; „Vater d. span. Humanismus" (* 1389)	*Pius II. (Enea Silvio Piccolomini)* Papst bis 1464 († ,* 1405); stärkt Papsttum, schreibt wissenschaftl. u. dichter. Werke
1459	* *Maximilian I.*, Sohn Kaiser *Friedrichs III.*, dt. Kaiser von 1493 bis 1519 (†) *Eberhard V. im Bart* Graf v. Württemberg bis 1496 († , * 1445; wird 1495 Herzog); begrdt. ständische Verfassg. Eroberung Serbiens durch die Türken; viele Serben wandern nach Ungarn aus	* *Konrad Celtis*, dt. Dichter u. Humanist († 1508) *Antoine de la Sale* (*1388, † 1464): „Petit Jehan de Saintré" (frz. Roman)	Papst *Pius II.* stiftet Universität Basel *Cosimo de Medici* gründet „Accademia Platonica" (Schule d. *Plato*-Übersetzer) in Florenz

Frührenaissance in Italien Meister E. S.	*1. niederländische Schule*	*Portug. Entdeckungen*	
† *Andrea del Castagno (di Bartolommeo)*, ital. Maler, bes. in Florenz (* 1410) *Petrus Christus:* „Madonna mit hl. Franziskus u. Bischof" (niederl. Gemälde mit d. ital. Motiv der „heiligen Unterhaltung") *Johannes Koerbecke* (i. Münster, † ~ 1490): Hochaltar d. Klosters Marienfeld (15 Tafeln) * *Filippino Lippi*, Sohn d. Malers u. Klosterkaplans *Filippo Lippi* und einer Novize seines Klosters, ital. Maler († 1504). *Filippo Lippi* malt die Mutter als Madonna ~ *Domenico Veneziano (di Bartholommeo)* (* ~ 1400, † 1461): „Mädchenbildnis" (flor. Bildnis)		In der Druckerei von *Johann Fust* (* ~ 1400, † ~ 1466, Geldgeber *Gutenbergs*) u. seines Schwiegersohnes *Peter Schöffer* entstehen hochwertige, meist religiöse Drucke (u. a. „Psalterium Moguntinum") Weltkarte des *Fra Mauro*	
Fra Filippo Lippi: „Anbetung im Walde" (naturnahes ital. Gem. f. d. Hauskapelle d. *Medici* i. Florenz) *Multscher:* Schnitzaltar mit gemalten Flügeln f. d. Frauenkirche in Sterzing St. Jans-Kirche in s'Hertogenbosch (niederl., spätgot.; Baubeginn 1419)			Kg. *Christian I.* v. Dänemark stiftet Elefantenorden
Mantegna: „Thronende Madonna mit Engeln u. Heiligen" (ital. Altarbild f. d. Kirche S. Zeno in Verona) ~ Kupferstiche d. *Meisters E. S.* (leiten die junge Technik über zum Höhepunkt bei *Schongauer* und *Dürer*) ~ Baubeginn d. Palazzo Pitti in Florenz (strenger Stil der Florentiner Renaissance nach Plänen von *Alberti*)	* *Paul Hofhaimer*, österreich. Organist und Komponist am Hof *Maximilians I.* in Innsbruck ab 1480; Begründ. d. Wiener Orgelschule († 1537)	~ * *Martin Behaim*, dt. Geograph u. Seefahrer († 1507)	* *Jakob Fugger* (d. Reiche); macht s. Haus zur bedeutendsten Bank d. europ. Frühkapitalismus († 1525)

	Vordringen der Türken	*Humanismus* *Villon*	*Vorreformation* *Humanismus*
1460	Nach Aussterben d. Hauses *Schaumburg* wählen die Stände des Hzgts. Schleswig-Holstein Kg. *Christian I.* v. Dänemark aus d. Hause *Oldenburg* zum Landesherrn, der die Untrennbarkeit dieser Länder gelobt Pfalzgraf *Friedrich* („der Siegreiche") (* 1425, † 1476) begrdt. im „Pfälzer Krieg" Pfälzer Territorialmacht Schweiz. Eidgenossen erobern Thurgau von *Habsburg* Das Fürstent. d. Walachei kommt unter türk. Oberhoheit (bildet mit Moldau 1861 Rumänien)	* *William Dunbar*, schottischer Dichter († 1529) „Rheinisches Osterspiel" (geistl. Schauspiel, in seiner klaren Gliederung ein Höhepunkt seiner Gattung)	
1461	Der alban. Fürst *Skanderbeg* (* ~ 1404, † 1468) verteidigt Albanien erfolgr. geg. d. vordringenden Türken u. erhält Albanien zugesprochen (führt 1464 d. Kreuzzug geg. d. Türken) *Eduard IV.* aus dem Hause *York* stürzt im Verlauf d. Rosenkriege *Heinrich VI.* aus d. Hause *Lancaster*, wird Kg. von Engl. bis 1483 (†); schwächt d. Parlament *Ludwig XI.* Kg. v. Frankr. bis 1483 (†) Türken erobern Kaiserreich Trapezunt (bestand seit 1204)	Druck des Buches „Edelstein" (*äsopische* Fabeln in dt. Reimversen von *Ulrich Boner* aus Bern ~ 1350; ältest. datiertes, in Lettern gedrucktes Buch in dt. Sprache) *Villon*: „Das große Testament" (frz. Vagantendichtung)	
1462	Mainz wird nach Kämpfen erzbischöfl. Stadt unter Verlust seiner Privilegien (die es seit 1118 besaß) * *Ludwig XII.*, König von Frankreich von 1498 bis 1515 (†) *Iwan III.* Großfürst von Moskau bis 1505 (†, * 1440), unterwirft in d. Folgezeit d. übrigen russ. Fürstentümer und befreit 1480 Rußl. v. d. Herrschaft der Tataren Winterthur kommt zu Zürich Araber von dem von ihnen 711 eroberten Gibraltar vertrieben (1704 von Engländern erobert)		

v. d. Weyden Spätgotik in Deutschland	2. niederländische Schule	Portugiesische Entdeckungen	
~ * Hans Backofen, dt. spätgot. Bildhauer in Mainz († 1519) * Adolf Daucher, Augsburger Bildhauer der Renaissance († 1523) Benozzo Gozzoli (* 1420, † 1497) „Zug d. heiligen drei Könige" (Monumental-Fresko üb. 3 Wände in d. Kapelle d. Palazzo Ricardi d. Medici, Florenz) * Adam Kraf(f)t, dt. Bildhauer in Nürnberg († 1509) ~ * Tilman Riemenschneider, dt. spätgot. Bildschnitzer u. Bildhauer († 1531) * Andrea Sansovino (eig. Contucci), ital. Bildhauer d. Hochrenaissance; u. a. Marmorgruppe der „Taufe Christi" am Baptisterium-Ostportal in Florenz 1503 († 1529)	† Gilles Binchois, niederl. Komp. u. Kapellsänger am Hof Philipps des Guten von Burgund, u. a. heitere Chansons (* ~ 1400) ~ Zweite niederl. Schule mit Johannes Ockenheim (Okeghem) u. Jakob Obrecht bis ~ 1500; entwickelt die reine mehrstimmige Gesangsmusik in streng imitierendem Stil (Kanon, Fuge) ≈ Kesselpauke	Regiomontanus entwickelt Dezimalbruchrechnung (weiterentwickelt von Vieta 1576) Portugiesen entdecken Kapverdische Inseln vor d. Westküste Afrikas	~ Antiqua-Schrift entsteht in Italien Stadt Antwerpen errichtet eine Börse (Einrichtung u. Begriff stammen v. der Patrizierfamilie van der Burse in Brügge, seit dem 13. Jh.) ≈ In Frankreich kommt d. Schaube auf (vorn offener, pelzbesetzter, langer Mantelrock; ~ 1500 auch in Deutschland, die Länge kennzeichnet den Rang)
~ Antonello da Messina: „Kreuzigung" (ital. Gem.) ~ Meister des Schöppinger Altars: Hochaltar d. Wiesenkirche i. Soest Nicolas Froment (* ~ 1435, † 1484): „Auferweckung des Lazarus" (frz. Gemälde) ~ da Vinci wird Schüler Verrocchios in Florenz (geht 1482 nach Mailand)	~ Ockenheim schr. einen 36stimmigen Kanon	† Georg Purbach, Wiener Mathematiker u. Astronom; schrieb „Epitome" („Auszug" des ptolemäischen Almagests; vollend. von Regiomontanus; 1496 in Venedig gedruckt) u. „Theoricae novae planetarum" (* 1423)	
Alesso Baldovinetti (* 1425, † 1499): „Geburt Christi" (ital. Fresko in d. Kirche S. Anunziata in Florenz mit naturalist. Wiedergabe des Arnotales) ~ Hans Pleydenwurff (* ~ 1420, † 1472): Hochaltar für St. Elisabeth in Breslau (ferner „Kreuzigung"; München); beeinfl. entscheidend d. Nürnberger Malerei unmittelbar vor Dürer ~ van der Weyden: Columba-Altar mit „Verkündigung", „Anbetung" u. „Darbringung" (niederl. Gemälde) Corvinus-Pokal in Wiener-Neustadt (Silber-Treibarbeit)		Liberiaküste wird von den Portugiesen als zunächst südlichster Punkt erreicht	

	Türken erobern Bosnien 2. Thorner Friede	Humanismus Villon	Vorreformation Humanismus
1463	Türken erobern Bosnien	*François Villon*, frz. Vagantendichter, wird vom Galgen zu 10 Jahren Verbannung aus Paris begnadigt (seitd. verschollen)	* *Pico von Mirandola*, ital. humanist. Philosoph († 1494)
1464	† *Cosimo de Medici*, Herrscher in Florenz seit 1434; Förderer d. Frührenaissance, „Vater des Vaterlandes" (* 1389) Genua von Mailand abhängig (bis 1499; verliert seine Kolonien an die Türken)	„Redentiner Osterspiel" (niederdt. geistl. Schauspiel aus Mecklenburg mit satirisch. Teufelsszenen) Österreichische Kanzleisprache unter *Friedrich III.* („gemeines Teutsch")	† *Nikolaus von Kues (Cusanus)*, Bischof u. dt. Philosoph; war in früher wissenschaftl. u. antischolastischer Denker (* 1401)
1465	In d. Niederlanden treten d. Generalstaaten (Abgeordnete d. Provinzialstände) erstmalig zusammen, um Verfassung zu vereinheitlichen	† Hzg. *Karl von Orléans*, frz. Dichter (* 1391)	~ * *Desiderius Erasmus von Rotterdam*, führender europ. Humanist († 1536)
1466	Kg. *Kasimir IV.* v. Polen besiegt d. Dt. Orden. Ende des „Dreizehnjährigen Krieges" zwischen Polen u. Deutschem Orden im 2. Thorner Frieden: Polen bekommt Pommerellen, Kulmerland, Ermland, Marienburg und Lehnsoberhoheit über das restliche Ostpreußen Danzig Freistadt unter polnischem Kg. (bis 1793) Kulm kommt an Polen (seit 1231 Burg d. Dt. Ordens)	Prologsprecher eines Passionsspiels in Hamburg wird durch Theaterzettel ersetzt	Straßburger Drucker *Joh. Mentelin* druckt erste dt. Bibel (vor *Luther* 130 dt. Bibelübers., davon 14 hochdeutsch u. 3 niederdt. gedruckt)

Frührenaissance in Italien *Filippo Lippi · Tuschmeister Sesshu*	*Nikolaus von Kues*	
Bernt Notke (?): „Totentanz" in d. Marienkirche zu Lübeck (24 Paare auf Leinwand; später Teile i. d. Nikolai-Kirche Reval; Verse dazu 1496) *Mathäus de Layens:* Rathaus in Löwen (spätgot. Prunkstil; Baubeginn 1448) Friedhof zu Pisa (Campo Santo; beg. 1278, mit Fresken, vgl. 1485)		
della Francesca; Fresken in San Francesco, Arezzo (ital., beg. 1454) *Nicolaus Gerhaert von Leyen* (* ~ 1430, † 1473): „Graf und Bärbel von Ottenheim" (lebenswahre Bildnisbüsten aus Straßburg) *Mantegna:* „Beweinung" (ital. Gemälde) † *Rogier van der Weyden,* niederl. Maler; beeinfl. nachhaltig europ. Malerei (* ~ 1400) Oldenburger Horn f. Kg. *Christian I.* v. Dänemark aus d. Hause *Oldenburg* (gr. Trinkhorn, westf. Goldschmiedearbeit mit figürlichem und ornamentalem Schmuck)	*Nikolaus von Kues* (†) erkannte Achsendrehung der Erde; entwarf 1. Landkarte Mitteleuropas (1491 gestochen)	
Giovanni Bellini: „Pietà" (ital. venez. Tafelbild) *della Francesca:* Graf *Federigo da Montefeltre* von Urbino und Gemahlin (ital. Gemälde) ~ * *Hans Holbein d. Ä.,* dt. Maler († 1524) *Fra Filippo Lippi:* Fresken im Dom zu Prato (beg. 1452; ital. Malerei im realist. Stil) ~ * (zw. 1460 u. 1470) Meister *Mathis Gotthard Nithart* (gen. *Grünewald*), dt. Maler († 1528) *Jörg Syrlin d. Ä.* (* ~ 1425, † 1491): Schrank in Illerfeld (got. Schnitzarbeit) *Verrocchio:* „David" (ital. Bronzeplastik in Florenz) ~ Meister der „*Virgo inter virgines*" („Jungfrau unter Jungfrauen") in den Niederlanden tätig (bis ≈ 1500)		
† *Donatello* (eig. *Donato di Niccolò di Betto Bardi*), ital. Bildhauer der Frührenaissance (* ~ 1386) *della Robbia:* „Wickelkind" (ital. Bildhauerarbeit im Findelhaus, Florenz) ~ *Sesshu:* „Die 16 Rakan" (buddhistische Heilige; *S.* gilt als größter jap. Tuschmeister) ~ Signierung der Kupferstiche setzt ein		Schützengesellschaft in München

	Hanse gegen England Medici behaupten sich in Florenz	Humanismus	Vorreformation Humanismus
1467	Karl der Kühne Herzog von Burgund bis 1477 (†) * Selim I. (der Strenge), türk. Sultan v. 1512 bis 1520 (†) † Philipp der Gute, Herzog von Burgund seit 1419 (* 1396)		
1468			Agricola in Ital. bis 1479; wird Schüler d. Humanisten Pomponio Leto in Rom (A. lehrt ab 1483 in Heidelberg) * Paul III., Papst von 1534 bis 1549 (†)
1469	Seekrieg der Hanse gegen England. (Im Utrechter Frieden 1474 anerkennt England Hanseprivilegien) Die Räte d. kgl. Gerichtshofs (Parlament) in Paris werden unabsetzbar. Die kgl. Gesetze bedürfen zur Rechtsgültigkeit d. Eintragung in d. Parlamentsregister Nach dem vergebl. Versuch einiger florent. Familien, die Medici zu verdrängen, wird Lorenzo il Magnifico (der Prächtige) Stadtherr v. Florenz bis 1492 (†) Ferdinand V. (II.) von Aragonien heiratet Isabella von Kastilien (vgl. 1474)	~ * Juan del Encina, wird durch seine geistliche dramat. Dichtung u. weltl. Schäferspiele der eigentliche Begründer des span. Dramas († 1529)	* Niccolo Machiavelli, ital.Staatsmann,Staatsphilosoph und Dichter († 1527)

Florentiner Kunst Spätgotik in Deutschland	2. niederländische Schule	Portugiesische Entdeckungen	
~ *Giovanni Bellini*; Der tote Christus, von 2 Engeln gestützt (ital. Gem.) *Bouts:* Abendmahl-Altar für die Peterskirche in Löwen (niederl. Tafelbilder; u. a. „Gefangennahme Christi") *A. Fioravante* (Ital.): Uspenskij-Kathedrale in Moskau ~ *Luciano di Laurana:* Palazzo Ducale in Urbino (ital. Frührenaiss.) *Memling:* „Jüngstes Gericht" (Gem. i. d. Marienkirche Danzig) † *Hans Multscher*, Maler u. Bildhauer d. schwäb. Schule (* ~ 1400) ~ *Albert van Outwater* (* ~ 1425, † 1475), niederl. Maler, in Haarlem tätig; „Auferweckung d. Lazarus" allein erhalten; war angebl. auch bedeutender Landschaftsmaler ~ † *Meister E. S.*, dt. Kupferstecher des Überganges zur Spätgotik (* vor 1435; vgl. 1432)			
della Robbia: Tür der neuen Sakristei des Domes in Florenz (italien. Bronze-Reliefs) ~ *Antonio Rosselino* (* 1427, † 1478): Grabmal d. Kardinals v. Portugal i. S. Miniato, Florenz ~ Basler Bildteppich mit „Wilden Leuten" (als Symbol d. Naturnähe)		~ † *Johannes Gutenberg (Gensfleisch)*, Erfind. d. Buchdrucks mit beweglichen, gegossenen Lettern (* ~ 1397)	
della Francesca: „Geißelung Christi" (ital. Gem.) *Fra Filippo Lippi:* Fresken im Dom zu Spoleto (beg. 1467, ital. Malerei im realist. Stil) † *Fra Filippo Lippi*, ital. Maler einer naturnahen Darstellungsweise; Mitglied des Karmeliterordens; führte ein zügelloses Leben (* ~ 1406) Unter *Lorenzo il Magnifico Medici* (bis 1492) wird Florenz Mittelpunkt der Renaissance und des Humanismus in Italien (u. a. *Ghirlandajo, Botticelli, Poliziano, Michelangelo, Teragiani, Mirandolina*)		* *Vasco da Gama*, port. Seefahrer u. Vizekönig in Indien; entdeckt Seeweg nach Ostindien, der seit 100 Jahren gesucht wurde († 1524)	≈ Venedig entwickelt sich zum bedeutendsten Druckort u. Buchhandelsplatz

	 Haus Este in Ferrara / Portugiesen in Tanger	 Humanismus	Vorreformation Humanismus
1470	*Albrecht III. Achilles*, Markgraf v. Ansbach (seit 1440) u. Bayreuth (seit 1464), wird Kurfürst von Brandenburg bis 1486 (†, * 1414): wählt Berlin als Residenz *Heinrich VI.* (*Lancaster*) verdrängt vorübergehend (bis 1471) *Eduard IV.* (*York*) vom engl. Thron * *Karl VIII.*, König von Frankreich von 1483 bis 1498 (†) *Sten Sture* (* ~ 1440, † 1503) schwed. Reichsverweser geg. d. dän. Herrschaftsanspruch (muß 1497 abdanken) Mit dem Verlust Euböas beginnt der Machtverlust Venedigs (verliert 1479 Skutari, 1499 Seefestungen des Peloponnes an die Türken)	* *Pietro Bembo*, ital. Dichter im Stil *Petrarcas*; entscheidet die Durchsetzung d. toskanisch-florentinisch. Sprache als italienische Schriftsprache (†1547) * *Bernardo Dovizi da Bibbiena*, ital. Dichter d. Renaiss. († 1520) ~ *Thomas Malory*: „Der Tod König Arthurs" (engl. Prosaroman nach dem frz. Merlin-Rom.; vgl. 1200) * *Gil Vicente*, portug. Schauspieler u. Lyriker in portug. u. span. Sprache († ~ 1536) „Maître Pierre Pathelin" (frz. Lustspiel; seine Art verdrängt d. geistl. Schauspiel)	*Rudolf Agricola* regt durch seine Schrift „De formando studio" das dt. humanistische Studium an Der *Plato*-Übersetzer *Marsilius Ficinus* (* 1433, † 1499) führend an der „Accademia Platonica" in Florenz * *Willibald Pir(c)kheimer*, deutscher Humanist u. Truppenführer († 1530)
1471	Kaiser *Friedrich III.* kauft Stadt Fiume (ab 1779 zu Ungarn) † *Friedrich II.* (der Eiserne), Kurfürst von Brandenburg von 1440 bis 1470; beseitigte die Selbständigkeit d. märkischen Städte einschl. Berlins (* 1413) Haus *Lancaster* in England stirbt während der Rosenkriege gegen das Haus *York* (Hzge. seit ~ 1399) aus Ferrara wird unter dem Hause *Este* Hzgt. und glänzender Mittelpunkt der Renaissancekultur (kommt 1598 an den Kirchenstaat) *Wladislaw*, Sohn d. poln. Jagellonenkgs. *Kasimir IV.*, wird Kg. v. Böhmen bis 1516 (†, * 1456); von 1490 ab auch Kg. v. Ungarn *Alfonso V.* (der Afrikaner) von Portugal erobert Tanger Schweden schlagen Dänen, Personalunion bleibt formal erhalten	*Angelo Poliziano* (*1454, † 1494), humanistisch. ital. Dichter: „Die Fabel vom Orpheus" („Orfeo", erstes weltliches ital. Schäferschauspiel) Ältestes Verlagsverzeichnis von *Mentelin* in Straßburg	† *Thomas von Kempen* (*a Kempis*), dt. Mystiker; schrieb „De imitatione Christi" („Von der Nachfolge Christi") (* 1380) *Sixtus IV.* Papst bis 1484(†); fördert Kunst u. Wissenschaft; unter ihm herrschen Nepotismus („Vetternwirtschaft") und Simonie (Ämterkauf)

Frührenaissance in Italien Spätgotik in Deutschland	2. niederländische Schule	Portugiesische Entdeckungen	
Giovanni Bellini: „Beweinung" (ital.-venezian. Malerei) *Hans Bornemann* (i. Hamburg tätig, † 1473): Passionsaltar im Dom Frankfurt/Main *del Cossa:* „12 Monatsbilder" (ital. Fresken mit Darstellung zeitgen., bes. höfischen Lebens, im Palazzo Schifanoja in Ferrara) ~ *Bernt Notke:* „Die wunderbare Messe d. hl. Gregorius" (Marienkirche Lübeck) *del Pollajuolo:* „David mit dem Haupte des Goliath" (ital. Tafelbild im realistischen Stil) Altes Rathaus in München (got., Baubeginn im 13. Jh., später mehrfach umgebaut) Dom zu Passau (got., mit spätgot. Ostchor, Baubeginn 1407) ~ Erste einheitlich komponierte niederdt. Altäre (bisher – und weiterhin – in Einzelbilder unterteilt) ≈ In der Zeit der Wiegendrucke (Inkunabeln) 1445–1500 überlag. sich d. Kunst der Handschriften der neuen Technik	„Buxheimer Orgelbuch" (Sammlung kunstvoller Orgelmusik seit Beginn des Jahrhunderts)	Portugiesen entdecken die Goldküste (Westafrika) Kunstuhr für die Marienkirche zu Danzig von *Hans Düringer* (nach d. Vorbild der Lübecker Uhr von 1407) Räderuhr mit Hemmrad sicher nachweisbar. Wird in der Folgezeit zunächst m. Waaghemmung verwendet (Penduleuhr erst 1656)	Exlibris (künstlerische Bucheigentümerzeich.) kommen in Deutschland auf Seidenweberei in Tours Von 1470 bis 1655 erscheinen 63 gedruckte Ausgaben der antiken „Scriptores rei rusticae" („Schriftsteller d. Landwirtschaft")
* *Albrecht Dürer*, dt. Maler, Kupferstecher und Holzschneider in Nürnberg († 1528) Jakobskirche in Rothenburg ob der Tauber (Baubeginn 1373; erhält ~ 1505 Schnitzaltar von *Riemenschneider*) Papst *Sixtus IV.* beg. Sammlung antiker Skulpturen (schafft Grundstein eines öffentl. Museums) *Arnold von Westfalen* († 1480) baut die spätgot. Albrechtsburg in Meißen (fertiggestellt 1485) ≈ Nach Vertreibung d. Mongolen kommt es zur Erneuerung d. russ. Kirchenbaus unter ital. Einfluß		Portugiesen überqueren auf ihren Seefahrten den Äquator Ältester deutscher Landkartendruck	

	Vordringen der Türken	*Humanismus*	*Vorreformation Humanismus*
1472	*Iwan III.* v. Rußland heiratet byzantin. Prinzessin *Sophia*, die Nichte des letzten Kaisers von Konstantinopel, setzt griech. Doppeladler in sein Wappen. Beginn der byzantin. Tradition in Rußland Die im 13. Jh. von den Tataren eroberte Krim kommt unter türk. Oberhoheit	*Bojardo:* „Der verliebte Roland" (erstes, ital. romant. Ritterepos, in Stanzen, unvollendet) Dresdn. Sammlung v. Heldenepen (weitere Sammlungen erscheinen 1477 u. 1516) Erster Druck in Antiqua (Humanistenschrift) von *Günther Zainer* in Straßburg Erster Druck von *Dantes* „Göttl. Komödie"	† *Leon Battista Alberti*, ital. Baumeister, Maler, Kunstschriftsteller, Dichter, Philosoph, Mechaniker und Musiker, von den Zeitgenossen „enzyklopädischer Mensch" genannt (* 1404) *Albrecht v. Eyb* (* 1420, † 1475), dt. *Plautus*-Übersetzer, päpstlicher Kammerherr: „Ob einem Mann sei zu nehmen ein ehelich Weib oder nicht" („Ehebüchlein"; durch Novellen verdeutlichte weltl.-humanist. Lehre v. d. rechten Ehe) Herzog *Ludwig IX.* (der Reiche) von Bayern-Landshut (1450 bis 1497 [†]) gründet Universität Ingolstadt (1800 nach Landshut, 1826 nach München verlegt) „Der Heiligen Leben", in Augsburg gedruckt, Legenden-Sammlung, auf „Legenda aurea" u. „Passional" beruh.
1473	Hanseaten-Faktorei „Stalhof" in London (1853 v. d. Hansestädten verkauft)	*Philipp Frankfurter:* „Der Pfaff von Kalenberg" (Schwänke in Reimen aus d. volkstüml. Leben d. Pfarrers *Weigand von Theben* im Wiener Stadtteil Kahlenberg, ~ 1330) * *Jean Le Maire de Belges*, frz. Dichter am burgund. Hof; mit ihm kulminiert und endet die burgund. Dichtung († 1548)	Universität Trier gegründet (besteht bis 1797)

Botticelli · Schongauer	*2. niederländische Schule*	*Buchdruck*	
L. B. Alberti: S. Andrea in Mantua (mit eigenwilligem Innenraum zwischen Romantik und Barock) † *L. B. Alberti*, ital. Künstler (vgl. Spalte 3) * *Fra Bartolommeo*, italien. Maler († 1517) * *Lucas Cranach d. Ä.*, dt. Maler und Graphiker († 1553) *Jean Fouquet* ist als berühmter Miniatur-Maler am Hofe der Herzogin von Orléans tätig (illustriert mehrere Prachthandschriften) *Memling:* Altar mit d. „Jüngsten Gericht" in der Danziger Marienkirche (niederl. Tafelmalerei) † *Michelozzo di Bartolommeo*, Baumeister d. florent. Frührenaissance; Umbau d. Klosters San Marco und des Palazzo *Vecchio* (* 1396) *Konrad Roritzer:* Spätgotischer Ost-Hallenchor d. St.-Lorenz-Kirche in Nürnberg (Baubeginn 1445; ~ 1300 wurde St. Lorenz als got. Basilika-Langhaus begonnen) ≈ Bau der Schlösser im Loire-Tal i. Frankreich 1418–1528 spiegelt den wachsenden Einfluß der ital. Renaissance (Amboise, Chambord u. and.)	Musikantenzunft i. London bestätigt	*Regiomontanus* beobachtet auf seiner Nürnberger Sternwarte einen Kometen so genau, daß *Halley* († 1742) dessen Bahn nach der *Newton*schen Theorie berechnen kann. Sternwarte, Werkstatt u. Druckerei hatte ihm 1471 der Nürnberger Bürg. *Bernhard Walther* (* 1430, † 1504) eingerichtet Erster Druck eines technisch. Werkes in Verona, verfaßt von *Roberto Valturio* aus Rimini (mit Zeichnung eines Windradwagens) Erster Druck eines medizin. Werkes eines zeitgen. Autors (vorher vorwiegend Druck mittelalt. Handschriften)	
Botticelli: „Hl. Sebastian" (ital. Aktbild) * *Hans Burgkmair* (d. Ä.), dt. Maler und Zeichner in Augsburg († 1531) † *Petrus Christus*, niederl. Maler in Brügge (* ~ 1420) † *Nikolaus Gerhaert van Leiden*, dt. Bildhauer; u. a. Grabmäler, „Kruzifixus" auf dem Friedhof Baden-Baden; „Anna selbdritt" (* ~ 1430) *Schongauer:* „Madonna im Rosenhag"(Gemälde, Stiftskirche Colmar) ~ Aufkommen der Ölmalerei in Italien durch *Bartolommeo Vivarini* (* ~ 1432, † ~ 1495) und *Antonello da Messina* (vorher Temperamalerei) ~ Der *Meister von 1473* (i. Westf. u. Lübeck, † ~ 1519), Sippenaltar i. d. Kirche Maria zur Wiese, Soest		* *Nikolaus Kopernikus* in Thorn, europ. Astronom; Begründ. d. heliozentrischen Weltbildes († 1543)	Bankhaus *Fugger* in Augsburg tritt mit den *Habsburgern* in Geschäftsverbindung; erhält ein Wappen

	Erfolge der Schweizer Eidgenossen *Inka-Reich*	*Humanismus*	*Vorreformation* *Humanismus*
1474	*Isabella I.* (die Katholische) Kgin. von Kastilien bis 1504 († , * 1451), seit 1469 Gattin von *Ferdinand V.*, ab 1479 Kg. v. Aragonien. Auf dieser Doppelherrschaft beruht der span. Nationalstaat In der „Ewigen Richtung" verzichtet Hzg. *Siegmund* v. Tirol gegenüber d. Schweiz. Eidgenossen auf allen bisher von diesen erworbenen *habsburg*ischer Besitz	* *Ludovico Ariosto*, ital. Dichter († 1533)	Universität in Saragossa gegründet
1475	*Karl der Kühne* v. Burgund bemächtigt sich Lothringens Die bürgerl. u. bäuerl. Gemeinden d. eidgen. Oberwallis erobern d. savoyische Unterwallis (schütteln 1630 d. Bischofsherrschaft ab) ~ * *Cesare Borgia*, natürl. Sohn des späteren Papstes *Alexander VI.*, ital. sittenloser Gewaltherrscher († 1507). Bruder von *Lucrezia Borgia* (*1480, † 1519), ab 1501 kulturfördernde Herzogin von Ferrara † *Bartolomeo Colleoni*, oberital. Söldnerführer (* 1400) * *Francisco Pizarro*, span. Eroberer Perus 1531—33 († 1541, ermordet) *Huaina Kapach* Herrscher des südamer. Inkareiches bis 1525; unter seiner Herrschaft erreicht es größte Ausdehnung u. Blüte (Sonnenkult Staatsrel., Knotenschrift, Baukunst, Bergbau, Straßenbau, Ackerbewässerung, Goldschmiedekunst, Weberei, Töpferei, entwickeltes Heerwesen)	† *Georges Chastelain*, wirkte als redegew. Dichter am burgund. Hofe (* 1405) * *Thomas Murner*, satir. Dichter im Elsaß, später antilutherisch († 1537) „Bordesholmer Marienklage" (mittelniederdt. Passionsspiel) ≈ In Italien wird die neulat. Dichtung *Petrarcas* in enger Anlehnung an klassische Sprache u. Formen durch zahlr. Dichter fortgesetzt (die wichtigst. europ. Länder folgen im 16. Jh.)	* *Leo X. Medici*, Papst von 1513 bis 1521 (†) Zweites Jubeljahr der kath. Kirche (von nun an alle 25 Jahre; vgl. 1300) ≈ Es verbreitet sich der Gebrauch des Rosenkranzes zum Abzählen von Gebeten Neues Testament in der tschechischen Übersetzung v. *Hus* in Pilsen gedruckt (ges. Bibel 1488 in Prag) ≈ Bei den Inkas werden die zahlreichen Nebenfrauen beim Tod des Herrschers erdrosselt. Die Hauptgemahlin ist meist die leibliche Schwester

Frührenaissance in Italien / Spätgotik in Deutschland	Motettenpassion	Portugiesische Entdeckungen	
della Francesca: Madonna mit Heiligen u. Stifter Graf *Federigo da Montefeltre* v. Urbino (ital. Tafelbild in S. Bernardino in Urbino) *Joos van Gent* (*~ 1430, † ~ 1475): Abendmahl, in Urbino (fläm. Gem.) *Ghirlandajo* unterhält, wie viele Maler seiner Zeit, eine große Werkstatt, die gleichzeitig zahlreiche Aufträge ausführt *Mantegna*: Wand- u. Deckenfresken im Ehegemach des Castello di Corte in Mantua (Decke in raumillusionistischer „Froschperspektive") *Syrlin d. Ä.*: Chorgestühl im Ulmer Münster (spätgot. Schnitzarbeit seit 1469, 97 Köpfe aus d. christl. Geschichte mit Selbstbildnis) ~ Dom in Faenza (Ital.) begonnen	† *Guillaume Dufay*, niederl. Komponist eines kunstvoll vielstimmigen Stils (* ~ 1399)	~ Vermutliche, geheimgehalt. Entdeckung Brasiliens durch die Portugiesen (offizielle Annektion 1500)	≈ Das Zeitalter d. Renaissance bringt der Kleidermode v. allem Schlitzung u. Fütterung sowie immer stärkere Unterschiede zwischen den verschiedenen Ständen ≈ Erste europ. Teppiche in Spanien unter arab. Einfluß (allgemeiner in Europa erst im 18. Jh.) ~ Schachspiel erhält in Spanien moderne Form
Botticelli: „Mars und Venus" (ital. Gemälde mit den Bildnissen von *Giuliano de Medici* und seiner Turnier-Herzensdame *Simonetta*) † *Dirk Bouts*, niederländisch. Maler (* ~ 1410) *Pietro Franceschi* (ital. Maler) schreibt ein Buch über Perspektive *Mantegna* entwickelt d. ital. Kupferstich (von *Pollajuolo* erstmalig in Italien angewandt) zu künstlerischer Höhe * *Michelangelo Buonarrotti*, ital. Bildhauer, Maler, Baumeister u. Dichter († 1564) *Pacher*: Altar d. Pfarrkirche Gries bei Bozen (spätgot.) *Schongauer*: „Versuchung des hl. Antonius" (Kupferstich) ~ *Wolgemut*: Hochaltar der Jakobskirche in Straubing (Malerei aus d. ält. nürnberg.-fränk. Schule) ≈ *Meister des Marienlebens* malt in Köln (~ 1463 bis 1480) Bilder aus d. Leben Mariä mit z. T. bürgerl.-genrehaften Zügen ≈ „Totentanz" in der Marienkirche zu Berlin ≈ Schrotblätter (graph. Technik mit Kreuzlinienschattierung und Punktierung durch Punzen)	In der 2. niederl. Schule bildet sich die Motettenpassion aus, bei der auch die Evangelienworte d. Einzelpersonen vom mehrstimm. Chor gesungen werden	Papst *Sixtus IV.* ruft *Regiomontanus* nach Rom zur Durchführung einer Kalenderreform; kommt jedoch nicht zustande, da R. 1476 stirbt ≈ Hohe Entwicklung des Geschützwesens (bes. d. frz., z. B. Visiere). Geschütze mit Räderlafetten u. Schildzapfen zur Höhenrichtung. Entstehung einer beweglichen Feldartillerie	~ Die Auflagenhöhe der Inkunabeln (Wiegendrucke) beträgt etwa 150—1800 ≈ Burgundische Hoftracht f. Frauen: Blaues Unterkleid, Überkleid mit Schleppe, Hermelinverbrämung und weitem Ausschnitt (Robe), spitze Kegelhaube mit Schleier (Hennin); für Männer: Kurzes Wams, enge Beinlinge, Schnabelschuhe m. Holzunterschuhen, hoher spitzer Hut, Dolch; auch brokatener langer Staatsrock m. ausgestopften Ärmeln ≈ Löffel benutzen bei Tisch bis ins 16. Jh. nur die Vornehmen: Messer und Gabel handhabt meist nur der Vorschneider

	Zentralisierung in Frankreich, Spanien, Rußland	Humanismus	Vorreformation Humanismus
1476	Ermordung d. *Galeazzo Maria Sforza*, (übte seit 1466 eine Willkürherrschaft in Mailand aus; * 1444) Sieg d. Schweiz. Eidgenossen über Hzg. *Karl d. Kühnen* v. Burgund bei Murten Kgr. Granada (seit 1246 unter d. Oberhoheit Kastiliens) verweigert Kast. d. Tribut. Kastilien erklärt d. Krieg (1492 Vernichtung dieses letzt. maurischen Königreichs in Spanien) *Ferdinand V.* bricht d. Einfluß d. Adels durch Erneuerung d. Rechte d. kastilischen Städte („Heilige Hermandad") Bischof von Würzburg schlägt die Bauernerhebung des *Pfeifers von Niklashausen* nieder (vgl. Spalte Ph)	*Jorge Manrique* (*.1440, † 1478): „Coplas de Manrique" (lyrisches Gedicht zum Tode seines Vaters; Meisterwerk d. span. Poesie d. Mittelalters) *Sixtus Reisinger* aus Straßburg druckt *Tommaso Masuccios* (* 1420, † 1500) Novellenbuch „Novellino" (seit 1460) in der von ihm 1471 gegrdt. ersten Druckerei Neapels	Der Hirt *Hans Böhm* („Der Pfeiffer oder Pauker von Niklashausen") tritt in Franken als geistl. u. weltl. Reformator auf und findet starken Zulauf; wird in Würzburg verbrannt
1477	† *Karl d. Kühne*, Hzg. von Burgund (v. d. Schweizer Eidgenossen nach d. Schlacht b. Nancy auf d. Flucht getötet, * 1433); sein Hzgt. wird von König *Ludwig XI.* als erledigtes Lehen eingezogen *Maximilian (I.)* heiratet Erbtochter *Maria von Burgund* (* 1457, † 1482 durch Jagdunfall) und gewinnt dadurch d. Niederlande für *Habsburg* Großfürst *Iwan III.* von Moskau unterwirft das mit d. Hanse verbünd. Fürstentum Nowgorod u. d. Fürstentum Twer; vereinigt sie unter seiner Herrschaft. Beginn d. russ. Nationalstaates	*Heinrich Steinhöwel*, Stadtarzt i. Ulm (*1412, † 1483): „Esop" (dt. Übers. der Fabeln d. *Äsop* in Prosa) „Parzival" u. „Titurel" gedruckt (vgl. 1210, 1220 und 1270) Ältestes Lied vom sagenhaften Schweizer Helden *Tell*	Graf *Eberhard V. im Bart* v. Württemberg gründet Universität Tübingen Universität Upsala gegründet (durch den dänenfeindl. Reichsverweser *Sten Sture*) Universität Mainz gegegründet (best. bis 1798)

Botticelli Veit Stoß	2. niederländische Schule	Ausbreitung der Druckkunst	Regiomontanus
Botticelli: „Anbetung der Könige" (ital. vielfigurig. Tafelbild mit naturalist. Einordnung der Stifterfiguren), „Maria mit Kind u. singenden Engeln" (Rundbild), Bildnis d. *Simonetta Vespucci* ~ *van der Goes: Portinari*-Altar mit „Anbetung" u. Stifterbildnissen auf den Flügeln (niederl. Tafelbilder) *da Messina:* „Heiliger Sebastian" (ital. Gemälde) ~ *Kano Motonobu,* Sohn des *Kano Masanobu,* eigentl. Begrd. d. jap. *Kano*-Maler-Schule († 1559)		Erstes dt. technisches Druckwerk in Augsburg (Übersetzung eines Autors aus d. 4. Jh. zusammen mit Bildern aus dem Werk v. *Valturio* von 1472) *William Caxton* (* 1424, † 1491) gründet erste engl. Buchdruckerei in London † *Regiomontanus,* dt. Astronom i. Wien, Italien, Ungarn,	Nürnberg, Rom; schrieb mit seinem Lehrer *Purbach* Auszug aus der ptolemäischen Almagest, beob. den (spät. *Halley*schen) Kometen, druckte Kalender und Tafeln mit Sonnen-, Mond- und Planetenörtern (Ephemeriden), schrieb Trigonometrie, gedruckt 1533 (* 1436)
† *Francesco del Cossa,* ital. Maler aus Ferrara; Fresken u. Tafelbilder, u. a. „Der Herbst" (allegor. naturalist. Tafelbild) (* ~ 1435) *Melozzo da Forli* (* 1438, † 1494): „Eröffnung der Vatikanischen Bibliothek durch Papst Sixtus IV." (Fresko in der Pinacoteca Vaticana, Rom, mit perspektivischer Betonung des architektonischen Raumes) ~ *J. Fouquet:* „Madonna mit Engeln" (frz. got. Malerei in höfischweltl. Auffassung) *da Messina:* „Klage unter dem Kreuz" (ital. Bild, in niederländ. Öltechnik) Bildhauer *Veit Stoß* aus Nürnberg kommt nach Krakau (bleibt bis 1496; u. a. Hochaltar für Marienkirche u. Marmorgrab für König *Kasimir IV.* im Dom) * *Tiziano Vecelli (Tizian),* ital. Maler († 1576) Holstentor in Lübeck (spätgot. Backsteinbau) Johannesaltar im Baptisterium in Florenz (beg. 1366, florent. Goldschmiedearbeit) ~ Gebetbuch der *Maria von Burgund* (Spätwerk d. burgund. Buchmalerei; diese seit ~ 1390) Bergkanne i. Ratssilber v. Goslar		*Ortolf* verfaßt erstes dt. Apothekerbuch, gedruckt 1491 in Mainz Ältestes Kurpfuschereiverbot i. Freiheitsbrief des Grafen v. Württemberg an die Universität Tübingen	

	Römisches Städterecht Königreich Spanien	Humanismus	Vorreformation Humanismus
1478	Hzg. *Bogislaw X.* beherrscht u. ordnet ganz Pommern (1532 wieder in Stettin u. Wolgast geteilt) † *Giuliano de Medici*, Bruder von *Lorenzo il Magnifico* (wird bei einer Verschwörung d. *Medici*-Gegner im Dom zu Florenz ermordet) Spanien beginnt Kanarische Inseln zu erobern (bis 1496)	*Niklas von Wyle*, württemberg. Kanzler und Humanist (* ~ 1410, †~ 1479): „Translatzen oder Teutschungen" (dt. Übersetzungen aus der frühhumanist. ital. Literatur, u. a. Novellen, Sittenlehre, Briefkunst)	* *Thomas Morus (More)*, engl. human. Staatsmann und Philosoph († 1535, enthauptet) „Kölner Bibel" (niederdt. Bibelübersetzg., auf d. Vulgata zurückgehend)
1479	Nürnberger Stadtrechtsreform (Anpassung a. d. röm. Recht; wirkt vorbildl.) Albanien kommt zur Türkei (bis 1912) *Ferdinand V. (II.)* von Aragonien König von Spanien (durch Vereinigung von Aragonien und Kastilien) bis 1516 (†, * 1452)		Universität Kopenhagen gegründet

Frührenaissance in Italien Spätgotik in Deutschland	2. niederländische Schule	Portugiesische Entdeckungen	
* *Giovannantonio Bazzi* (gen. *il Sodoma*), ital. Maler; u. a. Fresken zur *Alexander*geschichte in der Villa Farnesina in Rom 1512 († 1549) ~ *Botticelli:* „Frühling" (Gem.) *Botticelli:* „Madonna mit acht singenden Engeln" („Madonna Racynski", erstes Rundbild *B.s* mit neuem zartem Marien-Typ); Bildnis des von den *Pazzi* ermordeten *Giuliano de Medici;* malt an die Fassade des Polizeigebäudes in Florenz dessen Mörder am Galgen (nach Vertreibung der *Medici* 1494 zerstört) *Melozzo da Forli:* Deckenfresko d. Scheinkuppel d. Sakristei in Loreto (ital. Malerei mit illusionist. Betonung d. räumlichen Tiefe, Überleitung z. raumbetonenden Malerei der Hochrenaissance) * *Giorgione da Castelfranco* (eig. *Giorgio Barbarelli*), ital. Maler der Renaissance († 1510) ~ *Keishoki* (* ~ 1460, † ~ 1520), japan. Maler, schult sich durch Kopien in d. Sammlung chinesischer Kunst und wird ein Vertreter d. „Chinesischen Malerei", bes. Tuschbilder v. Landschaften			
Gentile Bellini (* 1429, † 1507), jüng. Bruder von *Giovanni B.*, wird von Venedig als Porträtmaler an d. Hof Sultan *Mohammeds II.* nach Konstantinopel geschickt *Aristotele Fieravante*, ital. Baumeist. (* ~ 1415, † 1486): Mariä-Himmelfahrt-(Uspenskij-)Kathedrale in Moskau (fünf Zwiebelkuppeln, Baubeginn 1475) *Memling:* Dreikönigs- u. Johannesaltar (niederl. Tafelbilder im Johanneshospital Brügge) † *Antonello da Messina*, ital. Maler; führte in der venezian. Malerei niederl. Ölmalerei ein (* ~ 1430) *Notke:* Hochaltar f. d. Dom in Aarhus in Dänemark (spätgot. Schnitzaltar aus Lübeck) *Verrocchio:* „Enthauptung Johannes des Täufers" (ital. Relief in Florenz)			Nach der Zerstörung von Arras wird Brüssel Hauptort der Wandteppich-Herstellung

	Rußland von Tataren befreit	 Humanismus Schäferdichtung	Vorreformation Humanismus
1480	Kaiser *Friedrich III.* verliert vorübergehend (bis 1490) Niederösterreich mit Wien an König *Matthias I. Corvinus* von Ungarn *Iwan III.* befreit Rußland von der Herrschaft d. Tataren-Khans der „Goldenen Horde", wobei ihm die Uneinigk. der versch. Tataren-Khans zu Hilfe kommt Beg. d. „Zeitalters der streitenden Reiche" in Japan (bis 1600); neben neuen Adelsfamilien entwickelt sich städtische Kultur und Bürgertum	* *Antonio de Guevara,* span. Schriftsteller († 1545) ~ *Diego de San Pedro:* „Carcel de amor" („Liebeskerker", empfindsame span. Liebesnovelle; gleichzeitig entwickelt sich der span. Ritterroman; vgl. 1300) *Sannazaro:* „Arcadia" (ital. Hirtengedicht; Beginn der abendländ. Schäferdichtung) *Dietrich Schernberg:* „Ein schön Spiel von Frau Jutten" (Legendenspiel um die sagenhafte Päpstin Johanna) Erstaufführung der „Farce de l'advocat Pathelin" (frz. Komödie; entstand. ~ 1465)	* *Karlstadt* (eig. *Andreas Bodenstein*), dt. Theologieprofessor († 1541) Wien wird Bistum

Botticelli *Memling*	*Renaissance · 2. u. 3. niederländ. Schule*	*Wasserräder*	
~ * *Albrecht Altdorfer*, dt. Maler und Kupferstecher († 1538) ~ * *Hans Baldung (Grien)*, dt. Maler († 1545) ~ * *Alonso Berruguete*, span. Maler († 1561) *Botticelli*: „Venus" (ital., Ganzakt auf schwarzem Hintergrund, Vorstudie z. „Geburt d. Venus" ~ 1484) ~ * *Hans Brüggemann*, dt. Bildschnitz. († 1540) * *Damian Forment*, span. Holz- und Steinbildner († 1541) ~ † *Jean Fouquet*, französ. Maler (* ~ 1420) ≈ *van der Goes*: „Tod der Maria" (niederl. Gemälde) *Erasmus Grasser* (* ~ 1450, † 1518): 16 Moriskentänzer für altes Rathaus in München (spätgot. Plastik.) *Filippino Lippi*: „Vision d. hl. Bernhard" (ital. Tafelbild) *da Maiano*: „Filippo Strozzi" (ital. Bildnisbüste) *Memling*: Bildnis der *Barbara Moreel* (niederl. Gemälde mit dem Bild der Frau von *Willem Moreel*, der als Vorsteher d. Röm. Bank in Brügge 1484 den Christophorus-Altar stiftet) *Matthäus Roritzer*: Entwurf zur Westfassade d. Regensburger Doms (eintürmig; kennzeichnend für Spätgotik) *Schongauer*: „Tod der Maria" (Kupferstich) *Niccolò Spinelli* (* 1430, † 1514): Bildnis-Medaille von *Giuliano de Medici* (in der Folgezeit zahlr. weitere Medaillen) ~ * *Palma Vecchio*, ital. Maler der Hochrenaiss. in Venedig († 1528) Palast in Guadalajara (Span.) beg. Der *Ashikaga*-Shogun *Yoshimasa* (* 1435, † 1490), Enkel *Yoshimitsus*, erbaut nach seiner Abdankung 1475 d. Higashiyama-Palast bei Kyoto, wo er durch Sammlung chinesischer Kunst (bes. d. *Sung*-Akademie im 13. Jh.) und Förderung gleichartiger japan. Malerei die Kunstentwicklung entscheidend fördert	*Heinrich Finck*, dt Liederkomponist (* ~ 1445, † 1527), bis 1519 in Krakau u. Warschau tätig (später Stuttgart, Salzburg, Wien) ~ Dritte niederl. Schule (mit *Josse Desprez*) entwikkelt d. mehrstimmige Gesangsmusik in allen Formen (Messe, Motette; Kanon, Fuge) weiter; dabei schon gelegentl. Auflockerungen d. strengen Kontrapunkts ≈ Die niederl. Musik löst sich von mittelalterlich.Bindungen (mit der Wiedergabe von Stimmungs- und Gefühlsgehalten d. Textes beginnt d. Renaissance der Musik)	~ * *Fernão de Magallanes*, portugies. Weltumsegler († 1521) Gezog. Gewehrläufe von *K. Zöllner* in Wien Eisenbergbau in Südschweden ~ Wasserradantrieb für Springbrunnen. (Diese Antriebsart findet sich jetzt fast in allen Gewerben m. Kraftbedarf) ~ Fortentwicklg. und einsetzende stärkere Verbreitung d. Spinnrades (vgl. 1530)	~ * *Georg Faust*, dt. Zauberkünstler, Vorbild der Sage von Dr. Faustus († ~ 1539)

	Stärkung des franz. Königtums	*Humanismus*	*Vorreformation Inquisition*
1481	* *Franz v. Sickingen*, kaiserl. Feldhauptmann auf seiten d. Reformation († 1523) König *Ludwig XI.* von Frankreich vereinigt, nach dem Tode des Hzgs. von *Anjou*, Anjou, Maine und Provence mit der Krone Freiburg im Üchtlande u. Solothurn schließen sich d. Schweiz. Eidgen. an (1501 Basel u. Schaffhausen, 1513 Appenzell) † *Mohammed II.*, türk. Sultan seit 1451 (* 1430)	*Füetrer:* „Bayerische Chronik" (in Prosa; malte 1475 eine Kreuzigung) Sultan *Mohammed II.* (†) dichtete unter dem Namen *Auni* *Pulci:* „Der Riese Morgante" (ital. romantisches Epos der Abenteuer *Rolands;* wegen Ironie gegenüber d. Christentum von d. Inquisition verboten)	Einführung der Inquisition in Spanien (Todesstrafen läßt die Kirche die weltliche Obrigkeit vollstrecken, da „die Kirche nicht nach Blut dürstet")
1482	Graf *Eberhard V. im Bart* v. Württemberg sichert d. Unteilbarkeit des Landes *Ludwig XI.* v. Frankr. behauptet im Frieden von Arras gegen Habsburg Bourgogne und Picardie Turin Residenz des Hauses *Savoyen* *Johann II.* Kg. v. Portugal bis 1491 (†); entmachtet den Adel		* Russisch. Metropolit *Makarij* († 1563)
1483	*Richard III.* ermordet seinen Neffen *Eduard V. (York)* und wird an seiner Stelle Kg. v. Engl. bis 1485 (†) † *Ludwig XI.*, König v. Frankreich seit 1461; bekämpfte erfolgreich den frz. Hochadel, besonders mit den Schweizer Eidgenossen Herzog *Karl den Kühnen* von Burgund. Stärkte entscheidend frz. Zentralgewalt (* 1423) *Karl VIII.* König von Frankreich bis 1498 (†) Portugiesen erreichen Angola (beherrschen es bis 1975)	* *Sao de Miranda*, portugies. humanistischer Schriftsteller († 1558) ≈ „Eulenspiegel" (niederdt. Volksbuch) entsteht durch Sammlung der umlaufenden Erzählungen	* *Martin Luther*, dt. Reformator († 1546) *Torquemada* Generalinquisitor v. Spanien * *William Tindale*, engl. Reformator u. Bibelübersetzer; lebt auch auf dem Kontinent († 1536, ermordet)

	Frührenaissance in Italien Spätgotik in Deutschland	Buchdruck	
	Pietro Lombardi: Palazzo Vendramin Calergi in Venedig (Sterbehaus *Wagners*) *Pacher:* Hochaltar in St. Wolfgang am Abersee (spätgotische Bildschnitzerei und Malerei, seit 1471) * *Baldassare Peruzzi,* ital. Baumeister und Maler der Renaissance († 1536) Sixtinische Kapelle in Rom (päpstl. Hauskapelle, Baubeginn 1473 unter Papst *Sixtus IV.*) mit Fresken von *Ghirlandajo* Sant' Anastasia in Verona (got. Kirche, Baubeg. 1290) Santa Maria in Organo, Verona (im 6. Jh. erbaut) im Renaissancestil umgebaut **Georgskapelle in Schloß Windsor (engl. Spätgotik, fertiggestellt 1508)** **Artushof in Danzig (später Börse)**		
	† *Hugo van der Goes*, niederl. Maler; u. a. Monfortealtar (* ~ 1440) *Memling:* „Verkündigung" (niederländ. spätgot. Tafelbild) *Perugino:* „Schlüsselübergabe an Petrus" (eines der 6 Fresken in der Sixtinischen Kapelle des Vatikans) ~ *Albertus Pictor* malt einige Dorfkirchen Mittelschwedens aus † *Luca della Robbia*, florent. Bildhauer der Renaissance (* 1399) *Syrlin d. Ält.:* Brunnen auf dem Marktplatz in Ulm („Fischkasten", spätgot. Bildhauerarbeit) *Jörg Syrlin d. J.* (* 1455, † ~ 1521): Statuetten a. d. Kanzel d. Ulmer Münsters (spätgot. Schnitzarbeit) Kathedrale von Valencia (got., dreischiffig; Baubeginn 1262)	*Donnus Nikolaus Germanus:* Ulmer *Ptolemäus*-Ausgabe (neben den 27 antiken Karten 5 neue in Holzschnitt) *Ulrich Wagner* in Nürnberg († ~ 1490): Rechenbuch (gilt als erstes deutsches) ~ Buchdruckkunst über fast ganz Europa verbreitet (vgl. 1445 und 1501)	
	~ * *Dosso Dossi* (eig. *Giovanni di Nicolò de Lutero*), ital. Maler der Renaissance († 1542) *Hinrik Funhof* (seit 1474 in Hamburg, † 1485): Hochaltar d. Johanniskirche in Lüneburg mit Szenen aus d. Leben *Johannes d. Täufers* * *Raffaelo Santi (Raffael)*, ital. Maler und Baumeister († 1520) *Riemenschneider* kommt nach Würzburg (wird später Ratsherr und 1520/21 Oberbürgermeister, dann wegen Teilnahme am Bauernkrieg vom Bischof schwer bestraft) *Verrocchio:* „Christus und Thomas" (ital. Bronzeplastik im Or San Michele in Florenz) Grabmal *Dantes* in Ravenna	Kg. *Johann II.* v. Portugal lehnt *Kolumbus'* Plan, den westl. Seeweg nach Indien zu suchen, ab. *K.* wendet sich im folgenden Jahr nach Spanien	Deutschland liefert bis 1600 80% der europäischen Silberproduktion; davon Annaberg (Erzgebirge) zeitweise etwa 30%

	Tudorkönige in England	Humanismus	Vorreformation / Humanismus
1484		† *Luigi Pulci*, ital. Dichter; u. a. Persiflagen auf Dichtung d. Bänkelsänger (* 1432) „Tristan und Isolde" als dt. Prosaroman gedruckt	Papst *Sixtus IV.* (†) schützt die „fromme Meinung" der Franziskaner von der unbefleckten Empfängnis Mariä (d. h., daß auch Maria ohne Erbsünde empfangen worden ist) gegen die Dominikaner (Dogma 1854) *Innozenz VIII.* Papst bis 1492 (* 1432); protegiert zwei uneheliche Söhne aus vorpriesterl. Zeit Hexenbulle d. Papstes *Innozenz VIII.* löst umfangr. Hexenverfolgungen aus (vgl. 1489) *Savonarola* in Florenz *Konrad Celtis* wird Schüler von *Rudolf Agricola* und beginnt 1485 seine Wanderungen, auf denen er für den Humanismus wirbt * *Ulrich Zwingli*, Schweiz. human. Reformator († 1531, gefallen in der Schlacht von Kappeln)
1485	Die *Wettiner* Fürsten *Ernst* und *Albrecht* teilen Sachsen: Wittenberg, Thüringen und Vogtland als Kursachsen an die *Ernestiner* Linie (später protestantisch); Meißen, Leipzig, Nordthüringen als Herzogtum an die *Albertiner* Linie (später katholisch) *Heinrich VII. (Tudor)*, Erbe der Thronansprüche d. Hauses *Lancaster*, besiegt Kg. *Richard III.* († , * 1452) aus dem Hause *York* und wird Kg. v. Engl. bis 1509 (†). Mit ihm beginnt die Erstarkung des engl. Königtums unter den *Tudors*, da der Adel sich in den „Rosenkriegen" (seit 1455) verblutete Staatsgerichtshof in Engl. („Sternkammer", Mittel kgl. Despotie bis 1641) Kg. *Matthias Corvinus* von Ungarn erobert Wien (1490 befreit)	~ * *Matteo Bandello*, ital. Novellen-Dichter († 1562)	† *Rudolf Agricola (Huysman)*, führender dt. Humanist an der Universität Heidelbg. (* 1443) *Gabriel Biel* (* 1430, † 1495), seit 1484 Prof. d. Theologie u. Philosophie in Tübingen, sieht im Privateigentum eine Folge d. Sündenfalls

	Botticelli *Memling*	*Renaissance · 2. u. 3. niederländ. Schule*	*Portugiesische Entdeckungen*	
	~ *Botticelli:* „Geburt der Venus" (ital. Gemälde) *Dürer:* „Selbstbildnis" (Zeichnung) *Ghirlandajo:* „Leben d. hl. Franziskus" (Freskenzyklus in d. Kirche St. Trinità, Florenz; Darstellung mit Landschaften, Architektur, Bildnissen) *Memling:* Christophorus-Altar (niederländische Tafelmalerei) *Notke:* Lukasaltar (spätgotischer Schnitzaltar) *A. d. Pollajuolo:* Grabdenkmal für Papst *Sixtus IV.* (beend. 1493, ital. Bronzearbeit in der Peterskirche zu Rom) ~ *Geertgen tot Sint Jans* (* ~ 1465, † ~ 1495): „Johannes d. Täufer" (niederl. Gemälde) u. Hochaltar f. d. Johanneskirche in Haarlem (figurenreiche Tafelmalerei mit ausführlicher Landschaftsdarstellung) Rathaus in Michelstadt in Hessen (Fachwerkbau über einer Halle aus Holzständern)	~ *Joh. Tinctoris:* „De inventione et usu musicae" (niederl. Musiktheor.)	Der Portugiese *Diego Cão* entdeckt die Kongomündung „Herbarius" (erstes gedrucktes Heilpflanzenbuch mit lat. Beschreibung von 150 Arten) ~ Zahlwort Billion („Byllion" = eine Million Millionen) erstmalig b. dem französischen Mathematiker *Nikolas Chuquet*, dem „Vater der franz. Algebra"	
	Botticelli: „Thronende Maria mit den beiden Johannes" (ital. Gem.) ~ *Giovanni Bellini:* „Santa Conversazione" („Unterhaltung der Heiligen", mehrere it. Tafelbilder) * *Peter Flötner*, Nürnberger Kleinplastiker († 1546) *Gozzoli:* 25 Monumental-Fresken im Friedhof Campo Santo in Pisa (beg. 1469, ital. Malerei, zahlr. zeitgenössische Bildnisse) *Mantegna:* „Madonna mit singenden Engeln" (ital. Gemälde) ~ * *Joachim von Patinier*, niederl. Maler († 1524) * *Sebastiano del Piombo*, ital. Maler († 1547)	~ * *Clément Janequin*, frz. Komp. v. Motetten u. Chansons († ~ 1559) ~ * *Adrian Willaert*, niederl. Komponist, Haupt der venezian. Schule († 1562)	*Diego Cão* u. *Martin Behaim* erreichen zur See Kap Cross (W.-Afrika) *J. v. Cube:* „Hortus sanitatis, gart der gesuntheit" (erstes Kräuterbuch in dt. Sprache)	Erster engl. Konsul, in Pisa ≈ Tafelgeschirr aus Zinn wird gebräuchlich (z. B. Zunftkannen mit Gravierungen)

	Maximilian I.	Humanismus	Vorreformation Humanismus
1486	Maximilian I. wird zum dt. König gewählt (dt. Kaiser ab 1493 bis 1519 [†])	„Cent nouvelles nouvelles" („100 neue Novellen", frz. Nachahmung des *Boccaccio*) vielleicht von *Antoine de la Sale* (vgl. 1459)	* *Johann Eck*, dt. Theologieprofessor u. Gegner *Luthers* († 1543) *Mirandola* veröffentl. in Rom 900 Thesen einer Philosophie mit aristotelischen, platonischen, kabbalistisch. u. christl. Elementen, die er gegen jeden zu verteidigen bereit ist. Wird wegen Ketzerei angeklagt und freigesprochen. Schreibt „Über die Menschenwürde" (lat.) * *Agrippa von Nettesheim*, dt. Arzt u. antischolastischer Mystiker; lehrt Allbeseelung der Natur († 1535)
1487	Spanier erobern Malaga v. d. Arabern	*Hinrek van Alkmar*: „Van den vos Reinaerde" (niederl. Bearbeitung von „Reinaerts Historie" ~ 1375); wird unmittelbare Vorlage für „Reinke de Vos" von 1498 *Celtis* v. *Friedrich III.* in Nürnberg als erster Deutscher zum Dichter gekrönt	~ Der „Hexenhammer", Schrift d. päpstl. Inquisitoren *Heinrich Institoris* u. *Jakob Sprenger* v. 1487, leitet große Zahl von Hexenprozessen ein (mit dem Ziel der „Seelenrettung"; bis 1669 29mal gedruckt; Höhepunkt der Hexenverbrennungen ~ 1600)

Frührenaissance in Italien Spätgotik in Deutschland	Renaissance · 2. u. 3. niederländ. Schule	Portugiesische Entdeckungen	
A. *Dürer* beg. Mallehre bei *Michael Wolgemut* (bis 1489)	*Josse Desprez* in Rom		
* *Jacopo Sansovino* (eig. *Tatti*), ital. Architekt u. Bildhauer der Hochrenaissance; u. a. „Bacchus" (Marmorbildwerk im Bargello, Florenz) 1515 († 1570)			
* *Andrea del Sarto (Vanucchi),* florentinischer Maler († 1531)			
∼ Der japan. Maler lyrischer Landschaftsbilder *Soami* (* 1459, † 1529) wirkt im engsten Kreise d. früheren Shoguns *Yoshimasa* als Leiter der Kunstsammlung und Teemeister; macht auch Entwürfe von Landschaftsgärten			
Palazzo della Cancellaria in Rom (Kanzlei des Papstes; Frührenaissance, fertiggestellt 1495)			
Chorgestühl i. Wiener Stephansdom			
≈ Im Rom der Renaissance beginnen zahlr. Privatpaläste u. -villen zu entstehen (Höhepunkt im 16. Jhdt.)			
Giovanni Bellini: „Madonna mit den Bäumchen" (ital.-venez. Malerei)		*Bartolomeo Diaz,* vom Sturm verschlagen, umfährt erstmalig das Kap der Guten Hoffnung (ursprüngl. „Kap d. Stürme")	Fechtmeister für Soldaten in dt. Städten erhalten v. Kaiser Zunftprivilegium
∼ *Aelbert Bouts*: „Hl. Augustinus u. Johannes d. Täufer mit dem Stifter" (niederl. Gem.)			
Carlo Crivelli (* ∼ 1433, † ∼ 1495): „Petrus empfängt d. Schlüssel" (ital.-venezian. Tafelbild in einem naturalistischen Prunkstil)		*Pedro de Covilhão* (* ∼ 1447, † ∼ 1500) erkundet im Auftrage d. Kgs. von Portugal den Weg nach Indien über das östliche Mittelmeer als Vorbereitung d. Seeweges um Afrika	Vieltürm. Kremlmauer in Moskau von italienischen Baumeistern
∼ *Memling*: Bildnis d. jungen Herrn v. *Nieuwenhoven* und „Madonna mit dem Apfel vor offenem Fenster" (niederl. Gemälde)			
∼ *Riemenschneider*: Grabmal *Eberhard v. Grumbachs* (Pfarrkirche Rimpar)			
Kathedrale in Mecheln (got., Baubeginn 1342, Turm im 16. Jhdt.)			
Dom St. Martin in Preßburg (got., Baubeginn 1221; 1563 bis 1835 Krönungskirche der ungar. Kge.)			
Hauptmoschee „El Haram" in Medina mit Grabmälern *Mohammeds, Fatimas* und der ersten Kalifen			

	Schwäbischer Bund Städte im Reichstag	Humanismus	Vorreformation
1488	Bürger von Brügge nehmen König *Maximilian I.* gefangen Grdg. d. Schwäbischen Bundes zw. Fürsten, Rittern u. Städten Schwabens zum Schutz d. Landfriedens. Bundesgericht u. Bundesheer v. 12 000 Mann u. 1200 Reitern (Auflösung 1533) Graf *Eberhard V. im Bart* v. Württemberg tritt an die Spitze d. Schwäbischen Bundes	* *Matthijs de Casteleine*, niederländ. Dichter; schreibt Schauspiele f. d. Redekammern (Theatervereine, vgl. 1398); u. a. „Historie van Pyramus en Thisbe" († 1550) ~ *Tifi degli Odasi* begrdt. mit „Macaronea" sog. makkaronische Dicht., bei der in scherzhafter Form Wörter einer neueren Sprache in d. lateinischen Text eingestreut sind	* Reichsritter *Ulrich v. Hutten*, dt. Humanist († 1523)
1489	Die Reichsstädte sind von jetzt ab regelmäßig auf den Reichstagen vertreten (gelegentl. schon seit 1255) Venedig gewinnt Cypern (kommt 1571 an die Türken)		* *Thomas Cranmer*, engl. Reformator († 1556) * *Thomas Münzer*, Wiedertäufer, religiös. u. sozial-revolutionärer Reformator († 1525, hingerichtet)

Filippino Lippi *Veit Stoß*	*Renaissance · 2. u.* *3. niederländ. Schule*	*Portugiesische* *Entdeckungen*	
Filippino Lippi: Fresken in der *Caraffa*kapelle in St. Maria sopra Minerva, Rom (beend. 1493; durch Vorschriften d. Kardinals *Caraffa* dogmatisch eingeengte, überladene ital. Malerei) *Pietro Lombardo* (* ~ 1435, † 1515) mit seinen Söhnen: S. Maria dei Miracoli in Venedig (beg. 1481) *Shen Chou,* vom Hofe in Peking unabhäng. chin. Landschaftsmaler u. Dichter der *Ming*-Zeit (* 1427, † 1509): „Album m. 10 Landschafts-Ansichten" (seine der mongol. Yüan-Zeit nahestehende Malweise wird als Gegensatz zu der am Hofe empfunden, d. sich bewußt am Vorbild der *Sung*-Akademie orientiert) *Verrocchio:* Reiterdenkmal *Colleonis* † *Andrea del Verrocchio,* ital. Bildhauer u. Maler in Florenz u. Venedig (* 1436) *Peter Vischer d. Ä.:* Sebaldusgrab in Nürnberg (Entwurf) Frauenkirche in München (got.; Baubeginn 1468) Colegio de San Gregoria in Valladolid beg. (span. Spätgotik, voll. 1496)		Erste Apotheke in Berlin	
* *Antonio Allegri da Correggio,* ital. Maler († 1534) *Memling:* „Ursulaschrein" (niederl. Tafelmalerei mit 14 Darstellungen aus d. Legende v. d. 11 000 Jungfr.) *Notke:* „Heiliger Georg mit Drachen" (dt. spätgot. Reiterbild aus Eichenholz für Schweden) ~ *Sesshu* (* 1420, † 1506) malt im Stil d. chines. *Sung*-Zeit d. 13. Jhdts. „impressionist." Landschaftsbilder in Japan *Stoß:* Hochaltar der Marienkirche in Krakau (Holzschnitzwerk; begonnen 1477) *Filippo Strozzi* läßt in Florenz d. Palazzo *Strozzi* von *Benedetto da Majano* erbauen (streng horizontal betonter Stil, Dach mit Kranzgesims, fertiggestellt 1553 von *Simone Cronaca*)		Rechenbuch von *Johann Widmann,* enthält erstmals d. heutigen Ziffern	≈ Ulm hat 168 Badestuben, auch für Dampfbäder (nach d. Blüte d. Badewesens im Mittelalter geht es, bes. nach Auftreten d. Syphilis, ~ 1600 stark zurück)

	 *Erfolge der Habsburger Polnisches Reich*	 *Humanismus*	*Vorreformation Humanismus*
1490	Das durch Teilungen (seit 1379) in 3 Linien zersplitterte *Habsburger* österreich. Erbe durch Kaiser *Friedrich III.* wieder vereinigt (neue Teilung 1564) *Maximilian I.* vertreibt die Ungarn aus Niederösterreich † *Matthias I. Corvinus*, König v. Ungarn seit 1458 (von 1469 bis 1471 auch König von Böhmen); pflegte an seinem Hof den Geist der ital. Renaissance (seit 1475 mit *Beatrix von Neapel* verheir.) (*1443) *Wladislaw II.*, König von Böhmen seit 1471, wird König von Ungarn bis 1516 (†); polnische *Jagellonen* beherrschen Polen, West- u. Ostpreußen, Böhmen, Ungarn	*Sebastian Brant* übersetzt „Phagifacetus" (vgl. 12. Jhdt.) ~ * *Vittoria Colonna*, ital. Dichterin (Sonette), Gattin *Pescaras* und Freundin *Michelangelos* († 1547) ~ *Füetrer:* „Buch der Abenteuer" (bayer. Dichtung, Grals- und *Artus*geschichten in Versen) † *Gómez Manrique*, span. Lyriker; Bußdichtung (* 1412) ~ *Fernando de Rojas*: „Comedia de Calisto y Melibea" (span. Drama i. Prosadialog um d. Hauptfig. einer Kupplerin; daneben die Schilderung einer tragischen Liebe; 1501 auf 21 Akte erweitert; richtunggebend für d. spanische Schauspiel) * *Burkard Waldis*, dt. Fabeldichter; schreibt „Esopus" (Fabelsammlg.), „Parabel v. verlorenen Sohn" (niederdt. Reformationsschauspiel 1527) († 1556) ~ Fronleichnamsspiel aus Eger (frühes böhm. Schauspiel) ≈ Weltliches Drama beginnt sich in Spanien zu entwickeln (vgl. 1499)	*Matthias I. Corvinus* (†) gründete Handschr.-Bibliothek in Ofen (Budapest) u. Universität Preßburg *Lorenzo di Medici* begr. Bildhauerschule i. Florenz (Frühform einer Akademie)

Frührenaissance in Italien Spätgotik in Deutschland	*Renaissance · 2. u. 3. niederländ. Schule*	*Panzerplatten*	
~ *Hieronymus Bosch* (* ~ 1450, † 1516): Altar mit Stifterehepaar u. „Anbetung d. Könige" (niederl. Tafelbilder)	~ An den Höfen Italiens entsteht das Ballett	~ Verwendung wellblechart. Panzerplatten mit erhöhter Festigkeit	≈ Haustracht der dt. Bürgerinnen: Langes Hauskleid mit langen, engen Ärmeln, Schürze, Haube, Schulterkragen üb. Kleidausschnitt, Gürtel mit Tasche
Vittore Carpaccio (* ~ 1455, † ~ 1526): Szenen aus d. Leben d. hl. Ursula (ital. Bilderzyklus für die „Scuola di St. Orsola" [„Brüderschaft d. hl. Ursula"] in Venedig, beend. 1495)	~ Nach mehreren Jahrzehnten Verfalls erneuert sich die ital. Musik in d. Frottola, einem mehrst. volkstüml. Lied in schlichtem Satz. Hauptvertreter: *Tromboncino* († 1512), *Cara* († 1526), beide in Mantua	Akademieart. wissenschaftl. Genossenschaften (Sodalitates), u. a. in Krakau, Pest (d. *Celtis*) u. Worms (durch *Cl. v. Dalberg*) gegründet	
A. Dürer auf Wanderschaft (bis 1494): Kolmar, Basel, Straßburg			≈ Prächtige Kleidung der vornehmen Bürger (z. B. in Nürnberg): Weite Samtschaube mit weiten Ärmeln und breiten Goldborten; Barett
Ghirlandajo: „Leben der Maria u. Johannes d. Täufers" (Freskenzyklus in gegenwartsnaher Darstellung in der Kirche St. Maria Novella, Florenz, beg. 1486)			
Adam Krafft: Grabmal des *Sebald Schreyer* an d. Sebalduskirche in Nürnberg (Bildhauerarbeit; beend. 1492)			≈ In Deutschland lösen die breiten „Kuhmäuler" als Fußbekleidung d. Schnabelschuhe ab
B. Notke: Kg. *Karl Knutson* (seit 1480; Statuette i. schwed. Schloß Gripsholm)			~ Vorn breit geschlitzte „Bärenfuß"-Schuhe kommen auf (bis ~ 1550)
~ * *Barend van Orley*, niederl. Maler († 1542)			
~ *Pacher*: Kirchenväteraltar des Doms in Brixen (spätgot.; darunter „Der hl. Ambrosius")			~ Entstehung erster Waisenhäuser in Italien und den Niederlanden
Riemenschneider: Altar der Pfarrkirche in Münnerstadt (spätgot., beend. 1492)			
~ *da Vinci*: „Die Madonna in der Felsengrotte" (ital. Gemälde)			
~ *Wolgemut*: Hochaltar d. heiligen Kreuzkirche in Nürnberg (Malerei der alten fränk. Schule)			
Kathedrale zu Mariä Verkündigung in Moskau (Baubeginn 1480)			
Dom San Lorenzo in Perugia (got., Baubeginn 1345)			
Gartenpalast Belvedere im Vatikan			
Schloß u. Schloßkirche in Wittenberg (fertiggestellt 1500)			
~ Schloß Amboise an der Loire			

	Araber verlieren Granada *Spanien wird Großmacht*	*Humanismus*	*Vorreformation* *Inquisition*
1491	* *Heinrich VIII.*, König von England von 1509 bis 1547 (†)		~ * *Ignatius von Loyola*, span. Begründer des Jesuitenordens († 1556) ≈ Der Absolutismus in den ital. Stadtstaaten lähmt das politische Interesse des Humanismus u. führt zur Betonung individueller „Bildung"
1492	Araber verlieren mit Granada letzten Stützpunkt in Spanien, das jetzt zur Großmacht aufsteigt † *Lorenzo de Medici* (il Magnifico), Herrscher von Florenz seit 1469; Förderer der Renaissancekultur (* 1449)	* *Pietro Aretino*, ital. Schriftsteller († 1556) † *Maulana Dschâmi*, pers.-mystischer Dichter; schrieb die Diwane: „Anfang der Jugend" (1479), „Mittelglied der Kette" (1489), „Schluß des Lebens"(1491)(*1414) *Lorenzo Medici* (†) schrieb Karnevalslieder, Sonette, satir. Dichtungen, philosophische Schriften * *Margarete v. Navarra*, Schwester *Franz' I.* v. Frankreich, Dichterin der frz. Frührenaiss. († 1549) Humanistische Renaissanceschrift (Antiqua) neben der gotischen „Textur" ~ Entstehung der neuenglischen Schriftsprache	*Alexander VI.* Papst bis 1503 (†, * 1430); Vater von *Cesare* und *Lucrezia Borgia* Vertreibung der glaubenstreuen Juden aus Spanien auf Veranlassung des Großinquisitors *Torquemada* Dieses Jahr gilt als Übergang vom „Mittelalter" (seit 375) zur „Neuzeit" (bis 1789 „Neuere Z.", dann „Neueste Z.")

Memling Riemenschneider	Renaissance · 2. u. 3. niederländ. Schule	Erster Erdglobus Kolumbus	
~ *Botticelli:* 92 Federzeichnungen zu *Dantes* „Göttlicher Komödie" *Ghirlandajo:* „Heimsuchung" (ital. Tafelbild) *Memling:* Kreuzigungsaltar in der Greveraden-Kapelle d. Doms in Lübeck (niederl. Tafelmalerei, vollendet 1493) *Riemenschneider:* „Adam u. Eva" (spätgot. Steinplastiken in Würzburg, beendet 1493) † *Martin Schongauer,* süddt. Kupferstecher u. Maler; u. a. „Große Kreuztragung", „Große Kreuzigung" (Passionsfolge in 12 Blättern) (* ~ 1445) ~ *Wolgemut:* Zeichnungen zu den Holzschnitten f. d. Buch „Schatzbehalter" **Wallfahrtskirche Heiligenblut am Großglockner geweiht** **Kathedrale von Turin (beend. 1498)**		Kopernikus studiert in Krakau bis 1494	
Bramante: Chor von S. Maria delle Grazie, Mailand (vollend. 1498) † *Piero della Francesca,* spätgot. ital. Maler (* 1420) *Riemenschneider:* Altar d. Pfaarkirche in Münnerstädt Dom in Halberstadt fertiggestellt (Baubeginn 1235) ≈ Neue Blüte d. Schmiedekunst in Süddeutschland, Frankreich und Spanien (u. a. Brunnenlaube a. Dom zu Antwerpen 1470, Kronleuchter in d. Kirche zu Vreden 1489, Kapellenabschlußgitter in d. Pfarrkirche Hall i. Tirol 1495; ferner Tür- u. Möbelbeschläge, Schlösser) ≈ 4 bed. chin. Maler aus Suchou: *Shen Chou, Tang Yin* (* 1470, † 1524), *Wen Cheng-ming* (* 1470, † 1559) u. *Ch'iu Ying* schließen den Gegensatz der höfisch-akadem. u. freien Malweise († ~ 1550)	~ * *Ludwig Senfl,* dt. Komponist († ~ 1543)	Erster Erdglobus von *Behaim* in Nürnberg (noch ohne Amerika und Australien) *Kolumbus* sucht im spanischen Auftrag westlichen Seeweg nach Indien und entdeckt dabei Cuba und Haïti (Flaggschiff „Santa Maria" 235 t, 70 Mann); entd. Mißweisung der Magnetnadel *da Vinci:* Zeichnung zu einer Flugmaschine	≈ Beruf d. „Druckverlegers" gliedert sich in den des Schriftgießers, des Druckers, des Verlegers auf

	Maximilian I. Aufteilung der Neuen Welt	Brant: „Narrenschiff"	Cesare Borgia Humanismus
1493	Teilung der Neuen Welt zwischen Spanien und Portugal durch Schiedsspruch des Papstes *Alexander VI.* † *Friedrich III.*, schwacher dt. Kaiser aus dem Hause *Habsburg* seit 1452 (* 1415) *Maximilian I.* wird deutscher Kaiser bis 1519 (†) Haus *Habsburg* behält dt. Kaiserwürde bis 1806 Erster Bauernaufstand unter dem Zeichen des Bundschuh im Elsaß	* *Anna Bijns*, fläm. religiöse Dichterin († 1575)	*Cesare Borgia*, Sohn *Alexanders VI.*, wird Kardinal * *Olaus Petri*, schwed. Reformator († 1552) ~ Anwachsen der Hexenprozesse auf Grund der von den päpstlichen Inquisitoren 1489 veröffentlichten Schrift „Hexenhammer"
1494	* *Franz I.*, König von Frankreich († 1547) *Karl VIII.* zieht nach Italien und erobert vorübergehend Neapel (1495). Damit beg. der Kampf zw. Frankr. u. Habsburg um Italien Vertreibung der *Medici* aus Florenz, wo sie seit 1434 herrschten. Rückkehr 1512 Theokratie d. *Savonarola* in Florenz	† *Matteo Maria Bojardo*, Graf *Scandino*, ital. Humanist, Dichter im Stil *Petrarcas*; u. a. „Verliebter Roland" (Epos) (* 1434) *Brant:* „Narrenschiff", (Sammlung gereimter Predigten gegen menschliche Schwächen; mit 100 künstl. Holzschnitten; vgl. 1510) * *François Rabelais*, franz. Dichter († 1553) * *Hans Sachs*, dt. Dichter, Meistersinger († 1576)	+ *Pico von Mirandola*, ital. Humanist, vertrat eine neue „Würde des Menschen" (* 1463) *Leonardo da Vinci* begr. Malerschule in Mailand (Frühform einer Akademie) Frankr. kommt in Italien enger mit d. Renaissance in Berührung Nach der Vertreibung der *Medici* aus Florenz durch *Savonarola* wird die weltliche Kunst verfolgt; u. a. verbrennt auch *Botticelli* seine weltlichen Bilder und stellt das Malen ein. Es entsteht vorübergehend eine rein religiöse Kunst mit neogotischem Einschlag

da Vinci *Riemenschneider*	Blüte der *(3.)* niederländischen Schule	*Kolumbus*	
* *Baccio Bandinelli*, ital. Bildhauer († 1560) * *Bartel Bruyn*, niederrhein. Maler († 1555) *Holbein d. Ä.*: Flügelbilder vom Altar in Weingarten *Riemenschneider*: „Adam und Eva" (Steinfig.), Madonna im Neumünster Würzburg (Plastik)	Kaiser *Maximilian I.* schafft Hofkapelle n. burgund. Vorbild: Hoforganist *Paul Hofhaimer*, Hofkomponist *Heinrich Isaac* (Hof in Innsbruck und Wien)	Zweite Seereise *Kolumbus*' nach Westen, wobei er u. a. Dominika, Portoriko, Jamaika entdeckt. Brief von *Kolumbus* über Entdeckung „Westindiens" zeitungsähnlich verbreitet * *Paracelsus, Theophrast von Hohenheim*, deutscher Arzt und Philosoph († 1541) Illustrierte „Weltchronik" von *Hartmann Schedel* (* 1440, † 1514)	Flaschenpost wird erstmalig (durch *Kolumbus*) verwendet
A. Dürer in Venedig ~ *A. Dürer*: „Das Weiherhaus" (u. and. Aquarelle reiner Landschaften) * *Rosso Fiorentino (G. B. Rosso)*, ital. Maler († 1541) † *Ghirlandajo* (eig. *Domenico di Tomaso Bigordi*), ital. Freskenmaler (* 1449) * *Lucas van Leyden*, niederl. Maler († 1533) † *Hans Memling*, niederl. religiöser Tafelmaler (* 1433) *da Vinci* beendet „Madonna in der Grotte" (italien. Gemälde), begonnen 1483 Münster i. Ulm fertiggestellt (Baubeg. 1377) Schnitzaltar im Kloster Blaubeuren (erbaut 1466—1502) Gildehaus d. Gewandschneider in Goslar erbaut	† *Johannes Ockenheim (Okeghem)*, niederl. Komponist, „Meister des künstlichen Kontrapunktes" (* zw. 1430 u. 1440)	*Georg Agricola* (eig. *Bauer*), dt. Mineraloge († 1555) *Aldus Manutius* gründet seine Offizin in Venedig; druckt vorbildlich griech. und latein. Texte *Luca Pacioli* (* 1445, † 1514): „Summa de arithmetica, geometria, proporcioni e proporcionalita" (erstes gedrucktes Lehrbuch der Arithmetik und Algebra, enthält System der doppelten Buchhaltung) Erste Papierherstellung in England (erste in Europa 1150)	Hansekontor in Nowgorod geschlossen (~ Binnenstädte ziehen sich von der Hanse zurück. Holländische Schiffahrt im Ostseegebiet) ≈ Warenlotterie („Glückstöpfe") als Volksbelustigungen

	Maximilian I. Reichsreform	Ausbildung der neueren Nationalliteratur	Humanismus Reuchlin
1495	Wormser Reichstag mit Reichsreform: Fehdeverbot („Ewiger Landfriede") verkündet; königl. Obergericht in Reichskammergericht umgewandelt. Reichsidee bleibt schwach *Emanuel I. (d. Glückliche)*, Kg. von Portugal bis 1521 (†). Fördert Wissenschaft und Kunst * *Suleiman II.*, türk. Sultan 1520 bis 1566 (†)	Peter Dorland von Diest: „Jedermann" (niederl. Moralitätenspiel; gleichzeitig entst. engl. Fassung „Everyman")	
1496	Heirat des *Habsburgers Philipp des Schönen*, Sohn *Maximilians I.*, mit span. Erbtochter *Johanna der Wahnsinnigen* bringt span. Krone an Haus *Habsburg*	~ *Clément Marot*, frz. Dichter der Renaissance († 1544)	
1497	~ Reform des Hamburger und anderer Stadtrechte; Anpassung an das Römische Recht (teilweise bis 1900 in Kraft) Übergang von Stadt- zu Landeswirtschaft Kaiser bildet „Reichshofrat" als Gegengewicht zum „Reichskammergericht" von 1495 Kg. *Emanuel I.* von Portugal heir. *Isabella* v. Spanien ~ Rechtsbuch *Iwans III.*		* *Philipp Melanchthon*, dt. Humanist und Reformator († 1560) Papst *Alexander VI.* verleiht *Ferdinand von Aragon* und *Isabella von Kastilien* den Titel „Katholische Majestät" Vertreibung der glaubenstreuen Juden aus Portugal *Savonarola* exkommuniziert
1498	† *Karl VIII.*, König von Frankreich seit 1483 (* 1470) *Ludwig XII.* König von Frankreich bis 1515 (†) *Vasco da Gama* erreicht auf dem Seeweg Moçambique (portugiesische Herrschaft währt dort bis 1975)	Hinrek van Alkmar: „Reinke de Vos" (niederl. Tierepos, in Lübeck gedruckt) Philipp de Commines (* 1445, † 1509), frz. Gesandter in Venedig: „Mémoires" (dichterische Lebenssumme des „frz. Macchiavellis") Reuchlin: „Henno" (Komödie in lat. Sprache)	† *Girolamo Savonarola* (verbrannt, * 1452), florentinischer Bußprediger, Gegner der autokratischen *Medici* und des sittenlosen Papstes *Alexander VI.* † *Thomas Torquemada*, span. Großinquisitor seit 1483, Beichtvater des span. Königshauses (* 1420) „Accademia antiquaria" in Rom (1550 wegen Vorwurfs der Ketzerei aufgelöst)

Dürer *Pacher*	*Blüte der (3.) niederländischen Schule*	*Vasco da Gama* *Kolumbus*	
~ *Dürer:* „Weiher bei Sonnenuntergang" (skizzenhaft naturalist. Aquarell) *Dürer* eig. Werkstatt in Nürnberg; erste Reise nach Italien *M. Pacher:* Flügelaltar für Stadtpfarrkirche Salzburg	*Desprez* in Cambrai † *Johannes Okkenheim (Okeghem)*, Komponist der 2. niederländ. Schule (* ~ 1430)	Trockendock in Portsmouth	≈ Syphilis breitet sich als neuartige schwere Seuche von dem durch die Franzosen belagerten Neapel über ganz Europa aus (vgl. 1530)
A. Krafft: Sakramentshäuschen f. Lorenzkirche i. Nürnberg Erster Aufenthalt *Michelangelos* in Rom (bis 1501) *Perugino:* „Madonna mit den Schutzheiligen von Perugia" (ital. Gemälde)		≈ Das handwerklich-technische Fachbuch unterstützt, bes. in Dtl., die Stadtkultur	
Dürer: Zweites Bildnis des Vaters (Gem.), „4 Hexen" (1. datiert. Kupferst.) * *Hans Holbein d. J.*, dt. Maler († 1543) † *Benedetto da Maiano*, ital. Ren.-Baumeister, Palastbauten (* 1442) *da Vinci* beendet „Das Abendmahl" (Fresko im Refektorium des Klosters Santa Maria della Grazie in Mailand, begonnen 1495)		Italiener *John Caboto* (* 1425, † 1499) erreicht und befährt mit seinem Sohn *Sebastiano* die Ostküste von Nordamerika ~ Äther (org.-chem. Verbindung) entdeckt ≈ Zigeunerfeindl. Edikte in Dtld. (bis 1774, 1701 v. Kaiser f. vogelfrei erklärt)	Leipzig erhält vom Kaiser das Recht auf jährlich drei Jahrmärkte (später Messen, die erst im 18. Jh. die von Frankfurt/M. überflügeln) Erste Nachricht von der „berauschenden" Tabakpflanze kommt nach Europa
Dürer:„Selbstbildnis" (Prado), „Friedr. d. Weise" (Bildnis), „Apokalypse" (15 Holzschn.) † *Michael Pacher*, süddt. Bildschnitzer; u. a. Altar in St. Wolfgang (* ~ 1435) ~ *Hans Witten:* Pietà (farbige Holzplastik i. d. Jakobikirche, Goslar)	*Dürer* verlegt d. „Apokalypse" in Einzelblättern (beg. damit eine durch Signierung als Original gekennzeichnete Verbreitung von reproduzierb. Kunstwerken)	Portugiese *Vasco da Gama* entdeckt Seeweg nach Ostindien um Südafrika *Kolumbus* betritt auf seiner dritten Seereise das südamerikanische Festland am Orinoko ~ Zahlreiche technische und wissenschaftliche Zeichnungen *da Vincis* Erstes gesetzliches Arzneibuch (in Florenz)	Erstes deutsch. Leihhaus in Nürnberg ≈ Ende der Blütezeit der Zünfte (seit 14. Jahrh.)

	Maximilian I. Franzosen in Italien	Celtis Meistersinger	Humanismus
1499	Schweiz löst sich im „Schwabenkrieg" vom Deutschen Reich (Unabhängigkeit anerkannt 1648) Frankreich erobert Hzgt. Mailand (1535 an Spanien)	* *Sebastian Franck*, dt. religiöser Schriftsteller († 1543) *W. Pirkheimer*: „Schweizerkrieg" (mit Selbstbiographie) „Celestina", span. Drama, vermutl. v. *Fernando de Rojas* (maßg. f. d. Entw. d. span. Schauspiels)	* *Laurentius Petri*, schwed. Erzbischof († 1573)
1500	* *Karl V.*, röm.-dt. Kaiser 1519—1556 († 1558) Vorübergehende ständische Reichsregierung neben dem Kaiser bis 1502 ≈ Städtische Festung tritt an Stelle der Burg **Portugal nimmt Brasilien in Besitz** ≈ Zahlr. Aufstände i. Dtl. aus sozialen Gründen gipfeln i. Bauernkrieg (vgl. 1525)	*Erasmus v. Rotterdam*: „Adagia" (Sprichwörtersamml. f. d. Schule) ≈ *Hans Folz* (* ~ 1450, † ~ 1515), Bader u. Meistersinger in Nürnberg	„Großes Jubeljahr" der Kirche Universität in Valencia gegründet ~ Kaufm. Schulen in Venedig Buchdruckerei u. Humanismus geben Basel besondere Bedeutung
1501	*Ludwig XII.* von Frankreich und *Ferdinand von Aragonien* erobern vorübergehend das Königreich Neapel (vgl. 1504)	*Konrad Celtis*: „Ludus Dianae" (allegor. Festspiel) Handschriften der Nonne *Roswitha von Gandersheim* (dt. Dichterin des 10. Jahrhunderts) in Nürnberg aufgefunden durch *Konrad Celtis*	Päpstliche Bulle verhängt Verbrennung über Bücher gegen Kirchenautorität und Kirchenstrafen gegen ihre Verbreiter *Luther* studiert in Erfurt

Renaissance Giorgione	Blüte der (3.) niederländischen Schule	Amerigo Vespucci Buchdruck	
Dürer: „Oswolt Krel" (Bildnis) Giorgione: „Junger Mann" (ital. Gem.) Riemenschneider: Scherenberg-Grabmal im Würzburger Dom St. Georgskirche, Dinkelsbühl (beg. 1448, spätgot. Hallenkirche)		Amerigo Vespucci entdeckt mit Alonso de Hojeda den Amazonenstrom Älteste Darst. einer Buchdruckerei in einer frz. „Totentanz"-Holzschnittfolge ~ Aufkommen v. Sprengladungs-Hohlgeschossen	Fugger kontrollieren den europäischen Kupfermarkt; ihr Vermögen hat sich in zwanzig Jahren versechzehnfacht
* Benvenuto Cellini, ital. Goldschmied und Bildhauer († 1571) Dürer: „Selbstbildnis" (Gem. i. Art des Christus-Bildes) Giorgione: Altarbild f. Kapelle Costanzo in Castelfranco (ital. Gemälde) Michelangelo: „Pietà" i. St. Peter (ital. Plastik) Riemenschneider: Schaumberg-Grabmal in der Würzburger Marienkapelle * Diego de Siloe, span. Baumeister († 1563) Kathedrale von Antwerpen fertiggestellt (Baubeginn 1352) ≈ Inka-Festung Machu Picchu mit Sonnentempel	Desprez am Hof in Paris ≈ Hans Folz reformiert den Meistergesang; nun sind auch im Schulsingen weltliche Stoffe zulässig Ottavio dei Petrucci beginnt mit Vervielfältigung der Noten durch Typendruck in Venedig ~ Joh. Tinctoris (*~ 1435, † 1511) schreibt erstes Musiklexikon (lat.) ≈ Klavichord u. Kielflügel verbreiten sich	Hieronymus Brunschwig: „Das Buch der rechten Kunst zu destillieren..." (Kräuterbuch) Pedro Alvarez Cabral (* 1468, † 1526) wird auf einer Ostindienreise um Südafrika nach Brasilien verschlagen, das er so entdeckt. Gründet portugies. Faktoreien in Ostindien † Portugiese Bartholomeo Diaz sinkt unweit v. Kap der gut. Hoffnung (* 1450) Kolumbus wird in Ketten nach Spanien gebracht, jedoch rehabilitiert 1. Kaiserschnitt an einer Lebenden d. Jakob Nufer Bohrmaschinen (vorwiegend für Geschützrohre) kommen auf ~ Schreibstifte m. Graphit in England	1. ständige Postverbdg. Wien–Brüssel Silbergulden in Deutschland (Reste bis 1892 in Österr.) ~ Erste Lackmalerei (Goldarabesken auf schwarzem Grund) ≈ Glaswerkstätten in Murano stellen farbloses Glas her, schlanke Kelchform. Einführ. solch. Gläser n. Deutschl. Verzierung mit Perlen, Knöpfen etc., Bemalung, Vergoldg. ≈ Herstellung v. Majoliken (Majorka) u. Fayencen (Faenza). Goldlüstrierung und Rubinglasur ≈ Nachahmung venezianischer Stoffe im Orient
Spätgot. Freiberger Dom (seit 1484) mit steinerner Kanzel in Tulpenform ~ Justizpalast i. Rouen im frz.-spätgot. „Style flamboyant" ~ Im Emanuelstil in Portugal verbind. sich Gotik u. Frührenaiss. mit indischen u. amerikan. Stilelementen ≈ Inka-Kunst ist wenig figürlich, es überwiegt geometr. Flächenornament		~ da Vinci beschreibt Camera obscura (linsenlose Lochkamera) ~ Rasche Entwicklung der Buchdruckerkunst des Johannes Gutenberg. (Von 1445 bis 1500 über tausend Druckereien in Europa mit über 35 000 Druckerzeugnissen und einer Gesamtauflage von etwa 10 Mill. [vgl. 1445]. Bis 1945 erscheinen über 30 Mill. selbständige Buchtitel) ≈ Zahlenregistrierung m. Knotenschnüren auf dezimaler Basis bei den Inkas	≈ Das um 1400 aufgekommene Kartenspiel ist bereits weit verbreitet, wird serienweise hergestellt und von der Kirche bekämpft ≈ Kunsttischlerei ahmt für Möbel Renaiss.-Bauformen nach Dresden 2565 Einwohner Eisenguß für Öfen; Terrakotten aus Ziegelton z. Schmuck von Bauwerken (Lübeck)

	Bauernunruhen *Götz v. Berlichingen*	*Hirtendichtung*	*Humanismus* *Erasmus*
1502	≈ Entstehung eines selbständigen Standes juristisch geschulter Verwaltungsbeamter. Römisches Privatrecht setzt sich gegen zersplittertes, den wirtschaftlichen Verhältnissen nicht mehr angepaßtes dt. Recht durch Bauernaufstand unter *Josz Fritz* in Speyer (weitere mit dem Symbol des „Bundschuh" 1513, 1517). Bauern suchen Befreiung durch ein starkes zentralist. Kaisertum	*Sannazaro*: „Arcadia" (ital. Hirtengedicht, erster unerlaubter Druck; geschrieben um 1480, richtunggebend für die europäische Literatur) *Gil Vicente*: Schäferspiel (Anfänge eines portugies. Nationallustspiels) *Celtis*: „Amores" (humanist. Dichtung)	*Erasmus von Rotterdam*: „Enchiridion militis christiani", „Handb. d. christlich. Streiters" (außerreformatorische Kirchenkritik in lat. Sprache) Gründung der Universität Wittenberg durch lutherfreundlichen Kurfürsten v. Sachsen, *Friedrich den Weisen*
1503	Sansibar wird portugiesisch Spanier siegen über Franzosen bei Cerignola und gewinnen Kgr. Neapel	*W. Dunbar*: „Die Distel und die Rose" (schott. allegor. Huldigungsgedicht auf die Hochzeit Kg. *Jakobs IV.* mit *Margarete von England*) * *Diego Hurtado de Mendoza*, span. Dichter († 1575) * *Thomas Wyatt*, engl. Dichter († 1542)	Papst *Pius III.* († 1503) *Julius II.* Papst bis 1513 (†), Förderer *Michelangelos* * *Nostradamus*, franz. Astrologe († 1566)
1504	† Kurfürst *Berthold von Henneberg*, Erzbischof von Mainz, Vorkämpfer einer Reichsreform zur Schwächung der zentralen Kaisermacht (* 1442) *Götz von Berlichingen* verliert bei der Belagerung von Landshut seine rechte Hand und läßt sie durch eine eiserne ersetzen Kgr. Neapel und Sizilien unter span. Vizekönigen (bis 1713)		

Michelangelo Tizian	Blüte der (3.) niederländischen Schule	Kolumbus Amerigo Vespucci	
Cranach: „Kreuzigung" (Gem., Wien) *Dürer*: „Der Hase" (Aquar.) *Tizian*: „Die Zigeuner-Madonna" (ital. Gem.) Erlaß zum Bau des *Maximilians*grabes in Innsbruck Marienkirche in Danzig fertiggestellt (Baubeginn 1400)	~ Annenkirche in Annaberg (Erzgeb.; got.)	Vierte Reise *Kolumbus'*, auf der er das mittelamerikanische Festland entdeckt Nach einer 2. Reise *Amerigo Vespuccis* nach Südamerika (bis 25° s. Br.) erkennt dieser es als selbständigen Kontinent, nicht identisch mit Indien ~ Taschenuhren v. *Peter Henlein* (*~1480, †1542)	~ Kursiv-Druckschrift kommt auf durch *Aldus Manutius* in Venedig ≈ Ornamentale Goldstickerei für Altarbehänge etc. „Newe zeytung von orient und auffgange" („Zeitung" gen. Nachrichtenblatt)
Cranach: „Stephan Reuss" (Bildnis) *Dürer* in Wittenberg *Dürer*: „Gr. Rasenstück" (Aquar.) *Grünewald*: „Verspottung Christi" (Gem.) * *Francesco Mazzola* (gen. *Parmigianino*), ital. Maler (†1540) ~ *Michelangelo*: „David" (ital. Großplastik), „Heilige Familie" (ital. Rundbild) Kathedrale v. Canterbury (spätgot., Baubeginn 1070)		*Kopernikus* erlangt den Doktorgrad der Rechtswissenschaften u. Theologie in Ferrara	≈ Verwendung des Schnupftuches in Deutschland ~ Aufkommen der silbernen (unterwertigen) Scheidemünze
Backofen: Grabmal d. Erzbischofs *Berthold v. Henneberg* im Dom zu Mainz (barock. Spätgotik) *Cranach*: „Ruhe auf der Flucht" (Gem.) *Cranach* geht nach Wittenberg *Dürer*: „Anbetung d. Hl. Drei Könige" (Altartafel) „Adam und Eva" (Kupferstich) *Giorgione*: Madonna im Dom von Castelfranco (ital. Gem.) † *Filippino Lippi*, ital. Maler (* 1457) *Raffael* i. Florenz b. 1508		*da Gama* besucht als Vizekönig portugiesische Niederlassungen in Indien	*Franz Taxis* erweitert Post Wien-Brüssel nach Spanien (vgl. 1500) ≈ größte europ. Städte (mehr als 50 000 Einw.): Paris, London, Venedig, Palermo, Mailand, Florenz, Brügge, Gent (größte dt. Stadt Köln)

	Rußland Portugal Weltmacht	Ausbildung der neueren Nationalliteratur	Cesare Borgia Humanismus
1505	† *Iwan III.*, erster „Herr von ganz Rußland" durch Vereinigung der übrigen russ. Fürstentümer mit Moskau; beseitigte 1480 tartarischen Einfluß auf Moskau (*1440) Ende der Mongolenherrschaft in Persien; Seffewiden-Dynastie bis 1722	* *Mikolaj Rej*, poln. Dichter († 1569)	*Luther* gelobt im Gewitter Klostereintritt und wird Augustiner *Wimpfeling* schreibt erste Darstellung der dt. Geschichte
1506	Portugies. Faktoreien an der Ostküste Afrikas		*Reuchlin:* „De rudimentis hebraicis" (grundleg. Hebräik) Ablaß-Handel durch den Dominikaner *Johann Tetzel* (* 1465, † 1519) Universität in Frankfurt a. d. Oder gegründet (1811 nach Breslau verlegt); wird 1539 protest. Briefe *Dürers* aus Venedig an *Pirckheimer*
1507			† *Cesare Borgia*, Sohn des späteren Papstes *Alexander VI.*; arbeitete durch seine Eroberungen in Italien der Neuaufrichtung des Kirchenstaates vor; typisch. Gewaltmensch der Renaissance, Vorbild für *Macchiavellis* „Principe" (* ~ 1475) Priesterweihe *Luthers*

Raffael Altdorfer	Blüte der (3.) niederländischen Schule	Kolumbus Behaim	
Zweiter Aufenthalt Dürers in Venedig (bis 1507) Grünewald: „Kreuzigung" (Gem.) Michelangelo, gerufen von Papst Julius II., geht nach Rom ~ Raffael: „Madonna im Grünen" (ital. Gemälde)	† Jacob Obrecht, Meister der 2. niederl. Schule; schrieb u. a. Matthäus-Passion mit lat. Text (* ~ 1430) * Thomas Tallis, engl. Komponist († 1585)		≈ Reisezeiten: Braunschweig-Magdeburg 2 Tage, Utrecht-Köln 5 Tage, Nürnberg - Venedig 14 Tage. Segelzeit: Venedig - Alexandrien 17 Tage Veröffentlichung eines Seerechts
Beginn des Neubaues der Peterskirche in Rom durch Bramante Dürer: „Madonna mit dem Zeisig" (Gem.) † Andrea Mantegna, ital. Maler u. Kupferstecher, bes. Freskenmalerei (* 1431) Raffael: „Madonna m. d. Stieglitz" (ital. Gem.) ~ Riemenschneider: Heiligblutaltar, St. Jakob, Rothenburg o.d.T. da Vinci: „Mona Lisa" (ital. Gemälde)	Wiederentdeckung der Laokon-Gruppe in Rom (wirkt stark anregend auf die Kunst der Renaissance; vgl. —40)	† Christoph Kolumbus, aus Italien gebürt. Seefahrer und Entdecker, stirbt im Glauben, Seeweg nach Ostindien entdeckt zu haben (* 1451 in Genua)	~ Jakob Fugger bezieht ostindische Gewürze auf dem Seewege
A. Altdorfer: Hl. Franziskus u. hl. Hieronymus (Doppelbild) Grabkapelle des Kardinals Thomas v. Bakocs a. Dom z. Gran (ungar. Werk d. Früh-Renaiss.) Burgkmair: Altar der Augsburger Galerie (Tafelgem.) Dürer wieder in Venedig (bis 1507) Dürer: „Adam u. Eva" (Gem., gilt als 1. dt. lebensgr. Aktdarst.) Raffael: „Madonna aus d. Hause Tempi", „La Belle Jardinière" (ital. Gem.)	Palazzo Strozzi, Florenz (n. Plänen von Benedetto da Maiano [* 1442, † 1497] seit 1489)	† Martin Behaim, dt. Seefahrer und Geograph (* 1459) Orlando Gallo verbessert in Venedig die Technik der Herstellung gläserner Spiegel Matthias Ringmann und Martin Waldseemüller erarbeiten am Vogesengymnasium in Saint Dié Weltkarte und Globus, welche die Bezeichnung „America" für Südamerika enthalten (vgl. 1502, 1538)	Bambergische Halsgerichts - Ordnung (Strafgesetzbuch nach Röm. Recht) schreibt für Bestrafung Geständnis vor u. fördert so Folter als Wahrheitsforschung

	Maximilian I. Jakob Fugger	Ariosto Celtis	Erasmus Reuchlin
1508	Maximilian I. nimmt ohne päpstl. Krönung den Titel „Erwählter römischer Kaiser" an Kaiser *Maximilian I.* schließt mit Frankreich, Spanien und Papst die „Liga von Cambrai" gegen Venedig Portugiesen herrschen über Muskat in Arabien (bis 1659)	*Ariosto:* „Das Schatzkästlein" (ital. Komödie) † *Konrad Celtis*, dt. Dichter u. Humanist (* 1459) Erster bekannter Druck des „Amadis" (span. Ritterroman mit der Heldengestalt des *Amadis von Gaula*)	*Luther* Professor der Theologie in Wittenberg **Univ. Alcala de Henares** (1836 n. Madrid)
1509	*J. Fugger* finanziert dem Kaiser mit 170000 Dukaten den Krieg gegen Venedig † *Heinrich VII.*, erster *Tudor*könig von England seit 1485 (* 1457) *Heinrich VIII.* König von England bis 1547 (†); Heirat mit *Katharina von Aragonien*	Ältester Druck des dt. Volksbuches von „Fortunat und seinen Söhnen" (Augsburg)	* *Johannes Calvin*, Reformator in der franz. Schweiz († 1564) *Erasmus von Rotterdam:* „Lob der Torheit" (*Th. More* gewidmete, scharfe Kritik der Scholastik, lat.)
1510	Hamburg wird Freie Reichsstadt		*Geiler von Kaisersberg* (*1445, † 1510): „Der Seelen Paradies" (Kanzelpredigten gegen kirchl. Mißstände; legte ändern Predigten auch *Brants* „Narrenschiff" zugrunde) *Luthers* Romreise bis 1511 *Reuchlin*, Haupt der dt. Humanisten, verteidigt sich gegen die Anklage der Dominikaner in Köln wegen Ketzerei **St. Paul's Schule London**

Giorgione *Cranach*	*Entdeckungen*	
~ *Giorgione:* „Schlummernde Venus" (von *Tizian* beendet) * *Wenzel Jamnitzer*, dt. Goldschmied († 1585) *A. Kraf(f)t:* 7 Kreuzwegstationen (Steinreliefs, beg. 1505), „Grablegung Christi" *Michelangelo* beginnt mit der Ausmalung der Sixtinischen Kapelle (bis 1512) *Bernt Notke:* Grabplatte für das Ehepaar *Hutterock* in der Lübecker Marienkirche * *Andrea Palladio*, ital. Baumeister der Spätrenaissance († 1580) *Bernardino Pinturicchio* (* ~ 1454, † 1513): Fresken in den Domen zu Orvieto und Siena (seit 1502) *Raffael* beginnt die Stanzen (Gemächer des Papstes) im Vatikan auszumalen (bis 1517) S. Maria della Consolazione, Todi beg.		Kaiser *Maximilian I.*: „Geheimes Jagdbuch" *Jakob Fugger* geadelt „Bauernpraktik" (folgert Wetter f. d. ganze Jahr aus dem vom 24. 12. bis 6. 1.)
Bramante erbaut den Chor von Santa Maria del Popolo in Rom *Burgkmair:* „Madonna" (Gem.) *Cranach:* „Venus", „Torgauer Sippenaltar" † *Simone de Cronaca*, ital. Renaiss.-Baumeister (* 1454) † *Adam Kraf(f)t*, Nürnberger Bildhauer (* 1460) ~ *Lucas van Leyden:* Kupferstiche *Riemenschneider* (oder seine Schule): Windsheimer Zwölfboten-Altar (Schnitzaltar; 1950 identifiziert) * *Leone Leoni*, ital. Goldschmied, Erzgießer, Bildhauer der Hochrenaissance († 1590)	*Ulrich Tengler:* „Laienspiegel" (dt. Rechtshandbuch für Laien)	Beginn des Negersklavenhandels nach Amerika, veranlaßt durch den Dominikaner *Las Casas*, zur Entlastung der Indianer Annaberger (später auch Joachimsthaler) Bergordnung; Vorbild vieler späterer Bergordnungen
Altdorfer: „Die Flucht nach Ägypten" (Gem.) † *Botticelli* (eig. *Sandro Filipepi*), ital. Maler der Frührenaissance (* ~ 1444) † *Giorgione da Castelfranco* (eig. *Giorgio Barbarelli*), ital. Maler der Renaissance (* 1478) *Grünewald:* Cyriakus und Laurentius (zwei Flügelaltar-Tafeln) ~ *Qu. Massys:* „Passionsaltar" für die Schreinergilde Antwerpen (niederl. Gem.) ~ * *Luis de Morales*, span. Maler († 1586) * *Bernard de Palissy*, franz. Forscher und Künstler († 1589) ~ *Raffael:* „Triumph der Galatea" (Fresko) und *Sodoma (Bazzi):* Alexander-Fresken in der neuerbauten Villa Farnesina, Rom *Riemenschneider:* Marienaltar in Creglingen (Taubertal) *P. Vischer:* Grabmal des Kardinals *Friedrich I.* Krakau (Erzbildwerk)	*da Vinci* entwirft horizontales Wasserrad (Prinzip der Wasserturbine) Ostküste Amerikas bis in die Gegend des heutigen Charleston entdeckt	≈ Männermode: Puffung, Schlitzung, schmale Krause am Hemd, hochgeschl. Wams. Statt d. Wamses gesteppter Rock mit faltigem Schoß. Schaube ärmellos u. kürzer, bei Bürgern dunkles, bei Vornehmen hell. Barett. ≈ Herstellung von Spitze mit geometrischen Mustern

	Maximilian I. Kämpfe um Italien	Zeitsatiren „Weißkunig"	Leo X. Erasmus
1511	Papst *Julius II.* schließt mit Spanien, Venedig, Schweiz, England und Kaiser „Heilige Liga" geg. Frankreich, nachdem er 1508 mit Frankreich und dem Kaiser eine Liga geg. Venedig geschlossen hatte	* *Johannes Secundus* (eig. *Jan Nicolai Everaerts*), niederl. neulateinischer Dichter († 1536)	Kaiser *Maximilian I.* hat den Plan, Papst zu werden *Reuchlin* wendet sich gegen ein Verbot aller jüdischer Bücher *Ulrich Zasius* (* 1461, † 1536): Gesetzbuch der Markgrafsch. Baden (Begrd. einer humanist. Rechtswissenschaft mit Quellenkritik)
1512	Reichstag zu Köln: Einteilung des Reichs in zehn Landfriedenskreise (ohne Böhmen und Schweiz) Niederlage der Franzosen in Italien. Rückkehr der *Medici* nach Florenz. Auf franz. Seite kämpft *Pierre Bayard* (* 1475, † 1524), „Der Ritter ohne Furcht und Tadel" Florenz wird Hzgt. *Selim I.* (der Strenge), türk. Sultan bis 1520 (†)	*Luther* wird Doktor der Theologie *Murner*: „Narrenbeschwörung" u. „Schelmenzunft" (Zeitsatiren) *Marx Treitzsauerwein*: „Weißkunig" (allegor. Kaiserbiographie; Mitwirkung Maximilians I.)	*Erasmus*: „De ratione studii" (humanist. Anweisung zum Sprachstudium) Fünftes (letztes) Lateranskonzil (allg. Kirchenversammlung) unter Papst *Julius II.* (bis 1517) (vorhergehende zwischen 1123 und 1215) Schiismus in Persien Staatsreligion (mohammedanische Richtung im Gegensatz zu den Sunniten; vgl. 751)
1513	Aufstand i. Köln bewirkt begrenzte soziale Reformen Bauernaufstand im Breisgau Appenzell kommt zur schweiz. Eidgenossensch. (Basel, Schaffhausen 1501)		*Leo X.* (aus *Medici*-Familie, * 1475) Papst bis 1521 (†), Förderer von Kunst und Wissenschaft; gibt Ablaßbriefe für den Bau der Peterskirche

Michelangelo / Dürer	Mehrstimmige Lieder / Lautenmusik	Kopernikus / Entdeckungen	
Bartolommeo: „Verlobung der heiligen Katharina" (ital. Gem.) ~ *Dürer*: Große und kleine Passion, Marienleben (Holzschnittfolgen) *Peruzzi*: Villa Farnesina, Rom * *Giorgio Vasari*, ital. Maler, Bildhauer, Schriftsteller († 1574) Dreifaltigkeitsaltar für d. Landauerkapelle in Nürnberg		* *Miguel Serveto*, frz. Arzt u. Forscher; Antitrinitarier († 1553)	*da Vinci* besteigt den Monboso im Monte-Rosa-Massiv ≈ Lissabon konkurriert erfolgreich im Handel mit Antwerpen ~ Förderung der Woll- und Seidenindustrie in Spanien u. a. durch Schutzzölle ~ Pferderennen in England kommen auf
Hans Baldung (Grien): „Kreuzigung" (Gem.) * *Galeazzo Alessi*, ital. Baumeister († 1572) *Michelangelo*: Vollendung d. Sixtinischen Deckengemälde (ital. Fresken der Renaiss., beg. 1508). Zwei Sklaven, erste Arbeiten f. das *Julius*grabmal in Rom (ital. Plastik) *Raffael*: „Madonna in Foligno", „Madonna mit Fisch", „Julius II." (ital. Gemälde) *da Vinci*: „Anna Selbdritt" (ital. Gem.)	„Liederbuch zu vier Stimmen" gedruckt von dem dt. Drucker *Erhard Öglin* in Augsburg als Neue Partitur-Ausgabe *Arnolt Schlick* leitet reiche dt. Sololiteratur f. d. Laute ein (bei ihm noch wahlweise für Orgel oder Laute)	*Kopernikus*: „Commentariolus" (Grundlagen seines neuen Weltbildes: Die Erde dreht sich mit den anderen Planeten um die Sonne) * *Gerhard Mercator (Kremer)*, dt. Geograph († 1594) † *Amerigo Vespucci*, ital. Seefahrer, veröffentlichte stark beachtete Schriften über seine Reisen nach Südamerika 1499–1502 (* 1451) Portugiesen entd. Molukken England baut Zweidecker-Schiffe mit 70 Kanonen (1000 t)	~ Beginnend. öffentlicher Widerstand gegen Handelsmonopole scheitert schließlich an der Verschuldung des Kaisers an die *Fugger* Ältest. dt. Medizinal-Ordnung, mit Kurpfuscherverbot, in Augsburg
~ *A. Altdorfer*: „Geburt Christi" (Gem.) *Dürer*: „Ritter, Tod u. Teufel" (Kupferstich) *Raffael*: „Die heilige Cäcilie" (ital. Gem.) *Riemenschneider*: Grab Heinrichs II. u. s. Gemahlin im Bamberger Dom (seit 1499) *P. Vischer*: Theoderich und König Artus (dt. Erzbildwerke am *Maximilians*grab in Innsbruck, nach Entwurf *Dürers*)		*Nunez de Balboa* (* 1475, hingericht. 1517), Spanier, entdeckt Stillen Ozean jenseits Panama ~ Technik der graphischen Radierung (Metallplattenätzung) kommt auf. Angewandt z. B. von *Dürer* und *Urs Graf* *Ponce de León* erreicht Florida	Frakturdruckschrift als Weiterentwicklung der gotischen Schrift

	Maximilian I. Franz I.	Volksbücher	Humanismus Macchiavelli
1514	*Ulrich* von Württemberg schlägt Erhebung des Bauernbundes „Armer Konrad" nieder *Jakob Fugger* in den Reichsgrafenstand erhoben *Wassilij III. Iwanowitsch*, Großfürst v. Moskau 1505 bis 1533 (†), gewinnt geg. Polen-Litauen Smolensk		*Niccolò Macchiavelli* (* 1469, † 1527): „Il Principe" („Der Fürst", ital. Darstellung des klugen und rücksichtslosen Renaissance-Herrschers vgl. 1507; gedruckt 1532)
1515	† *Ludwig XII.*, franz. König seit 1498 (* 1462) *Franz I.* wird König von Frankreich bis 1547 (†) und beginnt Rückeroberung Italiens. Besiegt bei Marignano die Schweizer und erobert Mailand wieder Kaiser *Maximilian I.* muß im Frieden zu Brüssel Mailand an Frankreich, Verona an Venedig abgeben ~ Großes portugiesisches Kolonialreich in Afrika und Indien	Ältester Druck des Volksbuches v. „Till Eulenspiegel" (gedruckt von *Joh. Grieninger*, Straßburg) * *Teresa de Jesús*, span. myst. Dichterin († 1582) *John Skelton* (* ~ 1460, † 1529): „Magnificence" (engl. Moralitätenspiel)	

Isenheimer Altar *Tizian*	*Entdeckungen* *„Südland"-Sage*	
~ *H. Bosch:* u. a. „Heuwagen", „Garten d. ird. Lüste" (Allegorie d. Vergänglichkeit und Sündhaftigkeit) (niederl. Gem.); alle Werke *Boschs* sind undatiert *Dürer:* „Hieronymus", „Melancholie"(Kupferstiche) † *Donato Bramante*, it. Baumeister. Erster Baumeister der neuen Peterskirche in Rom (* 1444) *Dürer:* „Meine Mutter" (Kohlezeichn.) * *Cornelis Floris* (eig. *de Vriendt*), niederl. Baumeister der Frührenaissance († 1575) *Hans Leinberger* (* ~ 1482, † 1533): Hochaltar in Moosburg (bayr. Plastik zwischen Spätgotik und Frühbarock) ~ *Bartolomeo Veneto* (* ~ 1480, † 1530) malt in Mailand manieristische Bildnisse ~ Baubeginn der neuen Kathedrale in Salamanca (leitet mit maurischen Stilelementen zur span. Renaissance über; beendet 1733)	* *Andreas Vesalius*, Anatom, Leibarzt *Karls V* u. *Philipps II.* († 1564)	Das Haus *Fugger* bringt den Ablaßhandel in seine Hände Erstes europäisches (portug.) Schiff in chin. Gewässern ~ Ananas kommt nach Europa
Baldung (Grien): „Ruhe auf der Flucht" (Gem.), „Frau und Tod" (Federzeichnung) * *Alonso Sanchez Coello*, span. Barockmaler († 1590) *Correggio:* „Madonna des heiligen Franz" (ital. Gem.) *Cranach:* „Hl. Hieronymus in felsiger Landschaft" (Gem.), „Der Bürgermeister von Weißenfels" (Bildnis) *Dürer:* Randzeichnungen zum Gebetbuch Kaiser *Maximilians* (Illustration), „Rhinoceros" (Graphik) *Grünewald:* Isenheimer Altar (begonnen 1511) *Raffael* wird Erster Architekt von St. Peter ~ *Tizian:* „Drei Lebensalter", „Zinsgroschen", „Himmlische und irdische Liebe" (ital. Gem.) *P. Vischer:* „Apostel Paulus" (Plastik in St. Sebald, Nürnberg) *Fugger*-Haus in Augsburg Schloß Hampton Court bei London Baubeginn der franz. Renaissanceschlösser Blois und Chenonceaux	*Juan Diaz de Solis* entd. auf der Suche nach einer Durchfahrt nach Westen La-Plata-Mündung und wird von Indianern getötet *Johann Schöner:* Erdglobus (mit dem sagenhaften „Südland", eine Vorstellung, die von den Arabern aus der Antike überliefert wurde; die beginnende Suche danach führt zu wichtigen Entdeckungen im Pazifik; vgl. 1567, 1772)	Panzernashorn in Lissabon ausgest. (dient indirekt *Dürer* z. Vorbild) ~ Manufakturen in Frankreich kommen auf; staatl. Waffen- u. Tapetenfabriken

	Maximilian I. *Türken in Ägypten*	*„Der rasende Roland"* *Hutten*	*Luthers 95 Thesen* *„Utopia"*
1516	*Karl I.* wird König von Spanien, Neapel-Sizilien u. den burgundischen Niederlanden (röm.-dt. Kaiser ab 1519 als *Karl V.*) *Franz v. Taxis* wird Hauptpostmeister der niederländ. Post (Beginn der Thurn- und-Taxis-Post) Schweizer behaupten den Besitz Tessins (seit 1403 Mailand abgerungen)	*Ariosto:* „Der rasende Roland" (ital. Epos in Stanzen; 40 Gesänge bis 1521; ironisiert romantisches Rittertum) ~ * *Henry Howard,* Graf *Surrey,* engl. Lyriker (†1547)	*Erasmus:* Erste Ausgabe d. griech. Neuen Testaments mit lat. Übers. (dient *Luther* als Grundlage zur deutschen Übersetzung) *Luther:* Vorlesungen über die Psalmen (seit 1513), den Römerbrief u. d. Galaterbrief (bringen ihn zur Auffassung, daß Sündenvergebung aus göttlicher Gnade u. nicht aus „guten Werken" folgt) *Morus (More):* „Über die beste Staatsform und über die neue Insel Utopia" (human. engl. Staatsphilosophie in lat. Sprache; 1524 dt., 1548 ital., 1550 franz., 1551 engl., 1636 span. übersetzt) Konkordat gestattet Frankreich Ernennung franz. Bischöfe; dagegen anerkennt Frankreich Supremat des Papstes über Konzilien
1517	Unzufriedene Bauern ersehnen einen sie schützenden „Volkskaiser" ~ Bauernlegen und Übergang zur Weidewirtschaft vernichtet allmählich den Bauernstand in England Bauernaufstand am Oberrhein mit religiös begrdt. sozialen Forderungen Die Türken erobern Ägypten Ende des Kalifats von Kairo Portugiesen fassen auf Ceylon Fuß	*Teofilo Folengo* (auch *Merlino Coccajo*; * ~ 1496, † 1544) „Opus maccaronicum" (17 Gedichte im lat. Kauderwelsch als Parodie auf Ritterpoesie und die Lyrik *Petrarcas*) *Hutten* von Kaiser *Maximilian I.* zum „Dichterkönig" gekrönt *Maximilian I.* verfaßt mit Hilfe seiner Schreiber das allegorische Gedicht „Teuerdank", in dem er seine Jugend-Erlebnisse schildert *H. Sachs:* Erstes Fastnachtspiel (insgesamt etwa 70)	*Luthers* Ablaß-Streit mit *Tetzel*, veröffentlicht seine 95 Thesen in Wittenberg: Beginn der Reformation in Deutschland *Hutten* veröffentlicht 2. Teil der „Dunkelmänner-Briefe" im Mönchslatein gegen die Gegner *Reuchlins* u. des Humanismus überhaupt (erster Teil 1515 von *Rubianus*) Franziskaner strenger Observanz (Befolgung des Armutsgelübdes) setzen sich durch. (Orden gegr. 1221) Kardinal *Ximenes:* Complutenser Polyglotte (grundlegende Bibelausg. mit hebr. u. griech. Urtext, Vulgata, Septuaginta u. Übers. i. d. aramäische Volkssprache, „Targum"; seit 1514)

Michelangelo Tizian	Mehrstimmige Lieder	Entdeckungen	
Baldung (Grien): Hochaltar für das Freiburger Münster (Gem.) *Bartolommeo*: „Beweinung Christi" (ital. Gemälde) † *Giovanni Bellini*, ital. Maler, bes. Madonnen, Tafelmalerei (* 1428) ~ † *Hieronymus Bosch*, niederl. Maler relig.-phantast. Bilder (* ~ 1450) *Holbein d. J.*: „Bürgermeister Meyer und Frau" (Bildn.) ~ *Michelangelo*: „Moses" (ital. Plastik) * *Hans Müelich*, dt. Maler († 1573) ~ *Raffael*: „Sixtinische Madonna", „Madonna della Sedia" (it. Gem.) *Tizian*: „Die Venus v. Urbino" (ital. Gem.) *da Vinci* siedelt auf Wunsch *Franz' I.* nach Frankreich über	* *Cyprianus de Rore*, niederl. Komponist († 1565) *Raffael* wird Leiter d. päpstl. Ausgrabungen i. Rom (vgl. 1534)	* *Konrad Gesner*, schweiz. Gelehrter († 1565)	Kaiserl. Post wird nach Rom und Neapel ausgedehnt (vgl. 1500, 1504) Farbstoff Indigo kommt nach Europa Brauordnung i. Bayern mit hohen Reinheitsforderungen. Untergärige Biere kommen auf
† *Fra Bartolommeo*, it. Maler, Einfluß auf *Raffael* (* 1472) *Grünewald*: Altar für Maria Schnee in Aschaffenburg (Gem., Mittelbild jetzt in Stuppach) *Quentin Massys* (* 1466, † 1530): „Der Geldwechsler u. seine Frau" (früher niederl. Genrebild) *Raffael*: „Lo Spasimo" („Kreuztragung", ital. Gemälde) *del Sarto*: „Madonna di San Francesco" (it. Gemälde) Kathedrale von Sevilla fertiggestellt (Baubeginn 1402)	† *Heinrich Isaak*, dt. Komponist, Hofkomponist Maximilians I.; u. a. „Innsbruck, ich muß dich lassen" (* ~ 1450) *L. Senfl* wird *Isaaks* Nachfolger am kaiserlichen Hof (geht 1523 an d. Hof in München)	Portugiesen erreichen auf dem Seeweg Kanton *Girolamo Fracastoro* (* 1483, † 1553) wendet sich gegen die von der Kirche gestützte Hypothese, daß alle Versteinerungen aus der Sintflut stammen ≈ „Schlafschwämme" mit Opium, Bilsenkraut u. a. Narkotika zur med. Betäubung kommen wegen ihrer Gefährlichkeit außer Gebrauch (seit der Antike bekannt; vgl. 1100)	Kaiser *Maximilian* erläßt vorbildlich wirkende Bergordnung Der spätere Kaiser *Karl V.* gibt Monopol f. d. Handel mit Negersklaven nach den spanischen Kolonien an die Flamen Kaffee kommt nach Europa *Ugo da Capi* gewinnt für Venedig Privileg f. Holzschnittechnik

	Maximilian I. Karl V.	*Ariosto* Satiren · Volksdichtung	*Reformation und Humanismus* Luther · Zwingli
1518		*Ariosto* am Hofe von Ferrara; das von ihm geleitete Hoftheater regt durch regelmäßige Aufführungen das europ. Theater der Renaissance an	*Erasmus:* „Colloquia familiaria" (humanist. Gespräche über Kunst u. Wissenschaft) *Hutten* an *Pirkheimer:* „O saeculum! O literae! Juvat vivere!" („O Jahrhundert, o Wissenschaften! Es ist eine Lust zu leben!") *Luther* in Augsburg wegen Ketzerei angeklagt, verweigert den Widerruf und entflieht *Melanchthon* Professor in Wittenberg
1519	† *Maximilian I.*, dt. Kaiser seit 1493 (ohne päpstliche Krönung), „Der letzte Ritter", Förderer der Waffentechnik und des Landsknechtswesens, Freund des Humanismus (* 1459) *Karl V.* wird zum dt. Kaiser (bis 1556) gewählt. *Fugger* finanzieren die Wahl gegen *Franz I.* von Frankreich; Kurfürst *Friedrich der Weise* lehnt seine eigene Wahl ab Reichsritter *Hutten* schließt sich dem Schwäb. Bund gegen Herzog *Ulrich* von Württemberg an, dessen Land vorübergehend an Österreich kommt (bis 1534)	Erstes Auftauchen des Wortes Hanswurst in der niederdeutschen Bearbeitung von *Brants* „Narrenschiff"	Streitgespräch zwischen *Luther*, *Karlstadt* und *Eck* in Leipzig. *Luther* bestreitet göttliche Herkunft des Papsttums und Unfehlbarkeit der Konzilien. *Luther* wird in den päpstlichen Bann getan *Zwingli* beginnt die Reformation in der Schweiz durch Predigten als Leutpriester am Gr. Münster in Zürich

 *Renaissance* · Dürer · P. Vischer d. J.	*Weltumseglung*	
A. *Altdorfer:* St.-Florian-Altar *Cranach:* „Madonna" (Gem. im Dom zu Glogau) *Dürer:* Jakob Fugger (Bildnis), „Große Kanone" (neuartige Eisenradierung) *Raffael:* „Die Heilige Familie" (ital. Gem.), „Papst *Leo X.* Medici" (Bildnis) ∼ *del Sarto:* Mehrere ital. Gemälde der Heiligen Familie *Veit Stoß:* „Englischer Gruß" (St. Lorenz, Nürnberg) * *Tintoretto* (eig. *Jacopo Robusti*), ital. Maler († 1594) ∼ *Tizian:* „Himmelfahrt Mariä", „Venusfest" (ital. Gemälde) *Fugger*kapelle i. Augsburg (beg. 1509), ältestes Bauwerk d. dt. Renaiss., Chorgestühl v. *Daucher*	∼ Brille für Kurzsichtige „Rechnung auf der Liniehen" von Rechenmeister *Adam Riese* (* ∼ 1492, † 1559) *Grijalva* entdeckt Mexiko	Ostasiatisches Porzellan kommt nach Europa
† *Hans Backofen*, dt. Renaissance-Plastiker in Mainz, beherrschend für das ganze Rheingebiet (* 1460) *Dürer:* „Albrecht von Brandenburg" (Kupferstich), „Maximilian I." (Gemälde) † *Domenico Fancelli*, ital. Renaissance-Bildhauer in Spanien (* 1469) *Holbein d. Ä.:* „Brunnen des Lebens" (Gem.) † *Jan Joest* (v. *Kalkar*), niederl. Maler im Stil *Memlings* (* unbekannt) *Joachim de Patinier:* „Taufe Christi" (Anfänge niederl. Landschaftsmalerei) *Seb. del Piombo:* „Auferweckung d. Lazarus" (ital. Gemälde) ∼ *da Vinci:* Zeichnungen vom Untergang der Welt † *Leonardo da Vinci*, ital. Maler, Gelehrter, Schriftsteller (* 1452) *P. Vischer d. J.* (* 1487, † 1528): Vollendung des *Sebaldus*grabes in Nürnberg (Bildwerk der Renaissance, Auftrag 1507) *Hans Weiditz:* Holzschnitte zu *Petrarcas* „Trostspiegel" † *Michael Wolgemut*, dt. Maler, *Dürers* Lehrer (* 1434) ≈ In Italien, dann auch in den Niederl. stellt sich als Reaktion auf die Klassik der Renaissance der „Manierismus" ein, der zum Barock überleitet	*Aventinus:* „Bayrische Chronik" (vgl. 1523) *Magallanes* beginnt erste Weltumseglung. Reste seiner Expedition kehren 1522 zurück *Pineda* entd. Mississippi-Mündung *L. da Vinci* (†) gab Beiträge zur Anatomie, zum Problem des Menschenfluges, zur Wasserkunde, zur Botanik; gilt als Begründer der wissenschaftlichen Illustration	„Joachimstaler" Münze aus Böhmen als Prototyp des „Talers" ∼ Kakao kommt nach Europa „Fuggerei" in Augsburg (Wohnkolonie für Arme)

	Macht der Städte Suleiman d. Gr.	Bibelübersetzung Satiren · Volksdichtung	Bibelübersetzung Reformation und Humanismus
1520	„Stockholmer Blutbad" durch Dänenkönig *Christian II.* zur Behauptung seiner Macht *Gustav Wasa* von Schweden (König *Gustav I.* ab 1523) leitet erfolgreichen schwed. Bauernaufstand gegen Herrschaft des Dänenkönigs *Christian II.* Mesopotamien, Syrien von den Türken unterworfen † *Selim I.* (der Strenge), siegreicher türk. Sultan seit 1512 (* 1467) *Suleiman II.* (der Große) Sultan der Türkei bis 1566 (†)	† *Bernardo Dovizi da Bibbiena*, ital. Dichter d. Ren., einer der Schöpfer der ital. Komödie (* 1470)	*Hutten* erläßt Fehdebrief gegen *Reuchlin*, weil dieser sich gegen *Luther* stellte *Luther* verbrennt die päpstliche Bannandrohungsbulle in Wittenberg *Luther:* „An den christlichen Adel dt. Nation", „Von der Freiheit eines Christenmenschen", „Von der babylonischen Gefangenschaft der Kirche" (drei große Reformationsschriften) Beginn der „Wiedertäufer"-Bewegung (eigentlich Spättäufer) unter *Thomas Münzer* mit sozialrevolutionären Tendenzen
1521	Reichsstädte verhindern auf dem Wormser Reichstag Reichseinfuhrzölle. Einführung einer außerordentlichen Kriegssteuer („Römermonate") durch die Reichsstädte zu Lasten der Bevölkerung (bis 1806) *Karl V.* überläßt die *habsburg.* Länder in Deutschland seinem Bruder *Ferdinand I.* Der Spanier *Hernando Cortez* (* 1485, † 1547) wird Statthalter in Mexiko nach blutiger Vernichtung des Azteken-Staates Belgrad v. d. Türken erobert	† *Sebastian Brant*, dt. Satiriker (* 1457) *v. Hutten:* „Gesprächsbüchlein" (Prosa) *Luther* beginnt Bibelübersetzung (formt entscheidend die Entwicklung der dt. Sprache. Vor *Luther* gab es 130 dt. Bibelübersetzungen, davon 14 hoch- u. 3 niederdt. gedruckt) *Ignatius v. Loyola* beg. die „Exerzitien" zu formulieren (vgl. 1548)	*Erasmus* beg. Ausgabe d. Kirchenväter (bis 1530) Bilderstürmende „Schwarmgeister" unter *Karlstadt* in Wittenberg Papst bannt *Luther* *Luther* auf dem Wormser Reichstag in Reichsacht getan, wird d. *Friedrich den Weisen* als *Junker Jörg* auf die Wartburg gebracht und beginnt Bibelübersetzung Zusammenarbeit zw. *Luther* und *Melanchthon* beginnt *Melanchthon:* „Loci communes" (theolog. Ertrag der Reformation)
1522	Johanniterorden durch die Türken von Rhodos nach Malta vertrieben	*Th. Murner:* „Von dem großen lutherischen Narren" (antiluth. Streitschrift) *Johann Pauli* (* 1455, † 1530): „Schimpf (Scherz) und Ernst" (Schwanksammlung) ≈ Von *Luthers* Bibelübersetzung gehen in 40 Jahren 100000 Exemplare aus der Druckerei von *Hans Lufft* in Wittenberg hervor	*Hadrian VI.* letzter deutscher Papst, bis 1523 (†) „Neues Testament" in *Luthers* Übersetzung wird gedruckt † *Johann Reuchlin*, führender dt. Humanist, Förderer der griechischen und hebräischen Sprache, Gegner der Reformation (* 1455) *Zwingli:* „Vom Erkiesen und Fryheit der Spysen" (schweiz. reformatorische Schrift gegen das Fasten)

Renaissance Tizian	Blüte der (3.) niederländischen Schule	Weltumseglung	
*~ *Pieter Brueghel d.Ä.* („Bauernbrueghel"), niederl. Maler († 1569) *Cranach: Luther*bildnis (Kupferstich) *Dürers* Reise in die Niederlande (bis 1521; berichtet danach über mexikanische Altertümer in Brüssel) * *Giorgio Ghisi*, ital. Kupferstecher († 1582) *Raffael:* „Verklärung Christi" (ital. Gem.) † *Raffaelo Santi (Raffael)*, ital. Maler und Baumeister (* 1483) *Tizian:* „Bacchanal"	*H. Finck* Komponist des Domkapitels in Salzburg	Ausführlicher Bericht über Abessinien von *Alvarez* *Johannes Böhm* († 1533): „Repertorium librorum trium de omnium gentium ritibus" (gilt als erster europ. Versuch einer umfassenden Völkerkunde) ~ *Scipione del Ferro* (1465, † 1526) löst kubische Gleichungen (vgl. 1545) *Magallanes* entdeckt auf seiner Weltumseglung die nach ihm benannte Straße zwischen Südamerika und Feuerland ~ *Paracelsus'* Wanderfahrten durch Europa	*Johann Baptista von Taxis* unter *Karl V* erster Generalpostmeister ≈ Frauenmode: Krause als Abschluß des Hemdes
H. Brüggemann: Bordesholmer Altar im Dom zu Schleswig (Schnitzaltar) *Adolf Daucher* (*~ 1460, †~ 1523): Altar in der Annenkirche in Annaberg/Erzgeb. (Bildwerk) *Holbein d. J.:* „Der tote Christus" (Gem.) *Michelangelo:* „Christus" (ital. Statue in Rom) *Orley:* „Hiobsaltar", Brüssel ~ *Palma Vecchio:* „Anbetung" (ital. Gem.)	† *Josse Desprez*, niederländ. Komponist, Hauptvertreter der 3. niederl. Schule (*~ 1450) „Brusttuch" (Bürgerhaus i. Goslar)	~ Ende der „Academia Platonica" (Schule der *Plato*übersetzer, gegr. 1459 von *Cosimo von Medici* in Florenz) † *Fernão de Magallanes*, portug. Seefahrer in span. Diensten, auf den Philippinen im Kampf gegen Eingeborene (* 1480)	Sächsische Feuerlöschordnung (erste durch Landesgesetz. Brandkatastrophen bleiben eine akute Gefahr für d. Städte)
Altdorfer: „Landschaft" (Aquarell) * *Jean Cousin*, franz. Maler († 1594) *Grünewald:* „Kreuzigung" (Gemälde) *Holbein d. J.:* „Madonna von Solothurn" (Gemälde) *Wolfgang Huber* (*~ 1490, † 1553): „Voralpenlandschaft" (Aq.) *Riemenschneider:* Grabmal des Fürstbischofs *Lorenz* i. Würzb. Dom		Spanier *J. Bermudez* entd. Bermuda-Inseln	*Luther* verlangt in der Schrift „Vom ehelichen Leben" stärkere Gleichberechtigung der Frau ~ Beginn der weltlich. Armenpflege in deutschen Städten (z. B. Nürnberg)

	Karl V. *Bauernkriege*	*Aretino* *Hans Sachs*	*Reformation und Humanismus* *Luther · Zwingli*
1523	† *Franz von Sickingen* im Kampf der Reichsritter gegen katholische Fürsten (* 1481) Dänen werden aus Schweden vertrieben Die *Wasa* gelangen mit dem reformationsfreundlichen *Gustav I.* (bis 1560 [†]) auf den schwedischen Thron. Schweden scheidet aus der Kalmarer Union (mit Dänemark und Norwegen seit 1397) aus Vertreibung der Europäer aus China	H. *Sachs:* „Die Wittenbergisch Nachtigall" (Gedicht auf *Luther*; v. *Wagner* vertont)	† Reichsritter *Ulrich von Hutten*, dt. Humanist und Freund der Reformation (* 1488) *Klemens VII.* Medici Papst bis 1534 (†); es folgen auch weiterhin nur noch Italiener als Päpste *Luther:* „Von weltlicher Obrigkeit", „Von der Ordnung des Gottesdienstes in der Gemeinde" *Juan Luis Vives* (* 1492, † 1540): „De institutione feminae christianae" (humanist. Pädagogik; fordert auch Turnhallen f. Leibesübungen) Rat von Zürich bekennt sich zu *Zwinglis* Reformation
1524	Beginn des Bauernkrieges (bis 1525; zu den Führern der Bauern gehört ab 1525 in Franken der Ritter *Florian Geyer* [† 1525], in Thüringen *Th. Münzer,* in Tirol *Michael Gaismair;* u. a. wird *Riemenschneider* [seit 1521 Bgm. v. Würzburg] wegen seiner Beteiligung schwer bestraft; *Luther* wendet sich nach anfänglicher Vermittlung gegen die Bauern)	*Aretino* wegen schamloser Sonette aus Rom verbannt * *Luiz Vaz de Camões,* erster bedeutender portugiesischer Dichter († 1580) N. *Macchiavelli:* „Mandragola" (ital. Komödie) *Giovanni G. Trissino* (* 1478, † 1550): „Sofonisba" (ital. Tragödie in reimlosen Jamben nach aristotelischen Regeln)	*Erasmus* greift mit „Über den freien Willen" *Luther* an *Luther:* „Gesangbuch" (mit dem Komp. *Joh. Walther*), „Wider die himmlischen Propheten" (gegen die Wiedertäufer), „De servo arbitrio" („Über den unfreien Willen", gegen humanistische Religiosität, Bruch mit *Erasmus von Rotterdam*), „An die Ratsherren aller Städte, daß sie Schulen aufrichten und halten sollten" (Anregung für ein Volksschulwesen), „Von Kaufshandlungen und Wucher" (gegen Wucherpreise) *Zwingli* schafft in diesen Jahren in Zürich die katholische Messe ab; schließt die Ehe mit *Anna Meyer von Knonau,* geb. *Reinhart* Protestant. Gymnasium in Magdeburg

Altdorfer · Dürer	Blüte der (3.) niederländischen Schule	Entdeckungen	
Altdorfer: „Landschaft mit Fichte" (Aquarell) *Correggio:* „Noli me tangere" (ital. Gem.) † *Adolf Daucher*, Augsburger Bildhauer der Renaissance (* 1460) *Dürer:* „Friedrich der Weise" (Kupferstich) Baubeginn der Kathedrale v. Granada durch *Enrique de Egas* (gotisch, 1703 vollendet) *Holbein d. J.:* „Erasmus" (Bildnis) † *Pietro Perugino*, ital. Maler, u. a. „Schlüsselübergabe" in der Sixtinischen Kapelle, Anregung für *Raffael* (* ~ 1446) † *Luca Signorelli*, ital. Maler, bedeutend bes. als Aktmaler (* 1441) *Veit Stoss:* Marienaltar im Bambg. Dom *Tizian:* „Bacchus und Ariadne" (ital. Gem.)	*Hans Judenkunig* († 1526): Unterweisung in Lautentabulatur (gilt als älteste dt.) *Holbein d. J.:* „Erasmus" (Gem. i. Basel)	*Aventinus* (eig. *Johannes Turmayr*, * 1477, † 1534): Erste Landkarte Bayerns *Giovanni Verazzano* fährt in frz. Diensten an der Ostküste Nordamerikas entlang und erforscht die Hudsonmündung	
~* *Giovanni da Bologna*, ital. Bildhauer d. Ren. († 1608) *Correggio:* Fresken in San Giovanni in Parma (beg. 1520) *Dürer:* „Willibald Pir(c)kheimer" (Gem.) † *Hans Holbein d. Ä.*, dt. Maler (* ~ 1465) † *Joachim de Patinier*, niederl. Maler, bahnbrechend als Landschaftsmaler d. niederl. Schule (* ~ 1485) *Riemenschneider:* Rosenkranz-Madonna in Volkach *Hans Vischer* (* ~ 1489, † 1550): Grabmal d. Kurf. *Joachim* u. *Johann* im Berliner Dom (b. 1530)	*Johann Walther* (* 1496, † 1570) u. *Martin Luther:* „Geystlich Gesangk-Buchleyn" (Beginn d. mehrstimmg. protestant. Choral)	*Petrus Apianus* (eig. *Bienewitz* (* 1501, † 1552), Prof in Ingolstadt: „Cosmographia" (m. Vorschlag der Messung der Monddistanz für geographische Längenbestimmung) ~* *Bartolomeo Eustacchi(o)*, röm. Anatom († 1574) † *Vasco da Gama*, portug. Seefahrer und Vizekönig, Entdecker des Seeweges nach Indien (* 1469) Spanier entdecken in Mittelamerika Reste der alten Maya-Kultur Erster Zeugdruck in Augsburg	≈ „Verlagswesen" (Arbeit für Kreditgeber) als Wirtsch.-Form besonders im Textilwesen (Heimarbeit) verbreitet Truthahn aus Südamerika wird an den engl. Hof gebracht

	Gr. Bauernkrieg · Karl V.	Ausbildung der neueren Nationalliteratur	Reformation und Humanismus Luther · Zwingli
1525	Großer dt. Bauernkrieg. Die 12 Artikel der aufständischen dt. Bauern fordern Erleichterung der sozialen Lage. Fürsten besiegen bei Mühlhausen die Bauernheere. Entscheidende Festigung der Macht der Landesfürsten (vgl. 1524) † *Thomas Münzer* (enthauptet), Führer der Wiedertäufer und Bauern im Bauernkrieg (* 1489) *Karl V.* bricht durch den Sieg bei Pavia franz. Vorherrschaft in Italien zugunsten Spaniens und nimmt franz. König *Franz I.* gefangen Hochmeist. *Albrecht* (* 1490, † 1568) verwandelt preuß. Ordensstaat in protestant. Hzgt. d. *Hohenzollern* unter polnischer Lehnshoheit † *Jakob Fugger* (d. Reiche), dt. Bankier und Handelsherr, griff durch Kredite stark in die Politik ein (* 1459)	*Pietro Bembo* (* 1470, † 1547): „Prose della volgar lingua" (ital. Dichtung auf toskanischer Grundlage) * *Louise Labé*, frz. Dichterin († 1566) * *Pierre de Ronsard*, franz. Dichter († 1585) Der Tod ihres Gatten treibt *Vittoria Colonna* in die Einsamkeit; sie weiht ihre Sonette im Stile *Petrarcas* seinem Andenken	*Matteo Bassi* grdt. Kapuziner-Orden mit Franziskanerregeln; besonders Pflege der Volksseelsorge *Luther:* „Wider die räuberischen und mörderischen Rotten der Bauern" (wonach sich weite Volkskreise enttäuscht von *Luther* abwenden) *Luther* heiratet die frühere Nonne *Katharina von Bora* (* 1499, † 1552 an der Pest), (aus dieser Ehe gehen 3 Söhne u. 3 Töchter hervor) *Menno Simons* (* 1492, † 1559) sammelt die Sekte der Mennoniten i. d. Niederl. (reformiert, Lebensgestaltung n. d. Bergpredigt; verwerfen Kindertaufe, Eid u. Kriegsdienst) *Zwingli:* „Über die wahre und falsche Religion" (schweiz. Reformationsschrift, nimmt gegen *Luthers* Lehre Stellung)
1526	Ende des ersten Krieges zwisch. *Karl V.* und *Franz I.* um Mailand (seit 1521; vier Kriege bis 1544) Türkensieg bei Mohatsch über die Ungarn; Nordwestungarn und Böhmen an *Habsburg* *Ferdinand I. von Habsburg* wird König von Böhmen und Ungarn. Wirksamer Widerstand des ungar. Adels mit türk. Unterstützung Preßburg ungar. Hauptstadt *Babur* begründet mohammedanisches Reich der Großmoguln in Indien mit Hauptstadt Delhi (bis 18. Jahrh.; vgl. 1739)	*William Tyndale* (* ~ 1492, † 1536) übers. nach seiner Bekanntschaft mit *Luther* in den Niederlanden d. Neue Testament ins Englische	Speyerer Reichstag überläßt Stellung zur Reformation den Landesfürsten Reformation in Hessen Wiedertäufer lassen sich als „Mährische Brüder" mit religiös-sektenhaftem Kommunismus in Mähren nieder (bis 1622) Dänische Sprache in norwegischen Kirchen und Schulen Judenvertreibung aus Ungarn

Correggio · Holbein d. J.	Blüte der (3.) niederländischen Schule	Entdeckungen	
~ *Altdorfer:* „Christus u. d. Schächer" (Gem.) *Correggio:* „Jupiter und Antiope" (ital. Gemälde) *Dürer:* „Geometrie" (Kupferstich) *Grünewald:* „Erasmus und Mauritius"(Gem.) *Holbein d. J.:* „Madonna m. Fam. d. Bürgerm. Meyer" (Gem.) *Riemenschneider:* „Beweinung Christi" in Maidbronn; wird weg. Beteiligung a. Bauernaufstand bestraft *del Sarto:* „Madonna del Sacco" (ital. Gem.) *Tizian:* „Vanitas" (it. Gemälde) *P. Vischer:* Gedenktafel für *Albrecht* von Brandenburg in Aschaffenburg;„Nürnberger Madonna" (Bildwerke)	* *Giovanni Pierluigi Palestrina,* ital. Komponist († 1594)	*Dürer:* „Underweysung der messung mit dem zirckel und richtscheyt, in linien ebnen und gantzen corporen" (erstes dt. Lehrbuch der perspektivischen Geometrie) Musiknotendruck im einfachen statt doppelten Verfahren durch *Haultin* Verfolgung des *Paracelsus* wegen Unterstützung der Bauernaufstände	*Vives:* „De subventione pauperum" („Über die Unterstützung d. Armen", fordert Zusammenfassung d. Fürsorge unter staatlich. Aufsicht)
Correggio: „Danae" (ital. Gem.) *Dürer:* „Erasmus" u. „Melanchthon" (Kupferstiche), „Die vier Apostel" (Gem.), „Hieronymus Holzschuher" (Bildnis) *Holbein d. J.:* „Totentanz" (beg. 1523, gedr. 1538 in Lyon; Holzschnittfolge) *Holbeins* erste Reise nach London Meister *H. L.:* Schnitzaltar, Breisach *del Sarto:* „Abendmahl" (ital. Gem.) *Tizian:* „Madonna des Hauses Pesaro" (ital. Gemälde) Patrizierhaus „Das Brusttuch" in Goslar erbaut		Spanier entdecken Neuguinea	Portugiesische Faktorei i. Pernambuco

	Karl V. · Türken vor Wien	Ausbildung der neueren Nationalliteratur	Luther · Zwingli Erasmus
1527	Eroberung und Plünderung Roms durch kaiserliche Söldnertruppen; „Ende der Renaissance" * Philipp II., König von Spanien 1556 bis 1598 (†) † Niccolo Macchiavelli, ital. Staatsmann, Philosoph und Dichter (* 1469) Argentinien span. Kolonie	Marco Girolamo Vida (* 1490, † 1560): „De arte poetica" (ital. Dichtkunst, 3 Bücher)	Luther: „Ein feste Burg" (Kirchenlied als Flugblatt) Luther: „Daß diese Worte: Das ist mein Leib, noch feststehen" (Schrift gegen Zwinglis Abendmahlslehre) Philipp von Hessen gründet erste protestant. Universität in Marburg Lutherische Reformation in Schweden (Einziehung des Kirchenguts erlaubt Bau einer Kriegsflotte und Tilgung der Staatsschuld)
1528	Augsburger Bank- und Handelshaus der Welser erhält für Kredite von Karl V. Venezuela (bis 1546)	Johannes Agricola (* 1494, † 1566): „Dt. Sprichwörter" (3 Teile bis 1548) Baldassare Castiglione (* 1478, † 1529): „Cortegiano" (ital. Traktat in Dialogform über den idealen Hofmann, kennzeichnend für die Bevorzugung der schönen Form)	Erasmus von Rotterdam: „Über die richtige Aussprache der latein. u. griech. Sprache" (latein.); bekämpft Alleinherrschaft des ciceronianischen Stils Schul- u. Kirchenordnung Melanchthons in Kursachsen † Jakob Wimpfeling, deutsch. Humanist; Erneuerer des Schulwesens im Elsaß (* 1450) † Wang Yang-ming, chin. unabh. Philosoph neben der sich entwickelnden konfuzianischen Orthodoxie (* 1472)
1529	Erste Türkenbelagerung von Wien Der „Damenfriede" zu Cambrai beendet 2. Krieg zwisch. Karl V. u. Franz I. (seit 1526): Italien an Karl V.; Frankr. verliert die Lehenshoheit über Flandern und Artois	† William Dunbar, schott. satir. Dichter; u. a. „Die Distel und die Rose", alleg. Gedicht (* 1460) Antonio de Guevara: „Die Uhr der Fürsten" (span. Fürstenerziehung, f. Karl V.) Frauen als Schauspielerinnen in Italien Reichsges. führt Buchzensur ein	Guillaume Budé (* 1467, † 1540) begrdt. mit seiner altgriech. Sprachlehre klassische Philologie in Frankr. Bugenhagen (* 1485, † 1558) grdt. Johanneum-Gymnasium in Hamburg Luther schreibt seinen Katechismus Erfolgloses „Marburger Religionsgespräch" über das Abendmahl zwischen Luther und Zwingli Zweiter Reichstag von Speyer, erneuert Wormser Edikt gegen Reformation. Protest der evangel. Stände („Protestanten")

Renaissance · Tizian	Venezianische Schule	Antischolastische Medizin	
~ *Corregio:* „Jo", „Raub des Ganymed" (ital. Gem.) *Holbein d. J.:* „Thomas More" (Gem.) * *Pellegrino Tibaldi,* ital. Maler und Baumeister († 1597) *Tizian:* „Venus von Urbino" (ital. Gem.) *P. Vischer d. J.:* Wanddenkmal für *Friedrich d. Weisen* in Wittenberg	~* *Andrea Amati,* ital. Geigenbauer († 1600) *Willaert* Kapellmeister an S. Marco in Venedig; Beginn der venezianischen Schule (mehrchörige Madrigale, neue Instrumentalformen)	*Dürer:* „Etlicher Unterricht zur Befestigung der Schloß und Flecken" (Abhandlung) *Paracelsus* gibt an der Baseler Universität Programm seiner neuen Heilkunde bekannt und verbrennt Bücher der scholastischen Medizin	≈ Portugiesischer Gewürzhandel dominiert ≈ Große ital. Handelshäus. i. Deutschland
~ * *Federigo Baroccio,* ital. Maler († 1612) *Burgkmair:* „Esther v. Ahasverus" (Gem.) † *Albrecht Dürer,* dt. Maler u. Graphiker (* 1471) (wird n. s. Tode zeitw. zum Symbol d. „Deutschen Künstlers") † *Mathis Gotthard Nithart* (gen. Grünewald), dt. Maler (* ~ 1465) *Holbein d. J.:* Bildnis seiner Frau und Kinder *de Siloe* übern. d. Kathedralbau in Granada	*Martin Agricola* (*1486, † 1556): „Eyn kurtz deudsche Musica" (dt. protest. Musiklehre) † *Palma Vecchio,* ital. Ren.-Maler (*~1480) * *Paolo de Veronese,* it. Barockmaler († 1588)	*Dürer* (†): Über die Proportionen des Menschen (4 Bücher)	*Seb. Franck:* „Vom Laster der Trunkenheit" Urbino führend in Majolika m. figürlichem Schmuck Viertüriger Renaiss.-Schrank (*Peter Flötner* in Nürnberg) ~ Kabinettschrank aus Ebenholz, besonders in Frankreich ~ Limogesmalerei (Emailmalerei)
Altdorfer: „Alexanderschlacht" (Gemälde) *Jean Clouet* (* 1485, † 1540) frz. Hofmaler *Giovanni Montorsoli* (* 1507, † 1563) baut den Palazzo *Andrea Doria* in Genua um † *Andrea Sansovino* (eig. *Contucci*), ital. Bildhauer d. Ren. (* 1460) *del Sarto:* „Die Heilige Familie" (ital. Gem.) *Tizian:* „Pessaro-Madonna" (ital. Gem.) † *Peter Vischer d. Ä.,* Erzgießer in Nürnberg (*~ 1455) Knochenhaueramtshaus in Hildesheim (im 2. Weltkrieg zerst.)		*Michelangelo* wird Aufseher der Festungswerke in Florenz ~ *Giovanni Battista da Monte* († 1551) führt in Padua klinischen Unterricht am Krankenbett ein. Zahlr. Zuzug, auch dt. Studenten	≈ Mode: spanische schw. Tracht, Mantille, Degen. Männer: enge Hose bis zu den Fußspitzen, Wams mit Schößen, Jacke, Schaube m. weiten Schulterärmeln, Hals- u. Handkrause, Barett. Frauen: Schulter- u. Ärmelpuffe u. große Halskrause, Verschwind. d. Schleppe. Trennung v. Bluse und Rock, Schürze beliebt Münzstreit in Deutschland

	Karl V. Schmalkaldischer Bund	Vittoria Colonna Margarete v. Navarra	Reformation und Humanismus Luther · Zwingli
1530	Papst krönt in Bologna Karl V. (letzte Kaiserkrönung durch einen Papst) Papsttum verliert Stellung als polit. Großmacht „Schmalkaldischer Bund" der evang. Fürsten gegen den Kaiser (wird 1547 besiegt)	* Jan Kochanowsky, poln. Dichter († 1584) † Jacopo Sannazaro, ital. Dichter d. Renaissance; u. a. „Arcadia", Hirtenroman, richtunggebend für das Abendland (* 1458)	Luther: „Sendbrieff vom Dolmetschen" („Man muß den Leuten auf's Maul schauen") Melanchthons „Augsburgische Konfession", die Gegenschrift „Confutatio" und seine „Apologie" auf dem Augsburger Reichstag Karl V. überreicht † Willibald Pir(c)kheimer, dt. Humanist und Truppenführer, übersetzte griechische Schriften ins Lateinische (* 1470) Vollendung der Reformation in Kursachsen
1531		Margarete von Navarra: Religiöse Gedichte (frz.)	Seb. Franck: „Chronica, Zeitbuch und Geschichtsbibel" (für unbedingte Religionsfreiheit) Beatus Rhenanus (* 1485, † 1547, deutsch. Humanist): „RerumGermanicarum libri tres" (Geschichte Deutschlands) † Ulrich Zwingli, schweizer. humanistisch beeinflußter Reformator, in der Schlacht von Kappeln (* 1484); Kampf der Reformierten gegen die kath. Urkantone und Österreich. Kappeler Friede verhindert Ausweitung der Reformation auf die ganze Schweiz
1532	Macchiavellis „Der Fürst" erscheint im Druck Portugiesen kolonisieren Brasilien	Clément Marot (* 1496, † 1544): „Adolescence Clémentine" (frz. Lyrik)	Karl V. hebt im „Nürnberger Friedstand" Wormser Edikt gegen Protestanten bis auf weiteres auf (wegen Türkengefahr)

🎨🏛	🎵	🦉	🎩🍬🎾
Riemenschneider *Correggio*	*Venezianische Schule*	*Agricola*	
~ *Altdorfer:* „Donaulandschaft b. Regensburg" (gilt als erst. dt. reines Landsch.gem.) *Correggio:* „Mariä Himmelfahrt" (persp. Fresko in der Domkuppel zu Parma) ~ *Cranach der Ält.:* „Venus und Amor" (Gem., Ganzakt) * *Juan de Herrera*, span. Baumeister der Hochrenaissance († 1597) *Jan van Scorel* (* 1495, † 1562: „Kreuzigung", Bonn (holld. Gem.)		*Georg Agricola* „De re metallica" (erste deutsche bahnbrechende Metallurgie; dt. als „Bergwerksbuch" 1557) *Girolamo Fracastoro* beschreibt und benennt die „Syphilis" ~ Verbreitung des Spinnrades (erwähnt schon vor 1300, abgebildet 1480) ~ Schraubstock kommt auf	Reichstag beschließt Angabepflicht von Drucker u. Druckort Geldlotterie d. Stadt Florenz Erste Reichspolizeiordnung (Gewerbe, Maße u. Gewichte, Apothekenaufsicht, Wucher, Bettelei, Unzucht u. a. betreffend)
Altdorfer: „Der Bettel sitzt der Hoffart auf der Schleppe" (Gem.) † *Hans Burgkmair*, Augsburger Maler; religiöse Bilder und Porträts (* 1473) *Correggio:* „D. Heilige Nacht" (ital. Gem.) † *Tilman Riemenschneider*, dt. gotischer Bildschnitzer: Creglinger Marienaltar, Rothenburger Blutaltar, Grabmäler in Würzburg (* ~ 1460) † *Andrea del Sarto*, florent. Maler (* 1486) ~ Letzte Ausklänge des got. Stils in Dtl.			Groß. Komet (spät. „*Halley*scher") erscheint und erweckt abergläubische Kometenfurcht (Flugblätter) Börse in Antwerpen mit Weltgeltung
Correggio: „Leda mit d. Schwan" (it. Gem.) *Holbein d. J.* geht nach England; „Kaufmann Georg Gisze" (Gem.) *Conrad Meit* (* ~ 1480, † ~ 1550): Grabmäler in Brou (b. Chartres) *Hans Vischer:* Apollobrunnen im Hofe des Nürnberger Rathauses	* *Orlando di Lasso*, niederl. Komponist († 1594)	*Otto Brunsfels* begründet neuere Botanik mit seinem „Kräuterbuch"	„Peinliche Halsgerichtsordnung" („Carolina") *Karls V.* enthält Anfänge ein. gerichtlichen Medizin, sieht aber auch Folter zur Erzwingung eines Geständnisses vor

	Heinrich VIII. Iwan IV. (der Schreckliche)	Rabelais	Reformation und Humanismus Loyola
1533	Heinrich VIII. heiratet Anna Boleyn * Elisabeth, Königin von England von 1558—1603 (†) Iwan IV. („d. Schreckl.") Zar v. Rußl. bis 1584 (†) (* 1530) * Wilhelm von Oranien, Statth. d. Niederl. (1584 ermordet) F. Pizzaro vollendet in Peru Zerstörung d. Inka-Reiches, die er 1531 v. Panama aus begann. Peru unt. span. Krone Protestantischer Bürgermeister Jürgen Wullenwever versucht Patrizierherrschaft in Lübeck zu beseitigen (* ~ 1492, † 1537)	† Ludovico Ariosto, ital. Dichter (* 1474) ~ John Heywood (* 1497, † ~ 1586) schreibt possenhafte Zwischenspiele f. engl. Volksdramen * Michel de Montaigne, franz. Dichter und Schriftsteller († 1592)	~ * Isaak Lurja, jüd. Mystiker († 1572) ≈ Ahnenstandbilder aus Tuffstein auf der Osterinsel; bis 20 m Höhe und 40 t Gewicht (diese Entstehungszeit wird aus der Flechtenbewachsung vermutet)
1534	Landgraf Philipp v. Hessen führt luther. Herzog Ulrich von Württemberg in sein Land zurück, aus dem er 1519 vom Schwäbischen Bund vertrieben wurde Der Lübecker protest. Bürgermstr. Jürgen Wullenwever beginnt Fehde der Hanse geg. Skandinavien (Hanse unterliegt 1535/36)	* Hernando de Herrera, span. Lyriker († 1597) Manot flieht aus relig. Gründen aus Frankreich an den Hof Margaretes v. Navarra Fr. Rabelais: „Gargantua, Vater von Pantagruel" (frz., burleske Abenteuer zweier Riesen als Satire auf Staat u. Kirche, nach einem frz. Volksbuch)	Zur Erlangung der Ehescheidung von Katharina v. Aragonien löst Heinrich VIII. durch die „Suprematsakte" engl. Kirche v. Rom. Beginn der anglikan. Staatskirche Loyola gründet „Gesellschaft Jesu" („Societas Jesu" [S. J.], „Jesuiten") als wirks. Vorkämpferin f. d. kath. Kirche bes. in d. Gegenreformation Ausgabe der vollst. Lutherschen Bibel-Übersetzung In Münster entsteht unter Johann Matthys und Johann van Leyden (* 1509, hingerichtet 1536) sozialrevolut. Reich der Wiedertäufer („Königreich Zion"; blutig und grausam beseitigt 1535) Paul III. Farnese Papst bis 1549 (†) (* 1468)
1535	Karl V. erobert im Kampf gegen Seeräuber Tunis und befr. 20000 christl. Sklaven Frankreich verliert Hzgt. Mailand endgültig an Spanien (1714 zu Österreich) Span. Vorherrschaft i. Italien Franz.-türkisches Handelsabkommen gegen d. Kaiser Reichskammerger. verfügt d. Herstellg. d. alten aristokrat. Stadtverfssg. i. Lübeck	Cartier grdt. Neu-Frankreich am Lorenzstrom in Kanada (vgl. 1541)	* Luis Molina, span. Jesuit († 1600) † Thomas Morus (More), engl. humanist. Staatsmann, enthauptet wegen Eidesverweigerung auf Heinrich VIII. als kirchl. Oberhaupt (* 1478) † Agrippa von Nettesheim, dt. Arzt u. Mystiker, Gegner der Scholastik (* 1486)

Renaissance Michelangelo	Venezianische Schule	Antischolastik Vesalius	
Cranach: „Adam und Eva" (Gem.) *Holbein d. J.:* „Der Gesandte" (Gem.) † *Lukas van Leyden,* niederl. Maler u. Kupferstecher; u. a. 1526 Leydener Flügelaltar mit „Jüngstem Gericht" (* 1494) † *Veit Stoß,* Nürnberger Bildschnitzer, u. a. Hochaltar der Marienkirche in Krakau (* ~ 1450) *Tizian:* Bildnis Karls V. (ital. Gem.)	*C. Janequin:* „Sacrae cantiones" (frz. Motetten). Seine Chansons werden gedruckt	*Becerra* entdeckt Kalifornien	Erste dt. Irrenhäuser (ohne ärztl. Pflege)
Bandinelli: „Herkules und Cacus" (Monumentalplastik, Florenz) † *Antonio Allegri da Correggio,* ital. Maler, Begründer der Barockdeckenmalerei (* 1489) Vollendung der Grabkapelle der *Medici* in Florenz durch *Michelangelo* *Michelangelo* siedelt endgültig n. Rom über *Tizian:* „Landschaft m. Schafherde" (ital., reines Landsch.-Bild) Dom zu Regensburg fertiggestellt (Baubeginn 1275)	*Johann Ott:* „121 neue Lieder lustig zu singen und auf allerley Instrument dienstlich" Papst fordert Erhaltung antiker Denkmäler	*Euricius Cordus* (* 1486, † 1535): „Botanologicon" (gilt als 1. Versuch einer wissenschaftl. Pflanzenkunde; *C.* kämpft auch gegen medizin. Aberglauben) *Seb. Franck:* „Weltbuch" (erste volkstümliche Weltbeschreibung) *Francesco Guicciardini* (* 1483, † 1540): „Storia d'Italia" (erste auf Quellen gestützte Geschichte Gesamt-Italiens; erscheint ab 1561) *Vesalius* nimmt in Paris an 4 Leichenöffnungen Gehenkter teil, die als feierliches Schauspiel vor geladenen Gästen stattfinden	Fehdebrief des Köllner Kaufmanns *Hans Kohlhase* (1540 in Berlin gerädert) gegen den Junker *Zaschwitz* und Kursachsen wegen Rechtsverweigerung (Kleists „Michael Kohlhaas")
Cranach d. Ä.: „Frauen 5 Mönche züchtigend" (getuschte Federzeichnung) ~ *Wolfgang Huber* (* ~ 1487, † 1553): „Blick in's Tal" (getuschte Federzeichn.) *Giulio Romano* (* 1499; † 1546): Palazzo del Te in Mantua (Architektur und Fresken, Baubeginn 1525)		*Jacques Cartier* (* 1491, † 1557) befährt den St.-Lorenz-Strom Taucherglocke von *F. de Marchi* (vgl. 1778)	Wechselmesse zum Ausgleich internationaler Zahlungen in Besançon (an verschiedenen Orten bis 1621) Anfänge einer Börse in London Spanier gründen Buenos Aires in Argentinien (bald verlassen und 1580 neu aufgebaut)

	Französisch-türkisches Bündnis gegen den Kaiser	*Ausbildung der neueren Nationalliteratur*	*Ende des Humanismus Luther · Calvin*
1536	Hanse verliert Einfluß in Skandinavien durch Niederlage Lübecks in der „dänischen Grafenfehde" Heinrich VIII. läßt seine zweite Gemahlin *Anna Boleyn* (* 1503) hinrichten ~ Staatssubventionen im span. Schiffsbau Spanier gründen Buenos Aires in Argentinien	† *Johannes Secundus* (eig. Jan Nicolai Everaerts), niederl. Dichter; u. a. „Basia" („Küsse", neulatein. Elegien) (* 1511) ~ † *Gil Vicente*, portug. Schauspieler u. Lyriker, Begründer des port. Theaters (* 1470)	*Calvin:* „Institutio Religionis Christianae" (schweiz. Reformationsschrift mit Lehre von der Prädestination) † *Erasmus von Rotterdam*, führender europäischer Humanist, zuletzt Gegner Luthers (* ~ 1465) *Luther* formuliert in den „Schmalkaldischen Artikeln" scharf den protestantischen Standpunkt gegenüber d. Reformierten *Luthers* „Tischreden" werden herausgegeben Reformation in Dänemark und Norwegen
1537	Mittelchile v. *Diego de Almagro* (* 1475, † 1538, ermordet) erobert (seit 1535)	*Aretino:* „Briefe" (gilt als Vollendung des ital. Humanismus) † *Thomas Murner*, dt. Satiriker (* 1475)	*Bugenhagen* führt Reformation in Dänemark ein (1538 Rektor a. d. Univ. Kopenhagen)
1538	Ende des dritten Krieges zwischen Kaiser *Karl V.* und *Franz I.* im Bündnis mit *Suleiman II.* um Mailand (seit 1536) Spanier beg. Bolivien zu erobern	*Vittoria Colonna:* „Rime" (ital. Dichtung), befreundet sich mit *Michelangelo* * *Giovanni Battista Guarini*, ital. Dichter († 1612) *Seb. Franck:* „Kriegsbüchlein des Friedens — wider den Krieg" *C. Marot:* „30 Psalmen Davids in französischer Sprache" *Paul Rebhun* (*1506, †1540): „Hochzeitsspiel auf die Hochzeit zu Kana" (Kunstdrama in dt. Versen nach antikem Muster)	* *Carl Borromäus*, Kardinal u. Erzbischof von Mailand († 1584) *Calvin* wegen unbequemer Sittenstrenge aus Genf ausgewiesen (k. 1541 zurück) *Heinrich VIII.* zieht in England die Klöster ein *Joh. Sturm* (* 1507, † 1589): „De literarum ludis recte aperiendis" (päd. Humanismus im Dienst ev. Frömmigkeit) Straßburger Gymnasium eröffn., Rektor: *Joh. Sturm* (entw. s. zur Univers.)
1539	Spanien erobert Kuba	* *Marnix van St. Aldegonde*, niederl. reform. Schriftsteller u. Staatsmann († 1598)	Reformation i. Brandenburg unter Kurfürst *Johann II.* u. in Sachsen unter *Heinrich dem Frommen*

Renaissance	Venezianische Schule	Vesalius · Paracelsus	
Schloß Chambord, frz. Renaissancebau (Baubeginn 1523) Holbein d. J. wird Hofmaler Heinrichs VIII.; malt „Königin Jane Seymour" (Bildnis) † Baldassare Peruzzi, ital. Baumeister u. Maler d. Renaiss., erbaut seit 1535 Palazzo Massimi in Rom (* 1481) Jac. Sansovino beginnt Markusbibliothek in Venedig Spätgotischer Chor d. Freiburger Münsters (Baubeginn 1354)	Heinrich Finck (*~1445, †1527): „Schöne auserlesene Lieder" (posthum) Holbein d. J.: „Mann mit Laute" (Gem.)	Paracelsus: „Große Wundarznei" Petrus Ramus (Pierre de la Ramée), (* 1515, † 1572 in der Bartholomäusnacht) verteidigt die These „Alles was Aristoteles gesagt hat, ist falsch" Vesalius entführt d. Leiche eines Gehenkten, um das Skelett zu präparieren (fordert Sezierung d. Leiche als zuverlässige Erkenntnisquelle) Der von den Indianern verwendete Kautschuk wird erwähnt	
Holbein d. J.: „Hubert Morett" (Gemälde) Tizian: „König Franz I. von Frankreich" (ital. Gem.) Geschwungene Freitreppe im Ren.-Stil am Görlitzer Rathaus Schloß Gripsholm erbaut (schwed. Ren.-Bau)	† Paul Hofhaimer, österr. Liederkomp., Meister d. Orgelspiels (* 1459)	Paracelsus: „Große Astronomie" (astrologisch) Niccolò Fontana (gen. Tartaglia, *~1500, † 1575) begründet Ballistik	
† Albrecht Altdorfer, dt. Maler (*~1480) Erhard Schön: „Unterweissung der proportzion" (mit kubistisch vereinfachten Menschengestalten) de Siloe beg. die Kathedrale von Malaga (span. Bau der Hoch-Ren.; 1719 vollendet) Caspar Theyß beg. das Berliner Schloß im Ren.-Stil	Ph. Verdelot: „Madrigalien" (erste fünfstimm. Madrigale)	Paracelsus: „Irrgang der Ärzte" Bezeichnung „Amerika" wird auf der Karte Mercators auch für Nordamerika verwendet (vgl. 1507)	
~ Holbein: „Anna von Cleve", „Heinrich VIII." (Bildnisse) ~ Tizian: „Ruhende Venus" (n. Giorgione)			Im Straßburger Münster erster Weihnachtsbaum

	Heinrich VIII. Türken in Ungarn	Ausbildung der neueren Nationalliteratur	Reformation Heiliges Offizium
1540	Der Adel in Brandenburg erhält das Recht des „Bauernlegens"	* Abbé *Pierre de Bourdeille, Seigneur de Brantôme*, franz. Schriftsteller († 1614) *Thomas Naogeorg* (eig. *Kirchmair*, * 1511, † 1563): „Mercator" (neulat. protestant. Drama. 1538: „Pammachius")	*Melanchthon* schließt Kompromiß zwischen d. Abendmahlslehren *Luthers* und *Calvins* *Luther* billigt Doppelehe *Philipps* von Hessen Jesuitenorden durch Papst *Paul III.* bestätigt
1541	† *Francisco Pizzaro*, Eroberer und Herrscher Perus, ermordet durch den Sohn seines vorher ermordeten Rivalen *Almagro* (* 1475) *Pedro de Valdivia* erobert ganz Chile und gründet Hauptstadt Santiago Span. Feldzug gegen Algier scheitert Spanier erobern das Maya-Reich in Yucatan (Mittelamerika) Türken erobern Ofen (Buda) (mittl. Ungarn bis 1699 türkisch) Selbständ. Fürstentum Siebenbürgen *Cartier* führt frz. Kolonisten an den St.-Lorenz-Strom (Kanada)	*Seb. Franck:* „Sammlung dt. Sprichwörter"	*Calvin* nach Genf zurückgerufen Calvinistische Reformation in Schottland durch *John Knox* (* 1505, † 1572) *Joachim Camerarius* (* 1500, † 1574) fördert als dt. human. Philologe entscheidend Leipziger Universität (gegr. 1409) † *Karlstadt* (eig. *Andreas Bodenstein*), dt. Theologieprofessor, erst Anhänger der lutherischen, später d. reformierten Richtung; seine Lehren gaben Veranlassung zu Bilderstürmerei (* 1480) *Loyola* erster General der Jesuiten Herausgabe der schwed.-luther. Bibelübersetzung durch *Laurentius Petri* Religionsgespräche zu Worms und Regensburg
1542	*Heinrich VIII.* nimmt den Titel „König von Irland" an * *Maria Stuart*, Königin von Schottland († 1587) * *Akbar der Große*, Großmogul in Indien († 1605) Span. Vizekgr. (Peru, Chile, Paraguay, Buenos Aires) mit Hauptstadt Lima	* *Georg Rollenhagen*, dt. Satiriker d. Barockzeit († 1609) † *Thomas Wyatt*, engl. von *Petrarca* beeinfl. Dichter (* 1503)	* Kardinal *Robert Bellarmin* Jesuit ab 1560 († 1621) *Cosimo I. Medici* (* 1519, † 1574) Hzg. von Florenz, erneuert Universität in Pisa Verschärfte Form der Inquisition in Italien unter Papst *Paul III.* („Heiliges Offizium") Kurfürst *Hermann von Wied* versucht vergeblich gegen Kaiser *Karl V.* Reformation in Köln

Renaissance *Michelangelo · Baldung*	*Paracelsus* *Entdeckungen*	
Baldung (Grien): „Maria mit dem Kinde" (auch „Caritas" genannt, Gemälde) ~ † *Hans Brüggemann*, dt. Bildschnitzer (*1480) *Francois Clouet* (* 1522, † 1572), Sohn *J. Clouets*, wird frz. Hofmaler † *Francesco Mazzola* (gen. *Parmigianino*), ital. Maler und Radierer des „Manierismus", einer der Begründer der Radierung in Italien; u. a. „Madonna mit dem langen Hals" (Gemälde) (* 1503)	Maschinenbaubuch von *V. Biringuccio* * *William Gilbert*, engl. Naturforscher († 1603) *Georg Joachim Rhaeticus* (* 1514, † 1576) schreibt über die Lehre seines Lehrers *Kopernikus* Ätherherstellung aus Alkohol und Schwefelsäure Gegossene Bleirohre	≈ Antwerpen führende Handelsstadt Geld- und Wechselbörsen in Augsburg und Nürnberg
† *Rosso Fiorentino* (*G. B. Rosso*), ital. Maler, malte seit 1530 Schloß Fontainebleau aus und bringt damit den ital. „Manierismus" nach Frankreich (* 1494) ~ † *Damian Forment*, span. Holz- und Steinbildner (* ~ 1480) ~ * *El Greco* (eig. *Dominico Theotocopuli*), griech.-span. Maler († 1614) *Holbein d. J.:* „Bildnis eines jüngeren Mannes" (Gemälde) *Michelangelo:* „Jüngstes Gericht" (ital. Fresko in der Sixtinischen Kapelle, seit 1536) *Sebastiano Serlio* (* 1475, † 1554) am franz. Hof. Schreibt seit 1537 „Sieben Bücher über die Baukunst"	† *Paracelsus, Theophrast von Hohenheim*, dt. Arzt, Alchimist und Philosoph, bekämpfte scholastisches Denken i. d. Medizin, vertrat empirische Medizin, lehrte Selbsthilfe der Natur, verwendete anorganisch-chemische Heilmittel (* 1493) Amazonenstrom durch *Orellana* von Peru her entdeckt	
† *Dosso Dossi* (eig. *Giovanni di Nicolo de Lutero*), ital. Maler der Renaissance, allegorische Bildnisse (* ~ 1483) *Michelangelo:* „Mariengruppe", „Julius II.", „Sibylle", „Prophet" (Plastiken für das Juliusgrabmal in Rom) † *Barend van Orley*, niederländ. Maler religiöser Werke ital. Richtung (* ~ 1490)	*Leonhard Fuchs* (* 1501, † 1566): „Historia Stirpium" (dt. „New Kreuterbuch" 1543; *F*. gilt als einer der „Väter der Botanik") Der Portug. *Pinto* erreicht Japan Auf einem Feldzug (seit 1540) erreichen Spanier den Grand Canon u. den Arkansas in Nordamerika	Getränkesteuer in Bayern, später Verbrauchssteuer für andere Waren

	Französisch-türkisches Bündnis gegen den Kaiser	Ausbildung der neueren Nationalliteratur	Luther · Calvin Tridentinisches Konzil
1543	Philipp II. heiratet Maria v. Portugal (die Mutter von Don Carlos) Nach Japan verschlagene Portugiesen bringen dorthin Feuerwaffen	* Thomas Deloney, engl. Schriftsteller d. Renaissance († 1607) Clément Marot: Frz. Übersetzung der Psalmen (beg. 1533)	† Johann Eck, dt. kathol. Theologieprofessor, maßgebender Luthergegner (* 1486) † Sebastian Franck, dt. volkstümlicher religiöser Schriftsteller, erstrebte freie Religionsgemeinschaft (*1499) Luther: „Von den Juden und ihren Lügen" Protestant. Fürstenschulen Schulpforta, Meißen, Grimma in Sachsen gegrdt.
1544	Friede von Crépy: Ende d. vierten Krieges zwischen Kaiser Karl V. und Franz I. im Bündnis mit Suleiman II. (seit 1542): Mailand bleibt Reichslehen, Neapel bei Spanien	* Torquato Tasso, ital. Dichter der Renaiss. († 1595) † Clément Marot, frz. Dichter der Frührenaissance (*1496)	M. Luther: „Hauspostille" (Predigten) Erste protest. Kirche in Deutschland (Schloßkapelle Hartenfels in Torgau), von Luther eingeweiht Albrecht von Preußen grdt. Albertus-Universität in Königsberg
1545		† Antonio de Guevara, span. Schriftsteller, Chronist Karls V. (* 1480) ∼ * Perez de Hita, span. Dichter d. Ren. († ∼ 1619) ∼ Berufsschauspieler in Oberitalien verbreiten Stegreifkomödie	Calvin: „Genfer Katechismus" (schweiz.) Luther: „Wider das Papsttum zu Rom, vom Teufel gestiftet" (Streitschrift) Papst beruft auf Veranlassung Karls V. erstes Tridentinisches Konzil (bis 1547) erneuert kath. Kirche (vgl. 1564)

Renaissance · Tizian	Protestantische Kirchenmusik	Kopernikus · Vesalius	
Christoph Amberger (*∼ 1505, †1561/62): „Chr. Baumgartner" (seit 1530 üb. 30 Bildn.) *Cellini*: Goldenes Salzfaß für *Franz I.* * *Domenico Fontana*, ital. Baumeister des Frühbarock († 1607) † *Hans Holbein d. J.*, seit 1532 endgültig in London, dt. Maler, bes. Bildnisse (* 1497) *Caspar Theyß*: Jagdschloß Grunewald (b. Berlin) für Kurfürst *Joachim II.*; Ren.-B.) *Tizian*: „Ecce homo" (ital. Gem.), „Papst Paul III." (Bildn.)	* *William Byrd*, engl. Komponist († 1623) † ∼ *Ludwig Senfl*, dt. Komponist und Kirchenmusiker in Zusammenarbeit mit *Luther*; Schüler und Nachfolger *H. Isaaks*; bes. mehrstimmige Volksliedsätze (* ∼ 1492)	„De revolutionibus orbium coelestium" („Über die Umläufe der Himmelskörper") von *Kopernikus* veröffentlicht. Beginn der Auflösung des geozentrischen Weltbildes von *Ptolemäus* (2. Jahrh. n. Chr.) † *Nikolaus Kopernikus*, europäischer Astronom, Schöpfer des modernen heliozentrischen Weltbildes (* 1473) *Andreas Vesalius*: „De humani corporis fabrica" (bahnbrechende Anatomie; berichtigt viele Irrtümer *Galens*)	Mainbrücke in Würzburg (Baubeg. 1473)
Konrad Krebs: Schloß Hartenfels in Torgau mit Schloßkapelle	*Johann Ott*: „Liedersammlung" (Ausgabe mehrstimmiger Lieder in Partitur) *Palestrina (Pierluigi)* Kapellmeister in Palestrina (bis 1551) *Cyprian de Rore* (* 1516, † 1565): erste chromatische Madrigale (niederl.-ital. Kompositionen) *Georg Rhaw*: „Neue deutsche geistliche Gesänge für die gemeinen Schulen" (Sammlung protest. Kirchenlieder in polyph. Satz)	*Luca Ghini*: 1. Herbarium. *Georg Hartmann* aus Nürnberg entd. d. magn. Inklination (von *R. Normann* 1581 voll gewürdigt) *Sebastian Münster* (* 1489, † 1552), Baseler Reformator: „Cosmographia universalis. Beschreibung aller Länder" (471 Holzschnitte, 26 Karten; noch viele Irrtümer) *Michael Stifel* (* 1487, † 1567), bedeutender dt. „Cossist" (Rechenmeister für Gleichungen): „Arithmetica integra" (mit Vorrede von *Melanchthon*)	≈ Geräte aus Gußeisen kommen auf
† *Hans Baldung* (gen. *Grien*), dt. Maler (* ∼ 1480) Aufstellung des *Julius*grabmales von *Michelangelo* in Rom (nicht vollendet, in Arbeit seit 1505) *Tizian*: „Danaë" (ital. Gem.) *Tintoretto*: „Himmelfahrt Mariä" (it. Gem.)	*Luther*: Kirchenlieder, Ausgabe „Letzter Hand"	*Geronimo Cardano* (* 1501, † 1576) veröffentlicht Lösungsmethoden für Gleichungen dritten und vierten Grades, gefunden von *Ferro* († 1526) bzw. *Ferrari* (* 1522, † 1565) Erster botanischer Garten Europas in Padua	*Claude Garamond* entwirft seine Antiqua-Druckschrift (in der d. vorliegende Buch gesetzt ist) ∼ Uhren am Fingerring

	Fugger · Welser Zar Iwan IV.	Aretino · Vittoria Colonna	Loyola · Engl. Hochkirche
1546	Schmalkaldischer Krieg zwischen Kaiser und protestantischem Schmalkaldischem Bund (bis 1547) Bankhaus der *Welser* muß Venezuela wegen kolonisatorischer Mißerfolge der span. Krone zurückgeben (vergebl. Suche nach d. sagenh. Goldland „Dorado") Höhepunkt der Geldmacht der *Fugger*, deren Vermögen sich mit 4 Mill. Gulden in den letzten zwanzig Jahren mehr als verdoppelte; Finanzierung des Schmalkaldischen Krieges	*Aretino:* „Orazio" (ital. Tragödie der Ren.)	† *Martin Luther*, dt. Reformator (* 1483) Tridentiner Konzil läßt allein lat. „Vulgata" als autoris. Bibelübersetzung zu Trinity College in Cambridge gegründet Christ Church College Oxford
1547	† *Heinrich VIII.*, seit 1509 Kg. v. Engl., löste engl. Kirche v. Rom; ließ zwei seiner 6 Frauen hinrichten (* 1491) *Eduard VI.* König von England bis 1553 (†) † *Franz I.*, absolut. König v. Frankreich seit 1515 (* 1494) *Heinrich II.* König von Frankreich bis 1559 (†) *Iwan IV.* nimmt als Erster Zarentitel an. Kampf mit dem Bojarenadel Kaiser *Karl V.* besiegt in der Schlacht v. Mühlberg Kurf. *Johann Friedrich* v. Sachsen und nimmt ihn gefangen; Ende des protestantischen Schmalkaldischen Bundes Vergebl. Verschwörung des *Fiesco* (†) gegen aristokrat. Herrschaft d. *Doria* i. Genua	* *Mateo Alemán*, span. Romanschriftsteller († ~ 1615) † *Pietro Bembo*, ital. Gelehrter und Dichter d. Ren., Nachahmer *Petrarcas* (* 1470) * *Miguel de Cervantes Saavedra*, span. Dichter († 1616) † *Vittoria Colonna*, ital. Dichterin (Sonette), Gattin *Pescaras* und Freundin *Michelangelos* (* ~ 1490) * *Johann Fischart*, dt. Satiriker u. Polemiker († ~ 1590) † *Henry Howard* (Graf *Surrey*, hinger.), engl. Lyriker. Erste Übersetzung von Gesängen der „Äneis" *Vergils;* schuf engl. Sonett und Blankvers (* ~ 1516)	~ Gründung der englischen „Hochkirche" („High Church", vereinigt protest. Lehre mit Bischofsverfassung und kathol. Form des Gottesdienstes)
1548	Kaiserl. Machtstreben scheitert auf dem „geharnischten Reichstag" von Augsburg (seit 1547) *Sigismund II.* König von Polen bis 1572 (†) *Gonzalo*, Sohn F. *Pizzaros*, wird in Peru wegen Aufstandes gegen Vizekönig enthauptet	*Julius Cäsar Scaliger* (* 1484, † 1558), schreibt lat. Gedichte (wirkt auf die dt. Dichtung des 17. u. 18. Jh.) *B. Waldis:* „Esopus" (400 gereimte Fabeln)	* *Giordano Bruno*, italien. Philosoph († 1600) Kaiser *Karl V.* versucht, im Augsburger „Interim" die Protestanten m. einem Kompromißvorschlag (Priesterehe, Laienkelch) f. d. Katholizismus zurückzugewinnen *Loyola:* „Exercitia spiritualia" („Geistliche Übungen" der Jesuiten) * *Francisco Suarez*, span. scholast. Philosoph († 1617)

Renaissance Schloß Fontainebleau	Protestantische Kirchenmusik	Agricola Geburtshilfe	
Cranach: „Luther" † *Peter Flötner*, Nürnberger Kleinplastiker der Früh-Ren. (* 1485) *Pierre Lescot* (* 1510, † 1578), frz. Baum., beginnt den Bau des Louvre in Paris (abgeschl. 1868) ~ *Tizian:* „Venus mit Amor", „Venus m. d. Orgelspiel." (it. Gem.) Schloß Moritzburg in Sachsen, Renaissancebau, fertiggestellt (beg. 1542; Umbau 1722)		*G. Agricola:* „De natura fossilium" (Gesteins- und Fossilienkunde) *Valerius Cordus* (* 1515, † 1544): 1. dt. Arzneibuch * *Tycho Brahe*, dänischer Astronom († 1601) *Fracastoro* entwickelt genauere Vorstellungen über ansteckende („kontagiöse") Krankheiten * *Andreas Libavius*, dt. medizinischer Alchimist († 1616) *Michelangelo:* erst. Entwurf f. d. Kuppel von St. Peter	Gesetzl. organisierte Börse in Toulouse
Franz I. (†) begann Ausbau d. Lustschlosses Fontainebleau a. d. 13. Jh. (beend. 18. Jh.) (vgl. 1541) *Michelangelo* übernimmt die Bauleitung d. Peterskirche i. Rom; Gesamtentwurf f. d. Kapitolplatz in Rom † *Sebastiano del Piombo*, ital. Maler unter *Michelangelos* Einfluß (* 1485) Schloß Hohenschwangau bei Füssen fertiggestellt (Baubeginn 1538; Neubau 1832)	*Glareanus:* „Dodekachordon" (schweizer. Musiktheorie; Vermehrung der Kirchen-Tonarten von acht auf zwölf)	*Ambroise Paré* gelingt erstmalig Geburtshilfe durch Wendung des Kindes in die Fußlage	≈ In Frankr. wird Französisch Aktensprache statt Latein ≈ Flugschriften als Nachrichtenblätter sehr verbreitet (auch als relig. Streitschriften). Reichspolizeiordnungen (1548, 1577) können sie nicht eindämmen
Philibert Delorme (* ~ 1515, † 1570) erhält Bauleitung und baut Ballsaal des Schlosses Fontainebleau b. 1559 *Tizian* malt *Karl V.* sitzend und zu Pferde			~ Entdeckung der Silberminen in Peru und Mexiko ermöglicht allgemeine europäische Geldwirtschaft. Beginn der Steigerung der europäischen Silberausfuhr nach Ostindien Frankreich verpachtet Salzsteuer

	Spanien Weltmacht Russisches Reich	Ausbildung der neueren Nationalliteratur	Reformation 2. Tridentinisches Konzil
1549	Coburg Residenz der Wettiner (seit 1543 Schloß Ehrenstein im Bau) Religiöse und soziale Unruhen in England Jesuiten in Brasilien; schützen Indianer; als Ersatz werden Negersklaven eingeführt (1759 werden Jesuiten vertrieben)	du Bellay: „Verteidigung u. Beschreibung der französ. Sprache" (Manifest zug. d. Nationalsprache, aus der klassischen „Plejaden" — Dichterschule um Pierre de Ronsard) Friedrich Dedekind (* 1525, † 1598): „Grobianus" (iron. Sittenspiegel, lat.; niederdt. 1583) † Margarete von Navarra, Dichterin der frz. Frührenaissance (* 1492) Gründung eines festen Theaters in Rom	Evangelisches Gebetbuch („Common Prayer Book") in England Wilhelm IV., Herzog von Bayern 1508 bis 1550 (†), beruft Jesuiten an die Universität Ingolstadt Jesuit Franz Xaver (* 1506, † 1552) als Missionar in Ostindien (seit 1541) und Japan „Züricher Konsens": Verständigung zwisch. Bullinger (Nachf. Zwinglis) und Calvin
1550	Albrecht V. (der Großmütige) Herzog von Bayern bis 1579 (†) (* 1528). Beseitigt mit Hilfe der Jesuiten den Protestantismus in Bayern. Die Stände werden entmachtet; München wird Kunststadt ~ Bauernabgaben in Deutschland betragen etwa 66% des Rohertrages ~ Höhepunkt der wirtschaftlichen und politischen Macht Spaniens (~ 1500 bis 1588) ≈ Span. Infanterie gilt als beste Truppe Europas	de Ronsard: „Oden" (franz. Gedichte) Giovan Francesco Straparola, ital. Schriftsteller (*~ 1490, † 1557), schafft erste europäische Märchensammlung (vorwiegend oriental. Herkunft)	Julius III. Papst bis 1555 ≈ Nach einer erst magisch (seit ≈ −4000), dann mythologisch (seit ≈ −1200) bedingten Epoche tritt die Menschheit in eine dynamisch-intellektuelle Phase mit dem Ziel der Naturbeherrschung; Ausbildung von „Sozialreligionen" (n. A. Weber) ~ Valentin Trotzendorff (* 1490, † 1556) leitet herzogl. Lateinschule in Goldberg/Schlesien i. Geiste d. Humanismus Kunstkammern und Raritätenkabinette a. Fürstenhöfen
1551	Elfte Erhebung (seit 1427) allgemeiner unmittelbarer Reichssteuern („gemeiner Pfennig"), wie stets mit unzureichendem Erfolg		„Collegium Romanum" als päpstliche Universität von Loyola in Rom gegründet Zweites Tridentinisches Konzil (bis 1552) setzt Kirchenreform fort und bestätigt Abendmahlverwandlungslehre von 1215 Judenvertreibg. aus Bayern Univ. Lima/Peru

Renaissance Vasari	Protestantische Kirchenmusik	Neuere Zoologie	
† Giovannantonio Bazzi (gen. il Sodoma), ital. Maler (* 1478) ~ Wenzel Jamnitzer: Merkelscher Tafelaufsatz (Goldschmiedearbeit) Pirro Ligorio (* ~ 1500, † 1583): Villa d'Este bei Tivoli mit Park u. Wasserkünsten Palladio beg. Basilika (Stadthaus) in Vicenza	A. Willaert: „Fantasie e Ricercari" (diese Verbindung niederl. und ital. Stils entwickelt d. durchimitierenden Stil, der die Motette zur Fuge führt)	~ K. Gesner: „Bibliotheca universalis" (schweiz. Literaturgeschichte und Enzyklopädie, lat. 4 Bde., 1545–55) Siegmund von Herberstein (* 1486, † 1566): „Rerum moscovitarum commentarii" (Bericht über Rußland von seinen Gesandtschaftsreisen 1516–18 und 1526–27, macht Rußland im Westen bekannt) Melanchthon lehnt heliozentrisches Weltbild des Kopernikus ab Anatom. Theater, Padua	≈ Hofnarren (bes. geistreiche Zwerge u. Krüppel) Namentliche Auslosung anzüglicher Sprüche als Gesellschaftsspiel Straßburger Bäckerknechte fordern Sonntagsruhe
~ Cellini: Perseus-Statue in Florenz (1545 bis 1554) Cranach: Selbstbildnis (Gem.) Kardinal Ippolito d'Este läßt Villa d'Este mit Park u. Wasserspielen anlegen Tizian: „Bildnis seiner Tochter Lavinia" u. Selbstbildnis (it. Gem.) Vasari: „Leben einiger berühmter Maler, Bildhauer und Baumeister" (ital. Biographien von Künstlern der Ren.) ~ Nachblüte der gotischen Glasmalerei in Chartres und Paris ~ Beginn der jap. „Ukiyoe"-Malerei des Volkslebens	* Giulio Caccini, ital. Komponist († 1618) ~ * Luca Marenzio, ital. Komponist von Madrigalen († 1599) ≈ In der dt. Musik des 16. Jh. blühen mehrstimmiges Volkslied u. Choralmotette	* Willem Barents, niederl. Seefahrer († 1597) Hollerius verordnet Brillen für Kurzsichtige Verbesserung des Blasebalgs durch Lobsinger Große astronom. Kunstuhr im Heilbronner Rathaus von Paulus und Habrecht Trigonometrische Tafeln von G. J. Rhaeticus A. Riese: „Rechnung nach der Lenge auff der Linihen und Feder" (mit „regula falsi") „Holländische" Windmühlen mit drehbarem Dach Siegellack wird erstmalig verwendet ≈ Zeitalter der Entdeckungen (vgl. 15. Jh.)	~ Beginn reicher Holztäfelungen in Deutschland ≈ Blütezeit d. Keramik in Deutschland (namentlich im Westen) ~ Muster f. Spitzen, Näh- und Klöppelspitzen, bes. in Italien ≈ Merkantilistisches Wirtschaftssystem (nationale Autarkie im Interesse d. Staates) herrscht bis ~ 1750 ~ Billardspiel entsteht in Italien ~ Sanduhren als transportable Reiseuhren
† Baldassare Peruzzi, ital. Baumeister und Maler der Ren., erb. seit 1535 Palazzo Massimi in Rom (* 1481) ≈ Wesentlicher Ausbau d. Veste Coburg i. 16. Jh. (Älteste Teile ~ 1200)	Jacques Consilium: „Buch von Tänzen für sechs Parteien" Palestrina an der Peterskirche in Rom	Anfang der neueren Zoologie mit K. Gesner: „Geschichte der Tiere" (lat., 4 Bde. bis 1558; mit Holzschnitten als „Allgem. Tierbuch" 1669–70) Botan. Garten in Königsb. mit Heilkräutersammlung ~ Treträder, Göpel und Wasserräder im Bergbau	~ „Flohpelz" als Ungezieferschutz in der Damenkleidung

	Spanien Weltmacht	*Bühnendichtung Volksdichtung*	*Reformation und Gegenreformation*
1552	*Moritz* von Sachsen fällt von Kaiser *Karl V.* ab, besiegt ihn mit Hilfe Frankreichs und erlangt für die Protestanten günstigen Passauer Vertrag; Frankreich erhält Metz, Toul, Verdun Zar *Iwan IV.* erobert Kasan ~ * *W. Raleigh*, engl. Seefahrer († 1618)	*Jodelle*: „Cléopâtre captive" (erste frz. Renaiss.-Tragödie) u. „Eugène" (erste frz. Renaiss.-Komödie) ~ * *Edmund Spenser*, engl. Lyriker († 1599)	† *Olaus Petri*, schwedischer Reformator, Schüler *Luthers* und *Melanchthons* (* 1493) Aufhebung des Augsburger „Interims" von 1548 durch Passauer Vertrag; Wiedergewinnung der protestantischen religiösen Freiheit „Collegium Germanicum" als jesuit. Ausbildungsstätte dt. Priester i. Rom gegründ.
1553	*Maria I.* (die Katholische) Königin von England bis 1558 (†) † *Moritz* von Sachsen, Kurfürst seit 1547, Hzg. seit 1541, in siegreicher Schlacht gegen Markgraf *Albrecht* von Brandenburg (* 1521)	† *François Rabelais*, franz. Dichter, satir. Sittenschilderer (* 1494) *Nicholas Udall* (* 1505, † 1556): „Ralph Roister Doister" (erstes engl. Lustspiel; derb)	*Calvin* läßt span. Pantheisten *M. Servet* verbrennen Blutige Protestantenverfolg. in England unter Königin *Maria I.*, „der Blutigen" Der Italiener *Marius Nizolius* (* 1498, † 1576) veröffentl. antischolast. Philosophie; v. *Leibniz* 1670 als „Antibarbarus philosophicus" herausg.
1554	Königin *Maria I.* von England vermählt sich mit König *Philipp II.* von Spanien	* *John Lyly*, engl. Romanschriftst. u. Dramat. († 1606) „Das Leben des Lazarillo de Tormes", span. Schelmenroman, mit dem diese Gattung eingeleitet wird (*de Mendoza* wird heute nicht mehr als Autor vermutet)	Aufnahme reformat. Lehren in die engl. Staatskirche Univers. Dillingen/Bayern (besteht bis 1804)
1555	*Philipp II.*, Sohn Kaiser *Karls V.*, Kg. v. Spanien, Neapel-Sizilien, Mailand u. den Niederland. bis 1598 (†) *Cosimo I. Medici*, 1537—74, Hrzg. v. Florenz, erobert Siena England baut 38 Kriegsschiffe für etwa 150 000 Pfd. Sterling *Calvin* setzt in Genf polit. Gemeinde mit kirchlicher gleich Französ.-türkisch. Handelsvertrag ~ Spanien steigt zur führenden Kolonialmacht auf	* *François Malherbe*, franz. Dichter († 1628) *Jörg Wickram* (* ~ 1520, † ~ 1562): „Rollwagenbüchlein" (Schwanksammlung)	Im „Augsburger Religionsfrieden" erh. d. Stände, nicht d. Untertan., Religionsfreih. („Cuius regio, eius religio": „Wessen das Land, dessen die Religion"). Die „Reformierten" bleiben ausgeschl. Endgültiger Sieg der calvinist. Reform. in Genf; fördert Bürgerfreiheit gegen Adelsmacht und Obrigkeit *Petrus Canisius* („der erste dt. Jesuit", * 1521, † 1595): „Summa doctrinae christianae", (jesuit. neuscholastischer Katechismus) *Nostradamus* (Frz.) veröffentlicht astrolog. Prophezeiungen *Marcellus II.* nur 3 Wochen Papst; *Paul IV.* Papst bis 1559 (†); beg. Gegenreform.

Renaissance Tizian	Palestrina Kirchengesang	Agricola Fortschritte der Medizin	
Chr. Amberger: „Seb. Münzer" (Bildnis) *Tizian:* Selbstbildnis (Berlin) ≈ Bauten der „Weser-Renaissance" (Schlösser und Bürgerbauten, kein einheitlicher Stil)		*B. Eustacchi(o):* „Anatomische Tafeln" (ital. Anatomie) *Edward Wotton* (* 1492, † 1555): „De differentiis animalium" (engl. Zoologie; gilt als Vorläufer *Linnés*) Erste Apotheke in Schweden (in Berlin 1488)	≈ Schuldverschreibungen der Fürsten werden als „Rentmeisterbriefe" öffentlich gehandelt; Beginn eines öffentlichen Anleihewesens
† *Lucas Cranach d. Ä.*, dt. Maler, bes. religiöse Tafelmalerei (* 1472); *L. Cranach d. J.* (* 1515, † 1586) führt Werkstatt fort	* *Johannes Eccard*, dt. Komponist († 1611) ~ Moderne Violine entsteht	*Willoughby* (†) u. *Chancellor* suchen am Nordkap vorbei nördl. Seeweg nach Indien † *Miguel Serveto* (auf Betreiben *Calvins* als Antitrinitarier in Genf verbrannt); untersuchte Lungenblutkreislauf (* 1511)	~ Die Kartoffel wird beschrieben *Chancellor* knüpft in Rußland engl.-russ. Handelsbeziehungen
Chr. Amberger: Marienaltar, Augsb. Dom *Tizian:* „Venus und Adonis" (it. Gem.) Fürstenhof Wismar	*Palestrina* widmet sein erstes Buch mit 4–5-stimmigen Messen Papst *Julius III.*	*Ulisse Aldrovandi* (* 1522, † 1605): Herbarium (17 Bde. mit 15 000 Pflanzen) *Mercator:* Europakarte	Steuer auf Silbergeschirr in Bayern Russisch-engl. Handelsges. in London Sao Paulo (Brasilien) gegründet
† *Bartel Bruyn*, niederrhein. Ren.-Maler, Hochaltäre in Essen und Xanten (* 1493) * *Lodovico Carracci*, it. Barockmaler († 1619) ~ *Jean Goujon* (* ~ 1510, † ~ 1566): „Ruhende Diana" und Reliefs für Louvre-Fassade (gilt als führender Bildhauer der frz. Renaissance) ~ *Michelangelo:* Pietà Rondanini, Mailand *Tizian:* „Die Jünger von Emmaus" (ital. Gemälde)	*Palestrina:* „Missa papae Marcelli" (6 stimm. Messe) *Valentin Triller:* „Schlesisches Singbüchlein" (Sammlung protestantischer Kirchenlieder in polyphonem Satz)	† *Georg Agricola* (eig. *Bauer*); gilt als Begrd. d. Mineralogie, Geologie u. Bergbaukunde (* 1494) („De Re Metallica Libri XII", 12 Bücher vom Berg- und Hüttenwesen erscheinen 1556) Ansätze zu einer vergleichenden Anatomie der Tiere von *Pierre Belon* (* 1517, † 1564); schreibt: „Geschichte und Natur der Vögel" (franz.) *K. Gesner:* Buch über Versteinerungen (Fossilien) u. Mineralien (schweiz.)	≈ Trotz Einströmen kolonialer Reichtümer stagniert die span. Wirtschaft ~ Zuckerrohr- und Baumwollanbau in Brasilien

	Kgin. Elisabeth Philipp II.	Margarete v. Navarra Hans Sachs	Reformation und Gegenreformation
1556	Kaiser *Karl V.* dankt ab *Ferdinand I.*, Bruder *Karls V.*, dt. Kaiser bis 1564 (†) *Philipp II.*, Kg. v. Spanien bis 1598 (†) *Akbar* (der Große) Großmogul in Indien bis 1605 (†)	† *Pietro Aretino*, ital. satir. Schriftsteller und Dichter der Renaissance (* 1492) ~ *H. Sachs* leitet Aufführungen der Nürnberger Meistersinger ~ † *B. Waldis*, dt. Dichter (* ~ 1490)	† *Thomas Cranmer*, engl. Reform., auf d. Scheiterhaufen (* 1489) † *Ignatius von Loyola*, span.-kath. Ordensstift. (* ~ 1491) *Johannes Mathesius* (* 1504, † 1564): „Luther-Historien" (Predigten eines Tischgenossen *Luthers*)
1557	Erster Staatsbankrott des Hauses *Habsburg* *Iwan IV.* erobert Astrachan von den Tataren *Abdullah* (* 1533, † 1598), letzter u. bedeutendster Kg. aus d. Haus d. *Schaibaniden*, erobert Buchara u. macht es zur Hauptstadt seines Usbeken-Reiches	Ausgabe von *Luthers* Fabeln (nach *Äsop*, in Prosa) H. Sachs: „Schwänke" (Gedichte im Meistersingerton) *J. Wickram:* „Der Goldfaden" (Anfang des bürgerlichen Prosaromans)	*Petrus Ramus (Ramée):* Lehrbuch f. Physik (f. Latein 1559, f. Griech. 1560, f. Frz. 1562)
1558	† *Maria I.* (die Blutige, * 1516), Königin v. England seit 1553, Gattin *Philipps II.* von Spanien *Elisabeth*, Tochter *Heinrichs VIII.*, Königin von Engl. bis 1603 (†); wird wesentlich polit. unterstützt v. Staatssekretär *William Cecil* Lord *Burleigh* (* 1520, † 1598) England verliert Calais (seit 1347 englisch) † *Karl V.*, röm.-dt. Kaiser von 1519 bis 1556, Gegner d. Reform. zugunsten eines einheitl. Weltreiches (* 1500)	† *Sao de Miranda*, einflußreicher portug. human. Schriftsteller (* 1483) *Margarete von Navarra* (* 1492, † 1549): „Heptameron" (franz. Liebesgeschichten, posthum) * *George Peele*, engl. lyr. Dramatiker († 1598) H. Sachs: Erstausgabe seiner Werke	Neben der Gelehrten-(Latein-)Schule entsteht kirchlicher Elementarunterricht durch d. schwäb. Reformator *Johann Brenz* (* 1499, † 1570) Univ. Jena gegrdt. Das kabbalistische Hauptwerk der jüdischen Mystik „Sohar"(„Glanz")wird erstmalig gedruckt (entstanden im 13. Jahrh.)
1559	Frankreich verliert letzten Einfluß in Italien an Spanien † *Heinrich II.* (im Turnier), König von Frankreich seit 1547 (* 1519) Graf *Egmont* wird vom span. König zum Statthalter in Flandern und Artois ernannt *Philipp II.* heiratet *Elisabeth v. Valois* * *Johann Tilly*, dt. kaiserl. Feldherr († 1632)	*Jorge de Montemayor* (* ~ 1520, † 1561): „Diana" (erster span. Schäferroman mit starker Nachwirkung)	Kgin. *Elisabeth* ern. *Matthew Parker* (* 1504, † 1575) zum Erzbischof von Canterbury Die anglikanische (bischöfliche) Staatskirche dominiert in England endgültig über Katholizismus. Neuordnung des Gottesdienstes *Pius IV.* (* 1499, aus dem *Medici*geschlecht), Papst bis 1565 (†) Erster kath. Index verbotener Bücher erscheint (maßgebend wird der von 1564) Erste reformierte Generalsynode in Paris

| Renaissance
P. Brueghel | Palestrina
Orlando di Lasso | Fortschritte der Medizin
G. della Porta | |
|---|---|---|---|
| * Carlo Maderna, ital. Barockbaumeister († 1629)
Suleimans Moschee in Konstantinopel von Sinan (* 1489, † 1578) fertiggestellt (Baubge. 1550) | Georg Forster (* 1514, † 1568): „Auszug guter alter und neuer deutscher Liedlein" (5 Bde. seit 1539)
di Lasso wird Kapellmeister in München | ~ Franciscus Maurolicus (* 1494, † 1575, ital. Abt) vergleicht Augenlinse mit Brennglas und erklärt Brillenwirkung
Tartaglia (*~1499,†1577) förd. Mathematik
Stephen Burrough entdeckt Nowaja Semlja | ≈ Frauenmode: Fortfall des Ausschnitts, Schulterkragen mit hohem Stehkragen
~ Bad Pyrmont wird rasch bekannt (über 10000 Besucher in 4 Wochen) |
| * Agostino Carracci, it. Kupferstecher u. Maler († 1602)
Accademia di San Luca (Kunstakademie) in Rom
≈ In der dt. Baukunst treten gegenreformatorische gotisierende Tendenzen auf | * Giovanni Gabrieli, it. Komp. († 1612)
* Thomas Morley, engl. Komp. († 1604) | Die wirtschaftlich besond. für Südamerika wichtige Silbergewinnung durch Amalgamation (Quecksilber-Verbindung) wird entdeckt | ≈ Bergwerk-Karren („Hunde") auf Holzgeleisen |
| P. Brueghel: „Kinderspiele" (niederl. Gem.)
Alex. Colin (*~1527, † 1612): Figurenschmuck d. Ott-Heinrich-Baus v. Heidelberger Schloß (fläm. Plastik)
Honami Koetsu, jap. Schriftkünstler und Kunsthandwerker; grdt. 1615 Künstlerkol. b. Kyoto († 1637)
Lustschloß Belvedere in Prag (Baubeg. 1536) | Gioseffo Zarlino (* 1517, † 1590): „Istitutioni harmoniche" (ital. Harmonielehre m. Definition v. Dur u. Moll im heutigen Sinne) | Giambattista della Porta (ital. Naturf., * ~ 1538, †1615): „Magia naturalis" (Mischung aus Aberglauben und einfachen naturwissenschaftlichen, technischen Kenntnissen; 1589 auf 20 Bde. erweitert) | ≈ Niedrige Getreidepreise in Spanien schädigen Ackerbau; Ausdehnung von Wein-, Öl-, Seiden-Kulturen u. Schafzucht
della Porta beschreibt, wie man die Treue einer Frau mit einem Magneten prüfen kann
Börse in Hamburg |
| P. Brueghel: „Die niederl. Sprichwörter" (niederl. Gem.)
Tizian: „Artemis und Aktäon" (it. Gem.)
Ott-Heinrichs-Bau des Heidelberger Schlosses fertiggestellt (Baubeg. 1556)
† Kano Monotobu, jap. Hofmaler d. „Chinamalerei" („Kara-e") (* 1476) | | Realdo Colombo beschreibt Lage und Haltung des menschlichen Embryos

Ritter-Turnier verschwindet nach d. Turniertod Heinrichs II. | Begrenzung der fremden Münzsorten in Deutschland auf 30
~ Gestrickte Strümpfe erstmal. erwähnt (a. franz. Hofe)
~ Drucktypen für Schreibschrift entstehen
≈ Ren.-Möbel in England
Bild einer Giraffe in Dtl. |

	Hugenottenkriege	Novellen „Poetik"	Engl. Puritaner 3. Tridentinisches Konzil
1560	† *Gustav I. (Wasa)*, König von Schweden seit 1523, Förderer der Reformation (* 1495) *Karl IX.* König von Frankreich bis 1574 (†, * 1550), bis 1563 unter der Regentschaft seiner Mutter, *Katharina von Medici*, die seit 1533 Gattin *Heinrichs II.* war	* *Robert Greene*, engl. Dichter († 1592)	Papst *Pius IV.* (* 1499, † 1565) † *Philipp Melanchthon*, dt. Humanist und Mitarbeiter *Luthers*; gestaltete Unterricht an protest. Univ. u. Lateinschulen (* 1497) Lutheraner kehren zur strengen Abendmahlslehre *Luthers* zurück Puritaner-Sekte i. England Reform. in Schottl. vollend.
1561	*Maria Stuart*, seit 1558 Gattin Franz' II. (* 1544, † 1560), kehrt n. Schottland zurück u. erh. Anspr. a. engl. Thron Polen gewinnt Livland (1629 an Schweden, 1721 an Rußl.) u. Lehnsherrschaft üb. Kurland, das prot. Hzgt. unter Ordensmeister *Kettler* wird Estland wird schwedisch Madrid wird kgl. Residenz	* *Luis de Gongora y Argote*, span. Dichter des Barock († 1627) *Julius Cäsar Scaliger* (* 1484, † 1558): „Poetik". Beeinflußt die Theorie d. Dichtkunst bis *Opitz*	* *Francis Baco v. Verulam* (gen. *Bacon*), engl. Staatsmann und Philosoph († 1626) *Maria Stuart* unterstützt in Schottland Gegenreformation
1562	Hugenottenkriege in Frankreich (mit Unterbrechung bis 1598)	† *Matteo Bandello*, ital. Novellendichter; seine 214 Novellen (1554) enth. „Romeo u. Julia"-Stoff (* ~ 1485) * *Felix Lope de Vega*, span. Dramatiker († 1635)	Drittes Tridentinisches Konzil (bis 1563) legt kath. Glaubensbekenntnis fest u. stärkt Papststellung; will mehrstimmige Kirchenmusik wegen Verschleierung d. Textes verbieten
1563	400 engl. Seeräuberschiffe kapern über 600 franz. Schiffe im Kanal König *Philipp II.* schuldet den *Fuggern* 75% ihres Kapitals	≈ Span. Mystik: *Teresa de Jesús* (* 1515, † 1582), *Luis de Granada* (* 1505, † 1588), *Juan de la Cruz* (* 1542, † 1563), *Luis de León* (* 1528, † 1591)	Calvinistischer „Heidelberger Katechismus" ordnet pfälzischen Gottesdienst Reform des Karmeliter-Bettel-Ordens durch die spanische Mystikerin *Teresa de Jesús* † Russ. Metropolit *Makarij*, sammelte Heiligenlegenden („Monatslektüren") in 12 Bänden (* 1482) *Joh. Weyer* (* 1516, † 1588): „De praestigiis daemonum" (geg. Hexenverfolg., kommt auf den Index)

Renaissance Tintoretto	Palestrina Orlando di Lasso	Fortschritte der Medizin	
† *Baccio Bandinelli*, it. Ren.-Bildhauer, Nachahmer und Rivale *Michelangelos* (* 1493) * *Annibale Carracci*, it. Maler († 1609) *Tizian:* „Jupiter und Antiope" (ital. Gem.) * *Adriaen de Vries*, niederl. Barockbildhauer († 1627) Uffizien, Florenz, gegr.	*Orlando di Lasso* wird in München 1. Kapellmeister d. Hofkapelle	Sammlung techn. Sehenswürdigkeiten in Dresden durch Kurfürst *August* von Sachsen Erste wissenschaftl. Gesellschaft (i. Neapel) durch *Giambattista della Porta* Leichensezierung (v. Verbrechern) wieder gestattet; war etwa seit 1350 als sündhaft verbot. (vgl. 1534, 36) ~ Schußwaffen mit Drall	Münzreform in England; Einführung d. Pfund Sterling Gold zu Silberpreis wie 15,5 zu 1 ~ Dt. Studenten in Italien benutzen erstmalig Visitenkarten Tabakpflanze kommt durch *Jean Nicot* nach Westeuropa
† *Alonso Berruguete*, span. Maler, Bildhauer, Architekt, Schüler *Michelangelos* (* ~ 1480) *Tintoretto:* „Hochzeit zu Kana" (it. Gem.) Basilius-Kathedrale, russ. Bau der Früh-Ren. in Moskau fertiggestellt (Baubeginn 1554)	*Palestrina* wird Kapellmeister an verschiedenen Kirchen Roms, schließlich an der Peterskirche * *Jacopo Peri*, italien. Opernkomp. († 1633)	*Gabriele Falloppio* (* 1523, † 1562): „Anatomische Beobachtungen" (ital. Medizin) Vorläufer d. Handgranate	Barbara Uttmann führt die Spitzenklöppelei in Annaberg ein (nicht ihre Erfindg.) Tulpen kommen aus dem nahen Orient nach Westeuropa ≈ Tabakschnupfen als früheste Form d. Tabakgenusses am franz. Hof
Clouet: „Pierre Cutte" *Michelangelo:* Plan für d. Neugestalt. d. Kapitols in Rom *Vignola* (*Barozzi*): „Regola delle cinque ordini d'architettura" d. seit 1546 führenden Baumeister Roms	† *Adrian Willaert*, niederl. Komp., Begründer der venezianischen Schule und d. doppelchörigen Schreibweise (* ~ 1485) * *Jan Pieter Sweelinck*, niederl. Organist († 1621) Vgl. auch Spalte Ph		In England: Verlängerte siebenjährige Lehrzeit in den städtischen Zünften Kampf der Zünfte gegen wachsende Gewerbefreiheit Pest in Paris
~ *G. da Bologna:* „Fliegender Merkur" (ital. Plastik) *P. Brueghel:* „Turmbau zu Babel" (ndl. Gem.) *A. Crivelli* beendet Bau d. Hofkirche in Innsbruck (Baubeg. 1553) † *Diego de Siloe*, span. Baumeister der Gotik u. Renaiss. (* 1500) *Veronese:* „Die Hochzeit zu Kana" (ital. Gemälde) Baubeg. d. Escorial (vgl. 1586)	* *John Bull*, engl. Klavierkomp. u. -Virtuose († 1628) *Vasari* regt Malerschule i. Florenz an Wiener Kunstkammer erwähnt	*Ambroise Paré* (* 1509, † 1590) „Cinq livres de Chirurgie" (bahnbrechendes franz. Werk der Chirurgie)	Gesetzl. Sozialunterstützung für Minderbemittelte in London

	Niederl. Erhebung *Suleiman d. Gr.*	*Nationalliteratur* *Tasso*	*Calvinismus* *Gegenreformation*
1564	† *Ferdinand I.*, röm.-dt. Kaiser seit 1556 (* 1503) *Maximilian II.* röm.-dt. Kaiser bis 1576 (†) Teilung der *Habsburger* in österreichische, steirische u. tiroler Linie Zar *Iwan IV.* verläßt Moskau und setzt sich dem Bojarenadel gegenüber durch, den er nach und nach zugunsten des Kleinadels entmachtet	* *Christopher Marlowe*, engl. Dramatiker († 1593) *Michelangelo* (†) schrieb Liebessonette an einen Freund und religiöse an *V. Colonna* * *William Shakespeare* in Stratford on Avon, engl. Dramatiker († 1616)	† *Johannes Calvin*, begründete nach und unabhängig von *Zwingli* Reformierte Kirche in der Schweiz (* 1509) (Die Prädestinationslehre d. Calvinismus fördert im Gegensatz z. strengen Luthertum kaufmännischen Unternehmungsgeist als Bewährung einer „Gotterwähltheit") Schulordnung in Brandenburg Papst *Paul IV.* bestätigt Beschlüsse d. 3 Tridentinischen Konzile 1545—49, 1551/52, 1562/63; vertieft Kluft zwischen Katholizismus und Protestantismus
1565	Niederländische Erhebung unter *Wilhelm von Oranien* und Graf *Egmont* gegen religiös intolerante spanische Herrschaft	*Th. Sackville* (* 1536, † 1608): „Ferrex and Porrex" (oder „Gorboduc"); (erste engl. Tragödie in Blankversen) *Tasso* Hofdichter bei Kardinal *Luigi d'Este* i. Ferrara * *Alessandro Tassoni*, ital. Dichter († 1635)	
1566	† *Suleiman II.* (der Große), türk. Sultan seit 1520, bei der Belagerung von Szigeth verteidigt von Graf *Zrinyi* (* 1508, † 1566 enthauptet) Höhepunkt der türkischen Macht: Syrien, Mesopotamien, Arabien, Kaukasus, Kleinasien, Ägypten, Nordafrika, Griechenland, Ostungarn (* 1495) Im türk. Reich geht die Macht an die Großwesire * *Sigismund III.*, König von Polen († 1632)	† *Louise Labé*, frz. Dichterin d. Ren., u. a. Liebessonette, übertragen von *R. M. Rilke* (* 1525)	† *Nostradamus*, frz. Astrologe und Leibarzt *Karls IX.*, sagte u. a. baldiges Ende der kath. Kirche voraus (* 1503) *Pius V.* Papst bis 1572 (†), starker Förderer der Gegenreformation (* 1504) Zweite Helvetische Konfession (Glaubensbekenntnis der schweiz. reformierten Kirche)

Renaissance *Tizian*	*Palestrina* *Orlando di Lasso*	*Konrad Gesner* *Vesalius*	
* *Pieter Brueghel d. J.* („Höllenbrueghel") fläm. Maler († 1638) † *Michelangelo Buonarrotti*, ital. Bildhauer, Maler, Baumeister und Dichter (* 1475) *Maarten van Heemskerck* (* 1498, † 1574): „Die erythräische Sibylle" (ndl. Gem.) *Philippe de l'Orme* (*∼ 1510, † 1560) beginnt Bau d. Tuilerien (frz. Ren.-Schloß in Paris) ∼ Malerschule emigrierter niederl. Protestant. i. Frankenthal (u. a. *G. v. Coninxloo*)	* *Lodovico (Grossi da) Viadana*, ital. Komp. († 1627)	* *Galileo Galilei*, italien. Naturwissenschaftler († 1642) *Michelangelo:* Holzmodell z. St.-Peter-Kuppel (erster Entwurf 1546) † *Andreas Vesalius*, Begrd. der neuzeitl. Anatomie (Leibarzt *Karls V.* und *Philipps II.*) (* 1514) Erster Buchdruck in Rußland („Der Apostel") auf franz. Papier	Erster Bücherkatalog auf der Frankfurter Messe ≈ Strumpfstrickerei in England
∼ *P. Brueghel:* „Jäger i. Schnee", „Heimkehr der Rinder" (niederl. Gem. aus einem Zyklus d. Jahreszeiten) *Cornelis Floris:* Rathaus Antwerpen (seit 1561) *Tintoretto:* Wand- und Deckengemälde in d. Scuola di S. Rocco, Venedig (bis 1582) *Tizian:* „Marter des hl. Lorenz" u. „Toilette der Venus" (ital. Gemälde)	*Palestrina* Komponist der päpstl. Kapelle † *Cyprianus de Rore*, niederl. Komp. d. altvenezianischen Schule (Madrigale, Motetten) (* 1516)	† *Konrad Gesner*, schweiz. Naturforscher und Literaturhistoriker; „Der dt. Plinius" (* 1516) Erste Eisenschneidemühle von *Schütz* (Walzwerk-Vorläufer in England) *Bernardino Telesio* (* 1508, † 1588) begründet Naturlehre aus den Prinzipien Materie, Wärme, Kälte (ital.)	„Ein Epistelbüchlein für Leute mittelmäßigen Standes" (dt. Briefsteller) Erste Kartoffeln aus Südamerika in England; verbreiten sich in den folgenden 200 Jahren mit wechselnder Geschwindigkeit über ganz Europa (vgl. 1584, 1640, 1765)
P. Brueghel: „Hochzeitstanz im Freien" (niederl. Gem.) *A. Colin* (a. Mechelen): 21 (von 24) Marmor-Reliefs a. *Maximilians-*Grabmal in der Innsbrucker Hofkirche	*Le Maistre* († 1577 in Dresden): „Geistliche u. weltliche teutsche Gesänge" (polyphon gesetzt)	*Philipp Apianus* (* 1531, † 1589): „Bayerische Landtafeln" (24 Blätter 1:144000; Meisterwerke der Landvermessung) ∼ Paternoster-Hebewerke werden verwendet	Augsburger Münzordnung regelt Reichswährung (Dukaten, Taler, Kreuzer) Vorläufer einer Zeitung in Straßburg und Basel Armensteuer u. Bettelverbot in Frankreich (mit sehr geringer Wirkung)

	Niederl. Erhebung Kgin. Elisabeth	Ausbildung der neueren Nationalliteratur	Reformation und Gegenreformation
1567	Herzog *Alba* (*1507, †1582) span. Generalkapitän in den Niederlanden	*Anna Bijns:* „Refereinen" (3. Bd. niederl. gegenreform. Dichtg.; 1. Bd. 1528, 2. Bd. 1548)	Calvinistischer Bildersturm in den Niederlanden Presbyterianer-Kirche (reformiert) in England mit gewählten Gemeindevertretern wendet sich gegen Bischofsverfassung der anglikanischen Staatskirche
1568	Königin *Maria Stuart* flieht zu *Elisabeth* von England wegen Verdachtes, mit ihrem Geliebten (späteren Gatten) ihren Gatten getötet zu haben Graf *Egmont* (* 1522) und Graf *Hoorn* (* 1518) durch Herzog *Alba* hingerichtet. Offener Aufstand der Niederlande gegen Spanien König *Philipp II.* von Spanien kerkert wegen Fluchtversuchs seinen Sohn *Don Carlos* (* 1545, † 1568) ein		* *Thomas Campanella*, ital. Philosoph († 1639) Einheitlich. Priesterbrevier für die kath. Kirche Jesuitenkolleg Braunsberg/Ostpreußen
1569	*Cosimo I. Medici* wird Großherzog v. Toskana Zusammenschluß Polen-Litauen statt bisheriger Personalunion	* *Giambattista Marini*, ital. Barocklyriker († 1625) † *Mikolaj Rej*, poln. Dichter, „Vater der poln. Literatur", u. a. protestant. Dichtung (* 1505)	~ *Berardino de Sahagún*, Franziskaner in Mexiko, schreibt Kulturgeschichte d. Azteken
1570	*Philipp II.* heiratet *Maria v. Österreich* (Mutter des Thronfolgers *Philipp III.*, * 1578) Friede von Stettin beendet ergebnislos Nordischen Siebenjährigen Krieg Dänemarks und Lübecks gegen Schweden Türken erobern Zypern von Venedig	*Lodovico Castelvetro* fordert unter Berufung auf *Aristoteles* die Einheit von Ort, Zeit und Handlung auf der Bühne ~ In den Gymnasien der Jesuiten beginnt man Theater in lat. Sprache zur Glaubenspropaganda zu spielen	*Roger Ascham* (* 1515, † 1568): „The Scholemaster" (posthum, engl. Handbuch d. Erziehung) Reformierte Hugenotten behaupten sich in Frankreich trotz militärischer Niederlage in den Hugenottenkriegen seit 1562 Inquisition bekämpft die evangelische Minderheit in Spanien

Tizian / P. Brueghel	Palestrina / Orlando di Lasso	Tycho Brahe / Erdatlas	
G. da Bologna: Neptunsbrunnen, Florenz P. Brueghel: „Das Schlaraffenland" (niederländisches Gem.) ~ Tizian: „Ecce homo", „Selbstbildnis" (ital. Gem.)	* Claudio Monteverdi, ital. Komp. († 1643) Palestrina: 2. Buch der Messen (A-cappella-Musik, P. schreibt über 100 Messen und ca. 320 Motetten)	~Ritterrüstung wird geg. die Muskete verstärkt Der Span. Alvaro Mendana de Neyra (* 1541, † 1595) ehtd. auf der Suche nach dem sagenhaften „Südland" Salomon-Inseln im Stillen Ozean	Gründung der Londoner Börse (Wechsel- und Versicherungsgeschäfte) Engl. Handelsniederlassung in Hamburg Hanse verliert Vormacht ~ 2 Mill. Indianer in Süd-Amerika sterben am eingeschleppten Fleckfieber
* Jan Brueghel d. Ä. („Samtbrueghel") niederländischer Maler († 1625) P. Brueghel: „Die Blinden", „Bauerntanz", „Bauernhochzeit" (niederl. Gem.) Vignola (Giacomo Barozzi da V., * 1507, † 1573) beg. „Il-Gésu"-Kirche i. Rom (Modell weiterer Jesuitenkirchen)		Barbaro: Camera obscura mit Linse Großes Wasser-Hebewerk in Spanien von J. Turriano Varolio begründ. Gehirnanatomie	Jost Amman (* 1539, † 1591): „Beschreibung aller Stände" (Illustrierte dt. volkstümliche Berufskunde mit Versen von H. Sachs)
Baroccio: „Kreuzabnahme" (it. Bildwerk) † Pieter Brueghel d. Ä. („Bauernbrueghel"), niederl. Maler (* ~ 1520) Caspar Vischer vollendet Neubau der Plassenburg b. Kulmbach im Renaiss.-Stil (Baubeginn 1559)		Jacques Besson (* ~ 1540, † ~ 1576): „Theatrum instrumentorum" (ill. frz. Maschinenkunde) T. Brahe steigert durch Benutzung eines Riesenquadranten entscheidend die Genauigkeit d. Sternbeobachtungen Weltkarte für Seefahrer in neuartiger Projektion von Mercator	
~ * Hans Reichel, dt. Bildhauer († ~ 1636) † Jacopo Sansovino (eig. Tatti), ital. Baumeister der Hoch-Ren., venez. Palastbauten (* 1486) Veronese: „Das Mahl bei Simon dem Pharisäer" (ital. Gem.)	≈ Höhepunkt der A-cappella-Vokalpolyphonie (Palestrina, O. di Lasso) Orlando di Lasso: „Bußpsalmen" (in einer Prachthandschr. seit 1560)	Ortelius: „Theatrum orbis terrarum" (Erdatlas auf 53 Blättern) Felix Platen systematisiert Geisteskrankheiten und tritt für humane Behandlung der Geisteskranken ein Erstes Wasserwerk mit Kolbenpumpen (in Danzig)	Reichstag macht Buchdruckgewerbe genehmigungspflichtig Londoner Börsengebäude (Royal Exchange) erbaut Verbot der spekulativen Reiseversicherungswetten in Frankreich Nordsee-Sturmflut (angbl. 100 000 Tote)

	Niederl. Erhebung Hugenottenkriege	Nationalliteratur Tasso	Bartholomäusnacht Katholikenverfolgung
1571	Ital. und span. Flotten brechen Seemacht der Türken in der Schlacht bei Lepanto; Spanien erlangt Vorherrschaft i. Mittelmeer (Venedig muß trotzdem Zypern an die Türken abtreten)	* *Tirso de Molina*, span. Dramatiker († 1648) *Simon Rot:* „Ein Teutscher Dictionarius daz ist ein auszleger schwerer vnbekanter Teutscher, Griechischer, Lateinischer, Hebräischer, Welscher vnd Französischer etc. Wörter" (Augsburg)	Katholikenverfolgungen durch *Elisabeth* von England 39 protestantische Artikel vollenden Reformation in England; Anglikanische Staatskirche behält bischöfl. Verfassung Jesus College Oxford und Schule Harrow gegrdt. * *Wolfgang Ratke*, dt. Pädagoge († 1635)
1572	*Wilhelm v. Oranien* führt Niederlande gegen *Alba* (entsetzt 1574 Leiden) † *Sigismund II. August*, Kg. von Polen seit 1548, letzter *Jagellone*. Polnisches Königstum wird durch Kämpfe des Adels geschwächt, der den Staat beherrscht (* 1520)	*Camões:* „Die Lusiaden" (port. Nationalepos) *Aegidius Tschudi* († , * 1505); schrieb „Schweizerchronik" (unhistor. Quelle f. *Schillers* „Tell"; vgl. 1307)	„Bartholomäusnacht" („Pariser Bluthochzeit"): Ermordung von 2000 protestantischen Hugenotten mit ihrem Führer *Gaspard de Coligny* (* 1519) auf Veranlassung der Königsmutter *Katharina von Medici* (* 1519, † 1589) *Gregor XIII.* Papst bis 1585 (†), Förderer der Jesuiten und geistlichen Bildung (* 1502) † *Isaak Lurja*, jüdischer Mystiker (Kabbalist) in Palästina (* 1533)
1573	Spanien beendet Eroberung der Philippinen (1898 an die USA) *Wan-li* Kaiser in China bis 1619 (†), fördert Bergbau und sichert den Norden gegen die mongolischen *Mandschu* *Oda Nobunaga* stürzt letzten *Ashikaga*-Shogun in Japan (bis 1603 Shogunlose Zeit)	* *Benjamin Jonson*, engl. Dramatiker († 1637) *Tasso:* „Aminta" (ital. Schäferroman)	*Julius Echter v. Mespelbrunn* wird Bischof v. Würzburg bis 1617 (+ , *1545); fördert Reform der kathol. Kirche im Sinne des Tridentinischen Konzils † *Laurentius Petri*, luth. Erzbischof von Upsala, Verfasser der schwed. Kirchenordnung von 1572 (* 1499)
1574	† *Karl IX.*, König von Frankreich seit 1560 (* 1550) *Heinrich III.* König von Frankreich bis 1589 (†) Polen wird zur Adelsrepublik mit Königswahl		„Magdeburger Zenturien" herausg. von *Matthias Flacius* (protest. grundleg. Kirchengeschichte) Gymnasium „Graues Kloster" in Berlin gestiftet Universität Bern gegründet

Tizian *Vasari*	*Palestrina* *Orlando di Lasso*	*Tycho Brahe* *Geschütze*	
† *Benvenuto Cellini*, ital. Goldschmied, Stempelschneider, Bildhauer, schrieb Selbstbiographie (übers. von *Goethe*) (* 1500) ~ *Tizian:* „Dornenkrönung" (ital. Gem.)	*Andrea Gabrieli* (* 1510, † 1586) (Schüler *Willaerts*): „Canzoni alla francese" (ital. Orgelkomposition; *G.* überträgt auch Doppelchortechnik auf Orchester) * *Michael Praetorius*, dt. Musiker, Komp. u. Musikschriftsteller († 1621)	Erstes dt. Buch über Landwirtschaft v. *K. Heresbach* * *Johannes Kepler*, dt. Astronom († 1630) ~ *Volcher Coiter* (* 1534, † 1590): 1. topographisch-anatomischer Atlas (niederländisch; beschreibt d. Lage d. Organe zueinander)	Versuche, in Südwestdtl. die Gesellenverbände zu unterdrücken, schlagen fehl
† *Galeazzo Alessi*, ital. Baumeister in Genua; u. a. Villa Castiglione a. Trasimenischen See (* 1512) *Braun* und *Hogenberg:* „Civitates orbis terrarum" (illustr. Stadtchronik, 6 Bde. bis 1618) *Maximilians*grabmal i. der Hofkirche Innsbruck aufgestellt mit Erzbildwerken (seit 1508) u. Reliefs (1566) (Grab bleibt leer)		*Rafael Bombelli* rechnet in seiner „L'Algebra" formal mit imaginären Zahlen (ohne ihre selbständige Bedeutung zu erkennen) *T. Brahe* entdeckt „Neuen Stern" (überhelle Supernova, Häufigkeit ca. 2—3 in 2000 Jahren) in der Milchstraße * *Daniel Sennert*, dt. Chemiker († 1637) ~ Geschütze verdrängen endgültig Steinschleudern	Das v. d. Spaniern belagerte Haarlem verwendet Brieftauben Schweres Erdbeben b. Innsbruck
* *Elias Holl*, dt. Baumeister der ital. Richtung der dt. Ren. († 1646) * *Michelangelo da Caravaggio*, it. Maler († 1610) † *Hans Müelich*, bayr. Maler der Ren., Buchmalerei (* 1516) *Germain Pilon* (* 1536, † 1590): Grabmal *Heinrichs II.* in St. Denis (frz. Plastik)		Frankfurter Stadtphysikus *Adam Lonicerus* behauptet: Krankheiten sind Folgen der Erbsünde	Erst. dt. Rohrzuckerraffinerie in Augsburg (gesüßt wird meist noch m. Sirup oder Honig)
† *Giorgio Vasari*, ital. Baumeister, Maler, Verfasser berühmter Künstlerbiographien; „Manierist", Freskenmalerei (* 1511)		† *Bartolomeo Eustacchi(o)*, röm. Anatom (*~ 1524) Astronomische Kunstuhr im Straßburger Münster von den Brüdern *Hobrecht* vollendet (im Bau s. 1547) „Probierbuch" d. *Lazarus Erkner* für die chemische Metallurgie	~ Gerichtsverhandlungen gegen Tiere auch in Deutschland ~ Erste öffentliche Geldlotterien

	Kgin. Elisabeth Niedergang der Hanse	Fischart Hans Sachs	Reformation und Gegenreformation
1575	Stefan Bathory, Fürst von Siebenbürgen, zum König von Polen gewählt, von Danzig u. Riga anerkannt; herrscht bis 1586 († , * 1533) Staatsbankrott in Spanien Handel, Kunst und Wissenschaft blühen im indischen Großreich unter dem Großmogul Akbar (d. Großen)	* Giovanni Battista Basile, ital. Barockdichter († 1632) † Diego Hurtado de Mendoza, span. Humanist, Dichter u. Staatsmann (* 1503)	† Anna Bijns („Brabantische Sappho"), Gegnerin der Reformation (* 1493) * Jakob Böhme, dt. Mystiker († 1624) Höhepunkt des Protestantismus in Österreich (unter Rudolf II. Gegenreformation) Univ. Leyden gegrdt. (Blüte im 17. Jh.)
1576	† Maximilian II., röm.-dt. Kaiser seit 1564, katholisch, aber protestantenfreundlich (* 1527) Rudolf II., röm.-dt. Kaiser bis 1612 (†) Jakob VI. Kg. v. Schottland (1603 als J. I. auch Kg. v. England)	Fischart: „Das glückhafte Schiff von Zürich" (schildert Züricher Rheinfahrt n. Straßburg) † Hans Sachs, dt. Dichter, Haupt der Meistersingerschule in Nürnberg; verf. über 4000 Meistersänge, 1700 Erzähl., 200 dramat. Werke (* 1494) Erste Schauspielhäuser in London	Jean Bodin (* 1530, † 1596): „Über die Republik" (franz. Naturrechtsphilosophie; f. souveräne Monarchie, Schutzzölle, Lebensmittel- u. Rohstoff-Ausfuhrverbote) Gründung eines kath. Bundes („Heilige Liga") gegen Hugenotten Univers. in Warschau gegr. Univ. Helmstedt gegründet (best. bis 1810)
1577	Niederer Adel in Süd- und Westdeutschland bildet Interessengemeinschaft in drei „Ritterkreisen" Kgin. Elisabeth von England beauftragt den Piraten Drake, den span. Handel im Pazifik zu stören		Accademia di San Luca i. Rom (älteste noch besteh. Malerakademie)
1578		J. Kochanowski: „Die Abfertigung des griechischen Gesandten" (poln. Renaissance-Tragödie)	Fischart: „Philosophisch Ehzuchtbüchlein"
1579	Nordniederlande schließen sich unter Wilhelm v. Oranien in der „Utrechter Union" gegen Spanien zusammen	* Samuel Coster, niederl. Dramatiker († 1665) Spenser: „Schäferkalender" (engl. Epos)	Rückkehr der wallonischen Provinzen (Belgien) zum Katholizismus Herzog Albrecht V. von Bayern (†) grdte. seit 1550 i. München Staatsbibliothek, Münzkabinett, Antiquarium und Kunstkammer

Tizian Italienisches Frühbarock	Palestrina Orlando di Lasso	Tycho Brahe Drehbank	
† *Cornelis Floris* (eig. *de Vriendt*), niederl. Baumeister im nordisch-barocken Stil (* 1514) * *Guido Reni*, ital. Maler des Barock († 1642) ∼ *Tizian:* „Pieta" (ital. Gem.)	* *Marco da Gagliano*, ital. Opernkomp. († 1642)	∼ *J. Besson:* Drehbank mit Gewichtsantrieb ∼ Sprengmethoden im Bergbau verbreiten sich vom Harz aus ∼ „Nürnberger Eier" (Taschenuhren) kommen in den Handel * *Christoph Scheiner*, dt. Astronom und Jesuit († 1650)	Sohn des *Nostradamus* (siehe 1566) hingerichtet, weil er einen von ihm astrologisch vorausgesagten Stadtbrand selbst anlegte ≈ Einwohnerzahlen: Paris 300000, London 180000, Köln 35000
J. A. Ducerceau d. Ä. (* ∼ 1510, † ∼ 1584): „Die berühmtesten Bauwerke Frankreichs" (franz.) † *Tiziano Vecelli(o)* (*Tizian*), ital. Maler, berühmtester Maler d. venezianischen Schule (* 1477)	≈ Blüte des mehrstimm. frz. Chansons	*T. Brahe* errichtet mit Unterstützung König *Friedrichs II.* v. Dänemark zwei vorteleskopische Großsternwarten auf Sund-Insel *Martin Frobisher* (*∼1535, † 1594) entdeckt auf der Suche nach der NW-Durchfahrt Grönland neu und Baffinland *Vieta* entw. Dezimalbruchrechnung (vgl. 1460)	Vermögenssteuer in Hessen (in Sachsen seit 1454) ∼ In Italien Herstellung des „*Medici*-Porzellans" (Erste Nachahmung des chinesischen Porzellans) Papierherstellung gelangt n. Moskau
* *Peter Paul Rubens*, fläm. Barockmaler († 1640) *J. Tintoretto:* „Der Doge Mocenigo" (venezianisches Gem.) Schloßkirche Stettin (Renaissance)		Log z. Messung der Schiffsgeschwindigkeit v. *Bourne* *Brahe:* Kometen s. außerirdisch Der englische Pirat *Francis Drake* (*1540, + 1596) beginnt die zweite Erdumseglung (vollendet 1580) **Joh. B. van Helmont*, Med. u. Chem. (+ 1644)	„The Art of Angling" („Die Kunst des Angelns") von einem unbek. engl. Autor. Wahrsch. Quelle für *Izaak Walton* „The Complete Angler" von 1653) Kometenflugblätter
* *Adam Elsheimer*, dt. Landschaftsmaler des Barock († 1610) Teil des Rathauses in Rothenburg o.d.T. (Ren.-Bau seit 1572)		*Bodin* erkl. Inflat. m. starker amerik. Edelmetallzufuhr *Fugger v. Kirchberg und Weißenborn* veröffentlicht Werk über die Zucht des Kriegs- und Bürgerpferds Erstes Gradierwerk in Mannheim	„Newezeitung aus der Türckey..." erscheint als eine der ersten Nachrichtenblätter (noch nicht regelm. „Zeitung") in Berlin (vgl. 1609)
F. Baroccio: „Madonna del Popolo" („Volksmadonna", ital. Gem.) *El Greco:* „Entkleidung Christi" (span. Gem.) * *Fr. Snyders*, niederl. Maler († 1657)		*Julius*spital in Würzburg, erstes neueres Krankenhaus (Charité in Paris 1602, in Berlin 1710) *Joh. Hellfrich* macht Sphinx und Pyramiden bei Kairo durch sein Tagebuch bekannt (sah sie 1565)	10jähr. Arbeitsverträge f. Handelslehrlinge (in Nürnberg) enthalten starke Einschränk. der Freiheit und einseitige Bestimmungen zugunsten des Dienstherrn

	Abfall der Niederlande Eroberung Sibiriens	Tasso de Montaigne	Reformation und Gegenreformation
1580	Herzog *Alba* erobert Portugal für Spanien (1640 wieder selbständig); seine Kolonien an Spanien, Niederlande, England ~ Hohe Steuern in Spanien, da Silberbergwerke der amerik. Kolonien nur knapp 10% der Staatsausgaben decken	† *Luis Vaz de Camões*, port. Dichter (* 1524) * *Daniel Heinsius*, niederl. Philologe und Dichter († 1655) *Lyly:* „Euphues, the anatomy of wit" (engl. Roman, Begründung des „Euphuismus" genannten schwülstigen Stils) *de Montaigne:* Erste Bücher der „Essais" (frz. Tagebuch seiner skeptischen Gedanken über Leben und Welt) Regelmäßige Theateraufführungen in Japan	~ *Bodin* tritt für religiöse Toleranz ein *Fischart:* „Jesuitenhütlein" Konkordienbuch mit Sammlung lutherischer Bekenntnisse begründet orthodoxen lutherischen Widerstand gegen Calvinismus
1581	Die Niederlande sagen sich unter *Wilhelm von Oranien* von Spanien los. (erst 1648 anerkannt)	*Kaspar Heywood:* Engl. Übersetzung d. Tragödien *Senecas* * *Pieter Corneliszoon Hooft*, niederl. Dichter und Geschichtsschreiber († 1647) *Tasso:* „Das befreite Jerusalem" (ital. Stanzenepos, Darstell. d. erst. Kreuzzuges)	
1582	Polen behauptet im Frieden zu Jam Zampol'skij Livland gegen Rußland; Schweden erhält (1583) Estland und Ingermanland (Krieg um Livland seit 1558) Kosak *Jermak* († 1584) unterwirft seit 1577 f. Rußland Sibirien bis zum Irtysch	† *Teresa de Jesús*; span. Mystikerin; schrieb „Weg zur Vollkommenheit", „Liebesgedanken" u. a. Erbauungsbücher (* 1515) Accademia della Crusca in Florenz gegründet zur Pflege der ital. Sprache	Fürstbischof *Julius Echter von Mespelbrunn* (* 1545, † 1619) grdt. Universität Würzburg als Mittelpunkt der Gegenreformation Zweiter mißlung. Versuch einer Reformation in Köln Japan entsendet Gesandtschaft zum Papst Univ. Edinburgh gegr.
1583	* *Albrecht von Wallenstein*, Herzog von Friedland, Feldherr *Ferdinands* II. († 1634) Notablenversammlung in St. Germain fordert Schutzmaßnahmen für die franz. Textilindustrie (Zölle, Ein- und Ausfuhrverbote, Unterpreise für Fremdwaren) Neufundland engl. Kolonie		*Herbert von Cherbury*, engl. Aufklärungsphilos. († 1648) * *Hugo Grotius*, niederl. Begründer des naturrechtlichen Völkerrechts und Diplomat († 1645) *L. de León:* „Los nombres de Christo" (span. Mystik) *Matteo Ricci* (* 1552, † 1610) geht n. China u. begründet erfolgr. Jesuitenmission

Renaissance Italienisches Frühbarock	Palestrina Französisches Ballett	Buchstabenrechnung Galilei	
~ * *Frans Hals*, fläm. Maler († 1666) † *Andrea Palladio*, ital. Baumeister der Spät-Renaiss. in Vicenza u. Venedig („Palladianismus" vorbildlich für Klassizismus des 17. und 18. Jh.) (* 1508) *della Porta* beendet Palazzo *Farnese* in Rom (von *A. da Sangallo* 1530 beg., unter *Michelangelo* fortges.) *John Thorpe:* Wollaton-Castle (engl. Ren.-Schloß bei Nottingham; beendet 1610)	~ Blüte d. venezianischen Musikschule unter *G. Gabrieli* und seinem Lehrer u. Onkel *Andrea G.* *Sweelinck* Organist in Amsterdam	*Palissy* gewinnt richtigere Vorstellungen über Fossilienentstehung und Erdgeschichte im Gegensatz zur Bibelautorität Kaffeepflanze w. in Europa d. *Prosper Albinus* bekannt Versuch eines Perpetuum mobile mit Wasserkreislauf von *J. de Strada* (erste nachweisb. Versuche eines P. m. Mitte des 13. Jahrh.) ~ *Francois Vieta* (* 1540, † 1603) wendet Buchstabenrechnung an; begrdt. mathem. Formelsprache Engländer segeln ins Karische Meer	~ Übergewicht von plastischen Architekturgliedern an Möbeln in Süddeutschland ~ Kabinettschrank in Augsburger Herstellung, geschnitzte Truhe. Aufkommen von Intarsien im Norden Botanischer Garten in Leipzig Reichsgesetz gegen Kurpfuscherei in der Chirurgie ≈ Ital. Küche maßgebend in Europa
A. Colin: Grabmal der *Philippine Welser* (d. Schwiegertochter Kaiser *Ferdinands I.*; Innsbruck. Hofkirche) * *Bernardo Strozzi*, ital. Barockmaler († 1644) * *Dominico Zampieri* (gen. *Domenichino*), ital. Maler des Eklektizismus und Baumeister († 1641)	*Balthasar de Beaujoyeux:* „Ballet comique de la Reine" (erstes Ballett, Vorläufer der franz. Oper)	*Galilei* studiert in Pisa ~ Bau zahlreicher mech. Automaten in Form von Lebewesen	*Francis Drake* zahlt nach seinen Kaperfahrten, die ihn um die ganze Welt führten, 100% „Gewinnanteile" aus Frankr. schafft Registrierkontrolle von Rechtsurkunden mit Registrierabgab. (Registrierung seit 1539)
† *Giorgio Ghisi*, ital. Kupferstecher (* 1520) *Johann Schoch* (*~1550, † 1631): „Neuer Bau", Straßburg (vollendet 1585) * *David Teniers d. Ä.*, niederl. Barockmaler († 1649)		*Scaruffi:* „Diskurs über d. Geld" (ital. Wirtschaftslehre, u. a. mit Vorschlag einer Gold-Silber-Wertrelation von 12:1)	Einführung des *gregorianischen* Kalenders (mit Schaltjahren) zunächst in katholischen, später auch in protestantischen Ländern (z. B. England 1752)
da Bologna: „Der Raub der Sabinerin" (ital. Plastik in Florenz)	* *Girolamo Frescobaldi*, ital. Organist u. Komp. († 1643) * *Orlando Gibbons*, engl. Komp. († 1625)	*Andrea Cesalpino* (* 1519, † 1603) versucht Systematik der Pflanzen; findet den Rückstrom d. Blutes in den Venen (Teilerkenntnis über den Blutkreislauf) Erste Pendelbeobachtungen *Galileis* (am Kronleuchter im Dom zu Pisa?)	Niederländische Verlagsdruckerei von *Louis Elzevier* (* 1540, † 1617) gegründet; Hersteller hochwertiger Drucke (u. a. Werke *Descartes'*) Halbjährliche Meßzeitung i. Frankf./M. Spielkartensteuer in Frankreich

	† Iwan „der Schreckliche" Maria Stuart	Tasso „Dr. Faust"	Bruno Gegenreformation
1584	† Iwan IV. („der Schreckliche"), Zar von Rußland seit 1533, schuf stehendes Heer, begann Eroberung Sibiriens, förderte Handel und Kultur, verfolgte Bojaren-Großadel (* 1530) Ermordung des niederländischen Statthalters Wilhelm von Oranien durch einen Katholiken (* 1533) Sir Walter Raleigh schafft erste Siedlungen in „Virginia" (vgl. 1607)	† Jan Kochanowski, schuf als erster poln. Dichter eine Poesie weltlichen Inhalts (* 1530) ~ Lope de Vega beginnt sein dramatisches Werk (vgl. 1635)	† Carl Borromäus, Kardinal und Erzbischof von Mailand, Reformator in der kathol. Kirche, Gegner der Protestanten (* 1538) G. Bruno: „Von der Ursache, dem Prinzip und dem Einem" u. „Vom unendlichen All und den Welten" (ital. antischolast., monistische Philosophie am Hofe Elisabeths von England) * Lucilio Vanini, ital. Philosoph († 1619)
1585	Achter Hugenottenkrieg der kathol. Liga unter König Heinrich III. von Frankreich (bis 1588) Krieg zwischen England und Spanien * Kardinal Richelieu, franz. Staatsmann († 1642)	* Gerbrand Adriensz Bredero, niederl. Dichter († 1618) ~ G. B. Guarini: „Der getreue Schäfer" (ital. Schäferdrama von allg. Einfluß) † Pierre de Ronsard, franz. Dichter, Begründer des frz. Klassizismus, beherrscht frz. Dichtkunst durch seine Dichterschule (* 1525) Shakespeare kommt nach London Engl. Komödiantentruppen in den Niederlanden, Dänemark u. Deutschland	Sixtus V. Papst bis 1590 (†), Bauherr der Vatikanischen Bibliothek (* 1521) Univ. Graz gegründet
1586	† August von Sachsen, Kurfürst seit 1553, strenger Lutheranhänger, gegen Reformierte, förderte entscheidend Wirtschaft, Kultur und Verwaltung (* 1526) Abbas II. („der Große") Schah von Persien bis 1628 († , * 1557); dehnt s. Macht bis Bagdad u. Georgien aus; fördert Baukunst u. Verkehr	* John Ford, engl. Dramatiker († ~ 1640) Tasso aus einer Irrenanstalt entlassen, wo er seit 1579 „I Dialoghi" schrieb Engl. Übersetzung des span. Romans „Abenteuer des Lazarillo von Tormes" Als soziale Ergänzung zum exklusiven No-Schauspiel entsteht in Japan aus den komischen Tänzen d. Volkes das Kabuki-Spiel mit Bühnenausstattung, ohne Masken (vgl. 1389)	Gegenreformatorischer „Borromäischer Bund" in der Schweiz ~ Scharfe Gegenreformation in Polen verdrängt viele dt. Einwohner Renaissance-Blüte Coburgs unter Herzog Johann Casimir (reg. 1586–1633)
1587	† Maria Stuart, kath. Königin von Schottland, hingerichtet wegen Verdachtes der Mitwisserschaft am Attentat gegen Elisabeth (* 1542) Sigismund III., aus dem schwed. Hause Wasa, König von Polen bis 1632 (†)	Chr. Marlowe: „Tamburlaine" (engl. Drama) „Volksbuch von Dr. Faust" in Frankfurt am Main erstmalig v. Joh. Spieß gedruckt * Joos van den Vondel, niederl. Dramatiker († 1679)	

El Greco Italienisches Frühbarock	Orlando di Lasso Gemeindegesang	Tycho Brahe Galilei	
	di Lasso: Sieben fünfstimmige Bußpsalmen (niederländ.)	~ Tycho Brahe stellt genauesten vorteleskopisch. Fixsternkatalog auf (ca. 1000 Sterne)	*W. Raleigh* bringt Kartoffel nach Irland (wird dort vorwieg. Nahrungsmittel) ≈Beginn d. Verbreitung der Kartoffel von Irland aus
† *Wenzel Jamnitzer*, Nürnberger Goldschmied der Renaiss.; u.a. Schmuckkästchen, Tafelaufsätze, Pokale (* 1508) * *Jean Lemercier*, frz. Baumeister der Spät-Ren. († 1654) *Veronese:* „Apotheose Venedigs" u. Schlachtbilder (ital. Fresken in der Sala del Gran Consiglio, Venedig)	* *Heinrich Schütz*, dt. Komp. († 1672) † *Thomas Tallis*, engl. Komp., einer der ersten Klavierkomp., 5—8-stimm. Motetten, eine 40-stimm. für 5 achtstimm. Chöre (* 1505)	John Davis (* 1550, † 1605) durchfährt die nach ihm benannte Straße zwischen Grönland u. Nordamerika *Simon Stevin* (* 1548, † 1620) führt systematische Dezimalbruchrechnung ein u. findet das Gesetz d. schiefen Ebene (Parallelogramm der Kräfte); gibt d. Statik fester u. flüssiger Körper abschließende Gestalt	~ Nachahmung des chinesischen Porzellans in den Niederlanden: Delfter Fayence ≈ Antwerpen verliert durch Ketzergericht, Belagerung u. Plünderung Weltstellung an Rotterdam u. Amsterdam
El Greco: „Begräbnis des Grafen Orgaz" (span. Gem.) *Juan de Herrera* beendet als Rohbau den Escorial (span. Schloß u. Kloster, Baubeginn 1563) nach Plänen von *Juan Bautista de Toledo* † *Luis de Morales* („der Göttliche"), span. Maler fanatisch-asketisch. Christus- u. Madonnenbilder (* ~ 1510) *Dom. Fontana:* Lateran	*Lucas Osiander* (* 1534, † 1604): „50 geistliche Lieder also gesetzet, daß ein gantz Christliche Gemein durchaus mitsingen kann" (fördert ev. Gemeindegesang); Cantus firmus vom Tenor in den Sopran verlegt * *Johann Hermann Schein*, dt. Komp. († 1630)	*Galilei* erfindet hydrostatische Waage (Tauch-Dichtemesser) 25,5 m hoher und rd. 487 t schwerer Obelisk wechselt in Rom unter Heranziehung von 900 Menschen, 140 Pferden und 40 Winden seinen Standort Niederländer verwenden Sprengschiffe mit Lunten- und Uhrwerkzündung	Kolonisten aus Virginia bringen Tabakrauchen n. England
	* *Samuel Scheidt*, dt. Orgelmeister († 1654)		Erste öffentl. Girobank (in Venedig; „Rialto" Bank) *Maria Stuart* erwähnt ihr Billardspiel Kartoffelpflanze in einem Bot. Garten in Breslau

	Königin Elisabeth *Armada*	*de Montaigne* *„Dr. Faust"*	*Reformation* *und Gegenreformation*
1588	Untergang der span. „Armada"-Flotte (160 Schiffe im Werte von 200 Mill. Dukaten) im Kampf gegen engl. Flotte unter Sir *Francis Drake*. Artillerie-Fernkampf statt Enter-Nahkampf wie noch 1571. Ende der span., Beginn der engl. Seemacht König *Heinrich III.* geht von der kath. Liga zu den Hugenotten über Niederl. erkl. sich z. Republ.	*Greene:* „Pandosto" (engl. Roman, Quelle für *Shakespeares* „Wintermärchen") *Marlowe:* „Tragical History of Dr. Faustus" (englisches Drama, gedruckt 1604) *de Montaigne:* „Essais"(3.Bd. einer epikureischen Lebensphilosophie; vgl. 1580)	* *Thomas Hobbes*, engl. Philosoph († 1679)
1589	Ermordung *Heinrichs III.*, König von Frankreich seit 1574, letzter aus dem Hause *Valois* (* 1551) *Heinrich IV.* wird König von Frankreich bis 1610 (†), erster *Bourbone*, zunächst protestantisch; Ordnung der durch innere Kriege zerrütteten franz. Finanzen durch Haushaltsplan und Goldausfuhrverbot		„Collegium illustre" als erste Ritterakademie für die Ausbildung des Adels (in Tübingen) Russ. Kirche durch späteren Zar *Boris Godunow* unabhängig vom Patriarchen in Konstantinopel Akademie Kiew gegründet
1590	Wirtschaftliche Schwierigkeiten (Steuerdruck, Gewerberückgang, Bevölkerungsrückgang, Überfremdung) in Spanien begleiten den Schwund seiner äußeren Macht	~† *Johann Fischart*, dt. Dichter, antikathol. Satiriker und Polemiker; u. a. „Glückhaft Schiff zu Zürich" für Vereinig. Straßburgs mit der Schweiz (* 1547) *Philipp Sidney* (* 1554, † 1586): „Arcadia" (engl. Schäferdichtung; *S.* betont in einer „Verteidigung der Dichtkunst" deren Bildungswert) *Spenser:* „Feenkönigin" (engl. alleg. Epos, Streit der Tugenden gegen die Laster)	*Gregor XIV.* Papst bis 1591

Renaissance *Italienisches Frühbarock*	*Palestrina* *Orlando di Lasso*	*Galilei* *Mikroskop*	
† *Paolo de Veronese*, ital. Barockmaler; Tafelbilder, großangelegte Fresken und Deckengemälde (* 1528) Michaelskirche in München (Ren.-Bau seit 1583)		Der englische Freibeuter *Thomas Cavendish* (* ~ 1555, † 1592) vollbringt dritte Erdumsegelung seit *Magallanes* (begonnen 1586) (gilt auch als Ende des eigentl. Entdeckungszeitalters; vgl. 15. Jh.) * *Marin Mersenne*, französ. Philosoph, Natur- und Musikforscher († 1648)	
† *Bernard de Palissy*, franz. Forscher und Künstler, bes. Kunsttöpfer; u. a. Schüsseln mit naturalist. Reliefs (* ~ 1510) Benedikt *Wurzelbaur* (* 1548, † 1620): Tugendbrunnen (Renaissance-Bildwerk in Nürnberg)		*T. Brahe* bezweifelt kopernikanisches Weltbild, das im Rahmen des damaligen Wissens nicht zwingend war *G. Galilei* erhält den Lehrstuhl für Mathematik in Pisa (mit 30mal geringerem Gehalt als ein Medizin-Professor) *William Lee* Wirkstuhl (Handkulierstuhl) i. Cambridge	~ Eßgabeln am franz. Hof ~ *W. Lee* bringt die Wirkkunst n. Frankreich
Annibale Caracci (* 1560, † 1609): „Himmelfahrt Mariä" (ital. Gem.) *Caravaggio*: „Matthäus mit dem Engel" (ital. Gem.) † *Alonso Sanchez Coello*, span. Maler der Ren., Hofmaler *Philipps II.* (* 1515) † *Leone Leoni*, ital. Goldschmied, Erzgießer, Bildhauer der Hochrenaissance (* 1509) Kuppel der Peterskirche in Rom nach Plänen *Michelangelos* von *Giacomo della Porta* ausgeführt (beg. 1573) *Tintoretto*: „Das Paradies" (ital. Riesenfresko im Dogenpalast in Venedig, bis 1592)	*Emilio del Cavaliere* (* ~ 1550, † 1602): Musik zum Drama „Der Satyr" (Wechselgesang und Soloreden in 4—5-stimm. Madrigalsätzen) *Vincenzo Galilei* (* 1533, † 1591), Vater *G. Galileis*): „Gesang des Grafen Ugolino" (von *Dante*). Erster Versuch für eine Singstimme m. Instrumentalbegleitung	*Theodor de Bry*: „Große Reisen" (1. Bd.: „Wunderbarlichste, doch wahrhaftige Erklärung von der Gelegenheit und Sitten in Virginia"; Bilderatlas, 17 Lief. bis 1634) *G. Galileis* Fallversuche vom Turm zu Pisa ~ Zweilinsiges Mikroskop in Holland (nicht sicher von *Zacharias Janszen*)	≈ Männermode: Aufkommen von Knie- u. Puffhosen und Strümpfen. In Deutschl. Aufnahme der span. Tracht Frauenmode: steife Schnürbrust, enganliegendes Leibchen, Glockenrock mit Reifen. Schürze wird zum Schmuckstück der Patrizierin. Lange Mäntel für ältere u. Bürgerfrauen, große Kröse, Calotte, *Stuart*haube, Barett. In Frankr. Malotte (vorn bis auf die Füße herabhängende Schaube) ≈ Aufk. v. Strümpfen, Handschuhen, Netzen, Schnupftüchern, Fächern ~ Kohlegewinnung im Ruhrgebiet

	Entstehung westeuropäischer Kolonialreiche	Marlowe Shakespeare	Reformation und Gegenreformation
1591	Boris Godunow, Regent unter Zar Feodor I., läßt Zarewitsch Demetrius ermorden Frankreich beseitigt politische Autonomie der Zünfte und der städt. Wirtschaftspolitik	* Friedrich Spee v. Langenfels, dt. Barockdichter († 1635) ~ Shakespeare: „Komödie der Irrungen", „Romeo u. Julia" (engl. Dramen) (Die Chronologie d. Werke Shakespeares ist umstritten)	
1592	Sigismund III., König von Polen, erlangt schwed. Krone (bis 1604); fördert Katholizismus Mißglückter Versuch der Japaner, das chin. Korea zu erobern (das Land wird in Kämpfen bis 1598 verwüstet)	† Robert Greene, engl. Dichter und Pamphletist; u. a. literarische Selbstanklage (* 1560) † Michel de Montaigne, franz. Dichter und skept. Philosoph (* 1533) ~ Shakespeare: „Verlorene Liebesmüh" (engl. Schausp.) Shakespeare als Schauspieler erwähnt	R. Bellarmin: „Disputationes de controversiis christianae fidei" (gegenreform. Werk in 3 Bänden; ruft über 100 Gegenschriften hervor) * Amos Comenius, tschechischer Pädagoge († 1670) * Petrus Gassendi, franz. Philosoph († 1655) Klemens VIII. Papst bis 1605
1593	Heinrich IV. von Navarra tritt zur Sicherung der franz. Krone zum Katholizismus über („Paris ist eine Messe wert"); war seit 1569 Führer der Hugenotten	† Christopher Marlowe, engl. Dramatiker; gilt als Vorläufer Shakespeares (* 1564) ~ Shakespeare: „Venus und Adonis" (engl. Versepos)	
1594	Franz. Seefahrer landen in Kanada („Neufrankreich") * Gustav Adolf II., König von Schweden 1611—1632 (†)	Thomas Nash (* 1567, † 1601): „Der unglückliche Wanderer" (engl. Abenteuerroman) ~Shakespeare:„RichardII.", „Richard III.", „Der Kaufmann von Venedig" (engl. Dramen), „Lukretia" (Versepos)	

Tintoretto Italienisches Frühbarock	Erste italienische Oper Palestrina	Galilei Experimental-Physik	
F. Baroccio: „Rosenkranzmadonna" (ital. Gem.) ~ * Jusepe de Ribera (gen. Spagnoletto), spanischer Maler († 1652) Alte Universität und Universitätskirche in Würzburg (Ren.-Bau)		F. Vieta: Buchstabengrößen i. d. Mathematik ~ Aufkommen der Sägewindmühlen ≈ Mühlen i. allen Formen dominieren als Antriebsmaschinen	≈ Kegelbahn auf Volksfesten (urkundlich seit 1175) „Ökonomischer Kalender" für die Landwirtschaft von J. Coler begründet neuen Buchtyp
* Jacques Callot, franz. Barockmaler († 1635) H. Gerhard: St. Michael (Plastik an der Michaelskirche München)	~ Orlando di Lasso ist neben Palestrina der bedeutendste Komp. seiner Zeit (hinterläßt ca. 1200 2–12-stimmige Motetten, 100 Magnifikate, 52 Messen, 7 Bußpsalmen zu 5 Stimmen u. a.)	John Davis entdeckt Falklandinseln Galilei Prof. in Padua ~ Thermoskop mit Luftausdehnung von G. Galilei (Vorläufer des Thermometers; unsicher, vgl. 1611) 50 Kupferbildtafeln mit ersten mikroskopischen Beobachtungsergebnissen (an Insekten) von Georg Hoefnagel	
* Jakob Jordaens, niederl. Maler († 1678) *Matthäus Merian d. Ä., dt. Kupferstecher († 1650) ~ * Nicolas Poussin, frz. Maler († 1665)	G. Gabrieli: Toccata (ital. Kompos. für virtuoses Orgelspiel)		Hl. Ambrosius-Bank in Mailand
G. da Bologna: Cosimo I. (ital. Reiterdenkmal, Florenz) ~ † Jean Cousin, frz. Maler unter dem Einfluß d. ital. Ren., Glasfenster, Illustrationen antiker Dichtungen (* 1522) Wendel Dietterlin: „Architectura" (Ornamentstichwerk) Hubert Gerhard (*~ 1550, † 1620): Augustusbrunnen, Augsbg. † Tintoretto (eig. Jacopo Robusti), Landschafts- u. Bildnismaler der it. Spät-Ren.; Hauptmeister d. ital. „Manierismus" (* 1518)	† Orlando di Lasso, niederl. Komp.: Motetten, Madrigale-Messen (* 1532) † Giovanni Pierluigi Palestrina, ital. A-cappella-Komp.; rettete und erneuerte die polyphone Musik f. d. Gottesdienst durch Verständlichkeit der Texte und würdevolle Melodien; vereinigte kontrapunktischen m. harmonischem Stil (* 1525) Peri: „Dafne" (erste, ital. Oper, i. Rezitativ-Stil); Text von Ottavio Rinuccini (* 1562, † 1621)	„Goldene Regel" der Mechanik (mechan. Energieerhaltungssatz) von G. Galilei † Gerhard Mercator (Kremer), dt. Geograph und Kartograph (* 1512)	Zusammenbruch d. spekulativen Bankkreditsystems in Venedig Bücherkatalog auf d. Leipziger Messe

	Maximilian I. v. Bayern *Boris Godunow*	*Shakespeare* *„Schildbürger"*	*Edikt von Nantes*
1595	Bayern versucht durch milizartiges „Landvolksbewehrungswerk" Söldnerkosten zu erniedrigen Beginn der niederländischen Kolonisation in Ostindien	*Rollenhagen:* „Froschmeuseler" (allegor.-satir. Lehrgedicht; Parodie n. *Homers* „Froschmäusekrieg") † *Torquato Tasso*, ital. Dichter; kurz vor der Dichterkrönung (* 1544) *Lope de Vega* wieder in Madrid (1588 ausgewiesen)	Erstes Zuchthaus, in Amsterdam
1596	Erfolgreicher Krieg Frankreichs, Englands und der Niederlande gegen Spaniens gegenreformatorische Einmischungsversuche i. Frankreich (bis 1597) Niederländer beg. auf den Sundainseln Fuß zu fassen	~*Shakespeare:* „Mitsommernachtstraum", „Der Widerspenstigen Zähmung", „Ende gut, alles gut" (engl. Dramen)	* *René Descartes*, franz. Philosoph des Rationalismus († 1650)
1597	*Maximilian I.* wird Herzog von Bayern bis 1651 (†) Ferrara kommt zum Kirchenstaat	*Th. Deloney:* „The Gentle Craft" (humorist. Handwerker-Rom.; gilt als ein. d. ältest. realist. engl. Rom.) † *Hernando de Herrera* („der Göttliche"), span. Lyriker u. Historiker (* 1534) * *Martin Opitz*, dt. Dichter der Barockzeit († 1639) *Shakespeare*-Truppe grdt. in London das Globe-Theater	*Bacon:* „Essays or Counsels, civil and moral" (engl. Lebensregeln) *Galilei* an *Kepler:* v. kopernik. Weltbild überzeugt *F. Suarez:* „Disputationes metaphysicae" (system. Gesamtdarst. d. Metaphysik) Erste Strafanstalt f. Frauen mit Arbeitszwang (Spinnhaus), Amsterdam
1598	† *Feodor I.*, Zar seit 1584 (* 1557) *Boris Godunow* wird Zar bis 1605 († ,* ~1551) † *Philipp II.*, König von Spanien seit 1556, absolutistischer Führer der Gegenreformation, hinterläßt 100 Millionen Dukaten Staatsschulden (* 1527) *Philipp III.* Kg. v. Span. bis 1621 (+) ~ Unruhen im kathol. Irland gegen protest. engl. Herrschaft	*Jonson:* „Every Man in His Humour" (engl. Komödie n. strengen antik. Regeln) † *George Peele*, engl. Dramatiker (* 1558) ~*Shakespeare:* „Die lustigen Weiber von Windsor" (engl. Drama f. Kgin. *Elisabeth*) * *Göran Stiernhielm*, schwed. Dichter († 1672) Ältester Druck des Volksbuchs von den „Schildbürgern"	*Heinrich IV.* gibt nach seinem Übertritt zum Katholizismus im „Edikt von Nantes" den franz. Protestanten Religionsfreiheit. Vorläufiges Ende der Hugenottenkriege (seit 1562) † *Marnix van St. Aldegonde*, religiöser Schriftsteller und Staatsmann, trat für Reformation in den Niederlanden ein (* 1539) Steiermark weist Protest. aus

Renaissance Italienisches Frühbarock	Italienische Musik Anfänge d. Oper	Galilei Ansätze zur neueren Chemie	
~ *Caravaggio:* Gemälde f. S. Luigi dei Francesi, Rom (mit starken Hell-dunkel-Kontrasten) *Annibale Carracci:* „Venus und Adonis" (ital. Gemälde)	~ † *Clément Janequin,* frz. Komponist, bes. Chansons (* ~ 1485)	~ *Galilei:* Pendelgesetze (Anfänge einer quantitativ messenden Naturwissenschaft) „Alchymie" von *A. Libavius* (Lehrbuch, das von der Alchimie zur wissenschaftlichen Chemie überleitet) „Atlas" von *Mercator* erscheint posthum	
* *Jan van Goyen,* niederl. Maler d. Barock († 1656) *C. Maderna:* Fassade von S. Susanna, Rom (bis 1603) *Rubens* Schüler v. *Tobias Verhaecht* (* 1561, † 1631) in Antwerpen	*Ludovico Zacconi:* „Musikpraktik" (ital. Musiklehre) ~ Gesangsvirtuosentum führt zur Überladung der Musikwerke	*Barents* u. *Heemskerk* entd. Bäreninsel u. Spitzbergen *D. Fabricius* entd. ersten veränderli. Stern („Mira") *Kepler:* „Mysterium cosmographicum" („Geheimnis des Weltbaues") Versuch, die Planetenbahnen pythagoreisch auf die fünf regelmäßigen Vielflächner zurückzuführen *Ludolf van Ceulen* ber. Kreiszahl (π) auf 35 Stellen	Leipzig erhält eine Feuerordnung ≈ Segelwagen werden gelegentlich verwendet
Ausmalung des Palazzo *Farnese* in Rom durch die Brüder *A.* und *A. Carracci* † *Juan de Herrera,* span. Baumeister (* 1530) † *Pellegrino Tibaldi,* ital. Maler und Baumeister der Spät-Ren. in Mailand (* 1527)	*Orazio Vecchi* (* 1551, † 1605): „L'Amfi parnasso" (ital. Madrigalkomöd., gilt als Vorl. der Oper)	† *Willem Barents* (nach der ersten arktischen Überwinterung), niederl. Seefahrer, bei der Insel Nowaja Semlja, deren Nordkap er erreichte (* 1550) *Galilei:* Proportionalzirkel (Vorläufer des Rechenschiebers)	Erste period. Monatszeitung von *Samuel Dilbaum,* Augsburg: „Historische Relatio und Erzehlung der fürnembsten Geschichten..." Post wird kaiserliches Regal ≈ Erste Feldlazarette u. Feldapoth.
* *Lorenzo Bernini,* ital. Bildhauer und Baumeister († 1680) * *François Mansart,* frz. Baumeister († 1666) *Rubens* wird in die Malergilde in Antwerpen aufgenommen * *Francisco de Zurbarán,* span. religiöser Barockmaler († 1664) Bau d. Münsters z. Bern (spätgot., s. 1421)		*Brahe* veröffentl. ein Werk über seine Sternwarten u. Instrumente (Höhepunkt d. vorteleskopischen Astronomie; vgl. 1610) * *Francesco Cavalieri,* ital. Wissenschaftler († 1647) *Carlo Ruini:* „Anatomia del Cavallo" (ital., erste „Anatomie d. Pferdes", mit Holzschnitten)	≈ „Goldmacherei" durch Alchimisten schädigt die (meist fürstlichen) Auftraggeber England hebt Vorrechte des Stalhofs der Hanse in London auf. Niedergang der Hanse (gegründ. im 13. Jahrhundert)

	Königin Elisabeth Ostind. Kompagnie	Shakespeare	Bruno verbrannt
1599	* *Oliver Cromwell*, engl. Staatsmann († 1658)	M. *Alemán:* „Leben des Guzman de Alfarache" (span. Schelmenroman) ~ *Shakespeare:* „Viel Lärm um Nichts", „Wie es Euch gefällt" (engl. Dramen) † *Edmund Spenser,* engl. Dichter; Sonette, Schäferdichtung (* 1552)	
1600	Engl. Ostindische Handelskompagnie mit Handelsmonopol und 70 000 Pfd. Einlagen gegründet *Heinrich IV.* v. Frankreich heiratet *Maria v. Medici* (Auff. d. beiden Opern „Euridice", s. Musik) * *Karl I.,* König von England († 1649) ≈ Irland nach jahrzehntelangen Aufständen gegen England verwüstet und verarmt	* *Pedro Calderon de la Barca,* span. Dramatiker († 1681) *Alonso de Ledesma* (* 1552, † 1623): „Conceptos espirituales" (geistreiche span. Lyrik, „Konzeptismus") ~ *Shakespeare:* „Heinrich IV.", „Heinrich V.", „Heinrich VI." (engl. Dramen) „*Romancero general*" (erste große span. Romanzensammlung)	† *Giordano Bruno,* ital. Philosoph, Dominikaner, wird als Ketzer verbrannt; lehrte eine in Zeit und Raum unendliche Welt, erfüllt mit unzähligen Sonnen, und lebendige Beseeltheit der All-Materie (* 1548) † *Luis Molina,* span. Jesuit, verkündete eine von den Dominikanern bekämpfte, von vielen Jesuiten unterst. Prädestinationslehre (*1535)
1601	Königin *Elisabeth* v. England läßt ihren ehemaligen Günstling *Robert Essex* (* 1567) wegen eines Aufstandsversuches hinrichten „Bauernlegen" in England führt zur Proletarisierung d. Landbevölkerung. „Armengesetz"siehtUnterstützungspflicht der Kirchengemeinden vor und erzwingt Arbeit in den Manufakturen	* *Johann Michael Moscherosch (Philander von Sittewald),* dt. Satiriker († 1669) ~ *Shakespeare:* „Hamlet", „Julius Cäsar" (engl. Trauerspiele) ~ *Shakespeare*bühne: Vorderbühne ohne, hintere Guckkastenbühne mit Dekorationen u. balkonartige Oberbühne	

El Greco / Rubens	Erstes Oratorium „Neue Musik"	Brahe u. Kepler / Gilbert	
* *Francesco Borromini*, ital. Bildhauer u. Baumeister d. Barock († 1667) * *Anthonis v. Dyck*, fläm. Maler († 1641) *Stefano Maderna* (* ~ 1571, † 1636): „Die heilige Cäcilie" (ital. Plastik) *Reni*: „Bildnis der Beatrice Cenci" (ital. Gemälde)	† *Luca Marencio*, ital. Komponist, besonders von Madrigalen mit neuen Klangmitteln (* ~ 1550) * *Diego Rodriguez de Silva y Velazquez*, span. Maler († 1660)	*Ulisse Aldrovandi*: „Ornithologia" (grundl. Vogelkunde i. 3 Bden. bis 1603)	Monatszeitung in Nürnberg Erster Portotarif in Deutschland Marseille gründet erste Handelskammer
~ *Greco*: „Auferstehung" (span. Gem.) * *Claude Lorrain*, frz. Maler († 1682) *Rubens* in Italien bis 1608 (dann in Antwerpen) ~ *Heinrich Schickhardt* (* 1558, † 1634): Stadtplanung f. Freudenstadt in Rechteckform mit ev. Pfarrkirche, 1601–08 erb. ≈ Im ind. Reich der Großmogul beginnt sich besonders Miniaturmalerei zu entw.	~† *Andrea Amati*, ital. Geigenbauer; schuf endgültigen Violintyp (von seinen Söhnen veredelt) (* ~1527) *G. Caccini*: „Euridice" (ital. Oper) *Emilio de Cavallieri*: „Ansprache der Seele an den Körper" (Anwendung des Rezitativs auf allegorische Gestalten. Erstes Oratorium) *Peri*: „Euridice" (ital. Oper im Rezitativstil) ~ „Sinfonia" als einfacher harmonischer Instrumentalsatz	*Bacon* mißt Schallgeschwindigkeit in Luft *T. Brahe* arbeitet in Prag mit *Kepler* zusammen (*Keplers* spätere Gesetze beruhen auf *Brahes* Planetenbeobachtungen) Erste Abbildung menschlicher Embryonen durch *Hieronymus Fab* *G. Galilei* erkennt Trägheitsgesetz der Körper ~ *Gilbert* erforscht Erdmagnetismus u. nennt die Kraft des geriebenen Bernsteins „vis electrica" (nach dem griech. Namen für Bernstein) ~ Holländ. Brillenmacher erf. Fernrohr	≈ Mode: Einführg. von Perücke und Schleppe ~ Vorsatzpapier bei Büchern ≈ Erste Aktiengesellschaften entstehen im Handel und ermöglichen Kapitalsammlung ≈ Gegensätzliche Meinungen üb. private u. Staatsbanken in Italien. Es entstehen Staatsgiro-Banken ohne Kreditgeschäfte
* *Alonso Cano*, span. Maler, Baumeister u. Bildschnitzer des Barock († 1667) *Michelang. Caravaggio*: „Kreuzigung Petri", „Bekehrung Sauli" (ital. barocke Gem.) *Rubens*: 3 Altarbilder mit Passionsszenen f. Sta. Croce in Gerusalemme * *Simon de Vlieger*, niederl. Maler († 1653) *Heinrich IV*. grdt. Bildteppich-Manufaktur i. der Nähe einer Pariser Färberfam. *Gobelin*	*Caccini* prägt f. d. neuen, monodischen Gesangsstil (vermeintlich „griechisch") den Begr. „Nuove musiche" *Gesualdo*, Fürst von Venosa (* ~ 1560, † 1613): Madrigale in leidensch. chromatischem Stil (italienisch. Komponist)	† *Tycho Brahe*, dän. Astronom, verbess. entscheid. Beobachtungsgenauigk., lehrte das Kreisen der Planeten um d. Sonne, dieser aber um die Erde (* 1546) * *Pierre de Fermat*, franz. Mathematiker († 1665) *Thom. Harriot* (* ~ 1560, † 1621): Lichtbrechungsgesetz (bleibt unveröff., vgl. 1621) *Kepler* wird kaiserlicher Astronom u. Astrologe Der Niederl. *van Noort* vollbringt vierte Erdumsegelung seit *Magallanes* (begonnen 1598)	≈ Rückgang d. oft bordellartigen Badestubenwesens infolge behördlicher Schließungen wegen Syphilisgefahr *Paul Welser* betont, daß Gold u. Silber nur Vergleichswert mit anderen Dingen haben ≈ Der polit. Zersplitterung und Schwäche Dtls. geht wirtschaftliche parallel

	† Königin Elisabeth Ostind. Kompagnie	Shakespeare	Gegenreformation
1602	„Niederländisch-Ostindische Kompagnie" mit 6½ Millionen Gulden als erste moderne Aktiengesellschaft in Batavia gegründet. (Gewinnausschüttung im Durchschnitt bis 1780 20 bis 25 Prozent) Niederländer gründen Kapkolonie in Südafrika (englisch 1806) * Kardinal *Jules Mazarin*, franz. Kardinal u. Staatsmann († 1661)	~ *Shakespeare:* „Troilus u. Cressida" (engl. Drama)	
1603	† *Elisabeth*, protestantische Königin von England seit 1558; unter ihrer Herrschaft kulturelle und politische Blüte Englands („Elisabethanisches Zeitalter"), blieb unverheiratet (* 1533) Mit König *Jakob I.* (bis 1625 [†]) herrschen d. schottischen *Stuarts* als „Kge. v. Großbritannien u. Irland" (bis 1714) Frankreich faßt Fuß in Kanada Schogun- (Kronfeldherren-) Geschlecht der *Tokugawa* erlangt die Macht in Japan bis 1867. Tokio wird Hauptstadt. Wirtschaftlicher und, in Anlehnung an China, kultureller Aufschwung; Ausrottung des Christentums	*J. J. Scaliger* u. *J. Gruter:* „Inscriptiones antiquae" (niederl. Sammlung antiker Inschriften) *Thomas Heywood* (* 1570, † 1641): „A woman killed with kindness" (gilt als erstes engl. bürgerl. Trauerspiel)	*R. Bellarmin:* „Kleiner Katechismus" (gegenreformatorisch, 400mal aufgelegt, in 60 Sprachen übersetzt) „Accademia dei Lincei" (päpstl. Akad. i. Rom, bis 1870)
1604	*Sigismund III.*, König von Polen und Schweden, verliert wegen Katholisierungsversuchen die schwedische Krone an seinen reformationsfreundlichen Oheim *Karl IX.* (bis 1611 [†]) Franz. Gesellschaft für ostindischen Handel gegründet	* *Friedrich von Logau*, dt. Epigrammatiker († 1655) ~ *Shakespeare:* „Othello", „Maß für Maß" (englische Dramen) ~ Zügellose Stegreifspiele in Deutschland	

Barock	Generalbaß	Galilei	
† *Agostino Carracci*, ital. Kupferstecher u. Maler des „Eklektizismus" (* 1557) * *Philippe de Champaigne*, franz. Bildnismaler († 1674) *A. de Vries*: Herkulesbrunnen, Renaissance-Bildwerk in Augsburg *Bodley*anische Bibliothek i. Oxford (Baubeginn 1597; sammelt bes. oriental. Handschriften) Rattenfängerhaus in Hameln (dt. Renaiss.-Bürgerhaus)	*G. Caccini*: „Madrigalien für eine Solostimme mit beziffertem Baß" (erste Gesangsschule) * *Francesco Cavalli*, ital. Opernkomp. († 1676) Hans Leo Haßler (* 1564, † 1612): „Lustgarten" (mehrstimmige dt. Liedersammlung i. ital. beeinfl. Kontrapunkt) *Viadana*: „Hundert kirchliche Konzerte", Sätze für alle Stimmen mit Beigabe des Generalbass.geschr. (ital.)	~ *Galilei* beg. Fallgesetze zu entwickeln (vgl. 1609) * *Otto von Guericke*, dt. Naturforscher († 1686) ~ Letzte Ausläufer der Lehre von den vier Elementen Wasser, Erde, Feuer, Luft Charité in Paris gegründet ~ Gewehr mit Feuersteinschloß verdrängt Luntenschloß	Kaiserkrone von Goldschmied *David Altenstetter* in Augsburg (* 1547, † 1617) ≈ Hohe Blüte der Erzbergwerke im Harz u. Erzgebirge (Einstellung im 30jährigen Kriege)
~ * *Aert van der Neer*, niederl. Maler († 1677) ≈ *Cornelisz van Haarlem* (* 1562, † 1638) wirkt als holländ. Maler d. Manierismus, malt auch Schützengesellschaften *Carlo Maderna* (* 1556, † 1629) vollendet die Peterskirche in Rom bis 1612 (Langhaus u. Vorhalle)	† *Thomas Morley*, engl. Komponist, bes. Madrigale (* 1557) ≈ Generalbaßzeitalter: zur Melodie d. Oberstimmen tritt ein harmoniefüllendes Generalbaß-Instrument (Orgel, Cembalo), das eine abgekürzte Ziffernnotierung in freier Improvisation ausführt (b. ≈ 1750)	*Johannes Bayer* (* 1572, † 1625) führt mit seinem ersten bedeutenden Sternatlas „Uranometrie" moderne Sternenbezeichnung ein † *William Gilbert*, engl. königl. Leibarzt und Naturforscher, untersuchte Grunderscheinungen der „elektrischen Kraft" und des Erdmagnetismus (* 1540) ≈ Im 17. Jh. erscheinen mehrere tausend Bücher über Alchimie, die somit trotz Erweiterung der chem. Kenntnisse einen Höhepunkt erlebt	Ritterrüstg. des Kurfürsten *Christian II.* in Dresden, gilt als vollendetes Kunstwerk in der Eisenbearbeitung durch Treiben, Tauschieren, Vergolden, Bläuen
Karel van Mander (*1548, †1606, niederl. Maler): „Het Schilderboek" (umfass. Kunstgeschichte) Bau des Pont neuf in Paris (Brücke)	* *Heinrich Albert*, dt. Komponist († 1651) *Orl. di Lasso*: „Magnum Opus Musicum" (mit 516 Motetten, postum)	* *Johann Rudolf Glauber*, dt. Chemiker († 1668) ~ Das Abendland kennt etwa die Hälfte der Erdoberfläche (vgl. 15. Jh.)	Kupferscheidemünzen in Deutschland

	Entstehung westeuropäischer Kolonialreiche	*Cervantes Shakespeare*	*Bacon Gegenreformation*
1605	†*Akbar*, bedeut. Großmogul in Indien seit 1556, belebte Handel u. Kultur, erweiterte Herrschaftsgebiet (* 1542) Falscher Sohn des Zaren *Iwan IV*. („Falscher *Demetrius*") auf dem verwaisten Zarenthron; wird im Aufruhr ermordet Kathol. „Pulververschwörung" gegen Parlament und König mißlingt; vereitelt Annäherung König *Jakobs I.* an die kathol. Kirche („Guy-Fawkes-Day" 5. XI.)	*Cervantes*: „Don Quijote" (span., satir. Ritterroman; 2. Bd. 1615. Ca. 500 span., 300 engl., 200 frz., 100 ital., 100 dt. Ausgaben; insges. i. 31 Sprachen übersetzt) *Jonson*: „Volpone" (engl. satir. Drama) Erstes festes dt. Theater in Kassel	*Akbar* (†) versuchte Hindus u. Moslems in einer Religion zu einigen, tolerierte Parsen und Christen *Bacon* beg. Versuch eines Neuaufbaus aller Wissenschaften: „Instauratio Magna" auf „unverfälschter Erfahrung"; erstrebt Universalsprache nach Art des Chinesischen *Paul V. (Borghese)*, kunstliebender Papst bis 1621 (†)
1606		* *Pierre Corneille*, franz. Tragiker († 1684) † *John Lyly*, engl. Romanschriftsteller und Dramatiker (* 1554) ~ *Shakespeare*: „König Lear", „Macbeth" (engl. Trauerspiele)	*Johann Arndt* (* 1555, †1621): „Vier Bücher vom wahren Christentum" (mystische Auflockerung d. protestantischen Orthodoxie)
1607	König *Sigismund III*. von Polen unterwirft den protestantischen Adel seines Landes Gründung der ersten engl. Kolonie (Virginia) in Nordamerika; Tabakkulturen mit Negersklaven (erste Siedlung 1584 durch *Walter Raleigh*)	† *Thomas Deloney*, engl. Dichter der Renaiss., realist.-humorvolle Handwerkerdichtung (* 1543) * *Paul Gerhardt*, dt. evang. Kirchenliederdicht. († 1676) ~ *Shakespeare*: „Timon v. Athen" (engl. Schauspiel) * *Johann Rist*, dt. Dichter († 1667) *Honoré d'Urfé* (* 1568, † 1625): „Astrée" (franz. Schäfer- und Gesellschaftsroman, 5 Bde. b. 1627)	*Cäsar Baronius* (* 1538, † 1607): Kirchengeschichte von *Christi* Geburt bis 1198 (ital. kathol. Standardwerk; 12 Bde. seit 1588) Abschluß der chinesischen Ausgabe des buddhistisch-taoistischen Kanons in 5485 Heften (seit 1445) Protestantische Reichsstadt Donauwörth wegen Störung kath. Prozession vom Kaiser geächtet Univ. Gießen gegründet
1608	*Champlain* gründet frz. Kolonialstadt Quebec (Kanada) Jesuitenstaat mit Indianerschutzgebieten in Paraguay (bis 1768) Protestanten sprengen Reichstag zu Regensburg „Union" als Schutzbündnis der protestantischen Stände	* *John Milton*, engl. Dichter († 1674) ~ *Shakespeare*: „Coriolan", „Antonius u. Cleopatra" (engl. Dramen)	~ Prügelstrafe in deutschen Schulordnungen

Elsheimer Holl	Italienische Oper	Rasche Entwicklung der Naturwissenschaften	
Annibale Carracci: Fresken i. röm. Palast d. Kardinals *Farnese* mit „Hochzeitszug d. Bacchus u. d. Ariadne" (seit 1597) *Elsheimer:* „Arkadische Landschaft" (Gem.) *Reichel:* Kreuzigungsgruppe in St. Ulrich, Augsburg (Bronze) Pellerhaus i. Nürnberg (Ren.-Bürgerhaus) Unter *Akbar* (†) Blütezeit d. ind. Kunst	* *Giacomo Carissimi,* ital. Komponist († 1674) *John Dowland* (* 1563, † 1626): „Lachrymae" (5stimm. Pavanen für Laute und Violen) Antikes Fresko „Aldobrandinische Hochzeit" in Rom entd. (aus der Zeit um Chr. Geb.; vgl. —310)	Kaspar Bauhin (* 1560, † 1624): „Theatrum anatomicum" (begründet neuere Nomenklatur der Anatomie) *Jobst Bürgi* (*1552, † 1632) berechnet Logarithmen (vgl. 1614, 1624) Niederländer *W. Janszoon* entdeckt Australien	∼ „Teufelsbeschwörungen" mit der Camera obscura
* *Adriaen Brouwer,* niederl. Maler († 1638) * *Jan Davidsz de Heem,* niederl. Blumenmaler († 1683) * *Rembrandt Harmenszoon van Rijn,* niederl. Maler († 1669) * *Joachim Sandrart,* dt. Kunstschriftsteller u. Maler († 1688)	In Rom kommt auf einem Thespiskarren eine Oper zur Aufführung	*J. J. Scaliger:* „Thesaurus temporum" (niederländ. Brgrdg. d. neuzeitl. histor. Chronologie) Der Spanier *Luis Vaz de Torres* durchfährt die nach ihm benannte Straße zwischen Neuguinea und Australien	≈ Frankreich fördert den Landverkehr durch großzügigen Straßenbau Vorläufer d. Schecks in Bologna
† *Domenico Fontana,* ital. Baumeister, Lateranpalast (* 1543) *Holl:* Zeughaus in Augsburg (Barockb.) * *Wenzel Hollar,* dt. Radierer († 1677) *Reichel:* „Heiliger Michael" (Bronzegr. v. d. Zeughaus Augsburg) *Johann Schoch:* Friedrichsbau des Heidelb. Schl. (Baubeg. 1601)	*Monteverdi:* „L'Orfeo" („Orpheus") (gilt als erste vollgült. ital. Oper, Verwendung von Blasinstrumenten)		
† *Giovanni da Bologna* (eig. *Jean Boulogne*), ital. Bildhauer von gr. Formen- u. Bewegungsreicht. (* 1524) *P. Francke:* Marienkirche Wolfenbüttel (vollendet 1623) *El Greco:* Bildnis des Kardinals *Taverna*	*Monteverdi:* „Lamento d'Arianna" (ital. Oper)	* *Evangelista Torricelli,* ital. Physiker († 1647) Privileg für Fernrohr an *Hans Lipperhey* († 1619), Fernrohr in Holland und Frankreich (1609 i. Italien) bekannt	∼ Niederlande importieren indischen Kattun ∼ Schecks („Kassiererbriefe") in den Niederlanden

	Protestantisch-katbol. Gegensätze	*Barock Shakespeare*	*Ratke Gegenreformation*
1609	„Majestätsbrief" Kaiser *Rudolfs II.* (Kg. von Böhmen und Ungarn) sichert den böhmischen Protestanten Religionsfreiheit Katholische „Liga" unter Herzog *Maximilian I.* von Bayern gegen protestantische „Union" Jülich-Klevescher Erbfolgestreit (b. 1614) Vertreibung der letzten Mauren aus Spanien Waffenstillstand zwischen den Niederlanden und Spanien bis 1621	* *Paul Fleming*, dt. Lyriker des Barock († 1640) *B. Jonson:* „Die schweigsame Frau" (engl. Drama; vgl. Musik 1935) † *Georg Rollenhagen*, deutsch. Pädagoge und Satiriker (* 1542) *Shakespeare:* Sonette (engl.)	*Grotius:* „Das freie Meer" (Völkerrecht, in lat.Sprache) *Mary Ward* (* 1585, † 1645) gründet Kongregation der „Englischen Fräuleins" nach d. Vorbild d. Jesuitenordens
1610	† *Heinrich IV.*, König von Frankreich seit 1589, von einem Katholiken ermordet (* 1553); stärkte die innere Situation Frankreichs mit Hilfe seines Ministers, des Herzogs *von Sully* (* 1560, † 1641) *Ludwig XIII.* König von Frankreich bis 1643 (†)	*John Fletcher* (* 1579, † 1625) u. *Francis Beaumont* (* 1584, † 1615): „The Maid's Tragedy" (engl. Schauspiel) *Perez de Hita:* „Die Bürgerkriege von Granada" (span. Roman v. Maurenhof Granada m. maur. Romanzen) *B. Jonson:* „Der Alchemist" (engl. Schauspiel) * *Paul Scarron*, frz. Dichter des Barock († 1660) Erste schwedische Komödie in Arboga aufgeführt	*Franz von Sales* (* 1567, † 1622) gründet charitativen Orden d. Salesianerinnen zus. mit Frau von *Chantal*
1611	*Gustav Adolf II.* König von Schweden bis 1632 (†)	Engl. Übersetzung der „Ilias" (von *Homer*) durch *George Chapman* (* 1559, † 1634) ~ *Shakespeare:* „Das Wintermärchen", „Sturm"(engl. Dramen)	*Galilei* b. Papst *Paul V.* in Rom King James' Bible (autor. engl. Bibelübersetzung)
1612	† *Rudolf II.* als geisteskranker Einsiedler, röm.-dt. Kaiser seit 1576 (* 1552) *Matthias* röm.-dt. Kaiser bis 1619 (†) Moskau wird durch russ. Truppen von poln. Besetzung (seit 1610) befreit	* *Samuel Butler*, engl. Dichter († 1680) † *Giovanni Battista Guarini*, ital. Dichter und Schriftsteller von entscheidendem Einfluß auf die europäische Schäferliteratur und das Madrigal (* 1538) *John Webster* (*1580, †1630): „Der weiße Teufel" (engl. Tragödie)	~ Erste Methodik des Schulunterrichts von *Ratke*: geht von der Sache zum Namen, von der Mutter- zur Fremdsprache Der luther. Hauptpastor v. Görlitz verbietet d. Schuhmacher *Jakob Böhme* nach d. ersten Schrift „Aurora" die Abfassung weiterer philos. Schriften

Rubens / El Greco	Monteverdi / Schütz	Kepler / Galilei	
Lüder von Bentheim baut das Rathaus von Bremen bis 1613 um (Renaiss.-Bau) † *Annibale Carracci*, italien. Freskenmaler, Eklektizist (* 1560) *Elsheimer:* „Philemon und Baucis" (Gem.) *Reni:* „Aurora" (Deckengemälde in Rom) *Rubens* wird Hofmaler b. Statthalterpaar d. Niederl. i. Antwerpen; Selbstbildnis m. seiner 1. Gattin *Isabella Brant* († 1626)		*Galilei* verb. d. holländ. Fernrohr von 3- auf 50-fache Vergr.; gibt (falsche) Gezeitentheorie; begrdt. Fallgesetze (Überleg. seit ~ 1602; vgl. 1645) *Henry Hudson* (* ~ 1550, † 1611) entdeckt den nach ihm benannten Fluß in Nordamerika *Kepler:* „Astronomia nova ..." (1. und 2. *Kepler*sches Gesetz der Planetenbahnen, abgeleitet aus den genauen Marsbeobachtungen des *Tycho Brahe*)	Bank von Amsterdam gegründet; Zentrum des Zwischenhandels als erste mitteleuropäische Girozentrale; Förderung d. Freihandels Erste regelmäßige Zeitung in Europa (Wochenzeitungen in Augsburg und Straßburg); berichtet über *Galileis* Fernrohr
Domenichino: Fresken im Dom zu Fano (it.) † *Adam Elsheimer*, dt. Landschaftsm. (* 1578) † *Michelangelo da Caravaggio*, ital. frühbar. naturalist. Maler (* 1573) * *Adriaen v. Ostade*, niederl. Maler (+ 1685) *Rubens:* „Kreuzerhöhung" (3 teil. Altargem. im Antwerpener Dom) * *David Teniers d. J.*, niederl. Maler (+ 1690)	*O. Gibbons:* Ausgabe von Fancies (Ricercari) für Viola (engl.) *Cl. Monteverdi:* „Marienvesper" (ital. Kirchenmusik i. Stil d. florent. Oper) *Viadana:* Symphonien (ital.) *M. Praetorius:* „Musae Sioniae" („Die Musen Zions", 1244 kirchl. Gesänge seit 1605)	*G. Galilei* verwendet Fernrohr nach *Lipperhey* erstmalig für astronomische Beobachtungen und entdeckt: Jupitermonde, Venusphasen, Mondgebirge, Andeutung des Saturnringes, Milchstraße als Sternanhäufung, Sonnenflecken (letztere fast gleichz. mit *J. Fabricius* u. *Chr. Scheiner*); Hofgelehrter in Florenz *Hudson* entdeckt *Hudson*-Bay	≈ Frauenmode: Statt des Reifrocks weite faltige Röcke, Bandschleif., Handschuhe mit Stulpen Hamburger Klassenlotterie gegründet ~ Feuersteinschloß an Handfeuerwaffen
~ *El Greco:* „Toledo im Gewitter" (span. „expressionist." Gem.) Stadtkirche in Bückeburg (got. mit barock. Elementen; bis 1615	† *Johannes Eccard*, dt. protestantischer Komponist vielstimmiger Lieder (*-1553) *Hch. Schütz:* „Italienisches Madrigal"	*Kepler* beschreibt in seiner „Dioptrice" das astronomische (bildverkehrte) Fernrohr; seine Schrift über den „sechseckigen Schnee" ist Beginn einer Kristalltheorie *Santorio:* Thermoskop	≈ Geldwirtschaft setzt sich gegen Naturalwirtsch. durch; Steigerung der Warenpreise seit 1510 um ca. 200 % infolge kolonial. Edelmetalleinfuhr
† *Federigo Baroccio (Fiorino da Urbino)*, ital. Maler, Nachahmer von *Correggio* (* 1528 oder 1535) * *Pierre Mignard*, frz. Maler († 1695) Fachwerkhaus d. Kaufmanns *A. Bade* in Bad Salzuflen (zweischiff. Hallenh. m. Schnitzw.)	† *Giovanni Gabrieli*, it. Organist, Komponist, Steigerung der instrumentalen Vielstimmigkeit (* 1557) * *Andreas Hammerschmidt*, dt. Komponist († 1675)	*Simon Marius* (* 1573, † 1624) entdeckt Andromedanebel (erster Spiralnebel) ~ Viele reich illustrierte Werke über Maschinenbau erscheinen	Erste nachtleuchtende Stoffe („Bolongneser Steine") werden bekannt

	Entstehung westeuropäischer Kolonialreiche	Barock † Shakespeare	Gegenreformation
1613	Mit der Wahl von Zar *Michael* (bis 1645 [†]) enden die inneren russischen Unruhen und gelangt Haus *Romanow* bis 1762 zur Macht Übertritt des Kurfürsten von Brandenburg *Johann Sigismund* zum Calvinismus zur Erlangung der jülich-kleveschen Erbschaft	*Michael Drayton* (* 1563, † 1631): „Polyolbion" (engl. Epos in Alexandrinern, Beschreibung Englands) * *François Larochefoucauld*, frz. moralphil. Schriftst. († 1680) ~ *Shakespeare*: „Heinrich VIII." (engl. Schauspiel). Globe-Theater in London brennt bei der Uraufführung ab	*Galilei* schreibt an *Castelli*, daß die Bibel keine naturwiss. Probleme entscheiden kann (vgl. Spalte W) *Kepler* ermittelt das Geburtsjahr Jesu als 6 v. d. Zeitrechng. *F. Suarez*: „De legibus ac Deo legislatore" (spätscholast. Naturrecht), „Defensio fidei" (in London öffentl. verbrannt) *Lope de Vega* wird Priester
1614	Im Vertrag zu Xanten kommen Kleve, Mark u. Ravensberg zu Brandenburg, Jülich u. Berg an Pfalz-Neuburg Tagung d. franz. Generalstände (letzte vor 1789) ~ Niederländische Kolonie Neu-Amsterdam auf dem Boden des heutigen New York (1664 englisch) Schwed.-russischer Krieg (— 1617)	† Abbé *Pierre de Bourdeille*, Seigneur de *Brantôme*, franz. Schriftsteller kulturgesch. wichtiger Skandalgeschichten (* 1540)	*W. Raleigh*: „Weltgeschichte" (engl. ab 130 v. Chr.)
1615		* *Mateo Aleman*, span. Romanschriftsteller († 1547) *Cervantes*: „Don Quijote" (2. Bd.; vgl. 1605) Englische Übersetzung der „Odyssee" (*Homer*) in fünffüßigen Jamben von *G. Chapman*	*Lorenzo Pignoria* vergl. mexikanische Götterbilder mit alteurop.-asiatischen Jesuitenorden umfaßt 13 112 Mitglieder in 32 Provinzen Strafanstalt als Textilmanufaktur in Hamburg (erste derartige Anstalt i. Deutschland, vgl. 1597)
1616	Bayrisches Landrecht erlaubt das „Bauernlegen", begrenzt aber Frondienste *Christian IV.* v. Dänemark gründet Glückstadt Handelsvertrag Japan-Niederlande	† *Miguel de Cervantes Saavedra*, span. Dichter (* 1547) * *Andreas Gryphius*, dt. Barockdichter, Dramatiker u. Lyriker († 1664) *Daniel Heinsius* (* 1580, † 1655): „Niederduytsche Poemata" (niederl., Einfluß auf *Opitz*) † *William Shakespeare*, engl. Dramatiker (* 1564)	Kopernikanische Schriften auf dem Index; *Galilei* verspricht, dem Verbot zu gehorchen

Barock Rubens	Generalbaß Schein	Galilei Logarithmen	
~ *Rubens*: „Jupiter u. Kallisto", „Die frierende Venus" (fläm. Gemälde)	*Monteverdi* wird Kapellmeister in Venedig *Salomon Rossi*: „Verschiedene Sonaten", Einführung der Monodie in die Instrumentalmusik (ital.)	Pater *Castelli* provoziert kritischen Brief *G. Galileis* über die Wahrheit der Bibel; dient als Unterlage im ersten Inquisitionsprozeß gegen *G.*; *G.* vertritt in einer Schrift über Sonnenflecke das kopernikanische Weltbild *Scheiner* bestimmt die Periode der Sonnenrotation aus Fleckenbeobachtung	*Antonio Serra* (*1580, †unbekannt): „Kurzer Traktat über die Frage, wie man in einem Lande Reichtum an Gold u. Silber erhalten kann, das keine Bergwerke besitzt" (ital. merkantilistische Theorie mit Betonung der Ausfuhr)
Domenichino: „Die Kommunion d. hl. Hieronymus" (ital. Gem.) † *El Greco (D. Theotocopuli)*, griech.-span. rel. Maler (* ~ 1541) *Georg Riedinger*: Schloß in Aschaffenburg (s. 1605) *Rubens*: „Kreuzabnahme" (Altarbild i. Dom Antwerpen, s. 1611)	*Gagliano*: Messen und Motetten (ital.) Sultan-*Achmed*-Moschee in Konstantinopel fertiggestellt	Beginn einer wissenschaftlichen gerichtlichen Medizin durch *R. Castro* Erste Logarithmentafel von *John Napier (Neper)* (*1550, †1617) (Vgl. 1605, 1624)	
Inigo Jones (* 1573, † 1652) Gen.-Bauinsp. (in London bis 1649) * *Salvatore Rosa*, span. Maler († 1673) *Rubens*: „Amazonenschlacht", „Venus vor dem Spiegel"; unterhält regen Werkstattbetrieb mit *v. Dyck*, *F. Snyders*, *J. Brueghel* ~ Villa und Palazzo Borghese in Rom	*A. Banchieri* grdt. in Bologna Accademia dei Filomusi als 1. Akademie für Musik	*G. Galilei* zum erstenmal wegen kopernikanischer „Irrlehren" vor der Inquisition; wird 1616 ermahnt *A. de Montchrestien* prägt den Begriff „politische Ökonomie" ~ Ausnutzung der Sonnenstrahlung als Energiequelle für kleinere mechanische Vorrichtungen (z. B. Springbrunnen)	Post als Lehen an die Fürsten *von (Thurn und) Taxis* (Reste bis 1866)
Hals: „Schützenmahlzeit d. St. Georgs-Gilde" (niederl. Gem.) *Rubens*: „Gr. Jüngstes Gericht" (s. 1615) Dom Notre Dame in Antwerpen fertiggestellt (Baubeginn 1352) Renaiss.-Fassade für das Rathaus Paderborn (beg. 1613)	* *Johann Jakob Froberger*, dt. Organist u. Komponist († 1667) *J. H. Schein* wird Thomaskantor in Leipzig Zeughaus i. Coburg (Renaiss.-Stil)	Engl. Seefahrer *William Baffin* (* 1584, † 1622) entdeckt *Baffin*-Bay † *Andreas Libavius*, dt. mediz. Alchimist, gewann u. a. Schwefelsäure aus Salpeter u. Schwefel (* 1546)	*August d. J. v. Braunschweig* schreibt unter dem Namen *Gustavus Selenus* „Das Schach- oder Königsspiel"

	Dreißigjähriger Krieg	*Barock* *Sprachgesellschaften*	*Böhme* *Gegenreformation*
1617	Ende des schwedisch-russischen Krieges (seit 1614); Karelien und Ingermanland kommen zu Schweden	S. *Coster:* „Niderduitsche Academie" (niederl. Sprachgesellschaft) * *Christian Hofmann von Hofmannswaldau*, dt. Dichter († 1679) *Théophile de Viau* (* 1590, † 1626): „Pyramus et Thisbe" (französ. Tragödie) „Fruchtbringende Gesellschaft" in Weimar (erster dt. Sprachverein)	† *Francisco Suarez*, spanisch. Philosoph, Erneuerer der scholastischen Philosophie des *Thomas von Aquino* (* 1548)
1618	Beginn des 30 jähr. Krieges mit dem Aufstand der böhmischen Protestanten wegen kaiserlicher Verletzung des „Majestätsbriefes" v. 1609; „Prager Fenstersturz" der kaiserl. Vertreter: Böhmischpfälzischer Krieg bis 1623 Herzogtum Preußen, bish. polnisches Lehen, kommt durch Erbschaft zu Brandenburg Engl. Westafrika - Kompagnie gegründet † *Walter Raleigh*, engl. Seefahrer und Freibeuter (hinger., *~ 1552)	† *Gerbrand Adriensz Bredero*, niederl. Lustspieldichter v. großem Einfluß auf die dt. Dichtung (* 1585) Marquise *de Rambouillet* (* 1588, † 1665) schafft einen Salon f. freie Lebensart mit Pflege der Schäferdichtung (bis 1650)	*Ratke* erhält v. Fürst *Ludwig* v. Anhalt Lehranstalt i. Köthen zur Durchführung seiner Reformpläne (vgl. 1612); scheitert infolge Zwist mit Geistlichkeit 3 Kometen erscheinen; regen Diskussion über astronom. Weltbild an
1619	† *Matthias*, röm.-dt. Kaiser seit 1612 (* 1557) *Ferdinand II*. (kathol., König von Ungarn u. Böhmen, Erzherzog v. Österreich) röm.-dt. Kaiser bis 1637 (†) Böhmen wählen protest. Kurfürst v. d. Pfalz z. König Erstes Parlament auf nordamerikanischem Boden (Virginia) Niederl. Ostind. Kompagnie gründet Batavia auf Java	*Joh. Val. Andreä* (* 1587, † 1654): „Die Christburg" (allegor. Dichtung aus d. mystischen Rosenkreuzer-Kreis) * *Cyrano de Bergerac*, franz. Dichter u. Denker († 1655) ~† *Perez de Hita*, spanischer Dichter und Geschichtsschreiber (*~ 1545) *Georg Rudolf Weckherlin* (* 1584, † 1653): „Oden u. Gesänge" (Vorläufer des Frühbarock) * *Philipp v. Zesen*, dt. Dichter († 1689)	*J. Böhme:* „Von den drei Prinzipien des göttlichen Wesens" (dt. Mystik) † *Lucilio Vanini*, ital. kath. Naturphilosoph, der göttl. Kraft mit Naturgesetzlichkeit gleichsetzte (als Ketzer verbrannt, * 1584) Ausschluß d. „Arminianer" aus der niederländ. reformierten Kirche wegen Betonung der Willensfreiheit gegen calvinistische Prädestinationslehre (wieder geduldet ab 1630) Schulpflicht in Weimar

van Dyck *Velasquez*	*Tanzsuite* *Bel canto*	*Kepler* *Blutkreislauf*	
~ *Domenichino:* „Die Jagd der Diana" (ital. Gemälde) *van Dyck* (b. *Rubens* bis 1620): „Kreuzigung" (fläm. Gem.) * *Bartolomé Esteban Murillo*, span. Maler d. Barock († 1682) *Rubens:* „Löwenjagd", „Bekehrung des Paulus" (fläm. Gemälde) * *Gerard Terborch*, niederl. Maler († 1681)	*Biagio Marini:* „Musikalische Ereignisse" (it. Solo-Violinsonate) *J. H. Schein:* „Banchetto musicale" (20 fünfsätzige Variationssuiten. Entstehung der Tanzsuite) *H. Schütz* Hofkapellmeister in Dresden, mit Unterbrechungen bis 1672 (†)	Mit *Baffin* (vgl. 1616) endet für fast 2 Jh. die Suche n. d. nordwestl. Durchfahrt (gelingt erst 1903/06) Erste Anwendung der Triangulation (seit 1615) bei Landvermessungen durch *Snellius* (*1591, † 1626) ergibt erste neuzeitl. Best. d. Erdgröße (Quadrant nur 3,4% zu klein)	Erste Getreidebörse in Amsterdam *Raleigh* sucht nach dem sagenhaften südamerikanisch. Goldland „Dorado" ~ „Stuart"-Kragen" (Halskrause) Dt. Flugblatt gegen übermäß. Trinken Erste Wochenzeitg. Berlins wird beim einzigen Drucker gedruckt
~ *Rubens:* „Perseus befreit Andromeda", „Raub d. Töchter d. Leukippos", „Kinderzug m. Früchtekranz" (fläm. Gem.) ~ *Adrian de Vries:* „Schreitendes Pferd" (Bronze, Bückeburg) Elisabethbau des Heidelberger Schlosses fertiggestellt „Essighaus" in Bremen (Bürgerhaus)	† *Giulio Caccini*, ital. Sänger und Komponist. Begründer des „bel canto", des neuen Gesangstils und der neuen Oper (*~1550)	*Martin Böhme:* „Ein Neu-Buch von bewehrten Rosz-Artzeneyen" (Tierheilkunde) *J. G. Cysat* entdeckt Orionnebel (kosmischer Gasnebel) *William Harvey*, engl. königl. Leibarzt (* 1578, † 1657), entdeckt doppelten Blutkreislauf: „De motu cordis et sanguinis" (ersch. 1628) *Johann Jakob Scheuchzer* (* 1672, † 1733): „Naturhistorie d. Schweizerlandes" (erste Erforschung der schweiz. Alpen)	≈ Umschwung in der Möbelkunst zum Barock in den Niederlanden, von da aus Verbreitung in England
† *Lodovico Carracci*, it. Maler des Barock, Gründer der Schule der sogen. „Eklektiker", Freskenmaler (* 1555) *Duquesnoy:* „Manneken-Pis" in Brüssel (fläm. Brunnenfigur) ~ *Rubens:* Bildnis seines Sohnes Nikolaus (getönte Graphik) *Velazquez:* „Anbetung der Könige" (span. Gem.) * *Philipp Wouwerman*, niederl. Maler des Barock († 1668)	*Gagliano:* „Medoro" (ital. Oper) *H. Schütz:* „Psalmen" *Sweelinck:* „Cantiones sacrae" (Orgelstücke zu 5 Stimmen)	*Dudley* entdeckt Koks als Ersatz für die ausgehende Holzkohle zur Eisenerschmelzung; seine Fabrik wird von seinen Konkurrenten zerstört und sein Verfahren ausgeschaltet *Kepler:* „Harmonice mundi" („Weltharmonie" mit drittem *Kepler*schem Gesetz der Planetenbewegung) *Scheiner* untersucht die Optik des Auges	Hamburger Girobank gegründet ≈ Männermode: bequeme faltige Kleidung, Stiefel bis üb. das Knie, weicher Filzhut, steifer Spitzenkragen * *Jean Baptiste Colbert*, frz. Wirtschaftler († 1683) Einfuhr v. Negersklaven n. Nordamerika beginnt

	Dreißigjähriger Krieg Tilly	Barock	Böhme Gegenreformation
1620	Feldherr der kath. „Liga" *Tilly* besiegt protestantische „Union" unter König *Friedrich V.* v. Böhmen („Winterkönig") in der Schlacht am Weißen Berge; Unterdrückung des Protestantismus in Böhmen Gründung der nordamerikanischen Kolonie Neu-England durch puritanische Pilgerväter (ausgewandert auf der „Mayflower") Dänemark erwirbt erste dän. Kolonie in Ostindien (Trankebar) * *Friedrich Wilhelm,* Kurfürst (der Große) von Brandenburg († 1688)	*Thomas Dekker* (* 1572, † 1632): „Die ehrbare Dirne" (engl. Schauspiel, 2. Teil; 1. Teil 1604) * *Ninon de Lenclos,* französ. Kurtisane, Verfasserin kulturgeschichtlich interessanter Briefe († 1705) * *Nikolaus Zriny(i),* ungarisch. Dichter († 1664)	*J. Böhme:* „Vom dreifachen Leben des Menschen", „40 Fragen von der Seele" (mystische Philosophie) *Bacon:* „Novum organum" („Neues Werkzeug", System ein. empirischen induktiven Wissensch.; engl.) *J. P. Bonet:* „Die Kunst, Stumme sprechen zu lehren" (span. Taubstummenschule; Taubstummenlehrer war schon d. Span. *P. de Ponce* [† 1584]) ~ *Campanella:* „Civitas solis" („Sonnenstaat", ital. kommunist. Staatsutopie; niedergeschrieben 1602) *Kepler* verteidigt seine Mutter in Württemberg gegen den Vorwurf der Hexerei
1621	Hugenotten unterliegen in weiteren Kriegen (bis 1629) *Tilly* besetzt Pfalz mit Heidelberg Schwed.-poln. Krieg um schwed. Thron (bis 1629) *Philipp IV.* Kg v. Spanien bis 1665 (†) Neuer erfolgreicher Kampf der Niederlande gegen Spanien (Unabhängigkeit wird 1648 anerkannt)	*John Barclay* (* 1582, † 1621) „Argenis" (engl. polit.-allegor. Roman) *Robert Burton* (* 1577, † 1640): „Die Anatomie der Melancholie" (Betrachtungen eines engl. Geistl.) Dt. Übersetz. v. *Cervantes'* „Don Quijote" (spanischer Roman) * *Jean de Lafontaine,* französ. Fabeldichter († 1695)	Engl. Kanzler *Bacon* wegen Bestechlichkeit durch Urteil aus dem Amt entfernt, wendet sich ganz der Philosophie zu † Kardinal *Robert Bellarmin,* ital. Jesuit und entscheidender Förderer der Gegenreformation (* 1542) *Gregor XV.* Papst bis 1623 Protest. Theologenschule i. Straßburg; wird Universität
1622		* *Jean Baptiste Poquelin* (gen. Molière), franz. Komödiendichter († 1673) *Tassoni:* „Der geraubte Eimer" (ital. komisches Epos)	*Grotius:* „Über die wahre christliche Religion" (lat.) Paris Erzbistum
1623	*Tilly* dringt nach Westfalen vor *Abbas I.* erobert Bagdad	*G. Marini:* „Adone" (ital. mythol. Fabel in 20 Gesängen) Erste Gesamtausgabe von *Shakespeares* Werken („Folio-Ausgabe") *Maciej Sarbiewski* (* 1595, † 1640), „poln. Horaz", Jesuit, in Rom vom Papst zum Dichter gekrönt	*Bacon:* „Die Würde u. Mehrung der Wissenschaften" (engl. Empirismus) *J. Böhme:* „Von der Gnadenwahl", „Mysterium magnum" („Großes Geheimnis", mystische Deutung d. ersten Buches Mosis) * *Blaise Pascal* († 1662) *Urban VIII.* Papst bis 1644 (†), unterstützt Frankreich im Dreißigj. Krieg gegen Kaiser u. Spanien; mildert Auswirkung d. Inquisition Univ. Salzburg gegründet

Barock / Rubens	Praetorius / Sweelinck	Lichtbrechungsgesetz / Thermometer	
Bernini: „Der Raub d. Proserpina" (it. Plast.) *Salomon de Brosse* (* 1562, † 1626): Palais du Luxembourg in Paris (franz. Schloß der Spätrenaiss.) * *Aelbert Cuyp*, niederl. Landschaftsm. († 1691) *van Dyck:* „Der hl. Sebastian" (fläm. Gem.), verl. *Rubens'* Werkstatt *Holl:* Augsburger Rathaus (Renaiss.-Bau; Baubeg. 1615) *Rubens:* „Kl. Jüngstes Gericht" (s. 1618); Entwurf z. Deckengem. f. d. Jesuitenkirche in Antwerpen (Ausführ. v. *Dyck*)	*M. Praetorius:* „Syntagma musicum" (Musikenzyklopädie in 3 Teilen seit 1615; 2. Tl. Instrumentenkunde, 3. Tl. Formenlehre) *A. de Vries:* Grabmal des Fürsten *Ernst* (Mausoleum in Sankt Martin, Stadthagen)	*Jobst Bürgi:* Logarithmentafel (fand. Log. schon vor *Napier*, vgl. 1614) Logarithmische Skalen, Vorläufer des Rechenschiebers, v. *Edmund Gunter* ~ *J. B. van Helmont* weist auf Substanzerhaltung b. chem. Umsetzungen hin (Vorl. d. Massenerhaltungssatzes) ~ Thermometer geht aus Thermoskop hervor ~ Weißblechfabrikation im Erzgebirge	Die ersten Raucher (engl. Soldaten auf dem Marsch nach Prag) in Deutschland; schnelle Tabakverbreitung ≈ In Dtl. 25 Einw. pro qkm (um Chr. Geb.: 5-6, 1905: 112, 1950: 194)
Aguillon: Jesuitenkirche in Antwerpen (Baubeginn 1614) *van Dyck* geht nach Italien (bis 1627, malt in Genua und Rom Bildnisse) *Rembrandt:* 1. bekanntes Bild	† *Michael Praetorius*, dt. Musiker, Komponist von Chorälen und Motetten und Musikschriftsteller. Musikalisches Lehr- u. Nachschlagewerk: „Syntagma musicum" (* 1571) † *Jan Pieter Sweelinck*, niederl. Organist, Verfasser einflußreicher Orgelfugen (* 1562)	Beginn der wissenschaftl. Nordlicht-Beobachtungen durch *P. Gassendi* *Herborn* pflanzt erste Kartoffel in Deutschland ~ *Snellius:* Lichtbrechungsgesetz (vgl. 1601) Erste Keilschriftzeichen kommen nach Europa	Girobank in Nürnberg mit Silberdeckung. In Venedig 100 Dukaten (Girogeld) = 120 Dukaten Münzen Schmuggelhandel u. Kaperkrieg der neu gegr. Holl.-Westindischen Kompagnie gegen span. Südam. Erwähn. v. Speiseeis
* *Willem Kalf*, niederl. Maler († 1693) *Wolff:* Rathaus in Nürnberg (Baubeginn 1616)			*Camillo Baldo:* „Traktat, wie man aus einem Brief die Natur u. Qualität des Schreibers erkennt"
Bernini: „Apollo und Daphne" (ital. Plastik) *Hals:* „Junker Ramp u. s. Liebste" (niederl. genrehaftes Bildnis) *Rembrandt* beg. Lehre b. *J. I. Swanenburg* i. Leiden (b. 1627, dann vorübergeh. b. *Pieter Lastmann* in Amsterdam) *Velazquez* wird span. Hofmaler und malt *Philipp IV.* u. dessen Familie	† *Byrd:* Fünfstimmige Madrigale (englisch) (* 1543) † *William Byrd*, engl. Komponist, einer der ersten Klavierkomp. (* 1538) * *Marc' Antonio Cesti*, ital. Kapellmeister u. Komponist († 1669) *Hch. Schütz:* „Historia der fröhlichen Auferstehung Christi" (Oratorium)	*K. Bauhin* beschr. 6000 Pflanzen; ordnet die unübersichtliche Nomenklatur der Botanik *J. Jungius* grdt. i. Rostock Akademie auf antischolastischer, empirischer Grundlage * *Blaise Pascal*, franz. Mathematiker und Philosoph († 1662) *Wilhelm Schickard* (* 1592, † 1635), Rechenmaschine f. 4 Grundrechnungsarten	Patentgesetz i. Engl. zum Schutz des Erfinders ~ Steuersenkung f. Kinderreiche u. Einwanderungsbegünstigung in Spanien ≈ Münzverschlechterung in Deutschland

	Dreißigjähriger Krieg Richelieu	Barock Opitz	Bacon Gegenreformation
1624	Kardinal *Richelieu* wird leitend. Minist. *Ludwigs XIII.*, fördert Absolutismus gegen Adelsherrschaft, prägt frz. Außenpolitik für lange Zeit Oslo nach einem Brand als Kristiania neugegründet. (1924 wieder Oslo genannt)	*Opitz:* „Buch von der Deutschen Poeterey" (Begründung einer Verslehre), „Teutsche Poemata" (Ged.) * *Johann Scheffler* (gen. *Angelus Silesius*), dt. religiöser Dichter der Mystik († 1677)	† *Jakob Böhme*, dt. pantheistischer Mystiker, erster dt. schreibender Philosoph, von Beruf Schuhmacher (* 1575) *Cherbury:* „De veritate" (engl. Deismus) *Galilei* bei Papst *Urban VIII.* *Gassendi:* Schrift gegen die Aristoteliker (Naturphilosophie gegen d. Scholastik) * *Arnold Geulincx*, niederld. Philosoph († 1669) *Vinzenz von Paul* (* 1576, † 1660) gründet kath. Missionsorden („Lazaristen")
1625	König *Christian IV.* von Dänemark (1588—1648 [†]) greift auf protestant. Seite erfolglos in den 30jährigen Krieg ein: Dän.-niederl. Krieg (b. 1630) † *Jakob I.*, König von England seit 1603, Sohn *Maria Stuarts* (* 1566) *Karl I.* König von England bis 1649 (hingerichtet) „Frankenburger Würfelspiel" entscheidet üb. Leben und Tod protestant. Aufständischer in Oberösterreich und führt dort 1626 zum Bauernkrieg	~* *Hans Jakob Christoffel v. Grimmelshausen*, dt. Romandichter des Barock († 1676) † *Giambattista Marini* (auch *Marino*), italienischer Dichter, Schöpfer des „Marinismus", des ital. Literaturbarock; u. a. „Der bethlehemitische Kindermord" (Verserzählung, erschienen 1633) (* 1569) *M. Opitz* in Wien zum Dichter gekrönt	*Grotius:* „Über das Recht in Krieg und Frieden" (Völkerrecht, lat.) ~ Orden des gold. Rosenkreuzes nachweisb. (christl.-theosoph. Geheimges. kennzeichnet Verlangen nach einer „2. Reformation")
1626	*Wallenstein* schlägt Graf *Ernst II.* von Mansfeld an der Dessauer Brücke; besetzt die Ostseeländer; *Tilly* besiegt *Christian IV.* von Dänemark bei Lutter am Barenberg Großer oberösterreichisch. Bauernkrieg Frz.-Westafrikanische Handels-Kompagnie gegründet	Aufführung des „Hamlet" in Dresden durch eine engl. Schauspieltruppe (Die Urheberschaft *Bacons* (†) an den Dramen *Shakespeares*, die seit 19. Jh. vereinzelt angenommen wird, gilt als widerlegt)	† *Francis Baco von Verulan* (gen. *Bacon*), engl. Staatsmann und empirischer antischolastischer Philosoph; lehrte „Wissen ist Macht"; schrieb „Nova atlantis" als Schilderung eines philosoph. Idealstaates (ersch. 1627) (* 1561) Papst *Urban VIII.* befreit *Thomas Campanella* aus 27-jähriger Gefangenschaft der Inquisition; *C.* geht 1634 nach Frankreich und wird dort voll gewürdigt

Barock Peterskirche	Generalbaß Schütz	Logarithmen Fieberthermometer	
Giovanni Battista Bracelli (Ital.) zeichnet bizarre abstrakt-kubistische Menschenfiguren van Dyck: „Kardinal Bentivoglio" (fläm. Bildnis eines Römers) * Guarino Guarini, ital. Barockbaumeister († 1683) Hals: „Der lachende Kavalier" (fläm.Gem.) ~ Rubens: „Anbetung der Könige" (fläm. Gemälde)	Gagliano: „Die Königin St. Ursula" (ital. Oratorium) Monteverdi: „Kampf v. Tancredi u. Clorinde" (ital. Madrigalkomödie i. „Stilo concitato" [erregtem Stil] mit erstmal. Tremolo)	Begründung der „Historischen Geographie" durch Philipp Clüver Henry Briggs (*1561, †1630) führt dekadische Logarithmen ein (entw. sie seit ~ 1615; vgl. 1605, 1614)	≈ Vorherrschaft der niederländ. Handelsflotte Die Niederlande führen als erstes Land Stempelabgaben ein (1657 Schleswig-Holstein)
† Jan Brueghel d. Ä. („Samtbrueghel") niederl. Landschafts- u. Blumenmaler (* 1568) Hals: „Singender Knabe mit Flöte" (niederl. Gem.) Rubens: Maria-de-Medici-Zyklus (21 Bilder f. Luxembourg-Palais, seit 1622) Schloß Fredriksborg (dän. Renaiss.-Bau, begonnen 1602)	† Orlando Gibbons, bedeutendst. engl. Klavierkomp.; „Phantasien f. Violenorchester (* 1583) Hch. Schütz: „Cantiones sacrae" (geistl. Lieder) „Virginalbuch" mit 297 Stücken verschiedener engl. Kompon. schließt die Blütezeit der engl. Virginal-(Cembalo-) Musik im 16. Jahrhundert ab	* Giovanni Domenico Cassini, ital. Astronom († 1712) „Arithmetica historica" mit Rechenaufgaben aus der Bibel von Georg Meichsner (ferner „Arithmetica poetica")	~ Einfuhrverbot fremden Tuches, Seidenraupenzucht und staatlicher Salzhandel in Bayern ~ Einführung der Allongeperücke Tabaksteuer und Tabakmonopol i. Engl. ≈ Höhepunkt der Alpenvergletscherung als Folge einer Klimaschwankung, die — mit einer Unterbrechung um 1700 — von 1550 bis 1850 dauert
Peterskirche in Rom geweiht; fertiggestellt durch Carlo Maderna 1603—12 (Baubeginn durch Bramante 1506, Renaiss.- u. Barock-Bau; größte Kirche d. Christenheit mit 45 Altären) † Isabella Brant, 1. Gattin Rubens' seit 1609 ~Rubens: „Landschaft mit Kühen u. Entenjägern" (fläm. Gem.) ~ * Jan Steen, niederl. Maler († 1679) Jagdschloß in Versailles fertiggestellt (Baubeginn 1624)	* Giovanni Legrenzi, it. Kapellmeister u. Komponist († 1690)	Bacon (†) nahm „Wärmeteilchen" an, deren Bewegung die Wärme erzeugt Santorio (* 1561, † 1636) mißt Fieber mit Thermometer; erfind. Feuchtigkeitsmesser Botanischer Garten in Paris	Im niederl. Druckhaus Elzevier beginnen 35 Bände „Länderbeschreibungen" zu erscheinen ~ Europ. Auerochse (Ur) stirbt aus

	Dreißigjähriger Krieg Tilly · Wallenstein	Calderon Lope de Vega	Gegenreformation
1627	*Tilly* und *Wallenstein* erobern Holstein *Wallensteins* Flottenpläne scheitern an d. vergeblichen Belagerung Stralsunds *Schahdschahan* (* 1592, † 1666), Großmogul von Indien (folgt seinem Vater *Dschahangir*, der seit 1605 regierte, wird 1658 v. seinem Sohn gestürzt)	† *Luis de Gongora y Argote*, span. Dichter des Barock, Schöpfer des „Cultismus" gen. Stils (Überzüchtung d. Klassizismus) (* 1561) *Lope de Vega* (seit 1613 Priester) wird vom Papst zum Dr. d. Theologie ernannt, wegen der Verherrlichung v. *Maria Stuart*	* *Jacques Bossuet*, franz. Theologe und Geschichtsschreiber († 1704)
1628	*Wallenstein* wird Herzog v. Mecklenburg In der „Petition of Right" verlangt engl. Parlament alleinige Steuerbewilligung u. Rechtssicherheit der Bürger (erneuert 1640) Branntweinsteuer in Frankreich	* *John Bunyan*, engl. Dichter (Puritaner, † 1688) † *François de Malherbe*, frz. Dichter, Sprachreformer (* 1555) * *Charles Perrault*, französ. Dichter († 1703) *Margarete von Valois* (franz. Königin, * 1553, † 1615): Memoiren" (postum)	*David Blondel*, reform. Theol., weist d. „Pseudo-Isidorischen Dekretalen" (vgl. 850) als Fälschung nach Hugenotten verlieren nach der Eroberung von La Rochelle durch *Richelieu* die ihnen zugestandenen Sicherheitsplätze *Seni* stellt *Wallenstein* ein Horoskop
1629	Ende d. schwed.-polnischen Krieges (seit 1621). Livland und Polnisch-Preußen kommen zu Schweden. Schweden wird Großmacht Friede zu Lübeck: Dänemark scheidet aus d. 30jähr. Krieg aus König *Karl I.* von England beginnt ohne Parlament zu regieren *Rubens* verhandelt als diplomatischer Vertreter d. span. Niederlande in Madrid und London † *Abbas I. d. Gr.*, nach Absetzung s. Vaters Schah v. Persien seit 1586; eroberte Georgien u. Bagdad; polit. u. kultureller Höhepunkt d. Safawiden-Dynastie mit d. neuen Hauptstadt Isfahan	*Calderon*: „Dame Kobold" (span. Lustsp.) *Fr. Spee v. Langenfels*: „Trutz-Nachtigall"(kathol.-geistl. Lieder) *Philip Massinger* (* 1584, † 1640): „The City Madam" (engl. Lustspiel über das Bürgertum) ~ Höhepunkt des span. Theaters unter *Lope de Vega* und *Calderon*  als Zentrum. Unter seinen Nachfolgern zerfällt das Reich (* 1557)	„Restitutionsedikt" Kaiser *Ferdinands II.* bedroht geistlichen Besitz des norddt. Protestantismus

| Barock
Velazquez · Rubens | Erste deutsche
Oper | Kepler |
|---|---|---|
| ~ *van Dyck:* „Rosenkranz-Madonna", „Madonna mit Johannesknaben" (fläm. Gem. i. Ital.)
Hals: „Ehepaar", „Festmahl der Offiziere der Georgsgilde" (fläm. Gemälde)
Claude Lorrain kommt nach Rom, malt seine ersten Landschaften
Rembrandt: 1. Selbstbildnis „Der Geldwechsler" (niederl. Gem.)
† *Adriaen de Vries,* niederländ. Bildhauer, Hauptvertreter des Frühbarock in der nordischen Plastik (* 1560)
Jesuitenkirche St. Maria Himmelfahrt, Köln (beg. 1618)
Karl I. v. England kauft bed. Mantuanische Gem.-Sammlg. | *J. H. Schein:* Gesangbuch Augsburgischer Konfession
Uraufführung der ersten dt. Oper „Dafne" v. *Hch. Schütz* in Torgau, Text v. *M. Opitz*
† *Lodovico (Grossi da) Viadana,* ital. Komponist der ersten geistl. Konzerte, verwendete erstmalig konsequent Generalbaß (* 1564) | * *Robert Boyle,* engl. Physiko-Chemiker († 1691)
Kepler: „Tabulae Rudolphinae" (genauere Planetentafeln) |
| ~ *van Dyck:* „Beweinung Christi" (fläm. Gem., mehrmals)
Rubens: Altar für Augustinerkirche Antwerpen
* *Jacob van Ruisdael,* niederl. Barockmaler († 1682)
Andrea Spezza: Palast Waldstein in Prag (beg. 1621)
Velazquez: „Christus am Kreuz" (span. Gem.)
Vollendung des Salzburger Doms (i. barockem Jesuitenstil, Baubeginn 1614) | † *John Bull,* englischer Klavierkomponist u. -virtuose; Hauptvertreter d. engl. Virginal- (Cembalo-) Musik (* 1563)
* *Robert Cambert,* frz. Opernkomp. († 1677)
Gagliano: „Flora" (italienische Oper)
Schütz studiert bei *Monteverdi* | *Kepler* geht zu *Wallenstein* (der Gehaltsrückstände d. Kaisers ihm nicht zahlt) |
| *Bernini* übernimmt die Bauleitung der Peterskirche in Rom (Türme und Platzanlage)
van Dyck: „Christus am Kreuz" (fläm. Gem.)
~ * *Pieter de Hooch,* niederl. Maler († ~ 1683)
Judith Leyster (* 1609, † 1660), Schülerin von *Frans Hals*: „Der fröhliche Trinker", „Das Ständchen" (ndl. Gem.)
† *Carlo Maderna,* ital. Barockbaumeister (* 1556)
Rembrandt: Selbstbildnis (Radierung)
Velazquez: „Die Trinker" (span. Gemälde)
Zurbarán: „Der heilige Bonaventura" (span. Gemälde)
≈ Starker Ausbau Kopenhagens unter *Christian IV.* (1588-1648), z. B. Börse (1619 bis 1625), Trinitatiskirche (1632-1656)
Tadsch Mahal, ind. Grabdenkmal für d. Lieblingsfrau des Großmoguls in Agra (erbaut bis 1650)
~ Großmogul läßt Pfauenthron anfertigen (1737 nach Persien entführt)
~ Katsura-Palast in Kyoto (gilt als Standard-Werk japanischer Architektur) | *Hch. Schütz:* „Symphoniae sacrae" | *de Fermat* behandelt Tangentenprobleme nach einer die Differentialrechnung vorbereitenden Methode
* *Christian Huygens,* niederl. Physiker und Mathematiker († 1695)
China beruft Jesuiten zur Kalenderreform (Jesuiten fördern entscheidend Chinakenntnis i. Europa) |

	Dreißigjähriger Krieg Kg. Gustav Adolf	Calderon Lope de Vega	Comenius Gegenreformation
1630	*Karl II.*, König von England von 1660—1685 (†) Kaiser entläßt *Wallenstein* König *Gustav Adolf* landet in Pommern und verhindert Durchf. des Restitutionsediktes: Schwedischer Krieg bis 1635 Französische Piraten („Flibustiere") lassen sich auf der Insel Santo Domingo (Haiti) nieder (erobern 1670 Panama, plündern 1684 Chile und Peru, werden 1697 entscheidend besiegt) Holländer erobern Pernambuco (Brasilien) (1654 durch Aufstand vertrieben) Boston gegründet	*Mairet:* „Silvanire" (frz. Schäferspiel, das zuerst die Einheit von Ort, Zeit und Handlung im Drama beachtet, eine akad. Regel, die M. gegen *Corneilles* „Cid" ausspielt) *Tirso de Molina (Gabriel Tellez):* „El burlador de Sevilla" (erste Bearb. d. Don-Juan-Stoffes)	*Rinckart:* „Nun danket alle Gott" (Kirchenlied zur Erinnerung an die Augsburgische Konfession 1530)
1631	*Tilly* erobert Magdeburg, wird aber bei Breitenfeld v. d. Schweden geschlagen *Gustav Adolf* zieht bis Mainz Hzgt. Mantua kommt an Frankr. (1708 an Österr.)	*Jean de Balzac* (* 1594, † 1654): „Le prince" (frz. Prosa) * *John Dryden*, engl Dichter der Restauration († 1700)	*Comenius:* „Informatorium der Mutterschul" (deutsch-tschechische Methodik des Vorschulalters) *Fr. Spee v. Langenfels* (Jesuit) bekämpft d. verbreiteten Hexenprozesse
1632	† *Johann Tilly*, kaiserl. Feldherr, in der Schlacht geg. d. Schweden bei Rain a. Lech (* 1559) *Wallenstein* wieder kaiserl. Feldherr *Gustav Adolf* erob. München † *Gustav Adolf II.*, König v. Schweden seit 1611, i. der Schlacht bei Lützen gegen *Wallenstein*; unter ihm wurde Schweden Großm. (* 1594); seine Tocht. *Christine* Kgin. v. Schweden bis 1644 unter Vormundsch. *Oxenstjernas* (dankt 1654 ab; * 1626, † 1689) Graf *von Horn* wird schwed. Oberbefehlsh. i. Deutschland † *Sigismund III.*, König von Polen s. 1587 u. v. Schweden von 1592 bis 1604 (* 1566) Gründung der religiös-toleranten nordamerikanischen Kolonie Maryland durch Lord *Baltimore*	† *Giovanni Battista Basile*, ital. Dichter des Barock, erster wirklicher Märchenerzähler („Pentamerone") der europäischen Literatur (* 1575) *Fleming:* „Klagedichte" (auf den Tod Christi) *Lope de Vega:* „Dorotea" (span. dramat. Roman, Lebensbekenntnis)	* *John Locke*, engl. Aufklärungsphilosoph († 1704) * *Baruch Spinoza*, niederl. pantheistischer Philosoph († 1677) ~ Unter Kg. *Karl I.*, der Katholizismus begünstigt, wandern viele engl. Puritaner aus

Rubens Rembrandt	Generalbaß	Galilei Scheiner	
~ van Dyck: „Beweinung Christi", „Heiliger Sebastian" ~ Hals: „Amme und Kind" (fläm. Gem.) ~ Poussin: „Triumph d. Flora" (franz. Gem.) ~ Reni: „Der Erzengel Michael besiegt den Satan" (ital. Gem.) Rubens heiratet seine 2. Frau *Helene Fourment* (* 1614); Deckengem. d. Festsaales in Whitehall, London *Velazquez:* „Apollo in d. Schmiede d. Vulkan" * *Michael Willmann*, dt. Barockmaler († 1706)	† Johann Hermann Schein, dt. Komponist frühbarocker Instrumental- u. weltlicher Vokalmusik (* 1586)	† *Johannes Kepler*, dt. Astronom und Begründer der theoretischen Astronomie (* 1571) *Santoro Santorio* (* 1561, † 1636) konstruiert medizinische Waage zum Studium des Stoffwechsels (naturwiss. Denkrichtung in der Medizin) *Scheiner:* „Rosa ursina, sive Sol" (Zusammenfassung seiner langjährigen Sonnenflecken - Beobachtungen seit 1611)	≈ Männermode: schlaffer Spitzenkragen, langes strähniges Haar, Schnurrbart *(Wallensteiner)*, lederes Kollett statt Schaube, Hut, Deg., Bandelier, Schlumperhose, Kniehose; statt des Mantels kurze Schaube (casaque) Dt. Flugblatt gegen das Tabakrauchen (damals Tabaktrinken genannt) ~ Beginn des öffentlichen Inseratenwesens (in Paris)
~ *A. Brouwer:* „Bauernschlägerei b. Kartenspiel" (fläm. Gem.) *Rembrandt* kommt von Leiden n. Amsterdam, Portrait s. Mutter als „Prophetin Anna"		*Scheiner* beschr. d. von ihm 1603 erfundenen Storchschnabel (Pantograph) Nonius z. Verbesserung v. Längenmessung. v. *Pierre Vernier* (gen. n. d. angebl. Erf. *P. Nuñez* ~ 1542)	≈ Steigende Reisefreudigkeit, besonders nach Italien u. Frankreich Vesuvausbruch
A. Brouwer läßt sich in Antwerpen nieder *van Dyck:* „Prinz Ruprecht von der Pfalz" (fläm. Bildnis) *van Dyck* wird Hofmaler in London * *Luca Giordano*, ital. Barockmaler († 1705) * *Nicolaas Maes*, niederl. Maler († 1693) *Rembrandt:* „Anatomie des Dr. Tulp" (niederl. Gem.) *Rubens:* „Ildefonso-Altar" (s. 1630), „Urteil d. Paris" (Lond. Fassung), „Venusfest" (fläm. Gemälde) * *Jan Vermeer van Delft*, niederländ. Maler († 1675) * *Christopher Wren*, engl. Baumeister († 1723)	* *Giovanni Battista Lully*, ital. Komponist in Frankreich († 1687)	*G. Galilei:* „Dialogo" („Gespräch", Diskussion über die Vorteile d. kopernikanischen gegenüber dem ptolemäischen Weltsystem; auf d. kirchl. Index 1633 bis 1822) * *Antony v. Leeuwenhoek*, niederl. Zoologe († 1723) Sternwarte in Leyden (eine der ersten mit Teleskop)	

	Dreißigjähriger Krieg Wallenstein ermordet	*Calderon Französische Klassik*	*Baptisten Gegenreformation*
1633	Axel Oxenstjerna (* 1583, † 1654) führt d. schwed. Politik im Sinne *Gustav Adolfs* fort Schweden behauptet durch den Heilbronner Vertrag politische Führung in Deutschland Herzog *Bernhard* von Sachsen-Weimar erobert Regensburg für die Schweden Kosaken erreichen Kamtschatka in Sibirien Bei Hessisch Oldenburg entscheidet erstmalig Feldartillerie eine Schlacht (gegen die Kaiserlichen)	*John Donne* (* 1573, † 1631): „Poems" (engl. geistl. Ged. aus d. „metaphysischen" Dichterschule) *Fleming:* „Königisches Klagelied auf Gustav Adolf" *J. Ford:* 'tis pity she's a Whore" („Leider ist sie eine Dirne", engl. Schauspiel) *Opitz:* „Trostgedicht in Widerwärtigkeit des Krieges"	~ Verschiedene Sprachgesellschaften zur Pflege der dt. Sprache entstehen Pestepidemie führt z. Passionsfestspiel-Gelübde in Oberammergau (ab 1634 alle 10 Jahre) In London entsteht d. Sekte der „gläubig getauften Christen" („Baptisten"); ab 1639 in Nordamerika (ab 1834 auch in Dtld.)
1634	Entlassung und Ermordung Herzog *Wallensteins* von Friedland wegen Verhandlung mit den Protestanten (* 1583) Schweden verliert unter Herzog *Bernhard* von Sachsen-Weimar in der Schlacht bei Nördlingen gegen kaiserliches Heer Süddeutschland	* *Marie-Madeleine Pioche de Lavergne*, Gräfin *de Lafayette*, franz. Romanschriftstellerin († 1693) *J. Rist:* „Musa teutonica" (Ged.) Erstes Passionsspiel in Oberammergau	Die für Jahrhunderte bestehende religiöse Teilung Dtlds. entscheidet sich Univ. Utrecht gegründet
1635	Brandenburg und Kursachsen treten im Prager Frieden auf die Seite des Kaisers. Das kathol. Frankreich verbündet sich mit d. protest. Schweden gegen den Kaiser: Schwed.-frz. Krieg (b. 1648) Schwere Plünderungen in d. Mark Brandenburg durch die schwedischen Truppen („Schwedengreuel") *John Selden* (* 1584, † 1654): „Mare clausum" (engl. Anspruch auf Meerbeherrschung gegen *Grotius*)	* *Daniel Casper von Lohenstein*, dt. Dichter († 1683) *Calderon*, Theaterleiter am Hofe *Philipps IV.* in Madrid † *Lope de Vega*, span. Dichter von mehr als 800 Komödien, ferner Tragödien, Epen, Sonette; „Wunder der Natur und Phönix Spaniens" genannt (* 1562) *Jean de Mairet* (* 1604, † 1687): „Sophonisbe" (frz. Tragödie; Einheit von Ort, Zeit und Handlung gelten als feste Regeln) † *Friedrich Spee von Langenfels*, Jesuit, dt. Liederdichter (* 1591) † *Alessandro Tassoni*, ital. Dichter des Barock, Schöpfer des komischen Epos (* 1565)	Kaiser hebt „Restitutionsedikt" von 1629 auf zur Einigung mit den protest. Ständen gegen seine äußeren Feinde † *Wolfgang Ratke*, dt. Pädagoge, versuchte Schulreform der lat. Gelehrtenschule (* 1571) *Richelieu* bildet franz. Sprachgesellschaft zur Académie Française um Latin Grammar School in Boston/Mass. (USA) gegrdt.

Rembrandt / Poussin	Generalbaß / Ital. Oper	Prozeß gegen Galilei	
Bernini: Tabernakel in St. Peter in Rom Callot: „Das Elend des Krieges" (franz. Radierungen) van Dyck: Bildnis Karls I. (fläm.) Hals: „Die Adriaensschützen" (fläm. Gem.) ~ Poussin: „Schlafende Venus, von Hirten belauscht" (frz. Gem.) Rembrandt: „Schiffsbaumeister u. Frau", „Saskia", „Kreuzabnahme" (niederländ. Gemälde)	† Jacopo Peri, italien. Opernkomponist, Schöpfer des Rezitativs (* 1561)	G. Galilei schwört im zweiten Prozeß vor der Inquisition kopernikanische Lehre ab und wird inhaftiert (darf bald auf seinem Landsitz leben) Optischer Telegraph von V. Worcester (schon Antike kannte diese Art der „Telegraphie")	
Poussin: „Helios und Phaeton" (frz. Gem.) Rembrandt heiratet Saskia; „Selbstbildnis mit Samtbarett" (Gem.); „Christus u. d. Samariterin" (ndl. Rad.) Rubens: „Bildnis seiner Gattin mit Sohn"	* Adam Krieger, dt. Komponist († 1666)		Astrolog. „Immerwährender Hauskalender" als Vorläuf. des „Hundertjährigen Kalenders" von 1701 Sturmflut zerstört Nordseeinsel Nordstrand („Mansdränke")
† Jacques Callot, franz. Barockmaler, Realist, Darsteller von Szenen aus dem Volksleben (* 1592) ~ Ludw. Münstermann (* ~ 1575, † ~ 1637): „Johann. der Täufer" (frühbar. Holzplastik) ~ Rembrandt: „Selbstbildnis als Zecher mit Saskia", „Isaaks Opferung" (niederl. Gem.) Ribera: „Empfängnis Mariä" (span. Gem.) Rubens: „Bathseba", „Der Liebesgarten", „Bethlehemscher Kindermord" (fläm. Gem.) Velazquez: Drei Reiterbildnisse: des Königs, des Prinzen und des Herzogs von Olivarez (span. Gem.)	Frescobaldi: „Fiori musicali di toccate" (ital. Orgelmusik, beeinflußt Bach)	B. Cavalieri veröffentl. s. „Geometria" mit seinem Prinzip über die Inhaltsgleichheit zweier Körper * Robert Hooke, engl. Physiker und Naturforscher († 1703)	Tabakverkauf in Frankreich durch kirchlichen Einfluß verboten (aufgehob. durch Ludwig XIV.)

	Dreißigjähriger Krieg Schweden in Prag	*Corneille Opitz*	*Descartes Gegenreformation*
1636	Schweden siegen bei Wittstock über Kaiserliche und Sachsen Kolonie Rhode Island (Nordamerika) gegründet Mandschu erobern Korea (schließt sich 1640 bis 1885 von der Außenwelt ab)	*Calderon:* „Das Leben ein Traum" (span. Drama) *Corneille:* „Cid" (französ. Drama in nicht regelstrenger Form, vgl. 1630)	Harvard in Cambridge (Mass.) als erste nordamerikanische Universität von *Calvin*isten gegründet
1637	† *Ferdinand II.*, röm.-dt. Kaiser seit 1619, Jesuitenschüler (* 1578) *Ferdinand III.* wird röm.-dt. Kaiser bis 1657 (†) Nach einem Aufstand strenge Abschließung Japans nach außen (bis Mitte des 19. Jahrh.)	Aufführung von *Calderon:* „Der wundertätige Magus" (span. Drama, der spanische „Faust") † *Benjamin Jonson*, engl. Dramatiker (* 1573) *van den Vondel:* „Gysbrecht van Aemstel" (niederländ. Drama) Zahlreiche Geschäftstheater in Venedig	*Descartes:* „Discours de la Méthode" (franz. rationalist. Philosophie) Ausrottung d. Christentums in Japan und Verbot ausländ. Bücher
1638	Herzog *Bernhard* von Sachsen-Weimar erobert m. frz. Truppen Breisach Schweden kommen bis Prag * *Ludwig XIV.*, König von Frankreich († 1715) Holländer beg. Portug. aus Ceylon zu verdrängen	* *Lars Johansson*, schwed. Dichter († 1674) *F. Logau:* „Zweyhundert teutscher Reimsprüche" Einweihung des Amsterdamer Schauspielhauses; erstes Nationaltheater Europas	* *Nicole Malebranche*, franz. Philosoph († 1715) Aufstand d. schott. relig. Bundes „Convenant" gegen engl. Kirche ~ Type des Soldaten-Studenten entsteht; Verfall des Studiums
1639	Engl. Siedlung in Madras (Indien) (1659–1752 Hauptsitz der Ostind. Handelskompagnie)	*Simon Dach* (* 1605, † 1659), Dichter schlichter Lieder, Prof. f. Poetik i. Königsbg. † *Martin Opitz* (an d. Pest), dt. Vertreter d. Gelehrtendichtung, Schöpfer der neuen dt. Verslehre (* 1597) * *Jean Racine*, Tragiker d. frz. Klassik († 1699)	† *Thomas Campanella*, ital. neuplaton. Staatsphilosoph, Gegner d. Scholastik (* 1568)

Rembraudt *Rubens*	*Schütz* *Erstes Opernhaus*	*Galilei* *Geometrie*	
van Dyck: „Ikonographie" (Radierg. n. s. Bildnissen) * *Melchior d'Hondecoeter*, niederl. Tiermaler († 1695) ~ † *Hans Reichel*, dt. Barockbildhauer (* ~ 1570) *Rembrandt:* „Rückkehr d. verlorenen Sohnes", „Ecce Homo" ndl. Radier.), „Danae", „Simsons Blendung" (niederl. Gem.) Palais Royal in Paris f. *Richelieu* (Baubeg. 1629) ~ *Rubens:* „Andromeda", „Fläm. Kirmes"	Erste Beschreibung d. Horns von *Mersenne* *Mersenne* entdeckt Resonanz gleichgestimmter Saiten	*Schwenter* beobachtet und beschreibt hypnotischen Zustand eines Hahnes ~ Einführung der Chinarinde aus Amerika in die europäische Medizin; vermindert allmählich die verbreitete Seuche des Malaria-Fiebers	
A. Brouwer: „Operation a. Rücken" (fläm. Genrebild) *van Dyck:* „Die Kinder Karls I." (fläm. Gem.) ~ *Hals:* „Hille Bobbe", „Lustiger Zecher" (Genrebildn.) ~ *Poussin:* „Das Reich d. Flora" (frz. Gem.) ~ *Velazquez:* „Übergabe v. Breda" (Gem.) † *Koetsu*, japan. Künstler (* 1558)	* *Dietrich Buxtehude*, dt. Organist u. Komponist († 1707) Erstes öffentl. Opernhaus (in Venedig)	Analytische (Koordinaten-)Geometrie v. *Descartes* und *de Fermat* Theorie des Regenbogens von *Descartes* † *Daniel Sennert*, dt. Chemiker, förd. die Begriffsbild. des „chem. Elementes" und „Atoms" (* 1572) * *Jan Swammerdam*, niederl. Naturforscher († 1680) Erstes Dreidecker-Kriegsschiff (in England)	*Zeiller:* „Itinerarium Hispaniae" (Reiseführer durch Spanien) Niederländ. Tulpenhandel durch ausgedehnte Fehlspekulationen ruiniert
† *Pieter Brueghel d. J.*, („*Höllenbrueghel*") fläm. Maler (* 1564) † *Adriaen Brouwer*, niederländ. Barockmaler, Genrebilder (* 1606) * *Meindert Hobbema*, niederl. Maler († 1709)		*G. Galilei:* „Discorsi…" („Untersuchungen und mathematische Demonstrationen über zwei neue Wissenszweige, die Mechanik u. d. Fallgesetze betreffend"; erstes neuzeitl. „Lehrb. d. Physik")	Abschaffung d. Folter in England
Poussin: „Schäfer in Arkadien" (frz. Gem.) *Rembrandt:* Bildnis seiner Mutter *Rubens:* „Helene Fourment im Pelz", „Urteil des Paris" (fläm. Gem.)	*Hch. Schütz:* „Kleine geistliche Konzerte" (im Oratorienstil)	*Girard Desargues* (* 1593, † 1662) veröffentlicht seine synthetische (anschauliche) projektive Geometrie der Kegelschnitte; setzt sich gegen die analytische (rechnerische) Geom. d. *Descartes* zunächst nicht durch	Jährl. private Haushaltskosten d. Kardinals *Richelieu* betragen ca. 2 Millionen Mark Jungfernstieg in Hamburg als Promenade

	Dreißigjähriger Krieg *Cromwell*	*Französische Klassik* *Corneille*	*Descartes* *Hobbes*
1640	Friedrich *Wilhelm* (der Große Kurfürst) Kurfürst v. Brandenburg bis 1688 (†) Volksaufstand in Portugal gegen Spanien; Herzog *Johann von Bragança* wird König von Portugal bis 1656(†) Schottische Presbyterianer erzwingen Einberufung des engl.-schottischen Parlaments	*Corneille:* „Horace", „Cinna" (franz. Dramen nach Regeln d. Académie) † *Paul Fleming*, Schüler *Opitz'*, dt. Dichter, Gedichte in volkstümlicher Sprache und Kirchenlieder (* 1609) † *John Ford*, engl. Dramatiker (* 1586)	*Hobbes:* „Elemente des natürlichen und politischen Rechts" (engl.) *Cornelius Jansen* (niederländ. Theologe, * 1585, † 1638): „Augustinus" (begründet d. antijesuitische verinnerlichte Gnadenlehre des „Jansenismus") † *Uriel Acosta* (Freitod), der wegen Reformbestrebungen in der jüd. Gemeinde Amsterdams verfolgt wurde; entstammte einer getauften Familie und war bis 1620 katholisch (* 1591)
1641	Bürgerkrieg unter *Cromwell* gegen König *Karl I.* in England Holländer erobern v. d. Portugiesen Malakka (1824 brit.)	*Velez de Guevara* (* 1574, † 1646; span. Komödiendichter): „Der hinkende Teufel" (span. satir. Schelmenroman) *James Shirley* (* 1596, † 1666): „The Cardinal" (engl. Schauspiel, *Sh.* gilt als letzter engl. Renaiss.-Dramatiker)	*Descartes:* „Meditationes de Prima Philosophia" (frz. rationalist. Philosophie) mit ontologischem Gottesbeweis: Das Wesen Gottes schließt seine Existenz ein „Irisches Blutbad" unter d. Protestanten
1642	Der neue schwed. Befehlshaber *Torstenson* (bis 1646) schlägt bei Breitenfeld das kaiserl. Heer † *Richelieu*, Kardinal von Frankr. (* 1585). Kardinal *Mazarin* setzt dessen Politik bis 1661 (†) fort Franzosen gründen Montreal (Kanada)	*Corneille:* „Polyeucte" (frz. Drama) *P. Fleming:* „Teutsche Poemata" (Ged.) * *Christian Weise*, dt. Dramatiker († 1708) Puritaner verbieten Theateraufführungen in England (bis 1660) *Hobbes:* „Über den Bürger" (engl. naturalistische Gesellschaftsphilosophie)	„Schulmethodus" nach *Ratke* von Herzog *Ernst* (dem Frommen) von Sachsen-Gotha (* 1601, † 1675) ordnet Volksschulwesen (staatl. Volksschulen mit geistlicher Aufsicht, Schulpflicht) *Joh. Phil. v. Schönborn* (* 1605, † 1673) Fürstbischof v. Würzburg (1647 auch Erzbischof u. Kurf. v. Mainz, 1663 auch Bisch. v. Worms)
1643	† *Ludwig XIII.*, König von Frankreich seit 1610 (* 1601) *Ludwig XIV.* König von Frankreich bis 1715 (†); „Sonnenkönig"; zunächst unter Vormundschaft seiner Mutter *Anna von Österreich* Brit. nordamer. Kolonien zum Dominion Neuengland zusammengeschlossen	~ *Molière* gründet „Illustre Théâtre" in Paris (wird 1689 zum Théâtre de la Comédie-Française) ~ *Moscherosch:* „Wunderliche und wahrhaftige Gesichte des Philanders von Sittewald" (Zeitsatire)	*Johann Boland* (* 1596, † 1665): „Acta sanctorum" (jes. Gesch. d. Hlg. u. Märt.) *Abraham Cowley* (* 1618, † 1667): „Der Puritaner u. d. Papst" (engl. Sat. geg. Purit.) *Herman Conring* (* 1606, † 1681) bgr. m. „De origine juris germanici" („Über die Entsteh. d. germ. Rechts") dt. Rechtsgeschichte

	Barock † Rubens	Italienische Opern Monteverdi	† Galilei Torricelli	
	Rembrandt: „Selbstbildnis" (niederländ. Gemälde) ~ Rubens: „Heimkehr v. Felde" (fläm. Landschaft, Gemälde) † Peter Paul Rubens, fläm. Maler d. Barock (* 1577) G. de La Tour: „Auffindung d. hl. Sebastians" (frz. Gem., eigenwill. Farb- und Beleucht.-Effekte) * Jan Weenix, niederl. Maler († 1719)		Mersenne mißt Schallgeschwindigkeit in Luft durch Blitz u. Knall einer Kanone (von Bacon vorgeschlagen)	Wenzel Hollar (* 1607, † 1677) Trachtenbuch (Stiche) ~ Aufkommen von Schiebekulissen im Theater ~ Erste Kaffeehäus. in Europa (Venedig) ~ Kartoffel setzt s. in Deutschland nur langsam durch König Karl I. von England zieht bei der „Münze" hinterlegte Wertsachen als Zwangsanleihe ein
	† Domenichino (eig. Domenico Zampieri), ital. Maler u. Baumeister d. Frühbarock, Fresken u. Tafelbilder (* 1581) † Anthonis van Dyck, fläm. Maler (* 1599) Rembrandt: „Mennonitenprediger mit s. Frau" (niederl. Gem.)	Monteverdi: „Die heiligen Apostel", „Rückkehr des Odysseus" (ital. Opern) Beg. d. „Abendmusiken" i. d. Lübecker Marienkirche (bes. ab 1668 durch Buxtehude berühmt)	Paul Guldin (* 1577, † 1643): „Centrobaryca" (m. d. nach ihm ben. Regel; vgl. 290) Anatom Tulp beschr. ersten lebenden Schimpansen in Holland ~ Weingeistthermometer (bald auch Quecksilberthermometer)	≈ Starker Aufschwung d. schwed. Eisenindustrie (über 450 Eisenhämmer) und Eisenausfuhr (bis 20000 t pro Jahr)
	Rembrandt: „Kompagnie des Hauptm. Frans Banning Cocq" (sog. „Nachtwache"); Tod s. Frau Saskia † Guido Reni, italien. Maler des Barock, „Eklektiker", Fresken relig. u. mythologisch. Thematik (* 1575) Ludwig von Siegen (* 1609, † ~ 1676) vollendet 1. Blatt in Schabkunst	Cavalli: „Aegist" (ital. Oper) † Marco da Gagliano, ital. Komponist von Opern, Madrigalen, Motetten und Messen (* 1575) Monteverdi: „Krönung der Popäa" (it. Oper)	† Galileo Galilei, ital. Wissensch., gilt als Begrd. d. neuzeitl. Physik (* 1564) (konsequente experimentelle Methoden erst nach ihm) Joach. Jung(ius) (* 1587, † 1657) erk. Bedtg. d. Waage, u. d. Begr. „Atom" u. „Element" f. d. Chemie Abel Tasman (* 1603, † 1659, Niederl.) entdeckt Tasmanien bei Australien	Pascal: Rechenmaschine für Addition und Subtraktion (vgl. 1623)
	~ Louis Lenain (*~ 1593, † 1648): „Bauernfamilie" (frz. Gem.) Rembrandt: „Saskia" (Gem.), „Landschaft mit 3 Bäumen" (Rad.) Teniers d. J.: „Bauernkirmes" (ndl. Gem.) ~ Velazquez: „Venus und Cupido" (span. Gem., Rückenakt)	† Girolamo Frescobaldi, ital. Organist u. Komponist, bes. von Fugen und Toccaten (* 1583) † Claudio Monteverdi, ital. Komponist und Musikdramatiker. Gilt als eig. Begrd. d. Oper, Neuerer d. Instrumentierung (* 1567)	* Isaac Newton, engl. Naturwissenschaftler († 1727) Tasman entdeckt Süd-Neuseeland und Fidschi-Inseln ~ Torricelli erf. Quecksilber-Barometer; erz. erst. Vakuum; erk. Luftdruck Baikal-See entdeckt	Getränke-Steuer in England z. Deckung der erheblichen Staatsausgaben

	Dreißigjähriger Krieg *Cromwell*	*Französische Klassik* *Sprachgesellschaft*	*Descartes* *Grotius*
1644	Cromwell schlägt königl. engl. Truppen Ende der *Ming*-Dynastie infolge sozialrevolut. Erhebung, geg. welche die mongol. *Mandschu* zu Hilfe gerufen werden, u. Beginn der *Mandschu-(Ts'ing-)*Dynastie (bis 1912) in China Rußland beherrscht Sibirien bis zur Amurmündung	* *Abraham a Santa Clara* (eig. Hans Ulrich Megerle), dt. Satiriker, kath. Geistlicher († 1709) *Calderon:* „Der Richter von Zalamea" (span. Schauspiel) „Pegnesischer Blumenorden" als deutsche Sprachgesellschaft in Nürnberg v. *Harsdörfer* und *Klaj* gegründet	*Descartes:* „Principia Philosophiae" (franz. rationalist. Philosophie) mit d. Schluß „Cogito, ergo sum" = „Ich denke, also existiere ich" *Innozenz X.* Papst bis 1655 *J. Milton:* „Areopagitica" (engl. Abhandlung f. Glaubens-, Gewissens- und Pressefreiheit)
1645	*Alexei* Zar von Rußland bis 1676 (†) Sieg der Parlamentsparteien im engl. Bürgerkrieg Dänemark unterliegt gegen Schweden Venedig führt Krieg gegen die Türken bis 1669, in dessen Verlauf es seinen Kolonialbesitz verliert	*Calderon:* „Das große Welttheater" (span. Schauspiel) *von Zesen:* „Die adriatische Rosemund" (Schäferroman, Stoff aus dem tägl. Leben)	*Comenius:* „Allerweckung" (Erneuerung des gesamten Schulwesens) † *Hugo Grotius*, niederländ. Begründer des naturrechtlichen Völkerrechts und seit 1635 schwed. Diplomat in Frankreich (* 1583) Residenz des *Dalai Lama* in Lhasa wird erbaut
1646	Franzosen und Schweden in Bayern Bremen wird Reichsstadt		* *Gottfried Wilhelm Leibniz*, dt. Philosoph († 1716)
1647	Engl. König wird im Bürgerkrieg gefangengenommen Volksaufstand in Neapel geg. span. Vizekönig	*Cowley:* „The Mistress" („Die Herrin", engl. Liebesged.) † *Pieter Corneliszoon Hooft*, niederl. Dichter und Geschichtsschreiber, Verfasser von Tragödien u. erotischen Gedichten (* 1581) *J. Rist:* „Das Friede wünschende Teutschland" (Schauspiel) *v. d. Vondel:* „Leuwendalers" (niederl. Drama)	* *Margareta Maria Alacoque*, franz. Nonne († 1690) *P. Gassendi:* „De vita moribus et doctrina Epicuri" (frz.-kathol. Erneuerung d. atomistischen Philosophie *Epikurs*) *Balthasar Gracián* (* 1601, † 1658), span. Moralphilosoph: „Handorakel" (Brevier der Lebensphilosophie; übersetzt v. *Schopenhauer*

Velazquez / Lorrain	Schütz / Italienische Opern	Torricelli / Mondkarte	
Poussin: Zyklus der sieben Sakramente (franz. Gem.) † *Bernardo Strozzi*, ital. realist. Barockmaler (* 1581) *Teniers d. J.:* Selbstbildn., mit Gattin u. Sohn musizierend	* *H. Ignaz Franz von Biber*, dt. Komponist († 1704) * *Antonio Stradivari*, it. Geigenbauer († 1737)	† *Johann Baptist van Helmont*, führender Brüsseler Mediziner und Chemiker (auch noch Alchimist) untersuchte mit als erster „Gase"; prägte Begriff „Ferment" (* 1577) Kosack *Pojarkow* err. Amurmündung u. Sachalin *Torricelli:* Gesetz f. Ausfluß v. Flüssigkeiten	≈ Fremdwortreiche dt. Briefsprache
* *Jules Hardouin-Mansart*, franz. Baumeister († 1708) *Eustache Le Sueur* (* 1617, † 1655): „Leben d. heiligen Bruno" (22 franz. Gem. bis 1648) *Rembrandt:* „Rabbiner" (niederl. Bildnis) *Velazquez:* „Kg. Philipp IV. auf d. Saujagd"	*Mazarin* beruft die venezianische Operntruppe nach Paris; Aufführung des Schäferspiels „La finta pazza" v. *Sacrati* als erster Oper in Frankreich *H. Schütz:* „Die sieben Worte Christi am Kreuz"	~ Th. *Bartholinus:* Versuche örtlicher Betäubung durch Eis- oder Schneekühlung ~ *Riccioli* u. *Grimaldi* bestätigen *Galileis* Fallgesetze an frei fallenden Körpern (~ seit 1642; vgl. 1609) Terrestrisches Fernrohr (mit aufrechtem Bild) von A. M. *Schyrl*	
Bernini: „Die Verzückung der heiligen Therese" (ital. Plastik) † *Elias Holl*, Renaiss.-Baumeister in Augsburg (* 1573) *Cl. Lorrain:* „Seehafen" (franz. Gem.) ~*Murillo:* 11 Gem. aus d. Franziskan.-Gesch. *Rembrandt:* „Winterlandsch." (niederländ. Gem.)		„Laterna magica" von *Athanasius Kircher* (* 1601, † 1680), der auch erste Fluoreszenzerscheinung beschreibt (Aufleuchten in geänderter Farbe bei Beleuchtung)	
Cl. Lorrain: „Mühle", „Flucht nach Ägypt." (franz. Gem.) *P. Potter:* „Der junge Stier" (ndl. Gem.) *Rembrandt:* „Susanna u. d. beid. Alten" (niederländ. Gem.) *Teniers d.J.:* „Versuchung des heiligen Antonius" (niederländ. Genre-Gem.) Kunstakad. in Dresden	*Luigi Rossi* (* 1598, † 1653): „Die Hochzeit von Orpheus und Euridice" (ital. Oper, eine der ersten Opern auf franz. Boden)	† *Francesco Cavalieri*, ital. Mathematiker und Astronom, fand das nach ihm benannte Prinzip d. Raumlehre (* 1598) *Johann Hevel* (* 1611, † 1687) beschreibt, zeichnet und benennt Mondoberfläche * *Denis Papin*, franz. Physiker († ~ 1712) † *Evangelista Torricelli*, ital. Naturforsch., Schüler *Galileis* (* 1608)	In Berlin entsteht die Straße „Unter den Linden" zwischen Schloß und Tiergarten

	Westfälischer Frieden Parlament siegt in England	Französische Klassik Gryphius	Rationalismus
1648	Ende d. 30jähr. Krieges durch den Westfälischen Frieden: Vorpommern mit Stettin, Rügen, Usedom u. Wollin, Wismar, Bremen, Verden an Schweden; Sundgau (Elsaß), Metz, Toul, Verdun an Frankreich; Oberpfalz an Bayern; Lausitz an Sachsen; Hinterpommern, Cammin, Halberstadt u. Minden an Brandenburg; nördl. Niederlande u. Schweiz selbständig; Bestätigung d. Augsburger Religionsfriedens v. 1555; volle Bedürfnisfreiheit der Reichsstände. In Mitteleuropa über 15 000 Dörfer zerstört (vgl. 1656, 63 u. 99) Aufstand des frz. Hochadels („Fronde") geg. Absolutismus Ukrain. Aufstand u. *Bodyan Chmelnizkij* gegen Polen	*de Bergerac:* „Reise in den Mond" (frz. phantastisch-satirische Reisebeschreibung, Einfluß auf *Swift*) ~ *Gryphius:* „Cardenio u. Celinde" (erstes u. einzig. dt. bürgerlich. Trauerspiel bis *Lessing*) † *Tirso de Molina*, spanisch. Dramatiker, u. a. „Don Gil von den grünen Hosen" (Lustspiel), „Der Spötter von Sevilla oder der steinerne Gast" (erste Bearbeitung des Don-Juan-Stoffes) (* 1571) *Madeleine de Scudéry* (* 1607, † 1701): „Artamène ou le grand Cyrus" (franz. heroisch-galanter Roman in zehn Bänden b. 1653)	† *Herbert von Cherbury*, engl. Aufklärungsphilosoph des vernunftreligiösen Deismus schrieb „Heinrich VIII." (* 1583) Bilderfibel von *Comenius* „Messias" *Sabbatai Zevi* (* 1626, † 1676) gründet schwärmerische jüdische Sekte Reformierte werden durch den Westfälischen Frieden in den Augsburger Religionsfrieden mit einbezogen. Der Papst verdammt den Westfälischen Frieden
1649	Hinrichtung des absolutistischen Königs *Karl I.* von England (* 1600); England Republik unter dem Parlament (bis 1660) O. *Cromwell* unterdrückt Aufstand in Irland Russ. Gesetz fesselt den Bauern an das Land des Gutsbesitzers und macht ihn leibeigen	~ *Gryphius:* „Carolus Stuardus" (Trauerspiel) *Spee von Langenfels:* „Güldenes Tugendbuch" (kath. Erbauungsbuch, posthum)	*Descartes:* „Die Leiden der Seele" (frz. rationalist. Psychologie) *Descartes* als Gast der Königin *Christine* in Schweden; erkrankt dort lebensgefährlich *G. Ph. Harsdörfer:* „Frauenzimmer-Gesprächsspiele" (8 Bände seit 1641, unterhaltende Belehrung)
1650	† *Wilhelm II. von Oranien*, Statthalter der Niederlande seit 1647 (* 1626). Herrschaft der „Generalstaaten" (Patriziervertretung) in den Niederlanden (bis 1672) * *John Churchill* Herzog *Marlborough*, engl. Politiker († 1722) Abzug der franz. u. schwed. Truppen aus Deutschland nach Zahlung der Kriegsentschädigung *Chabarow* erreicht Mandschurei von Rußland her	*Gryphius:* „Horribilikribrifax" (satir. Drama geg. d. dt. Zustände nach dem Krieg; gedr. 1663) *Francisco de Rojas Zorrilla* (* 1607, † 1648): „Vom König abwärts — keiner" (span. Tragödie, posthum) *Ole Worm* (Däne) begründet Runenforschung ≈ Ausgestaltung d. japan. No-Schauspiels (vgl. 1389)	† *René Descartes (Renatus Cartesius)*, franz. Philosoph eines skeptischen dualistischen Rationalismus (* 1596) *Milton:* „Verteidigung des engl. Volkes" (engl. Streitschrift geg. den Absolutismus des *Claudius Salmasius* [* 1588, † 1653]) *Jeremy Taylor* (* 1613, † 1667): „The rule and exercise of holy living" (engl. Erbauungsschrift) ~ Beginn der Blütezeit der „Ritterakademien" mit den Fächern: Reiten, Fechten, Tanz für den Adelsstand (bis ~ 1750)

Barock Rembrandt	Schütz Scheidt	Luftpumpe Vergleichende Geographie	
Mazarin grdt. Kunstakademie in Paris ~ *Paulus Potter* (*1625, †1654): „Stier und Kühe" (niederl. Gem.) *Poussin*: „Verzückung des Paulus", „Elieser wirbt um Rebekka", „Landschaft mit Diogenes" (franz. Gem.) *Rembrandt*: „Die Jünger in Emmaus" (niederländ. Gem.), „Dr. Faust", „Bettler an d. Haustür" (niederländ. Radierungen) *Sandrart*: „Gesandtenfestmahl" (niederländ. Gem. zum Westfälischen Frieden) *Zurbaran*: „Taten des Herkules" (12 span. Gem.)	*Hch. Schütz*: „Geistliche Chormusiken" ~ In der ital. Oper beginnen sich Rezitativ u. Arie deutlicher zu unterscheiden ~„Symphonien"(bed. i. dieser Zeit die Ouverture einer Suite)	*Deschnew* findet die Ostspitze Asiens an d. Beringstraße *Glauber* fördert Destillierverfahren in der Chemie † *Marin Mersenne*, franz. Philosoph, Natur- und Musikforsch., vermittelte durch ausgedehnten Briefwechsel wissenschaftlich. Gedankenaustausch (*1588)	Einwohnerzahlen: Pfalz 50 000 (1618: etwa 1 Million), Berlin 6000 (1618: 20000, 1786: 147000) Bevölker. i. Deutschland von 17 (1618) auf 8 Million. durch Krieg, Hunger und Seuchen gesunken ≈ Mode: Herrenspazierst., Perücke, Schönh.-Pflästerch., Puder, Schminke ~ Reich geschn. Möbel (Nußb.), eingelegt m. Steinen, Spiegeln usw. in Italien ~ In Venetien Herstellung von Lüstern und Spiegeln ~ Facettschliff der Diamant. i. Deutschl.
~ *Rembrandt*: „Christus heilt Kranke" (sog. „Hundertguldenbl."); „Anbetung der Hirten bei Laternenschein" (ndl. Radierung); *Hendrikje Stoffels* wird seine Lebensgefährtin † *David Teniers d. Ä.*, niederl. Barockmaler, Genrebilder (*1582)	*Cavalli*: „Jason" (ital. Oper) * *Johann Philipp Krieger (Krüger)*, dt. Komponist des Barock (†1725) ~ * *Guiseppe Torelli*, it. Komponist (†1708) ~ Vier-Satz-Form für Suiten	~ *O. v. Guericke* erf. Kolben-Luftpumpe zur Herstellung luftleerer Räume Menschenkraft-Wagen v. *H. Hautzsch* *Francesco Redi* (*1626, †1697) widerlegt d. Möglichkeit der Urzeugung v. Lebewesen aus Schlamm	≈ Förderung des freien Unternehmertums in England ≈ Unmäßige dt. Trinksitten in allen Bevölkerungsschichten ~ Landrechte in Deutschland begrenzen Schuldzinsen auf 5 bis 6%
Georges de La Tour (*~1595, †1652): „Verleugnung Petri" *Lorrain*: Vier Bilder, nach den Tageszeiten benannt (franz.) † *Matthäus Merian d. Ä.*, dt. Kupferstecher, Illustrator; Städteansichten (*1593) *Poussin*: Selbstbildnis *Rembrandt*: Bildnis seines Bruders, gen. „Der Mann mit dem Goldhelm" (ndl. Gem.) *Velasquez*: Papst Innozenz X. (span. Bildn.)	*Albert*: Ein-und mehrstimmige geistl. Arien *Athanasius Kircher*: „Musurgia universalis" (Musiktheorie des Barock) Erste Ouvertüre von *Lully* (franz.) *Samuel Scheidt* (*1587, †1654): „Tabulaturbuch hundert geistl. Lieder und Psalmen Herrn Doctoris Martini Lutheri u. ander gottselig. Männer..." (erstes dt. Choralbuch für Gemeindegesang)	*Francis Glisson* (*1597, †1677) beschreibt die Rachitis („Engl." Krankheit) *G. B. Riccioli* (*1598, †1671) entd. l. Doppelstern „Mizar" † *Christoph Scheiner*, dt. Astronom u. Jesuit, Gegner *G. Galileis* (*1575) Beginn der allgemein. vergleichenden Geographie mit Einteilung der Erdgroßformen in der „Geographia generalis" von *Bernhardus Varenius* (*1622, †1650)	Friedensfeier zu Nürnberg (Staatsfest) ≈ Erdbevölkerung ca. 500 Mill. (1850: 1100 Mill., 1950: 2400 Mill.) Span. Bevölkerung gegüb. Jahr 1500 auf 4 Mill. halb. ~ Beginnende Ausrottung der Indianer in Nordamerika Mietwagen („Fiaker") in Paris Schweizer Bauern kennen Skilauf

	Englisch-niederländischer Handelskrieg	*Französische Klassik „Nürnberger Trichter"*	*Rationalismus Hobbes*
1651	O. *Cromwells* „Navigationsakte" gegen die Niederlande begünstigt Handel auf englischen Schiffen † *Maximilian I.*, reformationsfeindlicher Kurfürst v. Bayern seit 1623 (* 1573)	*Calderon* empfängt Priesterweihe Öffentliches Komödienhaus in Wien	*Hobbes*: „Leviathan" (engl. staatsphilosophische Verteidig. der absol. Monarchie als vernünftig. Staatsprinzip im „Kampf aller gegen alle") Univers. Duisburg gegründet (besteht bis 1818)
1652	Seekrieg zwischen Niederlande und England (bis 1654) befestigt Englands Seeherrschaft Holland gründet 1. Fort in der Kapkolonie Durch das Vetorecht jedes Mitgliedes im poln. Reichstag schwächt der Adel das Wahlkönigtum	*Johann Lauremberg* (* 1590, † 1658): „Veer Schertzgedichte" (plattdt. Satire gegen Modetorheiten) F. *Lodwick* schlägt Universalsprache vor	Patriarch *Nikon* von Moskau (* 1605, † 1681) reformiert russ. Kirche, führt dadurch Abfall d. Altgläubigen („Raskolniki") herbei Der engl. Schuhm. u. Wanderpred. *George Fox* (* 1624, † 1691) gründ. i. Dunkinfield (Engl.) christl.-myst. „Gesellsch. d. Freunde" (Quäker)
1653	*Oliver Cromwell* wird Lordprotektor mit absoluter Macht bis 1658 (†), löst presbyterianisches Parlament und das nachfolgende „Parlament der Heiligen" der einer Staatskirche abgeneigten Independisten auf. Kardinal *Mazarin* besiegt d. franz. Hochadel („Fronde") zugunsten d. Absolutismus	~ * *Nathanael Lee*, engl. Dramatiker († 1692) *Harsdörfer*: „Poetischer Trichter, die teutsche Dicht-u. Reimkunst in 6 Stunden einzugießen" (Lehre der Dichtkunst, 3 Bde. seit 1648, „Nürnberger Trichter")	*Angelus Silesius* tritt zum Katholizismus über *Izaak Walton* (* 1593, † 1683): „The complete Angler" (sprachl. höchststehendes Anglerhandbuch) Londoner Bibel in 10 Sprachen („Polyglotte", bis 1657)
1654	Niederlande müssen engl. „Navigationsakte" v. 1651 anerkennen Königin *Christine* v. Schweden dankt zugunsten ihres Vetters *Karl Gustav* ab (tritt 1655 zum Katholizismus über u. wird v. Papst gefirmt) Zar *Alexei* gewinnt die Ukraine von Polen	*Logau*: „Deutscher Sinngedichte dreitausend" *Madeleine de Scudéry*: „Clélie" (franz. galant-heroischer Roman) *Agustín Moreto y Cabaña* (* 1618, † 1669): „El desdén con el desdén" (dt. „Donna Diana", span. Komödie)	*Comenius*: „Orbis sensualium pictus" (eine Sprach- u. Sachunterricht verknüpfende Bilderfibel), „Schola ludus" („Schulspiel"), für Wort- u. Sachverbindung) Mystische Erleuchtung *Pascals*
1655	Krieg des Schwedenkönigs *Karl X.* im Bunde mit dem Großen Kurfürsten von Brandenburg gegen Polens Anspruch auf schwedischen Thron „bis 1660" Spanien verliert Jamaika an England. England beginnt Handel mit Westindien	† *Cyrano de Bergerac*, franz. Dichter u. Denker (* 1619) † *Daniel Heinsius*, niederl. Philologe und Dichter, Herausgeber antiker Dichtungen (* 1580) † *Friedrich von Logau*, dt. Dichter von Sinngedichten (* 1604)	*Alexander VII.* Papst bis 1667 (†) † *Petrus Gassendi*, frz.-kath. Philos. u. Naturforsch., empirio-materialistisch. Gegn. d. Rationalism. v. *Descartes*. Erneuerte Philos. *Epikurs* (* 1592) *Hobbes*: „Lehre vom Körper" (engl. antischolast. Philosophie, lat.) * *Christian Thomasius*, dt. Philosoph († 1728)

Ruisdael *Murillo*	*Generalbaß* *Scheidt*	„*Magdeburger Halbkugeln*" „*Alles Leben aus dem Ei*"	
* *Balthasar Permoser*, dt. Bildhauer († 1732) Baumstr. *A. Petrini* (* 1624, † 1701) in Würzburg u. Mainz *Rembrandt*: „Landsch. mit Ruine" (Gem.)	† *Heinrich Albert*, dt. Komponist der protest. Kirchenmusik im neuen Stil (* 1604)	*Harvey*: „Über die Erzeugung der Tiere" (Alles Leben geht aus dem Ei hervor)	≈ „Französisches Düdsch" als etikettenreiche Briefspr. ≈ Übergang vom „Verleger-Drucker" zum nichtdruckenden Buchverlag
P. Potter: „Aufbruch zur Jagd" (ndl. Gem.) † *Jusepe de Ribera* (gen. *Spagnoletto*), span. Maler (* ∼ 1591) *Leibniz*haus in Hannover (Bürgerhaus, Übergang von der Renaissance zum Barock)	*Hammerschmidt*: „Geistliche Konzerte" Opernhaus in Wien	*Thomas Bartholin* beschreibt Lymphgefäße Kaiserlich Leopoldinisch-Carolinisch Deutsche Akademie der Naturforscher in Schweinfurt gegründet (ab 1878 in Halle)	Spalierobstzucht durch *Le Gendre* ≈ Großgrundbesitz vergröß. sich durch Einbeziehung der im Dreißigj. Krieg verwüstet. Bauernhöfe Kaffeehaus in London
Cl. Lorrain: „Der Mittag" (frz. Gem.) *Rembrandt*: „Die 3 Kreuze" (niedl. Rad.) *J. Ruisdael*: „Schloß Bentheim" (niederl. Gem.) † *Simon de Vlieger*, niederl. Maler, erster Maler von Seestücken (* ∼ 1601)	* *Arcangelo Corelli*, ital. Komp. († 1713) *Lully* wird frz. Hofkomponist (beherrscht mehr und mehr franz. Musikleben) * *Johann Pachelbel*, dt. Organist († 1706)	Erster Lichtbild-Vortrag durch *Andreas Tacquet*	Stadtpost mit Briefkästen in Paris (1800 i. Berlin) Staatliche Leibrenten-Versicherung n. *Tonti* in Frankreich (unrentabel), bis 1726 Menuett wird Tanz am frz. Hof
† *Jean Lemercier*, franz. Baumeister, Univers.-Kirche d. Sorbonne in Paris, erste ital. Kuppel in Frankreich (* 1585) ∼ *Poussin* begründet Typ d. „Heroischen Landschaft" *Rembrandt*: „Christus i. Emmaus" (niederl. Radierung)	† *Samuel Scheidt*, dt. Komponist, bes. Orgelmeister; schrieb „Tabulatura nova", „Görlitzer Tabulaturbuch" (* 1587)	* *Jakob Bernoulli*, schweiz. Mathematiker († 1705) *de Fermat* u. *Pascal* geben erste system. Lösung eines Wahrscheinlichkeits-Problems (des Würfelspiels) *O. v. Guericke* führt dem Regensburger Reichstag die Wirkung des Luftdruckes an den „Magdeburger Halbkugeln" vor	*Knipschild* schafft nach spanischem Vorbild die juristische Form des Familien-Fideikommisses (Stammgutstiftung) als Sicherung des adligen Grundbesitzes
Pietro da Cortona (*Berrettini*; * 1596, † 1669): Fassade v. S. Maria della Pace (ital. Barockbau) in Rom * *Christoph Dientzenhofer*, dt. Barock-Baumeister († 1722) *Murillo*: „Geburt Mariä" (span. Gem.) *Rembrandt*: „Joseph u. Potiph. Frau" (Gem.)		*Giovanni Alfonso Borelli* (* 1608, † 1679) erforscht Kapillaritätserscheinung Feuerspritze mit Windkessel von *Hautzsch* (von *v. d. Heyden* ∼ 1670 verbessert) Chinaatlas des Jesuiten *Martini*	Regelmäßige Zeitung in Berlin Kanadisches Berufkraut als lästiges Unkraut n. Europa eingeschleppt

	Machtstärkung Frankreichs	Angelus Silesius Französische Klassik	Rationalismus Pascal
1656	Holländer erobern Colombo auf Ceylon (verdrängten dort seit 1638 Portugiesen) ~ Dtl. zerfällt n. 1648 i. fast 1800 mehr oder weniger souveräne Gebiete, davon nur 221 v. einiger Bedeutung: 4 weltl. 3 geistl. Kurfürstentümer, 60 Reichsstädte (vgl. 1663)		*Johann Clauberg:* „Ontosophia" (Ontologie nach *Descartes*) *Pascal:* „Lettres provinciales" (franz. antijesuitische Schriften) † *Morin,* frz. Astrologe (gilt als letzter großer Astrologe; mit dem Fortschreiten naturwissenschaftlicher und bes. astronomischer Erkenntnisse wird die Astrologie mehr u. mehr als Aberglauben angesehen, behält jedoch zahlr. Anhänger)
1657	† *Ferdinand III.,* röm.-dt. Kaiser seit 1637 (* 1608) Kurfürst von Brandenburg tritt von schwedischer auf polnisch-dänische Seite über	*Scarron:* „Komödiantenroman" (franz. Roman) *Silesius:* „Geistreiche Sinn- und Schlußreime" (mystisch-religiöse Dichtung, 1674 als „Cherubinischer Wandersmann") u. „Heilige Seelenlust oder geistliche Hirtenlieder der in ihren Jesum verliebten Psyche" Theater in München	*Comenius:* „Opera didactica omnia" (ford. einheitl. Schulwesen, freundliche Schulen mit Betonung der sinnl. Anschauung) *Baltasar Gracián* „El criticón" (span. pessimist. Moralphilosophie, 3 Tle. seit 1651. G. wird von seinem Jesuitenorden inhaftiert)
1658	† *Oliver Cromwell,* Lordprotektor in England seit 1653 (* 1599); sein Sohn *Richard* wird Lordprotektor; dankt 1659 ab Dänemark verliert seine südschwedischen Provinzen an Schweden *Leopold I.* römisch-dtsch. Kaiser bis 1705 (†) Dt. Fürsten verbünd. sich i. d. „Rheinischen Allianz" mit Frankr. geg. Österreich u. Brandenburg (bis 1767)	*Dryden:* „Heroische Stanzen" (engl. poetische Verklärung *Cromwells*; D. stellt seine Kunst in den Dienst d. jeweiligen Machthaber, vgl. 1660, 1687) *Stiernhielm:* „Herkules" (schwed. Renaiss.-Epos in Hexametern), leitet schwed. Literatur ein	*Hobbes:* „De Homine" („Über den Menschen", engl. utilitarist. Morallehre u. mechanist. Naturphilosophie) *Spinoza* wird aus der jüdischen Gemeinde ausgeschlossen
1659	Frankreich erhält im Pyrenäenfrieden politisches Übergewicht über Spanien; Roussilon u. Artois an Frankreich	~ * *Daniel Defoe (Foe),* engl. Romanschriftsteller († 1731) *Molière:* „Les précieuses ridicules" (franz. Lustspiel, verspottet Geistreichelei; erste seiner Pariser Komödien)	

Ruisdael Velazquez	Schütz Generalbaß	Wahrscheinlichkeits- rechnung	
* Johann Bernh. Fischer von Erlach, österr. Barock-Baum. († 1723) † Jan van Goyen, niederl. Landschaftsm. (*1596) B. Longhena (* 1598, † 1682): Maria della Salute, Vened. (s. 1631) Murillo: „Erscheinung des Christkindes vor dem heilig. Antonius" (span. Gemälde) Rembrandts Bankerott Vermeer van Delft: „D. Kupplerin"(Gem.)	Erstes engl. Opern-theater in London	* Edmund Halley, engl. Astronom († 1742) Huygens entdeckt Orionnebel und Gestalt des Saturnringes Pascal wendet sich von Mathematik und Physik ab zu einer religiösen Philosophie Thomas Wharton (* 1614, † 1673) erforscht und beschreibt Anatomie der Drüsen	≈ Aus Frankreich verbreitet sich der Gruß durch Hutabnehmen
Rembrandt: Bildnis seines Sohnes Titus (* 1642, † 1668) † Frans Snyders, niederländ. Maler großer Tier- und Jagdstücke (* 1579) Velazquez: „Teppichwirkerinnen" (span. Gem., gilt als 1. Fabrikbild)	A. Krieger: „Deutsche Lieder" Hch. Schütz: „Zwölf geistliche Gesänge"	Accademia del Cimento (Schule des Versuchs), naturwissenschaftl. Gesellschaft mit konsequentem experiment. Programm, angeregt durch G. Galilei, in Rom gegr. (bis 1667) Huygens: „De ratiociniis in ludo aleae" („Über die Berechnung d. Würfelspiels", Grundl. d. Wahrscheinlichkeitsrechnung)	
de Hooch: „Hof eines Hauses", „Mutter und Kind im Hause" (holl. Gemälde) ~ Maes: „Alte Frau b. Apfelschälen" (holl. Gemälde) Rembrandt: „HendrikjeStoffels" (Gem.) Adriaen van de Velde (* 1636, † 1672): „Strand b. Scheveningen", „Flache Flußlandschaft"(ndl.Gem.)		Zahlentheorie v. de Fermat mit „Fermatschem Problem" (bis heute ungelöst) Swammerdam entdeckt b. Frosch rote Blutkörperch.	
Rembrandt: „Moses zerschmettert die Gesetzestafeln" (niederl. Gemälde) J. v. Ruisdael: „Eichenwald a. See m. Wasserrosen" (niederl. Gem.) Velazquez: „Infantin Margarethe" (span. Bildnis)	* Henry Purcell, engl. Opernkomponist († 1695) * Alessandro Scarlatti, ital. Komponist († 1725)	Huygens beschreibt die wahre Gestalt d. Saturnringes u. d. Entd. des (ersten) Saturnmondes	

	Dt. Reichstag Absolutismus in Frankreich	Moliere Gryphius	Rationalismus
1660	Mit König *Karl II.* von Engl. (bis 1685 [†]) gelangt Haus *Stuart* wieder auf den Thron (bis 1714) *Karl XI.* Kg. v. Schweden, bis 1697 (†) Friede zu Oliva (vgl. 1655): Schweden bleibt Großmacht, polnisch. Lehnsoberhoheit üb. Preußen beendet, Polen behält Westpreußen ∼ Niederländische Buren („Bauern") besied. Südafrika i. Kampf g. d. Hottentotten	*Corneille:* Ausg. seiner Dramen nach klassizist. Regeln d. frz. Akademie † *Paul Scarron,* franz. burlesker Barockdichter (* 1610) *Dryden:* „Astraea redux" (engl. Dichtung zu Ehren König *Karls II.*) *Kaspar von Stieler* (* 1632, † 1707): „Die geharnschte Venus" (erotisch derbes Liederbuch) ∼ Erste deutsche Schauspielerinnen	≈ Im China der *Ts'ing*-Dynastie entsteht eine Textkritik an den konfuz. Schriften im Gegens. zur Scholastik der *Sung-*Zeit
1661	† Kardinal *Jules Mazarin,* leitender franz. Minister (* 1602) König *Ludwig XIV.* übernimmt absolute Herrschaft über Frankreich (bis 1715 [†]) Bombay engl. (1668 an ostind. Kompagnie)	*Lohenstein:* „Cleopatra" (Trauerspiel)	Die Jesuiten *Dorville* und *Grueber* erreichen die Hauptstadt Tibets, Lhasa *Jos. Glanvill,* engl. Hofkaplan (* 1636, † 1680) „The vanity of dogmatizing" (stellt Kausalges. in Frage) Kurfürstl. Bibliothek in Berlin
1662	Dünkirchen an Frankreich (war seit 1658 bei England) *Scheng-tsu (Kang-hi)* Herrscher in China bis 1722 (†); (Beginn einer starken kulturellen und sozialen Entwicklung in China; in den folgenden 200 Jahren verdreifacht sich etwa die Bevölkerung und verzwölffacht sich ungefähr das Vermögen des Landes) ∼ Auflösung der Stadtverfassungen in Frankreich durch Landesrecht	*de Bergerac:* „Reise z. Sonne" (franz. satir.-phantast. Reisebeschreibung; posthum) *Molière:* „Schule der Frauen" (franz. Lustspiel)	*Thomas Fuller* (* 1608, † 1661): „History of the Worthies of England" (posthumes geograph.-biograph. Nachschlagewerk) † *Blaise Pascal,* franz. Mathematiker und antijesuitischer religiöser Philosoph (* 1623) „Uniformitätsakte" versucht Alleinherrschaft der anglikanischen Bischofskirche in England herzustellen Trappisten führen asketische Ordensregeln ein
1663	Gründung der nordamerikanischen Kolonie Carolina „Reichstag" als ständiger Kongreß in Regensburg (bis 1806). Er besteht aus 7 Kur-, 61 weltlichen, 33 geistlichen Fürsten, 51 Reichsstädten, 2 Prälaten- und 4 Reichsgrafenkurien * Prinz *Eugen von Savoyen,* habsburgischer Feldmarschall († 1736)	*Gryphius:* „Absurda Comica oder Peter Squentz" (Lustspiel auf das Handwerkertheater) *Hofmannswaldau:* „Heldenbriefe" (spätbarocke Dichtung nach *Ovids* Art) *Justus Georg Schottel* (* 1612, † 1676): „Ausführl. Arbeit von der deutschen Hauptsprache" (festigt dt. Hochsprache)	Schriften von *Descartes* auf dem Index * *August Hermann Francke,* dt. pietistischer Pädagoge († 1727)

Barock Rembrandt	Italienische Oper in Paris	Vielseitige Entwicklung der Wissenschaften	
* *Jakob Prand(t)auer*, österr. Barock-Baumeister († 1726) *Rembrandt:* „Jacob ringt mit dem Engel" (niederl. Gemälde) *Ruisdael:* „Herberge" (niederl. Gem.) † *Diego Rodriguez de Silva y Velazquez*, span. Maler (* 1599) ~ *Vermeer van Delft:* „Briefleserin" (niederl. Gem.)	* *Johann Josef Fux*, österr. Komponist u. Musiktheoretiker († 1741)	*Herman Conring* begründet Sozial-Statistik in „Examen rerum publicarum" *Guericke* sagt mit Barometer Sturm voraus Bleistift-Manuf. in Nürnberg d. *Friedrich Staedtler* * *Georg Ernst Stahl*, dt. Mediz. u. Chemik. († 1732) *Thomas Sydenham* („engl. Hypokrates", * 1624, † 1689) faßt Krankheit als Prozeß, Fieber a. nützl. auf	Leipziger Zeitung „Neueinlauffende Nachricht von Kriegs- und Welt-Händeln" (seit 1630) beg. tägl. zu ersch. Branntweinsteuer in England Café Procope in Paris (eines d. ersten Pariser Kaffeehäuser) Wasserklosett gelangt von Frankreich nach England
Bernini erbaut die Scala regia (Königstreppe) im Vatikan (ital. Bau, bis 1663) ~ *Rembrandt:* „Staalmeesters" (niederl. Gruppenbild) *Ruisdael:* „Landsch. m. Wassermühle" (Gem.)		*R. Boyle:* „The sceptical Chymist" (engl. Lehrb. d. Chemie, betont „Element"-Begriff) *Marcello Malpighi* (* 1628, † 1694) entdeckt Blutkreislauf in den Haargefäßen; Beginn der mikroskopischen Anatomie	Sächsische Kleiderordnung: Taftband darf für Adlige 50, für Bürgerliche 30, für „gemeine Leute" 10—15 Ellen lang sein
Gabriel Metsu (* ~ 1630, † 1667): „Geflügelverkäufer" (ndl. Genrebild) * *Matthäus Daniel Pöppelmann*, dt. Barock-Baumst. († 1736) *Rembrandt:* „Venus u. Amor" (ndl. Gem. mit Bürgersfrau u. Kind) *Sandrart* grdt. i. Nürnberg Kunsthochschule ≈ Vorherrschaft d. Kano-Akad. i. Japan (vgl. 1476)	*Cavalli:* „Ercole amante" („Der liebende Herkules", ital. Oper mit Ballett-einlagen) wird in Paris aufgeführt	*Rob. Boyle* und *Mariotte* find. das Gesetz üb. Druck und Volumen idealer Gase *Reinier de Graaf* (* 1641, † 1673) entdeckt die Eiproduktion d. Eierstocks *John Graunt* (* 1620, † 1674) begründet mit einer Sterblichkeitstafel von London Bevölkerungsstat.; erstmalig Medizinal-Statistik Academia Leopoldina, Wien gegründet „Royal Society" in England gegründet	≈ Die großen Kolonialmächte England, Frankreich, Niederlande, Portugal, Spanien importieren v. Sklaven gewonnene Plantag.-Rohstoffe u. exportieren Fertigwaren ≈ Nachtbekleidung kommt auf; für Frauen: Nachtkamisol (Jacke) und Häubchen; für Männer: Nachtmütze und Schlafrock
~ *Poussin:* „Die 4 Jahreszeiten" (frz. Gem.) Baubeginn Schloß Nymphenburg bei München (Barockbau, bis 1728) ≈ In China wirken die Landschaftsmaler *Wang Shi-min, Wang Ch'ien, Wang Hui, Wang Yüan-ch'i*	*Cesti:* „La Dori" (ital. Oper)	*F. Generin* (* 1593, † 1663) verwendet erstes Fadenkreuz im astronomischen Fernrohrokular Von Hand gerieb. Schwefelkugel als Elektrisiermaschine von *O. v. Guericke* *Sylvius* stellt eine chem. Theorie d. Verdauung auf *N. Stenonis* lehrt: Das Herz ist ein Muskel	„Monatsunterredungen" als eine der ersten Zeitschriften (in Hamburg), herausgegeben v. *J. Rist* Niederlande versichern ihre Söldner gegen Kriegsunfälle

	Merkantilismus in Frankreich	Moliere Racine	Rationalismus
1664	Oberintendant der Fabriken *Jean Baptist Colbert* beseitigt franz. Binnenzölle und fördert franz. Handel, Industrie und Verwaltung nach Grundsätzen des Merkantilismus Franz. Ostindische Kompagnie gegründet (aufgelöst 1770) Österreich schließt mit der Türkei trotz militärischer Siege ungünstigen Frieden Neuer Seekrieg zwischen den Niederlanden und England bis 1667 Neu-Amsterdam kommt als New York an England ≈ Holland erweitert sein Kolonialreich in Ostasien	† *Andreas Gryphius*, dt. Dramatiker und Lyriker des Barock (* 1616) *Molière:* „Tartuffe" (franz. Komödie, wird verboten) † *Nikolaus Zriny(i)*, ungar. Dichter, u. a. „Das belagerte Szigeth" (Epos 1651) (* 1620) *S. Butler:* „Hudibras" (engl. kom. Epos gegen d. Puritaner; 3. Bd. bis 1678)	*Spinoza:* „Prinzipien der cartesianischen Philosophie, dargest. nach der geometr. Methode" (d.h. axiomatisiert, lat.)
1665	Nach Sturz der Adelsmacht (1660) absolutistisches „Königsgesetz" in Dänemark Fürstbischof von Münster verkauft 7000 seiner Untertanen als Soldaten an mehrere Staaten nacheinander. Beginn verbreiteter Soldatenverkäufe auf Grund sogenannter „Subsidienverträge"	† *Samuel Coster*, niederl. Bühnendichter, bes. Lustspieldichter (* 1579) *Larochefoucauld:* „Réflexions ou sentences et maximes morales" (franz. moralphilosophische Zeitkritik) *Molière:* „Don Juan" (frz. Komödie) *Racine:* „Alexander d. Gr." (frz. Tragödie) * *Christian Reuter*, dt. Barockdichter († ~ 1712)	*A. Geulincx* wird Prof. in Leiden, veröffentl. Hauptwerke wie „Über die Kardinaltugenden" (lat., 1675 als „Ethica") Universität Kiel gegrdt.
1666	† Fürst *August der Jüngere* von Braunschweig-Wolfenbüttel, Wissenschaftsfreund, gründete Handschriften-Bibliothek in Wolfenbüttel (* 1579)	*Dryden:* „Das wunderbare Jahr" (engl. histor. Gedicht) *Molière:* „Le Misanthrope" („Der Menschenfeind", franz. Kömodie)	*Comenius:* „Allerleuchtung" (pädagogisch-religiöse Schriften zur Weltverbesserung) *Leibniz:* „De arte combinatoria" (noch alchimist. beeinflußte Lehre der Begriffskombinationen)

Poussin / Hals	Schütz-Oratorien	Mikrobiologie	
Hals: „Die Vorsteher d. Altmännerhauses in Haarlem" (ndl. Gem.) *W. Kalf:* „Frühstücks-Stilleben mit chin. Schale" (niedl. Gem.) ~ *Poussin:* „Apollo u. Daphne" (frz. Gem.) * *Andreas Schlüter*, dt. Barock-Bildhauer und Baumeister († 1714) * *John Vanbrugh*, engl. Barock-Baumeister u. Dichter († 1726) † *Francisco de Zurbarán*, span. religiöser Barockmaler asketischer Frömmigkeit (* 1598)	*Hch. Schütz:* „Historia von der freuden- und gnadenreichen Geburt Gottes" (Weihnachtsoratorium) ~ Waldhorn als Orchesterinstrument	*R. Hooke* „Micrographia" (mit verbessertem zusammengesetztem Mikroskop) *Newton:* Binomischer Lehrsatz (Berechnung von $(a+b)^n$) *F. Redi:* Schrift über Schlangen und Schlangengift (1670 über Insekten) *Thomas Willis* (* 1621, † 1675): Anatomie des Gehirns und der Nerven (engl. Med.) Taucherglocken werden erwähnt ~ Laterna magica verbreitet sich	Merkantilistische Handels-Bilanz-Theorie (mit Ziel des Warenausfuhrüberschusses) von *Thomas Mun* posthum veröffentlicht (*Muns* erste Schrift darüber 1621) ≈ Verwendung von Nußbaum zu Möbeln in Deutschland Frankreich wird maßgebend für fürstliche Prunkmöbel (nach ital. Muster) Italien. Planspiegel werden nach franz. Muster über dem Kamin angebracht
Bernini: Hochaltar in St. Peter in Rom (beg. 1656), „Ludwig XIV." (Büste) ~ *Hobbema:* „Weg zw. Baumgruppen u. Gehöften" (ndl. Gem.) *de Hooch:* „Frau mit Magd i. Hof" (Gem.) *Claude Perrault* baut Ostfassade des Louvre in Paris (frz. Barockb.) † *Nicolas Poussin*, frz. Maler, vorw. in Rom (* 1593) ~ *J. Steen:* „Wirtshausgarten" (ndl. Gem.)		Gr. astronom. Luftfernrohre m. Mast a. Objektivträger von *G. Campani* ~ *Peter Chamberlen* erfindet die Geburtszange † *Pierre de Fermat*, franz. Mathematiker, besonders Zahlentheoretiker (*1601) *Francesco Maria Grimaldi* (* 1618, † 1663): Beugung d. Lichtes a. d. Schattengrenzen (ital.; posthum) *Hooke* deutet erstmals Licht als Wellenbewegung „Philosophical Transactions", erste engl. wissenschaftl. Zeitschrift	~ Fabrikation von Glasspiegeln in Frankreich „Große Pest" in London „The London Gazette" (amtl. Publikationsorgan)
* *Georg Bähr*, dt. Barock-Baumst. († 1738) † *Frans Hals*, fläm. Maler (* ~ 1580) † *Francois Hardouin Mansart*, frz. Baumst. (* 1598) *Willem van de Velde d. J.* (* 1633, † 1707): „Der Salutschuß" (niederl. Marinebild) St. Michael in Löwen (beg. 1650)	*Cesti:* „Der goldene Apfel" (ital. Oper für den Kaiser); *C.* wird kaiserl. Kapellmeister † *Adam Krieger*, dt. Komponist, bes. von Liedern (* 1634) *Hch. Schütz:* „Die Historia d. Leidens u. Sterbens u. Heilandes J. Chr." (3 Passionen)	*R. Boyle:* Druck einer Flüssigkeitssäule nur von ihrer Höhe, nicht v. ihrer Form abhängig (hydrostatisches Paradoxon) Erste dir. Blutübertrag. b. Tieren durch *R. Lower* ~ Klärung d. chem. Begriffes „Salz" durch *Tachenius* Gründung d. Pariser Akademie der Wissenschaften mit erster wissenschaftl. Zeitschrift in Frankreich	Steuererleichterung für Kinderreiche in Frankreich (bis 1683) Großfeuer in London (*Wren* stellt 1668 Generalbebauungsplan auf) „M. Zeilleri getrewer Reisgefert" (*Zeillers* Reisehandbuch)

	Kritik d. Reichsverfassung	Paul Gerhardt Grimmelshausen	Rationalismus Leibniz
1667	Rußland erobert die Provinz Smolensk und Polen Verbrauchssteuern (Akzise-Ordnung) in den Städten Brandenburgs; der Adel verhindert ihre Ausdehnung auf das Land *Samuel Pufendorf* (* 1632, † 1694) übt scharfe Kritik an der Reichsverfassung Dreierbündnis England, Niederlande, Schweden durch engl. Minister *William Temple* (* 1628, † 1699)	*Paul Gerhardt:* „Geistl. Andacht." (ev. Liederb. mit „O Haupt voll Blut u. Wunden", „Nun ruhen alle Wälder", „Befiehl du deine Wege") *Milton:* „Paradise Lost" („Das verlorene Paradies") *Racine:* „Andromache" (frz. Tragödie) † *Johann Rist*, dt. Barockdichter, u. a. Zeitstücke u. Kirchenlieder (* 1607) * *Jonathan Swift*, engl. Schriftsteller († 1745) *v. d. Vondel:* „Noah" (niedl. Drama) Komödienhaus in Dresden 1. fest. Theat. in Stockholm	*Klemens IX.* Papst bis 1669
1668	Ende des „Devolutionskrieges" (seit 1667) Frankreichs gegen die span. Niederlande (Belgien); Lille wird französisch Unter engl. Druck erkennt Spanien ein selbständiges Portugal an Reichstag gibt Fürsten das Recht, von den Ständen Verteidigungsgelder zu fordern	*Lafontaine:* „Fabeln" (frz., in Versform; 12 Bde. bis 1694) *Molière:* „L'Avare" („Der Geizhals"), „Amphitryon" (franz. Komödie) *Racine:* „Die Kläger" (frz. Justizkomödie) * *Alain René Le Sage*, franz. Dichter († 1747) Theater in Nürnberg	*Leibniz:* Naturwissenschaften erfordern Gottesbegriff
1669	Weltliche Fürsten erklären auf dem Reichstag Zünfte als entbehrlich; starke Auflösung des Zunftwesens Beginn von Konferenzen, um die große Zahl der Zollstationen für die Elbschiffahrt herabzusetzen (erstrecken sich bis 1711) Letzte Teile des norddt. Hansebundes lösen sich auf Venedig verliert mit Kreta seinen letzten Kolonialbesitz an die Türken	*Mariana Alcoforado* (* 1640, † 1723, portug. Nonne): „Briefe" (Liebesbriefe, von *Rilke* 1913 übersetzt) *Grimmelshausen:* „Der abenteuerliche Simplizissimus" (Entwicklungsroman aus dem Dreißigjährigen Krieg; gilt als bedeutendste dt. Barockdichtung) † *Johann Michael Moscherosch* (*Philander von Sittewald*), dt. Satiriker (* 1601)	† *Arnold Geulincx*, niederl. Philosoph des dualistischen Okkasionalismus — Gott vermittelt zwischen Leib und Seele (* 1624) *Leibniz* verteidigt christliche Dreieinigkeitslehre *William Penn:* „Kein Kreuz, keine Krone" (geg. die engl. Quäkerverfolgungen)

† *Rembrandt* *Vermeer van Delft*	*Italienische Oper* *in Dresden*	*Pflanzenzellen* *Neuere Geologie*	
† *Francesco Borromini*, ital. Bildh. u. Baum. römischer Kirchen d. Hochbarock (* 1599) † *Alonso Cano*, span. Baum., Bildschnitz. u. Mal. d. Barock (* 1601) * *Johann Kupetzky*, österr. Maler († 1740) ∼ *Murillo*: „Immaculata" (span. Gem.) ∼ *Emanuel de Witte* (* 1617, † 1692): „Kircheninneres" Kathedrale in Mexiko fertigg. (an Stelle des Haupttempels der Azteken, seit 1573)	† *Johann Jakob Froberger*, dt. Barockkomponist, Schöpfer der neuen Suitenform (* 1616) *Carlo Pallavicino* (* 1630, † 1688) wird Kapellmeister in Dresden; damit entsteht in Deutschl. eine ständige ital. Oper (bis 1763) *Johann Rosenmüller* (* ∼ 1620, † 1684): „Kammersonaten" (ital. Symphonie und deutsche Tanzsuite)	Erste Bluttransfusion v. Tier zum Menschen von *Jean Denis* (* ∼ 1630, † 1704) *Hooke* findet mikroskop. Pflanzenzellen am Kork *W. Needham*: Anatomie d. Embryos, entdeckt Ernährung der Leibesfrucht durch den Mutterkuchen Accademia del Cimento veröffentl. in anonymer Form ihre Ergebnisse seit 1657 Pariser Sternwarte gegründet	*Johann Joachim Becher* (* ∼ 1630, † ∼ 1684), dt. Arzt, Chemiker, merkantilist. kaiserl. Rat: „Politisch. Diskurs von den eigentlichen Ursachen des Auff- u. Abnehmens der Städt, Länder und Republiken, in specie wie ein Land volckreich u. nahrhaft zu machen und eine rechte Societatem civilem zu bringen" ≈ Kgl. Gobelin-Manufaktur in Paris unter *Ch. le Brun*
* *Johann Lukas v. Hildebrandt*, österr. Barock-Baumeister († 1745) *Ch. Lebrun*: Alexand. d. Gr. (fünf frz. Gem.) *Lorrain*: „Landschaft mit Vertreibung der Hagar" (frz. Gem.) *Rembrandt*: „Heimk. d. verl. Sohn.", „Die Judenbraut" (ndl. Gem.) † *Philipp Wouwerman*, niederl. Mal., Darst. v. Tieren, bes. Pferden, i. d. Landschaft (* 1619)	*Buxtehude* wird Organist u. „Werkmeister" a. d. Lübecker Marienkirche * *François Couperin*, französ. Komponist († 1733)	Kurfürst v. Brandenburg läßt *Friedrich-Wilhelm*-Kanal zwischen Oder und Spree bauen † *Johann Rudolf Glauber*, dt. Chemiker; erzeugte u. a. Salzsäure und „*Glauber*"-Salz aus Kochsalz u. Schwefelsäure (* 1604) Vorläufer d. intravenösen Injektion durch *Johann Daniel Major* (* 1634, † 1693)	Ärztliches Gutachten über Ende der Pestseuche in Köln (wütete seit 1348 in Europa)
Rembrandt: Selbstbildnis † *Rembrandt Harmenszoon van Rijn* in Vergessenheit, ndl. Maler und Graphiker; (u. a. ca. 1000 Zeichn., 350 Radierungen * 1606) ∼ *Vermeer van Delft*: „Mädchen a. Spinett", „Spitzenklöpplerin", „Der Geograph" (ndl. Gemälde)	† *Marc' Antonio Cesti*, ital. Kapellmeister und Komponist der venezianischen Oper; seine lyrische Richtung herrscht in Zukunft (* 1623) ≈ *Stradivari* baut Meistergeigen in Cremona Akademie für Musik in Paris Opernhaus in Paris	*E. Bartholinus* (* 1625, † 1698) entdeckt Lichtstrahlverdoppelung (Doppelbrechung) i. Kalkspat *H. Brand* entdeckt Phosphor im Harn (auf der Suche nach d. alchimist. „Prima materia") *Mayow* untersucht d. Rolle der Luft bei der Atmung *Newton* Prof. i. Cambridge *Nicolaus Steno* (* 1638, † 1687) begr. mod. Geologie durch neptunistische Erkl. d. Gesteins- u. Fossilentstehung; mißt regelmäßigen Bau der Kristalle	 *Swammerdam*: „Biblia naturae" Entdeckung der Niagarafälle

	England erstrebt „europäisches Gleichgewicht"	Milton Racine	Rationalismus Pufendorf
1670	Engl. *Hudson*bay-Handels-Kompagnie gegründet England gibt im Geheimvertrag Frankreich freie Hand in den Niederlanden Frankreich besetzt Lothringen (bis 1697) * *Friedrich August I.* (der Starke), Kurfürst v. Sachsen († 1733)	*P. Corneille:* „Imitation de Jésus-Christ" (frz. geistl. Lyrik, seit 1650) *Grimmelshausen:* „Lebensbeschreibung der Erzbetrügerin und Landstörtzerin Courasche" (Roman) *Molière:* „Der Bürger als Edelmann" (frz. Komödie) *Racine:* „Berenice" (franz. Tragödie)	† *Amos Comenius*, böhm. Volksschulreformer u. Pädagoge (* 1592) *Klemens X.* Papst bis 1676 *Pascal:* „Pensées sur la religion" („Gedanken über die Religion", frz. jesuitenfeindliche Mystik; posthum) *Spener* begrdt. „Collegia pietatis" („pietistische" Hausversammlungen) *Spinoza:* „Theologisch-politischer Traktat" (lateinisch)
1671	Don-Kosakenaufstand gegen feudale Bedrückung unter Führung von *Stepan Rasin* wird niedergeschlagen. *Rasin* wird geviertelt Dänemark besetzt westindische Insel St. Thomas (1916 verkauft an die USA)	*Corneille* unterliegt i. Wettstreit gegen *Racine* *Milton:* „Das wiedergewonnene Paradies" (engl. Epos) *Marie Marquise de Sévigné* (* 1626, † 1696) beginnt „Briefe" (kulturhistorisch wertvolle franz. Hofberichte an ihre Tochter, fortgesetzt bis 1696; gedr. 1726)	Pariser Universität verbietet die Lehre cartesianischer Philosophie (*Descartes* † 1650) * *Anthony Shaftesbury*, engl. Philosoph († 1713) Gründung der jüdischen Gemeinde in Berlin mit kurfürstlichem Privileg
1672	* *Peter I.* (der Große), Zar von Rußland 1689 bis 1725 (†) *Leibniz* am Hof *Ludwigs XIV.*, versucht ihn zu einem ägyptischen Feldzug zu überreden, um europäischen Krieg zu vermeiden „Holländischer Krieg" Frankreichs, Schwedens u. Englands gegen die Niederlande, Österreich, Spanien und Brandenburg (bis 1679)	* *Joseph Addison*, engl. Schriftsteller und Zeitschriftenherausgeber († 1719) *Grimmelshausen:* „Das wunderbarliche Vogelnest" (Novellenkreis) *Molière:* „Les femmes savantes" („Die gelehrten Frauen", franz. Komödie) † *Göran Stiernhielm*, „Vater der schwedischen Dichtkunst", Dichter antikisierender Gedichte; führte Renaissance i. Schweden ein (* 1598) *Chr. Weise:* „Die drey ärgsten Ertznarren in d. gantzen Welt" („polit. Roman") Hoftheater in Moskau	Oströmische Kirche übernimmt Transsubstantiations-(Verwandlungs-) Lehre des Abendmahls *Samuel Pufendorf:* „Über das Natur- und Völkerrecht" (bis *Kant* wirksame dt. Naturrechtslehre)

Barock Wren	Schütz Erste französische Oper	Newton Licht - Spektrum	
~ * Johann Friedrich Eosander (von Göthe), dt. Barock-Baumeister († 1729) Antonio Petrini: Kloster Stift Haug, Würzburg (beend. 1691) ~ J. v. Ruisdael: „Haarlem", „Der Damplatz zu Amsterdam" (ndl.) J. Steen: „Heiratsvertrag" (ndl. Genrebild) Vermeer van Delft: „Herr u. Dame beim Wein" (ndl. Gem.) ~ Die ndl. Genremalerei wendet sich d. gehobenen Gesellsch. zu Stadtschloß in Potsdam (1745-51 v. Knobelsdorff umgebaut)	Die erste ital. Operntruppe kommt nach Deutschland mit der Figur des Arlecchino (Harlekin)	Dreschmaschine von Amboten Isaak Barrow (* 1630, † 1677), Lehrer Newtons, erkennt die geometrische Flächenbestimmung als Umkehrung der Tangentenbestimmung ~ Newton begründet in sein. „Fluxionsrechnung" die Infinitesimal- (Differential-) Rechnung (veröffentlicht erst 1736); ermöglicht allgemeine Behandlung von Bewegungsvorgängen Neue genauere Gradmessung zur Bestimmung der Erdgröße durch Jean Picard (* 1620, † 1682) Th. Willis entdeckt Süße d. diabetischen Harnes	≈ Männermode: in der Taille enger Rock mit großen Schoßtaschen und Ärmel-Aufschlägen („Justaucorps") ≈ Frauenmode: Hüftwülste, Schnürbrust Gründung d. österr. Tabakmonopols ~ Uhren erhalten Minutenzeiger
J. D. Heem: „Blumenstilleben" (ndl. Gem., naturalist. auf schwarzem Grund) A. v. Ostade: „Rastende Wanderer" (ndl. Gem.) A. v. d. Velde: „Die Hütte" (ndl. Gem.)	Cambert: „Pomone" (erste franz. Oper, mit Balletteinlagen in der neueröffneten Großen Oper, Paris) Hch. Schütz „Psalm 119" und „Magnificat" (doppelchörig)	Athanasius Kircher: Transportable Camera obscura zum Zeichnen v. Landschaften ~ Newton: Spiegelfernrohr Verwendung der Wahrscheinlichkeitsrechnung z. Rentenbestimmung durch Witt Sternwarte in Paris	Abbildung mit einer an fliegenden Kugeln hängenden Barke (Luftschiff-Phantasie) Im Café des Florentiners Procopio in Paris gibt es zahlreiche Speiseeissorten (vgl. 1676)
~ Murillo: Vier Betteljungenbilder (span. Gem., beg. 1668) Steen: „Die Bauernhochzeit" (ndl. Gem.) Kao Ts'en: „Herbstlandschaft" (chin. Tuschbild eines der „Acht Meister von Nanking") Chr. Wren beg. St.-Paul-Kathedrale in London (n. d. Vorbild d. Peterskirche, beendet 1710)	Bontemps: „Paris" (ital. Oper) in Dresden aufgeführt † Heinrich Schütz, dt. Komponist, Mitschöpfer des Oratoriums und eines neuen Stils der protestantischen Kirchenmusik durch Verschmelzung monodischer und polyphoner Elemente (* 1585)	F. Glisson entdeckt Reizbarkeit lebender Gewebe O. v. Guericke: „Experimenta nova" (Versuche mit d. Luft u. Luftpumpe) Leibniz entdeckt elektr. Funken (an einer geriebenen Schwefelkugel) Malpighi: „Über das bebrütete Ei" (am Hühnerei gewonnene Grundlagen d. modernen Embryologie) Newton zerlegt d. Sonnenlicht m. einem Prisma in die Spektralfarben u. gibt korpuskulare Lichttheorie	„Mercure galant", frz. Zeitschrift für gesellschaftl. Formen

	Colbert Schlacht bei Fehrbellin	Französische Klassik Lafontaine	Rationalismus Pietismus gegen Orthodoxie
1673	„Testakte" in England: Katholiken werden von den Staatsämtern ausgeschlossen (gültig bis 1828) Engl. Parlament erhebt Einspruch gegen Unterstützung Frankreichs Frankreich vereinheitlicht unter *Colbert* das Recht, fördert Landwirtschaft, Zünfte (unter Staatsaufsicht) und staatliche Entschuldung. Die offene Handelsgesellschaft erhält moderne rechtliche Form	† *Jean Baptiste Poquelin* (gen. *Molière*), franz. Komödiendichter; stirbt kurz nach schauspielerischer Darstellung d. Rolle des „eingebildeten Kranken" (* 1622)	Univ. Innsbruck gegrdt.
1674	*Wilhelm III. von Oranien* wird im Kampf gegen Frankreich, den er seit 1672 führt, Erbstatthalter der Niederlande (bis 1702 [†]) *Johann III. Sobieski* wird nach seinem Sieg über die Türken 1673 Kg. v. Polen bis 1696 (†)	*Nicolas Boileau-Despréaux* (* 1636, † 1711): „Art poétique" (franz. Poesielehre des Klassizismus) † *Lars Johansson* (im Duell), schwed. Dichter, „souveräner Vagabund und Tagelöhner der Poesie" (* 1638) *Lafontaine:* „Erzählungen u. Novellen in Versen" (frz. erotische Dichtung s. 1665) † *John Milton,* engl. Dichter u. polit. Schriftsteller (Puritaner, * 1608)	*Christine* v. Schwed. stiftet in Rom eine Akademie (später „Accademia clementina") *A. Müller:* „Clavis Sinica" (chines. Sprachlehre)
1675	Kurfürst *Friedrich Wilhelm von Brandenburg* besiegt die Schweden bei Fehrbellin und gewinnt vorübergehend Vorpommern	*Racine:* „Iphigenie in Aulis" (frz. Drama, Erstauff. 1674)	*Bunyan* (als Baptistenprediger im Gefängnis): „Des Pilgers Wanderschaft" (schlichtes, weitverbreitetes engl. Erbauungsbuch; Bd. II: 1684) *Christian Scriver:* „Seelenschatz" (Erbauungsbuch) *Philipp Jakob Spener* (* 1635, † 1705): „Pia desideria oder herzliches Verlangen nach gottgefälliger Besserung der wahren evangelischen Kirche samt einigen dahin abzweckenden christlichen Vorschlägen"; Beginn des weltabgewandten Pietismus gegen evangelische Orthodoxie mit Forderung nach tätigem Christentum Orthodoxe helvetische Konsensusformel

Barock Murillo	Buxtehudes virtuose Orgelmusik	Newton Leibniz	
v. Ostade: „Der Spielmann" (niederl. Gem.) † Salvatore Rosa, span. Barockmaler, naturalist. Historien- und Schlachtenmaler, auch Dichter und Musiker (* 1615) ≈ Gr. südind. Schiwa-Tempel auf Madura mit mächtigen Tortürmen u. überreicher Plastik innen u. außen (letzte ind. Kunstepoche)	~ Buxtehude als Orgelvirtuose in seinen „Lübecker Abendmusiken"	Huygens: Schrift über Penduhr; Theorie d. Fliehkraft und Erdabplattung; Energieerhaltungssatz für mechanische Vorgänge; Pulvermaschine (primitiver Vorläufer des Explosionsmotors) Leeuwenhoek entd. mit einfach. Mikroskop d. roten Blutkörper. d. Menschen La Salle erforscht Mississippigebiet (bis 1687) Leibniz: Multiplikations-Rechenmaschine	Ludwig XIV. führt die Allongeperücke ein ~ Feuerwehrschläuche kommen auf Japan. Handels- und Bank-Haus d. Mitsui gegründet
† Philippe de Champaigne, franz. Barockmaler, vorwiegend Porträts (Colbert, Turenne, Richelieu); strenger Theoretiker der Akademie (* 1602) Lorrain: „Seehafen bei aufgehender Sonne" (franz. Gem.) Murillo: 8 Gem. üb. d. Barmherzigkeit (span.)	† Giacomo Carissimi, ital. Oratorien-Komponist, Mitbegründer der Kantatenform (* 1605) * Reinhard Keiser, dt. Opernkomponist († 1739) Lully: „Alceste" (frz. Oper, schrieb insges. 14 große Opern)	Rob. Boyle bestätigt die Gewichtszunahme der Metalle bei der Oxydation u. bemerkt die „Luftverschlechterung" durch Atmung Kreisteilmaschine von Hooke Spiralfederunruhe für Uhren von Huygens Papin verbessert die Hahn-Luftpumpe	≈ Franz. symmetrischer Gartenstil durch Le Nôtre (Park v. Versailles 1662—87)
* Rosalba Carriera, ital. Bildnismalerin († 1757) Mathey beginnt erzbischöfl. Palais in Prag (beend. 1679) v. Ruisdael: „Der Judenfriedhof" (ndl. Gemälde) † Jan Vermeer van Delft, niederl. Maler, bes. v. Innenräumen, aber auch Landschaften (* 1632) Theatinerkirche in München fertiggestellt (Baubeg. 1663; Fassade 1765—68) ~ Streit um den Stil Poussins u. Rubens' i. d. frz. Akademie, d. h. um Linie oder Farbe	† Andreas Hammerschmidt, dt. Komponist von protest. Kirchenmusik, besonders Motetten (* 1612)	D. Cassini findet C.'sche Teilung d. Saturnringes Leibniz begründet u. entwickelt weitgehend selbständig die Infinitesimalrechnung (mit „unendlich kleinen" Größen) Leeuwenhoek entd. mikroskopisch einzellige Infusionstierchen (Protozoen) Nikolaus Lemery (* 1645, † 1715) verbreitet mit seinem Lehrbuch „Cours de Chimie" chemische Kenntnisse Olaf Römer (* 1644, † 1710) bestimmt aus Verfinsterg. der Jupitermonde z. ersten Male die Lichtgeschwindigkeit (300000 km/Sek.) Sternwarte in Greenwich gegründet	~ Paris entwickelt sich zum kulturellen Mittelpunkt Europas (Einwohner 1250 ca. 150000, 1675 ca. 540000, 1800 ca. 647000, 1926 ca. 2871000) ≈ Anwachsend. Zahl der Rohrzucker-Raffinerien in Europa (erste 1573 in Augsburg), schnell steigender Zuckerverbr. ≈ Öllampen mit Reflektor u. Schornstein

	„Habeascorpusakte"	Französische Klassik Racine	Spinoza Rationalismus · Pietismus
1676	† *Alexei*, Zar von Rußland seit 1645. Rußlands Machtbereich grenzt an China (* 1629) *Feodor III.* wird Zar von Rußland bis 1682 (†) Engl. Wirtschaftskrieg gegen Frankreich durch Einfuhrverbote. Auch der Kaiser versucht Einfuhren aus Frankreich zu verbieten, jedoch ohne Erfolg Aufstand in Virginia gegen Gouverneur	*George Etheridge* (* 1635, † 1701): „Der Mann nach der Mode" (engl. Komöd.) † *Paul Gerhardt*, dt. evangel. Kirchenliederdichter (* 1607) † *Hans Jakob Christoffel von Grimmelshausen*, dt. Romandichter (* ~ 1625)	*Innozenz XI.* Papst bis 1689, Gegner der Jesuiten
1677		*N. Lee:* „The rival queens" (engl. Schauspiel) *Racine:* „Phèdre" (franz. Drama); heiratet u. zieht sich auf sein Familienleben zurück † *Johann Scheffler* (gen. *Angelus Silesius*), dt. Mystiker der Barockzeit, Dichter von relig. Sprüchen; war seit 1653 katholisch (* 1624)	*Leibniz* analysiert den völkerrechtlichen Begriff „Souveränität" *Spinoza:* „Ethik nach der geometrischen Methode" (in lat. Sprache; ein Höhepunkt rationalist. Ethik) † *Baruch Spinoza*, niederl. pantheistischer Philosoph (* 1632) Univ. Innsbruck gegrdt.
1678	Friede zu Nimwegen (Verhandl. b. 1679) beendet den „Holländischen Krieg" (seit 1672); Frankreich erhält Südflandern	*Madeleine de Lafayette:* „Die Prinzessin von Cleve" (frz. Roman, gilt als erster psychologischer Roman)	*Ralph Cudworth* (* 1617, † 1688): „Das wahre geistige System des Universums" (aus d. platon.-christl. Cambridger Schule) *Malebranche:* „Zur Erforschung der Wahrheit" (frz. okkasionistische Abwandlung der dualistischen Philosophie *Descartes*') *Leibniz* plant eine allg. wissenschaftl. Zeichensprache m. logischen Rechenregeln als Programm eines umfassenden Logikkalküls
1679	Engl. Parlament schützt durch die „Habeascorpusakte" persönliche Freiheit der Bürger gegen Königsgewalt Ausdehnung des freien Unternehmertums in England	† *Christian Hofmann von Hofmannswaldau*, dt. Lyriker, Haupt d. Zweiten Schlesischen Dichterschule (schwülst. Barockdichtung) (* 1617) † *Joost van den Vondel*, niederl. Dramatiker, Lyriker, Satiriker, Übers. lat. Dichter (* 1587)	*Abraham a Santa Clara:* „Mercks Wien!" (Bußpredigt, vgl. 1683) † *Thomas Hobbes*, engl. mechanist. u. utilitaristischer Philosoph, lehrte Allmacht d. Staates (* 1588) * *Christian Wolff*, dt. Philosoph († 1754)

Barock Lorrain	Purcell Oper in Hamburg	Huygens Lichtgeschwindigkeit	
Lorrain: Idyllische Landschaft bei Abendbeleuchtung (franz. Gem.) ~ *Murillo:* „Madonna purissima", 2 Selbstbildnisse (span. Gem.) *Wren:* Bibliothek des Trinity College Oxford (beend. 1695); Sternwarte Greenwich	† *Francesco Cavalli* (eig. *Pier Francesco Caletti Bruni*), ital. Komp., Repräsentant der venezianischen Oper (* 1602)	Repetieruhr von *I. Barlow* *Newton* beobachtet u. mißt die nach ihm benannten Interferenzringe an einer Linse auf Glasplatte (vers. Erklärung mit seiner Korpuskulartheorie) ~ Feststellung d. Zuckerkrankheit durch Urinschmecken (vgl. 1670; wohl auch schon früher angewandt, chemischer Nachweis erst ab 1841)	≈ Französ. Küche führt in Europa Selbstmord des frz. Küchenmeisters *Vatel* wegen kleiner Unstimmigkeit bei einem Festessen für 180 000 Livres Innung der Speiseeisfabrikanten in Paris gegründet Gesetzlicher Schutz der Sonntagsruhe in England
† *Wenzel Hollar*, dt. Kupferstecher i. Engl., Schüler von *Merian* (* 1607) † *Aert van der Neer*, niederl. Maler, bes. v. Kanallandschaften in Mondbeleuchtung, nächtl. Feuersbrünsten (* ~ 1603)	† *Robert Cambert*, frz. Opernkomp., Schöpfer der franz. Nationaloper (* 1628)	*Leeuwenhoek* veröffentlicht mikroskopische Untersuchungen über tierische Samenfäden *Leibniz* berichtet üb. seine Infinitesimalrechnung an *Newton*, der ihm seine entsprechenden Ergebnisse in einem Anagramm mitgeteilt hatte	
† *Jakob Jordaens*, niederl. Maler, bes. Darstellungen von Szenen aus dem kleinbürgerlichen flämischen Leben (* 1593) *Jules Hardouin-Mansart* übernimmt Bau des Schlosses von Versailles (beg. 1661 von *Le Vau*, beend. 1689, Kapelle 1710)	*Buxtehude:* „Hochzeit d. Lammes" (Kantate) *Purcell:* Musik zu *Shakespeares* „Timon von Athen" (engl. Schauspielmusik) Gründung des Hamburger Operntheaters als Aktienunternehmen und erstes deutsches Operntheater (1738 endet dieser erste Ansatz einer dt. Opernkunst)	*Chr. Huygens:* Polarisation des Lichtes im Kalkspat Wellentheorie des Lichtes von *Huygens* (veröff. 1690; Streit zwischen Wellen- und Korpuskulartheorie [von 1672] bis zu den Interferenz-Versuchen von *Fresnel* 1816—21) Automatisches Planetarium von *Olaf Römer*	Chrysanthemen kommen aus Japan nach Holland
Sandrart: „Teutsche Academie der edlen Bau-, Bild- und Malerey-Künste" (Kunstgeschichte, beg. 1675) † *Jan Steen*, niederl. Barockmaler v. Volksszenen, u. a. „Das St. Nikolausfest", „Der Quacksalber", „Trinkend. Paar" (* ~ 1626)		*G. A. Borelli* untersucht Körperbewegung b. Muskelkontraktion *Leeuwenhoek* entdeckt die Querstreifung der willkürlichen Muskeln *R. Hooke:* Grundgesetz der Elastizität Botan. Garten i. Berlin	Erstes dt. Kaffeehaus Hamburg

	Reunionen Türken vor Wien	Comédie française † Calderon	Leibniz Rationalismus · Pietismus
1680		† *Samuel Butler*, engl. satir. Dichter, Gegner der Puritaner (* 1612) † *François de Larochefoucauld*. franz. Moralschriftsteller (* 1613) „Comédie française" in Paris gegründet	Sonntagsruhegesetz i. England (sein streng puritanischer Geist wird später schrittweise gemildert, bleibt aber bis in das 20. Jh. wirksam)
1681	Frankreich annektiert (seit 1679) durch die „Reunionen" linksrheinische Gebiete einschließl. Straßburg Franzosen besiedeln Louisiana am Mississippi Franz. „Seeordnung" regelt Handels- u. Konsulatswesen Bündnis Frankreich-Brandenburg	† *Pedro Calderon (de la Barca)*, span. Dramatiker, u. a. „Das Leben ein Traum", „Der Richter von Zalamea", „Dame Kobold"; insges. etwa 121 weltl., 73 geistl. Schauspiele, ferner Vor- u. Zwischenspiele (* 1600)	*Bossuet*: „Universalgeschichte" (franz. kathol. Geschichtsphilosophie) *William Penn* überträgt Quäkerbewegung auf Nordamerika
1682	† *Feodor III.*, Zar seit 1676 (* 1656) *Iwan V.*, schwachsinniger Halbbruder *Peters I.*, gemeinsam mit ihm Zar von Rußland bis 1689 († 1696) Der engl. Quäker *William Penn* (* 1644, † 1718) gr. in Nordamerika religiös tolerante und indianerfreundliche Kolonie Pennsylvanien Versailles wird kgl. Residenz (bis 1789)	*Weise*: „Masaniello" (Schauspiel f. Schultheater)	Gründung der ersten dt. wissenschaftlichen Zeitschrift „Acta eruditorum" in Leipzig (in lat. Sprache) Vier Artikel der „Gallikanischen Kirche" in Frankreich versuchen Papstmacht zu beschränken (vom Papst verdammt) Kometenerscheinung löst religiöse, aber auch abergläubische Gedanken aus
1683	Beginn des gr. Türkenkrieges (bis 1699); Wien v. d. Türken belagert u. befreit Brandenburg. Kolonie an d. Guineaküste (bis 1717) † *Jean Baptist Colbert*, Ende seiner seit 1661 betriebenen merkantilistischen Politik („Colbertismus") (* 1619) China besetzt Formosa	† *Daniel Casper von Lohenstein*, dt. Dichter, vornehmlich von Trauerspielen (* 1635) Katalog chines. Bücher in Berlin gedruckt	Augustiner *Abraham a Santa Clara* hält Predigten gegen die Türken: „Auf, auf, ihr Christen" *Bernhard Fontenelle* (* 1657, † 1757): „Dialogues des morts" (frz. Philosophie) *Leibniz* bemüht sich anhaltend um die Wiedervereinigung der christlichen Kirchen. Streitschrift gegen die Politik *Ludwigs XIV*

Barock Murillo	Erstes Concerto Grosso Ballett	Leeuwenhoek Mikrobiologie	
† *Lorenzo Bernini*, ital. Bildhauer, Zeichner u. Baumeister d. Barock (* 1598) ~ *M. Hondecoeter*: „Hühnerhof" (niederl. Gemälde) ~ *Murillo*: „Zigeuner-Madonna" (span. Gemälde) Großer Garten mit Palais, Dresden (beg. 1676)	*Corelli* schreibt als Erster ein „Concerto grosso" ~ * *Antonio Vivaldi*, ital. Komponist († 1743) Einführung d. Balletts in Deutschland (aus Frankreich)	* *Vitus Bering* in Jütland, russ. Offizier u. Entdecker († 1741) Pendeluhr mit Ankerhemmung von *Clement* Gesetze des elastischen Stoßes von *Huygens* Der „Goldmacher" *Johann Kunckel* (* 1630, † 1702) stellt Rubinglas her † *Jan Swammerdam*, ndl. Insektenforsch., Begründ. d. Insektenkunde (* 1637)	*W. v. Schröder*: „Fürstliche Schatz- und Rent-Cammer nebst seinem Tractat vom Goldmachen" (merkantilistische Verteidigung der Verschwendung an Fürstenhöfen; Ablehnung der Zünfte)
~ „Die Monate oder die kgl. Schlösser", frz. Gobelin-Folge n. Entw. von *Ch. Le Brun* (* 1619, † 1690) † *Gerard Terborch*, niederl. Maler von Bildnissen und Genrebildern wie „Hauskonzert" (* 1617)	*Beauchamps*, erster frz. „Ballettmeister", läßt erstmalig eine Tänzerin öffentlich auftreten * *Georg Philipp Telemann*, dt. Komponist († 1767)	*Jean Mabillon* (* 1632, † 1707): „De re diplomatica" (frz. grundlegende geschichtl. Quellenkritik) *J. Moore* weist nach, daß auf der Erde die Wasser- die Landfläche überwiegt Überdruck-Kochtopf von *Papin* Akademie der Wissenschaften, Moskau	Portugal führt Tuchmanufaktur unter Schutzzöllen ein (verliert sie 1703 zugunsten Englands) ~ Schecks (Notes) in England
† *Claude Lorrain*, frz. Landschaftsmaler, Klassizist, seit 1619 in Rom (* 1600) † *Bartolomé Esteban Murillo*, span. Maler (* 1617) † *Jacob van Ruisdael*, niederl. Landschaftsmaler, bes. Wald- und Wasserfallmotive (*~ 1628) *Pierre Puget* (* 1622, † 1694): „Milon von Kroton" (frz. Plastik)		*Becher* bemerkt die Brennbarkeit d. Steinkohlengas. (techn. Verwert. ~ 1800) *Nehemia Grew* (* 1628, † 1711): „Anatomie der Pflanzen" Komet erscheint (seine Bahn wird von *Halley* n. *Newtons* Mechanik vorausberechnet; vgl. 1705) *Jean Picard* verwendet erste Feinmeßeinricht. (Schrauben-Mikrometer) am astr. Fernrohr (Voraussetzung der „astron. Genauigkeit")	*William Petty* (* 1623, † 1687) Vorläufer d. Physiokraten, fördert entscheidend „politische Arithmetik" (Bevölkerungsstatistik) ≈ Männermode: Rock wird offen getragen. Weste sichtbar, Halstuch statt Spitzenkragen Kometenfurcht in Europa
† *Guarino Guarini*, ital. Barock - Baumeister; Treppenhäuser, Einfluß auf dt. Spätbarock und Rokoko (* 1624) ~ † *Pieter de Hooch*, niederl. Genremaler, bes. Innenräume (*~ 1629) * *Antoine Pesne*, franz. Maler († 1757)	*Buxtehude*: „Das allerschröcklichste u. allererfreulichste, nemlich das Ende der Zeit und der Anfang der Ewigkeit" (Kantate) *Purcell*, engl. Hofkomponist * *Jean Philippe Rameau*, franz. Komp. († 1764) * *Gottfried Silbermann*, dt. Orgelbauer († 1753)	*Leeuwenhoek* entdeckt mikroskopisch Bakterien im menschlichen Speichel ~ *Newton*: Gravitationsgesetz	~ Wiener Kaffeehäuser entstehen ~ Erste dt. Auswanderer n. Nordamerika (1709 ca. 14000 Pfälzer als erste größere Zahl; bis 1800 ca. 100000 eingewandert; dt. Einwanderung 1821 bis 1903 ca. 5 Mill.)

	Türkenkrieg	*Französische Klassik* † *Corneille*	*Leibniz* *Rationalismus · Pietismus*
1684	„Heilige Liga" Österr., Polen, Venedig mit Unterstützungd. Papstes *Innozenz' XI*.	† *Pierre Corneille*, franz. Dramatiker, Begründer des „klassischen Dramas"; verfocht die Theorie des Genial-Bösen als Helden (* 1606)	*Jean Baptiste La Salle* (* 1651, † 1719) grdt. Genossensch. der christl. Schulbrüder
1685	† *Karl II.*, König von England seit 1660 (* 1630), Anhänger *Ludwigs XIV*. Sein Bruder *Jakob II*. kathol. König von England bis 1688 († 1701) Die konservativen Tories u. die liberalen u. antikathol. Whigs streiten als neu entstand. Parlamentsparteien um die engl. Thronfolge (Bis heute letzte) Schlacht auf engl. Boden bei Sedgemoor i. Bürgerkr. um Thronfolge *Kang-hi* öffnet die chines. Häfen dem fremden Handel		* *George Berkeley*, engl. Philosoph des subjektiven Idealismus († 1753) Katholische Glaubenseinheit in Frankreich durch Aufhebung des Ediktes von Nantes v. 1598. Flucht der reform. Hugenotten ins Ausland; Aufnahme u. a. in Brandenburg durch das Potsdamer Edikt
1686	Türken verlieren das 1541 eroberte Ofen (Budapest) Der dt. Kaiser, Schweden, Spanien und Brandenburg verbünden sich gegen Frankreich		*Abraham a Santa Clara*: „Judas, der Erzschelm" (4 Bde. bis 1695) Wissenschaftliche Bibelstunden des Pietisten *A. H. Francke*
1687	Landtag von Preßburg erklärt die Erblichkeit der ungarischen Krone im Mannesstamm der *Habsburger*: Personalunion zwischen Österreich u. Ungarn (bis 1918) Janitscharen entthronen türk. Sultan *Mohammed IV*. (herrschte seit 1648)	*Dryden*: „Hirschkuh u. Panther" (engl. allegor. Dichtung; verteidigt Katholizismus) Erste deutsche (statt lat.) Universitätsvorlesung von *Chr. Thomasius* in Leipzig: „Welchergestalt man denen Franzosen im gemeinen Leben und Wandel nachahmen soll"	*François Fénelon* (* 1651, † 1715), franz. Pädagoge des Quietismus: „Abhandlung über die Erziehung der Mädchen" (empf. „1001 Nacht" für die Erziehung) *Pélisson*: „Betrachtungen über die Unterschiede der Religion" (franz.)

Barock	Lully Französische Oper	Newtons Mechanik Leibniz	
† *Jan Davidsz de Heem*, niederl. Maler v. Früchten u. Blumen (* 1606) *Ch. Lebrun:* Dekorationen im Spiegelsaal in Versailles (beg. 1678) *Puget:* „Die Befreiung der Andromeda" (frz. Plastik) * *Antoine Watteau*, frz. Maler († 1721)	*H. I. Fr. v. Biber* wird fürstbischöflich. Hofkapellmeister in Salzburg	*Hooke* schlägt optisches Telegraphen-System mit Fernrohren vor (keine prakt. Verwirklichung) Canal du Midi zwischen Atlantik und Mittelmeer fertiggestellt (begonnen 1666, 240 km lang, 1,8 m tief)	*F. W. von Hornigk:* „Österreich über alles, wenn es nur will" (merkantilistische Nationalökonomie)
† *Adriaen von Ostade*, niederl. Maler, Schüler von *Frans Hals*, Bauernmaler (* 1610) * *Dominikus Zimmermann*, dt. Barockbaumeister († 1766) ≈ Gobelin-Kunst kennt ca. 150 Farbtöne (im 14. Jh. ca. 20, im 16. Jh. ca. 80; schließl. bis ca. 14500)	* *Johann Sebastian Bach*, dt. Komp. († 1750) * *Georg Friedrich Händel*, dt.-engl. Komponist († 1759) * *Domenico Scarlatti*, ital. Komp. († 1757)	~ *Jakob Bernoulli* faßt die mathematische Kombinations- u. Wahrscheinlichkeitslehre zusammen (erscheint posthum 1713 als „Ars conjectandi")	Gewerbekrise in Frankreich wegen Flucht der Hugenotten ins Ausland Hugenotten bringen Wirkkunst nach Dtl. (war von *W. Lee* nach Frankreich gebracht worden) Hugenotten bringen Weinbau zum Kap der Guten Hoffnung Gr. Kurfürst regt Grdg. einer Börse in Berlin an (wird 1738 gegründet)
* *Cosmas Damian Asam*, dt. Maler und Architekt des Barock († 1739) *J. Hardouin-Mansart:* Notre Dame in Versailles *Melchior d'Hondecoeter:* „Geflügel"(ndl. Gem.)	Siamesische Gesandtschaft in Paris fördert Chinamode (vgl. 1761)	† *Otto von Guericke*, dt. Physiker, Bürgermeister von Magdeburg seit 1646 (* 1602) Aufsatz von *Leibniz* über Erhaltung der Kraft in den „Acta eruditorum" *Halley* zeichnet erste meteorolog. Karte (Windkarte)	Span. Denkschrift setzt wirtschaftl. Wert d. Arbeit über den des Goldes (Beispiel f. d. häufiger werdende Kritik am merkantilistischen Denken)
* *Balthasar Neumann*, dt. Baumeister des Barock († 1753) Türken benutzen das Parthenon d. Akropolis in Athen als Pulvermagazin; explodiert durch venezianische Bombe	† *Giovanni Battista Lully*, franz. Opernkomp. ital. Herkunft, begann als Küchenjunge, wurde einer der Schöpfer der franz. Nationaloper; verdrängt durch Intrigen *Cambert*; Einfluß auf Deutschland: „franz. Ouvertüre" (* 1632)	*Newton:* „Philosophiae naturalis principia mathematica" („Mathematische Grundl. der Naturphilosophie" mit Trägheits-, Kraft-, Impuls- und Gravitationsgesetz, aus dem die *Kepler*schen Gesetze abgeleitet werden). Beginn der theoretischen Physik *W. v. Tschirnhaus:* „Medicina mentis et corporis" (Heilkunde des Geistes u. des Körpers)	

	Engl. Revolution Bill of Rights	Französische Klassik Racine	Rationalismus · Pietismus Locke
1688	*Wilhelm III. von Oranien* (Protestant) stürzt mit Hilfe der engl. Parlamentspartei seinen kath. Schwiegervater König *Jakob II.* von England („glorreiche Revolution"); wird König von England bis 1702 (†) † *Friedrich Wilhelm* (der Große), Kurfürst von Brandenburg seit 1640 (* 1620) *Friedrich III.* Kurf. v. Brandenburg bis 1713 (†) (1701 „König in Pr." als *Friedr. I.*) Pfälzischer Erbfolgekrieg Frankreichs gegen Österreich, England, die Niederlande und Spanien (bis 1697) * *Friedrich Wilhelm I.*, König von Preußen († 1740)	*Aphra Behn* (* 1640, †1689): „Orooniko or the royal slave" (erster, engl. Sklavenroman) † *John Bunyan*, engl. puritan. Dichter (* 1628) *Ch. Perrault:* „Parallèles des anciens et des modernes" (betont Vorrang moderner Literatur) * *Alexander Pope*, engl. Lyriker († 1744)	*Bossuet:* „Geschichte der Veränderungen der protestantischen Kirchen" (frz. Versuch, den Protestantismus zu widerlegen) *Jean de La Bruyère* (* 1645, † 1696): „Die Charaktere oder die Sitten in diesem Zeitalter" (frz. Charakterologie m. Einfl. auf d. 18. Jahrhundert) * *Emanuel Swedenborg*, schwed. Naturforscher, später Theosoph († 1772)
1689	„Bill of Rights" begründ. die konstitut. Monarch. i. Engl. Franzos. verwüsten unter *Mélac* die Pfalz England u. Niederl. treten d. Reichsbündnis g. Frankr. b. † *Christine*, Tochter *Gustav Adolfs*, Königin von Schweden (1632 bis 1654), dankte ab u. wurde kathol. (* 1626) *Peter I.* (der Große) Zar von Rußland bis 1725 (†) Markgraf *Ludwig Wilhelm* v. Baden („Türkenlouis") bes. d. Türk. i. Bosnien u. Serbien	*Racine:* „Esther" (frz. bibl. Tragödie) † *Philipp von Zesen*, dt. Barockdichter, gründete „Deutsch gesinnte Genossenschaft" (Sprachgesellschaft) (* 1619) *Heinr. Anselm v. Ziegler u. Kliphausen* (* 1663, † 1696): „Die Asiatische Banise" (spätbarocker heroisch. Roman)	*Alexander VIII.* Papst bis 1691 (†) *Jeremy Collier* (* 1650, † 1726) „Die Geschichte des passiven Gehorsams" (engl.) * *Charles de Montesquieu*, franz. liberaler Rechtsphilosoph († 1755) Toleranzakte gibt in England allen religiösen Gruppen außer Katholiken Glaubensfreiheit
1690	~ Rußland muß gegenüber China auf das linke Amurufer verzichten Engl. ostind. Kompagnie gründet Kalkutta Franzosen aus Siam vertrieben In Nordirland siegen Protestanten über Katholiken i. d. Schlacht a. Boyne-Fluß	Theater in Hannover	† *Margareta Maria Alacoque*, franz. Nonne, begründete myst. Herz-Jesu-Kult (* 1647) *Locke:* „Versuche über den menschlichen Verstand" (engl. Aufklärungsphilosophie; lehrt, daß alle Erkenntnis aus der Erfahrung stammt), „Briefe über Toleranz"

Barock	Purcell Buxtehude	Huygens Wellentheorie des Lichts	
J. Hardouin-Mansart: Schloß Versailles (Baubeg. 1661 durch *Levau*) Letzter (30.) Band der von *M. Merian* († 1650) seit 1642 illustr. „Topographia Germaniae" mit 2142 Städteansichten † *Joachim Sandrart*, dt. Kunstschriftsteller u. Maler (* 1606) Bürgerl. lebensfrohe Genroku-Kulturepoche in Tokio (bis 1703) Berliner Kunstkammer enthält zahlr. ostasiatische Objekte	*Buxtehude:* „Der verlorene Sohn" (Kantate)	~ *G. C. Bonomo*, ital. Arzt, erkennt († 1697) Milbe als Ursache der Krätze Erste wissenschaftl. Zeitschrift in dt. Sprache von *Chr. Thomasius* Guß von Spiegelglas	*Leibniz:* „Bedenken über das Münzwesen" *Joseph de la Vega:* „Confusion de confusiones..." (Schilderung der Amsterdamer Börse; gegr. 1460) ≈ Inflationistische Papiergeldpolitik in den engl. Kolonien Nord-Amerikas
Kilian Ignaz Dientzenhofer, böhm. Baumeister († 1751) *Hobbema:* „Allee von Middelharnis" (niederl. Gem.) Heidelberger Schloß zerstört	*Purcell:* „Dido und Äneas" (engl. Oper; bleibt zunächst nur ein Ansatz dieser Kunstform in England; seine übrig. 54 aufgef. Stücke sind Dramen mit Musikeinlagen)		Beginn des engl. Handels in Kanton (1. Faktorei 1715) ≈ In Engl. beginnt sich freies Unternehmertum u. Kapitalismus zu entwickeln (Voraussetzung f. d. „Industrielle Revolution" nach ≈ 1770) ~ Vorherrschen des merkantilistischen Kameralismus in Deutschland
* *Nicolas Lancret*, frz. Maler des Rokoko († 1745) † *David Teniers d. J.*, ndl. Maler von Genrebildern und Stilleben (* 1610) ~ *Wang Hui* (* 1632, † 1717): „Tief in den Bergen" (chin. Tuschebild)	† *Giovanni Legrenzi*, ital. Kapellmeister und Opernkomp. der venezianischen Oper (* 1626) ~ Klarinette von *Denner*	*Johann Bernoulli* (* 1667, † 1748) führt mathemat. Bezeich. „Integral" ein *Halley* leitet die Abbildungsgleichung für optische Linsen ab *Huygens* veröff. Prinzip der Wellenausbreitung d. Lichtes und Beobachtung der Polarisation des doppelt gebrochenen Lichtes im Kalkspat (vgl. 1678) *Papin:* Einf. Dampfmaschine *Schellhammer:* Schall entsteht durch Luftwellen	*T. Peucer:* „Über Zeitungsberichte" (lat., 1. dt. zeitungswiss. Dissertation) Einwohnerzahl Englands etwa 5 Mill. (1600 etwa 2,5 Mill.) ≈ Mode: Weibl. Haartracht m. Drahtgestell (Fontange) ~ Pelargonien kommen vom Kapland nach Europa Papier nach Nordamerika

	Stärkung der englischen Seemacht	*Racine* *Christian Reuter*	*Locke* *Aufklärung · Pietismus*
1691		Racine: „Athalie" (frz. bibl. Tragödie) Kaspar Stieler (* 1632, † 1707): „Der Teutschen Sprache Stammbaum und Fortwachs" (dt. Grammatik und (Wortsammlung) Theater in Braunschweig	Innozenz XII. Papst bis 1700
1692	Englisch-niederländ. Flotte siegt über die französische am Kap de la Hague Hannov. erh. d. 9. Kurwürde	† Nathanael Lee, engl. Dramatiker der franz. Richtung (*~ 1653)	Chines. Toleranzedikt f. d. Christentum (vgl. 1724) Johann Konrad Amman (* 1669, † 1730): „Der redende Stumme" (holl. Sprachlehrmethode f. Taubstumme)
1693	Penn: „Essay über den gegenwärtigen und zukünftigen Frieden in Europa" (engl. Vorschlag einer europäischen Föderation) Reichskammergericht übersiedelt v. Speyer n. Wetzlar	† Marie-Madeleine Pioche de Lavergne, Gräfin de Lafayette, frz. Dichterin der Barockzeit (* 1634)	P. Bayle, der Trennung von Kirche u. Staat fordert, verliert Professur i. Rotterdam Locke: „Einige Gedanken über die Erziehung" (engl. Pädagogik)
1694	Friedrich August I. (der Starke) Kurfürst von Sachsen bis 1733 (†) * François Quesnay, französ. Begründer des Physiokratismus († 1774)	William Congreve (* 1670, † 1729): „Love for love" („Liebe um Liebe", engl. Komödie) „Dictionaire" der frz. Akademie regelt neufranzös. Schriftsprache	* Hermann Samuel Reimarus, dt. Begr. der historischen Bibelkritik († 1768) * François de Voltaire (eigtl. Arouet), führ. franz. Aufklärungsphilosoph († 1778) Univ. Halle gegründet
1695	Marschall Sébastien le Prestre de Vauban (* 1633, † 1707) kritisiert franz. Merkantilismus (nach seinen Angab. nur 10% d. Bevölkerung i. gesicherten Verhältn., 80% sehr bedürftig, 10% betteln). Sein physiokrat. vereinf. Steuerreformpl. w. verworf.	* Johann Christian Günther, dt. Lyriker († 1723) † Jean de Lafontaine, franz. Fabeldichter (* 1621) K. Stieler: „Zeitungs Lust u. Nutz. Oder: derer so genannten Novellen oder Zeitungen wirckende Ergetzlichkeit, Anmut, Notwendigkeit und Frommen"	Pierre Bayle (* 1647, † 1706): „Historisches und kritisches Wörterbuch" (franz. Aufklärungsphilosophie) Fénelon, Erzbschf. v. Cambrai (sein Quietismus wird v. Papst verurteilt) Locke: „Die Vernunftgemäßheit des Christentums" (engl. Deïsmus)
1696	† Johann III. Sobieski, Kg. von Polen seit 1674, siegte mehrfach über die Türken und wird polnischer Nationalheld (* 1624) Engl. Parlament gibt regelmäßige Veröffentlich. heraus † Iwan V., Zar von Rußland von 1682 bis 1689 (* 1666)	Christian Reuter: „Schelmuffskys wahrhaftige, kuriose und sehr gefährliche Reisebeschreibung zu Wasser und zu Lande" (Lügen- u. Abenteuerroman), „Der ehrlichen Frau Schlampampe Krankh. u. Tod" (Satire auf seine Leipziger Wirtin)	* Alfonso di Liguori, ital. katholischer Moraltheologe († 1787) John Toland (engl. Philosoph; * 1670, † 1722) begründet freidenkerischen Deïsmus mit „Christentum ohne Geheimnis"

Barock Schlüter	Neapolitanische Oper Purcell	Mikroskopie Fortschritte der Mathematik	
† *Aelbert Cuyp*, niederl. Maler von Stilleben u. Landschaften mit Tieren (* 1620) *Schlüter*: Relief am Palais *Krasinski* in Warschau	*Purcell*: „König Arthur" (engl. Schauspielmusik) *Andreas Werkmeister* (* 1645, † 1706): „Musicalische Temperatur"; Beginn der temperierten Stimmung	† *Robert Boyle*, englischer Physiko-Chemiker, entdeckte Gasgesetz, erschütterte stark die alchemistische Vier-Elementen-Hypothese durch Entwicklung eines neuen „Element"-Begriffes; entwickelte die chem. Analyse (* 1627)	Papst *Innozenz XII.* legt nochmals Jahresanfang auf den 1. Januar fest (gemäß Zeitrechnung des *Dionysius* seit 525 n. Chr.) Erstes Adressbuch (in Paris), erstes dt. in Leipzig 1701
* *Egid Quirin Asam*, dt. Baum. († 1750) * *J. M. Fischer*, dt. Baumeister († 1766)	* *Giuseppe Tartini*, ital. Komponist († 1770)	*Papin* konstruiert ein Tauchschiff	≈ Aufschwung der Londoner Börse d. Gründung zahlreich. Aktiengesellschaften
* *G. R. Donner*, österr. Bildhauer († 1741) † *Willem Kalf*, ndl. Maler, bes. stillebenartige „Frühstücksbilder" (* 1622) † *Nicol. Maes*, ndl. Maler, Schül. *Rembrandts*; Genrebilder (* 1632)	~ *Purcell*: „Die Feenkönigin" (engl. Schauspielmus. zum „Sommernachtstraum") *A. Scarlatti*: „Teodora" (neapolitanische Oper, die erste mit einer Dacapo-Arie)	*Georg Holyk* veredelt Bäume d. Kopulierung Erste wissenschaftl. Sterbetafel des engl. Mathematikers u. Astron. *Halley* *Ray* klassifiziert Tiere auf anatom. Grundlage (rechnet Wal richtig z. d. Säugetieren)	Engl. Ostindische Kompagnie wird Aktiengesellschaft ~ „Höllenmaschin." als Bezeichnung für Sprengschiffe
Fischer von Erlach beginnt Bau v. Schloß Schönbrunn bei Wien (vollendet 1750 von *Pacassi*) *Schlüter* nach Berlin berufen		*Camerarius* (* 1634, †1698) beweist die geschlechtl. Fortpflanzung d. Pflanzen ~ *V. Tschirnhaus* beg. Versuche zur Porzellanerzeugung (vgl. 1709)	Gründung der privilegierten privaten (Zentralnoten-)Bank von England mit regelmäßigen Wechseldiskont-Geschäft. Salzsteuer in Engl. mehr als verdoppelt
† *Melchior d' Hondecoeter*, niederl. Maler von Geflügelstilleben (* 1636) † *Pierre Mignard*, frz. Maler von Kirchenfresken u. Bildnissen; Führer d. „Rubenisten" (vgl. 1675) (* 1612)	† *Henry Purcell*, engl. Komp., Schöpfer der englisch. Nationaloper (* 1658)	† *Christian Huygens*, niederländ. Physiker u. Mathematiker; förderte besonders Wellentheorie des Lichtes (* 1629) *Leeuwenhoek* entdeckt mit dem Mikroskop den Blutumlauf bei Froschlarven *Tompion*: Uhr mit Zylinderhemmung	*John Bellers* plant selbsterhaltende Arbeitskolonie für Arbeitslose in England
Schlüter: „Masken sterbender Krieger" (Zeughaus Berlin) * *Giovanni Battista Tiepolo*, venezianischer Maler († 1770) Kunstakademie i. Berlin gegründet	*Johann Kuhnau* (*1660, † 1722): „Frische Clavierfrüchte od. sieben Suonaten"; Beginn der Klaviersonate in Deutschland	*Joh. Bernoulli* löst erstes Probl. der Variationsrechnung (Brachistochrone = Kurve kürzester Fallzeit) Erste Beschreibung der Pfefferminze durch *John Ray* (* 1628, † 1705)	Fingerhut-Fabrikation Schiffahrtsnachrichten der im „Lloyd" vereinigten engl. Seeeinzelversicherer erscheinen

	Zar Peter I. Türken geschlagen	† Racine Französische Klassik	Aufklärung · Pietismus Francke
1697	Zar *Peter I.* lernt Schiffbau i. Engl. u. d. Niederlanden; gründet später russ. Flotte Prinz *Eugen v. Savoyen* schlägt Türken bei Zenta entscheidend Frankreich verliert im Frieden zu Rijswyk Lothringen und rechtsrhein. Erober. („Reunionen"), beh. Straßburg, verzichtet a. d. Pfalz *August der Starke* wird nach Übertritt zum Katholizismus zum König von Polen gewählt (bis 1733 [†])	*Leibniz:* „Unvorgreifliche Gedanken, betreffend die Ausübung u. Verbesserung der deutschen Sprache" * *Friederike Caroline Neuber* („*Neuberin*"), dt. Schauspielerin († 1760) *Charles Perrault* (* 1628, † 1703): „Les Contes de ma Mère l'Oye" (frz. Märchenbuch, gilt als 1. Jugendb.)	*Leibnitz:* „Novissima Sinica" (Neuigkeiten aus China, tritt f. protestant. Mission ein) * *Gerhard Tersteegen,* dt. Laienprediger und Dichter († 1769) ~ Astrologie stellenweise noch Universitätslehrfach
1698	Zar *Peter I.* unterdrückt blutig einen Aufstand seiner Leibwache (Strelitzen, bestanden seit 1550) und löst sie auf *Leopold von Anhalt-Dessau* (* 1676, † 1747): „Der alte Dessauer", führt im preuß. Heer Gleichschritt u. eiserne Ladestöcke ein ≈ Mätressenwirtschaft an zahlr. weltl. u. geistl. Fürstenhöfen	*J. Collier:* „Unmoral u. Gottlosigkeit der engl. Bühne" (engl.)	* *Johann Jakob Bodmer,* Schweizer Philologe († 1783) *Francke* gründet pietistisches Waisenhaus in Halle als Kern der *Franckes*chen Stiftungen (u. a. Armenschule [1695 gegrdt.], Bibelanstalt, Siechenhaus)
1699	Türken verlieren im Frieden von Karlowitz Ungarn und Siebenbürgen an Österreich. Österreich-Ungarn wird europäische Großmacht Rußland erhält Asow v. d. Türken ~ Etwa 100 Reichsfürsten und 1500 kleine selbständige Herrschaftsgebiete in Deutschland	*Fénelon:* „Die Abenteuer des Telemach" (franz. quietistischer Erziehungsroman i. Sinne eines „Fürstenspiegels"; bis 1717 verboten) † *Jean Racine,* franz. Dramatiker, gilt als Vollender d. klass. Tragödie; hat Einfluß auf die dt. Aufklärung (* 1639)	*Shaftesbury:* „Eine Untersuchung über die Tugend" (engl. Moralphilosophie)
1700	Beginn des „Nordischen Krieges" Rußlands, Polen-Sachsens u. Dänemarks geg. Schweden b. 1721; zun. Siege d. schwed. Königs *Karl XII.* † *Karl II.,* König von Spanien seit 1665 (* 1661). Ende der *Habsburgischen* Linie in Spanien. Erbe der Krone wird *Philipp V.* (bis 1746[†]), ein Enkel *Ludwigs XIV.*	† *John Dryden,* engl. Dramatiker, Lyriker, Satiriker frz. Richtung, zeigte häufig Gesinnungswechsel (* 1631) * *Johann Christoph Gottsched,* dt. Gelehrter u. Schriftstell. († 1766)	*Gottfried Arnold* (* 1666, † 1714): „Die unparteyische Kirchen- u. Ketzerhistorie" (protest. quellenkritische u. undogmat. Kirchengesch.) *Klemens XI.* Papst bis 1721 * *Nikolaus Ludwig* Graf *von Zinzendorf,* dt. pietist. Geistlicher († 1760) *Leibniz:* Samml. histor. völkerrechtl. Urkunden

Barock Schlüter	Triosonaten	Berliner Akademie Leibniz	
* *Antonio Canaletto*, it. Maler von Städteansichten († 1768) * *William Hogarth*, engl. Sitten- und Bildnismaler († 1764) Endgültiges Ende der Maya-Kultur in der Inselstadt Tayasal (Yucatán) durch span. Eroberung	Leipz. Gesangbuch (mit etwa 5000 Liedern)	Kosak *Atlassow* entdeckt Kamtschatka *William Dampier* (* 1652, † 1715): „Neue Reise um die Welt" (3 Bde. bis 1709. D. erforschte Südsee)	~ Hof von Versailles wird vorbildlich für europäische Fürsten ≈ Herstellung böhmischer Gläser in Venedig ≈ Sänfte als Transportmittel für Vornehme in Europa ≈ Reisbörsen in Japan ≈ Der Herrenhut wird unter dem Arm getragen
* *Jean Michel Papillon*, franz. Holzschneider († 1776) *Schlüter* übernimmt d. Bau d. Berliner Schlosses (nach seiner Entlassung 1706 wird *Eosander* Schloßbaumeister) Neubau des Klosters Banz in Oberfranken (gegründet 1071)	*Torelli* begrdt. virtuoses Violin-Konzert	*Johann Bernoulli* berechnet die kürzesten (geodätischen) Linien auf einer krummen Fläche *Huygens*: „Cosmo theoros" (volkstüml. Himmelskunde, posthum); H. schätzte erstmalig Fixsternentfernung am Sirius (aus seiner Helligkeit) Papierherstellung i. Nordamerika	Erstes Sparkassenprojekt von *Defoe* (erste Sparkasse erst 1778 in Hamburg) *Locke* ford. i. einer Denkschr. Pflichtarb. d. Arbeitslos. i. Engl. *Christian Weigel*: Trachtenbuch ~ Ndl. Außenhdl. übertrifft d. engl. n. um rd. das Dreifache Perücken- und Karossensteuer i. Preuß.

* *Siméon Chardin*, frz. Maler († 1779)
* *Georg von Knobelsdorff*, dt. Baumeister († 1753)
Schlüter leitet Bau des Berliner Stadtschlosses
		Schüler *Newtons* werfen *Leibniz* vor, die Infinitesimal-Rechnung nicht selbständig entwickelt zu haben
		Newton kgl. Münzmeister in London
		E. Tyson beschr. „Orang-Utan oder Waldmenschen"
		Erste regelmäßige meteorologische Messungen
			≈ Zahl der wichtigsten Staatsutopien im
			16. 17. 18. Jh.
			2 6 12
			davon
			0 3 11 frz.
			    4 engl.
			    2 ital.

* *Bartolomeo Rastrelli*, russ. Baum. († 1771) ≈ Blüte der Delfter Favencen (1680/1750)	*Corelli*: Sechzig Triosonaten (seit 1681) (ital.) *Kuhnau*: „Musikalisch. Vorstellg. einiger biblischer Historien in sechs Sonaten auf dem Klavier zu spielen" (Programm-Musik)	~ *Stephan F. Geoffroy* (* 1672, † 1751) findet „Verwandtschaften" (Affinitäten) zw. d. Elementen *Halley* zeichnet Magnetfeldkarten für die Schiffahrt *Leibniz* gründet Preuß. Akademie der Wissenschaften und wird ihr erster Präsident	Einführung des *gregor*ianischen Kalenders von 1582 in den protestantischen dt. Staaten Besteuerung unverheirateter Frauen in Berlin *Peter I.* erneuert russ. Zeitrechnung

	Nordischer Krieg und Spanischer Erbfolgekrieg	Deutsche Barockdichtung Französische Klassik	Aufklärung · Pietismus
1701	England, Niederlde., Österr. führ. „Span. Erbfolgekrieg" gegen Frankreich, Bayern, Köln um die franz. Vorherrschaft in Europa (bis 1713) In England wird protestant. Thronfolge festgelegt Kurf. *Friedrich III.* v. Brandenburg krönt sich als *Friedrich I.* z. „König in Preußen" geg. Einspruch des Papstes		* *Johann Jakob Breitinger*, schweizer. Gelehrter und Schriftsteller, Gegner *Gottscheds* († 1776) *Chr. Thomasius* wendet sich entschieden geg. die Hexenprozesse Yale College (Conn.) gegründet (1887 Univ.)
1702	Letzter Hugenottenkrieg (erster 1562) beginnt mit d. Aufstand franz. protestant. Bauern („Kamisarden") u. wird 1710 niedergeschlagen † *Wilhelm III. von Oranien*, König von England seit 1689 und Erbstatthalter der Niederlde. seit 1674 (*1650); Gegner *Ludwigs XIV.*, den er zu Gunsten eines „europ. Gleichgewichts" bekämpfte Königin *Anna*, letzte *Stuart* (protest.) auf dem englisch. Thron bis 1714 (†); *Marlborough*, dessen Frau und *Godolphin* bestimmen weitgehend die engl. Politik Entwurf ein. bauernfreundlichen Domänenverfassung in Preußen (nicht durchgef.)	* *Yokai Yagu*, japan. Dichter († 1783)	*Jean Mabillon* (* 1632, †1707) begr. mit seinen „Acta sanctorum" (seit 1667) Urkundenforschung (i. Frankr.) *Spener:* „Theologische Bedenken" (seit 1700; pietist. Betrachtungen)
1703	Zar *Peter I.* gründet Regierungssitz Petersburg (heute Leningrad) Portugal verliert durch Zollsenkung seine Führerrolle in der Tuchmanufaktur an England gegen engl. Zollbegünstigung portugiesisch. Weine und wird dadurch wieder abhängiges Agrarland Die „Kriegserinnerungen" (ital.) des erfolgreichen kaiserlichen Feldherrn u. Militärschriftstellers *Raimund Montecuccoli* (*1609, †1680) erscheinen („Zum Kriegführen gehört Geld, Geld und nochmals Geld")	† *Charles Perrault*, französ. Dichter, Begründer einer neuen epischen Gattung der Märchendichtung; verteid. moderne Literatur gegenüber antiker (* 1628) *Chr. Reuter:* „Die frohlockende Spree" (Festspiel für Berlin) *Chikamatsu Monzaemon* (* 1653, † 1724), „jap. Shakespeare": „Der Tod als Herzenskünder zu Sonezaki" (jap. volkstümliche Liebestragödie)	* *John Wesley*, engl. Theologe († 1791)

| Barock
Eosander | Entwicklung
der Instrumentalmusik | Newton
Phlogiston-Theorie | |
|---|---|---|---|
| *Eosander:* Erweiterungsbau des Charlottenburger Schlosses mit Kapelle (bis 1712)
Hyacinthe Rigaud (* 1659, † 1743): Porträt *Ludwigs XIV.* (frz. Gemälde)
A. Wortmann: Neufassung d. „Totentanzes" i. d. Lübecker Marienkirche | | *Andrioli* verwendet Mohnsaft als Arznei
Halley: Magnetfeldkarte der Erde
Newton: Idee d. Spiegelsextanten zur Messung d. Sternhöhe auf Schiffen (vgl. 1731)
Sauveur (* 1653, † 1716) untersucht akustische Grundlage der Musik | Schwarzer Adlerorden in Preußen gestiftet
Seeversicherungen leiten Versicherungswesen ein
„Hundertjähriger Kalender" von *Hellwig* mit astrologischer langfristiger Wettervorhersage |
| *Fischer v. Erlach:* Dreifaltigkeitskirche in Salzburg (beg. 1694)
J. Prandauer beg. Benediktinerstift in Melk (Donau) (vollendet 1738)
Watteau kommt nach Paris
≈ *Ogota Korin* (* 1661, † 1716) vereinigt in seiner Schule in Tokio Kano- u. Yamato-e-Malerei | *Torelli:* Concerti grossi für zwei Soloviolinen u. Streichorch. (ital.) | *G. Amontons* (* 1663, †1705): Luftthermometer; findet sog. „Gay-Lussacsches Gasgesetz" (nimmt sich bewegende Wärmeteilchen an und berechnet „absoluten Nullpunkt" zu −240° C)
Geograph. wissenschaftl. Kartenstecherei v. *Homann* in Nürnberg (bis 1848)
Stahl: Phlogistentheorie d. Verbrennung: beim Verbrennen entweiche eine Substanz (widerlegt durch *Lavoisier* 1774); festigt Begriff d. chem. „Elemente"
~ Einige Chemiker halten noch Wasser für umwandelbar in Erde | ≈ England führt in der Heringsfischerei
„Daily Courant", erste engl. Tageszeitung
≈ Ölbeleuchtung in den Straßen deutscher Städte kommt auf
Franz. Guinea-Kompagnie erhält vertraglich das Recht, jährlich 4000 Negersklaven nach dem spanischen Amerika zu liefern; engl. Sklavenschmuggel aber verursacht unrent. Sklavenpreise |
| * *François Boucher*, frz. Maler des Rokoko († 1770)
Permoser: Grabmal zweier Kurfürstinnen im Dom zu Freiberg (Barockbildwerk)
Schlüter: Denkmal des Großen Kurfürsten u. Kanzel d. Marienkirche (Berliner Barockbildwerke)
Buckingham-Palast in London begonnen (1825 — 1913 öfters erweitert) | | † *Robert Hooke*, engl. Physiker und Naturforscher; fand u. a. das „Hookesche Gesetz" für Verhältnisgleichheit zwischen Zug und Dehnung (* 1635)
Newton wird Präsident der Royal Society (Londoner Akademie)
~ Erste Beobachtung v. Jungfernzeugung (Parthenogenese) a. Schmetterling (vgl. 1770) | Wiener Stadtbank mit Kreditgeschäft gegründet
Erste russische Zeitung |

	Prinz Eugen „Großbritannien"	Engl. Wochenschrift Französische Klassik	Leibniz Aufklärung · Pietismus
1704	Prinz *Eugen* u. *Marlborough* besiegen franz.-bayr. Truppen in Bayern, das von Österreich besetzt wird England stützt den österr. Erzherzog *Karl* als spanischen Gegenkönig in Barcelona; *Philipp V.* herrscht in Kastilien; Gibraltar wird v. England besetzt	*D. Defoe* grdt. i. Kerker erste regelm. erscheinende engl. Wochenschrift „The Review" (leitet sie bis 1712) *Antoine Galland* (* 1646, † 1715) beg. frz. Übersetzung der arab. Märchensammlung „1001 Nacht" (12 Bde. b. 1708; diese werden dadurch in Europa bekannt) *Voltaire* besucht ein Jesuitenkollegium (bis 1710)	† *Jacques Bossuet*, französ. Theologe u. Historiker, Anhänger der Gallikanischen Kirche, Gegner der Protestanten, Jansenisten und Mystiker (* 1627) *Leibniz*: „Neue Abhandlungen über den menschlichen Verstand" (mit Begriff des „Unbewußten"; veröffentl. 1756) † *John Locke*, engl. Aufklärungsphilosoph des Empirismus und Gesellschaftsvertrages (* 1632)
1705	† *Leopold I.*, römisch-dt. Kaiser seit 1658 (* 1640) *Joseph I.* römisch-dt. Kaiser bis 1711 (†) Aufstand oberbayr. Bauern gegen österreichische Besetzung niedergeschlagen („Sendlinger Mordweihnacht")	† *Ninon de Lenclos*, französ. Kurtisane, Verfasserin kulturgeschichtlich interessanter Briefe; ihr Salon war lange Zeit geistiger Sammelpunkt von Paris (* 1620) His Majesty's Theatre in London eröffnet	Beginn der evangel. Heidenmission durch *A. H. Francke* *Chr. Thomasius*: „Grundlagen des Naturrechts" (in lateinischer Sprache)
1706	Schwedenkönig *Karl XII.* in Sachsen; *August der Starke* muß a. poln. Krone verz. *Marlborough* erobert span. Niederl.; Österreich hindert span. Herrschaft in Italien Prinz *Eugen* erobert Turin * *Benjamin Franklin*, amerikanischer Staatsmann und Forscher († 1790)		
1707	Vereinigung Englands und Schottlands zu Großbrit. † *Aurangseb*, Großmogul v. Indien seit 1658 (* 1618). Mogulreich umfaßt fast ganz Indien; beg. zu zerfallen	* *Carlo Goldoni*, ital. Komödiendichter († 1793) *Le Sage*: „Der hinkende Teufel" (franz. Sittenroman)	

Barock	Buxtehude Erste Händeloper	Newtons „Optik"	
Chr. Dientzenhofer (* 1665, † 1726) beg. Dom zu Fulda (Barockbau b. 1712) Eosander: Ausbau und Kuppel des Schlosses Berlin - Charlottenbg. (bis 1711) Fischer von Erlach in Berlin (bis 1705) * Maurice Quentin de Latour, franz. Bildnismaler († 1788)	† H. Ignaz Franz von Biber, dt. Kirchen- u. Opernkomponist, Violinvirtuose (* 1644) Kaspar Moosbrugger (* 1656, † 1723) beginnt Kloster u. Klosterkirche (1719) Einsiedeln (Schweiz) Kunstakademie, Wien	Newton: „Optik" (korpuskulare Licht- und Farbenlehre)	Der Wagentyp „Landauer" entsteht Johann Lorentz grdt. Zeitung, die Joh. Andreas Rüdiger 1721 als „Kgl. privileg. Berlinische Zeitung" fortsetzt Joh. Hübner: „Reales Staats-, Zeitungs- u. Conversations-Lexikon"
Fischer v. Erlach kaiserlicher Oberbauinsp. in Wien † Luca Giordano, ital. Maler d. Barock. Universeller Schnellmaler (* 1632)	J. S. Bach wandert nach Lübeck zu Buxtehude u. hört ihn als berühmten Orgelvirtuosen in seinen „Abendmusiken" am Jahresende Händel: „Almira", Uraufführung seiner erst. Oper in Hamburg	† Jakob Bernoulli, schweiz. Mathematiker, begründete Wahrscheinlichkeits- und Variationsrechnung, förderte die Differential- und Integralrechnung von Leibniz u. Newton (* 1654) Edmund Halley sagt Wiederkehr des nach ihm benannten Kometen von 1682 für 1758 voraus Leibniz wirft Newton Plagiat vor (vgl. 1699) Maria Sibylla Merian (* 1647, † 1717): „Metamorphose der Insekten in Suriname" (Forschungsergebnisse mit eigenen Kupferstichen) Sternwarte in Berlin	≈ Die „Manufaktur" mit gelegentlich über 1000 Arbeitern setzt sich stärker in den neuen zunftfreien Industrien durch (Tapeten-, Tabak-, Textil-, Kutschen- Manufaktur); ausgedehnte Frauen- und Kinderarbeit
Hardouin-Mansart: Invalidendom in Paris (Baubeginn 1675) * Johann Joachim Kändler, dt. Bildhauer der Meißener Porzellanmanufaktur († 1775) † Michael Willmann, dt. Barockmaler, Zeichn. und Radierer (* 1630)	† Johann Pachelbel, dt. Organist u. Komponist d. Variations- u. Fugenstils (* 1653)	Mill erfindet Wagenfederung ~ G. Stahl vertritt Animismus in der Medizin	Kleiderordnung verbietet in Preußen „geringen" Leuten „vornehme" Kleider Erste moderne Lebensversicherungsanstalt (in London)
Fischer v. Erlach: Collegienkirche in Salzburg (beg. 1696)	† Dietrich Buxtehude, dt. Organist, Verfasser von Orgelkompositionen und Kantaten, „nordischer Romantiker d. Barock" (* 1637)	* Leonhard Euler, schweiz. Mathematiker u. Naturforscher († 1783) * Carl Linné, schwed. Naturforscher († 1778) Verbesserung der Ramme	Billardspiel in einem Berliner Kaffeehaus

	Ende der schwedischen Großmachtstellung	Engl. Wochenschriften Französische Klassik	Leibniz Aufklärung · Pietismus
1708	Prinz *Eugen* und *Marlborough* besieg. frz. Trupp. in d. span. Ndl. * *William Pitt* (d. Ältere), engl. (Whig) Minist. († 1778) Don-Kosaken-Aufstand unter *Bulawin*	† *Christian Weise*, dt. pädagog. Dramatiker, schrieb Komödien i. Geist d. Aufklärung gegen barocken Schwulst (* 1642) Heutige russische (vereinf. kyrillische) Schrift eingef.	*S. Chr. Semler* grdt. i. Halle „Mechanische u. mathematische Realschule" (erste dt. Realanstalt, bis 1710)
1709	Rußland besiegt Schweden entscheid. b. Poltawa (Ukraine); Schwedenkg. *Karl XII.* flieht nach d. Türkei * *Elisabeth*, Tochter d. Zaren *Peter I.* (des Großen), Zarin von 1741 bis 1762 (†) *Friedrich I.* schließt 5 Ratskollegien zum Stadtrat Berlin zusammen	† *Abraham a Santa Clara* (eigentl. *Hans Ulrich Megerle*), dt. kath. Hofprediger, Schriftstell., Satirik. (* 1644) *Pope:* „Schäferdichtungen" (engl. Ged.) *Richard Steele* (*1672, †1729) gibt die engl. moral. Wochenschrift „Tatler" heraus	* *Julien Offray de Lamettrie*, franz. materialist. Philosoph und Biologe († 1751) Im letzten Krieg zwischen einem Kaiser u. einem Papst unterliegt der Papst
1710	Sturz *Marlboroughs* durch d. Tories in England stärkt Frankreichs Stellung *Henry* Lord *Bolingbroke* (* 1678, † 1755) wird engl. Außenminist. bis 1714; Anhänger der Tory-Partei und der vertriebenen *Stuarts*; Vorbild des „John Bull" Rußland erobert baltische Staaten von Schweden. *August der Starke* wieder König von Polen	Erste kritische *Shakespeare*-Ausgabe v. *Nicholas Rowe* (10 Bde. m. Biographie seit 1709) ~ Im Wiener Vorstadttheater tritt die Hanswurst-Gestalt auch in der Haupthandlung auf, als volkstüml. Gegengewicht gegen feierliches Pathos	*Berkeley:* „Abhandl. üb. die Prinzip. d. menschl. Erkenntnis" (engl. Philosophie des subjektiv. Idealismus: „Sein heißt wahrgenomm. werd.") *Leibniz:* „Theodicée" (frz.; „Gott schuf die vollkommenste der mögl. Welten") Scheitern der Bestrebungen *Leibniz*', die christl. Kirchen wieder zu vereinigen * *Thomas Reid*, schott. Philos. d. unkrit. „common sense"; Begr. der „Schott. Schule"; Gegner *Humes* († 1796)
1711	Niederl. d. ungar. Unabhängigkeitsbeweg. g. *Habsburg* unter *Franz II. Rakoczi* (seit 1703), der 1717 in die Türkei übersiedelt † *Joseph I.*, römisch-dt. Kaiser seit 1705 (* 1678) Erzherzog *Karl VI.* wird röm.-dt. Kais. bis 1740 (†); verliert durch gleichz. Ausscheiden Engl. aus d. „Span. Erbf.-Krieg" d. span. Krone Rußland verliert das 1696 erob. Asow wied. a. d. Türkei Zar *Peter I.* gründ. „Regier. Senat" als oberste Staatsbeh. u. „Kollegien" als Fachministerien. Adel tr. in Staatsd. Staatl. privileg. englische Südseegesellschaft gegründ.	*Pope:* „Abhandlung über d. Kritik" (engl. Lehrgedichte klassizist. Normen) *Joseph Addison* (* 1672, † 1719) u. *R. Steele* geben engl. moral. Wochenschrift „Spectator" heraus	* *David Hume*, engl. Aufklärungsphilosoph und Geschichtsschreiber; begründ. die „Assoziationspsychologie" († 1776) *Shaftesbury:* „Kennzeichen d. Menschen, Sitten, Meinungen, Zeiten" (engl. Moralphilosophie, 3 Bde. bis 1714) „Historiae Byzantinae scriptores" (39 Bde. seit 1648; erste Sammlung byzant. Geschichtsschreiber, Paris)

Barock Meißner Porzellan	Händel Hammerklavier	Einfache Dampfmaschine Europäisches Porzellan	
* *Pompeo Batoni*, ital. Barockmaler († 1787) † *Jules Hardouin-Mansart*, franz. Barockbaumeister; nach ihm „Mansarde" (* 1645)	*Händel* besiegt *D. Scarlatti* im Klavier- u. Orgel-Wettstreit in Rom † *Giuseppe Torelli*, ital. Komponist u. Violinspieler (* ~ 1649)	* *Albrecht von Haller*, schweizer. Arzt, Forscher und Dichter († 1777) *Bernard de Montfaucon* (* 1655, † 1741) begrdt. griechische Paläographie *Wall* vergleicht Blitz mit elektrischem Funken	≈ Weiterer Niedergang der britischen Ackerwirtschaft zugunsten der Weidewirtschaft als Lieferant der Textilindustrie
~ * *Johann Michael Feichtmayr*, süddeutscher Rokokobildhauer († 1772) † *Meindert Hobbema*, niederländ. Landsch.-Maler (* 1638)	* *Egidio R. Duni*, ital. Begründer der „opéra comique" in Paris († 1775) * *Franz Xaver Richter*, dt. Komponist († 1789)	*Berkeley*: „Eine neue Theorie des Sehens" (engl. Vorläufer der modernen Sinnesphysiologie) Hartporzellan von *Johann Friedrich Böttger* (* 1682, † 1719) mit d. Physiker v. *Tschirnhaus* (* 1651, † 1708), dessen Gehilfe er seit 1707 war	„Kölnisches Wasser" von *Farina* Erste russische Strafverschickung nach Sibirien Ende der Robinsonade d. Matrosen *A. Selkirk* auf der Robinsoninsel (Vorbild für *Defoe*)
Joh. Dientzenhofer (* 1665, † 1726): Kirche des Klosters Banz (1719 vollendet, vgl. 1698) Schloßkirche Versailles (erbaut v. *J. H. Mansart* seit 1699, Deckengem. v. *A. Coypel* [* 1661, † 1722]) *Wren*: St. Paul's Cathedral in London, nach dem Vorbild d. Peterskirche; nach ihr größte christliche Kirche (Baubeg. 1672)	* *Wilhelm Friedemann Bach*, 1. Sohn *J. S. Bachs*, dt. Komponist († 1784) *Händel*: Deutsche Arien * *Giovanni Battista Pergolesi*, ital. Komponist († 1736)	*J. Chr. Le Blon* (* 1667, † 1741) erf. Dreifarben-Kupferdruck (gestattet grundsätzl. die Wiedergabe aller Farben) Treibhäuser von *Boerhaave* *Diesbach* entdeckt „Berliner Blau" *Pourfour du Petit* entdeckt, daß die linke (rechte) Hirnhälfte die Bewegungen der rechten (linken) Körperhälfte steuert Charité in Berlin gegründ.	*August der Starke* grdt. Meißner Porzellan-Manufaktur; Leiter *Fr. Böttger* ~ Einführung des Haarbeutels durch franz. Offiziere Seit 1690 wird zum achtenmal außerordentliche Kopfsteuer in Preußen erhoben
Chr. Dientzenhofer: Langhaus u. Fassade von St. Nikolaus, Kleinseite Prag (seit 1703; ab 1732 von seinem Sohn *K. I. D.* mit Kuppel u. Turm vollendet) *Eosander*: Schloß Monbijou in Berlin ≈ Baublüte in Dresden („Elbflorenz") *Pesne*, preuß. Hofmaler Taschenberg-Palais, Dresden (beend. 1715)	Stimmgabel von *Shore* Hammerklavier von *Bartolomeo Christofori* (* 1665, † 1731)	*Leibniz* begegnet Zar Peter I. und fördert die Völkerkunde in Rußland *J. Chr. Le Blon* (* 1667, † 1741): Dreifarbendruck (+ Schwarz) *Th. Newcomen*: Atmosphärische Dampfmaschine (angewandt 1715 i. Dtl., 1717 i. Rußl., 1722 i. Wien, 1725 i. Paris, 1727 i. Schweden; meist für Grubenentwässerung oder Wasserspiele) * *Michael Wassiljewitsch Lomonossow*, russ. Chemiker und Dichter († 1765) Ventilator von *J. J. Partels* in Bergwerken	Preuß. Akademie der Wissenschaften in Berlin eröffnet

	Preuß. „Soldatenkönig" Reformen in Rußland	Dt. Barockdichtung Französische Klassik	Leibniz Aufklärung · Pietismus
1712	* Friedrich II. (der Große), König von Preußen 1740 bis 1786 (†) Zar Peter I. heiratet seine Geliebte bäuerlicher Herkunft Katharina Aleksejewna Petersburg wird an Stelle Moskaus Hauptstadt von Rußland (bis 1922). Entscheidende Reformen nach westeuropäischem Muster i. Wirtschaft und Verwaltung Rußlands (Zünfte, Monopolfabriken, Einwanderg.)	John Arbuthnot (* 1667, † 1735): „Die Geschichte von John Bull" (engl. Satire gegen d. Whigs) Pope: „Der Lockenraub" (engl. kom. Heldengedicht) ~ † Christian Reuter, dt. Barockdichter (* 1665) Wolff: „Vernünftige Gedanken von den Kräften des menschlichen Verstandes" (Aufklärungsphilosophie)	Johann Bernh. Fischer: „Entwurf einer Histori-Architektur in Abbildung unterschiedener berühmter Gebäude des Altertums und fremder Völker . . ." Francke grdt. in Halle Erziehungsanstalt (bald darauf eine Lateinschule) * Jean Jacques Rousseau, frz. Philosoph, Enzyklopädist u. Pädagoge († 1778)
1713	Utrechter Friede Frankreichs mit England und den Niederlanden (mit Österreich 1714 in Rastatt): Neapel, Mailand und südliche Niederlande von Spanien an Österr.; König Philipp V. behält Spanien u. Kolonien; England erhält Gibraltar, Minorca, Neufundland. Ende des „Spanischen Erbfolgekrieges" (seit 1701) Karl VI. versucht durch die „Pragmatische Sanktion" die Unteilbarkeit des habsburg. Besitzes durch Erbfolge auch in d. weibl. Linie zu sichern † Friedrich I., „König in Preußen" seit 1701 (* 1657) Friedrich Wilhelm I. („Soldaten"-) König von Preußen bis 1740 (†);	Addison: „Cato" (engl. politisches Trauerspiel i. franz. Stil) * Lawrence Sterne, engl. Romanschriftsteller († 1768)	* Denis Diderot, franz. Enzyklopädist u. Schriftsteller († 1784) Lodovico Antonio Muratori (* 1672, † 1750): „Anecdota ex Ambrosianae bibliothecae codicibus" (aus d. Mailänder Bibliothek) † Anthony Shaftesbury, engl. dichter. Philosoph des Idealismus: „Das Gute ist das Schöne" (* 1671) Papst-Bulle „Unigenitus" gegen Jansenisten (vergl. 1640) „Der Vernünftler" (Hamburg. moralische Wochenschrift nach engl. Vorbild)
1714	† Königin Anna von England, letzte Stuart (protestant.), Königin seit 1702 (* 1665) Georg I. (Haus Hannover) wird König von England bis 1727 (†); Personalunion zwischen England und Hannover bis 1837 König von Preußen ordnet Soldatenwerbung „ohne große Gewalttätigkeiten" an Neuer Türkenkrieg (b. 1718)		Leibniz: „Monadologie" (kurze Darstellung seiner Monadenlehre für Prinz Eugen; danach bestimmen das Weltgeschehen atomistische „Monaden" in „prästabilisierter Harmonie" ohne gegenseitige Wechselwirkung) Bernard de Mandeville (* 1670, † 1733): „Bienenfabel" (engl., Gemeinnutzen ergibt sich aus Zusammenwirken egoistischer Interessen)

Barock Franz. Rokoko	Corelli Händel in London	Wahrscheinlichkeits- rechnung	
* *Francesco Guardi*, it. Landschaftsmaler († 1793) * *Georg Friedrich Schmidt*, dt. Kupferstecher († 1775) Barocker Neubau des Doms zu Fulda (seit 1704)	*Corelli*: Zwölf Concerti grossi (ital. Kammermusiken) *Händel* geht nach London	† *Giovanni Domenico Cassini*, ital. Astronom, entdeckte u. a. Jupiter-Rotation, vier Saturnmonde und Zodiakallicht (* 1625) Der Arzt *Engelbert Kämpfer* (* 1651, † 1716) veröff. wesentliches Werk über Japan, wo er 1690—92 war *E. E. Orffyre* täuscht mit seinem „Perpetuum mobile" selbst Gelehrtenkreise ~ † (verschollen) *Denis Papin*, frz. Phys. (* 1647)	Letzte Hexenhinrichtungen in England
Eosander: Erweiterungsbau des Berliner Schlosses mit Westportal (s. 1707) *I. L. Hildebrand*: Palais Kinsky in Wien *A. Schlüter*: Prunksärge f. Kg. *Friedrich I.* u. Gemahlin im Berliner Dom (seit 1705); geht nach St. Petersburg * *Jacques Germain Soufflot*, französ. Baumeister († 1780) ~ *A. Watteau*: „L'Indifférent" (frz. Rokoko-Gem.)	† *Arcangelo Corelli*, it. Violinvirtuose u. führender Instrumentalkomponist d. Barock (* 1653) *Couperin*: „Pièces de Clavecin I" (frz. Klaviermusik; 1716: „Die Kunst des Klavierspiels") *Händel*: „Utrechter Tedeum" und „Jubilate" (Chorkompositionen)	*Jak. Bernoulli*: „Ars conjectandi" (gilt als erste zusammenfassende Darstellung der Wahrscheinlichkeitsrechnung; ersch. posthum) *H. C. v. Carlowitz*: „Sylvicultura oeconomica" (gilt als erstes forstwiss. Werk) *Abraham Darby* (Vater) gelingt Kokserzeugung i. Meiler (ermöglicht Kokshochofen) Spanische Akademie der Wissenschaften gegründet	England schließt günstigen Handelsvertrag mit Spanien und übernimmt an Stelle Frankreichs d. Sklavenhandel für die spanischen Kolonien *Andreas Schlüter* versucht am Hof Zar *Peters I.* ein „Perpetuum mobile" zu bauen Zopf im preußischen Heer *Friedrich Wilhelm I.* v. Preuß. verbietet Zeitungen
Filippo Juvara (* 1676, † 1736) wird kgl. Baumeister des Hochbarocks in Turin (La Superga, Palazzo Madama, Schloß Stupinigi) † *Andreas Schlüter*, dt. Baumeister u. Bildh. des Barock (* 1664) *Vanbrugh*: Howard Castle (engl. Barock-Schloß, Baubeg. 1702) *Jan Weenix*: „Totes Wild" (ndl. Gemälde)	* *Carl Philipp Emanuel Bach*, 2. Sohn *J. S. Bachs*, dt. Komponist († 1788) * *Christoph Willibald Gluck*, dt. Komponist († 1787) *Händel*: „Wassermusik" (f. Themsefahrt d. Hofes) *G. Silbermann*: Orgel f. Freiberger Dom *Vivaldi*: 24 Violinkonzerte (ital.)	*Leibniz* schlägt Pavillonsystem für Krankenhäuser vor Quecksilberthermometer v. *Gabriel Daniel Fahrenheit* (* 1686, † 1736) mit nach ihm benannt. Gradeinteil. *Henry Mill* erhält 1. Patent auf eine Schreibmaschine (für Blinde)	Aufhebung der Hexenprozesse in Preußen

	† „Sonnenkönig" Prinz Eugen erobert Belgrad	Voltaire „Robinson Crusoe"	Aufklärung · Pietismus † Leibniz
1715	† *Ludwig XIV.* „Sonnenkönig" von Frankreich seit 1643 (*1638) *Ludwig XV.*, Urenkel *Ludwigs XIV.*, König von Frankreich bis 1774 (†); erschüttert seine Stellung d. Verschwendung und Mätressenwirtschaft Preußen tritt in den „Nordischen Krieg" geg. Schweden ein Bremen-Verden fällt an Hannover	*Christian Fürchtegott Gellert*, dt. Dichter († 1769)	* *Etienne Bonnot de Condillac*, franz. Philosoph des Sensualismus († 1780) * *Claude Adrien Helvetius*, franz. Philosoph eines materialist. Sensualismus († 1771) ~ *Leibniz* korrespondiert mit über tausend Partnern † *Nicole Malebranche*, franz. Philosoph des Okkasionalismus (* 1638) Plan einer Handelsschule v. *P. J. Marperger* (* 1656, † 1730)
1716	Prinz *Eugen* besiegt Türken b. Peterwardein (Kroatien)	Erstes amerikan. Theater in Williamsburg (Virginia) m. Schauspielern aus England	† *Gottfried Wilhelm Leibniz*, Philosoph eines rationalist. Idealismus, Wissenschaftler u. Diplomat (* 1646)
1717	Prinz *Eugen* erobert Belgrad * *Maria Theresia*, Erbtochter d. Kais. *Karl VI.*, Königin von Ungarn u. Erzherzogin von Österreich von 1740 bis 1780, römisch-dt. Kaiserin von 1745 bis 1765 († 1780) Brandenburg verk. s. Kolonie an der Guineaküste an die Niederlande	*Adrienne Lecouvreur* (* 1692, † 1730), Freundin *Voltaires*, Schauspielerin an der Comédie Française	Beginn d. modernen humanitären Freimaurerei: erste Großloge in London Schulpflicht in Preußen; Mangel an geeigneten Lehrern
1718	Österreich gewinnt im erneuten Türkenkrieg (seit 1714) Nordbosnien, Serbien u. Kleine Walachei; Venedig verl. Peloponnes und Kreta Zar *Peter I.* läßt seinen Sohn *Alexei* wegen Reformfeindlichkeit z. Tode verurteil. u. mit tödlichen Folgen foltern † *Karl XII.*, Kg. v. Schweden (s. 1697), fällt i. Norw. (* 1682) Franzosen gründen New Orleans (Nordamerika)	*Voltaire:* „Oedipus" (frz. Tragöd., i. d. Bastille geschrieben, begrdt. sein. Ruf) Debüt der *Neuberin*	Bannung der Jansenisten, die seit 1640 bestehen; Aufruhr in Utrecht
1719	Versuche König *Friedrich Wilhelms I.* von Preußen zur Aufhebung der Leibeigenschaft verlaufen ergebnislos Triest wird Freihafen (bis 1891)	† *Joseph Addison*, engl. Dramatiker u. Journalist (* 1672) *Defoe:* „Robinson Crusoe" (engl. Abenteuerroman; regt viele ähnliche an) * *Joh. Wilh. Ludw. Gleim*, dt. Dichter († 1803)	*Chr. Wolff:* „Vernünftige Gedanken von Gott, der Welt und der Seele d. Menschen, auch allen Dingen überhaupt" (rational. Philosophie nach *Leibniz*) Verbot der Jesuiten in Rußl.

Watteau *Frz. Rokoko*	Bach *Französisches Singspiel*	Pockenimpfung *Thermometer*	
E. Q. Asam: Himmelfahrt Mariä, Hochaltar d. Klosterkirche in Rohr ~ Charles Nicolas Cochin d. J., frz. Graphiker († 1790) * Johann Georg Wille, dt. Kupferstecher († 1808) Der ital. Jesuit Castiglione (* 1688, † 1766) kommt nach China u. nennt sich Lang Shihning; beeinfl. d. chin. Malerei europäisch	~ A. Scarlatti leitet mit seinen „Ital. Ouverturen" (schnell — langsam — schnell) z. eigentl. Symphonie über ~ In Frankreich entsteht volkstümliches possenhaftes Singspiel („Vaudeville")	Rostpendel von Graham Leibniz: „Braunschweig. Annalen des abendlichen Reiches" auf quellenkritischer Grundlage) ~ Erste Ausgrabungen von Pompeji u. Herkulaneum (seit 1709; systematisch ab ~ 1860) Erste einseitig wirkende atmosphärische Dampfmaschine nach Papin und Newcomen in Deutschland Brook Taylor: Lehrsatz d. mathem. Reihenentwickl.	~ William Kent (* 1684, † 1748) empfiehlt und verwirklicht natürliche Landschaftsgärten („Engl. Gärten") ≈ Hohe Staatsschulden und Benachteiligung der Kleinbetriebe in Frankreich Erste brit. Faktorei in Kanton
Fischer v. Erlach beg. barocke Karlskirche i. Wien (vollend. 1739) Watteau: „Mezzetin" (frz. Gem.)	Berthold Heinr. Brockes (* 1680, † 1747): „Der sterb. Jesus" (vertont 1717 v. Händel, 1720 v. Mattheson) Passion	F. A. v. Pernau: Anfänge tierpsycholog. Verhaltensforschung an Vögeln Trienwald: Warmwasserheizung	
* Adam Friedrich Oeser, dt. Rokokomaler, Lehrer Goethes († 1799) Watteau: „Einschiff. n. d. Ins. Cythera", „Das Konzert" (frz. Gem.) * Johann Joach. Winckelmann, dt. Archäologe († 1768)	J. S. Bach: „Orgelbüchlein" (46 Orgelchoräle) * Johann Stamitz, dt. Komponist († 1757)	* Jean Baptiste d'Alembert, franz. Mathematiker und Enzyklopädist († 1783) Pockenimpfung in Engl. durch direkte Übertragung des Impfstoffes vom kranken auf den gesunden Menschen	Bauernschutz in Österreich Verheerende Weihnachts-Sturmflut an der Nordseeküste
* Martin Johann Schmidt, österreichisch. Maler († 1801) Watteau: „Gilles" (frz. Gem.) * Suzuki Harunobu, japan. Maler († 1770)		Halley erkennt Eigenbewegungen von Fixsternen Friedrich Hoffmann (* 1660, † 1742): „Medicina rationalis systematica" („System d. vernünftigen Medizin") ~ Hoffmannstropfen (Magenmedizin)	Erste Banknoten erscheinen Domänenbauern in Preußen erhalt. erblichen Besitz Porzellanmanufaktur in Wien gegründet
† Jan Weenix, niederländischer Maler von Geflügel; Überleitung z. Stilleben u. Küchenstück (* ~ 1640) Watteau: „Liebesfest" (frz. Gem.)	Händel wird Leiter der neuen Oper i. London	Exakte Wetterbeobachtungen in Berlin (vgl. 1699)	H. Fr. v. Fleming: „Der vollkommene teutsche Jäger" ≈ Von Frankreich aus verbreitet sich Parforcejagd, zu Lasten d. Bauern

	Rußland wird europäische Großmacht	*Voltaire*	*Aufklärung · Pietismus Brüdergemeine*
1720	Östlich. Vorpommern mit Stettin kommt von Schweden an Preußen Südseespekulationen i. England brechen zusammen Privatbank und Kolonialgesellschaft des Schotten *John Law* (* 1671, † 1729) in Frankreich brechen nach Scheinblüte mit Börsenkursen bis 9000 zusammen und ruinieren franz. Finanzen Niederlande verbieten ohne Erfolg den Geldverleih an fremde Mächte; Niedergang d. niederl. Wirtschaft infolge einseitiger Auslandsanlagen Tibet wird chines. Protektorat	*de Lafayette:* „Histoire d'Henriette d'Angleterre" (gilt als erster frz. Zeitsittenroman) *Voltaire:* „Artémise" (frz. Tragödie) „Robinson Crusoe" ins Dt. übersetzt ~ Anfänge d. Zeitungsromans Old Haymarket Theatre in London eröffnet	*Wolff:* „Vernünftige Gedanken von der Menschen Tun und Lassen zur Beförderung ihrer Glückseligkeit" (Aufklärungsphilosophie)
1721	Ende d. „Nordischen Krieges" (seit 1700) und der schwedischen Großmachtstellung; Rußland erhält durch den Frieden von Nystad die Ostseeprovinzen u. wird europäische Großmacht; Zar *Peter I.* nennt sich „Kaiser aller Reußen" *Robert Walpole* (* 1676, † 1745), Führer der Whigs, erster engl. Premier b. 1742; förd. freie Industrie u. Überseehand. durch Zollpolitik Dänemark besied. Grönland Preußen verbietet Auswand.	*Bodmer* gibt m. *Breitinger* „Die Discourse d. Mahlern" heraus (schweiz. moral. ästhetisch. Wochenschrift) *B. H. Brockes:* „Irdisches Vergnügen in Gott" (lyr. Gedichte, 9 Bde. bis 1748)	*Innozenz XIII.* Papst bis 1724; verbietet den Jesuiten die China-Mission *Montesquieu:* „Persische Briefe" (franz. Briefroman gegen Absolutismus) Russ. Patriarchat abgeschafft; Leitung d. Kirche an Heiligen Synod (Staatskirche mit Zar als Oberhaupt: Cäsaropapismus)
1722	† *John Churchill* Herzog *Marlborough*, engl. Feldherr und Staatsmann, Gegner *Ludwigs XIV.* (* 1650) Rußland erob. Baku u. Teile Vorderpersiens v. Persien (Friede 1723) Russ. Rangtabelle schafft Dienstadel in 14 Rangstufen	*Ludwig Holberg* (* 1684, † 1754, „Vater des dän. Lustspiels") beg. f. d. neugegrdte. Theater in Kopenhagen volkstüml. Lustsp. zu schreiben	*August d. Starke* vereinigt Bilder im „Stallgebäude" des Jüdenhof (gilt als Begrdg. d. Dresdner Gemäldegalerie) Graf *von Zinzendorf* gründet pietist. Herrnhuter Brüdergemeine mit Christuskult u. ausgedehnten Missionsplänen (Statut 1727)

Hoch-Barock Frz. Rokoko	Bach Händel	Eisenhüttenkunde	
August d. Starke grdt. Dresdner Kupferstichkabinett * *Bernardo Canaletto*, ital. Maler v. Städteansichten († 1780) * *Charles Eisen*, franz. Graphiker († 1778) * *Giambattista Piranesi*, ital. Kupferstecher († 1778) *Watteau*: „Gesellschaft im Park", „Firmenschild d. Kunsthändlers *Gersaint*" (frz. Gemälde) ≈ Rokoko in Frankr. (bis ~ 1775)	*J. S. Bach*: „Klavierbüchlein vor Friedemann" (Anfängerstücke), 3 Violinkonzerte *Händel*: „Esther" (Oratorium) ~ Allmähliches Aufkommen von Violinsonaten mit Klavierbegleitung ohne Generalbaß	* *Charles Bonnet*, frz. Philosoph und Naturforscher († 1793) *G. Graham*: Unruh mit Spiralfeder als Verbesserung der Taschenuhr	≈ Englisches weißes Steingut wird Ausfuhrartikel Papiertapete in England Seeversicherungsmonopol in England
C. D. Asam: Klosterkirche Weltenburg (beg. 1715) *Fischer v. Erlach*: „Entwurf einer historischen Architektur" *Permoser*: „Apotheose des Prinzen Eugen" (Barockbildwerk) † *Antoine Watteau*, frz. Maler des Rokoko (* 1684)	*J. S. Bach*: „Brandenburgische Konzerte" (Sechs Concerti grossi für Markgraf *Christian Ludwig* v. Brandenburg) * *Barberina Campanini*, ital. Tänzerin († 1799) *Telemann* kommt nach Hamburg, wo er Musikdirektor sämtlicher Kirchen wird (komp. auch häufig f. d. Hamburger Oper)	Neuerfindung d. Geburtszange v. *Palfyn* (vgl. 1665)	* *Jeanne Antoinette Poisson* (Marquise de *Pompadour*) († 1764) Manufakturbesitzer in Rußland dürfen Dörfer einschl. der Arbeitskräfte kaufen In Marseille wütet eine der letzten Pestseuchen i. Europa (in Hamburg 1713, 11 000 Tote).
Franz von Beer: Kloster Weingarten (Barockbau, begonnen 1716) † *Christoph Dientzenhofer*, dt. Baum. (*1655) *Permoser*: Figurenschmuck a. Dresdner Zwinger (s. 1718) *Pöppelmann*: Dresdner Zwinger (s. 1711); Barock-Umbau d. Moritzburg b. Dresden (bis 1730) * *Johann Heinrich Tischbein* (d. Ä.), dt. Maler († 1789)	*J. S. Bach*: „Notenbüchlein f. Anna Magdalena" (Suiten i. frz. Stil); „Wohltemperiertes Klavier. Erster Teil" (Präludien und Fugen in allen Tonarten; 2.T. 1744) *Johann Mattheson* (* 1681, † 1764): „Critica musica" (Anfänge einer dt. Musikkritik) Moderne Harmonielehre von *Rameau*	*Réaumur* und *Swedenborg* schaffen unabhängig wissenschaftliche Grundlagen der Eisenhüttenkunde *Jak. Roggeveen* (* 1654, † 1729) entdeckt a. Ostermontag die „Osterinsel" mit riesigen Steinfiguren einer polynesischen Kultur, darauf die Samoa-Inseln (vgl. 1533)	≈ Porterbier i. England

	Preußischer Beamtenstaat † *Zar Peter I.*	*Voltaire* *Swift*	*Aufklärung · Pietismus* *Wolff*
1723	Generaldirektorium als oberste preuß. Verwaltgs.-Instanz; strenger Gehorsam gegenüber dem Staat als Beamtenideal †*Scheng-tsu(Kang-hi)*, 2.chin. *Mandschu*-Kaiser seit 1662; brachte Tibet u. d. Mongolei unter chin. Herrschaft. Blüte des Landes hält unter seinen Nachfolgern an. Es folgt *Yung-Tscheng* bis 1735 (†)	† *Johann Christian Günther*, dt. lyrischer Dichter und Vagant zwischen Barock u. „Sturm und Drang" (* 1695) *Voltaire:* „La Henriade" (franz. historisches Epos)	*J. Anderson:* (schottisches) Konstitutionsbuch („Alte Pflichten") der Freimaurerei * *Johannes Bernhard Basedow*, dt. Pädagoge († 1790) * *Paul Heinrich Dietrich Holbach*, dt.-franz. materialist. Philosoph († 1789) *Picart:* „Über die religiösen Gebräuche aller Völker" (vergleichende Religionswissenschaft) *Wolff:* „Vernünftige Gedanken von den Wirkungen der Natur" (Aufklärungsphilosophie)
1724		* *Friedrich Gottlieb Klopstock*, dt. Dichter, Wegbereiter der Klassik († 1803)	*Benedikt XIII.* Papst bis 1730 (†) * *Immanuel Kant*, dt. Aufklärungsphilosoph († 1804) Chines. Kaiser verbietet Christentum (vgl. 1692)
1725	† *Peter I.* (der Große), Zar von Rußland seit 1689; europäisierte Rußland durch weitgehende Reformen; verfolgte Politik der Zugänge zu den Meeren (* 1672) *Katharina I.*, Witwe *Peters I.*, Zarin von Rußland bis 1727 (†); überläßt Regierung *Alex. Menschikow* (* 1672, † 1729 in d. Verbannung)	*Gottsched* gibt „Die vernünftigen Tadlerinnen" heraus (moral. Wochenschrift) *Pope* übers. d. „Odyssee" (Gesang 1—12) *Homers* ins Englische (übers. „Ilias" 1715—20) Faust-Buch des „Christlich Meynenden" (volkstüml. Auszug aus dem Faust-Buch des *Joh. Nik. Pfizer* v. 1674)	*Giovanni Battista Vico* (* 1668, † 1744): „Grundzüge einer neuen Wissensch. über d. gemeinsch. Natur d. Völker" (ital. Begründung der Völkerpsychologie u. neueren, idealist. Geschichtsphilosophie) *Chr. Wolff:* „Vernünftige Gedanken von den Teilen der Menschen, Tiere und Pflanzen" (letzter Teil der Folge seit 1712, welche in dt. Sprache die Philosophie *Leibniz*' verbreitet) Zar *Peter I.* gründet Petersburger Akademie
1726		*Swift:* „Gullivers Reisen" (englische Zeitsatire)	*Scheuchzer* beschreibt einen fossilen Riesenmolch als einen „verruchten Sünder, so in der Sintflut ertrunken" (vgl. Spalte Wissenschaft) *Voltaire* geht nach zweimaliger Haft in der Bastille nach England (bis 1729) ∼ „Ziffernschulen" für die Kinder Adliger i. Rußland

Hoch-Barock Frz. Rokoko	Bach Moderne Sonatenform	Mikroskopische Biologie	
† *Johann Bernhard Fischer von Erlach*, österreich. Barockbaumeister, bes. in Salzburg u. Wien (* 1656) * *Joshua Reynolds*, engl. Bildnismaler († 1792) † *Christopher Wren*, engl. Baumeister im klass. Stil u. Astronom, baute über 60 Kirchen und öffentl. Gebäude (* 1632) Klosterkirche Weingarten (beg. 1715)	*J. S. Bach* wird Thomaskantor in Leipzig als „Ersatz" f. d. ablehnenden *Telemann* *J. S. Bach*: „Johannespassion"; „Erbauliche Gedanken eines Tabakrauchers" (Arie)	† *Antony van Leeuwenhoek*, niederländischer Zoologe, Begründer der mikroskopischen Biologie. Gesammelte Werke (1722) in sieben Bänden (* 1632)	* *Adam Smith*, engl. Wirtschaftswisssenschaftler des aufkommend. Liberalismus († 1790)
J. L. von Hildebrandt: Belvedere bei Wien (Barockbau, begonnen 1714) * *Franz Anton Maulpertsch*, süddt. Maler des Hochbarock († 1796)	*Händel*: „Julius Cäsar" (Oper)	Missionar *Lafiteau* in Kanada fördert vergleichende Völkerkunde der Primitiven	Offizielle Pariser Börse eröffnet
* *Jean Baptiste Greuze*, franz. Maler († 1805) * *Ignaz Günther*, dt. Bildhauer des bayer. Rokoko († 1775) * *Martin Knoller*, österreich. Maler († 1804) ≈ Schwülstiger Barockstil in Spanien („Churriguerismus", nach dem spanischen Maler *José Churriguera*, * 1650, † 1723) Palais Preysing, München (beg. 1720) Span. Treppe in Rom (beg. 1721)	*Fux*: „Gradus ad Parnassum" (österr. Lehrbuch des Kontrapunkt. für Kirchentonarten) † *Johann Philipp Krieger (Krüger)*, dt. Komponist der neuen Liedoper u. von Kirchenmusik (* 1649) † *Alessandro Scarlatti*, ital. Komp., Schöpfer der neapolitan. Oper mit Dacapo-Arie und ital. Ouvertüre (* 1659) Erste öffentliche Konzerte (Concerts spirituels) in Paris	*Guillaume Delisle* (* 1675, † 1726): Karte von Europa (mit höheren Ansprüchen genügender Naturwahrheit)	* *Giacomo Girolamo Casanova*, ital. Abenteurer († 1798) ≈ Zweihundert Manufakturen in Rußland; Leibeigensch. verhindert stärkere Entwicklung ≈ Familienfideikommisse u. Stammgüter sichern in Österreich dem Adel Verbleib des Grundbesitzes in der Familie unabhängig von der wirtschaftlichen Lage
* *Daniel Chodowiecki*, dt. Maler u. Illustrator († 1801) † *Jakob Prand(t)auer*, österr. Baumeister, besonders Stiftsbauten (Melk) (* 1660) † *John Vanbrugh*, engl. Barockbaumeister und Lustspieldicht. (*1664)	~ Sonatenform mit zweitem Thema entsteht	Genaue Blutdruckmessungen von *Stephen Hales* (* 1677, † 1761) *J. J. Scheuchzer* hält Fossilien für organische Überreste der Sintflut und verdrängt dadurch die Lehre, sie seien anorganische Gebilde einer spielerischen „plastischen" Kraft der Erde	

	Flucht d. Kronprinzen v. Preußen	*Aufklärung Karoline Neuber*	*Aufklärung · Pietismus Freimaurerei*
1727	† *Georg I.*, König von England seit 1714 u. Kurfürst v. Hannover seit 1698 (*1660) *Georg II.*, König von England bis 1760 (†) † *Katharina I.*, Zarin von Rußland seit 1725 (*1684) *Peter II.*, Zar von Rußland bis 1730 (†) Der Günstling *Katharinas I.*, *Menschikow*, wird nach Sibirien verbannt	Die *Neuber*sche Theatertruppe beginnt ihre Arbeit; pflegt dt. Theater im klassischen frz. Stil *Pope, Swift* u. *Arbuthnot* geben satir.-humoristische Zeitschr. „Miscellanies" heraus	† *August Hermann Francke*, dt. pietistischer Pädagoge u. Theologieprofessor (*1663) ~ *Chr. Wolff:* „Die Hauptabsicht der Welt ist diese, daß wir daraus Gottes Vollkommenheit erkennen sollen"(charakteristischeThese d. Aufklärungsphilosophie) *C. F. Neikel* veröff. 1. dt. museumskundl. Werk
1728		*Gottsched:* „Ausführliche Redekunst"	*Ephraim Chambers* (* 1680, † 1740): „Cyclopaedia or universal dictionary of arts and sciences" (engl. Lexikon; Vorbild d. frz. Enzyklopädie von 1751) † *Christian Thomasius*, dt. Philosoph (* 1655) Freimaurerloge in Madrid (bald durch Inquisition radikal unterdrückt)
1729	* *Katharina II.* (die Große), Prinzessin v. Anhalt-Zerbst, Zarin von Rußland 1762 bis 1796 (†)	* *Gotthold Ephraim Lessing*, dt. Dichter und Kritiker († 1781) *Haller:* „Die Alpen" (schweiz. Lehrgedicht) *Tersteegen:* „Geistliches Blumengärtlein inniger Seelen" (christl. - mystische Dichtung)	* *Moses Mendelssohn*, dt. Aufklärungsphilosoph u. Vorkämpfer für die Judenemanzipation († 1786) *Friedr. Karl v. Schönborn* (*1674, † 1743) Fürstbischof von Würzburg (Hauptbauherr d. Residenz)
1730	*Friedrich II.*, Kronprinz v. Preußen, flüchtet vor seinem Vater u. erh. Festungshaft; s. Freund *Katte* wird hinger. * *Friedrich Wilhelm v. Steuben*, dt. General im nordamerikanischen Unabhängigkeitskrieg († 1794)	*Gottsched:* „Versuch einer kritischen Dichtkunst für d. Deutschen" *James Thomson* (* 1700, † 1748): „Die Jahreszeiten" (engl. beschreibendes Epos seit 1726; dt. übers. von *Brockes*)	* *Johann Georg Hamann*, dt. religiös. Philosoph († 1788) *Klemens XII.* Papst bis 1740 Freimaurerloge in Philadelphia (Nordamerika)

Hoch-Barock / Frz. Rokoko	Matthäuspassion / Bettleroper	Euler / Zahnheilkunde	
* *Francesco Bartolozzi*, italien. Kupferstecher († 1815) * *Thomas Gainsborough*, engl. Maler († 1788) *L. von Hildebrandt:* Schloß Mirabell in Salzburg (Barockbau, beg. 1721)	„American Philosophical Society" (Wissenschaftliche Gesellschaft) in Philadelphia gegründet	*Euler* a. d. Petersburger Akad. (b. 1741) † *Isaac Newton*, engl. Physiker und Mathematiker (* 1643) *Joh. Heinr. Schulze* (* 1687, † 1747) entdeckt Lichtempfindlichkeit der Silbersalze (Grundlage der Photographie)	Quäker fordern Abschaffung der Sklaverei (von 1680 bis 1786 wurden über zwei Millionen Negersklaven nach Amerika gebracht) Russ. Gesandtsch. u. Handelsniederl. in Peking Erstes bekannt. Heiratsinserat (in Manchester)
* *Robert Adam*, schott. Baumeister; klassizist. „*Adam*stil" († 1792) * *Anton Raphael Mengs*, dt. Maler († 1779) *J. Munggenast* u. *M. Steindl:* Klosterkirche i. Dürnstein (seit 1721; gilt als übersteigertes Hochbarock)	*John Gay* (* 1685, † 1732): „The Beggar's Opera" („Bettleroper"; engl. satirisch. Singspiel, Parodie auf ital. Oper) * *Nicola Piccini*, ital. Komponist d. „opera buffa" († 1800)	*Bering* durchfährt die nach ihm benannte Straße zw. Nordamerika und Asien *James Bradley* (* 1692, † 1762) entdeckt Aberration des Fixsternlichtes; dad. wesentl. Verbess. der Beobachtungsgenauigkeit *Pierre Fauchard* begr. selbständige Zahnheilkunde Walzbleche von *Hanbury* (statt Schmiedebleche) * *Joh. Heinr. Lambert*, dt. Phys. u. Philos. († 1777)	
François de Cuvilliés (* 1695, † 1768): Schloß Falkenlust bei Brühl (mit reichem Rokoko-Stuckwerk) † *Johann Friedrich Eosander (von Göthe)*, dt. Barockbaumeister (* ~ 1670) * *Pierre Antoine Taessert*, niederländ. Bildhauer († 1788) Schloß Mannheim (beg. 1720)	*J. S. Bach:* „Matthäuspassion" (Zweite Aufführung erst 1829) *J. S. Bach* beend. sein intens. kirchenmusikalisches Schaffen. Die 3 bis 5 Kantatenjahrgänge seit 1723 schöpfen wesentlich aus seinem eigenen weltl. Werk, bes. der Köthener Zeit 1717-23	Erster Sternatlas auf Grund von Fernrohrbeobachtungen (2866 Sterne) von *John Flamsteed* (* 1646, † 1719) * *Johann Reinhold Forster*, dt. Naturforscher († 1798) Stereotypie zur Vervielfältigung von Druckplatten durch *William Ged* († 1749) *Stephan Gray* (* 1670, † 1736) unterscheidet elektr. Leiter u. Nichtleiter * *Lazzaro Spallanzani*, ital. Biologe († 1799)	Opiumverbot in China (Opiumrauchen war nach 1650 aufgekommen)
Boucher kehrt aus Rom n. Paris zurück, wo er sich zum Modemaler entwickelt Wallfahrtskirche in Gößweinstein/Oberfr. n. Plänen von *B. Neumann* (vollend. 1739)	*J. A. Hasse:* „Artaserse" (dt. Oper i. ital. Stil) Klosterpalast in Mafra (portug. Hochbarockbau) seit 1717	*René Réaumur* (* 1683, † 1757) baut Weingeistthermometer mit der nach ihm benannten Gradeinteilung	

	Militärmacht Preußen	Aufklärung Gottsched	Aufklärung Voltaire
1731	Reichsgewerbegesetz hebt Autonomie der Zünfte auf und stellt sie unter Staatsaufsicht; schafft Ausweiszwang („Kundschaften") für Gesellen auf der Wanderung; wendet sich gegen Arbeitskämpfe im Handwerk. In den Reichsstädten setzt sich das Gesetz nicht durch	* *Ramon de la Cruz*, span. Bühnendichter († 1794) † *Daniel Defoe*, engl. Dichter (*~ 1659) * *Katharina Elisabeth Textor*, Mutter Goethes († 1808) *Antoine - François Prévost d'Exiles* (* 1697, † 1736): „Geschichte des Chevalier des Grieux und der Manon Lescaut" (franz. empfindsamer Liebesroman, s. 1728) * *Sophie von La Roche* (geb. *Gutermann*), dt. Dichterin († 1807)	*Voltaire:* „Gesch. Karls XII." (frz. romanhafte Biographie) Neapel verbietet Freimaurerei Der Erzbischof v. Salzburg vertreibt 26 000 Protestanten (werden in Preußen angesiedelt) ≈ Auflösung d. mittelalterlichen geheimbündlerischen Bauhütten, deren Tradition teilweise auf die Freimaurerei übergeht
1732	* *George Washington*, erster Präsident der USA von 1789 bis 1797 († 1799) * *Stanislaus II.*, letzter polnischer König von 1764 bis 1795 († 1798)	*Gottsched*: „Der sterbende Cato" (Schauspiel nach frz. Muster) *Voltaire*: „Zaïre" (französ. Drama) ~ „Der Hertzog von Luxemburg" (dt. Volksbuch über *François Henri de L.* * 1628, † 1695)	*F. Algarotti*: „Die Lehre Newtons für die Dame" (ital. Popularisierung) *de Liguori* gründet kathol. Redemptoristen-Orden, Londoner Freimaurergroßloge nimmt Juden auf
1733	† *Friedrich August I.* (der Starke), Kurfürst von Sachsen seit 1694 und König von Polen als *August II.* seit 1697 (* 1670) „Polnischer Erbfolgekrieg" (bis 1738) beginnt um den Sohn *Friedr. Aug. I.*, *Friedrich August II.*, gestützt von Österreich und Rußland, und *Stanislaus Leszczynski*, gestützt von Frankreich und Spanien Kantonsystem in Preußen rekrutiert aus 2,5 Millionen Einwohnern 83 000 Mann; Landadel stellt Offiziere	* *Christoph Martin Wieland*, dt. Dichter u. Philosoph († 1813)	* *Friedrich Nicolai*, dt. Literaturkritiker († 1811) *Pope*: „Essay on Man" (engl. Aufklärungsphilosophie)
1734	Kurfürst *Friedr. August II.* von Sachsen, seit 1712 kathol., späterer Gegner *Friedrichs II.* von Preußen, wird mit russischer Hilfe König von Polen als *August III.* bis 1763 (†) (* 1696)	*François Gayot de Pitaval* (* 1673, † 1743): „Berühmte und interessante Kriminalfälle" (wird bis zu zwanzig Bänden fortges.)	*Joh. Matth. Gesner* (* 1691, † 1761) Prof. i. Göttingen (reform. d. klass. Unterr. an gelehrten Schulen) * *Fr. Mesmer*, Theolog. und Medizin. († 1815) *Montesquieu*: „Ursachen d. Größe u. d. Verfalls d. Römer" (frz.)

Hoch-Barock Franz. Rokoko	Bach · Händel Buffo-Oper	Fortschritte der Chemie	
~ Nicolas Lancret: „Die Tänzerin Camargo" (frz. Gem.)	J. S. Bach: „Clavierübung" I. Teil (II. 1735) Johann Adolf Hasse (*1699, †1783) kommt als Operndirigent n. Dresden; ist mit der ital. Opernsängerin Faustina Bordoni verheiratet (unter ihm blüht die ital. Oper in Dresden)	Alexis Claude Clairaut (*1713, †1765) beschäftigt sich erstmalig mit mathematisch. Kurven im Raum Hadley: Spiegelsextant (vgl. 1701) J. J. Scheuchzer: „Physica sacra od. Naturwiss. d. Hl. Schrift" (4 Bde. m. 750 Tafeln b. 1735) 1062 km langer Kanal zwischen Petersburg (Ostsee) und Wolga (Kaspisches Meer); beendet 1799	≈ Verbot für die engl. Fabrikarbeiter, nach den nordamerikanischen Kolonien auszuwandern
			Boerhaave betont Heilkraft des Fiebers
R. Donner: Hl. Martin (Plastik i. Dom zu Preßburg) * Honoré Fragonard, franz. Maler (†1806) * Carl Gotthard Langhans, dt. Baumeister d. Klassizismus (†1808) † Balthasar Permoser, dt. Barockbildh. vorw. in Dresden (*1651)	* Josef Haydn, österr. Komponist (†1809) Johann Gottfried Walther: „Musikalisches Lexikon" (erstes umfassendes) „Academy of ancient music" (Akademie zur Pflege der Musik) in London gegründet	H. Boerhaave: „Elementa Chemiae" (als klassisch geltendes, ndl. Lehrbuch d. medizin. Chemie) ~ Chemische Zusammenhänge zwischen Base, Säure, Salz werden zunehmend klarer erfaßt	Hauptgestüt Trakehnen (Ostpr.) gegründet König Friedrich Wilhelm I. von Preußen siedelt in dem durch Pest entvölkert Ostpreußen 17000 vertriebene Salzburger Protestanten an
Gebr. Asam: St. Joh.-Nepomuk-Kirche in München (Rokoko-Bau, bis 1746) Jean-Marc Nattier (*1685, †1766): „Das Bad" (frz. höfische Rokoko-Malerei) J. B. Neumann: Klosterkirche Holzkirchen (beg. 1724) * Okyo, japan. Maler (†1795) Schloß Ludwigsburg bei Stuttgart (Barockbau nach d. Versailler Vorbild; beg. 1703)	J. S. Bach: „H-moll-Messe" † François Couperin, franz. Komponist des „galanten Stils", bes. Klaviermusik (*1668) Pergolesi: „La Serva Padrona" („Die Magd als Herrin", ital. Oper, erste maßgeb. Buffo-Oper)	* Joseph Priestley, engl. Chemiker u. materialistischer Philosoph (†1804) ~ Charles François Dufay (*1698, †1739) unterscheid. „Glas"- u. „Harz"-Elektrizität (später „plus" und „minus" genannt) Swedenborg: „Philosophische u. mineralog. Werke" (lat., schwed. Naturlehre, 3 Bde. b. 1734)	Fr. August I. (d. Starke) (†) hatte von zahlr. Mätressen viele Kinder
F. Cuvilliés: Schloß Amalienburg in Nymphenburg (vollend. 1739) * George Romney, engl. Bildnismaler (†1802)	J. S. Bach: „Weihnachtsoratorium" ~ Händel: Orgelkonzerte (20 bis 1740), Concerti grossi Opus 3	† Georg Ernst Stahl, preuß. königl. Leibarzt und Chemiker (*1660) „Gr. Nord. Expedition" in d. Arktis d. Petersburger Akademie (bis 1743) mit russ., dt. u. frz. Forschern (Bering, Gmelin, Steller u. a.)	Aufhebung der Vorrechte der Franz.-WestindischenKompagnie Feldlazarett-Reglement in Preußen

	Polnischer Erbfolgekrieg	Aufklärung Karoline Neuber	Aufklärung Freimaurerei
1735	Vorfriede zu Wien i. „Poln. Thronfolgekrieg" (vgl. 1738)	Karoline Neuber: „Die Umstände der Schauspielkunst in alle vier Jahreszeiten" Le Sage: „Gil Blas" (franz. Schelmenroman, vier Bände, seit 1715)	
1736	† Prinz Eugen von Savoyen, seit 1693 Kaiserl. Feldmarschall, siegr. i. d. Türkenkriegen (* 1663) Maria Theresia heiratet Herzog Franz Stephan von Lothringen, der sein Stammland mit Toskana vertauschen muß (vgl. 1735 u. 38); aus dieser Ehe gehen sechzehn Kinder hervor Kaiser Kautsung (K'ienlung) in China bis 1796 (†); unter ihm größte Ausdehnung d. Mandschu-Reiches (1644 bis 1912)		
1737	Toskana an Hzg. Franz Stephan v. Lothringen * Graf Aleksej Orlow, russischer Politiker u. Großadmiral († 1808) * Thomas Paine, Vorkämpfer f. d. polit. Unabhängigkeit Nordamerikas († 1809) Karl Eugen (* 1728, † 1793) autokrat. Hzg. v. Württemberg Landesvater Schillers	Die Neuberin verbannt, durch Gottsched beeinflußt, den „Hanswurst" aus dem ernsten Theaterstück, weil das mit ihm verbundene Stegreifspiel d. klass. frz. Stil widerspricht	v. Zinzendorf zum Bischof d. Herrnhuter Brüdergemeine geweiht Univ. Göttingen gegründet Erste dt. Freimaurerloge „Absalom zu den 3 Nesseln" in Hamburg gegründet Freimaurerlogen in Frankreich verboten

Hogarth Frz. Rokoko	Bach · Händel	Linné Nordische Expedition	
~ *G. Boffrand:* Salon de la Princesse im Hotel de Soubise in Paris (Rokoko-Innenarchitektur; Deckengem. v. *Ch. J. Natoire* [* 1700, † 1777]) *Hogarth:* „Das Leben einer Dirne", „Das Leben eines Wüstlings" (engl. Gemälde, in Stichen vervielfältigt) Stiftskirche in Einsiedeln (Schweiz) (erb. seit 1704 von *Kaspar Moosbrugger* (* 1665, †1723) u. Gebr. *Asam*) Trevi-Brunnen, Rom (bis 1762)	* *Johann Christian Bach*, letzter Sohn *J. S. Bachs*, dt. Komponist († 1782) *J. S. Bach:* Klavierkonzerte im ital. Stil	*Abraham Darby* (Sohn, * 1698, † 1754) schmilzt Eisenerz im Koks-Hochofen (vgl. 1713) Theorie der Passatwinde von *Hadley* ~ *Huntsman:* Tiegel-(Guß-) Stahl *Linné:* „Systema naturae", Band 1 (Einteilung von sechs Tierklassen und vier Menschenrassen; schwed.)	
* *Jean Jacques de Boissieu*, frz. Maler u. Radierer († 1810) Fassade von St. Roche in Paris nach Entw. v. *Robert de Cotte* (* 1656, † 1735); leitete vom frz. Prunkstil zum Rokoko über * *Friedrich Wilhelm von Erdmannsdorf*, dt. Baumeister des Klassizismus († 1800) * *Anton Graff*, dt. Bildnismaler († 1813) † *Matthäus Daniel Pöppelmann*, dt. Baumeist. des Barock (* 1662) Benediktinerstift Melk (beg. 1701 v. *Prand[t]-auer*) *Rastrelli* kaiserl. Architekt in Petersburg	*J. S. Bach:* „Osteroratorium" *Pergolesi:* „Stabat mater" (ital. Kirchenmusik für Singstimmen, Orgel u. Orchester) † *Giovanni Battista Pergolesi*, ital. Komponist, bes. d. Opera buffa (* 1710) *G. Silbermann:* Orgel f. d. Frauenkirche in Dresden (seit 1732)	Systematische Anwendung des Fieberthermomet. d. *Hermann Boerhaave* (* 1668, † 1738), der das Wort prägte: „Der Arzt ist Diener der Natur" *Euler:* „Mechanica" (erk., daß kräftefreier Körper auf einer Fläche kürzester „geodätischer Linie" folgt) * *Joseph Louis Lagrange*, frz. Mathematiker († 1813) *Ward* schafft die Grundlagen für die Fabrikation der Schwefelsäure im Bleikammerprozeß (industrielle Auswertung ab 1746) * *James Watt*, engl. Erfinder d. modernen Dampfmaschine († 1819) Kautschuk kommt nach Europa	
~ * *John Singleton Copley*, nordamerikan. Maler († 1815) *Guarino Guarini:* „Bürgerliche Baukunst" (italien. Kunsttheorie, posthum) *Knobelsdorff:* Schloß Rheinsberg (Umbau d. Wohnsitzes *Friedrichs* [II.] v. Preußen)	*Rameau:* „Castor und Pollux" (frz. Oper) † *Antonio Stradivari*, ital. Geigenbauer aus Cremona (* 1644)	~ Erforschung der Pflanzenwelt Sibiriens durch *Joh. Georg Gmelin* (* 1709, † 1755) auf d. Nord. Expedition b. 1743 (schreibt „Flora Sibirica" 1749) Gradmessungen in Lappland und Peru (bis 1744) durch d. frz. Akademie beweisen Abplattung der Erde an den Polen	

	Friedrich II. (d. Gr.) *1. Schlesischer Krieg*	*Aufklärung* *Anakreontiker*	*Aufklärung* *Voltaire*
1738	Ende des „Polnischen Thronfolgekrieges" (seit 1733); *Leszczynski* erhält Lothringen; Österreich verliert Neapel-Sizilien an die span. *Bourbonen*; erhält dafür Parma u. Piacenza. Rußlands Kandidat *August III.* v. Sachsen als Kg. v. Polen anerkannt	*Friedrich von Hagedorn* (* 1708, † 1754): „Versuch in poetischen Fabeln und Erzählungen" (u. a. „Johann, der muntre Seifensieder") *Johann Gottfried Schnabel* (* 1692, †~ 1750): „Der im Irrgarten der Liebe herumtaumelnde Cavalier" (galanter Roman) *J. Thomson:* „Alfred" (engl. Operndrama mit „Rule Britannia")	Kronprinz *Friedrich II.* von Preußen tritt Freimaurerloge bei Päpstl. Bannfluch gegen Freimaurerei *Voltaire:* „Elemente der Philosophie Newtons" (frz.) Die engl. Prediger *John Wesley* (* 1703, † 1791), sein Bruder *Charles W.* (* 1707, † 1788) und *George Whitefield* (* 1714, † 1770) begründen „Methodisten"-Bewegung („Gnade durch Bußkampf") als Zweig der anglikanischen Kirche
1739	Ende des Krieges zwischen Österreich-Rußland und Türkei (seit 1735); Österreich verliert an die Türkei seine Eroberungen von 1718 Eroberungszug der Afghanen nach Indien; Delhi wird geplündert * *Grigory* Fürst *Potemkin*, russischer Feldherr († 1791)	~ *Gleim, Götz, Rudnik* und *Uz* dichten als Studenten in Halle im vermeintlichen Stil *Anakreons* Wein- und Liebeslieder (Anakreontiker) * *Christian Schubart*, dt. Dichter und Komponist († 1791)	Kronprinz *Friedrich (II.)* v. Preußen: „Antimachiavel" (aufgeklärte Staatsphilosophie im Gegensatz zu *Machiavellis* „Il principe" von 1513) *Hume:* „Traktat über die menschliche Natur" (engl. Aufklärungsphilosophie)
			Joh. Ev. Holzer (* 1709, † 1740): Kuppelmalerei in St. Anton (Wallfahrtskirche in Partenkirchen)
1740	† *Karl VI.*, römisch-dt. Kaiser seit 1711 und König von Ungarn (* 1685) *Karl VII. Albrecht* von Bay. röm.-dt. Kaiser bis 1745 (†) *Maria Theresia* Königin von Ungarn und Erzherzogin von Österreich bis 1780 (†) † *Friedrich Wilhelm I.*, („Soldaten"-) König von Preußen seit 1713 (* 1688) *Friedrich II.* (der Große) König von Preußen bis 1786 (†); Vertreter des „aufgeklärten Absolutismus", Anhänger der franz. Kultur; beginnt „Ersten Schlesischen Krieg" (bis 1742) gegen *Maria Theresia*	* *Carl Michael Bellman*, schwed. Dichter († 1795) *J. J. Bodmer:* „Critische Abhandlungen von d. Wunderbaren in der Poesie" *J. J. Breitinger:* „Critische Abhandlung von der Natur, den Absichten und dem Gebrauch der Gleichnisse" * *Matthias Claudius*, dt. Dichter († 1815) *Konrad Ekhof* (* 1720, † 1778) Schauspieler b. d. Truppe Schönemann (1771 in Weimar, 1774 Dir. d. Gothaer Hoftheaters) *Samuel Richardson* (* 1689, † 1761): „Pamela" (engl. Briefroman, gilt als gr. Gesellschafts- u. Familienrom.)	*Benedikt XIV.* Papst bis 1758 (†) (wegen seiner Toleranz auch von *Voltaire* u. *Friedrich II.* geschätzt) *Swedenborg:* „Die Verehrung und Liebe Gottes" (schwed. Theosophie, lat.) *Friedrich II.* v. Preußen ruft d. Aufklärungsphilosophen *Chr. Wolff* nach Halle zurück, von wo er 1723 von d. Pietisten vertrieben worden war; bemerkt: „Die Religionen Müssen alle Tolleriert werden..." Universität Philadelphia gegründet

Hoch-Barock Französisches Rokoko	Bach · Händel	Nordische Expedition A. v. Haller	
† Georg Bähr, dt. Barockbaumeister, u. a. protest. Frauenkirche in Dresden seit 1726 (* 1666) Brühl'sche Terrasse, Dresden Gaetano Chiaveri (* 1689, † 1770) beg. Hofkirche in Dresden (b. 1755, im ital. Stil) J. B. S. Chardin: „Köchin, Geschirr scheuernd" (frz. Gem.) * Benjamin West, nordamerikanischer Maler († 1820)	Händel: „Xerxes" (Oper); nach körperlichem u. geschäftlichem Zusammenbr. infolge Fehlschlags seiner Opern wendet sich Händel in London dem Oratorium zu: „Israel in Ägypten" (Oratorium); „Saul" (Oratorium); sechs „Concerti grossi" mit Oboen	Daniel Bernoulli (* 1700, † 1782) leitet das Gasgesetz von Robert Boyle (1662) aus der Vorstellung bewegter Gasatome ab; formuliert Gesetz strömender Flüssigkeiten Euler begrdt. Variationsrechnung * Friedrich Wilhelm Herschel, dt. Astronom und Fernrohrbauer († 1822) G. W. Steller bereist Kamtschatka i. russischen Auftrage bis 1741 Streckwalzen v. Wyatt f. Spinnmaschine	Joseph Süß Oppenheimer („Jud Süß") durch den Strang hingerichtet (* 1698); er war Finanzrat d. Herzogs Karl Alexander von Württemberg († 1737), der mit ihm gemeinsam das Land ausbeutete Börse in Berlin Herstellung der Schwarzwälder Kuckucksuhren beg.
† Cosmas Damian Asam, dt. Maler des Barock, besond. Dekorationen (* 1686) Edme Bouchardon (* 1698, † 1762): Zierbrunnen in Paris (frühklassizistisch) Boucher: „Das Frühstück" (franz. Gem.) Georg Raphael Donner (* 1693, † 1741): Neumarkt-Brunnen in Wien (seit 1737) Pesne: „Friedrich II. als Kronprinz"	J. S. Bach: „Deutsche Orgelmesse" * Karl Ditter von Dittersdorf, dt. Komponist († 1799) Händel: Zwölf Concerti grossi f. Streicher op. 6 † Reinhard Keiser, dt. Opernkomp. (* 1674) Johann Mattheson (* 1681, † 1764): „Der vollkommene Kapellmeister" Rameau: „Dardanus" (franz. Oper)	~ A. v. Haller: Versuche u. Theorie zur Muskelerregbarkeit „Göttingische Anzeigen von gelehrten Sachen" als wissenschaftliche Bibliographie begründet Schwedische wissenschaftliche Akademie gegründet	Berliner Börse erhält Börsenordnung Ostasiatische Kamelie kommt nach Europa
Boucher: „Der Triumph der Galatea" (franz. Gemälde) J. M. Fischer: Klosterkirche Zwiefalten (Spätbarock) m. Fresken von F. J. Spiegler, Stuck von J. M. Feuchtmayer, Chorgestühl von J. Christian (beend. 1769) † Johann Kupetzky, österr.-böhm. Bildnismaler des Barock (* 1667) Tiepolo: „Triumph der Amphitrite" (it. Gem.) Christiansborg, Kopenhagen (beg. 1731)	Ital. Operntruppe in Hamburg (dt. Oper bestand 1678–1738) ~ Die frz. Tänzerin Maria Anna de Camargo führt kurzen Ballettrock ein	Jean Astruc: „Über die Geschlechtskrankheiten" de la Contamine legt frz. Akademie Kautschuk aus Südamerika vor Lazarro Moro (* 1687, † 1740) führt alle Landmassen und Gebirge auf vulkanische Hebungen zurück („Vulkanismus"), dagegen gleichzeitig Demaillet auf Meeresablagerungen („Neptunismus") Lewis Paul: Spinnmaschine mit Strickwalzen ~ Erste Koks-Hochöfen in Engl. (vgl. 1735; 1796 in Gleiwitz; erste dt. Hochöfen ≈ 1600)	„Berlinische Nachrichten von Staats- und gelehrten Sachen" erscheint Abschaffung der Folter in Preußen und der Hexenprozesse in Österreich Orden „Pour le merite" i. Preußen (Friedensklasse 1842) Friedrich II.: „Gazetten... solten nicht geniret werden..." Pocken in Berlin (etwa jeder siebente stirbt) ~ Unterscheidung zwischen Sonnen- u. Regenschirm

	Österreichischer Erbfolgekrieg	Aufklärung Gottsched · Neuberin	Aufklärung Voltaire
1741	Maria Theresia verteidigt ihre Erbfolge gemeinsam mit England und den Niederlanden gegen Frankreich, Spanien, Preußen u. Bayern: „Österreich. Erbfolgekrieg" bis 1748; franz.-bayr. Truppen erobern Prag Sturz des Zaren Iwan VI. durch Palast-Revolution; Elisabeth, Tochter Zar Peters I., Zarin bis 1762 (†) (* 1709)	Bodmer: „Kritische Abhandlung über den Gebrauch des Wunderbaren in der Poesie" (schweiz. Kritik an Gottsched) David Garrick (* 1716, † 1779), engl. Schauspieler und Theaterleiter, tritt in London als Richard III. auf Gottsched überwirft sich mit Karoline Neuber Schwabe: „Belustigungen d. Verstandes u. des Witzes" (Almanach mit Beiträgen v. Gellert, G. W. Rabener u. a.; erscheint bis 1745, als „Bremer Beiträge" bis 1759) Wiener Burgtheater gegrdt. (ab 1776 Nationaltheater)	Johann Peter Süßmilch, preuß. Feldgeistl. (* 1707, † 1767): „Betrachtungen über die göttliche Ordnung in den Veränderungen d. menschlichen Geschlechts aus der Geburt, dem Tode und der Fortpflanzung desselben erwiesen" (grundlegende theoretische Bevölkerungsstatistik)
1742	Preußen erhält im Bündnis mit Frankreich Grafschaft Glatz, Ober- u. Niederschlesien von Österreich; Maria Theresia gewinnt Böhmen zurück und besetzt Bayern * Gebhard Leberecht Fürst von Blücher, preußischer Heerführer († 1819) Im „Österr. Erbfolgekrieg" erobert England franz. Besitzungen in Amerika und Indien	Claude Prosper Jolyot de Crébillon (* 1707, † 1777): „Le sopha" (frz. erot. Roman) Fielding: „Joseph Andrews" (engl. Roman, gegen die moralische Empfindsamkeit Richardsons) * Georg Christoph Lichtenberg, dt. Schriftsteller und Physiker († 1799) Voltaire: „Mahomet" (frz. Drama) Edward Young (* 1683, † 1765): „Nachtgedanken über Leben, Tod und Unsterblichkeit" (engl. empfindsame Gedichte bis 1745, „Weltschmerz"-Dichtung)	∼ „Großes vollständiges Universallexikon aller Wissenschaften und Künste" erscheint (68 Bde. 1731-1754) Univ. Bayreuth gegründet (1743 nach Erlangen verlegt)
1743	Englische Truppen drängen die franz. Streitkräfte in Mitteleuropa über den Rhein zurück * Thomas Jefferson, zweiter Präsident der USA von 1801 bis 1809 (†), Verfasser der Unabhängigkeitserklärung Rußland erhält Karelien von Finnland	Gellert: „Lieder" Joh. G. Schnabel: „Insel Felsenburg" (anonym seit 1731, Robinsonade) Voltaire: „Mérope" (franz. Drama)	* Antoine Condorcet, franz. Philosoph und Mathematiker († 1794) Judenpogrome in Rußland Univ. Santiago (Chile) gegr.

Hoch-Barock Französisches Rokoko	Italienische Oper in Berlin	Nordische Expedition Gewitter-Elektrizität	
† *Georg Raphael Donner*, österr. Bildhauer des Rokoko mit klassizistischen Anklängen (* 1693) * *Jean Antoine Houdon*, franz. Bildhauer († 1828) *J. J. Kändler:* Schwanenservice f. d. Grafen Brühl, „August III." (Meißner Porzellan) * *Angelika Kauffmann*, schweiz. Malerin († 1807) * *Jean Michel Moreau*, franz. Kupferstecher u. Illustrator († 1814)	† *Johann Josef Fux*, österr. Komponist u. Musiktheoretiker (* 1660) *Gluck:* „Artaserse" (G.s erste Oper, noch im italien. Stil) *Johann Joachim Quantz* (* 1697, † 1773) wird Hofkomponist u. Lehrer *Friedrichs II.*, veröffentlicht 1752: „Versuch einer Anweisung, die Flöte traversière zu spielen" *Rameau:* „Klavierstücke" (franz.)	† *Vitus Bering*, russ. Seeoffizier, kurz nach der Entdeckung der Aleuten und der Küste Alaskas (* 1680 in Jütland) *Euler* kommt a. d. Preuß. Akademie, Berlin (geht 1766 n. Petersburg zurück) *Georg Wilhelm Steller* (* 1709, † 1746) beschr. auf d. Nord. Exped. die Seekuh, die ∼ 1768 ausstirbt	Gesetzliche Förderung des engl. Straßenbaus
Boucher: „Diana im Bade", „Venus, Merkur und Amor" (fransösische Gem.) ∼ *K. I. Dientzenhofer* vollendet 1732—51 St.-Nikolaus - Kleinseite, Prag (vgl. 1711)	*J. S. Bach:* „Goldberg-Variationen" (30 Variationen für Cembalo) Einführung der ital. Oper in Berlin durch *Karl Heinrich Graun* (* 1704, † 1759), dt. Kapellmeister und Komponist * *André Grétry*, franz. Komponist († 1813) *Händel:* „Messias" (Oratorium m. d. berühmten „Hallelujah") Uraufführung in Dublin	*Anders Celsius*, schwed. Astronom (* 1701, † 1744), führt die heute gebräuchl. Thermometerskala ein *Colin Maclaurin* (* 1698, † 1746): „A Treatise on Fluxions" (engl. math. Analysis) *B. Franklin* zieht aus der Schnur eines Drachens bei einem Gewitter Funken † *Edmund Halley*, engl. Astronom (* 1656) *Tscheljuskin* umfährt mittels Schlitten nördlichstes Kap Asiens Wissenschaftliche Akademie in Kopenhagen gegr.	*Gellert:* „Gedanken von einem guten deutschen Briefe" (im Gegensatz zu dem damals „empfindsamen" Briefstil) *Nikolaus Sererhard:* „Schaschaplana Bergreis" (beschr. seine Scheschaplana-Überschreitung 1730) Elbe-Havel-Kanal gebaut
Knobelsdorff: Berliner Opernhaus im klassizistischen Stil (s. 1741) und Flügel des Charlottenburger Schlosses (seit 1740) *B. Neumann* beg. Wallfahrtskirche Vierzehnheiligen a. Main (vollendet 1771)	* *Luigi Boccherini*, ital. Komponist († 1805) *Händel:* „Samson", „Semele" u. „Joseph" (Oratorien), „Dettinger-Tedeum" (wegen d. engl.-dt. Sieges über Frankr. b. Dettingen) † *Antonio Vivaldi*, ital. Geiger u. Komponist, besonders von Violinkonzerten (* ∼ 1680) „Großes Konzert" in Leipzig (ab 1781 „Gewandhauskonzert")	*d'Alembert* entw. sein Prinzip d. Kräftegleichgew. b. Bewegungsvorgängen * *Antoine Lavoisier*, frz. Begrd. d. modernen, quantitativen Chemie (†, hingerichtet 1794) Die „Gr. Nordische Expedition" d. Petersburger Akademie stellte s. 1734 wahren Küstenverlauf Sibiriens fest (zahlr. Teilnehmer, darunter *Bering*, starben an Skorbut)	* *Marie Jeanne Dubarry* (geb. *Bécu*), Modistin, ab 1769 Mätresse *Ludwigs XV.* (hingerichtet 1793) ∼ Großherstellg. v. Zink in England ∼ Erste Hufeisenmagnete ≈ Tretmühle als Strafmaßnahme

	Friedrich II. (d. Gr.) Maria Theresia	Aufklärung Gottsched · Gellert	Aufklärung Philos. Materialismus
1744	König *Friedrich II.* von Preußen beginnt „Zweiten Schlesischen Krieg" im Bündnis mit Frankreich gegen Österreich (bis 1745) Ostfriesland kommt an Preußen * *Jean Paul Marat*, franz. Politiker († 1793)	*J. W. L. Gleim:* „Versuch in scherzhaften Liedern" (Lyrik, 3 Bde. b. 1758) „Beiträge zur kritischen Historie d. deutschen Sprache" (8 Bde. seit 1732, Herausg. *Gottsched*) † *Alexander Pope*, engl. klassiz. Dichter, Schriftsteller und Satiriker nach franz. Vorbild (* 1688)	*Berkeley:* „Siris" (engl. neuplaton. Philosophie) * *Johann Gottfried Herder*, dt. Philosoph und Dichter († 1803) * *Christian Gotthilf Salzmann*, dt. evang. Pfarrer und Pädagoge († 1811) Für *Swedenborg* öffnet sich die „Geisterwelt"
1745	Preußen erhält im Frieden zu Dresden ganz Schlesien von Österreich, anerkennt Kaiser *Franz I.* Franzosen erobern die österr. Niederlande † Kaiser *Karl VII. Albrecht* von Bayern (* 1697) Im Frieden zu Füssen verzichtet Bayern auf österr. Erbe und Kaiserkrone *Franz I. von Lothringen,* Gemahl *Maria Theresias,* römisch-dt. Kaiser bis 1765 (†) Marquise *de Pompadour* wird Mätresse *Ludwigs XV.* u. gewinnt polit. Einfluß	*Gottsched:* „DeutscheSchaubühne nach den Regeln der Griechen und Römer eingerichtet" (kritische Sammlung geeigneter Theaterstücke nach franz. Muster, 6 Bde. seit 1740) † *Jonathan Swift*, engl. satirischer Dichter (* 1667)	Encyklika Papst *Benedikts XIV.* lockert das dogmatische Verbot des Zinsnehmens, das die Kirche seit dem zwölften Jahrhundert ohne große Wirkung vertrat *Lamettrie:* „Naturgeschichte d. Seele" (frz. materialistische Psychologie, wird verbrannt) *Abd al Wahhab* grd. islamische Reformbewegung der „Wahhabiten" (fassen zunächst nur in Innerarabien Fuß, 1925 mit *Ibn Saud* im größten Teil)
1746	*Friedrich II.:* „Geschichte meiner Zeit" (in franz. Sprache) Bündnis zwischen Österreich und Rußland Graf *Brühl* (* 1700, † 1763) Premierminister in Sachsen (gewinnt großes Vermögen) Engl.-franz. Krieg in Südindien bis 1763	*Gellert:* „Fabeln u. Erzählungen" (in Versen) „Das Leben d. schwed. Gräfin v. G***" (Zeitroman) *Joh. Peter Uz* (* 1720, †1796) u. *Joh. Nikol. Götz* (*1721, † 1781) übers. „*Anakreon*" (Pseudo-A., Lieder d. späteren Antike)	* *Joachim Heinrich Campe*, dt. Pädagoge († 1818) *Condillac:* „Essay über den Ursprung menschlicher Erkenntnis" (frz. Philosophie des Sensualismus) * *Johann Heinrich Pestalozzi*, schweiz. Pädagoge († 1827) *Marquis de Vauvenargues* (* 1715, † 1747): „Sentences et Maximes" (frz. Moralphilosophie)

Rokoko	Bach · Händel Mannheimer Schule	Euler Leydener Flasche	
Antonio Bossi: Stuckdekoration im Weißen Saal d. Würzburger Residenz *Knobelsdorff:* Stadtschloß Potsdam (Umbau bis 1751) *B. Neumann:* Residenz in Würzburg (Barockbau, beg. 1720) Bau von Zarskoje Selo bei Petersburg (russ. Schloß)	*J. S. Bach:* „Das wohltemperierte Klavier" (2. Teil; 1. Teil 1722) *Händel:* „Herakles" (Oratorium) Gründung der „Madrigal-Society" (Gesellschaft zur Pflege d. Kunstliedes) in London	*Euler:* Astronomische Störungstheorie Elektrisiermaschine durch Reibekissen u. Konduktor verbessert (dient bald als modisches Spielzeug)	Gründung des „Eisenkontors" in Schweden kennzeichnet Höhepunkt der schwed. Eisenindustrie Erste Baumwollmanufaktur in Berlin **Erste schriftliche Golfregel** Gr. Komet sichtbar
G. Boffrand verurteilt Gotik u. übersteigertes Barock, stellt Antike als architekt. Vorbild hin *Boucher:* „Die eingeschlafene Schäferin" (frz. Gemälde) † *Johann Lukas von Hildebrandt,* österr. Barockbaumeister (* 1668) *Hogarth:* „Ehe nach d. Mode" (engl. Gem.-Folge, i. Stichen verbreitet) † *Nicolas Lancret,* frz. Maler des Rokoko (* 1690) *B. Neumann* beg. Benediktinerkloster in Neresheim (1792 vollendet)	*Stamitz* Kapellmeister am Hof in Mannheim. Die „Mannheimer Schule" entwickelt d. neuen musikal. Stil der „Klassik" durch Einf. d. Orchester-Crescendos, Entw. d. Sonatensatzes, forte-piano-Wechsel, instrumental-durchbrochen. Stil u. a. (fortgeführt und vollendet von *Haydn, Mozart* u. and., vgl. 1781). Außerdem wirkten i. d. Schule *Cannabich, Holzbauer, F. X. Richter* u. and.	*Ch. Bonnet* behauptet durchgehende Stufenfolge von der niedrigsten Pflanze zum höchsten Tier „Leydener Flasche" (elektrischer Kondensator) von *Ewald Jürgen von Kleist* (* 1700, † 1748) Genauere Definition des chemisch. Begriffes „Salz" durch *J. F. Rouelle* *Gerard van Swieten* (* 1700, † 1772), Begrd. d. „Älteren Wiener mediz. Schule", wird Leibarzt von *Maria Theresia* Technische Lehranstalt in Braunschweig eröffnet; Vorläufer der technischen Hochschule (1877)	≈ Zunehmende Arbeitsteilung in der Industrie
Boucher: „Die Toilette der Venus" (frz. Gemälde) * *Francisco José de Goya (y Lucientes),* span. Maler († 1828) *Domenikus Zimmermann:* Wallfahrtskirche „Die Wies" in Oberbayern (gilt als Höhepunkt bayr. Rokokos) bis 1754 Villa Albani, Rom (bis 1760)	*Händel:* „Judas Makkabäus" (Oratorium)	*Euler* unterstützt Wellentheorie d. Lichtes *Pierre Louis Maupertuis* (* 1698, † 1759), französ. Physiker und Präsident d. Akademie in Berlin, formuliert „Prinzip d. kleinsten Wirkung" für d. Mechanik Großherstellung von Schwefelsäure in Bleikammern (Birmingham)	England verbietet Seerückversicherungen, um Spekulationen zu verhindern ≈ Astrologie wird in aufgeklärten Kreisen zunehmend als Aberglaube betrachtet

	Aufgeklärter Absolutismus	Aufklärung · Vorklassik „Messias"	Aufklärung Hume
1747	Ahmed Schah Herrscher in Afghanistan bis 1773 (†); begründet ein mächtiges Reich (* ~ 1724) Mehrere Siedlungen z. Stadt Wolfenbüttel vereinigt	* Gottfried August Bürger, dt. Dichter († 1794) ~ Gellert bereitet m. seinen Lustspielen d. dt. bürgerl. Schauspiel vor † Alain René Le'Sage, franz. Dichter der Aufklärung, Darsteller der bürgerlichen Umwelt in realist. und satir. Dramen und Romanen (* 1668)	J. J. Hecker grdt. i. Berlin „Oekonomisch - mathematische Realschule" (erste dauernde Realanstalt)
1748	Durch Rußlands militärische Hilfe beendet Aachener Friede den österreichischen Erbfolgekrieg (seit 1741) zugunsten Maria Theresias	Goldoni: „Der Lügner" (ital. Lustspiel) Gottsched: „Grundlegung einer deutschen Sprachkunst" Carlo Gozzi: (* 1720, † 1806): „Turandot" (ital. Märchenspiel) * Ludwig Heinr. Christoph Hölty, dt. Lyriker zwischen Anakreontik und „Sturm und Drang" († 1776) Klopstock: „Messias" (erste drei Gesänge des Epos, vollend. 1773) Lessing: „Der junge Gelehrte" (Schauspiel i. frz. Stil, uraufgef. von der Truppe d. Karol. Neuber) S. Richardson: „Clarissa" (engl. empfinds.-bürgerl. Roman)	* Jeremy Bentham, engl. Moralphilosoph († 1832) Hume: „Eine Untersuchung über den menschlichen Verstand" (engl. Erkenntnistheorie, Problematik des Induktionsschlusses) Lamettrie: „Der Mensch eine Maschine" (franz. materialist. Philosophie) und „Der Mensch eine Pflanze" (franz. Philosophie der Einheit des Lebens) Montesquieu: „De l'esprit des lois" („Geist der Gesetze", frz. Staatsphilosophie mit liberal. Gewaltenteilung in gesetzgebende, vollziehende und richterliche) Voltaire: „Zadig oder das Schicksal" (franz. philos.-satir. Roman über den Schicksalsgedanken)
1749	Friedr. Wilh. v. Haugwitz (* 1702, † 1765) Präsident d. Directoriums u. (ab 1761) im Staatsrat; führt Reform d. inneren Verwaltg. durch * Honoré Gabriel Graf Mirabeau, franz. liberaler Monarchist († 1791) * Charles James Fox, engl. liberal. Staatsmann († 1806)	* Vittorio Alfieri, ital. Tragödiendichter i. d. Anfängen d. Risorgimento († 1803) Henry Fielding (* 1707, † 1754): „Tom Jones"; begründet engl. humorist. u. realist. Gesellschaftsroman * Johann Wolfgang Goethe am 28. 8. in Frankfurt a. M., dt. Dichter und Denker († 1832) Ewald von Kleist (* 1715, † 1759): „Der Frühling" (Dichtung in Hexametern) Lessing: „Der Freigeist", „Die Juden", (Lustspiele in konventionellem Stil)	Der frz. materialist. Philosoph Lamettrie flieht an den Hof zu Potsdam, wo weltanschauliche Toleranz herrscht Swedenborg: „Himmlische Arcana" (schwed. Theosophie) Letzte Hexen-Hinrichtung in Dtld. (i. Würzburg)

Rokoko	Kunst der Fuge Händel	Franklin Rübenzucker	
Knobelsdorff: Schloß Sanssouci bei Potsdam (seit 1745) *Tiepolo:* „Maria und weibliche Heilige" (ital. Gemälde) Baubeg. d. St.-Hedwigs-Kathedrale Berlin (vollend. 1773)	*J. S. Bach* besucht Kg. *Friedrich II.* v. Preußen; „Musikalisches Opfer" (üb. ein Thema *Friedrichs II.*)	*Bradley* entd. Nutation (Schwankung) der Erdachse *B. Franklin* behauptet, es gibt nur eine elektrische Substanz *Lautingshausen* stellt Alkohol aus Kartoffeln her *Andreas Marggraf* (* 1709, † 1782) entdeckt Zuckergehalt der Rübe	Karossensteuer in England Erstelandwirtschaftliche Gesellschaft (in Zürich) gegründ. (in Deutschland 1762)
* *Jacques Louis David,* franz. Maler des Klassizismus († 1825) *B. Neumann:* Treppenhaus i. Schloß Brühl bei Bonn (seit 1743) und Wallfahrtskirche „Käppele" in Würzburg *Jean Baptiste Pigalle* (* 1714, † 1785): „Merkur", „Venus" (frz. Rokoko-Plastik f. Schloßpark Sanssouci, Potsdam)	*Händel:* „Salomo" (Oratorium) Eröffnung des Bayreuther Opernhauses	~ *Bouguer* u. *Savery* erf. unabh. d. Heliometer (f. astron. Präzisionsmess.) Erste Stahlschreibfeder v. *J. Janssen,* Aachen (1780 v. *W. Harrison,* Birmingham, 1830 geschlitzte Fed. v. *James Perry,* London) Abbé *Nollet* (* 1700, † 1770) entdeckt Osmose (Lösungsdruck) ~ Platin kommt von Südamerika n. Europa u. wird beschrieben ≈ Die Medizin beginnt elektr. Methoden (Elektrisieren) zu verwenden (eigentl. Begründ. d. Elektrotherapie durch *Duchenne du Boulogne* ~ 1848) ~ Elektr. Plattenkondensator	In Preußen werden die Bauern vor dem „Bauernlegen" geschützt; starke Steigerung der Zahl der Bauernhöfe durch innere Kolonisation ≈ 60000 Schweizer Eidgenossen als fremde Söldner ~ Antiqua setzt sich gegenüber der Fraktur in Deutschland stärker durch; gleichzeitig entstehen neue Frakturschriften Erste Seidenmanufaktur in Berlin
P. Batoni: „Büßende Magdalena" (ital. Gemälde, oft kopiert) ~ *Boucher:* „Schäferidyll" (frz. Gemälde) ~ *Hakuin* (* 1685, † 1768), jap. Zen-Priester, malt seine wichtigsten Tuschebilder ≈ Hohe Möbel- und Porzellankultur im Rokoko	*J. S. Bach:* „Kunst der Fuge" (gedr. 1752) *Händel:* „Feuerwerksmusik" (f. Blasorch.) Concerto grosso Opus 26	*Gottfried Achenwall* (* 1719, † 1772): „Abriß d. neuesten Staatswissenschaft d. vornehmst. europäisch. Reiche u. Republiken" (erstes Lehrbuch der Statistik) *Jean Baptiste Bourguignon d' Anville* reinigt die Karte von Afrika kritisch von nur sagenhaften Erdformen *George de Buffon* (* 1707, † 1788): „Naturgeschichte d. Tiere" (frz. Zoologie, 36 ill. Bde. bis 1788) * *Pierre Simon Laplace,* frz. Mathematiker († 1827)	Dän. Ztg. „Berlingske Tidende" gegründet ≈ Damenmode: Reifrock, Schnürmieder, Stöckelschuhe, Kartusche, Fächer, Volants, Schönheitspflästerchen ≈ Herrenmode: Zopf, Rock, Weste, Dreispitz, Spitzenjabot, Samtkniehose, Schnallenschuhe, Stock, Degen

	Aufgeklärter Absolutismus	*Lessing* *Goldoni*	*Aufklärung*
1750	* *Karl August* Fürst *von Hardenberg*, liberaler preußischer Staatsmann († 1822) Im Vertrag von Madrid werden die Grenzen zwischen Spanien u. Portugal endgültig festgelegt ≈ Ausgestaltung d. japan. Kabuki-Schauspiels: Tanzdramen, histor. Dramen, bürgerliche Gegenwartsdramen; gespielt wird ohne Maske auf reich ausgestatteter Bühne (vgl. 1586)	*Goldoni:* „Das Kaffeehaus" (ital. Komödie, Teil d. ital. Bühnenreform: Individuen statt Standardtypen), „Il teatro comico" (Reformschrift) *Gottsched:* „Neueste Gedichte" *Johann Friedr. Schönemann* (* 1704, † 1782) Hofkomödiendirektor in Schwerin bis 1756 (1730–39 Mitgl. d. *Neuber*schen Truppe)	*Maupertuis* versucht aus seinem Prinzip der kleinsten Wirkung (vgl. 1744) Gott zu beweisen (spöttische Gegenschrift *Voltaires*) *J. J. Rousseau:* „Abhandlung über die Wissenschaften und Künste" (frz. Philosophie des „Zurück zur Natur") ~ *Baal Schem* (* 1699, † 1760) gründ. i. Karpathengebiet jüd. Sekte gefühlvoller Religiosität (Chassidismus) *Voltaire* in Sanssouci (bis 1752) Abschaffung der Hexenprozesse in Deutschland
1751		*Lessing* Kritiker bei der „Vossischen Zeitung" in Berlin (bis 1755) *Tobias Smollett* (* 1721, † 1771): „The adventures of Peregrine Pickle" (engl. Abenteuerroman) * *Johann Heinrich Voß*, dt. Dichter und Übersetzer († 1826) Klopstock als unabh. Dichter am dän. Hof	Frz. Enzyklopädie (35 Bde.) v. *Diderot, d'Alembert, Rousseau, Voltaire* u. a. beginnt zu erscheinen (bis 1780) *Hume:* „Untersuch. über die Prinzipien d. Moral" (engl.) *Lamettrie:* „Die Kunst, die Wollust zu empfinden" (frz. materialist. Psychologie) † *Julien Offray de Lamettrie,* frz. Philos. d. atheistischen Materialismus, Schützling *Friedrichs II.* (* 1709)
1752			Ecole Militaire, Paris
1753	*Wenzel Anton v. Kaunitz* (* 1711, † 1794) österr. Staatskanzler bis 1792 (erreicht 1755 große Koalition gegen Preußen, was in Paris Mme. *Pompadour* unterstützt. Fördert im Innern Reformen, Kunst u. Wissenschaft)	*Buffon:* „Am Stil erkennt man den Menschen" (in seiner Antrittsrede vor der frz. Akademie) *Goldoni:* „Mirandolina" (ital. Komödie) Residenztheater München eröffnet Schauspieler-Akademie in Schwerin	† *George Berkeley,* engl. Philosoph: subjektiver Idealismus (* 1685) *Hogarth:* „Analyse der Schönheit" (engl. Kunstästhetik) Brit. Museum (London) geht aus privaten Sammlungen hervor (eröffnet 1759; die Bibliothek erreicht bis 1952 rd. 6 Mill. Bde. u. 70000 Handschriften)

| Rokoko
† Balth. Neumann | † Bach
Händel | Linné
Franklin | |
|---|---|---|---|
| † Egid Quirin Asam, südd. Bildhauer und Baumeister (* 1692) *François de Cuvilliés* baut Münch. Residenztheater im Rokokostil (bis 1753) ~ *Pietro Longhi* (*1702, † 1785): „Der Zahnbrecher" (ital. venezianisches Gemälde) * *Friedr. Aug. Tischbein*, dt. Bildnismal. († 1812) Klosterkirche Birnau/Bodensee (beg. 1746) | † *Johann Sebastian Bach*, dt. Komponist, u. a. 200 Kirchen- u. 30 weltl. Kantaten (*1685) (Gesamtausg. 1851–1900 in 59 Bänden) * *Antonio Salieri*, ital. Komponist († 1825) | *Joh. Tobias Mayer* (* 1723, † 1762): Generalkarte des Mondes. Stellt auch das Fehlen einer Mondatmosphäre fest ~ *Segner* (* 1704, † 1777): Reaktions-Wasserrad (angewandt 1760) Erste Luftheizungsanlage (Petersburg) Einführung der Personenpost in Deutschland ~ Tapetendruck in Engl. | 1. „Engl. Garten" i. Dtl. b. Hameln ≈ Chinamode: Porzellan, Seide, Lackwaren, Schattenbilder, Goldfische u. a. |
| *Boucher:* „Ruhendes Mädchen" (galanter Rückenakt, ähnliches Bild 1652) † *Kilian Ignaz Dientzenhofer*, Baumeister d. böhmischen Spätbarocks (* 1689) * *Johann Heinrich Wilhelm Tischbein*, dt. Maler und Freund Goethes († 1829) *Tiepolo:* Decken- u. Wandgem. i. d. Würzburger Residenz (bis 1753) | *Händel:* „Jephta" (sein letztes Oratorium) *Niccolò Jommelli* (*1714, † 1774): „Iphigenie in Aulis" (ital. Oper) ~ Buffooper kommt aus Italien n. Paris u. tritt neben die frz. Nationaloper | *Chaumette:* Hinterladergewehr *A. F. Cronstedt* entdeckt Nickel *N. Focq:* Metallhobelmaschine (älteste bekannte) *Linné:* Binäre Nomenklatur für Pflanzen in „Philosophica botanica" „Gesellschaft der Wissenschaften zu Göttingen" gegründet Geburtshilfliche Klinik, Göttingen 1. Irrenanstalt (in London) | Heidelberger Faß erb. (222 000 l) ≈ Aufleben d. öffentlichen Kaffeegärten in Deutschland ≈ Menuett Gesellschaftstanz „Vossische Zeitung" in Berlin erscheint (bis 1934) |
| *Luigi Vanvitelli* (*1700, † 1773): beg. Prunkschloß Caserta/Neapel *J. J. Zeiller:* Kuppelfresko, Kloster Ettal | *J. J. Rousseau:* „Le devin du village" (frz. Singspiel) | Blitzableiter von *Franklin* Automat (Flötensp., Ente) des Franzosen *Vaucanson* in Nürnberg ausgestellt | Literar. Frauenkreis in London trägt blaue Strümpfe Menagerie Schönbrunn (Wien) |
| † *Georg v. Knobelsdorff*, dt. Baumstr. d. Rokoko (u. a. Schl. Sanssouci i. Potsdam 1745–1747) (* 1699) † *Balthasar Neumann*, dt. Baumeister des Barock (* 1687) * *Kitagawa Utamaro*, jap. Maler, bes. Farbholzschnitte (* 1806) | *Phil. Em. Bach:* „Versuch über die wahre Art, das Klavier zu spielen" (Techn. seines empfindsamen Spiels; 2. Teil 1762) *J. J. Rousseau:* „Briefe über d. frz. Musik" (Stellungnahme im Musikstreit) † *Gottfried Silbermann*, dt. Orgelbauer (* 1683) | Star-Operation durch *Jacques Daviel* | |

	Maria Theresia *Friedrich d. Gr.*	*Lessing*	*Voltaire* *Hume*
1754	* *Ludwig XVI.*, König von Frankreich von 1774–1792 († 1793, hingerichtet) * *Charles Maurice Talleyrand*, franz. Staatsmann († 1838)	*Samuel Johnson* (* 1709, † 1784): Engl. Wörterbuch, (Vorläufer des Oxford Engl. Dictionary von 1888) Freundschaft *Lessings* mit *Mendelssohn*	*J. J. Rousseau:* „Abhandlung über die Ungleichheit" (frz.) † *Christian* Freiherr *von Wolff,* dtsch. Aufklärungsphilos. Vertr. d. *Leibniz* phil. (* 1679) Univ. Halle promov. eine Deutsche zum Dr. med.
1755	* *Marie Antoinette,* Tochter *Maria Theresias,* wird 1770 Gemahlin *Ludwigs XVI.* († 1793) * *Gerhard von Scharnhorst,* preußischer Heer-Führer u. -Reformer († 1813) Engl.-franz. Kolonialkrieg (bis 1763)	*Christian Gottlob Heyne* (* 1729, † 1812) „Tibull" (Begrdg. d. Altphilologie an der Univ. Göttingen) *Lessing:* „Miss Sara Sampson" (erste deutsche bürgerliche Tragödie) *Lomonossow:* Erste russ. Grammatik (*L.* gilt als 1. westeurop. geschulter russ. Gelehrter) *Voltaire:* „La Pucelle d'Orléans" (frz. Parodie auf *Jeanne d'Arc*)	Zarin *Elisabeth* gründet 1. russ. Universität in Moskau *Victor de Mirabeau* (* 1715, † 1789): „Der Menschenfreund", (franz. physiokrat. Schrift nach dem liberalen Grundsatz „Laissez faire, laissez passer") † *Charles de Montesquieu,* franz. Staatsphil., begrdte. Lehre v. d. Gewaltenteilung (* 1689)
1756	*Friedrich II.* beginnt Siebenjährigen Krieg mit Österreich, Rußl., Frankr., Kursachsen um Schlesien; Neutralitätsabk. mit England * *Maximilian I. Joseph,* Kurfürst u. (1806) König von Bayern († 1825) *Pitt d. Ä.,* Premierminister einer Whig-Regierung (bis 1761); förd. brit. Expansion	*K. Th. Doebbelin* (* 1727, † 1793) grdt. Theatergesellschaft (spätere Hofbühne Berlin) *Casanova:* „Geschich. meiner Flucht" (aus d. Bleikamm. Venedigs; ersch. anonym) *Salomon Geßner* (* 1730, † 1788): „Idyllen" (schwz. Schäferdichtung in Prosa; 2. Bd. 1772)	*Holbach:* „Le Christianisme dévoilé" (frz. antichristl. Philosophie) *Voltaire:* „Essay über Sitten und Geist der Völker" (frz., sein geschichtsphilosoph. Hauptwerk) Gründung der ersten russischen Hofbühne
1757	Preußen siegen bei Leuthen *Robert Clive* (* 1725, † 1774) begründet durch d. Sieg bei Plassey über die Bengalenfürsten britische Herrschaft in Indien * *Alexander Hamilton,* Mitbegr. d. USA-Verf., Schatzsekretär 1789–1795 († 1804) * *Karl August,* Großherzog von Sachsen-Weimar von 1758–1828 (†) * *Joseph de Lafayette,* franz. Kämpfer f. d. Unabh. d. USA u. i. d. Franz. Revol. († 1834) * *Karl* Reichsfreiherr *vom und zum Stein,* liberal. dt. Staatsmann in Preußen († 1831)	*Diderot:* „Der natürl. Sohn" (frz. bürgerl. Lustspiel) *Gellert:* „Geistliche Oden und Lieder" *G. E. Lessing* u. *F. Nicolai:* „Bibliothek der schönen Wissenschaften u. der freien Künste" (gibt Impulse zur *Shakespeare*-Renaissance)	*Hume:* „Naturgeschichte d. Religion" (engl.) Das moraltheolog. Handbuch „Medulla theologiae moralis" d. Jesuiten *Hermann Busenbaum* (* 1600, † 1668) mit d. Satz „Wenn der Zweck erlaubt ist, sind auch die Mittel erlaubt" wird wegen angebl. Empfehlung d. Fürstenmordes in Toulouse verbrannt

Rokoko	*Haydn* *Stamitz*	*Kants Weltsystem*	
Thomas Chippendale (* 1718, † 1779) gibt Vorbilder f. d. engl. „Chippendale-Stil" *Rastrelli:* Winterpalast in Petersburg (bis 1762)		*John Canton* (* 1718, † 1772) entd. elektr. Influenz (gedeutet 1759 durch *Wilke* und *F. Th. Aepinus*) *Cort:* Erstes Eisenwalzwerk (in England) Columbia-Univ. New York gegründet	
* *Louis Philibert Debucourt*, franz. Maler u. Kupferstecher († 1832) *Rastrelli:* Schloß Peterhof b. Petersburg (seit 1746); Winterpalais, Petersburg (beend. 1762) * *Elisabeth Louise Vigée-Lebrun*, franz. Malerin († 1842) *Winckelmann:* „Ged. üb. d. Nachahmung d. griech. Kunstwerke"	*Duni:* „Ninette à la cour" (frz. Buffoop., „Opéra comique") *Haydn:* 1. Streichquartett	*Kant:* „Allgemeine Naturgesch. u. Theorie des Himmels" (entw. bereits die Vorstellung zahlreicher rotierender Milchstraßen) *Rösel von Rosenhof* (* 1705, † 1759): „Insektenbelustigungen" (3 Tle. seit 1746, mit eig. künstl. Abb.) *Saverien:* Erstes physikalisches Wörterbuch (frz.) Warmluftheizung m. drachenförmig. Heizkörpern im Stadtschloß Potsdam	Erdbeben zerstört Lissabon (mehr als 30000 Tote) Letzter Wisent in Ostpreußen erlegt
G. Piranesi: „Das römische Altertum" (4 Bde. Kupferstiche d. antiken Ruinen Roms) * *Henry Raeburn*, schottischer Maler († 1823) Rathaus in Bamberg (beg. 1744)	*Leopold Mozart:* „Violinschule" * *Wolfgang Amadeus Mozart*, österr. Komponist († 1791)	*Lomonossow* spricht vor *Lavoisier* (vgl. 1774) die Massenerhaltung bei chemischen Umsetzungen aus (bleibt in Westeuropa unbekannt u. ohne Auswirkung) *Philipp Pfaff* (* 1710, † 1766): „Abhandlung von den Zähnen" (1. dt. wiss. Zahnheilkunde)	*Casanova* flieht aus den Bleikammern Venedigs ~ Fieberthermometer moderner Form Sternwarte Wien gegrdt.
* *William Blake*, engl. Dichter, Maler und Graphiker († 1827) * *Antonio Canova*, ital. Bildhauer des Klassizismus († 1822) † *Rosalba Carriera*, ital. Malerin v. Pastellbildnissen (* 1675) † *Daniel Gran*, österr. Freskomaler d. Barock (* 1694) *J. Charles François* (*1717, †1769) wendet Kreidemanier für den Stich an † *Antoine Pesne*, franz. Bildnismaler in Berlin (* 1683)	† *Domenico Scarlatti*, ital. Komponist und Klavierspieler; schuf Vorformen d. klass. Sonate (* 1685) † *Johann Stamitz*, dt. Komponist d. „Mannheimer Schule", der Wiege der modernen Sinfonik (* 1717) (vgl. 1745)	*J. Dollond* konstr. erstes farbfehlerfreies Linsenfernrohr (achromatische Linsen 1729 schon *Chester Moor Hall* bekannt) *A. v. Haller:* „Physiologische Elemente" (lat.; Zusammenfassung d. physiologischen Kenntnisse i. 8 Bden. b. 1766; eig. Beiträge zur Physiologie der Atmung, Stimme, Herztätigkeit, Blutkreisl., Muskel- u. Nervenreizbarkeit)	China beschränkt fremden Handel auf Kanton

	Preußens Krise	Lessing / Rousseau	Aufklärung / Voltaire
1758	* *Horatio Nelson*, engl. Admiral, Sieger in den Seeschlachten bei Abukir 1798, Kopenhagen 1801 und Trafalgar 1805 (†)	*Bodmer u. Breitinger:* Erste Ausgabe der Manessischen (Minnesäng.) Handschrift *S. Johnson:* „Rasselas, der Prinz v. Abessinien" (engl. polit. Roman)	† *Benedikt XIV.*, seit 1740 Papst, tolerant gesinnt (* 1675) *Helvetius:* „De l'esprit" („Über den Geist", frz. materialist. Sensualismus) Papst *Klemens XIII.* (bis 1769) Akademie d. schön. Künste in Petersburg gegründet *Swedenborg:* „Über Himmel u. Hölle" (lat., Theosophie)
1759	* *Joseph Fouché*, franz. Staatsmann, Anhäng. *Dantons*, spät. Polizeiminister *Napoleons I.* u. *Ludwigs XVIII.* († 1820) Österreicher und Russen siegen über *Friedrich II.* bei Kunersdorf; schwere Krise des preußischen Staates *Karl III.* Kg. v. Spanien bis 1788 (†) * *William Pitt (d. J.)*, engl. konserv. Staatsmann († 1806) * *Ludwig Yorck von Wartenburg*, preuß. Heerführer, Gegner von *Gneisenau, Hardenberg* und *Stein* († 1830)	* *Robert Burns*, schott. Dichter († 1796) * *August Wilhelm Iffland*, dt. Theaterdirektor, Bühnendichter und Schauspieler († 1814) *Lessing:* „Fabeln" (3 Bde. b. 1765), „Faust" (Fragm.) * *Joh. Christ. Friedrich Schiller* am 10. 11. in Marbach, dt. Dichter und Denker († 1805) *Lessing, Nicolai, Mendelssohn, v. Kleist:* „Briefe die neueste Literatur betreffend" (24 Bände bis 1765)	*Pombal* verbannt Jesuitenorden aus Portugal *Voltaire:* „Candide oder der Optimismus" (frz. Roman gegen *Leibniz*' philos. Optimismus) *Voltaire* ruft sein „Ecrasez l'infame" („Rottet die Verruchte aus") gegen die kath. Kirche Vertreibung der Jesuiten aus den portug. Besitzungen
1760	Russen besetzen Berlin † *Georg II.*, seit 1727 König von England und Kurfürst von Hannover (* 1683) *Georg III.* König von England bis 1820 (†; * 1738) England erobert Kanada * *Neidhardt von Gneisenau*, preuß. Heerführer († 1831)	* *Johann Peter Hebel*, alemannischer Dichter († 1826) *James Macpherson* (* 1736, † 1796): „Ossian" (gefälschte Übersetzung aus dem Gälischen) † *Friederike Caroline Neuber* („*Neuberin*"), dt. Leiterin eines Wandertheaters (* 1697)	* *Claude Henry de Saint-Simon*, franz. Sozialist († 1825) † *Nikolaus Ludwig* Graf *von Zinzendorf*, dt. pietist. Geistlicher, Gründ. der „Brüdergemeine" in Herrnhut 1722 (* 1700)
1761	Preußen gewinnen Schlacht bei Langensalza China unterwirft Ostturkestan (s. 1756)	* *August v. Kotzebue*, dt. Dichter († 1819, ermordet) *J. J. Rousseau:* „Die neue Heloise" (frz. empfinds. Liebesroman)	~ Die Zustände i. China werden i. 18. Jh. kontrovers diskutiert, Voltaire verteidigt sie (1755)
1762	† *Elisabeth*, seit 1741 Zarin, (* 1709); *Peter III.* Zar (ermordet, * 1728) geisteskr., schließt mit *Friedrich II.* Frieden, wodurch Preußen Niederlage entgeht *Katharina II.* v. Anh.-Zerbst (d. Gr.) Zarin b. 1796 (†)	* *André Chénier*, franz. Dichter († 1794) *J. G. Hamann:* „Kreuzzüge eines Philologen" (Dichtung sei Muttersprache) *J. J. Rousseau:* „Emile" (frz. Erziehungsroman)	* *Johann Gottlieb Fichte*, dt. Philosoph († 1814) *J. J. Rousseau:* „Contrat social" („Gesellschaftsvertrag", frz. rationalist. Staatsphilosophie) *Winckelmann:* „Anmerk. üb. die Baukunst der Alten"

Rokoko Boucher	† Händel Glucks Opernreform	Automaten Elektrizitätsforschung	
Boucher: „Mme. Pompadour"(Bildnis seiner Gönnerin) * *Johann Heinrich Dannecker*, dt. klassizistisch. Bildhauer († 1841) *Hogarth:* „Die Paflamentswahlen" (engl. real. Bilderf. s. 1755) * *John Hoppner*, engl. Maler († 1810) * *Pierre Paul Prud'hon*, frz. Maler († 1823)	* *Karl Friedrich Zelter*, dt. Komponist aus d. *Goethekreis* i. Berlin († 1832)	Zahl der bekannten Tiere (vgl. 1932) 1758 1859 1911 Wirbeltiere 1222 18660 34400 Weichtiere 677 11600 62300 Gliederfüßler 2119 93500 394000 Niedere Tiere 218 5770 31700	„Mode- u. Galanterie-Zeitung" in Erfurt
Johann Michael Fischer, Benediktinerkirche Rott am Inn (beend. 1762) ~ Neogotik in England mit *H. Walpole*'s Landhaus Strawberry Hill 1752–64 Ermelerhaus i. Berlin (Patrizierhaus)	† *Georg Friedrich Händel*, dt. Komponist in England (* 1685) (seine 1859–94 gesammelten Werke umfassen 100 Foliobände) *Haydn:* 1. Symphonie D-dur	*Clairaut* schließt auf unbekannten Planeten (entdeckt 1781) *Lambert:* Lehre der geometrischen Projektionen *Symmer:* Elektrizität besteht aus zwei „Fluida" (*Franklin* nimmt eines an) *Kaspar Friedrich Wolff* (* 1753, † 1794): Organe entstehen durch Differenzierung des einfachen Keimes (Epigenese) Akad. d. Wiss., München	* *Johann Christoph Friedrich Guts Muths*, dt. Turnlehrer († 1839)
* *Katsushika Hokusai*, japanischer Maler, besonders Farbholzschnitte († 1849) *J. Reynolds:* „Jenny O'Brien" (engl. Bildn.) 1. Ausst. zeitgenöss. Kunst i. d. Royal Society of Art i. London (gegrdt. 1754)	* *Luigi Cherubini*, ital. Komponist († 1842) *Jean Georges Noverre* (* 1727, † 1810): „Briefe üb. d. Tanzkunst" (frz. Ballett-Reform; 1769 v. *Lessing* und *Bode* übers.)	*Joseph Black* (* 1728, † 1799) unterscheidet „Temperatur" und „Wärmemenge"; begrdt. Kalorimetrie 1. Schädelmess. v. *Camper* *Lagrange* begrdt. Variationsrechnung *Lambert:* Grundgesetze der Photometrie	~ Verschwinden des Haarbeutels aus der Herrenmode Automat (schreibender Knabe) von *Jacquet-Droz* Erst. Blitzableiter in Europa (auf d. Eddystone-Leuchtturm i. Engl. Kanal)
Mengs: „Parnaß" (Villa Albani, Rom) * *Johann Christian Reinhart*, dtsch.-römischer Landschaftsmaler († 1847)	*Haydn* Kapellmeister b. Fürst *Esterhazy* (bis 1790)	Perkussion (Abklopf.) als mediz. Untersuchungsmethode von *L. Auenbrugger* *B. G. Morgagni* (* 1682, † 1771) begr. patholog. Anatomie	Nymphenburger Porzellan-Manufaktur gegründet Feuerwehr-Schubleiter
Charles Eisen illustr. Lafontaines „Erzählungen u. Novellen" * *Pierre Fontaine*, frz. Baumeister († 1853)	*Gluck:* „Orfeo ed Euridice" („Orpheus u. Euridice", 1. ital. Reformoper gegen übersteigertes Virtuosentum; Text v. *Ranieri Calzabigi* [* 1714, † 1795])	*Georg Chr. Füchsel* begr. Lehre v. d. geolog. Formationen (Stratigraphie) Krempelmaschine v. *Peels* *Marc Anton Plenciz*: Mikroorganismen als Krankheitskeime	Erste Tierarzneischule (in Lyon), Vorläufer d. Tierärztl. Hochschulen

	Maria Theresia Friedrich d. Gr.	Wieland Schauerromane	Voltaire Lessing
1763	Friede zu Hubertusburg zw. Österr., Sachsen u. Preußen, das Schlesien behält. Preußen leidet schwer an Kriegsfolg. Friede zu Paris zwischen England, Frankreich und Spanien: Frankreich verliert Kanada und indischen Besitz an England, Louisiana an England und Spanien; Spanien verliert Florida an England	*Carlo Gozzi* (* 1720, † 1806): „Turandot" (ital. Märchenspiel) * *Jean Paul (Friedrich Richter)*, dt. Dichter († 1825)	*Hume:* „Geschichte von Groß-Britannien" (engl.) *Kant:* „Moralischer" Gottesbeweis ~ *J. H. Lambert:* „Neues Organon od. Gedanken über d. Erforschung u. Bezeichnung des Wahren" (Erkenntniskritik) Generallandschulreglement in Preußen
1764	Münzgesetz und Verbot des „Bauernlegens" in Preußen † Marquise *de Pompadour (Jeanne Antoinette Poisson)*, Geliebte *Ludwigs XV.* seit 1745; hatte auch polit. Einfluß (* 1721) In Rußland entsteht dt. Wolgakolonie (1941 aufgelöst)	*Horace Walpole* (* 1717, † 1797): „The castle of Otranto" (engl. „Schauerroman") *Cesare Beccaria* (* 1738, † 1794): „Von d. Verbrechen u. den Strafen" (ital. Kritik am harten Strafrecht) *Kant:* „Über das Gefühl des Schönen u. Erhabenen"	*M. Mendelssohn:* „Abhandlung über die Evidenz in d. metaphys. Wissenschaften" (v. d. Preuß. Akad. preisgekrönt) *Th. Reid:* „Inquiry in the Human Mind on the Principles of Common Sense" (schott. Begrdg. d. Philosophie des „gesunden Menschenverstandes") *Voltaire:* Philosophisches Wörterbuch (franz.)
1765	† *Franz I.* (v. Lothr.), dt. Kaiser seit 1745, Gemahl *Maria Theresias* (* 1708); sein Sohn *Joseph II.* dt. Kais. b. 1790 (†) Staatsmonopol für Salz in Preußen, Sonderrechte des Adels	*Fr. Nicolai* (* 1728, † 1811): „Allg. dt. Bibliothek" (Literaturzeitschr. bis 1806; gegen Sturm und Drang) *Michel-Jean Sédaine* (* 1719, † 1797): „Le philosophe sans le savoir" (frz. Schauspiel über d. Mittelstand)	*J. B. Basedow:* „Theoretisches System der gesunden Vernunft" Erster realgymnasialer Schulzweig (i. Breslau; 1826 in Berlin)
1766	Lothringen durch Erbschaft an Frankreich * *Thomas Robert Malthus*, engl. Wirtschaftswissenschaftler und Bevölkerungspolitiker († 1834)	*Oliver Goldsmith* (* 1728, † 1774): „Der Landprediger von Wakefield" (engl. Roman) † *Johann Christoph Gottsched*, dt. Kritiker u. Theoretiker d. Dichtkunst; kämpfte geg. Regellosigkeit (* 1700) *Wieland:* „Geschichte des Agathon" (gilt als erster dt. Bildungsroman); erste dt. Prosaübersetzung *Shakespeares* (s. 1762)	*Lessing:* „Laokoon oder über die Grenzen der Malerei u. Poesie" (für ausdrucksstarke Kunst gegen *Winkelmanns* „edle Einfalt, stille Größe" der Antike) ~ *Lichtenberg* beg. regelmäßig „Bemerkungen" niederzuschreiben (daraus entsteht bis zu seinem Tode umfangreiche u. vielseitige Aphorismensammlung)

Boucher Porzellan	Haydn Gluck	Holz papier Wasserstoff	
† *Franz Bustelli*, ital. Porzellan-Bildner in der Nymphenburger Manufaktur; u. a. Figuren d. ital. Komödie (* 1723) *Etienne Maurice Falconet* (* 1716, † 1791): „Pygmalion u. Galathea" (frz. Plastik) * *George Morland*, engl. Maler († 1804)	*K. Ph. E. Bach:* Sonaten für Clavier *Mozart* auf Konzertreise (1762–64; spielte als 6jähriger vor der Kaiserin *Maria Theresia* in Wien)	Gewerbeausstellung in Paris (gilt als erste derartige Ausstellung)	Die von *Wegely* 1751 bis 1757 betriebene Berliner Porzellan-Manufaktur wird nach einer Neugründung 1761 durch *Friedrich II.* „Königlich Preussische Manufaktur"
† *William Hogarth*, engl. Sitten- u. Bildnismaler (* 1697) * *Charles Percier*, franz. Empire-Bmst. († 1838) * *Johann Gottfried Schadow*, dt. klassizist. Bildhauer († 1850) Bau d. klassiz. Pantheon in Paris nach Plänen *Soufflots* (bis 1790) *Winckelmann:* „Gesch. d. Kunst d. Altertums"	*J. Chr. Bach* grdt. m. *Karl Fr. Abel* (* 1723, † 1787) die Bach-Abel-Concerts in London *Mozart* schreibt mit 8 Jahren seine erste Symphonie † *Jean Philippe Rameau*, franz. Komponist u. Begr. der neuen Harmonielehre (* 1683)	Chronometer von *Harrison* prämiiert (wichtig für genaue Navigation), entwickelt seit 1735) *Winckelmann* weist auf die Entdeckungen von Pompeji und Herculaneum hin	
Boucher „Erst. Maler" d. frz. Königs ~ *Fragonard:* „Das v. Amor geraubte Hemd" (frz. Gem.) *Greuze:* „Der väterliche Fluch"(frz. Gem.)		† *Michael Wassiljewitsch Lomonossow*, russ. Chemik. u. Dichter (Oden) (* 1711) Holzpapier v. *J. C. Schäffer* *Spallanzani:* Konservierung durch Luftabschluß *J. Watt:* Mod. Dampfmaschine (1769 patentiert)	≈ Kartoffel in ganz Dtl. bekannt; wird erst jetzt menschl. Nahrungsmittel *Schoch* u. *Neumann:* Schloßpark Wörlitz als engl. Garten (b. 1808)
† *Johann Michael Fischer*, dt. Barock-Kirchenbaumst. (* 1692) *Fragonard:* „Die Schaukel", „Das Andenken" (frz. Gem.) *Goya:* Farbige Kartons f. kgl. Gobelin-Manufakt. Madrid Barock-Kreuzkirche in Ottobeuren vollend. (seit 1737) nach Plänen von *Christoph Vogt* * *Friedrich Weinbrenner*, süddt. Baumeister d. Klassizismus, bes. in Karlsruhe († 1826) † *Dominikus Zimmermann*, süddt. Kirchenbaumeister (* 1685)	Ephraim-Palais i. Berlin	*Louis Antoine de Bougainville* (* 1729, † 1811) beg. seine Weltreise (bis 1769); erreicht Tahiti, Salomonen, Neuguinea *Henry Cavendish* (* 1731, † 1810) entdeckt das Wasserstoffgas * *John Dalton*, engl. Begrd. der chemischen Atomtheorie († 1844) *L. Euler:* „Algebra"; geht von Berlin nach Petersburg zurück *Titius* findet Abstandsgesetz der Planeten (*Bode-Titius*'sche Reihe) Tierärztliche Hochschule bei Paris	† *Johann Maria Farina*, Erfinder des „Eau de Cologne" (* 1685) ~ Frack kommt auf

	Maria Theresia Friedrich d. Gr.	Lessing „Sturm und Drang"	Aufklärung Mendelssohn
1767	* Joachim Murat, franz. General, Schwager Napoleons, 1808—1815 König von Neapel (1815 erschossen) * Andreas Hofer, tirol. Freih.-Kämpfer (1810 erschossen) Katharina II. beruft Vertreter aller Stände z. Gesetzesreform Ende d. „Rheinischen Allianz" (vgl. 1658)	Lessing: „Minna von Barnhelm" (Lustspiel), „Hamburgische Dramaturgie" (b. 1769); wird Dramaturg am neuen Hamburger Nationaltheater * August Wilhelm Schlegel, dt. Dichter und Gelehrter († 1845) Voltaire: „Das Naturkind" (frz. Satire)	* Wilhelm von Humboldt, liberaler Humanist u. preuß. Staatsmann († 1835) Karl III., König von Spanien (1759—1788), weist die Jesuiten aus M. Mendelssohn: „Phädon oder über die Unsterblichkeit d. Seele" (platon. Philosophie)
1768	* Franz II., letzter röm.dt. Kaiser, Kg. v. Österr., Enkel Maria Theresias († 1835) Frankreich kauft Korsika von Genua (dadurch wird Napoleon 1769 als Franzose geboren) Krieg Rußlands gegen die Türkei (bis 1774) ≈ „Industrielle Revolution" (vgl. 1770 Spalte 6)	* François René Chateaubriand, franz. frühromant. Schriftsteller († 1848) Goethe verl. erkrankt Leipz. Univ. (war mit Käthchen Schönkopf befreundet) L. Sterne: „Yoricks sentimentale Reise durch Frankr. und Italien" (engl.) † Lawrence Sterne, englischer Dichter, schrieb „Tristram Shandy" (1760-67, humorvoller Roman) (* 1713) * Zacharias Werner, dt. religiöser Dichter († 1823)	Joh. Ignaz Felbiger (* 1724, † 1788): „Eigenschaften, Wissenschaften u. Bezeigen rechtschaffener Schulleute" (österr. schulreform. Werk) J. Möser: „Osnabrückische Geschichte" (m. Urkunden) Quesnay: „Physiokratie" (frz.) † Hermann Samuel Reimarus, dt. Theologe, Vertreter der histor. Bibelkritik (* 1694) * Friedrich Schleiermacher, dt. Theologe († 1834) 1. dt. Handelssch. i. Hamburg
1769	* Napoleon Bonaparte (auf Korsika), frz. Herrscher 1804–1814 u. 1815 († 1821) Dubarry w. Mätr. d. frz. Kgs. (stürzt 1770 Min. Choiseul, d. Freundsch. m. Österr. pflegt) Neues österr. Strafgesetzb. Birma wird China tributpflichtig (Nepal 1793)	* Ernst Moritz Arndt, dt. Dichter († 1860) Joh. Ewald (* 1743, † 1781): „Adam u. Eva" (dän. Drama) † Christian Fürchtegott Gellert, dt. Dichter und Theologe (* 1715) Göttinger „Musenalmanach" gegründet	Papst Klemens XIV. bis 1774, tolerant gesinnt Lessing: „Wie die Alten den Tod gebildet" † Gerhard Tersteegen, dt. Laienprediger und Dichter (* 1697) Turgot: „Entstehg. u. Verteilung d. Reichtums" (frz.)
1770	* Friedrich Wilhelm III., König von Preußen 1797 bis 1840 (†), Sohn Friedrich Wilhelms II. Ludwig XVI. v. Frankr. heiratet Marie Antoinette v. Österreich Struensee entfernt A. P. v. Bernstorff aus d. dän. Staatsdienst (B. ist 1772–1780 und 1784–1797 [†] dän. Reform-Minister) Franz.-ostindische Kompagnie aufgelöst Cook nimmt für die engl. Krone Australien in Besitz	Goethe Student in Straßburg (bis 1771), begegnet Herder; Freundschaft m. Friederike Brion (* 1752, † 1813) M. Claudius wird Herausgeber des „Wandsbecker Boten" (bis 1775) * Friedrich Hölderlin, dt. Dichter († 1843) * William Wordsworth, engl. lyrischer Dichter der Romantik († 1850) ~ In Frankr. erste Miniaturbücher (~ 1782 i. Engl.)	J. B. Basedow: „Methodenbuch für Väter und Mütter der Familien und Völker" * Georg Wilhelm Friedrich Hegel, dt. Philosoph des dialektischen Idealismus († 1831) Holbach: „System der Natur" (frz. Materialismus, beeinfl. von Diderot) Kant Prof. in Königsberg „Große Landesloge der Freimaurer von Deutschland" in Berlin gegründet (erste dt. Loge 1737 in Hamburg)

Rokoko	Gluck / Mozart	Dampfmaschine „Industrielle Revolution"
~ *Falconet:* Reiterstandbild *Peters d. Gr.* i. Petersburg (frz. Großplastik) * *Jean Baptiste Isabey,* franz. Maler am Hofe Napoleons I. († 1855) *Okyo:* „Einfallende Wildgänse"(jap.Gem.)	*Gluck:* „Alceste" (2. ital. Reformoper, Text von *Calzabigi;* 1776 umgearbeitet) † *Georg Philipp Telemann,* dt. Komponist (* 1681) *Ph. E. Bach* wird Nachfolger *Telemanns* als Musikdirektor d. Kirchen in Hamburg	*T. Olaf Bergman* (* 1735, † 1784) Prof. d. Chemie in Upsala; fördert chemische Analyse u. erforscht chem. „Wahlverwandtschaften" (Affinitäten) *James Hargreaves:* Wagenspinnmaschine „Jenny" (nach seiner Tochter) *Carsten Niebuhr* (* 1733, † 1815) bereist seit 1761 Arabien (veröff. „Reisebeschreibung nach Arabien" 3 Bde. ab 1774) ~ Elektrisiermaschine mit Glasscheibe (auch als modisches Spielzeug)
† *Antonio Canaletto,* ital. Maler (* 1697) *Jacques-Anges Gabriel* (Frz.): Klein-Trianon, Versailles (s. 1762) * *Joseph Anton Koch,* dt. Maler († 1839) * *Bertel Thorwaldsen,* dän. Bildhauer († 1844) † *Johann Joachim Winckelmann* (v. einem Reisegefähr.ermordet) dt. Archäologe(*1717) Kgl. Akad. d. Künste, London	*Niccolo Jomelli* (* 1714, † 1774): „Fetonte" (ital. Oper, entsteht in Stuttgart) *Mozart:* „Bastien und Bastienne", Singspiel des 12jährigen in Wien aufgeführt 1. Ausgabe der Encyclopaedia Britannica (i. 3 Bdn)	*Joseph Black* (* 1728, † 1799) entdeckt die latente Wärme von Wasser und Dampf *James Cook* (*1728, †1779 auf Hawaii erschlagen) erforscht auf drei Seereisen Australien, Neuseeland, Südsee und Alaska * *Jean Baptiste Fourier,* frz. Mathematiker und Physiker († 1830) *Linné:* „Systema naturae" (12. Aufl., s. 1766; I. Tiere, II. Pflanzen, III. Mineralien) (schwed.) *Josiah Wedgwood* (* 1730, † 1795) erfindet das nach ihm benannte Steingut (Potteries)
Copley: „Bildnis einer Bürgerin" (nordam. Gem.; *C.* geht 1775 nach London) *Knoller:* Fresken im Kloster Ettal (b. 1790) * *Thomas Lawrence,* engl. Maler († 1830) Neues Palais, Potsdam	*Gluck:* „Paris u. Helena" (3. ital. Reformoper, Text v. *Calzabigi,* der wesentl. Anteil an der Opernreform hat)	*Richard Arkwright* (* 1732, † 1792): Spinnmaschine (1775 mit Wasserkraft; *A.s* Spinnerei in Nottingham gilt als erste moderne „Fabrik") *Cugnot:* Straßendampfwagen * *Georges Cuvier,* frz. Biol. u. Geol. († 1832) * *Alexander von Humboldt,* dt. Naturf. († 1859) *James Watt:* Patent für wesentl. verbess. Dampfmaschine. („Erfind. d. Dampfmasch.") Erster Blitzableiter i. Dt. (Jakobikirche, Hambg.)
† *François Boucher,* franz. Rokokomaler (* 1703) * *François Gérard,* frz. Maler († 1837) † *Suzuki Harunobu,* japanischer Maler, bes. Farbholzschnitte (* 1718) † *Giovanni Battista Tiepolo,* venezianischer Maler, s. 1761 i. Madrid (* 1606)	* *Ludwig van Beethoven,* dt. Komponist († 1827) † *Giuseppe Tartini,* ital. Komponist und Geigenvirtuose (* 1692)  ~ Chinesische Gärten werden i. Europa bekannt	~ *Ch. Bonnet* veröff. Arbeiten über Regeneration von Würmern, Jungfernzeugung der Blattläuse (ist jedoch noch Anhänger der Präformationslehre, wonach alle Organe im Ei schon vorgebildet; vgl. 1759) Spiralbohrer von *Cooke* *Euler:* „Vollständige Anleitung zur Algebra" (bezweifelt noch die Berechtigung imaginärer Zahlen) Rechenmaschine für Multiplik. von *Ph. M. Hahn* Eiweißnachweis im Urin ≈ Bürgerl. Freiheiten, Welthandelsbeziehungen, Textilmaschinen, Dampfkraft führen in England zur „Industriellen Revolution", die nach und nach einen großen Teil der Erde erfaßt und tiefgehend umgestaltet (vgl. auch 1950)

	Struensee Erste Teilung Polens	Klopstock Goethe	Pestalozzi Herder
1771	* *Robert Owen*, engl. Industrieller und Sozialreformer († 1858) Ägypt. Mameluken-Emire machen sich vom türk. Sultan unabhängig	*M. Claudius* Redakteur des „Wandsbecker Boten" (bis 1813) *Klopstock:* „Oden" * *Walter Scott*, schott. Dichter († 1832)	† *Claude Adrien Helvetius*, franz. antireligiöser Philosoph des Sensualismus (* 1715) „Encyclopaedia Britannica" (seit 1768)
1772	Erste Teilung Polens zwisch. Österreich, Preußen, Rußld. Preußen monopolisiert Überseehandel durch Gründung der „Seehandlung" Kg. *Gustav III.* v. Schweden (1771–92) stürzt Adelsmacht u. bes. Einfl. d. Stände † *Joh. Fr. v. Struensee* (hingerichtet), dän. liberaler Minister und Geliebter der Königin (* 1737)	Gründ. des Götting. Dichterbund. „Der Hain" (bis 1778) *Salomon Geßner* (* 1730, † 1788): „Idyllen" (2 Bd. m. eig. Radier., s. 1756) *Lessing:* „Emilia Galotti" (Trauerspiel) **Novalis* (Friedr. von Hardenberg)*, dt. romant. Dichter († 1801) *Wieland:* „Der goldne Spiegel" (Staatsroman)	*Herder:* „Über den Ursprung der Sprache" *Fr. Eberh. v. Rochow* (* 1734, † 1769): „Versuch ein. Schulbuches f. Kinder d. Landleute" (Landschulreform) **Friedrich Schlegel*, dt. Dichter und Gelehrter († 1829) + *Emanuel Swedenborg*, schwedischer Theosoph; der „Geisterseher" (* 1688) Ende d. Inquisition i. Frankr.
1773	* *Clemens Fürst von Metternich*, österreichischer antiliberaler Staatsmann († 1859) † *Ahmet Schah*, Begründer eines mächtigen afghanischen Reiches und Herrscher seit 1747 (* ~ 1724) Engl. ostind. Komp. erhält Handelsmonopol f. Opium in China	*Goethe:* „Götz von Berlichingen", ~ „Urfaust" *Klopstock* vollendet „Messias" (4 Bände, s. 1748) *Schiller* wird Schüler (spät. Med.-Stud.) an der Karlschule bei Stuttgart (b. 1770) * *Ludwig Tieck*, dt. Dichter der Romantik († 1853) „Dt. Merkur" (bis 1810)	*Herder-Goethe:* „Von dt. Art und Kunst" (Zeitschr.) Auflösg. d. Jesuitenordens durch Papst *Klemens XIV.* * *James Mill*, engl. Begründer der Assoziations-Psychologie († 1836) Herzogl. Militärakademie, Solitude (1775 n. Stuttgart, 1781 Hohe Karlsschule)
1774	† *Ludwig XV.*, König von Frankreich seit 1715 (* 1710). Sein Enkel *Ludwig XVI.* König v. Frankr. (bis 1792) † *François Quesnay*, frz. Wirtschaftswissenschaftl., Begr. des Physiokratismus (* 1694) *Wieland:* „Die Abderiten" (satirischer Staatsroman)	*Bürger:* „Lenore" (Ballade) *Goethe:* „Die Leiden des jungen Werther" (Briefroman), „Clavigo" (Drama), Urauff. seines „Götz" in Berlin *Justus Möser* (* 1720, † 1794), Staatsm. u. Historik. i. Osnabrück: „Patriot. Phantasien" (b. 1778, Aufsätze z. Tagesfr.)	*J. B. Basedow* gründet „Philanthropinum" in Dessau *Herder:* „Auch eine Philosophie d. Geschichte zur Bildung der Menschheit" *Pestalozzi* gründet „Armenanstalt" (selbsterhaltende Arbeitsschule, 1780 geschl.) England gibt Kanada Religionsfreih. i. d. Quebecakte
1775	Bukowina an Österreich Beginn des nordamerikanischen Unabhängigkeitskrieges gegen England (bis 1783) Verkauf von Leibeigenen in Rußland; Höhepunkt der russ. Adelsmacht Bauernaufstand an d. Wolga (seit 1773) unter *Pugatschew* († , hinger. * 1726)	*Beaumarchais:* „Der Barbier v. Sevilla" (frz. Schauspiel) *Goethe* verlobt sich mit *Lili Schönemann*, Entlobung, geht nach Weimar (dort Freundschaft mit Frau *von Stein*) *Friedrich Müller* (Maler *Müller*, * 1749, † 1825): „Die Schafschur" (Idylle) *Nicolai:* Werther-Parodie *Voltaire:* „Lobrede auf die Vernunft"	*Pius VI.* Papst bis 1799 (†) * *P. J. Anselm Feuerbach*, dt. Strafrechtler († 1833) *Joh. Kaspar Lavater* (* 1741, † 1801): „Physiognomische Fragmente zur Beförderung der Menschenkenntnis und Menschenliebe" (bis 1778) * *Friedrich Wilhelm Schelling*, dt. Naturphilosoph († 1854)

Gainsborough Vierzehnheiligen	Haydn Gluck	Beginn der modernen Chemie
~ *Gainsborough:* „Knabe i. Blau" (engl. Bildn.) *Graff:* „Lessing" (Porträtgemälde) † *Bartolomeo Rastrelli*, ital. Baumeister in Rußland (* 1700)	*Haydn:* „Sonnenquartette" (6 Streichquartette i. kontrapunktischen Fugenstil; i. d. Symphonien d. Folgezeit entw. *Haydn* den „klassischen" Stil	*J. Cook* entdeckt auf seiner 1. Weltreise (s. 1768) Gesellschaftsinseln, Ostaustralien (1770) und Zweiteilung Neuseelands *Carl Wilhelm Scheele* (* 1742, † 1786) entdeckt gasförm. Sauerstoff („Feuerluft"; unabhängig von ihm 1774 *Joseph Priestley* [* 1733, † 1804])
† *Johann Michael Feichtmayr*, südd. Rokoko-Bildhauer (* ~ 1709) *S. Gessner:* „Briefe über d. Landschaftsmalerei" (schweiz.) Wallfahrtskirche Vierzehnheiligen (Oberfranken) nach Plänen *B. Neumanns* fertiggestellt (Baubeg. 1743)	*Haydn:* „Abschiedssymphonie", „Sonnenquartette" Opus 20 (mit polyphonen Stilelementen)	*J. Cook* beg. 2. Weltreise (bis 1775; klärt endgültig, daß sagenhafter Südkontinent nicht vorhanden und entdeckt Südpolarland [Antarktis]) *L. Euler:* „Briefe an eine dt. Prinzessin über einige Gegenstände der Physik u. Philosophie" (3 Bde. in frz. Sprache, s. 1768) *Romé de L'Isle:* Gesetz der konstanten Flächenwinkel bei Kristallen (veröff. 1783) Entdeckung des gasförm. Stickstoffs durch *D. Rutherford* (* 1749, † 1819) *J. H. Lambert:* Flächentreue Kartenprojektion
Chodowiecki: Reise n. Danzig, auf d. 108 getuschte Federzeichn. entst. † *Hubert François Gravelot (Bourgignon)*, frz. Illustrator u. Maler, polit. u. soziale Karikaturen (* 1699) *Reynolds:* „Grazien schmücken Hymen"	*Anton Schweitzer* (* 1735, † 1787): „Alceste" (gilt als Schritt zur dt. Nationaloper)	~ *Samuel Crompton* (* 1753, † 1827): Spinnmaschine „Mule-Jenny" (prod. Garne großer Gleichheit und Feinheit) „Philadelphia Museum" in USA gegründet (Sammlung von Gemälden und naturgeschichtlichen Präparaten)
* *Caspar David Friedrich*, dt. romantischer Landschaftsmaler († 1840) ≈ Klassizismus (Zopfstil); in Frankreich: *Louis Seize*; in England: Stil d. Gebr. *Adam*	*Gluck:* „Iphigenie in Aulis" (erste Reformoper i. frz. Stil); durch sie erhalten d. frz. Gegner d. ital. Buffooper neue Stärke	*E. Bode:* grdt. „Berliner Astron. Jahrbuch" *William Hunter* (* 1718, † 1783): „Anatomie der schwangeren Gebärmutter" *Antoine Lavoisier:* Erhaltung der Masse bei chem. Prozessen. Beginn der modernen Chemie *Priestley* entdeckt Ammoniak und Sauerstoff (vgl. 1771) *Scheele* entdeckt das gasförmige Chlor Unentgeltliche Behandlung von Geschlechtskrankheiten in Norwegen
† *Ignaz Günther*, bayr. Rokokobildh. (* 1725) † *Johann Joachim Kändler*, Bildh. d. Meiß. Porzellanmanuf. (* 1706) † *Georg Friedrich Schmidt*, Hofkupferstecher (* 1712) * *William Turner*, engl. Maler († 1851)	* *François Adrien Boieldieu:* frz. Opernkomponist († 1834) † *Egidio R. Duni*, ital. Begründer der „Opéra comique" in Paris (* 1709) *Mozart:* „Die Gärtnerin aus Liebe" (Singspiel), 5 Violinkonzerte	*de Morveau:* Desinfektion mit dem Giftgas Chlor (man nimmt Ansteckung durch gasförmige Ausdünstung [Miasma] an) *A. Volta* konstr. nach einer Entdeckung von *Wilke* (1762) Elektrophor zur fortgesetzten Ladungserzeugung *J. Priestley* entdeckt Schwefelsäure u. Salzsäure Erstes gußeisernes Gleis in Deutschland Pariser Akademie lehnt Prüfung von Vorschlägen für ein „Perpetuum mobile" ab

	Verkündung der Menschenrechte in USA	„Sturm und Drang"	„Nathan" Herder
1776	* Luise v. Preußen († 1810) Turgots Finanzref. in Frankr. scheitern; Jacques Necker frz. Finanzminister bis 1781 Adam Smith: „Natur und Ursachen des Volkswohlstandes" (Grundl. d. engl. liberalistischen Volkswirtschaftslehre) Am 4. Juli Annahme der Unabhängigkeitserklärung der USA vom Kongreß. Erkl. der Menschenrechte Span. Vizekgr. La Plata	† Johann Jakob Breitinger, Gegner Gottscheds (* 1701) Goethe: „Stella" (Schausp.) † Ludwig Christoph Heinr. Hölty, dt. Lyriker (* 1748) * E. T. A. Hoffmann († 1822) Friedr. Maximilian v. Klinger (* 1752, † 1831): „Sturm u. Drang" (Schauspiel) Jak. Mich. Reinh. Lenz (* 1751, † 1792): „Die Soldaten" (Komödie) Heinr. Leop. Wagner (* 1747, † 1779): „Die Kindermörderin" (Drama) Burg- wird Nationaltheater	* Joseph Görres, dt. kathol. Publizist († 1848) * Johann Friedrich Herbart, dt. Philos. u. Pädagoge († 1841) Herder: „Älteste Urkunde d. Menschengeschlechts" (Theologie; wird Prediger i. Weimar) † David Hume, engl. Philosoph des Empirismus und Historiker (* 1711) Paine: „Common sense" Trennung von Kirche und Staat in den USA Abschaffung der Folter in Österreich
1777	* Alexander I., Zar v. Rußland 1801—1825 (†) * Julie Récamier, schöne und geistv. Gegnerin Napoleons, Vertraute d. Bourbonenfreundes Chateaubriand († 1849) v. Steuben i. USA. Washington ernennt ihn 1778 z. Generalinspekteur d. amer. Heeres Engl. Söldner v. USA-Miliz b. Saratoga-Spr. geschlagen	Jung-Stilling (* 1740, † 1817): „Heinrich Stillings Jugend" (herausgegeben von Goethe) * Heinrich von Kleist, dtsch. Dichter († 1811) * Friedrich de la Motte-Fouqué, dt. romant. Dichter († 1843) Hof- und National-Theater in Mannheim gegründet „Hamlet"-Aufführ. i. Hamburg unt. Fr. L. Schröder öffn. Shakespeare die dt. Bühne	Lessing (seit 1770 Bibliothekar i. Wolfenbüttel): „Wolfenbütteler Fragmente" (Teile d. histor. Bibelkritik v. Reimarus, seit 1774) „Gesellschaft zur Förderung d. Guten und Gemeinnützigen" i. Basel gegrdt. (schweiz. Volksbildung) J. Priestley: „Untersuchungen über Materie und Geist" (mech. Gehirnschwingung. beding. d. geist. Geschehen)
1778	Bayerischer Erbfolgekrieg mit Österreich: König Friedrich II. gegen Kaiser Joseph II., der Bayern zur Stärkung d. Reichsmacht erwerben will; wird von Preußen m. Unterstützung Rußlands verhindert † William Pitt (der Ältere), brit. Staatsmann (* 1708) Benjamin Franklin erreicht Bündnis Frankreich—USA	* Clemens Brentano, dt. Dicht. der Romantik († 1842) Goethe in Berlin Herder: „Volkslieder", (b. 1779; 1807 als „Stimmen d. Völker in Liedern") Lessing: „Anti-Goeze" (geg. protest. Orthodoxie) „Werthertracht": Ungepudertes Haar, rund. Filzhut, blauer Frack, gelbe Weste u. Hose, braune Stulpenstiefel.	Erste deutsche Taubstummenanstalt in Leipzig durch Sam. Heinicke (* 1727, † 1790) Lichtenberg: „Über Physiognomik wider die Physiognomen" (gegen Lavater) † Jean Jacques Rousseau, franz. Philosoph, Enzyklopädist u. Pädagoge (* 1712) † François de Voltaire (eig. Arouet), franz. Aufklärungsphilosoph u. Dichter (* 1694)
1779	Frankreich und Spanien belagern erfolglos Gibraltar, seit 1704 engl. Stützpunkt Teschener Friede: Österreich erhält bayerisches Innviertel; Frieden wird von Rußland garantiert * Friedrich Karl von Savigny, Jurist und preuß. Staatsmann, Haupt der historischen Rechtsschule († 1861)	Goethe Geheimrat; unternimmt zweite Schweiz. Reise * Th. Moore, ir. Dicht. († 1852) * Adam Gottlieb Öhlenschläger, dän. romant. Dichter († 1850) Richard B. B. Sheridan (* 1751, † 1816): „The Critic" (engl. Posse; schrieb 1777 d. Lustspiel „Die Lästerschule") Nationaltheater Mannheim	Hume: „Dialoge über natürliche Religion" (posthum, engl.) Lessing: „Nathan der Weise" (dramat. Ged., erachtet die Weltrelig. für gleichwertig; Urauff. 1783 in Berlin) Gründung einer Kinderbewahranstalt i. Waldersbach d. Pfarrer Johann Friedrich Oberlin (* 1740, † 1826)

Klassizimus Gainsborough	Gluck Mozart	Lavoisier Buffon
* *John Constable*, engl. Landschaftsmaler († 1837) ~ *Fragonard*: „Die Wäscherinnen" (frz. Gem.) ~ *Gainsborough*: „Miss Robinson" (engl. Porträtgem.) † *Jean Michel Papillon*, franz. Holzschneider u. Illustrator (* 1698) *J. Pigalle* „Voltaire" (frz. Sitzstatue)	~ Opernstreit in Paris zw. den Anhängern *Glucks* und *Piccinis* *Ignaz Holzbauer* (*1711, † 1783): „Günther von Schwarzburg" (dt.-sprachige Oper aus d. Mannheimer Schule) *Mozart*: „Haffner-Serenade" In Wien wird kaiserl. Gem.-Sammlg. für Publikum geöffnet	*J. Cook*: 3. Weltreise (entd. Hawaii-Inseln, wird dort 1779 erschlagen [* 1728]) *Deluc* findet anomale Wärmeausdehnung des Wassers (dehnt sich beim Abkühlen auf den Gefrierpunkt aus) *Hatton*: Hobelmaschine Erster lebender Orang Utan in Holland ~ Welt-Gußeisenproduktion 200 000 t (1865: 10 000 000 t) ≈ Zu *Watts* Zeiten braucht eine Dampfmaschine ca. 12 kg Kohle pro PS-Stunde (1925 ca. 20mal weniger)
~ *Greuze*: „Der zerbrochene Krug" (frz. Gem.) * *Christian Daniel Rauch*, norddt. Bildhauer des Klassizismus († 1857) * *Philipp Otto Runge*, dt. romantischer Maler († 1810)	*Gluck*: „Armida" (2. Reformoper i. frz. Stil)	* *Karl Friedrich Gauß*, dt. Mathematiker und Naturforscher († 1855) † *Albrecht von Haller*, Schweizer Arzt, Forscher und Dichter (* 1708) † *Joh. Heinr. Lambert*, dt. Physiker u. Philosoph (* 1728) *Lavoisier*: Verbrennung ist chemische Verbindung mit Sauerstoff; Widerlegung der Phlogiston-Hypothese; erkennt auch, daß Atmung Verbrennung (Oxydation) bedeutet *Scheele*: Luft besteht aus zwei Komponenten (Stick- und Sauerstoff)
† *Charles Eisen*, franz. Kupferstecher u. Illustrator (* 1720) *Houdon*: „Voltaire" (frz. Büste) † *Giambattista Piranesi*, italien. Kupferstecher u. Baumeister (* 1720)	*Beethovens* Vater, ein rücksichtsloser Trinker, führt seinen 8-jähr. Sohn als „6 jähr." Wunderkind vor *N. Piccini*: „Roland" (ital. Oper) *Corona Schröter* (*1751, † 1802) als Sängerin u. Schauspielerin in Weimar Mailänder Scala eröffn. (erb. seit 1776)	*Buffon*: „Epochen der Natur" (frz. Erdgeschichte; nimmt mehrere sintflutartige Katastrophen an; *B.* muß diese Lehre widerrufen) † *Carl v. Linné*, schwed. Naturforscher, begründete das nach ihm benannte Sexualsystem der Pflanzen (* 1707) *J. Smeaton* wendet Taucherglocke für Unterwasser-Fundamente an *Benjamin Thompson* (Graf *Rumford*; * 1753, † 1814): Erste Beobachtungen zur Entstehung von Wärme aus Reibung, an Geschützen Erste dt. Tierärztliche Hochschule in Hannover (in Berlin und München 1790)
Canova: „Dädalus u. Ikarus" (frz. klassizist. Plastik) † *Siméon Chardin*, frz. Maler (* 1699) † *Anton Raphael Mengs*, gilt als erster dt. klassizist. Maler (* 1728)	*Gluck*: „Iphigenie auf Tauris" (3. Reformoper i. frz. Stil)	* *Jöns Jakob Berzelius*, schwed. Chemiker († 1848) *Crawford*: Wärmemessungen an Tieren *J. P. Franck*: „System einer vollst. mediz. Polizei" ~ *Lichtenberg* führt die Bezeichnungen „positive" und „negative" Elektrizität ein Erste Eisenbrücke von *A. Darby* gebaut Papst *Pius VI*. beginnt Trockenlegung der Pontinischen Sümpfe Erste Kinderklinik (in London)

	USA unabhängig Pitt d. J.	† Lessing „Die Räuber"	Pestalozzi Rousseau
1780	† *Maria Theresia*, seit 1740 Herrscherin von Österreich-Ungarn, Gemahlin Kaiser *Franz' I.*, Erbtochter Kaiser *Karls VI.* (* 1717) *Joseph II.* österr. Herrscher bis 1790 (†); dt. Kaiser seit 1765 Kg. *Friedrich II.* maßregelt willkürl. preuß. Richter zugunst. d. Müllers *Arnold*	*M.Claudius:* „Lied.f.d.Volk" *Friedrich II.:* „Über die dt. Literatur" (frz., verkennt aufstrebende Entwicklg.) * *Karoline v. Günderode*, dt. Dichterin († 1806) *Lessing:* „Die Erziehung des Menschengeschlechts", „Ernst u. Falk, Gespr. f. Freimaurer" *Wieland:* „Oberon" (März.)	† *Etienne Bonnot de Condillac*, franz. Philosoph (* 1715) *Pestalozzi:* „Die Abendstunden eines Einsiedlers" (pädagog. Programm) *Salzmann:* „Krebsbüchlein oder Anweis. z. ein. unvernünft. Erziehg. d. Kinder" (ironische Pädag.) Christbaum bei *Fr. Nicolai* Univ. Münster gegr.
1781	Reformen Kaiser *Josephs II.*: Abschaffung der Leibeigenschaft und Folter, Religionsfreiheit, Aufhebung d. Klöster, Einwanderungserlaubnis auch für Nichtkatholiken nach Österreich *Washington* besiegt mit frz. Hilfstr. d. Engl. b. Yorktown Neue preuß. Prozeßordng.	* *Achim von Arnim*, dtsch. Dichter († 1831) * *Adelbert v. Chamisso*, dt. Dichter u. Naturf. († 1838) † *Gotthold Ephraim Lessing*, dt. Dichter, Kritiker u. Philosoph (* 1729) *Friedr.Ludw.Schröder* (*1744, †1816), Schausp. a. Burgtheater (erstrebt Natürlichkeit)	* *Bernh. Bolzano*, böhm. kath. Mathem. u. Logiker († 1848) *Kant:* „Kritik der reinen Vernunft" (rationalist. Erkenntnistheorie, führt Erk. v. Raum, Zeit, Kausalität auf a-priori-Prinzipien zurück) *Pestalozzi:* „Lienhard und Gertrud" (schweiz. Erziehungsroman, 4 Tle. b. 1787)
1782	~ Seekrieg d. Niederlande geg. England (1780–84) ~ Im Schweden *Gustavs III.* (1771–92) bestehen Kulturblüte u. Verschwendung Théatre Français, Paris *de Laclos:* „Gefährl. Liebschaften" (frz. Briefroman)	*M. Claudius:* „Irrtum u. Wahrheit" *Otto v. Gemmingen-Hornberg* (* 1755, † 1836): „Der dt. Hausvater" (bürg. Schausp.) *Goethe* geadelt; „Erlkönig" *Schiller:* „Die Räuber" (Erstauff. in Mannheim mit *Iffland* als K. Moor) Sch. flieht n. Meiningen	* *Friedrich Fröbel*, dt. Pädagoge († 1852) *Herder:* „Vom Geiste der Ebräischen Poesie" *J. J. Rousseau:* „Bekenntnisse" (4 Bde. b. 1788, posthum) Letzte Hexenhinrichtung in der Schweiz (mit dem Schwert in Glarus)
1783	Versailler Friede: England erkennt Unabhängigkeit der USA an, gibt Florida an Spanien zurück *William Pitt* d. J. (* 1759, † 1806) engl. Premierminister aus d. Torypartei b. 1801 (wieder 1804–06) *Potemkin* erobert die Krim für Rußland	† *Johann Jakob Bodmer*, Schweiz. Philologe, (* 1698) *S. v. La Roche:* „Die glückl. Reise" (empfinds. Roman) *Schiller:* „Die Verschwörung d. Fiesko zu Genua" * *Stendhal (Marie Henri Beyle)*, frz. Dichter († 1842) † *Yokai Yagu*, japan. Dichter (* 1702)	*Kant:* „Prolegomena zu einer jeden künftigen Metaphysik" *M. Mendelssohn:* „Jerusalem oder über religiöse Macht u. Judentum" (betont aufklärerisch. Geist d. jüd. Religion) Inquisitionsverfahren gegen span. Automatenbauer
1784	*W. Pitt d. J.:* Ostindiengesetz (Engl. Ostind. Komp. wird staatl. Aufsicht unterstellt) Österreich erläßt Auswanderungsverbot * *Friedrich Heinrich Ernst* Graf *von Wrangel*, preuß. General († 1877)	*Caron de Beaumarchais* (* 1732, † 1799): „Figaros Hochzeit" (franz. gesellschafts-kritisches Lustspiel) * *Ludwig Devrient*, dt. Charakterschauspieler († 1832) *Schiller:* „Kabale u. Liebe" (Schausp.). Freundschaft mit *Charl. v. Kalb* (*1761, †1843)	† *Denis Diderot*, frz. Aufklärungsphilosoph (* 1713) *Herder:* „Ideen z. Philos. d. Geschichte d. Menschheit" *Kant:* „Was ist Aufklärung?" („Ausgang d. Menschen aus seiner selbstverschuldeten Unmündigkeit") *Salzmann* grdt. Schnepfenthal nach Grunds. *Basedows* Blindenanstalt i. Paris

Klassizismus Gainsborough	Beginn der Klassik Mozart	Erste Luftfahrzeuge
† Bernardo Canaletto, (Bellotto) ital. Maler (bes. Bilder v. Dresden) (* 1720) Gainsborough: „Mrs. Robinson" (engl. Gem.) * Jean Auguste Ingres, franz. Maler († 1867) † Jacques Germain Soufeot, franz. Baumeister des Klassizismus (* 1713)		Herstellung von Rübenzucker durch Franz Karl Achard (* 1753, † 1821) in Berlin Felice Fontana: Erzeugung von Wassergas (ausgebaut erst 1873) Rechenmaschine für Addition, Subtraktion, Multiplikation von J. H. Müller Erster Füllfederhalter von Scheller Abr. Gottl. Werner (* 1750, † 1817) Gesteine bildeten sich im Urozean („Neptunismus") Gründung der Amerikanischen Akademie der Künste und Wissenschaften in Boston (USA)
Romney: „Mrs. Robinson" (engl. Porträt) * Karl Friedrich Schinkel, norddtsch. Baumeister und Maler († 1841) * Joseph Stieler, dt. Bildnismaler († 1858)	Haydn: „Russische Streichquartette" (6 Quartette „auf eine ganz neue besondere Art", Begründung d. „klassischen Stils") Mozart: „Idomeneo" (Oper; 1782 folgt „Die Entführg. a. d. Serail"); siedelt n. Wien über	H. Cavendish erkennt, daß Wasserstoff zu Wasser verbrennt René Just Hauy führt Kristallbau auf Raumgitter zurück Herschel entdeckt den Planeten Uranus mit selbstgebautem Spiegelfernrohr de Jouffroy: Dampfschiff (einer der ersten erfolgreicheren Versuche) ∼ Erste Fallschirmerprobungen
Joh. Heinr. Füßli (* 1741, † 1825): „Der Nachtmahr" (schweiz.-engl. Gem.)	* Daniel Auber, franz. Komponist († 1871) † Joh. Christian Bach, dt. Komponist (* 1735) * John Field, englisch. Komponist († 1837) * Niccolo Paganini, ital. Violinvirtuose und Komponist († 1840)	Differentialgleichung der Mechanik v. Laplace (bei derer alleiniger Geltung alle Zukunft durch einen „Dämon" vorausberechenbar wäre; strengste Form des „Determinismus") Schreibthermometer von J. Six Watt baut doppeltwirkende Dampfmaschine; sein Werk liefert erste Maschinen Wedgwood: Hitzemessung durch Schmelzkörper (Pyrometer)
* Sulpiz Boisserée, dt. Kunsthistor. († 1854) * Peter von Cornelius, dt. Maler († 1867) J. A. Houdon: „Buffon" (franz. Bildnisbüste); „Diane" J. M. Moreau: Illustrat. zum „Monument du costume" (seit 1773)	Beethoven: „Drei Sonaten fürs Clavier" Mozart: c-Moll-Messe	† Jean Baptiste d'Alembert, frz. Mathematiker u. Enzyklopädist; schrieb dem Wissen soziale Funktion zu (* 1717) † Leonhard Euler, schweiz. Mathematiker und Naturforscher (* 1707) Erste Ballonaufstiege mit Heißluft (durch J. M. u. J. E. Montgolfier), mit Wasserstoff u. m. Leuchtgas (rasch folgend: leer, Tiere, bemannt) Herschel entdeckt Eigenbeweg. d. Sonnensystems de Saussure: Haar-Hygrometer
David: „Der Schwur der Horatier" (franz. Gemälde) Gainsborough: „Schauspielerin Sata Siddons", „Miss Linley" (engl. Porträtgem.) * Leo Klenze, süddt. Baumeister des Klassizismus († 1864)	† Wilhelm Friedemann Bach, dt. Komponist (* 1710) Haydn: beg. 6 „Pariser Symphonien" * Louis Spohr, dtsch. Komponist († 1859)	* Friedrich Wilhelm Bessel, dt. Astronom († 1846) Joseph Bramah (* 1748, † 1814): Sicherheitsschloß Puddelstahl von Henry Cort Claude Louis de Berthollet (* 1748, † 1822) erkennt bleichende Wirkung des Chlors Entdeckung des menschlichen Zwischenkiefers durch Goethe und d'Axyr Dahlien kommen aus Mexiko nach Spanien Goethe macht Versuche mit Heißluftballons

	Erste demokratische Verfassung i. USA	„Egmont" „Don Carlos"	„Kritik d. reinen Vernunft"
1785	Friedrich II. grdt. Fürstenbund, um d. Kaiser am Erwerb Bayerns zu hindern Handelsvertr. Preußen-USA „Halsbandprozeß" schwächt Ansehen der frz. Krone Handwerksordn. i. Rußland Engl. Zeitung „The Times" gegründet	* *Bettina v. Arnim*, geborene Brentano († 1859) * *Jacob Grimm*, dt. Sprachwissenschaftler († 1863) * *Alessandro Manzoni*, romant. ital. Dichter († 1873) *Schiller*: „Die Schaubühne als moralische Anstalt" *Schubart*: „Gedichte aus d. Kerker"	*Campe*: „Allgemeine Revision des gesamten Schul- u. Erziehungswesens" (16 Bde. bis 1791) *Kant*: „Grundlegung zur Metaphysik der Sitten" *M. Mendelssohn*: „Morgenstunden" (Gottesbeweise u. Auseinanders. mit *Spinozas* Pantheismus)
1786	† *Friedrich II.* (der Große), seit 1740 König von Preußen (* 1712) *Friedrich Wilhelm II.* König von Preußen (bis 1797 [†]) * *Ludwig I.* König von Bayern 1825—1848 (abgedankt; † 1868) Turkmene *Agha Mohammed* begrdt. in Persien Kadscharen-Dynastie (bis 1925)	Berliner Hofbühne gegründ. * *Ludwig Börne*, dt. krit. Schriftst. u. Inspir. d. „Jungen Deutschland" † 1837) *Bürger*: „Wunderb. Reisen d. Frhrn. v. Münchhausen" *Goethes* ital. Reise (bis 1788) * *Wilhelm Grimm*, dtsch. Sprachwissensch. († 1859) *Johann Karl August Musäus* (* 1735, † 1787): „Volksmärchen der Deutschen"	Der ital. Abenteurer *Alex. v. Cagliostro* (* 1743, † 1795) aus Paris ausgewiesen (wird in Rom zu lebensl. Haft verurteilt) † *Moses Mendelssohn*, dt. Philosoph der Aufklärung, unterstützte Judenemanzipation (* 1729)
1787	Der Herzog *Karl Eugen* von Württemberg vermietet das aus seinen Untertanen bestehende Kap-Regiment an die Holländisch-Ostindische Kompanie Zweiter erfolgreicher Krieg d. Zarin *Katharina II.* geg. die Türkei (bis 1792; Rußland erhält Krim u. Schutzrecht üb. Donaufürstentümer) *Potemkin* täuscht Zarin durch kulissenartige Dörfer	*Goethe*: „Iphigenie" (Schsp.) *Wilh. Heinse* (* 1746, † 1803): „Ardinghello u. d. glückseligen Inseln" (Sturm-u. Drang-Roman über die freie Liebe) *Schiller*: „Don Carlos" (Drama); geht n. Weimar *J. H. Bernardin de St.-Pierre* (* 1737, † 1814): „Paul et Virginie" (frz. Idylle mit Robinson-Motiv) * *Ludwig Uhland*, dt. Dichter u. Sprachforsch. († 1862)	*Bentham*: „Verteidigung d. Wuchers" (Utilitarismus) *Herder*: „Gott" („Einige Gespräche" i. Geist *Spinozas*) † *Alfonso de Liguori*, ital.-kath. Moraltheologe, Gründer des Redemptoristen-Ordens (1732), 1839 heiliggesprochen (* 1696) Erteilung der philosoph. Doktorwürde an *Dorothea v. Schlözer* (* 1770, † 1825) i. Göttingen nach ordentl. Examen
1788	Verfass. d. USA in Kraft Einsetzende Flut politischer Broschüren in Frankr., die Freiheit u. Gleichheit fordern (*Sieyès*: „Was ist der dritte Stand?") Brit. Strafkolonie in Australien (Sydney) Aufhebung d. Leibeigenschaft in Dänemark Erfolgl. Krieg Schwedens geg. Rußland, um Ostseeprovinzen u. Finnland wiederzugewinnen (bis 1790) *Karl IV.*, Kg. v. Spanien bis 1808 (†)	* Lord *George Byron*, engl. Dichter des „Weltschmerzes" († 1824) * *Joseph Frhr. von Eichendorff*, dt. romant. Dichter († 1857) *Goethe*: „Egmont" (Schsp.) *Goethe* bricht mit Frau v. Stein (geb. v. Schardt) (* 1742, † 1827); verb. sich m. *Christiane Vulpius* (* 1765, † 1816); Schaffenspause bis 1794; lernt *Schiller* kennen * *Friedrich Rückert*, dtsch. Dichter u. Oriental. († 1866)	† *Georg Johann Hamann*, dt. Religionsphilosoph, „Magus des Nordens" (* 1730) *Kant*: „Kritik der praktischen Vernunft" (Ethik, mit „Kategor. Imperativ") *Adolf Freih. v. Knigge* (* 1752, † 1796): „Über den Umgang mit Menschen" *Schiller*: „Geschichte d. Abfalls d. verein. Niederlande" * *Arthur Schopenhauer*, dt. Philosoph († 1860) Abitur an Preuß. Gymnas.

Goya / Tischbein	Haydn / Mozart	Coulomb / Ballon überquert Kanal
~ Blüte der Neuwieder Möbelwerkstätten ~ In Coburg entsteht 1775–1805 Kupferstichkabinett mit 300 000 Blättern	*Mozart:* Klavierkonzert d-moll	*Charles Augustin de Coulomb* (* 1736, † 1806) beg. Vers. mit der Drehwaage, womit er Gesetze für elektr. und magnet. Kräfte entdeckt (bis 1789) *James Hutton* (* 1726, † 1797) begründet „Plutonismus" (Gesteine entst. aus feuriger Schmelze) Seismometer (Erdbebenmesser) von *Salsano* Kanalüberquerung im Freiballon Annales de Chimie gegrdt. (1778: Chem. Annalen) Erste dt. Dampfmaschine in Preußen
Goya: „Die Jahreszeiten" (span. Bildteppichentwürfe) *Graff:* „Schiller" (Porträtgem.) *Hoppner:* „Damenporträt" (engl.) *J. Reynolds:* „Herzogin v. Devonshire mit Tochter" (engl. Porträtgem.)	*Dittersdorf:* „Doktor u. Apotheker" (Singspiel) *Haydn:* 6 Pariser Symphonien, dar. Symphonie D-dur (ohne Menuett) *Mozart:* „Figaros Hochzeit" (Oper m. ital. Text); 6 Streichquartette (s. 1782) * *Carl Maria v. Weber*, dt. Komp. († 1826)	*Edmund Cartwright* (* 1743, † 1823): Erster brauchbarer mechanischer Webstuhl * *John Franklin*, engl. Seefahrer und Naturforscher († 1847) *Lazzaro Spallanzani* (* 1729, † 1799) widerlegt durch Besamungsexperimente Urzeugungslehre und „Befruchtungskraft" ~ *Watt:* Dampfmaschine mit Kolbenstange und Zentrifugalregulator Erste versuchsweise Gasbeleuchtung für Innenräume (in England und Deutschland) Erstbesteigung des Mont Blanc
† *Pompeo Batoni*, ital. Maler; einer d. letzten Vertreter d. röm. Hochbarocks (* 1708) *J. H. W. Tischbein:* „Goethe auf Ruinen in d. Campagna" (Porträtgem.) Zürcher Kunstverein (frühester im deutsch. Sprachber.)	*Boccherini* wird Hofkomponist i. Berlin † *Christoph Willibald Ritter von Gluck*, dt. Komponist, Begründ. eines neuen dramat. Opernstils (* 1714) *Mozart:* „Don Giovanni" (Oper m. ital. Text), „Eine kleine Nachtmusik"	*Ernst Chladni* (* 1756, † 1827) entdeckt „Klangfiguren" tönend-schwingender Platten *Herschel* entdeckt zwei Uranus-Monde *de Saussure* besteigt als 2. den Mont Blanc und unternimmt meteorologische Messungen ~ *Lavoisier* und *Berthollet* begründen chemische Nomenklatur *John Fitch:* Schrauben-Dampfschiff
David: „Paris u. Helena" (frz. Gem.) † *Thomas Gainsborough*, engl. Maler (* 1727) † *Maurice Quentin de Latour*, fr. Maler, bes. Pastellbildn. (* 1704) * *Franz Pforr*, dt. romant. Maler († 1812) † *Pierre Antoine Tassaert*, niederländ. Bildhauer in Berlin; porträtierte *M. Mendelssohn* und preuß. Generäle (* 1729)	† *Carl Philipp Emanuel Bach*, dt. Komponist (* 1714) *Haydn:* Oxford-Symphonie G-Dur (dirigiert sie 1791 b. Verleihung d. Ehrendoktors an ihn v. d. Univ. Oxford) *Mozart:* Symphonien i. Es-dur, g-moll u. C-dur (Jupiter-Symphonie) *Giovanni Païsiello* (* 1740, † 1816): „Die schöne Müllerin" (ital. Buffo-Oper)	*Lagrange:* „Analytische Mechanik" (frz. Begrdg.) ~ *Lavoisier* zählt 31 chemische Elemente auf Nach Europa kommen Hortensie (aus China) und Fuchsie (aus Peru)

	Französische Revolution	*Goethe* / *Schiller*	*Kant* / *Herder*
1789	Beginn der Frz. Revolution: Einberufung der Generalstände i. Frankreich (zuletzt 1614) durch *Ludwig XVI*. Sturm auf die Bastille am 14. 7., Verkündung der Menschenrechte *George Washington* erster Präsident der USA (bis 1797) Aufst. i. d. österr. Niederl. Ostelbische Bauern bleiben nach Aufstand erbuntertänig	*Goethe:* „Torquato Tasso" (Schauspiel), „Goethes Schriften" (8 Bde. seit 1787) *Joh. Henr. Kellgren* (* 1751, † 1795): „Die neue Schöpfung" (schwed. Ged. zw. Aufklärung u. Romantik) *J. Paul:* „Auswahl aus des Teufels Papieren" (Satiren) *Schiller:* „Der Geisterseher" (unvoll. Roman), „Die Künstler" (philos. Ged.)	*Bentham:* „Internat. Recht" (engl.) † *Paul Heinrich Dietrich Holbach*, frz. Philosoph des atheistischen Materialismus (* 1723) * *Friedrich List*, dt. Volkswirtschaftler († 1846) *Schillers* Antrittsvorlesung in Jena: „Was heißt und zu welchem Ende studiert man Universalgeschichte"
1790	† Kaiser *Joseph II.*, dt. reformfreudiger Kaiser seit 1765; Sohn *Maria Theresias*; vertrat d. „aufgeklärten Absolutismus" (* 1741). Sein Bruder *Leopold II*. dt. Kaiser (bis 1792 [†]) † *Adam Smith*, engl. Nationalökonom d. Liberalismus (* 1723) † *Benjamin Franklin*, Staatsm. d. USA u. Forscher (* 1706)	*Goethe:* „Römische Elegien", „Faust, ein Fragment" * *Alphonse de Lamartine*, frz. Dichter († 1869) *Karl Phil. Moritz* (* 1756, † 1793): „Anton Reiser, ein psycholog. Roman" (selbstbiogr. Roman) *Schiller* heiratet *Charlotte von Lengefeld* (* 1766, † 1826) (der Ehe entst. 2 Söhne u. 2 Töchter); erkrankt schwer	† *Johannes Bernhard Basedow*, dt. Pädagoge (* 1723) *Edm. Burke* (* 1729, † 1797) schreibt gegen d. frz. Revol. * *Friedrich Adolf Wilhelm Diesterweg*, dt. Volksschulpädagoge († 1866) *Kant:* „Kritik der Urteilskraft" (rationalist. Ästhetik) Frankr. verstaatl. Kirchengut u. fordert Verfassungseid der Priester
1791	Frankreich konstitutionelle Monarchie † Graf *Honoré Gabriel Mirabeau*, franz. konstitutioneller Monarchist (* 1749) † *Grigory* Fürst *Potemkin*, russ. Feldherr, Günstling *Katharinas II.* (* 1739) Washington als Hauptstadt der USA gegründet	*J. Boswell:* „Das Leben S. Johnsons" (engl., gilt als klass. Biographie) *Goethe* leitet Weimarer Hoftheater; „Der Großkophta" * *Franz Grillparzer*, österr. Bühnendichter († 1872) * *Theodor Körner*, dt. Dichter († 1813) † *Christian Schubart*, dt. Dichter und Komponist, 1777–1787 auf dem Hohenasperg polit. Gefang. (* 1739) * *Augustin Eugène Scribe*, frz. Theaterdichter († 1861)	*Herder:* „Ideen zur Philosophie der Geschichte der Menschheit" (4 Bde, s. 1784) *Schiller:* „Geschichte des 30jährigen Krieges" † *John Wesley*, engl. Theologe, gründete 1729 Religionsgemeinschaft der Methodisten: „Gnade durch Bußkampf" (* 1703) Provinzial-Kunstschule Breslau gegrdt. (besteht als Akademie bis 1932; vgl. 1911)
1792	Frankr. erkl. Österr. d. Krieg; Preußen unterst. Österreich Sturm auf die Tuilerien. Nationalkonvent erklärt Frankreich zur Republik *Robespierre* erklärt Recht auf Arbeit † *Leopold II.*, dt. Kaiser seit 1790 (* 1747) *Franz II.*, Enkel *Maria Theresias*, dt. Kaiser (b. 1806), Kaiser v. Österreich b. 1835 (†)	*Goethe* b. d. Kanonade von Valmy: „Von hier u. heute geht eine neue Epoche der Weltgeschichte aus" * *Frederick Marryat*, engl. Dichter († 1848) * *Gustav Schwab*, dt. Dichter († 1850) * *Percy Bysshe Shelley*, engl. Dichter der Romantik († 1822)	* *Ferdinand Christian Baur*, dt. ev. Kirchenhistoriker der Tübinger Schule *Fichte:* „Versuch einer Kritik aller Offenbarung" *Mary Wollstonecraft* (* 1759, † 1797): „Die Verteidigung der Rechte der Frau" (engl.)

Klassizismus	Mozart Haydn	Galvani Chemische Großindustrie	
* Carl Gustav Carus, dt. Maler, Arzt und Psychologe († 1869) Gérard: „Joseph u. s. Brüder" (frz. Gem.) * Johann Friedrich Overbeck, dt. romantisch-religiöser Maler, „Nazarener" († 1869) † Johann Heinrich Tischbein (d. Ä.), dt. Rokoko-Maler (* 1722)	Grétry: „Raoul Barbe-Bleue" („Blaubart", frz. Oper) † Franz Xaver Richter, dt. Komponist der „Mannheim. Schule" (* 1709) * Friedrich Silcher, dt. Komponist († 1860)	* Louis Augustin Cauchy, frz. Mathematiker († 1857) Herschel entdeckt 6. und 7. Saturnmond Zerlegung des Wassers in die Gase Wasserstoff und Sauerstoff mit elektrischem Strom durch Trostwijk und Deimann	* August von Goethe, vorehelicher Sohn v. J. W. von Goethe und Ch. Vulpius († 1830) Graf Rumford: Englischer Garten in München Pariser Ztg. „Journal des Débats" gegr. ≈ Leibesübungen als Schulfach am „Philanthropinum" in Dessau (vgl. 1794)
† Charles Nicolas Cochin d. J., frz. Graphiker (* 1715) Karl v. Gontard (* 1731, † 1791): Marmorpalais Potsdam (s. 1788)	Mozart: „Cosi fan tutte" (Oper), „Krönungskonzert" f. Klavier D-dur (schrieb 25 Klavierkonzerte)	Goethe: „Die Metamorphose der Pflanzen" (Blatt als Urorgan) Grdg. d. Patentamt. d. USA (1836—1860 rund 36 000 bis 1890 685 000 „ 1935 „ 1,95 Mill. Patente) Erstes Walzwerk mit Dampfkraft in England	Ausgabe frz. Papiergeldes (Assignaten, führt zur Inflation) 1. dt. Gewerbeausstellung in Hamburg ~ Kurzgeschorener Tituskopf ersetzt Zopf und Igelfrisur ~ Frack m. Halstuch in der Männermode Stadt Washington (USA) gegründet
* Théodore Géricault, frz. Maler († 1824) C. G. Langhans baut Brandenburger Tor in Berlin (seit 1788) Schadow: Grabmal des Grafen v. d. Mark (Dorotheenkirche Berlin) Chines. Turm i. Engl. Garten München Karl Fasch (* 1736, † 1800) gründet Berliner Singakademie	Haydn: „Symphonie m. d. Paukenschlag" * Giacomo Meyerbeer, dt. Komp. († 1864) Mozart: „Titus" (Oper), „Die Zauberflöte" (Oper mit dt. Text v. Schikaneder) u. „Requiem" (unvollendete Totenmesse) † Wolfgang Amadeus Mozart, österr. Komp., wegen Armut im Massengrab beigesetzt (* 1756)	* Michael Faraday, engl. Physiker († 1867) Luigi Galvani (* 1737, † 1798): „Über d. elektr. Kräfte d. Muskelbewegung" (begrdt., ausg. v. s. Froschschenkelvers. Bau elektr. Elem. u. Verwend. „Galvanischer" Ströme) Goethe: „Beitr. z. Optik" Sodafabrikation von Nicolas Leblanc (* 1742, † 1806). Beginn der chemischen Großindustrie	≈ Durchschnittl. jährl. brit. Kohleproduktion i. Mill. t: 1555 0,21; 1685 2,98; 1791 10,2; 1905 242. ≈ Damenmode: Igelfrisuren mit hohen Hauben, Reifrock m. Cul de Paris ~ Zylinder („Quäkerhut") kommt aus den USA nach Europa
† Robert Adam, schott. Baumeister des Klassizismus (* 1728) * Friedrich Gärtner, dt. Baumeister († 1847) B. Neumann: Abteikirche Neresheim (beg. 1745) † Sir Joshua Reynolds, engl. Bildnismaler und Schriftsteller (* 1723) Kunstverein i. Nürnbg.	Domenico Cimarosa (* 1749, † 1801): „Die heimliche Ehe" (ital. Buffo-Oper) Haydn wird Beethovens Lehrer * Gioacchino Rossini, ital. Komp. († 1868) La Marseillaise (Revolutionslied)	Claude Chappe (* 1763, † 1805): Optischer Telegraf Steinkohlengasbeleuchtung von Murdock J. B. Richter (* 1762, † 1807) mißt mit hoher Genauigkeit chem. Äquivalentgewichte Gründung der ersten chem. Gesellschaft d. Welt in Philadelphia (USA)	Zivilehe in Frankr. Dollar Münzeinheit in den USA Heiratsanzeige im „Hamburgischen Correspondenten" ~ Beg. d. Schafzucht i. Australien (Zahl wächst bis 1971 auf 179 Mill.)

	Französische Revolution	Goethe und Schiller Jean Paul	Kant Fichte
1793	Terror d. frz. Konvents (bis 1794); es werd.u. a. guillotiniert: † *Ludwig XVI.*, Kg. v. Frkr. 1774—92 (* 1754), † *Marie Antoinette*, seine Gemahl. (* 1755); † *Gräfin Dubarry* (* 1743) Girondisten unterliegen den Jakobinern. Aufhebung der Schuldhaft, staatl. Höchstpreise; Brotkarten in Paris *Jean Paul Marat*, franz. Jakobiner, im Bad erstochen (* 1744) Engld., Holland u. Spanien unterstützen Preußen und Österreich gegen Frankreich Zweite Teilung Polens zw. Preußen und Rußland Odessa gegründet	† *Carlo Goldoni*, ital. Lustspieldichter, schrieb ca. 200 Komödien (* 1707) *J. Paul:* „Leben d. vergnügten Schulmeisterlein Maria Wuz" (in „Die unsichtbare Loge") *Marquis de Sade* (* 1740, † 1814): „La philosophie dans le boudoir" (frz. Roman; 2 Bde.; danach „Sadismus") ~ *Sara Siddons* (* 1755, † 1831) als Tragödin in London *Voß* beendet *Homer*-Übersetzung: „Odyssee" und „Ilias" (seit 1781)	*Bentham:* Hdb. der polit. Ökonomie" (engl. Utilitarismus) *Herder:* „Briefe zur Beförderung d. Humanität" (10 Teile bis 1797) *Kant:* „Religion innerhalb der Grenzen der bloßen Vernunft" *Schiller:* „Über Anmut und Würde" (über Einklang von Trieb und Willen in der „Schönen Seele"), „Über das Erhabene" Letzte Hexenverbrennung in Europa (in Posen. Vgl. 1749, 1782)
1794	Der Jakobiner *Maximilian Robespierre* (* 1758) wird gestürzt u. hingerichtet, nachd. er *Georges Danton* (* 1759) hat hinrichten lassen *Tadeusz Kosciuszko* (* 1746, † 1817), poln. Feldherr, Adjutant *Washingtons* von 1778—1783, unterliegt im Widerstand gegen die Teilung Polens den Russen Preuß. Allgemeines Landrecht von *Karl Gottlieb Svarez* (* 1746, † 1798) in Kraft † *Friedrich Wilhelm von Steuben*, dt. General unter *Washington* im Unabhängigkeitskrieg der USA (* 1730)	† *Gottfried August Bürger*, dt. Dichter (* 1747) † *André Chénier* (hingerichtet), franz. antirevolutionärer Dichter; gilt als der größte frz. Lyriker des Jhs. (* 1762) † *Ramon de la Cruz*, span. Bühnendichter (* 1731) *Goethe:* „Reineke Fuchs" (Versepos in Hexametern) Beginn der Freundschaft Goethes mit *Schiller*: Unterhaltung über d. Urpflanze *Nicolas-Edme Rétif de la Bretonne* (* 1734, † 1806): „Monsieur Nicolas" (frz. erotische Autobiographie)	† *Antoine Condorcet* (im Gefängnis), frz. Philosoph u. Mathematiker, Girondist; glaubte an den unbegrenzten sozialen Fortschritt (* 1743) *Fichte:* „Grundlage der gesamten Wissenschaftslehre" (Ich-bezogene, idealistische Philosophie) 1. Techn. Hochschule u. techn. Museum (i. Paris) *Herder:* „Von der Auferstehung als Glaube, Geschichte und Lehre" *Robespierre* führt „Kult des höchsten Wesens" als Vernunftreligion ein
1795	Neue frz. Verfassung setzt Direktorium ein Baseler Friede zwischen Preußen und Frankreich. Holland tritt auf Seiten der franz. Revolutionstruppen Dritte Teilung Polens zwischen Österreich (Galizien), Preußen (Westpreußen, Wartheland, Warschau), Rußland * *Friedrich Wilhelm IV.*, Kg. v. Preußen v. 1840—1861 (†) England erobert Ceylon von d. Niederlanden	† *Carl Michael Bellman*, schwed. Dichter von Trink- und Liebesliedern (* 1740) *Goethe:* „Wilhelm Meisters Lehrjahre" (b. 1796; Entwicklungsroman) *Novalis* verlobt sich mit *Sophie Kühn* (* 1782, † 1797) *J. Paul:* „Hesperus oder 45 Hundspostage" *Schiller:* „Über naive und sentimentalische Dichtung" *Voß:* „Luise" (idyll. Epos) Schauspielhaus in Potsdam	* *Thomas Carlyle*, engl. Historiker († 1881) *Kant:* „Zum ewigen Frieden" * *Leopold von Ranke*, dt. Historiker († 1886) *Schiller:* „Briefe über die ästhetische Erziehung des Menschen" *Friedrich Wolf* begr.neuzeitl. *Homer*-Forschung mit „Prolegomena ad Homerum"

Klassizismus Schadow	Haydn Beethoven	Metermaßsystem † Lavoisier	
Canova: „Amor und Psyche" (ital. klassizist. Plastik) *J. L. David:* „Der ermordete Marat" (frz. Gem.; *D.* ist führender revolut. Künstler) ~ *Graff:* „Die Tänzerin Mara" (Gem.) † *Francesco Guardi,* ital. Maler Venedigs (* 1712) * *F. Waldmüller,* öst. Landschafts- u. Genre-Maler († 1865)		† *Charles Bonnet,* frz. Philosoph und Naturforscher (entdeckte Parthenogenese der Blattläuse u. Regenerationsfähigkeit verschiedener Tiere; Sensualist, vertrat Unsterblichkeit d. Seele; * 1720) * *N. Iwanowitsch Lobatschewskij,* russ. Mathematiker († 1856) *Christian Conr. Sprengel* (* 1750, † 1816): „Das entdeckte Geheimnis der Natur im Bau und in der Befruchtung d. Blumen" (Entd. d. Insektenbestäubung) Baumwollentkerner von *Eli Whitney*	Erfolglose brit. u. (1794) holl. Handelsgesandtschaft a. chin. Kaiserhof *J. Chr. Guts Muths:* „Gymnastik f. d. Jugend" *Lichtenberg:* „Warum hat Deutschl. noch kein großes öffentl. Seebad?" 1. dt. Ostseeb. Heiligendamm/Doberan eröffnet (Travemünde 1802) ~ Hosenträger in Frankreich
* *Karl Begas,* Berliner Maler († 1854) *J. H. Dannecker:* Schillerbüste (Weimar) *David:* Selbstporträt (frz.) *Schadow:* Viktoria mit Viergespann (f. das Brandenburger Tor Berlin) * *Julius Schnorr v. Carolsfeld,* dt. Maler († 1872)	*Haydn:* „Militär-Symphonie"	~ *Joh. Fr. Blumenbach* (* 1752, † 1840) unterscheid. mehrere Wurzeln der Menschheit, entsprech. d. verschied. Rassen (gilt als Begrdg. d. modern. Anthropologie; steht i. Gegens. z. bibl. Darstellung) *Gadolin* entd. erste „seltene Erden" (*Berzelius* 1803 weitere) † *Anton Laurent Lavoisier* (unt. d. Guillotine), frz: Begrd. d. mod. Chemie (* 1743) 1. Technische Hochschule (i. Paris)	~ Bis auf die Füße reichende lange Hosen (Pantalons) i. d. Männermode *Gerhard Ulrich Anton Vieth* (* 1736, † 1836): „Versuch einer Enzyklopädie der Leibesübung." (b. 1818; tritt als Lehrer in Dessau mit als erster für Leibesübungen i. d. Schule ein)
* *Charles Barry,* engl. Baumeister († 1860) *Asmus Jakob Carstens* (* 1754, † 1798): „Die Nacht mit ihren Kindern" (klassizistisches Gemälde) † *Okyo,* Gründer der Maruyama-Schule, japan. Maler von Tieren und Pflanzen (* 1733) *Schadow:* Prinzess. Luise u. Friederike von Preußen (klassizist. Marmorgruppe)	*Beethoven:* Drei Klavier-Trios (op. 1), Klavierkonzerte C- und B-dur *Haydn* beendet zwölf London. Symphonien (seit 1791) * *Heinrich Marschner,* dtsch. Komponist († 1861)	Hydraul. Presse v. *Bramah* *J. S. T. Gehler:* „Physikalisches Wörterbuch" (5 Bde. seit 1787; 1822–45 auf 11 Bde. erweitert) Niger-Expedition von *Mungo Park* (* 1771, † 1806); Beginn der Erforschung d. Inn. Afrikas Einführung des Metermaßsystems in Frankreich Erste Pferdeeisenbahn in England	Engl. Armengesetz; rechnet Unterstützung auf d. Lohn an ~ „Antike" Frisuren

	Revolutionskriege	Goethe u. Schiller Tieck	Pestalozzi Fichte
1796	Kommunist. „Verschwörung der Gleichen" in Frankr. unter *François Babeuf* (* 1760, hingerichtet 1797) † *Katharina II. (d. Gr.)*, Zarin von Rußland seit 1762 (* 1729); ihr Sohn *Paul I.* Zar bis 1801 († , * 1754) † *Kau-tsung*, Kais. v. China s. 1736; erreichte Höhep. d. *Mandschu*-Dyn.; es folgt *Kiaking* bis 1820 Spanien tritt auf seiten des revolutionären Frankreich *Bonapartes* Feldzug in Italien	† *Robert Burns*, schottischer Lyriker (* 1759) * *Karl Immermann*, dt. Dichter († 1840) *Jean Paul*: „Blumen-, Frucht- und Dornenstücke oder Ehestand, Tod und Hochzeit des Armenadvokaten Siebenkäs" (Roman) * *August Graf von Platen*, dt. Dichter († 1835) *L. Tieck*: „William Lovell" (Roman des „Weltschmerzes", s. 1793),	*Fichte*: „Grundlage des Naturrechts und Prinzipien der Wissenschaftslehre" † *Thomas Reid*, schott. Philosoph des „common sense" (* 1710) *Salzmann*: „Konrad Kiefer oder Anweisung zu einer vernünftigen Erziehung d. Kinder" *Schiller*: „Horen" (Ztschr. 1795/97)
1797	*Talleyrand* frz. Außenminister bis 1807 Friede zu Campoformio: Frankreich erhält Lombardei und Belgien von Österreich, das ihm auch Rheingrenze zugesteht; Venedig an Österreich * *Adolphe Thiers*, frz. Staatsmann u. Historiker († 1877) † *Friedrich Wilhelm II.*, König von Preußen seit 1786 (*1744). Sein Sohn *Friedrich Wilhelm III.* preuß. König (bis 1840 [†]); s. 1793 m. *Luise* v. Meckl.-Strel. verh. * *Wilhelm I.*, König v. Preußen u. dt. Kaiser († 1888)	* *Annette* Freiin *von Droste-Hülshoff* († 1848) * *Jeremias Gotthelf*, Schweiz. Dichter († 1854) *Goethe*: „Hermann und Dorothea" (in Hexametern) *Goethe* u. *Schiller*: „Xenien" (liter.-polem. Distichen im „Musenalmanach" 1797) *Goethes* 3. Schweiz. Reise * *Heinrich Heine*, dt. Dichter († 1856) *Schiller*: „Der Taucher" („Balladen-Jahr") *L. Tieck*: „Der gestiefelte Kater" i. d. „Volksmärchen" (3 Bde.) * *Alfred Graf de Vigny*, franz. lyr. Dichter († 1863)	*Kant*: „Metaphysik der Sitten" *Pestalozzi*: „Meine Nachforschungen über den Gang d. Natur i. d. Entwicklung des Menschengeschlechts" (schweiz. Philosophie) *Schelling*: „Ideen zu einer Philosophie der Natur" *Wilh. Heinr. Wackenroder* (* 1773, † 1798) u. *L. Tieck*: „Herzensergießungen eines kunstliebenden Klosterbruders" (romant.-relig. Kunstbetrachtungen) Papst verzichtet auf Avignon, Bologna, Ferrara, die Romagna
1798	Krieg d. Koalition England, Österreich, Rußland, Türkei, Neapel, Kirchenstaat gegen Frankreich (bis 1801) Seeschlacht bei Abukir: Engl. Admiral *Nelson* besiegt franz. Flotte *Bonaparte* in Ägypten Bund der Eidgenossen wird „Helvetische Republik" Röm. Republik gegründet † *August Stanislaus II.*, letzter polnischer König 1764 bis 1795, Geliebter *Katharinas II.* (* 1732)	* *Willibald Alexis* (eigentlich *Häring*) († 1871) *Samuel Taylor Coleridge* (* 1772, † 1834) u. *William Wordsworth* (* 1770, † 1850): „Lyrische Balladen" (leiten engl. Romantik ein) * *August Heinrich Hoffmann von Fallersleben*, dt. Dichter und Philologe († 1874) * *Adam B. Mickiewicz*, poln. Dichter († 1855) ~ *Schiller*: „Die Bürgschaft" (und andere Balladen) *Tieck*: „Franz Sternbalds Wanderungen" (Roman) Gebr. *Schlegel*: „Athenäum"	* *Auguste Comte*, frz. Philosoph u. Soziologe († 1857) *Fichte*: „Das System der Sittenlehre nach Prinzipien der Wissenschaftslehre" *J. G. Herder*: „Vom Geist des Christentums" *Malthus* fordert Geburtenbeschränkung gegen Übervölkerung Papst (s. 1775) *Pius VI.* Gefangener der Franzosen *Schelling*: „Von der Weltseele" Freimaurer-Großloge von Preußen „Royal York zur Freundschaft"

Goya Klassizismus	Haydn Beethoven	Laplace Pockenimpfung	
* *Camille Corot*, frz. Maler († 1875) *Goya:* Bildnis eines Mannes (span. Gem.) † *Franz Anton Maulbertsch* (auch *Maulpertsch*), österr. Freskenmaler d. Hochbarock (* 1724)	* *Carl Gottfried Loewe*, dt. Balladenkomponist († 1869)	*Cuvier* begrdt. am Mammut Wirbeltier-Paläontologie *Christoph Wilhelm Hufeland:* „Makrobiotik oder die Kunst, sein Leben zu verlängern" Einführ. d. Pockenschutzimpfung durch *Edward Jenner* (* 1749, † 1823) (ab 1806 i. d. Schweiz gesetzl.) *Laplace:* „Entstehung d. Planetensystems (franz.) Ungesinterter Romanzement von *Parker*	Bevölkerung Chinas ca. 275 Mill. 1500 ca. 50 Mill. 1650 ca. 100 Mill. 1951 463,5 Mill. *Guts Muths:* „Spiele zur Übung und Erholung des Körpers u. des Geistes"
Dannecker: Selbstbildnis (Büste) ~ *Gérard:* „Amor küßt Psyche" (frz. Gem.) * *Ando Hiroshige*, japan. Maler und Holzschnittmeister († 1858)	* *Gaetano Donizetti*, ital. Komponist († 1848) *Haydn:* „Kaiser-Quartett" (Streichquartett mit der Melodie des „Deutschlandliedes") * *Franz Schubert*, österr. Komponist († 1828)	~ *Christoph Wilhelm Hufeland* (* 1762, † 1836) ist der Arzt *Goethes, Schillers, Wielands, Herders* Steindruckverfahren (Lithographie) von *Aloys Senefelder* (* 1771, † 1834) *William Smith* (* 1769, † 1839) best. die Reihenfolge d. Erdschichten aus vorwiegenden typischen „Leitfossilien" (begrdt. relative geologische Zeitskala)	Unter *Friedrich Wilhelm III.* v. Preußen verschärft sich wieder Zensur über das Zensur-Edikt von 1788 hinaus Geldentwertung (Assignaten) in Frankreich Massenspeisung in München m. „Rumford"-Suppe (1800 auch in Berlin) Letzter Bär in Dtl. erlegt (Fichtelgeb.) Engl. Agrarprod. bleibt hinter d. Bevölkerungszunahme (11% s. 1750) zurück
* *Karl Blechen*, dt. Landschaftsmaler († 1840) * *Eugène Delacroix*, frz. Maler und Graphiker der Romantik († 1863) *Goya:* „Caprichos" (Einfälle, spanische Radierung s. 1793) * *Heinrich Heß*, dt. Kirchenmaler, Nazarener († 1863) * *Carl Rottmann*, dt. Maler († 1850) Schloß Wilhelmshöhe b. Kassel (1786 beg.)	*Haydn:* „Die Schöpfung" (Oratorium)	*Brandes* und *Benzenberg:* 1. wiss. Meteorbeobachtungen *Cavendish* mißt direkt Gravitationskraft u. berechnet Erddichte † *Johann Reinhold Forster*, dt. Naturforscher, Teilnehmer der Weltumseglung *Cooks* 1772–75, erkannte Australien als Erdteil (* 1729) Darstellende Geometrie von *Gaspard Monge* (* 1746, † 1818) *Trevithick:* 1. Hochdruck-Dampfmaschine	† *Giacomo Girolamo Casanova*, ital. Abenteurer, schrieb Erinnerungen (* 1725) *Guts Muths:* „Kleines Lehrbuch der Schwimmkunst zum Selbstunterricht" Erste Serienfertigung mit einzeln hergestellten austauschbaren Teilen durch *E. Whitney* (Gewehre) Engl. verwirklicht erstmalig Einkommensteuer

	Aufstieg Napoleons	*Goethe u. Schiller* *Novalis*	*Schleiermacher* *Herder*
1799	2. Koalitionskrieg gegen Frankr., Preußen neutral *Napoleon Bonaparte* stürzt Direktorium und wird erster Konsul (zunächst f. 10 Jahre d. Abstimmung bestimmt) *Fouché* frz. Polizeiminister bis 1802, 1804—10 Anti-Gewerkschaftsgesetz i. England (1800 verschärft; kennz. Anf. d. modernen Arbeiterbewegung) † *George Washington*, erster Präsident der USA von 1789—1797 (* 1732)	* *Honoré de Balzac*, frz. Dichter († 1850) *Hölderlin*: „Hyperion oder der Eremit in Griechenland" (Briefroman) † *Georg Christoph Lichtenberg*, dt. Schriftsteller, Aphoristiker u. Physiker (* 1742) * *Alexander Sergejewitsch Puschkin*, russ. Dichter († 1837) *Schiller* siedelt i. d. Weimar *Goethes* über	*Fichte*: „Über den Grund unseres Glaubens an eine göttl. Weltregierung" (weg. „Atheismus" in Jena abges.) *Herder*: „Metakritik zur Kritik der reinen Vernunft" (gegen *Kant*) *Schelling*: „Erster Entwurf eines Systems der Naturphilosophie" *Schleiermacher*: „Über die Religion. Reden an die Gebildeten unter ihren Verächtern" (Religion ist „Sinn für das Unendliche")
1800	Errichtung des „Vereinigten Königreichs Großbritannien und Irland" England besetzt Malta * *Th. Babington Macaulay*, engl. Politiker u. Historiker († 1859) Franzosen schlagen Österreicher bei Marengo Gründung der Bank von Frankreich * *Helmuth v. Moltke*, preuß. Feldherr († 1891) Ständige Siedlung i. Ottawa	*Novalis* (n. d. Tode seiner Braut): „Hymnen an die Nacht" (rhythm. Prosa) *Schiller*: „Das Lied von der Glocke" (Sinngedicht), „Maria Stuart" (Schauspiel), „Wallenstein" (Trilogie, s. 1796; Entwurf 1791) *de Staël* „Über die Literatur" *L. Tieck*: „Leben u. Tod d. hl. Genoveva" (Schauspiel) Starke Ausbreitg. der Liebhaber-Theater in Rußland mit Leibeigenen	*Fichte*: „Die Bestimmung des Menschen", „Der geschlossene Handelsstaat" Papst *Pius VII.* bis 1823 *Schelling*: „System des transcendentalen Idealismus" *Schleiermacher*: „Monologe" (theolog. Schriften) ~ Bürgerschule entsteht (später Realschule)
1801	Friede zu Lunéville zwischen Österreich und Frankreich: Frankreich erhält linkes Rheinufer und Vorherrschaft in Italien. Rheinpfalz von Bayern an Österreich Seeschlacht bei Kopenhagen: *Nelson* besiegt Dänemark England erzwingt Ablösung der frz. Herrschaft durch türkischen Statthalter (Khedive) in Ägypten † *Paul I.* (erm.), Zar s. 1796 (* 1754). *Alexander I.* Zar von Rußland (bis 1825 [†]) *Thomas Jefferson* Präsident der USA (bis 1809)	* *Christian Dietrich Grabbe*, dt. Bühnendichter († 1836) *Herder*: „Adrastea" (liter. Zeitschrift gegen *Schiller* u. *Goethe*) *Kotzebue*: „Das merkwürdigste Jahr mein. Lebens" (1803: „Die deutsch. Kleinstädter", Lustspiel) * *Johann Nestroy*, österr. Possendichter, Bühnenleiter, Komiker († 1862) † *Novalis (Friedrich Freiherr von Hardenberg)*, dt. Dichter der Romantik (* 1772) *Schiller*: „Die Jungfrau von Orleans" (Drama) *Dorothea Schlegel*: „Florentin" (unvoll. Roman) *A. W. Schlegel*: Übersetzg. der *Shakespeare*-Dramen (8 Bde. seit 1797; 9. 1810) (vgl. 1833)	* *Gustav Theodor Fechner*, dt. Philosoph († 1887) *P. J. Anselm v. Feuerbach* (* 1775, † 1833) begr. Abschreckungstheorie d. Strafrechtslehre *Gottfried Hermann* (* 1772, † 1848) begrdt. als Haupt d. „Wortphilologen" wiss. Behandlung der griech. Grammatik (vgl. 1825) *Napoleon Bonaparte* schließt Konkordat; Papst *Pius VII.* erneuert im Einvern. mit *Napoleon* den Kirchenstaat *Pestalozzi*: „Wie Gertrud ihre Kinder lehrt, ein Versuch, den Müttern Anleitung zu geben, ihre Kinder selbst zu unterrichten" (schweiz. pädagog. Werk)

Goya *Chodowiecki*	*Beethoven* *Haydn*	*Unsichtbare Strahlen* *Volta*	
David: „Die Sabinerinnen" (frz. klassizist. Gem.) † *Adam Friedrich Öser*, dt. Rokokomaler, war Lehrer *Goethes* in Leipzig (* 1717) ~ *Henry Raeburn* (* 1756, † 1823): „Herrenbildnis" (engl. Gem.; gilt neben *Gainsborough* u. *Reynold* als 3. bedeut. engl. Bildnismaler s. Zeit)	*Beethoven*: 1. Symphonie C-dur † *Barberina Campanini*, ital. Tänzerin, 1744–1748 in Berlin und Potsdam am Hofe *Friedrichs II*. (* 1721) † *Karl Ditters von Dittersdorf*, dt. Komponist (* 1739) Bauakademie Berlin gegründet	*Cuvier* beg. dt. vergleich. Anatomie *Gauß* bew. Fundamentalsatz d. Algebra *A. von Humboldts* Forschungsreisen in Mittel- und Südamerika (bis 1804) *Poggendorf*: „Annalen der Physik" *L. Robert*: Langsieb-Papiermaschine Frankr. grdt. „Ägypt. Institut" in Kairo Kanalverb. Petersburg–Wolga (s. 1731)	1. Dampfmaschine i. Berlin Erste dänische öffentliche gymnastische Anstalt Stark entblößende „griechische" Tracht in der Frauenmode: Geschlitzte Tunika, Sandalen, Kiepenhüte
~ *David*: „Mme. Récamier" (frz. Porträtgem. d. Gegnerin *Napoleons*) † *Friedrich Wilhelm Erdmannsdorf*, dt. Baumeister des Klassizismus, baute Schloß Wörlitz u. Innenräume i. Berliner Schloß u. Sanssouci (* 1736) ~ *Goya*: Bildnis einer Frau (span. Gem.)	*Beethoven*: 3. Klavierkonz. c-moll, Streichquartette op. 18, 1–6; gibt s. 1. öff. Konz. m. Klavierkonzert C, 1. Symph. i. C u. Phantas. *Boieldieu*: „Der Kalif v. Bagdad" (frz. Oper) *Cherubini*: „Der Wasserträger" (frz. Oper) † *Nicola Piccini*, ital. Komponist vertrat Buffostil gegen *Gluck* (* 1728)	*O. Evans*: Hochdruck-Dampfmaschine mit Kondensation *Herschel* entd. ultraroten Teil d. Sonnenspektrums („Wärmestrahlen") *H. Maudslay*: Support-Drehbank (seit 1794) Erstes elektrisches Element v. *Alessandro Volta* (* 1745, † 1827) (gestattet Verwdg. größerer Ströme) Wasserzerlegung in Knallgas durch galv. Strom (Entd. d. Elektrolyse)	Gefrorenes Mammut i. Sibirien gefunden (vgl. 1901)  *Owen* führt in seiner Baumwollspinnerei soz. Reformen durch London und Tokio Mill.-Städte, Paris 550 000 Einw. (1931: 2,8 Mill.)
† *Daniel Chodowiecki*, dt. Maler u. Graphiker; schuf üb. 2000 Zeichn., üb. 2000 Radierung. f. d. Illustrierung v. Werken *Lessings, Goethes, Schillers* u. a. (* 1726) Lord *Thomas Elgin* erwirbt Bildschmuck v. Parthenon d. Athener Akropolis u. bringt ihn nach London (1816 v. Staat angekauft u. i. Brit. Mus. ausgestellt) *Goya*: „Die nackte Maja", „Die bekleidete Maja" (span. Gem.) † *Martin Johann Schmidt* („*Kremser - Schmidt*"), spätbarock. Freskenmal. i. Österr. (* 1718) *Turner*: „Die Furt" (engl. Gem.)	*Beethoven*: „Die Geschöpfe des Prometheus" (Ballettmusik) *Haydn*: „Die Jahreszeiten" (Oratorium) * *Albert Lortzing*, dt. Komponist († 1851)	*Gauß* veröff. grundleg. Werk f. d. moderne Zahlentheorie „Disquisitiones Arithmeticae" * *Joh. Müller*, dt. Physiologe († 1858) Entdeckung des ersten Planetoiden „Ceres" durch *G. Piazzi* (* 1746, † 1821) Entdeckung der ultravioletten Strahlen durch *J. W. Ritter* (* 1776, † 1810) *Thomas Young* (* 1773, † 1829) erklärt Lichtbeugung u. Auslöschung d. Aufstellung d. Interferenzprinzips f. longitudinale (Längs-)Wellen (verbessert es 1817 durch Annahme von transversalen [Quer-]Wellen)	New York ca. 60 000 Einw. (1931: 7,4 Mill.) Briefpost in Berlin Ersteigung des Großglockners (vgl. 1804, 1820) 1. dt. Zuckerrübenfabrik von *Achard* *Victoria regia* („Königin der Nacht") im Amazonasgebiet entdeckt.

	Aufstieg Napoleons *Nelson*	*Goethe u. Schiller* *Novalis*	*Pestalozzi* † *Kant*
1802	Napoleon Bonaparte wird lebenslänglicher Konsul. Im Frieden zu Amiens gibt England Frankreich Kolonien zurück; Ceylon jedoch wird brit. Besitz * *Lajos v. Kossuth,* liberaler Vorkämpfer für Ungarns Unabhängigkeit († 1894)	* *Alexandre Dumas* (Vater), franz. Dichter († 1870) * *Wilhelm Hauff* († 1827) *Hölderlin* geisteskr. († 1843) * *Victor Hugo* († 1885) * *Nikolaus Lenau (von Strehlenau),* dt. Dichter († 1850) *Novalis:* „Heinr. v. Ofterdingen" (Romanfragm. mit d. Symbol der Romantik, der „Blauen Blume", posthum) *de Staël:* „Delphine" (frz. Roman, vert. außereheliche Liebe)	*Chateaubriand:* „Der Geist des Christentums" (frz. Philosophie gegen Aufklärung) Entzifferung der babylonischen Keilschrift durch *Georg Friedrich Grotefend* (* 1775, † 1853) Zar grdt. dt.-protest. Univ. Dorpat; erster Kurator *Fr. Max v. Klinger* *Schelling:* „Bruno oder über das natürliche und göttliche Prinzip d. Dinge" (Philosophie der Identität von Natur und Geist)
1803	Seekriege zw. Großbritannien u. Frankreich (bis 1814) USA kaufen westliches Louisiana von Frankreich Reichsdeput.-Hauptschluß: Entschädig. der dt. Fürsten für linksrhein. Gebietsverl. im Frieden von Lunéville * *Albrecht* Graf *von Roon,* pr. Kriegsmin. († 1879)	† *V. Alfieri,* it. Dicht. (* 1749) *Johannes Daniel Falk* (* 1768, † 1826): „O du fröhliche…" † *J. W. Gleim,* dt. Dichter (* 1719) *Hebel:* „Aleman. Gedichte" † *Fried. Gottl. Klopstock,* dt. Dicht. d. Vorklass. (* 1724) *J. Paul:* „Titan" (Roman) *Schiller:* „Die Braut von Messina" (Schauspiel)	* *Ralph Waldo Emerson,* transzendentaler Philosoph der USA († 1882) † *Johann G. Herder,* dt. Philosoph und Dichter (* 1744) *Schelling* verl. m. Frau *Karol. Schlegel* Jena Säkularisierung geistlichen Besitzes durch den Reichsdeputations-Hauptschluß
1804	*Bonaparte,* als *Napoleon I.* erbl. frz. Kaiser (bis 1814) *Bernadotte* wird frz. Marsch. *Franz II.* als *Franz I.* österr. Kaiser (bis 1835 [†]) *Hardenberg* pr. Außenmin. (bis 1806) *Frhr. vom Stein* i. d. pr. Reg. (bis 1808) * *Benjamin Disraeli* (Lord *Beaconsfield*), engl. konserv. Staatsmann († 1881) † *Alexander Hamilton* (im Duell), 1789–95 Finanzminister d. USA; trieb Politik d. starken Bundesgewalt und der Schutzzölle (* 1757)	*Goethe* wird Geheimrat * *Eduard Mörike,* dt. Dichter († 1875) *J. Paul:* „Flegeljahre" (Rom.) * *George Sand,* frz. Dichterin († 1876) *Schiller:* „Wilhelm Tell" (Schauspiel); reist n. Berlin *Dorothea Schlegel* (* 1763, † 1839), Tochter von *Moses Mendelssohn,* Gattin *Friedrich Schlegels:* „Sammlung romantischer Dichtungen des Mittelalters" Reisen v. *A. W. Schlegel* u. Frau *von Staël* nach Frankr., Ital., Österr., Rußl., Schwed.	Gründung der Brit. und der Baseler Bibelgesellschaft * *Ludwig Feuerbach,* dtsch. materialistischer Philosoph († 1872) † *Immanuel Kant,* dt. Aufklärungsphilosoph (* 1724) *Jean Paul:* „Vorschule der Ästhetik" (mit ein. Theorie des Komischen) *Pestalozzi* grdt. Erziehungs- u. Lehrerbildungsanstalt in Yverdon (1825 aufgel.) Württbg. Harmonisten gründen unter Georg Rapp (* 1770, † 1847) Siedlg. Harmony b. Pittsburg (USA) mit Gütergemeinschaft, Ehelosigkeit
1805	Bündnis England, Rußland, Österreich gegen *Napoleon I.* (3. Koalition) Schlacht b. Austerlitz: *Napoleon I.* besiegt Österr. u. Rußl. Schlacht b. Trafalgar: engl. Admiral *Nelson* (†, * 1758) besiegt franz.-span. Flotte	* *Hans Christian Andersen,* dän. Dichter († 1875) *Herder:* „Der Cid" (Romanzenfolge a. d. Spanischen) † *Friedrich von Schiller,* dt. Dichter u. Denker (* 1759) * *Adalbert Stifter,* österr. Dichter und Maler († 1868)	*Joseph Lancaster* (* 1778, † 1838) grdt. Lehrerbildgs.-anstalt f. seine 1798 gegr. unentgeltl. Grundschulen nach d. Monitoren-System *Pestalozzi*-Schule in Yverdun/Schweiz (1799 *P.*-Schule in Burgdorf)

Klassizismus Runge	Beethoven Klassik	Berzelius A. v. Humboldt	
Canova: „Napoleon Bonaparte" (Büste) *Gérard:* Mme. Récamier (frz. Porträt) † *George Romney*, engl. Maler gefälliger Bildnisse; bes. Lady Hamiltons, der Geliebten Nelsons (* 1734) *Runge:* „Triumph des Amors" (Gem.) * *Ludw. v. Schwanthaler*, süddt. Bildh. († 1848) ~ Klassizist. Empirestil unter *Napoleon*	*Beethoven:* 2. Symphonie D-dur *Beethoven* schreibt das „Heiligenstädter Testament" *Joh. Nikolaus Forkel* (* 1749, † 1818): „Über Joh. Seb. Bachs Leben, Kunst und Kunstwerke"	*A. v. Humboldt* besteigt während s. Forschungsreise i. Süd- u. Mittelamerika (1799–1804) d. Chimborasso bis 5400 m i. Ekuador (Gipfel 6310 m)	*Napoleon* stiftet Orden d. Ehrenlegion Lohnstreik d. Schiffsbauer i. London (bis z. Jahrhundertmitte sind Streiks in Engl. meist erfolglos) Versuch Lehrlingsarbeit in der engl. Textilindustrie auf 12 Std. zu beschränk. Seebad Travemünde eröffnet
* *Alexander Gabriel Decamps*, frz. Maler († 1860) * *Ludwig Richter*, dt. Maler und Zeichner der Romantik († 1884) * *Gottfried Semper*, dt. Baumeister eines Neorenaiss.-Stils († 1879)	~ In der ersten Schaffensperiode *Beethovens* (seit 1793) schrieb er op. 1–50, darunter d. Klaviersonaten c-moll („Pathétique") u. cismoll („Mondschein-Sonate") * *Hector Berlioz*, frz. Komponist († 1869)	*Berzelius* entd. d. Element Cer * *J. Liebig*, Chem. († 1873) *Joh. Wilh. Ritter:* Ladungssäule (Akkumulator) Erste Schienenlok. (für Grubenbahn) von *Richard Trevithick* (* 1771, † 1833) Technische Hochschule Prag gegründet	Engl. „Parlamentsdebatten" werden regelm. veröffentl. N. d. Reichsdeputationshauptschluß gibt es noch 6 Reichsstädte (vgl. 1656)
† *Martin Knoller*, österr. Freskenmaler i. ital. Barockstil (* 1725) *J. A. Koch:* „Heroische Landschaft mit Regenbogen" (klassizistisches Gem.) † *George Morland*, engl. Maler, auch Bilder aus d. Leben städt. Arbeiter (* 1763) *Ph. O. Runge:* „Selbstbildnis mit Frau und Bruder" (Gem.) * *Moritz von Schwind*, süddtsch. romantisch. Maler und Graphiker († 1871)	*Beethoven:* 3. Symph. Es-dur („Eroica", vernichtet die Widmung für *Napoleon*) * *Michail Glinka*, russ. Komponist († 1857) *Joh. Nepomuk Hummel* (* 1778, † 1837), Klaviervirtuose und Komp.; Nachf. *Haydns* b. Fürsten *Esterhazy* * *Johann Strauß* (Vater), österr. Komp. († 1849)	*Oliver Evans:* Probefahrt mit Straßendampfwagen durch Philadelphia (arbeitete seit 1772 daran); Dampfbagger *A. v. Humboldt* begrdte. auf seiner Reise (s. 1799) Pflanzengeographie, vergleichende Klimakunde, Vulkanlehre † *Joseph Priestley*, engl. Chemiker u. Philosoph (materialistische Assoziationspsychologie) (* 1733) *J. B. Richter:* Herstellung reinen Nickels	Gesetzb. „Code civil" (*Napoléon*) in Frankreichs Machtbereich eingeführt Kgl. Eisengießerei in Berlin *A. v. Humboldt* bringt Dahlie nach Berlin Ersteigung des Ortlers durch *Joseph Pichler*
† *Jean Baptiste Greuze*, frz. Maler (* 1725) * *Constantin Guys*, frz. Maler († 1892) * *Christian Morgenstern*, dt. Landschaftsmaler († 1867) *Schinkel* nach Berlin	*Beethoven:* Klavierkonzert G-dur u. Kreutzer-Violinsonate; „Leonore" (Oper, 1814 als „Fidelio") † *Luigi Boccherini*, ital. Komponist v. Streichmusik (* 1743)	Rundsieb-Papiermasch. f. endloses Papier v. *Bramah* * *William Rowan Hamilton*, engl. Mathematik. u. theoretisch. Physiker († 1865) 2. Niger-Exped. von *M. Park* (* 1771, † 1806) *F. W. A. Sertürner* (*1783, † 1841) entd. Morphium	Kgl. genehm. „Börsenreglement" in Berlin (Wertpapierhandel seit 1785) Polizeiagenten als Vorläufer der Kriminalbeamten in London Tunkzündhölzer v. *Chancel*

	Machthöhe Napoleons *Frhr. v. Stein*	„*Des Knaben Wunderhorn*" *Kleist*	*Fichte* *Hegel*
1806	Napoleon I. gegen Rußland und Preußen siegreich in der Schlacht bei Jena und Auerstedt. Blockade gegen Großbritannien: „Kontinentalsperre" (bis 1813) Frankreich errichtet das Königreich Holland England erobert Kapland † *William Pitt* (d. J.) engl. konserv. Premier 1783 bis 1801 (* 1759) † *Charles James Fox*, engl. liberal. Staatsmann, Gegner des jüngeren *Pitt* (* 1749) Dtsch. Fürsten, darunter das neue Kgr. Bayern, vereinigen sich unter *Napoleon I.* im „Rheinbund" gegen Österreich und Preußen *Maximilian I. Joseph* Kg. v. Bayern bis 1825 (†) Kaiser *Franz II.* (s. 1792) legt Kaiserkrone nieder: Ende d. „Heiligen Römischen Reiches Deutscher Nation"	*A. v. Arnim* und *Brentano*: „Des Knaben Wunderhorn" (Sammlung von Volksliedern, 3 Tle. bis 1808) *Goethe* heiratet *Christiane Vulpius* (* 1765, † 1816), seine Geliebte seit 1788 † (durch Freitod) *Karoline v. Günderode*, dt. romant. Dichterin (* 1780) *Kleist*: „Der zerbrochene Krug" (Lustspiel, beg. 1803; aufg. 1808; ersch. 1811) * *Heinrich Laube*, dt. Dichter des „Jungen Deutschland" († 1884) † *Johann Philipp Palm* (erschossen) wegen seiner Flugschrift „Deutschland i. seiner tiefen Erniedrigung" gegen *Napoleon* (* 1766) *Joh. Gottfr. Seume* (* 1763, † 1810): „Mein Sommer 1805" (Bericht aus Rußld.) Erstes gedrucktes bulgarisches Buch	*Jakob Friedrich Fries* (* 1773, † 1843) wird Professor in Jena (schreibt 1807 „Neue Kritik der Vernunft" [3 Bde.] als auf Selbstbeobachtung beruhende Erfahrungswissenschaft) *Valentin Hauy* (* 1745, † 1822) grdt. auf d. Durchreise nach Rußl. erste preuß. Blindenschule in Berlin (grdte. 1784 erste Blindenschule in Paris) *Herbart*: „Allgemeine Pädagogik" (Methodik, die bei Schüler Interesse erwecken will) * *John Stuart Mill*, engl. Philosoph und Volkswirtschaftler († 1873) *C. G. Salzmann*: „Ameisenbüchlein oder Anweisung zu einer vernünftigen Erziehung der Erzieher" *Schleiermacher*: „Die Weihnachtsfeier" (religiöse Betrachtungen)
1807	*Gneisenau* u. *Joach. Nettelbeck* (* 1738, † 1824) verteidigen Kolberg gegen die Franzosen bis zum Friedensschluß Friede zu Tilsit zwischen Frankreich und Rußland, Preußen. *Napoleon* gründet Kgr. Westfalen und Hzgtm. Warschau, besetzt Spanien Aufhebung der Erbuntertänigkeit d. Bauern u. d. Adelsvorrechte in Preußen durch *v. Stein*, der vorübergehend entlassen wird * *Robert Blum*, dt. linksst. Demokrat (erschossen 1848) * *Robert Lee*, nordamerikan. General († 1870) Dänemark verliert nach der Beschießung von Kopenhagen seine Flotte an England	*J. Görres*: „Die deutschen Volksbücher" *Kleist*: „Amphitryon" (Komödie nach *Molière*) † *Sophie La Roche*, geb. *Gutermann*, dt. Dichterin (* 1731) ~ *Karoline Schelling* (* 1763, † 1809, nacheinander verheiratet mit *J. F. W. Böhmer*, *A. W. Schlegel* und *Fr. W. Schelling*): „Briefe aus der Frühromantik" (ersch. 1913) * *Henry Wadsworth Longfellow*, Dichter der USA († 1882) * *Friedrich Theodor Vischer*, dt. Dichter und Philosoph († 1887) *Joseph Schreyvogel* (* 1768, † 1832) gibt Wiener „Sonntagsblatt" heraus (vertritt klassische gegen romant. Kunstauffassung)	*Fichte*: „Reden an die dt. Nation" (gegen *Napoleon*, bis 1808) *Hegel*: „Phänomenologie d. Geistes", (wonach Weltvernunft sich in dialektischen Schritten entwickelt; gilt als Höhepunkt idealist. Philosophie, als Tiefpunkt wissenschaftl.-empirischen Denkens) *Th. Paine*: „Das Zeitalter der Vernunft" (engl. Verteidigung d. demokratischen Republik u. d. allg. Wahlrechts) *J. Paul*: „Levana oder Erziehungslehre" Engl. verbietet Handel mit Negersklaven (Quäker ließen 1751 ihre Sklaven frei); USA verbietet Sklavenhandel zur See (1816 wird frz., 1817 span., 1823 portug. Sklavenhandel aufgehoben)

Klassizismus *Runge*	*Beethoven*	*Berzelius* *Erstes Dampfschiff*	
Dannecker: „Ariadne auf dem Panther" (Plastik, b. 1810) † *Honoré Fragonard*, frz. Rokokomaler (* 1732) *Runge:* „Meine Eltern", „Die Kinder Hülsenbeck", „Ruhe a. d. Flucht", „Selbstbildnis" (Gem.), „Die vier Tageszeiten" (Zyklus von Radierungen) *Thorwaldsen:* „Hebe" (dän. Plastik) † *Kitagawa Utamaro*, jap. Maler, bes. Frauenporträts (* 1753)	*Beethoven:* 4. Symphonie B-dur, Violinkonz. D-dur, *Rasumowsky*-Streichquartette (op. 59, 1—3)	*Berzelius:* „Vorlesungen über Tierchemie" *Joseph Marie Jacquard* (* 1752, † 1834): Webmaschine mit Lochstreifensteuerung *Thomas Andrew Knight* (* 1759, † 1838): Schwerkraft dirigiert Pflanzenwachstum (Geotropismus) *Lewis* und *Clarke* erreichen Stillen Ozean bei der Durchquerung der USA von Ost nach West (s. 1803) *Thaer* begrdt. erste höhere landwirtschaftliche Lehranstalt auf seinem Gut in Möglin (Preußen) „Académie Française" (gegrdt. 1635) mit Schwesterakademien im „Institut de France" vereinigt Salpeterverbrauch in den napoleonischen Kriegen etwa 15 000 t jährlich (1. Weltkrieg 1914—1918 etwa 3 Mill. t jährlich)	Deutschland 29 Mill. Einwohner (1850: 42,8, 1900: 56, 1930: 65 Mill.)
Canova: Die Schwester Napoleons *Paolina Bonaparte* (* 1780, † 1825) als ruhende Venus † *Angelika Kauffmann*, schweiz. Malerin, malte u. a. *Goethe* (* 1741) ~ *Pierre Paul Prud'hon* (* 1758, † 1823): „Entführung Psyches durch Zephir", „Das Verbrechen, von der Gerechtigkeit und der göttlichen Rache verfolgt" (frz. Gem.) ~ *Runge:* „Wir und mein Bruder" (Familienbild)	*Beethoven:* C-dur-Messe, Coriolan-Ouverture *Etienne Nicolas Méhul* (* 1763, † 1817): „Joseph in Ägypten" (frz. Oper)	*Humphry Davy* (* 1778, †1829) entd. durch elektrochemische Zerlegg. (Elektrolyse) die Alkali-Metalle Natrium u. Kalium (1808 die weiteren Elemente Magnesium, Calcium, Strontium, Barium) *Robert Fulton* (* 1765, † 1815) gelingt Dampfschiff-Fahrt auf d. Hudson von New York n. Albany (240 km i. 32 Stund.; gilt als Erf. d. Dampfschiffes) *Thomas A. Knight* (* 1759, † 1838) macht mit selbsterf. Apparaten grundlegende Versuche zur Pflanzenphysiologie Anfänge einer Straßengasbeleuchtung in London (1814 wesentl. erweitert; 1815 i. Paris, 1826 i. Berlin)	~ Schürzenkleid in der Frauenmode

	Nationaler Widerstand gegen Napoleon	*„Faust I."* *Arnim und Brentano*	*Idealismus* *Schelling*
1808	Murat, Schwager Napoleons, Kg. v. Neapel bis 1815 (†) Spanischer Aufstand gegen Napoleon führt mit engl. Hilfe 1813 zur Befreiung Brit. General *Arthur Wellington* (* 1769, † 1852) siegt in Spanien über Napoleon v. Stein: Städteordnung mit Selbstverwaltung; wird auf Veranl. Napoleons entlassen * *Charles Louis Napoleon (III.)*, Neffe Napoleons I., frz. Kaiser 1852-70 († 1873) † Graf *Alexei Orlow*, russ. Aristokrat, erdrosselte 1762 Zar *Peter III*. (* 1737)	Arnim, Brentano, Görres: „Zeitung für Einsiedler" („Trösteinsamkeit" seit 1806) Goethe: „Faust" (1. Tl., s. 1797) Goethes Unterredung mit Napoleon in Erfurt † Katharina Elisabeth Goethe, geb. Textor, Mutter *J. W. v. Goethes* („Frau Aja", * 1731) Kleist: „Penthesilea" (Trauerspiel) Fr. Schlegel: „Von der Sprache und Weisheit der Inder" (begr. altind. Philologie in Deutschland) Fr. Schlegel: „Gedichte"	Herbart: „Allgemeine praktische Philosophie" (Ethik als Lehre von ästhetischer Wertschätzung) Joh. v. Müller (*1752, †1809): „Die Geschichte der schweizerischen Eidgenossenschaft" (s. 1786) Napoleon hebt Inquisition in Frankreich auf (wird 1814 wieder eingeführt) Lorenz Oken (*1779, †1851): „Lehrb. d. Naturphilosophie" (betont d. Entwicklung i. d. organischen Welt) Fr. Schlegel wird mit seiner Frau katholisch * *Johann Hinrich Wichern*, Mitbegründer der dt. ev. Inneren Mission († 1881)
1809	Napoleon I. als Sieger in Wien; Scheidung von *Josephine Beauharnais* (* 1763, † 1814) Aufstand Tirols gegen Franzosen und Bayern. Schlacht am Berg Isel: *Andreas Hofer* siegt über französischen General *Lefebvre* (*1755, †1820; s. 1807 Herzog v. Danzig) Fürst *Metternich*, österr. Außenminister (bis 1848, antiliberal) * *William Ewart Gladstone*, liberaler engl. Premiermin. († 1898) *Karl XIII*. König von Schweden (bis 1818 [†]) Rußland erobert Finnland im Krieg gegen Schweden † *Thomas Jefferson*, Präsident der USA seit 1801 (* 1743) *James Madison* Präsident der USA bis 1817 (*1751, † 1836) * *Abraham Lincoln*, Präsident d. USA von 1860—1865 (†) † *Thomas Paine*, Vorkämpfer f. d. Unabhängigkeit Amerikas (* 1737)	Goethe: „Die Wahlverwandtschaften" (Roman, spiegelt Liebesepisode mit *Minna Herzlieb* 1807—08) ~ Goethe verkennt Kleists literarische Bedeutung * *Nikolai Gogol*, russ. Dichter († 1852) * *Edgar Allan Poe*, Dichter der USA († 1849) * *Alfred Tennyson*, engl. Dichter des victorianischen Bürgertums († 1892) Uhland: „Ich hatt' einen Kameraden" (Soldatenlied)	W. von Humboldt preuß. Unterrichtsminister (eig. Leiter der Kultusabteilung im Innenministerium, bis 1810) * *Pierre Joseph Proudhon*, frz. Sozialist und Anarchist († 1865) Joh. Mich. Sailer (*1751, †1832): „Über Erziehung für Erzieher" (kathol. Pädagoge i. Bayern, ab 1829 Bischof v. Regensburg) Schelling: „Untersuchung über das Wesen der menschlichen Freiheit" (Philosophie d. „transzendentalen Idealismus") Kirchenstaat an Frankreich, Papst *Pius VII*. Gefangener Napoleons (bis 1814) ~ Kunststreit um „Das Kreuz i. Gebirge" v. C. D. Friedrich 1808 Technische Revolution verändert geistige Atmosphäre

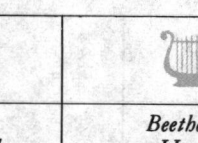 Goya C. D. Friedrich	Beethoven Haydn	Atom-Theorie Lamarck	
* Honoré Daumier, frz. Maler und Graphiker, Karikaturist († 1879) C. D. Friedrich: „Das Kreuz im Gebirge" (Gem.) Ingres: „Badende" (frz. Gemälde) † Carl Gotthard Langhans, dt. Baumeister des Klassizismus (* 1732) Runge: „Der Morgen" (1. Fassung, 2. 1809) * Carl Spitzweg, dt. Maler des Biedermeier († 1885) † Johann Georg Wille, dt. Kupferstecher; stach in Paris Bilder frz. Maler (* 1715)	Beethoven: 5. Symphonie c-moll („Schicksalssymphonie") und 6. Symphonie F-dur („Pastorale") E. T. A. Hoffmann Musikdirektor i. Bamberg (b. 1813)  Goya: „Panik" (span. Gem.)	Chemische Atomtheorie von John Dalton Fonci: Keramik-Kunstzähne A. v. Humboldt: „Ansichten der Natur" Etienne Louis Malus (* 1775, † 1812) entd. Polarisation d. Lichtes durch Spiegelung, wodurch dessen transversaler Wellencharakter bewiesen wird Webb entd. Gangesquellen Beginn größerer Ausgrabungen in Pompeji bis 1815 (zerstört 79 n. Chr.)	Konversationslexikon von Friedr. Arnold Brockhaus (* 1772, † 1823) (1. Aufl. b. 1811, wird auch v. Goethe benutzt; 16. Aufl. 1953 ff.)
C. D. Friedrich: „Landschaft mit Regenbogen", „Mönch am Meer" (romant. Gem.) Goya: „Die Erschießung spanischer Freiheitskämpfer" (span. Gemälde) Overbeck: „Franz Pforr" (Porträtgem.), „Selbstbildnis" Fr. Pforr: „Einzug Rudolfs v. Habsburg in Basel" (Gem.) P. Speeth: Frauengefängnis in Würzburg (klassizist.) Raeburn: „Mrs. Spiers" (engl. Porträtgem.)	Beethoven: Klavierkonzert Nr. 5 Es-dur, Streichquartett Es-dur (op 74) † Joseph Haydn, österr. Komponist; schrieb über 100 Symphonien, über 70 Streichquartette, über 30 Klaviersonaten, 19 Opern, 15 Messen, 2 Oratorien u. a.; begr. „Wiener Klassik" (* 1732) * Felix Mendelssohn-Bartholdy, dt. Komponist († 1847), Enkel von Moses Mendelssohn Zelter grdt. i. Berlin 1. „Liedertafel" (Vereinig. dichtend. u. kompon. Musikfreunde)	* Charles Darwin, engl. Naturforscher († 1882) Gauß: „Theorie d. Bewegung d. Himmelskörper" Abstammungslehre von J. B. Antoine de Lamarck (* 1744, † 1829), unter Annahme der Vererbung erworb. Eigenschaften (diese „Transmutationslehre" gilt durch d. Darwinismus u. seine Weiterentwicklung heute als widerlegt) Erster Telegraph auf elektro-chemischer Grundlage von Soemmerring Albrecht Thaer (* 1752, † 1828): „Grundsätze der rationellen Landwirtschaft" (b. 1812; gilt als deren Begrdg.)	J. M. Bechstein: „Vollständig. Handbuch d. Jagdwissenschaft" (2 Tle. s. 1801; gilt als erste wissenschaftl. Behandlung des Gebietes) Spielcasino in Baden Baden

	Napoleon in Rußland	Kleist Gebr. Grimm	Fichte Owen
1810	Napoleon I. heir. Marie Louise, Tochter Kaiser Franz' I. † Andreas Hofer (zu Mantua erschossen), Tiroler Freiheitskämpfer (* 1767) † Luise, Kgin. v. Preußen s. 1797 (* 1776) Hannover k. z. Kgr. Westf.; Holland und Nordwestdeutschland zu Frankreich Fürst von Hardenberg preuß. Staatskanzler; Fortsetzung der Steinschen Reformen Karl XIII., König von Schweden, adoptiert frz. Marschall Joh. Bernadotte als schwedischen Kronprinzen (von 1818—44 König) * Graf Camillo Cavour, ital. Staatsmann († 1861) Code Pénal (frz. Strafgesetz)	A.v.Arnim: „Armut, Reichtum, Schuld und Buße der Gräfin Dolores" (Erzähl.) * Ferdinand Freiligrath, dt. liberaler Dichter († 1876) Kleist: „Käthchen von Heilbronn" (Schauspiel), „Michael Kohlhaas" und „Die Marquise von O." (Erzähl.) * Alfred de Musset, franz. Dichter († 1857) * Fritz Reuter, plattdtsch. Dichter († 1874) Scott: „Das Fräulein vom See" (engl. Versepos) Germaine de Staël (frz. Schriftstellerin, * 1766, † 1817): „Deutschland" (in Frankr. verboten) Z. Werner: „Der 24. Februar" (Schicksalstragödie)	A. v. Arnim grdt. mit Kleist, Adam Müller u. a. in Berlin „Christl.-dt. Tischgesellschaft" (mit romantischnationalen Bestrebungen) Fichte: „Die Wissenschaftslehre in ihrem ganzen Umfang" (idealist. Philosophie) J. Görres: „Mythengeschichte der asiatischen Welt" (nach Stud. der pers. Sprache u. der Dichtung des Mittelalters) W. v. Humboldt grdt. Univ. Berlin Fr. Schlegel fordert vom Fürsten Erforschung der öffentl. Meinung Schleiermacher: „Platos Werke" (Bd. 1–5 s. 1807, Bd. 6 1828); wird Prof. an der Universität Berlin
1811	Aufhebung der Zünfte und des Frondienstes durch Hardenberg in Preußen Mme. Récamier, Mittelpunkt eines polit. Salons, aus Paris verbannt (kehrt 1819 zurück) * Napoleon (II.), einz. Sohn Napoleons, „Kg. v. Rom"; ab 1817 Hzg. v. Reichstadt († 1832) Uruguay, Paraguay, Columbien und Venezuela unabhängig von Spanien	Arnim heir. Bettina Brentano Goethe: „Dichtung und Wahrheit" (4 Tle. b. 1831, autobiograph.) * Karl Gutzkow, dt. liberaler Dichter († 1878) Hebel: „Schatzkästlein des rheinischen Hausfreundes" † Heinrich v. Kleist (Freitod m. Henriette Vogel a. Wannsee), dt. Dichter (* 1777) Motte-Fouqué: „Undine" (Märchen)	Fichte 1. Rektor in Berlin † Friedrich Nicolai, dt. Kritiker, „Literaturpapst der Aufklärung" (* 1733) Barthold Georg Niebuhr (* 1776, † 1831): „Römische Gesch." (3 Bde. bis 1832) † Christian Gotthilf Salzmann, dt. ev. Pfarrer u. Pädagoge aus d. Basedowkreis (*1744) Univ. Breslau neu gegrdt. Univ. Oslo gegründet
1812	Rußland-Feldzug Napoleons I.: Brand Moskaus; Rückzug des sich auflösenden französischen Heeres; Napoleon flieht nach Paris. Der dtsch. General Yorck schließt mit den Russen Waffenstillstand i. d. „Konvention von Tauroggen" Rußland erobert Bessarabien im Krieg gegen die Türkei (seit 1806) Erfolgloser Krieg der USA geg. Großbrit. um Kanada * Ludwig Windthorst, dt. kath. Politiker († 1891)	A. v. Arnim: „Isabella von Ägypten" (Erzählung) Byron: „Junker Harolds Pilgerfahrt" (4 engl. Ges.) M. Claudius: „Sämtl. Werke d. Wandsbecker Boten" (8 Bde. s. 1779) * Charles Dickens, engl. Dichter († 1870) * Iwan Alexandrowitsch Gontscharow, russ. Dicht. († 1891) Jac. u. Wilh. Grimm: „Kinder- und Hausmärchen" Körner: „Zriny" (Trauersp.)	Fichte: „System der Sittenlehre" (F. fordert: Handle nach deinem Gewissen!), „Transzendentale Logik" (idealist. Erkenntnistheorie) Judenemanzipation in Preußen durch Hardenberg Owen: „Eine neue Ansicht von der Gesellschaft" (engl., erstrebt günstigste Umweltbedingungen in einer kommunistischen Gesellschaftsordnung mit kleinen Gemeinden) Aufbau des humanistischen Gymnasiums als Vorschule der Universität in Preußen

Romantik „Nazarener"	Beethoven Schubert	Berzelius Krupp-Werke	
† *Jean Jacque de Boissieu*, frz. Maler und Radierer (* 1736) † *Johr. Hoppner*, engl. Bildnismaler (* 1758) Christl. - romantische Malervereinigung der „Nazarener" in Rom: *Overbeck, Pforr* (dazu kommen: *Cornelius, W. Schadow, Schnorr v. Karolsfeld, Ph. Veit, Steinle, Fohr* u. a.): Gem. u. Fresken a. d. Bibel u. d. Mittelalter *Pforr:* „Graf v. Habsb. u. d. Priester" (Gem.) † *Philipp Otto Runge*, dt. Maler d. Romantik; hinterl. Schriften zur Farbentheorie: „Farbenkugel" (* 1777)	*Beethoven:* Musik zu Goethes „Egmont", Streichquartett f-moll (op. 95) * *Frédéric Chopin*, poln. Komponist in Frankreich († 1849) * *Otto Nicolai*, dt. Komponist († 1849) * *Robert Schumann*, dt. Komponist († 1856)	*Berzelius* entd. d. Element Silizium *Goethe:* „Farbenlehre" (verbessert nicht die physikalische Optik seit *Newton*, wie G. meinte, sondern hat mehr physiologisch-optische u. ästhetische Bedeutung) *Georg Henschel* (* 1759, † 1835) gründ. Maschinenfabr. i. Kassel, d. später vor allem Lokomotiven baut *Samuel Hahnemann* (* 1755, † 1843) begrdt. Homöopathie (Heilung mit kleinsten Heilmittelmengen) *A. Thaer* Prof. f. Landwirtsch. a. d. Univ. Berlin	Gewerbefreiheit und allg. Gewerbesteuer in Preußen ~ Entwicklung der „amerikanischen" (Tabellen-)Buchführung 1. Oktoberfest in München (Pferderennen im Mittelpunkt) ~ Skatspiel entw. s. i. Altenburg
* *Jules Dupré*, frz. Maler († 1889) *C. D. Friedrich:* „Morgen im Riesengebirge", „Greifswalder Hafen" (Gem.) *A. Koch:* „Schmadribachfall" (Gem.) ~ *Raeburn:* „Sir und Lady Clerk" (engl. Porträtgem.)	* *Fr. Liszt*, Komponist u. Klaviervirtuose österr.-ung. Abstammung († 1886) *Schubert:* „Hagars Klage" (Lied) *Weber:* „Abu Hassan" (lustige Oper)	*Avogadro* (* 1776, † 1856): Molekulartheorie d. Gase ~ Unterscheidung von „Atomen" u. „Molekülen" *A. von Humboldt* veröffentlicht in Paris d. Ergebnisse seiner Amerikareise *Gauß* veranschaulicht „imaginäre Zahlen" Grdg. d. *Krupp*-Werke in Essen v. *Friedr. Krupp* (* 1787, † 1826)	Gründung eines frz. Pressebüros, d. späteren Agence *Havas* *Friedrich Ludwig Jahn* (* 1778, † 1852) errichtet 1. Turnplatz in der Hasenheide, Berlin, m. neuen Geräten (Reck, Barren) Flug d. „Schneiders von Ulm", *L. Berblinger*, mißglückt Jungfrau (4167 m) erstiegen
Géricault: „Gardejäger zu Pferde" (frz. frührealist. Gem.) *Friedr. Georg Kersting* (* 1785, † 1847): „Die Stickerin" (Gem.) * *Théodore Rousseau*, frz. romant. Landschaftsmaler († 1867) † *Franz Pforr*, dt. Maler aus d. romant. Nazarenerkreis (* 1788) ~ *W. Schadow:* „Gabriele v. Humboldt" (Porträtgem.) † *Friedr. Aug. Tischbein*, dt. Maler (* 1751)	*Beethoven:* 7. Symphonie A-dur u. 8. Symphonie F-dur *Beethoven* und *Goethe* treffen sich in Teplitz (dauerhafte Beziehungen scheitern a. d. Verschiedenartigkeit ihres Wesens) * *Friedrich von Flotow*, dt. Opernkomponist († 1883)	*Berzelius:* führt chemische Bindungskräfte auf elektrische Anziehung zurück (diese Verbind. v. Chemie u. Physik vertieft sich mehr u. mehr; vgl. 1927) *Cuvier* begrdt. wiss. Paläontologie der Wirbeltiere *Fr. Koenig* (* 1774, † 1833): Zylinder-Flachdruck-Schnelldruckpresse (err. bis 8fache Druckleistung) *Laplace* vertieft Wahrscheinlichkeitsrechnung mit mathematischen Hilfsmitteln	*Krupp:* 1. Gußstahl auf d. europ. Kontinent Arbeiter zerstören Textilmaschinen in Nottingham (Engl.): „Maschinenstürmer" (solche spontanen Reaktionen werden allm. v. d. Arbeiterbewegung aufgefangen u. in Richtung einer sozialen Ausnutzung der Technik gelenkt)

	Ende des napoleonischen Zeitalters	*Chamisso Arndt · Körner*	*Fichte Saint-Simon*
1813	Dtsch. Befreiungskrieg gegen *Napoleon I.*: 16.–19. 10. Völkerschlacht bei Leipzig; Preußen, Österreich, Rußland siegen entscheidend Ende des „Rheinbundes" (seit 1806) Hannover wieder an Großbritannien als Kgr.; *Georg III.* Kg. v. Hannover b. 1820 (†) Franzosen verlassen Spanien † *Gerhard von Scharnhorst*, preuß. Heerführer und Heeresreformator (* 1755)	*Arndt:* „Lieder f. Teutsche" *Jane Austen* (* 1775, † 1817): „Stolz u. Vorurteil" (engl. Roman) * *Georg Büchner*, dt. liberaler Dichter († 1837) * *Friedrich Hebbel*, dt. Dichter († 1863) † *Theodor Körner* (gefallen), dt. Dichter (* 1791) * *Otto Ludwig*, dt. Dichter († 1865) *Motte-Fouqué:* „Der Zauberring" (Rittergeschichte) *Shelley:* „Feenkönigin" (engl. Revolutionsepos) † *Christoph Martin Wieland*, dt. Dichter (* 1733)	*J. D. Falk* gründet in Weimar erste Anstalt für verwahrloste Kinder *Fichte:* „Staatslehre" (erstrebt „Vernunftstaat") * *Sören Kierkegaard*, dän. protestantischer Philosoph († 1855) *Schopenhauer:* „Über die vierfache Wurzel des Satzes vom zureichenden Grunde" (Dissertation) Großloge von England gegründet (1717 erste Freimaurerlogen in London) Gewerbeverein in Kreuznach (volksbildnerisch)
1814	Franzosen räumen Italien Pariser Frieden: Frankreich verl. s. Eroberungen s. 1792 *Napoleon* wird nach Elba verbannt (bis 1815) *Ludwig XVIII. (Bourbone)* frz. König b. 1824 († ,* 1755) *Talleyrand* frz. Außenminist. Wiener Kongreß der Verbündeten zur politischen Neuordnung Europas. Bayern gibt Tirol, Vorarlberg, Salzburg u. Innviertel gegen Rheinpfalz an Österreich zurück; Preußen erh. Posen, Nordsachsen, Rheinl.-Westf. Venetien, Dalmatien, Lombardei an Österreich. Erneuerung der Königreiche Sardinien und Sizilien Dänemark tritt Norwegen geg. Vorpommern u. Rügen an Schweden und Helgoland an Großbritannien ab Ende der frz. beeinflußten „Helvetischen Republik" (seit 1798). Neuer Bundesvertrag der 22 Schweizer Kantone. Anerkennung ihrer „ewigen Neutralität" durch den Wiener Kongreß *Ferdinand VII.* König von Spanien b. 1833 († ,* 1784); beseitigt liberale Verfassung Allgem. Wehrpfl. i. Preußen	*Byron:* „Der Korsar" (engl. Verserzählung) *Chamisso:* „Peter Schlehmils wundersame Geschichte" (Märchen) *Goethes* Freundschaft mit Frau *Marianne v. Willemer* (* 1784, † 1860) in Frankf. (Main) spiegelt sich in den Suleika-Liebesliedern des „Westöstlichen Diwans" (gedr. 1819) *E.T.A. Hoffmann:* „Phantasiestücke in Callots Manier" (Novellen, 4 Bde. b. 1815) *James Hogg* (* 1770, † 1835): „Der poetische Spiegel" (Dichtungen eines schott. Schäfers) † *August Wilhelm Iffland*, dt. Schauspl., Bühnendicht. und Theaterleiter, seit 1796 in Berlin (* 1759) *Th. Körner:* „Leier und Schwert" (Dichtung d. Freiheitskriege; posthum) * *Michail Lermontow*, russ. Dichter († 1841) *Rückert* (unt. d. Pseudonym *Freimund Reimar*): „Geharnischte Sonette" (Dichtung der Freiheitskriege) *Scott:* „Waverley" (engl. historischer Roman)	† *Johann Gottlieb Fichte*, dt. Philosoph (* 1762) *Laplace:* „Philosophischer Essai über die Wahrscheinlichkeit" (definiert sie rein kombinatorisch, unabhängig von Beobachtungsreihen, wodurch ihre praktische Anwendung lange Zeit undurchsichtig bleibt) *Rahel Levin* (* 1771, † 1833) heiratet den Diplomaten u. Schriftsteller *Karl August Varnhagen von Ense* (* 1785, † 1858) u. wird Mittelpunkt d. bedeutendsten schöngeistigen Berliner Salons Wiederherstellung des Jesuitenordens und der Inquisition durch Papst *Pius VII.* im Kirchenstaat *Saint-Simon:* „Reorganisation der europäischen Gesellschaft" (frz. Sozialismus, betont Klassengegensatz zw. Arbeitern u. Unternehmern) Gründung der pr. Hauptbibelanstalt in Berlin und der sächs. Hauptbibelgesellschaft in Dresden

Turner / Koch	Beethoven / Schubert	A. V. Humboldt / Lokomotive	
† *Anton Graff*, dt. Bildnismaler „Maler d. dt. Klassiker" (* 1736) *A. Koch:* „Wasserfälle bei Subiaco", „Opfer Noahs" (Gem.) *Friedrich Weinbrenner:* Schloß in Karlsruhe (beg. 1805)	† *André Grétry*, frz. Komponist, Begrd. d. frz. Komischen Oper (* 1742) * *Giuseppe Verdi*, ital. Opernkomponist († 1901) * *Richard Wagner*, dt. Opernkomponist († 1883) Londoner „Philharmonische Gesellschaft" gegrdt.	Elektrischer Lichtbogen von *Davy* *Davy:* „Elemente d. Agrikulturchemie" (engl., macht diese zur selbst. Wissenschaft) † *Joseph Louis Lagrange*, frz. Mathematiker; begründete Variationsrechnung u. förderte physikal. Mechanik; tätig i. Turin, Berlin und Paris (* 1736) „Beschreibung Ägyptens" (frz. wissensch. Auswertung der Expedition *Napoleons* 1798–1801; 24 illustr. Bde. seit 1809)	*Per Henrik Ling* (* 1776, † 1839), Begrd. d. schwed. Gymnastik, wird Direktor d. von ihm gegründeten Gymnastischen Zentralinstituts i. Stockholm (die gelockerte schwed. Gymnastik steht in gewissem Gegensatz z. straffen dt. Turnen) Engl. Ges. hebt d. Lehrlingsstatut von 1562 zug. freier Arbeitsvertr. auf ~ Walzer als Gesellschaftstanz
Lawrence malt Mitgl. d. Wiener Kongresses * *Jean François Millet*, frz. Maler († 1875) † *Jean Michel Moreau*, frz. Kupferstecher und Illustrator (* 1741) *Prud'hon:* „Zephir auf Baumästen schaukelnd" (frz. Gem.) *Schadow* grdt. Kunstverein i. Berlin *Turner:* „Frostiger Morgen" (engl. Gem.)	*Beethoven:* „Fidelio" (Oper); (1805 ursprüngl. „Leonore") *Schubert:* „Gretchen am Spinnrad" (Lied), „Erlkönig" (Ballade)	*Fraunhofer* entd. i. Sonnenspektrum dunkle Absorptionslinien ~ *A. v. Humboldt* begr. vergleichende Klimatologie (veröff. 1817 erste Isothermenkarte: Linien gleicher Temperatur) * *Julius Robert Mayer*, dt. Arzt u. Naturforscher († 1878) Lokomotive von *George Stephenson* (* 1781, † 1848) f. Grubenbahn (vgl. 1829/30) Straßengasbeleuchtung i. London (vgl. 1807)	Rheinischer Merkur ersch. (1816 verboten) Erster Einsatz der Schnellpresse von *Fr. Koenig* (vgl. 1812) bei der Londoner Ztg. „The Times" ≈ Englische Mode beginnt in Europa zu dominieren

	"Hundert Tage" Restauration und Reaktion	 Byron E. T. A. Hoffmann	Hegel Savigny
1815	* Fürst *Otto von Bismarck*, dt. Staatsmann († 1898) Dänemark erwirbt Hzgtm. Lauenburg v. Preuß. gegen Vorpommern und Rügen *Napoleon* kehrt von Elba nach Paris zurück und wird von *Blücher* und *Wellington* bei Waterloo endgültig geschlagen ("Hundert Tage") † *Joachim Murat* (ersch.), frz. General; Kg. v. Neapel s. 1808 (* 1767) Zweiter Pariser Friede. Verbannung *Napoleons* n. St. Helena. Großbrit. gewinnt Vorherrschaft zur See durch Erwerbg. v. Ceylon, Helgoland, Kapland, Malta, Mauritius. Rußld. gewinnt Königreich Polen (Kongreßpolen) "Heilige Allianz" zw. Rußl., Österr. u. Preuß. (antiliberal) *Fouché* vorüberg. frz. Polizeiminister unt. *Ludwig XVIII*. *Wilhelm I. von Oranien* Kg. v. Holland und Belgien bis 1840, (* 1772, † 1843)	† *Matthias Claudius*, dt. Dichter (* 1740) *Eichendorff*: "Ahnung und Gegenwart" (Roman) * *Emanuel Geibel*, dt. Dichter († 1884) *Iffland*: "Theorie der Schauspielkunst" (posthum) ~ *Vuk St. Karadjitsch* (* 1787, † 1864) legt in Wien die Grundl. zur mod. serbischen Schriftsprache (Wörterbuch bis 1818) Erste Ges.-Ausgabe *Schillers* (12 Bde. s. 1812, v. *Gottfried Körner*) *Fr. Schlegel*: "Geschichte der alten und neuen Literatur" (2 Bde., vom kathol. Standpunkt aus) *G. Schwab*: "Neues dt. allg. Commers- u. Liederbuch" *Uhland*: "Gedichte"	* *Johann Jakob Bachofen*, Schweizer Geschichtsphilosoph und Jurist († 1887) *Kotzebue*: "Geschichte d. dt. Reiches" (auf d. Wartburgfest 1817 als reaktionär verbrannt) † *Franz Mesmer*, entwickelte Theorie des "tierischen Magnetismus", welche die Medizin der Romantik beeinflußt (* 1734) *Savigny*: "Vom Beruf unserer Zeit für Gesetzgebung und Rechtswissenschaft"(histor. und positivistische Rechtsschule, mit d. Grundsatz "Das Recht wird nicht gemacht, es ist und wird mit dem Volke") "Baseler Missionsgesellschaft" (evang.) gegründet Kirchenstaat wiederhergestellt
1816	*Karl v. Clausewitz* (* 1780, † 1831) beg. "Vom Kriege" (Kriegslehre; "Der Krieg ist nichts als eine Fortsetzung d. Politik mit anderen Mitteln") "Deutscher Bund" unter österr. Führung mit "Bundestag" in Frankfurt (Main) "Rheinischer Merkur", von *Görres* seit 1814 herausgegebene Zeitung gemäßigt liberaler Richtung, verboten Großherzog *Karl August v. Sachsen-Weimar* gibt seinem Land, als erstem dt., eine Verfassung und fördert Industrie Argentinien unabhängig v. Spanien; Bürgerkrieg zw. Unitariern u. Föderalisten	*Byron*: "Die Belagerung von Corinth" (engl. Verserzählung) * *Gustav Freytag*, dt. Dichter, Philologe und liberaler Politiker († 1895) *Goethe*: "Die italien. Reise" (bis 1829); † *Chr. Vulpius* (* 1765) Gebr. *Grimm*: "Deutsche Sagen" *E. T. A. Hoffmann*: "Die Elixiere des Teufels" (Roman) *Scott*: "Der Antiquar" (engl. historischer Roman) *Shelley*: "Alastor oder der Geist d. Einsamkeit" (engl. philos. Ged.) *L. Tieck*: "Phantasus" (Samnlg. versch. Dichtungen und Märchen)	*Franz Bopp* (* 1791, † 1867) begr. vergleichende Grammatik d. indogermanischen (indoeuropäisch.) Sprachen * *Joseph Arthur Graf Gobineau*, frz. Dichter und Geschichtsphilosoph († 1882) *Karl Ludwig v. Haller* (* 1768, † 1854): "Restauration d. Staatswissenschaft" (6 Bde. b. 1834, klerikal-restaurativ) *Hegel*: "Wissenschaft der Logik" (dialektischer Idealismus, 3 Bde. seit 1812) *L. Oken*: "Isis oder Enzyklopädische Zeitung" (bis 1848; polit. Inhalt kostet ihm 1819 d. Medizinprofessur in Jena) *Bernh. Overberg* (* 1754, † 1826) Schulrat in Münster; fördert kathol. Lehrerbildung, empfiehlt Unterrichtsgespräch

 *Goya* „Nazarener"	*Romantik* *Schubert*	*Fresnel* *Gauß*	
* *Andreas Achenbach*, dt. Maler († 1910) † *Francesco Bartolozzi*, ital. Kupferstecher (* 1727) † *John Singleton Copley*, nordamerikan. Maler v. Bildnissen u. Historien, seit 1775 in England (* ~ 1737) ~ *C. D. Friedrich*: „Hafen von Greifswald" (Gem.) *Goya*: „Hexensabbat" (span. Gem.) * *Adolf Menzel*, dt. realistischer Maler († 1905) *Rauch*: Sarkophag der Kgin. *Luise* (s. 1811)	*Schubert*: 3. Symphonie in D-dur, „Wanderers Nachtlied", „Heideröslein" (Lieder auf *Goethe*texte) *J. N. Mälzel*: Metronom (gestattet das musikalische Tempo objektiv festzulegen)	*Biot*: Optische Aktivität *Augustin Jean Fresnel* (* 1788, † 1827) verbindet Wellenprinzip des Lichtes von *Huygens* m. dem Interferenzprinzip zu einer leistungsfähigen Lichttheorie (erprobt dies 1816–19 in Experimenten gemeins. mit *Arago*) *Gay-Lussac*: Analyse der alkoholischen Gärung Erforschung der Marshall- und Hawaii-Inseln durch *Kotzebue* (*Chamisso* stud. dabei Koralleninseln u. entd. Generationswechsel [„Ammenzeugung"] d. Salpen-Manteltiere) Sicherheitsgrubenlampe von *Davy* *Prout*: Wasserstoff einziger Baustein aller chemischen Elemente i. gewiss. Sinne bestätigt) * *Karl Weierstraß*, dt. Mathematiker († 1897) Techn. Hochschule Wien gegründet 1. chirurg. Univ.-Klinik in Erlangen	Nachkriegs-Wirtschaftskrise in England. (Engl. Getreideschutzzölle werden 1846/60 aufgehoben) ≈ Ca. 8jährl. Konjunktur-Krisen-Zyklus i. Engl. (später auch in and. Industriestaaten; die Krisen schwächen sich in der 2. Hälfte des Jahrhunderts ab) ≈ Bis zur Mitte des Jh. erscheint die wachs. Notlage der Handwerker als die soziale Frage (erst dann tritt die Lage d. Industriearbeiterschaft in d. Vordergrund) ≈ Bürgerl. Biedermeier in Dtl. („gemütlich", politisch weitgeh. indifferent, bis 1848) Vulkanausbruch auf Sumbawa erf. über 56000 Tote
Klenze baut Glyptothek in München (bis 1830) * *Alfred Rethel*, dt. Geschichtsmaler und Graphiker († 1859) Die Nazarener *W. Schadow*, *Cornelius*, *Overbeck* beg. i. Rom d. Casa *Bartholdy* mit Fresken a. d. Josephslegende zu schmücken (gilt als Hauptwerk d. dt.-röm. Malerei) Bankier *Joh. Friedrich Staedel* (* 1728, † 1816) stift. testamentar. Museum u. Kunstschule i. Frankf./M.	*E. T. A. Hoffmann*: „Undine" (romant. Oper) *Rossini*: „Der Barbier von Sevilla" und „Othello" (ital. Opern) *Schubert*: 4. Symphonie c-moll („Die Tragische"), 5. Symphonie B-dur *Spohr*: „Faust" (Oper, unt. *C. M. Weber* i. Prag aufgeführt)	Erste Wetterkarten von *Brandes* (lassen sich ohne Telegraph noch nicht zur Wettervorhersage ausnutzen) *Fresnel*: Spiegelversuch z. Nachweis d. Lichtinterferenz (bekräftigt Wellentheorie d. Lichtes) ~*Gauß*: Nichteuklidische Geometrie (in Briefen entwickelt, vgl. 1826, 32) *François Magendie* (* 1783, † 1855) begr. experimentelle Tierphysiologie * *Werner v. Siemens*, dt. Ingenieur und Unternehmer auf dem Gebiet der Elektrotechnik († 1892) Erste deutsche Gasanstalt	*Adam H. Müller* (* 1779, † 1829): „Versuch ein. neuen Theorie d. Geldes" (romantische, antiliberale Wirtschaftslehre) ~ Feldmäßig. Großanbau der Zuckerrübe über ganz Mitteleuropa und Frankreich *Jahn*: „Die deutsche Turnkunst zur Einrichtung der Turnplätze" Nordseebad Cuxhaven eröffnet Kartoffel entw. s. z. Volksnahrungsmittel

	Antiliberale Reaktion	Scott E. T. A. Hoffmann	Hegel Schopenhauer
1817	Wartburgfest der dt. Burschenschaften; fordern unter d. Farben Schwarz-Rot-Gold d. Einheit Deutschl. (1818 w. Allg. Deutsche Burschenschaft gegrdt.) *James Monroe* (* 1758, † 1831) Präsident der USA (bis 1825)	*A. v. Arnim:* „Die Kronenwächter" (histor. Roman), Bd. I, 1854: Bd. II (posthum) *Byron:* „Manfred" (engl. dr. Ged.) *Grillparzer:* „Die Ahnfrau" (Trauerspiel) *E. T. A. Hoffmann:* „Nachtstücke" (Erzählungen) * *Theodor Storm,* dt. Dichter († 1888)	*Friedrich Wilhelm III.* verkündigt die „Union" der Lutheraner u. Reformierten in Preußen *Hegel:* „Enzykl. d. philos. Wissensch. im Grundriß" * *Hermann Lotze,* dt. Physiolog des „teleologischen Idealismus" († 1881) * *Theodor Mommsen,* dt. Historiker († 1903)
1818	Bayern und Baden erhalten Verfassungen *Karl XIV* (*Johann Bernadotte,* Sohn ein. frz. Jurist.) Kg. v. Schwed. (b. 1844 [†]) *J. Mill:* Geschichte Indiens (kritis. brit. Verwalt.) * *Karl Marx,* dt. Sozialist, Begründer d. „Historischen Materialismus" († 1883) Chile unabhängig v. Spanien	*Brentano:* „Gesch. v. brav. Kasperl u. d. schön. Annerl" *Grillparzer:* „Sappho" (Schauspiel) *J. Mohr:* „Stille Nacht" (vertont von *Fr. Gruber*) *Scott:* „Rob Roy" (engl. Roman) * *Iwan Turgenjew,* russischer Dichter († 1883) *Uhland:* „Ernst, Hzg. von Schwaben" (Drama)	*E. M. Arndt:* „Geist der Zeit" (4 Bde s. 1806) * *Jakob Burckhardt,* schweiz. Kulturhistor. († 1897) † *Joachim Heinrich Campe,* dt. Pädag. u. Sprachf. (* 1746) *Hegel* von Heidelberg nach Berlin (großer Zulauf) *A. W. Schlegel* Professor für indische Sprache in Bonn Universität Bonn
1819	„Karlsbader Beschlüsse" geg. polit. u. geistige Freiheit in Deutschl. (bis 1848) † *Gebh. Leber. Fürst v. Blücher,* preuß. Heerf. in den Kriegen gegen *Napoleon* (* 1742) * *Victoria,* König. v. Großbrit. von 1837 bis 1901 (†) Singapur an Großbritannien USA kauft Florida v. Spanien *Simon Bolivar* (* 1783, † 1830) beg. Befreiung Südamerikas v. d. span. Herrschaft (vereinigt b. 1827 Venezuela u. Peru z. Republ. Kolumbien)	*Byron:* „Don Juan" (b. 1824) * *Theodor Fontane,* dt. Dichter († 1898) * *Klaus Groth* († 1899) *E. T. A. Hoffmann:* „Klein Zaches" (Märchen) * *Gottfried Keller,* Schweizer Dichter († 1890) † *Aug. v. Kotzebue,* dt. Dicht., v. *K. L. Sand* ermord. (* 1761) *Scott:* „Die Braut von Lammermoor" (engl. Roman) * *Walt Whitman,* nordam. Dichter († 1892)	*E. M. Arndt:* „Fragmente über Menschenbildung" (3 Bde. s. 1805) *J. Grimm:* „Deutsche Grammatik" (4 Bde. bis 1834; gilt als Grundlage d. modernen dt. Sprachlehre) * *Luise Otto-Peters,* dt. Frauenrechtlerin († 1895) *Schopenhauer:* „Die Welt als Wille u. Vorstellung" (pessimistische Philosophie des „Willens" als grund- u. zielloser, leidschaffender Drang zum Leben)
1820	Wien widerruft Versprechen einer Verfassung * *Friedrich Engels,* dt. Sozialist, Mitbegr. d. „Dialekt. Materialismus" († 1895) † *Joseph Fouché,* frz. Polizeiminister unter *Napoleon* u. Bourbonen (* 1759) † *Georg III.,* König von Gr.-Brit. (s. 1760) u. Hannover (s. 1814) (* 1738) *Georg IV.* (* 1762) Kg. v. Großbritannien u. Hannov. bis 1830 (†)	*A. v. Arnim:* „Die Majoratsherren" (Erzählung) *E. T. A. Hoffmann:* „Lebensansicht. d. Katers Murr nebst fragmentarischer Biographie des Kapellmeisters Johannes Kreisler" (unvoll., 2. Bd. 1822) *Puschkin:* „Ruslan und Ludmila" (russ. Verserzählung) *Scott:* „Ivanhoe" (engl. Roman) *Shelley:* „Der entfessel. Prometheus" (engl. Schauspiel)	*E. M. Arndt* als Prof. der Geschichte in Bonn wegen liberaler Gesinnung amtsenthoben (1840 rehabilitiert) *Malthus:* „Grundsätze d. Politischen Ökonomie" (engl.) *Owen:* „Das Buch von der Neuen Welt" (engl. Sozialismus) * *Herbert Spencer,* engl. Philosoph d. biolog. Entwicklungsgedankens († 1903) Jesuitenorden aus Rußland ausgewiesen

Turner *Klassizismus*	*Beethoven* *Schubert*	*Elektromagnetismus* *Geographie*	
Constable: „Flatford Mill" (engl. Gem.) * *Charles Daubigny*, frz. Maler († 1878) *K. Phil. Fohr* (* 1795, † 1818): „Landschaft b. Tivoli" (Gem.) *Schinkel:* „Ital. Landschaft" (Gem.) *v. Carolsfeld:* „Familie d. Johannes" (Gem.)		*G. B. Belloni* entd. Grab *Sethos' I.* im „Tal der Könige" (Ägypten) *Berzelius* entd. Selen und Lithium *Cuvier:* „Das Tierreich" (frz., 4 Bde.) *Karl Friedr. v. Drais* (*1785, †1851); Laufrad (*Drais*ine) Handatlas von *Ad. Stieler* (* 1775, † 1836) erscheint (50 Bl. b. 1823)	*Brewster:* Kaleidoskop *Owen* ford. d. Grdg. kleiner, nach kommunist. Idealen lebender Gemeinden *David Ricardo* (* 1772, † 1823): „Politische Ökonomie" (engl. Theorie des Lohnes u. Wertes)
~ *C. D. Friedrich;* „Zwei Männer d. Mond betrachtend", „Frau am Fenster" (Gem.) · ~ *Goya:* „Schrecken d. Krieges", „Stierfechte" (Radier.) *Schinkel:* Neue Wache *Thorwaldsen:* „Sterbender Löwe", Luzern Prado, Madrid	* *Charles Gounod*, frz. Komponist († 1893) *K. Loewe:* „Erlkönig" (Ballade) *Schubert:* Symphonie Nr. 6 in C-dur *Weber:* „Jubel-Ouvertüre"	*Coindet:* Jod in der Kropftherapie *Eilhard Mitscherlich* (* 1794, † 1863) entd. Isomorphie der Kristalle *Karl Ritter* (* 1779, † 1859): „Die Erdkunde im Verhältnis zur Natur und zur Geschichte d. Menschen" * *Max Pettenkofer*, süddt. Arzt († 1901)	* *Friedrich Wilhelm Raiffeisen*, dt. Wirtschaftler, Grd. landwirtsch. Kreditgenossenschaften († 1888) Stearinkerzen (1837: Paraffinkerzen; s. 10. Jh. Talglichter, Wachskerzen nur als Luxus)
* *Gustave Courbet*, frz. realistischer Maler († 1877) *Géricault:* „Das Floß d. Medusa" (frz. romant.-natural. Gem.) *Schinkel:* Schloß-Brücke Berlin *Turner:* „Einfahrt in Venedig" (engl. Gem. i. ein. atmosphär.- „impressionist." Stil)	*Beethoven* verliert s. Gehör (zunehm. s. 1800) * *Jacques Offenbach*, dt.-frz. Kompon. († 1880) *Schubert:* Klavierquintett A-dur („Forellenquintett") * *Clara Schumann* geb. *Wieck*, dt. Pianistin, Frau *Robert Schumanns* († 1896) * *Franz v. Suppé*, österr. Operettenkomp. († 1895)	Erforschung der amerikanischen arktischen Inselwelt durch *W. E. Parry* *R. T. H. Laënnec* (* 1781, † 1826): Auskultation mit Stethoskop *Pelletier* u. *Caventou* entd. Chinin † *J. Watt*, engl. Erf. (*1736) Raddampfer „Savannah" 1. Dampfschiff in 26 Tagen v. d. USA n. Europa Erste planm. chemische Schulversuche (in Berlin)	Pressezensur in Dtl· Verfolgung der deutschen studentischen Burschenschaften als „Demagogische Bewegung" *Jahns* Turnplatz geschlossen, er verhaftet u. unter Polizeiaufsicht gestellt weg. Ermord. *Kotzebues* Zwölfstdg. Arbeitstag in England und Arbeitsverbot für Kinder unt. 9 Jahren (prakt. unwirksam)
W. Blake: „Jerusalem" (eines seiner „Prophetischen Bücher", engl. Mystik, mit eig. Illustrat. s. 1804) *Charles Heath* erfindet Stahlstich (1824 v. *K. F. Frommel* i. Dtl. eingef.) *Schnorr v. Carolsfeld:* „Die Verkündigung" (romant.-relig. Gem.) † *Benjam. West*, nordamerik. Maler in England (* 1738)	Roheisenerz i. England 370 000 t 1840: 1,4 Mill. t (i. Dtl. 90 000 t 1840: 190 000 t)	*André Marie Ampère* (* 1775, † 1836): Kraftwirkung zw. elektr. Strömen *Karl E. v. Baer* (* 1792, †1876) entd. Entstehung und Entwickl. der Keimblätter von Tieren *Hans Ch. Oersted* (*1777, † 1851) entdeckt Magnetfeld elektrischer Ströme; *Biot* u. *Savart* finden dafür mathem. Gesetz *Schweigger:* Empfindliches Meßgerät für elektr. Ströme („Multiplikator")	≈ Frauenmode: langer Rock mit kurzer Taille, bauschige Ärmel, Falbelreihen, Schutenhüte Turnen in Preußen verboten Ersteigung d. Monte Rosa-Zumsteinspitze (4573 m) und der Zugspitze (2963 m) Opiumverbot in China (beeinträchtigt engl. Handel)

	Monroe-Doktrin Griech. Aufstand	Goethe Grillparzer	Hegel Schleiermacher
1821	Erfolgr. griechischer Aufstand gegen die Türken (bis 1829) Fürst *Metternich* antiliberaler österr. Innenminister (bis 1848) Österr. Truppen beseitigen Verfassung in Neapel und Piemont † *Napoleon Bonaparte*, Kaiser d. Franzosen b. 1815 (* 1769) Mexiko unabh. v. Spanien Uruguay zu Brasilien Venezuela kommt zu Columbien (bis 1831)	* *Charles Baudelaire*, franz. Dichter († 1867) * *Feodor M. Dostojewskij*, russ. Dichter († 1881) * *Gustave Flaubert*, frz. Dichter († 1880) *E. T. A. Hoffmann:* „Die Serapionsbrüder" (4 Bde. s. 1819) *Kleist:* „Die Hermannsschlacht" u. „Prinz Friedr. v. Homburg" (Schausp.) posthum von *L. Tieck* veröffentl. *F. A. Herbig*-Verlag gegr.	*Hegel:* „Grundlinien der Philosophie des Rechts" (*H.* hält d. preuß. Monarchie für die vollendetste Staatsform) *Schleiermacher:* „Der christliche Glaube n. d. Grunds. der evangelischen Kirche" *Henrik Steffens* (* 1773, † 1845): „Karikaturen des Heiligsten" (dän.-dt. Staatsphilosophie seit 1819) *Thomas de Quincey:* „Bekenntn. eines engl. Opiumessers"
1822	Griechenland, unterstützt durch westeuropäische Freischaren, erklärt sich unabhängig von der Türkei † *Karl August* Fürst *von Hardenberg*, preußischer liberaler Staatsmann (* 1750) Liberia von freigelassenen USA-Negern gegründet (Verfassung 1847) Brasilien unabhängig von Portugal. *Pedro I.* Kaiser (bis 1831) *Bolivar* befr. Ecuador von span. Herrschaft	*Byron:* „Cain" (dramatisches engl. Gedicht) * *Edmond de Goncourt*, franz. Dichter, († 1896) Goethes Freundsch. m. *Ulrike v. Levetzow* (* 1804, † 1899) *Grillparzer:* „Das goldene Vlies" (Trauersp.-Tril.) *E. T. A. Hoffmann:* „Meister Floh" (Märchen) † *Ernst Theod. Amad. Hoffmann*, dt. romant. Dichter, Komp. u. Zeichner (* 1776) *Immermann:* „Gedichte" *Rückert* beg. Übersetzg. orient. Dichtg. m. „Östl. Rosen" *Stendhal:* „Über die Liebe" (frz. Abhandlung) † *Percy Bysshe Shelley*, engl. romant. Dichter, u. a. 1813 „Die Feenkönigin" (* 1792) *Uhland:* „Walther v. d. Vogelweide" (lit.-hist. Abhdlg.)	*F. M. Charles Fourier* (* 1772, † 1835) begr. frz. sozialist. Richtung kleiner Genossenschaften *W. v. Humboldt:* „Über d. vergleich. Sprachstudium" *Edward Irving* (* 1792, † 1834) wird Prediger a. d. schott. Kirche in London (aus s. Anhäng. wird ~1832 d. „Apostolisch-katholische Kirche" der Irvingianer) * *Albrecht Ritschl*, dt. ev. Theologe, gegen Mystik, Pietismus, Dogma († 1889) Beginn des modernen Realschulwesens durch *Aug. Gottlieb Spilleke* (* 1778, † 1841) in Berlin * *Heinrich Schliemann*, dt. Archäologe († 1890) Kath. Kirche hebt Verbot kopernikan. Schriften auf
1823	Revolution in Spanien (seit 1820) gegen König *Ferdinand VII.* mit franz. Hilfe niedergeschlagen * *Graf Gyula Andrassy*, 1867 ung. Min.-Präs., 1871–79 österr.-ung. Außenminister († 1890) Mexiko wird Republik USA-Präsident *Monroe* verkündigt: „Amerika den Amerikanern" (isolationistische „*Monroe*-Doktrin")	*Byron* kämpft aktiv für die griech. Unabhängigkeit *J. F. Cooper* beg. „Lederstrumpf" *Goethe:* „Marienbad. Eleg." * *Alexander Ostrowski*, russ. Bühnendichter († 1886) * *Alexander Petöfi*, ungar. Freiheitsdichter († 1849) *Rückert:* „Liebesfrühling" (Gedichte) † *Zacharias Werner*, dt. Dichter, s. 1810 kathol. (* 1768)	Papst *Leo XII.* bis 1829, bekämpft Bibelgesellschaften und Freimaurerei, Förderer der Jesuiten *Pertz* beg. „Monumenta Germaniae historica" (umf. histor. Quellensammlung) * *Wilhelm Heinrich Riehl*, dt. Kulturhistoriker u. Erzähler († 1897) *Saint-Simon:* „Katechismus f. Industrielle" (frz. Sozialismus)

Klassizismus C. D. Friedrich	Beethoven C. M. v. Weber	Ampère Entz. d. Hieroglyphen	
Rauch: „Goethe" (Marmorbüste) G. Schadow: Lutherdenkmal (Wittenberg), „Friedrich d. Gr. und seine Windspiele" (Sanssouci), „Goethe" (Plast.) Schinkel baut Schauspielhaus in Berlin (s. 1818) Thorwaldsen: „Segnender Christus" (dän. Bildwerk)	Joseph Xaver Elsner (* 1766, † 1854), „Vater d. poln. Musik", Lehrer Chopins, wird Direktor d. Konservatoriums i. Warschau Weber: „Der Freischütz" (Urauff. im Schauspielhaus Berlin, erregt starkes musikal. Interesse)	~ Arago u. Gay-Lussac: Elektromagnet Faraday findet Grundlage des Elektromotors * Herm. v. Helmholtz, dt. Physiologe und Physiker († 1894) ~ J. V. Poncelet begr. Projektive Geometrie (als Franz. i. Rußland) Seebeck entd. Thermoelektrizität * Rudolf Virchow, dt. Mediziner und liberaler Politiker († 1902)	E. W. Arnoldi grdt. Gothaer Feuerversicherungsanstalt (vgl. 1827) J. E. Taylor grdt. Manchester Guardian (liberal, zunächst Wochenblatt, 1855 tägl.) ~ In Berlin nur eine öff. Bedürfnisanstalt (erst 1875 in größ. Zahl erbaut)
† Antonio Canova, ital. Bildhauer (* 1757) ~ C. D. Friedrich: „Mondaufgang am Meer" (Gem.) ~ Pierre Narcisse Guérin (* 1774, † 1833): „Aurora u. Cephalus" (frz. Gem.) Overbeck: „Einzug Christi i. Jerusalem" (Gem.)	* César Franck, belg. Komponist († 1890) Mendelssohn-Bartholdy: Sinfonie in D-dur (Uraufführung 1959) Schubert: 8. Symphonie h-moll in 2 Sätzen („Die Unvollendete") Zelter: Kgl. Inst. f. Kirchenmusik, Berlin (Vorläufer d. Musikhochschule)	Ampère: Magnetismus d. Stoffe beruht auf elektr. Molekularströmen Jean François Champollion (* 1790, † 1832) entziff. auf „Stein v. Rosette" (gefund. 1799) Hieroglyphen Fourier: „Analyt. Theor. d. Wärme" † Friedrich Wilhelm Herschel, dt. Astron. (* 1738) * Gregor Mendel, Begr. d. Vererbungslehre († 1884) J. N. Niepce (* 1765, † 1833): Heliographie (Herstellg. v. Druckplatten mittels lichtempfindl. Asphaltschichten) Erste Versamml. dt. Naturforscher u. Ärzte, in Leipzig (durch L. Oken) * Louis Pasteur, frz. Chemik. u. Bakteriol. († 1895)	≈ Engl. Maschinenzwirn beg. indisches Handwerk zu ruinieren (d. Zerstörung d. Handwerks steht i. d. Kolonialgeb. kein entspr. industrieller Aufbau gegenüber) Spiralbohrer f. Metall 1. Berliner Gewerbe-Ausstellung Frühe anonyme Limericks i. England (vgl. 1846 D)
C. D. Friedrich: „Einsamer Baum", „Mondaufgang am Meer" (Gem.) † Pierre Paul Prud'hon, frz. Maler (* 1758) † Henry Raeburn, schott. Bildnismaler (* 1756) Rauch: „Fr. Wilhelm III." (Büste) Waldmüller: „Beethoven" (Porträtgem.)	Beethoven: 9. Symphonie d-moll mit Schlußchor „An die Freude" Schubert: Musik zu „Rosamunde", „Die schöne Müllerin" (Liederzyklus) Weber: „Euryanthe" (Oper) Erard: Mod. Pianoforte mit Repetitionsmechanik	Döbereiner: Wasserstoff-Platin-Feuerzeug Faraday verflüssigt Chlor u. a. Gase Gauß: Ausgleichrechnung (Methode d. kleinsten Quadrate) E. A. Geitner: Neusilber (Nickelleg.) F. P. von Wrangel entdeckt die Wrangel-Insel vor Nordsibirien	Erster Rosenmontagszug in Köln Ch. Macintosh: wasserdichte Gewebe durch Kleben zweier Stoffe mit Gummilösung

	Südamerika selbständig	Romantik Hauff · Puschkin	Ranke Pestalozzi
1824	*Karl X.* König von Frankreich (bis 1830): Reaktion in Frankr. Vereinigung Jülich-Cleve-Berg und Niederrhein zur preußischen Rheinprovinz Aufheb. der Anti-Gewerkschaftsgesetze in England *S. Bolivar* befr. Peru v. span Herrschaft Literar. „Mittwochsgesellschaft" in Berlin	† Lord *George Byron*, an Malaria in Griechenl., engl. Dicht. d. „Weltschmerzes" (* 1788) * *Alexandre Dumas* (Sohn), frz. Dichter († 1895) *Heine:* „Harzreise" (1. Teil; vgl. 1831) Graf *Giacomo Leopardi* (ital. Dicht. d. „Weltschmerzes" * 1798, † 1837): „Canzoni"	*Herbart:* „Psychologie als Wissenschaft" (2 Bde. bis 1825) *Ranke:* „Zur Kritik neuerer Geschichtsschreiber" (Anfänge seiner objektiv-krit. Geschichtsschreibung, zu zeigen, „wie es gewesen ist") Gründung der Berliner Missionsgesellschaft (ev.) National Gallery, London gegr.
1825	*John Quincy Adams* (* 1767, † 1848) Präsident der USA bis 1829. Bildung der demokratischen u. d. republikan. Partei Bolivien unter Präsident *Bolivar* unabhäng. Republik: Ende des span. Kolonialreiches in Südamerika * *Ferdinand Lassalle*, dt. Sozialist († 1864) † *Maximilian I. Joseph*, s. 1795 Hzg., s. 1806 König von Bayern (* 1756) *Ludwig I.* König von Bayern (dankt 1848 ab) † *Alexander I.*, Zar von Rußland seit 1801 (* 1777) *Nikolaus I.* Zar von Rußland (bis 1855 [†]) Dekabristen Aufstand um eine Verfassung in Rußland wird niedergeworfen	*Goethe* wie ein Fürst gefeiert *Grillparzer:* „König Ottokar" (Schauspiel) *Manzoni:* „Die Verlobten" (ital. Roman) * *Conrad Ferdinand Meyer*, schweiz. Dichter († 1898) *Wilhelm Müller* (* 1794, † 1827): „Neugriechische Volkslieder" † *Jean Paul (Friedrich Richter)*, dt. Dichter (* 1763) *Platen:* „Sonette aus Venedig", „Das Theater als ein Nationalinstitut betrachtet" *Puschkin:* „Boris Godunow" (gilt als erste russ. Tragödie). Gebrüder Grafen *zu Stolberg* (*Christian* * 1748, † 1821; *Friedrich Leopold* * 1750, † 1819): Gesammelte Werke *Esaias Tegnér* (* 1782, † 1846): „Frithjofs-Sage" (schwed. Romanzen-Epos)	*August Böckh* (* 1785, † 1867): „Corpus inscriptionum Graecarum" (Begrdg. d. wiss. griech. Inschriftenkunde; B. gilt als Begrdr. einer umfassenden Altertumswissenschaft, die über die reine Textphilologie hinausgeht) *Louis Braille* (* 1809, † 1852): Blindenpunktschrift (ausführlicher 1829) *R. Owen* kauft New Harmony (USA) u. gründet kommunistische Gemeinde (scheitert nach kurzer Zeit) *Saint-Simon:* „Neues Christentum" (frz. Sozialismus) † *Claude Henry de Saint-Simon*, frz. religiös. Sozialist (* 1760); seine Schüler begründen „Erste sozialistische Schule" (best. bis 1832)
1826	*S. Bolivar* beruft panamerikan. Kongreß n. Panama (ohne Erfolg) Engl. anerkennt d. v. Spanien abgefallenen mittelamerikan. Staaten (auch aus wirtschaftl. Gründen) * *Wilhelm Liebknecht*, dt. Sozialdemokrat († 1900) † *Thomas Jefferson*, Staatsmann d. USA; 1801–09 Präsident; Grd. d. Demokratischen Partei geg. *Alex. Hamilton* (* 1743)	*Eichendorff:* „Aus dem Leben ein. Taugenichts" (Nov.) *Hauff:* „Mitteilungen aus den Memoiren des Satans" und „Lichtenstein" (Rom.), „Märchen-Almanach" † *Johann Peter Hebel*, alemannischer Dichter (* 1760) * *Josef Viktor von Scheffel*, dt. Dichter († 1886) *Uhland* und *Schwab* geben *Hölderlins* Gedichte heraus † *Johann Heinrich Voß*, dt. Dicht. u. Übersetzer (* 1751) Hoftheat. i. Coburg	*Fröbel:* „Die Menschenerziehung" *Ngüan Ngüan* (* 1764, † 1849) besorgt kritische chinesische Ausgabe der konfuzianischen Schriften (chin. Kanon) *Pestalozzi:* „Lebensschicksale" (Autobiographie) Bayr. Landesunivers. wird v. Landshut (dort s. 1800) nach München verl. (gegr. 1472 i. Ingolstadt)

Constable Klassizismus	Beethoven Weber	Nichteuklidische Geometrie	
C. D. Friedrich: „Vor Sonnenaufgang im Gebirge" (Gem.) F. Gérard: „Daphnis u. Chloe" (frz. Gem.) † Théodore Géricault, frz. Maler (*1791) *Joseph Israels, holl. Maler (†1911) Jeffry Wyattville beg. Schloß Windsor (i. engl.-neogot. Stil) Kunstverein i. München	Beethoven: „Missa Solemnis"; letzte, stark polyphone Streichquartette op. 127, 130, 131, 135 (b. 1826) * Anton Bruckner, österr. Komp. († 1896) * Peter v. Cornelius, dt. Komp. († 1874) Schubert: Quart. a-moll * Bedřich Smetana, tschech. Kp. († 1884)	Aspdin: Portland-Zement Sadi Carnot (* 1796, † 1832): Nutzeffekt von Wärmekraftmaschinen Goethes Wirbeltheorie des Schädelbaus Liebig Prof. in Gießen Erste Atomtheorie der Kristalle von L. A. Seeber * W. Thomson, engl. Physiker († 1907)	„Brabanter" („Hohenheimer") Pflug begr. seine mod. Form Erst. Tierschutzverein in London 1. dt. Einwanderung in (Süd-)Brasilien Kunstleder von Hancock 1. Karnevalsumzug in Köln
† Jacques Louis David, frz. Maler des Klassizismus (* 1748) Lawrence: „Kg. Karl X." (engl. Gem.) ~ K. Hokusai: „Die Woge" (Farbholzschnitt) Nationaltheater in München neueröffnet (erstmals 1818)	Beethoven: Große Fuge B-dur (urspr. zum Streichquartett op. 130 wegen s. schweren Verständlichkeit abgetrennt) François Adrien Boieldieu (* 1775, † 1834): „Die weiße Dame" (frz. Oper) † Antonio Salieri, ital. Opernkomp. im Stile Glucks in Wien, Gegner Mozarts (* 1750) * Johann Strauß (Sohn), österr. Komponist († 1899)	Schwefelzündholz von Cooper Faraday entdeckt Benzol im Leuchtgas Laplace: „Himmelsmechanik" (frz., s. 1799) Adrien-Marie Legendre (* 1752, † 1832): „Elliptische Funktionen" (3 Bde. bis 1832) Liebig u. Wöhler: Isomerie (gleiche Atome können versch. Moleküle bilden) J. E. Purkinje (* 1787, † 1869), Begr. d. exper. Sinnesphysiologie, entd. Keimbläschen i. Hühnerei Eisenbahn Stockton—Darlington (Engl.) mit Stephenson-Lokomotive Verbess. Elektromagnet von Sturgeon Erste dt. Technische Hochschule i. Karlsruhe	Pferdeomnibus (Kremser) in Berlin Wirtschaftskrise in England (1826 Aufstände unter den Baumwollarbeitern) Teerose kommt aus China n. Europa ~ Unter d. Einfl. v. Ling entst. schwed. Heilgymnastik Börsenverein der dt. Buchhändler i. Leipzig gegrdt. Erie-Kanal zwischen Buffalo und Albany (USA) mit 544 km Länge fertiggestellt (seit 1817 im Bau) Schwere Nordsee-Sturmflut
Constable: „Das Kornfeld" (engl. Gem.) J. G. Schadow: „Die Ruhende" (Bronzeakt) Schinkel: Schlösser Charlottenhof und Klein-Glienicke (Potsdam) † Friedrich Weinbrenner, süddt. Baumeister, bes. in Karlsruhe (* 1766)	Mendelssohn-Bartholdy: Ouvertüre zum „Sommernachtstraum" Schubert: Streichquartett d-moll („Der Tod und das Mädchen") Weber: „Oberon" (Oper) † Carl Maria von Weber, dt. Komponist (* 1786)	Niels Henrik Abel (* 1802, † 1829): Gleichungen von höherem als 4. Grad lassen sich allgem. nicht auflösen N. I. Lobatschewskij begründ. in Kasan die nichteuklidische Geometrie mit mehreren Parallelen zu einer Geraden (vgl. 1816, 32) Kaltwasser-Heilanstalt v. Prießnitz (* 1799, † 1851) Erste Photographie von Niepce	Gasbeleuchtung „Unter d. Linden", Berlin Joseph Meyer (* 1796, † 1856) grdt. Verlag „Bibliographisches Institut" „Blaue Grotte" Capris wiederentdeckt * Bernhard Riemann, dt. Mathem. († 1866) Anilin aus Indigo durch Otto Unverdorben (* 1806, † 1873)

	Griechenland unabh. *Zollvereine*	*Balzac* *Goethe*	*Schlegel* *Herbart*
1827	Engl.-frz.-russische Flotte besiegt im griech. Unabhängigkeitskrieg in d. Schlacht b. Navarino türk.-ägyptische ~ Entst. panslawistischer Ideen in d. Slowakei (unter d. Einfl. d. dt. Romantik) Peru wählt *S. Bolivar* zum Präsidenten auf Lebenszeit	* *Charles de Coster*, belg.-fläm. Dichter († 1879) *Goethe* prägt den Begriff „Weltliteratur" *Grabbe*: „Scherz, Satire, Ironie und tiefere Bedeutung" (Lustspiel) *Hauff*: „Phantasien im Bremer Ratskeller", „Jud Süß" † *Wilhelm Hauff*, dt. Dichter (* 1802) *Heine*: „Buch der Lieder" *Scott*: „Das Leben Napoleons" (engl. Rom.)	*P. J. A. Feuerbach*: „Merkwürdige Verbrechen" * *Paul Anton de Lagarde*, dt. Orientalist u. Philosoph († 1891) † *Johann Heinrich Pestalozzi*, Schweiz. Pädagoge; stellte Entfaltung d. Anlagen über Erwerb v. Wissen (* 1746) *Joseph Smith* (* 1805, † 1844, ermordet) grdt. „Kirche Jesu Christi der Heiligen d. letzten Tage" in USA („Mormonen") Universität Helsinki gegrdt.
1828	† *Karl August*, Großherzog von Sachs.-Weimar (s. 1815, Hzg. s. 1758); Freund *Goethes* (* 1757) Mitteldeutscher Handelsverein zw. Hannover, Kurhessen, Sachsen, Braunschweig, Nassau, Frankfurt (Main), Bremen, thüring. Kleinstaaten, geg. Preußen gerichtet; Zollverein zwischen Preußen u. Hessen-Darmstadt (preuß. Binnenzölle s. 1818 aufgehoben); Süddt. Zollverein zwischen Bayern u. Württemberg Uruguay selbst. Republik mit argent. Hilfe (seit 1821 bei Brasilien)	Briefwechsel *Goethe*–*Schiller* erschienen * *Henrik Ibsen*, norw. naturalistischer Bühnendichter († 1906) * *Leo Nikolajewitsch Tolstoi*, russ. Dichter († 1910) * *Jules Verne*, franz. utopischer Schriftsteller († 1905) *Ferd. Raimund* (* 1790, † 1836): „Der Alpenkönig u. der Menschenfeind" (österr. Schauspiel) *Anton Philipp Reclam* (* 1807, † 1896) grdt. Reclam-Verlag (gibt ab 1867 „Universal-Bibliothek" heraus)	* *Henri Dunant*, schweiz. Philanthrop, veranl. „Genfer Konvention" u. „Rotes Kreuz" († 1910) *J. Grimm*: „Deutsche Rechtsaltertümer" * *Friedrich Albert Lange*, dt. Philosoph (Kantianer) und Kathedersozialist († 1875) *K. Ottfr. Müller* (* 1797, † 1840): „Die Etrusker" (grundl. f. mod. Etruskologie) *Fr. Schlegel*: „Philosophie des Lebens" „Rheinische Missionsgesellschaft" (ev.) gegründet Universität London gegrdt.
1829	Russisch-türk. Friede zu Adrianopel: Griechenland von der Türkei unabhängiges Kgr. unter König *Otto* von Bayern (1832 bis 1862) *Andrew Jackson* (* 1767, † 1845) Präsident der USA (bis 1837); begr. den Wechsel der Verwaltungsbeamten n. d. Wahlsieg einer Partei	*Balzac* beg. „Die menschliche Komödie" (Zyklus frz. Sittenromane, 40 Bde. unvoll.) *Goethe*: „Wilhelm Meisters Wanderjahre" (Roman mit sozial. Betrachtungen) *Grabbe*: „Don Juan und Faust", „Kaiser Friedrich Barbarossa" (Schauspiele) *W. Grimm*: „Die deutsche Heldensage" *Hugo*: „Der letzte Tag eines Verurteilten" (frz., geg. d. Todesstrafe) *Uhland* Literaturprofessor in Tübingen (bis 1833)	*Herbart*: „Allgemeine Metaphysik" *Justinus Kerner* (* 1786, † 1862): „Die Seherin von Prevorst" (Theorien des Übersinnlichen) Papst *Pius VIII.* bis 1830 *Fr. Schlegel*: „Philosophie d. Geschichte" † *Friedrich Schlegel*, dt. Dichter und Gelehrter, s. 1808 kathol. (* 1772) *A. W. Schlegel*: „Ramayana" (b. 1846, bahnbr. f. dt. Indologie) Katholiken erhalten in England Recht auf öffentliche Gottesdienste

Turner Delacroix	† Beethoven Schubert	Erste Synthese organischer Stoffe	
† William Blake, engl. Zeichner (* 1757) * Arnold Böcklin, schweiz. neu-romantischer Maler († 1901) Ludwig I. v. Bayern kauft altdt. Gemäldesl. d. Gebr. Boisserée f. d. Alte Pinakothek Ingres: „Apotheose Homers" (frz. Gem.)	† Ludwig van Beethoven, dt. Komponist, letzter d. „Wiener Klassiker" (* 1770) Lorenzo Daponte (* 1749, † 1838), ital. Operndichter (u. a. z. d. Mozartopern „Figaro", „Don Giovanni"): „Memoiren" (4 Bände s. 1823) Schubert: „Die Winterreise" (Liederzykl. n. Ged. v. Wilh. Müller)	Entdeckung des Säugetiereies durch Carl Ernst v. Baer (* 1792, † 1876) Brown: Wärmebewegung mikroskopischer Teilchen † Pierre Simon Laplace, frz. Math. u. Astron. (*1749) Georg Simon Ohm (* 1787, † 1854) find. sein Gesetz für elektr. Ströme Schiffsschraube von Ressel Aluminium aus Tonerde durch Wöhler Ges. f. Erdkunde, Berlin	Friedensrichter in Preußen Ernst Wilh. Arnoldi (* 1778, † 1841) grdt. (1. dt.) Lebensversicherungsbank a. G. in Gotha (vgl. 1821) John Walker: Schwefelreibzündhölzer Anton Löhner: Rollschuhe Karl Baedeker grdt. Verlag für Reisehandbücher
A. v. Humboldt: Allgemeinverständliche „Kosmos"-Vorträge i. Berlin			
Delacroix: frz. Lithographien zu „Faust" † Francisco Goya, span. realist. Maler (* 1746) † Jean Antoine Houdon, frz. Bildhauer (* 1741) Klenze baut Odeon in München * Dante Gabriel Rossetti, engl. Maler und Dichter († 1882) Schinkel baut Altes Museum in Berlin (s. 1822) *Alfred Stevens, belg. Maler († 1906) J. Stieler: „Goethe" (Gem.) Kunstverein i. Dresden	Auber: „Die Stumme von Portici" (frz. Oper) Schubert: 7. Symphonie C-Dur („Die Große"); Klaviersonaten in c, A und B † Franz Schubert, österr. Komponist; schrieb über 600 Lieder (* 1797)	Berzelius entd. Element Thorium (spät. als radioaktiv erk.) Stickmaschine von Heilmann Erste Synthese eines organischen Stoffes (Harnstoff) aus anorganischen Stoffen durch Friedrich Wöhler (* 1800, † 1882). (Seitdem kein grundsätzlicher Unterschied zwischen organischer und anorganischer Chemie) Techn. Hochschule Dresden gegr.	Der rätselhafte Findling Kaspar Hauser (* ~ 1812, † 1833 a. d. Folgen ein. Mordanschlages) taucht auf
Blechen entw. i. Ital. Freilichtmalerei * Anselm Feuerbach, dt. klassizistischer Maler († 1880) * Viktor Müller, süddt. Maler († 1871) † Johann Heinrich Wilhelm Tischbein, dt. Historien- und Bildnismaler (z. B. Königin Luise, Goethe in der Campagna), aus dem Goethekreis (* 1751) Turner: „Odysseus verhöhnt Polyphem" (engl. Gem.)	Wiederaufführung der Matthäuspassion von J. S. Bach durch die Berliner Singakademie unter Mendelssohn-Bartholdy. (Erstaufführung Karfreitag 1729 in der Thomaskirche zu Leipzig) Rossini: „Wilhelm Tell", „Graf Ory" (ital. Opern) * Anton Rubinstein, russ. Komponist und Klaviervirtuose († 1894)	Döbereiner erk. i. s. Triadenlehre Ähnlichk. chem. Elemente (Vorläufer des „Periodischen Systems") A. v. Humboldt untern. auf Veranl. des Zaren Forschungsreise n. Sibirien J. Ressel erprobt Schraubenschiff Stephensons Lokomotive „The Rockett" gew. Preisfahrt Dt. Archäologisches Institut in Rom gegründet	Erster Ruderwettkampf Oxford-Cambridge ~ Erste Gewerkschaften (Trade Union) in England Briten verbieten Witwenverbrennung in Indien

	Juli-Revolution *Frhr. v. Stein*	*Romantik* *Hugo*	† *Hegel* *Indologie*
1830	Juli-Revolution in Paris wegen Verletzung politischer Rechte durch König *Karl X.*, der abdankt; *Louis Philipp* „Bürgerkönig" v. Frankr. b. 1848: „Goldene Tage d. Bourgeoisie" *Talleyrand* frz. Botsch. in London (b. 1834) Frankreich erobert Algerien Belg. Erheb. geg. Niederlande; Belg. Kgr. unter *Leopold* v. Sachsen-Coburg Unruhen in Braunschweig, Göttingen, Sachs., Kurhess. Einf. demokratischer Verfassungen in den reformierten Schweizer Kantonen *Wilhelm IV* König von Großbritannien (b. 1837 [†]) Unruhen in Irland Vergeblicher polnischer Aufstand gegen Rußland Ecuador selbst. Freistaat * *Franz Joseph I.*, Neffe *Ferdinands I.*, von 1848 bis 1916 (†) österreich. Kaiser † *Ludwig Yorck v. Wartenburg*, preuß. Heerf. in d. Freiheitskriegen (* 1759)	*Balzac:* „Tolldreiste Geschichten" (frz. erot. Erzählungen im Barock-Stil) *Eichendorff:* „Der letzte Held von Marienburg" (Trauerspiel) * *Marie von Ebner-Eschenbach*, geb. Gräfin *Dubsky*, mährisch-österr. Dichterin († 1916) * *Jules de Goncourt*, frz. Dichter († 1870) * *Paul Heyse*, dt. Dichter, *Nobel*preis 1910 († 1914) *Hugo:* „Hernani" (frz. Versdrama) *Immermann:* „Tulifäntchen" (Märchen) *Lamartine:* „Poetische und religiöse Harmonien" (frz. Dichtung) * *Frédéric Mistral*, frz. Dichter, *Nobel*preis 1904 († 1914) *Juliusz Slowacki* (* 1809, † 1849): „Maria Stuart" (poln. Drama) *Stendhal:* „Rot u. Schwarz" (frz. Roman)	*F. C. Dahlmann* (* 1785, † 1860): „Quellenkunde der dt. Geschichte" (gilt als Standardwerk) *L. Feuerbach:* „Gedanken über Tod und Unsterblichkeit" *A. W. Schlegel:* „Indische Bibliothek" (3 Bde. s. 1823; zus. m. „Bhagavad-Gita" [1823] bahnbr. f. wiss. dt. Indologie) *Friedrich Julius Stahl* (*1802, † 1861): „Die Philosophie des Rechts" (betont göttl. Ursprung, 2 Bde. bis 1837) *Karl Aug. Varnhagen v. Ense* „Biographische Denkmale" (5 Bde. s. 1824) *Henrik Wergeland* (* 1808, † 1845): „Die Schöpfung, der Mensch u. d. Messias" (norweg. dramat. Gedicht; *W.* gilt als Begrdr. d. neunorweg. Literatur geg. *Joh. S. C. Welhaven* [* 1807, † 1873])
1831	† *Neidhardt von Gneisenau* (an d. Cholera), nationaler und liberaler preuß. Heerführer (* 1760) † *Karl Frhr. vom und zum Stein*, liberaler dt. Staatsmann i. Preußen (* 1757) *P. A. Pfitzer* (* 1801, † 1867) wirbt als Süddt. f. d. Anschluß an Preußen Sachsen erhält Verfassung Arbeiteraufstand in Lyon Gründung einer französischen Fremdenlegion für Nordafrika Türkei verliert Syrien an Ägypten	† *Achim von Arnim*, dt. Dichter (* 1781) *Balzac:* „Die Frau von 30 Jahren" (frz. Roman) *A. v. Chamisso:* „Frauenliebe u. -leben" *Goethe:* Ges. Werke (letzter Hand, 40 Bde. s. 1827) *Anastasius Grün* (* 1806, †1876): „Spaziergänge eines Wiener Poeten" (österr. Gedichte gegen *Metternich*) *Grabbe:* „Napoleon od. d. 100 Tage" (Schauspiel) *Heine* in Paris: „Reisebilder" *Hugo:* „Notre Dame de Paris" (frz. histor. Roman) * *Nikolai Leskow*, russ. Dichter († 1895) * *Wilhelm Raabe*, dt. Dichter († 1910)	* *Friedrich v. Bodelschwingh* dt. innerer Missionar († 1910) *Carus:* „Vorlesungen über die Psychologie" Papst *Gregor XVI.* bis 1846, Förderer der Jesuiten, stärkt das Papsttum † *Georg Wilhelm Friedrich Hegel* (an d. Cholera), dt. Philosoph, Begr. des dialektischen Idealismus, preuß. Staatsphilosoph (* 1770) Baptistenprediger *W. Miller* (* 1782, † 1849) grdt. in USA Adventisten-Sekte (seit Christi Tod entstanden mehr als 175 Sekten, die seine unmittelbare Wiederkehr erwarten)

Daumier *Delacroix*	*Romantik* *Schumann*	*Eisenbahn* *Induktionsgesetz*	
~ *Blechen:* „Tivoli" (Gem.)	*Auber:* „Fra Diavolo" (frz. Oper)	*R. Brown* entd. Zellkern	Aufhebung der Pressezensur in Frankreich
C. D. Friedrich: „Wiesen bei Greifswald" (Gem.)	*Fanny Elßler* (* 1810, † 1884) beg. ihre Erfolge als Balettänzerin in Berlin	*Cuvier* setzt i. ein. Diskussion geg. *Geoffroy-Saint Hilaire* i. d. frz. Akad. d. (irrige) Lehre v. d. Konstanz d. biol. Arten durch	† *August von Goethe* in Rom (* 1789), vorehelicher Sohn von *J. W. v. Goethe* und *Christiane Vulpius*
† *Thomas Lawrence*, engl. Maler (* 1769)	*Chopin* kommt n. Paris	† *Jean Baptiste Fourier*, frz. Mathematiker und Physiker (* 1768)	~ Vatermörder in der Männermode
Auflösung der „Nazarener-Schule" in Rom (gegr. 1810)	*Mendelssohn-Bartholdy:* „Reformations - Symphonie", „Die Hebriden" (Konzert-Ouvertüre)	*Hessel* leitet d. 32 Kristallklass. verschiedener Symmetrie ab	~ Typ und Bezeichnung „Dandy" kommen auf
* *Camille Pissarro*, frz. Maler des Impressionismus († 1903)	Ausged. Konzertreise d. Pianistin *Klara Wieck* (* 1819, † 1896; verh. sich 1840 mit *R. Schumann*)	*Fr. J. Hugi* begr. exakte Gletscherforschung	St. Gotthardtstraße f. Wagenverkehr geöffnet (1. Kutsche fuhr schon 1775)
Ch. D. Rauch: Dürerdenkm. i. Nürnberg (eingew. 1840, erstes Denkm. ein. Künstlers)		*Charles Lyell* begr. geolog. Aktualismus (leitet entg. Katastrophentheorie Veränd. aus gegenwärtig bekannten Kräften ab)	26 Straßen-Dampfwagen in London
Philipp Veit (* 1793, † 1877) Dir. d. *Staedel*-Inst., Frankf./M. (gegr. 1816); malt hier „Einführung des Christentums u. der Künste i. Dtl.", Fresko)	 245 Dampfmaschinen i. Preußen mit insges. 4485 PS Leistung (ca. 18 PS/Maschine)	*J. Madersperger:* Nähmaschine (vgl. 1846)	Optische Telegraphenlinie Berlin-Koblenz
		v. Reichenbach: Paraffin	Salpeterausfuhr aus Chile: 800 t (1900: 1,48 Mill. t, 1917: 2,8 Mill. t Max.)
~ *Hiroshige:* „Acht Ansichten vom Biwa-See" (japan. farbige Holzschnitte)		*Perry* und *Wise:* Stahlfeder	
		Eisenbahn Liverpool—Manchester m. ca. 45 km/st Geschw. (gilt als Beg. d. mod. Eisenbahnwesens)	
		Chem. Zentralblatt gegr. (Berichtsorgan d. rasch wachs. Chemie)	Beginn amtl. Wetteraufzeichnungen in Berlin
* *Reinhold Begas*, norddt. Bildhauer († 1911)	*Vincenzo Bellini* (* 1801, † 1835): „Norma" (ital. Oper)	*Belli:* Influenz-Elektrisiermaschine	* *Heinrich Stephan*, dtsch. Generalpostmeister († 1897)
Carus: „Briefe über Landschaftsmalerei"	*Meyerbeer:* „Robert d. Teufel" (*M.* beherrscht d. Große Oper in Paris)	Weltreise *Darwins* (bis 1836) (erf. u. a. Koralleninseln)	Erste europ. Cholera-Pandemie († u. a. *Clausewitz, Gneisenau, Hegel*)
H. Daumier: Mitarb. d. satir. Blätter „Caricature" (verboten 1835) und „Charivari"	*R. Schumann:* „Papillons" (Klavierstücke)	*Faraday:* Magnetfeldänderung erzeugt elektr. Spannung: Induktionsgesetz (Grundl. d. Dynamos)	Letzte öff. Hinrichtung durch d. Schwert i. Bremen (der Giftmischerin *Gesche Gottfried*, geb. *Timm* [*1785], vor ca. 30 000 Zuschauern)
Delacroix: „Die Freiheit führt das Volk" (frz. Gem.)		*Goethe* vermut. Abstamm. des Menschen vom Tier	
* *Constantin Meunier* belgischer Bildhauer u. Maler († 1905)		*Liebig:* Apparat zur Elementaranalyse organischer Verbindungen; entd. mit *Subeiran* Chloroform	Pressegesetz in Baden
Thorwaldsen: „Adonis" (dän. Plastik)		* *James Clerk Maxwell*, engl. Physiker († 1879)	Wiederaufleben des Fußballspiels i. Eton u. a. engl. Schulen (urkundl. im 12. Jh. in England erwähnt)
		Entdeckung des magnetischen Südpols im Nordpolargebiet durch *John Ross* (* 1777, † 1856)	

	Engl. Parlamentsreform *Dt. Zollverein*	† *Goethe* *Lenau*	*Diesterweg* *Wichern*
1832	Parlamentsreform in Engl. dehnt d. Wahlrecht auf das wohlhabende Bürgertum aus (1 statt bisher ½ Million Wahlberechtigte) „Hambacher Fest" d. süddt. Demokraten (führt zur Aufheb. v. Presse- u. Versammlungsfreiheit) † Hzg. v. *Reichstadt*, *Napoleon* (II.) (* 1811) *Giuseppe Mazzini* (* 1805, † 1872) grdt. republ. Geheimbund „Junges Italien" (1834 z. „Jungen Europa" erweitert) Erster Parteikonvent der Demokrat. Part. d. USA nominiert Jackson z. Präsidenten	* *Björnstjerne Björnson*, norw. Dichter, *Nobel*preisträger 1903 († 1910) * *Wilhelm Busch*, dt. Zeichner und Dichter († 1908) † *Ludwig Devrient*, dt. Charakterschausp. am Berliner Hoftheater (* 1784) *Goethe*: „Faust II" (s. 1773) † *Johann Wolfgang von Goethe* am 22. 3. in Weimar, dt. Dichter u. Denker (* 1749) *Immermann*: „Merlin" (dramatische Dichtung) *Lenau*: Gedichte *Mörike*: „Maler Nolten" *Puschkin*: „Mozart und Salieri" (russ. Schauspiel) † *Walter Scott*, schott. Dichter (* 1771)	† *Jeremy Bentham*, engl. Philosoph des Utilitarismus: „Größtmögliches Glück der größtmögl. Zahl" (* 1748) *Diesterweg* Direktor d. Seminars für Stadtschulen in Berlin (bis 1850); fördert Lehrerbildung u. Volksschulwesen *Pierre Leroux* prägt d. Begr. „Sozialismus" *Barth. Georg Niebuhr* (* 1776, † 1831): „Röm. Geschichte" (3 Bde. s. 1811, bahnbr. Methodik) * *Wilhelm Wundt*, dt. Philosoph und Psychologe († 1920) „*Gustav-Adolf*-Verein" zur Förderung verstreuter ev. Gemeinden gegründet
1833	Preußen gründet deutschen Zollverein unter Vereinigung des Süddt. Zoll- u. d. Mitteldt. Handels-Vereins (beide seit 1828); Österreich bleibt außerhalb *F. List*: „Über ein sächsisches Eisenbahnsystem als Grundlage eines allgemeinen deutschen Eisenbahnsystems" ~ Anhaltender Bürgerkrieg in der Republik Mexiko (bis 1858)	*Brentano*: „Das bittere Leiden unseres Herrn Jesu Christi" (nach d. stigmat. Nonne *A. K. Emmerich*) *Eichendorff*: „Die Freier" (Lustspiel) *Puschkin*: „Eugen Onegin" (russ. Versroman), „Der eherne Reiter" (Epos auf *Peter d. Gr.*) *Ludw.* u. *Dorothea Tieck*, *W. Baudissin*: Shakespeares Werke (9 Bde. s. 1825; Erg. d. Übers. *A. W. Schlegels* 1797–1810)	* *Wilhelm Dilthey*, dt. Philosoph († 1911) *E. B. Pusey*: Katholisier. „Oxforder Bewegung" † *P. J. Anselm Feuerbach*, dt. Strafrechtl. (* 1775) *Lafayette* grdt. „Verein d. Menschenrechte" * *Auguste Schmidt*, deutsche Frauenrechtlerin († 1902) *Johann Hinrich Wichern* gründet das „Rauhe Haus" in Hamburg, erstes ev. Waisenhaus und Internat; Begr. d. dt. ev. Inn. Mission
1834	Liberale Verfassung in Spanien Erster Karlistenkrieg um Thronfolge in Spanien (bis 1840) † *Joseph de Lafayette*, frz. Kämpfer f. d. Menschenrechte in USA u. Frankr. (* 1757) Dt. Zollverein in Kraft *Büchner* i. Hess. Landboten: „Frieden den Hütten, Krieg den Palästen"	*Balzac*: „Vater Goriot" (frz. Roman) *Edw. Lytton Bulwer* (* 1803, † 1873): „Die letzten Tage von Pompeji" (engl. Roman) * *Felix Dahn*, dt. Dichter und Historiker († 1912) *Grillparzer*: „Der Traum ein Leben" (Märchendrama) *Th. Moore*: „Irische Melodien" (ir. Lyrik, s. 1807) *Puschkin*: „Pique Dame" (russ. Novelle) *Wienbarg*: „Ästhetische Feldzüge" (Programm des jungdt. Realismus)	* *Ernst Haeckel*, dt. Naturforscher und monistischer Philosoph († 1919) * *Ramakrischna*, ind. Hindu und Ordensstifter († 1886) *Ranke*: „Die römischen Päpste" (3 Bde. bis 1836) † *Friedrich Schleiermacher*, dt. ev. Theologe (* 1768) * *Heinrich von Treitschke*, dt. Geschichtsschreiber († 1896) „Altlutheraner" bilden sich in Preußen gegen die staatlich geförderte „Union" Aufhebung der Inquisition in Spanien

Romantik Delacroix	Romantik Marschner	Elektromotor	
S. Boisserée: „Geschichte u. Beschreibung des Doms von Köln" (s. 1823, trägt z. s. Vollendung bei) † *Louis Philibert Debucourt,* frz. Maler und Kupferstecher Pariser Sittenbilder; stellte Achtfarbendrucke her (* 1755) * *Gustave Doré,* frz. Illustrator und Maler († 1883) *Goethe:* Kunst u. Altertum (s. 1816) * *Edouard Manet,* frz. Maler, Begr. d. Impressionismus († 1883)	*Berlioz:* „Symphonie fantastique" (frz. Be. grdg. der Programmmusik) *Donizetti:*„DerLiebestrank" (ital. Oper) † *Karl Friedrich Zelter,* dt. Liederkomp., Grd. d. ersten „Liedertafel" (1809), Freund *Goethes* (* 1758)	*Johann Bolyai* (* 1802, † 1860) veröff. die 1823 von ihm weitgeh. unabh. v. *Gauß* u. *Lobatschewskij* gef. Nichteuklidische Geometrie † *Georges Cuvier,* frz. Naturforscher; begr. d. Paläontologie d. Wirbeltiere; hemmte durch s. „Katastrophentheorie"d.biolog. Entwicklungsged. (* 1769) *Faraday* führt das anschauliche Bild d. elektr. und magnet. „Kraftlinien" ein *Jenks:* Ringspinnmaschine *Liebig* „Annal. d. Chemie" *Pixii:* Elektr. Dynamo (vor d. Erf. *Siemens'* ohne techn. Bedeutg., vgl. 1866)	*Hermann* Fürst *von Pückler-Muskau* (* 1785, † 1871): „Briefe eines Verstorbenen" (Reiseschilderungen) *Joh. Friedr. Kammerer* erf.Phosphorstreichhölzer *Jakob Steiner* (* 1796, † 1863): „System. Entwicklung d. Abhängigkeiten geometrischer Gestalten voneinander (Neubegrdg. d. synthet. Geometrie)
C. Corot; „Bildnis d. Octavie Sennegon" (frz. Gem.) *Eduard Gärtner* (* 1801 † 1877): „Die neue Wache in Berlin" (Gem.) *Menzel:* Illustration zu *Goethes* „Künstlers Erdenwallen" * *Félicien Rops,* belg. Maler († 1898) *Friedrich Preller* (* 1804, † 1878): „Odyssee" (7 heroische Landschaftsfresken bis 1836)	* *Johannes Brahms,* dt. Komponist, Neuklassiker († 1897) *Chopin:* 12 Etüden op. 10 (beend.), Klavierkonz. e-moll, op. 11 *K. Kreutzer:* „Melusine" (Oper) *Marschner:* „Hans Heiling" (Oper) *Mendelssohn-Bartholdy:* „Italienische" Symphonie (Nr. 4)	*A. Burnes* überquert Hindukusch *Gauß* und *Wilhelm Weber* (* 1804, † 1891): Magnetischer Nadeltelegraph; Absolutes Maßsystem der Physik (auf cm, g, sek. gegrdt.) *Joh. Müller* (* 1801, † 1858): „Hdb. d. Physiologie" (bis 1840) * *Alfred Nobel,* schwed. Chemiker († 1896) *Wheatstone:* Spiegel-Stereoskop (1843 das Linsen-St. v. *Brewster*)	*Simon Stampfer:* „Lebensrad" (kinematograph. Effekte) Engl. Ges. begrenzt Arbeitszeit f. Jugendl. u. Kinder, setzt Fabrikinspektoren ein Aufhebung d. Sklaverei i. brit. Reich Erster Gewerkverein in New York Studenten stürmen d. Hauptwache in Frankf./M.
* *Edgar Degas,* frz. Maler des Impressionismus († 1917) *Delacroix:* „Algerischer Harem", „Das Gemetzel v. Chios" (frz. Gem. v. s. Reise nach Nordafrika); beg. Fresken i. d. Deputiertenkammer, Rathaus, Louvre (Paris) *Koch:* „Apoll unter Hirten" (Gem.) *Wassilij Perow,* russ. Maler († 1882) * *James Whistler,* nordam. Maler († 1903)	† *François Adrien Boieldieu,* frz. Opernkomponist (* 1775) *Konradin Kreutzer* (* 1780, † 1849): „Das Nachtlager von Granada" (Oper)	*Leop. v. Buch* (* 1774, † 1853): Vulkanische Entstehungstheor. d. Gebirge („Vulkanismus") *Faraday:* Gesetze der Elektrolyse (s. 1833) *M.H. Jacobi:* Elektromotor *McCormick:* Erntemasch. Erste Messungen m. ultraroten Strahlen von *Melloni* * *D. I. Mendelejew,* russ. Chemiker († 1907) *F. F. Runge* entd. Phenol u. Anilin i. Steinkohlenteer *F. H. Weber* entd. *Weber-Fechner*sches Gesetz der Psychophysik	† *Thomas Robert Malthus,* englisch. Wirtschaftswissenschaftler u. Bevölkerungspolitiker (* 1766) Stenographie von *Gabelsberger* *J. A. L. Werner:* „Gymnastik der weiblichen Jugend"

	Beginn des Victorianischen Zeitalters	Büchner Dickens	W. v. Humboldt Schopenhauer
1835	† *Franz I.*, bis 1806 letzter röm.-dt. Kaiser, s. 1804 Kaiser v. Österr. (* 1768); *Ferdinand I.* Kaiser von Österr. (bis 1848) Städtereform in England mit d. Prinzip d. Selbstverwaltg. Verbot der liberalen Bücher des „Jungen Deutschland" (*Börne, Gutzkow, Heine, Laube* u. a.) bis 1842 *F. C. Dahlmann:* „Politik auf das Maß der gegeb. Zustände zurückgeführt"	*Andersen:* „Märchen und Geschichten" (dän., b. 1872) *Bettina v. Arnim:* „Goethes Briefw. mit einem Kinde" (selbstbiographischer Rom.) *Büchner:* „Dantons Tod" (Trag.), flieht in d. Schweiz * *Giosuè Carducci*, it. Dicht., Nobelpreis 1906 († 1907) ~ *Gogol:* „Mirgorod" *Gutzkow:* „Wally, die Zweiflerin" (Frauenroman) † *August* Graf *von Platen*, dt. Dichter (* 1796) * *Mark Twain (Samuel Langhorne Clemens)* † 1910	*J. Grimm:* „Deutsche Mythologie" ~ *Victor Cousin* (*1792, †1867) prägt den Ausdruck „L'art pour l'art" (= „Die Kunst um d. Kunst willen") *David Friedrich Strauß* (* 1808, † 1874): „Das Leben Jesu, kritisch bearbeitet" (scharfe Bibelkritik) † *Wilhelm von Humboldt*, dt. Staatsmann und Gelehrter; (u. a.: „Ideen zu einem Versuch, d. Grenz. d. Wirksamkeit d. Staates zu bestimmen", ersch. 1851) (* 1767)
1836	*Karl Ludwig Napoleon* (III.), Neffe *Napoleons I.*, versucht vergeblich in Straßburg sich zum Kaiser von Frankreich zu machen; wird nach Amerika verbannt (kehrt 1837 zurück u. geht nach London) Todesurteil geg. *Fr. Reuter* als Burschenschafter, umgewandelt in Festungshaft (bis 1840) Texas von Mexiko unabh. Buchhändlerclub i. Berlin	*Dickens:* „Die Pickwickier" (engl. Roman b. 1837) *Joh. Pet. Eckermann* (* 1792, † 1854): „Gespräche mit Goethe 1823–32" *Gogol:* „Aufzeichnungen eines Verrückten", „Der Revisor" (russ. Komöd.) † *Christian Dietrich Grabbe*, dt. Dichter (* 1801) *Heine:* „Die Romant. Schule" *Immermann:* „Die Epigonen" (zeitkritischer Roman) *Lenau:* „Faust" (dram. Ged.) *de Musset:* „Beichte ein. Kindes dies. Zeit" (selbstbiogr. Schilder. des Liebesverh. mit d. frz. Dichterin *George Sand*) *L. Tieck:* „Der junge Tischlermeister" (Nov.)	*Emerson:* „Die Natur" (mystische nordamer. Philosophie) *G. Th. Fechner:* „Vom Leben nach dem Tode" *Theodor Fliedner* (* 1800, † 1864) gründet erstes ev. Diakonissen-Mutterhaus in Kaiserswerth *W. v. Humboldt:* „Über d. Verschiedenheit d. menschlichen Sprachbaus u. ihr Einfluß auf d. geistige Entwicklung des Menschengeschlechts" (vergleichende Sprachforschung, posthum) † *James Mill*, engl. Nationalökonom, Geschichtsschreiber u. Psychologe (* 1773) *Schopenhauer:* „Über den Willen in der Natur"
1837	† *Wilhelm IV.*, s. 1830 Kg. v. Großbrit. u. Hannover (* 1765); *Victoria* Königin von Großbritannien bis 1901 [†]: „Victorianisches Zeitalter" des Bürgertums *Ernst August*, Herzog von Cumberland, König von Hannover b. 1851 (†, * 1771); hebt Staatsgrundges. v. 1833 auf; entläßt die „Göttinger Sieben" (d. Prof. *Albrecht, Dahlmann, Ewald, Gervinus, Jak.* und *Wilh. Grimm, Wilh. Weber*), weil sie Einspruch erheben	† *Ludwig Börne*, s. 1822 liberal. Journ. in Paris (* 1786) † *Georg Büchner*, dt. Dichter; hinterl. „Woyzek" (Trag.) (* 1813) *Dickens:* „Oliver Twist" (engl. Roman b. 1839) *Eichendorff:* „Das Schloß Durande", „Gedichte" *Gotthelf:* „Der Bauernspiegel" (schweiz. Erzählung) *Lenau:* „Savonarola" (Epos) † *Alex. Sergejewitsch Puschkin* (i. Duell), gilt als bedeutendster russ. Dichter (* 1799)	*B. Bolzano:* „Wissenschaftslehre" (4 Bde., Philosophie der Logik) *Carlyle:* „Die französische Revolution" (engl.) *G. Th. Fechner:* „Das Büchlein v. Leben n. dem Tode" „Kölner Kirchenstreit" zw. Erzbischof *Droste zu Vischering* v. Köln (abges. 1838) u. preuß. Regierung über gemischte Ehen (b. 1842) Lehrplan f. 9 Jahre u. Bezeichn. „Sexta" bis „Prima" in d. preuß. Gymnasien (vorh. 10 Jahre)

Klassizismus Romantik	Meyerbeer Lortzing	1. dt. Eisenbahn Telegraph	
Constable: „Die Farm im Tal" (engl. Gem.) *Franz Defregger,* süddt. Maler († 1921) *C. D. Friedrich:* „Rast bei der Ernte" (Gem.) *Richter:* „Überfahrt am Schreckenstein" (Gemälde)	*Donizetti:* „Lucia von Lammermoor" (ital. Oper) *Jacques Fromental Halévy* (* 1799, † 1862): „Die Jüdin" (frz. Oper) *Mendelssohn-Bartholdy:* „Paulus" (Oratorium) * *Camille Saint-Saëns,* frz. Komp. († 1921) Erste deutsche Eisenbahn zwischen Nürnberg und Fürth (1837 folgt Leipzig-Dresden)	*Berzelius* weist auf Katalyse (Reaktionslenkung) i. d. organischen Chemie hin Revolver von *Colt* *Darwin* beob. auf d. Galapagos-Ins. Artenbild. durch Isolation Wind-Ablenkungsgesetz von *Dove* *Faraday* find. Selbstinduktion v. Drahtspulen *Adolphe Quêtelet* (* 1796, † 1874): „Sozialphysik" (grdl. belg. Sozialstatistik m. d. Begriff d. „mittleren Menschen")	Engl. Wirtschaftsblüte (1840 neue Krise, 1845 neue Prosperität) *James Gordon Bennett* gründet „New York Herald" als 1-Cent-Massenblatt *Halley*-Komet kehrt (wie vorausber.) wieder *V. A. Huber* greift i. Preuß. d. Problem d. Arbeiterwohnung auf
* *Winslow Homer,* nordam. Maler († 1910) *Klenze:* Alte Pinakothek in München (s. 1826) *Fr. Krüger:* „Ausritt m. Prinz Wilhelm" (Gem.; 1839: „Parade auf d. Opernplatz Berlin") * *Franz v. Lenbach,* süddt. Bildnismaler († 1904) ~ *Chr. Morgenstern:* „Sturm auf d. Starnberger See", „Mondnacht i. Partenkirchen" (Gem.) *Overbeck:* „Vermählung Mariä" (Gem.)	*Adolphe Adam* (* 1803, † 1856): „Postillon von Lonjumeau" (frz. Oper) * *Léo Delibes,* frz. Komponist († 1891) *Glinka:* „Das Leben für den Zaren" (erste russ. Oper) *Meyerbeer:* „Die Hugenotten" (Oper), n. ein. Novelle v. *Prosper Mérimée* (* 1803, † 1870) *R. Wagner* heiratet d. Schauspielerin *Minna Planer* (* 1809, † 1866; 1861 geschieden)	* *Ernst v. Bergmann,* dt. Chirurg († 1907) *Daniell:* Elektr. Element *Dreyse:* Hinterlader-Zündnadelgewehr *Gauß* u. *A. v. Humboldt* förd. Erforsch. d. Erdmagnetism.: „Magn. Verein" Zentrifuge von *Pentzoldt* *K. F. Schimper* begrdt. mod. Eiszeitforschung Entd. des eiweißverdauenden Pepsins d. *Theodor Schwann* (* 1810, † 1882) Dän. u. dt. Forscher begründen wiss. Vorgeschichtsforsch. mit Untersch. v. „Stein-, Bronze- u. Eisenzeit"	Preuß. Medizinalgesetz mit Anerkennung der Zahnheilkunde Frauenmode: Fußfreier Glockenrock, enge Taille, Ärmel oben stark gebauscht, unten sehr eng; Kapotthut Erster deutscher Ruderklub in Hamburg Etrusk. Fürstinnengrab b. Cerveteri gef. (— 7. Jh.) T. H. Darmstadt gegr.
† *John Constable,* engl. Maler (* 1776) † *François Gérard,* frz. Maler (* 1770) *Klenze:* Allerheiligen-Hofkirche in München * *Hans von Marées,* dt. Maler († 1887) *Fr. Wilhelm Schadow* (* 1789, † 1862): „Die klugen u. d. törichten Jungfrauen" (Gem.) *Schinkel:* Sammlg. architekton. Entwürfe (28 Hefte, s. 1820)	*J. X. Elsner:* „Passio Domini Nostri Jesus Christi" (poln. Passions-Oratorium) † *John Field,* engl. Komponist; u. a. „Nocturnes" f. Klavier (* 1782) *Lortzing:* „Zar und Zimmermann" (Oper) * *Emile Waldteufel,* frz. Walzerkomponist († 1915)	*Dove:* Polare u. äquatoriale Luftströmungen bestimmen europ. Wetter Schreibtelegraph von *Sam. Morse* (* 1791, † 1872) *Siméon Denis Poisson* (* 1781, † 1840) veröff. Wahrscheinlichkeitslehre i. einer f. statistische Anwendungen pass. Form * *Johannes Diderik van der Waals,* niederld. Physiker, *Nobel*pr. 1910 († 1923) Eisenbahn Leipzig-Dresden	*August Borsig* (* 1804, † 1854) gründet Eisengießerei und Maschinenbauanstalt in Berlin * *John Pierpont Morgan,* USA-Finanzmann, Organisator von Trusten auf verschied. Wirtschaftsgebieten († 1913) *Owen* hat s. 1826 in 1000 Reden u. 2000 Artikeln f. d. Genossenschaftsgedanken geworben

	Opiumkrieg	Grillparzer / Lermontow	Feuerbach / Sozialismus
1838	Chinesen vernichten illegale brit. Opiumlager Gr.Brit. beg. „Opiumkrieg" gegen China, um die Interessen seines chin. Opium- u. sonstigen Handels zu schützen (siegt 1842) „Chartismus" in England; ford. Wahlrecht f. d. Arbeiter (Aufst. 1839 unterdr.) † *Charles Maurice Talleyrand*, frz. Staatsmann unt. *Napoleon* und den *Bourbonen* (* 1754) * *Eugen Richter*, dt. linksliberaler Gegner *Bismarcks* und d. Sozialdemokratie († 1906)	*Brentano:* „Gockel, Hinkel und Gackeleia" (Märchen) † *Adelbert von Chamisso*, dt. Dichter frz. Herk. (* 1781) *Droste-Hülshoff:* Gedichte *Immermann:* „Münchhaus." (Roman mit „Der Oberhof") *Lamartine:* „Der Fall eines Engels" (franz. Epos) *Mörike:* „Gedichte" *Schwab:* „Die schönsten Sagen des klass. Altertums"	*Feuerbach:* „Gesch. d. neueren Philosophie v. Baco bis Spinoza" (3 Bde. s. 1833, gegen Theologie) *J. Görres:* „Athanasius" (geg. Preußen i. Kölner Kirchenstreit) * *Ernst Mach*, österr. Physiker und Erkenntnisphilosoph des empirischen Positivismus († 1916) *Comte* prägt Wissenschaftsnamen „Soziologie" *Wilhelm Weitling* (religiöser Kommunist, * 1808, † 1871): „Die Menschheit wie sie ist und wie sie sein sollte"
1839	* *Marianne Hainisch*, Leiterin der österr. Frauenbewegung, Mutter des Präsidenten *Michael H.* († 1936) Nord-Luxemburg kommt an Belgien Bürgerkrieg in Uruguay zw. Liberalen u. Großgrundbes. (b. ~ 1886)	* *Ludwig Anzengruber*, österr. Dichter († 1889) *Freiligrath:* „Gedichte" *Lermontow:* „Der Dämon" (russ. Roman) *Rückert:* „Die Weisheit des Brahmanen" (Lehrged., s. 1836), „Leben Jesu" (Evangelienharmonie) *Stendhal:* „Die Kartause von Parma" (frz. Roman) * *R. F. Armand Sully-Prudhomme*, frz. Dichter, Nobelpreis 1901 († 1907)	*Louis Blanc* (* 1813, † 1882): „Organisation der Arbeit" (frz., erstr. Produktivgenossenschaften m. Staatshilfe) *Bopp* erk. Keltisch als indoeuropäische Sprache *Aug. Pauly* (* 1796, † 1845) begr. „Realenzyklopädie d. klassisch. Altertumswissenschaften" „Société d'Ethnologie" in Paris gegr. (damit trennt sich die Völkerkunde von der Anthropologie)
1840	Europ. Großmächte (außer Frankr.) unterst. Türkei gegen Ägypten Gr. Brit. erob. Hongkong Kanada erhält parlamentarische Selbstregierung Königin *Victoria* von Großbritannien heiratet Prinz *Albert* von Sachsen-Coburg-Gotha (* 1819, † 1861) † *Friedrich Wilhelm III.*, pr.Kg. s.1797 (* 1770). *Friedrich Wilhelm IV.* König von Preußen (bis 1858) * *August Bebel*, Mitbegr. d. Sozialdemokratischen Partei Deutschlands († 1913) *Karl Ludwig Napoleon (III.)* versucht, sich in Boulogne zum frz. Kaiser zu machen, und flieht nach England	*Bettina v. Arnim:* „Die Günderode" (biogr.) *Andersen:* „Bilderbuch ohne Bilder" (dänisch) * *Alphonse Daudet*, frz. realistischer Dichter († 1897) *Gogol:* „Der Mantel" (Erz.) *Grillparzer:* „Des Meeres u. d. Liebe Wellen" (Trauersp.) u. „Weh' d., d. lügt" (Lustsp.) *Hebbel:* „Judith" (Schausp.) *Hoffmann von Fallersleben:* „Unpolitische Lieder" (verl. dad. 1842 Prof. i. Breslau) † *Karl Immermann*, dt. Dichter (* 1796) *Lermontow:* „Ein Held unserer Zeit" (gilt als 1. psychol. russ. Roman) * *Emile Zola*, franz. natural. Dichter († 1902)	Allgemeiner Deutscher Kindergarten von *Fröbel* nach Keilhau verlegt (1837 in Blankenburg/Thür. gegrdt.) *Lorenz Kellner* (* 1811, † 1892): „Prakt. Lehrgang f. d. gesamten dt. Sprachunterricht" (3 Bde. seit 1837, gilt als wichtige Reform) *Proudhon:* „Was ist Eigentum" (frz. anarchist. Streitschrift; enthält die Sentenz: „Eigentum ist Diebstahl") *Friedr. Wilhelm IV.* läßt die verhafteten Erzbischöfe von Köln u. Gnesen-Posen frei (vgl. 1837) ~ Erste Arbeiterbildungsvereine in Deutschland

Romantik L. Richter	Berlioz Schumann	Photographie Agrikulturchemie	
P. Cornelius: „Jüngstes Gericht" (Fresko in d. Ludwigskirche, München, s. 1836) Delacroix: „Einnahme Konstantinopels" (frz. Gem.) † Charles Percier, frz. Baumeister (* 1764) Ed. Steinle (* 1810, † 1886): Fresken im Kölner Domchor Turner: „Der Téméraire" (engl. Gemälde) Waldmüller: „Blick auf Ischl" (Gem.)	Berlioz: „Benvenuto Cellini" (frz. sinfon. Dicht. m. Ouvertüre „Römisch. Karneval") * Georges Bizet, frz. Komponist († 1875) * Max Bruch, dtsch. Komponist († 1920) R. Schumann: „Kinderszenen" (Klavierstücke)	Bessel mißt erste Fixsternentfernung Louis J. M. Daguerre (*1787, † 1851): Photographie (mit lichtempf. Silbersalzen auf Metallplatten; gegenüb. d. Vers. v. Niepce ~ 1826 entd. D. den Entwicklungsprozeß; wird 1839 bekannt) J. M. Schleiden: Alle Pflanzen bestehen vollst. aus wesensgleich. Zellen Finn. wissenschaftl. Ges. in Helsinki gegründet Erster brit. Dampfer nach New York	Anton Augustin Cournot (* 1801, † 1877): „Unters. üb. d. mathematischen Prinzipien einer Theorie d. Reichtums" (frz. Begrdg. ein. mathemat. Volkswirtschaftslehre) * Gustav Schmoller, dtsch. Volkswirtschaftler († 1917) Erste dtsche. Lokomotive von Johann Andr. Schubert Erste preuß. Eisenbahn Berlin-Potsdam
* Paul Cézanne, frz. Maler des Überganges vom Im- zum Expressionismus († 1906) † Joseph Anton Koch, dt. Maler (* 1768) Richter: „Bergsee im Riesengebirg."(Gem.) * Alfred Sisley, frz. Maler († 1899) Spitzweg: „Der arme Poet" (Gem.) * Hans Thoma, dt. Maler († 1924)	Berlioz: „Romeo und Julia" (frz. dram. Symphonie) Chopin: „Préludes" op. 28 für Klavier * Modest P. Mussorgskij, russ. Komponist († 1881) R. Schumann: „Nachtstücke" op. 23 für Klavier	Gasfeuerung von Bischof Goodyear (* 1800, † 1860): Kautschuk-Vulkanisation Schwann: Zellen sind Elemente f. Tier u. Pflanze; entd. Kern der Tierzelle Elektr. Uhr von C. A. Steinheil J. L. Stephens entdeckt Maya-Kultur William Henry Fox Talbot (* 1800, † 1877): Lichtbild. a. Papier (fordert Priorität gegenüber Daguerre)	† Johann Christoph Friedrich Guts Muths, dt. Turnlehrer (* 1759) Kinderarbeit i. Preußen eingeschränkt (u. a. um Militärtauglichk. zu heben) 1. dt. Eisenbahnfernstrecke Dresden-Leipzig ~ Zunehmender Reiseverkehr des Bürgertums
† Karl Blechen, dt. frühimpress. Landschaftsmaler (* 1798) † Caspar David Friedrich, dt. romant. Landschaftsmaler (* 1774) * Hans Makart, österr. Maler eines Prunkstiles († 1884) Menzel: Zeichnungen zu Kuglers „Geschichte Friedrichs d. Großen" * Claude Monet, frz. impr. Maler († 1926) Overbeck: „Triumph der Religion in den Künsten" (Gemälde) * Auguste Rodin, frz. Bildhauer († 1917) * Johann Sperl, dt. Landschaftsmaler († 1914)	Chopin: „Valse" op. 42, 2 Nocturnes, 2 Polonaisen (Klaviermusik) Harmonium von A. Debain Donizetti: „Die Regimentstochter" (ital. Oper) † Niccolo Paganini, ital. Violin-Virtuose und Komponist (* 1782) Rob. Schumann heiratet Klara Wieck, die als Pianistin s. Werk verbreitet * Peter Tschaikowskij, russ. Komponist († 1893)	Louis Agassiz (* 1807, † 1873): „Gletscher-Studien" (frz. Eiszeitforsch.) Karl Basedow (* 1799, † 1854) beschr. die nach ihm benannte Krankheit Gauß: „Atlas des Erdmagnetismus" Jakob Henle (* 1809, † 1885): „Pathologische Untersuchungen" (klärt Begriff d. „Ansteckung") Jacobi: „Die Galvanoplastik" (erfand sie 1837) Liebig: „Die organische Chemie in ihrer Anwend. auf Agrikultur u. Physiologie" (begr. Anwendung der künstlichen Düngung Jos. Petzval (* 1807, † 1891): Erstes speziell. Photoobjektiv	F. List: „Der internationale Handel, die Handelspolitik u. der dt. Zollverein" (ford. Schutzzölle) Brit. „Cunard Steamship Company" Eisenprod. (vgl. 1820) „Britannia" erwirbt erstmalig (mit 18 km/Std. das „Blaue Band" Hinterlader-Zündnadelgewehr in der preuß. Armee Erste Briefmarken in England Telegraphenalphabet von Morse Lupine in Dtschl.

	Öffnung Chinas	Romantik	Kierkegaard / Positivismus
1841	Dardanellen-Vertrag verbietet allen nichttürkischen Kriegsschiffen die Durchfahrt * *Eduard VII.*, König von England (1901—1910 [†]) Britisch-afghanischer Krieg * *Hirobumi Ito*, japan. Ministerpräsident von 1886 bis 1888, 1892 bis 1896, 1898, 1900 bis 1901, entwirft japan. Verfassung von 1889 († 1909)	*James Cooper*, nordamerik. Schriftst. (* 1789, † 1851): „Lederstrumpf" (Indianererzählungen seit 1823) *Eichendorff*: „Die Glücksritter" (Novelle) *Gotthelf*: „Uli der Knecht" (Schweiz. Erziehungsrom.) † *Michail Lermontow* (im Duell), russ. Dichter (*1814) *Marryat*: „Sigismund Rüstig" (engl. Roman) *Poe*: „Der Mord in der Rue Morgue" (u. a. nordam. Kriminalgeschichten) *Charles Sealsfield*: „Das Kajütenbuch" (nordam. Erz.)	*Carlyle*: „Über Helden und Heldenverehrung" (engl.) *L. Feuerbach*: „Das Wesen des Christentums" (kritisch, naturalist. Pantheismus) † *Johann Friedrich Herbart*, dt. Pädagoge und Philosoph (* 1776) *Schopenhauer*: „Die beiden Grundprobleme der Ethik" (Zus. „Über die Freiheit des menschl. Willens" [1839], „Über die Grundlagen der Moral" [1840]) *Samuel Smiles* (*1812,†1904): Rede über die Bedeutung d. politischen Erziehung i. d. Mechanics Instituts (Berufsschulen) in Leeds (Engl.)
1842	Buren gründen Oranje-Freistaat (1848 Transvaal) China tritt im Frieden von Nanking Hongkong an England ab und öffnet seine Häfen den westeuropäischen Mächten und dem brit. Opiumhandel (1880 20mal größerer Umsatz als 1800)	† *Clemens Brentano*, dt. romantisch. Dichter (* 1778) *A. v. Droste-Hülshoff*: „Die Judenbuche" (Erzählung) *Gogol*: „Die toten Seelen" *Lenau*: „Die Albigenser" * *Karl May*, dt. Volksschriftsteller († 1912) *Nestroy*: „Einen Jux will er sich machen" (österr. Posse) *Scribe*: „Ein Glas Wasser" (frz. pol.-sat. Lustspiel) * *Heinrich Seidel*, dt. Dichter u. Ing., u. a. Anhalter Bahnhof, Berlin († 1906) † *Stendhal (Marie Henry Beyle)*, frz. Dichter (* 1783)	*Comte*: „Lehrgang d. positiven Philosophie" (frz. Begründ. d. „Positivismus", 6 Bde. seit 1830) *Emerson*: „Vertreter der Menschheit" (USA) *J. Görres*: „Die christliche Mystik" (4 Bde. s. 1836, kathol.) * *Eduard von Hartmann*, dt. Philosoph († 1906) * *William James*, nordam. Psychologe und Philosoph des Pragmatismus († 1910) *Th. B. Macaulay*: „Essays" *Schelling*: „Philosophie der Mythologie und Offenbarung"
1843	„1000 Jahre Dt. Reich" wird festlich begangen * *Bertha von Suttner*, geb. Gräfin *Kinsky*, österr. Pazifistin, Friedensnobelpreis 1905 († 1914) *Claude Tillien* (* 1801, † 1844): „Mein Onkel Benjamin" (frz. humorist. gesellschaftskritischer Roman)	*Gotthelf*: „Geld und Geist" (Schweiz. Erzählung) *Hebbel*: „Genoveva" (Trauerspiel) † *Friedrich Hölderlin* in geistig. Umnachtung, dt. Dichter (* 1770) *Lenau*: „Don Juan" (unvoll. dramatisches Gedicht) † *Friedr. de la Motte-Fouqué*, dt. romant. Dichter (* 1777) * *Peter Rosegger*, volkstüml. österr. Dichter († 1918)	* *Richard Avenarius*, dt. Philosoph des „Empirokritizismus" († 1896) *Sören Kierkegaard*: „Entweder-Oder" (dän. religiös. Existenzphilosophie, unter d. Eindruck s. Entlobung) *Karl Marx*: „Religion ist das Opium des Volkes"; heiratet *Jenny v. Westphalen* (* 1814, † 1881) *J. St. Mill*: „System d. deduktiven u. induktiven Logik" (engl. konsequenter Empirismus)

Daumier Richter	Mendelssohn-Bartholdy Wagner	Energieerhaltungssatz	
† *Johann Heinrich Dannecker*, dt. Bildhauer (* 1758) H. Daumier: „Histoire ancienne" (frz. karikaturist. Lithogr.) * *Pierre Auguste Renoir*, frz. Maler († 1919) L. Richter: „Genoveva" (Gem.) † *Karl Friedrich Schinkel*, dt. Baumeister u. Maler (* 1781) * *Paul Wallot*, dt. Baumeister († 1912) Verein Berli. Künstler gegrdt. (1856 Allg. Dt. Kunstgenossenschaft)	* *Anton Dvořák*, tschech. Komponist († 1904) * *Filippe Pedrell*, span. Komponist († 1922) A. Sax erfindet Saxophon (findet zunächst Eingang i. d. frz. u. engl. Militärmusik) Rossini: „Stabat Mater" Schumann: 1. Symphonie B-dur („Frühlingssymphonie")	*Bessel* bestimmt genaue Erdgestalt *Braid* entd. die Hypnose * *Theodor Kocher*, Schweiz. Mediziner († 1917) *Kölliker*: Samenfäden befruchten Ei L. Oken: „Naturgeschichte für alle Stände" (Anfang des populärwissenschaftl. Schrifttums) * *Henry Morton Stanley*, englischer Afrikaforscher († 1904) Fr. Voigtländer (* 1812, † 1878): kinematograph. „Lebensrad" („Zauberscheibe") und photograph. Metallkamera mit Petzval-Objektiv	*Borsig* liefert erste Lokomotive *Thomas Cook* arrangiert erste verbilligte Gesellschaftsreise f. s. Mäßigkeitsverein Engl. führt genormtes Schraubengewinde n. J. Witworth ein Engl. satir. Witzblatt „Punch" gegründet Eröffng. d. Zoolog. Gartens in Berlin Beg. d. Maindampfschiffahrt
A. Achenbach: „Untergang d. Dampfers „Präsident" (Gem.) Klenze: Walhalla bei Regensburg (s. 1830) L. Richter: „Rübezahl" (Holzschnitt zu Musäus) † *Elisabeth Louise Vigée-Lebrun*, frz. Malerin (* 1755) A. Wiertz: „Die Empörung der abtrünnigen Engel" (belg. Monumentalgem.) Kölner Dombaufest (Dom wird von 1842 – 1880 vollend.)	† *Luigi Cherubini*, ital. Komponist (* 1760) Glinka: „Ruszlan und Ludmilla" (russ. Oper) Lortzing: „Der Wildschütz" (Oper) Meyerbeer wird Generalmusikdirektor der Berliner Oper * *Karl Millöcker*, österreich. Operettenkomponist († 1899) * *Arthur Sullivan*, engl. Komponist († 1900) R. Wagner: „Rienzi" (Oper) New Yorker Philharmon. Orchest. gegr.	Untersuchung der periodischen Eireifung durch Bischoff (fand 1833 Eifurchung) Darwin: Abstammungslehre (veröff. 1859) *Christian Doppler* (* 1803, † 1853): Farbänderung bewegter Lichtquellen („Doppler-Prinzip") *Julius Robert Mayer*: „Bemerkungen üb. d. Kräfte d. unbelebt. Natur" (begr. Energieerhaltungssatz) * *John William Rayleigh*, engl. Physiker, († 1919) *Schönbein* entdeckt Ozon	K. Baedeker: „Handbuch für Reisende durch Deutschland u. d. österreichische Kaiserreich" *Friedrich Wilhelm IV*. v. Preußen stiftet Friedensklasse d. „Pour le mérite"-Ordens 550 km Eisenbahn i. Dt. Bund (1838: 140 km) ~ Polka als Gesellschaftstanz Gr. Stadtbrand in Hamburg
Schnorr von Carolsfeld: „Der Nibelungen Not" (Illustrationen) *John Ruskin* (* 1819, † 1900): „Moderne Maler" (engl., 5 Bde. bis 1860) * *Anton Werner*, dt. Maler des vaterländischen Zeitgeschehens († 1915)	Donizetti: „Don Pasquale" (ital. Oper) *Robert Franz* (* 1815, † 1892) beg. Liedkompositionen * *Edvard Grieg*, norw. Komponist († 1907) Mendelssohn-Bartholdy: Schauspielmusik zu Shakespeares „Sommernachtstraum" R. Wagner: „Der fliegende Holländer" Konservatorium in Leipzig	*Faraday*: Erhaltungssatz der Elektrizitätsmengen A. von Humboldt: „Asie centrale" (2 Bde. b. 1844) *James Joule* (* 1818, † 1889) bestimmt unabhäng. von J. R. Mayer d. Wärmeäquivalent mech. Arbeit * *Robert Koch*, dt. Mediziner und Bakteriologe, Nobelpreis 1905 († 1910) *Ross* erforscht Antarktis (seit 1839) *Wheatstone*: Meßbrücke f. elektr. Widerstände	„The Economist" gegründet (englische liberale Wirtschaftszeitschrift) Erster mit Schrauben versehener Ozeandampfer „Great Britain" (aus Eisen, 98 m lang, 2000 PS) Bevölk. i. Dt. Bund 46 Mill. (16 Mill. i. Preußen)

	Weberaufstand *Marx · Engels*	*Stifter* *Dumas*	„*Dialektischer* *Materialismus*"
1844	Aufstand der Weber in Schlesien *Marx* lernt *Engels* in Paris kennen *Robert v. Mohl* (*1799, †1875): „Zeitschrift für die gesamte Staatswissenschaft" (1859: „Enzyklopädie der Staatswissenschaften", tragen zu ihrer Neubegründung bei) China schließt Handelsverträge mit Frankreich und USA	*Dumas* (Vater): „Die drei Musketiere" (französischer Roman in 8 Bänden) * *Anatole France*, franz. Dichter, *Nobel*pr. 1921 († 1924) *Hebbel*: „Maria Magdalena" (bürgerliches Trauerspiel) *Heine*: „Deutschland, ein Wintermärchen" (politisch-satirische Dichtung) und „Neue Gedichte" * *Timm Kröger*, dt. Dichter († 1918) *Lenau* geisteskrank * *Detlev* Freiherr *von Liliencron*, dt. Dichter († 1909) *Rückert*: „Kaiser Heinrich IV." (Schauspiel) *Stifter*: „Studien" (Novellen, 6 Bde. bis 1850) *Uhland*: „Alte hoch- und niederdeutsche Volkslieder" * *Paul Verlaine*, franz. lyrischer Dichter († 1896) Kunstgeschichte als Lehrgebiet an dt. Univ.	*Victor Considérant* (* 1808, † 1893): „Doctrine sociale" (s. 1834; sozialist. Lehre n. *Fourier*; scheitert beim Versuch ihrer Verwirklichung) *Fröbel*: „Mutter- und Koselieder" *Grundtvig* gründet erste Volkshochschule (für die Landbevölkerung in Dän.) *Kierkegaard*: „Furcht u. Zittern", „Der Begriff der Angst", „Philosophische Brocken oder ein Bröckchen Philosophie" (dän. relig. Existenzphilosophie) *Marx* verwandelt *Hegels* „Dialektischen Idealismus" in einen „Dialektischen Materialismus" („Das Sein bestimmt das Bewußtsein") * *Friedrich Wilhelm Nietzsche*, dt. Philosoph († 1900) * *Alois Riehl*, deutscher Philosoph, Neu-Kantianer († 1924) *George Williams* gründet in London YMCA (1855 Weltbund d. Christl. Vereine Junger Männer)
1845	* *Ludwig II.*, König von Bayern 1864—1886 (†), Freund *Wagners* *Engels*: „Die Lage der arbeitenden Klasse in England" (Analyse der engl. sozialen Situation; entsch. Anregung zum „Kapital" von *Marx*) *Marx*, aus Frankreich ausgewiesen, geht n. Brüssel (1848 nach Paris und Köln, 1849 nach Paris und endgültig nach London)	*Dumas* (Vater): „Zwanzig Jahre später" (franz. Roman in 10 Bänden) und „Der Graf von Monte Christo" (franz. Roman in 12 Bänd.) *Prosper Mérimée* (* 1803, † 1870): „Carmen" (frz. Novelle; danach *Bizets* Oper) † *August Wilhelm Schlegel*, deutscher Gelehrter und Dichter (* 1767) * *Carl Spitteler*, Schweizer Dichter, *Nobel*preis 1919 († 1924) † *Henrik Wergeland*, norw. Dichter (* 1808)	*Max Stirner* (eig. *Kaspar Schmidt*, * 1806, † 1856): „Der Einzige und sein Eigentum" (radikal-egozentrisch-anarchistische Philosophie) ~ Latein verschwindet als Vorlesungs- und Prüfungssprache an der Berliner Universität

Daumier Turner	Lortzing Wagner	A. v. Humboldts „Kosmos"	
H. Daumier: „Die Blaustrümpfe" (frz. karikaturist. Lithographien) * Wilhelm Leibl, süddt. realistischer Maler († 1900) * Ilja Repin, russ. natural. Maler († 1930) L. Richter: „Studentenlieder" (Holzschn.) Schwind: „Sängerkrieg auf der Wartburg" (Gemälde) * Henri Rousseau, franz. Maler, Autodidakt († 1910) Spitzweg Mitarbeiter d. „Fliegenden Blätter" † Bertel Thorwaldsen, dänischer Bildhauer (* 1768) Turner: „Regen, Dampf u. Schnelligkeit" (engl. Gem.)	Berlioz: „Abhandlung üb. mod. Instrumentation u. Orchestration" (frz.) Flotow: „Alessandro Stradella" (Oper) * Nikolai Rimskij-Korssakow, russ. Komponist († 1908) Verdi: „Ernani" (ital. Oper)	* Ludwig Boltzmann, österr. Physiker († 1906) † John Dalton, englischer Chemiker, Begründer der chemischen Atomtheorie (* 1766) M. Faraday: „Experimental Researches in Electricity" bis 1847, experim. Grundl. d. Elektromagnetismus) Vier- u. mehrdimensionale Geometrie von H. Graßmann Durchquerung Tibets durch Huc und Gabet Friedr. G. Keller: Holzschliff-Papier Kölliker: Tierkeim wächst durch fortges. Teilung der ursprünglichen Eizelle Liebig: „Chemische Briefe" (allgemeinverständl.) Alex. Th. v. Middendorf (* 1815, † 1894) erf. Nord- u. Ostsibirien (1843—45) Erste Telegraphenlinie zw. Baltimore u. Washington	„Fliegende Blätter" i. München gegr. (Witzblatt, bis 1848 auch politische Satiren) Turnen in den höheren Schulen Preußens eingeführt Regattaverein „Allgemeiner Alster-Klub" gegründet Beg. d. mod. Konsumgenossenschafts-Bewegung in Rochdale (England)
* Wilhelm von Bode, dt. Kunsthistoriker und Museumsleit. († 1929) Menzel: „Das Balkonzimmer" (Gemälde) * Adolf Oberländer, dt. Karikaturist († 1923) Horace Vernet (* 1789, † 1863) malt 21 m langes realist. Schlachtenbild aus d. Kämpfen um Algerien (frz.) ~Künstlerische photographische Porträts v. David Octavius Hill (* 1802, † 1870) n. d. Talbot-Verfahren (vgl. 1839)	Lortzing: „Undine" (Oper) Mendelssohn-Bartholdy: Violinkonzert e-moll R. Wagner: „Tannhäuser" (Oper)	* Georg Cantor, deutscher Mathematiker († 1918) Faraday: Magnetfeld beeinflußt Schwingungsrichtung des Lichtes i. Materie A. v. Humboldt: „Kosmos" (5 Bde. b. 1862; umfass. beschreibend. Weltbild) * Charles Laveran, franz. Arzt, Nobelpr. 1907 († 1922) Austen Henry Layard (* 1817, † 1894) entdeckt Ninive u. gräbt es aus * Ilja Metschnikow, russ. Physiologe, Nobelpr. 1908 († 1916) * Wilhelm Röntgen, deutscher Physiker, Nobelpr. 1901 († 1923) Physikal. Ges. zu Berlin gegrdt. (1899 Dt. Physikalische Gesellschaft)	England besitzt größte Kohlenförderung mit 34 Mill. t (dagegen Frankreich 1847: 5 Mill. t) Taschenuhrindustrie in Glashütte gegr. ~ Ca. 2500 Gartenrosenarten bekannt

	Vormärz *Engl. Freihandel*	*Romantik* *Dostojewskij · Heine*	*Kolping* *Ranke*
1846	Aufhebung der Kornzölle im Interesse des Freihandels in England † *Friedrich List* (Freitod), dt. Volkswirtschaftler, Förderer d. wirtschaftlichen nationalen Einheit besonders durch Eisenbahnverbindungen (* 1789) * *Nicola Paschitsch*, serbischer Staatsmann, Führer der Radikalen Partei, Freund Rußlands u. Gegner Österreich-Ungarns († 1926) Krieg zwischen USA und Mexiko (bis 1848) *G. Sand:* „Der Teufelssumpf" (frz. Dorfroman) * *Henryk Sienkiewicz*, poln. Dichter, *Nobel*pr. 1905 († 1916)	*Alexis:* „Die Hosen des Herrn von Bredow" (Roman) *Andersen:* „Das Märchen meines Lebens" (Selbstbiographie in dt. Sprache, dän. erst 1855) *Dostojewskij:* „Der Doppelgänger" (russ. Roman) *Eichendorff* übersetzt geistliche Schauspiele des Spaniers *Calderon* (bis 1853) *Freiligrath:* „Mein Glaubensbekenntnis" (Ged. im Geist des Liberalismus) *Edward Lear* (* 1812, † 1888): „The book of nonsens" (mit frühen „Limericks") *Petöfi:* „Der Strick des Henkers" (ungar. Roman)	*C. G. Carus:* „Psyche, Zur Entwicklungsgeschichte d. Seele" * *Rudolf Eucken*, deutscher Philosoph, *Nobel*preis für Literatur 1908 († 1926) Gründung des ersten kath. Gesellenvereins durch *Adolf Kolping* (* 1813, † 1865) in Elberfeld Papst *Pius IX*. bis 1878, streng antiliberal *Proudhon:* „Philosophie des Elends" (frz. anarchist. Sozialismus; dagegen *Marx:* „Das Elend d. Philosophie" 1847) „Evang. Allianz", Vereinigung evang. Christen aller Länder in London gegründ. In Königsberg u. Halle entst. erste dt. Freireligiöse Gem.
1847	Einberufung der pr. Provinzialstände als „Vereinigter Landtag" * *Paul von Beneckendorff und Hindenburg*, dt. Heerführer im 1. Weltkrieg, Reichspräsident 1925-34 († 1934) Katholischer Sonderbund der Schweizer Urkantone bekämpft Ausweisung der Jesuiten; Bundesexekutive besiegt „Sonderbund" trotz diplomatischer Intervention europ. Großmächte ≈ Ital. Einigungsbewegg. „Risorgimento" 1815—71 (Anfänge im 18. Jh., vgl. 1749 D) Liberia selbständiger Freistaat (1862 v. USA anerk.) Algerien endg. v. Frankr. unterworfen (s. 1830)	*Brentano:* „Märchen" (posthum) *Emily Brontë* (*1818, †1848): „Wuthering Heights" (engl. Erzählung) *Dickens:* „Weihnachtsgeschichten" (s. 1843) *Eichendorff:* „Über die ethische u. religiöse Bedeutung der neueren romantischen Poesie in Deutschland" *Gontscharow:* „Eine alltägl. Geschichte" (russ. Roman) *Heine:* „Atta Troll" (politisch-satirische Dichtung) *Tennyson:* „Die Prinzessin" (engl. Dichtung)	„Struwwelpeter" des Irrenarztes *Heinrich Hoffmann* (* 1809, † 1894) erscheint *Brigham Young* (* 1801, † 1877) grdt. Mormonensiedlung Salt Lake City in Utah (USA); bis 1890 ist Vielweiberei erlaubt *Ranke:* „Dtsch. Gesch. im Zeitalter der Reformation" (6 Bde., s. 1839); „Preußische Geschichte" (5 Bde.)

Menzel *Schwind*	*Berlioz* *Flotow*	*Semmelweis* *Neptun-Entdeckung*	
A. *Menzel:* „Palaisgarten des Prinzen Albrecht", „Bauplatz mit Weiden", „Hinterhaus und Hof" (Gem.) L. *Richter:* „Volkslieder" (Holzschnitte) ~ *Th. Rousseau* (* 1812, † 1867) gr. Schule der Landschaftsmalerei i. Barbizon (Fontainbleau) * *Carl Schuch*, dt. Maler († 1903)	*César Franck:* „Ruth" (belg. bibl. Szene, f. Soli, Chor u. Orchester) *Lortzing:* „Der Waffenschmied" (Oper) *Mendelssohn-Bartholdy:* „Elias" (Oratorium) *Schumann:* 4 Symphonien (s. 1841) Beginn der Freilegung des Hallstätter Gräberfeldes im Salzkammergut (etwa 1000 Gräber aus der Früheisenzeit ≈ −750 bis ≈ −500, kennzeichnend für die dan. benannte „Hallstatt-Kultur")	*W. G. Armstrong:* Hydraulischer Kran † *Friedrich Wilhelm Bessel*, dt. Astronom (* 1784) Entdeckung d. v. *Leverrier* vorausberechn. Planeten Neptun d. *Galle* in Berlin *E. Howe:* Doppelstich-Nähmaschine (1851 von *J. M. Singer* verbessert u. produziert) *Rich. Lepsius* (* 1810, † 1884): Ägypt. Forschungsreise (s. 1842) Erst. Äthernark. unabhängig d. *W. T. G. Morton* u. *Ch. Jackson* *Schönbein:* Schießbaumwolle *Carl Zeiss* (* 1816, † 1888) gründet optische *Zeiss*werke in Jena	Daily News gegrdt. (liberale engl. Tageszeitung, Hrsg. *Charles Dickens*) *Adolph Spieß:* „Turnbuch für Schulen" „Concessionirte Berliner Omnibus Compagnie" eröffnet ihren Betrieb *John C. Horsely* entwirft erste illustr. Weihnachtskarte 1. Pferde-Omnibus-Betrieb in Berlin
† *Friedrich Gärtner*, deutscher Baumeister, bes. in München: Ludwigskirche, Teile der Ludwigsstr., Univers. Feldherrnhalle (* 1792) * *Adolf Hildebrand*, dt. Bildhauer († 1921) * *Max Liebermann*, deutscher Maler und Graphiker († 1935) *Menzel:* „Das Schlafzimmer", „Berlin–Potsdamer Bahn" (Gemälde) † *Johann Christian Reinhart*, deutsch-römischer Maler heroischer Landschaften; 1799 72 Radierungen aus Italien (* 1761) *Schwind:* „Der Hochzeitsmorgen" (Gemälde); wird Professor a. d. Münchner Akademie	*Berlioz:* „Fausts Verdammnis" (frz. Oratorium) *Flotow:* „Martha" (Oper) † *Felix Mendelssohn-Bartholdy*, deutscher Komponist (* 1809) *Verdi:* „Macbeth" (ital. Oper)	* *Thomas Alva Edison*, nordamerik. Erfinder († 1931) † *John Franklin* auf der Suche nach der Nordwest-Durchfahrt ins Nördliche Eismeer s. 1845 (* 1786) Verallgemeinerung u. Verschärfg. d. Energieerhaltungssatzes d. *Hermann von Helmholtz* (* 1821, † 1894) *Kirchhoff:* Gesetze d. elektr. Stromverzweigung *Will. Lassell* (* 1799, † 1880) entdeckt Neptunmond *Liebig:* Fleischextrakt *Niepce de St. Victor:* Glasphotoplatten *Ignaz Philipp Semmelweis* (* 1818, † 1865) entdeckt d. Leichengift als eine Ursache des Kindbettfiebers und bekämpft dies durch Chlorwaschungen d. Ärzte (Anfänge der Asepsis) *Siemens:* Guttapercha-Isolierung für Kabel Erste Chloroform-Narkose in England durch *Simpson*	Gründung der Elektrofirma *Siemens & Halske* Dampfschiffahrtslinie Bremen-New York (ab 1857 Nordd. Lloyd) Hamburg-Amerika-Linie (HAPAG) gegr. *Krupp* fertigt Achsen, Räder u. Federn aus Gußstahl *William George Armstrong* (* 1810, † 1900) grdt. Maschinen- (später Waffen-) Fabrik Gesetzl. 10-Stundentag in England Ausgabe d. wenigen (später sehr wertvollen) Briefmarken von Brit.-Mauritius Sprengstoff Nitroglyzerin v. *A. Sobrero* (* 1812, † 1886) Aneroid- (Dosen-) Barometer von *Vidi*

	Revolutionen „Kommunist. Manifest"	Freiligrath Grimm	Beginnende Frauenbewegung 1. Katholikentag
1848	„Kommunistisches Manifest" von *Marx* und *Engels*, Grundlage d. „wissenschaftlichen Sozialismus" („Marxismus") Februarrevolution in Paris; König *Ludwig Philipp* dankt ab; Frankreich (2.) Republik mit Prinz *(Karl) Ludwig Napoleon* (Neffe *Napoleons I.*) als Präsidenten Märzrevolution in Deutschland u. Österreich mit dem Ziel demokratischer Verfassung. Aufhebung der „Karlsbader Beschlüsse" v. 1819. *Metternich* flieht nach Großbritannien Deutsche Nationalversammlung in der Paulskirche, Frankfurt a. M. (*Arndt, Blum, J. Grimm, v. Ketteler, Vischer* u. a.) arbeitet Verfassung aus Erzherzog *Johann* v. Österreich wird Reichsverweser *Maximilian II. Joseph,* König von Bayern (bis 1864 [†]) Sozialist. Juniaufstand i. Paris blutig niedergeschlagen Oktoberrevolution in Österreich. *Ferdinand I.* dankt ab. *Franz Joseph I.* wird Kaiser von Österreich, bis 1916 (†) Reichstag in Wien beschl. Aufhebung jeder bäuerl. Untertänigkeit † *Robert Blum*, dt. linksstehd. Demokrat, in Wien erschossen (* 1807) Niederlage d. engl. Chartistenbewegung (1850 aufgelöst) *Joseph* Graf v. *Radetzky* (* 1766, † 1858) stellt österr. Herrschaft in Oberitalien wieder her Ungarische u. tschechische Erhebungen gegen d. *Habsburger* Schweiz Bundesstaat Arizona, Neu-Mexiko u. Kalifornien v. Mexiko an USA	† *Annette von Droste-Hülshoff*, (gilt als größte) dt. Dichterin (* 1797) † *François René Chateaubriand*, frz. frühromantischer Dichter (* 1768) *Dumas* (Sohn): „Die Kameliendame" (franz. Roman, als Schauspiel 1852) *Freiligrath*: „Die Revolution", „Februarklänge" (revolutionäre Gedichte) *Geibel*: „Juniuslieder" (geg. jungdt. Radikalismus) *Friedrich Gerstäcker* (* 1816, † 1872): „Die Flußpiraten des Mississippi" (Roman) *Grillparzer*: „Der arme Spielmann" (Novelle) *J. Grimm*: „Geschichte der deutschen Sprache" * *Huang Tsun-Hien*, chines. Dichter, verarb. auch westl. Stoffe († 1905) † *Frederick Marryat*, engl. Dichter, schrieb besonders Seeromane (* 1792) *William Thackeray* (engl. Schriftsteller, *1811, †1863): „Vanity Fair" („Jahrmarkt der Eitelkeiten", Roman)  *Hecker* ruft i. Baden (Konstanz) dt. Republik aus	† *Bernhard Bolzano*, böhm. kath. Mathematiker u. Philosoph; u. a. „Die Paradoxien d. Unendlichen" (mathemat. Logik) (* 1781) * *Hans Delbrück*, dt. Geschichtsforsch. u. Politiker († 1929) *G. Th. Fechner*: „Nanna oder über das Seelenleben der Pflanzen" † *Joseph Görres*, deutscher kath. politischer Publizist u. Wissenschaftler (* 1776) * *Helene Lange*, leitende Persönl. der deutschen Frauenbewegung († 1930) *Macaulay*: „Englische Geschichte seit Jacob II." (4 Bde. bis 1855) *J. St. Mill*: „Prinzipien d. Polit. Ökonomie" (Volkswirtschaftslehre in Anlehnung an *Ricardo* mit sozialist. Zügen) Erste deutsche „Frauenzeitung" von *Luise Otto-Peters* * *Carl Stumpf*, deutscher Philosoph und Psychologe († 1936) „Central-Ausschuß für die Innere Mission der deutsch. evangel. Kirche" durch *Wichern* gegründet * *Wilhelm Windelband*, deutscher Philosoph; Wert- und Kulturphilosophie († 1915) Frz. Gesetz zur Einrichtung öff. Büchereien Erster dt. Katholikentag in Mainz Spiritistische Zirkel in New York (ab 1849 auch in Frankreich): Klopflaute, Tischrücken

Daumier Menzel	Schumann Wagner	 Elektr. Heilmethoden	
~ *H. Daumier* beg. „Représentants représentés" u. „Actualités" (über 1000 graph. Blätter zur Zeitsatire) * *Paul Gauguin*, franz. expressionist. Maler auf Tahiti († 1903) *Menzel:* „Aufbahrung d. Märzgefallenen in Berlin" (Gem.) *Rethel:* „Auch ein Totentanz" (antirevolutionäre Holzschnitte) *D. G. Rossetti* grdt. präraffaelische Bruderschaft engl. Maler † *Ludwig von Schwanthaler*, süddt. Bildhauer, Giebelgruppen für Walhalla u. Münchner Propyläen; Erzbild d. Bavaria, 1850 i. München aufg. (* 1802) * *Gabriel Seidl*, Münchener Baumeister († 1913) * *Fritz v. Uhde*, dtsch. Maler († 1911) *Antoine Wiertz* (*1806, † 1865): „Der Triumph Christi" (belg. Monumentalgem.)	† *Gaetano Donizetti*, ital. Komponist (* 1797) *Schumann:* „Genoveva" (Oper)  Steinkohleförd. i. Zollverein 4,5 Mill. t, 1871 i. Preußen 30 Mill. t Erste dt. zentrale Wasserversorgungsanlage in Hamburg (bis 1890 folgen 42 Städte)	† *Jakob Berzelius*, schwed. Chemiker; entd. zahlr. Elemente, best. genaue Atomgewichte; führte chem. Bindung auf elektr. Kräfte u. organ. Prozesse auf Katalyse zurück; schuf d. chem. Zeichensprache (* 1779) Entdeckung des achten Saturnmondes durch *Bond* und *Lassell* Sicherheits-Zündhölzer v. *R. Böttger* *Auguste Bravais* (* 1811, † 1863) unterscheidet 14 Kristallgitter (veröff. 1850; d. Atomtheorie *Seebers* v. 1824 wird erst ab 1879 allgemein bekannt) ~ *Duchenne de Boulogne* benutzt elektr. Ströme für Heilzwecke (gilt als Begr. der Elektrotherapie) *E. Du Bois-Reymond* (*1818, †1896): „Untersuchungen über tierische Elektrizität" (physikalische Richtung d. Physiologie) *Foucault:* Regulierter Kohlelichtbogen *Hancock:* 1. Blinddarmoperation (vgl. 1887) *Sebastian Kneipp* (* 1821, † 1897), kathol. Priester, führt sein Wasserheilverfahren in Wörishofen ein * *Otto Lilienthal*, gilt als Begr. des Menschenfluges († 1896) Photograph. Glasnegative mit frisch anzusetzenden feuchten Schichten von *Claude Niepce de St.-Victor* (* 1805, † 1870). Das Photographieren erf. umfangr. u. schwere Ausrüstungen * *Hugo de Vries*, holländ. Botaniker u. Mitbegrd. d. mod. Vererbungsforsch. († 1935) Erste telegraphische Wettermeldung in England	~ Vernichtung d. irländ. Kartoffelernten durch Meltau (1845, 46 u. 48) ruft große Hungersnot u. Auswanderung hervor *Hale* u. *Bernett* grd. Nachrichtenagentur (spät. Associated Press, New York) *Bismarck* grdt. konservative „Neue Preußische Zeitung" („Kreuzzeitung") *Marx* grdt. „Neue Rheinische Zeitung" „Dt. Nationalbuchdruckverein" (Vorläufer d. Gewerkvereine) Kongreß v. Arbeitervereinen i. Berlin unter *Stephan Born*: Zusammenschl. zur „Arbeiterverbrüderung" mit Sitz in Leipzig Goldfunde in Kalifornien lösen Massenwanderung aus Politisch-satirisches Witzblatt „Kladderadatsch" erscheint Cholera-Pandemie in Europa 1. Gesundheitsges. i. Engl. (geg. Cholera) ~ Bei etwa gleichgebliebenen Reallöhnen hat sich die dt. Industrieproduktion seit 1800 ca. versechsfacht (i. d. 2. Hälfte d. Jhdts. verdoppeln sich etwa d. Reallöhne bei Verzehnfachung d. Produktion) In Deutschland wird d. 12-stündige Arbeitstag gefordert (14–16 Std., auch f. Jugendl., s. üblich)

	Gegenrevolution	Hebbel Heine	Kierkegaard Völkerpsychologie
1849	König *Friedrich Wilhelm IV.* von Preußen lehnt deutsche Kaiserkrone ab Demokratischer Mai-Aufstand in Dresden Österreich unterwirft mit Hilfe Rußlands Ungarn (wegen seiner antirevolutionären Rolle wünschen liberale u. sozialist. Kreise d. Krieg geg. Rußland, so auch *Marx*) *Radetzky* schlägt *Karl Albrecht* v. Sardinien, der zug. s. Sohnes *Viktor Emanuel II.* abdankt Frankr. stellt päpstl. Herrschaft in Rom geg. *Garibaldi* wieder her Gemeindewahlrecht der Frauen in Österreich	*Dickens:* „David Copperfield" (engl. Roman b. 1850) *Dostojewskij* aus pol. Gründen zum Tode verurteilt und z. Verbann. begnadigt *Dumas:* „Halsband d. Königin" (frz. Rom.) *Freiligrath:* „Neuere polit. u. soziale Zeitgedanken" (verläßt 1851 Dtl.) *Gotthelf:* „Uli der Pächter" (Schweizer Erzählung) † *Alexander Petöfi,* ungar. Dichter, fällt im ungarischen Unabhängigkeitskampf (* 1823) † *Edgar Allan Poe,* nord.-amerik. Dichter (* 1809) * *August Strindberg,* schwed. Dichter († 1912)	* *Ellen Key,* schwedische Pädagogin († 1926) *Kierkegaard:* „Die Krankheit zum Tode" (dän. protest. Existenzphilosophie) † *Julie Récamier,* führte geistreichen frz. Salon, Gegnerin *Napoleons* (* 1777) *Richard Wagner:* „Die Kunst und die Revolution" (Kunstphilosophie) *Wichern* beruft 1. dt. evang. Kirchentag n. Wittenberg Schulreform in Österreich, schafft lateinlose Oberrealschule
1850	Preußen erhält Verfassung (1848 oktroyiert: Herren-, Abgeordnetenhaus n. Dreiklassenwahlrecht) Dänemark behaup. i. Krieg geg. Deutsch. Bund (s. 1848) d. Besitz Schlesw.-Holsteins Preußen und Österreich ringen um die deutsche Vorherrschaft im Erfurter Parlament und Bundestag in Frankfurt a. M. Österreich behauptet sich m. Hilfe Rußl. im Vertrag zu Olmütz durch Wiederherstellung d. Deutschen Bundes (gegr. 1815) Ungarn w. Kronld. Österr. * *Tomáš Masaryk,* Philosoph und Soziologe, tschechoslowakischer Staatspräsid. 1918—1935 († 1937) Parlament. Selbstregierung in Australien	† *Honoré de Balzac,* franz. Dichter (* 1799) *Nathan Hawthorne:* „Der scharlachrote Buchstabe" (nordam. purit. Rom.) *Hebbel:* „Herodes und Mariamne" (Schauspiel) † *Nikolaus Lenau (von Strehlenau),* dt. Dichter (* 1802) *O. Ludwig:* „Der Erbförster" (Trag.) † *Adam Gottlieb Öhlenschläger,* dän. romantischer Dichter (* 1779) † *Gustav Schwab,* dt. Dichter (* 1792) * *Robert L. Stevenson,* engl. Romanschriftsteller († 1894) † *William Wordsworth,* engl. Dichter (* 1770)	*Johann Karl Rodbertus* (* 1805, † 1875): „Soziale Briefe" (tritt im linken Zentrum für gesetzl. Lösung d. sozialen Frage ein) *Schopenhauer:* „Parerga und Paralipomena" (2 Bde bis 1851) *Lorenz von Stein* (* 1815, † 1890): „Geschichte des Sozialismus u. Kommunismus in Frankreich" Erste 4 Volksbüchereien in Berlin Gesetz über Volksbüchereien in England Akad. Volksbildungskurse in New York (University Extension)
1851	Staatsstreich des franz. Präsidenten *Karl Ludwig Napoleon* *Bismarck* preuß. Gesandter beim Deutschen Bundestag	*Heine:* „Romanzero" *Herman Melville* (* 1819, † 1891): „Moby Dick" (nordamerikanisch. autobiograph. Walfänger-Roman) *Henri Murger* (* 1822, † 1861): „Bohème" (frz. Erzählung)	* *Adolf Harnack,* luther. Theologe († 1930) *Moritz Lazarus* (* 1824, † 1903): „Über d. Begrdg. u. d. Möglichkeit einer Völkerpsychologie" Preußen verbietet Begrdg. von Kindergärten

Courbet / Menzel	Wagner / Meyerbeer	Wasserturbine / Nähmaschine	
† *Katsushika Hokusai*, japan. Maler (* 1760) ~ *W. v. Kaulbach* (* 1805, † 1874): „Zeitalter der Kreuzzüge u. Reformation" (u. a. Fresken i. Neuem Museum, Berlin, 1847–65) * *Christian Rohlfs*, dt. Maler des Im- u. Expressionismus († 1938) *Courbet:* „Die Steinklopfer" (frz. realist. Gem.)	† *Frédéric Chopin*, poln. Komponist u. Klaviervirtuose in Frankreich (* 1810) *Meyerbeer:* „Der Prophet" (Oper) *Nicolai:* „Die lustigen Weiber von Windsor" (Oper) † *Otto Nicolai*, deutscher Komponist (* 1810) † *Johann Strauß* (Vater), österreichischer Musiker und Komponist (* 1804) *Wagner* beteiligt sich am Dresdner Maiaufstand und muß n. Zürich fliehen (dort bis 1858)	Erste Keimdrüsen-Hormon-Vers. d. *Berthold* *Fizeau* mißt Lichtgeschwindigkeit auf kurzer Strecke von 8,3 km *Francis:* Radial-Wasserturbine *W. Hofmeister* entd. Generationswechs. d. Pflanz. * *Felix Klein*, deutscher Mathematiker († 1925) *David Livingstone* (* 1813, † 1873) erforscht Sambesigebiet in Südafr. b. 1871 * *Iwan Pawlow*, russ. Physiologe († 1936) *Pollender* entdeckt Milzbrand-Erreger *R. Wolf:* Lauf. Überwach. d. Sonnenflecke	Telegraph Berlin–Frankfurt/M. *P. J. v. Reuter* verwendet Brieftauben zur Schließung von Lücken des Telegraphennetzes für Pressezwecke Gründung d. *Wolff*schen Telegraphenbüros (W.T.B.) Starker Aufschwung des Zeitungswesens "Who's who?" („Wer ist's?") erscheint in den angelsächsischen Ländern Auflös. d. „Deutsch. Turnerbundes" 1. dt. Briefmarken in Bayern
* *Georg Dehio*, dt. Kunsthistoriker bes. der Baukunst des Mittelalters († 1932) *Delacroix:* „Löwenjagd" (franz. Gemälde) *Menzel:* „Tafelrunde in Sanssouci" (Gemälde) *Rossetti:* „Verkündigung" (engl. Gem.) † *Karl Rottmann*, dt. Landschaftsmaler des Klassizismus (* 1798) † *Johann Gottfried Schadow*, dtscher Bildhauer (* 1764) *Waldmüller:* „Praterlandschaft" (Gem.) ~ Zeitalter der Stilwiederholungen (Neugotik)	*Bach*-Gesellschaft gegründet (1900: Neue *Bach*-Gesellschaft) *Schumann:* Cellokonz. *Julius Stern* (* 1820, † 1883) gründet Konservatorium in Berlin *R. Wagner:* „Lohengrin" (Oper), „Das Kunstwerk der Zukunft" (Theorie des „Gesamtkunstwerkes") *Albr. Graefe* (* 1828, † 1870) eröffn. Augenklinik i. Berlin (grdt. 1854 1. augenärztl. Spezialzeitschr.) Nordwest-Passage von W nach O durch *MacClure*	Sahara- und Sudan-Expedition durch *Heinrich Barth* (bis 1855) ~ Tauchbootversuche von *Wilhelm Bauer* (* 1822, † 1875) i. Kiel (1856/57 weitere in Kronstadt/Rußl.) *Rob. Wilh. Bunsen* (* 1811, † 1899): Gasbrenner Zweiter Hauptsatz der Wärmelehre (nur ein Teil der Wärme kann in mechanische Arbeit verwandelt werden) durch *Rudolf Clausius* (* 1822, † 1888) u. *William Thomson* (Lord Kelvin, * 1824, † 1907) *L. Foucault:* Lichtgeschwindigkeit im Wasser geringer als in Luft und Pendelversuch z. Nachw. der Erdumdrehung Augenspiegel von *Helmholtz*	Gründung d. ersten kleingewerbl. Kreditgenossenschaften d. *Franz Hermann Schulze-Delitzsch* (* 1808, † 1883) ≈ Aufkommende industrielle Massenerzeugung, dt. Industrie-Produktion gegenüber 1800 etwa versechsfacht Erstes Unterseekabel Dover–Calais Goldfunde in Australien 3,2 Mill. Negersklaven in den USA bei 23 Mill. Einw. Weizenexport d. USA nimmt zu. Industrielle Entw. vgl. 1955
Kristallpalast i. London *Rauch:* „Friedrich der Gr." (Reiterdenkmal) * *Wilhelm Trübner*, dt. Maler († 1917) † *William Turner*, engl. Maler (* 1775)	† *Albert Lortzing*, dt. Komponist (* 1801) *Verdi:* „Rigoletto" (ital. Oper) *Rich. Wagners* Freundschaft mit *Mathilde Wesendonk* (* 1828, † 1902) in Zürich	*I. M. Singer* verbessert u. prod. Nähmaschine Entdeckung des dritten u. vierten Uranusmondes durch *Lassell* Funkeninduktor f. hohe Spannung von *Rühmkorff* Eisenschiffbau in Dtl.	Erste Weltausstellung in London „New York Times" gegründet Eisenb. bringt erste Weihnachtsb. n. Bln. Berufsfeuerwehr Bln. 1. Trinker-Asyl i. Dtl.

	Kaiser Napoleon III. Krimkrieg	Stifter „Dt. Wörterbuch"	Comte Ranke
1852	Karl Ludwig Napoleon als Napoleon III. zum erblichen Kaiser Frankreichs gewählt. Beginn des zweiten Kaiserreiches (bis 1870) „Katholische Fraktion" im Preuß. Abgeordnetenhaus gegründet Südafrikanische Buren-Republik Transvaal gegrdt. ~ Starke europäische Einwanderung i. d. USA aus politischen Gründen (s. 1849) ≈ 1850–80 Industrialisierung (vgl. 1856 Ph), Entfaltung d. Bürgertums, liberale Demokratie i. Europa	Harriet Beecher-Stowe (* 1812, † 1896): „Onkel Toms Hütte" (nordamerikanischer Roman gegen Negersklaverei) Cl. Brentano: „Romanzen vom Rosenkranz" (unvoll. geblieben, posthum) Eduard Devrient Leiter des Hoftheaters Karlsruhe (bis 1870) Droste-Hülshoff: „Das geistliche Jahr" (kathol.-relig. Jugendgedichte, posthum) † Nikolai Gogol, russischer Dichter (* 1809) J. u. W. Grimm beginnen „Deutsches Wörterbuch" (1. Bd. ersch. 1854; der 16. u. letzte Bd. ersch. 1960) J. Grimm: „Über den Ursprung der Sprache" Groth: „Quickborn" (plattdeutsche Gedichtsammlung) Hebbel: „Agnes Bernauer" (Trauerspiel) O. Ludwig: „Die Makkabäer" (Trauerspiel) † Thomas Moore, irischer Dichter (* 1779) Storm: „Immensee" (Novelle) Turgenjew: „Tagebuch eines Jägers" (russ. Novellen) Landestheater Hannover eröffnet	Fr. Bopp: „Vergleichende Grammatik" (d. indoeuropäischen Sprachen; s. 1833) Comte: „Positivistischer Katechismus" (frz. Vers. einer positivist. Religion mit der Menschheit als „Großes Wesen") Kuno Fischer: Gesch. der neuer. Philosophie (10 Bde.) † Friedrich Fröbel, dt. Pädagoge, Schöpfer d. Kindergärten (* 1782) „Großes Konversations-Lexikon" von Joseph Meyer (52 Bde. seit 1840) Ranke: „Französische Geschichte" (5 Bde. bis 1861) * Charles Taze Russell, Begründer des pazifistischen „Ernsten Bibelforscher" in den USA († 1916) * Hans Vaihinger, dt. Philosoph des „Als-Ob" († 1933) Erste Eisenacher Konferenz der evangelischen Kirchenregierungen Deutschlands Römisch-germanisches Zentralmuseum in Mainz Erste engl. Volksbücherei in Manchester Germanisches Museum in Nürnberg gegrdt. (z. Kenntnis der dt. Vorzeit u. Entwicklung der dt. Kultur)
1853	Beginn des Krieges Rußlands gegen Türkei, Frankreich und Großbritannien („Krimkrieg" bis 1856) Christl. beeinfl. chines. Taiping-Sekte erobert Nanking (dieser verwüstende Aufstand dauert v. 1850—1865 u. schwächt China zugunst. der europäischen Mächte)	* Isolde Kurz, dt. Dichterin († 1944) Ostrowski: „Schuster bleib bei deinem Leisten" (russ. Schauspiel) Stifter: „Bunte Steine" (Novellen) † Ludwig Tieck, dt. Dichter (* 1773) R. Wagner: „Der Ring des Nibelungen" (Textdicht.)	F. Chr. Baur: „Das Christentum u. d. christl. Kirche d. ersten drei Jahrhunderte" (ev. Kirchengeschichte) Austen Henry Layard (* 1817, † 1894): „Niniveh and Babylon" (engl. Archäologie) Kaspar Zeuß (* 1806, † 1856): „Grammatica celtica" (Grundl. d. dt. Keltologie, 2 Bde.)

Naturalismus Menzel	Verdi Schumann	Vergl. Geographie Tretkurbel-Fahrrad	
Ch. Barry: Parlamentsgebäude in London (in engl. Neogotik s. 1840, von seinem Sohn vollendet) *Menzel:* „Flötenkonzert in Sanssouci" (Gem.) * *Friedrich Thiersch,* süddtsch. Baumeister († 1921)	*Ludwig Erk* (* 1807, † 1883) grdt. in Berlin Chor zur Pflege des Volksliedes * *Charles Stanford,* irisch-engl. Komponist, besonders von Chormusik († 1924)	* *Henri Becquerel,* franz. Physiker, *Nobel*pr. 1903 für Entdeckung der radioaktiven Strahlg. († 1908) Versuche mit halbstarrem Luftschiff mit 3 PS Dampfmaschine von *Giffard* * *E. Fischer,* dt. Chem. († 1919) *Sam Fox:* Stahlgestell für Regenschirm * *Jacobus Hendricus van't Hoff,* holl. Physiko-Chemiker, Begr. d. Stereo-Chemie, *Nobel*pr. 1901 († 1911) *W. Lassel* baut Riesenreflektor a. Malta (1,20 m Durchm.), womit er über 600 Nebelflecke entdeckt * *Albert Michelson,* nordamer. Physiker († 1931) * *Henri Moissan,* frz. Chemik., *Nobel*pr. 1906 († 1907) * *William Ramsay,* engl. Chemiker († 1916) *Karl Ritter:* „Einl. zur allg. vergl. Geographie" (R. begrdte. Vergleichende Geographie) *Wolff* best. Periodizität d. Sonnenfleckenhäufigk. zu 11,1 Jahre Seewasseraquar. i. London Techn. Museum i. London	Welthandel (in Mill. Pfund Sterling in Preisen 1929): 1852: 1 000 1900: 6 600 1913: 10 700 1950: 15 500 ≈ Männermode: Zylinder, Gehrock, lg. Beinkleid; Frack bei Feiern ≈ Frauenmode: Hellfarbig. Reifröcke aus leichten Stoffen; Dékolleté; große flache Hüte mit Samtbändern und Pleureusen ≈ England dominiert wirtschaftlich und in der Mode Victoria regia im Botan. Garten, Berlin (blühte 1851 im Herrenhausener Park b. Hannover erstmalig in Europa) Gelber Fluß (Hoangho) verlegt zum 10. Mal s. 602 v. Chr. s. Mündg., nunmehr an die heutige Stelle USA führt Spatzen aus England gegen Raupenplage ein
	1. Pariser Warenhaus Bau der Pariser (Markt-) „Hallen" (1970 abgerissen)		
Johan Chr. Dahl (* 1788, † 1857): „Winterlandschaft" (norw. Gem.) † *Pierre Fontaine,* franz. Baumeister (* 1762) * *Vincent van Gogh,* niederl. expressionistischer Maler († 1890) * *Ferdinand Hodler,* Schweiz. Monumentalmaler († 1918) * *Carl Larsson,* schwed. Maler († 1919) *Adolf Menzel* Prof. u. Akademiemitglied in Berlin	*Brahms:* Klaviersonate C-dur, op. 1 *R. Schumann:* Phantasie für Violine und Orchester *Verdi:* „La Traviata" und „Der Troubadour" (ital. Opern) *Heinr. Steinweg* (* 1797, † 1871) grd. Klavierfabr. Steinway and Sons in New York	*Ph. M. Fischer:* Tretkurbel-Fahrrad *Krupp:* Nahtlose Eisenbahnräder * *Hendrik Antoon Lorentz,* niederl. Physiker († 1928) * *Wilhelm Ostwald,* dt. Chemiker und Philosoph, erforscht bes. Elektrolyse, Katalyse u. Farbenlehre; Philosophie der Energetik († 1932) Injektionsspritze v. *Pravaz* *W. Thomson* g. einwandfr. Definition der „Energie"; findet Frequenzformel für Schwingungskreise	1. internat. statistischer Kongreß in Brüssel Internationale Seefahrtskonferenz in Brüssel im Zeichen der Umstellung auf Dampf und verbesserter Seekarten „Die Gartenlaube" in Leipzig gegründet Erste Rohrpostanlage (London) = 50% d. engl. Bev. wohnt in Städten Preuß. Gesetz über Gewerbeaufsicht

	Zar Alexander II. Koalitionsverbot	Keller Freytag	Mommsen L. Büchner
1854	Dt. Bundestag erl. allgem. Koalitionsverbot, d. h. Verbot aller Arbeitervereine (Preußen, Sachsen, Bayern schon 1849; aufgeh. 1868, Sachsen 1861, Preußen 1867) Großbritannien erkennt den 1842 gegründeten Oranje-Freistaat an Gründung der Republikanischen Partei in den USA mit Programm gegen Sklaverei und für Hochschutzzölle Sprengung der japanischen Abgeschlossenheit durch u. für die weißen Mächte	*Freytag:* „Die Journalisten" (Lustspiel) † *Jeremias Gotthelf (Albert Bitzius),* schweiz. Dichter (* 1797) *G. Keller:* „Der grüne Heinrich" (autobiographischer Schweizer Roman) *O. Ludwig:* „Die Heiterethei" (humor. Dorfgeschichte) *Ostrowski:* „Armut schändet nicht" (Schauspiel) *Scheffel:* „Der Trompeter von Säckingen" (lyrisches Epos) Uraufführung v. „Faust II" in Hamburg	* *Georg Kerschensteiner,* dt. Pädagoge; fördert Arbeits- u. Berufsschule († 1932) *Mommsen:* „Römische Geschichte" (3 Bde. b. 1855; 5 Bde. b. 1885) * *Paul Natorp,* dt. Philosoph, Neu-Kantianer († 1924) † *Friedrich Wilhelm Schelling,* dt. Philosoph des transzendentalen Idealismus (* 1775) *Rudolf Wagner* (* 1805, † 1864; Physiologe): „Über Wissen u. Glauben" (spiritualist. Auffass. d. Nerventätigkeit; dagegen polemisiert *Karl Vogt* [* 1817, † 1895] vom mehr materialist. Standpkt.) Katholisches Dogma der unbefleckten Empfängnis Mariä (d. h. Maria wurde ohne Erbsünde geboren)
1855	† *Nikolaus I.,* Zar von Rußland seit 1825 (* 1796) *Alexander II.* Zar v. Rußland (bis 1881 [†]). Unter seiner Herrschaft Aufhebung der Leibeigenschaft u. andere innere Reformen; Amurland, Kaukasien, Turkestan an Rußland Sewastopol von den Briten und Franzosen erobert; Russen siegen über die Türken ≈ Einwanderung i. d. USA 1820–1974 46,7 Mill., davon 77 % aus Europa	*Dumas* (Sohn): „Die Halbwelt" (franz. Schauspiel) *Freytag:* „Soll und Haben" (Roman) * *Ludwig Ganghofer,* dtsch. Schriftsteller († 1920) *Groth:* „Vertelln" (plattdeutsche Dorfgeschichten) *Hebbel:* „Agnes Bernauer" (Trauerspiel) *Longfellow:* „Hiawatha" (nordamer. Lyrik, wendet sich gegen jede Konvention) † *Adam B. Mickiewicz,* poln. Dichter; Hauptwerk „Dziady" („Ahnenfeier" 1832, * 1798) *Scheffel:* „Ekkehard" (Roman) *Turgenjew:* „Rudin" (russ. Roman) *Whitman:* „Grashalme" (nordamerikan. Lyrik, gegen jede Konvention)	*Arndt:* „Schriften für und an seine lieben Deutschen" (4 Bde. seit 1845) *Ludwig Büchner* (* 1824, † 1899, Bruder v. *Georg B.*): „Kraft u. Stoff" (materialist. Naturphilosophie in populärer Form; kostet ihn die akad. Stellung als Mediziner) *Gobineau:* „Versuch über die Ungleichheit der Rassen" (franz. Geschichtsphilosophie) † *Sören Kierkegaard,* dänisch. relig. Existenz-Philosoph; Gegner *Hegels,* bekämpfte Kirche zugunsten eines persönlichen Verhältnisses zu Gott (Vorläufer d. Existentialphilosophie des 20. Jh.) (* 1813) Konkordat mit Österreich beseitigt Reformen *Josephs II.* Techn. Hochschule Zürich gegr.

Courbet Daumier	Wagner Liszt	Bessemer-Stahl Drucktelegraph	
† *Karl Begas*, Berliner Maler (* 1794) † *Sulpiz Boisserée*, dt. Kunsthistoriker, betrieb mit seinem Bruder *Melchior Boisserée* (* 1786, † 1851) die Vollendung des Kölner Domes (* 1783) *Schwind:* „Aschenbrödel" (Märchenbilder) ~ *Waldmüller:* „Wienerwaldlandschaft" (Gem.) Glaspalast in München erbaut (brennt 1931 ab)	*Berlioz:* „Te Deum" (seit 1849) * *Engelbert Humperdinck*, dt. Komponist († 1921) *Liszt:* „Les Préludes" (Orchesterstück) *A. Rubinstein:* 2. Sinfonie (russ., Auff. in Leipzig) Selbstmordvers. *Rob. Schumanns* in geistiger Umnachtung *R. Wagner* beg. „Der Ring des Nibelungen" zu komp. („Das Rheingold", „Die Walküre", „Siegfried", „Götterdämmerung"; vollend. 1874)	* *Emil von Behring*, dt. Mediziner († 1917) *George Boole* (* 1815, † 1864) veröff. mathem. Logik („*B*'sche Algebra") * *Paul Ehrlich*, dt. Mediziner († 1915) *Geissler* u. *Plücker:* Elektrisches Entladungsrohr Vorläufer der elektrischen Glühlampe von *Goebel* *Joule* u. *W. Thomson:* Abkühlungseffekt realer Gase * *Henri Poincaré*, frz. Mathem., Physiker u. Philosoph († 1912) *Bernhard Riemann* begr. nichteuklidische Geometrie, in der es zu einer Geraden keine Parallele gibt Gebrüder *Schlagintweit* von Indien über Karakorumpaß nach Innerasien *W. v. Siemens:* Doppel-T-Anker *Sinsteden:* Blei-Akkumulator (1859 verbess.)	*Roger Benton:* 1. Kriegsfotos (i. Krimkrieg) *H. Brehmer:* Heilstätte f. Tuberkulose in Göbersdorf Anschlagsäulen von *Ernst Litfaß* i. Berlin Ital. Nachrichtenbüro Agenzia *Stefani* gegründet *H. Sainte-Claire Deville* findet Grundl. für industrielle Aluminium-Gewinnung Welterzeugung von Aluminium 20 kg je RM 2400 (1896: 1,8 Mill. kg je RM 2,60 1937: 490 Mill. kg je RM 1,33) Sturmkatastrophe i. Schwarz. Meer während d. Krimkrieges (führt 1863 zum 1. staatl. Wetterdienst in Frankreich)
J. Burckhardt: „Cicerone" (Kunstführer f. Italien) *Courbet:* „Blumen", „Das Atelier des Malers" (frz. Gem.) *Daubigny:* „Schleuse i. Tal" (frz. Landschaftsgemälde) *H. Daumier:* „Erinnerungen" (frz. Litographien); „Jesus und seine Jünger" (frz. Gem.) † *Jean Baptiste Isabey*, franz. Maler (* 1767) *Ludwig Knaus* (* 1829, † 1910): „G. F. Waagen" (Porträtgem. d. Dir. d. Berl. Gem.-Galerie) *Th. Rousseau:* „Am Waldrand von Fontainebleau" (frz. Gem.) *Eduard Schleich* (*1812, † 1874): „Abendlandschaft" (Gem.)	*Liszt:* Klavierkonzert Es-dur, „Graner Festmesse", „Faust-Sinfonie" *Verdi:* „Sizilianische Vesper" (ital. Oper)	*Th. Addison* beschreibt die nach ihm ben. Krankheit *Henry Bessemer* (* 1813, † 1898) erf. Stahl-Massenerzeugung m. d. *B.*-Birne * *David Bruce*, engl. Tropenarzt, († 1931) *Fowler* u. *Eyth:* Dampfpflug *Garcia:* Kehlkopfspiegel † *Karl Friedrich Gauß*, dt. Wissenschaftl. (* 1777) Drucktelegraph von *Dav. Edw. Hughes* (*1831,†1900) *Kane* erreicht 80° n. Br. *Livingstone* entd. Victoriafälle b. s. Afrikadurchquerung 1853—56 * *Percival Lowell*, nordam. Astronom, († 1916) * *Oskar v. Miller*, dt. Ingenieur, († 1934) *A. R. Wallace:* „Gesetz, welches die Entstehung d. Arten reguliert hat" (unabh. v. *Darwin*)	Weltausstellung in Paris ~ Aufblühen des Klublebens in England *Edouard Ducpétiaux* (* 1804, † 1868): „Haushaltsrechnungen d. Arbeiterklassen in Belgien" (belg. sozialpolit. Statistik) ~ Erste Revolver-Drehbänke *C. A. Steinheil* (*1801, † 1870) übernimmt die von *Fraunhofer* begr. Opt.-astron. Werkstätten, München 1. Warenhaus in Paris 1. Dampfschiff der HAPAG Sturmflut zerstört Alt-Wangerooge 1. dt. Lungen-Sanatorium (Schlesien)

	Internationales Seerecht	Hebbel Flaubert	Judenemanzipation
1856	Ende des Krimkrieges im Frieden von Paris: Teil Bessarabiens an die Türkei, Schwarzes Meer neutral; Rußl. verliert Vorherrschaft an Frankr., Balkan wird Spannungsfeld zw. Rußl. und Österreich Grundsätze des internationalen Seerechts werden aufgestellt * *Frank Kellog*, USA Staatsmann, bewirkt 1928 Kriegsächtungspakt, Friedens*nobel*preis 1929 († 1937) * *Woodrow Wilson*, 1913 bis 1921 Präsident der USA erhält Friedens*nobel*pr. 1919 († 1924)	*Ludwig Bechstein* (* 1801, † 1860): „Neues deutsches Märchenbuch" *Hebbel:* „Gyges und sein Ring" (Tragödie) † *Heinrich Heine*, dt. Dichter, s. 1831 als Journalist i. Paris (* 1797) *Ibsen:* „Das Fest auf Solhaug" (norweg. Schausp.) *G. Keller:* „Die Leute von Seldwyla" (Schweizer Novellen) *O. Ludwig:* „Zwischen Himmel und Erde" (Erzählung) *Mörike:* „Mozart auf der Reise nach Prag" (Novelle) *Raabe:* „Chronik der Sperlingsgasse" (Roman) * *George Bernard Shaw*, irisch-engl. Dichter, *Nobel*preis 1926 († 1950) * *Oscar Wilde*, engl. Dichter († 1900)	* *Sigmund Freud*, österr. Nervenarzt, Begründer der Psychoanalyse († 1939) *Franz Theodor Kugler* (* 1808, † 1858): „Geschichte der Baukunst" (5 Bde. b. 1873) *Lotze:* „Mikrokosmos" (3 Bde. b. 1864, vers. Idealismus mit Naturwiss. zu vereinigen) *Lorenz v. Stein* (* 1815, † 1890): „System der Staatswissenschaft" (2 Bde. seit 1852, gilt als maßgeb. Beitrag zur Gesellschaftslehre) ≈ (1850–80) Dynamisierung auch d. geistigen Lebens i. Zuge d. techn. Revolution (vgl. 1852 P)
1857	Kg. *Friedrich Wilhelm IV.* v. Preußen übergibt wegen geistiger Erkrankung seinem Bruder *Wilhelm (I.)* s. Vertretung (bed. liberalere „Neue Aera") Großbritannien wirft Aufstand in Indien nieder (vgl. 1858); besetzt mit Frankreich Kanton *Alexander Iwanowitsch Herzen* (* 1812, † 1870) gibt in London russ. Wochenblatt „Die Glocke" heraus (gesellschaftskritisch, bis 1867)	*Baudelaire:* „Die Blumen des Bösen" (franz. Gedichte) * *Joseph Conrad* (eigentlich *Korczeniowski*), poln.-engl. Dichter u. Seemann († 1924) *Dickens:* „Klein Dorrit" (engl. Roman) *Eichendorff:* „Geschichte der poetischen Literatur Dtls." † *Joseph von Eichendorff*, dt. Dichter (* 1788) *Flaubert:* „Madame Bovary" (frz. Roman) † *Alfred de Musset*, frz. romantischer Dichter (* 1810) * *Hendrik von Pontoppidan*, dänischer Dichter, *Nobel*preis 1917 († 1943) *Stifter:* „Nachsommer" (Roman) * *Hermann Sudermann*, dt. Dichter († 1928) *Turgenjew:* „Assja" (russ. Erzählung) *W. Raabe:* „Chronik d. Sperlingsgasse" (Berl. Roman)	*Henry Thomas Buckle* (* 1821, † 1862): „Geschichte der Zivilisation in England" (engl. Kulturgesch., b. 1861) † *Auguste Comte*, frz. Philosoph, Begr. d. Positivismus und der wiss. Soziologie (* 1798) *Karl von Gerok* (* 1815, † 1890): „Palmblätter" (religiöse Gedichte) *Friedr. Christoph Schlosser* (* 1776, † 1861): „Weltgeschichte für das deutsche Volk" (19 Bände) *F. Th. Vischer:* „Ästhetik oder die Wissenschaft des Schönen" (6 Bde. seit 1846) Judenemanzipation in England Universitäten Kalkutta, Bombay und Madras in Indien gegründet

Menzel *Richter*	*Romantik* *Liszt*	*Pasteur* *Wetterkunde*	
* *Hendrik Petrus Berlage*, niederländ. Baumeister († 1934) *Menzel:* „Théâtre du Gymnase" (Gemälde) *L. Richter:* „Vater unser" (Holzschnitte) * *Michail Wrubel*, russ.-ukrain. Maler († 1910)	*Liszt:* „Ungarische Rhapsodien" *Aimé Maillart* (* 1817, † 1871): „Das Glöckchen des Eremiten" (franz. Oper) † *Robert Schumann*, dt. Komponist, u. a. Liederzyklen wie „Frauenliebe u. -leben" (* 1810) * *Christian Sinding*, norweg. Komponist († 1941)	Bessemer Birne f. Stahlerz. *Brown-Séquard* weist Wichtigkeit der Nebenniere nach *Helmholtz:* „Handb. der physiolog. Optik" (bis 1866, mit Dreifarbentheorie des Sehens) *A. Krönig* u. *Clausius* (1857): Molekulare Theorie der Gase † *N. Iwanowitsch Lobatschewskij*, russ. Mathematiker, u. a. nichteuklidische Geometrie (* 1793) Photograph. Nachweis d. ultraviolett. Strahlen durch *Johann Heinrich Jacob Müller* * *Robert E. Peary*, Nordpolarforscher der USA, erreicht 1909 den Nordpol († 1920)	Schwarzwaldbahn mit 40 Tunneln Ingenieur-Taschenbuch „Hütte" ersch. „Großes Konversations-Lexikon" von *Joseph Meyer* (52 Bde. s. 1840) * *Frederick Winslow Taylor*, nordam. Erfinder des nach ihm benannten, auf Zeitstudien beruhenden Arbeitssystems († 1915) *Leopold Sonnemann* (* 1831, * 1909) grdt. „Frankfurter Zeitung" (verbot. 1943) *E. A. Rossmässler:* „Der See im Glase" (1. dt. Aquarienkunde)
	Patholog.-anatom. Inst. d. Univ. Berlin Erster Neandertal-Schädel b. Düsseldorf gefunden (üb. 100000 Jahre alt)	Erster künstlicher Teerfarbstoff Mauvein v. *Perkin* Regenerativfeuerung von *E. Siemens*	Dt. „Zollpfund" zu 500 g eingeführt VDI in Berlin gegr.
* *Max Klinger*, dt. Maler, Bildhauer u. Graphiker († 1920) *Millet:* „Die Ährenleserinnen" (frz. Gemälde) † *Christian Daniel Rauch*, dt. Bildhauer (* 1777) *L. Richter:* „Das Lied v. d. Glocke" (Holzschnitte) *Schwind:* „Die sieben Raben" (Aquarell-Zyklus)	*Hans von Bülow* (* 1830, † 1894), dt. Dirigent, heiratet *Cosima* (* 1837, † 1930), d. Tochter *Franz Liszts*, die spätere Gattin *Rich. Wagners* (ab 1870) * *Edward Elgar*, engl. Komponist († 1934) † *Michail Glinka*, russ. Komponist, „Vater d. russischen Musik" (* 1804) * *Wilhelm Kienzl*, dt. Komponist († 1941) *Liszt:* Klavierkonzert A-dur	*Chr. H. Buys-Ballot:* Ges. üb. Luftdruckverteilung u. Bodenwinde † *Louis Augustin Cauchy*, frz. Mathematiker, schuf d. Theorie komplexer Funktionen (* 1789) *H. W. Dove:* „Gesetz der Stürme" (mit Winddrehungsgesetz) * *Heinr. Hertz*, dt. Physiker († 1894) *Pasteur* veröff. s. Arbeiten üb. Milchsäure- u. Alkoholgärung (frz. Anf. d. Bakteriologie) * *Ronald Ross,* engl. Tropenarzt, 1902 *Nobel*preis für Malariaforschung († 1932) * *Julius Wagner von Jauregg*, österr. Nervenarzt, findet Malaria-Behandlung der Paralyse, *Nobel*preis 1927 († 1940)	Erste Weltwirtschaftskrise (v. USA ausgehend) v. *Reuter* gründet sein engl. Pressebüro Ältester Alpenverein (Alpine Club in London) ~ Krinoline in der Frauenmode Intensive Versuche beginnen, das Matterhorn zu besteigen (erst nach 18 Vers. 1865 erfolgreich) Grdg. d. Norddt. Lloyd i. Bremen

	Brit. Vizekg. i. Indien Garibaldi	Gontscharow Freytag	Ranke Dunant
1858	Aufhebung d. Ostindischen Kompanie und Übernahme der Herrschaft durch einen brit. Vizekönig Rivalität zw. Großbritann. und Rußland in Persien *Friedr. Wilhelm IV.*, König v. Preußen seit 1840, dankt wegen Krankheit ab. Prinz *Wilhelm* v. Pr. übern. Regentschaft, 1861 Kg. v. Pr. * *Michael Hainisch*, erster österreich. Bundespräsident 1920—1928 († 1940) * *Ludwig Quidde*, dt. Historiker und Politiker, Gegner *Wilhelms II.*, Friedens*nobel*preis 1927 († 1941) * *Theodore Roosevelt*, 1901 bis 1909 USA-Präsid., Friedens*nobel*preis 1906 († 1919)	*Arndt*: „Meine Wanderungen und Wandlungen mit dem Reichsfreiherrn *vom Stein*" (bringt Gefängnisstrafe) * *Carl Hauptmann*, dt. Dichter, Bruder von *Gerhart H.* († 1921) * *Josef Kainz*, Schauspieler in Meiningen, München, am Dt. Theater Berlin u. Wiener Burgtheater († 1910) * *Selma Lagerlöf*, schwed. Dichterin, *Nobel*preis 1909 († 1940) *Turgenjew*: „Das Adelsnest" (russ. Roman) Ständig. Marionettentheater in München von „Papa" *Joseph Schmid*	*Bernadette (Maria B. Soubirous* [* 1844, † 1879]) hat Marien-Visionen in einer Höhle bei Lourdes (Frkr.) (1933 heilig gesprochen) *Carlyle*: „Friedrich d. Große" (engl.) ~ *Rudolf Jhering* (* 1818, † 1892): „Der Geist des römischen Rechts auf d. verschiedenen Stufen seiner Entwicklung" (4 Bde. 1852 bis 1864) † *Robert Owen*, engl. Industrieller, führte soz. Reformen i. sein. Betrieben durch, legte Grund für Genossenschaftswesen (* 1771)
1859	† *Clemens* Fürst *Metternich*, österr. antiliberaler Staatsmann (* 1775) Italienisch. Befreiungskrieg mit führ. Rolle v. *Giuseppe Garibaldi* (* 1807, † 1882): Österreich verliert Lombardei im Kriege gegen Italien und Frankreich. Sardinien überläßt Frankreich Nizza und Savoyen Dt. Nationalverein gegrdt. (erstrebt liber. dt. Bundesstaat unt. preuß. Führung) *Bismarck* preuß. Gesandter in Petersburg * *Wilhelm II.*, Sohn *Friedrichs III.*, von 1888 bis 1918 dt. Kaiser († 1941) * *Jean Jaurès*, frz. Sozialist und Pazifist († 1914, erm.) Rußl. unterwirft Kaukasus	† *Bettina von Arnim*, dt. Dichterin, Schwester *Brentanos* (* 1785) *Dickens*: „Die Geschichte zweier Städte" (englischer Roman) * *Eleonora Duse*, ital. Schauspielerin († 1924) *Freytag*: „Bilder aus der deutschen Vergangenheit" (bis 1862) *Gontscharow*: „Oblomow" (russ. Roman des trägen Bürgers) † *Wilhelm Grimm*, deutscher Philologe (* 1786) * *Knut Hamsun*, norwegischer Dichter, *Nobel*preis 1920 († 1952) * *Verner von Heidenstam*, schwed. Dichter, *Nobel*pr. 1916 († 1940) * *Jerome K. Jerome*, engl. humorist. Dichter († 1927) *Fr. Reuter*: „Ut de Franzosentid" (Roman)	* *Henri Bergson*, franz. Philosoph und Psychologe („Elan vital") († 1941) * *John Dewey*, pragmatischer Philosoph und Pädagoge der USA († 1952) *H. Dunant* gew. auf dem Schlachtfeld von Solferino entsch. Eindrücke für seine Bemühungen um Verwundete u. Gefangene (vgl. 1864) * *Edmund Husserl*, dt. Philos. d. Phänomenologie († 1938) † *Th. Babington Macaulay*, engl. Politiker u. Historiker (* 1800) *Mill*: „Über d. Freiheit" *R. v. Mohl*: „Enzyklopädie der Staatswiss." (trennt Gesellschafts- u. Staatslehre) *Ranke*: „Englische Geschichte" (7 Bde. bis 1868) *Georg Voigt*: „Die Wiederbelebung d. klass. Altertums oder das erste Jahrh. des Humanismus" Endgültige Beseitigung der Inquisition in Italien Realgymnasium in Preußen erh. Hochschulberechtigung Dt. Juristentag gegründet

Menzel / Böcklin	Gounod / Offenbach	Darwin / Virchow	
W. Busch: „Max u. Moritz" (humorist. Bilder mit Versen) * *Lovis Corinth*, dt. Maler d. Impress. († 1925) † *Ando Hiroshige*, jap. Maler (* 1797) *Menzel:* „Friedrich d. Gr. in Lissa" („Bonsoir Messieurs", Gem.) *L. Richter:* „Fürs Haus" (Holzschnitte) *Schwind:* „Morgenstunde" (Gem.) * *Giovanni Segantini*, ital. Maler († 1899) † *Joseph Stieler*, dtsch. Bildnismaler, unter a. Goethe (* 1781) * *Heinrich Zille*, dtsch. Zeichner des Großstadtmilieus († 1929)	*Cornelius:* „Der Barbier von Bagdad" (Oper) *C. Franck:* „Messe solennelle" (frz. Messe) * *Ruggiero Leoncavallo*, ital. Komponist († 1919) *Offenbach:* „Orpheus in der Unterwelt" (Pariser Operette) * *Giacomo Puccini*, ital. Komponist († 1924)	Entdeckg. d. Tanganjika- und Victoriasees (als Nilquelle) d. *Barton* und *Speke* Festlegung der Atomgewichte relativ zum Wasserstoff durch *Cannizzaro* * *Rudolf Diesel*, dt. Erf. († 1913) *Feddersen* weist elektrische Schwingungen i. Schwingungskreis durch oszillierende Funken nach † *J. Müller*, dt. Vorbereiter einer naturwiss. Physiologie (* 1801) * *Max Planck*, dt. Physiker († 1948) *Plücker* entdeckt Kathodenstrahlen (Elektronen) *Virchow* begründet Zellular-Pathologie (krank sind bestimmte Zellen)	*Cyrus Field:* Erstes transatlant. Kabel Nationaler Metallarbeiter-Gewerkverein in USA (nordam. Buchdrucker-GV 1850) Einführung der Bestimmungsmensur in den deutschen Studentenkorps China muß s. Häfen europ. Handel öffnen ~ Durch Sohlennähmaschine wird Schuhherstellung mechanisiert *Pullman:* Luxus-Eisenbahnwagen *G. F. Nadar* (Paris) Foto aus Fesselballon
Böcklin: „Pan im Schilf" (Gemälde) *Menzel:* „Studenten-Fackelzug" (Gem.) † *Alfred Rethel*, dtsch. antirevolut. Maler und Graphiker der Romantik (* 1816) * *Georges Seurat*, frz. Maler des Neo-Impressionismus († 1891) *Waldmüller:* „Die Nachbarn" (Gem.) *Whistler:* „Am Piano" (nordam. Gem.)	*Brahms:* Klavierkonzert d-moll *Gounod:* „Margarethe" (franz. „Faust"-Oper) † *Louis Spohr*, dtsch. Komponist, u. a. 15 Violinkonzerte (* 1784) *Verdi:* „Maskenball" (ital. Oper) *R. Wagner:* „Tristan und Isolde" (Musikdrama, aufgef. 1865)	* *Svante Arrhenius*, schwed. Naturforscher, 1903 *Nobel*preis für Theorie der elektrolytischen Dissoziation († 1927) ~ *M. Berthelot* (* 1827, † 1907): Synthese v. Alkohol, Benzol u. a. organ. Verbindungen. Spektralanalyse von *Bunsen* und *Kirchhoff* * *Pierre Curie*, frz. Physiker († 1906) *Darwin:* „Über die Entstehung d. Arten durch natürliche Zuchtwahl" (engl.) † *Alexander v. Humboldt*, dt. Naturforscher, begründete u. förderte zahlreiche Wissenschaften, gilt als einmalig in seinem umfass. Wissen (* 1769) *Niemann* entdeckt Kokain (Rauschgift) *G. Planté:* Blei-Akkumulator (vgl. 1854) Ges. f. Anthropologie in Paris gegrdt. (1869: Berl. Anthr. Ges.)	*Marx:* „Zur Kritik d. politischen Ökonomie" (sozialist. Nationalökonomie) Erdölgewinnung in Pennsylvanien (USA) u. Kaukasus beg. (ermögl. Petroleum-Beleuchtung) Grundstein f. neues Berliner Börsengebäude Gewerbefreiheit i. Österreich (1867 i. Staatsgrundges.)

	Italien geeint *Kg. Wilhelm I. v. Pr.*	*Turgenjew* *Dostojewskij*	*Burckhardt* *Psychophysik*
1860	Kirchenstaat verliert Emilia, Marken u. Umbrien an Kgr. Sardinien, den Vorkämpfer für die ital. nation. Einheit Engl. und Frankr. besetzen Peking. Sonderrechte der weißen Mächte in China *Abraham Lincoln* Präsident der USA (bis 1865 [†, ermordet]), als Republikaner Gegner der Sklaverei * *Friedrich Naumann*, dt. christl.-sozial. Pol. († 1919) * *Ignaz y Paderewski*, poln. Ministerpräs. 1919-1921 u. Klaviervirtuose († 1941) * *Raymond Poincaré*, französ. Staatsmann († 1934) Rußl. grdt. Wladiwostok Bauernaufst. i. Rußl.	† *Ernst Moritz Arndt*, dt. Dichter (* 1769) *Multatuli* (eig. E. D. Bekker, * 1820, † 1887): „Max Havelaar" (ndl. Roman, klagt Kolonialpolitik an) * *Mori Ogai*, japan. Dichter u. Faust-Übersetzer († 1922) *Ostrowski*: „Das Gewitter" (russ. Schauspiel) *Johan Ludw. Runeberg* (* 1804, † 1877): „Fähnrich Stals Erzählungen" (finn.) * *Anton Tschechow*, russ. Dichter († 1904) *Turgenjew*: „Am Vorabend" (russ. Roman) und „Erste Liebe" (russ. Erzählung) * *Clara Viebig*, dt. Romanschriftstellerin († 1952)	† *Ferdinand Christian Baur*, dt. evangel. Kirchenhistoriker (* 1792) *Jakob Burckhardt*, (* 1818, † 1897): „Die Kultur der Renaissance in Italien" (schweiz. kulturhistor. Werk) *Fechner*: „Elemente der Psychophysik" ~ Belebung der Pädagogik *Herbarts* durch *F. W. Dörpfeld* (* 1824, † 1873) u. a. *J. Scherr*: „Kulturgeschichte der deutschen Frau" † *Arthur Schopenhauer*, dt. Philosoph eines „pessimistischen Voluntarismus" (* 1788) 1. dt. Schulspeisung
1861	† Graf *Camillo Cavour*, Minister des Kgr. Sardinien, Vorkämpfer für die nationale Einheit Italiens (* 1810) *Viktor Emanuel II.* König d. verein. Italien (außer Rom und Venedig) mit Hauptstadt Florenz (bis 1878[†]) † König *Friedr. Wilhelm IV.*, König v. Preußen 1840—58 (* 1795), s. Bruder *Wilhelm I.* Kg. v. Preußen bis 1888 (†) *Virchow* gründet „Dt. Fortschrittspartei" i. Preuß. (lib.) * *Maximilian Harden*, Gegner *Wilhelms II.* († 1927) Neue Verfass. in Österreich † Prinz *Albert* von Sachsen-Coburg-Gotha, Gemahl u. Vetter der engl. Königin *Victoria* (* 1819) Ausbruch des nordamerik. Bürgerkrieges (bis 1865) Aufheb. d. Leibeigenschaft i. Rußl. (betr. 45 Mill. Bauern) Zentralregierg. i. Columbien Bürgerkrieg in Japan ersetzt Feudalordnung durch zentrale Kaisergewalt Türken vereinigen Moldau und Walachei zu Rumänien	*Dostojewskij*: „Aufzeichnungen aus einem Totenhaus" (russ. Erzählung aus sibir. Verbannung) *Fr. Reuter*: „Ut mine Festungstid", „Schurr-Murr" (plattdt. Erzählungen) † *Augustin Eugène Scribe*, frz. Bühnendichter; aus seiner literar. Werkstatt m. vielen Mitarbeitern gingen über 400 Schauspiele und 60 Operntexte hervor (* 1791) * *Rabindranath Tagore*, indischer Dichter u. Philosoph, *Nobel*preis 1913 († 1941)	*Bachofen*: „Das Mutterrecht" (B. gilt als Entdeck. dieser Rechtsform) † *Friedr. Karl v. Savigny*, dt. Jurist u. Staatsmann, Haupt der histor. Rechtsschule (* 1779) *Spencer*: „Education intellectual, moral, and physical" (engl. Pädagogik) * *Rudolf Steiner*, gründet Anthroposophische Gesellschaft 1912 († 1925) * *Alfred North Whitehead*, engl. Philosoph u. Mathematiker († 1947) Völkerkunde findet auf der Anthropologen-Versammlung in Göttingen erste Gruppenvertretung (1839: Gesellschaft für Ethnologie in Paris gegründet)

Thoma Waldmüller	Romantik Wagner	Kolloidchemie Urvogel entdeckt	
† *Charles Barry*, engl. Baumeister (* 1795) * *J. Ensor*, belgischer Maler († 1949) † *Alexander Gabriel Decamps*, frz. Maler (* 1803) *HermanGrimm* (*1828, † 1901): „Das Leben Michelangelos" (Biographie) *Ingres*: „Türkisches Frauenbad" (franz. Gem.) *H. Thoma*: „Schwarzwaldbach" (Gem.) *Waldmüller*: „Heimkehr v. d. Kirchweih" (Gem.)	* *Gustav Mahler*, dt. Komponist († 1911) † *Friedrich Silcher*, dt. Komponist; u. and. Sammlung dt. Volkslieder mit eig. volkstüml. Komp. (* 1789) *Suppé*: „Das Pensionat" (gilt als Beg. d. Wiener Operette) * *Hugo Wolf*, dt. Komponist († 1903)	*Bullock*: Rotations-Schnellpresse (ermögl. hohe Zeitungsauflagen) *Fiorelli*: Umfangr. Ausgrab. i. Pompeji u. Herkulaneum *Graham* begr. Kolloidchemie Gasmotor von *Lenoir* Gesetz der Geschwindigkeitsverteilung bei Gasmolekülen von *Maxwell* Linoleum von *Walton* *Burke* u. *Wills* durchqueren Australien v. Süden n. Norden (verhungern 1861 auf dem Rückweg) Erste Hinw. auf Tiefseeleben 1. Intern. Chemiker-Kongreß in Karlsruhe	Erstes deutsches Turnfest in Coburg (1861 in Berlin) Volksschulturnen f. Knaben in Preußen „Barren-Streit" zwischen deutschem u. schwedisch. Turnen ≈ Filzhut als Männerkopfbedeckung Erste Box-Weltmeisterschaft i. England (noch oh. Handsch.) USA-Erdölgewinnung 66 000 t (1900: 8,4 Mill. t, 1938: 165 Mill. t) *Krupp*: Geschützrohre aus Gußstahl ~ Martini-Cocktail in Kalifornien
Feuerbach: „NanaRisi" (bis 1865 20 Bildn. von dieser Römerin) *Charles Garnier* (* 1825, † 1898): Pariser Oper (prunkvoller Neubarock b. 1875) *Knaus*: „Kartenspielende Schusterjungen" (Berlin. Gem.) * *Aristide Maillol*, frz. Bildhauer u. Graphiker († 1944) *Waldmüller*: „Die Gratulanten" (Gem.)	*Brahms*: Klavierquartett g-moll, op. 25 † *Heinrich Marschner*, deutscher Komponist (* 1795) *R. Wagners* Oper „Tannhäuser" fällt in Paris durch	*Fr. Wilh. Aug. Argelander* (* 1799, † 1875): Bonner Durchmusterung d. nördl. Sternhimmels (324 192 Sterne s. 1852) Abessinien-Expedition v. *Th. v. Heuglin* (bis 1864) * *Frederick Gowland Hopkins*, engl. Chemiker, Nobelpreis 1929 († 1947) *Philipp Reis* (* 1834, † 1874): Telephon f. elektr. Tonübertrag. (vgl. 1876) *Semmelweis* veröffentlicht seineHauptschrift über das Kindbettfieber (vgl. 1847) Herstellung v. Soda nach dem *Solvay*-Verfahren *Karl Weierstraß* (* 1815, † 1897): „Allg. Theorie d. analytischen Funktionen" (mathemat. Vertiefung d. Theor. komplexer Funktionen) Tägliche Sturmwarnungen und Wettervorhersagen auf Grund von Wetterkarten in England Entdeckung des fossilen Urvogels „Archäopteryx" in Solnhofen als Zwischenglied zw. Reptil u. Vogel	Weltindustrieprod. 14% gegenüber d. v 1913; Reihenfolge d. Industriestaaten: Engl., Frkr., USA, Dtl. (1913: USA, Dtl., Engl., Frkr.) Kalifabrikation in Staßfurt beg. (Kalidüngung ab 1863) Pferdebahn i. London (die sich daraus entw. elektr. Straßenbahn 1952 eingezogen) Drahtseilbergbahn f. Lasten ~ Nur noch 300 000 Indianer in den USA (das 1837 zugewies. Reservat wird weg. s. Bodenschätze laufend verkleinert) 1. öff. dt. Aquarium in Hamburg Weißhorn (Wallis, 4512 m) erstiegen Ersteigung der Ötztaler Wildspitze (3744 m) ~ Londoner WC i. Stadtschloß Coburg

	Bismarck *Lasalle*	*Hebbel* *Hugo*	*„Rotes Kreuz"* *Entwicklungsphilosophie*
1862	* *Aristide Briand*, franz. Staatsmann, Friedens*nobel*preis 1926 († 1932) Vergebl. Versuch *Giuseppe Garibaldis* (* 1807, † 1882), Rom von den Franzosen zu befreien Vergeblicher polnischer Aufstand gegen Rußland (bis 1864) *von Bismarck* preuß. Ministerpräsident und Außenminister (bis 1890); führt gegen liberale Mehrheit d. preuß. Abgeordnetenhauses Heeresverstärkung durch (Verfassungsstreit 1866 beigelegt) Absetzung Prinz *Ottos* von Bayern als König von Griechenland; Nachfolger *Georg* von Dänemark bis 1913 (ermordet)	Debüt der *Sarah Bernhardt* (* 1844, † 1923) * *Otto Ernst (Schmidt)*, dt. Schriftsteller († 1926) *Flaubert:* „Salambo" (franz. Roman aus Karthago) *Fontane:* „Wanderungen d. die Mark Brandenburg" * *Gerhart Hauptmann*, dt. Dichter († 1946) *Hebbel:* „Die Nibelungen" (Trauerspiel) *V. Hugo:* „Die Elenden" (frz. sozial. Rom. i. 10 Bden) * *Maurice Maeterlinck*, belg. Dicht., *Nobel*pr. 1911 († 1949) † *Johann Nestroy*, österr. Possendichter (* 1801) * *Johannes Schlaf*, dt. Dichter, Freund v. *Holz* († 1941) * *Arthur Schnitzler*, österr. Dichter († 1931) *Turgenjew:* „Väter u. Söhne" (russ. Roman m.d. Begriff d. „Nihilismus") † *Ludwig Uhland*, deutscher Dichter (* 1787)	*Edmond* und *Jules de Goncourt:* „Die Frau im 18. Jahrhundert" (franz.) *L. Kellner* veröff. 1. dt. kathol. Geschichte der Pädagogik *Lassalle:* „Vom Wesen der Verfassung" (Rede) * *Friedrich Meinecke*, dt. liberal. Historiker († 1954) *Spencer:* „Ein System der synthetischen Philosophie" (engl. Evolutionsphilosophie, 10 Bde. b. 1893) Preuß. Akad. d. Wissensch. i. Berlin beg. Herausgabe d. „Corpus inscriptionum latinarum" (lat. Inschriftensamml., b. 1930 42 Bde.)
1863	* *Austen Chamberlain*, engl. Staatsmann, Friedens*nobel*preis 1925 († 1937) * *Arthur Henderson*, engl. Staatsmann, Friedens*nobel*preis 1934 († 1935) * *David Lloyd George*, engl. liber. Ministerpräs. († 1945) *Lasalle* gründet den „Allgemeinen deutschen Arbeiterverein" in Leipzig mit dem Ziel des allgemeinen gleichen direkten Wahlrechts u. Produktivgenossenschaften Baden regelt als 1. dt. Staat Verwaltungsgerichtsbarkeit (Hessen 1874, Württembg. 1876, Preußen 1872, Bayern 1878) Großbritannien, Frankreich und Spanien setzen den österreichischen Erzherzog *Maximilian* als Kaiser von Mexiko ein (bis 1867 [†])	* *Gabriele d'Annunzio*, ital. Dichter u. Politiker († 1938) * *Hermann Bahr*, österr. Dichter († 1934) * *Richard Dehmel*, dt. Dichter († 1920) * *Gustav Frenssen*, dt. Dichter und Pfarrer († 1945) † *Jacob Grimm*, dt. Sprachforscher (* 1785) † *Friedrich Hebbel*, dt. Dichter (* 1813) * *Arno Holz*, dt. Dichter († 1929) * *Konstantin Stanislavskij*, russ. Schauspieler u. Regisseur, begründet das „Moskauer Künstlerische Akademische Theater" († 1938) † *Alfred* Graf *de Vigny*, frz. Dichter; schrieb „Cinq-Mars" (1826), „Chatterton" (1835) u. a. (* 1797)	*J. St. Mill:* „Utilitarismus" (engl. Philos. d. Nützlichkeit) *Ernest Renan* (* 1823, † 1892): „Das Leben Jesu" (franz. histor. Bibelkritik) * *Heinrich Rickert*, dt. Philosoph, Neukantianer († 1936) * *Werner Sombart*, dt. Soziologe († 1941) 25 schweiz. Bürger grden. Internationales Komitee v. Roten Kreuz (1917 Friedens*nobel*/preis) Erster dt. „Roter Kreuz"-Verein gegründet Gründung des liberalen „Protestantenvereins"

 Schwind Impressionismus	Liszt Verdi	Abstammungslehre Metallographie	Adam Opel
A. Feuerbach: „Iphigenie" (1. Fass., Gemälde)	*Aristide Cavaillé-Coll* (*1811, †1899): Orgel i. St. Sulpice, Paris (gilt als Höhepunkt frz. Orgelbaus)	* *William Henry Bragg,* engl. Physiker, Nobelpr. 1915 († 1942) Messung der Lichtgeschwindigkeit mit Drehspiegel im Labor durch *Lion Foucault* (* 1819, † 1868)	*Adam Opel* (*1837, †1895) grdt. Nähmaschinenfabrik (prod. ab 1898 Kraftfahrzeuge) „Fortbildungsverein f. Buchdrucker" in Leipzig (gilt als 1. eig. dt. Gewerkverein)
Charles Garnier (*1825, †1898) baut Große Oper in Paris (bis 1874)	* *Claude Debussy,* frz. impress. Komponist († 1918)		
Klenze vollendet Propyläen in München (im Bau seit 1846)	*César Franck:* Sechs Stücke f. gr. Orgel (s. 1860, belg.)	*Haeckel:* „Die Radiolarien" (4 Tle. b. 1888)	Weltausstellung in London
Millet: „Mann mit Hacke" (frz. realist. Gem.)	*Ludwig v. Köchel* (*1800, †1877): „Chronologisch-thematisch. Verzeichnis sämtlicher Tonwerke W. A. Mozarts"	* *David Hilbert,* dt. Mathematiker (bes. Grundlagenforschung, theoretische Logik) († 1943)	Gründung der engl. Fußball-Association
Schnorr v. Carolsfeld: „Bibel in Bildern" (240 Zeichnungen, s. 1852)		* *Philipp Lenard,* dt. Physiker, Nobelpreis 1905 für Elektronenforschung († 1947)	1984 deutsche Turnvereine (6000 im Jahre 1900)
Schwind: „Die Hochzeitsreise" (Gemälde) Japan. Holzschnitte auf d. Londoner Weltausstellung	*Liszt:* „Legende v. der hl. Elisabeth" (Oratorium)	*Julius Sachs* (*1832, †1897) entd. Photosynthese organischer Substanz aus Kohlensäure und Wasser mit Hilfe des Chlorophylls (Blattgrün)	Brit. Dampfer „Scotia" gew. „Blaues Band" des Ozeans mit 8 Tagen 2 Stunden
Disdéri: „Die Photographie als bildende Kunst"	*A. Rubinstein* grdt. Petersburger Konservatorium		Kempinski Weinstube i. Berlin, Friedrichstr.
	Verdi: „Die Macht des Schicksals" (ital. Oper)	*Wöhler:* Azetylen aus Kalziumkarbid (wird ab 1906 z. Schweißen verw.)	
Courbet: „Pferd im Walde" (frz. Gem.)	*Bizet:* „Die Perlenfischer" (frz. Oper)	*Theod. Billroth* (* 1829, †1894): „Die allg. chirurg. Pathologie u. Therapie"	* *Henry Ford,* USA-Industrieller († 1947)
† *Eugène Delacroix,* frz. realistisch. Maler (* 1798)	* *Frederick Delius,* engl. Komponist († 1934)	*Fitz-Roy:* Wettervorhersage aus d. Beweg. von Luftmassenfronten	* *William Randolph Hearst,* Zeitungsverleg. i. USA, errichtet größten Zeitungskonzern der Welt († 1951)
G. Doré: Illustrationen zu „Don Quichotte"	* *Pietro Mascagni,* ital. Komponist († 1945)	*Peter Grieß* entd. d. ersten Azofarbstoff Anilingelb	
† *Heinrich Heß,* dt. Kirchenmaler (* 1798)	*Suppé:* „Flotte Bursche" (Wiener Operette)	*Haeckel:* Mensch stammt v. affenähnl. Säugern ab	*Lassalle:* „Ehernes Lohngesetz" (der durchschnittliche Lohn übersteige nie das Existenzminim.)
Manet: „Das Frühstück im Grünen" (frz. impressionist. Gemälde)	* *Felix Weingartner,* österr. Dirigent und Komponist († 1942)	*Helmholtz:* „Die Lehre v. d. Tonempfindungen"	Eröffnung der Londoner U-Bahn mit Druckluftbetrieb
* *Edvard Munch,* norwegischer frühexpressionistischer Maler († 1944)		*Th. H. Huxley* (* 1825, †1895): Mensch hat affenartige Vorfahren	Farbenfabrik „Friedrich Bayer & Co.", „Meister, Lucius & Co." (Hoechst), „Kalle & Co." gegrdt. (mit and. zus. 1925: I. G. Farbenind. A.G.; vgl. 1865)
Rossetti: „Beata Beatrix" (engl. Gemälde)		*Lyell:* „Das Alter d. Menschen" (wertet fossile Menschenreste aus)	
H. Thoma: „Wasserfall bei St. Blasien" (Gem.)	 *E. Solvay* (* 1838, † 1922) grdt. i. Brüssel Sodafabrik (vgl. 1864)	*Nobel:* Nitroglyzerin-Herstellung im großen	
		H. C. Sorby: Mikroskopische Unters. d. Eisengefüges (Begr. d. Metallographie, vgl. 1878)	1. dt. Gesellschaftsreise von Breslau aus

	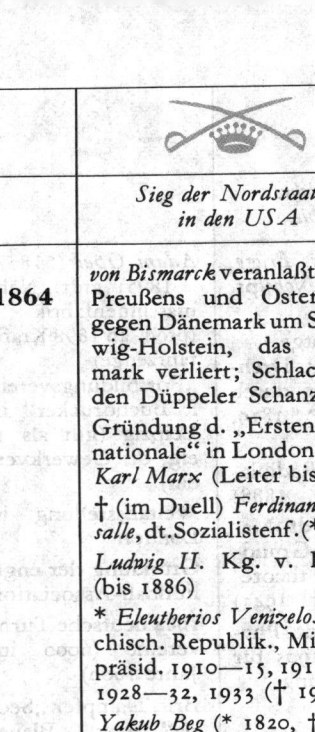 Sieg der Nordstaaten in den USA	 Whitman Stifter	Genfer Konvention Dt. Frauenverein
1864	*von Bismarck* veranlaßt Krieg Preußens und Österreichs gegen Dänemark um Schleswig-Holstein, das Dänemark verliert; Schlacht bei den Düppeler Schanzen Gründung d. „Ersten Internationale" in London durch *Karl Marx* (Leiter bis 1872) † (im Duell) *Ferdinand Lassalle*, dt. Sozialistenf. (* 1825) *Ludwig II.* Kg. v. Bayern (bis 1886) * *Eleutherios Venizelos*, griechisch. Republ., Ministerpräsid. 1910—15, 1917—20, 1928—32, 1933 († 1936) *Yakub Beg* (* 1820, † 1877, Mohammed.) reißt Turkestan v. China los (1878 zurückerob.) Streikrecht i. Frankr. (vgl. Spalte V)	Georg Büchmann (* 1822, †1884): „Geflügelte Worte" (Zitatensammlung) *Freytag*: „Die verlorene Handschrift" (Roman) Gebr. *Goncourt*: „Germinie Lacerteux" (frz. Rom. eines Dienstmädchens) * *Ricarda Huch*, dt. Dichterin, bes. geschichtliche Darstellungen († 1947) * *Erik Axel Karlfeldt*, schwed. Dichter, *Nobel*pr. 1931 († 1931) *Raabe*: „Der Hungerpastor" (Roman) *Fr. Reuter*: „Ut mine Stromtid" (Roman s. 1862) * *Hermann Stehr*, dt. Dichter († 1940) *J. Verne*: „Reise zum Mittelpunkt der Erde" (frz. utop. Roman) * *Frank Wedekind*, dt. Dichter († 1918) Dt. *Shakespeare*-Ges. in Weimar gegründet	*Wilhelm Emanuel* Freiherr *von Ketteler*, Bischof von Mainz (* 1811, † 1877): „Die Arbeiterfr. u. d. Christentum" *Lassalle*: „Kapital u. Arbeit" (sozialist. Kritik am liberalist. Manchestertum) *Cesare Lombroso* (* 1836, † 1909): „Genie u. Irrsinn" (ital. Psychiatrie) *H. Taine*: „Engl. Literaturgeschichte" (frz. positivistisch-soziolog. Werk in 4 Bden. seit 1863) * *Max Weber*, dt. Soziologe: Soziologie als werturteilsfreie idealisierende Naturwissensch. († 1920) Päpstliche Enzyklika gegen Pantheismus, Naturalismus, Rationalismus, Liberalismus als „hauptsächlichste Irrtümer der Zeit" Genf. Konvention über humane Behandl. verwund. u. kranker Kriegsgefangener (veranl. v. *Dunant*)
1865	Erfolgreicher Krieg Argentiniens, Brasiliens, Uruguays geg. Paraguay (bis 1870) *Gladstone* Führer der engl. Liberalen Nihilist. Ström. in Rußland Ende des Bürgerkrieges in USA m. Sieg d. industriellen Nordstaaten. Abschaff. der Sklaverei. Ermord. d. Präs. *Lincoln* (* 1809); *Andrew Johnson* (* 1808, † 1875) Präsident (bis 1869) Bildung d. Ku-Klux-Klan-Geheimbundes i. d. USA (negerfeindl., 1871 verbot.) * *Georg V.*, König v. Großbrit. (1910—36 [†]) * *Charles Gates Dawes*, Staatsmann der USA, Friedens*nobel*preis 1925 († 1951) * *Erich Ludendorff*, deutscher General und rechtsradikaler Politiker († 1937) * *Alfr. Hugenberg*, dtsch. rechtssteh. Polit. († 1951)	*Lewis Carroll* (eig. *Ch. L. Dodgson*, * 1832, † 1898): „Alice im Wunderland" (engl. Kinderbuch) * *Max Halbe*, dt. Dichter († 1944) * *Rudyard Kipling*, engl. Dichter, *Nobel*preis 1907 († 1936) *Leskow*: „Ohne Ausweg" (russ. Roman) † *Otto Ludwig*, dt. Dichter (* 1813) * *Dimitrij Mereschkowskij*, russ. Dichter († 1942) *Raabe*: „Die schwarze Galeere" (Novelle) *Stifter*: „Witiko" (Roman b. 1867) *Whitman*: „Drum Taps" (nordam. Ged. aus d. Bürgerkrieg) * *William Butler Yeats*, irischer Dichter, *Nobel*preis 1924 († 1939)	* *John Mott* (USA), Vorsitzender des internationalen Missionsrates. Friedens*nobel*preis 1946 († 1955) *Nietzsches* Bordellerlebnis i. Bonn † *Pierre Joseph Proudhon*, frz. gesellschaftskrit. Schriftsteller, Mitbegründer des Anarchismus (* 1809) *Tuiskon Ziller* (* 1817, † 1882): „Grundlegung zur Lehre vom erziehenden Unterricht" (untersch. n. *Herbart* d. 5 Formalstufen: Vorbereitung, Darbietung, Verknüpfung, Zusammenfass., Anwendung) „Allgemeiner dt. Frauenverein" in Leipzig durch *Luise Otto-Peters* u. *Auguste Schmidt* gegründet Aufhebung d. Sklaverei i. d. USA

Manet *Corot*	*Wagner* *Bruckner*	*Maxwell* *Mendel*	
Corot: „Erinnerungen an Mortefontaine" (frz. Landschaftsgem.)	* *Eugen d'Albert*, dt. Pianist und Komponist franz. Herkunft († 1932)	*Svend Foyn:* Harpunenkanone f. Walfang	*Friedr. Wilh. Raiffeisen* (* 1818, † 1888) gr. erst. dt. ländl. Darlehenskassenverein
* *A. v. Jawlensky*, russ. Maler († 1941)	*Bruckner:* 1. Symphonie c-moll (aufg. 1868), Messe Nr. 1 in d-moll	*Holtz* u. *Töpler* (unabh.): Influenz-Elektrisiermaschine	
† *Leo Klenze*, süddt. Baumeister (* 1784)	† *Giacomo Meyerbeer*, deutscher Komponist (* 1791)	*Fr. Wilh. Junghuhn* (* 1809, † 1864) erforscht Java u. Teile Sumatras (s. 1839)	Gründung d. *Schreber-Gärten-Vereine* durch *E. J. Hauschild* in Leipzig
* *Henri de Toulouse-Lautrec*, franz. Maler; Schöpfer des künstlerischen Plakats († 1901)	*J. Offenbach:* „Die schöne Helena" (Pariser Operette)	*Fritz Mueller* (* 1821, † 1897): Individualentwicklung wiederholt Stammesentw. (vgl. 1872)	„Der Sozialdemokrat" (dt. Arbeiterzeitung)
Waldmüller: „Vorfrühling im Wiener Wald" (Gem.)	* *Richard Strauss*, dt. Komponist († 1949)	* *Walther Nernst*, dt. Physiko-Chemiker; *Nobel*pr. 1920 († 1941)	Öffentliche Anerkennung d. Arbeiter-Gewerkschaften in Frankreich
Lartet findet in La Madeleine Knochengravierung eines Mammuts (noch 1874 verwirft ein anthropologischer Kongreß alle Eiszeitkunst als Fälschung)		*Schweinfurth* erf. Ägypt. u. Ostsudan b. 1866	Jährliche Soda-Weltproduktion 375 000 t (1900: 1 500 000 t, 1935: 4 800 000 t)
		Siemens-Martin-Stahl unter Schrott-Verwertung	*Pullman:* Schlafwagen
		* *Wilhelm Wien*, dt. Physiker, *Nobel*preis 1911 für Korpuskularstrahl-Versuche († 1928)	Engl. Gäste verbringen 1. Wintersaison in St. Moritz
Corot: „Liegendes algerisches Mädchen" (frz. Gem.)	* *Paul Dukas*, franz. Komponist († 1935)	Durchquerung Nordafrikas (bis 1867) durch *Gerhard Rohlfs* (* 1831, † 1896)	„Dt. Tabakarbeiterverein" gegr. (Gewerkverein)
Courbet: „Frauenakt" (frz. Gem.)	*Liszt* läßt sich in Rom zum Abbé weihen	Einführung der „Entropie" als Maß der Umkehrbarkeit eines physikalisch. Vorganges d. *R. Clausius*	Lohnstreik d. Leipz. Buchdrucker
~ *Daumier:* „Die Lektüre", „Don Quichote und Sancho Pansa" (frz. Gem.)	*Meyerbeer:* „Die Afrikanerin" (Oper, posthum)		Dt. Gesellsch. z. Rettung Schiffbrüchiger gegr.
G. Doré: Illustrationen zur Bibel	*Rimsky-Korssakow:* Sinfonie es-moll (später i. e-moll umgearb., gilt als erste russ. Sinf. großen Stils)	*Fr. Galton:* „Vererbung v. Begabung u. Charakter" (engl. Genetik)	Matterhorn-Ersteigung durch *Edward Whymper* (* 1840, † 1911), 4 Gefährten stürz. b. Abstieg tödlich ab
Manet: „Olympia" (franz. Gemälde)		† *William Rowan Hamilton*, engl. math. Phys. (* 1805)	
Menzel: „Krönung Wilhelms I. in Königsberg" (Gem.)	* *Jean Sibelius*, finn. Komponist († 1957)	*August Kekulé* (* 1829, † 1896): Benzolmolekül hat Ringform	Erste Rohrpostanlage in Berlin
† *Ferdinand Waldmüller*, österreichischer Landschafts- u. Genremaler (* 1793)	*Suppé:* „Die schöne Galathee" (Wiener Operette)	Ermittl. der wahren Molekülgröße durch *Loschmidt*	Pferdestraßenbahn i. Berlin (erste dt.)
	R. Wagner: „Tristan u. Isolde" (Musikdrama; vgl. 1859); steht mit seiner chromatischen Auflockerung der Tonalität am Anfang ein. neuen musikal. Tonsprache	*Maxwell* folg. aus s. elektromagnetischen Theorie d. Existenz elektr. Wellen, einschl. d. Lichtwellen	Grdg. d. Badischen Anilin- u. Soda-Fabr. i. Ludwigshafen (später zu I. G. Farben)
		Mendel: „Versuche über Pflanzenhybriden" (mit d. Mendelsch. Vererbungsreg.; erst ab 1900 beachtet)	Jhrl. Roheisen-Welterzeugung 10 Mill. t (1937: 104 Mill. t, 1950: 132 Mill. t)
C. Bernard: Experiment. Medizin		* *Heinr. Rubens*, dt. Physik. u. Ultrarotforsch. († 1922)	

	Bismarck USA kauft Alaska 	*Dostojewskij* *Ibsen*	*Frauenbewegung* „*Christl. Wissenschaft*"
1866	v. *Bismarck* veranlaßt erfolgr. Krieg Preußens (verb. mit Ital.) geg. Österr. u. Dtsch. Bund. Schlacht b. Königgr. Friede zu Prag: Schlesw.-Holst., Hannov., Kurhess., Nassau u. Frankfurt./M. z. Preuß. Venedig z. Ital. Ende d. Dtsch. Bundes (seit 1815). Trenn. Österr. v. Deutschl. Abspaltung der bismarckfreundl. „Nationalliberalen" v. d. Fortschritts-Partei (schwächt liberal. Bürgertum) Prinz *Karl von Hohenzollern* Fürst von Rumänien * *James Ramsay Mac Donald*, engl. Premier († 1937) * *Sun Yat-sen*, Gründer der chines. republ.-demokr. Kuomintang-Partei († 1925)	* *Jacinto Benavente*, span. Dramatiker, *Nobel*preis 1922 *Dostojewskij*: „Schuld und Sühne" (russ. Roman) *Ibsen*: „Brand" (norweg. Schauspiel) * *Hermann Löns*, dt. Dichter († 1914) * *Romain Rolland*, franz. Dichter, *Nobel*preis 1915 († 1944) † *Friedr. Rückert*, dt. Dicht. u. Orientalist (* 1788) *Verne*: „Von der Erde zum Mond" (franz. utopische Erzählung) * *Herbert George Wells*, engl. gesellschaftskrit. Dichter u. Historiker († 1946)	Mary *Baker-Eddy* (* 1821, † 1910), gründet in Boston die „Christian Science" („Christl. Wissenschaft") * *B. Croce*, ital. Philosoph († 1952) † *Friedrich Adolf Wilhelm Diesterweg*, dt. Volksschulpädagoge (* 1790) *F. A. Lange*: „Gesch. des Materialismus u. Kritik s. Bedtg. in der Gegenwart" *Wilh. Adolf Lette* (* 1799, † 1868) grdt. „Verein zur Förderung der Erwerbsfähigkeit für d. weibliche Geschlecht" („Lette-Verein") *Luise Otto-Peters*: „Das Recht der Frau auf Erwerb" * *Nathan Söderblom*, ab 1914 schwedischer evang. Erzbischof v. Uppsala († 1931)
1867	von *Bismarck* erster Bundeskanzl. i. Norddtsch. Bund m. 22 Staaten nördl. d. Mains „Freikonservative Partei" spaltet sich in Preuß. v. d. Konservativen P. ab * *Walter Rathenau*, dt. Industr. u. Staatsm. († 1922, ermord.) Kaiser *Franz Joseph I.* Kön. v. Ungarn: Österr.-Ung. Doppel-Monarchie bis 1916 (†) Graf *G. J. Andrassy (d. Ä.)* ung. Ministerpräsident 2. vergebl. Versuch *Garibaldis*, Rom v. d. Franz. zu befr. Neutralitätserkl. Luxembgs. * *Jos. Pilsudski*, poln. Staatsmann († 1935) Wahlrechts- u. Parlam.-Ref. d. *Disraeli* i. Großbritannien Kanada britisch. Dominion USA kauft Alaska v. Rußld. f. 7,2 Mill. Dollar Mexiko wieder Republ. Erschieß. Kaiser *Maximilians* Ende d. Bürgerkrieg. i. Jap.	† *Charles Baudelaire*, franz. Dichter (* 1821) * *Rudolf G. Binding*, deutscher Dichter († 1938) * *Hedwig Courths-Mahler*, schreibt verbreitete Unterhaltungsromane († 1950) * *Max Dauthendey*, deutsch. Dichter († 1918) * *John Galsworthy*, engl. Dichter, *Nobel*preis 1932 († 1933) *Ibsen*: „Peer Gynt" (norw. Schauspiel) * *Luigi Pirandello*, ital. Dichter, *Nobel*preis 1934 († 1936) *Reclams* Universal-Bibliothek mit *Goethes* Faust I eröffnet (b. 1940 üb. 7500 Nummern) * *Natsume Soseki*, japanisch. Romandichter († 1916) * *Ludwig Thoma*, süddt. humoristisch. Dichter († 1921) *Zola*: „Thérèse Raquin" (frz. naturalist. Roman)	*A. I. Herzen*: „Erlebtes und Gedachtes" (russ. Biographie eines Sozialisten) „Nachhilfeschule" in Dresden von *H. E. Stötzner*, dem „Vater der Hilfsschule" Bayrisches Nationalmus., München, gegründet

Beginn des Impressionismus	*Smetana Liszt*	*Dynamoelektrisches Prinzip*	
Courbet: „Rehe im Walde" (frz. Gem.) *Feuerbach:* „Hafis am Brunnen", „Medea" (Gem.) * *Wassily Kandinsky,* russ. Maler des „absoluten" Stils († 1944) *Manet:* „Der Pfeifer" (frz. Gem.) * *Georg Minne,* belg. Bildhauer († 1941) *Monet:* „St. Germain l'Auxerrois in Paris" (frz. Gem.) *J. Polaert:* Justizpalast, Brüssel (beend. 1883) *L. Richter:* „Unser täglich Brot" (Holzschnitte)	*Bruckner:* Messe Nr. 2 in e-moll (aufgef. 1869) * *Ferruccio Busoni,* dt.-ital. Komp. u. Klaviervirtuose († 1924) *Suppé:* „Leichte Kavallerie" (Wiener Operette) *F. Smetana* (* 1824, † 1884): „Die verkaufte Braut" (tschech. Oper) *Ambr. Thomas* (*1811, † 1896): „Mignon" (franz. Oper) * *Alfred Werner,* schweiz. Chemiker, erforscht bes. Komplexverbindungen, *Nobel*preis 1913 († 1919),	*Ernst Abbe* (* 1840, † 1905) tritt i. d. *Zeiss*werke ein, wo er bes. Mikroskope entscheidend verbessert *E. Haeckel:* „Generelle Morphologie der Organismen" (Entwicklungsgeschichte) *Helmholtz:* „Hdb. d. physiol. Optik" (mit Dreifarbentheorie des Sehens) * *Thomas Hunt Morgan,* Vererbungsforscher der USA, *Nobel*preis 1933 († 1945) † *Bernhard Riemann,* dt. Mathematiker (* 1826) *Steinheil:* Aplanat (Photo-Objektiv) ~ Torpedo von *Whitehead*	Mit d. „National Labour Union" Anf. einer polit. Arbeiterbeweg. i. USA (best. b. 1874; in USA kommt es nicht zur Bildung ein. Arbeiterpartei) Inbetriebnahme des Nordatlantik-Kabels (vgl. 1858) ≈ Indianer-Reservation in den USA mit ungünstigen Lebensverhältnissen Dt. Buchdruckergewerkschaft
† *Peter von Cornelius,* dt. Maler (* 1783) *Corot:* „Bei Reims" (frz. Landsch.-Gem.) *Fantin-Latour:* Porträt Manets † *Jean Auguste Ingres,* frz. Maler (* 1780) * *Käthe Kollwitz,* dt. sozialist. Malerin und Graphikerin († 1945) Pariser Ausstellung mit *Courbet* und *Manet.* Frz. Impressionismus beginnt sich zu entwickeln † *Christian Morgenstern,* dt. Maler, Großvater d. Dichters *Chr. M.* (* 1805) * *Emil Nolde,* dt. Maler († 1956) † *Théodore Rousseau,* frz. Maler (* 1812) *Whistler:* „4 Symphonien in Weiß" (Bilder weißgekleid. Mädch., seit 1863) Pariser Japanmode	*Liszt:* „Ungar. Krönungsmesse" *Johann Strauß* (Sohn): „An der schönen blauen Donau" (Walzer) * *Arturo Toscanini,* ital. Kapellmeister, 1898 bis 1907 u. 1921 bis 1931 u. n. d. 2. Weltkrieg an der Mailänder Scala († 1957) *Tschaikowskij:* Symphonie Nr. 1 *Verdi:* „Don Carlos" (ital. Oper) *W. v. Siemens* u. *Wheatstone* (unabh.): Dynamoelektrisches Prinzip (gilt als Beg. der Elektrotechnik) Dt. Chem. Ges. in Berlin gegründet	*Richard Buchheim* (* 1820, † 1879) kommt v. Dorpat n. Gießen; entw. m. s. Schüler *Schmiedeberg* Heilmittellehre (Pharmakol.) * *Marie Curie,* geb. *Sklodowska,* polnisch-französ. Physikerin, *Nobel*preise 1903 u. 1911 († 1934) † *Michael Faraday,* engl. Physiker (* 1791) Massenwirkungsgesetz zur Berechnung chem. Prozesse v. *Guldberg* u. *Waage* Karbol-Antisepsis durch *Jos. Lister* (* 1827, † 1912) *Livingstone* erforscht Kongo-Gebiet (bis 1873) *J. Monier:* Eisenbetonbau *Nikolaus Otto* (* 1832, † 1891) u. *Eugen Langen* (* 1833, † 1895): Atmosphär. Gaskraftmaschine *A. Nobel:* Dynamit-Patent *A. Pokorny:* Jahresringe d. Bäume sind Klimaspiegel Schreibmaschine v. *Sholes, Soulé, Glidden* (ab 1873 von *Remington* produziert)	*K. Marx:* „Das Kapital. Buch I. Der Produktionsprozeß des Kapitals" (betont Ausbeutung d. Arbeiter durch den „Mehrwert" u. Konzentration d. Kapitals) Gründung eines dt. Zollparlaments Weltausstellung in Paris Brennerbahn eröffn. Erste Zahnradbahn (b. Philadelphia, USA) Rohrpost in Paris Entd. d. südafrikan. Diamantenfelder *Michaux:* Veloziped (Fahrrad mit Pedal)

	A. Bebel W. Liebknecht	Dostojewskij Verlaine	Frauenbewegung Haeckel
1868	† *Ludwig I.*, Kg. v. Bayern 1825–48; förd. Künste u. Wissenschaft; erst liberal, s. 1837 reaktionär (* 1786) *Gladstone* (liberal) brit. Premier b. 1874 (wieder 1881–84 u. 1886) Stürzung der Königin *Isabella II.* von Spanien durch liberale Generale * *Nikolaus v. Horthy*, ungar. Reichsverweser von 1920 bis 1944 († 1957) Usbekien kommt an Rußland Kubanischer Aufstand geg. Spanien (bis 1878) Negerstimmrecht in den USA (i. Süden oft unwirks.) Unterdrückung d. Sekte d. Niënfeï in NO-China (s. 1860)	* *Paul Claudel*, frz. Dichter († 1955) *Ch. de Coster*: „Tyll Ulenspiegel" (flämischer Roman) *Dostojewskij*: „Der Idiot" (russ. Roman, „Der Spieler" (Novelle) * *Stefan George*, dt. Dichter († 1933) * *Maxim Gorki* (eigentlich *Peschkow*), russ. sozialist. Dichter († 1936) *Raabe*: „Abu Telfan" (Roman) * *Wladislaw Reymont*, poln. Dichter; *Nobel*preis 1924 († 1925) *Scheffel*: „Gaudeamus" (Studentenlieder) † *Adalbert Stifter* (Freitod) österr. Dichter (* 1805)	*Haeckel*: „Natürliche Schöpfungsgeschichte" (allgemeinverst.) * *Alfred Weber*, dt. Soziologe und Volkswirtschaftler († 1958) Zusammenschluß der strengen Lutheraner in der „Allgemeinen lutherischen Konferenz" Hildesheimer Silberfund (vermutl. Tafelgeschirr d. röm. Feldherrn *Varus*)
1869	* *Neville Chamberlain*, engl. Ministerpräsident 1937 bis 1940 (†) *Ulysses Simpson Grant* (*1822, †1885) Präsident der USA (bis 1877); unter ihm rücksichtslose republ. Parteiherrschaft Gründung der „Sozialdemokratischen Arbeiterpartei" in Eisenach durch *A. Bebel* und *W. Liebknecht* mit Anschluß an die „Erste Internationale", nimmt marxistisches „Eisenacher Programm" an *Rudolf Gneist* (* 1816, † 1895), liberaler preuß. Politiker, vergl. engl. und dt. Verwaltung. Fördert Einf. d. Verwaltungsgerichtsbarkeit * *Mahatma Gandhi*, Führer der indischen Selbständigkeitsbewegung († 1948) ~ *Meiji-Tenno Mutsuhito* (*1852, †1912) beseit. als absol. japan. Kaiser d. Einfluß der Kronfeldherren und europäisiert das Land	*Rob. Browning* (* 1812, † 1889): „Der Ring u. das Buch" (engl. Dichtung) *Flaubert*: „Die Erziehung des Herzens" (franz. Rom.) * *André Gide*, frz. Dichter († 1951) *Jules* und *Edmond de Goncourt*: „Madame Gervaisais" (frz. Roman) * *Rudolf Herzog*, schreibt Unterhaltungsromane († 1943) † *Alphonse de Lamartine*, frz. Dichter (* 1790) *Tolstoi*: „Krieg u. Frieden" (russ. historischer Roman, s. 1864) *Verlaine*: „Galante Feste" (franz. Dichtung) *Verne*: „20000 Meilen unter dem Meere" (franz. utop. Erzählung)	20. Allg. Konzil im Vatikan bis 1870 *Ed. von Hartmann*: „Philosophie des Unbewußten" *J. St. Mill*: „Die Hörigkeit der Frau" (für d. Frauenstimmrecht) *W. H. Riehl*: „Naturgeschichte des Volkes" *Hippolyte Taine*: „Philosophie der Kunst" (frz.) Physik wird Lehrfach in Eton (Mathematik s. 1851) Musikhochschule Berlin (vgl. 1843)

Manet Monet	Wagner Brahms	Periodisches System Stern-Spektroskopie	
* Peter Behrens, dt. Baumeister († 1940) H. Daumier: „Das Drama" (frz. Gem.) Degas: „Das Orchester" (frz. Gem.) R. Henneberg: „Die Jagd nach d. Glück" (gilt als kennz. f. eine kitschige Malweise) Manet: „Emile Zola" (franz. Gemälde) H. Makart: „Die Pest v. Venedig" (Gem.) Cl. Monet: „Das Frühstück i. Zimmer" (frz. Gem.) Renoir: „Das Ehepaar Sisley" (franz. Gem.) * Max Slevogt, dt. Maler und Graphiker († 1932)	* Granville Bantock, engl. Komponist († 1946) Brahms: „Ein deutsches Requiem" (Chorwerk) Bruckner: Messe Nr. 3 in e-moll (aufgef. 1869) † Gioacchino Rossini, ital. Opernkomponist (* 1792) * Max von Schillings, dt. Komponist († 1933) R. Wagner: „Die Meistersinger von Nürnberg" (Oper)	*Fritz Haber, dt. Chemiker, Nobelpr. 1918 († 1934) Louis D. de Hauron (* 1837, † 1920) entd. Prinzip der 3-Farben-Photographie W. Huggins bestimmt Sterngeschwindigkeiten aus dem Doppler-Effekt Janssen entdeckt Helium-Linien im Sonnenspektrum (1895 als Edelgas auf der Erde festgestellt) * Robert Andrews Millikan, nordam. Physiker; Nobelpreis 1923 († 1953) * Theodore William Richards, nordam. Chemiker, Nobelpreis 1914 († 1928) F. v. Richthofens Forsch.-Reis. in China (b. 1872) Elektr. Element v. Lechlanché (Grundl. d. Trockenbatterien)	Beg. d. dt. Gewerkschaftsbewegung: „Allgemeiner Deutscher Arbeiterschaftsverband" (Grundl. d. „freien" Gewerkschaften); dagegen sozialdemokratisch-marxistische „Gewerkvereine"; außerdem „Verband d. Dt. Gewerkvereine" v. Hirsch-Duncker als „wirtschaftsfriedliche" Verbände Gründung des Jockey-Klubs in Wien Schulturnen in Österreich Erstbesteigung des Elbrus i. Kaukasus (5692 m)
	Rohlfs beg. Erforschg. d. Libyschen Wüste (b. 1879) Fund d. prähistor. Cro-Magnon-Menschen		
† Carl Gustav Carus, dt. Maler, Arzt und Psychologe (* 1789) Feuerbach: „Orpheus u. Eurydike" (Gem.) * August Gaul, dt. Tierbildhauer († 1921) Manet: „Erschießung Kaiser Maximilians", „Das Frühstück" (franz. Gemälde) * Henri Matisse, frz. express. Maler († 1954) † Friedrich Overbeck, dt. Maler (* 1789) * Hans Poelzig, dt. Baumeister († 1936) Renoir: „Im Sommer" (frz. Gem.) * Fritz Schumacher, dt. Baumeister, besond. in Hamburg tätig († 1947) * Frank Lloyd Wright, nordamer. Baumeister († 1959)	† Hector Berlioz, frz. Komponist (* 1803) * Sidney Jones, engl. Komponist († 1914) † Karl Loewe, deutsch. Komp., schrieb etwa 400 Balladen (* 1796) * Hans Pfitzner, dt. Komponist († 1949) R. Wagner: „Rheingold" (Oper) * Siegfried Wagner, vorehelicher Sohn Richard Wagners, deutsch. Komponist († 1930)	Alfred E. Brehm (* 1829, † 1884): „Tierleben" (6 Bde. s. 1864); gründet Aquarium Berlin Francis Galton (* 1822, † 1911): Galtonsche Regel der Streuung vererbter Merkmale Gramme: Ringanker für elektr. Maschinen Hittorf entdeckt magnet. Ablenkbarkeit der Kathoden-(Elektronen-) Strahlen P. Langhans erk. Bedtg. d. Bauchspeicheldrüsen (Anfänge d. Hormonforschg.) O. Liebreich: Schlafmittel Chloralhydrat (1. künstl.)	Gewerbeordnung f. d. Norddt. Bund (süddt. Länder schließen sich an) Vollend. des 1859 begonn. Suezkanals durch Ferd. de Lesseps (* 1805, † 1894) O-W-Eisenbahnverbindg. d. USA Zelluloidfabrikation v. Hyatt nach Parkes Emil Ritter v. Skoda (* 1839, † 1900) grdt. Industriewerke in Böhmen
	Georg Schweinfurth (* 1836, † 1923): Reisen zwischen Nil und Kongo (b. 1872) * Hans Spemann, dt. Entwicklungsphysiol († 1941) * Charles Thompson Wilson, engl. Physiker († 1959)	Period. System der chem. Elemente von Dim. Iwan. Mendelejew (* 1834, † 1907) u. Lothar Meyer (* 1830, † 1895) F. Miescher entd. Nukleinsäuren Sahara- und Sudan-Reisen von Gustav Nachtigal (* 1834, † 1885) bis 1874	Napoleon III. regt d. Herstellung v. Margarine (aus Rindertalg) an (erste Fabrik 1871 in Paris) Dt.-österr. Alpenverein gegründet Gr. Zinne/Dolomit. erstiegen Postkarte in Österr. (1870 in Norddtl.) Fahrrad mit Hinterrad-(Ketten-) Antrb.
		Fließband im Schlachthof Chikago (gilt als 1. Fließb.)	

	Dt.-frz. Krieg	Dostojewskij Zola	Unfehlbarkeits- Dogma
1870	Streit Frankr.-Preuß. um span. Thronflg.: *Bismarck* löst d. Kürzung d. „Emser Depesche" frz. Kriegserklärung aus Schlacht bei Sedan: *Napoleon III.* gefang. Anschl. d. süddt. Länd. a. Norddt. Bund Kathol. Zentrumspartei in Deutschl. gebildet (bis 1933) * *Rosa Luxemburg*, poln.-dt. Marxistin († 1919) * *Wladimir Iljitsch Lenin*, russ. Bolschewist u. Staatsmann d. UdSSR († 1924) Kirchenstaat zu Italien † *Robert Lee*, nordamerik. General der Südstaaten im Sezessionskrieg (* 1807)	*Anzengruber:* „Der Pfarrer von Kirchfeld" (Schauspiel) * *Iwan Bunin*, russ. Dichter, Nobelpreis 1933 † *Charles Dickens*, englisch. Dichter (* 1812) † *Alexandre Dumas* (Vater), franz. Dichter (* 1802) † *Jules de Goncourt*, franz. Dichter (* 1830) *Gontscharow.* „Der Absturz" (russ. Rom.) *Aleksis Kivi* (* 1834, † 1872): „Die sieben Brüder" (finn. Roman) *Wilhelm v. Kügelgen*, dt. Maler (* 1802, † 1867): „Jugenderinner. eines alten Mannes" *Raabe:* „Der Schüdderump" (Roman)	* *Alfred Adler*, österreichischer Arzt und Begründer der „Individualpsychologie" († 1937) Ende des Kirchenstaates Dogma von der Unfehlbarkeit des Papstes „ex cathedra" auf dem Vatikanischen Konzil. Gegner: Altkatholiken Neue Form d. Realschule i. Preuß. (ab 1882 Oberrealschule) Schulges. i. Engl., fördert die staatl. subventionierte interkonfessionelle Gemeindeschule; Schulpflicht In Cambridge beg. engl. akadem.-volksbildnerische „University Extension"
1871	„Kommune" i. Paris blutig unterdrückt Dt. Armeen nehmen Paris Friede zu Frankfurt/Main: Els.-Lothr. als Reichsland zu Dtschl., Frankr. muß 5 Mlrd. Fr. Kriegsentschäd. zahlen *Thiers* Präsident der (3.) Republik Frankreich (bis 1873) Durch Initiative v. *Bismarcks* läßt sich *Wilh. I.* i. Versailles z. Dt. Kais. ausruf. (18. Jan.) Deutscher Reichstag nimmt Verfassung an. v. *Bismarck* 1. Reichskanzler (bis 1890) * *Friedr. Ebert*, dt. Sozialdemokr. u. Reichspräsident († 1925) * *Karl Liebknecht*, dt. Marxist († 1919) *Andrassy* österr.-ungar. Außenminister b. 1879 Rom nach Räum. durch d. Franz. Hauptstadt v. Italien * *Grigori Rasputin*, russ. Mönch und Zarengünstling (ermordet 1916) „Wacht auf, Verdammte dieser Erde" (die „Internationale", sozialist. Kampflied)	† *Willibald Alexis* (eigentlich *Häring*), norddt. Dichter (* 1798) *Anzengruber:* „Der Meineidbauer" (Schauspiel) *Dostojewskij:* „Die Dämonen" (russ. Roman) * *Theodore Dreiser*, nordam. Romanschriftst. († 1945) *Geibel:* „Heroldsrufe" (tritt i. polit. Gedicht f. preuß. Kaisertum ein) *O. Ludwig:* „Shakespeare-Studien" (posthum) * *Heinrich Mann*, dt. Dichter, Bruder *Th. Manns* († 1950) *C. F. Meyer:* „Huttens letzte Tage" (Schweizer Dichtung) * *Christian Morgenstern*, dt. Dichter († 1914) *Ostrowski:* „Der Wald" (russ. Schauspiel) *Turgenjew:* „Frühlingswogen" (russ. Erzählungen) * *Paul Valéry*, frz. Dichter († 1945) *Zola:* „Rougon-Macquart" (franz. Romanfolge in 20 Bänden bis 1893)	*Emerson:* „Essays" (USA) *Mommsen:* „Römisches Staatsrecht" *Nietzsche:* „Die Geburt d. Tragödie aus d. Geist d. Musik" (spiegelt d. junge Freundschaft mit *R. Wagner)* „Gesellschaft f. Verbreitung v. Volksbildung" i. Dtl. (v. *Fr. Leibing* u. *Fr. Kalle)* Dt. Reichsstrafgesetzbuch (bis heute [1970] häufig verändert, aber nicht grundlegend erneuert) Erste Medizin-Studentinnen (Universität Zürich) Aufhebung der Negersklaverei in Brasilien

Courbet *Cézanne*	*Verdi* *Wagner*	*Darwin* *Schliemann*	
* *Hans Baluschek*, dt. Großst.-Maler († 1935) * *Ernst Barlach*, dt. Bildhauer, Graphiker und Dichter († 1938) *W. Busch:* „Der hl. Antonius" *Courbet:* „Die Welle" (frz. Gem.) * *Fritz Klimsch*, dt. Bildhauer *Manet:* „Landungsbrücke in Boulogne" (frz. Gem.) *Marées:* „Bad d. Diana" (Gem.) *Gust. Wappers* (* 1803, † 1874): „Karl I. auf d. Weg z. Schafott" (belg. Gem.)	*Delibes:* „Coppelia" (frz. Ballett) *Tschaikowskij:* Ouvertüre zu „Romeo und Julia" *R. Wagner:* „Die Walküre" (Oper), Pariser Fassung v. „Tannhäuser" (mit Ballettszene) *Richard Wagner* heiratet *Cosima von Bülow*, die Tochter *Franz Liszts*	*Billroth:* Kehlkopf-Exstirpation *A. Dohrn* grdt. Zool. Station Neapel Kaiser-*Franz-Joseph*-Fjord in Ostgrönland durch *Koldewey* entdeckt * *Arthur Korn*, dt. Physiker *Monier:* Eisenbetonbau *Prschewalskij* erforscht auf vier Reisen Innerasien (bis 1888) *Schliemann* gräbt 9 Schichten d. antiken Trojas aus; findet 1873 m. s. griech. Frau d. „Schatz d. Priamos" (irrt sich i. d. Identif. d. Trojas *Homers*)	*John D. Rockefeller* grdt. in USA Standard Oil Company (1882 entst. d. Standard Oil Trust) Dt. Bank gegr. Notenuml. in Dtschl. ca. 80fach; Außenhandel pro Kopf ca. 4fach gegenüb. 1850 Energieaufwand in England 4 Mill. PS; in Deutschland 2,5 Mill. PS *Heinrich Stephan* führt Postkarte ein Telegraphenverbdg. London—Kalkutta ∼ Krinoline verschwindet aus der Frauenmode
∼ *Cézanne:* „Stilleben" (frz. Gem.) ∼ *Corot:* „Die Dame mit d. Perle" (frz. Gem.) ∼ *Courbet:* „Uhu ein Reh anschneidend" (frz. Gem.) * *Lyonel Feininger*, am. Maler († 1956) *Feuerbach:* „Iphigenie" (2. Fass., klassizist. Gem.) * *Hugo Lederer*, dtsch. Bildhauer; u. a. *Bismarck*-Denkmal in Hamburg († 1940) ∼ *Manet:* „Platzende Granate" (frz. Gem.) *Menzel:* „Abreise König Wilhelms I. zur Armee" (Gem.) † *Viktor Müller*, süddt. Maler (* 1829) *Rossetti:* „Dantes Traum" (engl. Gemälde) * *Georges Rouault*, frz. express. Maler († 1958) † *Moritz von Schwind*, dt. Maler (* 1804)	† *Daniel Auber*, frz. Komponist (* 1782) *Bruckner:* 2. Symphonie c-moll (aufgeführt 1873) *Verdi:* „Aida" (ital. Oper, Urauff. in Kairo anläßl. d. Eröffnung des Suezkanals 1869) ∼ Rasche Fortschritte der Chirurgie i. d. 2. Hälfte des Jahrhunderts durch A- und Antisepsis (vgl. 1847 u. 67) u. Narkose (vgl. 1846, 47, 84, 85, 94, 98) (auch 1872)  Berlin wird Dt. Reichshauptstadt mit 0,93 Mill. Einw; 1880 1,3 Mill.	*Ch. Darwin:* „Die Abstammung d. Menschen" (folgert Herkunft aus d. Tierreiche; ruft heftige weltanschauliche Kämpfe hervor, die in d. Sache zugunsten d. Darwinismus verlaufen) *A. Hansen* entd. Leprabazillus Photographische Trockenplatte von *R. L. Maddox* (*1816, † 1920) (Bromsilber-Gelatine) *Maxwell:* Licht ist elektromagnetischer Wellenvorgang *Mendelejew* sagt auf Grund d. Period. Systems 3 noch unbek. chem. Elemente voraus, die als Gallium (1875), Scandium (1879) u. Germanium (1886) gefunden werden * *Ernest Rutherford*, engl. Physiker, *Nobel*preis 1908 († 1937) *Stanley* findet *Livingstone* in Ostafrika Vollendung des Mont-Cenis-Tunnels (12 km), seit 1860 im Bau Rigi-Zahnradbahn	Einwohnerzahl in Deutschland 41 Mill. (1841 : 33 „ 1933 : 66 „) In Deutschland auf 1000 Einwohner: Eheschließungen 8,2 (1841 : 8,2 1933 : 9,7) Lebendgeborene 34,5 (1841 : 36,4 1933 : 24,7) Totgeborene 1,4 (1841 : 1,5 1933 : 0,4) Sterbefälle 29,4 (1841 : 26,2 1933 : 11,2) Anerkenn. d. Trade-Unions (engl. Gewerksch.) bei d. Abfassung v. Arbeitsverträgen Staatl. Wetterdienst in USA Großbrand vernichtet Stadtkern v. Chikago Metallarbeiterstreik i. Chemnitz

	Kulturkampf Drei-Kaiser-Bündnis	Tolstoi Freytag	Nietzsche Bakunin
1872	Allg. Wehrpflicht i. Frankr. *Bismarck* beginnt „Kulturkampf" gegen katholische Kirche mit Ausweisung der Jesuiten „Verein für Sozialpolitik" gegründet (reformistischer „Katheder-Sozialismus") * *Karl Helfferich*, dt. Finanzmann und deutschnationaler Politiker († 1924) * *Wilhelm Miklas*, österr. Bundespräsident 1928 bis 1938 Brasilien erhält Nord-Paraguay Mohammedaneraufstand i. Turkestan (s. 1864) v China unterworfen	*Samuel Butler* (* 1835, † 1902): „Der Weg allen Fleisches" (engl. autobiogr. Roman, veröff. 1903) Debüt der *Eleonora Duse* *Freytag:* „Die Ahnen" (Romanfolge in 6 Bänden bis 1880) † *Franz Grillparzer*, österr. Bühnendichter (* 1791) *Leskow:* Die „Domherren" (russ. Rom.) *Longfellow:* „Christus" (nordam. Epos) *Ostrowski:* „Wald" (russ. Schauspiel)	*von Bodelschwingh* übernimmt Anstalt für Epileptiker in Bethel (gegründet 1867) *Du Bois Reymond:* „Die Grenzen des Naturerkennens" („Ignoramus et ignorabimus" = Wir wissen es nicht u. werden es nicht wissen) † *Ludwig Feuerbach*, dt. Philosoph (* 1804) * *Ludwig Klages*, dt. Philosoph und Psychologe († 1956) * *Bertrand Russell*, engl. Philosoph und Mathematiker († 1970) *D. Fr. Strauß:* „Der alte u. der neue Glaube" (evolutionist. Fortschrittsphilos.) Verbot des Jesuitenordens in Deutschland (1904 teilweise, 1917 ganz aufgehoben) Staatliche Schulaufsicht in Preußen
1873	*Mac-Mahon*, Präsident von Frankreich (bis 1879) † *Napoleon III.*, ehem. Kaiser von Frankreich, in England (* 1808) Ausrufung einer spanischen Republik (bis 1874) Drei-Kaiser-Bündnis (Deutschland, Österreich u. Rußland) in Berlin geschlossen (bis 1886)	* *Henry Barbusse*, frz. soz. Dichter u. Pazifist († 1935) † *Alessandro Manzoni*, ital. Dichter; strebte d. Toskanische als ital. Einheitssprache an (* 1785) *C. F. Meyer:* „Das Amulett" (schweiz. Nov.) *Ostrowski:* „Schneeflöckchen" (russ. Märchen) * *Max Reinhardt*, dt. Theater-Regisseur († 1943) *Storm:* „Viola tricolor" (Novelle) *Tolstoi:* „Anna Karenina" (russ. Roman b. 1876) *Verne:* „Die Reise um die Erde in 80 Tagen" (franz. utopische Erzählung) Freundschaft *Verlaines* m. *Jean Arthur Rimbaud* (*1854, † 1891) s. 1871; *V.* verwund. *R.* i. Streit (veröff. 1886 *R.s* Gedichte „Illuminations")	* *Gertrud Bäumer*, dt. Frauenrechtlerin u. Schriftstellerin († 1954) *Michael Alexandrowitsch Bakunin* (* 1814, † 1876): „Staat und Anarchie" (russ. Philosophie des Anarchismus, Trennung von *Marx*) *Bismarcks* „Maigesetze" in Preußen regeln Ausbildung, Anstellung und Rechte der Geistlichen (starker kathol. Widerst.; vgl. 1886 u. 1887) † *John Stuart Mill*, engl. Philosoph und Volkswirtschaftler (* 1806) *Nietzsche:* „Unzeitgemäße Betrachtungen" (bis 1876, m. Verherrlichung *Wagners*); „Die Philosophie im tragischen Zeitalter d. Griechen" *Alban Stolz* (* 1808, † 1883): „Erziehungskunst" (katholischer Standpunkt) Institut für internationales Recht in Brüssel gegründet Letzte Hexenverbrennung i. Mexiko

Marées / Böcklin	Bizet / Bruckner	Abbe / Speisewagen	
Böcklin: „Selbstbildnis mit Tod", „Euterpe" (Gemälde) *W. Busch:* „Die fromme Helene", „Hans Huckebein der Unglücksrabe" (Bildgeschichten) *Courbet:* „Stilleben m. Äpfeln" (frz. Gem.) * *P. Mondrian*, niederl. Maler († 1944) * *William Nicholson*, engl. Begründer des modernen Holzschnittes (u. a. Holzschnittfolge m. Versen v. *Waugh*) † *Julius Schnorr v. Carolsfeld*, dt. Maler der Romantik, Nazarener (* 1794) *H. Thoma:* „Sommer" (Gemälde) *Trübner:* „Kloster im Chiemsee" (Gem.)	~ *Bizet:* „L'Arlésienne-Suite" (franz. Ballettmus.) *Bruckner:* Messe Nr. 3 f-moll * *Sergej Diaghilew*, russ. Ballettmeister († 1929) *César Franck:* „Erlösung" (belg. sinfon. Dichtung f. Sopran, Chor u. Orchester, s. 1871) * *Paul Graener*, dt. Komponist († 1944) *Tschaikowskij:* Symphonie Nr. 2 c-moll ─────────── Erster Stahlskelettbau (Fabrik in Frankr.) Speisewagen von *Pullman* Luftdruckbremse von *Westinghouse*	*Abbe* verbess. Mikroskop durch Kondensor (1878 d. Ölimmersion, 1886 d. Apochromat-Objektiv) * *Roald Amundsen*, norw. Polarforscher; erreicht 1911 den Südpol; seit 1928 vermißt *Richard Dedekind* (* 1831, † 1916): Theorie d. Irrational-Zahlen *E. Haeckel:* „Biogenetisches Grundgesetz" (nach F. Mueller, vgl. 1864) *Felix Klein:* „Erlanger Programm" (wegweisende systemat. Einteilung d. Geometrie) *Bernh. v. Langenbeck* (* 1810, † 1887): grdt. Dt. Ges. f. Chirurgie (vgl. 1871) *J. Murray* u. *W. Thomson:* „Challenger"-Tiefseeexped. b. 1876 (mit grundl. meereskundl. Ergebn.)	*Rudolf Mosse* (* 1843, † 1920) grdt. „Berliner Tageblatt" ~ Weltkohlenproduktion: 220 Mill. t (1900: 800 Mill. t, 1937: 1500 Mill. t) 4,8 % der deutschen Bevölkerung in Großstädten über 100 000 Einwohner (1900 : 16,2 % 1933 : 30,4 %) ≈ Überladene und düstere Wohnräume ~ Krebspest vernichtet Flußkrebsbestand i. Deutschl. Schwerer Novembersturm (13. 11.) fordert i. Dtl. über 1000 Tote (schwerster seit 13. Jh.)
Böcklin: „Der Kentaurenkampf" (Gem.) *A. Feuerbach:* „Das Gastmahl des Plato" (Gem.) * *Olaf Gulbransson*, norweg. Zeichner in Deutschland († 1958) * *Wilhelm Kreis*, dt. Baumeister *Liebermann* in Paris (b. 1878) *Manet:* „Die Croquetpartie" (frz. impress. Gem.) *Semper:* Burg-Theater in Wien (vollendet von Hasenauer 1888) *Marées:* Fresken in d. zool. Station Neapel (dar. d. „4 Ruderer"; M.s einzige Fresken; gilt als ähnlich epochal wie *Cézannes* Werk) *H. Thoma:* „Der Rhein b. Säckingen" (Gem.)	*Bruckner:* 3. Symphonie d-moll (*Wagner* gewidm., Auff. 1877) * *Enrico Caruso*, ital. Operntenor († 1921) *Delibes:* „Le roi l'a dit" (frz. Oper) * *Sergej Rachmaninow*, russisch. Komponist († 1943) * *Max Reger*, dt. Komponist († 1916) * *Fedor Schaljapin*, russ. Sänger (Baß) († 1938) ─────────── *H. W. Vogel* (* 1834, † 1896) entw. gelb- u. rotempfindl. Platten (Realisierung d. 3-Farben-Photogr.) *J. Wise* unternimmt mißglückenden Versuch, den Atlantik von West nach Ost im Ballon zu überqueren.	Theorie der mikroskop. Abbildung von *Abbe* *Jean-Martin Charcot* (* 1825, † 1893): „Lehrbuch über die Krankheiten d. Nervensystems" (franz.) * *Hans von Euler-Chelpin*, schwed. Chemiker, Nobelpreis 1929 († 1964) *Forster* zeigt im Tierversuch die Schädlichkeit „salz-(in Wahrheit vitamin-)freier Nahrung * *Leo Frobenius*, dt. Ethnologe, begründet Lehre von den „Kulturkreisen" († 1938) † *Justus von Liebig*, dt. Chemiker (* 1803) *O. H. F. Obermeier:* Mikroorganismen können Krankheiten erregen *Franz-Joseph*-Land (s. 1930 *Fridtjof-Nansen*-Land) entdeckt durch *Payer* und *Weyprecht*	Weltausstellung in Wien Weltwirtschaftskrise beendet die „Gründerjahre"-Konjunktur i. Dtl. (s. 1871) Einheitl. Reichsgoldwährung (Reichsbanknoten erst ab 1909 gesetzl. Zahlungsmittel) AG-Gründungen i. Dtl. 1801–70 410 71 225 72 500 1870–74 857 75 72 ─────────── *Fr. Goltz* entd. i. Tiervers. Wirkung d. Sexualhormone *Billroth* operiert Kehlkopfkrebs

	Dt. Arbeiterpartei Internat. Krise	Ostrowski C. F. Meyer	Graphologie „Christl. Wissenschaft"
1874	Attentat eines Katholiken auf *Bismarck* * *Winston Churchill*, brit. Staatsmann Großbritannien besetzt Fidschi-Inseln im Stillen Ozean *Alfons XII.*, König von Spanien (bis 1885 [†]) * *Herbert Hoover*, 1929–1933 Präsident der USA	*Anzengruber:* „Der G'wissenswurm" (Schauspiel) *Busch:* „Kritik des Herzens" * *Gilbert Chesterton*, engl. Dichter († 1936) *Eduard Devrient* (* 1801, †1877), dt. Schausp., Bühnenleiter, Operndichter: „Geschichte der deutsch. Schauspielkunst" (5 Bde. s. 1848) † *Aug. Heinrich Hoffmann von Fallersleben*, dtsch. Dichter (* 1798) *Flaubert:* „Die Versuch. des heil. Antonius" (frz. Erzähl.) * *Hugo von Hofmannsthal*, österr. Dichter († 1929) † *Fritz Reuter*, plattdt. Dichter (* 1810) *Johannes Scherr* (dt. Kultur- u. Literarhistoriker, * 1817, † 1886): „Menschliche Tragikomödie" (geschichtl. u. literaturgesch. Stud., 3 Bde.) *Storm:* „Pole Poppenspäler" (Novelle) *Zola:* „Der Bauch v. Paris" (frz. Roman) Hoftheater Meiningen gastiert erfolgreich in Berlin	* *Ernst Cassirer*, dt. Philosoph, Neu-Kantianer († 1945) *Fr. Max Müller*, seit 1854 in Oxford, begrdte. vergleichende Religionswissenschaft, führte vergl. Sprachwiss. u. vergl. Mythologie in England ein (vgl. 1897) *Julius Rodenberg* (* 1831, † 1914): „Dt. Rundschau" (wissensch.-literar. Monatsschrift, besteht bis 1942 und 1949–63) *Wundt:* „Grundzüge der physiologischen Psychologie" (Grundl. d. experimentellen Psychologie)
1875	Internationale Spannung: *Bismarck* warnt Frankr. weg. s. Rüstungen („Krieg in Sicht"-Krise) Vereinigung d. *Lassalleaner* u. *Marxisten* zur „Sozialistischen Arbeiterpartei Deutschlands" in Gotha * *Matthias Erzberger*, dt. demokratischer Sozialpolitiker († 1921, ermordet) Legalisierung von Streiks in England England erwirbt Suezkanal-Aktien *Kuangsü* (* 1872, † 1908) 9. Mandschu-Kaiser i. China b. 1898; bis 1889 unter Vormundschaft d. Kaiserwitwe *Tse-Hi*	† *Hans Christian Andersen*, dän. Dichter (* 1805) * *Grazia Deledda*, ital. Dichterin, *Nobel*preis 1927 († 1936) * *Thomas Mann*, dt. Dichter; *Nobel*preis 1929 († 1955) *C. F. Meyer:* „Der Schuß von der Kanzel" (Schweiz. Novelle) † *Eduard Mörike*, dt. Dichter (* 1804) *Ostrowski:* „Wölfe u. Schafe" (russ. Schauspiel) * *Alfred Polgar*, österr. Kritiker u. Schriftsteller († 1955) * *Rainer Maria Rilke*, dt. Lyriker († 1926) *Rosegger:* „Die Schriften des Waldschulmeisters"	*Baker-Eddy:* „Science and Health" (Grundl. d. „Christlichen Wissenschaft", USA) Gründung der Theosophischen Gesellschaft in New York durch die Russin *Helene Blavatsky* (* 1831, † 1891) * *Carl Gustav Jung*, schweiz. Nervenarzt u. Psychoanalytiker † *Friedrich Albert Lange*, dt. Philosoph (* 1828) *J. H. Michon:* „System d. Graphologie" (frz. Begrdg. d. Graphologie) * *Albert Schweitzer*, elsäss. Philosoph, evangel. Missionsarzt und Organist; Friedens*nobel*preis 1952 († 1965) „Positive Union" als äußere Vereinigung der Reformierten u. Lutheraner Preußens

 Menzel Liebermann	„Carmen" Verdi	Erforschung Afrikas Eiszeitforschung	
* *German Bestelmeyer*, süddt. Baumeister besonders in München (Universität) u. Nürnberg († 1942) *Böcklin:* „Triton und Nereide" (Gemälde) *Gauguin:* „Die Seine am Pont d'Iéna" (frz. Gem.) *M. Liebermann:* „Die Gänserupferinnen" (Gemälde) *Manet:* „Die Barke" (frz. impress. Gem.) *Monet:* „Sommertag b. Argenteuil" (frz. impress. Gem.) Frz. „Impressionisten" stellen erstmalig gemeinsam aus; dar. *Monet:* „Impression, soleil levant" Opernhaus in Paris (Baubeginn 1863)	*Bruckner:* 4. Symphonie Es-dur (aufgef. 1883) † *Peter v. Cornelius*, dt Komponist (* 1824) *Hermann Götz* (* 1840, † 1876): „Der Widerspenstigen Zähmung" (Oper) *Mussorgskij:* „Boris Godunow" (russ. Oper), „Bilder einer Ausstellung" * *Arnold Schönberg*, dt. Komponist, Begr. d. 12-Ton-Technik († 1951) *Johann Strauß* (Sohn): „Die Fledermaus" (Operette) *Verdi:* „Requiem" (ital.; dem Gedenken A. Manzonis) *Wagner:* „Götterdämmerung" (letzte Oper aus d. „Ring des Nibelungen" vollend., Auff. 1876; vgl. 1854)	* *Karl Bosch*, dt. Chemiker und Industrieller, *Nobel*preis 1931 († 1940) *Haeckel:* „Anthropogenie oder Entwicklungsgeschichte des Menschen" Stereochemie durch *van 't Hoff* und *Le Bel* Erforschung des oberen Nilgebietes durch *Junker* (bis 1887) *Gustav Robert Kirchhoff* (* 1824, † 1887): „Mechanik ist vollständige und einfachste Beschreibung der Bewegungen" (physikal. Positivismus) * *Guglielmo Marconi*, ital. Physiker, *Nobel*preis 1909 für drahtlose Telegraphie († 1937) *Stanley* reist im Kongogebiet (bis 1877)	∼ In d. Industrieprod. wird Engl. v. d. USA, Frankr. v. Dtl. überholt Obligatorische Zivilehe vor dem Standesamt durch *Bismarck* Berlin erhält s. erstes städt. Krankenhaus Impfges. f. d. Dt. Reich (Pockentodesfälle nehmen sprunghaft ab) *Heinrich Stephan:* „Weltpost u. Luftschiffahrt" „Allgemeiner Postverein" in Bern gegründet Trockenschwimmübungen als Lehrmethode anerkannt
† *Camille Corot*, frz. Maler zarter Luft- u. Lichtwirkungen (* 1796) *Liebermann:* „Arbeit i. Rübenfeld" (Gem.) *H. Makart:* „Die fünf Sinne" (Gem., fünf Frauenakte) *Menzel:* „Das Eisenwalzwerk" (Gemälde) † *Jean François Millet*, frz. Maler (* 1814) Lond. „Times" veröffentl. 1. Wetterkarte	*Bizet:* „Carmen" (frz. Oper, Uraufführung fällt in Paris durch, kurz darauf in Wien erfolgreich) † *Georges Bizet*, franz. Komponist (* 1838) *Dvořák:* 3. Symphonie F-dur * *Maurice Ravel*, frz. Komponist († 1937) *Smetana:* „Mein Vaterland" (6 tschech. sinf. Dichtungen, dar. „Die Moldau"; bis 1879) *Tschaikowskij:* Symphonie Nr. 3, Klavierkonzert Nr. 1, b-moll Große Oper in Paris eröffnet	*Cameron* durchquert Zentralafrika von Ost nach West (s. 1873) *J. Willard Gibbs* (USA, * 1839, † 1903): „Über das Gleichgewicht heterogener Substanzen" (u. a. „Phasenregel") *Oskar Hertwig* (* 1849, † 1922): Befruchtg. ist Geschlechtszellen-Vereinig. (beobachtet am Seeigelei) *O. M. Torell* erhärtet auf Grund v. Gletscherschrammen b. Rüdersdorf (Berlin) Inlandeistheorie d. Eiszeit gegenüb. Flutwellen-Eisbergtheor. *Iwan Mitschurin* (* 1855, † 1935) beg. s. erfolgr. Pflanzenzüchtungen *Siegfried Marcus:* Automobil mit Explosionsmotor Dt. ozean. Forschungsschiff	Fahrrad mit Freilauf u. Rücktritt, Beg. d. modern. Fabrikation in England ≈ Turnüre, hohe Schnürung u. Polsterung in d. Frauenmode Turnen in den Berliner Mädchenschulen Erstes Sechstage-Radrennen in Birmingham *Karl Hagenbeck:* (* 1844, † 1913) beg. mit seinen Völkerschauen (begr. 1890 Dressurzirkus mit „zahmer" Dressur) Berlin Millionenstadt (100000 Einw. um 1770)

	Kgin. Victoria Russ.-türk. Krieg	Flaubert Twain	„Katheder-Sozialismus" Lombroso
1876	* Konrad Adenauer, dt. christlich-demokrat. Politiker, Bundeskanzler ab 1949 „Dt. konservative Partei" gegrdt. (Zusammenschl. d. konservativen Kräfte) König Victoria v. Großbrit. nimmt d. Titel „Kaiserin von Indien" an England entführt Brasilien Kautschukpflanzen und beseitigt dadurch dessen Monopolstellung Ende des zweiten Karlistenkrieges um Thronfolge in Spanien (seit 1873) Neue spanische Verfassung unter König Alfons XII. (bis 1885 [†]) Rußl. erobert in Westturkestan d. Stadt Kokand (1863 Taschkent, 1867 Samarkand, 1873 Chiwa)	Dahn: „Ein Kampf um Rom" (Roman) † Ferdinand Freiligrath, dt. liberaler Dichter (* 1810) * E. Lasker-Schüler, Lyrikerin († 1945) * Jack London, USA-Dichter († 1916) C. F. Meyer: „Jürg Jenatsch" (schweiz. Roman) * Arthur Moeller van den Bruck, dt. konserv. Schriftst. († 1925) † George Sand (eigentlich Amantine Dudevant, geb. Dupin), frz. Dichterin, Geliebte de Mussets und Chopins (* 1804) Storm: „Aquis submersus" (Novelle) Turgenjew: „Rauch" und „Neuland" (russ. Romane) Twain: „Tom Sawyer" (humorist. Kinderroman, USA) Erste kritische Schillerausg.	„Görres-Gesellschaft" zur Pflege kathol. Wissenschaft in Bonn gegründet Lombroso: „Der Verbrecher in anthropologischer, ärztlicher u. juristischer Beziehung" (ital.) * Eugenio Pacelli, ital. kath. Würdenträger, seit 1939 Papst Pius XII. († 1958) P. F. Palmgren grdt. höhere Privatschule mit Koedukation i. Stockholm (erste europ. Gesamtschule) G. Sand (†) trat f. Ehescheidung u. Sozialismus ein Hippolyte Taine (frz. Geschichtsphilosoph, * 1828, † 1893): „Die Ursprünge des heutigen Frankreich" (mit positivistisch. Milieutheorie, beendet 1893) Adolph Wagner (* 1835, † 1917): „Grundlegung d. politischen Ökonomie" (dt. sozialreform. „Kathedersozialismus")
1877	Großbrit. erklärt Transvaal zur Kolonie † Adolphe Thiers, franz. Staatsmann, Präsident d. Republik 1871–73 (* 1797) Sozialdemokraten erhalten i. d. dt. Reichstagswahlen ca. ½ Mill. Stimmen † Friedr. Heinrich Ernst Graf von Wrangel, preuß. General, bekämpfte 1848 d. revolutionäre Berlin (* 1784) Erfolgreicher Krieg Rußlands und Rumäniens gegen die Türkei um die Befreiung der Balkanstaaten (bis 1878) Fremdenfeindlicher Satsuma-Aufstand in Japan niedergeschlagen	Flaubert: „Drei Erzählungen" (französisch) Karl Emil Franzos (* 1848, † 1904): „Die Juden von Bernow" (Novellen) Gobineau: „Renaissance. Historische Szenen" (französ.) *Hermann Hesse († 1962), dt. Dichter, Nobelpreis 1946 Ibsen: „Die Stützen d. Gesellschaft" (norweg. gesellschaftskrit. Schauspiel) Keller: „Romeo u. Julia auf d. Dorfe" (schweiz. Novelle) Rosegger: „Waldheimat" (autobiographisch) L. N. Tolstoi: „Anna Karenina" (russ. Roman, ersch. seit 1875 in Forts.) R. Wagner: „Parsifal" (Text des Weihespiels) Whitman: „Two Rivulets" (nordam. Ged.)	~ Ernst Curtius (* 1814, † 1896) leitet die Ausgrabung von Olympia (1875 bis 1881) Louis Lucien Rochat, Schweiz. Theologe, gründet „Blaues Kreuz" zur Bekämpfung d. Alkoholgenusses J. C. F. Zöllner: „Abhandl. üb. Spiritismus" (b. 1881; Spiritism. auch in Deutschland relativ stark verbreitet)  Zola: „Die Spelunke" (frz. naturalist. Roman)

Leibl Manet	Bayreuther Festspiele Bruckner	Edison Telephon	
* *Const. Brancusi*, rumän.-frz. Bildhauer († 1957) *Leibl*: „Der Jäger" (Gemälde) *Liebermann*: „Holländische Nähstube" (Gem.) * *Paula Modersohn-Becker*, dt. Malerin des Expressionismus († 1907)	*Brahms*: 1. Symphonie c-moll (aufgef. 1894) *Bruckner*: 5. Symphonie in B-dur * *Manuel de Falla*, span. Komponist († 1946) *Delibes*: „Sylvia" (frz. Ballett) *E. Grieg*: Schauspielmusik zu „Peer Gynt" v. *Ibsen* *Amilcare Ponchielli* (* 1834, † 1886): „La Gioconda" (ital. Oper) *Tschaikowskij*: „Schwanensee" (russ. Ballett)	Telephon i. techn. brauchbarer Form von *Alex. Graham Bell* (* 1847, † 1922) *Otto Bütschli*: „Studien über d. Zellteilung" (grdl.) *R. Koch* erk. Milzbrandbakterium als Krankheitserreger; entw. bakteriol. Züchtungsmethoden *Linde*: Ammoniak-Kältemaschine * *John James Rickard Macleod*, kanadisch. Mediziner, 1923 *Nobel*preis *N. Otto*: Viertakt-Benzinmotor (hat Vorläufer)	*Franziska Tiburtius* erste Ärztin i. Berlin (Promotion i. Zürich) Weltausstellung in Philadelphia Öffentl. Rohrpostverkehr i. Berlin Dt. Seewarte i. Hamburg gegründet Kapitän *Webb* durchschwimmt erstmalig Ärmelkanal Große Hungersnot i. Nordchina (b. 1878) Internationale Meterkonvention zw. 17 Staaten tritt in Kraft (1875 abgeschl.)
* *Ermanno Wolf-Ferrari*, dt.-ital. Komponist v. Lustspielopern († 1948)	Eröffnung des Bayreuther Festspielhauses m. d. ersten Gesamtaufführung von „Der Ring d. Nibelungen" v. *R. Wagner* (vgl. 1854 u. 1874) * *Bruno Walter*, dt. Dirigent († 1962)	*Emin Pascha* erforscht Ostafrika (bis 1892) *Schliemann* beg. Ausgrab. v. Mykenä u. find. Königsgräber m. reich. Ausstatt. *Stanley* befährt ganzen Kongolauf *A. R. Wallace*: „Geograph. Verteil. d. Tiere" (Hauptw. d. Tiergeogr.)	
* *Paul Bonatz*, dt. Baumeister († 1956) † *Gustave Courbet*, frz. Maler (* 1819) * *Raoul Dufy*, frz. express. Maler († 1953) * *Fritz Höger*, dt. Baumeister; u.a. Chilehaus in Hamburg 1922 bis 1923 († 1949) * *Georg Kolbe*, dt. Bildhauer († 1947) * *Alfred Kubin*, böhm. Maler und Zeichner († 1959) *Leibl*: „Das ungleiche Paar" (Gemälde) *Manet*: „Nana" (frz. impressionist. Gem.) *Rodin*: „Das eherne Zeitalter" (frz. Plastik) *Sisley*: „Seine bei Suresnes"	*Brahms*: Symphonie Nr. 2, D-dur *Bruckner*: 3. Symphonie d-moll * *Karl Erb*, dt. Tenor; bekannt als Evangelist in der „Matthäuspassion" († 1958) Gesamtausgabe von *Mozarts* Werken (bis 1904) Quartett der Gebrüder *Schrammel* in Wien *Charles Camille Saint-Saëns* (* 1835, † 1921): „Samson und Dalila" (frz. Oper) *Tschaikowskij*: Symphonie Nr. 4, f-moll	* *Francis William Aston*, engl. Physik., *Nobel*preis 1922 († 1945) * *Charles Barkla*, engl. Physiker, *Nobel*preis 1917 († 1944) *Ludwig Boltzmann* (* 1844, † 1906): Entropie ist ein Maß für die Wahrscheinlichkeit (vgl. 1865) *Cailletet* u. *Picter* (unabh.) verflüss. Luft u. and. Gase Walzen-Phonograph von *Edison* *As. Hall* entd. Marsmonde *Pfeffer*: Quantitative Messung d. Osmose *E. Porro*: Kaiserschnitt mit Gebärmutteramputat. *Schiaparelli* entdeckt die Mars-„Kanäle" (sind keine Kunstbauten) * *Heinrich Wieland*, dt. Chemiker († 1957)	*Hermann Blohm* und *Ernst Voß* gründen Werft in Hamburg Reichspatentamt in Berlin (1878: 5949 Anmeld. 1909: 45000 Anmeld.; bis Jan. 1945: 700610 Patente auf 2170000 einger. Erfind.) Bindemäher i. USA Gesetzl. Fleischbeschau i. Dtl. International. Richtlinien für den Wetterdienst Berliner Ringbahn erbaut (seit 1867) ~Kartoffel-(Kolorado-)Käfer kommt v. Nordamerika nach Europa

	Sozialistengesetz Nihilisten-Terror	Dostojewskij Ibsen	Frauenstudium Pragmatismus
1878	2 Attentate auf dt. Kaiser Sozialistengesetz *Bismarcks* geg. dt. Sozialdem. (bis 1890) Hofprediger *Ad. Stoecker* (* 1835, † 1909): grdt. antimarx. „Christl.-soziale Arbeiterpartei" in Deutschl. * *Gust. Stresemann,* dt. Staatsmann († 1929) Friede v. San Stefano zwisch. Rußl. u. Türkei. Großmächte erkennen auf d. Berl. Kongr. Bulgar., Montenegr., Rumän. u. Serb. als unabh. Staaten an. Schaffg. d. „Europ. Gleichgewichts". Abwend. Rußlands vom Dreikaiserbund Österreich besetzt Bosnien und die Herzegowina Großbrit. führt geg. Afghanistan Krieg (bis 1880) *Umberto I.,* König v. Italien bis 1900 (†) Türkei gibt Cypern an Engl. 1. zionist. Siedlg. i. Paläst.	* *Hans Carossa,* dt. Dichter und Arzt *Fontane:* „Vor dem Sturm" (Roman) *Edmond de Goncourt:* „Die Dirne Elisa" (frz. Roman) † *Karl Gutzkow,* dt. Dichter (* 1811) * *Georg Kaiser,* dt. expressionist. Bühnenschriftsteller († 1945) *G. Keller:* „Züricher Nov." **Kolbenheyer* dt. nationalist. Dichter (+ 1962) * *Carl Sandburg,* nordam. Dichter * *Upton Sinclair,* nordam. sozialkrit. Dichter *Storm:* „Carsten Curator" (Novelle) *Charles Swinburne* (* 1837, † 1909): „Poems and ballads" (engl. erot. Ged.)	*William Booth* (* 1829, † 1912) org. in London die Heilsarmee (gegrdt. 1861) * *Martin Buber,* österr.-jüd. Philos. u. Dichter († 1965) *Engels:* „Anti-Dühring" (dialekt. Materialismus) *Eucken:* „Geistige Strömungen d. Gegenwart" *Haeckel:* „Freie Wissenschaft und freie Lehre" Papst *Leo XIII.* bis 1903 *Nietzsche:* „Menschliches — Allzumenschliches. Ein Buch für freie Geister" *Charles Peirce* (USA, * 1839, † 1914) begr. d. Philosophie des Pragmatismus :„How to make our Ideas clear" *Treitschke:* „Der Sozialismus und d. Meuchelmord" Univ. Stockholm gegründet Humboldt-Akademie Berlin (Volkshochschule)
1879	*Bismarck* geht zur antiliberalen Schutzzollpolitik über *Grévy,* Präsident von Frankreich (bis 1887) Französisch-Äquatorialafrika entsteht Landesregierung in Elsaß-Lothringen unter kaiserlichem Statthalter Defensivbündnis Deutschland-Österreich Errichtung des Reichsgerichts in Leipzig. 1. Präsid. (b. 1891) d. liberale *Eduard Simson* (* 1810, † 1899) † Graf *Albrecht von Roon,* preuß. Kriegsminister von 1859 bis 1873 (* 1803) * *Jossif W. Stalin,* russ. Bolschewist u. Diktator der UdSSR († 1953) Frz. Arbeiterpartei gegr. 3 fehlschlagende Attentate d. russ. Nihilisten auf d. Zaren (b. 1880) Span. sozialist. Arbeiterpartei gegrdt.	† *Charles de Coster,* flämisch. Dichter (* 1827) *Dostojewskij:* „Die Brüder Karamasow" (russ. Roman b. 1880, mit „Der Großinquisitor") *Ibsen:* „Nora oder ein Puppenheim" (norw. Schausp.) *G. Keller:* „Der grüne Heinrich" (schweizer. autobiographischer Roman in zweiter Fassung, b. 1880) *George Meredith* (* 1829, † 1909): „Der Egoist" (engl. Roman) *Raabe:* „Krähenfelder Geschichten" *Strindberg:* „Das rote Zimmer" (schwed. Roman) *Tolstoi:* „Beichte" (Bekehrung zu einem religiösen Sozialismus) *Vischer:* „Auch Einer" (Roman) *Julius* u. *Heinr. Hart:* Dt. Literatur-Kalender (ab 1883 von *Kürschner* herausgeg.)	* *Karl Bühler,* österr. Psychologe (Gestalt-Psychologie) *Ch. Taze-Russel* grdt. „Der Wachtturm" (Zeitschr. d. „Ernsten Bibelforscher") *Spencer:* „Prinzipien der Ethik" (engl., bis 1893) *Treitschke:* „Dt. Geschichte im 19. Jahrhundert" (antiliberal. b. 1894) Schulunterricht über Alkoholenthaltsamkeit i. Hyde Park(USA) (1891 i. Schwed., 1897 i. Frankr., 1905 i. Dtl.) Studentinnen-College i. Oxford. Erstes Realreformgymnasium (i. Altona, beg. m. lebend. Fremdspr.)

Liebermann *Marées*	*Bruckner* *Tschaikowskij*	Glühlampe Mikrophon	
Böcklin: „Die Gefilde der Seligen" (Gem.) † *Charles Daubigny*, frz. Maler (* 1817) * *Karl Hofer*, dt. Maler († 1955) *Leibl:* „Drei Frauen in der Dorfkirche" (realist. Gem.; begonnen) *Liebermann:* „Kartoffelernte" (Gemälde) *Marées:* „Die Lebensalter" (Gemälde) *Menzel:* „Das Ballsouper" (Gemälde) *William Morris* (* 1834, † 1896), „Vater des modernen Kunstgewerbes": „Die dekorativen Künste"(engl.)	*A. W. Ambros* (* 1816, † 1876): „Geschichte der Musik" (4 Bände seit 1862) *Tschaikowskij:* Violinkonzert D-dur *E. Grieg:* Peer-Gynt-Musik	*A. v. Baeyer:* Indigosynthese Kohle-Mikroph. v. *Hughes* * *Rob. Lieben,* österr. Phys. († 1913) Mehrlader-Gewehr von *Mannlicher* † *Julius Robert Mayer*, dt. Arzt u. Naturforsch. (* 1814) *Nordenskiöld* gelingt die Nordost-Pass. längs Sibir. *Rohlfs* bereist Tripolitanien; err. 1879 als erster Weißer Kufra-Oasen i. d. Libyschen Wüste * *John B. Watson*, USA-Psychol. d. Behaviorismus (Psycholog. d. Verhaltens) * *George Whipple*, USA-Mediz., 1934 *Nobel*preis *Pasteur:* „Die Mikroben" (frz. Bakteriologie)	Weltausstellung in Paris Gründung d. Weltpostvereins i. Paris Erstes europ. Krematorium i. Gotha (1907 0,3% Feuerbest. i. Dtl.; 1925 50% i. Berlin) Erster deutscher Fußballverein in Hannover Rollschuhhallenbahn in Berlin Deutsches Patent auf ein Perpetuum mobile
Böcklin: „Ruggiero befreit Angelica" (Gemälde) *W. Busch:* „Fips der Affe" (Bildergesch.) † *Honoré Daumier*, frz. Maler und Graphiker (* 1808) * *Paul Klee*, deutscher Maler und Grafiker († 1940) *M. Liebermann:* „Jesus unter den Schriftgelehrten" (Gemälde) *Manet:* „Bei Vater Lathuille", „Im Wintergarten" (frz. impress. Gem.) *Renoir:* „Am Frühstückstisch" (franz. impress. Gemälde) † *Gottfried Semper*, dt. Baumeister (* 1803) *Spitzweg:* „Venezianische Bänkelsänger" (impress. Gem.)	*Bruckner:* 6. Symphonie A-dur (aufg. 1899), Streichquartett F-dur *C. Franck:* Klavierquintett f-moll (s. 1878), „Die Seligpreisungen" (belg. Oratorium, s. 1869) *Grieg:* Klavierkonzert a-moll, op. 16 *Franz v. Suppé* (* 1819, † 1895): „Boccaccio" (Wiener Operette) *Millöcker:* „Gräfin Dubarry" (Operette) *Tschaikowskij:* „Eugen Onegin" (russ. Oper)	Kohlenfadenlampe mit Schraubsockel von *Edison* * *Albert Einstein*, Physiker, *Nobel*preis 1921 († 1955) Herstellung von Saccharin durch *Fahlberg* und *Remsen* * *Otto Hahn*, dt. Chem., entd. Urankernspaltung († 1968) * *Max von Laue*, dt. Physiker († 1960) † *James Clerk Maxwell*, engl. Physiker (* 1831) *Albert Neisser* (* 1855, † 1916) entd. Gonokokken als Tripper-Erreger * *Owen Richardson*, engl. Physiker († 1959) Elektrische Lokomotive von *Werner von Siemens* *Stefan:* Gesamtstrahlg. ein. schwarzen Körpers; wird v. *Boltzmann* theoret. begr. *Thomas*-Stahl aus phosphorhaltigem Eisen Schwefelsäureherst. n. d. Kontaktverf. v. *Winkler*	*Henry George* (USA, * 1839, † 1897): „Fortschritt und Armut" (Grundlage der Bodenreform-Bestrebungen) Weltausstellung in Sydney Erste dt. Markthalle i. Frankf./M. Elektr. Bogenlicht i. d. Leipziger Straße Berlin *Georg Ploner* ersteigt mit Führer *Michel Innerkofler* erstmals Mittl. (westl.) Zinne i. d. Dolomiten (Ersteigung der Großen Zinne 1869 durch *Paul Grohmann* und *Franz Innerkofler*)

	Zar Alexander III. Sozialismus	Storm Zola	Ranke Judenpogrome
1880	England setzt gegenüber Rußland seine Interessen in Afghanistan durch ~ Agrarsozialist. „Narodniki" (Volkstümler-) Bewegung i. Rußl. Konflikte mit d. Marxisten * *Wilhelmina*, Königin der Niederlande 1890 bis 1948 (abgedankt) Gründung der Sozialistischen Partei in Frankreich „Auf, Sozialisten, schließt die Reihen" (Sozialistenmarsch) Bürgerkrieg in Argentinien	*Herm. Bang* (* 1857, † 1912): „Hoffnungslose Geschlechter" (dän. Roman, dt. 1900) † *Gustave Flaubert*, französ. Dichter (* 1821) * *Friedrich Gundolf*, dt. Philologe des Kreises um *Stefan George* († 1931) *Jens Peter Jacobsen* (* 1847, † 1885): „Niels Lyhne" (dän. Rom.) * *Alexander Moissi*, dt. Schauspieler ital. Abkunft († 1935) * *Walter v. Molo*, dt. Dichter *Storm*: „Die Söhne des Senators" (Novelle) *Twain*: „Bummel durch Europa" (nordamerik. humoristische Reisebeschreib.) *Lewis Wallace* (* 1827, † 1905): „Ben Hur" (nordam. histor. Roman) *Zola*: „Der experimentelle Roman"; „Nana"(frz. Rom.)	*Konr. Duden* (*1829, †1911): „Orthographisches Wörterbuch der deutschen Sprache" * *Helen Keller* i. USA, mit 1½ Jahren blind u. taubstumm; überwindet ihr Schicksal, schreibt zahlr. vorw. autobiogr. Bücher († 1968) * *Hermann* Graf *Keyserling*, dt. Philos. d. „Sinn"-Erkenntnis († 1946) * *Oswald Spengler*, dt. Kulturphilosoph († 1936) *Windelband*: „Die Geschichte der neueren Philosophie" Universität Manchester
1881	† *Benjamin Disraeli* (Lord *Beaconsfield*), Führer der engl. konservativen Tories, Ministerpräsident 1868 und 1874—1880 (* 1804) Gründung der Sozialdemokratischen Vereinigung in Großbritannien Tunis unter franz. Schutzherrschaft Italien erobert Eritrea und Somaliland Neutralitätsvertrag Deutschland, Österreich, Rußland † *Alexander II.* (ermord.), Zar v. Rußl. s. 1855 (*1818); *Alexander III.* Zar von Rußland b. 1894 (†); gibt Verfassungspläne s. Vaters auf Russ. Geheimpolizei Ochrana gegrdt.	† *Thomas Carlyle*, engl. Historiker (* 1795) †*Fedor M. Dostojewskij*, russ. Dichter (* 1821) *Karl Goedeke* (* 1814, † 1887): „Grundriß z. Geschichte d. dt. Dichtung" (3 Bde. s. 1857) *Ibsen*: „Gespenster" (norw. Schauspiel) * *Siegfried Jacobsohn*, dt. politischer Journalist († 1926) * *Asta Nielsen*, dän. Schauspielerin Der Maler *Rud. Salis* grdt. erstes Kabarett „Chat noir" (Paris) *Johanna Spyri* (* 1827, † 1901): „Heidis Lehr- und Wanderjahre" u. a. schweiz. Kindergeschichten *Turgenjew*: „Das Lied v. der triumphierenden Liebe" * *Anton Wildgans*, österr. Dichter († 1932) **Stefan Zweig*, österr. Dichter († 1942)	† *Hermann Lotze*, dt. Philosoph (* 1817) *Nietzsche*: „Morgenröte. Gedanken über moralische Vorurteile" *Ranke*: „Weltgeschichte" (16 Bde. b. 1888) † *Johann Hinrich Wichern*, dt. evangelischer innerer Missionar (* 1808) Judenpogrome in Rußl. (z. T. v. d. Geheimpolizei organ.; 1882 scharfe Ausnahmebestimmungen geg. Juden) Gebührenfreie staatl. Volksschule i. Frankr.

Cézanne / Liebermann	*Bruckner* / C. Franck	"Welträtsel" / Pasteur	
* *Dominikus Böhm*, dt. Erbauer kathol. Kirchen mit Eisenbeton *Cézanne*: „Herbstblumen" (frz. Gem.) *Degas*: „Tänzerin mit Blumenstrauß" (frz.) * *André Derain*, franz. Maler († 1954) *Feuerbach*: „Konzert" † *Anselm Feuerbach*, dt. Maler d. Klassizismus (* 1829) *M. Liebermann*: „Altmännerhaus in Amsterdam" (Gemälde) *Manet*: „Landhaus i. Bellevue" (frz. Gem.) * *Franz Marc*, dt. express. Maler († 1916) *Rodin*: „Der Denker" (frz. Bronze) Kölner Dom vollend. (Grundstein 1248)	*Brahms*: „Ungarische Tänze" (Klavierstücke f. 4 Hände, 1. T. 1865) † *Jacques Offenbach*, dt.-frz. Komponist (* 1819) *Phil. Spitta* (* 1841, † 1894): „Joh. Seb. Bach" (2 Bde. s. 1874; Ausdruck d. Bachrenaissance) *Tschaikowskij*: „Capriccio italien", „Ouvertüre 1812" (russ. symphonische Dichtungen), Streichquartett Nr. 3 fis-moll, Klavierkonzert Nr. 2 G-dur Opernhaus in Frankfurt/Main eröffnet.	*Emil Du Bois-Reymond* (dt. Physiologe u. Philosoph, * 1818, † 1896): „Die sieben Welträtsel" (1. Wesen v. Kraft u. Materie, 2. Ursprung d. Beweg., 3. Entst. d. Empfindungen, 4. Willensfreiheit, 5. Entst. d. Lebens, 6. Zweckmäßigkeit d. Natur, 7. Urspr. v. Denken u. Sprache; s. Meinung nach unlösbar) *Eberth*, *Koch*, *Gaffky*: Typhus-Erreger *Möbius* erweist Basedow-Krankheit als Schilddrüsen-Überfunktion *Pasteur* entd. Strepto-, Staphylo- u. Pneumokokken ~ *J. P. Pawlow* beg. Arbeit. über Physiologie d. Verdauungsdrüsen u. bedingte Reflexe an Hunden *William Siemens*: Elektrostahl	Fernsprecher bei der dt. Post durch *Stephan* Welteisenbahnnetz: 371 000 km (1850: 38 000; 1910: 1 Mill. 1938: 1,33 Mill. km) Weltausstellung in Melbourne *Whymper* besteigt den Chimborasso (6310 m) in Ecuador ~ In d. Männermode kommt Smoking auf Wildwestschau *Buffalo Bills* i. Europa Erste dt. Warenhäuser Radfernfahrt Paris–Mailand–Paris 1. dt. Poliklinik f. Frauen (Berlin)
~ *Böcklin*: „Die Toteninsel" (Gem., mehrere Fassungen; wird sehr populär) * *Alexander Kanoldt*, dt. Maler († 1939) *Eduard v. Gebhardt* (* 1838, † 1925): „Himmelfahrt Christi" (Gem.) * *Wilhelm Lehmbruck*, dt. expressionist. Bildhauer († 1919, Freitod) *M. Liebermann*: „Waisenhaus in Amsterdam", „Schuhmacherwerkstatt" (Gemälde) *Marées*: „Parisurteil" ~ *Cl. Monet*: „Haus in Vétheuil" (frz. Gem.) * *Max Pechstein*, dt. expressionist. Maler und Graphiker († 1955) * *Pablo Picasso*, span. frz. Maler, Mitschöpfer des Kubismus, wird zum berühmtesten Maler des 20. Jhs. († 1973)	*Brahms*: Akademische Festouvertüre *Bruckner*: 7. Symphonie E-dur (aufgeführt 1884) *C. Franck*: „Rebecca" (belg., bibl. Szene f. Soli, Chor und Orchester) † *Modest P. Mussorgskij*, russ. Komponist (* 1839) *Offenbach*: „Hoffmanns Erzählungen" (Oper, Uraufführ. posthum)  Sreit um Gehirnfunktion (Lokalisations- gegen Ganzheitstheorie) (Tierexperimente als Beweis)	*Emil Brugsch-Bey* find. ein Grab mit 40 ägypt. Königsmumien i. „Tal d. Könige" *G. A. Hansen* entd. Leprabazillus Erste Berechnungen der elektr. Elementarladung (*Helmholtz*, *Stoney*) stützen die Vorstellg. vom atomaren Charakter d. Elektriz. Fütterungsversuche von *Lunin* (Vorläufer der Vitaminforschung) Bilddruck d. Rasterätzung (Autotypie) v. *Meisenbach* *Pasteur*: Tollwut-Schutzimpfung *Wilhelm Roux* (* 1850, † 1924): „Der Kampf der Teile im Organismus" (Begründ. d. Entwicklungsmechanik i. Organismus) West-Ost-Durchquerung v. Afrika (Loanda—Sansibar) d. *Wißmann* (bis 1882) Vollend. d. Gotthard-Tunnels (15 km, s. 1872 i. Bau)	American Federation of Labor (AFL) gegrdt. (nordam. Fachgewerkschaftsverband) 1. elektr. Straßenbahn (i. Berlin, v. *Siemens*) Erste Ortsfernsprechnetze in Deutschland Bau d. Ozeandampfers „City of Rome" mit 8150 BRT, 11900 PS, 32 km pro Std. (zum Vergl.: 1935 „Normandie" mit 83400 BRT, 170000 PS, 54 km pro Std.) Erstersteigung der Kleinen Zinne in d. Dolomiten durch *Michel* und *Johann Innerkofler* (gilt als Beginn einer neuen Ära des Alpinismus)

	Sozialismus Dreibund	Keller Zola	Nietzsche † Marx
1882	Dreibund zw. Deutschland, Italien, Österreich Großbritannien besetzt Ägypten Fürst *MilanObrenović* (*1854, † 1901) wird erster König von Serbien (bis 1889) * *Franklin Delano Roosevelt*, Präsident der USA 1933 bis 1945 († 12. 4. 1945) Leopoldville in Belgisch-Kongo gegründet	*Daudet:* „Tartarin de Tarascon" (frz. Erzählung) * *Jean Giraudoux*, frz. Dichter († 1944) † *Joseph Arthur* Graf *Gobineau*, franz. Dichter u. Geschichtsphilosoph (* 1816) *Ibsen:* „Ein Volksfeind" (norweg. Schauspiel) * *James Joyce*, irischer Dichter († 1941) *Longfellow:* „Im Hafen" (nordamer. Ged.) † *Henry Wadsworth Longfellow*, Dicht. d. USA (* 1807) *C. F. Meyer:* „Gustav Adolfs Page" (Novelle) *H. Seidel:* „Leberecht Hühnchen", „Jorinde u. a. Geschichten" (Erzählungen) *Turgenjew:* „Gedichte in Prosa" (russisch) * *Sigrid Undset*, norweg. Dichterin († 1949) *O. Wilde:* „Gedichte" (engl.)	*J. Dewey:* „Die metaphysischen Annahmen d. Materialismus" (nordam.) † *Ralph Waldo Emerson*, Philosoph der USA (* 1803) *Haeckel:* „Die Naturanschauung von Darwin, Goethe und Lamarck" * *Nicolai Hartmann*, dt. Philosoph (Neukantianer) († 1950) *Nietzsche:* „Die fröhliche Wissenschaft" (bezeichnet Religion als „Illusion") *J. Ratzel:* „Anthropogeographie" (Mensch u. Landschaft) * *Eduard Spranger*, dt. Philosoph und Psychologe *Otto Willmann* (* 1839, † 1920): „Didaktik als Bildungslehre" (2 Bde. b. 1889) Entstehung der Oberrealschule (mit Hochschulreife ab 1900)
1883	Aufstand gegen Großbritannien im Sudan unter *Mohammed Achmed* * *Benito Mussolini*, ital. Sozialist, dann Faschist u. Diktator († 1945) „Zivildienstreform" v. *Carl Schurz* (* 1829, † 1906) in den USA gegen einseitige Parteiherrschaft in den Ämtern „Fabian-Society", englische evolutionär-sozialistische Gesellschaft gegründet; *G. B. Shaw* Mitglied ab 1884 *G. W. Plechanow* (* 1857, † 1918) u. a. grden. i. d. Emigration russ.-marxistische Gruppe „Befreiung d. Arbeit" (*P*. trennt sich 1903 von *Lenin*) Verwaltungsgerichtsbarkeit i. Preußen	*Björnson:* „Über unsere Kraft" (norw. Drama, 2. Teil 1895) * *Franz Kafka* (in Prag), Dichter († 1924) *G. Keller:* Ges. Gedichte *Fr. Kluge* (* 1865, † 1926): „Etymologisches Wörterbuch d. dt. Sprache" *Liliencron:* „Adjutantenritte" (Gedichte) * *Joachim Ringelnatz* (eigentlich *Bötticher*), dt. Dichter und Kabarettist († 1934) *Rosegger:* „Der Gottsucher" (Roman) * *Ernst Stadler*, dt. expressionist. Dichter († 1914) *Stevenson:* „Die Schatzinsel" (engl. Abenteuerroman) † *Iwan Turgenjew*, russ. Dichter (* 1818) *Zola:* „Zum Paradies der Damen" (frz. Roman)	*Aug. Bebel:* „Die Frau u. d. Sozialismus" *Dilthey:* „Einleitung in die Geisteswissenschaften" *Rudolf v. Ihering* (* 1818, † 1892): „Der Zweck im Recht" * *Karl Jaspers*, dt. Philosoph (Existential-Philos., † 1969) † *Karl Marx*, dt. Sozialist, begrdte. m. *Engels* „historischen Materialismus" u. „wissenschaftl. Sozialismus" (* 1818) *Nietzsche:* „Also sprach Zarathustra" (Teil 1—3; m. d. Begriff d. „Übermenschen") *Rudolf Sohm* (* 1841, † 1917): „Institutionen d. römischen Rechts" (wirkt ab 1891 am BGB mit) Oxforder Bewegung fordert katholische Orientierung d. anglikanischen Kirche („Ritualismus")

 Manet Leibl	† Wagner	Elektrizitätswerk Maschinengewehr	
Böcklin: „Heiliger Hain" (Gem.) * *Georges Braque*, frz. Maler, Mitbegr. d. Kubismus *W. Busch:* „Plisch u. Plum" (Bildergesch.) * *Eric Gill*, engl. Graphiker und Bildhauer *v. Gogh:* „Strandansicht" (niederl. Gem.) *Fr. Aug. v. Kaulbach* (* 1850, † 1920): „Lautenschlägerin in antik. Tracht" (Gem.) *Leibl:* „Drei Frauen in der Dorfkirche" (realist. Gem.; beendet) *Manet:* „Pfirsiche" (frz. Gem.) † *Wassilij Perow*, russ. Maler d. Volkslebens (* 1834) † *Dante Gabriel Rossetti*, engl. Maler und Dichter (* 1828)	*Millöcker:* „Der Bettelstudent" (Operette) *Igor Strawinsky, maßgebl. Komponist d. 20. Jhs. russ. Herkunft († 1971) *Rimskij-Korssakow:* „Schneeflöckchen" (russ. Oper) *R. Wagner:* „Parsifal)" (Bühnenweihefestsp.) Berliner Philharmonisches Orchester unter *Hans v. Bülow* gegr.	*A. Bertillon:* Anthropometrische Messungen (zeitw. i. d. Kriminalistik) † *Charles Darwin*, engl. Naturforscher (* 1809) * *Peter Debye*, niederländ. Physiker, *Nobel*pr. 1936 († 1966) *Edison:* 1. Elektrizitätswerk (New York) *Helmholtz:* Quantitative Fassung der chem. „Affinität" (Verwandtschaft) *Koch* entd. Tuberkelbazill. *Ferdinand Lindemann* beweist Unmöglichkeit, ein einer Kreisfläche gleiches Quadrat zu konstruieren („Quadratur des Kreises") *Pettenkofer:* „Hdb. d. Hygiene" (mit *Ziemssen*, 3 Bde. b. 1883, gilt als Begrdg. d. Hyg.) *Renard* u. *Krebs:* Flüge eines unstarren Luftschiffes mit Elektromotor	*Abbe* grdt. mit *Schott* in Jena Glaswerke f. opt. Spezialgläser Weltausstellung in Moskau Berufsverteilung in Deutschland (zum Vergleich 1933): Landwirtschaft 40 % (21) Industrie 37 % (39) Handel, Verkehr 9,6 % (17) Öffentl. Dienst und freie Berufe 5,1 % (7,7) Sonstige 8,4 % (16) Sport-„Spielerlaß" von *Goßler* in Preußen
* *Otto Bartning*, Erbauer protestantischer Kirchen *W. Busch:* „Maler Klecksel" (Bildergesch.) ~ *Cézanne:* „Landschaft mit Brücke" (frz. Gem.) † *Gustave Doré*, franz. Illustrator (* 1832) *v. Gogh:* „Auf dem Acker"(niederl. Gem.) * *Erich Heckel*, dt. expressionist. Maler († 1970) *Liebermann:* „Münchner Biergarten"(Gem.) † *Edouard Manet*, franz. Maler, Begr. d. Impressionismus (* 1832) *Marées:* „Pferdeführer u. Nymphe" (Gem.) * *Maurice Utrillo*, frz. Maler († 1955)	*Brahms:* Symphonie Nr. 3, F-dur *Dvořák:* „Stabat Mater" (tschech. Kirchenmusik) † *Friedrich von Flotow*, dt. Opernkomponist (* 1812) † *Richard Wagner*, dt. Opernkomponist, erstrebte d. „Gesamtkunstwerk" (* 1813) * *Anton von Webern*, österr. Komp., Schül. Schönbergs († 1945) Metropolitan Opera i. New York eröffnet  1. dt. Säuglingsfürsorge (Leipzig) Orient-Expreß Paris–Türkei	*Cantor:*„Grundlagen einer allgemeinen Mannigfaltigkeitslehre" (Begründer der mathemat. Mengenlehre) *Pierre Curie* entdeckt elektrische Ladungen bei Kristallverformung. (Grundlage d. späteren Schwingquarzes) *Daimler:* Patent auf Automotor *F. Galton* verwdt. Begriff „Eugenik" (vgl. 1865) *de Laval:* Dampfturbine *Mach:* „Die Mechanik in ihrer Entwicklung" *Maxim:* Maschinengewehr Wasserstoffverflüssigung durch *Olzewsky* *Osw. Schmiedeberg* oegr. wissensch. Pharmakologie (Arzneimittellehre) *Otto Warburg, dt. Zellphysiologe, *Nobel*pr. 1931 († 1970)	Großbetriebe i. Dtl. 1882: 10000 mit 1,6 Mill. Besch.; 1895: 19000 mit 3 Mill. Besch.; 1907: 32000 mit 5,4 Mill. Besch. Gesetzliche Einführung der Krankenversicherungspflicht in Deutschland *August Scherl* (*1849, † 1921) grdt. „Berliner Lokalanzeiger" (1898:„Die Woche" [illustr.]) Weltausstellung in Amsterdam Wolkenkratzer in Chikago Explosion d. Vulkaninsel Krakatau zw. Java u. Sumatra (schwere Schäden bes. durch Flutwelle, langwährende Lufttrübungen)

	Dt. Kolonien	*Storm* *Ibsen*	*Engels* *Nietzsche*
1884	Franz.-Westafrika entsteht Beginn der deutschen Kolonial-Politik: *Carl Peters* (* 1856, † 1908) erwirbt Deutsch-Ostafrika; Deutschland übernimmt die von *Franz Ad. Ed. Lüderitz* (* 1834, † 1886) erworb. Gebiete in Deutsch-Südwest Peters grdt. „Dt. Kolonialgesellschaft" * *Theodor Heuß*, dt. Bundespräsident († 1963) „Deutschfreisinnige Partei" gegr. (linksliberal) Unfall-Pflichtversicherung in Deutschland Deutschl., Österr. u. Rußl. erneuern Neutralitätsvertr. Russifizierung von Kurland, Livland, Estland Parlamentsreform i. Gr.Brit. gibt Landarbeitern Wahlrecht (1885 liberal. Wahlsieg i. d. Grafschaften) * *Eduard Benesch*, tschechoslowak. Staatsmann († 1948)	† *Emanuel Geibel*, dt. Dichter (* 1815) *Ibsen:* „Die Wildente" (norwegisches Schauspiel) † *Heinrich Laube*, dt. Dichter und Bühnenleiter (* 1806) * *Joseph Nadler*, österreich. Literaturhistoriker *Ostrowski:* „Schuldlos schuldig" (russ. Schauspiel) *Leopold v. Sacher-Masoch* (* 1835, † 1895): „Die Messalinen Wiens" (3 Bde. seit 1874; danach „Masochismus") *Sienkiewicz:* „Mit Feuer und Schwert" (polnischer Roman) *Storm:* „Zur Chronik von Grieshuus" (Novelle) *Twain:* „Huckleberry Finns Abenteuer u. Fahrt." (nordamerik. humor. Kinderrom.)	*Engels:* „Der Ursprung der Familie, des Privateigentums und des Staates" *Wilh. Roscher* (* 1845, † 1923) begr. „Ausführliches Lexikon d. griechischen u. römischen Mythologie" *Arnold Toynbee* prägt i. Engl. d. Begr. d. „Industriellen Revolution" f. d. Zeit seit d. ausgehenden 18. Jh. (vgl. 1770) Scheidungsrecht i. Frankr. * *Karl Schmidt Rottluff*, Maler d. „Brücke"-Gruppe († 1976)
1885	*Alfons XIII.* König von Spanien (bis 1931) *Grover Cleveland* (* 1837, † 1908) Präsident (Demokrat) der USA (bis 1889 u. 1893–97); kämpft gegen Korruption Betschuanaland britisches Schutzgebiet Portugal erschließt die Kolonie Angola in Afrika Unabhängiger Kongostaat unter dem belgischen König *Leopold II.* Belg. Arbeiterpartei gegr. Annam und Tongking in Hinterindien an Frankreich Krieg zwischen Serbien und Bulgarien um Ost-Rumelien, das bei Bulgarien bleibt	*Anzengruber:* „Der Sternsteinhof" (Roman) † *Walther Wolfg. v. Goethe* (* 1818, *Goethes* Enkel) vermacht dessen Nachlaß an Weimar Dt. *Goethe*-Gesellschaft gegr. *Gorki:* „Erzählung." (russ.) † *Victor Hugo*, franz. Dichter (* 1802) * *Sinclair Lewis*, nordam. Dichter, *Nobel*preis 1930 († 1951) *Guy de Maupassant:* „Bel ami" (frz. erot. Roman) * *Ina Seidel*, Nichte von Heinr. S., dt. Dichterin *Tennyson:* „Königsidyllen" (engl. Romanzykl. s. 1859) *Zola:* „Germinal" (frz. Rom.)	Papst verleiht *Bismarck* d. Christusorden f. Anerkenn. d. päpstl. Schiedsspruches, d. Karolinen Spanien zuspricht Europ. Großmächte u. d. USA verpfl. sich i. d. Kongoakte zur Unterdrück. d. Negersklavenhandels 2. Band d. „Kapital" v. *Marx* (herausgeg. v. *Engels*) *R. Goodley* (* 1849, † 1925) operiert erstmals Gehirntumor *W. St. Halsted:* Lokale Kokain-Narkose i. d. Zahnmedizin

 Marées, Uhde	Bruckner, Joh. Strauß		Bakteriologie, Turbinen
~ Antonio Gaudi y Cornet (* 1852, † 1926) baut seit 1882 Kathedrale „Sagrada familia" in Barcelona (neukatalanischer Stil, jugendstilartig; bis heute unvollendet) v. Gogh: „Spinnerin" (ndl. Gem.) Liebermann kommt endgültig n. Berlin † Hans Makart, österr. Maler eines schwülstig überlad. Stils (* 1840) * Amedeo Modigliani, ital. Maler († 1920) Monet: „Die Küste v. Monaco" (frz. impress. Gem.) Renoir: „Der Nachmittag der Kinder" (frz. impress. Gem.) † Ludwig Richter, dt. romant. Maler (*1803) Uhde: „Lasset die Kindlein zu mir kommen" (Gemälde)	Bruckner: 8. Symphonie c-moll (aufgef. 1892) Mahler: Lieder eines fahrenden Gesellen (veröff. 1897) Jules Emile Frédéric Massenet (* 1842, † 1912): „Manon" (frz. Oper) Viktor Neßler (* 1841, † 1890): „Der Trompeter von Säckingen" (Oper) † Bedřich (Friedrich) Smetana, tschech. Komponist (* 1824)  C. Koller führt Kokain i. d. Augenchirurgie ein	* Friedrich Bergius, dtsch. Chemiker und Industrieller, Nobelpreis 1931 († 1949) Daimler u. Maybach: Benzinmotor mit Glührohrzündung und hoher Drehzahl Photographischer Film v. Goodwin und Eastman Ch. M. Hall u. P. T. Héroult: Elektrolytische Gewinnung v. Aluminium (bgr. Al-Technik) O. Hertwig, W. Roux, E. Straßburger, Th. Boveri: Chromosomen sind Träger d. Vererbung (s. 1883 Aufschw. d. Chromosomen-Forschung) L. Knorr: Antipyrin (Antifiebermittel) † Gregor Mendel, böhmischer Vererbungsforscher (* 1822) Setzmaschine von Ottmar Mergenthaler (*1854,†1899) J. J. Metschnikow: Weiße	Blutkörperchen „fressen" Bakterien (Phagozyten-Theorie) * Otto Meyerhof, dt. Physiologe, Nobelpr. 1922 († 1951) * Charles Nicolle, franz. Mediziner, Nobelpr. 1928 († 1936) Parsons: Schnellaufende Überdruck-Dampfturbine (~ 1900 techn. brauchb.) Pelton: Freistrahl-Wasserturbine * Auguste Piccard, schweizer. Physiker, Stratosphären- und Tiefseeforscher († 1962) Entdeckung der Erreger von Wundstarrkrampf (d. Nicolaier), Diphtherie (d. Löffler), Cholera (d. R. Koch), Typhus (d. G. Gaffky) 1. dt. Univ.-Zahnklinik in Berlin unter Fr. Busch (* 1844, † 1916) Vollendung des Arlbergtunnels (10 km), im Bau seit 1880
* R. Delaunay, frz. Maler († 1941) v. Gogh: „Stilleben m. Kartoffeln" (niederl. Gem., kennz. f. seine frühe dunkle Farbgeb.) Marées: „Das goldene Zeitalter" (Gemälde) † Carl Spitzweg, dt. Maler (* 1808) Uhde: „Komm, Herr Jesu, sei unser Gast" (Gemälde) * Max Unold, dt. Maler Schloß Herrenchiemsee f. König Ludwig II. v. Bayern (überladener Prunkbau, beg. 1878) J. M. Whistler betont Bedeutg. japan. Kunst Gebäude d. Rijksmuseums, Amsterdam	Brahms: Symphonie Nr. 4, e-moll Bruckner: „Tedeum" (Kirchenmusik) Mahler Opernkapellmeister in Leipzig * Anna Pawlowa, russ. Tänzerin († 1931) Johann Strauß (Sohn): „Der Zigeunerbaron" (Operette) Sullivan: „Der Mikado" (engl. Operette) G. B. Shaw Musik- u. Theaterkritiker (bis 1892)  ~ Im „Perserschutt" v. -480 auf d. Akropolis werd. bis 1889 etwa 100000 Vasenscherben gefunden	Auer v. Welsbach: Gasglühlicht Balmer: Formel f. d. Wasserstoff-Spektrallinien H. Bauer erf. Druckknopf Benz: 3rädr. Kraftwagen m. Benzinmotor E. v. Bergmann: Keimfreie Chirurgie (Asepsis) * Niels Bohr, dän. Physik., erkl. d. Formel v. Balmer; († 1962) Kunstseide durch Hilaire de Chardonnet (* 1839, † 1924) Daimler: Kraftrad m. Benzinmotor Rauchloses Schießpulver von Duttenhofer u. Vieille ~ Zellforschg. entwickelt sich rasch; kennz. z. B. W. Flemming: „Zellsubstanz, Kern und Zellteilung" (v. 1882)	Erstes aseptisches Krankenhaus durch Neuber Nipkow: Lochscheibe f. Bild-Abtastung u. -Übertragung Nordenfeldt: Erfolgreiches U-Boot (frühere Versuche: Drebbel 1624, Day 1774, Fulton 1801, Bauer ~1850) A. Weismann: Keimplasma ist unsterblich Brooklyn-Hängebrücke i. New York (s. 1874) Internat. Statistisches Institut gegrdt. Autogenes Schweißen (1905 verbess.) Erste Leipziger Mustermesse Emil Zsigmondy (* 1861, † 1885 abgestürzt): „Die Gefahren der Alpen"

	Brit. Imperialismus Friedenskonferenz	Maupassant Gorki	Ranke Bachofen
1886	Ganz Burma an Brit.-Indien Freist. Columbien erh. Verf. Nigeria w. britische Kolonie Entmündigung und Selbstmord des geisteskranken *Ludwig II.*, Kg. von Bayern seit 1864 (* 1845); Prinz *Luitpold* wird Regent *Hiroburni Ito*, japan. Min.-Präs. (m. Unterbr. b. 1900) Ende des Drei-Kaiser-Bündnisses (seit 1872) *Samuel Fischer* (* 1859, † 1934) grdt. eig. Verlag i. Berlin (wird zu ein. Zentrum zeitgen. Lit. mit *Th. Mann, G. Hauptmann, H. Ibsen* u. a.)	* *Gottfr. Benn*, dt. individualist. Lyriker († 1956) Gründung der Englischen *Goethe*-Gesellschaft *Ibsen*: „Rosmersholm" (norweg. Schauspiel) † *Alexander Ostrowski*, russ. Bühnendichter (* 1823) † *Josef Viktor v. Scheffel*, dt. Dichter (* 1826) *Sienkiewicz*: „Sintflut" (polnischer Roman) *R. L. Stevenson*: „Der seltsame Fall Dr. Jekyll u. Mr. Hyde" (engl. Roman) *Strindberg*: „Der Sohn der Magd" (schwed. selbstbiographischer Roman b. 1906) *Tolstoi*: „Kreutzersonate" (russ. Erzählg.), „Die Macht der Finsternis" (Drama)	Ende d. „Kulturkampfes"; schrittweise Aufh. d. „Maigesetze" (v. 1873) * *Karl Barth*, schweizer. Theologe († 1968) *A. Harnack*: „Lehrb. der Dogmengeschichte" (3 Bde. bis 1889) (Dogma als Hellenisierung d. Christentums) *Nietzsche*: „Jenseits v. Gut u. Böse" † *Leopold von Ranke*, dt. Historik., forderte strenge Quellenkritik (* 1795), 1867 bis 90 sämtl. Werke i. 54 Bdn. † *Ramakrischna*, indischer Hindu und Ordensstifter; lehrte Gleichheit u. Wahrheit aller Religionen (*1834) *W. v. Siemens*: „Das naturwissenschaftliche Zeitalter" (mit optimist. Prognosen) *Wundt*: „Ethik" (3 Bde.)
1887	Britisch-Ostafrika entsteht *Carnot* Präsident von Frankreich (bis 1894 [†, ermordet]) Geheimer Rückversicherungsvertrag Deutschlands mit Rußland; vereinbart gegenseitige wohlwollende Neutralität (bis 1890) Deutsch-französische Krise wird beigelegt *Randal Cremer* grdt. Interparlamentar. Friedenskonferenz Johannesburg in Südafrika gegründet	*André Antoine* eröffn. „Théatre libre" i. Paris f. mod. Schauspielkunst * *Walter Flex*, dt. Dichter, Hauslehrer im Hause *Bismarck* († 1917) *Ebner-Eschenbach*: „Das Gemeindekind" (Rom.) *Goethes* „Urfaust" entdeckt Tagebuch der Brüder *Goncourt* (9 Bände bis 1896, frz.) *Henry Rider Haggard* (*1856, † 1925): „She" (engl. Abenteuer-Rom.) *Amanda Lindner* (* 1868, †1951) spielt d. „Jungfrau v. Orleans" b. Gastsp. d. Meininger Hoftheaters i. Berlin *Sienkiewicz*: „Herr Wolodyjowski" (poln. Roman) *Strindberg*: „Der Vater" (schwed. Schauspiel) *Sudermann*: „Frau Sorge" (Roman) †*Friedr. Theodor Vischer*, dt. Dichter u. Philos. (* 1807) * *Ernst Wiechert*, dt. Dicht. († 1950) * *Arnold Zweig*, dt. sozialkrit. Dichter († 1968)	† *Johann Jakob Bachofen*, schweiz. Geschichtsphilos. und Jurist: „Mutterrecht u. Urreligion" (*1815) † *Gust. Theodor Fechner*, dt. Philos. u. Psychol. (* 1801) Papst *Leo XIII.* erklärt den Kulturkampf für beendet *Nietzsche*: „Zur Genealogie der Moral" *A. Riehl*: „Der philosophische Kritizismus" Gründung des „Evangelischen Bundes" gegen Katholizismus

Cézanne *Klinger*	*Debussy* *Verdi*	 *Kraftwagen* *Grammophon*	
Rudolf Belling, dt. Bildhauer des „absoluten" Stils († 1972) *Cézanne*: „Gardanne" *v. Gogh*: „Vase mit Gladiole", „Mont Martre" (ndl. Gem. in Paris, beeinfl. v. Impressionismus) *M. Klinger*: „Beethoven" (mehrfarb. Denkmal, vollendet 1902) *Oskar Kokoschka*, dt. Maler und Dichter *Meunier*: „Der Hammerschmied" (belgisches Bildwerk) *Rodin*: „Der Kuß", „Der Gedanke" (frz. Marmorplastiken) *A. Lichtwark*, Direktor d. Kunsthalle, Hamburg (b. 1914)	*Wilhelm Furtwängler*, dt. Dirigent u. Komponist († 1954) † *Franz v. Liszt*, Komponist u. Pianist aus Ungarn (* 1811) *Saint-Saëns*: Symphonie c-moll mit Orgel (frz.) ~ In New Orleans entsteht aus d. geistl. Gesängen u. d. Musizierfreudigkeit der Neger der improvisierende „Jazz" *Vieille*: Rauchschwaches Schießpulver	*Abbe*: Hochfarbfehlerfreie Mikroskopobjektive („Apochromate") auf Grund neuer Glasschmelzen von *Schott* Entdeckung der Coli-Bakterien durch *Escherich* *Goldstein* entdeckt Kanalstrahlen (positiv geladene Atome) *Hermann Hollerith* (* 1860, † 1929): Elektrische Lochkartenapparatur f. schnelle Datenauswertung (1890 bei der Volkszählung in den USA angewandt) *Richard v. Krafft-Ebing* (*1840, † 1902): „Psychopathia sexualis" „Pilgerschritt" — Walzverfahren für nahtlose Rohre durch d. Gebr. *Mannesmann*	*John S. Pemberton*, Apotheker in den USA, gibt Ursprungsrezept für Coca-Cola an (stärkere Verbreitung erst nach dem 1. und 2. Weltkrieg) Freiheitsstatue im Hafen v. New York errichtet (Geschenk Frankreichs) Deutsch. Schwimmverband gegründet (1885: Deutsch. Keglerbund)
Aleksandr Archipenko († 1964), russ. Bildhauer der „absoluten" Plastik *Marc Chagall*, russ.-frz. Maler *Busch*: Humor. Hausschatz (gesam. bebild. Verserzähl.) *Gauguin*: „Landschaft auf Martinique" (frz. Gem.) ~ *v. Gogh*: Japanbilder nach *Hiroshige* und Studien nach Gipsmodellen *M. Klinger*: „Parisurteil" (Gemälde) *Liebermann*: „Flachsscheuer" (Gem.) *Marées*: „Hesperiden" (Gem.) † *Hans v. Marées*, dt. Maler; wird unabh. v. *Cézanne* als Überwind. d. Impressionismus betrachtet (* 1837) *Monet*: „Sommertag" (franz. Gemälde)	*Alex. Borodin* (* 1833, † 1887): „Fürst Igor" (russ. Oper s. 1869, vollend. v. *Rimskij-Korssakow* u. *Glasunow* 1889) *Debussy*: „Le Printemps" („Der Frühling", frz. Orchestersuite) *Verdi*: „Othello" (ital. Oper) *A. D. Waller* (*1856 i. Gr. Brit., † 1922) entd. Herzaktionsströme (deren Registrierung zum diagnostisch wichtigen Elektrokardiogramm [EKG] führen)	Dissoziationstheorie der Elektrolyse (Ionentheorie) von *Arrhenius* Platten-Grammophon von *Berliner* *Daimler*: 4rädr. Kraftwagen mit Benzinmotor *Richard Dedekind* (* 1831, † 1916): „Was sind und was sollen die Zahlen?" Eröffn. d. Physikal.-Tech. Reichsanstalt als oberster Maß- u. Gewichtsbehörde; 1. Präsid. *Helmholtz*; gestiftet von *W. v. Siemens* Elektroschmelzofen von *Héroult* *Thomas G. Morton*: regelmäßige Blinddarm-Operationen (i. Philadelphia) *Erwin Schrödinger*, österr. Phys., Nobelpr. 1933 († 1961) *Stanley* befreit *Emin Pascha* in Ostafrika Drehstrommot. v. *Tesla* *V. Horsley* operiert erstmals Rückenmarktumor	Japanische Pressebüros entstehen 21000 Beschäftigte i. d. Krupp-Werken Berliner Varietébühne „Wintergarten" eröffnet

	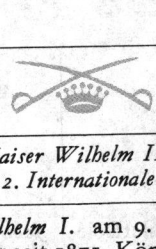 *Kaiser Wilhelm II.* 2. *Internationale*	 *Strindberg* „*Freie Bühne*"	*Nietzsche Empirio-Kritizismus*
1888	† *Wilhelm I.* am 9. 3., dt. Kaiser seit 1871, König von Preußen seit 1861 (Regentschaft seit 1858; * 1797); † sein liberal denkend. Sohn u. Nachfolg. *Friedrich III.* am 15. 6. (* 1831); dessen Sohn *Wilhelm II.* dt. Kaiser (bis 1918) Araberaufstand in Deutsch-Ostafrika wird durch *Herm. von Wissmann* (* 1853, † 1905) unterdrückt * *Tschiang Kai-schek*, chinesischer Politiker d. Kuomintang, Marschall u. Staatschef Intern. Konvention über Suezkanal *Strindberg:* „Die Inselbauern" (schwed. Roman) *Verlaine:* „Liebe" (frz.)	*Fontane:* „Irrungen, Wirrungen" (Roman) * *Thomas Stearns Eliot*, engl. Dichter aus USA; Nobelpr. 1948 († 1965) *Hamsun:* Amerikasatire (spiegelt eig. Erlebn.) *G. Hauptmann:* „Bahnwärter Thiel" (naturalist. Erz.) *Ibsen:* „Die Frau vom Meere" (norweg. Schauspiel) *Wladimir G. Korolenko* (* 1853, † 1921): „Sibir. Geschichten" (aus seiner Verbannung 1879—85, dt. Übers. aus d. Russ.) * *Eugene Gladstone O'Neill*, nordamerikan. Dramatiker († 1953) *Storm:* „Der Schimmelreiter" (Novelle) † *Theodor Storm*, dt. Dichter (* 1817)	*R. Avenarius:* „Kritik der reinen Erfahrung" (Begr. d. Empirio-Kritizismus, 2 Bde. b. 1890) *Engels:* „Ludwig Feuerbach u. d. Ausgang d. dt. Philosophie" *Eucken:* „Die Einheit d. Geisteslebens in Bewußtsein und Tat der Menschheit" *Nietzsche:* „Der Wille zur Macht" (s. 1884, unvoll.), „Die Umwertung aller Werte. Der Antichrist", „Nietzsche contra Wagner" *H. Wölfflin:* „Renaissance und Barock" (gilt als Grundl. d. Barockforschg.) „Oxford English Dictionary" (maßgeb. engl. Wörterbuch) beginnt zu erscheinen Gesellsch. f. Lit. u. Kunst, Moskau
1889	* *Adolf Hitler*, Begr. d. dt. Nationalsozialismus (NSDAP), Diktator („Führer") 1933–1945 (†, Selbstmord) * *Ernst Reuter*, sozialdemokrat. Politiker († 1953) Gründung der sozialdemokratischen Parteien in Österreich und der Schweiz Gründung der sozialdemokrat. „Zweiten Internationale" in Paris Erste Maifeier (in Paris) Brasilien Republik nach Aufstand gegen Beseitigung der Sklaverei Vertrag des Negus von Abessinien *Menelik* († 1913) mit Italien; von Italien 1896 gebrochen Rhodesien britischer Besitz Japan konstitutionelle Monarchie Erzherzog *Rudolf v. Österreich-Ung.* (* 1858) erschießt seine Geliebte und sich	† *Ludwig Anzengruber*, österr. Dichter (* 1839) *Carducci:* „Odi Barbare III" (I 1877, II 1882) *G. Hauptmann:* „Vor Sonnenaufgang" (Schauspiel) *A. Holz* u. *J. Schlaf:* „Papa Hamlet" (naturalist. Erz.) *Jerome:* „Drei Mann in einem Boot" (engl. humor. Erzählung) *I. Kurz:* „Gedichte" *Guy de Maupassant* (* 1850, † 1893): „Stark wie der Tod" (frz. Roman) *Sudermann:* „Ehre" (Schauspiel), „Der Katzensteg" (Roman) Theaterverein „Freie Bühne" von *Maximilian Harden*, den Brüdern *Hart* und *Theodor Wolff* gegründet; Leiter (bis 1893) *Otto Brahm* (* 1856, † 1912); beg. m. „Gespenster" von *Ibsen* u. „Vor Sonnenaufgang" von *G. Hauptmann*	*Mohammed Abduh* (* 1849, † 1905) kehrt aus d. Verbannung zurück u. reformiert Azha-Moschee i. Kairo i. Sinne ein. modernen Islams *Bergson:* „Zeit und Freiheit" (franz.) *August Fournier* (* 1850, † 1920): „Napoleon I." (3 Bde. s. 1886; maßg. histor. Biographie) * *Martin Heidegger*, dt. Philosoph (Existential-Philosophie) († 1976) *Nietzsche:* „Götzendämmerung", „Ecce homo"; fällt in geistige Umnachtung † *Albrecht Ritschl*, dt. evangelisch. Theologe (* 1822) *Bertha von Suttner:* „Die Waffen nieder" (österr. pazifistischer Roman) „Fabian-Essays" (britischer evolutionärer Sozialismus, mit Vorwort *Shaws*) Arbeiter-Samariter-Bund gegrdt.

Rodin *Renoir*	*H. Wolf* *Rimskij-Korssakow*	*Nansen* *Radiowellen*	
Cézanne: „Jung. Mann mit roter Weste" (frz. Gem.; *C.* arbeitet im Gegens. z. d. Impress. m. geschloss. Farbfläch., die schon auf d. Kubismus weisen) *James Ensor* (* 1860, † 1949): „L'entrée du Christ à Bruxelles" (belg. Gem. zw. Im- und Expressionismus) *Gauguin:* Bildnis *van Goghs* (frz. Gem.) *van Gogh:* „Garten in Arles",„Landschaft m. Zypresse", „Selbstbildnis , v. Staffelei", „Fischerboote am Strand", „Sonnenblumen" (ndl. Gem.) *M. Liebermann:* „Netzflickerinnen" (Gem.)	*Josef Bayer* (* 1852, † 1913): „Die Puppenfee" (österr. Ballett) *C. Franck:* „Seele" (belg. sinf. Dichtung f. Orchester u. Chor), Symphonie d-Moll *Grieg:* Peer-Gynt-Suite Nr. 1 (vgl. 1876) *Rimskij-Korssakow:* „Scheherazade" (russ. Tondichtung) *Tschaikowskij:* 5. Symphonie e-moll, op. 64 *H. Wolf:* Mörike- u. Eichendorff-Lieder	*Doehring:* Spannbeton Elektronenauslösung durch Licht von *Hallwachs* Erzeugung und Nachweis elektromagnetischer Wellen durch *Heinrich Hertz* (* 1857, † 1894); beweist damit *Maxwells* theoretische Vorstellungen *Sophus Lie* (* 1842, † 1899): „Theorie der Transformationsgruppen" (bis 1893) *William Marshall:* „Die Tiefsee u. ihr Leben" Ostwestdurchquerung Südgrönlands durch *Nansen* auf Skiern *Pasteur*-Institut, Paris Versuche mit Einschienen-Sattelbahn in Irland (i. Dtl. 1952 wiederaufgenommen)	Weltausstellungen in Barcelona, Melbourne, Moskau, Sydney Europ. Bahnverbindung n. Konstantinopel † *Friedrich Wilhelm Raiffeisen*, Gründer der landwirtschaftlichen Kreditgenossenschaften (* 1818) Eisenbahn nach Oberstdorf/Allgäu
	* *Renée Sintenis*, dt. Bildhauerin († 1965) *Rodin:* „Die Bürger v. Calais" (frz. Denkmal s. 1884, z. Erinnerung an d. Belagerung 1347)		 1. dt. Taubstummen-Blinden-Fürsorge (Berlin)
† *Jules Dupré*, frz. Maler (* 1811) *van Gogh:* „An der Schwelle d. Ewigkeit", „Die Schlafkammer", „Kornfeld m. Mäher i. der Sonne", „Pietà" (nach *Delacroix*),„Grabende Bauern" (nach *Millet*)(ndl.Gem.)Geht nach d. Bruch mit *Gauguin* in eine Anstalt für Geisteskr. i. St. Rémy *Munch:* „Mädchen am Brückengeländer" (norweg. Gemälde) * *G. Marcks*, dt. Bildhauer * *Paul Nash*, engl. Maler *Renoir:* „Badende" *Uhde:* „Heilige Nacht" (Triptychon) * *Charlie Chaplin*, engl. Filmschauspieler in USA († 1977)	*R. Strauss:* „Don Juan" (Tondichtung) *Tschaikowskij:* „Dornröschen" (russ. Ballett) *H. Wolf:* „Goethelieder"	*Behring* entd. Antitoxine *Brown-Séquard* leitet durch Selbstversuche mit Sexualhormonen Hormonforschung ein *Dolivo-Dobrowolski:* Drehstrommotor *F. Galton:* „Natürliche Vererbung" (Grundl. d. statistischen Vererbungsforschung) * *Edwin Powell Hubble*, nordam. Astronom († 1953) *Lenard* läßt Elektronen aus ein. Entladungsrohr i. Luft austreten *O. Lilienthal:* „Der Vogelflug als Grundlage d Fliegekunst" (grundleg.) *v. Mehring* und *Minkowski* erweisen durch Tierversuche Zuckerkrankheit als Ausfallserscheinungen der Bauchspeicheldrüse Fa.*Kathreiners*(gegr. 1829) beg. Herst. des *Kneipp*-Malzkaffees	Invalidenpflichtversich. für Arbeiter in Deutschland Großer Ruhrstreik. Audienz d. Arbeiter b. Kaiser; err. Lohnerhöhung u. Arbeitszeitverkürz. Zeitschrift „Die Bodenreform" von *Damaschke* gegründ. *Gustave Eiffel* (* 1832, † 1923): Turm f. d. Pariser Weltausstellung (Höhe 300 m; längere Zeit d. höchste Bauwerk d. Erde), s. 1885 Pariser Weltausstellung mit 28 Mill. Besuchern 1. Autoausstellung (i. Paris) *Hans Meyer* u. *Purtscheller:* Erstbesteigung des Kilimandscharo in Afrika (5968 m)

	Bismarcks Entlassung Sozialdemokratie	Wedekind Volksbühne	Windthorst Engels
1890	*Wilh. II.* entl. *Bismarck* mit d. Titel ein. Herzgs. v. Lauenbg. Gen. Graf *Leo von Caprivi* dt. Reichskanzler (bis 1894) Ende des deutschen Rückversicherungsvertrages mit Rußland (seit 1887) Deutsch-Ostafrika wird dt. Schutzgebiet Ende des Sozialistengesetzes (seit 1878). Umbildung der „Sozialist. Arbeiterpartei" zur „Sozialdemokrat. Partei Deutschl." unter *Aug. Bebel* Großbrit. gibt Helgoland a. Deutschl. gegen Witu und Sansibar *Cecil Rhodes*, Diamantfeldbesitzer (*1853, † 1902), wird südafr. Ministerpräs. b. 1896) *Wilhelmina* Königin der Niederlande bis 1948 (*1880) † Graf *Gyula Andrassy*, ungar. Staatsmann (* 1823)	* *Kasimir Edschmid*, dt. express. Dichter († 1966) *St. George:* „Hymnen"(Ged.) *Hamsun:* „Hunger" (norweg. Roman) * *Walter Hasenclever*, dt. express. Dichter († 1940) *G. Hauptmann:* „Das Friedensfest" (Schauspiel) *Ibsen:* „Hedda Gabler" (norweg. Schauspiel) † *Gottfried Keller*, schweiz. Dichter (* 1819) *Kurz:* „Florentinische Novellen" *Liliencron:* „Der Haidegänger" (Gedichte) *Strindberg:* „Am offenen Meer" (schwed. Roman) * *Frank Thieß*, dt. Dichter * *K. Tucholsky* († 1953) * *F. Werfel* († 1945) „Freie Volksbühne" in Berlin gegrdt.; beg. mit *Ibsen:* „Stützen d. Gesellsch."	*W. James:* „Prinzipien d. Psychologie" (nordamer.) *Julius Langbehn* (* 1851, † 1907): „Rembrandt als Erzieher. Von einem Deutschen" („lebensvoller" Typ gegen „Verstandesmenschen") † *Heinr. Schliemann*, dt. Archäologe (* 1822) *Stumpf:* „Tonpsychologie" *Gabriel Tarde* (* 1843, † 1904): „Die Gesetze der Nachahmung" (frz. Soziologie d. Verbrechens) *A. Stoecker, Alfred Weber, A. Harnack, A. Wagner* u. a. gründen Evangelisch-sozialen Kongreß zur Bekämpfung sozialer Mißstände Gründung des „Deutschen Gymnasialvereins" zur Erhaltung des humanistischen Gymnasiums
1891	*Bismarcks* Entlassung wird teilw. heftig kritisiert Gründung des „Internationalen Friedensbüros" in der Schweiz (erhält 1910 Friedens*nobel*preis) „Alldeutscher Verband" gegr. (Vorkämpfer f. eine imperialistische Politik) Erfurter Programm (gilt als Höhepunkt d. strengen Marxismus i. d. SPD) † *Helmuth v. Moltke*, preuß. Feldherr 1866 u. 1870/71, „Der große Schweiger" (* 1800) † *Ludwig Windthorst*, Leiter der deutschen Zentrumspartei, *Bismarck*gegner (* 1812)	† *Iwan Alexandrowitsch Gontscharow*, russ. Dichter (* 1812) *G. Hauptmann:* „Einsame Menschen" (Schauspiel) * *Klabund* (*Alfred Henschke*), dt. Dichter († 1928) *Lagerlöf:* „Gösta Berling" (schwed. Roman) *Maupassant* schrieb i. 10 Jahren 300 Nov.; wird geisteskrank *C. F. Meyer:* „Angela Borgia" (Schweiz. Novelle) *Sudermann:* „Sodoms Ende" (Schauspiel) *Wedekind:* „Frühlings Erwachen" (Schauspiel) *Whitman:* „Good Bye, My Fancy" (nordam. Ged.) *Wilde:* „Das Bildnis des Dorian Gray" (engl. Roman) *Zola:* „Das Geld" (franz. Roman) Schlierseer Bauerntheater gegrdt.	*Engels:* „Die Entwicklung des Sozialismus von der Utopie zur Wissenschaft" † *Paul Anton de Lagarde*, dt. nationalistischer u. antisemitischer Sprachforscher (* 1827) *Fr. Ratzel:* „Politische Geographie" (begrdt. diese als selbst. Disziplin) *Gust. Wustmann:* „Allerhand Sprachdummheiten" (Sprachlehre) Päpstl. Enzyklika „Rerum novarum" zur Arbeiterfrage im Sinne sozialer Reformen Gründung der neubuddhistischen Mahabodhi-Society in Colombo Freilichtmuseum Skansen b. Stockholm (bewahrt Bauernhäuser)

 Cézanne / Monet	R. Strauß / Mahler	 Lilienthal / Fernstrom	
Cézanne: „Landschaft bei Aix" (frz. Gem.) van Gogh: „Der Pflug", „Kornfeld m. Krähen" † Vincent van Gogh (Freitod i. geistig. Umnachtung), ndl. Maler zwischen Im- u. Expressionismus (* 1853) Liebermann: „Frau mit Ziegen" (Gem.) Monet: „Heuschober" (frz. Gem., 15 Bilder zu versch. Tageszeiten u. Beleucht. b. 1895; konsequent. „Impressionismus") Rodin: „Danaide" (frz Plastik) Segantini: „Pflügen" (ital. Gemälde) H. Thoma: „Taunuslandschaft" (Gemälde) ~ Japaner beeinflußen Stil d. schlichten Sachlichkeit in England	Debussy: „Suite bergamasque" (frz.) C. Franck: 3 gr. Orgelchoräle † César Franck, belg. Komponist (* 1822) Mascagni: „Cavalleria rusticana" (ital. Oper) Tschaikowskij: „Pique Dame" (russ. Oper, Text n. Puschkin)  1. Kunstsezession i. Paris	• William Lawrence Bragg, engl. Physiker, Nobelpr. 1915 m. s. Vater († 1971) Fritter (Kohärer) zum Nachweis elektrischer Wellen von Branly J. B. Dunlop produz. Luftreifen Synthetischer Zucker von Emil Fischer F. Hofmeister: 1. Kristallisation eines Proteins R. Koch erzeugt Tuberkulin Stoney führt den Begriff „Elektron" für die kleinste elektrische Ladung ein Dreifarbendruck von Ulrich und Vogel P. Rudolph: Anastigmat (Photo-Objektiv) Firth of Forth-Brücke (521 m Spannw., s. 1883)	1. intern. Maifeiern. Aussperrung i. Hamburg; Arbeitgeberverbände gegrdt. 130000 Mitgl. der Freien Gewerksch. (1900 680000) Nordam. Gewerkschaft (AFL) propag. 8-Std.-Tag USA: Schutzzollpolitik Systematische Anwendung künstlichen Düngers. Ernteertrag 1880: 0,8 t/ha Roggen, 7 t/ha Kartoffeln (1900: 1,4 bzw. 13 t 1937: 1,7 bzw. 19 t) Erdweite Grippeepidemie Sepp Innerkofler bezwingt Nordwand d. Kleinen Zinne
~ Degas: „Zwei Tänzerinnen im blauen Rock" (frz. impress. Gemälde) * Otto Dix, dt. Maler eines realistischen Stils († 1969) Gauguin auf Tahiti (bis 93 und ab 95) M. Liebermann: „Bürgermeister Petersen" (Gemälde) * Jacques Lipchitz, kubist. Plastiker litauischer Herkunft (1909 nach Paris) † Georges Seurat, frz. Maler (* 1859) Toulouse-Lautrec: „La Goulue" (frz. kolorierte Kreidezeichn.; Studie zum Plakat für „Moulin Rouge" in Paris)	† Léo Delibes, franz. Komponist (* 1836) * Sergej Prokowjew, russ. Komponist († 1953) R. Strauss: „Tod und Verklärung" (Tondichtung) Tschaikowskij: „Nußknacker-Suite" (russ. Ballett-Musik) Karl Zeller (* 1842, † 1898): „Der Vogelhändler" (Operette)  1. Sechstagerennen (New York)	* Frederik Banting, kanad. Mediziner, 1923 Nobelpr. Elektr.-Leitg. über 175 km durch Dolivo-Dobrowolski Rotations-Kupfertiefdrck. von Klietsch Samuel P. Langley (* 1834, † 1906): „Experimente in Aerodynamik" (Grundlegung der Flugzeuge schwerer a. Luft i. d. USA) Lilienthal: 1. Segelflüge Erste erfolgreiche Mixödem-Behandl. m. Schilddrüsenextrakt d. Murray Hochspannungstransformator von Tesla (über 1 Mill. Volt) 500 000 t Schwefelsäure-Erzeug. i. Deutschl. (1901: 850000 t, 1937: 2,03 Mill. t) 0,6 PS-Jahre pro Einwohner in Deutschland (1912: 1,6; 1937: 3,0 PS-Jahre). Rußl.: 0,02 (1912:0,11; 1937: 0,59) PS-Jahre	Abbe begrdt. Carl-Zeiss-Stiftung mit Gewinnbeteilig. d. Arbeiter Erster Kongr. d. freien Gewerksch., beschl. Frauen aufzunehmen Reichsges. regelt Sonntagsruhe Maximale Arbeitszeit f. Fabrikarbeiterinnen über 16 Jahre in Dtl. 11 Stunden Fernsprechdienst Gr. Brit.—Kontinent Hungerjahr i. Rußl. (vertieft soziale u. polit. Spannungen) Erdbeben in Japan (Mino-Owan): 7500 Tote, 130 000 zerstörte Gebäude ~ Schnürschuh in der Männermode vorherrschend

	Zar Nikolaus II. Dreyfus-Affäre	G. Hauptmann Hamsun	Haeckel Frauenbewegung
1892	„Deutsche Friedensgesellschaft" in Berlin gegründet Maximilian Harden (* 1861, † 1927) grdt. Wochenschrift „Die Zukunft" (best. b. 1922); schreibt f. Bismarck, gegen Caprivi, Sudermann, die „Hofkamarilla" um Wilhelm II., bes. Fürst Eulenburg (Prozesse 1906)	* Pearl S. Buck, Dichterin der USA, Nobelpreis 1938 Hamsun: „Mysterien" (norweg. Roman) G. Hauptmann: „Die Weber" (Schausp.), „Kollege Crampton" (Lustsp.) Heidenstam: „Hans Alienus" (schwed. Rom.) Ibsen: „Baumeister Solneß" (norweg. Schauspiel) Kipling: „Baracken-Balladen" (engl.) Shaw: „Frau Warrens Gewerbe" (engl. Schauspiel) † Alfred Tennyson, engl. Dichter (* 1809) † Walt Whitman, nordam. Dichter (* 1819)	Bebel: „Christentum u. Sozialismus" Haeckel: „Der Monismus. Glaubensbekenntnis eines Naturforschers" Karl Krumbacher (* 1856, † 1909): „Byzantinische Zeitschr." (begrdt. byzant. Philologie) Friedrich Paulsen (* 1846, † 1908): Einleitung i. d. Philosophie" (s. eig. Phil. ist von Fechner, Wundt, Kant u. Spinoza beeinfl.)
1893	Cleveland zum zweitenmal Präsident der USA (bis 1897) „Bund d. Landwirte" (konservativ) i. Dtl. gegrdt. Gründung der „Unabhängigen Arbeiterpartei" in Großbritannien (vgl. 1900) Vorstufe der republikanischen Kuomintang-Partei in China gegründet	Halbe:„Jugend"(Trauersp.) Hamsun: „Redakteur Lynge" (norweg. Roman) G. Hauptmann: „Der Biberpelz" (Lustspiel) Schnitzler: „Anatol" (Schauspiel) Verlaine: „Meine Gefängnisse" (frz. Dicht.) Wilde: „Lady Windermeres Fächer" (engl. Lustspiel) und „Salome" (in franz. Sprache; Oper v. R. Strauß)	* Charlotte Bühler, österr. Jugendpsychologin G. Frege begründet math. Logik (Logistik) Reinhold Koser (* 1852, † 1914): „Kg. Friedrich d. Gr." (gilt als maßg. histor. Biogr.) Helene Lange grdt. Zeitschr. „Die Frau"; setzt sich für Mädchenschulwesen ein (u. a. Gymnasialkurse)
1894	Der jüd.-frz. Offiz. Alfred Dreyfus weg. angebl. Landesverr. verurt. u. deport. (1906 rehab.) Casimir-Périer Präsid. von Frankreich (bis 1895). Frankreich erobert Dahome in Westafrika Fürst Hohenlohe dt. Reichskanzler (bis 1900) † Alexander III., Zar v. Rußl. s. 1881 (* 1845); Nikolaus II. Zar von Rußland bis 1917 (erschossen 1918, * 1868) † Lajos v. Kossuth, ungarischer Politiker (* 1802) Japan.-chines. Krieg (bis 1895): Korea v. China unabhängig (1910 zu Japan); Formosa u. Fischerins. an Japan	Hamsun: „Pan" (norweg. Roman) G. Hauptmann: „Hanneles Himmelfahrt" (Schausp.) Ibsen:„Klein Eyolf"(Schsp.) Kipling: „Das Dschungelbuch" (engl.) † Robert L. Stevenson, engl. Romanschriftsteller (*1850) Wilde: „Eine Frau ohne Bedeutung" (engl. Komöd.) Zola: „Die drei Städte" („Lourdes", „Rom", „Paris",frz.Romanfolge b. 1898) Dt. Theat.: „Weber"-Auff. unt. Brahm (Hofloge wird gekündigt) Verlag v. Alb. Langen (* 1869, † 1909) i. Lpz. u. München (1893 i. Paris gegr., pflegt nord. Lit.)	Lou Andreas-Salomé (* 1861, † 1935): „Friedr. Nietzsche i. s. Werken" (Freundin N.s russ. Abkunft) Dilthey: „Ideen über eine beschreibende und zergliedernde Psychologie" R. Garbes: „Die Sankhya-Philosophie" (betont ind. Rationalismus gegenüb. d. Mystik) R. Steiner: „Die Philosophie der Freiheit. Grundzüge einer modernen Weltanschauung" (vortheosophische, radikal-individualist. Philosophie) Gründung des „Bundes dt. Frauenvereine" m. d. Ziel d. Gleichberechtigung d. Frau

Toulouse-Lautrec / Liebermann	Tschaikowskij / Debussy	Diphtherie–Heilserum / Örtl. Betäubung	
† Constantin Guys, frz. Maler (* 1805) M. Liebermann: „Gattin d. Künstlers" Toulouse-Lautrec: „In Moulin rouge" (Gem.) Meunier: „Der verlorene Sohn" (belg. Plastik) Segantini: „Trübe Stunde" (it. Gemälde) Henri van de Velde wend. sich als Autodidakt d. Kunstgewerbe zu; wird führend i. „Jugendstil" Münchner Sezession gegrdt. (Uhde, Stuck u. a.)	Bruckner: „150. Psalm" Leoncavallo: „Der Bajazzo" (ital. Oper, Urauff. unter Toscanini m. Caruso) Tschaikowskij: 3. Klavierkonzert, Es-dur, op. 79 (unvoll.) Verdi: „Falstaff" („Lyrische Komödie" i. einem sinfon. Spätstil; Urauff. 1893)	* Louis de Broglie, belg.-frz. Phys., Nobelpr. 1929 * Arth. Holly Compton, USA-Physiker († 1962) Dubois findet Überreste d. Affenmenschen (Pithecanthropus) a. Java (seit 1891) Alph. Forel: „D. Genfer See" (Begr. d. Limnologie = Seenkunde) † Wernerv. Siemens, dt. Ing. u. Unternehmer (* 1816) Biolog. Anst. Helgoland gegrdt. „Versamml. dt. Naturforscher u. Ärzte" fest organ.	Wirtschaftskrise in d. USA (bis 1896) General Electric Company in USA gegründet Berliner Bau- und Wohnungsgenossenschaft gegründet Arbeiter-Turn- und Sportbund in Dtl. gegründet Frauen-Sechstage Radrennen in New York Cholera in Hamburg (letzte Ch.-Epidemie in Deutschland) 1. Berliner Reisebüro Hugo Stangen
* G. Grosz, dt. Maler († 1959) Liebermann: „Reiter u. Reiterin" (Gem.) Meunier: „Lastträger" (belg. Plastik) Munch: „Der Schrei" (expressionist. Gem.) † Peter Tschaikowskij, russ. Komponist (a. d. Cholera) (* 1840)	Debussy: Streichquart. Dvořák: 5. Symphonie („Aus der Neuen Welt"), Violinkonzert † Charles Gounod, frz. Komponist (* 1818) Humperdinck: „Hänsel und Gretel" (Oper) Puccini: „Manon Lescaut" (Oper) Sibelius: „Karelia" Tschaikowskij: 6. Symphonie („Pathétique")	Behring: Diphtherie-Heilserum Rudolf Diesel baut seinen Motor (b. 1897) J. Elster u. H. Geitel: Photozelle Nansens Nordpol-Expedition a. d. „Fram" bis 86° 4' nördl. Breite (bis 1896) Nernst: „Theoret. Chemie" Heißdampf-Lokomotive durch W. Schmidt	1. intern. Photoausstellung i. Hamburg Weltausstellung in Chicago auf 278 ha Freiwill. Arbeitslosenversicherung in Bern Erst. dt. Skiclub im Schwarzwald 1. dt. Lungen-Volksheilstätte (Taunus)
Aubrey Beardsley (* 1872, † 1898): Zeichnungen zu Wildes „Salome" Rosa Bonheur (* 1822, † 1899), frz. Tiermalerin, erhält als erste Frau Kreuz d. Ehrenlegion Gauguin: „Paris im Schnee" (frz. Gem.) A. v. Hildebrand (* 1847, † 1921): Wittelsbacherbrunnen in München Liebermann: „Schreitender Bauer" (Gem.) Franz Stuck (* 1863, † 1928) „Der Krieg" (symbol. Gem.) Wallot: Reichstag in Berlin (seit 1884)	Bruckner: 9. Symphonie d-moll (unvollendet) Debussy: „L'Après-midi d'un Faune" („Der Nachmittag ein. Fauns", frz. Tondichtung, gilt als Begrdg. des musikalischen Impressionismus) G. Mahler: 1. Symphonie G-Dur † Anton Rubinstein, russischer Komponist (* 1829)	Haeckel: „Systematische Phylogenie" Sven Hedin i. Tibet (- 1897) † Hermann v. Helmholtz, dt. Naturforscher (* 1821) Louis Lumière (* 1864, † 1948) erfindet Kinematographen Oliver und Schäfer beweisen Wirksamkeit des Nebennierenmarkextraktes Isolierung des Edelgases Argon d. Rayleigh u. Ramsay M. Rubner: Energieerhaltungsges. f. Lebewesen Örtl. Betäubung (Lokalanästhesie) v. Karl Ludwig Schleich (* 1859, † 1922) Yersin und Kitasato entd. Pestbazillus (unabh.)	A. Lichtwark (* 1852, † 1914): „Die Bedeutung der Amateurphotographie" Beg. d. christl. Gewerkschaftsbewegung i. Dtl. (Eisenbahngew. i. Trier) „Leipziger Volkszeitung" (sozialdem.) Weltausstellung in Antwerpen Baron de Coubertin gründet Komitee für Olympische Spiele Erstes internationales Autorennen Paris–Rouen (Daimlerwagen siegt) Tower-Brücke in London fertiggest.

	Italien.-abess. Krieg	Fontane Verlaine	S. Freud R. Eucken
1895	* Georg VI., König v. Großbritannien 1937–1952 (†) F. Faure Präsident von Frankreich b. 1899 (†, * 1841) Frankreich erobert Madagaskar * Kurt Schumacher, dt. sozialdemokrat. Politiker († 1952) Th. Masaryk: „Die tschechische Frage" Kubanischer Aufstand gegen Spanien Formosa wird japan. Besitz (1945 wieder an China)	† Alexandre Dumas (Sohn) franz. Dichter (* 1824) Fontane: „Effi Briest" (Rom.) † Gustav Freytag, dt. Dichter (* 1816) Ganghofer: „Schloß Hubertus" (Roman) * Hsü Tschi Mo, chinesischer Lyriker († 1931) * Kuo Mo Yo, chin. Dichter (u. a. Faust-Übersetzung) † Nikolai Leskow, russischer Dichter (* 1831) Shaw: „Candida" (engl. Schauspiel) Tolstoi: „Herr und Knecht" (russ. Erzählung) Verlaine: „Beichte" (frz.) Wedekind: „Erdgeist" (Schauspiel) Wells: „Die Zeitmaschine" (engl. Zukunftsroman)	A. Bebel: „Die Sozialdemokratie u. d. allgemeine Wahlrecht" † Friedrich Engels, dt. Sozialist, Begr. d. „Dialektischen Materialismus", Freund v. Karl Marx (* 1820) S. Freud u. Breuer: „Studien über Hysterie" (Begrdg. d. „Psychoanalyse" oder „Tiefenpsychologie" † Luise Otto-Peters, Gründerin des „Allgemeinen dt. Frauenvereins" (* 1819) J. A. Sickinger begrdt. Mannheimer Syst. d. Volksschule mit Förderklassen London School of Economics and Political Science gegrdt. (wird z. Mittelpunkt d. Sozialwissenschaften) Kathol. Abstinenzliga gegrdt. (geg. Alkoholmißbrauch) „Revised Version" als offizielle engl. Bibelübers. (seit 1881)
1896	Krieg Italiens gegen Abessinien Schlacht bei Adua: Abessinien besiegt Italien und erlangt Unabhängigkeit Theodor Herzl (* 1860, † 1904): „Der Judenstaat" (Jüdisch-zionistische Forderung nach palästinensischer Heimstätte) Friedrich Naumann gründet „Nationalsozialen Verein" Sachsen erhält Drei-Klassen-Wahlrecht unter König Albert † Paul Verlaine, frz. Dichter, Bohémientyp (* 1844) Alfred Jarry (* 1873, † 1907): „König Ubu" (frz. satir. Schauspiel)	J. Conrad: „Der Verdammte d. Inseln" (engl. Roman) Frenssen: „Die Sandgräfin" (Roman) † Edmond de Goncourt, franz. Dichter (* 1822) G. Hauptmann: „Die versunkene Glocke", „Florian Geyer" (Schauspiel) Ibsen: „John Gabriel Borkman" (norweg. Schauspiel) Eugen Diederichs (* 1867, † 1930) grdt. Verlag i. Florenz (1904 n. Jena) Drehbühne v. Lautenschläger Raabe: „Die Akten des Vogelsangs" (Novelle) Rilke: „Larenopfer" (Ged.) Rosegger: „Das ewige Licht" (Roman) Schnitzler: „Liebelei" (Schsp.) Sienkiewicz: „Quo Vadis" (poln. Roman) Tschechow: „Die Möwe" (russ. Schauspiel) * C. Zuckmayer († 1977)	† Richard Avenarius, dt. Philosoph des „Empiriokritizismus" (* 1843) Bergson: „Materie und Gedächtnis" (frz. Philosophie) H. H. Busse grdt. m. L. Klages u. G. Meyer die „Dt. grapholog. Gesellschaft" R. Eucken: „Der Kampf um einen geistig. Lebensinhalt" Ed. v. Hartmann: „Kategorienlehre" Rickert: „Die Grenzen der naturwissenschaftlichen Begriffsbildung" † Heinrich von Treitschke, dt. antilib. Geschichtsschreiber (* 1834) H. Wolgast (* 1816, † 1920): „Das Elend unserer Jugendliteratur" (ford. d. künstler. wertvolle Jugendbuch) ~ Anfänge der Jugendbewegung als Emanzipation von der älteren Generation des Bürgertums (vgl. 1901)

Munch / Kollwitz	Brahms / Puccini	Röntgenstrahlen	
~ *Corinth:* „Mädchenakt i. Bett" (dt. impress. Gem.)	* *Johann Nepomuk David*, dt. Komponist, besonders von Kirchenmusik	*Borchgrevink* betritt als erst. antarkt. Kontinent	~ Dtl. überholt Gr. Brit. i. d. Industrieproduktion
Käthe Kollwitz: „Weberaufstand" (6 Radierungen b. 1898)	* *Paul Hindemith*, dt. Komponist († 1963)	*Eijkman* und *Vordermann*: Reishäutchen enthält Beri-Beri-Schutzstoff (Vitam. B)	Letzter (3.) Band „Das Kapital" von *Karl Marx* erscheint, herausgeg. v. *Engels*
~ *Munch:* „Geschrei", „Die tote Mutter" (norw. frühexpress. Gem.)	*Kienzl:* „Der Evangelimann" (Oper)	*N. R. Finsen:* Anwend. ultravioletter Strahlen i. d. Medizin	Zusammenschl. d. syndikalistischen Gewerkschaften in Frkr. (C.G.D.T.)
Segantini: „Werden, Sein und Vergehen" (ital. Gemälde)	*G. Mahler:* 2. Symphonie c-Moll	Luftverflüssig. bei −191°C durch *Carl v. Linde*	Kaiser-*Wilhelm*-Kanal zw. Nord- und Ostsee fertiggestellt (im Bau seit 1887)
Toulouse-Lautrec: „Die Clown in Chak-U-Kao" (frz. Gem. aus dem Milieu der „Moulin Rouge")	*Arthur Nikisch* Dirig. d. Berliner Philharm. Orchesters	Elektronentheor. v. *H. A. Lorentz* (erkl. z. B. Lichtbrechung)	~ Frauenmode: Glatte weite Röcke, halblange Puffärmel, Schärpen
Japan. Holzschnitte i. Dresden ausg.	*Pfitzner:* „Der arme Heinrich" (Oper, war 1893 vollend.)	*W. Ostwald* def. „Katalysator" als „Reaktionsbeschleuniger"	Frauenturnen in der Deutschen Turnerschaft
Erste Filmvorführung durch die Gebrüder *Skladanowsky* im „Wintergarten", Berlin	*R. Strauss:* „Till Eulenspiegels lustige Streiche" (sinf. Dichtung)	† *Louis Pasteur*, franz. Bakteriol. u. Chem. (* 1822)	
	Hugo Wolf: „Corregidor" (Oper)	Hochantenne von *Popow*	
		Ramsay u. *Cleve* entd. Edelgas Helium auf d. Erde (vgl. 1868)	
		Röntgen entd. d. n. ihm ben. Strahlen (auch „X-Str.")	
M. Liebermann: „Mann i. d. Dünen" (Gem.; L. geht mehr u. mehr z. frz. beeinfl. impressionist. Freilichtmalerei über)	*Brahms:* „Vier ernste Gesänge" (*Clara Schumann* gewidmet)	Entdeckung der radioaktiven Strahlung d. Urans durch *Becquerel* (Uran 1786 von *Klaproth* entdeckt)	Daily Mail, engl. Massenzeitung erscheint
Rodin: „Die Hand Gottes" (frz. Marmorplastik)	† *Anton Bruckner*, österr. Komponist, u. a. 3 „Große Messen" (* 1824)	*Richard Hertwig* gelingt künstliche Befruchtung d. Seeigeleis mit Strychnin	„Stadtkölnische Versicherungskasse geg. Arbeitslosigkeit im Winter" (kommunale Anf. ein. dt. Arbeitslosenvers.)
Segantini: „Frühlingsweide" (ital. Gemälde)	*Umberto Giordano* (* 1867, † 1948): „Andrea Chénier" (ital. Oper)	Staubsaugerpatent f. *Howard* und *Taite*	Baubeg. d. Berliner Hoch- und U-Bahn (1. Strecke 1902 eröffnet)
„Jugend", Wochenschrift f. Kunst, Literatur, Politik, ersch. in München	*Jones:* „Die Geisha" (engl. Operette)	† *Otto Lilienthal*, b. s. Gleitflügen (* 1848)	Erste neuzeitliche Olympische Spiele in Athen
„Simplizissimus", pol.-satir. Wochenschrift von *Alb. Langen* u. *Th. Th. Heine* in München gegründ. (b. 1944)	*G. Mahler:* 3. Symphonie d-Moll	† *Alfred Nobel*, schwedischer Chemiker und Unternehmer; stiftet *Nobel*pr. (ab 1901 vert.) (* 1833)	Erste alpine Skischule i. Lilienfeld (Österr.)
~ „Jugendstil" aus München	*Puccini:* „Die Bohème" (ital. Oper)	*Ludw. Rehn:* 1. erfolgr. Herznaht	Beginn der Gartenstadtbewegung
	R. Strauss: „Also sprach Zarathustra" (Tondichtung)	*Joh. Thienemann* beg. Erforsch. d. Vogelzuges	
Filmvorführungen durch *Pathé* in Paris	† *Clara Schumann*, geb. *Wieck*, dt. Pianistin (* 1819)	Aufspaltung (Vervielfachung) von Spektrallinien im Magnetfeld durch *Zeeman* (erkl. v. *Lorentz*)	
Oskar Meßter zeigt 1. dt. Wochenschau		Astron. Linsen-Fernrohr (102 cm Durchm.) i. d. USA	

	† *Bismarck* *USA wird Weltmacht*	*Th. Mann* *Wilde*	*Frauenstudium* *Caritasverband*
1897	*William MacKinley* (* 1843, † 1901) Präsident der USA (bis 1901, ermordet) Hottentottenaufstand i. Dt.-SW-Afrika; vorläufig niedergeschlagen Erster Zionistenkongreß in Basel; russ. Geheimpolizei veranlaßt die Fälschung „Protokolle der Weisen von Zion" (antisemitische Behauptung einer jüdischen Tendenz z. Weltherrschaft) Krieg Griechenlands mit der Türkei um Kreta, das bei Griechenland bleibt „Christlich-soziale Partei" gewinnt Wiener Bürgermeisterwahl	*Conrad:* „Der Nigger vom ‚Narzissus'" (engl. Roman) † *Alphonse Daudet,* franz. Dichter (* 1840) *St. George:* „Das Jahr der Seele" (Dicht.) *Halbe:* „Mutter Erde" (Schauspiel) *Lagerlöf:* „Die Wunder des Antichrist"(schwed.Roman) *Edmond Rostand* (* 1868, † 1918): „Cyrano de Bergerac" (frz. volkstümliche Komödie.) *Strindberg:* „Inferno" (schwed. Schauspiel aus myst. Zeit) *Meiji Tenno* errichtet in seinem Hausministerium Hof für oberste Poesie *Rilke:* „Traumgekrönt" (Gedichte) *Tschechow:* „Onkel Wanja" (russ. Schauspiel)	† *Jacob Burckhardt,* schweiz. Kultur- u. Kunsthistoriker (* 1818); s. „Griechische Kulturgeschichte" ersch. i. 4 Bden. 1898—1902 *James:* „Der Wille zum Glauben" (nordam. Pragmatismus) *Friedr. Max Müller* * 1823, † 1900): „Beiträge zur vergleichenden Mythologie" (engl., gilt als grundleg. f. England) † *Wilhelm Heinrich von Riehl,* südd. Sozialphilosoph (* 1823 *Hermann Schell* (* 1850, † 1906): „Der Katholizismus als Prinzip d. Fortschritts" (1898 als „modernistisch" auf d. Index gesetzt) „Dt. Caritasverband" gegrdt. (kathol. Wohlfahrtsverband) *Tolstoi:* „Was ist Kunst?"
1898	† Fürst *Otto von Bismarck,* dt. konservat. Staatsmann, Reichsgründer, Reichskanzler 1871 bis 90 (* 1815) *Zola:* „J'accuse" (off. Brief a. d. frz. Staatspräsidenten zugunsten v. *Dreyfus;* vgl. 1894) China muß Kiautschou an Deutschland verpachten Chin. Kaiserinwitwe *Tse-Hi* vereitelt Reform Kaisers *Kuang-sü* Herrschaft Gr.-Brit. i. Ägypten durch Einnahme v. Omdurman (Sudan) gefestigt † *William Ewart Gladstone,* brit. liberal. Premier (*1809) Gründung der Sozialdemokratischen Partei in Rußland Spanien verliert Kuba u. die Philippinen im Kriege geg. die neue Weltmacht USA USA besetzen Hawai-Inseln	* *Bert(olt) Brecht,* dt. Dramatiker († 1956) + *Theodor Fontane,* dt. Dichter (*1819) *Steph. Crane* (*1871,†1900): „Im Rettungsboot" (nordamerik. Novelle) *Hamsun:* „Victoria. Die Geschichte e. Liebe" (norw.) *G. Hauptmann:* „Fuhrmann Henschel" (Schauspiel) * *Ernest Hemingway,* nordam. Dichter († 1961) *Th. Mann:* „Der kleine Herr Friedemann" (Novellen) † *Conrad Ferdinand Meyer,* schweizer. Dichter (* 1825) *Rilke:* „Advent" (Gedichte) *Stanislavskij* gr. „Moskauer Künstlertheater" *Strindberg:*„NachDamaskus" (schwedisches Schauspiel) *Tolstoi:* „Auferstehung" (russ. Roman) *Wilde:* „Ballade vom Zuchthaus zu Reading" (engl.)	*Bismarck:* „Gedanken und Erinnerungen" (posthum) Erstes Landerziehungsheim durch *Hermann Lietz*(* 1868, † 1919) in Ilsenburg a. H. gegründet *Hildegard Wegscheider* (*1871 † 1953) erlangt als erste preuß. Abiturientin Doktorgrad (i. Halle) Frauenstudium setzt sich langsam durch (vgl. 1871)

Matisse Toulouse-Lautrec	Pfitzner Toscanini	Radio · Radium	
Rudolph Dirks: „The Katzenjammer Kids" (USA; gilt als erster Comic strip) H. Matisse: „La Desserte" (frz. Gemälde) Pissaro: „Boulevard Montmartre im Frühling" (frz. impress. Gem.) Rodin: „Victor Hugo", „Balzac" (frz. Bildnisbüsten) Sisley: „Canal du Loing" (frz. Gem.) Thiersch: Justizpalast in München Toulouse-Lautrec: „Die Schauspielerin Berthe Bady" (frz. Gemälde) Anders Zorn (* 1860, † 1920): „Auf der Treppe" (schwed. impressionist. Gemälde) Tate Gallery, London, eröffnet Sezession i. Wien	† Johannes Brahms, dt. Komponist ein. neoklass. Stils (* 1833) P. Dukas: „Der Zauberlehrling" (frz. sinf. Dichtung) * Erich Wolfgang Korngold, österr. Komponist († 1957) Mahler Opernkapellmeister in Wien, bis 1907 Dir. d. Wiener Hofoper Leoncavallo: „La Bohème" (ital. Oper) Pfitzner: „Die Rose v. Liebesgarten" (romantische Oper) Messung d. spez. Ladung (Ladung/Masse) d. Elektrons d. W. Wien, J. J. Thomson, Emil Wiechert	J. J. Abel extrahiert erstes Hormon aus Schafnebennieren † Andrée, Strindberg und Fränkel bei Versuch, den Nordpol im Freiballon zu erreichen E. Buchner: Zellfrei wirk. Heferment (Zymase) Kunststoff Galalith von Krische und Spitteler Funkentelegraphie durch Marconi (14 km) Ross entd. Malariaübertrag. d. Anopheles-Mücke Adolf Slaby u. Graf Arco: 1. drahtlose Verbindung in Dtl. zwischen Sakrow und Pfaueninsel b. Berlin Stolz: Pyramidon † Karl Weierstraß, dt. Mathematik.; u.a. strenge Grundlagen der Differential- und Integralrechnung (* 1815)	Weltausstellung in Brüssel † Heinrich Stephan, dt. Generalpostmeister (* 1831) Zeiß fertigt Prismenfernrohre 1. dt. Schiff erringt d. „Blaue Band" Flugzeugmodell m. Dampfmasch. Beg. d. Herstellung künstlich. Indigos (5mal billiger als natürl.) 1. modernes dt. Säuglingsheim (Dresden)
Der Zeichner Th. Th. Heine wird wegen Majestätsbeleidigung im „Simplicissimus" zu 6 Mon. Gefängnis verurteilt (zu Festung begnadigt) M. Klinger: „Vom Tode" (Radierungen s. 1889) M. Liebermann: „Badende Knaben" (Gem.); grdt. Berliner Sezession m. Leistikow, Slevogt u. a. (erste Ausst. 1899) Minne: „Knabe mit Wasserschlauch" (belg. Plastik) † Félicien Rops, belg. Maler (* 1833) Toulouse-Lautrec: „Elle" (aus d. Leben einer Dirne, Lithographien)	Alexander Glasunow (* 1865, † 1936): „Raymonda" (russ. Ballett) A. Toscanini: Dirigent a. d. Mailänder Scala (wird 1921 ihr Direkt.)	Kathoden-Strahl-Leuchtschirm-Röhre von Braun Entdeckung des Radiums und Poloniums durch Marie und Pierre Curie Verflüssigung des Wasserstoffgases bei —240° C durch Dewar Herstellung von Kalkstickstoff (Düngemittel) durch Frank und Caro Rob. Koldewey (* 1855, † 1925) gräbt Babylon aus (bis 1917) Erste Vers. ein. Gewebezüchtung i. Reagenzglas d. Leo Loeb Entdeckung des 9. Saturnmondes durch Pickering (m. photograph. Platte) Fernsprechdrehwähler von Strowger Sverdrup im arktischen Amerika (bis 1902)	Leopold Ullstein (* 1826, † 1899) grdt. „Berliner Morgenpost" (1891: „Berl. Illustrirte Zeitung") „Deutsche Sportbehörde für Leichtathletik" errichtet „Heilbronner Höhenweg" i. d. Allgäuer Alpen angelegt A. Bier: (* 1869, † 1949): Lumbalanästhesie (Kokaininjektion i. d. Rückenmark)

	Haager Friedenskonferenz	*A. Holz Rilke*	*„Sozialpädagogik" Haeckel*
1899	Haager Friedenskonferenz über friedliche Beilegung internationaler Konflikte u. Landkriegsordnung Krieg Großbritanniens gegen die Buren in Südafrika (bis 1902) Dtl. lehnt Bündnisverhandl. m. Gr.-Brit. ab *Loubet* Präsident von Frankreich (bis 1906) *Eduard Bernstein:* „Voraussetzungen d. Sozialismus u. d. Aufgaben d. Sozialdemokratie" (kennzeichn. „revisionistische" Bewegung auf Grund v. Wahlerfolgen) Russifizierung Finnlands Karolinen und Marianen deutsche Kolonien Kuba selbständige Republik (ab 1901 Schutzstaat der USA)	*Albert Bassermann* (* 1867, † 1952) am Dt. Theater, Berlin (b. 1915) *Max Eyth* (* 1836, † 1906): „Hinter Pflug und Schraubstock" (selbstbiographisch. Ingenieur-Roman) * *Federico Garcia Lorca* span. Dichter († 1936) *Ganghofer:* „Das Schweigen im Walde" (Roman) *St. George:* „Der Teppich des Lebens" *Gorki:* „Foma Gordejew" (russ. Roman) † *Klaus Groth*, plattdt. Dichter (* 1819) *Hofmannsthal:* „Der Tor u. der Tod" (Schauspiel) *Arno Holz* (* 1863, † 1929): „Phantasus" (Lyrik i. „innerer. Rhythmus") *Josef Kainz* (* 1858, † 1910) am Wiener Burgtheater *Karl Kraus* (* 1874, † 1936) grdt. u. schreibt „Die Fakkel" (Wiener kulturkrit. Zeitschr.) *Lagerlöf:* „Eine Herrenhofsage" (schwed. Roman) *Ch. Morgenstern:* „Ich und die Welt" (Lyrik) *Rilke:* „Die Weise von Liebe u. Tod d. Cornets Christoph Rilke" *Stehr:* „Der Schindelmacher" (Roman) *Strindberg:* „Advent", „Rausch", „Gustav Wasa" (schwed. Schauspiele) *Sudermann:* „Die drei Reiherfedern" (Schauspiel) *A. Symons:* „Die Bewegung d. Symbolismus i. d. Literatur" (engl.) *L. Thoma* Schriftleiter des „Simplicissimus"	*Houston Stewart Chamberlain* (* 1855, † 1927): „Die Grundlagen des 19. Jahrhunderts" (engl. Kulturphilosophie) *Haeckel:* „Die Welträtsel" (monistisch-materialistisch. Lösungsversuch der von *Du Bois-Reymond* 1880 aufgestellten Probleme) und „Die Kunstformen der Natur" (Prachtwerk b. 1904) *P. Natorp:* „Sozialpädagogik" (gilt als Begrdg.) Dt. Verband v. Hochschullehrern f. volkstümliche Kurse Ruskin-College (Internat f. Arbeiterbildung) i. Oxford gegrdt. Studentenunruhen in Petersburg ~ Wiederherstellung des reinen Shintoismus in Japan gegen buddhistische Einflüsse

Kollwitz Liebermann	Sibelius	Sven Hedin Hirnchirurgie	

Käthe Kollwitz: „Aufruhr" (Radierung) *Liebermann:* „Degas" (Würdigung) *Adolf Loos* (* 1870, † 1933): Café Museum in Wien (sachlich moderner antiornamentaler Stil) *Monet:* „Kathedrale zu Rouen" (12 Gem. zu versch. Tagesstunden u. b. untersch. Beleuchtungen b. 1899; vgl. 1890) † *Giovanni Segantini,* ital. Maler (* 1858) † *Alfred Sisley,* franz. impress. Maler (*1839)	*Sibelius:* 1. Symphonie in e-moll (finn.) † *Johann Strauß* (Sohn), österr. Komponist (* 1825) *R. Strauss:* „Ein Heldenleben" (sinfon. Dichtung) † *Karl Millöcker,* österr. Komponist (* 1842)	*Bergmann:* „Die chirurgische Behandlung der Hirnkrankheiten" (grundleg.) *Dreser* führt Aspirin ein (Beg. d. Verw. synthetischer Heilmittel) *Elster* und *Geitel:* Radioaktivität beruht auf Atomzerfall. Beginn der Atomkernphysik *Sven Hedin* wieder in Tibet (bis 1902) *D. Hilbert:* „Grundlagen d. Geometrie" („Hilberträume" mit unendlich vielen Dimensionen, richtungweis. für theor. Physik) Reisen von *Koslow* durch Nordtibet und Ostzentralasien Messung der Ausstrahlung eines erhitzten schwarzen Körpers durch *Otto Lummer* (* 1860, † 1920) und *Ernst Pringsheim* (* 1859, † 1917); bildet die experimentelle Grundlage für die Quantentheorie *Plancks* *Rutherford* entd. Alpha- u. Beta-Strahlen radioaktiver Atome (seit 1898) Drachenversuche der Brüder *Wright,* die 1903 zum ersten bemannten Motorflugzeug führen ≈ Die mathemat. Disziplinen gewinnen im 19. u. 20. Jahrhundert rasch an Exaktheit und Abstraktheit, vorzugsweise mit axiomatischen Methoden	*Karl Legien:* „Das Koalitionsrecht der deutschen Arbeiter in Theorie und Praxis" (gewerkschaftl.) Reichstag lehnt Zuchthausstrafen f. Streikführer ab In Dtl. s. 1890 3750 Streiks mit 405000 Beteiligten Unternehmerhörige („Gelbe") Werkvereine i. Frankreich Internationaler Gewinnbeteiligungskongreß (solche Bestrebungen bleiben zunächst vereinzelt) Erstes Mannschafts-Sechstage-Rennen in New York Erstes registriertes Autoopfer in USA (1974 2 000 000 Autotote) 1. dt. Tuberkulosefürsorge Dt. Skatverband i. Altenburg (vgl. 1810)

1900

† *Wilhelm Liebknecht*, Vater *Karl Liebknechts*, Führer der dt. Sozialdemokratie (* 1826)

Fürst *Bernhard von Bülow* dt.Reichskanzler bis 1909

Zweites dt. Flottengesetz sieht starke Erweiterung der Seestreitkräfte bis 1917 vor

Vorstufe der Labour-Party (ab 1906) in Großbritannien gegründet

† *Humbert I.* (durch anarchist. Attentat), König von Italien seit 1878 (* 1844)

Viktor Emanuel III. König von Italien bis 1946 (Abdankung)

Europäische Großmächte werfen in China blutigen anti-europ. Aufstand des „Boxer"-Geheimbundes nieder; Kaiserin-Witwe *Tse-Hi* auf Seiten der „Boxer"

Europäische Großmächte, USA und Japan vereinbaren „Politik der offenen Tür" in China

Australien wird Bundesstaat

Größte Kolonialmächte: Großbrit., Frankr., Dtl. (ca. 25% d. Erdbev. lebt in Kolonialgebieten)

Wedekind: „Der Kammersänger" (Bühnenst.)

† *Oscar Wilde*, engl. Dichter (* 1856)

* *Thomas Wolfe*, nordamerik. Dichter († 1938)

Conrad: „Lord Jim" (engl. Roman)

Th. Dreiser: „Schwester Carrie" (nordamerikan. Roman)

A. France: „Geschichte der Gegenwart" (frz. Romanzyklus in 4 Bänden seit 1897)

Gorki: „Drei Menschen" (russ. Roman)

Otto Erich Hartleben (* 1864, † 1905): „Rosenmontag" (Trauersp.)

G. Hauptmann: „Michael Kramer" (Schauspiel) und „Schluck und Jau" (Rüpelspiel)

Jakob Christoph Heer (* 1859, † 1925): „Der König der Bernina" (Schweiz. Alpenroman)

Ibsen: „Wenn wir Toten erwachen" (norweg. Schauspiel)

Jerome: „Drei Männer auf dem Bummel" (engl. humorist. Roman)

J. London: „Wolfsblut" (nordamerikan. Roman)

H. Mann: „Im Schlaraffenland" (satir. Roman)

Rilke: „Geschichten vom lieben Gott"

* *Antoine de Saint-Exupéry*, frz. Dichter und Flieger († 1944, abgeschossen)

Schnitzler: „Reigen" (erotische Dialoge; ersch. als Privatdruck, Buchausg. 1903, entst. 1896/97)

* *Ignazio Silone* (eigentlich *Secondo Tranquilli*), ital. Dichter

Strindberg: „Gust. Adolf" (schwed. Schauspiel)

L. Tolstoi: „Der lebende Leichnam" u. „Das Licht leuchtet in der Finsternis" (russ. Dramen)

Jakob Wassermann: „Die Geschichte der jungen Renate Fuchs" (Roman)

Bergson: „Das Lachen" (frz.)

Paul Claudel (* 1868, † 1955): „Das Bewußtsein des Ostens" (frz. Essays zur fernöstlich. Kultur)

Freud: „Traumdeutung" (österr. psychoanalyt. Theorie)

Hans Groß: „Enzyklopädie der Kriminalistik"

Harnack: „Das Wesen des Christentums"

Ed. v. Hartmann: „Die Geschichte der Metaphysik"

Preußische Akademie d. Wissenschaften beginnt kritische Ausgabe der Werke *Immanuel Kants*

Ellen Key: „Das Jahrhundert des Kindes" (schwed. Studien)

Mach: „Analyse der Empfindungen und das Verhältnis des Physischen zum Psychischen" (österr.)

T. Marinetti: „Verbrennt die Musen" (ital. antikünstl. Manifest)

† *Friedrich Wilhelm Nietzsche*, dt. Philosoph (* 1844)

Erwin Preuschen (* 1867, † 1920): „Zeitschrift für die neutestamentliche Wissenschaft u. Kunde des Urchristentums" (ab 1921 von *Hans Lietzmann*, * 1875, † 1942)

Georg Simmel (* 1858, † 1918): „Philosophie des Geldes"

† *Wladimir Sergejewitsch Solowjew*, russ. Philosoph eines mystischen Rationalismus; schrieb 1874 „Die Krise der westlich. Philosophie", 1897 „Die Rechtfertigung des Guten" (* 1853)

Dt. Verein für Volkshygiene

Walter Crane (* 1845, † 1915): „Linie und Form" (engl. Kunstgewerbe)	*Enrico Caruso* (* 1873, † 1921) beg. Schallplattenaufnahmen (mit ca. 265 Aufn. b. 1920 fördert er entscheidend d. junge Technik)	Osmium-Glühlampe durch *Auer von Welsbach*	Weltausstellung und Olympiade in Paris
Degas: „Der Violinist" (frz. impress. Doppelbildnis)		*Karl Brugmann* (* 1849, † 1919) und *Berthold Delbrück* (* 1842, † 1922): „Grundriß der vergleichenden Grammatik der indogerman. Sprachen" (5 Bde. seit 1886)	Erste Rolltreppe (Paris. Weltausst.)
Gauguin: „Noa-Noa" (Reisebericht von Tahiti)	*Elgar:* „Traum des Gerontius" (engl. Oratorium)	*Karl Erich Correns* (* 1864, † 1933), *Erich v. Tschermak* (* 1871) u. *Hugo de Vries* erkennen die Bedeutung der Erbgesetze von *Mendel* (gef. 1865)	American Federation of Labor (AFL) vereinigt 216 Gewerkschaften und 550000 Einzelmitglieder
A. von Hildebrand: „Pettenkofer" (Bildnisbüste)	* *Ernst Krenek*, dt. Komponist		
Hodler: „Rückzug der Schweizer bei Marignano" (Schwz. Wandmalerei, Landesmuseum Zürich)	*Puccini:* „Tosca" (ital. Oper)	*Edelmann:* Galtonpfeife für Ultraschallerzeugung (einer der ersten Versuche für Ultraschall)	Krisenjahr der dt. Wirtschaft
	Sibelius: „Finlandia" (finn. symph. Dichtung)	*Adolf Engler* (* 1844, † 1930): „Das Pflanzenreich" (Leitung eines umfass. Werkes d. Preuß. Akademie)	300 dt. Kartelle geschätzt (1890: 117; 1879: 14; 1865: 4)
Adolf Hölzel (* 1853, † 1934): „Nacht" (Landschaftsgemälde)	Beg. d. Briefwechsels zw. *R. Strauss* u. *H. v. Hofmannsthal*	*Karl Escherich* (* 1871, † 1951) erkennt die Lebensgemeinschaft (Symbiose) von Insekten mit Bakterien	Errichtung der Handwerkskammer in Berlin
Carl Justi (* 1832, † 1912): „Michelangelo" (Kunstgeschichte)	† *Arthur Sullivan*, engl. Komponist (* 1842)	*Arthur Evans* (* 1851, † 1941) beginnt Ausgrabung der minoischen Kultur auf Kreta	Russ. Grundproduktion seit 1890 verdoppelt
Kollwitz: „Mutterhände" (Lithogr.)	* *Kurt Weill*, dt. Komponist († 1950)	*Karl von Hahn* (* 1848, † 1925): „Bilder aus d. Kaukasus" (Ergebn. intensiver Kaukasusforschung)	Seit 1.1. Bürgerliches Gesetzbuch (BGB) in Deutschland in Kraft
† *Wilhelm Leibl*, süddt. Maler (* 1844)	Wiederaufnahme des Cembalobaus zur stilechten Wiedergabe der Barockmusik	*Knorr:* Luftdruckbremse	Dt. Reichsseuchengesetz
Ed. Munch: „Fjordinsel" (norweg. frühexpress. Gemälde)		*Karl Landsteiner* (* 1868) findet Zusammenballung der roten Blutkörperchen verschiedener Blutsorten (Vorbereitung zur Entdeckung der vier Blutgruppen)	U-Bahn i. Paris
E. Nolde: 1. Bilder			Erste Autodroschke in Berlin
Sargent: „Lord Ribblesdale" (nordamerikan. Bildnis)	„Cake-walk"-Tanz kommt aus USA nach Europa	Messung d. Strahlungsdruckes des Lichtes durch *P. N. Lebedew* (* 1866, † 1912)	*Davis*-Pokal für den Tennissport gestiftet
Paul Schultze-Naumburg (* 1869): „Häusliche Kunstpflege" (Kunsterziehung)	Erstes europ. Phonogrammarchiv i. Wien	*M. Planck* begründet mit der Formel für die Strahlung schwarzer Körper die Quantentheorie und damit einen entscheidenden Wandel in d. Physik und der allgem. Naturanschauung	† *Ludwig Purtscheller*, österr. Alpinist; schrieb 1894 „Der Hochtourist in den Ostalpen"; bestieg rd. 1500 Bergspitzen, davon mehr als 40 über 4000 m (* 1849)
Zorn: „Maja" (schwed. Gemälde)		*Michael Pupin* (* 1858, † 1935) findet geeignete Spulen zur Verbesserung der Kabeltelegraphie	
„Jeanne d'Arc" (frz. Film von *Georges Méliès*, * 1861, † 1938)		*Friedrich Ratzel* (* 1844, † 1904): „Das Meer als Quelle der Völkergröße"	Frauenmode: Schwere, dunkelfarb. Stoffe; Quasten, Stickereien; Schleppen; Cul; Spitzen u. Perlen
„Überfall auf eine Mission in China" (engl. Film v. *James Williamson*, * 1855, † 1933)		*Ruhmer:* Anf. der Tonphotographie	
		Wolfram-Stähle v. *F. W. Taylor* auf d. Paris. Weltausstellg. (darauf rasche Entwicklung der Werkzeugstähle)	Dt. Fußballb. gegr.
		W. Wien gelingt magnetische Ablenkung der Kanalstrahlen	Elektr. Spielzeugeisenbahn i. Dtl.
		Erste *Zeppelin*fahrt	
		Borsig-Dampfmasch. m. 100000 PS	
		Eröffnung der Wetterstationen auf Schneekoppe und Zugspitze	1. dt. Kinderasyl (Bln.)

1901	Friedens*nobel*preis an *H. Dunant* (Schweiz) und *Frédéric Passy* (Frankr., * 1822, † 1912)	Literatur-*Nobel*preis an *R. A. Sully-Prudhomme* (Frkr.)	*Emile Coué* (* 1857, † 1926) studiert bei *A. A. Liébeault* (* 1823, † 1904) in Nancy Hypnose und Suggestion („Alte Schule von Nancy")
	Dt.-brit. Bündnisverhandlungen scheitern	*Hermann Bang* (* 1858, † 1912): „Das graue Haus", „Das weiße Haus" (dänische Erzählungen)	*Berthold Delbrück:* „Grundfragen der Sprachforschung mit Rücksicht auf W. Wundts Sprachpsychologie erörtert"
	Zar *Nikolaus II.* bei dt. Flottenmanöver		
	† *Victoria*, Königin von Großbritannien seit 1837 (* 1819)	*Otto Julius Bierbaum* (* 1865, † 1910): „Irrgarten der Liebe" (Gedichte)	
	† *Viktoria*, seit 1858 mit dem späteren dt. Kaiser *Friedrich III.* vermählt, *bismarck*feindlich (* 1840, Tochter der Königin *Victoria* von Großbritannien)	*Louis Couperus* (* 1863, † 1923): „Babel" (niederländischer Roman)	*R. Eucken:* „Vom Wahrheitsgehalt der Religion" (idealist. Liberalismus)
	Eduard VII. König von Großbritannien bis 1910 (†)	*Otto Ernst:* „Flachsmann als Erzieher" (pädagogische Komödie)	*Karl Fischer* gründet „Wandervogel"-Jugendbewegung
	Ende der britischen „Splendid isolation"	*Frenssen:* „Jörn Uhl" (Bauernroman)	*Husserl:* „Logische Untersuchungen" (antipsychologist. Logik)
	Milner brit. Generalgouverneur für Südafrika (Transvaal) bis 1905	*Benito Pérez Galdós* (* 1843, † 1920): „Electra" (span. Schauspiel)	*Kerschensteiner:* „Staatsbürgerliche Erziehung der deutschen Jugend"
	Durch Verschmelzung entsteht frz. „Radikale und Radikalsozialistische Partei" (liberal-sozial)	*André Gide* (* 1869, † 1951): „Der König von Kandaules" (frz. Drama)	*Kries:* „Über die materiellen Grundlagen der Bewußtseinserscheinungen"
	Frankreich erobert Araberreich um den Tschadsee		
	Kirchliches Koalitionsministerium in den Niederlanden bis 1905	† *Herman Grimm*, dt. Kunst- und Literaturforscher; schrieb „Leben Michel Angelos", „Goethe", „Homers Ilias" u. a. (* 1828)	*Theodor Lipps* (* 1851, † 1914): „Komik und Humor"
	Durch Wahlen setzt sich in Dänemark eine demokratisch-sozialreformerische Regierung durch		*Enno Littmann:* „Arabische Schattenspiele" (Völkerkunde)
	† *MacKinley*, Präsident der USA seit 1896 (ermordet von einem Anarchisten, * 1843)	*Hans von Gumppenberg* (*1866, † 1928): „Das teutsche Dichterroß" (Parodien aus dem literarischen Kabarett „Die elf Scharfrichter")	*M. Maeterlinck:* „Das Leben der Bienen" (belg. biolog. Philosophie)
	Theodore Roosevelt (Republ.) Präsident der USA bis 1909		*Wilh. Ostwald:* „Vorlesungen über Naturphilosophie" (System der „Energetik")
	5. Zionistenkongreß gründet „Jüdischen Nationalfonds"	*G. Hauptmann:* „Der arme Heinrich" (historisches Schauspiel)	
	Nihilistische Terrorwelle i. Rußl.	*Hofmannsthal:* Briefe (seit 1890)	*Berthold Otto* (* 1859, † 1933) gründet „Hauslehrerschule" (Reform-Versuchsschule) in Berlin-Lichterfelde
	Lenin u. *Plechanow* grden. Zeitsch. „Iskra" („Der Funke") i. Exil	*Arno Holz:* „Die Blechschmiede" (soziale und literarische Satire; erweitert 1924)	
	„Die Protokolle der Weisen von Zion" (antijüd. Fälschung der russ. Geheimpolizei, beeinflußt auch den Antisemitismus in Deutschland)		*Menyhért Palagyi* (* 1859, † 1924): „Neue Theorie des Raumes und der Zeit" (ungar. Naturphilosophie)
		Ric. Huch: „Aus der Triumphgasse" (Lebensskizzen)	
	Ibn Saud (* ~ 1880, † 1953) beg. sein arab. Reich zu erobern		
		*Francis Jammes* (* 1868, † 1938): „Almaide" (französischer Roman)	*Scheler:* „Die transzendentale und die psychologische Methode"
	Jahreseinkommen i. Dtl. unter 3000 M 70%, 3000–12000 25%, über 12000 5%		

Begas: Bismarckdenkmal vor dem Reichstagsgebäude in Berlin	*Busoni:* Violinsonate (Op. 36a)	Physik-*Nobel*preis an *W. Röntgen* (Dt.) für Entdeckung der *Röntgen*strahlen („X-Strahlen")	*Tobias Michael Carel Asser* (* 1838, † 1913): „Die Kodifikation des internation. Privatrechts" (niederld.)
P. Behrens: Behrens-Schrift (Drucktypen)	*Dvořak:* „Russalka" (tschech. Op.)	Chemie-*Nobel*preis an *J. H. van't Hoff* (Niederl.) für Reaktionskinetik und osmotischen Druck	
† *Arnold Böcklin,* schweiz. Maler (* 1827)	* *Werner Egk,* dt. Komponist	Medizin-*Nobel*preis an *E. von Behring* (Dt.) für Diphtherie-Serum	*Adolph Wagner* (* 1835, † 1917): „Finanzwissenschaften" (4 Bände seit 1877), „Allgemeine und theoret. Volkswirtschaftslehre"
Eugen Bracht (* 1842, † 1921): „Taunus u. Main" (impress. Gemälde)	*Edmund Eysler* (* 1874): „Bruder Straubinger" (Wiener Operette)	*Arrhenius:* „Lehrbuch der Elektrochemie" (Zusammenfass. u. Einordnung seiner 1887 aufgestellten elektrolytischen Dissoziationstheorie)	
Dehio u. *v. Bezold:* „Die kirchliche Baukunst des Abendlandes" (7 Bände seit 1884)	*G. Mahler:* 4. Symphonie G-Dur		Internationale Vereinigung für gesetzlichen Arbeitsschutz gründet Internationales Arbeitsamt (bis 1920)
	Carl Muck (* 1859, † 1940) Dirigent der Bayreuther Festspiele bis 1930 (1892—1912 Kgl. Oper Berlin, 1912 Boston, 1922–1933 Hamburg)	*Berson* und *R. Süring* erreichen im offenen Freiballon 10 800 m Höhe (langlebiger Höhenrekord)	
Gaul: „Ruhende Schafe" (Plastik)		*K. Birkeland:* Theorie der Nordlichter: Elektronenstrahlen der Sonne werden im Magnetfeld der Erde abgelenkt	„Internat. Gewerkschaftsbund" in Amsterdam
Hodler: „Der Frühling" (Gemälde)			
Klimsch: „Der Kuß" (Plastik)	*Pfitzner:* „Die Rose vom Liebesgarten" (Oper)	Verwendung des Kristalldetektors von *Karl Ferd. Braun* (* 1850, † 1918) i. d. Funktechnik	Gesamtverband d. christl. Gewerkschaften Deutschlands
Kirchner: Erste Holzschnitte	*Ravel:* „Wasserspiele" (frz. impress. Klavierkomposition)	*Capitan, Breuil* u. *Peyrony* erforschen in Südfrankreich (Dordogne) die Les-Combarelles-Höhle und entdecken über 300 eiszeitliche Bilder des mittleren Magdaléniens (damit beginnt die eigentliche Forschung der Eiszeit-Kunst; bis 1953 werden 109 Höhlen mit Eiszeitmalerei bekannt)	
M. Liebermann: „Selbstbildnis"			*J. P. Morgan* gründet United States Steel Corp. (USA-Stahltrust; 1937: 1,7 Milliarden Dollar)
* *Marino Marini,* ital. Bildh. u. Graphiker	*Leo Slezak* (* 1873, † 1946) Tenor an der Wiener Oper bis 1926, daneben ständiger Gast in New York und London		
Henri Matisse: zeigt im „Salon des Indépendantes" in Paris neuen dekorativen Malstil			*C. King Gilette* beginnt Herstellung seiner Rasierapparate (Wochenproduktion 1950 ca. 100 Mill. Klingen)
	Stanford: „Viel Getue um Nichts" (irische Oper)	*Hans Driesch* (* 1867, † 1941): „Die organischen Regulationen" (ausgehend von seinen Versuchen mit Seeigeleiern)	
Oberländer: „Oberländer-Album" (12 Bände Zeichnungen aus „Fliegende Blätter" seit 1879)	*R. Strauß:* „Feuersnot" (Oper)	*Dutton* entdeckt Erreger der Schlafkrankheit	Beginn der Erbohrung d. persischen Ölfelder
	† *Giuseppe Verdi,* ital. Opernkomponist (* 1813)	Eisen-Nickel-Akkumulator von *Jungner* wird von *Edison* verbessert	
Josef Olbrich (* 1867, † 1908, Mitbegründer d. Wiener Sezession und Mitglied der Darmstädter Künstlerkolonie): „Architektur" (3 Bände bis 1914)		* *Enrico Fermi,* ital. Physiker, *Nobel*preis 1938 († 1954)	Stammhaus der *Rothschild*-Bank in Frankfurt/Main erlischt
	Europäische Musik findet in Japan immer stärkeren Anklang	*Flesch:* „Der Tierversuch in der Medizin und seine Gegner"	
Sogenannte „Blaue Periode" *Pablo Picassos* mit Szenen aus dem Pariser Leben und dem der Gaukler (bis 1905)		*François Alphonse Forel* (* 1841, † 1912): „Handbuch der Seenkunde" (Begründ. der Limnologie)	König *Eduard VII.* von Großbrit. gilt als Vorbild in Sport und Mode
	~ „Ragtime" dominiert i. anfängl. Jazz	*Gillen* und *Spencer* durchqueren Westaustralien v. Süden n. Norden	„Kraft und Schönheit. Monatsschrift für Körperkultur"
Slevogt: „Die Feierstunde" (Gemälde		*Grisson* verbessert Elektrolytgleichrichter von *Pollack* und *Grätz* (1895/97)	Außenhafen Emden
			Skiclub Arlberg

(1901)

Kipling: „Kim" (engl. Roman aus Indien)

Löns: „Mein grünes Buch" (Jagd- u. Tiergeschichten), „Mein goldenes Buch" (Gedichte)

Th. Mann: „Buddenbrooks" (Roman einer Lübecker Familie)

Wilhelm Meyer-Förster (* 1862, † 1934): „Alt-Heidelberg" (Dramatisierung der Erzählung „Karl Heinrich" v. 1899)

George Moore (*1853, † 1933): „Irdische und himmlische Liebe" (anglo-irischer Roman, 2 Teile seit 1898)

Frank Norris (* 1870, † 1902): „Octopus" (nordamerikan. natural. Romantrilogie)

Georg v. Ompteda (* 1863, † 1931): „Deutscher Adel um 1900" (Romantrilogie seit 1897)

Charles-Louis Philippe (* 1874, † 1909): „Bubu vom Montparnasse" (französischer Roman)

Schnitzler: „Der Schleier der Berenice" (Schauspiel), „Leutnant Gustl" (Novelle)

Shaw: „Cäsar und Cleopatra" (engl. Schauspiel)

† *Johanna Spyri*, schweiz. Jugendschriftstellerin (* 1827)

Tolstois Werke ins Dt. übers. (b. 1911)

Strindberg: „Ostern" (schwed. Passionsschauspiel), „Totentanz" (schwed. Ehedrama)

Tagore: „Schiffbruch" (ind. Roman)

Tschechow „Drei Schwestern" (russisch. Schauspiel; aufgeführt vom „Moskauer Künstlerischen Theater")

Viebig: „Das tägliche Brot" (Roman)

Wedekind: „Der Marquis von Keith" (Schauspiel)

Wells: „Der erste Mensch auf dem Mond" (engl. Zukunftsroman)

Gustav Wied (* 1858, † 1914): „Erotik", „Das schwache Geschlecht" (dän. Schauspiele)

Ernst Zahn (* 1867, † 1949): „Herrgottsfäden"(Schweiz.Roman)

St. Zweig: „Silberne Saiten" (Gedichte)

Kabarett „Überbrettl" von *Ernst von Wolzogen* (* 1855, † 1934) in Berlin; „Elf Scharfrichter" in München (u. a. mit *Frank Wedekind*)

„Internationale Gutenberg-Gesellschaft" in Mainz

*Gutenberg*museum in Mainz eröffnet (1900 gegründet)

Internationaler Verlegerkongreß in Leipzig (1896 in Paris, 1897 in Brüssel, 1899 in London, 1906 in Mailand, 1908 in Madrid, 1910 in Amsterdam, 1913 in Budapest)

A. Schweitzer: „Das Messianitäts- u. Leidensgeheimnis. Eine Skizze d. Lebens Jesu" (betont die enttäuschte messianische Erwartung Jesu)

R. Steiner tritt mit eigener Theosophie („Anthroposophie") hervor (bisher ihr Gegner; wird 1902 Generalsekretär d. dt. Theosophischen Gesellschaft)

Rabindranath Tagore gründet seine Schule Santiniketan in Bengalen, wohin er ausländische Gelehrte u. Künstler beruft

Leo N. Tolstoi wegen antikirchl. religiösen Sozialismus aus der russ. Kirche ausgeschlossen

Max Weber: „Die protestantische Ethik und der Geist des Kapitalismus" (Religionssoziologie)

W. Wundt: „Einleitung in die Philosophie"

„Concilium tridentinum" (Aktensammlung in 3 Bänden bis 1932)

„Zentralblatt für Volksbildungswesen"

Arbeiterfortbildungskurse der freistudentischen Bewegung in Berlin und Karlsruhe

Volkshochschule Wien (Volksheim)

Baden gestattet Schülerinnen den Besuch von höheren Knabenschulen

Frauenstudium in Baden zugelassen (1903/4 in Bayern, 1904/5 in Württemberg, 1906/7 in Sachsen u. Thüringen, 1908/9 in Preußen)

Kunsterziehungstag in Dresden (1903 in Weimar, 1905 in Hamburg)

Weltliche Schulen in Spanien

aus der Arbeiterwelt). Seine Übersiedlung nach Berlin führt ihn zum impress. Stil

† *Henri de Toulouse-Lautrec*, frz. Maler; gilt als Begründer der Plakatkunst, die sich jetzt von Frankreich aus verbreitet (* 1864)

Henry van de Velde: (* 1863, † 1957, Belg.) gründ. Kunstgewerbeschule in Weimar; schreibt: „Die Renaissance im Kunstgewerbe"

Siegesallee im Berliner Tiergarten mit 32 Marmorstandbildern brandenburgisch-preußischer Herrscher (seit 1898)

Prinzregententheater in München

„Die Kunst und das schöne Heim" (Zeitschrift)

„Moderne Bauformen" (Zeitschrift)

„Quo vadis" (franz. Film von *Ferdinand Zecca*, *1864, †1947)

„Der kleine Doktor" (engl. Film v. *George Albert Smith*)

Haeckel: „Briefe aus Insulinde" (Reisebericht. eines Naturforschers)

Julius Hann (* 1839, † 1921): „Lehrbuch der Meteorologie" (Standardwerk der Wetterkunde)

Hemser: Rohrrücklauf für Geschütze

Héroult: Elektrostahl-Gewinnung im Lichtbogenofen

O. Lummer und *E. Gehrcke:* Interferenz-Spektroskop (nach einer anderen Methode als *A. Pérot* und *Ch. Fabry* 1897)

Marconi überbrückt drahtlos den Atlantik

Wilhelm Maybach (* 1846, † 1929) konstruiert „Mercedes"-Wagen der *Daimler*-Werke

Menna: Autogenes Schneiden

Metschnikow: „Die Immunität bei den Infektionskrankheiten"

Erstes Handelsschiff mit Dampfturbine von *Charles A. Parsons*

I. Pawlow beginnt seine tierpsychologischen Experimente nach der Methode der bedingten Reflexe

† *Max Pettenkofer* (Selbstmord) dt. Mediziner; Begründer der experiment. Hygiene (* 1818)

Edward Charles Pickering (* 1846, † 1919) und Miss *Cannon* verfeinern die Einteilung der Sterne nach ihrem Spektrum: „Harvard-Klassifikation" (Anfänge von *Secchi* ~ 1864 und *H. K. Vogel* 1874)

O. Richardson: Formel für Glühelektronen-Emission

Rotch: Drachenaufstieg mit meteorologischen Registrierinstrumenten z. Erforschg. höherer Luftschichten

Abstimmspule von *Slaby* und *Arco* in der Funktechnik

H. Spemann: „Entwicklungsphysiologische Untersuchung. am Tritonei" (Teilungs- und Verpflanzungsexperimente)

Takamine isoliert aus 8000 Ochsennebennieren 4 Gramm des Hormons Adrenalin (chemische Formel und Synthese durch *Stolz* 1904)

Paul Uhlenhuth (* 1870, † 1957): Biol. Nachweismethode f. Menschenblut

Wildiers: Wachstumshormon Biotin der Hefe

Max Wolf (* 1863, † 1932): „Die Entdeckung und Katalogisierung von kleineren Nebelflecken durch Photogr." (astron. Nebelforschg.)

Gustav Zander (* 1835, † 1920): „Die Grundzüge der Zanderschen Gymnastikmethode und ihre Anwendung" (schwed. mechanische Heilgymnastik)

Astronomische Meßgenauigkeit: 0,27 Winkelsekunden (~ —150: 240 Winkelsekunden, ~ 1600: 25 Winkelsek., ~ 1750: 2 Winkelsek.)

Erstes europ. Fernheizwerk in Dresden

Indanthrenfarbstoffe (besonders lichtecht)

Okapi (aus der Giraffen-Familie) im afrik. Kongo-Urwald entdeckt

Dampfer „Deutschland" empfängt Telegramme aus 150 km Entfernung

~ Nach dem „Jahrhundert des Dampfes" beginnt das „Jahrhundert der Elektrizität"

Zwickmaschine für mechanische Schuhherstellung

Im gefrorenen Boden Sibiriens wird d. erste vollständige Mammut gefunden (erste, nicht erhaltene Funde 1799)

1902	Friedens*nobel*preis an *Elie Ducommun* (Schweiz, * 1833, † 1906) und *Albert Gobat* (Schweiz, * 1843, † 1914)	Literatur-*Nobel*preis an *Theodor Mommsen* (Dt.)

Italien erneuert Dreibund, schließt aber mit Frankreich Rückversicherungsvertrag

Ministerium *Combes* (Radikalsoz.) in Frankreich bis 1905

J. Jaurès grdt. frz. sozialist. Ztg. „L'Humanité"

† *Cecil Rhodes*, brit. Kolonialpolitiker; gewann Betschuanaland und Rhodesien in Südafrika (*1853)

Oranjefreistaat (Südafrika) wird nach dem Burenkrieg brit. Kronkolonie (erhält 1907 volle Selbstregierung)

Brit.-japan. Bündnis gegen Rußland (wird 1905 und 1911 erneuert)

Russ.-persischer Handelsvertrag

Miguel Primo de Rivera unterdrückt Aufstand in Barcelona

Lenin: „Was tun?" (russ., revolutionäre Schrift)

Leo Trotzki, russ. Sozialist, flüchtet aus der ostsibir. Verbannung nach London (wird 1905 Führer der Sowjets in Petersburg, 1906 verbannt, 1907 Flucht ins Ausland)

Ungar. Unabhängigkeitspartei opponiert im Parlament gegen dt. Kommandosprache im ungar. Heer (lähmt dadurch bis 1912 parlamentar. Arbeit)

Venezuelas Häfen durch ausländ. Kriegsschiffe blockiert, bis 1908

Kuba Freistaat unter USA-Protektorat (bis 1934)

Allg. Frauenwahlrecht i. Australien (i. Finnland 1906, Rußl. 1917, Dtl. 1918, USA 1920; 1952 stehen 60 Ländern mit FW noch 16 entgegen gegenüber)

d'Annunzio: „Francesca da Rimini" (ital. Trag.)

Arnold Bennett (* 1867, †1931):„Anna of the five towns" (engl. Roman)

Max Eyth: „Der Kampf um die Cheopspyramide" (Roman, 2 Bände)

Gide: „Der Immoralist" (frz. Roman)

H. Hesse: Gedichte

Ric. Huch: „Ausbreitung und Verfall der Romantik" (1899: „Blütezeit der Romantik"), „Vita somnium breve" (Roman)

Ibsen: Ges. Werke

Paul Keller (* 1873, † 1932): „Waldwinter" (Roman)

Lagerlöf: „Jerusalem" (schwed. Roman, 2 Teile seit 1901)

Else Lasker-Schüler: „Styx" (Gedicht)

John Masefield (* 1875, † 1967): **„Salzwasserballaden" (engl. Dichtung)**

M. Maeterlinck: „Monna Vanna" (belg. Drama)

Mereschkowskij: „Leonardo da Vinci" (russ. biogr. Roman)

Carolina Michaelis de Vasconcellos (* 1851, † 1925): „Randglossen zum altportugiesischen Liederbuch" (dt.-portg. Romanistik seit 1896; 1911 bis 1925 Prof. in Coimbra)

Ludvig Mylius-Erichsen (* 1872, † 1907) leitet dän. „Literarische Grönland-Expedition" zum Studium von Sprache, Sagen und Sitten der Eskimos (bis 1904)

Rilke: „Buch der Bilder" (Gedichte)

Hermann Cohen (* 1842, † 1918), Grd. d. Marburger Schule des Neukantianismus: „Logik d. reinen Erkenntnis" (Bd. 1 von „System der Philosophie", Bd. 2 „Ethik d. reinen Willens" 1904, Bd. 3 „Ästhetik d. reinen Gefühls" 1920)

Benedetto Croce (* 1866, † 1952): „Philosophie des Geistes" (bis 1913 4 Teile: Ästhetik, Logik, Ökonomie und Ethik, Historiographie; stärker auf die Erfahrung gerichtete ital. Entwickl. des *Hegel*schen Systems)

Friedrich Delitzsch (* 1850, † 1922): „Babel und Bibel" (veröffentl. Vorträge, welche die Beziehungen zwischen dem Alten Testament u. dem altbabylonischen Sagengut aufdecken)

Albert Ehrhard (* 1862, †1940): „Der Katholizismus u. das 20. Jahrhdt." (vom kathol. Standp.)

Paul Hoensbroech (* 1852, † 1923): „Das Papsttum in seiner sozial-kulturellen Wirksamkeit" (krit. Darstellg. i. 2 Bänden des ehemal. Jesuiten)

William James: „Die religiösen Erfahrungen in ihrer Mannigfaltigkeit" (nordam. Psychologie)

Gustave Le Bon: „Psychologie d. Erziehung" (frz.)

Ribot: „Die Schöpferkraft der Phantasie" (frz. Kunstpsychologie)

Rickert: „Die Grenzen der naturwissenschaftlichen Begriffsbildung" (seit 1896)

† *Auguste Schmidt*, Gründerin u. Vors. d. „Allg. Dt. Frauenvereins" 1865 (* 1833); Nachfolgerin *Helene Lange*

R. Seeberg: „Die Grundwahrheiten der christl. Relig." (protest.)

Ferdinand Avenarius (* 1856, † 1923) gründet *Dürer*bund zur Verbreitung guter Kunst

Cézanne: „Mädchen mit Puppe" (franz. nachimpr. Gemälde)

Theodor Fischer (* 1862): „Stadterweiterungsfragen" (Verfasser entwirft später Generalbaulinienplan für München und Stadtkernumgestaltung für Stuttgart)

Gauguin: „Aus Tahiti", „Contes Barbares", „Reiter am Strand" (express. Gemälde mit Südseemotiven)

Gulbransson wird Karikaturist bei der politisch-satir. Zeitschrift „Der Simplizissimus"

Hodler: „Die Wahrheit" (Schweiz. Gemälde)

Ebenezer Howard: „Gartenstädte von Morgen" (engl., begründet Gartenstadtbewegung)

Rudolf Kautzsch: „Die neue Buchkunst" (bibliophiler Druck in *Behrens*-Schrift)

Heinrich Kayser (* 1842, † 1917) und *Karl von Großheim* (* 1841, † 1911): Hochschule für bildende Künste und Hochschule f. Musik (Berlin - Charlottenburg, Baubeginn 1898)

M. Klinger: „Beethoven" (Plastik aus mehrfarbigem Material, seit 1886)

d'Albert: „Der Improvisator" (Oper)

Leo Blech (* 1871): „Das war ich" (heitere Oper)

Debussy: „Pelleas u. Melisande" (frz. Oper, Text nach *Maeterlinck*)

Humperdinck: „Dornröschen" (Märchenoper)

* *Eugen Jochum*, dt. Dirigent

Bruno Kittel (*1870) gründet und leitet *Bruno Kittel*schen Chor (Berlin)

Lehár: „Der Rastelbinder" (Operette)

Massenet: „Der Gaukler unserer lieben Frau" (frz. Oper)

Emil Nikolaus von Reznicek (*1860, † 1945): „Till Eulenspiegel" (Oper)

M. von Schillings: „Das Hexenlied" (Melodrama nach *Wildenbruch*)

Sibelius: 2. Symphonie in D-dur (finn.)

Gesetz betr. das Urheberrecht an Werken der Literatur und der Tonkunst (von 1901) tritt in Kraft

Physik-*Nobel*preis an *H. A. Lorentz* (Niederl.) und *Pieter Zeeman* (Niederl., * 1865, † 1943) für Entdeckung und Erklärung der Aufspaltung von Spektrallinien im Magnetfeld („Zeeman-Effekt")

Chemie-*Nobel*preis an *Emil Fischer* (Dt.) f. Zucker- u. Eiweißforschung

Medizin-*Nobel*preis an *Ronald Ross* (Gr.-Brit., * 1857, † 1932) f. Malariaforschung

Bernt und *Cerwenka:* Gasglühlicht mit hängendem Strumpf

Hochspannungs-Magnetzündung f. Kraftfahrzeugmotoren von *Robert Bosch* (* 1861, † 1942)

Connstein, Hoyer und *Wartenberg:* Fettspaltung durch Fermente (Verdauungsstoffe)

Cooper und *Hewitt:* Quecksilberdampfgleichrichter

Cushing: Erste Nervennaht

Wilhelm Dörpfeld (* 1853, † 1940): „Troja und Ilion" (Bericht über eigene Ausgrabungen, 2 Bände)

E. v. Drygalski entdeckt auf der Antarktis-Expedition mit der „Gauß" (1901—1903) das Kaiser-Wilhelm-II.-Land

Preisfahrt des Brasilianers *Santos Dumont* mit einem Prall-Luftschiff um den Eiffelturm mit 26 km/st. Höchstgeschwindigkeit

Emil Fischer: Nachweis des Aufb. d. Eiweißstoffe aus Aminosäuren

Albert Grünwedel (* 1856, † 1935) reist nach Ostturkestan (2 Reisen bis 1907), begründet mit die Erforschung der ausgestorbenen indoeuropäischen tocharischen Sprache aus dortigen Handschriftenfunden

O. Heaviside nimmt leitende Luftschichten in großer Höhe an (entscheidend für Rundfunkwellen-Ausbreitung)

Guido Holzknecht (* 1872, † 1931 an Röntgenkrebs) u. *Kienböck:* Röntgendosismessung (schafft Voraussetzg. für wissenschaftl. Strahlentherapie)

Hugo Junkers (* 1859, † 1935) entwickelt Gasbadeofen (seit 1895)

Köpsel: Drehkondensator zur Abstimmung von elektrischen Schwingungskreisen

A. Scobel: „Handelsatlas zur Verkehrs- und Wirtschaftsgeographie"

2.—4. Haager Abkommen (regeln internat. Privatrecht bezüglich Eheschließung und -scheidung und Vormundschaft)

Neuer dt. Zolltarif (Schutzzölle für Landwirtschaft)

Erster allgem. dt. Bankiertag in Frankfurt/M.

Krupp kauft Germaniawerft in Kiel (1879 aus Norddt. Werft und Märkisch-Schlesischer Maschinenbau- und Hüttengesellschaft hervorgegangen)

Rhenania-Ossag Mineralölwerke AG in Hamburg (Ölraffinerien)

„Sohnreys Bauernkalender" von *Heinrich Sohnrey* (*1859, †1948; der Kalender erscheint bis 1932; für soziale Hebung des Dorfes)

Verband der Handelsschutz- und Rabattsparvereine Deutschlands (zur Regelung der Konkurrenz und zum Schutz gegen Warenhäuser und Konsumvereine)

Bund dt. Verkehrsvereine (erster in Dresden 1875)

Beginn dt. Heimat- und Denkmalschutz-Gesetz-

(1902)		*Rosegger:* „Als ich noch ein Waldbauernbub war" (Erzählung) *Emil Rosenow* (* 1871, † 1904): „Kater Lampe" (satir. Komödie), „Die Schatten leben" (sozial. Drama, veröffentl. 1912) *Schnitzler:* „Lebendige Stunden" (Einakter-Zyklus) *Wilhelm von Scholz* (* 1874, † 1969): „Der Spiegel" (Gedichte) *Emil Strauß* (* 1866, † 1960): „Freund Hein" (Roman, Schülertrag.) *Stijn Streuvels* (*Frank Lateur*, *1871): „Knecht Jan" (fläm. Roman) *Strindberg:* „Karl XII." (schwed. Drama), „Die Kronbraut" (schwed. Bauerntragödie), „Ein Traumspiel" u. „Schwanenweiß" (schwedische Märchenspiele) *Eduard Stucken* (* 1865, † 1936): „Gawan" (erstes Drama des neuromant. Zyklus „Der Gral", bis 1924) *Sudermann:* „Verrohung in der Theaterkritik" *Maila Talvio* (* 1871): „Das Ende von Pimeänpirtti" (finn. Roman) *L. Thoma:* „Die Lokalbahn" (satir. Komödie) *Viebig:* „Die Wacht am Rhein" (Roman) *Wedekind:* „König Nicolo oder So ist das Leben" (Schauspiel) † *Emile Zola*, frz. naturalist. Dichter (* 1840) „Jahrbuch der dt. Bibliotheken" erscheint „Shakespeare-Liga" in London gegründet	*Carl Stange* (* 1870): „Der Gedankengang d. Kritik d. rein. Vernunft" *Rudolf Stammler* (* 1846, † 1940): „Lehre vom richtigen Recht" (neukantianisch) *Ludwig Sütterlin* (* 1865, † 1917): „Das Wesen der sprachlichen Gebilde. Kritische Bemerkungen zu W. Wundts Sprachpsychologie" *E. Troeltsch:* „Die Absolutheit des Christentums und die Religionsgeschichte" (evang.) *A. Warburg* gründet Bibliothek zur Geschichte der europäischen Kultur (90000 Bände nebst Photoarchiv; 1933 Übersiedlung von Hamburg nach London) *Bruno Wille* gründ. Freie Hochschule in Berlin (Volkshochschule) Ägyptisches Museum kommt nach Kairo (1858 in Bulak gegründet) Gleichberechtigung der Vollanstalten (realen u. gymnasialen) in Preußen „Regeln für die deutsche Rechtschreibung nebst Wörterverzeichnis" (Ergebnis der 2. Berliner orthographischenKonferenz v. 1901; 1. Konferenz 1876) Reifeprüfg. f. Veterinärstudium vorgeschrieben Erneuerung d. Univers. Münster (gestiftet 1773) „Dt. Burschenschaft" Gesetzliche Schulspeisung in Dänemark (1906 in England) Norwegen schafft Todesstrafe ab In USA entstehen Kinderlesehallen *Gertr. Stein* (USA) kommt n. Paris (vgl. 1925)
	Anstalt f. modern. Strafvollzug an Jugendl. i. Borstal (Gr.-Brit.) (gesetzl. anerk. 1908) Hessisches Denkmalschutzgesetz (wirkt vorbildlich)		

G. Kolbe: „Frauenbildnis" (Plastik)
W. Kreis: Burschenschaftsdenkmal bei Eisenach
Kubin wird durch eine Ausstellung seiner Zeichnungen bei P. Cassirer (Berlin) bekannt
Larsson: „Larssons" (schwed. Aquarellfolge)
Melchior Lechter (* 1865, † 1937): „Weihe am mystischen Quell" (Altargemälde)
Fritz Mackensen (* 1866, Gründer d. Worpsweder Künstlerkolonie 1895): „Dämmerung" (Gemälde)
Monet: „Waterloobrücke in London" (frz. impress. Gem.)
Ed. Munch: „Kinder des Dr. Linde" und „Bewachsenes Haus" (norwegisch. frühexpress. Gemälde)
Nolde: „Mein Vater" (Gemälde)
Fritz Overbeck (* 1869, † 1909): „Ein stürmischer Tag" (Gemälde aus der Worpsweder Malerschule)
Albert Reimann gründet Schule für angewandte Kunst in Berlin
Slevogt: „Der Sänger d'Andrade als Don Juan" (impress. Gemälde)
H. Thoma: „Christus auf dem Meere", „Christus mit Magdalena" (Wandgemälde in der Peterskirche Heidelberg)
Louis Tuaillon (* 1862, † 1919, Schüler von R. Begas): „Rosselenker" (Bronzeplastik vor dem Stadttheater Bremen)
Zorn: „Die Mutter" (schwed. Gemälde)
„Deutscher Künstlerbund" (für unabhängiges modernes Kunstschaffen; Sezession der Allgem. deutschen Kunstgenossenschaft v. 1856)
Karl Ernst Osthaus gründet in Hagen Folkwangmuseum mit besonders gepflegter Abteilung moderner Kunst (wird 1922 von der Stadt Essen übernommen)
Internationale Ausstellung des modernen Kunstgewerbes in Turin
„Zeitschrift f. Wohnungswesen"

„Das Leben eines amerikanisch. Feuerwehrmanns" (nordamerikanisch. Dokumentarfilm v. Edwin S. Porter, * 1875, † 1945)
„Die Passion unseres Herrn Jesus Christus" (französ. Film von F. Zecca)
„Die Reise zum Mond", „Die Krönung Eduards VII." (frz. Filme v. Méliès)
„Salome" (Film von Oskar Messter)

Ph. Lenard entd. d. Erscheinungen am lichtelektr. Effekt, d. Einstein (1905) durch Einführung der korpuskelähnl. Lichtquanten deutet
Eduard Meyer (* 1855, † 1930): „Geschichte des Altertums" (5 Bände seit 1885)
Adolf Miethe (* 1862, † 1927): Panchromatische Platte
Normann: Fetthärtung (Überführung flüssiger in feste Fette)
Wilh. Ostwald: Salpetersäure-Gewinnung durch Ammoniakverbrenn. (verdrängt Luftverbrenng.)
Karl Pauli (* 1839, † 1901), Danielsson, Gustav Herbig (* 1868, † 1925): „Corpus inscriptionum etruscarum" (Samml. etrusk. Inschriften seit 1893, wird fortgesetzt)
Pelton-Turbine für 472 m Gefälle und 7500 PS (5000 kW)
Valdemar Poulsen (* 1869) erfindet Lichtbogensender (bis 1903)
Charles Richet (* 1850, † 1935) entdeckt Anaphylaxie (Empfindlichkeit gegen artfremdes Eiweiß)
Augusto Righi (* 1850, † 1920, Lehrer von Marconi): „Drahtlose Telegraphie"
Ernst Rolffs: Rotations-Rastertiefdruck
Sparverfahren zur Holzkonservierung mit Teeröl (Rüping-Verfahren, Teerölkonservierung seit 1838)
Schenk: „Die Bedeutung der Neuronenlehre für die allgemeine Nervenphysiologie" (Neuronen als Elemente der Nervensubstanz)
R. F. Scott entdeckt auf „Discovery"-Expedition 1900 bis 1904 König-Eduard-VII.-Land in der Antarktis
† Rudolf Virchow, dt. Mediziner; begrdte. Zellularpathologie; Grd. der liber. Fortschrittspartei (* 1821)
August Weismann (* 1834, † 1918): „Vorträge über Deszendenztheorie" (Darwinismus)
Nordeuropäische Internationale Kommission für Meeresforschung
Institut für Meereskunde der Universität Berlin (gegr. 1900) beginnt seine „Veröffentlichungen"
Sonnenbestrahlung als Heilmethode in Davos

gebung. (Dt. Heimatschutzbewegung ab 1904)
„Photographische Industrie" (Zeitschrift)
„Dt. Gesellschaft zur Bekämpfung der Geschlechtskrankheiten"
Jessen grdt. i. Straßburg 1. Schulzahnklinik
„Dt. Gartenstadt-Gesellschaft" (erstrebt gemeinnützige und gesunde Siedlungsform)
Otto Hanisch (* 1854, † 1936) grdt. Mazdaznan-Lehre
Gebr. Lindauer: Büstenhalter (anstelle d. Korsetts, kommt ca. ab 1920 stärker in Gebrauch)
Erste Strecke der Berliner U-Bahn (Baubeginn 1896)
„Dt. Tennisbund"
Fünfmastvollschiff „Preußen" (größtes Segelschiff, strandet 1911)
Helgoland-Leuchtturm (35 km Reichweite)
Ausbruch des Vulkans Montagne Pelée auf Martinique zerstört Saint-Pierre (26000 Tote)
1. dt. Schulzahnklinik (Straßburg)
R. Virchow stirbt an Verkehrsunfall (vgl. W)

1903	Friedens*nobel*preis an *William Randal Cremer* (Großbrit., * 1838, † 1908)	Literatur-*Nobel*preis an *B. Björnson* (Norw.)	*Konrad Agahd* (* 1867, † 1928) veranlaßt dt. Kinderschutzgesetz betreffend Kinderarbeit
	Dt. Reichstag: Zentrum 100 Sitze, Sozialdemokraten 81, Konservative 52, Nationalliberale 50, Dt. freisinn. Volkspartei 21, Dt. Reichspartei 20, Polen 16, übrige 60	*Franz Adam Beyerlein* (* 1871, † 1949): „Jena oder Sedan?" (Roman)	*Albert I.* von Monaco gründet Internationales Friedensinstitut
		Albert Bielschowsky (* 1847, † 1902): „Goethe" (2 Bände seit 1896; Bd. 2 posthum)	*Wilhelm Bölsche* (* 1861, † 1939): „Das Liebesleben in der Natur" (3 Bände seit 1898)
	Parteitag der dt. Sozialdemokraten verurteilt den evolutionären „Revisionismus" von *Eduard Bernstein* (* 1850, † 1932)	*W. E. Burghardt Du Bois*: „Die Seelen des schwarz. Volkes" (nordamerikan. Negerroman)	*Johannes Haller* (* 1865, † 1947): „Papsttum und Kirchenreform"
	„National-soziale Partei" (von *Friedrich Naumann* 1896 gegründet) vereinigt sich mit der „Freisinnigen Vereinigung"	*Conrad*: „Taifun" (engl. Roman)	*Willy Hellpach* (* 1877): „Nervosität u. Kultur"
	Großbrit. hebt Verfassung für Malta von 1887 auf	*Dehmel*: „Zwei Menschen" (Roman in Romanzen)	*A. v. Harnack* Präsident d. evang. sozialen Kongresses (b. 1912)
	Vizekönig *George Curzon* (* 1859, † 1925) von Indien dehnt brit. Einfluß auf Tibet aus zur Begegnung des russ. Einflusses in Mittelasien Schwere Kämpfe der Engländer in Brit.-Somaliland gegen aufständische Derwische unter *Hadschi Mohammed ben-Abdullah* († 1910)	*Paul Ernst* (* 1866, † 1933): „Der schmale Weg z. Glück" (Roman)	*Ernst Meumann*: „Die Sprache des Kindes"
		St. George: „Tage und Taten" (Essays)	*Johannes Müller* (* 1864, † 1949) gründet auf Schloß Mainberg/Unterfranken eine „Freistatt persönlichen Lebens" für Suchende jeder Richtung und Herkunft (evang. Lebensphilosophie)
		Gorkis „Nachtasyl" von *Reinhardt* in Berlin inszeniert (russ. Urauff. 1902 i. Moskauer Künstlertheater)	
	Brit.-pers. Handelsvertrag		
	Giovanni Giolitti (* 1842, † 1928) ital. liberaler Ministerpräsident bis 1905, dann 1906 bis 1909, 1911 bis 1914, 1920 bis 1921 (außerdem bereits von 1892 bis 1893)	*G. Hauptmann*: „Rose Bernd" (Schauspiel)	*Natorp*: „Platos Ideenlehre"
		Sven Hedin (* 1865, † 1952): „Im Herz. v. Asien" (schwed. populärer Reisebericht)	*Karl Kautsky* (* 1854, † 1938): „Karl Marx' ökonomische Lehren gemeinverständlich dargestellt"
	Niederländer unterwarfen (seit 1873) das Reich der Atschinesen auf Java	*Theodor Herzl* „Altneuland" (zionist. Roman)	† *Leo XIII.*, Papst seit 1878; zahlreiche Enzykliken üb. soziale, kirchl. u. wissenschaftl. Fragen; verfaßt auch Dichtungen (* 1810); *Pius X.* Papst bis 1914 (†, * 1835; heiliggesprochen 1954)
	Schweden verzichtet endgültig auf das Einlöserecht für das 1803 an Mecklenburg-Schwerin verpfändete Wismar	*R. Herzog*: „Die vom Niederrhein" (Roman)	
	Auf d. zweiten Parteitag i. Brüssel u. London spalten sich d. russ. Sozialisten wegen d. v. Lenin betrieb. zentralist. Organisation in „Bolschewiki" („Mehrheit") u. „Menschewiki" („Minderheit")	*Elisabeth von Heyking* (* 1861, † 1925): „Briefe, die ihn nicht erreichten" (Roman aus Diplomatenkreisen, zunächst anonym)	
		Hofmannsthal: „Ausgewählte Gedichte", „Das kleine Welttheater" und „Elektra" (Schauspiele)	† *Theodor Mommsen*, dt. Historiker; *Nobel*preis für Literatur 1902 (* 1817)
	Grdg. d. russ. Partei d. Sozialrevolutionäre (agrarsozialistisch)		
	† *Alexander* (mit seiner Gattin ermordet), König von Serbien seit 1889 (letzter *Obrenowitsch*) (* 1876)		*G. E. Moore* (* 1873): „Ablehnung des Idealismus" (gilt als Begründung des engl. Neurealismus)
	Peter I. Karageorgewitsch König von Serbien bzw. Jugoslawien (ab 1918) bis 1921 (†, * 1844); russenfreundl.	*Rudolf Huch* (* 1862, † 1943, Bruder von *Ricarda H.*): „Hans der Träumer" (Entwicklungsroman)	
	„Mazedonisches Komitee" aufgelöst (erstrebte seit 1899 unter *Boris Sarafov* [† 1907, ermordet] bulgarische Herrschaft über Mazedonien)	*Fr. Jammes*: „Der Hasenroman" (frz. symb. Rom.)	

Berlage: Börse in Amsterdam (niederl. Bauwerk)

Corinth: „Selbstbildnis mit Modell" (Gemälde)

† *Paul Gauguin,* frz. Maler, zuletzt besonders von Südseemotiven in ausdrucksvollen Farben (* 1848)

Israels: „Judenhochzeit" (niederl. Gemälde)

Gustav Klimt (*1862, † 1918): „Philosophie, Medizin und Jurisprudenz" (Deckengemälde in der Aula der Wiener Universität)

A. Kubin: 1. Mappe phantast. Zeichngn.

Leistikow: „Havelkähne in Mondbeleuchtung" (Gemälde)

Lenbach: „Selbstbildnis"

M. Liebermann: „Polospiel" (impress. Gemälde)

Matisse: „Die Lebensfreude" (Gem.)

Modersohn-Becker: „Selbstbildnis" (farbige Kreide), „Bauernmädchen auf einem Stuhl" und „Alte Bäuerin" (Gemälde)

Monet: Frz. impress. Studien über ein Motiv von der Themse in verschiedener Beleuchtung (seit 1901)

d'Albert: „Tiefland" (Oper)

* *Boris Blacher* (in China), baltisch-dt.Komp.;schreibt u. a. „Concertante Musik" (Kammeroper), „Der Großinquisitor" (Op.-Oratorium)

Leo Blech: „Alpenkönig u. Menschenfeind" (Oper)

Friedrich Klose (*1862, † 1942, *Bruckner*schüler): „Ilsebill" (symph. Märchendrama)

Joan de Manén (* 1883): „Acté" (span. Oper)

Hugo Riemann (* 1849, † 1919): „System der musikalischen Rhythmik und Metrik"

A. Schönberg: „Gurrelieder" (nach *J. P. Jacobsen,* für Sprecher, 5 Solisten, 3 vierstimm. Männerchöre, achtstimm. gemischten Chor und gr. Orchester, seit 1902)

Sibelius: Violinkonzert in d-moll
† *Hugo Wolf,* dt. Komponist; besonders von Liedern (* 1860)

Wolf-Ferrari: „Die neugierigen Frauen" (Oper), „Das Neue Leben" (Chorw. n. *Dante*)
Päpstlicher Erlaß bevorzugt A-cappella-Chor vor Orchestermusik
„Intern. musikpädagogischer Verband" gegr., gibt „Musikpädagog. Blätter" heraus

Physik-*Nobel*preis an *H. Becquerel* (Frankr.), *M. Sklodowska-Curie* (Polen) und *P. Curie* (Frankr.) für Erforschung der Radioaktivität
Chemie-*Nobel*preis an *S. Arrhenius* (Schwed.) für Erforschung der elektrolytischen Dissoziation
Medizin-*Nobel*preis an *Niels Rybert Finsen* (Dänem., * 1860, † 1904) für Lichttherapie
Birkeland und *Eyde:* Herstellung von Salpetersäure durch Verbrennung von Luft im magnetisch beeinflußten Wechselstromlichtbogen
Th. Boveri verbind. Zellforschung u. Vererbungslehre
* *Adolf Friedrich Butenandt,* dt. Chemiker; *Nobel*preis 1939
Wilhelm Einthoven (* 1860, † 1927) ermöglicht durch das Saitengalvanometer die Registrierung der Aktionsströme des Herzmuskels: Elektrokardiographie
E. G. Hopkins entdeckt Tryptophan (Eiweißstoff)
Th. Koch-Grünberg erforscht Nebenflüsse des Amazonas (bis 1905)
Hans Meyer besteigt und erforscht den Vulkan Chimborasso u. a. in den Kordilleren von Ekuador (schreibt 1907: „In den Hochanden von Ekuador")
Gründung des „Dt. Museums von Meisterwerken der Naturwissenschaft und Technik" in München durch *Oskar von Miller* (Neubau 1925 eröffnet)
W. Ramsay u. *Frederik Soddy* (* 1877, † 1956): Aus dem radioaktiven Gas der Radium-Emanation entsteht das Edelgas Helium (deutliches Zeichen einer Elementumwandlung)
Fritz und *Paul S. Sarasin* erforschen als Zoologen und Völkerkundler Celebes (seit 1901 und 1893 bis 1896)
Schiffskreisel von *O. Schlick* zur Schlingerdämpfung
Seiner (bis 1912) und *L. Schultze* (bis 1905) erforschen Kalahari-Trockenbecken in Südafrika
Siedentopf und *Richard Zsigmondy* (* 1865, † 1929): Ultramikroskop (optische Dunkelfeldmethode)
Emil Wiechert (* 1861, † 1928) begr. Seismometrie

Sombart: „Die deutsche Volkswirtschaft im 19. Jahrhundert"
Kommission für Strafprozeßreform (bis 1905; bleibt ohne Erfolg)

Karl Legien (* 1861, † 1920) wird Vorsitzender d. Internationalen Vereinigung d. Gewerkschaften (bis 1919)
Adam Stegerwald (*1874) wird Leiter d. Gesamtverbandes d. christl. Gewerkschaften in Deutschland

Gr. Streik der Krimmitschauer Textilarbeiter um den 10-Std.-Tag scheitert

Maschinenunfallversicherung in Deutschland

Henry Ford gründet mit 100000 Dollar *Ford*-Automobil-Gesellschaft

J. P. Morgan gründet großen Schiffahrtstrust in den USA (International Mercantile Marine Company)

Siemens-Schuckert-Werke (Starkstromtechnik)

Gesellschaft für drahtlose Telegraphie Telefunken

Zentralverb. d. dt. Konsumgenossenschaften e. V. gegründet

Verband dt. Waren- und Kaufhäuser (in Kampfstellung gegen mittelständischen Einzelhandel)

(1903)	Panama erklärt sich von Kolumbien unabhängig, da dieses dem Kanalbau nicht zustimmt
USA erhalten vom neugegründeten Freistaat Panama Kanalzone mit Hoheitsrechten (1901 Vertrag mit Großbrit. auf Alleinrecht, Kanal zu bauen, 1902 Erwerbung der frz. Rechte)
Schwere Judenpogrome in Rußland (weitere 1906)
6. Zionistenkongreß beschließt praktische Palästinaarbeit (autonomes Siedlungsgebiet in Brit.-Ostafrika abgelehnt)	*Kolbenheyer:* „Giordano Bruno" (Versdrama)
Liliencron: „Bunte Beute" (Gedichtsammlung)
J. London: „Ruf der Wildnis" (nordamerikan. Roman)
H. Mann: „Die Göttinnen oder die drei Romane der Herzogin von Assy" (Romantrilogie)
Th. Mann: „Tristan" (Novelle)
Stanislaw Przybyszewski (* 1868, † 1927): „Schnee" (poln. Drama)
Rilke: „Worpswede" (Künstlermonographie)
Schnitzler: „Reigen" (zehn erotische Dialoge)
Shaw: „Mensch und Übermensch" (engl. Schauspiel)
Strindberg: „Königin Christine" und „Die Nachtigall von Wittenberg" (schwed. Schauspiele)
André Theuriet (* 1833, † 1907): „Galante und melancholische Geschichten" (frz.)
Georg Witkowski (* 1863, † 1939): „Das deutsche Drama des 19. Jahrhunderts" (Literaturgesch.)
Zola: „Die vier Evangelien" („Fruchtbarkeit", „Arbeit", „Wahrheit" seit 1899, unvoll. frz. Romanzyklus, posthum)
Tilla Durrieux (* 1880, † 1971) spielt bei *Max Reinhardt* i. Berlin (beg. damit ihre eig. Theaterlaufbahn)
Harzer Bergtheater (setzt Entwicklung des dt. Freilichttheaters fort: 1890 Naturtheater in Wunsiedel, 1909 Zoppoter Waldoper)
Victor-Hugo-Museum in Paris
Schiller-Nationalmuseum in Marbach	*Franz Oppenheimer* (* 1864, † 1943): „Das Grundgesetz der Marx'schen Gesellschaftslehre"
Henri Poincaré: „Wissenschaft und Hypothese" (frz. Erkenntnistheorie des Konventionalismus)
Otto Schmeil (* 1860, † 1944): „Lehrbuch der Botanik" (reformiert wie das „Lehrbuch der Zoologie" von 1899 den naturkundlichen Unterricht)
† *Herbert Spencer*, engl. Philosoph einer allgemeinen Entwicklungslehre; schrieb 1862 bis 1893 „Ein System synthetischer Philosophie" (10 Bände) (* 1820)
Thorndike: „Erziehungs-Psychologie" (engl. experimentelle Pädagogik)
Otto Weininger (* 1880, † 1903, Selbstmord): „Geschlecht und Charakter" (behauptet Minderwertigkeit der Frau)
Carl Muth grdt. „Hochland" (kathol. Monatsschrift)
„Gesellschaft zur Förderung der Wissenschaft des Judentums" in Berlin
Akademische Ferienkurse für sächs. Volksschullehrer
Englische Arbeiterbildungs-Vereinigung (WEA)
Verbot d. Kinderarbeit i. Dtl. (i. Preußen 1839)	

Ed. Munch: „Kuß am Meer" (norweg. frühexpress. Gemälde aus dem *Linde*-Fries) und „Auf der Brücke" (norweg. express. Gemälde)	† *James Whistler*, nordamerikan. Maler (* 1834)	*O. Vogt, Brodmann* und *Campbell:* Erste Hirnkarten (Lokalisierung der Hirnfunktionen)	Irische Kleinpächter erhalten durch Gesetz die Stellung von freien Bauern
Martin Nyrop (* 1849, † 1921): Neues Rathaus in Kopenhagen (Baubeginn 1892)	Gründung des „Salon d'Automne" in Paris für Bilder, die von der offiziellen Jury zurückgewiesen wurden	*de Vries:* „Die Mutationstheorie" (über die spontane Entstehung neuer Pflanzenarten, 2 Bände seit 1901)	Einf. d. Daktyloskopie i. d. engl. u. dt. Kriminalistik
Emil Orlik (* 1870, † 1934): „Aus Japan" (Graphik-Mappe)	*Hans Poelzig* wird Direktor d. Kunstschule Breslau (ab 1911 Kgl. Akad. f. Kunst und Kunsthandwerk)	Erster Motorflug (12 Sek., 50 m weit) der Brüder *Orville* (* 1871, † 1948) und *Wilbur Wright* (* 1867, † 1912)	*W. Fischer:* „Die Prostitution und ihre Beziehungen zum Verbrechen"
Picasso: „Die Büglerin" und „Guitarrist" (span.-frz. Gemälde)	Reklamekunst wird Unterrichtsfach an den Kunstgewerbeschulen	*E. Zschimmer* erfindet ultraviolett-durchlässiges Uviolglas	Internationale Konvention über Maßregeln gegen Pest, Cholera und Gelbfieber
† *Camille Pissaro*, frz. impress. Maler; malte auch pointillist. (* 1830)	Porträt-Katalog (seit 1859, ursprünglich von *Drugulin*)	Unterscheidung der radioaktiven Alpha-, Beta- und Gammastrahlen	
		Fernrohr mit 800-mm-*Steinheil*-Objektiv für die Sternwarte Potsdam	*Zdarski:* „Alpine (Lilienfelder) Skilauftechnik" (Erfahrungen der ersten alpinen Skischule von 1896)
Sargent: „Major H. L. Higginson" (nordamerikan. Bildnis)	„Bund Dt. Architekten"	„Zeitschrift für wissenschaftliche Photographie, Photophysik und Photochemie"	
† *Carl Schuch*, dt. Maler, bes. von Stilleben (* 1846)	* *Greta Garbo (Gustafson)*, schwed. Filmschauspielerin	Elektrische Schnellbahn auf der Versuchsstrecke bei Zossen erreicht 210 km/st.	Skibindung des Norwegers *Fritz Huitfeld*
Stephan Sinding (* 1846, † 1922): „Anbetung" (norweg. Plastik)	„Die Ermordung d. Herzogs von Guise" (frz. Film mit Schauspielern der Comédie Française)	Schwebebahn zwischen Elberfeld und Barmen eröffnet (Baubeginn 1898)	„Dt. Tennisbund"
		Kraftwagen durchquert die USA in 65 Tagen	„Deutsche Skatordnung" (beruht auf den Regeln von 1886)
Slevogt: Illustrationen zu „Ali Baba und die 40 Räuber"	„Großer Eisenbahnüberfall" (begründet erfolgreichen nordamerikan. Spielfilm; Dauer 12 Minuten)	~ Rasche Entwicklung d. Genetik (Vererbungslehre) (vgl. 1903 *Boveri, de Vries,* 1900 *Correns* u. and. 1907 *Correns,* 1910 *Morgan*)	VfB Leipzig erstmals dt. Fußballmeister (wieder 1906, 1913)
* *Graham Sutherland*, brit. Maler			„Teddy"-Bär als Spielzeug von *Margarethe Steiff* auf d. Leipz. Messe (erhält s. Namen angebl. von „*Teddy*" [*Theodore*] *Roosevelt* i. USA)
			Erste „Tour de France" (Straßenradrennen)
			1. dt. Krebsfürsorge (Bln)

1904

Friedens*nobel*preis an das Institut für internationales Recht in Gent

L. Quidde: „Internationale Verständigung über Beschränkung der Rüstungen"

Herero-Aufstand in Dt.-SW-Afrika (Hereros kommen in der Wüste um)

Hottentottenaufstand in Deutsch-Südwestafrika unter *Hendrik Witboi* (* ~ 1825, † 1905; erst 1908 niedergeschlagen)

Frz.-brit. „Entente cordiale". Großbritannien bestätigt frz. Schutzherrschaft über Marokko. Frankreich verzichtet auf Einfluß in Ägypten und anerkennt span. Machtbereich in Nordafrika

Großbrit. anerkennt chin. Einfluß in Tibet

Beginn des russ.-jap. Krieges um Mandschurei und Korea

Nikola Paschitsch serb. Ministerpräsident bis 1926 mit kurzen Unterbrechungen; Anhänger eines großserb. Zentralismus

Australische Arbeiterpartei gewinnt Einfluß auf Sozialpolitik

Weltbund für Frauenstimmrecht in London

Lenin: „Ein Schritt vorwärts, zwei Schritt zurück" (russ. revolutionäre Schrift gegen Menschewiki)

Rosa Luxemburg wendet sich gegen die von *Lenin* vertretene zentralistische Parteiorganisation

Tagung der 2. (sozialdemokr.) Internationale in Amsterdam. Gründung einer interparlamentarischen sozialdemokratischen Kommission (weitere Tagungen 1907 in Stuttgart, 1910 in Kopenhagen, 1912 in Basel)

General *von Liebert* gründet „Reichsverband gegen die Sozialdemokratie" (löst sich 1914 auf)

Literatur-*Nobel*preis an *Fr. Mistral* (Frankr.) und *J. Echegaray* (Span.)

Bang: „Michael" (dän. Roman)

A. Bartels: „Heimatkunst" (antisemitische Literaturbetrachtung)

W. Busch: „Zu guter Letzt" (Gedichtsammlung)

Ganghofer: „Der hohe Schein" (Roman)

Max Halbe: „Der Strom" (Schauspiel)

Andreas Haukland (* 1873, † 1933): „Ol Jörgen" (norweg. Romantrilogie seit 1902)

H. Hesse: „Peter Camenzind" (Erziehungsroman)

Arno Holz: „Daphnis" („Freß- und Sauflieder" im Stil der Barocklyrik), „Traumulus" (Tragikomödie)

Ric. Huch: „Von den Königen u. der Krone" (Roman)

Lagerlöf: „Christuslegenden" (schwed. Erzählungen)

Liliencron: „Poggfred" (Erweiterung des „Kunterbunten Epos" von 1896)

J. London: „Der Seewolf" (nordamerikan. Roman)

William Vaughan Moody (* 1869, † 1910): „Der Feuerbringer" (nordamerk. Prometheustrilogie als Versdrama)

Ada Negri (* 1870, † 1945): „Muttertum" (ital. Gedichte über die sozial Schwachen)

Kostis Palamas (* 1859, † 1943): „Unwandelbares Leben" (neugriech. Lyrik)

Heinrich Seuse Denifle (* 1844, † 1905): „Luther und Luthertum in der ersten Entwicklung" (kathol. Kirchengeschichte)

Elisabeth Förster-Nietzsche (* 1846, † 1935): „Das Leben Friedrich Nietzsches" (2 Bände seit 1895)

Freud: „Zur Psychopathologie des Alltagslebens" (psychoanalytische Deutung von Fehlleistungen)

Frobenius beginnt seine Forschungsreisen nach Afrika (bis 1935, begründen seine Kulturmorphologie u. Kulturkreislehre)

Hugo Gaudig (* 1860, † 1923): „Didaktische Ketzereien" (schulreformerisch)

Haeckel: „Kunstformen der Natur" (seit 1899) und „Die Lebenswunder" (monistisch)

Harnack: „Geschichte d. altchristlichen Literatur" (2 Teile seit 1893)

Lafcadio Hearn (* 1850, † 1904): „Japan. Versuch einer Deutung" (engl. Japankunde)

L. T. Hobhouse (* 1864, † 1929): „Demokratie und Reaktion" (engl. liberale Gesellschaftsphilosophie)

Adolf Jülicher (* 1857, † 1938): „Paulus und Jesus" (evang. Theologie)

Albert Kalthoff (* 1850, † 1906): „Die Entstehung des Christentums" (radikale Darstellung des Urchristentums; Verfasser wird Vorstand des Dt. Monistenbundes ab 1905)

Frank Brangwyn (* 1867): Monumentalgemälde für das Zunfthaus der Londoner Kürschner (engl.)

Corinth: „Frauenraub" (Gemälde)

* *Salvador Dali*, span. Initiator d. Surrealismus; schreibt 1951 „Manifeste Mystique"

Max Dvorak (* 1874, † 1921): „Das Rätsel der Kunst der Brüder van Eyck" (kunstgeschichtliche Studie)

† *Henri Fantin-Latour*, frz. naturalist. Maler (* 1836)

Charles Wellington Furse (*1868, †1904): „Diana of the uplands" (engl. Bildnis)

Ernst v. Ihne (*1848, † 1917): Kaiser-Friedrich-Museum, Berlin (Baubeginn 1897)

M. Klinger: „Nietzsche" (Bildnisbüste für *Nietzsche*-Archiv) und „Drama" (Marmorgruppe für das Albertinum, Dresden)

Eugène Laermans (* 1864, † 1918): „Der Tote" (belg. Gemälde)

Leistikow: „Griebnitzsee bei Erkner" (Landschaftsgemälde)

† *Franz von Lenbach*, süddt. Bildnismaler (* 1836)

M. Liebermann: „Wilhelm Bode" (Bildnis) und „Spitalgarten in Edam" (Gemälde)

Caruso geht i. d. USA

* *Luigi Dallapiccola*, ital. Kompon. d. Zwölftontechn.

A. Dvořak: „Armida" (tschech. Oper)

† *Anton Dvořak*, tschech. Komponist; schrieb Symphonien, Kammermusik, Opern, Lieder, Slawische Rhapsodien, Tänze u. a. (* 1841)

† *Eduard Hanslick*, maßgebender und gefürchteter Wiener Musikkritiker; Gegner *Wagners* (* 1825)

Leoš Janáček (* 1854, † 1928): „Jenufa" (tschech. Oper)

Lehár: „Der Göttergatte" (Operette)

Leoncavallo: „Der Roland von Berlin" (ital. Oper im Auftrag *Wilhelms II.*)

G. Mahler: 5. Symphonie cis-Moll (6. in a-Moll 1906, 7. in e-Moll 1908)

Fritzi Massary (* 1882, † 1969) kommt als Operettensängerin an das Metropoltheater Berlin

Puccini: „Madame Butterfly" (ital. Oper)

Hugo Riemann: „Handbuch der Musikgeschichte" (5 Bände)

M. von Schillings: „Kassandra" (Melodrama)

S. Wagner: „Der Kobold" (Oper)

Physik-*Nobel*preis an *J. W. Rayleigh* (Großbrit.) für Entdeckung des Edelgases Argon

Chemie-*Nobel*preis an *W. Ramsay* (Großbrit.) für Erforschung der Edelgase

Medizin-*Nobel*preis an *I. Pawlow* (Rußl.) für Erforschung der Nerven- und Hirntätigkeit

Anschütz-Kaempfe: Kreisel-Kompaß
Theodor Boveri (* 1862, † 1915) erkennt in den Chromosomen die stofflichen Träger der Erbanlagen

Marie Curie: „Forschungen über radioaktive Substanzen"

Elster und *Geitel:* Lichtelektrische Photozelle

J. A. Flemming: Elektronenröhre für drahtlosen Nachrichtenempfang

G. Th. August Gaffky (* 1850, † 1918) Leiter des Instituts für Infektionskrankheiten in Berlin

Joh. Hartmann (* 1865, † 1936) entdeckt „ruhende Kalziumlinien" als einen Hinweis, daß zw. den Sternen dunkle Materie vorhanden ist

Hedin: „Wissenschaftliche Ergebnisse einer Reise in Zentralasien" (Forschungsbericht, 6 Text-, 2 Atlas-Bände)

Arthur Korn (* 1870, † 1945): Bildtelegraphie München-Nürnberg

Richard Küch: Quarzlampe als Ultraviolett-Lichtquelle, z. B. Höhensonne, ab 1906 von *Heraeus* gebaut

Gebr. Lumière: Autochrom-Platten zur Farbenphotographie

G. Merzbacher erforscht den zentralen Teil des innerasiatischen Tienschan-Gebirges (seit 1902; 1907—1908 den östlichen Teil)

MacFarlane Moore: Beleuchtung durch Hochspannungs-Glimmentladung (Leuchtröhre)

Nieger: Karte der Sahara-Oasen (9 Blätter)

Hermann Oncken (* 1869, † 1946): „Lassalle" (histor. Biographie)

Ludwig Prandtl (*1875, † 1953) gibt Theorie der Grenzschichten an den Begrenzungen strömender Flüssigkeiten und Gase (wird wichtig für Tragflächentheorie)

Weltausstellung und Olympiade in St. Louis/USA

„Berliner Zeitung" (seit 1877 erste Zeitung *Ullsteins*) wird zur „B. Z. am Mittag"

Josef Kohler (*1849, † 1919): „Handbuch des deutschen Patentrechts" (in rechtsvergleichender Darstellung, seit 1900)

Gustav Schmoller: „Grundriß der allgemeinen Volkswirtschaftslehre" (2 Bände seit 1900; betont historische Einzeltatsachen vor generalisierender Theorie)

Kaufmannsgerichte in Deutschland (zus. mit Gewerbegericht 1927 durch Arbeitsgericht abgelöst)

Carl Duisberg (* 1861, † 1935) vereinigt die chemischen Werke *Bayer*, Agfa, Badische Anilin zu einer Interessengemeinschaft (Beginn des I. G. Farben-Konzerns)

Gründung des Stahlwerksverbands in Düsseldorf (1905: 31 Werke der Kohlen-, Eisenerz- und Roheisengewinnung)

Daimler-Werk in Untertürkheim (1890 in Cannstatt gegründet)

Carl Lindström AG für Grammophone und Schallplatten, Berlin

(1904)		*Pirandello:* „Die Wandlungen des Matta Pascal" (ital. Roman) *Rudolf Alex. Schröder* (* 1878, † 1962): „Sonette an eine Verstorbene" *Strindberg:* „Die gotischen Zimmer" (schwedischer Roman), „Till Damaskus III." (schwed. Schauspiel) *Tschechow:* „Der Kirschgarten"(russ.Schauspiel) † *Anton Tschechow*, russ. Dichter (* 1860) *Rafael Verhulst* (* 1866, † 1941): „Jesus der Nazarener" (fläm. Versdrama) *Wilhelm Vershofen* (* 1878), *Jakob Kneip* (* 1881) und *Josef Winckler* (* 1881): „Wir drei" (symbol. Gedichte der neugebildeten Dichtergruppe „Werkleute auf Haus Nyland") *Viebig:* „Das schlafende Heer" (Roman) *Wedekind:* „Die Büchse der Pandora", „Hidalla" (Schauspiele) *St. Zweig:* „Die Liebe der Erika Ewald" (Roman) *Otto Brahm* übernimmt Leitung des Lessing-Theaters in Berlin (leitete seit 1892 das Dt. Theater) *Louise Dumont* (* 1862, † 1932) gründet und leitet Düsseldorfer Schauspielhaus zusammen mit ihrem Gatten *Gustav Lindemann* (*1872) *Henry Bradley* (* 1845, † 1923): „The Making of English" (engl. Sprachgeschichte) Sprachlicher Atlas von Frankreich (frz. Mundartforschung, seit 1902)	Die taubblinde *Helen Keller* promoviert zum Doktor der Philosophie *Ellen Key:* „Über Liebe und Ehe" (schwed.) *Kowalewski:* „Studien zur Psychologie des Pessimismus" *Alexius Meinong* (* 1853, † 1920): „Untersuchungen zur Gegenstandstheorie u. Psychologie" (Philosophie d. „reinen" Gegenstandes) *G. E. Müller:* „Die Gesichtspunkte und Tatsachen der psychophysischen Methodik" *Anton Sickinger* (* 1858, † 1930) schafft „Mannheimer System" der Volksschule *Erich Wasmann* (* 1859, † 1931): „Menschen- und Tierseele" (christl.-biologische Weltanschauung) *Windelband:* „Über Willensfreiheit" *Ernst Friedrich Wyneken* (* 1840, † 1905): „Wie ist die fortgesetzte Demokratisierung der Gesellschaft vom christlichen Standpunkt zu beurteilen?" (für soziale Aufgaben der Kirche) Frankreich bricht diplomatische Beziehungen zum Vatikan ab (1920 wieder aufgenommen) Jesuiten in Deutschland als Privatpersonen zugelassen (1917 auch der Orden) „Geistliche Übungen" (dt. Übersetzung der „Exercitia spiritualia" des *Ignatius von Loyola* von *Handmann*) „Verband d. dt. Juden" „Vereinsverband akademisch gebildeter Lehrer in Deutschland" (später „Dt. Philologenverband")

Große *Matisse*-Sammelausstellung in Paris (weitere 1912, 1919)	*Isadora Duncan* (USA, * 1887, † 1927) gründet *Duncan*schule in Berlin für Mädchenerziehung (reformiert den Kunsttanz im Sinn des altgriech. Chortanzes)	*Gustav Roethe* (* 1859, † 1926) beg. i. Rahmen der Preuß. Akademie d. Wissenschaften „Deutsche Texte des Mittelalters" herauszugeben (1953 ersch. 44. Bd.)	Shantung-Bahn von Deutschland erbaut (seit 1899)
Julius Meier-Graefe (* 1867, † 1935): „Entwicklungsgeschichte der modernen Kunst" (Kunsthistorik, betont frz. Impressionismus)		*Rubel* erfindet Offsetdruck vom Gummituch	Transbaikalbahn Irkutsk-Ruchlowo (Baubeginn 1900)
		E. *Rutherford* und F. *Soddy* deuten die Radioaktivität als Zerfall von Atomkernen	In den USA vereinigen 318 Monopole 5300 Einzelgesellschaften
Alfred Messel (* 1853 † 1909): Warenhaus *Wertheim*, Berlin, Leipziger Straße (Baubeginn 1896). Am Eingang Bärenbrunnen von *Gaul*		K. *Schwarzschild*: Zenit-Kamera für geographische Ortsbestimmungen	Wirtschaftskrise in den USA (weitere 1907, 1921, 1929)
		† *Henry Morton Stanley*, engl. Afrikaforscher (* 1841)	Erste Gartenstadt in England (Letchworth)
Julius Raschdorff (* 1823, † 1914): Berliner Dom (Baubeginn 1894, mit seinem Sohn *Otto R.*)		*Stolz* synthetisiert Adrenalin als erstes Hormon (war 1901 von *Takamine* rein dargestellt worden)	B. *Schidlof*: „Der Mädchenhandel, seine Geschichte und sein Wesen"
		A. *Wehnelt* findet die Oxyd-Glühkathode (wird wichtige Stromquelle in Rundfunkröhren usw.)	J. *Schrank*: „Der Mädchenhandel und seine Bekämpfung"
Henri Rousseau: „Die Hochzeit" (frz. Gemälde)		Erster Kurven-Motorflug der Brüder *Wright*	„Internationale Vereinigung für gesetzlichen Arbeiterschutz" erreicht Verbot des Verhandelns ital. Kinder an frz. Glashütten
Slevogt: „Die Sängerin Marietta de Rigardo" (Gemälde)		„Archiv für Rassen- und Gesellschaftsbiologie, einschl. Rassen- und Gesellschaftshygiene"	
Otto Wagner (* 1841, † 1918): Landesheilanstalt am Steinhof, Wien (bis 1907)		Erste drahtlose Übertragung von Musik (in Graz)	
		Erste dt. Gasfernleitung: Lübeck—Travemünde	
Das von *W. Bode* gegrdte. Kaiser-Friedrich-Museum i. Berlin eröffnet		Urft-Talsperre (Eifel, 58 m hohe Sperrmauer)	Prügelstrafe für Gewaltverbrecher in Dänemark
Erste Ausstellung d. „Dt. Künstlerbundes" in Weimar		Deutsche Truppen verwenden erstmals drahtlose Telegraphie im Herero-Aufstand in Dt.-SW-Afrika	Erste Schützengräben, im russ.-japan. Krieg
Armeemuseum in München (Baubeginn 1902)			Nach Verbot des Phosphors für Zündhölzer (1903) wird in Deutschland das Sicherheitszündholz („Schweden") als „Reichszündholz" eingeführt
„Die Verdammung Doktor Faust's", „Der Barbier von Sevilla", „Reise durch das Unmögliche" (frz. Filme von *Méliès*)			*Jörgen Peter Müller:* „Mein System" (täglich 15 Min. Turnen: „Müllern")
			Engl. Autofabrik Rolls-Royce gegr.
			U-Bahn in New York

1905

Friedens*nobel*preis an *B. von Suttner* (Österr.)
Kaiser *Wilhelm II.* landet in Tanger, um dt. Einfluß zu sichern (führt 1906 zur ersten „Marokkokrise")
Gründung des „Deutschen Städtetages" anläßl. der Dt. Städteausstellung in Dresden (gilt als Beginn einer modernen Kommunalpolitik)
Liberale Regierungen in Großbrit. bis 1922 (seit 1874 konservativ)
Edward Grey (* 1862, † 1933) brit. Außenminister bis 1916
Henry Campbell-Bannerman brit. Premierminister bis 1908 († *1836)
Irische nationalist. „Sinn Fein" („Wir für uns")-Bewegung
Die letzten brit. Truppen verlassen Kanada (darf ab 1907 selbständig Handelsverträge abschließen)
Lord *Curzon* teilt Bengalen (Teilung stößt auf indischen Widerstand und wird später aufgehoben)
Sieg Japans im Krieg mit Rußland (seit 1904). Japan erhält Port Arthur, Südsachalin, Vorherrschaft in Korea, Anteil an der Verwaltung der mandschurischen Bahn
Nikolaus II. und *Wilhelm II.* treffen sich vor Finnland; versprechen sich notfalls Waffenhilfe
Revolution in Rußland (Tote v. d. Winterpalast i. Petersburg); hat nur Teilerfolge: Zar erläßt „Manifest über die Freiheiten" und gibt Rußland konstitutionelle Verfassung
Sergej Witte (* 1849, † 1915) russ. Ministerpräsident eines konstitutionellen Kabinetts bis 1906
Gemäßigt konserv. Oktobristenpartei in Rußland (für Verwirklich. der konstitutionellen Monarchie)
Lenin: „Zwei Taktiken in der demokratischen Revolution" (Begründung der bolschewist. Taktik)
Norwegen hebt Union mit Schweden auf (bestand seit 1814)
Prinz *Karl* von Dänemark als *Haakon VII.* (* 1872) zum norweg. König gewählt (herrscht ab 1907)
Julius Pflugk-Harttung (* 1848, † 1919): „Die Heere und Flotten der Gegenwart" (5 Bände seit 1896)

Literatur-*Nobel*preis an *H. Sienkiewicz* (Pol.)
Richard Beer-Hofmann (* 1866, † nach 1938): „Der Graf von Charolais" (Trauerspiel)
Edward Gordon Craig (* 1872, † 1966): „Die Kunst des Theaters" (engl. Darstellung eines antiillusionist. Theaters: „Craigism")
Volks-*Schiller*preis an *C.* und *G. Hauptmann* und *R. Beer-Hofmann* (offizieller *Schiller*preis war *G. Hauptmann* 1896 von *Wilhelm II.* vorenthalten worden)
Hamsun: „Kämpfende Kräfte" (norw. Roman)
Heer: „Der Wetterwart" (Roman)
R. Herzog: „Die Wiskottens" (Roman)
H. Hesse: „Unterm Rad", „Peter Camenzind" (Romane)
Siegfried Jacobsohn gründet linkspolitische theaterkritische Zeitschrift „Die Schaubühne" (ab 1919 „Die Weltbühne")
Anton Kippenberg (* 1849, † 1950) übern. Insel-Verlag (1902 i. Lpz. gegrdt.)
H. Mann: „Professor Unrat" (Roman), „Flöten und Dolche" (Novellen)
Mereschkowskij: „Christ und Antichrist" (russ. Romantrilogie seit 1895: I. „Julian Apostata", II. „Leonardo da Vinci", III. „Peter d. Gr. u. s. Sohn Alexei")
Chr. Morgenstern: „Galgenlieder" (1910 „Palmström", 1916 „Palma Kunkel")
Pontoppidan: „Hans im Glück" (dän. krit. Romantrilogie seit 1898)

Alfred Binet (* 1875, † 1911) entwickelt eine Methode der Intelligenzprüfung
Kurt Breysig (* 1866, † 1940): „Der Stufenbau und die Gesetze der Weltgeschichte" (Geschichtsphilosophie)
Jakob Burckhardt: „Weltgeschichtliche Betrachtungen" (Schweiz. Kulturgeschichte, posthum)
Dilthey: „Das Erlebnis und die Dichtung"
Hans Driesch: „Geschichte des Vitalismus"
Paul Ehrenreich (* 1855, † 1914): „Mythen und Legenden der südamerikanischen Urvölker" (ethnologische Mythologie)
Hans Groß: „Kriminalpsychologie"
Konstantin Gutberlet (* 1837, † 1928): „Vernunft und Wunder" (kathol.)
Haeckel: „Der Kampf um den Entwicklungsgedanken" (Verteidigung der darwinistischen Entwicklungslehre)
Oswald Külpe (* 1862, † 1915) entwickelt in der „Würzburger Schule" experimentelle Denkpsychologie (1899 bis 1909)
A. Lang: „Das Geheimnis des Totem" (engl. Völkerkunde)
Mach: „Erkenntnis und Irrtum. Skizzen zur Psychologie der Forschung" (österr. positivistische Erkenntnistheorie)
A. Pauly: „Darwinismus und Lamarckismus" (Versuch einer Wiederbelebung des Lamarckismus)

W. Bode Generaldir. d. staatl. Kunstsammlungen i. Berlin
Corinth: „Im Schlächterladen" (impress. Gemälde)
Dehio: „Handbuch der dt. Kunstdenkmäler" (5 Bände bis 1912)
Jacob Epstein (* 1880, † 1959) nordamer. Bildhauer poln. Abstammung, kommt von Paris n. London
Gulbransson: „Berühmte Zeitgenossen" (norweg. karikaturist. Bildnisse)
A. von Hildebrand: Bildnisgruppe seiner Töchter (Marmor)
Adolf Hölzel Professor an der Stuttgarter Akademie bis 1919; gewinnt bedeutenden Einfluß auf die abstrakte Malerei (u. a. auf *Kandinsky*)
Alfred Lichtwark: „Meister Bertram 1367—1415"
M. Liebermann: „Judengasse in Amsterdam" (Gemälde)
Matisse und *Derain* begrd. expressionist. Malerei des „Fauvismus"
† *Adolph von Menzel*, dt. realist. Maler und Graphiker (* 1815)
Meunier: Vier Steinreliefs zu einem Denkmal der Arbeit (belg. Plastik)
† *Constantin Meunier*, belg. Bildhauer (* 1831)
Ed. Munch: „Selbstbildnis" (norweg.)
Josef Olbrich: „Neue Gärten" (für neuen Gartenstil)

d'Albert: „Flauto solo" (Oper)
Wilhelm Backhaus (* 1884, † 1969) erhält den *Rubinstein*preis für Pianisten
Delius: „Messe des Lebens" (engl. Komposition nach *Nietzsche*)
Felix Draeseke (* 1835, † 1913): „Christus" (Oratorien-Trilogie)
de Falla: „Ein kurzes Leben" (span. Nationaloper)
Klingler-Streichquartett gegründet (bis 1935)
Lehár: „Die lustige Witwe" (Operette)
Pfitzner: Musik zu *Kleists* „Käthchen von Heilbronn" und „Kolumbus" (Chorwerk mit Orchester)
Sibelius: Schauspielmusik zu „Pelleas und Melisande"
A. Schweitzer: „J. S. Bach, der Musiker-Poet" (frz.)
R. Strauss: „Salome" (Oper)
* *Michael Tippett*, engl. Komponist; u. a. die Oratorien „Ein Kind unserer Zeit" und „Belsazar"
S. Wagner: „Bruder Lustig" (Oper)
Städt. Singschule Augsburg (wird richtunggebend f. Deutschland)

Physik-*Nobel*preis an *Ph. Lenard* (Dt.) für Erforschung des Durchganges von Kathodenstrahlen durch Materie (seit 1893)
Chemie-*Nobel*preis an *Adolf von Baeyer* (Dt., * 1835, † 1917) für Indigosynthese
Medizin-*Nobel*preis an *Robert Koch* (Dt.) für Tuberkuloseforschung
† *Ernst Abbe*, dt. Optiker und Sozialreformer, Leiter der *Zeiß*-Werke; verbesserte u. a. Mikroskop (* 1840)
Bruce und *Lavard* durchqueren Tibet und Wüste Gobi bis Peking
Gustav Dalén (* 1869, † 1937): Sonnenscheinventil (Gasselbstzünder für Leuchtfeuer)
Einstein: Theorie der *Brown*schen Molekularbewegung (vgl. 1827)
Einstein erweitert *Plancks* Entdeckung des Wirkungsquantums durch Einführung korpuskularer Lichtquanten und erklärt lichtelektrischen Effekt
Einstein: Spezielle Relativitätstheorie (Folgerungen aus dem Prinzip von der Konstanz der Lichtgeschwindigkeit)
Fichera stellt bei Tieren Wachstumshemmung durch Beseitigung der Hypophyse fest (Ausfall eines Hypophysen-Hormons)
W. Filchner und *A. Tafel* in Osttibet (seit 1903)
Autogenes Schweißen von *Fouché* und *E. Wiss*
Franck und *Latzko* führen den geburtshilflichen Kaiserschnitt unter Schonung des Bauchfells ein
Wolfgang Gaede (* 1878): Rotierende Quecksilberpumpe zur Erzeugung von Hochvakuum (vgl. 1915)
Holzwarth: Gasturbine (Explosions-Verbrennungs-Kraftmaschine; erbaut 1908)
Owens: Flaschenglasmaschine (60000 Bierflaschen pro Schicht)
Jean Perrin (* 1870, † 1942): Fermentwirkung beruht auf Kombination eines großen Träger-Eiweißmoleküls und einer spezifischen Wirkgruppe

Internat. Landwirtschafts-Institut in Rom
Georg Friedrich Knapp (* 1842, † 1926): „Staatliche Theorie des Geldes" (Hauptwerk der nominalistischen Geldtheorie)
Robert Liefmann (* 1874, † 1941): „Kartelle u. Trusts" (Volkswirtschaft)
Schweiz. Nationalbank (Zentralnotenbank in Bern)
Gesellschaft zur Förderung der inneren Kolonisation (fördert Kleinsiedlg. i. Deutschl.)
Bau des Mittellandkanal-Systems zwischen Rhein und Elbe begonnen (Endstrecke 1926—1938)
Mitteleuropäische Schlaf- und Speisewagen AG (Mitropa)
Öffentlicher Autobusverkehr in Berlin
„Petroleum" (Zeitschrift)
Ruhrbergarbeiterstreik führt zur Rekordzahl von 15 Millionen gestreikten Arbeitstagen in Deutschland (1899 bis 1918 jährlich durchschnittlich 4 Millionen Arbeitstage)
Kinder von Neger-Haussklaven in Deutsch-Ostafrika werden frei

(1905)

Rudolf Presber (* 1868, † 1935): „Von Leutchen, die ich lieb gewann"

Rilke: „Stundenbuch" (Gedichte)

Jakob Schaffner (* 1875, † 1944): „Irrfahrten" (Roman)

R. A. Schroeder: „Elysium" (Gedichte)

Shaw: „Major Barbara" (engl. Schauspiel)

Feodor Sologub (Teternikow, * 1863, † 1927): „Der kleine Dämon" (russ. pessimist. Roman)

Stehr: „Der begrabene Gott" (Roman)

Strindberg: „Historische Miniaturen" (schwed. Novellen)

Sudermann: „Stein unter Steinen" (Schauspiel)

L. Thoma: „Lausbubengeschichten" (humorist. Erzählung, Fortsetzung „Tante Frieda" 1907)

† *Huang Tsun-Hien*, chines. Dichter (* 1848)

Emile Verhaeren (* 1855, † 1916): „Die Nachmittagsstunden" (belg. Gedichte)

† *Jules Verne*, frz. Erzähler; schrieb bes. utopische Romane (* 1828)

† *Lewis Wallace*, nordamerikan. Schriftsteller (* 1827)

Wells: „Eine moderne Utopie" (engl. Roman)

O. Wilde: „De profundis" (apologet. Schrift, posthum)

Vikt. Barnowsky (* 1875) übernimmt Kleines Theater Unter den Linden, Berlin

Alexander Moissi kommt von Prag an das Dt. Theater, Berlin

Max Reinhardt übernimmt das Deutsche Theater, Berlin; eröffnet es mit Kleists „Käthchen von Heilbronn" (leitet es bis 1920 und 1924 bis 1932) und inszeniert mit naturalist. Bühnenbildern den „Sommernachtstraum"

Oskar Sauer (* 1856, † 1918) a. Lessingtheater, Berlin, bis 1913, bedeutend als *Ibsen*darsteller

Paul Wegener (* 1874, † 1948) Schauspieler am Deutschen Theater, Berlin, bis 1921

Joseph Viktor Widmann (* 1842, † 1911): „Der Heilige und die Tiere" (schweiz. pantheist. Dialogdichtung; W. gilt als kritischer „Literaturpapst" der Schweiz)

Deutsche Zentralstelle zur Förderung der Volks- und Jugendlektüre in Hamburg

F. Brunot: „Geschichte d. französ. Sprache" (frz., 10 Bände bis 1928)

Eduard Norden (* 1868, † 1941): „Die lateinische Literatur in ihrem Übergang vom Altertum zum Mittelalter"

„Dialect Dictionary" (engl. Wörterbuch, seit 1898)

Henri Poincaré: „Der Wert der Wissenschaft" (französ. Wissenschaftstheorie)

Johannes Reinke (* 1849, † 1931): „Philosophie der Botanik" (Neovitalismus)

Rickert: „Die Probleme der Geschichtsphilosophie"

Hermann Schell (* 1850, † 1906): „Apologie des Christentums" (2 Bände seit 1901, kathol. Standpunkt)

A. W. Small (* 1854, † 1926): „Allgemeine Soziologie" (nordamerik., mit Interessengruppe als Einheit des „sozialen Prozesses")

Söderblom: „Die Religionen der Erde" (schwed. evangel. Religionsforschung)

L. Stein: „Der soziale Optimismus"

de Unamuno: „Leben Don Quijotes und Sancho Pansas" (span. philosoph. Deutung)

Austauschprofessuren an dt. Universitäten zur Förderung des geistigen Kontaktes m. d. Ausland

„Bibliographie der Sozialwissenschaften"

„Museumskunde" (Zeitschrift)

„Die Volksschule" (Zeitschrift)

Gründung des ersten Volkshochschulheims in Tingleff/Schleswig

Bremer Lehrerschaft fordert weltliche Schule

Unterrichtsreform in China (erst ab 1912 stärker wirksam: Schulzwang, Schriftvereinfachung)

Medizinschule in Singapur

 |

Picasso: „Die Gauklerfamilie mit dem Affen" (span.-frz. Gemälde); kommt n. Paris; „rosa Periode" b. 1906

August Schmarsow (* 1853, † 1936): „Grundbegriffe der Kunstwissenschaft"

Slevogt: „Senator O'Swald" (Bildnis)

Hugo von Tschudi (* 1851, † 1911): „Menzel" (Biographie)

Ausstellung im Salon d'Automne macht *Cézanne* und *Matisse* bekannt

Erich Heckel, Ernst Ludwig Kirchner u. *Karl Schmidt-Rottluff* grd. expressionist. Künstlervereinigung „Brücke" i. Dresden (dazu später *E. Nolde, M. Pechstein* u. *O. Müller;* aufgel. 1913)

Internationale Buchkunstausstellung in Leipzig

Armfragment der Laokoongruppe gefunden (führt 1960 zu einer Korrektur neuzeitl. Ergänzungen)

Revolutionär. Kunstjahr: „Brücke", „Fauvismus" (van-Gogh-Ausstellung i. Wien)

Erster (frz.) Film mit *Max Linder* (* 1883, † 1925)

„Potemkin", „Die Unruhen in St. Petersburg" (frz. Filme von *Nonguet*)

„Die wahre Seeschlange"(engl. Film von *J. Williamson*)

W. M. F. Petrie: „Geschichte Ägyptens" (3 Bände)

Puschmann-Pagel-Neuburger: „Handbuch der Geschichte der Medizin" (3 Bände seit 1901)

Wilh. Roux: „Die Entwicklungsmechanik, ein neuer Zweig der biologischen Wissenschaft"

Schaudinn entdeckt den Syphiliserreger (Spirochäta pallida)

Schönherr: Herstellung von Salpetersäure durch Luftverbrennung in langen Lichtbögen (I. G. Farben-Verfahren)

P. Uhlenhuth: „Das biologische Verfahren zur Erkennung und Unterscheidung von Menschen- und Tierblut" („Präzipitation")

Elektrische Glühlampe mit Wolframdraht (Osram-Lampen)

Erstes dt. Turbinen-Schiff

Erster internationaler *Röntgen*kongreß, Berlin (erster *Röntgen*kongreß 1900 in Paris)

Seit 1901 je eine engl., dt., schwed., schott. und frz. Südpolar-Expedition

Erdmagnetische Forschungen auf den Ozeanen durch USA-Spezialschiffe („Galilei" 1905—1908, „Carnegie" 1909—1918)

Unbemannter Registrierballon erreicht 25 800 m Höhe

Steinerne Straßenbrücke über das Syratal bei Plauen (90 m Stützweite)

Novocain synthetisiert (gewinnt gr. Bedeutung f. Lokalanästhesie)

1. Hornhaut-Transplantation

Zehn-Stunden-Tag und gesetzliche Altersversorgung der Arbeiter in Frankreich

Neufassung des 1. Haager Abkommens von 1896 (betr. internationales Zivilprozeßrecht)

5. und 6. Haager Abkommen (betr. internationales Privatrecht bezgl. Wirkungen der Ehe und Entmündigung)

Reichsarzneitaxe eingeführt

H. Rost: „Der Selbstmord als sozialstatist. Erscheinung"

„Geschlecht u. Gesellschaft" (sexualreform. Zeitschrift)

Korsettlose Hemdkleider leiten allmählich schnürleibfreie Mode ein

Dunkle, überladene Wohnräume mit zahlreichen „Staubfängern"

1. Mütterberatungsstelle i. Berlin (1892 i. Paris)

H. A. L. Degener: „Wer ist's?" (Zeitgenossenlexikon; angelsächs. „Who is who?" seit 1849)

„Photographie für Alle" (Zeitschrift)

„Dt. Skiverband" (1928 90000 Mitglieder)

Boxweltmeister *James Jeffries*(USA) tritt ungeschlagen zurück (wird später vom Weltmeister *Jack Johnson* [Neger] geschlagen)

Pestseuche in Indien, viele hunderttausend Opfer

In Südafrika seit 1900 1694 Pestfälle mit 147 Todesfällen (1944 bis 1949: 210 Erkrankungen mit 124 Todesfällen; hochorganisierter Pestdienst mit Ratten- und Flohbekämpfung)

~ Chines. Wollhandkrabbe gelangt n. Deutschland u. entwickelt sich zur Plage

~ Cocktail kommt aus den USA nach Europa (allgemeinere Verbreitung nach 1918)

Dt. Freidenkerverband i. Berlin gegr. (tritt f. Feuerbestattung ein)

1906

Friedens*nobel*preis an *Th. Roosevelt* (USA) für Vermittlung des russ.-japan. Friedens 1905
Nach Festsetzung der dt. Dienstpflicht auf zwei Jahre (1905) beschleunigte Vermehrung d. Kriegsflotte und Steuererhöhung (Brau-, Frachturkunden-, Zigaretten-, Erbschafts-, Fahrkart.-, Autosteuer u.a.)
Auflösung des Dt. Reichstages wegen der Opposition Zentrum-Sozialdemokratie (neuer Reichstag hat konservativ-liberale Mehrheit)
Schuhmacher *Wilhelm Voigt* beschlagnahmt als „Hauptmann von Köpenick" die dortige Stadtkasse
Beileg. d. 1. Marokko-Kr.: Deutschland erhält auf der Algeciras-Konferenz „Offene Tür" in Marokko, ohne frz. Einfluß zu vermindern
Erwerbung der Gebiete Dt.-Neuguinea und Dt.-Samoa abgeschlossen (seit 1884; 1920 unter japan. und brit. Mandat)
Carl Peters: „Die Gründung von Deutsch-Ostafrika" (Bericht über seine Erwerbungen 1884)
Maximilian Harden greift den Freund Kaiser *Wilhelms II.*, Graf *Eulenburg* (* 1847, † 1921), und die „Hofkamarilla" scharf an (u. a. wegen Homosexualität; Graf *E.* muß 1907 den Hof verlassen; Meineidsverfahren gegen ihn 1908 ohne Urteil vertagt)
† *Eugen Richter*, dt. linksliberaler Gegner *Bismarcks* (* 1838)
SPD diskutiert Massenstreik als pol. Kampfmittel; gründet Parteischule in Berlin (1907 wird *Rosa Luxemburg* Lehrerin)
Südafrika (Transvaal) erhält von Großbritannien Recht der Selbstverwaltung (Ministerpräsident zunächst 1907 bis 1910 *Louis Botha*, * 1864, † 1919)
Die 1900 entstandene brit. Arbeiterpartei gibt sich den Namen „Labour Party" (trat 1904 der 2. Internationale bei)
„Sinn Fein" („Wir für uns", nationalist.-republikan. irische Zeitung)
Clément Armand Fallières (* 1841, † 1931) Präs. v. Frankreich bis 1913

Literatur-*Nobel*preis an *G. Carducci* (Ital.)
Endre Ady (* 1877 † 1919): „Blut und Gold" (ungar. Gedichte)
* *Samuel Beckett*, irischer Dramatiker d. absurden Theaters
† *Paul Lawrence Dunbar*, nordamerikan. Negerdichter; erster Lyrikband 1896 (* 1872)
Ebner-Eschenbach: „Meine Kinderjahre"
Frederik van Eeden (*1860, † 1932): „Der kleine Johannes" (Romantrilogie seit 1886 eines niederl. Nervenarztes u. Sozialreform.)
Otto Ernst: „Appelschnut" (humorvolle Erzählg. a. d. Kinderleben)
Paul Ernst: „Der Weg zur Form" (neuklassizist. Bestrebung)
Ludwig Finckh (* 1876, † 1964): „Der Rosendoktor" (schwäb. Heimatroman)
Frenssen: „Hilligenlei" (Roman)
Karl Gjellerup (* 1857, † 1919): „Der Pilger Kamanita"(dän.Roman)
Hamsun: „Unter Herbststernen" (norw. Erz.)
G. Hauptmann: „Und Pippa tanzt" (romant. Schauspiel)
Ric. Huch: „Die Verteidigung Roms" (histor.)
† *Henrik Ibsen*, norweg. Dichter (* 1828)
Else Lasker-Schüler (* 1876, † 1945): „Das Peter-Hille-Buch" (Erinner. an den Lyriker *P. H.*, * 1854, † 1904)
Löns: „Mein braunes Buch" („Haidbilder")
Giovanni Pascoli (* 1855, † 1912): „Oden und Hymnen" (ital. Dicht.)

James Mark Baldwin (* 1861): „Genetic Logic" (nordamer. Philosophie des „ästhonomischen Idealismus")
M. Dessoir: „Zeitschrift für Ästhetik und allgem. Kunstwissenschaft"
Karl Diehl (* 1864, † 1943): „Üb. Sozialismus, Kommunismus u. Anarchismus" (pol. Ökonomie)
Arthur Drews (* 1865, † 1935): „Die Religion als Selbstbewußtsein Gottes" (Philos. e. „konkreten Monismus")
Albert Görland (* 1869, † 1952): „Rousseau als Klassik. d. Sozialpädag."
„Dt. Monistenbund" in Jena unter *Haeckel* gegründet (freidenkerisch)
† *Eduard von Hartmann*, dt. Philosoph (* 1842)
H. S. Jennings: „Das Verhalten der niederen Organismen"
Wilhelm Kahl (* 1849, † 1932):„Kirchenrecht" und „Die Religionsvergehen"
Hermann von Keyserling: „Das Gefüge der Welt" (pragmat. Philosophie)
Helene Lange u. *Gertrud Bäumer:* „Handbuch der Frauenbewegung" (5 Bände seit 1901)
Th. Lipps: „Ästhetik, Psychologie des Schönen und der Kunst" (2 Bände seit 1903)
Mereschkowskij: „D. Anmarsch d. Pöbels" (russ.)
Rudolf Pannwitz (* 1881): „Kultur, Kraft, Kunst" (pädagogisches Werk)
George Santayana (*1863, †1952): „Vernunft und menschlich. Fortschritt" (nordamer.-span. Rationalismus, 5 Bde. s. 1905)

Wilhelm v. Bode wird bis 1920 Generaldirektor d. Berlin. Museen; „Rembrandt" (8 Bde. seit 1897 mit *Hofstede de Groot*)	*Béla Bartók* (*1881, †1945) an d. Budapester Hochschule für Musik; Sammlung ungar. Volkslieder	Physik-*Nobel*preis an *Joseph John Thomson* (Großbrit., * 1856, † 1940) für Untersuchung der elektrischen Leitung in Gasen	*Theodor Wolff* (* 1868, † 1943 im KZ) wird Chefredakteur des „Berliner Tageblatts"
† *Paul Cézanne*, frz. Maler; leitete vom Im- zum Expressionismus über (* 1839)	*Busoni:* Klavierkonzert m. Schlußchor	Chemie-*Nobel*preis an *H. Moissan* (Frankr.) für Fluor-Isolierung und elektrischen Ofen	Mercedes-Büromaschinen-Werke, Berlin
Hugo Lederer: Bismarck-Denkmal, Hamburg (15,6 m hoch)	*E. Eysler:* „Künstlerblut" (Operette)	Medizin-*Nobel*preis an *Camillo Golgi* (Ital., * 1844, † 1926) und *Santiago Roman y Cajal* (Span., * 1852, †) für Forschung über Struktur des Nervensystems	Otavibahn zum Minengebiet in Dt.-Südwestafrika (Baubeginn 1903, 1910 verstaatlicht)
M.Liebermann: „Professorenkonvent" (Bildnisgruppe)	*M. von Schillings:* „Der Moloch" (Oper nach *Hebbel*)	*Amundsen* gelingt Nordwestliche Durchfahrt (seit 1903, erste Durchfahrt mit einem Schiff; 1904 am magnetischen Pol)	Belg. Katanga-Bergbau-Union (Kupfer-, Radium-Bergbau in Belg.-Kongo)
G. Minne: Brunnen mit drei Jünglingen (belg. Bildhauerarb.)	*Albert Schweitzer:* „Deutsche und französische Orgelbaukunst und Orgelkunst"(maßgebend für moderne Orgelbewegung)	*Bayliss* und *Starling* nennen die Wirkstoffe der innersekretorischen Drüsen „Hormone"	Erster internationaler Handelskongreß in Lüttich (weitere 1908, 1910, 1912, 1914)
Ed. Munch: „Tauwetter" (norweg. express. Gemälde)		† *Ludwig Boltzmann*, österr. Physiker; entdeckte Beziehung zwischen zweitem Hauptsatz der Wärmelehre und der Wahrscheinlichkeit (* 1844)	Konferenz des Mitteleuropäischen Wirtschaftsvereins in Wien führt zur Verstärkung des international. Giroverkehrs
Hermann Muthesius (* 1861, † 1927): Eigenheim, Berlin-Nikolassee	*Wolf-Ferrari:* „Die vier Grobiane" (dt.-ital. Oper)	*Brauer* führt die Lungenflügelstillegung durch Pneumothorax ein (angegeben 1882 von *Forlanini*)	
Max Osborn (* 1870, † 1946): „Die Kunst der neuesten Zeit" (in *Springers* „Handbuch der Kunstgeschichte")	*Heinrich Schenker* (*1868, +1935): „Neue musikalische Theorien und Phantasien" (3 Bde. bis 1934, mit den Begriffen „Ursatz" und „Urlinie")	*Burnham:* Doppelsternkatalog mit 13 665 Paaren	Internat. Funkentelegraphen-Vertrag
Picasso: „Les Demoiselles d'Avignon" (span.-frz., zum Kubismus neigendes Gemälde)		† *Pierre Curie* (Unfall), frz. Physiker; entdeckte 1883 die Druckelektrizität von Kristallen, 1898 mit seiner Gattin *Marie C.* d. Radium u. Polonium; *Nobel*preis 1903 (* 1859)	„Rheinisch-Westf. Wirtschaftsarchiv" in Köln
Karl Scheffler (* 1869, † 1951) übernimmt Redaktion der Zeitschrift „Kunst und Künstler" (bis 1933)		*Einstein:* Gesetz der Gleichwertigkeit von Masse und Energie (wird z. Schlüssel der Atomkernforschg.)	„Zeitschrift für handelswissenschaftliche Forschung"
Slevogt: „Selbstbildnis" (Gemälde), „Schwarze Szenen" (6 Radierungen)		*Ellehammer* unternimmt ersten Motorflug in Europa	Sammlung höchstrichterlicher Entscheidungen des Reichsgerichts wird angelegt (Präjustizienbuch für Mitglieder des Reichsgerichts)
Walter Sickert (*1860, †1942: „Die Dame i. der Gondel" (engl. imp. Gemälde)		*Emil Fischer:* „Untersuchungen über Aminosäuren, Polypeptide und Proteïne" (wegweisende Eiweißforschung)	
† *Alfred Stevens*, belg. Maler (* 1828)		*Fourcault:* Ziehmaschine für Flachglas	Mannschaftsversorgungs- u. Offizierspensions-Gesetz in Deutschland
Deutsche Kunstgewerbeausstellung in Dresden		*Arthur Harden* (* 1865, † 1940) und *Young:* Hefezellen erzeugen mehrere Gärungs-Fermente, die den Zucker in Alkohol und Kohlensäure überführen	Internat. Nachtarbeitsverbot für Frauen
		Pirani: Elektr. Luftdruckmesser i. Vakuumbereich auf Grundl. d. Wärmeleitung	
		Scharfenberg: Automatische Eisenbahnkupplung	

(1906)	*A. Briand* frz. Unterrichtsminister bis 1909; führt Trennung von Staat und Kirche durch. Einziehung des Vermögens der kathol. Kirche (400 Mill. Frs.) *Alfred Dreyfus* (* 1859, † 1935) freigesprochen (als frz. Offizier wegen angebl. Landesverrats 1894 auf die Teufelsinsel verschickt; die *Dreyfus*-Affäre war ein Erfolg der humanitären gegenüber den reaktionären Kräften) Nach der Einigung der frz. Sozialisten (1905) spalten sich die „Radikalsozialisten" (sozial, nicht sozialistisch) von der republikan. Radikalen Partei ab *Sidney Sonnino* (* 1847, † 1922) ital. Ministerpräsident (wieder 1909 bis 1910; 1914 bis 1919 ital. Außenmin.) *Friedrich VIII.* König von Dänemark bis 1912 (†) Verfassungsreform für Finnland, dadurch werden Sozialdemokraten stärkste Partei (in der Folgezeit weitere Auseinandersetzungen mit russ. Zentralismus) Erste Duma (russ. Parlament) zusammengetreten und wegen radikaler Forderungen aufgelöst *Peter A. Stolypin* russ. Ministerpräsident bis 1911 († , durch Attentat, * 1862); versucht durch Agrarreform revolutionäre Bewegung zu bekämpfen Gründung der religiösen Partei der Volkssozialisten in Rußland Bombenattentat auf den Hochzeitswagen des Königs *Alfons* von Spanien und seiner Gattin *Ena* (Opfer unter der Begleitung) † *Carl Schurz*, dt.-amerikan. Staatsmann; 1877 bis 1881 Innenminister der USA (* 1829) Utah 45. Staat der USA *Upton Sinclair* gründet kommunist. Kolonie Helicon Hall (USA) Aufstände auf Kuba gegen USA-Protektorat Schah gibt Persien Verfassung	*Schnitzler:* „Zwischenspiel" (Schauspiel) *W. von Scholz:* „Meroë" (Schauspiel gegen Naturalismus) † *Heinrich Seidel*, dt. Dichter u. Ingen. (* 1842) *Shaw:* „Der Arzt am Scheideweg" (engl. Schauspiel) *Sinclair:* „Der Sumpf" (nordam. Rom. üb. Chicagos Schlachthäuser) *Spitteler:* „Imago" (Schweiz. Bekenntnisroman), „Olympischer Frühling" (Schweiz. philos.-mytholog. Epos, 4 Bände, seit 1900) *Verhaeren:* „La multiple splendeur" (belg. Ged.) „Die Ernte aus acht Jahrhund. dt. Lyrik" (herausgegeben von *Will Vesper*, * 1882) *Georg Sylvester Viereck:* „Niniveh und andere Gedichte" (dt.-amerik. Dichtung) *Wedekind:* „Totentanz" (Schauspiel) *André Antoine* (* 1858, † 1943) übernimmt Odéon-Theater, Paris (gründete dort 1897 Théâtre *Antoine* f. naturalist. Theater) *Max Reinhardt* gründet in Berlin erste Kammerspiele („Kleines Haus" des Dt. Theaters) *Ulrich von Wilamowitz-Moellendorff* (* 1848, † 1931): „Die griechische Literatur des Altertums" *Hans Ostwald* (* 1873): „Rinnsteinsprache, Lex. d. Gauner-, Dirnen- u. Landstreichersprache" „Jewish Encyclopedia" (jüdische Literaturenzyklopädie, seit 1901)	*Schweitzer:* „Von Reimarus bis Wrede" (Geschichte der Leben-*Jesu*-Forschung) *William Stern* (* 1871): „Person und Sache. System des kritischen Personalismus" (1. Bd. „Ableitung u. Grundlehre"; 2. Bd. 1918, 3. Bd. 1924) *Ferdinand Tönnies* (* 1855, † 1936): „Philosophische Terminologie in psychologisch-soziologischer Ansicht" *Max Weber:* „Kritische Studien auf dem Gebiete der kulturwissenschaftlichen Logik" *Franz Xaver Wernz* (* 1842, † 1914) Jesuitengeneral; schafft Neuregelung des Studienwesens im Orden (seit 1884 Rektor des Collegium Romanum) *A. Wünsche:* „Die Geschichte des Teufels" (zur Geschichte des Aberglaubens) *Gustav Wyneken* (* 1875) gründet „Freie Schulgemeinde Wickersdorf" „Die Kultur der Gegenwart" (umfass. Darst.) Erneuerung der Genfer Konvention von 1864 Volksschulgesetz in Preußen (konfessionelle Volksschule) Handelshochschule, Bln. Jüdisches Museum, Prag, gegründet „Anthropos" (kath. Zeitschrift für Völkerkunde) Verbände dt. Studentinnen Gesamtverband d. studentischen Sängerschaften (VAS) Schulunterricht f. Eingeborene in Niederl.-Ostindien

F. G. Hopkins erkennt, daß für die Ernährung geringe Mengen noch unbekannter Stoffe nötig sind (erster klarer Hinweis auf die Vitamine)

W. Kaufmann: Elektronen zeigen die von der Speziellen Relativitätstheorie geforderte Massenzunahme mit der Geschwindigkeit

A. v. Kerpely: Drehrostgenerator zur Erzeugung von Generatorgas (Heizgas)

Robert Koch erkennt auf einer Afrika-Expedition zur Bekämpfung der Schlafkrankheit die Wirksamkeit von Arsenpräparaten (Atoxyl, Strukturaufklärung von *Ehrlich* und *Bertheim* 1907)

Robert Lieben erfindet Elektronen-Verstärkerröhre

Friedrich Meinecke: „Das Zeitalter der deutschen Erhebung" (Geschichte der Befreiungskriege)

Aloys Meister (* 1866, † 1925): „Grundriß der Geschichtswissenschaft" beginnt in Lieferungen zu erscheinen

Der letzte Teil der (Ost-)Küste Grönlands durch Danmark-Expedition unter *Ludvig Mylius-Erichsen* erforscht

Fridtjof Nansen (* 1861, † 1930): „Norwegische Nordpolar-Expedition 1893—1896" (6 Bände seit 1900)

Walther Nernst stellt den Satz von der Unerreichbarkeit des absoluten Nullpunktes (—273,2° C) auf

Parseval: Prall-Luftschiff (45 km/st. mit 90 PS)

Prinzing: „Handbuch der medizinischen Statistik"

Schmidtmann: „Handbuch der gerichtlichen Medizin"

M. U. Schoop: Metallspritzverfahren

F. W. Taylor: Vanadium-Edelstahl (fand mit *White* 1900 Schnelldrehstahl)

J. J. Thomson findet Zahl der Elektronen im Verhältnis z. Atomgew.

M. Tswett: Chromatographische Adsorptionsanalyse (Methode zur Trennung organ. Substanzen)

August von Wassermann (* 1866, † 1925): Serumdiagnose d. Syphilis (*W*'sche Reaktion)

Auf dem 3. Internationalen Kongress für Pflanzenzüchtung i. London wird für die moderne Vererbungsforschung der Name „Genetik" geprägt

Erste internationale Konferenz für Krebsforschung (in Heidelberg und Frankfurt/M.)

„Biochemische Zeitschrift"

„Zeitschrift für Sinnesphysiologie"

Ausgrabung hethitischer Keilschrifttafeln bei Boghasköi (östl. Türkei)

Knochenfunde von Riesen-Dinosauriern (Gigantosaurus) in Dt.-Ostafrika

Großfunkstelle Nauen

Simplon-Tunnel (19823 m, Baubeginn 1898)

Einführung d. Rohrrücklaufes bei Geschützen in Deutschland (in Frankreich 1897, Russl. 1900)

Dt. Marine verwendet Raumbild-Entfernungsmesser (erfunden 1899)

Mit dem brit. Linienschiff „Dreadnought" (22100 t) beginnt der Großkampfschiffbau

1. Schlaftabletten (Harnstoff u. Brom)

Hosenrock stößt in Paris auf heftige Ablehnung

Unfallversicherg. i. Großbritannien

Grubenunglück in Frankreich mit 1100 Toten

Hauptbahnhof Hamburg erbaut

Gründung der Gartenstädte Hellerau bei Dresden und Ratshof bei Königsberg/Pr.

Arbeiter-Athletenbund Deutschlands

Tsutsumi-Higashi: „Die Selbstverteidigung" (das japan. Jiu-Jitsu gewinnt in Europa Verbreitung)

Erster Skikurs in Zürs, Arlberg

Größerer Vesuvausbruch

Erdbeben und Großfeuer vernichten San Francisco

Erdbeben in Kolumbien ist das schwerste seit Gebrauch des Seismographen

1907

Friedens*nobel*preis an *Ernesto Teodoro Moneta* (Ital., * 1833, † 1918) und *Louis Renault* (Frankr., * 1843, † 1918)

2. Haager Friedenskonferenz (auf Veranlassung *Th. Roosevelts* und Einladung des Zaren; faßt Neutralitätsrecht zusammen)

Sozialist. Internationale beschl., d. drohenden Krieg zum Sturz des Kapitalismus auszunutzen

*Bülow*scher Block der Reichstagsrechtsparteien bis 1909, gegen Zentrum

Niederwerfung des Herero-Aufstandes in Dt.-Südwestafrika (seit 1904)

A. Bebel: „Militarismus u. Antimilitarismus"

Hans Delbrück: „Geschichte der Kriegskunst im Rahmen der politisch. Geschichte" (3 Bd. seit 1901)

Carl Schurz: „Lebenserinnerungen" (2 Bände seit 1906 [†], „Briefe" 1909; posthum)

Christl.-soziale Partei wird durch Vereinigung mit den bäuerlichen Deutschklerikalen die stärkste österr. Partei

Briten beginnen in Indien eine Politik der teilweisen Zugeständnisse

Allgem. Wahlrecht in Österreich

Soziale Unruhen in Frankreich

Siam muß Battambang und Angkor an Frz.-Indochina abtreten

† *Oskar II.*, König von Schweden seit 1872 (* 1829)

Gustav V. König von Schweden bis 1950 (†)

Zweite russ. Duma mit demokratischer Mehrheit zusammengetreten und aufgelöst. Dritte Duma, nach neuem Wahlgesetz gewählt, hat Mehrheit der nationalen Oktobristen-Partei

Lenin flieht ins Ausland u. gründet mit *Gregorij Sinowjew* (*1883, †1936, erschossen) und *Kamenew* die sozialistische Zeitung „Der Proletarier"

Stalin überfällt zugunsten der bolschewist. Parteikasse einen Geldtransport der russ. Staatsbank in Tiflis

---

Literatur-*Nobel*preis an *R. Kipling* (Großbrit.)

Hans Bethge (* 1876, † 1946): „Die chines. Flöte" (Übers. chin. Lyrik)

† *Giosué Carducci* (alias *Enotrio Romano*), ital. Dichter (* 1835)

Conrad: „Der Geheimagent" (engl. Roman)

Frenssen: „Peter Moors Fahrt nach Südwest"

St. George: „Der siebente Ring" (Gedichte)

Gorki: „Die Mutter" (russ. Roman)

C. Hauptmann: „Einhart, der Lächler" (Roman)

Streuwels: „Der Flachsacker" (fläm. Roman)

Wilhelmine Heimburg (Berta Behrens, * 1850, † 1912): „Wie auch wir vergeben" (Roman der „Erbin der Marlitt")

Heyse: „Gegen den Strom" (Roman)

Johann Hinrich Fehrs (* 1838, † 1916): „Maren" (Begründung des niederdt. Dorfromans)

Ric. Huch: „Geschichten von Garibaldi" (Roman, 2 Bände seit 1906)

Oskar Kokoschka: „Mörder, Hoffnung der Frauen" (express. Drama, v. *Hindemith* 1921 vertont)

Lagerlöf: „Wunderbare Reise des kleinen Nils Holgersson mit den Wildgänsen" (schwed. Kinderb., 2 Bde. s. 1906)

J. London: „Die eiserne Ferse" (nordamerikan. sozialist. Zukunftsrom.)

H. Mann: „Zwischen d. Rassen" (sat. Roman)

Gustav Meyrink (* 1868, †1932): „Wachsfigurenkabinett" (Erzählungen)

Agnes Miegel (* 1879, † 1964): „Balladen und Lieder"

Alfred Adler: „Studien üb. d. Minderwertigkeit von Organen" (österr. Individualpsychologie)

Bergson: „Die Entwicklung des Lebens" (frz. Entwicklungsphilosophie des Organischen)

K. Bühler: „Tatsachen u. Probl. zur Psychologie der Denkvorgänge"

M. Dessoir: „Objektivismus in der Ästhetik" (Kunstwissenschaft)

Hans Freimark (* 1881): „Das Geschlecht als Mittler des Übersinnlichen" (erotischer Okkultismus)

Willy Hellpach: „Die geistigen Epidemien" (Sozialpsychologie)

William James: „Pragmatismus, ein neuer Name für alte Denkmethoden" (nordamerikan. Erkenntnistheorie)

M. Maeterlinck: „Die Intelligenz der Blumen" (belg. philosoph. Naturbetrachtung)

Ernst Meumann (* 1862, † 1915): „Vorlesungen zur Einführung in die experimentelle Pädagogik" (begründet diesen Forschungszweig)

Maria Montessori (* 1870, † 1952) (ital. Ärztin und Pädagogin) eröff. ihr erstes Kinderhaus (erstrebt frühe Selbständigkeit durch Spiel und Beschäftigung)

Elisabeth Förster-Nietzsche: „Das Nietzsche-Archiv, seine Freunde und Feinde" (Rechtfertigungsschrift der Schwester *N.*s)

Alwin Pabst (* 1854, † 1918): „Die Knabenhandarbeit in der heutigen Erziehung", „Der praktisch - technische Unterricht in amerikanischen Schulen"

Baluschek: „Der Bahnhof" (Gem.) *Chagall:* „Die Bäuerin" (russ. Gemälde) *Arturo Dazzi:* „Die Erbauer" (ital. Plastik) *Hodler:* „Der Silvaplanersee" (Schweiz. expressionist. Gem.) *Ludwig Hoffmann* (* 1852, † 1932): Märkisch. Museum, Berlin (im historisch. Stil, Baubeginn 1901) *Oskar Kaufmann* (* 1873): Hebbel-Theater, Berlin *Michael Kurz* (* 1876): Karmeliterinnenkloster Vilsbiburg (1905 begonn.) und Herz-Jesu-Kirche in Augsburg (1909 beend.) *Larsson:* „Bei uns auf dem Lande" (schwed. Aquarelle) Baukeramik von *Max Läuger* (* 1864, † 1952) auf der Mannheimer Gartenbauausstellung *Hugo Lederer:* Bronzestandbild eines Ringers (Berlin) *Matisse:* „Asphodelos-Stilleben", „Toilette" (frz. Gemälde); eröffnete 1905 seine Schule, genannt „Fauvismus" (d. h. Malerei der „Wilden") *Meier-Graefe:* „Vincent van Gogh" *Mies van der Rohe* (* 1886): Haus Riehl, Neubabelsberg *Modersohn-Becker:* „Stilleben mit Porzellanhund" (Gem.) † *Paula Modersohn-Becker*, dt. expressionistische Malerin (* 1876)	*F. Busoni:* „Neue Ästhetik" (begr. Neue Musik) *Delius:* „Romeo und Julia auf dem Dorfe" (engl. Musikdrama) *Paul Dukas:* „Ariadne und Blaubart" (frz. Oper) *Leo Fall:* „Die Dollarprinzessin", „Der fidele Bauer" (Operetten) * *Wolfgang Fortner*, dt. Komponist; schreibt: „An die Nachgeborenen" u. a. † *E. Grieg*, norw. Komp. (* 1843) † *J. Hellmesberger*, österr. Komp. (* 1885) *Georg Jarno* (*1868, † 1920): „Die Försterchristel" (Operette) † *Joseph Joachim*, dt. Violin-Virtuose und Komponist; schrieb u. a. Kadenzen zu klassischen Konzerten (* 1831) *Mahler* geht an die Metropolitan Opera in New York (kehrt 1911 nach Wien zurück) *Ravel:* „Spanische Rhapsodie" (frz.) *Reger:* „Hiller-Variationen" (für Orchester) *Rimskij-Korssakow* „Der goldene Hahn" (russ. Op.) *Oscar Straus* (* 1870, † 1954) „Ein Walzertraum" (Operette)	Physik-*Nobel*preis an *A. Michelson* (USA) für spektroskopische Präzisionsmessungen (Interferometer) Chemie-*Nobel*preis an *Eduard Buchner* (Dt., * 1860, † 1917) für zellfreie Gärung durch Zymase Medizin-*Nobel*preis an *Ch. Laveran* (Frankr.) für Arbeiten über Protozoen als Krankheitserreger *Backeland:* Kunststoff *Bechhold:* Ultrafilter aus Kollodiumhäuten (lassen nur Teilchen unter 1/10000 mm durch) † *Ernst von Bergmann*, dt. Chirurg; Begründer der Asepsis und Hirnchirurgie (* 1836) *Luitzen E. J. Brouwer* (* 1881, † 1966): „Über die Grundlagen der Mathematik" (niederl. Dissertation, begrdt. den Intuitionismus) *K. E. Correns:* „Die Bestimmung und Vererbung des Geschlechts nach neuen Versuchen mit höheren Pflanzen" *Carl Dorno* (* 1865, † 1942) grdt. physikal.-meteorolog. Station in Davos (begr. Strahlungs- und Bioklimatologie) *Edison:* Betongußverfahren *R. Emde:* „Gaskugeln" (wird später bedeutend für Vorstellungen über den inneren Zustand der Sterne) *Henri Farman* gelingt Motorflug über 770 m in 52 Sekunden *Lee de Forest:* Audion-Empfänger *Robert Garbe:* „Die Dampflokomotive der Gegenwart" (schuf mit *Wilhelm Schmidt* [* 1858, † 1924] die Heißdampflokomotive) *Karl Hagenbeck* (* 1844, † 1913) grdt. Tierpark Hamburg-Stellingen (wird vorbildlich in der Nachahmung natürlicher Umwelten der Tiere) *O. Hahn* entdeckt die radioaktiven Elemente Radiothor, Radioactinium, Mesothor I und II (seit 1904) *Kurt Hassert* (* 1868, † 1947): „Die Städte, geographisch betrachtet" *Haynes* erfindet Hartmetall-Legierungen „Stellite" (ermöglichen bei der Metallbearbeitung über doppelt so hohe Schnittgeschwindigkeiten wie Schnellstähle)	Krisenjahr der deutschen Wirtschaft Japanische Wirtschaftskrise als Folge der Nachkriegskonjunktur von 1906 *Wilhelm Kahl:* „Das neue Strafgesetzbuch" (zur beabsichtigten Strafrechtsreform) *J. P. Morgan* organisiert während der schweren Wirtschaftskrise in den USA im Auftrage des Schatzamtes einen Fonds zur Unterstützg. notleidender Firmen *Henry Deterding* schließt niederl.-brit. Erdölkonzern, die Royal-Dutch-Shell-Gruppe, zusammen (1938: 300 Erzeugungs- u. Handelsgesellschaften, 1 Milliarde holl. Gulden, 43 Mill. Pfund, 2,3 Mill. Reg.-T. Tankflotte) *Hugo Stinnes* (* 1870, † 1924) wird Vorsitzender der Dt.-Luxemburgischen Bergwerks- und Hütten-AG *Mannesmann*-Röhrenwerke verlegen Sitz nach Düsseldorf (1890 in Berlin gegrdt.) „Edeka" (Einkaufsgenossensch. dt. Kolonialwarenhändler) Schwed. Kugellagerfabrik, Gotenburg Deutsches Reichsbeamtengesetz

(1907)	*Rasputin*, der „heilige Teufel", findet Zugang zum Zarenhof und gewinnt starken Einfluß (1917 von russ. Adligen getötet)	*R. Rolland:* „Beethoven", „Michelangelo" (frz. Biographien)	Papst *Pius X.* wendet sich in der Enzyklika „Pascendi dominici gregis" gegen den „Modernismus" in der Kirche; verkündet allgemeine Geltung des tridentinischen Eheschließungsrechts, das die kirchliche Eheschließung vorschreibt
	Bauernaufstand in Rumänien	*Heidenstam:* „DerStamm derFolkunger" (schwed. Roman, seit 1905)	
	Großbritannien und Rußland einigen sich über ihre Interessen in Persien, Afghanistan, Tibet. Dreiteilung Persiens in zwei Interessenzonen und eine neutrale (vollendet „Tripelentente" zw. Großbritannien, Frankreich u. Rußland)	*Strindberg:* „Schwarze Fahnen" (schwed. Roman), „Gespenstersonate" (schwed. Drama)	
		† *René François Armand Sully-Prudhomme,* franz. Dichter; *Nobel*preis 1901 (* 1839)	*Ernst Schweninger* (*1850, †1924): „Der Arzt" (für Naturheilkde. u. „künstlerhaftes" Arzttum)
	† *Muzaffer ed Din,* Schah von Persien seit 1896 (* 1853); sein Sohn *Mohammed Ali* Schah bis 1909	*John M. Synge* (* 1871, † 1909): „The playboy of the Western world" (irische Komödie)	*Ferd. Tönniës:* „Das Wesen der Soziologie"
	Wirtschaftskrise verschärft soziale Spannungen in USA, Streikbewegung	*L. Thoma:* „Kleinstadtgeschichten"	„Kepler-Bund" (gegen den Monismus)
	Oklahoma 46. Bundesstaat der USA (nach Vereinigung mit Indianerterritorium)	*Jaroslav Vrchlicky* (*Emil Frida,* * 1853, † 1912): „Epische Gedichte" (tschech., 3 Teile s. 1879)	*Mathilde - Zimmer -* Stiftung (evangelische Töchterheime)
	USA geben dem Dominikanischen Freistaat Anleihen und überwachen seine Finanzen (ab 1916 auch militärische Aufsicht)	*Wedekind:* „Musik" (Schauspiel)	„Vereinigung für das liberale Judentum" (Sitz Berlin)
	Sun Yat-sen verkündet sein Programm einer chines. demokratischen Republik mit sozialer Gesetzgebung	*Gustav Wied:* „$2\times 2=5$" (dän. Schauspiel)	„Zentralblatt für Okkultismus"
		Wildenbruch: „Die Rabensteinerin" (Schauspiel)	Krise in der pietistenähnlichen ev. Gemeinschaftsbewegung durch Auftreten ekstatischer „Zungenredner"
		E. Zahn: „Lukas Hochstrassers Haus"(Schweiz. Roman)	„Archiv für Rechts- und Wirtschaftsphilosophie" (ab 1933 „A. f. Rechts- und Sozialphilosophie")
		Schiller-Theater, Berlin, als gemeinnützig. Volkstheater von *R. Löwenfeld* gegründet (1951 unter *Boleslaw Barlog* neu eröffnet)	
		Ernst Possart (* 1841, † 1921, Intendant und Schauspieler in München): „Die Kunst des Sprechens"	
		August Leskien (*1840, † 1916; Begründer der junggrammatischen Schule): „Kritik der künstl. Weltsprachen" (mit *Karl Brugmann*)	
	Ausgrabung v. Samarra/Irak (bis 1913), Riesenmoschee, Paläste		Gleichberechtigung der beiden norweg. Sprachen: Riksmaal (Reichssprache) und Landsmaal (Landessprache)
	Rhein-Straßenbrücke bei Ruhrort (Baubeginn 1904, 203 m Stützweite)	„Ido" als reformiertes „Esperanto" (dieses seit 1887)	

Ed. Munch: „Walter Rathenau", „Amor und Psyche", „Hafen von Lübeck" u. „Haus mit rotem Dach" (Gemälde)

Muthesius: „Landhaus und Garten" und „Kunstgewerbe und Architektur"; gründet „Deutschen Werkbund"

Josef Olbrich: Ausstellungshaus und Hochzeitsturm der Stadt Darmstadt (Baubeginn 1906); Warenhaus *Tietz* in Düsseldorf (fertiggestellt 1908)

Bruno Paul (* 1874) Direktor der Unterrichtsanstalt des Kunstgewerbemuseums, Berlin, bis 1932; Innenarchitekt im Sinne der von ihm gegründeten „Dt. Werkstätten"

Picasso wendet sich dem Kubismus zu: „Kopf" (span.-frz., maskenhaft stilisiert) u. „Adam und Eva"

Ernst Pöschel (Drukker, * 1841, † 1927) und *Walter Tiemann* (* 1876, † 1951) geben als ersten Privatdruck ihrer Januspresse *Goethes* „Römische Elegien" in *Tiemann*-Mediäval heraus

Emil Preetorius (*1883, Bücherillustrator, Gebrauchsgraphiker, Bühnenbildner) illustr. *Chamissos* „Peter Schlemihl"

Henri Rousseau: „Frau mit Schlange" (frz. Gemälde)

Slevogt: Illustrationen zur „Ilias"

Thiersch: Kurhaus in Wiesbaden (Baubeginn 1902), Festhalle in Frankfurt a. M. (fertiggestellt 1909)

Utrillo ändert s. impress. i. mehr realist. Malstil

Henry van de Velde: „Vom modernen Stil" (üb. Architekt.)

Vlaminck: „Vorstadtlandschaft" (frz. fauvist. Gem.)

Wallot: Landtagsgebäude in Dresden (Baubeginn 1901)

Emil Rudolf Weiß (* 1875, † 1942) Professor a. d. Vereinigten Staatsschulen f. bild. Künste, Berlin, bis 1933

Zorn: „Mädchenbildnis" (schwed. impress. Gemälde)

Daniel Henry Kahnweiler (* 1884) eröffn. Galerie i. Paris (förd. Kubismus)

Gesetz betr. das Urheberrecht an Werken d. bild. Künste u. der Photographie

---

Meßter gründet erstes größeres Berliner Filmtheater

Pathé gründet in Paris Kultur- und Lehrfilm - Abteilung (erste mikroskopische Kulturfilme)

Filmzwischentitel lösen Erklärer ab

„Erste Versuche eines Schlittschuhläufers" (frz. Film v. *M. Linder*)

„Der Tunnel unter dem Kanal"; „Shakespeare ‚Julius Cäsar' dichtend" (frz. Filme von *Méliès*)

„Napoleon und die engl. Flotte" (engl. Film)

Holst und *Fröhlich* erzeugen durch künstliche Mangelnahrung bei Meerschweinchen Skorbut

Doppelkolbenmotor von *Junkers*

Julius Kollmann (* 1834, † 1918): „Handatlas der Entwicklungsgeschichte" (Entwicklungsbiologie)

Bildtelegraphie München–Berlin–Paris–London durch *Arthur Korn*

† *Dimitrij Iwanowitsch Mendelejew*, russ. Chemiker; fand 1869 d. Period. System der Elemente (* 1834)

† *Henri Moissan*, frz. Chemiker, *Nobel*preis 1906 (* 1852)

Zeitlupe von *August Musger*

Pickering: Katalog der Sternhelligkeiten (für über 9000 Sterne)

Cl. Pirquet: Tuberkulin für Tuberkulose-Diagnose

Erster brauchbarer Raupenschlepper von *Roberts* und *Hornsby* (daraus entwickelt sich der brit. Tank)

Heinrich Simroth (* 1851, † 1917): „Die Pendulationstheorie" (tiergeographische Hinweise auf Pendelungen der Erdachse)

Robert Stook u. *Karl Gleiche:* Erster Motorpflug (Anfang d. Motorisierung; vgl. z. B. 1951)

† *William Thomson* (Lord *Kelvin*), engl. Physiker; begründete u. a. absolute Temperaturskala (* 1824)

Alfred Wilm: Duralumin als erste hochfeste Aluminium-Legierung

„Potsdamer Photometrische Durchmusterung" mit Helligkeiten von 14200 Sternen

Essigsäure-Synthese aus Azetylen

Erste Untersuchungen von Wirkungen der radioaktiven und *Röntgen*-Strahlen auf biologische Objekte (begründen einen ausgedehnten Zweig der Biophysik)

Offsetdruck kommt aus USA nach Deutschland (wurde dort 1904 von *Rubel* erfunden)

Hochfrequenzmaschine für drahtlose Telegraphie

Fernleitungen für Ströme von 60000 Volt

„Lusitania" und „Mauretania" (brit. Turbinen-Ozeandampfer mit je 44500 t Wasserverdrängung)

Planung eines Kanaltunnels n. England (scheitert an polit. Bedenken)

Hugo Conwentz (* 1855, † 1922) gibt „Beiträge zur Naturdenkmalpflege" heraus (schlug diese Pflege 1904 vor)

Preußisches Gesetz gegen Verunstaltung von Ortschaften und Landschaften

Schweiz. Zivilgesetzbuch vereinheitlicht kantonal. Privatrecht (1912 in Kraft)

Eröffnung des Berliner Teltowkanals (Baubeginn 1900)

Gesundheitsbetreuung in engl. Schulen

Zentralstelle für Balneologie (Bäderkunde) in Berlin

Deutscher Bund für Mutterschutz

Preuß. Frauenverdienstkreuz gestiftet

Kronprinzessin *Luise* von Sachsen (1903 wegen Ehebruchs geschieden) heiratet den Pianisten *Enrico Toselli* (1912 geschieden)

Internation. Union für Schießsport (Paris)

Nordamerikan. Presseagentur United Press (UP)

Im Autorennen Peking–Paris gewinnt ital. Prinz in 2 Monaten

1908	Friedens*nobel*preis an *Fredrik Bajer* (Dänem., * 1837, † 1922) und *Klas Pontus Arnoldson* (Schwed., * 1844, † 1916)	Literatur-*Nobel*preis an *Rudolf Eucken* (Dt.)	*Max Adler:* „Marx als Denker"
	Dt. Reichstag und Bundesrat tadeln den Kaiser wegen mangelhafter Zurückhaltung in außenpolitischen Fragen	* *Arthur Adamov*, russ.-frz. Dramatiker des absurden Theaters († 1970)	*Baden-Powell* gründet brit. „Boyscouts" (danach 1911 „Pfadfinder" in Deutschland)
	Dt. Flottengesetz von *Alfred von Tirpitz* (* 1849, † 1930). Deutschland wird nach Großbritannien zur stärksten Seemacht	*Leonid N. Andrejew* (* 1871, † 1919): „Das rote Lachen", „Die Geschichte von den sieben Gehenkten" (russ. Dichtungen)	*Emile Boutroux* (* 1845, † 1921): „Wissenschaft und Religion in der zeitgenöss. Philosophie" (lehrt: Weltganzes beruht auf freier, schöpfer. geistiger Tat)
	Die Anliegerstaaten von Nord- und Ostsee garantieren sich ihre an diese Meere grenzenden Territorien	*Bierbaum:* „Prinz Kukkuck. Das Leben eines Wollüstlings" (Roman seit 1907)	*A. Deißmann:* „Licht aus dem Osten" (protestant. Theologie)
	Preuß. Enteignungsgesetz für poln. Güter	*Lily Braun* (* 1865, † 1916): „Im Schatten der Titanen" (Biographie ihrer Großmutter)	*R. Eucken:* „Der Sinn und Wert des Lebens" (idealist. Lebensphilos.)
	Reichsvereinsgesetz (hebt Einschränkungen politischer Vereine auf)	*Laurids Bruun* (* 1864, † 1935): „Von Zantens glückliche Zeit" (dän. Südseeroman)	*Freud:* „Charakter und Analerotik" (Beginn der tiefenpsychologischen Charakterlehre)
	„Verein für das Deutschtum im Ausland" (VDA) (aus dem „Deutschen Schulverein" von 1881)	*W. Busch* (†): „Hernach" (Gedichte)	*K. Kautsky:* „Der Ursprung des Christentums" (sozialdemokrat. Standpunkt)
	Mannesmann gewinnt Konzessionen auf Erzlager in Marokko (wird internationaler Streitfall)	*Chesterton:* „Der Mann, der Donnerstag war" (engl. humorist. Roman)	*Theodor Lessing* (* 1872, † 1933, in der Emigration ermordet): „Schopenhauer — Wagner — Nietzsche"
	Trotz Dreiklassenwahlrecht 7 Sozialdemokraten im Preuß. Abgeordnetenhaus; Wahlrechtsreform scheitert	† *Holger Drachmann*, dän. Dichter; schrieb u. a. Gedichte und das Märchendrama „Es war einmal" (1886) (* 1846)	
	Österreich-Ungarn annektiert Bosnien und Herzegowina (seit 1878 unter österr. Verwaltung); wird von Deutschland unterstützt; Protest von Großbrit., Serbien, Rußland (1909 anerkennt Türkei Annexion nach Entschädigung)	*Fontane:* „Mathilde Möhring" (Erzähl., posthum)	*Heinrich Lhotzky* (* 1859, † 1930; bis 1901 Pfarrer in Südrußland): „Die Seele Deines Kindes")
		Ganghofer: „Waldrausch" (Roman)	*Heinrich Maier* (* 1867, † 1933): „Philosophie d. emotionalen Denkens" (voluntaristische Logik)
	Herbert Asquith (* 1852, † 1928) brit. liberaler Ministerpräsident bis 1916	*Ernst Hardt* (* 1876, † 1947): „Tantris der Narr" (Schauspiel); erhält Volks-*Schiller*preis	
	David Lloyd George brit. liberaler Finanzminister bis 1915; führt Sozialreformen durch	*Thomas Hardy* (* 1840, † 1928): „Die Dynastien" (engl. *Napoleon*-Schauspieltril. seit 1904)	*Fr. Meinecke:* „Weltbürgertum und Nationalstaat" (geistesgeschichtliche Geschichtsschreibung)
	Die unter dem Eindruck des japan. Sieges 1905 entstandene indische englandfeindliche Partei unter *Bal Gangadhar Tilak* wird mit Gewalt unterdrückt und aufgelöst	*Moritz Heimann* (* 1868, † 1925): „Joachim von Brandt" (Junkerkomöd.)	*Emile Meyerson* (* 1859, † 1933): „Identität und Realität" (frz. rationalist. Naturphilosophie)
	*Weddell*meer und Westantarktis brit. Besitz	*Georg Hermann* (* 1871, † 1943, im KZ vergast): „Jettchen Gebert" (Roman, 2 Bde. seit 1906)	
	Staatsbesuche zwischen Großbritannien, Frankreich und Rußland	*Arno Holz:* „Sonnenfinsternis" (Zeitdrama)	*Franz Müller-Lyer* (* 1857, † 1916): „Phasen der Kultur" (begründet empirische „Phaseologie")
	Kongostaat (seit 1885 unter belg. König *Leopold II.*) wird belg. Kolonie		

Beckmann: „Unterhaltung" (Gemälde)
P. Behrens: Antiqua (Drucktypen)
† *Wilhelm Busch,* dt. humor. Zeichn. u. Dichter (* 1832)
Fritz Hellmuth Ehmcke (* 1878): Antiqua (Drucktyp.)
Aug. Endell (* 1871, † 1925): „Die Schönheit d. größten Stadt" (Architekt.)
Hodler: „Auszug der Jenenser Studenten 1813" (Schweiz. Wandmalerei in der Universität Jena)
Frances Hodgkins (* 1869, † 1947): „Auf dem Hügel" (engl. Gemälde)
Ludwig Justi (* 1876): „Giorgione" (Biogr.)
Kokoschka: „Trancespieler", „Dent du Midi", „Bildnis des Wiener Schneiders Ebenstein" (Gem.)
Kollwitz: „Bauernkrieg" (7 Radier.)
† *Walter Leistikow,* dt. Landschaftsmaler (* 1865)
Adolf Loos: „Ornament und Verbrechen"
Matisse prägt für ein Bild v. *Georges Braque* (* 1882, † 1963) das Wort „Kubismus"
Mondrian: „Der rote Baum" (expr. Gem.)
Monet: „Dogenpalast" (insges. 29 Venedigbilder)
Henri Rousseau: „Der Dicht. Apollinaire u. d. Muse" (frz. Gem.)
Slevogt: Illustrationen zu „Sindbad"

„Die letzten Tage von Pompeji" (ital. Film von *Arturo Ambrosio*)

Granville Bantock Prof. an der Univ. Birmingh. (komp. u. a. „Vanity of Vanities", „Sappho", „Hebriden-Symphonie")
Bartók: 1. Streichquartett, „Zwei Porträts" (ungar. Kompositionen)
Leo Blech: „Versiegelt" (Oper)
Marie von Bülow gibt s. 1895 „Briefe u. Schriften" ihres Gatt. *H.v.B.* heraus
* *Hugo Distler,* dt. Kompon. († 1942)
R. Heuberger: „Barfüßle" (Oper)
* *Herbert von Karajan,* österr. Dirig. in Berlin u. Wien
Korngold: „Der Schneemann" (Pantomimenmusik, Werk eines 11jähr.)
* *Olivier Messiaen,* frz. Komponist
Pfitzner Operndir. in Straßburg (bis 1918)
Ravel: „Ma Mère l'Oye" (frz. Klavierkomp.)
Hugo Riemann: „Grundriß d. Musikwissenschaft"
† *Nikolai Rimskij-Korssakow,* russ. Komp.; kompon. erste russ. Symphonie 1865 (* 1844)
† *Pablo Martin Sarasate,* span. Geiger u. Komp. (* 1844)
Gerhard Schjelderup (* 1859, † 1933): „Frühlingsnacht" (norweg. Oper)
Wolf-Ferrari: „Der Schmuck der Madonna" (Oper)

Physik-*Nobel*preis an *Gabriel Lippmann* (Lux., * 1845, † 1921) für Interferenz-Farbenphotographie
Chemie-*Nobel*preis an *E. Rutherford* (Großbrit.) für Forschung über Radioaktivität
Medizin-*Nobel*preis an *I. Metschnikow* (Rußl.) und *P. Ehrlich* (Dt.) für Immunitäts-Forschung
Adolf Friedrich Herzog zu Mecklenburg (* 1873, † 1969) durchquert Zentralafrika von Ost nach West (seit 1907; schreibt „Ins innerste Afrika")
† *Henri Becquerel,* frz. Physiker; Entdecker der Radioaktivität, *Nobel*preis 1903 (* 1852)
Albrecht Bethe (* 1872): „Allgemeine Anatomie und Physiologie des Nervensystems" (ein Ausgangspunkt der modernen Nervenphysiologie)
Weltrekorde im Höhenflug von *H. Farman* mit 25 m und *W. Wright* mit 110 m
Kapsluftpumpe von *Wolfgang Gaede* (wichtiger Schritt in der Vakuumtechnik)
Karl Eberhardt Göbel (* 1855): „Einleitung in die experimentelle Morphologie der Pflanzen" (pflanzliche Entwicklungsmechanik)
George Ellery Hale (* 1868, † 1938) entdeckt Magnetfelder der Sonnenflecken
Hedin erforscht Persien und Tibet (seit 1905), wobei er das Transhimalaja-Gebirge entdeckt
Hugo Ibscher: Papyrus-Ausstellung anläßl. des Internationalen Historiker-Kongresses in Berlin (entscheidende Förderung der Papyrus-Forschung durch wirkungsvolle Präpariermethoden)
Heike Kamerlingh Onnes (* 1853, † 1926) verflüssigt Edelgas Helium (err. 1909 — 271,8°)
Gebrüder Ljungström entwickeln erste Turbolokomotive (technisch brauchbar ∼ 1921)
Rudolf Marcks: Automatisch sich aufblasendes Rettungsfloß
Antoine Meillet (* 1866, † 1936): „Die indoeuropäischen Dialekte" (frz. Sprachwissensch.)

Joseph Schumpeter (* 1883, † 1950): „Wesen u. Hauptinhalt der theoretischen Nationalökonomie" (mathemat.-funktionalist. Richtung)
v. Wiese: „Die Lehre von der Produktion und von der Produktivität" (in „Die Entwicklung der dt. Volkswirtschaftslehre")
Internationaler Bund der christlichen Gewerkschaften (Sitz in Köln bis 1920, dann in Utrecht)
General Motors Company (USA, Detroit; geht 1916 in die General Motors Corporation auf; führender Autokonzern: Chevrolet, Buick, Cadillac u. a., später *Opel*)
Maschinenfabrik Augsburg - Nürnberg (MAN) AG. durch Zusammenschluß
Schütte - Lanz - Gesellschaft für Luftschiffbau von *Johann Schütte* (* 1873) und *Karl Lanz* (* 1873, † 1921) gegründet
Zeppelin - Unglück bei Echterdingen
Luftschiffbau *Zeppelin* G. m. b. H. aus „Volksspende" errichtet
„Die Betriebswirtschaft" und „Zeitschrift für Handelswissenschaft und Handelspraxis" (Zeitschriften, welche

(1908)

Frauenstimmrecht in Dänemark
Ermordung König *Karls I.* von Portugal und des Kronprinzen
Ferdinand I. erklärt Bulgarien zum unabhängigen Königreich (durch russ. Vermittlung 1909 von den übrigen Mächten anerkannt)
Narodna Odbrana (Nationale Verteidigung; großserb. Organisation)
Erster Neoslawistenkongreß in Prag (1909 in Sofia; scheitert am russ.-poln. Gegensatz)
73 russ. Zeitungen und Zeitschriften verboten
Jungtürk. Revolution in der Türkei. *Said Pascha* Großwesir. Verfassung von 1876 wieder in Kraft. Türkei verliert Bosnien-Herzegowina an Österreich. Bulgarien erklärt sich selbständig
Kreta beschließt Vereinigung mit Griechenland (erst 1913 vollzogen)
Tel Aviv von Zionisten gegrdt. (1. zionist. Kolonie in Palästina 1878)
Schah hebt pers. Verfassung auf (Aufstände und russ.-brit. Intervention erzwingen 1909 Wiedereinführung)
In Venezuela erklärt *J. V. Gomez* den Diktator General *Castro* für abgesetzt (seit 1899); wird Präsident bis 1935 (†); verständigt sich mit dem Ausland
Provinzialvertretungen in China (zentrales Zweikammersystem erst ab 1912)

Eröffnung des „Münchener Künstlertheaters" (Stilbühne; 1909 an *Reinhardt* verpachtet)
Edward Gordon Craig, engl. Schauspieler, Regisseur, Bühnenbildner, Graphiker u. Schriftsteller (*1872): „The Mask" (engl. Theaterzeitschrift, erschienen bis 1929)

Ric. Huch: „Menschen und Schicksale aus dem Risorgimento" (histor.)
Kolbenheyer: „Amor Dei" (*Spinoza*roman)
Timm Kröger: „Das Buch der guten Leute" und „Aus alter Truhe" (Erzählgn. a. Holstein)
Alfred Kubin: „Die andere Seite" (Roman)
E. Lasker-Schüler: „Die Wupper" (Schauspiel, Urauff. 1919)
Liliencron: „Leben und Lüge" (autobiogr. Rom.)
Börries Freiherr *von Münchhausen* (* 1874, † 1945): „Die Balladen u. Ritterlichen Lieder" (Zusammenfassung der Dichtg. v. 1900 u. 1904)
Rilke: „Neue Gedichte" (2 Bände seit 1907)
Jules Romains (eig. Louis *Farigoule*, * 1885): „La vie unanime" (frz. Gedichte; Ursprung des „Unanimismus")
Wilhelm Schmidtbonn (* 1876): „Der Graf von Gleichen" (Schauspiel)
Schnitzler: „Der Weg ins Freie" (Roman)
Karl Schönherr (* 1867, † 1943): „Erde" (Drama); erhält *Schiller*preis
Shaw: „Getting Married" („Heiraten", engl. Schauspiel mit Vorrede über Liebe und Ehe)
Strindberg: „Ein Blaubuch" (schwed. Bekenntnis)
Sudermann: „Das hohe Lied" (Roman)
Carmen Sylva (Königin *Elisabeth* von Rumänien, Prinzessin *von Wied-Neuwied*, * 1843, † 1916): „Mein Penatenwinkel" (Lebenserinnerungen)
Viebig: „Das Kreuz im Venn" (Eifelroman)

wachsendes Interesse für Betriebswirtschaftslehre kennzeichnen)
Hamburgisches Weltwirtschafts-Archiv
Dt. statistisches Zentralblatt
Dt. Börsengesetz
„Die Reklame" (Zeitschrift dt. Reklamefachleute)
Anwendung der Funktechnik wird in Deutschland Hoheitsrecht des Reiches
Dt. Veterinäroffizierskorps
Olympiade in London (21 Sportarten)
Jack Johnson (erster Neger-) Boxweltmeister
Messina durch Erdbeben zerstört (84000 Tote bei 150000 Einwohnern)
Fall eines Riesenmeteors in Sibirien (starke Waldverwüstung in 40 km Umkreis)
Alterspensionsgesetz in Großbritannien
Familien-Freibad Berlin-Wannsee eröffnet (erstes in Europa)
Tiller-Girls aus USA in Europa (neuer exakter Gruppentanzstil)

Alfredo Oriani (* 1852, † 1909): „Die Empörung des Ideals" (ital. Sozialphilosophie, wirbt für den Imperialismus)

Berthold Otto: „Kindesmundart" (für pädagogische Verwendung der Altersmundart)

Moritz Schlick (* 1882, † 1936, ermordet): „Lebensweisheit, Versuch einer Glückseligkeitslehre" (hedonist. Ethik)

W. von Scholz: „Die deutschen Mystiker"

G. Simmel: „Soziologie, Untersuchung über die Formen der Vergesellschaftung" (leitet über von einer allgem. philosoph. Soziologie zu einer mehr konkreten Beziehungslehre)

Georges Sorel (* 1847, † 1922): „Über die Gewalt", „Die Auflösung des Marxismus", „Die Illusion d. Fortschritts" (frz. Syndikal.)

Lester F. Wards (* 1841, † 1913): „Angewandte Soziologie" (nordamerikan. Gesellschaftslehre unter Verwendung psychologischer Entwicklungsfaktoren)

Graham Wallas (* 1858, † 1932): „Die Natur des Menschen in der Politik" (engl. Soziologie aus dem Kreis der Fabians; betont Bedeutung der Psychologie für die Gesellschaftslehre)

Julius Wellhausen (* 1844, † 1918): „Das Evangelium Marci, Matthäi, Lucä, Johannis übersetzt und erklärt" (4 Bände seit 1903, evang.)

H. G. Wells:, Erste und letzte Dinge"

Hans von Wolzogen: „Aus Richard Wagners Geisteswelt" (starke Betonung des „Germanischen")

Zurbonsen: „Das zweite Gesicht" (Parapsychol.)

Kardinalskongregation des Heiligen Offiziums zur Reinerhaltung des kathol. Glaubens gebildet

„Kirchliches Handbuch für das katholische Deutschland"

Erster Internationaler Moralkongreß in London (2. im Haag 1912, 3. in Genf 1922)

„Zwickauer Thesen" der sächsischen Lehrerschaft verlangen Liberalisierung des Religionsunterrichtes

Handelshochschule Mannheim

Mädchenschulreform in Deutschland; zunächst in Preußen; Schulreform in Preußen gibt den Frauen das Recht zum akadem. Studium

Engl. „University Extension" (Vorlesungen außerhalb der Universität, seit 1879) hat 51 500 Teilnehmer

„Sozialistische Arbeiterjugend Deutschlands" (SAJ)

„Mazdaznan" (Zeitschrift für *Zarathustrische* Philosophie, Körperpflege und Diätetik)

Studentische „Deutsche Landsmannschaften" (aus dem 1868 gegründeten Coburger und 1898 gegründeten Arnstädter L. C.)

Fuad-Univers. i. Kairo gegrdt. (ab 1925 staatl.)

Adolf Miethe: „Dreifarbenphotographie nach der Natur" (grundlegend)

Hermann Minkowski (* 1864, † 1909): „Raum und Zeit" (vierdimensionale Raum-Zeit-Welt als Grundbegriff der Relativitätstheorie)

H. Piper bestimmt die Geschwindigkeit der Nervenerregung bei Menschen zu 120 m/Sekunden

Moritz Ritter (* 1840, † 1923): „Deutsche Geschichte im Zeitalter der Gegenreformation und des Dreißigjährigen Krieges" (3 Bände seit 1889)

Max Rubner (* 1854, † 1932): „Das Problem der Lebensdauer und seine Beziehungen zu Wachstum und Ernährung"

Johann Schütte konstruiert sein erstes Starrluftschiff

Jean Tilho erforscht und vermißt Tschadsee-Gebiet

Vass: Betonspritz- oder Torkret-Verfahren (Wandputz, Reparaturen)

Richard von Wettstein (* 1863, † 1931): „Handbuch der systematischen Botanik" (2 Bände seit 1902); gründet ferner „Zeitschrift für induktive Abstammungs- und Vererbungslehre"

M. Wien (* 1866, † 1938): Löschfunken-Sender in der Funkentelegraphie

Fund des Unterkiefers von Heidelberg (ca. 500000 Jahre alt)

Roosevelt-Talsperre in Nordamerika (Arizona; 87 m hoch, 2020 Mill. cbm Inhalt, Baubeginn 1906)

Erstes dt. Fernsprech-Selbstanschlußamt für Ortsgespräche in Hildesheim (Drehwähler 1892 von *Strowger* erfunden)

Erster Kolbenfüllhalter (erstes Füllerpatent 1884 in USA)

Versenkbarer Sicherheitsfüllfederhalter wird allgemeiner

Zereisen-Feuersteine (ermöglichen moderne Feueranzünder)

1909	Friedens*nobel*preis an *Auguste Beernaert* (Belg., * 1829, † 1912) und *Paul H. B. Estournelles de Constant* (Frankr., * 1852, † 1924) *Estournelles de Constant:* „Die französisch-deutsche Annäherung" (franz. Verständigungspolitik) *Theobald von Bethmann-Hollweg* (* 1856, † 1921) dt. Reichskanzler bis 1917 † *Friedrich von Holstein*, Vortragender Rat im Auswärtigen Amt von 1878 bis 1906; beeinflußte als „Graue Eminenz" maßgebend dt. Außenpolitik (* 1837) Auseinandersetzungen in der Zentrumspartei u. a. um kathol. Arbeitervereine oder christliche Gewerkschaften (Berliner bzw. Kölner Richtung) Zentrum einigt sich mit Konservativen über Branntweinmonopol; Erbschaftssteuer wird abgelehnt (Opposition der Sozialdemokratie) Neue deutsche Verbrauchssteuern Oldenburg verwandelt das indirekte Wahlrecht für den Landtag in unmittelbares *J. Stammhammer:* „Bibliographie des Sozialismus und Kommunismus" (3 Bände seit 1893) König *Eduard VII.* von Großbritannien in Berlin Staatsbesuche König *Eduards VII.* von Großbritannien und Zar *Nikolaus' II.* von Rußland in Italien Brit. Steuergesetz unter Finanzminister *Lloyd George* belastet Großgrundbesitz Entscheidende Stärkung der brit. Labour Party durch Beitritt der Bergarbeitergewerkschaft (1910: 41 Unterhaussitze; 1924: 151) Großbritannien erwirbt malaiische Vasallenstaaten von Siam Stärkung der antiliberalen Mehrheit in den Niederlanden * Prinzessin *Juliana*, Königin der Niederlande ab 1948 *Albert I*. König der Belgier bis 1934 (†, * 1875) Streikbewegung in Schweden Demokratische Wahlrechtsreform in Schweden (erweitert 1921)	Literatur-*Nobel*preis an *S. Lagerlöf* (Schwed.) *Bahr:* „Das Konzert" (österr. Schauspiel) *Björnson:* „Wenn der junge Wein blüht" (norweg. Schauspiel) *W. Busch:* „Schein und Sein" (Gedichte, posthum) *Duse* verläßt Bühne *Ebner-Eschenbach:* „Altweibersommer" (österr. Roman) *T. S. Eliot:* „Gedichte" (engl.) *A. France:* „Die Insel der Pinguine" (frz. Roman) *Gjellerup*: „Die Weltwanderer" (dän. Roman mit indisch-buddhist. Philosophie) *Hamsun:* „Gedämpftes Saitenspiel" (norweg. Erzählung) *G. Hauptmann:* „Griselda" (Schauspiel) *Heyse:* „Die Geburt der Venus" (Roman) *Friedrich Huch* (* 1873, † 1913, Vetter von *Ricarda Huch*): „Pitt und Fox, die Liebeswege der Brüder Sintrup" (satirischer Roman) † *Detlev v. Liliencron*, dt. Dichter (* 1844) *Löns:* „Mümmelmann" (Tiergeschichten), „Aus Wald und Heide" (Naturbeobachtungen), „Mein blaues Buch" (Gedichte) *M. Maeterlinck:* „Der blaue Vogel" (belg. Schauspiel) *Th. Mann:* „Königliche Hoheit" (Roman) *H. Mann:* „Die kleine Stadt" (Roman) *Alfred Mombert* (* 1872, †1942): „Der himmlische Zecher" (Gedichte)	*Paul Deussen* (* 1845, † 1919): „Die Geheimlehre des Veda" (Darstellung der altindischen Philosophie) *Hans Driesch:* „Philosophie des Organischen" (vitalistische Philosophie) *Haeckel* gründet „Phyletisches Museum" in Jena (zur Erläuterung der Darwinschen Abstammungslehre) *Ed. von Hartmann:* „System der Philosophie" (8 Bde. s. 1906, posthum) *Nic. Hartmann:* „Platons Logik des Seins" *E. R. Jaensch:* „Zur Analyse der Gesichtswahrnehmungen" *William James:* „Ein pluralistisches Universum" (nordamerikan. religionspsychologischer Pluralismus) *Karl Lamprecht* (* 1856, † 1915) gründet Institut für Kultur- und Universalgeschichte in Leipzig *Helene Lange:* „Die Frauenbewegung in ihren modernen Problemen" *Lenin:* „Materialismus und Empiriokritizismus" (Kritik des Positivismus vom Standpunkt des dialektischen Materialismus aus) *Sebastian Merkle* (* 1862, † 1945): „Die katholische Beurteilung des Aufklärungszeitalters" (kathol. Kirchengesch.) *Natorp:* „Philosophie und Pädagogik" *Emilio Filippo Tommaso Marinetti* (* 1876, † 1944): „Futuristisch. Manifest" (ital., f. neuen Literatur- und Kunststil mit nationalistischer Tendenz)

Barlach: „Sorgende Frau" (Holzplastik) *P. Behrens:* AEG-Turbinenfabrik(Bln.) *Albin Egger-Lienz* (* 1868, † 1926): „Haspinger" (früh-expressionist. Gemälde unter dem Einfluß *Hodlers*) *Ludwig von Hofmann* (* 1861): „Nach der Schwemme"(Pastell) *Ludwig Justi* Direktor d. Berliner Nationalgalerie bis 1933 *Kandinsky:* „Landschaft mit Häusern" (russ. express. Gem.) *Paul Kersten* (* 1865, † 1943): „Die Buchbinderei und das Zeichnen des Buchbinders" (Leitfaden für Buchbinder) und „Der exakte Bucheinband" (gilt als Bahnbrecher f. modernen dt. Bucheinband) *Kokoschka:* „Princesse de Montesquiou-Rohan", „Baumeister Adolf Loos" (Bildnisse) *Kollwitz:* „Arbeitslosigkeit" (Radierg.) † *Peter Severin Krøyer,* dän. impress. Maler (* 1851) *Larsson:* „Das Haus in der Sonne" (schwed. Aquarelle) *Melch. Lechter:* Glasgemälde im Landesmuseum Münster/W. *M. Liebermann:* „Selbstbildnis" (Gemälde) *Marc:* „Rehe in der Dämmerung" (noch gemäßigte Farben) *Ed. Munch:* „Dr. Jakobsen" und „Jappe Nilssen" (norweg. express. Bildnisse)	*H. Breuer:* „Der Zupfgeigenhansl" (Sammlung volksliedhafter Musik der Wandervogelbewegung) *Sergej Diaghilew* (*1872, † 1929) grdt. sein russ. Ballett in Paris *Sergej Kussewitzky* (* 1874, † 1951, russ. Kontrabaßvirtuose und Dirigent) gründet den Russischen Musikverlag *Lehár:* „Der Graf von Luxemburg" (Operette) *Reger:* 100. Psalm (Chor mit Orchester) *Arnold Schering:* (* 1877) veröffentlicht das von ihm entdeckte Weihnachtsoratorium v. *Heinrich Schütz* *A. Schönberg:* Drei Klavierstücke, George-Lieder u. „Erwartung" (monodramat. Oper) *Sibelius:* „Voces intimae" (finn. Streichquartett) *R. Strauss:* „Elektra" (Oper, Text v. *Hofmannsthal*) *Wolf-Ferrari:* „Susannens Geheimnis" (Oper)	Physik-*Nobel*preis an *G. Marconi* (Ital.) u. *K. F. Braun* (Dt.) für Entwicklung d. drahtlosen Telegraphie Chemie-*Nobel*preis a. *Wilhelm Ostwald* (Dt.) für Erforschung chem. Reaktionsabläufe Medizin-*Nobel*preis an *Th. Kocher* (Schweiz) für Schilddrüsenchirurgie *Baekeland:* Bakelit (einer der ersten Kunststoffe, Edelkunstharz) *Blériot* überfliegt den Ärmelkanal (27,5 Minuten) *Bollweg:* Autogenes Schneiden unter Wasser *P. Ehrlich* und *Hata:* Salvarsan als Syphilisheilmittel („Ehrlich-Hata-606") *Eichengrün:* Zellon (zelluloidartiger, aber unbrennbarer Kunststoff, verwendet für Sicherheitsfilm, -glas usw.) *von Eötvös* und *Landolt* (1908): Exakter Nachweis des Massenerhaltungssatzes (Genauigkeit 1 : 100 000 000) *H. Farman* fliegt 234 km in 4½ Stunden *Fitting:* Erster sicherer Nachweis eines Pflanzenhormons („Pollenhormon" der Orchideen) *Karl Hampe* (* 1869, † 1936): „Deutsche Kaisergeschichte in der Zeit der Salier und Staufer" *v. Hovorka* und *Kronfeld:* „Vergleichende Volksmedizin" (2 Bände seit 1908) *Felix Klein:* „Elementarmathematik vom höheren Standpunkt aus" (beeinflußt mathemat. Unterricht) *Krupp* entwickelt 42-cm-Geschütz *Karl Lamprecht:* „Deutsche Geschichte" (19 Bände seit 1891) *Conwy Lloyd Morgan* (* 1852): „Instinkt und Gewohnheit" (Tierpsychologie) *Charles Nicolle* entdeckt Übertragung des Fleckfiebers durch Kleiderläuse *Wolfgang Ostwald* (* 1883): „Grundriß der Kolloidchemie" (grundlegend für moderne Erforschung fein verteilter Stoffe) *R. E. Peary* am Nordpol (vielleicht nur auf 3 km nahe gekommen)	*Alfred Weber* (* 1868): „Über den Standort der Industrien" „Erhebungen von Wirtschaftsrechnungen minderbemittelter Familien im Deutschen Reich" (Sozialstatistik) 1. Streik i. New York *Ford* spezialisiert sich auf das Serienmodell T mit einem Absatz von etwa 19000 (1920 rd. 1,25 Mill.) *Gustav Krupp von Bohlen und Halbach* (* 1870) übernimmt Leitung der *Krupp*werke, Essen *Emil Kirdorf* (* 1847, † 1938) erweitert seinen Montankonzern um *Adolph-Emil-* Hütte (Eisenerz) in Luxemburg *Maybach*-Motorenbau GmbH gegründet von *Wilhelm Maybach* und Graf *Zeppelin* Hansa-Bund gegen Schutzzollpolitik des Bundes der Landwirte (von 1892) Reichsdeutscher Mittelstandsverband (Mittelstandstage 1911 in Dresden, 1912 in Braunschweig) „Vergleichende Darstellung des dt. und ausländischen Strafrechts" (16 Bände seit 1905) Vorentwurf für ein neues dt. Strafgesetzbuch

(1909)			
	Tschechen kämpfen inner- und außerhalb des Reichsrates von Österreich-Ungarn um den Vorrang ihrer Sprache in Böhmen	*Moody:* „The Faith-healer" (nordamerikanisch. naturalist. Schauspiel)	*Wilh. Ostwald:* „Energetische Grundlagen der Kulturwissenschaft"
	Agramer Hochverratsprozeß gegen 53 Angehörige der Serbenpartei (nach Verkündung von Freiheitsstrafen 1911 niedergeschlagen)	*Ompteda:* „Exzelsior" (Bergroman)	*Friedrich Paulsen* (* 1846, † 1908): „Pädagogik" (fordert Entwicklung aller menschlichen Anlagen; posthum)
	Anarchistischer Aufstand in Barcelona	*Reymont:* „Die Bauern" (poln. Roman, 4 Bände seit 1904)	*Söderblom:* „Vater, Sohn und Geist" (schwed. evang. Theologie)
	Mohammed V., nach Abdankung seines Bruders durch Militärrevolte, türk. Sultan bis 1918 (†)	*Felicitas Rose* (* 1862, † 1938): „Heideschulmeister Uwe Karsten" (Roman)	*Spranger:* „Wilhelm von Humboldt und die Humanitätsidee"
	Nach nationalist. Aufständen in Persien flieht der Schah in die russ. Gesandtschaft und geht in die Verbannung. Sein Sohn Sultan *Ahmed* Schah bis 1924 († 1925, Selbstmord)	*Rilke:* „Requiem"	*R. Steiner:* „Wie erlangt man Kenntnis der höheren Welten?" (Anthroposophie)
		Sinclair: „Der Liebe Pilgerfahrt" (nordamerik. sozialist. Roman)	
		Strindberg: „Der Sohn der Magd" (schwed. autobiograph. Roman seit 1886), „Die große Landstraße" (schwed. Drama)	† *Adolf Stoecker*, evang. Hofprediger und Politiker; gründete 1878 antisemit. „Christlich-soziale Partei" (* 1835)
	William H. Taft (Republik. * 1857, † 1930) Präsident der USA bis 1913		*E. B. Titchener:* „Lehrbuch der Psychologie" (nordamerikan. experimentelle Psychologie)
	† *Hirobumi Ito*, japan. Staatsmann (von einem Koreaner ermordet), zwischen 1886 und 1901 viermal Ministerpräsident, schuf Verfassung von 1889 nach preußischem Vorbild (* 1841)	† *Algernon Charles Swinburne*, engl. Dichter; Anhänger der Präraffaeliten (* 1837)	„Bibelwissenschaft" (in Band 1 von „Die Religion in Geschichte und Gegenwart")
		Hans Thoma: „Im Herbste des Lebens"	
		L. Thoma: „Moral" (satir. Komödie)	
		Jakob Wassermann: „Caspar Hauser" (Roman)	Universität Bristol (England)
		† *Ernst von Wildenbruch*, dt. Dichter (* 1845)	„Oxford und die Arbeiterbildung" (engl. Hochschuldenkschrift)
		Zoppoter Waldoper eröffnet	Handelshochschule Stockholm
		Ein Band *Virgil* kostet: ≈ 1400 (schlechte Handschr.) . 100,00 M ≈ 1500 (bester *Aldus*druck) ...... 80,00 M ~ 1525 ..... 40,00 M 1636 (*Elzevir*-Ausgabe) 12,00 M 1659 .... 8,50 M 1702 (Leipziger Druck) 3,60 M 1798 (*Didot* Stereotyp-Ausgabe) ..... 3,00 M 1909 (*Reclam*) . 0,40 M	Gründung des deutschen Volksbildungsarchivs
			Bund für Freie Schulgemeinden (für demokratische Schulreform)
			Evangel.-lutherischer Schulverein zur Bekämpfung der Verweltlichung der Schule
			Dt. Zentralkomitee für Zahnpflege in der Schule

Nolde: „Abendmahl" und „Pfingsten" (religiös-express. Gemälde) *Hermann Joachim Pagels:* „Krüderbrunnen" und „Klabautermann-Brunnen", Bremerhaven *Picasso:* „Fabrik am Ebro" und „Harlequin" (span.-frz. Gemälde) *Henri Rousseau:* „Urwaldstimmung" (frz. Gemälde) ~ *Gino Severini:* „Der Boulevard" (ital.-frz. futurist. Gem.) *Slevogt:* Illustrationen zu „Lederstrumpf" *Trübner:* „Am Starnberger See" (Gemälde) *E. R. Weiß:* Fraktur (für den Druck d. Tempel-Klassiker) *Franz Xaver Zettler* (* 1841, † 1916): Marienfenster im Ulmer Münster (Wiederherstellung alter Glasmalerei) „Die Gewebesammlungen des königlichen Kunstgewerbemuseums zu Berlin" (7 Bände seit 1900; größte Samml. von Reliquienhüllen) Debüt von *Mary Pickford* unter dem Regisseur *D. W. Griffith* (* 1875, † 1948) (Beginn des amerik. Starwesens) „Eine russ. Hochzeit im 14. Jhdt." (russ. Film) „Carmen" (frz. Film) Erste eig. Wochenschau (frz.) Filmschauspielerin *Henny Porten* wird „Star" genannt		*Albrecht Penck* (* 1858, † 1945): „Die Alpen im Eiszeitalter" (mit *Ed. Brückner*, 3 Bde. seit 1901) *John Rockefeller* gründet Stiftung für wissenschaftliche Forschung (bis 1924 über 500 Mill. Dollar) *F. P. Rous* entd. Krebsvirus b. Huhn (vgl. 1966) Die Südpolar-Expedition unter *E. H. Shakleton* erreicht den magnetischen (Nord-)Pol und kommt dem geographischen Südpol auf 178 km nahe *S. P. L. Sörensen* (* 1868, † 1939): Messung der Wasserstoffionen-Konzentration (pH-Wert) *F. Soddy:* Atome eines Elementes (Blei) können verschiedene Massen haben (Isotope) *Stepp* erweist in Fütterungsversuchen an Mäusen, daß sich dem Brot durch Alkohol ein lebenswichtiger Stoff entziehen läßt (derartige Fütterungsversuche werden für die Vitaminforschung charakteristisch) *Eduard Sueß* (* 1831, † 1914): „Das Antlitz der Erde" (3 Bände seit 1885, grundlegend für die Theorie der Gebirge) *Jakob von Üxküll* (* 1864, † 1944): „Umwelt und Innenwelt der Tiere" (jedes Lebewesen hat seine artspezifische „Umwelt") *Wilsing* und *Scheiner:* Zuverlässige Fixsterntemperaturen aus dem Spektrum und dem Strahlungsgesetz Heidelberger Akademie der Wissenschaften 1,52-m-Spiegel-Teleskop für Mt.-Wilson-Sternwarte (wird zum Mittelpunkt astronomischer Forschung) Pumpanlage mit direkter Ausnutzung der Sonnenwärme in Kalifornien (mit Mosaikspiegel von 11 m Durchmesser) Erste dt. Motorflüge „Mannus", „Prähistorische Zeitschrift" (vorgeschichtl. Zeitschriften)	Gesetz über Kraftfahrzeugverkehr in Deutschland Deutsches Gesetz gegen den unlauteren Wettbewerb Deutsches Reichsviehseuchengesetz Deutscher Postscheckverkehr Reichsbanknoten gesetzl. Zahlungsmittel Deutsche Zündholzsteuer 1. Internat. Luftfahrt-Ausstellung (ILA) in Frankfurt/Main Motorflug v. *Hans Grade* (1. dt. Motorflug) Erste Flugwoche in Berlin-Johannisthal Erste Dauerwelle (in London) 1. Berliner Sechstagerennen (in New York 1891) Erster Skilift im Schwarzwald (Triberg)

1910

###

Friedens*nobel*preis an das Internationale Friedensbüro in Bern

Zar *Nikolaus II*. in Potsdam; Abkommen zwischen Deutschland und Rußland; beide Mächte wollen sich feindlicher Bündnispolitik enthalten

„Fortschrittliche Volkspartei" unter *Friedrich Naumann* gegründet (vereinigt freisinnige Gruppen)

Reichsstädtebund der kleineren Städte im Gegensatz zum „Deutschen Städtetag" der größeren

† *Eduard VII.*, König von Großbritannien seit 1901 (* 1841)

Georg V. König von Großbritannien bis 1936 († , * 1865)

Konflikt zwischen brit. Unter- und Oberhaus führt zu zweimaliger Wahl und Stärkung der Liberalen und Labour-Party

Südafrikanische Union als brit. Dominion gegründet; *Louis Botha*, erster Ministerpräsid. bis 1919 (†)

Briand schreitet gegen frz. Eisenbahnerstreik ein

Frz.-Äquatorial-Afrika aus mehreren Einzelkolonien gebildet

E. Venizelos griech. Ministerpräsident bis 1915 (wieder 1917 bis 1920, 1928 bis 1932, 1933)

Japan.-russ. Abkommen wehrt versuchten USA-Einfluß auf mandschurische Bahn ab

Japan annektiert Korea (seit 1905 Fürst *Ito* japan. Vizeregent)

Anarchistische und sozialistische Organisationen in Japan

Portugal Republik nach Stürzung König *Emanuels II.* (*Karl I.* König seit 1889, 1908 von Republikanern ermordet)

Türk. Versuch, mazedonische Freischärler zu entwaffnen, scheitert

Pan-American-Union in Washington gegründet

13. Dalai Lama flieht vor d. Chinesen vorübergeh. n. Indien

Literatur-*Nobel*preis an *P. Heyse* (Dt.)

Martin Andersen-Nexö (* 1869, † 1954): „Pelle d. Eroberer" (dän. sozial. Roman aus Bauern- u. Arbeitermilieu s. 1906)

Julius Bab (* 1881): „Der Mensch auf der Bühne, eine Dramaturgie für Schauspieler" (3 Bände)

R. G. Binding: „Legenden der Zeit"

† *Björnstjerne Björnson*, norweg. Dichter; *Nobel*preis 1903 (* 1832)

Börner: „Die Schundliteratur und ihre Bekämpfung"

Jakob Bosshart (* 1862, † 1924): „Früh vollendet" (Schweiz. Erz.)

Bunin: „Das Dorf" (russ. Bauernroman)

Claudel: „Fünf große Oden" (frz. Dichtung)

Th. Däubler: „Das Nordlicht" (express. Epos über die Weltentstehg.)

Herbert Eulenberg (* 1876, † 1950): „Schattenbilder"

Freud: „Über Psychoanalyse"

Ganghofer: „Lebenslauf eines Optimisten" (Autobiographie)

Hamsun: „Vom Teufel geholt" (norw. Drama)

Enrica v. Handel-Mazzetti (* 1871): „Die arme Margaret" (hist. Rom.)

G. Hauptmann: „Der Narr in Christo Emanuel Quint" (Roman)

Hedin: „Zu Land nach Indien" (schwed., 2 Bde.)

H. Hesse: „Gertrud" (Roman)

Ric. Huch: „Das Leben des Grafen Federigo Confalonieri" und „Der letzte Sommer" (Rom.)

Gertrud Bäumer Vorsitzende des Bundes dt. Frauenvereine bis 1919

† *Friedrich von Bodelschwingh*, dt. innerer Missionar (* 1831)

Carnegie - Friedensstiftung errichtet

E. Cassirer: „Substanzbegriff u. Funktionsbegriff" (neukant. Philos.)

Coué wendet sein psychotherapeutisches Heilverfahren der Autosuggestion an und gründ. in Nancy „Neue Schule" der Autosuggestion

Dilthey: „Der Aufbau der geschichtlichen Methode in den Geisteswissenschaften" (mit dem Grundbegriff des „Verstehens")

† *Henri Dunant*, Schweiz. Philantrop; Friedens*nobel*preis gemeinsam mit *Passy* 1901 (* 1828)

James Frazer (* 1854, † 1941): „Totemismus u. Fremdheirat" (engl. Völkerkunde, 4 Bände)

William Reuben George: „Die Kinderrepublik" (Bericht über sein 1890 gegründ. Kinderdorf)

Ludwig Ihmels (* 1858, † 1933): „Zentralfragen der Dogmatik in der Gegenwart" (protest.)

† *William James*, nordamerikan. Philosoph u. Psychologe; Begründer des Pragmat. (* 1842)

Hermann von Keyserling: „Schopenhauer als Verbilder"

L. Klages: „Prinzipien der Charakterologie"

Franz Mehring (* 1846, † 1919): „Deutsche Geschichte v. Ausgange d. Mittelalters" (sozialist.)

Alexander Mell (* 1850, † 1931): „Der Blindenunterricht" (österr.)

† *Andreas Achenbach*, dt. Maler; u. a. „Der Untergang d. Dampfers ‚Präsident'" (1842) (* 1815)
G. Braque „Sacre Coeur" (frz. kubist. Gemälde)
Guglielmo Calderini: Justizpalast in Rom (Baubeginn 1889)
Chagall kommt nach Paris (1914–23 in Rußland)
Corinth: „Die Gattin d. Künstlers", „Inntal" (impress. Gemälde)
R. Delaunay (* 1885, † 1941): „Eiffelturm" (orphist. Gem.)
Feininger beginnt mit seinem charakterist. kubist.-express. Stil hervorzutreten
Gaul: Löwendenkmal im Posener Zoo
Hermann Haller: „Schreitende Flora"
Jacoba van Heemskerk-van Beest: „Schiffe im Hafen" (niederl. kubist. Gemälde)
Hodler: „Der Holzfäller" (Schweiz. express. Gemälde)
† *Winslow Homer*, nordamerikan. Maler (* 1836)
† *William Holman Hunt*, engl. Maler (* 1827)
Kandinsky: 1. abstr. Gem.
Klimsch: Virchow-Denkmal. Berlin
† *L. Knaus*, dt. Maler (* 1829)
Rudolf Koch (* 1876, † 1934): Deutsche Schrift (Drucktyp.)
Kokoschka: „Frau Loos" (Bildnis)

Bartók: „Allegro barbaro" (ungar. Komposition für Klavier)
Alban Berg (* 1885, † 1935, *Schönberg*-Schüler): Quartett op. 3
Busoni: „Fantasia contrappuntistica" (Orchesterwerk)
Jean Gilbert (M. Winterfeld, * 1879, † 1942): „Die keusche Susanne" und „Polnische Wirtschaft" (Operetten)
Humperdinck:„Die Königskinder" (Oper)
G. Mahler: 8. Symphonie Es-Dur („Symphonie der Tausend")
Massenet: „Don Quichote" (franz. Oper).
Puccini: „Das Mädchen aus dem goldenen Westen" (it. Oper)
Strawinsky: „Der Feuervogel" (russ. Ballett)
* *Heinrich Sutermeister*, schweiz. Komponist
R. Vaughan Williams (* 1872): „Eine Symphonie vom Meer" (engl. Tondichtung für Sopran, Bariton, Chor und Orchester nach Worten von *Walt Whitman*)

Sportpalast als „Eispalast" in Berlin eröffnet (wird nach wechselhafter Geschichte 1973 abgerissen)

Physik-*Nobel*preis an *J. D. van der Waals* (Niederl.) f. Zustandsgleich. von realen Gasen und Flüssigkeiten
Chemie-*Nobel*preis an *Otto Wallach* (Dt., * 1847, † 1931) für Erforschung der ätherischen Öle
Medizin-*Nobel*preis an *Albrecht Kossel* (Dt., * 1853, † 1927) für Erforschung des Zell-Eiweißes
Fürst *Albert I.* von Monaco (* 1848, † 1922) fördert Tiefseeforsch. d. Gründ. ein. Instit. f. Ozeanographie
E. F. W. Alexandersen: Erster Maschinensender für Telegraphie
Boysen-Jensen: Wuchsstoff (Auxin) für die Pflanzenneigung zum Licht (Heliotropismus)
L. Boß: Katalog der 6188 hellsten Sterne (von *B. Boß* 1937 erweitert)
Bruno H. Bürgel (* 1875, † 1948): „Aus fernen Welten" (volkstümliche Astronomie)
Claude: Neon-Glimmlicht
F. G. Cortrell und *E. Möser*: Elektrisches Entstaubungsverfahren (seit 1907 verbessert)
Carl Cranz (* 1858): „Lehrbuch der Ballistik" (4 Bände bis 1926, Ergänzungsband 1936)
~ Wachsende Produktion von Viskose-Kunstseide nach d. Verfahren von *Croß, Bevan, Beadle* (1891)
Beg. d. Chemotherapie mit Salvarsan z. Syphilisbekämpf. (vgl. 1909)
H. Farman fliegt 463 km i. 8¼ Std.
Auguste Forel (* 1848, † 1931): „Das Sinnesleben der Insekten"
Frahm: Schlingertank
Harms und *Eugen Steinach* erforschen die innere Sekretion der Geschlechtsdrüsen (Hormon-Sekr., Vorversuch von *Berthold* 1849)
Harnack erster Präsident der anläßl. d. 100-Jahr-Feier d. Univers. Berlin gegründ. Kaiser-*Wilhelm*-Gesellsch. zur Förderung der Wissenschaften
Joh. Hartmann: Photometer für Helligkeitsmessungen an flächenhaften astronom. Objekten (baute 1899 astronom. Mikrophotometer)
Hemser: Flüssigkeits-Rohrbremse für Geschütze
P. Herre, A. Hofmeister, Rudolf Stübe: „Quellenkunde zur Weltgeschichte"

Weltausstellung in Brüssel
Rudolf Hilferding (* 1877, † 1941): „Das Finanzkapital" (marxist. Untersuch. des Monopolkapitalismus)
Eduard Kohlrausch (* 1874, † 1948): „Sollen und Können als Grundlage d. strafrechtlichen Zurechnung"
Gustav Radbruch (* 1878): „Einführung in die Rechtswissenschaft" (sozialist. Standpkt.)
Othmar Spann (* 1878): „Haupttheorien d. Volkswirtschaftslehre"
Adolf Weber (* 1876): „Der Kampf zwischen Kapital u. Arbeit"
Martin Wolff (* 1872): „Sachenrecht" (Zivilrecht)
† *Karl Röchling*, dt. Unternehmer; gründete *Röchling*sche Eisen- und Stahlwerke 1881 (* 1827)
„Weltwirtschaft" (Zeitschrift)
Höchstziffer von 13 Mill. ausgefallenen Arbeitstagen durch Aussperrungen (Durchschnitt 1899 bis 1922: 2 Mill. Arbeitstage jährlich)
In Deutschland beginnen Körperschaften des öffentlichen Rechts Lebensversicherungen zu betreiben (1911 Verband öffentl. Lebensversicherungs-Anstalten gegründet)

(1910)

Friedrich Kayssler (* 1874, † 1945): „Schauspielernotizen"
Kolbenheyer: „Meister Joachim Pausewang" (Roman)
Heinrich Lilienfein (* 1879): „Der Stier von Olivera" (Schauspiel; von d'Albert als Oper vertont)
J. London: „Lockruf des Goldes" (nordamerikan. Roman)
Löns: „Der Werwolf" (Sittenbild aus dem 30-jährigen Krieg)
H. Mann: „Die kleine Stadt" (Roman)
Karl May: „Winnetou" (4 Bände seit 1893) und „Mein Leben und Streben" (Autobiographie)
Karin Michaelis (-Stangeland, * 1872, † 1950): „Das gefährliche Alter" (dän.-dt. Frauenroman)
Ferenc Molnar (* 1878): „Liliom" (Vorstadtlegende, Schauspiel)
† Wilhelm Raabe, dt. Dichter (* 1831)
Alexei M. Remisow (* 1877): „Die Schwestern im Kreuz" (russ. Erzählung)
Rilke: „Aufzeichnungen des Malte Laurids Brigge" (Roman)
Edmond Rostand (* 1868, † 1918): „Chantecler" (frz. neuromant. Versdrama)
Schönherr: „Glaube und Heimat" (Tragödie)
Jessie Willcox Smith: „The Bed-Time-Book" („Das Schlafenszeitbuch", nordamerik. Kinderbuch)

Tagore: „Gintajali" (ind. Dichtung seit 1907; übersetzt sie 1912 ins Englische)
L. Thoma: „Erster Klasse" (Komödie)
† Leo Nikolajewitsch Tolstoi, russ. Dichter (* 1828)
† Mark Twain (Samuel Langborne Clemens), nordamerik. humorist. Dichter (* 1835)
Viebig: „Die vor den Toren" (Roman)
Herwarth Walden (* 1878, verschollen nach 1930 in der UdSSR) grdt. Zeitschr. „Der Sturm" zur Förderung des Expressionismus (ersch. bis 1932)
Wasow: „Legenden vom Zarewez" (bulg. Balladen und Epen) und „Borislaw" (bulg. Drama)
Wedekind: „Schloß Wetterstein" (Schausp., Urauff. 1917)
† Josef Kainz, dt. Schauspieler; ging 1899 vom Dt. Theater, Berlin, an das Burgtheater in Wien (* 1858)
Theatermuseum in München (Clara-Ziegler-Stiftung)
Lehrstuhl für niederdeutsche Sprache in Hamburg
H. Cohn: „Tiernamen als Schimpfwörter"
Klenz: „Schelten-Wörterbuch"
Karlheinz Martin bringt i. neugegrdten. Frankfurt. Komödienhaus v. Andrejew: „Das Leben d. Menschen" (surrealist. Auff., Bühnenbilder O. Starke)

Moeller van den Bruck: „Die Deutschen. Unsere Menschengeschichte" (8 Bände seit 1904)
Natorp: „Die logischen Grundlagen der exakten Wissenschaften" (neukantian. Erkenntnisth.)
Hans Ostwald: „Kultur- u. Sittengesch. Berlins"
Charles Pierre Péguy (* 1873, † 1914): „Das Mysterium der Jeanne d'Arc" (frz. Darstellung eines religiös. Sozialist.)
Johannes Rehmke (* 1848, † 1930): „Philosophie als Grundwissenschaft"
Adolf Schlatter (* 1852, † 1938): „Erläuterungen zum Neuen Testament" (3 Bde s. 1887; evang.)
Borromäusenzyklika des Papstes mit Angriffen gegen Protestantismus
Religionskongreß i. Berlin v. Vertretern d. verschied. Religion. (1893: Chicago, 1896: Stockh., 1900: Paris, 1904: Basel, 1908: Oxford, 1912: Leiden, 1928: Prag)
Weltmissionskonferenz in Edinburg gründet International. Missionsrat
„Männerapostolat"(lose Vereinig. zur Festigung kathol. Kirchentreue)
Span. Konkordat. Vatikan bricht Beziehungen wegen Ordensbeschränkungen ab
Techn. Hochsch. Breslau
Einrichtung dt. Jugendherbergen
1. dän. Arbeit.-Hochsch.
Lessinghochschule, Bln.
Volksbund z. Bekämp. d. Schmutzes i. Wort u. Bild eröffnet Kinderlesehalle
Dt. Tierärztl. Hochschulen verleihen eigenen Doktorgrad
Dt. Bund f. Schulreform

Käthe Kollwitz Mitarbeiterin am „Simplicissimus"

Lehmbruck: „Weiblicher Torso" (neogot. Plastik)

Maillol: „Sitzende" (frz. Plastik)

Marc: „Akt mit Katze", „Kühe unter Bäumen", „Streitende Pferde" und „Der Mandrill" (express. Gemälde)

Matisse: „Tanz und Musik" (Monumentalfresken in einem Moskauer Privathaus) und „Collioure" (frz. Landschaftsgemälde)

Julius Meier-Graefe: „Hans Marées, sein Leben u. sein Werk"

Ed. Munch: „Straße in Kragerö" und „Schneearbeiter" (norweg. express. Gemälde)

Pechstein: „Am Seeufer" (express. Gem.)

Wilhelm Pinder (* 1878, † 1947): „Deutsche Dome d. Mittelalters" (Kunstgeschichte)

Rodin: „Höllentor" (frz. Plastiken, unvollendet, seit 1880)

† *Henri Rousseau*, frz. Maler, Autodidakt (* 1844)

Sintenis: „Gazelle" (Plastik)

F. L. Wright wird durch seine Wohnhausbauten in Europa bekannt und einflußreich

† *Michail Wrubel*, russ. Maler (* 1856)

Erste nachimpressionist. Kunstausstellung in England (*Cézanne, van Gogh, Matisse*)

Ende des „Jugendstils" (seit 1896; nach der Münchener Zeitschrift „Jugend")

~ In der Möbelkunst wird der ornamentenreiche „Jugendstil" durch eine neue Sachlichkeit abgelöst

~ *Käthe Kruse* (* 1883, † 1968): Individualist. Puppen

Die ital. Maler *G. Balla* (* 1871, † 1958), *U. Boccioni* (* 1882, † 1916), *C. Carrà* (* 1888, † 1966), *L. R. Russolo* (* 1885, † 1947) u. *G. Severini* (* 1883, † 1966) unterz. futuristisches Manifest

---

„Die Christen vor die Löwen", „Faust", „Messalina", „Macbeth", „Héliogabal" (frz. Filme)

„Lukrezia Borgia" (ital. Film von *Guazzoni*)

„Robinson Crusoe", „Hamlet" (dän. Filme v. *Auguste Blom*, * 1869, † 1942)

„Ramona", „Ein Kind aus d. Ghetto", „Boy Nr. 5" (nordamer. Filme von *D. W. Griffith*)

„Meissner Porzellan" (Film von *Fr. Porten*)

„Peter der Große" (russ. Film von *Veskow*)

Wanderkino verliert stark an Bedeutung

Junkers: Nur-Flügel-Flugzeug

† *Robert Koch*, dt. Mediziner; entdeckte 1882 Tuberkelbazillus; *Nobel*preis 1905 (* 1843)

Bone Leeds und *R. Schnabel:* Oberflächenverbrennung (flammenlose Verbrennung eines Gasgemisches in poröser Masse)

Eduard Mertens (* 1860, † 1919) verwendet Tiefdruck-Reproduktion (erstmalig 1897 *Ernst Rolffs*)

Th. H. Morgan führt Taufliege (Drosophila melanogaster) als besonders geeignetes Objekt in die experimentelle Vererbungsforsch. ein

L. Moß unterscheidet die vier menschlichen Blutgruppen

Norweg.-nordatlant. Expedition auf der „Michael Sars" unter *J. Murray* und *J. Hjort* (gilt als erste moderne Tiefsee-Expedition)

Julius Pflugk-Harttung: „Weltgeschichte" (6 Bände seit 1907)

Pierantoni und *Šulc* entdecken Organe der Blattläuse, die als Symbiontenwohnung dienen (gilt als Begründung der Symbioseforschung)

Ricketts entdeckt Fleckfiebererreger, durch Kleiderlaus übertragen (unabhängig von ihm *Prowazek* 1913)

Edmund Rumpler (* 1872) baut Flugzeug „Rumpler-Taube"

J. Stumpf: Gleichstromdampfmaschine

J. J. Thomson: Bestimmung der Atommassen durch Ablenkung der elektr. und magnet. Kräfte (Beginn der „Massenspektroskopie")

Dt. Chemische Gesellschaft beginnt Literaturregister der organischen Chemie zu veröffentlichen

Erster *Diesel*motor für Kraftwagen

Höchste Normalbahn Europas über den Bernina-Paß (Baubeginn 1907)

Manhattan-Brücke über den East-River, New York (Kabelbrücke. 448 m Stützweite, Baubeg. 1901)

Minenwerfer (Steilfeuerwaffe)

Amerikan. Versuch eines Ozeanfluges mit Luftschiff scheitert

Dt. Ausgrab. auf der Insel Samos

Neue Antilopenart in Abess. entd.

Wiederkehr des *Halley*schen Kometen zur vorausberechneten Zeit

Reichsbanknoten gesetzl. Zahlungsmittel. Einlösung in Goldmünzen

Dt. Stellenvermittlungsgesetz gegen Ausnutzung von Arbeitsuchenden

Eingehende Regelung des Irrenrechts in Baden

Bodenfräse kommt in der Landwirtschaft zur Anwendung (erfunden ~ 1850 von *Hoskyns*)

Reemtsma-Zigarettenfabrik, Hamburg-Bahrenfeld

Kolonialinstitut in Amsterdam zur Erschließung der niederl. Kolonien

Brüsseler Abkommen über Hilfeleistung in Seenot

Internationales Pariser Abkommen zur Bekämpfung unzüchtiger Bilder und Schriften

China schafft Sklaverei ab

Frauenmode: Sehr große Hüte, fußfreie Röcke (verkürzend bis zur kniefr. Mode 1925)

Michels Briefmarkenkatalog (seit 1892 *Senfs* Briefmarkenkatalog)

~ In d. USA wird Wochenend-Aufenthalt außerhalb der Stadt üblich

Italien beschließt Schaffung einer Luftschiff-Flotte

Erste Kleinepidemien an Kinderlähmung in England (1—4 Erkrankungen pro 100 000 Einwohn.)

1911

Friedens*nobel*preis an *T. M. C. Asser* (Niederl., * 1838, † 1913) u. *Alfred Fried* (Österr., * 1864, † 1921)

Verfassung für Elsaß-Lothringen mit erster und zweiter Kammer (für letztere Reichstagswahlrecht), 3 Bundesratssitze. Mehrheit im Landtag elsäß.-lothr. Landespartei (Zentrum); weiterhin dt.-frz. Spannungen

Zweite „Marokkokrise" durch Entsendung des dt. Kanonenbootes „Panther" nach Agadir. Marokko-Kongo-Abkommen: Deutschland verzichtet auf Einfluß in Marokko und erhält einen Teil der frz. Kongokolonien

v. Tirpitz Großadmiral (muß 1916 wegen Konflikt mit Reichskanzler über uneingeschränkten U-Boot-krieg zurücktreten)

Gustav Landauer (* 1870, † 1919): „Aufruf zum Sozialismus"

Karl Liebknecht: „Militarismus und Antimilitarismus" (gegen dt. Imperialismus)

Die durch Konflikte mit den Minderheiten entstandene Arbeitsunfähigkeit des österr.-ung. Reichsrates führt zur Regierungskrise

Karl von Stürgkh österr. Ministerpräsident bis 1916 († , * 1859)

Teuerungs-Unruhen in Wien werden blutig unterdrückt

Unter Finanzminister *Lloyd George* wird Einfluß des brit. Oberhauses auf nur aufschiebendes Veto eingeschränkt und Sozialversicherung eingeführt

Winston Churchill Erster Lord der Admiralität (Marineminister; tritt 1915 zurück)

James R. MacDonald wird Leiter der brit. Labour Party (trennt sich 1931 von dieser)

Kanada baut eigene Flotte. Konservative Regierung bis 1920 (liberale Regierung seit 1896)

Allgem. Wehrpflicht in Australien (es folgt der Bau einer eigenen Flotte)

Delhi wieder Hauptstadt von Ostindien (an Stelle von Kalkutta)

General *Joseph J. C. Joffre* (* 1852, † 1931) frz. Generalstabschef

Literatur-*Nobel*preis an *M. Maeterlinck* (Belg.)

J. Bab: „Neue Wege zum Drama" (kritische Abhandlungen, 2 Bände seit 1906)

R. G. Binding: „Die Geige" (Novellen)

W. Bloem: „Das eiserne Jahr" (Kriegsroman von 1870/71)

Dauthendey: „Spielereien einer Kaiserin" (Schauspiel), „Raubmenschen" (Roman), „Die acht Gesichter am Biwasee" (Liebes-Novellen)

Th. Dreiser: „Jennie Gerhardt" (nordamerikan. realist. Rom.)

Volks-*Schiller*preis für *H. Eulenberg*

Heinrich Federer (* 1866, † 1928): „Lachweiler Geschichten" (volkstümlich-humorvolle Züricher Erzählungen), „Berge und Menschen" (Schweizer Roman)

Gundolf: „Shakespeare und der deutsche Geist"

G. Hauptmann: „Die Ratten" (Berliner Tragikomödie, sozialkrit.)

G. Hermann: „Kubinke" (Roman)

*W. Herzog: Kleist*biographie

Georg Heym (* 1887, † 1912): „Der ewige Tag" (expr. Gedichte)

Hofmannsthal: „Der Rosenkavalier" (Operntext für *R. Strauss*), „Jedermann" (Mysterienspiel)

Löns: „Das zweite Gesicht" (Roman), „Der kleine Rosengarten" (Volkslieder)

A. Mombert: „Aeon" (lyrisch-dramat. Trilogie seit 1907)

Móricz: „Hinter Gottes Rücken" (ungar. Rom.)

Franz Boas: „Der Verstand des Urmenschen" (nordamerikan. Anthropologie)

Lily Braun: „Memoiren einer Sozialistin" (Autobiographie, seit 1909)

Franz Brentano (* 1838, † 1917, kathol. Philosoph): „Von der Klassifikation der psychischen Phänomene" (Teilung in Vorstellungen, Gemütsbewegungen, Urteile als Setzung von Existenz oder Nichtexistenz)

A. Deißmann: „Paulus" (protestant. Theologie)

Paul Deussen gründet *Schopenhauer*-Gesellschaft und beginnt Ausgabe *Sch.'s* Werke

† *Wilhelm Dilthey*, dt. Philosoph; betonte das „Verstehen" in den Geisteswissenschaften; gründ. eine Richtung d. geisteswissenschaftl. Psychologie (* 1833)

Arthur Drews: „Die Christusmythe" (2 Bde. seit 1909, leugnet Existenz *Jesu*)

R. Eucken: „Können wir noch Christen sein?" (fordert Trenn. v. Staat u. Kirche, trotz Anerkenn. d. Christentums als höchste Religionsform)

Frazer: „Tabu und die Gefahren der Seele" (engl. Völkerpsycholog.)

Frauenhochschule in Leipzig von *Henriette Goldschmidt* (ab 1921 städt. sozialpädagog. Frauenseminar)

A. Görland: „Die Hypothese" (Erkenntnistheorie d. Marb. Schule)

Fritz Graebner: „Methode der Ethnologie" (Kulturkreislehre)

Harnack: „Beiträge zur Einleitung in d. Neue Testament" (4 Teile s. 1906)

† *Reinhold Begas*, dt. Bildhauer (* 1831)

P. Behrens: Mannesmannhaus, Düsseldorf (Baubeginn 1910)

Braque: „Die Geige", „Frauen" (französ. kubist. Gem.)

Chagall: „Der Soldat trinkt", „Ich und das Dorf" (russ. Gem.)

Corinth erleidet ein. Schlaganfall (beeinflußt seinen Malstil); malt „Beim Friseur" u. „Prof. Ed. Meyer" (impress. Gemälde)

† *Joseph Israels*, niederl. Maler (* 1824)

Kandinsky: „Komposition" (abstraktes Gemälde)

E. L. Kirchner: „Gutshof" (express. Gemälde)

Klee: „Selbstbildnis" (Federzeichnung)

Wilhelm Kuhnert (* 1865, † 1926): „Farbige Tierbilder" (100 Tafeln)

Otto Kümmel: „Das Kunstgewerbe in Japan"

Hugo Lederer: „Rich. Strauss" (Büste)

Lehmbruck: „Die Kniende" (Plastik im neogot. Stil)

M. Liebermann: „Oberbürgermeister Adickes" (Bildnis)

Marc: „Rote Pferde" „Affenfries" (express. Gemälde)

E. Munch: „Quelle", „Sonne" (norweg. expressionist. Gemälde) und allegorische Wandmalereien in der Universitätsaula Oslo (seit 1909)

Bartók: „Herzog Blaubarts Burg" (ung. Musikdrama)

Paul Bekker (* 1882, † 1937): „Beethoven" (Biographie); wird Musikreferent d. „Frankf. Zeitung" (bis 1922)

Leo Fall: „Der liebe Augustin" (Operette)

Wilh. Furtwängler beginnt seine Dirigentenlaufbahn an der Oper in Lübeck

Kienzl: „Der Kuhreigen" (Oper)

Mahler: „Das Lied von der Erde" (für Tenor, Alt u. Orch.)

† *Gustav Mahler*, dt. Komponist; 1897—1907 Direktor der Hofoper in Wien (* 1860)

Ravel: „Die span. Stunde" (frz. Oper)

Reznicek: „Schlemihl" (sinfon. Dichtung)

A. Schönberg: „Harmonielehre" (Musiktheorie)

R. Strauss: „Der Rosenkavalier" (neuromant. Oper) Urauff. i. Dresden, Bühnenbild v. *A. Roller* (* 1864, † 1935)

Strawinsky: „Petruschka" (russ. Ballett)

Carl Stumpf: „Anfänge der Musik" (Musik der Naturvölker)

R. Wagner: „Mein Leben" (Autobiographie, posthum)

Physik-*Nobel*preis an *W. Wien* (Dt.) für Erforschung der Wärmestrahlung

Chemie-*Nobel*preis a. *M. Sklodowska-Curie* (Polen) für Entdeckung des Radiums und Poloniums

Medizin-*Nobel*preis an *Allvar Gullstrand* (Schwed., * 1862, † 1930) für Förderung d. Augenheilkunde

Amundsen erreicht als erster den Südpol (15. 12.; am 18. 1. 1912 folgt *Scott*) und schreibt 1912 „Die Eroberung des Südpols"

v. Bronk: Hochfrequenzverstärker

G. Burstyn: Entwurf eines Kampfwagens (Tank)

F. Dahn: „Die Könige der Germanen" (20 Bände seit 1861)

C. Dorno: „Studie über Licht und Luft des Hochgebirges" (Bioklimatologie aus dem 1907 gegrdt. Institut in Davos)

Einstein: „Über den Einfluß der Schwerkraft auf die Ausbreitung des Lichtes" (leitet aus d. Relativitätsprinzip ablenkende Wirkung ab)

C. Funk findet mit *Teruuchi* das Anti-Beriberi-Vitamin (künstl. hergestellt 1936) und schlägt für derartige Wirkstoffe den Namen „Vitamin" vor

Fernflug München-Berlin durch *Hirth* und *Garros* erreicht Rekordflughöhe 3900 m

† *Jacobus Hendricus van't Hoff*, niederl. Physikochemiker; begründete Stereochemie und Lehre von den chemischen Umsetzungen; *Nobel*preis 1901 (* 1852)

Kamerlingh Onnes entdeckt Verschwinden des elektrischen Widerstandes bei tiefen Temperaturen: „Supraleitung"

G. Kraus: „Boden und Klima auf kleinstem Raum" (Anfänge einer Mikroklimatologie)

Stereoautograph von *Pulfrich* zur Geländevermessung durch photographisches Raumbild

Calbraith Rodgers gewinnt Luftrennen New York—Kalifornien: 6809 km i. 49 Tagen m. 69 Zwischenlandungen (reine Flugzeit 82 Stund.)

Standard Oil Trust d. Antitrustgesetz aufgelöst

Hausarbeitsgesetz in Deutschland (bisher Stundenlohn für Heimarbeiter teilw. unter 10 Pfennig)

Vereinigung künstlerischer Bühnenvorstände, Berlin (dt. Berufsverband)

Reichsversicherungsordnung (Zusammenfassg. von Krankheits- [1883], Unfall- [1884] und Invaliditäts-Versicherg. [1889] in 1805 Paragraphen)

Reichsversicherungsanstalt f. Angestellte (Pflichtversicherung geg. Invalidität)

Pflichtversicherung geg. Krankh. u. Arbeitslosigk. in Großbritannien

Frank William Taussig (* 1859, † 1940): „Principles of Economics"

Institut für Weltwirtschaft u. Seeverkehr an der Universität Kiel

Erwin Stein (* 1888, † 1966) grdt. Verein f. Kommunalwirtschaft u. Kommunalpolitik, Berlin (veröffentlicht „Zeitschrift für Kommunalwirtschaft", „Monographien deutscher Städte")

Zweckverband Groß-Berlin

Zusammenfassung d. deutschen Staatslotterien zur Preußisch-Süddeutsch.

(1911)	Island gibt den Frauen Wahlrecht und Zugang zu allen (auch geistlichen) Ämtern Ital.-türk. Krieg bis 1912, wegen Annexion von Tripolis und Cyrenaika durch Italien Russ. Ministerpräsident *Stolypin* in Gegenwart des Zaren ermordet. Nachfolger *Kokowzew* bis 1914 *Venizelos* erzwingt infolge einer Revolution der Offiziere (1909) griechische Verfassungsreform im Sinne einer Militärdiktatur Jungtürk. Komitee verzichtet auf Beeinflussung der Regierung (1912 türk. Parlament aufgelöst) Persien erhält schwed. militär. Berater und Finanzsachverständige aus USA. Letztere müssen aber auf brit.-russ. Protest Persien verlassen Revolution in China unter Führung *Sun Yat-sens*; mehrere Provinz-Gouverneure schließen sich an. Abdankung der *Mandschu*-Dynastie (seit 1644) *Tschiang Kai-schek* militär. Mitarbeiter *Sun Yat-sens* Äußere Mongolei löst sich von China Auflösung des Standard Oil Trusts durch Antitrustgesetz der USA (bildet sich im 1. Weltkrieg neu) Sturz des mexikanischen Staatspräsidenten (seit 1884) *Porfirio Diaz* (* 1830, † 1915). (Unter ihm gewannen die USA starken Einfluß auf mexikanische Ölvorkommen; es folgt eine lange Zeit revolutionärer Unruhen bis ~ 1920) Präsident *Estrada Cabrera* von Guatemala beginnt seine Politik im Sinne einer Annäherung an USA	*Franz Pfempfert* (* 1879) gibt die „Aktion" heraus („für die Idee der groß. dt. Linken") *Sigfrid Siwertz* (* 1882): „Die Mälarpiraten" (schwedische Jungengeschichte) *Albert Soergel* (* 1880): „Dichtung und Dichter der Zeit" (1. Band) *Carl Sternheim* (* 1878, † 1942): „Die Hose" (satir. Komödie) *Streuvels*: „Das Christkind" (fläm. Erzählung) *Fritz von Unruh* (* 1885, † 1970): „Offiziere" (Drama) *Verhaeren*: „Ganz Flandern" (belg. Gedichte; 5 Bände seit 1904) *Richard Voß* (* 1851, † 1918): „Zwei Menschen" (Roman) *Wells*: „Der neue Machiavelli" (engl. gesellschaftskrit. Roman) *Edith Wharton* (* 1862, † 1937): „Die Schlittenfahrt" („Ethan Frome", nordamerikan. Roman) *Ernst von Wolzogen*: „Der Erzketzer" (Roman um die moderne Erziehung) *St. Zweig*: „Erstes Erlebnis" (Erzählung) *Goethes* „Urmeister" gefunden *Kayser*: „Vollständiges Bücherlexikon" (seit 1833, umfaßt die Jahre 1750 bis 1910) „Dt. Bücherverzeichnis" vom Börsenverein dt. Buchhändler („Verzeichnis der im dt. Buchhandel erschienenen Bücher, Landkarten, Zeitschriften usw.") *Hebbel*-Theater, Berlin, eröffnet *Kleist*preis gestiftet	*Willy Hellpach*: „Die geopsychischen Erscheinungen" (Einfluß der Landschaft auf Charakter und Psyche) *Erich Mühsam*: „Kain, Zeitschrift für Menschlichkeit" (bis 1914) Papst *Pius X.* leitet Reform des Breviers ein *Johannes Reinke*: „Die Kunst d. Weltanschauung" (christl., antimon.) *F. C. S. Schiller*: „Humanismus" (nordamerikan. Pragmatismus) *Schweitzer*: „Geschichte der paulinischen Forschung" (betont eschatolog. Kern d. Christent.) *W. Stern*: „Die differentielle Psychologie in method. Grundlagen" *Vaihinger*: „Die Philosophie des Als Ob" (betont praktischen Nutzen der Fiktion) *Karl Vorländer* (* 1860, † 1928): „Kant u. Marx" *Sidney* (* 1859, † 1947) u. *Beatrice Webb* (* 1858, † 1943): „Das Problem der Armut" (engl. Fabian-Sozialismus.) *W. Wundt*: „Einführung in die Psychologie" Katholische Geistliche z. Ableg. d. Antimodernisteneides verpflichtet Universität Lissabon Preußen unterstützt finanz. Jugendpflege (weitere dt. Staaten folgen) Staatliche Prüfung für Kindergärtnerinnen in Preußen (bedeutet staatl. Anerkennung u. Förderung des Kindergartens) Schulpflicht für blinde und taubstumme Kinder in Preußen 56,4% der portug. Bevölker. über 6 Jahre Analphabet. (1924: 54,7%; 62,2% der Frauen)

Nash: „Pyramiden im Meer" (engl. surrealist. Federzeichn.) † *Fritz von Uhde*, dt. Maler (* 1848) *Leonardo da Vincis* „Mona Lisa" aus dem Pariser Louvre entwendet (1913 in Italien gefunden) „Association of American Painters and Sculptors" (veranstaltet 1913 Armory-Ausstellung in New York, erstmalig m. Werk. v. *Cézanne, Gauguin, van Gogh*) *L. Wolde* u. *W. Wiegand* gründen „Bremer Presse" f. künstlerisch hochwertige Privatdrucke *Wilhelm Worringer* (* 1881): „Formprobleme der Gotik" (Kunsthistorik in „menschheitspycholog. Betracht.") Grdg. d. expressionist. Künstlervereinigung „Blauer Reiter" i. München (mit *Kandinsky, Klee, Macke, Marc* u. a.) --- „Der Abgrund" (dän. Film von *Urban Gad*, * 1879, mit seiner Frau *Asta Nielsen*, * 1881) „Zigomar", „Nick Carter" mit Forts. (franz. Filme mit *Victorin Jasset*, * 1862, † 1913) „Das Leben wie es ist" (frz. Film von *Louis Feuillade*, * 1874, † 1925) „Die Odyssee" (ital. Film von *Giuseppe de Liguro*); „Spartakus", „Pinocchio" (ital. Filme von *Pasquali*)	*Hermann Wolfgang von Waltershausen* (* 1882): „Oberst Chabert" (Oper nach *Balzac*) *Emile Jacques-Dalcroze* (* 1865) gründet bei Dresden „Schule Hellerau für Rhythmus, Musik und Körperbildung" (pflegt die „rhythm. Gymnastik")  „Der Telegraphist v. Lonedale" (nordamer. Film von *D. W. Griffith*) „Anna Karenina" (russischer Film von *Tschardinine*)	*Rutherford:* Atommodell mit kleinem massereichem Kern und Elektronenhülle (von *H. Geiger* und *E. Marsden* 1913 in *R*'s Labor experimentell bestätigt) *Schütte-Lanz:* Erstes stromlinienförmiges Luftschiff 4. Internationaler Kongreß für Vererbungsforschung behandelt neben Pflanze und Tier auch den Menschen Erste australische Expedition im Südpolargebiet (bis 1913; entdeckt *Georg-V.-, Adélie-* und *Queen-Mary*-Land in der Ostantarktis) „Olympic" und „Titanic" (brit. Turbinen-Ozeandampfer mit je 60000 t Wasserverdrängung) Regelmäßige Dampferfahrten zwischen Wladiwostok und Lena-Mündung Bereits 100 Fernheizwerke in den USA Elbtunnel in Hamburg (450 m lang, Sohle 21 m unter Elbspiegel) Schiffshebewerk im Dortmund-Ems-Kanal Durch neue Grabungen in Weimar angeblich echter *Schiller*-Schädel gefunden (1950 wird zahnmedizinisch nachgewiesen, daß der schon *Goethe* bekannte Schädel der richtige ist; vgl. 1950) Fund des Schädels von Piltdown-Sussex (Südengland; erweist sich 1953 teilw. als Fälschung)	Klassenlotterie vollendet (seit 1904) Erstmalig Flugzeuge bei dt. Manövern Erste deutsche Frau erlangt Flugpilotenzeugnis Sehr enge Röcke („Humpelröcke") Verband zur Klärung d. Wünschelrutenfrage (gibt bis 1930 13 Bände und Bibliographie heraus) Erster dt. Leitfaden für Erste Hilfe Alpines Museum in München Internat. Ringverband, Berlin (Sportvereinigung) Dt. Boxverband Internationaler Boxverband, Paris Sehr heißer Sommer in Mitteleuropa mit hoher Säuglingssterblichkeit (in Deutschl. 19,2 auf 100 Lebendgeborene; 1910: 16,2; 1912: 14,7) Segelflüge i. d. Rhön beg. Halleyscher Komet 1910/11 sichtbar. Sehr gutes Weinjahr („Kometenwein")

1912	Friedens*nobel*preis an *Elihu Root* (USA, * 1845, † 1937)	Literatur-*Nobel*preis an *G. Hauptmann* (Dt.)	*Alfred Adler:* „Über den nervösen Charakter" (österr. individualpsycholog. Psychotherapie)
	Erneuerung des Dreibundes zwischen Deutschland, Österreich und Italien (von 1882)	*Alain-Fournier:* „Der große Kamerad" (frz. Roman)	*Bramwell Booth* General der Heilsarmee bis 1929 (Sohn des Gründers)
	Dt.-brit. Verhandlungen über Flottenpolitik scheitern. Neues erweitertes dt. Flottengesetz (bis 1920 41 Linienschiffe, 20 gr. und 40 kl. Kreuzer geplant)	*Ernst Barlach:* „Der tote Tag" (Schauspiel) *R. G. Binding:* „Der Opfergang" (Novelle) *Waldemar Bonsels* (* 1881, † 1952): „Die Biene Maja" (Erz.)	*Hans Driesch:* „Ordnungslehre" (solipsistische Denklehre) *Federigo Enriques* (* 1871, † 1946): „Wissenschaft u. Rationalismus" (ital. Philosophie vom mathemat. Standpunkt aus)
	Dt. Sozialdemokraten werden mit 110 Sitzen stärkste Fraktion im Reichstag		
	Zentrumspartei erlangt wieder entscheidende Stellung im Reichstag (seit 1907 vorübergehend verloren)	*Kleist*preis an *H. Burte* *Claudel:* „Verkündigung" (frz. Schauspiel) *Courths-Mahler:* „Ich laß dich nicht" (Roman) † *Felix Dahn*, dt.Dichter, Histor., Jurist (*1834) *Dauthendey:* „Der Geist meines Vaters" (Mem.)	*Eduard Fuchs:* „Ill. Sittengeschichte v. Mittelalter bis zur Gegenwart" (6 Bände seit 1909)
	Heinrich Schnee (* 1871, † 1949) Gouverneur von Deutsch-Ostafrika bis 1918		*Giovanni Gentile* (* 1875, † 1944): „Der aktuale Idealismus" (ital., Wirklichkeit ist Bestimmung des freien tätig. Geistes)
	Dt. Kolonialbesitz 3 Mill. qkm mit 12 Mill. Einwohnern		
	Dt. Ausfuhr nach den Kolonien 54,5 Mill. M; Einfuhr aus den Kolonien 58,6 Mill. M; Umsatz rund 0,2% des Volkseinkommens (1902: 22 bzw. 7,2 Mill. M)	*Albert Ehrenstein* (* 1884, † 1950): „Der Selbstmord eines Katers" (grotesk. Erzählung; 1919 als „Bericht aus einem Tollhaus")	*Paul Häberlein* (* 1878): „Wissenschaft und Philosophie" (schweiz., 2 Bde. seit 1910)
	Hermann Oncken: „Deutschland und England"	*A. France:* „Die Götter dürsten" (frz. Roman) *Hamsun:* „Der Wanderer" (norweg. Romantrilogie seit 1906), „Die letzte Freude" (norweg. Roman)	„Der neue Realismus" (nordam. Sammelw. v. *Holt, Montague* u. a.)
	Internationaler Sozialisten-Kongreß in Basel erläßt Manifest gegen den Krieg		*C. G. Jung:* „Wandlungen und Symbole der Libido" (Schweiz. Psychoanalyse)
	Engl. liberale Unionisten (seit 1886 mit den Konservativen für Aufrechterhaltung der vollen Union Großbrit.-Irland) verschmelzen mit den Konservativen	*C. Hauptmann:* „Die lange Jule" (Schauspiel) u. „Ismael Friedmann" (Roman)	*Kandinsky:* „Über das Geistige i. d. Kunst"
	† *Friedrich VIII.*, König von Dänemark seit 1906 (* 1843)	*G. Hauptmann:* „Gabriel Schillings Flucht" (Schauspiel), „Atlantis" (Roman)	*Kerschensteiner:* „Begriff der Arbeitsschule" u. „Charakterbegriff u. Charaktererziehung"
	Christian X. von Dänemark wird König (* 1870, † 1947)		*O. Külpe:* „Die Realisierung" (3 Bände bis 1923, Denkpsychologie d. „Würzburger Schule")
	Raymond Poincaré frz. Ministerpräsident und Außenminister bis 1913; besucht Petersburg; frz.-russ. Marineabkommen	*Hedin:* „Von Pol zu Pol" (schwed. Reiseerzählungen, 3 Bände)	
		Hofmannsthal: „Ariadne auf Naxos" (Operntext für Richard Strauss)	*François Mauriac* (* 1885, + 1970), grdt. kathol. franz. Kulturzeitschrift „Les Cahiers"
	Durch Vertrag zwischen Frankreich und dem Sultan von Marokko wird frz. Protektorat auch formal begründet (große Erfolge bei der wirtschaftl. und kulturellen Erschließung des Landes)	* *Eugène Ionesco*, rumän.-frz. Dramatiker des absurden Theaters	*F. Oppenheimer:* „Die soziale Frage und der Sozialismus" (liberaler Sozialismus)
		Johannes Vilhelm Jensen (* 1873, † 1950): „Das Schiff" (dän. Roman)	
	Tanger internationales Gebiet unter brit., frz., span. und (ab 1928) ital. Verwaltung (1940 von Spanien beseitigt)		*Eugenio Pacelli* Sekretär der Kommission für Kodifizierung des kanonischen Rechts
		Manfred Kyber (* 1880, † 1933): „Unter Tieren"	

Alex. Archipenko: „Der Tanz" (russ.-frz. kubist. Bronze)
Umberto Boccioni (*1882, †1916): "Elastizität" (ital. futurist. Gemälde)
Paul Bonatz: Hauptbahnhof Stuttgart (Wettbewerb, Ausf. 1914—1928)
Constantin Brancusi (* 1876, † 1957): „Der rumänische Traumvogel" (rum.-frz. Bronzeplastik)
Chagall: „Der Viehhändler", „Kalvarienberg" (russ. Gem.)
Corinth: „Florian Geyer" (Gemälde)
Dehio: „Handbuch d. deutschen Kunstdenkmäler" (5 Bände seit 1905)
Marcel Duchamp (* 1887): „Akt, eine Treppe herabschreitend" (frz. Gem. i. neuartig. Bewegungsstil)
F. H. Ehmcke: Fraktur (Drucktyp.)
Th. Fischer: Kunstgebäude, Stuttgart
Duncan Grant (*1885): „Stilleben" (engl. nachimpress. Gemälde)
Kandinsky beg. seine abstrakt. „Improvisationen" zu malen
M. Klinger: „Franz Abbe" und „Wilhelm Wundt" (Bildnisbüsten)
G. Kolbe: „Tänzerin" (Bronzeplastik)
Fernand Léger (*1881, † 1955): „Frau in Blau" (frz. kubist. Gemälde)
Macke: „Zoologischer Garten" (express. Gemälde)

Dr. *Becce* beginnt zahlreiche Filmmusiken zu schreiben (sammelt sie in einer 12 bändigen „Kinothek")
* *Siegfried Borries,* dt. Geiger
Busoni: „Die Brautwahl" (Oper)
† *Samuel Coleridge-Taylor,* engl. Komponist (Mulatte) von Orchester- u. Chorwerken; u. a. „Afrikanische Suite f. Klavier" (*1875)
Hermann Kretzschmar (* 1848, † 1924): „Geschichte des neueren deutschen Liedes"
G. Mahler: 9. Symphonie D-Dur (rein polyphon. Urauff. postum)
† *Jules Massenet,* frz. Opernkomponist; u. a. „Manon" 1884 (*1842)
Ravel: „Daphnis und Chloe" (frz. Ballett)
A. Schönberg: „5 Orchesterstücke" (im express. Stil)
Franz Schreker (* 1878, † 1934): „Der ferne Klang" (erotisch-symbol. Oper)
Leopold Stokowski wird Leiter des Philadelphia Symphony Orchesters (bis 1936)
R. Strauss: „Ariadne auf Naxos" (erste Kammeroper, Text v. *Hofmannsthal:* Neubearbeitung 1916)
Städt. Oper Berlin-Charlottenburg eröffnet

Physik-*Nobel*preis an *G. Dalén* (Schwed.) für Sonnenscheinventil
Chemie-*Nobel*preis an *Victor Grignard* (Frankr., * 1871, † 1935) für metallorganische Reaktionen und *Paul Sabatier* (Frankr., *1854, †1941) f. katalysatorische Hydrierung
Medizin-*Nobel*preis an *Alexis Carrel* (USA, * 1873, † 1944) für Arbeiten über Organüberpflanzungen
Emil Abderhalden: „Schutzfermente des tierischen Organismus" (1922 als „Abderhaldensche Reaktion")
Othenio Abel (* 1875, † 1946): „Paläobiologie der Wirbeltiere" (grundlegend f. Vorzeitforschung)
Adolf Friedrich Herzog zu Mecklenburg: „Vom Kongo zum Niger und Nil" (Bericht über die Afrika-Expedition 1910 bis 1911)
P. Debye berechnet spezifische Wärme fester Körper mit Hilfe der Quantentheorie und bestimmt Verteilung elektrischer Ladungen in Molekülen (Dipolmomente)
Einstein: Jedes absorbierte Lichtquant löst einen physikochemischen Elementarvorgang aus (Begründung der modernen Photochemie)
Südpolar-Expedition unter *W. Filchner* ins *Weddell*meer (seit 1911, entd. Prinzregent-*Luitpold*-Land)
Hedin: „Transhimalaja" (3 Bände)
Victor F. Heß (* 1883, † 1964) entdeckt auf Ballonfahrten bis 5350 m die durchdringende kosmische Höhenstrahlung (1909 bis 1910 ähnliche Beobachtungen von *Wulf* und *Gockel*)
G. v. Hevesy und *F. Paneth:* Erste Anwendung der Methode radioaktiver Indikatoren (Löslichkeit von Bleisalzen)
Fritz Hofmann: Synthetischer Kautschuk (Versuche seit 1906)
Kaplan: Propeller-Turbine mit regelbaren Leit- und Laufschaufeln
Th. Koch-Grünberg erforscht das Quellgebiet des Orinoko
Nichtrostender *Krupp*stahl
William Küster: Strukturformel des Blutfarbstoffes Hämin (später v. *Hans Fischer* durch Synthese bestätigt)

Bernhard Harms (* 1876): „Volkswirtschaft u. Weltwirtschaft. Versuch der Begründung einer Weltwirtschaftslehre"
Heinrich Lammasch (* 1853, † 1920): Entwurf eines neuen österr. Strafgesetzes (seit 1906)
Louis Renault: „Neue Fortschritte im Völkerrecht" (frz.)
Adolph Wagner: „Die Strömungen in der Sozialpolitik und der Katheder- und Staatssozialismus" (sozialreformerisch)
Ca. 30000 Millionäre in Deutschland (als reichste *Wilhelm II.* und *Berta Krupp*)
F. W. Woolworth-Gesellschaft in New York (umfassendes Einzelhandelsunternehmen)
Erste dt. Luftpost (Frankfurt M. bis Worms)
Dt. Reichsversicherungsordng. (von 1911) tritt in Kraft
Frankreich zahlt für das 4. Kind der Mutter 500 Frs.
Erste seetüchtige Motorschiffe (Dänemark, Deutschland)
Passagierdampfer „Titanic" sinkt nach Zusammenstoß mit einem Eisberg. (Führt u. a. zu dem Vorschlag, Schiffahrtshinder-

(1912)

Italien gewinnt durch den Krieg gegen Türkei (seit 1911) Libyen. Allgemeines Wahlrecht in Italien
Russ. Flottengesetz mit Bauprogramm für Ostsee- und Schwarzmeerflotte
Rußland versucht in Persien zugunsten des Exschahs einzugreifen; Hinrichtungen in Täbris
Russ. Bolschewisten beteiligen sich nicht am Wiener internationalen Sozialisten-Kongreß, bilden eigene Parteileitung (endgült. Trennung von Menschewisten)
Lenin übernimmt Leitung der bolschewist. Zeitschrift „Prawda" („Wahrheit")
Erster engerer Kontakt *Lenins* mit *Stalin*
Beginn des Balkankrieges (bis 1913): Bulgarien, Serbien, Griechenland, Montenegro siegen gegen die Türkei (1913 wird Bulgarien von seinen bisherigen Verbündeten und Rumänien besiegt)
Neu-Mexiko 47. und Arizona 48. Bundesstaat der USA
Eduardo Schaerer Staatspräsident Paraguays bis 1916; stellt Zentralbahn Asuncion — Buenos Aires fertig
Jüan Schi-k'ai (* 1859, † 1916) chin. Staatspräsident (muß 1916 wegen monarchistischer Bestrebungen abdanken)
Sun Yat-sen gründet chin. Nationalpartei Kuomintang
Tibet trennt sich von China
† *Mutsuhito* (*Meiji Tenno*), japan. Kaiser seit 1867; stellte japan. Kaisergewalt wieder her (* 1852)
Yoshihito (* 1879) japan. Kaiser bis 1926 (ab 1921 ist sein Sohn *Hirohito* [* 1901] Regent)

Arnold Zweig (* 1887, † 1968): „Novellen um Claudia" (Erzählungen)
Die kleinen Bände der Inselbücherei beginnen zu erscheinen

Lagerlöf: „Der Fuhrmann des Todes" (schwed. Erzählung)
William Somerset Maugham (* 1874, † 1965): „Das Land der Versprechung" (engl. soziales Drama)
† *Karl May*, dt. Volksschriftsteller; schrieb ca. 65 Bände (* 1842)
Rolland: „Jean Christophe" (frz. Roman in 10 Bänden seit 1904)
Karl Röttger (* 1877): „Lieder von Gott und Tod" (relig. Dichtung)
Wilhelm Schäfer: „Karl Stauffers Lebensgang" (Roman)
Wilhelm Scharrelmann (* 1875): „Piddl Hundertmark" (Roman)
Schnitzler: „Professor Bernhardi" (Schauspiel)
Shaw: „Pygmalion" (engl. Komödie)
Heinrich Sohnrey: „Draußen im Grünen" (Dorfjugendgeschichten)
Reinhard Johannes Sorge (* 1892, † 1916): „Bettler" (Schweiz. express. Schauspiel, *Kleist*preis)
Sternheim: „Die Kassette" u. „Bürger Schippel" (satir. Komödien)
Sudermann: „Der Bettler von Syrakus" (Schausp.)
† *August Strindberg*, schwed. Dichter (* 1849)
L. Thoma: „Briefwechsel eines bayr. Landtagsabgeordneten" (polit. Sat., 2 Bde. seit 1909), „Magdalena" (Volksstück)
Tucholsky: „Rheinsberg. Ein Bilderbuch für Verliebte"
Albert Verwey (* 1865, † 1937): „Gesammelte Gedichte" (niederl.)
Wedekind: „Franziska" (Schauspiel)

† *Henri Poincaré*, frz. Mathematiker und Naturphilosoph (* 1854)
W. Rathenau: „Zur Kritik der Zeit"
B. Russell: „Die Probleme der Philosophie" (engl. Rationalismus)
Carl Ludwig Schleich: „Es läuten die Glocken" (Phantasien über den Sinn des Lebens)
R. Steiner gründet „Anthroposoph. Gesellsch."
W. Stern: „Die Intelligenz der Kinder und Jugendlichen"
F. W. Taylor: „The Principles of Scientific Management" („Taylorismus": Zeit- und Bewegungsstudien zur besseren Ausnutzung d. Arbeitskraft seit ~1900)
E. Troeltsch: „Die Soziallehren der christl. Kirchen und Gruppen"
Alfred Weber: „Religion und Kultur"
W. Wundt: „Elemente der Völkerpsychologie"
„Institut J. J. Rousseau" in Genf (erziehungswissenschaftl. Institut)
Lyzeum als höhere Mädchenschule in Preußen
Krematorium in Berlin
Durch die Revolution verbreiten sich in China Bildungs- und Zeitungswesen
I. Dtl. 39 000 Kinder i. Hilfsschulklassen (1905: 15 000)
Sprachheilschule in Hamburg

Antonio Manzini (* 1852, † 1930): „Selbstbildnis" (ital. impress. Gemälde)

„Blauer Reiter" (Programmschrift d. Münchener Kreises von Expressionisten mit *Marc, Kandinsky, Feininger, Klee, Macke, Arnold Schönberg* als Komponist)

Matisse: „Der Tanz" (frz. express. Gem.)

Piet Mondrian: „Blühender Apfelbaum" (niederl. geometr. stilis. Gem.)

Ed. Munch: „Pferd in wildem Galopp" (norw. expr. Gem.)

Nolde: „Maria Aigyptiaca" (express. Triptychon)

Picasso: „Stilleben" (span.-frz. abstraktes Gemälde)

Luigi Russolo (* 1885): „Erinnerungen einer Nacht" (ital. futurist. Gemälde)

Gino Severini (* 1883): „Ruhelose Tänzerin" (ital. fut. Gemälde)

Paul Signac (* 1863, † 1935): „Seine bei St. Cloud" (frz. pointillist. Gem.)

Slevogt: „Francisco d'Andrade" (Gem.)

† *Paul Wallot*, dt. Baumeister (* 1841)

Farbige Bildnisbüste der ägypt. Königin *Nofretete* aufgefunden (vgl. —1365; wird in zahlreichen Nachbildungen verbreitet. Original in Berlin)

Sonderbund-Kunstausstellung i. Köln (gilt als erste umfassende Schau d. europ. Moderne; mit *van Gogh, Munch, Cézanne, Picasso, Signac, Kirchner, Hekkel*) Mitgl. d. Neuen Sezession Berlin u. d. Verein. „Blauer Reiter", München)

—

„Quo vadis" (ital. Großfilm, begründet die Vormachtstellung des italien. Films)

„Max als Verlobter", „Max als Ehemann", „O diese Frauen", „Zärtliche Liebe" (frz. Filme von und mit *M. Linder*)

„Totentanz" (dän. Film von *U. Gad*)

„Die Entstehung d. Menschen", „Der Hut aus New York" (nordamerik. Filme von *D. W. Griffith*)

„Königin Elisabeth" (nordamerikan. Film von *Louis Mercanton* mit *Sarah Bernhardt*)

„Fanatismus" (poln. Film von *Alexander Hertz*)

„Krieg u. Frieden" „Kreutzer-Sonate" (russ. Filme von *Tschardinine*)

„Von der Krippe zum Kreuz" (nordam. Passionsfilm)

90% aller Filme sind frz. Ursprungs (1928 sind 90% aus den USA)

Film-Adreß-Kalender erscheint erstmalig

M. v Laue, W. Friedrich und *P. Knipping* beweisen Wellennatur der Röntgenstrahlen u. Aufbau d. festen Körper in Form regelm. Atomgitter

Henrietta S. Leavitt: Beziehung zw. Helligkeit und Periodenlänge veränderlicher Sterne (als „δ-Cepheiden-Methode" entscheid. f. astronom. Entfernungsbestimmungen)

Fritz Lenz (* 1887, † 1976): „Die krankhaften Erbanlagen des Mannes und die Bestimmung des Geschlechts beim Menschen"

Hugo Münsterberg (* 1863, † 1916): „Psychologie u. Wirtschaftsleben" (gilt als Begründung der modernen Psychotechnik)

Raczinsky schickt rachit. Kinder zur Heilung i. d. Höhenklima d. Karpaten

Fritz u. *Paul S. Sarasin* erforsch. (seit 1910) Südseeinsel Neukaledonien

Hans Schomburgk fängt in Liberia Zwergflußpferde (1849 entdeckt)

† *Robert Falcon Scott*, engl. Polarforscher, mit 4 Begleitern auf dem Rückmarsch vom Südpol, bei dessen Entdeckung ihm *Amundsen* einen Monat zuvorkam (* 1868)

Verwendung des *Siemens*-Schnelltelegr. (1000 Zeichen in d. Minute)

Slipher: Erste Spiralnebel-Spektren mit deutlicher Rotverschiebung der Linien (führt später zur Vorstellung der „Nebelflucht")

V. Stefansson erforscht mit *R. Anderson* (seit 1909) das arktische Kanada, wobei er Eskimos mit hellerer Hautfarbe entdeckt

Jean Tilho erforscht mit einer frz. Militär-Expedit. d. Gebiet zwisch. Tschadsee und Sahara (bis 1917)

C. T. Wilson macht m. Nebelkammer die Bahnen atomarer Teilchen sichtbar (förd. Atomkernphysik)

Palimpsest-Institut i. Kloster Beuron

„Die Naturwissenschaften" (Zeitschrift der „Gesellschaft dt. Naturforscher und Ärzte")

Nach der Internationalen Hygiene-Ausstellung (1911) Gründung des Dt. Hygiene-Museums in Dresden (eröffnet im Neubau 1930)

Dt. Versuchsanstalt für Luftfahrt in Berlin-Adlershof

Jungfraubahn (Baubeginn 1898)

Assuanstaudamm in Ägypten erweitert (seit 1907, 4,6 Mrd. cbm Inh.)

nisse mit Ultraschall festzustellen)

Karwendelbahn Innsbruck-Mittenwald

U-Bahn i. Hamburg

Olympiade i. Stockholm

Carl Diem (* 1882): „Die olympischen Spiele"

Erster Fallschirmabsprung v. Flugzeug

H. Gutermuth mit Gleitflugzeug auf der Wasserkuppe/Rhön 1 Minute 52 Sekunden in der Luft

Parlapanoff: „Joghurt, dessen Wesen und Wert als tägliches Nahrungs- und Heilmittel" (bulgar. Ernährungsreform)

In China verschwindet der Zopf als männliche Haartracht

Muttertag wird in den USA anerkannter Feiertag

Riesen-Waran auf d. kl. Sundainsel Komodo entd.

1913	Friedens*nobel*preis an *Henri La Fontaine* (Belg., *1854, †1943) Engl. Königspaar und Zar in Berlin zur Vermählung von Prinzessin *Viktoria Luise* und Prinz *Ernst August von Cumberland* *Gottlieb von Jagow* (* 1863, † 1935) Staatssekretär im dt. Auswärtigen Amt bis 1916 (war seit 1909 Botschafter in Rom) Dt. Heeresvorlage vermehrt Landmacht um zwei Armeekorps *Alfred von Schlieffen* (* 1833, † 1913): „Gesammelte Werke" (mit der Studie „Cannä" als Vorbild der doppelseitigen Umfassung; von ihm „Schlieffenplan" für Zweifrontenkrieg mit Angriff auf Frankreich durch Belgien mit starkem rechtem Flügel) *Paul von Lettow-Vorbeck* (* 1870, † 1964) wird Kommandeur von Deutsch-Ostafrika † *August Bebel*, Mitbegründer und Leiter der dt. Sozialdemokratie; schrieb: „Aus meinem Leben" (3 Bände seit 1910) (* 1840) *Friedrich Ebert* Vorsitzender d. SPD *K. Kautsky:* „Das Kapital" von *Marx* als Volksausgabe *R. Luxemburg:* „Die Akkumulation des Kapitals. Ein Beitrag zur ökonomischen Erklärung des Imperialismus" Kaiserliche Landesverwaltungskommission in Böhmen unter Ausschaltung des Landtages *Stephan Tisza* (* 1861, † 1918, ermordet) ungar. Ministerpräsident bis 1917; befürwortet österr.-ung. Ausgleich, gegen demok. Wahlrecht Gesetz für parlamentarische Selbstregierung Irlands: Homerule (tritt wegen Bürgerkriegsgefahr und Weltkrieg nicht in Kraft) Die engl. Suffragette *Emily Davison* wirft sich beim Derby vor die Hufe eines Pferdes und erliegt den Verletzungen *Sylvia Pankhurst* ist Führerin der engl. Suffragetten und wird wiederholt festgenommen (1929 Denkmal) *S.* und *B. Webb* gründen „The New Statesman" (brit. sozialist. Wochenschrift)	Literatur-*Nobel*preis an *R. Tagore* (Indien) *Guillaume Apollinaire* (* 1880, † 1918): „Alcools" (franz. Gedichte) *R. G. Binding:* Gedichte *Wilhelm Bode* (* 1862, † 1922): „Goethes Liebesleben" * *A. Camus,* franz. Dichter († 1960) *Dehmel:* „Schöne wilde Welt" (Gedichte) *Deledda:* „Schilfrohr im Winde" (ital. Roman) *Hanns Heinz Ewers* (* 1871, † 1943): „Alraune" (erot. Roman) *F. Kafka:* „Der Heizer" und „Eine kleine Frau" (österr. Erzählungen) *Gorch Fock (Johann Kinau,* * 1880, † 1916 in der Skagerrak-Schlacht): „Seefahrt ist not"(Rom.) *Gorki:* „Meine Kindheit" (russ. Autobiogr.) *Agnes Günther* (* 1863, † 1911): „Die Heilige und ihr Narr" (Roman, posthum) *Hamsun:* „Kinder ihrer Zeit" (norweg. Roman) *Walter Hasenclever* (* 1890, † 1940): „Der Jüngling" (Lyrik) *Arno Holz:* „Ignorabimus" (Zeitdrama) *Bernhard Kellermann* (* 1879, † 1951: „Der Tunnel" (techn. Zukunftsroman) *Eduard von Keyserling* (* 1855, † 1918, 1907 erblindet): „Abendliche Häuser" (Roman) *Klabund:* „Morgenrot ..." (Gedichte) *Annette Kolb* (* 1875): „Das Exemplar" (Rom.) *Else Lasker-Schüler:* „Hebräische Balladen" *David Herbert Lawrence* (* 1885, † 1930): „Söhne und Liebhaber" (engl. Roman)	*K. Bühler:* „Die Gestaltwahrnehmungen" (Gestaltpsychologie) *M. Dessoir* ruft ersten Kongreß für Ästhetik nach Berlin (ein zweiter 1924) *Dilthey:* „Weltanschauung und Analyse des Menschen seit Renaissance und Reformation" (histor. Aufeinanderfolge von Menschen und Weltanschauungstypen, posthum) *Freud:* „Totem und Tabu" (psychoanalyt. Völkerkunde) *Alfred Fried:* „Handbuch der Friedensbewegung" (österr., seit 1911) *Moritz Geiger* (* 1880, † 1938): „Beiträge zur Phänomenologie des ästhetischen Genusses" (Anw. der *Husserl*schen Phänomenologie) *Th. Haecker:* „S. Kierkegaard und die Philosophie der Sinnlichkeit" *Husserl:* „Ideen zu einer reinen Phänomenologie u. phänomenologischen Philosophie" (Begründung der Phänomenologie im Sinne einer „Wesensschau") *Jaspers:* „Allgemeine Psychopathologie" (systematisches Werk) *L. Klages:* „Ausdrucksbewegung und Gestaltungskraft" (Ausdruckslehre) *Wolfgang Köhler* (* 1887, † 1967): „Gestaltprobleme und Gestalttheorie" (Gestaltpsychologie) *M. Maeterlinck:* „Vom Tode" (belg. Philos.) *Ch. P. Péguy:* „Das Geld" (frz. Kritik der Parteien- und Geldwirtschaft)

Archipenko: „Frauenakt" (russ. kubist. Plastik)

P. Behrens: Mediäval-Schrift (Drucktypen)

Heckel: „Genesende" (Triptychon) u. „Das Gespräch" (express. Gemälde)

Hodler: „Die Einmütigkeit"(Schweiz. Fresko, Rathaus Hannover)

Karl Hofer (* 1878, † 1955): „Badende Inderin" (express. Gemälde)

O. Kaufmann: Theater am Nollendorfplatz, Berlin (Baubeg. 1912)

E. L. Kirchner löst Künstlervereinigung „Brücke" auf

Kokoschka: „Selbstbildnis" (express.)

Lehmbruck: „Emporsteigender Jüngling" (neogot. Plast.)

M. Liebermann: „Fürst Bülow" (Bildnis), „Frühling am Wannsee" (impress. Gemälde)

Macke: „Mädchen unter Bäumen" (express. Gemälde)

Kasimir Malewitsch (*1878, †1935): „Weißes Quadrat auf weißem Grund" (russ. monochromat. Gem., Höhepunkt d. Suprematismus im Gegens. z. Futurismus)

Otto March: Dt. Stadion Berlin-Grunewald (Baubeg. 1912)

Albert Marquet (* 1875, † 1947): „Frachtdampfer im Hafen von Algier" (frz. Gemälde)

Frans Masereel (* 1889): „Die Erschießung" (belg. Holzschnitt)

* *Cesar Bresgen* (in Florenz), dt. Komponist, schreibt u. a. die Oper „Das Urteil des Paris"

* *B. Britten*, engl. Komp. († 1976)

Edward Joseph Dent (* 1876, † 1957): „Mozarts Opern" (engl. maßgeb. Musikgeschichte)

Manuel de Falla: „Ein kurzes Leben" (span. Oper)

Maria Ivogün (Ilse von Günther) als Koloratursopran an d. Oper München bis 1925

Walter Kollo: „Wie einst im Mai" (Berliner Operette)

Lilli Lehmann (Sopranistin, * 1848, † 1929): „Mein Weg" (Autobiographie)

Reger: „Böcklin-Suite" (für Orchester, zu 4 *Böcklin*bildern)

Hugo Riemann: „Große Kompositionslehre" (3 Bände seit 1902)

Curt Sachs (*1881): „Reallexikon der Musikinstrumente"

Alexander N. Skrjabin: „Prometheus" (russ. symphon. Dichtung m. Farblichtklavier)

Bühnenbilder mit bewegtem Licht zu *Gluck* „Orpheus" von *O. Starke*

Strawinsky: „Le sacre du printemps" (russ. Ballett; führt infolge neuer Ausdrucksmittel zum Uraufführungs-Skandal in Paris)

Physik-*Nobel*preis an *H. Kamerlingh Onnes* (Niederl.): tiefste Temperat.

Chemie-*Nobel*preis an *Alfred Werner* (Schweiz) für Erforschung chemischer Bindungskräfte

Medizin-*Nobel*preis an *Ch. Richet* (Frankr.) für Entd. d. Anaphylaxie

Alex. Behm: Echolot

Fr. Bergius entwickelt Hochdruckverfahren zur Kohlehydrierung

Max Bodenstein: Begriff der chemischen Kettenreaktion

Niels Bohr nimmt ein planetensystemähnliches Atommodell an und berechnet mit Hilfe des *Planck*schen Wirkungsquant. die Spektralfrequenzen d. Wasserstoffatoms

William H. (*1862, † 1942 Vater) u. *William L. Bragg* (*1890, † 1971 Sohn) beg. Kristalle mit Röntgenstrahlen zu untersuchen (grundl. Methode)

Hans Bredow: Musikübertragung durch Lautsprecher in USA

C. B. Bridges: Geschlechtsvererb. durch Geschlechtschromosomen

W. D. Coolidge: Vakuumröntgenröhre

† *Rudolf Diesel* (ertrunken, Selbstmord?), dt. Ingenieur; erfand 1893 Schwerölmotor (* 1858)

Alfons Dopsch (* 1868): „Die Wirtschaftsentwicklung der Karolingerzeit" (2 Bände)

Eugen Fischer (*1874, † 1967): „Die Rehobother Bastards und das Bastardisierungsproblem beim Menschen" (s. 1908, erweist *Mendel*gesetze auch für menschliche Erbmerkmale)

K. v. Frisch: Fische haben Farbenunterscheidungsvermögen sowie Tages- und Nachtsehapparat

Kompressorloser Doppelkolbenzweitakt-*Diesel*motor von *Junkers*

Garros fliegt Tunis—Rom. Weiterer Flug 800 km über dem Mittelmeer

H. Geiger u. *E. Marsden* bestimm. Größe und Ladung der Atomkerne

Geiger: Zähler f. energier. Strahlen

Rich. Goldschmidt (*1878, † 1958): „Einführung in d. Vererbungswissenschaft"

Guthnick und *Rosenberg*: Einführung der objektiv. lichtelektr. Methode in die astronom. Lichtmessung

Internat. Gewerkschaftsbund in Amsterdam

O. Barnack (* 1879): 1. Leica-Modell (Prod. ab 1925)

A. Fischer: „Grundrisse der sozialen Hygiene"

Zentralblatt für Gewerbehygiene und Unfallverhütung

Otto Gierke (* 1841, † 1921): „Das deutsche Genossenschaftsrecht" (4 Bände seit 1868, im Sinne eines spezifisch dt. Rechts)

K. Hassert: „Allgemeine Verkehrsgeographie"

W. C. Mitchell: „Business cycles" (führendes Werk d. modernen Konjunkturlehre)

P. Tafel: „Die nordamerikanischen Trusts und ihre Wirkung auf den Fortschritt der Technik"

Krisenjahr der dt. Wirtschaft

Ullstein erwirbt „Vossische Zeitung"

Einführung des Montagebandes („Fließband") bei *Ford* (in den Schlachthäusern Chicagos seit 1870)

† *John Pierpont Morgan*, nordam. Geschäftsmann; kontrollierte mit 341 Direktoren 112 Konzerne mit Kapital von 22 Milliarden Dollar (* 1837)

(1913)

Liberal-sozialist. Koalitionsregierung in den Niederlanden bis 1918

Raymond Poincaré frz. Staatspräsident bis 1920

Der frz. Ministerpräsident *Louis Barthou* setzt 3jährige Dienstzeit in Frankreich wieder durch (war 1905 aufgehoben worden)

† *Georg I.* (ermordet), König von Griechenland seit 1863 aus dem dän. Königshaus (* 1845)

Konstantin I. König von Griechenland bis 1917 und 1920 bis 1922 († 1923, * 1868)

Über die Aufteilung der ehemals türk. Gebiete kommt es zwischen den Mitgliedern des Balkanbundes zum Zweiten Balkankrieg. Bulgarien verliert Mazedonien an Serbien und Griechenland, Kreta und Epirus an Griechenland, Türkei behält Adrianopel

Freischärlerbewegung zugunsten Bulgariens in Mazedonien

Stalin: „Marxismus u. d. nationale Frage" (ford. nationale Selbstbestimmung)

Woodrow Wilson (Demokrat) Präsident der USA bis 1921; verkündet innenpolitisches Programm der „Neuen Freiheit"

† *Menelik*, Kaiser von Abessinien seit 1889; besiegte Italiener bei Adua 1896 (* 1844)

Tibet erklärt sich unter brit. Einfluß als von China unabhängig

---

Mechtilde Lichnowsky (* 1879, † 1958): „Ein Spiel vom Tod" (Drama)

J. London: „John Barleycorn" (nordamerik. autobiograph. Roman)

Emil Ludwig: „Wagner oder die Entzauberten" (Monographie)

H. Mann: „Madame Legros" (Drama)

Th. Mann: „Der Tod in Venedig" (Novelle)

Meyrink: „Des deutschen Spießers Wunderhorn" (Erzählungen)

Schnitzler: „Frau Beate und ihr Sohn" (Novelle)

Shaw: „Androklus und der Löwe" (engl. Schauspiel mit Vorrede über das Christentum)

Sternheim: „Der Snob" (satir. Komödie)

Unruh: „Louis Ferdinand Prinz von Preußen" (Schauspiel)

Cyriel Verschaeve (* 1874, † 1948): „Die Artevelden" (fläm. geschichtliches Drama)

Hugh Walpole (* 1884, † 1941): „Der Reiter auf dem Löwen" (engl. Roman)

Ernst Weiß (* 1884, † 1940, Selbstmord in Paris): „Die Galeere" (Roman)

Gustav Wied: „Die leibhaftige Bosheit" (dän. satir. Roman seit 1908)

Wildgans: „Sonette an Ead"

V. Barnowsky leitet Lessing-Theater, Berlin

Friedrich Kluge (* 1856, † 1926): „Abriß der deutschen Wortbildungslehre"

Karl Voßler (* 1871, † 1949): „Frankreichs Kultur und Sprache" (Romanistik)

„Dt. Bücherei" in Leipzig eröffnet

B. Russel und *A. N. Whitehead:* „Principia mathematica" (engl., mathem. Logik: Logistik, seit 1910)

Scheler: „Zur Phänomenologie der Sympathiegefühle"

Albert Schweitzer evang. Missionsarzt in Lambarene (Frz.-Kongo)

Söderblom: „Natürliche Theologie u. allgemeine Religionsgeschichte" (schwed. evang.)

Sombart: „Der Bourgeois" (volkswirtschaftl. Kritik)

Tagore: „Sadhana. Der Weg zur Vollendung" (ind. Philosophie)

de Unamuno: „Das tragische Lebensgefühl" (span. Philosophie)

Eduard Wechszler (* 1869, † 1949): „Kulturprobleme des Minnesanges" (2 Bände seit 1909, Bd. 1: „Minnesang und Christentum")

Hans von Wolzogen: „Zum deutschen Glauben" (für ein Deutschchristentum)

Theodor Ziehen (* 1862, † 1950): „Erkenntnistheorie auf psychophysiologisch. u. physikalisch. Grundlage" (positivistisch)

„Internationale Zeitschrift für Psychoanalyse" (1912 Gründung von „Imago" für Anwendung der Psychoanalyse auf Natur- und Geisteswissenschaften)

Jugendfest auf dem Hohen Meißner: Zusammenschluß von 13 Jugendverbänden zur „Freideutschen Jugend" („Wandervogel"-Bewegung)

Anthroposophisches „Goetheanum" in Dornach b. Basel gegründet

Ed. Munch: „Schlächter" und „Mädchen auf dem Sofa" (norweg. express. Gem.)	*Bruno Walter* Dirigent a. d. Münchener Oper bis 1922	*Fritz Haber* und *Karl Bosch:* Hochdruck-Ammoniak-Synthese	Bundeseinkommensteuer in den USA
H. J. Pagels: „Hühnerdiebbrunnen", Aachen	*Hermann Zilcher* (* 1881, † 1948): „Die Liebesmesse" (Chorwerk, Text von *W. Vesper*)	Ordnung der Sterntypen im *Hertzsprung-Russell*-Diagramm nach Temperatur und Leuchtkraft	Bundesreservebanken in d. USA (Notenbanken des Bundes neben den Nationalbanken d. Einzelstaaten)
Picasso: „Der Kamin" (span.-frz. kubist. Gemälde)	Erster Internationaler musikpädagogischer Kongreß (Berlin)	*Irving Langmuir* (* 1881, † 1957): Gasgefüllte elektrische Glühlampe	
Renoir: „Südfranzösische Landschaft" (frz. Gemälde)	Orgel in der Jahrhunderthalle in Breslau (mit 15 133 Pfeifen die größte der Zeit)	*Lespinasse* versucht Verjüng. d. Menschen durch Keimdrüsen-Einpflanz.	*Ivar Kreuger* grdt. schwed. Zündholzkonzern
Slevogt: Illustrationen zu „B. Cellini"		† *Robert Lieben,* österr. Phys. (* 1878)	„Weltwirtschaftliches Archiv" (Zeitschrift)
† *Gabriel von Seidl,* dt. Baumeister; baute s. 1908 „Dt. Museum", Mchn. (vollendet 1925) (* 1848)	Konzertskandale um *Schönberg* i. Wien u. *Strawinsky* i. Paris	*Alex. Meißner* (* 1883, † 1958) erfindet Rückkopplungsschaltung	Titanic-Konferenz in London zur Sicherung der Schiffahrt
		Henry Moseley (* 1887, † 1915, gefallen): Beziehg. zw. Größe d. Atomkernladung u. *Röntgen*-Wellenlänge (wichtig z. Auffind. neuer Elemente)	Dt. Lebensrettungsgesellschaft
Heinrich Tessenow (* 1876, † 1950): „Festspielhaus der Bildungsanstalt für rhythm. Gymnastik in Hellerau" (klassizist., Baubeg. 1910)		*Prowazek* entdeckt Fleckfiebererreger (vgl. 1910)	Dt. Turn- u. Sportabzeichen eingeführt (1921 f. Frauen; später Reichssportabzeichen)
		Sikorskij baut erstes brauchbares Riesenflugzeug (28 m Spannweite, vier 100-PS-Motoren)	
Lesser Ury (* 1862, † 1931): „Amsterdamer Gracht", „Windmühlen bei Rotterdam" (Gem.)		*Johannes Stark* (* 1874, † 1957) findet Aufspaltung der Spektrallinien im elektrischen Feld	*Pégouds* Sturzflüge und Loopings leiten neue Flugtechnik ein
Félix Valloton (* 1865, † 1925): „Strand bei Honfleur" (schweiz. Gem., *V.* gilt als Vorläufer d. Neuen Sachlichkeit)		*Gustav Tammann* (* 1861, † 1938): „Lehrb. d. Metallographie" (thermische Analyse v. Legierung., s. 1903)	Freiballon-Rekord mit 87 Std. Flugdauer (vgl. 1914)
		J. J. Thomson entdeckt massenspektrograph. die beiden Neon-Isotope	
		Fluggeschwindigkeitsrekord von *Vedrines* und *Prevost* mit 200 km pro Std. (160-PS-Umlaufmotoren)	
		† *Alfred Russel Wallace,* engl. Tiergeograph und Begründer der Selektionslehre (* 1823)	
J. P. Morgan (†) vermacht seine wertvollen Kunstsammlungen der Stadt New York	„Student von Prag" (Film von *Stellan Rye* mit *Paul Wegener* u. *Werner Krauss* (*1884, +1959); gilt als Beginn des künstlerischen dt. Films)	*A. Wegener* und *I. P. Koch* durchqueren Grönland von Ost nach West (nach erstmaliger Überwinterung auf dem Inlandeis)	
		B. A. Wilkitzki entdeckt die arktische Inselgruppe Sewernaja Semlja	
„Armory Show" in New York zeigt moderne europäische Kunst und löst Skandal aus (vgl. 1911)	*Charlie Chaplin* geht vom Varieté zum Film	„Imperator" (dt. Turbinen-Ozeandampfer, 52 100 BRT)	
	„Der Vampir" (nordamerik. Film mit *Alice Hollister* als „erstem Vamp")	Lötschbergbahn Spiez–Brig (Baubeginn 1907, mit 14,5 km langem Lötschbergtunnel)	
		Zeiß-Fernrohr f. Bln.-Babelsbg. (650 mm Durchm. und 10 m Brennweite)	
Jahrhunderthalle in Breslau	„The Squaw Man" (nordam. Film v. *Cecil B. de Mille,* * 1881; erste Anf. der Paramount Pictures)	Fabrikmäßige Herstellung von Hochvakuum-Radioröhren	Berliner Aquarium eröffnet
		Tierpark in München-Hellabrunn	Internationale Kommission z. Erforschung d. Mittelmeeres in Monaco
Völkerschlachtdenkmal bei Leipzig (seit 1895)		Frühmenschl. Fund i. d. Oldoway-Schlucht (Afrika) (vgl. 1962)	Probe-Flutkraftwerk bei Husum

1914

1914, 1915, 1916 keine Friedens-*nobel*preise
Dt.-brit. Verständigung über Bagdad-Bahn. Brit. Flottenbesuch in Kiel
K. Kautsky: „Der politische Massenstreik" (zur marxistischen Taktik)
R. Luxemburg: „Militarismus, Krieg und Arbeiterklasse" (Verteidigungsrede vor der Frankfurter Strafkammer)
Höhepunkt der engl. Suffragetten-Bewegung (seit 1906 943 verhaftet); durch Weltkrieg beendet
Die Gattin des frz. Finanzministers *Caillaux* erschießt den Direktor *Calmette* des rechtsradikalen „Figaro" (*Caillaux* wird nach Rücktritt wiedergewählt)
R. Poincaré besucht den Zaren
Konflikt zwischen USA und Mexiko. USA-Truppen besetzen zeitweilig mexikan. Gebiet (auch 1916/17)
† *Franz Ferdinand*, Erzherzog von Österreich (* 1863), und seine morganatische Gattin *Sophie* durch Attentat des serbischen Nationalisten *Princip* beim Besuch in Serajewo
Österreich-Ungarn erklärt Serbien d. Krieg. Mobilmachung Rußlands. Deutschland erklärt Rußland und Frankreich den Krieg. Deutschland verletzt belg. Neutralität. Belgien und Großbrit. erklären Deutschld. den Krieg. Kriegserkl. Österreich-Ungarns an Rußland u. Frankreichs und Großbritanniens an Österreich-Ungarn. Beginn des ersten Weltkrieges (bis 1918)
Kriegserklärung Japans a. Deutschl.
Türkei schließt sich nach Kriegsausbruch den Mittelmächten (Österreich-Ungarn, Deutschland, später Bulgarien) an
Einstimmige Annahme der dt. Kriegskredite im Reichstag. Die sozialist. Internationale versagt in der geschlossenen Bekämpfung des Krieges
Vereinigung der Deutschsozialen und der Deutschen Reformpartei zur Deutschvölkischen Partei (nationalist. und antisemitisch)

Johannes Robert Becher (* 1891): „Verfall und Triumph" (Gedichte)
Conrad: „Spiel des Zufalls" (engl. Roman)
Th. Dreiser: „Der Titan" (nordamerikan. Roman)
Svend Fleuron (* 1874): „Die rote Koppel" (dän. Tierroman)
Leonhard Frank (*1882): „Die Räuberbande" (R.)
Alexander Moritz Frey (* 1881): „Solneman der Unsichtb." (satir. Rom.)
Gide: „Die Verliese des Vatikans" (frz. Roman)
Alexander von Gleichen-Rußwurm (*1865, †1947): „Schiller" (Biographie seines Urgroßvaters)
Gundolf: „Shakespeare in deutscher Sprache" (Übersetzung in 10 Bänden seit 1908)
Gunnar Gunnarsson (* 1889): „Die Leute auf Borg" (isländ. Bauernrom., 4 Teile s. 1912)
W. Hasenclever: „Der Sohn" (expr. Drama)
C. Hauptmann: „Krieg. Ein Tedeum" (vor d. Krieg vollend. Dichtg.)
Wilhelm Herzog (* 1884) gründet „Das Forum" (sozialkrit. Zschr.)
H. Hesse: „Roßhalde" (Roman)
† *Paul Heyse*, dt. Dichter, bes. Novellen; *Nobel*preis 1910 (* 1830)
Ric. Huch: „Der große Krieg in Deutschland" (Geschichte des 30jähr. Krieges, 3 Bde. s. 1912)
G. Kaiser: „Die Bürger v. Calais" (Schauspiel)
Lagerlöf: „Jans Heimweh" (schwed. Roman)
E. Lasker-Schüler: „Der Prinz v. Theben" (Prosa)
† *Hermann Löns* (gefall.) dt. Dichter (* 1866)

Alfred Adler gibt Internationale Zeitschrift für Individualpsychologie heraus (österr. Psychoanalyse)
Bernhard Bavink (* 1879, † 1947): „Ergebnisse u. Probleme der Naturwissenschaften" (zusammenfass. Darstellung u. philosoph. Diskussion)
Benedikt XV. Papst bis 1922 (versucht im Krieg zu vermitteln)
Elsa Brandström (* 1888, † 1948) wird Abgeordnete des schwed. Roten Kreuzes in Rußland und sorgt dort bis 1920 aufopfernd für die Kriegsgefangenen („Engel Sibiriens")
Hofprediger *Ernst von Dryander* (*1843, †1923): „Evangelische Reden in schwerer Zeit" (b. 1920)
Aloys Fischer (* 1880, † 1937): „Deskriptive Pädagogik" (Pädagogik als Erforschung wesentlicher Tatsachen)
A. Görland: „Ethik als Krit. d. Weltgeschichte"
Haeckel: „Gott-Natur" (monist. Naturphilosophie)
Magn. Hirschfeld (*1868, † 1935): „Die Homosexualität des Mannes u. d. Weibes" (für Toleranz)
Herbert Hoover (USA) leitet Kriegsernährungshilfswerk für Europa (bis 1919)
Ricarda Huch: „Natur und Geist als Wunder des Lebens und der Kunst"
Elisabeth Förster-Nietzsche: „Der einsame Nietzsche"
A. Liebert: „Das Problem der Geltung" (Neukantianismus)

Bonnard: „Feldblumen" (frz. express. Gemälde)

Braque: „Guitarrenspieler" (frz. kubist. Gemälde)

Chagall: „Der grüne Jude" (russ. express. Gemälde)

Chagall-Ausstellung b. *Herwarth Walden* i. Berlin (begr. *Ch.s* intern. Geltung)

Corinth: „Kalla-Stilleben" (naturalist. Gemälde) u. „Selbstbildnis"

Marcel Duchamp (*1887) stellt handelsübl. Gegenstände („ready mades") als Kunst aus (frz. Anti-Kunst)

Raymond Duchamp-Villon (*1876, †1918): „Pferd" (frz. abstrakte Plastik)

Walter Gropius (* 1883, † 1969): Faguswerk in Alfeld (moderner Fabrikbau)

Heckel: „Kniende am Stein", „Schneetreiben", „Hockende" (express. Holzschnitte)

† *Hubert von Herkomer*, Londoner Maler bayr. Herkunft; bes. Damenporträts (* 1849)

K. Hofer: „Am Meeresstrand" und „Die Fruchtschale" (express. Gemälde)

O. Kaufmann: Volksbühne a. Bülowplatz, Bln. (Baubeg. 1913)

Kokoschka: „Tre Croci", „Die Windsbraut" (express. Gemälde), Lithographien zur *Bach*-Kantate „O Ewigkeit, Du Donnerwort"

Busoni: „Nocturne symphonique" u. „Indianische Fantasie" (Orchesterwerke)

Der ital. Tenor *Benjamino Gigli* (* 1890) beginnt bekannt zu werden (später populärer Tonfilmsänger)

Graener: „Don Juans letztes Abenteuer" (Oper)

† *Richard Heuberger*, österr. Komponist; u. a. „Der Opernball" (Operette 1898) (* 1850)

† *Sidney Jones*, engl. Komponist (* 1869)

John Meier (* 1864, † 1953) gründet „Deutsch. Volksliederarchiv" in Freiburg/Br.

A. Schönberg: „Pierrot lunaire" (Komposition für Sprechstimmen u. Kammermusik)

Albert Schweitzer: „Bachs Orgelwerke" (seit 1912, zusammen mit *Widor*)

Chr. Sinding: „Der heilige Berg" (norweg. Oper)

R. Strauss: „Josephslegende" (Ballett)

Strawinsky: „Die Nachtigall" (russ. Oper nach *Andersen*)

R. Vaughan Williams: „London Symphony" (engl. Tondichtung)

Karl Michael Ziehrer (* 1843 † 1922): „Das dumme Herz" (Wiener Operette)

Physik-*Nobel*preis an *M. v. Laue* (Dt.) für *Röntgen*strahlinterferenzen an Kristallen

Chemie-*Nobel*preis an *Th. W. Richards* (USA) für genaue Bestimmungen von Atomgewichten

Medizin-*Nobel*preis an *Robert Bárány* (Ung., * 1876, † 1936) für Arbeiten über den Bogengang-Apparat des Ohres

Emil Abderhalden gründet „Zeitschrift für Fermentforschung"

E. D. Adrian: „Das Alles- oder Nichtsprinzip im Nerven"

A. H. Blaauw: „Licht und Wachstum" (Begründung der kausalanalytischen Reizphysiologie der Pflanzen)

Dauerflug von 24¼ Stunden von *Böhm*

Mondkarte von *Debes* (nach photograph. Aufnahmen seit 1896)

Franz M. Feldhaus (* 1874): „Die Technik der Vorzeit, der geschichtlichen Zeit und der Naturvölker"

James Franck (* 1882) und *Gustav Hertz* (* 1887) beweisen durch Elektronenstoß diskontinuierl. Energiestufen der Atome

Edward C. Kendall (* 1886): Reindarstellung des Schilddrüsen-Hormons Thyroxin

R. Kögel: „Die Palimpsest-Photographie" (wichtiges Hilfsmittel zur Entzifferung alter, gelöschter und neu überschriebener Handschriften)

Kohlschütter und *Adams:* Entfernungsbestimmung von Fixsternen aus Merkmalen der Spektrallinien (Spektroskopische Parallaxen)

Nicholson entdeckt den rückläufigen 9. Jupitermond (1.—4. 1610, 5. 1892, 6. 1904, 7. 1905, 8. 1908, 10. und 11. 1938, 12. 1951)

Flughöhenrekord mit 8150 m von *Ölerich*

H. N. Russel: „Wahrscheinliche Entwicklung d. Sterne" (auf Grund s. Diagramms; vgl. 1913)

Schütte-Lanz-Luftschiff SL 2

John B. Watson: „Behavior" („Verhalten", empiristische Tierpsychologie)

W. Rathenau organisiert Rohstoffabteilung im Kriegsministerium

Weitgehende Aufhebung des Arbeiterschutzes in d. kriegführenden Staaten

Kapitalien der Deutschen, Darmstädter, Dresdner Bank und Disconto-Gesellschaft betragen 910 Mill. M (1872 ca. 90 Mill.)

Dt. Auslandskapital etwa 24 Milliarden M (1893 etwa 12 Milliarden M)

Ergänzung der Antimonopol-Gesetzgebung in den USA, seit 1890

Stiftungen des amerikan. „Stahlkönigs" *Andrew Carnegie* (* 1835, † 1919) betragen 157 Mill. Dollar (begann als Laufbursche)

Vergrößerter Kaiser-*Wilhelm*-Kanal zwischen Nord- und Ostsee wieder eröffnet

Schiffahrtsweg Berlin—Stettin

Dt. Postscheckgesetz

Welt-Reiserente ca. 190 Mill. t. Verbrauch in Deutschland ca. 4 kg pro Kopf

Erstmalig Sommerzeit in England (von 1916 bis 1918 auch in Deutschland)

Knötel: „Uniformkunde" (18 Bände seit 1890)

(1914)	Spionagegesetz in Deutschland
Großbritannien entsendet Expeditionskorps nach Frankreich
96000 Russen geraten durch die Schlacht bei Tannenberg in dt. Gefangenschaft
Vordringen dt. Truppen auf Paris durch Marneschlacht aufgehalten. Übergang zum Stellungskrieg in West und Ost
Ausgehend von *Karl Liebknecht* wachsender sozialist. Widerstand im Reichstag gegen Kriegskredite
Poln. Legionen unter *Pilsudski* kämpfen zunächst auf österr. Seite gegen Rußland
U 9 unter *Otto Weddigen* (* 1882, † 1915) versenkt drei brit. Kreuzer
Seeschlacht bei den Falklandinseln: Brit. Schlachtschiffe vernichten dt. Kreuzergeschwader. Ende des dt. Kreuzerkrieges auf den Weltmeeren
Japan erobert dt. Pachtgebiet Tsingtau. Dt. Kolonialbesitz in Afrika und Ozeanien geht verloren. (Längerer Widerstand nur in Dt.-Ostafrika unter *Paul von Lettow-Vorbeck*)
† *Jean Jaurès* (durch Attentat unmittelbar vor Kriegsbeginn), frz. Sozialist und Pazifist (* 1859) (Attentäter *Villain* 1919 freigesprochen)
Antonio Salandra (* 1853, † 1931) ital. Ministerpräsident bis 1916; betreibt Annäherung an die Entente als „heiligen Egoismus"
Italien bleibt zunächst neutral. *Mussolini* drängt zum Kriegseintritt auf seiten der Entente
Ferdinand I. König von Rumänien bis 1927 (†, * 1865); heiratete 1893 engl. Prinzessin *Maria*. Rumänien erklärt sich neutral
König *Peter I.* von Serbien übergibt krankheitshalber Regierung an Kronprinz *Alexander* (*I.*)
Regierung der austral. Arbeiterpartei in Queensland (teilw. Verstaatlichung der Betriebe)
Gandhi, seit 1893 in Südafrika, kehrt nach Indien zurück	*Th. Mann:* „Tonio Kröger" (Novelle)
† *Frédéric Mistral*, frz. Dichter; Nobelpreis 1904 (* 1830)
Chr. Morgenstern: „Wir fanden einen Pfad" (lyrische Gedichte)
† *Christian Morgenstern*, dt. Dichter (* 1871)
Erich Mühsam: „Wüste, Krater, Wolken" (gesammelte Gedichte seit 1904)
Vincent Muselli (* 1879): „Les Travaux et les Jeux" (frz. Lyrik)
Franz Nabl (* 1883): „Ödhof" (Roman, 2 Bände seit 1911)
Julius Petersen (* 1878, † 1941): „Literaturgeschichte als Wissenschaft"
E. Stadler: „Der Aufbruch" (express. Lyrik)
† *Ernst Stadler*, dt. express. Dichter (* 1883)
August Stramm (* 1874, † 1915): „Du" (express. Liebesgedichte)
Sudermann: „Die Lobgesänge des Claudian" (Schauspiel)
*Kleist*preis f. *F. v. Unruh*
Wedekind: „Simson" (Schauspiel)
Wenz gibt die isländ. Fridthiofs-Saga heraus (aus dem 14. Jahrhdt.)
Wildgans: „Armut" (Schauspiel)
Fedor von Zobeltitz (* 1857, † 1934): „Das Geschlecht der Schelme" (Roman)
Jahrbuch der dt. Goethe-Gesellschaft (bis 1936, 1880 bis 1913 Goethe-Jahrbuch, ab 1936 Viermonatsschr. „Goethe")
Volksbühne Berlin eröffnet	*F. Müller-Lyer:* „Soziologie der Leiden"
Hugo Münsterberg: „Grundzüge d. Psychotechnik" (grundlegend f. angew. Psychologie)
C. Pratt: „Unterricht vom Kinde her"
Söderblom: „Das Werden des Gottesglaubens" (schwed. evang. Religionsgeschichte); wird ev. Erzbisch. v. Upsala
O. Spann: „Gesellschaftslehre" (ideal. Soziologie)
Spranger: „Lebensformen" (geisteswissenschaftl. Psychologie, mit den Typen des praktischen, wirtschaftlichen, theoretischen, religiösen, ästhetischen, sozialen, politischen Menschen)
Carl Stange: „Christentum und moderne Weltanschauung" (evang. Theologie; seit 1911)
R. Steiner: „Die Rätsel der Philosophie" (als „Welt- und Lebensanschauungen" im 19. Jahrhundert" 1901)
W. Stern: „Psychologie der frühen Kindheit"
† *Bertha von Suttner*, geb. Gräfin *Kinsky*, österr. Pazifistin; Friedensnobelpreis 1905 (* 1843)
Johannes Volkelt (* 1848, † 1930): „System der Ästhetik" (seit 1905)
Friedrich von Wieser (* 1851, † 1926): „Theorie der gesellschaftlichen Wirtschaft" (systemat. Darstellung der Wirtschaftstheorie auf der Grundlage der Grenznutzenlehre mit soziologischem Einschlag)
J.-W.-Goethe-Universität in Frankfurt a. M.
Erste dt. Abendvolkshochschulen
Dt. Zentralstelle für volkstümliches Büchereiwesen in Leipzig

Hans Max Kühne (* 1874, † 1942): Schauspielhaus Dresden *Lehmbruck:* „Große Sinnende" (neogot Plastik) † *August Macke*, dt. expressionist. Maler (* 1887) *Marc:* „Turm der blauen Pferde" (express. Gemälde) *Matisse:* „Frauen am Meer" (frz. Gem.) *K. Moser:* Universitätsgebäude Zürich (Baubeginn 1911) *Renoir:* „Tilla Durieux" (frz. Gem.) *Paul Scheerbart* (*1863, †1915): „Glasarchitektur" (i. Sinne einer totalen „Glaskultur") *Schmidt-Rottluff:* „Frau am Strand", „Katzen", „DieTanne"(expr.Holzschn.) *Slevogt:* 20 ägypt. Landschaften(Gem.) † *Johann Sperl*, dt. Maler (* 1840) *Wilhelm Uhde* (* 1874, † 1947): „Henri Rousseau" (Biographie, macht den Autodidakten H. R. bekannt) *Utrillo:* „Vorstadtstraße" (frz. gegenständl.-impr. Gem.) StaatsbibliothekBerlin (Baubeg. 1903) Wiederherstellg. der Marienburg/Westpr. (seit 1882) Internat. Ausstellg. für Buchgew. und Graphik in Leipzig Kölner Werkbundausstellung Durchd. Kriegsentst. eine dt. Film-Wochenschau: „Eiko-Woche" (bish. vorwieg. frz. Wochenschauen)	In USA dringt der Jazz in die Tanzmusik ein (eine seiner Wurzeln ist Negerkapelle von *Bolden* in New Orleans 1886)  „Making a living" (erster von 35 weiteren Film. i. d. Jahr v. *Charlie Chaplin*) „Die Zerstörung Karthagos" (ital. Film von *Mario Caserini*) „Der kleine Engel" (dän. Film v. *U. Gad*) „Max als Empfangschef", „Der 2. Aug. 1914" (frz. Filme von *M. Linder*) „Das Haus ohne Türen und Fenster" (Film von *St. Rye*)	*B. A. Wilkitzki* gelingt die Nordöstliche Durchfahrt (Nordsibirischer Seeweg) erstmalig von Osten nach Westen (bis 1915, teilweise Eisdrift) *Richard Willstätter* (* 1872, † 1942) synthetisiert Blütenfarbstoffe (Anthozyan) Zahl der Veröffentlichungen über chemische Forschungen erreicht gegenüber 1889 255% (1938: 600% von 1889) „Zeitschrift für angewandte Entomologie" (Insektenkunde) Sechsrollen-Rotationsmaschine von *Koenig & Bauer* druckt stündlich 200000 8seitige Zeitungen Eröffnung des Panamakanals (80 km lang, 6 Doppelschleusen, erbaut von den USA seit 1906, Kosten einschl. der Befestigungen 366 Mill. Dollar; erste Anfänge 1879—81 unter *F. de Lesseps*) England entwickelt Panzerkampfwagen Turmdrehkran (Hammerwippkran) für 250 t Tragkraft, 96 m hoch (gebaut von Demag für *Blohm & Voß*) Demag-Schwimmkran für 250 t Tragkraft Wassergekühlte Flugmotoren erreichen 250 PS (luftgekühlte 200 PS) Erster Flug in der Arktis von *J. Nagurski* (Hilfe für die *Brussilow*-Expedition bei Nowa Semlja, seit 1912)	Reißverschl. verbreitet sich (1. Patent schon 1851)

1915

Helfferich Staatssekretär des Reichsschatzamtes; betreibt Anleihepolitik zur Deckung der Kriegskosten

Winterschlacht in Masuren: Russ. Armee vernichtet (100000 Gefang.)

Brit.-frz. Angriff auf Dardanellen mißlingt; *Churchill* tritt zurück

Deutschland unternimmt ersten großen Gasangriff durch Abblasen von Chlorgas an der Westfront

Mittelmächte erobern Westrußland (Polen, Litauen, Kurland)

Verschärfterdt.U-Boot-Krieg:USA-Ozeandampfer „Lusitania" wird versenkt (1400 Fahrgäste ertrinken; hatte Munition an Bord; scharfer USA-Protest)

Zunächst frz.-brit. Luftüberlegenheit an der Westfront

Dt. Luftschiffe greifen London an

Erster dt. Luftangriff auf Paris

A. Briand frz. Ministerpräsident und Außenminister bis 1917

Italien erklärt Österreich-Ungarn den Krieg (1916 gleichzeitig mit Rumänien auch Deutschland)

Beginn der Isonzoschlachten (die zwölfte im Oktober 1917)

Bulgarien tritt an der Seite der Mittelmächte in den Krieg ein; ganz Serbien wird erobert

Brit.-frz. Front b. Saloniki

Antikriegskonferenz europ. intern. Sozialisten in Zimmerwald/Schweiz (1916 i. Kienthal, 1917 i. Stockholm)

Linker Flügel d. SPD-Fraktion verweig. Kriegskredite

„Die Internationale" (einzige Nummer einer Antikriegszeitschrift von *R. Luxemburg, F. Mehring, K. Liebknecht*) wird beschlagnahmt

Gegen den ursprüngl. Widerstand der 2. Kammer (Landsting) neue demokrat. Verfassung und Wahlrechtsreform in Dänemark

USA-Schutzherrschaft über Haiti

Jüan Schi-k'ai versucht die chin. Republik durch eine autorit. Monarchie zu beseitigen

Japan erhält v. China Sonderrechte i. Shantung, Mandschurei u. Mongolei

China anerkennt Selbstverwalt. d. Äußeren Mongolei

Literatur-*Nobel*preis an R. Rolland (Frankr.)

Chesterton: „Gedichte" (engl. kathol. Lyrik)

Conrad: „Sieg" (engl. Roman)

Paul Ernst: „Preußengeist" (Schauspiel)

Bruno Frank (* 1887, † 1945): „Die Fürstin" (Roman)

Leonhard Frank: „Die Ursache" (Roman)

Hamsun: „Die Stadt Segelfoß" (norw. Rom.)

H. Hesse: „Musik des Einsamen" (Gedichte), „Knulp" (Roman)

Ric. Huch: „Wallenstein" (Charakterstudie)

Paul Keller: „Ferien vom Ich" (Roman)

Klabund: „Moreau" (Roman)

Meyrink: „Der Golem" (phant. Roman)

Wilhelm Schäfer (* 1868, † 1952): „Lebenstag eines Menschenfreundes" (*Pestalozzi*-Roman)

K. Schönherr: „Weibsteufel" (Drama)

Schnitzler: „Komödie der Worte" (3 Einakter)

Sudermann: „Die gut geschnittene Ecke" (Gesellschaftssatire)

Tagore: „Das Heim und die Welt" (ind. Roman)

Georg Trakl (* 1887, † 1914, Selbstmord): „Aufbruch" (österr. Gedichte, posthum)

Jakob Wassermann: „Das Gänsemännchen" (Roman)

Werfel: „Nicht der Mörder, der Ermordete ist schuldig" (Roman)

Virginia Woolf (* 1882, † 1941, Freitod): „Die Ausfahrt" (engl. Rom.)

Max Reinhardt leitet die Volksbühne am Bülowplatz, Berlin, bis 1918

† *Heinrich Brunner,* dt. Rechtshistoriker (* 1840)

J. Dewey: „Demokratie und Erziehung" (nordamerikan. Pädagogik)

Michael von Faulhaber (* 1869, † 1952): „Waffen des Lichtes" (kath. Kriegspredigten)

† *Hans Groß,* österr. Strafrechtslehrer; gründete in Graz erstes wissenschaftl. Kriminalmuseum (* 1847)

Felix Krueger (* 1874, † 1948): „Über Entwicklungspsychologie, ihre sachliche und geschichtl.Notwendigkeit"

Wlodimierz Halka von Ledochowski (* 1866, † 1942) General des Jesuitenordens

Hans Lietzmann: „Petrus und Paulus in Rom" (protest. Schrift)

Scheler: „Abhandlungen und Aufsätze" (phänomenologische Ethik, 2 Bände; 1919 unter dem Titel „Vom Umsturz der Werte") und „Der Genius des Krieges und der deutsche Krieg"

Schreibschrift von *Ludwig Sütterlin* in preuß. Schulen

† *Frederick Winslow Taylor,* nordamerikan. Begründer des Taylorismus (* 1856)

† *Wilhelm Windelband,* dt. Philosoph; Wert- und Kulturphilosophie (* 1848)

Zentralinstitut für Erziehung und Unterricht in Berlin

Internationale Frauenliga für Frieden und Freiheit in Genf

Zentralverband der katholischen Jungfrauenvereinigungen in Bochum (1923: 650000 Mitglieder)

Beckmann: „Selbstbildnis als Sanitäter" (Gemälde)

Chagall: „Der Geburtstag" (russ. express. Gemälde)

Arthur Kampf (* 1864, † 1950): „Fichte redet zur dt. Nation" (Wandgemälde in der Aula der Berliner Universität)

Krebs: „Chinesische Schattenspiele" (Darst. chin. Scherenschnittkunst)

Marc: „Kämpfende Kräfte" (abstraktes Gemälde)

† *Gabriel Max*, Piloty-Schüler, dt. Maler gespenstischer und grausiger Märtyrerbilder, (* 1840)

Schmidt-Rottluff entwickelt express. Stil

† *Anton von Werner*, dt. Historienmaler (* 1843)

Heinrich Wölfflin (* 1864, † 1945): „Kunstgeschichtliche Grundbegriffe" (dargelegt am Übergang Renaissance—Barock)

„Die Geburt einer Nation" (nordamerikan. Film über den amerik. Bürgerkrieg, mit besonders zusammengestellter Filmmusik; Regie: *D. W. Griffith*; gilt als Beginn des künstler. Films d. USA; Rekordeinnahme v. 48 Mill. Dollar)

„The Lamb" (nordamerikan. Film mit *Douglas Fairbanks*)

„Carmen" (nordam. Film v. *C. B. de Mille*)

„Das Feuer" (ital. Film von *Pastrone*)

Bartók: Sonatine für Klavier (ungar. Komposition)

Heinrich Berté (* 1857, † 1924): „Das Dreimäderlhaus" (Singspiel mit bedenkenloser Verwendung von *Schubert*-Musik)

de Falla: „Liebeszauber" (span. Ballett)

† *Karl Goldmark*, österr.-ungarischer Komponist; u. a. „Die Königin von Saba" (Oper, 1875) (* 1830)

Emmerich Kálmán (* 1882, † 1953): „Die Czardasfürstin" (ungar. Operette)

Reger: Mozart-Variationen (für Orchester)

* *Swjatoslaw Richter*, sowjetruss. Pianist dt. Abstammung

M. von Schillings: „MonaLisa"(Oper)

† *Alexander N. Skrjabin*, russischer Komponist; schrieb mystische Musik; schuf Farbenmusik m. Farblichtklavier (*1872)

† *Emile Waldteufel*, frz. Walzerkomponist (* 1837)

∼ Blüte d. klassischen New Orleans-Jazzstils; durch weiße Musiker wandelte er sich zum „Dixieland"

Nolde: „Blumengarten" (Gem.)

Physik-*Nobel*preis an *W. H. Bragg* (Großbrit.) u. sein. Sohn *W. L. Bragg* (Großbrit.) für Kristallstruktur-Analyse mit *Röntgen*strahlen

Chemie-*Nobel*preis an *R. Willstätter* (Dt.) für Arbeiten über Chlorophyll und andere Pflanzenfarbstoffe

Edgar Dacqué (* 1878, † 1945): „Grundlagen und Methoden der Paläogeographie"

† *Paul Ehrlich*, dt. Mediziner; mit *Behring* Begründer der Serumbehdlg. und Immunitätstheorie; fand Salvarsan; *Nobel*preis 1908 (* 1854)

Einstein beginnt Allgemeine Relativitätstheorie zu entwickeln: setzt die Gleichwertigkeit aller physikalischen Bezugssysteme voraus, fordert Raumkrümmung durch Massen; erklärt Lichtablenkung und Erniedrigung der Spektralfrequenzen in Gravitationsfeldern sowie Perihelbewegung des Merkur

Adolf Engler: „Die natürlichen Pflanzenfamilien" (internationales Gemeinschaftswerk seit 1888)

Ch. Fraipont: „Experimentelle Paläontologie" (Experimente mit leb. Tieren z. Deut. fossil. Lebensspuren)

K. v. Frisch: „Der Farbensinn und Formensinn der Biene" (Tierpsychologie nach der Dressurmeth.)

Wolfgang Gaede: Quecksilber-Diffusionspumpe; begründet damit die moderne Hochvakuum-Technik

Ganzmetallflugzeug von *Junkers*

Georg Klingenberg (* 1870, † 1925): Dampfkraftwerk Golpa-Zschornewitz (b. Bitterfeld) je 16 000 kW

Erich Marcks (* 1861, † 1938): „Otto von Bismarck, ein Lebensbild" (histor. Biographie)

Wolfgang Ostwald: „Die Welt der vernachlässigten Dimensionen" (Einführung in die Kolloidchemie)

Dt. (*Rumpler*) und frz. (*Caudron*) zweimotorige Kampfflugzeuge

W. Schottky: Schirmgitter-Verstärkerröhre

A. Wegener: „Die Entstehung der Kontinente und Ozeane" (mit Kontinentalverschiebungstheorie)

„Handwörterbuch der Naturwissenschaften" (10 Bände seit 1912)

Kaiser-*Wilhelm*-Inst. f. Hirnforschg.

Fr. Naumann: „Mitteleuropa" (wirtschaftspolit. Vorschläge)

† *Emil Rathenau*, dt. Großindustrieller; gründete 1883 Dt. *Edison*ges. (daraus 1887 AEG) (* 1838)

Hedin: „Ein Volk i. Waffen" (deutschfreundl. schwed. Kriegsbericht)

Vergnügungssteuer in Großbritannien (1916 in Frankreich)

Schleppversuchsanstalt für Schiffsmodelle in Hamburg

Schlauchloser Taucheranzug

F. Hrozny (* 1879, † 1952) erkennt Hethitisch als indoeuropäische Sprache

1916

Schwere Kämpfe um Verdun (allein frz. Verluste Februar bis Juni 440000). *Henri Philippe Pétain* (* 1856, † 1951 in Haft) hält die Festung

Die Somme-Schlacht mit Angriff von 104 frz. und brit. Divisionen, starker Artillerie- und Fliegerunterstützung bringt nur geringen Geländegewinn

Anwendung des hochwirksamen Gelbkreuz-Gases (Senfgas, Lost) an den Fronten

Der frz. Oberbefehlshaber *Joseph Joffre* tritt zurück, wird zum Marschall ernannt (gewann 1914 Marneschlacht)

Dolomitengipfel Col di Lana nach Minensprengung von Italienern genommen (1917 von Österr. zurückerobert)

Entente muß Gallipoli räumen

Bildung dt. Flieger-Jagdstaffeln

Bei der vermehrten Lufttätigkeit über der Westfront fallen u. a. die dt. Kampfflieger *Max Immelmann* (* 1891) und *Oswald Boelcke* (* 1890)

Fliegerangriff auf Karlsruhe erfordert 257 Opfer

Erfolgreiche russ. Offensive General *Brussilows*

Der bisherige dt. Oberbefehlshaber im Osten *v. Hindenburg* wird an Stelle von *v. Falkenhayn* Chef des Generalstabes des Feldheeres. „Vaterländische Hilfsdienstpflicht", „Hindenburgprogramm" für die Industrie. *Ludendorff* wird Erster Generalquartiermeister

Mittelmächte lassen die Proklamierung eines mit ihnen verbündeten Königsreichs Polen zu

Rumänien tritt in den Krieg auf seiten der Entente ein (wird 1918 zum Frieden von Bukarest gezwungen)

Mittelmächte besetzen Bukarest

Deutschland erklärt Portugal den Krieg wegen Beschlagnahme dt. Schiffe

Russ. u. brit. Truppen vereinigen sich in Persien gegen türk. und dt. Widerstand

Literatur-*Nobel*preis an *V. v. Heidenstam* (Schweden)

d'Annunzio: „Notturno" (ital. Roman)

Barbusse: „Das Feuer" („Le feu", Tagebuch einer Korporalschaft, frz. Anti-Kriegsroman)

W. Bonsels: „Indienfahrt"

Max Brod (* 1884, † 1968): „Tycho Brahes Weg zu Gott" (Roman)

Couperus: „Heliogabal" (niederl. Roman)

Th. Däubler: „Hymne an Italien" (express. Lyrik)

Dauthendey: „Die geflügelte Erde, ein Lied der Liebe und der Wunder um sieben Meere" (Reisebeschreibung als Gedichtzyklus)

Alfred Döblin (* 1878, † 1957): „Die drei Sprünge des Wang-lun" (Roman)

† *Marie von Ebner-Eschenbach*, geb. Gräfin *Dubsky*, mähr.-österr. Dichterin (* 1830)

† *José Echegaray*, span. Dramendichter und Physiker; mehrfach Minister; *Nobel*preis für Literatur 1904 (* 1832)

A. Ehrenstein: „Der Mensch schreit" (express. Gedichte)

Otto Ernst: „Asmus Semper" (Romantrilogie seit 1904)

Gundolf: „Goethe"

Werner Jansen (* 1890): „Das Buch Treue" (Nibelungenroman)

F. Kafka: „Die Verwandlung" (österr. Nov.)

G. Kaiser: „Von Morgens bis Mitternachts" (Schauspiel)

Klabund: „Dumpfe Trommel und berauschtes Gong" (Nachdichtung chin. Lyrik)

Martin Buber (* 1878): „Vom Geist des Judentums" (z. Förderung ein. modern. Judentums)

Bernhard Duhm (* 1847, †): „Israels Propheten" (maßgeb. protestant. Darstellung)

G. Kerschensteiner: „Das einheitl. deutsche Schulsystem" (schulreform.)

† *Ernst Mach*, österr. Physiker u. positivist. Erkenntnistheoret. (* 1838)

Richard Müller-Freienfels (* 1882, † 1949): „Lebenspsycholog." (2 Bde.)

Wilh. Ostwald: „Monistische Sonntagspredigten" (Vorträge seit 1911)

Max Picard (* 1888, † 1965): „Das Ende des Impressionismus" (Schweiz. Kunstphilos.)

† *Charles Taze Russell*, Begründer der pazifist. „Ernsten Bibelforscher" 1879, USA (* 1852)

Scheler: „Der Formalismus in der Ethik und die materiale Wertethik" (2 Bände seit 1913)

Leopold von Schroeder (* 1851, † 1920): „Arische Religion" (Indologie, 2 Bände seit 1914)

R. Steiner: „Vom Menschenrätsel" (anthroposophisch)

W. Stern führt Intelligenzquotienten (Intelligenzalter: Lebensalter) als Maß kindlicher Intelligenz ein

Alfred Vierkandt (* 1867, † 1953): „Machtverhältnis und Machtmoral" (Soziologie)

Studienanstalt für blinde Akademiker in Marburg

Erster der kathol. Müttervereine in Paderborn

Kaiserswerther Verband dt. Diakonissen-Mutterhäuser

Heckel: „Krüppel am Meer", „Irrer Soldat" (express. Lithographien)
Hodler: „Der Blick in die Unendlichkeit" (Schweiz. Wandmalerei i. Rathaus Zürich, s. 1915)
Kollwitz: „Mutter mit Kind auf dem Arm" (Radierung)
H. M. Kühne und *W. Lossow:* Hauptbahnhof Leipzig (Baubeginn 1905)
M. Liebermann: „Die Phantasie in der Malerei" (Kunstpsychologie)
Marc: Skizzenbuch aus dem Felde (das letzte v. 32 Skizzenbüchern)
† *Franz Marc* (gefallen), dt. Maler, bes. express. Tierbilder (* 1880)
Matisse: „Schwestern" (frz. Gemälde)
Ed. Munch: „Der Pflüger", „Erdarbeit" und „Arbeiter auf dem Heimweg" (norweg. express. Gemälde)
Pechstein: „Madonna" (Glasfenster)
F. L. Wright: Imperial-Hotel in Tokio (nordamerikan.)
In Zürich und Genf tritt die Richtung des „Dadaismus" auf (bis ~ 1922: ist an kindlichen Ausdrucksformen orientiert und will absolute Willkür in Kunst u. Literatur)
„Die Ehe der Luise Rohrbach" (Film mit *Henny Porten* u. *Emil Jannings,* * 1886, † 1950)

d'Albert: „Die toten Augen" (Oper)
Paul Bekker: „Das deutsche Musikleben" (gegen genießerische, für tätige Kunstauffassung)
Ralph Benatzky: „Liebe im Schnee" (Operette)
Julius Bittner (* 1874, † 1939): „Höllisch Gold" (Oper)
Busoni: Improvisation über *Bachs* Choral: „Wie wohl ist mir, o Freund der Seele" (für zwei Klaviere) u. „Entwurf einer neuen Ästhetik der Tonkunst"
Paul von Klenau (* 1883, † 1946): „Klein Idas Blumen" (dän.-dt. Tanzspiel)
Korngold: „Violanta" (Oper)
* *Yehudi Menuhin,* Violinvirtuose aus USA
† *Max Reger,* dt. Komponist (* 1873)
Weingartner: „Dame Kobold" (Oper)

Emil Abderhalden: „Die Grundlagen unserer Ernährung"
Karl Bosch und *Meißer:* Großerzeugung von Harnstoff mit Luftstickstoff (dient zur Düngung und Schlafmittelherstellung)
Ammoniakwerk Merseburg (Leuna) entsteht zur Verwertg. d. Luftstickstoffes im *Haber-Bosch*-Verfahren
Erich Brandenburg (* 1868, † 1946): „Die Reichsgründung" (dt. Gesch. des 19. Jahrh., 2 Bde.)
P. Debye und *P. Scherrer:* Röntgenstrahl-Interferenzen an Flüssigkeiten und Kristallen
† *Adolf Frank,* dt. Chemiker; Gründer der dt. Kaliindustrie; entdeckte mit *Caro* 1895 Herstellung von Kalkstickstoff aus Kalziumkarbid und Luftstickstoff (* 1834)
Archibald Vivian Hill (* 1886): „Die Beziehungen zwischen der Wärmebildung und den im Muskel stattfindenden chem. Prozessen"
Walter Kossel und *Lewis:* Verbindung der Atome zu Molekülen kommt durch die äußeren Elektronen der Atomhülle (Valenzelektronen) zustande
Theodor Lindner (* 1843, † 1919): „Weltgeschichte seit der Völkerwanderung" (9 Bände seit 1901)
† *Percival Lowell,* nordamerikan. Astronom; Planetenforscher (* 1855)
† *Ilja Metschnikow,* russ. Physiologe; *Nobel*preis 1908 gemeinsam mit *P. Ehrlich* (* 1845)
Adolf Miethe: „Photographie aus der Luft"
L. v. Post baut Pollenanalyse zur Erschließung der vorzeitlichen Pflanzenfolge entscheidend aus (begründet von *C. A. Weber* 1893)
† *William Ramsay,* engl. Chemiker; *Nobel*preis 1904 (* 1852)
Ferdinand Sauerbruch (* 1875, † 1951) konstruiert durch Gliedstumpfmuskeln bewegliche Prothesen
A. Stein grub auf drei Expeditionen in Zentralasien (seit 1913, 1906 bis 1908, 1900 bis 1901) die Ruinenfelder bei Choten/Ostturkestan aus (hellenistisch-buddhist. Mischkultur aus dem 3. bis 6. Jahrhdt.)

Lujo Brentano (* 1844, † 1931, ‚Kathedersozialist' und Freihandelsanhänger): „Die Anfänge d. modernen Kapitalismus"
Karl Diehl: „Theoretische Nationalökonomie" (4 Bände bis 1934)
Irving Fisher (* 1867, † 1947): „Die Illusion des Geldes" (nordamerikan. Währungstheorie)
Brit. Kodifizierung der Strafen für Eigentumsvergehen (Larceny Act)
Karl Bücher gründet das Institut für Zeitungskunde in Leipzig
Amurbahn fertiggestellt (Baubeginn 1908)
Fleischkarte in Deutschland (anfängl. noch 250 g wöchentlich)
Dt. Verband der Sozialbeamtinnen
„Sonntagsbund" zur Förderung der Sonntagsruhe
Gunther Plüschow (* 1886, † 1940): „Die Abenteuer d. Fliegers v. Tsingtau" (abenteuerl. Flucht 1914/15 v. Tsingtau nach Deutschland mit dem Flugzeug)
Otto Schmidt beg. mit d. Sieg i. Hamburg. Derby glanzvolle Jockei-Laufbahn
Expedition des dt. wissenschaftl. Vereins in Buenos Aires nach Patagonien

(1916)

Einführung der Gasmaske und des Stahlhelmes im dt. Heer

Seeschlacht vor dem Skagerrak: entscheidungslos nach schweren Verlusten auf brit. (115 000 t) und auf dt. (60 000 t) Seite

Erfolgreicher Handelskrieg des dt. Hilfskreuzers „Möwe" (seit 1915)

Friedensangebot Kaiser *Wilhelms II.* als völlig unzureichend vom Gegner abgelehnt

Karl Liebknecht aus der SPD ausgeschlossen und wegen seines Kampfes gegen den Krieg zu 2 Jahren Zuchthaus verurteilt

Spartakusbriefe beginnen zu erscheinen

R. Luxemburg: „Die Krise der Sozialdemokratie" („Junius-Broschüre", pseudonyme Kampfschrift gegen den Krieg, wird später zum Programm des Spartakusbundes)

Lenin: „Der Imperialismus als höchstes Stadium des Kapitalismus" (bolschewistisch)

† *Franz Joseph I.*, Kaiser von Österreich seit 1848 und König von Ungarn seit 1867 (* 1830)

Karl I., Großneffe von *Franz Joseph*, Kaiser von Österreich-Ungarn bis 1918 († 1922)

Friedrich Adler (* 1879, † 1960), Sohn von *Victor Adler*, österreich. Sozialdemokrat, erschießt Ministerpräsident *von Stürgkh*

Versuch, eine unabhängige irische Republik auszurufen, wird blutig unterdrückt (Osteraufstand)

Allgemeine Wehrpflicht in Großbritannien. *Lloyd George* brit. Ministerpräsident bis 1922, wird auch von den Konservativen unterstützt

Arthur J. Balfour (* 1848, † 1930) brit. Außenminister bis 1919

† *Herbert Kitchener*, brit. Kriegsminister seit 1914; sein Schiff auf dem Wege nach Rußland durch Mine versenkt (* 1850)

Thomas E. Lawrence (* 1888, † 1935) organisiert Araberkleinkrieg gegen Türkei (schreibt „Die sieben Säulen der Weisheit"; vgl. 1926)

Königreich Hedschas mit Hauptstadt Mekka (bisher zur Türkei)

† *Grigori Jefimowitsch Rasputin*, russ. Mönch mit starkem Einfluß am Zarenhof seit 1907 (von russ. Adligen getötet, * 1871)

USA geben Philippinen umfassende Selbstverwaltung

Hipolito Irigoyen (* 1850, † 1933) Staatspräsident von Argentinien bis 1922 (wieder 1928 bis 1930)

Zusammenschluß des hinduist. Indischen Nationalkongresses und der Moslem Liga. Gemeinsame Politik gegenüber Großbritannien

Jüan Schi-k'ai (†) muß als „Kaiser von China" abdanken

Anette Kolb: „Briefe einer Deutschfranzösin" (f.Völkerverständigung) *Heinrich Lersch* (Kesselschmied, * 1889, † 1936): „Herz, aufglühe dein Blut" (Kriegsgedichte); erhält *Kleist*preis, zusammen mit *A. Miegel* † *Jack London*, USA-Dichter (* 1876) *J. Masefield:* „Sonette und Gedichte" (engl. Dichtung) *Moeller van den Bruck:* „Der preußische Stil" *Molo:* „Schiller-Roman" (4 Teile seit 1912) *Alfons Petzold* (* 1882, † 1923): „Der stählerne Schrei" (Arbeiterdichtung) *R. Presber* u. *L. W. Stein:* „Die selige Exzellenz" (Lustspiel) *Karl Ludwig Schemann* (* 1852, † 1938): „Gobineau" (2 Bände seit 1913) † *Henryk Sienkiewicz,* poln. Dichter; Nobelpreis 1905 (* 1846) † *Natsume Soseki,* japan. Romandichter; schrieb „Ich bin eine Katze", „Graskopfkissen" u. a. (* 1867) *Felix Timmermans* (* 1886, † 1947): „Pallieter" (fläm. Roman) *Unruh:* „Opfergang" (Fronterlebnisse), „Ein Geschlecht" (symbol. Drama) *Wildgans:* „Liebe" (Schauspiel) *Ernst Deutsch* (* 1890, † 1969) spielt in Dresden den „Sohn" von *Hasenclever* (gilt als Erschließg. der Bühne f. d. Expression.) *Agnes Straub* (* 1890, † 1941) kommt an das Dt. Theater, Berlin	*Harry Piel* beginnt durch seine Abenteuerfilme populär zu werden „Die Lieblingsfrau des Maharadscha" (Film mit dem norweg. Schauspieler *Gunnar Tolnaes*) „Intoleranz" (nordamerikan. Film; Regie: *D. W. Griffith;* gilt als sein Meisterwerk; zeigt mit 60000 Mitarbeitern in Überschneidung vier intolerante Interessenskämpfe aus den Zeiten Babylons bis zur Neuzeit) „Zivilisation"(nordamerikan. Film von *Thoma Ince,* * 1880, † 1924) „Auferstehung" (italien. Film von *M. Caserini*) „Homunculus"(Film von *Robert Neuß* u. *Otto Rippert*) Filmsatire auf „Carmen" von *Charlie Chaplin*  „Provincetown Players" (aus Mass./ USA) fördern m. Hilfe *O'Neill's* künstl. Theater als 1. Off-Broadway Theatre i. New York		

1917

Friedens*nobel*preis an das Internationale Komitee vom Roten Kreuz in Genf

Internationaler Gewerkschaftsbund fordert Friedensschluß

Hungersnot in Deutschland („Kohlrübenwinter" 1916/1917). Propaganda für Beendigung des Krieges. Die Reichstagsminderheit d. Rechtsparteien schließt sich unter Großadmiral *von Tirpitz* zur „Deutschen Vaterlandspartei" zusammen, die mit *Ludendorffs* Unterstützung den „Siegfrieden" propagiert

Dt. Truppen ziehen sich vor einem neuen Angriff des Gegners im Sommegebiet auf die befestigte Siegfriedstellung zurück

Briten erstreben in der heftigen Frühjahrsschlacht bei Arras Durchbruch durch die dt. Linien; erreichen nur lokale Erfolge

Meutereien im frz. Heer. *Pétain* wird Oberbefehlshaber

USA erklärt Deutschland den Krieg (mobilisiert 1,7 Mill. Soldaten für Europa)

In der sog. „Osterbotschaft" Kaiser *Wilhelms II.* wird das geheime und unmittelbare Wahlrecht für das preuß. Abgeordnetenhaus in Aussicht gestellt

Bildung der USPD (war 1916 in der SPD als „Sozialdemokratische Arbeitsgemeinschaft" als linker Flügel entstanden)

Linke Mehrheit des dt. Reichstages unter *Erzberger* beschließt Friedensresolution (Verständigungsfrieden ohne Annexionen und Kriegsentschädigungen) im Gegensatz zur Heeresleitung. Reichskanzler *von Bethmann-Hollweg* tritt zurück. *Michaelis* Reichskanzler, der diese Resolution bedingt zum Regierungsprogramm erklärt

Italiener müssen sich von der Isonzo-Front auf die Piave zurückziehen

Briten erreichen Durchbruch in der Tankschlacht bei Cambrai mit 300 Tanks

Briten erobern Bagdad. Türken räumen Jerusalem, das von den Briten besetzt wird

---

Literatur-*Nobel*preis an *K. Gjellerup* (Dänem.) und *H. Pontoppidan* (Dänem.)

Gottfried Benn (* 1886, † 1956): „Mann und Frau gehen durch die Krebsbaracke" (expr. Lyrik)

Alexander Block (* 1880, † 1921): „Die Zwölf" (russ. Revolutionsgedichte)

Conrad: „Die Schattenlinie. Ein Bekenntnis" (engl. Roman)

Dehmel: „Menschenfreunde" (Schauspiel)

T. S. Eliot: „Gedichte" (engl.)

Otto Flake (*1880, † 1963): „Das Logbuch" (Rom.)

Flex: „Der Wanderer zwischen beiden Welten" (Ein Kriegserlebnis) † *Walter Flex*, dt. Dichter (* 1887)

Aron Freimann (*1871, † 1948): „Germania Judaica" (I. Band gemeinsam mit *Brann*, dt.-hebräische Bibliographie)

St. George: „Der Krieg" (Dichtung)

Reinhard Goering (* 1887, † 1936 Selbstmord) „Die Seeschlacht" (Drama)

Gorki: „Unter fremden Leuten" (russ. Autobiographie)

Fernand Gregh: (*1873, † 1960): „Die Schmerzenskrone" (frz. Kriegsgedichte)

Hamsun: „Segen der Erde" (norweg. Roman)

Thea v. Harbou (* 1888, † 1954): „Das indische Grabmal" (Roman, 1937 verfilmt)

Papst *Benedikt XV* sendet eine Friedensnote an die kriegführenden Mächte (bleibt ohne Erfolg)

M. Dessoir: „Vom Jenseits der Seele" (über abnorme, parapsychol. Erscheinungen)

Hans Driesch: „Wirklichkeitslehre" (metaphysische Philosophie)

Michael von Faulhaber wird Erzbischof von München (1921 Kardinal)

Freud: „Vorlesungen zur Einführung in die Psychoanalyse" (allgemeinverständlich)

Walter Lionel George (* 1882, † 1926): „Die Intelligenz der Frau" (engl. Schrift über die Frauenfrage)

Haeckel: „Kristallseelen" (Monismus)

C. G. Jung: „Das Unbewußte im normalen und kranken Seelenleben" (Schweiz. Psychoanalyse)

J. Kaftan: „Philosophie des Protestantismus" (Positivismus)

L. Klages: „Handschrift und Charakter" (Graphologie)

R. Liefmann: „Grundsätze der Volkswirtschaftslehre" (theoret. System auf psycholog.-realistischer Grundlage, 3 Bände)

Hermann Lietz: „Deutsche Landerziehungsheime" (vom Gründer dieser Heime seit 1898)

Mathilde Ludendorff (* 1877, † 1966): „Das Weib und seine Bestimmung" (gegen moderne Frauenbewegung, nationalist. Tendenz)

Beckmann: „Selbstbildnis mit rotem Schal" (Gemälde)

Paul Bonatz und *F. E. Scholer:* Stuttgarter Hauptbahnhof (Baubeginn 1913)

Braque: „Die Mandolinenspielerin" (frz. kubist. Gem.)

Carlo Dalmazzo Carrà (* 1881, † 1966) u. *Giorgio de Chirico* (* 1888) gründen ital. „Metaphysische Malerei"

de Chirico: „Stilleben" (griech.-ital. surrealist. Gemälde)

Corinth: „Blumenstrauß" (impress. Gemälde)

† *Edgar Degas,* frz. impress. Maler; besonders Tänzerinnen in eigenwilligen Bildausschnitten (* 1834)

Naum Gabo (* 1890 in Rußland): „Kopf in einer Ecknische" (abstr. Plastik aus Holzplatten)

G. Grosz: „Das Gesicht der herrschenden Klasse" (gesellschaftskrit. Lithographien)

Childe Hassam (* 1859, † 1935): „Straßenbild aus der Fifth Avenue" (nordamerik. impress. Gemälde)

Heckel: „Selbstbildnis", „Kopf des Getöteten", „Jüngling" (express. Holzschnitte)

Rudolf Koch: Maximilian-Antiqua und Frühlingsfraktur (Drucktypen)

Kokoschka: „Selbstbildnis"

Lehmbruck: „Mutter und Kind" (Plastik)

Busoni: „Turandot" (Oper, Erneuerung der Comedia del arte)

Hans Huber (* 1852, † 1921): „Die schöne Bellinda" (Schweizer Oper)

Léon Jessel (* 1871, † 1942): „Das Schwarzwaldmädel" (Operette)

Walter Kollo: „Drei alte Schachteln" (Operette)

Ernst Kurth (* 1886, † 1946): „Die Grundlagen des linearen Kontrapunktes" (bahnbrechendes analytisches *Bach*-Werk)

Pfitzner: „Palestrina" (Oper) und „Futuristengefahr" (Kunstkritik)

Max Reinhardt, Hugo v. Hofmannsthal u. *Rich. Strauss* grd. Salzburger Musikfestspiele

Ottorino Respighi (* 1879, † 1936): „Le Fontane di Roma" („Röm. Fontänen", ital. symph. Dichtung)

Heinrich Schlusnus (* 1888) erster lyrischer Bariton der Staatsoper, Berlin

S. Wagner: „An allem ist Hütchen schuld" (Märchenoper)

Institut für Musikforschung in Bükkeburg

Jazz-Zentrum verlagert sich v. New Orleans nach Chikago; im Chikago-Stil tritt der Solist stärker hervor

„Tiger Rag" (Jazz)

Physik-*Nobel*preis an *Charles G. Barkla* (Großbrit., * 1877, † 1942) für Entdeckung der charakterist. *Röntgen*strahlen

† *Emil Behring,* dt. Mediziner; Begründer der Blutserumtherapie gegen Diphtherie und Tetanus; *Nobel*preis 1901 (* 1854)

Einstein und *de Sitter* diskutieren einen in sich gekrümmten bzw. einen gekrümmten, sich ausdehnenden Weltraum (vgl. 1921 u. 1928)

Einstein leitet die *Planck*sche Strahlungsformel aus statist. Betracht. ab

Franz Fischer (* 1877, † 1947): Urteer durch Kohlendestillation

d'Hérelle entdeckt die ultrafiltrierbaren Bakteriophagen

† *Theodor Kocher,* Schweizer Chirurg; bes. Kropfoper. und Schilddrüsenforschung; *Nobel*preis 1909 (* 1841)

W. Köhler: „Intelligenzprüfungen an Anthropoiden" (über den Werkzeuggebrauch von Menschenaffen)

Robert Andrews Millikan (* 1868, † 1953) bestimmt Elektronenladung nach der Methode der schwebenden Öltröpfchen (seit 1913)

Harry Philby durchquert als engl. Agent Arabien vom Persischen Golf zum Roten Meer (bis 1918; schreibt 1922 „Das geheimnisvolle Arabien")

Fritz Pregl (* 1869, † 1930): „Die quantitative organ. Mikroanalyse" (entwick. seit 1912; *Lieben*preis 1914)

Wagner von Jauregg: Behandlung der syphilitischen Paralyse durch Malariafieber (Heilfieber)

E. C. Wente: Kondensator-Mikrophon

Wilhelm Winternitz (* 1834, † 1917): „Wasserkur u. natürl. Immunität"

† *Ferdinand* Graf *von Zeppelin,* dt. Luftschiffkonstrukteur (* 1838)

Normenausschuß der Dt. Industrie

Schiffs*diesel* mit 12000 PS von MAN

Erster Röhrensender im dt. Heer

Bahnbogenbrücke über den East-River, New York (Baubeginn 1912, Stützweite 298 m)

Bahnbrücke über den St. Lorenz-Strom bei Quebec/Kanada (Baubeginn 1910; Stützweite 549 m)

† *Gustav Schmoller* dt. Volkswirtschaftler; förderte die Sozialgesetzgebung (* 1838)

Peter Klöckner (* 1863, † 1940) gründet *Klöckner*-Werke (Bergbau, Hütten, Stahl- und Eisenverarbeitg.)

DIN (Dt. Normenausschuß) gegrdt.

Schwed. Kreuger-Welt-Zündholz-Trust (70% der Welterzeugung)

Vereinigte Aluminium-Werke AG, Berlin

Gründung des ersten Instituts für Wirtschaftsforschung an der Harvard-Universität

Ca. 3 Mill. t Salpeterverbrauch jährl. (in den Kriegen ~ 1800 ca. 15 000 t)

Mit der Amurbahn Ruchlowo-Chabarowsk Transsibirische Eisenbahn Tscheljabinsk-Wladiwostok vollendet (ca. 7400 km, Teilstrecken seit 1891)

Manfred von Richthofen (* 1892, † 1918 abgesch.): „Der rote Kampfflieger"

Dt. Luftschiff unternimmt Afrikafahrt (Bulgarien—Chartum und zurück)

Italien gibt erste Luftpostwertzeichen heraus

Türkei führt *gregor*ianischen Kalender ein

Zahlr. Streiks i. Dtl. weg. Hunger und Entbehrgn.

(1917)

Erschießung der dt. Matrosen *Reichpietsch* und *Köbes* wegen Meuterei; Hunderte anderer zu Freiheitsstrafen verurteilt

R. Luxemburg und *F. Mehring* gründen „Die Internationale Zeitschrift für Praxis u. Theorie des Marxismus"

Uneingeschränkter dt. U-Bootkrieg (etwa 120 U-Boote versenken vom Februar bis November 8 008 000 BRT bei 49 Verlusten)

Dt. Fliegerangriffe gegen England, darunter London. Alliierte Luftüberlegenheit

Dt. Schutztruppe unter *Paul von Lettow-Vorbeck* in Dt.-Ostafrika weicht nach Portugies.-Ostafrika aus (Waffenstillstand 1918 in Brit. Rhodesien)

Geheime Friedensverhandlungen zwischen Österreich-Ungarn und der Entente durch *Sixtus von Bourbon-Parma*

Deklaration des brit. Außenministers *Balfour* verspricht Juden Nationale Heimstätte in Palästina (dagegen arabischer Widerstand)

Arabische Stammeskönige werden selbständig: *Hussein* König des Hedschas und von Jemen

Indien erhält gleichberechtigte Stimme in der Reichskriegskonferenz des brit. Weltreiches

Frankreich führt die lange von links geforderte, von rechts bekämpfte Einkommensteuer ein (schon 1914 beschlossen)

Georges Clémenceau frz. Ministerpräsident bis 1920; gilt als „Der Tiger" u. „Organisator des Sieges"

Erschießung der Tänzerin *Mata Hari (Margarete Zelle)* in Paris als dt. Spionin (* 1876)

Oberster Rat der alliierten kriegführenden Mächte gebildet (bis 1923)

Alliierte anerkennen verbündete tschechoslowak. Armee

Pilsudski geht auf die Seite der Entente über

Venizelos griech. Ministerpräsident; tritt auf die Seite der Entente. König *Konstantin I.* muß zugunsten *Alexanders* abdanken (1920 zurückgerufen)

Lenin und *Trotzki* kehren aus der Schweiz bzw. den USA nach Rußland zurück u. bereiten Revolution vor. *Lenin* wird Durchreise durch Deutschland gestattet

„Februar"-Revolution in Rußland stürzt Zarentum. Bildung einer republikanischen Regierung unter *Alexander Kerenski* (*1881, † 1970).

„November"-Revolution in Rußland: *Lenin, Trotzki, Sinowjew* u. a. Bolschewisten errichten Sowjetrepublik. Enteignung der Betriebe, Verteilung von Grund und Boden, Schaffung einer „Roten Armee"

Finnland erklärt sich von Rußland unabhängig (wird 1918 nach dt. Intervention Republik)

Verfassungsänderung in den Niederlanden: Gleichstellung von Privat-(kirchlichem) und Staatsunterricht, allgemeines Wahlrecht für alle Parteien

Arthur Hoffmann (* 1857, † 1927), Bundespräsident der Schweiz seit 1914, muß wegen eigenmächtiger Friedensvermittlung zurücktreten

USA anerkennen das „besondere Interesse" Japans in China (bes. seit 1915 hat Japan durch weitgehende Verträge mit China die Vorherrschaft angestrebt)

Verkauf der dän.-westindischen Insel St. Thomas an die USA

Neue Verfassung in Mexiko: Trennung von Kirche und Staat, Enteignung des kirchlichen Grundbesitzes, Nationalisierung der Erdölquellen (Konzessionen für bisherige Eigentümer)

Südchin. Kuomintang-Regierung in Kanton bis 1926; *Sun Yat-sen* Generalissimus

Volksrat auf Java zur Mitwirkung der Eingeborenen an der Verwaltung

Gunnar Heiberg (* 1857, † 1920): „Gesammelte dramat. Werke" (norweg. Schauspiele, darunter „König Midas", 1890, gegen *Björnson*)

R. *Herzog:* „Die Stoltenkamps und ihre Frauen" (Roman)

Ric. Huch: „Der Fall Deruga" (Roman)

Norbert Jacques (* 1880): „Piraths Insel" (Roman)

Hanns Johst (* 1890): „Der Einsame" (*Grabbe*-Drama)

Kayssler: „Jan der Wunderbare" (Lustspiel)

H. *Mann:* „Die Armen" (sozialist. Roman)

L. *Pirandello:* „Die Wollust der Anständigkeit" (ital. Schauspiel)

J. *Schaffner:* „Der Dechant von Gottesbüren" (Roman)

Sinclair: „König Kohle" (nordamerikan. sozialist. Roman)

Sudermann: „Litauische Geschichten"

Sara Teasdale (* 1884): „Liebeslieder" (nordamerikan. Lyrik)

Hans Thoma: „Die zwischen Zeit und Ewigkeit unsicher flatternde Seele"

Timmermans: „Das Jesuskind in Flandern" (fläm. Roman)

Tristan Tzara erklärt zufällig gezogene Worte zu einem Gedicht (Anfänge aleatorischer Kunst)

de Unamuno: „Abel Sanchez" (span. Roman)

R. *Voss:* „Das Haus der Grimani" (Roman)

Wasow: „Neue Klänge" (bulgar. Gedichte)

Wedekind: „Herakles" (Schauspiel mit autobiograph. Symbolik)

Leonard Nelson (* 1882, † 1927): „Vorlesungen über die Grundlagen d. Ethik" (3 Bände bis 1932; psychol. Vernunftkritik des Begründers der Neu-*Fries*schen Schule)

Rudolf Otto (* 1869, † 1937): „Das Heilige" (protestant. Religionsphilosophie: Religion als das Empfinden für das „Numinose" = göttliches Walten)

Rudolf Pannwitz: „Die Krisis der europäischen Kultur" (Fortsetzung 1926: „Kosmos Atheos", 2 Bände)

Walter Rauschenbusch (* 1861, † 1918): „Die religiösen Grundlagen der sozialen Botschaft" (kollektivist. und aktivist. Sozialtheologie)

† *Adolf Reinach,* dt. Begründer einer phänomenologischen Rechtsphilosophie (* 1883)

Ernst Roloff (* 1867): „Lexikon der Pädagogik" (5 Bände seit 1913, weitere 2 1930/31, kathol. Standpunkt)

† *Rudolf Sohm,* dt. Rechtsgelehrter, bes. für röm. Recht (* 1841)

R. *Steiner:* „Von Seelenrätseln" (anthroposophisch)

Th. Ziehen: „Die Geisteskrankheiten des Kindesalters" (2 Teile seit 1915)

Dt. Philosophische Gesellschaft

Verbot des Jesuitenordens in Deutschland von 1872 vollständig aufgehoben

AFL-Gewerksch. grdt. Schulen f. Arbeiterbildung

~ *Modigliani* malt die wichtigst. s. Bilder (vorzugsw. Frauenakte)

Oskar Moll (* 1875, † 1947): „Winter im Grunewald" (express. Gem.)

Piet Mondrian veröff. i. d. niederl. Ztschr. „De Stijl" Aufsatz „Die neue Gestaltung in der Malerei" (Übergang zur geometr.-abstr. Malerei)

Pechstein: „Der Götze" (express. Gemälde, von seiner Reise zu den Palau-Inseln 1914)

Neoklassizist. Periode im Kunstschaffen *Pablo Picassos*

† *Auguste Rodin,* frz. Bildhauer (* 1840)

K. *Scheffler:* „Vom Geist der Gotik" (Kunstgeschichte)

Schultze-Naumburg: Schloß Cäcilienhof in Potsdam (Baubeginn 1913); „Kulturarbeiten" (9 Bände seit 1902)

Slevogt: Illustrationen zu „Cortez' Eroberung von Mexiko"

Ottomar Starke (* 1886): „Schippeliana" (Ein bürgerliches Bilderbuch)

† *Wilhelm Trübner,* dt. Maler (* 1851)

Rodin-Museum in Paris

„Proletkult" (russische revolutionäre Kulturorganisation; seine radikalen künstlerischen Tendenzen weichen in der *Stalin*-Ära einem „sozialist. Realismus")

Universum-Film AG (Ufa; gewinnt im *Hugenberg*-Konzern starken Einfluß auf die öffentl. Meinung in Deutschland)

„Die kleine Amerikanerin", „Die arme kleine Reiche" (nordamer. Filme mit M. *Pickford*)

„Mater dolorosa" (frz. Film v. *Abel Gance,* *1889)

Chaplins Jahresgage 1 Mill. Doll.

1918

USA-Präsident *Wilson* verkündet sein Friedensprogramm der „14 Punkte" mit Selbstbestimmungsrecht der Völker

Friedensvertrag von Brest-Litowsk zwischen Deutschl. u. Rußl. (nach Sturz der dt. Monarchie annulliert). Deutschl. besetzt Baltik. u. Ukraine

Rumänien schließt mit Mittelmächten den Frieden zu Bukarest (nach Kriegsende annulliert)

W. Rathenau für eine letzte Volkserhebung geg. militär. Niederlage (Heeresleitung lehnt ab)

Briten schlagen türk. und dt. Truppen in Palästina (seit 1517 türkisch). Araber auf brit. Seite

Militär. Zusammenbruch der Türkei

Frankreich besetzt Syrien

Österreich-Ungarns militär. Kraft bricht zusammen

Dt.-Österreich, Tschechoslowakei, Ungarn werden Republiken

Dt. Munitionsarbeiterstreik (durch *Ebert* und *Scheidemann* gemäßigt)

Nach dt. militärischen Erfolgen untern. frz. Marschall *Ferdinand Foch* (* 1851, † 1929) Gegenangriff bei Villers-Cotterêts; dadurch werden die dt. Truppen endgültig zurückgeschlagen. Oberste dt. Heeresleitung fordert sofortiges Friedensangebot

November-Revolution in Deutschland. Meuterei der Matrosen in Kiel, Revolutionskämpfe in Berlin u. München. Prinz *Max* von Baden verkündet als Reichskanzler und Nachf. v. Graf *Hertling* eigenmächtig Abdank. d. Kaisers. *Wilhelm II.* u. d. Kronprinz gehen nach Holland (Haus Hohenzollern herrschte seit 1417 in Brandenburg-Preußen).

Waffenstillstand von Compiègne. Linksrhein. Gebiet wird von dt. Truppen geräumt

Mittelmächte befanden sich mit 26 Staaten im Krieg

Karl Liebknecht ruft dt. Räterepublik aus, wird nach Kämpfen gestürzt

Philipp Scheidemann (SPD, * 1865, † 1939) ruft dt. Republik aus

Kongreß d. Arbeiter- u. Soldatenräte überträgt vollziehende Gewalt auf Volksbeauftragte unter *Friedr. Ebert*

P. Altenberg: „Vita ipsa" (Autobiographie)

† *Max Dauthendey* (auf Java), dt. Dichter (* 1867)

Artur Dinter (* 1876): „Die Sünde wider das Blut" (antisemit. Rom.)

Fleuron: „Meister Lampe" (dän. Tierroman)

A. France: „Der kleine Peter" (frz. Roman)

Hans Grimm (* 1875, † 1959): „Der Ölsucher von Duala" (Roman)

G. Hauptmann: „Der Ketzer von Soana" (Erzählung)

Hedin: „Bagdad, Babylon, Ninive" (schwed. Reisebericht)

Kurt Heynicke (* 1891): „Gottes Geigen" (express. Gedichte)

W. Jansen: „Das Buch Liebe. Gudrun-Roman"

G. Kaiser: „Die Koralle" (Bühnenstück)

E. A. Karlfeldt: „Flora und Bellona" (schwed. Dichtung)

Hermann Kasack (* 1896, † 1966): „Der Mensch" (Ged.)

Alfred Kerr: „Die Welt im Drama" (5 Bände Theaterkritik)

† *Timm Kröger*, dt. Dichter (* 1844)

Lagerlöf: „Das heilige Leben" (schwed. Rom.)

Majakowski: „Groteskes Mysterium" (russ. revolutionäres Festspiel)

H. Mann: „Der Untertan" (satir. Roman geg. d. preuß. Untertanengeist)

Th. Mann: „Betrachtungen eines Unpolitischen" (monarchist.)

Chr. Morgenstern: „Stufen. Aphorismen u. Tagebuchnotizen" (posthum)

Alfred Adler: „Praxis u. Theorie der Individualpsychologie" (österr., betont Bedeut. des Geltungstriebes u. „Minderwertigkeitskomplexes")

K. Bühler: „Die geistige Entwicklung d. Kindes"

Konrad Burdach (* 1859, † 1936): „Reformation, Renaissance, Humanismus" (german. Sprachgeschichte als Bildungs- und Geistesgeschichte)

H. St. Chamberlain: „Rasse u. Nation" (engl. völk. Rassenideologie)

C. H. Cooley (* 1864, † 1929): „Sozialer Prozeß" (nordamerikan. sozial-psycholog. Soziologie mit Unterscheidung der primären und sekundären Gruppen)

Georges Duhamel (* 1884, † 1966): „Zivilisation" (frz. Antikriegsschrift)

R. Eucken grdt. „Luthergesellschaft" (gibt ab 1919 Vierteljahrsschrift „Luther" und „Lutherjahrbuch" heraus)

Salomo Friedländer (* 1871, † 1945): „Schöpferische Indifferenz" (philosophische Abhandlung)

Romano Guardini (* 1885): „Vom Geist d. Liturgie" (kath. Religionsphilos.)

Harald Höffding (* 1843, † 1931): „Humor als Lebensgefühl" (dän. Lebensphilosophie)

Ellen Key: „Die Frauen im Weltkrieg" (schwed. Frauenbewegung)

Max Lenz (* 1850, † 1932): „Geschichte der Universität zu Berlin" (4 Bände seit 1910)

Joséphin Péladan („Le Sar", * 1859, † 1918): „Niedergang der lateinischen Rasse" (frz. kathol. mystisch-phantastische Romane seit 1886)

Corinth: „Korb mit Blumen" (impress. Gemälde)

A. Endell, Direktor d. Kunst-Akademie Breslau (bis 1925)

Juan Gris (* 1887, † 1927): „Die Schottin" (span. kubist. Gemälde)

† *Ferdinand Hodler*, Schweiz. Maler; bes. monumentale Wandmalerei (* 1853)

Klee: „Gartenplan" (express.-kubist. Gemälde) und „Dogmatische Komposition" (abstraktes Gemälde)

Kokoschka: „Freunde", „Sächs. Landschaft", „Die Heiden" (express. Gemälde)

Lehmbruck: „Sitzender Jüngling", „Der Denker" u. „Betende" (neogotische Plastiken)

Léger: „Maschinenräume" (frz. kubist. Gemälde)

A. Modigliani: „Akt" (ital.-frz. Gem.)

Ed. Munch: „Badender Mann" (norweg. express. Gemälde)

Nash: „Wir bauen eine neue Welt" (engl. Gemälde einer Kriegslandschaft)

Schmidt-Rottluff: „Christus-Mappe" (9 express. Holzschnitte)

Ufa richtet Kultur- u. Lehrfilmabteilung ein

„Die Mumie Ma" (Film mit *Pola Negri*, *E. Jannings*, *Harry Liedtke*; Regie: *Ernst Lubitsch* (* 1892, † 1947)

Busoni: „Arlecchino" (Oper)

† *Claude Debussy*, frz. impress. Komponist; bes. symphon. Dichtungen (* 1862)

Pfitzner: Violinsonate in e-moll

Günther Ramin (* 1898) wird Organist an der Thomaskirche in Leipzig

Schreker: „Die Gezeichneten" (erot.-symbol. Oper)

Karl Straube Thomaskantor in Leipzig bis 1929

Strawinsky: „Die Geschichte vom Soldaten" (russ. Melodrama) und Ragtime f. 11 Instrumente

S. Wagner: „Schwarzschwanenreich" und „Sonnenflammen" (Opern)

Physik-*Nobel*preis an *M. Planck* (Dt.) für Entdeckung des Wirkungsquantums

Chemie-*Nobel*preis an *F. Haber* (Dt.) für Ammoniaksynthese bei hohem Druck

Beilsteins Handbuch der Organischen Chemie in 4. Auflage (bis 1949 59 Bände mit 4300 Seiten Generalregister)

† *Georg Cantor*, dt. Mathematiker; u. a. Mengenlehre (* 1845)

O. Hahn und *Lise Meitner* entdecken das radioaktive Element Protactinium

Beginn der Ausgrabungen des babylonischen Ur durch *Hall*, *Thompson*, *Woolley* und *Legrain*

Junkers meldet Tiefdecker-Flugzeug zum Patent an

Paul Langevin: Ultraschallsender und -empfänger mit Schwingquarz

Wilh. Ostwald: „Die Farbenlehre" und „Der Farbatlas" (Systematik und eindeutige Kennzeichnung von Farben)

Ludwig Prandtl: Tragflächentheorie (seit 1916)

Shapley entdeckt durch Untersuchung der kugelförmigen Sternenhaufen die wahre Ausdehnung der Milchstraße (etwa 100000 Lichtjahre/Durchmesser)

Expedition ins arktische Kanada unter *V. Stefansson* und *R. Anderson* (seit 1913; erforscht 3,5 Mill. qkm, erweist wirtschaftliche Nutzbarkeit der Tundren)

„Helvetica Chimica Acta" (Schweiz. chemische Zeitschrift)

Funkstelle Nauen umspannt die Erde

Erster regelmäßiger Luftverkehr mit Flugzeugen zwischen New York und Washington (in Deutschland 1919 zwischen Berlin und Weimar)

Dt. Ferngeschütz mit 128 km Schußweite beschießt Paris

Mobilisierte Soldaten: Mittelmächte: 24,3 Mill. (Verluste 3,2 Mill., Verw. 7 Mill.); Entente: 43 Mill. (Verluste 5,5 Mill., Verw. 13,8 Mill.) (Zum Vergleich dt. Verluste 1870/71 43000)

18,7 Mill. BRT wurden seit 1914 durch dt. U-Boote und Minen versenkt; von 343 dt. U-Booten gingen 178 verloren

Seekriegsverluste der Entente (und der Mittelmächte) Schlachtschiffe 29 (8), Kreuzer 30 (29), Torpedoboote 113 (118), U-Boote 89 (199)

Während des Krieges gingen 52 dt. Luftschiffe verloren

Dt. Kriegskosten: 165 Milliarden M, frz.: 160 Milliard. Frs., engl.: 8,8 Milliarden Pfund, österr.: 65 Milliarden Kr. (Deckung in Deutschland: 54,6% Anleihen, 39,4% schwebende Staatsschuld, 6% Steuern; in Engl.: 80% Anleihen, 20% Steuern)

Gesamte Kriegskosten: ca. 730 Milliarden Goldmark direkte und ca. 610 Mrd. indirekte

Gustav Cassel (* 1866, † 1945): „Theoretische Sozialökonomie" (schwedische neuliberalist. Volkswirtschaftslehre)

(1918)

Gründung der „Kommunist. Partei Deutschlands" (Spartakusbund)

Allgem. dt. Frauenstimmrecht

Hugo Preuß (* 1860, † 1925) entwirft die Weimarer Verfassung

Trotz Revolution bleiben die Kommandohöhen in Dtl. in konservativen Händen (Militärs, Beamtenschaft, Justiz usw.)

Franz Seldte gründet monarchist. „Stahlhelm"-Bund (1933 der SA unterstellt)

F. Mehring: „Karl Marx"

Trotz konserv. Mehrh. bleibt *Lloyd George* brit. Ministerpräsid. bis 1922

Lord *William Beaverbrook* (* 1879, † 1964), brit. konservativer Zeitungsverleger (u. a. „Daily Express"), wird brit. Propagandaminister (1940—45 wieder Min. im Kabinett *Churchill*)

Wahlrechtsreform in Großbrit. gibt Frauen über 30 Jahre aktives und passives Wahlrecht

Nationalist. republikan. „Sinn Fein"-Partei erhält von 103 irischen Sitzen im brit. Parlament 75

Brit. Reformplan für Indien (führt zur Verfassung 1921)

Clémenceau läßt *Joseph Caillaux* verhaften, der im Kriege Verständigung mit Deutschland suchte

Regierung der rechten „Koalition" in den Niederlanden

Verhältniswahlrecht für Schweizer Nationalrat beseitigt absolute Mehrheit der Freisinnigen (bleiben bis 1935 stärkste Partei)

Island selbständiges Königreich in Personalunion mit Dänemark (seit 1380 bei Dänem.; 1920 Verfassung)

Zar *Ferdinand I.* von Bulgarien dankt ab zugunsten Kronprinz *Boris'*. Waffenstillstand mit Entente

Boris III. König von Bulgarien bis 1943 († , * 1894)

„Königreich der Serben, Kroaten und Slowenen" (Jugoslawien) gegründet

Pilsudski 1. poln. Präsident bis 1922

Tomáš Masaryk 1. Staatspräsident d. Tschechoslowakei (1935 Rücktritt)

Benesch (linksbürgerl. Nationalsozialist. Partei) tschechoslowak. Außenminister bis 1935; Vertrag mit Frankreich

Ungar. Republik ausgerufen

† *Nikolaus II.* (mit seiner Familie von den Bolschewisten erschossen), russ. Zar von 1894 bis 1917 (* 1868)

RSFSR gegründet (Russisch-sozialist.-föderative Sowjetrepublik). Moskau wird Hauptstadt

7. Parteitag d. russ. Kommunisten (KPSU [B]) (bis 1925 jährl., dann 1927, 1930, 1934, 1939, 1952)

Leo Trotzki russ. Volkskommissar für Krieg und Marine bis 1925; baut die „Rote Armee" auf

Gründung der Republiken Litauen, Estland und Lettland

Bürgerkrieg in Rußland. Brit. u. frz. Truppen intervenieren in Nordrußl.

Japan dringt in Sibirien ein

Josef Ponten (* 1883, † 1940): „Der babylonische Turm" (Roman)	*B. Russell:* „Mystizismus und Logik" (engl. Rationalismus)	„Carmen" (Film von *E. Lubitsch* mit *P. Negri* u. *H. Liedtke*)	Frauenarbeit in Deutschl. erreichte im Kriege ca. 230% d. Friedensstandes
Reymont: „Das Jahr 1794" (poln. Romantrilogie seit 1913)	*M. Schlick:* „Allgemeine Erkenntnislehre" (Neopositivismus, Grundlage des Wiener Kreises)	„Veritas vincit" (Film von *Joe May*)	Gesetzlicher Achtstunden-Arbeitstag in Deutschland
† *Peter Rosegger*, volkstüml. österr. Dichter (* 1843)	*G. Simmel:* „Der Konflikt der modernen Kultur"	„Ein Hundeleben", „Charlie als Soldat" (nordamerik. Filme von und mit *Charlie Chaplin*)	Aufhebung d. Gesindeordnungen u. der landesrechtl. Ausnahmegesetze gegen Landarbeiter (enthielten Streik- und Koalitionsverbote)
Albrecht Schaeffer (* 1885, † 1950): „Gudula" (Roman)	*O. Spann:* „Fundament der Volkswirtschaftslehre" (an die ältere Romantik *A. Müllers* anknüpfende universalist. Volkswirtschaftslehre)	„Die zehnte Symphonie" (franz. Film von *A. Gance*)	
Schnitzler: „Casanovas Heimfahrt" (Novelle)			
Ina Seidel: „Weltinnigkeit" (Gedichte)	*W. Stern:* „Person und Sache" (2. Band „Die menschliche Persönlichkeit")		Weltweite Grippeepidemie: bis 1920 20 000 000 Tote (in Deutschland 196 000)
Stehr: „Der Heiligenhof" (Roman)			
Sinclair: „Religion und Profit" (nordamerik. sozialistischer Roman)	*Ulrich Stutz* (* 1868, † 1938): „Der Geist des Codex juris canonici" (Schwz. Kirchenrecht)		Berlin erhält erstmalig Fernstrom
Ed. Stucken: „Die weißen Götter" (Roman um die Eroberung Mexikos, 3 Bände)	Polen schafft Todesstrafe ab		Mitteleuropäisch. Reisebüro (MER)
de Unamuno: „Essais" (span., 7 Bände seit 1916)	„Akad. f. d. Wissensch. des Judentums", Berlin		Staatsmonopol für Branntwein in Deutschland
† *Frank Wedekind*, dt. gesellschaftskrit. Schauspieldichter (* 1864)	Institut zur physiolog.-psycholog. Erforschung der Industrie, London		*Aarne:* „Vergleichende Rätselforschungen"
Wildgans: „Dies irae" (Schauspiel)	Geistliche Schulaufsicht in Preußen aufgehoben		
Stefan Zeromski (* 1864, † 1925): „Der Kampf mit dem Satan" (poln. Romantrilogie seit 1916)	Erneuerung des Kirchenrechts im Codex juris canonici		
St. Zweig: „Jeremias" (bibl. Tragödie)	Der protestant. „Fundamentalismus" in den USA bekämpft die biologische Entwicklungslehre im Schulunterricht		
Friedrich Kayssler Direktor der Berliner Volksbühne bis 1922 „Bühnenvolksbund" (christl.-national)	Intelligenzuntersuchungen an 1,7 Mill. Heeresrekruten d. USA: Durchschnitts-Intelligenzalter ca. 14 Jahre. Ca. 50% „unterdurchschnittl. begabt" („Intelligenzalter" 12—13 Jahre), 13% „höher begabt", 4,5% „hochbegabt" (ähnliche Ergebnisse auch in anderen Ländern)		
Theaterzensur in Deutschland aufgehoben (bleibt für Film)			
Richard Huelsenbeck (* 1892, Mitbegr. d. „Dada" in Zürich 1916, bringt diese antibürgerliche Kunstrichtung n. Berlin (1919 kommt der Dadaismus nach Paris)	Zweite Moskauer Staatsuniversität (erste 1755) Univers. Irkutsk/Sibir.		

1919	Friedens*nobel*preis an *W. Wilson* (USA) Generalstreik und Aufstand des kommunist. Spartakusbundes in Berlin *Gustav Noske* (Sozialdemokr., * 1868, † 1946) wird Oberbefehlshaber aller Truppen in Berlin und wirft Spartakus-Aufstand nieder; Reichswehrminister bis 1920 *R. Luxemburg:* „Briefe aus dem Gefängnis" † *Rosa Luxemburg* (* 1870) und *Karl Liebknecht* (* 1871) als führende Linkssozialisten von rechtsradikalen Offizieren ermordet Bayr. Ministerpräsident *Kurt Eisner* (USPD, * 1867) von Graf *Arco-Valley* erschossen. Münchener Räteregierung mit *Gustav Landauer* (ersch., * 1870), *Erich Mühsam, Ernst Toller, Ernst Niekisch;* wird durch Militär gestürzt. Kommunist. Regierung in München. Durch Reichswehr und SPD beseitigt Regierung der Volksbeauftragten legt ihre Macht in die Hände der neugewählten dt. Nationalversammlung, die in Weimar zusammentritt. *Friedrich Ebert* (Sozialdemokr.) wird erster Reichspräsident bis 1925 (†) Nationalversammlung in Weimar nimmt Verfassung des Deutschen Reiches an mit demokratischrepublikan. Regierungsform (Entwurf von *Hugo Preuß*) Reichsflagge Schwarz-Rot-Gold (Handels- u. Kriegsflagge Schwarz-Weiß-Rot mit schwarzrotgoldener Gösch) *Philipp Scheidemann*(Sozialdemokrat) dt. Reichsministerpräsident (tritt vor Unterzeichnung des Versailler Vertrages zurück; 1920 bis 1925 Oberbürgermeister von Kassel) Unterzeichnung des Friedensvertrages von Versailles zw. Siegermächten und Deutschland: Elsaß-Lothringen an Frankreich; Posen u. Westpreußen („Korridor") überwiegend an Polen; Danzig wird Freie Stadt; Memel erst selbst., dann (1923) an Litauen; Eupen-Malmedy (1920) an Belgien; Saargebiet erhält Völkerbundsverwaltung; Nord-	Literatur-*Nobel*preis an *C. Spitteler* (Schweiz) *R. G. Binding:* „Keuschheitslegende" *Vicente Blasco-Ibanez* (* 1867, † 1928): „Apokalyptische Reiter" (span. Kriegsroman) *Claudel:* „Der erniedrigteVater" (frz. Schauspiel) *Gabrielle Colette* (* 1873, † 1954): „Mitsou" (frz. Roman) *Conrad:* „Der goldene Pfeil" (engl. Roman) *Ernst Robert Curtius* (* 1886): „Die literarischen Wegbereiter des neuen Frankreich" (Romanistik) *Dehmel:* „Zwischen Volk und Menschheit" (Kriegstagebuch) *Roland Dorgelès* (* 1886): „Die hölz. Kreuze" (frz. Kriegsroman; verfilmt) *A. Ehrenstein:* „Bericht aus einem Tollhaus" (groteske Erzählung) *Mikkjel Foenhus* (* 1894): „Die Wildnis braust" (norweg. Roman) *Leonhard Frank:* „Der Mensch ist gut" (pazif. Novellen) *Th. Hardy:* „Gesammelte Gedichte" (engl. pessimist. Lyrik) *H. Hesse:* „Demian"(Jugendroman, unter Pseudonym *Emil Sinclair*) *Hofmannsthal:* „Die Frau ohne Schatten" (Schauspiel, vert. v. *R. Strauß*) *G. Kaiser:* „Brand im Opernhaus" u. „Hölle, Weg, Erde" (Schausp.) *Klabund:* „Dreiklang" (Gedichte) *Oskar Kokoschka:* „Orpheus u. Eurydike" (express. Drama, vertont von *Ernst Křenek,* 1926)	*K. Barth:* „Der Römerbrief" (grundlegend für seine Dialektische Theologie; stark umgearb. 1922) *K. Binding:* „Die Normen u. ihre Übertretung. Eine Untersuchung über die rechtmäßige Handlung und über die Arten des Deliktes" (seit 1872) *Ernst Bloch* (* 1885): „Über das noch nicht bewußte Wissen" *Hans Blüher* (* 1888): „Die Rolle der Erotik in der männlichen Gesellschaft" (2 Bde. seit 1917, beeinfl. „Wandervogel") *E. Cassirer:* „Das Erkenntnisproblem in der Philosophie und Wissenschaft der neueren Zeit" (seit 1906; neukantian. Marburger Schule) und „Kants Leben und Lehre" *Gustaf Dalman* (* 1855, † 1941): „Orte und Wege Jesu" (*D.* war 1902 bis 1917 Direktor des „Deutschen ev. Instituts für Altertumswissenschaft des Heiligen Landes" in Jerusalem) † *Ernst Haeckel,* dt. Naturforscher; verbreitete monistische Weltauffassung (* 1834) *Ricarda Huch:* „Der Sinn der Heiligen Schrift" *Johan Huizinga* (* 1872, † 1945): „Herbst des Mittelalters" (niederl. Kulturgeschichte Burgunds im 15. Jahrhundert) *Jaspers:* „Psychologie der Weltanschauungen" *Hermann von Keyserling:* „Das Reisebuch eines Philosophen" (2 Bände) *Th. Lessing:* „Geschichte als Sinngebung des Sinnlosen"

Barlach: „Moses" (Holzplastik)

O. Bartning: „Vom neuen Kirchenbau" (über moderne protest. Architektur)

R. Belling: „Dreiklang" (abstrakte Plastik)

Corinth: „Walchenseelandschaft" (Gemälde)

P. Fechter: „Der Expressionismus" (Kunsthistorik)

F. Hodgkins: „Flüchtlingskinder" (engl. Gemälde)

W. Gropius, L. Feininger, J. Itten und *Gerhard Marcks* (* 1889) gründen das „Staatl. Bauhaus" in Weimar (wird zum Zentrum moderner Kunst; u. a. lehren an dieser Schule *Kandinsky* und *Klee*)

W. Gropius: Bauhaus Weimar (modernes Bauwerk)

K. Hofer: „Mädchen mit Blumenstrauß" (express. Gemälde)

Kandinsky: „Träumerische Improvisation" (abstraktes Gemälde) u. „Arabischer Friedhof" (express. Gemälde)

Klee: „Traumvögel" (express. Gemälde)

† *Carl Larsson,* schwedischer Maler (* 1853)

† *Wilhelm Lehmbruck* (Freitod), dt. express. Bildhauer (* 1881)

M. Liebermann: „Simson und Delila" (impress. Gemälde)

Hans Meid (* 1883): „20 Radierungen zur Bibel"

d'Albert: „Revolutionshochzeit" (Oper)

Adolf Busch (* 1891, † 1952) gründet Streichquartett

de Falla: „Der Dreispitz" (span. Ball.)

Fritz Jöde (* 1887, † 1970): „Musik und Erziehung" (Förder. d. Volks- u. Jugendmusik)

Kálmán: „Das Hollandweibchen" (Operette)

Hermann Kretzschmar: „Geschichte der Oper"

Eduard Künneke (* 1885, † 1953): „Das Dorf ohne Glocken" (Singspiel)

† *Ruggiero Leoncavallo,* ital. Opernkomponist (* 1858)

Sergej Rachmaninow, seit 1912 Kapellmeister in Petersburg, geht in die USA

Ture Rangström (* 1884, † 1947): „Die Kronbraut" (schwedische Oper nach *Strindberg*)

Hugo Riemann: „Analyse von Beethovens sämtlichen Klaviersonaten" (3 Bände seit 1905)

Othmar Schoeck (* 1886, † 1957): „Don Ranudo" (Schweiz. Oper nach *Holberg*)

O. Straus: „Der letzte Walzer" (Operette)

R. Strauss: „Die Frau ohne Schatten" (Oper)

Jazz kommt nach London

Physik-*Nobel*preis an *Joh. Stark* (Dt.) für Entdeckung der Aufspaltung von Spektrallinien im elektrischen Feld

Medizin-*Nobel*preis an *Jules Bordet* (Belg., * 1870) für serologische Diagnose durch Komplementbindungs-Reaktion

John Alcock und *Arthur Whitten-Brown* fliegen von Neufundland nach Irland (gewinnen „Daily-Mail"-Preis für ersten Ozeanflug)

F. W. Aston: Intensitätsstarker Massenspektrograph zur Bestimmung von Atommassen

Hans Bredow hält Experimentalvortrag in Berlin mit Übertragung von Sprache und Musik im Lautsprecher

Bruno H. Bürgel: „Vom Arbeiter zum Astronomen" (Autobiographie)

† *William Crookes,* engl. Physiker; entdeckte 1861 das Element Thallium; erfand 1874 Radiometer; untersuchte elektrische Entladungen in verdünnten Gasen (* 1832)

Adalbert Czerny (* 1863, † 1941) Professor für Kinderheilkunde in Berlin (schreibt: „Des Kindes Ernährung", „Der Arzt als Erzieher des Kindes")

Festsitzung d. Royal Society, London: Sonnenfinsternis-Expedition bestät. d. durch d. Allgem. Relativitätstheorie *Einsteins* vorhergesagte Lichtablenkung durch die Sonne

† *Emil Fischer,* dt. Chemiker; klärte Aufbau der Zucker und Eiweiße; fand Schlafmittel Veronal u. a.; *Nobel*preis 1902 (* 1852)

R. Hugershoff und *H. Cranz:* „Die Grundlagen der Photogrammetrie aus Luftfahrzeugen" (kennzeichnet die Anfänge einer extensiven Erdvermessung)

R. Heidecke (* 1881, † 1960): Rollei-Spiegelreflex-Stereokamera (1929: Rolleiflex-Kamera)

Huldschinsky entdeckt antirachit. D-Vitaminbildung durch Höhensonnenbestrahlung der Haut

H. Klemm: Leichtflugzeug

Motorroller von *Krupp*

Mellanby und *MacCollum* erzeugen im Tierversuch künstlich Rachitis durch Mangelernährung

John Maynard Keynes (* 1883, † 1946): „Die wirtschaftl. Folgen d. Friedensvertrages" (für gemäßigte Reparationen)

Gründung des Internationalen Arbeitsamtes (IAA) in Genf

Internat. Gewerkschaftsbund veröffentlicht in Bern neues Arbeiterschutzprogramm

Internationale Arbeitskonferenz in Washington beschließt: 48-Stundenwoche, internationale Erwerbslosenstatistik, öffentliche statt privater Stellenvermittlung, 12-Wochen-Arbeitsverbot f. werdende Mütter und Wöchnerinnen, Nachtarbeitsverbot für Frauen u. Jugendliche, Schutz vor Giftwirkungen, Mindestalter für arbeitende Jugendliche, Gewerbeaufsichtsämter

Weimarer Verfassung gewährleistet Koalitionsrecht

Allgemeiner Dt. Gewerkschaftsbund (ADGB) (1925: 40 Verbände mit 4,2 Mill. Mitgliedern; Einnahmen: 147,5 Mill. M; Ausgaben: 125,9 Mill.); Zusammenarb. m. christl. Gewerksch.

„Technische Nothilfe"

Landarbeitsordnung für Deutschland

(1919)

schleswig (1920) an Dänemark; Oberschlesien (1921) teilw. an Polen; Kolonien werden Völkerbundsmandate. Internationalisierung der großen Flüsse. (Abgetreten außer Kolonien rund 71000 qkm mit 6,5 Mill. Einwohnern.) Reparationszahlungen: 1921 erst auf 269, dann auf 132 Mrd. Goldmark festgesetzt; 1924 *Dawes*-, 1929 *Young*plan. Abrüstung 100000-Mann-Heer, Entmilitarisierung der Rheinufer. Umfangreiche Sachlieferungen

Gustav Bauer (SPD) dt. Reichskanzler bis 1920

Eugen Schiffer (* 1860, † 1954) dt. Reichsfinanzminister und Vizekanzler (Reichsminister bis 1921)

Danzig „Freie Stadt" mit Völkerbundskommissar (ab 1922 im poln. Zollgebiet)

Selbstversenkung der dt. internierten Kriegsflotte bei Scapa Flow (Verstoß gegen Waffenstillstandsbedingungen)

Sozialisierungsgesetz (Rahmengesetz) und Sozialisierungskommission in Deutschland (keine nennenswerten Ergebnisse)

R. Wissell und *W. von Moellendorff*: „Wirtschaftliche Selbstverwaltung" (Denkschrift über demokrat. Planwirtschaft, wird von Nationalversammlung abgelehnt)

Freie Arbeiterunion in Deutschland (syndikalistisch)

„Deutsche Arbeiterpartei" (dann NSDAP) gegründet, *Hitler* wird 7. Mitglied

Otto Meißner (* 1880): „Die Reichsverfassung"

† *Friedrich Naumann*, dt. christl.-sozialer Politiker (* 1860)

Sozialdemokrat. Partei stärkste Partei der österr. Nationalversammlung, stellt Bundeskanzler *Karl Renner* (* 1870, † 1951) und den Bundespräsidenten *Karl Seitz* (* 1869), beide bis 1920

Die Siegermächte schließen die Friedensverträge von St. Germain mit Österreich und von Neuilly mit Bulgarien

Südtirol mit Bozen und Meran kommt an Italien

Karl Kraus (* 1874, † 1936): „Die letzten Tage der Menschheit" (satir. Drama)

H. Mann: „Macht und Mensch" (demokrat. Betrachtungen)

Chr. Morgenstern: „Der Gingganz" (Gedichte, posthum)

V. Muselli: „Die Masken" (frz. „heroisch-komische" Sonette)

R. Presber: „Mein Bruder Benjamin" (Roman)

A. Schaeffer: „Elli oder die sieben Treppen" (Roman)

Schnitzler: „Die Schwestern" (Schauspiel)

Bruno Schönlank (* 1891): „Erlösung" (chorisches Weihespiel)

Sinclair: „Jimmy Higgins" (nordamerik. sozialist. Roman)

E. Strauß: „Der Spiegel" (Erzählung)

Hans Thoma: „Im Winter des Lebens" (Erinnerungen)

Walpole: „Jeremias" (engl. Knabenroman)

Jakob Wassermann: „Christian Wahnschaffe" (Roman in 2 Bänden)

Leo Weismantel (* 1888): „Die Reiter der Apokalypse" (symbol. Drama)

Werfel: „Der Gerichtstag" (Drama)

Ernst von Wolzogen: „Harte Worte" (gegen die Revolution)

Paul Zech (* 1881, † 1946): „Golgatha", „Das Terzett der Sterne" (express. Gedichte)

Fritz Kortner (* 1892, † 1970) präsent. in der Urauff. der „Wandlung" von *E. Toller* expressionist. Darstellungsstil

A. Liebert: „Vom Geist der Revolutionen" und „Wie ist kritische Philosophie überhaupt möglich?"

Walter Lietzmann: „Methodik des mathematischen Unterrichts"

Theodor Litt (* 1880): „Individuum und Gemeinschaft"

Dt. Kindergärten übernehmen *Montessori*-Methode

Paul Östreich (* 1878) gründet „Bund entschiedener Schulreformer" mit Organ „Die neue Erziehung"

Vilfredo Pareto (* 1848, † 1923): „Traktat über allgemeine Soziologie" (Schweiz. Soziologie; seit 1916)

Peter Petersen (* 1884): „Gemeinschaft und freies Menschentum, die Zielforderungen der neuen Schule" (demokr. Pädagogik)

R. Steiner: „Die Kernpunkte der sozialen Frage" (anthroposoph. Gesellschaftslehre mit Dreiteilung in Geistes-, Rechts- und Wirtschaftsleben)

1. Freie Waldorfschule, Stuttgart (anthroposophisch, Leiter: *Rudolf Steiner*)

Sigrid Undset: „Ein Frauenstandpunkt" (norweg. Schrift gegen sexuelle Ungebundenh.)

W. R. Valentiner: „Umgestaltung der Museen im Sinne der neuen Zeit"

J. B. Watson: „Psychologie vom Standpunkt eines Behavioristen" (nordamerikan. „Verhaltens"-Psychologie)

Max Weber: „Wissenschaft als Beruf" und „Politik als Beruf"

Frans Masereel (* 1889): „Mein Stundenbuch" (belg. pazifist. Holzschnittbuch)
Ed. Munch: „Der Mörder" (norweg. express. Gemälde)
Alfred Heinrich Pellegrini (* 1881): „Die neue Zeit" (Schweiz. Wandgemälde im Treppenh. d. Kunsthalle Basel)
H. Poelzig: Großes Schauspielhaus, Berlin (Baubeginn 1918)
Picasso: „Rast der Schnitter" u. „Pierrot" (span.-frz. neoklassizist. Gemälde); neoklassiz. Periode b. 1923
† *Pierre Auguste Renoir*, frz. Maler des Impressionismus (* 1841)
Schmidt-Rottluff: „Sommer am Meer" (express. Gemälde)
„Bund deutscher Gebrauchsgraphiker"

„Das Wunder des Schneeschuhs" (erster groß. Naturfilm von *Arnold Fanck*) (* 1889, † 1974)
„Die Passepartouts des Teufels" (nordam. Film von *Erich von Stroheim*, * 1885)
„Der geheimnisvolle Mann" (nordamerik. Film von *George Tucker*)
„Madame Dubarry" (Film v. *E. Lubitsch* mit *P. Negri*, *H. Liedtke*, *E. Jannings*)
„Die Austernprinzessin" (Film von *E. Lubitsch* mit *A. Nielsen*)
„Die Spinnen" (Film v. *Fritz Lang*, * 1890)

Vaclav Nischinskij, russ. Tänzer, weltberühmt seit 1909, wird geisteskrank († 1950)
Mary Wigman (*1886, † 1973) bgrdt. eigenen Stil des Ausdruckstanzes (trennte sich 1918 von ihrem Lehrer *Rudolf Laban Varalya* (*1879, † 1958, grdt. 1920 in Dresden eigene Schule, die bis 1940 besteht)

E. Nordenskiöld: „Südamerika" (völkerkundliche Forschungsberichte von eigenen Reisen seit 1899)
† *John William Rayleigh*, engl. Physiker; gab Theorie des blauen Himmelslichtes; entdeckte mit *W. Ramsay* Edelgas Argon; *Nobel*preis 1904 (* 1842)
Moritz Ritter: „Die Entwicklung der Geschichtswissenschaft an den führenden Werken betrachtet"
Rutherford gelingt mit radioaktiver Strahlung Umwandlung eines Stickstoff- in ein Sauerstoffatom als erste künstliche Elementumwandlung
Arnold Sommerfeld (* 1868, † 1951): „Atombau und Spektrallinien" (Standardwerk der theoret. Spektroskopie)
Céc. und *O. Vogt* (* 1870, † 1959): „Allgemeine Ergebnisse unserer Hirnforschung" (weisen lokalisierte Zentren nach)
† *Alfred Werner*, Schweiz. Chemiker; erforschte bes. Komplexverbindungen; *Nobel*preis 1913 (* 1866)
Beginn der dt. Luftpost auf der Strecke Berlin—Weimar
Erste Versuche mit Kurzwellen (unter 100 m)

Internat. Handelskammer (Deutschland tritt 1925 bei)
„Reichsverband der Dt. Industrie", enge Zusammenarbeit mit Unternehmerverbänden (1926: 1469 Einzel- und 977 korporative Mitgl.)
*Krupp*direktor *Kurt Oskar Sorge* (*1855, † 1928) Vorsitzender des „Reichsverbandes der Dt. Industrie" bis 1924
Mitteld. Braunkohlensyndikat GmbH
Glühlampenwerk „Osram"
Radio Corporation of America (mit Tochtergesellschaft National Broadcasting Co. größtes Rundfunkunternehmen der Erde)
Eugen Schmalenbach (* 1873): „Dynamische Bilanz" (Betriebswirtschaftslehre)
Erste dt. Verwaltungsakademie (in Berlin) (1930: 21 dt. V.A.)
Reichsarchiv in Potsdam
Dt. Heeresbücherei
Reichsamt f. Landesaufnahme (aus Königlich preuß. Landesaufnahme des Generalstabes, 1875 gegründet)
Selbsthilfebund d. Körperbehinderten von *Otto Perl* (* 1882) gegründet
† *Horace Fletcher*, nordamerikanisch. Ernährungsreformer (* 1886)

(1919)

Gabriele d'Annunzio besetzt mit einer Freischar Fiume für Italien

Benito Mussolini (bis zum Kriege Sozialdemokrat) gründet ersten faschistischen Kampfverband in Mailand

George Curzon brit. Außenminister bis 1924; ist gegen frz. Ruhrbesetzung (1923)

Bergarbeiterstreik in Großbritannien (bis 1921)

Revolutionäres irisches Parlament und Regierung (führt 1921 zum Irischen Freistaat mit Dominionstatus)

Jan Smuts Ministerpräsident der Südafrikan. Union bis 1924

Großbritannien anerkennt Unabhängigkeit Afghanistans

Indien erhält Verfassung (führt nicht zur Beruhigung der Unabhängigkeitsbestrebungen)

Schwere Unruhen in Bombay

Ind. antibrit. Demonstration bei Amritsar wird blutig unterdrückt (450 Tote, 1500 Verwundete)

Frauenstimmrecht und Achtstundentag in Schweden

Ignazy Paderewski poln. Staatspräsident bis 1921; dann Vertreter beim Völkerbund (warb während des Weltkrieges durch sein virtuoses Klavierspiel in den USA für ein selbständiges Polen)

Tusar (Sozialdemokrat), tschechoslow. Ministerpräsident bis 1920

Republik Finnland (seit 1917 von Rußland unabhängig, 1918 kurzzeitig Monarchie)

Dt. Truppen verteidigen Riga gegen Bolschewisten. Ihre Weigerung, nach Deutschland zurückzukehren, führt zu lettisch-dt. Spannung

Bolschewisten verlieren Baltikum

General *Denikin* Oberbefehlshaber der Weißen Armee in Südrußland, Admiral *Koltschak* in Sibirien. Brit. Interventionsarmee in Nordrußland

Kommunist. Internationale („Komintern") gegründet unter wachsender Vorherrschaft der KPSU, Leiter bis 1926 *Sinowjew* (löst sich 1943 auf)

Lenin: „Staat und Revolution" (bolschewist. Theorie der Revolution)

Vorübergehend ungar. Räterepublik unter *Béla Kun* (* 1886, † 1937, in der USSR liquidiert); wird von Admiral *Horthy* militär. beseitigt

Katalonien (Span.) verlangt Autonomie

Tagung der 2. Internationale in Bern (1920 in Genf)

† *Theodore Roosevelt* (Republik.), Präsident der USA von 1901 bis 1909; Friedens*nobel*preis 1906 (* 1858)

Japan erhält Kiautschou und Völkerbundsmandat über bisherigen dt. Kolonialbesitz auf den Südseeinseln (Karolinen, Marianen, Marshallinseln)

Aufstand auf Korea gegen Japan blutig unterworfen

Max Reinhardt eröffnet das umgebaute Gr. Schauspielhaus, Berlin, mit der „Orestie" von *Äschylos*

Aleksandr Tairow (* 1885): „Das entfesselte Theater" (russ. express. Theaterkunst)

Henry Louis Mencken (* 1880): „Die amerikanische Sprache" (nordamerik.)

„Amerikanischer Rat d. gelehrten Gesellschaften" zur Förderung d. Geisteswissenschaften gegrdt. (kennzeichnet wachsenden Vorrang d. Naturwissenschaften)

A. N. Whitehead: „Eine Untersuchung über die Prinzipien der Naturerkenntnis" (engl. Naturphilosophie)

Österreich schafft Todesstrafe ab

Stärkere weltanschauliche und politische Differenzierung der dt. Jugendbewegung

∼ Ausbau des Volksbildungswesens in Deutschland (Abend- und Heimvolkshochschulen)

Universität Hamburg

Universität Köln (alte Universität bestand von 1389 bis 1798)

Universität Posen

Slowakische Universität Preßburg

Handelshochschule Prag

Dt. Studentenschaft (mit parlamentar. Aufbau)

Trennung von Staat und Kirche in Deutschland. Sicherung des Religionsunterrichts und der theolog. Fakultäten

„Arbeiterwohlfahrt" gegründet (sozialdemokratische Wohlfahrtspflege)

In den sächs. Volksschulen „Lebenskunde" statt Religionsunterricht; „Leipziger Thesen" für die weltl. Schule

„Die evang. Diaspora" (Organ des *Gustav-Adolf*-Vereins, gegründet 1832)

Gründung der „Bildstelle beim Zentralinstitut für Erziehung und Unterricht" (fördert Lehrfilm, bis 1940 42000 Schulfilmgeräte)

Zentralbildungsausschuß der kathol. Verbände Deutschlands

„Rose France" (frz. Film von *Marcel L'Herbier*, *1890), „J'accuse" (frz. Film von *A. Gance*)

„Hedda Gabler" (italien. Film von *Pastrone*)

schlug das „Fletschern" vor, d. h. jeden Bissen 5 Min. kauen (* 1849)

Alkoholverbot in den USA (Prohibition, bis 1933; führt zu verbrech. Schmugglerwesen)

Verband deutscher Faustkämpfer (Berufsboxer)

Aus Torball wird i. Dtl. das Handballspiel

O. Flint gew. geg. *Metz* erste offizielle dtsch. Schwergewichtsmeisterschaft i. Boxen

Dt. Reichsverband für Amateurboxen

Jack Dempsey wird Boxweltmeister gegen *Jess Willard*

Engl. Luftschiff dt. Bauart R 34 fliegt i. 108 Std. v. Schottland n. USA

John Alcock und *Arthur Whitten-Brown* flieg. Neufundl.–Schottl. i. 16 Std. 12 min.

1920

Friedens*nobel*preis an *Léon Bourgeois* (Frankr., * 1851, † 1925)
Ständiger Internationaler Gerichtshof im Haag gegründet
Betriebsrätegesetz (bringt keine wesentliche Mitbestimmung der Arbeiter) KPD und USPD demonstrieren vor dem Reichstag gegen dieses Gesetz (42 Tote)
Reichswirtschaftsrat gegr. (einflußlos)
Nordschleswig kommt durch Abstimmung an Dänemark
Wolfgang Kapp (* 1858, † 1922 in Untersuchungshaft), ostpreuß. Landschaftsdirektor, putscht gegen Reichsregierung. Diese flieht nach Stuttgart. Gewerkschaften schlagen Putsch durch Generalstreik nieder
Kommunistische Unruhen im Ruhrgebiet werden durch Reichswehr in teilweise harten Kämpfen niedergeschlagen
Hans von Seeckt (* 1866, † 1936) Chef der dt. Heeresleitung bis 1926; organisiert das 100 000-Mann-Heer der Reichswehr
Auslieferung von 895 der Brechung internationalen Rechts verdächtigten Personen an die Entente findet nicht statt
Preußen gibt sich Verfassung als Freistaat
Paul Löbe (SPD, * 1875) Präsident des Dt. Reichstages
Hermann Müller (SPD, * 1876, † 1931) dt. Reichskanzler; danach *Fehrenbach* (Zentr.) bis 1921
Otto Braun (SPD) in Preußen Ministerpräsident bis 1932
Carl Severing (SPD, * 1875, † 1952) preuß. Innenminister bis 1921 (wieder 1921 bis 1926, 1930 bis 1932)
Otto Meißner Leiter des Büros des Reichspräsidenten (bleibt in dieser Stellg., ab 1923 als Staatssekretär u. ab 1937 als Staatsminister, bis 1945)
Volksabstimmung in Südostpreußen ergibt starke Mehrheit für Deutschland
Eupen und Malmedy kommen an Belgien
Memelgebiet vorläufig unter frz. Verwaltung

Literatur-*Nobel*preis an *K. Hamsun* (Norwegen)
Sherwood Anderson (* 1876, † 1941): "Poor white" (nordamerikan. Roman)
Ernst Barlach: „Die echten Sedemunds" (Drama)
Max Barthel (* 1893): „Arbeiterseele" (Ged. eines Fabrikarbeiters)
Joh. R. Becher: „Ewig im Aufruhr" (Gedichte)
Franz Blei (* 1871, † 1942): „Das große Bestiarium der deutschen Literatur" (satir. Literaturkritik, unter dem Pseudonym *Peregrinus Steinhövel*)
Rudolf Borchardt (* 1877, † 1945): „Die halbgerettete Seele" (epische Dichtung)
Arnolt Bronnen (* 1895, † 1959): „Vatermord" (Schauspiel)
Colette: „Chéri" (franz. Roman, 1922 Komödie)
† *Richard Dehmel*, dt. Dichter (* 1863)
Duhamel: „Elegien" (frz. Lyrik)
Kasimir Edschmid (* 1890): „Die achatnen Kugeln" (Roman) und „Die doppelköpfige Nymphe" (Literaturkritik)
† *Ludwig Ganghofer*, dt. Schriftsteller; schrieb Unterhaltungsromane mit Themen aus Oberbayern; Gesamm. Werke in 40 Bänden (* 1855)
Curt Goetz (* 1888): „Menagerie" (Einakterzykl.)
Gundolf: „George" (Würdig. *Stefan Georges*)
Jakob Haringer (* 1898, † 1948): „Abendbergwerk" (Lyrik; *Hauptmann*preis 1925)
W. Jansen: „Das Buch Leidenschaft. Amelungen-Roman"

Samuel Alexander (* 1859, † 1938): „Raum, Zeit und Gottheit" (engl. metaphysischer Realismus)
K. Binding u. *A. Hoche:* „Die Freigabe der Vernichtung lebensunwerten Lebens" (fordert Straflosigkeit d. Euthanasie)
† *Karl Binding*, dt. Jurist und Führer der klassischen Strafrechtsschule (* 1841)
„Lassalle's Reden und Schriften" (12 Bände, herausgegeben von *E. Bernstein*, seit 1919)
A. Dopsch: „Die wirtschaftlichen und sozialen Grundlagen der europäischen Kulturentwicklung von Cäsar bis auf Karl den Großen" (2 Bände)
Benno Erdmann (* 1851, † 1921): „Reproduktionspsychologie"
Albert Hauck (* 1845, † 1918): „Kirchengeschichte Deutschlands" (bis ins 15. Jahrhundert, 5 Bände seit 1887, teilweise mehrere Auflagen, protest.)
Hermann von Keyserling: „Philosophie als Kunst"; gründet in Darmstadt „Schule der Weisheit" (prakt. Kulturgestaltung im Sinne einer Lebensphilosophie)
W. Köhler: „Die physischen Gestalten in Ruhe und im stationären Zustand" (mit Einfluß auf die Gestaltpsychologie)
Lukasiewicz erweitert die klass. zweiwertige Logik („wahr" — „falsch") zu einer mehrwertigen (z. B. dreiwertig: „wahr" — „wahrscheinlich" — „falsch")

Barlach: „Die Kupplerin" (Bronzeplast.) *Charles Burchfield* (* 1893): „Tauwetter im Februar" (nordamerik. Gemälde) *Robert Delaunay* (* 1885, † 1941): halb gegenständl. Bilder *Feininger:* „Kirche" (kubist. Gemälde) *G. Grosz:* „Kleine Groszmappe" (gesellschaftskrit. graphische Blätter) *C. Gurlitt:* „Handbuch des Städtebaus" *Hannah Höch* (*1889): „Der Schnitt mit dem Kuchenmesser" (dadaist. Photocollage) † *Max Klinger*, dt. Maler, Bildhauer u. Graphiker (* 1857) *Kollwitz:* „Nachdenkende Frau" *Léger:* „Mann mit Stock" (frz. abstraktes Gemälde) *Max Liebermann* Präsident d. Preuß. Akademie d. Künste bis 1932 *Matisse:* „Die Odaliske" (frz. Gemälde) † *Amedeo Modigliani*, ital. Maler, seit 1907 in Paris (* 1884) *Johannes Molzahn* (* 1892, † 1965): „Blühender Kelch" *P. Mondrian:* „Komposition" (niederl. geom.-abstr. Gem.) *William Nicholson:* „Sonnenblumen" (engl. nachimpress. Gemälde) *Kurt Schwitters* (*1887, † 1948): „Das Sternbild" (Assemblage aus Altmaterial einschl. Makulatur)	In Frankreich bildet sich die „Groupe des Six": *Louis Durey* (*1888), *Darius Milhaud* (*1892), *Germaine Tailleferre* (*1892), *Arthur Honegger* (*1892, + 1955), *Georges Auric* (*1899) und *Francis Poulenc* (*1899, + 1963); erstrebt spezifisch frz. Stil ohne Romantik und Impressionismus; stark beeinflußt von *Eric Satie* (*1866, + 1925) u. *Jean Cocteau* (*1892, + 1963) † *Max Bruch*, dt. Komponist(*1838) *Furtwängler* dirigiert erstmalig in Berlin *Jean Gilbert:* „Die Braut des Lucullus" (Operette) *Graener:* „Schirin und Gertraude" (Oper) *Korngold:* „Die tote Stadt" (Oper) *Francesco Malipiero* (* 1882): „Pantea" und „L'Orfeide" (ital. Opern im atonalen Stil) *Puccini:* „Der Mantel", „Gianni Schicchi" und „Schwester Angelika" (ital. Einakter-Opern) *Reznicek:* „Ritter Blaubart" (Oper) *Strawinsky:* „Pulcinella" (russ. Ballett nach *Pergolesi*). Beginn seiner klassizist. Schaffensepoche *Laban:* „Die Welt des Tänzers"	Physik-*Nobel*preis an *Edouard Guillaume* (Schweiz, * 1861, † 1938) für Metallegierung „Invar" mit geringer Wärmeausdehnung Chemie-*Nobel*preis an *W. Nernst* (Dt.) für dritten Hauptsatz der Thermodynamik (Unerreichbarkeit des absoluten Nullpunktes) Medizin-*Nobel*preis an *August Krogh* (Dänem., * 1874) für Entdeckung der kapillar-motorischen Regulation im Blutkreislauf *W. Baade* entdeckt bisher sonnenfernsten kleinen Planeten „Hidalgo" (erreicht 9,4fache Erdentfernung von der Sonne) *Hassane in Bey* und *Rosita Forbes* dringen durch die Libysche Wüste zur Oase Kufra vor (Wiederaufnahme der Erforschung der Libyschen Wüste seit *G. Rohlfs* 1878) *Bilau:* Windmotor mit Propeller-Flügeln *Arthur Stanley Eddington* (* 1882, † 1944): „Raum, Zeit, Gravitation" (ihre Zusammenhänge in der Relativitätstheorie) *H. M. Evans* (*1883, + 1971) erzielt Riesenwuchs bei Tieren durch Hypophysenextrakt (Wirkung eines Hypophysenhormons) *Heinrich v. Ficker* (* 1881) erkennt die Bedeutung der Stratosphäre für Wettervorgänge (vgl. 1936) *A. Flettner:* Schiffsruder, das über Hilfsruder vom Wasserstrom eingestellt wird *E. Frey:* Muskelkontraktion als Stoffwechselvorgang *Gardthausen:* „Handbuch der wissenschaftlichen Bibliothekskunde" *Junkers* Metalleindecker F 13 (195-PS-Motor, 175 km/St., 4 Passagiere) *Ph. Lenard* greift Relativitätstheorie *Einsteins* an (kann internationale wissenschaftliche Anerkennung nicht erschüttern) *Michelson* und *Pease* messen interferometrisch den Durchmesser des Sterns Beteigeuze zu 300 Sonnendurchmessern („Roter Riese") *Eduard Norden:* „Die germanische Urgeschichte in Tacitus' ‚Germania'"	Das Reich übernimmt deutsche Eisenbahnen Dt. Einkommensteuergesetz Arbeitslosenversicherung in Großbritannien u. Österreich Zentralausschuß dt. Unternehmerverbände Streikversicherung der dt. Unternehmerverbände *Hugo Stinnes* gründet Elektromontan-Trust *Siemens-Rhein-Elbe-Schuckert-*Union (1925 wegen finanzieller Schwierigkeiten aufgelöst) Reichsheimstättengesetz u. ständiger Beirat für Heimstättenwesen unter *Ad. Damaschke* „Industrie- und Handelszeitung" (Berlin) Groß-Berlin gebildet Prager Mustermessen beginnen Olympiade in Antwerpen (ohne Deutschland) Erste Olympiasiege des finnischen Läufers *Paovo Nurmi* (* 1897) (Weitere Siege 1924 und 1928) Segelflieger-Schule u. erster Segelflugwettbewerb auf der Rhön Paddel- und Kanusport verbreit. sich *Hans Breitensträter* dt. Boxmeister im Schwergewicht

(1920)

Dt. Kolonien werden Völkerbundsmandate

Otto Wels (* 1873, † 1939) Vorsitzender der SPD

Zwei Drittel der USPD stimmen für Vereinigung mit KPD (1922 vereinigt sich der Rest mit SPD)

Artur Mahraun gründet „Jungdeutschen Orden" (vereinigt sich 1930 vorübergehend mit der Demokrat. Partei zur Dt. Staatspartei; 1933 aufgelöst)

Hitler verkündet sein 25-Punkte-Programm im Münchener Hofbräuhaus

A. Einstein setzt sich für den Zionismus ein

G. Escherich gründet „Orgesch" („Organisation Escherich", bayr. Selbstschutzverband, aufgelöst 1921)

L. Quidde: „Völkerbund und Demokratie" und „Völkerbund und Friedensbewegung"

Christlich-soziale Partei gewinnt politische Führung in Österreich. *Michael Hainisch* (parteilos) Bundespräsident bis 1928; *Michael Mayr* (christl.-sozial, * 1864, † 1922) Bundeskanzler und Außenminister bis 1921. Aufnahme i. d. Völkerbund

Durch Volksabstimmung bleibt Kärnten bei Österreich

Gründung der „2½. Internationale" unter Führung der österr. Sozialdemokratie (vereinigt sich 1923 in Hamburg mit der 2. Internationale)

Otto Bauer: „Bolschewismus und Sozialdemokratie" (theoret. Grundlage der österr. Sozialdemokratie, „Austromarxismus")

Malta erhält neue Verfassung mit örtl. Selbstverwaltung

Alexandre Millerand (* 1859, † 1943) Präsident von Frankreich bis 1924

Parteitag der frz. Sozialisten bringt die Abspaltung der Kommunisten

Giuseppe Motta (* 1871, † 1940) kathol.-konservativer Leiter des Schweiz. Polit. Departements (Auswärtiges) (Bundespräsident: 1915, 1920, 1927, 1932, 1937)

Schweiz tritt in den Völkerbund ein

F. Kafka: „Ein Landarzt" (österr. Roman)

Ernst Jünger (* 1895): „In Stahlgewittern" (Kriegsroman)

G. Kaiser: „Gas" (soziales Drama, 2 Teile seit 1918)

Lewis: „Die Hauptstraße" (nordamerikan. Roman)

Hugh Lofting: „Dr. Dolittle und seine Tiere" (engl. Zyklus von Kindergeschichten in mehreren Bänden)

Emil Ludwig: „Goethe, Geschichte eines Menschen" (Biographie) „Genie u. Charakter"

Nachlaß von *Stephane Mallarmé* (* 1842, † 1898) beginnt zu erscheinen; aus der frz. literarischen Symbolistenschule mit einem „L'art pour l'art"-Standpunkt

Th. Mann: „Herr und Hund" (Novelle)

Katharine Mansfield (eig. *Cathleen Beauchamp,* * 1889, † 1923): „Bliss" (engl. Erzählungen)

Eugene Gladstone O'Neill (* 1888, † 1953): „Hinter dem Horizont" (nordamerikan. Drama)

Pirandello: „Sechs Personen suchen einen Autor" (ital. Schauspiel)

C. Sandburg: „Rauch u. Stahl" (nordamerikan. Gedichte)

A. Schaeffer: „Helianth" (Roman, 3 Bände) und „Der göttliche Dulder" (Odysseus-Epos)

Schmidtbonn: „Der Geschlagene" (Schauspiel)

Sinclair: „100%. Die Geschichte eines Patrioten" und „Der Sünde Lohn" (nordamerikan. sozialist. Romane)

Natorp: „Sozialidealismus" (Gesellschaftsphilosophie)

Eugenio Pacelli Nuntius in Berlin bis 1929

Rudolf Penzig (* 1855, †): „Erziehungsbriefe an eine Sozialistin" (schrieb 1897 „Ernste Antworten auf Kinderfragen")

O. Pfister: „Der Kampf um die Psychoanalyse"

„Essays über kritischen Realismus" (nordamerikan. Sammelwerk von *Santayana, Drake* u. a.)

Söderblom: „Einführung in die Religionsgeschichte" (schwed., evang.)

Sombart: „Der moderne Kapitalismus" (2 Bände, kritisch)

Spengler: „Preußentum und Sozialismus"

W. Stern: „Methodensammlung zur Intelligenzprüfung"

K. Vorländer: „Kant, Fichte, Hegel und der Sozialismus"

† *Max Weber,* dt. Soziologe (* 1864)

H. G. Wells: „Die Grundlinien der Weltgeschichte" (engl., kosmopolit. Standpunkt)

W. Wundt: „Völkerpsychologie" (10 Bände seit 1900, z. T. 2. Aufl.)

† *Wilhelm Wundt,* dt. Psychologe; Begründer der experimentellen Psychologie (* 1832)

Leopold Ziegler (* 1881): „Gestaltwandel der Götter" (Religionsphilosophie, 2 Bände)

Frankreich nimmt diplomatische Beziehungen zum Heiligen Stuhl wieder auf (wurden 1904 abgebrochen)

Reichsschulkonferenz

Slevogt: „Die Prinzessin auf den Inseln Wak-Wak" (Lithographien)
Stanley Spencer (* 1892): „Christus trägt das Kreuz", „Abendmahl" (engl. Gemälde)
Walter Tiemann Direktor der Akademie für graphische Künste und Buchgewerbe in Leipzig
Georges Valmier (* 1885, † 1937): „Scherzo" (frz. abstraktes Gemälde)
† *Anders Zorn,* schwed. impression. Maler (* 1860)
Daniel-Henry Kahnweiler (*1884   ): „Der Weg zum Kubismus" (v. sein. frz. Förderer. Vgl. 1907)
~ „Neue Sachlichkeit" in der Malerei

Amundsen dreht auf der „Maud" ersten Expeditionsfilm
„Kabinett des Dr. Caligari" (express. Film mit *Lil Dagover, Conradt Veidt, W. Krauß;* Regie: *Robert Wiene,* * 1881, † 1938)
„Der Golem" (Film mit *P. Wegener*)
„Kohlhiesl's Töchter" (Film v. *E. Lubitsch* mit *H. Porten* in einer Doppelrolle)
„Das Grabmal des Hindu" (Film v. *J. May*); „Januskopf" (Film von *F. W. Murnau,* * 1889, † 1931, mit *C. Veidt*)
„Polyanna" (nordamerik. Film v. *Paul Powell* mit *M. Pickford*)
„Die Mutter" (russ. Film nach *Gorki* v. *Razoumny*)

Jazz kommt nach Deutschland (verbindet sich mehr und mehr mit der Tanzmusik)

~ Im Gegensatz zum Expressionismus entst. d. „Neue Sachlichkeit" als objektbetonte Malerei von *A. Kanoldt* („klassisch") bis *Grosz* u. *Dix* (sozialkrit. Veristen)

Siegfried Passarge (* 1867): „Die Grundlagen der Landschaftskunde" (3 Bände seit 1919)
† *Robert E. Peary,* nordamerikan. Nordpolarforscher (* 1856)
M. Planck: „Die Entstehung und bisherige Entwicklung der Quantentheorie"
F. Sauerbruch: „Die Chirurgie der Brustorgane"
G. Schlesinger: „Psychotechnik und Betriebswissenschaft"
Notgemeinschaft der dt. Wissenschaft von *Friedrich Schmidt-Ott* (* 1860, † 1956) gegründet
Weltrekord im Höhenflug von *Schröder* mit 10093 m
J. von Üxküll: „Theoretische Biologie"
O. H. Warburg: „Theorie der Kohlensäureassimilation"
Keimdrüsenüberpflanzungen an Säugetieren zur Verjüngung
Reizkörperbehandlung (Eiweiß-Spritzen zur Erhöhung der Widerstandskraft des Organismus)
Chemisch-technische Reichsanstalt
Lehrstuhl für Naturheilkunde in Berlin
„Zeitschrift für Physik"
„Zeitschrift für technische Physik"
„Berichte über die gesamte Physiologie und experimentelle Pharmakologie" (Kurzberichte über die erscheinenden wissenschaftl. Arbeiten)
Schwerkraftdavits sichern selbsttätiges Aussetzen von Rettungsbooten

William Tatum Tilden (* 1893, † 1953) „Big Till" siegt erstmals in Wimbledon, gelangt an die Spitze der Tennis-Weltrangliste (wird 1930 Berufsspieler)
„1. F. C. Nürnberg" erstmals dt. Fußballmeister (wieder 1921, 1924, 1925, 1927, 1936, 1948)
Bergwacht zum Schutz gegen Gefahren des Alpinismus
Erdbeben in China (Kansu) fordert 200 000 Opfer
11,9 Mill. Tiere in Deutschland an Maul- und Klauenseuche erkrankt, davon 6 Mill. Rinder (Schaden etwa 100 RM pro Rind)

(1920)

Hjalmar Branting (Sozialdemokrat) schwed. Ministerpräsident (wieder 1922, 1924 bis 1925 [†, * 1860])

Spitzbergen wird Norwegen zugesprochen; wirtschaftlich allen Staaten geöffnet

Ital. Kabinett mit *Giolitti* und *Croce* mit politisch- und sozialfortschrittlichem Programm

Unruhen in Italien wegen Teuerung und Arbeitslosigkeit (1921 Wahlerfolge der Faschisten)

Nikolaus von Horthy Reichsverweser von Ungarn bis 1944; Friedensvertrag von Trianon verkleinert Ungarn auf ein Drittel

Rumänien erhält Buchenland, Siebenbürgen, östl. Banat, Bessarabien (letzteres 1940 wieder an die Sowjetunion)

Rumänische Regierung *Averescu* bis 1921; beschließt Bodenreform

Bosnien und Dalmatien kommen an Jugoslawien

Wahlniederlage für *Venizelos* in Griechenland; König *Konstantin* zurückgerufen (herrscht bis 1922)

Polen gewinnt im Handstreich Wilna von Litauen

Pilsudski schlägt die russ.-bolschewist. Truppen vor den Toren Warschaus („Das Wunder an der Weichsel")

† *Aleksandre Koltschak*, weißruss. Admiral, nach Vorstößen aus Sibirien über den Ural von den Bolschewisten besiegt und erschossen (* 1874)

Bolschewisten besiegen den weißruss. General *Denikin* in Kaukasien sowie ausländ. Intervention

Lenin entwickelt Elektrifizierungsplan für die Sowjetunion und schreibt: „Der Radikalismus, die Kinderkrankheit im Kommunismus" (politische Schrift gegen „linke" Fraktionsbildung)

Friedensvertrag von Sèvres (1923 revidiert) beschränkt Türkei auf Anatolien; Smyrna kommt an Griechenland

Palästina erhält Verfassung als brit. Mandat

Frauenwahlrecht in den USA

Kanadische Gesandtschaft in Washington errichtet

† *Venustiano Carranza* (ermordet), Präsident von Mexiko seit 1914 (* 1859). *Obregon* Präsident von Mexiko bis 1924; schließt Erdölabkommen mit den USA; Ende des Bürgerkrieges (seit 1911)

Präsident *Estrada Cabrera* von Guatemala (seit 1898) vom Kongreß wegen Willkürherrschaft abgesetzt

„Kommunist. Manifest" als 1. marxist. Schrift ins Chinesische übersetzt

Nach vergeblichem Versuch, Tibet zu erobern, schließt China mit ihm Frieden

Allindischer Kongreß gibt sich neue Verfassung und nimmt ein Programm *Gandhis* an

Mahatma Gandhi beginnt seinen gewaltlosen Kampf um ein unabhängiges Indien

Fr. Thieß: „Der Tod von Falern" (Roman eines „expressiven Realismus") *Tucholsky:* „Träumereien an preußischen Kaminen" (antinationalist. Satiren) *Fr. von Unruh* und *R. Goering* erhalten *Schiller*preis *Valéry:* „Oden" (frz. Lyrik) *Werfel:* „Spiegelmensch, eine magische Trilogie" (symbol. Bühnenstück) *E. Wharton:* „Amerikanische Romanze" („The age of innocence", nordamerikan. Roman) *Wildgans:* „Kain" (Schauspiel) *St. Zweig:* „Romain Rolland" (Würdigung) *Jürgen Fehling* (* 1885, † 1968) inszen. „Komödie der Irrungen" a. d. Volksbühne Berlin (gilt als sein Durchbruch als Regisseur) Weimarer *Goethe*-Ausgabe der Großherzogin *Sophie* (143 Bände seit 1887) *Wsewolod E. Meyerhold* (* 1874, † 1940 in NKDW-Haft), russ. Regisseur, eröffnet eigenes Theater in Moskau Theaterwissenschaft an dt. Universitäten Verband der dt. Volksbühnenvereine (aus „Freie Volksbühne" von 1890) ~ Höhepunkt des expressionistischen Theaters in Deutschland *Hermann Paul* (* 1846, † 1921): „Deutsche Grammatik" (5 Bände seit 1916)	Reichsgrundschulgesetz mit 4jähriger Grundschule (wird bald auf 3 Jahre herabgesetzt) Arbeitsfreier Nachmittag für Schul-Spielturnen in Preußen Verband dt. Hochschulen (45 Hochschulen), erster Hochschultag in Halle *Ernst Jaeckh* grdt. Hochschule f. Politik in Berlin (*Theod. Heuss* Dozent b. 1933) Universität Honolulu Universität Rio de Janeiro (Brasilien) Evang. Studentenseelsorge (Studentenpfarrer ab 1926) Dt. evang. Volksbildungsausschuß Zentralverband der Inneren Mission (evangelische Sozialhilfe) Reichsverband der dt. *Windhorst*bünde (Vereinigung der Bünde zur Erziehung junger Zentrumsanhänger, seit 1895) Katholischer Winfridbund (zur Rückgewinnung derer, die sich von der Kirche trennten) Zentralverband katholischer Kinderhorte und Kleinkinderanstalten Deutschlands Höhepunkt der dt. Kirchenaustrittsbewegung: 305 245 (1913: 22 000) Kirchenaustrittsbeweg. durch dt. Gesetz geregelt  *O. Starke* u. *A. Flechtheim* gr. Zeitschrift „Querschnitt"	„CesareBorgia"(ital. Film von *Guazzoni*) Der frz. u. ital. Film verliert die Vorherrschaft zugunsten des nordamerikanischen Dt. Lichtspielgesetz mit Filmzensur	

1921

Friedens*nobel*preis an *H. Branting* (Schwed.) und *Christian Louis Lange* (Norweg., * 1869)

Joseph Wirth (Zentr., * 1879) dt. Reichskanzler bis 1922; seine „Erfüllungspolitik" gegenüber dem Versailler Vertrag stößt auf den Widerstand nationalist. Kreise

Reichstag nimmt Londoner Reparationsultimatum an

Auf Grund des Londoner Ultimatums finden Prozesse wegen Kriegsverbrechen vor dem Reichsgericht in Leipzig statt: keine erheblichen Strafen

Sozialist.-kommunist. Märzkämpfe im Mansfelder Revier; werden militär. niedergeschlagen

† *Mathias Erzberger* (ermordet), dt. Reichsfinanzminister seit 1919 (Zentr.), trat nach einem Prozeß gegen *Helfferich* 1920 zurück; setzte sich im Krieg für seine friedliche Beendigung ein (* 1875)

Ermordung von *Gareis* (bayr. Unabhäng.)

Kämpfe zwischen dt. Freikorps und Polen in Oberschlesien

Abstimmung in Oberschlesien und Teilung zwischen Polen u. Deutschland

Demokrat. Verfassung für Hamburg

Der Kölner Oberbürgermeister *Konrad Adenauer* (Zentr., * 1876) wird Präsident des Preuß. Staatsrates

Dt. Friedenskartell (pazifist. Organisation)

„Kommunistische Arbeitsgemeinschaft" unter *Paul Levi* (1922 zur USPD und SPD)

Wirtschaftspartei des dt. Mittelstandes (1928: 23 Reichstagssitze)

Erstes Auftreten der nationalsozialist. Sturmabteilung (SA) zur Terrorisierung politischer Gegner

Schober (parteilos) österr. Bundeskanzler bis 1922 (wieder von 1929 bis 1930)

Nach zwei vergebl. Rückkehrversuchen *Karls IV.* von Ungarn werden *Habsburger* entthront bei grundsätzl. Aufrechterhaltung der

Literatur-*Nobel*preis an *A. France* (Frankr.)

Johan Bojer (*1872, † 1959): „Die Lofotfischer" (norweg. Roman)

J. Bosshart: „Ein Rufer in der Wüste" (Schweiz. Zeitroman)

Deledda: „Das Geheimnis" (ital. Roman)

Bernhard Diebold (*1886, † 1945): „Anarchie im Drama" (Theaterkritik)

John Rodrigo Dos Passos (*1896, † 1970): „Drei Soldaten"

Bruno Frank: „Das Weib auf dem Tiere" (Drama)

Frenssen: „Der Pastor von Poggsee" (Roman)

St. George: „Drei Gesänge" (An die Toten, Der Dichter in Zeiten der Wirren, Einem jungen Führer i. Weltkrieg)

Gide: „Uns nährt die Erde" (frz. Roman)

C. Goetz: „Ingeborg" (Komödie)

Gorki emigriert bis 1930 aus der Sowjetunion

Paul Gurk (* 1880, † 1953): „Thomas Münzer"(Drama, Kleistpreis)

Jaroslav Hašek (* 1882, † 1923): „Die Abenteuer des braven Soldaten Schwejk während des Weltkrieges" (tschech. antimilitarist. Roman)

† *Carl Hauptmann*, Bruder von *G. Hauptmann*, dt. Dichter (* 1858)

G. Hauptmann: „Anna" (epische Idylle)

Franz Herwig (* 1880, † 1931): „Sankt Sebastian vom Wedding" (kathol. Großstadtroman)

Andreas Heusler (*1865, † 1940): „Nibelungensage und Nibelungenlied" (maßgebend für Nibelungenforschung)

Max Brod: „Heidentum, Christentum, Judentum" (Bekenntnisbuch)

Charlotte Bühler (Gattin von *Karl Bühler*): „Das Seelenleben der Jugendlichen"

H. Dingler: „Physik und Hypothese" (konventionalist. „Anti-Empirismus", Gegner des Relativitäts-Prinzips)

Carl August Emge (* 1884, † 1934): „Ideen zur Begründung der Rechtsphilosophie nach logisch entfaltender Methode" (logiszist. Rechtsphilosophie)

K. Girgensohn: „Der seelische Aufbau des religiösen Erlebens" (Religionspsychologie)

Nic. Hartmann: „Grundzüge einer Metaphysik der Erkenntnis" (ontologisch)

von Hartungen: „Psychologie der Reklame"

Karl Holl (*1866, † 1926) begr. m. s. theolog. Aufsätzen *Luther*-Renaissance (Buchausg. 1923)

Ricarda Huch: „Entpersönlichung" (Kulturphilosophie)

C. G. Jung: „Psychologische Typen" (Schweiz. Psychoanalyse mit den Typen des Intro- u. Extravertierten und dem Begriff des allgem.-gemeinsam. Unbewußten)

K. Kautsky: „Vorläufer d. Sozialismus" (4 Bände seit 1909)

Ernst Kretschmer (*1888, † 1964): „Körperbau u. Charakter" (Beziehungen zw. Körpergestalt und Verhalten: leptosomer, pyknischer und athletischer Typ)

Braque: „Stilleben mit Guitarre" (frz. express. Gemälde)

Carlo D. Carrà: „Pinie am Meer" (Malerei d. ital. sachlichen „Verismus")

I. J. Cobden-Sanderson (*1840, †1922): „Das ideale Buch" (vom engl. Begründer der modern. Buchbinderkunst, dt. Ausgabe)

Corinth: „Herbstastern" (impression. Gemälde)

† *Franz Defregger,* dt. Maler; 1878 bis 1910 Akademie-Professor in München (* 1835)

† *August Gaul,* dt. Bildhauer, bes. von Tierplastiken (*1869)

Kurt Hielscher (* 1881): „Das unbekannte Spanien" (künstler. Photos)

A. v. Hildebrand: Vater-Rhein-Brunnen in Köln

† *Adolf von Hildebrand,* dt. Bildhauer (* 1847)

Kokoschka: „Die Musik", „Dresdner Neustadt" (express. Gemälde) und „Die Bachkantate" (express. Lithographie)

Kollwitz: „Gefallen" (Lithographie)

Herb. Kühn (* 1895): „Die Malerei d. Eiszeit" (eine der frühesten Würdigung.)

Otto Kümmel (*1874, †1952): „Die Kunst Ostasiens"

Masereel: „Passion eines Menschen" u. „Die Sonne" (fläm. Holzschnittfolgen)

Ed. Munch: „Der Kuß" und „Die Wogen" (norweg. express. Gemälde)

Benatzky: „Apachen" (Operette)

† *Enrico Caruso,* ital. Operntenor; wirkte seit 1891 in 1665 Opernvorstellungen mit (* 1873)

Paul Hindemith (* 1895): „Mörder, Hoffnung der Frauen" (Text von *Oskar Kokoschka*) und „Das Nusch-Nuschi" (Einakter-Opern des Konzertmeisters der Oper Frankf./M.)

Honegger: „König David" (schweizer.-frz. Psalm als Schauspielmusik)

† *Engelbert Humperdinck,* dt. Komponist (* 1854)

Kálmán: „Die Bajadere" (Operette)

Künneke: „Der Vetter aus Dingsda" (Operette)

Mascagni: „Der kleine Marat" (italienische Oper)

Pfitzner: „Von deutscher Seele" (Chorwerk)

Sergej Prokowjew: „Die Liebe zu den drei Orangen" (russ. Märchenoper)

† *Camille Saint-Saëns,* frz. Komponist (* 1835)

Arturo Toscanini Direktor und Dirigent (seit 1898) der Scala in Mailand bis 1929 (1907 bis 1954 Dirigent der Metropolitan-Opera, New York)

Mary Wigman: „Die 7 Tänze des Lebens"; grdt. in Dresden ihre Tanzschule

Physik-*Nobel*preis an *Albert Einstein* (Dt.) für Einführung der Lichtquanten u. seine Arbeiten auf dem Gebiete der theoret. Physik

Chemie-*Nobel*preis an *F. Soddy* (Großbrit.) für Erforschung der Radioaktivität

Armstrong: Überlagerungs-Rundfunk-Empfänger („Superhet")

Banting und *Best* gewinnen das Hormon der Bauchspeicheldrüse Insulin als Heilmittel gegen die Zuckerkrankheit

Erwin Baur, Eugen Fischer und *Fritz Lenz:* „Menschliche Erblichkeitslehre und Rassenhygiene" (2 Bände)

Fr. Bergius: Synthetisches Benzin aus Kohle („Kohleverflüssigung")

Brönstedt und *von Hevesy:* Trennung von chemisch gleichen Atomen verschiedenen Gewichts (Isotope) durch Destillation

† *Emile Catrailhac,* Gründer der frz. Vorgeschichtsforschung; Spezialgebiet: Höhlenmalerei (* 1845)

Dacqué: „Vergleichende biologische Formenkunde der fossilen niederen Tiere" (begründet die mehr biologische Forschungsrichtung der fossilen niederen Tiere)

F. Dahl: „Grundlagen einer ökologischen Tiergeographie"

Adolf Engler: „Die Pflanzenwelt Afrikas" (5 Bände seit 1908)

D. Fimmen: „Zeit und Dauer der kretisch-mykenisch. Kultur" (Frühgeschichte)

A. Hull: Magnetron-Elektronenröhre zur Erzeugung ultrakurzer Wellen

C. Kaßner: „Gerichtliche und Verwaltungs-Meteorologie"

M. v. Laue: „Das physikalische Weltbild"

O. Meyerhof: „Neue Versuche zur Thermodynamik der Muskelkontraktion" (Kohlehydrat-Milchsäurezykl., s. 1913 entd.)

Th. H. Morgan: „Die stofflichen Grundlagen der Vererbung" (Zusammenfassung der auf Chromosomenforschung beruhenden Genetik)

Karl Diehl: „Arbeitsintensität und Achtstundentag"

„Sozialwissenschaftliche Arbeitsgemeinschaft" (fast aller Hochschullehrer für Sozialwissenschaft)

„Soziale Berufsarbeit" (Zeitschrift der Arbeitsgemeinschaft der Berufsverbände d. Wohlfahrtspflegerinnen Deutschlands)

„Wirtschaft und Statistik" (Halbmonatsschrift des Statistisch. Reichsamtes)

Deutscher Reichslandbund (konservativer landwirtschaftl. Interessenverband)

Mühlenbauindustrie AG (Miag), Frankfurt/M.

Wintershall AG (Kali- und Erdölkonzern)

Reichskuratorium für Wirtschaftlichkeit in Industrie und Handwerk

Fridtjof Nansen bringt den Hungergebieten Rußlands Hilfe

Kommunist. Gewerkschaftsinternationale i. Moskau

Internationale Arbeiterhilfe in Berlin gegründet (kommunist. Wohltätigkeitsvereinig. anläßlich der Hungersnot in der Sowjetunion)

„Der Deutsche" (Tageszeitung der christlichen Gewerkschaften)

(1921)

monarchist. Staatsform. Graf *Bethlen* ungar. Ministerpräsident bis 1931; betreibt Restaurationspolitik

Freistaat Irland als brit. Dominion (Nordirland bleibt bei Großbritannien)

Lord *Reading* brit. Vizekönig in Indien bis 1926; regiert ohne Minister und Parlament; beruft gelegentlich ind. Fürstenrat (Fürstenregierungen in 563 Staaten)

Frz. Regierung *Briand* bis 1922; stützt sich auf Mehrheit des „Nationalen Blocks"

Belg.-luxemburg. Zollunion für 50 Jahre

Generalstreik in Norwegen

Kämpfe der Rif kabylen unter *Abd el Krim* gegen Frankreich und Spanien (bis 1926)

Frz.-poln. Bündnis und Handelsvertrag

Poln.-rumän. Bündnis

Polen gibt sich demokrat. Verfassung; erhält weißruss. und ukrainische Gebiete im Frieden von Riga mit der Sowjetunion

E. Benesch tschechoslow. Ministerpräsident bis 1922

„Kleine Entente" zwischen Tschechoslowakei, Jugoslawien (1920) und Rumänien

Alexander I. König von Jugoslawien bis 1934 (†, ermordet). Opposition der Bosnier (Mohammedaner), Montenegriner und Kroaten gegen serbisch-zentralist. Verfassung

Völkerbund spricht Finnland die Aalands-Inseln zu (dürfen nicht befestigt werden)

Unruhen gegen Sowjetregierung (u. a. Matrosenaufstand in Kronstadt)

X. Parteitag der russ. Kommunisten beschließt strenge ideologische „Einheit der Partei"

„Neue ökonomische Politik"(NEP) in Rußland mit Zulassung privatwirtschaftl. Betriebe

Nach Besiegung des weißruss. Generals *Wrangel* wird die Krim Sowjetrepublik

Hofmannsthal: „Der Schwierige" (Lustspiel)

N. Jacques: „Dr. Mabuse" (Roman)

Joh. V. Jensen: „Die lange Reise" (dän. Romanreihe seit 1909, schildert Entwicklungsgeschichte der „gotischen Rasse" seit der Eiszeit)

Klabund: „Das Blumenschiff" (Nachdichtung chin. Lyrik)

D. H. Lawrence: „Liebende Frauen" (engl. Roman)

Felix von Luckner (* 1881, † 1966): „Seeteufel, Abenteuer aus meinem Leben"

O'Neill: „Kaiser Jones" (nordamerikan. Bühnenstück)

Thass. v. Scheffer (* 1873, † 1951): „Die Schönheit Homers"

Carl Ludwig Schleich: „Besonnte Vergangenheit" (Autobiographie)

Shaw: „Zurück zu Methusalem" (engl. Schauspiel über den Entwicklungsgedanken)

Frank Thieß (* 1890): „Der Tod von Falern" (Roman)

† *Ludwig Thoma*, dt. Dichter u. Satiriker (* 1867)

Valéry: „Album alter Gedichte 1890 bis 1900" (frz. Lyrik)

† *Iwan Mintschow Wasow*, bulgar. Dichter (* 1850)

Jakob Wassermann: „Mein Weg als Deutscher und Jude" (Autobiographie)

Josef Winckler (* 1881, † 1966): „Der tolle Bomberg" (Schelmenroman)

„Der Querschnitt" (liter. Zeitschr. v. *A. Flechtheim* u. *O. Starke* gegrdt.)

J. Kretzschmar: „Das Ende der Philosophischen Pädagogik" (für Pädagogik als Realwissenschaft)

27. Auflage der „Massenpsychologie" von G. *LeBon* von 1895

John McTaggart (* 1866, † 1925): „Das Wesen der Existenz" (engl. Neuidealismus)

M. Maeterlinck: „Das große Rätsel" (belg. Philosophie)

Alex. Pfänder (* 1870): „Logik" (Übertragung der *Husserl*schen Phänomenologie)

Eugène N. Marais (* 1872, † 1936) veröffentlicht Artikel über das Leben der Termiten (in der Burensprache Afrikaans; vgl. 1937)

Herm. Rorschach (* 1884, † 1922): „Psychodiagnostik" (Schweiz. Test der Formdeutung von Klecksographien zur psychologischen Analyse der Persönlichkeit, 2 Bände)

E. Rubin: „Visuell wahrgenommene Figuren" (Gestaltpsych.)

B. Russell: „Analyse des Denkens" (engl. Rationalismus)

Scheler: „Vom Ewigen im Menschen" (kathol. phänomenol. Religionsphilosophie) und „Religiöse Erneuerung"

Hermann Schneider (* 1874): „Metaphysik als exakte Wissenschaft" (Metaphysik als Lehre von der sich entwickelnden Bearbeitung der Erfahrung, 3 Bde. seit 1919)

Hermann Schwarz (* 1864): „Das Ungegebene" (mystische Religionsphilosophie)

Schweitzer: „Zwischen Wasser und Urwald"

Picasso: „Karneval" (span.-frz. abstrakt. Gemälde)

Oskar Schlemmer (* 1888, † 1943): „Triadisches Ballett" (kubist. Gem.)

† *Fried. von Thiersch*, deutscher Baumeister (* 1852)

Staatl. Bildstelle für Bau- und Kunstdenkmäler (aus der 1885 gegründeten Meßbildanstalt)

Urban Gad: „Der Film — seine Mittel — seine Ziele" (Stummfilm-Dramaturgie)

„Der müde Tod" (Film m. *L. Dagover;* Regie: *F. Lang;* stark architekton. betont)

„Die Abenteurerin von Monte Carlo" (Film, zu dem 11 000 km Filmreisen notwendig waren)

„The Kid" (nordamerik. Film von u. mit *Ch. Chaplin* zusammen mit *Jackie Coogan*); „Traumstraße" (nordam. Film von *D. W. Griffith*)

„Anna Boleyn" (Film v. *E. Lubitsch*)

„Hunger! Hunger! Hunger!" (russ. Film)

R. Vaughan Williams: „Pastoral Symphony" (engl. Tondichtung unter starker Beeinflussung durch die Volksmusik)

Prätorius-Orgel in Freiburg/Br. und Wiederentdeckung der *Schnitger*-Orgel zu St. Jakobi in Hamburg fördern die Renaissance der Barock-Orgel

Erster Musiktag in Donaueschingen (zur Diskussion moderner Musik)

Ritchey: 2,58-m-Spiegel-Teleskop der Mt.-Wilson-Sternwarte (Brennweite 12,9 m, sichert der amerikan. Astronomie noch stärker ihre Vormachtstellung)

Rumpler: Tropfen-Auto in Stromlinienform

Mey Nad Saha: Physikalische Erklärung der Sternspektren (entscheidender Schritt zur Verschmelzung der Physik und Astronomie zur Astrophysik)

Hermann Stegemann (* 1870): „Geschichte des Krieges 1914—1918" (4 Bände seit 1918)

† *Nikolai Jegorowitsch Shukowskij*, russ. Begründer der Tragflächen-Wirbeltheorie (* 1847)

C. Wirtz entd. erste Anzeichen f. Spiralnebelflucht

Dt. Gesellschaft für Vererbungsforschung

„Zeitschrift für angewandte Mathematik und Mechanik"

Herstellung zellwollähnlicher Faser in Deutschland

Frz. Flugzeug mit 300-PS-Motor steigt 6000 m in 14 Min. (im 1. Weltkriege mit 160 PS 5000 m in 29 Min.)

Mißlungener brit. Versuch den Mt. Everest (8882 m) zu ersteigen (weitere erfolglose Versuche zunächst 1922 und 1924; Besteigung gelingt d. Neuseeländ. Imker *Hillary* u. d. Sherpa *Tensing* aus Nepal 1953)

Eröffnung der Avus-Autostraße Berlin—Wannsee

Mit dem Unterhaltungsrundfunk i. USA (vgl. V) beg. eine neue Ära der Kommunikation (1. dt. Sender 1923 in Berlin)

Venezuela beginnt Aufstieg als bedeutendes erdölförderndes Land m. Förderung von 220000 t (1929: 20,4 Mill. t, 1939: 30 Mill. t, 1948: 69,7 Mill. t, nach USA stärkste Förderung)

Unterhaltungsrundfunk in den USA (erster Sender Pittsburg)

Funkwirtschaftsdienst in Deutschland

39216 Ehescheidungen in Deutschland (1913: 17835)

M. O. Bircher-Benner (*1867, †1939): „Grundlagen unserer Ernährung" (tritt für Rohkost ein)

Bubikopf kommt auf

José Raoul Capablanca (Kuba) erringt von *Emanuel Lasker* (Deutschland) Schachweltmeistertitel (seit 1894 bei *Lasker*)

Russ. Versuch, das Schachspiel dreidimensional zu erweitern: „Raumschach"

Sehr gutes Weinjahr

(1921)

Bolschewisten schlagen zaristische Truppen in der Äußeren Mongolei und setzen Regierung ein

Span. Ministerpräsident *Dato e Jradier* in Madrid ermordet (* 1856); unterdrückte 1920 autonomist. Aufstand in Barcelona

Türk. Nationalversammlung unter *Kemal Pascha (Atatürk)* verkündet vorläufige Verfassung. Griechen werden bis 1922 aus Türk.-Westkleinasien vertrieben

Türkei anerkennt Sowjetunion

Frz. Truppen unterdrücken Unruhen in Syrien

Irak wird Königreich (1920 von Türkei abgetrennt; 1924 Verfassung); *Faisal* (* 1883, † 1933) wird König (unter engl. Einfluß, 1920 von den Franzosen als König von Syrien verdrängt); sein Bruder *Abdullah Ibn el Hussein* Emir von Transjordanien (ab 1949 König bis 1951 [†, ermordet, * 1882])

„Jungperser" bekämpfen mit sowjetruss. Hilfe brit. Einfluß in Persien

Pers. Kosakenoffizier *Risa Khan* (* 1878) erobert Teheran und übernimmt Regierung (wird 1925 Schah)

Harding (Republikan.) Präsident der USA bis 1923

Abrüstungskonferenz in Washington (bis 1922)

USA lehnen den Versailler Friedensvertrag ab und schließen mit Deutschland Sonderfrieden

Edward House (* 1858, † 1939): „Was wirklich in Paris geschah" (USA-Bericht von den Friedensverhandlungen)

Liberale Regierung in Kanada

Ablehnung des Frauenstimmrechts in Japan

Arbeiterunruhen in Japan infolge sinkenden Lebensstandards

Japan. Kronprinz und Regent *Hirohito* macht eine Weltreise nach Europa

Sun Yat-sen Präsident der „Regierung der Republik des Südens" in Kanton (unterliegt gegen General *Wu P'eifu*, der in Nordchina von Angloamerikanern unterstützt wird)

Grdg. d. Kommunistischen Partei Chinas

M. *Reinhardt* überträgt seine „Sommernachtstraum"-Inszenierung von 1905 i. d. Gr. Schauspielhaus Berlin

„BayrischeLandesbühne GmbH" (zur Pflege des Provinztheaters; 1922 „Preußische Landesbühne GmbH")

„Gesamtkatalog der Preuß. Bibliotheken" (2 Mill. Zettel seit 1903)

Rund 31000 selbständige Druckschriften (Bücher usw.) erscheinen in Deutschland; dazu rund 5050 Zeitschriften; über 13000 Buchhandlungen in Deutschland (USA etwa 8600, England etwa 11000, Japan etwa 13000 Bücher jährlich)

Anna Siemsen (* 1882, † 1951): „Erziehung im Gemeinschaftsgeist" (schulreformerisch)

E. Stern-Rubarth: „Die Propaganda als politisches Instrument"

Paul Tillich (* 1886, † 1965): „Ideen zu einer Theologie der Kultur"

Tischner: „Über Telepathie und Hellsehen" (Experimente zum Gedankenlesen)

Max Weber: „Gesammelte Aufsätze zur Religionssoziologie" (3 Bde. seit 1920; posthum)

Werner Weisbach: „Barock als Kunst d. Gegenreformation" (kennz. f. d. vom Expressionismus beeinfl. Blüte der Barockforschung)

Leopold v. Wiese (*1876): „Soziologie des Volksbildungswesens"

Joseph Weißenberg(*1855, † 1941) wirkt in Berlin als „Heilapostel", versucht in seiner Sekte Krankheiten durch Auflegen von weißem Käse zu heilen

„Akademie der Arbeit" in Frankfurt/M. (vermittelt in Zusammenarbeit mit der Univ. Volksbildung in der Sozialwissenschaft)

Internationaler Arbeitskreis für Erneuerung der Erziehung, Calais

National-Institut für industrielle Psychologie, London

Washingtoner Abkommen untersagt völkerrechtlich die Verwendung von Giftgas im Krieg

„Die Drei" (anthroposophische Monatsschrift)

Nordische Gesellschaft in Deutschland; pflegt kulturelle Verbindung mit Skandinavien

„Dt. Freidenkerbund" (gegr. 1881) und „Bund freireligiöser Gemeinden" (gegr. 1859) vereinigen sich z. „Volksbund f. Geistesfreiheit" (Mitglied der „Arbeitsgemeinschaft der freigeistigen Verbände der Dt. Republik)"

Heilsarmee (gegr. 1865) in 73 Ländern mit etwa 130000 Mitgliedern und Helfern; 83 Zeitschriften mit rd. 1,5 Mill. Aufl.; 1286 Sozialanstalten

Nur etwa 10% Nicht-Analphabeten in Indien; Religionen: 217 Mill. Hindu; 69 Mill. Mohammedaner, 12 Mill. Buddhisten; 5 Mill. Christen; 10 Mill. Heiden; 3 Mill. Sikh, 1 Mill. Dschaina; 0,1 Mill. Parsen

Schule im dt. Jugendstrafvollzug

1922	Friedens*nobel*pr. a. *F. Nansen*(Norw.) *Nansen*-Paß für staatenl. Flüchtlinge Deutschland anerkennt USSR Weltwirtschaftskonferenz in Genua, führt z. dt.-russ. Vertrag v. Rapallo zwischen *Wirth, Rathenau* u. *Krassin* † *Walther Rathenau* (von Nationalisten ermordet), dt. Reichsaußenminister seit 1922 (* 1867) 376 Polit. Morde in Dt. seit 1919 Republikschutzgesetz in Deutschland. Reichskonflikt mit Bayern *Wilhelm Cuno* (* 1876, † 1933) dt. Reichskanzler bis 1923; stützt sich auf bürgerliche Wirtschaftskreise Reichstag verlängert Amtszeit des Reichspräsidenten *Ebert* bis 1925 „Deutschlandlied" Nationalhymne durch Verordnung d. Reichspräs. Reichsbank von der Regierung unabhängig *Walter Simons* (* 1861, † 1937) Präsid. d. Reichsgerichts bis 1929 Vereinigung von USPD mit SPD Prälat *Ignaz Seipel* (christl.-sozial, * 1876, † 1932) österr. Bundeskanzler bis 1924 (wieder 1926 bis 1929); fördert Heimwehrbewegung Internat. Kredit an Österreich unter Verzicht auf Anschluß an Deutschl., Völkerbundskontrolle (bis 1926) *Friedrich Adler* ruft eine Konferenz der drei Internationalen (Sozialist., Kommun., Unabhäng. Sozial.) nach Berlin ein. Ohne Erfolg Aufhebung d. brit. Schutzherrschaft über Ägypten (jedoch militär. Vorrechte am Suezkanal; Konflikt 1951) *Fuad I.* König von Ägypten (seit 1917 Sultan unter brit. Schutzherrschaft) bis 1936 (†, *1868) Brit. Wahlen: Konservative: 347, Labour: 147, Liberale: 120 *Herbert Samuel* brit. Hoher Kommissar in Palästina Gesondertes brit. Mandat üb. Transjordanien unter Emir *Abdullah* Irische Nationalisten (Sinn Fein) trennen sich in radikale Partei unter *Eamonn de Valera* und gemäßigte unter *Cumann nan Gaedheal*. Verfassg. für Irischen Freistaat; Nordirland (Ulster) bleibt bei Großbritannien	Literatur-*Nobel*preis an *J. Benavente* (Span.) *Andersen-Nexö*: „Stine Menschenkind" (dän. sozialer Roman, 5 Bände seit 1917) *Ernst Barlach*: „Der Findling" (Schauspiel) *Bert Brecht* (* 1898, † 1956): „Trommeln in der Nacht"(Schauspiel); erhält *Kleist*preis *A. Bronnen*: „Die Exzesse" (Drama) *Carossa*: „Eine Kindheit" (Erzählung) *Willa Cather*: (* 1876, † 1947):„ One of ours" (nordamerikan. Roman) *T. S. Eliot*: „The waste Land" (engl. Lyrik) *Galsworthy*: „Die Forsyte-Saga" (engl. Bürgerroman seit 1906; „Eine moderne Komödie" 1924 bis 1928 als Fortsetzung) *Joh. V. Jensen*: „Zug der Cimbern" (dän. Roman) *G. Hauptmann*: „Phantom" (Roman) *H. Hesse*: „Siddhartha" (ind. beeinfl. Dichtung) *Hofmannsthal*:„Das Salzburger große Welttheater" (Mysterienspiel) *J. Joyce*: „Ulysses"(engl. Roman, oft verboten) *Ernst Jünger*:„Der Kampf als inneres Erlebnis" *Isolde Kurz*: „Die Nächte von Fondi" (Roman) *Lewis*: „Babbitt" (nordamerikan. satir. Roman über den Spießbürger) *Th. Mann*: „Goethe und Tolstoi" (Essay) *Katherine Mansfield*:„Das Gartenfest und andere Erzählungen" (engl. Kurzgeschichten) *André Maurois*: (* 1885): „Die Gespräche des Dr. O'Grady" (frz. Roman)	*Bischoff*: „Die Religion der Freimaurer, ein Weg zum deutschen Aufbau" (Sammelwerk über Freimaurerei) *Rudolf Carnap* (*1891, † 1970): „Der Raum" (erkenntnistheoretisch) *J. Dewey*: „Die menschliche Natur" (nordamerikan. pragmatische Philosophie) *v. Ehrenfels*: „Über Gestaltqualitäten" *A. Görland*:„Religionsphilosophie" *Hans Günther* (* 1891) „Rassenkunde des deutschen Volkes" (nationalsozialistisch) *Gustav Herbig*: „Religion und Kultus der Etrusker" *Herbert Hoover*: „Der amerikanische Individualismus" *G. Kafka*: „Handbuch der vergleichenden Psychologie" (3 Bände) *Hermann von Keyserling*: „Schöpferische Erkenntnis" und „Politik, Wirtschaft, Weisheit" **Übersetzung von** *Kierkegaards* „Gesammelten Werken" ins Deutsche von *Christoph Schrempf* (* 1860, † 1944) (12 Bd. seit 1909; beeinfl. Existentialphilosophie) *L. Klages*: „Vom kosmogonischen Eros" *Ernst Krieck* (* 1882): „Philosophie der Erziehung" Fürst *Peter Alexejewitsch Kropotkin* (* 1842, † 1921): „Worte eines Rebellen", „Anarchistische Moral" (russ. Sozialphilosophie) *O. Külpe*: „Vorlesungen über Psychologie" (bes. experiment. Psycholog.) *v. Pestalozza*:„Der Streit um die Koedukation"

Willi Baumeister (* 1889, † 1955): „Apoll" (abstrakt. Gemälde)
Beckmann: „Vor dem Maskenball" (express. Gemälde)
Erich Buchholz (*1891, † 1972): „Roter Kreis im Goldkreis" (konstruktivist. Gem.)
Chagall geht v. Rußl. n. Paris (1941–47 i. USA)
F. Hodgkins: „Doppelporträt" (engl. Gemälde)
K. Hofer: „Seefahrers Heimkehr" (express. Gemälde)
Klee: „Die Zwitschermaschine"(surrealist. Gem.)
Rudolf Koch: Antiqua (Drucktypen)
O. Kokoschka: „Maler mit Puppe" (Selbstporträt mit lebensechter weibl. Modellpuppe)
John Marin (* 1870): „Sonnenuntergang" (nordam. express. Gemälde)
Le Corbusier (* 1887, † 1965): Idealplan einer „Stadt der Gegenwart"
Mies van der Rohe: Glaswolkenkratzer (Architekturentwurf)
Ed. Munch: 12 Wandgemälde in einer Schokoladenfabrik, Oslo (norweg., seit 1921)
Pechstein: „Das Ruderboot" (Gemälde)
Frederic Poulsen: „Etruskische Grabbilder" (engl. Darstellung dieser sinnenfrohen Kunst)
Hans Prinzhorn (* 1886, † 1933): „Bildnerei der Geisteskranken"

Fritz Busch (*1890, †1951) Dirigent a. d. Staatsoper Dresden bis 1933 (später New York)
Wilhelm Furtwängler übernimmt als Dirigent Gewandhauskonzerte in Leipzig (bis 1928) und Philharmonische Konzerte in Berlin (bis 1945)
Jean Gilbert: „Katja die Tänzerin" (Operette)
Leo Fall: „Madame Pompadour" (Operette)
Graener: „Byzanz" (Oper)
Hindemith: „Sankta Susanna" (Einakter-Oper)
Lehár: „Frasquita" (Operette)
Malipiero: „Impressionen" (ital. symphon. Komposition in 3 Teilen seit 1911)
† *Arthur Nikisch*, dt. Dirigent ungar. Herkunft; leitete seit 1895 Gewandhauskonzerte in Leipzig (* 1855)
† *Filippe Pedrell*, span. Komponist (* 1841)
Ravel: Duosonate für Violine und Cello (frz. Komposition)
Respighi: „Concerto Gregoriano" (ital. Violinkonzert)
Schoeck: „Venus" (Schweiz. Oper nach *Merimée*)
~ *A. Schönberg* entw. Zwölftontechnik

Physik-*Nobel*preis an *N. Bohr* (Dänem.) für quantenphysikalisches Atommodell
Chemie-*Nobel*preis an *F. W. Aston* (Großbrit.) für Isotopenforschung mit Massenspektrographen
Medizin-*Nobel*preis an *A. V. Hill* (Großbrit.) und *O. Meyerhof* (Dt.) für physiologisch-chemische Muskeluntersuchungen
J. Bjerknes: Polarfront-Theorie der atmosphärischen Zirkulation (entscheidende Verbesserung der Wetterkunde)
Ludwig Borchardt: „Gegen die Zahlenmystik an der großen Pyramide bei Gizeh" (Widerlegung der zahlreichen Versuche, den Pyramidenerbauern unerklärliche Kenntnisse zuzuschreiben)
R. W. Boyle untersucht wissenschaftlich Ausbreitung und Eigenschaften des Ultraschalls
Howard Carter findet das Felsengrab des ägypt. Königs *Tut-ench-Amun* mit reichen Kunstschätzen (Ägyptologie wird dadurch populär)
Joe Engl, Joseph Massolle, Hans Vogt: Tonfilmtechnik „Triergon" (entwickelt seit 1919; setzt sich zunächst nicht durch, müssen Patente verkaufen)
Evans und *Burr* entdecken das Antisterilitätsvitamin E (seine Eigenschaften klären sich nur langsam)
H. Hahne: „22 Jahre Siedlungsarchäologie"
Hedin: „Südtibet" (Forschungsbericht, 9 Text- und 3 Atlas-Bände, seit 1917)
Element Hafnium mit Hilfe der *Röntgen*spektroskopie von *G. v. Hevesy* und *D. Coster* entdeckt
Heyrovsky: Elektrochemische Mikroanalyse (Polarographie)
Alfred Kühn (* 1885, † 1968): „Grundriß der allgemeinen Zoologie" (Standardwerk)
† *Charles Laveran*, frz. Arzt; *Nobel*preis 1907 (* 1845)
Julius Menadier (* 1854, † 1939): „Deutsche Münzen" (4 Bände seit 1891; Standardwerk der Münzkunde)

A. Hoffmann: „Die Konzentrationsbewegung in d. deutschen Industrie"
J. M. Keynes: „Revision d. Friedensvertrages" (engl.)
Alfred Möller (* 1860, † 1922): „Der Dauerwaldgedanke" (organ. Forsttheorie)
Salzdetfurth-Konzern (Kali, Steinsalz, Metalle, Braunkohle, Kapital etwa 150 Mill. RM)
*Ernst-Heinkel-*Flugzeugwerke in Warnemünde (*Heinkel* * 1880)
*Rohrbach-*Flugzeugbau, Berlin (entwickelt bes. Flugboote)
Durch Bankenfusion Darmstädter und Nationalbank gegründet (1931 von Dresdner Bank übernommen)
Preuß. Landespfandbriefanstalt (zur Vermittlung nichtlandwirtschaftl. Grundkredite für Wohnungsbau)
Reichsmietengesetz führt gesetzliche Miete ein
Lord Rothermere (*1868, † 1940) erbt von seinem Bruder Lord *Northcliffe* (*1865, †1922) die brit. konservative Tageszeitg. „Daily Mail" (gegründet 1896)
Segelflugrekorde auf der Rhön: *Martens* eine Stunde, *Hentzen* drei Stunden Flugdauer

(1922)

Nach Sturz *Briands* wird *Poincaré* frz. Ministerpräs. u. Außenmin. b. 1924
Syrien frz. Völkerbundsmandat
„Marsch auf Rom", faschist. Staatsstreich in Italien, König ernennt *Mussolini* zum Ministerpräsidenten. Im ital. Parlament stimmen 316 für *Mussolini*, 116 Sozialisten dagegen, 7 Enthaltungen (1924 erhalten Faschisten 65% d. Stimmen)
Schwehla (Republ. Partei) tschechoslow. Ministerpräsident bis 1929 (Koalitions-Regierung der 5 tschechischen Parteien)
Ungarn im Völkerbund
Polen erhält Wilna (bisher Litauen; seit 1920 von Polen besetzt)
„Baltische Entente": Polen, Lettland, Estland, Finnland gegen USSR
Griechenland muß nach verlorenem Krieg gegen die Türkei (seit 1921) Ostthrakien wieder abtreten, und König *Konstantin I.* muß abdanken; *Georg II.* König bis 1924 und 1935 bis 1947 († , * 1890)
Sowjetstaaten bilden Union der Sozialistischen Sowjetrepubliken (USSR), Hauptstadt Moskau. GPU neue sowjetruss. politische Polizei (bisher Tscheka, ab 1934 NKWD). Ganz Sibirien zur USSR (11 Mill. qkm, 1939: 14 Mill. Einwohner).
Washingtoner Abrüstungskonferenz: Abkommen zw. USA, Großbrit., Japan, Frankreich, Italien über Flottenstärke 5 : 5 : 3 : 1,75 : 1,75
Viermächteabkommen USA, Großbritannien, Japan, Frankreich über Garantie d. Besitzstandes im Pazifik
Neunmächteabkommen über „Offene Tür" in China. Japan muß seine Truppen aus China abziehen
Millspaugh (USA) pers. Finanzberat.
Versuch, d. mittelamerikan. Staaten politisch zu vereinigen, scheitert
Alvear argent. Präsident bis 1928
Chitta Ranjan Das (* 1870, † 1925), Anhänger *Gandhis*, gründet Swaradsch-Partei, d. Unabhäng. Indiens auf parlamentar. Wege erstrebt
Gandhi: „Junges Indien" (polit. Aufsätze seit 1919); wird zu 6 Jahren Gefängnis verurteilt (1924 entlassen)

Gabriela Mistral (Lucila Godo y Alcayaga, * 1889): „Desolacion" (chilen. Gedichte)
Molo: „Ein Volk wacht auf" (Romantrilogie seit 1918)
† *Mori Ogai*, japan. Dichter und Faustübersetzer (* 1860)
O'Neill: „Anna Christie" (nordamerikan. Bühnenst.), „Der haarige Affe" (nordamerikan. Proletarierstück)
Pirandello: „Heinrich IV." (ital. Schauspiel)
Fr. Schnack: „Vogel Zeitvorbei" (Gedichte)
W. von Scholz: „Der Wettlauf mit dem Schatten" (Schauspiel)
Streuvels: „Prütske" (kinderpsycholog. Studie)
Sudermann: „Bilderbuch meiner Jugend" (Autobiographie)
Thieß: „Die Verdammten" (Roman)
E. Toller: „Die Maschinenstürmer" (Drama)
Undset: „Kristin Lavranstochter" (norweg. Roman, 3 Bde. seit 1920)
Walpole: „The cathedral" (engl. Roman)
Jakob Wassermann: „Wendekreis" (Roman in 2 Bänden seit 1920)
Maria Waser (* 1878, † 1939): „Wir Narren von gestern" (Schweiz. realist. Roman)
Wiechert: „Der Wald" (Roman)
Virginia Woolf: „Jacobs Zimmer" (engl. Roman)
Heinrich George (* 1893, † 1946) als Charakterspieler in Berlin
Mrs. *Dawson Scott* gründet i. London PEN-Club (erster Präs. *Galsworthy*; intern. Literaturkonfer.)

Pius XI. Papst bis 1939 († , * 1857)
G. Radbruch: „Kulturlehre des Sozialismus"
Friedr. Rittelmeyer (* 1872, † 1938) grdt. „Die Christengemeinschaft" (deutet Christentum kosmisch)
Wilh. Schäfer: „Die dreizehn Bücher der deutschen Seele" (dt. Kulturentwicklung)
Spengler: „Der Untergang des Abendlandes. Umrisse einer Morphologie der Weltgeschichte" (2 Bände seit 1918; biologisierende Kulturgeschichte)
Spranger: „Der gegenwärt. Stand d. Geisteswissensch. u. d. Schule"
Eduard Stemplinger (* 1870): „Der antike Aberglaube in seinen mod. Ausstrahlungen"
Ferd. Tönniës: „Kritik der öffentl. Meinung"
E. Troeltsch: „Der Historismus und seine Probleme"
Vierkandt: „Gesellschaftslehre" (Soziolog.)
Max Weber: „Wissenschaftslehre" und „Wirtschaft und Gesellschaft" (beides posthum)
Ludwig Wittgenstein (* 1889, † 1951): „Tractatus logico-philosophicus" (Logistik der *Russell*-Schule)
Zentralisierung der heimatlichen kathol. Missionsvereine
Internationaler Verband für kulturelle Zusammenarbeit in Wien
Reichsjugendwohlfahrtsgesetz
Pädagogische Akademien zur Volksschullehrerausbild. in Preußen
Werkunterricht ab 5. Schuljahr in dt. Schulen

Slevogt: „Die Prinzessin auf den Inseln Wak-Wak" (Lithographien)
Russische Kunstausstellung i. d. Galerie *van Diemen* (macht russ.-revol. Kunst bekannt)

„Luise Millerin" (Film mit *W. Krauß* nach *Schillers* „Kabale und Liebe"; Regie: *Carl Froelich*)
„Lukrezia Borgia" (Film mit *Liane Haid* und *Albert Bassermann;* Regie: *Richard Oswald*)
„Dr. Mabuse, der Spieler" (Film von *F. Lang*)
„Das Weib des Pharao" (Film von *E. Lubitsch*)
„Omas Junge" (nordamerik. Film mit *Harold Loyd*, *1893, † 1971)
„Nosferatu", „Der brennende Acker" (Filme von *F. W. Murnau,* letzterer mit *Lya de Putti*)
„Zahltag" (nordamerik. Film von u. mit *Ch. Chaplin*); „Nanuk, d. Eskimo" (nordamerikan. Film v. *Robert J. Flaherty*, *1884, †1951); „Der Letzte d. Mohikan." (nordamerikan. Film v. *Maurice Tourneur,* *1878, mit *Wallace Berry*)
„Das glorreiche Abenteuer" (engl. Farbfilm von *Stuart Blackton,* *1875, †1935)
Triergon-Tonfilm (vgl. Spalte W)

Leo Slezak: „Meine sämtlichen Werke" (humorist. Autobiographie, 1927: „Der Wortbruch", 1940: „Rückfall")
Strawinsky: „Mavra" (russ. Buffo-Oper)
R. V. Williams: „Pastorale" (engl. Sinfonie)
Zilcher: „Doktor Eisenbart" (Oper)
„Internat. Gesellschaft für Neue Musik" in Salzburg

Umfass. Ordnung des Berufsschulwesens in Berlin
„Reichselternbund", bekämpft weltliche und Gemeinschafts-Schulen
Ch. Bühler (* 1893, † 1974): „Das Seelenleben d. Jugendalters" (grundleg.)

L. F. Richardson: „Wettervorhersage durch numerischen Prozeß" (engl. Grundleg. einer berechenbaren Prognose)
† *Heinrich Rubens*, dt. Physiker, bes. Ultrarotforscher (* 1865)
Bastian Schmid (*1870, †1944): „Die Sprache d. Tiere" (Tierpsychologie)
Georg Schweinfurth (*1836, † 1925): „Auf unbetretenen Wegen in Ägypten" (Berichte über Reisen seit 1863)
† *Ernest Henry Shakleton,* engl. Polarforscher, infolge Krankheit bei einem Versuch, die Antarktis zu umfahren (* 1874)
Otto Warburg (* 1859, †): „Die Pflanzenwelt" (3 Bände seit 1913)
„Ergebnisse der exakten Naturwissenschaften" (Jahrbuch)
Großherstellung von Methylalkohol (Holzgeist) aus Wassergas (Kohlenoxyd und Wasserstoff) unter 200 Atmosphären Druck mit Katalysator (Reaktionsbeschleuniger)
Berliner Fernsprech-Selbstanschlußamt
Mercedes-*Daimler*-Rennwagen mit Kompressor
Farman-Goliath fliegt 34½ Stunden (Doppeldecker, zwei 260-PS-Motoren, 160 km/Stunden, Eigengewicht und Nutzlast je 2250 kg)
Fokker Hocheindecker (360-PS-Motor; mit 10 Fluggästen 1800 km in 10 Stunden)
Hochdruck-Dampfturbine (für 110 Atmosphären Druck, in Berlin)
Großgasmotor für 4000 kW (2 Zylinder von 1,5 m Durchmesser, Prinzip von *Oechelhäuser* 1893)
Fernheizwerk für 24 Gebäude in Hamburg
Auslandsabteilung des Dt. Normenausschusses
Gesellschaft für Heilpädagogik in München
Vulkan Aniakshak an der Küste Alaskas entdeckt (einer der größten der Erde)

Hannes Schneider (* 1890, † 1955) grdt. Skischule in St. Anton, Arlberg
„Klassischer" Stil in der Frauenmode (glatt fallende Gewänder)
Deutsche Gewerbeschau in München
Ballonreifen
Alfredo Codona gelingt dreifacher Salto von Trapez zu Trapez
„Raffke" als volkstüml. Bezeichnung für die Gestalt des Kriegsgewinnlers und Inflationsschiebers

| |  | |

1923

Ruhrbesetzung durch Frankreich
Große Koalition SPD bis Volkspartei unt. Reichskanzler *Stresemann*
Aufgabe des passiven Widerstandes gegen Ruhrbesetzung
† *Albert Leo Schlageter*, wegen Spionage v. d. frz. Besatzungsmacht standrechtl. erschossen (* 1894)
Versuch e. Separatisten-Regierung i. Rheinld. (scheitert 1924 endgültig)
Konflikt zwischen der Reichsregierung und dem bayr. Generalstaatskommissar *von Kahr*, der sich weigert, das Organ der NSDAP „Völkischer Beobachter" zu verbieten (*v. Kahr* tritt 1924 zurück)
Reichsregierung beseitigt sozialist. Reg. *Zeigner* in Sachsen durch militär. Gewalt. SPD verläßt Reichsreg.
Kommunist. Aufstand in Hamburg
Antidemokrat. *Hitler-Ludendorff-*Putsch in München. *Hitler* erhält Festungshaft (bis 1924)
Hjalmar Schacht (*1877, † 1970) Reichsbankpräsident (tritt 1930 wegen *Young*plan zurück)
Höhepunkt der Inflation in Deutschland. 1 Dollar = 4,2 Billionen M. Entschuldung der Sachwertbesitzer, Verarmung bes. des Mittelstandes. Währungsstabilisierung durch Einführung der Rentenmark
Wilhelm Marx (Zentr., * 1863, † 1946) dt. Reichskanzler bis 1924 (wieder 1926 und 1927 bis 1928)
Stresemann (Dt. Volkspartei) dt. Reichsaußenminister bis 1929 (†)
E. Marcks u. *Karl Alex. v. Müller*: „Meister d. Politik" (Biogr. s. 1922)
Richard Nikolaus von Coudenhove-Kalergi (österr.-ung./jap. Herkunft, * 1894) grdt. Pan-Europabewegung
Dt. Liga für Menschenrechte (Vorläufer seit 1914; für Sozialismus und Völkerversöhnung)
Fememorde d. illegal. „Schwarzen Reichswehr" auch nach ihrer Auflös.
Kronprinz *Wilhelm* (* 1882, † 1951) kehrt nach Verzicht auf Thronrechte nach Deutschland zurück
Brit. Empire-Konferenz gestattet Dominions eigene Außenpolitik; Kanada schließt selbständig Fischereivertrag mit den USA

Literatur-*Nobel*preis an *W. B. Yeats* (Großbrit.)
J. R. Becher: „Maschinenrhythmen", „Verklärung" (express. Lyrik)
Willa Cather: „Frau im Zwielicht" (nordamerikan. Roman)
Conrad: „Der Freibeuter" (engl. Roman)
Th. Däubler: „Sparta" (Prosa)
Olav Duun (* 1876, † 1939): „Die Juwikinger" (norweg. kulturgeschichtl. Roman in 6 Bänden seit 1918)
Edschmid: „Das Bücher-Dekameron. Eine Zehn-Nächte-Tour durch die europäische Gesellschaft und Literatur" (Literaturkritik)
Gide: „Dostojewsky" (Literaturkritik, frz.)
Hamsun: „Das letzte Kapitel" (norw. Rom.)
Hedin: „Mount Everest" (schwed. Reisebericht)
Hofmannsthal: „Der Unbestechliche" (Kom.)
Ric. Huch: „Michael Bakunin" (Biographie)
G. Kaiser: „Gilles und Jeanne" (Bühnenstück)
Rudolf Kayser (* 1889): „Die Zeit ohne Mythos" (Essays)
Klabund: „Das heiße Herz" (Gedichte) und „Pjotr" (Roman über *Peter den Großen*)
W. Mahrholz: „Literaturgeschichte und Literaturwissenschaft" (Probleme und Methoden der Literaturforschung)
H. Mann: „Diktatur der Vernunft" (sozialist. Betrachtungen)
Th. Mann: „Bekenntnisse des Hochstaplers Felix Krull" (Romanfragment), „Von deutscher Republik" (Rede)

E. Barthel: „Lebensphilosophie" (gründet 1924 „Gesellschaft für Lebensphilosophie")
Baudouin: „Suggestion und Autosuggestion" (Darstellung der Methode von *Coué*)
M. Dessoir: „Vom Diesseits der Seele" (Briefe an eine Freundin über Psychologie)
E. Drahn: „Bibliographie des wissenschaftl. Sozialism. 1914—1922"
Freud: „Das Ich und das Es" (Tiefenpsychologie)
Hans Freyer (* 1887): „Prometheus, Ideen zur Philosophie der Kultur" (geisteswissenschaftl. Soziologie)
Fritz Graebner: „Das Weltbild d. Primitiven"
E. R. Jaensch: „Über den Aufbau der Wahrnehmungswelt und ihre Struktur im Jugendalter" (Forschungsergebnisse über Eidetik)
Georg Lukács (*1885, † 1971): „Geschichte und Klassenbewußtsein" (ungar. marxist. Philosophie)
Manfred Kyber: „Einführung in das Gesamtgebiet des Okkultismus"
Fritz Mauthner (* 1849, † 1923): „Der Atheismus und seine Geschichte im Abendlande" (4 Bände seit 1920)
Eduard Meyer: „Ursprung u. Anfänge des Christentums" (3 Bde. seit 1920)
Moeller van den Bruck: „Das dritte Reich"
Heinrich Pesch (* 1854, † 1926): „Lehrbuch der Nationalökonomie" (kathol. „Solidarismus", 5 Bände seit 1905)
Romain Rolland: „Mahatma Gandhi"

Karl Albiker (*1878): „Weiblicher Torso" (Plastik) *Barlach:* „Der Rächer" (expression. Bronzeplastik) und „Weinende Frau" (Holzplastik) *Beckmann:* „Das Trapez" (express. Gemälde) *Chagall:* „Liebesidylle" (russ. Gem.) *Corinth:* „Baum am Walchensee" und „Früchteschalen" (impress. Gemälde) *R. Dufy:* „An den Ufern der Marne" (frz. expr. Gem.) *Heckel:* „Allgäu" (express. Gemälde) † *Georg Hendrik Breitner*, niederländ. Maler; u. a. „Das weiße Pferd" (1884) (* 1857) *K. Hofer:* „Lots Töchter" (express. Gemälde) *Fr. Höger:* Chilehaus, Hamburg (Hochhaus, Baubeginn 1922) *Kandinsky:* „Entstehende Verbindung", „Kreise im Kreis" (abstrakt. Gemälde) *G. Kolbe:* „Adagio" und „Nacht" (Plastiken) *H. Kühn:* „Die Kunst der Primitiven" *Fernand Léger:* „Der große Schleppdampfer" (frz. kubist. Gem.) *G. Marcks:* „Mann und Frau" (Plastik) *Nash:* „Die Küste" (engl. express. Gem.) † *Adolf Oberländer*, deutscher Karikaturist (* 1845)	*Bartók:* „Tanzsuite für Orchester" (ungar. Komposition anläßl. der 50-Jahrfeier der Vereinigung von Pest und Ofen zu Budapest) *de Falla:* „Meister Pedros Puppenspiel" (span. Oper) *Jean Gilbert:* „Das Weib im Purpur" (Operette) *Walther Hensel (Julius Janiczek,* 1887) leitet „Singwoche" in Finkenstein bei Mährisch-Trübau *Erich Kleiber*, Gen.-Musikdirektor d. Staatsoper Berlin *Paul von Klenau:* „Die Weise von Liebe und Tod des Cornets Christoph Rilke" (dän.-dt. Chorwerk) *Zoltán Kodaly* (* 1882, † 1967): „Psalmus hungaricus" (ungarische Komp. für Soli, Chor u. Orchester) *Křenek:* „Der Sprung über den Schatten" (komische Jazzoper) *Hans Mersmann:* (*1891, † 1971) „Musik d. Gegenwart" *Respighi:* „La primavera" (ital. Chorwerk) *Reznicek:* „Holofernes" (Oper) *Schoeck:* „Elegie" (schweiz., 24 Lieder nach *Lenau* und *Eichendorff*) *Julius Weismann* (* 1879): „Schwanenweiß" (Oper) *Egon Wellesz* (* 1885): „Alkestis" (express. Oper)	Physik-*Nobel*preis an *R. A. Millikan* (USA) für Messung der Elektronenladung und des *Planck*schen Wirkungsquantums Chemie-*Nobel*preis an *Fr. Pregl* (Österr.) für organische Mikroanalyse Medizin-*Nobel*preis an *F. Banting* (Kanada) und *J. J. R. Macleod* (Kanada) für Entdeck. d. Insulins *J. L. Baird* und *C. F. Jenkins*: Fernsehen mit Lochscheibe Stereoplanigraph von *Bauersfeld* zur Luftbildvermessung *August Bier:* „Regeneration beim Menschen" (klinische Abhandlung) *Hans Bredow* ermöglicht erste Sendung des dt. Unterhaltungsrundfunks im Berliner Voxhaus (29. 10., 20 Uhr) *A. H. Compton* weist nach, daß die Energiequanten der *Röntgen*strahlen wie korpuskulare Teilchen stoßend auf Elektronen wirken („Compton-Effekt") *P. Debye* und *Hückel:* Theorie der starken Elektrolyte (vollendet die Ionentheorie von *Arrhenius* 1887) *H. v. Ficker* verbessert Wettervorhersage und beginnt auf die wettersteuernde Bedeutung der Stratosphäre hinzuweisen *H. Ford:* „Mein Leben und Werk" *A. Isaac:* „Die Entwicklung der wissenschaftlichen Betriebswirtschaftslehre seit 1898" (25 Jahre Betriebswirtschaftslehre an der Handelshochschule Leipzig) *August Karolus* (* 1893) konstruiert Zelle zur Umwandlung von elektr. Spannungsschwankungen in Lichtschwankungen (*Kerr*- oder *Karolus*-Zelle) *Wladimir Köppen* (* 1846, † 1940): „Die Klimate der Erde" *A. Korn:* Drahtlose Bildtelegraphie Italien—USA Erf. d. Nitrierhärtung bei *Krupp* „Handbuch der Zoologie" beginnt zu erscheinen (gegründet von *Willy Kükenthal*, * 1861, † 1927) *R. S. Lillie* kann die Grunderscheinungen d. Nervenleitung m. einem	Dt. Kartellverordnung gegen Mißbrauch wirtschaftl. Macht: Kartellgericht beim Reichswirtschaftsgericht Vereinigte Industrie - Unternehm. AG(VIAG)(Dachgesellsch. f. Reichsunternehmungen) Preuß. Bergwerks- und Hütten - AG: Preußag (Zusammenfassung von Staatsbetrieben) *Messerschmitt*-Flugzeugbau-Gesellschaft, Bamberg Wirtschaftskrise in Polen Zeitschrift für Betriebswirtschaft *J. M. Keynes:* „Ein Traktat üb. Währungsref." (engl.) Notgeldumlauf in Dt. ca. 500 Trill. Papiermark (= ½ Milliarde Goldm.) Nach der Währungsreform entsteht i. Deutschld. im Winter 1923/24 Deflationskrise Dt. überseeische Auswanderung: etwa 114000 (1913: etwa 20000; Hauptteil in die USA) Internat. Mittelstandsbund i. Bern Internat. Vereinigung v. Angestellten, Beamten und Lehrern in öffentl. Diensten in Wien Invaliden- und Arbeitslosen-Versich. in Italien (1922: Unfallversicherung) In Nevada u. Montana als erste Staaten d. USA Altersrenten (noch keine Sozialversich.)

(1923)	*Stanley Baldwin* brit. Ministerpräsident bis 1924 (konservat. Mehrheit seit 1918). Neuwahlen bringen Sieg der Labour-Party Wahlsieg der antibrit. Wafd-Partei in Ägypten *Chaim Weizmann* (* 1874, † 1952), von 1903 bis 1918 Professor der Biochemie in Manchester, Präsident der Zionistischen Weltorganisation (b. 1931 u. 1935–46) Der Brit.-Südafrikanischen Gesellschaft (gegründet 1889 von *Cecil Rhodes*) wird die Verwaltung Rhodesiens entzogen. Nordrhodesien Kronkolonie, Südrhodesien erhält parlamentar. Regierung *Ross*meer und Süd-*Victoria*land bis zum Südpol brit. Besitz Litauer besetzen Memelgebiet (1924 im Memelabk. anerkannt, Memelstatut sichert Selbstverwaltung zu) Poln. Handelsverträge mit Türkei, Finnland u. Großbrit. (1924 mit Dänem., Lettl. u. den Niederlanden) Völkerbundanleihe für Ungarn Rumän. Verfassung beseitigt Dreiklassenwahlrecht Militär stürzt in Bulgarien radikales Regiment der Bauernpartei. Regierung *Zankow* versucht Restaurationspolitik *Kemal Pascha (Atatürk)* erster Präsident der türk. Republik bis 1938 (†). Friede von Lausanne bestätigt den Besitzstand der Türkei. Hauptstadt Ankara. Griechen fliehen aus der Türkei Durch das Lausanner Abkommen werden die Dardanellen entmilitarisiert und unter internationale Kontrolle gestellt (bis 1936) *Kalinin*, Vorsitzender des Präsidiums des Obersten Rates der Sowjetunion (Staatspräsident) bis 1946 (†) *Miguel Primo de Rivera* errichtet durch Staatsstreich Diktatur in Spanien (1930 vom König entlassen) *Risa Khan* pers. Ministerpräsident Abessinien im Völkerbund *Calvin Coolidge* (Republ.) Präsident der USA bis 1929 General *Carlos Ibanez* diktatorischer Präsident in Chile (dankt 1931 ab) *Sun Yat-sen* reorg. chin. Kuomintang	*Max Mell* (* 1882): „Das Apostelspiel", „Das Schutzengelspiel" (österr. religiös. Schauspiele) *Münchhausen*: „Meisterballaden" (literarhistor. Beitrag zur Lehre von der Ballade) *Rilke*: „Sonette an Orpheus" und „Duineser Elegien" *Ringelnatz*: „Kuddel Daddeldu" (Gedichte) u. „Turngedichte" *Felix Salten* (eig. *Salzmann*,* 1869, † 1945): „Bambi" (Tierroman f. Kinder) *Ina Seidel*: „Sterne der Heimkehr" (Roman) *Italo Svevo* (* 1861, † 1928): „Das Gewissen des Zeno" (ital. selbstanalyt. Roman) *Timmermans*: „Der Pfarrer vom blühenden Weinberg" (fläm. Roman) *E. Toller*: „Schwalbenbuch" (Lyrik) *Valéry*: „Gedichte" (frz. Lyrik) *Werfel*: „Verdi" (Roman der Oper) *Josef Winckler*: „Der tolle Bomberg" (Schelmengeschichten) *St. Zweig*: „Amok" (Novellen) „Die schöne Literatur" (Zeitschrift, herausgegeben von *Will Vesper*; ab 1931 als „Die neue Literatur") „Deutsche Vierteljahrsschrift für Literaturwissenschaft u. Geistesgeschichte" Theaterwissenschaftlich. Institut d. Univ. Berlin „Das Puppentheater" (Zeitschrift)	*Wilh. Schäfer*: „Der deutsche Gott" („dt. christl." Ablehnung von Kirche und Altem Testament) *Heinrich Scharrelmann* (* 1871): „Herzhafter Unterricht" (2 Bände seit 1902) *Schweitzer*: „Verfall und Wiederaufbau der Kultur" (Kulturphilosophie) *Söderblom*: „Einigung d. Christenheit" (schwed. ev. Einigungsbestrebg.) *H. Sperber*: „Einführg. in die Bedeutungslehre" (Untersuchung d. Wort- u. Zeichenbedeutungen = Semasiologie) † *Ernst Troeltsch*, dt. protestant. Theologe und Philosoph (* 1865) *S. Webb*: „Niedergang der kapitalist. Zivilisation" (engl. Fabian-Sozialismus) *Th. Ziehen*: „Das Seelenleben der Jugendlichen" Lutherischer Weltkonvent in Eisenach Intern. Verband zur Verteidigung d. Protestantismus, Berlin „Zeitschrift f. systemat. Theologie" (evang.) Reichsjugendgerichtsgesetz (besondere Jugendgerichte und milde, erzieherische Strafen) Weltbund der Erziehervereinig. in San Francisco (1925 in Edinburgh) Sächs. Volksschullehrerbildungsgesetz; Pädag. Institut in Dresden (1924 in Leipzig) Grundsätze einer Neuordnung der preuß. Universitätsverfassung Ital. faschistische Unterrichtsreform durch *Giovanni Gentile* (Minister von 1922 bis 1925) *Einstein* weiht Univ. Jerusalem ein

Picasso: „Dame mit blauem Schleier" (neoklassizistisch), „Frauen" (surrealistisch) und „Schwermut" (express. span.-franz. Gemälde)

Richard Scheibe (* 1897, † 1964): Gefallenendenkmal der Höchster Farbwerke
O. Schlemmer: „Die Tischgesellschaft" (kubist.-expressionist. Gemälde)

Utrillo: „Das Rathaus von Yvry" (frz. impr. Gemälde)

Maurice de Vlaminck (* 1876): „Nordfranzösisches Dorf" (frz. Gemälde)

*Ballin*haus in Hamburg

R. Piper-Verlag (gegründet 1904) gibt farbige Reproduktionen von Gemälden heraus

„Gebrauchsgraphik" (Monatsschrift zur Förderung künstlerischer Reklame, herausgegeben von *H. K. Frenzel*)

Ende d. Dada-Bewegung

—

„Die Straße" (Film mit *Eugen Klöpfer,* * 1886, † 1950)

„Fridericus Rex" (mehrteil. Film seit 1921, m. *Otto Gebühr*)

„Blätter für Menschenrecht" (Monatsschrift für straffreie Homosexualität; 2—4% Homosexuelle in Deutschl.)

Allg. Anthroposophische Gesellsch. gegr.

„Nora" (Film nach *Ibsen*)

„Das Leben auf dem Dorfe" (erste öffentliche Vorführung eines Triergon-Tonfilms)

„Sylvester" (Film v. *Lupu Pick,* * 1886, † 1931, mit E. Klöpfer); „Das alte Gesetz" (Film von *E. A. Dupont,* *1891, mit H. Porten, E. Deutsch); „INRI" (Film von *R. Wiene* mit A. Nielsen, H. Porten, W. Krauß)

„Robin Hood" (nordam. Film von *Allan Dwan* mit D. Fairbanks, W. Berry)

„Ausgerechnet Wolkenkratzer!" (nordamerik. Film m. H. *Lloyd*)

„Der Pilgrim", „Die öffentliche Meinung" (nordam. Filme von u. mit *Ch. Chaplin*)

„Don Juan u. Faust" (französ. Film von *L'Herbier*)

„Gösta Berling" (schwedischer Film von *Mauritz Stiller,* * 1883, † 1928, mit G. Garbo, Lars Hanson)

Eisendraht in Salpetersäure nachahmen (unterstützt elektrochem. Theorie der Nervenleitung)

Th. H. Morgan, Sturtevant, C. B. Bridges und *Hermann Joseph Muller* (* 1890, † 1967): „Der Mechanismus der Mendelschen Vererbung" (Chromosomen-Theorie der Vererbungslehre)

H. Oberth: „Die Rakete zu den Planetenräumen" (Anfänge einer wissenschaftlichen Theorie der Weltraumschiffahrt)

† *Wilhelm Röntgen,* dt. Physiker; entdeckte 1895 Röntgenstrahlen (X-Strahlen); *Nobel*preis 1901 (* 1845)

Eduard Georg Seler (* 1849, † 1922): „Gesammelte Abhandlungen zur amerikanischen Sprach- und Altertumskunde" (erklärte die altmexikanischen Bilderhandschriften; 5 Bände seit 1902, Band 5 posthum)

Theodor Svedberg (*1884, † 1971) beginnt die Entwicklung der Ultrazentrifuge (erreicht bis 1942 mit 200 Umdrehungen pro Sekunde das Millionenfache der Erdschwere, wichtig f. d. Erforsch. v. Makromolekülen)

† *Johannes Diderik van der Waals,* niederl. Phys.; *Nobel*pr. 1910 (*1837)

Gustav Wolf: „Quellenkunde der deutschen Reformationsgeschichte" (3 Bde. seit 1915)

Max Wolf: Absorption u. Entfernung kosmischer Dunkelwolken (wichtig f. wahre Gestalt d. Milchstraße)

Bekämpfung der Schlafkrankheit durch Germanin („Bayer 505")

Ross-Institut zur Erforschung tropischer Krankheiten, London

Erste Professur für Vorgeschichte in Königsberg/Pr.

Erstes dt. Selbstwähler-Fernamt (Netzgruppe Weilheim)

1,25-m-Spiegelteleskop für Sternwarte in Berlin-Babelsberg

„Columbus" (dt. Kolben-Ozeandampfer mit 39000 t Wasserverdrängung; erhält 1930 Turbinen)

Erste Polarstation der USSR

Erster Versuch, i. d. Luft v. Flugzeug zu Flugzeug zu tanken, i. USA

Erste *Diesel*-LKW

Der Gedanke des „Muttertages" kommt von USA nach Deutschland

In Dt. sterben 2 Mensch. an Pocken (vor Einführung des Impfzwanges [1874] jährl. mehrere tausend Todesfälle; 1870/2 üb. 129000 Todesfälle i. Preußen; 1916/7 547 Todesf. i. Dt.)

„Der Impfgegner" (Zeitschrift des dt. Reichsverb. zur Bekämpfung der Impfung; 1927 rd. 1 Mill. Mitglieder)

Emily Post „Etikette" (nordamer. Anstandsbuch)

P. Nurmi läuft die Meile (1609,3 m) in 4 Min. 10,4 Sek. (1945 *G. Hägg* in 4 Min. 01,4 Sek.; 1954 *R. G. Bannister* in 3 Min. 59,4 Sek.: „Traummeile")

Valentich: „Der moderne Sport" (Handbuch d. Leibesübungen; nach dem 1. Weltkrieg wird der Sport zur Massenbewegung)

Sowjetunion geht vom *julian*ischen z. *gregor*ianischen Kalender über

Erdbeben bei Tokio fordert 100000 Todesopfer, zerst. 650000 Gebäude

Beg. d. Dammbaus z. Trockenlegung d. Zuidersees (erste Pachtbetriebe 1934)

Tempelhofer Feld i. Berlin wird Flugplatz

Rundfunk i. Dtl.

1924

*Dawes*plan regelt die dt. Reparationen: ab 1928 2,5 Milliarden jährl., zeitlich nicht begrenzt; bis dahin jährl. zwischen 1,2 und 1,75 Milliarden Mark ansteigend (vgl. 1929)

† *Karl Helfferich*, dt. Finanzmann und deutschnationaler Politiker; Gegner *Erzbergers* u. *Rathenaus* (* 1872)

K. Kenkel: „Die politischen Parteien der Staaten des Erdballs"

Richard Müller: „Vom Kaiserreich zur Republik. Ein Beitrag zur Geschichte der revolutionären Arbeiterbewegung während des Weltkrieges"

Hitler aus der Festung Landsberg vorzeitig entlassen; schrieb während der Haft „Mein Kampf" (Hauptschrift des Nationalsozialismus)

Fr. Otto Hörsing (* 1874, † 1937) gr. „Reichsbanner Schwarz-Rot-Gold"

„Zeitschrift für Geopolitik" (mit *Karl Haushofer* [* 1869, † 1946, Selbstmord], ab 1933 alleiniger Herausgeber)

Durch Attentat wird der österr. Bundeskanzler *Ignaz Seipel* schwer verwundet

J. R. MacDonald erster brit. Labour-Ministerpräsident (muß sich auf Koalition mit Liberalen stützen)

Wahlsieg der Konservativen, *Stanley Baldwin* brit. Ministerpräsident bis 1929

Austen Chamberlain brit. konservat. Außenminister im Kabinett *Baldwin*

Nach Übertritt zu den Konservativen wird *Winston Churchill* (vorher Liberaler) Finanzminister im Kabinett *Baldwin*

Konflikt Großbritannien-Ägypten wegen Ermordung des brit. Oberkommandierenden in Ägypten. Rücktritt des Ministerpräsidenten *Saghlul Pascha*, der mit großer Mehrheit wiedergewählt wird. Ägypt. König löst Parlament auf

General *James Hertzog* (* 1866, † 1942) englandfeindlicher südafrikan. Ministerpräsident bis 1939 (bis 1933 von *Smuts* bekämpft)

Literatur-*Nobel*preis an *W. Reymont* (Polen)

Barlach erhält *Kleist*preis

Bengt Berg (* 1885): „Mit den Zugvögeln nach Afrika" (schwed. Erz.)

Carossa: „Rumänisches Tagebuch"

† *Joseph Conrad (Korczeniowski)*, poln.-engl. Dichter; war bis 1894 Handelsschiffskapitän (* 1857)

Döblin: „Berge, Meere u. Giganten" (Zukunftsroman)

Fleuron: „Schnock" (dän. Tierroman)

Irene Forbes-Mosse (* 1864, † 1946): „Gabriele Alweyden" (Roman)

† *Anatole France*, frz. Dichter; *Nobel*preis 1921 (* 1844)

Galsworthy: „Der weiße Affe" (engl. Roman)

Gundolf: „Cäsar. Geschichte seines Ruhms"

G. Hauptmann: „Die Insel der großen Mutter" (Roman)

Hedin: „Von Peking nach Moskau" (schwed. Reisebericht)

Hemingway: „In unserer Zeit" (nordamerikan. Kurzgeschichten)

Arthur Holitscher (* 1869, † ~1939 im Exil): „Narrenbaedeker" (sozialist. Reiseschilderung, von *Masereel* illustriert)

James Johnson: „Anthologie d. Negerdichtung" (nordamerik.)

F. Kafka: „Ein Hungerkünstler" (österr. Erzählung)

† *Franz Kafka*, österr. Dichter (* 1883). Sein Werk wird von *Max Brod* herausgegeben

G. Kaiser: „Kolportage" (Tragikomödie)

Karl Adam (* 1876, † 1966): „Das Wesen d. Katholizismus" (aus katholischer Sicht)

K. Barth: „Die Auferstehung der Toten" (Auslegung der ersten Korintherbriefes) und „Das Wort Gottes und die Theologie" (Gesammelte Vorträge über Dialektische Theologie: Erkenntnis des jenseitigen Gottes im ewigen Widerspruch)

Emil Brunner (* 1889, † 1966): „Die Mystik und das Wort" (dialekt. Theologie; trennt sich *K. Barth*)

Georg Buschan (* 1863, † 1942): „Das Weib im Spiegel der Völkerkunde"

Dacqué: „Urwelt, Sage und Menschheit"

Freud: „Gesammelte Schriften" (bis zu seinem Tode 1939: 12 Bände)

Gandhi fastet 21 Tage in Delhi als moralische Demonstration gegen politisch-religiös. Zwist der Hindus und Moslems in Indien

Nic. Hartmann: „Diesseits von Idealismus und Realismus"

Kurt Hiller (* 1885): „Verwirklichung des Geistes im Staat" (gegen Machtpolitik)

Ellen Key: „Der Allsieger" (schwed., 4 Bände seit 1920)

Felix Krueger: „Der Strukturbegriff in der Psychologie" (Ganzheitspsychologie)

Hans Leisegang (* 1890, † 1951): „Die Gnosis" (Religionsgeschichte)

Fr. Meinecke: „Idee der Staatsräson in der neueren Geschichte"

Beckmann: „Vesuv" (express. Gemälde)
P. Behrens: Verwaltungsgebäude der Höchster Farbwerke *Henri Berlewi* (* 1884, † 1967) begrdt. in Warschau u. Berlin konstruktivist. Malerei der „Mechanofaktur"
Bernhard Bleeker (* 1881): „Der tote Soldat" (Marmorbildwerk im Kriegerdenkmal München)
Paul Bonatz: Bürohaus Stumm Konzern, Düsseld. (beg. 1922)
C. Brancusi: „Weltenanfang" (rumän. „Skulptur f. Blinde")
Braque: „Zuckerdose" (frz. express. Gemälde)
Chagall: „Tochter Ida am Fenster" (frz.-russ. Gem.)
de Chirico: „Der große Metaphysiker" (ital. kubist. Plast.); kommt von Italien nach Paris und malt bis 1929 surrealist.
Corinth: „Walchenseelandschaft" (Gemälde)
Dehio: „Geschichte d. deutschen Kunst" (6 Bände seit 1919)
Expression. Künstlergruppe, „DieBlauen Vier": *Feininger, v. Jawlensky, Kandinsky, Klee*
Heckel: Radierungen aus dem Artistenleben (express.)
Hielscher: „Deutschland" (künstlerisch. Photowerk)
† *Friedrich Kallmorgen*, dt. Maler; u. a. Hafenbilder (* 1856)
A. Kanoldt: „Bellegra" (Landschaftsbild i. Stil d. „Neuen Sachlichkeit")

Alban Berg: „Kammerkonzert" (zum 50. Geburtstag *A. Schönbergs*)
† *Ferruccio Busoni*, ital.-dt. Komponist und Klaviervirtuose; schrieb Werke für Orchester, Klavier, Opern, bearbeitete Bach (* 1866)
Gershwin: „Rhapsody in blue" (nordamerik. Jazzkomposition für Klavier und Orchester)
Walter Hensel gründet Finkensteiner Bund z. Pflege gemeins. Volksmusik
Honegger: „Pacific 231" (schweizer.-frz. Komposition; ahmt d. Geräusche einer Schnellzuglokomotive nach)
Kálmán: „Gräfin Mariza" (Operette)
Sergej Kussewitzky übern. Leitg. des Bostoner Symphonieorchesters (USA, gegr. 1880) bis 1949
Hans Joachim Moser (* 1889): „Geschichte der deutschen Musik" (3 Bände seit 1920)
Puccini: „Turandot" (ital. Oper)
† *Giacomo Puccini*, ital. Opernkomponist; Vertreter eines klangschönen Verismus (* 1858)
Respighi: „Die Pinien von Rom" (ital. symphon. Dichtung)
Schoeck: „Penthesilea" (Schweiz. Oper nach *Kleist*)
A. Schönberg: „Er-

„Dt. Glocke" für den Kölner Dom (mit 4500 kg die größte dt. Glocke)
Physik-*Nobel*preis an *Karl Manne Georg Siegbahn* (Schwed., * 1886) für *Röntgen*spektroskopie
Medizin-*Nobel*preis an *W. Einthoven* (Niederl.) für Untersuchung der Herzaktionsströme
Bailey, Morshead und *Ward* lösen das Tsangpo-Brahmaputra-Problem (Tsangpo ist der Brahmaputra-Oberlauf in Tibet)
K. H. Bauer: Mutationstheorie der Krebsgeschwulst-Entstehung
Prince *Louis de Broglie:* Theorie der Materiewellen (Welle-Teilchen-Dualismus, 1927 experimentell bewiesen)
Callizo erreicht 12 066 m Flughöhe
de la Cierva fliegt im Hubschrauber über 12 km (erste Flüge 1918 mit elektrischem Motor und Stromzuführung durch erdverbundenes Kabel in Österreich-Ungarn)
Dessauer, Blau, Altenburger (1922) und *Crowther* führen das „Trefferprinzip" in die Biophysik ein (wonach z. B. ein Bakterium durch ein einziges Lichtquant getötet werden kann)
Hugo Eckener (* 1868, † 1954) führt Luftschiff Z. R. III als dt. Reparationsleistung von Friedrichshafen nach New York (Lakehurst)
Eddington: Gesetzm. Bezieh. zw. Masse u. Leuchtkraft eines Sternes
Rotorschiff „Buckau" von *A. Flettner* (Atlantiküberfahrt 1926)
Max Hartmann (* 1876): „Allgemeine Biologie" (Standardlehrbuch)
R. Hesse: „Tiergeographie auf ökologischer Grundlage"
Magnus Hirschfeld: „Geschlechtskunde"
Holzknecht: „Röntgentherapie" (Pionierarbeit für die Heilbehandlung mit *Röntgen*strahlen)
Hubble: Andromedanebel ist rund 1 Mill. Lichtjahre entfernt, also eine „Weltinsel" außerhalb der Milchstraße

Erste dt. Funkausstellung und erste Automobilausstellung in Berlin
Dt. Institut für Zeitungskunde in Berlin (Leitung ab 1928 *Emil Dovifat*, * 1890)
Karl d'Ester (* 1881, † 1960) erster dt. Ordinarius für Zeitungswissenschaften, in München
Weltwirtschafts-Institut d. Handelshochschule Leipzig
Ein Höhepunkt der Kolonisierung und der Kohlegewinnung auf Spitzbergen
Notenumlauf der Reichsbank nicht begrenzt (Deckung normal 40%, davon mindestens 75% Gold)
Dt. Rohstahlgemeinschaft (Kartell der Stahlindustrie)
J. R. Commons: „Rechtl. Grundlegung des Kapitalismus" (nordamerikan. sozialrechtl. Richtung)
Deutsche Reichsbahngesellsch. gegrdt. (übernimmt 11 Milliarden Mark Reparations-Schuldverschreibungen zu 5%)
Umschlag im Binnenhafen Duisburg: 46 000 Lastkähne führen 4 Mill. t Güter ein und 15,7 Mill. t aus
Imperial Airways (brit. Luftverkehrsgesellschaft)

(1924)	Wahlsieg des „Kartells" der linkspolit. frz. Parteien. *Edouard Herriot* (Radikalsozialist, * 1872) frz. Ministerpräsident bis 1925 (noch einmal 1932) *Gaston Doumergue* (Radikalsozialist, * 1863, † 1937) frz. Staatspräsident bis 1931 Neuer frz.-tschechoslowak. Freundschafts- und Bündnisvertrag Internationale Vereinigung der demokrat. Parteien in Boulogne Sozialdemokrat. Regierung in Dänemark; Ministerpräsident *Stauning* bis 1926 und 1929 bis 1940 † *Giacomo Mateotti*, ital. Sozialist, von Faschisten ermordet (* 1885). Rücktritt der meisten nichtfaschistischen Abgeordneten Ministerpräsident *Venizelos* muß wegen monarchist. Politik Griechenland verlassen Griechenland wird Republik (bis 1935); *Konduriotis* Staatspräsident bis 1929 Bolschewist. Putsch in Reval niedergeworfen Finnland verhaftet kommunist. Parlamentarier Großbrit., Frankreich, Italien anerkennen USSR † *Wladimir Iljitsch Lenin (Uljanow)*, russ. Staatsmann; Begründer des Bolschewismus und der Sowjetunion (* 1870); nach seinem Tode Kämpfe um die politische Führung, die *Stalin* gewinnt *Stalin* verbündet sich mit *Sinowjew* und *Kamenew* gegen *Trotzki* Volkskommissar für Heerwesen *Leo Trotzki* abgesetzt und in den Kaukasus verbannt *Alexei Iwanowitsch Rykow* Vorsitzender des Rates der Volkskommissare der USSR Aufstand in Georgien gegen Sowjetregierung niedergeschlagen Autonomer Rätefreistaat der Wolgadeutschen errichtet (1941 aufgelöst, Bevölkerung in Strafgebiete verbracht) Turkmenische SSR gegründet	*Margaret Kennedy* (* 1896): „Die treue Nymphe" (engl. Roman) *Kisch*: „Der rasende Reporter" (gesammelte Feuilletons) *Klabund*: „Der Kreidekreis" (Drama nach dem Chinesischen) *Elisabeth Langgässer* (* 1899, † 1950): „Wendekreis des Lammes" (Gedichte) *Gertrud von Le Fort* (* 1876): „Hymnen an die Kirche" (kathol. Dichtung) *Rudolf Leonhard* (* 1886): „Segel am Horizont" (kommunist. Drama) *H. Mann*: „Abrechnungen" (Novellen) *Th. Mann*: „Der Zauberberg" (Rom. 2 Bde.) *E. F. T. Marinetti*: „Futurismus und Faschismus" (ital. Programmschrift, erklärt Futurismus zum faschist. Kunststil) *J. Masefield*: „Sard Harker" (engl. Tropenrom.) *Münchhausen*: „Balladenbuch", „Liederbuch" *Reinhold Conrad Muschler* (* 1882): „Bianca Maria" (Roman) *O'Neill*: „Gier unter Ulmen" (nordamerikan. Bühnenstück) *Paul Raynal* (* 1885): „Das Grabmal d. unbekannten Soldaten" (frz. Kriegsheimkehrerrom.) *Hans J. Rehfisch* (* 1891): „Wer weint um Juckenack?" (Tragikomödie) *Ringelnatz*: „Geheimes Kinderspielbuch" (Gedichte) *Schnitzler*: „Fräulein Else" (Novelle) und „Komödie der Verführung" (Schauspiel)	† *Paul Natorp*, dt. Philosoph; Neukantianer (* 1854) *Peter Petersen*: „Allgemeine Erziehungslehre" (2 Bände; Grundlage von „Der Jenaplan einer freien allgemeinen Volksschule") *Rickert*: „Kant als Philosoph der modernen Kultur" † *Alois Riehl*, dt. Philosoph; Neukantianer (* 1844) *Scheler*: „Schriften zur Soziologie und Weltanschauungslehre" (3 Bände seit 1923) *Schweitzer*: „Kultur und Ethik" (Kulturphilosophie II) *Sombart*: „Die Ordnung des Wirtschaftslebens" („verstehende Nationalökonomie" auf histor.-soziologischer Grundlage) und „Der proletarische Sozialismus" (Neubearbeitung von „Sozialismus und soziale Bewegung" von 1897) *Spranger*: „Psychologie des Jugendalters" *W. Stern*: „Person und Sache" (3. Bd. „Wertphilosophie") *E. Troeltsch*: „Der Historismus und seine Überwindung" (Geschichtsverlauf unwiederholbar) (posthum) *Vaihinger*: „Pessimismus und Optimismus vom Kantschen Standpunkt aus" *Max Weber*: „Gesammelte Aufsätze zur Soziologie und Sozialpolitik" und „Gesammelte Aufsätze zur Sozial- u. Wirtschaftsgeschichte" (beides posthum) Konkordat mit Bayern (weitere: 1922 mit Lettland, 1925 mit Polen, 1927 mit Litauen)

E. L. Kirchner: „Paar vor den Menschen" (express. Gemälde)
Kokoschka: „Die Börse v. Bordeaux" und „Venedig" (express. Städtebilder)
Kollwitz: „Selbstbildnis" und „Brot" (Lithographien)
W. Kreis (*1873, †1955): *Wilhelm-Marx*-Haus in Düsseldorf (eines der ersten deutschen Hochhäuser, Baubeginn 1922)
Masereel: „Gier" (fläm. expression. Zeichnung)
J. Miró geht von gegenständl. Malerei zur abstrakt-surrealistischen über
László Moholy-Nagy (*1895, †1946): „Theater der Totalität" (Vereinigung von Kunst, Technik, Wissenschaft, entstand im Bauhaus, Weimar)
Ed. Munch: „Ballsaal" (norweg. impress. Gemälde)
Otto Nagel (*1894, †1967): „Straße am Wedding" (Gem.)
Nash: „Die Schöpfung" (engl., 12 Holzschnitte)
Abstrakte Periode in der Malerei *Pablo Picassos* („Die Natur existiert, aber meine Bilder auch")
Picasso: „Großer Harlekin" (span.-frz. express. Gemälde)
Schmidt-Rottluff: „Arbeiterkopf" (express. Holzschnitt)
† *Franz Schwechten,* dt. Architekt; erbaute bis 1895 Kaiser-*Wilhelm*-Gedächtniskirche in Berlin (*1841)

wartung" (musik. Monodrama)
Sibelius: Symphonie in C-dur (finn.)
† *Charles Stanford,* irischer Komponist (*1852)
Urauff. d. unvoll. 10. Sinfonie von *G. Mahler* (†1911)
R. Strauss: „Intermezzo" (Oper) und „Schlagobers" (Ballett)
Strawinsky: Oktett für Bläser (russ. Komposition)
Hermann Suter (*1870, †1926): „Le Laudi" (Schweiz. Chorwerk über den Sonnenhymnus d. heiligen *Franz von Assisi*)
S. Wagner: „Der Schmied von Marienburg" (Oper)
Anton v. Webern (*1883, †1945): „Drei geistliche Lieder" (12-Ton-Technik)
Modetanz Jimmy
≈ Rundfunk schafft ein neues Verhältnis zur Musik
„Ich hab' mein Herz in Heidelberg verloren" (Schlager)

Bruno Taut: „Die neue Wohnung" (über modernes Wohnungswesen)
† *Hans Thoma,* dt. Maler u. Graphiker (*1839)
Lesser Ury: Rheinlandschaften

Junkers Metall-Eindecker G 24 (ein 195-PS- und zwei 100-PS-Motoren, rd. 2000 kg Nutzlast, ca. 170 km/h)
Lepeschkin: „Kolloidchemie des Protoplasmas"
Bei dem Versuch, den Mt. Everest zu ersteigen, werden *George Leigh-Mallory* und *Andrew Irvine* etwa 250 m unter dem Hauptgipfel aufsteigend das letzte Mal gesehen. Vorher hatte *E. F. Norton* im Alleingang 8573 m erreicht
K. Rasmussen erforscht auf der bisher längsten arktischen Schlittenreise das Leben der amerikanischen Eskimos (seit 1921, galt 15 Mon. als verschollen)
H. Riegger: Elektrodynamischer Lautsprecher (elektrodynamisches Telephon von *W. v. Siemens* 1878) und Kondensator-Mikrophon (verbessert Klangqualität)
Manne Siegbahn: „Spektroskopie der Röntgenstrahlen" (grundlegende Untersuchungen der Upsala-Schule)
H. W. Siemens: „Zwillingspathologie" (Bedeutung, Methoden, Ergebnisse)
Eduard Sievers (*1850, †1932): „Ziele und Wege der Schallanalyse" (Nachweis von charakteristischen sprachl. „Personalkurven", auch zur Textkritik verwendet)
Otto Stern (*1888, †1969) und *W. Gerlach* (*1889) beweisen durch Ablenkung von Atomstrahlen im Magnetfeld die magnetischen Eigenschaften des Elektrons
Hans Stille (*1876, †1966): „Grundfragen der vergleichenden Tektonik" (mit „Regeln" der Gebirgsbildungsprozesse, Schrumpfung der Erde als treibende Kraft; umstritten)
O. H. Warburg: „Stoffwechsel der Tumoren" (Physiologie der Geschwülste)
O. H. Warburg gelingt es, die Wirkgruppen („Cofermente") einiger Enzyme (Fermente) chemisch aufzuklären oder rein darzustellen
A. Wegener und *W. Köppen:* „Die Klimate der geologischen Vorzeit" (Begründung d. Paläoklimatologie unter Zuhilfenahme d. Kontinentalverschiebungs-Theorie, vgl. 1915)

Flugplatz Berlin-Tempelhof eröffnet
Bahnhof Berlin-Friedrichstr. (Neubau)
Berliner Verkehrspolizei
Internationales Abkommen üb. Kraftfahrzeugverkehr
Teilweise Reform der dt. Gerichtsverfassung und Strafrechtspflege (u. a. allgemeine Berufungsmöglichkeiten)
Ludwig Ebermayer (*1858, †1933): „Arzt und Patient in der Rechtsprechung"
Jährlich etwa 200000 illegale Abtreibungen in Deutschland vermutet
Reichsknappsch.-Gesetz (Bergarbeiterversicherung)
„Die Wohnungsbauprobleme Europas nach dem Krieg" (vom Internationalen Arbeitsamt)
In Deutschl. gehen durch Krankheiten etwa 13,4 Mill. Arbeitstage verloren
178000 Geisteskranke in dt. Anstalten (Neuzugang 26000 pro Jahr)
Auguste Forel: „Warum soll man den Alkohol meiden?" (Abstinenzschrift eines Schweiz. Nervenarztes)
Deutsche Einheitskurzschrift (seit 1906 angestrebt; ab 1936 Deutsche Kurzschrift)

(1924)	In der Äußeren Mongolei bildet sich Mongolische Volksrepublik mit Sowjetverfassung. USSR anerkennt (formal) Zugehörigkeit zu China Wahhabitenherrscher *Ibn Saud* erobert zu seinem Stammland Nedsch das Hedschas (mit Mekka) hinzu Schah *Ahmed* wird gezwungen, Persien zu verlassen † *Woodrow Wilson*, Präsident der USA von 1913 bis 1921; Friedens*nobel*preis 1919 (* 1856) USA-Einwanderungsgesetz(schließt Chinesen nud Japaner aus) *Plutarco Elias Calles* (* 1877) Präsident von Mexiko bis 1928 (kämpft auch nach dieser Zeit gegen kathol. Kirche) Aufstand im brasilian. Kaffeestaat Sao Paulo und Rio Grande do Sul; wird unterdrückt, veranlaßt aber Reformen *Sun Yat-sen:* „Drei Grundsätze der Volksherrschaft" (chin. demokrat. Lehre) Die politische Richtung deutscher Zeitungen: rechtsstehend .... 444 Zentrum .... 284 demokratisch .... 166 sozialdemokratisch .... 142 kommunistisch 20	*W. von Scholz:* „Die gläserne Frau"(Schauspiel) *A. Serajemowitsch*(*1863, † 1949): „Der eiserne Strom" (russ. Roman) *Shaw:* „Die heilige Johanna" (engl. Schausp.) *Spitteler:* „Prometheus der Dulder" (Schweiz. Versepos, Bearbeitung des Prosaepos von 1881) † *Carl Spitteler*, Schweiz. Dichter; *Nobel*preis 1919 (* 1845) *Konstantin Stanislavsky:* „Mein Leben i. d. Kunst" *Thieß:* „Der Leibhaftige" (Roman) *Timmermans:* „Das Licht in der Laterne" (fläm. Erzählungen) *Mark Twain:* „Autobiographie" (2 Bände, posthum) *Valéry:* „Eupalinos oder der Architekt" (franz. kunstphilos. Prosadial.) *Werfel:*„Juarez u. Maximilian" (dram. Hist.) *Wiechert:* „Der Totenwolf" (Roman) † *Eleonora Duse*, ital. Schauspielerin (* 1859) *Max Reinhardt* übernimmt die Leitung des Theaters in der Josefstadt, Wien, und der Sommerfestspiele in Salzburg („Jedermann"-Inszenierung); in Berlin: Dt. Theater, Kammerspiele und Komödie *G. Witkowski:* „Textkritik u. Editionstechnik neuerer Schriftwerke" *Kurt Robitschek* gründet Kabarett der Komiker, Berlin „Who's who in Literature" (angelsächsisches Schriftstellerlexikon) *Rich. Hughes* (* 1900): „Danger" (gilt als 1. Hörspiel)	Evang. Sozialpfarrer zur Pflege der sozialen Kirchenarbeit Reichsarbeitsgemeinschaft der Kinderfreunde (sozial. Kinderfürsorge) Arbeitsgemeinschaft dt. Bauern- und ländlicher Volkshochschulheime Dän. Arbeiterbildungs-Vereinig. Preuß. Richtlinien für die Kunsterziehung an höheren Schulen Jahrbuch der Charakterologie 33557 Einäscherungen in Deutschland (~1900 etwa 800 jährlich) Aufhebung des türkischen Kalifats (Sultanat seit 1922 aufgehoben) Rundfunk verändert geistige Kommunikation  „Die surrealistische Revolution" (frz. Zeitschr.) Bildungsverband d. dt. Buchdrucker grd. „Büchergilde Gutenberg" (gewerkschaftl. orient., 1954: 250000 Mitgl.) Erstes dt. Rundfunkhörspiel

Wilhelm Waetzold (* 1880): „Deutsche Kunsthistoriker" (2 Bände seit 1921)		Erste Funde des Australopithecus africanus in Südafrika: schimpansoide Formen mit menschenähnlichem Gebiß, frühe Kulturanzeichen (Kannibalismus wahrscheinlich). (Weitere Funde 1936/38, 1947/48.) Lebte vor 0,5 bis 1 Mill. Jahren	Im dt. Rundfunk entw. sich typische Sendeformen: erstmalig Konzert- u. Opernübertragung, Hörspiel, Werbesendung etc.
Neuer oder Mariendom in Linz (Baubeginn 1862, 135 m hoher Turm)			Olympiade in Paris Erste Olympische Winterspiele, in Chamonix
„Der letzte Mann" (Film mit *E. Jannings*; Regie: *F. W. Murnau*)		Zeitschrift für Geophysik	
		Königsberger Gelehrte Gesellschaft	*R. Seyffert:* „Allg. Werbelehre" (Standardwerk)
„Nibelungen" (Film; Regie: *F. Lang*)		Messung der Temperaturen auf dem Mars: zwischen + 15° und − 100° C, Jahresmittel − 15° C (Erde + 14° C)	
„Das Wachsfigurenkabinett" (Film von *Paul Leni*, * 1885, † 1929, mit *E. Jannings*, *C. Veidt*, *W. Krauß*)		Katalog mit Spektren von über 225000 Sternen („Henry Draper Catalogue" des Harvard Observatoriums seit 1918)	*Carl Diem* (1913 bis 1933 Generalsekretär des dt. Reichsausschusses für Leibesübungen): „Persönlichkeit und Körpererziehung"
„Berg d. Schicksals" (Film von *A. Fanck*, mit *Luis Trenker*, * 1892)		*Zeiß*-Projektions-Planetarium in Jena (i. d. Folgezeit 27 weitere für Europa, Amerika und Ostasien)	
„Amerika" (nordamerikan. Film; Regie: *D. W. Griffith*; schildert in großen Schlachtszenen die amerikanische Revolution)		Weltkraftkonferenz in London (behandelt internationale Energieerzeugung und -verteilung; 1930 in Berlin)	Dt. und österr. Alpenverein hat etwa 250000 Mitglieder in 405 Sektionen (gegründet in Österreich 1862, in Deutschland 1869, vereinigt 1874)
		Rundfunkverständigung zwischen England und USA sowie England und Australien (letzteres auf Kurzwelle)	
„Die zehn Gebote" (nordamerikan. Film von *C. B. de Mille*);		Stärkere Verbreitung von Radioliteratur (bes. Bastelbücher)	Kandahar-Skiclub in Mürren zur Förderung des Abfahrtrennens
„Der Dieb von Bagdad" (nordamerikan. Film v. *Raoul Walsh* mit *D. Fairbanks*);		Reihen-Rotationsmaschine zum Druck beliebig großer Zeitungen (*Koenig & Bauer*)	
		Flugzeugmotoren 2,4 kg Gewicht/PS Leistung und 190 g Brennstoffverbrauch pro PS-Stunde Arbeit (1914: 2 kg/PS und 225 g/PS-Std.; 1900: 25 kg/PS und 400 g/PS-Std.; 1939: 0,6 kg/PS und 165 g/PS-Std.)	Volkssportschule in Wünsdorf
„Jazz" (nordamerik. Film v. *James Cruze*, * 1884, † 1942); „Der Steuermann" (nordamerikan. Film von *Donald Crisp* mit *Buster Keaton* [* 1895, † 1966])	 Erste Funde d. Australopithecus in S-Afrika (stammen aus d. Tier-Mensch-Übergangsfeld vor 1–3 Mill. Jahren; weitere Funde 36/38, 47/48 u. i. O-Afrika 1959) (vgl. 1962) Anfänge archäologischer Aufnahmen aus dem Flugzeug i. Gr.-Brit. (zeigen Schatten, Boden- u. Bewuchsmerkmale)		Weltschachbund im Haag
			Chin. Mah-Jongg-Spiel wird ein dt. Modespiel
		Eisenbahnausstellung in Seddin (bei Berlin); u. a. Turbolokomotive von *Krupp* (vgl. 1908)	Bubikopf wird vorherrschende weibl. Frisur (gelangte ~ 1920 von USA nach Europa)
		25% aller Seeschiffe verwenden Ölfeuerung (1921 16%)	
„Zwischenakt" (frz. Film von *René Clair*)		160 m Tauchtiefe erreicht (Walchensee)	Massenmörder *Haarmann* verhaftet; beging in Hannover 26 Morde an jungen Männern
„Mechanisches Ballett" (frz. Film von *Fernand Léger*)		Einführung der Melkmaschine in der dt. Landwirtschaft (in USA, Australien, Schweden bereits verbreitet)	
		Verbesserte Torfpresse	
		10000000. Fordauto	
		Klein-Kraftwagen mit Heckmotor von Hanomag	

1925

Friedens*nobel*preis an *A. Chamberlain* (Großbrit.) und *Ch. G. Dawes* (USA)
Genfer Protokoll über das Verbot des chemischen und bakteriolog. Krieges
Hans Luther (parteilos, * 1879) dt. Reichskanzler bis 1926. Koalitionsregierung vom Zentrum bis zu den Deutschnationalen
† *Friedrich Ebert*, dt. Sozialdemokrat, Reichspräsident seit 1919 (* 1871)
Im 1. Wahlgang der Reichspräsidentenwahl erhält *Jarres* (vereinigte Rechtsparteien) relative Mehrheit. Im 2. Wahlgang wird *von Hindenburg* (14,656 Mill. Stimmen) gegen *Marx* (13,752 Mill.) u. *Thälmann* (1,951 Mill.) zum Reichspräsidenten gewählt (bis 1934 [†])
Theodor Lessing schreibt gegen *Hindenburg* (verliert deswegen 1926 das Recht, in Hannover Vorlesungen zu halten)
E. Schiffer Vorsitzender des Reichsrechtsausschusses der dt.-österr. Arbeitsgemeinschaft
Beginn der Räumung der in Deutschland besetzten Gebiete (beendet 1930)
Jacob Gould Schurman (* 1854, † 1942) USA-Botschafter in Deutschland bis 1930 (fördert Erweiterungsbau der Universität Heidelberg)
„Heidelberger Programm" der SPD
Hitler gründet die NSDAP neu. 27000 Mitglieder (1931: 806000)
Nationalsozialistische „Schutzstaffel" (SS) aus der SA gebildet
Adolf Hitler: „Mein Kampf" erscheint (wird zum Programm der NSDAP; 2. Band 1926)
Zypern wird brit. Kronkolonie (1914 annektiert)
Völkerbund spricht Erdölgebiet Mossul dem Königreich Irak zu (seit 1918 von Großbrit. besetzt). Brit. Irakmandat auf 25 Jahre verlängert
Großbritannien schlägt Italien Aufteilung Abessiniens in Interessensphären vor (1926 wird das Ge-

Literatur-*Nobel*preis an *G. B. Shaw* (Großbrit.)
Bunin: „Mitjas Liebe" (russ. Erzählungen)
Jo(hanna) van Ammers-Küller (* 1884, † 1966): „Die Frauen der Coornvelts" (niederl. Romanfolge mit Fortsetzung: 1930 „Frauenkreuzzug", 1932 „Der Apfel und Eva")
Joh. R. Becher: „Arbeiter, Bauern, Soldaten" (Drama)
Willa Cather: „Das Haus des Professors" (nordamerikanischer Roman)
Warwick Deeping (* 1877, † 1950): „Hauptmann Sorrell u. sein Sohn" (engl. Roman)
Dos Passos: „Manhattan Transfer" (nordamerik. Roman)
Th. Dreiser: „Amerikanische Tragödie" (nordamerikan. Roman)
F. H. Ehmcke: „Schrift, ihre Gestaltung und Entwicklung" (buchkünstlerisch)
John Erskine (*1879, † 1951): „Das Privatleben der schönen Helena" (nordamerikan. Roman)
Lion Feuchtwanger (*1884, † 1954): „Jud Süß" (Roman, 1917 als Drama)
F. Scott Fitzgerald: „The great Gatsby" (nordamerikan. Roman)
Wolfgang Goetz (* 1885, † 1955): „Neidhart v. Gneisenau" (Drama)
Gorki: „Das Werk der Artamonows" (russ.)
Hofmannsthal: „Der Turm" (Schauspiel)
Arno Holz: „Das Werk" (vorläufige Gesamtausgabe in 10 Bänden)
Aldous Huxley (*1894, † 1963): „Parallelen der Liebe" (engl. gesellschaftskrit. Roman)

F. Alverdes (* 1889, † 1952): „Tiersoziologie"
Walter Benjamin (*1892, † 1940 Freitod): „Ursprung des dt. Trauerspiels" (sozialist. Ästetik, als Habilitationsschrift abgelehnt)
Buber: „Die Schrift" (Übersetzung d. Alten Test. [b. 1938], jüd. Religionswissenschaft)
Artur Buchenau: „Sozialpädagogik" (nach *Natorp-Pestalozzi*)
Dessoir: „Der Okkultismus in Urkunden" (ablehnende Kritik des Okkultismus; vgl. 1926)
Philipp Fauth (* 1867, † 1941): „Hörbigers Glazialkosmogonie" (Darstellung der Welteislehre)
Frobenius gründet Forschungsinstitut für Kulturmorphologie in Frankfurt/M.
Etienne Gilson (* 1884): „Saint Thomas Aquin" (frz. neuscholastische Philosophie)
R. v. Haas: Bilderatlas zur Religionsgeschichte
Max Hartmann: „Biologie und Philosophie" (kausalistische, antivitalistische Naturphilosophie)
Nic. Hartmann: „Ethik" (bejaht an sich bestehende ethische Werte)
Werner Jaeger (*1888, † 1961): „Antike und Humanismus"; gründet Zeitschrift „Die Antike"
E. R. Jaensch: „Die Eidetik und die typologische Forschungsmethode" (Typenpsychologie)
Erwin G. Kolbenheyer: „Die Bauhütte. Elemente einer Metaphysik der Gegenwart"

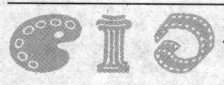 

O. Bartning: Rotes-Kreuz-Verwaltungsgebäude, Berlin

André Breton: „Surrealistisches Manifest" („Traum und Wirklichkeit bilden zusammen eine Art absoluten Realismus, sozusagen einen Surrealismus")

Chagall: „Trinkendes grünes Schwein"

Corinth: „Ecce Homo" (Gemälde)

† *Lovis Corinth,* dt. Maler eines teils impress., teils express. Stils (* 1858)

A. Derain: „Cathérine Hessling" (frz. Bildnis)

O. Dix: „Tänzerin Anita Berber" (Gemälde)

Feininger: „Torturm" (express. Gemälde)

Grant: „Nymphe u. Satyr" (engl. Gem.)

Hoernes u. *Menghin:* „Urgeschichte d. bild. Kunst in Europa"

Marcel Gromaire (*1892, †1971): „Der Krieg" (frz. pazifist. Gem.)

K. Hofer: „Paar am Fenster" (Gemälde)

Willy Jaeckel (* 1888): „Liegender Frauenakt" (express. Gem.)

Klee: „Pädagogisches Skizzenbuch", „Der goldene Fisch" (Gem.)

Fritz Koch-Gotha (* 1877, † 1956): „Die Hasenschule"

Kokoschka: „Tower bridge in London" u. „Verkündigung" (express. Gemälde)

Kollwitz: „Gefangene hören Musik" (Lithographie)

Masereel: „Die Stadt" (fläm. Holzschnitte)

Georges Balanchine (*1904) Choreograph i. Paris beim „Ballets Russes" des *Sergej Diaghilew* (gegr. 1909)

Alban Berg: „Wozzek" (Uraufführg. in Berlin. Oper nach *Büchner* im Zwölftonstil)

Aaron Copland (* 1900): 1. Symphonie (nordamerikan. Komp.)

Alfred Einstein: „Neues Musik-Lexikon"

† *Leo Fall,* österreich. Operettenkomponist (* 1873)

E. Goossens: „Judith" (engl. Oper)

„NegroSpirituals" (Samml. rel. Lieder der Neger v. *James Johnson)*

A. László: „Die Farblichtmusik" (Unterstützung d. Musik durch Farben; konstr. auch Farblichtklavier)

Lehár: „Paganini" (Operette)

Nellie Melba (*1865, †1931, australische Koloratursopranistin): „Melodien u. Erinnerungen" (Autobiographie)

Pfitzner: Violinkonzert in h-moll

Orgel im Passauer Dom von *Steinmeyer* (gilt als größte der Welt)

Kurt Thomas (* 1904): „Messe in a-moll" (A-cappella-Messe)

Bruno Walter Gen.-Musikdirektor an der Staatsoper Berlin

Physik-*Nobel*preis an *J. Franck* (Dt.) und *G. Hertz* (Dt.) für Erforschung von Quantensprüngen durch Elektronenstoß

Chemie-*Nobel*preis an *R. Zsigmondy* (Dt.) für grundlegende Arbeiten über Kolloidchemie

Edward V. Appleton (* 1892, † 1965) u. *M. A. F. Barnett* weisen durch Funkechos die *Heaviside*-Schicht nach (vgl. 1902; leitende Luftschichten in über 100 km Höhe: Ionosphäre)

Erstes Modell der „Leica" von *Oskar Barnack* fördert entscheidend die Kleinbildphotographie auf Normalfilm

A. Bethe, G. v. Bergmann, Embden, Ellinger: „Handbuch der normalen und pathologischen Physiologie" (erscheint in der Folgezeit in 17 Abteilungen mit je mehreren Bänden)

† *Ernst Bumm,* dt. Frauenarzt; wies bakterielle Erreger vieler Frauenkrankheiten nach (* 1858)

Couvé: „Die Psychotechnik im Dienst der deutschen Reichsbahn"

Danner: Ziehmaschine für Glasröhren

Dt. atlantische Expedition des Forschungsschiffes „Meteor" (bis 1927, erweitert entscheidend ozeanographisches Wissen; *Albert Defant* veröffentlicht die Ergebnisse ab 1932 in 16 Bänden)

Arthur Dix: „Geoökonomie, Einführung in die erdhaften Wirtschaftsbetrachtungen"; beginnt Monatsschrift „Weltpolitik und Weltwirtschaft" herauszugeben

Droubin und *Landry* fliegen 4400 km in 45 Stunden 12 Min.

Karl Engler und *v. Höfer:* „Das Erdöl, seine Physik, Chemie, Geologie, Technologie und sein Wirtschaftsbetrieb" (6 Bände seit 1909, Standardwerk, kennzeichnet steigende Bedeutung des Erdöls)

Franz Fischer und *H. Tropsch* entwickeln die nach ihnen benannte Benzinerzeugung durch Kohleverflüssigung (kommt ohne hohe Drucke aus)

Esau erzeugt Kurzwellen im Wellenlängenbereich 3 bis 8 m

Dt. Volks-, Berufs- und Betriebszählung

7676 dt. Krankenkassen m. 18,3 Mill. Mitgl. und 1375 Mill. M Ausgaben

Rentenzahlungen in Deutschland: 1529097 Invalid.-, 597694 Waisen-, 233404 Witwen-, 89462 Alters-, 29481 Kranken-Renten

Ernst Wagemann (* 1884) gründet und leitet „Institut für Konjunkturforschung" (von 1923 bis 1933 Leiter des Statistischen Reichsamts; ab 1926 „Vierteljahrshefte zur Konjunkturforschg.")

K. Haushofer: „Geopolitik des Pazifisch. Ozeans"

Walter Jellinek (* 1885): „Verfassg. und Verwaltung des Reiches und der Länder" (Verwaltungsrecht)

Hugo Sinzheimer (* 1875, † 1945): „Grundzüge des Arbeitsrechts"

Friedrich-List-Gesellschaft

Haager Abkommen gewährt internationalen Schutz auf 15 Jahre für hinterlegte Muster und regelt internationales Konkursrecht

Weltrundfunkverein

Mittlerer Sonnentag von Greenwich als „Weltzeit" allgemein eingeführt (1883/4 festgesetzt)

(1925)

heimabkommen von Frankreich angegriffen und daraufhin teilweise dementiert)
Briand frz. Außenminister bis 1932; bis 1926 Ministerpräsident
Konferenz von Locarno zwischen *Luther, Stresemann, Briand, Chamberlain, Vandervelde* (Belg.), *Mussolini, Skrzynski* (Pol.), *Benesch* führt zu Abmachungen im Interesse der Friedenssicherung und Stabilisierung des Nachkriegseuropas
Zollunion Frankreich—Saargebiet
Pétain beginnt Neuordnung des frz. Heerwesens; führt die Kämpfe in Marokko
Aufstand in Syrien (Franzosen beschießen 1926 Damaskus und werfen Aufstand nieder)
Verschärfung der faschist. Diktatur in Italien
Dopolavoro (ital. staatl.-faschist. „Freizeitgestaltung")
Hauptstadt Norwegens Kristiana (seit 1624) in Oslo umgenannt
Republ. Partei (agrarisch) überflügelt die sozialdemokrat. in der Tschechoslowakei
Albanien Freistaat unter *Achmed Zogu* (macht sich 1928 zum König Zogu I.)
Bombenanschlag auf die Sophien-Kathedrale in Sofia: 200 Tote. Belagerungszustand in Bulgarien. Verbot der kommunist. Partei
Der Führer der oppositionellen Kroaten *Stefan Radic* anerkennt jugoslaw. Verfassung und übernimmt Kultusministerium (tritt 1926 zurück)
Stalin fordert „Sozialismus in einem Land" entgegen *Trotzkis* bolschewistischer „Weltrevolution"
Kliment J. Woroschilow (* 1881) Kriegsminister der USSR
Charkow Hauptstadt der Sowjet-Ukraine
Nichtangriffspakt USSR — Türkei (1945 von der USSR gekündigt)
Japan anerkennt USSR und gibt ihr Nordsachalin gegen Konzession zurück
Sowjettruppen räumen die Äußere Mongolei

F. Kafka: „Der Prozeß" (österr. Rom., posthum)
Kolbenheyer: „Paracelsus" (Romantrilogie seit 1907)
Isolde Kurz: „Der Despot" (Roman)
Lagerlöf: „Charlotte Löwensköld" (schwed. Roman)
Lewis: „Dr. med. Arrowsmith" (nordamerikan. Roman)
Emil Ludwig: „Napoleon" u. „Wilhelm II." (Biographien)
H. Mann: „Der Kopf" (sozialkrit. Roman, 3. Band der Trilogie „Das Kaiserreich", 1. Bd. 1917 „Die Armen" und 2. Bd. 1918 „Der Untertan")
Maugham: „Der bunte Schleier" (engl. Roman)
Karin Michaelis: „Das Mädchen mit den Scherben" (dän.-dt. Frauenroman, 5 Bände)
† *Arthur Moeller van den Bruck* (Selbstmord), dt. konservativer Schriftsteller (* 1876)
Alfred Neumann (* 1895, † 1952): „Der Patriot" (Roman; Drama 1926)
Marta Ostenso (* 1900): „Der Ruf der Wildgänse" (nordamerikan. Roman)
† *Teuvo Pakkala*, finn. Dichter (* 1862)
Alfred Polgar: „An den Rand geschrieben" (gesammelte Feuilletons)
Ponten: „Architektur, die nicht gebaut wurde" (Versuch einer künstlerischen Geographie)
Charles Ferdinand Ramuz (* 1878, † 1947): „Das große Grauen in den Bergen" (Schweiz. Roman)

Alain Locke: „Der neue Neger" (nordamerikan. Schrift für Gleichberechtigung)
H. de Man (* 1885, † 1953): „Zur Psychologie d. Sozialismus"
José Ortega y Gasset (* 1883, † 1955): „Die Aufgabe unserer Zeit" (span.)
J. Rehmke: „Grundlegung der Ethik als Wissenschaft"
Géza Róheim: „Der australische Totemismus" (engl. psychoanalyt. Deutung)
R. Seeberg: „Christliche Dogmatik" (evang. Theologie)
Weltkirchenkonferenz i. Stockholm auf Veranlassung von *Söderblom* (zwischenkirchl. Einigungsbewegung)
Erich Stange (* 1888): „Vom Weltprotestantismus der Gegenwart"
† *Rudolf Steiner*, Begründer der Anthroposophie (* 1861); *Albert Steffen* (* 1884) wird Leiter des „Goetheanums"
E. Vatter: „Der australische Totemismus"
Joh. Volkelt: „Phänomenologie und Metaphysik der Zeit"
K. Vorländer: „Von Machiavelli bis Lenin"
Alfred Weber: „Die Krise des modernen Staatsgedankens in Europa"
M. Wertheimer: „Über Gestalttheorie" (Gestaltpsychologie)
Josef Wittig (* 1879, † 1949): „Leben Jesu in Palästina, Schlesien und anderswo" (führt zu seinem Ausschluß aus der kathol. Kirche)

Joan Miro (* 1893): „Der Katalane"(frz.-span. surreal. Gem.)
Pinder: „Der Naumburger Dom u. seine Bildwerke" (m. *Hege*)
H. Poelzig: Lichtspielhaus Capitol am Zoo, Berlin (Baubeginn 1924) u. Konzerthaus in Breslau
† *John Singer Sargent*, nordamerikan. Maler (* 1856)
Bruno Taut (* 1880, † 1938): Hufeisensiedlung Bln.-Britz
Henry van de Velde: „Der neue Stil in Frankreich" (belg. Architektur)
E. R. Weiß: „Renée Sintenis" (Bildnis seiner Gattin)
v. Zur Westen: „Reklamekunst aus zwei Jahrtausenden"
Staatl. Bauhaus in Weimar siedelt nach Dessau um
„Die Wohnung" (Zeitschrift für moderne Wohnkultur) Stahlrohrmöbel
Internation. Kunstgewerbeausstellung in Paris und Monza („Europäisches Kunstgewerbe" in Leipzig 1927)
Westfalenhalle in Dortmund
„Jahrbuch für prähistorische und ethnographische Kunst" („Ipek", herausg. v. *H. Kühn*)
„Die Neue Sachlichkeit" (Ausst. i. Mannheim, vgl. 1920)

„Götz von Berlichingen" (Film mit *E. Klöpfer*)

Föppl: „Vorlesungen über technische Mechanik" (Standardwerk)
Fritz Giese: „Handbuch psychotechnischer Eignungsprüfungen" und „Theorie der Psychotechnik"
Max Hartmann: „Untersuchungen über relative Sexualität" (grundlegende experiment. Untersuchungen an Algen)
W. Heisenberg (* 1901, † 1976), *M. Born* und *P. Jordan* entwickeln die Quantenmechanik für Atome (Erweiterung der klassischen Mechanik durch Einbeziehung des *Planck*schen Wirkungsquantums)
† *Felix Klein*, dt. Mathematiker; u. a. mathem. Pädagogik und Geometrie (* 1849)
Weltrekord im Streckenflug von *Lemaitre* und *Arachart* mit 3166 km
Neubau des „Dt. Museums" in München durch *Oskar von Miller* eröffnet (vorbildliche anschauliche Darstellungen aus Technik und Naturwissenschaft; gesamter Materialwert von Gebäuden, Installationen und Sammlungen ca. 28 Mill. Mark)
Das chemische Element 75, Rhenium, durch sein *Röntgen*spektrum von *W. Noddack* und *J. Tacke-Noddack* entdeckt
Wolfgang Pauli (* 1900) erklärt das Periodische System der chemischen Elemente durch „Verbot" zustandsgleicher Elektronen
Erich Stern: „Die Psyche d. Lungenkranken" (psychosomatische Medizin)
Staudinger: Anf. ein. Chemie der synthetischen Fasern
W. Schmidt († 1924): Hochdrucklokomotive für 60 at
G. E. Uhlenbeck und *S. Goudsmit* führen die Vorstellung des kreiselnden Elektrons ein (Elektronen-Spin)
N. Vavilov: Genzentrentheorie (Kulturpflanzen stammen aus wenigen gemeinsamen Mannigfaltigkeitszentren)
Serge Voronoff (* 1866, † 1951): „Organüberpflanzung und ihre praktische Verwertung beim Haus-

Gründung des I.G. Farbenkonzerns (erster Zusammenschluß 1904; 1916 „Anilinkonzern"; Aktienkapital 1926: 1100 Mill. RM)
Carl Duisberg wird Vorsitzender des Aufsichtsrats, des Verwaltungsrats d. I. G. Farben und des „Reichsverbandes der Dt. Industrie"
Firma für landwirtschaftliche Maschinen *Heinrich Lanz* (* 1838, † 1905) wird AG (gegründet 1859)
Walter P. Chrysler (* 1875, † 1940), nordamerikanisch. Autokonstrukteur, gründet *Chrysler Corporation* (liegt 1927 mit 192000 Verkäufen an 5. Stelle)
Deutsche Fordgesellschaft
Japan hat seine Maschinenerzeugung gegenüber 1913 auf 304 % gesteigert (Weltdurchschnitt 108 %
Max von Böhn: „Die Mode. Menschen und Moden vom Untergang der Alten Welt bis zum Beginn des 20. Jahrhunderts" (8 Bände seit 1923)
Taillenlose Frauenkleidung, kniefreie Röcke, Topfhüte, Bubikopf
Versuchsstelle für Hauswirtschaft des Dt. Frauenwerks (verl. Gütezeichen)
„Das Reformhaus. Monatsschrift für

gesunde Lebensführung"
Dr. *Ritter* wandert mit seiner Lebensgefährtin nach den Galapagosinseln aus, um dort fern von der Zivilisation ein *Robinson*leben zu führen
Jagdgesetz in Sachsen (gilt als bes. sachgerecht)
Letzte wilde Wisentherde im Kaukasus ausgestorben
Anwachsende Verbreitung d. Kreuzworträtsels und anderer „Denksport"-Aufgaben
∼ Sport- u. and. Reportagen im Rundfunk (bilden bis zum Fernsehen ein Gegengewicht zur Bevorzugung des Bildes)
Rhönrad von *Otto Feick*
Dt. Tischtennisbund
Skandal um die Brüder *Barmat* wegen Schädigung des Reiches durch Lebensmittellieferungen (seit 1919)
Internat. Rauschgiftkonvention
1. Motel (i. Kaliforn.)

Kleinbildphotographie mit Leica (vgl. 1913)

		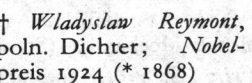	
(1925)	*Kadscharen*-Dynastie in Persien durch das Parlament abgesetzt (seit 1786) *Risa Khan* als erblicher pers. Schah *Risa* Schah *Pählewi* eingesetzt (regiert bis 1941). Moderne Entwicklung des Landes beginnt Afghanistan wird Königreich. *Amanullah* König bis 1929 (abgesetzt; seit 1919 Emir); beginnt Modernisierung † *Sun Yat-sen*, chin. Republikaner und Demokrat; seine Kuomintang stürzte 1911 chin. Kaisertum (* 1866); sein Nachfolger wird *Tschiang Kai-schek,* der bis 1928 ganz Nordchina erobert Antibrit. Bewegung in China Allgem. Wahlrecht für Männer zum japan. Parlament (1920 war Steuermindestleistung für das Wahlrecht von 10 auf 3 Yen ermäßigt worden) *Rama VII. Prajadhibok* König von Siam (dankt 1935 ab) Pachtvertrag Liberia — Firestone-Gummigesellschaft (USA) gegen Anleihe (Zinszahlungen ruinieren die Finanzen des Landes und werden 1932 eingestellt) *Surendranath Banerjee:* „Eine Nation im Werden" (ind.-nationale Darstellung) *Louis Armstrong* (*1900, † 1971), „King of Jazz", grdt. seine Combo „Hot Five" Stark atonaler Jazzstil in Chicago „Charleston"-Gesellschaftstanz	† *Wladyslaw Reymont*, poln. Dichter; Nobelpreis 1924 (* 1868) *A. Soergel:* „Dichtung und Dichter der Zeit" (2. Band „Im Bann des Expressionismus") *Gertrude Stein* (* 1874 i. USA, † 1946): „The Making of Americans", Amer. Familienroman (*G. St.* ist s. 1902 Mittelp. eines kultur. Zirkels i. Paris) *Virginia Woolf:* „Mrs. Dalloway" (engl. Rom.) *Hasse Zetterström* (* 1877): „Schwedenpunsch" (schwed. Humoresken) *Carl Zuckmayer* (* 1896): „Der fröhliche Weinberg" (Bühnenstück, *Kleist*preis) *St. Zweig:* „Die Augen des ewigen Bruders" (Erzählung), „Der Kampf mit dem Dämon" (Essays über *Hölderlin, Kleist* und *Nietzsche*) Teatro d'Arte unter *Pirandello* in Rom „Die Schule am Meer" auf der Insel Juist (pflegt Jugend- und Laienspiel) *Karl Voßler:* „Geist und Kultur in der Sprache" (Romanistik) 1. Band des Gesamtkatalogs der Wiegendrucke	„Die Verrufenen" (Film; Regie: *G. Lamprecht*) „Wege zu Kraft und Schönheit" (Film mit Betonung naturnaher Körperkultur) „Der Flug um d. Erdball" (Film mit Originalaufnahmen aus aller Welt) „Ein Walzertraum" (Film) „Die freudlose Gasse" (Film von *G. W. Pabst* [*1895, † 1967], mit *W. Krauß, A. Nielsen, G. Garbo*); „Varieté" (Film von *E. A. Dupont* mit *E. Jannings, L. de Putti*); „Tartüff" (Film von *F. W. Murnau* m. *W. Krauß, L. Dagover, E. Jannings*); „Die Elendsviertel von Berlin" (Film von *G. Lamprecht*) „Das Gespenst von Moulin Rouge" (frz. Film von *R. Clair*) „Die Abenteuer des braven Soldaten Schwejk" (tschechoslow. Film v. *Karel Lamac*) „Goldrausch" (nordam. Film von u. mit *Ch. Chaplin*); „Lady Windermeres Fächer" (nordam. Film v. *E. Lubitsch*); „Der Sportstudent" (nordam. Film von *F. Newmayr* mit *H. Lloyd*); „Die große Parade" (nordam. Film von *King Vidor*, * 1894, mit *John Gilbert*)

G. *Wobbermin:* „Systematische Theologie nach religionspsychologischer Methode" (3 Bde. seit 1913)

Lutherischer Weltkonvent in Oslo

Evang.-sozialer Kongreß (Präsident *Walter Simons*)

Verband evang. Theologinnen Deutschlands

Etwa 40000 Blinde in Deutschland, davon 4000 Kriegsblinde

Päpstl. Einsetzung des Festes des Königtums Christi und Ausdehnung des röm. Jubiläums auf den kathol. Erdkreis

Konflikt Tschechoslowakei—Vatikan wegen *Huß*feier

Kathol. Mission: 88000 (weiße) Missionsarbeiter auf 66400 Stationen (13 Mill. Getaufte). Evang. Mission: 30000 Missionsarbeiter auf 4596 Stationen und 46500 Schulen (2 Mill. Schüler)

Zahl der Jesuiten 18718 in 32 „Provinzen" zu 6 Assistenzen

Die Bibel kostete im 14. Jahrhundert (Handschrift): bis 20000 M; 1455 *(Gutenberg)*: 4000 M; 1462 *(Fust)*: 1600 M; 1483 *(Koberger)*: 400 M; 1522 *(Luthers N. T.)*: 60 M; 17. Jhdt.: 65 M; 18. Jhdt.: 12 bis 25 M; 1925 (Bibelgesellsch.) 3 M

Bibelgesellschaft in London setzt 10,5 Mill. Bibeln in 566 Sprachen und Dialekten ab

Einweihung der hebräischen Universität in Jerusalem

Rund 15 Mill. Juden (ca. 9,5 Mill. in Europa, 4 Mill. in USA)

Internationales Institut für Geistige Zusammenarbeit (Organ des Völkerbundes, Sitz Paris)

Internationale Pädagogische Konferenz in Heidelberg

„Psychologie und Medizin" (Zeitschrift für psychosomat. Medizin)

„Arzt und Seelsorger" (Schriftenreihe)

H. Richert: Richtlinien f. d. höheren Schulen Preußens

Dt. Oberschule verbreitet sich als neuer Schultyp

„Zeitschrift für Völkerpsychologie und Soziologie" (ab 1932 „Sociologus")

„Zeitschrift für Menschenkunde"

„Deutsche Kultur im Leben der Völker" (Zeitschrift)

„Deutscher Gelehrtenkalender" (Abzweigung von *Kürschners* Literaturkalender, seit 1878)

1. Intern. Radiologenkongreß in London (Strahlenforschung)

tier" (Versuche der Haustierverjüngung durch Keimdrüsenübertragung)

R. Wagner untersucht biologische Regelung (frühe Anwendung des Regelung-Begriffs in der Biologie)

John B. Watson: „Der Behaviorismus" (Tierpsychologie im Sinne einer Analyse des äußeren „Verhaltens")

Mumie des ägypt. Pharao *Tut-ench-Amun* ($\approx$ —1358) gefunden (vgl. 1922)

Fluggeschwindigkeitsrekord 486 km/St. von *Williams* (1922: 300 km/St., 1923: über 400 km/St., 1924: 450 km/St., 1939: 755 km/St.)

„Einsteinturm" der Sternwarte Potsdam (Turmteleskop für spektroskopische Sonnenforschung mit Objektiv von 600 mm Durchmesser und 14,4 m Brennweite)

Zeiß-Planetarium für „Dt. Museum" in München (1926 für Berlin; bis 1939 25 weitere, davon 15 für das Ausland)

Beginn der dt. Fernseh-Entwicklung mit *Nipkow*-Scheibe und *Karolus*- (*Kerr*-) Zelle (erste öffentliche Vorführung auf Ausstellungen in Deutschland ab 1928)

Niagara-Kraftwerke leisten etwa 700000 kW (erstes Kraftwerk dort 1896)

Walchensee-Kraftwerk (Baubeginn 1918; 122000 kW Leistung)

Reiß-Mikrophon von Telefunken

Ca. 600000 km Unterseekabel

Ca. 750000 Elektromotoren mit 2500000 kW Leistung und ca. 480000 Pferdegöpel in der dt. Landwirtschaft

DIN-Passungen mit Toleranzen für Bohrungen und Wellen erleichtern Austauschbau (1939 werden internationale ISA-Passungen von DIN aufgenommen)

Reichsamt für Landesaufnahme beginnt Vermessungswerk der Topographischen Grundkarte 1 : 5000

Akademie zur wissenschaftlichen Erforschung und Pflege des Deutschtums, in München

| 1926 |  |  | |

1926	Friedens*nobel*preis an *A. Briand* (Frankr.) und *G. Stresemann* (Dt.) Erster Pan-Europakongreß unter dem Ehrenvorsitz *A. Briands* *Strupp:* „Wörterbuch des Völkerrechts" (3 Bände seit 1922) *Luther* erneut dt. Reichskanzler mit Minderheitskabinett der Mitte; Rücktritt *Luthers* wegen Flaggenfrage. *Wilhelm Marx* (Zentr.) dt. Reichskanzler bis 1928 SPD wendet sich gg. Reichswehr Rücktritt des Chefs der Heeresleitung *von Seeckt* w. Teilnahme eines *Hohenzollern*prinzen an Manövern. Nachfolger *Heye* (* 1869, † 1946) bis 1930 Volksentscheid auf entschädigungslose Enteignung der dt. Fürsten erhält nur 14,5 Mill. Stimmen (20 Mill. notwendig) Deutschland mit ständigem Ratssitz im Völkerbund (tritt 1933 aus) Freundschafts- und Neutralitätsvertrag Deutschland—USSR Der bisherige Berliner Polizeipräsident *Grzesinski* ersetzt den preuß. Innenminister *Carl Severing* *Josef Goebbels* wird nationalsozialistischer Gauleiter von Berlin (führt zur Radikalisierung des politischen Kampfes, 1932 ist KPD stärkste Berliner Partei) *Hitler*jugend gegründet (wird 1933 „Staatsjugend") Völkerbund beschließt, Finanzkontrolle in Österreich aufzuheben (seit 1922) *Seipel* (christl.-sozial) österr. Bundeskanzler bis 1929 Ergebnislose Seeabrüstungskonferenz zwischen Großbrit., USA und Japan in Genf Generalstreik in Großbrit., endet mit Niederlage der Arbeiter 12. Tagung der Interparlamentarischen Union in London (gegr. 1888 mit d. Ziel der Völkerverständig.) Brit. Reichskonferenz erklärt Gleichberechtigung der Dominions in der freien Vereinigung des Britischen Empire; Südafrika lehnt Beteiligung ab und beansprucht volle Entscheidungsfreiheit	Literatur-*Nobel*preis an *G. Deledda* (Ital.) *Fritz von Unruh*, *H. Burte* und *Franz Werfel* erhalten *Schiller*preis *Bengt Berg:* „Abu Markúb" (schwed. Tierdarstellung) *E. Barlach:* „Der blaue Boll" (Schauspiel) *Georges Bernanos* (*1888, †1948): „Die Sonne Satans" (frz. Roman) *Louis Bromfield:* „Früher Herbst" (nordamerikan. Roman) †*Otto Ernst* (eig. *Schmidt*), dt. Dichter u. Volksschullehrer (* 1862) *Concha Espina de la Serna* (* 1877, † 1955): „Altar mayor" (span. Roman) *Bruno Frank:* „Trenck" (Roman) *Galsworthy:* „Der silberne Löffel" (engl. Roman) *Fjodor Wasiljewitsch Gladkow* (* 1883): „Zement" (russ. Roman) *Gide:* „Die Falschmünzer" (frz. Roman) *C. Goetz:* „Die tote Tante" (Einakter-Lustspiel) *Sigmund Graff* (* 1898): „Die endlose Straße" (Schauspiel, gemeinsam mit *Carl Ernst Hintze*) *Hans Grimm:* „Volk ohne Raum" (Roman im Geist des Imperialismus) *G. Hauptmann:* „Dorothea Angermann" (Schauspiel) *Hemingway:* „Fiesta" (nordamerik. Roman) *Ric. Huch:* „Der wiederkehrende Christus" (Roman) † *Siegfried Jacobsohn*, dt. politischer Journalist; Begründer der „Weltbühne" (* 1881) *F. Kafka:* „Das Schloß" (österr. Rom., posthum)	*Rudolf K. Bultmann* (* 1889, † 1976): „Jesus" (ev. Theologie, mit d. These, J. habe sich nicht f. d. Messias gehalten) *M. Ernst:* „Maria verhaut den Menschensohn" (hat in Paris schockierende Wirkung) † *Rudolf Eucken*, dt. Philosoph einer idealist. Lebensphilosophie; *Nobel*preis für Literatur 1908 (* 1846) *F. Giese:* „Reklame" (im Handwörterbuch d. Sexualwissenschaften) *F. Giovanoli:* „Zur Soziologie des Parteiwesens" (Schweiz. politische Soziologie) *Hartmann Grisar* (*1845, † 1932): „Martin Luthers Leben u. sein Werk, zusammenfassend dargestellt" (katholische *Luther*forschung) *Friedrich Heiler* (* 1892, 1920 vom Kathol. zum Protest. übergetreten): „Evangelische Katholizität" (mit hochkirchlicher Tendenz) *Kurt R. Grossmann* (*1897, † 1972): Generalsekr. der Dt. Liga f. Menschenrechte (bis 1933) *Kerschensteiner:* „Theorie der Bildung" (im Sinne moderner Schulreform) † *Ellen Key*, schwed. Pädagogin (* 1849) *Hermann von Keyserling:* „Die neu entstehende Welt" *L. Klages:* „Die psychologischen Errungenschaften Nietzsches" *König:* „Reklamepsychologie" † *Emil Kraepelin*, dt. Psychiater; unterschied den schizoiden und manisch-depressiven Formenkreis der Geisteskrankheiten (* 1856)

Barlach: „Die Begegnung von Christus u. Thomas" (express. Holzplastik)
Beckmann: „Stilleben mit Zigarrenkiste" (express. Gemälde)
Hubert Ermisch restauriert Dresdner Zwinger (bis 1936 u. von 1945—1951 [†])
W. Gropius: Bauhaus Dessau (modernes Bauwerk)
Hoetger baut für *Ludw. Roselius* (*1874, †1943, Gründer der ‚Kaffee-Hag'-Firma) Böttcherstr. Bremen
K. Hofer: „Angelica" (express. Gemälde)
Max Kaus (*1891): „Amaryllis" (Aq.)
„Blaue Vier" (Künstlergruppe der abstrakten Malerei mit *Paul Klee*)
Kokoschka: „Terrasse in Richmond" (expressionist. Landschaftsgemälde)
G. Kolbe: „Sitzende Frau" (Bronzeplast.)
W. Kreis: Düsseldorfer Ausstellungsgebäude a. Rheinufer
Le Corbusier (eigtl. *Charles E. Janneret*, *1887, †1965): „Kommende Baukunst" (frz.-schweizer.); vertritt konstr. Eisenbetonbau
W. Lübbert: „Rationeller Wohnungsbau"
†*Claude Monet,* frz. Maler d. Impressionismus (*1840)
Georg Muche (*1895): „Schwarze Maske" (Gem. aus dem Bauhaus; wechselt seit 1921 von der abstr. zur figurativen Malerei)

Alban Berg: „Lyrische Suite" (mit abschließend. Tristan-Zitat; Kammermusik i. Zwölftonstil)
Hindemith: „Cardillac" (Oper)
Honegger: „Judith" (schweiz.-frz. Oper)
Křenek: „Orpheus und Eurydike" (Oper, Text von *Oskar Kokoschka*)
Milhaud: „Der arme Matrose" (frz. Oper)
H. J. Moser: „Die evang. Kirchenmusik"
Puccini: „Turandot" (ital. Oper, Urauff. posthum in Mailand)
R. Strauss: „Briefwechsel mit Hugo v. Hofmannsthal"
Hermann Unger (*1886): „Richmod is von Aducht" (Oper)
S. Wagner: „Der Friedensengel" (Oper)
P. Whiteman u. *M. M. McBride:* „Jazz" (nordamerik.)
Laban: „Choreographie", „Tanz und Gymnastik", „Des Kindes Tanz und Gymnastik"

Ed. Munch „Das rote Haus" (norweg. express. Gemälde)
E. Nolde kauft Sommersitz Seebüll
Orlik „Neue 95 Köpfe" (Porträtzeichn. von Zeitgenossen)

Physik-*Nobel*pr. a. *J. Perrin* (Frankr.) f. Entdeckung des Sedimentationsgleichgewichtes von Kolloiden
Chemie-*Nobel*preis an *Th. Svedberg* (Schwed.) für Erforschung der Kolloide mit Ultrazentrifuge
Medizin-*Nobel*preis an *Johannes Fibiger* (Dänem., *1867, †1928) für Entd. des Spiroptera-Karzinoms
Abel: Reindarstellung kristallisierten Insulins (Bauchspeicheldrüsen-Hormon); teilw. Aufklärung des chemischen Baus
Amundsen und *Nobile:* Erfolgreicher Flug Spitzbergen—Nordpol—Alaska mit Luftschiff „Norge"
M. Born gibt statistische Deutung der atomaren Wellenmechanik
Breit und *Tuve:* Erste Echolotung der Ionosphäre (in üb. 100 km Höhe)
H. Busch (*1884, †1973): Magnetlinse f. Elektronenstrahlen (begr. Elektronenoptik)
Richard E. Byrd (*1888, †1957) fliegt mit Flugzeug von Spitzbergen z. Nordpol und zurück
A. C. Downing, R. W. Gerard und *A. V. Hill* stellen Wärmeerzeugung in erregten Nerven fest (Hinweis auf Stoffwechsel)
A. S. Eddington: „Der innere Aufbau der Sterne" (wegweisendes astrophysikalisches Werk)
Fermi: Elektronenstatistik (bedingt z. B. hohe Energie der Elektronen i. einem Metall auch beim absoluten Nullpunkt der Temperatur)
W. Filchner: Expedition nach Tibet bes. für erdmagnetische Messungen (bis 1928; Fortsetzung 1934 bis 1938; schreibt 1929 „Om mani padme hum" und 1940 „Bismillah")
Otfried Förster: Reizphysiologische Karte des Gehirns (weist den Gehirnfunktionen bestimmte Gehirngebiete zu)
E. Germer (*1901): Prinzip d. Leuchtstoff-, Hg-Lampe u. Höhensonne
Hale beweist Zusammenhang zwischen Sonnenprotuberanzen und Störungen des irdischen Magnetfeldes 26 Stunden später

Niederrhein.-westfäl. Inst. für Zeitungforschung, Dortmund
„Zeitungswissenschaft" (Zeitschr.)
„Arbeitsschutz" erscheint als Teil III des Reichsarbeitsblattes
„Der dt. Volkswirt" (Zeitschrift)
J. M. Keynes: „Das Ende des Laissez-Faire" (engl. antiliberalist. Volkswirtschaftslehre
Dt. Arbeitsgerichtsgesetz
Reichsknappschaftsgesetz
Starke technische Rationalisierung in Deutschland
Intern. Rohstahlgemeinschaft (Kartell mit Produktionsbegrenzung zw. Deutschland, Frankreich, Belgien, Luxemburg)
†*August Thyssen,* dt. Unternehmer (*1842)
Verein. Stahlwerke AG, Düsseldorf, (Dachkonzern der Stinnes-, Thyssen-, Phönix-Gruppe u. der Rhein. Stahlwerke; 1930 800 Mill. RM Aktienkapital)
Hamburg-Amer.-Linie übernimmt *Stinnes*linie
Mitteldt. Stahlwerke AG
Imperial Chemical Industries (brit. chem. Industriekonzern als Gegengewicht zur I. G. Farben, 1936 Aktienkapital 95 Mill. £

(1926)

Lord *Halifax* (Lord *Irwin*, * 1881) brit. Vizekönig in Indien bis 1931
Singapur wird brit. Flottenstation erster Klasse
de Valera gründet irische Partei „Fianna Fail" (für völlige irische Selbständigkeit)
Großer Aufstand *Abd el Krims* und seiner Rifkabylen von den Franzosen und Spaniern in Marokko niedergeworfen (begann 1921)
Raymond Poincaré frz. Ministerpräsident und Finanzminister bis 1929 (stabilisiert den Franken); stützt sich auf „Nationale Union" der bürgerl. Parteien; *Briand* bleibt Außenminister
Emile Vandervelde (* 1866, † 1938; belg. sozialist. Außenmin. 1925 bis 1927): Rede über Belgiens Außenpolitik
Belg. Finanzkrise. Abwertung und Stabilisierung
Aufhebung des kollegialischen Kabinetts und der parlamentar. Verantwortlichkeit in Italien. Aufhebung der Wahlen in Provinzen und Gemeinden. Streikverbot. *Mussolini* „Duce del Fascismo". Freundschaftsvertrag Italien—Spanien
Italien erlangt durch Militärkonvention von Tirana starken Einfluß in Albanien; Freundschaftsvertrag mit Rumänien (1927 Anerkennung Bessarabiens als rumän. Gebiet)
Ein von der ital. Regierung eingesetzter Governatore verwaltet die Stadt Rom
Staatsstreich *Josef Pilsudskis* in Polen; als Kriegsminister und zeitweiliger Ministerpräsident (1926 bis 1928, 1930 bis 1931) übt er diktatorische Herrschaft in Polen aus bis 1935 (†)
Ignaz Moscicki (* 1867, † 1946) poln. Staatspräsident (geht 1939 ins Ausland)
Austritt Spaniens aus dem Völkerbund (Wiedereintritt 1928)
General *Carmona* errricht. Militärdikt. in Portugal (wird 1928 Präsident)
Bis 1932 liberale und konservative Regierungen in Schweden
Freundschaftspakt zwischen Litauen und der USSR. Nationalistische Diktatur in Litauen unter Staatspräsident *Smetona*

G. Kaiser: „Zweimal Oliver" (Bühnenstück)
Klabund: „Cromwell" (Drama)
Th. E. Lawrence: „Die sieben Säulen der Weisheit" (engl. Bericht vom Araberaufstand 1916/18)
Emil Ludwig: „Bismarck" (Biographie)
Majakowski: „Wie ich Amerika entdeckte" (russ. Erzählung)
Th. Mann: „Unordnung u. frühes Leid" (Novelle), „Lübeck als geistige Lebensform" (Rede)
Miegel: „Geschichten aus Altpreußen"
Henri de Montherlant (* 1896): „Die Tiermenschen" (frz. Roman)
A. Neumann: „Der Teufel" (historisch. Roman, *Kleist*preis)
Sean O'Casey (* 1884, † 1964): „The plough and the stars" („Der Pflug und die Sterne", irisches Drama)
Pirandello: „Einer, Keiner, Hunderttausend" (ital. Roman)
A. Polgar: „Orchester von oben" (Skizzen) und „Ja und Nein" (Kritiken)
† *Rainer Maria Rilke*, dt. Dichter (* 1875)
Schnitzler: „Der Gang z. Weiher" (Schauspiel)
W. von Scholz: „Perpetua" (Roman)
Lulu v. Strauß und Torney (eig. *Luise Diederichs*, * 1873): Gesamtausgabe der Balladen und Lieder
Sudermann: „Der tolle Professor" (Zeitroman)
Thieß: „Das Tor zur Welt" (Erziehungsrom.)
B(ernhard) Traven (eig. *Traven Torsvan*, * 1890, † 1969): „Das Totenschiff", „Die Baumwollpflücker" (Romane)

Felix Krueger: „Über psychische Ganzheit"
Th. Litt: „Möglichkeit und Grenzen der Pädagogik"
Marbe: „Praktische Psychologie der Unfälle und Betriebsschäden" (behauptet die Existenz von zu Unfällen neigenden Personen)
Herman Menge: Übersetz. des Alten Testam. (Neues Testament 1906)
Messer: „Pädagogik der Gegenwart" (Zusammenfassung)
Stigmatisierung von *Therese Neumann* in Konnersreuth (* 1898) (Ca. 322 Fälle von Stigmatisierung seit *Franz von Assisi* bekannt)
Pichl und *Rosenstock*: „Im Kampf um die Erwachsenenbildung"
Erich Rothacker (* 1888, † 1965): „Logik u. Systematik der Geisteswissenschaften"
Scheler: „Die Wissensformen und die Gesellschaft" (phänomenologische Soziologie des Wissens)
M. Schlick: „Erleben, Erkennen, Metaphysik" (Positivismus)
Wilhelm Schmidt: „Die Sprachfamil. u. Sprachkreise der Erde" (kathol. Kulturkreislehre mit Atlas)
Walther Schücking (* 1875, † 1935) wird Direktor des Instituts für internationales Recht in Kiel (fördert Völkerbundspolitik)
W. Stern: „Jugendliche Zeugen in Sittlichkeitsprozessen" (Zeugenpsychologie)
Ferd. Tönniës: „Fortschritt und soziale Entwicklung"

Pechstein: „Kornpuppen" (expressionist. Gemälde) *Fr. Schumacher:* Finanzgebäude in Hamburg *St. Spencer:* „Auferstehung" (engl. surrealist. Gemälde) *Lesser Ury:* Bilder aus London „Das ideale Heim" (Zeitschrift für Innenarchitektur) ———— † *Rudolf Valentino,* italienisch - nordam. Filmschauspieler; Hunderttausende bei s. Beisetzung (*1895) Filmreg. *Ernst Lubitsch* geht nach USA „Geheimnisse einer Seele" (psychoanalytisch. Film von *Pabst* mit *W. Krauß*) „Metropolis" (utopischer Film, Buch von *Thea von Harbou,* mit *Brigitte Helm, Gustav Fröhlich, H. George, Alfred Abel;* Regie: *F. Lang*) „Faust" (Film von *F. W. Murnau* mit *E. Jannings, Camilla Horn, Yvette Gilbert*) „Die Unehelichen" (Film; Regie: *G. Lamprecht*) „Panzerkreuzer Potemkin" (sowjetr. avantgard. Film; Regie: *Serge Michailowitsch Eisenstein,* * 1898, † 1948) „Ein Sechstel der Erde" (Russ. Film von *Dziga Vertow,* * 1897); „Die Mutter" (russ. Film nach *Gorki* von *Wsewolod Pudowkin,* * 1893)	Entscheid. Verbess. d. Schallplattenqualität durch elektr. Aufnahme u. Wiedergabe	*W. Homann:* „Die Erreichbarkeit der Himmelskörper" (Technik der Raumschiffahrt) *Hubble* erkennt in den Spiralnebeln einzelne Sterne (erweisen sich dadurch als ferne milchstraßenähnliche Weltinseln) *Jaederholm:* „Psychotechnik des Verkaufs" *Jansen* und *Donath* gelingt die Reindarstellung kristallisierten Vitamins B_1 (Aneurin) *G. Jobst:* Pentode (5-Pol-Verstärker-Röhre) *L. W. H. Keesom* bringt das Edelgas Helium in den festen Aggregatzustand (bei $-271°$ C) *Klingenberg*-Kraftwerk in Berlin-Rummelsburg mit Dampfturbinen für 270 000 kW Leistung *Paul de Kruif* (* 1890): „Mikrobenjäger" (vorbildlich populäre Darstellung der Bakteriologie) *Hans Lassen* (* 1897, † 1974): Theorie der Ionosphäre (Leitfähigkeit durch ultraviolettes Sonnenlicht) *Lorenzen:* Gleichdruck-Gasturbine Leberdiät gegen perniziöse Anämie von *George Richards Minot* (* 1885) und *William Perry Murphy* (* 1892) *P. Moede:* „Lehrbuch der industriellen Psychotechnik" (2 Teile) *Myers:* „Industrielle Psychologie in Großbritannien" *Hermann Oncken:* „Die Rheinpolitik Napoleons III. 1863—70 und der Ursprung des Krieges 1870" (2 Bände) *Pawlow:* „Die höchste Nerventätigkeit (das Verhalten) von Tieren" (Physiologie der „bedingten Reflexe") *Michail Rostovtzeff* (* 1870, † 1952): „Die soziale und ökonomische Geschichte des Römischen Reiches" *E. Schrödinger* entwickelt quantenphysikalische Wellenmechanik *Staeding:* „Psychotechnik in der Landwirtschaft" *Carl Stumpf:* „Die Sprachlaute" (physiologische Akustik) *James Batcheller Sumner* (* 1887): Reindarstellung des Enzyms (Ferments) Urease in kristall. Form	Dt. Benzin- und Petroleum GmbH (Olex) Dt. *Woolworth*-Ges. in Berlin (Einheitspreisgeschäfte) *Zeiß*-Ikon AG, Dresden, gegr. (Zusammenschluß optischer Werke) Zusammenschluß der deutschen Linoleum-Industrie Deutsche Lufthansa gegründet (aus Aero Lloyd und *Junkers* Luftverkehr AG) *Dornier-Wal* startet zum Südam.-Flug von Spanien aus Handwerk in Deutschl. vertr. durch Reichsverband des dt. Handwerks (1919) m. 67 Handwerks- u. Gewerbekammern, 59 Innungs- und Fachverbänden, 6 Fachverbands-Kartellen u. a. Organisationen (Handwerk steht teilweise im harten Konkurrenzkampf zur Industrie) Volkstrauertag in Deutschland eingeführt Reichsmuseum für Gesellschafts- und Wirtschaftskunde in Düsseldorf (mit Material der Ausstellung für Gesundheitspflege, soziale Fürsorge und Leibesübungen, Gesolei) In Deutschl. 1,35 l Trinkbranntwein pro Kopf (1905: 3,8 l pro Kopf)

(1926)

Augustinas Voldemaras (* 1883) litau. Ministerpräsid. u. Außenminister bis 1929 (gestürzt; nach Militärputsch 1934 zu Kerker verurteilt)
Litauen verhängt Belagerungszustand über das Memelgebiet
Dt. Minister in der tschechoslowakischen Regierung
Ungar. Oberhaus mit Vertretern des Großgrundbesitzes
Kroatenführer *Stefan Radic* (seit 1925 jugoslaw. Erziehungsminister) scheidet aus dem Kabinett aus.
Vertrag mit Griechenland über jugoslaw. Freihafenzone in Saloniki. Freundschaftsvertrag Jugoslawien—Polen
† *Nicola Paschitsch*, jugoslaw. Ministerpräsident seit 1921 (* 1846)
Ljaptschew bulgar. Ministerpräsident (Mazedonier) bis 1931; schaltet Bauernpartei weiterhin aus
Bündnis- u. Freundschaftsvertr. Rumäniens m. Polen, Frankr. u. Italien
Vorübergehende Diktatur von General *Pangalos* in Griechenland
Türkei verzichtet auf Erdölgebiet von Mossul zugunsten Iraks
Türk. Zivilgesetzbuch (nach dem Schweizer von 1907)
Persisch-türkischer Freundschaftsvertrag
Liberaler Wahlsieg in Kanada über Konservative. Erster kanad. Gesandter in USA
Nationalisierung der Bodenschätze in Mexiko
Brasilien tritt a. d. Völkerbund aus
Kantonarmee unter *Tschiang Kaischek* beginnt Feldzug zur Einigung Chinas (1928 Einnahme Pekings)
Hirohito Kaiser von Japan (seit 1921 Prinzregent für seinen geisteskranken Vater *Yoshihito* [†])
Aufstand in Niederländ.-Java (1927 n. harten Kämpf. niedergeschlagen)

Unruh: „Bonaparte" (Drama)
Ramon del Valle-Inclán (* 1870, † 1936): „Tyrann Banderas" (span. Roman)
Edgar Wallace (* 1875, † 1932): „Der Hexer" (engl. Kriminalroman)
Wells: „Die Welt William Clissolds" (engl. gesellschaftskrit. Rom.)
Wiechert: „Der Knecht Gottes Andreas Nyland" (Roman)
Thornton Niven Wilder (* 1897): „Die Cabala" (nordamerikan. Roman)
Wildgans: „Wiener Gedichte"
E. Zahn: „Frau Sixta" (Schweiz. Roman)
St. Zweig: „Verwirrung der Gefühle" (Erzählgn.)
Kartell d. „Großen Vier" f. d. Erneuerung d. frz. Theaters: *Baty, Dullin, Jouvet, Pitoëff* (bekämpfen d. rein kommerzielle Theater)
Abteilung Dichtung der Preuß. Akademie gegr.
Adolf Erman u. *Hermann Grapow:* „Wörterbuch d. ägypt. Sprache" (1. Bd., 4 weitere b. 1952)

„Die physikalischen Phänomene der großen Medien" (den Okkultismus verteidigende Erwiderung auf Teil II des „Okkultismus in Urkunden" von 1925: „Siebenmännerbuch", da 7 Autoren)

Paul Valéry: „Vorschlag z. Vernunft" (frz.)
„Jahrbuch für Soziologie" erscheint
Der Papst verurteilt die nationalist. kathol. Action française i. Frankr.
Konkordat mit Polen
„Scholastik" (Zeitschr. für kathol. Philosophie)
Ring kathol. dt. Burschenschaften (farbentragend)
28 162 Freimaurerlogen mit 4,2 Mill. Mitgliedern (davon Nordamerika 3,3 Mill.)
In Deutschland (vergleichsweise 1899) 559 (212) Niederlassungen männlicher religiöser Orden mit 10458 (4250) Mitgliedern und 6619 (2661) Niederlassungen weiblicher Orden mit 73880 (32381) Mitgliedern
Erste preuß. Pädagogische Akademie für Volksschullehrer in Bonn (kath.) und Elbing (evang.)
Reichsausschuß für hygien. Volksbelehrung
Reichsausschuß der Jugendverbände umfaßt 3,5 Mill. Jugendliche
Gesetz zur Bewahrung der Jugend vor Schmutz- und Schundschriften
„Zeitschrift für psychoanalyt. Pädagogik"
Koloniale Frauenschule in Rendsburg gegründet
Türk. Schulwesen wird nach westl. Vorbild reformiert und verstaatlicht (seit 1924)
„Zeitschrift für Okkultismus und Grenzfragen des Seelenlebens"

"Ben Hur" (nordam. Film von *Fred Niblo* mit *Ramon Novarro*); "Don Juan" (nordamerik. Film mit synchron. Musik von *Alan Crossland* mit *John Barrymore*)

"Nana" (frz. Film v. *Jean Renoir* * 1894) mit *W. Krauß*

"Die letzten Tage von Pompeji" (ital. Film)

Der Ufa-Filmkonzern leiht Geld von USA-Filmgesellschaften (Verleihanstalt "Parufamet")

Fr. v. Wettstein: Es gibt Erbfaktoren i. Plasma

"Ergebnisse d. Biologie" (Jahrbuch)

Archiv für Polarforschung in Kiel

Entwicklung d. überseeischen Kurzwellen-Verkehrs (bes. durch USA-Amateure seit 1924 vorbereitet, erster zusammenfassender Bericht *Rukop* 1925)

Erste Ansätze einer mathematisch. Wettervorhersage in Großbritan. (wird nach dem 2. Weltkrieg durch elektron. Rechenmaschinen entscheidend verbessert)

Einführung des Begriffs "Großwetterlage" zur Kennzeichnung der weiträumigen Druckverteilung

Elektrische Schallplattentechnik ("Electrola")

16-mm-Schmalfilm von Kodak (begünstigt Amateurfilm; 1928 Agfa-Schmalfilm)

Zugspitz-Schwebebahn v. Ehrwald (Österr.)

Berliner Funkturm eröffnet (120 m hoch, Baubeginn 1925)

Zugfunk-Telefon auf der Strecke Hamburg–Berlin

Netzanoden für Rundfunkgeräte

Fernleit. f. Ströme bis 380 000 Volt

Freiluft-Schaltanlage f. 100 000 Volt Hochspannung (Böhlen bei Leipzig)

Diamanthartes Widia-Hartmetall *(Krupp)*; führt zu Höchstleistungsmaschinen für Metallbearbeitung (Schnittgeschwindigkeiten bei Aluminium bis 1000 m/Minute)

Zweckmäßige *Maier*-Form des Schiffsbugs wird verwendet (nach unten zurückweichend)

In Deutschland etwa 600 homöopath. Ärzte (Homöopathie sehr umstritten.)

Volkswirtschaftl. Schäden durch Geschlechtskrankheiten in Deutschland ca. 6—7 Mill. Mark

H. L. Mencken: "Demokratenspiegel" (nordam. Kritik am öffentlichen Leben)

33 Lynchmorde in USA (1950 nur noch vereinzelte Fälle; seit 1889 insgesamt 3592; Antilynchgesetz 1922 abgelehnt)

Völkerbundsabkommen über Abschaff. d. Sklaverei

Türk. Eherecht reformiert (Abschaffung der Polygamie; besteht weiter in den anderen mohammedanischen Staaten)

Türkei verbietet Fes (Türkenmütze)

Reichsverband für Körperkultur

Antonio Buzzacchino (* 1889, † 1958): Dauerwelle

C. J. Luther: "Schule d. Schneelaufs" (Arlbergschule, bewirkt stark. Aufschwung des Skilaufs)

Kegel unternimmt ersten Gewitterflug im Segelflugzeug

Erste dt. Kanaldurchschwimmg. von *Gertrud Ederle*

Gene Tunney schlägt *Jack Dempsey* nach Punkten und wird Boxweltmeister (Rekordeinnahme: 2,6 Mill. Dollar)

Internation. Tischtennisverband

Erste "Grüne Woche" in Berlin

Genfer Rundfunkwellenplan in Kraft

Einw. d. Berliner Funkturms

1927

Friedens*nobel*preis an *Ferdinand Buisson* (Frankr., * 1841, † 1932) und *L. Quidde* (Dt.)
Jahrbuch des Völkerbundes (frz.)
Deutschnationale in der Regierung *Marx* bis 1928; keine Unterstützung mehr durch SPD
Dt.-frz. Handelsvertrag
Deutschland tritt dem Internationalen Schiedsgerichtshof i. Haag bei
In Sachsen spaltet sich „Alte Sozialdemokratische Partei" unter *Heldt* als rechter Flügel ab
Nationaldenkmal Tannenberg eingeweiht
Albrecht Mendelssohn-Bartholdy und *Thimme*: „Die große Politik der europäischen Kabinette 1871 bis 1914" (40 Bände aus den Akten des dt. Auswärtigen Amtes seit 1922)
Gottfried Feder (* 1883): „Das Programm der NSDAP" (mit „Brechung der Zinsknechtschaft"; dieses Programm spielt nach 1933 keine wesentliche Rolle)
K. Haushofer: „Grenzen" (Geopolitik)
Erich Ludendorff: „Die überstaatlichen Mächte im letzten Jahre des Weltkrieges" und „Vernichtung der Freimaurerei durch Enthüllung ihrer Geheimnisse" (Kampfschriften gegen internationale Organisation.; „Dolchstoß"-Legende)
Arbeiterunruhen in Wien, Brand des Justizpalastes
Abbruch der diplomat. Beziehungen Großbrit. zur USSR
Brit. Gewerkschaftsgesetz schränkt Arbeiterbewegung ein
Brit. Vertrag mit Irak, erkennt ihn als unabhängigen Staat an. Brit. Mandat bleibt erhalten
Brit. Kommission zum Studium ind. Verfassungsfragen
Südafrikan. Union schafft eigenes Außenministerium und Frauenwahlrecht
Autonomiebewegung in Elsaß-Lothringen (1928 scharf bekämpft)
Freundschaftsvertrag Jugoslawien—Frankreich

Literatur-*Nobel*preis an *Henri Bergson* (Frankr.)
Benn: Gesammelte Gedichte
F. Blei: „Glanz u. Elend berühmter Frauen"
Bonsels: „Mario und die Tiere" (Erzählung)
† *Georg Brandes (Cohen)*, dän. Literaturkritiker u. Schriftsteller; Wegbereiter des Naturalismus (* 1842)
Brecht: „Hauspostille" (Gedichte)
Willa Cather: „Der Tod kommt zum Erzbischof" (nordamerik. Roman)
Jean Cocteau (* 1892, † 1963): „Ödipus rex" (frz. Schausp., vertont v. *Igor Strawinsky* u. „Orpheus" (frz. Schauspiel)
Duun: „Olsoy-Burschen" (norweg. Rom.)
Erskine: „Adam und Eva" (nordam. Roman)
Alexander A. Fadjejew (*1901): „Vernichtung" (russ. Novelle)
Bruno Frank: „Zwölftausend" (Schauspiel)
Leonhard Frank: „Karl und Anna" (Erzählung)
Friedrich von Gagern (* 1882, † 1947): „Das Grenzerbuch" (Geschichte der nordamerikan. Indianergrenze)
Gide: „Tagebuch der Falschmünzer" (franz. Roman)
Jean Giraudoux (* 1882, † 1944): „Eglantine" (frz. Roman)
Oskar Maria Graf (* 1894, † 1967): „Wir sind Gefangene" (Autobiographie)
Friedrich Griese (* 1890): „Winter" (Roman)
† *Maximilian Harden*, dt. Schriftsteller; Herausgeber der „Zukunft"

Léon Brunschvicg (* 1869, † 1944): „Der Fortschritt des Wissens in d. abendl. Philosophie" (frz. Rationalismus)
† *Houston Stewart Chamberlain*, engl.-dt. Philosoph, Schwiegersohn *Richard Wagners*; gilt als Vorläufer der nationalsozialist. Rassenideologen (* 1855)
A. Deißmann: „Die Stockholmer Bewegung" (protest.)
Freud: „Die Zukunft einer Illusion" (Religionspsychologie)
Th. Haecker: „Christentum und Kultur" (kathol. Kulturphilosophie)
Harnack: „Die Entstehung der christlichen Theologie und des kirchlichen Dogmas" (protestant.)
Heidegger: „Sein und Zeit" (Begründung einer weltlichen Existential-Philosophie)
L. Klages: „Persönlichkeit"
E. Krieck: „Bildungssysteme d. Kulturvölker"
Lucien Lévy-Brühl (* 1857, † 1939): „Die geistige Welt d. Primitiven" (frz. Ethnologie)
M. Maeterlinck: „Das Leben der Termiten" (belg. philosoph. Naturbeschreibung)
Müller-Freienfels: „Geheimnisse der Seele"
F. Oppenheimer: „System der Soziologie" (3 Bände seit 1922)
Peter Petersen entwickelt auf der IV. internationalen Konferenz für Erneuerung der Erziehung in Locarno seinen „Jenaplan": Für Schule mit lebendigem Gruppenunterricht. Gegen „Lern- u. Lehrschulen"

Ernst Benkard (* 1884, † 1946): „Das ewige Antlitz" (Sammlung von Totenmasken)

Braque: „Glas und Früchte" (frz. express. Gemälde)

Edward Burra (* 1905): „Terrasse" (engl. express. Gemälde)

Chagall: Illustr. z. „Die Toten Seelen" v. *Gogol*, (s. 1923)

Le Corbusier: Haus der Weißenhofsiedlung, Stuttgart (Architektur d. Neuen Sachlichkeit)

Charles Demuth (* 1883, † 1935): „Ägyptische Impression" (nordam. kubist. Gemälde)

K. Hofer: „Jazzband", „Stilleben" und „Knabe mit Ball" (express. Gem.)

Edward Hopper (* 1882): „An der Manhattan-Brücke" (nordamerikan. Gemälde in neusachlichem Stil)

A. Kanoldt: „Stilleben" (sachlicher Stil)

Kokoschka: „Courmajeur 1927" (alpines Landschaftsbild)

Fritz Koelle: „Der Bergmann" (Bronzeplastik)

Kollwitz: „Arbeiterfrau mit schlafendem Jungen" (Lithogr.)

Mies van der Rohe: Wohnbauten Afrikan. Str., Berlin

G. A. Munzer: Marineehrenmal bei Laboe (bis 1936)

Pechstein: „Lupowmündung" (Gem.)

d'Albert: „Der Golem" (Oper)

Bachs „Kunst der Fuge" in der Einrichtung von *Wolfgang Gräser* (* 1906, † 1928, Selbstmord) unter Thomaskantor *Karl Straube* uraufgeführt

Graener: „Hanneles Himmelfahrt" (Oper)

Alois Hába (* 1893, Tschech.): „Neue Harmonielehre des diatonischen chromatischen Viertel-, Drittel-, Sechstel- und Zwölftonsystems" (deutsche Übersetzung)

† *Friedrich Hegar*, Schweizer Komponist; u. a. Männerchöre (* 1841)

Hindemith: „Felix der Kater" (Filmmusik für mechanische Orgel)

Honegger: „Antigone" (schweiz.-frz. Oper, Text von *J. Cocteau*)

Křenek: „Jonny spielt auf" (Jazzoper), „Der Diktator" („tragische" Oper), „Das geheime Königreich" (Märchenoper) u. „Schwergewicht oder die Ehre der Nation" (burleske Operette)

Lehár: „Der Zarewitsch" (Operette)

Malipiero: „Philomela und ihr Narr" (ital. Oper)

Milhaud: „3 Opéras minutes" (frz. Oper)

Ravel: Violinsonate (frz. Komposition)

Physik-*Nobel*preis an *A. H. Compton* (USA) für Erforschung des Stoßes zwischen *Röntgen*quant und Elektron und an *C. T. Wilson* (Großbrit.) für Sichtbarmachung atomarer Teilchen in der Nebelkammer

Chemie-*Nobel*preis an *Hch. Wieland* (Dt.) für Konstitutionsaufklärung der Gallensäuren

Medizin-*Nobel*preis an *J. Wagner von Jauregg* (Österr.) für Malariatherapie der Paralyse (Heilfieber)

† *Svante Arrhenius*, schwed. Naturforscher; *Nobel*preis 1903 (* 1859)

Adolf Bach: „Die Siedlungsnamen des Taunusgebietes" (philologische Geschichtsforschung nach *Wilhelm Arnold*)

Bilau: „Die Windkraft in Theorie und Praxis"

Davidson Black: Ausgrabungen von Resten der altsteinzeitl. Peking-Affenmenschen („Sinanthropus", erste Funde 1920)

Theodor Brugsch (* 1878): „Spezielle Pathologie und Therapie innerer Erkrankungen" (2 Bände seit 1914)

C. J. Davisson und *L. H. Germer* sowie unabhängig *Georg Paget Thomson* (* 1892) weisen durch Interferenzversuche die Materiewellen der Elektronen und damit ihren Teilchen-Welle-Dualismus nach

Otto Diels (* 1876) und *Kurt Alder* (* 1902, † 1958) finden chemische Diën-Synthese zur Erzeugung wichtiger organischer Stoffe

W. Dörpfeld: „Alt-Ithaka" (Bericht über eigene Ausgrabungen, 2 Bände)

Artur Fürst (* 1880, † 1926): „Das Weltreich der Technik" (gemeinverständlich, 4 Bände seit 1923)

R. Geiger: „Das Klima der bodennahen Luftschichten" (Mikroklimatologie)

R. Goldschmidt: „Physiologische Theorie der Vererbung"

Sven Hedin beginnt seine schwedisch-dt.-chin. Innerasien-Expedition (bis 1935, errichtet u. a. ständige meteorologische Stationen)

Weltwirtschaftskonferenz in Genf, empfiehlt Liberalisierung der Weltwirtschaft

Weltbevölkerungskongreß in Genf

Welthilfsverband (Großkatastrophendienst des Völkerbundes)

Welt-Funkkonferenz z. Washington

Mit 5475 Schiffen (28 Mill. t) Jahresleistung erreicht der Panamakanal die Grenze seiner Leistungsfähigkeit (führt zur Erwägung eines Nikaraguakanals)

5422 Schiffe mit 337 741 Passagieren passieren den Suezkanal

Bau von *Diesel*motorschiffen übertrifft mit 1,6 Mill. BRT erstmalig den von Dampfschiffen (1,5 Mill.).

Pflichtversicherung gegen Arbeitslosigkeit in Deutschland

Reichsarbeitsgericht beim Reichsgericht

Arbeits- u. Kündigungsschutzgesetz für werdende und stillende Mütter in Deutschland

Dt. Lebensmittelgesetz (1936 geändert)

Reichsgesetz zur Bekämpfung der Geschlechtskrankheiten

Preußische Elektrizitäts-AG (Zusammenfassung staatlicher Unternehmen)

(1927)

Faschist. Arbeitsrecht in Italien („Carta del lavoro")
Zwangskorporationen als berufsständische Körperschaften in Italien
Freundschaftsvertrag Ungarn—Italien
Attentate auf *Mussolini* und den ital. König. Wiedereinführung der Todesstrafe
Tschechoslowakische Verwaltungsreform schafft böhmische, slowakische und karpatoruss. Landesvertretungen (ab 1929)
Auflösung des poln. Parlaments und Verhaftung zahlreicher oppositioneller Abgeordneter
USA-Anleihe für Polen
Poln. Grenzzonenverordnung erschwert die Lage der nationalen Minderheiten
† *Ferdinand I.*, König von Rumänien seit 1914 (* 1865). *Michael* (unmündig) König von Rumänien bis 1930 (und ab 1940); sein Vater *Carol (II.)* mußte wegen Eheskandals mit Mme. *Lupescu* 1926 auf den Thron verzichten, regiert aber ab 1930
† *Jonel Bratianu*, liberaler rumän. Politiker; war seit 1909 5mal Ministerpräsident (* 1864). Ende des maßgebenden liberalen Einflusses
Codreanu gründet rumän.-faschist. „Legion Erzengel Michael" (1931 „Eiserne Garde", 1933 verboten)
Sinowjew und *Trotzki* als Oppositionsführer aus der kommunist. Partei ausgeschlossen (1926 war *Sinowjew* als Leiter der 3. Internationale abgesetzt worden); *Trotzki* wird nach Turkestan verbannt
Erster Fünfjahresplan und Kollektivierung der Landwirtschaft in der USSR vom kommunist. Parteitag beschlossen
Kemal Atatürk: „Die neue Türkei" (große programmat. Rede des Staatspräsidenten)
Persien schließt Freundschaftsverträge mit Afghanistan und USSR und führt Gesetzbuch nach frz. Muster ein

von 1892 bis 1923; kämpfte gegen Hofkamarilla i. Berlin (* 1861)
W. Hasenclever: „Ein besserer Herr" (satir. Komödie)
Hemingway: „Männer ohne Frauen" (nordamerikan. Roman)
H. Hesse: „Der Steppenwolf" (Roman)
Rudolf Huch: „Spiel am Ufer" (Roman)
† *Jerome K. Jerome*, engl. humorist. Dichter (* 1859)
F. Kafka: „Amerika" (österr. Rom, posthum)
Hermann Kesten (* 1900): „Josef sucht die Freiheit" (Roman)
Kisch: „Zaren, Popen, Bolschewiken" (journal. Reisebericht aus Rußl.)
Kolbenheyer: „Das Lächeln der Penaten" (Roman)
Th. E. Lawrence: „Aufstand i. d. Wüste" (engl.)
Lewis: „Elmer Gantry" (nordamerikan. Roman)
H. Mann: „Mutter Maria" (Roman)
François Mauriac (* 1885): „Thérèse Desqueyroux" (frz. Roman)
Miegel: „Spiele" (dramatische Dichtungen)
Ralph Hale Mottram (* 1883): „Der spanische Pachthof" (Romantrilogie seit 1924)
Rob. Neumann (* 1897, † 1975): „Mit fremden Federn" (Parodien)
Ponten: „Die Studenten von Lyon" (Roman)
Marcel Proust (* 1871, † 1922): „Auf der Suche nach der verlorenen Zeit" (frz. Romanzyklus seit 1913)
Ringelnatz: „Reisebriefe eines Artisten" (Gedichte)

Ranade u. *Belvalkar:* „Geschichte d. ind. Philosophie" (1. Band)
B. Russell: „Analyse der Materie" (engl. empirist. Naturphilosophie)
R. Steiner: „Eurhythmie als sichtbare Sprache. Eurhythmie als sichtbarer Gesang" (anthroposophische Ausdruckskunst; posthum)
Alfred Weber: „Ideen der Staats- und Kultursoziologie"
Konferenz für Glaube und Kirchenverfassung (kirchl. Einigungsbestrebung)
Museum für Mission und Völkerkunde (Lateran, Rom)
Siebenjähriger Seminarkursus für sächs. Volksschullehrer
„Das Landschulheim" (Zeitschrift)
„Handbuch der Arbeitswissenschaft"
„Handwörterbuch des deutschen Aberglaubens" (herausgegeben von *Bächtold-Stäubli*)

Pinder: „Das Problem der Generation" (betrachtet kunstgeschichtl. Ablauf nach Generationen)

Emil Preetorius, Professor an der Staatsschule für angewandte Kunst in München

Walter F. Schubert: „Die deutsche Werbegraphik"

Slevogt: Illustrationen zum „Faust" (seit 1922)

Bruno Taut: „Ein Wohnhaus" (Beschreibung eines modernen Einfamilienhauses mit direktem Sonnenlicht für jeden Raum und hausarbeitssparendem Zuschnitt)

Zille: „Das große Zille-Album" Zeichnungen aus den Arbeitervierteln Berlins)

Geradlinige Möbel ohne Ornamente

„Der Jazzsänger" (erster erfolgreicher USA-Tonfilm von *A. Crossland* mit *Al Jolson*, † 1950)

„Unterwelt" (nordamer. Film von *Josef v. Sternberg*); „Liebe" (nordamer. Film mit *G. Garbo* und *J. Gilbert* n. „Anna Karenina"); „Hochzeitsmarsch" (nordamer. Film von *Stroheim*); „Das Fleisch und der Teufel" (nordam. Film von *Clarence Brown* mit *G. Garbo*, *J. Gilbert*); „Der König der Könige" (nordam. Christus-

Respighi: „Die versunkene Glocke" (ital. Oper nach *Gerhart Hauptmann*)

Reznicek: „Satuala" (Oper)

A. Schönberg: „Die glückliche Hand" (Drama mit Musik in express. Stil)

Dimitri Schostakowitsch (* 1906, † 1975): 1. Symphonie (russische Komposition)

Strawinsky: „Ödipus rex" (russ. szenisches Oratorium)

Kurt Thomas: „Markuspassion" (Kirchenmusik)

Weill: „Der Protagonist" und „Royal Palace" (Jazzopern)

Jaromir Weinberger (* 1896, † 1967): „Schwanda d. Dudelsackpfeifer" (tschech. Oper)

Wolf-Ferrari: „Sly", „Das Himmelskleid" (Opern)

Internationale Gesellschaft für Musikwissensch., Basel

Welt-Musik- und Sanges-Bund, Wien

Jörg Mager: Sphärophon (elektr. Musikinstrument)

Leo Theremin: Ätherwellenmusik (elektroakustisches Musikinstrument)

Erfolge der Negertänzerin *Josephine Baker* in Paris „Showboat" (US-Musical, gilt als 1. d. typ. Form) mit dem Song „Ol' man River"

Gesellschaftstanz Slowfox

W. Heitler u. *Fritz London* erklären chemische Bindungskräfte durch quantenphysikalische Wechselwirkung elektrisch geladener Teilchen und führen damit im Prinzip die Chemie auf die Physik zurück

Alfred Hettner (* 1859, † 1941): „Die Geographie, ihre Geschichte, ihr Wesen und ihre Methoden" (vom Herausgeber der „Geographischen Zeitschrift" seit 1895)

M. Hirmer: „Handbuch der Paläobotanik" (Zusammenfassung der vorzeitlichen Pflanzenkunde)

H. J. Muller findet Erbänderungen der Taufliege durch *Röntgen*strahlen (Begründung der Strahlengenetik)

O. Naegeli: „Allgemeine Konstitutionslehre" (moderner medizinischer Zentralbegriff)

Nikolai K. Koltzoff (* 1870, † 1940): „Die physikochemischen Grundlagen der Morphologie" (Aufbau d. Zelle aus Molekülen u. Mizellen)

Oort: Rotation d. Milchstraße

Ramon entwickelt aktive Schutzimpfung gegen Wundstarrkrampf (1936 beim frz. Heer eingeführt, 1944 für frz. Kinder)

Ferdinand Sauerbruch Professor für Chirurgie in Berlin

v. Sengbusch: Auffindung der Süßlupine durch Schnellbestimmungsmethode der Bitterstoffe (führt zur systemat. Züchtung u. Anwendung)

Johannes Weigelt: „Rezente Wirbeltierleichen und ihre paläobiologische Bedeutung" (sog. „Aktuopaläontologie")

R. Wideröe u. *M. Steenbeck:* Prinzip d. Betatrons (Elektronenschleuder)

R. W. Wood und *A. L. Loomis* untersuchen physikalische und biologische Effekte des Ultraschalls

L. Woolley findet in Ur (Babylonien) „Königsgräber von Ur" aus dem —4. Jtsd. mit Menschenopfern, „Mosaik-Standarte", reichem Kopfschmuck

„Jahresberichte für deutsche Geschichte"

Vickers-Armstrong Ltd., London (britische Maschinen-, Schiffs- und Rüstungsindustrie)

W. Schmidt und *G. Heise:* „Welthandelsatlas"

W. Vershofen: „Die Grenzen der Rationalisierung"

E. Dovifat: „Der amerikan. Journalismus" (Zeitungswissenschaft)

„Handwörterbuch des Kaufmanns" (5 Bände seit 1925)

Deutsche Einzelhandelsumsätze 34 Mrd. RM = rd. 50% des Volkseinkommens

„Auslese" (Monatsschrift mit Auszügen aus Zeitschriften vieler Länder)

Charles A. Lindbergh (* 1902) überfliegt Nordatlantik in West-Ost-Richtung (etwa 6000 km in 26 Stunden), wird begeistert gefeiert und zum Nationalhelden der USA

Am Vorabend d. Lindberghfluges mißlingt ein frz. Versuch ein. Atlantikfluges

Walter Mittelholzer (* 1894, † 1937): „Afrikaflug"

Ferdinand Schulz: 4 Stunden Segelflug i. d. Rhön

Einführung des Motorschlepps für Segelflugzeuge in Deutschland

Eröffn. d. Nürburgring-Rennstrecke i. d. Eifel

(1927)

Bötzke (Dt.) Finanzberater der pers. Regierung

Nahas Pascha übernimmt Führung der ägypt. Wafd-Partei

USA unterstützen den konservativen Präsidenten *Diaz* von Nikaragua, Mexiko den liberalen Gegenpräsidenten. Protest der ABC-Staaten gegen Besetzung Nikaraguas durch USA-Truppen

Sacco und *Vanzetti* in Mass./USA hinger. (1921 wegen angebl. Raubmordes verurteilt; starke Reaktion in der ganzen Welt auf diesen Justizskandal)

Brit. Kapitalgruppen erwägen Konkurrenzbau zum Panamakanal. Kolumbien lehnt Konzession ab

Diktatur des Generals *Ibanez* in Chile bis 1931 (wird durch soziale Unruhen während der Weltwirtschaftskrise beendet)

Neue australische Hauptstadt Canberra eingeweiht (gegründet 1913)

Nanking-Regierung unter *Tschiang Kai-schek*. Ausschluß der Kommunisten aus der Kuomintang. Sowjetische Berater verlassen China Kommunist. Regierungen in den chin. Provinzen Kiangsi und Fukien unter *Mao Tse-tung* und *Tschu-Te* (1934 von *Tschiang Kai-schek* beseitigt)

Bankkrise und Depression in Japan. General *Tanaka* japan. Ministerpräsident bis 1929 († 1930); leitet expansive Mandschurei- und Mongolei-Politik ein

Japan besetzt Shantung. Offener Konflikt mit China

A. Schaeffer: „Odyssee" (Nachdichtung)

Schnitzler: „Spiel im Morgengrauen" (Novellen)

Sinclair: „Petroleum" (nordamerikan. sozialist. Roman)

Thieß: „Abschied vom Paradies", „Frauenraub" (Romane)

E. Toller: „Hoppla, wir leben!" (Bühnenstück)

Br. Traven: „Der Schatz der Sierra Madre" (Roman)

Undset: „Olav Audunsson" (norweg. Roman, 4 Bände seit 1925)

E. Utitz: „Überwindung des Expressionismus" (Progr. d. „Neuen Sachlichkeit" i. d. Literatur)

Georg von der Vring (* 1889): „Soldat Suhren" (Roman)

Th. N. Wilder: „Die Brücke von San Luis Rey" (nordamerikan. Erzählung)

Wildgans: „Kirbisch" (Hexameter-Epos)

Friedrich Wolf (* 1888): „Kolonne Hund" (gesellschaftskrit. Schauspiel)

Virginia Woolf: „Die Fahrt zum Leuchtturm" (engl. Roman)

E. Zahn: „Die Hochzeit des Gaudenz Orell" (Schweiz. Roman)

Zuckmayer: „Schinderhannes" (Drama)

A. Zweig: „Der Streit um den Sergeanten Grischa" (Weltkriegsromantrilogie)

St. Zweig: „Volpone" (Komödie nach *Ben Jonson*)

Frankfurt/M. stiftet *Goethe*preis von jährlich 10000 Mark (Preisträger: *Stefan George, Albert Schweitzer, Ricarda Huch, Gerhart Hauptmann, Hermann Stehr, Hans Pfitzner, Hermann Stegemann, Georg Kolbe, E. G. Kolbenheyer, Hans Carossa, Thomas Mann* u. a.)

„The Cambridge History of English Literature" (engl. Literaturgeschichte, 15 Bände seit 1907)

Der prozentuale Anteil der einzelnen bibliographischen Gebiete an der Gesamtbücherproduktion in dt. Sprache (zum Vergl. 1740): Allgemeines 1,95% (5,33), Theologie 8,27 (37,54), Rechts- und Staatswissenschaften 11,90 (14,22), Heilkunde 3,76 (6,65), Naturwissenschaft, Mathematik 3,87 (3,34), Philosophie 1,85 (3,59), Erziehung, Jugendschriften 19,21 (1,63), Sprach- und Literaturwissenschaft 2,84 (3,14), Geschichte 4,81 (9,55), Erdkunde 2,63 (1,89), Kriegswissenschaften 0,68, Handel, Verkehr, Gewerbe, Bau- und Ingenieurwissenschaften 9,20, Haus-, Land- und Forstwissenschaft 2,94, zus. 12,82 (1,09); Schöne Literatur 16,32 (7,84), Kunst 4,99 (0,96), Verschiedenes 4,78 (3,23)

film von *C. B. de Mille*) „Berlin, Symphonie einer Großstadt" (Film von *Walter Ruttmann*, * 1888 † 1942)		Institut zur Erforschung und Bekämpfung der Maul- und Klauenseuche auf der Insel Riems vor Greifswald (Herstellung des *Löffler*-Serums) Deutsche Gesellschaft für Rheumabekämpfung Erster öffentlicher Bildtelegraph Berlin—Wien Überseeische Funksprechverbindungen Rundfunkgeräte mit vollem Netzanschluß Mehrfachtelegraphie auf Einfachleitung durch hochfrequent abgestimmte Sender und Empfänger Leunabenzin aus Braunkohle nach *Bergin*verfahren Dt. Kohlenstaublokomotive und Hochdrucklokomotive (60 at) *Diesel*motor für 10000 kW Leistung (MAN für *Blohm & Voss*) Rotations-Schnellpresse druckt in einer Stunde 100000 12-seitige Zeitungen *Hindenburg*damm zur Insel Sylt (11 km) Expeditionen in China nur unter chinesischer Aufsicht gestattet „Psychotechnische Zeitschrift" T. H. Berlin eröffn. Studienweg d. „Wirtschaftingenieurs" Dt. Forschungsschiff „Meteor" entd. mit Echolot d. mittelatlantische Schwelle (diese ozean. Schwellen erweisen sich als d. Ursprung d. Meeresboden-Ausbreitung, ein Grundphänomen d. Plattentektonik)	*Johnny Weißmüller* (USA) schwimmt Freistilweltrekord über 100 Yards in 51,0 Sekunden *Suzanne Lenglen*: „Tennis" *E. Matthias*: „Tennis" (Standardwerk) *Alexander Aljechin* (Rußland, * 1892, † 1946) erringt Schachweltmeisterschaft gegen *Capablanca* (Weltmeister bis 1935 und ab 1937) Ausstellung „Das Wochenende" in Berlin (belebt die dt. Wochenendbewegung) „Werkstoffschau" in Berlin Intern. Blumenversand „Fleurop" gegrdt. Seit 1908 wurden i.. d. USA 15 070 033 Ford-Autos Modell T gebaut (meistgebautes Auto d. Welt. 1972 überschreitet die Volkswagenproduktion diese Zahl)

1928

Der USA-Außenminister *Frank Kellogg* erreicht einen Kriegsächtungspakt: „Kellogg-Pakt"; unterschrieben von USA, Frankreich, Großbritannien, Deutschland, Belgien, Italien, Japan, Polen, Tschechoslowakei, brit. Dominions (b. Ende 1929 unterschr. 54 Staaten)

Länderinteressen setzen sich in Deutschland gegen vereinheitlichende Reichsreform durch

Nach Rücktritt von *O. Geßler* wird *Groener* dt. Reichswehrminister

Große Regierungskoalition SPD bis Volkspartei bis 1930

Hermann Müller (SPD) dt. Reichskanzler bis 1930; nimmt Bau des Panzerkreuzers A in Angriff

Wilhelm Leuschner (* 1890, † 1944, hingerichtet) hessischer Innenminister (seit 1926 Bezirksvorsitzender der Gewerkschaften)

Alfred Hugenberg (* 1865, † 1951), Vorsitzender der Deutschnational. Volkspartei; bedeutet scharf nationalist. Oppositionspolitik (*H.* war von 1909 bis 1918 Vorsitzender des *Krupp*-Direktoriums, grdte. s. d. Krieg Nachrichten/Film-Konzern)

L. Kaas (* 1881, † 1952) Zentrums-Vors. bis 1933 (nach *W. Marx*)

Hans von Seeckt: „Gedanken eines Soldaten"

Reichs-Osthilfe für verschuldeten Landbesitz in Ostpreußen (führt zu heftigen polit. Auseinandersetzungen über d. Verw. der Gelder)

Wilhelm Miklas (christl.-sozial) österr. Bundespräsident bis 1938

Völkerbund anerkennt bedingungslose Neutralität der Schweiz

Wahlsieg der Regierung *R. Poincaré.* Abwertung und Stabilisierung des frz. Franken

Frz. nationalist. Feuerkreuz-Verband (1936 aufgelöst)

Wahlalter der Frauen in Großbritannien von 30 auf 21 Jahre herabgesetzt

Agypten lehnt brit. Vertragsentwurf für den Status des Landes ab. Entsendung brit. Kriegsschiffe. Wafd-Führer *Nahas Pascha* wird Ministerpräsident und muß wieder

Literatur-*Nobel*preis an *S. Undset* (Norweg.)

Ernst Barlach: „Ein selbsterzähltes Leben" (Autobiographie)

Benn: Gesammelte Prosa

R. G. Binding: „Erlebtes Leben" Autobiograph.)

Hans Friedrich Blunck (* 1888): „Urvätersaga" (Romantrilogie)

G. A. E. Bogeng: „Geschichte der Buchdruckerkunst" (1. Band bis 1500; 2. Band 1941: ab 1500)

André Breton (*1896, + 1966): „Nadja" (frz. Erz. eines „klassischen" Surrealismus)

Colette: „Tagesanbruch" (frz. Roman)

Antoon Coolen: „Brabanter Volk" (niederl. Rom.)

Th. Däubler: „L'Africana" (Roman)

Tilla Durieux (Schauspielerin): „Eine Tür fällt ins Schloß" (Schauspielerroman)

Paul Eipper (* 1891): „Tiere sehen dich an"

Paul Ernst: „Das Kaiserbuch" (Versepos seit 1923)

Galsworthy: „Schwanengesang" (engl. Roman)

Frederico Garcia Lorca (* 1899, † 1936, von Faschisten ermordet): „Zigeunerromanzen" (span. Lyrik, seit 1924)

Horst Wolfram Geißler: „Gestaltungen des Faust, die bedeutendsten Werke der Faustdichtung seit 1587" (3 Bände)

St. George: „Das neue Reich" (Gedichte)

Ernst Glaeser (* 1902): „Jahrgang 1902" (Rom.)

Alex. von Gleichen-Rußwurm: „Weltgeschichte in Anekdoten"

Ludwig Binswanger (* 1881, † 1966): „Wandlungen i. d. Auffassung und der Deutung des Traumes von den Griechen bis zur Gegenwart"

R. Carnap: „Scheinprobleme in der Philosophie. Das Fremdpsychologische und der Realismusstreit" (Neopositivismus im Sinne eines logischen Empirismus) und „Der logische Aufbau der Welt" (angewandte Logistik)

Friedrich Gogarten (* 1887): „Die Schuld der Kirche gegen die Welt" (a. d. Schule der Dialektischen Theolog.)

Groethuysen: „Philosoph. Anthropologie"

Karl Joël (*1864, + 1934): „Wandlungen der Weltanschauung" (Philosoph. ein. organ. Weltauffassg.)

C. G. Jung: „Die Beziehungen zw. dem Ich und dem Unbewußten" (Schweiz. Psychoanal.)

Hermann von Keyserling: „Das Spektrum Europas"

Wilhelm Lange-Eichbaum: „Genie, Irrsinn und Ruhm"

Hans Leisegang: „Denkformen" (Darstellung verschiedener Logiken)

Lindsey: „Die Kameradschaftsehe" (für Auflockerung der Eheform)

E. Ludwig: „Der Menschensohn" (Jesusbiogr.)

Salvador de Madariaga (* 1885): „Engländer, Franzosen, Spanier" (span. Völkerpsychol.)

Richard v. Mises (* 1883, † 1953): „Wahrscheinlichkeit, Statistik und Wahrheit" (erkenntnistheoret. Schrift)

Barlach: „Der Geisteskämpfer" (oder „Sieg d. Wahrheit"), „Singender Mann" (Bronzeplastik)

Beckmann: „Blick aufs blaue Meer", „Schwarze Lilien", „Damen am Fenster" (express. Gemälde)

Braque: „Stilleben mit Krug" (frz. kubist. Gemälde)

Wilhelm Büning (* 1881): „Bauanatomie" (moderne Architektur)

Chagall: „Hochzeiterin"

Otto Dix (* 1891, † 1969): „Großstadt" (Triptychon)

Martin Elsaesser (* 1884): Großmarkthalle i. Frankf./M. (1927)

K. Hofer: „Selbstbildnis" (Gemälde)

† *Leopold von Kalckreuth*, dt. naturalist. Maler (* 1855)

Hugo Lederer: „Läufergruppe" (Bronzeplastik)

Ed. Munch: „Mädchen, auf dem Sofa sitzend" (norweg. express. Gemälde)

Georgia O'Keeffe (* 1887): „Nachtwoge" (nordamer. abstraktes Gemälde)

Pinder: „Deutsche Plastik vom Ausgange des Mittelalters bis zum Ende der Renaissance" (2 Bände seit 1914)

Schultze-Naumburg: „Kunst und Rasse"

† *Franz von Stuck*, dt. Maler und Gebrauchsgraphiker (* 1863)

d'Albert: „Die schwarze Orchidee" (Oper)

„Musikalisch. Opfer" von *J. S. Bach* von Thomaskantor *Straube* uraufgeführt

Gershwin: „Ein Amerikaner in Paris" (nordamerik. symph. Dichtung im Jazzstil)

Tatjana Gsovsky (*1901) leitet Ballett-Schule in Berlin

Honegger: „Rugby" (schweizer.-frz. symph. Dichtung)

Clemens Krauß (* 1893, † 1954), österr. Kapellmeister, wird Direktor der Staatsoper in Wien (1934 in Berlin, 1936 in München)

Josef Lechthaler (* 1891): „Stabat mater" (für Einzelstimmen, Chor, Orgel und Orchester; österr. kathol. Kirchenmusik)

Lehár: „Friederike" (Singspiel)

Ravel: „Boléro" (frz. Komposition)

Albert Roussel: Klavierkonzert (frz. Komposition)

Fedor I. Schaljapin (* 1873, † 1938, russischer Bassist): „Mein Werden" (Autobiographie)

R. Strauss: „Die ägyptische Helena" (Oper mit Text von *Hugo von Hofmannsthal*)

Physik-*Nobel*preis an *O. Richardson* (USA) für Gesetz für Elektronenaustritt aus erhitzten Metallen (Glühemission)

Chemie-*Nobel*preis an *Adolf Windaus* (Dt., * 1876); besonders Vitamin-D-Forschung

Medizin-*Nobel*preis an *Ch. Nicolle* (Frankr.) für Typhusforschung

† *Roald Amundsen*, norweg. Polarforscher, auf einem Rettungsflug für die Besatzung des verunglückten Luftschiffes „Italia", das auf einer Polfahrt unter *Nobile* verunglückte (* 1872)

E. Bäcklin aus dem Institut von *Siegbahn* macht Präzisionsmessungen von *Röntgen*wellenlängen (gestattet genaue Bestimmung atomarer Konstanten)

E. Baur und *Max Hartmann:* „Handbuch der Vererbungswissenschaft" beginnt zu erscheinen

Niels Bohr löst den Welle-Teilchen-Widerspruch der Quantenphysik durch Einführung des „Komplementaritäts"-Begriffes

K. H. Bauer (* 1890): Mutationstheorie d. Krebsentst. (gew. wachs. Bedtg.)

J. Braun-Blanquet: „Pflanzensoziologie"

Hans Delbrück: „Weltgeschichte" (5 Bände seit 1924)

Paul A. M. Dirac (* 1902) erweitert quantenphysikalische Wellenmechanik unter Berücksichtigung der Relativitätstheorie: erklärt Drehimpuls und magnetisches Moment des Elektrons

Hans Fischer (* 1881, † 1945): Aufklärung des chemischen Baus vom roten Blutfarbstoff (Hämoglobin)

Alexander Fleming (* 1881, † 1955) entdeckt das Bakteriengift Penicillin in einem Schimmelpilz

Gamow kann die statistischen Grundgesetze des radioaktiven Zerfalls aus der Quantentheorie ableiten

F. Griffith: Übertrag. v. Erbeigensch. zw. Bakterien (Transduktion)

Harington und *Barger:* Synthese d. Schilddrüsen-Hormons Thyroxin

K. Haushofer, Obst, Lautensach, Maull: „Bausteine zur Geopolitik"

Ernst Wagemann: „Konjunkturlehre"

Adolf Weber: „Allgemeine Volkswirtschaftslehre" (liberaler Standpunkt)

Köhl, Fitzmaurice und *von Hühnefeld* überqueren i. einem *Junkers*-Flugzeug erstmalig d. Atlantik von Ost nach West: 6750 km in 35,5 Stunden

Die ersten Funkzeichen der verunglückten „Italia"-Mannschaft werden von Kurzwellen-Amateuren aufgenommen; 16 Schiffe, 21 Flugzeuge und mehrere Schlittenabteilungen (insges. 1500 Mann) versuchen verunglückte „Italia"-Mannschaft in d. Arktis zu retten. Die Rettg. gelingt vor allem dem Eisbrecher „Krassin" und dem Flieger *Tschuchnowski*, nachdem *Nobile* sich als erster von d. Flieger *Lundborg* hatte retten lassen

Erster Fünfjahresplan in der USSR

„Großeinkaufsgesellschaft dt. Konsumvereine" 444 Mill. RM Umsatz (1913: 154 Mill.)

Bau- u. Wohnungsgenossenschaften haben seit ihrem Bestehen etwa 380000 Wohnungen gebaut

(1928)	entlassen werden. Auflösung des ägypt. Parlaments und Aufhebung der Presse- und Versammlungsfreiheit für 3 Jahre Kanada ernennt eigene diplomat. Vertreter in Japan und Frankreich Großbritannien anerkennt chin. Nankingregierung unter *Tschiang Kai-schek* Undemokrat. Wahlgesetz in Italien; ital. Freundschaftsverträge mit Türkei, Griechenland und Abessinien Tanger-Abkommen gibt Spanien verstärkten Einfluß Aufstand span. Offiziere (und Studenten 1929) gegen Militärdiktatur wird unterdrückt *Carmona* Präsident von Portugal bis 1951 (+). *Antonio de Oliveira Salazar* (*1889, + 1970) portug. Finanzminister; ordnet zerrüttete Finanzen (bildet 1932 diktatorische Regierung) *Achmed Zogu* nimmt Königstitel an als *Zogu I.* von Albanien † *Stefan Radic* (von serb. Radikalen ermordet), Kroatenführer (*1871); Kroaten verlassen jugoslaw. Parlament und eröffnen separatist. Landtag in Agram *I. Maniu* (Nationale Bauernpartei) stürzt liberale rumän. Regierung (mit Unterbrechung seit 1922), wird Ministerpräsident bis 1930 *Venizelos* wird nach Rückkehr griech. Ministerpräsident bis 1932 Erstmalig konservative Bauernbundregierung in Lettland Syrische Nationalversammlung gebildet Wirtschaftl. und kulturelle Reformen in Persien. Aufhebung der Ausländer-Vorrechte König *Amanullah* von Afghanistan unternimmt Europareise (u. a. Berlin); während seiner Abwesenheit Aufstand der konservativen Fürsten und Geistlichen gegen seine Reformen Alle ind. Parteien fordern auf einer Konferenz Dominion-Status Nur etwa 2% der Inder haben Wahlrecht	*Kristmann Gudmundsson* (*1902): „Der Morgen des Lebens" (isl.-norw. Roman) *Gundolf:* „Shakespeare" (2 Bände) *Marguerite R. Hall:* „Quell der Einsamkeit" (engl. Roman) *G. Hauptmann:* „Till Eulenspiegel" (Epos) und „Der weiße Heiland" (Schauspiel) *Heinrich Hauser* (*1901): „Brackwasser" (Roman) *Manfred Hausmann* (*1898): „Lampioon küßt Mädchen und junge Birken" (Roman) *A. Huxley:* „Kontrapunkt des Lebens"(engl. gesellschaftskrit. Rom.) *Josef Kallinikow* (*1890): „Reliquien" unter dem dt. Titel: „Frauen und Mönche" (russ. Roman, 1. vollst. Ausgabe nach dem russ. Manuskript) *Erich Kästner* (*1899): „Herz auf Taille" (Ged.) *Klabund:* „Borgia" (Roman) † *Klabund* (*1890, *Alfred Henschke*), dt. Dichter *Lagerlöf:* „Anna das Mädchen aus Dalarne" (schwed. Roman) *D. H. Lawrence:* „Lady Chatterley's Liebhaber" (engl. Roman) *G. von Le Fort:* „Das Schweißtuch der Veronika" (kathol. Roman) *Antonio Machado* (*1875, † 1939): „Poesias completas" (span. Lyriksammlung) *Mauriac:* „Schicksale" (frz. Roman) *Molnar:*„Spiel i. Schloß" (Komöd.) *Joseph Nadler:* „Literaturgeschichte der deutschen Stämme und Landschaften" (4 Bände seit 1912)	*Müller-Freienfels:* „Metaphysik des Irrationalen" † *Emmeline Pankhurst*, Führerin der engl. Suffragettenbewegung von 1906 bis 1913; trat mehrmals in den Hungerstreik im Kampf um das Frauenwahlrecht (*1856) *Ludwig Pastor von Campersfelden* (*1854,†1928): „Geschichte der Päpste seit dem Ausgang des Mittelalters" (bis 1800; 16 Bände seit 1886) Papst *Pius XI.* lehnt in der Enzyklika „Mortalium animos" die gesamt-christl. ökumenische Bewegung ab *Hans Reichenbach* (*1891, † 1953): „Philosophie der Raum-Zeitlehre" (Philosophie der Relativitätstheorie im Sinne eines logischen Empirismus) *B. Russell:* „Skeptische Essays" (engl. Rationalismus) *Scheler:* „Die Stellung des Menschen im Kosmos" (philosoph. Anthropologie mit Stufen der Existenz des Lebendigen) † *Max Scheler*, dt. Philosoph; verwandte phänomenologische Methode auf Religionsphilosophie, Wertphilosophie, Wissenssoziologie (*1874) *Albert Schweitzer* erhält *Goethe*preis der Stadt Frankfurt/M. *R. Seeberg:* „Die Geschichte und Gott" (protestant.) *G. B. Shaw:* „Wegweiser für die intelligente Frau zum Sozialismus und Kapitalismus" (engl. Fabian-Sozialismus)

Josef Thorak (*1889, † 1952): „Penthesilea" (Großplastik) und *Kleist*denkmal, Berlin
W. Tiemann: Kleist-Fraktur (Drucktyp.)
Hochhäuser in Berlin-Siemensstadt (u. a. Schaltwerk der *Siemens-Schuckert*-Werke)
Fr. Winter (* 1905): „Mädchen in Blumen" (Gem.)
Tagblatt - Turmbau, Stuttgart
Kugelhaus auf der Ausstellung „Die technische Stadt", Dresden

———

Walt Disney (* 1901, † 1966): Erste Micky-Mouse-Stummfilme (nordamerikan. Zeichentrickfilme)
„Der singende Narr" (USA-Tonfilm mit *Al Jolson*; damit hat sich der Tonfilm durchgesetzt)
„Zirkus" (nordam. Film von u. mit *Ch. Chaplin*); „Der Patriot" (nordamerik. Film von *E. Lubitsch* mit *E. Jannings*)
90% aller Filme stammen aus den USA (dieser starke amerikanische Einfluß wird durch den Tonfilm gemildert)
„Sturm über Asien" (russ. Film von *Pudowkin*); „Oktober" (russ. Film von *Eisenstein* u. *Alexandrow*); „Das elfte Jahr" (russ. Film v. *D. Vertow*)
„Die Frau im Mond" (Film von *F. Lang*)

Strawinsky: „Apollon musagète" (russisches Ballett) und „Capriccio für Orchester" (russ. Komposition)
Ernst Toch (*1887): „Egon u. Emilie" (Kurzoper nach *Chr. Morgenstern*)
Weill: „Dreigroschenoper" (Neugestaltung d. engl. „Bettleroper" im Jazzsongstil, Text von *Bert Brecht*) und „Der Zar läßt sich photographieren" (groteske Jazzoper nach *Georg Kaiser*)
Weingartner: „Ratschläge für Aufführungen klassischer Symphonien" (3 Bände seit 1906)
Harald Kreutzberg (* 1902, † 1968) tanzt in „Turandot" bei den Salzburger Festspielen und wird dadurch bekannt
Elektroakustischer Neo-*Bechstein*-Flügel von *Walther Nernst*
In vier Wochen werden 12 Mill. Schallplatten mit dem *Al-Jolson*-Tonfilmschlager „Sonny Boy" verkauft

———

Curt Oertel: „Die steinernen Wunder von Naumburg" (Kulturfilm)
Jährlich mehr als 12 *Harry-Liedtke*-Filme
Dt. Tonbild Syndikat AG (Tobis, Berlin)

Hedin: „Mein Leben als Entdecker" (autobiographisch)
Heisenberg stellt quantenphysikalische Unbestimmtheitsbeziehung auf, wonach sich z. B. Ort und Geschwindigkeit eines atomaren Teilchens nicht gleichzeitig beliebig genau bestimmen lassen (s. a. *Bohr*)
D. Hilbert und *W. Ackermann:* „Grundzüge der theoretischen Logik" (Logik in mathematischer Form)
Polizeibildfunk (nach *A. Korn*)
Gustav Kossinna (* 1858, † 1931): „Ursprung und Verbreitung der Germanen in vorgeschichtlicher Zeit" (Archäologie)
† *Hendrik Antoon Lorentz*, niederl. Physiker; *Nobel*preis 1902 (* 1853)
Th. H. Morgan: „Die Theorie des Gens" (nach den Ergebnissen seiner Schule an der Columbia-Universität, USA; siedelt an das Kalifornische Institut für Technologie um)
Th. H. Morgan und seine Schüler: Chromosomen-Karten der Taufliege (lineare Anordnung u. Lokalisierung d. Gene als Erbfaktoren, ein Höhepunkt der experimentellen Genetik; entw. seit 1919)
J. v. Neumann: Anfänge einer Spieltheorie (vgl. 1944)
Chandraschara Venkata Raman (*1888, + 1970) entdeckt die von *Smekal* vorhergesagte charakteristische Lichtstreuung an Molekülen (dieser „Raman-Effekt" wird wichtig zur Strukturbest. von Molekülen)
R. Richter: „Psychische Reaktionen fossiler Tiere" (Versuch einer physiologischen Paläopsychologie)
P. Schmidt: „Das überwundene Alter. Wege zu Verjüngung und Leistungssteigerung"
A. Sommerfeld: Quantenphysikalische Elektronentheorie d. Metalle
H. Sörgel: Atlantropa-Projekt (Senkung des Mittelmeerspiegels durch Gibraltar-Damm)
Thoms: „Handbuch der wissenschaftlichen und praktischen Pharmazie" (seit 1924)
Voronoff: „Die Eroberung des Lebens" (Verjüngung durch Drüsenübertragung)

In Deutschld. entstehen zahlreiche mod. u. hygien. Kleinwohnungsbauten (Reihensiedlungen, Wohnblocks)
In Deutschl. fehl. 550000 Wohnungen, 300000 sind abbruchreif
General Motors übernimmt *Opel*werke als AG
Intern. Föderation d. Nationalen Normen-Vereinigungen (ISA) gegrdt.
Stier-Somlo und *A. Elster:* „Handwörterbuch der Rechtswissenschaft" (6 Bände seit 1926)
„Handwörterbuch der Betriebswirtschaft" (5 Bände seit 1926)
„Die Ernährung", Ausstellung in Bln.
„Ila" in Berlin (internationale Luftfahrtausstellung)
Presseausstellung „Pressa" in Köln
Neue Arbeiten zur Trockenlegung d. Pontinisch. Sümpfe (Anfänge 1899)
Olympiade in Amsterdam
„die neue linie" (Modezeitschrift)
„Garçon"-Stil in der Frauenmode
„Denken u. Raten" (Rätsel- u. Denksport-Zeitschrift)
Neue dt. Skatordnung für den Einheitsskat
Sonja Henie (Norw.) Weltmeisterin im Eiskunstlauf (ununterbrochen bis 1936)

(1928)	Erster Fünfjahresplan i. USSR (führt zu rascher Industrialisierung) Zwangskollektivierung d. Landwirtschaft i. USSR (bis 1932, verurs. zunächst Hungersnöte) Pan-Amerikanischer Kongreß in Havana. Nichtangriffs-Resolution *Moncada*, Gegner des von den USA unterstützten *Diaz*, Präsident von Nikaragua Der Wunsch Boliviens nach einem Zugang zum Meer über den Paraguay-Fluß führt zum Chacokonflikt mit Paraguay (Chacokrieg von 1932 bis 1935) Nichtabsetzbare Kaffeeproduktion führt zum wirtschaftl. Zusammenbruch Brasiliens *Tschiang Kai-schek* einigt unter Kuomintang-Partei nach langem Bürgerkrieg China. Einzug in Peking. Nanking Hauptstadt Japan entsendet Truppen nach Tsingtau (zieht sie 1929 zurück)	*O'Casey:* „The silver Tassie" (irisches pazifist. Schauspiel) *O'Neill:* „Seltsames Zwischenspiel" (nordamerikan. Bühnenstück) *Eugen Ortner* (* 1890, † 1947): „Meier Helmbrecht" (soziales Drama) *A. Polgar:* „Ich bin Zeuge" (Essays) *Ludwig Renn* (eig. *A. F. Vieht von Golssenau*, * 1889): „Krieg" (Weltkriegstagebuch) *Ringelnatz:* „Allerdings" (Gedichte) und „Als Mariner im Krieg" (Kriegserinnerungen) *C. Sandburg:* „Guten Morgen, Amerika" (nordamerik. Gedichte) *Friedr. Schnack* (* 1888): „Das Leben der Schmetterlinge" (Naturdichtg.) *Anna Seghers* (eig. *Netty Radvanyi*, * 1900): „Aufstand der Fischer von St. Barbara" (Erzählung, *Kleist*preis) *Wilhelm Speyer* (* 1887, † 1952): „Der Kampf der Tertia" (Schülerroman) *Sinclair:* „Boston" (nordamerikan. sozialist. Roman in 2 Bdn. gegen das Todesurteil für *Sacco* und *Vanzetti*) † *Hermann Sudermann*, dt. Dichter (* 1857)	*Tucholsky:* „Mit fünf PS" (politische Satiren mit Selbstgesprächen des Spießers „Wendriner") *Jakob Wassermann:* „Der Fall Mauritius" und „Der Moloch" (Romane) *Günther Weisenborn* (* 1902, † 1969): „U-Boot S 4" (Drama) *Werfel:* „Der Abiturententag" (Roman) *Wildgans:* „Gedichte um Pan" *Virginia Woolf:* „Orlando" (engl. Roman) *A. Zweig:* „Pont und Anna" (Roman) *St. Zweig:* „Sternstunden der Menschheit" (hist. Miniaturen) *W. v. Warburg:* „Französisches etymologisches Wörterbuch" (seit 1922) Russ.-jüd. Theater „Habima" siedelt von Moskau nach Tel Aviv um (wird 1948 Israel. Nationaltheater) „The New English Dictionary" (10 Bände seit 1888) *Karl-May*-Museum in Radebeul 1776 „Esperanto"-Sprachgruppen in der Welt

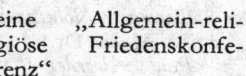

O. Spann: „Gesellschaftsphilosophie" („universalistische" Soziologie eines christl. Ständestaates)
Spranger: „Das deutsche Bildungsideal der Gegenwart in geschichtsphilosophischer Beleuchtung" (kulturphil. Pädagogik)
Theodoor Hendrik van de Velde: „Die vollkommene Ehe" (niederl.)
Joh. Volkelt: „Das Problem der Individualität"
Richard Wilhelm (*1873, † 1930): „Geschichte der chinesischen Kultur"
Agnes von Zahn-Harnack: „Die Frauenbewegung"
Th. Ziehen: „Die Grundlagen der Religionspsychologie" (Gottheit als Summe der Gesetze der Natur und des Geistes; 8 Rundfunkvorträge)
„Encyclopaedia Judaica" beginnt zu erscheinen (soll „Jewish Encyclopedia", von 1901 bis 1906, ersetzen)
Abkommen Tschechoslowakei—Vatikan
Vorbereitende Konferenzen (auch 1929) für eine „Allgemein-religiöse Friedenskonferenz"
Internationaler Missionsrat tagt in Jerusalem
Weltbund für Sexualreform
Preuß.Prüfungsordnung für Volksschullehrer-Hochschulstudium
Engl. Arbeiterbildungs-Vereinigung (WEA) zählt 2896 Körperschaften, 400 Gewerkschaften und 23 880 Einzelmitglieder
Erster dt. Volkshochschultag in Dresden
„Krise der Psychoanalyse" (Sammelwerk zur Kritik der Psychoanalyse)
Amtliche Einführung der Lateinschrift in der Türkei
Afghanische Akademie in Kabul. Afghanisch wird statt Persisch Schriftsprache

Hannes Schneider grdt. Arlberg-Kandahar-Skirennen
Autopilot v. *Boykow* f. Flugz. (1934 i. Dtl. angew.)

O. H. Warburg: „Katalytische Wirkungen der lebendigen Substanz"
F. von Wettstein: „Über plasmatische Vererbung und das Zusammenwirken von Genen und Plasma" (Problem der „mütterlichen Vererbung" auf Grund von Versuchen an Moosen seit 1924)
† *Wilhelm Wien*, dt. Physiker; *Nobel*preis 1911 (* 1864)
Transarktischer Flug von *H. Wilkins* (Alaska-Nordgrönland-Spitzbergen); im selben Jahr unternimmt er 1. Flug im Südpolargebiet
Kaiser-*Wilhelm*-Institut für Züchtungsforschung, Müncheberg
Historische Reichskommission zur Erforschung der Reichsgeschichte seit 1858
„Arbeitsphysiologie" (Zeitschrift)
„Hippokrates" (Zeitschrift für Naturheilkunde)
Coolidge-Talsperre in USA (Arizona) 76 m hoch, 1610 Mill. cbm Inhalt (Baubeginn 1927)
„Romar"-Flugboot der *Rohrbach*-Flugzeugbau (20 t Tragkraft, 3 × 720 PS)
Regelmäßige Funksprechverbindung Berlin—Buenos Aires
Leistungsendröhren f. Rundfunkgeräte
Erfindung des Fernschreibers (Übertragung von Schreibmaschinenschrift durch Draht)
Luftschiffhalle Friedrichshafen
Dampfmaschine erreicht eine größte Leistung von 230000 kW (1780: 40 kW, 1875: 1500 kW, 1900: ca. 75000 kW), Verbrauch 2250 Kalorien pro kWh = 26% Nutzeffekt (1800: 42000 Kalorien pro kWh, 1850: 18000 Kalorien pro kWh, 1900: 5000 Kalorien pro kWh)
Fritz v. Opel (*1899, † 1971) erprobt Raketenrennwagen mit 228 km/Stunde
Panzertaucher (bis 200 m Tiefe)
Fachausschuß Staubtechnik b. VDI
Vorführ. v. drahtlosem Fernsehen auf d. Berliner Funkausstellung durch *Denes von Mihály* (mit *Nipkow*scheibe)
Amerikaner entd. Bambusbär in China (1938/9 erste lebende B. in Europa)

1929

Friedens*nobel*pr. a. *F. Kellogg* (USA)

Blutige Zusammenstöße zwischen Demonstranten und Polizei am 1. Mai in Berlin

† *Gustav Stresemann*, at. Außenminister seit 1923; verfolgte Politik d. Verständig. mit Frankr. (* 1878)

*Dawes*plan wird durch den *Young*plan für dt. Reparationszahlungen ersetzt: bis 1988 sind von Deutschland 105 Mrd. Mark zu zahlen, davon bis 1966 jährl. 1,7 bis 2,1 Mrd. Mark. Gründung der Bank für Internationalen Zahlungsausgl. (BIZ, Basel)

Volksentscheid d. Deutschnat. u. Nationalsoz. geg. *Young*plan erfolgl.

Reichskassendefizit 1,7 Mrd. Mark. Rücktr. Reichsfinanzmin. *Hilferdings*

A. Stegerwald Vorsitzender d. Zentrumsfraktion im Reichstag

Erwin Bumke (* 1874, † 1945) Reichsgerichtspräsident

Heinrich Himmler (*1900, †1945, Giftselbstmord) wird „Reichsführer" der SS

Bauernunruhen i. Schleswig-Holst.

Gdingen beginnt Danzig als Hafen Konkurrenz zu machen

Schober (parteilos) österr. Bundeskanzler bis 1930

Österr. Heimwehren erreichen Verfassungsänderung zugunsten des Einflusses des Bundespräsidenten

Brit. Labour-Party gewinnt 289 von 615 Unterhaussitzen

MacDonald (Labour-Party) brit. Ministerpräsident bis 1935

Arthur Henderson brit. Außenminister bis 1931. Wiederaufnahme der diplomat. Beziehung. zur USSR

Australien widerruft Wehrpflichtgesetz von 1909

R. Poincaré tritt zurück. Es folgen bis 1932 Regierungen unter *Briand* und *Tardieu*

† *Georges Clémenceau* („Der Tiger"), frz. Staatsmann; Ministerpräsident von 1906 bis 1909 u. v. 1917 bis 1920; schrieb „Größe und Tragik eines Sieges" (* 1841)

Nationaler Rat der Korporationen in Italien gebildet

Literatur-*Nobel*preis an *Th. Mann* (Dt.)

Paul Alverdes (*1897): „Die Pfeiferstube" (Kriegserzählung)

Vicky Baum (*1888, † 1960): „Menschen im Hotel" (Roman)

Werner Beumelburg (*1899, † 1963): „Sperrfeuer um Deutschland" (Roman)

A. Bronnen: „O. S." (Oberschlesien-Roman)

Ferd. Bruckner: „Krankheit der Jugend" und „Die Verbrecher" (Dramen)

Claudel: „Der seidene Schuh" (frz. Schauspiel)

Cocteau: „Les enfants terribles" (frz. Drama)

Döblin: „Berlin Alexanderplatz" (Roman)

Eipper: „Tierkinder", „Menschenkinder"

Gide: „Die Schule der Frauen" (mit Fortsetzung „Robert" 1930 und „Geneviève" 1936 frz. Romantrilogie)

Jean Giono (*1895, † 1970) „Der Hügel" (frz. Roman)

Julien Green (*1900): „Leviathan" (frz. Roman)

Carl Haensel (*1889, † 1968): „Kampf ums Matterhorn" (Tatsachenroman)

G. Hauptmann: „Das Buch der Leidenschaft" (Roman, 2 Bände)

Hedin: „Auf großer Fahrt" (Reisebericht)

Alfred Hein (*1894, † 1945): „Eine Kompanie Soldaten" (Verdun-Roman)

Hemingway: „In einem and. Land" (Kriegsrom.)

W. Herzog u. *H. J. Rehfisch*: „Affaire Dreyfus" (Drama)

Max René Hesse (* 1885, † 1952): „Partenau" (Rom. a. d. Offiziersleb.)

E. Cassirer: „Philosophie der symbolischen Formen" (3 Bde. s. 1923, neukantian. Philosophie)

Heidegger: „Was ist Metaphysik?", „Kant und das Problem der Metaphysik"

Theodor Heuss: „Das Wesen der Demokratie" (H. ist seit 1920 Dozent an der Dt. Hochschule für Politik)

E. R. Jaensch: „Grundformen des menschlichen Seins" (mit den Typen d. „Integrierten" u. „Desintegrierten")

E. R. Jaensch und *Grünhut*: „Über Gestalt und Gestalttheorie"

Ernst Kretschmer: „Geniale Menschen"

Osw. Kroh: „Entwicklungspsychologie des Grundschulkindes"

Fritz Künkel (*1889, † 1956): „Charakter, Krisis und Weltanschauung" (Individualpsych.)

A. Liebert: „Geist und Welt der Dialektik" (Bd. 1, Neuhegelianismus)

Karl Mannheim (* 1894, † 1947): „Ideologie und Utopie" (Soziologie, betont Standortgebundenheit allen Denkens)

E. Pacelli Kardin. i. Rom

Will Erich Peuckert (*1895, † 1969): „Zwei Lichte in der Welt" (schles. myst. Erzählung)

Erich Przywara (*1889): „Das Geheimnis Kierkegaards" (kathol.)

B. Russell: „Ehe u. Moral" (engl.)

Schweitzer: „Selbstdarstellung"

Erich Stange: „Die Religionswissenschaft der Gegenwart in Selbstdarstellungen" (5 B. s. 1925)

R. Urbantschitsch: „Die Probeehe" (Sexualref.

† *Wilhelm von Bode*, dt. Kunsthistoriker und Museumsleiter (* 1845)
Burra: „Wahrsagerinnen" (engl. surrealist. Gemälde)
Massimo Campigli (* 1895): „Entwurf für ein Fresko" (ital. surrealist. Gemälde)
Chagall: „Liebesidyll" (frz.-russ. Gemälde)
Otto Dix: „Spielende Kinder" (Gemälde)
Feininger: „Segelboote" (kubist. Gemälde)
Fritz Höger, *Hans* und *Oskar Gerson*: Sprinkenhof in Hamburg
A. Kanoldt: „Clivia" (Gemälde in sachlichem Stil)
Rudolf Koch: „Blumenbuch" (3 Bände, 1932 als Inselbändchen)
G. Kolbe: „Große Sitzende", „Junge Frau", „Junges Mädchen" (Plastiken)
Kollwitz: „Maria u. Elisabeth" (Holzschnitt)
Otto Kümmel: „Die Kunst Chinas, Japans und Koreas" (Kunstgeschichte)
LeCorbusier: „Städtebau" (frz. Planung)
László Moholy-Nagy (* 1895, † 1947): Dekorationen f. abstrakte Filme in Berlin (ungar.) angewandte Kunst im Bauhausstil
Hans Mühlestein: „Die Kunst der Etrusker"
Nash: „März" (engl. Gemälde)

G. Anschütz: „Das Farbe-Ton-Problem" (veranstaltet von 1927 bis 1931 Kongresse über dieses Thema)
Hindemith: „Neues vom Tage" (heitere Oper, Text v. *Marcellus Schiffer*)
Hindemith-Weill: „Lindbergh-Flug"
Křenek: „Reisebuch aus den österreichischen Alpen" (Zykl. v. 20 Lied.)
Lehár: „Das Land des Lächelns" (Operette)
Pfitzner: „Werk u. Wiedergabe" (über Dirigierkunst)
Respighi: „Römische Feste" (ital. symphon. Dichtung)
Riemann-Einstein: „Musiklexikon" (Standardwerk)
Hermann Scherchen: „Lehrbuch des Dirigierens"
A. Schönberg: „Von Heute auf Morgen" (Opernkomödie im Zwölftonstil) und Variationen für Orchester (Zwölftontechnik)
Der Dirigent *Arturo Toscanini* geht, vom ital. Faschismus vertrieben, nach USA
Weill: „Mahagonny" (Jazzoper)
Wassilij de Basil (* 1888, † 1951) gründet in Monte Carlo russ. Emigranten-Ballett
† *Sergej P. Diaghilew*, Begründer des modernen russ. Balletts (* 1872)

Physik-*Nobel*preis an *L. de Broglie* (Frankr.) für Wellentheorie der Materie
Chemie-*Nobel*preis an *A. Harden* (Großbrit.) und *H. v. Euler-Chelpin* (Dt.-Schwed.) für Enzym- und Fermentforschung
Medizin-*Nobel*preis an *Christiaan Eijkman* (Niederl., * 1858, † 1930) und *F. G. Hopkins* (Großbrit.) für Vitaminforschung
H. Berger: Das Elektrenkephalogramm d. Menschen (Forschungen seit 1924 über elektrische Spannungsschwankungen im Gehirn)
R. Byrd überfliegt Südpol
Hans Cloos (* 1885): Künstliche Gebirge (Anfänge einer experimentellen Gebirgsforschung)
M. Czerny (* 1896): Langwellige Ultrarot-Photographie auf dünnen Ölschichten (Evaporographie)
Dam entdeckt Vitamin K (wichtig für Blutgerinnung)
† *Hans Delbrück*, dt. Geschichtsforscher und Politiker (* 1848)
Doisy und *Butenandt*: Reindarstellung des Follikel-Hormons (weibl. Sexualhormon)
v. *Economo*: „Großhirnrinde" (zusammenfassende Darstellung der Leistung der höheren Zentren)
T. Edinger: „Die fossilen Gehirne" (Anfänge einer Paläoneurologie)
Einstein: Allgemeine Feldtheorie (Versuch einer einheitlichen Behandlung der Gravitations- und elektrischen Felder)
Esau u. *E. Schliephake*: Diathermie (Hochfrequenzerwärmung f. Heilzwecke)
A. Fleming: Erster Bericht über Penicillin-Forschung
W. Forssmann Erst. Herzkatheter
Frobenius: „Erlebte Erdteile" (7 Bde. st. 1925; Naturvölkerkunde)
Geiger und *Scheel*: „Handbuch der Physik" (24 Bände seit 1926)
Heisenberg kann den starken Magnetismus des Eisens (Ferromagnetismus) durch die Quantentheorie erklären
~ *Hubble*: Spiralnebel sind Sternsysteme ähnlich unserer Milchstraße. Die mit der Entfernung zunehmende Rotverschiebung ihrer

Vom 21. b. 29. Okt. 15 Mrd. Doll. nordamerikan. Börsen-Verluste
Eingemeindung Duisburg-Hamborn (verbreitete Eingemeindungsbestrebg. westdt. Großstädte)
Stier und *Somlo*: „Handbuch des Völkerrechts" (6 Bände seit 1912)
„Schiffssicherheitsvertrag" von London z. Schutz von Menschenleben
Internat. Luftprivatrechtsabkommen von Warschau
Weltpostkongreß in London
Erster Postflug v. d. „Bremen" mit Schleuderstart
Washingtoner Radiowellenplan
Fusion Dt. Bank mit Disconto Ges.
Vereinigte Elektrizitäts- u. Bergwerke-AG, Berlin
Unilever-Konzern (Sunlight-Seife, Margarine u. a.)
Burgdörfer: „D. Geburtenrückgang u. s. Bekämpfung"
„Wunderdoktor" *Valentin Zeileis* „behandelt" stündlich mehr. Hundert Abendkleider vorn kurz, hinten lang; Herrenschnitt
Wolfr. Hirth siegt i. Sportflugzeugwettb. üb. 4000 km (Böblingen - Paris - Mailand - Rom - Böblingen)
Massenmörder *Peter Kürten* beunruhigt Düsseldorf

(1929)

Tschechisch-dt. bürgerliche Koalition weicht einer agrar.-sozialen Staatsstreich König *Alexanders* von Jugoslawien. Serbische Militärdiktatur unter General *Schiwkowitsch*. Staatsname „Jugoslawien". Kroatenführer *Matschek* verhaftet (1930 freigesprochen)

Zaïmis griech. Staatspräs. bis 1935

Voldemaras gestürzt; es folgt Regierung *Tubelis* in Litauen

Leo *Trotzki* aus der USSR nach der Türkei ausgewiesen

XV. Parteitag der KPSU verurteilt „Rechte Abweichung" von *Rykow* und *Bucharin* (werden ausgeschlossen). Aufruf zum „Sozialistischen Wettbewerb". Parteisekr. *Stalin* praktisch Alleinherrscher

Kollektivierung in der USSR stößt auf großen Widerstand der Bauern

Konflikt USSR—China um Mandschurei u. mandschur. Eisenbahn. Nach Einmarsch sowjet. Truppen Wiederherstellung des Status quo

Herbert *Hoover* (Republik.) Präsident der USA bis 1933

Kursstürze (29. 10. u. 13. 11.) an der New Yorker Börse lösen tiefe Weltwirtschaftskrise u. pol. Folgen aus (dauert bis etwa 1933)

Mißgl. Revolution in Mexiko. *Ortiz Rubio* Präsident bis 1932; vorübergehender Frieden zw. Staat und Kirche

Peru erhält Tacna von Chile zurück (ging mit anderen Salpeterprovinzen 1883 verloren)

Jewish Agency als Gesamtvertret. d. zionist. und nichtzionist. Juden

König *Amanullah* von Afghanistan wird nach seiner Europareise wegen Reformen gestürzt; *Nahir Chan* König von Afghanistan bis 1933 (†)

Blutige Zusammenstöße zw. Hindus u. Mohammedanern in Bombay. Ind. Nationalkongreß in Lahore fordert Trennung vom Brit. Reich

Zahl der eingeborenen Abgeordneten im Volksrat auf Niederl.-Java von 25% auf 50% erhöht

Nilwasser-Vertrag Ägypt.-Sudan

† *Hugo von Hofmannsthal*, österr. Dichter (* 1874)

† *Arno Holz*, dt. Dichter des Naturalismus (* 1863)

N. *Jacques:* „Die Limburger Flöte" (Roman)

Mirko *Jelusich* (*1886, † 1969): „Caesar" (österr. histor. Roman)

Ernst *Jünger:* „Das abenteuerliche Herz"

E. *Kästner:* „Emil und die Detektive" (Kinderroman)

H. *Kesten:* „Ein ausschweifender Mensch" (Roman)

Kolbenheyer: „Heroische Leidenschaften" u. „Die Brücke" (Schauspiele)

Peter Martin *Lampel* (* 1894, † 1965): „Revolte im Erziehungshaus" (sozialkrit. Bühnenstück)

Lewis: „Sam Dodsworth" (nordamerikan. Roman)

Charles *Morgan* (*1894, † 1954): „Das Bildnis" (engl. Roman)

Axel *Munthe:* „Das Buch von San Michele" (schwed. Lebenserinnerungen, wird in 41 Sprachen übersetzt)

Erwin *Piscator* (* 1893, † 1966): „Das politische Theater"

Theodor *Plievier* (*1892, † 1955): „Des Kaisers Kulis" (Roman, später Drama)

A. *Polgar:* „Schwarz auf Weiß" (Essays)

John Cowper *Powys* (* 1872): „Wolf Solent" (engl. Roman)

Erich Maria *Remarque* (*1898, † 1970): „Im Westen nichts Neues" (pazifist. Kriegsroman)

Elmer *Rice* (* 1892, † 1967): „Street Scene" (nordamer. Schauspiel, musikal. Fassung 1947 mit K. Weil)

Wilh. *Schäfer:* „Gesammelte Anekdoten" (erste Sammlung 1908)

Shaw: „Der Kaiser von Amerika" (engl. Schauspiel)

Robert Cedric *Sherriff* (* 1896): „Die andere Seite" (engl. Kriegsschauspiel)

Friedrich *Sieburg* (* 1893, † 1964): „Gott in Frankreich?" (kulturgesch.)

Sinclair: „So macht man Dollars" (nordamerikan. sozialistischer Roman)

Stehr: „Nathanael Maechler" (Roman)

Tucholsky: „Deutschland, Deutschland über alles" (antinationalist. Satiren)

Undset: „Gymnadenia" (norweg. Roman vom kathol. Standpunkt aus)

Viebig: „Die mit den tausend Kindern" (Roman)

Werfel: „Barbara oder d. Frömmigkeit" (Roman)

Wiechert: „Die kleine Passion" (Roman)

Friedrich *Wolf:* „Cyankali" (gesellschaftskrit. Schausp. um den § 218)

Th. *Wolfe:* „Schau heimwärts, Engel" (nordamerikanischer Roman)

Zuckmayer: „Katharina Knie" (Drama)

St. *Zweig:* „Fouché" (Biographie)

„Katakombe" (Berliner Kabarett mit *Werner Finck, Hans Deppe* u. a. bis 1935)

Staatstheatermuseum in Berlin

A. N. Whitehead: „Geschehen u. Wirklichkeit. Ein kosmologischer Essay" (engl. Naturphilosophie)

L. v. Wiese: „Allgem. Soziologie" (2 Teile seit 1924)

Lateranverträge u. Konkordat des Vatikans mit dem ital.-faschist. Staat. Papst verzichtet auf Rom und Kirchenstaat. Verfassung d. Vatikanstadt. Papst oberste gesetzgebende, vollziehende und richterliche Gewalt

Konkordat mit Preußen

Lutherischer Weltkonvent in Kopenhagen

„Zeitschrift für Christentum und Sozialismus"

In Schottland schließt sich die United Free Church (seit 1900) mit der Staatskirche zur Church of Scotland zusammen

„Deutsche Christen" bilden sich in der evang. Kirche (treten für „artgemäßes" Christentum ein)

Genfer Konvention zwischen 47 Staaten über die menschliche Behandlung von Kriegsgefangenen

„Wiener Kreis" entsteht aus dem „Verein Ernst Mach" mit R. Carnap, Ph. Frank, H. Hahn, O. Neurath, M. Schlick u. a., vertritt eine antimetaphysische, wissenschaftliche Philosophie und Erkenntnislehre: „Logischer Empirismus"

„Universität und Volkshochschule" (Tagung in Heidelberg)

Es bestehen 60 dt. Volkshochschulheime

Paracelsus-Gesellschaft

Türkei verbietet Unterricht in arabischer Schrift

Georgia O'Keeffe (* 1887, USA): „Schwarze Stockrosen und blauer Rittersporn" (überdimensionales Blumenbild)

Pechstein: „Der Cellospieler" (express. Gemälde)

Sintenis: „Grasendes Fohlen", „Polospieler"

St. Spencer: „Landmädchen" (engl. Gemälde)

† Heinrich Zille, Zeichner d. Berliner Arbeiter-Milieus (* 1858)

Werkbundausstellung „Wohnung u. Werkraum" in Breslau

Westfalen-Hochhaus in Dortmund

Veitsdom in Prag vollendet (Baubeginn 1344, Abschlußarbeiten seit 1873)

Ausst. „Chinesische Kunst" in Berlin unter O. Kümmel

Museum of modern art, New York, gegründet. Eröffnet mit Ausstellung von Cézanne, Gauguin, Seurat, van Gogh

Folkwang-Museum, Essen gegr.

—

Der Tonfilm setzt sich allgemein durch

„Die Königsloge" (erster dt.-sprachiger Spieltonfilm, in USA gedreht mit A. Moissi u. C. Horn)

„Melodie des Herzens" (erster vollständiger dt. Tonfilm, mit Willy Fritsch)

„Dich hab' ich geliebt" (Spieltonfilm mit Mady Christians und Walter Jankuhn)

„Pamir, das Dach der Welt" (Expeditionsfilm)

„Silberkondor über Feuerland" (Naturfilm von Gunther Plüschow)

„Hallelujah!" (nordam. Negerfilm von K. Vidor); „Liebesparade" (nordam. Film von E. Lubitsch mit Maurice Chevalier und Jeanette Mac Donald); „Das gottlose Mädchen" (nordamerik. Film v. C. B. deMille); „Broadway-Melodie" (nordam. Revuefilm).

Erster Micky-Maus-Tonfilm von Walt Disney (nordam. Zeichentrickfilm)

„Die Büchse der Pandora" (Film von Pabst mit B. Helm);

„Die weiße Hölle v. Piz Palü" (Film von A. Fanck); „Menschen am Sonntag" (Film von Robert Siodmak)

„Das weiße Geheimnis" (russ. Film von d. Fahrt d. russ. Eisbrechers „Krassin" zur Rettung der Nobile-Expedition)

„Die Generallinie" (russischer Film von Eisenstein)

„Turksib", „Der blaue Express" (russ. Filme)

Elektrifizierung der Berliner Stadtbahn

Müllverbrennungsanlage in Zürich (300 t Müll in 24 Stunden)

Spektrallinien deutet auf eine sich ausdehnende Welt

Diesel-(Schweröl-)Flugzeugmotor von Junkers

B. Malinowski: „Das Sexualleben von Naturvölkern"

W. A. Marrison: Quarzuhr (in den folgenden Jahren von Scheibe und Adelsberger verbessert; tägl. Fehler $1/1000$ Sek.; gestattet, Erdumdrehung zu kontrollieren)

Hans Mühlestein: „Die Herkunft der Etrusker"

H. Oberth: „Wege zur Raumschiffahrt" (maßgeb. Raketentheorie)

Christoph Schröder (* 1871): „Handbuch der Entomologie" (Insektenlehre, 40 Lieferungen seit 1912)

Weltumfahrt des Luftschiffes „Graf Zeppelin" (49000 km) unter Eckener

Flugboot Do X für 169 Personen

„Bremen" (dt. Turbinen-Ozeandampfer mit 54000 t Wasserverdrängung, 125000 PS und 53 km/St.; gewinnt „Blaues Band")

„Meteor"-Expedition in der Arktis und im Nordatlantik (weitere Fahrten 1930, 1933, 1937, 1938)

„Forschungsinstitut für langfristige Witterungsvorhersage" in Bad Homburg v. d. H. (arbeitet nach statistischen Verfahren über die Großwetterlage)

Erste Gesellsch. f. Fließkunde (Rheologie) i. USA gegrdt.

„Künstl. Gebirge" exper. erzeugt i. Geolog. Inst. Bonn

Versuche mit jarovisiertem Saatgut in der USSR (erstes Stadium der Entwicklung außerhalb des Bodens)

16-mm-Umkehr-Farbenfilm „Kodakcolor" (1932 d. entspr. „Agfacolor")

Erste Fernsehsendung in Berlin

Beendigung des Cascade-Basis-Tunnels in Nordamerika (12500 m, Baubeginn 1926)

Straßenbrücke über die Ammer bei Eschelsbach (Stahlbetonbogenbrücke mit 130 m Stützweite)

Rhein-Straßenbrücke Köln-Mülheim (315 m weit gespannte Hängebrücke)

1930	Friedens*nobel*preis an *N. Söderblom* (Schwed.). Reichsbankpräsident *Schacht* tritt wegen *Young*plans zurück. Nachfolger *Luther*. Reichstag stürzt Regierung *Müller*. Ende der großen Koalition *Heinrich Brüning* (Zentrum, * 1885, † 1970) dt. Reichskanzler bis 1932 Rheinlandräumung Reichspräsident erläßt auf Grund Art. 48 Notverordnung zur Sicherung von Wirtschaft und Finanzen; Reichstag nach ihrer Aufhebung aufgelöst. Nationalsozialisten und Kommunisten gewinnen in den Reichstagswahlen. *Brüning* führt weiterhin, gestützt allein auf das Vertrauen des Reichspräsidenten, Minderheitenregierung. Notverordnung mit Kürzung von Beamtengehältern und Erhöhung der Arbeitslosenversicherung. 4,4 Mill. Arbeitslose Umbenennung der Dt. Demokrat. Partei in Dt. Staatspartei (verliert weiter an Bedeutung) *Wilhelm Frick* (* 1877, † 1946, hingerichtet) als Minister für Inneres und Volksbildung in Thüringen erster nationalsozialist. Minister *Hitler* schwört im Reichswehrprozeß vor dem Reichsgericht in Leipzig, die Weimarer Verfassung einzuhalten Freundschaftsvertrag Österreich-Italien. Österr. erlangt auf der Haager Konferenz fast völlige Aufhebung seiner Reparationsverpflichtungen *Schober* (parteilos) österr. Vizekanzler und Außenminister der Regierung *Ender* bis 1932 Kathol.-faschist. Heimwehren in Österreich unter Fürst *Ernst Rüdiger von Starhemberg* (* 1899) Londoner Seeabrüstungskonferenz: USA, Großbritannien und Japan vereinbaren Höchststärken und Einschränkung des U-Boot-Handelskrieges. Gleichberechtigung nur für USA und Großbrit. Brit.-ägypt. Konferenz in London scheitert an der Sudanfrage. Autoritäre Regierung durch ägypt.	Literatur-*Nobel*preis an *S. Lewis* (USA) *Bengt Berg*: „Die Liebesgeschichte einer Wildgans" (schwed. Tierschilderung) *Beumelburg*: „Gruppe Bosemüller" (Kriegsroman) *Karl Friedrich Boree* (*1886, +1964): „Dor und der September" (Liebesroman) *Ferd. Bruckner*: „Elisabeth von England" und „Die Kreatur" (Dramen) *Bunin*: „Im Anbruch der Tage" (autobiographischer Roman aus der russ. Emigration) † *Arthur Conan Doyle*, engl. Schriftsteller und Arzt; schrieb seit 1891 die Sherlock-Holmes-Detektiv-Rom. (* 1859) *Duhamel*: „Spiegel der Zukunft" (frz. Amerikabuch) *T. S. Eliot*: „Aschermittwoch" (engl. Gedicht aus wiedergewonnenem religiösem Glauben) *Arthur Eloesser* (*1870, +1938): „Literaturgeschichte" (vom Barock zur Gegenwart) *Paul Ernst*: „Jugenderinnerungen" *Fallada*: „Bauern, Bonzen, Bomben" (gesellschaftskrit. Roman) *Feuchtwanger*: „Erfolg" (Roman) *O. Flake*: „Romane um Ruland" (Romanreihe seit 1922) *Bruno Frank*: „Sturm im Wasserglas" (Schauspiel) *Giono*: „Die Geburt der Odyssee" (frz. Roman) *Giraudoux*: „Amphitryon 38" (frz. Lustspiel)	*Alfred Adler:* „Technik der Individualpsychologie" (österr. Psychoanalyse: bei Störung des Geltungsbewußtseins entstehen „Minderwertigkeitskomplexe") *Max Adler:* „Lehrbuch der materialistischen Geschichtsauffassung" (positivist.-empirischer Standpunkt im Gegensatz zu *Lenin*) *Freud:* „Das Unbehagen in der Kultur" (psychoanalytische Kulturphilosophie; Konflikt zwischen Ich und Kultur-Über-Ich) *W. Frick* führt nationalist. Gebete („Fricksche Gebete") in den Thüringer Schulen ein *I. Frischeisen-Köhler:* „Untersuchungen an Schulzeugnissen von Zwillingen" (Untersuchung der erbbiologischen Grundlagen der Leistung) † *Adolf von Harnack*, dt. protest. Kirchenhistoriker (* 1851) *Max Horkheimer* (*1895, † 1973) begründet mit *Th. W. Adorno* an der Univ. Frankf./M. Soziologieschule der „Kritischen Theorie" *Ricarda Huch:* „Alte und neue Götter" (kulturphilosophisch) *E. R. Jaensch:* „Über den Aufbau des Bewußtseins" *Ch. S. Johnson:* „Der Neger in der amerikanischen Zivilisation" (nordamerikan.) *William Kellogg* (* 1860, † 1951) ruft „Kellogg-Stiftung" (ca. 47 Mill. Dollar) f. Kinder- und Jugendwohlfahrt ins Leben

Beckmann: „Der Löwenbändiger", „Selbstbildnis mit Saxophon", „Winterbild" (express. Gemälde)

O. Bartning: Rundkirche in Essen (protestant. Kirche in modernem Stil)

Robert Bednorz: Porträtkopf des Malers *Oskar Moll* (Plastik aus der Kunstakad. Breslau)

Wilh. Büning: „Weiße Stadt" (Siedlung in Berlin-Reinickendorf mit Fernheizung, Wäscherei usw.)

G. Grosz: „Kaltes Buffet" (gesellschaftskrit. karikaturist. Gemälde)

Heckel: „Tanzende Matrosen" u. „Zirkus" (farbige express. Holzschnitte)

K. Hofer: „Frauen mit Lautenspieler" (express. Gemälde)

G. Kolbe: „Große Pieta" (Frauenakt, Plastik)

Leo von König (*1871, † 1943): „Ernst Barlach" (impress. Bildnis)

W. Kreis: Dt. Hygiene-Museum, Dresden

† *Otto Müller*, express. Maler (*1874)

H. Poelzig: Haus des Rundfunks, Berlin (Baubeginn 1929, ein Höhepunkt d. techn. und künstlerischen Entfaltung des Funks; Einweihung mit „Faust" I u. II)

† *Ilja Repin,* russ. naturalist. Maler (*1844)

George Antheil (*1900): „Transatlantic" (nordamerikan. surrealist. Oper)

Bartók: „Cantata profana" (ungar. Komposition für 2 Männerstimmen, Chor, Orchester)

Ralph Benatzky: „Im weißen Rößl" (Operetten-Revue im Gr. Schauspielhaus, Berlin)

Hindemith: Konzert f. Solobratsche und größeres Kammerorchester

Honegger: „Abenteuer des Königs Pausole" (schweiz. frz. Operette) u. „Sinfonie" (schweiz.-franz. Kompos. im klass. Stil)

Křenek: „Das Leben des Orest" (Oper)

Milhaud: „Christoph Columbus" (frz. Oper)

Pfitzner: „Das dunkle Reich" (Chorw. m. Orch.)

Reznicek: „Spiel oder Ernst" (Oper)

Schoeck: „Vom Fischer und syner Fru" (Schweiz. Oper nach *Grimm*)

A. Schönberg: „Begleitmusik zu einer Lichtspielszene" (Filmmusik)

William Grant Still: „Afrika", „Afro-Amerikanische Symphonie" (nordamerikan. Musik eines Negerkomponisten)

Strawinsky: „Der Kuß der Fee" (russ. Ballett)

Physik-*Nobel*preis an *Ch. V. Raman* (Ind.) für Molekülspektroskopie

Chemie-*Nobel*preis an *Hans Fischer* (Dt.) für Blut- und Blattfarbstoff-Forschung

Medizin-*Nobel*preis an *K. Landsteiner* (Österr.) für Hauptgruppen des Blutes

Auf Vitö bei Spitzbergen werden die Reste der *Andrée*-Polar-Exdedition im Ballon von 1897 gefunden (Tagebücher, entwickelbare Photos)

J. L. Baird: Großbild-Fernsehen mit Viellampenschirm

Fr. Bergius: Chemisches Verfahren der Holzverzuckerung zur Futtermittelgewinnung

Dirac sagt auf Grund der von ihm erweiterten Quantentheorie das „Positron" (positives Elektron) voraus (entdeckt 1932)

Franz M. Feldhaus: Umfangreiches Arch. z. Geschichte d. Technik (etwa 134 000 Karteikarten u. 8500 Bände)

Franz Kruckenberg (*1882): „Schienenzeppelin" (Luftschraubenantrieb für Eisenbahntriebwagen, erreicht 1931 230 km/h)

E. H. Land: Polarisationsfilter aus Herapathit (gestatten verbreitete Anwendung polarisierten Lichtes)

B. Lange und *W. Schottky:* Sperrschicht-Photoelement (findet als Lichtmeßgerät weite Verbreitung)

Ernest Lawrence (*1901): Zyklotron (erstes Modell; magnetischer Resonanz-Beschleuniger zur Herstellung energiereicher atomarer Teilchen zur Atomkernumwandlung; ersetzt Spannungen bis z. vielen Mill. Volt)

B. Lyot: Koronograph (Fernrohr zur Sichtbarmachung der Sonnenkorona durch „künstliche Sonnenfinsternis" auf dem Pic du Midi)

J. H. Northrop: Reindarstellung der Enzyme (Fermente) Pepsin und Trypsin in kristallisierter Form

∼ *Walter Reppe* beg. moderne Acetylenchemie zu entwickeln (führt zu vielen Kunststoffen)

Schmidt-Rohr (Verpuffungsstrahltriebwerk (im 2. Weltkrieg in der Fernwaffe V 1 verwendet)

B. Schmidt erf. astron. „Schmidt-Spiegel" (entsch. Fortschritt)

E. Kahn und *F. Naphtali:* „Wie liest man den Handelsteil einer Tageszeitung"

J. M. Keynes: „Vom Gelde" (brit. Währungstheorie, für manipulierte Währung)

Normung (DIN) erreicht wesentliche Kosten- und Preissenkungen

„Gesellschaft und Wirtschaft" (bildstatistisches Elementarwerk nach der Wiener Methode)

Verordg. üb. Devisenbewirtschaftg. in Deutschland

S. Wyatt: „Das Problem der Monotonie und Langeweile bei der Industriearbeit"

Etwa 2100 dt. Kartelle (1922 etwa 1000)

Hochofenanlage der Gutenhoffnungshütte (Oberhausen/Rheinland)

Dt. Gesellschaft für öffentliche Arbeiten (Öffa) (verwaltet Reichsdarlehen für Arbeitsbeschaffung)

Zusammenschluß der dt. landwirtschaftl. Genossenschaften zum *Raiffeisen*-Verband

Bau von Magnitogorsk (östl. Ural) entwickelt sich gemeinsam mit dem 2230 km entfernten Kusnezk zum Eisen-Kohle-Kombinat (1. Hochofen 1932)

(1930)

König (dauert unter inneren Unruhen bis 1935)
Brit. Weltkonferenz in London zur Stärkung des Empirehandels durch Vorzugszölle
Symbol. Meersalzgewinnung *Gandhis* gegen das brit. Salzmonopol. Unruhen. Verhaftung *Gandhis*
Erste Round-Table-Konferenz in London; ind. Nationalkongreß lehnt Teilnahme ab (weitere 1931 und 1932). Vizekönig empfängt *Gandhi*
Vertrag Großbritannien—Irak löst brit. Mandat ab (1932 Aufnahme Iraks in den Völkerbund)
Beaverbrook und *Rothermere* gründen brit. Weltreichspartei (antisowjet., konservative Kolonialpolitik)
Pan-Europa-Denkschrift von *Briand*
Frankreich baut militär. *Maginot*-Linie gegen einen etwaigen Angriff Deutschlands
Ital. Flottenbauprogramm; führt zu Spannungen mit Frankreich
Italien dehnt seine Macht von der Küste in das Innere Libyens gegen die Eingeborenen aus
† *Miguel Primo de Rivera*, nach Entlassung als diktatorischer span. Ministerpräsident (* 1870). Antimonarchist. Unruhen
Gründung der portugies. faschist. Partei „Nationale Union"
Unfreie Parlamentswahlen bringen Sieg *Pilsudskis*, der zugunsten von Oberst *Slavek* als poln. Ministerpräsident zurücktritt
Kundgebungen in Ungarn gegen Trianon-Vertrag von 1920/21
Zar *Boris III.* von Bulgarien vermählt sich mit Prinzessin *Giovanna* von Italien
Carol II. an Stelle seines unmündigen Sohnes *Michael* König von Rumänien bis 1940; Ministerpräsident *Maniu* tritt zurück
Freundschaftsvertrag Türkei—Griechenland
Kviesis (Bauernbund) lett. Staatspräsident bis 1936
Marsch der finn. antibolschewist. Lappobewegung auf Helsinki

Maxim Gorki kehrt in die USSR zurück; veröffentl. kein weiteres Werk (lebte seit 1921 in Sorrent)
Hans Grimm: „Der Richter in der Karu" (Roman)
H. Hesse: „Narziß und Goldmund" (Roman)
M. Hausmann: „Kleine Liebe zu Amerika" (Reisebericht)
Joseph Hergesheimer (*1880, † 1954): „Das Pariser Abendkleid" (nordamerik. Roman)
August Hinrichs (*1879, † 1956): „Swienskomödi" (als „Krach um Jolanthe" später verfilmt)
Kisch: „Paradies Amerika" (sozialist. Reisebericht aus den USA)
John Knittel (*1891, † 1970): „Abd-el-Kader" (Roman)
G. von Le Fort: „Der Papst aus dem Ghetto" (Novelle)
† (Selbstmord) *Wladimir Majakowski*, russ. Dichter; Werke in 6 Bdn. s. 1927 (* 1893)
Th. Mann: „Die Forderung des Tages" (Essays)
Robert Musil (* 1880, † 1942): „Der Mann ohne Eigenschaften" (österr. Romantrilogie, 3. Band 1943, posthum)
Ernst Penzoldt (*1892, † 1955): „Die Powenzbande" (heiterer Roman)
John Boynton Priestley (* 1894): „Engelgasse" (engl. Roman)
Renn: „Nach-Krieg" (sozialist. Roman)
Romains: „Die guten Willens sind" (frz. Romanfolge in 27 Bänden bis 1946)

† *Helene Lange*, Führerin der dt. Frauenbewegung (* 1848)
M. Maeterlinck: „Das Leben der Ameisen" (belg. philosophische Naturbeschreibung)
W. v. Moellendorff: „Konservativer Sozialismus"
Cesare Orsenigo (* 1873, † 1946) päpstl. Nuntius in Berlin
Ortega y Gasset: „Der Aufstand der Massen" (span. Philosophie eines Individualismus)
Eugenio Pacelli Kardinalstaatssekretär in Rom (ab 1939 Papst *Pius XII.*)
Marianne Raschig: „Hand und Persönlichkeit" (Handdeutungslehre)
Alfred Rosenberg (* 1893, † 1946, hingerichtet): „Der Mythos des 20. Jahrhunderts" (nationalsozial. Weltanschauung)
H. Rost: „Der Protestantismus als Prinzip des Individualismus" (kathol. Darstellung)
M. Schlick: „Fragen der Ethik" (Moralphilosophie aus dem positivist. Wiener Kreis)
Schweitzer: „Die Mystik des Apostels Paulus"
Sombart: „Die drei Nationalökonomien. Geschichte und System der Lehre von der Wirtschaft" (Methodenlehre einer „verstehenden" Nationalökonomie)
Carl Stange: „Das Ende aller Dinge" (evang. Theologie)
J. v. Uxküll: „Lebenslehre"
Adrian Wettach (Musik-Clown „Grock", *1880): „Ich lebe gern" (Selbstbiogr.; zieht sich 1954 zurück; erhält d. Dr. h. c. der Philosophie)

L. Serlins: Etagen-Großgarage, Berlin (mit vollständiger Glasfront)

Edward Wadsworth (* 1889): „Komposition" (engl. kubist.-abstraktes Gemälde)

Th. Whittemore beginnt die byzantinischen Mosaike in der Hagia Sophia vom Mörtelbewurf zu befreien

Pergamon-Museum mit Pergamonaltar in Berlin neu eröffnet

Petri-Nikolai-Kirche in Dortmund (Eisenbetonbau)

Chrysler-Hochhaus in New York (65 Stockwerke, 306 m hoch, Baubeginn 1929)

„Der blaue Engel" (Tonfilm nach „Professor Unrat" von Heinrich Mann, mit Marlene Dietrich u. E. Jannings. Regie: J. v. Sternberg [* 1894, † 1969])

„Im Westen nichts Neues" (nordamer.-dt. Film; Regie: Lewis Milestone, nach Remarque)

„Die drei von der Tankstelle" (Tonfilmoperette mit L. Harvey [* 1907, † 1968], W. Fritsch [* 1901, † 1973], Heinz Rühmann; wird typisch f. d. Gattung)

„Westfront 1918" (Film v. Pabst mit H. Porten); „Melodie der Welt" (Film von Ruttmann); „Wochenende" („Tonfilm ohne Bilder" [Tonband] von Ruttmann)

† Cosima Wagner, Gattin Rich. Wagners seit 1870; leitete 1883 bis 1908 Bayreuther Festsp. (* 1837; Tochter Franz Liszts)

† Siegfried Wagner, Sohn Richard Wagners, dt. Opernkomponist; leitete seit 1908 Bayreuther Festspiele (* 1869); seine Frau Winifred geb. Williams übernimmt Festspielleitung (* 1897)

Weill: „Der Jasager" (Schuloper)

F. Trautwein baut elektroakustisches Trautonium

Symphonie-Orch. British-Broadcasting Co. (BBC) gegründet (spielt u. a. unt. Toscanini)

Jacques Thibaud (Violine), Alfred Cortot (Klavier) u. Pablo Casals (Cello) bilden ein Trio (bis 1935)

~ „Happy Days are here again" („Wochenend und Sonnenschein") (optimist. Kenn-Melodie d. US-Parteidemokraten)

Max Theiler (* 1899) gelingt Serum-Schutzimpfung gegen Gelbfiebervirus (Nobelpreis 1951)

B. Thomas durchquert die Große Wüste Arabiens (bis 1931, dadurch wird Arabien im wesentl. erforscht)

Clyde Tombaugh entdeckt Planeten Pluto (von Lowell vorausberechnet aus Störungen des Planeten Neptun)

R. J. Trümpler weist lichtabsorbierende Materie zwischen den Sternen der Milchstraße nach (diese interstellare Materie kann astronomische Helligkeits- und Entfernungsmessungen verfälschen)

B. L. van der Waerden: „Moderne Algebra" (Zusammenfassung der axiomatischen Algebra)

† Alfred Wegener, dt. Geophysiker, auf dem Grönlandeis, nachdem er dort Forschungsstation „Eismitte" angelegt hat (* 1880)

Theodor Wiegand (* 1864, † 1936): „Pergamon" (Ausgrabungsbericht vom Schöpfer des Berliner Pergamon-Museums)

Dt. Hygiene-Museum in Dresden eröffnet (besonders bekannt wird der „Gläserne Mensch")

Schnelldampfer „Europa" d. Norddt. Lloyd gew. „Blaues Band"

Ost-West-Ozeanflug des Dornier-Wal

Beendigung des Appenin-Tunnels (18 508 m, Baubeginn 1923)

Schiffshebewerk Niederfinow (Hub 36 m für 1000-t-Kähne; Baubeginn 1927)

Erste drahtlose Fernsehübertragung

Kurzwellen-Richtstrahl-Antenne in Zeesen

Elektrodynam. Lautsprecher. Lautsprecher werden in Empfangsgerät eingebaut

Öllose Hochspannungs-Schalter (sicherer als Ölschalter)

Größte Dampfturbine leistet 280 000 PS oder 208 000 kW (USA)

2 t Kohle liefern durchschnittlich 1 Kilowattjahr zu 2500 Arbeitsstunden (Nutzeffekt der Kohle 15 % gegenüber 5 % 1870)

1 PS Dampfmaschinenleistung kostet etwa nur noch 1/10 des

Eröffnung der Turkestanisch-sibirischen Eisenbahn (Turksib)

O. Heller: „Sibirien, ein anderes Amerika" (kennzeichnet rasche wirtschaftliche Erschließung)

Ledigensteuer in Deutschland

„Blondie"-Serie beginnt in den USA zu erscheinen (primitive, gezeichnete Bildergeschichte in Zeitungsfortsetz.)

~ Hearst (USA) bes. 33 Zeitungen mit rd. 11 Mill. Auflage

International. Skikongreß in Oslo, gibt Regeln für Abfahrts- u. Slalomkonkurrenzen

Max Schmeling (Dt.) durch Disqualifikation Jack Sharkeys Boxweltmeister (erster nichtamerikanisch. Boxweltmeister)

Bridgespiel auch in Deutschland sehr verbreitet

Dauerwellen in der Friseurtechnik

Modernisiertes Strandbad Berlin-Wannsee eröffnet (faßt mehr als 60 000 Besucher)

Arbeitsleistg. eines Industriearbeiters pro Arbeitsstunde i. d. USA: 80 Cent (1900: 50 Cent, 1950: 130 Cent unter Berücksichtigung der Preisänderungen)

(1930)	*Leo Trotzki:* „Mein Leben" (Autobiographie) *Maksim Maksimowitsch Litwinow* (* 1876, † 1951) sowjetruss. Volkskommissar des Äußeren bis 1939; befürwortet kollektive Sicherheit im Rahmen des Völkerbundes *Wjatscheslaw Molotow* (* 1890) Vorsitzender des Rates der Volkskommissare der USSR bis 1941 Kanad. Zollerhöhungen gegen Einfuhr aus USA USA bricht wegen Sklaverei in Liberia seine Beziehungen zu diesem ab Durch Erdölexport kann Venezuela Staatsschuld tilgen (vgl. 1921) *Augusto B. Leguia*, Präsident von Peru seit 1924, gestürzt Wirtschaftskrise löst in Brasilien Unruhen aus; *Getulio Vargas* wird Präsident bis 1945 (wieder ab 1950); gibt dem Land 1934 und 1937 autoritäre Verfassung, unterdrückt nationalist. Integralismus 1938 Verstärkter Nationalismus in Japan. Jap. Ministerpräsident *Hamagutschi* durch Attentat schwer verwundet *Haile-Selassie* (* 1892, † 1975) Kaiser von Abessinien (1936 bis 1941 wegen ital. Besetzung des Landes im Ausland)	*Josef Roth* (* 1894, † 1939): „Hiob" (Rom.) *Ernst von Salomon* (*1902, + 1972): „Die Geächteten" (autobiograph. Roman über den Mord an *W. Rathenau*) *Wilh. Schäfer:* „Der Hauptmann von Köpenick"(sozialerRoman) *J. Schaffner:* „Die Jünglingszeit des Johannes Schattenhold" (Roman) *R. A. Schröder:* „Mitte des Lebens" (Dichtungen) *Ina Seidel:* „Das Wunschkind" (Roman) *Karl Heinrich Waggerl* (* 1897): „Brot" (Roman) *Jakob Wassermann:*„Hofmannsthal der Freund" (Nachruf) *Josef Magnus Wehner* (* 1891): „Sieben vor Verdun" (Roman) *Friedrich Wolf:* „Die Matrosen von Cattaro" (Schauspiel) *Petzet* und *Glauning:* „Deutsche Schrifttafeln des 9. bis 16. Jahrhunderts" (paläographische Sammlung, 5 Bände seit 1910) *Paula Wessely* (* 1908) am Theater in der Josefstadt, Wien, und bei den Salzburger Festspielen	*Th. Ziehen:* „Die Grundlagen der Charakterologie" Papst gestattet Geburtenregelung nur durch Beachtung d. empfängnisfreien Tage d. Frau i. d. Enzyklika „Casti connubii" Bistum Berlin gegründet; *Christian Schreiber* (* 1872, † 1933) erster Bischof Breslau und Paderborn. werden Erzbistümer „Handwörterbuch der Soziologie" *Meyers* Lexikon (12 Bände seit 1924, danach 3 Nachtragsbände) Institute of advanced studies a. d. Univ. Princeton (USA) gegr. (später arbeiten hier *Einstein*, *Oppenheimer* u. and.)

„Das große Haus" (nordam. Film von *George Hill* mit *W. Berry*); „Abraham Lincoln" (nordam. Film, letzter von *D. W. Griffith*); „Anna Christie" (nordam. Film von *Clarence Brown* mit *G. Garbo, Mary Dreßler*, † 1934) „Min und Bill" (nordam. Film von *George Hill* mit *M. Dreßler, W. Berry*) „Unter den Dächern von Paris" (frz. Film von *R. Clair*) „Pariser Abkommen" der dt. und nordamerikan. Tonfilmgesellschaften: Abgrenzung der Interessensphären, Patentaustausch Wöchentlich 250 Mill. Kinobesucher in der Welt (davon 115 Mill. in den USA)		Preises von 1800. Dampfmaschinenanlagen kosten pro 1 PS 200 bis 500 Mark In USA entsteht die „Technokratie"-Bewegung zur Beseitigung von Wirtschaftskrisen durch planmäßigen Einsatz der Technik durch Techniker Beginn einer systematischen Lärmbekämpfung Kautschuk-Pflanze Tau-Ssagis in Westturkestan entdeckt „Der Vogelflug" (Zeitschrift) Hafenbrücke v. Sydney/Australien (Bogenbrücke mit 503 m Stützweite) Bayrische Zugspitzbahn u. Schneefernerhaus	In der USSR Industrieproduktion 53%, landwirtsch. Produktion 47% (damit wird die Sowjetunion Industriestaat) ~ Billige Agfa-Box mit Rollfilm popularisiert Fotografie

1931

Friedens*nobel*preis an *Jane Addams* (USA, * 1860, † 1935) und *Nicholas Murray Butler* (USA, * 1862, † 1947)

„Wiener Protokoll" zwischen den Außenministern *Curtius* (Dt.) und *Schober* (Österr.) üb. eine dt.-österr. Zollunion (Frankreich protestiert). Haager Gerichtshof verkündet mit 8 zu 7 Stimmen Unzulässigkeit einer dt.-österr. Zollunion

Albert Einstein unterstützt die Internationale der Kriegsdienstverweigerer (ist nach 1933 für Verteidigung der Demokratie)

Nach einer Ansprache *Hitlers* vor dt. Industriellen beschließen diese, ihn zu unterstützen (Subventionen von Eisen Nordwest, Rhein.-Westf. Kohlensyndikat, *Kirdorf, Thyssen, Schröder*)

Harzburger Front zwischen *Hitler* (NSDAP), *Hugenberg* (DNVP), *Seldte* (Stahlhelm). (Als Reichskanzler beseitigt *Hitler* ab 1933 den Einfluß der anderen Gruppen)

Antifaschistische „Eiserne Front" zwischen SPD, „Reichsbanner Schwarz-Rot-Gold" und Gewerkschaftsbund

Goerdeler, Oberbürgermeister von Leipzig, Reichskommissar für Preisüberwachung

Osthilfegesetz (Siedlungsprogramm stößt auf Widerstand des Großgrundbesitzes)

Heimwehrputsch in der Steiermark scheitert

Frankreich vers. i. *Tardieu*plan Donauraum m. Österreich zu ordnen

Karl Renner (Sozialdem.), Präsident des österr. Nationalrates bis 1933

Julius Karolyi ungar. Ministerpräsident bis 1932

Rücktritt der brit. Labour-Regierung unter *MacDonald. MacDonald* leitet Koalitionsregierungen einschl. der Konservativen, deshalb Konflikt mit Mehrheit der Labour-Party unter *Henderson*

Großbritannien gibt Goldparität der Währung auf (viele Länder folgen)

Liberale Partei Großbritanniens in drei kleine Gruppen gespalten

Literatur-*Nobel*preis an *Erik Axel Karlfeldt* (Schwed., †)

Andersen-Nexö: „See-Novellen" (dän.)

Jacques Bainville: „Napoleon" (frz. Biographie)

Hermann Broch (* 1886, † 1951): „Die Schlafwandler" (Romantrilogie über die Zeit 1888 bis 1918, seit 1928)

P. S. Buck: „Die gute Erde" (nordamerikan. Chinaroman)

Carossa: „Der Arzt Gion" (Erzählung)

Edschmid: „Glanz und Elend Südamerikas" (literar. Reisebericht)

William Faulkner (*1897) „Die Freistatt" (nordamerikan. Roman)

Werner Finck: „Neue Herzlichkeit" (Gedichte)

Leonhard Frank: „Von drei Millionen drei" (Arbeitslosenroman)

Giono: „Die große Herde" (frz. Roman)

K. Gudmundsson: „Die blaue Küste" (isl.-norweg. Roman)

† *Friedrich Gundolf*, dt. Literarhistoriker (*1880)

† *Hsü Tschi Mo*, chin. Lyriker (* 1895)

Ernst Jünger: „Die totale Mobilmachung"

† *Erik Axel Karlfeldt*, schwed. Dichter; *Nobel*preis 1931 (* 1864)

E. Kästner: „Fabian. Die Geschichte eines Moralisten" (Großstadt-Roman)

Herm. Kesten (* 1900): „Glückliche Menschen" (Berlin-Roman)

Knickerbocker: „Der rote Handel droht", „Der rote Handel lockt" (nordamerikan. Untersuchung der USSR)

A. S. Eddington: „Das Weltbild der Physik" (dt. Übersetzung des engl. naturphilosophischen Werkes)

Th. Haecker: „Vergil, Vater des Abendlandes" (Kulturphilosophie)

Roman Ingarden (* 1893): „Das literarische Kunstwerk" (poln. Literaturwiss.)

Hermann Glockner (* 1896): „Hegel" (2. Bd. 1940)

Jaspers: „Die geistige Situation der Zeit" (fragt, ob der Mensch frei sein kann; Band 1000 der Sammlung *Göschen*)

C. G. Jung: „Seelenprobleme der Gegenwart" (Schweiz. Psychoanalyse)

W. Künneth: „Das Wunder als apologetisch-theologisches Problem" (evang.)

Emile Meyerson: „Der Weg des Denkens" (frz. philosoph. Geschichte der Naturwissenschaften)

Otto Neurath: „Empirische Soziologie" (antimetaphysische Gesellschaftslehre aus dem Wiener Kreis) und „Soziologie im Physikalismus" (zur Begründung einer Einheitswissenschaft)

Papst *Pius XI.* entwickelt in der Enzyklika „Quadragesimo anno" die kathol. Soziallehre

M. Planck: „Positivismus und reale Außenwelt" (kritischer Realismus)

Ernst Rothe: „Psychogymnastik" (2 Bände seit 1929)

Scheler: „Die Idee des Friedens und der Pazifismus" (posthum)

Schweitzer: „Aus meinem Leben und Denken"

Beckmann: „Stilleben mit Atelierfenster" (express. Gemälde)

Chagall beg. Illustr. z. Bibel (bis 1955); „Inneres d. Synagoge Jerusalem", „Die Kunstreiter" (frz.-russ. Gemälde)

Otto Dix: „Junges Mädchen" (naturalist. Gemälde aus d. Großstadtmilieu)

Feininger: „Marktkirche in Halle" (Gem.)

E. Hopper: „Route 6, Eastham" (nordamerikan. Gemälde im neusachl. Stil)

Klee: „Das Gespenst verschwindet" (surrealist. Gemälde)

G. Marcks: „Tänzerin mit gekreuzten Beinen" (Plastik)

Nash: „Kinetik" (engl. abstrakt. Gem.)

H. Poelzig: Verwaltungsgebäude d. I.G.-Farben-Werke i. Frankfurt/M. (Baubeginn 1928)

Kurt Seligmann: „Einäugige Kreatur" (symbolist. Gemäld.)

H. Tessenow: Umgestaltung von *Schinkels* Neuer Wache z. Gefallenenehrenmal

E. R. Weiß: Antiqua (Drucktyp., seit 1926)

Glaspalast in München brennt ab (für Kunstausstellungen 1854 erbaut)

Bauausstellung in Berlin (mit Bauform. aus Stahl, Eisenbeton und Glas)

Empire-State-Hochhaus in New York (381 m hoch, höchst. Bauwerk der Erde)

„Die Brüder Schellenberg" (Film m. *C. Veidt*)

„Bunte Tierwelt" (erster dt. Farbfilm)

Edwin Fischer (* 1886) leitet Klavier-Klasse an der Musikhochschule Berlin

Graener: „Friedemann Bach" (Oper)

Hindemith: „Das Unaufhörliche" (oratorisches Chorwerk, gilt als Abkehr vom rein Konstruktiven)

Leo Kestenberg: „Jahrbuch d. deutschen Musikorganisation" (Musiksoziologie)

Malipiero: „Triumph der Liebe" (ital. atonale Oper)

Pfitzner: „Das Herz" (Oper)

Strawinsky: „Psalmensymphonie" (russ. Chorwerk)

„Encyclopédie de la musique" (frz., 11 Bände seit 1920)

† *Anna Pawlowa*, russ. Tänzerin; berühmt bes. durch den Tanz „Der sterbende Schwan" (* 1885)

E. Varèse (*1885, †1965): „Ionisation" (Komposition für 41 Schlaginstrumente)

Chemie-*Nobel*preis an *K. Bosch* (Dt.) und *Fr. Bergius* (Dt.) für Kohleverflüssigung

Medizin-*Nobel*preis an *O. H. Warburg* (Dt.) für Erforschung des Atmungsfermentes

Beginn der Entwicklung des Elektronen-Übermikroskopes durch *B. v. Borries*, *Brüche*, *Knoll*, *Mahl*, *Ruska* u. a. (nach verschiedenen Prinzipien an verschiedenen Stellen; führt ~1940 zu technisch reifen Geräten)

P. W. Bridgman (* 1882): „Physik hoher Drucke" (erreicht 1933 über 50000 at)

† *David Bruce*, engl. Tropenarzt; erforschte Schlafkrankheit (* 1855)

Butenandt: Reindarstellung des männlichen Sexualhormons Androsteron

„Quellenkunde zur deutschen Geschichte" (9. Auflage des „Dahlmann-Waitz", besorgt von 42 Fachgelehrten)

† *Thomas Alva Edison*, nordamerik. Erfinder: Mikrophon, Sprechmaschine, Glühlampe, Dampfdynamo, Elektrizitätswerk, Zementbau, Eisen-Nickel-Akkumulator u. a.

Karl Escherich: „Forstinsekten Mitteleuropas" (3 Bände seit 1914)

Kurt Gödel (* 1906): Unvollständigkeitstheorem (vollständ. Beweis d. Widerspruchsfreiheit d. Mathematik ist nicht möglich)

R. Goldschmidt: „Die sexuellen Zwischenstufen"

Oskar (* 1871, † 1945) und *Magdalena Heinroth:* „Die Vögel Mitteleuropas" (4 Bände seit 1924)

E. P. Hubble und *M. L. Humason* leiten aus d. beobachteten Spiralnebelflucht Expansionsalter der Welt zu ca. 2 Mrd. Jahren ab (heute auf ca. 13 Mrd. Jahre verbessert)

Präzisionsmessungen von *G. Joos* ergeben die von der Speziellen Relativitätstheorie behauptete Konstanz der Lichtgeschwindigkeit (kein „Ätherwind", Wiederholung des *Michelson*-Versuches)

Paul Karrer, *v. Euler-Chelpin* und *Richard Kuhn:* Chemischer Aufbau des Wachstumvitamins A (stammt vom gelben Möhrenfarbstoff Carotin)

Zusammenbruch der Österr. Creditanstalt und der Darmstädter und Nationalbank in Deutschland. Zeitweilige Schließung der Banken

F. v. Gottl-Ottilienfeld (*1868): „Wirtschaft und Wissenschaft" (engere Verbindung von Wirtschaft u. tägl. Leben)

W. Jellinek: „Grenzen d. Verfassungsgesetzgebung"

Jürgen Kuczynski (*1904): „Die Lage des deutschen Industriearbeiters" (marxist. Darstellung)

Ernst Wagemann: „Struktur und Rhythmus der Weltwirtschaft"

Bata-Schuhwerke werden AG (*Thomas Bata* * 1876, † 1932; 1928: 12000 Personen produzierten tägl. 75000 Paar Schuhe).

Intern. Kolonialausstellung Paris

Rechtliche Regelung des Rundfunkwesens in Deutschland

Einführung eines Welttierschutztages

Wolfram Hirth überfliegt mit Segelflugzeug New York

Franz und *Toni Schmid* ersteigen erstmal. Nordwand d. Matterhorns

See- und Erdbebenkatastrophe an der Ostküste Neuseelands (Napier zerstört)

(1931)

Australische Arbeiterregierung tritt zurück
Pierre Laval (* 1883, † 1945, erschossen) erstmalig frz. Ministerpräsident bis 1932 (wieder 1935 bis 1936; 1940 Vizepräsident der Regierung *Pétain*)
Paul Doumer frz. Staatspräsident bis 1932 (ermordet, * 1857)
André François-Poncet frz. Botschafter in Deutschland bis 1938
Durch Eroberung der Oase Kufra (Libyen) vernichten die Italiener die Macht der Senussi (mohammed. Orden)
Wahlsieg der verbündeten span. Linksparteien. König *Alfons XIII.* (seit 1885) dankt ab. Spanien Republik. Ministerpräsident *Manuel Azana* bis 1933. Präsident *Alcala Zamora* bis 1936. In Barcelona Autonomie Kataloniens verkündet
Niederl. faschist. Gruppe unter *Mussert*
Norwegen besetzt Ostgrönland (1933 vom Völkerbund Dänemark zugesprochen)
Pehr Evind Svinhufvud (* 1861, † 1944) finn. Staatspräsident bis 1937
Diktatur in Rumänien durch neue Verfassung formal aufgehoben
Zar beruft bauernparteifreundliche Regierung in Bulgarien
Stalin betont Industrialisierung sowie Rolle der Technik und der Techniker
Kanada erhält durch Statut von Westminster volle Autonomie
Hoover-Moratorium für internationale Zahlungen
Lord *Willingdon* brit. Vizekönig in Indien bis 1936
Gandhi auf erfolgloser Londoner Konferenz (als Zwischendeckpassagier, Audienz im Lendenschurz beim König)
Gegenregierung gegen *Tschiang Kai-schek* in Kanton. Japanische Eroberung der Mandschurei führt zur Einigung Nord- und Südchinas unter *Tschiang Kai-schek* als militärischem Führer
Verfassung und Verwaltungsreform in Abessinien

Kolbenheyer: „Jagt ihn — ein Mensch" und „Das Gesetz in dir" (Schauspiele)
Isolde Kurz: „Vanadis" (Roman)
G. von Le Fort: „Die Letzte am Schafott" (Novelle)
Alexander Lernet-Holenia (* 1897): „Die Abenteuer eines jungen Herrn i. Polen" (österr.Roman)
v. d. Leyen und *Zaunert:* „Märchen der Weltliteratur" (35 Bde. seit 1912)
Molo: „Ein Deutscher ohne Deutschland" (*Friedrich-List*-Roman)
Benito Mussolini und *G. Forzano:* „100 Tage" („Camp di Maggio", ital. *Napoleon*spiel)
O'Neill: „Trauer muß Elektra tragen" (nordamerikan. Schauspieltrilogie)
Alja Rachmanowa (eig. *Galina von Hoyer*, * 1898): „Studenten, Liebe, Tscheka und Tod" (russ. Roman)
Erik Reger (eig. *Hermann Dannenberger*, * 1893, † 1954): „Union der festen Hand" (Roman der westdt. Industrie; *Kleist*preis)
Remarque: „Der Weg zurück" (Roman)
Josef Roth (* 1894): „Radetzkymarsch" (Roman)
Saint-Exupéry: „Nachtflug" (frz.)
René Schickele (* 1883, † 1940): „Das Erbe am Rhein" (Romantrilogie über das Elsaß seit 1925)

† *Arthur Schnitzler*, österr. Dichter (* 1862)
R. A. Schroeder: „Der Wanderer und die Heimat" (Gedichte)
Frans Eemil Sillanpää (* 1888, † 1964): „Silja die Magd" (finn. Rom.)
Sinclair. „Alkohol" (nordamerikan. Roman)
E. Strauß: „Der Schleier" (Novellensammlung)
Thieß: „Der Zentaur" (Roman seit 1926)
Tucholsky: „Schloß Gripsholm" (iron. Liebesgeschichte)
Will Vesper: „Das harte Geschlecht", „Sam in Schnabelweide" (Romane)
Jakob Wassermann: „Etzel Andergast" (Roman)
Werfel: „Die Geschwister von Neapel" (Roman)
Zuckmayer: „Der Hauptmann von Köpenick" (Drama)
A. Zweig: „Junge Frau von 1914" (Roman)
F. Garcia Lorca, aus USA zurückgekehrt, leitet span. Studententheater „La Barraca" (spielt in vielen Provinzen Spaniens *Calderon, Cervantes, Lope de Vega*)
Verein der *Raabe*-Stiftung in München
„Deutsche Nationalbibliographie", herausgegeben vom Börsenverein d. dt. Buchhändler

† *Nathan Söderblom*, schwed. evang. Erzbischof von Upsala seit 1914; Friedens*nobel*preis 1930 (* 1866)

O. Spann: „Fluch und Segen der Wirtschaft"

Spengler: „Der Mensch und die Technik" (Kritik der Technik)

Spranger: „Der Kampf gegen den Idealismus"

Rich. Thurnwald (* 1869, † 1954): „Die menschliche Gesellschaft" (Soziologie)

Paul Valéry: „Betrachtungen über die gegenwärtige Welt" (frz. Gegenwartsphilosophie)

Vierkandt: „Handbuch der Soziologie"

J. Wach: „Einführung in die Religionssoziologie"

Kirchenfeindliche Aktionen in Spanien (Kirche hat bedeutenden Grundbesitz)

Carl-Schurz-Gebäude der Heidelberger Universität (USA-Stiftung, Baubeginn 1929)

Volkshochschultagung des Reichsausschusses für sozialistische Bildungsarbeit in Bad Grund/Harz

NS-Studentenbund erlangt Mehrheit in der Dt. Studentenschaft (bedeutet Abkehr vom parlamentar. Aufbau)

„Intern. Gesellsch. f. Ökonometrie" i. Chikago gegrdt. (verbindet Statistik mit Wirtschaftstheorie)

„Der Hauptmann v. Köpenick" (Film v. *R. Oswald* mit *Max Adalbert*)

„Die Dreigroschenoper" (Film v. *Pabst* mit *Rudolf Forster*);

„Mädchen in Uniform" (Film v. *Léontine Sagan* u. *C. Froelich* mit *Dorothea Wieck*, *Hertha Thiele*);

„Emil u. die Detektive" (Film von *G. Lamprecht*); „Berlin Alexanderplatz" (Film v. *Peter Jutzi*);

„Der Kongreß tanzt" (Operettenfilm von *Eric Charell* mit *L. Harvey*, *W. Fritsch*)

„Wir schalten um auf Hollywood" (dt.-amerikan. Film mit großer Starparade)

„Blumen u. Bäume" (erster Farbentrickfilm v. *Walt Disney*)

„Lichter der Großstadt" (nordam. Film von u. mit *Ch. Chaplin*); „Tabu" (nordam. Südseefilm von *F. W. Murnau*);

„Frankenstein" (nordam. Film von *James Whale* mit *Boris Karloff*)

Clark Gable (* 1901) beginnt seine Filmkarriere in Hollywood (verdient bis 1951 mit 46 Filmen 17,5 Mill. Dollar)

„Die Million" (frz. Film v. *R. Clair* mit *Annabella*, *P. Ollivier*)

Insgesamt 1000 Tonfilme von 2,5 Mill. m Länge (Dt.: 142 Tonfilme)

Keesom erreicht durch Verdampfen flüssigen Heliums 0,7° über dem absoluten Nullpunkt bei —273,2° C

† *Albert Michelson*, nordamerikan. Physiker; machte grundlegende Experimente üb. Lichtausbreitung; *Nobel*preis 1907 (* 1852)

E. Schüz und *H. Weigold:* „Atlas des Vogelflugs"

In USA und USSR findet man Bakterien im Erdöl (Befund wird von *W. Schwartz* und *A. Müller* in Deutschland sichergestellt u. beeinflußt Theorie der Erdölentstehung)

Johannes Weigelt: Ausgrabungen von Wirbeltieren aus der Braunkohle im Geiseltal b. Halle (Anwendung seiner Biostratonomie von 1927, d. h. Berücksichtigung der postmortalen Veränderungen am Fossil)

Hermann Weil: „Gruppentheorie und Quantenmechanik" (Anwendung mod. mathematischer Hilfsmittel auf die Atomphysik)

W. Wien und *Harms:* „Handbuch der Experimentalphysik" (25 Bände seit 1926)

H. Wilkins erreicht mit dem U-Boot „Nautilus" den Packeisrand bei 82° nördlicher Breite (Tauchfahrt zum Pol gelingt nicht, jedoch wichtige meereskundliche Ergebnisse)

J. L. Wilser: „Lichtreaktionen in der fossilen Tierwelt. Versuch einer Paläophotobiologie"

A. Windaus: Das antirachitische Vitamin D entsteht durch Ultraviolettbestrahlung von Ergosterin als „Provitamin"

Kreuzung von Weizen und Quekkengras (führt ~ 1936 in USA und USSR zur Züchtung mehrjährigen Weizens)

„Kunststofftechnik und Kunststoffanwendung" (Monatsschrift; kennzeichnet großen Aufschwung dieses Gebietes)

Arktisfahrt des Luftschiffes „Graf Zeppelin" (mit russ. Hilfe und Beteiligung)

Forschungsstation Jungfraujoch (3500 m) eröffnet

Gesamtleistung auf der Erde: Autos (36 Mill.) 1200 Mill. PS, Lokomotiven 170 Mill. PS, Elektrizitätswerke 135 Mill. PS

1932

Ergebnislose Abrüstungskonferenz in Genf: Deutschland verlangt allgemeine Abrüstung, Frankreich zuvor Sicherheiten

Verbot von SA und SS. Landtagswahl in Preußen mit Gewinnen der NSDAP erschüttert Stellung der Regierung *Braun-Severing*

Wiederwahl *Hindenburgs* im 2. Wahlgang zum dt. Reichspräsidenten gegen *Hitler* und *Thälmann* mit 53:37:10 %

Letzte dt. Verfassungsfeiern

Regierung *Brüning* tritt zurück, nachdem der Reichspräsident auf Betreiben des Reichswehrministers *von Schleicher* ihr seine Unterstützung entzog. *Franz von Papen* (rechtes Zentr., * 1879, † 1969) bildet „Kabinett der nationalen Konzentration". Reichstagsauflösung. SA- und SS-Verbot aufgehoben

von Papen setzt als Reichskommissar für Preußen die verfassungsmäßige preuß. sozialdemokrat. Regierung *Braun-Severing* ohne Widerstand ab

Bracht, Oberbürgermeister von Essen, Stellvertreter *von Papens* als Reichskommissar in Preußen

Johannes Popitz, preuß. Finanzminister bis 1944 (†, hingerichtet, * 1884)

Kürzung der Arbeitslosen-, Krisen- und Wohlfahrtsunterstützung in Deutschl. Über 6 Mill. Arbeitslose

Reparationskonferenz von Lausanne setzt *Young*plan außer Kraft: praktisches Ende der Reparationszahlungen; Deutschland beziffert seine gesamten Leistungen auf 53 Mrd. Mark, Gutschriften der Reparations-Kommission seit Kriegsende 21,4 Milliarden Goldmark (Forderungen 1920: 269 Milliarden)

Reichstagswahl: NSDAP erhält 37,8% Sitze. *Hitler* lehnt Vizekanzlerposten ab. Auflösung des Reichstages wegen Aufhebung einer Notverordnung. Reichstagswahl mit Rückgang der NSDAP und Gewinn der KPD. *Gregor Strasser* verläßt NSDAP. Regierung *Papen* tritt zurück. *v. Schleicher* dt. Reichskanzler; kommt als gewerkschaftsfreundlicher „sozialer General" in

Literatur-*Nobel*preis an *J. Galsworthy* (Großbrit.)

Internationale Feier des 100. Sterbetages *Goethes*

Stiftung der *Goethe*-Medaille für Wissenschaft und Kunst

Jean Anouilh (* 1910): „Hermelin" (frz. Drama)

R. G. Binding: „Moselfahrt aus Liebeskummer" (Novelle)

Bert Brecht: „Heilige Johanna der Schlachthöfe" (Drama)

Georg Britting (* 1891, † 1964): „Lebenslauf eines dicken Mannes, der Hamlet hieß" (surreal. Roman)

Duhamel: „Salavins Leben und Abenteuer" (franz. psychologische Romanreihe seit 1920)

Edwin Erich Dwinger (* 1898): „Deutsche Passion" (antibolschew. Romantrilogie: „Die Armee hinter Stacheldraht" [1929], „Zwischen Weiß und Rot" [1930], „Wir rufen Deutschland" [1932])

Edschmid: „Deutsches Schicksal" (Roman)

Fallada: „Kleiner Mann — was nun?" (Roman aus der Zeit der Arbeitslosigkeit; auch als Hörspiel und Film)

Faulkner: „Licht im August" (nordamerikan. Roman)

Giono: „Der Träumer" (frz. Roman)

C. Goetz: „Dr. med. Hiob Prätorius" (Komödie)

J. Green: „Treibgut" (frz. Roman)

G. Hauptmann: „Vor Sonnenuntergang" (Schauspiel); seine gesammelten dramatischen Werke (6 Bände) erscheinen

K. Barth: „Kirchliche Dogmatik" (1. Tl. prot. Dialektische Theologie)

R. Carnap: „Die physikalische Sprache als Universalsprache der Wissenschaft" (zur Begründung einer physikalist. Einheitswissenschaft auf raumzeitlicher Begriffsbasis)

Hans Driesch: „Parapsychologie" (abnorme Erscheinungen des Seelenlebens wie Gedankenübertragung u. ä.)

Philipp Frank: „Das Kausalgesetz und seine Grenzen" (naturphilosophische Untersuchung im Sinne eines logischen Empirismus)

Etienne Gilson: „Der Geist der mittelalterlichen Philosophie" (2 Bände, frz. Neuthomismus)

Wilhelm Hartnacke (* 1878, † 1952): „Bildungswahn — Volkstod" (geg. Berechtigungswesen auf Grund massenstatistischer Begabungsanalysen)

Günther Jacoby: Ontologie (seit 1925)

Jaspers: „Philosophie" (3 Bände, existentialist.)

† *Georg Kerschensteiner*, dt. Pädagoge; förderte Arbeits- und Berufsschule (* 1854)

Hermann von Keyserling: „Südamerikanische Meditationen"

L. Klages: „Der Geist als Widersacher der Seele" (antirationalist. Lebensphilosophie, 3 Bände seit 1929) und „Graphologie" (Handschrift als Ausdruck des Charakters)

v. Martin: „Die Soziologie der Renaissance"

Burra: „Das Café" (engl. express. Gemälde)
† *Georg Dehio,* dt. Kunstgelehrter; förderte Kunstdenkmalspflege (* 1850)
George Grosz siedelt in die USA über. (In Zukunft wendet sich seine Malerei von scharfer Sozialkritik in eine mehr romantische Richtung)
K. Hofer: „Maskentanz" (Gemälde)
Kollwitz: „Mutter" (Lithographie)
Gerhard Kreische (* 1905): „Große Sommerlandschaft" (Bleistiftzeichnung)
M. Liebermann: „Professor Sauerbruch" (Bildnis)
Mies van der Rohe: Haus Lemcke, Berlin-Wannsee
Ed. Munch: „Frau Thomas Olsen" (norweg. express.Bildnis)
W. Nicholson: „Schwarze Schwäne" (engl. Gemälde)
O. Schlemmer: „Bauhaustreppe" (Gem.)
Ben Shahn (* 1906 in Kowno, † 1969): „Sacco u. Vanzetti" (nordam. Gemälde)
Slevogt: „Kreuzigung" (Fresko in der Friedenskirche zu Ludwigshafen)
† *Max Slevogt,* dt. Maler und Graphiker (* 1868)
Bibliotheksbau des Dt. Museums in München (Baubeginn 1928)
Reichsbankneubau Frankfurt/M
InternationaleArchitekturausstellung im Museum of modern art, New York

† *Eugen d'Albert,* dt. Pianist und Komponist frz. Herkunft (* 1864)
Thomas Beecham gründet das Londoner Philharmonische Orchester
Wilhelm Kempff (* 1895): „König Midas" (Oper)
Milhaud: „Maximilian" (frz. Oper)
Pfitzner: Symphonie cis-moll
Prokowjew: 5. Klavierkonzert (russ.), spielt i. d. Berl. Urauff.
Ravel: Concerto in G-dur und Klavierkonzert G-dur (frz. Kompositionen; Nervenleiden beendet sein Schaffen)
Hermann Reutter (* 1900): „Der große Kalender" (Oratorium)
Der Tenor *Josef Schmidt* († 1942) erlebt den Höhepunkt seiner Popularität durch Rundfunk u. Schallplatte
A. Schönberg: „Moses und Aaron" (Oper im Zwölftonstil) (vgl. 1959)
Schreker: „Der Schmied von Gent" (erot.-symbol. Oper)
Strawinsky: „Violinkonzert" (russ. Komposition; Urauff führung im Berliner Rundfunk)
Einführung eines „Tages der Hausmusik" in Deutschland
Joos (*Laban*-Schüler): „Der grüne Tisch" (freier Tanz

Physik-*Nobel*preis an *W. Heisenberg* (Dt.) für Quantenmechanik
Chemie-*Nobel*preis an *I. Langmuir* (USA) für Katalysator-Forschung
Medizin-*Nobel*preis an *Charles Scott Sherrington* (Großbrit., * 1861, † 1952) und *Edgar D. Adrian* (Großbrit., * 1889) für Neuronenforschung
Aitken: Doppelstern-Katalog mit 17180 Paaren
F. Alverdes: „Die Tierpsychologie in ihren Beziehungen zur Psychologie des Menschen"
Carl David Anderson (* 1905) entdeckt das Positron (positiv geladenes Elektron)
Gustav v. Bergmann (* 1878): „Die funktionelle Pathologie" (Standardwerk dieser medizin. Denkrichtung)
Blegen verlegt das *homer*ische Troja nach neuen Grabungen in die Schicht ≈ —1200 (nach *Schliemann* ≈ —2200)
Bourdillon und *Windaus:* Reindarstellung des antirachitischen Vitamins D_2 in kristallisierter Form
Wernher v. Braun (* 1912) beg. Flüssigkeitsrakete zu entwickeln (führt über d. V-2-Waffe zur Saturn-Rakete d. USA)
O. Bumke: „Handbuch der Geisteskrankheiten" (11 Bände seit 1928)
James Chadwick (* 1891) entdeckt das Neutron (physikal. Elementarteilchen)
J. D. Cockroft und *E. T. S. Walton* erreichen erstmals durch Beschießung mit künstlich beschleunigten Teilchen (Wasserstoffkerne mit 150000 Volt) Atomkernumwandlung (dafür *Nobel*preis 1951)
Gerhard Domagk entwickelt Sulfonamide als chemische Heilmittel (vgl. 1935)
Ebert: „Reallexikon der Vorgeschichte" (15 Bände seit 1924)
Roberto Galeazzi erreicht mit Tauchgerät 210 m Tiefe
Karl Hampe: „Das Hochmittelalter"
Heisenberg: Atomkern besteht aus positiv geladenen Protonen und neutralen Neutronen

Höhepunkt der Weltwirtschaftskrise; Weltarbeitslosigkeit etwa 30 Mill. (geht i. d. folg. Jahr. nicht zul. d. Staatseingriffe zurück)
E. Schneider: „Theor. monopolistischer Wirtschaftsformen"
Zusammenbruch des Zündholzkonzerns v. *Ivar Kreuger* († Selbstmord, * 1880, Schwede)
Beginn japanischer Exportvorstöße durch Preisunterbietung auf dem Weltmarkt
„Marktanalyse und Marktbeobachtung" (v. Institut für Wirtschaftsbeobachtung)
In Brasilien werden große Mengen Kaffee wegen Absatzschwierigkeiten vernichtet
In Deutschland seit 1919 57500 Siedlerstellen mit 602000 ha geschaffen
Von 77 in Deutschland gefällten Todesurteilen wird keines vollstreckt (1933: 75%)
Deut. Margarineverbrauch etwa 500000 t (1913 etwa 200000 t)
52% des dt. Fettbedarfs durch Einfuhr gedeckt
Südamerikadienst mit dt. Luftschiff
Weltflug von *Elly Beinhorn* (* 1907), seit 1931

(1932)

Gegensatz zu Großindustrie und Großgrundbesitz; wird 1933 entl. Kommunist.-nationalsozialist. Verkehrsstreik in Berlin

Kommunistische Partei erhält 100 Sitze im Reichstag (1949 noch 15, 1953 keinen Sitz im Bundestag)

Emil Julius Gumbel (Statistiker, * 1891) als Professor in Heidelberg amtsenthoben (1933 ausgebürgert)

Hitler erhält durch Ernennung zum braunschweig. Regierungsrat dt. Staatsangehörigkeit

Krise in der NSDAP, Unruhen in der Berliner SA; Fememorde d. SA

K. Haushofer: „Wehr-Geopolitik"

Knickerbocker: „Deutschland so oder so?" (nordamerikan. journal. Analyse Deutschlands zw. Nationalsozialism. u. Kommunism.)

Engelbert Dollfuß (christl.-sozial) österr. Bundeskanzler bis 1934 (†). Völkerbundsanleihe unter Verzicht des Anschlusses an Deutschland bis 1952

Karl Seitz (Sozialdemokrat) Oberbürgermeister von Wien bis 1934

Gyula Gömbös (rechtsradikal) ungar. Ministerpräsident bis 1936 († , * 1886); verfolgt faschistische Politik

Brit. Weltreichs-Konferenz in Ottawa beschließt System von Vorzugszöllen. Von den Liberalen bleibt nur Außenminister *John Simon* in der brit. Regierung

Durch Wahlsieg der irisch-nationalist. „Sinn-Fein"-Partei wird *de Valera* irischer Ministerpräsident (erreicht 1937 Selbständigkeit Irlands). Zollkrieg mit England

Albert Lebrun (* 1871, † 1950) frz. Staatspräsident (wieder 1939 bis 1940)

Frz. Außenminister *Briand* tritt zurück

† *Aristide Briand*, frz. Staatsmann; seit 1909 sechsmal Ministerpräsident; wirkte für frz.-dt. Verständigung; schrieb: „Frankreich und Deutschland"; Friedens*nobel*preis 1926 (* 1862)

Radikalsoziale und Sozialisten siegen bei den frz. Kammerwahlen

M. Hausmann: „Abel mit der Mundharmonika" (Roman)

Hedin: „Rätsel der Gobi" und „Jehol, die Kaiserstadt" (schwed. Reiseberichte)

Hemingway: „Tod am Nachmittag" (nordamerikan. Roman)

Hofmannsthal: „Andreas oder die Vereinigten" (Roman, posthum)

A. Huxley: „Wackere neue Welt" (brit. satir. Utopie)

Ernst Jünger: „Der Arbeiter, Herrschaft und Gestalt"

Ferenc Körmendi: „Versuchung in Budapest" (ungar. Roman)

E. Ludwig: „Gespräche m. Mussolini"

Rose Macauley (* 1881, + 1958): „They were defeated" (engl. histor. Roman)

Th. Mann: „Goethe als Repräsentant des bürgerlichen Zeitalters" (Rede zum *Goethe*jahr)

Maugham: „Menschen der Südsee" (engl. Erzählungen)

Mauriac: „Das Otterngezücht" (frz. Roman)

Maurois: „Im Kreis der Familie" (frz. Roman)

Max Mell: „Die Sieben gegen Theben" (österr. Schauspiel)

Moissi: „Der Gefangene" (*Napoleon*-Drama)

Charles Morgan: „Der Quell" (engl. Roman)

Plievier: „Der Kaiser ging, die Generäle blieben" (Roman)

A. Rachmanowa: „Ehen im roten Sturm" (russ. antibolschewist. Roman)

Erik Reger: „Das wachsame Hähnchen" (Roman)

Emmanuel Mounier gründet „Esprit" (frz. Zeitschrift für kathol. Sozialismus)

Rudolf Olden (* 1885, † 1940, torpediert auf dem Weg nach USA): „Das Wunderbare oder die Verzauberten" (über Sekten und „Wundertäter")

K. R. Popper (* 1902): „Logik d. Forschung" (neopositivist. Philosophie)

Anna Siemsen, Professor für Pädagogik in Jena seit 1923, wegen Eintretens für Prof. *Gumbel* amtsenthoben

Victor v. Weizsäcker (* 1886, † 1957): „Körpergeschehen und Neurose" (Psychiatrie)

Universität Seoul (Korea)

Kunstakademie Breslau aufgrund d. finanziellen Notverordnung geschlossen

Rudolf Arnheim: „Film als Kunst" (kritische Ästhetik des Films)	gemischt mit klass. Ballett-Technik) u. „Großstadt" (Ballett), beide in Essen aufgeführt	*K. G. Jansky* (* 1905, † 1950) beobachtet Radiokurzwellenstrahlung aus der Milchstraße (führt ab 1939 zur „Radio-Astronomie")	1. Frau (*Amelia Earhart USA*) überfliegt Nordatlantik
Shirley Temple beginnt als „Wunderkind" mit 4 Jahren zu filmen		*Heinrich Kayser* (* 1853, † 1940); „Handbuch der Spektroskopie" (8 Bände seit 1900)	Lufthansakapitän *Wende* erreicht 1 000 000 Flugkilometer
127 dt. Spielfilme (alles Tonfilme, 1929 waren es nur 8 von 183)		*F. Kögl* isoliert das Wachstumshormon der Hefe Biotin oder Vitamin H (entdeckt 1901)	Autobahn Köln—Bonn
„Kuhle Wampe" („Wem gehört die Welt", Film von *S. Th. Dudow* mit *H. Thiele, Ernst Busch*, nach *Brecht* u. *Weill*, wird verboten)		† *Wilhelm Ostwald*, dt. Chemiker und Philosoph; *Nobel*preis 1909 (* 1853)	Weltnachrichtenvertrag (regelt u. a. internationalen Funkverkehr)
		Piccard: Ballonaufstieg in die Stratosphäre (s. 1931) bis 16940 m Höhe	Olympiade in Los Angeles
„Der träumende Mund" (dt.-frz. Film mit *Elisabeth Bergner* u. *R. Forster*; Regie: *Paul Czinner*)		† *Ronald Ross*, engl. Tropenarzt; *Nobel*preis 1902 (* 1857)	*Max Schmeling* verliert Boxweltmeistertitel wieder an *Jack Sharkey*
„M" (Film von *F. Lang*)		Unter *O. Schmidt* und *W. Wiese* gelingt dem Eisbrecher „Sibirjakow" die Fahrt von Archangelsk zum Stillen Ozean erstmalig ohne Überwinterung (1934 gelingt es dem Eisbrecher „Lütke" in umgekehrter Richtung)	*Bracht* verbietet „unmoralische" Badekleidung („Zwickel-Erlaß")
„Das blaue Licht" (Film von *A. Fanck* mit *Leni Riefenstahl*)			Untergang des dt. Segelschulschiffes „Niobe" mit 70 Mann
„Für uns die Freiheit" (frz. Film von *R. Clair*); „La Maternelle" (frz. Film von *Benoît-Lévy*)		*Hermann Staudinger* (* 1881, † 1965): „Die hochmolekularen organischen Verbindungen Kautschuk u. Zellulose" (Zusammenfassung über die für Kunststofftechnik und Biologie wichtigen Riesenmoleküle)	*Lindbergh*-Baby in USA von Erpressern geraubt; wird tot aufgefunden
„Reise ohne Wiederkehr" (nordam. Film von *Tay Garnett* mit *William Powell, Kay Francis*); „Menschen im Hotel" (nordam. Film nach *Vicky Baum* mit *Joan Crawford, W. Berry, Lionel Barrymore*); „Shanghai-Express" (nordam. Film von *J. von Sternberg* mit *M. Dietrich*); „Farewell to arms" (nordam. Film nach *Hemingways* gleichnam. Roman, „In einem anderen Land" v. *Frank Borzage*, * 1893, mit *Gary Cooper, Adolphe Menjou*); „Das Zeichen des Kreuzes"		*Albert v. Szent-Györgyi* (* 1893): Antiskorbut-Vitamin C ist chemisch identisch mit der Ascorbinsäure	
		Harald C. Urey entdeckt den schweren Wasserstoff (daraus wird „schweres Wasser" gewonnen)	
		Hans Weinert (* 1887, † 1967): „Ursprung der Menschheit" (Ergebnisse der Abstammungsforschung; 1. Bd. einer „Trilogie" bis 1940)	
		Wildt entdeckt Ammoniak- und Methan-Spektrum der Atmosphäre der äußeren Planeten	
		A. H. Wilson u. and. beg. Theorie d. Halbleiter zu entwickeln (daraus entw. sich später techn. wichtige Anwendungen wie Transistoren)	
		F. Zernike: Prinzip d. Phasenkontrast-Mikroskops (gestattet u. a. das Studium lebender, ungefärbter Zellen); *Nobel*preis 1953)	

(1932)

Regierung *Herriot* (radikalsozial, zugleich Außenminister) in Frankreich; muß zurücktreten, weil sie Schuldenrate an USA zahlen will

Belgien, Niederlande und Luxemburg beschließen schrittweisen Abbau der Zollschranken

P. A. Hansson (Sozialdemokrat) schwed. Ministerpräsident mit kurzen Unterbrechungen bis 1946(†)

Stadt Littoria in den pontinischen Sümpfen gegründet

Kommunistische Unruhen und Militärputsche in Spanien. Entschädigungslose Enteignung des span. Großgrundbesitzes

Salazar wird portug. Min.-Präsid. (im Amt b. 1968, seit 1928 Finanzminister); begründet faschist. korporativen Staat (Verf. 1933)

3jähriges Ermächtigungsgesetz für poln. Regierung

Beck poln. Außenminister (betreibt Annäherung an das nationalsozialist. Deutschland)

Titulescu rumän. Außenminister bis 1936; Anlehnung an Frankreich, Kl. Entente und USSR

Rücktritt des griech. Ministerpräsidenten *Venizelos*. *Tsaldaris*, Führer d. monarchist. Volkspartei, griech. Ministerpräsident bis 1936

Litwinow (USSR) vertritt im Völkerbund die Politik der kollektiven Sicherheit

USSR schließt Nichtangriffspakte mit Finnland, Polen, Lettland, Estland, Frankreich

Schwere Hungersnot in der USSR

Persien widerruft Ölkonzession an die Anglo-Persian Oil Co. (1933 Kompromiß über neue Konzession mit Großbritannien; neuer Konflikt 1951)

Ibn Saud benennt sein arabisches Herrschaftsgebiet (Nedsch und Hedschas) „Saudisch-arabisches Königreich" (1,5 Mill. qkm mit 5,3 Mill. Einwohnern)

Hoovers Abrüstungsbotschaft

Bürgermeister von New York *Jimmy Walker* tritt zurück, weil *F. D. Roosevelt* ihn der Mißwirtschaft überführte

General *Rodriguez* Präsident von Mexiko bis 1935

Brasilianisch-faschistische Integralisten-Bewegung („Grünhemden")

Militär unterdrückt sozialist. Revolution in Chile

Chacokrieg zwischen Bolivien und Paraguay (bis 1935)

Grenzkonflikt Kolumbien — Peru (1934 durch Völkerbund beigelegt)

Gandhi, seine Frau und andere führende Mitglieder des Allindischen Kongresses erneut vorübergehend verhaftet

Siam durch Militärputsch konstitutionelle Monarchie; Verwaltungsreform

Jap. Offiziere ermorden japan. Ministerpräsidenten *Inukai*

Nach Besetzung der Mandschurei (1931) bildet Japan den Staat Mandschukuo

Japan beschießt Chinesenstadt von Shanghai wegen chin. Boykotts jap. Waren

Der letzte Herrscher der *Mandschu*-Dynastie in China (1909—1912) *Kang Teh (Pu-i)* wird Präsident des japan. Protektorates Mandschukuo (1934 Kaiser)

Lytton-Bericht für den Völkerbund, wonach Japans Vorgehen in der Mandschurei unrechtmäßig ist. Schlägt Mandschurei als autonomes Gebiet Chinas unter japan. Kontrolle vor (wird 1933 vom Völkerbund angenommen)

Ruth Schaumann (* 1899); „Amei. Eine Kindheit"

Sillanpää: „Eines Mannes Weg" (finn. Roman)

Sinclair: „Auf Vorposten" (nordamerikan. sozialist. Roman)

Timmermans: „Franziskus" (fläm. Roman)

Undset: „Ida Elisabeth" (norweg. Roman)

H. Wahl und *A. Kippenberg:* „Goethe und seine Welt" (mit 580 Abb.)

Ernst Weiss: „Der Gefängnisarzt" (Roman)

Wiechert: „Jedermann" (Kriegsroman) und „Die Magd des Jürgen Doskocil" (Roman)

† *Anton Wildgans*, österr. Dichter (* 1881)

Heinz Hilpert (* 1890, † 1967) Direktor der Volksbühne Berlin

A. Walde und *J. Pokorny:* „Vergleichendes Wörterbuch der indogermanischen Sprachen" (3 Bände seit 1927)

S. Wininger: „Große jüdische National-Biographie" (6 Bände seit 1921)

Basic English (Grundenglisch mit nur 850 Wörtern) als Vorschlag einer Umgangsweltsprache für praktische Zwecke

(nordam. Film von *C. B. de Mille* mit *Claudette Colbert);* „Morning Glory" (nordam. Film mit *Katharine Hepburn)*

Bekannte Tierart. (i. Tsd., vgl. 1758)

1932	1025	1848	107
1925	720	1833	88
1911	525	1788	19
1886	276	1767	6
1859	130	1758	4

Münchener Zoo versucht durch Rückkreuzung Züchtung des ausgestorbenen Auerochsen

Zeitschrift für Vitaminforschung

Cordoba-Katalog für 613 993 Sterne des südl. Sternhimmels (seit 1892)

Brauchbare Gasentladungslampen (Natrium und Quecksilberhochdrucklampen mit hoher Lichtausbeute)

2. Internationales Polarjahr mit planmäßigen Beobachtungen auf 75 Stationen bis 1933 (1. Polarjahr 1882/83)

Saaletalsperre (Bleiloch) (65 m größte Höhe, 215 Mill. cbm Inhalt)

George-Washington-Brücke über den Hudson mit 1067 m Spannweite (Baubeginn 1929)

„Rex" (ital. Turbinen-Ozeandampfer mit 45 000 t Wasserverdrängung, 120 000 PS und 53,5 km/st.; gew. 1933 „Blaues Band")

Groß-Kraftwerk am Dnjepr in der USSR (Baubeginn 1927)

Durch Umgehungsschleusen der Stromschnellen beim Dnjepr-Kraftwerk entsteht eine durchgehende Wasserstraße vom und zum Schwarzen Meer

8-mm-Schmalstfilm von Kodak. 16-mm-Agfacolor-Farbenfilm

1933

Friedens*nobel*preis an *Ralph Norman Angell (Lane)* (Großbrit., * 1874)

Gespräche zwischen *v. Papen, Hitler* u. Bankier *v. Schröder* in Köln leiten Ernenn. *Hitlers* z. Reichskanzler ein

Durch Einsatz aller Geld- u. Machtmittel erlangt NSDAP Wahlsieg im Lande Lippe (dient zur Begründung von *Hitlers* Reichskanzlerschaft)

Kommunisten: Erst *Hitler*, dann wir

Reichspräsident *von Hindenburg* beruft *Hitler* zum Reichskanzler; *von Papen* Vizekanzler und Reichskommissar in Preußen; *Hugenberg* Wirtschaftsminister; *Seldte* Arbeitsminister; *von Blomberg* Reichswehrminister; *von Neurath* Außenminister; *Schwerin von Krosigk* Finanzminister; *Gürtner* Justizminister; *von Eltz-Rübenach* Verkehrsminister; *Frick* Innenminister; *Göring* Min. o. Geschäftsbereich (bald für Luftfahrt u. preuß. Innenmin.)

Hindenburg erhält von der nationalsoz. preuß. Reg. Domäne Langenau und den Preußenwald als Geschenk

Brandstiftung im Reichstag leitet terrorist. Ausschaltung der polit. Gegner der NSDAP ein; sie erhält 44% der Reichstagssitze

Nationalsoz. Konzentrationslager errichtet (Zahl der Häftlinge bis 1945 wird auf mindestens 8—10 Mill. geschätzt, davon kommt mehr als die Hälfte um)

Wahlergebnisse zum Dt. Reichstag:

	1919[1]	1924[2]	1928	1932[3]	1933[4]
KPD[5]	22	45	54	100	81
SPD	165	131	153	121	120
Zentrum	71	69	61	70	73
BVP	18	19	17	19	19
DDP (DStP)	74	32	25	2	5
DVP	22	51	45	11	2
DNVP	42	111	78	54	53
NSDAP	—	14	12	196	288
andere	9	21	46	10	6

[1] Nationalversammlung; [2] Dezemberwahl; [3] Novemberwahl; [4] f. d. antifaschist. Parteien unter dem Terror nach dem Reichstagsbrand; [5] f. 1919 USPD

Wels (SPD) hält die letzte Oppositionsrede im Dt. Reichstag

Literatur-*Nobel*preis an *I. Bunin* (Rußl.)

Hervey Allen: „Antonio Adverso" (nordam. Rom.)

Bruno Brehm (* 1892): „Apis und Este" (1931), „Das war das Ende" (1932), „Weder Kaiser noch König" (1933) (Romantrilogie über Österreich-Ungarn)

H. Broch: „Die unbekannte Größe" (Roman)

Hermann Eris Busse (* 1891): „Bauernadel" (Schwarzwälder Romantrilogie)

Colette: „Die Katze"

Edschmid: „Das Südreich" (Roman über die Germanenzüge)

Frenssen: „Meino, der Prahler" (Roman)

Galsworthy: „Die Cherrellchronik" (engl. Roman seit 1931)

† *John Galsworthy*, engl. Dichter; schilderte in Romanen das engl. Bürgertum; *Nobel*preis 1932 (* 1867)

F. Garcia Lorca: „Die Bluthochzeit" (span. Schauspiel)

† *Stefan George*, dt. Dichter einer formstrengen Wortkunst (* 1868)

Trygve Gulbranssen (* 1894): „Und ewig singen die Wälder" (norweg. Roman, mit Fortsetzung „Das Erbe von Björndal" 1935)

Hamsun: „Nach Jahr und Tag" (norw. Rom., Schlußband der Romantrilogie mit „Landstreicher" 1927 u. „August Weltumsegler" 1930)

M. R. Hesse: „Morath schlägt sich durch", „Morath verwirklicht einen Traum" (Romane)

Ch. Bühler: „Der menschliche Lebenslauf als psycholog. Problem" (find. berufl. Höchstl. vorzugsw. i. mittl. u. höher. Alter)

W. Dubislaw: „Naturphilosophie" (log. Empirismus)

„Warum Krieg?" (Antwortbrief *Freuds* an *Albert Einstein*; „Alles, was die Kulturentwicklung fördert, arbeitet auch gegen den Krieg")

Kardinal *von Faulhaber:* „Judentum — Christentum — Germanentum" (kathol., antinationalsozialist. Standpunkt)

Frobenius: „Kulturgeschichte Afrikas. Prolegomena zu einer historischen Gestaltlehre"

R. Guardini: „Der Mensch und der Glaube" (kath. Religionsphilosophie)

Th. Haecker: „Was ist der Mensch?" (kathol. Kulturphilosophie)

Nic. Hartmann: „Das Problem d. geist. Seins"

O. Koehler: „Das Ganzheitsprobl. i. d. Biologie"

Erich und *Mathilde Ludendorff:* „Am heilig. Quell dt. Kraft" (Zeitschrift für antichristl. dt. Gotterkenntnis)

Ortega y Gasset: „Über die Liebe" und „Buch des Betrachters" (span. Philosophie, dt. Ausg.)

M. Planck: „Wege zu physikalischer Erkenntnis" (naturphilosophischer Realismus)

W. Reich: „Charakteranalyse" (Ausbau der Psychoanalyse *Freuds*)

G. Santayana: „Der letzte Puritaner" (span. Selbstbiogr.)

† *Hans Vaihinger*, dt. Philosoph (* 1852)

Barlach: „Lesende" (Plastik)

Heckel: „Rummelplatz"(expressionist. Aquarell)

Rudolf Koch: Claudius-Fraktur(Drucktypen, vollendet 1937)

Matisse: „Der Tanz" (frz. express. Gem.)

Pinder: „Deutsche Barockplastik"

Völkerbundspalast in Genf (Baubeginn 1929)
Die bildende Kunst in Deutschland unterliegt einer zunehmenden „Ausrichtung" durch den nationalsozialist. Staat (im Sinne eines oberflächlichen Realismus)

„Am Horst der wilden Adler" (Kulturfilm v. *Walter Hege*)

„Das Testament des Dr. Mabuse" (Film von *F. Lang,* in Dt. verboten)

„Brennendes Geheimnis" (Film von *R. Siodmak* mit *Willy Forst,* * 1903, und *Hilde Wagner*)

„Reifende Jugend" (Film v. *G. Froelich,* mit *H. George, H. Thiele*)

„S. O. S. Eisberg" (Film von *A. Fanck*)

„Hitlerjunge Quex" (Film); „Der Rebell" (Film von und mit *L. Trenker*)

„Heinrich VIII." (engl. Film von *Alexander Korda* mit *Charles Laughton*)

„Freitagabend um 8" (nordam. Film von

Der dt. Geiger *Adolf Busch* geht mit seinem Bruder, dem Dirigenten *Fritz Busch,* nach USA

RoyHarris(*1898): Symphonie (nordamerikan. Komposition)

Hindemith:„Plöner Musiktag" (Musik zum Singen und Spielen)

Paul von Klenau: „Michael Kohlhaas" (dän.-dt. Oper nach *Kleist*)

Křenek: „Karl V." (Bühnenspiel mit Musik)

† *Arnold Mendelssohn,* dt. Komponist und Förderer protestant. Kirchenmusik (*1855)

Prokowjew kehrt in die Sowjetunion zurück (hatte Rußland 1918 verlassen)

† *Max von Schillings,* dt. Komponist (* 1868)

R. Strauss: „Arabella" (Oper, Text v. *Hofmannsthal*)

Strawinsky: „Persephone" (russ. melodram. Oper)

Bruno Walter geht von Deutschland nach Wien

George Balanchine und *LincolnKirstein* gründen„School of American Ballett"

Physik-*Nobel*preis an *E. Schrödinger* (Österr.) und *P. A. M. Dirac* (Großbrit.) für Wellenmechanik und Anwendung auf das Elektron

Medizin-*Nobel*preis an *Th. H. Morgan* (USA) für Aufbau der modernen Genetik

Berckhemer findet und beschreibt den Schädel von Steinheim (Weiterentwicklung des Affenmenschen zu reineren menschlichen Formen)

Ludwig v. Bertalanffy: „Theoretische Biologie" (Anwendung mathematisch-physikalischer Methoden auf Lebenserscheinungen; 2. Bd. 1942)

R. E. Byrds zweite Südpolar-Expedition (bis 1936): durch mehrere Flüge 500 000 qkm Neuland aufgenommen und das Südpolargebiet als einheitliches Festland vermutet

† *Albert L. Ch. Calmette,* frz. Arzt, seit 1917 Abteilungsleiter im *Pasteur*-Institut; entwickelte BCG-Tuberkulose-Schutzimpfung (* 1863)

Auto-Geschwindigkeitsrekord mit 437,91 km/St. von *Malcolm Campbell* (* 1885, † 1949)

Irène Curie (* 1897, † 1956) und *Frédéric Joliot* (* 1900, † 1958): Materialisation von Energie durch Umwandlung radioaktiver Wellenstrahlung in ein Elektron-Positron-Paar (*Thibaud* u. *Joliot* entdecken 1934 Umkehrung dieses Prozesses: Materiezerstrahlung)

K. Daeves: „Praktische Großzahlforschung" (statistische Untersuchungsmethoden in Industrie und Wirtschaft)

A. S. Eddington: „Dehnt sich das Weltall aus?" (dt. Übersetzung; verbreitet das astronomische Weltbild einer in sich gekrümmten, expandierenden Welt)

Ph. Farnsworth und *Vladimir Zworykin:* Rein elektronisches Fernsehen ohne mechanisch bewegte Apparateteile

C. Filatow begründet „Gewebetherapie" durch Entdeckung der stimulierenden Wirkung konservierter Transplantate

Höhepkt. d. Weltwirtschaftskrise wird überschritten (vgl. 1932)

Reichsbank erhält das Recht, gegen Wertpapiere Noten abzugeben (dient dem Geldbedarf d. einsetzenden Rüstungskonjunktur)

Gustav Cassel: „Die Krise im Weltgeldsystem" (schwed. neuliberalist. Währungstheorie)

Ed. Chamberlin: „Theorie des monopolistischen Wettbewerbs" (nordamerikan. nationalökonom. Monopoltheorie)

† *Carl Fürstenberg,* Berliner Bankier; Leiter der Berliner Handelsgesellsch. seit 1883 (* 1850)

Martin Wolff: „Internationales Privatrecht" (geht 1938 nach Großbritannien)

Internat. Rohstahlexportgemeinsch. (Kartell der dt., belg., brit., frz., luxemburg. Stahlindustrie, Sitz Luxemburg)

Durch künstl. Dünger Ernteerträge der dt. Landwirtschaft gegenüber 1880 rund verdoppelt

Sowjetruss. Viehbestand seit Beginn der Kollektivierung 1928 auf etwa die Hälfte gesunken

(1933)

Alle Parteien im Dt. Reichstag außer der SPD stimmen dem Ermächtigungsgesetz für *Hitler*-Regierung zu (Kommunist. und Teile der SPD-Fraktion durch Verhaftungen und Terror am Erscheinen verhindert). Ende der Weimarer Republik (durch Schwäche d. liberalen Bürgertums u. d. Arbeiterbewegung)

Josef Goebbels Reichsminister für Volksaufklärung und Propaganda

„Tag von Potsdam" mit Festakt in der Garnisonkirche am Grabe *Friedrichs II.*

Antijüd. Ausschreit. in Deutschland

Der 1. Mai zum Staatsfeiertag in Deutschland erklärt. Sturm auf d. Gewerkschaftshäuser. Auflösung d. Gewerkschaften. Gesetz zur „Wiederherstellung des Berufsbeamtentums" schließt „Nichtarier" aus. Auflösung und Selbstauflösung aller dt. Parteien außer der NSDAP

† *Clara Zetkin* (i. USSR) dt. Kommunistin, leitete 1891–1916 „Die Gleichheit" (sozialdemokr. Frauenzeitschr.) (* 1857)

Hermann Göring preuß. Ministerpräsident. Beseitigung des Landtages.

Reichsbankgesetz hebt Autonomie der Reichsbank auf (seit 1922). *Schacht* finanziert als Reichsbankpräsident (bis 1938) Arbeitsbeschaffung und Aufrüstung

Hugenberg scheidet aus dem Kabinett aus, bleibt Reichstagsabgeordneter

Reichsminister für Ernährung und Landwirtschaft *Darré* organisiert „Reichsnährstand" und erläßt Erbhofgesetz

Deutschland verläßt Völkerbund und 2. Abrüstungskonf., die ihm 200 000-Mann-Heer zugestehen will

Kombinierte Volksabstimmung und „Reichstagswahl" ergibt 92% für Einheitsliste der NSDAP

Dt. Gesellschaft für Wehrpolitik und Wehrwissenschaften, Berlin

Nationalsozialist. Regierung unter Senatspräs. *Rauschning* in Danzig

Bundeskanzler *Dollfuß* schaltet österr. Nationalrat aus; stützt sich

H. Johst: „Schlageter" (Drama)

Mascha Kaléko: „LyrischesStenogrammheft" (Großstadt-Lyrik)

Lernet-Holenia: „Ich war Jack Mortimer"(österr. Roman)

Lewis: „Ann Vickers" (nordamerikan. Roman zur Frauenfrage)

André Malraux (* 1901): „So lebt der Mensch" (frz. Roman aus dem chin. Bürgerkrieg)

Masefield: „The Bird of Dawning"(engl.Roman)

Miegel: „Die Fahrt der sieben Ordensbrüder" (Erzählung)

Muschler: „Die Unbekannte" (Roman)

O'Neill: „O Wildnis!" (nordamerikan. Bühnenstück)

A. Rachmanowa: „Milchfrau in Ottakring" (russ. Roman)

Rolland: „Verzauberte Seele" (frz. Romantetralogie seit 1922)

Ernst von Salomon: „Die Kadetten" (autobiograph. Roman)

Ulrich Sander (* 1892): „Pioniere" (Roman)

Margarete Schiestl-Bentlage (zur Bentlage, *1891): „Unter den Eichen" (Erzählungen)

Ina Seidel: „Der Weg ohne Wahl" (Roman)

Shaw: „Auf den Felsen" (engl. Schauspiel)

Silone: „Fontamara" (ital. antifaschist. Roman)

Heinrich Spoerl (* 1887, † 1955): „Die Feuerzangenbowle" (humor. Schülerroman; wird verfilmt)

Stehr: „Die Nachkommen" (Roman)

A.N.Whitehead: „Abenteuer d. Denkens" (engl. Naturphilosophie)

Konkordat m. Deutschl.

Reichskulturkammergesetz in Deutschland

Bekenntnisfront der dt. evang. Christen gegen „Dt.Christen" u. Reichskirchenreg.,wählt *Friedr. v. Bodelschwingh* z. Reichsbischof; tritt zurück. Wehrkreispfarrer*Ludwig Müller* (* 1883) „Reichsbischof" der dt. evang. Kirche (hat ab 1935 keine Befugnisse mehr)

† 13. Dalai Lama von Tibet (14. folgt 1940)

Dt. Tierschutzgesetz (1945 anerkannt)

Gesetzl. Schulpflicht i. Ägypt. (aus sozialen Gründen wenig effektiv)

Das kulturelle Leben in Dtl. wird durch NS-Diktatur zerstört

George Cukor mit *Joan Harlow*, † 1937, *M. Dreßler*, *W. Berry*); „Cavalcade" (nordam. Film von *Frank Lloyd*); „King-Kong" (nordam. Film eines Riesenaffen); „Drei kleine Schweinchen" (*Walt-Disney*-Farb-Zeichenfilm); „Königin Christine" (nordam. Film mit *G. Garbo*); „Fährboot-Annie" (nordamerik. Film mit *M. Dreßler*, *W. Berry*) „14. Juli" (frz. Film v. *R. Clair* mit *Annabella*) Zahl d. großen Spielfilme in USA 547, Dt. (1932) 127, Gr. Brit. 169, Frankr. 158, USSR 44, Italien 33		*R. Frisch* untersucht „volkswirtschaftliche Regelkreise" (frühe Anwendung des „Regelung"-Begriffes auf Wirtschaftsprobleme) *R. J. van der Graaff* (* 1901, † 1967): Bandgenerator (Influenzmaschine zur Erzeugung hoher elektrischer Spannungen von mehr als 1 Mill. Volt für die Atomkernumwandlung) *Giauque* u. *McDongall* err. durch magnetischen Effekt Temperatur von − 272,7° C (*de Haas* nähert s. 1935 auf 0,0044° C d. absol. Nullp.) *O. Haas* erhält Versuchstiere durch künstl. Durchblutung des Gehirns bei Unterbrechung des übrigen Blutkreislaufes am Leben (wichtig für Herzoperationen) *E. Heitz*, *H. Bauer* und *T. S. Painter* entdecken die Riesenchromosomen in den Speicheldrüsen von Zweiflüglern (fördert entscheidend Chromosomenforschung) *W. N.* und *L. A. Kellog*: „Der Affe und das Kind" (Vergleich des Verhaltens von Kindern und jungen Schimpansen) *F. Kögl* und *F. A. F. C. Went* untersuchen Chemie und Wirkung des Pflanzenwuchsstoffes Auxin (Pflanzenhormon) *R. Kuhn*, *Szent-Györgyi* und *Wagner von Jauregg*: Reindarstellung des kristallisierten Vitamins B_2 (Lactoflavin als Fermentvorstufe; wichtig für Stoffwechsel; chemischer Bau und Synthese von *P. Karrer* und *R. Kuhn* 1935) *Hermann Oncken*: „Das Deutsche Reich und die Vorgeschichte des Weltkrieges" Umfliegung der Erde in 121 Stunden durch *Willy Post* (1931: 142 St.) *Scheibe* und *Adelsberger* konstruieren genaugehende Quarzuhr (gestattet, ungleichmäßige Drehung der Erde nachzuweisen; erste „Kristalluhr" 1929 von *W. A. Marrison*) Brit. Flieger überfliegen den Mt. Everest (8882 m) Bau von Autobahnen besonders in Deutschland und den USA (bis 1939 in Deutschland über 3000 km fertiggestellt)	Aufhebung der Prohibition in USA (seit 1919) *Elly Beinhorn* umfliegt Afrika (erster Afrikaflug 1931) Starke Emigration aus Deutschland setzt ein (insges. bis 1939 etwa 60000, oft führende Künstler, Ingenieure, Wissenschaftler, Politiker) „Gesetz zur Verhütung erbkranken Nachwuchses" in Deutschland (führt zur Verletzung der Menschenrechte) *Eugen Hadamovsky* (* 1904): „Propaganda und nationale Macht" und „Der Rundfunk als politisches Führungsmittel" (kennzeichnet Beginn der Politisierung des dt. Rundfunks) Südatlantische Postbeförderung mit *Dornier-Wal* über schwimmenden Flugstützpunkt „Westfalen" ~ Mittlere Wintertemperatur auf Spitzbergen (1931 bis 1935) −8,6° C zeigt eine merkliche Erwärmg. d. Arktis (−17,6° C im Zeitraum 1900−1915; noch umstritten, ob Klimaschwankung oder Klimaänderung) Tierwelt breitet s. polwärts aus; Gletscherrückg. i. allen Erdteilen
	Siemens-Hell-Schreiber zur drahtlosen Übertragung von Schreibmaschinenschrift ~ Überlagerungsempfänger (Superheterodyn) setzt sich allgemein durch		

(1933)

auf austrofaschist. Heimwehr. Verbot der Nationalsozialist. Partei Österreichs

Sir *Oswald Mosley* (* 1896) gründet brit. faschist. „Schwarzhemden"-Bewegung

Syrien lehnt frz. Vertragsentwurf ab, der weiterhin Mandatsstatus vorsieht

Südafrikan. Koalitionsreg. *Hertzog-Smuts* (bekämpften sich seit 1924)

Edouard Daladier (*1884, † 1970, Radikalsozialist) erstmals frz. Min.-Präs. (letztmals 1940)

Viererpakt Italien, Deutschland, Großbritannien und Frankreich

Nichtangriffspakt u. Freundschaftsvertrag Italien—USSR

Balbo ital. Statthalter in Libyen bis 1940

Anarchist. und syndikalist. Unruhen in Spanien. Nationalisierung des kirchlichen Großgrundbesitzes. Rechtsregierungen bis 1936 mit umfangr. polit. u. soz. Unruhen

José Antonio Primo de Rivera (* 1903, † 1936 im Bürgerkrieg) gründet span.-faschist. Falangisten-Beweg.

Erneuerung der Kl. Entente zwischen Tschechoslowakei, Jugoslawien und Rumänien

Der Verbandsturnwart *Konrad Henlein* (* 1898, † 1945, hingerichtet) gründet die später staatsfeindliche nationalsozialist. sudetend. Partei in der Tschechoslowakei

Codreanu gründet in Rumänien „Eiserne Garde"; wird aufgelöst; Ermordung des altliberalen Ministerpräsidenten *Duca*

Nasjonal Samling (norweg.faschist. Partei) von *Vidkun Quisling* (* 1887, † 1945, hingerichtet)

Sozialdemokrat. Partei wird stärkste Partei in Finnland

Handelskonflikt Großbritannien—USSR wegen Verurteilung brit. Ingenieure (werden begnadigt)

F. D. Roosevelt (Demokrat) Präsident der USA bis 1945 (†) (Wiederwahl 1936, 1940, 1944); startet „New Deal" (staatl. Wirtschaftsplanung), NIRA und TVA (Gesetze über neuen Industrieaufbau und Kraftwerke im Tennessee-Tal)

Cordell Hull (Demokrat, * 1871, † 1955) Außenminister der USA bis 1944

Sumner Welles (* 1892) USA-Unterstaatssekretär für Äußeres

USA-Truppen verlassen Nikaragua

Machado de Morales, Präsident von Kuba seit 1925, gestürzt. Oberst *Batista* Oberbefehlshaber und Machthaber

Ghasi I. König von Irak bis 1939

Mohammed Sahir Schah König von Afghanistan

Japan verläßt den Völkerbund. Behält die Mandate. Besetzt chin. Provinz Dschehol

† 13. Dalai Lama i. Tibet

Thieß: „Johanna und Esther" (Roman) *Walpole:* „Herries Chronicle" (engl. hist. Roman in 4 Bänden seit 1930) *Felix Weingartner:* „Terra, ein Symbol" (dramat. Dichtung) *Wells:* „Bulpington von Blup" (engl. gesellschaftskritischer Roman) *Werfel:* „Die vierzig Tage des Musa Dagh" (Roman in 2 Bänden) *Virginia Woolf:* „Flush" (engl. Roman) Öffentliche Verbrennung von Büchern unerwünschter Autoren in Berlin (bedeutet Ende eines freien dt. Schrifttums) Reichsschrifttumskammer i. Deutschland (führt zunehmend „Gleichschaltung" der dt. Literatur durch) Präsident *H. F. Blunck* (bis 1935)		Projektor für 16-mm-Tonfilm „Technokratie" (Zeitschrift) „Econometrica" (Zeitschr. für Ökonometrie, Leitartikel von *A. Schumpeter*) ~ Die Wissenschaft in Dtl. wird durch nationalsozialistischen Einfluß zunehmend behindert und entscheidend geschwächt	Ital. Geschwader-Ozeanflug unter *Balbo* *Emilio Comici* und 2 Seilgefährten bezwingen in 3 Tagen und 2 Nächten die Große Zinne/Dolomiten (1938 Winterbesteigung der Nordwand der Großen Zinne)

1934	Friedens*nobel*preis an *A. Henderson* (Großbrit.)	Literatur-*Nobel*preis an *L. Pirandello* (Ital.)	Der Prof. für protestant. Theologie in Bonn *Karl Barth* wird wegen Verweigerung des Beamteneides amtsenthoben (erhält 1935 Ruf nach Basel)
	Deutsch - poln. Nichtangriffspakt zwischen *Hitler* und *Pilsudski*	*Anouilh:* „Die Wilde" (frz. Schauspiel)	
	Dt. Reich übernimmt Hoheitsrechte der Länder	*Louis Aragon* (* 1897): „Die Glocken von Basel" (frz. kommunist. Roman)	
	Schacht Reichswirtschaftsminister bis 1937		*A. Baeumler:* „Männerbund und Wissenschaft" (nationalsozialist. Erziehungslehre)
	Himmler Chef der Geheimen Staatspolizei (Gestapo) in Preußen	† *Hermann Bahr*, österr. Dichter (* 1863)	
	Hitler und *Mussolini* treffen sich in Venedig, Gegensätze um Österr.	*M. Böttcher* (* 1872): „Krach im Hinterhaus" (volkstüml. Lustspiel)	*Ruth Benedict:* „Patterns of Culture" („Kulturformen", gilt als Begründung einer Wissenschaft vom Nationalcharakter)
	Marburger Rede *von Papens* (verfaßt von *Edgar Jung*, stellt den nationalsozialist. Anschauungen mehr konservative gegenüber)	*P.S. Buck:* „Die Mutter" (nordamerikan. Roman)	
		K. Čapek: „Daschenka oder das Leben eines jungen Hundes" (tschech.)	
	In SA-Kreisen fordert man eine „zweite", soziale Revolution	† *Theodor Däubler*, dt. express. Dichter (* 1876)	*Evangeline Booth* General der Heilsarmee bis 1939 (Tochter des Gründers)
	Wegen angebl. geplanter SA-Revolte werden ihr Stabschef *Ernst Röhm* und andere hohe SA-Führer auf Befehl *Hitlers* erschossen; außerdem weitere politische Gegner wie General *Schleicher* und Frau, *Gregor Strasser*, Dr. *Klausener* (Kathol. Aktion), *Edgar Jung* (Mitarbeiter *Papens*). Entmachtung der SA. *Hitler* stützt sich auf SS und Reichswehr	*Fallada:* „Wer einmal aus dem Blechnapf frißt" (Gefängnisroman)	*Buber:* „Erzählungen von Engeln, Geistern und Dämonen"
		Francis Scott Fitzgerald (* 1896, † 1940) „Zärtlich ist die Nacht" (nordam. Roman)	*R. Carnap:* „Logische Syntax der Sprache" („Überwindung der Metaphysik durch logische Analyse der Sprache")
		Helmut von Gerlach (* 1866, † 1935): „Von rechts nach links"(Autobiographie des dt. Pazifisten in der Emigration)	
			Kardinal *von Faulhaber* in München hält und veröffentlicht stark beachtete Predigten gegen die nationalsozialistische Weltanschauung (vgl. 1933)
	v. Papen dt. Gesandter in Wien		
	† *Paul von Beneckendorff und von Hindenburg*, dt. Generalfeldmarschall; Reichspräsident seit 1925 (* 1847). Nationalsozialisten fälschen sein Testament	*Giono:* „Lied der Welt" (frz. Roman)	
		J. Green: „Der Geisterseher" (frz. Roman)	† *Pietro Gaspari*, vatikan. Staatsmann; von 1914 bis 1930 päpstl. Staatssekretär; beteiligte sich an der Neufassung des kanonischen Rechts „Codex juris canonici" (* 1852)
		G. Hauptmann: „Hamlet in Wittenberg" (Schauspiel) und „Das Meerwunder" (Erzählung)	
	Hitler macht sich zum Diktator. „Führer und Reichskanzler" (Volksabstimmung ergibt angebl. 90% Zustimmung)		
	„Heimtückegesetz" (Terrorgesetz zum Schutz der nationalsozial. Diktatur). Volksgerichtshof zur Durchführung gegründet	*Ric. Huch:* „Im alten Reich" (histor., 3 Bände seit 1927) und „Röm. Reich Dt. Nation"	
			Laz. Goldschmidt: Dt. Übersetzung des babylonischen Talmud (12 Bände seit 1893)
	Gertrud Scholtz-Klink (* 1902) dt. Reichsfrauenführerin	*Ernst Jünger:* „Blätter und Steine" (Essays)	
	Österr. Arbeiter im „Republikan. Schutzbund" unterliegen in blutigen Kämpfen dem klerikalen Austrofaschismus. Absetzung der sozialdemokr. Wiener Stadtverwaltung	*Mervyn Brian Kennicott:* (eig. *Gertrud Hamer*): „Das Herz ist wach" (Roman)	† *Hedwig Heyl*, dt. Hauswirtschaftslehrerin und -förderin: schrieb „ABC der Küche" (* 1850)
		Knittel: „Via mala" (Roman)	*Werner Jaeger* (ab 1936 in Chicago): „Paideia, die Formung des griechischen Menschen"
	Autoritäre klerikal-ständische Verfassung in Österr. ErbitterterKampf zw. Austro- und großdt.Faschismus	*Kolbenheyer:* „Gregor und Heinrich" (Dram.)	

O. Bartning: Gustav-Adolf-Kirche, Bln.

† *Hendrik Petrus Berlage*, niederl. Baumeister (* 1856)

Dali: „Wilh. Tell" (span. surrealistisch. Gemälde)

K. Hofer: „Die schwarzen Zimmer" (express. Gemälde)

Le Corbusier: Palast der Sowjets in Moskau (Baubeg. 1928; gilt als letzter moderner Bau der Stalinära)

G. Marcks: „Tanzende Schwestern" (Bronzeplast. s. 1933)

John Piper (* 1903): „Rye Harbour" (engl. Gemälde)

Alfred Roller (* 1864, † 1935): Bühnenbild zu „Parsifal" in Bayreuth

---

Kulturfilmpflicht f. dt. Lichtspielhäuser

„Die verlorene Patrouille" (nordamerikan. Film ohne Frauen; Regie: *John Ford*)

„Es geschah in einer Nacht. New York-Miami" (nordamer. Film v. *Frank Capra* mit *C. Colbert, C. Gable*); „Die lustige Witwe" (nordamer. Operettenfilm v. *E. Lubitsch* m. *J. Mac Donald* [* 1907, † 1965] und *M. Chevalier*)

„Das große Spiel" (frz. Film v. *J. Feyder*, * 1888); „Der letzte Millionär" (frz. Film v. *R. Clair*)

„Maskerade" (österreich. Film von *W. Forst* m. *P. Wessely*)

Alban Berg: „Requiem für Manon" (Violinkonzert im Zwölftonstil)

E. Bücken: „Handbuch der Musikwissenschaft" (13 Bände seit 1927)

† *Frederick Delius*, dt.-engl. Komponist (* 1863)

† *Edward Elgar*, engl. Komponist (* 1857)

Hindemith: „Mathis der Maler" (Symphonie als Vorarbeit zu einer Oper um *Matthias Grünewald*)

Frederick Jacobi (* 1891): Konzert (nordamerik., mit Jazz- und indianischen Motiven)

Lehár: „Giuditta" (Operette)

Eugen Jochum Generalmusikdirektor in Hamburg

Hans Mersmann: „Deutsche Musikgeschichte"

Ernst Pepping (* 1901): „Stilwende der Musik" (kirchenmusikal., Anknüpfung an Barockmusik)

Schostakowitsch: „Lady Macbeth in Minsk" (russ. Op.)

Musikfest der „Internationalen Gesellschaft für Neue Musik" in Florenz (u. a. wird *B. Britten* durch sein Quartett für Oboe und Streicher bekannt)

„Oxford History of Music" (engl. Musikgeschichte, 7 Bände seit 1929)

Chemie-*Nobel*preis an *H. C. Urey* (* 1893, USA) für Entdeckung des schweren Wasserstoffes

Medizin-*Nobel*preis an *G. R. Minot* (USA), *W. P. Murphy* (USA) und *G. Whipple* (USA) für Heilverfahren gegen perniziöse Anämie

W. Beebe (* 1877) erreicht mit Taucherkugel bei den Bermudainseln eine Meerestiefe v. 923 m u. fördert damit entscheidend die Tiefseeforschung (1953 *A.* u. *J. Piccard*: 3150 m)

Butenandt: Reindarstellung d. Gelbkörperhormons (2. weibl. Sexualhormon. Die anschl. an die Reindarstellungen (seit 1929) erfolgende Aufklärung des chemischen Baues der männl. u. weibl. Sexualhormone erweist ihre nahe chemische Verwandtschaft als Sterine

Das Ehepaar *I. Curie* und *F. Joliot* entdeckt künstliche Radioaktivität (entwickelt sich zu einem umfassenden Forschungsgebiet)

† *Marie Curie* (geb. *Sklodowska*), poln.-frz. Chemikerin und Physikerin; entdeckte u. a. das radioaktive Radium und Polonium; *Nobel*preise 1903 und 1911 (* 1867)

Enrico Fermi (* 1901, † 1954) führt in d. Atomkernphysik d. Neutrino-Teilchen ein, um d. Energieerhaltungssatz zu wahren; beg. Kernumwandlung durch Neutronenbeschuß

Bierens de Haan: „Die tierpsychologische Forschung"

† *Fritz Haber*, dt. Chemiker; Mitbegründer des *Haber-Bosch*-Verfahrens zur Ammoniaksynthese aus Luftstickstoff; *Nobel*preis 1918; 1911 bis 1933 Leiter des Kaiser-*Wilhelm*-Instituts für physikalische Chemie (* 1868)

J. Hämmerling (* 1901): Bestimmender Einfluß des Zellkerns auf die Formvererbung von Schirmalgen (der Einfl. d. Zellplasmas auf die Vererbung weiter umstritten)

G. Holst und *G. H. de Boer* erzielen erste brauchbare Bilder mit einem Bildwandler (verwandelt Ultrarot-Abbildung in sichtbare)

W. Eucken: „Kapitaltheoretische Untersuchungen"

Sombart: „Deutsch. Sozialismus" (unterstützt nationalsozialist. Volkswirtschaftslehre)

Nationalsozialist. Arbeitsordnungsgesetz (beendet durch Einführung des „Führerprinzips" die Bestrebungen zur Gleichberechtigung der Sozialpartner)

„Dt. Arbeitsfront" unter *Robert Ley* (* 1890, † 1945, Selbstmord)

Durch Zusammenlegung von *Cunard* (1840) und White Star Line entsteht die brit. *Cunard* White Star Line

In den USA beginnt schärfster Kampf gegen das organisierte Gangsterunwesen. Das FBI unter *J. Edgar Hoover* bringt den „Staatsfeind Nr. 1" *John Dillinger* zur Strecke

Ein einziger Staubsturm verweht 300 Mill. t Ackererde in den USA (Versteppungsgefahr)

Blitzstreckenluftverkehr m. *Heinkel*-Flugzeug He 70

Kanadische Fünflinge der Familie *Dionne* geboren

Knöchellange Kleider in Deutschland

„Schalke 04" erstmals dt. Fußballmeister (wieder 1935, 1937, 1939, 1940, 1942)

(1934)

† *Engelbert Dollfuß* (von Nationalsozialisten ermordet), österr. christl.-sozialer Bundeskanzler seit 1932 (* 1892)

Kurt Schuschnigg (* 1897) österr. Bundeskanzler bis 1938; versucht, Nationalsozialismus durch „Vaterländische Front" und Legitimismus auszuschalten

Starhemberg österr. Vizekanzler und Leiter der „Vaterländischen Front" (geht 1938 ins Ausland)

Politischer Korruptionsskandal um *Stavisky* (†, Selbstmord, * 1886): nach blutigen Unruhen in Paris kommt es zur Bildung eines Ministeriums der „Nationalen Union" unter *Doumergue;* nach Rücktritt bildet sich „Regierung des Burgfriedens" *Pierre-Etienne Flandin* (* 1889, † 1958)

† *Alexander I.*, König von Jugoslawien seit 1921 (* 1888), und *Louis Barthou*, frz. Außenminister seit 1934 (* 1862), durch Attentat in Marseille während eines Staatsbesuches (verhind. „Ost-Locarno")

Prinz *Paul* Regent in Jugoslawien bis 1941 für unmündigen König *Peter II.*

Erste frz. Kolonialkonferenz

† *Raymond Poincaré*, frz. Staatsmann; Staatspräsident von 1913 bis 1920 (* 1860)

Leopold III. König der Belgier (muß 1951 auf seinen Thron verzichten)

Römische Wirtschaftsprotokolle zwischen Italien, Österreich und Ungarn gegen frz. Donaupolitik

Span. Bergarbeiter-Aufstand in Asturien niedergeschlagen. Versuch, Kataloniens Unabhängigkeit zu proklamieren, scheitert

Unterdrückung von Unruhen i. Portugal unter d. faschist. Verf. v. 1933 (besteht bis 1974)

Balkanbund zwischen Rumänien, Griechenland, Türkei und Jugoslawien zur Sicherung ihrer Balkangrenzen

Autoritäre Regierung des Bauernführers *Ulmanis* in Lettland (wird 1936 Staatspräsident)

Konstantin Paets (Landwirtepartei) schlägt in Estland durch Staatsstreich autoritäre „Freiheitskämpferbewegung" (wird 1937 Staatspräsident)

Finnland beteiligt sich am skandinavischen Ministertreffen. Neubefestigung der Aaland-Inseln

Veröffentlich. d. 2. Fünfjahrespl. i. d. USSR. GPU i. NKWD überführt. USSR im Völkerbund (bis 1939)

Ermordung *Kirows* in Leningrad (Mord wird der *Stalin*opposition zugeschrieben)

Abwertung des USA-Dollars auf 59%

USA nimmt diplomat. Beziehungen zur USSR auf, wegen Japans Ostasienpolitik

USA geben Rechte auf Kuba (seit 1902) und Schutzherrschaft über Haiti (seit 1915) auf. Versprechen Philippinen in 10 Jahren volle Unabhängigkeit

Streik der Baumwollarbeiter in USA

Korporative Verfassung in Brasilien

In Uruguay wird liberal-demokrat. Verfassung von 1919 durch autoritäre ersetzt; Frauenstimmrecht

Lázaro Cardenas Präsident von Mexiko bis 1940; führt sozialist. Politik

Tschiang Kai-schek besiegt bis 1936 die kommunist. Heere in Südchina

Japan kündigt Flottenabkommen von Washington (1922), um seine Flotte zu verstärken

Lewis: „Das Kunstwerk" (US-Roman um das Hotelwesen)

A. Makarenko (* 1888, † 1939): „Der Weg ins Leben" (russ. pädagog. Poem, seit 1933)

Maurois: „Instinkt für das Glück" (frz. Roman)

H. Miller (* 1891): „Wendekreis des Krebses", „Schwarzer Frühling" (nordamer. sexuell betonte Romane)

† *Erich Mühsam* (im KZ), dt. sozialist. Dichter und Politiker (* 1878)

O'Neill: „Tage ohne Ende" (nordamerikan. Bühnenstück)

Jan Petersen (* 1906): „Unsere Straße" (illegaler antifaschistischer Roman)

Mazo de la Roche: „Die Leute auf Jalna" (nordamerikan. Roman)

J. B. Priestley: „Englische Reise"

† *Joachim Ringelnatz (Hans Bötticher)*, dt. Dichter und Kabarettist (* 1883)

William Saroyan (* 1908): „Der tollkühne Jüngling auf dem fliegenden Trapez" (nordamerikan. Kurzgeschichten)

W. v. Scholz: „Gedichte" und „Erzählungen" (Gesamtausgaben)

A. Soergel: „Dichtung und Dichter der Zeit" (III. „Dichter aus dt. Volkstum")

E. Strauß: „Das Riesenspielzeug" (Roman)

Alexej N. Tolstoi: (* 1883, † 1945): „Peter d. Große" (russ. hist. Roman seit 1930)

Ludwig Tugel: (* 1889): „Sankt Blehk oder die große Veränderung" (Roman)

Oswald Kroh (* 1887) „Experimentelle Beiträge zur Typenkunde" (experim. Pädagogik, 3 Bände seit 1929)

Max Picard: „Die Flucht vor Gott" (Schweiz. christl. Philosophie)

B. Russell: „Freiheit und Organisation 1814 bis 1914" (engl. histor. Gesellschaftsphilosophie)

O. Spann: „Gesellschaftslehre und Philosophie" (Soziologie)

Spranger: „Die Urschichten des Wirklichkeitsbewußtseins"

B. u. S. Webb: „Der sowj. Kommunismus — eine neue Zivilisation" (engl. Reisebericht, ersch. 1936)

„Barmer Synode" der dt. „Bekennenden ev. Kirche" wendet sich gegen nationalsozialist. Kirchenpolitik

† *Jakob Wassermann*, dt. Dichter (* 1873)

Wiechert: „Die Majorin" (Roman)

Friedr. Wolf: „Professor Mamlock" (Drama)

Heinz Hilpert Direktor d. Dt. Theaters in Berlin

Louis Jouvet (* 1888, † 1952), frz. Schauspieler u. Regisseur übernimmt Théâtre de l'Athène in Paris

Festspiele auf dem Heidelberger Schloßhof

Franz Dornseiff: „Der deutsche Wortschatz nach Sachgruppen" (systemat. Wörterbuch)

Erster Sowjetischer Schriftstellerkongreß in Moskau unter *Gorki*

Hermann Knaus (*1892, † 1970): „Die Physiologie d. Zeugung des Menschen" (m. d. seit 1929 gewonn. Erkenntnis der empfängnisfreien Tage der Frau; zugl. m. d. Japaner *K. Ogino* (* 1882,)

F. Kögl: Chemischer Bau des Pflanzen-Zellstreckwachstum-Hormons Auxin

† *Oskar von Miller*, dt. Energie-Ingenieur; Gründer des Dt. Museums, München (* 1855)

Isidor Isaac Rabi (* 1898) und Mitarbeiter bestimmen Eigenschaften von Atomkernen mit der Atomstrahlmethode

Tadeus Reichstein (* 1897) stellt Vitamin C künstlich her

A. D. Speranskij: „Grundlagen der Theorie der Medizin" (betont auf Grund von Experimenten ausschlaggebende Rolle des Nervensystems für Krankheiten und ihre Heilung)

Thibaud und *Joliot:* Zerstrahlung von Materie (Beobachtung der Umwandlung eines Elektron-Positron-Paares in ultrakurze Röntgen-Strahlung)

Voronoff berichtet von 12jährigen Erfahrungen über die operative Verpflanzung von Keimdrüsen, wodurch er bemerkenswerte Verjüngungserscheinungen bei seinen Patienten erhielt

Erster Kongreß für die „Einheit der Wissenschaft" (maßgebend der Wiener Kreis; vgl. 1929; weitere Kongresse 1935, 1936, 1938, 1939 in USA)

Spezialkrankenhaus in Dresden zur Prüfung von Naturheilmethoden

Bei Ausgrabungen des Heiligtums des Fruchtbarkeitsgottes Abu auf dem Tell Asman werden 12 Alabasterstatuetten gefunden (sumerische „Beter" von ≈ —2600)

Erste dt. Nanga-Parbat-Expedition (weitere 1937 und 1938)

Erst. Diesel-PKW

Großglockner-Hochalpenstraße (Straßentunnel 2508 m ü. NN)

Beginn von Versuchen der unterirdischen Kohlevergasung in der USSR

Nordsee-Eismeer-Kanal i. d. USSR eröffnet

1935	Friedens*nobel*preis (1936 verliehen f. 1935) an *Carl von Ossietzky* (Dt., * 1889, † 1938 nach KZ-Haft); *Hitler* verbietet für Deutsche Annahme d. *Nobel*preises Saarland durch Abstimmung zum Dt. Reich (91% dafür) Arbeitsdienstpflicht in Deutschland Allgem. Wehrpflicht in Deutschland *Hitler* fordert zweiseitige Nichtangriffsverträge an Stelle von kollektiver Sicherheit Dt.-brit. Seeabkommen gestattet Deutschland 35% der brit. Flottenstärke. Prot. Frankreichs Sog. „Blutschutzgesetz" (antisemit. „Nürnberger Gesetze") in Deutschland Hakenkreuzflagge wird zur alleinigen Reichsflagge erklärt *Erich Ludendorff:* „Der totale Krieg" (fordert Einbeziehung der Zivilbevölkerung in den Krieg) Sozialdemokraten stärkste Schweiz. Partei (im Bundesrat bleibt bürgerliche Mehrheit) *Stanley Baldwin* brit. Ministerpräs. der „Nationalregierung" bis 1937 Brit. Parlament beschließt neueVerfass. für Indien (1937 in Kraft) *Anthony Eden* (Konserv., * 1897) brit. Außenminister bis 1938 † *Arthur Henderson,* brit. Politiker der Labour-Party; leitete wiederholt seit 1908 seine Fraktion im Unterhaus; war Innen- u. Außenmin.; Friedens*nobel*pr. 1934 (* 1863) *Pierre Laval,* frz. Außenmin. 1934 bis 1936, verständigt sich m. Italien Frz. Linksparteien bilden durch kommunist. Initiative „Volksfront" *Zeeland* bildet Regierung der „Nationalen Konzentr." in Belgien *Léon Degrelle* gründet belg.-faschist. Rex-Bewegung Italien überfällt Abessinien. Unwirksame Völkerbunds-Sanktionen Sozialdemokratische Arbeiterpartei bildet Regierung in Norwegen Neue Verfassung in Polen festigt die seit 1926 diktator. Herrschaft † *Josef Pilsudski,* poln. Marschall und Staatsmann; militär. Diktator seit 1926 (* 1867)	† *Henri Barbusse,* frz. Dichter und Pazifist (* 1873) *Henry Benrath* (eig. *Albert H. Rausch,* * 1882, † 1950): „Die Kaiserin Konstanze" (hist. Rom.) *Werner Bergengruen* (* 1892, † 1964): „Der Großtyrann und das Gericht" (Roman) *Bernanos:* „Ein Verbrechen" (frz. Roman) *R. G. Binding:* „Wir fordern Reims zur Übergabe auf" (Kriegsnov.) † *Paul Bourget,* frz. katholisch-konservativ. Erzähler (* 1852) *P. S. Buck:* „Das geteilte Haus" (nordam. Roman) *Archibald Joseph Cronin* (* 1896): „Die Sterne blicken herab" (engl. sozialer Roman) *T. S. Eliot:* „Mord im Dom" (engl. Versdrama) *Giraudoux:* „Der trojanische Krieg findet nicht statt" (frz. iron. Schauspiel) *K. Gudmundsson:* „Kinder der Erde" (isl.-norweg. Roman) *Sacha Guitry* (* 1885, † 1957): „Roman eines Schwindlers" (frz. satir. Rom.) *Hedin:* „Die Flucht des groß. Pferdes" (schwed. Reisebericht) *Ödön von Horváth* (* 1901, † 1938): „Hin und Her" (österr. politische Komödie) *Lewis:* „Es kann nicht hier geschehen" (nordamerikan. polit. Roman) *Heinr. Mann:* „Henri Quatre" (2 Bde. bis 1938) *Th. Mann:* „Leiden an Deutschland" (Tagebuchblätter)	*K. Barth:* „Credo" (Dialektische Theologie mit Betonung der Bibelgläubigkeit) *Maurice Blondel* (* 1861, † 1949): „Das Denken" (frz. relig. Philosophie d. „Modernismus") *Dacqué:* „Organische Morphologie und Paläontologie" (antidarwinistische Entwicklungslehre) *Albert Ehrhard:* „Urkirche und Frühkatholizismus" (vom kathol. Standpunkt aus) *Gandhi* schweigt 14 Tage zum Protest gegen Tötung von 40 Moslems b. engl.-ind. Zusammenstößen in Karatschi *Max Hartmann:* „Analyse, Synthese und Ganzheit in der Biologie" (Naturphilosophie) *Nic. Hartmann:* „Zur Grundlegung der Ontologie" (lehrt Schichtenaufbau des Seienden) *Hans Heyse* (* 1891): „Idee und Existenz" („Existenz als Wirklichkeit des Ganzen") *Emanuel Hirsch* (* 1888): „Christlicher Glaube und politische Bindung" (vom Standpunkt der „Deutschen Christen") *Jaspers:* „Vernunft und Existenz" (Existential-Philosophie) *Kerrl* dt. Reichsminister für kirchliche Angelegenheiten (es gelingt ihm nicht, die evang. Kirche gleichzuschalten) *H. Maier:* „Philosophie der Wirklichkeit" (3 Bände seit 1926) *K. Mannheim* (seit 1933 an der London School of Economics): „Mensch und Gesellschaft im Zeitalter des Umbaus" (Soziologie)

† *Hans Baluschek*, dt. Maler (* 1870)
Beckmann: „Tulpenstilleben" (express. Gemälde)
H. B. Burardo (* 1901): „Dies- und Jenseits" (abstraktes Gemälde)
Chagall: „Verwundeter Vogel" (frz.-russ. Gemälde)
Hermann Gießler: (* 1898): Ordensburg Sonthofen/Allgäu (*G.* wird 1938 „Generalbaurat" für München)
F. Hodgkins: „Straße nach Barcelona" (engl. express. Gem.)
Heckel: „Erzgebirge" (express. Gem.)
K. Hofer: „In der Mansarde" (express. Gemälde)
G. Kolbe: „Zehnkampfmann", „Ruhender Athlet", „Sportsmann", „Aufsteigende Frau"
† *Max Liebermann*, deutscher impress. Maler (* 1847)
G. Marcks: „Mädchen mit Bademantel", „Der Philosoph" u. „Trauernder Eros" (Bronzeplastiken)
Ed. Munch: „Der moderne Faust" (norweg. express. Bildfolge seit 1934)
Nash: „Landschaft der Megalithe" (engl. surrealist. Gemälde)
W. Nicholson: „Mädchen im roten Ballkleid" (engl. Gemälde)
† *Paul Signac*, frz. Maler (* 1863)
St. Spencer: „Handwerker im Haus"

† *Alban Berg* (* 1885): Violinkonzert; hinterläßt „Lulu" (unvollendete atonale Oper n. *Wedekind*)
† *Paul Dukas*, französischer impressionistisch. Komponist (* 1865)
Egk: „Die Zaubergeige" (heitere Oper)
Gershwin: „Porgy und Bess" (volkstüml. nordamerikan. Oper)
Hindemith: Violin-Sonate in E-dur und „Der Schwanendreher" (Konzert nach alten Weisen für Bratsche und kl. Orchester)
Honegger: „Johanna auf dem Scheiterhaufen" (schweiz.-französ. Opern-Oratorium, Text von *Paul Claudel*)
† *Erich M. von Hornbostel*, österr. Musikgelehrter; schuf Archiv für exotische Musik und förderte entscheidend vergleichende Musikwissensch. (* 1877)
Walter Kollo: „Berlin, wie es weint und lacht" (Operette)
Olivier Messiaen: „Das Leben d. Herrn" (9 frz. Orgel-Meditationen)
Pfitzner: Cello-Konzert in G-dur
R. Strauss: „Die schweigsam. Frau" (Oper, Text von *Stefan Zweig*)

*Nobel*pr. f. Physik an *J. Chadwick* (* 1891, † 1974, GB) f. Entd. d. Neutrons
Chemie-*Nobel*preis an *F. Joliot* und *I. Curie* (Frankr.) für künstliche Radioaktivität
Medizin-*Nobel*preis an *H. Spemann* (Dt.) f. biolog. Entwickl.-Mechanik
Stratosphärenballon - Höhenrekord 22 066 m Höhe von *Orvil Anderson* und *Albert Steven*
Otto H. F. Buchinger (* 1875, † 1966): „Das Heilfasten und seine Hilfsmethoden" (wendet das System in seinem Sanatorium in Pyrmont an)
de Burthe d'Annelet erforscht frz. Sahara- und Sudan-Gebiete (seit 1932; 1. Reise 1928 bis 1931)
Malcolm Campbell: Autogeschwindigkeitsrekord mit 485,175 km/St. (über 1 km mit fliegendem Start)
Domagk führt Prontosil als erstes Sulfonamid in die Therapie ein
W. Dörpfeld: „Alt-Olympia" (Altertumskunde)
L. Ellsworth überfliegt die Westantarktis v. *Weddell*- zum *Ross*meer
Georg Henning: Herstellung d. Adenylsäure (erweist sich als entscheidend für Muskelkontraktion)
E. C. Kendall u. *T. Reichstein* entd. unabh. voneinander Nebennierenrindenhormon (Corticosteron)
O. Koehler erweist d. Erlernen unbenannter Anzahlen (bis „6") b. Tauben
Laqueur: Reindarstellung des eigentlichen männlichen Sexualhormons Testosteron aus Stierhoden (aus 100 kg Hoden 10 mg Hormon)
F. London: Theorie d. Supraleitung (wird von *v. Laue* verbessert)
B. Lyot: Zeitrafferfilme von Sonnenprotuberanzen a. d. Pic du Midi
Egas Moniz und *Almeida Lima* begründen durch Lobotomie Psychochirurgie (Heilung von Geisteskrankheiten durch Durchschneidung bestimmter Hirnnerven)
† *Iwan Mitschurin*, russ. Pflanzenzüchter (* 1855)
Sakel: Insulinschock gegen Schizophrenie
Schliephake: Ultraschall-Therapie
S. Sokoloff wendet den Ultraschall zur zerstörungsfreien Werkstoffprüfung an (erste Versuche 1929)

5,5% der dt. Industriebetriebe vereinigen 76,1% des gesamten Jahresumsatzes auf sich; 3,4% der dt. Großhandelsfirm. 60,8% des Umsatzes
Ernst Wagemann: „Narrenspiegel der Statistik" (Fehler u. ihre Vermeidg.)
Rheinmetall übernimmt *Borsig* (Rheinmetall-Borsig AG, 50 Mill. RM Grundkapital, 1939 Kapitalmehrh. an die Reichswerke, „Hermann Göring")
Wagner Act garantiert in USA volles Koalitionsrecht d. Arbeiter und verbiet. „unfaire Praktiken" der Arbeitgeber
Gründung der CIO-Gewerkschaft in den USA (bedeutet mit dem Prinzip der Organisierung aller Arbeiter eines Industriezweiges den Beginn einer nordamerikan. gewerkschaftlich. Massenbeweg. (vgl. 1946)
Verteilung d. USA Kraftwagenproduktion: General Motors: 38,4%; Ford: 30,2%; Chrysler: 22,9%
Gallup-Institut zur Erforschung der öffentlichen Meinung in den USA
Ackerbaugrenze in Sibirien bis z. 65. Breitengrad vorgeschoben (1916 am 60., 1950 am 75., bes. durch neue Pflanzenzüchtgn.)

(1935)

Edward Rydz-Smigly (* 1886) Generalinspekteur der poln. Armee mit entscheid. polit. Einfluß

Die nationalsozialist. Sudetendt. Partei Konrad Henleins wird bei den tschechoslowak. Parlamentswahlen die stärkste Partei (gegründet 1933)

Hodscha (slowak. Republ. Partei) tschechoslow. Ministerpräs. bis 1938

Nach Rücktritt T. Masaryks wird Benesch tschechoslow. Staatspräsident (geht 1938 nach USA)

Stojadinowitsch jugoslaw. Ministerpräsident; verstärkt profaschist. Kurs (muß 1939 zurücktreten)

Vertrag über gegenseitige militärische Hilfe zwischen USSR und Frankreich sowie Tschechoslowakei

Weltkongreß der Komintern in Moskau für Bündnis mit den bürgerl. Demokratien geg. Faschismus

Stachanow fährt Kohlenschicht mit „1300%". Beginn der „Stachanow-Bewegung" mit Erhöhung der Arbeitsnormen in der USSR

Beginn der gr. politischen Schauprozesse in Moskau (bedeuten prakt. Liquid. d. leninist.-bolschew. „Alten Garde" durch Stalin)

USSR verkauft ostchin. Eisenbahn an Mandschukuo

Monarchie in Griechenland, Rückrufung König Georgs II.

Griechenland nimmt den amtlichen Namen „Hellas" an

Der Oberste Gerichtshof der USA erklärt Industriebelebungsgesetz v. 1933 für verfassungswidrig

Neutralitätsgesetz und Waffenausfuhrverbot der USA, nehmen Bezieh. zu Liberia wieder auf

Handelsvertrag USA—USSR

Mackenzie King (Liberal.) zum drittenmal kanad. Ministerpräsident bis 1948 († 1950)

Ende des Chacokrieges (seit 1932). Bolivien erhält Zugang zum Meer, Paraguay Chacogebiet

Persien wählt amtl. Namen „Iran"

Rama VIII. Ananda Mahidon König von Siam bis 1946 († , ermordet)

Japanische militärische Vorstöße in Nordchina. Kommunist. Ablösungsbestr. nordchin. Provinzen

Pirandello: „Man weiß nicht wie"(ital.Schausp.)

A. Rachmanowa: „Die Fabrik des neuen Menschen" (russ. antibolschewist. Roman)

Erwin H. Rainalter (* 1892): „Der Sandwirt" (österr. Roman)

Eugen Roth (* 1895): „Ein Mensch" (heiterbesinnliche Gedichte)

Ruth Schaumann: „Der Major" (Roman)

Schmidtbonn: „Der dreieckige Marktplatz" (Roman)

B. Schönlank: „Fiebernde Zeit" (Sprechchöre)

Ina Seidel: „Meine Kindheit und Jugend"

Shaw: „Die Insel der Überraschungen" (engl. Schauspiel)

Sinclair: „Ende der Armut" (nordamer. Rom.)

† Kurt Tucholsky (Selbstmord in der Emigration), dt. sozialistischer Schriftsteller mit den Pseudonymen Peter Panter, Ignaz Wrobel, Kaspar Hauser, Theobald Tiger (* 1890)

Th. N. Wilder: „Dem Himmel bin ich auserkoren" (nordam. Roman)

Th. Wolfe: „Von Zeit u. Strom" (nordam. Rom.)

† Alexander Moissi, dt. Schauspieler (* 1880)

Gust. Ehrismann (* 1855, † 1941): „Geschichte der dt. Literatur bis zum Ausgang des Mittelalters" (2 Teile seit 1918)

Weltschriftstellerkongr. „Zur Verteidigung der Kultur" in Paris

Dt. Sprachatlas beginnt zu erscheinen

Dt. PEN-Club verboten

Hanns Johst Präs. der Reichsschrifttumsk.

Margaret Mead: „Geschlecht und Temperament in drei primitiven Gesellschaften" (nordamerik. vergl. Sexualforschung auf Neuguinea s. 1931, erweist Relativität „männlicher" und „weiblicher" Charakterzüge)

Konrad von Preysing kathol. Bischof von Berlin

H. Reichenbach: „Wahrscheinlichkeitslehre" (logist. Wahrscheinlichkeitstheorie)

† M. Schlick (ermord.) aus d. neopositivist. Wiener Kreis (* 1882)

Wilhelm Schmidt (*1868, †1954): „Der Ursprung der Gottesidee" (6 Bde seit 1912, kathol.)

† Reinhold Seeberg, evang. Theologe (* 1859)

W. Stern: „Allgemeine Psychologie auf personalistischer Grundlage"

Dt. Evangel. Wochen von Reinhold Thadden-Trieglaff (* 1891, v. d. Bekenn. Kirch.) begründet

A.Tarski: „Wahrscheinlichkeitslehre und mehrwertige Logik" u. „Der Wahrheitsbegriff in den formalisiert. Sprachen"

Alfred Weber: „Kulturgeschichte als Kultursoziologie"

Heiligsprechung von Thomas More († 1535)

„Encyclopaedia Britannica" (14. Auflage in 29 Bänden seit 1929)

Enzyklika „Mit brennender Sorge"

Erste iranische Universität (in Teheran)

Auflösung der dt. Studentenverbindungen, dafür Kameradschaften des NSDStB und NS-Altherrenbundes

Walter Tiemann: Fichte-Fraktur (Drucktypen)

Museum of Modern Art, New York, bezieht Photographie und Film mit ein

„Ich war Jack Mortimer" (Film mit *E. Klöpfer*)

„Mazurka" (österr. Film mit *P. Negri*; Regie: *W. Forst*; Musik: *Peter Kreuder*)

„Pygmalion" (Film nach *G. B. Shaw* mit *Jenny Jugo, Gustaf Gründgens*, * 1899, † 1963; Regie: *Erich Engel*, * 1891, † 1966)

„Die ewige Maske" (österr. Film mit *Mathias Wieman* u. *Peter Petersen*; Regie: *Werner Hochbaum*)

„Anna Karenina" (nordam. Film v. *Cl. Brown* mit *G. Garbo*); „Becky Sharp" (nordam. Farbfilm von *Rouben Mamoulian*); „David Copperfield" (nordam. Film v. *David Selznick*); „Meuterei auf d. Bounty" (nordam. Film v. *F. Lloyd* mit *Ch. Laughton, C. Gable*); „Louis Pasteur" (nordam. Film von *William Dieterle*)

„Ein Sommernachtstraum" (Film v. *M. Reinhardt* i. USA)

„Toni" (frz. Film v *J. Renoir*)

„Die Bauern" (russ. Film v. *Ermler*)

R. Vaughan Williams: 4. Symphonie F-dur (gilt als Beginn einer engl. symph. Schule)

Laban kommt nach England (macht dort während des Krieges Bewegungsstud. zwecks Erleichterung der industriellen Arbeit)

„Hammond-Orgel" mit rein elektrischer Tonerzeugung wird i. USA entwickelt

Modetanz Rumba

„Der Große Brockhaus, Handbuch des Wissens" (21 Bände seit 1928)

1. Parkuhren i. Oklahoma (USA)

Spielzeugeisenbahn kleiner. Spur

Boulder-Talsperre (USA): 223 m hoch, 37850 cbm Inhalt

Wendell Meredith Stanley (* 1904): Das rapid vermehrungsfähige Virus der Tabakmosaikkrankheit ist ein kristallisierbarer Molekülkomplex (die zunehmende Strukturanalyse solcher Viren liefert wesentliche Einsichten in die Lebensvorgänge)

M. Steenbeck: Elektronenschleuder (Betatron, von *D. W. Kerst* 1941 entscheidend verbessert)

F. Trendelenburg, E. Freystedt: Elektroakustisch. Klanganalyse (für Sprach- und Instrumentenforsch.)

† *Hugo de Vries*, niederl. Botaniker u. Genetiker (* 1848)

Williams und *Windaus*: Aufklärung des chem. Aufbaus von Vitamin B_1 (Aneurin; Synthese v. *Grewe* 1936)

H. Yukawa sagt das Meson (schweres Elektron) voraus (in der Höhenstrahlung 1937 gefunden)

~ Die Hypophyse (Hirnanhang) m. ihren zahlreichen Hormonen (bis 1944 28 beschrieben) wird immer mehr als ein steuerndes Zentrum der hormonalen Aktivität erkannt

Seit 1890 1,25 Mill. USA-Patente (USA-Patente doppelt so zahlreich wie in Großbrit. oder Frankr.; viermal so zahlreich wie i. Deutschland)

„Normandie" (frz. turboelektr. Ozeandampfer mit 67500 t Wasserverdrängung, 170000 PS, 55 km/st.)

Dampflokomotiven mit Stromlinienverkleidung erreichen 183 Stundenkilometer

Regelm. Fernsehprogr. in Berlin

Erste öffentl. Fernsehstelle in Berlin

Erste Ganzmetall-Rundfunkröhre in den USA (1936 auch in Deutschl.)

Magnetophonband-Verfahren zur Tonaufzeichnung (Prinzip 1900)

16-mm-Farbfilm „Kodachrom" (Handhabung wie gewöhnlicher Film ohne Umkehrverfahren)

Die Bedeutung der Stratosphäre für das Wetter wird stärker erkannt, führt zu regelmäßigen Höhenaufstiegen

Hamburger Seewarte veröffentlicht regelmäßig Höhenwetterkarten

Erste Linie der Moskauer U-Bahn (bes. repräsentativ gebaut)

Arbeitsdienstgesetz, Luftschutzgesetz, Naturschutzgesetz in Deutschland

Arbeitsbuch in Deutschland gesetzlich eingeführt

Plan staatl. Arbeitsbeschaff. in USA neues Sozialprogramm mit Einführung v. Altersrenten

Kanadische Sozialgesetzgebung (1936/37 v. Obersten Gerichtshof u. v. Londoner Kabinettsrat für ungesetzlich erklärt)

Hermann Göring „Reichsjägermeister"

Max Euwe (Niederlande) erringt von *Alexander Aljechin* Schachweltmeistertitel

Tazio Nuvolari (* 1893, † 1953) siegt auf d. Nürburgring vor v. *Brauchitsch, Caracciola* u. *Stuck*

Atlantikrennen (Hochseeregatta)

Internat. Bridgeregeln (fördern Verbreitung dieses Kartenspiels)

Längere Haare in der weibl. Haarmode („Rolle")

Erstes Skiflugspringen auf der Riesenschanze in Planica/Jugoslawien (Theorie von *Straumann* 1927)

1936	Friedens*nobel*preis an *C. Saavedra Lamas* (Argentinien) Dt.-schweiz. Spannungen wegen Ermordung des Landesgruppenleiters der NSDAP, *Wilhelm Gustloff*, in der Schweiz Einmarsch dt. Truppen in die entmilitarisierte Zone des Rheinlandes (nur schwache Proteste des Auslandes) Abstimmung über Remilitarisierung des Rheinlandes ergibt angeblich 99% Ja-Stimmen Zweijährige Dienstpflicht in Deutschland Vierjahresplan unter *Göring* (dient der intensiven Aufrüstung) Antikominternpakt zw. Deutschland und Japan (1937 auch mit Italien, 1939 Ungarn, Mandschukuo, Spanien) Reichsbankpräsident *Schacht* besucht den Schah von Iran Verein für Sozialpolitik aufgelöst (gegründet 1872, vertrat „Kathedersozialismus", veröffentlichte 187 Bände) *Korfes:* „Grundsätze der Wehrwirtschaftslehre" Allgemeine Wehrpflicht in Österreich Stärkung des Nationalsozialismus in Österreich durch dt.-österr. Abkommen; Auflösung der Heimwehr † *Marianne Hainisch*, führend in der österr. Frauenbewegung, Mutter d. ersten Bundespräsidenten (*1839) † *Georg V.*, König von Großbritannien seit 1910 (* 1865) *Eduard VIII.* (*1894, † 1972) König von Großbritannien; dankt ab und heiratet als Herzog *von Windsor* Mrs. *Simpson* *Georg VI.* (Bruder *Eduards VIII.*) König v. Großbritannien b. 1952 (†) Brit.-irischer Handelsvertrag beendet Zollkrieg (seit 1932) Auf der Londoner Seeabrüstungskonferenz beschränken Großbritannien, Frankreich und USA ihre Seerüstungen (1938 aufgehoben). Japan verläßt die Konferenz wegen Verweigerung der Gleichberechtigung	Literatur-*Nobel*preis an *E. G. O'Neill* (USA) *Bernanos:* „Tagebuch eines Landpfarrers" (frz. Roman) *Friedrich Bischoff* (*1896): „Die goldenen Schlösser" (Roman) *Carossa:* „Geheimnisse d. reifen Lebens" (Erz.) † *Gilbert Chesterton*, engl. Dichter (*1874) *Benedetto Croce:* „Die Poesie" (ital. Kritik u. Gesch. d. Literatur) † *Grazia Deledda*, ital. Dichterin; *Nobel*preis 1926 (*1875) *Wilhelm Ehmer:* „Um den Gipfel der Welt" (Roman der engl. Himalaja-Expedition) *Faulkner:* „Absalom, Absalom!" (nordamerik. Roman) *Feuchtwanger:* „Der falsche Nero" (Roman) *Cecil Scott Forester:* „Der General" (engl. Roman) *F. Garcia Lorca:* „Bernarda Albas Haus" (span. gesellschaftskritische Frauentragödie) † *Federico Garcia Lorca* (v. d. Faschist. erschn.), span. Bühnendichter (* 1899) *Gide:* „Geneviève" (Abschluß einer frz. Romantrilogie, vgl. 1929) † *Maxim Gorki* (eigentlich *Peschkow*), russ. sozialist. Dichter (*1868) *Graham Greene* (*1904): „Eine Waffe zu verkaufen" (engl. Roman) *Hamsun:* „Der Ring schließt sich" (norweg. Roman) *G. Hauptmann:* „Im Wirbel der Berufung" (Roman) *Hedin:* „Die Seidenstraße" (schwed. Reisebericht) *Ödön von Horváth:* „Jugend ohne Gott" (österr. Roman)	*E. Stuart Bates:* „Inside out" (engl., Probleme der Autobiographie) *E. Fromm:* „Autorität und Familie" (tiefenpsycholog. Soziologie) *Jaspers:* „Nietzsche" *C. G. Jung:* „Wotan" (als „Archetyp" d. Nationalsozialism.; Schweiz. Psychoanalyse) *F. Kaufmann:* „Methodenlehre der Sozialwissenschaft" (wissenschaftstheoret. Analyse) *Hermann von Keyserling:* „Das Buch vom persönlichen Leben" *L. Klages:* „Grundlegung der Wissenschaft vom Ausdruck" (Umarbeit. ein. Werk. v. 1913) *Mathilde Ludendorff:* „Der Seele Wirken und Gestalten" (antihumanistische Glaubenslehre) *M. Maeterlinck:* „Die Sanduhr" (belg. Philos.) *Fr. Meinecke:* „Die Entstehung d. Historismus" *Müller-Freienfels:* „Psychologie d. Wissensch." † *Heinrich Rickert*, dt. Philosoph; Neukantianer (* 1863) *Sombart:* „Soziologie" † *Oswald Spengler*, dt. Kulturphilosoph (*1880) † *Carl Stumpf*, dt. Philos. u. Psychol. (* 1848) *H. Teske:* „Vormilitärische Schulerziehung" † *Miguel de Unamuno*, span. Philosoph und Dichter (* 1864) *Vierkandt:* „Familie, Volk, Staat" (Soziologie) Päpstl. Enzyklika über die Lichtspiele KPdSU (B) gegen „Reformpädagogik" (strebt auf Disziplin beruhende „Sowjetpädagogik" an)

Beckmann: „Waldweg im Schwarzwald", „Selbstbildnis mit Glaskugel" (express. Gemälde)

Edw. Bowden (*1903): „Februar 2 Uhr nachmittags" (engl. Gemälde)

Burra: „Harlem", „Todeskampf i. Garten" (Gethsemane, engl. expression. Gemälde)

Lyonel Feininger kehrt aus Deutschland in seine Geburtsstadt New York zurück

Werner March: Olympia-Stadion Berlin (Baubeginn 1934)

G. Marcks: „Reiter" (Bronzeplastik)

Pechstein: „Welliges Land" (express. Gemälde)

J. Piper: „Abstrakte Malerei" (engl. Gemälde)

† *Hans Poelzig*, dt. Baumeister (* 1869)

P. L. Troost: „Haus der deutschen Kunst" in München (neoklassizistischer Stil)

E. R. Weiss: Gotische Schrift (Drucktypen)

F. L. Wright: Haus „Fallendes Wasser" (nordamerik. Wohnhaus in konstruktiv. Formen über einem Wasserfall) und Verwaltungsgebäude in Wisconsin (Ziegelwände mit horizontalen Glasröhren für Tages- und künstl. Licht, nordamerik. Bauwerk)

Hieronymus - Bosch - Ausstellung in Rotterdam (vereinigt erstmalig alle Hauptwerke)

M. Tobey (* 1890, † 1976): „Broadway" (US-Gem., das als Vorläufer f. *Pollock* gilt)

Egk: „Olympische Festmusik"

Ottmar Gerster (* 1897): „Enoch Arden" (Oper)

Paul von Klenau: „Rembrandt van Rijn" (dänisch-deutsche Oper mit Text von *Klenau*)

Musikalisches Manifest der französ. Komponistengruppe „Jeune France": *Olivier Messiaen* (* 1908), *Yves Baudrier* (* 1906), *André Jolivet* (* 1905), *Daniel Lesur* (* 1908); richtet sich gegen Neoklassizismus

† *Ottorino Respighi*, ital. Komponist (* 1879)

H. Reutter: „Dr. Johannes Faust" (Oper)

A. Schönberg: Violinkonzert (Zwölftonstil)

Schostakowitsch: 4. Symphonie (russ. Komposition)

Norbert Schulze (* 1911): „Schwarzer Peter" (Oper)

Strawinsky: Autobiographie (russ.)

Wolf-Ferrari: „Il Campiello" (Oper)

„Die Volksmusik" (nationalsozialist. Musikzeitschrift)

Physik-*Nobel*preis an *C. D. Anderson* (USA) für Entdeckung des Positrons und *V. F. Hess* (Österr.) für Erforschg. der Höhenstrahlung

Chemie-*Nobel*preis an *Petrus Debye* (Niederl., * 1884, † 1966) für Erforschung des Molekülaufbaues

Medizin-*Nobel*preis an *H. H. Dale* (Großbrit.) und *O. Loewi* (Dt.) für Chemismus der Nervenleitung

T. Casparsson: Mikroskopische Ultraviolettanalyse v. Zellen (weist Nukleinsäuren im Kern nach)

Philipp Fauth: „Unser Mond" (Ergebnisse umfassender und sorgfältiger Beobachtungen)

G. Gentzen beweist die Widerspruchsfreiheit der reinen Zahlentheorie

Heinroth und *Koch:* „Gefiederte Meistersänger, das tönende Lehr- und Hilfsbuch" (mit Schallplatten)

Karl G. Hohmann (* 1880, † 1970): „Orthopädische Technik" (grundl. Werk)

Erich Marcks: „Der Aufstieg des Reiches. Deutsche Geschichte von 1807 bis 1871/78" (2 Bände)

Meduna: Cardiazol-Schock gegen manisch-depressives Irresein

† *Charles Nicolle*, frz. Mediziner; *Nobel*preis 1928 (* 1866)

† *Iwan Pawlow*, russ. Physiologe; *Nobel*preis 1904 (* 1849)

R. Rompe und *W. Thouret:* Quecksilber-Höchstdrucklampen (Lichtquellen höchster Leuchtdichte)

H. Spemann: „Experimentelle Beiträge zu einer Theorie der Entwicklung" (Zusammenfassung der Arbeiten seiner Schule durch Überpflanzung von Keimgewebe, um die Embryonalentwicklung zu verfolgen)

O. Voegeli: „Unsere Zähne in Gefahr" (Gefahren der verbreiteten Zahnkrankheiten)

E. Voigt: Lackfilmmethode zur Präparierung paläontologischer Funde

C. F. v. Weizsäcker: Energieerzeugung in den Sternen erfolgt durch Kernreaktionen bei hohen Temperaturen (Millionen Grad)

Konrad Zuse entwickelt Großrechenmaschine mit 2200 elektrischen Relais (bis 1941)

Gustav Cassel: „Der Zusammenbruch der Goldwährg." (schwed.)

J. M. Keynes: „Allgemeine Theorie d. Beschäftigung, des Zins. u. d. Geldes" (brit. Wirtschaftstheorie, fordert Staatseingriffe)

Alb. Vögler (* 1877) Vorsitzender des Vorstands d. Vereinigt. Stahlwerke AG bis 1935

Preisstopp in Dt.

Planmäßige Versuchsflüge der Dt. Lufthansa über dem Nordatlantik

Erste Flugzeugfabrik in Australien

Oberleitungs-Omnibus-Netz entsteht in Moskau

Gesetz gegen Schwangerschaftsunterbrechung in der USSR

Reichsführer SS *Himmler* gründet „Lebensborn" zur Aufzucht unehelicher SS-Kinder

Olymp. Spiele Berlin: Meiste Med. an Dtl. Zehnkampf-Weltrek. m. 7900 Punkten v. *Morris* (USA). Olympiarekord im Marathonlauf mit 2:29:19,2 v. *Son* (Japan). *Jesse Owens* 100-m-Weltrek. i. 10,2 Sek.

Bernd Rosemeyer († 1938 durch Unglücksfall) gewinnt 9. Großen Preis v. Deutschland auf dem Nürburgring

M. Schmeling schl. *Joe Louis* k.o.

(1936)

Londoner Protokoll über Regeln des U-Boot-Krieges

Bündnis Großbrit.-Ägypten, wodurch Ägypten weitgehend unabhängig wird

Faruk (* 1920, † 1965) König von Ägypten (1952 v. Gen. *Nagib* gestürzt; 1953 Äg. Republ.)

Beschränktes Wahlrecht für die Farbigen in Südafrika und beratender Eingeborenenrat

Lord *Linlithgow* (* 1887, † 1952) Vizekönig von Indien bis 1943

Australisch-japan. Handelsabkommen

KP Frankreichs kann ihre Sitze im Parlament von 10 auf 72 erhöhen

Léon Blum (Sozialist) frz. Ministerpräsident, Volksfront-Regierung, bildet Gesetze über 40-Stunden-Woche, Verstaatlichung der Bank von Frankreich und der Munitionsindustrie

Edouard Herriot frz. radikal-sozialer Kammerpräsident bis 1940

Frz.-syrischer Vertrag über Umwandlung d. Mandats in ein Bündnis

Frankreich tritt den Sandschak von Alexandrette (Syrien) a. d. Türkei ab

André Gide: „Zurück aus der USSR" (enttäuschter Reisebericht über die Sowjetunion)

Belgien kündigt Militärbündnis mit Frankreich

Mussolini verkündet ital. Imperium

Nach der Eroberung Abessiniens durch Italien nimmt König *Viktor Emanuel* den Titel „Kaiser von Äthiopien" an; Vizekönig Marschall *Rodolfo Graziani* (* 1882)

Dt.-ital. Vertrag; *Mussolini* spricht von der „Achse Berlin-Rom"

Galeazzo Ciano ital. Außenminister bis 1943

Volksfrontsieg in Spanien. *Manuel Azana* Präsident. Kataloniens Autonomie wiederhergestellt

Militärrevolte in Spanisch-Marokko unter General *Francisco Franco* (* 1892) leitet span. Bürgerkrieg ein. Italien und Deutschland unterstützen militär. faschistische Gegenregierung in Burgos, USSR Volksfront-Regierung in Madrid (später Valencia). Demokratische Staaten bleiben weitgehend neutral („Nichteinmischung"; 1939 Sieg *Francos*)

Tschechoslow.-österr. Annäherung

Daranyi ungar. Ministerpräsident bis 1938, treibt antinationalsozialistische Politik

Rumän. Außenminister *Titulescu* (seit 1932) entlassen; Nachfolger *Tatarescu*

Republikanischer Aufstand in Griechenland. Auflösung des Parlaments. Diktatorische Regierung unter General *Metaxas* bis 1941 (†)

† *Eleutherios Venizelos*, griech. Republ.; Ministerpräsident von 1910 bis 1915, 1917 bis 1920, 1928 bis 1932, 1933 (* 1864)

Vertrag von Montreux zw. Türkei und Großmächten gibt der Türkei Wehrhoheit im Dardanellengebiet (Durchfahrtverbot f. Kriegsschiffe kriegführender Mächte; freie Durchfahrt für Handelsschiffe)

„Stalinsche Verfassung" tritt in der USSR in Kraft mit dem Anspruch, eine „Demokratie höheren Typs" zu begründen (praktisch bleibt die Diktatur einer Schicht führender Funktionäre erhalten)

Trotzki erhält Aufenthaltserlaubnis in Mexiko

Afghanistan schließt Nichtangriffsverträge mit USSR, Türkei, Iran und Irak

Roosevelts „Quarantänerede" gegen Japan

Trotz starken Widerstandes konservativer Kreise wird *Roosevelt* mit großer Mehrheit als US-Präsident wiedergewählt

Interamerikanische Friedenskonferenz in Buenos Aires

Guatemala verläßt den Völkerbund

Eguiguren (Sozialist) Präsid. v. Peru

Gefangennahme *Tschiang Kai-scheks* in Sian, um ihn zu einer stärkeren Politik gegen Japan zu zwingen. Annäherung der Nanking-Regierung an die kommunist. Regierung in Nordwestchina (Ye-nan)

Militärrevolte in Tokio. Ermordung mehrerer Minister; Versuch der Militärdiktatur mißglückt

Ernst Jünger: „Afrikanische Spiele" (Roman)

† *Rudyard Kipling,* engl. Dichter; *Nobel*preis 1907 (* 1865)

Knittel: „El Hakim" (Roman)

Th. Mann: „Leiden und Größe d. Meister" (Aufsätze). *Th. M.* wird ausgebürgert; geht n. USA

Margaret Mitchell (* 1900, † 1949): „Vom Winde verweht"(nordam.Rom.

Thyde Monnier (* 1887, † 1967): „Die kurze Straße" (frz. Roman)

Muschler: „Nofretete" (Roman)

Eckart von Naso (* 1888): „Moltke. Mensch und Feldherr" (Roman)

† *Luigi Pirandello,* ital. Dichter; *Nobel*preis 1934 (* 1867)

C. Sandburg: „The people, yes" (nordamerikanische Gedichte)

Karl Aloys Schenzinger (* 1886): „Anilin" (technischer Roman über die chemische Industrie)

Anton Schnack (* 1892): „Die Flaschenpost" (Gedichte), „Zugvögel der Liebe" (Roman)

Silone: „Brot und Wein" (ital. Roman)

Sinclair: „Co-op" (nordamerik. sozialist. Rom.)

Stehr: „Das Stundenglas" (Tagebuch)

Thieß: „Tsushima" (Roman einer Seeschlacht)

Timmermans: „Bauernpsalm" (fläm. Roman)

Wiechert: „Wälder und Menschen" (Erinner.)

Th. Wolfe: „Vom Tod zum Morgen" (nordamerikanischer Roman)

Waldbühne (*Dietrich-Eckart*-Bühne), Berlin

„Dt. Künstlerbund" verboten (wird 1950 neu gegründet)

NS-Bildersturm verbannt modern. Kunst (vgl. 1937)

„Der Kaiser von Kalifornien" (*Trenker*-Film)

„Das Schönheitsfleckchen" (erster dt. Farbspielfilm, Schmalfilm)

„Traumulus" (Film mit *E. Jannings, Harald Paulsen, Ernst Waldow;* Regie: *C. Froelich)*

„Allotria", „Burgtheater" (Filme von *W. Forst)*

„Broadway-Melody" (USA - Revuefilm, wird Vorbild für diese Gattung)

„Moderne Zeiten" (nordam. Film von u. mit *Ch. Chaplin*); „Der Roman d. Marguerite Gauthier" (nordam. Film von *Cukor);* „Furie" (nordam. Film von *F. Lang);* „San Francisco" (nordamerik. Film von *W. S. van Dyke* mit *C. Gable, J. Mac Donald, Spencer Tracy,* * 1900, † 1967)

„Der Roman eines Schwindlers" (frz. Film von und mit *Sacha Guitry)*

„Die Matrosen von Kronstadt" (russ. Film von *Dzigan)*

„Gespenst zu verkaufen" (engl. Film von *R. Clair);* „Sabotage" (engl. Film von *Alfred Hitchcock,* * 1899)

„Intermezzo" (schwed. Film von *Molander* mit *Ingrid Bergman)*

Weitere wichtige Schädelfunde bei Sterkfontein (Transvaal): Schimpansoide Formen, menschliches Gebiß (Australopithecus africanus)

Katalog der Hamburger Sternwarte mit Eigenbewegungen für etwa 95 000 Sterne

Ein Jahrgang der „Physikalischen Berichte" referiert über etwa 12 500 Veröffentlichungen auf dem Gebiete der Physik und Grenzgebieten (Beispiel für den Umfang wissenschaftlicher Forschung)

Künstliche Darstellung des Anti-Beriberi-Vitamins B_1

„Queen Mary" (brit. Turbinen-Ozeandampfer, mit 66 000 t Wasserverdräng., 180 000 PS, 53 km/st., 297 m lang, 36 m breit) gewinnt das „Blaue Band" mit Ozeanüberquerung in 3 Tagen, 23 Stund., 57 Minuten

Junkers Flugzeug*diesel*motor Jumo 205 (600/750 PS, 1 kg/PS, Treibstoffverbrauch 165 g/PS-Stunde)

Dt. Akademie der Luftfahrtforschung (zur wissenschaftl. Förderung der dt. Luftrüstung)

BBC eröffnet offiziellen Fernsehdienst (Versuche seit 1932)

Vorführung plastisch-wirkender Probefilme unter Verwendung von Polarisationsbrillen in Dresden

Künstlicher Kautschuk der I. G. Farben („Buna", Entwicklung seit 1925, teilweise Naturgummi überlegen)

Künstlicher Maschsee bei Hannover (80 ha)

Rheinbrücke bei Krefeld (860 m)

Institut zur Erforschung der Supernova-Sterne auf dem Palomar Mountain (USA)

Fernsehübertragung von den Olympischen Spielen Berlin

Karl Foerster (* 1874, † 1970): „Der Steingarten"

1937

Friedens*nobel*preis an *Cecil of Chelwood* (Großbrit.)
C. J. Burckhardt Völkerbundskommissar in Danzig (bis 1939)
Dt. Kriegsschiffe beschießen Almeria (Span.) n. Bombard. d. Flieger der Republik Spanien. Demokraten u. Kommunist. aller Länder kämpfen in der Internationalen Brigade geg. den span., ital. u. dt. Faschismus
Staatsbesuch *Mussolinis* in Deutschland (1938 von *Hitler* erwidert)
Lord *Halifax* besucht *Hitler* zur Aussprache über dt.-brit. Politik
Schacht als Reichswirtschaftsminister entlassen (bleibt zunächst Reichsbankpräsident); Nachfolger *Göring* (1938 *Walter Funk*, * 1890, 1946 zu Freiheitsstrafe verurteilt)
† *Erich Ludendorff*, dt. General und rechtsradikaler Politiker (* 1865)
Th. Heuß: „Friedrich Naumann"
Habsburger Restaurationsbestrebungen in Österreich. *Mussolini* lehnt *Schuschnigg* Hilfe gegen Nationalsozialismus ab
Brit.-ital. Abkommen über Status quo im Mittelmeer
Baldwin tritt zurück; *Neville Chamberlain* brit. Ministerpräsid. bis 1940
† *Austen Chamberlain*, brit. Staatsmann; Friedens*nobel*preis mit *Dawes* 1925 (* 1863)
† *James Ramsey MacDonald*, brit. Ministerpräsident 1924 und von 1929 bis 1935 (* 1866)
Verfassung für Irland (bisher Irischer Freistaat)
†*Tomáš Masaryk*, tschech. Philosoph u. Soziologe; tschechoslow. Staatspräsident von 1918 bis 1935 (* 1850)
Abschaffung der europäischen Kapitulationen in Ägypten. Ägypten Mitglied des Völkerbundes
Peel-Report (Teilung Palästinas zw. Juden und Arabern) wird abgelehnt 389000 Juden in Palästina (1919: 60000), Araber etwa 891000
Streiks und Widerstand in Indien gegen neue Verfassung, die Burma von Indien trennt
Australien ernennt Botschaftsrat in Washington als erste eigene diplomatische Vertretung
Chautemps (Radikalsozialist) bildet neue frz. Volksfrontregierung

Literatur-*Nobel*preis an *Roger Martin du Gard* (Frankr., * 1881)
Gertrud Bäumer: „Adelheid. Mutter d. Königreiche" (histor. Roman)
Benrath: „Die Kaiserin Galla Placidia" (histor. Roman)
Bengt Berg: „Verlorenes Paradies" (schwed. Tierschilderung)
A. J. Cronin: „Die Zitadelle" (engl. sozialer Roman)
Catherine Drinker Bowen: „Geliebte Freundin" (nordamerikan. *Tschaikowskij*-Biographie)
Ferd. Bruckner: „Napoleon" (Schauspiel)
Edschmid: „Italien" (literar. Reisebericht) und „Der Liebesengel" (Roman)
Fallada: „Wolf unter Wölfen" (realist. Roman)
Giraudoux: „Elektra" (frz. Schauspiel)
Olav Gullvaag (* 1885, † 1961): „Es begann in einer Mitsommernacht" (norweg. Roman)
G. Hauptmann: „Das Abenteuer meiner Jugend" (Autobiographie, 2 Bände); „Finsternisse" (Requiem f. s. jüd. Freund *Max Pinkus*, † 1934)
Hemingway: „Haben u. Nichthaben" (nordamerikanischer Roman)
Jochen Klepper (* 1903, † 1942 Freitod): „Der Vater." Der Roman des Soldatenkönigs
E. Ludwig: „Franklin D. Roosevelt" (Biogr.)

† *Alfred Adler*, österr. Arzt und Begründer der „Individualpsychologie" (* 1870)
E. Cassirer: „Determinismus und Indeterminismus in der Physik. Historische und systematische Studien zum Kausalproblem" (Neukantianismus)
† *Adolf Deißmann*, evang. Theologe; erforschte Urchristentum (* 1866)
A. Görland: „Ästhetik. Kritische Philosophie des Stils"
Max Hartmann: „Philosophie der Naturwissenschaften" (an *Kant* und Biologie orientiert, kritisch gegenüber „Ganzheit")
Max Hartmann und *W. Gerlach:* „Naturwissenschaftliche Erkenntnis und ihre Methoden" (naturphilosophische Erkenntnistheorie eines Biologen und eines Physikers)
K. Horney: „Die neurotische Persönlichkeit unserer Zeit" (nordamerikan. Psychoanalyse)
Ricarda Huch: „Zeitalter der Glaubensspaltung" (historisches Werk)
Jaspers: „Descartes und die Philosophie" (*J*'s Werke werden in Deutschland verboten)
Samuel S. Leibowitz (* 1893) erreicht Niederschlagung der Notzuchtanklage gegen 5 der 9 jungen Neger in Alabama USA. (Die übrigen 4 werden nach und nach freigelassen. Alle waren seit 1931 wiederholt zum Tode verurteilt worden)

Beckmann: „Geburt", „Tod", „Hölle der Vögel" (express. Gemälde)
Burra: „Landschaft mit Rädern" (engl. express. Gemälde)
Raoul Dufy (* 1877, † 1953) „Gesch. der Elektrizität" (frz. monum. Wandbild)
Heckel: „Phlox" (express. Aquarell)
Klee: „Revolution d. Viaduktes" (surrealist. Gemälde)
Kollwitz: „Selbstbildnis" (Radierung)
G. Marcks: „Grasende Stute" (Bronzeplastik)
Joan Miro: „Stilleben mit altem Schuh" (span. Gemälde)
Nash: „Traumlandschaft" (engl. surrealist. Gemälde)
Victor Pasmore (* 1908): „Pariser Leben" (engl. Gem.)
Picasso: „Guernica" (span.-frz. Gemälde aus Anlaß der Bombardierung dieser span. Stadt durch die Faschisten)
O. Schlemmer: „Waldbilder" (abstrakte Bildserie)
David Alfaro Siqueiros: „Geburtsschrei einer neuen Zeit" (mexik. expr. Gem.)
Albert Speer (* 1905) Generalbauinspektor für Berlin
J. Thorak, Prof. an der Akademie für bildende Künste in München (repräsentativ-monumentaler Stil)
Josef Wackerle: Neptunsbrunnen (alter Botanischer Garten,

Benj. Britten (* 1913): Variationen f. Streichorchester üb. ein Thema v. *F. Bridge*
Alfredo Casella: „Il deserto tentato" (ital. Oper)
† *George Gershwin,* nordamerik. Komponist symphonischer Jazzmusik (* 1898)
Hindemith: „Unterweisung im Tonsatz" (Prinzipien einer erweiterten Tonalität)
Jos. Haas (* 1879): „Tobias Wunderlich" (Oper)
† *Errki Melartin,* finn. Komponist; schrieb 6 Symphonien und andere Werke (* 1875)
Gian-Carlo Menotti (* 1911): „Amelia geht zum Ball" (nordamerik. musikal. Lustspiel)
Carl Orff (* 1895): „Carmina Burana" (szenische Kantate nach mittelalterl. lat. Gedichten)
† *Maurice Ravel* (nach einer Hirnoperation), frz. impressionist. Komponist (* 1875)
† *Albert Roussel,* frz. Komponist; schrieb 4 Symphonien, Konzerte u.a. (* 1869)
Schoeck: „Massimilka Doni" (Schweiz. Oper n. *Balzac*)
Schostakowitsch: 5. Symphonie (russ. Komp.)
Swingstil im Modetanz

Physik-*Nobel*preis an *C. J. Davisson* (USA, *1881, † 1958) und *G. P. Thomson* (Gr.-Brit., *1892,) für experimentellen Nachweis der Elektronenwellen
Chemie-*Nobel*preis an *W. Haworth* (Gr.-Brit., *1883, † 1950) und *P. Karrer* (Schweiz, *1889, † 1971) f. Strukturaufklärung a. Vitaminen
Medizin-*Nobel*preis an *A. v. Szent-Györgyi* (Ungarn) für Ferment-Vitaminforschung
C. D. Anderson entdeckt das my-Meson („schweres Elektron") in d. Höhenstrahlung (1935 von *Yukawa* vorausgesagt)
A. Bernatzik erforscht das Mongoloid-Volk Phi tong luang im nördl. Siam, eines der primitivsten noch lebenden mit Horden-Bambus-Kultur; aussterbend
M. Blau und *H. Wambacher:* Einführ. d. photograph. Platte in die Erforsch. d. kosmisch. Höhenstrahlung
A. L. Hodgkin weist elektr. Grundvorgänge der Nervenleitung nach
Erich v. Holst: „Vom Wesen der Ordnung im Zentralnervensystem" (geordnete Bewegung von Fischflossen durch rhythmische, vom Nervenzentrum gesteuerte Impulse)
von Königswald findet auf Java früheiszeitlichen Affenmenschenschädel (Pithecanthropus) mit 800 ccm Schädelinhalt (weitere Funde bis 1941)
Walter Lorch: Nachweis von vorgeschichtlichen Siedlungen durch Bestimmung des Phosphatgehaltes im Boden
Konrad Lorenz (* 1905): „Über den Begriff der Instinkthandlung" (Verschärfung des Begriffes zum „erbkonstanten, auslösbaren, relativ fixierten Bewegungsablauf")
O. Loewi: „Die chemische Übertragung der Nervenwirkung" (Nerven reizen stofflich. Muskeln)
T. D. Lyssenko: Pflanzen lassen sich erblich in gewünschter Richtung beeinflussen. (Diese „Sowjetbiologie" wird unter scharfen Angriffen auf die Genetik in den USA mit politischen Mitteln in der USSR durchgesetzt)

Weltausstellung in Paris
† *John Davison Rockefeller,* nordamerikan. Unternehmer, „Petroleumkönig"; Höhepunkt seines Vermögens etwa 6 Mrd. Mark bei 300 Mill. Jahreseinkommen (* 1839)
Arbeitslosenversicherung (nicht allgemein) und Sozialversich. in USA
Dt. Beamtengesetz
Aktiengesetz in Deutschland
Ausstellung „700 Jahre Berlin"
Reichswerke „Hermann Göring" (Industriekonzern, bes. b. Salzgitter und Linz)
Schering AG (Chemie-Konzern)
Rüstungsbetriebe des frz. *Schneider-Creusot*-Konzerns verstaatlicht (gegr. 1836)
Dritter Fünfjahresplan in der USSR (durch den 2. Weltkrieg unterbrochen). Amtl. industrieller Produktionsindex:

1913 =	100,0
1920	13,8
1925	75,5
1927	123,7
1931	314,0
1934	468,0
1937	846,1
1940	1200,0
1950	2075,0

93% aller Bauernhöfe in Kollektivwirtschaften

			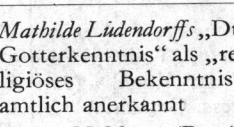
(1937)	Prinz *Bernhard von Lippe-Biesterfeld* heiratet Kronprinzessin *Juliana* der Niederlande	*John. P. Marquand:* „The late George Apley" (nordamerikan. Roman)	*Mathilde Ludendorffs* „Dt. Gotterkenntnis" als „religiöses Bekenntnis" amtlich anerkannt

Volksrat von Niederländisch-Ostindien verlangt Dominionstatus innerhalb von 10 Jahren

Austritt Italiens a. d. Völkerbund

Jugoslawien schließt Freundschaftsvertrag mit Bulgarien, Nichtangriffspakt mit Italien

Salazar betont die tradit. Freundschaft Portugals mit Großbritannien

Kallio (Agrarpartei) Präsident von Finnland bis 1940; sozialist.-agrarische Koalitionsregierung

Höhepunkt der *stalin*istischen Säuberung der KPSU: Ausschaltung und Liquidierung zahlreicher Kommunisten und Sozialisten

Hinrichtung des sowjetruss. Marschalls *Tuchatschewski* und anderer höchster Offiziere der USSR

† *Grigory Ordschonikidse* (Selbstmord?), seit 1930 Vorsitzender des Obersten Volkswirtschaftsrats der USSR (*1886)

Ostpakt zwischen Türkei, Iran, Irak und Afghanistan

Blutige Streikunruhen in USA

† *Frank Kellogg*, nordamer. Staatsm., Friedens*nobel*preis 1929 (* 1856)

Kommunist.-sozialist. Wahlsieg in Venezuela; radikale sozialist. Bewegung wird unterdrückt

Getulio Vargas erläßt neue brasilian. Verfassung auf korporativ-totalitärer Grundlage

Japan. Truppen aus Peking stoßen bei einer Nachtübung an der *Marco-Polo*-Brücke mit chin. Truppen zusammen. Beginn des japan.-chin. Krieges (mündet 1941 in den 2. Weltkrieg ein). Japaner erobern Peking, Tientsin, Shanghai, Nanking und dringen südlich bis Tsinan vor

Japan. Blockade der chin. Küste

Innere Mongolei unter japan. Einfl.

Nichtangriffspakt zw. China u. USSR

Tschiang Kai-schek verlegt nationalchin. Regierungssitz von Nanking nach Tschunking

Fürst *Fumimaro Konoye* (* 1891) japan. Ministerpräsident bis 1939 (wieder ab 1940 bis 1945); treibt aggressive Kriegspolitik

Gerhart Pohl (* 1902, † 1966): „Der verrückte Ferdinand" (Roman)

Friedrich Reck-Malleczewen (* 1884, † 1945 im KZ): „Bockelson" (Roman eines Massenwahns)

Kenneth Lewis Roberts: „Nord-West-Passage" (englischer Roman)

A. Schaeffer: „Ruhland" (Roman)

Anna Seghers: „Die Rettung" (Roman)

Sinclair: „Der Autokönig" (nordamerikan. sozialist. Roman) und „Drei Freiwillige" (nordamerikan. sozialist. Roman aus dem span. Bürgerkrieg)

John Steinbeck (* 1902, † 1968): „Von Mäusen und Menschen" (nordamer. Drama)

Hermann Hirt (* 1865, † 1936): „Indogermanische Grammatik" (7 Bände seit 1921)

G. Gründgens Generalintendant der Preuß. Staatstheater in Berlin

† *Adele Sandrock*, dt. Schauspielerin (* 1864)

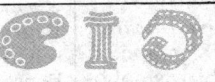

„Peter d. Gr." (russ. Film von *Petrow*)

„Die gute Erde" (nordam. Film v. *Sidney Franklin* mit *Luise Rainer* nach *Pearl S. Buck*); „Das Leben Zolas" (nordam. Film v. *W. Dieterle* mit *Paul Muni*

„Serenade" (österr. Film v. *W. Forst*)

Eugène N. Marais (Bure): „Die Seele der weißen Ameise" (1. Buchausgabe, engl.; Naturphilosophie über den Termitenstaat)

Otto Neurath: „Die Unterteilung der Einheitlichen Wissenschaft" (neopositivist. Wissenschaftssystematik)

Martin Niemöller (*1892), Pfarrer in Berlin-Dahlem, Mitglied des Bruderrats der Bekennenden Kirche, im KZ bis 1945 trotz gerichtlichen Freispruchs

Ortega y Gasset: „Stern und Unstern. Gedanken über Spaniens Landschaft und Geschichte" (span. Geschichtsphilosophie)

Institut und Zeitschrift für Parapsychologie in den USA (aus diesem Kreis *I. B. Rhine:* „Neuland der Seele", dt. 1938)

Spranger: „Probleme der Kulturphilosophie"

Leopold Ziegler: „Apollons letzte Epiphanie" (Religionsphilosophie)

„Revidierte Standard-Ausg. d. Bibel"; nordam. Übers. mit Textkritik v. 91 Gelehrten (1952 abgeschl.)

StGB der Schweiz sieht keine Todesstrafe vor

Angeblich 28 Mill. Schüler der Grund- und Mittelschulen u. 542000 Hochschul-Studenten in der USSR (1914: 8 Mill. bzw. 112000)

Neopositivist. „Wiener Kreis" wirkt i. USA fort (*Carnap, v. Mises, Reichenbach* u. and.)

München; 7 m hohe Monumentalplastik)
Großes Dessauer Theater (fertiggestellt 1949)
"Haus der Dt. Kunst", München (mit gleichgeschalteter Ausst.)
"Entartete Kunst" (nationalsozialist. Ausstellung z. Diffamierung der mod. Kunst; z. T. werden diese Bilder vom Staat im Ausland verkauft)

"Kampf um den Himalaja" (Expeditionsfilm)
"Der Tiger v. Eschnapur" und "Das indische Grabmal" werden in Indien gedreht (Filme mit *La Jana;* Regie: *Richard Eichberg*)
"Der Mann, d. Sherlock Holmes war" (Lustspielfilm mit *Hans Albers* u. *H. Rühmann;* Regie: *Karl Hartl*)
"Die Kreutzersonate" (Film nach *Tolstoi* mit *L. Dagover*, *P. Petersen;* Regie: *Veit Harlan*)
"Versprich mir nichts" (Film mit *Victor de Kowa, Luise Ullrich;* Regie: *Wolfgang Liebeneiner*)
"Der zerbrochene Krug" (Film n. *Kleist* mit *E. Jannings;* Regie: *Gustav Ucicky*)
"Elephanten-Boy" (engl. Film von *Flaherty* u. *Zoltan Korda*)
"Die Ballkarte" (frz. Film von *Julien Duvivier*, * 1896); "Die große Illusion" (frz. Film von *J. Renoir*)

† *Guglielmo Marconi*, ital. Physiker; erreichte erste drahtlose Verbindung über größere Entfernung; *Nobel*preis 1909 (* 1874)
G. Perrier und *E. Segré* entdecken Element 43, Technetium ("künstliches" Element, da durch Eigen-Radioaktivität "ausgestorben")
† *Ernest Rutherford*, engl. Physiker; *Nobel*preis 1908 (* 1871)
Franz Schnabel (* 1887, † 1966): "Dt. Geschichte im 19. Jahrh." (4 Bd. seit 1929)
P. P. Schirschow (Hydrobiologe), *E. Fedorow* (Geophysiker), *E. Krenkel* (Funker) beginnen ihre 274tägige Drift auf einer Eisscholle vom Nordpol bis Ostküste Grönlands (2000 km Driftweg; 1938 v. Eisbrechern aufgenommen)
R. Schottenloher erforscht Südabessinien (bis 1938)
N. W. Timoféeff-Ressovsky: "Experimentelle Mutationsforschung in der Vererbungslehre" (Biophysik)
V. Tschkalow fliegt von Moskau über den Nordpol nach Portland (USA) mit einmotorigem Flugzeug (10000 km i. 63 Stunden 25 Minuten)
H. Wilkins sucht *S. Lewanewski*, der auf dem Fluge Moskau—Pol—San Francisco verscholl, erforscht dabei große Teile d. Polargebietes
Ralph Wyckoff bestimmt die Größe des Tabakmosaikvirus: Eiweißriesenmolekül, etwa 50millionenfaches Gewicht des Wasserstoffatoms
Fernsehsender mit regelmäßigem Studio-Programm in Berlin (441 Zeilen mit 260000 Bildpunkten)
Stahlröhren f. Rundfunkempfänger
Vereinigung wissenschaftlicher Arbeiter in Großbritannien gegründet zur Überwachung der gesellschaftlichen Konsequenzen wissenschaftl. Forschung (1938 folgen die USA)
Festkörper-Tagung, Zürich (kennzeichnet die noch offenen Probleme des festen Aggregatzustandes)
Heilung der Geschlechtskrankheit Gonorrhöe durch Sulfonamide (aber auch Züchtung widerstandsfähiger Bakterienstämme durch Auslese)
"Zeitschrift für Tierpsychologie"
Hamburger Univ.-Klinik verw. Insulinschock i. d. Psychotherapie

Deutscher Fremdenverkehr: 27,2 Mill. Fremde mit 104,5 Mill. Übernachtungen, davon 2,4 Mill. Ausländer mit 6,7 Mill. Übernachtungen
Luftpoststrecke Berlin—Kabul (Afghanistan)
~Flugzeit.: Berlin–London 4 Std. 40 Min., New York–San Francisco 20 Std., Paris–Dakar 1,5 Tage, London–Kapstadt 6 Tage, Bangkok–Sydney 10,5 Tage
18,8 Mill. Flugkilometer, 323101 Fluggäste, 8721 t Luftfracht in Deutschland
Moskau-Moskwa-Kanal eröffnet
Verzehnfachung d. dt. Treiböleinfuhr seit 1925 kennzeichnet wachs. Bedeut. des *Diesel*motors
*Diesel*motoren wiegen pro Leistungseinheit etwa 30 kg PS (1910 etwa 150 kg/PS)
Luftschiff LZ 129 bei der Landung in Lakehurst durch Feuer zerstört, unter d. Toten Flugkapitän *Lehmann* (bedeutet das Ende der regelmäßigen Luftschiff-Personenbeförderung seit 1932)
16,6% aller Todesfälle in Deutschld. durch Krebs (z. T. infolge höheren mittleren Lebensalters und verbesserter Diagnose)

"Normandie" (Frankreich) gewinnt das "Blaue Band" mit 3 Tagen 23 Stunden 2 Min.
Erster Internationaler Rhönsegelflug-Wettbewerb
Segelflugrekorde: 652,3 km von *Rastorgoneff*; 40 Stunden, 55 Minuten von *Jachtmann*
Aljechin (*1892, † 1946) Schachweltmeister durch Sieg über *Euwe* bis 1946
Rudolf Caracciola fährt auf dem Nürburgring im 10. Großen Preis von Deutschland über 502 km Bahnrekord mit einem Durchschnitt von 133,2 km/st. (28-km-Rundenrek.; 1939 *Hermann Lang* mit 138,3 km/st.)
Rekord an 149547 Zuschauern beim Fußballspiel England-Schottland (jährlich seit 1872)
Joe Louis wird durch K.o.-Sieg über *Braddock* Boxweltmeister (gibt den Titel 1948 ungeschlagen ab)
Focke-Hubschrauber FW 61 (fliegt 1938 Entfernungsrekord v. 230 km)
Goldene-Tor-Brücke, San Francisco (Hängebrücke, 1280 m Stützweite)

1938

Friedens*nobel*preis an *Nansen*-Hilfskomitee (Schweiz)
Feierlicher Besuch *Hitlers* in Rom
Hitler gestaltet Staats- und Wehrmachtsführung für die nationalsozialistischen Ziele um: Kriegsminister *v. Blomberg* muß gehen; an Stelle *v. Fritschs* wird *v. Brauchitsch* Oberbefehlshaber d. Heeres b. 1941
Wilhelm Keitel (* 1882, † 1946, hingerichtet) Chef des Oberkommandos der Wehrmacht
Heinz Guderian (* 1889, † 1954): „Die Panzertruppe" (2. Aufl.); G. wird kommandierender General der Panzertruppen (1944 Chef des Generalstabes)
Joachim von Ribbentrop (* 1893, † 1946, hingerichtet) dt. Reichsaußenminister bis 1945
Hitler erklärt in einer Sportpalastrede die Abtretung des Sudetengeb. als letzte Revisionsforderung
Hitler veranlaßt Besuch *Schuschniggs* in Berchtesgaden; erzwingt Berufung *Seyß-Inquarts* zum österr. Innenminister
Unter dem Druck der nationalsozialist. Wehrmacht erfolgt der Anschluß Österreichs an Deutschland. Abstimmung ergibt starke Mehrheit für den Anschluß
Arthur Seyß-Inquart (* 1892, † 1946, hingerichtet) österr. Bundeskanzler, dann Reichsstatthalter bis 1939
Nichtangriffspakt Deutschland-Estland (1939 Deutschland-Lettland)
Generaloberst *Ludwig Beck* (* 1880, † 1944, Selbstmord) tritt als Chef des Generalstabes des Heeres zurück. Nachfolger General *Franz Halder* (* 1884)
Der brit. Ministerpräsident *Chamberlain* versucht durch persönliche Verhandlungen mit *Hitler* in Berchtesgaden und Godesberg den Frieden zu bewahren
USSR unterstützt tschechoslow. Politik gegen *Hitler*, ihr Eingreifen wird d. brit.-frz. Einlenken verh.
Im Münchener Abkommen stimmen Großbritannien, Frankreich und Italien der Abtrennung der Sudetengebiete von der Tschechoslowakei und ihrer Angliederung an Deutschland zu
Schwere Judenverfolgungen durch dt. NS-Regime („Kristallnacht")

Literatur-*Nobel*preis an *Pearl S. Buck* (USA)
† *Gabriele d' Annunzio*, ital. Dichter und Politiker; Freund der *Duse* (* 1863)
Bernanos: „Die großen Friedhöfe unter dem Mond" (franz. kathol. Dichtung)
† *Rudolf G. Binding*, dt. Dichter (* 1867)
Bert Brecht: „Furcht und Elend des Dritten Reiches" (Szenenfolge)
L. Bromfield: „Der große Regen" (nordamerikan. Roman)
† *Karel Čapek*, tschech. Journalist und Schriftsteller, bes. humoristische Feuilletons (* 1890)
Duun: „Der Mensch u. die Mächte" (norweg. Roman)
Dos Passos: „USA-Trilogie" (nordamerikan. Romanzyklus: „Der 42. Breitengrad" 1930, „Auf den Trümmern" 1932, „Das große Geschäft")
Werner Finck: „Das Kautschbrevier"
G. Greene: „Brighton Rock" (nordam. Rom.)
Sacha Guitry: „Die Straße der Liebe" (franz. humorist. Geschichte d. Champs Elysées)
Konr Haemmerling (* 1888, † 1957): „Der Mann, der Shakespeare hieß" (Roman)
Ric. Huch: „Frühling in der Schweiz. Jugenderinnerungen"
G. Kaiser: „Der Gärtner von Toulouse" (Schauspiel)
Kurt Kluge (* 1886, † 1940): „Der Herr Kortüm" (Roman)
Kolbenheyer: „Das gottgelobte Herz" (Roman aus der dt. Mystik)

Hans Freyer: „Machiavelli" (nationalistische Staatsphilosophie)
† *Leo Frobenius*, dt. Ethnologe; begr. „Kulturkreis-Lehre" (* 1873)
Gundolf: „Anfänge deutscher Geschichtsschreibung" (posthum)
Nic. Hartmann: „Möglichkeit und Wirklichkeit" (Ontologie)
† *Edmund Husserl*, dt. Philosoph; Begründer der Phänomenologischen Schule (* 1859)
E. R. Jaensch: „Der Gegentypus" (stellt dem „integrierten I-Typus" den „desintegrierten S-Typus" gegenüber)
Jaspers: „Existenzphilosophie"
Alwin Mittasch (* 1869, † 1953): „Katalyse und Determinismus. Ein Beitrag zur Philosophie der Chemie"
H. Murray (* 1893): „Themat. Aperzeptionstest" (nordamerik., charakterologisch)
Rothacker: „Die Schichten der Persönlichkeit"
Schweitzer: „Afrikanische Geschichten"
Hugo Sinzheimer: „Jüd. Klassiker d. Dt. Rechtswissenschaft" (erscheint in Amsterdam)
Sombart: „Vom Menschen" (Anthropologie)
L. L. Thurstone: „Menschliche Fähigkeiten" (nordamerik. mathemat. Analyse d. intellig. Verhalt.)
J. v. Üxküll: „Der unsterbliche Geist in der Natur" (Naturphilos.)
„Lexikon für Theologie und Kirche" (10 Bde. seit 1929, kath. Einstellung)
Nationalsoz. Schulreform; Dt. Oberschule als Hauptform, Gymnasium als Nebenform

† *Ernst Barlach*, dt. express. Holzschnitzer, Graphiker und Dichter (* 1870)

Dufy: „Regatta" (frz. Gemälde)

Grant: „Figur unter Glasglocke" (engl. Gemälde)

G. Grosz: „Ein Teil meiner Welt" (express. Gemälde)

K. Hofer: „Stehende mit Tuch" (express. Gemälde)

Kaus: „Liegende Frau am Meer" und „Pferde in der Schwemme" (express. Gemälde)

† *Ernst Ludwig Kirchner* (Freitod), dt. express. Maler (* 1880)

Klimsch: „Olympia" (Bronzeakt)

Oskar Kokoschka geht n. Großbritannien (erwirbt brit. Staatsangehörigkeit)

W. Nicholson: „Glaskrug und Früchte" (engl. express. Gem.)

Picasso: „Dame im Armstuhl" (kubist. Gemälde)

† *Christian Rohlfs*, dt. impress., später express. Maler, bes. Soester Kirchen (* 1849)

Ausstellung „Drei Jahrhunderte amerikanischer Kunst" in Paris

---

Dokumentarfilm von der Berliner Olympiade 1936

„Tanz auf dem Vulkan" (Film mit *G. Gründgens;* Regie: *Hans Steinhoff*)

„Pygmalion" (engl. Film von *A. Asquith* und *Leslie Howard*);

Die Negersängerin (Alt) *Marian Anderson* (USA, * 1908) wird Ehrendoktor der Harvard - Universität

Bartók: Violinkonzert (ungar. Komposition)

A. Copland: „Billy, the Kid" (nordamerikan. volkstüml. musikalische Schau)

Egk: „Peer Gynt" (Oper)

Hindemith: „Nobilissima Visione" (Ballettmusik); „Mathis der Maler" (Oper um d. Maler *Grünewald*)

Honegger: „Totentanz" (schweiz.-franz. szenisches Oratorium, Text von *Paul Claudel*)

† *Fedor Schaljapin*, russ. Sänger (Baß) in Moskau u. New York (* 1873)

R. Strauss: „Friedenstag" u. „Daphne" (Opern)

Modetanz Lambeth-Walk

~ Höhepunkt des Jazz-Swingstils unter *Benny Goodman*

NS-Regime zerstört Synagogen i. Dtl.

US-Kinderchirurg *R. E. Gross* gelingt wegweis. Herzfehleroperation

Physik-*Nobel*preis an *E. Fermi* (Ital.) für Atomkernreaktionen mit Neutronen

Chemie-*Nobel*preis an *R. Kuhn* (Österr.) für Vitaminforschung

Medizin-*Nobel*preis an *C. Heymanns* (Belg.) für Atmungsforschung

Cerletti und *Bini:* Elektroschock (elektrische Stoßbelastung des Gehirns zur Besserung gewisser Neurosen). Daneben entwickelt sich in Frankreich eine Beeinflussung neurotischer Zustände durch Narkotisierung während der Anfälle

K. Clusius und *G. Dickel:* Trennrohrverfahren für Isotopentrennung (erhält große Bedeutung für Atomphysik)

A. P. Dustin: Untersuchungen von Colchicin als Mitosegift (erzeugt Riesenzellen und -wachstum durch Zellteilungshemmung)

Einstein und *Leopold Infeld:* „Die Entwicklung der Physik"

R. Goldschmidt: „Physiologische Genetik"

O. Hahn und *Straßmann* entd. die Spaltbarkeit des Urankerns durch Neutronen (die darauf beruhende Kettenreaktion führt z. technischen Ausnutzung der Atomenergie)

W. R. Heß: „Das Zwischenhirn und die Regulation von Kreislauf und Atmung" (Zwischenhirn als lebenswichtiges Regulationszentrum)

H. I. Ives bestätigt durch Beobachtung der Spektrallinien bewegter Atome die von der Speziellen Relativitätstheorie vorausgesagte Gangverlangsamung bewegter „Uhren"

P. Jordan begründet Verstärkertheorie der Biophysik, wonach grundlegende Lebenserscheinungen auf Verstärkung ursprünglich quantenphysikalisch-molekularer Prozesse beruhen (bedeutet Vorstoß der Atomphysik in die Biologie)

P. Karrer synthetisiert das Antisterilitäts-Vitamin E

L. W. H. Keesom u. *G. E. McWood* entdecken Superflüssigkeit des Heliums (II) bei tiefen Temperaturen (unter —271° C)

6094 dt. Aktiengesellschaften m. 18,7 Mrd. RM (1902: 5186 AGs mit 12 Mrd. RM)

Interessengemeinschaft *Humboldt-Deutz*motoren AG und *Klöckner*-Werke AG

Pflichtversicherung für Handwerker i. Deutschl.

Emil Lederer: „TechnischerFortschritt u. Arbeitslosigkeit" (Studien u. Berichte d. Internat. Arbeitsamtes

Deutsche Lebensversicherungen: Privat 25,5 Mill. Verträge über 20,4 Milliard. M; öffentlich 1,8 Mill. Versicherte über 3,6 Milliarden M

Dt. Kleinempfänger (35 RM) zur stärkeren politischen Beeinflussung der Bevölkerung geschaffen

„Ehrenkreuz der deutschen Mutter" (nationalsozialist. Auszeichnung zur Hebung der Geburtenfreudigkeit für Mütter mit mehr als 3 Kindern; für mehr als 7 Kinder „i. Gold")

Kennkartenpflicht in Deutschland

Gesetz zur Kontrolle der Geschlechtskrankheiten in den USA

40-Std.-Woche in USA

2. Erdgasfund i. Dtl. b. Bentheim (1. Fund 1910 b. Hamburg)

(1938)

Einmarsch dt. Truppen in das Sudetenland; *Konrad Henlein* Gauleiter Tschechoslow. Staatspräsident *Benesch* tritt zurück (geht nach d. USA)

Durch *Hitlers* außenpolitische Erfolge wird eine Erhebung hoher dt. Offiziere vereitelt

Emil Hacha (* 1872, † 1945 im Gefängnis) tschechoslow. Staatspräsident bis 1939

Slowakei autonomer Staat unter Ministerpräsident *Josef Tiso* (* 1887, † 1945, erschossen)

Karpato-Ukraine autonomer Staat

Teschener Land von der Tschechoslowakei an Polen

Dt.-ital. 1. „Wiener Schiedsspruch" (u. a. erhält Ungarn Gebietsteile der Slowakei, 1939 das ganze Karpatenland)

Dt.-brit. und dt.-frz. Nichtangriffserklärungen

Staatlich organisiert. Judenpogrom in Deutschland („Kristallnacht"); Niederbrennung der Synagogen

Rücktritt *Edens*, dafür Lord *Halifax* brit. Außenminister bis 1940 (dann Botschafter in USA)

Brit.-ital. Abkommen; Großbritannien anerkennt Annexion Abessiniens

Nordirland schließt freundschaftlichen Vertrag mit Großbritannien

Douglas Hyde irischer Staatspräsident bis 1945; Wahlsieg der Regierung *de Valeras*

Australien erläßt gegen Japan gerichtete Ausfuhrsperre für Eisen- und Manganerze

Daladier Ministerpräsident (vor d. Münchener Abkommen) einer frz. bürgerlichen Regierung bis 1940. Bruch mit der Volksfront wegen des Münchener Abkommens mit *Hitler*

Der ital. Faschismus übernimmt vom Nationalsozialismus die vorher abgelehnte Rassenideologie

Ital. Deputiertenkammer durch Kammer der Fasci und Korporationen ersetzt

Ungar. Regierung unter *Bela Imredy* (tritt 1939 zurück); Reichsverweser *v. Horthy* macht Staatsbesuch in Deutschland

König *Carol II.* von Rumänien errichtet totalitäre Herrschaft; verfolgt faschistische „Eiserne Garde", ihr Führer *Codreanu* erschossen. Kabinett der „Konzentration" unter dem Patriarchen *Miron Christea* bis 1939

Polen erlangt durch Ultimatum von Litauen Anerkennung der Wilnagrenze

Japan.-sowjetruss. militärische Zwischenfälle

Hinrichtung von *Bucharin*, *Rykow*, *Jagoda* u. a. nach Schauprozessen in der USSR

L. P. Berija (* 1899) Volkskomm. d. NKWD (1953 erschossen)

„Geschichte der Kommunistischen Partei der Sowjetunion (Bolschewiki). Kurzer Lehrgang" (anonym, weitgehend von *Stalin* verfaßt; wird zum „Katechismus" der KP)

† *Kemal Atatürk*, türk. Staatspräsident seit 1923; Begründer der modernen Türkei (* 1881)

Ismet Inönü (* 1884) türk. Staatspräsident

Wahlsieg der liberalen Regierungspartei in Ägypten (Wafd durch Besserung der ägypt. Beziehungen zu Großbritannien politisch geschwächt)

10,4 Mill. Arbeitslose in den USA (Höhepunkt)

Nach dem Münchener Abkommen beginnt USA intensiv aufzurüsten

8. Pan-Amerikanische Konferenz in Lima: Amerikanische „Solidarität" erklärt

Mexiko enteignet brit. und nordamerikan. Erdölgesellschaften

Sieg der politischen Linken bei der Präsidentschaftswahl in Chile; soziale Reformgesetze

Japan. Mobilisierungsgesetz; gibt im Kriegsfall der Regierung weitgehende Vollmachten

Japaner besetzen in China Tsingtau, K'aifeng, Hankou; erreichen Hoangho. USA und Großbritannien protestieren gegen Verletzung des Neunmächteabkommens von 1922

Marschall *Phibul Songkhram* übernimmt Regierung in Siam (kämpft im 2. Weltkrieg auf japan. Seite)

Lewis: „Die verlorenen Eltern" (nordamerik. Roman)

Georg Lukacs (*1885, †1971): „Essays über Realismus" (ungar. Essays für den „sozialist. Realismus" in der Literatur)

A. Malraux: „Die Hoffnung" (frz. Roman)

Th. Mann: „Achtung, Europa" (Aufsätze), „Der kommende Sieg der Demokratie", „Dieser Friede" (Reden)

Mauriac: „Asmodée" (frz. Schauspiel)

H. Miller: „Wendekreis des Steinbocks" (nordamer. sexuell betonter Roman)

Molo: „Geschichte einer Seele" (Roman)

Monnier: „Liebe — Brot der Armen" (frz. Romanzyklus)

Jean Paul Sartre (* 1905): „Der Ekel" (frz. Bühnenstück)

Margarete Schiestl-Bentlage: „Die Verlobten" (westfäl. Heimatroman)

Michail A. Scholochow (* 1905): „Der stille Don" (russ. Roman in 4 Bänden seit 1928)

Ina Seidel: „Lennacker" (Roman)

Shaw: „Geneva" (engl. Schauspiel)

„Schlaf schneller, Genosse" (dt. Ausgabe russ. satir. Erzählungen von *Michael Sostschenko*, * 1895, *Valentin Katajew* u. a.)

Th. N. Wilder: „Unsere kleine Stadt" (nordamerikan. Schauspiel)

Th. Wolfe: „Das Gewebe aus Erde" (nordamerikan. Roman)

† *Thomas Wolfe*, nordam. Dichter (* 1900)

„Bankfeiertag" (engl. Film v. *Carol Reed*, * 1906); „Die Zitadelle" (englisch. Film von *K. Vidor* nach *Cronin*)

„Das Tier im Menschen" (franz. Film v. *J. Renoir* m. *Simone Simon*); „Fahrendes Volk" (frz. Fim von *Feyder*); „Artisten" (frz. Film von *Marc Allégret*)

„AlexanderNewski" (russ. Film v. *Eisenstein*); „Gorkis Jugend" (russ. Film v. *Donskoi*); „Professor Mamlock" (russ. Film v. *Minkine* und *Rapoport*); „Sieg" (russ. Film v. *Pudowkin*)

„Schneewittchen u. die sieben Zwerge" (nordamerik. abendfüllender Zeichenfarbfilm von *Walt Disney*)

† *Konstantin Stanislavskij*, russ. Schauspieler und Regisseur; begründete das „Moskauer Künstlerische Theater" (1898) u. pflegte realistischen Stil (* 1863)

† *Ludwig Wüllner*, dt. Schauspieler, Rezitator und Sänger (* 1858)

Willi Schaeffers (* 1884, † 1962) leitet Kabarett der Komiker in Berlin

Kellett, Gething, Gaine: Weltrekord im Streckenflug mit 11 526 km

R. Kuhn: Chemischer Bau und Synthese von Vitamin B_6 (Adermin, heilt mit B_2 Hauterkrankungen der Ratte)

R. Kuhn und *Moewus:* Aufklärung des chemischen Baus der Befruchtungsstoffe von Algen (Beitrag zur Theorie der Sexualität)

W. Paulcke: „Praktische Schnee- und Lawinenkunde"

Mario Pezzi: Weltrekord im Höhenflug mit 17 074 m

Nicolas Rashevsky: „Mathemat. Biophysik" (nordamer. mathem. Behandlung von Zellwachstum und -teilung v. physikal. Standp. aus)

Bernhard de Rudder (* 1894): „Meteorobiologie des Menschen"

B. de Rudder, L. Weickmann u. a.: „Klima – Wetter – Mensch"

Nachweis eines unsichtbaren planetenartigen Begleiters von doppelter Jupitermasse beim nächsten Fixstern (Proxima Centauri)

Fernsehsendungen in New York mit 20 000 Empfängern

Erfindung des Kunststoffes „Nylon"

Dt. Rundfunk führt Magnetband-Sendungen ein (1941 über 50% der Sendung, 1950 über 90%)

Flugboot-Langstreckenrekord mit 8500 km (*Dornier*)

Focke-Wulf FW 200 „Condor": Berlin–New York–Berlin (vier 580/880-PS-Motoren mit 0,57 kg/PS); Berlin–New York in Rekordzeit von 24 Std. 56 Min. (1951 fliegt „Canberra"-Düsenbomber 3336 km von Irland nach Neufundland 4 Std. 18 Min. 29,4 Sek.; 1951 mit Propellerflugzeug New York–London 7 Std. 48 Min.)

Fernflug Berlin–Tokio (13 650 km in 46 Std. 37 Min.)

Fisch mit gestielten Flossen gefangen (Crossopterygier, „lebendes Fossil")

Autobahnbrücke über das Teufelstal bei Jena (Stahlbetonbrücke mit 138 m Stützweite)

Transiranische Bahn Kaspisches Meer—Teheran—Persischer Meerbusen (1400 km, Baubeginn 1927)

Höchstleistungen für Zivilflugzeuge: Nutzlast: 6290 kg; Flugweite: 5300 km; Gipfelhöhe: 8500 m; Steigzeit: 1000 m in 2,2 Min.; Reisegeschwindigkeit: 390 km/st (Höchstgeschwindigk.: 430 km/st); einzelne Motorleistung: 600 PS (Spitzenleistung: 880 PS).

101,5 Mill. Fluggastkilometer und 2,4 Mill. Luftposttonnen-Kilometer der Deutschen Lufthansa

Segelflugweltrekorde: 390 km Zielstreckenflug. 305,6 km Zielflug mit Rückkehr. 50 St. 26 Min. Dauerflug. 6840 m Höhe über Start

Ersteigung der Eigernordwand

Malcolm Campbell stellt Geschwindigkeitsrekord für Motorboot mit 210,7 km/st auf (1939: 228,11 km/st)

Weltmeister *Joe Louis* schlägt *Max Schmeling* in der ersten Runde k.o.

Orson Welles' (* 1915) Hörspielsendung einer utopischen Marsinvasion („Der Krieg der Welten" von *H. G. Wells*) ruft eine Massenpanik in den USA hervor

Arabische Sendungen des ital. und danach d. brit. Rundfunks (entscheid. Ausweitung des Ätherkrieges)

1939

Reichswirtschaftsminister *Walter Funk* wird an Stelle *Hjalmar Schachts* Reichsbankpräsident; Reichsbank völlig d. Reichsregierung unterstellt
Hitler zerstört die Souveränität der Tschechoslowakei durch Gründung des „Protektorates Böhmen und Mähren" und Bildung einer abhängigen Slowakei unter militär. Druck
von Neurath Reichsprotektor von Böhmen-Mähren bis 1941
† *Otto Wels*, sozialdemokr. Politiker (* 1873)
Tiso Staatspräsident eines von Deutschland abhängigen slowakischen Staates bis 1944
Italien besetzt Albanien und vereinigt es mit der ital. Krone
Faschisten gewinnen mit dt. und ital. Hilfe span. Bürgerkrieg. *Franco* diktatorischer span. Staats- und Regierungschef. Spanien verläßt Völkerbund. Großbritannien und Frankr. anerkennen *Franco*-Regier.
Deutschland besetzt das Memelgebiet und gliedert es ein (seit 1924 unter litauischer Staatshoheit)
Brit.-frz. Garantieerklärungen für Polen, Rumänien und Griechenland
Nichtangriffspakt Deutschland-Dänemark; Schweden, Norwegen und Finnland lehnen Nichtangriffsvertrag mit Deutschland ab
Während seiner militärischen Aktionen verlangt Deutschland Danzig und Korridor nach Ostpreußen. Polen lehnt ab
Molotow löst als Volkskommissar des Äußeren der USSR *Litwinow* ab
Beistandspakte der Türkei mit Großbritannien und Frankreich, letzteres erhält Sandschak Alexandrette zurück
Militärbündnis Deutschland-Italien (Italien erweist sich beim Ausbruch des 2. Weltkrieges als noch nicht kriegsbereit und bleibt zunächst „nichtkriegführend")
Zwischen Großbritannien, Frankreich und USSR laufen stockende ergebnislose Verhandlungen über gegenseitige militärische Hilfe. Polen verweigert Durchmarschrecht
Hitler lehnt *Roosevelt*botschaft ab; kündigt dt.-brit. Flottenabkommen und dt.-poln. Nichtangriffspakt

Literatur-*Nobel*preis an F. E. Sillanpää (Finn.)
Stefan Andres (* 1906, † 1970) „Der Mann von Asteri" (Roman)
Bergengruen: „Tod von Reval" („Sammlung kurioser Geschichten um den Tod")
Eipper: „Das Haustierbuch"
T. S. Eliot: „Der Familientag" (engl. existentialist. Orest-Drama)
Fr. von Gagern: „Schwerter u. Spindeln" (Ahnen des Abendlandes)
Gide: „Das Tagebuch André Gides 1889 bis 1939" (frz.)
G. Greene: „Der Geheimagent" (engl. Rom.)
G. Hauptmann: „Die Tochter der Kathedrale" (Schauspiel) und „Ulrich von Lichtenstein" (Lustspiel)
N. Jacques: „Leidenschaft" *(Schiller*roman)
J. Joyce: „Finnegans Wake" (engl. psychologist. Roman)
Ernst Jünger: „Auf den Marmorklippen" (symbol. polit. Roman)
H. Kesten: „Die Kinder von Guernica" (Roman)
Isolde Kurz: „Das Haus des Atreus" (Gedichte)
Th. Mann: „Lotte in Weimar" (Rom. um *Goethe*)
Monnier: „Annonciata" (frz. Roman)
Ernst Moritz Mungenast (* 1898): „Der Zauberer Muzot" (Lothringer Roman)
Mussolini: „Cavour" (ital. Schauspiel)
Naso: „Preußische Legende" (Novelle)
Saint-Exupéry: „Wind, Sand und Sterne" (frz. Fliegererlebnisse)

Gertrud Bäumer: „Gestalt und Wandel. Frauenbildnisse"
August Bier: „Die Seele" (Gedank. e. Arzt.)
Frank Buchman (* 1878, USA) gründet Bewegung „Moralische Aufrüstung" f. christl.-ethische Erneuerung (findet sein Zentrum in Caux)
F. N. Freeman: „Intelligenztests, ihre Geschichte, Grundsätze u. Anwendungen." (engl.)
† *Siegmund Freud*, österr. Nervenarzt; Begr. der Psychoanalyse (* 1856)
Johannes Haller: „Das Papsttum" (3 Teil. s. 1934)
Willy Hellpach: „Mensch u. Volk d. Großstadt" (Sozialpsychologie)
Johan Huizinga: „Homo ludens" (niederl. Kulturphilosophie)
Hewlett Johnson (* 1874, † 1966; „roter Dekan" von Canterbury): „Ein Sechstel d. Erde" (engl., prosowjetisch)
B. Malinowski: „Die Gruppe u. d. Individuum i. funktionaler Analyse" (engl. Soziologie m. Berücksichtigung der biolog., psycholog. u. Umweltfaktoren mit ihren Wechselwirkungen)
Pius XII. (bisher *Eugenio Pacelli*) Papst; gilt als „polit." Papst
A. Sartorius von Waltershausen: „Gesellschaft u. Wirtschaft vor- u. frühgeschichtlicher Völker"
Arnold J. Toynbee (* 1889): „Studie zur Weltgesch." (engl. Geschichtsphilos. betont Bedeutung d. Religionsgesch.; 6 Bde. seit 1933; Bd. 7-10 1954)
M. W. Urban: „Sprache und Wirklichkeit" (nordamerikan. Philosophie)

Curth Georg Becker (* 1904): „Provenzalischer Kirchplatz" (express. Gemälde)	*Bartók:* 6. Streichquartett (ungar. Komposition)	Physik-*Nobel*preis an *E. Lawrence* (USA) für Zyklotron	Lebensmittel- u. Kleiderkarten zur Rationierung i. Dtl.
Arno Breker: „Bereitschaft" (Monumentalplastik)	*Egk:* „Joan von Zarissa" (dramatische Tanzdichtung)	Chemie-*Nobel*preis *A. F. Butenandt* (Dt.) f. Forsch. über Sexualhormone	*Ad. Weber:* „Geld, Banken, Börse"
Burra: „Der Aufstand" (engl. surrealist. Gemälde)	*Hindemith:* Konzert für Violine, Violinsonate in C-dur und Bratschensonate	Medizin-*Nobel*preis an *G. Domagk* (Dt.) für Sulfonamide und *L. Ruzicka* (Jugoslaw.-Schweiz) für Synthese von Polyterpenen	Fluglinie Berlin—Bangkok (10500 km in 5 Tagen)
M. Chagall: „Brautpaar mit Eiffelturm" (russ.-frz. Gem.)	*Orff:* „Der Mond" („Das kleine Welttheater", Oper)	*Beadle, Bonner, Tatum:* Erforschung des Stoffwechsels vom roten Brotschimmel und seiner erblichen Änderungen (Methode d. biochem. Mutanten auf spez. Nährböden)	Regelmäßigkeit d. deutschen Luftverkehrs im Winter 1938/39: 91% (30/31: 69,5%); Sicherheit: 0,2 Notlandungen auf 1 Mill. km (1931: 8,8)
Feininger: „San Francisco" (Aquarell)			
Heckel: „Lesende Frau"(expr.Aquarell)	*Schostakowitsch:* 6. Symphonie (russ. Komp.)	*R. E. Byrds* dritte Südpolar-Expedition (bis 1941)	
Joseph Hirsch (* 1910): „Bildnis eines alten Mannes"(nordamer. realist. Gem.)	*Heinrich Sutermeister* (* 1910): „Romeo und Julia" (Schweiz. Oper)	*H. Caspers:* Einfluß der Mondphasenperiode a. d. Fortpflanzungsrhythmus einer Meeresmücke (exakte Tatsachenforschung, Kausalkette noch unbekannt)	3065 km Autobahn in Deutschland (1849 km im Bau)
Kandinsky:„Nachbarschaft" (russ. abstraktes Gemälde)	*Rudolf Wagner-Régeny* (* 1903, † 1969): „Die Bürger von Calais" (Oper um die Plastik von *Rodin*)	*R. Doerr* und *C. Hallauer:* „Handbuch der Virusforschung" (2 Bände seit 1938, 2 Ergänzbde. bis 1950)	Erweit. des Kaiser-*Wilhelm*-Kanals
† *Alexander Kanoldt*, dt. Maler; wechselte vom Expressionismus zur „Neuen Sachlichkeit"(* 1881)		Archiv für die gesamte Virusforschung (Zeitschr. v. *Doerr*)	Leistung pro Arbeitsstunde in USA (Großbrit. = 100): Bergbau 425, Auto- und Radioindustrie 310, Maschinenbau 280, Eisen und Stahl 173, Textilindustrie 160, Baugewerbe 115, Gesamtindustrie 215
		S. Flügge: „Kann der Energieinhalt der Atomkerne praktisch nutzbar gemacht werden?" (vorläuf. Bejahung)	
Kaus: „Frau mit Anthuriumblüte" (express. Aquarell)	*Julius Weismann:* „Die pfiffige Magd" (Oper)	*Gibbons* ersetzt Herz und Lunge von Katzen f. 20 Minuten d. Blutdurchströmungsapparat: „Künstliches Herz" (Tiere überleben)	
Henry Moore (* 1898): „Landschaft mit Figuren" (engl. express. Gemälde)	Im dt. Rundfunk beginnt ein zielbewußter Einsatz musikalisch. Mittel zur Hebung der Kriegsbegeisterg. (u. a. „Wir fahren gegen Engeland", „Frankreichlied", „Panzer rollen in Afrika vor", „Bomben auf Engeland", „Von Finnland bis zum Schwarzen Meer", Fanfaren aus „Les Préludes" v. *Liszt;* Wunschkonzerte)	*E. Gildemeister* und *E. Hagen:* „Handbuch der Viruskrankheiten"	Massenherstellung von Metallgegenständen im Schnitt- u. Stanzenbau vermag Preise auf ca. 20% gegenüber 1900 zu senken
W. Nicholson: „Schnee im Bretton Park" (engl. Gem.)		*Walter Grotrian* (* 1890, † 1954) identifiziert Sonnenkoronalinien als die Spektrallinien hocherhitzter (ca. 1000000°) Eisenatome	
Pasmore: „Das gestreifte Kleid" (engl. Gemälde)		*Max Hartmann:* „Geschlecht und Geschlechtsbestimmung im Tier- und Pflanzenreich" (Sexualtheorie auf biochemischer Grundlage)	Lt. Gesetz erlöschen dt. Fideikommisse (in Preußen schon 1920)
J. Piper: „Hamsey Church" (engl. Gemälde, Kircheninn.)		*Robert Henseling:* „Umstrittenes Weltbild" (geg. Verzerrung des Weltbildes durch Astrologie, Welteislehre, Hohlwelttheorie u. a.)	Dt. Heilpraktikergesetz
Kurt Seligmann: „Sabbath Phantome" (Schweiz. surrealist. Gemälde)		*R. Houwink:* „Chemie und Technologie d. Kunststoffe" (kennzeichnet stürm. Entwicklung: mehr als 150 Kunststoffarten bekannt)	*Harbig* (Dt.) läuft Weltrekord über 800 m mit 1:46,6
Shahn: „Ballspieler" (nordam. Gemälde)		*P. Karrer* isoliert das Vitamin K (Blutgerinnung)	Etwa 2 Mill. Briefmarkensammler in Deutschland; ca. 20 Mill. in d. USA
St. Spencer: „Christus in der Wildnis mit Füchsen", „Christus i. d. Wildnis mit Skor-	 pionen" (engl. Gem.)	*Lise Meitner* (* 1878) und *O. R. Frisch* erklären die von *Hahn* und *Straßmann* gefundene Urankern-	Erdbeben in Anatolien, 45 000 Opfer
	Albert Speer: Neue Reichskanzlei, Berlin		

(1939)

Brit.-poln. Beistandspakt

Deutschland anerkennt baltische Staaten, Finnland, Ostpolen und Bessarabien als Interessengebiete der USSR

Hitler beginnt 2. Weltkrieg mit Überfall auf Polen. Vergeblicher Versuch *Mussolinis,* in letzter Minute zu vermitteln

Großbritannien und Frankreich erklären Deutschland den Krieg

Brit. Dominions einschl. Indien erklären Deutschland den Krieg

Schwere dt. Luftangriffe a. Warschau

Polen bleibt gegen dt. Angriff ohne effektive Hilfe und unterliegt militärisch vollständig

† *Werner von Fritsch* (fällt vor Warschau), dt. Generaloberst; 1938 durch Verleumdungen als Oberbefehlshaber des Heeres abgesetzt (* 1880)

Hitler versucht in einer Reichstagsrede vergeblich, Großbritannien und Frankreich zu einer Anerkennung der dt. Ostpolitik durch Friedensschluß zu bringen

Hans Frank (* 1900, † 1946, hingerichtet) Generalgouverneur im besetzten Polen

Ernst Udet (* 1896, † 1941, Selbstmord) dt. Generalluftzeugmeister

Brit. Passagierdampfer „Athenia" wird von dt. U-Boot versenkt. Brit. Kreuzer vernichten Panzerschiff „Admiral Graf Spee" in der La-Plata-Mündung

Günther Prien (* 1908, † 1941) versenkt mit seinem U-Boot das brit. Schlachtschiff „Royal Oak" bei Scapa Flow

Sicherheitsdienst der SS bildet Sicherheitshauptamt (Zentrale für die Verfolgung politischer Gegner)

Arbeitsdienstpflicht der weiblichen Jugend in Deutschland

Über 500000 Umsiedlungen Auslandsdeutscher aus Baltikum, Rußland und Balkan nach Deutschland (bis 1940)

Südtiroler werden nach Deutschland umgesiedelt

Mißglückt. Bombenattentat a. *Hitler* im Münchener Bürgerbräukeller

Dt.-sowjetruss. Nichtangriffspakt

K. *Haushofer:* „Deutsche Kulturpolitik im indopazifischen Raum" (Beispiel imperialistischer Ideologie)

Allgem. Wehrpflicht in Großbrit.

Brit. Kriegskabinett gebildet. Großbritannien verhängt Seeblockade gegen Deutschland

General *Gort* führt brit. Expeditionskorps nach Frankreich

Brit.-frz. Wirtschaftsrat gebildet

Winston Churchill zum zweitenmal brit. Marineminister

Großbritannien sperrt jüdische Einwanderung in Palästina

Jan Smuts südafrikan. Ministerpräsident bis 1948; erklärt Deutschland den Krieg

Graf *Téleki* ungar. Ministerpräsident bis 1939 (†, Selbstm.)

Allgemeine Wehrpflicht in Ungarn. Ungarn tritt Antikominternpakt bei, besetzt Karpato-Ukraine und tritt aus dem Völkerbund aus

Rücktritt der jugoslaw. Regierung *Stojadinowitsch*; Regierung *Zwetkowitsch* m. 5 kroat. Ministern bis 1941

„Eiserne Garde" ermordet rumän. Ministerpräsidenten *Calinescu*; danach Kabinett *Tatarescu*

USSR greift Finnland an und wird aus dem Völkerbund ausgeschlossen

Neutralität der skandinavischen Staaten im Finnlandkrieg

USSR lehnt RK-Konvention ab

Franz von Papen Botschafter in Ankara (Türkei)

Faisal II. (unmündig) König von Irak. Abbruch der diplomatischen Beziehungen zu Deutschland

USA liefert Waffen gegen Barzahlung und Transport auf Schiffen der Käufer (Cash and Carry)

Integralisten-Aufstand in Brasilien niedergeschlagen

Burmastraße von Lashio (Bahnanschluß nach Rangun) bis Tschunking (China) (3350 km, schwierigstes Terrain. Baubeginn 1937)

Erstarrung der Fronten im chin.-japan. Krieg; Partisanenkrieg

Mandschukuo tritt Antikominternpakt bei

Siam nennt sich nun Thailand

Saroyan: „Die Zeit deines Lebens" (nordamerikan. Erzählungen)

J. Schaffner: „Kampf und Reife" (Roman)

K. A. Schenzinger: „Metall" (techn. Roman)

R. Schickele: „Die Heimkehr" (elsäss. Roman)

Anna Seghers: „Das siebte Kreuz" (KZ-Roman)

Shaw: „Karl II." (engl. Schauspiel)

Sinclair: „Marie Antoinette" (nordamerikan. Drama)

J. Steinbeck: „Früchte des Zorns" (nordam. gesellschaftskrit. Roman)

† *Ernst Toller* (Freitod), dt. Dichter (* 1893)

Josef Weinheber (* 1892, †1945, Freitod): „Kammermusik" (österr. Gedichte)

Wiechert: „Das einfache Leben" (Roman)

† *William Butler Yeats*, irischer Dichter; Mitbegründer der irisch-keltischen Renaissance; *Nobel*preis 1923 (* 1865)

E. Zahn: „Die tausendjährg. Straße" (Schweiz. Roman)

Rund 350 Theater in Deutschland

Blegen findet 600 Täfelchen mit kretischer Schrift auf Burg Pylos (Peloponnes, thyrrhenisch-etruskisch, 1951 von *E.L. Bennet* entziff.)

18 257 deutschsprachige Zeitschriften erscheinen

„Négritude" (afrokarib. Kampfbegriff geg. weiße Vorherrschaft)

(monumental. klassizist. Bau)

Versteigerung moderner Malerei aus dt. Museen in Luzern. (Dadurch gehen allein 15 Hauptwerke v. *Corinth* u. 7 v. *Barlach* für Dt. verloren)

„Ninotschka" (nordamer. antisowj. Film v. *E. Lubitsch* mit *G. Garbo* u. *F. Bressart*)

„Männer u. Mäuse" (nordam. Film nach *Steinbeck*); „Vom Winde verweht" (nordam. Film nach *Mitchell* von *Fleming* mit *Vivien Leigh*, *C. Gable*, Kosten 3,85 Mill. Dollar)

„Die Spielregel" (frz. Film von *J. Renoir*); „Tagesanfang" (frz. Film v. *Marcel Carné*, * 1900); „Der Tag endet" (frz. Film v. *Duvivier*)

„Robert Koch" (Film v. *H. Steinhoff* m. *E. Jannings*, *W. Krauß*); „Bel ami" Film von und mit *W. Forst*, mit *Ilse Werner*, *Olga Tschechowa*, *Lizzy Waldmüller*)

„Es war eine rauschende Ballnacht" (*Tschaikowskij*-Film mit *Zarah Leander*; Regie: *C. Froelich*); „Der Schritt vom Wege" (Film n. *Fontanes* „Effie Briest" mit *Marianne Hoppe*, *Karl Ludwig Diehl*, *Paul Hartmann*; Regie: *G. Gründgens*); „Opernball" (Film mit *Heli Finkenzeller*, *Hans Moser*, *Theo Lingen*; Regie: *Géza v. Bolvary*)

Jährl. ca. 650 Mill. m Filme (Weltprodkt.)

spaltung (*L. M.* mußte 1938 aus polit. Gründen Dtl. verlassen)

I. Mitschurin: „Die Anwendungen von Mentoren bei der Erzielung hybrider Sämlinge" (posthum)

Paul Müller (*1899, † 1965) synthetisiert und prüft das hochwirksame Kontakt-Insektengift DDT (ab 1942 Produktion in USA u. Deutschl.)

Reber empfängt Kurzwellen aus der Milchstraße. Beginn der Radio-Astronomie (Vorläufer *Jansky* 1932)

Heinrich Schade, *C. Häbler*: „Physiko-chemische Medizin"

Bastian Schmid: „Zur Psychologie unserer Haustiere"

Paul A. Smith: „Atlantische untermeerische Täler der USA" (über Echolotungen m. Höhenlinienkarte)

A. Thienemann: „Grundzüge einer allgemeinen Ökologie" (biolog. Umweltforschung)

Wendel erreicht mit Flugzeug Me 109 *(Messerschmitt)* 755 km/St.

Etwa 300 wissenschaftliche Sternwarten auf der Erde (davon 50, die modernsten, in USA)

Ausdehnung des größten bekannten Riesensterns (VV Cephei) mit 1220facher Sonnendurchm. bestimmt

250 Mill. Dollar in USA für wissenschaftliche Untersuchungen jährlich aufgewendet, davon 10% für reine Forschung

1890 Seiten Formelregister im Chemischen Zentralblatt für die Zeit von 1935 bis 1939

Sichtbarmachung der ersten Riesenmoleküle (Pflanzen-Viren) im Elektronen-Übermikroskop

Rasche Entwicklung von Radar

8-mm-Farbenfilm

Nickelkombinat in der sibirischen Taiga mit Zentrum Norilsk (erreicht etwa 10 000 t Nickel jährlich)

Entdeck. eines angelsächs. Schiffsgrabes b. Sutton Hoo (East Suffolk)

Erster Passagier-Atlantikflug der PAA (b. 1952 über 40 000 Atl.-Fl.)

2500 Museen i. USA (1914: 600)

Nylonfaser i. USA (Dupont), Perlonfaser i. Dtl. (IG Farben) (Chemiefasern beg. Natur-Fasern zu verdrängen)

1940	Dt. Hilfsschiff „Altmark" mit brit. Gefangenen in norweg. Gewässern von brit. Kriegsschiffen angegriffen Deutschland besetzt durch militär. Überfall die neutralen Länder Dänemark und Norwegen (letzteres gegen brit.-norw. Widerstand); schwerer Kreuzer „Blücher" u. zwei leichte Kreuzer gehen verloren König *Haakon VII.* von Norwegen geht nach England *Josef Terboven* (* 1898 † 1945, Selbstmord) Reichskommissar in Norwegen, arbeitet mit *Quisling* zusammen USSR billigt dt. Angriff auf Norwegen Unter Verletzung der Neutralität Belgiens, Luxemburgs und der Niederlande (schwere Luftangriffe auf Rotterdam) schlägt Deutschland Frankreich militärisch und zwingt es zum Waffenstillstand Frankreich lehnt brit.-frz. Union ab Dt.-frz. Waffenstillstand in Compiègne, demonstrativ in demselben Salonwagen wie 1918 Belg., niederl. und luxemburg. Exilregierungen in London Eupen-Malmedy kommt wieder an Deutschland *Seyß-Inquart* Reichskommissar in den Niederlanden; *von Falkenhausen* Militärgouverneur in Belgien bis 1944 (dann von Dt. verhaftet); *O. von Stülpnagel* Militärgouverneur im besetzten Frankreich bis 1942 (* 1878, † 1948 Freitod) *Hermann Göring* wird „Reichsmarschall des Großdeutschen Reiches" (1939 von *Hitler* als sein Nachfolger bezeichnet; 1945 von *Hitler* wegen „Verrats" abgesetzt) 2. dt.-ital. „Wiener Schiedsspruch" (u. a. Nord- und Ostsiebenbürgen von Rumänien an Ungarn; 1941 Teile Jugoslawiens an Ungarn) Dreimächtepakt zwischen Deutschland, Italien und Japan (nachträgl. Beitritt von Ungarn, Rumänien und Slowakei); Beitritt für USSR wird offengehalten *Fritz Todt* (* 1891, † 1942) Reichsminister f. Bewaffnung u. Munition	*Benrath:* „Die Kaiserin Theophano" (Roman) *Bergengruen:* „Am Himmel und auf Erden" (Roman um Kurfürst *Joachim II.* von Brandenburg) *Brecht:* „Das Verhör d. Lucullus" (lehrhaftes Hörspiel; 1951 Oper v. *Paul Dessau*) *G. Greene:* „Die Kraft und die Herrlichkeit" (engl. Roman; wird v. *John Ford* verfilmt) † *Walter Hasenclever*, dt. express. Dichter (Freitod) (* 1890) † *Verner v. Heidenstam*, schwed. Dichter; Vertreter des „Neuidealismus"; *Nobel*preis 1916; u. a. „Hans Alienus" (faustischer Entwicklungsrom., 1892) (* 1859) *Hemingway:* „Wem die Stunde schlägt" (Rom.) *Jelusich:* „Der Traum v. Reich" (österr. Roman) † *Selma Lagerlöf*, schwed. Dichterin (* 1858) *Th. Mann:* „Die vertauschten Köpfe" (Legende n. ind. Motiven) *R. Martin du Gard:* „Epilogue" (frz. Romanzyklus „Les Thibaults" in 8 Bänden seit 1922) *Saroyan:* „Höhepunkt des Lebens" (nordamerikan. Schauspiel) *Sinclair:* „Zwischen zwei Welten" u. „Weltende" (nordamer. Romane) † *Hermann Stehr*, dt. Dichter (* 1864) *Undset:* „Madame Dorothee" (norweg. Roman) *Th. Wolfe:* „Es führt kein Weg zurück" (nordamerikanischer Roman, posthum) *Karl Vossler:* „Poesie der Einsamkeit in Spanien" (Romanistik)	*James Burnham:* „Die Revolution der Manager" (Bedeutung des Systems der Wirtschafts-Direktoren für eine neue Gesellschaft) *M. Dessoir:* „Die Kunst der Rede" *Alfred Döblin* tritt als Emigrant in Frankreich zum Katholizismus über *Nic. Hartmann:* „Der Aufbau der realen Welt" (Schichtung des „Gesamtphänomens Welt" in 1. physische, 2. organische, 3. seelische, 4. geistige Schicht) † *Erich Rudolf Jaensch*, deutscher Psychologe; erforschte besonders Eidetik (* 1883) *Arthur Koestler* (* 1905): „Sonnenfinsternis" (Kritik a. d. bolschewist. Schauprozessen) *R. v. Mises:* „Kleines Lehrbuch des Positivismus. Einführung in die empiristische Wissenschaftsauffassung" *S. L. Rubinstein:* „Die Grundlagen einer allgemeinen Psychologie" (sowjetruss.) *Santayana:* „Das Reich des Seins" (nordamerikan.-span. Philosophie seit 1927); *S.* wird Hospitant in einem kathol. Konvent in Rom *H. Schultz-Henke:* „Der gehemmte Mensch" (Psychoanalyse) *J. v. Uxküll:* „Bedeutungslehre" (Philosophie der biologischen Erkenntnis mit Betonung finaler Erklärungsweis.) 5500 Soziologiekurse in 600 Colleges in den USA (von 1942 bis 1946 steigt die Mitgliederzahl der Amerikan. Soziologischen Gesellschaft von ca. 1000 auf 2250)

Beckmann: „Der Zirkuswagen" (Gem.)
† *Peter Behrens*, dt. Baumeister (* 1868)
Hyman Bloom (*1913 i. Litauen): „Synagoge" (nordam. Gem.)
Brancusi: „Aufsteigender Vogel" (rumän.-frz. Plastik)
Chagall: „Das Martyrium"
Heckel: „Kresse", „Berge in Kärnten" (express. Aquarelle)
Kaus: „Frauen am Meer" (expr. Gem.)
† *Paul Klee*, schweiz.-dt. Maler und Graphiker, Lehrer am Bauhaus; seit 1933 i. Ausland (* 1879)
Yasuo Kuniyoshi (* 1893 i. Japan): „Der Milchzug" (nordam. realistisch. Gemälde)
† *Hugo Lederer*, dt. Bildhauer (* 1871)
P. Mondrian: „Broadway Boogie-Woogie" (Gem.)
H. Moore: „Die Braut" (engl. Plastik aus Blei und Kupferdrähten), „Zwei sitzende Frauen" (engl. express. Gem.)
W. Nicholson: „Lord und Lady Strafford" (engl. Bildnis)
Nolde: „Nachmittagswolken, Friesland" (expr. Gem.)
R. Scheibe: „Die Flehende" (Plastik)
Schmidt-Rottluff: „Rittersporn" (express. Gemälde)
St. Spencer: „Im Wollladen" (engl. surrealistisches Gemälde)
F. L. Wright: Southern College in Lakeland-Florida (nordamerikan. konstruktivist. Bauwerk)

Marcel Cuvelier gründet „Jeunesse Musicales" (intern. Jugendorganisation zur Erneuer. d. Musiklebens)
Hindemith: Konzert für Violincello
† *Walter Kollo*, Berliner Operettenkomponist (* 1883)
Milhaud: „Médéa" (frz. Oper)
Pfitzner: „Über musikalische Inspiration"
Günther Ramin Thomaskantor in Leipzig
Schostakowitsch: Klavier-Quintett (russ. Komp.)
R. Strauss: „Liebe der Danae" (Oper)
Strawinsky: „Symphonie in C-dur"
Seit 1930 siedelten folgende europäische Komponisten in die USA um: *Igor Strawinskij, Arnold Schönberg, Béla Bartók, Paul Hindemith, Darius Milhaud, Bohuslav Martinu* (* 1890), *Ernst Křenek, Kurt Weill, Ernst Toch, Alexander Tansman* (* 1897)
„Rodeo" (nordamerikan. Ballett mit volkstüml. Wildwestromant., Choreographie v. *Agnes de Mille*)
O. Sala entwickelt Konzert-Trautonium *(H. Genzmer* schreibt Konzert m. Orchester für dies. elektroakust. Instrument)

Manfred von Ardenne: „Elektronen-Übermikroskopie. Physik. Technik" (kennzeich. erreichte techn. Reife)
Hermann Baumann, Richard Thurnwald, Diedrich Westermann: „Völkerkunde von Afrika. Mit besond. Berücksichtig. d. kolon. Aufgabe"
Ludwig von Bertalanffy: „Vom Molekül zur Organismenwelt" (biophysikalische Lebenslehre: Der lebende Organismus wird mehr und mehr als ein offenes System aufgefaßt, in dem durch Biokatalysatoren gesteuerte Stoffwechselvorgänge eine nur langsam veränderliche äußere Form im Quasi-Gleichgewicht aufrechterhalten)
† *Karl Bosch*, dt. Chemiker und Industrieller; *Nobel*pr. 1931 (* 1874)
A. E. Douglass: Baumjahresring-Chronologie von 150—1934 (als Hilfsmittel der Klimatologie und Frühgeschichtsforschung)
H. Fischer: Aufklärung des chemischen Baus des grünen Blattfarbstoffes Chlorophyll (begonnen v. *R. Willstätter* u. *A. Stoll* 1913, ist dem roten Blutfarbstoff ähnlich)
W. Goetsch: „Vergleichende Biologie der Insektenstaaten"
Bierens de Haan: „Die tierischen Instinkte und ihr Umbau durch Erfahrungen" (Tierpsychologie)
Erich von Holst: „Neue Anschauungen über die Tätigkeit des Zentralnervensystems" (relative Koordination von Bewegungsabläufen durch zentrale Rhythmen); baut Flugmodelle mit weitgehender Nachahmung des Tierfluges (Vogel, Libelle)
K. Landsteiner und *A. S. Wiegner:* Rhesus-Faktor des menschlichen Blutes (rh-negative Mutter kann ihre rh-positive Frucht schädigen)
Edwin M. McMillan u. *Abelson* weisen erstes transuran. Element nach (Element [93] Neptunium, v. *O. Hahn* seit 1936 vermutet; 1951 Chemie-*Nobel*preis für Transuranchemie an *McMillan* u. *Glenn Th. Seaborg*, USA)
M. Richter: „Grundriß der Farbenlehre der Gegenwart" (Zusammenfassung unter bes. Berücksichtigung der Farbmessung)

J. M. Keynes: „Wie finanziert man den Krieg?" (brit. Volkswirtschaftstheorie)
Der engl. Karikaturist *David Low* erzielt mit seinen politischen Bildern gegen *Hitler* große Wirkungen
Ernst Reuter: „Einführg. in die Kommunalwissensch." (erscheint in Ankara)
Ernst Wagemann: „Wo kommt das viele Geld her?" „Winterhilfswerk" (seit 1933) bringt 916 Mill. RM (nimmt mehr und mehr den Charakter einer Sondersteuer an)
Vernichtung von Geisteskranken in Deutschland ohne Zustimmung oder Kenntnis ihrer Angehörigen
Die ersten Nylon-Strümpfe (Nylon entwickelt sich zu einem vielseitigen Werkstoff)
~Platzersparnis f. Bibliotheken, Karteien usw. durch Mikrophotographie beträgt etwa 95 bis 99%
Prozentualer Anteil verschiedener Lebensalter an der Gesamtbevölkerung (vergleichsweise vorausberechnet für 1970, ohne Kriegsfolgen): 0—29 Jahre: Engl. 44 (31), Dt. 46 (35), USA 52 (47), USSR 64 (54); 50—79 J.: Engl. 26 (37), Dt. 23 (33), USA 19 (26), USSR 12 (20)

(1940)

Baldur v. Schirach (* 1907, † 1974) Gauleiter u. Reichsstatthalter i. Wien; *Axmann* Reichsjugendführer

Starker dt. Luftangriff auf engl. Stadt Coventry

Beginn heftiger dt. Luftangriffe auf London und Malta

† *Michael Hainisch*, österr. Bundespräsident von 1920 b. 1928 (* 1858)

Island von den Alliierten besetzt (später wichtiger Stützpunkt der USA-Streitkräfte)

Winston Churchill (Konserv.) bildet brit. Koalitionsregierung (bis 1945); stellvertretender Ministerpräsident *Clemens Richard Attlee* (Labour; * 1883); Kriegsminister *Eden*. Churchill stellt „Blut, Mühsal, Tränen und Schweiß" in Aussicht

Stafford Cripps (* 1889, † 1952) brit. Botsch. in Moskau, bis 1942

Brit. Niederlage bei Dünkirchen; der brit. Expeditionsarmee gelingt Einschiffung n. Engl. unter Zurücklassung der schweren Ausrüstung

Brit. Luftwaffe und Luftverteidigungskräfte zerschlagen in der entscheidenden „Schlacht um England" dt. Luftoffensive; führt zur Aufgabe des dt. Invasionsplanes „Seelöwe"

† *Neville Chamberlain*, brit. Premier 1937—40 (* 1869)

Poln. Exilregierung i. London unter General *Sikorski;* General *Anders* befehligt nahöstl. poln. Armee

Großbritannien anerkennt provisor. tschechoslow. Exilregierung unter *Benesch*

Anthony Eden nach Lord *Halifax* brit. Außenminister bis 1945

Samuel Hoare (* 1880) brit. Botschafter in Madrid (ihm gelingt, Spanien außerh. d. Krieges zu halten)

Irland lehnt militär. Stützpunkt für Alliierte ab

Paul Reynaud (* 1878, † 1966) frz. Minister-Präs. bis zur militär. Niederlage (unter *Pétain* verhaftet)

Marschall *Pétain* frz. Staatschef des unbesetzten Frankreichs in Vichy bis 1944; arbeitet mit der dt. Besatzungsmacht zusammen; daneben Widerstandsbewegung („Résistance") umfaßt Kommunisten, Sozialisten und Bürgerliche

Das frz. provisorische Nationalkomitee unter *Charles de Gaulle* (* 1890) wird von Großbritannien anerkannt; es bekämpft Pétain-Regierung und erlangt Regierungsgewalt im frz. Kolonialgebiet

Briten vernichten frz. Flottengeschwader vor Oran, um es dt. Zugriff zu entziehen

Pétain setzt seinen Stellvertreter *Laval* ab und läßt ihn verhaften; wird von dt. Behörden befreit

Italien greift von Albanien aus Griechenland an; erfolgreicher Widerstand der Griechen

Kurz vor dem frz. militär. Zusammenbruch tritt Italien auf dt. Seite in den Krieg ein

Balbo wird als Generalgouverneur Libyens durch *Graziani* abgelöst

Italien erobert Brit.- und Frz.-Somaliland; ital. Vorstoß nach Ägypten löst siegreichen brit. Vormarsch in die Cyrenaika aus

† *Italo Balbo*, ital. Marschall, von eigenen Flugzeugen über Nordafrika abgeschossen (* 1896)

Bei einem brit. Luftangriff auf Tarent 3 ital. Schlachtschiffe und 2 Kreuzer schwer beschädigt

Spanien nennt sich „nicht kriegführend", lehnt Eingreifen in den Krieg ab und besetzt internat. Zone in Tanger (1945 wieder freigegeben)

Franco fordert Gibraltar für Spanien

Rumänien muß Bessarabien und nördl. Buchenland an Sowjetunion, nördl. und östl. Siebenbürgen an Ungarn, südl. Dobrudscha an Bulgarien abtreten

König *Carol II.* von Rumänien (seit 1930, * 1893) wird durch General *Antonescu* gezwungen, zugunsten seines Sohnes und Thronfolgers *Michael* abzudanken. *Antonescu* schaltet die faschist. „Eiserne Garde" nach einer blutigen Revolte endgültig aus

Wirtschaftsabkommen zwischen Deutschland und USSR

Finnland muß nach starkem Widerstand an die USSR Karelische Landenge, Teile von Ostkarelien abtreten und Hangö verpachten

Die Sektionen der kommunistischen Internationale unterstützen im Zeichen des dt.-sowjet. Paktes den Angriffskrieg *Hitlers* bis zu seinem Überfall auf die USSR

USSR liefert oppositionelle dt. Kommunisten an *Hitler* aus

Umbildung der Roten Armee durch Aufhebung von Neuerungen seit der Revolution (Wiedereinführung deutlicher Rangabzeichen, neue Disziplinarordnung, Abschaffung d. polit. Kommissare)

Andrej Wyschinski (* 1883, † 1954) stellvert. Außenkommissar d. USSR

USSR gliedert mit Duldung des Dt. Reiches baltische Staaten ein (1941 bis 1944 von dt. Truppen besetzt)

† *Leo Trotzki* (in Mexiko ermordet), russ. bolschewist. Politiker; Gründer der Roten Armee; Gegner *Stalins* (* 1879)

Staatsbesuch *Molotows* bei *Hitler* ergibt Gegensatz der Interessen

Achsenfreundliche Regierung in Syrien gestürzt. Brit. Truppen marschieren in Bagdad ein

USA kündigen Handelsvertrag mit Japan von 1911

USA-Marineprogramm für 150 Schiffe (2,5 Milliarden Dollar)

USA-Unterstaatssekretär *Sumner Welles* untersucht Friedensmöglichkeiten in Europa

Teilweise Wehrpflicht in den USA; 16,4 Mill. Mann werden gemustert

Grönland unter USA-Verwaltung

USA pachten von Großbritannien für 99 Jahre Neufundland, Bermudainseln, Bahamainseln, Jamaika, Antigua, Santa Lucia, Trinidad und Brit.-Guayana; liefern dafür 50 Zerstörer an brit. Marine

F. D. Roosevelt z. drittenmal Präs. der USA bis 1945 (†); „Nationaler Verteidigungsrat" gebildet

Autoritäre Regierung in Japan unter Fürst *Konoye*

Japaner setzen Regierung *Wang Tsching-wei* in Nanking ein. Trotz der japan. Bedrohung Konflikte zw. Kuomintang u. Kommunisten

Japan besetzt nördl. Teil von Frz.-Indochina

„Friedrich Schiller" (Film mit *Horst Caspar*, *E. Klöpfer* und *H. George*)

„Operette" (Film v. u. mit *W. Forst*)

„Der Postmeister" (Film nach *Puschkin* mit *H. George* und *Hilde Krahl*; Regie: *G. Ucicky*)

„Bismarck" (Film v. *W. Liebeneiner* mit *P. Hartmann*)

„Michelangelo" (Kulturfilm von *Curt Oertel* (* 1890, † 1959)

„Jud Süß" (Film v. *V. Harlan* mit *Ferd. Marian*, *W. Krauß*, *Kristina Söderbaum*)

„Die Früchte des Zorns" (nordamerikan. Film nach dem Roman *Steinbecks*; Regie: *J. Ford*; Solo-Akkordeon mit wiederkehrendem Volksliedthema als neuartige Filmmusik)

„Der Diktator" (nordam. *Hitler*persiflage von u. mit *Ch. Chaplin*); „Rebecca" (nordamerik. Film nach *du Maurier* von *A. Hitchcock*); „Fantasia" (nordam. farb. Zeichenfilm v. *Walt Disney* nach klassischer Musik wie „Nußknackersuite", „Pastorale" u. a.); „Die lange Heimreise" (nordam. Film nach *O'Neill* von *J. Ford*)

„Ein Tag in der neuen Welt" (russ. Film von *Karmen*)

„Gaslicht" (engl. Film von *Thorold Dickinson*); „Das stolze Tal" (engl. Film v. *Pen Tennyson*)

Ruben: Klärung des Verbleibs der Kohlensäure im Assimilationsvorgang mit der Indikator-Methode (Verwend. radioakt. Isotope, deren Verbleib verfolgt werden kann)

Hermann Schmidt plant in Berlin Institut für Regelungstechnik (Anfänge der Kybernetik in Dtl., vgl. 1948)

H. Stille: „Einführung in den Bau Amerikas" (geologische Analyse der zeitlichen Entwicklung)

G. v. Studnitz weist drei Farbsubstanzen in den Zapfen der Netzhaut als stoffliche Grundlage des Farbensehens nach

Timoféeff-Ressovsky: „Eine biophysikalische Analyse des Mutationsvorganges" (Deutung der Erbänderungen durch Strahlen)

† *Julius Wagner von Jauregg*, österr. Nervenarzt; Nobelpr. 1927 (* 1857)

Waksman und *Woodruff* entd. das Antibioticum Actinomycin A

Hans Weinert: „Der geistige Aufstieg der Menschheit" (aus der Sicht d. Abstammungslehre; 3. Bd. der Trilogie seit 1932)

Bahnen von 1513 kleinen Planeten bekannt (seit 1910 über 700 ausgemessen; erster 1801 entdeckt). 4000 weitere wenigst. einmal beob. Entdeckung der steinzeitl. Höhlenmalereien bei Lascaux (Südfrankr.)

Anwendung und Entwicklung der plastischen Chirurgie bei Gesichtsverletzungen im Kriege

In Kanada wird Fichtenblattwespe als Schädling durch künstlich hervorg. Seuche erfolgreich bekämpft

Technisch brauchbare Gasentladungs-Leuchtstofflampen mit hoher Lichtausbeute u. vielen Farbtönungen (diese „kalten" Lichtquellen konkurrieren mit den Glühfadenlampen geringerer Lichtausbeute)

USA ersetzt das 441- durch das 525-Zeilen-Fernsehbild

~ Ersatz v. Dampf- durch *Diesel*lokomotiven i. USA (1953 ca. 50%)

Starker Ausbau des Wasserstraßensystems in der USSR (Ostsee-Wolga-Kanal, Dnjepr-Bug-Kanal, Moskwa-Wolga-Kanal, Seekanal Schwarzes — Kaspisches Meer)

~ Radioaktiver Phosphor in der Medizin

1941

† *Ludwig Quidde*, dt. Historiker und Politiker; Friedens*nobel*preis 1927 (* 1858)

General *Rommel* schlägt mit dem dt. Afrikakorps die Briten in Nordafrika zurück. Tobruk wird eingeschlossen. Gegenstoß der Briten

Brit. Truppen besetzen Somaliland, Eritrea und Abessinien; Ende des ital. Imperiums

Rodolfo Graziani, Marschall von Italien, tritt von allen Ämtern zurück (Generalstabschef des Heeres, Generalgouverneur in Libyen, Oberbefehlshaber in Nordafrika)

Leih- und Pacht-Gesetz in den USA zur sofortigen und wirksamen Unterstützung der Gegner *Hitlers*

Der dt.-freundliche Prinzregent *Paul* von Jugoslawien muß nach dem Beitritt zum Dreimächtepakt für König *Peter II.* abdanken. Freundschaftspakt USSR — Jugoslawien. Deutschland greift Jugoslawien an. Schwere Luftangriffe auf Belgrad

Dt. Truppen marschieren von Bulgarien aus in Griechenland ein. Dt. und ital. Truppen besetzen ganz Griechenland. Brit. Truppen ziehen sich nach Kreta zurück. Ungarn, Bulgarien, Italien und Deutschland erhalten von Jugoslawien und Griechenland Gebietsteile

Dt. Fallschirmjägertruppen erobern Kreta

Ante Pavelitsch leitet in dt.-ital. Abhängigkeit den neugegründeten Staat Kroatien; stützt sich auf terrorist. „Ustascha"-Bewegung

Besuch des japan. Außenministers *Matsuoka* in Berlin, Rom und Moskau (in Moskau Abschluß eines Neutralitätspaktes)

Reichsminister *Rudolf Heß* springt mit Fallschirm über Großbritannien ab, um durch persönl. Verhandlungen die Front der Gegner zu schwächen. (Reichsregierung erklärt ihn für geisteskrank, brit. Regierung setzt ihn gefangen)

† *Wilhelm II.* (in Doorn), dt. Kaiser von 1888 bis 1918 (* 1859)

Josef Martin Bauer (* 1901): „Das Mädchen auf Stachet" (Roman)

Brecht: „Mutter Courage" (Urauff. i. Zürich mit *Th. Giehse*, * 1898, † 1975)

Camus grdt. „Le Combat" (frz. Zeitung des Widerstandes)

Carossa: „Das Jahr der schönen Täuschungen" (Roman, Fortsetzung v. „Verwandlungen einer Jugend" 1928)

A. J. Cronin: „Schlüssel zum Königreich" (engl. Roman)

Ilja Ehrenburg (*1891, + 1967): „Der Fall von Paris" (russ. Roman)

G. Hauptmann: „Iphigenie" (Schauspieltrilogie, letzt. Teil 1948 posthum)

Fritz Hochwälder (* 1911): „Das heilige Experiment" (österr.-schweiz. Schauspiel)

† *James Joyce*, engl. Dichter irischer Abkunft (* 1882)

† *Dimitrij Mereschkowskij*, russ. Dichter (* 1865)

Pablo Picasso: „Der Wunsch beim Schwanz ergriffen" (sein einziges Bühnenstück)

Charles Plisnier: „Meurtres" (frz. Romanzyklus in 5 Bänden seit 1939)

† *Johannes Schlaf*, dt. natural. Dichter (* 1862)

W. E. Süskind: „Vom ABC zum Sprachkunstwerk" (philolog. Essays)

† *Rabindranath Tagore*, ind. Dichter; *Nobel*preis 1913 (* 1861)

Thieß: „Das Reich der Dämonen" (Roman)

Alexej N. Tolstoi: „Der Leidensweg" (russ. Romantrilogie seit 1920)

F. . Ahlers-Hestermann: „Stilwende" (entscheid. Würdigung d. Jugendstils um 1900)

† *Henri Bergson*, frz. Philosoph und Psychologe; *Nobel*preis für Literatur 1927 (* 1859)

Lucien Cuénot (* 1866): „Zweckgebundenheit u. Erfindung in der Biologie" (frz.)

E. B. Greene: „Die Messung menschlichen Verhaltens" (kennzeichnend für den hohen Stand des Intelligenzprüfwesens in den USA)

C. G. Jung: „Einführung in das Wesen der Mythologie" (Schweiz. psychoanalyt. Deutung)

Herbert Marcuse (*1898): „Vernunft und Revolution" (dt.-amer. gesellschaftskrit. Philosophie)

† *Werner Sombart*, dt. Soziologe und Nationalökonom; urspr. Marxist, später Antimarxist (* 1863)

Spranger: „Weltfrömmigkeit"

Ralph Turner: „Die großen kulturellen Traditionen" (nordamerik. Soziologie)

V. v. Weizsäcker: „Arzt und Kranker"

58 dän. Volkshochschulen (alle auf dem Lande) (schon 1870 bestanden ca. 50 VHS)

Werfel: „Das Lied von Bernadette" (Roman um den Wallfahrtsort Lourdes, seit 1940)

Th. Wolfe: „Strom des Lebens" (nordam. Roman, posthum)

Beckmann: „Perseus" (express. Triptych.)
Bowden: „Kathol. Kirche in Addis Abeba" (engl. Gem.)
† *Robert Delaunay,* frz. Maler (* 1885)
Heckel: „Königskerze", „Wolken vor Bergen", „Winterlandschaft" (express. Aquarelle)
F. Hodgkins: „Mauern, Dächer und Blumen" (engl. express. Gemälde)
† *Alexej von Jawlensky,* express. Maler russ. Herkunft (* 1864)
J. Lipchitz flieht von Paris (dort seit 1909) nach den USA
Matisse: „Die beiden Freundinnen" (frz. Gemälde)
† *George Minne,* belg. Bildhauer (* 1866)
H. Moore: Schlafende Menschen in den Londoner U-Bahnschächten während der Luftangriffe (engl. Zeichn.)
Nash: „Bomber üb. Berlin" (engl. Gem.)
Pasmore: „Lampenlicht" (engl. Gem.)
Picasso: „Natura morte" (frz.-span. Stilleben im kubist.-abstrakten Stil)
St. Spencer: „Schiffsbau" (engl. Gem.)
Graham Sutherland (* 1903): „Verbranntes Papier" (engl. Gemälde)
Röm. Dionysos-Mosaik i. Köln entd.

Egk: „Columbus" (oratorische Oper)
Hindemith: „Danses Concertantes" („Konzertante Tänze") und „Sinfonie in Es-dur"
† *Wilhelm Kienzl,* dt. Opernkomponist (* 1857)
Křenek: „Tarquin" (Oper um den heiligen Aufstand gegen einen Diktator)
Gian-Carlo Menotti: „Die alte Jungfer und der Dieb" (nordamerikan. komische Oper; 1938 als Funkspiel)
† *Christian Sinding,* norweg. Komponist; schrieb drei Symphonien, Violinkonzerte, Lieder u. a. (* 1856)
Aufkommen populärer Soldatenlieder: Dt. Soldatensender i. Belgrad macht d. Platte „Lili Marleen", ges. v. *Lale Andersen* (*1912, † 1972), Text 1915 v. *Hans Leip,* bekannt; „Wir hängen unsere Wäsche an der Siegfriedlinie auf" (engl.) u. a.

G. H. Faget beginnt in Carville Lepra erfolgreich mit Promin und anderen Sulfonen zu behandeln
Hans Hass: „Unter Korallen und Haien" (neuartige Unterwasserforschung mit Schwimmflossen und Kamera)
A. Kühn: Analyse einer stofflichen Wirkkette vom Gen zum Merkmal am Augenpigment der Mehlmotte: Phänogenetik
Kuhn und *Rittmann* vermuten sonnenähnliche, wasserstoffreiche Materie im Erdkern (dagegen steht weiterhin Eisenhypothese)
L. D. Landau: Theorie des superflüssigen Heliums bei tiefsten Temperaturen
Loos: Phasenkontrast-Mikroskop nach *Zernike* (vgl. 1932)
M. Milankovitch: „Kanon der Erdbestrahlung und seine Anwendung auf das Eiszeitenproblem" (Ableitung des Eiszeitenverlaufes aus den langfristigen Änderungen der Erdlage zur Sonne)
† *Walther Nernst,* dt. Physikochemiker; *Nobel*preis 1920 (* 1864)
† *Hans Spemann,* dt. Entwicklungsphysiologe; *Nobel*preis 1935 (*1869)
Albert Vögler Vorsitzender der Kaiser-*Wilhelm*-Gesellschaft für Wissenschaften
Konrad Zuse (* 1910): 1. elektr.-mechan. Digital-Rechner (mit 2000 Relais)
„Vitamine und Hormone" (Zeitschrift für Wirkstoffforschung)
Elektronen-Übermikroskop erlangt nach etwa 10 jähriger Entwicklung technische Reife für den praktischen Gebrauch (übertrifft die etwa 2000 fache Maximalvergrößerg. des Lichtmikroskopes um das 50fache)
Sichtbarmachung von Viren (Krankheitserreger), Phagen (Bakterienfresser) und Riesenmolekülen
~ Rasche Entwicklung der Dezimeterwellen-Technik (Grundl. der Radar-Ortung)
Etwa 1 Mill. Tierarten bekannt (dav. ca. 75% Insekten) u. 200000 Pflanzenarten (50 Mill. ausgestorb. Tierarten geschätzt)

S. Kuznet: „Nationaleinkommen u. ihre Zusammensetzung" (engl. Wirtschaftsstatist., kennzeichnend für wachsendes Interesse an dieser Fragestellung)
„Eisernes Sparen" (Spareinlagen steigen während des Krieges von 301 auf 940 RM/Kopf der Bevölkerung; Guthaben dienen der Kriegsfinanzierung und werden durch die Währungsreform 1948 auf 5% entwertet)
Auflösung der dt. Verbrauchergenossenschaften (seit 1933 zunehmend eingeschränkt)
Die brit. Presse übernimmt die Aktien der *Reuter*-Nachrichtenagentur
75% der *Ford*-Arbeiter stimmen für die CIO-Gewerkschaft (bedeutet das Ende des „Fordismus"; *Fords* Marktanteil war von 50% 1925 auf 20% 1940 zurückgegangen)
USSR verlagert in 3 Monaten 1360 Großbetriebe aus den kriegsbedrohten Gebieten nach Sibirien und baut weitere 2250 dort auf
Weltrekord im Hochsprung mit 2,11 m von *Steers* (USA)

(1941)

Botschafter *von Papen* schließt dt.-türkischen Freundschaftsvertrag auf 10 Jahre ab

Brit. und frei-frz. Truppen besetzen Syrien (frz. Einflußgebiet)

Verbot der kommunist. Partei in der Schweiz (1945 Parteiorgan wieder zugelassen)

Hitler greift die USSR an und hat große Anfangserfolge. Sowjetarmee bringt in der Winterschlacht vor Moskau die vordringende dt. Panzerarmee zum Stehen

Stalin (bisher formal nur Generalsekretär der KPSU) Vorsitzender des Rates der Volkskommissare (Rang eines Ministerpräsidenten)

Belagerungszustand in Moskau; Reorganisierung der sowjet. Verteidigungskraft unter den Generälen *G. K. Schukow* (* 1895), *Timoschenko, Woroschilow, Budjenny*

Auflösung der Wolgadeutschen Republik (galt als Mustergebiet), Verbannung der dt. Einwohner nach sibir. Strafgebieten

„Atlantic Charta" von *Roosevelt* und *Churchill* auf einem Schlachtschiff verkündet (wiederholt die 4 Freiheiten: Freiheit der Meinung und Religion, Freiheit von Not und Furcht)

Iran von brit. und sowjetruss. Truppen besetzt. Ausbau einer Nachschubstraße

Risa Pählewi, Schah von Iran seit 1925, zur Abdankung gezwungen; es folgt sein Sohn *Mohammed Risa Pählewi* (* 1919)

Hitler übernimmt an Stelle *von Brauchitschs* Oberbefehl über das Ostheer. Schwere Winterkrise des Ostheeres. Beginn heftiger Partisanenkämpfe

Alfred Rosenberg Reichsminister für die besetzten Ostgebiete; behandelt die slawische Bevölkerung nach der „Untermenschen"-Parole

Heydrich (SS) Reichsprotektor in Böhmen-Mähren; unterdrückt Unruhen

Großbritannien schränkt irische Ausfuhr durch Navycerts ein

Admiral *Darlan* frz. Regierungschef

Aktivität der frz. Widerstandsbewegung; *Hitler* läßt 50 Geiseln erschießen. „Nacht-und-Nebel-Erlaß" ordnet Verschleppung politischer Gegner ins Ungewisse an

Finnland beteiligt sich unter Oberbefehl Marschall *Mannerheims* am Krieg gegen die USSR; tritt Antikominternpakt bei

von Bardossy ungar. Ministerpräsident bis 1942 († 1945, hingerichtet); ungar. Truppen beteiligen sich am Einmarsch in Jugoslawien und in die USSR

Rumänien erobert unter *Antonescu* Bessarabien zurück, tritt Antikominternpakt bei

Poln. Exilregierung schließt mit der USSR Freundschafts- und Hilfspakt

† *Ignaz y Paderewski*, poln. Ministerpräsident von 1919 bis 1921 und Klaviervirtuose (* 1860)

Franco-Spanien stellt „Blaue Division" gegen Sowjetunion

Fehlschlag von Verhandlungen Japan—USA. Regierung *Konoye* tritt zurück. Militärkabinett unter General *Tojo*

Regierungskonflikt mit den USA-Bergarbeitergewerkschaften unter *John L. Lewis*

Japan. Luftangriff auf USA-Flottenstützpunkt Pearl Harbour zieht die USA in den 2. Weltkrieg. Deutschland und Italien erklären den USA den Krieg

USA erhalten von Ekuador Stützpunkte auf den Galapagosinseln im Stillen Ozean

Erste Konferenz zwischen *Roosevelt* und *Churchill* in Washington

Thailand tritt auf japan. Seite in den Krieg und erwirbt an Frz.-Indochina abgetretene Gebiete zurück

Japaner erobern Hongkong

† *Virginia Woolf*, (Freitod), engl. Dichterin (* 1882): „Zwischen den Akten" (engl. Roman) *E. Piscator* übernimmt Studio-Theater d. Neuen Schule für soziale Forschungen in New York	„Reitet für Deutschland" (dt. Film v. *A. M. Rabenalt* mit *W. Birgel* (* 1891, † 1973) „Frauen sind doch bessere Diplomaten" (erster dt. Farbspielfilm im Normalformat, mit *Marika Rökk, W. Fritsch*) „Das andere Ich" (Film mit *H. Krahl* [Doppelrolle] und *Matthias Wiemann*, * 1902, † 1969; Regie: *W. Liebeneiner*) „Friedemann Bach" (Film mit *G. Gründgens, E. Klöpfer*; Regie: *Traugott Müller*) „Auf Wiedersehen Franziska" (Film mit *M. Hoppe* u. *Hans Söhnker*; Regie: *Helmut Käutner*) „Ohm Krüger" (Film v. *H. Steinhoff*) „Citizen Kane" (nordam. Film von *O. Welles*); „So grün war mein Tal" (nordamerik. Film nach *Richard Llewellyn* von *J. Ford*); „Verdacht" (nordamer. Film von *A. Hitchcock*); „Sergeant York" (nordamer. Film mit *G. Cooper, Joan Leslie*) „Maskerade" (russ. Film) „Kipps" (engl. Film von *C. Reed*) „Nous les Gosses" (frz. Film v. *Daquin*)	Gewebe aus Perlonseide (vgl. 1939) Entgiftungsmittel gegen Schwermetalle BAL (British Anti-Lewisit) Erstes britisches Düsenflugzeug Brit. Kampfflugzeug „Mosquito" (DH 98, schnell und vielseitig) Gasturbinenlokomotive (in der Schweiz) Im Zuge der Atombomben-Entwicklung werden i. USA die Uran-Isotope massenspektroskopisch getrennt (Calutron)	

1942

Militärbündnis Deutschland, Italien und Japan

Panama, Luxemburg (Exilregierung), Mexiko, Brasilien und Abessinien geraten mit Deutschland in Kriegszustand

Hitler entläßt Generalstabschef Generaloberst *Franz Halder*

Dt. Truppen erreichen den Kaukasus und die Wolga bei Stalingrad; 6. Armee unter General *Paulus* bei Stalingrad eingeschlossen

General *Wlassow* ruft aus der dt. Gefangenschaft die Völker der Sowjetunion zum Sturz des bolschewist. Systems auf; wird später entlassen, erhält aber bis 1944 keine militär. Befehlsgewalt

Albert Speer Reichsminister für Bewaffnung und Munition, Generalinspektor für Straßen, Wasser und Energie (wird 1946 zu Gefängnis verurteilt)

Fritz Sauckel Generalbevollmächtigter für Arbeitseinsatz; unter ihm werden Millionen von Arbeitern aus den besetzten Gebieten nach Deutschland gebracht

Attentat auf den Reichsprotektor von Böhmen-Mähren *Reinhard Heydrich* (†): als Vergeltung wird das Dorf Lidice dem Erdboden gleichgemacht, seine Männer getötet, Frauen und Kinder verschleppt

Beginn der Ermordung von Millionen Juden in den Gaskammern der Vernichtungslager Auschwitz, Maidanek u. a.

Illegale Organisation „Die rote Kapelle" mit Verbindungen zur USSR in Deutschland aufgedeckt; Hunderte werden hingerichtet

Cripps brit. Min. f. Flugzeugprod.

Molotow unterzeichnet in London brit.-sowj. Vertrag über Zusammenarbeit für 20 Jahre

Heinrich v. Stülpnagel Militärbefehlshaber von Frankreich bis 1944 (hingerichtet im Zusammenhang mit dem 20. Juli)

Alliierte Probelandung bei Dieppe

USA- und brit. Truppen unter *Eisenhower* landen in Marokko und Algerien. Schwacher Widerstand

Anouilh: „Colombe" (frz. Bühnenstück; aufgeführt 1950)

B. Brecht: „Galileo Galilei" (Drama)

A. Camus: „Der Fremdling" (frz. Roman)

Paul Eluard: „Poesie und Wahrheit" (franz. Lyrik)

Ernst Jünger: „Gärten u. Straßen" (Tagebuch v. Frankreichfeldzug)

Astrid Lindgren: „Pippi Langstrumpf" (mod. schwed. Jungmädchenbuch)

Klaus Mann (* 1906, † 1949, Selbstm.): „Der Wendepunkt" (Autobiogr.)

Monnier: „Nans, der Hirt" (frz. Roman)

Ponten: „Volk auf dem Wege" (Romanreihe über Auslandsdeutschtum in 6 Bd. seit 1933)

Katherine Anne Porter: „Der schiefe Turm und andere Erzählungen" (nordamerikan. realistische Kurzgeschichten)

Saroyan: „Menschliche Komödie" (nordamerik. Roman)

Sinclair: „Drachenzähne" (nordamerikan. Roman)

Vercors (Jean Bouller, * 1902): „Das Schweigen des Meeres" (frz. Novelle)

Th. N. Wilder: „Wir sind noch einmal davongekommen" (nordamerikan. surrealist. Schauspiel)

† *Stefan Zweig* (Freitod in Brasilien), dt. Dichter; hinterläßt unvollendete *Balzac*-Biographie (* 1881)

R. Carnap: „Einführung in die Semantik" (Erkenntnis als Abbildung der Welt durch Zeichen nach festgelegten Regeln)

H. Reichenbach: „Philosophische Grundlagen der Quantenmechanik" (empirisch-logische Naturphilosophie; drückt die Anomalien d. Quantenphysik durch dreiwertige Logik aus)

Wilhelm Röpke (* 1899, † 1966): „Gesellschaftskrise der Gegenwart" (neoliberal)

Schweiz schafft Todesstrafe ab

Widerstand der norweg. Geistlichkeit gegen *Quislings* Erziehungsprogramm; zahlreiche Verhaftungen

Bei ihrem 75 jährigen Bestehen umfaßt *Reclams* Universalbibliothek 7500 Nummern (bis Kriegsende 275 Mill. Bände gedruckt)

Beckmann: „Prometheus" (express. Gemälde)	*B. Britten:* 1. Streichquartett (engl. Komposition)	† *Franz Boas,* dt.-nordamerik. Ethnologe u. Anthropologe; gründete erfolgreiche Schule für Kulturforschung (* 1858)	Feuersturm n. Fliegerangriff zerstört Lübeck
† *German Bestelmeyer,* dt. Baumeister, bes. in München (* 1874)	† *Hugo Distler* (Freitod), dt. Komponist u. Kantor in Lübeck; erneuert lutherische Kirchenmus. (* 1908)	† *William Henry Bragg,* engl. Physiker; *Nobel*preis 1915 (* 1862)	*W. Beveridge,* engl. liber. Nationalökonom (* 1879): Plan für engl. Sozialreform (beeinflußt d. brit. Sozialpolitik ab 1945)
Braque: „Toilettentisch am Fenster" und „Patience" (frz. kubist. Gemälde)		*E. Fermi* gelingt erste fortlaufende Erzeugung von Atomenergie durch Kettenreaktion der Uranspaltung. Gilt als „Beginn des Atomzeitalters" am 2. 12. 1942, 15.30 Uhr Chicagoer Zeit. „Manhattan"-Projekt in den USA zur Entwicklung der Atombombe (führt mit 150000 Menschen, davon 14000 Wissenschaftler u. Ingenieure, und Kosten von etwa 2 Milliarden Dollar 1945 zum Erfolg)	*Colin Clark:* „Die Wirtsch. v. 1960" (engl. statist. Wirtschaftsprognose)
Burra: „Soldaten" (engl. surreal. Gem.)	*H. Reutter:* „Odysseus"(Oper)		„Studien über mathematische Ökonomie u. Ökonometrie" (nordam. Sammelwerk)
Max Ernst (* 1891): „Antipapa" (dt.-frz. surrealist. Gemälde)	*Schostakowitsch:* 7. Symphonie (russ. Komposition, verherrlicht den Widerstand des belagerten Leningrad; sofort. Aufführungen in Rußland, Großbritann. und USA)		
Grant: „Blumen" (engl. Gem.)			Steueraufkommen in Deutschland: 42684 Mill. RM (1933: 6882 Mill. Reichsmark)
Kaus: „Mädchen am Ufer"(express. Aquarell)		*Florey* entwickelt das schon 1928 von *A. Fleming* entdeckte bakterientötende Penicillin zu einem wirksamen Heilmittel	
G. Marcks: „Rafaello" (Bronzeplastik)	*R. Strauss:* „Capriccio" (Oper)	*F. Kögl* klärt Aufbau des Hefehormons Biotin (Vitamin H)	Mieterschutzgesetz in Deutschland
Matisse: „Die rumänische Bluse" (frz. express. Gemälde)	*Hch. Sutermeister:* „Die Zauberinsel" (Schweiz. Oper nach *Shakespeares* „Sturm")	*G. P. Kuiper* findet Anzeichen einer Atmosphäre beim Saturnmond Titan	Produktions-Beratungsausschüsse zwischen Gewerkschaften und Fabrikleitungen in Großbritannien
H. Moore: „Rote Felsen und liegende Figur" (engl. surreal. Gem.)		*Mauchly* und *Eckert* entwickeln elektronische Großrechenmaschine ENIAC (18000 Röhren, 500000 Lötstellen, Raumbedarf 135 qm; 300 Multiplikationen in einer Sek.; eröffnet neue Epoche d. Rechenmöglichkeiten; Inbetr.nahme 1946)	
Ed. Munch: „Selbstbildnis" (norweg.)	† *Felix Weingartner,* dt. Komponist u. Dirigent, bes. in Deutschland, Österreich und der Schweiz (* 1863)		Einheitl. schweizerisches Strafgesetzbuch tritt in Kraft (1938 gebilligt)
Picasso: „Stilleben mit Stierschädel" (span.-frz. kubist. Gemälde)		*Heinrich Mitteis* (* 1889, † 1952): „Der Staat des hohen Mittelalters"	Bau der Alaskastraße (Kanada—Alaska, rund 2500 km)
J. Piper: „Windsor Castle", „Akt"(engl. Gem.)	„Musik bei der Arbeit" zur Hebung der Arbeitsfreude in engl. Fabriken (wird zum regelm. Rundfunkprogr.)	*Oskar Pareth:* „Die Pfahlbauten" (erweist sie am Bodensee als überflutete ursprüngl. Landsiedlungen)	
Shahn: Wandbilder für Sozialversicherungs-Gebäude Washington (seit 1940)		† *August von Parseval,* dt. Erfinder des unstarren Luftschiffes und Fesselballons (* 1861)	Sportliche Kleidung mit kurzen Röcken
Graham Sutherland: „Rote Landschaft" (engl. express. Gemälde)		*N. Sinizyn:* Überpflanzung eines zweiten Herzens in den Blutkreislauf von Kalt- und Warmblütern	Hochgekämmte Frauenfrisuren („Entwarnungsfrisur")
		Der planetarische Krabben-Nebel wird als Folge des Supernova-Ausbruches vom Jahre 1054 erkannt	
„Diesel" (Film mit *Willy Birgel;* Regie: *G. Lamprecht*)		Die Temperatur der Sonnenkorona wird zu etwa eine Million Grad bestimmt (Sonnenoberfläche 6000°)	Weltrekord im Stabhochsprung mit 4,77 m von *Warmerdam* (USA)
„Rembrandt" (Film mit *Ewald Balser;* Regie: *H. Steinhoff*)		Brit. Radarstationen entdecken Kurzwellenstrahlung der Sonne (ab 1946 setzt intensive Radio-Sonnenforschung ein)	

(1942)

von Vichy-Truppen. Dt. Truppen besetzen Tunis. Einmarsch dt. Truppen in den bisher unbesetzten Teil Frankreichs. Selbstversenkung der franz. Kriegsschiffe in Toulon

Rommels Panzerarmee geht auf die Grenze der Cyrenaika zurück

General *Giraud* (nach Flucht aus dt. Gefangenschaft) und Admiral *Darlan* gehen auf die alliierte Seite über. *Pétain* enthebt *Darlan* seiner Ämter. *Darlan* erklärt sich zum Staatschef in Nordafrika und wird ermordet

In Griechenland sind eine monarchist. und eine kommunist. Widerstandsbewegung aktiv, die sich untereinander und die Exilregierung bekämpfen

Aufhebung der Trennung zwischen militär. und politischer Kommandogewalt in der USSR (seit 1940)

Washington-Pakt zwischen 26 Staaten gegen Sonderfrieden

Pan-Amerikanische Konferenz in Rio de Janeiro zur Verteidigung der westl. Hemisphäre

Preiskontrollgesetz und „Sieben-Punkte-Programm" gegen Inflationsgefahr in den USA

Gandhi fordert Großbritannien auf, Indien zu verlassen: wird verhaftet, seine Frau folgt ihm ins Gefängnis. Großbrit. bietet Indien Dominionstatus an, der abgelehnt wird

Hitler unterstützt den antibrit. Inder *Subhas Chandra Bose*

Japan erobert Singapur und dringt in Burma ein; Burmastraße nach China wird abgeschnitten

Japan besetzt Philippinen, Celebes, Amboina, Timor, Java, Guam, Wake, *Bismarck*-Archipel, Salomonen, landet auf den Aleuten. Japan. Luftangriffe gegen Australien. Japaner beherrschen 450 Mill. Menschen, kontrollieren 95% der Weltgummiproduktion und 70% der Zinn- und Reisproduktion

MacArthur erhält Oberbefehl im Fernen Osten. Japan. Niederlage in der Seeschlacht bei den Midway-Inseln bedeutet Wendepunkt des Krieges im Fernen Osten

Japaner unterliegen in der Seeschlacht bei den Salomonen. Beginn der alliierten Großoffensive im Südpazifik

„Die goldene Stadt" (Farbfilm mit *K. Söderbaum*; Regie: *V. Harlan*) „Paracelsus" (dt. Film v. *Pabst*) „Mrs. Minniver" (nordam. Film von *William Wyler* mit *GreerGarson*); „Warum wir kämpfen" (nordam. Film von *Capra*); „Sein oder Nichtsein" (nordam. Film von *E. Lubitsch*); „Meine Frau die Hexe" (nordam. Film von *R. Clair*); „Bambi" (nordam. Zeichenfarbfilm von *Walt Disney*) „Die phantastische Nacht" (frz. Film v. *L'Herbier*); „Liebesbriefe"(frz.Film von *Claude Autant Lara*, *1903); „Die abendlichen Besucher" (frz. Film v. *Carné*) „Die deutsche Niederlage vorMoskau" (russ. Film)		Dauernd besetzte brit. Forschungsstation im südpolaren *Rossmeer* Weißgliedriger Satansaffe auf Fernando Poo entdeckt Internat. Entwicklungsstand der Flugabwehr: Verwendung automatisch rechnender Kommandogeräte und elektrischer Übertragung der Werte an die Geschütze, Verwendung von Funkmeßgeräten (Radar) zur Ortung, ausgedehnte Flugwarnnetze. Technische Entwicklung der Flugwaffe verurteilt diesen gewaltigen Aufwand zu relativ geringen Erfolgen. Große Bedeutung der Flakgeschütze für den direkten Panzerbeschuß *Junkers* und BMW entwickeln Turbinen-Strahltriebwerke (für Jagdflugzeuge); parallele Entwicklung besonders in Großbritannien Dt. Messerschmittjäger mit Strahlantrieb wird bis Kriegsende serienmäßig gebaut Durch fast 8 Mill. Impfdosen erkrankt kein USA-Soldat an Gelbfieber Feuergeschwindigkeit des Maschinengewehres wird auf etwa 1000 Schuß pro Minute gesteigert	

| 1943 |  |  | |

1943

Die unter General *Paulus* in Stalingrad eingeschlossene dt. 6. Armee vernichtet oder gefangen (ca. 146000 Gefallene und 90000 Gefangene; bedeutet Wendepunkt des Krieges)

General *Paulus* und andere dt. Kriegsgefangene sowie kommunist. Emigranten bilden in Moskau das „Nationalkomitee Freies Deutschland" zur antifaschist. Propaganda in der dt. Wehrmacht

Casablanca-Konferenz zwischen *Roosevelt* und *Churchill*: Forderung der bedingungslosen Übergabe Deutschlands; wird vom Nationalsozialismus propagandistisch gegen die wachsende Kriegsmüdigkeit ausgenutzt

Sowjet. Truppen öffnen Zugang zum seit 17 Monaten belagerten Leningrad. Charkow wechselt dreimal den Besitzer. Sowjets erobern Ukraine zurück und dringen bis Kiew vor

Hitler befiehlt Politik d. „Verbrannten Erde" beim Rückzug aus der USSR (sowj. Schätzung der gesamten Kriegsschäden: 679 Mrd. Rubel)

Rücktritt der dän. Regierung. Dt. Militärbefehlshab. übernimmt vollziehende Gewalt. Ausnahmezust. Die für die Erzeugung von Atomenergie wichtige Produktion schweren Wassers in Norwegen durch brit.-norweg. Sonderkommandos und Bombenangriffe lahmgelegt

Irak, Bolivien, Iran, Italien (*Badoglio*-Regierung), Kolumbien geraten mit Deutschland in Kriegszustand

Hamburger Außenbezirke d. brit. Luftangriffe weitgehend zerstört. Beginn fortgesetzter schwerer Luftangriffe auf Berlin

Zunehmender Einsatz von Schulkindern, Frauen, Gefangenen bei der deutschen Heimatflak

Die Geschwister *Sophie* (*1921) u. *Hans* (*1918) *Scholl* verbreiten in der Münchener Univ. antifaschist. Flugblätter „Weiße Rose" (werden, wie Prof. *Kurt Huber* [*1892], der einen Teil der Flugblätter verfaßte, hingerichtet)

St. Andres: „Wir sind Utopia" (Novelle)
David Gascoyne (*1916): „Poems 1937—1942" (engl. Gedichtsammlung)
G. Greene: „Das Ministerium des Schreckens" (engl. Rom.; w. verfilmt)
† *Rudolf Herzog*, dt. Romanschriftst. (*1869)
H. Hesse: „Das Glasperlenspiel" (Roman einer pädagogischen Provinz)
Kasack: „Dies ewige Dasein" (Gedichtsammlung)
E. Lasker-Schüler: „Mein blaues Klavier" (letzte Ged., in Jerusalem)
H. Mann: „Lidice" (Roman)
Th. Mann: „Josef und seine Brüder" (Romantetralogie seit 1933)
† *Hendrik von Pontoppidan*, dän. Dichter; *Nobel*preis 1917 (* 1857)
A. Polgar: „Geschichten ohne Moral"
J. B. Priestley: „Die ferne Stadt" (engl. Drama)
J. P. Sartre: „Die Fliegen" (existentialistisch. Schauspiel aus der frz. Résistance)
Werfel: „Jacobowsky u. der Oberst" (Drama)
† *Max Reinhardt (Goldmann)*, dt. Regisseur; leitete von 1905 bis 1933 das Dt. Theater in Berlin (* 1873) Begr. d. v. Regisseur bestimmten Theaters

Ludwig Binswanger: „Grundformen und Erkenntnis menschlichen Daseins" (schweizer. „Daseinsanalyse")
R. Carnap: „Formalisierung der Logik" (Logistik)
H. C. Dent: „Erziehung im Übergang. Eine soziologische Analyse des Kriegseinfl. auf die engl. Erziehung 1939-1943" (engl.)
Walter Lippmann: „Die Gesellschaft freier Menschen" (angelsächs. demokrat. Gesellschaftsphilosophie)
B. Russell: „Philosophie des Abendlandes. Ihr Zusammenhang mit der politischen und sozialen Entwicklung" (engl. Philosophiegeschichte)
J. B. Sartre: „L'Etre et le Néant" („Sein und Nichts", frz. Existentialphilosophie)
Sergius zum Patriarchen von Moskau gewählt, bedeutet Änderung der sowjet. Kirchenpolitik zur Stärkung d. Heimatfront im „Großen vaterländischen Krieg"

Der engl. Erzbischof von York besucht Moskau

44 Nationen gründen in Washington d. UNRRA zur Hilfeleistung für die ehemals besetzten Gebiete (bis 1947)

Luftkrieg desorganisiert zunehmend deutsches Erziehungswesen

Michael Ayrton (* 1921): „Fliegender Schläfer" (engl. surrealist. Gemälde)

Ludwig v. Baldass: „Hieronymus Bosch" (kunstgeschichtliche Biographie)

Beckmann: „Junge Männer am Meer", „Odysseus und Kalypso" (expr. Gem.)

Chagall: „Kreuzigung i. Gelb", „Zwischen Dunkelheit u. Licht", „Der Krieg" (russ.-frz. Gem.)

† *Otto Freundlich* (im KZ), dt. abstrakter Maler (* 1878)

Karl Otto Goetz (* 1914): „Komposition" (abstrakt. Gemälde)

Morris Graves (* 1910): „Vogelgeist" (nordam. Gemälde)

Heckel: „Herbsttag", „Landschaft im Herbst", „Mühle in der Landschaft" (express. Aquarelle)

K. Hofer: „Der Trinker", „Im grünen Kleid" u. „Früchtekorb" (expr. Gem.)

Kokoschka: „Wofür wir kämpfen", „Wildentenjagd", „Capriccio" (expr. Gemälde) u. „Iwan Maiski" (Bildnis des sowj. Botschafters in London)

G. Marcks: „Ver sacrum", „Ecce homo" u. „Große Maya" (Plastiken)

Mies van der Rohe: Metallforschungsinstitut IIT, Chikago

Picasso: „Der Schaukelstuhl" (span.-frz. Gemälde)

Blacher: „Romeo und Julia" (Kammeroper nach *Shakespeare*)

Georg Henschel: Musik zum Farbfilm „Münchhausen"

Oscar Hammerstein (* 1905, † 1960): „Oklahoma" (nordamer. Musical)

Hindemith: Streichquartett Es-dur (in USA entstanden)

Milhaud: „Bolivar" (frz. Oper)

Orff: „Catulli Carmina" (szenisches Spiel nach Gedichten *Catulls*); „Die Kluge" (Oper)

† *Sergej Rachmaninow*, russ. Komponist u. Pianist; schrieb u. a. Klavierkonzerte und Symphonien (* 1873)

Hermann Scherchen: „Vom Wesen der Musik"

Schoeck: „Das Schloß Dürande" (Schweiz. Oper nach *Eichendorff*)

Schönberg: Variationen i. g-moll

R. Vaughan Williams: 5. Symphonie (engl. Musik mit ländlich. Charakter)

Physik-*Nobel*preis an *O. Stern* (Dt.) für Messung magnetischer Eigenschaften von Atomen

Chemie-*Nobel*preis an *G. v. Hevesy* (Ung., * 1885, † 1966) für Entwicklung der Methode radioaktiver Indikatoren

Medizin-*Nobel*preis an *H. Dam* (Dänem.) und *E. A. Doisy* (USA) für Entdeckung und Erforschung des K-Vitamins

O. Avery (* 1877, † 1955): DNS ist die Erbsubstanz (Grundl. d. molekular. Biologie)

W. Baade: Sichtbarmachung von Einzelsternen im Kern d. Andromeda-Spiralnebels unter letzter Ausnutzung des 2,5-m-Spiegels auf dem Mt. Wilson

Charlot: Chemische qualitative Schnellanalyse (1—2 statt 8 Stunden)

G. Erdtman: „Eine Einführung in die Pollenanalyse" (berücksichtigt rd. 1500 pollenanalyt. Arbeiten)

Ossip K. Flechtheim (* 1909) prägt für wiss. Behandlung v. Zukunftsfragen den Begriff der „Futurologie"

† *David Hilbert,* dt. Mathematiker; bes. Grundlagenforschung, theoret. Logik (* 1862)

Henry Kaiser baut „Liberty"-Schiffe in den USA nach dem Serienmontage-Prinzip (Rekord: ein Hochseeschiff in 4,5 Tagen)

Otto Köhler (* 1889, † 1974): Zählversuche m. Vögeln (Verhaltensforschung)

von Muralt ordnet Aktionssubstanzen der Nerven (ergänzen die elektr. Vorgänge bei der Nervenleitung)

G. N. Papanicolaou: Frühdiagnose des Gebärmutterkrebses durch Zellabstrichmethode (gestattet vorbeugende Reihenuntersuchungen)

Arne W. K. Tiselius (* 1902, † 1971) macht im Elektronenmikroskop Virus der Kinderlähmung sichtbar

O. H. Warburg: Das vom Blattfarbstoff Chlorophyll absorbierte Licht spaltet Wasser in Wasserstoff und Sauerstoff. Der Wasserstoff baut mit der Kohlensäure der Luft Kohlenhydrate auf (vgl. 1940)

C. F. von Weizsäcker: Theorie der Entstehung des Planetensystems aus Wirbelringen in einer gasför-

E. Tangye Lean: „Stimmen in der Dunkelheit — Die Geschichte des europäischen Radiokrieges" (engl.)

Verstärkte Luftoffensive gegen Deutschland und seine Verbündet. (insgesamt wirft während d. Krieges die anglo-amerikanische Luftwaffe 2,7 Mill. t TNT Bomb. ab u. verliert dabei 40 000 Flugz. und 160 000 Mann; i. Deutschland selbst werden durch 1,3 Mill. t Bomben etwa 450 000 Menschen getötet u. 7,5 Mill. obdachlos)

Hungersnot i. Bengalen verursacht üb. 1 Million Tote (die im Frieden 5,5 Mill. t betragende Reisausfuhr aus Burma, Thailand, Indochina kommt im Krieg zum Erliegen)

Stapellauf v. insgesamt 14 Mill. BRT Schiffsraum (Höchstzahl; 1939: etwa 2,5 Mill. BRT)

Verbot d. „Frankfurter Zeitung" (gegr. 1856) als letzte, nicht streng gleichgeschaltete dt. Zeitung

Neuer Vulkan entsteht in Mexiko

(1943)

Höhepunkt des dt. U-Boot-Krieges mit Versenkung von 851000 BRT im März (1942: 6,3 Mill. BRT, 1943: 2,6 Mill. BRT, 1944: 0,8 Mill. BRT). 237 U-Boote gehen verloren (1942: 85, 1944: 241). Alliierte Radartechnik schaltet dt. U-Boote weitgehend aus. Im Verlauf des Krieges fallen von 39000 U-Boot-Leuten 33000

Von Tunis aus verlassen letzte dt. und ital. Soldaten Afrika

Landung der Alliierten auf Sizilien und in Italien. Zusammenbruch des ital. Faschismus. *Mussolini* wird verhaftet und von dt. Fallschirmjägern befreit; bildet einflußlose Gegenregierung. Italien kapituliert und erklärt Deutschland den Krieg

Der ital. König beauftragt Marschall *Badoglio* mit der Regierungsbildung. Dt. Wehrmacht entwaffnet die ital. Truppen in ihrem Machtbereich und nimmt sie gefangen

Poln. Exilregierung in London fordert Untersuchung der Massengräber von 4143 poln. Offizieren bei Katyn (nach d. 2. Weltkr. wird eine Schuld der USSR festgestellt). USSR stellt Lubliner Nationalrat auf und anerkennt ihn als provisorische poln. Regierung. *Mikolaiczyk* wird Nachfolger *Sikorskis* in der poln. Exilregierung in London. USSR bricht Beziehung zu letzterer ab.

Aufstand im Warschauer Ghetto gegen die Nationalsozialisten. Fast alle (etwa 40000) Einwohner werden getötet

Teheran-Konferenz zwischen *Roosevelt*, *Churchill* und *Stalin*: der USSR wird die *Curzon*-Linie von 1920 als Westgrenze zugestanden. (*Churchill* verspricht 1944, Polen durch dt. Gebiet zu entschädigen)

Besprechungen von *Cordell Hull* und *Anthony Eden* in Moskau führen u. a. zum Beschluß der Wiedererrichtung der Republik Österreich und ihrer Behandlung als „befreites Land"

Der Leiter der tschechosl. Exilregierung, *Benesch*, schließt Freundschafts- und Beistandspakt mit der USSR

Großbritannien läßt den monarchistischen Führer der jugoslaw. Partisanen, *Mihailowitsch*, fallen und unterstützt den Kommunisten *Tito*

Ryti zum finn. Staatspräsidenten gewählt

Stalin wird Marschall

Auflösung der Kommunistischen Internationale („Komintern", gegr. 1919 als 3. Internationale)

Litwinow stellvertr. Außenminister der USSR bis 1946

USA-Truppen landen auf Neuguinea, auf Bougainville, auf den *Gilbert*-Inseln

Totale wirtschaftl. Mobilmachung in Japan

Staatsbesuch Präsident *Roosevelts* in Mexiko. (Mexiko erklärt sich 1944 bereit, die 1938 enteigneten US-Ölgesellschaften mit 24 Mill. Dollar zu entschädigen)

Bergarbeiterstreik in USA; militär. Besetzung der Eisenbahnen gegen Streikgefahr. Antistreikgesetz. Amt für wirtschaftl. Kriegshilfe

† *Oskar Schlemmer*, dt. Maler, 1920—25 am Bauhaus (* 1888) *Shahn:* „Die Schweißer" (nordam. Gem.) „Kinder sehen dich an" (italien. Film; Regie: *Vittorio de Sica*, * 1902) „Unsere Träume" (ital. Film; Regie: *Vittorio Cottafavi*) „Münchhausen" (Farbfilm mit *H. Albers*, *F. Marian*; Regie: *Josef v. Baky*) „Romanze in Moll" (Film mit *M. Hoppe*, *Paul Dahlke*, *Siegfried Breuer*; Regie: *H. Käutner*) „Sieg in der Wüste" (engl. Film v. *Roy Boulting*); „Die Welt im Überfluß" (engl. F. v. *Rotha*) „Es ist alles Wahrheit" (nordam. Farbfilm von *O. Welles*); „Der Schatten eines Zweifels" (nordam. Film v. *A. Hitchcock*); „Die Kinder Hitlers" (nordam. Film v. *Dmytryk*) „Licht des Sommers" (frz. Film v. *Grémillon*, * 1902); „Der Rabe" (frz. Film von *H. G. Clouzot*); „Die ewige Wiederkehr" (frz. Film v. *Delannoy* und *Cocteau*) „Stalingrad" (russ. Film v. *Varlanow*); „Im Namen des Vaterlandes" (russ. Film)		migen Sonnenumgebung (steht neben mehreren weiteren Theorien der Planetenentstehung) *F. E. Zeuner* versucht eine „Paläontologie ohne Fossilien": Rekonstruktion der vorzeitlichen Tierwelt aus Körperbau und geographischer Verteilung der lebenden Tiere Ca. 10000 veränderliche Sterne bekannt (1930: 4581) Fabrikatorische Herstellung von Silikon - Kunstharzen (bes. vielseitige, temperaturunempfindliche Werkstoffe) Wirksame Entwicklung der Papierchromatographie zur Trennung organischer Substanzen in England (Prinzip 1881 entdeckt) *Messerschmitt* fertigt serienmäßig Düsenflugzeuge (Jäger)	

1944	Friedens*nobel*preis an Internationales Komitee vom Roten Kreuz (Schweiz) Ungar. Reichsverweser *von Horthy* muß dt. Besetzung und Regierungsumbildung zustimmen König *Michael* von Rumänien läßt *Antonescu* verhaften (erschossen 1946); Verfassung von 1923 wieder in Kraft; Waffenstillstand mit Sowjetunion, Kriegserklärung an Deutschland Sowjettruppen besetzen Krim und dringen bis zur Weichsel und nach Warschau vor; besetzen Rumänien, Bulgarien und Ungarn; Budapest wird eingeschlossen. *Tito* besetzt Belgrad In Italien stoßen die Alliierten über Monte Cassino, Rom (wird zur „Offenen Stadt" erklärt), Florenz, Ravenna in die Lombardei vor Alliierte Luftlandung bei Arnheim und Nimwegen führt zur Eroberung Antwerpens. Aachen und Straßburg werden erobert. Überraschende dt. Ardennenoffensive bringt alliierte Truppen vorübergehend in schwierige Lagen, bis Wetterbesserung ihre Luftüberlegenheit zur Wirkung kommen läßt (bedeutet Schwächung der dt. Ostfront) Mißglückter Versuch dt. Offiziere und Politiker, *Hitler* durch Attentat zu beseitigen und seine Diktatur zu stürzen („20. Juli", *v. Stauffenberg, Goerdeler, v. Witzleben, v. Helldorf, Leuschner, Erwin Planck* u. a. werden hingerichtet) *Himmler* an Stelle *Fromms* (†), der am 20. Juli eine schwankende Haltung zeigt, zum Oberbefehlshaber des Ersatzheeres ernannt u. Reichsinnenminister Im Zusammenhang mit dem 20. Juli finden über 5000 Menschen, darunter etwa 700 Offiziere den Tod † *Erwin Rommel*, dt. Generalfeldmarschall (zum Selbstmord gezwungen, erhält Staatsbegräbnis) (* 1891); weitere Selbstmorde: Generalfeldmarschall *von Kluge,* Generaloberst *Beck,* die Generale *Wagner* und *von Treskow* † *Rudolf Breitscheid* (SPD), (* 1874) u. *Ernst Thälmann* (KPD), (* 1886), im KZ Buchenwald ermordet	Literatur-*Nobel*preis an *J. V. Jensen* (Dänem.) *V. Baum:* „Hotel in Berlin" (Roman) *Camus:* „Caligula" (frz. Drama) *Giraudoux:* „Die Irre von Chaillot" (franz. Schauspiel) † *Jean Giraudoux,* frz. Dichter und Diplomat (* 1882) † *Max Halbe,* dt. Dichter (* 1865) *Ernst Jünger:* „Über den Frieden" (illegale politische Schrift) † *Isolde Kurz,* dt. Dichterin (* 1853) *Pär Fabian Lagerkvist* (* 1891): „Der Zwerg" (schwed. Roman) *Th. Mann:* „Das Gesetz" (Erzählung zur Entstehung der 10 Gebote) *A. Neumann:* „Es waren ihrer sechs" ("Six of them", Roman über die Münchener Studentenrevolte 1943) † *Romain Rolland,* frz. Dichter (* 1866) † *Antoine de Saint-Exupéry* (abgeschossen) franz. Flieger und Dichter (* 1900) *J. P. Sartre:* „Hinter verschlossenen Türen" (frz. Schauspiel) *Sinclair:* „Presidential agent" (nordamerikan. sozialist. Roman) *St. Zweig:* „Die Welt von gestern" (Erinnerungen, posthum) Theater, Literatur u. das übrige kulturelle Leben kommen in Dtl. vollkommen zum Erliegen (Neuanfänge schon kurz nach Kriegsende)	*S. Glueck:* „Kriegsverbrecher, ihre Verfolgung und Bestrafung" (nordamerikan. völkerrechtl. Untersuchung) *W. E. Hocking:* „Wissenschaft und die Idee von Gott" (nordamerik. idealist. Philosophie) *C. G. Jung:* „Psychologie und Alchimie", „Psychologie und Religion" (Schweiz.Psychoanalyse) *Harold Laski:* „Religion, Vernunft und neuer Glauben" (engl. sozialist. Sozialphilosophie) *K. G. Myrdal:* „Das amerikanische Dilemma" (Negerproblem u. modern. Demokratie) (schwed. Untersuchung) Schweizer Aufruf zum Bau eines Kinderdorfes für Waisen (Baubeginn des *Pestalozzi*-Dorfes 1946) Erziehungsgesetz *(Butler-Act)* in Großbritannien verbessert und demokratisiert brit. Schulwesen (wird ab 1945 schrittw. durchgeführt)

Beckmann: „Stilleben m. grünen Gläsern", „Felsen bei Cap Martin" (expression. Gemälde)
Bowden: „Kamelmarkt in Saudi-Arabien" (englisch. Gemälde)
Braque: „Ofen" (frz. Gemälde)
Feininger: „Flußdampfer auf dem Yakon" u. „Hafen" (Aquarelle)
K. Hofer: „Auf dem St.Gotthard", „Morgenstunde", „Frau i. Bademantel", „Der Redner", „Grammophon" u. „Aufziehendes Gewitter" (express. Gemälde)
† *Wassily Kandinsky*, russ. abstrakt. Maler, seit 1921 i. Ausland (* 1866)
G. Kolbe: „Die Flehende" (Plastik)
† *Aristide Maillol*, frz. Bildhauer und Graphiker (* 1861)
G. Marcks: „Mädchen im Hemd" und „Kämmende" (Plastiken)
Matisse: „Das weiße Kleid", „Der blaue Hut" (frz. Gem.)
† *Piet Mondrian*, ndl. abstrakt. Maler, zuletzt in USA (* 1872)
† *Edvard Munch*, norweg. frühexpression. Maler u. Graphiker (* 1863)
Pasmore: „Ein Wintermorgen", „Die Woge" (engl. Gem.)
Picasso: „Stilleben mit Kerze" (Gem.)
Josef Scharl (* 1896): „Albert Einstein" (express. Gemälde)

Leonard Bernstein (* 1918): „Fancy Free" („Drei Matrosen a. Urlaub", nordamerikanisch. Tanzrevue)
Luigi Dallapiccola: „Der Gefangene" (ital. Oper in 12-Ton-Technik. 1940: „Nachtflug", ital. Oper n. *Saint-Exupéry*)
† *Paul Graener*, dt. Komponist; schr. Opern, Orchester- u. Kammermusik, Lieder (z. B. nach *Morgenstern*) (* 1872)
Hindemith: „Herodiade" (für Bläser- u. Klavierquintett)
R. Strauss: „Danae" (Oper; Urauff. 1952)
Debüt von *Renata Tebaldi* (* 1922), lyr. Sopran

Physik-*Nobel*preis an *I. I. Rabi* (USA) für Atomkernforschung mit Atomstrahlen
Chemie-*Nobel*preis an *O. Hahn* (Dt.) für Uranspaltung durch Neutronen
Medizin-*Nobel*preis an *J. Erlanger* (USA) und *H. S. Gasser* (USA) für Arbeiten über Nervenleitung
Avery, MacLeod, McCarty: Übertragung von Erbfaktoren bei Bakterien vermittels Zellextrakten („Transformation" durch Nukleinsäure als Erbsubstanz)
W. Baade unterscheidet Sternpopulation II (Riesensterne im Nebelkern u. Kugelhaufen) und I („normale" Sterne in den Spiralarmen und Sonnenumgebung)
Erste Operation eines „blauen Babys" (Erstickungsgefahr) durch *Alfred Blalock* nach 80 Hundeversuchen
J. Brachet: „Chemische Embryologie" (biochemische Entwicklungslehre)
V. Bush beginnt systematisch die Entwicklung moderner Blindengeräte zu untersuchen (führt zu Mustern von Ultraschall- und elektrooptischen Lesegeräten)
P. Jordan entwickelt eine neue Stern- u. Weltentstehungshypothese: Das Weltall entstand vor etwa 2 Milliarden Jahren aus Atomkerndimensionen und dehnt sich seitdem unter ständiger Entstehung neuer Sterne (Supernovae) mit Lichtgeschwindigkeit aus
K. Michel: Zeitrafferfilm von einer Zellteilung mit dem Phasenkontrast-Mikroskop
John v. Neumann und *Oskar Morgenstern:* „Spieltheorie und wirtschaftliches Verhalten" (nordamer. Begründung der Spieltheorie; vgl. 1928)
Negovski wendet sein Verfahren der Wiederbelebung „klinisch Gestorbener" auf lebensgefährlich verletzte russ. Soldaten an
E. Schrödinger: „Was ist Leben?" (Erörterung der biologischen Grundprobleme vom physikalischen Standpunkt aus)
Verzár: Genaue Analyse der chemischen Wirkungsweise des Nebennierenrindenhormons im Reagenzglas

W. Beveridge: „Vollbeschäftigung in einer freien Gesellschaft" (engl. Wirtschaftsplan f. eine „Sozialisierung d. Nachfrage")
„Theorie der Vollbeschäftigung" (englisch. Gemeinschaftsarbeit aus Oxford)
Trygve Haavelmo: „Der Wahrscheinlichkeitsgedanke i. der Ökonometrie" (nordamerikan.)
A. P. Lerner: „Kontrollierte Wirtschaft" (nordam. System einer gemischt kapitalist.-sozialist. Wirtschaft)
85% der nordamerikan. Tarifverträge enthalten bezahlten Urlaub (1940 25%)
100 Jahre Konsumgenossenschaften (1844 Rochdale/England): USSR: 35 Mill. Mitglieder (nicht freiwillig); Großbritann.: 10 Mill. Mitglieder; USA: 5 Mill. Mitglieder; Schweden: 800000 Mitgl.; 37 Länder gehören z. International Cooperative Alliance (gegr. 1895)
„Plan für ein größeres London" (Verlagerung der Industrie in die Außenbezirke)
Infolge der Luftangriffe geht die kriegswichtige dt. Treibstoffproduktion stark zurück (bis auf 20% und weniger)

(1944)

Am 1. August 524277 In- und Ausländer in den nationalsozialist. KZ-Lagern (gegen Kriegsende entstehen dort besonders grauenhafte Verhältnisse, die vielen das Leben kosten)

Erfolgreiche Invasion der Anglo-Amerikaner und ihrer Verbündeten an der Küste der Normandie mit bisher einmaligem technischem Aufwand („Schwimmende Häfen", Unterwasser-Ölleitung, Spezialfahrzeuge). Befreiung Frankreichs. Einzug *de Gaulles* in das unzerstörte Paris

Einsatz der V 1- und V 2-Raketenwaffen gegen England ohne wesentlichen Erfolg

Griechenland und Finnland werden von dt. Truppen geräumt

Finnland schließt Waffenstillstand in Moskau

Antidt. Aufstand der poln. Untergrundbewegung in Warschau bleibt ohne Unterstützung der sowjet. Truppen am anderen Weichselufer und wird niedergeschlagen

Liberia, Rumänien, Bulgarien, San Marino, Ungarn geraten mit Deutschland in Kriegszustand

„Dt. Volkssturm" aufgerufen und mangelhaft bewaffnet unter *Himmler* und *Bormann* eingesetzt

de Gaulle bildet provisorische frz. Regierung mit *Bidault* als Außenminister

Antidt. Sabotageakte in Dänemark, Generalstreik in Kopenhagen, Entwaffnung der dän. Polizei

Proklamierung der Republik Island; *Sveinn Björnsson* Staatspräsident

Ital. „Komitee der nationalen Befreiung" gebildet (stark kommunist.). Ital. Koalitionsregierung unter Ministerpräsident *Bonomi* mit *Togliatti* (Kommunist) als Stellvertreter

Spanien stellt Wolframlieferungen nach Deutschland ein; erhält Treibstoff von den Alliierten

Ukraine und Weißrußland erhalten eigene Außenminister (somit später eigene Vertreter in der UN)

Syrien erlangt Unabhängigkeit (wurde schon 1941 erklärt)

Bretton-Woods-Konferenz empfiehlt nach Vorschlägen von *Keynes* und *Morgenthau* Internationale Bank für Wiederaufbau mit 10 Milliarden Dollar Fonds (1945 gegründet)

Roosevelt widerruft den „Morgenthau-Plan", Deutschland zu verkleinern und zu einem Agrarstaat zu machen

MacArthur beginnt Philippinen wiederzuerobern

CIO-Gewerksch. grdt. polit. Komitee zur Wahlunterstützung *Roosevelts* (verläßt damit polit. Neutralität; AFL folgt 1952)

Roosevelt zum 4. Mal zum Präsidenten der USA gewählt; Vizepräsident *Harry S. Truman* (* 1884)

Präsident von Argentinien *Ramirez* gestürzt. General *Farrell* Präsident, Vizepräsident *Juan Perón*

Keine Einigung zwischen chin. Nationalregierung und kommunist. unter *Mao Tse-tung*; USA berufen General *Stillwell* aus Tschunking ab

In Japan tritt Regierung *Tojo* zurück

Erster Staatshaushalt i. Abessinien

Verschiedene Attentate auf Hitler (bes. von militärischer Seite) mißlingen

Graham Sutherland: „Sonnenuntergang" (engl. Gemälde) *Mark Tobey* (* 1890): „Widerspruchsvolle Welt" (nordamerik. abstraktes Temperagemälde) Ausstellung „Konkrete Kunst" in Basel mit Werken von *Arp, Baumeister, Bill, Calder, Domela, Gabo, Kandinsky, Klee, Moholy-Nagy, Mondrian, H. Moore, Vantongerloo* u. a. („konkret" i. Sinne von „nicht von der Natur abstrahiert", d. h. völlig absolut) „Amerikanisches Bauen 1932—44" im Museum of Modern Art, New York (Ausstellg. erweist starke Entwicklg. d. nordamerikanischen Architektur) --- „Große Freiheit Nr. 7" (Farbfilm mit *H. Albers, I. Werner;* Regie: *H. Käutner*) „Lifeboat" (nordam. Film von *A. Hitchcock*); „Es geschah morgen" (nordam. Film von *R. Clair*); „Murder my Sweet" (nordam. Film von *Dmytryk*) „Zola" (russ. Film v. *Arnstam*); „Das befreite Frankreich" (russ. Film v. *Jutkewitsch*) „Heinrich V." (engl. Film v. *Laurence Olivier*) „Der Himmel gehört dir" (frz. Film von *Grémillon*) „Das Himmelstor" (ital. Film v. *de Sica*)		*Selman A. Waksman* (* 1888, Nobelpr. 1952) und *A. Schatz* entdecken Streptomycin als hochwirksames antibiotisches Heilmittel (ähnlich Penicillin) Modell-Uranbrenner in Berlin-Dahlem erreicht eine bescheidene Neutronenvervielfachung (weitere Erfolge der dt. Versuche, Atomenergie zu erzeugen, werden durch den Kriegsverlauf verhindert. Damit gewinnen die USA den Wettlauf um die Atomwaffe mit großem Vorsprung) Bildfunkübertragung von Zeitungsdruckplatten von New York nach San Francisco. Gleichzeitig Versuche (seit 1928) zur draht- und drucklosen Bildfunkübertragung v. Zeitungen Relais-Rechenmaschine Mark I in den USA (vgl. 1942) Kanad. Schiff durchfährt die Nordwestliche Durchfahrt (Atlantik-Eismeer-Pazifik) erstmalig in einem Sommer (bisherige Gesamtdurchfahrten 1903 bis 1906, und 1940 bis 1942) Brit. Strahlantrieb-Flugzeug überschreitet 800 km/Stunde V 1 hat Verpuffungsstrahlrohr als Strahlantrieb (wird vom Turbostrahlantrieb übertroffen) Dt. V-2-Rakete erreicht 175 km Höhe „Panzerfaust" und „Panzerschreck" werden als tragbare, einfache Panzerabwehrwaffen im dt. Heer eingesetzt (können den Mangel an schweren panzerbrechenden Waffen nicht aufwiegen) Der bisher nur fossil bekannte Metasequoia-Nadelbaum in China lebend entdeckt		An der Westfront stehen 209 dt. Bomber u. 2473 dt. Jäger 2682 anglo-amerikan. Bombern u. 4573 anglo-amerikan. Jägern gegenüber Weltrekord im 10000-m-Lauf mit 29:35,4 von *Heino* (Finnland)

1945

Friedens*nobel*preis an *C. Hull* (USA)
Konferenz von Jalta zwischen *Roosevelt, Churchill* und *Stalin*; Aufteilung Deutschlands in Besatzungszonen
† *Roland Freisler* (durch Fliegerangriff), berüchtigt durch seine Terrorurteile im „Volksgerichtshof" (* 1893)
Türkei und Argentinien erklären Deutschland den Krieg. *Perón* muß vorübergehend zurücktreten
Zweifacher nächtlicher Luftangriff auf Dresden zerstört die Stadt und fordert große Opfer (Angriff dient der Unterstützung des sowjet. Vormarsches)
Würzburg, Paderborn, Hildesheim, Münster, Potsdam durch Luftangriffe zerstört
Die Eroberung der dt. Ostgebiete durch sowjet. Truppen löst eine — oft zu späte — Massenflucht aus. Viele Menschen, besond. Kinder, erfrieren. Die Eroberer begehen zahlreiche Greueltaten
Der russ. Marschall *Schukow* führt den siegreichen Vorstoß nach Berlin, nachdem er bei Moskau (1941/42), Stalingrad (1942), Leningrad (1943) erfolgreich eingegriffen hatte. Deutschland wird von Westen und Osten her vollständig besetzt; Amerikaner und Briten bleiben an der Elbe stehen
Die Verteidigung Berlins erfordert große Opfer unter Soldaten und Zivilbevölkerung
Truppen der USA und USSR treffen sich bei Torgau an der Elbe. Die nationalsozialist. Propaganda verbreitet Gerüchte über einen unmittelbar bevorstehenden Konflikt zwischen diesen beiden Großmächten
Himmler versucht Friedensverhandlungen mit den Westmächten
Hitler läßt *Göring* in Süddeutschland wegen „Verrats" verhaften
Hitler gibt den Befehl „Verbrannte Erde": Zerstörung aller lebenswichtigen Einrichtungen in Deutschland (wird nur teilweise befolgt, *Speer* stellt sich dagegen)
Sowjets erobern in heftigen Kämpfen Budapest und Wien
Zusammenbruch der oberital. Front; Waffenstillstand

Hamburg kampflos übergeben
† *Benito Mussolini* (von Italienern zusammen mit seiner Geliebten *Petacci* erschossen), ital. Faschistenführer; seit 1922 nach dem „Marsch auf Rom" Ministerpräsident und „Duce" (* 1883)
† *Adolf Hitler* (Selbstmord im Bunker der Reichskanzlei, Berlin, zusammen mit *Eva Braun* nach Eheschließung), Begründer des Nationalsozialismus; seit 1933 dt. Reichskanzler, seit 1934 auch Staatsoberhaupt; („Führer"); beseitigte Demokratie; begann 1939 2. Weltkrieg (* 1889)
† *Josef Goebbels*, dt. Reichspropagandaminister, begeht nach Tötung der 6 Kinder mit seiner Frau Selbstmord im Bunker der Reichskanzlei (* 1897). Weitere Selbstmorde *Heinrich Himmler* (* 1900), *Robert Ley* (* 1890)
Antidt. Aufstand in Prag wird von der *Wlassow*-Armee unterstützt. Sowjet. Truppen besetzen Tschechoslowakei
Am 9. 5. 00.01 Uhr tritt dt. Gesamtkapitulation in Kraft. *Dönitz*-Regierung wird in Schleswig-Holstein gefangengenommen
Von 9,6 Mill. europäischen Juden wurden ca. 5,7 Mill. von den Nationalsozialisten ausgerottet
Etwa 10 Mill. Menschen kamen seit 1933 in die nationalsozialist. Konzentrationslager (allein in Auschwitz etwa 4 Mill. Tote)
Neben einer dt. Staatsschuld von rd. 400 Milliarden RM steht ein geschätzter Verlust des Volksvermögens von etwa 300 Milliarden RM (etwa 50%). Demnach kostete der Krieg Deutschland pro Kopf der Bevölkerung ca. 10000 RM
Potsdamer Konferenz zwischen *Truman, Churchill* (später *Attlee*) u. *Stalin* beschließt die Politik in Deutschland nach der Kapitulation: Alliierter Kontrollrat, Reparationen, Demontagen; Polen erhält die Verwaltung von Ostdeutschland bis zur Oder-Neiße-Linie, USSR die von Königsberg (Kaliningrad) und benachbartes Ostpreußen. Einteilung Deutschlands in 4 Besatzungszonen und Berlins in 4 Sektoren

Alliierter Kontrollrat wird in Deutschland aufgestellt und erläßt „Aufhebung von Nazigesetzen", „Grundsätze für die Umgestaltung der Rechtspflege", „Kriegsverbrechergesetz", „Wohnungsgesetz"

Saargebiet wird frz. Protektorat

Gründung der UN (United Nations) in San Francisco, besteht aus Vollversammlung, Sicherheitsrat, Internationalem Gerichtshof, Rat für wirtschaftl. und soziale Angelegenheiten, Sekretariat, Rat für Treuhandschaft, Generalstabsausschuß. Sonderrechte der „Großen Fünf": USA, USSR, Großbritannien, Frankreich, China. 50 Nationen unterschreiben Gründungsurkunde

Nach Eroberung der Philippinen landen USA-Truppen in unmittelbarer Nähe der japan. Hauptinsel. Beginn schwerster Luftangriffe (Superfestungen). USA-Atombombe auf Hiroshima

USSR erklärt Japan den Krieg

USA-Atombombe auf Nagasaki. Japan kapituliert. Ende der Kampfhandlungen des 2. Weltkrieges. (Durch beide Atombomben insgesamt 110000 Tote und 110000 Verwundete auf 17 qkm zerstörter Fläche)

Menschenverluste im 2. Weltkrieg: Soldaten: 24,4 Mill. (USSR 13,6; Deutschl. 3,25; China 3,5; Japan 1,7; Gr.-Brit. 0,37; Ital. 0,33; Jugoslawien 0,3; Frankreich 0,25; USA 0,22; Österr. 0,23) Zivilpersonen: 25 Mill. (China 10,0; USSR 6,0; Deutschl. 3,64; Polen 2,5; Jugoslawien 1,3; Frankr. 0,27). Ermordete Juden: 5,98 Mill. (Polen 2,8; Rumänien 0,43; Tschechoslow. 0,26; Ungarn 0,2; Deutschl. 0,17). Insgesamt forderte der 2. Weltkrieg ca. 55,3 Mill. Tote

Im 2. Weltkrieg blieben neutral: Afghanistan, Irland, Portugal, Schweden, Schweiz und Spanien. Island war nicht im Kriegszustand

Durch den 2. Weltkrieg verschwinden als europäische Staaten: Danzig, Estland, Lettland, Litauen, Kroatien, Serbien, Montenegro, Karpato-Ukraine; wieder entstehen: Österreich, Polen, Jugoslawien, Tschechoslowakei; neu entstehen: Island, Triest

„Weltbund der Demokratischen Jugend" (kommunist. beeinflußt) und „Internationale Demokratische Frauenföderation"

Helgoland von der Bevölkerung geräumt (dient dann der brit. Luftwaffe als Zielübungsgelände; Wiederaufbau ab 1952)

Wilhelm Pieck (* 1876) kehrt aus Moskau, wo er im „Nationalkomitee Freies Deutschland" arbeitete, nach Deutschland zurück und reorganisiert KPD

Sowjet. Besatzungsmacht läßt Uranvorkommen im Erzgebirge (Aue) ausbeuten

Alliierter Kontrollrat in Österreich. Viermächtebesetzung in Wien (abwechselnd Kommandogewalt im Stadtzentrum). *Karl Renner* österr. Bundespräsident bis 1951 (†); Koalitionsregierung unter *Leopold Figl* (Volkspartei); im Parlament Volkspartei 85 Sitze, Sozialdemokr. 76, Kommunisten 4

Labour-Mehrheit in Großbritan.; *Attlee* (Sozialist) brit. Ministerpräsid., *Churchill* Führer d. Opposit.

Ernest Bevin (* 1881, † 1951) brit. Außenminister; Gewerkschafter, ehemals Dockarbeiter

Außenhandels- u. Stahlerzeugungsplan in Großbritan.; Sozialisierungsprogramm: Bank von England, Zivilluftfahrt, Rundfunk (es folgen Transport, Elektrizität, Kohle, Eisen und Stahl)

Interims-Nationalregierung in Delhi mit *Pandit Nehru* als ind. Vizepräsidenten

Pétain und *Laval* von frz. Gerichten zum Tode verurteilt; *Flandin* freigesprochen (*de Gaulle* begnadigt *Pétain* zu lebenslängl. Festungshaft)

Aus den Wahlen zur verfassunggebenden Versammlung in Frankreich gehen die Kommunisten als stärkste Partei hervor, fast gleich stark: Sozialisten und MRP. *De Gaulle* zum Regierungschef gewählt (tritt 1946 zurück)

Reparationskonferenz in Paris;

(1945) spricht der USSR außer Reparationen aus der eigenen dt. Zone 26% der aus den 3 Westzonen zu *Alcide de Gasperi* (* 1881, † 1954; Christl. Demokr.) ital. Ministerpräsident bis 1953
Westl. Teil v. Triest v. westalliiert. Truppen besetzt, östl. von jugoslaw.
Franco verspricht Errichtung der Monarchie nach seinem Tode. Grundgesetz garantiert bürgerl. Rechte. Wiederherstellung der internationalen Verwaltung in Tanger
† *David Lloyd George*, brit. Ministerpräs. 1916 bis 1922; Finanzminister von 1908 bis 1915 (* 1863)
Sozialdemokr. Regierungen in Dänemark, Norwegen und Schweden (versuchen zunächst eine mehr neutrale Politik im entstehenden Ost-West-Konflikt)
Léon Jouhaux (* 1878, † 1954) wieder Generalsekretär der frz. CGT-Gewerkschaften (erhält 1951 Friedens*nobel*preis)
Wahlen in Finnland: Demokr. Volksfront (komm.) 49 Sitze, Sozialdemokraten 50, Bauernpartei 49, konservat. Sammlungspartei 28, schwed. Volkspartei 15, Liberale Fortschrittspartei 9; Ministerpräsident *Juho Kusti Pasikivi* sucht Einvernehmen mit der USSR; Bodenreform löst Flüchtlingsfrage
Rückkehr der tschechoslow. Exilregierung unter *Benesch* nach Prag; Außenmin. *Jan Masaryk*; Anlehng. an USSR. *Henlein* beg. Selbstmord; *K. H. Frank*, *Tiso* u. a. hingerichtet. Beginn d. Austreibung d. Sudetendeutschen mit großen Verlusten an Menschenleben und Besitz. Weitgehende Verstaatlichung von Betrieben; Abtretung der Karpato-Ukraine an die USSR
Polen muß seine Ostgebiete an die USSR abtreten. Erlangt dafür Verwaltung der dt. Gebiete östl. der Oder-Neiße-Linie (vorbehaltl. endgültiger Regelung in einem Friedensvertrag), weist die dt. Bevölkerung nach Deutschland aus
Beistandspakt USSR-Polen auf 30 J. Poln. Regierung mit Mitgliedern der Londoner Exilregierung (Vizepräsident *Mikolaicyk*). Verstaatlichung der Grundindustrie

Literatur-*Nobel*preis an G. Mistral (Chile)
† *Theodore Dreiser*, nordamerikan. Romanschriftsteller (* 1871)
Al. Fadejew: „Die junge Garde" (russ. Rom. aus d. 2. Weltkrieg)
† *Gustav Frenssen*, dt. Dichter und Pfarrer (* 1863)
Die von seiner profaschist. Haltung enttäuschten Leser *Knut Hamsuns* bringen seine Bücher zurück
Albrecht Haushofer: „Moabiter Sonette" (80 Gedichte in politischer Haft. H. wird kurz vor dem Fall Berlins von der Gestapo ermordet)
† *Georg Kaiser*, dt. Dramatiker (* 1878)
† *Else Lasker-Schüler*, dt. Lyrikerin, zuletzt in Jerusalem (* 1876)
Carlo Levi: „Christus kam bis Eboli" (ital. Roman)
Lewis: „Cass Timberlane" (nordam. Roman)
Th. Mann: „Adel des Geistes" (Essays), „Deutschland und die Deutschen" (Rede) und „Deutsche Hörer" (antifaschist. Radiosendungen seit 1940)
Maugham: „Auf des Messers Schneide" (englischer Roman)
Sinclair: „Eine Welt ist zu gewinnen" (nordamerikan. sozialist. Roman)
J. Steinbeck: „Die Straße der Ölsardinen" (nordamerikanischer Roman)
† *Paul Valéry*, frz. Dichter (* 1871)
G. Weisenborn: „Die Illegalen" (Schauspiel)
† *Franz Werfel*, österr. Dichter (* 1890)

Georgij A. Alexandrow: „Geschichte der westeuropäischen Philosophie" (sowjetrussisch, später scharf kritisiert)
Hans Barth (* 1904, † 1965): „Wahrheit und Ideologie"
† *Ernst Cassirer*, dt. Philosoph aus der Marburger Schule, seit 1940 in den USA (* 1874)
Erich Fromm: „Die Furcht vor der Freiheit" (über die Antriebe zur Aufgabe der Freiheit in totalitären Staaten)
A. Kardiner: „Die psychologischen Grenzen der Gesellschaft" (nordamerikan. vergleichende psychoanalyt. Soziolog.)
Arthur Koestler: „Der Yogi und der Kommissar" (Vergleich politischer Typen)
Ernst Kretschmer: „Medizinische Psychologie"
Max Picard: „Hitler in uns selbst" (Schweiz. Philosophie)
Paul Tillich: „Die christliche Antwort" (Religionsphilosophie)
H. G. Wells: „Geist am Ende seiner Möglichkeiten" (engl.)
E. Wiechert: „Rede an die dtsch. Jugend 1945"
„Die Wandlung" (kulturelle Zeitschrift)
„Die Gegenwart" (dt. kulturellpol. Zeitschrift)
Die UN gründen die UNESCO (Organ der Vereinten Nationen für Erziehung, Wissensch. und Kultur)
Gründung des „Nansen-Bundes" in Bern zur Erziehung der kriegsgeschädigten Jugend
Polen löst Konkordat
Wiederaufleben der freien Volksbildungsarbeit in Deutschland

Beckmann: „Selbstbildnis vor d. Staffelei" „Messingstadt" (express. Gemälde), „Blinde Kuh" (express. Triptychon)

H. Bloom: „Der verborgene Schatz" (nordamerikan. symbolist. Gemälde)

Stuart Davis (*1894): „Nur für internen Gebrauch" (nordamerikan. abstraktes Gemälde)

Heckel: „Teichrosenblüte" (expression. Aquarell)

K. Hofer wird Direktor der Berliner Akademie, malt „Alarm", „Männer im Walde" u. „Blumenstilleben" (express. Gemälde)

Kaus: „Verdorrte Sonnenblumen" (2 express. Gemälde)

G. Kolbe: „Der Befreite" (Plastik)

† *Käthe Kollwitz,* dt. Graphikerin, bes. Bilder aus dem Arbeiterleben (*1867)

Hans Kuhn (*1905): „Stilleben" (express. Gemälde)

J. Lipchitz: „Mutter und Kind" II (lit.-nordamer. Plastik, seit 1941)

O. Nagel: „Berliner Ruinenstraße"

Nash: „Finsternis d. Sonnenblume" (englisch. surrealist. Gemälde)

Ernst Wilhelm Nay (*1902): „Komposition" (abstraktes Gemälde)

Heinz Trökes (*1913): Skizzenbuch (surrealistische Zeichnungen)

B. Britten: „Peter Grimes" (englisch. Oper)

Honegger: „Symphonie liturgique" (schweiz.-frz.-Komposition)

† *Pietro Mascagni,* ital. Opernkomponist (*1863)

Prokowjew: „Ode auf d. Ende d. Krieges" (russ. Komposit.), „Aschenbrödel" (russisch. Ballett)

R. Strauss: „Metamorphosen. Studie f. 23 Solostreich." (Variationen, enden mit ein. Motiv aus dem Eroica-Trauermarsch)

Strawinsky: „Symphonie i. 3 Sätzen" (russ. Komposition)

† *Anton v. Webern,* österr. Komponist der Zwölftontechnik, Schüler *Schönbergs* (*1883)

„Zwischenspiel" (nordamerikan. abstraktes Ballett, Choreographie v. *Jerome Robbins*)

∼ „Be-bop"-Stil der Jazzmusik

Physik-*Nobel*preis an *W. Pauli* (Österr.) für Atomforschung

Chemie-*Nobel*preis an *Artturi Ilmari Virtanen* (Finnl., * 1895) für Vitamin- und Futtermittelforschung

Medizin-*Nobel*preis an *A. Fleming, F. Florey, E. B. Chain* (alle Großbrit.) für Penicillin-Forschung

† *Francis William Aston,* engl. Physiker; *Nobel*pr. 1919 (* 1877)

A. Carrel züchtet seit 33 Jahren embryonale Herzzellen eines Huhns (Kultur geht in diesem Jahr durch Unglücksfall zugrunde)

W. Goetsch entdeckt wachstumsförderndes Vitamin T (bedingt bei den Termiten die „Soldatenformen")

† *Arthur Korn,* dt. Physiker u. Erf. der Bildtelegraphie, zuletzt in den USA (* 1870)

E. M. McMillan und *V. Veksler:* Synchrotonprinzip zur Erzeugung höhenstrahlartiger Teilchen (bis 1951 in der USA 3 Milliarden Volt effekt. Beschleunigungsspannung)

† *Th. H. Morgan,* nordamer. Vererbungsforscher (* 1866)

Sonneborn stellt bei Pantoffeltierchen Übertragung von Merkmalen durch das Zellplasma fest („Plasmatische Vererbung")

J. Stebbins und *A. E. Whitford* weisen das optisch unsichtbare Zentrum der Milchstraße durch seine Ultrarotstrahlung nach

Etwa 300 000 organische u. 30 000 anorganische chemische Verbindungen bekannt

100 - Millionen - Volt - Elektronenschleuder in den USA (Betatron)

Mikro-(mm-)Wellen-Spektroskopie entsteht (besonders in den USA auf den Grundlagen der Radartechnik)

USA erforschen Nordpolargebiet mit Flugzeugen

Rasche Erforschung und Erschließung Alaskas und Nordkanadas (1941 im nördl. Drittel Kanadas nur 14 000 Menschen)

24 - zylindrige Rotationspresse druckt 1 200 000 achtseitige Zeitungen in einer Stunde

Verluste i. 2. Weltkrieg etwa: je 25 Mill. getöteter Soldaten u. Zivilisten; direkte Kosten: 1 Bill. Dollar, indirekte Kosten: 2 Bill. Dollar

Dt. Verluste im 2. Weltkrieg: ca. 3 Mill. gefallene Soldaten und 3,6 Mill. getötete Zivilisten, 0,45 Mill. durch Luftangriff getötete Zivilpersonen, 2 Mill. Kriegsbeschädigte (6295 Kriegsblinde), 1 bis 2 Mill. in Flüchtlingstrecks Verstorbene oder nach dem Osten Verschleppte. Pro Tag des Krieges 2500 Deutsche getötet oder verwundet

Europ. Flüchtling. od. Heimatvertriebene: 1937—1945 nach Deutschland verbracht 1,3 Mill., vor den Russen nach Deutschland geflohen 4,3 Mill., aus den Ostgebiet. ausgewiesen 5,85 Mill., aus Polen nach Rußland umgesied. 4,25 Mill., aus d. Tschechoslowakei ausgewiesene Deutsche 2,6 Mill., aus der Slowakei nach Ungarn ausgewiesen 0,75 Mill., aus Ungarn in die Slowakei ausgewies. 0,15 Mill., aus Rumänien ausgewiesene Deutsche 0,15 Millionen, Exilspanier in Frankreich 0,35 Mill., Exilpolen in England 0,05 Mill.; insgesamt heimat-

(1945)

Bodenreform in Ungarn
Josip Broz-Tito Regierungschef in der „Föderativen Volksrepublik" Jugoslawien; wird von den Westmächten anerkannt; Bodenreform
Regierung *Petru Groza* („Ackermannsfront") unter sowjet. Einfluß in Rumänien; Bodenreform
„Vaterländ. Front" (kommunist.-sozialist.) mit *Georgii Dimitrow* (* 1882, † 1949) in Bulgarien; Bodenreform
Griech. Bürgerkrieg zwischen Monarchisten (von Großbrit. und den USA unterstützt) und Kommunisten (von der USSR unterstützt) bis 1949 (Niederlage d. Kommnist.)
Stalin zum Generalissimus ernannt
USSR kündigt Nichtangriffspakt mit der Türkei von 1925
Freundschaftspakt USSR-Nationalchina
USSR erlangt vorherrschenden Einfluß in der Mandschurei
Außenministerrat in Moskau sieht allgemeine Friedenskonferenz vor und empfiehlt UN-Kommission zur Atomenergiekontrolle
Türkei tritt der UN bei
Spannung zw. Iran u. USSR (USSR zieht erst 1946 Truppen zurück)
† *Franklin Delano Roosevelt* (12. 4.), Präsident der USA seit 1933 (* 1882)
Truman (Dem.) Präsident d. USA
Interamerikanische Konferenz in Mexiko City
Vargas, Diktator in Brasilien seit 1930, gestürzt (1950 wiedergewählt)
Ägypt. Ministerpräsident *Achmed Maher Pascha* von einem ägypt. Faschisten ermordet
Bildung der Arab. Liga in Kairo: Irak, Ägypten, Syrien, Libanon, Transjordanien, Saudi-Arab., Jemen
Ho Chi-minh (* 1890, † 1969) wird nach Abdankung des Kaisers *Bao Dai* Präsident der Republik Vietminh: Tonking, Annam, Kotchinchina mit Hanoi als Hauptstadt (unterstützt kommunist. Bewegung in diesem Teil Frz.-Indochinas)
Nach der Niederlage Japans setzt der Bürgerkrieg zwischen den Kuomintang-Truppen (von den USA unterstützt) und kommunist.

Boleslaw Barlog Intendt. u. Regisseur des Schloßparktheaters, Berlin (vgl. 1951)
† *Friedrich Kayssler* (von sowjet. Soldaten umgebracht), dt. Schauspieler und Dichter (* 1874)
In den USA seit 1943 über 1 Milliarde „Comic"-Hefte verkauft (primitive Bildergeschichten)
Seit der Erfindung der Buchdruckerkunst wurden ca. 30 Mill. Titel veröffentlicht (1970 erdweit 450 000. Vgl. 1501)

Gegenwartskunde in dt. Schulen; Geschichtsunterricht zunächst untersagt
In Dtl. entstehen Institute zur Erfassung der öffentlichen Meinung
Staatsbürgerkunde als Schulfach in den frz. Schulen
Der Synod der russ.-orthodoxen Kirche wählt den Metropoliten von Leningrad zum Patriarchen von Moskau und Rußland (angebl. 20000 Gemeinden mit 30000 Priestern)
Papyrusfunde i. Ägypt. enthalten u. a. Thomas-Evangelium mit 114 Logien (Jesusworte), das ≈ 170 entstanden ist
Fast vollständige Vernichtung des hochentwickelten Berliner Museumswesens durch Krieg und Kriegsfolgen
Karl R. Popper (* 1902) „Die offene Gesellschaft und ihre Feinde" (engl. positivist. Philosophie a. d. „Wiener Kreis" betont d. Bedeutung d. Falsifikation f. d. Wissenschaftlichkeit v. Theorien

Intern. Forum Alpach/Tirol gegr.

Truppen (von der USSR unterstützt) in China ein
Der 38. Breitengrad auf Korea wird zur Grenze zwischen nördl. sowjet. und südl. nordamerikan. Besatzungszone
Volksrepublik Korea (in Nordkorea) ausgerufen

Max Weber (* 1881 i. Rußland): „Blasorchester" (nordamerikanisch. expression. Gemälde)

Erfolgreicher *Vermeer*-Fälscher *Han van Meegeren* (* 1888, †1947) erhebt Selbstanklage

„Kolberg" (Film m. *H. George, K. Söderbaum;* Regie: *V. Harlan;* kurz vor Kriegsende mit „Durchhalte"-Tendenz)

„Rhapsody in blue" (nordam. Film von *Gershwin* mit *Al Jolson*); „Das verlorene Wochenende" (nordamerik. Film v. *Billy Wilder*); „Der Mann aus dem Süden" (nordam. Film von *J. Renoir*); „Die Geschichte des Soldaten Joe" (nordam. Film v. *Wellmann*); „Der wahre Ruhm" (nordamerik. Film von *Garson Kanin* und *C. Reed*)

„Die Kinder des Olymp" (frz. Film v. *Carné* mit *Jean-Louis Barrault*); „Falbalas" (frz. Film von *Jacques Becker*)

„Der Weg zu den Sternen" (engl. Film von *A. Asquith*); „Kurze Begegnung" (engl. Film v. *David Lean*)

„Rom offene Stadt" (ital. Film v. *Roberto Rossellini*, * 1906)

„Die letzte Chance" (Schweizer Film von *Lindtberg*)

„Maria Candelaria" (mexikan. Film von *Emilio Fernandez*)

„Der Sieg von Berlin" (russ. Film)

„Iwan der Schreckliche" (russ., letzter Film von *Eisenstein*)

Beginn der Bekämpfung der Malaria-Mücke durch DDT in Griechenland (führt in den nächsten Jahren zur weitgehenden Beseitigung des Malaria-Fiebers)

entwurzelte Europäer 19,75 Mill.

Victor Gollancz gründet d. Wohltätigkeitsbewegung „Rettet Europa" unter Einschluß der Bevölkerung der bisher Großbritannien feindlichen Staaten

In Westdeutschland zerstört: 2,25 Mill. Wohnungen, 4752 Brücken, 4304 km Eisenbahnschienen, 2356 Stellwerke, 95% des Handelsschiffsraumes

Starke Demontagen, bes. in Ostdeutschland und Berlin: z.B. Siemens (Berlin) verliert v. 17000 Werkzeugmaschinen alle bis auf 138 minderwertige (Verlust insges. 450 Mill. Mark)

Neun Fernsehprogramme i. d. USA

Das Volksvermögen Großbrit. ist während d. Krieges um etwa 7,5 Milliarden Pfund (etwa 100 Milliarden DM) gesunken

Bank von Frankreich verstaatlicht

Erst. Weltgewerkschaftskongreß in London

USSR schuld. USA 11 Milliard. Dollar aus Pacht- u. Leihlieferungen

Hans Böckler (SPD, reorganisiert westdt. Gewerkschaftsbewegung

„Freier Dt. Gewerkschaftsb." (FDGB) i. Berlin gegrdt. (1948 Spaltung weg. kommunist. Tendenz)

~ Strenge Rationierungen in Dtschl. u. anderen Ländern. Trotz weitgehender ausländ. Hilfe schwerer Mangel an all. Bedarfsgütern. „Schwarze Märkte"; starkes Ansteigen d. Kriminalität u. Unmoral

1946

Friedens*nobel*preis an *J. Mott* (USA) u. *Emily Balch* (USA, * 1867, † 1961)

Sitzung des Völkerbundes mit Auflösungsbeschluß (Funktionen gehen auf die UN über)

Adenauer Vors. d. CDU

Kurt Schumacher (* 1895, † 1952) Reorganisator d. SPD, wird ihr Vorsitzender

Franz Neumann (* 1904, † 1974) Vors. d. SPD Berlin (bis 1958)

Durch Zwangsvereinigung KPD-SPD „Sozialistische Einheitspartei Deutschlands" (SED) unter Einfluß der sowjet. Besatzungsmacht in Ostdeutschl. gegr. In West- und Ostberlin bleibt selbst. SPD

Im Nürnberger Kriegsverbrecher-Prozeß werden zum Tode durch den Strang verurteilt: *Göring, Ribbentrop, Keitel, Kaltenbrunner, Rosenberg, H. Frank, Frick, Streicher, Sauckel, Jodel, Bormann* (in Abwesenheit), *Seyß-Inquart*; zu lebensl. Zuchthaus: *Heß, Funk, Raeder;* zu 20 Jahren: *Schirach, Speer;* zu 15 Jahren: *v. Neurath;* zu 10 Jahren: *Dönitz;* Freispruch für *Schacht, v. Papen, Fritzsche. Göring* begeht Selbstmord

„Entnazifizierungs"-Gesetze in Deutschland. Jugendamnestie für die Jahrgänge 1919 und jünger

James F. Byrnes (USA-Außenminister 1945—1947): Rede in Stuttgart; fordert dt. Bundesreg., anerkt. Frankreichs Saaransprüche

Vorläufig letzte Stadtverordnetenwahl in ganz Berlin: SPD 48,7%, CDU 22,1, SED 19,8, FDP. 9,4%

Bildung nationalisierter „Volkseigener Betriebe" (VEB) in Ostdeutschl. (ohne demokrt. Kontrolle)

FDJ gegr.

Dolf Sternberger gründet Deutsche Wählergesellschaft zur Durchsetzung des Mehrheitswahlrechtes Pariser Friedenskonferenz: Verträge mit Finnland, Italien, Ungarn, Rumänien u. Bulgarien (mit Österr. weg. Uneinigkeit vertagt)

1. Vollversamml. d. UN

Literatur-*Nobel*preis an *H. Hesse* (Dt.)
Bergengruen: „Dies irae" (antinationalsozialist. Gedichte)
Dietrich Bonhoeffer(*1906, † 1945, von Gestapo ermordet): „Auf dem Wege zur Freiheit. Gedichte aus Tegel" (posthum)
H. Broch: „Tod des Vergil" (Roman)
C. Goetz: „Hollywood" (Komödie)
O. M. Graf: „Das Leben meiner Mutter"(Roman)
Rudolf Hagelstange (* 1912): „Venezianisches Credo" (Sonette)
Hamsun: „Auf überwachsenen Pfaden" (norweg. Tagebuchskizzen 1945—46, mit Versuch der Rechtfertigung seiner pro-faschist. Haltung)
G. Hauptmann: „Neue Gedichte"
† *Gerhart Hauptmann* (kurz vor seiner Ausweisung aus Schlesien), dt. Dichter; *Nobel*preis 1912 (* 1862); wird nach Hiddensee überführt
E. Kästner: „Das fliegende Klassenzimmer" (Roman für Kinder)
H. Kesten: „Die Zwillinge von Nürnberg" (Roman)
Kisch: „Entdeckungen in Mexiko" (sozialist. Reisebericht)
Wolfgang Langhoff (*1901, † 1966) Intendant des Dt. Theaters in Berlin (Ost) (wird 1963 wegen liberalistischen Spielplans abgesetzt)
Asta Nielsen (*1885, † 1972): „Erinnerungen" (d. dän. Schauspielerin)
Theodor Plievier: „Stalingrad" (Roman aus dem 2. Weltkrieg)

F. Alexander: „Irrationale Kräfte unserer Zeit" (Versuch einer „Dynamischen" Soziologie)
Arnold Bauer: „Thomas Mann und die Krise der bürgerlichen Kultur"
E. Cassirer: „Der Mythos vom Staat" (in engl. Sprache, posthum)
M. Dessoir: „Buch der Erinnerungen" (Autobiographie)
Viktor Frankl: „Ärztliche Seelsorger" (vom Begründer einer „Existenzanalyse", als wertbetonende Psychotherapie, „vom Geistigen her")
Nic. Hartmann: „Leibniz" (Philosophiegesch.)
Jessipow und *Gontscharow:* „Pädagogik" (russ. Lehrbuch der Sowjetpädagogik" in 3. Aufl.)
Friedrich Georg Jünger (* 1898): „Die Perfektion der Technik" (Kritik der modernen techn. Entwicklung)
† *Hermann* Graf *Keyserling,* dt. Philos.; grdte. „Schule der Weisheit" in Darmstadt (* 1880)
Eugen Kogon: „Der SS-Staat. Das System der dt. Konzentrationslager"
† *Arthur Liebert,* dt. Philosoph; wirkte in der *Kant-*Gesellsch. (* 1878)
A. Malraux: „Conditio humana" (frz. Kulturkritik)
Rudolf Olden: „Die Geschichte der Freiheit in Deutschland" (erscheint in London, posthum)
Santayana: „The Idea of Christ in the Gospels or God in Man" (nordamerikan.-span. Philos.)
Paul Reiwald: „Vom Geist d. Massen. Handb. der Massenpsychologie" (psychoanalyt.)

Ayrton: „Ebbe", „Die Versuchung d. heiligen Antonius" (engl. surreal. Gem.)

Alexander Camaro (* 1901): „Rosa Dame" (express. Gemälde)

Chagall: „Kuh mit Sonnenschirm" (Gemälde)

Edgar Ende (* 1901, † 1965): „Dädalos" (surrealist. Gemälde)

Feininger: „Verklärung" (Aquarell)

Werner Gilles (*1894): „Nächtlicher Hafen" (abstr. Gem.)

Karl Hartung (*1908): „Vegetative Form" (abstrakte Plastik)

F. Hodgkins: „Bauernhaus" (engl. express. Gemälde)

K. Hofer: „Wartende Frauen", „Liebende am Strand" und „Das Mahl des Matrosen" (Gem.)

L. Justi Generaldirektor d. staatl. Museen in Ostberlin

G. Kolbe: „Elegie" u. „Die Niedergebeugten" (Plastiken)

Hans Kuhn: „Tauben" (abstr. Gem.)

H. Moore „Familie" (engl. Bronze)

† *Paul Nash,* engl. Maler, besond. surrealistisch (* 1889)

(Mrs.) *J. Rice Pereira* (* 1907): „Schräge Illusion" (nordamer. kombinierte Öl- und Caseintechnik auf uneben. Glasplatten)

Picasso: „Flötenblasender Faun", „Kentaur mit Dreizack", „Pastorale" (Öl auf Zement)

Shahn: „Hunger" (express. Gemälde)

Charles Sheeler (* 1883); „Die Welt

Blacher: „Die Flut" (Rundfunkoper)

B. Britten: „Der Raub der Lukrezia" (engl. oratorische Kammeroper) u. 2. Streichquartett (englische Kammermusik)

Sergiu Celibidache (* 1912 in Rumänien) leitet d. Berliner Philharmon. Orchester

† *Manuel de Falla,* span. Komponist; vereinte Volksmusik und impress. Stil; schrieb Opern, Ballette, Orchestermusik u. a. (* 1876)

Charles Ives (*1874, †1953): 3. Sinfonie (nordam.; Uraufführung; komp. ~ 1914)

† *Heinrich Kaminski,* dt. Komponist; bes. Chorwerke u. Kammermusik im polyphonen Stil (*1886)

Křenek: „Symphonische Elegie für Streichorchester" (z. Andenken an d. Komponist. *Anton von Webern,* * 1883, † 1945), 5 Klavierstücke

† *Paul Lincke,* dt. Kompon.; schrieb „Berliner Luft", „Frau Luna" u. a. Operetten (* 1866)

Milhaud: 2. Symphonie (frz.)

O. Schoeck: „Das stille Leuchten" (Liederzyklus)

Schostakowitsch: 9 Symphonie (russ. Komposit.; trägt ihm den Vorwurf d. „unsozialistisch. Formalismus" ein)

Physik-*Nobel*preis an *P. W. Bridgman* (USA) für Physik sehr hoher Drucke

Chemie-*Nobel*preis an *J. B. Sumner, J. H. Northrop* und *W. M. Stanley* (*1904, † 1971) (alle USA) für Enzym- und Virusforschung

Medizin-*Nobel*preis an *J. H. Muller* (USA) für *Röntgen*strahl-Mutationen

H. W. Babcock weist auf einem Fixstern ein Magnetfeld nach

L. Bergmann entdeckt im Gebiet der oberen Indigirka (Jakutien/Nordostasien) Gebirge mit Erhebungen bis zu 3010 m

Felix Bloch (* 1905) u. *Edw. M. Purcell* (* 1912) messen hochfrequenzmäss. magnetische Eig. d. Atomkerne (*Nobel*pr. 1952)

Große Südpolar-Expedition unter *R. E. Byrd:* 12 Schiffe (darunter Flugzeugträger) und 4000 Mann. Aufnahme von 2,4 Mill. qkm auf 84 Flügen, Entdeckung eines neuen 5000 m hohen Gebirges, Südpolflug, Umschiffung der ganzen Antarktis (bis 1947)

H. H. Clayton: „Sonnenflecken- und Wetteränderungen" (Versuch statist. Verknüpfung des Wettergeschehens mit der Fleckenaktivität der Sonne)

M. Delbrück, Luria u. a.: Biophysikalische Untersuchung der virusartigen Bakteriophagen („Bakterienfresser")

Forbush: Ein Teil der energiereichen Höhenstrahlung kommt von der Sonne (d. h., normale Sterne sind Quelle dieser Strahlung

J. I. Frenkel: „Die kinetische Theorie der Flüssigkeiten"

F. E. Zeuner: „Datierung der Vergangenheit. Eine Einführung in die Geochronologie" (geolog. Zeitrechnung bes. der Eiszeit)

In Zusammenhang mit der technischen Entwicklung der Atomenergie seit 1940 wurden in den USA 4 transuranische, radioaktive Elemente entdeckt: Neptunium (93, wägbare Mengen, seit 1936 von *O. Hahn* vermutet, entdeckt von *McMillan* 1940), Plutonium (94, explosible Mengen), Americium (95, wägbare Mengen), Curium (96,

RIAS (Rundfunk im amerikanischen Sektor Berlins)

Ital. Motorroller Vespa

Schwed. Reichstag beschließt Pflichtkrankenk. ab 1950

Serienproduktion d. „Volkswagens" wird aufgenomm.

Ca. 15 Mill. Gewerkschaftsmitgl. in den USA: AFL (nach Fachverbänden organisiert seit 1886) 6,5 Mill. Mitgl., CIO (Industrie-Gewerksch., seit 1935) 6,0 Mill. Mitglied., Unabhängige Gewerkschaft. 1,5 Mill. Mitgl.; etwa 30% der Erwerbstätigen organisiert (1935 etwa 4 Mill.) Seit Kriegsende in den USA 42 große Streiks von über 500 000 Arbeitern Internationale Arbeitsorganisation der UN für Arbeiter- und Gewerkschaftsfragen

Umwandlung von etwa 130 ostdt. Großbetrieben in Sowjet-Akt.-Ges. (SAG); darunter Leuna, Mansfeld-Kupfer, Wintershall, Preußag, Agfa

Ländl. Maschinenausleih-Stationen (MAS) in Ostdeutschland

Hans de Meiss-Teuffen segelt allein von Spanien nach USA in 58 Tagen

Nach dem Tode *Alex. Aljechins* gilt *Michael Botwinnik* (USSR) als weltbest. Schachspieler

(1946)

Paul Henri Spaak (* 1899) belg. Ministerpräs. u. Präs. der UN
Trygve Lie (norweg. Völkerrechtler, * 1896) Generalsekretär der UN
Churchills Fultonrede (Missouri, USA): fordert militär. Zusammenarbeit Großbrit.-USA (Labour-Regierung distanziert sich)
In den Wahlen zur frz. Nationalversammlung führt MRP vor Kommunisten, Sozialisten und Radikalsozialisten. *George Bidault* frz. Ministerpräsident. 2. Verfassungsentwurf durch Volksabstimmung angenommen. Verstaatlichung von Versicherungswesen, Energiewirtschaft, Kohlenbergwerken
Frz. Parlamentswahlen (im Vergl. zu 1951 nach Wahlrechtsreform)

	1946		1951	
	Stimm.	Sitze	Stimm.	Sitze
KP	28,6%	182	26,5%	103
Soz.	17,9%	101	14,5%	104
MRP	26,4%	164	12,3%	85
Radik.	12,4%	69	11,5%	94
Unabh. u. Kons.	12,8%	101	13,1%	121
Gaull.	1,6%	24	21,7%	118

Sekretariat in Brüssel zur Vorbereitung der wirtschaftl. Verschmelzung von Belgien, Niederlande und Luxemburg: „Benelux" (1947 gemeinsamer Zolltarif)
König *Viktor Emanuel III.* von Italien dankt ab. Italien wird Republik. Wahlen zur Nationalversammlung: Christl. Demokr. 207 Sitze, Sozialisten 115, Kommunisten 104, Demokr.-Nationale 41, Uomo Qualungue 30, übrige 50. *de Nicola* ital. Staatspräsident. Spaltung der Sozialisten in „Nenni"- (linker Flügel) und „Saragat"- (rechter Flügel) -Sozialisten
Triest wird unabhängiger Freistaat
UN empfiehlt Mitgliedern, Diplomaten aus Spanien zurückzuziehen (diese politische Isolierung wird von Portugal und Argentinien, 1951 von den USA zur Erlangung militär. Stützpunkte durchbrochen)
Erlander (Sozialdemokr.) schwed. Ministerpräsident
Verstaatlich. d. Bergbaus in Ungarn Republik Ungarn proklamiert. Präsident *Zoltan Tildy* (Kleinlandwirte-Partei) (Rücktritt 1947)

Remarque: „Der Triumphbogen" (Roman)
J. Romains: „Die guten Willens sind" (frz. Romanfolge in 27 Bänden seit 1930)
St. Exupéry: „Der kleine Prinz" (frz. Erzählung, posthum)
Saroyan: „Die Abenteuer des Wesley Jackson" (nordamerikan. Roman)
Sartre: „Die ehrbare Dirne" (frz. Schausp.)
Konstantin Simonow (* 1915): „Tage und Nächte" (russ. Stalingradroman)
Dylan Thomas (* 1914): „Deaths and Entrances" (engl. Gedichtsammlg.)
Thieß: „Caruso" (Roman in 2 Bänden seit 1942)
† *Herbert George Wells*, engl. Dichter u. sozial. Schriftsteller (* 1866)
Werfel: „Stern der Ungeborenen" (Roman, posthum)
Zuckmayer: „Des Teufels General" (Drama um *Udet*)
Werner Finck: „Schmunzelkolleg" (kabarettist. Vorlesung über den Humor)
† *Heinrich George*, dt. Schauspieler (* 1893)
„De Profundis" (Anthologie bis 1945 verbotener Gedichte)
„RoRoRo" (Rotationsromane des *Ernst Rowohlt* Verlages [gegründet 1908], hochwertige Literatur in Zeitungsdrucktechnik; Auflagen etwa je 50—100000; ab 1950 in Form der amerikan. „Pocket Books")

Paul Sering: „Jenseits des Kapitalismus" (antibolschew. Sozialismus)
Harry Wilde: „Sozialpsychologische Erfahrungen aus dem Lagerleben"
„Frankfurter Hefte" (Zeitschrift)
Erste allgemeine Sitzung der UNESCO in Paris
32 neue Kardinäle in Rom gewählt; darunter Erzbischof *Frings* von Köln, Bischof Graf *Preysing* von Berlin, Bischof Graf *Galen* von Münster, ferner je 4 für USA und Italien, je 3 für Frankreich und Spanien, 6 für Südamerika, je 1 für England, Kanada, Australien, Belgien, Polen, China, Niederlande, Ungarn und portugies. Kolonien
Tito und andere am Prozeß gegen Erzbischof *Alois Stepinatsch* (* 1898) Beteiligte von der kathol. Kirche exkomm.
Die CARE-Gesellschaft (1945 in den USA gegründet) beginnt im Auftrag Privater die Versendung von Lebensmittel- und anderen Paketen in die unter den Kriegsfolgen leidenden Länder (1947 etwa 4 Mill. Pakete)
Gefängnisreform in Schweden
Der engl. Rundfunk führt das kulturell anspruchsvolle „Dritte Programm" ein
Pädagogische Fakultäten der Universitäten zur Ausbildung von Lehrern für die Einheitsschule in der sowjet. besetzten Zone Deutschlands
Die Zahl d. Analphabeten wird auf 60% der Weltbevölkerung geschätzt

Tschechoslowakische Nationalversammlung: *Benesch* Präsident bis 1948 (†); *Jan Masaryk* Außenminister (Selbstmord 1948), *Gottwald* (Kommunist) Ministerpräsident, *Nosek* (Kommunist) Innenminister. Zweijahresplan soll Erzeug. um 10% über 1937 steigern
USA und Großbrit. anerkennen Regierung von Rumänien. Eine Wahl bringt der Einheitsliste der Kommunisten, Sozialisten, *Groza*-Agrarpartei u. *Tatarescu*-Liberalen 70% d. Stimmen u. 91% d. Mandate
Georgii Dimitrow (Komm.) bildet Regier. in d. Volksrepubl. Bulgarien
Albanien Volksrepublik
König *Georg II.* kehrt nach Griechenland zurück († 1947)
Neuer Fünfjahresplan in der USSR; sieht 157 Mrd. Rubel Investit. vor. *Stalin* wieder Vorsitzender des Ministerrates und Minister der Streitkräfte; *Molotow* stellvertretender Ministerpräsident u. Außenminister. *Kalinin* tritt als Präs. der USSR zurück. Nachf. *Nikolai Schwernik*. *Jakob Malik* an Stelle *Litwinows* stellvertret. Außenmin.
† *Michail Iwanowitsch Kalinin*, Staatsoberhaupt der USSR s. 1919 (* 1875)
USA und USSR können sich nicht über Kontr. d. Atomenergie einigen
Sowjet. Atomspionage in Kanada aufgedeckt
Seit 1941 für 50,7 Milliarden Dollar Pacht- und Leihlieferungen (bes. an USSR). Gesamtkriegskosten für die USA etwa 317 Milliarden Dollar
Juan Perón Präs. v. Argentinien; verfolgt faschistenfreundl. Politik
General *Dutra* brasil. Präsident (bis 1950); neue Verfassung läßt wieder ausländ. Kapital zu
Geplante Verlegung der Hauptstadt Brasiliens in den Staat Goyaz (Mittelbrasilien)
Philippinen unabhängig. Terrorartige Widerstandsbew. d. ehemal. Volksarmee (Huks) gegen USA
Chin. Nationalversammlung nimmt neue Verfassung an. Widerstand der Kommunisten. USA geben Unterstützung Nationalchinas wegen Korruption auf

ist klein" (nordam. Gem. im photographisch beeinfl. Stil)
Restaurierung der „Nachtwache" von *Rembrandt* bringt in Farbe und Inhalt ein stark verändert. Bild zutage
Saul Steinberg (*1914): „All in Line" (nordamerik. „Cartoons")

„Paisà" (ital. Film v. *R. Rosselini*); „Sciuscià" (ital. Film v. *de Sica*)
„Die Schöne u. die Bestie" (frz. Film v. *Cocteau* u. *Clément*); „Pastorale Symphonie" (frz. Film von *Delannoy*)
„Die besten Jahre unseres Lebens" (nordam. Film v. *W. Wyler*); „Gilda" (nordam. Film von *Charles Vidor*); „Notorious"(nordam. Film v. *A. Hitchcock* mit *I. Bergman*); „Träume, die man sich kaufen kann" (nordam. Film v. *Hans Richter*)
„Ich weiß, wohin ich gehe" (engl. Film von *Michael Powell*, * 1905, und *Emerich Preßburger*)
„Enamorada" (mexikanischer Film v. *E. Fernandez*)
„Die Mörder sind unter uns" (Film von *Wolfgang Staudte*)
„Irgendwo in Berlin" (Nachkriegsfilm von *G. Lamprecht*)
Erster dt. Film-Club Münster (1951 umfaßt d. „Verband der dt. Film-Clubs" 89 örtliche Clubs mit 200 000 Mitgliedern)

unwägbaren Mengen); außerdem die fehlenden Elemente des periodischen Systems: Technetium (43, wägbare Mengen, entdeckt 1937), Element 61 (noch kein Name, grundsätzlich wägbare Mengen möglich), Astatine (85, unwägbar), Francium (87, unwägbar, entdeckt 1939)
Bei der Entwicklung der Atomenergie fallen starke radioaktive Präparate für Heilzwecke und Forschung an
Behandlung der perniziösen Anämie mit den Chemikalien Thymin und Folsäure
Raketenaufstieg zur Erforschung hoher Atmosphärenschichten in den USA bis 88 km (u. a. Aufnahme des ultravioletten Sonnenspektrums; vgl. 1949)
3jährige systematische Gewitterforschung (bis 1949) mit modernsten Hilfsmitteln in den USA (Blindflüge, Radar, Radiosonden)
Gründung des Arktis-Forschungsinstitutes der USA und Kanadas: Verstärkung der Nordpolarforschung bes. mit Flugzeugen
USA-Flugzeug mit 12 Mann von Alaska nach dem Nordpol und zurück in 9000 m Höhe in 23 Stunden
Das geopolitische Erdbild im Zeichen der Luftfahrt ist der Globus oder die Polkarte (gegenüber der *Mercator*-Karte im Zeitalter der Seefahrt)
Höhenrekord für Flugzeuge 17 000 m
Funkecho am Mond mit Radargerät (Rückkehr nach 2,6 Sekunden)
Beobachtung von Meteoren und Meteoriten-Schwärmen mit Hilfe von Radargeräten (Funkecho-Methode, auch bei Tage möglich)
Nordsüdlicher Baumgürtel mit 22 Mill. Bäumen seit 1936 quer durch die USA angepflanzt (zum Schutz gegen Bodenerosion)
Entd. einer bewegl. ausgedehnten Tiefseeschicht durch Echolotung (wahrsch. biolog. Natur)
1. elektron. Digital-Rechner ENIAC (i. USA) mit 18 000 Röhren

1947	Friedens*nobel*preis an Gesellschaft der Freunde (Quäker) (USA) Auflösung des preuß. Staates (seit 1701); gegen Widerst. der USSR Internation. Reparationskonferenz setzt dt. Reparationen von 20 Mrd. Dollar an, davon 10 Mrd. für USSR Doppelzonenabkommen zwischen amerikan. und brit. Zone i. Dt. Treffen ost- und westdt. Ministerpräsidenten in München; ostdt. Vertreter verlassen Konferenz, weil Vorwegentscheidung über dt. Zentralregierung abgelehnt wird Landtag Nordrhein-Westfalen beschließt Enteign. d. Kohlengruben Bildung der „Dt. Wirtschaftskommission" für Ostdeutschland (leitet zentralistisch eine demokrat. nicht kontrollierte Planwirtschaft) Demontage für Ostdeutschland als beendet erklärt; weiterhin starke Entnahmen aus der laufenden Produktion. Demontageliste für Westdeutschland mit 918 Werken, davon 25% für die USSR. (1949 werden 159 Werke von der Liste gestrichen) „Dt. Volkskongreß" der SED in Ostberlin versucht Außenministerkonferenz in London im Sinne der USSR zu beeinflussen *Friedrich IX*. Kg. v. Dänemark (* 1899) Schweiz. Volksabstimmung gestattet Staatseingriffe z. Sicherg. d. Wirtsch. Außenministerkonferenzen in Moskau und London: keine Einigung über das Deutschland-Problem zwischen USSR und Westmächten Bündnis Großbrit.—Frankreich *Cripps* brit. Schatzkanzler b. 1950 Graf *Sforza* (* 1872, † 1952) ital. Außenmin. b. 1951 *Vincent Auriol* frz. Staatspräs. (bis 1954). *de Gaulle* gründet in Straßburg „Sammelbewegung des frz. Volkes". Kommunisten scheiden aus dem frz. Kabinett aus 2 Militärputsche in Portug. unterdr. Friedensvertrag verweist Ungarn in die Grenzen von 1938 Ungar. Dreijahresplan. Regierungskoalition: Kommunisten, Sozialisten, Kleinlandwirte, Nationale Bauernpartei (60,4%). Verhaft. v. Mitgliedern d. Oppositionsparteien	Literatur-*Nobel*preis an *A. Gide* (Frankr.) *St. Andres*: „Die Hochzeit der Feinde"(Roman) *S. Babajewskij* (* 1909): „Ritter des goldenen Stern" (russ. Roman) *Gertrud Bäumer*: „Der Jüngling im Sternenmantel" (histor. Rom. über *Otto III*.) *Benn*: „Statische Gedichte. Ein Buch der Arche" (express. Gedichte), „Der Ptolemäer" (Novelle) *Wolfgang Borchert* (*1921, † 1947): „Draußen vor der Tür" (Heimkehrer-Schauspiel) *Hermann Broch* (* 1886, † 1951): „Der Tod des Vergil" (Roman) *Albert Camus*: „Die Pest" (frz. existentialist. Roman, 1949 dramatisiert) *Th. Dreiser*: „Der Stoiker" (nordamerikan. Roman, posthum) *Edschmid*: „Das gute Recht" (Roman) † *Hans Fallada* (*Rudolf Ditzen*), dt. realist. Romanschriftsteller(*1893) *C. Goetz*: „Das Haus in Montevideo" (Komödie) und „Tatjana" (Novelle) *G. Greene*: „19 Kurzgeschichten" (darunter „Das gefallene Idol", wird v. *C. Reed* verfilmt) *L. P. Hartley*: „Eustace und Hilda" (engl. Romantrilogie seit 1944) † *Ricarda Huch*, dt. Dichterin (* 1864) *Kasack*: „Die Stadt hinter dem Strom" (Rom.) *Maria Luise Kaschnitz*: Gedichte *Kisch*: „Marktplatz der Sensationen" (journalist. Feuilletons)	*Theodor W. Adorno* (* 1903, † 1969) und *Max Horkheimer* (* 1895): „Dialektik der Aufklärung" (sozialkrit. Philosophie; später Grundlage des Studentenprotestes d. sechziger Jahre) *Otto Friedrich Bollnow*: „Die Ehrfurcht" *M. Dessoir*: „Das Ich. Der Traum. Der Tod" (bestreitet persönliches Überleben des Todes) † *Max Dessoir*, dt. Philosoph und Psychologe (* 1867) Durch sein 15. Fasten versöhnt *Gandhi* Hindus und Mohammedaner u. ermöglicht ind. Unabhängigkeitserklärung *H. Glockner*: „Das Abenteuer des Geistes" (Ethik der philos. Persönlichkeit, 3. Aufl.) *Th. Haecker*: „Tag- und Nachtbücher 1939 bis 1945"(christl.-antinationalsozialist. Tagebücher) *Th. Heuß*: „Deutsche Gestalten" *Hrkal*: „Der etruskische Gottesdienst" (nach der entzifferten Agramer Mumienbinde; nimmt Herkunft der Etrusker aus Innerasien an) *Jaspers*: „Die Schuldfrage" (zur Diskussion über eine etwaige dt. „Kollektivschuld") *Jaspers*: „Von der Wahrheit" (Band 1 d. „Philosophischen Logik") *Fr. Meinecke* (* 1862, † 1954): „Die deutsche Katastrophe" (histor. Untersuchung) *M. Niemöller* ev. Kirchenpräsident in Hessen-Nassau *M. Planck* (†): „Scheinprobleme der Wissenschaft" (Probleme der „Willensfreiheit" als vom Beobachtungsstandpunkt abhängiges Scheinproblem)

William A. Baziotes (*1912): „Mondische Welt" (nordamerik. abstraktes Gem.)
† *Pierre Bonnard*, frz. expr. Maler (* 1867)
de Chirico: „Perseus und Andromeda" (griech.-ital. neoklass. Gemälde)
Feininger: „Verlassen" (Aquarell)
Heckel: „Selbstbildnis" (express.)
K. Hofer „Frauen am Meer", „In der Tür", „Im Neubau" und „Stehende Mädchen" (expr. Gem.)
Kaus: „Badende" (5 express. Bilder)
Kokoschka: „Dr. Reinh. Winterthur", „Wirbelsturm von Sion" (expr. Gem.)
G. Kolbe: Beethoven-Denkmal (Guß 1948)
† *Georg Kolbe*, dt. Bildhauer (* 1877)
Jack Levine (* 1915): „Apotheke" (nordamer.impress.Gem.)
† *Oskar Moll*, dt. Maler; Schüler von *Matisse;* seit 1925 Direktor d. Akad. in Breslau (* 1875)
Marino Marini (* 1901): „Reiter" (ital. Plastik)
H.Moore: „Familiengruppe" (engl. abstrakte Bronzeplast.)
Picasso: „Hahn und Messer" (Gem.)
Hans Purrmann (* 1880, † 1966): „Tessin im Frühling" (impress. Gemälde)
† *Max Roeder*, dt. Maler in Rom; bewahrte d. Tradition der „Deutschrömer" (* 1866)

Prokowjew: „Krieg u. Frieden" (Oper)

B. Britten: „Albert Herring" (engl. komische Oper)
Maria Meneghini-Callas (* 1923), nordam. Sängerin, beg. in Italien ihre glänzende Karriere als Opernsängerin
Der span. Cellist *Pablo Casals* (* 1876) weigert sich, weiterhin öffentl. zu spielen, solange Franco an d. Macht ist (spielt trotzdem 1950 im *Bach*jahr)
† *Alfredo Casella*, italien.Komponist; schuf Opern, Symphonien u. a. (* 1883)
Gottfried von Einem (* 1918): „Dantons Tod" (Oper)
Roberto Gerhard (*1896): „Duenna" (span.-engl. Buffo-Oper)
Walter Felsenstein (*1901) Intendant d. Komischen Op., Berlin (Ost)
Hindemith: „Jüngstes Gericht" (für Chor u. Orchester, nach Versen aus dem 7. Jhdt.) und Konzert für Klarinette in A-dur
† *Bronislaw Hubermann*, poln. Violinvirtuose (* 1882)
Orff: „Die Bernauerin" (Oper)
A. Schönberg: „Ein Überlebender aus Warschau" (Sprecher, Chor u. Orchester)
Tanzwettbewerb i. Kopenhagen (darunter existentialist. Balletts)

Physik-*Nobel*preis an *E. V. Appleton* (Großbrit.) für Ionosphärenforschung
Chemie-*Nobel*preis an *Robert Robinson* (Großbrit., * 1886, † 1975) für Alkaloidforschung
Medizin-*Nobel*preis an *C. F.* und *G. T. Cori* (Tschech.-USA) für Erforschung der Glykogen-Katalyse und *B. A. Houssay* (Argent.) für Hormonforschung
Arens und *van Dorp:* Künstliche Herstellung des Vitamins A
F. A. Beach: „Ein Überblick über die physiologischen und psychologischen Untersuchungen des sexuellen Verhaltens der Säugetiere" (erweist u. a. das regelmäßige Vorkommen „unnatürlicher" Verhaltensweisen bei den Menschenaffen)
Max Bürger (* 1885, † 1966): „Altern und Krankheit" (modern. Geriatrie)
Bykow: „Die Großhirnrinde und die inneren Organe" (Nervenphysiologie)
John Cobb: Absoluter Geschwindigkeitsrekord für Autos mit 630 km/Std.
Ehrlich: Chloromycetin (wirkt spezifisch gegen Typhus)
Geßler und *Grey:* Elektronenmikroskopische Aufnahmen von Krebszellen machen Ultra-Viren als Krankheitserreger wahrscheinlich
Thor Heyerdahl segelt in 101 Tagen mit einem Floß von Peru nach Polynesien, um Kulturverwandtschaft durch vorgeschichtliche Einwanderung zu beweisen
Johannes Humlum: „Kulturgeographischer Atlas"
† *Philipp Lenard*, dt. Physiker; *Nobel*preis 1905 (* 1862)
Mansfeld: Hormone der tierischen Wärmeregulation
† *Max Planck*, dt. Physiker; Begründer der Quantenphysik; *Nobel*preis 1918 (* 1858)
Cecil F. Powell, Lattes, Occhialini entdecken das Pion (kernkrafterzeugendes Meson)

Schwarzmarktpreise in Berlin: 20 amerikan. Zigaretten 150 RM, 1 kg Kaffee 1100 RM, 1 Ei 12 RM, 1 Schacht. Streichhölzer 5 RM
Deutschland darf Küstenschiffe mit 1500 BRT und 12 Knoten bauen (Beschränkung fällt 1951)
Dekartellisierungsgesetz in der amerikan. u. brit. Zone Deutschands
Dt. Stahlquote auf 11,1 Mill. t festgesetzt(Prod.1935: 16,3)
Umfassende Sozialversicherung in Großbrit. mit dem Ziel d. vollständ. sozialen Sicherheit für jeden Staatsbürger. (Gesamt-Sozialaufwendungen in Großbrit. 1950: 23,5 Mrd. DM, d. h. 473,53 DM/Kopf, dav. Altersrent., Krankengeld 130,43 DM/K.; Kinderzuschläge 36,43 DM/K.; Gesundheitsdienst 108,10 DM/K.; Erziehung 84,60 DM/K.;Lebensm.-Subvent.97,53 DM/K.; Wohnungszuschüsse 16,45 DM/K.)
Währungsreform in Österreich
Abwertung des ital. Lire
Österr. Gewerkschaften verlassen den Weltgewerkschaftsbund
Bodenreform in d. Tschech. enteignet Besitz über 50 ha

(1947)	*Boleslaw Bierut* Präsident der Republik Polen. Regierung des „Demokrat. Blocks". Vereinigung der sozialist. und kommunist. Partei. Dreijahresplan. *Mikolaicz yk* flieht nach Großbrit. und wird verbannt Rumän. Außenminister *Tatarescu* (Liberal.) tritt zugunsten von *Ana Pauker* (Komm.) zurück. König *Michael* dankt ab. Rumänien Volksrepublik; Bessarabien u. Bukowina an USSR, Süddobrudscha an Bulgarien, behält Nordsiebenbürgen *Paul I.* Kön. v. Griechenl. Gegenreg. d. kommunist. Aufständischen *Stalin* macht in einem Prawda-Interview Westmächte für internation. Spannungen verantwortlich Gründung des „Kominform" in Warschau (zentrales Informationsbüro der komm. Parteien; gilt als Neugr. d. 1943 aufgel. Komintern) Handelsvertrag USSR—Finnland; Finnland braucht nicht alle ehemals dt. Vermögenswerte abzutreten Teilung Palästinas durch die UN in einen jüdischen und einen arabischen Teil gegen den Widerstand der Araber und Juden USA-Europahilfe (ERP oder Plan v. *Marshall* (Friedens*nobel*pr. 1953) Polen lehnt Teilnahme am *Marshall*plan trotz anfänglicher Zusage ab *Truman*-Doktrin der USA: Hilfe für alle bedrohten freien Völker Forder. Panamas: Abzug der USA-Truppen außerhalb der Kanalzone. USA erwägen neues Kanalbauproj. Kanada erhält Verwaltung der Alaskastraße (USA-Alaska) In Indien entstehen die beiden autonomen Staaten Indien (vorwiegend Hindus) und Pakistan (vorwiegend Mohammedaner). *Pandit Nehru* (* 1889, † 1964), ind. Min. Präs. Burma unabhängige Republik Ceylon brit. Dominium Militärdiktatur in Thailand (führt 1949 zu neuer Verfassung einer autoritären Monarchie) Neuer Bürgerkrieg in China zw. Kommun. und Nationalregierung Japan erhält neue Verfassung (Kaiser nur noch repräsentativ)	*Elis. Langgässer:* „Das unauslöschliche Siegel" (Roman) und „Der Laubmann und die Rose" (Gedichte) *Lewis:* „Der königliche Kingsblood" (nordamerikan. Roman zur Negerfrage) *H. Mann:* „Ein Zeitalter wird besichtigt" *Th. Mann:* „Doktor Faustus. Das Leben des deutschen Tonsetzers Adrian Leverkühn erzählt v. einem Freunde" (Roman mit Motiven aus dem Leben *Nietzsches*) und „Nietzsche" (Vortrag) *F. Mauriac:* „Le cahier noir" (frz. kathol.) *Monnier:* „Wein und Blut" (frz. Roman) *J. B. Priestley:* „Ein Inspektor kommt" (engl. Schauspiel) *Renn:* „Adel im Untergang" (Roman) *Hans Werner Richter* (* 1908) grdt. literar. „Gruppe 47" mit *H. Böll, Ingeborg Bachmann, W. Jens, M. Walser, G. Grass, H. M. Enzensberger* u. a. *G. Weisenborn:* „Memorial" (Tagebuch 1933 bis 1945) *Denton Welch:* „Jungfernreise" (engl. Rom.) *Wiechert:* „Die Jerominskinder" (Roman) *Zuckmayer:* „Der Seelenbräu" *G. Gründgens* Generalintendant der Städt. Bühnen Düsseldorf Internationaler Schriftstellerkongreß in Berlin „Neolatino" eine Verbindung von Esperanto mit 4 anderen Kunstsprachen Seit 1917 wurden in der USSR 859 000 Druckschriften in 11 Mrd. Exemplaren veröffentlicht	*N. Rashevsky:* „Mathematische Theorie menschlicher Beziehungen" (nordamerikan. mathem. Soziologie) *W. Röpke:* „Das Kulturideal d. Liberalismus" *A. A. Schdanow* verlangt in Philosophie, Literatur u. Musik konsequenten Dienst an den Zielen der kommunist. Partei, begründ. damit „Schdanow-Linie" im sowjetruss. Machtbereich *Spranger:* „Die Magie der Seele" (philosophische Psychologie) *A. J. Toynbee:* „Studie zur Weltgeschichte" (kurzer Abriß der 6 Bde., macht d. Werk bekannt) *E. J. Walter:* „Psychologische Grundlagen d. geschichtlichen und sozialen Entwicklung" (Verbindung von materialist. Geschichtsauffassung, Tiefenpsychologie und antimetaphysischer Erkenntnistheorie) † *Sidney Webb*, engl. Sozialist; gehörte zusammen mit seiner Frau *Beatrice Webb-Potter* zu den Gründern und Inspiratoren der Fabian-Gesellschaft (1883), Labour-Party (1901), London School of Economics (1895) (* 1859) † *Alfred North Whitehead*, engl. Mathematiker und Philosoph (* 1861) Neuauflage der „Encyclopaedia Americana" in 30 Bänden (1. Aufl. 1832) Abschaffung der Todesstrafe in der USSR (dafür 25 Jahre Arbeitserziehungslager) *G. Strehler* u. *P. Grassi* gr. „Piccolo Teatro", Mailand

Edwin Scharff (* 1887, † 1955): „Emil Nolde" Plast.

K. Scheffler: „Grundlinien einer Weltgeschichte der Kunst"

† *Fritz Schumacher,* dt. Baumeist. (* 1869)

Malergruppe „Fronte nuove delle arti" in Italien

Gr. Kunstausstellg. im Art Institut in Chicago steht im Zeichen surrealist. und abstrakter Malerei

Nordamerik. Nachkriegsarchitektur erstrebt mit neuen Formen und Baustoffen Einpassung in die Landschaft

„Zwischen Gestern und Morgen" (Zeitfilm mit *V. de Kowa, W. Birgel* u. *Sybille Schmitz;* Regie: *Harald Braun*)

„Ehe im Schatten" (Film mit *Paul Klinger, Ilse Steppat;* Regie: *Kurt Maetzig*)

„MonsieurVerdoux" (nordamerikan. Film von u. mit *Ch. Chaplin* alsMassenmörder)

„Schweigen ist Gold" (frz. Film v. *R. Clair*); „Antoin et Antoinette" (frz. Film v. *J. Becker*); „Teufel im Leib" (frz. Film v. *Autant Lara*); „Die Tore der Nacht" (franz. Film v. *Carné*)

„In Frieden leben" (ital. Film v. *Luigi Zampa*)

„Odd man out" (engl. Film von *C. Reed*); „Schwarzer Narzissus" (engl. Film v. *M. Powell*)

Eugene G. Rochow: „Eine Einführung in die Chemie der Silikone" (Entwicklung vielseitiger Kunststoffe in Öl-, Harz- und Gummiform; vgl. 1943)

Milton Rynold fliegt in 79 Stunden um die Erde (in fahrplanmäßigen Flugzeugen Erdumfliegung in 126 Stunden möglich)

H. Staudinger: „Makromolekulare Chemie und Biologie" (Kolloid-Biochemie) (*Nobel*pr. 1953)

J. Stebbins und *A. E. Whitford* weisen das für sichtbares Licht durch Absorption verdeckte Zentrum der Milchstraße durch seine Kurzwellenstrahlung nach (vgl. 1939)

Francis Steele rekonstruiert aus den Ausgrabungen von Nippur (1888 bis 1900) die Gesetzestafel des Königs *Lipit-Ischtar* von ≈ −2100 (Gesetz vor *Hammurapi*)

L. Woolley findet Grab des Hethiterkönigs *Yarim-Lim* (≈ −2000)

Charles Yeager erreicht mit Düsenflugzeug erstmalig Überschallgeschwindigkeit (etwa 1700 km/Std.)

Erdumfahrt der schwed. „Albatros"-Tiefsee-Expedition (wichtige Ergebnisse über Struktur der Ozeanböden)

Quantitative Bakteriophagenforschung durch *M. Delbrück* (vgl. *Nobel*pr. 1969)

Versuche, Krebs mit Antibiotica aus Schimmelpilzen zu bekämpfen

Die Bekämpfung von Geschwulsten mit zellteilungsstörenden Chemikalien (Mitosegifte) macht Fortschritte

„Dt. Institut für Geschichte der nationalsozialistischen Zeit" (gibt „Tischgespräche Hitlers" heraus und wird deshalb kritisiert)

Fund der bisher ältesten Bibelhandschriften am Toten Meer in Palästina: *Jesaja*-Rolle, *Habakuk*-Kommentar, Sektenbuch, Danklieder, *Henoch*-Buch, „Kampf der Kinder des Lichtes gegen die Kinder der Finsternis" (aus d. Zeit um Chr. Geb.)

Breitband-Antibioticum Chloramphenicol entd.: senkt z.B. Typhus-Todesrate auf unter 3 %

Taft-Hartley-Gesetz in den USA schränkt besond. Streikrecht d. Gewerkschaften ein (Veto des Präsid.)

† *Henry Ford,* USA-Industrieller; „Automobilkönig" (* 1863); hinterläßt ein Vermögen von 625 Mill. Dollar (größtes nordamerikan. Vermögen; außerdem gibt es noch sechs weitere über 100 Mill. Dollar)

9 Mill. kg Nylon in d. USA erzeugt (1948 üb. 20 Mill.)

Schwed. Reichstag garantiert d. Landwirtsch. festes Realeinkommen

Moskau hat 4,3 Mill. Einwohner (1917: 1,7 Mill.)

Von den etwa 350 Mill. Indern etwa 70% in der Landwirtsch., etwa 10% i. d. Großindustrie (besonders Baumwolltextilindustr.). Lebensstandard: 340 g Getreideerzeugnisse täglich pro Kopf und 9 m Baumwollstoff pro Kopf jährlich

Pakistan hat mehr als 80% d. Welt-Juteerzeugung

Ein modern. Nachrichtenbüro (*Reuter*) erhält täglich etwa 500 000 Worte Meldungen

Erste Nachrichten über sog. „Fliegende Untertassen"

Nach sehr kaltem Winter folgt in Mitteleuropa sehr trockener u. heißer Sommer

25 000 Astrologen und 80 000 Wahrsager und Wahrsagerinnen in den USA registriert (in allen Ländern verbreitet sich der Aberglaube nach dem Krieg)

„New-Look"-Mode: Halblange, stoffreiche Kleider

In England kommt Cocktailkleid auf

Strand (Schweden) läuft Weltrekord über 1500 m in 3:43,0

1. Erdölbohrung i. Meer (Golf v. Mexiko)

„Varityper" (photomechan. Setzverfahren)

„Das sozialistische Jahrhundert" (sozialdemokr. Zeitschrift)

Christl. Weltmissionskonferenz in Kanada

Frauenstimmrecht in Japan

Blutige Unruhen zwischen Mohammedanern und Hindus i. Indien

1948

Friedens*nobel*preis nicht verliehen
USA- und brit. Luftflotte brechen sowjetruss. Blockade Berlins; politisch feste Haltung der Berliner Bevölkerung

Spaltung Berlins durch Einsetzung einer nicht gewählten Ostberl. Verwaltung unter *Friedrich Ebert*. Westberl. Wahlen: SPD 64,5%, CDU 19,4%, LDP 16,1% (SED stellt sich nicht zur Wahl). *Ernst Reuter* (SPD) zum Oberbürgermeister Berlins gewählt (wird 1951 Regierender Bürgermeister des Berliner Senats)

USSR erklärt Entlassung dt. Kriegsgefangener für beendet (1,9 Mill. entlassen). Nach Informationen der westdt. Bundesregierung müßten sich noch viele Gefangene und Verschleppte in der USSR befinden (bes. 1953 finden weitere Entlassungen statt)

Ruhrstatut verkündet: internationale Kontrollbehörde von 7 Nationen verteilt Kohle und Eisen mit weitgehenden Vollmachten (1949 Mitwirkung der Bundesrepublik; 1952 durch Montanunion beend.)

Westdt. Bizonen-Wirtschaftsrat gegründet. Präsident *Erich Köhler*

Westl. Besatzungsmächte lehnen Sozialisierungen in Deutschland auf Länderbasis ab

Während der Bodenreform in Ostdeutschland (seit 1945) wurden 3,1 Mill. ha an 500000 Kleinstbauern verteilt. In Westdeutschland kommt die beabsichtigte Bodenreform über Ansätze nicht hinaus

Ruth Fischer: „Stalin und der deutsche Kommunismus" (anti*stalin*istische Geschichte der KPD bis 1929)

Westverteidigungsstab unter Marschall *Montgomery* (Großbrit.)

Winston Churchill: „Memoiren" des 2. Weltkrieges

Dougl. Hyde, Chefredakt. d. kommunist. „Daily Worker" (brit.) tritt z. kath. Kirche über

Harold Laski: „Die amerikanische Demokratie" (engl. sozialist. Kritik der kapitalist. Demokratie)

Literatur-*Nobel*preis an *T. S. Eliot* (Großbrit.)
St. Andres: „Sintflut" (1. Bd. „Das Tier aus der Tiefe", 2. Bd. „Die Arche", 1951)
W. Ashajew (* 1915): „Fern von Moskau" (russ. Roman)
B. Brecht: „Herr Puntila und sein Knecht" (Bühnenstück)
Lawrence Durrell (*1914): „On Seeming to Presume" (engl. Gedichte)
Ilja Ehrenburg: „Der Sturm" (russ. Zeitrom.)
Fallada: „Jeder stirbt für sich allein" (Roman)
J. Fehling insz. „Die Fliegen" von *J. P. Sartre* im Hebbel-Theater Berlin (erkrankt 1955)
A. Huxley „Affe und Wesen" („Ape and Essence", englischer utopischer Roman über das Leben 2018 nach einem Atomkrieg)
† *Alfred Kerr*, dt. Theaterkritiker m. eigenwilligem Stil, u. a. im „Berliner Tageblatt" vor 1933 (* 1867)
Kisch: „Landung in Australien" (sozialist. Reisebericht)
† *Egon Erwin Kisch*, tschech. sozialist. Journalist und Schriftsteller „Der rasende Reporter" (* 1885)
Hans Leip (* 1893): „Die kleine Hafenorgel"
† *Emil Ludwig (Cohn)*, dt. hist. Schriftsteller; schrieb u. a. „Hindenburg" 1936, „Cleopatra" 1937, „Stalin" 1945 (* 1881)
Norman Mailer (* 1923): „Die Nackten und die Toten" (realist. Kriegsroman der USA)
Th. Mann: „Neue Studien" (Essays)

K. Barth: „Dogmatik im Grundriß" (Dialektische Theologie)
† *Nikolai Berdjajew*, russ. christl. Sozialist; emigrierte 1923; schrieb „Wahrheit und Offenbarung", „Das Reich Cäsars und des Geistes" u. a. (* 1874)
Buber: „Moses" (jüd. Religionswissenschaft)
Albert Einstein: „Botschaft an die geistigen Arbeiter" (Aufruf zur Unterstützung einer Weltregierung)
M. Gandhi (†): „Die Geschichte meiner Versuche mit der Wahrheit" (Autobiographie bis 1920)
R. Guardini: „Freiheit, Gnade und Schicksal" (ital. kathol. Religionsphilosophie)
Max Horkheimer (*1895, † 1973) u. *T. W. Adorno* (*1903, † 1969): „Dialektik der Aufklärung" (aus d. Frankf. Soziologenschule)
Roman Ingarden: „Der Streit um die Existenz der Welt" (poln. Philosophie)
Jaspers: „Von der Wahrheit" (Band 1 d. „Philosophischen Logik")
Alfred Ch. Kinsey: „Das sexuelle Verhalten des Mannes" (nordamerik. Untersuchung, „Kinsey-Report", liefert erstmalig Zahlen aus einem größeren Personenkreis: Von den Befragten kannten 80% vorehelichen Verkehr, 87% Masturbation, 90% „Petting")
Paul Matussek: „Metaphysische Probleme der Medizin"

Beckmann-Ausstellg. in St. Louis, USA
Chagall: „Das fliegende Pferd" (Gem.)
Feininger: „Der See", „Hochhäuser i. Manhattan", „Thüringische Kirchen" (Aquarelle)
Renato Guttuso: „Nächtlicher Fischfang" (ital. express. Gemälde)
Heinrich Heuser (* 1887, † 1967): Wandgemälde i. d. Kammerspielen des Dt. Theaters, Berlin
Heckel: „Bildnis Otto Dix", „Mann mit Baskenmütze", „Wanderzirkus" (express. Lithograph.) und „Der Zeichner" (express. Holzschn.)
† *Thomas Theodor Heine*, dt. Maler u. Graphiker; gründete mit *A. Langen* 1896 den satir. „Simplizissimus" (* 1867)
Anton Hiller (* 1893): „Mädch. mit Blume" (Bronzeplastik)
Hofer: „Die Blinden" (Gem.)
Kaus: „Stilleben mit Maske u. Guitarre" (express. Aquarell) u. „Sinnendes Mädchen" (expr. Gem.)
Hermann Kirchberger: Bildschmuck im Nationaltheat., Weimar
Le Corbusier: Wohnblock in Marseille (17 Stock, Stahl- u. Glasbauweise, für 300 Famil.; Dachgarten m. Schwimm- und Sonnenbädern; Kindergarten und Schule, Parkumgebung; vollend. 1952)
G. Marcks: „Gefesselter Prometheus" (Plastik)

Georges Balanchine grdt. New-York-City-Ballett
Blacher: „Die Nachtschwalbe" (Oper)
B. Britten: „Bettleroper" (engl. Erneuerung d. Oper von 1728)
Egk: „Circe" (heitere Oper)
W. Furtwängler: „Gespräche über Musik"
Hindemith: Cellosonate
Otto Klemperer (* 1885) geht als Dirigent nach Budapest (war s. 1933 in Los Angeles)
Arnim Knab (* 1881, † 1951): „Das gesegnete Jahr" (Oratorium)
† *Georg Kulenkampff*, dt. Violin-Virtuose (* 1898)
† *Franz Lehár*, österr.-ungarisch. Operettenkompon. (* 1870)
Otto Leuning: „Evangeline" (Musikdrama nach ein. Idylle *Longfellows*)
Yehudi Menuhin (* 1916) konzert. auf d. UN-Versammlung z. Erkl. d. Menschenrechte
Jerome Moross: „Willy the Weeper" (nordamerik., gereimte Münchhausiade als Variationen i. Boogie-Woogie-Stil)
Pepping: „Die Tageszeiten" (3. Symphonie im neoklassizist. Stil)
Cole Porter (* 1893, † 1964): „Kiss me, Kate" (nordamer. Musical n. *Shake-*

Physik-*Nobel*preis an *Patrich Maynard Stuart Blackett* (Großbrit., * 1897) für Mesonenforschung
Chemie-*Nobel*preis a. *A. W. K. Tiselius* (Schwed.) für Kolloidtrennung
Medizin-*Nobel*preis an *Paul Müller* (Schweiz) für Insektengift DDT
W. Adrian: „Die Frage der norddeutschen Eolithen" (erweist die angebl. Werkzeuge aus dem Alttertiär als Naturprodukte)
Charlotte Auerbach: Auslösung von Mutationen durch Senfgas (Beginn einer „Chemogenetik")
J. Bardeen u. *W. H. Brattain:* Transistor (Germanium-Krist.-Verstärk., beruf., Elektronenröhr. zu ersetz.)
Otis Barton erreicht mit Tauchkugel 1372 m Tiefe
Russel C. Brock: Erste Valvulotomie (Sprengung verengter Herzklappen)
K. Daeves und *A. Beckel:* „Großzahlforschung und Häufigkeitsanalyse" (angewandte Statistik)
Dennis Gabor (* 1900): „Holographie" (Abbildung durch Rekonstruktion der Wellenzüge. Wird ab 1960 mit Hilfe des Lasers zur Erzeugung plastisch wirkender Bilder entwickelt)
Gardner und *Lattes:* Künstliche Erzeugung des leichten und schweren Mesons im Zyklotron (kommen natürlich in der kosmischen Höhenstrahlung vor)
Philip S. Hench (* 1896) und *E. C. Kendall* heilen mit Cortison-Hormon rheumatische Krankheiten
P. Kirkpatrick und *A. V. Baez:* Beginn der Entwicklung eines *Röntgen*strahlmikroskops
5. Uranus-Mond von *G. P. Kuiper* entdeckt
Lyssenko säubert mit Hilfe der kommunist. Partei die russ. Vererbungswissenschaft von seinen Gegnern, welche auf der internationalen Linie *Mendel-Morgan* arbeiten
B. Rajewsky (* 1893, † 1974): „Biophysik" (grundl. für Erforsch. biolog. Strahlenwirkungen, mit *M. Schön*)
W. H. Ramsay nimmt für Kern und Mantel der Erde (und den erdähnl.

Am Rekordtag der Berlin. Luftbrücke bringen 896 Flugzeuge etwa 7000 t nach Berlin
J. Kuczynski: „Geschichte der Arbeiter unter dem Industriekapitalismus" (7 Bände seit 1946, kommunist.)
Währungsreform in West- und Ostdeutschland. Umtauschverhältnis 10 RM = 1 DM (1950: 1 DM West = etwa 5 DM Ost)
45,2 Mrd. RM dt. Sparguthab. durch Währungsreform auf 2,2 Mrd. DM abgewertet (51 % der westdt. Akt.-Gesellsch. stellen bis 1951 ihr Kapital 1 : 1 um)
Index der Weltindustrieproduktion 1948/49 (ohne USSR; 1937 = 100): 141; Elektrizitätserzeug. : 194
Eröffnung d. erst. Läden der staatl. Handels-Organisation (HO) in der sowjetisch besetzt. Zone u. Ost-Berlin (steigern bis 1950 ihren Anteil am Einzelhandel auf 29 %, Konsumnoss. auf 19 %, Privathandel geht auf 52 % zurück)
Volkseinkommen in den USA 260 Milliarden Dollar (1860 Dollar/Kopf)
USA-Gewerkschaften erreichen „Indexlohn" für die Arbeiter der General Motors mit automatischer

(1948)

Dr. *Daniel Malan* (Nationalpartei) Ministerpräsident der Südafrikan. Union (tritt 1954 zurück); politische Entrechtung der nichtweißen Bevölkerung; Selbständigkeitsbestrebungen gegenüber Großbritannien

Brüsseler Vertrag zw. Frankreich, Gr.-Brit., Benelux über wirtschaftl. Zusammenarbeit und kollektiven Beistand bes. gegen Deutschl. (Die Londoner Akte von 1954 sieht Aufn. Italiens u. Deutschlands vor)

Frankreich hebt Zollgrenze zum Saargebiet auf und führt dort frz. Währung ein

Abwertung des frz. Franken. Frz. Militär besetzt die bestreikten, verstaatlichten Kohlengruben

Juliana, nach Thronverzicht ihrer Mutter *Wilhelmina* (Königin seit 1890), Königin der Niederlande

Wahlen zur italien. Abgeordnetenkammer: Christl.-Demokrat. 303 Sitze, „Demokratische Volksfront" (Kommunisten, Linkssozialisten, Gewerkschaften) 178, Rechtssozialisten 29. Attentat auf den ital. Kommunistenführer *Togliatti* löst Generalstreik aus

Skandinav. Länder nehmen am *Marshall*plan teil

Dänemark gewährt Grönland weitgehende Selbstverwaltung

Skandinav. Militärbündnis scheitert

Arpad Szakasits (Sozialist) ungar. Staatspräsident bis 1950 (Rücktritt)

Vereinigung der kommunist. und sozialist. Parteien in Ungarn

Kommunist. „Jugend-Weltfriedenskongreß" in Budapest

Vereinigung der tschechoslowak. Kommunist. u. Sozialisten. Staatsstreichartige Einführung einer neuen Verfassung, Staatspräsident *Benesch* tritt zurück. *Gottwald* zum Präsidenten gewählt; Regierung mit 50% kommunist. Ministern. Selbstmord von *Jan Masaryk* (* 1886)

† *Eduard Benesch*, tschechoslowak Staatsmann, Staatspräsident von 1935 bis 1938 und seit 1945 (*1884)

Verstaatlichung der Produktionsmittel in Rumänien

Norman Nicholson (* 1914): „Rock Face" (engl. Gedichtsamml.)

Saint-Exupéry: „Die Stadt in der Wüste" (frz., posthum)

J. P. Sartre: „Die schmutzigen Hände" (frz. Schauspiel um das Problem der Parteilinie)

W. Speyer: „Das Glück der Andernachs" (Rom.)

Max Tau (* 1897): „Glaube an den Menschen" (autobiograph. Roman; erhält 1950 ersten Friedenspreis dt. Verleger)

Unruh: „Der nie verlor" (Roman)

Th. N. Wilder: „Die Iden des März" (nordamerik. Roman)

Jean-Louis Barrault pflegt in Paris ein pantomimisch-symbol. Theater: „Hamlet", *Kafkas* „Prozeß"

† *Paul Wegener*, dt. Schauspieler (* 1874) 1938–45 am Schillertheater, Berlin

Etwa 135 Mill. „Pocket Books" (Taschenbücher) von teilw. hochwertigen Autoren in den USA verkauft (1945: 66 Mill.)

M. Mead: „Mann und Frau" (tiefenpsychologische Studie über Verhältnis der Geschlechter bei den sieben Gesellschaftsformen der Südsee und im amerikan. Mittelstand)

Müller-Freienfels: „Der Mensch im Universum", „Das Lachen und das Lächeln"

Ernst Niekisch (* 1889, † 1967): „Zum Problem der Freiheit", „Deutsche Daseinsverfehlung" (marxist.)

Anna Siemsen: „Die gesellschaftlichen Grundlagen der Erziehung" (Erziehungssoziologie, geschrieben 1934/35)

Paul Tillich: „Das Zeitalter des Protestantismus" (engl.)

C. F. von Weizsäcker: „Die Geschichte der Natur" (Naturphilosophie der Physik, zeigt histor. Denkkategorien in den Naturwissenschaften)

Kirchen aus 40 Nationen gr. i. Amsterdam Ökumenischen Rat

Erklärung d. Menschenrechte durch die UN-Vollversammlung

„Menschliche Beziehungen" (engl. Zeitschrift für empirische Sozialpsychologie vom Tavistock-Institut, gegründet 1947)

„Vierteljahreszeitschrift für experimentelle Psychologie" (engl.)

„Freie Universität Berlin" aus student. Initiative gegrdt. (wegen Unterdrückung der polit. und wissenschaftl. Freiheit an der Ostberl. „Humboldt"-Univ.)

Landesuniversität Potsdam (für Land Brandenburg)

„Jeunesse" (belg. Holzschnitte, Einf. von *Th. Mann*)
Gabriele Münter (* 1877): „Wolken üb. Murnau", „Winter in den Bergen" (express. Gemälde)
Picasso: Keramiken (seit 1947)
Emy Roeder (* 1890): „Röm. Bergziegen" (Bronzeplastik)
Werner Scholz (*1898): Bibelillustrationen (Pastellmalerei)
Hans Sedlmayr: „Verlust der Mitte" (Kunstkritik)
Herbert Spangenberg (*1907): „Strand am Kattegatt" (Gemäld. im geometr. Stil)
Lewittown (New York), moderne Großsiedlg. in zeitsparender Bauweise

„Hamlet" (englisch. Farbfilm nach *Shakespeare* von *L. Olivier*; besond. Ausnutzung der Tiefenschärfe); „Rote Schuhe"(engl. Film v. *M. Powell*); „Oliver Twist"(engl. Film von *D. Lean*); „Das gestürzte Idol" (engl. Film von *C. Reed*)
„Paris 1900" (frz. Film von *Nicole Védrès*); „Die schrecklichen Eltern" (frz. Film von *Cocteau*)
„Deutschland im Jahre Null" (italien. Film v. *R. Rosselini*); „Bitterer Reis" (ital. realist. Film; Regie: *Giuseppe de Santis*); „Die Fahrraddiebe" (ital. Film v. *de Sica*); „Die Erde bebt" (ital. Film v. *Luchini Visconti*)
† *David Wark Griffith*, nordam. Filmregisseur; drehte

speares „Der Widerspenstigen Zähmung")
Walter Piston (* 1894): 3. Symphonie und „Toccata" (nordamerikan. Orchesterkompositionen)
Pierre Schaeffer beg. i. Paris mit d. „Musique concrète"
Strawinsky: Messe (russische Komposition)
Hch. Sutermeister: „Raskolnikow" (Schweiz. Oper)
† *Richard Tauber*, dt. Tenor (*1892)
R. Vaughan Williams: 6. Symphonie (engl. Orchestermusik)
†' *Ermanno Wolf-Ferrari*, dt.-italien. Opernkomponist (* 1876)
Moskauer Musikerkonferenz verurteilt die Werke der russ. Komponisten *Schostakowitsch, Prokowjew, Katschaturian, Miaskowskij* u. a. als „formalistisch" u. „volksfremd"

Planeten) durchgehend gleichen stofflichen Aufbau an (daneben besteht die Eisenkernhypothese)
Rickes und *Smith* kristallieren Vitamin B_{12} (wirksam gegen perniziöse Anämie)
Claude E. Shannon (* 1916) und *W. Weaver:* „Mathematische Theorie der Kommunikation" (gilt als exakte Begründung der Informationstheorie)
John W. Tuckey benennt die Informationseinheit „bit" (binary digit)
O. H. Warburg: „Wasserstoffübertragende Fermente" (physiologisch. Chemie); weitere Unters. d. Photosynthese
Norbert Wiener (* 1894, † 1964): „Kybernetik" (nordamer. Begründung d. Wissenschaft von Steuer- und Regelungsvorgängen in der belebten und unbelebten Natur)
Einweihung des 5-m-Teleskop-Spiegels auf dem Palomar-Mountain (USA)
Neuere Präzisionsmessungen ergeben kein ständiges allgem. Magnetfeld der Sonne
Brit. Düsenflugzeug err. 20 km Höhe (USA-Düsenfl. 1952 24 km)
Unbemannter Ballon mit Radiosonde erreicht in USA 42 km Höhe (relativ warme Ozonschicht)
Häufigere Durchführung schmerzarmer Entbindungen u. a. mit Trichloräthylen (z. B. bei der engl. Prinzessin)
Antibiotisches Heilmittel „Aureomyzin" isoliert
Verwendung von Streptomycin gegen Hirnhautentzündungen und Tuberkulose
Entwicklung „Künstlicher Herzen" in Schweden (s. 1947 v. *Clarence Crawford*) und den Niederlanden (zur Aufrechterhaltung des Blutkreislaufes bei Herzoperationen)
USSR unterhält in der Arktis 137 ständig besetzte meteorologische Stationen (1914: 5)
Erzeugung von 139 200 Mill. cbm Erdgas und 16 560 Mill. cbm Kunstgas in den USA; 350 000 km Ferngasleitung und 22,9 Mill. Verbraucher (Deutschland 6588 Mill. cbm Kunstgas)
~ Rasche Entwicklung des UKW-Rundfunks

Angleichung an das Preisniveau
USA-Europahilfe durch *Marshall*plan (ERP) beg.: 1. Jahr 4875 Mill. Dollar, 2. Jahr 3880 Mill., 3. Jahr 2720 Mill., 4. Jahr (voraussichtl.) 2000 Mill. Davon an Großbrit. 4450 Mill. Dollar, Frankreich 3100 Mill., Italien 1300 Mill., Westdeutschland 1000 Mill., Niederlande 785 Mill., 13 andere Länder 3540 Mill.
Gründg. d. angloamerikan. Produktivitätsrates zum Austausch industriell. Erfahrung. zwischen USA und Großbritannien
Umfassender nationaler Gesundheitsdienst i. Großbrit. (n. d. Ges. v. 1946)
Alters- und Invalidenversorgungsgesetz in Schweden mit erhöhten Leistungen
Erneute Sandstürme in den USA verwüsten 700 000 Morgen Ackerland in Texas und Neu-Mexiko
Uranförderung in Belgisch-Kongo jährlich etwa 5000 t (reicht etwa nach dem derzeitigen Stand d. Atomkrafttechnik f. etwa 50 Milliard. kWh, d. sind rund 10% d. Weltstromerzeugung).
Elektrische Energie aus Atomkraftanlagen wäre

(1948)

Kominform verurteilt *Titos* Politik in Jugoslawien als Abweichung vom „Marxismus-Leninismus-Stalinismus"

Bündnisvertrag Finnland-USSR für 10 Jahre

Finn. Wahlen: Sozialdemokr. 56 Sitze, Agrarpartei 56, Volksdemokr. (Komm.) 38, Konservative 30, Schwed. Partei 14, Liberale 6; *Fagerholm* (Sozialdemokr.) bildet Regierung

Israel als jüd. Staat in Palästina gegründet; schlägt arabische Angriffe zurück; bei den Unruhen wird der schwed. UN-Vermittler Graf *Folke Bernadotte* (* 1896) getötet

Chaim Weizman, „Der Vater Israels", erster Präsident Israels b. 1953 (†, * 1874) und *David Ben Gurion* (* 1886) erster Ministerpräsident (Rücktritt 1953)

USA-Finanzhilfe für Siebenjahresplan in Iran

In der Präsidentenwahl der USA siegt *Truman* (Demokr.) über *Th. E. Dewey* (Republ., *1902, † 1971) durch Unterstützung der Gewerkschaften entgegen Pressevorhersagen (1952 wird General *Eisenhower* [Republ.] gew.)

St. Laurent wird als kanad. Ministerpräsident Nachfolger von *Mackenzie King*

Manuel Odria stürzt Präsident *Bustamente* von Peru

† *Mahatma Gandhi* (durch Attentat eines Hindu-Brahmanen), Kämpfer für die ind. Unabhängigkeit, nach einem als vorbildlich geltenden Leben für Frieden und Gerechtigkeit (* 1869)

Tschiang Kai-schek zum Präsidenten von China gewählt. Kommunist. Volksarmee erobert Nordchina (vgl. 1949)

Soziale Gruppen: männl. 45,6%, weibl. 54,4%; Schüler u. Stud. 19,7%, Arbeiter 15,9%, Beamte 5,3%, Angestellte 34,9%, Freie Berufe 5,1%, Hausfr. 12,5%, selbst. Handw. 2,3%, ohne Beruf 4,4%)

Clausthaler Gespräche über „Naturwissenschaft, Religion, Weltanschauung"

„Lindsay - Vorschläge" eines dt.-engl. Ausschusses zur Hochschulreform: Studium aller Volksschichten, engerer Kontakt mit der Bevölkerung (zeigt wenig Wirkung)

„Studium Generale" (Zeitschrift für die Einheit der Wissenschaften im Zusammenhang ihrer Begriffsbildungen und Forschungsmethoden)

Neugrdg. d. Hochschule f. Politik, Berlin (Direktor wird *Otto Suhr*. (* 1894), Präsident des Berl. Abgeordnetenhauses)

„Arbeit und Leben", Erwachsenenbildungswerk der westdeutschen Gewerkschaft u. Volkshochschulen (gegründet in Niedersachsen)

„Der Monat. Eine internationale Zeitschrift für Politik und geistiges Leben" (Chefredakteur *Melvin J. Lasky*)

~ Unters. in Europa zeigen schnelleres körperliches, seelisches und geistiges Reifen der Jugendlichen

~ Rasche Entwicklung der Volkshochschulen i. Dtl. (1953 gibt es in der BRDt. u. Westberlin 1023 VHS, 2835 Nebenstellen, 22 Heimvolkshochschulen, 1389505 eingeschriebene Hörer u. 4025131 Besucher v Einzelveranstaltungen.

Bibeltexte (vgl. W)

484 Filme; „Vater d. Filmkunst" (*1875)
„Lusiana Story" (nordam. Film von *Flaherty*); „Die Dame aus Shanghai" (nordam. Film von und mit *O. Welles*, *Rita Hayworth*); „Macbeth" (nordam. Film von *O. Welles*); „Die Staaten der Union"(nordamerik. Film von *Capra*)
„Die junge Garde" (russ. Film v. *Gerassimow*); „Der dritte Schlag" (russ. Film von *Sawtschenko*); „Mitschurin" (russ. Film v. *Dowschenko*)
„Irgendwo in Europa" (ungar. Film)
„Die letzte Etappe" (poln. Film)
„Die geteilte Welt" (schwed. Film)
„Affaire Blum"(Film mit *Gisela Trowe* u. *Christian Blech*; Regie: *E. Engel*)
„Berliner Ballade" (satir.-kabarettist. Film von *Robert A. Stemmle*, * 1903, und *Günter Neumann*)
„Film ohne Titel" (Film von *R. Jugert* mit *H. Söhnker*, *Hildegard Knef*)

Anstieg der Fernsehempfänger in den USA von 200 000 auf 750 000 (vgl. 1950)
In Schweden s. 1945 aus 151 künstl. Befruchtungen 23 Kinder geboren

etwa halb so teuer wie aus Kohle
F. Osborn: „Die ausgeplünderte Erde" (amer. Wachstumskritik)
1 t Uran kostet etwa 1600 Dollar
Beginn des Baues von Staudämmen für Damodarregulierung in Indien (insgesamt Kraftwerke für 240 000 kW vorgesehen). Ind. Kraftwerke erzeugen etwa 1,4 Mill. kW
Erste Konferenz d. Weltgesundheitsorganisation d. UN
Jährl. Todesfälle an Weltseuchen: Syphilis etwa 20 Mill., Malaria etwa 3 Mill., Tuberkulose etwa 4,5 Mill.
Olympiade i. London (mehr als 5000 Sportler)
Fanny Blankers-Koen (Niederl.) gewinnt auf d. Olympiade in London 4 Goldmedaillen („Die fliegende Mutter")
Frauen-Weltrekord i. Kugelstoßen mit 14,39 m von *Adrejewa* (USSR) und Diskuswurf mit 53,25 m von *Dumbaase* (USSR)
Roy Bietila (USA) erreicht im Skispringen 83,5 m

Weltrekord im Diskuswurf mit 55,33 m von *Consolini* (Ital.)
Weltrekord im beidarmig Stoßen für Schwergewicht mit 177,5 kg von *John Davis* (USA) (nicht anerkannt 189,5 kg von *Zaferatos*, USA)
Weltrekord im Kugelstoßen mit 17,68 m von *Fonville* (USA)
Weltrekord im 100-m-Freistilschwimmen mit 55,4 Sek. von *Ford* (USA)
Joe Louis schlägt *Walcott* in der 11. Runde k. o. u. dankt ab, nachdem er seit 1937 25mal erfolgreich sein. Weltmeistertitel als „Brauner Bomber" verteidigt hatte (vgl. 1950)
Ferd. Porsche (* 1875, † 1951) konstruiert d. PKW „Porsche 356"
Heinrich Nordhoff (* 1899, † 1968) wird Generaldirektor des Volkswagenwerkes in Wolfsburg
Transandenbahn Argent.–Chile überquert Paß i. 3857 m Höhe

1949

Friedens*nobel*preis an *Boyd Orr* (Gr. Brit., *1880, †1971) f. Bemühungen um d. Welternährung

Brit. Demontagen in Deutschland führen zu örtlichen Unruhen

Aufhebung der Blockade („Verkehrsbeschränkungen") geg. Westberlin. Wirtschaftskrise des von Westdeutschland abhängigen Westberlins (bis 300000 Arbeitslose)

Der „Dt. Volksrat" in Ostdeutschland (SBZ) ruft „Nationale Front" ins Leben, kommunist. beeinflußt

Es konstituieren sich BRD und DDR

Westdt. Bundesrepublik (11 Länder) mit vorläufiger Verfassung und Hauptstadt Bonn. Erster Bundespräsid. *Theodor Heuss* (FDP)

Wahl zum westdt. Bundestag: CDU 139 Sitze, SPD 131, FDP 52, Bayernpartei 17, DP 17, KPD 15, WAV 12, Zentrum 10, DRP 5, SSV 1, parteilos 3. Bundeskanzler *Konrad Adenauer* (CDU) bildet Regierung aus CDU, FDP, DP

Inoffizieller Führer der Opposition *Kurt Schumacher* (SPD)

Wilhelm Pieck (Komm.) Präsident der ostdt. „Deutschen Demokratischen Republik"

Otto Grotewohl (SED, *1894, †1964) bildet ostdeutsche Regierung im Sinne der „Blockpolitik" aus genehmen Vertretern aller Parteien und Massenorganisationen

Besatzungsstatut für Westdeutschl.

Margarete Buber-Neumann: „Als Gefangene bei Stalin und Hitler" (als Frau eines dt. Kommunisten vor 1940 in russ., danach bis 1945 in dt. KZ's)

Neuwahlen in Österreich: Volkspartei 77 Sitze, Sozialdemokr. 67, Unabhängige 16, Linksblock 5; *Figl* bildet neue Regierung

Die Delegierten von Großbrit., USA, Norwegen, den Niederlanden verlassen (kommunist. beeinflußten) Weltgewerkschaftsbund (verliert etwa 35 Mill., d. h. ca. 50% seiner Mitglieder)

Irland löst alle Beziehungen zur brit. Krone (seit 1948 *John A. Costello* Ministerpräsident)

Literatur-*Nobel*preis an *W. Faulkner* (USA) (verliehen 1950)

Benn: „Trunkene Flut" (express. Lyrik), „Ausdruckswelt" (Essays u. Aphorismen)

Brecht: „Kalendergeschichten"

Camus: „Belagerungszustand" (frz. Schauspiel; Uraufführung im Théâtre Marigny von *Jean-Louis Barrault*)

Colette: „Le fanal bleu" (frz. Roman)

Döblin: „Novemb. 1918" (Romantrilog. seit 1939)

Th. S. Eliot: „Cocktail Party" (engl. Komödie)

Christopher Fry: „Die Dame ist nicht fürs Feuer" (engl. Bühnenstück)

G. Greene: „Der dritte Mann" (engl. Roman aus dem Nachkriegs-Wien, wird von *C. Reed* verfilmt)

Hans Egon Holthusen: „Hier in d. Zeit" (Ged.)

Ernst Jünger: „Strahlungen" (Tagebuch), „Heliopolis" (Zukunftsroman)

Lewis: „Der Gottsucher" (nordamerikan. histor. Roman)

Georg Lukacs: „Thomas Mann" (marxist.-kommunistisch)

Th. Mann: „Die Entstehung des Doktor Faustus. Roman eines Romans" (Tagebuch-Notizen), „Ansprache im Goethejahr 1949", „Goethe und die Demokratie" (Vorträge)

† *Maurice Maeterlinck,* belg. Dichter und Philosoph; *Nobel*preis 1911 (* 1862)

T. M. Abel und *F. L. K. Hsu:* „Einige Merkmale des chinesischen Charakters auf Grund des Rorschachtestes" (Assoziations-Test i. Anwendung auf Völkerpsychologie)

Theodor W. Adorno: „Philosophie der neuen Musik" (beeinflußt von der Zwölftonkunst *A. Schönbergs*)

C. W. Ceram (eig. *Kurt W. Marek,* *1915, †1972): „Götter, Gräber und Gelehrte. Roman der Archäologie" (begrdt. neuen sehr erfolgr. Stil d. Sachbuchs)

Philipp Frank: „Einstein. Sein Leben und seine Zeit" („Einstein verstehen, heißt die Welt des 20. Jhdts. verstehen")

Paul Frölich: „Rosa Luxemburg" (demokr.-sozialist. Würdigung)

Josef Goldbrunner: „Individuation, die Tiefenpsychologie von Carl Gustav Jung" (Darstellung und Kritik vom kathol. Standpunkt aus)

Heidegger: „Holzwege" (philosoph. Abhandlg.)

Th. Heuß: „1848. Werk und Erbe"

Jaspers: „Vom Ursprung und Ziel der Geschichte" (Geschichtsphilosophie mit dem Begriff der kulturell entscheidend. „Achsenzeit" ≈ −500)

Kardinal *Mindszenty* (seit 1945 Fürstprimas von Ungarn) wegen „Hochverrats" zu lebenslängl. Gefängnis verurteilt

H. Mitteis: „Deutsche Rechtsgeschichte"

G. P. Murdock: „Sozialstruktur" (nordamerik.

Eduard Bargheer (*1901): „Ruinen am Meer", „Neapel" (abstrakte Gemälde)

C. G. Becker: „Großer Pierrot" (expr. Gemälde)

Beckmann: „Der verlorene Sohn", „Stilleben mit Kerzen" (express. Gemälde)

Hub. Berke (* 1908): „Blaue Welt" (express. Gemälde)

Chagall: „Rote Sonne" (frz.-russ. Gem.)

† *James Ensor*, belg. Maler, erst im-, später expressionist. Richtung (* 1860)

H. A. P. Grieshaber (* 1909): „Ulmer Tuch" (expression. Komposition aus bemalten Teilstücken)

Günter Grote (*1911): „Spaziergang" (Gemälde)

K. Hofer: „Mädchen mit Orange", „Die Flut" (express. Gemälde)

Kaus: „Spannungen" u. „Muscheln und Götzen" (express. Aquarelle)

Kokoschka-Ausstellg. im Museum of modern art, New York

G. Marcks: „Sich Neigende" (Bronzeplastik)

J. Marin: „Bewegte See nach dem Hurrikan" (nordamerikan. express. Gemälde)

Rolf Nesch (*1893): „Dschingis-Khan" (expr. Metalldruck)

Pechstein: „Die Sonne kam wieder" (expr. Gemälde)

B. Britten: „Wir machen eine Oper" (engl. Kinderoper unter Mitwirkung des Publikums)

Egk: „Abraxas" (Faustballett) und „Französ. Suite nach Rameau"

Hindemith: Concertino für Horn und Orchester

Křenek Streichtrio

Orff: „Antigonae" (Oper nach *Sophokles* und *Hölderlin*)

† *Hans Pfitzner*, dt. Komp. (* 1869)

A. Schönberg (seit 1946): Violin- und Klavier-Konzert, „Ode an Napoleon", „Der Überlebende von Warschau" (Kantate)

† *Richard Strauss*, dt. Komponist (* 1864)

Hch. Sutermeister: „Die schwarze Spinne" (Schweiz. Oper nach *J. Gotthelf*)

Mary Wigman kommt nach Berlin (West)

Modetanz Samba

O. Sala entwickelt Mixtur-Trautonium (Anwendung dieses vielseitigen elektroakustischen Instrumentes für Theater-, Hörspiel- und Filmmusik)

Physik-*Nobel*preis an *H. Yukawa* (Jap.) für Vorhersage des Mesons

Chemie-*Nobel*preis an *W. F. Giauque* (Kanada) für Chemie tiefster Temperaturen

Medizin-*Nobel*preis an *W. R. Heß* (Schweiz, * 1881, † 1973) für Zwischenhirnforschung und *E. Moniz* (Portug.) für Hirnchirurgie

W. Baade entdeckt kleinen Planeten, dessen Sonnennähe noch innerhalb der Merkurbahn liegt (entdeckte 1924 den sonnenfernsten kleinen Planeten)

K. H. Bauer: „Das Krebsproblem" (grundl. vgl. 1928)

† *Friedrich Bergius*, dt. Chemiker und Industrieller; *Nobel*preis 1931 (* 1884)

B. v. Borries: „Die Übermikroskopie" (Zusammenfassung üb. die ersten 10 Jahre ihrer Anwendung)

Dussik: Ultraschall-Schattenbild d. Gehirns zur Diagnose von Gehirngeschwulsten (auf der ersten Ultraschalltagung in Erlangen)

W. Fischer u. *G. B. Gruber:* „Fünfzig Jahre Ontologie in Deutschland" (zur Gründung d. Dt. Pathologischen Gesellschaft 1897)

Geoffrey de Havilland: „Comet" (engl. Verkehrsflugzeug für 36 Passagiere mit 4 Düsenmotoren für 800 Stundenkilometer in 11 km Höhe; regelmäßige Flüge nach Australien ab 1953)

A. Kelner findet Wiederbelebung ultraviolett abgetöteter Bakterien durch Licht („Photoreaktivierung")

R. Kuhn: Biochemische Genetik (Nachweis v. Pilz-Mutationen durch chemische Nährbodenänderung zeigt, daß die Gene Katalysatoren für die Lebensprozesse liefern)

G. P. Kuiper entd. 2. Neptunmond

Williard F. Libby bestimmt als Gehalt an radioaktivem Kohlenstoffisotop das Alter prähistorischer Holzgegenstände (neue Methode zur Bestimmung unsicherer vor- und frühhistor. Daten)

Alexander I. Oparin: „Die Entstehung des Lebens auf der Erde" (Versuch einer chemischen Theorie)

Die Ernährungsfähigkeit der Erde wird verschieden abgeschätzt (von „mangelhaft" bis „ausreichend für 13,5 Milliarden Menschen")

Luftbrücke nach Berlin: in 13 Monaten 274718 Flüge, 160 Mill. Flugkm., 2 Mill. t Versorgungsgüter

Von 5 556 000 dt. Schulkindern sind 2 865 550 (52%) nicht bei beiden Elternteilen

Interzonen-Handelsabkomm. zwischen West- und Ostdeutschl. (1950 verlängert)

Abwertung des engl. Pfundes um 30% (verbessert in der Folgezeit brit. Außenhandelsbil.)

Nettoeinkommen in Großbritannien (1939): über 6000 Pfund 86 Pers. (6550), 1000 bis 1500 Pf. 400000 Person. (130000), 250—500 Pfund 9 300 000 Personen (1 400 000)

Kaufkraft d. Stundenlohns eines Industriearbeiters f. Nahrungsmittel: USA = 100, Norwegen 88, Dänemark 80, Großbrit. 71, Schweden 69, Schweiz 51, Irland 45, Frankreich 35, Deutschland 32, Italien 24, Österreich 23, USSR 18

USA Gewerkschaften stell. Pensions- u. Unterstützungs-

(1949)

Liberaler Wahlsieg in Australien. *Menzies* austral. Ministerpräsident
Europarat in Straßburg (Versuch eines westeuropäischen Parlaments)
Kommunist. „Weltfriedenskongreß" in Paris
Unterzeichnung eines französ.-ital. Zollunionsvertrages
Außenministerkonferenz der 4 dt. Besatzungsmächte in Paris, ohne wesentliche Erfolge hinsichtlich Deutschland
Konsultativrat der europäischen ERP-Länder in Paris berät unter Präsident *van Zeeland* Liberalisierung des europ. Handels
Thorez (Frankr.) und *Togliatti* (Ital.) erklären kommunist. Unterstützung der USSR im Kriegsfalle
Niederlande anerkennen Indonesische Republik (Java, Sumatra, Madoera, Borneo). Neuguinea bleibt niederl. Kolonie
Agrarkrise in Italien: Landarbeiterstreiks und gewaltsame Landbesetzung
Freundschafts- und Handelsabkommen Spaniens mit Argentinien
Staatsbesuch *Francos* in Portugal. Keine Einigung mit dem Infanten Don *Juan*
Norwegen lehnt Nichtangriffspakt mit USSR ab
Rajk (ungar. Außenminister) wegen „Titoismus" hingerichtet
Rokossowski, Marschall der USSR, wird poln. Verteidigungsminister
Bodenreform in Rumänien enteignet privaten Grundbesitz über 50 ha
Tito sucht Wirtschaftsbeziehungen zur USA und zu anderen westl. Staaten. USSR erklärt Jugoslawien zum Feind
Griech. königl. Regierung beendet siegreich den Bürgerkrieg; starke antidemokratische Tendenzen
Osteurop. Wirtschaftsrat zwischen USSR, Tschechoslowakei, Polen, Rumänien, Ungarn, Bulgarien
Stalin lehnt eine Einladung *Trumans* nach Washington ab und schlägt Treffen auf osteurop. Boden vor

† *Axel Munthe*, schwed. Arzt und Schriftsteller (* 1857)
George Orwell: „1984" (engl. Roman eines totalitären Zukunftsstaates)
K. A. Ott: „Der Mensch vor dem Standgericht"
A. Polgar: „Anderseits" (Erzählungen)
Kathleen Raine (* 1908): „The Phytoness" (engl. Gedichtsammlung)
Nelly Sachs (1891, † 1970): „Sternverdunklung" (Lyrik)
A. Schaeffer: „Janna Ducœur" (Roman)
Edzard Schaper: „Der letzte Advent" (poln.-schweiz. Roman)
Edith Sitwell (* 1887): „The Canticle of the Rose" (engl. Gedichtsammlung; u. a. Gedichte über die Atombombe)
† *Sigrid Undset*, norweg. Dichterin; *Nobel*preis 1928 (* 1882)
Egon Vietta: „Monte Cassino" (Schauspiel)
Zuckmayer: „Barbara Blomberg (Drama)
Goethe - Jahr: *Thomas Mann* erhält in Frankfurt a. M. und Weimar *Goethe*preise. Wiederaufbau des Frankfurter *Goethe*-Hauses; neue kleinere *Goethe*-Ausgbn.
Goethe-Feier in Wetzlar mit einem „Europäisch. Gespräch" unt. Leitung von Prof. *Karl Geiler* (* 1878, † 1953)
Theodore Bestman: „Eine Weltbibliographie der Bibliographien" (3 Bände seit 1947, 2. Ausgabe, registriert bis 1945 64000 Bände in mehr als 45 Sprachen)

Soziologie unter Verwendung von acht sozialen Grundbeziehungen)
Schweitzer: „Spital im Urwald" (Friedens*nobel*preis 1953)
Upton Sinclair wendet sich öffentlich vom Stalinismus ab
L. v. Wiese beruft anthropologisch-soziologische Konferenz nach Mainz: „Mensch u. Kollektiv", „Die Folgen der großen Bevölkerungsvermehrg. im 19. Jahrhdt."
Leop. Ziegler: „Menschwerdung" (Religionsphilosophie in 2 Bänd.)
Das „Große Palindrom": „SATOR AREPO TENET OPERA ROTAS" aus frühchristl. Zeit entziffert (AREPO = Rex et Pater zwischen A und O = Gott)
Aufhebung der Todesstrafe in der Dt. Bundesrepublik
Arbeitsgemeinschaft der Landesverbände dt. Volkshochsch. (westdt.)
Dt. Katholikentag in Bochum
Rumänien löst kathol. Orden auf
„Kulturverordnung" in Ostdeutschl. (stellt erhebliche Mittel für politisch genehme Zwecke zur Verfügung)
H. Gmeiner (* 1919): 1. SOS-Kinderdorf i. Imst, Österr. (b. 1969 entst. 65 Kinderdörfer)
Institut f. humanist. Studien in Aspen/Colorado (USA) i. Anwesenh. v. *Ortega y Gasset* (* 1881, † 1955) gegr.

Mark Rothko (*1903, †1970): „Violett, Schwarz, Orange, Gelb auf Weiß und Rot" (russ.-nordam. abstr. Gem.)

Herbert Sandberg: „Eine Freundschaft" (graphische Folge über ein KZ-Lager)

Werner Scholz „König Saul", „Das böse Tier" (express. Gemälde)

Hermann Teuber (* 1894) „Jumbo" (Gemälde)

Grindel-Wohnhochhäuser in Hamburg-Harvestehude (bis 1954)

„Moderne Kunst in Deinem Leben" (Ausstellung im Museum of modern art, New York)

Allindischer Kunstrat i. Kalkutta (pflegt Tradition und Auslandsbeziehungen)

„Der dritte Mann" (engl.-österr. Film nach *Graham Greene* mit *O. Welles;* Regie: *C. Reed;* mit Zitherspiel als Begleitmusik: „Harry-Lime-Thema")

„Der Engel mit der Posaune" (österr. Film von *K. Hartl* mit *P. Wessely*)

„La Macchina Amazzacaiva" (ital. Film v. *R. Rossellini*)

„Die Buntkarierten" (Film von *K. Maetzig* mit *Camilla Spira*); „Nachtwache" (Film von *H. Braun* mit *L. Ullrich, Hans Nielsen,* *1911, †1965)

„Rendezvous i. Juli" (frz. Film von *J.*

Overholt u. *Langer:* „Technik der Lungenresektion" (für Behandlung des Lungenkrebses)

S. J. Rudenko findet im sibir. Pazyryk-Tal in einem skythischen Hügelgrab Knüpfteppich (185 × 200) mit Bildmotiven aus der Zeit ≈ — 500 (gilt als ältester s. Art)

M. Schwarzschild: Theorie der Magnetfelder der Sterne (elektromagnetisch-hydrodynamische Schwingungszustände; erklärt 11-jährigen Fleckenzyklus der Sonne)

R. W. G. Wyckoff: „Elektronenmikroskopie" (Zusammenfassung über die ersten 10 Jahre ihrer Anwendung)

5-m-Teleskop auf dem Mt. Palomar weist Spiralnebel erstmalig in etwa 1 Milliarde Lichtjahre Entfernung nach

Astronomische Radio-Teleskope zum Empfang der Kurzwellenstrahlung aus dem Weltraum in den USA

Aus biologischen Kenntnissen und astronomischen Theorien folgt, daß wahrscheinlich viele der etwa 100 Milliarden mal 100 Milliarden Sonnen Planeten mit Lebensmöglichkeiten als Begleiter haben

Dt. Astronomische Gesellschaft verurteilt Astrologie als unwissenschaftlich

Für die Arbeit mit radioaktiven Indikatoren stehen durch die Uranbrenner ca. 46 künstlich radioaktive Elemente zur Verfügung

Entdeckung neutraler Mesonen mit Zyklotron

Verwendung der Elektronenschleuder (Betatron) zur Krebsbehandlung (bes. Hautkrebse)

Die 55. Tagung der Dt. Gesellschaft für innere Medizin behandelt folgende aktuelle Hauptthemen: Psychosomatische Medizin (Leib-Seele-Einheit); Eiweiß-Stoffwechsel; Chemotherapie des Krebses, der Herzentzündung, der Tuberkulose

Der 27. Dt. Gynäkologenkongreß behandelt u. a. folgende Probleme der Frauenheilkunde: Hormontheorie der Milchbildung, gynäko-

fragen in den Vordergrund (1948 für 3 Mill., 1950 für 7,5 Mill. Arbeiter geregelt)

Gründung des „Internat. Bundes Freier Gewerkschaften" (IBFG)

1,5 % des italien. Volkseinkommens (100 Mrd. Lire), doppelt soviel wie 1939, für Unterhaltungen verwendet: Kino: 53 Mrd.; Sportwetten: 30; Geselligkt.: 6; Theater u. Oper: 5,5; Sportveranst.: 5,5

Astrolg. Katastrophen- u. Weltuntergangs-Psychosen i. Deutschland

Rekordvergleich f. Männer zw. 1900 und 1949; 100-m-Lauf: 10,8, 10,2 S.; 400-m-Lauf: 49,0, 45,9 S.; 800-m-Lauf: 2:01, 1:46,6; 3000-m-Lauf: 9:18,2, 7:58,8; 10000-m-Lauf: 34:28,8, 29:21,2; 110-m-Hürdenlauf: 15,4, 13,6 S.; Hochsprung: 1,96, 2,11 m; Weitsprg.: 7,50, 8,13 m; Stabhochsprung: 3,63, 4,81 m; Kugelst.: 14,69, 17,81 m; Speerwurf: 49,32, 78,70 m; Diskuswurf: 38,70, 56,79 m; Hammerwurf: 51,04, 59,57 m; Schwimmen: 100 m. Crawl 1:16,8, 55,4 S.; 100 m Brust: 1:24, 1:07; 100 m Rücken: 1:24,6, 1:03,6

Dt. Gewerkschaftsbund (DGB) i. München gegrdt.

(1949)	*Molotow* seines Postens als sowjetruss. Außenminister enthoben. *Wyschinski* Außenminister, *Gromykow* (bisher beim UN-Sicherheitsrat) stellvertr. Außenminister. *Malik* im Sicherheitsrat. Marschall *Sokolowski* erster stellvertr. Minister der Streitkräfte. Sein Nachfolger in Deutschland wird *Tschuikow*	*Bertolt Brecht* grdt. mit seiner Frau *Helene Weigel* (*1900, †1971) „Berliner Ensemble" für „episches Theater" in Berlin (Ost)	
	Amtliche Verlautbarung der USA-Regierung: Es liegen sichere Anzeichen dafür vor, daß die USSR über Atombomben verfügt		
	Oberst *Husni Znaim* durch Staatsstreich syrischer Präsident, bei neuem Staatsstreich erschossen. Nach drittem Staatsstreich neue Regierung		
	Nordatlantikpakt zwischen USA, Kanada und 10 westeurop. Staaten; Atlantikgeneralstab		
	Indien und Pakistan erklären sich zu selbständigen Republiken, verbleiben im Commonwealth		
	Pandit Nehru wird Ministerpräsident der neuen Republik Indien		
	Liaquat Ali Khan Premierminister von Pakistan bis 1951 (†, ermordet, *1895; studierte in Großbrit.)		
	Union von Burma gegründet (1947 aus dem brit. Commonwealth entlassen)		
	Kommunist. Volksarmee unter *Mao Tse-tung* erobert ganz China. Ausrufung der „Chinesischen Volksrepublik". Nationalregierung *Tschiang Kai-schecks* flieht nach Formosa. Indien anerkennt Regierung *Mao Tse-tung* (* 1893, † 1976)		
	Tschu En-lai (* 1898, † 1976) chines. Min.-Präs. eines mittleren Kurses		
	Mao Tse-tung in Moskau (die westl. Welt beobachtet das Verhältnis China-USSR sorgfältig auf etwaige Spannungen)		
	Liberaldemokrat. Wahlsieg i. Japan unterstützt konservat. Politik des Ministerpräsidenten *Yoshida*		

Becker); „Manon" (frz. Film von *H. G. Clouzot*) „Das Treffen an der Elbe" (russ. Film v. *Alexandrow*) Erster international. Kulturfilmkongreß in Hamburg		logische Strahlentherapie (besond. Krebstherapie), Blutzerfall bei Neugeborenen (Rh-Faktor), Krampferscheinungen während der Geburt (Toxikosen) USA-Bomber umfliegt die Erde (37000 km) in 94 Stunden (mit viermaligem Lufttanken) Zweistufige USA-Rakete erreicht mit flüssigem Treibstoff 402 km Höhe (1951: Einstufige Rakete 216 km) „Künstliches Gehirn" erscheint möglich (im Sinne rechenmaschinenartiger Nachahmung von Denkvorgängen nach festen logischen Regeln durch elektronische Schaltgeräte) Maisbastardzüchtung erhöht in den USA Ertrag um 700 Mill. Dollar pro Jahr (Forschungs- und Züchtungskosten 10 Mill. Dollar) *Ewan*, *Purcell* u. and. entd. 21-cm-Linie d. Wasserstoffs i. Radiospektrum (wichtig f. Radioastronomie, wird seit 1945 vermutet)	(1952: 6,05 Mill. Mitgl.) Vors. *Hans Böckler* (* 1875, † 1951), erreicht 1951 Mitbestimm. der Gewerkschaften in der Schwerindustrie) Der dt. Energieverbrauch hat die Tendenz, sich in 10 Jahren zu verdoppeln Seit 1900 sank bei Dampfkraftwerken der Energiebedarf pro Kilowattstunde von 8100 auf 2400 Kilokalorien „Frankfurter Allgemeine Zeitung" erscheint(setztTradition der „Frankfurter Zeitung" fort) Skiflugschanze Oberstdorf beg. (vgl. 1950, 1967)

1950	Friedens*nobel*preis an Prof. Dr. *Ralph Johnson Bunche* (* 1904), Enkel eines amerikan. Negersklaven, für Beilegung des Palästina-Konfliktes zwischen Juden und Arabern Alliiertes Entmilitarisierungsgesetz für Deutschland *Hermann Ehlers* (* 1904, † 1954; CDU) Präsident des Dt. Bundestages Bundeswirtschaftsminister *Erhard* erstrebt eine weitgehend freie Marktwirtschaft für Westdeutschland Wirtschaftl. Zusammenarbeit der Dt. Bundesrepublik mit USA (ECA-Abkommen) Dt. Bundesrepublik tritt in den Europarat ein (SPD-Opposition fordert erst Lösung der Saarfrage) Meinungsverschiedenheit im Straßburger Europarat über Schaffung einer „Europäischen Armee" *Schuman*plan zur Vereinigung der dt., frz., ital. u. Benelux-Schwerind. (Bundestag ratifiziert gegen SPD 1951 Gesetz z. Bild. der „Montanunion"; tritt 1952 in Kraft) 600000 Berliner demonstrieren auf der Maikundgebung in Westberlin für die Freiheit Die 3 westl. Besatzungsmächte stellen Revision des Besatzungsstatuts in Aussicht und erklären, in Berlin zu bleiben Ostdt. Regierung lehnt gesamtdt. freie Wahlen ab (1951 macht *Grotewohl* Vorschlag für gesamtdt. Beratungen und Wahlen) Gesetz zum „Schutze des Friedens" in Ostdeutschland (stellt politisch nicht genehme Meinungen unter Strafe, einschl. Todesstrafe) „Wahl zur dt. Volkskammer" mit Einheitsliste d. „Nationalen Front" in Ostdeutschland; wird von Westdeutschland wegen undemokrat. Durchführung nicht anerkannt Die ostdt. Dt. Demokratische Republik anerkennt die verwaltungsmäßige Oder-Neiße-Linie als „Friedensgrenze" gegen Polen Angesichts der ost-westl. Spannungen erwägen die Westmächte	Literatur-*Nobel*preis an *Bertrand Russell* (Großbrit.) als „Apostel der Humanität und Gedankenfreiheit" Erster Friedenspreis der dt. Verleger an *Max Tau* (1951 an *Alb. Schweitzer*, 1952 a. *R. Guardini*, 1953 a. *M. Buber*, 1954 a. *Carl Jacob Burckhardt*) *George Barken* (* 1913): „News of the World" (engl. Versdichtung) *Benn:* „Doppelleben" (Autobiographie) *H. Broch:* „Die Schuldlosen" (Rom. in 11 Erz.) † *Hedwig Courths-Mahler*, dt. Schriftstellerin; schrieb 192 Unterhaltungsromane mit Millionenauflagen (* 1867) *Christopher Fry:* „Venus im Licht" (engl. Versdrama) und „Schlaf der Gefangenen" (engl. kirchliches Weihespiel) *Hemingway:* „Über den Fluß und in die Wälder" (Kriegsroman) *John Hersey:* „Der Wall" (nordamerikan. Roman um die Vernichtung des Warschauer Gettos 1943) *E. Ionesco* (* 1912): „Die kahle Sängerin. Ein Antistück" (rumän.-frz. Schauspiel d. absurden Theaters) † *Anton Kippenberg*, übernahm 1905 den Insel-Verlag, 1938 Präsident der dt. *Goethe*-Gesellschaft; schuf bedeutende *Goethe*-Sammlung (* 1874) *P. F. Lagerkvist:* „Barabbas" (schwed. Roman; *Nobel*preis 1951) † *Heinrich Mann*, dt. sozialist. Dichter (* 1871) *Th. Mann:* „Meine Zeit" (Rede mit Verurteilung jeden Totalitarismus)	*K. S. Bader:* „Die Veränderung der Sexualordnung und die Konstanz der Sittlichkeitsdelikte" (Vortrag auf der 1. sexualwissenschaftl. Arbeitstagung in Frankfurt/M.) *Nigel Balchin:* „Anatomie der Schurkerei" (engl. Biographien der Bösartigen von *Juda*s *Ischariot* bis *Rasputin*) *Buber:* „Pfade in Utopia" (jüd. Sozialismus) *Heinrich Eildermann:* „Die Urgesellschaft. Ihre Verwandtschaftsorganisationen und ihre Religion" (geschichtsmaterialistisch) *N. Hartmann:* „Philosophie d. Natur" (Ontologie) † *Nicolai Hartmann*, dt. Philosoph; Begr. einer Ontologie m. Schichtenaufbau d. Welt (* 1882) *Jaspers:* „Vernunft und Widervernunft in neuester Zeit" (geg. Psychoanalyse und Marxismus) *C. G. Jung:* „Gestaltungen des Unbewußten" (u. a. „Psychologie u. Dichtung", Schweiz. Psychoanalyse) † *Harold Laski*, engl. Politiker und Theoretiker des demokratischen Sozialismus (* 1893) *A. Malraux:* „Psychologie der Kunst" (frz. Kunstphilosophie, 3 Bände seit 1947) *M. Mead:* „Soziale Anthropologie und ihre Beziehung zur Psychiatrie" (nordamerik. psychoanalyt. Soziologie) *Armin Mohler:* „Die konservative Revolution in Deutschland 1918—1932. Grundriß ihrer Weltanschauungen" (konserv. Standp.)

Max Ackermann (* 1887): „Bild 31" (abstraktes Gemälde) *Friedrich Ahlers-Hestermann* (*1883): „Gelbes Zimmer" (express. Gemälde) *Hans Arp* (* 1887, † 1966): „Evocation d'une forme humaine, lunaire, spectral" (frz. „organ.-abstrakte" Plastik) *Beckmann:* „Hinter der Bühne", „Liegende", „Fallender Mann" (expr. Gem.) †*Max Beckmann*, dt. Maler des Expressionismus (* 1884) *Braque:* „Terrasse" (frz. Gemälde) *Camaro:* „Die fromme Spanierin"(Gem.) *Karl Caspar* (*1879): „Beweinung" (expr. Gemälde) *Chagall:* „König David", „Tanz", „Zirkus"(russ.-frz.Gem.) *Otto Dix:* „Verkündigung", „Saul und David", „Offenbarung" (expression. Gemälde) *August Wilh. Dreßler* (* 1886): „Straße in Alt-Töplitz" (Gem. in Mischtechnik) *Philip Evergood* (* 1901): „Der Invalide" (nordam. Gem.) *Arn. Fiedler* (*1900): „Schiff und Brücke" (abstraktes Gemälde) *Ludwig Gies* (* 1887, † 1966): „Schauender" (Gipsplastik) *Gilles:* „Daniel in der Löwengrube", „Nach dem Bombenangriff"(expr.Gem.) *Guttuso:* „Steinbrecher" (ital. express. Gemälde)	*Internation. Bach-Jahr Concerto grosso D-dur* aus einer *Bach*-Kantate rekonstruiert *Joseph Ahrens:* Passionsmusik (kath. Kirchenmusik) *Irving Berlin:* „Call me Madam" (nordamerikan. musikal. Komödie, 250000 Dollar Inszenierungskosten) *Leonard Bernstein:* „Das Zeitalter der Angst" (nordamerikan. symbol. Ballett, Choreograph. von *Jerome Robbins*) *B. Blacher:* „Ornamente" (Studien über „variable Metren" f. Klavier; unterwirft wechselnden Rhythmus mathematischer Regelmäßigkeit) *Karl-Birger Blomdahl* (* 1916): 3. Symphonie „Facetten" (schwed. Komposition) *Hindemith:* „Harmonie d. Welt" (Sinfonie) *Honegger:* 5. Sinfonie *Křenek:* Doppelkonzert für Geige, Klavier und kleines Orchester in 7 Sätzen (Zwölftönemusik) *Gian-Carlo Menotti:* „Der Konsul" (it.-nordamerikan. Zeitoper) *Olivier Messiaen:* „Turangolila-Symphonie"(schildert Liebe der Geschlechter in express. Tonsprache, frz.)	Physik-*Nobel*preis an *Cecil F. Powell* (Großbrit., * 1903, † 1969) für Mesonenforschung Chemie-*Nobel*preis an *O. Diels* (Dt.) und *K. Alder* (Dt.) für Diën-Synthese Medizin-*Nobel*preis an *T. Reichstein* (Pol.-Schweiz), *E. C. Kendall* (USA) und *Ph. S. Hench* (USA) für Erforschung des ACTH- u. Cortison-Hormons † *Emil Abderhalden*, dt. Physiologe (* 1877) *Birren:* „Farbpsychologie und Farbtherapie" (Bericht aus dem „Spektrochrometrischen Institut", New Jersey) *Einstein* veröffentlicht allgemein. Feldtheorie (neuer Versuch e. Erweiterung der Allgem. Relativitätstheorie durch Zusammenfassung der Gesetze des elektromagnetischen und Gravitations-Feldes) *Gösta Haeggqvist* züchtet mit Kolchizin Haustiere von besonders großem Wuchs (Kaninchen, Schweine) *F. L. Hildebrandt* erkennt den echten Schillerschädel durch Zahn- u. Kieferuntersuchung (vgl. 1911) *Erich von Holst* und *Horst Mittelstaedt:* „Das Reafferenzprinzip. Wechselwirkungen zwischen Zentralnervensystem und Peripherie" (ersetzt klassische Reflexlehre durch ein Modell mit zentralen „Kommandos" und ihren Vergleich mit „Rückmeldungen" aus dem Ausführungsorgan) *W. E. Le Gros Clark:* „Neue paläontologische Einsichten in die Evolution der Hominiden" (Deutung der neuesten Funde zur Abstammungslehre des Menschen) *Gerh. Küntscher* (*1900, + 1972): „Die Marknagelung" (wegweisende Knochenbruchbehandl. seit 1940) *E. W. Müller:* Sichtbarmachung einzelner Atome und Moleküle im Feldelektronenmikroskop (bedeutet fast 10 millionenfache Vergrößerung) *William Vogt:* „Die Erde rächt sich" (empf. Geburtenbeschränkung geg. Übervölkerung)	Weltzählung der Bevölkerung: etwa 2,33 Milliarden (Verdoppelg. zw. 1650 und 1850 und zw. 1850 u. 1950; maximal mögliche Zahl auf etwa 8 Milliarden gesch.) Aufhebung der Lebensmittelrationierung in der Dt. Bundesrepublik Allgemeines Steigen d. Weltmarktpreise. Lebenshaltungsindex d. USA steigt durch die Kämpfe in Korea von 166,9 (Jan.) auf 172,5 (Juli) (Durchschn. 1935 bis 1939: 100) Kosten für Atombombensicherheit der New-Yorker Bevölkerung (9 Mill.) auf 500 Mill. Dollar geschätzt (Geschätzt. Atombombenbesitz Sept.1951: USA ca. 1500; USSR ca. 50; Produktion: USA 1 in ca. 2 Tagen; USSR 1 in ca. 3 Tagen). USA entwickelt wirkungsvollere Wasserstoffbombe Süd- u. Südostasien (etwa 570 Mill. Einwohner) ist mit etwa 2000 Kalorien täglich pro Kopf Notstandsgebiet. Säuglingssterblichkeit etwa 4 mal höher, durchschnittl. Lebenserwartg. etwa halb so groß wie in Großbrit. Colomboplan des Commonwealth z. Wirtschaftsentwicklung in Süd-

(1950)

Remilitarisierung Deutschlands (am stärksten die USA, größte Reserve in Frankreich; SPD fordert „gleiche Rechte, Risiken und Chancen"; 1953 ratifiz. Bundestag EVG-Vertrag, 1954 v. frz. Parlament verworfen)

Westberliner Wahlen: SPD 44,7%, CDU 24,6%, FDP 23,0% (1951 gemeinsamer Senat der 3 Parteien mit Regierendem Bürgermeister *Reuter* gebildet)

Neue Verfassung für Stadt und Land Berlin (Ostberlin bleibt de facto außerhalb der Verfassung; Westmächte verhindern, daß Berlin de jure 12. Land der Bundesrepubl. wird, jedoch weitgehende Rechtsangleichung)

Etwa 1,5 Mill. Deutsche werden noch vermißt

Otto Meißner: „Staatssekretär unter Ebert — Hindenburg — Hitler. Der Schicksalsweg des deutschen Volkes 1918 bis 1945, wie ich ihn erlebte" (Autobiographie)

Brit. Unterhauswahlen: Labour 315, Konservative 297, Liberale 9, Sonstige 3, Kommunisten 0. *Attlee* wieder britisch. Ministerpräsident (Neuw. 1951: Konservative: 321, Labour: 295, Liberale: 6, Sonst.: 4, Kommunisten: 0; *Churchill* bildet konservat. Regierung). Unterhaus beschließt Nationalisierung der Eisenindustrie (1951 aufgehoben)

Staatsbesuch des frz. Präsidenten *Auriol* (Sozialist) und seiner Gattin in England

Atlantikrat tagt in London (Außenminister von USA, Großbrit., Frankreich, Italien, Benelux, Norwegen, Dänemark, Island, Portugal, Kanada)

Brüsseler Konferenz des Atlantikrates beschließt gemeinsame westeurop. Streitmacht unter zentraler Kontrolle *(Eisenhower* Ob.-Bfh. in Eur.), einschl. westdt. Kontingente *Churchill* verlangt vom Straßburger Europarat Europaarmee gegen Bolschewismus; führt zu keinem verbindlichen Beschluß

Der aus Deutschland emigrierte Atomphysiker *Fuchs* in Großbrit. wegen Spionage zugunsten der USSR verhaftet und verurteilt

Naso: „Die große Liebende" (Roman um *Ninon de Lenclos*)

K. A. Schenzinger: „Atom" (techn. Roman)

† *George Bernard Shaw*, irisch-engl. Dichter und Sozialist; *Nobel*preis 1925 (* 1856)

Peter Alexander Ustinov (* 1921): „Die Liebe d. vier Obersten" (engl. Komödie um das Nachkriegsberlin)

Evelyn Arthur St. John Waugh: „Helena" (engl. kathol.-histor. Roman)

Wiechert: „Missa sine nomine" (Roman)

† *Ernst Wiechert*, dt. Dichter (* 1887)

Zuckmayer: „Der Gesang im Feuerofen"

† *Emil Jannings*, dt. Schauspieler (* 1886)

† *Eugen Klöpfer*, dt. Schauspieler (* 1886)

Etwa 35 Mill. Titel gedruckter Bücher seit Erfind. d. Buchdrucks

Ca. 50 Mill. Bände in den 26 größten Bibliotheken

In der USA-Bundesbibliothek in Washington sind katalogisiert: 8 689 639 Büch., 128 055 Zeitungsjhrg., 11 320 000 Manuskripte, 1 928 574 Landkarten, 76 609 Mikrofilmrollen, 81 278 Spielfilmrollen, 1 919 609 Partituren und Kompositionen, 305 848 Schallplatten, 1 963 231 Photonegative, 579 298 Photoabzüge, 668 772 Verschiedenes, insgesamt 27 560 873 Stücke

In d. USA in diesem Jahr die dramatischen Werke von 5 198 Autoren registriert

Welt-Esperantobund hat etwa 100 000 organisierte Mitglieder; etwa 4000 in Deutschland

Max Picard: „Die Welt des Schweigens" (Schweiz. Philosophie über die kulturelle Bedeutung des Schweigens)

Heiliges Jahr der kathol. Kirche

Papst *Pius XII.* veröffentlicht Enzyklika „Humani generis" geg. Existentialismus, naturwissenschaftl. „Hypothesen" (insbes. mehrwurzlige Abstammungslehre) u. a. „Irrlehren" u. verkündet die leibliche Himmelfahrt Mariä als kirchliches Dogma

† Kardinal *Konrad* Graf *von Preysing*, kathol. Bischof von Berlin seit 1935 (* 1880)

B. Russell: „Unpopuläre Essays" (engl. rationalist. Betrachtungen)

Santayana: „Die Spanne meines Lebens" (span.-nordam. Autobiogr.)

H. Schultz-Hencke: „Neopsychoanalyse" („Psycho-Physio-Pathologie")

„Ein Gott hat versagt" („The God that failed" antibolschewist. Kritik ehemaliger Bolschewisten: *Ignazio Silone, Arthur Koestler, André Gide, Louis Fischer, Stephan Spender, Richard Wright*)

Vercors: „Mehr oder weniger Mensch" (frz. Essay über die Rebellion des Menschen gegen das Tierische in ihm)

M. Wolfenstein und *N. Leites:* „Filme, eine psychologische Studie" (USA)

60 Nationen unterzeichnen neue Rote-Kreuz-Konventionen

Erster Weltkongreß für Soziologie (in Zürich)

Robert Gwathmey (* 1903): „Auf der Veranda" (nordamerik. express. Gemälde)

Phil. Harth: (*1887): „Schwan" (Bronzeplastik)

K. Hartung „Großer Torso" (Plastik)

Heckel: „Die Vögel" (express. symbolist. Gemälde)

Bernhard Heiliger (*1915): „Mutter-Kind-Gruppe" (Gipsplastik), „Karl Hofer" (Bildn.)

Wern. Heldt (*1904, †1954): „Eisheiligentag"(expr. Gem.)

K. Hofer: „Frauenzimmer" (express. Gemälde)

Karl Kluth (* 1898): „Ein Kriegsbild" (express. Gemälde)

Karl Knaths (* 1891): „Korb mit Blumen" (nordamerikan. Gemälde)

Kokoschka: „Louis Cronberg" u. „Theodor Heuß" (express. Bildnisse)

Ludwig Peter Kowalski (* 1891): „Familie" (Gemälde)

La Farge: „Verwundetes Europa. Photographische Übersicht d. zerstörten Kunstdenkmäler"

Ewald Mataré (* 1887): Relief (Schiefer)

~ *Henri Matisse* läßt nach seinen Entwürfen Kapelle in Vence bei Nizza erbauen und malt sie aus (1951 geweiht)

Meid: „Toter Reiter i. Schnee"(Zeichng.)

Bernh. Paumgartner (*1887, † 1971): „Joh. Seb. Bach" (Biogr.; P. wird 1959 Präsid. d. Salzburger Festspiele)

H. Reutter: „Don Juan und Faust" (Oper)

† *Karl Straube*, dt. Kirchenmusiker; Thomaskantor in Leipzig von 1902 bis 1922 (* 1873)

Weill: „In den Sternen verloren" (musikal. Tragödie)

† *Kurt Weill*, dt. Komponist i. Jazzstil (* 1900)

„Musikalische Jugend Deutschlands" gegründet (für Erneuerung des Musiklebens)

Musikwochen in Donaueschingen erneuert (1921 gegr.)

Intern. Dokumentationszentrum f. Musik i. Paris (Partituren, Schallplatten)

~ „Cool-Jazz" mäßigt den „Bebop"-Stil

~ Pop-Musik: Rhythm and Blues (z. B. *Ray Charles*)

Für abstrakte Maler der von *G. Mathieu* veranstalt. Ausstellung „L'imaginaire" in Paris wird die Bezeichnung „Tachismus" („Flecken"-Malerei) geprägt

Abraham Wald (* 1902, † 1950) veröffentl. statistische Entscheidungstheorie

Auflösungsgrenze des normalen Elektronenmikroskops bei 2 millionstel mm (1939: 10 millionstel mm)

Ca. 1 Mill. wissenschaftl. Originalarbeiten erscheinen jährlich

Vorbeugende Fluorbehandlung gegen Zahnfäule

Antibiotisches Heilmittel „Terramyzin" isoliert

Sulfonamide, Penicillin, Streptomycin u. a. Antibiotica heilen mit gutem Erfolg: Scharlach, Keuchhusten, Hirnhautentzündung, Tuberkulose, Typhus, Ruhr, Gonorrhöe, Kindbettfieber, Lungenentzündung, Fleckfieber, Mumps, Gürtelrose, Herzentzündung u. a.

Erster internat. Kardiologenkongr. (in Paris; steht im Zeichen zunehmender Herzkrankheiten u. der sich entwickelnden Herzchirurgie)

Es existieren 10 Beschleunigungsanlagen zur Erzeugung schnellster atomarer Teilchen für 100 u. mehr Millionen Volt (bes. i. d. USA, 9 weitere bis 6 Milliarden Volt i. Bau)

Erzeugung der transuranischen und radioaktiven Elemente Berkelium (97) u. Californium (98) in den USA

Über 300 krankheitserregende Virusarten bekannt

Zeitschr. „Weltraumfahrt" erscheint („Zeitschr. d. brit. interplanetarischen Gesellschaft" seit 1934)

V. Internationaler Kongreß für Mikrobiologie in Rio de Janeiro

Erste Löschung einer Paratyphus-Epidemie durch Phenol-Öltröpfchen-Atmosphäre

Institut zur Erforschung von Insektenkrankheiten in Sault Ste. Marie/Kanada (modernstes Institut für biolog. Schädlingsbekämpfung)

Sterblichkeit bei Gehirntumor-Operationen auf 7% zurückgegangen (1902 ca. 90%)

Etwa 30000 Rosenarten bekannt (kennzeichnend für Erfolge der Pflanzenzüchtung)

USA-Bibliotheken photokopieren die großen Handschriftenbestände des Katharinen-Klosters (Sinai) und d. Griech.-Orthodoxen Bibliothek, Jerusalem

und Südostasien (1951—1957: 1,9 Milliarden Pfund für 3,5% mehr Anbaufläche, 17% mehr bewässertes Land, 10% mehr Brotgetreide, 67% mehr Kraftstrom)

UN-Bericht: Von 800 Mill. Kindern der Welt etwa 480 Mill. unterernährt

3 870 000 versorgungsbedürftige Opfer beider Weltkriege in Deutschland

In Westdeutschland 988 000 Witwen und 1,3 Mill. Waisen; davon 1,25 Mill. vaterlos, 20 000 mutterlos, 30 000 Vollwaisen

In den 11 ursprünglichen Mitgliedstaaten des Europarates (ohne Deutschland) suchen 12 Mill. Familien Wohnraum

Der ordentliche Haushalt der DBR für 1951 mit 13,4 Mrd. DM enthält für soziale Kriegsfolgelasten 4,03 Mrd., Besatzungskosten und Verwandtes 4,60 Mrd., Berlinhilfe 0,61 Mrd., sozial. Wohnungsbau 0,40 Mrd., Arbeitslosenhilfe 0,99 Mrd., Zuschüsse zur Sozialversich. 0,86 Mrd., Verzins. und Tilgung der Schulden 0,36 Mrd. DM

Lebenshaltungskosten in West- u. Ostdeutschland für vierköpfige Familien: Lebens-

(1950)

† *Jan Christian Smuts*, südafrikan. Staatsmann und Militär; kämpfte im Burenkrieg gegen England; von 1919 bis 1924 und von 1939 bis 1948 englandfreundlicher Ministerpräsident der Südafrik. Union (* 1870)

† *Léon Blum*, frz. Sozialist; Ministerpräsident 1936, 1938, 1946, während des Krieges im KZ (* 1872)

Fr. Joliot-Curie (Komm.) als frz. Hochkommissar für Atomenergie abgesetzt

König *Leopold III.* kehrt nach Belgien zurück (muß aber 1951 wegen Widerstandes bes. der Arbeiter auf den Thron zugunsten des Kronprinzen verzichten)

Italien übernimmt Treuhänderschaft über Ital.-Somaliland für 10 Jahre

Freundschaftsvertr. Italien–Türkei

† *Gustav V.*, König von Schweden seit 1907 (* 1858)

Gustav VI. Adolf (* 1882) König von Schweden

Sandor Onai ungar. Staatspräsident

Rücktritt des tschechoslow. Außenministers (seit 1948) *Clementis* (Komm.) (wird 1951 verhaftet)

Truppenkonzentrationen der Kominformländer gegen Jugoslawien

Rubel auf Goldbasis gestellt (4 Rubel = 1 Dollar)

Generalsekretär der UN *Trygve Lie* versucht in Moskau Ost-West-Spannung zu vermindern

Griechische Regierung tritt wegen alliierter Einmischung in Innenpolitik zurück

Celal Bayar (Demokrat. Partei) zum Präsidenten der Türkei gewählt. Ende der Einparteienherrschaft der Republikan. Volkspartei (Demokrat. Partei wiederh. Wahlsieg 1954)

Trumans „Punkt-Vier-Programm" zur wirtschaftl. Förderung unentwickelter Gebiete

† *William Lyon Mackenzie King*, kanad. liberaler Staatsmann; Ministerpräsident von 1921 bis 1930 und von 1935 bis 1948 (* 1874)

Argentinien hebt Beschränkungen für Deutschland und Japan auf

„Europ. Gespräch" üb. „Arbeiter u. Kultur" auf d. Ruhrfestspielen (v. DGB) (1951: „Das Problem d. Managers"; 1952: „Die Gewerksch. i. Staat")

„Kongreß für kulturelle Freiheit" in Westberlin (antibolschewist.)

Rund ¼ Mill. Hörer in den westdt. Volkshochschulen

Verfolgung der Sekte der „Ernsten Bibelforscher" in Ostdeutschland (war auch 1933 bis 1945 verboten)

Kirchl. Grundbesitz üb. 250 ha in Polen enteignet

Abkommen zwischen poln. Staat und Kirche ordnet diese dem Staatsinteresse unter

Lieblingsautoren dt. jg. Mädchen: *Spyri, Defoe, Ury, Gündel, Halden, Kloss, Courths-Mahler, Kästner.* Jungen: *May, Defoe, Löns, Twain, Kästner, Seton, Hedin, Wörrishöfer*

Etwa 400 Mill. Kinderbücher in der USSR seit 1940 gedruckt (das Kinderbuch wird bes. aus politischen Gründen stark gefördert)

In USA sind ca. 4 Mill. Kinder zwischen 6 u. 16 Jahren ohne Schulunterricht (Gründe: Bevölkerungswachstum, Lehrermangel)

Indischer Rat für kulturelle Beziehungen mit dem Ausland

Die 570 Mill. Einwohner Süd- und Südostasiens sind zu etwa 80% Analphabeten (in Pakistan etwa 6500 neue Schulen und 15 Lehrerseminare geplant)

Weltbund für Tierschutz im Haag gegründet

Georg Meistermann (* 1911): „Hieroglyphentiere" (abstraktes Gemälde)

H. Moore: Liegende Figur f. d. brit. Festivals 1951 (Bronzeplastik)

Munch-Ausstellg. im Mus. of Mod. Art, New York

Thomas Niederreuther (* 1909): „Nordmeer" (expr. Gem.)

Pechstein: „Beim Taropflanzen, Palau" (express. Gemälde)

Picasso: „Winterliche Landschaft" (Gem.)

Jackson Pollock (* 1912): „Bild 9" (nordamerikan. abstraktes Gemälde)

Otto Ritschl (* 1885): „Abstrakte Komposition" (Gemälde)

K. Scheffler: „Kunst ohne Stoff" (über abstrakte Malerei)

Richard Scheibe (* 1879): „Schreitender", „Das Echo" (Bronzeplastiken)

Schmidt-Rottluff: „Selbstporträt", „Stilleben b. offenem Fenster" (express. Gemälde)

Ernst Schumacher (* 1905): „Einsames Haus" (express. Gemälde)

Richard Seewald (* 1889): „Hügel (Toscana)" (Gemld.)

Sintenis: „Junge mit Rohrflöte" (Bronzeplastik)

Hans Thiemann (* 1910): „Spielraum" (konstruktivist. Gemälde)

Max Unold (* 1885): „Im Kinderzimmer" (Gemälde)

Ultraschallphotographie mit Hilfe der Löschung v. Leuchtphosphoren
„Photographische Konferenz" in Bristol bringt weitere Aufklärung über den noch nicht voll geklärten photographischen Elementarprozeß
Filmkamera für 10 Mill. Aufnahmen in der Sekunde
Einmotoriger Düsenjäger überquert den Atlantik im Nonstop-Flug (5280 km in 10 Stunden mit dreimaligem Nachtanken in der Luft)
Ballonflug Moskau - Zentralasien (3100 km in 83 Stunden 24 Min., Langstreckenrekord)
Erster Düsendampfer (Schottland)
Vorarbeiten zur Anlegung eines Stausees (etwa von der Größe Deutschlands) in dem Steppengebiet Westturkestans (USSR)
Bau des Tauern-Kraftwerkes Glockner-Kaprun (Fertigstellung bis 1954 mit 300000 kW geplant)
Entdeckung eines Meteoritenkraters auf Labrador von 5 km Durchmesser durch Luftaufnahmen (größter bisher bekannter)
Weltraumflug-Tagung in Paris (sagt Erreichung des Mondes noch im 20. Jahrhundert voraus)
USA: 1,5 Mill. Fernsehempfänger (1951: ca. 15 Mill.), England: ¼ Mill.
USA-Rennbootrekord 258 km/st. (1939: 228 km/st.)
Ausstellungshallen mit 18000 qm Grundfläche im Stahlskelettbau innerhalb 90 Tagen (für die Berliner Industrieausstellung)

≈ Die seit Ende des 18. Jhdts. in Gang befindliche „Industrielle Revolution" (vgl. 1770) tritt in eine neue entsch. Phase, gekennzeichnet durch Elektronik, Kernenergie, vom Staat geförderte technische Großprojekte (Weltraumflug) und Industrialisierung der gesamten Erde
Traditionelle politische und soziale Formen stehen oft in einem Spannungsverhältnis zu den rasch wachsenden technischen Möglichkeiten

UNESCO gründet Komitee für d. Dokumentation auf d. Geb. der Sozialwissenschaften
Erster Weltkongreß für Soziologie in Zürich
Köln-Mülheimer Hängebrücke im Bau (485 m lang, größte Europas; 1951 eröffnet)
Beispiele für höchste Maschinenproduktivitäten: Glühlampen-Kolbenblasmaschine 700000/Tag, Ziegelmaschine 400000/Tag, Zigarettenmaschine 150000/Stunde, Zeitungsrotationspresse 200000/Stunde
Waldanpflanzungsplan zur Klimaverbesserung im europ. Steppengebiet der USSR (Bepflanzung von 5709000 ha bis 1965)
Für USA 3—4 Mrd. Dollar Ernteschäden durch Schädlinge, 3 Mrd. Dollar durch Unkräuter geschätzt (1951 „Europäische Pflanzenschutzorganisation" gegründet)

Die *Nobel*preisträger 1901—50 nach Fachgebiet und Wohnland

	Physik	Chemie	Medizin	Frieden	Literatur	Insges.
Deutschland	12	21	8	3	5	49
Groß Britann.	13	7	9	6	5	40
USA	9	7	14	11	4	45
Frankreich	7	6	3	6	8	30
Schweden	2	5	1	3	3	14
Übrig. Europa	9	5	20	12	19	65
Übrige Welt	2	0	4	1	1	8
Insgesamt	54	51	59	42	45	251

notwendig West 149 DM (W), Ost 149 DM (O), elast. Kulturbedarf West 169 DM(W); Ost 501 DM (O)

Die Güterversorg. pro Kopf der Bevölk. beträgt in (1936 = 100) DBR 75, DDR 38

Westdt. Spareinlagen pro Kopf der Bevölk. 58 DM, pro Sparbuch 139 DM(1913 proKopf 314 M, pro Sparbuch 834 M)

Investitionen in Westdeutschland seit d. Währungsreform 1948 rund 57 Milliarden DM (etwa 1250 DM pro Kopf der Bevölkerung; vorwiegend Selbstfinanzierg.)

W. Röpke: Gutachten zu westdt. Wirtschaftspolitik (liberalist.)

SED beschließt für DDR Fünfjahresplan 1951—55 mit folgenden Zielen (1940=100): Industr. Produktion 190, Volkseinkommen 160, Energie 176, Arbeitslöhne 117, Preise 72

Etwa 5,3 Mill. Mitglieder des Deutschen Gewerkschaftsbd. (DGB) in Westdeutschld. und Westberlin. DGB verlangt weitgehende Mitbestimmung d. Arbeiter in den Betrieben

„Gesetz der Arbeit" in der ostdt. DDR (In Ostdeutschland sind

(1950)

Vargas wieder mit großer Mehrheit z. Präsidenten von Brasilien gewählt (* 1883, † 1954; Freitod)

Wafd-Sieg in Ägypten. *Nahas Pascha* erneut Ministerpräsident

Aufstand in Brit.-Malaya nimmt kriegsähnl. Formen an (wird vermutl. komm. unterstützt)

Schwere Kämpfe frz. Truppen und Fremdenlegionäre gegen aufständische Vietminh in Indochina (Aufständische werden anscheinend von Rot-China unterstützt)

Ausrufung der Republik Indonesien (Malaiischer Archipel) unter Staatspräsident *Sukarno* (*1901, + 1970) (nach langen Freiheitskämpfen gegen die Niederlande)

Huks (vgl. 1946) zerstören und plündern mehrere Städte bei Manila

Großbritannien anerkennt „Chinesische Volksrepublik"

Antrag der USSR auf Ausschluß Nationalchinas aus d. UN abgelehnt

Freundschafts- und Beistandspakt USSR—Chines. Volksrepublik für 30 Jahre

Einmarsch rotchin. Truppen in Tibet. Dalai Lama flieht vorüberg. n. Indien (bleibt trotz Appell an d. UN ohne Hilfe)

Kommunist. Unterschriftensammlung zur „Ächtung d. Atombombe"

Truppen des sowjetruss. beeinflußten Nordkorea überschreiten den 38. Breitengrad nach Südkorea. UN fordert Mitglieder zur Hilfe für Südkorea auf. Nach wechselvollen schweren Kämpfen gelingt es den UN-Streitkräften unter *MacArthur*, die Angreifer hinter den 38. Breitengrad zurückzudrängen. (USSR schlägt 1951 Waffenstillstandsverhandl. vor, die 1953 Erfolg haben)

Truman trifft sich mit *MacArthur* z. Besprechung d. Koreafrage (entsetzt *MacArthur* 1951 aller Posten)

Der ind. Ministerpräsident *Pandit Nehru* versucht im Koreakonflikt zu vermitteln

Während des Korea-Konfliktes heftige Debatten im Weltsicherheitsrat um Anerkennung und Aufnahme des Vertreters „Rot-Chinas"

Theodor Werner (* 1886, † 1969): „Komposition in Schwarz, Gelb und Blau" (abstr. Gem.)

Fr. L. Wright: Unitarierkirche b. Madison (USA)

~ „Wiener Schule" des phantast. Realismus der Schüler von *Albert Paris-Gütersloh* (*1887, † 1973): *Erich Brauer* (*1929), *Ernst Fuchs* (*1930), *Rudolf Hausner* (* 1914), *Wolfgang Hutter* (*1928), *Anton Lehmden* (*1929)

„Deutscher Künstlerbund 1950" (Neugründung, erste Ausstellung 1951 in Berlin)

Internationale Ausstellung kirchlicher Kunst in Rom anläßlich des Heiligen Jahres (Bilder kirchenamtlich vorzensiert)

Umgestaltung der Grotten der Peterskirche (Rom) zu einer Unterkirche (nach Ausgrabungen seit 1940)

UN-Sekretariat in New York (kubischer Wolkenkratzer mit 39 Stock)

Hochhäuser am Grindelberg/Hamburg (zwei 13 stökkige Wohn- und Geschäftshäuser)

Einweihung des fast originalgetreu wiederaufgebauten brit. Unterhauses (alter Bau durch Fliegerangriff zerstört)

*Goethe*schule in Kiel (Beispiel eines modernen ebenerdigen Schulbaues mit Möglichkeiten zum Freiluftunterricht)

Sowjets sprengen Berliner Stadtschloß (war im Kriege beschädigt worden)

Nordamerikan. Architekturinstitut verleiht Kunstmedaille erstmalig einem Photographen, *Edward Steichen* (* 1879)

——

„Orphée" (frz. Film von J. Cocteau); „Schwurgericht" (frz. Film von *A. Cayatte*)

„Reigen" (frz. Film nach den Dialogen von *A. Schnitzler*, mit *Adolf Wohlbrück*)

René Clair: „Nach reiflicher Überlegung" (frz. Aufzeichnungen zur Geschichte der Filmkunst 1920—1950) und „Die Schönheit des Teufels" (frz. Faust-Film)

„Staatsgeheimnis" (engl. Film über das Thema der politischen Diktatur)

„So beginnt ein Leben" (dän. Aufklärungsfilm in Spielform, zeigt Geburt)

„Das Schwarzwaldmädel" (erster dt. Nachkriegsfarbfilm mit *Sonja Ziemann*; Regie: *Hans Deppe*)

„Frauenarzt Dr. Prätorius" (Film von u. mit *C. Goetz* sowie *Valerie von Martens*)

„Herrliche Zeiten" (Filmsatire v. *Günter Neumann*)

„Semmelweis — Retter der Mütter" (Film v. *G. C. Claren* mit *Karl Paryla*)

die Betriebsräte weitgehend entmachtet, die Gewerkschaften vom Staat abhängig)

1,5 Mill. Arbeitslose in Westdeutschland (1948: 600000). 300000 in Westberlin

Dt. Konsumgenossenschaften (seit 1850) 1,25 Mill. Mitglieder b. 6114 Verteilerstellen u. Fertigungsbetrieben; 5% des Einzelhandelsumsatz.

Von 100 dt. Erwerbstätigen sind 9 Beamte (1940: 10, 1920: 8, 1890: 6)

In USA üb. 100000 Kollektivverträge für insgesamt über 15 Mill. Arbeiter

Dt. Industrieausstellung in Westberlin (politischwirtschaftl. Demonstration der westl. Welt)

Industrieller Produktionsindex in Frankreich (1913 = 100): 1929 = 136, 1950 = 126. Monnetplan von 1946 nur zu etwa 75% erfüllt

Als Ergebnis des Fünfjahresplans 1946/50 i. d. USSR werden amtlich folgende Relativzahlen angegeben (1940 = 100): Gesamte Industrie 173, Kohlenförderung 157, Energieerzeugung 187, Eisen- und Stahlerzeugung 145, Maschinenbau 230, Chemische Industrie 180, Getreideanbaufläche 120, Nationaleinkommen 164. (Vgl. „Das Leben in Zahlen")

AFL schätzt i. d. USSR 175 Strafkolonien mit ca. 14 Mill. Insassen

Kopenhagener Wellenplan tritt in Kraft (benachteiligt stark dt. Sendestationen)

USA u. Kanada prod. 60 t Titan (1951: 700 t; 1952: 5000 t)

Selbstschutz-Organisation d. westeuropäisch. Kinobesitzer gegen Fernsehen

Chron. Alkoholiker etwa 945 000 in den USA, 375 000 in Frankreich, 150000 in Westdeutschland, 86000 in England

27 Mill. Briefmarkensammler in den USA (etwa 10 Millon. ernsthafte Sammler)

Aufwand für Kosmetik in den USA 2,5 Milliarden Dollar jährl. (rd. 1% des Volkseinkommens)

Betont „weiblicher" Stil in der Frauenmode; kleine Hüte, kurze gelockte Frisuren

Schwerstes Erdbeben i. Assam (Indien) Bergstürze: 1 Mill. Vermißte

Maurice Herzog u. Louis Lachenal besteigen ersten Berg über 8000 m (Annapurna / Himalaja 8078 m); erleiden schwere Erfrierungen an Füßen und Händen

Weltrekorde: Kugelstoßen 17,95 m (J. Fuchs, USA); 400-m-Lauf 45,8 Sek. (G. Rhoden, USA); 10 000-m-Lauf 29 Min. 12 Sek. (E. Zatopek, Tschech.); Kanaldurchschwimmung 10 St. 53 Min. (Hassan Abde Rehm, Ägypt.)

John Davis (USA) stößt beidarmig 178,65 kg

Entwicklung der Skisprungweiten: 1879 Torjust Hammestweit (Norw.) 23 m, 1900 Olaf Tandberg (Norw.) 35,5 m, 1924 Tullin Thams (Norw.) 60 m, 1934 Birger Ruud (Norw.) 92 m, 1936 Sepp Bradl (Österr.) 101 m, 1950 Dan Netzell (Schwd.) (i. Oberstdorf) 135 m

Ezzard Charles schlägt d. Herausforderer Joe Louis nach Punkt. (mißglücktes Comeback)

Jersey Joe Walcott (USA-Negerboxer) schlägt Hein ten Hoff (Dt.) i. Mannheim nach Punkten (ten Hoff wird 1951 Europameister)

Das industrielle Kräfte-Parallelogramm

Das Verhältnis der Anteile Prod. : Bevölkerung ergibt eine relative Wohlstandszahl, die ein West-Ost-Gefälle aufweist:

	USA	W.-Eur.	DDR. u. O.-Eur.	USSR	China u. Ind.	Rest	
Industrieprod.	40 %	25 %	6 %	10 %	5 %	14 %	d. Weltprod.
Bevölkerung	6 %	12 %	4 %	8 %	38 %	32 %	d. Weltbevölk.
rel. Wohlst.	6,7 %	2,1 %	1,5 %	1,3 %	0,13 %	0,4 %	

(Die Zahlen sind abgerundet. Vgl. auch 1965 u. 1972 V und „Das Leben in Zahlen. Güterproduktion etc." im Anhang)

1951	Friedens*nobel*preis an *Léon Jouhaux*, frz. demokratischer Gewerksschaftsführer (* 1879, † 1954)	*Nobel*preis f. Literatur: *Pär Lagerkvist* (Schweden, * 1891, † 1974)	*Th. W. Adorno* (* 1903): „Minima moralia" (kulturhist. Betrachtg.)
	Berliner Koalitionsregierung SPD-CDU-FDP, Reg. Bürgerm. *Ernst Reuter* bis 1953	Friedenspreis des dt. Buchhandels an *Albert Schweitzer*	*Simone de Beauvoir*: „Das andere Geschlecht" (Geschlechtspsychologie d. Frau)
	Kommunistische Weltjugendfestspiele in Ostberlin; werden von Westberlin zu zahlreichen politischen Kontakten ausgenutzt	*Pulitzer*-Preis für *Conrad Richter* „The Town"	*B. Breitner*: „Das Problem der Bisexualität"
	Dt. Bundestag nimmt SPD-Antrag an, der freie Wahlen in Berlin als 1. Schritt zur Wiedervereinigung fordert	*Georg-Büchner*-Preis für *Gottfried Benn*	*R. Carnap*: „Logische Begründung der Wahrscheinlichkeit"
	Ministerpräs. *Grotewohl* macht Vorschläge f. gesamtdt. Beratungen	Hansischer *Goethe*-Preis für *Martin Buber*	*H. Dolch*: „Theologie und Physik" (römisch-kathol. Wunderlehre)
	Gesetz über die Mitbestimmung d. Arbeitnehmer in den Aufsichtsräten und Vorständen der Unternehmen des Bergbaus und der Eisen und Stahl erzeugenden Industrie i. d. BRDtl.	*Fontane*-Preis (Berlin) für *H. W. Richter*	*Romano Guardini*: „Die Macht" (ital. kath. Philosophie)
		Stefan Andres: „Die Arche" (2. Teil des Romans „Die Sintflut")	*K. Horney*: „Neue Wege der Psychoanalyse" (betont die Gemeinsamkeiten der verschiedenen Schulen)
	Lex *Kemritz*, Ges. gegen Menschenraub und polit. Denunziation i. d. BRDtl.	*Wystan Hugh Auden* (* 1907): „Das Zeitalter der Angst" (dt. Fassung d. engl. Schauspiels von 1947)	*Karl Jaspers*: „Rechenschaft und Ausblick" (v. Standp. d. Existenzphilosophie)
	Bundeskanzler *Adenauer* übernimmt Außenministerium (gibt es 1955 an *Heinrich v. Brentano*)	*Gottfried Benn*: „Fragmente" (Gedichte) „Probleme d. Lyrik" (Essay)	*C. G. Jung*: „Aion, Untersuchungen zur Symbolgeschichte" (schweiz. Psychoanalyse)
	Erste Reise des Bundeskanzlers *Adenauer* nach Paris	† *Walter Bloem*, dt. Romanschriftsteller (* 1868)	† *Fritz Karsen*, dt. Schulreformer, zuletzt in den USA; vertrat „differenzierte Einheitsschule" (* 1885)
	Erster Staatsbesuch *Adenauers* in Italien	*Bert Brecht*: „Hauspostille" (Lyrik; erste Veröff. 1927)	
		† *Hermann Broch*, österreich. Dichter von Romanen und Schauspielen, zuletzt in USA (* 1886)	
	Republik Indien beend. als 1. Land den Kriegszustand mit Deutschland		
	Die westl. Alliierten beenden den Kriegszustand mit der BRDtl.	*Louis Bromfield*: „Mr. Smith" (nordamer. Roman)	*George Katona*: „Psychological Analysis of Economic Behaviour" (nordamer. Analyse des ökonomischen Verhaltens)
	Revision des Besatzungsstatuts in der BRDtl. (führt 1952 zur Unterzeichnung des „Deutschland-Vertrages")	*Camus*: „L'Homme revolté" (frz. Essay)	
	Bundestag ratifiziert d. Gesetz zur Bildung d. westeurop. Montanunion geg. Stimmen d. SPD (1952 in Kraft)	*H. Carossa*: „Ungleiche Welten"	*Herbert Kühn*: „Das Problem des Urmonotheismus" (faßt Monotheismus als ursprünglichste religiöse Denkform auf)
		Paul Claudel: Gesammelte Werke (1. Bd. von 20 Bänden)	
	BRDtl. gleichberechtigtes Mitgl. im Ministerausschuß d. Europarates in Straßburg	*Heimito von Doderer* (* 1896, † 1966): „Die Strudlhofstiege" (Roman)	
	Grundsatzerklärung der Sozialistischen Internationale in Frankfurt am Main: „Ziele und Aufgaben des demokratischen Sozialismus"	*T. S. Eliot*: „Gesammelte Gedichte" (engl. Lyrik), „Die Cocktail Party" (dt. Ausg. d. engl. Schauspiels von 1949)	*Hans Leisegang* (* 1890, † 1951): „Einführung in d. Philosophie", „Meine Weltanschauung"

Karrel Appel (*1921): „Kind und Tier II" (niederl. Gem.)

Kenneth Armitage (*1916): „Familien-Spaziergang" (engl. Bronzeplastik)

Hermann Baur: Allerheiligenkirche, Basel

Max Bill (*1908): „Sechs Energiezentren" (schweiz. abstrakt. Gem.)

Dominikus Böhm: Kathol. Kirche in Geilenkirchen mit gläserner Chorwand

Georges Braque: „Mädchenkopf" (frz. Lithographie)

Alberto Burri (*1915): „Malerei" (ital. abstrakt. Gem.)

Reg Butler (*1913): „Mädchen und Knabe" (engl. geschmiedete und geschweißte Eisenplastik)

Massimo Campigli (*1895): „Turm und großes Rad" (ital. Gem.)

Salvador Dali: „Manifeste Mystique" (Grdl. d. span. Surrealismus)

O. Dix: „Bauernmädchen mit Kind" (express. Gem.), „Joseph Haubrich" (Porträtgem.)

L. Feininger: „Mondgewebe" (nordamer. abstrakt. Gem.)

Helen Frankenthaler (*1928): „Abstrakte Landschaft" (nordamer. Ölgem. in neuer Einfärbetechnik)

Alois Giefer u. Hermann Mäckler: Maria-Hilf-Kirche, Frankfurt/Main

† Wassilij de Basil, emigrierter russ. Ballettmeister (*1888)

Conrad Beck (Schweizer Kompon., *1901), Violinkonzert, 6. Symphonie

Boris Blacher (*1903): „Dialog für Flöte, Violine, Klavier u. Streichorchester" (Concerto grosso mit Taktwechsel nach „mathemat. Gesichtspunkten"), Violinkonzert op. 29, „Lysistrata" (Ballett)

Cesar Bresgen (*1913): „Der Igel als Bräutigam" („Oper für große und kleine Leute", Text: Bresgen und Andersen)

Benjamin Britten: „Billy Budd" (engl. Oper)

† Fritz Busch, dt. Dirigent, seit 1933 in England, USA und Südamerika (*1890)

Luigi Dallapiccola (*1904): „Tartiniana" (ital. Kompos. für Violine und Orchester)

Paul Dessau (*1894): „Die Verurteilung des Lukullus" (Oper; Text v. B. Brecht. B. mildert unter Druck der SED die ursprüngl. pazifist. Tendenz)

W. Egk: „Columbus" (Umarbeit. d. Oper von 1941)

Hans U. Engelmann (*1921): Fantasie f. Orchester op. 6 (gemäß. Zwölftonm.)

Nobelpreis f. Physik: John Douglas Cockcroft (Großbrit., *1897) und Ernest Thomas S. Walton (Irland, *1903) für die 1932 durchgeführte Atomkernumwandlung mittels künstlich beschleunigter Protonen

Nobelpreis f. Chemie: Glenn T. Seaborg (USA, *1912) und Edwin M. McMillan (USA, *1907) für Chemie der Transurane

Nobelpreis f. Medizin an Max Theiler (USA) f. d. Entwickl. einer Anti-Gelbfieber-Vakzine

J. André-Thomas: Herz-Lungen-Maschine für Operationen am blutleeren Herzen

Charles F. Blair: Erster Alleinflug über den Nordpol

H. Bortels: „Beziehungen zwischen Witterungsablauf, physikalisch-chemischen Reaktionen, biologischem Geschehen u. Sonnenaktivität"

William Bridgeman erreicht mit raketenangetriebenem, vom fliegenden Bomber startenden „Skyrocket" 1,88fache Schallgeschwindigkeit und 24080 m Höhe

Fr. Cramer: „Die Papierchromatographie" (diese analytische Trennungsmethode gewinnt für organische Stoffe rasch wachsende Bedeutung)

E. D. DeLamater u. M. E. Gallegly jr. finden Zellkernteilung bei Teilung von Bakterienzellen

M. Deutsch: Entdeckung des „Positronium-Atoms", bei dem ein positiv und ein negativ geladenes Elektron kurzzeitig umeinander kreisen

† Karl Escherich, dt. Forstzoologe (*1871)

W. Filchner: „In der Fieberhölle Nepals" (Reisebericht)

Ernst Kraus: „Die Baugeschichte der Alpen", „Vergleichende Baugeschichte der Gebirge" (gibt Magmaströmungen in der Tiefe entscheidenden Anteil an der Gebirgsbildung)

† Hans Böckler, 1. Vorsitzender d. Deutschen Gewerkschaftsbundes (*1875)

† William Randolph Hearst, nordamer. Zeitungsunternehmer; erwarb 1887 die erste Zeitung, besaß schließlich 38 Zeitungen und Magazine (*1863)

Bundespräsident Th. Heuss stiftet Verdienstorden

Fritz Sternberg (*1895, † 1963): „Kapitalismus und Sozialismus v. d. Weltgericht" (internationale politisch-ökonomische Analyse der letzten 100 Jahre) „The International Labour Code" (intern. Arbeitsgesetzbuch mit 104 Übereinkommen u. 100 Empfehlungen der Intern. Arbeitsorg.)

Übereinkommen i. d. Internationalen Arbeitsorgan. (Genf) über Mindestlöhne in der Landwirtschaft (1952: über bezahlten Urlaub in der Landwirtschaft)

Arbeitszeit f. d. Erwerb von 1 kg Butter:
BRDtl. 240 min
Dänem. 95 min
Frankr. 375 min
Großbrit. 91 min
Schwed. 123 min
USA   68 min

Lockerung von Produktionsverboten i. d. BRDtl. durch die Alliiert.

(1951)

Brit. Außenminister *Morrison* besucht Bonn (1. Besuch ein. brit. Min. i. Dtl. seit 1939)	† *John Erskine,* nordamer. Literarhistoriker u. Schriftsteller (*1879)	*Erich Lüth* (*1902): „Friede mit Israel" (dt. Aufruf zur Wiedergutmachung und Verständigung)
Staatsbesuch *Adenauers* in London (1. offizieller Bes. ein. dt. Regierungschefs i. London seit 1925) Empfang durch König *Georg VI.*	*W. Faulkner:* „Requiem für eine Nonne" (nordamer. Drama nach dem 1931 ersch. Roman „Sanctuary"	*H. de Man:* „Vermassung und Kulturverfall" (belg. Soziologie)
Delegationen aus West- u. Ost-Dtl. äußern sich vor dem politischen Ausschuß der UN-Vollversammlung in Paris zur Deutschlandfrage	*Christopher Fry:* „Ein Schlaf Gefangener" (engl. Drama)	*Ludwig v. Mises:* „Sozialismus. Eine ökonomische und soziologische Analyse" (dt.-nordamer.)
Volksabstimmung für die Schaffung des „Südweststaates" Baden-Württemberg (1956 neuer Volksentsch.)	† *André Gide,* frz. Dichter einer kritischen Geisteshaltung; *Nobel*preis 1947 (*1869)	*E. Mittenecker* und *W. Toman:* „Der P(ersönlichkeits)-I(nteressen)-Test" (enthält 214 Fragen)
Bundesverfassungsgericht i. Karlsruhe eröffnet	*Albrecht Goes* (*1908): „Gedichte 1930—1950" (Lyrik), „UnruhigeNacht" (Erz.)	*Gerhard Nebel* (*1903): „Weltangst und Götterzorn" (christl.-theolog. Neudeutung d. griech. Tragödie)
Bundesregierung beantragt beim Bundesverfassungsgericht, d. Sozialistische Reichspartei und die Kommunistische Partei Deutschlands für verfassungswidrig zu erklären (SRP wird 1952, KPD 1956 verboten und aufgelöst)	*Helmut Gollwitzer* (*1908): „Und führen, wohin du nicht willst" (Bericht einer Gefangenschaft)	*Ernst Niekisch:* „Europäische Bilanz" (für sowjetische Planwirtschaft in einem übervölkerten Europa)
„Stahlhelm" (Bund der Frontsoldaten) neu gegrdt. (1953 wird der ehem. Gen.-Feldmarschall *A. Kesselring* sein Leiter; K. war 1947 von einem brit. Kriegsgericht zum Tode verurteilt u. d. begnadigt worden)	*Graham Greene:* „Das Ende einer Affäre" (engl. Roman)	*Ortega y Gasset:* „Vom Menschen als utopischem Wesen" (span. Philosophie, dt. Ausg.)
† *Alfred Hugenberg,* dt.-nationaler Politiker und Finanzmann; bekämpfte mit seinem Nachrichtenkonzern die Weimarer Republik u. verhalf *Hitler* zur Macht (*1865)	*Hugo Hartung* (*1902, †1972): „Der Himmel war unten" (Roman über das Schicksal v. Breslau im 2. Weltkrieg)	*Hans Reichenbach:* „Der Aufstieg der wissenschaftl. Philosophie" (dt.-nordamer.; vertr. d. Möglichkeit einer wissenschaftl.,antimetaphysischen Philosophie im Sinne d. logischen Empirismus)
† *Wilhelm v. Preußen,* verzichtete auf Thronfolge (*1882); sein Sohn *Louis Ferdinand* (*1907) wird Chef des Hauses Hohenzollern	*Hermann Hesse:* „Späte Prosa"	
† *Karl Renner,* österr. sozialdemokr. Staatsmann; seit 1945 Bundespräsident; sein Nachfolger wird der Sozialdemokr. u. ehem. General *Theodor Körner* (*Edler von Siegringen,* *1873, †1957)	*Ruth Hoffmann:* „Meine Freunde aus Davids Geschlecht" (über jüd. Menschen)	† *Karl Scheffler,* dt. Kunstschriftsteller (*1869)
A. Bevan tritt als brit. Arbeitsmin. zurück aus Protest geg. Rüstungsprogramm	*James Jones* (*1921): „From Here to Eternity" („Verdammt in alle Ewigkeit", nordamer. Soldatenroman)	*H. Schultz-Hencke:* „Lehrbuch der analytischen Psychotherapie"
Bevin tritt als Außenminister von Großbrit. zurück; sein Nachfolger wird *Herbert Stanley Morrison*(*1888, †1965)	† *Louis Jouvet,* frz. Schauspieler u. Theaterregisseur (*1888)	† *Anna Siemsen,* sozialist. Pädagogin u. Schulreformerin (*1882)
† *Ernest Bevin,* brit. sozialist. Politiker; grdte. d. Transportarbeiter-Gewerkschaft; 1940 Arbeitsmin., seit 1945 brit. Außenmin. (*1881)	*Ernst Jünger:* „Der Waldgang" (gegen Totalitarismus)	*Eduard Spranger:* „Pädagogische Perspektiven"
		Handbuch der experimentellen Psychologie (engl., Herausg. *S. S. Stevens*)

Sidney Gordin (*1918): „Promenade" (russ.-nordamer. bemalte Stahlkonstruktion)
David Hare (*1917): „Jongleur" (nordamer. stilisierte Stahlplastik)
W. Robert Huth (*1890): „Bonn", „Goldenes Kalb" (express. Gem.)
Herbert Katzmann (*1923): „Die rote Kaffeekanne" (nordamer. Gem.)
William Kienbusch (*1914): „Dirigo Island" (nordam. Gem.)
Oskar Kokoschka: „Bildnis des Bundespräsidenten Theodor Heuss" (Gem.)
Curt Lahs: „Oberwelt und Unterwelt" (abstr. Gem.)
Le Corbusier: Wohnblock Cité radieuse in Marseille. Planung d. Regierungsstadt Chandigarh im Ostpandschab (Ind.) (frz. Architektur)
F. Léger: „Die Bauarbeiter" (frz. Gem.); „Großes Blau und roter Zweig" (frz. abstrakt. Keramik-Plastik)
Seymour Lipton (*1903): „Nachtblume" (nordamer. Plastik aus Nickelsilber)
Alberto Magnelli (*1888): „Gebändigte Kräfte Nr. 2", „Mesures illimitées Nr. 1" (ital.-frz. abstrakt. Gem.)
Alfred Manessier (*1911): „Spiele im Schnee" (frz. abstr. Gem.)

Wolfgang Fortner (*1907): Konzert für Cello und Orchester (Komposition in Zwölftontechnik) „Die weiße Rose" (Ballett) Urauff.
Lukas Foss (*1922): Klavierkonzert Nr. 2 (dt.-nordamer. Komposition)
Peter Racine Fricker (*1920): Violinkonzert, 2. Sinfonie (engl. Komposition für Orchester)
Roy Harris (*1898): Sinfonie Nr. 7 (nordamer. Kompos.)
Karl Amadeus Hartmann (*1905): dt. Komponist, 5. Symphonie
Hans Werner Henze (*1926): Klavierkonzert „Jack Pudding" „Labyrinth" (Choreograph. Variationen)
Karl Höller (*1907): „Sweelinck-Variationen für Orchester"
Arthur Honegger (frz. Komponist, *1892): 5. Symphonie, „Monopartita", „Je suis Compositeur" (Betrachtung. über Musik)
Norman Dello Joio (*1913): „The triumph of St. Joan" (nordamer. Sinfonie um Jeanne d'Arc)

W. Kuhn u. *B. Harbitay*: Systeme aus künstlichen Makromolekülen mit muskelähnlicher Arbeitsleistung durch Änderung der elektrischen Ladung des Gelgerüstes
G. Kuiper: „Die Atmosphären der Erde und der Planeten" (Kohlensäure auf den kl. Planeten, Methan auf den großen nachgewiesen)
Laborit: Vegetative Blockade („Künstl. Winterschlaf") ermöglicht Operationen ohne Narkose
† *Otto Meyerhof*, dt. Physiologe, seit 1940 in USA; untersuchte Reaktionsketten d. Energiestoffwechsels; *Nobel*preis 1922 (*1884)
J. C. P. Miller u. *D. J. Wheeler* finden mit elektronischer Rechenmaschine die 81stellige Zahl $180 \cdot (2^{127}-1)^2 + 1$ als bisher größte Primzahl (es gibt keine endgültig größte)
Erwin Müller (*1911): Feldionen-Mikroskop (Fortentw. des extrem vergrößernden Feldelektronen-Mikroskops, Vergr. ca. 10 Mill. mal)
Frank Roberts: Fernseh-Mikroskop
W. L. Russel u. Mitarb. (USA) stellen an insgesamt 86000 untersuchten Mäusen nach einmaliger starker Röntgenbestrahlung etwa 15mal häufigere Erbänderungen fest als bei der Taufliege (dieser fortgeführte Großversuch ist wichtig für die Beurteilung von Strahlenschäden beim Me...en)
F. Sanger u. *H. Tuppy* legen die Reihenfolge der Aminosäuren in der einen Hälfte des Insulin-Moleküls fest (großer Fortschritt in der Analyse der Eiweißmoleküle)
† *Ferdinand Sauerbruch*, dt. Arzt u. Chirurg; verbesserte vor allem Lungenchirurgie und Kunstglieder (*1875)
E. Sittig: „Entzifferung der ältesten Silbenschrift Europas, der kretischen Linearschrift B"
† *Arnold Sommerfeld*, dt. theor. Physiker; klärte besonders d. Aufbau der Atomhüllen u. Entstehung d. Spektrallinien m. Hilfe d. Quantentheorie (*1868)

Schumanplan (Montanunion) in Paris unterzeichnet (tritt 1952 in Kraft)

Aufhebung des Ruhrstatuts

Kohlenvorräte der Erde: 5 Bill. t, davon etwa:
USA 2,0
USSR 1,5
Asien 0,7
Europa 0,8

Jährl. Weltenergieerzeugung entspr. 2 Mrd. t Kohle; davon entfallen:
70% auf Kohle
20% auf Erdöl
8% auf Wasserkr.
2% auf Erdgas

Produktivität i. d. USA (Prod. pro Arbeitsstunde):
1891–1900 100
1901–1910 122,8
1911–1920 146,0
1921–1930 196,4
1931–1940 233,5
1941–1950 281,3

Landwirtschaft in den USA (alle Zahlen in Millionen):

	1910	1950
Bev.	92	151
Ldbev.	32	25
Zahl d. Farmen	6,4	5,4
Pferde u. Mault.	24,2	7,8
Trakt.	0,1	5,8
Farmland (ha)	350	465

Farmproduktion (1935–39 = 100):

	1910	1953
Gesamt	79	144
pro Farmarb.	76	172

(1951)	Die beiden hohen brit. Beamten *Donald Duar MacLean* und *Guy Francis de Moncy Burgess* fliehen i. d. USSR (stehen im Verdacht, Staatsgeheimnisse verraten zu haben)	*Niko(laos) Kazantzakis* (*1882, †1957): „Griechische Passion" (dt. Übertr. d. griech.. Romans)	*Frank Tannenbaum*: „A philosophy of Labor" (nordamer. Philosophie d. Arbeiterbewegung)

Pariser Konferenz: Die Außenmin. d. USA, Großbrit. u. Frankr. einigen sich mit Bundeskanzler *Adenauer* über den Entwurf eines Generalvertrages an Stelle d. Besatzungsstatuts u. Grdg. einer europäischen Armee (EVG: Europ. Verteidigungsgemeinschaft)

Vorkonferenz in Paris zu einer Viermächtekonferenz zw. West und Ost scheitert am Problem der Tagesordnung nach der 73. Sitzung

Ergebn. d. Wahlen zur frz. Nationalversammlung, nach einem Wahlsystem, das die Mittelparteien bevorzugt: 118 Gaullisten; 105 Sozialisten; 99 Kommunisten; 83 M.R.P.; 66 Radikalsozialist.; 43 Unabh. Republikan.; 34 Soziale Bauernbeweg.; 14 Demokrat. u. sozialist. Union; 64 Sonstige

Frz. Min.-Präs.: *René Pleven* (seit 1950), *Henri Queuille* (2 Tage), *Pleven* (bis 1952)

† *Henri-Philippe Pétain* (in Haft), frz. Marschall; verteidigte im 1. Weltkrieg Verdun; schloß im 2. Weltkrieg Waffenstillstand m. *Hitler* (*1856)

Baudouin I. (*1930) wird König der Belgier, nachdem sein Vater *Leopold III.* v. d. Sozialisten gezwungen wurde abzudanken

Mohamed Mossadegh (*1880, †1967), iranischer Min.-Präs.; verfolgt antibrit. Politik

Iran verstaatlicht Erdöl und enteignet die Anglo-Iranian Oil Company; Großbrit. schickt Kriegsschiffe und verhängt Ölblockade (führt 1953 zum Sturz d. Min.-Präs. *Mossadegh*)

Ägypten kündigt Vertrag v. 1936 über brit. Streitkräfte im Lande, bes. am Suezkanal (brit. Räumung der Kanalzone 1956; dann verstaatlicht *Nasser* den Kanal)

† *Bernhard Kellermann*, dt. Romanschriftsteller, bes. technisch-utopischer Romane (*1879)

Martin Kessel (*1901): „Gesammelte Gedichte"

Wolfgang Koeppen (*1906): „Tauben im Gras" (Roman aus der Besatzungszeit)

Elisabeth Langgässer (*1899, †1950): „Geist in den Sinnen behaust" (Erz., postum)

† *Sinclair Lewis*, nordamer. Dichter; schrieb zahlr. realist. Romane; Nobelpreis 1930 (*1885) S. *Lewis*: „Wie ist die Welt so weit" (nordamer. Roman, postum)

† *Amanda Lindner*, dt. Schauspielerin, u.a. in Meiningen und Berlin (*1868)

Norman Mailer (*1923): „Am Rande der Barbarei" (nordamer. Roman)

Th. Mann: „Der Erwählte" (legendärer Roman nach „Gregorius" von *Hartmann von Aue*)

John Phillips Marquand (*1893): „Es gibt kein Zurück" (nordamer. Roman; Originalausgabe 1949)

François Mauriac: „Le Sagouin" (frz. Roman; dt. „Denn Du kannst weinen")

† *Maxence van der Meersch*, frz. Schriftsteller, schrieb (1943) „Leib und Seele" (*1907)

Agnes Miegel: „Der Federball" (Erz.)

J. B. Priestley: „Das große Fest" (engl. Roman)

Helmuth Thielicke (*1908): „Theologische Ethik" Bd. I, Dogm., philos. u. kontroverstheol. Grundlegung

Heinrich Vogel: „Gott in Christo. Ein Erkenntnisgang durch d. Grundprobleme der Dogmatik" (ev.)

V. v. Weizsäcker: „Der kranke Mensch" (psychosomatische Medizin)

† *Ludwig Wittgenstein*, neopositivistischer Philosoph und Logistiker (*1889)

Festivals of Britain in London (mit gr. kulturellen und technischen Ausstellungen)

Langfristiges intern. Jugendprogramm d. UN

BRDtl. Mitglied der UNESCO

Dt.-frz. Vereinbarung über den Unterricht in strittigen Fragen europ. Geschichte, bes. über d. Kriege 1870/71 und 1914/18

Landtag in Bayern lehnt Abschaffung der Prügelstrafe i. d. Schulen ab

„Rahmenzeitplan für das 10-Monate-Studium" f. d. Hochschulen d. DDR

Evangelischer Kirchentag in Berlin

Der Papst anerkennt die Beachtung der unfruchtbaren Tage der Frau als einziges zulässiges Mittel d. Geburtenkontrolle

Intern. Übereinkommen über gleichen Frauenlohn bei gleicher Arbeit

Internat. Schulbuchinst. i. Braunschweig, Dir. *G. Eckert* (*1912, †1974)

Marcello Mascherini (*1906): „Hahn", „Narziß" (ital. express. Bronzen) *Marino Marini* (*1901): „Reiter", „Klagendes Pferd" (ital. Bronzeplastik) *H. Matisse:* Kapelle in Vence (vollend. u. geweiht, frz. Architektur u. Malerei) *Matthew:* Festival Hall in London *Mies van der Rohe* (*1886, †1969): Haus Farnsworth b. Chikago (seit 1945); Wohnhochhäuser „Lake Shore Drive Apartments", Chik. *Luciano Minguzzi* (*1911): „Ziege", „Hund im Schilf" (ital. Bronzen) *Henry Moore:* „Tierkopf"(engl. Bronze) *Ernst Wilhelm Nay* (*1902): „Blüten" (abstrakt. Gem.) *E. Nolde:* „Lichte Wolken überm Meer", „Junge blonde Mädchen" (express. Gem.) *Pieter Ouborg* (*1893): „Ahnenbild" (niederl. abstr. Gem.) *Bernard Perlin* (*1918):„Die Jacke" (nordamer. Gem.) *P. Picasso:* „Massaker in Korea" (span.-frz. express. Gem.) *P. Picasso* u. *Françoise Gilot,* seine Gefährtin seit 1946, trennen sich (1955 stirbt *Olga Chochlowa,* seine Frau seit 1918) *Richard Pousette-Dart* (*1916): „Amorphes Blau" (nordamer. abstr. Gem.)	*André Jolivet* (frz. Komponist, *1905): Klavierkonzert *Giselher Klebe* (*1925): „Deux Nocturnes op. 10", „Symphonie f. 42 Streicher, op. 12" † *Armin Knab,* dt. Komponist, vor allem Vokalwerke (*1881) *Ernst Křenek:* Konzert f. Harfe u. Kammerorch. 4. Klavierkonzert (*1900), z. Z. USA † *Sergej Kussewitzky,* russ. Kontrabassist, Dirig. u. Musikverleger; seit 1924 Leiter des Bostoner Symphonieorchesters (*1874) *Frank Martin* (*1890): Violinkonzert † *Willem Mengelberg,* niederl. Dirigent; 1895—1945 d. Concertgebouw Orchesters, Amsterdam (*1871) *Gian Carlo Menotti* (ital.-amer. Komponist, * 1911): „Das Medium" (Kurzoper), dt. Erstauff. *Marcel Mihalovici* (rumän. Kompon. in Frankreich, *1898): Oper „Phädra" Urauff. *Darius Milhaud* (franz. Komponist, *1892): 4. Klavierkonzert· *Ildebrando Pizzetti* (ital. Komponist, *1880): „Iphigenie"	*Nikolas Tinbergen:* „Instinktlehre" (engl.) *H. Walther-Büel:* „Pharmakopsychiatrie" (über die Beeinflußbarkeit des menschlichen Seelenlebens mittels Medikamente, wie Narkotika u. Weckamine) Aufwand f. wissenschaftliche Forschung: USA 1,4% v. Volkseink. = 71 DM/Kopf Großbritannien 1% v. Volkseink. = 25 DM/Kopf BRDtl. 0,4% v. Volkseink. = 8 DM/Kopf In den USA wurden 1949—54 ebensoviel für Forschung aufgewandt wie 1790—1949 insgesamt US-Versuchs-Kernreaktor erzeugt Strom Moderne Massenspektroskopie gestattet es, die Massen von Atomen auf 1/1 000 000 genau zu bestimmen Radioaktives Kobalt 60 gewinnt zunehmende Bedeutung in der Krebstherapie Mit Szintillationszähler gelingt die Messung von Zeiten kürzer als eine milliardstel Sekunde als Lebensdauer angeregter Atomkerne Erste dt. Rheologentagung in Berlin (zeigt d. allg. Bedeutung der Fließkunde) Produktion von Antibiotika in USA: Penicillin Streptomycin 1945 12 000 6 000 kg 1948 62 000 37 000 kg 1951 195 000 160 000 kg Diphtheriefälle in Europa: 69 000 (1947: 183 000); diese Krankheit befindet sich im raschen Rückgang Internationales Arzneibuch d. Weltgesundheitsorganisation in Genf Das brit. Schiff „Challenger" lotet im Pazifik mit Echo und Draht eine bisher größte Tiefe von 10 863 m Neues Gebirge im Atlantik entdeckt (1500 m hoch, 8 km lang) Unterwasser-Fernseh-Apparatur zur Absuchung des Grundes von Gewässern	Prozentsatz der in Industrie u. Handwerk tätigen Menschen: Großbrit. 46,1% Dtl. 41,5% USA 30,5% Italien 29,3% Japan 20,0% Indien 10,5% Gesetz d. Alliierten Hochkommission über das dt. Auslandsvermögen erklärt alle dt. Ansprüche f. erloschen (das Vermögen wird 1945 mit rd. 40 Mrd. RM geschätzt) Industrie Nordrh.-Westfalens verbraucht pro Jahr 22 Mrd. cbm Wasser (1570 cbm/ Einwohner) Weltluftverkehr (außer USSR) Flugstrecken-km 1,6 Mrd. (1937 0,3) Fluggäste 39 Mill. (1937 2,5) Fluggast-km 34 Mrd. (1937 1,4) Fracht-tkm 900 Mill. (1947 297) Post-tkm 240 Mill. (1947 132) Reisende/Flugzeug 21,9 (1937 5,3) Nur 42% d. festen Erdoberfläche sind genauer als 1 : 260 000 kartiert, nur 2% im Maßstab 1 : 25 000 BRDtl. Mitgl. d. Weltgesundheits-Organisation

(1951) Nach einem knappen konservativen Wahlsieg bildet *W. Churchill* die Regierung: Außenminister *A. Eden*, Schatzkanzler *R. A. Butler*. Sitze im Unterhaus:
Konservative u. Lib.-Kons.
(48,1% Stimmen) 321
Liberale 6
Labour-Party (Arbeiter-P.)
(48,8% Stimmen) 295
Sonstige 3

Insgesamt 625
Die brit. konservative Regierung hebt Beschluß auf, Eisenindustrie zu nationalisieren (setzt im wesentl. sozialpolitischen Kurs der Labour-Regierung fort)

de Gasperi bildet in Italien sein 8. Kabinett und übernimmt auch das Außenministerium

Der früh. tschechosl. Außenminister *Wladimir Clementis* wird verhaftet (wird 1952 mit 10 anderen Kommunisten gehängt)

† *Oscar Carmona*, seit 1928 Staatspräs. v. Portugal (* 1869); sein Nachfolger wird General *Francisco Craveiro Lopes* (* 1894)

† *Maksim Maksimowitsch Litwinow*, 1930–39 Volkskommissar d. Äußeren d. USSR; arbeitete mit Westmächten im Völkerbund zusammen (* 1876)

Präsident *Truman* (USA) fordert Politik der Stärke

UN verurteilt Volksrepublik China als Angreifer in Korea. Nordkorea erobert Seoul zum zweiten Male. UN-Truppen erobern in Korea die Hauptstadt Seoul zurück. Südkoreanische Truppen überschreiten erneut den 38. Breitengrad

Präsident *Truman* setzt den Oberbefehlshaber der UN-Streitkräfte im Koreakrieg *Douglas MacArthur* (* 1880) ab, weil er durch ihn eine Ausdehnung des Krieges auf China befürchtet; der Nachfolger wird *M. B. Ridgway* (* 1895)

Jakob A. Malik (* 1906), Vertr. d. USSR b. d. UN (1948–52), schlägt Waffenstillstandsverhandlungen für Korea vor, die bald darauf in Kaesong beginnen (erst 1953 erfolgreich)

J. P. Sartre: „Der Teufel und der liebe Gott" (frz. atheist. Schauspiel)
Edzard Schaper (* 1908): „Die Freiheit des Gefangenen" (poln.-schweiz. Schauspiel)
† *Thassilo v. Scheffer*, dt. Kulturhistoriker und Schriftsteller (* 1873)
Oscar Schuh (* 1904): „Salzburger Dramaturgie"
Anna Seghers: „Die Kinder" (Erz.)
Annemarie Selinko: „Desirée" (dän. Roman)
T. Williams: „Die tätowierte Rose" (nordamer. Drama)
Marguerite Yourcenar (* 1903): „Ich zähmte die Wölfin" (belg. Hadrian-Roman)
Schiller-Theater in Berlin unter *Boleslaw Barlog* (* 1906) neu eröffnet (leitet daneben seit 1945 das Schloßpark-Theater in Berlin-Steglitz, beides bis 1972)
Wolfgang Goetz: „Du und die Literatur" („Eine Einführung in die Kunst d. Lesens u. i. d. Weltliteratur")

„Dankspende d. dt. Volkes" gegrdt. (sendet zum Dank für Nachkriegshilfe Werke dt. Künstler ins Ausland)

„Europäisch. Gespräch" über „Das Problem des Managers" auf d. Ruhrfestspielen in Recklinghausen

Kriminalitätsziffer (Verurteilte auf 100000 Personen der strafmündigen Zivilbevölkerung) in Dtl. bz. BRDtl.

	insges.	weibl.	jgdl.
1951	1056	302	977
1936	737	202	404
1928	1188	324	536
1923	1693	528	1082
1913	1169	359	662
1900	1164	357	745

Entziff. kretischer Schrift (vgl. *Blegen* 1939D)

Briefe von *Bar Kochba* († 135) i. Israel gefunden, werden 1960 veröffentl.

Emy Roeder (* 1890): „Hans Purrmann" (Bronze)

Hans Scharoun (* 1893): Entwurf f. einen Schulbau in Darmstadt

William Scott (* 1913): „Stilleben", „Tisch mit Stilleben" (engl. Gem.)

Honoré Sharrer (* 1920): „Der amerikanischen Arbeiterschaft gewidmet" (nordamer. fünfteiliges realist. Gem.)

Toni Stadler (* 1888): „Der Hund" (Bronze)

Graham Sutherland: „Dornenhaupt" (engl. Gem.)

† *Walter Tiemann*, dt. Maler, Graphiker, Schriftzeichner (* 1876)

Hans Uhlmann (* 1900): Stahlskulptur (abstr. Plastik)

Geer van Velde (* 1898): „Paris" (niederl. abstr. Gem.)

Theodor Werner (* 1886): „Verschollenes", „Taifun", „Schwarz, Grün, Rot" (abstr. Gem.)

Fritz Winter: „Erhebung" (abstr. Gem.)

Wols (eig. *Wolfgang Schulze*) (* 1913, † 1951): „Das blaue Phantom" (abstr. Gem.)

---

† *Arthur Schnabel*, dt. Pianist und Komponist, vor allem *Beethoven*-Interpret (* 1882)

† *Arnold Schönberg*, österr. Komponist, ab 1925 in Berlin, ab 1934 in Los Angeles; Schöpfer des atonalen Zwölftonsystems (* 1874) „Der Tanz ums goldene Kalb" (aus der Oper Moses und Aaron) Urauff.

William Schuman (* 1910): „Judith" (nordam. Ballett)

Igor Strawinsky: „Der Wüstling" („The Rake's Progress", russ.-frz. Oper, Text von *W. H. Auden* und *Ch. Kallman*)

Howard Swanson: „Short Symphony" (nordam. Orchestermusik)

„Musik in Geschichte und Gegenwart" (allg. Enzyklopädie der Musik), Herausg. *F. Blume* (* 1893)

„Die Klangwelt der elektronischen Musik" (erste öff. Vorführung auf den Intern. Ferienkursen f. Neue Musik i. Darmstadt)

In der Jazzmusik geht der seit 1940 vorherrschende „Be-Bop"-Stil in den ruhigeren „Cool-Jazz" über

Populäre Schlager: How high the moon, Blueberry Hill, Ich hab' mich so an dich gewöhnt

Ausgrabungen in Nimrud/Kalach (seit 1949) konzentrieren sich auf den „Nordwestpalast" Assurnasirpals II. und auf den „verbrannten Südostpalast": Löwin-Kentaur, Sandsteinstele mit Baubericht, Elfenbeinarbeiten u. a.

Ausgrabung von Gordion, der Hauptstadt Phrygiens (bis 1953 werden 6 Kulturschichten vom 3. Jtsd. bis 2. Jhdt. v. Chr. entdeckt)

Forschungsreise d. *Frobenius*-Instituts d. Univ. Frankf./M. nach Abessinien zur Erforschung d. Wirtschaftslebens d. Schangama (seit 1950)

Ausgaben f. Meß- u. Regelgeräte i. d. USA 9mal größer als 1935; übrige Investitionen 3mal größer (zeigt die Fortschritte der Automatisation)

Hochautomatisierte Kolbenfabrik in der USSR

Erstes Farb-Fernsehen (in USA) Fernseh-Relais-Kette New York—San Franzisko

USA-Düsenflugzeug „Bell X 5" mit verstellbaren Pfeilflügeln

„Rucksackhubschrauber" i. d. USA

Gasturbinen-Lokomotive v. Brown und Boveri mit 1650 kW

Stapellauf des USA-Fahrgastschiffes „United States" (51500 BRT)

„Dome of Discovery" („Haus der Erfindungen") der „British Festivals" in London (bisher größter Aluminium-Kuppelbau mit 110 m Durchmesser)

Das seltene Metall Rhenium (entd. 1925) beg. technische Anwendung zu finden (Preis etwa 13 DM/g)

Es gelingt in den USA, das Titanmetall wesentlich billiger zu erzeugen

Sonnenofen von 3 m Durchmesser zur Erzielung von Temperaturen von etwa 2000° C in den USA

Rheinbrücke Düsseldorf—Neuß mit 206 m Stützweite

Tunnelbaugeschwindigkeit etwa 740 m/Monat (1872: 21 m/Monat)

Europäische Pflanzenschutz-Organisation gegründet. (Jährlich verderben etwa 10% des lagernden Getreides, die Jahresnahrung von rd. 150 Mill. Menschen)

Zahl d. Rundfunk- und Fernsehempf. Mill.

	Mill.
Welt	218
USA	119
übriges Amerika	16
Europa	64
Asien	13
Afrika	2,5
Australien	3,5

Messung d. Hörermeinung durch Registrierung der Zahl d. An- u. Abschaltung v. Rundfunkempfängern i. Hamburg

Durchschnittliche Heiratsentfernung d. Einbecker Bevölkerung: etwa 140 km (1700—50: etwa 13 km, um 1850 etwa 25 km)

Heiratsrate in der BRDtl.: 10,2 pro 1000 Einw. (1886 bis 1895: 7,92)

Scheidungsrate in d. BRDtl. 1,16 pro 1000 Einw. (1911: 0,25)

Heiratsrate in den USA 10,4 pro 1000 Einw. (1890: 9,0)

Scheidungsrate in den USA 2,5 pro 1000 Einw. (1890: 0,5)

Bermuda-Sturmtaucher, seit 300 Jahren verschollen, wiederentdeckt

William Barnie (Schottl.) durchschwimmt erst-

(1951)

Konferenz in Washington: Außenminister der USA, Großbrit. und Frankr. wünschen die Einbeziehung eines demokr. Dtls. auf der Grundlage d. Gleichberechtigung in eine europäische Gemeinschaft und eine Mitwirkung Westdtls. an der Verteidigung des Westens

Verbot der kommunistischen Ideologie in den USA

† *Charles Gates Dawes*, nordamer. Staatsmann, Rechtsanwalt und Bankier; Partei-Republikaner; Friedens*nobel*preis 1925 (*1865)

Friedensvertrag v. San Franzisko zw. Japan und den USA sowie 47 anderen Staaten (ohne USSR): Japan erhält Souveränität und Gleichberechtigung; verzichtet auf Korea, Formosa, Südsachalin, Kurilen, Südsee-Mandate und Besitzungen in China; Sicherheitspakt gestattet USA, Streitkräfte in Japan zu stationieren

19 Japaner (darunter eine Frau) kapitulieren 6 Jahre nach Kriegsende auf d. einsamen Insel Anatahan vor den Amerikanern (noch 1972 findet man japan. Soldaten, die das Kriegsende nicht erfahren haben)

Vertrag Volksrepublik China—Tibet

Péron schlägt in Argentinien eine Militärrevolte nieder und wird wiedergewählt (1955 gestürzt)

† *Liaquat Ali Khan* (ermordet), Premier von Pakistan seit 1949 (*1895), (1953 folgt *Mohammed Ali*)

† *Abdullah Ibn el Hussein* (ermordet), seit 1921 Emir v. Transjordanien, seit 1949 Kg. d. „Haschemitischen Königreichs des Jordan" (*1882)

„Unter dem Himmel von Paris" (frz. Film, Regie: *J. Duvivier* (*1896))

„Wunder von Mailand" (ital. Film, Regie: *V. de Sica*)

"A streetcar named desire" („Endstation Sehnsucht", nordamer. Film mit *Vivien Leigh, Marlon Brando*, Regie: *Elia Kazan*)

„Ein Amerikaner in Paris" (nordamerik. Ballett-Farbfilm, Regie: *Vincente Minelli*, Darst.: *Leslie Caron* (*1932), *Gene Kelly* (*1912), Mus.: *G. Gershwin*)

„Viva Zapata" (nordamer. Film, n. *John Steinbeck*; Reg.: *Elia Kazan*, m. *Marlon Brando* (*1926) u. a.)

„Das Haus in Montevideo" (Film nach dem Theaterstück v. *C. Goetz*, Regie: *C. Goetz*, Darst.: *C. Goetz, Valerie v. Martens* u. a.)

„Der Untertan" (Film n. d. Roman v. *H. Mann*; Regie: *Wolfgang Staudte*; Darsteller: *Werner Peters, Renate Fischer* u. a.)

„Grün ist die Heide" (Farbfilm, Regie: *Hans Deppe*, Darst.:

Rudolf Prack, Sonja Ziemann; typisch für eine ganze Serie erfolgr. „Heimatfilme")

† *Robert J. Flaherty*, nordamer. Filmregisseur, vor allem Dokumentarfilme (*1884)

„National Film Theatre" in London als Pflegestätte des künstlerischen Films

Filmproduktion und Filmtheater

	Filme	Theater
USA	391	19048
Indien	221	2933
Japan	205	3100
Italien	110	8625
Frankr.	107	5385
Mexiko	106	2021
Ägypt.	79	250
Gr.-Brit.	64	4623
BRDtl.	60	4547
DDR	8	1500
Argent.	54	2190
Spanien	54	3950
Österr.	28	1069
Schwed.	28	2583
USSR	26	46000
Brasil.	21	1736
Finnl.	19	507
Dänem.	15	476

Auf d. Erde befinden sich etwa 91000 ortsfeste Filmtheater mit etwa 42 Mill. Sitzplätzen. Ein Spitzenfilm kostet 1 Mill. DM bis 8 Mill. $

1. Internat. Filmfestspiele i. Berlin

Technisierung d. Landwirtschaft i. d. USA: Traktoren: 5,8 Mill. (1940: 2,6 Mill.; 1915: 25000). Energiequellen: 178 Mill. PS (1940: 85 Mill.). 90% d. Farmen haben elektr. Anschluß (1935: 10%)

4. Internationaler Kongreß für Große Talsperren in Neu Delhi (kennzeichnet die großen Anstrengungen Indiens auf diesem Gebiet)

malig Ärmelkanal in beiden Richtungen in einem Jahr

Wilhelm Herz fährt absoluten Weltrekord für Motorräder m. 290 km/st

1. FC Kaiserslautern Dt. Fußballmeister

Tauno Luiro (*1932, Finnland) springt auf der Oberstdorfer Skiflugschanze mit 139 m Weltrekord

„Sandwich"-Bauweise von Metallskiern in den USA (verhilft z. raschen Verbreitung)

Erstes Skibobrennen in Kiefersfelfelden/Bayern (Skibob wurde ab 1948 systemat. entwickelt, findet ab Ende der sechziger Jahre stärkere Verwendung)

Ausbruch des Vulkans Mt. Lamington auf Neuguinea (mehr als 3000 Tote)

Lawinenkatastrophen in den Alpen fordern an einem Tag 320 Tote

Po - Überschwemmung tötet i. Oberital. mehr als 150 Menschen u. macht etwa 150000 obdachlos

Schlagwetter-Explosion im Bergbau Westfrancfort (Ill., USA) fordert 119 Tote

Brit. U-Boot „Affray" im Kanal gesunken. 75 Tote (wird mit Unterwasser - Fernseh - Kamera gesucht)

1952	Friedens*nobel*preis: *Albert Schweitzer* (Frankr., *1875; verwendet den erst 1953 verliehenen Preis für den Ausbau seines Urwaldhospitals)	*Nobel*preis f. Literatur: *François Mauriac* (Frkr., *1885, †1970)	*H. Bardtke:* „Die Handschriftenfunde am Toten Meer" (ev. Kommentar zu den 1947 aufgefundenen Schriftrollen (vgl. 100 v. Chr.)
	In je 4 Deutschlandnoten d. USSR und der Westmächte wird keine Einigung über die vom Westen vorgeschlagene Reihenfolge: Freie Wahlen, Regierungsbildung, Friedensvertrag erzielt. Weiterer Streitpunkt ist die internationale Kontrolle gesamtdeutscher Wahlen	Friedenspr. d. dt. Buchhandels an *R. Guardini* (Ital., *1885)	*Leo Baeck* (* 1873, † 1956): „The faith of Paul" (f. d. Zusammenleben von Juden- und Christentum)
		Pulitzer-Preis für *Herman Wouk* „Caine Mutiny"	
		Hansischer Goethe-Preis für *Eduard Spranger*	*Ernst Bloch* (* 1885): „Avicenna und die Aristotelische Linke" (marxistische Philosophie)
	Delegation der Volkskammer der DDR unterbreitet Bundestagspräsident *Ehlers* Vorschläge zur Wiedervereinigung (werden in der BRDtl. als ungeeignet abgelehnt)	Fontane-Preis (Berlin) für *Kurt Ihlenfeld*	
		Jean Anouilh: „Der Walzer der Toreros" (frz. Schauspiel)	*Martin Buber:* „Gottesfinsternis", „Die chassidische Botschaft", „An der Wende, neue Reden über das Judentum" (jüd. Religionsphilosophie)
	DDR schafft Schußschneisen an der Zonengrenze	*Peter Bamm* (* 1897): „Die unsichtbare Flagge" (Erinnerungen eines Frontchirurgen)	
	Telefonverbindung zw. West- und Ostberlin v. d. Sowjetzonenpost unterbrochen		*Carl Jacob Burckhardt:* „Reden und Aufzeichnungen" (schweiz.)
		† *Albert Bassermann*, dt. Schauspieler, in Meiningen u. Berlin, seit 1934 in USA (*1867)	
	Westberliner dürfen nur noch mit besond. Genehmigung der sowjetzon. Behörden in die DDR reisen (der Verkehr zw. West- und Ostberlin bleibt im wesentl. erhalten)	*Samuel Beckett* (*1906): „Warten auf Godot" (irisch-frz. surrealist. Schauspiel)	† *Benedetto Croce*, ital. Philosoph eines an *Hegel* anknüpfenden Idealismus; führte 1943—47 die Liberale Partei (*1866)
	Im August 16000 Flüchtlinge aus d. DDR nach Westberlin (Rekordhöhe)	*Martin Beheim-Schwarzbach:* „Die Geschichten der Bibel" (Nacherzählung)	† *John Dewey*, nordamer. pragmatisch. Philosoph und Pädagoge; betrachtete das Denken als „Instrumentalismus", förderte Arbeitsunterricht (*1859)
	Sowjetische Jäger beschießen frz. Passagierflugzeug im Luftkorridor nach Berlin (keine Menschen verletzt)	† *Waldemar Bonsels*, dt. Dichter (*1881)	
		Max Brod: „Der Meister" (Christus-Roman)	
	Sowjets verhindern brit. u. amer. Militärpatrouillen Berlin-Helmstedt	*Ferd. Bruckner:* „Pyrrhus und Andromache" (Schauspiel)	*Otto Dibelius* (* 1880, † 1967): „Predigten" (des ev. Bischofs von Berlin)
	Rechtsanwalt *Walter Linse* aus Westberlin entführt (Proteste bleiben erfolglos)	† *Horst Caspar*, dt. Schauspieler (* 1913)	
	Helgoland wieder unter dt. Verwaltung (vorher brit. Bomber-Übungsziel)	*A. J. Cronin* (*1896): „Abenteuer in zwei Welten" (engl. Autobiographie)	† *Michael v. Faulhaber*, s. 1917 Erzbischof von München-Freising, seit 1921 Kardinal; Gegner d. Nationalsozialismus (*1869)
	Landtagswahlen an der Saar ohne dt. Parteien; werden von der BRDtl. nicht anerkannt	† *G. Norman Douglas*, engl. Schriftst. (*1886)	
	Dt.-frz. Saarverhandlungen	*Friedrich Dürrenmatt* (*1921): „Die Ehe des Herrn Mississippi" (schweiz. Drama)	Kathol. Kirche setzt die Werke von *A. Gide* auf den Index
	„Deutschlandvertrag" in Bonn unterzeichnet (sein wesentlicher Inhalt erlangt mit der Ratifizierung d. Pariser Verträge 1955 Geltung)		† *Albert Görland*, dt. Philosoph, nahe d. Neukantianern (*1869)
	Abkommen zw. BRDtl. und Israel über Wiedergutmachung des vom Naziregime an den Juden begangenen Unrechts, über 3,5 Mrd. DM (arab. Protest)	*Paul Eluard* (*1895, †1952): „Poèmes pour tous" u. a. (frz. Lyrik)	*Romano Guardini*(*1885): „Die Macht" (ital. Moralphilosophie)

Afro (Afro Basaldella, *1912): „Stadt" (ital. abstr. Gem.)

Kenneth Armitage: „Stehende Gruppe II"; „Sitzende Gruppe Musik hörend" (engl. Bronze-Plastiken)

Hans Arp (*1888): „Cobra-Zentaur" (Plastik)

Francis Bacon (*1910): „Hund" (engl. Gem.)

E. u. G. Balser: Chemag-Haus in Frankfurt a. Main (Bürohaus)

Jean Bazaine (*1904): „Mittag, Bäume u. Felsen" (frz. abstrakt. Gem.)

André Beaudin (*1895):„L'évasion", „Pierres plantées" (frz. abstrakt. Gem.)

Roger Bissière (*1888): „Komposition" (frz. abstrakt. Gem.)

Georges Braque: „Vogel III" (frz. Farbradierung), „Cahiers" (französ. Tagebuch seit 1917)

Carlyle Brown (*1919): „Tisch mit Flaschen und Landschaft" (nordamerik. Gem.)

Reg Butler: Modell für ein Denkmal für den unbekannten politischen Gefangenen (Bronzekonstruktion auf Steinbasis; wird auf einer Ausstellung in London von einem Gegner dieser Kunstrichtung zerstört); „Orakel" (engl. geschmiedete symbol. Bronze)

Georges Auric (frz. Kompon., *1899): „Der Weg zum Licht" (Ballett)

Boris Blacher: „Preußisches Märchen" (Ballettoper um das Thema des Hauptmanns von Köpenick"; Text v. *H. v. Cramer*)

† *Adolf Busch*, dt. Geigenvirtuose u. Streichquartettleiter; seit 1940 in den USA (*1891)

Joh. N. David (dt.-österr. Kompon., *1895): „Deutsche Messe" opus 42

Werner Egk: „Allegria" (Godimento in quattro tempi für großes Orchester, Suite)

Gottfried von Einem (Schweiz, *1918): „Pas de coeur oder Tod u. Auferstehung einer Ballerina", „Das Rondo vom goldenen Kalb" (Ballette)

† *Alfred Einstein*, dt. Musikforscher u. -kritiker; seit 1933 USA (*1880)

Wolfgang Fortner: „Die Witwe von Ephesus" (Pantomime), Urauff. „Isaaks Opferung" (Kantate)

Peter R. Fricker: Konzert für Bratsche und Orchester (engl. Kompos.)

Hans Werner Henze: „Der Landarzt" (Funkoper n. Kafka), „Boulevard Solitude" (Oper n. „Manon Lescaut" v. Prevost), „Der Idiot" (Ballett n. Dostojewski)

*Nobel*preis f. Physik: *Edward Mills Purcell* (USA, *1912) und *Felix Bloch* (USA, *1905) für die Präzisionsmessung magnetischer Atomkernmomente

*Nobel*preis f. Chemie: *Archer John Porter Martin* (Großbrit., *1910) und *Richard Laurence Millington Synge* (Großbrit., *1914) für die Entwicklung der Papierchromatographie zur Trennung chemischer Komponenten seit 1944

*Nobel*preis f. Medizin: *Selman Abraham Waksman* (USA, *1888) für Mitentdeckung des antibiotischen Heilmittels Streptomycin

† *Friedrich Alverdes*, dt. Zoologe; bes. Sinnesphysiologie, Tierpsychologie u. -soziologie (*1889)

Camas, Guire, Platt, Schulte (USA) weisen die Strahlung von Atomen nach, bei denen ein Elektron in der Atomhülle kurzzeitig durch ein Meson ersetzt ist

Crane und *Marks* erhalten Bastard aus Kreuzung zw. Birne u. Apfel

W. Cyran u. *Becker* weisen statistisch Zusammenhang zwischen Todeshäufigkeit und Wetterlage nach

Delay und *Deniker* behandeln psychische Störungen mit Chlorpromazin (gilt als Begründung der Psychopharmakologie)

D. A. Glaser: Blasenkammer zum Nachweis hochenergiereicher atomarer Teilchen

† *Sven Hedin*, schwed. Geograph u. Schriftsteller; erforschte besonders Zentralasien (*1865)

Ilda McVeigh u. *Charlie Joe Hobdy* gelingt Bakterien zu züchten, die gegen Streptomycin 250000fach widerstandfähiger sind als die Ausgangsform und die starke Veränderungen in Form und Stoffwechsel zeigen (Artumwandlung)

Wolfgang Kühnelt: LD-Prozeß zur Stahlerzeugung mit reinem Sauerstoff (1. LD-Werke in Österreich)

H. Metzner weist Ähnlichkeit der Chloroplasten im Zellplasma mit Genen nach

C. A. Muller, *J. H. Oort* u. *van de Hulst*: Messungen der Wasserstoff-Radiostrahlung von 21 cm (erweisen Spiralcharakter der Milchstraße)

Walter Freitag an Stelle von *Christian Fette* zum 1. Vorsitzenden des DGB gewählt

† *Philip Murray*, Präsident der CIO-Gewerkschaft in den USA seit 1940 (*1886 i. Schottl.)

Walther Reuther (*1907, † 1970) wird Präsid. des US-Gewerkschaftsverbandes CIO (seit 1946. Vors. d. Automobilarbeiter-Gewerkschaft)

Durch Streiks verlorene Arbeitstage i. d. USA 59,1 Mill. (1935: 15,5 Mill., 1946:: 116 Mill.)

Dt. Bundestag verabschiedet Lastenausgleichsgesetz z. gleichmäßigeren Verteilung der Kriegs- u. Kriegsfolgeschäden (das abzuführende Vermögen wird auf rd. 35 Mrd. DM geschätzt)

Ende d. *Marshall*-Plan-Hilfe f. Europa (durch 13 Mrd. Dollar stieg die Produktion d. M.P.-Länder seit 1948 um 43%)

15 Staaten einschl. d. BRDtl. erklären sich zur Bildung einer „Agrar-Union" bereit (dieser Plan stagniert; die Kritik an solchen „supranationalen" Behörden wächst)

BRDtl. Mitglied d. Weltbank

BRDtl. im Internationalen Roten Kreuz

Handelsvertrag BRDtl.—Türkei

(1952)	Dt. Bundestag verabschiedet Gesetz über d. Europäische Montanunion	*Leonhard Frank:* „Links, wo das Herz ist" (Roman)	† *Wilhelm Hartnacke*, dt. Schulmann; schrieb bes. über das Problem der Begabung (*1878)

Kundgebungswelle der Gewerkschaften gegen unzureichende Mitbestimmung; nach Aussprache *Adenauer—Fette* eingestellt

Bundestag nimmt das Betriebsverfassungsgesetz an, einschl. Mitbestimmung i. d. Schwerindustrie

CDU, FDP, DP nehmen im Bundestag Lastenausgleichsgesetz an; Opposition lehnt es als unzulänglich ab

Opposition im Dt. Bundestag klagt vor d. Bundesverfassungsger. auf Unvereinbarkeit d. EVG m. Grundgesetz (abgewiesen). Der Bundespräsident fordert Rechtsgutachten an und verzichtet, als dieses d. weiteren Entscheidungen d. Bundesverfassungsgerichts zu binden droht (wird als Parteinahme f. d. Politik d. Bundesregierung v. d. Opposition kritisiert)

Bundespräsident *Heuss* erhebt 3. Strophe des Deutschlandliedes zur Nationalhymne der BRDtl.

Adenauer wieder Vors. d. CDU, *F. Blücher* (* 1896, † 1959) wieder Vors. d. FDP, neben ihm *Middelhauve*, Vertreter d. „Deutschen Programms"

Hellwege wieder Vors. d. DP

† *Kurt Schumacher*, Wiederbegr. u. Vors. d. SPD u. Führer d. Opposition im Bundestag (*1895)

Erich Ollenhauer (* 1901, † 1963) wird Vorsitzender der SPD (wiedergewählt 1954, 56 u. 58)

Sozialistische Reichspartei (SRP) wird für undemokratisch und verfassungswidrig erklärt

An Bundeskanzler *Adenauer* adressiertes Paket mit Höllenmaschine explodiert in München

G. Heinemann (fr. CDU), *Helene Wessel* (fr. Zentrum), *Hans Bodensteiner* (fr. DSU) grd. „Gesamtdt. Volkspartei"; erstreben Wiedervereinigung Dtls. durch Neutralisierung (finden keinen Anhang, treten 1957 zur SPD über)

† *Ludwig Kaas*, dt. kathol. Priester u. Politiker; 1928—33 Vors. d. Zentrumspartei (*1881)

Curt Goetz (*1888): „Gesammelte Bühnenwerke" (neue Ausgabe)

Giovannino Guareschi (* 1908, † 1968): „Don Camillo und seine Herde" (ital. humoristischer Roman; Fortsetzung v. „Don Camillo und Peppone" v. 1948)

Rudolf Hagelstange (* 1913): „Ballade vom verschütteten Leben" (Lyrik)

† *Knut Hamsun*, norweg. Dichter, 1920 Nobelpreis (*1859)

G. Hauptmann: „Herbert Engelmann" (postum, vollendet von *Zuckmayer*; Urauff. am Wiener Burgtheater)

Sven Hedin (†): „Große Männer, denen ich begegnete" (2 Bde. s. 1951)

Berndt v. Heiseler (*1907): „Versöhnung" (Erzählung)

E. Hemingway: „Der alte Mann und das Meer" (nordamer. Roman)

Hermann Kasack: „Das große Netz" (Roman)

Marie-Luise Kaschnitz (-Weinberg) (*1901): „Ewige Stadt" (christl. Lyrik)

Niko(laos) Kazantzakis: „Die letzte Versuchung" (dt. Übertragung des griech. Christus-Romans; wird vom Papst auf den Index gesetzt)

Albert Huth stellt gegenüber der Vorkriegszeit an dt. Schulkindern einen durchschnittlichen Begabungsrückgang von 4—5% und eine Begabungsverschiebung vom sprachlich-theoretischen auf das organisatorisch-praktische Gebiet fest; vermutet für Sprachgefühl und Kombinationsgabe erblichen Substanzverlust

C. G. Jung: „Antwort auf Hiob" (schweiz. Psychoanalyse)

Robert Jungk: „Die Zukunft hat schon begonnen. Amerikas Allmacht und Ohnmacht" (krit. Philosophie d. Technik)

Oswald Kroh: „Revision der Erziehung" (psycholog. Pädagogik)

† *Maria Montessori*, ital. Erzieherin und Ärztin; schuf ein modernes, die Selbständigkeit förderndes Unterrichtsverfahren (* 1870)

Hubert Muschalek: „Gottbekenntnisse moderner Naturforscher" (zum Problem der Vereinbarkeit von Wissenschaft und Religion)

Ev. Kirchenpräsident *Niemöller* reist nach Moskau

Norman V. Peale: „The power of positive thinking" (nordamer. Lebensphilosophie auf religiöser Grundlage)

† *George Santayana*, nordamer. Philosoph, span. Herkunft (* 1863)

E. Stransky: „Staatsführung und Psychopathie" (fordert „psychopathologische Prominentenexpertise")

 Lynn Chadwick (*1914): „Das Innere des Auges", „Gerstenharke" (engl. Eisenskulpt.)

Chagall: „Die grüne Nacht", „Moses empfängt die Gesetzestafeln" (russ.-frz. Gemälde)

Sonja Delaunay (eig. S. Terk, * 1885): „Komposition" (russ.-frz. abstrakt. Gem.)

O. Dix: „Sitzendes Kind" (expr. Gem.)

R. Dufy: „Mozart", „Erinnerung an Claude Debussy", „Die rosa Violine", „Der schwarze Frachter", „Die öffentlichen Anlagen in Hyeres" (frz. Gem.)

Jimmy Ernst (*1920): „Tropisch" (dt.-nordam. abstr. Gem.)

Maurice Estève: „Rebecca" (frz. abstrakt. Gem.)

Charlotte v. d. Gaag (*1923): „Raubvogel" (niederl. Terrakotta-Plastik)

Adolph Gottlieb (*1903): „See und Gezeiten" (nordam. abstr. Gem.)

Bernhard Heiliger (*1915): „Porträt Anna Dammann" (Zement-Plastik), „Karl Hofer" (Plastik), „Große kniende Figur" (Zementplastik)

Werner Heldt: „Sonntag Nachmittag" (kubist. Gem.)

Barbara Hepworth (*1903): „Standbild" (engl. abstrakt. Steinplastik)

 Paul Hindemith: „Cardillac" (Neufassung der Oper von 1926), Septett

Giselher Klebe: „Römische Elegien" (Text von Goethe) f. Sprecher, Klavier, Cembalo, Kontrabaß

Ernst Křenek: „Brasilianische Sinfonietta"

Franz Xaver Lehner (*1904): „Die schlaue Susanne" (komische Oper, Text von Lope de Vega u. Schlegel)

Rolf Liebermann (*1910): „Leonore 40/45" (schweiz. Opera semiseria, Text v. Heinrich Strobel)

Ricardo Malipiero (*1914, Neffe Gian Francesco M's.): Violinkonzert (ital. Konzert in 12-Tontechnik)

Bohuslav Martinu: Konzert f. 2 Klaviere u. Orchester

Luigi Nono, *1924: Komposition für Orchester

Carl Orff: Musik zum „Sommernachtstraum" von Shakespeare (Neufassung)

Francis Poulenc (*1899, † 1963): „Stabat Mater" (frz. Chormusik)

Sergej Prokowjew (*1891): 7. Symphonie „Symphonie der Jugend"

 Owings u. Mervill: 24stöckiges Lever-Haus in New York in Glas-Stahl-Bauweise; spezielle Fensterwaschmaschine

J. Papadimitriou entdeckt dicht außerhalb des Löwentores von Mykene ein zweites Gräberrund aus dem —17. Jh. mit Grabstelenreliefs, die als älteste europ. Kunst gelten

L. C. Pauling (*1901): Helix-Modell d. Proteine

B. de Rudder: „Grundriß einer Meteorobiologie" (Beziehungen zwischen Wetter und Gesundheit)

„Weltatlas d. Seuchenverbreitung und Seuchenbewegung" (Teil I; herausgeg. von Ernst Rodenwaldt)

Alberto Ruz findet in der Pyramide des „Tempels der Inschriften" in Palenque (Mexiko) ein Königsgrab mit einer Gesichtsmaske aus Jade (erste bekannte Grabstätte in einer Pyramide außerhalb Ägyptens)

† Charles Scott Sherrington, brit. Nervenforscher (*1861)

H. A. Stuart: „Die Physik der Hochpolymeren" (Physik d. Riesenmoleküle; 4 Bde. bis 1956)

W. H. Sweet u. M. Javid schlagen vor, Krebsgeschwülste im Gehirn durch Neutronenbestrahlung von in der Geschwulst angereichertem Bor zu heilen

N. D. Zinder u. J. Lederberg finden die Übertragung von Erbanlagen von einer Bakterienzelle zur anderen durch Bakteriophagen („Transduktion")

1. Erprobung einer nicht-transportablen Wasserstoffbombe auf einer Pazifikinsel durch die USA am 31. 10. (entwickelt von E. Teller u.a.; Sowjetunion folgt ein Jahr später mit verbesserter Anordnung)

Erster brit. Atombombenversuch auf den Montebello-Inseln (nahe Australien)

Aufnahmen der Sonnenfinsternis bestätigen erneut die von der allgemeinen Relativitätstheorie geforderte Lichtablenkung im Schwerefeld der Sonne mit hoher Genauigkeit

Nach einer Sonneneruption steigt die Temperatur in der Ionosphäre (27 km Höhe) über Berlin innerhalb

 Einkommen und Aktienbesitz in den USA:

Jahreseink.	Fam. i. Tsd.	davon m. Akt.-Besitz
— 2000 $		
	9910	220
2000— 3000		
	8560	310
3000— 4000		
	10990	510
4000— 5000		
	8210	610
5000—10000		
	10480	2080
über 10000		
	1850	1020
	50000	4750

Int. Wirtschaftskonferenz in Moskau

Weltverbrauch an Nichteisenmetallen 9,4 Mill. t, davon 2 Mill. t Aluminium, 3,3 Mill. t Kupfer (1900: 2 Mill. t, dav. 6000 t Al., 600 000 t Kupfer)

Welt-Energieproduktion in Mrd. kWh:

Kohle	13 300
Petroleum	7 700
Erdgas	2 700
vegetab. Brennst.	4 600
Wasserkr.	400
animal. Energie	300
	29 000
Verluste	18 800
Nutzung	10 200
davon als	
Wärme	8 100
Elektr.	1 000
anderes	1 100
total	10 200

(1952)

Politik

Ex-Reichskanzler *Wirth* (früher Zentrum) verhandelt in Ostberlin über Wiedervereinigung

DDR kündigt Aufstellung nationaler Streitkräfte an

DDR-Volkskammer ersetzt die 5 Länder Brandenburg, Mecklenburg, Sachsen, Sachsen-Anhalt und Thüringen durch 14 Bezirke

USA, Großbrit. u. Frankr. billigen auf der Londoner Außenministerkonferenz EVG; *Adenauer* wird hinzugezogen

USSR warnt vor Abschluß der EVG und fordert Deutschlandkonferenz

Vertrag über die Europ. Verteidigungsgemeinschaft (EVG) in Paris unterzeichnet (wird 1954 vom frz. Parlament abgelehnt)

† *Georg VI.* (*1895), Kg. v. Großbrit. seit 1936; seine Tochter *Elisabeth II.* (*1926) wird Königin v. Großbrit.

Churchill reist zu Präsident *Eisenhower*

† *Stafford Cripps*, brit. sozialist. Politiker; seit 1942 in verschied. brit. Regierungen; bes. einflußreich als Schatzkanzler 1947–50 (*1889)

Großbrit. reprivatisiert Eisen- und Stahlindustrie

Linksradikale Gruppe um *Aneurin Bevan* in der brit. Labour-Party löst sich auf (*B.* übt auch weiterhin starken Einfluß aus)

Erster brit. Atombombenversuch bei Australien

† Lord *Linlithgow*, brit. Vizekönig von Indien 1936–43 (*1887)

Politik der Rassentrennung in der Südafrikanischen Union (Apartheid)

Europäische Gemeinschaft f. Kohle u. Stahl (Montanunion) nimmt ihre Tätigkeit auf

Spaak Präsident des Montanparlamentes

Jean Monnet (Frankr., *1888) Präsid. d. Oberbehörde d. Montanunion (bis 1955)

Montanparlament bekommt den Auftrag, eine europäische Verfassung auszuarbeiten (erzielt keine konkreten Ergebnisse)

Literatur

K. Krolow: „Die Zeichen der Welt" (Lyrik)

Pär Lagerkvist: „Barabbas" (schwed. Roman)

Horst Lange (*1904): „Ein Schwert zwischen uns" (Erzählung)

† *Franz Molnar*, ungar. Lustspieldichter (*1878)

Alfred Neumann: „Das Kind v. Paris" (Roman)

† *Alfred Neumann*, dt. Erzähler, Dramatiker, Lyriker u. Übersetzer; meist i. Ausland (*1895)

E. O'Neill: „Fast ein Poet", „Eines langen Tages Reise in die Nacht" (nordamerikan. Schauspiele)

Cesare Pavese (*1908, †1950): „Il mestiere di vivere" (ital. Tagebuch 1935–50, postum)

Theodor Plievier: „Moskau" (Roman aus dem 2. Weltkrieg)

Ezra Pound (*1885, †1972): „Translations" (nordamer. Nachdichtungen u. a. aus d. Frühital., Chines. u. Japanischen)

† *Wilhelm Schäfer*, dt. Schriftsteller, pflegte bes. Novelle und Anekdote; Frankf. *Goethe*preis 1941 (*1868)

Reinhold Schneider: „Innozenz und Franziskus" (Drama)

Ignazio Silone: „Eine Hand voll Brombeeren" (ital. Roman)

† *Wilhelm Speyer*, dt. Schriftsteller (*1887)

Gabriel Scott (*1874): „Fergemannen" (norw. Roman)

Vern Sneider: „Die Geishas des Captain Fisby" (dt. Ausg. des amer. Romans)

Wissenschaft / Kultur

R. Thieberger: „Der Begriff der Zeit bei Thomas Mann"

Paul Tillich: „Der Mut zum Sein" (religiöse Lebensphilosophie)

F. Trojan: „Der Ausdruck der Sprechstimme" (unterscheidet 40 Merkmale [„Akueme"] des lautlichen Ausdrucks seelischer Zustände)

Joseph Wendel, bisher Bischof v. Speyer, wird Erzbischof v. München und Freising

Norbert Wiener: „Mensch und Menschmaschine. (Philosophie der Kybernetik; vgl. 1948 W)

„Empirische Sozialforschung. Meinungs- und Marktforschung, Probleme und Methoden" (Bericht von einer Tagung 1951 unter dem Vorsitz von *Leopold v. Wiese*, mit Beiträgen von *Th. W. Adorno*, *E. P. Neumann*, *H. Kellerer*, *C. Kapferer* u. a.)

Seit 1880 hat die Durchschnittsgröße von dt. Schulkindern um 10,4 cm zugenommen

„Der Große Brockhaus" (Konversationslexikon 16. Aufl. in 12 Bden.; abgeschl. 1957)

„Der Große Herder" (Konversationslexikon vom kathol. Standpkt.; Zusammenschau in Bd. 10: „Der Mensch in seiner Welt"; abgeschl. 1957)

„Lexikon der Pädagogik" (4 Bde. bis 1955; vom kathol. Standpunkt)

Konferenz über Fragen der Hochschulreform i. Hinterzarten (1955 in Bad Honnef fortgesetzt)

Bayrischer Landtag entscheidet gegen eine 4 Landesuniversität

Karl Hofer: „Das Mahl des Matrosen" (express. Gem.)

Loren Mac Iver (*1909): „Les Baux" (nordamer. Gem.)

Max Kaus: „Frau mit Handspiegel" (Gem.)

Fritz Klimsch: „Geformte Bilder eines Lebens und zweier Jahrhunderte. Erinnerungen und Gedanken eines Bildhauers"

Herbert Kühn: „Die Felsbilder Europas" (Zusammenfassung)

† *Otto Kümmel*, dt. Kunsthistoriker, speziell der Kunst Ostasiens; seit 1934 Generaldirektor d. staatl. Museen in Berlin (*1874)

† *Max Läuger*, dt. Baukeramiker, Architekt, Bildhauer u. Maler (*1864)

Le Corbusier: Unité d'Habitation in Nantes-Rézé (frz. Wohnblock, beruhend auf der der menschlich. Gestalt entnommenen „Modulor"-Maßeinheit)

Fernand Léger: „Kontraste auf rotem Grund" (frz. abstr. Gem.)

Raymond Legueult (*1898): „Das blaue Kleid" (frz. Gem. zwischen Im- und Expressionismus)

Linde: Ludwigskirche Freiburg/Br. (Stahlbetonschalenbau)

Alfred Manessier (*1911): „Für das Fest", „Christus der König" (frz. abstr. Gem.)

Hermann Reutter (*1900): „Notturno Montmartre" (Ballett)

† *Heinrich Schlusnus*, Bariton, u.a Staatsoper Berlin (*1888)

† *Elisabeth Schumann* (*1888), berühmte Sopranistin in Oper und Konzertsaal

† *Georg Schumann*, dt. Komponist; wurde 1900 Leiter der Berliner Singakademie (* 1866)

Richard Strauss: „Die Liebe der Danaë" (Heitere Mythologie, Uraufführung der Oper in Salzburg postum; Text: *J. Gregor*)

Igor Strawinsky: „Babel" (Kantate), russ.-nordamerik. Komposition, „Cantata" (russ.-nordamer. Komposition)

Ernst Toch (*1887): Sinfonie op. 73 (österr.-nordamer. Komposition, *Albert Schweitzer* gewidmet)

Wladimir Vogel (*1896): „Spiegelungen" (russ.-schweiz. Komposition f. Orchester in 12-Tontechnik)

Gerhard Wimberger (*1923): Kammerkonzert

Bernd A. Zimmermann (*1918): Symphonie in einem Satz

von 24 Std. von −64° auf −17°C („Berliner Phänomen")

Neoteben und Rimifon zeigen in Erprobungen eine starke Heilwirkung bei Tuberkulose

Über das Antibiotikum Streptomycin gibt es bereits 5550 Veröffentlichungen

Jährliche Neubestimmung von biolog. Arten:
etwa 1000 Insektenarten
etwa 500 Molluskenarten
etwa 25 Säugetierarten
etwa 2 Vogelarten
etwa 2000 Pflanzensorten (entdeckt oder neu gezüchtet)

Filmaufnahmen von Tieren im Dunkeln mit Hilfe von Ultrarotlicht

Ozeanographische Galathea-Expedition abgeschlossen (seit 1950); bereicherte u. a. die Kenntnisse über das Tiefseeleben

Neue Ausgrabungen in Nippur (seit 1948) legten Tempel der Kriegs- und Liebesgöttin Inanna von Uruk frei (20 Kulturschichten reichen bis in das −23. Jh. zurück)

Expedition der Carnegie-Institution zur Freilegung von Mayabauten in Bonampak (Mexiko); es werden Inschriften aus der 2. Hälfte des 8. Jh. und sehr gut erhaltene Wandmalereien gefunden

Uranfunde in Nordkanada (Athabasca-See) führen zu einer raschen Erschließung, die zunächst nur durch Flugzeuge möglich ist

Rhônekraftwerk mit jährlich 2 Mrd. kWh als größtes westeurop. Wasserkraftwerk in Betrieb

„United States" (USA) gewinnt das Blaue Band mit der Atlantikpassage in 3 Tagen 10 Std. 40 Min. (1869 war die Rekordzeit 7 Tage 22 Std. 3 Min.)

Versuche mit Einschienen-Sattelbahn in Dtl. (werden als aussichtsreich beurteilt)

De Havilland Comet als erstes Düsenverkehrsflugzeug London−Rom−London in 4 St. 46 Min. (wiederholte Unfälle führen zum Rückzug dieses Typs)

Erster Nonstop-Transpazifik-Flug

Vertrag ü. Europäische Gemeinschaft f. Kohle u. Stahl in Kraft („Montanunion", urspr. „Schumanplan") Prod. der beteiligten Länder:

	Kohle	Rohstahl
		(Mill. t)
BRDtl.	123,3	15,8
Saarg.	16,2	2,8
Frankr.	55,4	10,9
Belg.	30,4	5,1
Ndle.	12,5	0,7
Lxbg.	−	3,0
Italien	1,1	3,5
Zus.	239	42

200000 Ackerschlepper in der BRDtl. (1949: 75000); 1,36 Mill. Pferde (1950: 1,57 Mill.)

Erstes dt. Nachkriegs-Fernsehprogramm d. NWDR

Stenographie-Schreibmaschine bürgert sich ein

Der frz. Modeschöpfer *Christian Dior* (*1905, † 1957) bringt die „fließende Linie" mit der „wandernden Taille" in der Damenmode

Karierter Smoking und farbige Westen für Herren

Die amerikanische Mode der „blue jeans" (vermutlich benannt nach Genua, dem Herstellungsort des Stoffes; Leinenhosen mit aufgesetzten und angenieteten Taschen) beginnt sich in Europa rasch zu verbreiten

(1952)	Der frz. Außenminister *Schuman* wendet sich gegen Aufnahme der BRDtl. i. d. Atlantikpakt (NATO)	*Bruno Snell* (*1896): „Der Aufbau der Sprache"	Darmstädter Gespräch über „Mensch u. Technik"
	Frz. Min.-Präs.: *René Pleven* (*1901, seit 1951), es folgten *Edgar Faure* (*1908, Radikalsoz.), *Antoine Pinay* (*1891, Unabh. Rep.)	*John Steinbeck*: „Die wilde Flamme" (dt. Ausgabe d. nordamer. Romans „Burning bright" v. 1950), „Jenseits von Eden" (Roman)	„Europäisches Gespräch" über „Die Gewerkschaften im Staat" auf d. Ruhrfestspielen i. Recklinghausen
	Der Bei von Tunis lehnt frz. Reformvorschläge ab; beugt sich später dem Ultimatum	† *Louis Verneuil*, frz. Komödiendichter (*1893)	Neufassung des Übereinkommens über Mutterschutz von 1919 der Intern. Arbeitsorganis.
	Sozialisten gewinnen Wahlen in den Niederlanden: Sozialist.-christl. Koalitionsregierung	† *Clara Viebig*, dt. Romanschriftstellerin (*1860)	91 Gelehrte in den USA schaffen „Revidierte Standard-Ausgabe der Bibel" (seit 1937; stößt in konservativen Kreisen auf Widerstand)
	Zweiter Kongreß d. sozialistischen Internationale in Mailand	*Goethe*preis der Stadt Frankfurt/M. an *Carl Zuckmayer*	
	† Graf *Carlo Sforza*, ital. Staatsmann; 1947—1951 ital. Außenmin. (*1872)	*Arnold Zweig*: „Westlandsaga" (Roman)	Dt. ev. Kirchentag in Stuttgart unter dem Leitwort: „Wählt das Leben" (DDR verbietet Teilnahme)
	Eisenhower verläßt Europa; NATO-Oberbefehlshaber wird *Ridgway*	„Perspektiven" (Ztschr. für Kunst, Literatur, Wissenschaft der USA)	2. Tagung d. Lutherischen Weltbundes in Hannover; Bischof *Hanns Lilje* (Hannover) wird Präsident
	Boleslaw Bierut (*1892, †1956) kommunist. poln. Min.-Präs. bis 1954 (war seit 1947 poln. Staatspräs.)		75. Dt. Katholikentag in Berlin mit dem Leitwort „Gott lebt"
	Polen erhält sog. volksdemokratische Verfassung		Wiener Stephansdom neueröffnet
	In einem Schauprozeß in Prag (mit antisemit. Färbung) werden 11 Todesurteile gefällt u. vollstreckt; u.a. gegen *Wladimir Clementis und Rudolf Slansky*		Jugoslawien bricht Beziehungen z. Vatikan ab
	Matyas Rakosi (*1892) ungar. Min.-Präs. bis 1953 (wieder 1955; tritt 1956 als Exponent der *Stalin*-Politik zurück)		
	Petru Groza, rumän. Min.-Präs. seit 1945, wird Staatspräs. bis 1958 (†, *1884)		
	Anna Pauker als rumän. kommunist. Außenmin. (seit 1947) abgesetzt; Wahlen ergeben für die kommunistische Einheitsliste 98,84%		
	Marschall *Alexandros Papagos* (*1883) griech. Min.-Präs., nachdem seine Sammlungsbewegung $^4/_5$-Mehrheit erlangte		
	Griechenland und die Türkei treten der NATO bei		
	Konferenz einer UN-Kommission über Kriegsgefangene i. d. USSR; diese behauptet, keine mehr zurückzuhalten		
	Ende der Reparationslieferungen Finnlands an die USSR		
	Puschkin stellvertr. Außenmin. der USSR		

Gerhard Marcks: „Theodor Heuss" (Bronze)

Henry Matisse: „Fische", „Kopf n. links gewandt" (frz. Aquatinten)

Miro: Figuren im Garten von Montroig, Spanien

Henry Moore: „Time/Life Screen" (engl. Bronze)

P. Picasso: „Ziegenschädel, Flasche und Kerze", „Frauenkopf", „Der Krieg", „Der Friede" (span.-frz. Gem.), „Paloma schlafend" (Porträtgem. seines Kindes), „Balzac" (Lithographie), „Der Strauß" (Bronze)

Fausto Pirandello (* 1899): „Mann in gestreiftem Pyjama" (ital. Gem.)

Jackson Pollock (* 1912, † 1956): „Blaue Maste", „Number 12" (nordam. abstr. Gemälde)

Germaine Richier (* 1904): „Das Wasser" (frz. symbol. Bronzeplastik)

Georges Rouault (* 1871, † 1958): „Ende des Herbstes II", „Ende des Herbstes V", „Flucht n. Ägypt.", „Passion", „Zwielicht", „Christnacht" (frz. express. Gem.)

Attilio Salemme (* 1911): „Inquisition" (nordamerik. kubist. Gem.)

Fr. Schröder Morgenstern (* 1892): „Meta[-Physik] mit dem Hahn" (Farbkreidezeichn. eines sexualsymbol. Stils)

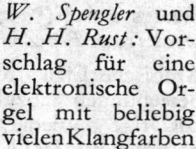

W. Spengler und *H. H. Rust:* Vorschlag für eine elektronische Orgel mit beliebig vielen Klangfarben

Populäre Schlager: Blue Tango, Dreh dich noch einmal um, O mein Papa

Pierre Soulages (* 1919): „10. Oktober 1952" (frz. abstrakt. Gem.)

Alaska—Japan in 9 St. 50 Min. durch einen USA-Düsenbomber

Erster planmäßiger Verkehrsflug Los Angeles—Kopenhagen über die Arktis

Brit. Bristol-Hubschrauber 173 mit 2 Tragschrauben für 13 Personen

USA-B-26-Bomber tankt Düsenflugzeug in der Luft

Zwei Hubschrauber überqueren in fünf Stationen von USA nach Schottland erstmalig den Atlantik

Britischer Düsenbomber fliegt von Nordirland nach Neufundland und zurück in 7 St. 59 Min. Flugzeit (erster Transatlantik-Rundflug an einem Tag)

Olympische Spiele in Helsinki. Goldmedaillen einschl. Winterspiele in Oslo: USA 43, USSR 22, Ungarn 17. Dtl. wieder zugelassen

Auf d. Olympiade in Helsinki gewinnt *E. Zatopek* (Tschechoslow.) d. Läufe über 5000 m, 10000 m und den Marathonlauf

Olympische Winterspiele in Oslo

Ria und *Paul Falk* erneut Weltmeister im Paarlauf

† *John R. Cobb,* nordamer. Motorsportler; erreichte 1947 im Rennwagen 403,135 Meilen/st. (649 km/st.) und im Motorboot unmittelbar vor seinem tödlichen Unfall 206,89 Meilen/st. (333 km/st.) u. war damit „der schnellste Mann zu Wasser und zu Lande"

Fausto Coppi (Ital.) gewinnt Tour de France

Rocky Marciano (* 1923) gewinnt Schwergewichts-Weltmeisterschaft im Boxen gegen *Joe Walcott* (M. tritt 1956 ungeschlagen zurück)

Heinz Neuhaus Europameister im Schwergewichtsboxen

VfB Stuttgart dt. Fußballmeister

(1952)

J. Stalin: „Probleme des Sozialismus" (stellt objektive Gesetzmäßigkeiten für die sozialistische Wirtschaft fest)

Parteitag d. KPSU (B) (letzter war 1939); *Malenkow* hält Hauptreferat. Parteitag d. KPSU beschließt Auflösung des Politbüros

Sicherheitspakt USA mit Japan, Philippinen, Australien, Neuseeland

Eisenhower fliegt nach Korea, um die Möglichkeiten, den Konflikt zu beenden, zu prüfen (dieser Punkt wird sein — wahrscheinlich wirksamstes — Wahlversprechen)

Truman beschlagnahmt amer. Stahlindustrie zur Vermeidung eines Streiks, Maßnahme wird als verfassungswidrig erklärt; 83 Tage Stahlstreik

Dwight D. Eisenhower (Republikaner, * 1890, † 1969) wird mit 33,8 Mill. Stimmen zum Präsidenten der USA gewählt; *Adlai E. Stevenson* (Demokrat, * 1900, † 1965) erhält 27,3 Mill. Stimmen

Die Gewerkschaften CIO und AFL unterstützten *Stevenson*

USA bringen ihre erste H-Bombe zur Explosion

Prozeß gegen Kommunisten in den USA

Truman: „Mr. President" (nordamer. Autobiographie des ehemal. Präsidenten)

† *Chaim Weizmann*, jüd. Politiker; seit 1948 Präsident d. neugegrdt. Staates Israel (* 1874); Nachfolger wird *Isaak Ben-Zwi*

Arabische Liga droht Wirtschaftsbeziehungen abzubrechen, wenn BRDtl. Wiedergutmachungsabkommen mit Israel ratifiziert

König *Talal* v. Jordanien wegen Geisteskrankheit abgesetzt, sein Sohn *Hussein* (* 1935) wird König

Schah von Iran gibt *Mossadegh* Ermächtigung

Iran bricht im Ölkonflikt Beziehungen zu Großbritannien ab

General *Nagib* stürzt Kg. *Faruk* v. Ägypten (seit 1936), der außer Landes geht

Mau-Mau-Aufstände in Brit.-Kenia (Ostafrika) mit scharfen brit. Gegenmaßnahmen gegen diese Geheimorganisation der Bantuneger

Freundschaftsvertrag zwischen der Sowjetunion und der chinesischen Volksrepublik

Nehru erlangt Mehrheit bei den Wahlen in Indien

Wahlsieg d. Liberalen Partei in Japan; *Yoschida* wieder japanischer Ministerpräsident

Syngman Rhee erneut zum Präsidenten Südkoreas gewählt

† *Evita Perón*, Frau d. argentin. Diktators seit 1945; hatte großen Einfluß auf die Sozialpolitik; wird nach ihrem Tod kultisch verehrt (* 1919)

Theodoros Stamos (*1922): „Griechisches Gebet" (nordamer. abstr. Gem.)

Graham Sutherland: „Drei stehende Figuren im Garten" (engl. Gem.)

Max Taut: Reutersiedlung Bonn (seit 1950)

† *Josef Thorak*, dt. Bildhauer eines monumentalen Stils (*1889)

Emilio Vedova (*1919): „Invasion" (ital. abstr. Gem.)

Lorenzo Vespignani (*1924): „Boote am Strand" (ital. Tuschzeichn.)

Alberto Viani (*1906): „Frauenakt" (ital. Plastik)

Theodor Werner: „Loslösung", „Prähistorisch", „Venedig" (abstr. Gem.)

Fritz Winter: „Nächtlich. Regen", „Spannungen" (abstr. Gem.)

1. juryfreie Kunstausstellung i. Berlin seit 22 Jahren

Jugendstil-Ausstellung in Zürich

Lever Brothers-Bürohaus i. New York (Glasarchitektur)

„Don Camillo und Peppone" (frz. Film n. d. Buch von *G. Guareschi,* Regie: *Julien Duvivier* (*1896), Darsteller: *Fernandel* (*1903, † 1971), *Gino Cervi* u. a.)

„Verbotene Spiele" (frz. Film, Regie: *René Clément,* Darstell.: *Brigitte Fossey, Georges Poujouly* u.a.)

„Le salaire de la peur" („Lohn der Angst", frz. Film, Regie: *H. G. Clouzot)*

„The Pickwick Papers" (engl. Film, Regie: *N. Langley)*

„Processo alla città" (ital. Film, Regie: *L. Zampa)*

„Moulin Rouge" (nordam. Farbfilm um *Toulouse-Lautrec,* Regie: *John Huston* (*1906), Darsteller: *José Ferrer* (*1912), *Colette Marchand* u.a.)

„Lilli" (nordamerik. Farbfilm, Regie: *Charles Walters,* Darst.: *Leslie Caron,*

Mel Ferrer (*1917) und andere)

„The Greatest Show on Earth" (nordam. Film, Regie: *Cecille B. deMille)*

„Rampenlicht" („Limelight", nordamer. Film, Regie: *Charles Chaplin,* Darst.: *Ch. Chaplin, Claire Bloom)*

Charlie Chaplin darf nicht von Großbrit. in die USA zurückkehren

„Der fröhliche Weinberg" (Film n. *Carl Zuckmayer,* Regie: *Erich Engel* (*1891), Darsteller: *Gustav Knuth, Camilla Spira* u. a.)

„Alraune" (Film n. d. gleichn. Roman v. *Hanns Heinz Ewers,* Regie: *Arthur Maria Rabenalt;* Darsteller: *Hildegard Knef, Erich v. Stroheim*

Erste Vorführung d. Cinerama-Filmsyst. mit Rundhorizont u. 3 Projektions-App. (erf. v. *Fred Waller,* † 1954)

Dt. Fußballbund umfaßt 14000 Vereine mit 54000 Mannschaft. u. 1,5 Mill. Mitgliedern

Taifune töten in Indochina und auf den Philippinen mehr als 1000 Menschen

Explosion i. sächsischen Uranbergbau fordert vermutl. 162 Tote

Auf der Strecke Manchester—London stoßen 3 Expreßzüge zusammen: 112 Tote

In Elisabeth, N. J. (USA) ereigneten sich in 3 Monaten 3 schwere Flugzeugunglücke mit insges. 118 Toten

Bisher schwerstes Flugzeugunglück auf dem Militärflugplatz Larson (USA): 86 Tote

Ein KLM-Verkehrsflugzeug stürzt bei Frankfurt/Main ab: 45 Tote

Kapitän *Henrik K. Carlsen* harrt vergebl. 12 Tage auf d. sinkenden „Flying Enterprise" aus, um d. Frachter u. seine Ladung zu retten

In Frankreich mit Myxomatose infizierte Kaninchen verbreiten diese Seuche in Mitteleuropa

1953	Friedens*nobel*preis *George C. Marshall* (USA, * 1880, † 1959)	*Nobel*preis f. Literatur: *Winston Churchill* (Gr.-Brit., * 1874)	*W. Banning* (* 1888): „Der Kommunismus als politisch-soziale Weltreligion" (niederl.; 1. dt. Aufl.)

Dag Hammarskjöld (* 1905, Schweden) Generalsekretär d. UN nach dem Rücktritt von *Trygve Lie* (* 1896, Norweg.)

Rüstungsausgaben in Mrd. Dollar:
USA 50
USSR 26,2
Großbrit. 4,7
Frankreich 4,1
Kanada 2,0
Übrige NATO 6,5
(Bei der USSR werden verborgene Rüstungsausgaben vermutet)

Entwurf einer Verfassung für eine „Europäische Gemeinschaft" von der Montanunion und den 6 Außenministern gebilligt

Ivon Kirkpatrick, brit. Hoher Kommissar in der BRDtl., geht nach Großbrit. zurück; Nachfolger: *Frederick Hoyer Millar*

James B. Conant (* 1893), Hoher Kommissar der USA in der BRDtl. als Nachfolger *McCloys* bis 1955

BRDtl. unterzeichnet Schuldenabkommen in London: Gesamtschulden 14 Mrd. DM (7,2 Vorkriegs-, 6,8 Mrd. Nachkriegsschulden); jährl. Schuldendienst 600 Mill., ab 1958 750 Mill. DM

Am 2. März suchen 6000 Menschen aus der DDR um Asyl in Westberlin nach. Der Bundestag verabsch. d. Flüchtlings-Notleistungsgesetz

Europarat billigt „Europäisierung der Saar"

Bundestag stimmt dem Deutschland- und dem EVG-Vertrag zu (SPD dagegen). Bundesrat stimmt zu

Bundesverfassungsgericht erklärt Klage der Bonner Koalition für unzulässig, wonach die SPD dem Bundestag unrechtmäßig bestreite, die westalliierten Verträge mit einfacher Mehrheit zu verabschieden

Gemäßigter „Neuer Kurs" in der DDR angekündigt

Arbeiteraufstand in Ostberlin und in der DDR am 17. Juni nimmt für die Regierung gefährliche Formen an und wird durch Mobilisierung sowjet. Panzer niedergeschlagen

Friedenspr. d. dt. Buchhandels an *Martin Buber* (Israel, * 1878)

Pulitzer-Preis für *Ernest Hemingway* „Der alte Mann und das Meer"

Georg-Büchner-Preis für *Ernst Kreuder*

Hansischer Goethe-Preis für *Eivind Berggrav*

Fontane-Preis (Berlin) für *Edzard Schaper*

Arthur Adamov (* 1908, † 1970): „Alle gegen Alle" (russ.-frz. surreal. Schauspiel)

Ludwig Berger (* 1892, † 1969): „Wir sind vom gleichen Stoff, aus dem die Träume sind. Summe eines Lebens" (bes. Regisseur und Shakespeare-Kenner)

Heinrich Böll: „Und sagte keine einziges Wort" (Nachkriegs-Eheroman)

† *Iwan A. Bunin*, russ. Dichter; emigrierte 1917; *Nobel*preis 1933 (* 1870)

Friedrich Dürrenmatt (* 1921): „Ein Engel kommt nach Babylon" (schweiz. Drama)

Th. S. Eliot: „Der Privatsekretär" (engl. Schauspiel), „The three voices of poetry" (engl. Betracht. zur Lyrik)

M. Frisch: „Don Juan oder die Liebe zur Geometrie" (schweiz. Schauspiel)

Julien Green: „Süden" (frz. Drama)

G. Gründgens: „Wirklichkeit des Theaters"

† *Paul Gurk*, dt. Erzähler u. Dramatiker, *Kleist*preis 1921 (* 1880)

R. Hagelstange: „Zwischen Stein und Staub" (Lyrik)

Allan Bullok: „Hitler". Eine Studie über Tyrannei (engl.)

Churchill (im Unterhaus): „Es mag sein, daß der Fortschritt der Vernichtungswaffen bis zu jenem Punkt, da jeder jeden töten kann, einen Zustand herbeiführt, in dem niemand mehr jemanden zu töten wünscht."

Charles Galton Darwin: „Die nächsten Millionen Jahre" (engl. Versuch einer Vorhersage der Menschheitsgeschichte, optimistischer Grundton)

H. J. Eysenck: „Die Struktur der menschl. Persönlichkeit" (engl.)

Friedrich Heer (* 1916): „Europäische Geistesgeschichte"

Arnold Hauser: „Sozialgeschichte der Kunst und Literatur"

M. Heidegger: „Einführung in die Metaphysik" (Existenzphilosophie)

Julian Huxley: „Entfaltung des Lebens" (engl. Naturgeschichte)

Karl Jaspers: „Leonardo als Philosoph"

A. Juda: „Höchstbegabung" (psycholog. Analyse von Anlage und Umwelt)

C. G. Jung: „Von den Wurzeln des Bewußtseins" (schweiz. Psychoanalyse)

W. Leontief (* 1906): Input-output-analysis (Begr. d. quantitativen Wirtschaftstheorie)

Afro (*Afro Basaldella*, *1912): „Der Knabe mit dem Kreisel", „Ballett" (ital. abstrahier. Gem.)

Karrel Appel: „Mensch u. Tiere" (niederl. Gem.)

Hans Arp: „Weiblicher Torso" (abstr. Plastik), „Ptolemäus" (Bronze)

Francis Bacon: „Studie eines Pavians" (engl. Gem.)

Eduard Bargheer (*1901): „Kopf am Strand" (express. Gem.)

Otto Bartning und *Otto Dörzbach:* Christus-Kirche, Bad Godesberg

Willi Baumeister (*1889): „Großer Montaru" (abstr. Gem.)

Jean Bazaine: „Chikago" (frz. abstr. Gem.)

William Baziotes (*1912): „Mondfantasie" (nordamerik. abstr. Gem.)

Hubert Berke (*1908): „Komposition" (abstr. Gem.)

Manfred Bluth: „Atlantis" (express. Gem.)

Dominikus Böhm gewinnt Wettbewerb um das Modell f. d. Kathedrale in San Salvador (Mittelam.)

Georges Braque: „Äpfel", „Austern", „Gitarre" (frz. Lithographien); Deckendekoration im Louvre, Paris

Conrad Beck: „Der Tod von Basel" (Oratorium)

Joachim Ernst Berendt (*1922): „das jazzbuch" (Entwicklung u. Bedeutung d. Jazzmusik)

Boris Blacher: „Abstrakte Oper Nr. 1". Text v. *W. Egk* in wortloser Lautmalerei

Ernest Bloch (*1880): Concerto Grosso Nr. 2, Quartett Nr. 3 (nordamer. Instrumental-Musik)

Hans Brehme (*1904): 2. Symphonie

B. Britten: „Gloriana" (engl. Krönungsoper)

Jacques Chailly: „Die Dame u. das Einhorn" (Ballettmusik z. d. Libretto von *Jean Cocteau*)

Johannes Driessler (*1921): „Claudia amata" (Oper)

Carl Ebert (*1887), Regiss. u. Intendant der Glyndbourne-Festspiele (Engl.), wird Intendant der Städt. Oper Berlin

Werner Egk: „Chanson et Romance" (M. nach frz. Prosatexten f. Sopran u. Orchest.) „Die chinesische Nachtigall" (Ballett n. Andersen)

*Nobel*preis f. Physik: *Fritz Zernike* (Niederl., *1888, †1966) für Entwicklung des Phasenkontrast-Mikroskops

*Nobel*preis für Chemie: *Hermann Staudinger* (Dtl., *1881, †1965) für Erforschung der Makromoleküle

*Nobel*preis f. Medizin: *Hans Adolf Krebs* (Großbrit., *1900 i. Dtl.) u. *Fritz Albert Lipmann* (USA, *1899 i. Dtl.) f. Enzymchemie der lebenden Zelle

Walter Baade und *R. Minkowski* identifizieren eine besonders intensive kosmische Radioquelle als zwei zusammenstoßende Milchstraßensysteme (Spiralnebel)

A. Buzatti-Traverso entdeckt erbliche Unterschiede der chemischen Zellkomponenten bei der Taufliege Drosophila mit Hilfe der Papierchromatographie

Frank K. Everest erreicht mit Düsenflugzeug 1215,298 km/st. (Überschallgeschwindigkeit)

D. Fraser u. *R. C. Williams* machen im Elektronenmikroskop die Nukleinsäure-Fäden der Bakterienfresser (Phagen) sichtbar (diese Fäden haben die Funktion der Erbsubstanz)

Höhenrekord mit Düsenflugzeug: *Walter F. Gibb* (Großbrit.) mit 19400 m

† *Edwin Powell Hubble*, nordamer. Astronom; erforschte besonders das Reich der milchstraßenartigen Spiralnebel einschl. ihrer Fluchtbewegung (*1889)

K. Jolly u. *Singer* finden in der Kap-Provinz den „Saldanha"-Schädel eines Menschen aus der letzten Zwischeneiszeit (jüngere Altsteinzeit)

Alfred Kinsey (*1894): „Sexual behaviour in the human female" („Die Sexualität der Frau"; dieser 2. „Kinsey-Report" beunruhigt mit seinen statistischen Daten noch stärker die Öffentlichkeit, da er die konventionellen Vorstellungen stark verletzt; Methodik und Ergebnisse werden vielfach kritisiert)

A. Krieg: Nachweis eines Bakterienzellkerns mit dem Fluoreszenzmikroskop

E. Wagemann: „Welt von morgen" (volkswirtschaftl. Prognose)

UNESCO-Bericht: Von 2,3 Mrd. Menschen (1951) tragen 700 Mill. Gürtel oder Lendenschurz, 310 leben nackt; 710 Mill. leben in Hütten, 310 ohne festes Obdach

UN-Projekt über die soziale Eingliederung der 6 Mill. Anden-Indianer in Südamerika

Volkseink. d. USA

	1929	1933	1944	1953
Mrd. jew. Doll.	104	56	214	367
Mrd. 1939 Doll.	86	62	157	178
pro Kopf (Kaufkr. 1939)	705	489	1134	1114

Realer Stundenlohn i. d. Industrie d. USA (1929 = 100) 204,6

Zahl d. Gewerkschaftsmitglieder i. USA

1900	868 000
1913	2 716 000
1920	5 048 000
1929	3 443 000
1933	2 973 000
1937	6 334 000
1945	12 725 000
1953	17 010 000

Hohe Behörde d. Montanunion eröffnet gemeinsam. Markt f. Kohle, Eisen u. Stahl

Regelung d. Auslandsschulden d. BRDtl. im Londoner Abkommen: Verbindlichkeiten rd. 14 Mrd.

(1953)

Konflikt um den DGB-Wahlaufruf „Wählt einen besseren Bundestag" Zahl der Sitze im neugewählten Dt. Bundestag:

CDU/CSU	244
SPD	151
FDP	48
DP	15
Ges. Dt. Bl. BHE	27
Zentrum	2
KPD	0
Zusammen	487

Stichproben ergeben: CDU u. SPD erhielten etwa gleichen Prozentsatz an Stimmen von Wählern unter 30 Jahren; CDU verdankt ihre absolute Mehrheit im Bundestag Frauenstimmen

Bundeskanzler *K. Adenauer* bildet Koalitionsregierung aller Parteien außer SPD:
Vizekanzler *Fr. Blücher* (FDP), Inneres: *G. Schröder* (CDU), Justiz: *Fr. Neumayer* (FDP, bis 1956), Finanzen: *Fr. Schäffer* (CSU), Wirtschaft: *L. Erhard* (CDU), Landw.: *H. Lübke* (CDU), Arbeit: *A. Storch* (CDU), Verkehr: *H. Seebohm* (DP), Post: *S. Balke* (CSU, 1956 Atommin.), Vertriebene: *Th. Oberländer* (BHE), Wohnung: *V.-E. Preusker* (FDP), Bundesrats.Ang.: *H. Hellwege* (DP; ab 1956 *J. Meerkatz*, auch als Justizmin.), Ges.dt. Fragen: *J. Kaiser* (CDU), Familie: *Fr.-J. Würmeling* (CDU), bes. Aufgaben: *R. Tillmanns* (CDU, † 1955), *W. Kraft* (BHE, bis 1956), *H. Schäfer* (FDP, bis 1956), *Fr.-J. Strauss* (CSU; erhält 1955 Atomenergiefragen; 1956 bis 62 Verteidigungsmin.). 1955–56 ist *Th. Blank* (CDU) Verteidigungsminister; Außenmin. ab 1955 *Heinrich von Brentano* (CDU)

† *Ernst Reuter;* sozialist. Politiker; 1948 Oberbürgermeister, 1951 Regierender Bürgerm. von (West-)Berlin (*1889)

Berliner Abgeordnetenhaus wählt *Walther Schreiber* (CDU) zum Regierenden Bürgermeister (bis 1955, *1884, † 1958). Bildet Koalitionsregierung aus CDU u. FDP

Fritz Hochwälder (*1911): „Donadieu" (österr.-schweiz. Schauspiel)

Claus Hubalek (*1926): „Der Hauptmann und sein Held" (satirisches Drama)

Ernst Jünger: „Der gordische Knoten" (über die Widersprüchlichkeit der Weltgeschichte)

Erhart Kästner (*1904): „Ölberge, Weinberge". Ein Griechenlandbuch

Wolfgang Koeppen: „Das Treibhaus" (krit. Roman um die vorläufige Bundeshauptstadt Bonn)

Karl Krolow (*1915): „Von nahen und fernen Dingen" (Naturlyrik)

Pär Lagerkvist: „Aftonland" (schwed. Lyrik)

Wilhelm Lehmann (*1882): „Ruhm des Daseins" (Lyrik)

Mechtilde v. Lichnowsky: „Zum Schauen bestellt" (Essays)

Th. Mann: „Die Betrogene" (Erzähl.), „Altes und Neues. Kleine Prosa aus 5 Jahrzehnten", „Gerhart Hauptmann" (Essay)

F. Mauriac: „Das Ende der Nacht" (dt. Ausg. d. frz. Romans v. 1935)

Arthur Miller: „Hexenjagd" (nordamer. Drama; gegen polit. Verfolgungen gerichtet)

† *Eugene Gladstone O'Neill,* nordam. Dramatiker psycho-analytischer Richtung; Nobelpreis 1936 (*1888)

Saint-John Perse (*Alexis Léger* *1887): „Oeuvre poétique" (frz. Lyrik)

G. Pohl: „Bin ich noch in meinem Haus? Die letzten Tage G. Hauptmanns"

† *Hendrik de Man*, belg. sozialist. Politiker und Soziologe; emigrierte wegen Vorwurfs der Kollaboration in die Schweiz (*1885)

Ludwig Marcuse (*1894, † 1971): „Pessimismus. Ein Stadium der Reife" (dt.-amer. Philosophie)

† *Richard v. Mises*, österr. Mathematiker u. neopositivist. Philosoph, entw. bes. Wahrscheinlichkeitslehre; zul. in USA (*1883)

Reinhold Niebuhr (*1892, † 1971): „Christl. Realismus u. polit. Probleme" (nordamer. evangel. Theologie)

Ernst Niekisch: „Das Reich der niederen Dämonen"

Beg. der histor.-krit. Gesamtausgabe von *Nietzsches* Werken (korrigiert Verzerrungen des N.-Bildes durch *Elisabeth Förster-N.* (*1846, † 1935))

Ortega y Gasset: „Meditationen über die Jagd" (span. Philosophie, dt. Ausg.)

† *Hans Reichenbach*, dt. Philosoph eines logisch. Empirismus (Neopositivismus); zuletzt in USA (*1891)

J. B. Rhine: „New world of the mind" (nordamer. Parapsychologie; diese Wissenschaft okkulter Erscheinungen ist nach wie vor umstritten)

Helmut Schelsky (*1912): „Wandlungen der dt. Familie der Gegenwart. Darstellung und Deutung einer empirischsoziologischen Tatbestandsaufnahme"

Anna Seghers: „Frieden der Welt" (Ansprachen und Aufsätze)

Friedr. Sieburg: „Kleine Geschichte Frankreichs"

James Brooks (*1906): „E-1953" (nordamer. abstrakt. Gem.)

Alexander Calder: „Ein Gong als Mond" (nordamer. Mobile: hängende Gleichgewichtsfigur)

Alexander Camaro (*1901): „Mädchen am Fenster", „Ein Sommertag" (abstr. Gem.)

Massimo Campigli (*1895): „Auf dem Balkon" (ital. Gem. in einem naiven Stil)

Giuseppe Capogrossi (*1900): „Section Nr. 4" (ital. abstr. Gem.)

Bruno Caruso (*1927): „Phantasie zur Silhouette von New York" (ital. Gem.)

M. Chagall: „Concorde — Die Nacht", „Der Eiffelturm" (russ.-frz. surrealist. Gem.)

C. G. Corneille (*1922): „Die weiße Stadt" (niederl. abstrakt. Gem.)

Antonio Corpora (*1909): „Mittelmeerlandschaft" (ital. abstr. Gem.)

Otto Dix: „Wilhelm v. Scholz" (Gem.)

Jean Dubuffet: „Das geschäftige Leben" (frz. Gem.)

† *Raoul Dufy*, frz. Maler eines zeichnerisch betonten, farbenfrohen Stils zw. Im- u. Expressionismus (*1877)

Egon Eiermann (*1904, † 1970): Matthäus-Kirche, Pforzheim

Gottfried v. Einem (*1918): „Der Prozeß" (Oper, Text nach *Kafka* von *B. Blacher* u. *H. v. Cramer*)

Wolfgang Fortner: „Der Wald" (Zwischenspiel u. lyrische Szene nach *Federico Garcia Lorca*)

P. R. Fricker: Konzert für Klavier und Orchester, Bratschenkonzert

Harald Genzmer (*1909): Konzert für Mixtur-Trautonium u. Orchester (Komposition für elektrisches Soloinstrument)

K. A. Hartmann: 6. Symphonie; Konzert f. Klavier, Bläser u. Schlagzeug

Hermann Heiß (*1897): „Sinfonia atematica" (1950) Urauff.

Pierre Henry u. *Pierre Schaeffer*: „Orphée 53" (frz. Komp. der „Musique concrète")

Hans Werner Henze: „Ein Landarzt", „Das Ende einer Welt" (Funkopern)

Kurt Hessenberg (*1908): Psalmen-Triptychon

P. Hindemith: „Gesang an die Hoffnung" (Chorwerk, Text von *P. Claudel*); „A Composer's World" (autobiographisch)

† *Charles Ives*, nordamer. Komponist (*1874)

J. L. Kulp u. *H. L. Volchok* ermitteln mit Hilfe des radioaktiven Kohlenstoffes C 14, daß die kosmische Höhenstrahlung sich seit 35000 Jahren nicht wesentlich änderte

Mazet entdeckt die Höhle Cougnac bei Gourdon mit Malereien aus dem Aurignacien

P. Michaelis: Hohe Mutationsraten mit den radioaktiven Isotopen Phosphor 32 und Schwefel 35 bei Weidenröschen; Nachweis einer Plasmavererbung beim Weidenröschen

Stanley L. Miller (USA) erzeugt durch elektrische Funkenentladungen in einem Gemisch von Wasserstoff, Ammoniak und Methan Aminosäuren, die Bausteine der Eiweiße (wichtiger Beitrag zum Problem der „Urzeugung")

† *Robert Andrews Millikan*, nordamer. Physiker; bestimmte Ladung des Elektrons; *Nobel*preis 1923 (*1868)

† *Alwin Mittasch*, dt. Katalyseforscher (*1869)

Auguste Piccard taucht mit seinem Sohn *I. P.* im Tiefseeboot „Trieste" 3150 m im Thyrrhenischen Meer

† *Ludwig Prandtl*, dt. Physiker und Strömungsforscher; lieferte wichtige Beiträge zur Tragflächentheorie (*1875)

S. I. Rudenko: „Die Kultur der Bevölkerung der Altaivorberge zu skythischer Zeit" (Ergebnisse von Grabungen 1947—51 an Hügelgräbern aus den —5. bis —4. Jh.; u.a. große Filzwandteppiche mit figürlichen Applikationen)

F. Sanger (*1918): Struktur d. Insulins n. 15jähriger bahnbr. Arbeit (vgl. 1951)

IV. Internationaler Astronautischer Kongreß in Zürich; *S. F. Singer* legt Pläne für unbemannte künstliche Erdsatelliten vor

Vincent du Vigneaud und Mitarbeiter analysieren und synthetisieren das Hypophysenhinterlappen-Hormon Oxytocin

J. D. Watson und *F. H. C. Crick*: Doppelspiraliges Strukturmodell d. Desoxyribonukleinsäure (DNS),

Bundestag verabschiedet kleine Steuerreform mit Steuersenkungen und Altsparergesetz

Hjalmar Schacht: „76 Jahre meines Lebens" (Autobiographie)

Produktionszahl.:

	USA	USSR	Gr. Br.	Frankr.
Stahl	100	34	18	10 Mill. t
Kohle	435	288	225	60 Mill. t
Elektrizität	442	132	66	39 Mrd. [kWh

Bei gegenüb. 1914 etwa verdoppelter Welttonnage stieg der Anteil der ölgefeuerten u. Motorschiffe auf 87% gegenüber 3,4%; Ölverschmutzung der Meere wird zu einem ernsten Problem

Hochseefährschiff „Deutschland" m. 4000 BRT für 10 D-Zugwagen f. d. Strecke Großenbrode—Gjedser

Vorarbeiten für eine Fernwasserleitung Bodensee—Stuttgart beginnen (für den Raum um Stuttgart wird bis 1980 ein zusätzlich. Wasserbedarf von mindestens 3000 l/sek. erwartet)

Chr. Dior bringt die „Tulpenlinie" i. d. Damenmode. Glockenröcke in d. Damenmode

1. FC Kaiserslautern dt. Fußballmeister

(1953)	Interzonenpässe zw. BRDtl. und DDR werden abgeschafft (hat eine Verstärkung des Reiseverkehrs zur Folge) Abkommen USSR-DDR in Moskau verkündet: Auflockerung des Besatzungsstatus, Beendigung der Reparationen, Umwandl. sowj. AGs in „Volkseigene Betriebe" (VEB) *W. Semjonow* (*1902): Botschafter der USSR in der DDR bis 1954 *Tschuikow* als Oberbefehlshaber der sowjetischen Truppen in Dtl. abberufen *Franz Dahlem* aus der SED-Parteiführung ausgeschlossen (1956 rehabilitiert) Chemnitz in Karl-Marx-Stadt umbenannt Nationalratswahlen in Österreich: ÖVP (christl sozial) 74 (77), SPÖ (Sozialdem.) 73 (67), Unabh. 14 (16), Volksopposition (Kommunist.) 4 (5) Sitze (Vgl. mit 1949). Koalitionsreg. ÖVP u. SPÖ unter Bundeskanzler *Julius Raab* (*1891, ÖVP) (*R.* bildet auch eine solche Koalitionsreg. n. d. Wahlen 1956). Frz. Min.-Präs.: *René Mayer* (*1895, liberal. Radikalsoz.), *Joseph Laniel* (*1889, PRL = Republ. Freiheitspartei; bis 1954) Frankreich erkennt Laos (Indochina) als souverän und unabhängig an *René Coty* (*1882) frz. Staatspräs. *Hans Hedtoft* (*1903) bildet nach dem Rücktritt von *Erik Eriksen* in Dänemark sozialdemokr. Regierg. (war schon 1947–50 Min.-Präs.) Ital. Min.-Präs. *de Gasperi* gestürzt (reg. seit 1945) Wahlen in Italien: Die Democrazia Christiana erlangt nur 40% d. Stimmen; nach Regierungskrise bildet *Giuseppe Pella* (*1902) neue Regierung (bis 1954) Triest-Frage vor dem Sicherheitsrat der UN † *Mary*, Kgin v. Großbrit. u. Irland; heiratete 1893 d. späteren König Georg V. (*1867)	*Marcel Proust* (*1871, †1922): „Auf der Suche nach der verlorenen Zeit" (dt. Gesamtübertragung v. *E. Rechel-Mertens* beg. zu ersch.) *Wolfdietrich Schnurre* (*1920): „Sternstaub u. Sänfte. Aufzeichnungen des Pudels Ali" (Parodie auf d. Dichter im „Elfenbeinturm", mit Zeichnungen des Autors) *M. A. Scholochow* (*1905) gibt ideolog. veränderte Ausgabe seines Kosakenromans „Der stille Don" heraus (urspr. 1928–1940) *Lothar Schreyer* (*1886, †1966): „Der Sieg über Tod und Teufel" *Oscar Fritz Schuh* (*1904) übernimmt künstler. Leitung d. Theaters am Kurfürstendamm der Volksbühne Berlin (ab 1958 Generalintendant der Städtisch. Bühnen Köln, ab 1963 General-Intendant in Hamburg) *Dylan Thomas*: „Unter dem Milchwald" (Ein „Spiel für Stimmen"; brit. Lyrik, Urlesung in den USA) † *Dylan Marlais Thomas*, walisischer Dichter; schrieb u. a. „25 Gedichte" (1936), „Death and Entrances" (1945) (*1914) *W. Weyrauch*: „Die Minute des Negers" (Lyrik) *Paul Willems*: „Der Bärenhäuter" (fläm. romant.-poet. Schausp.) *Tennessee Williams*: „Camino Real" („Die Straße des Lebens"; nordamer. Drama), „Mrs. Stone und ihr römischer Frühling" (dt. Ausg. d. nordamer. Romans)	*B. F. Skinner*: „Science and Human Behavior" (Wissenschaft und menschl. Verhalten) *K. S. Sodhi* u. *R. Bergius*: „Nationale Vorurteile" *Jürgen Spanuth*: „Das enträtselte Atlantis" (m. der bestrittenen Hypothese, das versunkene Atlantis liege bei Helgoland) *N. Tinbergen*: „Soziales Verhalten bei Tieren" (engl.) *Th. v. Uexküll*: „Der Mensch und die Natur. Grundlage einer Naturphilosophie" † *Alfred Vierkandt*, dt. Soziologe (*1867) *A. Weber*: „Der Dritte oder der Vierte Mensch" (Kultursoziologie) † *Hildegard Wegscheider*, dt. sozialdemokratische Pädagogin (*1871) *Günther Weisenborn*: „Der lautlose Aufstand" (Bericht über die antinationalsozialist. Widerstandsbewegung nach Material von *Ricarda Huch*) *Richard Wright* (*1908): „Der Außenseiter" (nordam. Negerschriftsteller, begrdt. Bruch mit Kommunismus) Europäische Konvention d. Menschenrechte in Kraft Internationale Empfehlung, Mindestalter für Untertagearbeit auf 16 Jahre festzusetzen Die im Grundgesetz der BRDtl. vorgesehene Frist für die Herstellung der Gleichberechtigung der Frau läuft ergebnislos ab (Gesetz erst 1958) Handwörterbuch der Sozialwissenschaften beg. zu erscheinen

Max Ernst (*1891): „Heuschreckenlied an den Mond" (Gem.)
Herbert Ferber (*1906): „Flache Wandskulptur" (nordamer. abstrakt. Plastik aus Kupfer und Blei)
Sue Fuller (*1914): „Fadenkonstruktion, Nr. 55" (nordamer. abstrakt - ornament. Arbeit mit Kunststoff-Fäden)
† *Albert Gleizes*, frz. kubist. Maler(*1881)
Stephen Greene (*1918): „Die Aufführung"(nordamer. Gem.)
Marcel Gromaire (*1892): „Zwei Badende" (frz. Gem.)
Renato Guttuso (*1912): „Proletarischer Held" (ital. Gem. d. „Sozialistischen Realismus")
Etienne Hadju: „Soldaten" (frz., getriebenes Kupferblech)
Karl Hartung(*1908): „Komposition" (abstr. Zement-Plastik)
Bernhard Heiliger: „Kopf Ganga" (Plastik)
Karl Hofer: „Erinnerungen eines Malers" (Selbstbiogr.); „Lunares" (express. Gem.); „Tänzerinnen" (express. Gem.)

Fritz Jöde (*1887) wird Leiter des Intern. Instituts f. Jugend- u. Volksmus. (Trossingen)
† *Emmerich Kálmán*, ungar. Operettenkomp., zuletzt in Paris (*1882)
Giselher Klebe: Sinfonie op. 16 (über ein Thema *Mozarts*, in 12-Tontechnik)
† *Eduard Künneke*, Operetten-Komponist, schrieb u. a.: „Der Vetter aus Dingsda" (*1885)
Gian Francesco Malipiero (*1882): Elegia-Capriccio für Orchester
Frank Martin (*1890, Schweiz): Passacaille für Streichorchester
Bohuslav Martinu: „Komödie auf der Brücke" (Funkoper)
† *John Meier*, dt. Germanist u. Erforscher d. Volksliedes (*1864)
Olivier Messiaen: „Livre d'orgue" (7 Orgelstücke), „Réveil des oiseaux" (Das Erwachen der Vögel, frz. klangmalende Komposition für Klavier und Orchester)
Darius Milhaud: „David" (Festoper zur 4000-Jahrfeier Jerusalems)
† *Walter Niemann* (*1876): Komponist, Lehrer und Musikschriftsteller

dieses Modell der Erbsubstanz kann als Begründung der molekularen Genetik gelten (vgl. *Avery* 1943, *Nirenberg* 1965)
Charles E. Yeager erreicht mit Raketenflugzeug Bell X-IA eine Geschwindigkeit von etwa 2570 km/st.
Anton Zischka: „Befreite Energie. Der Menschheitskampf um die Nutzung der Naturkräfte"
Nachweis einer „Wasserstoffbomben"-Explosion (genauer: Kernverschmelzungsbombe auf Lithiumbasis) in der Sowjetunion
USA besitzen Atomgranate
Baubeginn des ersten größeren Atomkraftwerkes in Calder Hall (Großbrit.) (1956 in Betrieb genommen)
Mit dem „Cosmotron"-Protonenstrahl von 2200 Mill. Volt Energie gelingt es in USA, künstliche Mesonen zu erzeugen
12 westeurop. Staaten gründen die Atomkern-Forschungsgemeinsch. CERN (Plan einer Maschine für 25 Mrd. Volt-Protonenstrahl; 1960 in Betrieb)
Elektronische Rechenmaschine mit Trommel-Zahlenspeicher „Mark IV" in USA (solche Maschinen multiplizieren 13stellige Zahlen in 31 millionstel Sekunde)
Durch Einführung von Antibiotika sinkt die Sterblichkeit an tuberkulöser Hirnhautentzündung auf 15% (bis 1946 100%)
Ultraschall in d. Gehirnchirurgie
Korrektur d. astronomischen Entfernungsskala: Spiralnebel sind mindest. doppelt so weit entfernt wie bisher angenommen; damit kommen radioaktive u. Expansions-Alter d. Welt in Übereinstimmung
Mit Hilfe des Mengenverhältnisses der Sauerstoff-Isotope im „Donnerkeil" eines fossilen Tintenfisches gelingt es, die Wassertemperatur des Jurameeres zu bestimmen: schwankte zwischen 15° u. 21° C
In USA gelingt es, ultrakurze Radiowellen von nur 1,37 mm Wellenlänge herzustellen (1951: 2,3 mm)
Die Reaktionen von Mäusen und Affen in abgeschossenen Raketen

Luftrennen London—Neu Seeland (19700 km): Sieger *Roland Burton* in 23 St. 51 Min. im Düsenbomber (damit schrumpft die größte irdische Entfernung auf eine Tagesreise zusammen)
Erstbesteigung d. höchsten Berges d. Erde, Mt. Everest (8882 m) durch *E. P. Hillary* (Neuseeland) u. den Sherpa *Tensing* (Nepal) zu Ehren d. Krönung d. Kgin. *Elisabeth II.*
Dt.-österr. Willy-Merkl-Gedächtnisexpedition unter Ltg. v. *K. M. Herligkoffer* (BRDtl.): *H. Buhl* (Österr.) ersteigt den Nanga Parbat (8125 m) im Alleingang
Florence Chadwick (USA) erreicht mit 14 St. 42 Min. neuen Rekord für Durchschwimmung des Ärmelkanals von England nach Frankr. (kürzeste Zeit für andere Richtung 1950 v. *Abd el Rehim* (Ägypt.) mit 10 St. 49 Min.)
† *William Tatum Tilden* („Big Till"), nordamer. Tennisweltmeister; ab 1930 Berufsspieler (*1893)
In den USA kommen auf 100 Mill. Personen/km mit
Auto 1,8 Tote
Autob. 0,08 Tote
Eisenb. 0,1 Tote
Flugz. 0,35 Tote

(1953)

Die Krönung d. Kgin. *Elisabeth II.* v. Großbrit. u. Nordirland wird glanzvoll gefeiert und findet, unterstützt durch moderne Nachrichtentechnik einschl. Fernsehen, weltweites Interesse

Churchill schlägt „Locarno-Politik" (kollektive Sicherheit) zur internationalen Entspannung und Treffen der „Großen Vier" auf „höchster Ebene" vor (kommt 1955 in Genf zustande)

Churchill Ritter des Hosenbandordens

W. Churchill: „Der 2. Weltkrieg" (brit. Memoiren; 6 Bde, seit 1948)

† *Klement Gottwald*, tschechischslowak. Kommunist; 1946—48 Min.-Präs., seit 1948 Staatspräs. (*1896)

Antonin Zapotocky (*1884), tschechoslowak. Staatspräs.

Viliam Siroky, tschechoslowak. Min.-Präs.

Imre Nagy (*1896) kommunist. ungar. Min.-Präs. (b. 1955); vertritt nach dem Rücktritt *Rakosis* den „Neuen Kurs" (dann aus der kommunist. Partei ausgeschlossen, 1956 rehabilitiert, 1958 zusammen mit *Maleter* hingerichtet: löst · Weltprotest aus)

Urho Kekkonen (*1900), finnischer Min.-Präs. seit 1950 tritt zurück; *Sakari S. Tuomioja* finn. Min.-Präs. bis 1954

Neun russische Ärzte verhaftet wegen Verdachts an *Schdanows* Tod schuldig zu sein; werden nach *Stalins* Tod freigelassen

† *Josef Wissarionowitsch Stalin*, russ. Bolschewist; erreichte nach *Lenins* Tod durch blutige Verfolgungen die diktatorische Macht in der USSR (1923 Generalsekretär der Partei, später höchste Staatsämter); unter seiner Herrschaft wurde die USSR zur zweitstärksten Industriemacht und im „Kalten Krieg" zum mächtigen Gegenspieler der USA (*1879). Nach seinem Tod beginnt ein „Neuer Kurs" in der Sowjetpolitik, dessen Ziel und Bedeutung umstritten bleibt; der Stalinkult wird erst langsam, dann auf und nach dem 20. Parteitag der KPdSU (1956) offen verurteilt

1. Intern. Kongreß der Freunde des Volkstheaters in Berlin

12050 Buchtitel in USA veröffentl. (dar. mehr als 463 Taschenbücher) Ges. üb. d. Verbreitung jugendgefährdender Schriften in der BRDtl.

Lomonossow-Universität in Moskau eröffnet (240 m hoch, 45 000 Räume)

Oxforder Philosophie d. Umgangssprache

Kulturabkommen USA—BRDtl.

Papst ernennt 23 Kardinäle (dar. 9 Italiener, 2 Franzosen, 2 Spanier, 1 Nordamerik., 1 Brasilianer, 1 Ire, 1 Jugosl., 1 Deutscher, 1 Pole, 1 Kanadier, 1 Inder, 1 Kolumbianer, 1 Ecuadorianer). Dt. Kardinäle sind die Erzbischöfe von München *Joseph Wendel* und von Köln *Joseph Frings*

Emanuel Jacob (*1917): „Statische Komposition" (schweiz. abstr. Gem.)

Willem de Kooning (*1904): „Frau und Fahrrad"(nordamer. Gem.)

Ibram Lassaw (*1913): „Feuersäule" (nordamer. abstrakte Bronze)

Le Corbusier: Pilgerkapelle Notre-Dame du Haut in Ronchamp (im Zuge der „religiösen Erneuerung" f. d. Dominikaner-Orden; eingew. 1955)

F. Léger: „Die Landpartie" (frz. realist. Gem.)

Giacomo Manzù (*1908): „Stehender Kardinal" (ital. Plastik)

Marcello Mascherini: „Kauernde", „Tänzerin" (ital. express. Bronzen)

† *Erich Mendelsohn*, dt. Architekt; seit 1941 in San Franzisko (*1887)

Mies van der Rohe: Entwurf zum Mannheimer Theater (wird nicht ausgeführt)

Luciano Minguzzi: „Akrobatin am Trapez" (ital. Bronze)

Harry Mintz (*1907): „Die brütende Stadt" (nordamer. Gem.)

Mirko (al. *Basaldella*, *1910): „Stimmen" (ital. abstr. Bronze)

Luigi Nono (*1924): „Epitaph auf Federico Garcia Lorca" (ital. Komposition in 3 Teilen für Solostimmen, Sprecherin, Sprechchor, Chor und Orchester)

Carl Orff: „Trionfi". Szenisches Triptychon aus „Carmina burana", „Catulli carmina" und „Trionfo di Afrodite" (letzteres szenisches Konzert in einem Bild, Liebesgedichte in der Ursprache von *Catull, Sappho, Euripides*), „Astutuli" (bayer. Komödie)

Mario Peragallo (*1910): Violinkonzert (ital. Komposition in 12-Tontechnik)

Goffredo Petrassi (ital. K., *1904): „Récréation concertante", 3. Konzert für Orchester

Ildebrando Pizzetti: „Cagliostro" (Oper)

† *Sergej Prokowjew*, russ. Komponist; 1948 wegen „dekadenten westlichen Formalismus" politisch verurteilt, 1951 *Stalin*preis; schrieb u. a. 7 Sinfonien, 5 Klavierkonzerte, Opern, Ballette (*1891)

S. Prokowjews Oper „Krieg und Frieden" nach *Tolstoi* in Florenz uraufgeführt

werden in USA registriert und photographiert; der Zustand zeitweiser Schwerelosigkeit wird gut überstanden

Zeitdauer zwischen Isolierung und Strukturaufklärung chem. Stoffe:
Morphin 1805–1925
Chinin 1820–1907
Ajmalin 1932–1954
Reserpin 1952–1954

Großversuche mit Grünalgen als Lieferant von Nährstoffen (Erträge von 20 t Trockensubstanz pro ha geschätzt)

Diffusions-Vakuumpumpe mit 50000 l pro Sekunde Pumpleistung (USA)

BOA-Comet-Düsenverkehrsflugzeug London–Dakar–Rio de Janeiro 9650 km mit 4 Stops in einer Flugzeit von 12½ Stunden

Dt. Motorschiff „Santa Teresa", komb. Frachter u. Fahrgastschiff für 28 Passagiere mit 9000 BRT

Etwa 50% der Lokomotiven in USA sind Diesellokomotiven

In Dtl. verkehren Leichtbau-FT-Züge aus 3 Wageneinheiten und 800-PS-Dieselmotor mit 120 km/st. Höchstgeschwindigkeit

Erste Autokarosserien aus Kunststoff (Polyesterharz)

Messerschmidt-Kabinenroller

Unterirdische Großgarage f. 2000 Wagen in 3 Stockwerken in Los Angeles

125 m hoher Wolkenkratzer mit 30 Stockwerken mit Außenwänden und Stockwerk-Decken aus Aluminium in Pittsburgh (USA)

Aluminium-Flugzeughalle in Hatfield (Großbrit.) 100 × 66 m, 16,8 m Höhe.

Schwarzwaldhalle in Karlsruhe mit Hängedach (freie Spannweite 71 m)

Schweden baut erste Hochspannungs-Gleichstrom-Übertragungsanlage: Leistung von 10000 kW mit 100 kV über 100 km

Elektrizitätswerk, das Temperaturunterschiede des Meereswassers mit wachsender Tiefe ausnutzt, an d. frz. Elfenbeinküste (etwa 10000 kW)

Ein Sabena-Verkehrsflugzeug explodiert bei Frankfurt/Main: 44 Tote

BOA-Comet-Düsenverkehrsflugzeug stürzt im Sturm nahe Kalkutta ab; 43 Tote

Bei Tokio verunglückt ein „Globemaster"-Flugzeug: 129 USA-Soldaten getötet (bis dahin schwerstes Flugzeugunglück)

Auf Neuseeland stürzt Zug von einer Brücke: über 155 Tote und Vermißte

Engl. Fährboot „Princess Victoria" sinkt i. d. Irischen See (133 Tote)

Türkisches U-Boot sinkt nach Kollision mit schwed. Frachter (81 Tote)

Schwere Sturmflut an der Nordsee tötet in NW-Europa 1794 Menschen

Schwere Erdbeben suchen griech. Inseln heim

Tornado-Serie tötet 132 Menschen in Michigan und Ohio (USA)

Die 3köpfige engl. Familie *Drummond* in der Provence ermordet aufgefunden (*Gaston Dominici* wird zum Tode verurteilt; d. Strafe wegen seines Alters v. 80 Jahren nicht vollstreckt)

Erste Grüne Welle im Straßenverkehr (i. München)

(1953)

Georgi M. Malenkow (*1902) Min.-Präs. der Sowjetunion und kurzzeitig Generalsekretär d. Kommunist. Partei (tritt 1955 zurück); *Nikita N. Chruschtschow* (*1894, † 1971) Generalsekretär d. KPSU; *Molotow* Außenvertr. u. stellvertr. Min.-Präs. (tritt 1956 kurz vor einem Besuch *Titos* in Moskau zurück)

Parteitag d. KPSU (B); stimmt der Nachfolge *Stalins* zu

† *Lawrentij Berija* (hingerichtet), seit 1938 Volkskommissar der NKWD i. d. USSR, seit 1945 Marschall, seit 1946 stellvertr. Min.-Präs. u. Mitgl. d. Politbüros (* 1899). (Es wird vermutet, daß er als einer d. mächtigsten Männer das kollektive Führungssystem der neuen Sowjetregierung gefährdete)

J. A. Malik Botschafter der USSR in London

Malenkow: USSR besitzt Wasserstoffbombe (1 Jahr später als USA; *Oppenheimer*: USA und USSR gleichen 2 giftigen Skorpionen in einer Flasche)

Wiederaufnahme diplomat. Beziehungen zw. USSR u. Jugoslawien

USSR verzichtet auf alle territorialen Forderungen gegenüber der Türkei (betrifft bes. Dardanellendurchfahrt)

D. D. Eisenhower bildet seine parteirepublikan. Regierung: Äußeres: *John Foster Dulles* (* 1888, † 1959), Finanzen: *G. M. Humphrey*, Verteidigung: *Ch. E. Wilson*, Generalstaatsanw.: *H. Brownell jr.*, Post: *A. E. Summerfield*, Inneres: *D. McKay*, Landwirtsch.: *E. T. Benson*, Handel: *S. Weeks*, Arbeit: *M. Durkin* (tritt 1954 zurück, weil Gewerkschaften mit Reg.-Politik unzufrieden)

Eisenhower schlägt vor der UN Bildung eines internationalen friedlichen Atom-Pools vor

Julius und *Ethel Rosenberg* wegen Atomspionage für die USSR in USA hingerichtet (verurteilt 1951; hatten sich geweigert, zur Rettung ihres Lebens Einzelheiten preiszugeben)

Waffenstillstand in Korea; das Land bleibt im wesentlichen längs des 38. Breitengrades geteilt in nordkor. Volksrepublik u. südkor. „Republik Korea" unter Präs. *Syngman Rhee*. Internationale Kommission überwacht Waffenstillstand (33 417 Gefallene bei den UN-Streitkräften; die große Zahl getöteter Koreaner ist nicht genau festgestellt)

S. Rhee läßt nordkoreanische Kriegsgefangene frei, um Kriegsgefangenenabkommen von Pan Munjon zu vereiteln

Eisenhower, *Churchill* u. *Laniel* treffen sich auf Bermuda, um westl. Außenpolitik zu koordinieren; beschließen Annahme der sowj. Einladung zur Außenministerkonferenz; halten an NATO und EVG fest

† *Robert Alphonso Taft*, nordamer. Senator (Republikaner); Gegner d. Macht d. Gewerkschaften (* 1889)

Earl Warren (*1891) Chefrichter des Obersten Gerichtshofes d. USA

Theodore H. White: „Fire in the ashes. Europe in the mid-century" (nordamer. Analyse der europ. Situation)

Wahlen in Israel bestätigen Regierungskoalition zwischen gewerkschaftl.-sozialdemokrt. Mapai und Zionisten

Min.-Präs. *Ben Gurion* tritt zurück; Nachfolger wird d. bish. Außenmin. *Moshe Sharett*

UN-Sicherheitsrat tadelt Israel für Überfall auf Kibia (Jordanien)

Ägypten wird Republik; General *Nagib* wird Präsident und Premier (letzteres bis 1954)

Brit.-ägypt. Sudanabkommen: Wahlen und Entscheidungsfreiheit für den Sudan

Höhepunkt der Kämpfe mit dem Mau-Mau-Neger-Geheimbund in der brit. Kolonie Kenia

Joan Miró: „Der Blumenstengel stößt an den Mond", „Die rote Scheibe in der Verfolgung der Lerche" (span. surrealist. Gem.)
Henry Moore: „Mutter und Kind", „König und Königin", „Drei stehende Figuren", „Krieger" (engl. Plastiken)
Ennio Morlotti (*1910): „Landschaft" (ital. abstr. Gem.)
Walter Murch (*1907): „Nähmaschine" (nordamer. naturalist. Gem.)
Ben Nicholson (*1894): „30. September 1953. Blauer Staub" (engl. abstrakt. Gem.)
Nowicki u. *Deitrick:* Messehalle in Raleigh (USA)
Max Pechstein: „Aufkommende Flut" (Gem.)
† *Francis Picabia,* frz. Maler; Dadaist, Surrealist u. abstrakter Maler (*1879)
P. Picasso: „Kopf einer lesenden Frau", „Weibliches Brustbild", „Der Raucher" (span.-frz. Gem.); „Mann und nackte Frau" (Tuschzeichnung); „Ziegenschädel auf einem Tisch" (Radierung); „Vase mit Blumen" (span.-frz. Bronzeplastik); „Struppige Taube" (Keramik)
Picasso - Ausstellung in Rom u. Mailand
Edouard Pignon (*1905): „Schwarzer Akt" (frz. Gem.)

Helge Roswaenge (*1897): „Lache Bajazzo" (Lebenserinnerungen eines Tenors)
Matyas Seiber (*1905): „Elegie für Bratsche und kleines Orchester" (ungar.-engl. Kompos. im Mischstil aus Tonalität und 12-Tontechnik)
Karlheinz Stockhausen (*1928): „Elektronische Studie I" (Komposition für elektrisch erzeugte reine Töne [Sinusschwingungen])
Igor Strawinsky: „Septett" (für 3 Bläser, 3 Streicher und Klavier), „Cantata" (Sopran, Tenor, Frauenchor und kl. Ensemble)
Ralph Vaughan Williams: 7. Sinfonie („Südpolsinfonie", engl. Komposition f. gr. Orchester m. Glocken, Vibraphon, Windmaschine, Orgel, textlose Frauenstimmen)
Bernd Aloys Zimmermann (*1918): Cello-Konzert (in 12-Tontechnik)
Populäre Schlager: Mäcki-Boogie, Bravo, beinah' wie Caruso, Bim-Bam-Baby

Entdeckung von gravierten Felsbildern in der Addaura-Höhle bei Palermo (Sizilien); u.a. Kulttanz-Darstellung aus dem späten Magdalénien

Frz. Ausgrabung der elamitischen Stadt Dur-Untashi mit einem bis zur 3. Terrasse erhaltenen Turmtempel (Ziggurat) aus dem $-13.$ Jh.

Fund einer kegelförmigen Goldbekleidung einer Kultsäule bei Etzeldorf-Buch (Landkr. Nürnberg) aus der Zeit ≈ -1000, aus einem einzigen Blech getrieben, mit geometrischen Ornamenten

Erforschung d. einstigen Wikingerhafens Haithabu b. Schleswig aus der Zeit des 9. u. 10. Jh. n. Chr.

Die öffentliche Hand finanzierte die Wissenschaft pro Kopf der Bevölkerung in mit
USA	71,00 DM
Großbrit.	27,00 DM
Schweden	10,70 DM
BRDtl.	8,80 DM

Mit der Strukturaufklärung d. Erbsubstanz (DNS) (*Watson* u. *Crick*) u. d. Insulin-Moleküls (*Sanger*) erreicht die molekulare Biologie einen Höhepunkt

(1953)

Unruhen in Marokko führen zur Absetzung des Sultans *Sidi Mohammed V.* (seit 1927) durch Frankr. und zu seiner Ersetzung durch *Sidi Mohammed ben Mulai Arafa* (1955 kehrt der alte Sultan zurück)

M. Mossadegh löst in Iran das Parlament auf; der Schah flieht, kehrt zurück u. läßt *Mossadegh* verhaften (*M.* wird zu 3 Jahren Gefängnis verurteilt)

Zahedi iran. Min.-Präs. (bedeutet Einlenken gegenüber Großbrit. im Ölkonflikt)

Faisal II. (*1935) wird volljährig und König vom Irak (1958 in der Revolution gestürzt und getötet)

† *Ibn Saud*, Kg. v. Saudi-Arabien seit 1926; entwickelte sein Land mit Hilfe d. 1933 gegr. Arabian American Oil Company (*1880), Nachfolger wird sein Sohn *Saud* (*1903)

Liberale bleiben stärkste Partei in Japan und bilden Regierung unter *Joschida*

Konferenz der sozialistischen Parteien Asiens in Rangoon (bilden von Europa unabhängige Organisation)

Mohammed Ali Min.-Präs. von Pakistan

Jackson Pollock: „Grayed Rainbow", „Die Tiefe" (nordamer. abstr. Gem.)

Erich F. Reuter (*1911): „Prophet" (Plastik)

Germaine Richier: „Stierkampf" (frz. symbol. Bronzeplastik)

H. Schädel: St. Kilians-Kirche, Schweinfurt (repräsentativ f. d. modernen kathol. Kirchenbaustil)

Schelling: Schwarzwaldhalle, Karlsruhe (Stahlbeton-Hängedach)

Karl Schmidt-Rottluff: „Schwindender Schnee" (express. Gem.)

Paul Schneider: Oberirdische Großgarage für 500 Wagen in Düsseldorf

Ernst Schumacher: „Wattenmeer" (express. Gem.)

Gustave Singier (*1909): „Paseo triste" (belg.-frz. abstrakt. Gem.)

Pierre Tal-Coat (*1905): „Lumière affleurante" (frz. abstrakt. Gem.)

Bradley Walker Tomlin (*1899, †1953): „Nr. 10—1952/3" (nordamer. abstrakt. Gem.)

Victor de Vasarely (*1908): „Zombor" (ungar.-frz. abstrakt. Gem.)

Emilio Vedova: „Im Kreise der Natur" (ital. abstrakt. Gem.)

Robert Vickrey (*1926): „Allerheiligen-Maske" (nordamer. realist. Gem.)

Maria Helena Vieira da Silva (*1908): „Eiserne Brücken" (portug. abstr. Gem.)

Jacques Villon (*1875): „Normannischer Bauernhof", „Ländl. Rhythmus" (frz. abstrakt. Gem.)

F. Vordemberge-Gildewart (*1899): „Komposition Nr. 198" (ndl. abstrakt. Gem.)

Fritz Winter (*1905): „Große Komposition (Wandlung)", „Stilles Zeichen" (abstrakt. Gem.)

Wright: Entwurf f. *Guggenheim*-Museum in New York

„40000 Jahre moderne Kunst" (Ausstellung über prähistorische u. primitive Malerei i. Paris, 1955 in Köln)

---

† *Carl Froelich*, dt. Filmregisseur seit 1913 (*1875)

„Weg ohne Umkehr" (Film mit *Ruth Niehaus* und *René Deltgen*, Regie: *Victor de Kowa*)

„Königliche Hoheit" (Farbfilm nach *Thomas Mann*, Regie: *Harald Braun* (*1901), Darsteller: *Ruth Leuwerik*, *Matthias Wiemann*, *Dieter Borsche* u. a.)

„Nanga Parbat" (dt.-österr. Expeditionsfilm, Kamera: *Hans Ertl*)

„Der goldene Garten" (farbiger Dokumentarfilm von Kalifornien v. *Hans Domnick*)

„Die Bettler-Oper" (engl. Film, Regie: *Brook*)

„From Here to Eternity" („Verdammt in alle Ewigkeit", nordamer. Film, Regie: *Fred Zinnemann*, mit *Burt Lancaster*, *M. Clift* u. a.)

„Ein Herz und eine Krone" („Roman Holiday", nordamer. Film, Regie: *William Wyler* (*1902), Darsteller: *Audrey Hepburn* (*1929), *Gregory Peck* (*1916) u. a.)

„Das Gewand" (nordamer. Film, erster abendfüllend. Spielfilm für Cinemascope-Breitwand, Regie: *Henry Koster*, Darst.: *Richard Burton*, *Jean Simmons* u. a.)

„Die Wüste lebt" (nordamer. farbiger Dokumentarfilm v. *Walt Disney*)

„This is Cinerama" (nordamer. Farbfilm auf Rundhorizont (3 Projektoren) mit Stereoton u. starken Raumeffekten)

„Rom – Station Termini" (ital. Film, Regie: *Vittorio de Sica* [*1902], Darst.: *Jenifer Jones* [*1919], *Montgomery Clift* [*1920, †1966])

„Schwurgericht" (frz. Film, Regie: *André Cayatte*)

Die ersten plastisch. Spielfilmerscheinen (beruhen meist auf Verwendung der Polarisationsbrille u. setzen sich nur langsam durch)

~ Besonders die nordamer. Filmind. beginnt unter Ausnutzung technischer Neuerungen in einen heftigen Konkurrenzkampf mit dem Fernsehen zu treten

Filmwissenschaftl. Gesellschaft und Dt. Institut f. Filmkunde gegrdt. (nach Vorbild. d. 1946 gegrdt. Institut de Filmologie in Paris)

435 Kulturfilme in Dtl. (diese Filmgattung hat noch nicht wieder ihre frühere Höhe erreicht)

1954

Friedens*nobel*pr. an Flüchtlingsorg. d. UN
Berliner Konferenz d. „Großen Vier", vertreten durch d. Außenmin. *Dulles, Eden, Mendès-France, Molotow*: Kein Ergebnis i. d. Dtl.-Frage; Verabredung über Indochina-Konferenz in Genf
Pariser Verträge sehen Wiederbewaffnung d. BRDtl. vor; Frankr. erlangt dabei Vorteile in seiner Position an der Saar
Dt. Bundestag billigt Wehrergänzung zum Grundgesetz
Theodor Heuss wird von der in Berlin tagenden Bundesversammlung mit großer Mehrheit zum 2. Male zum Bundespräsidenten gewählt
Streikwelle in der BRDtl. mit Höhepunkt im bayer. Metallarbeiterstreik
Landtagswahlen in Bayern ergeben folg. Mandate (zum Vgl. 1950): CSU 84 (64), SPD 61 (63), FDP 13 (12), Bayern-P. 27 (39), BHE 19 (26) (ab 1955 Koalitionsregierung aller Parteien gegen CSU)
Koalitionsregierung unter *K. Arnold* (CDU) in Nordrhein-Westf. (wird 1956 gestürzt und durch eine Koal.Reg. unter *F. Steinhoff* (SPD) ersetzt)
Wahl zum Abgeordnetenhaus in Westberlin (z. Vgl. 1950): SPD 64 (61) Sitze, CDU 44 (34) Sitze, FDP 19 (32) Sitze (ab 1955 SPD-CDU-Koalitionsregierung. Reg. Bürgerm. *Otto Suhr* (SPD, *1894, †1957); Präsident d. Abgeordnetenhauses *Willy Brandt* (SPD; *1913)
Kuratorium „Unteilbares Deutschland" gegr.
„Volkswahl" mit Einheitsliste in der DDR (amtl. Ergebnis: fast 100% Ja-Stimmen)
† *Hermann Ehlers*, dt. Politiker; seit 1950 Präsident d. Dt. Bundestages, seit 1952 2.Vors. d. CDU (*1904); Präsident d. Dt. Bundestages wird *Eugen Gerstenmaier* (CDU, *1906)
† *Hermann Höpker-Aschoff*, Präsident d. Bundesverfassungsgerichts (*1883). Sein Nachfolger wird *Josef Wintrich* (*1891)

*Nobel*preis f. Literatur: *Ernest Hemingway* (USA)
Friedenspr. d. dt. Buchhandels an *Carl Jacob Burckhardt* (Schweiz, *1891)
Georg-Büchner-Preis für *Martin Kessel*
Hansischer Goethepreis f. *Thomas Stearns Eliot*
Fontane-Preis (Berlin) für *Albert Vigoleis Thelen*
Prix Goncourt für *Simone de Beauvoir* „Die Mandarins von Paris" (frz. Nachkriegsroman)
† *Jacinto Benavente*, span. Bühnendichter; Nobelpreis 1922 (*1866)
† *Colette* (eig. *Gabrielle de Jouvenel*), frz. Schriftstellerin; schrieb sinnenfrohe u. sinnliche Romane (*1873)
Tilla Durieux: „Eine Tür steht offen" (Autobiographie)
Reinhard Federmann (*1923): „Romeo und Julia in Wien" (Roman)
Chr. Fry: „Das Dunkel ist licht genug" (engl. Schauspiel)
† *Thea v. Harbou*, dt. Schriftstellerin (*1888)
Hugo Hartung (*1902): „Ich denke oft an Piroschka" (Roman)
Aldous Huxley: „The Doors of Perception" („Die Pforten der Wahrnehmung", schildert Erlebnisse unter d. Einfluß des Rauschgiftes Mescalin, empfiehlt es als „Erlösung von der Ichgebundenheit")
„Im Rasthaus. 32 Erzählungen aus dieser Zeit", ausgewählt von *Walther Karsch* (*1906, †1975), mit Beiträgen von *H. G. Adler* (*1910), *Stefan Andres* (*1906)

Th. W. Adorno: „Essays zur Kulturkritik und Gesellschaft"
A. Anastasi: „Psychologische Teste" (engl., schon 1946 gab es über 5000 Begabungstestverfahren)
† *Gertrud Bäumer*, dt. Frauenrechtlerin und Schriftstellerin (*1873)
M. Bleuler: „Endokrinologische Psychiatrie" (hormonale Psycholog.)
Ritchie Calder: „Menschen gegen Dschungel" (nordamer. Schilderung der UN-Hilfe in Asien)
I. L. Child: „Socialization" (pädagogische Sozialpsychologie)
E. W. Dürr: „Wesen und Ziele des Ordo-Liberalismus" (im Sinne d. sozialliberalen Neoliberalismus von *W. Eucken* [*1891, †1950])
Egon v. Eickstedt (*1892, †1965): „Atom und Psyche" (Versuch einer atomaren Deutung psychischer Phänomene)
F. M. Feldhaus: „Die Maschine im Leben der Völker"
B. Fruchter: „Einführung in die Faktorenanalyse" (engl., statistische Psychologie)
S. J. Gerathewohl: „Die Psychologie des Menschen im Flugzeug"
H. Geyer: „Über die Dummheit" (essayistische Studie über das dumme Verhalten bei niedriger, normaler u. hoher Intelligenz)
Bernh. Grzimek (*1909): „Kein Platz f. wilde Tiere" (f. d. Tierschutz i. Afrika)

Afro: „Zusammenstoß", „Knabe mit Truthahn" (ital. abstrakte Gemälde)

Josef Albers (*1888): Studien zu „Ehrung an das Viereck: Apodiktisch und Mittelwort" (dt.-nordamerik. abstr. Gem.)

Leo Amino (*1911): „Geschöpf aus der Tiefe" (nordamer. Plastik aus durchsichtigem Kunststoff)

Karel Appel: „Kopf und Fisch", „Wildes Pferd" (niederl. express. Gemälde)

Kenneth Armitage: „Quadratische Figur" (engl. abstrakt. Bronzerelief)

Eduard Bargheer (*1901): „Netzträger" (kubist. Gem.)

Willi Baumeister: „Wachstum 2" (Gem.)

P. Baumgarten: Konzertsaal der Hochschule für Musik in Berlin

Roger Bissière (*1888): „Komposition" (frz. abstrakt. Gem.)

Georges Braque: Farbradierungen zur „Theogonie" des *Hesiod* (erscheint mit weiteren 16 Radierungen von 1930/32 und griechischem Text)

James Brooks: „T-1954" (nordamer. abstrakt. Gem.)

Carlyle Brown: „Die rote Kammer" (nordamer. Gem.)

S. Dali: „Brennende Giraffe" (span. surrealist. Gem.)

Joseph Ahrens (*1904): Konzert für Orgel u. Bläser

† *Peter Anders* (*1908), dt. Tenor

Henk Badings (holl. Komponist, *1907): Scherzo fantastique (Orchestermusik)

Lennox Berkeley (engl. Komponist, *1903): „Nelson" (Oper)

Karl Böhm (*1894): Direktor d. Wiener Staatsoper

† *Walter Braunfels* (*1882), dt. Komp. bekannt durch s. Oper „Die Vögel"

Hans Brehme (*1904): Klavierkonzert Nr. 2, op. 58

Benjamin Britten: „The Turn of the Screw" (Oper)

Aaron Copland (USA, *1900): „The Tender Land" (Oper) Urauff.

Ernst v. Dohnányi: „Amerikanische Rhapsodie" (für Orchester)

Gottfried von Einem (*1918): „Meditationen, op. 18", „Glück, Tod und Traum" (Ballett)

Wolfgang Fortner: „Mouvements für Klavier und Orchester" (Komposition in Zwölftontechnik)

W. Furtwängler: „Ton und Wort" (Aufsätze und Vorträge)

*Nobel*preis für Physik: *Max Born* (Großbrit., * 1882, † 1970) für statistische Deutung der Quantentheorie (1926) und *Walther Bothe* (Dtl., *1891) f. Zählung atomarer Teilchen mittels der Geigerzähler-Koinzidenzmethode (seit 1929)

*Nobel*preis f. Chemie: *Linus Carl Pauling* (USA, *1901) bes. f. d. Arbeiten über die Struktur von Eiweißmolekülen

*Nobel*preis f. Medizin: *John F. Enders* (USA, *1897), *Thomas H. Weller* (USA, *1915), *Frederick C. Robbins* (USA, *1916) f. d. Züchtung d. Viren der Kinderlähmung in Zellen außerhalb des Tierkörpers (erspart teure Versuche an Affen)

C. Arambourg findet bei Mascara (Ternifine) in Nordafrika zwei urmenschl. Unterkiefer, aus dem Chelléen-Acheuléen; haben große Ähnlichkeit mit dem Peking-Menschen; jener Mensch wird Atlanthropus benannt

Butenandt und *Karlson* stellen „Ecdyson" als erstes Insekten-Hormon kristallisiert dar; $1/100000$ mg löst Häutung aus

† *Hugo Eckener*, dt. Luftschiffkapitän, erlebte Höhepunkt u. Niedergang d. Luftschiffahrt (*1868)

Edwin Fels: „Der wirtschaftende Mensch als Gestalter der Erde" (Wirtschaftsgeographie)

Elsa M. Felsko u. *H. Reimers:* „Blumen-Atlas" (300 erläuterte Aquarelle d. mitteleuropäischen Flora; seit 1950)

† *Enrico Fermi*, ital. Physiker, seit 1939 in den USA; erforschte besonders die Einwirkung von Neutronen auf Atomkerne; schuf ersten Atomreaktor; *Nobel*preis 1938 (*1901)

† *Walter Grotrian*, dt. Astrophysiker; untersuchte bes. Sonnenspektrum am Einsteinturm bei Potsdam (*1890)

E. C. Hammond und *D. Horn* finden erhöhte Sterblichkeit, Krebs- und Herzgefäßerkrankungs-Todesfälle bei Zigarettenrauchern

Hans Harmsen: Starke UKW-Strahlung verschiebt Geschlechtsverhältnis bei Ratten und Mäusen

Die USA haben 6% der Weltbevölkerung
60% aller Automobile
58% aller Telefone
45% aller Radios
34% aller Eisenbahnstrecken;
und verbrauchen:
56% aller Seide
53% allen Kaffees
51% allen Gummis;
sie produzieren:
62% allen Öls
53% allen Maises
50% allen Baumwolle
43% allen Eisens
34% aller Kohle
32% allen Kupfers
32% aller industriellen Güter

Rund 100 Mill. Kraftfahrzeuge a. d. Erde (ohne Motorroller u. Mopeds). Davon 62% Personenwagen, 20% Lastwagen, 18% Militärfahrz., Schlepper, Motorräder.

USA: 48,0 Mill. Pkw, 9,6 Mill. Lkw, Busse
BRDtl. 1,3 Mill. Pkw, 0,52 Mill. Lkw, Busse

General Motors produziert d. 50-millionsten Kraftwagen

Stagnierende Wirtschaftskonjunktur in den USA (wird 1955 durch neuen Aufschwung abgelöst; 1956/1958 neue Stagnation, „Recession")

(1954)

Konstantin v. Neurath (*1873, †1956), früher Reichsaußenmin. u. Reichsprotektor, vorzeitig aus der im Nürnberger Prozeß zuerkannten Gefängnishaft entlassen

Der Leiter des Verfassungsschutzamtes der BRDtl. *Otto John* (*1909) geht am Abend d. 20. Juli in die DDR, um von dort gegen die „neonazistische Gefahr" zu kämpfen (flüchtet 1955 in die BRDtl zurück, wird wegen Verdachts des Landesverrats verhaftet u. verurteilt)

Der CDU-Bundestagsabgeordnete *Wittmack* flüchtet aus der BRDtl. in die DDR

Herbert Lüthy: „Frankreichs Uhren gehen anders" (Kritik an Frankreichs Politik)

Pierre Mendès-France (Radikalsozialist (*1907), frz. Ministerpräsident und Außenminister (bis 1955); nimmt eine energische Außen- und Sozialpolitik in Angriff

Aufstand in Algerien (führt in den Folgejahren zu einem erbitterten Kleinkrieg zwischen Frankreich und der algerischen Bevölkerung, 1958 zu einer schweren Staatskrise und einer Regierung *de Gaulle*)

Schwere Unruhen in Frz.-Marokko Frz. Min.-Präs. *Mendès-France* gibt bei einem Blitzbesuch in Tunis dem Bei Zusicherungen für innere Selbständigkeit Tunesiens

† *Léon Jouhaux*, frz. Gewerkschaftsführer; bekämpfte kommunist. Einfluß; Friedens*nobel*preis 1951 (*1879)

Brüsseler Konferenz der Außenmin. v. Frankr., BRDtl., Belgien, Niederl., Luxemburg, Italien über den EVG-Vertrag scheitert

Frz. Parlament verwirft Vertrag f. d. Europäische Verteidigungsgemeinschaft (EVG), der 1953 vom Dt. Bundestag ratifiziert wurde (wird vielfach als schwerer Rückschlag f. d. europäische Integration gewertet)

Neue Verfassung in Ghana (Goldküste) (1957 wird Ghana souveränes Mitgl. d. brit. Commonwealth)

Weltreise der brit. Königin

Josef M. Bauer (*1901), *Hans Bender* (*1919), *Alfred Berndt* (*1920), *Albert Bosper* (*1913), *Hans G. Brenner* (*1903), *Günter Eich* (*1907), *Geno Hartlaub* (*1915), *Hugo Hartung* (*1902), *Wilhelm Jacobs* (*1915), *Walter Jens* (*1923), *Martin Kessel* (*1901), *Ernst Kreuder* (*1903), *Kurt Kusenberg* (*1904), *Helene Lahr* (*1894), *Siegfried Lenz* (*1926), *Lorenz Mack* (*1917), *Carl H. Möhle* (*1926), *H. E. Nossack* (*1901), *R. Pilchowski* (*1909), *Julia Pons* (*1923), *Egon Reim* (*1895), *Ernst Schnabel* (*1913), *Wolfd. Schnurre* (*1920), *W. v. Scholz* (*1874), *Hermann Stahl* (*1908), *Gerhard Thimm* (*1899), *Werner Tilger* (*1924), *Georg v. d. Vring* (*1889), *Annem. Weber* (*1918), *Lotte Wege* (*1904)

Hermann Kasack wird Präsident der Dt. Akademie für Sprache und Dichtung

Niko(laos) Kazantzakis: „Freiheit oder Tod" (dt. Übertragung d. griech. Romans)

Th. Mann: „Bekenntnisse des Hochstaplers Felix Krull" (Schelmenroman; unvoll. Ergänzg. d. Fragments von 1922)

William Somerset Maugham: „Ten novels and their authors" (behandelt die nach seiner Ansicht 10 bedeutendsten Romane d. Weltliteratur: *H. Fielding:* „Tom Jones", *J. Austen:* „Stolz u. Vorurteil", *E. Brontë:* „Sturmhöhe", *Ch. Dickens:* „David Copperfield", *H. de Balzac:* „Vater Goriot", *Stendhal:*

Billy Graham organisiert i. d. USA evangel. Massenversammlungen (besucht in den folg. Jahren London, Berlin, New York u. a. Plätze; erhält wegen seiner Sprechweise den Spitznamen „Maschinengewehr Gottes"); bekommt Preis der Heilsarmee

Musikclown *Grock* (Dr. h.c. *Adrian Wettach*) zieht sich v. d. Bühne zurück

R. G. Hinckley u. *L. M. Herrmann:* „Gruppenbehandlung i. d. Psychotherapie"

W. Hollmann: „Lungentuberkulose und psychische Situation" (psychosomatische Medizin)

K. Jaspers — R. Bultmann: „Die Frage der Entmythologisierung"

Friedr. Georg Jünger: „Die Sprache" (in „Die Künste im techn. Zeitalter")

Max Gustav Lange (*1899): „Totalitäre Erziehung. Das Erziehungssystem der Sowjetzone Deutschlands" (kritische Darstellung)

Handbuch der Sozialpsychologie (engl., Herausgeber: *G. Lindzey*)

M. Mead: „Mann und Weib" (nordamer. Geschlechtspsychologie)

† *Friedrich Meinecke*, dt. liberaler Historiker; bes. Beiträge zur Ideengeschichte (*1862)

J. L. Moreno: „Die Grundlagen der Soziometrie"

Hermann Muckermann: „Vom Sein und Sollen des Menschen" (Anthropologie v. katholischen Standpunkt)

Alberto Burri: „Rot und Sackleinen"(ital. Komposition von Sackleinen auf Baumwolle), „Alles Schwarz II" (ital. Komp. aus Baumwolle, Seide, Leim und Farbe auf Kunststoff)
Reg Butler: „Mädchen Hemd ausziehend", „Der Handwerker" (engl. Bronzen)
Massimo Campigli (*1895): „Diabolospieler" (ital. kubist. Gem.)
Giuseppe Capogrossi: „Oberfläche Nr. 106" (ital. ovales abstrakt. Gem.)
Carlo Carra: „Frauen am Meer", „San Lorenzo al Mare" (ital. Gem. des „Archaischen Realismus")
Lynn Chadwick: „Zwei tanzende Figuren" (engl. Plastik)
Marc Chagall: „Die roten Dächer", „Sonntag"(russ.-frz. surrealist. Gem.)
William Congdon (*1912): „St. Germain" (nordamer. Gem.)
Leonardo Cremonini (*1925): „Mann ein Pferd fesselnd" (ital. express. Gem.)
Georg Creutz: „Auf dem Bahnsteig" (Holzschnitt)
Roberto Crippa (*1921): „Erinnerung an Igorrotes" (ital. Gem.)
† *André Derain,* frz. Maler d. Expressionismus und Kubismus (*1880)

† *Wilhelm Furtwängler,* dt. Dirigent und Komponist (*1886)
Karl Amadeus Hartmann: Konzert f. Bratsche und Orchester
Hans Werner Henze: „Ode an den Westwind" (Kompos. f. Cello u. Orchester)
† *Clemens Krauss,* österr. Dirigent; leitete seit 1924 Frankfurter, 1928 Wiener, 1934 Berliner u. 1936—45 Münchner Oper (*1893)
Ernst Křenek: 2. Violinkonzert, „Pallas Athene weint" (Oper)
Rolf Liebermann: „Penelope" (schweiz. Oper, Text von *Heinrich Strobel*), „Concerto for Jazzband and Symphony Orchestra" (Jump, Blues, Boogie Woogie und Mambo in strenger Zwölftontechnik)
Bruno Maderna (ital. Komponist, *1921): Serenata
Frank Martin: Konzert für Cembalo u. Orchester, Urauff.
Bohuslav Martinu: „Die Heirat" (Oper n. Gogol), Urauff.
Gian-Carlo Menotti (*1911): „Die Heilige v. d. Bleecker Street" (ital.-nordamer. Oper)

Georges Houot und *P. Willm* erreichen mit dem Tauchschiff („Bathyskaph") FNRS 3 im Atlantik eine Tauchtiefe von 4050 m
K. Kenyon und *Garrod* graben in Jericho, Palästina (Kohlenstoffalter von Tonwaren zeigt Übergang zum Ackerbau um ≈ —5000)
† *Fritz London,* dt. theoret. Physiker, zuletzt in USA; klärte u. a. mit *Heitler* die physikalische Natur der chemischen Bindungskräfte (*1900)
Paul Niehans (*1882, †1971): „Die Zellulartherapie" (Ergebnisse der Behandlung mit Frischzellen)
Charles Oberlin: „Der Krebs" (frz., betont Entstehung durch Virus-Infektion)
Hans Peter: „Mathematische Strukturlehre des Wirtschaftskreislaufes"
Gerh. Schramm (*1910, †1969): „Die Biochemie der Viren" (grundlegende Forschungsergebnisse am Tabakmosaik-Virus)
Gregory Pincus und *John Rock* (USA) entd. pharmazeutische Grundlage der „Antibaby-Pille" (Verkauf ab 1960 i. d. USA, ab 1962 i. d. BRD)
W. Schröck-Vietor u. *Streil* führen Siebbestrahlung in die dt. Röntgentherapie ein (seit 1950 in den USA; ermöglicht größere Röntgendosen)
1. Dreistufenbombe der USA am 1. März (hat mit etwa 20 Mill. t TNT-Wirkung mehr Sprengkraft als alle Sprengmittel der bisherigen Menschheitsgeschichte zusammen; dieser Typ der „schmutzigen Bombe" verursacht weltweite radioaktive Verseuchung)
In Hiroshima zeigte sich seit der Atombombenexplosion 1945 eine Erhöhung der angeborenen Mißbildungen von 1% auf 12% (in Dtl. stieg diese Zahl bis 1949 etwa auf 3 bis 4%)
Kernphysiker in den USA erzeugen und entdecken die Elemente 99 „Einsteinium" und „Fermium" 100 (zerfallen radioaktiv und waren daher „ausgestorben")
Zahl der bekannten chemischen Elemente:

Um Chr. Geb.	9	1869	63
1500	12	1900	84
1700	14	1954	100
1800	33		

J. Tinberger: „International economic integration" (nordamer. Theorie einer Weltwirtschaft)

Durchschnittliche Arbeitsz. p. Woch.
in BRDtl. 48,6
Großbrit. 46,3
Frankr. 44,5
USA 39,7
Streik d. öffentl. Betriebe in Hamburg
In Hamburg läuft größter Tanker mit 47000 t f. d. griech. Millionär *Onassis* v. Stapel
Großbrit. hebt die letzte Lebensmittelrationierung auf
Säuglingssterblichkeit in ⁰/₀₀ (z. Vgl. 1920)

Schweden	18,5	
	(61,4)	
Niederl.	21,1	
	(74,4)	
Großbrit.	26,4	
	(79,2)	
USA	26,6	
	(76,7)	
Schweiz	27,0	
	(70,3)	
Frankreich	36,5	
	(97,1)	
BRDtl.	42,9	
	(127,2)	
Österreich	48,2	
	(141,6)	
Italien	52,9	
	(128,8)	
Portugal	86,0	
	(152,8)	

Lebensstandard im Nahostgebiet als Sozialprodt./Kopf in Dollar:
Iran 77
Jordanien 108
Irak 126
Syrien 132
Ägypten 135
Libanon 274
Israel 595
USA (z. Vgl.) 2240

| (1954) | Nach Ablehnung der EVG beschließt Londoner Neunmächtekonferenz Aufnahme der BRDtl. und Italiens in den Brüsseler Pakt von 1948 (ursprüngl. Defensivbündnis gegen etwaigen deutschen Angriff)
Ralf Toerngren (schwed. Partei) finn. Min.-Präs. einer Koalitionsregierung
† *Alcide De Gasperi*, ital. christl.-demokr. Staatsmann, 1945—1946 Außenmin., 1945—53 Min.-Präs. (*1881)
Mario Scelba (Democrazia Christiana) bildet in Italien Regierung der Mittelparteien
Lösung der Triester Frage: Hafen Triest zu Italien, Hinterland zu Jugoslawien
Militärpakt zw. Jugoslawien, Griechenland u. d. Türkei: „Balkanpakt"
Wahlsieg d. Demokrat. Partei d. Türkei
Außenminister d. USSR *Molotow* besucht die DDR und schlägt den Abzug aller Besatzungstruppen vor; USSR fordert Viermächtekonferenz über Europa; Westmächte verlangen Verhandlungen über Deutschland und europäische Sicherheit
† *Andrej Wyschinski*, sowj. Politiker; Außenminister seit 1949 (*1883)
USA-Vizepräsident *Nixon* fordert Truppeneinsatz in Indochina (geschieht nicht)
Frankreich verliert Dien Bien Phu im Indochina-Krieg
Genfer Asienkonferenz unter Beteiligung der Volksrepublik China legt den Indochinakonflikt bei: Teilung in Nord- und Südindochina; spätere Wahlen vorgesehen
Südostasien-Vertrag (SEATO) im Rahmen der UN zwischen USA, Großbrit., Frankr., Austral., Neuseeland, Pakistan, Thailand, Philippinen. Richtet sich gegen etwaige kommunist. Aggressionen
Mao Tse-tung (*1893) wird nach Annahme der Verfassung endgültig zum Präsidenten der chines. Volksrepublik gewählt | „Rot und Schwarz", *G. Flaubert*: „Madame Bovary", *F. Dostojewski*: „Die Brüder Karamasow", *L. Tolstoi*: „Krieg und Frieden", *H. Melville*: „Moby Dick")
François Mauriac: „L'agneau" (frz. Roman, dt. „Das Lamm")
Henri de Montherlant: „Port-Royal" (frz. Schauspiel)
Gerhard Nebel: „Phäakische Inseln" (Reisebuch)
† *Nexö* (eig. *Martin Andersen*), dän. kommun. Dichter, zuletzt in der DDR (*1869)
Wolf v. Niebelschütz (*1913): „Robert Gerling" (Roman)
Vera Panowa: „Jahreszeiten" (russ. gesellschaftskrit. Roman; wird nach 2 Monaten des Erfolges als „kleinbürgerlich" verurteilt)
Theodor Plievier: „Berlin" (Roman, 3. Tl. der Kriegstrilogie Moskau-Stalingrad-Berlin)
John Patrick: „The Teahouse of the August Moon" („Das kleine Teehaus", nordamer. Lustspiel aus d. Besatzungszeit in Japan)
Ezra Pound: „Fisch und Schatten" (Ausw. nordamer. Ged. mit Übers. v. *Eva Hesse*)
J. B. Priestley: „The magicians" („Die Zauberer", engl. Roman), „Take the Fool away" („Nehmt den Narr hinweg", engl. Roman)
Terence Mervyn Rattigan (*1911): „An Einzeltischen" (engl. Schauspiel) | Heiligsprechung von *Pius X.*, Papst 1903—14
Luise Rinser (*1911): „Die Wahrheit über Konnersreuth" (krit. Psychologie)
Hugh J. Schonfield: „Authentisches Neues Testament" (Versuch einer textlichen Rekonstruktion durch Rückübersetzung aus dem Griechischen in das Althebräische)
Albert Schweitzer: „Das Problem" (*Nobel*preis-Rede; betont die Notwendigkeit individueller moralischer Verantwortung)
O. Semmelroth: „Maria oder Christus? Christus als Ziel der Marienverehrung" (kathol.)
E. Spranger: „Der unbekannte Gott"
V. v. Weizsäcker: „Natur und Geist"
Richard Wright: „Schwarze Macht" (zur afrikan. Revolution von einem nordamer. Negerschriftst. u. Exkommunist)
„Das große Bildungswerk. Ein Handbuch zum Selbststudium" (2 Bde. b. 1955; Hersg. *W. H. Westphal*)
Weltkirchenkonferenz i. Evanston mit 163 nichtkathol. Kirchengemeinden aus 48 Nationen: Bezeichnet Christentum und Kommunismus als unvereinbar, aber nebeneinander existierbar; lehnt Atomwaffen und Rassentrennung ab
Kathol. Kirchentag in Fulda (50000 Gäste aus der DDR)
Vatikan unterbindet Tätigkeit der frz. „Arbeiterpriester" wegen politischer Radikalität (wirkten seit 1943) |

O. Dix: „Mädchen mit Herbststrauß" (express. Gem.) *Jean Dubuffet* (*1901): „Der Vagabund" (frz. Gem.) *E. Eiermann:* Matthäus-Kirche, Pforzheim (ev. mod. Kirchenbau) *Edgar Ende* (*1901): „Engel der Passion" (surrealist. Gem.) *Max Ernst:* „Einsam" (abstr. Gem.) *Herbert Ferber:* „Grüne Skulptur II", „Skulptur mit langem Dach" (nordamer. abstr. Plastiken aus Kupfer und Blei) *Werner Gilles* (*1894): „Landschaft" (kubist. Gem.), „Fischfang" (Aquarell) *Fritz Glarner* (*1899): „Relational Painting" (schweiz. abstr. Gem.) *Emilio Greco:* „A. Bernhard" (ital. Porträtplastik) *Etienne Hadju* (*1907): „Die jungen Mädchen" (frz., getriebenes Aluminiumblech) *Adolf Hartmann:* „Richard Scheibe" (Porträtgem.) *Hans Hartung* (*1904): „Komposition" (abstrakt. Gem.) *Bernhard Heiliger:* „Figuren in Beziehung", „Ernst Reuter" 2. Fassung (Plastiken) † *Werner Heldt*, dt. expressionist. Maler (*1904)	*Marcel Mihalovici:* „Die Heimkehr" (Oper), Text n. *Maupassant* v. *K. H. Ruppel* *Darius Milhaud:* „La Rivière Endormie" (franz. Komp. der „Musique concrète" mit Geräuschen) *Luigi Nono:* „Der rote Mantel" (ital. Ballett, f. Berliner Festwochen) *Mario Peragallo* (ital. Komponist, *1910): „La gita in campagna" (D. Ausflug aufs Land), Oper, Urauff. *Günther Raphael* (*1903): 5. Symphonie *Hermann Reutter* (*1900): „Die Witwe v. Ephesus" (Kurz-Oper), „Die Brücke von San Luis Rey" (Oper n. *Th. Wilder*) *Henri Sauguet* (*1901): „Les Caprices de Marianne" (Oper) *Arnold Schönberg:* „Moses u. Aaron" (unvoll. hinterlass. Oper), konzertante Urauff. NWDR Hamburg, 1. szen. Auff. 1957 i. Zürich *Dimitri Schostakowitsch* (russ. Komponist, *1906): 10. Symphonie † *Oscar Straus*, österr. Operettenkomponist (*1870)	USA-U-Boot „Nautilus" mit Kernenergieantrieb für etwa 40 Mill. Dollar erbaut (unterfährt 1958 die Eisdecke des Nordpols) USSR betreibt erstes Atomkraftwerk mit 5000 kW elektrischer Leistung Künstlich-radioaktive Strahlungsquelle aus Cobalt 60 mit 10 kg Radium-Äquivalent Bevatron in Berkeley (Kalifornien) liefert Protonenstrahlen von 5 Mrd. Volt Die Wanderung radioaktiver Schwaden mit einem Strahlstrom in etwa 10 km Höhe über 8000 km in 12 Tagen wird nachgewiesen Die Toleranzdosis für Dauerbestrahlung mit Röntgenstrahlen wird auf ein Fünftel erniedrigt (von 1,5 Röntgen pro Woche auf 0,3; für Keimzellen werden 0,03 für zulässig angesehen) USA-Rakete erreicht 250 km Höhe Die Firma *J. Lyons & Co.*, London, verwendet elektronische Rechenmaschine LEO für Büroarbeiten (rechnet und druckt u. a. 15000 Lohnzettel in 6 Stunden; leistet 280 Multiplikationen 10stelliger Faktoren in einer Sekunde) Erster Versuch einer elektronischen Übersetzungsmaschine (russisch-englisch) in den USA Vollautomatische Maschinenstraße für Zylinderblöcke in den Opel-Werken in Rüsselsheim versieht täglich 680 Blöcke mit über 100000 Bohrungen Kürzeste elektrotechnisch erzeugte Ultrakurzwelle: 0,77 mm (1953: 1,37 mm). Erzeugung und Verwendung längster Ultrarotwellen bis 1,4 mm (damit ist die Lücke zwischen Ultrarot und Ultrakurzwellen überbrückt) Intensive Erforschung des Planeten Mars bei seiner Erdnähe: neues blaugrünes Gebiet in einer früheren „Wüste" (wird als niederer Pflanzenwuchs gedeutet) Totale Sonnenfinsternis, u. a. in Südskandinavien, gibt Anlaß zu zahlreichen Beobachtungen bes. d. Corona (ist vom Wetter nicht begünstigt)	Energieverbrauch in Europa (ohne USSR) in kWh pro Einwohner und Jahr: Ins- / dav. ge- / feste samt / Brennst. 1954 4710 3600 1937 3910 3450 1925 3180 2950 (von 1925 bis 1954 erhöhte sich der Anteil der Petroleum-Produkte v. 3,5% auf 14,6%, d. Wasserkraft v. 2,8% auf 7,9%) „Die Dt. Presse 1954" (i. d. BRDtl. u. Westberlin gibt es 1403 Zeitungen mit tägl. 16 Mill. Exemplaren, i. d. DDR 274 Ztgn. mit tägl. 2,3 Mill. Exemplaren In den USA gibt es 1786 Zeitungen m. tägl. 59 Mill. Exemplaren In USA gibt es 440 Fernsehstationen und 31,7 Mill. Fernsehempf. (1946: 5 bzw. 8000; 1949: 100 bzw. 4 Mill.; 1951: 108 bzw. 15,8 Mill.), 125 Mill. Radioempfänger in etwa 50 Mill. Heimen Die Fernsehübertragung der Fußballweltmeisterschaft gibt dem Fernsehen in Dtl. einen starken Impuls

(1954)

Artillerie-Duelle zw. der Volksrepublik China u. Nationalchina

Internationales Konsortium schließt Ölvertrag mit Iran (Ende des Ölstreites seit 1951)

In Ägypten wird *Nagib* durch *Nasser* gestürzt; *Gamal Abd el Nasser* wird Minister- u. Staatspräsident (*1918, † 1970). Ägypt.-brit. Vertrag auf Basis der Räumung der Suezkanalzone.

Staatsbesuch des Kaisers v. Äthiopien *Haile Selassie* in Bonn

USA greifen in innenpolitische Auseinandersetzungen in Guatemala ein, wo der United Fruit-Konzern bedeutende Interessen hat

Präsident *Eisenhower* kündigt Initiative des Westens im Kalten Krieg an

Der Atomphysiker *J. Robert Oppenheimer* (* 1904, † 1967), der entscheidend an der Entwicklung der Atombombe mitarbeitete, wird in USA vom Dienst als Berater der Regierung ausgeschlossen, „weil er keinen Anspruch mehr auf das Vertrauen der Regierung... hat, weil ihm grundsätzliche charakterliche Mängel nachzuweisen sind" (weltweite heftige Diskussionen; später rehabilitiert)

Fernsehsendungen der Untersuchungen des *McCarthy*-Ausschusses über „unamerikanische" Umtriebe (vermindern die Popularität *M.s.*)

Auf dem Hintergrund einer Wirtschafts-Stagnation erlangt die Demokratische Partei d. USA unter einer parteirepublikan. Regierung Mehrheit im Senat und Repräsentantenhaus (unterstützen mehrfach Präs. *Eisenhower* gegen rechten Flügel seiner Partei)

Nach den Kongreßwahlen in USA geht der Einfluß des parteirepublikan. Senators *McCarthy* (* 1909, † 1957), der mit umstrittenen Methoden wahre oder vermeintliche Kommunisten verfolgte, merklich zurück (seit 1947 Senator von Wisconsin)

Präs. *Eisenhower* schlägt vor der UN internationale Gemeinschaft zur friedlichen Nutzung der Atomenergie vor

† *Erik Reger* (eig. Hermann Dannenberger), dt. polit. Schriftsteller; Mitbegr. u. Chefredakt. d. Westberl. Ztg. „Der Tagesspiegel" seit 1945 (*1893)

Hans J. Rehfisch (*1891): „Der Kassenarzt" (Schauspiel)

Françoise Sagan (* 1935): „Bonjour tristesse" (frz. Roman)

Edzard Schaper (* 1908): „Der Gouverneur" (poln.-schweiz. Erz.)

Reinhold Schneider: „Die Sonette von Leben und Zeit, dem Glauben und der Geschichte" (relig. Lyrik; Sch. erhält 1956 den Friedenspreis des dt. Buchhandels)

Ina Seidel (* 1885): „Das unverwesliche Erbe" (Roman)

J. Steinbeck: „Wonniger Donnerstag" („Sweet Thursday"; nordamer. Roman, Forts. v. „Die Straße der Ölsardinen" v. 1945)

Hans Venatier (* 1903): „Der Major und die Stiere" (Roman der Besatzungszeit)

Thornton Wilder: „Die Heiratsvermittlerin" (amer. Lustspiel, nach „Einen Jux will er sich machen" von *Nestroy*, 1842)

Marguerite Yourcenar: „Electre ou La chute des Masques" (belg. Roman)

A. M. Julien grdt. „Pariser Festspiele" (ab 1956 als „Theater der Nationen") mit Gastspielen aus aller Welt

Vers. mit elektronischer Sprachübersetzung russisch-englisch (i. USA)

Dt. evangelischer Kirchentag in Leipzig (wird zu einer gesamtdt. Begegnung; rd. 500000 Teilnehmer)

Evangelisches Soziallexikon

Oberster Gerichtshof d. USA verfügt Aufhebung der Rassentrennung („Desegregation") i. d. öffentl. Schulen (führt zu ernsten Auseinandersetzungen in d. Südstaaten)

USSR führt *Todesstrafe* für Mord wieder ein (war 1947 abgeschafft, 1950 für Hochverrat, Spionage und Sabotage wiedereingeführt)

🎨🏛	🎵	🦉	🎩🎾

John Heliker (*1909): „East River" (nordamer. abstr. Gem.)	Igor Strawinsky: „In Memoriam Dylan Thomas" (Komposition für Tenor, Streichquartett und 4 Posaunen)	Der 8. gefangene Quastenflosser (Krossopterygier) kann 20 Stunden lebend beobachtet werden	Teilstrecke Taischet–Ust Kut der Eisenbahnlinie n. Komsomolsk am Amur i. d. USSR eröffnet
Heinrich Heuser: „Grüne Konsole" (Gem.)		Dän. Forschungsschiff „Galathea" findet in 3950 m Tiefe Weichtiere, die sich 1956 als mit der scheinbar vor 350 Mill. Jahren ausgestorbenen Monoplacophora-Gruppe identisch erweisen	
Karl Hofer: „Harfenspielerin" (express. Gem.)	Heinr. Sutermeister (Schweiz, *1910): Requiem, 2. Klavierkonzert, Urauff.		Der frz. Modeschöpfer Dior proklamiert die knabenhafte „H-Linie" f. d. Frauenmode
W. R. Huth: „Der Künstler u. s. Frau", „Rote Kreuzigung" (express. Gem.)		Internationaler Gerontologischer Kongreß in London (untersucht Probleme des menschlichen Alterns)	
Franz Kline (*1910): „Malerei Nr. 2" (nordamer. abstrakt. Gem.)	Arturo Toscanini, zuletzt in New York, legt den Dirigentenstab nieder	Königsbett mit Elfenbeinskulpturen in Ugarit (Nordsyrien) gefunden (≈ −1200)	Verregneter Sommer in Mitteleuropa
Berto Lardera (*1911): „Nächtl. Begegnung" (ital.-frz. abstr. Plastik aus Metall)	† Herm. Freiherr v. Waltershausen (dt. Komp., *1882): bekannt d. s. Oper „Oberst Chabert"	Vollständig erhaltene Sonnenschiffe in der Nachbarschaft der Cheops-Pyramide (Ägypt.) gefunden	R. G. Bannister (Gr. Brit.) läuft die Meile (1609,3 m) in 3:59,4 („Traummeile", weil unter 4 Min.)
Ibram Lassaw: „Die Planeten" (nordam. symbolist. Bronze)	Bernd A. Zimmermann (dt. Komp., *1918): „Darkey's darkness" (Trompetenkonzert), Konzert f. Violoncello u. Orchester	Keltisches Fürstinnengrab bei Reinheim aus der Zeit um −400 entd.: offener Armreif mit Sphinx-Vorderkörpern erweist Kontakt der Kelten mit dem gräco-skythischen Kulturbereich	
† Henri Laurens, frz. kub. Bildh. (*1885)			Heinz Fütterer läuft 100 m in Weltrekordzeit 10,2 Sek.
Fernand Léger: „Akrobat u. Pferd" (frz. kubist. Gem.)		Ausgrabung eines frühchristlichen Kuppelgrabes bei Centcelles (Tarragona); großes Kuppelmosaik mit heidnischen und christl. Motiven (vermutl. ≈ 340)	Emil Zatopek (Tschechoslowak.) hält alle Laufweltrekorde zw. 5000 und 30000 m
Dietmar Lemcke (*1930): „Stadt" (Gem.)	Populäre Schlager: Drei Münzen im Brunnen, Boogie für Geigen, Vaya con Dios		
Jack Levine (*1915): „Wahlnacht" (nordamer. Gem.)	~ Pop-Musik: Rock and Roll; bes. Elvis Presley (*1935 USA)	Mithras-Tempel im Zentrum Londons ausgegraben	Fußballmannschaft der BRDtl. gewinnt in Bern Weltmeisterschaft über Ungarn
Seymour Lipton: „Sturmvogel" (nordamer. abstr. Plastik aus Nickelsilber)		Eröffnung des Flugverkehrs auf der Strecke Kopenhagen–Los Angeles auf der kurzen Polarroute (27 St.)	
		Nordamer. Transkontinentalflug Los Angeles–Floyd Bennett Field, N. Y., in 4 St. 6 Min. 16 Sek. (960 km/St.)	Hannover 96 dt. Fußballmeister
G. Marcks: „Hockender Kranich", „Almtanz" (Plast.)		Comet II-Düsenverkehrsflugzeug fliegt London–Khartum (Sudan), 4950 km, in 6 St. 22 Min., Nonstop-Flug	Fußball-Toto i. d. BRDtl. setzt 477 Mill. DM um (1949: 96,2 Mill. DM)
Marcello Mascherini: „Erwachender Frühling", „Orfeo" (ital. express. Plastiken)		Düsenflugzeug TU 104 in d. USSR (wird auch als Verkehrsmaschine benutzt)	
Georges Mathieu (*1921): „Die Kapetinger" (frz. abstr. Gem. i. ein. intuitiven Stil)		T 43-Panzer (USA): 54 t, 12-cm-Geschütz, 810-PS-Motor	USSR erlangt Eishockey-Weltmeisterschaft gegen Kanada
		T 54-Panzer (USSR): 40 t, 10-cm-Geschütz	
† Henri Matisse, frz. express. Maler; Begründ. d. „Fauvismus" (*1869)		Lichtsetzmaschine Linofilm in USA (Drucksatz entsteht optisch auf einem Film)	
		Verbesserte Abstrahlung des Klangspektrums in Rundfunkempfängern („Raum-" oder „3-D-Klang")	

(1954)	1. Versuch mit einer atomaren 3-Stufen- oder Superbombe im Pazifik durch die USA: 23 jap. Fischer werden in 130 km Entfernung durch radioaktiven Staub verletzt (man berechnet, daß 70 solcher Bomben ganz Dtl., in den Grenzen von 1937, zerstören und gefährlich vergiften könnten) † *Getulio Vargas*, diktator. Präsident Brasiliens 1930—45, 1950—54, durch Selbstmord wegen Zwang zum Rücktritt durch das Offizierkorps (*1883)	Der „Index Translationum" der UNESCO mit 21000 Autorennamen bzw. Buchtiteln zählt f. Dtl. 1804 Übersetzungen, Tschechoslowakei 1467, Frankr. 1452, Polen 1342, Ital. 1116, Israel 1071, Japan 1063, als Länder mit den meisten Übers. aus Fremdsprachen	100 Tote bei einem Zugzusammenstoß in Pakistan BOA-Comet-Düsenverkehrsflugzeuge stürzen über Elba (35 Tote) und bei Capri (21 Tote) ab (führt zur Zurückziehung dieses Typs und zu umfangreichen Untersuchungen, die Konstruktionsmängel aufdecken) Eine KLM-Super-Constellation stürzt auf Irland in d. Shannon-Fluß: 28 Tote trotz mutiger Rettungstätigkeit einer Stewardess Lawinen töten in den Alpen etwa 150 Menschen Schweres Erdbeben auf griech. Inseln Überschwemmungs-Katastrophe in Ostbayern und Thüringen Am Dachstein (Alpen) finden 11 dt. Schulkinder und 2 Lehrer bei einem Wettersturz den Tod durch Erfrieren Erstbesteigung des K 2 (Mount Godwin Austen) i. Karakorum-Gebirge, 8611 m (zweithöchster Berg der Erde), durch die Italiener *Achille Compagnoni* u. *Lino Lacedelli*

Luciano Minguzzi: „Männl. Torso" (ital. Bronze) „Seilspring. Frau" (ital. Bronze-Plastik)

Mirko: „Architekt. Element" (ital. abstr. Skulptur aus Messingblech)

H. Moore: „Krieger mit Schild" (engl. Plastik)

Giorgio Morandi (*1890): „Stillleben" (ital. Gem.)

Mattia Moreni (*1920): „Das Geschrei der Sonne" (ital. expr. Gem.)

Robert Motherwell (*1915): „Fische m. rotem Streifen" (nordamer. Gem.)

Ernst Wilh. Nay (*1902): „Rhythmen i. Purpur u. Grau"; „Karos u. grüne Scheiben" (abstr. Gem.)

Rolf Nesch (*1880): „Hahn" (Gem.)

Bernard Perlin: „Colosseum" (n.-amer. Gem.)

M. Picard: „Die Atomisierung i. d. modernen Kunst" (schweiz. Kunstkritik)

Pablo Picasso: „Sylvette", „Madame Z." (span.-frz. kub. Porträtgem.); „Gauklerfamilie" (Litho); „Clown m. Spiegel u. nackte Frau" (Tuschzeichn.); „Zeichner u. Modell", „Frau u. alter Mann", „Affe als Maler" (Zeichngn.); „Vase m. Künstlern" (bemalte Keramik)

P. Picasso: „Wort u. Bekenntnis" (ges. Zeugnisse u. Dichtungen)

Alton Pickens (*1917): „Henry Hope mit Familie" (nordamer. natur. Gem.)

Edouard Pignon: „Jasmin-Pflücker" (frz. Gem.)

Ad Reinhardt (*1913): „Nr. 24 — 1954" (n.-amer. abstr. Gem.)

José de Rivera: „Schwarz u. Blau" (nordamer. Aluminiumplastik)

Helmut Rogge (*1924): „Oben u. unten" (Plastik)

Mark Rothko (*1903): „Ohne Titel" (nordamer. abstr. Gem.)

Alfred Russel (*1904): „Diana u. Kallisto" (n.-amer. Gem.)

† *Josef Scharl*, dt. Maler eines realist. gemäßigten Expressionismus (*1893)

Gérard Schneider (*1896): „Komposition" (frz. abstr. Gem.)

Ernst Schumacher: „Ischia" (expr. Gem.)

William Scott: „Sitzende Figur" (brit. abstrakt. Gem.)

Honoré Sharrer: „Rose Callahan u. Kind" (nordamer. Gem.)

Gustave Singier: „La blonde" (frz. abstrakt. Gem.)

Franz Heinr. Sobotka u. Gustav Müller: Hörsaalgeb. u. Biblioth. d. Fr. Univ. Berlin (seit 1952)

Pierre Soulages (*1919): „Komposition", „3. April 1954" (frz. abstr. Gem.)

Horst Strempel: „Frau mit Krug" (express. Gem.)

Graham Sutherland: „Hydrant II" (engl. Gem.)

Max Taut (*1884): Wohnblock IG Druck u. Papier

George Tooker (*1920): „Der rote Teppich" (n.-am. surrealist. Gem.)

Heinz Trökes (*1913): „Großer Gaukler" (abstr. G.)

Hans Uhlmann (*1900): „Vogel" (Plastik); „Geflügeltes Insekt", „Stahl Skulptur", „Musik" (Metallplastik f. Musikhochschule Berlin)

Maria-Helena Vieira da Silva: „Silvester", „Der Hof d. Schlosses", „Nächtl. Raum" (portug.-frz. abstr. Gem.)

Theodor Werner (*1886): „Nr. 10", Wandgem. f. Musikhochsch. Berlin (abstr. Gem.)

Fritz Winter: „Kommendes", „Gelb in Schwarz" (abstr. Gem.)

Mac Zimmermann: „Familienleben" (surrealist. Gem.)

---

† *Otto Gebühr*, dt. Schauspieler (*1877)

„Des Teufels General" (Film mit *Curd Jürgens, Viktor de Kowa*; Regie: *Helmut Käutner*)

„Feuerwerk" (Film mit *Lilli Palmer*, R.: *Kurt Hoffmann*)

„Ludwig II." (Farbfilm m. *Ruth Leuwerik, O. W. Fischer*; Regie: *Helmut Käutner*)

„Kinder, Mütter u. ein General" (Film m. *Ursula Herking, Ewald Balser*; Regie: *Laslo Benedek*)

„Die letzte Brücke" (dt.-jugoslaw. Film, Regie: *Helmut Käutner* [*1908], Darst.: *Maria Schell, Bernhard Wicki, Barbara Rütting, Tilla Durieux, Zvonko Zungul, Stevo Petrovic* u. a.)

„Canaris" (Film m. *O. E. Hasse*, Regie: *Alfred Weidenmann*)

„La Strada" (ital. Film, Regie: *Federico Fellini*, Darst.: *Giulietta Masina* u. a.)

„Herr im Haus" (brit. Film, Regie: *David Lean*, Darst.: *Charles Laughton* [*1899], *John Mills*)

„Die Faust i. Nakken" („On the Waterfront"), (n.-am. Film, Regie: *Elia Kazan*, Darsteller: *Marlon Brando* u. a.)

„Die Caine war ihr Schicksal" (n.-am. Film n. d. Drama v. *Herman Wouk*, Regie: *Edward Dmytryk*, Darst.: *Humphrey Bogart, José Ferrer*)

„Wunder der Prärie" (nordamer. Farb-Dokumentarfilm von *Walt Disney*)

1955

Kein Friedens*nobel*preis

Dt. Bundestag billigt Pariser Verträge (geg. Stimmen d. SPD): 1. Protokoll über Beendig. d. Besatzungsregimes; 2. Vertrag über Aufenth. ausländ. Streitkräfte i. d. BRDtl., 3. Beitr. d. BRDtl. z. Brüsseler Vertr., z. Westeurop. Union u. zur NATO; 4. Abk. üb. Saarstatut

Warschauer Achtmächtepakt konstituiert Militärblock der Ostblockstaaten (einschl. d. DDR) unter dem Oberbefehl des sowjetruss. Marschalls *Iwan Konjew* („Ost-NATO")

Bundeskanzler Adenauer reist nach Washington.

Behörden d. DDR vervielfachen Autobahngebühren zw. Berlin u. BRDtl. (angebotene Verhandlungen sollen zur Anerkennung der DDR-Reg. führen)

Dt. Bundestag tagt in Berlin: Debatte um Konjunkturpolitik

NATO-Luftmanöver üb. d. BRDtl. „Carte blanche": „Atomkrieg kennt keinen Sieger"

Dt. Bundestag verabschiedet Freiwilligengesetz (Opposition kritisiert diese Verabschiedung unmittelbar vor der Genfer Viermächtekonferenz)

Genfer Konferenz „auf höchster Ebene" zwischen *Eisenhower* (Präs. d. USA), *Bulganin* (Min.-Präs. der USSR), *Eden* (brit. Min.-Präs.) u. *Faure* (frz. Min.-Präs.) einigt sich über Tagesordnung einer Konferenz d. Außenminister und führt zu einer gewissen internationalen Entspannung; Wiedervereinigung Deutschlands bleibt in der Schwebe

Staatsbesuch *Adenauers* in Moskau unter Beteiligung von Politikern der Opposition: Aufnahme diplomatischer Beziehungen, Entl. weiterer Deutscher aus dem Gewahrsam d. USSR; *A.* verneint eine „Politik der Stärke" gegenüber der USSR

J. Conant 1. USA-Botschafter in Bonn

Moskau entsendet Botschafter *Sorin* nach Bonn, dieses Botschafter *Wilhelm Haas* nach Moskau (*Sorin* wird 1956 zurückgerufen und durch *Smirnow* ersetzt)

*Nobel*preis f. Literatur an *Halldor Laxness* (Island, *1902; schrieb u.a. 1934/36 den Roman „Der Freisasse")

Hermann Hesse erhält Friedenspreis des dt. Buchhandels

Pulitzer-Preis f. *William Faulkner* „A Fable"

Georg-Büchner-Preis für *Marie Luise Kaschnitz* (*1901, †1974)

Gabriel Marcel (*1889)

Leopold Ahlsen (*1927): „Philemon und Baucis" (Schauspiel um Partisanenkämpfe in Griechenland; erhält Gerhart-Hauptmann - Preis der Berliner Volksbühne)

Jean Anouilh: „Ornifle de Saint Ognon" („Ornifle oder der erzürnte Himmel", frz. Tragikomödie um das Don-Juan-Thema)

Herbert Asmodi (*1923): „Jenseits vom Paradies" (Schauspiel; *Gerhart-Hauptmann*-Preis der Berliner Volksbühne)

† *Julius Bab*, dt. Schriftsteller u. Dramaturg; s. 1933 i. d. USA (*1881)

Martin Beheim-Schwarzbach: „Die Insel Matupi" (autobiogr. Roman)

Kurt Benesch: „Die Flucht vor dem Engel" (österr. Roman um Gut und Böse)

Rudolf Bernauer: „Das Theater meines Lebens" (Schauspieler-Erinnerungen)

Max Brod: „Armer Cicero" (Roman)

Hans Carossa: „Der Tag des jungen Arztes" (letzter Bd. d. Jugendbiographie)

F. H. Allport: „Theorien der Wahrnehmung und der Auffassung von Strukturen" (engl. Zusammenfassg. d. Wahrnehmungstheorien)

Peter Bamm: „Frühe Stätten der Christenheit"

Hermann Baumann (*1902): „Das doppelte Geschlecht. Ethnologische Studien zur Bisexualität in Ritus und Mythos"

Edmund Bergler: „Revolte der Fünfzigjährigen" (österr. psychoanalytische Darstellung d. alternden Mannes)

„Psychische Hygiene" (Herausg. *E. Brezina* u. *E. Stransky*)

I. W. Ellison ordnet stilkritisch Bibeltexte mit Hilfe elektronischer Rechenmaschine

Alfred Frisch (*1913): „Une Réponse au Défi de l'Histoire; la Mission de la Technocratie" (dt.-frz. Soziologie)

Arnold Hildesheimer: „Die Welt der ungewohnten Dimensionen. Versuch einer gemeinverständlichen Darstellung der modernen Physik und ihrer philosophischen Folgerungen" (Geleitwort von *W. Heisenberg*)

M. Irle: „Berufs-Interessen-Test" (messende Psychologie)

Werner Keller: „Und die Bibel hat doch recht" („Forscher beweisen d. historische Wahrheit")

W. Kemper: „Der Traum und seine Be-Deutung" (Traumpsychologie)

† *Oswald Kroh*, dt. Psychologe u. Pädagoge; begründete eine Phasenlehre der Jugendentwicklung (*1887)

Guy Bardone: „Normandie" (frz. Gem.)
André Bauchant: „Kermesse tourangelle" (frz. Gem.)
Willi Baumeister: „Weißer Kaminzug mit Punkten" (abstr. Gem.)
† *Willi Baumeister*, dt. Maler eines abstrakten Stils; schrieb 1943 „Das Unbekannte in der Kunst" (veröff. 1947) (* 1889)
Max Bill (* 1908): „1 schwarz bis 8 weiß" (schweiz. abstrakt. Gem.)
Renato Birolli (* 1906): „Adrialandschaft" (ital. abstrahier. Gem.)
† *Dominikus Böhm*, kathol. Kirchenbaumeister; baute 1922 in Neu-Ulm erste unverschalte Eisenbetonkirche (* 1880)
Francisko Bores: „Intérieur" (frz. Gem.)
Georges Braque: „Wagen III" (frz. Farblithographie; „Wagen II" 1953, „Wagen I" oder „Phaeton" 1954)
Bernard Buffet (* 1928): „Zirkus" (fr. Gem.; B. gilt als einer der erfolgreichsten lebenden Maler)
Reg Butler: „Fetisch" (engl. Bronze)
Arturo Carmassi (* 1925): „Unterholz" (ital. abstr. Gem.)
Lynn Chadwick (* 1914): „Drei stehende Figuren", „Begegnung" (engl. abstr. Eisenplastiken)

Boris Blacher: „Der Mohr von Venedig" (Ballett); „Traum vom Tod und vom Leben" (Kantate, Text v. *Hans Arp*) Bratschenkonzert
Pierre Boulez (frz. Komponist, * 1925): „Livre pour Quatuor" (Streichquartett)
† *Willy Burkhard* (* 1900, Schweizer Kompon.), Oper: „Die schwarze Spinne", Oratorium: „Das Gesicht Jesaias"
Luigi Dallapiccola: „Canti di liberazione" (Musik für Chor u. Orchester), „An Mathilde" (ital. Kantate für Frauenchor und Kammerorchester n. *Heinrich Heine*)
Joh. Nepomuk David (Österr., * 1895): 6. Symphonie
Werner Egk: „Irische Legende" (mythisch-symbolische Oper nach *W. B. Yeats*; Uraufführung i. Salzburg)
Heimo Erbse (* 1924): Impression f. Orchester
Hermann Heiß (* 1897): „Der Manager" (Spiel f. d. Bühne m. Orchester)
† *Frieda Hempel*, Koloratursopranistin (* 1885)
Paul Hindemith: „Ite, angeli veloces" (Chorwerk zu Texten v. *Claudel*)

*Nobel*preis f. Physik an *Willis E. Lamb* (* 1913, USA) f. d. Ultrakurzwellen-Nachweis der „Zitterbewegung des Elektrons" im Spektrum des Wasserstoffatoms („*Lamb-Bethe*-Effekt") und an *Polykarp Kusch* (* 1911, Dt.-Amerik.) f. d. genaue Messung des magnetischen Moments d. Elektrons
*Nobel*preis f. Chemie an *Vincent du Vigneaud* (* 1900) für Erforschung der Hormone der Hypophyse (Hirnanhangdrüse)
*Nobel*preis f. Medizin an *Hugo Theorell* (* 1903, Schweden) f. seine Forschungen über die Natur und Wirkung d. Oxydations-Enzyms
Erste Verleihung des „*Otto-Hahn*-Preises für Chemie und Physik" an *Heinrich Wieland* (Chemie) und *Lise Meitner* (Physik)
Thomas S. Barthel erklärt, die Schrift der Osterinsel entziffert zu haben
Emil Seb. Bücherl (* 1919): Herz-Lungen-Maschine für künstl. Kreislauf bei Operationen (ab 1957 angew.)
Bundy, Hall, Strong und *Wentorf* berichten über künstliche Erzeugung von Diamanten bei 2700°C u. 100000 Atmosphären Druck
B. F. Burke u. *K. L. Franklin*: Radiowellen-Emission von 13,3 m vom Jupiter (erweisen sich als häufige kurzzeitige Impulse aus einer Region mit weißem Fleck)
O. Chamberlain, E. Segrè, Ch. Wiegand, Th. Ypsilantis erzeugen und entdecken Proton mit negativer Ladung („Antiproton") mit Bevatron-Teilchenbeschleuniger in Berkley (USA)
L. Couffignal: „Denkmaschinen" (Entwicklungsstand elektronischer Rechen- u. Kombinationsmaschin.)
† *Albert Einstein*, überragender Physiker; Begrd. d. Relativitätstheorie, führte Begriff d. „Lichtquanten" ein; Förderer humanitärer Bestrebungen; s. 1933 i. d. USA, *Nobel*preis 1921 (* 1879)
† *Alexander Fleming*, brit. Bakteriologe; Entd. d. Penicillins; *Nobel*pr. 1945 (* 1881)
„Handbuch d. Physik. Encyclopedia of Physics" beg. zu erscheinen (54 Bde. mit Beitr. i. dt., engl. u. frz. Sprache; Hersg. *S. Flügge*)

Spielbanken vom Bayrischen Landtag zugelassen

Kapitalkonzentration i. d. dt. Aktiengesellschaften im Durchschnitt:

Zahl	Kap. Mill. DM
1955 2542	8,7
1937 6094	3,1
1909 5222	2,8

Vereinigung der Gewerkschaftsverbände AFL u. CIO mit insges. etwa 16 Mill. Mitgliedern in den USA

Eisenbahnerstreik in Großbritannien

Streiks in d. eisenschaffenden Industrie Nordrhein-Westfalens führen zu Lohnerhöhungen (Zeitlöhne um 14 Dpf./St., Akkordlöhne um 11 Dpf./St.)

Größere wilde Streiks in Hamburg und Kassel

Proteststreik geg. gewerkschaftsfeindl. Äußerungen des Generaldirektors *H. Reusch* in Oberhausen

Verbraucherstreiks geg. höhere Milchpreise

Landwirtschaft Niedersachsens kündigt Käuferstreik für Januar 1956 an, wegen Ausbleibens d. versprochenen Soforthilfe

(1955) |  |  |

Staatsbesuch d. iranischen Herrscherpaares in Bonn; bes. Kaiserin *Soraya* findet starkes Interesse i. d. Öffentlichkeit (wird 1958 geschieden)
Theodor Blank (CDU, *1905) Verteidigungsminister d. BRDtl. (bis 1956)
Personalgutachter-Ausschuß siebt die höheren Offiziersgrade der neuen Streitkräfte d. BRDtl.; über einige Urteile kommt es zu Konflikten mit dem Verteidigungsminsterium. Die ersten Soldaten d. BRDtl. erhalten ihre Ernennungsurkunden
Schwere Krise im BHE: Vors. *Waldemar Kraft* und *Th. Oberländer* treten aus der Partei aus, bleiben jedoch Bundesminister
Krise um die Außenpolitik d. Koalition in Bonn mit Briefwechsel *Adenauer–Th. Dehler* (FDP) (Koalitionstreue FDP-Minister gründen 1956 Freie Volkspartei [FVP])
„Hallstein-Doktrin": BRD droht diplom. Bezieh. abzubrechen, wenn Anerkennung der DDR erfolgt (wird später korrigiert)
Leonhard Schlüter (FDP) kurzzeitig Kultusminister in Niedersachsen; Proteste der Univ. Göttingen und weiterer Kreise wegen neonazistischer Haltung zwingen ihn zum Rücktritt
Saarbevölkerung lehnt nach heftigem Wahlkampf mit 2/3-Mehrheit das Saarstatut ab; Regierung *Johannes Hoffmann* tritt zurück
Mandate aus den Landtagswahlen an der Saar (Vergleich 1952):

CDU	14	SPD	7
DPS	12	SPS	2 (17)
CVP	13 (29)	KP	2 (4)

Dt. Parteien an der Saar verhandeln um eine gemeinsame Regierung (Anfang 1956 wird *Heinr. Schneider* [DPS] Landtagspräsident; *H. Ney* [CDU] Ministerpräsident)
Sitze in der Bürgerschaft Bremen nach Neuwahl (z. Vgl. 1951):

SPD	52 (43)	KPD	4 (6)
CDU	18 (9)	BHE	0 (2)
DP	18 (16)	And.	0 (12)
FDP	8 (12)		

Koalitionsregierung SPD, CDU, FDP in Bremen unter Senatspräs. *Wilhelm Kaisen* (SPD, * 1887)

Joyce Cary (* 1888): "Not Honour more" (engl. Roman; 3. Band einer Trilogie; 1. Bd. „Prisoner of Grace", 1952, 2. Bd. „Except the Lord", 1953)
† *Paul Claudel*, frz. kath. Dichter; vertrat eine mystische Erkenntnislehre (so i. d. „L'art poétique" 1907) (*1868)
Franz Theodor Csokor (*1885): „Der Schlüssel zum Abgrund" (österr. Wiedertäufer-Roman)
Ilja Ehrenburg: „Tauwetter" (dt. Ausg.; für eine liberalere sowjet. Kulturpolitik)
Faulkner: „Eine Legende" (nordamer. Roman; dt. Ausgabe)
Taschenbuchausgabe v. „Tagebuch der *Anne Frank* (*1929, †1945 i. KZ Bergen-Belsen), erreicht in wenigen Monaten 100000 (1958: 400000)
M. Frisch: „Die chinesische Mauer" (schweiz. Schauspiel)
† *Wolfgang Goetz*, dt. Dramatiker u. Erzähler (*1885)
Julien Green (*1900): „Der Feind" (frz. Drama; dt. Erstaufführung)
G. Gründgens übernimmt künstlerische Leitung d. Hamburger Bühnen (war seit 1947 Theaterleiter in Düsseldorf)
Hermann Hesse: „Beschwörungen"
Hans Egon Holthusen (*1913): „Der unbehauste Mensch. Motive u. Probleme d. modernen Literatur"
B. R. Iloy (*1922): „Violons galantes" (13 frz. Gedichte u. 1 Romanze)

Max Gustav Lange: „Wissenschaft im totalitären Staat. Die Wissenschaft der sowjetischen Besatzungszone auf dem Weg zum ‚Stalinismus'"
Wolfgang Leonhard (* 1922): „Die Revolution entläßt ihre Kinder" (kritische Autobiographie)
Walt. Lippmann (*1889): „The public philosophy" (nordamer. Philosophie)
Herbert Marcuse: „Eros und Zivilisation" (philosophische Wertung der Lehre *Freuds*)
Jules Moch: „Abrüstung oder Untergang" (engl., mit einem Vorwort von *A. Einstein*)
A. Montagu: „Die natürliche Überlegenheit der Frau"
† *Ortega y Gasset*, span. Philosoph; vertrat einen humanistischen Individualismus (*1883)
Perón wendet sich gegen die katholische Kirche in Argentinien und wird exkommuniziert
A. Pontvik: „Heilen durch Musik" (Psychotherapie)
H. Schelsky: „Soziologie der Sexualität"
C. A. Schleussner stellt erhebliche Abweichungen unter versch. psychologisch. Gutachtern fest, die den praktischen Wert der Graphologie einschränken
Albert Schweitzer erhält Ehrendoktor der Univers. Cambridge (Engl.)
E. Spranger: „Der Eigengeist der Volksschule"
E. Stern: „Der Mensch in der zweiten Lebenshälfte" (Entw.-Psych.)

Chagall „Der rote Akt" (Gem.)	† *Arthur Honegger*, schweiz. Komponist; seit 1913 in Paris (*1892)	*Heinz L. Fränkel-Conrat* u. *Robley Williams*: Synthese eines aktiven Tabakmosaik-Virus aus den aus seiner Zerlegung erzielten Teilstücken (gilt als ein wichtiger Schritt auf dem Wege zur Synthese biologischer Strukturen)	Dt. Bundestag beschließt Parität für d. Landwirtschaft zur Vermeidung d. Preisschere Landwirtschaft — Industrie
Giorgio de Chirico: „Italienischer Platz" (ital. Gem.)	*H. v. Karajan*, Dirigent d. Philharm. Orch. Berlin		
Le Corbusier: Chapelle de Notre Dame du Haut (frz. Wallfahrtskirche in Ronchamp; seit 1950) Wohnhaus in Nantes-Rézé	*Wilhelm Killmayer*: 5 Romanzen für Gesang, Klavier u. Schlagzeug nach Gedichten von *Garcia Lorca*	*Albert Frey-Wyssling* (*1900): „Submikroskopische Struktur des Cytoplasmas" (weist u.a. den Feinbau der Chlorophyll-Körper als makromolekulare Lamellenschichtung nach)	Bergarbeiterlöhne in d. BRDtl. um 9,5% erhöht
			Lohnerhöhung in d. baden-württemberg. Metallindustrie um 7,3%
Antonio Corpora: „Gelbe Lagune" (ital. abstr. Gem.)	*Giselher Klebe*: „Moments musicaux" (Komposition f. Orchester) Eröffnung d. instand gesetzten Staatsoper Unter den Linden in (Ost-) Berlin; Dirigent *Franz Konwitschny*, nachdem Generalmusikdirektor *Erich Kleiber* demonstrativ abgelehnt hatte	*Richard Goldschmidt* (*1878, †1958): „Theoretische Genetik" (engl. verfaßte Vererbungslehre)	Tiefster Stand der Arbeitslosigkeit seit dem Kriege in der BRDtl. (rd. 495 000) und West-Berlin (115 900, sinkt 1957 unter 100 000)
Lucien Coutaud: „En souvenir d'un peintre" (frz. surreal. Gem.)		*Otto Hahn*: „Cobalt 60, Gefahr oder Segen für die Menschheit?" (betont Sinnlosigkeit des Atomkrieges)	
Salvador Dali: „Das Sakrament d. Abendmahls" (span. surrealist. Gem.)		*W. Heisenberg* vertritt auf der 5. Tagung der Nobelpreisträger in Lindau den Bau eines Kernreaktor-Instituts für etwa 28 Mill. DM (als Ort wird Karlsruhe vorgesehen)	
O. Dix: „Disteln u. Schmetterlinge", „Erich Schwinge als Rektor d. Univ. Marburg" (express. Porträtgem.)		*Eduard Justi* (*1904): Brennstoffelement zur „kalten Verbrennung" von Kohle mit hohem Wirkungsgrad (große Bedeutung, trotz noch fehlender technischer Reife)	Durch Amnestie werden i. d. USSR viele Zwangsarbeiter in ihre Heimat entlassen (man schätzt etwa 2 Mill. Entlassungen)
Miodrag Djuric (gen. *Dado*, *1933): „Der Radfahrer" (jugosl. Gem. surrealist. Prägung)	*Ernst Křenek*: „Pallas Athene" (Oper) *Rolf Liebermann*: „Schule d. Frauen" (Oper n. *Molière*, Text v. *H. Strobel*)	*L. R. Klein* u. *A. S. Goldberger*: „An economic model of the United States 1929—52" (Eine mathem.-theoret. Wirtschafts-Darstellung der Ver. Staaten 1929—52)	Diskonterhöhungen in Großbrit., USA, Kanada, Belgien, BRDtl. zeigen Furcht vor Konjunktur-„Überhitzung"
Charles Hubert Eyck (*1897): „Negerin mit Kind" (niederl. express. Gem.)	*Bohuslav Martinu*: „Wovon die Menschen leben" (Oper n. *Tolstoi*)	*G. P. Kuiper*: „Die Entstehung der Planeten".(engl. Ausbau d. Theorie v. *Weizsäckers*, vermutet bei 10% der Sterne Planetensysteme)	Interzonen-Handelsvertrag über 1 Mrd. „Verrechnungseinheiten" (DM [West] bzw. DM [Ost])
Josef Fassbender (*1903): „Ban-Banca", „Dialog" (abstr. Gem.)	*Darius Milhaud*: 6. Symphonie *Luigi Nono*: „Canti per tredeci" (für kl. Orchester)	In d. USA wird bekanntgegeben, daß der Großversuch, mit der Vaccine nach *Jonas E. Salk* die Kinderlähmung zu bekämpfen, erfolgreich war (wird bald auch in anderen Ländern eingeführt)	
W. Gilles: „Heidegräber am Meer" (Aquarell-Folge)	*Walter Piston* (amer. Komponist, *1894): 6. Symphonie		Dt. Bundesreg. billigt Wiederaufbauplan für Berlin mit 1,6 Mrd. DM bis 1959
Jos. Glasco (*1925): „Salome" (nordam. Gem.)		*T. D. Lyssenkos* international abgelehnte sowjetische Vererbungslehre wird mehr und mehr auch in der USSR kritisiert (1956 tritt *Lyssenko* als Präsident der sowjet. Akad. f. landwirtsch. Forschung „auf eigenen Wunsch" zurück)	Lohn-, Einkommen- und Körperschaftssteuer in (West-) Berlin um 20% gesenkt
Sidney Gordin: „Konstruktion" (russ.-nordamer. abstrakte Messing-Plastik)	*Sergej Prokowjew*: „Der feurige Engel" (Oper), Urauff. d. vollst. Fassung		
Camille Graeser (*1892): „Dislozierte Elemente" (schweiz. abstraktes Gem.)	*D. Schostakowitsch*: Violinkonzert (für *David Oistrach*)	† *Erich Regener*, dt. Physiker; erforschte bes. kosmische Höhenstrahlung (*1882)	

(1955)	Betriebsratswahlen in der Westfalenhütte AG, Dortmund, ergeben kommunistische Mehrheit: 16 KPD, 7 SPD, 2 CDU, obwohl KPD nur 40,2% d. Stimmen, SPD 47,2% Versuche der Neugründung christl. Gewerkschaften finden starken Widerstand des DGB, der an dem Gedanken der Einheitsgewerkschaft festhält Paul Löbe (SPD) wird zu seinem 80. Geburtstag Ehrenbürger von Berlin und der Freien Univ. Berlin † Otto Braun, sozialdemokr. preuß. Min.-Präs. 1920—32/33 (*1872) † Robert Tillmanns, dt. Bundesminister für Sonderaufgaben seit 1953, stellvertr. Bundesvorsitzender der CDU (*1896) Stalinfriedenspreis an den früh. Reichskanzler Joseph Wirth (*1879, †1956) E. Raeder, früher dt. Großadmiral, vorzeitig aus der im Nürnberger Prozeß zuerkannten Gefängnishaft entlassen Österreichischer Staatsvertrag abgeschlossen und ratifiziert; die vier Besatzungsmächte räumen d. Land. Österreich erklärt seine ständige Neutralität Gründung der Westeuropäischen Union (WEU) Winston Churchill tritt zurück; wird geadelt (Sir Winston) und Ritter d. Hosenbandordens. Anthony Eden (*1897, †1977) brit. Premier Ergebnis der brit. Unterhauswahl: |	Stimmen	Sitze
---	---	---
Konservative	13,3 Mill.	345
Labour-Partei	12,4 Mill.	277
Liberale	0,7 Mill.	6
Kommunisten	0,03 Mill.	0
Unabhängige	0,3 Mill.	2 | Streit zw. Großbrit., Griechenland und Türkei um die Insel Zypern bricht offen aus (Mehrheit d. Bewohner dieser brit. Kolonie ist für den Anschluß an Griechenland) Bagdad-Pakt zwischen Großbrit., Türkei, Irak, Iran, Pakistan (wird 1958 durch blutige Revolution im Irak empfindlich geschwächt)	Hans H. Kirst: „Null-acht-fünfzehn" (Roman um den dt. „Kommiß") Annette Kolb erhält den Goethe-Preis der Stadt Frankfurt/Main Arnold Krieger (*1904, †1965): „Geliebt, gejagt und unvergessen" (Roman) Ray Lawler: „Der Sommer der 17. Puppe" (austral. Schauspiel) T. E. Lawrence (*1888, †1935): „The Mint" (engl. Roman, postum) H. Laxness: „Weltlicht" (isländ. Roman in 4 Teilen; dt. Ausgabe) Alexander Lernet-Holenia: „Der Graf Luna" (österreichisch. Roman) Thomas Mann: Rede z. Schiller-Jahr (gehalten in West- u. Ost-Dtl.); versöhnt sich mit s. Vaterstadt, „Lübecker Rede" † Thomas Mann, dt. Dichter; emigr. 1934, seit 1939 in den USA, seit 1953 in d. Schweiz; Nobelpreis 1929 (*1875) Arthur Miller: „Ein Blick von der Brücke" (nordamer. Drama) Vladimir Nabokov (*1899): „Lolita" (russ.-nordamer. erot. Roman) N. R. Nash (*1916): „Der Regenmacher" (Schauspiel) Sean O'Casey (*1884): „The Bishops Bonfire" (irisch. Schauspiel) Marcel Pagnol (*1895): „Judas" (frz. Schauspiel) † Theodor Plievier, dt. Schriftsteller; bes. zeitkritische Romane (*1892) Gerhart Pohl: „Fluchtburg" (Roman vom Untergange Schlesiens) † Alfred Polgar, österr. Schriftst. u. Kritiker, seit 1938 i. d. USA (*1875)	Fritz Sternberg: „Marx und die Gegenwart. Entwicklungstendenzen in der 2. Hälfte des 20. Jahrhunderts" (internationale politisch-ökonomische Analyse) Frank Tannenbaum: „Die amerikanischen Traditionen in der Außenpolitik" Pierre Teilhard de Chardin (*1881, †1955): „Werke" (Jesuit, seine biolog. Abstammungslehre wird 1961 v. d. kathol. Kirche verurteilt) Otto-Wilhelm von Vacano: „Die Etrusker" (Deutung ihrer Kultur m. d. Tiefenpsychol. v. C. G. Jung) Thérèse u. Guy Valot: „Lourdes und die Illusion" (frz. medizinische Kritik an d. Heilungen) Alfred Weber: „Einführung in die Soziologie" (Sammelwerk mit s. Schülern) D. Wechsler: „Die Messung der Intelligenz Erwachsener" (Testpsychologie) A. Wellek: „Ganzheitspsychologie u. Strukturtheorie" Edmund Wilson: „The Scrolls from the Dead Sea" („Die Schriftrollen vom Toten Meer"; löst Diskussion aus, ob diese Funde aus dem Beginn der christl. Zeitrechnung das herkömmliche Jesusbild erschüttern) Kant-Ausgabe der Dt. (Preuß.) Akademie der Wissenschaften zu Berlin mit Bd. 23 im wesentl. abgeschlossen (Beg. 1900) Kundgebung von Nobelpreisträgern auf der Insel Mainau gegen Atomkrieg

Ernst Graupner: „Tänzerin m. Clown" (express. Gem.)

George Grosz: „Ein kleines Ja und ein großes Nein" (Autobiographie)

David Hare: „Sonnenaufgang" (nordamer. stilisierende Plastik aus Bronze und Stahl)

Hans Hartung (*1904): „T 55-10" (dt.-frz. abstr. Gem.)

Bernhard Heiliger: „Boris Blacher" (Porträtkopf)

† *Karl Hofer* (sign. C. H.), dt. express. Maler; 1920—34 Lehrer a. d. Berliner Hochschule für bildende Künste, seit 1945 ihr Direktor (*1878), sein Nachfolger wird hier *Karl Otto* (*1904)

W. Robert Huth: „Stilleben" (express. Gem.)

O. Kokoschka: „Thermopylae. Ein Triptychon" (Texte von *O. Kokoschka* u. *W. Kern*); Bühnenbilder und Kostüme für Mozarts „Zauberflöte" in Salzburg

Hans Kuhn: „Rote Scheibe" (abstrakt. Gem.)

Gerard Lataster (*1920): „Icarus Atlanticus", „Der neue Weg" (ndl. Gem.)

† *Fernand Léger*, frz. Maler d. Kubismus; bevorzugte maschinentechnische Formen (*1881)

Kurt Lehmann (*1905): „Hirtenknabe" (Bronze)

Michael Tippett (*1905): „The Midsummer Marriage" (engl. Oper), Uraufführung

R. Vaughan Williams: Sinfonie d-Moll (engl. Komposition, dem Dirigenten *John Barbirolli* gewidmet; Urauff. 1956)

Yannis Xenakis: „Les Metastassis" (griech. Komposition in Reihentechnik f. Orchest.)

B. A. Zimmermann: Solosonate für Bratsche

Öffentliche Disputation auf dem Musiktag für zeitgenössische Tonkunst in Donaueschingen: „Wie soll das weitergehen?" (um das Problem der Publikumsentfremdung der radikalmodernen Musik)

Populäre Schlager: Rock around the clock, Ganz Paris träumt von der Liebe, This old house, Unchained melody

J. Schmidlin, G. Anner, J.-R. Billeter, A. Wettstein: Totalsynthese des Nebennierenrinden-Hormons Aldosteron

Schmidt-Spiegel-Fernrohr m. 120 cm Durchmesser u. 240 cm Brennweite auf der Sternwarte in Hamburg-Bergedorf

„Universitas Litterarum" (Hdb. d. Wissenschaftskunde; Hersg. *Werner Schuder*)

Karl Schütte: Index mathematischer Tafelwerke und Tabellen (ordnet über 1200 Tafeln und Tabellen)

Carlton E. Schwerdt u. *Frederik I. Schaffer:* Kristalline Darstellung des Virus d. Kinderlähmung (1. Kristallisierung ein. tier. Virus)

A. R. Todd: Konstitutionsaufklärung des Vitamins B 12

Townes: Maser (Mikrowellenverstärker)

Radioteleskop d. Univ. Manchester (Großbrit.) mit 76 m Durchmesser Cambridge (Großbrit.) veröffentl. Katalog mit 1936 kosmischen Objekten als Quellen kurzwelliger Radiostrahlung als wichtige Grundlage f. d. Erforschung dieser Strahlung

Transistoren finden als raumsparende Schaltelemente Anwendung in Großrechenanlagen (Computer)

Analyse von im Laufe der Erdgeschichte magnetisierten Gesteinen lassen starke Polwanderung vermuten:

vor 600 Mill. Jahren 130° W, 0° N (Äquator)

vor 350 Mill. Jahren 140° O, 40° N (Japan)

vor 60 Mill. Jahren 133° O, 76° N (Neusib. Ins.)

(diese Deutung ist umstritten)

Bisher hatten Versuche, durch Ausstreuung von Trockeneis Wolken und künstlichen Niederschlag zu erzeugen, keine eindeutigen Erfolge

Südpolarexpeditionen von d. USA, USSR, Großbrit. Frankr., Australien, Norwegen beschleunigten Erschließung der Antarktis

Drift der sowjetrussischen Eisschollen-Stationen „Nordpol 3, 4, 5" in der Arktis (3 und 4 seit April 1954)

Gebäude m. Industrie- u. Handelskammer u. Börse in Berlin eingeweiht

Dt. Privatvermögen in den USA teilw. freigegeben; Vermögen über 10000 DM bleiben beschlagnahmt

Waldfläche d. Erde 3978 Mill. ha (22% der festen Fläche), davon 1200 Mill. ha bewirtschaftet
Tropenwald 48%
Laubwald 16%
Nadelwald 36%

Berechnungen ergeben, daß für die Ernährung der Menschheit 1960 folgende Produktionssteigerungen erforderlich sind: Getreide 21%, Wurzeln u. Knollen 27%, Zucker 12%, Fette u. Öle 34%, Hülsenfrüchte 80%, grünes Gemüse 103%, Fleisch 46%, Milch 100%

Erster Weltkongreß f. Unfallverhütung in Italien

In der BRDtl. werden pro Jahr etwa 12 Mrd. DM für Alkohol u. Nikotin ausgegeben; die Gefahren des zunehmenden Alkoholismus werden diskutiert

107 Mill. t Handelstonnage jährlich durch den Suezkanal (1948: 49 Mill. t, 1910: 22 Mill. t)

31 Mill. Schallplatten i. d. BRDtl. hergestellt

(1955)

A. *Eden* bildet brit. Regierung um: Lordsiegelbew. *Richard A. Butler* (statt bisher *Crookshank*), Schatzkanzler *Harold Macmillan* (statt *Butler*), Außenmin. *Selwyn Lloyd* (statt *Macmillan*) u. a. Veränderungen

Clement Attlee legt Partei- und Fraktionsvorsitz d. brit. Labour-Partei nieder; bekommt als *Earl Attlee* Sitz im Oberhaus. Sein Nachfolger wird *Hugh Tod Gaitskell* (* 1906)

Die Fraktion d. Labour-Partei im brit. Unterhaus schließt den linksradikalen *Aneurin Bevan* aus (*B.* wird 1956 auf dem Parteitag mit großer Mehrheit zum Schatzkanzler der Partei gewählt)

Prinzessin *Margaret* von Großbrit. verzichtet auf Heirat mit schuldlos geschiedenem *Peter Townsend* vor allem auf Druck d. Staatskirche (ruft heftige Diskussionen hervor)

Regierung *P. Mendès-France* in Frankr. gestürzt

Frankreich verläßt vorübergehend die UN-Vollversammlung, weil sie die algerische Frage auf die Tagesordnung setzte, die Frankreich als innerfrz. Angelegenheit betrachtet

Schwere Unruhen in Marokko

Sidi Mohammed V. (ben Yussef) kehrt unter dem Druck der einheimischen Marokkaner auf Frankr. als Sultan von Marokko zurück; sein Gegner *El Glaoui*, Pascha von Marrakesch, unterwirft sich ihm fußfällig

E. Faure (Radikalsozialist) frz. Min.-Präs.; wird am Ende d. Jahres v. *Mendès-France* (Radikalsozialist) gestürzt. (Neuwahlen 1956 ergeben Regierung *Guy Mollet* (* 1905, Sozialist))

G. M. Malenkow tritt als Min.-Präs. der Sowjetunion zurück; wird Min. f. Energieversorgung u. stellvertr. Min.-Präs.; Marschall *Nikolai A. Bulganin* (*1895) Min.-Präs. der USSR bis 1957

In der USSR werden 5 hohe Politiker Georgiens, frühere Mitarbeiter von *Berija*, hingerichtet

J. B. Priestley: „Schafft den Narren fort" (engl. Drama gegen Totalitarismus)

Rehfisch: „Oberst Chabert" (Schauspiel, frei nach *Balzac*)

Jens Rehn: „Nichts in Sicht" (Erzählung)

Hans Werner Richter (*1908): „Du sollst nicht töten" (Dichtung aus der „Gruppe 47")

Alain Robbe-Grillet (* 1922): „Le Voyeur" („Der Augenzeuge", frz. Roman, vgl. 1957)

J. P. Sartre: „Nekrassow" (frz. Drama)

Grand Prix für Literatur der Académie Française an *Jean Schlumberger* (*1877) für sein Gesamtwerk

Hans Scholz (*1911): „Am grünen Strand der Spree" (Berliner Erzählungs-Zyklus; 1956 Berliner Fontane-Preis)

† *Robert E. Sherwood*, nordamer. Schriftsteller (*1896)

† *Heinrich Spoerl*, dt. humorist. Schriftsteller (*1887)

Karl Heinz Stroux geht als Intendant nach Düsseldorf (* 1908)

Frank Thieß: „Geister werfen keine Schatten" (Roman, Forts. v. „Die Straßen des Labyrinths" v. 1951)

Evelyn Waugh (* 1903, † 1966): „Officers and gentlemen" (engl. Roman)

Thornton Wilder: „Ein Leben in der Sonne" (nordamer. Schauspiel, n. d. Alkestis-Legende).

T. Williams: „Die Katze auf dem heißen Blechdach" (nordamer. Schauspiel)

~ Weltweite Diskussion über die wirtschaftlichen, sozialen, kulturellen und politischen Aspekte der „Zweiten industriell. Revolution" gekennzeichnet durch Automatisierung der Produktion u. Nutzung der Atomenergie

Rektoren von 88 europäischen Universitäten treffen sich auf Einladung d. Westeuropäischen Union zu einer Konferenz in Cambridge (Engl.), u. a. über „Spezialisierung und Allgemeinbildung"

Hochschulkonferenz in Bad Honnef um Probleme der Studenten- u. Hochschulnachwuchs-Förderung

Ausbildung von Hochschulingenieuren

	1950	1955
USA	50000	22000
UdSSR	28000	60000

Die Ausbildung von Technikern wird als ein Schlüsselpunkt d. wirtschaftlichen und politischen Wettstreits angesehen (vgl. 1957)

Nach amtlichen Zahlen beträgt in der USSR die Zahl (in Tausend) der Spezialisten mit

	1941	1955
höherer Ausbildg.	908	2184
mittlerer Ausbildg.	1492	2949

Konflikt zw. Staat und Kirchen in der DDR, weil der Staat die allg. Jugendweihe (atheistisch) durchsetzen will

Der ökumenische Rat der Kirchen (Weltkirchenrat) betont d. christliche Verantwortung gegenüber wirtschaftl. und sozial zurückgebliebenen Gebieten

Richard Lippold (*1915): „Meteor" (nordamer. Plastik aus Gold- u. farblosen Stahldrähten)
Richard P. Lohse (*1902): „Dreißig systematische Farbtonreihen" (schweiz. abstr. Gem. seit 1950)
J. Lynch: „Mobile design" (nordamer. Entwürfe f. Mobiles [Hängeplastiken])
Alfred Manessier: „Die Nacht von St. Jean de Luz" (frz. abstrakt. Gem.)
G. Marcks: „Albertus Magnus" (Modell zum Denkmal v. d. Kölner Univ.)
Marcello Mascherini: „Rhythmen", „Ikarus" (ital. express. Bronzen)
Georg Meistermann (*1911): „Gerüste" (abstrakt. Gem.)
Hans Mettel (*1903, † 1966): „Großer Sitzender" (Bronze)
† *Carl Milles*, schwed. Bildhauer, monumentaler Stil (*1875)
Mirko (*Basaldella*, *1910):„SteleNr.1", Stele Nr. 2", „Heroisches Motiv" (ital. Plastiken)
Ennio Morlotti (*1910): „Landschaft in der Brianza" (ital. Gem.)
Max von Mühlenen (*1903): „Schwarze Form auf weißem Grund" (schweiz. abstrakt. Gem.)
Zoran Music (*1909): „Dalmatinisches Motiv" (jugoslaw.-frz. abstr. Gem.)

Ernst Wilhelm Nay (*1902): „Gruß an *Scharoun*" (abstr. Gem.)
Ben Nicholson: „März 1955 (Amethyst)" (engl. abstr. Gem.)
† *Max Pechstein*, dt. express. Maler, Mitglied d. „Brücke", Mitbgr. d. „Berliner neuen Sezession" (*1881)
† *Auguste Perret*, frz. Architekt, u. a. Wiederaufbaupläne für Le Havre (*1874)
Picasso: „Göttliche Besucher i. Atelier" (span.-frz. Radierg.); 15 Variationen nach *Delacroix*s „Frauen in Algier" (span.-frz. Gem.)
Picasso-Ausstellung in Paris, Hamburg u. München (in letzterer 126 Gemälde, 57 Graphiken, 25 Zeichnungen, 35 Plastiken, 13 Keramiken)
Hans Purrmann (*1893): „Stilleben m. Früchten" (Gem.)
Attilio Salemme: „Madame X" (nordamer. kubist. Gem.)
Giuseppe Santomaso (*1907): „Zaumzeuge" (ital. abstr. Gem.)
† *Edwin Scharff*, dt. Bildhauer (*1887)
† *Rudolf Schlichter*, dt. Maler, d. „Neuen Sachlichkeit" (*1890)
Jan Stekelenburg (*1922): „Kathedrale von Reims" (ndl. express. Gem.)
Rupert Stöckl: „K 25/7/55" (abstr. Gem.)

Ausgrabung eines ägypt. Sonnentempels Abusir (nahe Kairo) aus d. Zeit 2500 v. Chr. (gilt als ältestes ägypt. Sonnenheiligtum)
Entd. eines Höhlenkultraumes am Kyffhäuser: 60 zerstückelte Skelette verkrüppelter Jugendlicher (wahrscheinl. Menschenopfer aus d. Zeit 2000 v. Chr.)
Entd. eines Grabes eines Frankenfürsten aus d. Zeit um 600 n. Chr. an der Erft; Beigaben: schwedisch. Schild u. rhein. Goldgürtelspange
Nach 25jährigen Versuchen ermitteln engl. Tierpsychologen folgende Reihenfolge der Intelligenz: 1. Schimpanse, 2. Kapuzineraffe, 3. Gorilla, 4. andere Affen, 5. Hund, 6. Katze, 7. Elefant, 8. Waschbär, 9. Schwein, 10. Pferd.
Erzeugung von 18 000° C in Argongas durch Stoßwellen in d. USA
~ Eine physikalische Laboreinrichtung für grundlegende Untersuchungen kostete Anfang des 19. Jhs. (*Faraday*) etwa 100 DM, Ende d. 19. Jhs. (*Hertz*) etwa 10 000 DM, um 1935 etwa 300 000 DM, modernes physikal. Inst. etwa 5 Mill. DM, Materialprüfreaktor etwa 50 Mill. DM
Mit den großen Hochspannungsmaschinen in d. USA („Cosmotron", „Bevatron") gelingt, künstlich Elementarteilchen von rd. 1000 (K-Mesonen) und 2000 (Hyperonen) Elektronenmassen herzustellen
Erzeugung von Element 101, Mendelevium, durch Bestrahlung des Elementes 99, Einsteinium, mit Alpha-Strahlen i. d. USA; Element 101 zerfällt durch spontane Kernspaltung innerhalb einiger Stunden
Internationaler Kongreß über „Friedliche Verwendung der Atomenergie" in Genf (unerwartet freimütiger Austausch von Erfahrungen zwischen West und Ost; Ergebn. in 16 Bdn. in Engl., Frz., Russisch und Spanisch)
Fordstiftung setzt jährlich einen Preis von 315 000 DM aus für friedliche Entwicklung der Atomenergie (1. Preisträger *Bohr*)

† *Jacques Fath*, Pariser Modeschöpfer (*1912)
A-Linie in d. Damenmode: hängende Schultern, keine Hüften, breite Röcke
Nordeuropa verzeichnet den „schönsten Sommer seit 100 Jahren"
Bundes-Gartenschau in Kassel
Louis Bobet (Frankreich) gewinnt z. 3. Mal hintereinander Tour de France (Straßen-Radrennen)
Donald Campbell (Sohn von *Malcolm C.*) stellt mit 325,606 km/St. in seinem Düsenmotorboot „Blue Bird" neuen Weltrekord auf, den er bald auf 347,9 km/St. erhöht
Sandor Iharoz (Ungarn) läuft über 5000 m Weltrekord in der Zeit 13:40,6
Roger Moens (Belgien) läuft mit 1:45,7 neuen Weltrekord über 800 m
Gordon Pirie siegt in 29:19,0 Min. üb. 10 000 m gegen *Zatopek*
„Sugar" *Ray Robinson* erlangt die Boxweltmeistersch. im Mittelgewicht zurück durch Sieg über *Carl Bobo Olson*

(1955)	USSR vermindert ihre Streitkräfte um 640000 Mann auf etwa 4,1 Mill. (damit beginnt eine internationale „Umrüstung", welche die Atomwaffen berücksichtigt) Staatsbesuch d. sowjetruss. Min.-Präs. *Bulganin* und d. Parteisekretärs *Chruschtschow* in Belgrad beendet die Verfemung des „Titoismus" im sowjet. Machtbereich (diese Politik führt im Ostblock zu nationalkommunistischen Bestrebungen, die sich 1956 besonders in Polen und Ungarn auswirken) Sowjetruss. Min.-Präs. *Bulganin* u. Parteisekretär *Chruschtschow* reisen nach Indien, Burma und Afghanistan; werden bes. i. Indien stürmisch begrüßt. USA antworten mit Beschlüssen, Ostasien wirtschaftlich verstärkt zu helfen USSR gibt Flottenstützpunkt Porkkala an Finnland zurück (wurde 1944 abgetreten) Sowjetunion verkauft Waffen an Ägypten (stärken Ä. gegen Israel) Ernster Zwischenfall zw. Truppen Israels und Jordaniens am See Genezareth (Spannung verschärft sich während der Suezkrise 1956) Asiatisch-afrikanische Konferenz in Bandung mit 29 Nationen einschl. d. Volksrepublik China (wird als Zeichen d. fortgeschrittenen Emanzipation der ehemaligen Kolonialvölker gewertet) Europareise *Nehrus*, um im kalten Krieg zwischen Ost und West zu vermitteln Internationale Krise um die Formosastraße; militärische Zwischenfälle zw. d. nationalchines. Regierung auf Formosa und d. volksrepublikan. Reg. auf d. chines. Festland USA verkünden eine Politik der Stärke *Syngman Rhee* verlangt Ausweisung d. Internationalen Waffenstillstandskommission aus Südkorea; droht mit Angriff auf Nordkorea; setzt sich nicht durch	*Zuckmayer*: „Das kalte Licht" (Drama um Atomspionage) „Texte und Zeichen. Eine literarische Zeitschrift" (Hersg. *Alfred Andersch*) In der BRDtl. werden 1955 16240 Buchtitel verlegt *Bertelsmann* GmbH i. Gütersloh gegrdt. (zum Massenvertrieb v. Büchern u. Schallplatten) In den USA gibt es 8512 Buchverkaufsstellen u. 8420 öffentliche Bibliotheken; in der BRDtl. u. Westberlin [1950] 4444 Buchverkaufsstellen u. Bibliotheken Buchproduktion d. Erde rund 5 Mrd. Bände, davon etwa 50% Schulbücher Wiener Burgtheater mit „König Ottokars Glück und Ende" von *Grillparzer* neu eröffnet Internationale Tagung für Theaterwissenschaft in London Darmstädter Gespräche über das Theater 150. Auftritt der „Insulaner"; Berliner politisches Kabarett von *Günter Neumann*, mit *Bruno Fritz, Walter Gross, Tatjana Sais* u.a.	Durch eine „liebevolle Indiskretion" wird eine „Christusvision" des Papstes bekannt (ruft kritische Stellungnahmen nichtkatholisch. Kreise hervor) Enzyklika „Musicae sacrae" Starke Diskussion in Großbrit. über Rundfunkvorträge: „Moral ohne Religion" Brit. Unterhaus lehnt mit geringer Mehrheit ab, die Todesstrafe versuchsweise für 5 Jahre zu suspendieren (1956: Mehrheit gegen Todesstrafe) ~ Das Problem der Jugendverwahrlosung („Halbstarke") wird in Presse und Öffentlichkeit — oft wenig pädagogisch — diskutiert, teils wird Kriegs- und Nachkriegsschädigung, teils zu geringe Strenge der Erzieher verantwortlich gemacht Lynchmord im Staate Mississipi (USA) an einem 14jährigen Negerjungen, weil eine weiße Frau sich durch seinen Pfiff beleidigt fühlte; die Täter werden freigesprochen (bis dahin seit 1946 10 Lynchfälle in den USA, seit 1951 keiner) Multiple Faktoren-Analyse zur Unters. v. Vielfaktoren-Problemen d. Psychologie (entw. seit 1947 durch *L. L. Thurstone* [* 1887, † 1955] i. USA)

† *Yves Tanguy*, frz. surrealist. Maler, s. 1939 in USA (*1900)
Hans Trier (*1915): „Nestbau II" (abstr. Gem.)
Heinz Trökes: „Planetenwinter" (abstr. Gem.)
Hans Uhlmann: „Stahlplastik" (abstrakt)
† *Maurice Utrillo*, frz. Maler bes. von Stadtansichten in einem impressionist. Stil (*1883)
Robert Vickrey: „Konversation" (n.-amer. surreal. Gem.)
Fritz Winter: „Bewegung im Raum", „Geöffnet n. Weiß" (abstr. Gem.)
„documenta". Kunst des 20. Jhs. Internationale Ausstellg. im Museum Fridericianum in Kassel
„The Family of Man" („Die Menschenfamilie"; Photoausst. mit 503 Bildern aus 68 Ländern im Museum of Modern Art, New York (1956 auch in Dtl.)
„The New Decade" („Die letzten 10 Jahre"); Ausstellg. moderner Kunst im Museum of Modern Art in New York mit Werken der europäischen Künstler: *Afro, Appel, Armitage, Bacon, Bazaine, Burri, Butler, Capogrossi, Chadwick, Dubuffet, Hadju, Manessier, Minguzzi, Mirko, Pignon, Richier, Scott, Soulages, Uhlmann, Vieira da Silva, Werner, Winter*; u. d. amerikanischen Künstler: *Amino, Baziotes, Brooks, Brown, Congdon, de Kooning, Ernst, Ferber, Fuller, Glasco, Gordin, Gottlieb, Greene, Hare, Heliker, Katzmann, Kienbusch, Kline, Lassaw, Lippold, Lipton, Motherwell, Murch, Perlin, Pickens, Pollock, Pousette-Dart, Reinhardt, Russel, Salemme, Sharrer, Stamos, Tomlin, Tooker, Vickrey.*
Die moderne Malerei im Stil *Picassos* wird i. d. BRDtl. folgendermaßen bewertet:
(in Prozent)

	ja	nein	unentsch.	uninter.
allgem. mit mittl.	6	32	11	51
Schulbildg. mit	13	42	24	21
Abitur	16	45	26	13

Umfrage d. Inst. f. Demoskopie bei 1046 Frauen über Wohnraum - Geschmack:
7% bevorzug. ganz moderne Räume; 30% einfach. Werkstättenstil; 61% gängige Möbelkonfektion m. Hochpolitur; 2% den dunklen Wohnraum im Stil um 1900. Die gängige Konfektion ist besonders b. d. älteren Jahrgängen, insbes. b. Arbeitern, Beamten u. d. Landbevölkerung beliebt
Parteisekretär der KPDSU *Chruschtschow* verurteilt

Brit. Reg. stellt 51 Mill. Pfund (etwa 600 Mill. DM) für Atomkernforschung zur Verfügung; BRDtl. (1956) rd. 24 Mill. DM
Neutrino-Nachw. mit 400 000 l Flüssigkeitszähler i. 1600 m Tiefe i. USA (Anf. ein. Neutrino-Astronomie)
Großbrit. plant an Stromerzeugungskapazität und Anteil der Atomenergie:
für 1965 35—40 Mill. kW
davon 5% Atomenergie
für 1975 55—60 Mill. kW
davon 20—25% Atomenergie
Von etwa 1300 vorhandenen Elektronen-Mikroskopen stehen etwa 450 in den USA, etwa 57 in Deutschland
Internat. Konferenz über automatische Fabriken in Engl. (diese stark von der Elektronik beeinflußte „Automatisation" gilt als Beginn einer neuen industriellen Revolution)
„Volkswirtschaftliche Regelvorgänge im Vergleich zu Regelungsvorgängen der Technik" (ökonometrische Tagung)
Zur Erzeugung einer kWh in der BRDtl. wird 0,5 kg Steinkohle verbraucht (1948: 0,65 kg/kWh, 1900: 1,5 kg/kWh)
Titanproduktion in den USA rd. 10000 t (1953: 2250 t)
Synthetischer Diamant „Borazon" unter hohem Druck in d. USA hergestellt (hitzefest bis 1950° C)
Werkzeugmaterial auf keramischer Grundlage ermöglicht Schnittgeschwindigkeiten bei Metallbearbeitung bis 2500 m/min (bisher Hartmetallwerkzeuge max. 250 m/min)
Drehzahlbereich von Drehbänken
1955 20—3000/min, stufenl. regelb.
1938 15—1200/min
1914 15— 360/min   in Stufen
1900 10— 150/min   regelbar
1870 12— 120/min
Schaufelradbagger für 100000 cbm/Tag und 7380 kW elektr. Leistungsbedarf, Gesamtgewicht 5600 t im rheinischen Braunkohlengebiet

Gerhard Hecht d. Sieg über *Heinz Neuhaus* dt. Box-Schwergewichtsmeister
Hans Günter Winkler wird in Aachen zum 2. Mal Weltmeister d. Springreiter
Kanada erlangt Weltmeisterschaft i. Eishockey durch Sieg über die USSR
Fußballweltmeister Dtl. unterliegt in Moskau gegen die USSR 2:3 (erstmalig größerer Reiseverkehr von der BRDtl. in die Sowjetunion nach dem Kriege)
Rot-Weiß Essen schlägt in der dt. Fußballmeisterschaft 1. FC Kaiserslautern 4:3
Dtl. erlangt über d. Schweiz wieder Handball - Weltmeisterschaft
Lohmann (Dtl.) radelt hinter Motorschrittmacher 94,106 km in einer Stunde
Katastrophe beim Autorennen in Le Mans (Frankreich) mit 82 Toten; das Rennen wird weitergefahren; Mercedes zieht seine Wagen zurück

Antennenturm in Oklahoma (USA) mit 479 m höchstes Bauwerk der Erde
Opt. Kamera mit sofortentwickelten Bildern (Polaroid)

(1955)

Präsident *Eisenhower* ernennt *Harold Stassen* (* 1907) zum Minister f. Abrüstungsfragen (tritt 1958 zurück)

H-Bomben-Luftschutzübung in den USA; Regierung verläßt Washington (die fiktive Zahl der Toten durch 61 Bomben beträgt etwa 16 Millionen)

Präsident *Eisenhower* erleidet einen Herzanfall, was große politische und wirtschaftliche Unruhe in der westl. Welt auslöst

Parteirepubl. USA-Regierung veröffentlicht Dokument über die Jalta-Konferenz von 1945, um gegen die Demokrat. Partei einen Propagandaerfolg zu erzielen (wird bes. außerhalb d. USA kritisiert)

USA stellen neue H-Bomben-Explosion i. d. USSR fest (wird v. d. Sowjetunion als „bisher stärkste" bestätigt)

Erster H-Bomben-Abwurf vom Flugzeug in der USSR (USA folgen 1956)

Otto Hahn, der Entdecker der Spaltung d. Urankerns, warnt vor den vernichtenden radioaktiven Wirkungen der Atombombe mit Kobalt-Mantel

Die Menge spaltbaren Materials (Uran 235 u. Plutonium) in den USA wird ausreichend für etwa 35000 Atombomben geschätzt, in der USSR für 15000 A-Bomben

Diskussion in den USA, ob die USSR einen Vorsprung in der militärischen Luftfahrttechnik zu gewinnen drohen (wird auch als Ausdruck der Konkurrenz zw. Heer, Marine und Luftwaffe i. d. USA angesehen, in dem die Luftwaffe einen Vorsprung in der Mittelbewilligung erringt)

† *Cordell Hull*, parteidemokr. Außenminister d. USA 1933–44; Friedens*nobel*pr. 1945 (* 1871)

Militärputsch in Argentinien beseitigt die auf die Staatsgewerkschaften gestützte Diktatur *Juan Peróns* (seit 1946). Nach dem Sturz *Peróns* folgen sich rasch zwei Revolutionsregierungen

die reichverzierende sowjetische Architektur der *Stalin*zeit. Diese Kritik findet ihr Echo in der DDR und richtet sich auch gegen die *Stalin*allee in Berlin

---

„Marty" (nordamer. Film, Regie: *Daniel Mann*, Darst.: *Ernest Borgnine, Betsy Blair* u.a.)

„End of the Road" (nordamer. sozialkrit. Film, Regie: *Wolf Rilla*, Darst.: *Finlay Curry* u.a.)

„Jenseits von Eden" (nordamer. Farbfilm, Regie: *Elia Kazan*, Darst.: *James Dean, Julie Harris* [* 1925] u.a.)

„Die tätowierte Rose" (nordamer. Film, Regie: *Daniel Mann*, Darst.: *Anna Magnani* [* 1908, † 1973], *Burt Lancaster* [* 1913] u.a.; n. d. Bühnenstück)

„Fenster zum Hof" (nordamer. Farbfilm, Regie: *Alfred Hitchcock* [* 1899], Darsteller: *James Stewart* [* 1908], *Grace Kelly* [* 1930] u.a.)

„Blackboard Jungle" („Die Saat der Gewalt", nordamer. Film um das Problem der Jugendkriminalität)

„Das verflixte 7. Jahr" (nordamer. Film, Regie: *Billy Wilder*, Darst.: *Marilyn Monroe* [* 1928] u.a.)

„Oklahoma" (nordamer. Breitleinwandfilm nach dem erfolgr. Musical von *Richard Rodgers*)

„Richard III." (engl. Shakespeare-Film; Produzent, Regisseur u. Hauptdarsteller *Laurence Olivier*)

„Ladykillers" (engl. Farbfilm, Regie: *Alexander Mackendrick*, Darst.: *Alec Guinness, Kathie Johnson* [† 1957] u.a.)

„Ciske — Ein Kind braucht Liebe" (niederl. Film, Regie: *Wolfgang Staudte*, Darst.: *Dick van der Velde, Heli Finkenzeller, Berta Drews* u.a.)

„Kinder, Mütter u. ein General" (Film, Regie: *Laslo Benedek*, Darst.: *Hilde Krahl, Therese Giehse, Ewald Balser* u.a.)

„Es geschah am 20. Juli" (Film, Regie: *G. W. Pabst*, Darst.: *Bernhard Wicki, Karl Ludwig Diehl* [* 1896, † 1958] u.a.)

„Himmel ohne Sterne" (Film, Regie: *Helmut Käutner*, Darst.: *Eva Kotthaus, Erik Schuman* u.a.)

„Rififi" (frz. Film, Regie: *Jules Dassin*, Darst.: *Jean Servais, Jules Dassin, Marcel Lupovici* u.a.)

„Das Geheimnis des Marcelino" (span. Film, Regie: *Ladislao Vajda*)

~ Zahlreiche Wiederverfilmungen (Remakes) früherer erfolgreicher Filmstoffe; mehrfach Zusammenstellungen früherer Filmszenen mit bek. Schauspielern

„Lärmbekämpfung, Grundlagen und Übersicht" (kennzeichnend f. d. wachsende Bedeutung dies. Problems)

Okertalsperre (im Harz) wird gebaut

„Dt. Lufthansa" nimmt wied. Luftverkehr auf (dt. Verkehrsflugzeuge werden noch nicht gebaut)

80% aller Automobile werden in 20 Typen in d. USA gebaut; die restlichen 20% in 100 Typen

Volkswagenwerk produziert 330 120 (1950: 91 038), exportiert 177 591 (29 387) Wagen, insgesamt den millionsten Wagen

Erste schlauchlose Autoreifen in Dtl. (entwickelt in den USA)

Kabinenroller „Isetta" (f. 2 Personen, 4rädrig)

Ausgaben in der BRDtl. pro Kopf d. Bevölkerung f. alkohol. Getränke 131,00 DM, für Rauchwaren 87,00 DM, für Kinobesuch 13,00 DM, für Totowetten 7,70 DM

Schweden hebt Einschränkung. d. Alkoholismus auf

Tuberkulosesterblichkeit in Dtl.: 2 auf 10000 Einw. (1892: 26/10000) Mit 5,4 Mill. BRT wird ein Höchststand des Weltschiffsbaus seit 1920 erreicht

Geschätzte Energiereserven der Erde in Mrd. Tonnen Kohlenäquivalent:
Kohle 3000
Öl, Gas 450
dazu jährlich aus Wasserkraft 2,5. Diese Vorräte reichen bis z. Jahre 2090, wenn pro Jahr Energieverbrauch um 3% wächst und ab 2050 konstant bleibt. Uran u. Thorium-Vorräte reichen f. Atomenergie für etwa 1700 Jahre, wenn Verbrauch ab 2000 konstant. Im Jahre 2000 wird d. Energiebedarf d. gegenüber 1950 verdoppelten Menschheit etwa 5mal höher geschätzt In Äquatorial-Afrika werden Wasserkraftwerke mit 3,5 Mill. kW ausgebaut (die Reserven des unteren Kongolaufes betragen allein 100 Mill. kW; i. d. USA werden von 85 Mill. kW 20 Mill. genutzt)

Energieerzeugung pro Kopf u. Jahr in den USA 3200 kWh (1913: 160 kWh)

Anteile an den Lebenshaltungsausgaben in der BRDtl. (in %)
Nahrungsmitt. 41
Bekleidung 14
Wohnung 9
Bildg, Unterh. 8
Hausrat 8
Genußmittel 7
Heiz., Beleucht. 6
Hyg., Reinig. 4
Verkehr 3

Höchststand d. arbeitstägl. Produktionsindex i. der BRDtl. a. 1.11. 235 (geg. 204 am 1.11.54) und in Berlin a. 15.9. mit 111 (geg. 90 am 15.9.54) (1936 = 100)

Spareinlagen i. der BRDtl. in Mill. DM a. Jahresende:
1955 20 668
1954 16 717
1953 11 241
1952 7 404
1951 4 984
1950 4 066
1949 3 061
1948 1 599

Betriebsunfall i. US-Testreaktor kann ohne gesundheitliche Schäden kontrolliert werden

Triebfahrzeug-km d. Dt. Bundesbahn

	1955	1950
Dampflok-km	76,1%	88,2%
Dieseltrieb-km	12,9%	3,0%
Elektrotrieb-km	11,0%	8,8%

Wirtschaftl. Indexzahlen f. BRDtl. (1950=100)

	1951	1955
Industr.-Prod. insges.	118	178
Grundstoff-Prod.	118	174
Invest. Güter-Prod.	131	233
Verbr.-Güter-Prod.	114	162
Lebenshaltungskosten	108	110
Industr. Produktivität	111	140
Bruttowochenverdienst:	113	144
	(=DM 68,52)	(=DM 86,85)

Wirtschaftsentwicklung in der DDR:

	1950 (Ist)	1955 (Ist)	1960 (Plan)
Industrie-Bruttoprod. (Mrd. DM)	23,0	44,4	68,8
Elektr. Mrd. kWh	18,9	28,8	44,0
Braunk. Mill. t	137	200	260
Rohstahl Mill. t	1,0	2,5	3,5
Zellst. 1000 t	80	106	118
Baumw. Mill. qm	261	264	395
Schuhe Mill. Paar	8,5	17	22
Kühlschr. 1000 St.	—	17	110
Fernseher 1000 St.	—	39	350
Butter 1000 t	—	126	163
Zucker 1000 t	—	655	950

Brutto-Sozialprodukt der USA und seine Verwendung (Mrd. Dollar):

Brutto-Sozialprod.	391
Verbrauchsausgaben	254
Verteidigung	41
andere Staatsausgaben	35
Wohnungsbau	17
Industriebau	16
Investitionen	24
Inventarbewegung	4
Auslandsbilanz	−1

Vom Weltsozialprodukt entfallen auf rd. je ein Drittel der Erdbevölkerung 85%, 10% und 5%

(1955)

Staatsstreich der Armee in Brasilien: geschäftsführender Präsident *Luz* tritt zurück

Folgende Staaten werden neu in die UN aufgenommen: Albanien, Bulgarien, Ceylon, Finnland, Irland, Italien, Jordanien, Kambodscha, Laos, Libyen, Nepal, Österreich, Portugal, Rumänien, Spanien, Ungarn (Nichtmitgl.: Dtld., Japan [tritt 1956 ein], Korea, Monaco, San Marino, Schweiz, Vatikan, Vietnam)

Fraktionen im Schweizer Nationalrat	1955	1939
Sozialdemokraten	53	45
Freisinnige	50	51
Kathol. Konservative	47	43
Bürger-, Gewerbe-, Bauernpartei	22	22
Duttweiler	10	9
Liberaldemokraten	5	6
Demokraten	5	6
Sonstige	4	14
Insgesamt	196	196

1323 km/st Fluggeschwindigkeit über 18 km in 12 km Höhe (USA) (1956: 1822 km/st); Flughöhenweltrekord mit 20079 m (Großbrit.)

Probeflug um die Erde des brit. Düsenverkehrsflugzgs. „Comet III"

Brit. Düsenflugzeug „Canberra" fliegt die Strecke London—New York—London in 14 st 21 min

Langstrecken-Verkehrsflugzeug Douglas DC 8 mit 4 Turbinen-Luftstrahl-Triebwerken für 115 t. Startgewicht: über 100 Fluggäste mit 900 km/st über 5500 km

Douglas C-133 A, der größte Luftfrachter der Welt, mit 4 T-34-Propeller-Turbinen-Luftstrahl-Triebwerken zu je 5800 PS (Kolbentriebwerke treten vermutlich in Zukunft im Langstreckenflug zurück)

Brit. Diesel-Lok mit 2×3300 PS-Motoren für Schnellzüge bis 145 km/st

Die amtl. Statistik der USSR weist aus

	1940	1955	
Rundfunkgeräte	1,12	6,10	Mill.
Fernsehgeräte	—	0,82	Mill.
Filmtheater	15,5	33,3	Tausend
Veröffentl. Buchtitel	45,8	54,7	Tausend
Büchereien	277	392	Tausend
Bücher in Büchereien	527	1351	Mill.
Zeitungen (Zahl)	8,8	7,2	Tausend
Auflage d. Zeitungen	38	49	Mill.

Wirtschaftszahlen für Westeuropa, USA und USSR

	Westeur.		USA		USSR		(Plan)
	1950	1955	1950	1955	1950	1955	1960
Bev'k. (Mill.)	164	169	152	165	200	216	233
Kohlen (Mill. t)	517	560	501	448	260	390	593
Rohöl (Mill. t)	2,4	4	270	332	38	71	135
Strom (Mrd. kWh)	150	210	389	623	91	170	320
Stahl (Mill. t)	46	67	88	106	27	45	68

Produktion in der USSR nach amtlichen Angaben

	1940	1955	
Stahl	18,3	45,3	Mill. t
Kohle	165,9	391,0	Mill. t
Öl	31,1	70,8	Mill. t
Elektrizität	48,3	170,1	Mrd. kWh
Traktoren	31,6	153,4	Tausend
Kraftwagen	145,4	445,3	Tausend
Baumwolle- und Wolltuch	4074	6155	Mill. m
Lederschuhe	211	274,5	Tsd. P.
Butter	266	459	Tsd. t

Amtliche Statistik der USSR verzeichnet für 1950

Einwohner 200 Mill., davon 87 Mill. Städter

Städt. Beschäftigte 48,14 Mill., davon 45% weiblich und 17,4 Mill. in der Industrie

Die USSR weist pro 1000 der Bevölkerung aus

	1940	1955
Geburten	31,7	25,6
Todesfälle	18,3	8,4

Entwicklung der realen industriellen Produktion in Mrd. Dollar (Kaufkraft 1929)

	1850	1900	1913	1929	1937	1950	1955
USA	1,9	19,4	37,6	68,0	69,9	129,8	160,7
USSR (Rußl.)	.	2,7	4,6	7,9	24,5	42,6	77,6
Dtl. (W. u. O.)	1,0	9,1	15,0	17,6	20,7	17,9	30,8
BRDtl.	.	.	.	.	.	13,1	23,5
Großbrit.	3,5	11,3	14,8	14,8	18,9	23,0	27,7
Frankreich	1,5	4,7	7,4	10,5	9,1	10,2	14,3
Kanada	.	0,9	2,4	3,9	4,2	8,1	10,2
Japan	.	0,5	1,3	4,2	7,1	4,4	9,4

(1 USA-Dollar v. 1929 = 2 USA-Dollar v. 1955; die amtl. Ziffern der USSR lauten für 1950 80 und 1955 140 Mrd. Dollar v. 1929; auch westl. Beobachter rechnen mit der Möglichkeit, daß die USSR in den nächsten Jahrzehnten die USA einholen)

| 1956 | Kein Friedens*nobel*preis
~ Sprengwirkung v. Atomwaffen
28-cm-Atomgr. 0,015 Mill. t TNT
A-Bombe, takt. 0,015 Mill. t TNT
A-Bombe, strat. 0,12 Mill. t TNT
H-Bombe 1952 5 Mill. t TNT
H-Bombe 1955 45 Mill. t TNT
(die über Dtl. im 2. Weltkrieg abgeworfene Bombenmenge entsprach etwa 1 Mill. t TNT)
Das Weltpotential an Atombomben wird auf 50000 geschätzt, davon etwa 35000 f. d. USA, 15000 f. d. USSR
1. Abwurf einer nordamer. Wasserstoffbombe vom Flugzeug (in der USSR: 1955)
Londoner 5-Mächte-Verhandlungen üb. Abrüstung ohne Einigung
USSR will Streitkräfte um 1,2 Mill. Mann erniedrigen (wird als Teil der „Umrüstung" i. Atomzeitalter gedeutet)
Atlantikrat empfiehlt Erweiterung der NATO auf polit. u. wirtschaftl. Gebiet; Grdg. d. sog. „Rates der Drei Weisen"
CDU-Regierung *K. Arnold* (* 1901, † 1958) in Rheinland-Westfalen v. einer Koalition zwischen SPD, FDP und Zentrum gestürzt, *F. Steinhoff* (SPD) Min.-Präs.
FDP-Bundesvorstand kündigt Koalition mit d. CDU im Bundestag (1958: CDU-Regierung)
Ministerflügel der FDP-Bundestagsfraktion, der die Politik d. Parteivorsitzenden *Dehler* bekämpft, grd. „Freie Volkspartei" (FVP) (1957 vereinigt sich FVP mit der Deutschen Partei [DP])
Landtagswahlen in Baden-Württemberg: CDU 42,6%, SPD 28,9%, FDP 16,6%: Reg. *Gebhard Müller* (* 1900, CDU)
Bundestag verabschiedet mit $^2/_3$-Mehrheit Wehrergänzg z. Grundgesetz; 20 Abg. d. SPD stimmen dagegen. Bundesrat stimmt auf einer Sitzung in Berlin zu. Erste Einheiten der Bundeswehr
Parteitag d. CDU in Stuttgart; *Adenauer* wieder Bundesvorsitzend.
Staatsbesuch d. Bundespräs. *Heuss* in Griechenland | Literatur-*Nobel*preis an *Juan Ramon Jiménez* (* 1881, span. Lyriker)
Friedenspreis des dt. Buchhandels an *Reinhold Schneider*
Prix Goncourt für *Romain Gary* „Les racines du ciel" (russ.-frz. Roman, dt. Übertragung „Die Wurzeln des Himmels")
Georg-Büchner-Preis für *Karl Krolow*
Hansischer Goethepreis f. *Walter Gropius*
Fontane-Preis (Berlin) für *Hans Scholz*
Jean Anouilh: „Pauvre Bitoz" (frz. Tragikomödie)
† *Gottfried Benn*, dt. Lyriker u. Arzt; pflegte expressionist. u. monologischen Stil (* 1886)
Mattias Braun (* 1933): „Die Troerinnen des Euripides" (Nachdichtung d. pazifist. griech. Dramas)
† *Bert(olt) Brecht*, dt. Dichter, zuletzt in der DDR; schrieb u.a. „Die Dreigroschenoper" mit *Weill* (1928) (* 1898)
† *Louis Bromfield*, nordamer. Erzähler; schrieb 1938 „Der große Regen" (* 1896)
Heimito von Doderer: „Die Dämonen" (Rom.)
Wladimir Dudinzew: „Der Mensch lebt nicht vom Brot allein" (russ. Roman, gilt als Bruch mit dem „sozialist. Realismus")
Fr. Dürrenmatt: „Der Besuch der alten Dame" (schweiz. Schauspiel)
† *Alexander Fadejew* (Freitod), russ. Dichter in der USSR (* 1901) | † *Leo Baeck*, jüd. Theologe; schrieb 1905 „Das Wesen des Judentums"; förderte jüd.-christl. Verständigung (* 1873)
R. F. Benedict: „Urformen der Kultur" (nordamer. Völkerpsychologie durch Studien an Primitiven)
E. Bloch: „Das Prinzip Hoffnung" (3 Bände seit 1954)
W. de Boor: „Pharmakologische Psychopathologie" (medikamentöse Behandlung v. Geisteskranken)
R. Dahrendorf: „Industrie und Betriebssoziologie"
A. Gehlen: „Urmensch und Spätkultur" (Kultur ist vom Menschen umgearbeitete Natur)
P. R. Hofstätter: „Sozialpsychologie"
L. v. Holzschuher: „Psychologische Grundlagen der Werbung" (Reklamepsychologie)
J. Huizinga: „Homo ludens" („Der spielende Mensch", Psychologie der Phantasie)
I. Jakab: „Zeichnungen und Gemälde der Geisteskranken"
† *Alfred Kinsey*, nordamer. Biologe u. Sexualforscher (* 1894)
† *Ludwig Klages*, dt. Philosoph u. Psychologe; schrieb u.a. „Der Geist als Widersacher der Seele" (1929–32) (* 1872)
Walter Krickeberg: „Altmexikanische Kulturen"
W. Lange-Eichbaum u. *W. Kurth:* „Genie, Irrsinn und Ruhm" (Psychologie d. Anomalen) |

Adolf Abel u. *Rolf Gutbrod:* Liederhalle in Stuttgart (asymmetrisch, 2000 Sitze)
Carlo Baratelli (*1926): „Orange et brun" (schweiz. abstrakt. Gem.)
Renato Birolli (* 1906): „Die Nacht" (ital. Gemälde)
Wolf Bloem: „Paris, Notre Dame bei Nacht" (Gemälde)
Manfred Bluth: „Rudolf Springer" (Porträtgemälde)
Walter Bodmer (* 1903): „Komposition in 2 Teilen" (schweiz. Gemälde)
Enzo Brunori (* 1924): „Grüner Baum", „Anemonen" (ital. Gem.)
Bernard Buffet: „Der Schädel", „Kanal Saint Martin", „Selbstbildnis" (frz. Gem.)
Reg Butler: „Sinnendes Mädchen" (engl. Bronze)
Bruno Cassinari (*1912): „Herbst" (ital. abstr. Gem.)
Chagall: „Das grüne Pferd", „Huldigung an Gauguin" (russ.-frz. Gem.)
Fabrizio Clerici: „Complesso di tre templi dell' Uovo" (ital. surreal. Gem.)
Guy Dessauges (* 1924): „Winter" (schweiz. Gem.)
Ernst Faesi (*1917): „Architektonischvegetativ" (schweiz. abstr. Gem.)
† *Lyonel Feininger,* kubist. Maler des Bauhaus-Kreises, zuletzt in USA (*1871)

† *Hermann Abendroth,* dt. Dirigent (*1883)
Benjamin Britten: „The Prince of the Pagodas" (Ballett)
† *Guido Cantelli* (Flugzeugabsturz), ital. Dirigent; Meisterschüler *Toscaninis* (*1920)
Joh. Nepomuk David: „Sinfonia breve"
Hans Ulrich Engelmann (*1921): „Die Mauer" (radiophonische Kantate)
Heimo Erbse: Sinfonietta giocosa
† *Walter Gieseking* (*1895), international bekannter deutscher Pianist
† *Alexander Gretschaninoff* (*1864), russ. Komponist, seit 1925 Paris und d. USA (Klaviermusik und Lieder)
Hermann Heiß: „Expression K", Liederzyklus n. *Kafka*
Hans Werner Henze: „Concerto per il Marigny" (Klavier u. 7 Soloinstrumente) „König Hirsch" (Oper, Text n. *Gozzi* v. *H. v. Cramer*), Urauff.
Herbert v. Karajan (*1908): dt.-österr. Dirigent, löst *Karl Böhm* an der Wiener Staatsoper ab

*Nobel*preis für Physik an *William Shockley, John Bardeen, Walter H. Brattain* (alle USA) für Entwicklung des Transistors (Kristallverstärker, vgl. 1948)
*Nobel*preis f. Chemie an *N. N. Semenow* (USSR) und *Cyril Norman Hinshelwood* (*1897, Großbrit.) für die Erforschung chemischer Kettenreaktion
*Nobel*preis f. Medizin an *Werner Forssmann* (* 1904, Dtl.), *André Cournand* (* 1894, USA) und *Dickinson W. Richards* (* 1894, USA) für erste Herzkatheterisierung (1929) bzw. ihre Entwicklung zu der Standardmethode (seit 1940)
Luis W. Alvarez und 11 andere Physiker entd. in den USA die Verschmelzung eines Protons mit einem Deuteron zu Helium 3 bei tiefer Temperatur mit katalytischer Hilfe eines kurzlebigen Mesons (erscheint grundsätzlich wichtig als energielieferender Kernfusionsprozeß bei tiefer Temperatur)
T. C. Carter und Mitarbeiter (Großbrit.) berichten über Dauerbestrahlung von Mäusen mit energiereichen (Gamma-) Strahlen (erweist die großen Schwierigkeiten bei Säugetieren, Feststellungen über strahlungsausgelöste Erbänderungen zu machen)
Cork, Lambertson, Piccioni u. *Wenzel* entd. das Antineutron, das ein zum Neutron entgegengesetztes magnetisches Moment hat
H. Fraenkel-Conrat u. *B. Singer:* Viren lassen sich in Eiweiß- und Nukleinsäure-Komponente zerlegen und wieder zu aktiven Einheiten zusammensetzen. Nukleinsäure trägt Erbeigenschaften, Eiweiß serologisches Verhalten (1957 gelingt Nachweis, daß sich Eiweiß und Nukleinsäure verschiedener Stämme wirksam kombinieren lassen)
† *Christian Gerthsen,* dt. Physiker bes. Atomkernphysik (*1894)
L. Groß: Elektronenmikroskopischer Nachweis des Viruserregers
D. Hodgkin Strukturformel v. Vitamin B₁₂

Außenminister d. Montanunion-Staaten beschl. europ. Atomplan: „Euratom"
Frederick Pollock, Alfred Weber u.a.: „Revolution der Roboter" (Unters. über Probleme der Automatisierung)
Hermann Roloff: Gesamtbebauungsplan der neuen Stadt Kaster (Beispiel einer einheitlichen Stadtplanung für 10000 Einw.)
† *Ernst Wagemann,* dt. Volkswirtsch. und Statistiker; grdte. 1925 Inst. f. Konjunkturforschung; 1923—33 Präs. des Statist. Reichsamtes (*1884)

Bruttosozialprodt. d. BRDtl. u. seine Verwendung (Mrd. DM):

	1951	1956
in Preisen 1936	62,7	91,9
in jeweil. Preisen	113,6	180,2
Privatverbrauch	65,1	101,8
Staatl. Verbr.	18,4	25,8
Bruttoinvest.	28,1	47,0
Außenbeitrag	2,0	5,6

Verfügbares Einkommen d. Privathaushalte d. BRDtl. und Sparquote:

	Eink. (Mrd. DM)	Sp.Qu.
1951	67,8	4,0
1954	88,6	7,8
1956	108,4	6,1

(1956)

| |  | |

Adenauer und *Mollet* einigen sich üb. Rückgliederung d. Saargebietes, das polit. ab 1.1.57 (frz. wirtschaftl. Vorrechte b. 1959) zu Dtl. zurückkehrt, und Bau eines Moselkanals im bes. Interesse der lothringischen Industrie

Parteitag u. Konferenz der SPD in München bzw. Düsseldorf diskutieren Probl. d. „Zweiten Industriellen Revolution" unt. bes. Berücks. der Bildungsfragen. *Ollenhauer* wieder 1. Vorsitzender

Dt. Bundestag verabschiedet gegen die Stimmen der Opposition 12monat. Wehrpflichtgesetz

Treffen *Nehru-Adenauer* in Bonn

Bundesverfassungsgericht verbietet Kommunistische Partei Deutschlands auf Klage der Bundesreg. hin

Hitler amtlich für tot erklärt

Bundesreg. läßt in Moskau Memorandum z. Wiedervereinigung Dtls. überreichen (wird abgelehnt)

Kg. *Paul I.* und K.gin *Friederike* v. Griechenland besuchen BRDtl.

Bundestag tagt in Berlin

Nach Rücktritt der 4 FVP-Minister scheiden aus der Bundesreg. aus: *Th. Blank* (Verteidigung), *Neumayer* (Justiz), *W. Kraft* u. *H. Schäfer* (ohne Ressort). *F. J. S. Strauß* wird Verteidig.-Min. (vorher Atom), *Balke* Atommin. (vorher Post), *v. Merkatz* auch Justizmin. (zugl. wirtsch. Zusammenarbeit); *Ernst Lemmer* (*1898, +1970, CDU Berlin) Postminister

Kommunalwahlen in Nordrhein-Westfalen, Baden-Württemberg, Rheinland-Pfalz, Niedersachsen, Hessen (relativer Zuwachs der SPD)

E. Ollenhauer u. *Carlo Schmid* (SPD) unternehmen Asienreise und unterstreichen Bedeutung dieser Gebiete

Besprechung zwischen *Nehru* und *Adenauer* auf dem Flugplatz Düsseldorf

Anklage wegen Landesverrats geg. *Otto John*, ehem. Leiter d. Verfass.-schutzamtes; Urteil: 4 Jahre Zuchth. (1958 begnadigt)

Frances Goodrich und *Albert Hackett*: „Das Tagebuch der Anne Frank" (dt. Auff. des nordamer. Bühnenstücks nach dem Originaltagebuch d. *A. Fr.*)

† *Lucie Höflich*, dt. Schauspielerin u. a. am Dt. Theater *Max Reinhardts* (*1883)

Eugène Ionesco (*1912): „Die Stühle" (rumän.-frz. tragische Posse)

C. Malaparte: „Diese verfluchten Toskaner" (ital. Satire auf seine Heimat)

Félicien Marceau (*1913): „Das Ei" (belg. satir. Schauspiel)

John Osborne (*1930): „Blick zurück im Zorn" (engl. Schauspiel)

Gore Vidal (*1926): „Besuch auf einem kleinen Planeten" (nordamer. satir. Schauspiel)

G. Weisenborn: „Lofter" (Drama), „Der dritte Blick", „Auf Sand gebaut" (Romane)

Ingeborg Wendt: „Notopfer Berlin" (Fam.-Roman)

W. Weyrauch: „Gesang, um nicht zu sterben" (Lyrik)

Colin Wilson: „The Outsider" (engl. Roman)

Briefwechsel zw. *Hugo v. Hofmannsthal* u. *Carl J. Burckhardt* wird veröff.

„Die Großen Deutschen", Deutsche Biographie, herausg. von *H. Heimpel, Th. Heuss, B. Reifenberg*

Wladimir Lindenberg: „Die Menschheit betet." Praktiken der Meditation in der Welt" (Religionspsychologie)

D. Riesman: „Die einsame Masse" (Massenpsychologie)

R. Stagner: „Psychologie der industriellen Konflikte" (engl.)

H. Strehle: „Vom Geheimnis der Sprache" (i. Sinne einer natürlichen „Sprachphysiognomik")

W. H. Thorpe: „Lernen und Instinkte bei Tieren" (Lernpsychologie)

A. Toynbee: „An Historians Approach to Religion" („Eines Historikers Stellungnahme zur Religion", betont das Gemeinsame der Weltreligionen)

V. v. Weizsäcker: „Pathosophie" (psychologische Philosophie)

H. D. Wendland: „Die Kirche in der modernen Gesellschaft" (evangel.)

„Informationstheorie" (Herausg. *J. Wosnik*)

„Automation" (engl. Untersuchung über Probleme der Automatisierung)

~ In einem modernen Walzwerk sind etwa 75% Facharbeiter tätig (1913: 6%)

Für die BRDtl. wird ein jährlicher Ingenieurbedarf von mindestens 18500 berechnet, statt der vorhandenen 12500 Absolventen der Hoch- und Ingenieurschulen

Mao: „Laßt 1000 Blumen blühen" (führt zu keiner Liberalisierung d. chines. Kulturlebens) vgl. S. 1266, Sp. P

Karl Gerstner (*1930): „Das blaue Exzentrum" (schweiz. abstraktes Gem.)

Emilio Greco (*1913): „Kauernde" (ital. Bronze)

Walter Gropius: „Architektur. Wege zu einer optischen Kultur"

B. Heiliger: „Nike" (Eternit-Plastik)

† *Fritz Koch-Gotha*, humorist. Maler u. Illustrator (*1877)

Oskar Kokoschka: „Stadt Köln vom Messeturm" (expr. Gem.)

Kurt Lehmann (*1905): „Badende" (Plastik)

Giacomo Manzu: „Testa di Donna" (ital. Bronze)

G. Marcks: „Konrad Adenauer", „Hererofrau" (Bronz.)

Marcello Mascherini: „Vestalin", „Liegender Faun" (ital. express. Kleinplastik)

Hansjörg Mattmüller (*1923): „Geflecht" (schweiz. abstraktes Gem.)

H. Moore: „Sitzende vor gekrümmter Mauer" (engl. Plastik, vollend. 1957)

Giorgio Morandi (*1890): „Karaffen und Flaschen" (ital. Stich der Schule „Valori Plastici")

Mattia Moreni (*1920): „Ehrung für De Pisis" (ital. abstr. Gem.)

Ennio Morlotti: „Studie 1956" (ital. abstr. Gem.)

Giselher Klebe: „Raskolnikows Traum" (n. *Dostojewski*, f. Sopran, Klarinette und Orchester), „Fleuronville" (Ballett), Urauff.

† *Erich Kleiber* (*1890), dt.-österr. Dirigent an der Berliner Staatsoper, in Buenos Aires, Havanna u. London

Hans-Martin Majewski (*1911): „Thema in Moll" (Jazzbearbeitung eines Fugenthemas von *J. S. Bach*)

Jean Martinon (frz. Komp., *1910): „Hecube" (Musikdrama, Text: *Serge Moreux*)

Luigi Nono: „Il canto sospeso" (Kantate für Soli, Chor u. Orchester)

Ernst Pepping (*1901): „Tedeum" (f. Sopran, Bariton, Chor u. Orchester)

† *Günther Ramin* (*1898), Thomaskantor in Leipzig, Organist u. Dirigent

Hermann Reutter (*1900): Concerto grosso „Aus dem Hohenlied Salomonis"

Igor Strawinsky: „Canticum sacrum ad honorem Sancti Marci nominis" f. Tenor, Bariton, Chor, Orchester u. Orgel

† *Irène Joliot-Curie*, frz. Kernphysikerin; entd. mit ihrem Mann 1934 die künstl. Radioaktivität; Nobelpreis 1935 (*1897)

Kürti, Robinson, Simon u. *Spohr* erreichen in Oxford durch „Kernkühlung" $1/50000$ ° über dem absoluten Nullpunkt

G. Löwenthal und *J. Hauser:* „Wir werden durch Atome leben" (optimist. Ausblick in das Atomzeitalter)

† *Alfred Eilhard Mitscherlich*, Gelehrter auf dem Gebiet der Bodenkunde und Pflanzenernährungslehre (*1874)

„Regelungsvorgänge i. d. Biologie" (Herausg. *H. Mittelstädt*)

H. Nachtsheim: „Sterilisation aus eugenischer Indikation" (auf freiwilliger Grundlage, zur Bekämpfung von Erbkrankheiten)

Malcolm D. Ross u. *Morton L. Lewis* erreichen in d. USA mit Stratosphärenballon Rekordhöhe von 22,8 km

Friedrich Vogel (*1925): „Über die Prüfung von Modellvorstellungen zur spontanen Mutabilität an menschlichem Material" (schließt auf die Entstehung von Erbänderungen vorwiegend bei der Keimzellteilung des Mannes)

Zahl der Chromosomenpaare des Menschen ergibt sich zu 23 (vorher 24 angenommen)

„Die biologischen Wirkungen ionisierender Strahlen" (USA), „Die Strahlengefährdung des Menschen" (Großbrit.); wiss. Berichte z. Strahlenbelastung des Menschen im Atomzeitalter; weisen besonders auf die Gefahren durch Erbschäden und auf die Belastung durch Röntgendiagnose hin

82 Staaten unterzeichnen Vertrag für die friedliche Nutzung der Atomenergie

In Betrieb befindliche Kernreaktoren: USA 53, Großbrit. 10, USSR 4, Kanada 2, Westeuropa 7 (Dtl. 0), Indien 1

Amerikanische Wissenschaftler halten eine Beeinflussung des Wetters durch bisherige Atombombenversuche für sehr unwahrscheinlich;

Die Einkommensschichtung in der BRDtl. (Bruttojahreseinkommen)

DM	%
unter 1 200	7,2
1 200– 2 400	12,4
2 400– 3 600	18,4
3 600– 4 800	21,8
4 800– 6 000	19,2
6 000– 7 200	10,7
7 200–12 000	8,7
12 000–24 000	1,5
über 24 000	0,1

Insges. bezogen 18,05 Mill. beschäftigte Arbeitnehmer ein Bruttoeinkommen von 81,5 Mrd. DM, im Durchschnitt rd. 377,– pro Monat

Haushalt der BRDtl. (Mrd.DM)

Einnahmen	34,8
dav. Steuern	27,9
Ausgaben	34,8
dav. Verteid.	9,7
Sozialleist.	11,3
Wohnungsb.	1,6
Schuldend.	1,4
Berlinhilfe	0,85

Gesamtsteuereinnahmen v. Bund u. Ländern 39,4 (1953: 29,7)

Bank von England erhöht Diskont v. 4½% auf 5½% (höchster Stand seit 1931)

Zentralbankrat d. Bank dt. Länder beschließt Diskonterhöhung von 3½% auf 4½%, dann auf 5½% (diese „Konjunkturbremse" wird auch kritisiert).

Brit. Kernkraftwerk Calder Hall in Betrieb (für 184 MW entworfen, vorzugsweise Plutonium-Erzg.)

(1956)

DDR im Oberkommando d. Warschauer Paktes

Volkskammer der DDR beschließt „nationale Volksarmee" (ohne Wehrpflicht) u. Verteidigungsministerium

† *Wilhelm Miklas*, österr. Politiker; 1928–38 Bundespräsident (*1872)

Österr. Parlamentswahlen: ÖVP 82 Sitze, SPÖ 75 von insges. 164: wieder ÖVP-SPÖ-Koalition unter Bundeskanzler *Julius Raab* (ÖVP)

Frz. Min.-Präs.: *E. Faure* (seit 1955), *Guy Mollet* (* 1905, Sozialist; 21. frz. Nachkriegskabinett)

Staatsbesuch *Tito*s in Frankreich

Frz. Min.-Präs. *Mollet* u. Außenmin. *Pineau* besuchen Moskau

Frankr. verhaftet in einem Handstreich in Algier fünf Führer der algerischen Aufstandsbewegung aus einem marokkanischen Flugzeug heraus

Schwedische Reichstagswahlen (% der Stimmen):

	1956	1958
Sozialdemokraten..	44,6	46,9
Liberale	23,8	18
Konservative	17,1	18,7
Zentrum (Bauern) .	9,4	13
Kommunisten	5	3,4

Rainier, Fürst von Monaco, heiratet USA-Filmstar *Grace Kelly* (Geburt einer Thronfolgerin 1957 sichert Unabh. Monacos v. Frankreich)

Eisenhower und *Eden* können sich über Nahost-Politik nicht einigen

Briten deportieren den Führer der progriechischen Bewegung auf Zypern, Erzbischof *Makarios*

Jordanische Regierung muß zurücktreten, weil sie dem Bagdadpakt beitreten will. König *Hussein* entläßt engl. Kommand. *Glubb Pascha* (H. ruft 1958 brit. Truppen gegen Rebellen)

UN-Generalsekretär *Hammarskjöld* auf Friedensmission im Nah. Osten: Israel u. Ägypten verspr. Waffenstillstand zu halten

Ägypten, Saudi-Arabien und der Jemen schließen 5jährigen Beistandspakt

USSR-Außenmin. *Schepilow* besucht Ägypten, das d. Räumung d. Suezkanalzone durch Großbrit. feiert

Kardinal *Wyszynski* wieder Primas von Polen (war seit 1953 in Haft) Abkommen über das Verhältnis von Kirche und Staat in Polen (poln. kathol. Kirche unterstützt 1957 *Gomulka* bei den Wahlen zum Sejm)

Rat der ev. Kirche in Dtl. billigt revidierten *Luther*-Text des Neuen Testaments (hergestellt nach einem Beschluß der Dt. ev. Bibelgesellschaften 1921)

Intern. Rotes Kreuz: „Entwurf von Regeln betr. den Schutz der Zivilbevölkerung gegen die Gefahren des unterschiedslos geführten Krieges"

Die Durchführung des Urteils des Obersten Bundesgerichtes d. USA, daß die Rassentrennung in den Schulen verfassungswidrig sei, stößt in einigen südl. Staaten mit großer Negerbevölkerung auf starken Widerstand und führt zu erheblichen Unruhen u. Terrorakten; in anderen Staaten macht jedoch die „Desegregation" gute Fortschritte

Universität Alabama (USA) schließt die Negerin *Autherine Lucy* unter dem Druck der Gegner der „Desegregation" aus.

In der Präsidentenwahl i. d. USA stimmten weniger als 50% der wahlberechtigten Neger, der Anteil der Negerstimmen nimmt jedoch stetig zu

In d. USA werden jährlich etwa eine Mrd. Beruhigungs- (Tranquilizer-) Tabletten auf der Basis der Meprobamate verkauft

Entd. d. altperuan. Vicuskultur (vgl. –280)

Schulausgaben in DM/Jahr pro Einwohner und Schüler

Land	pro Einw.	pro Schüler
Hamburg	145	893
Bremen	132	660
Schleswig-Holstein .	122	571
Nordrhein-Westf. ...	105	590
Niedersachsen	104	522
Baden-Württemberg	104	572
Hessen	100	557
Rheinland-Pfalz	100	500
Bayern	95	510

Berlin gibt für 236 121 Schüler der allgemeinbildenden und 78 421 Schüler der Berufsschulen 182 Mill. DM aus (= 580 DM pro Schüler)

Antonio Music (*1909): „Fischernetze bei Chioggia" (ital. Gem.)

Johannes Niemeyer: „Tessiner Wintersonne" (express. Gem.)

† *Emil Nolde* (eig. *Hansen*), dt. express. Maler, bes. auch religiöse Bilder i. einem nordisch-schwerblütigen Stil (*1867)

† *Filippo De Pisis*, impress. ital. Maler (*1896)

† *J. Pollock*, US-Maler d. Action Painting (*1912)

Jean Paul Riopelle (*1923): „Rencontre" (frz. Gem.)

Charles Rollier (*1912): „La bouche des sources" (schweiz. abstraktes Gem.)

Hans Scharoun: „Romeo"-Wohnhochhaus in Stuttgart mit 18 Stockw. (nach d. Grunds. d. sozialen Wohnungsbaus); Entw. f. d. Philharmonie Berlin i. Form des Amphitheaters

Ernst Schumacher: „Finestrat" (Gem.)

Mario Sironi (*1885): „Eisenbahner" (ital. Gem.)

Pierre Soulages: „Komposition 1956" (frz. abstr. Gem.)

Horst Strempel: „Meine Mutter" (Gem.)

Pierre Terbois (*1932): „Chantier" (schweiz. abstraktes Gem.)

† *Arturo Tosi*, von *Cézanne* beeinfl. ital. Maler (*1871)

Heinz Tietjen (*1881). Intendant der Hamburger Staatsoper (war 1930—44 Generalint. d. Preuß. Staatstheaters, 1948—54 Intend. d. Städt. Oper Berlin)

Henri Tomasi (frz. Komp., *1901): „Don Juan de Manara" (Oper), Urauff.

„Candide" (nordamer. Musical n. *Voltaire*)

Populäre Schlager: „A rivederci Roma", „Love me tender", „Whatever will be"

W. Grünhagen beg. Ausgrab. d. Terrassenheiligt. Munigua b. Sevilla

Neutrino-Nachweis aus ein. Reaktor i. USA (vgl. 1955)

empfehlen weitere sorgfältige Beobachtungen

Operationsrisiko sinkt: z.B. Entfernung der Gallenblase bei Patienten über 60 Jahre 5,7% Sterblichkeit (1942: 16,6%), bei Patienten unter 60 Jahre 1,1% (1942: 4%)

Sulfonyl-Harnstoff-Tabletten erweisen sich geeignet für die Behandlung von Zuckerkranken

4 neue Antibiotica in d. USA in Erprobung (1955: 12 neue Antibiotica)

~ Durch die verbreitete Verwendung der Antibiotica (wie Penicillin) werden immer mehr arzneifeste Stämme der Krankheitserreger gezüchtet

Durch Automation: Produktion von 13000 Zylinderköpfen pro Monat durch 2 Mann in 2 Schichten (1950: 10000 St. monatl. durch 40 Mann in 2 Schichten)

In d. USA blasen Raketen Stickoxydgas in über 100 km Höhe in die Atmosphäre; reagiert unter Aufleuchten mit atomarem Sauerstoff und gestattet Aussagen über die Zusammensetzung der oberen Atmosphäre (Ionosphäre)

Brit. Düsenflugzeug fliegt mit 1822 km/St. Geschwindigkeitsweltrekord USA-Raketenversuchsflugzeug Bell X-2 erreicht 3000 km/St. außerhalb Weltrekordbedingungen

USA-Flugzeugträger „Forrestal" in Dienst gestellt (60000 Tonnen, 80 Flugzeuge, 55 km/St. Geschw., etwa 200 Mill. Dollar Kosten; neue Entw. für 80000-t-Typ mit Atomantrieb wird begonnen)

Erstes Telefonkabel Europa—USA (macht Telefonverkehr v. Kurzwellenstörungen unabhängig)

Fernsehturm Stuttgart (Betonsäule mit Höhengaststätte für 161 Personen, maximale Höhe 211 m)

Herstellung künstlicher Diamanten in d. USA und Schweden bei 3000°C und Drucken von 70000 bis 100000 Atü

5-PS-Elektromotor wiegt etwa 40 kg (1930: 65 kg; 1890: 155 kg)

Ausgrabung des Palastes des *Diokletian* in Split (Solona, vgl. 300)

USA erhöht Diskont um ½% auf 2¾—3%

Hohe Behörde der Montanunion beschl. Kohlepreis i. Ruhrrevier freizugeben

Willi Richter Bundesvors. d. DGB

Löhne westdt. Arbeiter i. Industriedurchschn. i. DM:

Männer/Frauen
Bruttostunde 2,17 1,37
Bruttowoche 107 63

Groß. Metallarbeiterstreik i. Schleswig-Holstein

45-Stund.-Woche mit Lohnausgleich in der Metallindustrie der BRDtl.

Textil- u. Bekleidungsindustrie der BRDtl. vereinbaren ab 1.4.1957 45-Stund.-Woche mit vollem Lohnausgleich

4wöch. Stahlstreik erreicht Lohnerhöhung in den USA

Pro Industrie-Arbeiter sind in der BRDtl. mit 4,26 kW elektr. Leistung etwa 60 „technische Sklaven" tätig; in den USA etwa 150

Sozialkabinett der Bundesreg. beschl. Rentenreform mit „dynamischer Leistungsrente" (Gesetz 1957 v. Bundestag beschloss.)

Von rd. 800 Mill. Erwerbstät'gen d. Erde sind rd. 500 Mill. in d. Landwirtschaft tätig

(1956)

Dreierkonferenz *Nehru-Tito-Nasser* auf Brioni (Jugoslaw.)

Ägypt. Min.-Präs. *Nasser* enteignet Suezkanalgesellsch., um die Einnahmen für d. Bau d. Assuan-Staudammes zu erhalten (USA hatten zuvor Hilfe für diesen Bau abgelehnt)

Londoner Suezkonferenz zwischen 22 Staaten scheitert. *Nasser* lehnt Plan für Internationalisierung ab Grdg. einer Vereinigung der Benutzer des Suezkanals in London; scharfe Ablehnung in Ägypten

Israel erwidert Angriffshandlungen Transjordaniens (die arab. Staaten üben einen zunehmenden Druck auf Israels Grenzen aus)

Valerian Sorin 1. Botschafter der USSR i. d. BRDtl.; wird noch im selben Jahr durch Botschafter *Smirnow* ersetzt. *Wilhelm Haas* Botsch. d. BRDtl. in Moskau

† *Juho Kusti Paasikivi*, finn. Staatspräs. seit 1946 (* 1870); Nachfolger: *Urho Kekkonen* (* 1900)

Bulgarische KP rehabilitiert d. 1949 hingerichteten stellv. Min.-Präs. *Traitscho Kostoff*

Auflösung der Kominform (gegrdt. 1947 als Nachfolger d. Komintern)

XX. Parteitag der Kommunistischen Partei d. USSR. *Chruschtschow* kritisiert scharf den Persönlichkeitskult d. Stalinära u. schlägt Politik der „aktiven Koexistenz" vor (diesem Höhepunkt d. „Entstalinisierung" folgt um die Jahreswende 1956/57 unter dem Eindruck d. Ereignisse in Polen u. Ungarn eine Abschwächung dieser Tendenz)

Sowj. Energiemin. *Malenkow* besucht Großbrit.; anschließend besuchen Min.-Präs. *Bulganin* u. Parteisekr. *Chruschtschow* Großbrit. Brit. Froschmann *Crabb* kommt b. Unterwasserspionage gegen sowjet. Kriegsschiff um

Dimitri T. Schepilow löst *Molotow* als sowjet. Außenminister ab

Chruschtschow und *Tito* unterzeichnen Erklärung, wonach es in versch. Ländern versch. Wege zum Sozialismus gibt

Gomulka, der 1949 in Polen als „Titoist" verurteilt worden war, wird freigelassen u. rehabilitiert

Arbeiteraufstand in Posen v. Militär niedergeschlagen (anschließende Prozesse führen zu relativ milden Urteilen und kommunist. Selbstkritik)

Tito und *Chruschtschow* treffen sich auf der Krim, um die im Ostblock anwachsende Krise zu besprechen

Trotz sowjet. Druckes wird *W. Gomulka* kommunist. Parteisekr. in Polen; verkündet Unabhängigkeit und Demokratisierung

Ungarische KP rehabilitiert d. 1949 als Titoisten hingerichteten *Laszlo Rajk* (* 1909) und setzt ihn in einem feierlichen Staatsbegräbnis in Gegenwart v. Frau u. Sohn erneut bei

Erno Gerö löst den Stalinisten *Matyas Rakosi* als 1. Sekretär der ungarischen KP ab

Ungar. KP-Delegation unter *Gerö* und *Hegedüs* bei Tito

Am 23. Oktober beginnt in Budapest mit antistalinistischen Demonstrationen von Studenten und Arbeitern eine starke revolutionäre Bewegung. *Imre Nagy* wird ungar. Ministerpräs.; *Kadar* löst *Gerö* als Parteisekr. ab; Kardinal *Mindszenty* befreit; Westungarn in der Hand d. Aufständischen; sowj. Truppen ziehen sich aus Budapest zurück. Ungarn kündigt Warschauer Pakt und fordert sowj. Truppen auf, das Land zu räumen. Sowjets täuschen Ungarn über ihre wahren Absichten und schlagen dann Aufstand blutig nieder. Min.-Präs. *Nagy* wird verschleppt (1958 wird seine Hinrichtung bekanntgegeben); sein Nachfolger *Kadar* kann sich mit Hilfe der SU-Truppen halten. UN-Vollversammlung verurteilt Eingreifen der USSR in Ungarn. Ungarn lehnt die Einreise einer UN-Kommission ab. 190000 Flüchtlinge aus Ungarn (30000 n. USA, 51000 bleiben zunächst in Österreich)

Israel besetzt die Halbinsel Sinai u. marschiert zum Suezkanal

Raoul Ubac (* 1910): „Die Lampe" (frz. Gem.)

Sergio Vacchi (* 1925): „Notiz über den Naturalismus" (ital. Gem.)

Neue *Staatsoper* in Hamburg von *Gerhard Weber*

Fritz Winter: „Sonnenwende", „Fehlendes Schwarz" (abstr. Gem.)

F. Wotruba (* 1907, † 1975): „Stehende Figur" (österr. blockartige Steinplastik)

Beginn d. Verwendg. v. Kunstharzlacken zur Malerei. Großes Lackbild (3 × 18 m) im Foyer d. neuen Oper Wuppertal-Barmen

~ Anfänge d. Pop-Art i. New York u. London

L. Alloway, brit. Kritiker, prägt den Begriff POP-Art nach den Buchstabenzeichen auf einem Gem. von *R. Kitaj* (ab ~ 1961 als „populäre" Kunst gedeutet)

„Krieg u. Frieden" (nordamer. Farbfilm n. *L. Tolstoi*, Regie: *King Vidor* [* 1894], Darsteller: *Audrey Hepburn*, *Henry Fonda* [* 1905] u. a.)

„Carmen-Jones" (nordamer. Farbfilm, Negeroper n. *Bizet*, Regie: *Otto Preminger*, Darstell.: *Dorothy Dandridge* [* 1922, † 1965], *Harry Belafonte* u. a.)

„Der König und Ich" (nordamer. Farbfilm, Regie: *Walter Lang*, Darst.: *Deborah Kerr* [* 1921], *Yul Brynner* [* 1915] u. a.)

„Baby Doll" (nordamer. Film nach *T. Williams*, Regie: *Elia Kazan*, Darst.: *Carol Baker* u. a.)

„Der Mohr von Venedig" (russ. Film, Regie: *Sergej Jutkewitsch*, Darst.: *Sergej Bondarschuk*, *Irina Skobetsewa*, *A. Popow* u. a.)

„Romeo und Julia" (russ. Ballettfilm des Moskauer Bolschoi-Theaters, Regie: *L. Arnstam*, Tänzer: *Galina Ulanowa*, *J. Shdanow*, Musik: *S. Prokowjew*)

„Wie herrlich, jung zu sein" (brit. Film, Regie: *Victor Skutezky*, Darst.: *John Mills*, *Cecil Parker* u. a.)

„Der rote Ballon" (frz. Farbkurzfilm, Regie: *Albert Lamorisse*, Darst.: *Pascal Lamorisse*)

„Der Hauptmann v. Köpenick" (Farbfilm n. *Zuckmayer*, Regie: *Helmut Käutner*, Darst.: *Heinz Rühmann*, *Hannelore Schroth*, *Martin Held* u. a.)

„Ich denke oft an Piroschka" (Farbfilm nach *H. Hartung*s Roman. Regie: *Kurt Hoffmann*, Darsteller: *Liselotte Pulver* [* 1929], *Gunnar Möller* u. a.)

„Eine Welt voller Rätsel" (farbiger Naturfilm v. *Walt Disney*)

„Schweigende Welt" (frz. Unterwasser-Farbfilm v. *Jacques-Yves Cousteau*)

„Kein Platz f. wilde Tiere" (Farbfilm ü. die Gefährdung der Tierwelt in Afrika von *Bernhard Grzimek*, dem Dir. des Frkf. Zoos [* 1909])

† *Alexander Korda*, ungar.-brit. Filmregisseur u. Produzent (* 1893)

6483 Filmtheater m. 2,7 Mill. Sitzplätzen in der BRDtl. Unter 495 vorgeführt. Filmen befinden sich 118 Breitwandfilme (1955: 66)

D. landwirtschaftliche Überschuß d. USA erreicht 8,2 Mrd. Dollar (dav. Baumwolle 21,5%, Mais 25%, Weizen 22%)

Das techn. Hilfsprogramm der UN für wirtsch. unterentwickelte Länder hat 30 Mill. $ zur Verfügung (bes. f. Experten)

Bericht des California Inst. of Technology sagt für d. Jahr 2050 6,7 Mrd. Erdbewohner mit einem Energieverbrauch v. 70 Mrd. t. Kohleäquivalent voraus, davon etwa 50% Atomenergie

Kanada verlegt d. Stadt Aklavik, die erste mod. Stadt in der Arktis

Eisenhower legt Veto gegen das Erdgas-Gesetz ein, weg. „höchst fragwürdiger" Einwirkung von Interessentenkreisen auf den Kongreß

J. Donat u. *F. v. Tischendorf:* „Lärmprobleme der Gegenwart" (betonen Bedeutg. d. Lärmbekämpfung)

Gesetz zur Einf. d. metrisch. Maßsystems in Indien (stufenw. b. 1967)

Brit. Prinzgemahl *Philip* eröffnet die XVI. Olympisch. Sommerspiele in Melbourne (Australien): USSR u. USA erringen die meisten Medaillen (Schweiz u. a. neh-

(1956)

Großbrit. und Frankr. greifen Ägypten an; scharfer Widerstand d. Labour Party im Unterhaus u. auf d. Straße. UN beschließt Polizeitruppe nach Ägypten zu senden; USSR droht mit Eingreifen i. Ägypten. Israel, Großbrit. und Frankr. stellen Angriffshandlungen ein u. befolgen damit d. UN-Beschlüsse

Veto Großbrit. und Frankr. im Weltsicherheitsrat gegen Antrag d. USA und USSR über sofortige Abziehg. d. Truppen Israels aus Ägypten

USA warnt USSR vor Aktionen gegen Österreich, Westberlin oder Türkei; Alarmbereitsch d. US-Flotte

Atombomber der USSR und USA in unmittelbarer Vergeltungsbereitschaft

Schweiz schlägt am 6. 11. zur Bannung der drohenden Gefahr eines Krieges sofortige internationale Konferenz vor

Rokossowski tritt als poln. Verteidigungsmin. zurück (bedeutet Minderung des sowjet. Einflusses)

USSR schlägt 5-Mächte-Konferenz vor, erklärt sich mit begrenzter gegenseitiger Luftinspektion einverstanden

Brit. Premier *Eden* nimmt Krankheitsurlaub auf Jamaika (tritt 1957 zurück)

UN-Polizeitruppe übernimmt nach Abzug der brit. und frz. Truppen d. Kontrolle am Suezkanal

Ägypter sprengen das Denkmal *Lesseps'*, des Erbauers des Suezkanals, in Port Said

Kadar bekämpft Streik in Ungarn durch Auflösung des Zentralen Arbeiterrates u. Verhängung des Standrechtes

In verschiedenen nationalen Sektionen der KP kommt es wegen des blutigen Eingreifens der Sowjetunion in Ungarn zu scharfer Kritik und Austrittserklärungen, bes. unt. den Intellektuellen. In zahlr. Städten stürmen erregte Menschen kommunistische Zentralen

USSR gesteht Polen Kontrolle üb. sowjetische Truppen im Lande zu (*Gomulka* anerkennt Anfang 1957 d. Recht d. USSR, Truppen in Polen zu haben)

Nach den militärischen Ereignissen in Ungarn und am Suezkanal sehen manche die militärischen Bündnissysteme in Ost und West, Warschauer Pakt bzw. NATO, als erschüttert an

Paul Henry Spaak Generalsekretär der NATO

Zentralkomitee der KPSU beschließt Umbildung der obersten Wirtschaftsbehörde: an Stelle *Saburow* wird *Perwuchin* Planungsminister

Präs. *Eisenhower* legt 66-Mrd.-Dollar-Haushalt mit 42 Mrd. Verteidigungsausgaben vor

USA-Außenmin. *Dulles* besucht indischen Min.-Präs. *Nehru* in Neu-Delhi

Präs. *Eisenhower* muß sich Darmoperation unterziehen (läßt eine Zeitlang seine neue Kandidatur zweifelhaft erscheinen)

Adenauer besucht die USA und hat Besprechungen mit *Dulles* u. *Eisenhower*

Auf d. Höhepunkt d. internat. Krise (6. 11.) kandidiert *D. D. Eisenhower* erneut für die Republikaner in der Präsidentenwahl und gewinnt mit 35 Mill. von 60 Mill. Stimmen gegen *Adlai Stevenson* (Demokrat). Demokraten verstärken ihre Mehrheit in beiden Häusern des Kongresses

Nixon bleibt Vizepräsident d. USA

Indischer Min.-Präs. *Nehru* besucht *Eisenhower* in den USA

Sowjetunion und Japan unterzeichnen Beendigung d. Kriegszustandes

Ischibaschi wird japan. Min.-Präs. Tritt für stärkeren Handel mit der chines. Volksrepublik ein

Japan Mitglied der UN (nur noch 7 Staaten Nichtmitgl.)

USSR und China schließen einen Vertrag über gemeinsame Vermessung und Erschließung des Amurbeckens

Sudan wird unabhängige Republik

Revolution in Sumatra

men wegen der weltpolitisch. Krise nicht teil; West- u. Ostdtl. stellen gemeins. Mannschaft)

Anquetil (Frankr.) radelt 46,159 km in einer Std. ohne Schrittmacher

Borussia Dortmund dt. Fußballmeister

Verkehrsmin. *Seebohm*: 10-Jahres-Plan für Straßenbau in d. BRDtl. in Höhe von 35 Mrd. DM

In der BRDtl. ereignen sich 625 400 Straßenverkehrsunfälle mit 361 000 Verletzt. u. 12 800 Toten. Sach- und Personenschaden etwa 2 Mrd. DM

Verkehrsopfer in der BRDtl.

	Tote	Verletzte
1956	12 645	361 134
1950	6 422	150 415
1950–56	70 972	1 909 420

Todesrate je Fahrzeug 4mal höher als in den USA

2 Verkehrsflugzeuge stoßen über d. Grand Canyon (Arizona, USA) zusammen: 128 Tote

Ozeandampfer „Stockholm" (schwed.) u. „Andrea Doria" (ital.) stoßen vor der nordamerik. Küste zusammen; „Andrea Doria" sinkt, nur wenige Tote

Grubenunglück a. der Zeche Marcinelle in Belgien; 260 Tote, überwiegend Italiener

≈ In den Alpen dauert der Gletscherschwund der vergangenen Jahrzehnte an

	Energieverbrauch pro Kopf in Steinkohleneinheiten		Stahlverbrauch/Kopf	
	1937	1956	1937	1956
Welt	0,94	1,35	72	100 kg
USA	5,89	8,58	318	600
Großbritannien	4,24	5,03	227	380
BRD (Dtschl.)	(2,9)	3,60	(263)	417
USSR	0,87	2,45	103	235
Indien	0,09	0,12	3,8	9,3

| 1957 |  |  | |

1957 — Friedens*nobel*preis an *Lester Pearson* (* 1897) (ehem. kanad. Außenmin., liberal)

Dag Hammarskjöld (Schweden) weitere 5 Jahre Generalsekr. der UN

Verträge üb. d. Gemeinsamen Markt der Montanunionländer u. über Kernenergie-Gemeinschaft („Euratom") treten in Kraft

Abrüstungsverhandlung. zwischen West und Ost in London; enden mit dem Vorschlag d. USSR, sie in größerem Rahmen der UN-Mitglieder fortzusetzen

Verschiedene Pläne üb. Luftinspektions-Zonen werden diskutiert

Saarland 10. Bundesland

Der sowjet. Min.-Präs. *Bulganin* schlägt in einem Brief an *Adenauer* Handelsvertrag und bessere Beziehungen vor

Erste Wehrpflicht-Soldaten in der BRDtl.

„Göttinger Appell" von 18 führenden Atomforschern gegen Ausrüstung der Bundeswehr mit Atomwaffen. *Albert Schweitzer* warnt vor Atomgefahren. (1958 beschließt Bundestag atomare Bewaffnung gegen scharfen Protest von SPD und FDP)

Dt. Bundeskanzler zu Besuch in den USA

Soldaten der Bundeswehr ertrinken bei einer Übung i. d. Iller (eine Diskussion entflammt, ob Aufbau d. Bundeswehr überstürzt)

Paul Sethe (* 1902, † 1967): „Zwischen Bonn und Moskau" (das Problem der Wiedervereinigung Dtlds.)

Regierung der DDR schlägt dt. Staatenbund als Vorstufe z. Wiedervereinigung vor; BRDtl. lehnt ab

Chruschtschow unterstützt i. Ostberlin Politik der DDR

Wolfgang Harich, Prof. f. Gesellsch.-Wissensch. u. SED-Mitgl., wird in Ostberlin wegen eines antistalinistischen Programms verurteilt; es folgen Urteile geg. weitere Intellektuelle

---

Literatur-*Nobel*preis an *Albert Camus* (Frankr.)

Friedenspreis des dt. Buchhandels für *Thornton Wilder*

Georg-Büchner-Preis für *Erich Kästner*

Fontane-Preis (Berlin) für *Ernst Schnabel*

„Das Tagebuch d. Anne Frank" 1954mal an 61 dt.-sprachigen Bühnen in einer Spielzeit aufgef.

† *Schalom Asch*, jüdischer Dichter, zul. in d. USA; letzte Romane: „Der Nazarener", „Der Apostel" (* 1880)

Beckett: „Endspiel" (dt. Erstauff. d. irisch-frz. surrealist. Schauspiels)

Günter Blöcker: „Die neuen Wirklichkeiten. Linien und Profile der modernen Literatur"

† *Alfred Döblin*, dt. Schriftsteller, ausgeh. von einem realist. Stil (* 1878)

† *Käthe Dorsch*, dt. Schauspielerin, vorwiegend in Berlin u. Wien (* 1889)

Max Frisch: „Homo Faber" (schweizer. Roman des industriellen Zeitalters)

Jonathan Griffin: „The hidden King" („Der verborgene König"; engl. Versdrama)

Hugo Hartung: „Wir Wunderkinder" (Roman, Droste-Hülshoff-Preis)

Roger Ikor: „Die Söhne Abrahams" (dt. Übertr.)

Hans Henny Jahnn (* 1894): „Thomas Chatterton" (Schauspiel)

Erich Kuby: „Das ist des Deutschen Vaterland" (politische Gegenwartsanalyse)

Leo Brandt (* 1908, † 1971): „Die zweite industrielle Revolution"

A. Noam Chomsky (* 1928): „Syntaktische Strukturen" (nordamer. theoretische Linguistik)

Georg Claus: „Jesuiten, Gott, Materie" (antikathol. Streitschrift)

Milovan Djilas (* 1911): „Die neue Klasse" (jugoslaw. Analyse d. kommunist. Systems. Der früher führende titoist. Theoretiker wird weg. dieser Veröff. zu 7 Jahr. Gefängnis verurteilt)

Hermann Levin Goldschmidt: „Das Vermächtnis des dt. Judentums"

P. Heintz: „Soziale Vorurteile" (Sozialpsychologie)

Walther Hofer: „Der Nationalsozialismus. Dokumente 1933-1945"

R. R. Hofstätter: „Gruppendynamik" (Psychologie der Gruppe)

Karl Jaspers: „Die großen Philosophen" (Bd. I einer Philosophiegesch.)

Ernest Jones: „Sigmund Freud. Leben u. Werk" (engl. Biogr. in 3 Bdn.)

C. G. Jung: „Ein moderner Mythos" (deutet die sog. „Fliegenden Untertassen" als Archetypus)

H. Lückert: „Stanford-Intelligenz-Test" (Revision des Binet-Tests zur Ermittlung des Intelligenz-Quotienten)

P. Ringger: „Parapsychologie" (Psychologie der außersinnl. Wahrnehmung)

H. Roth: „Pädagogische Psychologie des Lehrens und Lernens"

† *Aga Sultan Mahomed Schah* (* 1875), als *Aga Khan* der Imam der mohammed. Ismaeliten (schiitische Sekte; Nach-

René Acht (*1920): „Toter Stern I" (schwz. abstr. Gem.)
Giuseppe Ajmone (*1923): „Winterregen" (ital. abstr. Gem.)
E. M. And (*1925): „Liebe" (express. Gem.)
Jean Baier (*1923): „Komposition" (schwz. abstr. Gem.)
Wolf Barth (*1926): „Äsender Skytim" (schwz. abstr. Gem.)
Renato Birolli (*1906): „Meereswellen" (ital. abstr. Gem.)
André Bloc: Abstr. Plastik aus Polyester (frz. Plastik, Interbau Berlin)
† *Constantin Brancusi*, rumän. Bildhauer, seit 1904 in Paris (*1876)
Buffet: „Ruhender Mann" (frz. Gem.)
Elsa Burckhardt-Blum (*1900): „Melancholie" (schweiz. abstr. Gem.)
Domenico Cantatore: „Odaliske" (ital. Gem.)
Chagall: „Selbstbildnis", „Die Liebenden von Vence", „Seiltänzer in der Nacht" (Gem.)
Alfredo Chighine (*1914): „Sonnenuntergang" (ital. abstr. Gem.)
Antonio Corpora (*1909): „Komposition Nr. 2 1957" (ital. abstr. Gem.)
O. Dix: „Bauer mit Sense" (Gem.)
Gianni Dova (*1925): „Die Spiegel" (ital. abstr. Gem.)
Franz Fedier (*1922): „Geht spazieren" (schw. abstr. Gem.)

Gilbert Amy: Garcia-Lorca-Kantate (frz. Komp.)
† *Ralph Benatzky*, österr. Operettenkomponist, u. a. „Im Weißen Rößl" (*1887)
Pierre Boulez (frz. Komp., *1926): „Le visage nuptial" (Das bräutliche Antlitz), Kammerkantate
Elliot Carter: „Variationen für Orchester" (nordam. Kompos.)
Werner Egk: „Der Revisor" (Oper n. Gogol), Urauff.
Wolfgang Fortner: „Bluthochzeit" (Oper nach Fed. G. Lorcas Tragödie), Uraufführg.; „Impromptus für Orchester" (Kompos. in Zwölftontechnik)
Jean Françaix (frz. Komp., *1912): „König Midas" (Ballett), Urauff.
† *Benjamino Gigli* (*1890), ital. Tenor, als Nachfolger *Carusos* gefeiert
Joseph Haas (*1879): „Die Seligen", Oratorium n. d. Bergpredigt
Hermann Heiß: „Interieurs", Liederzyklus zu Texten v. *Gottfried Benn*
Hans Wern. Henze: „Maratona di danza" (Ballett), Urauff.; „Nachtstücke und Arien" (zu Texten von *Ingeborg Bachmann*)
Hindemith: „Die Harmonie der Welt" (*Kepler*-Op.)

Physik-*Nobel*preis f. *Tsung Dao Lee* (*1926 i. China) und *Chen Ning Yang* (*1930 i. China) in d. USA f. d. Vermutung, daß das Paritätsprinzip (Natur unterscheidet nicht „rechts" und „links") ungültig ist. Ihre vorgeschlagenen Versuche mit radioaktivem Zerfall bestätigen diese Vermutung kurz darauf

Chemie-*Nobel*preis an *A. R. Todd* (*1907 i. Schottld.) für Analyse der Nukleoproteide (bedeutungsvoll als Virus- und Erbsubstanz) u. Erforschung des Vitamins B 12

*Nobel*preis f. Medizin an *Daniel Boret* in Rom (*1907 Schweiz); erforschte vor allem das Pfeilgift Curare als Narkotikum und Heilmittel

*Nobel*preisträger nach Preisart und Wohnland 1901–57 (vgl. 1975)

	Fried.	Lit.	Phys.	Chem.	Med.	Zus.
USA	12	5	18	11	22	68
Deutschland	4	6	15	21	9	55
Großbrit.	6	6	16	11	10	49
Frankreich	7	9	7	6	4	33
Schweden	3	4	2	4	2	15
Schweiz	4	1	1	3	4	13
Niederlande	1	—	5	—	2	8
Italien	1	3	1	—	2	7
Rußl. (SU)	—	1	1	1	—	3
übr. Europa	6	15	2	3	12	38
übr. Erde	2	2	1	—	3	8
Intern. Org.	7	—	—	—	—	7
Zusammen	53	52	68	60	71	304

Bardeen, Cooper u. *Schrieffen* finden in USA Theorie der Supraleitung (betrachten Elektronenpaarwechselwirkung mit Schallquanten des Kristallgitters. Vgl. 1911)

† *Walther Bothe*, dt. Atomkernphysiker, *Nobel*preis 1954 (*1891)

Wernher v. Braun: „Die Erforschung des Mars" (Astronautik)

† *Anton v. Braunmühl*, dt. Nervenarzt; begrdte. Insulinschocktherapie der Schizophrenie (*1902)

† *Richard E. Byrd*, nordamer. Polarforscher; überflog 1926 den Nordpol und 1929 den Südpol (*1888)

W. Dement u. *A. Kleitmann*: „Die Beziehung der Augenbewegungen während des Schlafens zur Traumaktivität. Eine objektive Methode für das Studium des Träumens"

Einw. d. Weltstädte i. Mill. (vgl. 1503 u. 1815)

1800
1. Jeddo (Tokio) 1,2
2. London 0,95
3. Paris 0,55
4. Neapel 0,50
5. Istanbul 0,50
6. Lissabon 0,40
7. Petersbg. 0,27
8. Wien 0,23
9. Amsterd. 0,21
10. Moskau 0,20
11. Berlin 0,17

1957 tats. (amtl.)
1. New York 13,0 (8,1)
2. London 9,4 (8,4)
3. Tokio 8,5 (8,5)
4. Moskau 8,1 (6,1)
5. Schanghai 7,3 (7,3)
6. Chicago 5,8 (3,8)
7. Los Angel. 5,7 (2,2)
8. Kalkutta 5,6 (3,6)
9. Paris 5,2 (3,0)
10. Buenos Aires 4,3 (3,6)
11. Berlin (O u. W) (3,3)

•Zahl der Millionenstädte:
1800: 1–(2)
1900: 11,
1914: 16,
1937: 37,
1950: 75,
1957: 89,
1970: 150,
1974: 171

Es wachsen immer mehr benachbarte Städte zu Stadtschaften (Metropolitan Areas) zusammen, was neue kommunalpolit. Aufgaben stellt

(1957)

Bundestagsmehrheit verhindert Gesetz für friedliche Nutzung d. Atomenergie

SPD behauptet: Dt. Industrie- und Wirtschaftskreise unterstütz. Wahlkampf der CDU mit 100 Mill. DM; CDU bestreitet diese Höhe

Wahl zum 3. Bundestag i. d. BRDtl.

	Mill. 2.Stimm.	Sitze	%	Sitze 1953
CDU/CSU	15,0	270	54,3	244
SPD	9,5	169	34,0	151
FDP	2,3	41	8,3	48
BHE	1,4	0	—	27
DP/FVP	1,0	17	3,4	15
BP+Zentr.	0,25	0	—	2

Weitere Parteien bleiben unter 5% und ohne Sitz

Das Berliner Abgeordnetenhaus entsendet 12 SPD, 7 CDU, 2 FDP und 1 FDV nicht stimmberechtigte Mitglieder des Bundestages

Der Bundestag wählt in Berlin *Gerstenmaier* wieder zum Präsidenten

Neue dt. Bundesregierung: *K. Adenauer* (Bundeskanzler, CDU), *L. Erhard* (Vizekanzl., Wirtschaft, CDU), *Franz Etzel* (Finanz., CDU), *H. v. Brentano* (Äußeres, CDU), *G. Schröder* (Inneres, CDU), *Fr. J. Strauß* (Verteidigung, CSU), *Fr. Schäffer* (Justiz, CSU), *H. Lübke* (Ernährung, CDU), *Th. Blank* (Arbeit, CDU), *H. Chr. Seebohm* (Verkehr, DP), *Richard Stücklen* (Post, CSU), *Heinr. Lindrath* (Bundesvermögen, CDU), *Paul Lücke* (Wohnung, CDU), *Th. Oberländer* (Vertriebene, CDU), *E. Lemmer* (Gesamtdt. Fragen, CDU), *H. J. v. Merkatz* (Bundesrat, DP), *S. Balke* (Atom, Wasserwirtschaft, CSU), *Fr. J. Wuermeling* (Familie, CDU)

Konflikt zwischen Bundesreg. u. Ruhrbergbau wegen Preiserhöhungen nach d. Bundestagswahl. Preiserhöhungen auch auf anderen Wirtschaftssektoren

Bürgerschaftswahl in Hamburg: SPD erreicht 53,9% der Stimmen, CDU 32,2%, FDP 8,6%, DP 4,1%, übrige 1,2%. *Max Brauer* bildet Koalitionsregierung mit der FDP

† *Valéry Larbaud*, frz. Dichter (* 1881)

† *Curzio Malaparte* (eig. Kurt Erich Suckert), ital. kritischer Schriftsteller; konvertierte kurz vor seinem Tode zum Katholizismus (* 1898)

Henri de Montherlant (* 1896): „Erbarmen m. den Frauen" (dt. Ausg. d. frz. Tetralogie von 1936 bis 1939)

J. Osborne: „The Entertainer" (engl. Schauspiel)

† *Erich Ponto*, dt. Schauspieler (* 1885)

E. M. Remarque: „Der schwarze Obelisk" (Roman)

Alain Robbe-Grillet: „D. Augenzeuge" (dt. Ausg. d. frz. Romans der „experimentierenden Literatur")

† *Erich von Stroheim*, österr. Schauspieler u. Regisseur (* 1885)

Lit.-Professor *A. Kantorowicz* flieht aus der DDR nach Westberlin

Seit 1950 64,7 Mill. Taschenbücher in der BRD hergestellt (2,4% der Bücherproduktion, 888 belletrist. Titel)

Hans Peters (* 1896, † 1966): „Handbuch der kommunalen Wissenschaft und Praxis" (2 Bde. seit 1956)

H. Schelsky (* 1912): „Die skeptische Generation" (Jugendsoziologie)

folg. Enkel Prinz *Karim* (* 1938)

K. Schmitz: „Heilung durch Hypnose"

† *Viktor v. Weizsäcker*, dt. Neurologe u. Tiefenpsychologe, vertrat die Psychosomatik (* 1886)

M. Wertheimer: „Produktives Denken" (Psychologie des Denkens)

Erich Zehren: „Das Testament der Sterne" (Bedeut. d. Sterne f. d. kult. u. relig. Entwicklung d. Menschen)

Etwa 50% d. dt. Haushalte besitzen außer Schulbüchern kein Buch, 10% 1—10 Bücher, üb. 10 nur 40%

Sechs der verbreitetsten dt. Comic-Streifen erreichen eine tägliche Gesamtauflage v. 7 Mill.; 3 der verbreitetsten dt. Comic-Hefte für die Jugend haben eine Gesamtauflage von etwa 3 Millionen

Die technischen Erfolge der Sowjetunion beunruhigen die westl. Welt und lösen besond. Diskussionen über Verbesserung und Erweiterung des Bildungswesens aus

Schulversuche mit 5-Tages- und Ganztagsschule in der BRDtl. Verstärkte Forderung nach Ausbau d. „Zweiten Bildungsweges" zur Hochschulreife

Weltkongreß d. Lehrer und Erzieher in Frankfurt/M. Stellt u. a. internationalen Lehrermangel wegen Unterbezahlung fest

Pädagogen schätzen, daß in der BRDtl. etwa 40000 Schulräume (würden etwa 4 Mrd. DM kosten) und gleichviel Lehrer fehlen

Josef Hegenbarth: „Illustrationen zu 5 Shakespeare-Dramen"
B. Heiliger: „Mensch und Fortschritt" (Plastik für dt. Pavillon auf der Weltausstellung in Brüssel 1958)
Rolf Iseli (*1934): „Rot III" (schweiz. abstr. Gem.)
Lenz Klotz (*1925): „Studie zur wüsten Begebenheit" (schweiz. abstraktes Gem.)
Fritz Koenig: „Camargue IV" (Bronze)
Walter Kohlhoff: „Gedächtniskirche Berlin" (expression. Gem.)
Ludwig Peter Kowalski: „Kreuzwegstationen" (Wandmalerei i. d. kath. St.-Ansgar-Kirche Berlin); „R. N. 5701 Lea" (express. Aquarell)
Hans Kuhn: „Schwarze Tafel" (abstr. Gem.)
Hans Laabs: „Schwebend. Blau" (abstr. Gem.)
Le Corbusier: Kunstmuseum in Tokio (im Bau); Hauptquartier d. UNESCO in Paris (ab 1958 benutzt); baute seit 1950 für die Hauptstadt vom Pandschab (Ind.) Chandigarh: Gerichtshof, Ministerien, Gouverneurspalast, Parlament im Rahmen seiner Gesamtplang.
Leo Leuppi (*1893): „Familial" (schweiz. abstr. Gem.)

Wilhelm Killmayer: „Due Canti" (Komp. f. Orch.)
Giselher Klebe (*1925): „Die Räuber" (Oper in Zwölftontechnik)
† *Erich Wolfgang Korngold* (*1897): dt.-österr. Komp., Oper „Die tote Stadt", 1938 nach Hollywood, Filmmusik u. Revuen
Rolf Liebermann: „Schule d. Frauen" (Salzburg. Urauff. der Neufassung)
Nono: „Varianti" (f. Violine, Streicher u. Holzbläs.), „Epitaph auf Federico Garcia Lorca" Urauff. d. vollst. Werkes
† *Robert Oboussier,* schweiz. Komponist; schrieb u. a. die Oper „Amphitryon" (*1900)
Carl Orff: „Comoedia de Christi Resurrectione" (Oster-Oratorium)
Francis Poulenc (frz. Komp., *1899): „Dialogue des Carmélites" (Oper n. Bernanos' „Die begnadete Angst")
Pierre Schaeffer u. *Pierre Henry:* „Symphonie pour un Homme Seul" (Stil d. „musique concrète", als Ballett aufgeführt)
† *Othmar Schoeck* (*1886), Schweizer Komponist
D. Schostakowitsch: 11. Symphonie
† *Jan Sibelius,* finn. Komponist; schuf 7 Sinfonien, 7 sin-

Domagk: Es gibt kein chemotherapeutisches Krebsheilmittel, nur eine zusätzliche Chemotherapie
† *Wilhelm Filchner,* dt. Asienforscher (*1877)
W. Heisenberg u. *W. Pauli* erarbeiten einen Vorschlag für eine universelle Formel für die Elementarteilchen der Materie und ihre Wechselwirkungen unter Benutzung des Begriffes der „kleinsten Länge" und bestimmter Symmetriebeziehungen (als sog. „Weltformel" diskutiert) Südpolexpedition zu Land des Mount-Everest-Bezwingers *Hillary* (erreicht vor einer brit. Expedition im Januar 1958 den Pol)
Arthur Kornberg und Mitarbeiter isolieren ein Enzym, das die Erbsubstanz, die Desoxyribonucleinsäure (DNS), nach einem natürlichen Muster (Matrize) synthetisiert
† *Irving Langmuir,* nordamer. Physiker und Elektrotechniker, erfand u. a. gasgefüllte Glühlampe, Nobelpreis 1932 (*1881)
H. Nachtsheim: „Atomenergie und Erbgut" (betont die Gefahren aus den Strahlenquellen und die Lücken in den Kenntnissen)
J. C. Sheehan (USA) gelingt Synthese des Penicillins V
† *Kiyoschi Shiga,* jap. Bakteriologe, Entd. des Ruhrbazillus, Mitarbeiter Paul Ehrlichs (*1871)
Ballonaufstieg auf 30,5 km Höhe für eine Zeit von 32 Stunden durch *David Simons* (USA)
† *Johannes Stark,* dt. Physiker, Nobelpreis 1919 (war Vertreter der „Deutschen Physik" [*1874])
A. N. Tupolev: Sowjetisches Vierstrahlwerk-Flugzeug TU-110; max. Geschw. 1000 km/st, Reichweite 3500 km. Reguläre Passagierflüge mit Düsenflugzeug TU-104 von Moskau nach Peking, Kabul, Prag
A. Unsöld: „Energieerzeugung u. Entwicklung der Sterne" (spiegelt den Erkenntnisgewinn mit Hilfe der Atomkernphysik)
† *Paul Walden,* Chemiker, bes. Elektro- u. Stereochemie (*1863 in Livland)
Felix Wankel (*1902): Drehkolbenmotor (wird ab 1964 als Serienmotor für PKWs gefertigt)

Einwohner von Berlin
1600: 9000
1709: 57000
1800: 172000
1852: 511000
1900: 2,7 Mill.
1939: 4,3 Mill.
1957: 3,36 Mill.
(West 2,22; Ost 1,14 Mill.)
Sozialeinkommen aus Versicherung. u. ä. i. d. BRDtl.
    1957 1950
    (Mrd.DM)
Einkommen
  26,2 11,4
% v. Nettosozialprod.
  13,7 13,1
% v. Ausg. d. öff. Hand
  34,4 35,1
Sozialprodukt der BRDtl.
(i. Mrd. DM)
Brutto-Soz.-Pr.
  207,0
Volkseinkommen
  158,0
Ges. Investition.
  45,7
Außenhandel der BRDtl. i. Mrd.DM (vgl. 1950)
Einfuhr 31,6 (11,4)
Ausfuhr 36,0 (8,4)
Kartell- u. Bundesbankgesetz (ursprüngl. beabsichtigtes strenges Kartellverbot nicht realisiert)
Gesetz über Rentenreform in der BRDtl. (sieht bei Preiserhöhungen nicht-automatische Rentenangl. vor)
Bundesbesoldung für Beamte um durchschnittl. 6% höher

(1957)

Verhandlungen d. Bundesreg. mit d. Reg. d. Sowjetunion üb. Handels-, Konsular- und Repatriierungsfragen (werden 1958 erfolgreich abgeschlossen)

Konferenz der Regierungschefs d. NATO-Staaten in Paris: zeigt Reserve gegenüb. d. amer. Plänen d. Raketen- u. Atombewaffnung Europas u. beschließt nochmaligen Versuch, Abrüstungsgespräche mit Moskau zu führen

Anerkennung d. DDR durch Jugoslawien veranlaßt Abbruch dipl. Bezieh. seitens BRDtl. (entgeg. d. Empfehlungen d. bundesdt. Botschafters *Pfleiderer*)

DDR-Volkskammer verabschiedet neues Paßgesetz (behindert innerdt. Verkehr)

Reinhold Maier (* 1889), löst *Thomas Dehler* (* 1897) als 1. Vors. d. FDP ab

† *Louise Schroeder*, sozialdem. Politikerin; 1920—33 Mitgl. d. Reichst., 1946—49 Bgm. und stellvertr. OBgm. v. Berlin, seit 1949 i. Bundestag (* 1887)

† *Otto Suhr*, Reg. Bgm. v. Berlin (SPD) seit 1955; vorh. Präs. d. Abg.-Hauses v. Berlin u. Direktor der Hochschule f. Politik (* 1894). Sein Nachf. wird *Willy Brandt*, bisher Präs. d. Abg.-Hauses

† *Karl Georg Pfleiderer*, dt. Politiker (FDP); seit 1955 Botschafter in Belgrad. Hinterläßt krit. Bemerk. z. Ostpolitik d. Bundesreg. (* 1899)

† *Otto Nuschke*, Vors. d. Ost-CDU, stellv. Min.-Präs. d. DDR seit 1949 (* 1883)

Bundesgericht spricht den sozialdemokr. Wirtschaftswissenschaftler u. Gewerkschaftstheoretiker *Viktor Agartz* (* 1897, † 1964) von der Anklage landesverräterischer Beziehungen zur DDR frei

† *Theodor Körner*, österr. sozialdem. Bundespräsident seit 1951 (* 1873); Nachfolger: *Adolf Schärf* (* 1890, † 1965, SPÖ)

Südtiroler protestieren in Wien geg. italienische Volkstumspolitik

Vorlesungsstreik von 30000 Ingenieurstudenten in der BRDtl. wegen ungenügender Studienförderung

Verbesserte Studentenförderung in d. BRDtl. nach dem „Honnefer Modell"

Bundesverfassungsgericht sieht im Gegens. zur Bundesregierung keine Anwendbarkeit d. Reichskonkordats von 1933 auf Schulpolitik der Länder

Bundesverfassungsgericht stellt fest, daß § 175 StGB nicht geg. die Gleichberechtigung der Geschlechter verstößt

Dt. Bundestag verabschiedet Gesetz über Gleichberechtigung von Mann und Frau. Mann behält Entscheidungsrecht in Erziehungsfragen (Stichentscheid)

SED-Kulturkonferenz in Ostberlin verurteilt ideologische Abweichungen (Reaktion auf „Tauwetter"-Stimmung in der Intelligenz).

Kirchenkampf in der DDR: obligatorische Jugendweihe; Verurteilung des Leipziger Studentenpfarrers *Schmutzler*

Geplanter Dt. ev. Kirchentag in Thüringen scheitert

Außerordentliche Generalkongregation des Jesuitenordens in Rom Papst nimmt geg. Auswüchse der Mode Stellung

USA-Kongreß verabschiedet Gesetz z. Sicherung des Wahlrechtes der Neger

USA - Bundespolizei besetzt Schule i. Little Rock (Arkansas), um Negerschülern die Teilnahme am Unterricht zu ermöglichen (in anderen Teilen der USA macht die Desegregation der Rassen leichtere Fortschritte)

Seit Ende d. 2. Weltkrieges rd. 200000 Selbstmorde in Dtl.

„Sputnik-Schock": Weltraumerfolg d. USSR regt Bildungsreform in westl. Ländern an

Absolventen von Technischen Hochschulen

	1957	1950
USSR	83 000	28 000
USA	31 000	50 000

Verteilung der Ausgaben und Schüler 1957 in der BRD

Schulart	Ausgaben Mill. DM	%	Schüler %
Volksschulen ...	2942	56,6	58,8
Mittelschulen ...	302	5,8	3,9
Höhere Schulen .	1054	20,3	9,6
Berufsschulen ..	604	11,6	24,2
Fachschulen	294	5,7	3,5
Alle Schulen ...	5196	100	100

Carlo Levi: „Anna Magnani" (ital. express. Porträtgem.)
Jean-François Liegme (*1922): „Végétal rouge" (schweiz. abstraktes Gem.)
G. Marcks: „Drei Grazien" (Bronze)
Marcello Mascherini: „Cantico dei Cantici", „Lebensfreude", „Bacchantin" (ital. express. Plast.)
Georg Meistermann: Fenster f. d. Kaiser-Friedr.-Ged.-Kirche im Berl. Hansaviert.
H. Moore: „Fallend. Krieger" (engl. Plastik)
Wilfried Moser (*1914): „Kolchis" (schwz. abstr. Gem.)
Charles-François Philippe (*1919): Elément vertical, fond bleu" (schweiz. abstraktes Gem.)
Otto Ritschl: „Komposition 57/15" (abstraktes Gem.)
† *Diego Rivera*, realist.-monumentaler mexikanisch. Maler (*1886)
Ludw. Gabriel Schrieber: Leben d. Hlg. Ansgar (getriebenes Kupferblech f. d. St.-Ansgar-Kirche, Hansaviertel, Berlin)
Charl. Sheeler: „Continuity" (nordamer. Gem.)
R. Sintenis: „Junger Bär" (Plastik)
Toni Stadler: „Kopf einer jungen Französin" (Bronzeplastik)

fon. Dichtungen, 1 Violinkonzert, kleinere Orchesterwerke, Kammermusik, Chor- und Gesangswerke (*1865)
Mischa Spoliansky (*1898): „Katharina Knie" (Musical n. *Carl Zuckmayer*)
Strawinsky: „Agon. Ballett für 12 Tänzer" (russ.-frz. Ballett in Anlehnung an Tanzformen des 17. Jhs. Erstauff. unter dem Komp. bei den Donaueschinger Musiktagen)
† *Arturo Toscanini*, ital. Dirigent, 1907 bis 1921 Metropolitan-Oper i. New York, 1921–31 Mailänder Scala, 1929–36 New Yorker Philharmoniker, seit 1937 Orchester d. NBC (*1867)
William Walton (engl. Komponist, *1902): Konzert für Violoncello u. Orchester
Gerhard Wimberger (österr. Kompon., *1923): „Figuren und Phantasien" (Orch.-Komp.)
„Modern Jazz Quartett" unter *John Lewis* auf den Donaueschinger Musiktagen
Populäre Schlager: Just walkin' in the rain; Banana-Boat-Song; Yes tonight; Josephine

C. F. v. Weizsäcker: „Die Verantwortung der Wissenschaft im Atomzeitalter"
Robert H. Wentorf: Borazon aus Bornitrid als z. Z. „härtester Stoff der Welt" (hitzebeständig bis 1900° C)
F. Whipple u. *L. Jacchia:* Meteore gehören zumindest 99% (vielleicht 100%) zum Sonnensystem, 90% sind aus Kometen hervorgegangen
Sowjetunion erprobt interkontinentale ballistische Rakete
Intern. Geophysikalisches Jahr (1.7.57–31.12.58) mit umfassendem Beobachtungsprogramm einschließlich künstl. Erdsatelliten
90% aller Wissenschaftler, die je lebten, leben heute
Am 4.10. und 3.11. werden in der USSR die ersten beiden künstlichen Erdsatelliten gestartet: Sputnik I (84 kg) + 3. Raketenstufe mit 575 km mittl. Höhe und 96,2 min anfängl. Umlaufzeit (Absturz Anfang Januar 1958); Sputnik II (508 kg, mit Polarhündin *Laika*, die etwa eine Woche lebt) mit mittl. Höhe 930 km und 103,7 min Umlaufzeit (Absturz April 1958)
Satellitenstart mit Vanguard-Rakete in d. USA mißglückt (am 1.2.58 starten d. USA m. Jupiter-Rakete erfolgr. künstl. Satelliten Explorer I mit 13 kg. Weitere Starts: Explorer II [USA, 17.3.58, 1,5 kg]; Explorer III [USA, 26.3.58, 14 kg], Sputnik III [USSR, 15.5.58, 1327 kg], Explorer IV [USA, 26.7.58, 17 kg])

USA-Raketen:	Geschw.	Reichweite
Nike	3000 km/st.	30 km (Höhe)
Corporal	4000 km/st.	150 km
Matador	1000 km/st.	1000 km
Jupiter	6000 km/st.	2400 km
Atlas	25000 km/st.	8000 km

USA schießt erste Luftabwehr-Rakete mit Atomwaffenkopf, der am Ziel zur Explosion gebracht wird
Erfolge der USSR veranlassen USA-Präs. *Eisenhower*, einen Sonderbeauftragten für Raketenfragen zu ernennen
Bund und Länder beschließen Bildung eines Wissenschaftsrates zur Förderung und Koordinierung der Forschung (wird 1958 konstituiert)

Bundestag beschl. Besserstellung der Arbeiter i. Krankheitsfall (noch keine volle Gleichber. m. d. Angestellten)
Bundesverfassgs.-gericht erklärt gemeinsame Einkommensteuer-Veranlagung von Eheleuten als grundgesetzwidrig
Bundesreg. plant Reprivatisierg. des Volkswag.-Werkes m. „Volksaktien"
Begrenzte Senkg. der Zolltarife (alle Agrarprodukte ausgenommen)
Geldnotenumtausch i. d. DDR (dieser Geldschnitt trifft bes. d. wirtschaftlich noch Selbstständigen)
Metallarb.-Streik i. Schleswig-Holst. nach 114 Tagen beendet
Einf. d. Fünftagewoche in versch. dt. Gewerbezweigen mit Verkürzung d. Arbeitszeit auf 45 Stunden wöchentlich
Die Preise f. Kohle und Stahl i. d. BRDtl. erhöht, wodurch das gesamte Preisgefüge beeinflußt wird
Dt. Industrieausstellung in Kairo
Wirtschaftsentw. i. d. BRDtl.:

	1957	1950
Privatverbr. (DM/Einw.)	2372	1301
(Mrd. DM)		
Spareinl.	31	4,1
Ausfuhr	36	8,4
Einfuhr	31,6	11,4

(1957)

† *Nikolaus Horthy*, Admiral, 1920 bis 1944 antibolschewist. ungar. Reichsverweser, zul. i. Portugal (* 1868)

† *Haakon VII.*, König v. Norweg. seit d. Trennung v. Schweden 1905; 1940—45 i. brit. Exil (* 1872). Sein Nachf. wird sein Sohn *Olav V.*, der auch als Sportsmann bekannt ist (* 1903)

Brit. Premier *A. Eden* tritt als Folge d. Suezkrise zurück. *Harold Macmillan* (* 1894) wird sein Nachf. (bisher Verteid.-Min.)

Kgin. *Elisabeth* macht Staatsbesuch in Paris

Erzbischof *Makarios* v. Zypern kehrt aus d. polit. Verbannung nach Athen zurück

Großbrit. erprobt seine erste Wasserstoffbombe und wird damit 3. Atommacht

Großbrit. schlägt Aufst. geg. den Sultan von Oman am Pers. Golf nieder (in diesem Gebiet haben Großbrit. u. d. USA Ölinteressen)

Großbrit. u. d. USA liefern Waffen an Tunesien; Protest Frankreichs

Frz. Nationalvers. billigt Verläng. d. Vollmachten z. Meisterung der Lage in Algerien

Gaillard frz. Min.-Präs. (1958 folgt Pierre *Pflimlin* [* 1907, MRP], der unter d. Druck d. Militärs d. Regier. 1958 an *de Gaulle* abtreten muß)

Mendès-France tritt als Vors. d. frz. Radikalsozialistischen Partei zurück

† *Edouard Herriot*, linksbürgerl. frz. Politiker u. Staatsmann (Radikalsozial.); 1947—54 Präs. d. Nationalversammlg. (* 1872)

Streiks in Lodz (Polen)

Polens Außenminister von 1956— 68 *Adam Rapacki* (* 1909, † 1970) schlägt vor der UN-Vollversammlg. Verzicht auf Herst. u. Lagerung v. Atomwaffen in Mitteleuropa vor

Die ersten stellv. Min.-Präs. d. USSR *Molotow* u. *Kaganowitsch* sowie der stellv. Min.-Präs. *Malenkow*, außerd. d. Parteisekr. *Schepilow* aus d. ZK d. KPdSU ausgeschl. u. ihrer Ämter enthoben, Verteid.-Min. *Schukow* in das ZK aufgenommen

Sowj. Parteisekr. *Chruschtschow* fordert Abzug aller ausländ. Truppen aus Mitteleuropa

Sowjetunion schlägt Einstellg. aller Atomversuche vor; USA will sie zunächst auf 2 Jahre befristen. (1958 kündigt USSR die befristet einseit. Einstellung ihrer Versuche an)

Sowjetunion berichtet über erfolgreiche Erprobung einer interkontinentalen Fernrakete

UN-Vollversammlung verurteilt z. 3. Mal USSR wegen Ungarn-Intervention 1956

Verteidigungsminister d. USSR, Marschall *Schukow*, „Held der Sowjetunion", gestürzt (wird als Machtkonzentration bei *Chruschtschow* gewertet; 1958 übernimmt Ch. auch das Amt d. Min.-Präs.)

Der sowj. Min.-Präs. *Bulganin* schreibt Briefe an die Regierungschefs d. Westmächte, *Nehru* und *Adenauer*

NATO-Konferenz in Paris beschl. Mittelstreckenraketen f. Mitteleur., Außenmin.-Konferenz m. Moskau; Entscheidung üb. atomare Bewaffnung verschoben

Chruschtschow fordert Ost-West-Konferenz d. Reg.-Chefs oder Verhandlungen USSR-USA

US-Staatssekr. f. Verteidigung *Wilson* wird durch *McElroy* und US-Staatssekr. f. Finanzen *G. Humphrey* (* 1890) durch *Anderson* abgelöst (gilt als Zeichen, daß die führenden Leute aus Industrie und Finanz vor den wachsenden Staatsausgaben resignieren)

Mit der „Eisenhower-Doktrin" versuchen die USA den brit. Machtverlust im Nahen Osten mit Blick auf d. Sowjetunion z. kompensieren

Magenleiden Präs. *Eisenhowers* beunruhigt Weltöffentlichkeit; Börsensturz

USA schlagen Herabsetzung der Streitkräfte d. USA u. USSR auf 2,5 Mill. vor

Beunruhigung in den USA nach einigen mißglückten Versuchen mit Fernraketen

Heinz Trökes Farbiges Altarfenster in der Kaiser-Friedrich-Gedächtnis-Kirche i. Berlin. Hansaviertel (abstr. Komp.)

Ferenc Varga (*1908): „Composition en long" (ungar.-frz. abstr. Gem.)

† *Henry van de Velde*: belg. Architekt, begründete Jugendstil u. Werkbund (*1863)

F. Winter: „Zeichen mit rotem Punkt", „In Grau" (abstr. Gem.)

F. L. Wright: „Ein Testament"

Interbau Berlin 1957: Intern. Bauaustellg. vorwiegend im neugestalteten Hansaviertel. Kirchenbauten v. *Ludwig Lemmer* (ev.) u. *Willy Kreuer* (kath.); Grd.-schule v. *Bruno Grimmek*; Kongreßhalle v. *Hugh A. Stubbins* (USA); Hochhäuser (16—17 St.) v. *Luciano Baldessari* (Ital.), *J. H. van den Broek* u. *J. B. Bakema* (Niederl.), *Gustav Hassenpflug*, *Raymond Lopez* u. *Eugene Beaudouin* (Frankr.), *Klaus Müller-Rehm* u. *Gerhard Siegmann*, *Hans Schwippert*; 8- b. 10 geschossig. freistehende Wohnzeilen v. *Alvar Aalto* (Finnl.), *Walter Gropius* (USA), *Fritz Jaenecke* u. *Sten Samuelson* (Schwed.), *Oscar Niemeyer Filho* (Brasil.), *Pierre Vago* (Frankr.). *Le Corbusier* (frz. Schweiz): Unité d'Habitation „Typ Berlin" (17 Geschosse). Außerdem 1- bis 5 geschossige Mehr- u. Einfamilienhäuser von *F. H. Sobotka*, *H. Scharoun*, *M. Taut* u. a.

Neubau des Wallraf-Richartz-Museums in Köln eröffnet (1855 gegrdt., 1861 erstmalig eröffnet)

Neueröffnung der Alten u. der Neuen Pinakothek in München

Rhein-Main-Kongreß- und Ausstellungshalle in Wiesbaden

† *Sascha Guitry*, frz. Filmautor u. -darsteller (*1885)

Sir *Laurence Olivier* (*1907) erhält von der Univ. Oxford Ehrendoktor f. s. Shakespeare-Verfilmungen

† *Max Ophüls*, Filmregisseur, u.a. „Der Reigen" (1952), „Maison Tellier" (1954) (*1902)

† *Charles Pathé*, frz. Filmpionier; grdte. mit seinem Bruder 1897 erste frz. Filmgesellschaft (*1864)

„In 80 Tagen um die Welt" (nordam. Farbfilm nach dem Todd-AO-Verfahren (*Mike Todd* † 1958), Regie: *Michael Anderson*, Darstell.: *David Niven*, *Cantinflas*, *Shirley MacLaine* u. a.

„Ariane" (nordam. Film, Regie: *Billy Wilder*, Darst.: *Audrey Hepburn*, *Gary Cooper* [*1901], *Maurice Chevalier* [*1889] u. a.)

Weltatombehörde in Wien gegrdt.

8 Forschungs-Kernreaktoren in der BRDtl. im Bau (Inbetriebnahme zwischen 1957 und 1960)

Erster dt. Kernreaktor in der TH München in Betrieb (Typ „Swimming-Pool"); als zweiter folgt Forschungsreaktor bei Dresden (die Entwicklung von Leistungsreaktoren stößt in der BRDtl. auf den Widerstand konkurrierender Energieerzeuger)

In mehreren Ländern laufen Vorversuche zur Verschmelzung leichter Kerne durch kontrollierte Kernfusion (Anfang 1958 gibt Großbrit. seine Anfangserfolge mit dem Zeta-Gerät in Harwell bekannt)

Beschleuniger f. 10 Mrd. Volt i. Atomzentr. Dubna b. Moskau

Elektronenrechner in der USSR berechnet in 40 Min. mit 20 Mill. Operationen Luftdruckverteilung über Europa für 24 Stunden voraus (Resultat wird als befriedigend angesehen)

Ausgrabung des „Fort Salmanassar" in Nimrud-Kalasch (aus der Zeit —840); Elfenbeinschnitzereien um den Ischtar-Tammuz-Kult

Neue Ausgrab. b. Pergamon

Dänische Archäologen graben in Schemschara in Südkurdistan (früh. Schuscharra) Palast mit Briefen auf Schrifttafeln aus (wahrscheinl. aus der Zeit ≈ —1730)

Ausgrabungen der Pipinsburg bei Osterode (Harz) seit 1953 ergeben, daß sie seit dem —5. Jhdt. ein nördlicher Eckpfeiler des keltischen Einflußgebietes ist

Als Seewaffe der Zukunft gilt Atom-U-Boot mit Fernraketen

USA-Düsenflugzeuge vollbringen ersten Nonstopflug um die Erde

USA-Düsenjäger fliegt Los Angeles–New York in 3 Std., 23 Min., 8,4 Sek.

1 Karat künstl. Industriediamant 4,25 Dollar gegenüber 2,85 Dollar f. natürl. Diamanten (Rentabilität künstl. Diam. in Kürze erwartet)

Bisher größte erbohrte Tiefe in Dtl.: 3918 m bei Sterup (Kr. Schleswig)

Handel der BRDtl. m. d. Sowjetunion:

Mill. DM	Einf.	Ausf.
1957	409	250
1956	224	289
1955	151	112
1953	66	7

Sowjetunion gibt 700 Mill. Rubel Wirtschaftshilfe an Ägypten

USA geraten in eine Wirtschaftskrise mit erheblich. Produktionsrückgang u. Anstieg d. Arbeitslosigkeit („Recession")

Seeschiffsbau:

	Mill. BRT
Großbrit.	2,08
Japan	1,43
BRDtl.	0,86
Welt	8,38

Dt. Handelsflotte 2501 Schiffe mit 3,56 Mill. BRT (90% von 1939)

Weltproduktion v. Kunststoffen 3,5 Mill. t (1937: 0,25 Mill. t)

Weltprod. v. Aluminium 3 Mill. t (1937: 0,5 Mill. t)

Schätzung d. chinesischen Reserven an Eisen 6,8 Mrd. t, Steinkohlen 445 Mrd. t, Erdöl 1,7 Mrd. t, Wasserkräften 300 Mill. kW

Weltjugendfestspiele in Moskau

Borussia Dortmund dt. Fußballmeister (1958 wieder Schalke 04, Gelsenkirchen)

Dt. Segelschulschiff „Pamir" sinkt im Atlantik, 80 Seeleute finden den Tod

(1957)

Eisenhower u. *Macmillan* beschließen engere Zusammenarb. zwischen den USA u. Großbrit.

Eisenhower erleidet leichten Schlaganfall

George F. Kennan (* 1904): „Rußld., der Westen und die Atomwaffe" (der ehemalige USA-Botschafter in Moskau fordert im brit. Rundfunk Beendigung d. Wettrüstens durch Verhandlungen)

„Solidaritätskonferenz" der afroasiatischen Nationen in Kairo

Syrienkrise: Syrien beschuldigt die USA des Umsturzversuches (1958 bilden Ägypten und Syrien „Vereinigte Arab. Republik")

Wirtschaftshilfe d. USSR an Syrien

Mao Tse-tung hält Widersprüche zwischen Volk u. polit. Führung auch in einem kommunist. Staat für möglich. Fordert kulturellen Reichtum: „1000 Blumen sollen blühen"

Attentat auf indonesischen Staatschef *Achmed Sukarno* (* 1901). Indonesien geht gegen Niederländer vor

Das im Indochinakrieg 1954 geteilte Laos wiedervereinigt

Malaya u. Westind. Bund selbst. Mitglieder des Commonwealth

„Die Brücke am Kwai" (nordamer. Film, Regie: *David Lean*, Darst.: *Alec Guinness, William Holden* u.a.)

„Heiße Erde" (nordamer. Farbfilm, Regie: *Robert Rossen*, Darst.: *James Mason, Harry Belafonte, Dorothy Dandridge* u.a.)

„Junggesellen-Party" (nordamer. Film, Regie: *Daniel Mann*, Darst.: *Don Murray, E. G. Marshall, Jack Warden* u.a.)

„Die 12 Geschworenen" (nordamer. Film mit konsequenter Einheit von Ort, Zeit und Handlung, Regie: *Sidney Lumet*, Darst.: *Henry Fonda, Lee J. Cobb* u.a.)

„Der König und die Tänzerin" (brit.-nordamer. Farbfilm, Regie: *Laurence Olivier*, Darst.: *Marilyn Monroe, L. Olivier* u.a.)

„Till Eulenspiegel, der lachende Rebell" (dt.-frz. Farbfilm, Regie: *Gérard Philipe*, Darst.: *G. Philipe, Nicole Berger* u.a.)

„Lissy" (Film nach *F. C. Weiskopf*, Regie: *Konrad Wolf*, Darst.: *Sonja Sutter, Hans Peter Minetti* u.a.)

„Der letzte Schuß" (russ. Film, Regie: *G. Tschuchrai*, Darsteller: *Isolda Iswitzkaja, Oleg Strischenow* u.a.)

„Asken Chitai" (jap. sozialkrit. Film, Regie: *Kenji Mizoguchi*, Darst.: *Machiko Kyo, Aiko Mimasu* u.a.)

87% des Filmpublikums i. d. BRDtl. sind an der Wochenschau interessiert

Potential der kommunistischen Welt

	Bevölkerung in Mill.	Stahlprod. in Mill. t	Elektr. Prod. in Mrd. kWh
USSR	200,2	51	209,5
China	627,8	5,2	19
Übrige	116,9	17,3	98
	944,9	73,5	326,5

Neue Schätzung der Entwicklung der Erdbevölkerung (in Mill.)

	1950	2000
Europa (ohne USSR)	393	569
USSR	202	379
Asien (ohne Mittleren Osten)	1300	3600
Mittlerer Osten	82	279
USA und Kanada	168	312
Mittel- und Südamerika	162	593
Afrika	178	443
Ozeanien	13	29
Insgesamt	2498	6204

Geburtenkontrolle wird vielfach diskutiert und gefordert.

Fr. Baade sieht das Ernährungsproblem für das Jahr 2000 durch Verbesserung der Bodenbearbeitung, Düngung und Bewässerung als lösbar an

Sacklinie in der Damenmode

† *Christian Dior*, Pariser Modegestalter (*1905)

Jährl. etwa 150 Mill. künstliche Zähne, davon in Dt. etwa 30 Mill.

Weltgesundheitsorganisation warnt v. Gefahren radioaktiver Stoffe aus der Kernspaltung (bes. wird d. Einlagerung radioaktiven Strontiums in die Knochen diskutiert)

Veranlaßt durch häufige Verkehrsunfälle (1956 in der BRDtl. 12 500 Tote), wird die Kfz - Geschwindigkeit in geschlossenen Ortschaften auf 50 km/st. begrenzt

Lord *Altrincham* kritisiert brit. Königin u. ihren Hof, was lebhafte Diskussionen hervorruft

† *Hermann Buhl*, österr. Alpinist; abgestürzt auf dem Rückweg von der Chogolisa im Karakorum; erstieg 1953 den Nanga Parbat, 1957 den Broad Peak (*1924)

Mißglückter Versuch zweier Italiener und zweier Deutscher, d. Eigernordwand zu ersteigen, kostet 3 Tote. (Damit erhöht sich die Zahl der Todesopfer in der Wand auf 21)

Robert (Bobby) J. Fischer (*1943) gewinnt US-Schachmeisterschaft (wird 1958 intern. Großmeister, 1972 Weltmeister)

Derek Ibbotson (Großbrit.) läuft neuen Weltrekord über die Meile in 3,57,2 (3 weitere Läufer bleiben in diesem Rennen unter 4 Min.)

Gültige leichtathletische Weltrekorde

	Männer	Frauen
100-m-Lauf	10,1 Sek	11,2 Sek.
800-m-Lauf	1:45,7	2:05,8
10 000-m-Lauf	28:30,4	—
42,2 km (Marathon-Lauf)	2 St. 23:3,2	—
Hochsprung	2,15 m	1,76 m
Weitsprung	8,13 m	6,35 m
Kugelstoßen	19,25 m (7,25 kg)	16,76 m (4 kg)
Diskuswurf	59,28 m (2 kg)	57,04 m (1 kg)
Speerwurf	85,71 m (800 g)	55,48 m (500 g)
Zehnkampf	7985 Punkte	—
Fünfkampf	—	4767 Punkte

Nach Schätzungen in den USA:

	Bevölker. in Mill.	Brutto-Soz.-Prod.	davon Priv. u. Soz. Konsum	Investitionen	Militärische Ausgaben
			Milliarden Dollar		
Erde	2700	1160	820	223	117
			Dollar/Kopf		
Nichtkommunistische Industrieländer	620	1200	870	235	95
Nichtkommunistische Entwicklungsländer	1110	121	102	15,4	3,6
Kommunistische Industrieländer	350	650	360	155	135
Kommunistische Entwicklungsländer	620	92	71	9,7	11,3

1958			
	Friedens*nobel*preis an d. Dominikaner *Dominique Georges Pire* (* 1910, Frankr.) für seine umfassende karitative Tätigkeit Verträge über Europäische Wirtschafts- und Atomgemeinschaft in Kraft (beteiligt: Frankr., BRD, Italien, Benelux-Staaten) Im Rahmen der EWG wird Europäisches Parlament in Straßburg gegrdt. (142 Mitgl. werden aus den nationalen Parlamenten delegiert) SPD unterstützt die Aktion „Kampf dem Atomtod" Gegen SPD und FDP stimmt der Bundestag einer evtl. Ausrüstung der dt. Bundeswehr mit taktischen Atomwaffen zu. SPD fordert Volksbefragung Luftschutzgesetz in der BRD. Grdg. der Organis. freiwill. Luftschutz-Helfer in der DDR Wirtschafts-, Konsular- und Repatriierungsabkommen zwischen der USSR und BRD Staatsbesuche von Bundespräsident *Heuss* in Kanada und Gr.Brit. Erstes Jagdbombergeschwader der dt. Bundeswehr Bundesverfassungsgericht entscheidet: Volksbefragungen in den Ländern über Atombewaffnung sind verfassungswidrig Gesetzentwurf der SPD über eine Volksbefragung im ganzen Bund über Atombewaffnung vom Bundestag abgelehnt Bundestag und Bundesregierung fordern 4-Mächte-Gremium der früheren Besatzungsmächte für Behandlung d. dt. Wiedervereinigung. USSR will demgegenüber Vorbereitung eines Friedensvertrages *Adenauer* trifft in Frankreich *de Gaulle*, später im Jahr besucht *de Gaulle Adenauer* (der Anfang einer engen Zusammenarbeit bis zum Rücktritt *Adenauers* 1963) *Dulles* (USA) erneuert Berlin-Garantie. *Chruschtschow* fordert Aufhebung d. Potsdamer Abkommens (1945) und d. Viermächtekontrolle in Berlin *Chruschtschow* verlangt am 27. 11. ultimativ die Umwandlung des Status von Berlin in einer „Freien Stadt" unter Aufhebung der Viermächteverantwortung	*Nobel*preis f. Literatur an *Boris Pasternak* (USSR); wird von kommunist. Seite gezwungen abzulehnen Friedenspreis des Dt. Buchhandels an d. Philosophen *Karl Jaspers* *Margarita Josifowna Aliger* (* 1915): „Gedichte" (russ.; war 1957 von *Chruschtschow* gerügt worden) *Louis Aragon* (* 1897): „Die Karwoche" (frz. histor. Roman) *Simone de Beauvoir:* „Memoiren einer Tochter aus gutem Hause" (frz. Autobiographie) *J. R. Becher:* „Schritt der Jahrhundertmitte" (Gedichte) † *Johannes R. Becher*, dt. Dichter, unterstützte Kulturpolitik der DDR (* 1891) *Mose Ya'aqob Ben-Gavriêl* (* 1891): „Das Haus in der Karpfengasse" (israel. Zeitroman aus dem besetzten Prag) *H. F. Blunck:* „Elbsagen" („Donausagen" 1959, „Nordseesagen" 1960, „Alpensagen" 1961) *Andrzej Braun* (* 1923): „Die gepflasterte Hölle" (dt. Ausgabe des poln. antistalinist. Romans v. 1957) † *Ferdinand Bruckner*, dt. Dichter (* 1891) *Truman Capote* (* 1924): „Frühstück bei Tiffany" (nordamer. Roman) *Jean Cayrol* (* 1911): „Les corps étrangers" (frz. Roman) *Blaise Cendrars* (* 1887, † 1961): „A l'aventure" (frz. Dichtung) *Carlo Coccioli* (* 1920): „Manuel der Mexikaner" (dt. Ausgabe des ital. Romans von 1956) *Cyril Connolly* (* 1903)	*F. Arlt:* „Der zweite Bildungsweg" (Wege z. Hochschulreife außerhalb des Gymnasiums) *K. Barth:* „Brief an einen Pfarrer in der DDR" *Thomas Barthel* (* 1923): „Grundlagen zur Entzifferung der Osterinsel-Schrift" *George Bell* (* 1883, † 1958): „Dokumente christlicher Einheit 1920 bis 1957" (anglikanisch; 4 Bde. seit 1924) *N. Bohr:* „Atomphysik und menschliche Erkenntnis" (7 Aufsätze) *E. O. F. Bollnow:* „Wesen und Wandel der Tugenden" *Ruth Fischer* (* 1895, † 1961): „Die Umformung der Sowjetgesellschaft" *Heinrich Fries* (* 1911): „Kirche als Ereignis" (kathol. Theologie) *Kenneth Galbraith* (* 1908): „The Affluent Society" („Die Überflußgesellschaft") *E. Hiller:* „Automation und Menschen" *M. Hochrein:* „Der alte Mensch in unserer Zeit" *Josef Hromadka* (* 1889, tschech. ref. Theologe): „Evangelium für Atheisten" † *Ernest Jones*, engl. Psychoanalytiker, früher *Freud*-Schüler (* 1879) *Johannes* (Pater) *Leppich* (* 1915): „Gott zwischen Götzen und Genossen" (kathol.-jesuit. Bemühungen um Arbeiterseelsorge) *Golo Mann:* „Deutsche Geschichte im 19. und 20. Jahrhundert" *Klaus Mehnert* (* 1906, in Moskau): „Der Sowjetmensch" *Tom Mutters* grdt. „Lebenshilfe für das geistig behinderte Kind" (in

Afro (Basaldella): „Composizione" (ital. abstrakt. Gem.)
Karel Appel (*1921): „Sorcellerie" (niederl. abstr. Gem.)
O. Bartning: „Vom Raum der Kirche" (Theorie d. mod. evangel. Kirchenbaus)
Eugen Batz (*1905): „Schwarzer Grat" (abstrakt. Gem.)
Jean Bazaine: „Le Buisson" (frz. abstrakt. Gem.); Wandbilder im Unesco-Gebäude, Paris
Ludwig Bemelmans (*1898, †1962): „Mein Leben als Maler" (Autobiographie d. nordam. humorist. Schriftstellers u. Malers)
Renato Birolli (*1906, †1959): „Canto d'Inverno" (ital. abstrakt. Gem.)
Roger Bissière (*1888): „Gris" (frz. abstrakt. Gem.)
Walter Bodmer (*1903): „Rotes Metallrelief auf Weiß" (schweiz. Metallkomposition)
Victor Brauner (*1903): „La Clef est blanche" (rumän.-frz. surrealist. Gem.)
James Brooks (*1906): „Acanda" (nordamer. abstrakt. Gem.)
Carl Buchheister (*1890): „Komposition BET" (Ölrelief)
Alberto Burri (*1915): „Ferro" (ital. Eisenkomposition)
Jan Burssens (*1925): „Femme" (belg. Gem.)
Alexander Calder: Mobile für Flugha-

Conrad Beck: „Aeneas Silvius" (Sinfonie), Urauff.
Boris Blacher: „Gesänge des Seeräubers u. seiner Geliebten"
Pierre Boulez: „Le Visage Nuptial" („Das bräutl. Antlitz"), Kantate, Uraufführung
Benjamin Britten: „Noah's Flood" (engl. Kurzoper)
J. Cage: „Klavierkonzert" (nordam. Komposition der „experiment. Musik", die nur die „Aktion des Spielers", nicht aber d. Klangbild festlegt)
Aram Chatschaturian (*1903): „Gajaneh" (russ. Ballett)
Werner Egk: „Das Zauberbett" (Komödie), schrieb auch die Bühnenmusik
Gottfried v. Einem: „Sinfonische Szenen", Urauff.
Georg Enescu (*1881): „Oedipus" (rumän. Op.), Uraufführung
† Karl Erb, dt. Tenor, bes. bek. als Evangelist d. Matthäus-Pass. (*1877)
Kirsten Flagstad (*1895, †1962), norweg. Sopranistin, Leiterin d. Norsk Opera
Wolfg. Fortner: Impromptus f. Orchester, „Ballet blanc" (dt. konzertante Uraufführung)
Hans Werner Henze: „Undine" (dt. Ballett), Urauff.

Nobelpreis für Physik an Ilja M. Frank (*1908), Ilgor E. Tamm (*1895, †1971) und Pawel A. Tscherenkow (*1904) (alle USSR) für Hochenergie-Physik
Nobelpreis für Chemie an Frederick Sanger (*1918, Gr. Brit.) für Analyse der Struktur des Insulin-Moleküls seit 1943
Nobelpreis für Medizin und Physiologie an Edward L. Tatum (*1909, USA), George Beadle (*1903, USA) und Joshua Lederberg (*1925, USA) für bahnbrechende Arbeiten auf d. Gebiet der Mikrobengenetik
Van Allen entd. Strahlungsgürtel der Erde in Höhen über 600 km
Alvarez und Mitarbeiter finden Wasserstoffkernfusion am Heliumkern mit Mesonenkatalyse
A. Butenandt und H. Rembold: Nachweis des Biopterins als charakteristischen Bestandteil d. Weiselfuttersaftes der Bienen
Gierer und Schramm: Beweis, daß reine Virusnucleinsäure (ohne Eiweiß) infektiös ist
† Richard Goldschmidt, dt. Genetiker, zuletzt in USA (*1878)
L. M. Gould: „Die Polarregion in ihren Beziehungen zu menschlichen Angelegenheiten" (nordamer. Darstellung der wachsenden Bedeutung dieses Gebietes)
Edmund Hillary erreicht mit neuseeländ. Expedition Südpol; kurz darauf brit. Exp. unter Vivian Fuchs
Georges Mathé (Curie-Hospital, Paris) behandelt strahlengeschädigte jugoslawische Techniker erfolgreich mit fremden menschlichen Knochenmarkzellen
Rud. Mössbauer (*1929): Rückstoßfreie Kernresonanzabsorption von Gammastrahlen in Kristallen (gestattet Energiemessungen auf ein Billionstel genau)
† Friedrich A. Paneth, Erforscher d. Radioaktivität (*1887)
† Wolfgang Pauli, schwz. Physiker, Nobelpreis 1945 (*1900)
M. Schwarzschild: „Aufbau und Entwicklung der Sterne" (nordamer. Astrophysik, gekennzeichnet durch Erkenntnisse der Atomkernphysik) 3-m-Spiegelteleskop für das Lick-Observatorium auf Mt. Hamilton
W. M. Sinton: Ultrarot-Spektrum

Anteil d. Investitionen am Sozialprodukt (Mittel 1955–60)

Schweiz	24,2%
Österreich	22,9%
BRD	22,8%
Italien	20,9%
Frankreich	18,0%
USA	16,9%
Gr. Brit.	15,6%

Über 8 Mill. t Kohle liegen in d. BRD auf Halde. Gegenmaßnahmen der Bundesreg. Absatzschwierigkeiten der Ruhrkohle führen zu Schachtschließgn.
20 793 neuerbaute Wohnungen in West-Berlin (230 000 seit 1949), 9452 in Ost-Berlin
Elb-Pumpspeicherwerk Geesthacht bei Hambg. eingeweiht. Leistung: 105 000 kW, Speicherkapazität 580 000 kWh
Neckarhafen Stuttgart in Betrieb
DDR schafft Lebensmittelkarten ab (Lebensmittelrationierung bes. 1961 wieder verstärkt)
Frankreich wertet den Franc ab. Zehn europ. Staaten (einschl. Frankreich) verkünden freie Konvertierbarkeit ihrer Währungen
Brüsseler Weltausstellung. Zentrale Themen Kerntechnik u. Raumfahrt. Bautechnik ermöglicht kühne Ausstellungsbauten. Wahrzeichen „Atomium" (42 Mill. Besucher)
3. Fünfjahresplan

(1958)	NATO-Mächte bekräftigen Berlin-Garantie CDU stärkste Partei in Schleswig-Holstein. *Kai-Uwe von Hassel* bildet CDU-FDP-Regierung CSU erlangt im bayr. Landtag 101 von 204 Mandaten. Regierung unter *Hanns Seidel* (CSU) SPD erlangt in Hessen 48 der 96 Mandate. Regierung unter *Georg August Zinn* (SPD) CDU erlangt in Nordrhein-Westf. mit 50,5% der Stimmen absolute Mehrheit. *Franz Meyers* bildet CDU-Regierung Wahl zum Abgeordnetenhaus von Berlin(West): SPD 78 Sitze, CDU 55 Sitze. Alle anderen Parteien bleiben unter 5%-Grenze (SED: 1,9%) und ohne Sitz. Wahlbeteiligung 92,9%. † *Walter Freitag*, dt. Gewerkschaftler, Vors. d. DGB 1952–56 (* 1889) † *Karl Arnold*, ehem. nordrhein-westf. Min.Präs. (CDU), Gewerkschaftler (* 1901) SED-Zentralkomitee maßregelt *Karl Schirdewan* (* 1907) u. a. wegen Fraktionstätigkeit (*Sch.* widerruft seine Abweichungen 1959) *Michail Perwuchin* (* 1904) Botschafter der USSR in der DDR DDR erhebt Wasserstraßen-Benutzungsgebühr, werden von d. Bundesreg. d. Schiffahrt erstattet V. Parteitag der SED: „Aufbau des Sozialismus in der DDR" (bis 1961 soll Pro-Kopf-Verbrauch der Bundesrepublik erreicht sein) Wahlen zur Volkskammer in der DDR. Die Bevölkerg. hat nur die Möglichkeit, die Einheitsliste der „Nationalen Front" zu „wählen", die von der SED beherrscht wird Strafergänzungsgesetz zur Bestrafung von Staatsverbrechen, wie „Abwerbung", „Republikflucht" u. ä. in der DDR Schwerer Konflikt zw. Frankreich und Tunesien. Frz. Luftangriff auf tunes. Dorf Franz. Reg. unter *Gaillard* stürzt über Algerienfrage. Ausnahmezustand in Frankreich. Reg. *Pflimlin* tritt zurück Autoritäre Regierung *de Gaulle* beendet die 4. Republik in Frankreich. Frankr. erhält neue Verfassung,	beend. Herausgabe der engl. literar. Zeitschrift „Horizon" (seit 1939) *James Gould Cozzens:* „Von Liebe beherrscht" (nordamer. Roman) *Shelagh Delaney* (* 1939): „A taste of honey" (engl. Schauspiel) *Mazo De La Roche* (* 1885, † 1961): „Hundert Jahre Jalna" (kanad. Roman; „Die Leute auf Jalna" 12 Bde. 1927 bis 1952) *John R. Dos Passos:* „Die großen Tage" (nordam. Roman) *Lawrence G. Durrell* (* 1912): „Balthasar" (engl. Roman) *Stanislaw Dygat* (* 1914): „Verwehte Träume" (poln. Roman) *Günther Eich* (* 1907): „Stimmen. 7 Hörspiele" *T. S. Eliot:* „Dichter und Dichtung" (dt. Ausgabe der engl. Essaysammlung von 1957) *Gerd Gaiser* (* 1908): „Schlußball" (Roman) *David Gascoyne* (* 1916): „Night Thoughts" (engl. „Radiogedicht") *Rumer Godden* (* 1907): „Gefährliche Freundschaft" (engl. Roman) *Nadine Gordimer* (* 1923): „Fremdling unter Fremden" (engl. Rom.) † *Geerten Gossaert*, niederl. Dichter, schrieb 1911 „Experimenten" (Gedichte) (* 1884) *Peter Hacks* (* 1928): „Der Müller von Sanssouci" (Komödie) *Hermann Hiltbrunner* (* 1893, † 1961): „Alles Gelingen ist Gnade" (schweiz. Tagebücher) *František Hrubín* (* 1910): „Die Verwandlung (tschech. Lyrik), „Ein Sonntag im August" (tschech. Schauspiel)	der BRD werden jährlich ca. 30000 solcher Kinder geboren) *Cyril N. Parkinson* (* 1909) veröff. seine teilw. satirische Darstellung d. Wachstums der Bürokratie † *Pius XII.*, Papst seit 1939 (* 1876) *Johannes XXIII.* Papst bis 1963 (†, * 1881), vorher *Angelo Giuseppe Roncalli*, Erzbischof von Venedig *K. Popper:* „Falsche Propheten" (neopositivist. Philosophie) *Helmut Schelsky* (* 1912): „Die skeptische Generation" *Erhard Schlesier* (* 1926): „Die melanesischen Geheimkulte" *Hans Sedlmayr:* „Kunst und Wahrheit" † *Leopold Ziegler*, Philosoph (* 1881) 1. Christliche Friedenskonferenz in Prag (weitere 1959, 60; vorwiegend östl. Kirchen) Erklärungen der kathol. und der evangel. Kirche zur Mischehe (seit 1914 ist der Prozentsatz in Dtl. von 10 auf 25% gestiegen) Lübeck, Anhalt, Pfalz geben Frauen Gleichberechtigung im evangel. Pfarramt Freie Universität Berlin feiert im Beisein des Bundespräsidenten 10-jähriges Bestehen (Studentenzahl wächst bis 1963 auf 15000) Versuche mit d. 5-Tage-Schulwoche in Hambg. Schulgesetz führt in Dänemark 7jährige ungeteilte Grundschule ein Polytechnischer Unterricht zur Erhöhung der Arbeitsproduktivität in den Schulen der DDR eingeführt (Unterrichts-

fen Idlewild, New York
Giuseppe Capogrossi (* 1900): „Oberfläche 290", („Superficie 290" ital. Gem. mit schriftartigen Zeichen)
Bruno Cassinari (* 1912): „Composizione" (ital. abstrakt. Gem.)
Chagall: „Die Erschaffung des Menschen", „Das Hohe Lied II" (russ.-frz. Gem.)
Corneille (* 1922): „Paysage d'Amérique" (belg.-frz. abstrakt. Gem.)
Bernard Dufour (* 1922): „Imaginäre Pflanze" (frz. Gem.)
E. Eiermann u. *S. Ruf:* Dt. Pavillon auf der Weltausstellung Brüssel
Max Ernst (* 1891): „What kind of a bird are you?" (dt.-frz. surrealist. Gem.)
Jean Fautrier (* 1898): „L'îlot mauve" (frz. abstrakt. Gem.)
† *Max Friedländer*, Kunsthistoriker, 1908–33 Direktor Berliner Sammlungen (* 1867)
Werner Gilles: „Fluglandschaft" (Gem.)
Philip Guston (* 1912): „Ohne Titel" (kanad.-nordamer. abstrakt. Gem.)
† *H. Häring*, dt. Architekt,, organhaften Bauens" (* 1882)
Auguste Herbin (* 1882): „Naissance" (frz. abstrakt. Gem.)
Asger Jorn (* 1914): „Im Niemandsland" (dän. abstr. Gem.)
Zoltan Kemény (*

Hindemith: Oktett
Erland v. Koch (* 1910): „Tanzrhapsodie" (schwed.), Urauff.
Ernst Křenek: „Sestina" (musik. Werk für Sopran u. Kammerorchester), Uraufführg.
† *Rudolf v. Laban* (* 1879), österr. Tanzpäd., schuf neue Ausdrucksformen d. Tanzes
† *Artur Malawski* (* 1904), poln. Komp. (Ballettpantomime „Wierchy", Sinfonien, Streichquartette)
Frank Martin: Musik zu „The Burrow" („Der Kaninchenbau"), (Ballett v. Kenneth Macmillan), Uraufführung
Gian-Carlo Menotti: „Maria Golovin" (ital. Oper), Uraufführung
Marcel Mihalovici: Iwan-Goll-Lieder, Uraufführung
Gian Francesco Malipiero: „Vergilii Aeneis" (ital. Op.), Uraufführung
Nicolai Nabokov (* 1903): „The holy Devil" (russ.-nordamer. Oper)
I. Pizzetti: „Mord im Dom" (ital. Oper n. *T. S. Eliot*)
Swjatoslaw Richter (*1914), sowjetruss. Pianist, wird in Westeuropa bek.
Armin Schibler (* 1920): „Media in vita" (schweiz. Oratorium)
Igor Strawinsky: „Threni – id est Lamentationes Jeremiae Prophetae"

des Mars weist auf die Anwesenheit von C-H-Bindungen organischer Substanzen hin
56 Nationen mit 2000 Stationen beteiligen sich am Internationalen Geophysikalischen Jahr, zur Zeit hoher Sonnenaktivität
2. Intern. Atomkonferenz in Bonn
Fund eines fast vollständigen Oreopithecus-Skeletts in der Braunkohle in Toskana (steht zwischen Hominiden und Pongiden)
Ausgrabung der (1957 entd.) Stadt Pella, nordw. von Saloniki, aus dem 4. Jhdt. v. Chr.
Ausgrabung des „Tempels d. roten Stele" (Teil der Ausgrabungen der Maya-Stadt Tikal seit 1956)
Fund eines Schädels des Liukiang-Menschen aus dem Pleistozän in Südchina; Homo sapiens mit frühmongoloiden Zügen
Veröffentlichung der amerik. Grabungen in Troja (seit 1950)
~ Magnetisierung vorgeschichtlicher Gefäße und Öfen aus eisenhaltigem Ton gestattet aus der Variation des erdmagnetischen Feldes neue objektive Altersbestimmungen (Archäomagnetismus)
Erster USA-Satellit „Explorer I" gestartet (unbemannt, weitere folgen im gleichen Jahr)
SCORE-Satellit (USA) als erster Nachrichtensatellit
„Atlas"-Rakete (USA) mit 10000 km Reichweite (Strecke Pol–Äquator)
USA-U-Boot „Nautilus" mit Kernkraftantrieb erreicht unter dem Eis den Nordpol
Eisbrecher „Lenin" (USSR) mit Atomkernantrieb wird nach 3jähriger Bauzeit in Dienst gestellt
USA-Düsenflugzeug „Boeing 707" auf Europarouten
Beginn der Verkehrsluftfahrt mit Düsenantrieb mit erhebl. verkürzten Reisezeiten (bald kommen Meinungen auf, daß die Sicherheit mit der Geschwindigkeit nicht voll Schritt halte)
Bisher tiefste Bohrung mit 7724 m in West-Texas (USA)
Schallplatten-Stereophonie
~ Epoxyharze als Gieß-, Lack- und Klebe-Werkstoffe
Von 239 beobachteten Alpengletschern sind 227 im Rückgang

Polens (1956–60) wird in einen Siebenjahresplan umgewandelt. Planziele (gegen 1937) Steinkohle
  112 Mill. t (36,2) Roheisen
  6,6 Mill. t (0,8) Werkzeugmasch.
  27000 (4300) Rundfunkgeräte
  1,24 Mill. (0,16) Baumwollwaren
  822 Mill. m (325) USSR verkündet Siebenjahresplan 1959–65 und will bis 1970 USA wirtschaftl. überholen
Zentralsibirische Bahn zur Verbindung Ural–Westsibirien beg. (insges. 1500 km)
Kraftwerk am Hirakud-Damm (Indien) mit 123 000 Kilowatt
Planzahlen der Volksrepublik China wesentlich unterschritten (1960–62 Versorgungskrise) (trotzdem muß mit einer relativ raschen Industrialisierung gerechnet werden)
Volksrep. China hat 34 Städte mit mehr als 500 000 Einw., 14 Städte mit mehr als einer Million
24stündiger Warnstreik in den kommunalen Verkehrsbetrieben der BRD
Ca. 35 Mill. durch Streiks und Aussperrungen verlorene Arbeitstage jährlich in d. USA (Mittel 1950–60) (in den anderen Industrieländern

(1958)	welche die Rechte der Parteien und des Parlamentes einschränkt Volksentscheid in Frankr. billigt Verfassung, welche die Rechte des Parlaments erheblich einschränkt: „Fünfte Republik" Gaullistische Union stärkste Partei in der frz. Nationalversammlung. Niederlage der Kommunisten. *De Gaulle* wird zum frz. Staatspräsidenten gewählt Oppositioneller Präsidentschaftskandidat erringt in Portugal ca. 25% der Stimmen. *A. Tomás* wird Präsident, *Salazar* bleibt Min.Präs. Portug. Regierung hindert den Bischof von Porto an der Verwaltung seines Bistums (wegen der Sozialpolitik bestehen Spannungen zwischen Staat und Kirche) Wahlerfolg der Kommunisten in Finnland führt zur Regierungskrise (1959 beendet) *Nikita Chruschtschow* (* 1894) wird Min.Präs. d. USSR an Stelle von *Bulganin* *Chruschtschow* besucht *Mao Tse-tung* in Peking *Bulganin* wird aus dem Parteipräsidium der KPSU ausgeschlossen Im Spätherbst stellen die Atommächte ihre Kernwaffenversuche ein (1960 beg. Frankr., 1961 USSR, 1962 USA mit neuen Versuchen) Konferenz in Genf über Kernwaffen-Versuchsstop (erst 1963 erzielen USA und USSR ein Teilergebnis) Demokraten siegen bei der Kongreßwahl in USA *N. A. Rockefeller*, Parteirepubl. (* 1908) zum neuen Gouverneur von New York gewählt *Dulles* will Vertreter der DDR als Beauftragte der USSR an den Kontrollpunkten nach Berlin anerkennen („Agententheorie") Alaska 49. Staat der USA *George Kennan:* „Rußland, der Westen und die Atomwaffe" (dt. Ausgabe der nordamer. kritischen Analyse) Konservative erhalten unter *J. G. Diefenbaker* im kanad. Parlament absol. Mehrheit (verlieren sie 1962) *Arturo Frondizi* (* 1908) Staatspräsident von Argentinien (1962 gestürzt)	*Denis Johnston* (* 1901): „The scythe and the sunset" (irisches Schausp.) *James Jones:* „Some came running" (nordamer. naturalist. Roman) *Franz Kafka:* „Briefe 1902–24" (herausg. von M. Brod) *Jack Kerouac* (* 1922): „Gammler, Zen und hohe Berge" (nordamer. Roman der „Beat-Generation") *Hans Kirk* (* 1898, † 1962): „Novellen" (des dän. Fischer- und Arbeiterdichters) *Werner Krauss:* „Das Schauspiel meines Lebens" (Autobiographie) *Günter Kunert* (* 1929): „Echos" (Lyrik) *Carmen Laforet* (* 1921): „Die Wandlung der Paulina Goya" (dt. Ausgabe des span. Romans von 1955) *Walter Ljungquist* (* 1900): „Ossian" (schwedischer Roman) *Arnošt Lustig:* „Nacht und Hoffnung" (tschech. Roman aus dem KZ Theresienstadt) *Archibald MacLeish* (* 1892): „Spiel um Job" (nordamer. Versdrama) *Félicien Marceau* (* 1913): „Der Nerz" (frz.-belg. Schauspiel) *Richard Mason* (* 1919): „Suzie Wong" (dt. Ausgabe d. engl. Romans von 1957) † *Walter v. Molo*, dt. Schriftsteller (* 1880) *Henri de Montherlant:* „Don Juan" (frz. Schauspiel) *Slawomir Mrożek* (* 1930): „Die Polizei" (poln. satir. Komödie) *O'Neill:* „Hughie" (nordamer. Einakter, posthum in Stockholm uraufgef.)	tag in der Produktion ab 7. Klasse) USSR beginnt Reform des Bildungswesens Neues Strafgesetzbuch in der USSR

1907): „Banlieu des anges" (ungar.-schweiz. Komposition aus Kupfer)
Willem de Kooning (* 1904): „Suburb in Havanna" (niederl.-nordamer. abstrakt. Gem.)
Drei Bronze-Portale des Salzburger Domes: *Toni Schneider-Manzell:* „Tor des Glaubens" (österr.), *Giacomo Manzù:* „Tor der Liebe" (ital.), *Ewald Mataré:* „Tor der Hoffnung" (dt.)
André Masson (* 1896): „Nacht" (frz. Gemälde)
K. Mayekawa: Wohnhochhaus Harumi, Tokio (s. 1957)
Georg Meistermann (* 1911): „Fahles Rot" (abstr. Gem.)
Mies van der Rohe u. *Ph. Johnson:* Seagram Building, New York (Baubeg. 1956)
H. Moore: „Große sitzende Frauenfigur auf Stufen" (engl. Plastik)
Giorgio Morandi (* 1890): „Natura morta" (ital. Gem.)
Klaus Müller-Rabe (* 1910): „Dame in Grün" (Gem.)
Edo Murtič (* 1921): „Remembrance on Blue" (jugoslaw. abstrakt. Gem.)
Serge Poliakoff (* 1906): „Komposition in Blau-Gelb-Rot-Braun" (russ.-frz. abstrakt. Gem.)
Gérard Schneider (* 1896): „Ohne Titel" (schweiz.-frz. abstr. Gem.)
Amar Nath Seghal (* 1922): „Geschrei ohne Echo" (ind. Plastik)

K. R. H. Sonderborg (* 1923): „Flying Thought. 12. II.-58. 16.53-23.09" (dän.-frz. abstrakt. Gem.)
Theodoros Stamos (* 1922): „Taygetos" (nordamer. abstr. Gem.)
Ch. Sterling: „Die frz. Malerei in der Eremitage. Von Poussin bis zu Picasso"
J. Stirling u. *J. Gowan:* Wohngebäude in Ham Common, London (engl. „brutalistische" Architektur)
Kenzo Tange: Rathaus in Tokio (Baubeg. 1952)
Heinz Trökes (* 1913): „Bildtafel" (abstrakt. Gem.)
Emilio Vedova (* 1919): „Scontro di Situazioni 1958, V" (ital. abstr. Gem.)
† *Maurice de Vlaminck*, frz. Maler des „Fauvismus" (* 1876)
Fritz Winter: „Gläserner Garten" (abstrakt. Gem.)
Karl Anton Wolf (* 1908): „Babylonischer Turm" (österr. Gem.)
Bryan Wynter (* 1915): „Under Mars" (engl. abstr. Gem.)
Mac Zimmermann (* 1912): „Kopf I" (Lackmalerei auf Papier)
Die Weltausstellung in Brüssel zeigt „50 Jahre moderne Kunst". USA und USSR zeigen in ihren Pavillons die bei ihnen vorherrschenden Kunstrichtgn.
† *O. Gulbransson* (* 1873)

(für Soli, Chor u. Orchester)
Hans Heinz Stuckenschmidt (*1901): „Schöpfer d. Neuen Musik"
H. Sutermeister: „Titus Feuerfuchs" (schweiz. Oper)
† *Florent Schmitt* (* 1870), franz. Komponist (wichtigste Werke: XLVII. Psalm u. „La Tragédie de Salomé", Ballett)
Josef Tal: „Der Auszug aus Ägypten" (erste israelische elektron. Komposition)
Ralph Vaughan Williams: 9. Sinfonie, Urauff. († 1958)
Yannis Xenakis (* 1922):„ Achorripsis" (griech. Komposit. f. 21 Instrumente)
„Darmstädt. Beiträge zur Neuen Musik" erscheinen (zur N. M. werden gerechn.: serielle M. (z. B. Zwölftontechnik), elektronische Musik, konkrete Musik, experimentelle M.)
ChaChaCha, kubanischer Tanz, verbreitet sich in Europa
Populäre Schlager: „True Love" (Cole Porter),,,Cindy, oh Cindy" (Barron/Long), „Tipitipitipso" (Gietz)

liegt diese Zahl unter 5 Mill. Tage) Bundeskartellamt in Berlin beginnt seine Tätigk. geg. Kartellmißbrauch
Novelle d. Lebensmittelgesetzes in der BRD bringt Verbote bzw. Kennzeichnungspflicht von Zusatzstoffen
~ Es verbreitet sich die Anwendung empfängnisverhütender Pillen
Im Nordatlantikverkehr überflügelt der Luft- den Schiffsverkehr
Botwinnik Schachweltmeister
Dieter Hasse und 3 Seilgefährten bezwingen „Diretissima" in der Nordwand der Großen Zinne/Dolomiten (löst auch Kritik aus und Zweifel an der Sportlichkeit des modernen Alpinismus. Winter-Diretissima d. Gr. Zinne folgt 1961)
† *Bess Mensendieck*, niederl.-nordam. Gymnastiklehrerin (* 1864)
Schalke 04 Fußballmeister der BRD
Beim Flugzeug-Absturz in München kommen 23 Menschen, darunter 11 Spieler des brit. Fußballmeisters ums Leben
Hilton-Hotel in Berlin eröffnet

(1958)

Perez Jimenez, Staatspräsident von Venezuela, wird gestürzt. *Romulo Betancourt* wird zu seinem Nachfolger gewählt
† *Imre Nagy* (hinger.), unterst. 1956 als ungar. Min.Präs. d. Revolution (* 1896)
Schah von Persien trennt sich von Kaiserin *Soraya* (S. wird damit zum Mittelpunkt einer indiskreten Berichterstattung in Massenblättern)
„Vereinigte Arabische Republik" (VAR) zwischen Ägypten und Syrien (besteht bis 1961, neue Konföderation 1963)
„Arabische Föderation" zw. Irak und Jordanien
Revolution im Irak stürzt die Monarchie. König *Feisal II.* (* 1938), Kronprinz und Min.Präs. *Nuri es-Said* (* 1888) getötet. General *Kassem* wird Regierungschef (1963 gestürzt und erschossen). Irak verläßt Föderation mit Jordanien
Bürgerkrieg in Libanon. Kurzzeitige Intervention der USA. Oppositionsführer *Raschid Karame* wird Min.Präs. (bis 1960 und ab 1961)
Ägypt. Staatspräs. *Nasser* besucht USSR
Durch Staatsstreich im Sudan wird General *Ibrahim Abbud* Reg.Chef u. Staatsoberhaupt. Parlamentar. Regierungsform wird beseitigt
Hendrik Verwoerd (* 1901), Min.-Präs. d. südafrikan. Union, betreibt Politik der Rassentrennung („Apartheid")
Guinea gewinnt Unabhängigkeit
Erste Volkskommunen in der Volksrepublik China. 2. chinesisch. 5-Jahres-Plan 1958–62
China beschießt die zu Nationalchina gehörenden Quemoy-Inseln
USSR kritisiert die chinesischen „Volkskommunen"
Standrecht, Aufhebung der Verfassung und Verbot der polit. Parteien in Pakistan

Hans Erich Nossack (* 1901): „Der jüngere Bruder" (Roman)
Sean O'Casey: „The drums of Father Ned" (irisch.-engl. Schausp.)
J. Osborne u. *A. Creighton:* „Epitaph for George Dillon" (Urauff. d. engl. Schauspiels)
Marcel Pagnol (* 1895): „Le château de ma mère" (2. Teil d. frz. Autobiographie)
Vera F. Panowa: „Ein sentimentaler Roman" (russ. Roman)
B. Pasternak: „Dr. Schiwago" (russ. Roman, dt. Ausgabe nach der ital. 1957. Starke Kritik der offiziellen Stellen in der USSR)
Octavio Paz (* 1914): „Piedra de sol" (mexikan. Lyrik)
Nikolaj F. Pogodin (* 1900, † 1962): „Die dritte Pathetique" (3. Teil einer Dramen-Trilogie um *Lenin*, seit 1939)
S. Quasimodo: „La terra impareggiabile" („Das unvergleichliche Land", ital. Lyrik)
Ezra Pound wird aus d. Heilanstalt entlassen, schreibt „Pavannes and divagations" (Essays)
Christiane Rochefort (* 1917): „Das Ruhekissen" (frz. erot. Roman)
Karl Shapiro (* 1913): „Gedichte eines Juden" (nordamer. Lyrik)
Nevil Shute (* 1899, † 1960): „Die Rose und der Regenbogen" (nordamer. Roman)
Alan Sillitoe (* 1928): „Samstag nacht und Sonntag morgen" (engl. Roman)
Josef Škvorecký (* 1924): „Die Feiglinge" (tschechische Dichtung)
† *Albert Soergel*, dt. Literarhistoriker (* 1880)
J. E. Steinbeck: „Once there was a war" (nordamer.)
90bändige Gesamtausgabe von *L. N. Tolstoi* (seit 1928) in der USSR abgeschlossen
Giuseppe Tomasi von Lampedusa (* 1896, † 1957): „Der Leopard" (ital. Roman aus der Garibaldizeit; posthum)
Leon Uris: „Exodus" (nordamer. Roman um das Schicksal der Juden)
Angus Wilson (* 1913): „The middle age of Mrs. Eliot" (engl. Rom.)
Frz. literar. Zeitschrift „Esprit" veröff. Sondernummer über den „Roman Nouveau"
Poln. Schriftstellerverband protestiert gegen staatl. Maßnahmen gegen realist. Schilderung des poln. Alltags in der „Schwarzen Literatur" (1959 kann die kommunist. Partei sich teilweise durchsetzen)
~ Reform der chin. Schrift in der Volksrep. China (seit 1956; Ziel die Einführung lat. Buchstaben)

Museum f. moderne Kunst und Architektur auf Seeland (Dänemark)
Stadthalle in Wien (Mehrzweckhalle)
Kunstgewerbe-Sammlung aus dem Dresdner „Grünen Gewölbe" kehrt aus der USSR zurück

---

Kurt Hoffmann (* 1910): „Wir Wunderkinder" (zeitkrit. Film mit *Johanna v. Koczian* (* 1933)
„Helden" (Film mit *O. W. Fischer* (*1915))
„Das Mädchen Rosemarie" (dt. Film um das käufliche Mädchen *Rosemarie Nitribitt*, mit *Gert Fröbe* (* 1913) und *Nadja Tiller* (* 1929))
„Jakobowsky und der Oberst" (Film mit *Danny Kaye* (* 1913) u. *Curd Jürgens* (* 1915))
„Ist Mama nicht fabelhaft?" (Film mit *Luise Ullrich* (*1911))
„Es geschah am hellichten Tag" (Film mit *Michel Simon* (* 1895))
Jacques Becker (* 1906, † 1960): „Montparnasse 19" (frz. Film)
Claude Chabrol (* 1930): „Die Enttäuschten" (frz. Film, gilt als Beginn der „Neuen Welle")
Georges Franju: „Ein Schrei gegen die Mauer" (frz. Film d. „Neuen Welle")
Louis Malle (* 1932): „Die Liebenden" (frz. Film)
Jacques Tati (* 1908): „Mein Onkel" (frz. Filmkomödie mit *J. T.* in der Hauptrolle)
Claude Goretta und *Alain Tanner:* „Zeitvertreib" (engl. Film)
„Tiger Bay" (engl. Film mit *Horst Buchholz* (* 1933)
„Der Weg nach oben" (nordamer. Film mit *Simone Signoret* (* 1921))
„Die Katze auf dem heißen Blechdach" (nordamer. Film nach *T. Williams* m. *Elizabeth Taylor* (* 1932))
„Die Brüder Karamasow" (nordamer. Film mit *Yul Brynner* (* 1920))
„Getrennt von Tisch und Bett" (nordam. Film mit *Rita Hayworth* (* 1919))
„Majorie Morningstar" (nordam. Film mit *Gene Kelly* (* 1912))
† *Mike Todd*, nordamer. Filmproduz., Erfinder des Todd-AO-Breitwandverfahrens (* 1907)
Andrzej Wajda: „Asche und Diamant" (poln. Film)
„Wenn die Kraniche ziehen" (sowjetruss. Film)
Sergej Gerassimow: „Der stille Don" (russ. Film)
~ Der sowjetrussische Film überwindet mehr und mehr die Enge der stalinist. Ideologie

Auf der Weltausstellung Brüssel werden als die 12 bisher besten Filme bezeichnet:
Eisenstein: „Panzerkreuzer Potemkin" (1925)
Chaplin: „Goldrausch" (1925)
de Sica: „Fahrraddiebe" (1948)
Dreyer: „La passion de Jeanne d'Arc" (1928)
Renoir: „La grande Illusion" (1937)
v. Stroheim: „Greed" (1916)
Griffith: „Intolerance" (1916)
Pudowkin: „Mutter" (1926)
Welles: „Citizen Kane" (1941)
Dosjenko: „Erde" (1930)
Murnau: „Der letzte Mann" (1924)
Wiene: „Das Kabinett des Dr. Caligari" (1919)

Spielfilmproduktion in der BRD: 115 (1962: 63) Filme

1959			
	Friedens*nobel*preis an den brit. Labour-Politiker *P. Noel-Baker* als Befürw. d. Abrüstung (* 1889) USSR veröffentlicht Friedensvertragsentwurf für Deutschland, der an der Existenz zweier dt. Staaten und einer „freien Stadt" West-Berlin festhält. BRD erklärt ihn für unannehmbar, ford. Friedensvertrag mit ganz D. auf der Grundlage der Selbstbestimmung Karlspreis der Stadt Aachen an *George Marshall* *Willy Brandt* (SPD) bildet als Reg. Bürgerm. v. Berlin SPD-CDU-Regierung. Abgeordnetenhaus ohne Oppositionspartei. Weltreise *W. Brandts*, um Verständnis für Berlin zu verstärken Schloß Bellevue in Berlin wird zweiter Wohn- und Amtssitz des Bundespräsidenten Das v. *Chruschtschow* 1958 verkündete Berlin-Ultimatum verstreicht ohne sichtbare Konsequenzen USSR will Luftkorridore nach Berlin auf 3000 m Höhe begrenzen Bundeskanzler *Adenauer* kandidiert vorübergehend für das Amt des Bundespräsidenten. Bundesversammlung wählt in Berlin (West) *Heinrich Lübke* (*1894, † 1972), vorher Bundesmin. f. Ernährung (CDU) Kulturabkommen BRD–USSR Bundeskanzler *Adenauer* besucht London Gespräche des Bundeskanzlers *Adenauer* mit Staatspräs. *de Gaulle* und Min.Präs. *Debré* in Paris SPD beschließt Godesberger Grundsatzprogramm (bejaht Landesverteidigung, Überführung von Betrieben in Gemeineigentum nur soweit Notwendigkeit nachgewiesen) (letztes gültiges Grundsatzprogramm war das Heidelberger 1925) Landtagswahlen in Niedersachsen (SPD 65, CDU 51, DP 20, BHE 13, FDP 8 Sitze) Min.-Präs. *H. Kopf* (SPD) Rheinland-Pfalz (CDU 52, SPD 37, FDP 10, DRP 1 Sitze) Min.Präs. *P. Altmeier* (CDU) Bürgerschaftswahl in Bremen: SPD 61, CDU 16, DP 16, FDP 7, KPD 0 Sitze *W. Kaisen* bildet Bremer Senat aus 7 SPD- und 3 FDP-Senatoren	*Nobel*pr. f. Literatur an den ital. Lyriker *Salvatore Quasimodo* (* 1901) Friedenspreis des Dt. Buchhandels an den Alt-Bundespräsid. *Theodor Heuss* K. *Abell*: „Kameliadamen" (dän. Schausp.) † *Manuel Altolaguirre*, span. Lyriker (* 1906) *Stefan Andres*: „Der graue Regenbogen" (3. Bd. des Romanzyklus „Die Sintflut") *J. Anouilh*: „Der General Quijote" (frz. Schauspiel) *Jean Louis Barrault* wird Leiter des Théâtre de France, Paris *Samuel Beckett* (* 1906): „Das letzte Band" (irisch.-frz. Schauspiel) *Brendan Behan* (* 1923, † 1964): „Die Geisel" (irisch.-engl. satir. Schauspiel) *Saul Bellow* (* 1915): „Der Regenkönig" (nordamer. Roman) *H. Böll*: „Billard um halb zehn" (Roman) *Jorge Luis Borges* (* 1899): „Labyrinthe" (dt. Ausgabe der argentin.-span. Erzählungen von 1956) *John Gerard Braine* (* 1922): „Vodi" (dt. 1960, „Denn die einen sind im Dunkeln", engl. Rom.) *Gwen Bristow* (* 1903): „Celia Garth" (nordamer. Roman) † *Arnolt Bronnen*, dt. Schriftsteller wechselnder polit. Richtung (* 1895) (1960 erscheint: „Tage mit Brecht. Die Geschichte einer unvollendeten Freundschaft") *Paul Celan* (* 1920): „Sprachgitter" (dt. Lyr.) *Chruschtschow* fordert auf dem Schriftstellerkongreß der USSR erneut Führungsanspruch der Partei	*Hannah Arendt* erhält Lessingpreis der Stadt Hamburg *Karl Barth*: „Kirchliche Dogmatik IV, 3"; „Die Lehre von der Versöhnung" (evangel. dial. Theologie) *H. Belser*: „Zweiter Bildungsweg" (wichtig für eine offene und mobile Gesellschaft) *Adolf Bolte* (* 1901) Bischof von Fulda *R. R. Bush* und *W. K. Estes*: „Studien zur mathematischen Lerntheorie" (nordamer.) *Erich Fromm* (* 1900): „Sigmund Freuds Sendung" (dt.-nordamer. Psychoanalyse) † *Grock* (eig. *Adrian Wettach*), schweiz. Artist u. Musikal-Clown (Dr. h. c.) (* 1880) *Hans v. Hentig*: „Der Gangster" (Soziologie des Bandenunwesens) † *Ernst Jäckh*, polit. Schriftsteller (* 1875) † *Rudolf Kassner*, philos. Essayist (* 1873) *G. Kath*: „Das soziale Bild der Studentenschaft in Westdtl. und Berlin" (krit. Betrachtungen zur Studienförderung) *René König* (* 1906): „Praktische Sozialforschung. III. Testen und Messen" (I. „Das Interview" 1952; II. „Beobachtung und Experiment" 1956) *P. Koessler*: „Christentum und Technik" *K. Mollenhauer*: „Der Ursprung der Sozialpädagogik in der industriellen Gesellschaft" *Alfred Müller-Armack* (* 1901): „Religion und Wirtschaft" † *Paul Oestreich*, dt. Reform-Pädagoge (* 1878) *K. Revermann*: „Die stufenweise Durchbre-

René Acht (* 1920): „Graue Scheibe" (schweiz. abstrakt. Gem.)	*Th. W. Adorno:* „Klangfiguren" – (Theorie d. mod. Musik)	*Nobel*preis für Physik an *Owen Chamberlain* (* 1920, USA) und *Emilio Segrè* (* 1905, Ital.) für Entdeckung des Antiprotons (1955)	Gemeinsamer Markt zw. Frankr., BRD, Ital., Benelux-Staaten i. Kraft
Francis Bacon: „Two Figures in a Room" (irisch.-engl. Plastik)	† *Eduard van Beinum* (* 1901), Dirigent d. Concertgebouw-Orchesters, Amsterdam (Nachf. v. Willem Mengelberg)	*Nobel*preis f. Chemie an *Jaroslav Heyrovsky* (Prag, * 1890, † 1967) f. Erfindung d. Polarographie (1922)	Gr.Brit., Dänemark, Norwegen, Schweden, Österr., Schweiz, Portugal grden. als Schutz vor Auswirkungen der EWG Europäische Freihandelszone (EFTA) (Liechtenstein schließt sich später an, Finnland 1961 assoziiert)
† *Otto Bartning*, dt. Baumeister, besond. protestant. Kirchen (* 1883)		*Nobel*preis für Medizin und Physiologie an *Arthur Kornberg* (* 1918, USA) und *Severo Ochoa* (* 1905, Spanien) für zellfreie Synthese der für d. Vererbung wichtigen Nucleinsäuren	
Paul R. Baumgarten: Kirche am Lietzensee, Berlin (evang.)	*Lennox Berkeley:* 2. Sinfonie, Uraufführung		
William Baziotes (* 1912): „Morning" (nordamer. abstr. Gem.)	† *Ernest Bloch*, schweiz. Komponist, seit 1906 in den USA (* 1880)	*F. T. Bacon:* Hochdruck-Knallgas-Batterie (Element für „kalte Verbrennung") mit 5 kW Leistung	
André Beaudin (* 1895): „La Lune de Mai" (frz. abstrakt. Gem.)	*Karl-Birger Blomdahl* (* 1916): „Aniara" (schwedisch. „Weltraum-Oper" nach d. Epos von *Harry Martinson* (* 1904) von 1956)	*O. H. F. Buchinger:* „Biologie und Metabiologie des Fastens" (Ernährungstherapie, angew. in seinem Kurhaus in Pyrmont)	Europ. Wirtschaftsrat (OEEC) nimmt Spanien auf
Julius Bissier (*1893): „18.II.59 M" (abstr. Farbkomposition)		*E. Burger:* „Einführung in die Theorie der Spiele" (wichtig für spielanaloge gesellschaftliche Situationen, z. B. Marktvorgänge)	Saargebiet wird in das Währungsgebiet der BRD eingegliedert (vorher frz. Währung)
Norman Bluhm (* 1920): „Chicago" (nordamer. abstr. Gem.)	*J. Cage:* „Zur Geschichte d. experimentellen Musik in USA" (Anfänge dieser das Klangbild nicht festleg. Musik 1950)	*A. Butenandt*, *R. Bekmann*, *D. Stamm*, *E. Hecker* ermitteln erstmalig Konstitution eines Schmetterling-Sexualduftstoffes mit d. Bruttoformel $C_{16}H_{30}O$, von dem bereits wenige Moleküle wirksam sind	In der BRD gibt es weniger Arbeitslose als offene Stellen: Vollbeschäftigung
Alexander Camaro (* 1901): „Gezeiten" (Gem.)		*A. R. Dart* findet in Zentraltransvaal Schädel des Australopithecus (weitere Funde 1960/61). Dieser Frühmensch kannte Stein-, Geröll- u. Knochengeräte (vgl. Vorgeschichte u. 1924)	5-Tage-Woche im Ruhrbergbau (Lohnausgleich bis 1961)
M. Chagall: „Le Champ de Mars" (russ.-frz. Gem.)	*Harald Genzmer:* „Sinfonischer Prolog" (Orchesterwerk), Urauff.		Kindergeld in der BRD vom dritten Kind an erhöht
† *Jacob Epstein*, russ.-engl. Bildhauer (* 1880)	*Hans Werner Henze:* „Des Kaisers Nachtigall" (Ballett), „Ballett-Variationen", szenische Uraufführungen	*Vladimir P. Demiklov* gelingt es, einem Hund chirurgisch einen zweiten Kopf zu übertragen	5. DGB-Kongreß wählt in Stuttgart *Willi Richter* wieder als Vorsitzend.
Aldo van Eyck: Kinderheim in Amsterdam		† *Grantly Dick-Read*, engl. Geburtshelfer, entw. ein System der natürlichen, schmerzarmen Geburt (* 1890)	ÖTV kündigt alle öffentl. Gehalts- u. Lohntarife
Joseph Faßbender (* 1903): „Conjectura" (abstrakt. Gem.)	*A. M. Jones:* „Studies in African Music" (2 Bde.)	*V. R. Eshleman*, *R. C. Barthle* und *P. B. Gallagher:* Erste Radarechos an der Sonne (benötigen für Hin- u. Rückweg 1000 Sekunden)	Christlicher Gewerkschaftsbund Deutschlands gegründet
Luis Feito (* 1929): „No. 113" (span. abstrakt. Gem.)	*Giselher Klebe:* „Die tödlich. Wünsche" (Oper, Text vom Komponisten), „Die Ermordung Cäsars" (einaktige Oper), Urauff.	*G. Friedmann:* „Grenzen der Arbeitsteilung" (frz. Soziologie)	Kohle-Öl-Kartell in der BRD aufgelöst (war auf Grund d. Kohlenkrise gebildet worden)
Lucio Fontana (* 1899): „Concetto spaziale N. 2001" (ital. abstr. Gem.; *L. F.* verfaßte Manifest des „Spazialismo" 1946)		*H. Friedrich-Freksa* (* 1906, † 1973): „Virusarten u. Urzeugung" (z. Probl. d. einfachsten Lebewesen)	
		H. Fritz-Niggli: „Strahlenbiologie" (wichtige Zusammenfassung)	
Helen Frankenthaler (* 1928): „Nude" (nordamer. Gem.)	† *Mario Lanza*, nordamer. Tenor, bes. bekannt Film „Der große Caruso" (1951) (*1921)	*H. Goja:* Zeichenversuche mit Menschenaffen (ein Schimpanse zeichnete und malte etwa nach Art eines Kleinkindes)	Durchschnittl. Dividende der AGs in der BRD 12,4% (1954: 6,7%)
Winfried Gaul (*	*Fortsetzung Seite 1280*		

(1959)	Rechtsradikale schänden Synagoge in Köln (vereinzelte derartige Aktionen schädigen dt. Ansehen)
	 Wehrbeauftragter des Bundestages bestellt
	 Der frühere NS-Gauleiter von Ostpreußen *Erich Koch* (* 1896) in Warschau zum Tode verurteilt
	 DDR fügt in die schwarz-rot-goldene Flagge Hammer und Zirkel ein (bis dahin gleiche Flaggen in beiden Teilen Dtls.) Berlin(West) geht gegen diese Flagge auf Westberliner S-Bahnhöfen vor
	 West-Ost-Außenministerkonferenz in Genf mit west- und ostdeutscher Delegation als Berater (bleibt ohne Ergebnis)
	 Zehnmächte-Abrüstungsausschuß innerhalb der UN mit paritätischer Besetzung von Ost und West beschlossen
	 Eisenhower, Macmillan, de Gaulle und *Adenauer* treffen sich in Paris: Westl. Gipfelkonferenz, schlagen USSR Serie von Ost-West-Konferenzen vor
	 Nationalratswahlen in Österreich (Ergebn. vgl. 1962). *Julius Raab* (ÖVP) bildet als Bundeskanzler seine 3. Koalitionsreg. mit der SPÖ: Vizekanzler bleibt *Bruno Pittermann* (SPÖ), Außenmin. wird *Bruno Kreisky* (SPÖ, * 1911)
	 Michel Debré (* 1912) frz. Min.-Präs. bis 1962
	 de Gaulle räumt Algerien das Recht der Selbstbestimmung ein (Wende der frz. Algerien-Politik)
	 Pierre Mendès-France aus der frz. Radikalsozialist. Partei ausgeschlossen
	 Brit. Min.Präs. *Macmillan* besucht *Chruschtschow*, keine Einigung in der Deutschland-Frage
	 Parlamentswahlen in Gr.Brit.:
	     Konservative 365 Sitze
	     Labour 258 Sitze
	     Liberale 6 Sitze
	     Unabhängige 1 Sitz
	 Macmillan bildet neue Regierung
	 Staatsbesuch des finn. Staatspräsidenten *Kekkonen* in der USSR zur Verbesserung der Beziehungen (1961 wiederholt)
	 Alexej Iwanowitsch Adschubej (* 1924), Schwiegersohn *Chruschtschows*, wird Chefredakteur der „Iswestija"
		Edward Estlin Cummings (* 1894, † 1962): „Hundred selected Poems" (nordamer. Lyrik)
		 Eduardo De Filippo (* 1900): „Cantata dei giorni pari" (des ital. Volksdramatikers)
		 Miguel Delibes (* 1920): „Wie der Herr befehlen" (span. Roman)
		 Heimito von Doderer: „Grundlagen und Funktion des Romans"
		 Allen Drury (* 1918): „Macht und Recht" (nordamer. Roman)
		 † *Luc Durtain*, frz. Schriftsteller (* 1881)
		 T. S. Eliot: „Ein verdienter Staatsmann" (engl. Schauspiel)
		 Willem Elsschot (* 1882, † 1960): „Gesammelte Werke" (fläm. Romanschriftsteller)
		 W. Faulkner: „The mansion", dt. 1960 „Das Haus" (letzter Band einer nordamer. Romantrilogie seit 1940)
		 Th. Friedrich u. *L. J. Scheithauer:* „Kommentar zu Goethes Faust" (mit Wörterbuch und Bibliographie)
		 Jean Genet (* 1910): „Der Balkon" (dt. Fassung des frz. Schausp. von 1957; G. wurde aus lebensl. Haft begnadigt)
		 Paul Goodman: „The empire city" (nordamer. Roman)
		 Luis Goytisolo (* 1935): „Auf Wegen ohne Ziel" (span. Roman)
		 Günter Grass (* 1927): „Die Blechtrommel" (Roman)
		 Graham Greene: „Der verbindliche Liebhaber" (engl. Schauspiel)
		 Gustav Gründgens gastiert mit Dt. Schauspielhaus, Hamburg, in der USSR
		 Olav Gullvaag (* 1885, † 1961): „Die Sigurd
			chung des Verfassungssystems der Weimarer Republik 1930–33"
			 W. Rudolph: „Die amerikan. ‚Cultural anthropology' und das Wertproblem" („Wert" als ganzheitl. Begriff)
			 Charles Percy Snow (* 1905): „Zwei Bildungsarten und die wissenschaftliche Revolution" (engl. Bildungsphilosophie)
			 D. G. Pire, frz. Dominikaner. grdt. „Die Welt des offenen Herzens" zur Linderung menschl. Not
			 Frank Thieß: „Die griechischen Kaiser", „Die Geburt Europas"
			 W. Wieser: „Organismen, Strukturen, Maschinen" (Kybernetik)
			 An der Stelle einer von den Nationalsozialisten eingeäschertenSynagoge entsteht in Berlin (West) jüdisches Gemeindehaus und Kulturzentrum
			 „Handreichung über das Evangelium und das christl. Leben in der DDR" der Evangel. Kirche der Union (früher „Altpreuß. Union")
			 Evangel. Kirchen veranstalten erstmalig die Sammlung „Brot für die Welt"
			 Enzyklika „Princeps Pastorum"überMission; fordert stärkste Heranziehung einheimischer Kräfte zum Aufbau der Kirche
			 Bundesverfassungsgericht hebt Vorrechte des Vaters gegenüber der Mutter auf, die im BGB enthalten waren
			 Hessen-Kolleg als Institut für den 2. Bildungsweg in Wiesbaden
			 „Rahmenplan zur Umgestaltung und Vereinheitlichung des dt. Schulwesens" vom Dt.

1928): „Couleur et signification" (abstrakt. Gem.)
Rupprecht Geiger (* 1908): „Schwarzer Keil vor zweimal Rot" (abstr. Gem.)
Roger Edgar Gillet (* 1924): „Peinture" (frz. abstr. Gem.)
† *George Grosz*, (in Berlin), dt. sozialkritischer Maler und Graphiker, 1932–59 in d. USA, wo er zu einem nichtaggressiven realistischen Stil fand (* 1893)
Grace Hartigan (* 1922): „Sweden" (nordamer. abstr. Gem.)
H. Heuser: „Willi Schaeffers (Porträtgem.)
Yûichi Inoue (* 1916): „Fisch" (japan. abstrakt. Gen.)
† *Olav Iversen*, dt. Zeichner u. Karikaturist, Herausg. des „Simplicissimus" (* 1902)
Kokoschka: „Bundesminister Ludwig Erhard" (Porträtgem.)
† *Alfred Kubin*, österr. Graphiker, bes. Illustrator (* 1877)
Ger Lataster (*1920): „La Chute" (niederld.-frz. Gem.)
D. Lasdun: Cluster Block, Bethnal Green, London (engl. Architektur)
Jan Lebensztejn (* 1930): „Figur auf der Achse" (poln. abstrakt. Gem.)
Carl Linfert: „Hieronymus Bosch" (Gesamtausstellung) von *Alfred Manessier* (* 1911) in Den Haag

H. Moore: „Drapierte Liegende" (engl. Plastik)
Robert Motherwell (* 1915): "Ohne Titel" (abstr. nordam. Gem.)
Ernst Wilhelm Nay (* 1902): „Gelb und Purpur" (abstrakt. Gem.)
Ben Nicholson (* 1894): „February 1959. Half Moon" (engl. abstrakt. Gem.)
Dieter Oesterlen: Christuskirche in Bochum (evangel.)
K. Otto: „Die Stadt von morgen" (Städtebauplanung)
Hans Platschek (* 1923): „Insekten über Klondyke" (abstrakt. Gem.)
M. Ragon: „Jean Dubuffet" (kennzeichnet die gr. Beachtg. d. frz. Malers)
Robert Rauschenberg (* 1925): „Kickback" (nordamer. Komposition in Mischtechnik)
Otto Ritschl (* 1885): „Komposition 59/9" (abstrakt. Gem.)
Giuseppe Santomaso (* 1907): „Barbacane" (ital. abstrakt. Gem.)
H. Scharoun: Wohnhochhäuser „Romeo und Julia", Stuttgart (Baubeg. 1954)
Emil Schumacher (* 1912): „Hephatos" (abstrakt. Gem.)
Charles Sheeler (* 1883): „Sonne, Fels und Bäume Nr. 2" (nordamer. Gem.)
Pierre Soulages (* 1919): „22. März 1959" (frz. abstrakt. Gem.)

H. Heydén (Schweden): Versuch einer chem. Deutung des Gedächtnisses durch „molekulare Aufzeichnung" mittels Nukleinsäure
Holm entd. in der südafrikanischen Kalahari Felsbilder mit Eiszeittieren (gilt als Hinweis, daß prähistorische Malerei von Süden nach Norden wanderte)
T. Keller: „Probleme der Automation"
A. D. Kuzmin und *A. E. Salomonovich* (USSR): Messung der Temperatur des Planeten Venus mit Radioteleskop ergibt ca. 40° C
Lejeune, Gautier, Turpin entdecken, daß ein doppeltes (statt einfaches) Chromosom im Ei der Mutter zum mongoloiden Kind führt (im Anschluß daran werden weitere krankhafte Chromosomen-Aberrationen beim Menschen gefunden)
K. Mayer: „Die Ursachen der Insektizidresistenz" (Probleme der Schädlingsbekämpfung)
H. B. Reichow: „Die autogerechte Stadt" (Stadtplanung und Verkehr)
H. Rohracher untersucht psychologische Regelprobleme
Erwin Schrödinger: „Geist und Materie" (Erkenntnistheorie)
Leonid I. Sedow (* 1907, USSR) Präsident der Internat. Astronautischen Gesellschaft
† *Oskar Vogt*, dt. Neurologe und Gehirnforscher (* 1870)
Atombombenexplosion in 400 km Höhe erzeugt künstl. Strahlungsgürtel
USA: Radarechos an der Venus
Gasausbrüche aus Mondkrater beobachtet
USSR startet Rakete, die auf dem Mond aufschlägt
Mit Radioteleskopen wird ein Himmelsobjekt entdeckt, das nach seiner starken Rotverschiebung ca. 6 Milliarden Lichtjahre entfernt ist (vermutl. zwei kollidierende Milchstraßen)
Entgiftetes Stadtgas in Basel
75-m-Radioteleskop in Jodrell Bank (England) registriert Aufschlag v. Lunik II auf dem Mond
Raumschiff der USSR überträgt Bilder von der Rückseite des Mondes, die stets erdabgewandt ist

Diskontsatz in der BRD von 3 auf 4% erhöht (gilt als Konjunkt.bremse)
Ausgab. pro Kopf und Jahr in der BRD: (DM) für Werbung 76,– Alkohol 180,– Tabak 121,– Auslandsreisen 30,– Kosmetik 30,–
Private Förderung d. Wissensch. 0,92
Edmund Rehwinkel (* 1899) wird Präsident der Dt. Bauernverbandes
Weltbestand an Pferden 70,3 Mill. (1939: 92 Mill.)
DDR verkündet Siebenjahresplan 1959–65. Planziel: Produktionsmittel auf 195%, Konsumgüter auf 177% in der Produktion zu steigern
Frankreich beg., in der Sahara nach Öl zu bohren
In USA tritt eine halbe Mill. Stahlarbeiter in den Streik. Oberstes Ger. setzt Streik zwecks Schlichtungsverhandlungen für 80 Tage aus
Wiederaufbau Stettins unter poln. Verwaltung beg.
USSR beginnt Siebenjahresplan (1959–67); soll Butterversorgung um 80% erhöhen
Indisches Stahlwerk Rourkela in Betrieb, erbaut v. dt. und österr. Firmen für 1 bis 2 Mill. t jährlich (1964 wird die Produktion durch religiöse Streitig-

(1959)

XXI. Parteitag der KPdSU: „Entfalteter Aufbau d. Kommunismus"
US-Ausstellung in Moskau findet starke Beachtung
Im Gegensatz zur KP Chinas verkündet *Chruschtschow* die Möglichkeit der Koexistenz mit dem Kapitalismus ohne Kriege
Zypern wird d. brit.-griech.-türk. Einigung unabh. Republik mit Erzbischof *Makarios* (III.) (* 1913, † 1977) als Präsident. Gr.Brit. behält zwei Militärstützpunkte (1964 wird diese Vereinbarung gekündigt, vgl. 1960 u. 74)
USA-Vizepräsident *Nixon* besucht USSR, anläßl. amerikan. Ausstellung in Moskau. Streitgespräch mit *Chruschtschow*
USA-Präsident *Eisenhower* besucht Europa (Bonn, Paris)
Chruschtschow besucht USA-Präsidenten *Eisenhower*. Gespräch in Camp David gilt eine Zeitlang als Zeichen der Ost-West-Entspannung („Geist von Camp David")
Chruschtschow fordert vor der UN-Versammlung in New York vollständ. innerh. v. 4 Jahren
Christian Herter löst den kranken *J.F. Dulles* als Außenmin. d. USA ab
† *John Foster Dulles*, 1953–59 Außenmin. d. USA (gilt als der Vertreter einer harten Politik gegenüber d. USSR, „am Rande des Krieges"; zuletzt stärker zu Kompromissen geneigt) (* 1888)
USA-Präsident *Eisenhower* reist nach Europa, Asien und Afrika, besucht 11 Länder
Nelson Aldrich Rockefeller (* 1908) Gouverneur des Staates New York
Hawaii wird 50. Staat der USA
Antarktis wird durch 12-Staaten-Vertrag in Washington neutralisiert
† *George Marshall*, nordamer. General und Staatsmann, mehrfach Minister d. USA, 1953 Friedens*nobel*pr. (* 1880)
Revolution in Kuba unter *Fidel Castro* siegreich (nähert sich in den folgd. Jahren dem Kommunismus) Neue kuban. Regierung. *Batista* flieht ins Ausland. *Fidel Castro* (* 1927) wird Min.Präs.
Ausnahmezustand im Irak nach Attentat auf Min-Präs. *Kassem*, der verletzt wird

Saga" (dt. Ausg. d. norweg. Romane von 1945 und 1947)
Gustav Hedenvind-Eriksson (* 1880): „Gismus Jägares saga" (schwed. Roman)
Hans Henning Holm: „De nakte Adam" (niederdt. Komödie)
† *Laurence Housman*, engl. Dichter (* 1865)
Eugène Ionesco (* 1912): „Die Nashörner" (rumän.-frz. Schauspiel des „absurden Theaters". Die Uraufführung in Düsseldorf wird als entscheidend. Durchbruch für *I.* angesehen)
Jarosław Iwaszkiewicz (* 1894), poln. Lyriker u. Prosaist, 1. Vors. des polnischen Schriftstellerverbandes (1958: 10 Bde. ges. Werke)
† *Hans Henny Jahnn*, dt. Schriftsteller, Orgelbauer, Baumeister und Biologe (* 1894)
† *Rudolf Jašik*, slowak. Schriftsteller (* 1919); u. a. „Die Toten singen nicht" (1961 posthum)
Uwe Johnson (* 1934): „Mutmaßungen über Jakob" (Roman; siedelt in diesem Jahr aus der DDR in die BRD über)
Ernst Jünger: „An der Zeitmauer"
Fritz Kortner: „Aller Tage Abend" (Autobiographie)
† *Werner Krauss*, dt. Schauspieler (* 1884). Von *Werner Krauss* geht der *Iffland*-Ring testamentarisch an *Josef Meinrad* (* 1913, österr. Schauspieler, bes. in *Nestroy*-Stücken)
Mary Lavater-Sloman (* 1891): „Der strahlende Schatten" (Biographie *Eckermanns*)
Siegfried Lenz (* 1926:) „Brot u. Spiele" (Roman)

Ausschuß f. d. Erziehungs- und Bildungswesen; 4jährige Grundschule, 2jährige Förderstufe, dann Hauptschule, Realschule oder Gymnasium; außerd. 9jährige Studienschule
„Gesetz über die sozialist. Entwicklung des Schulwesens" in der DDR (bis 1964 Schaffung der zehnklassigen allgemeinbildenden polytechnischen Schule f. alle Kinder)
In Moskau erscheinen: „Geschichte der KPdSU", „Politische Ökonomie", „Grundlagen des Marxismus-Leninismus" (korrigieren entsprechende Lehrbücher der Stalinzeit)
Naturkunde-Museum in Peking
20% Analphabeten in Portugal

Fortsetzung v. S. 1277
† *Bohuslav Martinu*: (tschech. Komponist, * 1890) „Fantasia Concertante", „Parabel", Uraufführungen
Nicolai Nabokov (* 1903): „Der Tod des Grigori Rasputin" (russ.-amerikan. Oper), Uraufführung
Carl Orff: „Oedipus, der Tyrann" (musik. Drama)
† *S. Revueltas*, brasilian. Komponist (* 1887)
† *Artur Rodzinski* (* 1894 i. d. USA), poln.-amer. Dirig.
Fortsetzung Seite 1283

Werner Speiser (* 1908, † 1965): „Chinesische und japanische Malerei"
† *Stanley Spencer*, engl. Maler (* 1891)
Helmut Striffler: Trinitatis-Kirche, Mannheim (evang.)
Gabrijel Stupica (* 1913): „Selbstbildnis" (jugoslaw. surrealist. Gem.)
Graham Sutherland: „Hanging Form" (engl. Plastik)
Arpad Szenès (* 1900): „Paysage" (ungar.-frz. abstr. Gem.)
Rufino Tamayo (* 1899): „Femmes" (mexik. Gem.)
Yûkei Tejima (* 1901): „Lotus" (japan. abstr. Tuschzeichnung)
Hans Trier (* 1915): „Taubenschlag II" (abstrakt. Gem.)
† *Josef Wackerle*, dt. Bildhauer (* 1880)
Theodor Werner (* 1886): „Nr. I, 59" (abstrakt. Gem.)
Frank Lloyd Wright: Guggenheim-Museum, New York (Gemäldegalerie mit spiralförmiger Anordnung)
† *Frank Lloyd Wright*, führender Architekt der USA (* 1869)
Minoru Yamasaki: Reynolds Metals Building, Detroit
Taiho Yamazaki (* 1908): „By a hair's breadth" (japan. Tuschzeichnung)
„Documenta II" in Kassel (umfassende internat. Ausstellung moderner Malerei, Skulptur und Druckgraphik)

„Phantastische Realisten" (Wiener Ausst.)
Gebäude d. Austral. Akademie d. Wissenschaften in Canberra (als Betonkugelsegment mit halbrunden Stützbögen)
Mehrere Kunstdiebstähle in dt. Museen

Wolfgang Staudte (* 1906): „Rosen für den Staatsanwalt" (dt. zeitkrit. Film mit *Walter Giller* (* 1927) und *Martin Held* (* 1908))
Bernhard Wicki (* 1919): „Die Brücke" (Film des schweiz. Reg. über die letzten Kriegstage)
Marcel Camus (* 1912): „Orfeu negro" (frz. Film über den Karneval in Rio)
C. Chabrol: „Les Cousins" (frz. Film, dt.: „Schrei, wenn du kannst")
René Clément (* 1913): „Zazie" (frz. Film)
Jules Dassin (* 1912): „Sonntags nie" (frz. Film)
Jean-Luc Godard (* 1930): „Außer Atem" (frz. Film d. „Neuen Welle" mit *Jean-Paul Belmondo* (* 1933))
Alain Resnais (* 1922): „Hiroshima mon amour" (frz.-japan. Film mit *Emmanuele Riva* u. *Eiji Okada* nach dem Drehbuch v. *Marguerite Duras* (* 1914))
Roger Vadim (* 1928): „Gefährliche Liebschaften" (frz. Film mit *Annette Stroyberg* und *Gérard Philipe*)

USA senden zwei Äffen mit Rakete in 480 km Höhe, Tiere kehren heil zurück
USA starten Satelliten „Explorer VI"
Neue Funde vom Sinanthropus in China
Grabungen bei Jericho ergeben das Bild einer präkeramischen Stadtkultur um ca. — 8000
Fürstengrab aus der frühen Latènezeit ($\approx$ — 400) auf dem Dürnberg bei Hallstein gefunden
Dorf aus der Bronzezeit (ca. 1000 v. Chr.) in Berlin-Lichterfelde ausgegraben (seit 1957)
Erstes Atomkraft-Handelsschiff (USA)
1. USA-Kreuzer mit Atomantrieb
Dt. Elektron-Synchroton (Desy) f. Energien von 6 Mrd. Elektronenvolt für 1964 geplant
Elektronische Geräte höchst. Pakkungsdichte in den USA (Mikro-Modul-Systeme mit ca. 11 Bauelementen pro cm^3)
Hahn-Meitner-Institut f. Kernforschung in Berlin-Wannsee seiner Bestimmung übergeben (50-kW-Reaktor)
Weltgesundheitsorganisation (WHO) bekämpfte Malaria und befreite ca. 20% der bedrohten Menschen von dieser Gefahr (weiterer rascher Rückgang wird erwartet)
„Neuropsychopharmakologie" (Tagungsbericht aus Amsterdam, kennzeichnet Bedeutung der Arzneimittelbehandlung v. Nervenkrankheiten)
Penicillin-Synthese (seit 1957) eröffnet Ausblicke auf neue, synthetische Therapeutika
Grundstein für Universitäts-Klinikum in Berlin-Steglitz (nach amerikanischem Vorbild, soll Kooperation der verschiedenen medizinischen Fachrichtungen in der Forschung und am Krankenbett ermöglichen)
Meeresbiologische Anstalt auf Helgoland neu eröffnet (gegrdt. 1892)
Die mittlere Sichttiefe im Bodensee hat in den letzten 30 Jahren von 9,50 auf 7,50 m abgenommen (kennzeichnet starke Vermehrung

keiten gestört)
Panchet-Hill-Damm mit Kraftwerk am Damodar/Indien (vermindert Hochwassergef.)
Revidierte Planzahl für Rohstahlerzeugung in der Volksrepublik China 12 Mill. t (1952: 1,35 Mill t)
„Gesetz über die friedl. Verwendg. von Kernenergie und den Schutz gegen ihre Gefahren" in der BRD
Infolge des Kernwaffen-Versuchsstops nimmt weltweite Verseuchung v. Luft u. Wasser mit radioaktiven Stoffen ab
„Manchester Guardian" (liberale Zeitung) ändert seinen Namen in „Guardian"
Brenner Autobahn begonnen (1963 Teilstück mit Europabrücke eröff.)
Ca. 11 Mill. dt. Reisende i. Ausland
1. Eurotel in Meran (Eigentumswohnungen in Hotelform)
Autostraße USA nach Veracruz/Mexiko eröffnet (1958–61 in Mexiko 7000 km neue Straßen)
St. Lorenz Seeweg für d. Schiffahrt freigegeben
Lotto-Toto-Einnahmen in d. BRD 220 Mill. DM (dav. werden 20% f. kultur. u. soz. Zwecke verwendet)
† *Rudolf Caracciola*, dt. Auto-Rennfahrer (* 1901)

(1959)

CENTO (vorher Nahost-Pakt) Bindeglied zw. SEATO u. NATO, neubenannt und Sekretariat nach Ankara verlegt
Grenzstreit zwischen Iran und Irak
Schah von Persien (Iran) heiratet *Farah Diba* (* 1938)
Achmed Sukarno wird Min.Präs. Indonesiens; löst verfassungsgeb. Versammlung auf (regiert mehr u. mehr nichtparlamentarisch)
Kämpfe zw. Regierungstruppen u. kommunist. Partisanen in Nordost-Laos. Ausnahmezustand in ganz Laos. UN-Laos-Kommission erstattet Bericht. (1961 Laos-Konferenz in Genf)
Kommunistische Regierung in Kerala wird vom indisch. Staatspräs. abgesetzt
Liu Schao-tschi (* 1898) Staatsoberhaupt der VR China
Volksrepublik China wirft Aufstand in Tibet nieder. Der Dalai Lama flieht nach Indien
Truppen der Volksrepublik China besetzen indischen Grenzstreifen (bedeutet Nichtanerkennung der Mc Mahon-Grenzlinie)

Robert Lowell: „Life studies" (nordamer. Dichtung)
Artur Lundkvist (*1906): „Komedi i Hägerskog" (schwed. Roman)
Alexander Márai (*1900): „Geist im Exil, Tagebücher 1945–57" (ung.)
Hans Mayer (*1907): „Von Lessing bis Thomas Mann. Wandlungen der bürgerl. Literatur in Deutschland"
Siegfried Melchinger: „Keine Maßstäbe? Kritik der Kritik"
Artur Müller (*1909): „Die Sonne, die nicht aufgig. Schuld u. Schicksal Leo Trotzkis" (Prosawerk)

Vladimir Nabokov (* 1899): „Lolita" (dt. Ausgabe des russ.-nordam. erotischen Romans von 1955)
Marie Noël (* 1883): „Notes intimes" (frz. dichter. Tagebuch, dt. „Erfahrungen mit Gott", 1961)
Tadeusz Nowakowski (* 1920): „Picknick der Freiheit" (poln. Roman über dt. Kriegsverbrechen, dt. 1962)
John Osborne (*1929): „Die Welt des Paul Slickey" (engl. Schauspiel)
Pier Paolo Pasolini (* 1922): „Una vita violenta" (ital. Roman marxist. Tendenz)
Harold Pinter (* 1930): „Der Hausmeister" (engl. Schauspiel)
W. Pintzka: „Die Schauspielerin Helene Weigel" (*H. W.* [* 1900] war mit *Bert Brecht* verheiratet)
Raymond Queneau (* 1903): „Zazie in der Métro" (frz. Roman)
Hans José Rehfisch: „Lysistratas Hochzeit" (Roman)
† *Alfonso Reyes*, mexikan. Schriftsteller und Gelehrter, bes. Essayist (* 1889)
Klaus Rifbjerg (* 1931) und *Villy Sørensen* (* 1929) geben dän. literarische Zeitschrift „Vindrosen" heraus
Robert Chester Ruark (* 1915, † 1965): „Nie mehr arm" (nordamer. Roman)
Adolf Rudnicki (* 1912): „Die Kuh" (polnischer Roman)
Françoise Sagan: „Lieben Sie Brahms..." (frz. Roman)
Hans Sahl (* 1902): „Die Wenigen und die Vielen" (Roman)

Saint-John Perse: „Seemarken" (1957 frz. „Amers", Lyrik)
Delmore Schwartz (* 1913): „Summer Knowledge" (US-Gedichte)
Konstantin Simonow (* 1915): „Die Lebenden und die Toten" (russ. Roman)
N. F. Simpson (* 1920): „One way pendulum" (engl. Bühnenstück)
Gerhard Storz (* 1898), Kultusmin. v. Baden-Württembg. (bis 1964): „Der Dichter F. Schiller"
† *Peter Suhrkamp*, dt. Verleger (* 1891
Jules Supervielle: „Le corps tragique" (frz. Gedichte)
Bonaventura Tecchi (* 1896): „Die Egoisten" (ital. Roman)
Johannes Urzidil (* 1896): „Das große Hallelujah" (tschech.-nordamerik. Roman)
Robert Penn Warren (* 1905): „The cave" (nordamer. Roman, dt. 1961 „Die Höhle von Johntown")
Vernon Phillips Watkins (* 1906): „Cypress and acacia" (engl. Lyrik)
J. Willett: „The Theatre of Bert Brecht" (engl. Darstellung)
Štefan Žáry: „Das nüchterne Wunderschiff" (slowak. Lyrik)
Dt. Bibliothek in Frankfurt/Main
Schriftstellerkongreß d. SED in Bitterfeld will „die Bewegung des lesenden Arbeiters durch den schreibenden Arbeiter ergänzen"
Rügenfestspiele auf der Freilichtbühne Ralswiek
Ungar. Schriftstellerverband reorganisiert (war nach dem Aufstand 1956 verboten worden; Liberalis. setzt sich fort)

† *Gérard Philipe*, frz. Filmschauspieler (* 1922) „Babette geht in den Krieg" (frz. Film mit *Brigitte Bardot* (* 1934))
† *Henri Vidal*, frz. Filmschauspieler (* 1919)
Federico Fellini (* 1920): „La dolce vita" („Das süße Leben", ital. sozialkrit. Film mit *Marcello Mastroianni* (* 1924))
Anthony Asquith (* 1902): „Die Nacht ist mein Feind" (brit. Film)
Marlon Brando (* 1924): „Der Besessene" (nordamer. Film)
† *Cecil B. De Mille*, nordamer. Filmregisseur (* 1881)
Edward Dmytryk (* 1908): „Der blaue Engel" (nordamer. Film)
J. L. Mankiewicz: „Plötzlich im letzten Sommer" (nordam. Film mit *Elizabeth Taylor* und *Katherine Hepburn* (* 1909))
Otto Preminger: „Porgy and Bess" (nordam. Filmoper)
King Vidor: „Salomon und die Königin v. Saba" (nordamer. Film mit *Gina Lollobrigida* (* 1928))
William Wyler (* 1902): „Ben Hur" (nordamer. Monumentalfilm m. *Charlton Heston* (* 1924))
Fred Zinnemann (* 1907): „Geschichte einer Nonne" (nordamer. Film)
„Spartacus" (nordamer. Film m. *Charles Laughton*)
„Das letzte Ufer" (nordamer. Film m. *Gregory Peck* (* 1916))
Jerzy Kawalerowicz: „Nachtzug" (poln. Film)
Andrzej Munk (* 1921, † 1961): „Ein Spaziergang durch die Altstadt" (poln. Film)
Michail Kalatosow: „Ein Brief, der nie ankam" (russ. Film)
Grigorij Tschuchrai: „Ballade vom Soldaten" (russ. Film)
Kon Ichikawa: „Kagi" und „Nobi" (japan. Filme)

des Planktongehaltes, vorwiegend durch industrielle Abwässer) 22,91 Mill. m³ Abwasser jährlich in der BRD, davon erreichen die Gewässer:
    38 % ohne jede Reinigung,
    39 % partiell gereinigt,
    23 % hinreichend gereinigt.
Erster Internat. Ozeanographischer Kongreß, New York
„Turm von Madrid" (142 m hohes Hochhaus)
Severins-Brücke in Köln
Moderne Müllverbrennungsanlage in Bern (Müllbeseitigung wird ein immer größeres Problem der Zivilisation)
Vierspurverfahren für Tonbandgeräte
Entgiftetes Stadtgas in Basel
Brit. Luftkissenfahrzeug („Hovercraft SRN 1") überquert mit 50 km/h Ärmelkanal (1962: SRN 2 mit 113 km/h)
1. Prozeßrechner (f. Ölverarbeitung) i. USA

Schelfgebiet d. Nordsee beg. sich als gr. Erdgas- u. Öl-Reservoir zu erweisen (bis zu 6 Mrd. t Erdöl werden vermut. Es beg. starke Bohrtätigk.)

Weltenergieverbrauch nach Anteil der Energieträger

Jahr	Kohle	Mineralöl	Erdgas	Wasserkraft
1970	34,6	43,9	18,8	2,7 %
1959	51,2	30,4	12,3	6,1 %
1929	76,3	15,3	3,8	4,6 %
1900	93,0	3,7	1,3	2,0 %

† *Wolfram Hirth* (durch Absturz), dt. Sportflieger (* 1900)
1. Universiade der östl. und westl. student. Sportvereinigungen in Turin (1961 in Sofia)
„Eintracht Frankfurt" Fußballmeister der BRD
Chruschtschow ist über Can-Can-Tänze im USA-Filmzentr. Hollywood schockiert
Bruch des südfrz. Staudammes Malpasset ford. mehr als 400 Tote
Ingmar Johannsson (Schweden) gewinnt Boxweltmeisterschaft im Schwergewicht gegen *Floyd Patterson* (USA)

Fortsetzung v. S. 1280
Armin Schibler (* 1920): „Der Gefangene" (Kammerballett), Urauff.
Schönberg: „Moses und Aron" Auff. in der Städtischen Oper Berlin (West), Regie *G. Sellner* (komp. 1932)
Dimitri Schostakowitsch: Violoncellokonzert op. 107, Urauff.
D. Schulz-Koehn u. *W. Gieseler*: „Jazz i. d. Schule" (Musikpädagogik)
Heinz Tietjen scheidet als Intendant d. Hambg. Staatsoper aus (war es seit 1956)
Rudolf Wagner-Régeny (* 1903): „Prometheus" (Oper)
~ Verbreitung v. Stereoschallplatten
† *Heitor Villa-Lobos* (* 1881), brasil. Komponist
Julien-François Zbinden (* 1917): „Rhapsodie f. Violine u. Orchester"
„2. Sinfonie" (schweiz.), Urauff.
Bernd Aloys Zimmermann: „Die Soldaten" (dt. Oper), Uraufführung
Populäre Schlager: „Bambina" („Volare") *(Modugno)*, „Sail along silvery moon" („Eine Reise ins Glück") *(Wenrich)*, „Buona sera" *(de Rose)*

1960			
	Friedensnobelpreis an *Albert Luthuli* (* 1899, Südafr. Union) f. sein Eintreten gegen Rassentrennung (verliehen 1961) Sprengkraft des nuklearen Potentials der Atommächte (USA und USSR) wird auf ca. 30 Mrd. t TNT geschätzt gleich 10 t TNT pro Kopf der Erdbevölkerung (dazu kommt die radioaktive Verseuchung durch Kernwaffen). Dieser Überfluß an Vernichtungskraft („Overkilling") bedingt das „atomare Patt" 10-Mächte-Abrüstungskonferenz in Genf beginnt Ost- und Westmächte lehnen in Genf gegenseitig ihre Abrüstungsvorschläge ab Bundeskanzler *Adenauer* besucht USA *Thomas Dehler* (* 1897, † 1967) FDP; wird Bundestags-Vizepräsident Dt. Bundesreg. kündigt Interzonenhandelsabkommen wegen polit. Übergriffe der DDR und setzt es gegen Jahresende wieder in Kraft Handelsabkommen zwischen der BRD und der USSR, nach Kompromiß über die Einbeziehung von Berlin (West) Bundesvertriebenenminister *Oberländer* tritt wegen Vorwürfen gegen seine polit. Vergangenheit zurück SPD fordert im Bundestag Reg.-Parteien zur gemeinsamen Außenpolitik auf Die Bundesminister *Seebohm* und *Merkatz* treten von der Deutschen Partei (DP) zur CDU über Bundeskanzler *Adenauer* besucht Staatspräs. *de Gaulle* zu Gesprächen über EWG- und NATO-Politik Führungsstab der Bundeswehr fordert Atombewaffnung für die Bundeswehr (Bundesverteidigungsmin. *Strauß* als Initiator vermutet, teilw. heftige Kritik) Zwischenfall bei Eröffnung der Afrikawoche in Bonn zw. Bundesmin. *Erhard* und Botschafter der USSR *Smirnow* (*S.* unterbricht eine Rede *E.s*, als dieser vom kommunistischen Imperialismus spricht) Bundeskanzler unterzeichnet Vertrag über „Deutschland-Fernsehen GmbH" (dieses von der Bundesreg. geplante 2. Programm wird 1961 als verfassungswidrig erklärt)	Literatur*nobel*preis an *Saint-John Perse* (* 1887, Frankr.) Friedenspreis des Dt. Buchhandels an den englischen Verleger *Victor Gollancz* (* 1893, † 1967) *Marcel Achard* (* 1899): „L'idiote" (frz. Schauspiel, dt. „Die aufrichtige Lügnerin") *Piet van Aken* (* 1920): „De Nikkers" (fläm. Roman um Belgisch-Kongo) *Rafael Alberti* (* 1903): „Zu Lande, zu Wasser" (span. Gedichte) *Alfred Andersch* (* 1914): „Die Rote" (Roman, Kritik an der Wohlstandsgesellschaft) *Jean Anouilh:* „Becket oder die Ehre Gottes", „Majestäten" (franz. Schauspiele) *Marcel Arland* (* 1899): „A perdre haleine" (frz. Roman) *Marcel Aymé:* „Die Schubladen des Unbekannten" (französischer Roman) † *Vicki Baum,* dt. Schriftstellerin, mehrere ihrer Romane wurden verfilmt (* 1888) *S. de Beauvoir:* „La force de l'âge" (frz, Autobiographie) *John Betjeman* (* 1906): „Summoned by bells" (engl. Autobiographie in Versen) † *Ernst Beutler,* dt. *Goethe*-Forscher, seit 1925 Direktor d. Goethemuseums in Frankfurt/Main (* 1885) *Vratislav Blažek* (* 1925): „Ein allzu reichlicher Weihnachtsabend" (tschech. satir. Komödie) *Karen Blixen-Finecke* (* 1885, † 1962): „Schatten wandern übers Gras" (dän. Roman)	† *John L. Austin,* Vertreter der Oxforder Schule der philosophischen linguistischen Analyse (* 1911) *C. J. Burckhardt:* „Meine Danziger Mission 1937—39" *Kay Cicellis* (* 1926): „Way to Colonos, a Greek triptych" (nordamer. psychoanalytisch. Deutung altgriechischer Mythen) Die Schrift des evang. Bischofs von Berlin *Dibelius* über die Obrigkeit in totalitären Staaten wird stark diskutiert u. kritisiert *Hans Jürgen Eysenck* (* 1916): „Behaviour therapy and the neuroses" (dt.-engl. Psychologie) *Karl Jaspers'* Äußerungen zur dt. Wiedervereinigung („in der Selbstbesinnung irreal") führen zu starker Diskussion Papst *Johannes XXIII.* empfängt den Erzbischof von Canterbury (erste Begegnung seit der engl. Reformation 1534) *H. March* (Herausg.): „Verfolgung und Angst in ihren leib-seelischen Auswirkungen" *W. van Orman Quine:* „Wort und Objekt" (nordamer. Semantik) *A. Rapoport:* „Fights, games, and debates" (Beitrag zur mathematischen Sozialtheorie) *H. Ristow* u. *K. Matthiae* (Herausg.): „Der historische Jesus und der kerygmatische Christus" (Kerygma = apostolische Überlieferung) (Probleme des Leben-Jesu-Forschung) *S. I. Rudenko:* „Die Kultur der Bevölkerung des Zentral-Altais in skythischer Zeit" (russ. Be-

David Aronson (* 1923): „Garten Eden" (nordamer. Gemälde)

van den Broek und *Bakema:* Reformiert. Kirche in Nagele (Niederlande)

Gordon Bunshaft: Chase Manhattan Bank, New York (Baubeg. 1957)

Ernst Buschor (* 1886, † 1961): „Das Porträt, Bildniswege und Bildnisstufen in fünf Jahrtausenden" (Archäologie der Kunst)

M. Chagall und *O. Kokoschka* erhalten niederl. Erasmus-Preis (gestift. 1958)

Le Corbusier: Kloster La Tourette, Eveux bei Lyon

Die neue Bundeshauptstadt Brasiliens (Brasilia) wurde nach einem Entwurf des Architekten *Lúcio Costa* erbaut

Mario Cravo jr. (* 1923): „Mondreflekt" (brasil. Eisenplast.)

Werner Düttmann (*1921): Akademie d. Künste, Berlin (W)

Jean Effel, eigentl. *François Lejeune* (* 1908): „Die Erschaffung Evas" (dt. Ausg. d. frz. Zeichnungen)

Adolph Gottlieb (*1903): „Drei Scheiben" (nordam. Gem.)

H. Hentrich u. *H. Petschnigg:* Thyssen-Hochhaus, Düsseld.

A. Jacobsen: Hotel Air Terminal, Kopenhagen (dän. Architektur)

L. Kahn: Gebäude des Medizin. For-

† *Paul Abraham*, dt. Operettenkomponist, „Viktoria und ihr Husar" (1930), „Die Blume von Hawaii" (1931), „Ball im Savoy" (1931) (* 1892)

† *Hugo Alfvén* (* 1872), schwed. Komponist

Boris Blacher: „Rosamunde Floris" (Oper, Uraufführung während der 10. Berliner Festwochen)

Pierre Boulez (*1925): „Pli selon pli, Portrait de Mallarmé" (franz. Solo-Kantate, serielle Musik)

† *Ernst v. Dohnányi,* Komponist ungar. Herkunft (*1877)

† *Edwin Fischer,* dt. Pianist (*1886)

† *Joseph Haas,* dt. Kompon., Schüler v. *Reger* (* 1879)

† *Clara Haskil,* Pianistin rumän. Herkunft, bedeut. Mozart-Interpretin (* 1895)

H. W. Henze: „Prinz von Homburg" (Op.), „Antifone" (Orchesterwerk)

Gian Francesco Malipiero: „L'Asino d'oro" („Der goldene Esel") f. Bariton u. Orch., Uraufführung

Marcel Mihalovici: „Variation" (rum.-frz. Komposition), szen. Urauff.

† *W. Meyer-Eppler,* schrieb 1949 „Elektronische Klangerzeugung", Grundlage der elektron. Musik (*1913)

*Nobel*preis für Physik an *Donald A. Glaser* (* 1926, USA), der seit 1952 die Blasenkammer zur Beobachtung von Elementarteilchen entwickelte

*Nobel*preis f. Chemie an *Willard F. Libby* (* 1908, USA), der radioaktiven Kohlenstoff zur Altersbestimmung von Natur- und Kulturprodukten benutzte (Radiokarbonmethode)

*Nobel*preis für Medizin und Physiologie an *Frank MacFarlane Burnet* (* 1899, Australien) und *Peter Bryan Medawar* (* 1915, Brasilien), welche beide die Abwehrreaktionen bei der Überpflanzung körperfremden Gewebes untersuchten

Fritz Baade: „Der Wettlauf zum Jahre 2000" (die Aufgaben der Menschheit in der neuen Phase der industriellen Revolution)

† *Walter Baade,* nordamer. Astronom dt. Herkunft am Mt.-Wilson- u. Mt.-Palomar-Observat. (* 1893)

E. G. Bowen: „Radar" (Zusammenfassung der vielseitigen Methode der Abstandsmessung durch Echo elektrischer Wellen)

H. Brezowsky: „Wetterphase und Organismus" (danach haben besonders Wetterumschlagssituationen biologisch ungünstige Auswirkungen: Bestimmte Krankheiten steigen von 10–30%, Todesfälle um 10%)

† *Maurice de Broglie,* frz. Experimentalphysiker auf dem Gebiet der Röntgen- und Gammastrahlen (* 1875)

Adolf Butenandt wird Präsident der Max-Planck-Gesellschaft

E. und *K. Delavenay:* Bibliographie der mechanischen Übersetzung (automatisches Übersetzen von Fremdsprachen mit elektronischen Maschinen)

Hans Freudenthal: „LINCOS" (niederl. Entwurf einer Sprache für einen kosmischen Nachrichtenverkehr auf der Grundlage morseartiger Verständigung über mathem. Grundtatsachen)

Toni Hagen: „Nepal" (erforscht 1950–62 Tektonik des Himalaja)

R. F. Heizer und *S. F. Cook:* „Die Anwendung quantitativer Methoden in der Archäologie" (kenn-

Weltzensus soll gleichzeitige statistische Unterlagen aller Länder liefern

Produktionskräfte der Erde; Anteil an der Weltbevölkerung bzw. am Weltsozialprod.

Westl. Industrieländer	20%	70%
Ostblockstaaten	33%	20%
Nichtkommunist. Entwicklungsländer	47%	10%

Kapazität d. Kraftwerke (in Mill. kW) in:

USA	185,3
USSR	66,7
Gr.Brit.	34,6
BRD	25,8
Frankreich	20,1
DDR	7,8

Energieerzeugung Afrikas 58 Mill. t Steinkohleneinheiten, weniger als 1% der Weltenergieerzeugung

Seit 1950 im Rahmen von Wirtschaftsplänen in Afrika (außer Ägypten und Südafrika) 35 Mrd. DM Investitionen

Baubeginn des Assuan-Staudammes in Ägypten (100 m Höhe, 5 km Länge, Stausee 650 km lang, 135 Mrd. cbm Stauraum, Kosten ca. 5 Mrd. DM)

Vom Welt-Bruttosozialprodukt in Höhe von 1438 Mrd. Dollar entfallen auf:

USA, Kanada	37,5%
USSR	15,8%
Westeuropa	21,4%
dav. BRD	4,9%

(1960)

Landtagswahlen in Baden-Württemberg: CDU 51, SPD 44, FDP 18, GB/BHE 7 Sitze. *K.-G. Kiesinger* (CDU) bleibt Min.Präs.
Landtagswahl im Saarland: CDU 19, SPD 16, Dem. Part. d. Saar 7, Saarl. Volkspart. 6, Dt. Dem. Union 2 Sitze, Min.Präs. *F. J. Röder* bildet (1961) CDU-DPS-Regierung
Willy Brandt – L. Lania: „Mein Weg nach Berlin"
Erich Mende FDP-Vorsitzender
Renate Riemek, Viktor Agartz, Gleisberg u. a. grdn. „Deutsche Friedensunion": „Für Entspannung und Frieden – gegen Rüstung und Krieg", für eine Neutralisierung Dtlds. (erhält in den Bundestagswahlen 1961 1,9% der Stimmen)
Alfred Frenzel (SPD, MdB) wegen Spionage für die ČSSR verhaftet (1961 15 Jahre Zuchthaus)
† *Erich Raeder*, ehem. Großadmiral (* 1876)
Ehemaliger SS-Obersturmbannführer *Adolf Eichmann* von Agenten Israels in Argentinien festgenommen und nach Israel verbracht. Argentinien protestiert. (*Eichmann* wird 1961 wegen Mitschuld an der Ermordung von Millionen von Juden in Jerusalem zum Tode verurteilt und 1962 durch den Strang hingerichtet)
Letzter Kommandant des Konzentrationslagers Auschwitz, *Baer*, als Waldarbeiter verhaftet
DDR kollektiviert Landwirtschaft (führt zu landwirtschaftlicher Produktionskrise und zur Bauernflucht)
† *Wilhelm Pieck*, dt. Kommunist, seit 1934 mit *Ulbricht* in der USSR, seit 1949 Präsident der DDR (* 1876). Das Amt des Präsidenten wird durch einen Staatsrat ersetzt, dessen Vorsitzender *W. Ulbricht* wird. Dieser Staatsrat erhält gesetzgebende und exekutive Befugnisse
In der DDR wird mit *W. Ulbricht* als Vorsitzendem Nationaler Verteidigungsrat gebildet, der der Volkskammer untersteht
Karl-Heinz Hoffmann (* 1910), Verteidigungsminister der DDR
DDR führt für Besucher Ostberlins aus Westdtl. Passierscheine ein (Westberliner weiterhin auf Personalausweis). Paß der Bundes-

Günter Blöcker (* 1913): „Heinrich v. Kleist oder Das absolute Ich" (Biographie)
Kay Boyle (* 1903): „Generation without farewell" (nordamer. Roman)
Tadeusz Breza (* 1905): „Das eherne Tor" (poln. Roman über die Diplomatie des Vatikans)
Max Brod: „Streitbares Leben" (Autobiograph.)
† *Rudolf Brunngraber*, österr. Schriftsteller sozialist. Gesinnung (* 1901)
Miodrag Bulatović (* 1930): „Der rote Hahn fliegt himmelwärts" (jugoslaw. Roman)
† *Hermann Burte* (eigentl. *Strübe*), dt. Schriftsteller (* 1879)
Michel Butor (* 1926): „Repertoire" (Essays des frz. Theoretikers d. Neuen Romans"), „Degrés" (frz. „absurder" Roman)
† *Albert Camus*, franz. Dichter, Existenz-Philosoph u. Widerstandskämpfer d. 2. Weltkriegs (* 1913)
Carlo Cassola (* 1917): „Mara" (ital. Roman)
Louis-Ferdinand Céline: „Nord" (frz. Roman)
Hilda Doolittle (* 1886, † 1961): „Bid me to live" (nordamer. Lyrik)
Wladimir D. Dudinzew: „Ein Neujahrsmärchen" (russ. Prosa)
Lawrence Durrell (* 1912): „Alexandria Quartet" (engl. Romantetralogie seit 1957)
Friedrich Dürrenmatt: „Der Doppelgänger" (schweiz. Schauspiel)
Astrid Ehrencron-Kidde (* 1871, † 1960): „Hvem Kalder" (dän. Autobiographie)
Hans Magnus Enzens-

schreibg. seiner Funde)
J. Rudin: „Psychotherapie und Religion"
J.-P. Sartre: „Critique de la raison dialectique" I (frz. Philosophie)
Wolfgang Schadewaldt (* 1900): „Natur–Technik – Kunst"
Günther Schmölders (* 1903): „Das Irrationale in der öffentlichen Finanzwirtschaft"
W. L. Shirer: „Aufstieg und Fall des Dritten Reiches" (nordamerik. Zeitgeschichte)
Kardinal *J. Wendel* eröffnet 37. Eucharistischen Weltkongreß in München; anwesend: 27 Kardinäle, 400 Bischöfe, 100000 Besucher)
† *Joseph Wendel*, Kardinal, Erzbischof von München und Freising seit 1952 (* 1901) (sein Nachfolger wird 1961 Kardinal *Julius Döpfner*, Bischof von Berlin seit 1957 (* 1913)
† *Heinrich Weinstock*, dt. Pädagoge und Philosoph (* 1889)
Bibelübersetzungen in 221 Sprachen vorhanden (der Bibeltext ist durch weitere Handschriftenfunde erneut kritischer Forschung unterworfen)
Gesamtdt. Synode der evang. Kirche in Berlin
Nordamer. Care-Nachkriegshilfe für Westdtl. abgeschlossen (USA-Bevölkerung spendete seit 1945 346 Mill. DM)

Pro 1000 d. Bevölkerung Ehen Scheidg.
BRD 9,5 0,8
Österr. 8,5 1,0
Schweiz 8,0 0,9
USA 9,0 2,1

Einehe, Verbot der Kinderehe und Gleichberechtigung der Geschlechter in Nord-Vietnam

schungszentrums in Philadelphia † *Fritz Klimsch*, dt. Bildhauer (* 1870) *G. Mardersteig:* „Dante" (engl. Schrifttype) *K. Mayekawa:* Konzerthalle, Tokio (seit 1959) *Rolf Nesch* (*1893): „Graphik, Materialbilder, Plastik" (norweg. Beschreibung neuartiger Kunstformen) *Oscar Niemeyer:* Parlament, Gouverneurspalast, Justizgebäude in Brasilia (seit 1959) *G. Ponti* u. a.: Verwaltungsgebäude Pirelli, Mailand (Baubeg. 1957) *A. Portmann* u. *R. Arioli:* „Gärten, Menschen, Spiele" (zur Gartengestaltung) *Piotr Potworowski* (* 1898): „Wasserfall in Niedzica" (poln. abstrakt. Gemälde) *Sir Herbert Edw. Read* (*1893): „Formen des Unbekannten" (engl. ästhetische Essays) *Otto Ritschl* (*1885): „Komposition" (abstrakt. Gemälde) *Eero Saarinen* (* 1910, † 1961): USA-Botschaftsgebäud. in London (finn.-nordamer. Architektur) *Jacques Schader:* Kantonschule in Zürich (Baubeg. 1956) *R. Schwarz:* „Kirchenbau" (als mod. Architektur) *Renée Sintenis:* „Otto Suhr" (Bronzekopf) *Reuben Tam* (* 1916): „Die Küsten des Lichtes"	† *Dimitri Mitropoulos*, nordamer. Dirig. griech. Herkunft (*1896) *A. Moles:* „Die experiment. Musik" (frz.) *Luigi Nono* (*1924): „Intolleranza" (ital. Oper) *F. K. Prieberg:* „Musica ex machina" (üb. elektronische Musik) *Serg. Prokowjew:* „Der wahre Mensch"(1947/48), letzte Oper (russ.), posthum *Armin Schibler:* „Concerto 1959" Uraufführung † *Clemens Schmalstich*, dt. Komp. u. Dirigent (*1880) † *Mátyás Seiber* (* 1905), ungar. Komponist *K. Stockhausen:* „Kontakte" f. elektronische Klänge, Klavier, Schlagzeug *I. Strawinsky:* „Movements" (f. Klavier und Orchester), Doppelkanon (f. Streichquartett) *Heinr. Sutermeister:* „Seraphine od. Die stumme Apothekerin" (schweiz. Oper) Neues Opernhaus in Leipzig eingeweiht Populäre Schlager: „Marina" (*Granata*), „Tschau Tschau Bambina" („Piove") (*Modugno*), „Petite fleur" (*Bechet*)	zeichnet das Vordringen naturwiss. Methoden, bes. Altersbestimmung) *H. Hofer:* „Stammesgeschichte der Säugetiere" (4 unabhängige Stämme, die von den Kriechtieren abstammen) *K. Hofmann, Li* und *R. Schwyzer:* Synthese des Hypophysenhormons Corticotropin (Eiweißmolekül mit einer Kette von 39 Aminosäuren) *E. v. Holst* und *U. v. Saint Paul:* „Vom Wirkungsgefüge der Triebe" (über den hierarchischen Aufbau der Instinkte) *F. Hoyle* schätzt das Alter d. Milchstraße aus d. Annahme, daß bestimmte Atomkerne bei Supernovaexplosionen entstehen, auf 12 bis 20 Mrd. Jahre *M. Jacobson:* Synthese eines künstlichen Sexuallockstoffes für den Schwammspinner (wichtig f. Schädlingsbekämpfung) † *Abraham Fedorovich Joffe*, russ. Physiker, Schüler Röntgens, bes. Kristallphysik (*1880) *G. H. R. v. Koenigswald:* „Die Geschichte des Menschen" (moderne Abstammungslehre) † *Max von Laue*, dt. theoret. Physiker, *Nobel*preis 1914 (*1879) *Jacques Piccard* und *Don Walsh* erreichen mit Tiefseetauchboot (Bathyskaph) 10970 m Meerestiefe (das entspr. den größten Meerestiefen überhaupt, der Druck beträgt in diesen Tiefen ca. 1100 atü) 11034 m Meerestiefe im Marianengemessen *R. V. Pound* und *G. A. Rebka* weisen das *Einstein*sche Uhren-Paradoxon mit Hilfe des *Mössbauer*-Effektes nach *R. Reiter:* „Meteorobiologie und Elektrizität der Atmosphäre" (elektrisch. Wellen von 1–25 Hz erweisen sich als biologisch wirksam) *Lewis Fry Richardson* (*1881): „Bewaffnung u. Unsicherheit", „Statistik tödlicher Streitigkeiten" (engl. mathematische Theorie der Außenpolitik und Kriege) *A. Rittmann:* Entstehung v. Faltengebirgen durch subkrustale Massenverlagerung infolge von Temperaturunterschieden unter dem Ozean und unter dem Kontinent In den USA wird der Laser (Light	Osteuropa 5,1% Asien 12,8% dav. komm. Länd. 3,9% Süd-, Mittel-Amerika 4,2% Australien 1,1% Afrika 2,2% Jährlicher privater Verbrauch je Person: (DM) USA 4850,– Gr.Brit. 3190,– BRD 2570,– Frankreich 2490,– Italien 1395,– Nahrungsmittelverbrauch in kcal/Tag: Gr.Brit. 3290 Australien 3260 USA 3120 BRD 2955 Italien 2740 Brasilien 2640 Japan 2210 Indien 1980 Stickstoffdüngerverbrauch in der EWG: (kg/ha) Niederlande 92 Belgien 53 BRD 44 Italien 17 Frankreich 15 Fleischverbrauch (kg pro Einwohn. und Jahr): Australien 114 Argentinien 109 USA 95 BRD 57 Italien 27 Ägypten 13 Indien 2 In der BRD werd. für ca. 100 Mill. DM schmerzstill. Mittel jährl. konsumiert, in der Schweiz pro Kopf und Jahr ca. 90 Tabletten Volkseinkommen pro Kopf blieb in Indien im letzten Jahrzehnt im wesentlichen unver-

(1960)	republik bei Westberlinern nicht mehr anerkannt Die Zwangskollektivierung der Landwirtschaft in der DDR wird für abgeschlossen erklärt, Kollektivierung des Handwerks wird vorläufig aufgeschoben 199 188 registr. Flüchtlinge (darunter 48,8% unter 25 Jahre) verlassen die DDR (1959: 144 000, 1958: 204 000) *Hermann J. Flade*, als Schüler 1950 wegen Verbreitung v. Flugblättern i. d. DDR zum Tode verurteilt, wird aus der Haft in die BRD entlassen Wahlen zum dän. Folketing: Sozialdem. 76, Liberale 38, Konservative 32, Radikale 11, Sozialist. Volkspartei 11, Unabh. 6, Schleswigpartei 1 Sitze Einer der beiden grönländ. Abgeordneten ist von diesem Jahr an dän. Minister für Grönland Wahl zur 2. Kammer in Schweden: Sozialdemokraten 114, Liberale 40, Konservative 39, Bauernpartei 34, Kommunisten 5 Sitze Unruhen der weißen Siedler in Algerien (die Spannungen zu *de Gaulle* vertiefen sich) *De Gaulle* fordert und erhält Sondervollmachten für ein Jahr; beruft General *J. Massu* aus Algerien ab *Jacques Soustelle* scheidet aus der frz. Regierung aus Frankreich zündet in der Sahara seine erste Atombombe (2 weitere Versuche folgen in diesem Jahr; Frankr. betreibt in der Folgezeit die Politik einer selbständigen Atommacht: „Force de frappe") Staatsbesuch von *de Gaulle* in Gr.-Britannien Frankr. beginnt Verhandlungen mit algerischer Exilregierung über Waffenstillstand (Abschluß 1962) *De Gaulle* kündigt „Algerisches Algerien" an, scharfe Reaktion der Algerienfranzosen *De Gaulle* in Algerien, wo er gegen starken Widerstand für eine unabh. Republik Algerien eintritt. Blutige Zusammenstöße zwischen Algerienfranzosen und Moslems Dt. Truppen zu Übungszwecken in Frankreich Frz. Nationalversammlung billigt eigene frz. Atommacht (wider-	*berger* (* 1929): „Landessprache" (satirische Gedichte) *Leslie Fiedler:* „Liebe und Tod im amerikanischen Roman" (nordamer. Literaturkritik) † *Frank Stuart Flint*, engl. Schriftsteller der „Imagisten" (* 1885) † *Paul Fort*, frz. Dichter (* 1872) *Jack Gelber:* „The connection" (nordamer. Schauspiel) *J. Genet:* „Wände überall" (frz. Schauspiel) *C. Goetz:* „Die Memoiren des Peterhans von Binningen" (Autobiographie) † *Curt Goetz*, dt. Schriftsteller und Schauspieler, schrieb vorwieg. Lustspiele (* 1888) *Günter Grass:* „Gleisdreieck, Gedichte und Graphiken" *J. Green:* „Chaque homme dans sa nuit" (frz. Roman) *Hans Habe* (* 1911): „Ilona" (Roman) *Lillian Hellman:* „Toys in the attic" (nordamer. Schauspiel) † *Wilhelm Herzog*, dt. sozialist. Dramatiker u. Lyriker (* 1884) *Randall Jarrell* (* 1914): „The woman at Washington Zoo" (nordamer. Dichtung) *Elizabeth Joan Jennings* (* 1926): „Let's have some poetry" (engl. Lyrik für die Jugend) *Walentin Petrowitsch Katajew* (* 1897): „Winterwind" (russ. Roman) † *Wolfgang Kayser*, dt. Literarhistoriker; u. a. „Entstehung und Krise des modernen Romans" 1954 (* 1906) *Arthur L. Kopit* (* 1937): „O Vater, armer Vater, Mutter hing dich in den	Internationaler „Kongreß f. Kulturelle Freiheit" in Berlin mit dem Thema „Fortschritt im Zeichen der Freiheit" Wissenschaftsrat in der BRD veröffentl. Denkschrift, in der 3 neue Universitäten und 1200 zusätzliche Lehrstühle gefordert werden, Ausbau des sog. Mittelbaus Politische Geographie ist wieder Lehrfach an Universitäten der BRD Denkschrift über den Aufbau und d. Zukunft der dt. Ingenieurschule Saarbrückener Rahmenvereinbarung der Kultusministerkonferenz: ordnet die gymnasiale Oberstufe (Stufenabitur, Wahlpflichtfach) Lehrerverbände beschließen Neugestaltung des Schulwesens („Bremer Plan") Universität für Völkerfreundschaft in Moskau In Afrika gehen durchschnittlich 16% der Kinder im Schulpflichtalter zur Schule (reale Zahlen schwanken zwischen 2 und 60%) Papst err. Sekretariat f. d. Einigung d. Christen unter Kardinal *Bea* (* 1881; † 1968) Zeitschrift „Grundlagenstudien aus Kybernetik u. Geisteswissenschaften" begründet „Abteilung zur Erforschung der Telepathie" a. d. Univ. Leningrad (parapsychologische Phänomene bleiben umstritten) Erzbischof von Lille erklärt die Sünden aller Menschen und nicht die Juden als verantwortlich für den Kreuzestod Christi

G. Trump: Trump-Mediaeval (Schrifttype)
Gert Tuckermann (* 1915): „Berliner Destille" (Tuschzeichnung)
Minoru Yamasaki: Pavillon d. Wissenschaften in Seattle (USA)
„Laokoon" (vgl. 1905)

† Hans Albers, dt. Schauspieler bes. im Film (* 1892)
Harald Braun (* 1901, † 1960): „Die Botschafterin" (dt. Film)
Gustaf Gründgens: „Das Glas Wasser" (Film m. Hilde Krahl (* 1917) und G. G.)
Kurt Hoffmann: „Das Spukschloß im Spessart" (Film m. Liselotte Pulver)
Wolfgang Neuss (* 1923): „Wir Kellerkinder" (Filmsatire)
† Curt Oertel, dt. Filmregisseur, bes. Kulturfilme (* 1890)
† Henny Porten, dt. Filmschausp., bes. d. Stummfilmzeit (* 1890)
Ingmar Bergman (* 1918): „Wie in einem Spiegel" (schwed. Film)
Henri-Georges Clouzot (* 1907): „Die Wahrheit" (frz. Film mit Brigitte Bardot)
Albert Lamorisse (* 1922): „Die Reise im Ballon" (frz. Film vorwieg. aus der Vogelperspektive)
Jean Rouch: „Chronik eines Sommers" (frz. Film mit E. Morin)
Michelangelo Antonioni (* 1912): „Die mit der Liebe spielen" (ital. Film)
Alessandro Blasetti (* 1900): „Ich liebe, Du liebst" (ital. Film)
Luigi Comencini (* 1916): „Der Weg zurück" (ital. Film)
Juan Antonio Bardem (* 1922): „Brot und Blut" (span. Film)
Alfred Hitchcock (* 1899): „Psycho" (engl. Film)
Karel Reisz: „Samstag nacht bis Sonntag morgen" (engl. Film der „Free Cinema"-Gruppe)
John Huston (* 1906): „Nicht gesellschaftsfähig" (nordamer. Film mit Marilyn Monroe)
† Clark Gable, nordamer. Filmschausp., z. B. in „Vom Winde verweht" 1939 (* 1901)
„Frühstück bei Tiffany" (nordam. Film mit Audrey Hepburn (* 1929)
„Lieb. Sie Brahms?" (Film nach F. Sagan mit Ingrid Bergman und A. Perkins)
„Die Welt der Suzie Wong" (nordamer. Film mit William Holden (* 1918)
Aleksander Ford (* 1907): „Kreuzritter" (poln. Film)
J. Kawalerowicz: „Mutter Johanna v. d. Engeln" (poln. Film)
Andrzej Munk: „Das verfängliche Glück" (poln. Film)
Grigorij Tschuchrai: „Klarer Himmel" (russ. Film)
Alain Resnais: „Letztes Jahr in Marienbad" (frz. Film, Drehb. A. Robbe-Grillet)
Masaki Kobayashi: „Barfuß durch die Hölle" (japan. Film)

Amplification by Stimulated Emission of Radiation = Lichtverstärkung durch angeregte Aussendung von Strahlung) als Lichtverstärker höchster Intensität erfunden
USA-Rakete nimmt mit Lochkamera in 200 km Höhe Röntgenbild der Sonne auf
H. Vogt: „Außergalaktische Sternsysteme und Struktur der Welt im Großen"
CERN-Protonensynchrotron für 25 Mrd. Elektronenvolt Energie in Genf in Betrieb. Entwicklung der Beschleunigungsspannungen:

1930	0,2 Mill. El. Volt	mit Kaskadengenerator
1932	1,0 Mill. El. Volt	[1]
1936	10 Mill. El. Volt	[1]
1945	100 Mill. El. Volt	mit Betatron
1952	1 000 Mill. El. Volt	[2]
1957	10 000 Mill. El. Volt	[2]
1960	25 000 Mill. El. Volt	[2]

[1] mit Zyklotron
[2] mit Protonsynchroton

Gestatten Erforschung und Entdeckung von Elementarteilchen
Durchmesserbestimmung eines Fixsterns mittels Beobachtung des Helligkeitsabfalls durch Mondbedeckung
Satellit der USSR kehrt nach 17 Erdumkreisungen mit Tieren und Pflanzen unversehrt zurück
USA starten ersten Wettersatelliten „Tiros I", der auch das Auftreten von Wirbelstürmen frühzeitig erkennbar macht; übermittelt in drei Monaten ca. 23 000 Fernsehbilder von Wolkenformationen, die der Wettervorhersage dienen
„Echo I" (USA) als Ballon-Nachrichtensatellit (Reflektor) (ist mit bloßem Auge nachts sichtbar)
Fernrakete der USSR legt im Stillen Ozean über 12 000 km zurück
Unterwasser-Erdumfahrt des USA-Atom-U-Bootes „Triton" mit insgesamt 57 600 km
Getauchtes nordamerikanisches U-Boot schießt erstmalig Polaris-Rakete ab (kann Kernwaffenträger sein)
15-kW-Elektro-Traktor mit 1008 „kalten" Brennstoffelementen der Fa. Allis-Chalmers

ändert (ca. 7% des Pro-Kopf-Eink. in der BRD)
20%ige Zollsenkung innerhalb d. EWG und EFTA
Finnlands wichtigste Außenhandelspartner (E = Einfuhr, A = Ausfuhr):
BRD (E 19,4, A 11,6%), Gr. Brit. (E 15,8, A 24,5%), USSR (E 14,7%, A 14,2%)
USA, Kanada und 18 westeurop. Staaten gründen „Organisation für wirtschaftl. Zusammenarbeit und Entwicklungshilfe" (OECD)
Höhepunkt der Zahlungsbilanzkrise der USA: starker Goldabfluß
Molotow wird Vertreter der USSR bei der internat. Atomenergiebehörde in Wien
† John D. Rockefeller (Jun.), nordamer. Wirtschaftsmagnat, Sohn des Erdölmillionärs (* 1874)
Der russ. Rubel wird im Verhältnis 1 : 10 zusammengelegt. Amtlicher Wechselkurs:
1 Dollar = 0,9 Rubel (bish. = 4 Rubel)
USSR zahlt an d. USA 1,1 Mrd. Dollar f. Schiffstransporte im 2. Weltkrieg
Lateinamerikan. Freihandelszone zw. Argentinien, Brasilien, Chile, Uruguay, Paraguay, Peru und Mexiko

(1960)

spricht NATO-Absichten)
Kg. *Baudouin* v. Belgien heiratet die span. Aristokratin *Fabiola* (* 1928)
Schwere Streikwelle gegen Regierungs-Sparprogramm in Belgien
* *Andrew v. Windsor*, Prinz v. Gr.-Brit., 3. Kind der Kgin. *Elisabeth II.*
Prinzessin *Margaret Rose* von Gr.-Brit. heiratet den Photographen *Antony Armstrong-Jones* (* 1930, wird 1961 *Viscount Linley* und *Earl of Snowdon*)
Lord *Home* wird brit. Außenminister (1963 Min.Präs.)
Labour-Parteitag fordert atomare Abrüstung Gr.-Britanniens
† *Aneurin Bevan*, brit. Labour-Politiker, 1945–51 Gesundheitsminister, Schöpfer d. staatl. Gesundheitsdienstes (* 1897)
† *Hans Christian Hansen*, dän. Min.-Präs. seit 1955 (Sozialdemokrat) (* 1906)
Nach Rücktritt der Reg. *A. Segni* (* 1891) bildet *Tambroni* ital. Regierung, die bald wegen neofaschist. Tendenzen zurücktreten muß. Es folgt Regierung *A. Fanfani* (* 1908) mit einer „Öffnung nach links" (*Fanfani* Min.Präs. bis 1963)
Antiösterreichische Demonstrationen in Italien. UN fordert Österreich und Italien zu Verhandlungen über Südtirol auf
In Spanien werden Lohnstreiks zur militärischen Rebellion erklärt. Todesstrafe für Attentate und Bandenunwesen
Spannungen zwischen Jugoslawien einerseits und China/Albanien andererseits verschärfen sich
Neue Verfassung der ČSSR erklärt sie zur „Sozialistischen Republik" Tschechoslowakei ändert abgekürzte Bezeichnung ČSR in ČSSR
† *Anna Pauker*, war 1947 Außenminister Rumäniens (* 1897)
KPSU verkündet die „Vermeidbarkeit von Kriegen" gegenüber der KP Chinas, welche die revolutionären Kräfte in den ehemaligen Kolonialvölkern zu wecken sucht
USSR kündigt Truppenreduzierung um 1,2 Mill. auf 2,4 Mill. Mann und Umrüstung auf Raketenwaffen an

Schrank, und ich bin ganz krank" (nordamer. „Tragifarce")
† *Hermine Körner*, dt. Schauspielerin (* 1882)
† *Artur Kutscher*, dt. Theaterwissenschaftl. u. Literarhistor. (* 1878)
„Lady Chatterley's lover" in Gr.Brit. freigegeben (engl. erot. Roman von *D. H. Lawrence* aus dem Jahr 1928)
Clive Staples Lewis (* 1898): „Der Welt letzte Nacht" (engl. Essays)
Henry Miller: „Nexus" (nordamer. Roman-Trilogie; „Sexus" 1949, „Plexus" 1952)
Alberto Moravia (*1907): „La Noia" (ital. Rom.)
H. Montherlant: „Le Cardinal d'Espagne" (frz. Schauspiel)
Ladislav Mňačko (*1919): „Der Tod heißt Engelchen" (slowak. Roman)
Pablo Neruda (*1904, Lyriker): „Aufenthalt auf Erden" (dt. Ausgabe d. chilen. Werkes von 1925 bis 1931)
Jurij Karlowitsch Olescha (* 1899, † 1960): „Neid" (dt. Ausg. der russ. ausgew. Erzählungen)
W. Pabst: „Literatur zur Theorie des Romans"
† *Feodor I. Panferow*, russ. Dichter, gilt als Vorläufer des „Tauwetters" (* 1896)
† *Boris Pasternak*, russ. Dichter, Autor des Romans „Dr. Schiwago", mußte Nobelpreis ablehnen (* 1890)
John Cowper Powys (* 1872, † 1963): „All or nothing" (engl. Roman)
Vasco Pratolini (* 1913): „Lo scialo" (2. Bd. des ital. Romanzykl. „Una storia italiana")
Erwin Herbert Rainalter (* 1892, † 1960): „Kai-

sermanöver" (österr. Roman)
Robert von Ranke-Graves: "Food for Centaurs" (engl. Ged. u. Erzählungen)
† *Hans J. Rehfisch*, dt. Dramatiker u. Schriftsteller (* 1891)
Harold Rosenberg: „The tradition of the new" („Die Tradition des Neuen", nordamer. Literaturkritik)
† *Ernst Rowohlt*, dt. Verleger, machte bes. nordamer. Autoren in Dtl. bekannt, förderte Taschenbuch (vgl. 1946) (* 1887)
Françoise Sagan: „Ein Schloß in Schweden" (frz. Schauspiel)
Armand Salacrou (*1899): „Boulevard Durand" (frz. Schauspiel)
Nathalie Sarraute (* 1902): „Das Planetarium" (frz. Roman)
J.-P. Sartre: „Die Eingeschlossenen" (frz. Schauspiel)
Michail A. Scholochow: „Neuland unterm Pflug" (russ. Roman)
Claude Simon (* 1913): „Die Straße in Flandern" (frz. Roman eines Vertr. des „Neuen Romans")
Charles Percy Snow (* 1905): „The affair" (8. Bd. des engl. Romanzyklus, 1. Bd. „Strangers and brothers" 1940)
Muriel Spark (* 1918): „Junggesellen" (engl. Roman)
† *Emil Strauß*, dt. Schriftsteller (* 1866)
William Styron (* 1925): „Und legte Feuer an dies Haus" (nordamer. Roman)
† *Jules Supervielle*, frz. Dichter (* 1884)
† *Jakob Tiedtke*, dt. Schauspieler (* 1875)

53% der Gesamtkohle der BRD voll- und teilmechanisiert gewonnen (1957: 36%)
Hydraulischer Strebausbau im westdt. Steinkohlenbergbau (mit ca. 2800 hydraulischen Ausbaurahmen)
~ Automatisierung des Warenflusses in dt. Versandhäusern (z. B. mittels Lochkarten, Abruf vom Lager bis zur Heranführung an die Verladerampe)
Max-Planck-Institut für Dokumentationswesen in Frankfurt/Main (dieses Gebiet erhält für Wissenschaft und Technik höchste Bedeutung)
Kälteminimum mit $-88,3°$ C in der Antarktis
Die jährliche Produktion organischer Substanz im Meer wird auf ca. 35 Mrd. t geschätzt (d. h. ca. 100 g/m², in Feldkulturen ca. 650 g/m²)
Zeitschrift „Kybernetik" gegrdt. (kennzeichnet d. rasch wachsende Bedeutung dieser zentralen Wissenschaft der Steuerungs- und Informationsvorgänge)
Kongreß der International Federation of Automatic Control in Moskau (Vereinigung f. Regelungstechnik, gegrdt. 1957)
~ Theorie und Praxis der „Lernenden Automaten" wird ausgebaut
Alter geolog. Formationen nach neuer Forschung:
Kambrium ...... 600 Mill. Jahre
Ordovicium ..... 500 Mill. Jahre
Gotlandium ..... 440 Mill. Jahre
Devon .... 400 Mill. Jahre
Karbon .... 350 Mill. Jahre
Perm .... 270 Mill. Jahre
Trias .... 225 Mill. Jahre
Jura .... 180 Mill. Jahre
Kreide .... 135 Mill. Jahre
Tertiär .... 70 Mill. Jahre
Häufigkeit der Verkehrsflugzeuge nach Geschwindigkeit:

	1960	1952
200–325 km/St.	37,2%	67,4%
325–480 „	37,0%	32,3%
480–560 „	12,1%	0,3%
560–650 „	6,6%	0,0%
725–975 „	7,1%	0,0%

Ca. 100000 elektronische Einzelteile in US-Militärflugzeugen (1942 waren es ca. 2000)
Luftkissenfahrzeuge kommen auf

Index der Konsumentenpreise in Argentinien 1156 (1950 = 100). Argentinische Wirtschaft stagniert seit 1950
1 Neuer französischer Franc entspricht 100 alten Francs
COMECON („Rat für gegenseitige Wirtschaftshilfe" im Ostblock) setzt seine Statuten von 1959 in Kraft. Das reale Sozialprodukt der COMECON-Länder wächst seit 1950 um jährlich 7,2% (USA: 3,3%); Sozialprodukt pro Kopf ca. 1000 Dollar (USA: 2800 Dollar)
8234 Mill. Dollar internat. Entwicklungshilfe, davon 5140 Mill. aus öffentl. Mitteln (USA 3781, BRD 616, Ostblock 183)
Die bisherige Wirksamkeit der Entwicklungshilfe wird vielfach als gering angesehen
Entwicklungshilfe für asiat. Staaten seit 1954 insges. 12 Mrd. Dollar
Geburtenhäufigkeit in Asien jährlich 30–40 pro 1000 Einw. Sterbeziffern um teilweise 9 pro Tsd. (BRD 11,4)
Kindersterblichkeit halbierte sich seit 1950 auf westeuropäisches Niveau
Volkseinkommen je Einwohner in asiatischen Staaten (Dollar) i. 3 Staaten mehr als 300
in 4 St. 200–300
in 12 St. 100–200
in 1 Staat weniger als 100
(zum Vergleich BRD 968)
Am Ende des Jahres hat die BRD 55785000 Einw. (einschl. West-Berlin) (1956: 53319000)
Gesamtzahl der Vertriebenen in d. BRD (ohne Berlin und Saarland) 9,7 Mill.
Durch vorzeitige Tilgung betragen die Auslandsschulden d. BRD 6,9 Mrd. DM
Bundesbaugesetz schafft einheitliche städtebauliche Rechtsordnung
Gesetz über „Abbau d. Wohnungszwangswirtschaft" (diese Liberalisierung ist stark umstritten)
Regier.entwurf f. ein neues Aktiengesetz in d. BRD
Durchschnittl. Aktienkurs-Index in der BRD im August: 822 (Ende 1959: 516, April 1963: 476, am 31. 12. 1953 = 100) Mitte des Jahres erreichen Auto-Aktien an den dt. Börsen Kurse bis zu 4000 (2 Jahre später erreichen Aktienkurse einen Tiefpunkt)
Fritz-Thyssen-Stiftung zur Förderung d. Wissenschaft mit 100 Mill. DM Grundkapital gegrdt.

Werbungsausgabe je Kopf/% des Nationaleink.:
USA 65 Doll.
= 2,9%
Schweiz 27 Doll.
= 2,2%
Gr.Brit. 24 Doll.
= 2,2%
BRD 13 Doll.
= 1,5%
Italien 3 Doll.
= 0,6%

Oswald v. Nell-Breuning (* 1890): „Kapitalismus u. gerechter Lohn" (Sozialwissenschaft eines Jesuiten)
Tarifpartner der eisenschaffend. Industrie in der BRD einigen sich auf stufenweise Einführung der 40-Stunden-Woche b. 1965
Gesetz zum Schutz d. arbeitenden Jugend in der BRD (u.a. 40 Wochenstunden Arbeitszeit f. Jugendliche unter 16 Jahre)
Bundestag beschl. Privatisierung des Volkswagenwerks
Rentenerhöhung um 5,94% in der BRD
Verkaufszeiten am 3. u. 4. Advent in der BRD abgeschafft
9638 Konsumläd. in BRD mit 3,2 Mrd. DM Umsatz
Einzelhandels-Umsätze in der DDR:
HO 37,2%
and. staatl. Unternehmen 7,1%
Konsumgenoss. 32,4%
privater Handel 22,8%

(1960)

Chruschtschow betont die Fähigkeit der USSR, angreifende Länder „auszulöschen"

Chruschtschow besucht Indien, Burma, Indonesien, Afghanistan und Frankreich

Marschall *Sacharow* löst Marschall *Sokolowski* als Generalstabschef der USSR ab

Leonid Breschnew (* 1906) wird als Vors. d. Präsidiums d. Obersten Sowjets Staatsoberhaupt der USSR

Staatsbesuch *Chruschtschows* in Österreich

Chruschtschow trommelt in der UN protestierend mit seinem Schuh auf dem Tisch. Verlangt die Aufnahme der Volksrep. China

Jekaterina Furzewa (* 1910, † 1974) wird Kultusminister der USSR

81 kommunist. Parteien, einschl. d. chinesischen, feiern in Moskau Oktoberrevolution. Anschließend Ostblockkonferenz (der Gegensatz zwischen der KPSU und der KP Chinas lockert diesen Block in der Folgezeit erheblich auf)

Anzeichen eines Konflikts zwischen den kommunist. Parteien der USSR und der Volksrepublik China (China betont stärker die revolutionäre Aktion bes. in Entwicklungsländern, USSR stärker den Wettbewerb der Systeme in der „Koexistenz")

Neuer Sicherheitsvertrag zwischen USA und Japan mit Recht auf amerikan. Stützpunkte für 10 Jahre (gegen starke Opposition in Japan)

USA-Fernaufklärer vom Typ U 2 mit dem Piloten *Francis Gary Powers* über der USSR abgeschossen. Pilot wird von einem sowjetischen Gericht wegen Spionage verurteilt, später vorzeitig freigelassen

Pariser Gipfelkonferenz scheitert an dem Konflikt USSR–USA über den U 2-Fernaufklärer-Zwischenfall. *Chruschtschow* verlangt vom Präsidenten *Eisenhower* offizielle Entschuldigung. USA erklären, Aufklärungsflüge einzustellen

Fernost-Reise des USA-Präsidenten *Eisenhower*, sein Besuch in Japan wegen antiamerikan. Unruhen abgesagt

Abschuß eines USA-Flugzeuges durch die USSR üb. der Barents-See

John F. Kennedy (* 1917), Parteidemokrat, mit knapper Mehrheit gegen bisher. Vizepräs. *R. Nixon* zum Präsidenten der USA gewählt: 49,7% gegen 49,6%

Wahl zum Repräsentantenhaus: 259 Demokraten, 178 Republ.; Senat: 64 Demokraten, 36 Republikaner

Vizepräsident wird *Lyndon B. Johnson*, Außenmin. *Dean Rusk*

Robert S. McNamara (* 1916) Verteidigungsminister der USA

USA wollen 284000 von 461000 Soldaten im Ausland zurückbeordern

A. Mikojan, stellvertr. Min.Präs. d. USSR, besucht Kuba

Kuba enteignet und verstaatlicht nordamerikanischen Besitz, kündigt Beistandspakt mit USA von 1952

Brasilia, unter modernen Gesichtspunkten erbaut, wird Hauptstadt Brasiliens (es entstehen Schwierigkeiten bei der Besiedlung dieser Stadt im Landesinneren)

Aufrührerische brasilianische Bauern eignen sich gewaltsam Boden an (ausbleibende oder verspätete Bodenreform erweist sich in allen Teilen der Welt als Schrittmacher des polit. Radikalismus)

Castro-Anhänger rebellieren ohne Erfolg in Nicaragua, Guatemala und Costa Rica (gilt als Anzeichen sozialer Labilität in Lateinamerika)

Nach schweren kommunist. Aufständen Ausnahmezustand in Venezuela

Türkische Armee stürzt Regierung *A. Menderes* (*M.* wird 1961 wegen Verfassungsbruch hingerichtet)

General *Cemal Gürsel* (* 1895, † 1966) übernimmt die politische Macht in der Türkei (1961—66 Staatspräsident)

35 Griechen und 15 Türken sind im Parlament der unabhängigen Republik Zypern vertreten (griechischer Präsident · Erzbischof *Makarios*, türkischer Vizepräsident *Fazil Kütschük*, vgl. 1974)

Min.Präs. *Madschali* von Jordanien durch Bombenanschlag ermordet (Monarchie bleibt unerschüttert)

Kamerun wird unabhängig

Blutige Zusammenstöße zw. farbigen Eingeborenen und Polizei in

Péter Veres (* 1897): „Die Geschichte der Familie Balogh" (ungar. Roman)
† *Wilhelm Vershofen*, dt. Schriftsteller u. Volkswirtschaftler (* 1878)
Gore Vidal (* 1925): „Der beste Mann" (nordamer. politisch-satirisch. Schauspiel)
Martin Walser (* 1927): „Halbzeit" (zeitkrit. Roman)
Peter Weiss (* 1916): „Der Schatten des Körpers des Kutschers" (Erzählung m. Collagen d. Autors)
† *Richard Wright*, nordamer. Neger-Dichter (* 1908)
Ausstellung in Marbach: „Expressionismus. Literat. u. Kunst 1910–1923"
Dt. Taschenbuchverlag (dtv) von 12 Verlagen gegründet

(1962 erreichen Luftkissenschiffe f. einige Dutzend Personen bis zu 90 km pro Stunde)
Anteil der Staaten an wissenschaftlichen Arbeiten, die von einer Referatenzeitschrift („Biological Abstracts") veröffentlicht wurden:

USA	26,75%	Frankr.	4,10%
USSR	11,40%	Italien	3,15%
Japan	5,85%	Brasilien	2,64%
Gr.Brit.	5,83%	Indien	2,60%
Dtl.	4,22%	Kanada	2,13%

Argentinien, Australien, Belgien, Dänemark, Finnland, Niederlande, Polen, Spanien, Schweden, Schweiz, Südafrikan. Union, ČSSR je 1–2%.
Therapie-Kongreß in Karlsruhe erörtert Zellular- (z. B. Frischzellen-) Therapie (begrdt. 1931 von *Niehans*)
Weltärzte-Kongreß in Westberlin
Internat. Organ. f. Medizin. Physik
Sterblichkeit an Tuberkulose in der BRD 16,2 je 100000 Einw. (1951 37,1 je 100000)
Zahnärztliche Bohrer mit bis zu 40000 Umdrehungen pro Minute verbreiten sich in Deutschland

Norw. 3 G, 3 S, 0 B
Schwed. 3 G, 2 S, 2 B
Finnl. 2 G, 3 S, 3 B
Olymp. Spiele in Rom (Medaillen f. d. ersten Drei):
USSR 43 G, 29 S, 31 B
USA 34 G, 21 S, 16 B
Ges.-Dtl. 12 G, 19 S, 11 B
(G = Gold, S = Silb., B = Bronze)
Zielstrecken-Segelflug erreicht 714 km (USSR)
Dhaulagiri (8222 m) in Nepal als 13. Achttausender erstmals bestiegen
Hamburger SV Fußballm. d. BRD
Schweres Erdbeben zerstört Agadir / Marokko, 12000 Tote. Weitere Erdbeben in Iran und in Chile
Erdbeben und Springflut im Stillen Ozean fordern u.a. 1400 Tote in Chile, 800 Tote in Japan
Bei 3,41 Unfällen auf 1 Mill. Zugkilometer der Dt. Bundesbahn werden 454 Personen getötet
Zwei Verkehrsflugzeuge stoßen kurz vor der Landung über New York zusammen: 136 Tote
Absturz eines Militärflugzeuges auf eine Straßenbahn i. München: 50 Tote
USA-Flugzeugträger „Constellation" (60000 t) gerät auf der Werft in Brand: 46 Tote

Wert der jährl. staatlichen Sozialleistung. in Schweden ca. 6 Mrd. DM, das sind ca. 960 DM je Einwohner (1947: ca. 1,2 Mrd. DM). Das reale Sozialprodukt pro Kopf stieg seit 1950 um ca. 30%
Bodenreform in Südital. schuf seit 1950 auf 700000 ha 120000 Bauernbetriebe (ital.Wirtschaft leidet weiterhin unter dem starken sozial. Gefälle Nord–Süd)
USA-Gewerkschaft. (AFL-CIO) haben 15,1 Mill. Mitglieder

USSR verkündet Einführung d. 40-Std.-Woche b. 1962
Produktion von Nahrungsgetreide in Pakistan 13,2 Mill. t (nach dem 2. Fünfjahresplan 1965: 15,9 Mill. t bei um 10% größerer Bevölkerg.)
† *Karl d'Ester*, dt. Zeitungswissenschaftler (* 1881)
Dt. Bundesbahn: Personal - Bestand 480000, beförderte Personen 1,54 Mrd.
Deutschlandfunk für Europadienst gegrdt.
Ausbau der Mittelweser zwisch. Minden und Bremen für

1000 t-Schiffe; Bau elektr. Kraftwerke
Tegel wird 2. Zivilflugplatz für Berlin (West) (wird für Düsenmaschinen ausgebaut)
PanamericanHighway: Straßensyst. Alaska–Feuerland v. 30000 km Länge bis auf etwa 2,7% fertiggestellt
Transasiat. Eisenbahn überschreitet die Grenze USSR–VR China
Schweiz erläßt Landverkaufsgesetz mit Genehmigungspflicht für Grundstücksverkäufe an Ausländer (bes. dt. Käufe im Tessin erregen

Unruhe)
Umsatz der Spielbanken in d. BRD ca. 1 Mrd. DM
Mich. Tal (* 1936 in Riga) Schachweltmeister
Carl Diem: „Weltgesch. des Sports u. der Leibeserziehung"
Bikila (Abessinien) läuft die Marathonstrecke (42,2 km) in 2 : 15 : 16,2 Std.
Hary (Dtl.) läuft 100 m in 10,0 Sek.
Olymp. Winterspiele in Squaw Valley (Medaillen f. d. ersten Sechs):
USSR 7 G, 5 S, 9 B
USA 4 G, 6 S, 4 B
Ges.-Dtl. 4 G, 3 S 1 B

(1960) der Südafrikan. Union. (Die Politik d. Rassentrennung [„Apartheid"] führt zu immer größeren Spannungen und Protesten)
Attentat eines weißen Farmers auf südafrikan. Min.Präs. *H. Verwoerd* (wird verletzt)
Südafrika wird nach Austritt aus dem Commonwealth Republik
Marokko verb. Kommunist. Partei
Ehemalige Kolonie Togo wird selbständig
Patrice Lumumba gewinnt Wahlen in (Belgisch-)Kongo und bildet Koalitionsreg. Staatspräsident *Kasawubu* (* 1916, † 1969) stürzt *Lumumba* und liefert ihn (1961) an die Bergbau-Provinz Katanga (unter Präs. *Moise K. Tschombé,* * 1919, † 1969) aus, wo er ermordet wird
UN-Truppen versuchen im Kongo Ordnung aufrechtzuerhalten
Tschombé proklamiert Unabhängigkeit der Kongo-Provinz Katanga (wegen ihres Uran-Bergbaus steht diese im Mittelpunkt intern. Interesses)
Armeeoberbefehlshaber *Mobutu* in Kongo weist diplomat. Vertretungen der USSR und ČSSR aus
Sondersitzung der UN-Vollversammlung über die Kongo-Frage
Mali-Republik (ehem. frz. Sudan und Senegal) unabhängig
Madagaskar wird unabhängig unter dem Staatsoberhaupt und Reg.Chef *Philibert Tsiranana* (* 1912)
Britisch- u. Ital.-Somaliland schließen sich zur unabhängigen Republik Somalien zusammen
Ghana wird Republik, Staatspräs. *Kwame Nkrumah* (* 1909) mit großen Vollmachten, will „westafrikan. Sozialismus"
Dahomey, Niger und Obervolta (ehem. frz. Westafrika) unabhäng.
Elfenbeinküste unabhängig
Republik Tschad, Zentralafrikan. Republik und Gabun (alle ehem. französisch Äquatorialafrika) unabhängig
Republik Mittel-Kongo (Brazzaville, ehem. frz.) unabhängig
Nigeria unabh. (ehem. britisch)
15. Vollversammlung der UN in New York nimmt 13 neue afrikanische Staaten auf

Dieses Jahr markiert besonders deutlich das Ende der Kolonialherrschaft in Afrika: 17 Staaten werden unabhängig
Putschvers. i. Abessinien von Teilen der Armee und Intelligenz scheitert
Kg. *Saud* von Saudiarabien übernimmt selbst die Regierung, nachdem sein Bruder *Feisal* als Min.-Präs. zurücktrat (1962 wird *F.* wieder Min.Präs.)
Persischer Thronfolger geboren
† *Amanullah*, bis 1929 Kg. von Afghanistan, in Zürich (* 1892)
Nehru und *Tschu En-lai* konferieren in Neu-Delhi ergebnislos über chin.-ind. Grenzverlauf
Regierung in Laos durch Staatsstreich einer Armee gestürzt (Bürgerkrieg führt zur Genfer Laos-Konf. 1961/2)
Sirimawo Bandaranaike (* 1916) Min.-Präsidentin von Ceylon; Wahlerfolg ihrer linksgerichteten Partei
Nord-Vietnam erhält Verfassung einer Volksdemokratie
Kg. *Mahendra* v. Nepal schaltet Regierung und Parlament aus und übernimmt selbst Regierung (verbietet 1961 alle Parteien)
Dem japan. Kronprinzenpaar wird ein Thronfolger geboren
In Japan löst der liberaldemokr. Min.Präs. *Hayato Ikeda* (* 1899) d. Liberalen *Nobosuke Kischi* (* 1896) ab, der es seit 1957 war
Asanuma, jap. Sozialistenführer, auf einer Wahlversamml. erstochen
Nach schweren Unruhen tritt in Südkorea Regierung *Syngman Rhee* (* 1875, † 1965) zurück. *S. R.* verzichtet auch auf das Präsidentenamt (seit 1948) und ordnet Wiederholung der Wahl an
Großer Wahlsieg der demokrat. Opposition in Südkorea führt zu einem parlamentar. System (1961 durch Militärreg. abgelöst)
Chinas Heer wird auf 2,2 Mill. Mann geschätzt (maximal 5 Mill.)
Tschiang Kai-schek als Staatspräsident Nationalchinas (Formosa od. Taiwan) auf 6 Jahre wiedergewählt (Formosa hat 1961 11 Mill. Einw. = 1,6% der Volksrep. China)
Erdölexportländer gr. OPEC (vgl. 1973 P, 1975 V)

Nach 120 Siegen i. Springreiten bes. u. H. G. Winkler (* 1926) wird d. „Wunderstute Halla" (* 1945) d. Zucht zugeführt
Die Gebiete östl. der Oder-Neiße-Linie unter poln. Verwaltung haben 7 Mill. westpoln. Einwohner (1939: 9,6 Mill.)
Caryl Chessman in USA wegen Mordes hingerichtet (Gaskammer) nach 12jähriger Haft, in der die Exekution immer wieder aufgeschoben wurde

Pro 1000 Einw. gibt es:

	Zeitungen	Rundfunkger.
Ges. Erde	100	126
Europa	252	216
	Fernseher.	Kinositze
Ges. Erde	33	22
Europa	61	55

Entwicklungstendenzen

Industrieproduktion (1938 = 100)
USSR 687
USA 350
Italien 295
Japan 272
BRD 236
Frankr. 224
Gr.Brit. 166
Erde 273
Industriekonzentration in d. BRD: 50 größte Firmen erhöhten ihren Umsatz seit 1954 von 18% auf 29% des gesamten industriellen Umsatzes
Sozialprodukt wächst (seit 1950) jährlich um in:
USSR 7,0%
West-Europa 4,6%
USA 3,3%

Welt-Energieverbrauch in Mill. t Steinkohleneinheiten:

	1951	1960
Kohle	1626	2213
Erdöl	705	1318
Erdgas	318	618
Wasserkraft	47	86
Zus.	2696	4235

Elektrizitätserzeugung in Ägypten 2639 Mill. kWh (1950: 881)
Erdölgewinnung insges. 1060 Mill. t (1950: 523 Mill. t)
Erdgasgewinnung (Mrd. cbm)

	1960	1950
USA	362	177
USSR	45	5,8
Kanada	14	1,9
Rumän.	10	3,2

Lebenserwartung Neugeborener in der BRD:
männl. 66,7 Jahre
weibl. 71,9 „
Erdbevölkerung: 3 Mrd. (1950: 2,4)
Bevölkerung Asiens stieg seit 1950 um 300 Mill. auf 1,7 Mrd. (das sind 57% der Erdbevölkerung)
Ind. Geburtenrate 32,8‰, Sterberate 11,1‰. Bei 430 Mill. Einwohnern bedeutet das eine Zunahme von rd. 10 Mill. pro Jahr
Bevölkerung Chinas ca. 680 Mill. m. einem Zuwachs von 20 Mill. jährlich (1980 1 Mrd. Einw. vermutet)
Geburtenüberschuß je 1000 Einwohner in Japan: 9,6 (1950: 17,3)
60% der japan. Einwohner wohnen in Städten (1920: 18,1%)
Reales Volkseinkommen pro Kopf in Japan (zu Preisen 1950): 82864 Yen = ca. 1400 DM/Kopf (1950: 40796 Yen)
Anteil der Angestellten in d. BRD 22,2% (1950: 16,0 Proz.)
Anteil der Arbeiter in der BRD 50,1% (1950: 50,9%)
Auf einen Angestellten entfallen 2,3 Arbeiter
Welt-Uranförderung (ohne Ostblock): 38 400 t (1956: 13 125 t).

USA 17 184 t, Kanada 11 534 t, Südafrika 5814 t, Frankr. 1451 t
Rohstahlproduktion der Welt 350 Mill. t (1950: 189 Mill. t); Anteil der USA 28,3% (1950: 43,9%).
Japans Produktion verfünffachte sich seit 1950
Chemische Industrie der Erde erzeugt für 344 Mrd. DM (ca. 250% von 1950)
1 Mill. t Salpeter in Chile (mit staatl. Unterstützung) erzeugt (1913 üb. 3 Mill. t).
Eisenerzbergbau in Chile wächst bedeutend 2,99 Mill. t (1950: 1,77 Mill. t)
Kunststoffherstellung in: (Mill. t)

	1953	1960
USA	1,32	3,07
BRD	0,24	1,07
Japan	0,08	0,63
Gr.Brit.	0,21	0,56
USSR	(1957: 0,24)	0,60

Benzin-Erzeugung der Welt (ohne USSR u. Volksrep. China): 249,5 Mill. t (1950: 160 Mill. t)
Weltproduktion von Pkws 12,7 Mill., dav. 52,7% USA (1950: 8,2 Mill., 81,7% USA)
Zahl der Kraftfahrzeuge in Finnland 362 000 (1950: 72 000)
Ca. 5,5 Mill. Menschen in der Weltbekleidungsindustrie beschäftigt (80% Frauen).

Weltproduktion stieg von 1950 bis 1960 um ca. 50%
Weltmargarineherstellg. 3,4 Mill. t (1950: 2,2 Mill. t)
Nettoeinkommen der Farmer in USA sank seit 1950 um ca. 25%
11% der poln. Landwirtschaft ist kollektiviert (1956: 23,4%)
Traktorenbestand in Afrika 218 000 Einheiten (1939: 17 000)
Fischereiertrag d. Erde: 38 Mill. t (1938: 21 Mill. t); Durchschnitt 1900 bis 1910: 4 Mill. t
Der gesamte Handel der Erde hat sich seit 1900 vervierfacht
Einzelhandelsumsatz in der BRD 93 Mrd. DM (1950: 32 Mrd. DM). Konzentrationsbewegung zu Betrieben mit größerem Umsatz
302 000 ausländ. Touristen in Griechenland (1952: 76 200)
Die amerik. Zeitschrift „Fortune" sagt für 1970 voraus: Kontrollierte Erbänderungen; entscheidende medizin. Fortschritte bei Herz-, Geistes- und Geschwulstkrankheiten; elektron. Sicherung d. Straßenverkehrs; direkte Umwandlung von Kernenergie in elektrische; weltweites Nachrichtennetz durch Satelliten

1961	Friedens*nobel*preis an *Dag Hammarskjöld* (Schwed.) nach seinem Tode in Afrika † *Dag Hammarskjöld*, schwed. Generalsekretär der UN seit 1953, stürzt auf dem Flug zu einer Besprechung mit Katanga-Präsident *Tschombé* tödlich ab (* 1905) *U Thant* (* 1909, † 1974, Burma) einstimmig zum Generalsekretär der UN gewählt (amt. b. 1971) USSR stellt Truppenreduzierung ein, erhöht Verteidigungsausgaben USA antwortet mit entsprechenden Verstärkungen der Verteidigung USSR beginnt neue Serie von Kernwaffenversuchen, die sich bis zu Explosionen von 50 Megatonnen TNT-Äquivalent steigern (abgesehen von frz. Versuchen entscheidende Durchbrechung des Teststops seit Spätherbst 1958). Die radioaktive Verseuchung von Luft und Wasser beginnt wieder zu steigen Auf Grund der USSR-Versuche ordnet Präs. *Kennedy* Wiederaufnahme unterirdischer Kernwaffenversuche an (vermeiden Verseuchung der Biosphäre) Zwölf-Mächte-Antarktis-Vertrag in Kraft (vgl. 1959) Bundeskanzler *Adenauer* besucht Staatspräsident *de Gaulle* in Paris Reg.Bgm. v. Berlin *Willy Brandt* erhält von *Kennedy* in Washington Erneuerung der Berlin-Garantie Abgeordnetengruppe der Dt. Partei im dt. Bundestag mit 3 Abgeordneten löst sich auf Bundespräs. *Lübke* als erstes dt. Staatsoberhaupt zum Staatsbesuch in Paris Im Juli verlassen 30 444 Einw. fluchtartig die DDR (in einer Woche kommen 8000 nach West-Berlin, an einem Tag 2000) Bis September verlassen 1961 195 828 registr. Flüchtlinge die DDR (darunter 49,1% unter 25 Jahre) DDR errichtet am 13. August mit Billigung der Staaten des Warschauer Paktes eine stark befestigte Mauer zwischen Ost- und West-Berlin, welche den bis dahin funktionierenden Verkehr zwischen beiden Teilen der Stadt fast völlig zum	Nobelpreis f. Literatur an *Ivo Andrić* (* 1892, in Serbien); schrieb 1945 „Die Brücke über die Drina", „Das Fräulein" (Romane) Friedenspreis des Dt. Buchhandels an den indischen Philosophen u. Politiker *Sarwapalli Radhakrischnan* † *Kjeld Abell*, dän. Dramatiker (* 1901) *Anna A. Achmatowa* (* 1889, † 1966): „Gedichte" (russ.; 1946—50 Publikationsverbot) *Gerrit Achterberg* (* 1905, † 1962): „Cryptogamen IV" (niederl. Lyrik, Teil I—III 1946-54) *J. Anouilh*: „La grotte" (frz. Schauspiel) *Alexej N. Arbusow* (* 1908): „Der verlorene Sohn" (russ. Schausp.) *Jacques Séraphin Audiberti* (* 1899, † 1965): „Die Ameysz im Fleische" (frz. Schauspiel) *Marcel Aymé* (* 1902): „Die Mondvögel" (dt. Auff. des frz. Schauspiels von 1956) *Ingeborg Bachmann* (* 1926): „Das dreißigste Jahr" (Erzählung) *Beckett*: „Glückl. Tage" *G. Blöcker*: „Die neuen Wirklichkeiten" (Analyse der mod. Literatur) † *Hans Friedr. Blunck*, dt. Schriftsteller (* 1888) *Joh. Bobrowski* (* 1917, † 1965): „Sarmatische Zeit" (Lyrik) *H. Böll*: „Ein Schluck Erde" (Schauspiel) † *Louis-Ferdinand Céline*, frz. Schriftstell., schrieb u. a. „Reise ans Ende der Nacht" 1932 (* 1894) *Austin Clarke* (* 1896): „Later Poems" (irischengl. Gedichte) *Giovanni Comisso* (* 1895): „Le mie stagioni" (ital. Autobiographie)	*Alexius Aleksej* (* 1877), seit 1945 Patriarch von Rußland, führt die russ.-orthodox. Kirche in den ökumenischen Rat *Gordon W. Allport* (* 1897): „Pattern and growth in personality" nordamer. Psychologie) *Hannah Arendt* (* 1906): „Rahel Varnhagen" *A. Armstrong*: „Unconditional Surrender" („Bedingungslose Übergabe" im 2. Weltkrieg) *R. Behlke*: „Der Neoliberalismus und die Gestaltung der Wirtschaftsverfassung in der BRD" *P. Benenson* gründet Amnesty International (ai) † *Michael Buchberger*, Bischof v. Regensburg seit 1925, seit 1950 Titular-Erzbischof (* 1874) † *Frank N. D. Buchman*, nordamer. Gründer der „Moralischen Aufrüstung" (* 1878) *R. K. Bultmann*: „Das Verhältn. d. urchristl. Christusbotsch. z. histor. Jesus" (ev. Theologie, Entmythologisierung des NT) *Albert K. Cohen* (* 1918): „Kriminelle Jugend. Zur Soziologie jugendlichen Bandenwesens" (dt. Übers. d. nordamer. Werkes) *W. Czajka*: „Die Wissenschaftlichkeit d. Politischen Geographie" *Ralf Dahrendorf* (* 1929): „Freiheit und Gesellschaft" (Soziologie) *H. P. David* und *J. C. Brengelmann*: „Perspektiven der Persönlichkeitsforschung" † *Giovanni Dellepiane*, Erzbischof, seit 1952 Nuntius in Wien (* 1889) *Otto Dibelius*: „Reden an eine gespaltene Stadt";

A. Aalto: Wohnhochhaus i. d. Neuen Vahr, Bremen † *Karl Albiker*, dt. Bildhauer, bes. Akte u. Bildnisse (*1878) *Fritz Bornemann:* Deutsche Oper Berlin (West) *Carl Buchheister* (* 1890, †1964): „Komposition Nemalos" (abstr. Gem.) *M. Chagall:* Entwürfe für die Glasfenster der Synagoge d. Hadassah-Klinik/Jerusalem (seit 1960) *Egon Eiermann* (* 1904): Neue Kaiser-Wilh.-Gedächtnis-kirche, Berlin (West) (alte Turmruine aus d. 2. Weltkrieg bleibt erhalten, Lösung stark umstritten) † *Werner Gilles*, dt. Maler u. Graphiker, Schüler *Feiningers*, häufig auf Ischia (* 1894) *Ernst Gisel:* Reformierte Kirche in Effretikon (schweiz. Architektur) *Robert Goodnough* (* 1917): „Entführung XI" (nordam. Gem.) *Karl Otto Götz* (* 1914): Gouache (abstrakt. Bild) † *Richard Hamann*, dt. Kunsthist., bes. bekannt „Geschichte d. Kunst" 1932 u. ö. (* 1879) *Karl Hartung:* „Turm" (Bronze) *Fritz Hundertwasser* (* 1928): „Sonne u. Spiraloide über dem Roten Meer" (österr. phantast.-abstraktes Gemälde) † *Augustus Edwin John*, engl. Maler, u. a. Bildnisse (* 1878)	*Henri Barraud* (* 1900): „Lavinia" (franz. Buffo-Op.), Uraufführung † *Sir Thomas Beecham*, brit. Dirigent (* 1879) *Benjamin Britten* (* 1913): „Ein Sommernachtstraum" (dt. Erstaufführg. d. engl. Oper) † *Marquis de Cuevas*, frz. Ballett-Direktor (*1885) *P. Dessau:* „Puntila" (Oper nach Brecht) † *Walter W. Goetze*, Berliner Operett.-komp. (25 musik. Bühnenw.) (*1883) *H. W. Henze:* „Elegie für junge Liebende" (Oper) *G. Klebe:* „Alkmene" (Oper in Zwölftontechn. n. Kleists „Amphitryon") *Frederick Loewe:* „My Fair Lady" (nordam. Musical nach *G. B. Shaws* „Pygmalion", uraufg. 1956) in Berlin (West) in dt. Sprache erstaufgeführt (wird zu einem großen Erfolg dieser Gattung in Dtl.) *E. Mauersberger*, Kantor d. Thomanerchors. *Darius Milhaud:* Liturg. Werk für Bariton u. Orgel (Text: Sprüche Salomons), Urauff. *Renzo Rosselini* (* 1908): „Uno Sguardo dal Ponte" (ital. Oper nach d. Drama „Blick von der Brücke" v. *Arthur Miller*), Urauff.	*Nobel*preis für Physik an *Rudolf Mössbauer* (* 1929, Dtl.) für die Entd. der rückstoßfreien Gammastrahlenemission in Kristallen (*M.*-Effekt, 1957) und an *Rob. Hofstadter* (* 1915, USA) für Analyse der Ladungsverteilung beim Proton und Neutron *Nobel*preis für Chemie an *Melvin Calvin* (* 1911, USA) für Analyse der Photosynthese in d. Pflanzen *Nobel*preis für Medizin u. Physiologie an *Georg v. Békésy* (* 1899, Ungarn) für Beiträge zur Physiologie des Hörens (erarbeitet in den USA) *S. Balke:* „Die imperfekte Perfektion der Technik" *J. Becker* und *G. Schubert:* „Die Supervolttherapie" (Geschwulstbekämpfung mit Röntgen- und Gamma-Strahlung mit mehr als einer Million Elektronenvolt) † *Jules Bordet*, belg. Bakteriologe, entdeckte 1906 Keuchhusten-Bakterium, *Nobel*preis 1919 (* 1870) † *Henri Breuil*, frz. Vorgeschichtsforsch., bes. Steinzeitchronologie u. vorgeschichtliche Kunst (* 1877) † *Percy W. Bridgman* (Freitod), nordamerikanischer Physiker, untersuchte Materie bei höchsten Drukken, *Nobel*preis 1946 (* 1882) † *Paul ten Bruggencate*, Astrophysiker in Dtl. (* 1901) *De Carli:* „Erzeugung von Diamanten durch explosive Druckwellen" (bei 400000 Atmosphären und rel. niedrigen Temperaturen) *Clark* und *Kraushaar:* Gammastrahl-Teleskop f. Satellit Explorer XI (Beginn e. Gammastrahlen-Astronomie) *Allert Defant:* „Physikalische Ozeanographie" (in englischer Sprache, 2 Bde.) *P. Eisler:* „Gedruckte Schaltungen" (kennzeichn. f. neue Produktionsmethoden d. elektron. Industrie) † *Anton Flettner*, dt. Ingenieur, zuletzt in USA (* 1885) † *Lee de Forest*, nordamer. Radiotechniker (* 1873) *Juri Gagarin* (* 1934, † 1968, USSR) umkreist im Raumschiff „Wostok I" am 12. 4. als erster Raumpilot einmal die Erde und landet sicher *Virgil Grissom* (USA) unternimmt	Welterzeugung v. Gütern u. Dienstleistungen (Bruttosozialprodukt) ca. 1400 Mrd. Dollar (davon erzeugen 67% der Weltbevölkerung in den Entwicklungsländern nur etwa 20%) USA-Präsident schlägt neue Entwicklungshilfe für Lateinamerika vor: „Allianz für den Fortschritt", die von wirtschaftlichen u. sozialen Reformen begleitet sein soll: Agrar-, Steuer-Reform, Wirtschaftspläne (stößt auf Widerstand der traditionellen Kräfte) USA-Präs. *Kennedy* gründet Friedenskorps für Entwicklungsländer Elektrizitätserzeugung in Mrd. kWh: USA 871,3 USSR 327,0 Japan 128,3 Gr. Brit. 127,6 BRD 124,6 Kanada 113,1 Frankreich 76,6 Italien 59,4 DDR 42,5 Erde 2424,4 Anteil der Investitionen am Sozialprodukt (z. Vgl. BRD 24%): Indonesien 6 % Pakistan 10 % Südkorea 14 % Indien 17,5 % Burma 19 % (kennzeichnet langsame wirtsch. Entwicklung in Ostasien)

(1961)

Erliegen bringt. Angebl. Zweck: Schutz der Staatsgrenze gegen westl. Aggression; offensichtl., um der starken Flüchtlingsbewegung Einhalt zu gebieten

Westmächte protestieren. Vizepräs. *Johnson* und eine Kampfgruppe aus den USA in West-Berlin jubelnd begrüßt

Willy Brandt bittet USA-Präsidenten *Kennedy* schriftlich um politische Maßnahmen

Bundeskanzl. *Adenauer* unterstreicht in einem Gespräch mit dem Botschafter der USSR korrekte Beziehungen, kommt 9 Tage nach dem Mauerbau nach Berlin

West-Berlin boykottiert die von Behörden in Ost-Berlin betriebene S-Bahn, die der DDR Einnahmen in DM(West) bringt

In West-Berlin werden die Büros der SED geschlossen (die SED bleibt weiterhin eine in West-Berlin zugelassene Partei)

Die SPD löst ihre Organisationen in Ost-Berlin auf, um ihre Mitglieder dort vor Pressionen zu schützen

Lucius Clay wird Sonderbeauftragter des USA-Präsid. in Berlin (bis 1962)

Im Schatten der Mauer geht das Leben in West-Berlin ungebrochen weiter: Funkausstellung, Industrieausstellung, Festwochen usw. (anfängliche Unsicherheit der Einw. weicht bald neuer Zuversicht)

Erklärung aller Fraktionen im Dt. Bundestag fordert Friedensvertrag für Gesamtdeutschland

Die politischen Parteien bedienen sich bes. im Wahlkampf stark der Meinungsforschung

Wahl zum 4. Bundestag: CDU/CSU 242, SPD 190, FDP 67 Sitze (der Verlust der absoluten Mehrheit für die CDU/CSU wird vorwiegend als Mißtrauen gegen *Adenauer* gewertet)

Eugen Gerstenmaier (CDU) wird erneut Präsident des Bundestages (Vizepräs.: *Carlo Schmid* (SPD), *Thomas Dehler* (FDP), *Richard Jaeger* (CSU), *Erwin Schöttle* (SPD))

Konrad Adenauer wird zum 4. Mal vom Dt. Bundestag zum Bundeskanzler gewählt (tritt 1963 zugun-

Heinz Cramer (* 1924): „Die Konzessionen des Himmels" (Roman)

Shelagh Delaney (* 1939): „Der verliebte Löwe" (engl. Schauspiel)

Giuseppe Dessi (* 1909): „Das Lösegeld" (ital. Roman)

Will. Dieterle (*1893), Intendant der Hersfelder Festspiele

Maria Dombrowska (* 1889): „Der dritte Herbst" (dt. Ausg. des poln. Romans von 1955, der den Stalinismus in der Literatur überwinden half)

Petru Dumitriu (*1924): „Treffpunkt Jüngstes Gericht" (rumän. Rom.)

F. Dürrenmatt: „Gesammelte Hörspiele" (schweiz.), „Die Ehe des Herrn Mississippi" (Filmdrehbuch)

Ilja G. Ehrenburg: „Menschen, Jahre, Leben" (russ. Autobiographie, wird in der USSR von staatl. Seite kritisiert)

W. Falk: „Leid und Verwandlung" (über *Georg Trakl*)

Ennio Flaiano (* 1910): „Un marziano a Roma" (ital. Schauspiel)

† *Walter Franck*, dt. Schausp., vorwiegend in Berlin (* 1896)

† *Leonh. Frank*, dt. pazifistischer Schriftsteller, Fontane- u. Kleistpreis (1914 u. 20), 1933–50 in USA (* 1882)

E. Franzen: „Formen des modernen Dramas. Von der Illusionsbühne zum Antitheater"

Max Frisch: „Andorra" (schweiz. zeitkrit. Schauspiel)

Chr. Fry: „Curtmantle" (engl. histor. Drama)

Roy Fuller (*1912): „The father's comedy" (engl. Roman)

legt Vorsitz des Rats der Evangel. Kirche in Dtl. nieder

† *Bruno Doehring*, ehem. Hof- und Domprediger (* 1879)

William J. Durant (* 1885): „Das Zeitalter der Vernunft" (als 7. Bd. von „Die Kulturgesch. der Menschheit" seit 1935)

E. Feldmann: „Theorie d. Massenmedien Presse – Film – Funk – Fernsehen"

Geoffrey Fisher (* 1887), Erzbischof der Anglikan. Kirche seit 1945, tritt in den Ruhestand

Otto Flake: „Der letzte Gott" (atheist. Tend.)

W. A. Flitner: „Europäische Gesittung"

W. Frauendienst: „Zur Problematik des Erkennens und d. Verstehens der jüngsten deutschen Vergangenheit"

Georges Friedmann (* 1902): „Abhandlung üb. Arbeitssoziologie" (frz.)

Froese, Haas, Anweiler: „Bildungswettlauf zwischen West und Ost"

† *Paul Geheeb*, Pädagoge, Grder. d. „Odenwaldschule" (1910) und der „Ecole d'Humanité" (Schweiz) (* 1870)

† *Arnold Gesell*, nordam. Kinderpsychologe (* 1880)

J. Hromadka: „Theologie und Kirche zwisch. gestern und morgen" (tritt als tschech. Theologe für christl.-kommunist. Verständ. ein)

Johannes Itten (* 1888): „Kunst der Farbe, subjektives Erleben und objektives Erkennen als Wege zur Kunst" (schweiz. Kunsterziehung)

Phil. Johnson: Amon Carter Museum, Fort Worth
Harry Kramer (* 1925) und *Wolfgang Rambott:* „Automobile Skulpturen, Mechanisches Theater, Experimentelle Filme" (Ausstellung in Köln)
Alfr. Lenica (*1899): „Zwischenräume in der Landschaft" (poln. Gem., seit 1957)
H. Linde: Landtagsgebäude in Stuttgart (Baubeg. 1958)
René Magritte (* 1898): Wandbilder im Palais de Congrès, Brüssel
André Masson (* 1896): „Eine Kunst des Wesentlichen" (frz. Essay eines vorwiegend surrealist. Malers), „Bestiarium der Wälder" (frz. Gemälde)
† *Anna Mary Robertson-Moses* (genannt *Grandma Moses*), nordam. Amateurmalerin seit etwa ihrem 75. Lebensjahr (* 1860)
Jerzy Nowosielski (* 1923): „Synthetische Landschaft" (poln. abstrakt. Gem.)
Raimond Peynet (* 1908): „Verliebte Welt" (frz. Zeichn.)
† *Eero Saarinen,* finnisch-nordam. Architekt (* 1910)
Greta Sauer (*1909): „Peinture Huile" (österr.-frz. abstr. Gemälde)
Hans Schädel und *Friedrich Ebert:* St. Margareta-Pfarrkirche in Bürgstadt/ Main (kathol.)

Dimitri Schostakowitsch: „Bilder aus d. Vergangenheit" (Zyklus von fünf Romanzen), „12. Sinfonie", Urauff.
Gustav Rudolf Sellner (*1905), Intendant der Dt. Oper Berlin (war seit 1945 Intendant in Darmstadt)
Deutsche Oper Berlin eingeweiht
Karlheinz Stockhausen (*1928): „Carrée" (für 4 Chöre u. Orchester)
I. Strawinsky: „Gespräche" (autobiographisch)
Yannis Xenakis (* 1922): „Grundlagen einer stochastischen Musik" (griech. Musiktheorie unter Einbezieh. d. Wahrscheinlichkeitsrechnung)
Dt. Musik-Phonothek in Berlin (West) gegrdt.
42 000 DM für die Partitur eines *Beethoven*-Streichquintetts
Schallplatten-Umsatz in USA 245 Mill. Dollar
Twist kommt als Gesellschaftstanz v. USA n. Europa
Populäre Schlager: „Ein Schiff wird kommen" („Les enfants du Pirée") *(Hadjidakis)*, „Seemann, deine Heimat ist das Meer" *(Scharfenberger)*, „Kalkutta liegt am Ganges" *(Gaze)*

Parabelflug in Raumkapsel (Höhe 190 km)
M. Gell-Mann u. *J. Ne'eman:* Achtfach-Weg-Modell der Elementarteilchen (faßt die Vielfalt der E. als gequantelte Energiezustände auf)
W. Haack: „Automation des Flugsicherungsdienstes mittels digitaler Rechenautomaten" (elektronische Flugsicherung)
P. Jordan: „Zum Problem der Erdexpansion" (auf Grund einer abnehmenden Gravitation)
† *Hanns Klemm,* dt. Flugzeugkonstrukteur (* 1885)
H. W. Knipping u. *H. Kenter:* „Heilkunst u. Kunstwerk" (Kunst als therapeutisches Mittel)
Hans Kretz: „Vollständige Modelldarstellung des bedingten Reflexes" (mit Hilfe einer mechanischen auf Licht u. Ton reagierenden „Schildkröte")
† *Otto Loewi,* dt.-nordamer. Physiologe und Pharmakologe, besond. Nervenphysiologie, *Nobel*preis 1936 (* 1873)
Josef Naas und *Hermann Ludwig Schmid* (Hrsg.): „Mathematisches Wörterbuch"
Ezat O. Neghaban, Archäologe der Univ. Teheran, gräbt in Marlik am Kaspischen Meer Königsfriedhof von ≈ —1000 aus; u. a. zahlreiche Bronzen von Jagdtieren und Menschenfigurinen
J. Heinrich Nirenberg und *Marshall W. Matthaei* gelingt erste zellfreie Eiweißsynthese mit künstlicher Boten-(transfer-) RNS und erweisen damit diese Ribonukleinsäure als Kopie der Erbsubstanz DNS
C. Overzier: „Die Intersexualität" (beruht teilweise auf Anomalien des Chromosomenbestandes)
† *Erwin Schrödinger,* österr. Physik., *Nobel*preis 1933, begründete die Wellenmechanik der Atome, 1940 bis 1955 in Dublin (* 1887)
M. Schwarzbach: „Das Klima der Vorzeit" (Zusammenfassung der Ergebnisse neuer, bes. physikalischer Methoden)
Alan Shepard (* 1923, USA) vollführt in Raumkapsel Parabelflug mit 175 km Höhe
German Titow (* 1935, USSR) umkreist als zweiter Raumpilot der

Industrieproduktionsindex in der BRD 262 (1950: 100), für die Elektroindustrie 469
Braunkohleförderung in d. DDR 236,9 Mill. t, in d. BRD 97,2 Mill. t
Weltbauxitförderung: 28,3 Mill. t (seit 1950 mehr als verdreifacht)
Weltgewinnung v. Naturkautschuk 1,9 Mill. t (davon Malaiischer Bund 0,75 Mill. t, Indonesien 0,58 Mill. t); Synth. Kautschuk: USA (1960) 1,34 Mill. t, USSR (1959) 0,6 Mill. t
Faserstoffproduktion d. Erde (Millionen t):

Wolle	1,400
Baumwolle	10,120
Naturseide	0,032
Zellulose	4,429
Synthet. Fasern	1,006

Heizölerzeugung in der BRD 17,8 Mill. t (1955: 2,4 Mill. t)
Weltpapiererzeugung 51,8 Mill. t (pro Kopf ca. 17 kg)
Welt-Kartoffelernte: 284,7 Mill. t auf 25,3 Mill. ha (BRD: 24,5 Mill. t auf 1,04 Mill. ha)
41,2 Mill. t Fischfang, davon

	(Mill. t)
Japan	6,7
VR China	5,3
Peru	5,2
USSR	3,3
Norwegen	1,5
Spanien	1,0
BRD	0,6

Landwirtschaft d. USA beschäftigt 10% der Erwerbstätigen, die der

(1961)

sten *Ludwig Erhards* zurück). Bildet CDU/CSU-FDP-Regierung: Vizekanzler u. Wirtschaft: *L. Erhard*, Äußeres: *G. Schröder*, Inneres: *H. Höcherl*, Verteidigung: *F. J. Strauß*, Gesamtdt. Fragen: *E. Lemmer*

Karlspreis der Stadt Aachen an *Walter Hallstein* (* 1901)

Vizeadmiral *Hellmuth Heye* (CDU, * 1895) wird neuer Wehrbeauftragter des Bundestages

Paul Nevermann (* 1902, SPD): Erster Bürgermeister und Präsident des Senats von Hamburg als Nachfolger *M. Brauers*

F. J. Strauß, Vorsitzender der CSU (1963 wiedergewählt)

Dt. Partei vereinigt sich mit dem Gesamtdt. Block/BHE zur Gesamtdt. Partei (GDP) (kennzeichnend für den Existenzkampf der kleinen Parteien)

Ausgleichsvertrag zw. BRD und Österreich: Bundesrep. verpflichtet sich in 4 Jahren 321 Mill. DM zu zahlen

In einem Personenzug brechen 25 Einwohner der DDR nach West-Berlin durch

Regierung der BRD beschließt Verlängerung des Wehrdienstes von 12 auf 18 Monate

Wahl zur Hamburger Bürgerschaft: SPD 69, CDU 41, FDP 10 Sitze: SPD-FDP-Senat

† *Ruth Fischer*, dt. polit. Publizistin, ursprüngl. Kommunistin, seit 1941 in USA (* 1895)

† *Willy Henneberg* (SPD), Präsident des Abgeordnetenhauses von Berlin, während einer Ansprache zur Wahl der Berliner Bundestagsabgeordneten (* 1898); sein Nachfolger als Präsident wird *Otto Bach* (SPD, * 1899)

† *Paul Hertz* (SPD), Wirtschaftssenator in Berlin seit 1951 (* 1888)

† *Jakob Kaiser*, christdemokr. Politiker, Gewerkschaftler, Mitbegründer der CDU, 1949–57 Min. für Gesamtdeutsche Fragen (* 1888)

† *Hinrich Wilhelm Kopf*, niedersächs. Ministerpräsident (SPD, „Der rote Welfe") 1946–55 und seit 1959 (* 1893)

Peter Gan (* 1894): „Die Neige" (Gedichte)

J. Genet: „Tagebuch eines Diebes" (dt. Ausg. des frz. Romans von 1948)

Allen Ginsberg (*1926): „Kaddish" (nordamer. Gedicht eines grausam. Naturalismus)

José Maria Gironella (* 1917): „Un millón de muertos" (span. histor. Roman der Jahre 1936 bis 39)

Anne Golon: „Angélique et son amour" (frz. Roman)

Robert Graves (v. Ranke-Gr.) (* 1895): „More Poems" (engl. Ged.)

Grah. Greene: „A burnt-out case" (engl. Roman, dt. „Ein ausgebrannter Fall")

Dt.Schauspielhaus Hamburg unter *Gründgens* mit „Faust I" in New York (erstes dt. Gastspiel seit dem Krieg)

† *Hj. Gullberg*, schwed. Lyriker (* 1898)

† *Olav Gullvaag*, norweg. Schriftsteller (* 1885)

† *Lasse Heikkilä*, finn. Lyriker (* 1925)

† *Ernest Hemingway* (beim Reinigen s. Gewehrs), nordamer. Dichter eines knappen, lebensvollen Stils (* 1898)

Hermann Hesse: „Stufen. Alte und neue Gedichte in Auswahl"

Th. Heuss: „Vor der Bücherwand"

Wolfg. Hildesheimer (* 1916):„Die Verspätung" (Schauspiel)

Kurt Hirschfeld (* 1902), Leiter des Schauspielhauses Zürich (ab 1933 dort Dramaturg und Regisseur)

Walter Höllerer (* 1922) gibt Zeitschrift „Sprache im technischen Zeitalter" heraus

„Aeterna Dei", Enzyklika Papst *Johannes' XXIII.*, betont Primat des Papstes

† *Carl Gustav Jung*, schweiz. Tiefenpsychologe, wandelte d. Lehre *S. Freuds* stark ab (* 1875)

† *Michael Keller*, Bischof von Münster seit 1947 (* 1896)

Jürgen v. Kempski Rakoszyn (* 1910): „Grundlegung zu einer Strukturtheorie des Rechts" (mathem. Sozialtheorie)

E. Krause: „Grundlagen einer Industriepädagog."

Walter Krickeberg (* 1885, † 1962): „Die Religionen des alten Amerika"

E. Kunze: „Bericht über die Ausgrabungen in Olympia VII" (die er seit 1952 leitet)

G. Menges: „Ökonometrie"(quantitative Erfassung der Wirtschaftsvorgänge)

H. Mittelstaedt: „Die Regeltheorie als methodisches Werkzeug der Verhaltensanalyse"

L. J. Pongratz: „Psychologie menschl. Konfl."

Sarwapalli Radhakrischnan (* 1888): „Religionen in Ost u. West", „Meine Suche nach Wahrheit" (erscheinen in dt. Übersetzung)

Marcel Reding (* 1914): „Über Arbeitskampf u. Arbeitsfrieden" (kathol. Moraltheologie)

E. H. Roloff: „Bürgertum u. Nationalsozialismus" (soziolog. orientierte Zeitgeschichte)

M. Sader: „Möglichkeiten u. Grenzen psychologischer Testverfahren"

Helmut Schelsky: „Die Bedeutung d. Klassen-

H. Scharoun: Siedlung Charlottenburg-Nord, Berlin (Baubeg. 1956)
† *Rudolf Schwarz*, dt. Architekt u. Kirchenbauer, bes. in Köln (* 1897)
† *Mario Sironi*, ital. Maler, u. a. Wandgem. in Rom und Mailand (* 1885)
H. Skrobucha: „Von Geist und Gestalt der Ikone" (über Ikonenmalerei)
Henryk Stazewski (* 1894): „Komposition" (poln. abstr.-geom. Gemälde)
Saul Steinberg (* 1914): „Das Labyrinth" (Sammlung v. Zeichnungen des rumän.-nordam. Karikaturisten)
† *James Thurber*, nordamer. satir. Zeichner und Schriftsteller (* 1894)
Emilio Vedova: „Spanien heute" (span. Lithographien zu zeitgenöss. span. Gedichten)
Yack Youngerman (* 1926): „26. Juli" (nordamer. Gem.)
Karl Zerbe (* 1903): „Tanzender Kommissar" (nordamer. Gemälde)
Kongreßhalle im Kreml, Moskau
Für *Rembrandts* „Aristoteles betrachtet d. Büste Homers" werden 2,3 Mill. Dollar (Gemälde-Höchstpreis) bezahlt

Kurt Hoffmann: „Die Ehe des Herrn Mississippi" (Film nach *Dürrenmatt* mit *Martin Held* und *Johanna v. Koczian)*
Herbert Vesely: „Das Brot der früh. Jahre" (Film. n. *H. Böll* aus der Oberhausener Gruppe von Kurzfilmregisseuren)
B. Wicki: „Das Wunder des Malachias" (zeitkrit. schweiz. Film)
Georges Franju (* 1912): „Mitternachtsmörder" (frz. Film)
M. Antonioni: „Liebe 1962" (ital. Film)
Anselmo Duarte: „Fünfzig Stufen zur Gerechtigkeit" (ital. Film)
F. Fellini: „Boccaccio 70" (ital. Film mit *Romy Schneider*)
Elio Petri: „Trauen

begriffs für die Analyse unserer Gesellschaft" Lehrerbildung, der Sozialpädagogik und Didaktik (* 1894)
K.-H. Wewetzer: „Der Prozeß der Begabung" (relativiert Tests)
Erich Schneider (* 1900), Direktor des Inst. f. Weltwirtschaft, Kiel
B. Spiegel: „Die Struktur der Meinungsverteilung im sozialen Feld. — Das psychol. Marktmodell"
E. Stange: „Telefonseelsorge" (seit 1956 in der BRD)
† *Erich Weniger*, dt. Pädagoge auf d. Gebiet d. Sozialpädagog. (* 1894)

USSR die Erde 17mal in 25 Stunden 18 Minuten
W. S. Troizkij analysiert Radiostrahlung d. Mondes (erlaubt Rückschlüsse auf seine Oberflächenbeschaffenheit)
F. Vogel: „Lehrbuch der allgem. Humangenetik" (Darstellung neuer Fortschritte)
Zahl der elektronischen Rechenanlagen in USA 5304, Europa 1517, BRD 717
Es wird über 21500 wissenschaftliche Arbeiten pro Jahr im Umkreis der Physik berichtet, d. h. es erscheinen pro Tag mindestens 60 solcher Arbeiten (kennzeichnend für die Schwierigkeiten einer übersichtl. Dokument. auf fast allen Gebieten)
„Mathematische Theorie" (auch der Volkswirtschaft, im Handwörterbuch der Sozialwissenschaft)
Künstl. Herstellung des Elementes Lawrencium in USA (radioaktives Transuran d. Ordnungszahl 103, zerfällt zur Hälfte in ca. 8 Sek.)
Neue Einheit des Atomgewichts internat. beschlossen: Kohlenstoffisotop ^{12}C erhält durch Definition das Atomgewicht 12,00000
Halbwertszeit d. radioaktiven Kohlenstoffs C-14 erneut bestimmt zu 5770 + 60 Jahre (wichtig zur Anwendung der Radiokarbonmethode in der Archäologie)
Kunststoffe erreichen Temperaturbeständigkeit bis ca. 200° C
Wetterdienst der BRD beginnt, Gehalt der Luft an radioaktiven Stoffen anzugeben
Atlas der Mondrückseite (nach Aufnahmen von Lunik III 1959)
Schimpanse umkreist in USA-Raumkapsel zweimal die Erde und landet unverletzt
Mit Raketen erhaltene Röntgenbilder der Sonne (seit 1960) erweisen Kondensationen der inneren Korona mit ca. 2000000° C als Quelle der Strahlung
Aus Radarmessung der Venusentfernung wird die Sonnenentfernung zu 149599500 $\pm$ 3500 km bestimmt
Flaschenblasmaschinen erreichen 70 Stück pro Minute
Erste interkontinentale Festtreibstoff-Rakete der USA erfolgreich erprobt

USSR ca. 40%, d. h. 8mal mehr Arbeitskräfte; erreicht damit etwa 50% d. Erzeugung der USA (Produktivität also ca. $1/16$)
20-Jahres-Plan (Generalperspektive) d. USSR projektiert Erreichg. des „echten Kommunismus"
Stalinstadt und Fürstenberg/Oder vereinigt und in Eisenhüttenstadt umbenannt (33 000 Einwohn., Jahreskapazität 1,2 Mill. t Roheisen)
3. Fünfjahresplan 1961–65 in Indien (die Planziele halten mit der raschen Bevölkerungszun. kaum Schritt)
Stadtkern v. Neu-Delhi hat 200000 Einwohner, ca. 50000 pro qkm (vgl. West-Berlin 4569 pro qkm)
Jährliches Einkommen pro Kopf in DM (West):

USA	11 354
Schweden	7 671
Schweiz	6 775
BRD	5 746
Gr.Brit.	5 675
Frankreich	5 450
Niederlande	4 215
Österreich	3 527
USSR	2 967
Italien	2 618
Japan	1 992
Spanien	1 186
Ägypten	1 111
Türkei	845
Brasilien	454
VR China	297
Indien	272
Äthiopien	151

(läßt nur indirekte Schlüsse auf den Lebensstandard zu) vgl. 1972

(1961)

Arbeitsgesetzbuch d. DDR schränkt Rechte der Arbeiter entscheidend ein (kein Streik- und Koalitionsrecht)
Willy Stoph wird 1. stellvertr. Min.-Präs. d. DDR
Alex. Abusch (* 1902), seit 1958 Min. f. Kultur in der DDR, wird stellvertr. Vors. d. Min.Rats für Kultur und Erziehung
P.-H. Spaak legt Amt als NATO-Generalsekretär nieder, wird belg. Außenminister. Sein Nachfolger wird d. Niederl. *Dirk Stikker*
Terroristische Anschläge in Südtirol (wiederholen sich in den folgenden Jahren und führen zu Prozessen)
Italien und Österr. verhandeln in Zürich vergeblich über die Südtiroler Probleme
Julius Raab gibt sein (seit 1953 bekleidetes) Amt als österr. Bundeskanzler aus Gesundheitsgründen an *Alfons Gorbach* (* 1898, ÖVP) ab
Hohe Strafen im Pariser „Barrikaden"-Prozeß gegen die Putschisten von Algier
Nigeria bricht (wegen Kernwaffenversuchen i. d. Sahara) diplom. Beziehungen zu Frankreich ab
4. frz. Atomversuch in der Sahara (USA, USSR und Gr.Brit. halten Teststop ein)
Rebellion frz. Generäle in Algerien gegen *de Gaulle* bricht zusammen. Frz. Militärgericht verkündet 8 Todesurteile
Jussef Ben Khedda (* 1920), Min.-Präs. d. algerischen Exilregierung (bis 1962)
Konferenz zwischen Frankr. und algerischer Exilregierung in Evian (Frankr.) beginnt
Brit. Unterhaus stimmt Beitritt zur EWG zu, Labour-Fraktion enthält sich der Stimme (Beitritt scheitert 1963 an der frz. Haltung)
Wahl zum norweg. Parlament: Arbeiterpartei 74 (vorher 78), Konservative 29 (29), Bauernpartei 17 (15), Christl. Volkspartei 15 (12), Liberale 13 (15), Sozialist. Volkspartei 2 (–), Kommunisten 0 (1) Sitze
† *Luigi Einaudi*, ital. Staatspräsident 1948–55, Finanzwissenschaftler (* 1874)

Miroslav Holub (* 1923): „Das ABC-Buch" (tschech. Lyrik)
Gyula Illyés (* 1902): „Neue Gedichte" (ung.; schrieb 1956 das Ged. „Ein Wort über die Tyrannei")
Hans Henny Jahnn (* 1894, † 1959): „Trümmer des Gewissens", „Der staubige Regenbogen" (Schausp., posthum)
† *Franz Kuhn*, Sinologe, Übers. chin. Werke ins Deutsche (* 1889)
Olof Lagercrantz (*1911): „Schwedische Lyriker" (schwed. literar. Porträts)
Hans von Lehndorff (* 1910): „Ostpreußisches Tagebuch" (Erinnerungen eines Arztes an das Kriegsende 1945)
Stanislaw Lem (* 1921): „Die Sterntagebücher d. Weltraumfahrers Ijon Tichy" (dt. Ausg. d. poln. wissenschaftl. Utopie v. 1957)
Siegfried Lenz: „Zeit der Schuldlosen" (Schausp. um das Problem der polit. Schuld)
E. Lohner: „Passion und Intellekt. Die Lyrik Gottfried Benns"
Carson McCullers (* 1917): „Uhr ohne Zeiger" (nordamer. Prosa)
Bernard Malamud: „A new life" (nordamer. Roman)
Th. Mann: „Briefe 1889 bis 1936" (hrsg. v. *Erika Mann*, * 1905, † 1969)
Josef Marschall (*1905): „Flöte im Lärm" (österr. Gedichte)
François Mauriac (* 1885): „Le Nouveau Bloc-notes" (frz. Zeitbetrachtungen, „Blocnotes I" 1958)
Hans Mayer: „Bertolt Brecht u. d. Tradition"

W. Wickler: „Ökologie und Stammesgeschichte von Verhaltensweisen"
P. Winter: „Über den Prozeß Jesu" (histor. Leben-Jesu-Forschg.)
H. Wölker: „Die Bedeutung der empirischen Verhaltensforschung für die ökonom. Theorie"
Vollversammlung der UN erklärt Massenvernichtungswaffen als völkerrechtswidrig
10. Dt. Evang. Kirchentag in Berlin (in Ost-Berlin verboten)
Ökum. Rat d. evangel. Kirchen tagt in Neu Delhi
„Mater et Magistra", päpstl. Enzyklika über kirchl. Soziallehre (ergänzt Enzykliken von 1891 und 1931)
Richtlinien der Erzdiözese Paderborn gegen gewisse Züge im modernen Kirchenbau wie Kapelle in Ronchamp
Österreich anerkennt d. evangel. Kirchen als gleichberechtigt (Mitgliedz. 1955–60 von 23 000 auf 415 000 gest.)
Gesetz über Jugendwohlfahrt in der BRD enthält Vorrang der freien (nichtstaatl.) Maßnahmen
Gesetz über die Verbreitung jugendgefährdender Schriften in der BRD
Baubeg. d. Ruhrunivers. Bochum
Bundesinstitut zur Erforschung des Marxismus-Leninismus in Köln
Umfass. Schulgesetzgebung in Hessen (u.a. 9. Schuljahr, schulpsycholog. Dienst, Mittelpunktsschulen)

„Arzneimittel und menschliches Verhalten" (engl. Sammelwerk üb. die psychischen Wirkungen von Drogen: „Psychopharmaca")
Versuchsatomkernkraftwerk mit 15000 kW in Kahl am Main. Insges. sind auf der Erde 17 Atomkraftwerke mit 1,1 Mill. kW in Betrieb, 34 mit 6,8 Mill. kW im Bau
Tagung d. Internationalen Atom-Energie-Organisation in Salzburg über Plasmaphysik und thermonukleare Fusion: Trotz kurzzeitiger Plasmen mit Ionentemperaturen bis 40 Mill. °C kann eine technisch kontrollierte Kernverschmelzung noch nicht erreicht werden
2. Internationales Symposium für Chemotherapie in Neapel zeigt Ansätze für chemische Behandlung von Viruskrankheiten
Internationales Kolloquium über wissenschaftliche Photographie in Zürich behandelt insbesondere neue Verfahren der Elektrophotographie
Erneuerung d. Kontinentaldrift-Theorie
Mohole-Projekt in USA: Tiefbohrung am Ozeanboden
Volkswagenstiftung zur Förderung der Wissenschaft und Technik
Neue Medizin. Klinik in Tübingen
Autoparkhochhaus in Birmingham (England) nach der Lift-Slab-Methode (Zwischendecken auf der Kellerdecke betoniert und dann gehoben, seit 1947 in USA)
Stereosystem im USA-Rundfunk
Nähtransferstraße zur Fertigung von Herrenhemden-Vorderteilen (weiter ist die wachsende Produktivität der Bekleidungsindustrie durch Schnittmaschinen gekennzeichnet, die bis zu 300 Stofflagen bewältigen)
Ausgrabungen von Catal Hüyük/ Anatolien beginnen (vgl. —6700)

Dt. Bundeshaushalt beträgt rund 48 Mrd. DM
Volkswagenwerke im Zuge der Privatisierung in eine AG umgewandelt.

Genossenschaften in der BRD
	Zahl	Mitgl. (Mill.)
Ländliche	22531	4,2
Gewerbliche	2317	2,2
Konsum	258	2,5
Bau	1632	1,1
Zusammen	26738	10,0

Sie Alfredo einen Mord zu?" (it. Film)
Luis Buñuel (*1900): „Viridiana" (span. Film, von span. Reg. u. Kirche verurteilt)
John Cassavetes: „Too late blues" (nordam. Film)
† *Gary Cooper*, nordamer. Filmschausp. (*1901)
Stanley Kramer (*1913): „Das Urteil v. Nürnberg" (nordamer. Film m. *Maximilian Schell* (*1930), *Marl. Dietrich*, *Spencer Tracy* (*1900) u. *Burt Lancaster* (*1913))
Jerome Robbins: „West Side Story" (nordamer. Film nach d. Musical v. *Leonard Bernstein* (*1918))
„Eines langen Tages Reise in die Nacht" (nordamer. Film n. *E. O'Neill* m. *K. Hepburn*)
„Lolita" (nordamer. Film nach *V. Nabokov* mit *James Mason* (*1909))
„Sodom und Gomorrha" (nordam. Monumentalfilm m. *St. Granger* [*1913])
„Stadt ohne Mitleid" (nordam. Film mit *Kirk Douglas* (*1916))
† *Anna May Wong*, chin.-nordam. Filmschauspielerin
A. Wajda: „Samson" (poln. Film)
Mich. Romm: „Neun Tage eines Jahres" (russ. Film)

60% des Grundkapitals i. priv. Hand
In der BRD (einschl. Berlin (W)) 2532 Aktienges. mit 35,5 Mrd. DM Grundkapital
369 wirtschaftliche Interessengruppen in Bonn vertreten (kennzeichnet den Lobbyismus am Sitz d. Parlaments)
In den Ballungsgebieten der BRD entfallen 43% der Bevölkerung auf 14% der Fläche. Sachverständigenausschuß macht Vorschläge zur Raumordnung
In der Industrie der BRD ist die 45-Std.-Woche praktisch erreicht, die 40-Std.-Woche wird – bes. von d. Gewerkschaften – angestrebt. In den USA ist die 40-Std.-Woche err.
„Gesetz zur Vermögensbildung der Arbeitnehmer" in der BRD
„Der Angestellte zwischen Arbeiterschaft und Management" (Herausg. *H. Bayer*)
Bundesbeamtenrechtsrahmengesetz gleicht Rechtsverhältnisse in den Ländern an
Borgward-Auto-Werke gehen trotz anerkannter Konstruktionsleistung in Konkurs
Pkw auf 1000 Einwohner:
USA 344
Kanada 234
Neuseeland 231
Australien 200
Schweden 173
Frankreich 148
Gr.Brit. 114
BRD 112
DDR 9
85% d. industriellen Bruttoproduktion der DDR entfallen auf die „volkseigenen Betriebe" (VEB)
Zahl der LPGs (Landwirtschaftl. Produkt. Genossensch.) in d. DDR 18850 mit 5,4 Mill. ha = 84% der ges. landwirtsch. Nutzfläche
Nach der Kollektivierung der Landwirtschaft in der DDR 1960 gehen die Ernteerträge um ca. 30% zur.
Dänische Altersversorgung umfaßt die gesamte Bevölkerung (Volkspension)
Anteil der frz. Industrie in Paris: 77% Optische, 67% Kraftfahrzeug-, 55% Elektro-, 44% Chemische Industrie
~ Nach 1958 ruft die EWG-Politik starke Konzentrationsbewegungen in der Industrie Frankreichs hervor
Trade Unions Congress (Gewerkschafts-Dachorganisation in Groß-Brit.) umfaßt 183 Trade Unions mit 8,3 Mill. Mitgl.
Zweite Bodenreform in Ägypten (erste 1952)
Anteil der Verkehrsmittel im öff. Personenverkehr in der BRD:

(1961)

Gegner *Salazars* kapern portug. Passagierdampfer im Karib. Meer
Belgrader Konferenz von 25 blockfreien Staaten beschließt Friedensappell
Albanien entfernt sich politisch von der USSR und nähert sich der Volksrepublik China
† *Zogu I.*, Kg. v. Albanien 1928–39, im Pariser Exil (* 1895)
János Kádár (* 1912) wieder ungar. Min.Präs. (vorher 1956–58)
Türk. Militärregierung tritt zurück. Neue türk. Regierung unter General *Gürsel*
Neue Verfassung der Türkei mit 6,3 gegen 3,9 Mill. Stimmen angenommen
Wahlen zum türk. Parlament: *Inönüs* Volkspartei 173, Gerechtigkeitspartei (Opposition) 158, Partei „Neue Türkei" 65, Nationale Bauernpartei 54 Sitze
Türk. Koalitionsreg. ohne Gerechtigkeitspartei
In der Türkei werden Strafen gegen Anhänger des *Menderes*-Regimes verhängt: 15 Todesurteile, 39 Urteile auf lebensl. Haft, 418 Freiheitsstrafen, 123 Freisprüche
Nach blutigen Unruhen in Teheran wird pers. Regierung gestürzt und *Ali Amini* Min.Präs. (bis 1962, bekämpft Korruption, fördert Bodenreform)
Militärrevolte in Syrien führt zum Ausscheiden aus der Vereinigten Arab. Republik. *Nasim Qudsi* wird Staats- u. Min.Präs. (1963 durch Militärputsch abgesetzt)
BRD erkennt Syrien als selbst. Staat an
Türk. Parlament wählt General *Gürsel* zum Staatspräsidenten (für 7 Jahre)
XXII. Parteitag der KPSU setzt Entstalinisierung weithin sichtbar fort. *Stalins* Leichnam wird aus dem Mausoleum auf dem Roten Platz entfernt
Zahlreiche Umbenennungen von Orten in der USSR, die nach *Stalin* hießen; u. a. wird Stalingrad in Wolgograd umbenannt
Molotow, *Malenkow* u. *Kaganowitsch* werden aus der KPSU ausgeschlossen (gilt als weiterer Schritt der Entstalinisierung)

Karel Michal: „Schreckgespenster für den Alltag" (tschech. satirische Dichtung)
A. Miller: „Nicht gesellschaftsfähig" (nordamer. Roman und Drehbuch)
H. de Montherlant: „Tagebücher 1930–44" (dt. Ausgabe)
Walter Muschg (* 1898, † 1965): „Von Trakl zu Brecht. Dichter des Expressionismus" (schwz. Literaturgeschichte)
Georg-Büchner-Preis d. Dt. Akad. f. Sprache u. Dichtung an *Hans Erich Nossack* (* 1901)
Sean O'Casey: „Behind the green curtains" (drei irisch-engl. Schauspiele)
K. Otten (* 1889, † 1963): „Herbstgesang" (Ged.)
† *Rudolf Pechel*, deutsch. Schriftsteller u. Publizist (* 1882)
Harold Pinter: „Die Geburtstagsfeier" (dt. Aufführg. des engl. Schauspiels von 1957)
A. Denti di Pirajno (* 1886): „Ippolita" (ital. Roman)
Helmut Qualtinger (* 1928): „Der Herr Karl" (österr. Satire auf den Spießbürger, zus. m. *C. Merz*)
† *Henry Morton Robinson*, nordamer. Schriftstell., u. a. „Der Kardinal" (Roman, 1950), Chefredakteur von „Reader's Digest" (* 1898)
† *Mihail Sadoveanu*, rumänisch. Schriftstell. (* 1880)
† *Albin Skoda*, österr. Schauspieler, seit 1946 am Wiener Burgtheater (* 1909)
E. Sylvanus (* 1917): „Der rote Buddha" (Schauspiel)
Junichiro Tanizaki (* 1886, † 1965): „Der Schlüssel"

Vollakadem. Lehrerbildung in Hessen durch Anschluß der Hochschulen f. Erziehung an Universitäten
Ca. 16000 Studenten an den Hochschulen Breslaus (Breslau [Wroclaw] hatte 1960 428000 Einwohner, dav. ca. 1200 dt.)
USSR bildete seit 1955 mehr Ingenieure und Techniker aus als die westlichen Länder zus.
Afrikan. Konferenz beschließt, bis 1966 Schülerzahlen von 11 auf 16 Mill. (d. h. Allg. Schulpflicht) zu erhöhen. Die Bildungskosten erhöhen sich von 584 (1961) auf 2593 Mill. Dollar (1981)
City University of New York (Hochschul-Dachorganisat.) gegrdt. (hat über 82000 Studenten)
Im 3. Fünfjahresplan (1961–65) setzt die indische Regierung 200 Mill. DM für Geburtenbeschränkung ein (z. B. 20 DM Prämie für Sterilisierung)
Man zählt d. 107. Todesurteil aus polit. Gründen in der DDR seit ihrer Gründung (in der BRD keine Todesstrafe)
Neues Strafgesetzbuch Ungarns schränkt die Todesstrafe ein und schafft sie für Jugendliche unter 20 Jahren ab Todesstrafe für Wirtschaftsverbrechen in der USSR
Museum zur Chines. Revolution in Peking
Etwa 50% aller Kinder der Erde erhalten keine Elementarschulausbildung. Ca. 44% aller Erwachsenen sind Analphabeten
23132 Buchtitel (Neuerscheinung.) in der BRD

Eisenbahnverkehr 45,3%
Straßenverkehr 52,7%
Luftverkehr 2,0%
Insges. 87,6 Mrd. Personenkilometer (1950: 56,2 Mrd.)
In der BRD ca. 150 Mrd. kmt Güterverkehr: Eisenbahn 44%, Binnenschiffahrt 27%, Kraftwagen 27%, Ölfernleitungen 2% (seit 1951 rd. 60% Steigerung)
Motorisierung in der BRD (Pkw auf 1000 Einw.)
Frankfurt/M 151
München 140
Köln 124
Hamburg 111
Essen 89
Berlin (West) 80
Dt. Funkausstellung, erstmals n. dem Kriege in Berlin (Eröffng. durch Vizekanzler *Erhard*)
4 DM (West) = 1 Dollar (vorher 4.20 DM). Aufwertung des niederl. Gulden folgt
Dt. Bundesregierung bietet USA einmalige Devisenhilfe von 982 Millionen Dollar an
Griechenland zur EWG assoziiert
Der Außenhandel Algeriens ist zu rund 83% mit Frankreich verbunden
Benutzungsgebühren für Panamakanal 54 Mill. Doll. (1956: 36 Mill.). Panama erhält jährlich 1,9 Mill. Dollar Kanalpacht
Dt. Bundesreg. stellt für Berlin außerhalb d. Bundeszuschusses 500 Mill. DM zur Verfügung (wird zu einem großen Teil zur Urlaubshilfe verwendet)
Umsatz von Kosmetika in d. BRD gegenüber 1954 um 74% erhöht
200000 Neubauwohnungen in Berlin seit 1949
Stalinallee in Ost-Berlin in Karl-Marx-Allee umbzw. in Frankfurter Allee zurückbenannt
Gesetz über die Entschädigung für Impfschäden in der BRD
Dt. Bundesländer unterzeichnen Staatsvertrag für ein Zweites Fernsehprogramm (wird ab 1963 ausgestrahlt)
Fernsprechstellen pro 1000 Einw.:
USA 408
Gr.Brit. 157
BRD 108
Frankreich 95
Italien 78
Polen 30
USSR 20
Erde 47
Transsibirische Bahn Moskau–Irkutsk elektrifiziert (bis Wladiwostok voraussichtlich 1965)
M. Botwinnik wird wieder Schachweltmeister (war es 1951–58, bleibt es bis 1963)
H. G. Prescher: „Sport – Fluch oder Segen unserer Epoche?"
Fritz Thiedemann, erfolgreicher Reiter, scheidet freiwillig aus dem aktiven Sport; schreibt „Meine Pferde, mein Leben"
Segelflug-Höhenrekord: 14102 m (USA)
1. FC Nürnberg wird zum 8. Mal Fußballmeister d. BRD
Rennfahrer *Wolfg. Berghe von Trips* verunglückt tödlich bei einem Autorennen in Monza
14209 Personen im Straßenverkehr der BRD getötet
Eisenbahnunglück in Italien fordert 71 Todesopfer

Entwicklungstendenzen

Sterbefälle pro 1000 Einw.:
	1961	1881/90
BRD (Dtl.)	10,9	(25,1)
Frankr.	10,9	29,5
Italien	9,4	27,1
Indien	12,2	–
USA	9,3	–
USSR (Rußl.)	7,1	(33,9)

Kindersterblichkeit in Indien 98‰ (1901: 232‰).
Mittlere Lebenserwartung eines Neugeborenen 42 Jahre (1931: 23 Jahre)
Die BRD (einschl. Berlin-West) hat 56,2 Mill. Einw. (1950: 50,8 Mill.)
Die DDR hat 16,02 Mill. Einw. (1950: 17,20 Mill.)
Bruttoinlandprodukt der BRD (in Preisen von 1954)
1961 253 Mrd. DM
1955 175 Mrd. DM
Produktivität und Reallöhne in der BRD (1950 = 100)
	Prod.	Reall.
1950	100	100
1955	151	137
1961	174	180

Index d. mittleren Lebenshaltung in der BRD
1961 123,5
1950 = 100,0
1940 66,4
1932 61,6
1924 66,9
Geschätzte Weltreserven an Erdöl ca. 50 Mrd. cbm (1938: 4,9; 1950: 15,1 Mrd. cbm)
Welt-Aluminium-Erzeug. 4,6 Mill. t, davon die USA 1,7 Mill. t (seit 1950 Welterzeugung verdreifacht)
Spareinlagen in d. BRD 47,7 Mrd. DM (1950: 12,9 Mrd. DM)
In der BRD sind 7,1 Mill. Frauen erwerbstätig (1951: 4,5 Mill.)
23000 Lebensmittel-Selbstbedienungsläden in der BRD mit 30% des Gesamtumsatzes des Einzelhandels (1954: 300 Läden)
Brotverbrauch in der BRD 77,3 kg je Einw. (1936 in Dtl. 108 kg je Einwohner)
56 Mill. Liter Schaumwein in d. BRD verbraucht (1950: 5 Mill. l)
Zigarettenverbr. pro Einw. über 15 Jahre in der BRD 1780 Stück (1957: 1336 Stück)
Industrieerzeugg. der gesamten Erde seit 1938 etwa verdreifacht
Landwirtschaftl. Erzeugung der Erde wuchs seit 1950 um 20%
Durchschnittl. jährl. Zuwachsrate der industriellen Prod. seit 1954:
Italien	9,0%
BRD	7,9%
Frankreich	7,1%
Norwegen	5,5%
Schweiz	5,2%
Gr.Brit.	2,6%

Weltsteinkohleförderg.: 2 Mrd. t, davon (Mill. t)
VR China	430
USSR	377
USA	376
Gr.Brit.	194
BRD	143

(1950: 1,45 Mrd. t)

(1961)

Sozialdemokrat. Mapai-Partei Israels erhält 42 (linkssozialist. Mapam-Partei 9) von 120 Sitzen im Parlament und 11 von 16 Ministern in d. Regierung

Schwere Unruhen in Portugiesisch-Angola

Min.Präs. Katangas gibt den Tod (Ermordung) von *Lumumba* bekannt (Min.Präs. von Kongo seit 1960, * 1925)

Präs. d. Bergbauprovinz Katanga Kongos vorübergehend verhaftet

Cyrille Adoula (* 1921) wird Min.-Präs. von Kongo

In Kongo brechen zwischen UN-Truppen und denen der separatist. Katanga-Provinz offene Feindseligkeiten aus (nach einem Monat tritt Waffenstillstand ein)

Kongo-Soldaten ermorden 13 ital. UN-Flieger

Min.Präs. von Togo (seit 1958) *Sylvanus Olympio* wird zum Staatspräs. gewählt (* 1902, ermordet 1963)

Sierra Leone gewinnt seine Unabhängigkeit

Südafrikan. Union verläßt Commonwealth, weil dessen Mitglieder Politik d. Rassentrennung („Apartheid") ablehnen

USA brechen diplomatische Beziehungen zu Kuba ab

Dean Rusk (* 1909) Außenminister der USA

George Kennan: „Außenpolitik unter Lenin und Stalin" (dt. Ausgabe der nordamer. Analyse)

Walt Whitman Rostow, nordamer. Nationalökonom, wird Berater *Kennedys*

† *Emily Green Balch*, nordamer. Volkswirtschaftlerin und Frauenrechtlerin; erhielt 1946 Friedens-*nobel*preis (* 1867)

Präsid. *J. F. Kennedy* schlägt Zehnjahresplan für die wirtschaftliche Entwicklung Lateinamerikas auf der Basis eines 500-Mill.-Dollar-Krediten vor

Exilkubaner landen von USA aus in der Schweinbucht Kubas. USA verweigern Unterstützung, Unternehmen scheitert

Kennedy trifft *Chruschtschow* in Wien (*Chr.* versucht – nach seinen späteren Worten – „dem jungen Mann das Fürchten beizubringen")

USA-Präs. *Kennedy* hat ein Gespräch mit dem Schwiegersohn *Chruschtschows*, dem Chefredakteur der „Iswestija", *Alexej I. Adschubej*

Panama bemüht sich um eine Revision des Vertrages mit USA über Kanalzone von 1903 (1963 kommt es zu Unruhen)

† *Rafael Trujillo* (ermordet), Diktator der Dominikanischen Republik. Sein Sohn wird Nachfolger

Janio Quadros Präsident v. Brasilien (tritt noch im selben Jahr nach drast. Sparmaßnahmen zurück)

João Goulart (* 1918), Arbeiterpartei, wird brasilian. Staatspräsident mit eingeschränkten Vollmachten

Bürgerkrieg in Laos. USA versorgen Regierungstruppen gegen Kommunisten. Genfer Konferenz sucht das Land zu neutralisieren Waffenstillstand in Laos

Indien marschiert in die bisher. portug. Kolonie Goa ein und macht es zum Bestandteil d. Ind. Republik

Militärputsch in Südkorea: Verfassung wird aufgehoben

Die häufigsten Sprachen

Chinesisch	660	Mill.	Bengali	80	Mill.
Englisch	280	„	Malaiisch	80	„
Hindi	175	„	Portugiesisch	78	„
Spanisch	170	„	Arabisch	75	„
Russisch	120	„	Französisch	69	„
Japanisch	98	„	Italienisch	58	„
Deutsch	96	„		2039 Mill.	= 67%

(dt. Ausgabe des japan. erotisch. Romans von 1956)
Wladimir F. Tendrjakow (*1923): „Das außerordentliche Ereignis" (russ. Roman)
Giovanni Testori (*1923): „Stadtrand" (ital. Rom.)
† *Dorothy Thompson*, nordamer. Schriftstellerin und Journalistin (*1894)
† *Regina Ullmann*, schweiz. Schriftstellerin (*1884)
† *Helene Voigt-Diederichs*, dt. Schriftstellerin aus Schlesw.-Holst. (*1875)
K. Wagner: „Begegnung der Völker im Märchen. I. Frankreich–Deutschland"

Martin Walser (*1927): „Der Abstecher" (Schauspiel)
† *Oskar Wälterlin*, schweiz. Direktor des Schauspielhauses Zürich seit 1938 (*1895)
† *Hedwig Wangel*, dt. Schauspielerin (*1875)
† *Aribert Wäscher*, dt. Schauspieler (*1895)
Peter Weiss (*1916): „Abschied von den Eltern" (Erzählung)
John Whiting (*1917, † 1963): „Die Teufel" (engl. Schauspiel)
† *Eduard v. Winterstein*, dt. Schauspieler österr. Herkunft, 22 Jahre unter *Max Reinhardt* (*1871)

Carl Zuckmayer: „Die Uhr schlägt eins" (Schauspiel über die Judenverfolgung in Dtl.)
† *Paul v. Zsolnay*, dt. Verleger, grdte. 1923 Z.-Verlag in Berlin–Wien (*1895)
Akademien in Göttingen und Berlin (Ost) geben Abschluß des Deutschen Wörterbuches bekannt, von den Gebrüdern *Grimm* 1852 begonnen
Dt. Bibliothek in Frankfurt/Main hat 482 000 Bde. u. 16 000 lfde. Zeitschriften
Deutsche Bücherei in Leipzig hat ca. 3 Mill. Bde. und 21 000 lfde. Zeitschriften

Entwicklungstendenzen (Fortsetzung)

Textilproduktion der Welt (1948 = 100) 152 (1938:85)
Verteilung d. Goldbestände in Mrd. Dollar: 1961 1928
USA 16,9 6,5
Übrige (ohne USSR) 24,2 10,8
Spareinlagen in d. BRD: 60,4 Mrd. DM (1952: 7,1 Mrd. DM)

Steuereinnahmen je Einw. in der BRD 1366 DM (1950: 429 DM)
Öffentl. Sozialleistungen in der BRD 47,7 Mrd. DM (1950: 12,9 Mrd. DM)
• Filmtheaterplätze i. d. BRD; Zahl: 2,76 Mill., je Theater: 405, pro 1000 Einwohn.: 50, Gesamteinnahm.: 778 Mill. (1958: 1013 Mill.)

Interzonenhandel
Mill. DM Verrechnungseinheit

	Lieferungen	Bezüge der BRD
1951	177,9	186,2
1956	699,9	653,4
1959	1078,0	
Maxima		1960 1122,5
1961	872,9	940,9

Struktur des Bauhauptgewerbes in der BRD

mit Beschäftigten	Betriebe	Beschäftigte
1–19	73,0%	19,6%
20–99	22,2%	37,8%
100 u. mehr	4,8%	42,6%
absolut 100%	= 59 941	1,47 Mill.

Produktionsentwicklung und Planziel der USSR

	1913	1961	(USA 1961)	Plan 1965
Kohle (Mill. t)	30	510	(376)	600
Rohstahl (Mill. t)	4,5	71	(89)	88,5
Elektr. Energie (Mrd. kWh)	2	327	(871)	510

1962	Kein Friedens*nobel*preis verliehen Außenminist.-Konferenz zw. USA, USSR und Gr.Brit. über Abrüstung und Berlin in Genf 18-Mächte-Abrüstungskonferenz in Genf (ohne Frankreich) USA-General *Lyman Lemnitzer* (* 1899) löst General *Lauris Norstad* (* 1907) als Oberbefehlshaber der NATO-Truppen in Europa ab NATO-Konferenz empfiehlt Bildung einer umfassenden Atlantischen Gemeinschaft Gemeinsame Agrarpolitik der EWG tritt in Kraft (Durchführung stößt auf große Schwierigkeiten, bes. in der BRD) UN-Vollversammlung nimmt Ruanda, Burundi, Trinidad-Tobago und Jamaika als neue Mitgl. auf (es entsteht eine immer stärkere Gruppe blockungebundener Staaten) *U Thant* (* 1909) einstimmig als Generalsekretär der UN bestätigt Bundespräs. *Lübke* besucht afrikanische Staaten (Liberia, Guinea, Senegal) Bundespräs. *Lübke* u. Sonderbevollmächtigter des USA-Präsidenten *Lucius D. Clay* erhalten Ehrenbürgerwürde von Berlin (West). *Clay* beendet seine Mission Allgemeine Wehrpflicht v. 18 Monaten in der DDR BRD verlängert Wehrpflicht auf 18 Monate (seit 1956 12 Monate) Nationale Volksarmee der DDR hat ca. 19 000 aktive Soldaten (240 000 Reservisten) Staatspräs. *de Gaulle* und Bundeskanzler *Adenauer* einigen sich in Baden-Baden auf eine beschleunigte Bildung einer politischen europäischen Union Westalliierte ziehen in Berlin ihre Panzerfahrzeuge von der Mauer zurück In den 12 Monaten nach Errichtg. der Mauer gelangten 12 316 Menschen meist unter Lebensgefahr aus der DDR in die BRD Sperrung des US-Sektors i. Berlin für den sowjet. Stadtkommandanten; Sperrung Ost-Berlins für den USA-Stadtkommandanten Dt. Bundestag verabschiedet Berlinhilfe-Gesetz (enthält u. a. Steuerpräferenzen)	Nobelpreis f. Literatur an *John Ernst Steinbeck* (USA) Friedenspreis des dt. Buchhandels in Frankfurt/M. an den Theologen *Paul Tillich* *Ivo Andrić:* „Das Fräulein" (jugosl. Roman in dt. Ausg., in Originalsprache 1945) *Jerzy Andrzejewsky* (* 1909): „Finsternis bedeckt die Erde" (dt. Ausg. d. poln. Romans von 1957) *Peter Bamm* (* 1897, eigentl. *Curt Emmerich*): „Anarchie mit Liebe" *S. Beckett:* „Glückliche Tage" (irisch-frz. Schauspiel) *W. Bergengruen:* „Der dritte Kranz" (Roman) *Henry Bordeaux* (* 1870, † 1963): „Geschichte eines Lebens" (frz. Autobiographie, 8 Bde. seit 1946) *Joseph Breitbach* (*1903): „Bericht über Bruno" (Roman; *B.* wirkt in Frankreich für dt.-frz. Verständigung) *Bernard von Brentano:* „Schöne Literatur und öffentliche Meinung" *Wladyslaw Broniewski* (* 1897, † 1962): Gesammelte Gedichte (poln. sozialist. Lyrik) *William Burroughs:* „The naked lunch" (nordamer. Lit. der „Beatgeneration") *A. Camus:* „Carnets 1935 bis 1942" (posthume Veröff. autobiograph. Aufzeichnungen) *René Char* (* 1907): „La parole en archipel" (frz. Dichtung) *Tibor Déry* (* 1894): „Der unvollendete Satz" (dt. Ausgabe des ungar. Romans von 1954) *H. v. Doderer:* „Die Merowinger oder die	*Fr. Alexander* (*1891): „The scope of psychoanalysis 1921–61" (nordamer. medizin. orientierte Tiefenpsycholog.) *Karl Barth* scheidet aus seinem akad. Lehramt in Basel (vertrat dialekt. Theologie u. bekämpfte Antikommunismus als christl. Ideologie) *Augustinus Bea:* „Die christliche Union" (ital.) *Hellmut Becker* (* 1913): „Quantität und Qualität. Grundfragen der Bildungspolitik" *Alfred Bengsch,* seit 1959 Weihbischof von Berlin, erhält persönl. Titel eines Erzbischofs *K. Bleicher:* „Unternehmungsspiele" (Ausbildung an betriebswirtschaftlichen Modellen) *H. Bobek:* „Kann die Sozialgeographie in der Wirtschaftsgeogr. aufgehen?" *F. Edding:* „Ziele für die Erziehung in Europa bis 1970" (in engl. Sprache) *J. Ehrlich:* „Wilhelm Busch der Pessimist. Sein Verhältnis zu A. Schopenhauer" *Erich Eichele* (* 1904) wird evang. Landesbischof v. Württemberg *Jean Fourastié* (* 1907): „La grande métamorphose du XXe siècle" (Soziologie) *H. Frank:* „Kybernetische Grundlagen der Pädagogik" *E. Gellner:* „La philosophie analytique" (formale und sprachliche Analyse philosophischer Probleme) *W. Haacke:* „Publizistik. Elemente u. Probleme" Papst *Johannes XXIII.* eröffnet im Petersdom II. Vatikanisches Konzil, das bes. a. d. Vereinig. d.

Alvar Aalto: Kulturzentrum Wolfsburg (seit 1958) Grundsteinlegung d. von *Gropius* entworfenen Siedlung in Berlin (West) („Gropius-Stadt" in Britz-Buckow-Rudow m. 15500 Wohnungen)
Otto Herbert Hajek (* 1927): „Große Plastik 1962"
Phil. Johnson: Entwurf für d. New York State Theater im Lincoln Center
W. Kallmorgen: Ernst-Barlach-Mus., Hamburg
Max Kaus (* 1891): „Veneziana III" (abstrakt. Gem.)
Konrad Klapheck (* 1935): „Der Supermann" (surrealist. Gemälde)
† *Yves Klein*, frz. Maler, Vertreter der einfarb. abstrakten Malerei (Monochromismus) (* 1928)
† *Franz Kline*, nordamer. Maler d. „Action Painting" (* 1910)
Kokoschka: „Flut in Hamburg" (Gem.)
Ferdinand Lammeyer (* 1899): „Turm" (abstrakt. Tempera-Bild)
† *Hans Leistikow*, dt. Künstler, besonders Gebrauchsgraph. (* 1892)
Jack Levine (* 1915): „Der Kunstliebhaber" (nordamer. Gemälde)
Rich. Lytle (*1935): „Die Höhle" (nordamer. Gem.)

Th. W. Adorno (* 1903): „Einleitg. in die Musiksoziologie"
Georges Auric (* 1899) wird Gen.-Dir. d. frz. nationalen Musiktheat.
Benjamin Britten: „War-Requiem"
Jan Cikker (* 1911): „Auferstehung" (tschech. Oper), Uraufführung
† *Alfred Cortot*, franz. Pianist (*1877)
† *Marcel Delannoy* (* 1898) schrieb Opern, Ballette, Musik f. Bühnenstücke, sinfonisch. Werke u. Kammermusik
Norman Dello Jocio: „Blood Moon" (nordam. Oper), Uraufführung
† *Hanns Eisler*, dt. Komp. (*1898)
Manuel de Falla: „Atlantida", dt.-sprach. Uraufführung d. nachgelass. Oper in Berlin (W)
Wolfg. Fortner: „In sein. Garten liebt Don Perlimplin Belisa" (dt. Oper), Uraufführung
Harald Genzmer: „Christ ist erstanden", Missa, Uraufführung
Karl Amad. Hartmann: 8. Sinfonie
Paul Hindemith: „Das lange Weihnachtsmahl" (dt. Kammeroper), Uraufführung
† *Jacques Ibert* (* 1890), frz. Komponist, schrieb u. a. die Opern „Angélique" und „Der König v. Yvetot"

*Nobel*preis für Physik an *Lew D. Landau* (* 1908, USSR) für Erforschung des superfluiden Heliumzustandes bei Tiefsttemperaturen
*Nobel*preis für Chemie an *Max Perutz* (* 1914, Österr.) u. *John C. Kendrew* (* 1917, Engl.) für gemeinsame Strukturanalyse d. Hämoglobins
*Nobel*preis für Physiologie und Medizin an *Francis H. Crick* (* 1916, Gr.Brit.), *James D. Watson* (* 1928, USA) und *Maurice H. F. Wilkins* (* 1916, Neuseeland) für Aufklärung der Molekularstruktur d. Nucleinsäure als Erbsubstanz
J. Allen: „Molekulare Kontrolle des Zellgeschehens" (nordamer. „molekulare Biologie")
† *William Beebe*, nordam. Zoologe, Tiefseetaucher (* 1877)
† *Wilhelm Blaschke*, dt. Mathematik., bes. Geometrie (* 1885)
† *Niels Bohr*, dänischer Physiker, *Nobel*preisträger, gab mit seinem Atommodell 1913 entscheidenden Beitrag zur Quantenphysik der Atome (* 1885)
USA-Astronaut *Malcolm Scott Carpenter* (* 1925) umkreist dreimal die Erde
† *Arthur Holly Compton*, nordam. Physiker, *Nobel*preis 1927 (* 1892)
H. J. Dombrowski beschreibt fossile Bakterien aus dem Unterkambrium und dem Mitteldevon
E. Fry: „Lehrmaschinen und programmiertes Lernen" (nordamer. Lernpsychologie)
Erster USA-Astronaut *John Herschel Glenn* (* 1921) umkreist in einer Raumkapsel dreimal die Erde
H. Grapow: „Grundriß der Medizin der alten Ägypter" (7 Bde. seit 1954)
† *Max Hartmann*, dt. Zoologe (* 1876)
G. Heberer: „Die Olduway-Schlucht als Fundort fossiler Hominiden" (Australopithecus (seit 1959) und Archanthropus-Funde)
† *Erich v. Holst*, Physiologe des Zentralnervensystems (* 1908) *Justi* und *Winsel:* „Kalte Verbrennung" (Fortschritte des Brennstoffelementes bis zu theoret. 100% Nutzeffekt)
Ph. Morrison: „Neutrino-Astronomie" (nordamer. Aufsatz über die

Ca. 4700 Mrd. t förderbare Steinkohle werden als Weltvorrat vermutet (davon 40% in Nordamerika, 33,6% in USSR, 10% VR China, 6% BRD, 3,6% Gr.Brit.)
Produktion an Atomkernsprengstoffen in USA über 30000 t (1955: ca. 2000 t)
Weltgetreideernte 865 Mill. t, ca. 2,6 Mrd. Jahresnahrungen (1960: 920 Mill. t)
Weltreisernte 242 Mill. t (1950: 161 Mill. t)
Weltkaffee-Ernte 4,3 Mill. t (1950: 2,1 Mill. t)
Bundeswirtschaftsmin. *Erhard* appelliert an die Sozialpartner zum „Maßhalten"
Ludwig Erhard: „Dt. Wirtschaftspolitik"
H. D. Ortlieb: „Das Ende des Wirtschaftswunders"
Kurssturz an internationalen und dt. Börsen: Aktienindex fällt auf 475 gegenüber Höchststand 783 im Jahr 1960 (1953 = 100)
† *Gottlieb Duttweiler*, schweiz. Großunternehmer und Politiker (* 1888)
4. frz. Wirtschaftsplan 1962–65 (1. begann 1949); mehr als die Hälfte aller Investitionen unterliegt staatl. Einfluß

(1962)

Volkspolizisten der DDR erschießen an der Mauer den 18jährigen Ostberliner Bauarbeiter *Peter Fechter*, der in den Grenzbefestigungen ohne Hilfeleistung verblutet. Dieser Vorfall löst in der Berliner Bevölkerung heftigste Erregung aus und führt zu einer politisch äußerst kritischen Situation
USSR löst ihre Kommandantur in Berlin(Ost) auf
Regierung der DDR ernennt Generalmajor *Helmut Poppe* zum Stadtkommandanten (damit wird der international vereinbarte Viermächtestatus von Berlin einseitig u. entscheidend verletzt)
14 Ostberliner kommen trotz Beschusses durch Grenzposten der DDR mit einem Ausflugsdampfer nach West-Berlin; 12 andere erreichen West-Berlin durch einen selbstgegrabenen Tunnel
29 Einw. Ost-Berlins gelangen durch einen geheimen Tunnel nach West-Berlin
8 Einwohner der DDR durchbrechen mit gepanzertem Omnibus Grenze nach West-Berlin
In der DDR seit 1949 166 Todesurteile, dav. 108 wegen polit. Delikte
Frz. Staatspräs. *de Gaulle* unternimmt Staatsbesuch in die BRD unter starker Beteiligung der Bevölkerung
Heinz Brandt, Gewerkschaftsredakteur aus der BRD, in der DDR wegen angebl. Spionage zu 13 Jahren Zuchthaus verurteilt (zahlr. Proteste in der westl. Welt; 1964 begnadigt und entlassen)
143 Richter und Staatsanwälte in der BRD lassen sich auf Grund eines Gesetzes wegen ihrer Tätigkeit in der NS-Justiz vorzeitig pensionieren
Dt. Bundespräsident versetzt den Generalbundesanwalt in den Ruhestand, weil diesem Beteiligung an der NS-Justiz vorgeworfen wird
Staatsbesuch von Bundeskanzler *Adenauer* in Frankreich unterstreicht eindrucksvoll die engen Beziehungen zwischen d. BRD u. Frankreich zu dieser Zeit. Wird mit einer dt.-frz. Truppenparade abgeschlossen
Das in der BRD erscheinende Nachrichten-Magazin „Der Spiegel" ver-

totale Familie" (humorist. Roman)
Friedr. Dürrenmatt: „Die Physiker" (schweiz. zeitkrit. Schauspiel)
H. M. Enzensberger: „Einzelheiten" (zeitkrit. Betrachtungen)
Martin Esslin: „Das absurde Theater" (engl. Analyse dieser bes. von *Adamov*, *Beckett* und *Ionesco* begründeten Gattung)
W. Faulkner: „Die Spitzbuben" (nordamerikanischer Roman)
† *William Faulkner*, nordamer. Dichter, Nobelpreis 1950 (*1897)
William Gaddis: „The recognitions" (nordam. Roman)
Albert Paris Gütersloh (* 1887): „Sonne und Mond" (Roman)
Willy Haas (* 1891): „Gestalten" (Essays)
Hella S. Haasse (*1918): „De Meermin" (niederländischer Roman)
† *Daniel Halévy*, frz. Schriftsteller, bes. Kultur- u. Sozialgeschichte (* 1872)
Joseph Heller: „Der Iks-Haken" (nordamer. antimilitarist. Roman)
† *Herm. Hesse*, dt. Dichter, seit 1923 Schweizer Bürger, Nobelpr. 1946 (* 1877)
Karl-August Horst (* 1913): „Kritischer Führer durch d. dt. Literatur der Gegenwart"
Peter Huchel (* 1903), Lyriker, muß die Chefredaktion der ostdt. literar. Zeitschrift „Sinn und Form" aufgeben (leitete sie seit 1948)
Aldous Huxley: „Island" (engl. optimist. Utopie)
Eugène Ionesco: „Fußgänger der Luft" (rumän.-frz. Schauspiel des „absurden Theaters", Ur-

christl. Kirchen hinwirken soll
Papst *Johannes XXIII.* schafft Sekretariat für die Vereinigung der Christen, Leiter: Kardinal *Aug. Bea* (* 1881)
USA-Präsident erzwingt durch Entsendung von Bundestruppen Aufnahme eines Negerstudenten an d. Universität Mississippi
H. Klein: „Polytechnische Bildung und Erziehung in der DDR"
H. Kohn: „Wege und Irrwege. Vom Geist des deutschen Bürgertums"
D. Langer: „Informationstheorie und Psychologie"
A. Lauterbach: „Psychologie des Wirtschaftslebens"
† *Theodor Litt*, dt. Philos. und Pädagoge (* 1880)
L. Marcuse: „Obszön" (krit. Unters.)
Klaus Mehnert: „Moskau und Peking" (zeitgeschichtliche Analyse)
S. J. Mushkin: „Die Ökonomie der höheren Erziehung" (nordamer. Bildungsplanung)
W. J. Revers: „Ideologische Horizonte der Psychologie"
J. B. Rhine u. *J. G. Pratt:* „Parapsychologie" (veröffentl. statist. Versuchsergebn. bereits 1957)
P. E. Schramm (*1894, † 1970): „Hitler als militärischer Führer"
H. Schwerte: „Faust und das Faustische. Ein Kapitel deutscher Ideologie"
Paul Sethe: „Geschichte der Deutschen"
F. Steinwachs: „Körperlich-seelische Wechselbeziehungen in der Reifezeit" (Jugendpsychologie)

Georges Mathieu (* 1921): „Au delà du Tachisme" (franz. Kunsttheorie der „informell. Kunst")
† *Gabriele Münter*, dt. Malerin, Schülerin *Kandinskys* (* 1877)
† *Caspar Neher*, dt. Bühnenbildner (* 1897)
J. Paulhan: „L'art informel" (über regellose abstrakte Kunst)
Pablo Picasso: „Stiere u. Toreros", „Linolschnitte", „Aquarelle und Gouachen" (Veröff. von Reprodukt. seiner Werke)
H. Platschek: „Bilder als Fragezeich." (über mod. Kunst)
Jean Renoir: „Mein Vater Auguste Renoir"
Erich F. Reuter (* 1911): „Gegenständl. Strukturen" (Reliefwand Techn. Universität Berlin, Bronze)
Eero Saarinen (* 1910, † 1961): Empfangsgebäude des Flughafens Idlewild, New York
Stefan Samborski (* 1898): „Stilleben – Blumen u. Blätter" (poln. Gem.)
Mitchell Siporin (* 1910): „Der Tod und das Mädchen" (nordamer. Gem.)
Basil Spence: Kathedrale in Coventry/ England
† *Ottomar Starke*, dt. Künstler, Graphik. u. Bühnenbildner
G. Sutherland (* 1915, † 1974): Bildteppich f. d. Hochaltar i. Coventry
Horst Strempel (*

† *Massolis Kalomiris* (*1883 Smyrna): letzte Oper „Konstantinos Palaeologos" uraufgef.
† *Fritz Kreisler*, österr. Geiger u. Komp., meist in den USA (* 1875)
Ernst Křenek: „Dunkle Wasser" und „Vertrauenssache" (Opern-Einakter), Uraufführungen
Mark Lothar (* 1902): „D. Glücksfischer" (Opera piccola), Uraufführung
Felix Mendelssohn-Bartholdy: „Soldatenliebe" (Jugendwerk) uraufgef.
Krysztof Penderecki (* 1933): „Fluorescences" (Orchestwerk), Uraufführ.
G. Perle: „Serial Composition and Atonality" (nordam. Musiktheorie)
Nikolai Rimski-Korssakow: „Das Märchen vom Zar Saltan" (russ. Op.) dt. Erstauffführg.
Armin Schibler (* 1920): „Media in Vita" (sinfon. Oratorium), Uraufführung
Dimitri Schostakowitsch beendet 12. Sinfonie, schreibt Musik z. Spielfilm „Die Eingeschlossenen"
Roger Sessions (* 1896): „Montezuma" (nordam. Op. um den Aztekenfürst., Urauff. 1964 in der Dt. Oper Berlin)
Heinrich Sutermeister: 3. Klavierkonzert

Neutrinos für den Energiehaushalt des Kosmos)
† *Hermann Muckermann*, dt. Anthropologe und Eugeniker mit kathol. Grundhaltung (* 1877)
† *Friedrich Münzinger*, dt. Ingenieur (* 1884)
USSR starten 2 Raumkapseln, die sich auf Sichtweite begegnen, mit den Astronauten *Nikolajew* (64 Erdumkreisungen) und *Popowitsch* (48 Erdumkreisungen) (jede Erdumkreisung dauert ca. 2 Stunden)
† *Aug. Piccard*, schweiz. Stratosphären- u. Tiefseeforscher (* 1884)
Erich v. Tschermak, Botaniker und Genetiker (* 1871)
J. A. Wheeler: „Geometrodynamics, topics of modern physics" (Versuch, auch die elektrischen Kräfte zu geometrisieren)
In Dtl. werden 521 Fach-Dokumentationsstellen gezählt (BRD: 360, DDR: 161)
12000-kW-Forschungs-Kernreaktor (FR 2), Karlsruhe, auf voller Leistung; hoher Neutronenfluß
Dt. Rechenzentrum in Darmstadt gegrdt. (kennzeichnet wachsende Bedeutung elektronischer Rechenmaschinen)
Durch 85 000 Aufnahmen von der Blasenkammer des Protonen-Synchrotrons in Genf (CERN) und Brookhaven (USA) wird das Anti-Chi-Hyperon entdeckt
Radioteleskop v. Green Bank (USA) mit 92 m Durchmesser in Betrieb
USA-Astronaut *Schirra* umkreist sechsmal die Erde
USA starten Rakete „Ranger III", welche den Mond verfehlt
USA-Mondrakete schlägt auf dem Mond auf, spezielle Geräte versagen jedoch
USA starten unbemanntes Raumschiff zur Venus, das am 14. Dezember den Planeten in 40000 km Entfernung passiert und Meßdaten über Strahlung, Magnetfeld u. a. zurückfunkt
Fernseh- und Nachrichten-Satellit „Telstar" der USA; ermöglicht Fernsehübertragung USA–Europa
Wettersatellit „Tiros VI" von den USA gestartet (übermittelt besonders Fernsehbilder von Wolken-

Jugoslawien verfünffachte seine Industrieprod. seit 1940
Industrieprod. in Ungarn 347, landwirtsch. Prod. 113 (1949 = 100) 66,4% der ungar. Landwirtsch. sind kollektiviert
Bruttosozialprodukt von 2700 DM/Kopf in Israel (zum Vergl. BRD ca. 6000 DM/Kopf)
2. wirtschaftlicher Fünfjahresplan in Afghanistan (1. Plan steigerte Pro-Kopf-Einkommen um 30%)
In der BRD leben 30,9% in Groß- u. 45,8% in Kleinstädten
Gesamtsumme d. (Kriegs-) Lastenausgleichs d. BRD erreicht 46,9 Mrd. DM (endgültige Summe auf 90 Mrd. DM geschätzt)
Zahl der (familienfremden) Landarbeiter in d. BRD 314000 (in 1949: 1012000)
Für den „Grünen Plan" zur Verbesserung der Agrarstruktur und zur Förderung d. Einkommensverhältnisse in d. Landwirtschaft stellt die dt. Bundesregierung 2060 Mill. DM z. Verfügung
Internat. Arbeitskonf. empfiehlt d. 40-Std.-Woche als Grundnorm
In der BRD sind Angestellte organisiert in der DAG 470 200

(1962)

öffentlicht scharfe Angriffe gegen Bundesverteidigungsminister *F. J. Strauß* und einen kritischen Aufsatz „Bedingt abwehrbereit" über die Schlagkraft der Bundeswehr Bundesanwaltschaft geht in einer Nachtaktion gegen das Nachrichten-Magazin „Der Spiegel" vor. Scharfe Durchsuchung der Redaktionsräume. Verleger *Rudolf Augstein*, Verlagsdirektor *H. D. Becker* u. drei Redakteure werden wegen Verdachts des Landesverrats verhaftet. Bundesverteidig.Min. *Strauß* läßt telefon. Redakteur *Ahlers* in Spanien verhaften, was ihm den Vorwurf der „Freiheitsberaubung im Amte" einbringt (die Spiegel-Affäre wächst sich zu einer schweren Regierungskrise aus, wird von der Bevölkerung heftig diskutiert)

Bundeskanzler *Adenauer* spricht in der Bundestagsdebatte um die Spiegel-Affäre von einem der „schwersten Landesverratsfälle"

BRD baut U-Boote

Bundesregierung tritt zurück, um Kabinettsumbildg. zu ermöglichen Nach längeren Verhandlungen auch mit der SPD bildet *Adenauer* neue CDU-FDP-Regierung ohne den bisherigen Verteidigungsminister *F. J. Strauß* (CSU). An seine Stelle tritt *Kai-Uwe von Hassel* (CDU)

DGB-Kongreß lehnt jede Notstandsgesetzgebung in der BRD ab, wählt *Ludwig Rosenberg* (* 1903) zum 1. Vorsitzenden

Dt. Bundesreg. verabschiedet Notstandsgesetzgebung (sieht verfassungsändernde Einschränkung der Grundrechte im Notstand vor und bedarf daher der Zweidrittelmehr. des Bundestages, also auch der Zustimmung der SPD als Opposition) Unter dem Druck der politischen Situation gibt Bundeskanzler *Adenauer* seinen Rücktritt in Jahresfrist bekannt

Bundeskanzler *Adenauer* bildet nach der „Spiegel"-Krise sein 5. Kabinett. CDU/CSU-FDP-Koalition bleibt mit personellen Änderungen bestehen: Verteidigung: *K.-U. v. Hassel* (CDU), Finanzen: *R. Dahlgrün* (FDP), Gesamtdt. Fragen: *R. Barzel* (CDU), Wissensch. u. Forschung: *H. Lenz* (FDP)

aufführung in Düsseldorf)

Uwe Johnson: „Das dritte Buch über Achim" (Roman)

James Jones: „The thin red line" (nordamer. Kriegsroman)

Klaus Kammer (* 1929, † 1964), Schauspieler in Berlin (West), spricht in der Rolle eines Affen *Kafkas* „Bericht für eine Akademie"

Walther Karsch: „Wort und Spiel. Aus der Chronik eines Theaterkritikers 1945–62"

† *Erwin Guido Kolbenheyer*, dt. Schriftsteller (* 1878)

C. Krijgelmans: „Messiah-Fragment" (fläm. Roman)

† *Charles Laughton*, engl. Schauspieler (* 1899)

Väinö Linna: „Hier unter dem Nordstern" (dt. Ausg. d. finn. Romantrilogie seit 1959)

Friedrich Luft (* 1911): „Berliner Theater"(Theaterkritiken 1945–61, bes. bekannt durch seine ‚Stimme der Kritik', im Sender RIAS Berlin)

Hans Mayer: „Heinr. v. Kleist. Der geschichtliche Augenblick"

Siegfried Melchinger und *H. Rischbieter:* „Welttheater" (Gesamtüberblick über das zeitgenössische Theater)

Ogden Nash (* 1902): „Die neue Nußknacker-Suite u. andere nutzlose Verse" (nordamer. burleske Verse)

Viktor P. Nekrassow (* 1911): „Kira Georgijewna" (russ. Roman)

Robert Neumann: „Die Parodien" (Ges.ausg.)

Konstantin G. Paustowskij (* 1892): „Erzählung vom Leben" (russ. Autobiographie, 1946–60)

Paul Tillich: „Die protestantische Verkündigung und der Mensch der Gegenwart" (betont Gefahr für Protestantismus zwischen Katholizismus und Glaubenslosigkeit)

Hermann Volk, Bischof von Mainz (schrieb 1961: „Die Einheit der Kirche und die Spaltung der Christenheit")

† *Heinrich Weitz*, 1952 bis 1960 Präsident d. Dt. Roten Kreuzes (* 1890) Provinzialsynode der Evang. Kirche von Berlin-Brandenburg muß erstm. getrennt in West- und Ost-Berlin tagen

Denkschrift der evangel. Kirche Deutschlands: „Eigentum in sozialer Verantwortung"

79. Dt. Katholikentag in Hannover. Leitwort: „Glauben, Danken, Dienen." DDR erlaubt keine Teilnahme

Neues Haus der „Deutschen Kulturgemeinschaft Urania Berlin" eingeweiht (dient vorzugsw. d. Erwachsenenbildung)

Von den 1,6 Mrd. Erwachsenen der Erdbevölkerung sind ca. 44% Analphabeten. Über 50% aller Kinder der Erde können nicht einmal eine Grundschule besuchen

UNESCO beschließt Internat. Institut für Bildungsplanung

EURATOM beschließt 2. Fünfjahresprogramm für Forschung und Ausbildung

„Anregungen des Wissenschaftsrates zur Gestalt. neuer Hochschulen" (empfiehlt z. B. Auflockerung der Fakultäten)

Fortsetzung Seite 1317

1904): „Die Mauer" (Radierungen)
Waclaw Taranczewski (*1903): „Stilleben II" (poln. abstrakt. Gemälde)
Landtagsgebäude v. Niedersachsen in Hannover
Festspielhaus Recklinghausen
Museum d. 20. Jahrhunderts in Wien
Neues Festspielhaus in Salzburg
31. intern. Kunstbiennale in Venedig unter Beteiligung v. 33 Nationen
ART:USA:NOW (private nordamer. Kunstausst. (*Johnson*-Collection) mit Bildern (entstand. seit 1959) der Richtungen „romant. Realismus", „exakter Realismus", „phantast. Surrealismus", abstrakt. „NewImage"-Richtung, „Expressionismus" u. a.)
Dt. Kunstausstell. in Dresden (steht noch vorwieg. unter dem Vorzeichen des staatlich geförderten „Sozialistisch. Realismus")
Ausstellung „Entartete Kunst" in München (als nachträgliche Kritik an der nationalsozialist. Kunstauffassung)

Wolfg. Staudte: „Dreigroschenoper" (Film mit *Hildegard Knef*, *Curd Jürgens*)
„Axel Munthe, der Arzt v. San Michele" (Film mit *O. W. Fischer*)
„Les séquestrés d'Altona" (dt.: „Die Eingeschlossenen", Film n. *J.-P. Sartre*

Michael Tippett (*1905): „King Priam" (engl. Oper) Uraufführung
† *Bruno Walter*, dt. Dirigent, seit 1940 in USA (* 1876)
Isang Yun (* 1917, Südkorea): „Bara" (dodekaphon. Orchesterstück), Uraufführung
25jährig. Bestehen der Israel. Philharmonie (Tel-Aviv), begrdt. v. d. Violinvirtuosen *Bronislaw Hubermann*
Populäre Schlager: „Morgen" (*Loesser*), „Die Zuckerpuppe aus der Bauchtanzgruppe" (*Gietz*), „Zwei kleine Italiener" (*Brühne*)

Hanse-Kogge (Großschiffstyp a. d. 13./14. Jh.) i. d. Weser bei Bremen gefunden
Ausgrabung einer frühneolitischen Stadt ($\approx$ —7000) auf dem Doppelhügel Catal Hüyük in Anatolien: Akkerbau (Weizen, Gerste, Linsen, Apfel), Tierzucht (Schaf), daneben Jagd. Keramik, Flechten, Weben, Teppichknüpfen. Halb- und Rundplastiken, mehrfarbig gemalte Jagdbilder. Verehrung der „Großen Mutter", Stierkult
~ Dieselmotoren mit 2,5 kg/PS

bildungen über den Kontinenten) Bisher 133 erfolgreiche Starts unbemannt. Erdsatelliten in USA und USSR (davon 102 in den USA)
USA starten einen Satelliten mit Sonnenobservatorium für größeres Meßprogramm
Weltausstellung „Century 21" in Seattle (USA) steht besonders i. Zeichen künftiger Weltraumschiffahrt
Gründungsversammlung der Pugwash-Konferenz in Kanada: 22 Wissenschaftler aus Ost und West beraten über die Gefahren eines Atomkrieges im Geiste des *Einstein-Russell*-Appells 1955
III. Internationales Symposium der Neurobiologen in Kiel mit den Hauptthemen: chemische Spezifität der Nervenzellen, das „Riechhirn", das Zwischenhirn
„Der Mensch und seine Zukunft" (intern. Symposium mit eugenischer Tendenz in London)
~ Es stellt sich seit 1960 mehr und mehr heraus, daß das Schlafmittel Contergan (Thalidomid) in den ersten drei Monaten der Schwangerschaft zu Mißbildungen der Neugeborenen führt (eine größere Zahl geschädigter Kinder in mehreren Ländern führt zu besonderen Maßnahmen und einem Prozeß)
Weltkongreß für Gastroenterologie in München (mit ca. 2500 Ärzten für Krankheiten des Magen-Darm-Traktes)
Depotfund der Latènezeit ($\approx$ —250) bei Erstfeld (Uri/Schweiz) mit Goldschmuck
Verkehrsflugzeuge mit 4 Strahltriebwerken befördern je 189 Fluggäste mit 970 km/Std. Reisegeschwindigkeit über 7250 km
Narrows-Hänge-Brücke bei New York (mit 2 Fahrbahnen u. 12 Fahrspuren)
Hochbrücke über Panama-Kanal
508 m hoher Stahlbetonb. in Moskau
Beim Bau des Assuan-Staudammes in Ägypten wird bei Tûskha ein Umschlagplatz für Diorit und Amethyst aus dem Mittleren Reich ($\approx$ —1800) entdeckt
Brücke über den Maracaibo-See in Venezuela (mit 8679 m Länge die bisher größte Spannbetonbrücke der Erde)

dem DGB 724 200
dem DHV 58 100
Tarifvertrag für d. Baugewerbe in der BRD begünstigt erstmals Gewerkschaftsmitglieder
Gewerkschaftsmitgl. in der BRD:
DGB 6,4 Mill.
DAG 0,47 „
DBB 0,67 „
DHV 0,06 „
sonst. 0,07 „
Bundessozialhilfegesetz in Kraft
Altrenten werden vom Dt. Bundestag um 6,6% erhöht
„Die Rehabilitation" (dt. Zeitschrift für Herstellung d. beruflichen Leistungsfähigkeit)
Gesamtkreditvolumen d. Banken der BRD 168 Mrd. DM, davon Großbanken 18,3 Mrd. DM
Teilzahlungs-Kreditvolumen in der BRD 5,4 Mrd. DM
Ca. 632 Tageszeitungen in d. BRD mit rd. 18 Mill. Auflage
Prozentual. Anteil der in der BRD m. Fertigteilen gebauten Wohnungen: 1,5% (1961: 0,8%)
Subvent. der Landwirtschaft in USA erfordert 10 Mrd. Doll. (1953: 3 Mrd.)
Reform der Landwirtschaftspolitik in der USSR (Revision des Stalinismus)
Bodenbesitz in Indien:
bis zu 1 ha 38,7%
1—4 ha 40,0%
4—20 ha 19,9%
über 20 ha 1,4%

(1962)

Das Ausscheiden früherer Minister, wie z. B. von *Ernst Lemmer*, vollzieht sich teilw. unter Bedingungen, die als unwürdig angesehen werden
Landtagswahlen in Nordrhein-Westfalen (vgl. 1958): CDU 96 (104), SPD 90 (81), FDP 14 (15) Sitze. CDU-FDP-Reg. unter Min.-Präs. *F. Meyers*
Landtagswahlen in Schleswig-Holstein (vgl. 1958): CDU 34 (33), SPD 29 (26), FDP 5 (3), SSW 1 (2), BHE 0 (5) Sitze. CDU-FDP-Regierung unter Min.Präs. *Kai-Uwe von Hassel* (CDU, wird 1963 Bundesverteidigungsmin.)
Landtagswahlen in Hessen (vgl. 1958): SPD 51 (48), CDU 28 (32), FDP 11 (9), Ges.Dt.P. 6 (7) Sitze
Landtagswahl in Bayern (vgl. 1958): CSU 108 (101), SPD 79 (64), FDP 9 (8), BP 8 (14), Ges.Dt.Block/BHE 0 (17) Sitze. Min.Präs. *Alfons Goppel* (CSU, * 1905) bildet CSU-BP-Reg. CSU gew. im bayr. Landtag wieder die absolute Mehrheit mit 108 Sitzen (vorher 101)
Jos. Hermann Dufhues (* 1908) wird Geschäftsführender Vorsitzender der CDU, um die Partei zu reformieren (1964 wird *Adenauer* wieder 1. Vorsitzender)
Felix von Eckardt (* 1903), seit 1952 Bundespressechef, wird Bundesbevollmächtigter in Berlin
Karl-Günther v. Hase (* 1917) wird Bundespressechef
† *Helene Weber*, dt. kathol. Politikerin (CDU) (* 1881)
† *Rudolph Wissell*, dt. Politiker (SPD) (* 1869)
Marschall *Konjew* als Oberstkommandierender der Streitkräfte der USSR in der DDR von *Jakubowski* abgelöst
Nationalratswahlen in Österreich (vgl. 1959): ÖVP 81 (79), SPÖ 76 (78), FPÖ 8 (8), KPÖ 0 (0) Sitze
Jens Otto Krag (* 1914), Sozialdem., wird dänischer Min.Präsident
Wahlen zur französ. Nationalversammlung ergaben Sitze für: UNR 233, Unabh. Rep. 32, Kommunisten 41, extreme Linke 5, Sozialisten 66, Radikalsoz. 26, linkes Zentrum 19, Christl. Demokraten 40, Konservative 17
In Frankreich folgt auf die Regierung *Debré* eine unter Min.-Präs. *Georges Pompidou* (* 1911). Außenmin. bleibt *Maurice Couve de Murville*
Frankreich kündigt den Vertrag von 1918 mit Monaco
Frankreich unternimmt unterird. Kernwaffenversuch in der Sahara (gegen die frz. Versuche erheben sich zahlreiche Proteste afrikan. Nationen)
Nach wechselvollen Vorverhandlungen beginnen offizielle frz.-algerische Verhandlungen in Evian: führen zum Waffenstillstand und einem unabh. Algerien (der sog. „schmutzige Krieg" begann 1954 und schwächte Frankreich sehr kritisch. Die Beendigung des Algerienkrieges wird als besondere staatsmännische Leistung *de Gaulles* gewertet)
99,97% der algerischen Wähler stimmen für ein unabh. Algerien. Frankreich erkennt Unabhängigkeit an
Machtkämpfe in Algerien zw. Min.-Präs. *Ben Khedda* und seinem Stellvertr. *Ben Bella* (* 1916)
Erste allgem. Wahlen in Algerien: Einheitsliste der Nationalen Befreiungsfront (FLN) *Ben Bella* mit großer Mehrheit gewählt
Frz. Parlament stürzt Reg. *Pompidou*. *De Gaulle* schreibt Neuwahlen aus: Regierungspartei UNR u. Verbündete erhalten absolute Mehrheit, *Pompidou* wieder Min.Präsident
61,67% frz. Wähler stimmen dem Vorschlag *de Gaulles* zu, daß der Staatspräsident künftig in direkter allgem. Wahl gewählt wird
Brit. Premier *Macmillan* besucht Staatspräs. *de Gaulle* in Paris
Umbildung der brit. konservativen Regierung führt zur Verjüngung des Kabinetts
Bedenken der Commonwealth-Staaten gegen einen Beitritt Groß-Brit. zur EWG
Umbildung der span. Regierung (in Richtung auf eine Monarchie)
Prinz *Don Juan Carlos* v. Spanien vermählt sich mit Prinzessin *Sophie* v. Griechenland
Vatikan unterstützt die polnische Kirche auch in den polnisch verwalteten Gebieten
Milovan Djilas: „Gespräche mit

Roger Pierre Peyrefitte (* 1907): „Die Söhne des Lichts" (frz. Rom.)
Harold Pinter: „The Collection" (engl. Fernseh- (1961) u. Theaterstück)
Erwin Piscator wird Intendant des Theaters d. Freien Volksbühne in Berlin (West) (setzt sich für das engagierte Theater ein). Inszeniert zu d. Berliner Festwochen *G. Hauptmanns* „Atriden-Tetralogie" mit zeitgeschichtl. Unterstreich.
Katherine Anne Porter (* 1894): „Ship of Fools" („Narrenschiff", nordamer. Roman)
John Priestley: „The shapes of sleep" (engl. Roman)
Paavo Rintala: „Meine Großmutter und Mannerheim" (dt. Ausgabe der finn. Romantrilogie seit 1960)
A. Robbe-Grillet: „Le nouveau roman" (frz. Essay)
K. H. Ruppel: „Großes Berliner Theater. Gründgens, Fehling, Hilpert, Engel"
† *George Saiko*, österr. Schriftsteller, schrieb 1955 u. a. Roman „Der Mann im Schilf" (* 1892)
Jerome David Salinger (* 1919): „Der Fänger im Roggen" (dt. Ausg. des nordamer. Romans von 1954)
† *Willi Schaeffers*, dt. Kabarettist und Theatermann (* 1884)
† *Alois Schenzinger*, dt. Schriftsteller wissenschaftl. und technischer Romane (* 1886)
Hans Scholz (* 1911): „An Havel, Spree und Oder"
G. Schöne: „Tausend Jahre Deutsches Theater. 914–1914"

† *Rudolf Alexander Schröder*, dt. Dichter humanist.-protestantischer Prägung, Mitbegr. des Inselverlages (1902) u. der „Bremer Presse" (1911) (* 1878)
† *Paul Schurek*, dt.Schriftsteller, bes. in plattdt. Dialekt (* 1890)
G. R. Sellner und *W. Wien:* „Theatralische Landschaft"
A. Soergel – C. Hohoff: „Dichtung und Dichter der Zeit" (Neubearbeitung, 2 Bde.)
Aleksander Solschenizyn: „Ein Tag im Leben des Iwan Denissowitsch" (russ. Roman über ein Straflager *Stalins*)
Leopold Tyrmand (* 1920): „Ein Hotel in Darlowo" (poln. Rom.)
Peter Alexander Ustinov (* 1921): „Endspurt" (engl. Schauspiel)
Hendrik de Vries: „Auswahl aus früheren Versen" (niederl. Gedichte)
Martin Walser: „Eiche und Angora" (Schausp.)
Otto F. Walter (* 1928): „Herr Tourel" (Rom.)
Peter Weiss (* 1916): „Fluchtpunkt" (Rom.)
Gerhard Zwerenz (* 1925): „Wider die deutschen Tabus" (kam aus der DDR in die BRD)
Gutenberg-Museum in Mainz nach Kriegszerstörung wiedereröffnet
Neubau des Kleinen Hauses der Württemb. Staatstheater i. Stuttgart

mit *Frederic March* (*1897) und *Maximilian Schell* (* 1930); Regie: *Vittorio de Sica* (*1902))
„Lulu" (Film mit *O. E. Hasse* (*1903) und *Hildegard Knef* (* 1925))
„Das schwarz-weiß-rote Himmelbett" (Film mit *Martin Held, Margot Hielscher* (*1919) und *Thomas Fritsch*)
J.-P. Belmondo: „Ein Affe im Winter" (frz. Film)
Rob. Bresson (*1907): „Der Prozeß der Jeanne d'Arc" (franz. Film)
M. Camus: „Der Paradiesvogel" (frz. Film)
J.-L. Godard: „Vivre sa vie" (frz. Film)
François Truffaut (* 1932): „Liebe mit zwanzig Jahren" (frz. Film)
Alberto Lattuada (* 1914): „La steppa" (ital. neorealistisch. Film)
Luchino Visconti (* 1906): „Der Leopard" (ital. Film mit *Burt Lancaster*)
David Lean (*1908): „Lawrence of Arabia" (engl. Film mit *Sir Alec Guinness* (* 1914))
John Huston (*1906): „Freud" (nordamer. Film um den Begrd.

der Psychoanalyse mit *Montgomery Clift* (*1920))
† *Marilyn Monroe* (* 1926) (Freitod), nordam. Filmschausp., zeitw. Gattin *Arthur Millers* (ihr Tod löst kritische Betrachtungen über den nordamer. Filmbetrieb aus)
Mark Robson: „Neun Stunden zur Ewigkeit" (Film um Gandhi mit *H. Buchholz*)
Robert Siodmak (* 1900): „Tunnel 28" (nordamer. Film üb. die Flucht durch die Berliner Mauer)
Orson Welles: „Der Prozeß" (nordamer. Film nach *Kafka* mit *Anthony Perkins* (* 1932) und *Romy Schneider* (* 1938))
„Botschafter der Angst" (nordamer. Film mit *Frank Sinatra* (* 1915))
„Spiel zu zweit" (nordamer. Film m. *Shirley MacLaine* (* 1934))
„Cleopatra" (nordamer. Film mit *Elizabeth (Liz) Taylor* (*1932) und *Richard Burton*)

Prozentanteil am Weltverbrauch von Textilfasern			
Jahr	Baumwolle	Wolle	Chemiefasern
1909–13	85,1	14,6	0,3
1938	77	12	11
1950	71	12	17
1962–63	63	11	26

(1962)

Stalin" (jugoslaw., *D.* erhält 5 Jahre Freiheitsstrafe, weil er das Buch auch im Ausland veröffentl. ließ)
Wahlen zum finn. Reichstag: Bauernpartei 53, Kommunisten 47, Sozialdemokraten 38, Konservative 32, Schwed. Volkspartei 14, Finn. Volkspartei 13, Sozialdem. Opposition 2 Sitze, Freisinnige 1 Sitz
A. Karjalainen (* 1923) bildet finn. Regierung aller Parteien außer Kommunist. u. Sozialdemokr.
Kekkonen wieder zum Staatspräsident Finnlands gewählt
Adolf Eichmann wegen Beihilfe bei der Ermordung der Juden im NS-Reich in Israel hingerichtet; seine Asche wird ins Meer gestreut
In der USSR verurteilter Pilot *Powers* des abgeschossenen Fernaufklärers U 2 wird gegen den in den USA verurteilten Sowjetspion *Abel* ausgetauscht
Sondierungsgespräche über Berlin zwischen USA und USSR
USA und USSR nehmen Kernwaffenversuche in der Atmosphäre wieder auf (USSR ging 1961 voraus) USSR setzt ihre Versuche mit interkontinentalen Raketen im Pazifik fort
USA-Justizminister *Robert Kennedy* (* 1925) besucht BRD einschließlich Berlin, das ihm einen begeisterten Empfang bereitet. Garantie der USA für Berlin wird erneuert *Kennedy* und *Macmillan* beschließen auf der Bahama-Konferenz multilaterale Atomstreitmacht der NATO
Zwischenwahlen in den USA ergeben parteidemokratische Mehrheit im Kongreß
† *Eleanor Roosevelt*, nordamer. parteidemokrat. Politikerin (* 1884)
Exil-Kubaner unternehmen kleineren Feuerüberfall auf Havanna
USSR erklärt sich zu Waffenlieferungen an Kuba bereit
Senat und Repräsentantenhaus beschließen, amerikafeindliche Aktionen von Kuba aus mit Waffengewalt zu verhindern
USA blockieren Kuba, um den Aufbau sowjetischer Raketenstützpunkte zu verhindern. Nach 4 Tagen höchster weltpolitischer Spannung, in denen *Kennedy* und *Chruschtschow* mehrere Briefe wechseln, lenkt die USSR ein und baut Raketenstützpunkte ab. (Die Beilegung dieser Krise wird von vielen als eine Wende der Weltpolitik angesehen)
Mikojan, stellvertr. Min.Präs. der USSR, besucht Kuba während des Abbaus der sowjet. Raketen-Stützpunkte
Staatsstreich der Armee in Jemen: *Abdullah Sallal* ruft Republik aus. Neue Verfassung konstituiert Rechtsgleichheit aller Bürger. Zunächst ergeben sich bürgerkriegsähnliche Zustände
UNO-Truppen besetzen die Katanga-Provinz des Kongostaates, die unter *Tschombé* die Separation suchte. USA unterstützen diese UNO-Politik, während Belgien u. Gr.Brit. dieses Vorgehen kritisieren. (Die Katanga-Provinz ist Mittelpunkt des Uranbergbaus)
Drei laotische Prinzen unterzeichnen Vertrag über Dreiparteienregierung in Laos
Genfer Laos-Konferenz endet mit einer Vereinbarung der Neutralität des Landes
Wahlen zum indischen Parlament: Kongreßpartei 353, Kommunisten 22, andere 131 Sitze
Indischer Staats-Präsident *Radschendya Prasad* (* 1884, † 1963) tritt zurück; Nachfolger: *Sarwapalli Radhakrischnan* (* 1888)
Die Niederlande und Indonesien unterzeichnen Abkommen über West-Neuguinea, wonach es 1963 an Indonesien fällt
Die Behörden Hongkongs weisen zahlreiche Flüchtlinge aus der Volksrepublik China zurück
Präsident *Ayub Khan* erläßt neue präsidiale, eingeschränkt demokratische Verfassung für Pakistan
Volksrepublik China und Pakistan vereinbaren Verhandlungen über Kaschmirgrenze, Indien protestiert
Kampfhandlungen an der indisch-chinesischen Grenze
Streitkräfte der Volksrep. China stellen Feuer und Vormarsch in Indien einseitig ein

Kunstdüngerverbrauch in Indien 2 kg/ha (zum Vergleich Japan 215,6 kg/ha). Verbrennung von Kuhmist deckt 75% des ind. Energiebed. Einzelhandelspreisindex in Brasilien bei 1350 (1950 = 100) (Zwischen 1950 u. 1960 ging d. Volkseinkommen pro Kopf um ca. 6% zurück)
Von den rd. 10 Mill. Einwohnern Algeriens sind ca. 200000 Europäer (meist Franzosen) Starke Arbeitslosigkeit in Algerien (Folgen betreffen ca. 50% der Bevölkerung)
63 Spielfilme in der BRD produziert (1958: 115, kennzeichnet ernste Krise im dt. Film)
Ufa stellt eigene Filmprodukt. ein Intern. Industrie-Messe in Hannov. gilt als größte dieser Art (5433 Aussteller aus 26 Ländern)
H.P. Bauer: „Automation im Bankwesen" (das Guthaben wird zu einem abstrakten Zeichen z. B. auf einem Magnetbd.) Statistisches Bundesamt nimmt elektronische Großrechenanlage in Betrieb
Erste Zollkonzessionen zwischen EWG und USA als Vorstufe einer Atlantischen Wirtschaftsgemeinschaft
EWG beschließt Übergang zur 2. Phase des Gemeinsamen Marktes (besond. Schwierigkeiten liegen im Agrarmarkt)
Der Ausfuhrwert der USA beträgt ca. 4% des Bruttosozialprodukts
DDR wünscht im Rahmen des Interzonenhandels Kredite von der BRD in Höhe von 2,4 Mrd. DM
Autobahn Hamburg–Basel vollendet („Hafraba") Baubeg. d. Felber–Tauern-Straße als wintersich. Straße über die Hohen Tauern
11,6 km lg. Montblanc-Autobahntunnel durchstoß. (verkürzt Strecke Paris–Rom um 300 km; Fertigstellung 1964)
Autobahnring um Moskau beendet (gleichzeitig Stadtgrenze)
Größte Reisegeschwindigkeit der Dt. Bundesbahn 108 km/D. (max. Fahrgeschwindigkeit 160 km/Std.)
Ca. 60000 Motels in den USA, 138 in Europa
Seilbahn Eibsee-Zugspitze
Erste Winterbesteig. d. Matterhorn-Nordwand
Von den 200 Bergen Asiens mit über 7000 m Höhe sind bisher 72 bestiegen
† *Carl Diem*, dt. Sportorganisator, u. a. Olymp. Spiel. 1936 in Berlin (* 1882)
Cläsges (Dtl.) fährt mit dem Rad in 1 Std. 54,013 km (ohne Schrittmacher)
Brumel (USSR) springt 2,27 m hoch
Long (USA) erreicht beim Kugelstoßen 20,08 m
Meiffret erreicht a. d. Rad hinter Schrittmacher Geschwindigkeit von 204,77 km pro Std.
Snell (Australien) läuft 1 Meile in 3 : 54,4 min
Wlassow (USSR) erreicht im Gewichtheben 550 kg
Brasilien erlangt in Chile im Endspiel gegen die ČSSR Fußball-Weltmeisterschaft (bleibt bis 1974 WM)
1. FC Köln Fußballmeist. d. BRD Halbschwergew.-Boxweltmstr. *Harold Johnson* verteidigt im Olympia-Stadion, Berlin (West), seinen Titel erfolgreich geg. *Gustav („Bubi") Scholz,* BRD
Schlagwetterexplosion tötet in Völklingen 299 Bergleute
Schwere Sturmflut an d. Nordsee mit Schadensschwerpunkt i. Hamburg: 336 Tote, 20000 Obdachlose (Senator H. Schmidt leitet Katastropheneins.)
Überschwemmung bei Barcelona fordert etwa 700 Tote
Bergsturz in Peru fordert 3500 Tote
Erdbeben in Persien fordert 12000 Tote
Seit 1900 ca. 450 Todesfälle im Boxring, seit 1945 ca. 250
Rezeptpflichtige Antibaby-Pille w. i. d. BRD verkauft. Trägt zur Veränderung des Sexualverhaltens bei, das im Rahmen einer „Sex-Welle" viele gesetzliche u. moralische Normen sprengt

Fortsetzung von Seite 1312
1,64 Mill. Belegungen von Volkshochschulkursen in der BRD
Änderung des Westberliner Schulges. zug. des „2. Bildungsweges"
Entwurf zu einem neuen Strafgesetzbuch der BRD (Kritiker vermissen eine grundlegende Umgestaltung)
≈ Arzneimittel-Mißbrauch kennzeichnet seelische Belastung in der modernen Gesellschaft
Gesetzl. Neuordnung des Schulwesens in Österreich (allg. Schulpflicht 9 Jahre)
Stiftung Preuß. Kulturbes. i. Berlin (W) (Präsident: *H. G. Wormit*, Generaldirektoren *St. Wätzoldt* u. *E. Vesper*). Träger zunächst Bund u. 4, ab 1975 alle Länder

1963

Kennedy und *U Thant* rufen zum „Befreiungskampf gegen den Hunger" auf (schätzungsweise hungert wenigstens ein Drittel der Menschheit)
UN hat 111 Mitglieder (außerhalb stehen u. a. Volksrep. China, Dtl., Schweiz, Vatikanstaat)
Es wird geschätzt, daß die USA ca. 475 einsatzfähige Interkontinentalraketen besitzt, die USSR ca. 100
Kernwaffenvorrat der Atommächte dürfte ausreichen, um 200 Großstädte der Erde 1200mal zu vernichten („Overkilling")
Pierre Pflimlin, ehemal. frz. Min.-Präs., zum Präsidenten des Europarates in Straßburg gewählt
Carlo Schmid zum Präsidenten des Parlamentes der Westeuropäischen Union gewählt
Direkte Leitung zwischen USA u. USSR zum schnellen und sicheren Nachrichtenaustausch in krisenhaften Situationen („Heißer Draht")
USA, USSR, Gr.Brit. unterzeichnen in Moskau Vertrag über die Einstellung von Kernwaffenversuchen in der Atmosphäre, unter Wasser und im Weltraum. Frankreich und Volksrep. China lehnen diesen Vertrag ab; DDR und BRD unterzeichnen ihn neben den meisten Staaten der Erde. Unterirdische Versuche bleiben außerhalb dieses Vertrages
Zwischen 16. 7. 1945 und 31. 7. 63 wurden 416 Kernwaffenversuche festgestellt: USA 260, USSR 126, Gr.Brit. 23, Frankr. 7. Sprengkraft der Waffen: USSR über 300 Mill. t, USA ca. 150 Mill.t, insges. ca. 500 Mill. t TNT-Äquivalent
Seit 1961 verletzten 95mal sowjet. Flugzeuge NATO-Luftraum und 77mal westl. Flugzeuge den östl. Luftraum
Dt. Bundeswehr hat 398 000 Soldaten, davon Heer 253 000, Luftwaffe 90 000, Marine 28 000, sonstige 27 000
BRD bricht diplomatische Beziehungen zu Kuba ab, weil dieses die DDR anerkannte
Chruschtschow schlägt auf einem SED-Parteitag in Ost-Berlin ideologischen Burgfrieden zwischen Moskau und Peking vor

*Nobel*preis für Literatur an *Giorgos Seferis* (* 1900, † 1971, Griechenland)
Friedenspreis des Dt. Buchhandels an den Physiker und Naturphilosophen *C. F. v. Weizsäcker*
S. Beckett: „Spiel" (engl. Schauspiel)
† *Werner Beumelburg*, dt. Schriftsteller nationalist. Gesinnung (* 1899)
H. Böll: „Ansichten eines Clowns" (zeitkrit. Roman aus kathol. Gesinnung)
Casanovas Memoiren im Orig.manuskript veröff. (in Frankr. und BRD seit 1960)
† *Jean Cocteau*, frz. Dichter, Filmregisseur und Zeichner (* 1892)
Heimito v. Doderer: „Roman No 7"
F. Dürrenmatt: „Herkules und der Stall des Augias" (schweiz. Komödie)
Richard Friedenthal: „Goethe" (Biographie)
† *Robert Lee Frost*, nordamer. Lyriker, mehrfacher Pulitzer-Preisträger (schrieb 1962: „In the clearing") (* 1875)
† *Ernst Glaeser*, dt. Schriftsteller (* 1902)
† *Ramon Gómez de la Serna*, span. Schriftsteller (* 1891)
G. Grass: „Hundejahre" (Roman)
Max von der Grün (* 1925): „Irrlicht und Feuer" (zeitkrit. Roman eines westdt. Bergarb.)
† *Gustaf Gründgens* (auf einer Weltreise in Manila), dt. Schauspieler, Regisseur und Theaterintendant (* 1899)
† *Walter Henn*, dt. Regisseur, vorwiegend in Berlin (West) (* 1931)

Kardinal *Döpfner* weiht Gedenkkirche „Maria Regina Martyrum" in Berlin-Plötzensee ein
F. Edding: „Bildungsplanung"
Professor *Robert H. G. Havemann* (* 1910), Kommunist seit 1932, Nationalpreisträger der DDR, hält an der Humboldt-Universität in Ost-Berlin die Vorlesung „Naturwissenschaftliche Aspekte philosophischer Probleme", welche die Ideologie in der DDR kritisiert (wird 1964 gemaßregelt)
Th. Heuss: „Erinnerungen"
K. H. Janssen: „Macht und Verblendung. Kriegszielpolitik der dt. Bundesstaaten" (über den 1. Weltkrieg)
Papst *Johannes XXIII.* tritt mit seiner Enzyklika „Pacem in terris" für den Weltfrieden ein (wird in West und Ost stark beachtet)
† *Johannes XXIII.*, Papst seit 1958, für die Einheit der Christenheit (* 1881)
Kardinal *Montini* (* 1897) wird zum Papst gewählt, nennt sich *Paul VI.* Setzt das Konzil fort, unternimmt Pilgerfahrt nach Palästina
Ernst Nolte: „Der Faschismus in seiner Epoche" (betrachtet den F. als „transpolitisches Phänomen")
† *Alexander Rüstow*, dt. Nationalök. (* 1885)
Neugebildete regionale Kirchenleitung Ost beruft d. Generalsuperintendenten *Günter Jacob* zum Verwalter d. evang. Bischofsamtes in Brandenburg bis zur Rückkehr des aus der DDR ausgewiesenen Präses *Kurt Scharf* (* 1902)

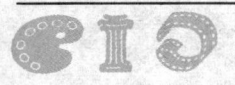   

Horst Antes (*1936): „Figur mit blauem Arm" (surrealist. Gem., vollend. 1964)
Georg Baselitz: „Nackter Mann", „Große Nacht im Eimer" (Gemälde, wegen vermut. Unzüchtigk.beschlagn.)
Frédéric Benrath (* 1930): „Ohne Titel" (frz. surrealist.Gem.)
Fritz Bornemann: Theater der Freien Volksbühne Berlin (West) (Baubeginn 1960); Intendant: *Erwin Piscator*
† *Georges Braque*, frz. Maler, entwickelte gleichz. m. *Picasso* d. Kubismus (*1881)
Ruth Francken (* 1924): „Stierkampf" (tsch.-frz. Gouache-Serie)
Marvin Goldstein (* 1931): „Landsch. 2" (nordamer. abstrakt. Gemälde in Collage-Technik)
Otto Herbert Hajek: „Raumknoten" (Bronze)
Karl Hartung: „Relief Figuration" (Gips)
Gerhard Hoehme (* 1920): „beiderlei geschlechts" (Kunstharz-Bild)
H. Jaenisch (*1907): „TB 48" (abstrakt. Tuschbild)
Fritz Koenig (*1924): „Portal"(2. Fassg., Bronze)
† *David Low*, brit. polit. Karikaturist. neuseeländ. Herk., wurde bes. im 2. Weltkrieg internat. bekannt (*1891)
Gerhard Marcks: „Der Befreite" (dt. Skulptur)
André Masson: „Ge-

Béla Bartók: „Herzog Blaubarts Burg" (B.s einzige Oper) Uraufführg. Batsheva Dance Company Tel Aviv gegrdt. (israel. Ballett, künstl. Leiter: *Martha Graham*)
Pablo Casals (* 1876): „Die Krippe" (Oratorium)
Helmut Eder (* 1916): „Concerto semiserio", Uraufführung in Wien
Werner Egk: „Die Verlobung in San Domingo"(Kleist-Oper),Uraufführg.
Jan F. Fischer (* 1921): „Romeo, Julia u. die Finsternis" (zweiteil. Oper), dt. Erstaufführung
Wolfgang Fortner: „Tristan" (Ballett)
† *Ferenc Fricsay*, Dirigent ungar. Herkunft, zuletzt in Berlin u. München (* 1914)
† *Karl Amad. Hartmann*, dt. Komp., gründete 1945 in München die „Musica viva" - Konzerte (* 1905)
Joseph Haydn: Cellokonzert in C-Dur, dt. Erstaufführung (wurde 1961 in einer Partiturensamml. des Prager National-Museums entd., rd. 200 Jahre alt)
Hans Werner Henze: 4. und 5. Sinfonie (dt.), „Il Re Cervo" (Oper, Neufass. v. „König Hirsch")
† *Paul Hindemith*, dt. Komp. (*1895)
Rudolf Kelterborn (* 1931): „Scènes

*Nobel*preis für Physik an *Maria Goeppert-Mayer* (* 1906, Dtl.) und *J. H. D. Jensen* (* 1907, Dtl.) für das Schalenmodell des Atomkerns und an *Eugene Wigner* (* 1902, Ungarn) für gruppentheoret. Quantenphysik
*Nobel*preis für Chemie an *Karl Ziegler* (* 1898, Dtl.) und *Giulio Natta* (* 1903, Ital.) für Entwicklung der Kunststoffchemie
*Nobel*preis für Medizin und Physiologie an *Alan L. Hodgkin* (* 1914), *Andrew F. Huxley* (* 1917) und *John C. Eccles* (* 1903) für Ionenmechanismus der Nervenerregung
Valerie Bykowski, USSR-Astronaut, umkreist in 5 Tagen mit Raumschiff „Wostok V" 82mal die Erde; ihm folgt mit „Wostok VI" 2 Tage später die erste Astronautin *Valentina Tereschkowa* mit 49 Erdumkreisungen. Beide landen am gleichen Tage (beide heiraten einige Monate später)
USA-Astronaut *Gordon Cooper* umkreist in einer Raumkapsel 22mal die Erde
† *Friedrich Dessauer*, dt. Biophysiker, grundlegende Arbeiten über biologische Wirkungen v. Strahlen (* 1881)
Rul Gunzenhäuser: „Informationstheorie und ästhetik. Aspekte einer kybernetischen Theorie ästhetischer Prozesse"
† *Theodore Kármán*, ungar. Aerodynamik., 1930–49 in USA (*1881)
† *Hans Kopfermann*, dt. Physiker (* 1895)
Edwin H. Land u. Mitarbeiter: Polaroid-Kamera f. Farbphotos in 50 Sekunden (analoges Schwarzweiß-Verfahren seit 1959)
J. Robert Oppenheimer erhält Enrico-Fermi-Medaille (höchste Auszeichnung für Atomwissenschaftler in den USA)
† *Otto Struve*, Astronom, seit 1921 in den USA (* 1897)
Elektronen-Rechenmaschine ermittelt in 85 Min. 2917stellige Zahl als Primzahl (im Kopf wären dafür ca. 80000 Rechnerjahre nötig)
In der USSR ergibt Altersbestimmung präkambrischer Gesteine 5 Mrd. Jahre (bisher 3,5 Mrd. Jahre als höchstes Alter). Danach wäre

70% der Erdbevölkerung gelten als unterernährt (95% aller Asiaten u. Afrikaner)
Weltweizenernte 259,6 Mill. t (dav. USSR 66,3, USA 29,8, Kanada 15,2, Frankr. 13,5, Indien 11,8 Mill. t)
Weltvorräte an verhüttbar. Eisen auf 130 Mrd. t geschätzt (Hauptvorräte in Afrika)
Schätzung d. Erdölvorräte ca. 45 Mrd. t (davon rd. 50% um den Persischen Golf)
Von 225 Stahlwerken der EWG produzieren 18 mit je jährlich mehr als 1 Mill. t nahezu 50%
COMECON-Staaten d. Ostblocks haben 75% der industriell. Produktion der USA, Produktion pro Arbeiter 25% der USA
Industrieprod. in Ungarn gegenüb. 1938 etwa verfünffacht
Generalbevollmächtigter der Fa. *Krupp*, *Beitz*, bei *Chruschtschow*
Ludw. Albert Hahn (* 1889): „50 Jahre zwisch. Inflation u. Deflation" (zeitkrit. Nationalökonomie)
Conrad Hilton (* 1888) eröffnet 12 neue internationale Hotels (die Hilton-Hotels besitzen insges. 80000 Betten)
Haushalt der BRD umfaßt 57,75 Mrd.

(1963)	*Chruschtschow* besichtigt die Berliner Mauer Der Reg. Bgm. von Berlin *W. Brandt* wird im letzten Moment durch eine ultimative Drohung der Berliner CDU als Koalitionspartner daran gehindert, den Min.Präs. der USSR, *Chruschtschow*, in Ost-Berlin zu sprechen Die folgende schwere Wahlniederlage der CDU wird auch auf diesen Vorgang zurückgeführt Wahl zum Abgeordnetenhaus von Berlin(West) (vgl. 1958): SPD 89 (78), CDU 41 (55), FDP 10 (0) Sitze. SED 1,3% (1,9%) ohne Sitz. Wahlbeteiligung 89,9% (92,9%). SPD errang sämtliche 80 Direktmandate Präsident des Abg.Hauses *Otto Bach. Willy Brandt* bildet als Regierender Bürgermeister SPD-FDP-Regierung *Adenauer* besucht *de Gaulle* in Paris Unterzeichnung des dt.-frz. Freundschaftsvertrages, der umfangreiche Konsultationen und Kooperationen vorsieht (die Politik der dt. Bundesreg. wird durch den Gegensatz USA–Frankr. sehr erschwert) Keine Änderung der frz. Haltung gegenüber Gr.Britanniens Aufnahme in die EWG USSR protestiert gegen dt.-frz. Vertrag Dt. Bundespräsident *Lübke* setzt seine regelmäßigen Besuche in Berlin fort (diese werden von den Behörden der DDR als „illegal" u. „provokativ" bezeichnet) Im Bundestag kommt es bei der ersten Lesung über das sog. „Sozialpaket" (Gesetze über Lohnfortzahlung im Krankheitsfall, Krankenversicherung mit Kostenbeteiligung, Kindergelderhöhung) zu heftigen Debatten *Helmut Lemke* (* 1907, CDU) bildet als Nachfolger von *v. Hassel* in Schleswig-Holstein CDU-FDP-Regierung Bundesreg. veröffentlicht Bericht über das Vorgehen gegen das Nachrichtenmagazin „Der Spiegel" wegen des Verdachts des Landesverrats (enthält schwerwiegende Widersprüche)	*W. Hildesheimer:* „Nachtstück" (Schauspiel) *Rolf Hochhuth* (* 1931): „Der Stellvertreter" (Schauspiel, kritisiert Papst *Pius XII.* wegen seiner Haltung zur nationalsozialist. Judenverfolgung. Urauff. im Theater d. Volksbühne Berlin unter *E. Piscator.* Heftige Diskussionen u. an manchen Orten Störungen der Aufführgn.) *Walter Höllerer* grdt. „Literar. Colloquium" in Berlin (W) (beschäftigt sich kritisch mit zeitgen. literar. Strömungen) *L. Hughes:* „Poems from Black Africa" (Sammlg. von Negergedichten) *J. Jahn:* „Afrika erzählt" (Sammlung von Negerprosa) *Jewgenij Jewtuschenko* (* 1933): „Mit mir ist folgendes geschehen" (russ. Dichtung). *J.* wird nach einem Besuch in der BRD in der USSR von der Partei kritisiert *Siegfried Lenz:* „Stadtgespräch" (Roman) *Erik Lindegren* (* 1910): „Gedichte" (dt.-schwed. Ausgabe) *Hans Mayer,* Prof. für Literatur in Leipzig, bleibt auf einer Reise in der BRD *Henry Miller:* „Just Wild About Harry" (nordamer. Schauspiel, sein erstes) † *Josef Nadler,* österr. Literarhistoriker (* 1884) † *Paul Reboux,* frz. Schriftsteller (* 1877) † *Hans Rehberg,* dt. Schriftsteller (* 1901) *A. Robbe-Grillet* (* 1922): „Pour un roman nouveau" *H. Schwitzke:* „Das Hörspiel, Dramaturgie und	*H. Schelsky:* „Einsamkeit und Freiheit. Zur Idee und Gestalt der dt. Universitäten und ihrer Reformen" *Josyf Slipyj* (* 1892), seit 1944 uniert-ruthen. Metropolit von Lemberg, wird freigelassen (war seit 1945 in sowjet. Haft) † *Eduard Spranger,* dt. Philosoph, Psychologe und Pädagoge (* 1882) „Club Voltaire" I (Sammelwerk mit gegenüber traditionellem Denken krit. Beiträgen; Herausg. *Gerhard Szczesny*) † *Paul Tkotsch,* Weihbischof in Berlin (Ost) (* 1896) † *Adolf Weber,* dt. Volkswirtschaftler (* 1876) *G. Wurzbacher, Th. Scharmann* u. a.: „Der Mensch als soziales und personales Wesen" 4. Weltkonferenz für Glauben und Kirchenverfassung des Weltkirchenrates in Montreal; zeigt starke Einigungsbestrebungen der nichtkatholischen christlichen Kirchen Synode der Evangel. Kirche muß getrennt in West- u. Ost-Berlin tagen, weil DDR-Behörden den Westsynodalen den Übergang verwehren. Beide Teilsynoden fordern Recht auf Gesamtsynode Konferenz d. evang. Kirchenleitungen in der DDR veröff. „Über Freiheit und Dienst der Kirche" zur Abgrenzung geg. kommunist. Ideologie 11. Dt. Evangel. Kirchentag in Dortmund: „Mit Konflikten leben" 2. Sitzungsperiode des II. Vatikanischen Konzils. Verkündung einer Liturgie-Reform und

spräch mit dem Adler" (französisches Gemälde) *Jac. Joh. Pieter Oud* (* 1890, † 1963): Kongreßgeb. f. Den Haag (Baubeg., Entwurf 1958) *H. Purrmann:* „Garten mit Mauern und Bänken" (Gem. im gegenständl. Stil) *Paul Reich* (*1925): „Xcs/63" (abstrakt. Plastik aus Stein, Metall u. Glas) *Eduardo Affonso Reidy:* Museum f. mod. Kunst, Rio de Jan. Berliner Philharmonie: Architekt *Hans Scharoun* ordnete Zuhörerplätze amphitheaterartig an (Grundstein 1960) *Eva Schwimmer:* „Trümmerfrauen" (Tuschzeichnung) *Amar Nath Seghal:* „Nukleare Köpfe" (ind. Plastik) Gruppe SPUR *(H. Prem, H. Sturm, H.-P. Zimmer, L. Fischer)*: „Spurbau" (Architekturmod. als Gemeinschaftsarb.) *Toni Stadler* (*1888): Studie z. Marshall-Denkmal *Fred Thieler* (*1916): „Triptychon 63" (abstrakt. Gemälde) *Heinz Trökes:* „Vertrocknete Insel" (abstrakt. Gemälde) *Franz Willi Wendt* (*1909): „Peinture Huile" (dt.-frz. abstrakt. Gemälde) Bayer - Bürohochh., Leverkusen (120,6 m hoch) „Polnische Malerei vom Ausgang des 19. Jahrhunderts bis z. Gegenwart" (Aus-	fugitives", „Die Errettung Thebens" (erste Oper des Komponist.), Uraufführungen *Giselher Klebe:* „Figaro läßt sich scheiden" (dt. Oper i. Zwölftonstil), Urauffhr. *Gian Francesco Malipiero:* „Per Antigenida" (Sinfon.), „Il Capitan Spavento" (dreiteilige mascherata eroic.), Uraufführung *Ricardo Malipiero:* „Battono alla porta", szenische Uraufführung *Marcel Mihalovici:* „Die Zwillinge" (komisch. Oper), Uraufführung *Darius Milhaud:* „Orestie" (frz. Op. seit 1912, erste vollst. Aufführg. i. d. Dt. Oper Berlin) *Nicolai Nabokov* (* 1903, Minsk), russisch-amerik. Komp., europ. Uraufführg. v. „Studies in solitude" † *Edith Piaf,* frz. Chanson-Sängerin („Spatz v. Paris") (*1916) † *Francis Poulenc,* frz. Komp. (*1899) „Die menschliche Stimme" (lyr. Tragöd.), dt. Erstaufführung *Renzo Rosselini* (* 1908): „Die Sprache der Blumen" (ital. Oper) *Karlheinz Stockhausen* (* 1928): X. Klavierstück („Vitalità furiosa"), Uraufführung *I. Strawinsky:* „Die Sintflut" (Op., Ur-	Alter der Erde auf ca. 6 Mrd. Jahre anzusetzen Wissenschaftl. i. USA (MIT) entd. Mikrowellen des OH-Moleküls von einem sog. Radio-Stern (zeigt größere Häufigkeit atomarer Verbindungen. Vgl. 1968, 69) In USA gelingt Radar-Kontakt mit dem sonnennächsten Planeten Merkur US-Astronomen beobachten veränderliche rötliche Farbflecke in der Nähe eines Mondkraters (seit 1945 werden Gasausbrüche vermutet) USA geben 3,7 Mrd. Dollar für Raumfahrt aus (für militärische Zwecke); über 600 000 Beschäftigte in der nordamerikanischen Raumfahrtindustrie (Kosten der ersten Mondexpedition werden bis zu 40 Mrd. Dollar geschätzt) „Telstar II" (USA) als Nachrichtensatellit USA-Interkontinentalrakete „Titan II" erreicht eine Reichweite von 10 400 km 10 Forschungs-Atomkernreaktoren in der BRD, 2 im Bau; 1 Versuchs-Atomkraftwerk (15 000 kW) Kongreß der Weltorganisation für Meteorologie in Genf diskutiert weltweites Beobachtungsnetz einschließl. Raketen, Satelliten, automatischer Stationen Techn. Erzeugung von Drähten mit weniger als $1/1000$ mm Durchmesser Farbfernsehen, in den USA schon teilweise eingeführt, ist in Europa noch im Versuchsstadium Medway-Brücke mit 150 m Stützweite (größte Spannbetonbrücke Europas) 91 000-t-Tanker „Esso Deutschland" erbaut Rockefeller-Stiftung stellt 37 Mill. Dollar für Forschungszwecke zur Verfügung, davon 604 000 Dollar für Europa 2620 Lokomotiven mit autom. Beeinfl. bei der Dt. Bundesbahn	DM (1964: 60,3 Mrd. DM) Bund fordert höheren Anteil an der Einkommen- u. Körperschaftssteuer. Führt zu Konflikt mit den Ländern über den Finanzausgleich GATT - Ministerkonf. beschließt Zollkonferenz zur Senkung d. Zölle zwischen USA u. EWG *(Kennedy-*Runde) UN-Entwicklungskonferenz in Genf unter Teilnahme v. Fachleuten aus 87 Staaten Erhöhung d. Expreßguttarife auf der Dt. Bundesbahn um 12% Erhöhung d. meisten Postgebühren d. Dt. Bundespost um 8,5% Milchpreiserhöhungen in der BRD Vors. d. Industr.-Gewerksch. Bau, Steine, Erden, *Leber,* gibt Lohnerhöhung v. 4,9% bekannt Streik u. Aussperrungen i. d. baden-württemberg. Metallindustrie. Einigung d. Tarifpartner nach längeren Verhandlungen Beamtenbesoldung in der BRD um 6% erhöht Bei den Gerichten in der Bundesrepublik Deutschland wurden 3132 Insolvenzen angemeldet. Die Zahl der Konkurse mit Schulden über eine Million DM stieg

(1963)

Berliner Senat lehnt Vorschlag *Ulbrichts*, völkerrechtlich gültigen Vertrag mit der DDR zu schließen, ab (Berlin ist nach dt. Recht ein Teil der Bundesrepublik)
Bundesrichter *Ludwig Martin* (* 1909) wird Generalbundesanwalt
Sprengstoffanschlag auf das Intourist-Reisebüro der USSR in West-Berlin
Dt. Bundesreg. untersagt Ausfuhr von Rohren mit großem Querschnitt nach der USSR und anderen Ostblockstaaten, da diese zum Bau strategisch wichtiger Kraftstoffleitungen dienen könnten (die Zweckmäßigkeit und Wirksamkeit dieses Verbotes ist sehr umstritten)
Einwohner der DDR durchbrechen mit Kraftwagen die Mauer, um nach West-Berlin zu gelangen
In den 2 Jahren seit Errichtung der Mauer flohen 16 456 Menschen aus der DDR. Wenigstens 65 wurden dabei erschossen
Auschwitz-Prozeß in der BRD geg. 22 SS-Leute und einen Kapo dieses Konzentrationslagers, in dem mehrere Millionen Menschen an Mißhandlungen starben oder vergast wurden (dauert bis 1965)
Sozialdemokrat. Partei Deutschlands feiert ihr hundertjähriges Bestehen
Im Abgeordnetenhaus von Berlin ergeben sich wiederholt Debatten üb. Berlin- und die Deutschlandfrage zw. d. CDU als Opposition und SPD-FDP als Regierungsparteien; letztere befürworten größere Beweglichkeit im Sinne *Kennedys*
Fernsehbericht vom Wiederaufbau Breslaus unter poln. Verwaltung ruft heftigen Widerspruch besond. in Kreisen der vertriebenen Schlesier hervor
Leiter der kritischen Fernsehsendungen „Panorama", *Gert von Paczensky*, wird entlassen
BRD schließt Militärhilfeabkommen mit Entwicklungsländern
Regierung der BRD fürchtet Aufwertung der DDR durch Unterzeichnung des Atomteststop-Vertrages. USA und Gr.Brit. teilen diese Befürchtung nicht
Bundeskanzler *Adenauer* zeigt sich wiederholt kritisch gegenüber

Geschichte" (diese Kunstform ist rund 40 Jahre alt)
Léopold Sédar Senghor (* 1906): „Botschaft und Anruf" (Gedichte des Präs. d. Republik Senegal in dt. und frz. Fassung)
Erwin Strittmatter (* 1912): „Ole Bienkopp" (Roman im Stil des „sozialist. Realismus")
Erwin Sylvanus: „Am Rande der Wüste" (Schauspiel)
† *Tristan Tzara*, Schriftsteller rumän. Herkunft, Mitbegrd. d. Dadaismus (* 1896)
Christa Wolf (* 1929): „Der geteilte Himmel" (krit. Roman über Menschenschicksale im geteilten Dtld., Heinrich-Mann-Preis der DDR)
„Deutsche Buchhändlerschule" als Neubau in Frankfurt/Main
Brit. Nationaltheater mit „Hamlet" eröffnet (Regie: *Sir Laurence Olivier*)

F. Edding (* 1909): „Ökonomie d. Bildungswesens" (grundl. Untersuchung)

eines Dekrets über die publizistischen Mittel der Kirche
St. Hedwigs-Kathedrale in Berlin (Ost) nach Wiederaufbau eingeweiht
Selbstverbrennung buddhistischer Mönche in Südvietnam als Protest gegen Verfolgung der Buddhisten durch die kathol. Staatsführung
Literaturzeitschrift der ČSSR „Kulturní Život" („Kulturleben") fordert Überwindung des stalinist. Dogmatismus (gilt als Übergreifen des „Tauwetters" von Polen und Ungarn; DDR erscheint zunehmend geistig isoliert)
Hochschullehrerges. für Berlin (West) (bezieht sich auch auf künstler. Hochschulen, stärkt den sog. Mittelbau)
Universität Salzburg gegründet
Hochschule für Sozial- u. Wirtschaftswissenschaften in Linz gegrdt.
Neue Kathedrale i. Coventry geweiht
Im fränkischen Gräberfeld Krefeld-Gellep über 2000 Gräber entd. u. untersucht (vgl. 5. Jh.)
Der dt.-frz. Freundschaftsvertrag sieht einen umfangreichen Kulturaustausch vor
Mittel für den Bundesjugendplan betragen jährlich 81 Mill. DM
Gesamtschule i. Schweden
Knapp 20% der erwachsenen Bevölkerung in Pakistan kann lesen und schreiben
Ausschreitungen im Rassenkonflikt in USA
Saudi-Arabien proklamiert Abschaffung der Sklaverei

stellg. des Nationalmuseums Warschau in der BRD, erweist den Anschluß der poln. Malerei an die internat. Entwicklung. Demgegenüb. ist die offiziell geduldete Malerei in der DDR isoliert) Progressive Künstler in der USSR werden als „bürgerliche Formalisten" verurteilt

† *Harry Piel*, dt. Filmschausp., bes. in sensat.-artist. Filmen d. Stummfilmzeit (* 1892)
Alain Robbe-Grillet: „L'Immortelle" (frz. Film)
Ingmar Bergman: „Das Schweigen" (schwed. Film, erregt d. seine real. erot. Szenen vielf. Anstoß)
A. Hitchcock: „Die Vögel" (engl. Film) „Der Kardinal" (nordamer. Film mit *Romy Schneider* (* 1938))
Verteilung der „Oscars": *Sidney Poitier*: bester Schauspieler; *Patricia Neal*: beste Schauspielerin; „Tom Jones" (England): bester Film; „Achteinhalb" (Regie *Federico Fellini*, Italien): bester ausländischer Film
„Africa Addio" (ital. Dokumentarfilm, Regie: *Gualtiero Jacopetti* u. *Franco Prosperi*; stößt auf starke Proteste)
Renaissance der Stummfilmkomiker der zwanziger Jahre: *Charly Chaplin, Buster Keaton, Harold Lloyd*

aufführung)
Alexander Tscherepnin (* 1899): 2. Sinfonie, europ. Uraufführung
Wieland Wagner (* 1917) inszeniert u.a. *Richard Wagner* „Meistersinger" im Rahmen d. Bayreuther Festspiele im 150. Geburts- u. 80. Todesjahr *Rich. Wagners*
† *Gerhart von Westermann* (* 1884), Kritiker, Musikschriftsteller, Pianist u. Komponist. 1939–1945 Intendant d. Berliner Philharmon. Orchesters, nach 1952 wieder Geschäftsführer der Philharmoniker
† *Winfried Zillig* (* 1905), Komp. u. Kapellmeister, schrieb u.a. die Opern „Rosse" u. „Das Verlöbnis" Musikakademie in Graz gegrdt.
Grand Théâtre, Genf (aus dem 19. Jhdt. stammend, 1951 durch Brand zerstört), mit modernsten Errungenschaften der Technik wiedererstanden
Populäre Schlager: „Junge komm bald wieder" *(Olias)*, „Tanze mit mir in den Morgen" *(Götze)*, „Heißer Sand" *(Scharfenberger)*

von 66 (1962) auf 105 Fälle
Ehemalige Kriegsgefangene demonstrieren in Bonn für bessere Entschädigung
Mittleres Familieneinkommen in USA 6600 Doll. (1935: 3700 Doll., in gleicher Kaufkraft)
30–40 Mill. Menschen in USA gelten als (relativ) „arm" (Familieneinkommen unter 3000 Dollar jährlich, entsprechend einer Kaufkraft v. etwa 6000 DM)
4,5 Mill. Arbeitslose in USA bei 70 Mill. Beschäftigten
114tägiger Zeitungsstreik in New York
34tägiger Bergarbeiterstreik in Frankreich
Verwaltungsreform i. d. USSR
Internat. Konvention über den Staatseintritt für Atomschäden
Ca. 134 Millionen Fluggäste in der Weltluftfahrt (ohne USSR und VR China). 26 Abstürze u. schwere Unfälle mit insges. 1069 Toten (1962: 1318 Tote)
Vorübergehende Flugverbindung zwischen Wien u. Ost-Berlin. DDR öffnet für den Weg zum Flugplatz Schönefeld einen besonderen Durchlaß durch die Mauer

Neues Projekt eines Tunnels zw. Frankreich u. Gr.-Brit. (Kosten ca. 16 Mrd. DM)
„Vogelfluglinie" Deutschland–Dänemark mit Brücke über den Fehmarnsund und Fähre über den Belt eröffnet (ersetzt die alte Fährverbindg. nach Gedser)
20% der Westberlin. Stadtautobahn im Betrieb (gepl. Gesamtlänge ca. 100 km)
41. Internationale Automobil-Ausstellung in Frankfurt/Main mit ca. 800000 Besuchern
Zweites Deutsches Fernsehen (ZDF) in Mainz beginnt sein Programm (ist als „Kontrastprogramm" zu dem der ARD geplant)
„Shopping-Centre" und „Super-Market" (Einkauf-Zentren) in der BRD (nach USA-Muster)
Warentests finden wachsendes Interesse. Bundesreg. plant Test-Institut
Internat. Gartenbau-Ausst. (IGA) in Hamburg
Dt. Presserat fordert Zeugnisverweigerungsrecht für Journalisten
Petrusjan Schachweltmeister
Internat. Olympisches Komitee entscheidet, daß bei den Olympischen Spielen 1964 in Innsbruck u. Tokio eine gesamtdt. Mannschaft antritt

(1963)

Bundeswirtsch.Min. *Erhard*, der als sein Nachfolger nominiert wird Wochenzeitschrift „Die Zeit" beschuldigt Verfassungsschutz der BRD illegaler Telefonüberwachg.; führt zu heftigen Bundestagsdebatten u. parlamentar. Untersuchungs-Ausschuß

Konrad Adenauer verabschiedet sich als Bundeskanzler von Berlin und wird zum Ehrenbürger ernannt

Dt. Bundestag wählt mit 279 von 484 Stimmen *Ludwig Erhard* als Nachfolger des zurückgetretenen *Konrad Adenauer* zum Bundeskanzler

Erich Mende (* 1916, Vors. d. FDP) wird Vizekanzler und Min. f. gesamtdt. Fragen; *Kurt Schmücker* (CDU) Wirtschaftsmin.; *Hans Krüger* (CDU) Vertriebenenmin. (muß 1964 zurücktreten, Nachfolger *Ernst Lemmer*)

Vertrag über Errichtung von Handelsvertretungen zw. BRD und Rumänien

Vertrag über Errichtung von Handelsmissionen zw. BRD und Ungarn

Südflügel des Reichstagsgebäudes in Berlin wird dem Dt. Bundestag übergeben

Grundsatzprogramm des Deutschen Gewerkschaftsbundes in Düsseldorf verabschiedet (betont Bedeutung gemeinwirtschaftlicher Unternehmen zur Kontrolle monopolistisch beherrschter Märkte)

Senat von Berlin(West) und Regierung der DDR unterzeichnen unter Wahrung ihrer unterschiedlichen politischen Standpunkte ein Verwaltungsabkommen über Passierscheine, das um Weihnachten und Neujahr Millionen Deutsche aus Ost und West in Ostberlin zusammenführt (eine Wiederholung kommt vorerst nicht zustande)

Während der Passierschein-Aktion in Berlin wird ein 18jähriger Flüchtling von Grenzorganen der DDR an der Mauer erschossen

Im Zuge der Familienzusammenführung dürfen insbesondere ältere Personen aus der DDR in die BRD umsiedeln (ca. 25 000 pro Jahr)

Landtagswahlen in Rheinland-Pfalz (vgl. 1959): CDU 46 (52), SPD 43 (37), FDP 11 (10), DRP 0 (1) Sitze. *Peter Altmeier* (CDU) bildet CDU-FDP-Regierung

Landtagswahl in Niedersachsen: SPD 73, CDU 62, FDP 14, DP u. BHE keine Sitze. *G. Diederichs* (SPD) bildet als Min.Präs. SPD-FDP-Regierung

Bürgerschaftswahl in Bremen: SPD behält absolute Mehrheit. SPD-FDP-Regierung unter Senatspräsident Bgm. *W. Kaisen*

† *Wolfgang Döring*, Fraktionsvorsitzend. d. FDP i. Bundestag (* 1919)

† *Theodor Heuss*, dt. liberaler Politiker und Schriftsteller, 1949–59 1. Präsident der Bundesrepublik Deutschland (* 1884)

† *Erich Ollenhauer*, dt. sozialdemokrat. Politiker, seit 1952 Vorsitzender der SPD (*1901) (1964 wird sein Nachfolger als Parteivorsitzender *Willy Brandt*, als Fraktionsvors. *Fritz Erler*)

VI. Parteitag der SED in Ost-Berlin. *Chruschtschow* als Gast. Ideolog. Auseinandersetzung mit der Volksrepublik China

Anhaltende Versorgungskrise in der DDR

Karl Mewis (* 1907), Vors. d. staatl. Plankommission der DDR, aus allen Funktionen abberufen. Sein Nachfolger wird *Erich Apel* (* 1917)

„Gesetz über den Ministerrat" in der DDR schwächt die Regierungsgewalt zugunsten des Staatsrates

Arbeiter- und Bauerninspektion als Kontroll- und Überwachungsorgan in der DDR

Volkskammer der DDR wählt *Walter Ulbricht* erneut zum Staatsratsvorsitzenden und *Otto Grotewohl* zum Regierungschef (die Volkskammer ging 1958 nicht aus freien Wahlen, sondern aus einer Einheitsliste d. „Nationalen Front" hervor)

Adolf Schärf (SPÖ) wird z. Bundespräs. v. Österreich wiedergewählt *A. Gorbach* bildet weitgehend unveränderte österr. ÖVP-SPÖ-Regierung

Willy Spühler (* 1902, Sozialdem.) Bundespräsident der Schweiz

Schweiz tritt dem Europarat bei

Wahl zur 2. Kammer in den Niederlanden (vgl. 1959): Kathol. Volkspartei 50 (49), Sozialist. Partei 43 (48), Liberale Partei 16 (14), Antirevolut. Partei 13 (14), Christl.-Historische Union 13 (12), Kommunist. Partei 4 (3), Pazifist.-Sozialist. Partei 4 (2), Orthod. Calvinisten 3 (3), Bauernpartei 3 (0), Politisch-Reformierte Partei 1 (0) Sitze
Frankreich entläßt letzte wegen Kriegsverbrechen verurteilte Deutsche
Attentat auf *de Gaulle* vereitelt
Frz. Geheimdienst entführt widerrechtlich den Chef der frz. Geheimorganisation OAS, *Argoud*, von München nach Frankr.
de Gaulle fordert eine eigene, unabhängige Atomstreitmacht Frankreichs („Force de frappe") im Gegensatz zur multilateralen Atommacht, welche die USA vorschlagen
Staatsbesuch *de Gaulles* in Griechenland
Frankreich entzieht seine Nordatlantik-Flotte d. Oberkommando der NATO
Letzte frz. Truppen verlassen Tunesien
† *Robert Schuman*, frz. Politiker, „Vater der Montan-Union", 1958 bis 1960 Präsident d. Europ. Parlaments (* 1886)
de Gaulle wendet sich gegen eine Vollmitgliedschaft von Gr.Brit. in der EWG, schlägt Assoziierung vor. Die anderen EWG-Staaten wünschen weitere Verhandlungen. In Gr.Brit. sind die Meinungen geteilt
USA wünschen Vollmitgliedschaft von Gr.Brit. in der EWG. Die Aufnahme scheitert bei den Verhandlungen in Brüssel am Widerstand *de Gaulle*s (wird als eine ernste Gefährdung d. europäischen und atlantischen Gemeinschaft angesehen)
Gr.Brit. unterstellt seine Atombomber-Streitmacht der NATO
Bei den brit. Kommunalwahlen gewinnt die Labour-Party wesentlich an Stimmen (wird vielfach als Vorentscheidung f. künftige Parlamentswahl gedeutet)
Edward Heath (* 1916), brit. Politiker, erhält Karlspreis der Stadt Aachen
Brit. Heeresminister *Profumo* tritt wegen einer Callgirl-Affäre zurück
Harold Macmillan, seit 1957 brit. Premiermin., tritt zurück. Nachfolger wird Außenmin. Lord *Alexander Home* (* 1903), der darauf seinen Adelstitel ablegt
† *William Henry Beveridge*, „Vater" der Sozialversicherung in Gr.Brit. (* 1879)
† *Hugh Gaitskell*, Vorsitzender d. brit. Labour-Party u. Oppositionsführer seit 1955 (* 1906). Sein Nachfolger wird *Harold Wilson* (* 1916)
Vorübergehend nicht-sozialistische Regierung in Norwegen unter Min.-Präs. *Lying*
In Italien wird die Zahl der Senatoren von 243 auf 315, die Zahl der Abgeordneten von 596 auf 630 erhöht
Parlamentswahlen in Italien (Zahl d. Sitze): Democrazia Cristiana 260, Kommunisten 166, Nenni-Sozialisten 87, Liberale 39, Sozialdemokraten 33, Neofaschisten 27, Monarchisten 8, Republikaner 6, Südtiroler Volkspartei 3, Union Valdotaine 1. Min.Präs. *Fanfani* tritt zurück. Es folgt Reg. unter *Giovanni Leone* (Dem. Crist.)
10 Carabinieri in Bozen freigesprochen, die wegen Mißhandlung von Südtirolern angeklagt waren
Hinrichtung des Sekretärs der illegalen kommunist. Partei Spaniens, *Grimau*, in Madrid
† *Abd el-Krim*, Führer des Freiheitskampfes der Rifkabylen geg. Spanien 1920–26, zuletzt in Kairo (* ~ 1880)
Griech. Staatsbesuch in Gr.Brit. führt zur Regierungskrise in Griechenland. Regierung *Karamanlis* tritt zurück. *Panayotis Pipinelis* wird Min.Präs. und Außenminister
Neue Verfassung in Jugoslawien (*Tito* bleibt lebenslängl. Staatspräs.)
Rumänien läßt einen politischen Kurs zwischen USSR und Volksrepublik China erkennen
Inönü tritt zurück (war seit 1961 türkischer Min.Präs.)
Finn. Staatspräsident *Kekkonen* tritt

In den Dolomiten überflutet der Vaiont-Stausee durch Bergrutsch das anschließende Tal, über 2000 Todesopfer. Eine Untersuchung auf Fahrlässigkeit schließt sich an
Gruben- u. Eisenbahnunglück in Japan fordern an einem Tag über 600 Tote
USA-Atom-U-Boot „Tresher" sinkt mit gesamter Besatzung
128 Todesopfer beim Brand und Untergang des griechischen Passagierdampfers „Lakonia"
Flugzeugabsturz in der Schweiz fordert 82 Todesopfer
Grubenunglück in der Erzgrube Lengede durch Wassereinbruch: 29 Tote, unt. dramatischen Umständen werden durch aufwendige u. langwierige Rettungsaktionen je eine Gruppe von 3 u. 11 Bergleuten gerettet. Durch Fernsehen nehmen Millionen Anteil
14000 Tote und 400000 Verletzte durch Verkehrsunfälle in d. BRD
Brian Sternberg (USA) überspringt i. Stabhochsprung die 5-m-Marke
Nikula (Finnland) erreicht im Stabhochsprung 5,10 m
Marika Kilius und *Hans Jürgen Bäumler* (BRD) gewinnen in Cortina

(1963)

für atomwaffenfreie Zone in Skandinavien ein
USSR bietet Atom-Inspektionen an
Reform der KP-Parteiorganisation in der USSR
USA und USSR unterstützen gemeinsam das Genfer Abkommen über die Neutralität von Laos
Höflichkeitsbesuch des USSR-Generals *Jakubowski* beim brit. Oberkommandierenden Gen. *J. Cassels* in der BRD
Die Mitgliederzahl der kommunist. Parteien aller Länder wird auf ca. 40 Millionen geschätzt
USA fördern Plan für eine multilaterale Atommacht (mit Mitentscheidung der übrigen NATO-Mächte)
USA-Präsident *Kennedy* unternimmt Europa-Reise mit Besuchen in der BRD, Irland, Gr.Brit., Ital. u. Vatikan. Ein Höhepunkt ist die Kundgebung auf dem Platz vor dem Schöneberger Rathaus in West-Berlin, wo er ausruft: „Ich bin ein Berliner". Der Präs. wird Ehrenbürger der Stadt Berlin
Chruschtschow kommt nach Ost-Berlin: „Die Mauer gefällt mir"
Hunderttausende von Negern demonstrieren in Washington gegen Rassendiskriminierung; Präsident *Kennedy* empfängt die Führer der disziplinierten Demonstration
USA-Präs. *Kennedy* legt d. Kongreß d. Civil-Rights-Programm vor, das die Rassenintegration fördern soll
USA - Lufttransportunternehmen „Big Lift" fliegt in 64 Stunden 14500 Soldaten von USA zu einem Manöver nach Europa
Am 22.11. wird USA-Präsident *J. F. Kennedy* auf einer Fahrt durch Dallas in Texas durch Schüsse ermordet (* 1917). Sein Tod erschüttert die Welt. Besonders in Berlin finden spontane und gewaltige Trauerkundgebungen statt. Der vermutliche Attentäter *Lee Oswald* wird durch d. Nachtbarbesitzer *Jack Ruby* trotz Polizeibewachung erschossen
Vizepräsident *Lyndon B. Johnson* (* 1908) wird wenige Stunden später als 36. Präsident der USA vereidigt. Er kündigt an, die Politik *Kennedys* fortzusetzen
Durch das Aufhalten von militärischen US-Konvois auf der Autobahn nach Berlin durch sowjetische Kräfte kommt es mehrmals zu dramatischen Situationen, die sich durch Hartnäckigkeit der Amerikaner friedlich auflösen
Kanad. Parlament stürzt Regierung *John G. Diefenbaker* (Konserv.), d. USA-Kernwaffen ablehnte. Neuwahlen: Liber. 130, Konserv. 94, Sozialkreditpartei 24, Demokr. 17 Sitze. Neue kanad. Regierung bildet *Lester B. Pearson* (* 1897, Lib.)
Kubanischer Min.Präs. *Fidel Castro* besucht USSR für 4 Wochen
Guatemala erklärt Kriegszustand mit Deutschland für beendet
Militärputsch in Guatemala stürzt Castro-feindlichen Präsidenten *Miguel Y. Fuentes*
Putschversuch der Marine in Argentinien scheitert
Nach kurzer parlamentar. Regierungsform wird in Brasilien wieder das Präsidialsystem eingeführt. *João Goulart* (* 1918) bildet Koalitionsregierung mit Arbeiterpartei und Sozialdem. (wird 1964 gestürzt)
UN-Generalsekretär *U Thant* fordert ultimativ von *Tschombé* Wiedervereinigung d. Provinz Katanga mit dem übrigen Kongo
Waffenruhe im Kongo. *Tschombé* beugt sich der Streitmacht der UN und beendet Separation
† *Sylvanus Olympio*, seit 1958 Min.-Präs., seit 1961 Staatspräs. in Togo (* 1902). Regierung übernimmt ein Revolutionsausschuß aus Militärs
Kämpfe an der algerisch-marokkanischen Grenze
In Marokko wird Partei des Königs der starke politische Rechte hat, stärkste Partei (nach der Verfassung von 1962 ist Marokko konstitutionelle, demokratische und soziale Monarchie)
Kongo (Léopoldville) weist sämtl. Angehörigen der Botschaft der USSR aus
J. Kenyatta, 1953 als Mau-Mau-Führer zu 7 Jahren Zuchthaus verurteilt, bildet nach dem Wahlsieg seiner KANU-Partei erste Regierung in Kenia
Tagung der Arab. Liga in Kairo; alle 13 Mitgliedsstaaten vertreten (Beitritt von Tunesien und Marokko 1958, Kuwait 1961, Algerien 1962)

Bundeskanzler *Erhard* besucht USA-Präsident *L. B. Johnson* i.Texas
Israel protestiert gegen die Tätigkeit dt. Wissenschaftler in Ägypten, da es Mitarbeit an d. Entwicklung von Vernichtungswaffen vermutet
Israelisch. Min.-Präs. *Ben Gurion* (seit 1948) tritt zurück. Nachfolger wird Finanzmin. *Levi Eschkol* (* 1895, † 1969)
† *Isaak Ben-Zwi*, israelischer sozialdemokr. Politiker, 1931–48 Präsident d. Nationalrates, seit 1952 Staatspräs. von Israel (* 1884). Sein Nachfolg. wird *Zalman Shneor Shasar*
Militärputsch im Irak: † *Abdel-Kerim Kassem* (erschossen), seit 1958 autokrat. Min.Präs. (* 1914). Staatspräs. wird *Abdel Salam Mohammed Aref* (* 1920)
Militärputsch in Syrien bringt die Nasser-freundliche Baath-Partei mit Min.Präs. *Salah Bitar* an die Macht
Volksabstimmung über eine Sozialreform in Iran. Frauen erstmals stimmberechtigt. Unruhen i. Teheran
Schwere Kämpfe in Südvietnam
USSR liefert MIG-Jäger nach Indien, das sich im Grenzkonflikt mit der Volksrep. China befindet
Bisher. Niederländ.-Westneuguinea nach UN-Verwaltung Indonesien eingegliedert
Bei einem Militärputsch wird in Südvietnam Min.Präs. *Ngo Dinh Diem* getötet (* 1901, Kath.). Nachfolger wird *Ngoc Tho*, der Buddhistenverfolgung einstellt.
Föderation Malaysia gegr.
† *Mohammed Ali*, islam.-indischer Politiker, 1953–55 Premier, 1962 Außenminist. v. Pakistan (* 1909)
Föderation von Malaysia gegrdt., zu der auch Singapur gehört
Neue Kampfhandlungen in Laos (nachdem 1962 Genfer Laos-Konferenz einen Kompromiß erzielt hatte)
Militär. Ausgaben (in Mrd. Dollar):

USA	45,6	ČSSR	1,2
USSR	40,0	Italien	1,0
Gr.Brit.	4,2	Jugoslaw.	0,7
Polen	3,8	Rumän.	0,6
Frankr.	3,4	Indien	0,6
BRD	2,6	Schweden	0,5
VR China	2,4	Insges.	
Kanada	1,7	Welt	115,6

d'Ampezzo die Weltmeisterschaft im Eiskunst-Paarlauf (gewinnen auf den Olymp. Winterspielen 1964 in Innsbruck Silbermedaille)
Rainer Kauschke, Peter Siegert und *Gerd Uhnert* bezwingen „Superdiretissima" i. d. Nordwand der Gr. Zinne unter den Augen der Presse in 16 Tagen bei Temperaturen zw. —30⁰ und —40⁰C (löst neben Bewunderung auch Kritik aus)
Borussia Dortmund Fußballmeister der BRD (ab 1964 wird die Meisterschaft in d. Bundesliga ausgetragen)
Fußball-Bundesliga beginnt ihre Spielserie (die Aufnahme in die Bundesliga führt zu starken Auseinandersetzungen)
Wirbelsturm in Pakistan tötet über 15000 Menschen und macht etwa 2 Millionen obdachlos
Taifun fordert auf Kuba und Haiti etwa 6500 Menschenleben
Vulkanausbruch auf Bali tötet etwa 1900 Menschen u. macht etwa 180000 obdachlos
Erdbeben in Libyen fordert über 500 Tote
Erdbeben in Skopje (Jugosl.), 1070 Menschen getötet, Sachschaden 1,9 Milliarden DM
Internationale Ziviluftfahrt befördert 134 Millionen Flugpassagiere
Telephon. Kabelverbindung Vancouver (Kanada)–Sydney (Australien)
Bundesbahn beförderte 305 Millionen Tonnen im Güterverkehr
In der BRD steigen Löhne um 6,8%, Lebenshaltungskosten um 3,2%. Es werden (einschl. Westberlin) für 8,3 Milliarden DM Tabakerzeugnisse abgesetzt, 1,5% mehr als 1962
Eine Fakultät für Journalismus in d. USA nennt als 10 beste Zeitungen n. intern. Spannweite, Stil, Unabhängigkeit: Asahi Shimbun (Tokio), Dagens Nyheter (Stockholm), Frankf. Allg. Ztg. (Frankf./Main), La Prensa (Buenos Aires), Le Monde (Paris), Neue Zürcher Ztg. (Zürich), The Christian Science Monitor (Boston), The Guardian (Manchester), The New York Times (NewYork), The Times (London)
Bhakrastaudamm in Indien f. 1 Mill. kW elektr. Leistung eingeweiht (ist mit 226 m höchster Staudamm der Erde)

Jährliches Familien-Einkommen in USA

unter 2000 Dollar	6,0	Mill. Familien
2000– 4000 „	8,0	„ „
4000– 6000 „	11,0	„ „
6000– 8000 „	9,0	„ „
8000–10000 „	5,0	„ „
10000–15000 „	5,0	„ „
15000–25000 „	1,5	„ „
über 25000 „	0,5	„ „

Bruttosozialprodukt der BRD

	nominal	in Preisen 1954
1950	97,2	113,1
1955	178,3	174,4
1960	282,4	239,4
1962	336,8	262,9

1964

Friedensnobelpreis an den US-Negerführer und Geistlichen *Martin Luther King* (* 1929, ermordet 1968)
Finanzkrise der UNO, vor allem wegen Weigerung der USSR, rückständige Beiträge zu zahlen
Bundesversammlung in Berlin wählt *Heinrich Lübke* (CDU) zum zweitenmal zum Bundespräsidenten (die SPD stellt keinen eigenen Kandidaten auf, weil *L.* als Verfechter einer großen Koalition CDU/CSU-SPD gilt)
Landtagswahl in Baden-Württemberg (vgl. 1960): CDU 59 (51) Mandate, SPD 47 (44), FDP 14 (18), BHE/GDP 0 (7)
Willy Brandt wird als Nachfolger *E. Ollenhauers* 1. Vorsitzender der SPD
Fritz Erler (* 1913, † 1967) wird Fraktionsvorsitzender der SPD im Deutschen Bundestag
Rechtsextreme Nationaldemokratische Partei Deutschlands (NDP) in der BRD gegründet (gewinnt in den nächsten Jahren Sitze in Landtagen)
Münchner Schwurgericht verurteilt den ehemaligen Chefadjutanten *Himmlers Wolff* wegen Beihilfe zum Mord an 300.000 polnischen Juden zu 15 Jahren Zuchthaus
Willi Stoph (* 1914) Ministerpräsident der DDR
Freundschaftsvertrag zwischen USSR und DDR (wird von der SED als ein „separater Friedensvertrag" gewertet)
DDR gestattet ihren Rentnern jährlich eine Reise in die BRD (einschließlich Berlin [West])
† *Otto Grotewohl*, dt. Politiker, fördert als Sozialdemokrat 1946 die SPD-KPD-Vereinigung zur SED in der sowjetischen Besatzungszone; Min.-Präs. der DDR seit 1949 (* 1894)
Österr. Bundeskanzler *Alfons Gorbach* (* 1898, ÖVP) tritt zurück
† *Julius Raab*, österr. Bundeskanzler (ÖVP) 1953 bis 1961 (* 1891)
Neues brit. Kabinett (Labour): Premier: *Harold Wilson* (* 1916), Außenmin.: *Patrick Gordon-Walker* (bis 1965; dann *Michael Stewart*), Wirtschaftsmin.: *George A. Brown*

J. P. Sartre (Frankr.) lehnt Nobelpreis f. Literatur als „bürgerlichen Preis" ab
Friedenspreis des Dt. Buchhandels an *Gabriel Marcel* (* 1889), franz. Vertreter eines christlichen Existenzialismus
Leopold Ahlsen (* 1928): „Sie werden sterben, Sire", „Der arme Mann Luther" (Schauspiele)
Edward Albee: „Tiny Alice" (nordamerikan. Schauspiel)
L. Aragon (* 1897): „La mise à mort" (frz. Lit.)
Fernando Arrabal (* 1932): „Die Krönung" (frz. Schauspiel)
Hans Carl Artmann (* 1921): „Das suchen nach dem gestrigen tag oder schnee auf einem heißen brotwecken" (österr. Erz.)
Herbert Asmodi (* 1923): „Mohrenwäsche" (Schauspiel)
Georg-Büchner-Preis d. Dt. Akad. f. Sprache u. Dichtung an *Ingeborg Bachmann* (* 1926)
Jürgen Bartsch (* 1921): „Krähenfang" (Roman)
† *Werner Bergengruen*, dt. Schriftsteller (* 1892)
Thomas Bernhard (* 1931): „Amras" (österr. Erz.)
François Billetdoux (* 1927): „Il faut passer par les nuages" (frz. absurdes Schauspiel)
H. Böll: „Entfernung von der Truppe" (Erzählung)
† *Willi Bredel*, dt. Schriftsteller, zuletzt in Berlin (Ost), seit 1952 Chefredakteur der Zeitschr. „Neue deutsche Literatur" (* 1901)
† *Brendan Behan*, irischer Schriftsteller (* 1923)
Prix Goncourt an *Georges*

Th. W. Adorno: „Moments musicaux" (soziologische Musiktheorie)
137 Predigten von *Albertus Magnus* (* 1193, † 1280) in Leipzig entdeckt
† *Oskar Becker*, dt. Philosoph der Logik u. Mathematik (* 1889)
Ernst Bloch: „Verfremdungen" (werden durch revolutionäre Schübe aufgehoben; 2 Bde. seit 1962), „Tübinger Einleitung in die Philosophie" (2 Bde. seit 1963)
Hans Magnus Enzensberger: „Politik und Verbrechen" (betont das Böse in der Politik)
H. G. Frank: „Lehrmaschinen — ein zukunftsreicher Aufgabenkreis der kybernetischen Technik"
L. v. Friedeburg u. andere ermitteln folgendes „politisches Potential" der Studenten der Freien Universität Berlin (West)

	%	%
demokratisch		26
definitiv	13	
tendenziell	13	
unprofiliert		62
eher demokr.	13	
ganz unprofil.	19	
disparat	10	
eher autoritär	20	
autoritär		12
tendenziell	6	
definitiv	6	
	100	100

(diese Verteilung wird in den Konflikten der kommenden Jahre immer wieder deutlich)
T. J. Gordon und *Olar Helmer* veröffentlichen Prognose über die Welt im Jahre 1984: Weltbevölkerung 4,3 Mrd., mit 80 bis 95 % Wahrscheinlichkeit bis dahin kein Weltkrieg, sinkende Geburtenrate, Organ-

Fr. Ahlers-Hestermann: „Intervalle" (Gem.)
Woody van Amen (* 1936): „Woody's Wunder" (niederl. popartiges Holz-Assemblage)
† Alexander Archipenko, russ. Bildhauer, zuletzt in den USA (* 1887)
Gillian Ayres (* 1930): „Kabul" (engl. abstr. Gem.)
Kurt Bartel (* 1928): „Figürliche Ballung" (abstr. Gem.)
Georg Baselitz (* 1938): „Landschaft" (Gem.)
Eva Böddinghaus (* 1911): „Stilleben" (express. Gem.)
Erich Brauer (* 1929): „Vogelschlinge" (Gem. d. Wiener „Phantast. Realismus")
Peter Brüning (* 1929): „10/64" bis „16/64" (abstr. Gem., „légendes")
Marc Chagall: Deckengemälde im Auditorium der Pariser Oper; „Pan" (Gem.)
† Stuart Davis, nordamer. Maler des Kubismus u. d. „Standard-Still-Life" (* 1894)
Eugène Dodeigne (* 1923): „Große Studie in Bronze" (belg.-frz. Plastik)
Jean Dubuffet: „Ohne Titel" (frz. abstr. Gem.)
Egon Eiermann (* 1904): Botschaftsgebäude der BRD in Washington (USA) (seit 1962)
Ernst Fuchs (* 1930): „Der Behälter des Weltalls" (Gem. des

Georges Auric (* 1899): Musik zu Molières „Monsieur de Pourceaugnac" (Komp. des [seit 1962] Generalintend. d. Pariser Oper)
Tadeusz Baird (* 1928): „4 Dialoge f. Oboe und Kammerorchester" (poln. Kompos. aus der „Gruppe 49"
Max Baumann (* 1917): „Passion op. 36" (Orgelkonz. mit Streichern und Pauken)
Conrad Beck (* 1901): „Concertino f. Oboe und Orch." (schweiz. Kompos.)
Richard Rodney Bennett (* 1936): „Am Abgrund" (engl. Kammeroper)
Niels Viggo Bentzon (* 1919): „Faust 3 opus 144" (dän. Oper, Urauff. in Kiel)
Luciano Berio (* 1925): „Sincronie" (ital. Komp. f. Streichquartett)
Boris Blacher: „Demeter" (Ballettmusik)
Pierre Boulez (* 1925): „Figures, Doubles, Prismes" (frz. Kompos. für Orchester)
Benjamin Britten: „Curlew River" (brit. Kompos. f. vier Männer-, vier Knabenstimmen, acht Chorsänger u. Orch., nach dem japan. Nô-Spiel) und Symphonie f. Cello u. Orch., op. 68 (Kompos. f. den sowjet. Cellisten

Nobelpreis für Physik an Nikolai G. Bassow (* 1922, USSR), Alexander M. Prochorow (* 1916, USSR), Charles H. Townes (* 1915, USA) für unabhängige Entdeckung des Maser-Prinzips um 1954/55
Nobelpreis für Chemie an Dorothy Hodgkin (* 1910, Gr.-Brit.) für Röntgenstrukturanalyse von Makromolekülen
Nobelpreis für Medizin an Konrad E. Bloch (* 1912, USA, dt. Herkunft) und Feodor Lynen (* 1912, Dtl.) für Arbeiten über Fettstoffwechsel
Flerow u. and. (USSR) entdecken durch Teilchenbeschuß schwerer Elemente das transuranische Element 104
P. K. Brown u. G. Wald: Messung der Absorption der Sehfarbstoffe in den Zapfen des menschlichen Auges ergab blau-, grün- und rotempfindlichen Stoff (unterstützt Drei-Komponenten-Theorie von Young-Helmholtz; vgl. 1866)
† Gerhard Domagk, dt. Chemiker und Nobelpreisträger, entdeckte Sulfonamide (* 1895)
† Hans v. Euler-Chelpin, deutsch-schwed. Chemiker, Nobelpreisträger (* 1873)
† James Franck, deutsch-amerik. Physiker und Nobelpreisträger (* 1882)
M. Gell-Mann u. G. Zweig: Theorie der Zusammensetzung der Elementarteilchen aus 3 fundamentalen „Quark"- und 3 entsprechenden „Anti-Quark"-Teilchen
T. J. Gordon u. Olav Helmer veröff. Report mit Prognosen über wiss.-techn. Entwicklung. Danach wahrscheinlich:

Siegfried Balke (* 1902), Präsident der Bundesvereinigung dt. Arbeitgeber
Ludwig Rosenberg (* 1903), Bundesvors. des DGB, wird Präs. d. Int. Bundes Freier Gewerkschaften
In den USA beginnen Atomkraftwerke wirtschaftlich konkurrenzfähig mit konventionellen Kraftwerken zu werden
Steinkohlenförderung d. Erde (ohne China) 2000 Mill. Tonnen. Davon

	Mill. t
USA	455
USSR	411
Gr.-Brit.	197
BRD	142
Polen	117
Indien	64
Japan	64
Frankreich	53
Südafrika	45
CSSR	28

Kraftwagenproduktion (i. Mill. Stück)

	Pkw	Lkw
USA	7,8	1,5
BRD	2,7	0,25
Gr.-Brit.	1,9	0,47
Frankr.	1,3	0,26
Italien	1,0	0,06
Japan	0,7	1,12
USSR	0,19	0,42

Ernährung der Erdbevölkerung	Bev. (Mill.)	Kal./Tag u. Kopf	Eiweiß g	davon tierisches g
Europa	661	3040	88	36
Afrika	254	2360	61	11
Nordamerika	208	3110	91	62
Lateinamer.	229	2575	66	22
Naher Osten	143	2470	76	14
Fern. Osten	1704	2060	56	8
Austr., Ozean.	16	3210	94	63
insges.	3216	2410	67	19

(1964)	 (* 1914, 1966—68 Außenmin.), Schatzkanzler: *Jim Callaghan* *de Gaulle* fordert polit. Union der 6 EWG-Staaten im Rahmen eines „europäischen Europas" (gegen Einfluß der USA gerichtet) In der EWG kommt es zu Spannungen zwischen Frankreich und den übrigen 5 Mitgliedsstaaten Frankreich u. Volksrepublik China geben die Aufnahme diplomatischer Beziehungen bekannt Nationalchina (Taiwan) protestiert gegen die Anerkennung der Volksrepublik China durch Frankreich und bricht diplomatische Beziehungen ab † *Maurice Thorez*, Generalsekretär der franz. kommunistischen Partei seit 1930, 1945—47 Mitglied der Regierung (* 1900) *Giuseppe Saragat* (* 1898) Staatspräsident von Italien Kerkerurteile im Mailänder Sprengstoffprozeß gegen Terroristen in Südtirol (Alto Adige) † *Palmiro Togliatti*, 1919 Mitbegründer und seit 1944 Generalsekr. der ital. KP, hinterließ antistalinistisches Testament (* 1893) *Luigi Longo* Vorsitzender der KP Italiens Sozialdemokratische Mehrheit bei dän. Reichstagswahlen; Konservative gewinnen Stimmen. *Krag* bleibt Ministerpräsident Sozialdemokraten verlieren ihre absolute Mehrheit im schwed. Reichstag Hochzeit des span. Prinzen *Carlos Hugo von Bourbon-Parma* mit Prinzessin *Irene* der Niederlande (*1939) in Rom † *Paul I.*, Kg. von Griechenland seit 1947 (* 1901) *Konstantin II.* (* 1940) wird Kg. von Griechenland (verläßt 1967 sein Land) *Josef Klaus* (* 1910), österr. Bundeskanzler 1964—70 (ÖVP) Zypernkonflikt zwischen Griechenland und der Türkei. USSR unterstützt türkische Minderheit. Internationale Vermittlungsversuche. UNO-Friedenstruppe auf Zypern eingesetzt (ab 1967 Abzug d. griech. Truppen)	 *Conchon* (* 1925) für frz. Roman „L'état sauvage" *Nigel Dennis* (* 1912): „Jonathan Swift" (südafrik.-engl. Schauspiel) *H. v. Doderer:* „Tangenten. Tagebuch eines Schriftstellers, 1940 bis 1950" *Dürrenmatt:* „Der Meteor" (schweiz. satir. Lustspiel) † *Ludwig Finckh*, dt. Schriftsteller (* 1876) *Brian Friel* (* 1929): „Philadelphia, here I come" (irisches Schauspiel) *Max Frisch:* „Mein Name sei Gantenbein" (schweiz. Roman) *Peter Hacks:* „Polly" (Bühnenstück als Fortsetzung der „Bettleroper") *Peter Härtling:* (*1933): „Niembsch" (Roman) *Helmut Heissenbüttel* (* 1921): „Textbuch 4" (abstr. Lyrik) † *Kurt Hirschfeld*, schweiz. Theaterleiter u. Regisseur, leitete Züricher Schauspielhaus 1933/34 und seit 1938 u. rettete dort das deutschsprachige Theater über die NS-Zeit (* 1902) *Eugène Ionesco:* „Hunger und Durst" (frz. Schauspiel) *A. Jellicoe:* „The sport of my mad mother" (engl. Lit.) *Elizabeth Jennings* (* 1926): „Recoveries" (engl. Lyrik) *Heinar Kipphardt:* „In der Sache J. Robert Oppenheimer" (dokum. Schauspiel um den amerikan. Atomphysiker, Urauff. Volksbühne Berlin, Regie *Erwin Piscator*) † *Agnes Miegel*, dt. Schriftstellerin (* 1879)	verpflanzung, Verbreitung persönlichkeitssteuernder Drogen, automatisierte Bibliotheken, Übersetzungsmaschinen, Führungsentscheidungen durch Computer, bemannte Mondbasis (vgl. Spalte W) *Robert Havemann*(*1910): „Naturwissenschaftliche Aspekte philosophischer Probleme" (diese ideologiekritische Vorlesungsreihe kostet ihm sein Lehramt in der DDR und seine Mitgliedschaft in der SED) *Joachim Gustav Leithäuser* (* 1910, † 1965): „Das neue Buch vom Aberglauben" (allgemeinverständliche rationalistische Lebensbetrachtung) *Herbert Marcuse*(*1918): „Der eindimensionale Mensch" (Kritik an der modernen Industriegesellschaft) *Johann Baptist Metz:* „Freiheit als philosophisch-theologisches Grenzproblem" (aus kathol. Sicht) *R. Mössbauer* führt als Physiker an der TH München für seinen Bereich das Department-System ein, das er in den USA kennenlernte Abkommen zwischen Vatikan und Ungarn. Papst ernennt 5 neue ungar. Bischöfe 3. Sitzungsperiode des II. Vatikanischen Konzils verabschiedet unter anderem Schema über den Ökumenismus. Maria wird als „Mutter der Kirche" proklamiert Papst *Paul VI.* betont in der Enzyklika „Ecclesiam suam" Bereitschaft zum Dialog mit der nichtkatholischen Welt Papst *Paul VI.* hebt Ver-

Wiener „Phantast. Realismus")	Mstislaw Rostropowitsch [*1927])	1970: Landung auf dem Mond	Entwickl. Hilfe d. BRD 3023 Mill. DM, davon staatlich 57% (1961: 3315 Mill. DM, 75% staatlich)
An Futura (* 1915): „Saiten" (jap. Gem.)	Earle Brown (* 1926): „Corroborree f. 3 Klaviere" (brit. Kompos.)	1974: Verbreitung einfacher Lehrautomaten	
Willi Geiger (* 1879): „Großer Blumenstrauß" (Gem.)		1975: Mondbasis für 1 Monat mit 2 Mann	
Adolf Hartmann (* 1900): „Ich male Hofer" (Gem.)	Sylvano Bussotti (* 1931): „Tableaux vivants avant la Passion selon Sade" (ital. Komp. f. 2 Klaviere zu 4 Händen)	1978: Korrekte automatische Sprachübersetzung	Dt. Institut f. Entwicklungspolitik Berlin (West) gegründet
Rudolf Hausner (* 1914): „Kleiner Laokoon" (Gem. d. Wr. „Phant. Realismus")		1979: Automatisierte höhere Planung	Welthandelskonferenz der UNO beschließt, eine internationale Handels- und Entwicklungsbehörde der UNO zu gründen (Kompromiß im Streit zwischen West und Ost sowie zwischen West u. Entwicklungsländern)
		1982: Mondbasis zeitlich nicht begrenzt	
Heinrich Heuser (* 1887, † 1967): „Gärtnerei" (Gem.)	Luigi Dallapiccola: „Parole di San Paola" (ital. Musik f. Mezzosopran u. 9 Instrumente)	1985: Elektrische Prothesen. Landung auf dem Mars	
		1989: Primitive Formen künstl. Lebens	
Willy Robert Huth (* 1890): „Die Sandbank" (Gem.)		1990: Industrielle Eiweißproduktion	
Wolfgang Hutter (* 1928): „Erotisierte Pflanzen" (Gem. d. Wiener „Phantast. Realismus")	Hans Werner Henze: „Being Beauteous" (Komposition n. Rimbaud für Sopran, Harfe und 4 Cellis)	2000: Automatisierte Volksabstimmungen. Universalsprache (vgl. Spalte Ph)	
		† Viktor Franz Hess, österr.-nordamerik. Physiker, Nobelpreisträger (* 1883)	Dt. Bundespost eröffnet Boden-Funkstelle für Verkehr über Fernmeldesatelliten
Allen Jones (* 1937): „Green Girl" (engl. popartig. Gem.)	Milko Kelemen (* 1924): „Der neue Mieter" (dt.-jugoslaw. Oper n. Ionesco)	Khorana (Ind.) gelingt in USA chem. Synthese kleinerer Einheiten der Erbsubstanz Desoxyribonukleinsäure	
Carl-Heinz Kliemann (* 1924): „Olevano I, II, III" (abstrakte Tuschzeichnungen)	Thomas Kessler (* 1937): „4 Stücke f. Streichquartett" (schweiz. Komp.)	„Woschod I", russ. Raumschiff mit den 3 Kosmonauten W. Komarow, K. Feokstitow, B. Jegorow vollführt 17 Erdumkreisungen	Autotunnel unter dem St. Bernhard: 5855 m Länge in ca. 1900 m Höhe (schafft neue Nord-Süd-Verbindung durch die Alpen)
Anton Lehmden (* 1929): „Landschaft mit Spiegelungen" (Gem. d. Wiener „Phantast. Realismus")	Giselher Klebe: „Miserere nobis" (Missa für 18 Bläser, opus 45)	A. Moortgat: „Tell Chuéra in Nordost-Syrien" (Grabungen seit 1955 erweisen T. Ch. als Zentrum sumerisch-akkadischer Kultur um ≈ —2600)	
			Stahlflachstraßen zur Umgehung v. Autobahnbaustellen in der BRD
Heinrich Graf Luckner (*1889): „Badende Leute" (Gem.)	Ernst Křenek: „Der goldene Bock" (Oper in serieller Technik)	Charles D. Ray entwickelt hochempfindliche Hirnsonde zur Potentialmessung an Einzelzellen	Fußgänger-Zebrastreifen i. BRD
G. Marcks: „Indianerin mit Kind" (Bronze)	Rafael Kubelik (* 1914): „Libera nos" (tschechoslowak.-dt. Requiem)	P. O. Vandervoort ermittelt Alter des Orionnebels zu 23 000 ± 10 000 Jahren (als überraschend niedrig)	Main-Taunus-Einkaufszentrum
Mies van der Rohe: US-Courthouse and Federal Office Building, Chikago (seit 1959)		† Norbert Wiener, Mathematiker der USA, Begründer der Kybernetik (* 1894)	Großschiffahrtsstraße Mosel mit 13 Staustufen auf 271 km Länge durch die Staatsoberhäupter der beteiligten Nationen eröffnet
	Rainer Kunad: „Sinfonie 1964"	A. T. Wilson macht Vereisung der Antarktis zum Ausgangspunkt einer Eiszeittheorie (danach leben wir in einer Eiszeit)	
H. Moore: „Moonhead"(„Mondkopf", brit. Bronzeplastik)	Rolf Liebermann (* 1910): „Sinfonie für 156 Büromaschinen" (schweiz. Komp. f. Exportausstellung)	K. A. J. Wise (USA) entdeckte 500 km vom Südpol entfernt bisher unbekanntes spinnenartiges Insekt	Mesoscaphe, erstes Touristen-U-Boot für 40 Personen, im Genfer See
Jaap Mooy (* 1915): „Die phantastische Blume" (niederl.-norweg. surrealist. Collage-Montage)	Gustav Mahler: „10. Sinfonie" (Vervollständigung	Mount-Palomar-Spiegelteleskop ermittelt bisher fernste Milchstraße mit 8 Mrd. Lichtjahren (durch Raum-	Dt. Lufthansa stellt

(1964)

Kádár, ungar. Reg.-Chef, verkündet, daß friedliche Koexistenz mit dem Westen vereinbar mit sozialistischer Politik

ZK der KP Rumäniens fordert volle wirtschaftliche Souveränität Rumäniens (gilt als Emanzipation von Moskau)

Leonid Iljitsch Breschnew (* 1906), seit 1960 Staatsoberhaupt der USSR, wird als Nachfolger *Chruschtschows* 1. Sekretär des ZK der KPdSU

Alexei Kossygin (* 1904), seit 1948 Minister, wird als Nachfolger *Chruschtschows* Min.-Präs. der USSR

USSR beantwortet in Genf ein 5-Punkte-Abrüstungsprogramm der USA v. 1963 — beginnend mit Gewaltverzicht, Einfrieren der atomaren Rüstung — mit einem 9-Punkte-Programm, beginnend mit Abzug aller Truppen von fremden Territorien, Verminderung der bewaffneten Streitkräfte. Verhandlungen laufen sich fest

USSR greift auf der Genfer Abrüstungskonferenz die beabsichtigte Aufstellung einer multilateralen NATO-Atomstreitmacht (MLF) einschließlich der BRD an

Gespräche zwischen den kommunistischen Parteien der USSR und Volksrep. China ergebnislos abgebrochen. Auf seiten Chinas stehen nur 8 kommunist. Organisationen (China, Japan, Nordkorea, Nord-Vietnam, Australien, Neuseeland, Indonesien, Albanien), 8 weitere sind geteilter Meinung, 72 auf seiten Moskaus

Der ehemalige israel. Min.-Präs. *Ben Gurion* tritt von seinem Sitz im ZK der Mapai-Partei zurück

Arafat übernimmt Führung der „Fatah" (arab. Bewegung zur Vertreibung der Israelis aus Palästina. Diese Guerilla-Organisation gerät insbes. nach 1967 in Gegensatz zu arab. Regierungen)

Ibn Faisal Saud (* 1902), seit 1953 Kg. von Saudi-Arabien, wird entthront. Nachfolger wird sein Bruder *Ibn Saud Faisal* (* 1904), der Reformprogramme aufstellt

Jomo Kenyatta (* ~ 1893) erster Präsident der afrikan. Republik Kenia

Arthur Miller: „After the Fall" („Nach dem Sündenfall", nordamer. Schauspiel um *M*'s Ehe mit *Marilyn Monroe*) und „Zwischenfall in Vichy" (Schauspiel um das Vichy-Frankr. des 2. Weltkrieges)

† *Lothar Müthel*, dt. Schauspieler und Regisseur (* 1895)

† *Sean O'Casey*, irischer Dramatiker (* 1884)

John Osborne: „A Patriot for Me" (engl. Schauspiel um den österr. Spion *A. Redl*)

Harold Pinter: „Homecoming" („Die Heimkehr", engl. Schauspiel)

Goethepreis der Stadt Frankfurt/M. an *Benno Reifenberg* (* 1892), Mitherausgeber der Frankf. Allg. Ztg.

Internationaler Literaturpreis an *Nathalie Sarraute* (* 1902) für den Roman „Les fruits d'or" (gilt als Vorläufer des frz. „nouveau roman")

Jean Paul Sartre: „Les mots" („Die Wörter", frz. Kindheitserinnerungen)

James Saunders (* 1925): „A Scant of Flowers" („Ein Duft von Blumen", engl. Schauspiel)

Günter Seuren (* 1932): „Das Gatter" (neureal. Roman, 1966 verfilmt als „Schonzeit für Füchse")

Peter Shaffer (* 1926): „The Royal Hunt of the Sun" (engl. hist. Schauspiel mit relig. Sinngebung)

† *Frans Eemil Sillanpää*, finn. Schriftsteller und Nobelpreisträg. (* 1888)

Dolf Sternberger Präs. des dt. PEN-Zentrums

Martin Walser: „Der schwarze Schwan" (Schauspiel)

bot der Feuerbestattung auf (war 1866 verkündet worden)

Delegation der SPD vom Papst empfangen

Papst *Paul VI.* spricht mit dem orthodoxen Patriarchen *Athenagoras I. Spyridon* (* 1886, seit 1948 Patriarch von Konstantinopel) in Rom. (Diese Begegnung führt 1965 zur Aufhebung der gegenseitigen Bannung von 1054)

Papst *Paul VI.* besucht Eucharistischen Weltkongreß in Bombay

Papst legt seine Tiara nieder (wird verkauft)

Ernst Richert: „Das zweite Deutschland" (Bericht über die DDR)

Paul Schütz: „Freiheit — Hoffnung — Prophetie" (Bd. 3 seines evangelisch-theologischen Werkes existenzialist. Richtung)

Karlspreis der Stadt Aachen an ital. Staatspräs. *Ant. Segni* (*1891)

K. Thomas: „Handbuch der Selbstmordverhütung" (einschl. Erfahrungen der Telephonseelsorge)

Richard Freiherr v. Weizsäcker zum Kirchentagspräs. der EKD gewählt

Konferenz europäischer Kirchen (nichtkathol., Ost und West) tagt auf dem Schiff „Bornholm" in der Ostsee

Salzburger Universität mit Kath.-Theol. und Philosoph. Fakultät neu gegründet (war 1810 geschlossen worden)

Europäische Rektorenkonferenz in Göttingen erklärt sich zur ständigen Einrichtung

Studentenunruhen an der Universität Berkeley, Kalifornien, mit Go-ins,

† *Giorgio Morandi*, ital. Maler, zeitw. d. Kubismus und der Pittura metafisica (* 1890)
E. W. Nay: „Rhythmen und Kürzel", „Kosmogon" (abstraktes Gem.)
E. R. Nele: „Flügelskulptur" (Bronze)
Rolf Nesch: „He" (dt.-norweg. Metalldruck)
Richard Oelze: „Empfängl. Landschaft" (Gem. eines mag. Realismus)
Toshinobu Onosato (* 1912): „Ohne Titel" (japan. geometr. abstr. Gem.)
Pablo Picasso: „Liegende Frau mit einer Katze spielend", „Der Maler und sein Modell" (span.-frz. Gem.)
Pia Pizzo (* 1937): „Regula del 4" (ital. geom.-abstr. Gem.)
Robert Rauschenberg (* 1925): „Press", „Tracer" (nordam. Gem. mit photographischen Elementen)
Bridget Riley (* 1931): „Metamorphose" (engl. geom.-abstr. Gem.)
Hans Scharoun: Zum Bau angenommener Entwurf für Staatsbibliothek Preußischer Kulturbesitz in Berlin (West) (als Pendant zur benachbarten Philharmonie *Scharouns* am Kemperplatz. Baubeginn 1967)
† *Richard Scheibe*, dt. Bildhauer (* 1879)
Konrad Schnitzler (* 1937): „Signale von toten Dingen" (Stahlplastik)

der hinterlassenen Bruchstücke durch *Deryck Cooke* in London aufgeführt)
Gian Francesco Malipiero: „Don Giovanni" (ital. Oper)
Gian Carlo Menotti (* 1911): „Martins Lüge" (ital. Kirchenoper)
Darius Milhaud: „Pacem in terris" (Vertonung päpstlicher Verkündung)
Hans Otte (* 1926): „Defilé-Entracte-Révérance" (Komposition für eine Sängerin und Klavier)
Dimitrij Schostakowitsch: „Die Hinrichtung des Stepan Rasin" (russ. Kantate auf Verse von *Jewtuschenko*)
Humphrey Searle (* 1915): „Das Photo des Colonel" (engl. Zwölfton-Oper nach *Ionescos* „Mörder ohne Bezahlung")
Roger Session: (* 1896) „Montezuma" (Berliner Urauff. d. nordamer. Oper um die Eroberung Amerikas)
Karlheinz Stockhausen: „Plus/Minus" (Kompos. f. Klavier, 2 Harmonien, 2 Radios)
Igor Strawinski: „Abraham und Isaac" (Kantate in hebräischer Sprache)
Sandor Szokolay „Bluthochzeit" (ungar. Oper nach *Lorca*)

krümmung bedingte „antipodische" kosmische Objekte erscheinen wahrscheinlich)
Eine Umdrehung des Planeten Venus mit USA-Radioteleskop zu 253 Tagen bestimmt. USA-Ballonteleskop weist Wasserdampf in der Venus-Atmosphäre nach
Radiostrahlung vom Jupiter zeigt Elektronengürtel um den Planeten
US-Rakete entdeckt unbekannte kosmische Objekte mit Röntgenstrahlung (Sonnenröntgenstrahlung mit Raketen seit 1960 beobachtet)
USA-Satellit „Ranger 7" gibt 4316 Fernsehbilder in den letzten 16,7 Minuten vor dem Aufschlag auf dem Mond
US-Erdsatellit „Nimbus I" nimmt Wolkenbilder und Infrarotbilder der Nachtseite der Erde auf
USA-Satellit „Relay 2" als aktives Nachrichtenrelais für interkontinentalen Funkverkehr
Gr.-Brit. startet seinen 2. Satelliten (für Strahlungsmessungen)
Gesteinsuntersuchungen ergeben, daß Magnetfeld der Erde in den letzten 4 Mio. Jahren siebenmal seine Richtung wechselte
Struktur des Elementarteilchens Proton in USA mit Hilfe höchstbeschleunigter Teilchen (ca. 6 Mrd. Elektronenvolt Energie) als durchdringbare Ladungs-„Wolke" festgestellt
Kern des Anti-Schwerwasserstoffs (Antiproton + Antineutron) in USA durch höchstbeschleunigte Teilchen für kurze Zeit künstlich geschaffen
Physikal. Arbeitsgruppe in Kalifornien findet ein neues Meson von ca. 1870 Elektronenmassen
USA-Forscher stellen Kohlenwasserstoffverbindung Cuban (C_8H_8) her
Zellulose-Synthese in USA geglückt
An der TH Aachen gelingt synthetische Herstellung des Insulins
Lebensspuren in 2,7 Mrd. Jahre altem Gestein gefunden (bisher älteste Lebensspuren ca. 1,9 Mrd. Jahre)
Neuer Tierstamm der Pogonophoren entdeckt: Tiere ohne Mund

f. d. Mittelstreckenverkehr d. dreistrahlige Boeing 727 ein
520 km lange Normalspur-Eisenbahnlinie Bagdad—Basra ersetzt Schmalspurbahn
Einschienen(Alweg-)bahn i. Tokio in Betrieb
Zunehmende Ölverschmutzung d. Wassers führt zur Einführung von Ölwehren (z. B. in München)
„Die Verunreinigung der Luft" (dt. Übersetzung der Monographie der Weltgesundheitsorganis., WHO)
Mediziner in USA geben für Raucher 1,68mal größere Sterblichkeitsziffer an als für Nichtraucher
Bei Arzneiverschreibungen in der BRD stehen schmerzstillende Mittel (18,4%) u. Kreislaufmittel (17,2%) an erster Stelle
Erkrankungen an Kinderlähmung in der BRD 54 (1952: 9700)
Familienferiendorf Grafenau d. „Hilfswerks Berlin" eingeweiht: Gemeinschaftshaus u. 125 Familienwohnhäuser
Olympische Spiele in Tokio. Die meisten Medaillen (Gold, Silber, Bronze) fallen an: USA (36, 26, 28), USSR (30, 31, 35), Japan (16, 5, 8),

(1964)	Republik Südafrika tritt aus der Internationalen Arbeitsorganisation (ILO) und aus der Weltgesundheitsorganisation (WHO) aus *Ian Douglas Smith* (* 1919) Premierminister von Südrhodesien (seine Politik führt zum Konflikt mit Großbritannien) Buddhistische Opposition i. Vietnam gegen Min.-Präs. General *Nguyen Khanh*, der von den USA unterstützt wird. Nach seinem Rücktritt wird der Zivilist *Tran Van Huong* Min.-Präs. Vietcong-Angriffe und -Erfolge werden stärker USA-Justizminister *Robert Kennedy* unternimmt Europareise. Wird auch in Polen von der Bevölkerung begeistert empfangen Rassenunruhen in mehreren Städten der USA Programm Präs. *Johnsons* „Feldzug gegen die Armut" mit 948 Mill. Dollar Ausgaben für Notstandsgebiete Antiamerikanische Demonstrationen in Panama mit der Forderung nach Verstaatlichung des Kanals „*Warren*-Bericht" über das Attentat auf den Präsidenten *Kennedy* schließt eine Verschwörung aus (wird in den kommenden Jahren mehrfach angezweifelt) *Lyndon B. Johnson* mit 61,4% der Stimmen zum Präsidenten der USA gewählt (Vizepräsident *Hubert H. Humphrey*, * 1911) † *Herbert Hoover*, parteirepublikanischer Politiker der USA, Präsident 1929—33 (* 1874) *Gustavo Diaz Ordaz* (* 1911), Präsident von Mexiko Aufgrund der Sanktionsbeschlüsse der OAS (Organis. amerikan. Staaten) brechen Chile, Bolivien u. Uruguay Beziehungen zu Kuba ab † *Jawaharlal (Pandit) Nehru*, ind. Min.-Präs. seit 1947 (* 1889) Blutige Unruhen in Kalkutta, weil in Ostpakistan wegen Diebstahls einer Reliquie mit einem Haar Mohammeds Hindus umgebracht worden sein sollen Hungerdemonstrationen in Indien In Ceylon löst *Dudley Senanayake* (Vereinigte Nationalpartei) als	*Peter Weiss* (* 1916): „Die Verfolgung und Ermordung Jean Paul Marats, dargestellt durch die Schauspielgruppe d. Hospizes zu Charenton unter Anleitung des Herrn de Sade" (Schauspiel, Urauff. Schiller-Theater, Berlin, Regie: *Konrad Swinarski*, mit *Ernst Schröder, Peter Mosbacher*) Gerhart - Hauptmann - Preis der Freien Volksbühne Berlin an *Tankred Dorst* (* 1925) u. *Heinar Kipphardt* (* 1922) † *Hans Moser*, österr. Schauspieler (* 1880) † *Siegfried Nestriepke*, seit 1919 Förderer und nach 1945 Neubegründer der Freien Volksbühne Berlin (* 1885) Institut für deutsche Sprache in Mannheim gegründet Veröffentl. Buchtitel in d. BRD: 1963 1964 insges. 26 228 25 673 davon Erstaufl. 20 940 20 553 Schöne Literatur 5 865 5 242 Bestsellerliste für die BRD: 1. *McCarthy*: „Die Clique". 2. *Frisch*: „Mein Name sei Gantenbein". 3. *Hochhuth*: „Der Stellvertreter". 4. *Böll*: „Ansichten eines Clowns". 5. *Carleton*: „Wenn die Mondwinden blühen". 6. *Grass*: „Hundejahre". 7. *Bachmann*: „Gedichte, Erzählungen, Hörspiele, Essays". 8. *Philipe*: „Nur einen Seufzer lang". 9. *Golon*: „Angélique und ihre Liebe". 10. *P. Weiss*: „Die Ermordung Jean Paul Marats".	Sit-ins und Streiks (erlangen in den Folgejahren weltweite Auswirkungen) 3. Fernsehprogramm in Bayern (Schulfunk) und in Hessen (Erwachsenenbildung) Union Académique Internationale erhält Erasmus-Preis f. Verdienste um die europ. Kultur Brit. Unterhaus stimmt für Abschaffung der Todesstrafe Bürgerrechtsvorlage in den USA angenommen. Sieht für Neger gleiches Wahlrecht und Aufhebung der Rassentrennung vor Dt. Archäologen identifizieren in einem Grab ≈ —2040 Kopf des ägypt. Feldherrn *Antef* (gefunden 1963) Rettung des Abu-Simbel-Tempels vor gestauten Nilfluten durch internat. Aktion d. Höherlegung (Dauer 4 Jahre) *Isang Yun* (*1917): „Om mani padme hum" (südkorean. Komp. für Sopran, Bariton, Chor und Orchester *Jacques Wildberger* (* 1922): „Epitaph für Evariste Galois" (schweiz. Komp. für Sprech- und Gesangssolisten, Sprechchor, Orchester, Tonband um das Leben des frz. Mathematikers *G.*s) ~ Brit. Sänger- u. Instrumentalquartett für Tanzmusik „Beatles" aus Liverpool verändern musikal. und modischen Geschmack der Jugend (* 1940—43) Pop-Musik: Beat

Friedrich Schröder-Sonnenstern (* 1892): „Herzen im Schnee" (Farbstiftzeichnung eines sexualsymbol. Stils)
Bernhard Schultze (* 1915): „Migof Hierarchie" (Bronze)
Emil Schumacher (* 1912): „Seram" (abstraktes Gem.)
Curt Stenvert (* 1920): „Menschliche Situation: Manipuliert werden" (österr. Collage)
Walter Stöhrer (* 1937): „Bild Nr. 3" (abstr. Gem.)
Max Walter Svanberg (* 1912): „Die Keuschheit und die Versuchung, in zehn Phasen" (schwed. surrealist. Collagen)
Hann Trier: „Primavera" (abstr. Gem.)
Heinz Trökes: „Signal" (abstr. Gem.)
H. Uhlmann: Modell zum Rom-Relief (Stahl)
† *Max Unold*, dt. Maler einer „Neuen Sachlichkeit" (* 1885)
URSULA: „Spree-Athens schwimmender Garten" (Gem. eines phantast. Realismus)
Andy Warhol (* 1930): „Jackie Kennedy", „Marilyn Monroe" (nordam. Siebdrucke der Pop-Art). („Pop-Art" geht auf eine Collage v. *Richard Hamilton*, 1956, zurück und wird im Sinne von „populär" gedeutet)
„Documenta III" in Kassel zeigt etwa 800 moderne Werke der Malerei und Plastik sowie ca. 400 Handzeichnungen
Lincoln Center als neues Kulturzentrum in New York
~ Acrylfarben verdrängen i. d. Malerei Ölfarben

„Das Haus in der Karpfengasse" (dt. Film mit *Edith Schultze-Westrum, Frantisek Filipovsky*; Regie: *Kurt Hoffmann*)
„Der geteilte Himmel" (dt. Film [Defa] mit *Renate Blume, Eberhard Esche*; Regie: *Konrad Wolf*)
„Wälsungenblut" (dt. Film n. d. Novelle v. *Th. Mann* mit *Rudolf Forster, Margot Hielscher*; Regie: *Rolf Thiele*)
„Die Zeit der Schuldlosen" (dt. Film mit *Eric Schumann, Peter Pasetti*; Regie: *Thomas Fantl*)
„Ein Haufen toller Hunde" („The hill", brit. Film mit *Sean Connery, Harry Andrews*; Regie: *Sidney Lumet*)
„Schüsse in Batasi" (brit. Film mit *Richard Attenorough, Mia Farrow*; Regie: *John Guillermin*)
„Yeah! Yeah! Yeah!" (brit. Film um die und mit der Musikantengruppe der Beatles)
„Das Schweigen" (schwed. Film, gerät wegen seiner sexuellen Offenheit in die Diskussion)

und After, in Röhren am Tiefseeboden lebend, mit Krone dünner Fangarme
Biologen der USSR finden Eidechsenart, die sich anscheinend rein parthogenetisch (ohne Männchen) vermehrt
Brit. Ornithologe stellt landschaftl. gebundene „Dialekte" im Gesang der Vögel mittels Klanganalyse fest
Grad der Ähnlichkeit in der Struktur der Erbsubstanz DNS bei verschiedenen Tierarten wird als Hinweis auf Nähe der stammesgeschichtlichen Verwandtschaft verwendet
„Der Mensch und seine Zukunft" (Ergebnis des nordamerik. Ciba-Symposiums). „Die Kontrolle menschlicher Vererbung und Entwicklung" (Ergebnisse eines nordamerik. Symposiums 1963 über Beeinflußbarkeit der Vererbung): Als Ideen zur Beeinflussung der menschlichen Entwicklung gibt es in USA die v. *H. J. Muller* vertretene „Eugenik" als Auswahl und Beeinflussung der Erbsubstanz und die von *J. Lederberg* vertretene „Euphenik" als physiologische und embryologische Beeinflussung der Keimentwicklung
Mikroelektronische Halbleiterschaltungen durch Erzeugung von Schichten von $1/1000$ mm Dicke auf Grundfläche von wenigen mm² ermöglichen Fertigungskapazitäten von ca. 1 Mio. Schaltkreisen pro Jahr mit kleinster Abmessung
Bisher größte elektronisch errechnete Primzahl $2^{11213}-1$ (eine Zahl mit etwa 3365 Stellen; es gibt keine endgültig größte Primzahl)
Computer ermittelt in USA aus EKG-Daten mit mehr als 90% die richtige Diagnose für Herzkrankheiten
Fünf Institute des Dt. Krebsforschungszentrums in Heidelberg eröffnet
Von den jährl. ca. 12 Mio. Patienten der BRD bedürfen wenigstens 2,5 Mio. einer psychischen Therapie
Dt. Forschungsgemeinschaft fördert Forschung in der BRD mit 146 Mill. DM.
Dt. Elektronen-Synchroton (Elek-

BRD u. DDR gemeins. (10, 22, 18) Italien (10, 10, 7), Ungarn (10, 7, 5), Polen (7, 6, 10), Austr. (6, 2, 10), Gr.-Brit. (4, 12, 2)
Donald Campbell erreicht mit dem Kraftwagen „Bluebird II" (4500-PS-Turbine) Automobilgeschwindigkeitsweltrekord 648,72 km/h
Weltrekord im 200-m-Lauf mit 20,2 Sek. von *Henry Carr* (* 1942, USA, Neger)
Cassius Clay (USA) Schwergewichtsweltmeister im Boxen gegen *Sonny Liston* (USA)
Jukio Endo (* 1937, Japan) Olympiasieger im turnerischen Zwölfkampf
Joseph (Sepp) Herberger (* 1897), Fußballtrainer der dt. Nationalmannschaft seit 1936, tritt in den Ruhestand
Ingrid Krämer (DDR, * 1943) erringt olymp. Goldmedaille im Kunstspringen, die silb. im Turmspringen)
Willi Kuhweide (BRD, * 1943) erringt olymp. Goldmedaille im Segeln der Finn-Dinghi-Klasse
Geraldine Mock (USA) fliegt als erste Frau im Alleinflug in 28 Tagen um die Erde
Gustav (Bubi) Scholz (BRD) gewinnt Europamei-

(1964)	„Sieg in Frankreich" (frz. Dokumentarfilm, Regie: *Jean Murel*)	Min.-Präs. Frau *Sirimawo Bandaranaike* ab (im Amt seit 1960, sozialist. Freiheitspartei)

„Sieg in Frankreich" (frz. Dokumentarfilm, Regie: *Jean Murel*)

„Le bonheur" (frz. Film mit *Jean-Claude Drouot, Claire Drouot*; Regie: *Agnès Varda*)

„Das ausgeliehene Mädchen" (ital.-frz. Film mit *Annie Girardot, Rossano Brazzi*; Regie: *Alfredo Gianetti*)

„Das Matthäus-Evangelium" (ital. Film mit *Enrique Irazoqui, Margherita Caruso*; Regie: *Pier Paolo Pasolini*)

„Zu lieben" (poln. Film mit *Zbigniew Cybulski* [* 1927, † 1967])

„Alexis Sorbas" (griech. Film mit *Anthony Quinn, Alan Bates, Irene Papas*; Regie: *Michael Cacoyannis*)

„Sallah — oder tausche Tochter gegen Wohnung" (israel. Film, Regie: *Ephraim Kishon*)

„Sie nannten ihn King" (nordamer. Film mit *George Segal, Tom Courtenay*; Regie: *Bryan Forbes*)

„Der Pfandleiher" (nordamer. Film mit *Rod Steiger* u. *Geraldine Fitzgerald*; Regie: *Sidney Lumet*)

„Mary Poppins" (nordamerik. Film, Regie: *Robert Stevenson*)

Sidney Poitier erhält „Oscar"-Filmpreis für Rolle in „Lilien auf dem Felde"

„Tokio 1964" (jap. Dokumentarfilm v. den Olympischen Spielen, Regie: *Kon Ichikawa*)

Auf dem Kurzfilm-Festival in Oberhausen werden polnischer Trickfilm „Rot und Schwarz" und der tschechoslowakische Realfilm „Josef Kilian" ausgezeichnet

Auf der Mannheimer Filmwoche werden durch Umfrage die anerkanntesten Dokumentarfilme d. Filmgeschichte ermittelt:

Robert Flasherty: „Nanook of the North" (1920)

Harry Watt u. *Basil Wright*: „Night Mail" (1963)

Viktor Turin: „Turksib" (1929)

Walter Ruttmann: „Berlin — Symphonie einer Großstadt" (1927)

Dziga Wertow: „The man with the movie-camera" (1928/29)

Robert Flasherty: „Louisiana-story" (1946—48)

Georges Rouquier: „Farrebique" (1945/46)

Alain Resnais: „Nacht und Nebel" (1955)

Serge Eisenstein: „Die Generallinie" (1926—29)

John Grierson: „Drifters" (1929)

Min.-Präs. Frau *Sirimawo Bandaranaike* ab (im Amt seit 1960, sozialist. Freiheitspartei)

Erste Atombombe der Volksrep. China zur Explosion gebracht (1965 der zweite Test)

Konferenz der blockfreien Staaten in Kairo fordert sofortige Beendigung des Kolonialismus

Afro-asiatische Gipfelkonferenz gegen den Wunsch der Volksrep. China verschoben

tronenbeschleuniger „DESY" für ca. 7 GeV) bei Hamburg in Betrieb genommen (wird vom Bund und allen Bundesländern finanziert)

Prototyp des USA-Bombers B-70 mit dreifacher Schallgeschwindigkeit und 9600 km Reichweite

Sowjetisches Düsenflugzeug TU 134 für 64 Passagiere und 900 km Stundengeschwindigkeit

Erkrankungen an Kinderlähmung in der Schweiz

Vor Schutzimpfung		Seit Einführung der Schutzimpfung	
1952	579	1957	333 n. *Salk*
1953	964	1958	126
1954	1628	1959	272
1955	919	1960	139 n. *Sabin*
1956	973	1961	152
		1962	13
		1963	12
		1964	5

Vollautomatische, elektronische Zugfolgeregelung bei einer dt. Industriebahn (ohne Zugführer)

Turbinen-PKW in USA entwickelt

Verrazano-Narrows-Hängebrücke über die Hafeneinfahrt von New York (Stützweite 1278 m, Gesamtlänge 2007 m)

„Meteor", Forschungsschiff (2500 BRT) der BRD getauft und in Dienst gestellt (erstes der Nachkriegszeit)

Kaiserpfalz in Paderborn neben dem Dom entdeckt

Fund einer Vollplastik eines keltischen Kriegers in Hirschlanden bei Stuttgart (größer als 1,5 m, aus der Zeit v. Chr., gilt als älteste großfigurige Vollplastik nördlich der Alpen)

In Rom wird Sarkophag mit Mumie eines achtjährigen Mädchens aus dem 2. Jh. n. Chr. gefunden, das eine Goldkette mit Saphiren trägt

Archäologische Funde lassen Anfänge Roms schon um —1300 vermuten (legendäres Gründungsjahr —753)

Im Komitat Komarom (Ungarn) werden Feuerstellen von ≈ —400000 gefunden (älteste bisher bekannte)

„Aphrodite von Taman" aus dem 2. bis 3. Jh. v. Chr. am Schwarzen Meer in der USSR gefunden (1963) und datiert

Bei Kato Zakro (Ost-Kreta) minoischer Palast (≈ —1500) entdeckt, mit Goldgegenständen und geschliffenen Kultgefäßen

Ausgrabungen in Bankao, Thailand, (seit 1960) unter Leitung von *Eigil Nielsen* ergeben jungsteinzeitliche Kultur seit ca. —1800 (vermutlich aus Zentralchina, um den Huang Ho stammend)

In China und Vietnam werden mehrere eiszeitliche Menschenreste (Alter zwischen 200000—800000 Jahren) gefunden. Folgerung: In der Eiszeit gingen vom südostasiatischen Kontinentalraum Wanderungsschübe nach Nord und Süd

Chinesischer Archäologe entdeckt in der Nähe des Tien-Sees (südwestchines. Provinz Yünnan) eine bronzezeitliche Kultur aus der Zeit —3. bis —1. Jh., die sog. Tien-Kultur

Im Bergland Perus vermutlich die sagenhafte Stadt Vilcabamba gefunden, Zuflucht des letzten Inkaherrschers im 16. Jh.

Ausgabe für Forschung und Entwicklung in

	Mill. Dollar	% d. Br.-Soz.-Prod.	Dollar pro Kopf
USA	21075	3,7	110,5
Schweiz	323	2,5	54,3
Gr.-Brit.	2160	2,3	39,8
Frankreich	1299	1,9	27,1
BRD	1436	1,6	24,6
Japan	892	1,5	9,3
Italien	291	0,7	5,7

Dt. Bundespost schafft interkontinent. Satelliten-Telefonverb.

fahrlässige Brandstift. 12425
Raub 7218
vorsätzl. Brandstfg. 2909
Abtreibung 2388
fahrlässige Tötung 982
versuchter Mord 977
Mord und Totschlag 471

Bei 149 Bankberaubungen in der BRD 5 Menschen getötet, 19 verletzt, 2,3 Mill. DM geraubt

Die Kriminalität i. d. größten Städten der BRD liegt zwischen 40 und 50 Straftaten pro 1000 Einwohner und Jahr. Im Durchschnitt in allen Gebieten (1963) bei 29 (Aufklärungsquote betrug 1963: 55,5%, 1962: 64,6%)

In Wiesbaden wird der siebenjährige *Timo Rinnelt* entführt und (nach 2 Jahren) in einem Keller tot aufgefunden

In USA 1300 Verbrechen pro 100000 Einwohner (1954: 780). Darunter Fälle von Mord und Totschlag 9249
Raubüberfall 110458
Autodiebstahl 462971
Körperverletzung 184908
Einbruch 111753

Bei Tumulten und einer Panik kommt es in Lima, Peru, währ. eines Fußballspiels zu 285 Toten

sterschaft im Halbschwergewicht gegen *Giulio Rinaldi* (Ital.), der disqualifiziert wird

Peter Shell (* 1938, Neuseeland) gewinnt b. d. Olympischen Spielen in Tokio Goldmedaillen im 800-m-Lauf (1:45,1) und 1500-m-Lauf (3:38,1)

Internationale Gartenschau in Wien

Pulitzer-Preis für Pressefotos an *R.* *H. Jackson* für Bild von der Ermordung *Lee Oswalds* durch *Jack Ruby*

Die vier größten Illustrierten der BRD, „Stern", „Quick", „Bunte Illustrierte", „Neue Illustrierte" haben Auflagen zwischen 0,95 und 1,3 Millionen

Damenmode: enge Röcke, Länge bis über das Knie, Taille tief, Modefarbe Blau Vereinzelt oberteillose Damenbadeanzüge („Oben ohne" nimmt bes. in bildlichen Darstellungen zu)

Schweres Erdbeben verwüstet Südalaska: 170 Tote, ca. 3 Mrd. DM Sachschaden

Heftiger Ausbruch des Ätna (Sizilien)

Bei Skifilmaufnahmen in der Schweiz kommen Olympiasiegerin *Barbara* *Henneberger* und *Budd Werner* ums Leben

Bekanntgewordene Straftaten in der BRD in Auswahl:
Diebstahl 994714
Betrug, Untreue 184043
Sittlichkeitsdelikte 63800
schwere Körperverl. 29858
Urkundenfälschung 16686
Begünst., Hehlerei 13058

1965

###

Friedens-Nobelpreis an internationale Kinderhilfsorganisation UNICEF

Karlspreis der Stadt Aachen für Verdienste um Europa nicht vergeben

Dritte Passierscheinaktion in Berlin für Besuche von West-Berlinern in Ost-Berlin

K. Adenauer kritisiert einseitiges Südostasien-Engagement der USA; SPD weist diese Kritik zurück

Bundestag beschließt, daß Verjährung von NS-Mordtaten erst Ende 1969 eintritt

Dt. Bundestag in Berlin (nach 6½ Jahren), wird durch sowjetische Tiefflieger ostentativ gestört

SPD verhindert im Dt. Bundestag die von Innenmin. *Höcherl* eingebrachte Notstandsverfassung. Bundestag verabschiedet die nichtverfassungsändernden („einfachen") Notstandsgesetze

Dt. Bundestag führt als parlamentarische Diskussionsform die „aktuelle Stunde" ein

Aufnahme diplomatischer Beziehungen zwischen BRD und Israel (führt zum Abbruch diplomat. Beziehungen arabischer Staaten mit der BRD). *Rolf Pauls* (* 1915), dt. Botschafter in Jerusalem (bis 1968), *Asher Ben-Natan* (* 1921), israel. Botschafter in Bonn bis 1969

Syrische Regierung schließt das Goethe-Institut der BRD

Landtagswahl im Saarland: CDU 42,7% (vorher 36,6%), SPD 40,7% (30%), FDP 8,3% (13,8%), SVP/CVP 5,2% (14,6%)

Wilhelm Kaisen (* 1887, SPD), Senatspräsident in Bremen seit 1945, tritt zurück. Nachfolger *Willy Dehnkamp* (* 1903, SPD), seit 1951 Senator für Bildungswesen (bis 1967)

1. Bürgermeister von Hamburg, *Paul Nevermann* (SPD), tritt aus persönl. Gründen zurück. Nachfolger *Herbert Weichmann* (* 1896, SPD), bisher Finanzsenator

Koalition SPD—CDU in Niedersachsen unter Min.-Präs. *G. Diederichs* (SPD) (bis 1970)

Nobelpreis für Literatur an *Michail Alexandrowitsch Scholochow* (USSR, * 1905)

Friedenspreis des dt. Buchhandels an *Nelly Sachs* (* 1891 Dtl., seit dem 2. Weltkrieg im schwed. Exil, † 1970)

Samuel Josef Agnon (* 1888, † 1970, eig. J. S. Czackes): „Der Treueschwur" (dt. Übersetz. israel. Erzählung)

Ilse Aichinger (* 1921): „Eliza, Eliza" (Erzählungen)

John Arden (* 1930): „Armstrong's last good night" (engl. Schauspiel)

† *Jacques Audiberti*, frz. Dichter, Gedichte, Romane, Bühnenwerke surrealist. Richtung (* 1899)

Saul Bellow (* 1915): „Herzog" (dt. Übers. d. nordamer. Romans)

† *Moscheh Y. Ben-Gavriêl* (* 1891, früher *Eugen Hoeflich*). 1965: „Kamele trinken auch aus trüben Brunnen" (israelisch) (1958: „Das Haus in der Karpfengasse", Roman)

Wolf Biermann (* 1936): „Die Drahtharfe" (Texte seiner zeitkrit. Lieder aus der DDR)

† *Johannes Bobrowski* (* 1917). 1965: „Das Mäusefest" (Erzählungen), „Levins Mühle" (Roman)

Prix Goncourt an *Jacques Borel* (* 1927)

Nicolas Born: „Der zweite Tag" (Roman)

Peter O. Chotjewitz: „Hommage à Frantek. Nachrichten für seine Freunde" (Roman)

Herbert Eisenreich (* 1925): „Sozusagen Liebesgeschichten" (österr. Erz.)

Th. W. Adorno: „Noten zur Literatur I—III" (seit 1958)

Versuche mit der integrierten Oberschule (Gesamtschule) in Berlin (West) und anderen Bundesländern mit dem Ziel, die Dreiteilung der Oberstufe (Hauptschule, Realschule, Gymnasium) durch Integration zu überwinden, wobei statt Jahrgangsklassen Leistungsgruppen gebildet werden

Jürgen Becker und *Wolf Vostell:* „Happening, Fluxus, Pop-Art, Nouveau Réalisme" (Dokumentation neuester Formen der Kunst)

Arnold Bergsträsser (* 1896, † 1964), Kulturhistoriker und Soziologe: „Weltpolitik als Wissenschaft, geschichtliches Bewußtsein u. politische Entscheidung" (postum)

Otto Friedrich Bollnow (* 1903): „Die anthropologische Betrachtungsweise in der Pädagogik", „Französischer Existenzialismus"

Max Born: „Von der Verantwortung des Naturwissenschaftlers" (weist auf ihre Bedeutung im Atomzeitalter hin)

† *Martin Buber*, dt.-israel. Religionsphilosoph, vertrat den Chassidismus (* 1878)

Erasmus-Preis an *Charlie Chaplin* und *Ingmar Bergman*

Ralf Dahrendorf (* 1929): „Gesellschaft und Demokratie in Deutschland" (kritisch-analytische Betrachtung), „Bildung ist Bürgerrecht"

David Annesley (* 1936): „Großer Ring" (engl. abstr.-geometr. farb. Aluminium-Plastik)

Horst Antes (* 1936): „Dreiäugige Figur m. schwarzer Weste" (Gem.)

Hans Bellmer (* 1902): „Die Puppe" (poln.-frz. Aluminium-Plastik)

Rosemarie Bremer: „Die Blumen des Guten im Garten d. Bösen" (Montage)

Gernot Bubenik (* 1942): „Die Genitalien der Venus (Schema), Schautafel Nr. 2" (Gem.)

Alex Calder: „Têtes et Queue" (nordam. Stahlstabile)

Marc Chagall: „Blumenbukett mit Liebespaar" (russ.-frz. Gem.)

Ch. Csuri als Künstler und *J. Shaffer* als Programmierer gewinnen „Computer Art Contest"

Edgar Ende (* 1901): „Aurora" (surrealist. Gem.)

Winfred Gaul (* 1928): „Signalraum" (4 Objekte in einem ausgemalten Raum)

Rupprecht Geiger (* 1908): „2mal Rot" (abstr. Gem.)

K. O. Götz (* 1914): „Gouache/Karton" (abstr. Gem.)

Otto Herbert Hajek (* 1927): „Farbwege" (Raumgestaltung m. malerischen u. plast. Mitteln)

Ernst Hermanns (* 1914): „65/1" bis

Helmut Barbe (* 1927): „Der 90. Psalm" (Komp. f. A-cappella-Chor)

Conrad Beck (* 1901): Streichquartett Nr. 5 (schweiz. Komp.)

Niels Viggo Bentzon (* 1919): 11. Sinfonie (dän. Komp.)

Leonard Bernstein: „Chichester Psalms" (nordam. Oratorium auf hebräischen Text)

Antonio Bibalo (* 1922): „Lächeln a. Fuße der Leiter" (ital. Oper zus. mit *Henry Miller*; Urauff. Hamburg)

Boris Blacher: „Tristan und Isolde" (Ballett), Konzert für Cello

B. Blacher und *H. v. Cramer*: „Zwischenfälle bei einer Notlandung" (elektron. Oper, Uraufführung in Hamburg)

Karl-Birger Blomdahl (* 1916): „Der Herr v. Hancken" (schwed. Oper)

Carlos Chávez (* 1899): „Tabuco" (mexikan. Orchesterkomp.)

† *Nat „King" Cole*, Negersänger und Musiker der USA (* 1919)

Joh. Nepomuk David: 8. Sinfonie

Paul Dessau: „Requiem f. Lumumba" (Oratorium)

Helmut Eder (* 1916): „Der Kardinal" (österr. Fernsehoper um d. Schicksal eines Geistlichen im

Nobelpreis für Physik an *Richard P. Feynman* (* 1918, USA), *Julian S. Schwinger* (* 1918, USA) und *Sin-Itiro Tomonaga* (* 1906, Japan) für Entwicklung der Quanten-Elektrodynamik

Nobelpreis für Chemie an *Robert B. Woodward* (* 1917, USA) für Totalsynthese von Naturstoffen, darunter Chlorophyll (1960)

Nobelpreis für Medizin an *François Jacob* (* 1920, Frankreich), *André Lwoff* (* 1902) und *Jacques Monod* (* 1910, Frankreich) für Arbeiten zur Enzym- und Virussynthese

† *Edward Appleton*, brit. Ionosphärenphysiker und Nobelpreisträger (* 1892)

Manfred von Ardenne veröffentlicht „Mehrschritt-Krebstherapie": Chemotherapie nach vorheriger Überwärmung des Körpers bis 44° C

Pawel Beljajew (* 1925) u. *Alexei Leonow* (* 1934) starten mit USSR-Erdsatelliten „Woschod 2". *A. L.* verläßt als erster Mensch für ca. eine Viertelstunde Raumschiff im Weltraum

USA-Astronauten *Frank Borman* u. *James Lovell* vollführen bisher längsten, zweiwöchigen Raumflug mit Rendezvousmanöver mit zweitem Raumschiff mit den Piloten *Walter Schirra* und *Thomas Stafford*

Unterwasserstation „Sealab 2" in 62 m Tiefe vor der kaliforn. Küste verankert. Astronaut *Carpenter* bleibt 29 Tage unter Wasser

G. Cooper (* 1927) und *Charles Conrad* (* 1930) führen vom 21. bis 28. August in Gemini 5 bisher längsten Weltraumflug um die Erde aus

R. Dearnley schätzt Erdradius vor 2,75 Mrd. Jahren auf 4400 km (heute 6367 km; Hinweis auf Expansion der Erde)

Paul Dirac entwickelt aus der Quantenmechanik *Heisenbergs* eine Quantenfeldtheorie

G. Eder schließt auf eine Zunahme des Erdradius um 0,07 cm pro Jahr, d. h. in den 3,4 Mrd. Jahren seit der Oberflächenerstarrung nahm danach die Erdoberfläche von 213 auf 510 Mill. km² zu

%-Anteile an der Weltindustrieproduktion von etwa insges. 2700 Mrd. DM (zum Vgl. 1951):

	1951	1965
USA	40,9	30,3
USSR	11,8	19,8
Dtld.	7,0	8,6
BRD	5,5	6,6
DDR	1,5	2,0
Gr.-Brit.	8,5	5,5
VR China	—	4,5
Japan	1,6	3,9
Italien	2,0	2,4
Polen	1,2	2,0
CSSR	1,2	1,6

BRD steht mit der pro-Kopf-Prod. n. d. USA an 2. Stelle, DDR an 3. Stelle

Durchschnittlicher Stundenlohn eines Arbeiters (umgerechnet in DM):

USA	10,56
Schweden	6,04
Gr.-Brit.	4,80
Australien	4,40
BRD	4,16
Frankreich	2,92
Italien	2,84
Israel	2,52
USSR	2,40
Argentinien	2,32
Mexiko	2,24
Polen	1,80
Griechenld.	1,68
Japan	1,60
Kolumbien	0,80
Ghana	0,60
Südkorea	0,32

Sichere Erdölreserven betragen ca. 50 Mrd. t (Weltölreserven insges. werden auf ca. 600—2500 Mrd. t geschätzt). Erdöljahresproduktion 1,5 Mrd. t

Leistungskapazität von Kernenergie i. Mill. Watt (MW): Großbrit. 7006,

(1965)

Ergebnis der Wahlen zum Dt. Bundestag (Vgl. 1961):
CDU/ % Wähler Sitze
CSU 47,6 (45,3) 196/49 (192/50)
SPD 39,3 (36,2) 202 (190)
FDP 9,5 (12,8) 49 (67)
NPD 2,0
DFU 1,3
übrige 0,3
Koalitionsregierung: Bundeskanzler: *L. Erhard* (CDU), Vizekanzler: *E. Mende* (FDP), Außenminister: *G. Schröder* (CDU), Innenminister: *P. Lücke* (CDU), Finanzen: *R. Dahlgrün* (FDP) (tritt Ende 1966 zurück)
Konflikt Bundeskanzler *Erhards* mit Gewerkschaften, weil er in der Regierungserklärung zur Sparsamkeit oder Mehrarbeit aufrief
Denkschrift der evangelischen Kirche Deutschlands (EKD) über „Die Lage der Vertriebenen und das Verhältnis des deutschen Volkes zu seinen östlichen Nachbarn" (wird insbes. von Vertriebenenverbänden heftig kritisiert)
Rechtsgerichtete Deutsche Reichspartei (DRP) beschließt Auflösung. Mitglieder schließen sich meist der Nationaldemokratischen Partei (NPD) an
Prozeß in Frankfurt/Main gegen Angehörige des KZ Auschwitz führt zu 6 lebenslänglichen Zuchthausstrafen, 11 zeitlich begrenzten Freiheitsstrafen und 3 Freisprüchen
USA ziehen die nach dem Mauerbau 1961 vorgenommenen Verstärkungen aus Berlin zurück
Über 1,8 Mill. Rentnerbesuche aus der DDR in der BRD im ersten Jahr dieser Möglichkeit
Passierscheinausgabe in Berlin für Besuche von Westberlinern in Ostberlin für Weihnachten/Neujahr. (Über 980000 Besuche wurden genehmigt)
2600 politische Häftlinge aus der DDR durch Warenlieferungen aus der BRD ausgelöst
26 Starfighter der Bundeswehr stürzten im Laufe des Jahres ab (führt zu einer Diskussion, ob Wiederbewaffnung der Bundeswehr übereilt geschah)
Otto Winzer (* 1902), Außenmin. der DDR

† *Thomas Stearns Eliot,* brit. Dichter, Nobelpreisträger (* 1888)
Hubert Fichte (* 1935): „Das Waisenhaus" (Roman einer verlorenen Generation)
Georg-Büchner-Preis an *Günter Grass*
Günter Grass: „Dich singe ich, Demokratie" (Wahlreden für die SPD)
Jorge Guillén (* 1893): „Mein Freund F. G. Lorca. Ein Briefwechsel" (dt. Übers. aus d. Spanischen)
Peter Hacks (* 1928): „Moritz Tassow" (Bühnenstück über Konflikte zwischen pragmatischen und utopischem Sozialismus)
† *Benvenuto Hauptmann,* dt. Schriftsteller, Sohn *Gerhart H.*s (* 1902)
Stefan Heym (* 1913): „Lenz oder die Freiheit"
Wolfgang Hildesheimer (* 1916): „Tynset" (Roman)
Walter Höllerer: „Theorie der modernen Lyrik"
Uwe Johnson: „Zwei Ansichten" (Roman)
Hermann Kant (* 1926): „Die Aula" (Roman)
Marie Luise Kaschnitz: „Ein Wort weiter" (Gedichte)
Armand Lanoux (*1913): „Wenn das Meer zurückweicht" (dt. Übers. d. frz. Romans)
Gerhard Ludwig: „Tausendjahrfeier" (satir. Roman)
Norman Mailer: „Der Alptraum" (nordamer. Roman)
Mao Tse-tung: 37 Gedichte (dt. Übers. aus d. Chinesischen)

Wilhelm Emrich (* 1909): „Geist und Widergeist" (literaturhistor. Essays)
Theodor Eschenburg (* 1904): „Über Autorität"
Ossip K. Flechtheim: „Weltkommunismus im Wandel"
Peter Glotz und *Wolfgang R. Langenbucher:* „Versäumte Lektionen, Entwurf eines Lesebuchs" (mit bisher vernachlässigten Lesestükken)
H. Gollwitzer u. *W. Weischedel:* „Denken und Glauben"
„Freiheitsmarsch" weißer und schwarzer Bürgerrechtler der USA nach Montgomery unter der Leitung von *Martin Luther King*
René König: „Soziologische Orientierungen"
† *Carl E. Lund-Quist,* evang. Theologe, wurde 1952 Generalsekretär d. Luther. Weltbundes (* 1908)
Herbert Marcuse: „Kultur und Gesellschaft" (dt.- amer. gesellschaftskrit. Philosophie)
Erich Müller-Gangloff (* 1907): „Mit der Teilung leben. Eine gemeindeutsche Aufgabe" (mit der These: „Die Wiedervereinigung ist verspielt")
G. H. Mostar (*1901, + 1973): „Liebe, Klatsch und Weltgeschichte (Satire)
Papst *Paul VI.* zieht aus kirchenpolitischen Gründen die schon vom Konzil angenommene Erklärung über die Juden zurück, die auf die traditionelle Anklage wegen „Gottesmordes" verzichtet hatte
Papst benennt „Heiliges Offizium" (gegr. 1542)

„65/5" (geometr. Leichtmetallplastiken)

Rolf Heym (* 1930): „Stilleben mit Rose" (neorealist. Gem.)

David Hockney (* 1937): „California" (engl. pop-artiges Gem.)

Horst Hödicke (* 1938): „Passage 19" (pop-artig, Objekt, Lack/Papier/Leinwand)

Gerhard Hoehme (* 1920): „Randstörungen" (abstr. Gemälde)

Horst Egon Kalinowski (* 1924): „Osiris - Schrein" (Leder auf Holz)

R. B. Kitaj (* 1932): „Der kulturelle Wert von Angst, Mißtrauen und Hypochondrie" (amerik.-engl. pop-art. Siebdruck)

Konrad Klaphek (* 1935): „Vergessene Helden" (Gem.)

Ferdinand Kriwet (* 1942): „PUBLIT, poem painting 12" (Gem.)

† (ertrunken) *Le Corbusier*, frz.-schwz. Architekt (* 1887)

Wolfgang Ludwig (* 1923): „Kinematische Scheibe" (geometrisch-konstruktivistisches Gem.)

Konrad Lueg (* 1939): „Waschlappen" (pop-art. Gem.)

Josaku Maeda (* 1926): „Mystagogie d'Espace" (jap. abstr. Gem.)

René Magritte (* 1898, † 1967): „Im Freien" (belg.-frz. surrealist. Gem.)

Ostblock, Mischung aus freier Tonqualität und Zwölftontechnik); „Die Irrfahrten d. Odysseus" (Ballett)

Hans-Ulrich Engelmann: „Manifest vom Menschen" (Oratorium, im Auftrag des DGB)

Jean Françaix (* 1912): „La Princesse de Clève" (frz. Oper nach *Voltaire*)

Heinz F. Hartig (* 1907, † 1969): „Studie I" (Musik für konzertante Gruppen)

Hans Werner Henze: „Der junge Lord" (satir. Oper, Libretto v. *Ingeborg Bachmann*)

Gerald Humel (* 1931): Kammerkonzert f. Horn, Klavier, Streicher (nordam. Komp.)

Milko Kelemen: „Hommage à Heinrich Schütz" (jugosl.-dt. Oratorium zum *Schütz*-Fest in Berlin)

Giselher Klebe: „Jacobowsky und der Oberst" (Oper)

† *Hans Knappertsbusch*, dt. Dirigent bes. in München, Wien, Bayreuth (* 1888)

Rafael Kubelik: Streichquartett Nr. 2 (tschechosl.-dt. Komp.)

Rolf Liebermann: „Capriccio" (schweiz. Ballett)

György Ligeti: „Requiem" (ung. Komp.)

K. Flemming u. *M. Langendorff*: Es gibt Strahlenschutzsubstanzen wie Histamin, welche Strahlenwirkung etwa um die Hälfte herabsetzen

S. W. Fox: „Die Entstehung präbiologischer Systeme" (nordamerikanische Zusammenfassung der chemischen und biologischen Evolution auf der Erde)

Klaus-Dieter Gattner: „Über die Problematik der Simulation konstruktiver Tätigkeiten" (zum Problem der automatischen Konstruktion)

Rudolf Geiger (* 1894): 12 Karten zur Atmosphäre der Erde, darunter jährliche Sonnenstrahlung, Wärmetransport durch Meeresströmungen, jährliche Verdunstung

Erster Weltraum-Gruppenflug der USA: Gemini GT 3 mit *Virgil I. Grissom* (* 1926, † 1967) u. *John W. Young* (* 1930)

Hardy (USA) transplantiert Schimpansenherz auf herzkranken Patienten (funktioniert 1½ Stunden). Daneben Versuche von *Kolff* (USA) und *Emil S. Bücherl* (BRD), Kunststoffherz zu konstruieren und zunächst in Tierversuchen zu erproben

Robert W. Holley (* 1912) und Mitarbeitern gelingt Strukturaufklärung (Basensequenz) der Alanin-transfer-RNS (wichtig für Analyse der Protein-Biosynthese)

F. Hoyle vermutet, daß die beobachtete Expansion des Weltalls nur zeitlich vorübergehend oder sogar nur ein begrenzter Zustand in unserer kosmischen „Umgebung" ist

Herman Kahn (* 1922): „On Escalation" („Über Eskalation"; der führende US-Futurologe unterscheidet 44 Stufen der Krisensteigerung)

H. Kusch: Elektronisches Gerät zur automatischen Erkennung gesprochener Zahlen (mit einer Sicherheit von 87% pro Zahl. Problem allgemein noch nicht ausreichend gelöst)

L. B. Leakey datiert aufgrund neuer Funde in Ostafrika Alter des Menschen auf 1,75 Mill. Jahre

Konrad Lorenz (* 1903): „Über tierisches und menschliches Ver-

USA 5382, Frankr. 1580, USSR 877, Ital. 620, Indien 580, BRD 324, Kanada 220, Belg. 200, Spanien 153, Japan 150, CSSR 150, Schweden 148, DDR 70 (Erde insgesamt 17537)

Voltastaudamm in Ghana (Afrika) m. 588000 kW elektrischer Leistung

Rohstahlerzeugung d. Erde 458 (1950: 161) Mill. t, davon

USA	122
USSR	91
Japan	41
BRD	37
Gr.-Brit.	27
Frankreich	20
Italien	13
VR China	12
Belgien	9,2
Kanada	9,1
Polen	9,0
CSSR	8,6
Indien	6,3
DDR	3,9

Erzeugung von Papier und Pappe: Erde ca. 96 Mill. t, davon (in Mill. t)

USA	37,6
Kanada	9,4
Japan	7,3
USSR	4,7
Gr.-Brit.	4,4
BRD	4,2
Frankreich	3,2
Finnland	3,2
Schweden	3,1
Italien	2,2
Niederlande	1,0
Norwegen	1,0
DDR	0,9

Von 18,2 Mill. t Bekleidungsfaser-Produktion der Erde sind 30% Chemiefaser (davon 2 Mill. t = 11% synthet. Faser), 62% Baumwolle, 8% Wolle

(1965)

† (Freitod) *Erich Apel*, stellvertr. Min.-Präs. der DDR und Vors. d. staatl. Planungskommiss. (* 1917)
Volkswirtschaftsrat der DDR zugunsten von sieben Industrieministerien aufgelöst
Jugoslawischer Staatspräsident *Tito* kommt zum ersten Staatsbesuch in die DDR
† *Leopold Figl*, österr. Bundeskanzler von 1945 bis 1953 (* 1902)
Krise im EWG-Ministerrat zwischen Frankreich und den anderen Mitgliedern über Agrarsubventionen
Frankreich bleibt SEATO-Konferenz fern wegen unterschiedlicher Haltung zum Vietnamkrieg. Auch sonst starke Spannungen im Bündnis
Abkommen über kulturelle, wirtschaftliche und technische Zusammenarbeit zwischen Frankreich und Volksrep. China
Staatspräsident *de Gaulle* verkündet eine unabhängige franz. Politik, um einer Vorherrschaft der USA oder der USSR zu begegnen, und kündigt an, daß Frankreich 1969 aus der NATO ausscheiden wird
de Gaulle wird im zweiten Wahlgang mit 55% der abgegebenen Stimmen für sieben Jahre zum franz. Staatspräsidenten gewählt (*François Mitterand*, Linkspolitiker, erhielt im ersten Wahlgang 32% der Stimmen)
† *Winston Churchill*, brit. konservativer Staatsmann. Im Unterhaus seit 1900; wiederholt Regierungsämter seit 1906. Premierminister 1940—45, 1951—55. Rettete sein Land im 2. Weltkrieg (* 1874)
Elizabeth II., brit. Königin, besucht BRD, einschließlich Berlin
Edward Heath (* 1916), wird nach dem Rücktritt von *A. F. Douglas Home* (* 1903) Führer der brit. Konservativen
Kommunalwahlen in England bringen Konservativen große Gewinne, Labour entsprechende Verluste
Regierung *Ian D. Smith* ruft Unabhängigkeit Rhodesiens aus. Gr.-Brit. verlängert wirtschaftl. Sanktionen, um politische Gleichberechtigung der Neger in der bisherigen Kolonie durchzusetzen

† *William Somerset Maugham*, brit. Schriftsteller (* 1874)
François Mauriac: „Nouveaux mémoires intérieurs" (frz. Lit.)
Hans Günter Michelsen: „Helm" (Schauspiel)
Arthur Miller (USA) Präsident des PEN — Schriftstellervereinigng.
Henri de Montherlant: „La guerre civile" („Der Bürgerkrieg", frz. Schauspiel)
Percy H. Newby (* 1918): „One of the founders" (engl. Lit.)
Robert Pinget: „Inquisitorium" (dt. Übers. d. schweiz-frz. Romans)
Kathleen Raine (* 1908): „The hollow hill" (engl. Lit.)
Nelly Sachs: „Späte Gedichte"
National Book Award an *Arthur Schlesinger* (f. histor.-biogr. Schriften) und *Katherine Anne Porter* (für Romane)
Henri Troyat (* 1911): „Tolstoi" (russ.-frz. Biographie)
Franz Tumler (* 1912): „Aufschreibung aus Trient" (österr. Prosa)
Peter Weiss: „Die Ermittlung" (Schauspiel um den Frankfurter Auschwitzprozeß)
„Kursbuch" (polit.-lit. Zeitschr., Hg. *Hans Magnus Enzensberger*)
Folgende Bühnendichter erlebten seit 1955 an dt.-sprachigen Bühnen an Aufführungen: Shakespeare 24 902, Schiller 17 860, Shaw 11 200, Goethe 11 080, Lessing 10 317, Brecht 9956, Molière 9806, G. Hauptmann 9793, Anouilh 8509, C. Goetz 7075, Goldoni 6004, Dürrenmatt

in „Kongregation für die Glaubenslehre" um
Papst *Paul VI.* richtet in New York Friedensappell an die UNO
Papst *Paul VI.* empfängt den stellvertr. (linkssozialist.) Min.-Präs. *Nenni* in Privataudienz
† *Erich Rothacker*, dt. Philosoph, schuf eine anthropolog. Schichtenlehre (* 1888)
† *Albert Schweitzer*, evangel. Theologe, Mediziner („Urwalddoktor"), Organist, Friedensnobelpreisträger (* 1875)
Bruno Snell: „Dichtung und Gesellschaft" (Studien zum Einfluß der Dichter auf das soziale Denken im alten Griechenland)
v. Stackelberg: „Alle Kreter lügen" (Soziologie der nationalen Vorurteile)
Wolfgang Sucker (* 1905) Kirchenpräsident der Evangel. Kirche von Hessen-Nassau
† *Paul Tillich*, evangel. Theologe u. Philosoph dt. Herkunft, seit 1933 in USA, Mitbegr. d. Berliner Kreises der Religiösen Sozialisten (um 1925 wirksam) (* 1886)
Zweites Vatikanisches Konzil verabschiedet u. a. Erklärung über die Religionsfreiheit u. über missionarische Tätigkeit der Kirche
Mischehendekret der kathol. Kirche hebt Exkommunikation für nichtkathol. Eheschließung auf
Abschluß des 21. ökumenischen (2. vatikan.) Konzils in Rom (seit 1962). Brachte grund-

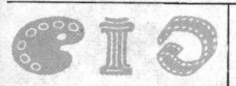   

G. Marcks: „Stehende mit Locken" (Bronze)

Roberto Matta (* 1911): „Erimau – Stunde d. Wahrheit (monumental. chil. surrealist. Wandbild um die Hinrichtung des span. Kommunisten *Erimau*)

Frieder Nake: Computer — Grafik („Klee")

E. W. Nay: „Menschenlicht", „Der Morgen", „Terrestral" (abstr. Gem.)

Rolf Nesch: „Heringsfang" (dt.-norweg., seit 1939, 3 m mal 11 m, 11 Kupferplatten belegt mit Schiefer, Holz, Glas, für Exporthaus in Oslo)

Richard Oelze (* 1900): „Ohne andere Gesellschaft" (surrealist. Gem.)

Georg Karl Pfahler (* 1926): „Farbskulptur" (dreiteil. Holzplastik als „spirit of reality")

Pablo Picasso: „Weiblicher Akt", „Selbstporträt", „Guitarrist" (span.-frz. Gemälde)

Otto Piene (* 1928): „Große Feuerblume 65" (Produkt eines Niederschlages aus Feuer und Rauch auf Leinwand)

Louis Pons (* 1927): „Sie agitieren" (frz. Federzeichnung)

Gerhard Richter (* 1932): „2 Fiat" (popart. Gem.)

Hans Scharoun: 1. Preis für Entwurf zum Stadttheater Wolfsburg

Nikolai Nabokow (* 1903): „Don Quichote" (russ.-nordamer. Ballett)

Hans Otte: „Alpha-Omega II" (Kirchenmusik f. Männerstimmen, Orgel und Schlagzeug)

Aribert Reimann (* 1936): „Ein Traumspiel" (Oper nach *Strindberg*), „Drei Hölderlin-Fragmente"

Hermann Reutter (* 1900): „Der Tod des Empedokles" (Oper n. *Hölderlin*)

† *Walter Riezler*, dt. Musikhistoriker, u. a. Beethovenbiographie 1936 (* 1878)

Wilhelm Dieter Siebert (* 1931): „Variationen einer Elegie" (f. Klarinette, Violine, Cello und Harfe)

Karlheinz Stockhausen: „Microphonie I", „Momente 1965"

Michael Tippett: „Vision des hl. Augustin" (engl. Oratorium) Neuinszenierung des Opernzyklus „Ring der Nibelungen" durch *Wieland Wagner* in Bayreuth

Isang Yun: „Der Traum des Liu-Tung" (südkorean. Oper, komp. in Berlin W.)

Bernd Alois Zimmermann (* 1918, † 1970): „Die Soldaten" (Urauff. d. Oper nach dem Schauspiel von *Lenz*); „Antipho-

halten" (2 Bde., österr. Verhaltensforschung)

J. A. McDivitt u. *Edward H. White* (* 1930) unternehmen zweiten USA-Gruppenflug mit Raumfahrzeug „Gemini G T 4". *White* ist 22 Min. frei im Raum, Landung nach 62 Umläufen in 97 Stunden

M. Nirenberg u. a. geben Übersetzungsregel („Code") zwischen Basenfolge in der Erbsubstanz (Nukleinsäure) und Aminosäurenfolge im zugeordneten Eiweißmolekül (das etwa als Enzym wirkt)

Penzias u. *Wilson* (USA) entdecken kosmische Hintergrundstrahlung im elektromagnetischen Mikrowellengebiet (wird als Relikt eines sehr frühen, heißen Entwicklungsstadiums der Welt gedeutet, das sich inzwischen auf etwa 3° über den absoluten Nullpunkt [−273,2°C] abgekühlt hat. Ein solcher früher Zustand wurde schon 1946 von *Gamow* postuliert)

N. U. Prabhu: „Warteschlangen-Theorie" (engl.; schon 1961 gab es über dieses Thema ca. 1000 einschlägige Arbeiten)

M. G. Rutten: Erdgeschichtliche Entwicklung des Sauerstoffes in der Atmosphäre, gemessen am heutigen Gehalt von $1/5$ atm. = 100: vor 500 Mill. Jahren = 10, vor 1000 Mill. Jahren = 1 (Beginn der Lebensentwicklung im Meer), vor 2200 Mill. Jahren = 0,1 (Übergang von anorganischen zu organischen Formen, Lebensentstehung), vor 3000 Mill. Jahren 0,01

† *Hermann Staudinger*, dt. Chemiker und Nobelpreisträger, entwickelt speziell Erforschung der Makromoleküle (* 1881)

Horst T. Witt gibt Schema der Photosynthese aufgrund periodischer Blitzlichtbestrahlung mit acht Lichtquanten pro erzeugtem Sauerstoffmolekül

US-Forscherteam weist mit höchstbeschleunigten (30 Mrd. e-Volt) Protonen erzeugte Anti-Deuteronen (Anti-Proton + Anti-Neutron) nach

Das theoretisch vorhergesagte Omega-Elementarteilchen wird auf 2 von 1 Mill. Blasenkammer-

Anteile an Chemiefaserproduktion d. Erde: USA 27,9%, Japan 16,4%, BRD 8,7%, Gr.-Brit. 7,4%, Italien 7,2%, Frankreich 4,2%

Installierte Computer (Vgl. 1960) USA 25 000 (6000) BRD 2 000 (200)

Fernsehempfänger (in Mill. Stück):

USA	67,0
Japan	17,7
Gr.-Brit.	14,6
USSR	11,8
BRD	10,6
Frankreich	5,6
DDR	3,0

Farbfernsehkonferenz führt zu einer techn. Trennung zwischen Frankreich (und Ostblock) u. dem größeren Teil von Westeuropa und USA (Umwandlersysteme mildern diese Trennung)

Erträge der Weizenernte (als Kennzeichen der Intensität der Landwirtschaft): dz/ha

Frankreich	31,9
Italien	22,8
Argentinien	18,6
USA	18,1
Kanada	16,1
Australien	12,0
USSR	10,9
Indien	9,0

Welternte an Weizen ca. 280 Mill. t, an Roggen ca. 36 Mill. t

Reisernte der Erde ca. 255 Mill. t, darunter:

VR China	85
Indien	58
Pakistan	18
Japan	16
Indonesien	12
Thailand	10

(1965)	Parlamentswahlen in Kanada ergeben knappen Wahlsieg der Liberalen. Min.-Präs. *Lester B. Pearson* (* 1897)	4506, *Ibsen* 4209, *Frisch* 4007, *Sartre* 3955, *Calderon* 3820, *Giraudoux* 3800, *Tschechow* 3508, *Ionesco* 3359, *Sternheim* 2716, *Wilde* 2667, *Strindberg* 1907, *Aristophanes* 455, *Äschylos* 238	legende Besinnung der Kirche auf ihre Stellung in der modernen Welt, Verständigungsbereitschaft mit anderen Glaubensrichtungen. Reform der Kirchenverfassung und des Kults
	Wahlen zur portug. Nationalversammlung gestatten nur Stimmabgabe zur Einheitsliste der Regierung	Außerdem: *Goodrich:* „Tagebuch der Anne Frank" 4010, *Lessing:* „Minna von Barnhelm" 3669 (an erster Stelle der klassischen Dramen)	Kathol. Bischöfe Polens richten Versöhnungsappell an dt. Amtsbrüder und laden sie nach Tschenstochau ein
	Freundschaftspakt USSR—Polen garantiert Nachkriegsgrenzen Polens. Bei den Parlamentswahlen in Polen ist erstmalig Streichung von Kandidaten in der einzigen Liste zulässig		Ökumenischer Rat der Kirchen benennt acht Theologen, die in einem „Gemeinsamen Arbeitsausschuß" mit 6 kathol. Theologen die Zusammenarbeit beider Kirchen beraten sollen
	Anastas Iwanowitsch Mikojan (* 1895) tritt als Staatsoberhaupt der USSR zurück		Dt. evang. Kirchentag in Köln „In der Freiheit bestehen"
	Nikolai V. Podgorny (* 1903) wird Staatsoberhaupt der USSR		Konkordat des Landes Niedersachsen mit dem Vatikan (führt zu starken Kontroversen und Bruch der Koalition SPD-FDP in der Landesregierung)
	Gromyko, Außenminister der USSR, vereinbart in Paris Beilegung des Vietnam-Konfliktes auf der Grundlage der Genfer Verträge von 1954		211 488 Studierende an den Univ. d. BRD, davon 58 605 weibl.
	Parteichef *Breschnew* wird in das Präsidium des Obersten Sowjets der USSR gewählt		52 337 Studierende an techn. Hochschulen, davon 2670 weibl.
	Min.-Präs. der USSR *Kossygin* besucht Peking. Besprech. mit *Tschu-En-lai* (führt zu keiner Entspannung). Besucht anschließend Hanoi zur Besprechung der Situation in Vietnam		4358 Studierende an sonst. wiss. Hochschulen, davon 572 weibl. (man rechnet bis 1975 etwa mit einer Verdoppelung der Studentenzahl)
	János Kádár tritt als ungar. Min.-Präs. (seit 1956) zurück; bleibt erster Sekretär der KP. Nachfolger: *Gyula Kállai* (* 1910)		In der „Aktion 1. Juli" demonstrieren Studenten aller Hochschulen der BRD gegen Bildungsnotstand
	† *Gheorghe Gheorghiu-Dej*, rumän. Staats- und KP-Chef seit 1961 (* 1901); *Nicolae Ceausescu* (* 1918) Vors. der rumänischen KP; *Chiru Stoica* (* 1908) wird Staatsratsvorsitzender und Staatsoberhaupt		Ruhr-Universität in Bochum eröffnet
	Kg. *Konstantin* von Griechenland setzt nach Rücktritt von *Papandreou*, der die Rolle der Armee kritisierte, *Athanasiadis-Novas* als Min.-Präs. ein		Medizinische Hochschule in Hannover
	Straßenschlacht zwischen Anhängern des entlassenen griech. Min.-Präs. *Papandreou* und der Polizei in Athen (ein Student getötet, mehrere hundert Verletzte)	*Georg Picht* (* 1913): krit. d. dt. „Bildungskatastrophe"	Beschluß der Kultusmin.-Konf. d. BRD, das Schuljahr von 1967 in allen Bundesländern am
	Anhaltende Regierungskrise in Griechenld., gekennzeichnet durch Opposition des Parlaments gegen Politik des Königs und seiner Ratgeber	Dt. Bildungsrat gegr. (berät bes. Schulentw.)	

Tim Scott (* 1937): „Yenidje" (engl. abstr. Plastik aus Acrylplatten und Stahlgestänge)

Herbert Schneider (* 1924): „I bin I" (Gem. mit ironischer Anspielung auf alte Bilderhandschriften)

Elisabeth von der Schulenburg („Tisa", * 1903): „Zug der KZ-Häftlinge" (Bronze-Relief)

Bernhard Schultze (* 1915): „temt-Migof" (abstr. Wandrelief)

Emil Schumacher (* 1912): „Saraph" (abstr. Gem.)

Yoshio Sekine (* 1922): „Ohne Titel" (japan. ornamental-abstr. Gem.)

† *Renée Sintenis*, dt. Bildhauerin, besonders Tierplastiken (* 1888)

Richard Smith (* 1931): „Blue moon" (engl. geometr.-abstr. Gem.)

Saul Steinberg (* 1914): „Der Künstler und die erdachte Landschaft" (nordamer. Federzeichn.)

Dorothea Tanning: „Vollkommene Intimität" (nordamer. Gem.)

Fred Thieler (* 1916): „Situationsbericht 65" (dreiteil. abstr. Gem. 2,5 m x 6 m)

H. Trier: „Chinoiserie" (abstr. Gem.)

Fritz Winter: „Roter vertikaler Klang" (abstr. Gem.)

Isaac Witkin (* 1936): „Vermont I" (engl. geometr. farbige Stahlplastik)

nen für Viola und Kleines Orchester"

Musikfestspiele in Darmstadt m. zeitgen. Kompositionen von *Jacques Calonne* (Belgien), *Milko Kelemen* (Jugoslaw.), *Marek Kopelent* (CSSR), *György Ligeti* (Ungarn), *Francis Miroglio* (Frankreich), *Luis de Pablo* (Spanien) u. a.

Musiktage in Donaueschingen mit zeitgen. Kompositionen von *Luciano Berio* (Ital.), *Earle Brown* (USA), *Witold Lutoslawski* (Polen), *Enrique Raxach* (Spanien), *Karlheinz Stockhausen* (BRD), *Roman Vlad* (Italien) u. a.

Folgende Opernkomponisten erlebten seit 1955 an deutschsprachigen Bühnen an Aufführungen:
Verdi 20631, Mozart 18064, Johann Strauß 15555, Puccini 12794, Lortzing 8719, Richard Wagner 7763, Donizetti 4118, Rossini 4082, C. M. v. Weber 3064; ferner wurden in diesem Zeitraum aufgeführt: *Johann Strauß*: „Die Fledermaus" 4764, *W. A. Mozart*: „Die Zauberflöte" 4263, *C. M. v. Weber*: „Der Freischütz" 3016, *Leoncavallo*: „Bajazzo" 1943, *Mascagni*: „Cavalleria rusticana" 1670

aufnahmen entdeckt (Lebensdauer etwa eine zehnmilliardstel Sekunde) Mit Elektronensynchrotron bei Hamburg (DESY) über hochenergiereiche Gammaquanten Anti-Protonen erzeugt

Institut für Plasmaphysik der Max-Planck-Ges. in Garching erreicht durch kondensierte elektrische Entladung kurzzeitig Temperaturen bis 60 Mill. Grad

USA-Mondsonden Ranger 8 und 9 senden vor ihrem Aufschlag detailreiche Bilder von der Mondoberfläche zur Erde: Krater bis herab zu einem halben Meter Durchmesser

US-Marssonde photographiert Marsoberfläche mit Kraterlandschaft. Temperaturbestimmung ergibt $-93°$ C

USA-Satellit „Early Bird" gestattet ständige Funkverbindung zwischen USA und Europa, da seine Umlaufzeit von 24 Stunden konstante Position zwischen den Kontinenten sichert

USSR startet die drei Satelliten „Kosmos 54, 55, 56" zusammen mit einer Rakete

US-Amateurfunk-Satellit Oscar III für 2-m-Band in Kreisbahn mit 935 km Höhe

5-m-Reflektor auf dem Mt. Palomar (USA) ermittelt für eine quasistellare Radioquelle („Quasar") stärkste bekannte Rotverschiebung im Spektrum und damit eine Entfernung von ca. 10 Mrd. Lichtjahren

In USA wird in 700 m Erdtiefe ein Tetrachloräthylen-Detektor zum Nachweis von Neutrinos von der Sonne errichtet

Radioteleskop in Green Bank (West Virginia, USA) mit 43 m Durchmesser. Damit gelingt bald die Entdeckung einer Linie der Wasserstoffstrahlung mit 6 cm Wellenlänge

Die Belichtungszeit astronomischer Farbaufnahmen ist seit ihren Anfängen (Mt. Palomar 1959) von ca. 2 Stunden auf ca. 1 Minute gefallen

Sonnenfinsternis wird im Pazifik von US-Flugzeug in 12 000 m Höhe wissenschaftlich beobachtet

Fischmehl-Welterzeugung hat sich seit 1950 etwa verachtfacht (übrige Fischereierzeugnisse etwa verdoppelt). Frischfischverbrauch ca. 18 Mill. t (1950 ca. 10 Mill. t)

Es fehlen zur Ernährung der Erdbevölkerung ca. 100 Mill. t Getreideerzeugnisse und 33 Mill. t Tierprodukte.

Von d. ca. 50 Mill. jährlichen Todesfällen auf der Erde sind 35 Mill. auf Hunger u. Hungerkrankheiten zurückzuführen

Stärke der Handelsflotten (in Mill. BRT):

Gr.-Brit.	21,5
USA	21,5
Liberia	17,5
Norwegen	15,6
Japan	12,0
USSR	8,3
Griechenland	7,1
Italien	5,7
BRD	5,3
Frankreich	5,2
Niederlande	4,9
Panama	4,5
Erde	160

(1955: 105)

Von den 50 größten Unternehmen gehören 40 zu den USA, 2 zu Niederlande/Gr.-Brit., 3 zur BRD, 2 zu Gr.-Brit., 1 zur Niederl., 1 zur Schweiz, 1 zu Ital.

† *Bernard Baruch*, Bankier der USA, Wirtschaftsberater im 1. und 2. Weltkrieg, schlug int. Kontrolle der Atomenergie vor (* 1870)

(1965)

Regierung *Stefan Stefanopoulos* erhält Vertrauen des griech. Parlaments

Türk. Parlament stürzt *M. I. Inönü*, Min.-Präs. seit 1961; Nachfolger: *Suat Haryi Ürgüplü* (* 1903)

Schah *Mohammed Pahlewi* von Iran macht Staatsbesuch in Moskau

Ehemal. israel. Min.-Präs. *David Ben Gurion* aus der (sozialdemokr.) Partei Mapai ausgeschlossen

Blutige Grenzzwischenfälle zwischen Israel und Jordanien

Tunes. Min.-Präs. *Burgiba* fordert Verhandlungen der arab. Staaten mit Israel mit dem Ziel der „friedlichen Koexistenz" (heftige Ablehnung in der arab. Welt). Tunesien verzichtet auf Mitarbeit in der Arabischen Liga

Syrische Reg. verhängt Kriegsrecht; Reg. verstaatlicht Industrie- und Handelsunternehmen

Nasser lädt *Ulbricht* nach Ägypten ein. BRD bezeichnet dies als einen feindlichen Akt und stellt nach dem Besuch Wirtschaftshilfe für Ägypten ein

Revolutionsrat unter Oberst *Boumedienne* (* 1925) stürzt algerischen Staatspräsidenten *Ben Bella* (seit 1963; * 1916)

Dritte Gipfelkonferenz der Arab. Liga (ohne Tunesien). Erweist ägyptische Vorherrschaft

König *Saud* von Saudi-Arabien verzichtet auf seinen Thron und verläßt das Land

Gambia (Westafrika) unabhängig (bisher brit. Kolonie)

Tansania (Ostafrika) läßt DDR-Konsulat in Dar-es-Salaam zu. BRD stellt Militärhilfe ein

General *Joseph D. Mobutu* (* 1930) stürzt im Kongo Staatspräsident *Joseph Kasavubu* (seit 1960; * 1910, † 1969)

Singapur löst sich von Malaysia und wird unabhängig

Kämpfe zwischen Indien und Pakistan im Kaschmirgebiet. Waffenstillstand auf Forderung des Weltsicherheitsrates

Indonesien verläßt die UNO

Kommunisten Indonesiens versuchen mit Offizieren aus der Um-

1. August beginnen zu lassen (führt zu größeren Umstellungsschwierigkeiten)

Studenten fordern in Madrid freie Studentenvertretung. Es kommt zu Unruhen und Schließungen

Reform des Urheberrechts in der BRD: Verlängerte Schutzfrist, Beteiligung bildender Künstler an Wertsteigerung bei Besitzwechsel

In Gr.-Brit. wird Todesstrafe für viele Verbrechen abgeschafft

Dt. Bundestag verändert Verjährungsdatum für NS-Morde vom 8. 5. 65 auf 31. 12. 1969

~ Im Mittelpunkt öffentlicher Aufmerksamkeit und Diskussion steht das Bildungswesen, insbes. d. Notwendigkeit seiner Reform

Paul Wunderlich (* 1927): „Leda 65" (Farblitho)

„Die Wiener Schule des phantastischen Realismus" (Kunstausstellung d. Kestner-Ges. in Hannover u. Berlin [West] mit Werken von *E. Brauer, E. Fuchs, R. Hausner, W. Hutter, A. Lehmden*, vgl. 1964/65, Schule bildete sich zwischen 1949 und 1959)

„The responsive Eye" (Ausst. im Mus. of modern Art, New York von *W. C. Seitz* im Bereich der Op-Art)

„Signale, Manifeste, Proteste im 20. Jahrhundert" (Ausstell. engagierter Kunst d. Ruhrfestspiele Recklinghausen)

Galerien beginnen Computer-Grafik auszustellen

~ Bezeichnung „Op-Art" (optische Kunst) für kinetische Kunstformen kommt auf

---

„Schonzeit für Füchse" (Film von *Peter Schamoni* nach dem Roman „Das Gatter" v. *Seuren*, vgl. 1964 D, mit *Helmut Förnbacher, Christian Doermer, Andrea Jonasson, W. Birgel*)

„Es" (dt. Film mit *Sabine Sinjen, Bruno Dietrich, Tilla Durieux*; Kamera: *Gerard Vandenberg*; Regie: *Ulrich Schamoni*)

„Der junge Törless" (dt. Film nach *Musil* mit *Matthieu Carrière, Bernd Tischer*; Regie: *V. Schlöndorff*)

„Julia und die Geister" (dt.-ital.-frz. Film mit *Giulietta Masina, Sandra Milo, Valesca Gert*; Regie: *Federico Fellini*)

Radiosondenballon des Meteorologischen Instituts der Freien Universität Berlin erreicht Rekordhöhe von 46 836 m

Berliner Sferic-Kathodenstrahlpeiler weist auf 30-km-Wellenlänge Gewitter über Nordamerika nach

Mittels Atomuhren wird seit 1955 Rotationsgeschwindigkeit der Erde gemessen. Insgesamt ergibt sich eine Verlängerung der Tageslänge seit 1963 um ca. $1/10000$ Sekunden in hundert Tagen

Beginn der Intern. Hydrologischen Dekade als Grundlage einer erdweiten Wasserplanung

Am Beginn der Intern. Hydrologischen Dekade ist die Eis- und Schneebilanz der Erde sehr unsicher (80% des Süßwassers sind in dieser festen Form vorhanden)

Intern. Symposium in Davos über wissenschaftl. Aspekte von Schnee- und Eislawinen (jährlich kommen in den Alpen 40 bis 80 Menschen durch Lawinen ums Leben)

Dt. Forschungsschiff „Meteor" entdeckt im mittleren Atlantik Grabensystem bis 7028 m Tiefe

US-Tauchboot „Trieste II" für 6000 m Tauchtiefe

INTERDATA, New York (2. Int. Kongr. für Informationsverarbeitung) mit dem Kennwort „Künstliche Intelligenz"; läßt zukünftige Bedeutung des Computers mit fernbedientem Vielfachzugriff (time sharing) erkennen

Es existieren Prototypen von Fahrzeugen, die mit Brennstoffelementen und Elektromotor angetrieben werden

Es mehren sich die Hinweise, daß RNS aus dem Gehirn dressierter Tiere Dressureffekte auf undressierte Tiere übertragen kann

Registrierung der Augenbewegung bei Schlafenden führt zu dem Schluß, daß der Mensch etwa alle 90 Min. eine Traumepisode hat.

~ Es verbreitet sich automatische Überwachung von Blutdruck, Pulsfrequenz, Atemfrequenz u. Temperatur bei Schwerkranken in Kliniken

Werbeaufwand d. Industrie in den USA mehr als 15 Mrd. Dollar, davon ca. 4,5 Mrd. Zeitungsinserate

Teilprivatisierung der VEBA in der BRD unter Ausgabe kleingestückelter „Volksaktien" (die sozialpolit. Bedeutung dieser Eigentumsstreuung ist umstritten)

Aktienindex in der BRD (Industrieaktien) 1953 = 100
1962   445
1964   518
1965   438

Technische Ausstellung der BRD in Bukarest

Groß-London gebildet (32 Bezirke mit 8 Mill. Einw. und selbst. City)

24 Flugunfälle in der intern. Linienluftfahrt mit 680 Todesopfern: 0,34 pro 100 Mill. Passagierkilometer

Weltausstellung d. Verkehrs in München

Zug München—Augsburg erreicht mehr als 200 km Stundengeschw.

Mont-Blanc-Tunnel zwischen Chamonix und Courmayeur eröffnet, mit 11,96 km längster Straßentunnel der Welt

Forth Road Bridge, Straßenbrücke in Schottland, eröffnet

5 km lange Oosterschelde-Brücke (Niederl.) eingeweiht

(1965)

gebung *Sukarnos* Macht zu gewinnen. Armee schlägt sie zurück

Bei der Kommunistenverfolgung in Indonesien kommen schätzungsweise 100000 Menschen ums Leben

Volksrep. China verschärft Politik gegen die „imperialistischen" USA und die „revisionistische" USSR

Spannungen zwischen Armee und kommunist. Partei Chinas. „Kulturrevolution" mit Säuberungswelle als Antwort *Maos* auf antikommunist. Strömungen

Tibet wird „autonomes Gebiet" der Volksrep. China

Volksrep. China zündet seine zweite Atombombe

2. Bandung-Konferenz verschoben, weil Volksrep. China gegen Teilnahme der USSR

Buddhistischer Widerstand (mit Selbstverbrennungen) gegen Reg. *Huong* in Südvietnam. Neuer Min.-Präs. von Südvietnam wird *Phan Huy Quat*

Schwere innere Unruhen und schwere Kämpfe mit dem Vietkong in Südvietnam. Min.-Präs. wird *Nguyen Cao Ky* (* 1930), verkündet Kriegszustand. Amerikaner verstärken ihre Truppen in Südvietnam

Lyndon B. Johnson tritt als 36. Präsident der USA sein Amt an

Beginn der Luftangriffe der USA auf Nordvietnam (erklärt als Vergeltung für Angriffe auf Kriegsschiffe der USA. Nehmen an Häufigkeit und Intensität rasch zu, ohne kriegsentscheidend zu wirken; 1968 eingestellt, 1972 wiederaufgenommen. 1971 veröffentl. die New York Times eine Geheimstudie, wonach diese Begründung ein unwahrer Vorwand ist)

Demonstrationen gegen die Bombardierung Nordvietnams durch die USA in Ost und West

Negerunruhen in Los Angeles werden von Nationalgarde unterdrückt: 34 Tote, mehr als 800 Verletzte

† *Malcolm Little* (ermordet), nordamerik. Negerführer (* 1925)

Kanadische Wissenschaftler entw. neues vielseitig wirksames Antibioticum Myxin

Auffindung einer Weltkarte um 1440 aus Basel in den USA mit den Entdeckungen von *Leif Eriksson* um das Jahr 1000

Zypressen in der Sahara mit mehr als 4700 Jahren als vermutlich älteste Bäume der Erde erkannt

Erstes vollständiges Grab eines minoischen Herrschers (Priesterkönigin) auf Kreta gefunden ($\approx$ —1375)

Steinzeitliches Dorf bei Damaskus entdeckt ($\approx$ —6500) mit Anbau von Weizen, Gerste, Linsen und anderen Feldfrüchten

Bauerndorf bei NeaNikomedeia (Makedonien) ausgegraben. Nachweis von Weizen, Gerste, Schafen, Ziegen ($\approx$ —6250)

Bei Pataz, Ostanden (Peru) Steinruinen einer Stadt mit Terrassentempel gefunden

In der südwestchines. Provinz Yünnan werden stilisierte, silhouettenartige Felsbilder unbekannter Herkunft entdeckt (Alter mindestens 500 Jahre)

Volksrepublik China gibt mit ca. 2,2 Mrd. DM 1,1% seines Bruttosozialproduktes für Forschung und Entwicklung aus

Elso S. Barghoorn (USA) entd. fossile Mikroorganismen (schätzt ihr Alter auf 3,1 Mrd. Jahre)

Die Entziff. d. genetischen Codes durch *Nirenberg* u. and. stellt eine Vollend. d. Grundlagen d. molekularen Biologie dar (vgl. 1943 *Avery*, 1953 *Sanger, Watson* u. *Crick*, 1961 *Nirenberg*)

„Wenn Katelbach kommt..." („Cul-De-Sac", brit. Film mit *Donald Pleasence, Françoise Dorléac*; Regie: *R. Polanski*)

„Othello" (brit. Film mit *Laurence Olivier, Frank Finlay, Maggie Smith*; Regie: *Stuart Burger* nach der Bühnenregie von *John Dexter*)

„Mademoiselle" (brit.-frz. Film mit *Jeanne Moreau, Ettore Manni*; Regie: *Tony Richardson*)

„Zum Beispiel Balthasar" (frz.-schwed. Film mit *Anne Wiazemsky* u. *Françoise Lafarge*; Regie: *Robert Bresson*)

„Der Krieg ist vorbei" (frz.-schwed. Film mit *Yves Montand* u. *Ingrid Thulin*; Regie: *Alain Resnais*)

„Masculin — Feminin" (frz.-schwed. Film mit *Jean-Pierre Léaud* u. *Chantal Goya*; Regie: *Jean-Luc Godard* [*1930])

„Lemmy Caution gegen Alpha 60" (frz.-ital. Film, Regie: *Jean-Luc Godard*)

„Made in Italy" (ital. Film mit *Lando Buzzanca* u. *Yolanda Modio*; Regie: *Nanni Loy*)

„Die Liebe einer Blondine" (tschech. Film mit *Hana Brechova, Vladimir Pucholt*; Regie: *Miloš Forman*)

„Der Wald der Gehenkten" (rumän. Film, Regie: *Liviu Ciulei*)

„Wer hat Angst vor Virginia Woolf?" (nordam. Film von *Mike Nichol* mit *Elizabeth Taylor* und *Richard Burton* nach dem Schauspiel von *Edward Albee*, 1962)

„Doktor Schiwago" (nordam. Film nach dem Roman von *Boris Pasternak* mit *Omar Sharif, Julie Christie*; Regie: *David Lean*)

„Krieg und Frieden I" (russ. Film, Regie: *Sergej Bondartschuk*)

„Onibaba — Die Töterinnen" (japan. Film mit *Nobuku Otowa, Jitsuko Yoshimura*; Regie: *Kaneto Shindo*)

„The Knack" („Der gewisse Kniff"), brit. Film, erlangt „Goldene Palme" in Cannes

„Goldener Löwe v. San Marco" der 26. Intern. Filmfestspiele in Venedig für „Sterne im Großen Bär", ital. Film von *Visconti*, f. beste Schauspielerin *Annie Giardot* in „Drei Zimmer in Manhattan", f. besten Schauspieler *Toshiro Mifune* (Japan) in „Rotbart"

„Goldener Bär" der 15. Intern. Filmfestspiele Berlin für „Lemmy Caution gegen Alpha 60" (frz.); „Silberner Bär" für beste Regie an *Satyajit Ray* (Ind.) für den Film „Die einsame Frau"

14. Intern. Filmwoche in Mannheim vergibt großen Preis für besten Erstlingsfilm für „Niemand wird lachen" (CSSR)

Größte Drehbrücke der Erde (317 m Länge, Mittelöffnung 167 m) am Suezkanal

Klassifizierte Straßen km
in der BRD 154 882
in der DDR 45 544
davon Autobahn
BRD 3 204
DDR 1 391

Erster in Europa eingesetzter Verkehrsrechner in Berlin-Wilmersdorf zur Automatisierung der Verkehrsregelung

Tiflis erhält Untergrundbahn

† *Helena Rubinstein*, nordam. Kosmetikerin (* 1870)

Sommermode aus Paris zeigt weibliche Note: schmale Taille, schwingender Rock, spielerische Details

Bob Summers erzielt mit radgetriebenen Kraftwagen in USA Geschwindigkeitsrekord v. 658,667 km/h

Craig Breedlove erreicht mit düsengetriebenen Kraftwagen „Spirit of America" absoluten Weltrekord für Landfahrzeuge v. 966,570 km/h

Rik van Steenbergen (* 1925, Belg.) gewinnt sein 40. Sechstagerennen

Ernie Terell (USA) gewinnt Schwergewichts-Boxweltmeisterschaft gegen *Eddie Machen* (*Cassius Clay* wurde Titel aberkannt)

Dt. Sportbund beschließt in Köln Wiederaufnahme d. gesamtdt. Sportverkehrs

Zwei dt. Olympiamannschaften für 1968 zugelassen: „Deutschland" (BRD) und „Ost-Deutschland" (DDR)

Werder-Bremen wird Fußballmeister in der BRD

Herta BSC (Berl.) wegen Verstößen gegen das Statut aus der Fußball-Bundesliga ausgeschlossen (kommt 1968 wieder in die Bundesliga)

Weltgesundheitsorganisation (WHO) schätzt pro Jahr ca. 25 Millionen Abtreibungen auf der Erde (in der BRD sterben jährlich ca. 250 Frauen an illegalen Eingriffen)

Schätzung der täglichen Kriminalität in der BRD:
4 Morde und Totschläge oder Versuche
17 Notzuchtsdelikte an Frauen
46 Urkundenfälschungen
125 Autodiebstähle
113 Automatenplünderungen
60% der Kriminalität entfallen auf einfachen u. schweren Diebstahl

Zahl d. rechtskräftigen Verurteilungen wegen Mordes in der BRD geringer als um 1900 im Dt. Reich (obwohl damals Todesstrafe bestand)

52 Mill. ernstliche Unfälle in USA:

(1965)

† *Adlai Stevenson,* parteidemokratischer Politiker der USA, mehrfacher Präsidentschaftskandidat, zuletzt Chefdelegierter bei der UNO (* 1900)

Ausnahmezustand über Kolumbien wegen schwerer Zusammenstöße zwischen Polizei und Studenten

Blutig unterdrückte Unruhen in den bolivian. Zinngruben gegen Militärregierung

Umsturzversuch in der Dominikanischen Republik; USA greift dagegen ein

Übergangsregierung in der Dominikanischen Republik auf Grundlage eines Friedensplanes der Organisation Amerikanischer Staaten

Castelo Branco, Präs. von Brasilien, löst alle politischen Parteien auf und schränkt bürgerliche Rechte ein

Normalisierungsvertrag zwischen Japan und Südkorea. Führt zu Unruhen in Südkorea

David Singer, US-Politologe, erhält im Rahmen s. Friedensforschung f. d. Zeitraum 1816—1965 folgende Ergebnisse:

Es fanden 93 Kriege mit mehr als 1000 Gefallenen statt, davon 43 Kolonialkriege.

144 Länder kämpften in 4500 ,,Nationen-Monaten'' mit 29 Millionen Gefallenen auf d. Schlachtfeld. Im 2. Weltkrieg gab es pro Nationen-Monat 17 084 Gefallene.

Es führten in diesem Zeitraum Kriege: Frankr. 19, Gr. Brit. 19, Türkei 17, Rußl. 15, Italien 11, Deutschl. 6, USA 6 (ohne Vietnam-Krieg) (vgl. 1967 P)

107 000 Tote, 400 000 zeitlebens u. 10 Mill. zeitlich begrenzt Körperbeschädigte

Seit 1950 Rückgang d. Säuglingssterblichkeit in USA unterbrochen (läßt in diesem Zeitraum der Atomwaffenversuche (ca. 375.000 Opfer durch radioaktive Verseuchung vermuten)

Überschwemmungskatastr. in Österreich und Nordital. fordert mehr als 60 Tote

Gletscherabbruch im Saastal (Schwz.) begräbt Baustelle mit 88 Arbeitern

Lawinenunglück am Schneefernerhaus auf der Zugspitze fordert zehn Tote

Explosion in einem Raketensilo i. USA tötet 53 Menschen

In Südafrika verunglückt Personenzug mit Negerarbeitern: 83 Tote

,,Yarmouth Castle'' gerät in der Floridastraße in Brand und sinkt: 81 Tote

2 Flugzeugunfälle bei Tokio fordern 133 bzw. 124 Tote

117 Tote beim Absturz einer Air-India-Maschine auf dem Flug Bombay—New York

46 Tote beim Absturz einer Lufthansa-Maschine b. Bremen

Staudammbruch i. Bulgarien fordert 96 Todesopfer

Wirbelsturm i. den südl. USA fordert über 250 Tote und macht mehr als 200 000 Menschen obdachlos

Schweres Erdbeben in Mittelchile zerstört Staudamm (ca. 600 Tote)

Wirbelsturm und Flutwelle fordert über 12 000 Todesopfer in Ostpakistan

Schlagwetterexplosion in einer japan. Kohlengrube fordert 236 Todesopfer

Mehr als 150 Tote durch Taifun-Verwüstungen in Jap. Vulkanausbruch auf den Philippinen fordert mehrere hundert Tote

W. Fucks: „Formeln zur Macht."
Gibt folgende Prognose für Entwickl. d. „Macht" = Stahlproduktion plus Energieproduktion mal Kubikwurzel aus der Bevölkerungszahl (USA 1960 = 100):

Jahr	1960	1980	2000
USA	100	160	180
USSR	55	110	170
China	20	160	700
BRD	17	24	28
Gr.-Brit.	13	19	22
Japan	10	39	50
Frankreich	7	11	12

Volkseinkommen in der BRD

	Mrd. DM	DM/Einw.	DM/Erwerbstät.
1950	75,2	1602	3759
1955	139,5	2834	6109
1960	229,8	4146	8755
1965	345,4	5854	12733
1967	361,6	6064	13755

Weltenergieerzeugung und ihre Entwicklung (in Mrd. t Steinkohleneinheiten):

Jahr	1955	1965	1975 geschätzt	2000 geschätzt
Erdöl	1,0	2,0	4,0	6,0
Erdgas	0,3	0,8	1,5	4,5
Wasserkr.	0,1	0,3	0,5	1,0
Kohle	2,1	2,6	3,0	5,5
Kernenergie	—	—	0,5	7,0
Gesamt	3,5	5,7	9,5	24,0

Die größten Industrieunternehmen der Erde

	Umsatz Mrd. DM	Beschäftigte in 1000
Gen. Motors	82,9	735
Ford	46,2	364
Standard Oil	45,7	148
ATT (Nachrichtentechn.)	44,3	795
Royal Dutch/Shell	28,8	186

Bruttoinlandssozialprodukt insges. (in Mill. US-Dollar) und pro Einwohner (in US-Dollar)

	1958 insges.	1965 insges.	1958 pro Einw.	1965 pro Einw.
USA	414425	624582	2370	3210
BRD	50556	97488	931	1651
Gr.-Brit.	56277	85241	1086	1561
Frankr.	49843	78946	1113	1614
Italien	25917	50102	528	971
Indien	28224	44997	68	92
Nigeria	2423	3882	48	68

Zigaretten-Produktion der Erde

2322 Mrd. Stück

Davon	1965	1955	1938
USA	556	414	172
USSR	304	215	100
Japan	179	100	46
BRD	102	45	} 47
DDR	18	—	

Luftverkehr der Erde (ohne USSR, VR China, DDR) (in Mill. km)

	1965	1961
geflog. km	4100	3120
Passag.-km	198000	117000
Fracht-t-km	4960	2480
Post-t-km	1100	720

Die größten Industrieunternehmen Europas

	Umsatz Mrd. DM	Beschäftigte in 1000
Royal Dutch/Shell	28,8	186
Unilever	20,4	294
Brit. Petrol.	9,6	60
Volkswagenwerk	9,3	125
ICI (Chemie, Gr.-Brit.)	9,2	170
Philips	8,4	252
Siemens	7,2	257
Thyssen	6,9	94
Nestle	6,3	85
Fiat	6,1	123

| |  |  | |

1966

Friedensnobelpreis nicht verliehen
Karlspreis der Stadt Aachen an dän. Min.-Präs. *Jens Otto Krag* (* 1914)
U Thant (* 1909, Burma) wird nach anfänglichem Zögern zum UNO-Generalsekretär wiedergewählt
Der 90. Geburtstag des Altbundeskanzlers *K. Adenauer* (am 5. 1.) wird glanzvoll gefeiert
† *Marie-Elisabeth Lüders*, dt. liberale Politikerin, zuletzt FDP (* 1878)
Ludwig Erhard wird Bundesvors. der CDU (als Nachfolger *Adenauers*)
Führungskrise in der Bundeswehr. Generalinspekteur (seit 1964) *Heinz Trettner* (* 1907) tritt zurück. Nachfolger General *Ulrich de Maizière* (* 1912)
Polemischer Briefwechsel zwischen SPD und SED über Behandlung der Deutschlandfrage wird in beiden Teilen Deutschlands veröffentlicht. Redneraustausch in Karl-Marx-Stadt (Chemnitz) und Hannover kommt nicht zustande
Gesetz über „Freies Geleit" für Politiker der DDR in der BRD. Wird von der DDR als Diffamierung empfunden und als Begründung zur Absage des Redneraustausches mit der SPD benutzt
Auf dem SPD-Parteitag in Dortmund fordert *Willy Brandt* ein „geordnetes Nebeneinander" der beiden Teile Deutschlands. *Brandt* wird fast einstimmig zum 1. Vorsitzenden der SPD wiedergewählt (Stellvertreter *Fritz Erler, Herbert Wehner*)
Semjon Zarapkin (* 1906) wird als Nachfolger von *Andrej Smirnow* Botschafter der USSR in der BRD
Regierender Bürgermeister von Berlin *W. Brandt* besucht Botschafter *P. Abrassimow* in Ost-Berlin (baldiger Gegenbesuch)
Regierungskrise in der CDU/CSU-FDP-Koalition in Bonn wegen Haushalt 1967. Bundeskanzler *Ludwig Erhard* tritt zurück. *Georg Kiesinger* (* 1904), Min.-Präs. von Baden-Württemberg seit 1958, wird Bundeskanzler einer CDU/CSU-SPD-Koalition. Vizekanzler und Außenminister: *Willy Brandt*

Nobelpreis für Literatur an *Nelly Sachs* (Schweden, früher Deutschld.) und *Samuel Josef Agnon* (Israel, früher Polen)
† *Anna A. Achmatowa*, russ. Lyrikerin, 1946 polit. verurteilt, später rehabilitiert (* 1889)
Edward Albee: „Winzige Alice" (nordam. Schauspiel von 1964, dt. Urauff. in Hamburg)
Wystan Hugh Auden (* 1907): „About the house" (engl. Dichtung)
Samuel Beckett: „Kommen und Gehen", „Alle, die da fallen" (engl. Schauspiele, Urauff. Werkstatt-Theater, Berlin [West])
Simone de Beauvoir: „Les belles mages" (frz. Erz.)
H. Böll: „Ende einer Dienstfahrt" (zeitkrit. Erzählung)
† *André Breton*, frz. Schriftsteller, bis 1922 Dadaist, gründete 1924 literar. Surrealismus marxist. Richtung (* 1896)
† *Otto Burrmeister*, Grd. u. Leiter der Ruhrfestspiele für Arbeiter in Recklinghausen seit 1948 (* 1899)
Jean Cayrol (* 1911): „Midi minuit" (frz. Roman)
Prix Goncourt an *Edmonde Charles-Roux* (* 1920) für ihren Roman „Oublier Palerme"
Nigel Dennis (* 1912): „A house in order" (südafrik.-engl. Roman)
Dürrenmatt: „Herkules und der Stall des Augias" (schweizer. Schauspiel, Urauff. in Dortmund)
† *Kasimir Edschmid*, dt. Schriftsteller (* 1890)
Günter Eich (* 1907):

Lothar von Balluseck: „Selbstmord — Tatsachen, Probleme, Tabus, Praktiken" (bei der Erforschung dieses Bereichs Computer-Anwendung)
† *Ludwig Binswanger*, schweizer. Psychiater, schuf „Daseinsanalyse" als psychotherapeut. Behandlung („Drei Formen mißglückten Daseins", 1956) (* 1881)
Der Neger *Eugene C. Blake* (* 1906, USA) wird Gen.-Sekr. des Ökumen. Rates
Heinrich Böll: „Möglichkeit einer gegenwärtigen Ästhetik des Humanen" (4 Frankfurter Vorlesungen)
O. F. Bollnow: „Sprache und Erziehung", „Krise und neuer Anfang"
† *Emil Brunner*, schwz. evangel. Theologe, neben *K. Barth* Begrd. d. Dialektischen Theologie (* 1889)
Otto Dibelius (* 1880, † 1967), Bischof von Berlin-Brandenburg seit 1945, tritt von seinem Amt zurück. Nachfolger: *Kurt Scharf* (* 1902), 1961—67 Präses der Evangel. Kirche Dtlds. Wird an der Ausübung des Amtes in der DDR gehindert
H. G. Franck: „Kybernetik und Philosophie" (Betrachtungen über zwei Disziplinen, welche Wissen verknüpfen)
Betty Frielan: „Der Weiblichkeitswahn" (gegen das konventionelle Wunschbild v. d. Frau)
Hans Giese (* 1920, † 1970): „Das obszöne Buch" (Sexualforschg.)
Hermann Glockner (* 1896): „Gegenständlichkeit und Freiheit"

Valerio Adami (* 1935): „Pornographisches Thema in Rosa" (ital. Gem.)
Fr. Ahlers-Hestermann: „Papiervogel und Feder" (Gem.)
Otmar Alt (* 1940): „Pinguin mit Spielzeug" (ornam. Gem.)
† *Hans Arp*, dt. Dichter, Maler und Bildhauer (* 1887)
Gruppe Geflecht (*Hans Bachmayer, Reinhold Heller, Florian Köhler, Heino Naujoks, Helmut Rieger, Helmut Sturm, Hans-Peter Zimmer*): „Anti-Objekt" (Polichrome Eisenmontage)
Rudolf Belling: „Capriccio" (Bronze)
Michael Bolus (* 1934): „Sculpture" (engl. geometr. farbige Aluminium-Plastik)
Jan Bontjes van Beek (* 1899, † 1969): „H H 82. Grau — Grün — Überlauf" (Steinzeug — Vase)
Erich Buchholz (* 1891): „Dreiprismenobjekt" (konstruktivist. Glasplastik)
Giuseppe Capogrossi (* 1900): „Superficie 570" (ital. abstr.-ornamentales Gem.)
† *Carlo Carrà*, ital. Maler d. Futurismus und der „peintura metafisica" (* 1881)
Marc Chagall: „Der Winter", „König Davids Traum" (russ.-frz. Gem.); Wandgemälde für d. neue Metropolitan-Oper, New York
Marc Chagall (mit

Cathy Berberian (* 1928): „Stripsody" (armenisch-nordamer. Kompos. für Singstimme der avant gard. Sängerin)
Boris Blacher, Paul Dessau, Karl Amadeus Hartmann, Hans Werner Henze und *Rudolf Wagner-Régeny:* „Jüdische Chronik" (Gemeinschaftskomp. einer fünfteiligen Kantate)
Benjamin Britten: „The Burning Fiery Furnace" (engl. Oper vom „Gesang im Feuerofen")
Erhard Großkopf (* 1934): „Sonata concertante 1" (Komp. f. Kleines Orchester)
Roman Haubenstock-Ramati (* 1919): „Amerika" (poln.-österr. Oper n. Kafka, Urauff. in Berlin [West])
Hans Werner Henze: „Tancredi" (Ballett, Urauff. in Wien)
† *Jan Kiepura*, poln.-nordamer. Tenor (* 1904)
Ernst Křenek: 6 Lieder von *Emil Barth*
Hamburger Bachpreis an *Ernst Křenek*
Darius Milhaud: „La mère coupable" (frz. Oper n. *Beaumarchais*), „Musik für Prag" (Komp. f. Festspiele „Prager Frühling")
Krysztof Penderecki (* 1933): Lukas-

Nobelpreis für Physik an *Alfred Kastler* (* 1902, Elsaß) für Untersuchungen über das „optische Pumpen" zur Klärung des energetischen Aufbaus der Atome
Nobelpreis für Chemie an *Robert S. Mulliken* (* 1886, USA) für Erforschung von Elektronenbahnen in Molekülen (Quantenchemie)
Nobelpreis für Medizin an *Francis Peyton Rous* (* 1879, † 1970, USA) u. *Charles B. Huggins* (* 1901, USA) für Krebsforschung, insbesondere Hormonbehandlung
Baarghorn u. *Schopf* finden Bakterium in 3,1 Mrd. Jahre alten Mineralien aus Osttransvaal
Eugene Cernan (* 1934) verläßt als Kopilot des USA-Raumschiffes Gemini 9 für ca. 2 Stunden die um die Erde kreisende Kapsel
US-Weltraumgruppenflug von *C. Conrad* und *R. F. Gordon* mit Gemini G T 11 und von *J. A. Lovell* und *E. E. Aldrin* mit Gemini G T 12. *Gordon* verbringt 40 Min., *Aldrin* 330 Min. im Raum
Michael De Bakey (* 1908, USA) ersetzt linke Herzkammer durch künstliches Herz außerhalb des Körpers (1969 Einpflanzung eines von außen angetriebenen künstlichen Herzens für drei Tage in den USA, vor der Transplantation eines Spenderherzens)
† *Peter Debye*, niederländ. Physiker in der Schweiz, Deutschland und USA, Nobelpreis für Chemie 1936 (* 1884)
R. H. Dicke findet Hinweise für seine neue Gravitationstheorie (seit 1961) in der Abplattung der Sonne (Theorie stellt eine Korrektur der von *A. Einstein* dar)
Otto Hahn, Lise Meitner, Fritz Strassmann erhalten für Entdeckung der Urankernspaltung 1938/39 den Enrico-Fermi-Preis
Robert Havemann (* 1910), dt. Chemiker in der DDR, wegen oppositioneller Ansichten aus der Akademie der Wissenschaften entlassen
S. Heyden (Inst. f. Sozial- und Präventivmedizin Zürich) macht vorwiegend fettreiche Nahrung sowie

Erdbevölkerung 3406 Mill., davon in Asien 56,7%, Europa (m. USSR) 20%, Afrika 9,3%, Lateinamer. 7,2%, Nordamer. 6,3%, Australien u. Ozeanien 0,5%

Einkommen j. Ew. in US-Dollar
    1960 1966
Industrieländer
    1800 2250
Entwickl.-Länder
    170   195

Otto Ernst Fischnich (* 1912): „Versorgung der Welt mit Nahrung bis zum Jahr 2000" (fordert weitreichende Änderungen in der Landwirtschaftspolitik der Nationen)

Fischfang (i. Mill. t): Erde 56,8 (1954: 27,0); Afrika 3,1; Nordamerika 4,4; Lateinamerika 11,1; Asien 21,2; Europa (außer USSR) 11,5; USSR 5,5; An der Spitze: Peru 8,8; Japan 7,1; VR China 5,8

Steinkohlenförderung der Erde (o. China) 2,05 Mrd. t (davon USA 25%, USSR 22%, Gr.-Brit. 8,5%, Polen 6%, BRD 6,3%, DDR 1%)

Weltumsatz d. chemischen Industrie ca. 520 Mrd. frz. Francs (= 415 Mrd. DM). Davon entfielen auf die USA 200, USSR 90, BRD 45, Gr.-Brit. 32, Japan 30, Frankr. 29, Ital. 23, DDR 20 Mrd. Fr.

(1966) (* 1913), Wirtschaftsminister: *Karl Schiller* (* 1911)
CDU/CSU-SPD-Bundesreg. kündigt Sparmaßnahmen, Finanzreform, aktive Ostpolitik und Einführung d. Mehrheitswahlrechts an Unruhe in der SPD-Mitgliedschaft wegen Bildung der Großen Koalition; besonders auch wegen Tolerierung von *Franz Josef Strauß* (CSU-Vorsitzender) als Finanzmin.
Bundesverfassungsgericht erklärt nur die Erstattung von Wahlkampfkosten als Parteienfinanzierung zulässig
NS-Politiker *Speer* und *Schirach* nach 20 Jahren Haft aus dem Spandauer Kriegsverbrechergefängnis entlassen. *Heß* verbleibt als letzter Häftling (von mehreren Seiten wird Begnadigung empfohlen)
CDU-SPD-Koalition in Baden-Württemberg unter Min.-Präs. *Hans Karl Filbinger* (* 1913, CDU)
Landtagwahlen in Bayern: CSU 110 Sitze (vorher 108), SPD 79 (79), NPD 15 (0), FDP 0 (9), BP 0 (8) (letztere scheitern an 10%-Hürde)
Bürgerschaftswahl in Hamburg: SPD 74 Mandate (1961: 72), CDU 38 (36), FDP 8 (12), NPD und übrige Parteien unter 5%, daher kein Mandat. SPD-Senat unter 1. Bürgermeister *Herbert Weichmann*
Landtagwahlen in Hessen: SPD 52 Sitze (vorher 51), CDU 26 (28), FDP 10 (11), NPD 8 (0), GDP/BHE 0 (6) (die Erfolge der rechtsradikalen NPD in den Landtagen der BRD löst im In- und Ausland Unruhe aus)
Landtagwahlen in Nordrhein-Westfalen: SPD 99 Sitze (bisher 90), CDU 86 (90), FDP 15 (14). Die daraufhin gebildete Regierung *Franz Meyers* (* 1908, CDU) wird bald durch SPD-FDP-Koalition unter Min.-Präs. *Heinz Kühn* (* 1912, SPD) abgelöst
Studenten und linksgerichtete Jugendorganisationen demonstrieren in Berlin (West) gegen Vietnamkrieg der USA
Passierscheinaktion in Berlin (Weihnachten 1965, Neujahr 1966) ermöglicht 824000 Besuche von Westberlinern in Ostberlin

„Anlässe und Steingärten" (Gedichte)
Endre Fejes: „Schrottplatz" (dt. Übers. d. ungar. Romans)
Oskar Maria Graf: „Gelächter von außen. Aus meinem Leben 1918 bis 1933"
Günter Grass: „Die Plebejer proben den Aufstand. Ein deutsches Trauerspiel" (Drama um *Bert Brecht* am 17. 6. 53. Urauff. Schiller Theater, Berlin)
Peter Handke: „Die Hornissen" (Roman)
Wolfgang Hildesheimer (* 1916) erhält Bremer Literaturpreis und Georg-Büchner-Preis d. Akad. Darmstadt
Peter Hirche erhält Hörspielpreis der Kriegsblinden
Daniel Juri (* 1926), Schriftsteller der USSR, veröff. unter d. Namen *Nikolai Arschak* im Ausl. ein antisowj. Buch u. wird zu 5 Jahren Freiheitsentzug verurteilt
† *Wolfgang Langhoff*, dt. Schauspieler und Regisseur, 1946—63 Leiter des Deutschen Theaters, Berlin (Ost), (* 1901)
J. M. LeClezio (* 1940): „Le Deluge" („Die Sintflut", frz. Roman)
Lotar: „Tod des Präsidenten" (Schauspiel, Urauff. in Göttingen und Karlsruhe)
James A. Michener: „Die Quelle" (dt. Übers. d. nordamer. Romans)
Slawomir Mrożek (* 1930): „Tango" (poln. Schauspiel, Urauff. in Düsseldorf)
Joe Orton (* 1933, † 1967, ermordet): „Seid nett zu Mister Sloane" (dt. Erstauff. d. engl. Schauspiels)

(2. Bd., 1. Bd. 1963); „Die ästhetische Sphäre" (Philos. aus dem Bereich der *Hegel*-Forschung)
Karl Jaspers: „Wohin treibt die Bundesrepublik? Tatsachen, Gefahren, Chancen" (kritisiert bisherige Politik der BRD)
Helmut Kreuzer und *Rul Gunzenhäuser* (Hrsg.): „Mathematik und Dichtung — Versuche zur Frage einer exakten Literaturwissenschaft" (Beiträge von 19 Autoren)
Herbert Marcuse: „Die Kritik der reinen Toleranz" (philos. Kritik der bürgerl.-liberalen Gesellschaft und ihrer repressiven Toleranz")
Jacques Maritain (* 1882): „Der Bauer von der Garonne" (frz. kathol. Philosophie gegen das „neo-modernistische Fieber" der Kirche)
Alfredo Ottaviani (* 1890), Vors. der päpstl. Studienkommission für Geburtenkontrolle
Erster Besuch des Erzbischofs von Canterbury (*Arthur Michael Ramsey*, * 1904) beim Papst
E. Rothacker: „Genealogie des menschlichen Bewußtseins" (geisteswiss. Psychologie; postum)
Wilhelm Wolfgang Schütz (* 1911): „Reform der Deutschlandpolitik" (Kritisches zur bisherigen Politik vom Vors. d. Kuratoriums unteilbares Dtld.)
E. M. Stack: „Das Sprachlabor im Unterricht" (kennzeichnend für neue elektronische Methoden des Fremdsprachenunterrichts)

Charles Marq): „Jakobs Traum" (Glasfenster, entstanden i. Zusammenhang mit den Fenstern der Kathedrale in Metz)
Fabrizio Clerici (* 1913): „Labyrinth" (ital. surreal. Gem.)
Bernard Cohen (* 1933): „Winziger Punkt" (engl. abstr. Gem.)
Paul Delvaux (* 1897): „L'Acropole" (belg. Gem. d. phantast. Realismus)
Robyn Denny (* 1930): „Go-between" („Vermittler", engl. geometr.-abstr. Gem.)
Jean Dubuffet (* 1901): „Pendule IV (Flamboiement de l'heure)" (frz. geom.-abstr. Gem.)
Lucio Fontana (* 1899, † 1968): „Concetto Spaciale" (argent.-ital. Gem.)
Roy Grayson (* 1936): „Why not Cabinet Gift Wrapped Dr. Cagliari I" (engl. abstr. Gem.)
Rüdiger Hartwig: Computer-Grafik
Werner Hilsing (* 1938): „Allegorie: Time has changed" (Gem. eines phant. Stils)
Rudolf Hoflehner (* 1916): „Liebespaar" (abstr. Stahlplastik)
Hundertwasser: „Le Recontre dans la Piscine de Deligny-Sonne-Tränen-Blut" (Gem.)
Jean Ipousteguy (* 1920): „Frau im Bade" (frz. Plastik)
Tess Jaray (* 1937):

Passion (polnische Komp., Urauff. in Münster), „De natura sonoris" (Orchesterwerk)
Renzo Rosselini (* 1908): „La Legenda del Ritorno" (ital. Oper n. dem „Großinquisitor")
† *Hermann Scherchen*, dt. Dirigent, Vorkämpfer moderner Musik (* 1891)
Dieter Schnebel: „Deuteronomium" (avantgardist. Kirchenmusik für 15 Solostimmen)
Günther Schuller (* 1925): „Visitation" (nordamer. Oper, Urauff. in Hamburg)
Edward Staempfli (* 1908): „Großes Mosaik" (2 Klaviere, 11 Instrumente), „Weg des Wanderers" (Kantate n. Texten v. *Hölderlin* für Sopran mit 12 Instrumenten)
† *Wieland Wagner*, Enkel *Rich. Wagners* leitete und erneuerte die Bayreuther Festspiele im Sinne eines symbolisierenden Bühnenbildes (* 1917)
Karl Heinz Wahren (* 1933): „Wechselspiele I f. Kammerorchester"
Jürg Wyttenbach: „Divisions" (schweiz. Komp. f. Klavier und Streichorchester)
Yannis Xenakis (* 1922): „Nomos"

Nikotin- u. Alkoholmißbrauch für Herzinfarkt verantwortlich
Pascual Jordan: „Die Expansion der Erde" (Folgerungen aus der *Dirac*schen Gravitationshypothese)
W. Wolff (USA) kann Kälber bis zu 50 Stunden mit künstlichen, von außen durch Motor angetriebenen Herzen am Leben halten
† *Georges Lemaitre*, belg. Theologe und Astronom, untersuchte astronomische Konsequenzen der Relativitätstheorie (* 1894)
W. H. Masters u. *E. V. Johnson* (Gynäkologen, USA) untern. wiss. Kohabitations-Forschung
P. Michaelis: „Plasmatische Vererbung beim Weidenröschen" (weist Erbkomponenten auch im Zellplasma nach, die bei Zellteilung der Entmischung unterliegen)
Payton Rous erhält Paul-Ehrlich-Preis für Nachweis der Krebsübertragung durch Viren (bei Hühnern)
K. E. Seiffert u. *R. Geißendörfer:* „Transplantation von Organen und Geweben" (Intern. Symp. in Bad Homburg. Am erfolgreichsten ist die Transplantation von Nieren)
Smith u. *Bellware* zeigen, daß zu einem künstlichen Protein polymerisierte Aminosäuren ein „präbiologisches System" mit koazervatähnlichem Verhalten ergeben (Modell der Lebensentstehung)
I. Suda, K. Kito u. *C. Adachi* weisen elektrische Aktivitäten im Katzenhirn nach, das bis zu 203 Tagen bei −20° C eingefroren war
H. Frank: „Lehrmaschinen in kybernetischer und pädag. Sicht"
Donald Wilkes: Rolamite (extrem reibungsarmer Rollmechanismus aus freibeweglichen Rollen zwischen s-förmig gewundenem Stahlband)
R. H. Wright führt spezifische Gerüche auf niederfrequente Schwingungen der Geruchssubstanzen zurück (faßt Theorien von *Beets* und *Amoore* zusammen, wonach es auf „funktionelle Gruppen" und „spezifische Silhouette" der Substanz ankommt)
Ygaël Yadin: Ausgrab. d. Festung Massada a. Toten Meer (seit 1963. Vgl. 73 P)

Weltkraftkonferenz in Tokio (im Zeichen der Konkurrenz der verschiedenen Energieträger; vgl. Statistik 1965 V)
In 116 Städten mit mehr als 1 Mill. Einwohner wohnen 285 Mill. Menschen = 8,5% der Erdbevölkerung
Erstes Atomkraftwerk der DDR (b. Rheinsberg) mit 70000 kW Leistung (ca. 100000 PS)
† *Wilhelm Röpke*, dt. neoliberalist. Volkswirtschaftler (* 1899)
DGB-Kongreß in Berlin spricht sich gegen jede Notstandsgesetzgebg. aus; fordert Ausweitung der qualifizierten Mitbestimmung. *Ludwig Rosenberg* (* 1903) als 1. Vorsitzender wiedergewählt
Wohnungszwangswirtschaft nur n. in 31 „schwarzen" Kreisen von 565 Stadt- und Landkreisen der BRD. (Diese Liberalisierung führt vorerst zu zahlreichen sozialen Härten)
Brit. Zeitung „The Times" ändert ihr Äußeres durch Nachrichten statt Anzeigen auf der Titelseite
Schwed. Zeitung „Stockholm Tidningen" stellt Erscheinen ein
Japanischer Tanker „Idemitsu

(1966)

In Berlin wird Passierscheinvereinbarung für Ostern und Pfingsten unterzeichnet. (Ermöglicht 978 000 Besuche von Westberlinern in Ostberlin)
Keine Weihnachtspassierscheine in Berlin (diese gab es seit 1963). Härtestelle bleibt nach neuen Verhandlungen geöffnet
Heinrich Albertz (* 1915, SPD) als Nachfolger *Willy Brandts* Regierender Bürgermeister von Westberlin (tritt 1967 zurück)
Westberliner SED hält Parteitag in Berlin-Spandau ab und gibt sich neues Statut in formaler Übereinstimmung m. Westberl. Verf.
Klaus Gysi (* 1912) löst *Hans Bentzien* (* 1926) als Kulturminister der DDR ab; verurteilt pazifistische und „Weltangst"-Tendenzen in der Kunst der DDR
Parlamentswahlen in Österreich: ÖVP 85 Sitze (bisher 81), SPÖ 74 (76), FPÖ 6 (8), KPÖ 0 (0). ÖVP-Regierung unter *Klaus* beendet die Zeit der Großen Koalition seit Kriegsende
Otto von Habsburg erhält österr. Reisepaß (beendet 47jähriges Exil, Protest der SPÖ)
Dän. Sozialdemokraten erleiden Wahlniederlage *Jens Otto Krag* (* 1914) bildet sozialdemokratische Minderheitsregierung
Hochzeit der niederl. Thronfolgerin Prinzessin *Beatrix* (* 1938) mit dt. Diplomat *Claus von Amsberg* (* 1926)
Schwere Unruhen im Kohlenrevier Belgiens. Christsoziale-sozialistische Regierung *Harmel* zerbricht am Krankenversicherungsproblem. Neue Regierung unter Min.-Präs. *Paul Vanden Boeynants* (* 1920, Christsoz.) mit Liberalen
General *de Gaulle* tritt zweite siebenjährige Amtszeit als franz. Staatspräsident an
Franz. Regierung *Georges Pompidou* (* 1911) umgebildet
De Gaulle kündigt Herauslösung Frankreichs aus der NATO an macht der USSR zwölftägigen Staatsbesuch
Frankreich setzt im Pazifik Atomwaffenversuche fort

Jean Paulhan: „Berühmte Fälle" (dt. Übers. frz. Prosastücke)
† *Erwin Piscator*, dt. Theatermann des politisch engagierten Theaters, ging 1934—53 in die USA; zuletzt Intendant des Theaters der Freien Volksbühne Berlin (* 1893)
Françoise Sagan: „Le cheval évanoui" (frz. Erz.)
† *Lothar Schreyer*, dt. Dichter und Maler, 1916 Schriftleiter an der express. Zeitschr. „Der Sturm" (* 1886)
Waleri Jakowlewitsch Tarsis (* 1906), Schriftsteller in der USSR („Das Schöne und sein Schatten", seit 1939), wird vom Präsidium des Obersten Sowjet ausgebürgert
Peter Ustinov (* 1921): „Halbwegs auf dem Baum" (engl. satir. Schauspiel um die moderne Jugend)
Tarjei Vesaas (* 1897): „Die Nachtwache" (dt. Übers. d. norw. Romans)
Martin Walser: „Das Einhorn" (Roman)
Dieter Wellershoff (* 1925): „Ein schöner Tag" (neureal. Roman)
Arnold Wesker (* 1932): „The four seasons" (engl. Schauspiel)
Ruhrfestspielhaus in Recklinghausen eröffnet
Würzburger Stadttheater eröffnet
Luchterhands Loseblatt-Lyrik (neue Form der Lyrik-Edition)
Literarische „Gruppe 47" besucht USA und tagt in Princeton
Herstellung der Deutschen Bibliographie (Frankfurt/M.) mit Hil-

Karl Steinbuch (* 1917): „Die informierte Gesellschaft. Geschichte und Zukunft der Nachrichtentechnik" (politische u. soziale Auswirkungen)
„Der Mensch und seine Zukunft" (dt. Übers. d. CIBA-Symposiums in London 1962); diskutiert auch die biolog.-genetischen Einflußmöglichkeiten auf die Menschheitsentwicklung
Gründung eines Bildungsrates in der BRD zur langfristigen Bildungsplanung (arbeitet im Bildungsbereich parallel zum Wissenschaftsrat)
Universität Düsseldorf eröffnet
Medizinische Fakultät an der Techn. Hochschule Aachen
Min. *Ernst Schütte* (* 1904) initiiert neues Hochschulgesetz in Hessen mit Wahl zwischen Rektor- und Präsidial-Verfassung, Berufungen werden ausgeschrieben (Vorläufer einer Reihe neuer Univ.-Ges. in der BRD)
1500 Studenten besetzen nach dem Tod eines Studenten die Universität Rom und erzwingen Rücktritt des Rektors
Universität Barcelona wegen Studentenunruhen geschlossen
An den Hochschulen der BRD kommt es zunehmend zu Konflikten zwischen Professoren u. Studenten. Reformvorschläge von Studentenverbänden (SDS 1961, VDS 1962) fanden bisher auch bei Studenten wenig Beachtung
Psychologische Beratungsstellen an dt. Uni-

„Garden of Anna" (engl. geometr.-abstraktes Gem.)
Phillip King (* 1934): „Punkt X" (engl. abstr. Plastik aus Fiberglas und Polyester)
Oskar Kokoschka: Berlin v. Springer-Hochhaus in Kreuzberg (Gem.)
Bela Kondor (* 1931): „Die Kränze Petöffis. Lorbeerkranz für einen Dichter" (ungar. Lithografie), B. K. gilt als einer der Väter der zeitgen. ungar. Grafik
Nicholas Krushenik (* 1929): „Ohne Titel" (nordamer. ornam.-abstr. Gem.)
Roy Lichtenstein (* 1923): „Yellow and Green Brushstroke" (nordamer. Gem. der Pop-Art)
G. Marcks: „Läufer im Ziel" (Bronze)
Joan Miró: Vase — Grüner Grund (Keramik)
H. Moore: „Upright Form Knife Edge" (brit. Marmorplastik)
(Madm.) *Morgan-Snell:* „Interférences" (frz. Gem.)
E. W. Nay: „Gelb mit schwarzen Tropfen", „Nachtblau mit weißer Kette" (abstr. Gem.)
Pablo Picasso: „Drei stehende Männer" (span.-frz. Zeichng.)
Hans Purrmann: „Mädchenbildnis Dodo" (Gem.)
† *Hans Purrmann,* dt. Maler gegenständl. Richtung * 1880)

(griech. Komp. f. Solo-Cello)
Erweiterungsbau der Komischen Oper in Ostberlin eröffnet (Intendant *Felsenstein*)
Metropolit. Opera New York erhält neues Haus im Lincoln Center
„Stranger in the night" (US-Spitzenschlager)
~ Pop-Musik: Soul (z. B. *Aretha Franklin*)

1966 erfolgr. Satelliten u. Raumsonden: USA 17, USSR 7, Frankr. 1
Instrumentenkapsel Luna 9 der USSR landet weich auf dem Mond und sendet Fernsehbilder; 5 Monate später weiche Mondlandung von Surveyor 1 der USA. Luna 10 der USSR bringt Satelliten auf Bahn um den Mond. USA folgen mit Lunar Orbiter 1
20 Mrd. Elektronenvolt Linearbeschleuniger in Stanford, USA (3000 m Länge)
In Stanford (USA) supraleitender 6-MeV-Elektronenlinear-Beschleuniger in Betrieb
Intern. Cold Spring Harbor-Symposium (USA) ergibt: Grundlagen des genetischen Codes geklärt (eindeutige Zuordnung zwischen DNS-Basensequenz und Protein-Aminosäure-Sequenz). Solche Ergebnisse werden in intern. Zusammenarbeit und Konkurrenz mehrerer wissenschaftlicher Teams erzielt
Abfolge der 188 Aminosäure-Einheiten u. damit Struktur d. Wachstum-Hormons in USA aufgeklärt
Aus der Unterschiedlichkeit der Proteine bei verschiedenen Tierarten läßt sich die Zeitdauer abschätzen, die seit der Verzweigung der Arten im Lebens-Stammbaum vergangen ist: Säugetiere — Einzeller 1200 Mill. Jahre, Warmblütler — Fisch 500 Mill. Jahre, Säugetiere — Vögel 280 Mill. Jahre
Myoelektrische Steuerung (d. h. durch Muskelstromimpulse) einer künstlichen Hand (in England)
Durch Satellitenbeobachtungen kann der äquatoriale Erddurchmesser mit 12 756 338 m auf ca. 8 m genau angegeben werden
US-Wettersatellit „Nimbus II" nimmt mit Infrarotstrahlung um 4 μm Wolkenbilder bei Nacht auf
In Berlin läßt sich während 4 Erdumrundungen des US-Wettersatelliten ESSA 2 ein gesamteuropäisches Wetterbild abrufen und wird als Beilage zur Berliner Wetterkarte veröffentlicht
Wetterballon umfliegt von Neuseeland aus in 10 Tagen die Erde
USSR gibt Atlas der Antarktis heraus (Forschungsergebnisse des letz-

Maru" in Dienst gestellt (209 000 t, 18 m Tiefgang, 342 m Länge, 50 m Breite)
177 m hoher Postturm als bisher höchstes Gebäude in London
Jungfernfahrt des dt. Passagierschiffes „Europa" nach New York (21 164 BRT)
„Naturpark Vorderer Bayerischer Wald" mit 450 km² eröffnet
Neuer zentraler Westberliner Autobusbahnhof am Funkturm
† *Elizabeth Arden,* nordam. Kosmetikerin (* 1885)
Der Minirock verbreitet sich vor allem von England aus als Teil einer Popmode in Dtl.
5 m langer, weißer Belugawal dringt im Rhein bis Duisburg vor und erreicht trotz vieler Fangversuche wieder d. offene Meer
Cassius Clay (USA, * 1942) verteidigt Schwergewichts-Weltmeistertitel i. Boxen durch K.o.-Sieg über *Karl Mildenberger,* BRD (Titel wird 1967 aberkannt)
Georg Thoma (Olympiasieger 1960) wird Weltmeister in der Nordischen Kombination; zieht sich vom aktiven Sport zurück
Gr.-Brit. erringt mit 4:2-Sieg über BRD Fußball-Weltmeisterschaft

(1966)

† *Vincent Auriol*, 1947—54 erster Staatspräsident der 4. franz. Republik (* 1884)
Regierung zwischen Christl. Demokraten, Sozialdemokraten, Sozialisten u. Republikanern unter Min.-Präs. *Aldo Moro* (* 1916) in Italien
Vatikan und Jugoslawien vereinbaren Wiederaufnahme diplomatischer Beziehungen
Neuwahlen in Gr.-Brit. bringen der Labour-Party klaren Wahlsieg: 47,9% Stimmen, 363 Sitze (1964: 44,1% und 317 Sitze); Konservative: 41,9%, 253 Sitze (43,4%, 304 Sitze); Liberale: 8,5%, 12 Sitze (11,2%, 9 Sitze)
Brit. Reg. erklärt Lohn- und Preisstop zur Währungsstabilisierung
Gr.-Brit. fordert vollen Devisenausgleich für brit. Rheinarmee in Höhe von ca. 1 Mrd. DM
Nach dem Rücktritt von *Menzies* (* 1908, liberal) wird *Harold E. Holt* (liberal) austral. Min.-Präs. (* 1908, † 1967 ertrunken)
† *Hendrik Verwoerd*, südafrikan. Min.-Präs. seit 1958, wegen seiner Rassenpolitik von einem (weißen) Parlamentsdiener ermordet (* 1901).
Balthazar Johannes Vorster (* 1915) wird südafrikan. Min.-Präs.
Rumän. KP-Chef *Ceausescu* betont nationale Unabhängigkeit d. Völker
Polen nimmt die seit 1961 unterbrochenen diplomat. Beziehungen zu Albanien wieder auf
Leonid Iljitsch Breschnew (* 1906), bisher Erster Sekretär, wird Generalsekretär des ZK der KPSU
Freundschafts- und Beistandspakt zwischen USSR und Mongolischer Volksrepublik (Laufzeit 20 Jahre)
Kongolesischer Staatspräsident *Mobutu* (* 1930) entmachtet das Parlament in Leopoldville
Kongolesische Regierung läßt ehemaligen Min.-Präs. *Kimba* und drei frühere Minister wegen Hochverrats öffentlich hinrichten
Truppenstärke der USA in Vietnam erreicht 235 000 Mann (auch aus der BRD werden US-Spezialisten abgezogen)
Nordvietnamesische Hauptstadt Hanoi wird von den USA in den Luftkrieg mit einbezogen

versitäten weisen neurotische Fehlhaltungen besonders bei Studenten in der Philosophischen Fakultät nach
Stiftung der Pädagogik für die Naturwissenschaften in Kiel gegrdt.
Technische Hochschule Manchester erprobt programmierte Fremdsprachenkurse für Naturwissenschaftler
„Bericht der dt. Bundesregierung über die Situation der Frau in Beruf, Familie und Gesellschaft" (erweist relativ schwachen öffentlichen Einfluß der Frau)
Evang. Synoden (EKD) tagen räumlich getrennt, aber im „Geiste vereinigt" in West- und Ostberlin
Weltkonferenz für Kirche und Gesellschaft in Genf
Nach Neuaufnahme von 4 Kirchen besteht der Ökumenische Rat der Kirchen aus 218 Mitgliedskirchen mit je mindestens 10 000 Mitgliedern
Jahrtausendfeier der Christianisierung Polens in Tschenstochau
Im Fuldaer Dom werden Gebeine gefunden, die *Bonifatius* zugeschrieben werden
„Leigh-Report" (über sexuelles Gruppenverhalten in den USA. Dt. Übers.)
Kannibalismus noch bei den Bosavi-Leuten im Papua-Territorium, Neu Guinea, festgestellt
Jahrestag d. Germanistenverb. i. München: „Nationalismus i. Dichtung u. Wissenschaft" (fordert radikale Reform d. Germanistik)

fe einer Datenverarbeitungsanlage
In der USSR werden die Schriftsteller *A. Sinjawski* und *J. Daniel* wegen antisowjetischer Propaganda zu 7 bzw. 5 Jahren Arbeitslager verurteilt; scharfe Reaktionen in der westlichen Welt
Der jugoslaw. Schriftsteller *Mihajlov* zu 12 Monaten Gefängnis verurteilt. Proteste aus der nichtkommunist. Welt

Christian Roeckenschuss (* 1933): „Engramm XXVI/66" (konstruktivist. Relief; Hartfaserstoff u. Novopanplatte)
Dieter Ruckhaberle (* 1938): „Stilleben III" (abstr. Gem.)
Anton Sailer (* 1903): „Am Gries in München" (Gem.)
Hans Scharoun: Institute der Fakultät für Architektur der Techn. Univ. Berlin
Emil Scheibe (* 1914): „Winkelkorrelationsmeßgerät" (Gem. mit Ironis. modern. Technik)
Bernard Schultze (* 1915): „Das große Migof-Labyrinth" (Assemblage, Holzkästen mit farbigen skulpturalen und kinetischen Elementen für die Ausstellung „Labyrinthe" in der Akadem. d. Künste Berlin [West])
Kumi Sugai (* 1919): „Mer soleil" (japan.-frz. ornamental-abstraktes Gem.)

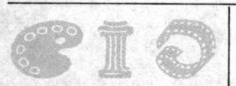

Shinkichi Tajiri (* 1923): „No 2" (amer.-frz. Messing- und Aluminium-Plastik a. Metallresten)
Hann Trier: „Raumfahrt I", „Am Mond vorbei" (abstraktes Gem.)
Heinz Trökes (* 1913): „An Zinnen und Palisaden" (Gem. m. folklorist.-exot. Elementen), „Gewitter" (geometrisches Gem.)
H. Uhlmann: Plastik für Montreal (dreifarbige Chrom-Nikkel-Stahl-Plastik)
Vladimir Velickovic (* 1935): „Der Rächer" (jugosl. Gem.)
Gerhard Wendland (* 1910): Modell II von „Labyrinth, begehbares Bild" (für die Ausst. „Labyrinthe" in der Akad. d. Künste in Berlin [West])
Theodor Werner: „G I/1966" (abstr. Gem.)
Ausstellung „10" v. Minimal-Art in der *Virginia-Dwan*-Galerie, New York (M.-Art arbeitet mit einfachsten Formen in häufig riesigen Dimensionen), darunter: *Carl Andre* (* 1935), *Dan Flavin* (* 1933), *Donald Judd* (* 1928), *Sol Le Witt* (* 1928), *Robert Morris* (* 1931), *Robert Smithson* (* 1938), *Michael Steiner* (* 1942), alle USA
„Signale", Kunstausstellung in Basel
„Kunst — Licht — Kunst" (Ausstellung in Eindhoven/Niederlande).

ten Jahrzehnts in ca. 500 Karten, Graphiken und Profilen)
Neues Rechenzentrum der TH Darmstadt
„Wissenschaftliche Kommunikation", Symposium in London (bis zu 20% der Mittel für Forschung und Entwicklung gehen in das Dokumentationswesen)
Physik-Kolloquium in China behandelt die Arbeit „Untersuchungen über die Theorie der Elementarteilchen, durchgeführt unter der Erleuchtung durch *Mao Tse-tungs* Gedanken"
Period. Umkehr d. Erdmagnetfeldes gefunden
Meeresbodenausbreitung wird entd.

Monet-Bilder gefunden († 1926) Rathaus i. Toronto

„Abschied von gestern" (dt. Film von *Alexander Kluge* mit *Alexandra Kluge*)
„Mahlzeiten" (dt. Film mit *Heidi Stroh* und *Georg Hauke;* Regie: *Edgar Reitz*)
„Kopfstand Madame" (dt. Film mit *Heinz Bennent* und *Miriam Spoerri;* Regie: *Christian W. Rischert*)
„Ganovenehre" (Film von *Wolfgang Staudte*)
„Grieche sucht Griechin" (dt. Film mit *Heinz Rühmann, Irena Demick;* Regie: *Rolf Thiele*)
„Ursula — oder das unwerte Leben" (schweiz. Film über die pädagog. Beeinflussung geistig behinderter Kinder; Regie: *Walter Marti*)
„Persona" (schwed. Film mit *Bibi An-*

USSR durch Sieg über CSSR zum 4. Mal Eishockey-Weltmeister
München 1860 Fußballmeister der BRD
München wird zur Stätte der Olympischen Spiele 1972 gewählt
† *Hermann Geiger* (abgestürzt), schweizer. Gletscherpilot; rettete über 600 Menschen (* 1914)
Düsenjäger der USSR stürzt in Westberlin in den Stößensee. Reg. Bürgerm. *Brandt* dankt dem Piloten für Selbstaufopfer.
USA-Flugzeug mit 4 Kernsprengsätzen stürzt über Spanien ab. Vierte Bombe wird erst nach langem Suchen gefunden
Absturz eines Verkehrsflugzeuges in Bremen (46 Tote)
Postflugzeug der PAA Frankfurt/ Main—Berlin stürzt kurz vor Berlin ab

U-Boot „Hai" der dt. Bundesmarine sinkt. Von den 20 Besatzungsmitgliedern wird nicht eines gerettet
Unwetterkatastrophe im Alpenraum und Italien. Hochwasser zerstört in Florenz zahlreiche Kunstwerke (durch internationale Hilfe wurden viele ger.
144 Tote, darunter 116 Kinder, beim Abrutsch einer Abraumhalde i. Aberfan (Wales)
Erdbeben in der Osttürkei fordern mehr als 2000 Todesopfer
Wolkenbrüche in Rio de Janeiro verursachen mehr als 400 Tote in den Slums
Vereinbarung ü. gemeins. Agrarmarkt d. EWG (wird d. nationalen Protektionismus ausgehöhlt)
Direttissima der Eiger-Nordwand

Rohstahl- bzw. Roheisenprod. d. Erde in Mill. t (zur Verdeutlichung d. Wachstums interpoliert und abgerundet):

Jahr	Stahl	Eisen	Jahr	Stahl	Eisen
1966	480	340	1885	8	24
1954	240		1880	4	
1950	161	113	1874	2	
1941	120		1871	1	12
1927	100		1854		6
1910	60		1837		3
1902	30	48	1818		1,5
1891	15				

Entw. d. Golderz. (in t)

Jahr	Erde	Südafrika
1900	359,2	10,8
1966	1278,4	960,1

(1966)

Robert Clifton Weaver (* 1907) als Minister für Wohnungsbau und Städteplanung erster Neger mit Kabinettsrang in den USA

Blutige Zusammenstöße zwischen Anhängern der Gleichberechtigung der Neger und der Polizei in Alabama, USA

Blutige Rassenunruhen im Negerviertel von Chikago

General *Juan Carlos Ongania* (* 1914) übernimmt in einem unblutigen Staatsstreich die Macht in Argentinien: Parlament und politische Parteien werden aufgelöst

Staatspräsident *Frei* von Chile kündigt „Politik der harten Faust" gegen Unruhen im Bergarbeitergebiet an

Friedenskonferenz in Taschkent ergibt unter Vermittlung der USSR friedliche Vereinbarung zwischen Indien und Pakistan über Grenzregelung

† *Lal Bahadur Shastri*, ind. Min.-Präs. seit 1964 (* 1904)

Indira Gandhi (* 1917, Tochter *Nehrus*) wird ind. Ministerpräsident

Armeechef General *Suharto* (* 1921) entmachtet Min.-Präs. *Sukarno* in Indonesien

Indonesien und Malaysia beenden Kriegszustand

Volksrep. China zündet seine fünfte Atombombe

In der sog. „Kulturrevolution" mobilisiert *Mao* in der Volksrep. China die Jugend u. a. gegen eine unbewegliche Organisation der kommunistischen Partei (führt zu zeitweise chaotischen Zuständen und zum Machtzuwachs der Armee)

USSR bezeichnet chinesische „Kulturrevolution" als Entehrung des Marxismus-Leninismus

Verteidigungsminister *Lin Piao* wird nach *Mao* zweiter Mann im Staat (1969 als Nachfolger vom Parteitag bestätigt)

dersson und *Liv Ullmann;* Regie: *Ingmar Bergman*)

„Hier hast Du Dein Leben" (schwed. Film mit *Eddie Axberg* u. *Gudrun Brost;* Regie: *Jan Troell*)

„Blow up" (brit. Film, Regie: *Michelangelo Antonioni*)

„Die Verfolgung u. Ermordung Jean Paul Marats..." (brit. Film nach dem Schauspiel von *Peter Weiss* mit *Cillord Rose* u. *Brenda Kemner;* Regie: *Peter Brook*)

„Darling" (brit. Film von *John Schlesinger* mit *Julie Christie*)

„Flüsternde Wände" (brit. Film, Regie: *Bryan Forbes*)

„Georgy Girl" (brit. Film, Regie: *Silvio Narizzano*)

„Protest" (brit. Film mit *David Warner* u. *Robert Stephens;* Regie: *Karel Reisz*)

„Fahrenheit 451" (brit. Film mit *Oskar Werner* und *Julie Christie;* Regie: *François Truffaut*)

„Privileg" (brit. Film mit *Paul Jones* und *Jean Shrimpton;* Regie: *Peter Watkins*)

„Der alte Mann und das Kind" (frz. Film mit *Michel Simon;* Regie: *Claude Bervi*)

„Verheiratete Frau" (frz. Film von *Jean-Luc Godard*)

„Der Dieb v. Paris" (frz. Film mit *Jean-Paul Belmondo* und *Geneviève Bujold;* Regie: *Louis Malle*)

„Africa Addio", Film von *Jacopetti*

und *Prosperi*, führt in Berlin (West) zu heftigen Tumulten und Absetzung

„Mamma Roma" (ital. Film von *Pier Paolo Pasolini* mit *Anna Magnani*)

„Zwei Särge auf Bestellung" (ital. Film mit *Gian Maria Volonte* u. *Irene Papas;* Regie: *Elio Petri*)

„Mut für den Alltag" (tschechoslow. Film von *Evald Schorm*)

„In der Hitze der Nacht" (nordamer. Film mit *Sidney Poitier,* Regie: *Norman Jewison*)

„Das Mädchen aus der Cherry-Bar" („Gambit", nordam. Film mit *Shirley MacLaine, Michael Caine;* Regie: *Ronald Neame*)

„Der Widerspenstigen Zähmung" (nordam.-ital. Film mit *Elizabeth Taylor* u. *Richard Burton;* Regie: *Franco Zefirelli*)

„Würgeengel" (mex. Film v. *Luis Buñuel*)

„Frau in den Dünen" (japan. Film von *Hiroshi Teshigahara*)

Dt. Film- und Fernsehakademie in Berlin gegründet (1967: Hochschule für Film und Fernsehen in München gegrdt.)

51 lange westdt. Filme, davon 24 Koproduktionen (1965: 72 mit 47 Koprod.) 1965/66 bringt einen internation. Durchbruch des jungen dt. Films

Erste Kurzfilmtage in Oberhausen „Oscar"-Verleihung in Hollywood an beste Schauspieler *Julie Christie* in „Darling" und *Lee Marvin* in „Cat Ballou". Für besten Film und beste Regie „Meine Lieder—meine Träume" von *Robert Wise*. Bester ausländ. Film „Der Laden in der Hauptstraße" (CSSR). Weitere „Oscars" an „Dr. Schiwago" (nordamer. Film n. dem Roman von *Boris Pasternak*) und „Das Narrenschiff" „Goldene Palme" d. 20. Filmfestspiele v. Cannes an „Damen und Herren" (Ital.) und „Ein Mann und eine Frau" (Frankr.). Als bester Erstlingsfilm „Winter in Flammen" (Rumän.) ausgezeichnet; bester Schauspieler: *Per Oscarsson* (Schwed.) in „Hunger" Gold. Bär d. Internat. Filmfestspiele Berlin f. „Cul-De-Sac" (Gr. Brit.) von *R. Polanski*
† *Eric Pommer*, dt. Filmproduzent, 1934 bis 1946 in den USA, prod. u. a. „Der Blaue Engel", „Der Kongreß tanzt" (* 1889)
„Der zweite Atem" (frz. Film von *Jean-Pierre Melville* mit *Lino Ventura, Paul Meurisse*)

Produktionen i. d. BRD und DDR:

	BRD	DDR
Einwohner (Mill.)	59,5	17,0
Erwerbstätige (Mill.)	27,1	8,0
elektr. Energie (Mrd. kWh)	175,0	57,0
Rohstahlprod. (Mill. t)	35,3	4,1
Steinkohlenprod. (Mill. t)	126,0	2,0
Braunkohlenprd. (Mill. t)	98,1	249,6
Kunststoffprod. (Mill. t)	2,3	0,3
PKW-Produktion (Mill. Stück)	2,8	0,1

Vergleich verschiedener Gebiete der Erde, davon

	Erde	OECD %	EWG %	BRD %
Fläche (1000 km²)	135 697	17,4	0,86	0,18
Einwohn. (Mill.)	3 356 000	19,8	5,45	1,80
Produktion von				
Getreide (1000 t)	1 018 519	35,0	6,0	1,37
Kartoffeln (1000 t)	292 956	28,0	13,2	6,40
Rinder (1000 Stk. Bestand)	1 087 100	20,5	4,7	1,30
Steinkohle (1000 t)	2 052 000	46,5	9,9	6,1
Strom (Mrd. kWh)	3 562	68,0	11,8	5,0
Eisenerz (1000 t)	336 000	37,0	6,5	0,77

(OECD = EWG, EFTA, Spanien, Griechenl., USA, Kanada, Türkei, Japan)

Prozentuale Verteilung der Bruttomonatsverdienste männl. Arbeitnehmer in der BRD

DM	Arbeiter	Angest.
über 2000	—	8%
1500—2000	4%	16%
1250—1500	10%	18%
1000—1250	32%	25%
800—1000	38%	18%
600— 800	14%	10%
unter 600	2%	5%

Fünfjahresplan der USSR 1966—70 hat folgende Ziele:

	Ist 65	Plan 70
Stahl (Mill. t)	91	129
Kohle (Mill. t)	578	675
Erdöl (Mill. t)	243	355
Strom (Mrd. kWh)	507	850
Getreide (Mill. t)	121	167
Fleisch (Mill. t)	4,8	6,2
Butter (1000 t)	1066	1160
PKW (1000 Stk.)	201	800
Schuhe (Mill. P.)	484	630

Relativer Anteil an der Energieerzeugung:

	1966	1980	2000
Kohle	40%	27%	23%
Öl	37%	42%	37%
Erdgas	17%	18%	13%
Wasserkraft	6%	5%	2%
Atomenergie	—	8%	25%

Bei einer jährlichen Steigerungsrate d. Gesamterzeugung von 3 bis 4%: 1966 = 100, 1980 = 162, 2000 = 320)

1967

Friedensnobelpreis nicht vergeben
Politische Konflikte nach Zahl und Art:

	Kriege zw. Staaten	Aufstände	Bürgerkriege	gewaltsame Staatsstreiche
1918—27	5	5	1	0
1928—37	5	5	2	0
1938—47	5	6	1	0
1948—57	9	18	1	0
1958—67	15	13	8	9

Davon in	1918—27	1928—37	1938—47	1948—57	1958—67
Europa	2	1	3	3	0
Mittelost	4	0	2	5	10
Asien	2	6	6	10	12
Afrika	3	2	1	5	18
N-u. S-Amer.	0	3	0	5	5

Ausgewiesene Rüstungsausgaben (in Mrd. US-Dollars): NATO 95 (davon USA 71), Warschauer Pakt 43 (davon USSR 15), Entwicklungsländer 12; insgesamt 165, das ist nahezu das Vierfache der Ausgaben für das Gesundheitswesen
NATO-Oberkommando verläßt Roquencourt (bei Paris) und zieht nach Casteau (Belgien)
NATO-Verteidigungsminister konzipieren flexible Abwehr statt sofortiger nuklearer Vergeltung
Dt. Bundespräsident *Lübke* unternimmt Asienreise
BRD und Rumänien nehmen diplomatische Beziehungen auf (gilt als Anfang einer neuen aktiven Ostpolitik der Großen Koalition in Bonn)
Bundeswirtschaftsminister *Karl Schiller* beginnt Gespräche mit den Sozialpartnern zur Einleitung der „Konzertierten Aktion" im Sinne einer volkswirtschaftlichen Gesamtrechnung und Planung
† *Konrad Adenauer,* dt. christdemokratischer Staatsmann, Bundeskanzler 1949—65 (* 1876), prägte politische Entw. der BRD, bewirkte Aussöhnung mit Frankreich
Kiesinger wird anstelle *Erhards* Vorsitzender der CDU
Arbeitspapier der FDP *(Schollwer-Studie)* schlägt Anerkennung der DDR und der Oder-Neiße-Grenze vor
Erich Mende, FDP-Vorsitzender, verzichtet auf Parteivorsitz und

Nobelpreisträger für Literatur an *Miguel Angel Asturias* (* 1899, Guatemala)
L. Aragon: „Blanche et l'oubli" (frz.)
Fernando Arrabal (* 1932): „Théâtre panique" (span.-frz. Beitrag zum absurden Theater)
Samuel Beckett: „Têtes mortes" („Tote Köpfe") „*Wolf Biermann* (Ost) zu Gast bei *Wolfgang Neuss* (West)" (zeitkrit. gesamtdeutsches Kabarett, Schallplatte)
Paul Celan (eig. *Antschel*; * 1920, † 1970 Freitod): „Atemwende" (Lyrik)
Heimito v. Doderer: „Der Grenzwald" (Roman, postum)
Marguerite Duras (* 1914): „L'amante anglaise" („Die englische Geliebte", frz. Roman im Sinne des nouveau roman)
† *Ilja G. Ehrenburg,* russ. Schriftst. (* 1891)
Brian Friel: „Verliebte. I Gewinner. II Verlierer" (irische Einakter)
Max Frisch: „Biografie. Ein Spiel" (schweiz. Bühnenstück)
† *Oskar Maria Graf,* dt. Schriftsteller, ging 1933 in die USA (* 1894)
Peter Handke: „Kaspar" (Schauspiel um Kaspar Hauser, uraufgeführt 1968)
Norbert Herholz (* 1932): „Die schwarzen Hunde" (Roman)
† *Heinz Hilpert,* dt. Regisseur und Schauspieler in Berlin, Wien, Zürich, Konstanz, zuletzt in Göttingen (* 1890)
Rolf Hochhuth: „Soldaten" (Schauspiel um *Churchill* und den Luftkrieg)

Dänemark hebt das Verbot unzüchtiger Schriften auf (1968 auch das unzüchtiger Bilder. Pornographie verbreitet sich rasch von dort in andere Länder, einschl. BRD)
Alfred Bengsch (* 1921), kathol. Bischof von Berlin seit 1959, seit 1962 Titel eines Erzbischofs, wird Kardinal (darf nur 3 Tage im Monat nach Westberlin)
† *Otto Dibelius,* evang. Theologe, seit 1933 in der Bekennenden Kirche, Bischof von Berlin-Brandenburg 1945—66, Präses des Rates der evangel. Kirche 1949 bis 1961, Präsident des Ökumen. Rates 1954 bis 1961 (* 1880)
Richard Friedenthal (* 1896): „Luther — Sein Leben und seine Zeit" (Biographie) (1963: „Goethe — Sein Leben und seine Zeit")
† *Victor Gollancz,* brit. Verleger und Schriftsteller, förderte Versöhnung mit den Deutschen nach 1945 (* 1893)
† *Friedrich Heiler,* protestant. Theologe, ursprüngl. katholisch, um eine „evangel. Katholizität" bemüht (* 1892)
A. van Kaam: „Existential foundations of psychology" (Existenzpsychologie)
† *Wolfgang Köhler,* dt. Psychologe, einer der Begründer der Gestalt-Psychologie (* 1887)
Peter Nettl: „Rosa Luxemburg" (Biographie)
† *Ernst Niekisch,* dt. politischer Publizist nationalbolschewist. Richtung (* 1889)
Bernhard Pauleikhoff: „Psychopathologie im

Alexis Akithakis (* 1939): „Anti-Landschaft" (griech. ornamentales Gem.)	*Cornelius Cardew:* „Treatise" (200 Seiten graphischer Elemente zur musikalischen Übersetzung)	Nobelpreis für Physik an *Hans A. Bethe* (USA, * 1906 in Dtl.) für Aufklärung der Energieproduktion der Sonne durch Atomkernverschmelzung	Trotz internation. Goldspekulationen halten die USA am Dollarwert fest
Horst Antes (* 1936): „Mauerbild VIII — Maskierte Rohrfigur" (phantastisches Gem.)	*Wolfgang Fortner:* „Triplum"	Nobelpreis für Chemie an *Manfred Eigen* (* 1927, BRD), *Ronald G. W. Norrish* (* 1897, Gr.-Brit.), *George Porter* (* 1920, Gr.-Brit.) für Untersuchung schnell ablaufender chem. Reaktionen	Gr.-Brit. wertet d. Pfund Sterling um 14,3% ab, um Außenhandelsbil. zu verbessern
Francis Bacon (* 1909): „Porträt d. Isabel Rawthorne in einer Straße von Soho" (irisches Gemälde)	*Alexander Goehr* (* 1932): „Arden muß sterben" (Oper)	Nobelpreis für Medizin an *George Wald* (* 1906 USA), *Jaldan K. Hartline* (* 1903, USA), *Ragnar Granit* (* 1900, Schweden) für Erforschung der Sehvorgänge	Bemühungen Gr.-Brit. um Eintritt in die EWG am Widerstand Frankreichs vorerst gescheitert (es beginnen Bemühungen um Zwischenlös.)
Georg Baselitz (* 1938): „B für Larry" (Gem.)	*Hans Werner Henze:* „Los Caprichos" (Orchesterfantasie nach Bildern von *Goya*)	*Christiaan N. Barnard* (* 1923) gelingt erste Herztransplantation in Kapstadt; um 5,52 Uhr am 3. 12. 67 beginnt ein fremdes Herz in *Louis Washkansky* (* 1914) zu schlagen (Patient stirbt nach einigen Tagen. Es folgen rasch gleiche Operationen auch in USA und anderen Ländern, z. T. mit besseren Erfolgen)	Rohstahlprod. der Erde 498 Mill. t, davon USA 24%, USSR 21%, Japan 12%, BRD 7,3%, Gr.-Brit. 5%, Frankr. 4%, VR China 2,8%, Indien 1,3%, DDR 1%)
† *Henryk Berlewi*, poln.-dt. Maler, begründete 1924 abstrakte Malerei der konstruktivistischen „Mechanofaktur" (* 1884)	*André Jolivet* (* 1905): „Konzert für Cello" (frz. Komp.)		
Oliver Bevan (* 1941): „Dropping Zone" (engl. ornamentales Gem.)	*Herbert von Karajan* veranstaltet erste Osterfestspiele in Salzburg, dirigiert u. inszeniert „Die Walküre" von *R. Wagner*	*F. H. Bushby* u. *M. S. Timpson* (brit. Wetteramt) veröff. erste erfolgr. 24-Stunden-Prognose über Niederschläge mittels Computer	Kunststoffprod. d. Erde ca. 18 Mill. t, davon BRD ca. 2,6 Mill. t (bis zum Jahr 2000 dürfte sich die Produktion etwa verhundertfachen)
Jochen Harro Bierzunski (* 1936): „Ohne Titel" (abstrakt-ornamentales Gem.)	*Rudolf Kelterborn* (* 1931): „Kaiser Jovian" (schweiz. Oper)	*Sidney Cobb:* In gestörten Ehen (in USA) haben Frauen mit Rheumatismus mit erhöhter Wahrscheinlichkeit Männer mit Magengeschwüren	
Detlef Birgfeld (* 1937): „Komposition" (abstr. Stahlplastik)	*Giselher Klebe:* 3. Sinfonie (für großes Orchester)	*John H. Crook:* „Gesellschaftsstruktur bei Primaten" (engl. Ethologie der Menschenaffen)	Erd-Weizenernte 296 Mill. t. Davon USSR 33%, USA 14%, Kanada 5,3%, Frankreich 4,8%, ferner BRD 1,9%, DDR 0,5% (Ertrag 8,1—36,6, durchschnittlich 13,1 dz/ha)
Kees van Bohemen (* 1929): „American Football" (niederl. Gem.)	*Ernst Krenek:* „Glauben u. Wissen" (Komp. für Chor)	*H. W. Franke:* „Phänomen Kunst. Die naturwissenschaftlichen Grundlagen der Ästhetik" (Kybernetische Informationsästhetik)	
Gernot Bubenik (* 1942): „Seriegraphie" (pop-artiges Gem.)	*Gerhard Lampersberg* (* 1928, Komponist) u. *H. C. Artmann* (* 1920, Dichter): „Strip" (Comic Opera in 7 Bildern)	*Allan Gardner* und *Beatrice Gardner* (USA) erreichen durch intensive Bemühungen, daß Schimpansin „Washoe" Zeichensprache mit mehreren Dutzend Zeichen und satzartige Kombinationen von 2 bis 3 Zeichen beherrscht	Israel.-arab. Krieg hat vorübergehend Sperrung von Öllieferungen an israelfreundliche europäische Staaten zur Folge
Alexander Camaro (* 1901): „Orchestrion" (Gem.)			
Jorge Castillo (* 1933): „Composition (Diptychon)" (span. phantast. Gemälde)	*Hans Ulrich Lehmann* (* 1937): „Rondo für eine Stimme und Orchester" (schweiz. Vertonung eines Textes v. *Helmut Heissenbüttel*)	† *Robert J. van de Graaff*, nordamerikanischer Physiker, Pionier der (Millionen Volt-) Hochspannungs-Physik (* 1901)	Rüstungsausgaben in US-Dollar pro Einwohner:
Patrick Caulfield (* 1936): „Der Brunnen" (engl. neonaturalist. Gem.)	*Gian Francesco Malipiero:* 10. Sin-	Die USA-Astronauten *V. I. Grissom*, *E. White* und *R. Chaffee* kommen bei einer Startprobe durch Kapselbrand ums Leben	USA 327,25 Polen 139,71

| |  |  | |

(1967) nimmt leitende Stellung in einer USA-Investment-Firma an (Nachfolger wird 1968 *Walter Scheel*, * 1919)

Staatsbesuch des Schah von Persien in der BRD. Führt insbesondere in Berlin (West) zu Gegendemonstrationen, bei denen der Student *Benno Ohnesorg* durch einen Polizeibeamten erschossen wird. Dieser Tag wird zum Ausgangspunkt starker studentischer Unruhe und Solidarisierung in der BRD

Im Zuge dieser Ereignisse tritt d. Reg. Bürgermeister v. Berlin *Heinrich Albertz* (*1915, SPD) zurück, sein Nachfolger wird *Klaus Schütz* (*1926, SPD)

17 Südkoreaner werden vom Geheimdienst ihres Landes aus der BRD entführt. Werden als angebl. Parteigänger des Kommunismus zu hohen Strafen verurteilt. BRD protestiert. (In den nächsten Jahren kehren einige in die BRD zurück)

BRD schließt mit CSSR Vertrag über Errichtung von Handelsmissionen

Bundesaußenminister *Brandt* macht Staatsbesuch in Rumänien

Staatsbesuch des dt. Bundeskanzlers *Kiesinger* und Außenministers *Brandt* in USA wegen des Atomsperrvertrages und dt. militärischer Einsparungen

Bundeskanzler *Kiesinger* vereinbart in Pakistan regelmäßige Konsultation

USSR warnt in Noten die BRD, USA, Gr.-Brit., Frankreich vor angeblichem Militarismus, Revanchismus, Neonazismus in der BRD

† *Fritz Erler*, dt. sozialdemokratischer Politiker, zuletzt Vors. der SPD-Bundestagsfraktion (* 1913); erhält Staatsbegräbnis

† *Paul Löbe*, SPD-Politiker, Reichstagspräsident 1920—32 (Unterbr. 1924) (* 1873). Staatsakt in Berlin (wird von Studenten gestört)

Adolf von Thadden (* 1921), Vorsitzender der rechtsradikalen NPD

VII. Parteitag der SED in Berlin (Ost) in Anwesenheit des KPSU-Chefs *Breschnew*

DDR-Staatssekretariat für gesamtdeutsche Fragen erhält veränderte

† *James Langston Hughes*, nordam. Neger-Schriftsteller, u. a. „Ich werfe meine Netze aus" (1940) (* 1902)

Jean-Claude van Italie: „Amerika Hurra" (dt. Erstauff. d. nordamer. Schauspiels)

Wilhelm Lehmann (* 1882, † 1968): „Sichtbare Zeit" (Gedichte 1962—66)

André Malraux: „Antimémoires" (frz.)

† *John Masefield*, engl. Dichter (* 1875)

Arthur Miller: „The Price" (nordamer. Bühnenstück)

Henri de Montherlant: „La ville dont le prince est un enfant" (frz. Roman)

Peter Nichols: „Ein Tag im Tode von Joe Egg" (irisches Schauspiel um ein spasmisches Kind)

† *José Martinez Ruiz* (Pseudonym *Azorin*), Schriftsteller des spanischen Modernismus, geprägt bes. von Kastilien (* 1874)

Karin Storch: „Erziehung zum Ungehorsam" (linksliberale Abiturientenrede, ausgezeichnet mit dem *Theodor-Heuss*-Preis)

Peter Terson (* 1932): „Zicke-Zacke" (brit. satir. Bühnenstück um den Fußballkult der Jugend)

† *Heinz Tietjen*, dt. Intendant, Regisseur, Dirigent, 1930—44, 1948—54 in Berlin (* 1881)

Martin Walser: „Zimmerschlacht" (Bühnenstück)

Charles Wood: „Dingo" (engl. antimilitarist. Bühnenstück)

Jochen Ziem (* 1932): „Die Einladung" (tra-

Umbruch" (behauptet einen Umbruch seit 1950, nach dem Biologie und Biographie gleichwertig nebeneinander stehen)

† *Ernesto Ruffini*, ital. Kardinal, Erzbischof v. Palermo seit 1945 (* 1888)

Bertrand Russell: „Mein Leben" (engl. Autobiographie, bekennt sich zu Liebe, wiss. Erkenntnis und Mitleid als den Leidenschaften seines Lebens)

Goethe-Preis der Stadt Frankfurt (Main) an *Carlo Schmid*

Karin Storch: „Erziehung zum Ungehorsam" (Abiturientenrede, Th.-Heuss-Preis)

† *Joachim Tiburtius*, Nationalökonom und Politiker (CDU), 1951—63 Senator f. Volksbildung in Berlin (West) (* 1889)

Wilhelm Weischedel (* 1905): „Philosophische Grenzgänge"

„Die nahe Zukunft der Menschheit — Friede und Entwicklung 1970 bis 2000". Kongreß in Oslo des „International Peace Research Institute Oslo" und des „Institut für Zukunftsfragen in Wien" mit folgenden Ergebnissen: Im Jahre 1990 ca. 5 Mrd. Erdbewohner; 1995 Wasser- und Luftverunreinigung auf dem Stand von 1940; 2005 technische Kernverschmelzungsenergie; 1995 Verdoppelung des Welt-Bruttosozialproduktes pro Kopf (1967: ca. 135 Dollar pro Jahr); 2000 Senkung des hungernden Teils der Erdbevölkerung auf 6% (1967: 12%)

Marc Chagall: „Das blaue Dorf", „Die Vögel in der Nacht" (russ.-frz. Gem.)
F. Clerici: „Der Tod des Minotaurus" (ital. surreal. Gem.)
Carl Crodel (* 1894): „Venedig I" (Gem.)
Dado (Miodrag Djuric) (* 1933): „Kopf ohne Gedächtnis" (jugoslaw.-frz. phantast. Gem.)
Rolf Gunter Dienst (* 1942): „Momentetagebuch 7. 3. 67" (abstr. Gem.)
Otto Dix: „GüntherGrzimek", „Max Frisch" (Porträt-Gem.)
Paul Uwe Dreyer (* 1939): „Labyrinthisches Interieur" (abstr.-ornamentales Gem.)
Werner Düttmann (* 1921): Brücke-Museum, Berlin-Grunewald (Museum beruht auf einer Stiftung von Schmidt-Rottluff u. a. Künstlern der „Brücke"-Gruppe)
Max Ernst: „Die Geburt einer Konstellation" (dt.-frz. Gem.)
Max Ernst: „Die Rückkehr der schönen Gärtnerin" (surrealist. Gem. nach dem unter dem NS-Regime verschollenen Bild „Schöne Gärtnerin" v. 1923)
Conrad Felixmüller (* 1897): „Selbstbildnis" (Aquarell)
Frei Otto (* 1925) schafft dt. Ausstellungspavillon in Zeltform für Weltausstellung in Montreal, Kanada

fonie (ital. Komp., Urauff.)
Frank Martin (* 1890): Konzert für Cello und Orchester (niederl. Komp.)
Ernst Pepping: „Deines Lichtes Glanz" (Motette)
Zoltán Peskó: „Tensions" (Streichquartett)
Aribert Reimann (* 1936): „Verrà la morte" (Chorkantate)
Karlheinz Stockhausen: „Ensemble" (vierstündiges, pausenloses Studiokonzert. Gemeinschaftsarbeit von zwölf jungen Komponisten)
Heinr. Sutermeister: „Madame Bovary" (schweiz. Oper)
„Puppet on a string" (US-Spitzenschlager)
~ Pop-Musik: Balladenfolklore, Blues-Renaissance (z. B. Alexis Korner)

Bernhard Grzimek (* 1909): „Grzimeks Tierleben" (umfassende allgemeinverständl. Darstellung)
Otto Hahn: „Uran — Schlüssel zum Nachweis des Kleinsten und zur Entfesselung des Größten"
W. Heisenberg: „Einführung in die einheitliche Feldtheorie der Elementarteilchen" (während bis 1932 nur Proton und Elektron bekannt waren, sind es inzwischen ca. 200 solcher, meist sehr kurzlebiger Teilchen, deren Theorie noch sehr in der Entwicklung ist)
A. Hewish u. Mitarb. entd. 1. Pulsar m. Radioteleskop
E. R. John: „Mechanismen des Gedächtnisses" (nordamerikan. Zusammenfassung. Es gibt stoffliche Übertragung von Gedächtnisleistung von einem Individuum zum anderen)
Herman Kahn und Anthony J. Wiener: „The Year 2000" („Das Jahr 2000", nordamerikan. wiss. Zukunftsforschung)
† Wladimir Komarow, Astronaut der USSR, bei einem Weltraumflug abgestürzt (* 1926)
† Hermann J. Muller, nordamerikan. Genetiker, Nobelpreis 1946 (* 1890)
† Robert Oppenheimer, nordamer. Physiker, „Vater der Atombombe", später gegen Entwicklung der Wasserstoffbombe (* 1904)
H. Strasser, G. Sievert u. K. Munk: „Kinder mit Fehlbildungen der Gliedmaßen in Deutschland, ihre Lebensbedingungen und ihre Entwicklung, ein Untersuchungsbericht"
Hans-Georg Wunderlich: „Gebirgsbildung der Gegenwart im Mittelmeerraum" (Appenin entwickelt sich danach weiter)
US-Erdsatelliten kosten je Gerät (einschl. Entwicklung) 80 bis 310 Mill. Dollar und pro Einsatz 10 bis 62 Mill. Dollar
US-Mondlandung mit unbemannten Raumfahrzeugen Surveyor 5 und 6; chemische Bodenanalyse. Technischer Testflug des dreiteiligen Apollo-Mondlandefahrzeuges auf zwei Erdumrundungen (Saturn-Apollo 4)

Frankreich 86,48
Gr.-Brit. 75,60
USSR 62,0 (ohne verdeckte Ausg.)
Brasilien 2,68
Stapellauf von 15,8 Mill. BRT Schiffsraum (o. USSR); davon ca. 50% in Japan, es folgen Schweden, Gr.-Brit., BRD mit ca. je 8%)
Im letzten Jahrzehnt hat die Wirtschaftskraft Japans stark zugenommen. Beispielsweise ist sein Rangplatz unter den Nationen (Vergleich 1954) im Schiffbau 1. (5.), in der Kraftwagenerzeugung 2. (7.), in der Rohstahlerzeugung 3. (6.)
Bruttosozialprod. der BRD

Jahr	Mrd. DM	in Preisen 1954
1950	97,9	= 100
1955	180,4	157
1960	296,8	226
1965	452,7	288
1967	483,6	295

Haushalt d. BRD: 73,9 Mrd. DM, davon i. Mrd. DM Verteidigung 19,6 Arbeit u. Soz. 14,5 Landwirtsch. 4,6 Forschung 1,7; ein Eventualhaushalt von 2,5 Mrd. DM soll aktive Konjunkturpolitik ermöglichen
Gesamtleistung d. in der BRD in Bau oder in Betrieb befindlichen Kernkraftwerke ca. 915 MW (Schätzung: 1980: ca. 25 000 MW, 2000: ca. 200 000 MW in-

(1967)

Zuständigkeit für westdeutsche Fragen
Neuwahl zum Schweizer Nationalrat ergibt folgende Sitzverteilung (zum Vergl. bisherige Zahl):
Freisinnig-demokr. Partei 49 (51)
Konserv. christl.-soz. Partei 45 (48)
Bauern- u. Bürgerpartei 21 (22)
Sozialdemokratische Partei 51 (53)
Liberal-Konservative Partei 6 (6)
Unabhängige Partei 16 (10)
Demokratische Partei 3 (4)
Evangelische Volkspartei 3 (2)
Partei der Arbeit 5 (4)
Liste gegen Überfremdung 1 (0)
Prinz *Wilhelm* als Sohn von Kronprinzessin *Beatrix* und Prinz *Klaus* der Niederlande geboren (erster männlicher Thronfolger in den Niederlanden seit 116 Jahren)
Wahlen zur franz. Nationalversammlung: Gaullisten erringen wieder absolute Mehrheit, Erfolge der Kommunisten und der Föderation der Linksparteien
Franz. Staatspräsident *de Gaulle* erhebt Einwendungen gegen die Aufnahme Gr.-Brit. in die EWG
De Gaulle ruft bei Besuch in Kanada Skandal hervor, indem er in Quebec für Selbständigkeit der Frankokanadier eintritt
De Gaulle stattet Polen Staatsbesuch ab (verärgert BRD durch betonte Anerkennung der Oder-Neiße-Grenze)
Gr.-Brit. kündigt Aufgabe der militärischen Stützpunkte östlich von Suez bis 1975 an (gilt als Aufgabe letzter Weltmachtpositionen)
Bevölkerung Britisch-Gibraltars stimmt gegen Anschluß an Spanien
Gr.-Brit. gibt der Südarab. Föderation die Unabhängigkeit. NLF geht aus blutigen Kämpfen als beherrschende Kraft in der neuen Volksrepublik Südjemen hervor
Neue Regierungskrise in Griechenl. n. Rücktr. d. Reg. *Paraskevopoulos*
Griech. Armee übernimmt durch Staatsstreich wegen angebl. kommunistischer Gefahr die Macht im Lande. *Konstantin Kollias* wird Min.-Präs. Politische Gegner werden verhaftet. (Scharfe aber wirkungslose Proteste in vielen Teilen der Welt)
Blutige Kämpfe auf Zypern führen

gikomisches Schauspiel über west-östl. Privatbeziehungen in Dtld.)
„Ein Gedicht und sein Autor. Lyrik und Essay" (21 Autoren über ihre Lyrik, Hg. *Walter Höllerer* als Leiter des Literarischen Colloquiums, Berlin)
„Die Gruppe 47. Bericht, Kritik, Polemik" (Hg. *R. Lettau*)
Schriftstellerkongreß in Prag wird zum geistigen Ausgangspunkt der Kritik am konservativen Kommunismus in der CSSR (führt zur starken Reformbewegung im ersten Halbjahr 1968)
165 Staats-, Landes- und Stadt-Theater der BRD erhalten 340 Mill. DM Subventionen. In Gr.-Brit. ca. 16 Mill. DM Theatersubventionen
Es gibt 240 fremdsprachige Übersetzungen d. Bibel als Ganzes und 1040 weitere Übersetzungen von Teilen von ihr.
Chines. kommunist. „Mao-Bibel" wurde in 400 Mill. Auflage in 26 Sprachen übersetzt und in 180 Länder verteilt
F. de Saussure (* 1857, † 1913): „Grundfragen d. allg. Sprachwissenschaften" (dt. Übers. d. grundl. Werkes d. Linguistik)

„Der Mensch und seine Zukunft" (9. Darmstädter Gespräch mit biologischen, soziologischen u. human-philosophischen Aspekten)
Hundertjähriges Bestehen der Bodelschwinghschen Anstalten bei Bielefeld
Reform-Universität Konstanz beginnt zu arbeiten
Universität Regensburg eröffnet
Bayrisches Fernsehen führt als 1. dt. Bundesland Tele-Kolleg zur Erlangung der Fachschulreife ein
~ Ausgehend von den Hochschulen, wird mehr und mehr eine weltweite Radikalisierung d. Jugend deutlich, welche viele tradierte Werte u. Einrichtungen in Frage stellt. Orientiert sich an revolutionärem Partisanentum und Räteverfassungen. Erzwingt vielfach Reformwilligkeit, aber auch Bekämpfung ihrer anarchistischen Praktiken
Gesellsch. z. Förderung der Verhaltenstherapie i. München gegrdt. (diese Therapie nimmt das Symptom als die Krankheit)
Dahrendorf (* 1929): Hochschulgesamtplan f. Baden Württemberg (m. d. Begriff d. Gesamthochschule)
S. B. Robinsohn (* 1916, † 1972): „Bildungsreform als Revision d. Curriculum" (Begr. Curr.-Forsch.)

„Street Art" Hauswandmalereien i. USA (beg. 1930–33 unt. mexikan. Einfl.)

Friedrich Gerlach (* 1903): „Die Phantasie" (Gem.)
Bruno Goller (* 1901): „Das große Ohr" (Gem.)
Roel d'Haese (* 1921): „Der Flieger" (frz. Bronze)
Otto Herbert Hajek (* 1927): „Farbwege 67/9" (farbige Aluminium-Plastik)
David Hall (* 1937): „Vier II" (engl. geometrisch-abstrakte Plastik)
Hans Hanko (* 1923): „Die Mauern" (österr. Gem. eines phantast. Stils)
† Karl Hartung, dt. Bildhauer (* 1908)
Friedrich Heubner (* 1886): „Frühling auf Montisola" (Tempera-Gem.)
Hannah Höch: „Industrielandschaft" (Collage)
Paul van Hoeydonck (* 1925): „Kleiner Astronaut" (belg. phantast. Assemblage)
Wolf Hoffmann (* 1898): „Der Haremsgarten" (ornamental-geometr. Gemälde)
John Hoyland (* 1934): „9. 1. 67" (engl. abstr. Gem.)
Fritz Friedrich Hundertwasser (* 1928): „Die falschen Augenwimpern" (Farblitho)
Nahoki Inukai (* 1937): „Four and Six No. 5" (japan. geometr.-abstraktes Gem.)
Günter Isleib (* 1936): „In" (pop-artige Gouache)

Horst Janssen (* 1929): „Der Daumen" (Zeichnung)
Bernd Koberling (* 1938): „Bergspiegelung I" (geometr.-abstr. Gem.)
Oskar Kokoschka: „Iris und Glockenblumen" und andere Blumenaquarelle
Fritz Koenig (* 1924): „Augenvotiv II" (Bronze)
Alfred Kothe (* 1925): Kruzifix im Altarraum der Lutherkirche, Berlin-Schöneberg
Hans Krenn (* 1932): „Eine Monderuption" (österr. phantastisches Gem.)
Roger Loewig (* 1930): „Ausgebluteter Strom" (Buntstift-Zeichnung)
Christiane Maether (* 1941): „Apfelfall" (surrealist. Gem.)
Gerhard Marcks: „Stehende i. Kleid", „Liegender Tiger" (Bronzen)
Meier—Denninghoff (* 1923): „67/9" (Stahlplastik)
Mies van der Rohe: Mansion House Square Project, London
Joan Miró: „Gold im Azur", „Flug des Vogels im Mondschein" (span.-frz. Gem.)
Jeremy Moon (* 1934): „Ohne Titel" (engl. geometr.-abstraktes Gem.)
H. Moore: „Skulptur mit Loch", „Carving Divided Oval Butterfly" (brit. Plastik)
Pit Morell (* 1939):

Elementenhäufigkeit auf dem Mond nach Analyse durch US-Satelliten Surveyor 5 und 6:
Kohlenstoff weniger als 2%
Sauerstoff (57 ± 5)%
Natrium weniger als 2%
Magnesium (3 ± 3)%
Aluminium $(6,5\pm2)$%
Silizium (20 ± 4)%
Atome mit Masse 30—46 (6 ± 2)%
Atome mit Masse 47—65 (5 ± 2)%
(Ähnlichkeit mit Oberfläche der Erde)
USSR-Raumsonde „Venus 4" landet auf dem Planet Venus
USA-Mondrakete „Saturn 5" (126 t) wird in eine Umlaufbahn um die Erde gebracht
Provisorische Karte von der Rückseite des Mondes 1 : 10 Mill. aufgrund von Aufnahmen aus unbemannten Raumkapseln (das Auflösungsvermögen verbessert sich bis zur Erkennbarkeit von Objekten von 2,4 m Durchmesser gegenüber Erdbeobachtungen von 300 m Durchmesser)
Erstes Fernseh-Farbbild von der ganzen Erde vom US-ATS 3-Satellit aus 35 800 km Höhe
USSR nimmt größten Protonenbeschleuniger der Erde bei Serpuchow in Betrieb (78 Mrd. Elektronenvolt Energie, Radius des Hochvakuum-Beschleunigerkreises 236 m. Bei Chikago Beschleuniger für ca. 300 Mrd. e-Volt in Bau)
Universität v. Kalifornien errichtet computergesteuertes Informationsspeichersystem. (6 Filmstreifen der Größe 35 x 70 mm² bieten Platz für die Werke Shakespeares)
Cold Spring Harbor Symposium der quantitativen Biologie beschäftigt sich mit dem wichtigen Problem der Antikörperbildung (Allergien, Krebs, Organtransplantation, Immunisierung)
Neues Gelbfiebervirus im Hamburger Bernhard-Nocht-Institut entdeckt. (7 Menschen starben daran in der BRD)
In der TU-Hannover beginnt spezifische Züchtung spezifisch pathogenfreier Versuchstiere („SPF-Tiere") in sterilen Isolatoren zur Standardisierung der Bedingungen bei medizinischen Tierversuchen

stalliert). In den USA 31 500 MW in Betrieb, Bau od. Planung
Umsatz der zehn größten Unternehmen der BRD:

	Mrd. DM
Volkswagenw.	9,3
Siemens	7,9
Farbw. Hoechst	6,6
August-Thyssen-Hütte	6,5
Klöckner-Gr.	6,4
Farbenfabriken Bayer	6,3
Veba	6,2
Daimler-Benz	5,8
AEG-Telefunken	5,2
BASF	5,0

(vgl. auch 1965 V)
Umwandlung der Firma Friedrich Krupp, Essen, in eine Kapitalgesellschaft zur Erlangung einer Bürgschaft der Bundesregierung
† Alfried Krupp von Bohlen und Halbach, dt. Industrieller, (* 1907)
Änderung des Patentgesetzes in der BRD (vermindert Prüfungszwang f. das Patentamt)
Flughafen Amsterdam-Schiphol eröffnet (gilt als modernster Europas)
Weltausstellung in Montreal (Kanada) wird von ca. 50 Mill. Menschen besucht (inoffizielle Wertungen geben den Pavillons der CSSR und von Gr.-Brit. Vorzug)
Reformplan der Verkehrsstruktur durch den dt. Bundesverkehrsminister Georg Leber

(1967) zu Spannungen zwischen Griechenland und der Türkei
Kg. *Konstantin* von Griechenland scheitert bei dem Versuch, Militär-Junta zu stürzen; flüchtet nach Rom
Georgios Papadopoulos (* 1919) wird griech. Min.-Präs. (Militärdiktatur verschärft sich)
Mosche Dajan (* 1915) wird Verteidigungsminister Israels, vertritt entschlossene Politik gegen die arab. Nachbarstaaten
UNO-Friedensstreitmacht an der Grenze Israels auf Forderung Ägyptens zurückgezogen
Ägyptisch-jordanisches Abkommen schließt arabische Front gegen Israel. Irak tritt dem Bündnis bei
Sperrung des Golfs von Akaba für Israel durch Ägypten
Israel schlägt in einem 6-Tage-Krieg seine arabischen Nachbarn entscheidend, die seit Bestehen Israels ihm völlige Vernichtung angedroht haben. Israel besetzt Sinaihalbinsel bis zum Suezkanal, Jordanien bis zum Jordan und Alt-Jerusalem
Ägypt. Präsident *Nasser* kündigt nach der militärischen Niederlage gegen Israel seinen Rücktritt an, bleibt jedoch im Amt
Podgorny, Staatsoberhaupt der USSR, besucht Ägypten und sichert Ersatz des gegen Israel verlorenen Kriegsmaterials zu
Israel. Minister-Präs. *Levi Eschkol* (*1895, † 1969) macht Rückzug der israel. Truppen aus den besetzten Gebieten von Friedensverträgen mit den einzelnen arab. Staaten abhängig
† (Selbstmord) *Muhammad Abd Al Hakim Amir,* der wegen Verschwörung verhaftet wurde, 1953—67 Oberbefehlshaber der ägypt. Streitkräfte (* 1919)
UNO-Vollversammlung verweist Nahost-Konflikt an Weltsicherheitsrat zurück
Ägypt. Kriegsschiff mit Raketen der USSR versenkt israelischen Zerstörer „Elath". Israelis schießen zur Vergeltung ägyptisches Öllager am Suezkanal in Brand
Manescu, rumänischer Außenmin., wird Präsident der 22. Sitzungsperiode der UNO-Vollversamml.
Podgorny, Staatsoberhaupt d. USSR,

„Wolken ziehen sich zusammen" (Farbkreide)
Pablo Picasso: „Weiblicher Akt und Flötist", „Mangeurs de pastèque" (span.-frz. Gem.)
Emy Roeder (* 1890): „Sinnende" (Bronze)
Bernard Schultze (* 1915): „Großes Dreikopfbild II" („unterwegs zu Arcimboldi" (Gem. eines phantast. Stils)
Peter Sorge (* 1937): „Für L. W. D." (neorealist. Gem.)
Klaus-Michel Steiner (* 1940): „Ohne Titel" (abstr. Gem.)
Ian Stephenson (* 1934): „Diorama SS 2" (engl. abstr. Gem.)
Rolf Szymanski (* 1928): „Minitaura" (Bronze)
Antoni Tapies (* 1923): „Peinture aux bois de lit" (span. abstr. Gem.)
† *Max Taut,* dt. Architekt, bes. in Berlin (* 1884)
H. Trier: „Aus dem Gesicht verlieren" (I und II), „Leo" (abstr. Gem.)
William Tucker (* 1935): „Memphis" (engl. geometr. Kunststoffplastik)
Hans Uhlmann: „Kopf-Fetisch" (dreifarbige Chrom-Nickel-Stahl-Plast.)
Charmion von Wiegand: „The secret Mandala" (nordamer. abstr. Gem.)
Günter Wirth (* 1932): „P 11" (op-artiges geometr. Gem.)

Ch. Csuri als Künstler und *J. Shaffer* als Programmierer gewinnen „Computer Art Contest"
W. E. Simmat: „Kunst aus dem Computer" (in der Reihe „Exakte Ästhetik")
„Der Mensch und seine Welt" (Querschnitt der bildenden Kunst aus allen Zeiten auf der Weltausstellung in Montreal)
„Pop. Graphik und Objekte" (Ausstell. in Darmstadt)
„Science fiction" (Ausstell. in Bern v. Zukunftsbildern des Neuen Realismus u. der Pop Art)
„Kinetika. Museum des 20. Jahrhunderts" (Ausstellung kinetischer Kunst in Wien)
„Licht, Bewegung, Farbe" (Kunstausstell. in Nürnberg)
„Lumière et Mouvement" (Ausstellung kinetischer Kunst in Paris)
„Avantgarde Osteuropa 1910—1930" (Ausstellung in Berlin [West]; zeigt revolutionäre Kunstbeiträge, die später durch den „sozialistischen Realismus" verschüttet wurden)

———

„Mädchen — Mädchen" (Film von *Roger Fritz*)
„Rheinsberg" (dt. Film nach *Tucholsky* mit *Cornelia Froboess;* Regie: *Kurt Hoffmann*)
„48 Stunden bis

Acapulco" (Film v. *Klaus Lemke*)

„Kuckucksjahre" (dt. Film aus dem Literar. Colloquium Berlin [West] mit *Francesca Oehme* und *Rolf Zacher;* Regie: *George Moorse*)

† *Georg Wilhelm Pabst*, dt. Filmregisseur böhm. Herkunft, nach 1933 in Frankreich und USA, drehte „Die freudlose Gasse", „Die Dreigroschenoper", „Die weiße Hölle vom Piz Palü" u. a. (* 1885)

„Katz und Maus" (Film von *Hansjürgen Pohland*)

„Protest" (Film von *Karel Reisz*)

„Tätowierung" (dt. Film mit *Helga Anders* u. *Christof Wackernagel*; Regie: *Johannes Schaaf*)

„Alle Jahre wieder" (dt. Film mit *Hans-Dieter Schwarze* und *Ulla Jacobsson;* Regie: *Ulrich Schamoni*)

„Die letzten Paradiese" (dt. Dokumentarfilm seit 1959, Regie: *Eugen Schuhmacher*)

„Zur Sache, Schätzchen" (dt. Film mit *Uschi Glas;* Regie: *May Spils*)

„Der Lügner und die Nonne" (dt. Film v. *Rolf Thiele*)

„Die Gräfin von Hongkong" (engl. Film von *Charlie Chaplin*)

„Weekend" (frz. Film von *Jean-Luc Godard* [* 1930])

„Siebenmal lockt d. Weib" (ital. Film von *Vittorio de Sica*)

† *Jayne Mansfield* (Autounfall), nordam. Filmschauspielerin, Typ der „Sexbombe" (* 1932)

„Bonnie und Clyde" (nordamer. Film um ein jugendliches Verbrecherpaar mit *Warren Beatty* und *Faye Dunaway;* Regie: *Arthur Penn*)

„Ein Mann zu jeder Jahreszeit" (nordamer. Film, Regie: *Fred Zinnemann*. Darsteller: *Paul Scofield;* beide erhalten Oscars)

Filmförderungsgesetz der BRD tritt in Kraft (fördert den erfolgreichen Film)

„Paarungen" (Film von *Michael Verhoeven* mit *Lili Palmer, Karl Michael Vogler*)

„Romeo und Julia" (ital.-brit. Film von *Franco Zeffirelli* mit *Leonard Whiting, Olivia Hussey*)

„Die Stunde der Komödianten" (nordam. Film von *Peter Glenville* mit *Richard Burton, Elizabeth Taylor*)

„Rosemaries Baby" (nordam. Film von *Roman Polanski* mit *Mia Farrow, John Cassavetes*)

„Die Braut trug schwarz" (frz.-ital. Film von *François Truffaut* mit *Jeanne Moreau, Jean-Claude Brialy, Michel Bouquet*)

„Die Chinesin" (frz. Film von *Jean-Luc Godard* mit *Anne Wiazemsky, Jean-Pierre Léaud*)

„Herbst der Gammler" (Film von *Peter Fleischmann*)

13. Generalkonferenz für Maß und Gewicht gibt neue Definition der Sekunde als das 9 192 631 770fache der Periodendauer der Strahlung, welche den beiden Hyperfeinstrukturniveaus des Cäsium-Atoms 133 entspricht (diese Atomuhr geht mit der Erduhr nicht völlig synchron)

Gesellschaft für Zukunftsfragen in Duisburg gegründet. Vorstand: *Karl Steinbuch, Bruno Fritsch, Helmut Klages, Ossip K. Flechtheim, Rüdiger Proske*

„Information, Computer u. künstliche Intelligenz" (nordamerikan. Aufsätze, Hrsg. *K. Steinbuch*)

Rundgespräche über Psychosomatik auf dem Kongreß der Dt. Gesellschaft für innere Medizin (Vermutung, daß in der BRD jährlich 3 Mill. Menschen falsch, weil nicht psychotherapeutisch behandelt werden)

Intern. Generalkatalog der Fachzeitschriften für Technik u. Wirtschaft (6. Aufl., umfaßt ca. 30000 Zeitschr. aus mehr als 100 Ländern)

Dornier entwickelt Senkrechtstarter-Flugzeug (DO 31)

Fernmeldetransatlantikverbindung für 6000 Zeichen/Min. zwischen Weltwetterzentrale Washington u. Zentrale der BRD in Offenbach (ersetzt bisherige Fernschreibverbindung)

„Incident" (nordam. Film von *Larry Peerce* mit *Tony Musante, Martin Sheen*)

„Ich traf sogar glückliche Zigeuner" (jugosl. Film von *Aleksander Petrovic*)

„Kaltblütig" (nordam. Film von *Richard Brooks* mit *Scott Wilson, Robert Blake*)

„Lebenszeichen" (Film von *Werner Herzog* mit *Peter Brogle, Wolfgang Reichmann*)

„Ein Liebesfall" (jugosl. Film von *Dusan Makavejew*)

„Mozart in Prag — Don Giovanni 67" Film von *Wolf Esterer* von einer Schallplattenaufnahme unter *Karl Böhm*)

„Anna Karenina" (russ. Film von *Alexander Zarkhi*)

(versucht schwere Verkehrsgüter von Straße auf Bahn zu verlegen; Plan wird je nach Interessenlage sehr verschieden beurteilt)

Saale-Autobahnbrücke schließt Teilstück d. Autobahn Berlin-München zwischen DDR (Hirschberg) und BRD (Rudolfstein). (Kosten trug die BRD)

Autostraßentunnel durch d. St. Bernhard (Schweiz) mit 6,6 km Länge eröffnet

Schweden stellt Straßenverkehr v. Links- auf Rechtsverkehr um

Neuer Rekord auf der Skiflugschanze Oberstdorf/Allgäu mit 150 m v. *Lars Grini*, Norwegen (vgl. 1950)

Ca. 40 Mill. Menschen sind Skiläufer, geben ca. 40 Mrd. DM jährlich dafür aus

Weltmeisterschaft im Eispaarlaufen in Wien gewinnen *Belousowa-Protopopow* (USSR) vor *Glockshuber-Danne* (BRD)

† *Donald Campbell*, brit. Autorekordfahrer (* 1921)

Francis Chichester (* 1901) vollendet als einhändiger brit. Segler Weltumsegelung

Schwergewichts-Boxweltmeister *Cassius Clay* (USA) wird wegen Wehrdienstverweige-

(1967)

wird bei einem Staatsbesuch in Italien auch vom Papst empfangen
† *Rodion Malinowski,* Marschall und Verteidigungsminister (seit 1957) der USSR (* 1898)
Andrej Gretschko (* 1903) wird Verteidigungsmin. der USSR
Große Feier zum 50. Jahrestag der Oktoberrevolution in der USSR
Stalins Tochter *Swetlana* flieht über Indien in die USA und veröffentlicht ihre Memoiren (heiratet 1970)
Krönung des persischen Kaiserpaares in Teheran mit gr. Pomp
Biafra, die Ostregion Nigerias, erklärt sich unter Militärgouverneur *Ojukwu* als unabhängige Republik; Beginn eines Bürgerkrieges in Nigeria (dauert b. 1970)
Tschombe, ehem. kongol. Min-Präs., wird aus Spanien nach Algerien entführt
Treffen von US-Präsident *Johnson* und USSR Min.-Präs. *Kossygin* in Glassborn (USA). Keine Annäherung im Vietnam- und Nahostproblem
Gleichlautende Atomsperrverträge von USA und USSR der Genfer Abrüstungskonferenz vorgelegt. Kontrollartikel noch ausgespart (stößt auf Widerstand der nichtatomaren Mächte, in der BRD bes. bei der CSU)
Schwere Rassenunruhen in Detroit (USA)
Mehrtägige blutige Rassenunruhen in Newark/New Jersey (USA)

Weltbank wählt US-Verteidigungsminister (seit 1960) *McNamara* (* 1916) zum neuen Präsidenten (tritt im Schatten eines Höhepunktes des Vietnamkrieges Anfang 1968 dieses Amt an)
† *„Che" Ernesto Guevara,* kubanischer sozialistischer Revolutionsführer, vermutlich getötet von bolivianisch. Regierungstruppen (wird zum Idol revolutionärer Jugend in aller Welt) (* 1928)
Indonesischer Volkskongreß setzt Präsident *Sukarno* ab und vereidigt General *Suharto* als amt. Präs.
In Südvietnam wird der bisherige Staatspräsident *Nguyen Cao Ky* zum neuen Präsidenten gewählt (es gibt Wahlanfechtungen)
Kommunistische „Rote Garden" stürmen im Zuge der „Kulturrevolution" Rathaus in Peking
Brit. Gesandtschaft in Peking von Demonstranten gestürmt
Demonstrationen vor der Botschaft der USSR in Peking
Rotchinesische Armee greift zugunsten von *Mao* in innerpolitische Auseinandersetzungen in China ein.
Mao fordert in einem Edikt die Wiedereröffnung der im Laufe der „Kulturrevolution" funktionsunfähig gewordenen Schulen und Hochschulen in der Volksrep. China
Volksrep. China zündet ihre erste Wasserstoffbombe (nach fünf Kernspaltungsbomben)

rung zu 5 Jahren Gefängnis verurteilt. Verliert Weltmeisterschaft
Walsh (USA) stellt Weltrekord im 100-m-Kraul-Schwimmen(Männer) auf: 52,6 Sek.
Burton (USA) stellt Weltrekord im 1500-m-Kraul-Schwimmen(Männer) auf: 16,34,1

Bayern München gewinnt geg. Glasgow Rangers Europapokal der Pokalsieger im Fußb.
Eintracht Braunschweig wird geg. den 1. FC Nürnberg dt. Fußballmeister
Kinobesucher (in Mill.): 1967 1956
Italien 632 730
BRD 280 750
Frankr. 258 371
† *Jacques Heim,* frz. Modeschöpfer (* 1899)
Schwere Überschwemmungen i. Gebiet von Lissabon mit über 470 Toten
Ölpest aus einem vor England gestrandeten Tanker gefährdet brit. u. frz. Küste

Auf d. Funkausstellung in Berlin (W) wird offiziell das Farbfernsehen f. d. BRD eröffnet (arbeitet n. d. dt. PAL-Verfahren, das mit d. frz. SECAM-Verf. d. Ostblockländer inkompatibel ist. F. d. Programmaustausch sind daher Bildwandler nötig)
Nullwachstum d. BSP der BRD bedeutet Ende des „Wirtschaftswunders" seit 1949

Bevölkerungsbewegung im Zeitraum 1960—67, bezogen auf 1000 Einwohner:

	Geburten	Sterbefälle	Zuwachsrate
Afrika	46	22	24
Lateinamer.	40	12	28
Asien	38	18	20
Ozeanien	26	11	15
USSR	21	7	14
Nordamer.	21	9	12
Europa	19	10	9
Erde	34	15	19

Welthandel

	Mrd. Dollar Einfuhr	Ausfuhr
Insgesamt	201,9	189,6
Industrieländer	159,5	149,5
Entwicklungsl.	42,4	40,1

Gesamte laufende Ersparnisse in der BRD (%)

	Insges. Mrd.DM	Privat %	Unternehmg. %	öff. Haush. %
1950	11,7	17,3	45,7	37,0
1956	36,9	16,8	43,9	39,3
1960	56,7	25,7	42,0	32,3
1965	74,4	44,2	34,1	21,7
1967	60,6	50,3	35,4	14,3

Fluggäste im Jahr

	1951 Mill.	1967 Mill.
Weltluftverkehr	42	236
BRD-Flughäfen	1,1	20

Lebenshaltungskosten-Index i. d. BRD (4-Personen-Arbeitnehmerhaushalt):

1967:	114,4
1962:	100,0
1957:	90,7
1952:	86,7
1950:	78,8

(Kaufkraft d. DM sank in den letzten 10 Jahren auf 0,77)

Landwirtschaftl. Betriebe in der BRD nach Größenklassen

Größe (ha)	Zahl 1967	1949
0,5 — 1,0	195 232	292 090
1 — 2	186 992	305 897
2 — 5	300 554	553 490
5 — 7,5	153 080	250 304
7,5 — 10	118 688	153 538
10 — 15	177 470	171 838
15 — 20	111 132	84 446
20 — 50	141 010	112 410
50 — 100	14 598	12 620
über 100	2 784	2 971
insgesamt	1 401 540	1 939 604
Gesamtfläche (in 1000 ha)	12 911	13 487

Produktionsentw. in der USSR

	1928	1958	1967	geplant 1970
Elektroenergie (Mrd. kWh)	5,0	235,0	589,0	830—850
Erdöl (Mill. t)	11,6	113,0	288,0	345—355
Kohle (Mill. t)	35,5	493,0	595,0	665—675
Stahl (Mill. t)	4,3	54,4	102,2	124—129

Arbeitszeitaufwand eines Industriearbeiters in der BRD für

	1960	1967
1 kg Butter	2 h 19 m	1 h 39 m
1 kg Kaffee	6 h 15 m	3 h 31 m
1 Herrenhemd	5 h 14 m	4 h 07 m
Volkswagen	1395 h 01 m	908 h 54 m

(als Maß für den Stundenreallohn)

1968

Friedensnobelpreis an *René Cassin* (* 1887, Frankr.), Präs. des Europ. Gerichts f. Menschenrechte
Der Atomwaffenbestand der USA und USSR entspricht einer Sprengkraft von ca. 15 t TNT pro Kopf der Erdbevölkerung („Overkilling"-Situation)
Viele Staaten, darunter die DDR, unterzeichnen den von USA und USSR formulierten Atomwaffen-Sperrvertrag in Washington, Moskau und London (BRD zögert nicht zuletzt wegen unterschiedl. Auffassungen zwischen CDU/CSU und SPD)
Schwere Studentenunruhen u. a. in Paris, Rom, Kopenhagen, Tokio; auch in der BRD
Henry Cabot Lodge (* 1902), Parteirepublikaner, US-Botschafter in der BRD (1953—64 UN-Delegierter, danach Botschafter in Südvietnam)
Wiederaufnahme d. diplomatischen Beziehungen zwischen der BRD und Jugoslawien (abgebr. 1957)
Anti-Vietnam-Krieg- und Gegendemonstration in Berlin (West)
Bundeskanzler *Kiesinger* erklärt sich bereit zu Gesprächen mit DDR-Min.-Präs. *Stoph*. DDR beharrt auf Anerkennung und vertraglichen Beziehungen zwischen „beiden deutschen Staaten"
Bundesparteitag der SPD in Nürnberg (steht im Zeichen der umstrittenen großen Koalition). Wahlrechtsreform wird vertagt. Innenminister *Paul Lücke* tritt deshalb zurück, sein Nachfolger wird *Ernst Benda* (* 1925, CDU)
Attentat auf den linksradikalen Studentenführer u. Ideologen *Rudi Dutschke* in Berlin. Heftige Studentenunruhen in der BRD, die sich besonders gegen den Zeitungskonzern *Springer* richten: 2 Tote, mehr als 100 Verletzte
Trotz heftiger Demonstrationen vor allem Jugendlicher verabschiedet dt. Bundestag mit verfassungsändernder Mehrheit Notstandsverfassung zum Schutz der Demokratie in Notzeiten
Studenten mit asozialen „Rockern" greifen polizeigeschütztes Land-

Literatur-Nobelpreis an *Yasunari Kawabata* (* 1899, Japan)
Friedenspreis des Dt. Buchhandels an *Leopold Sedar Senghor* (* 1906), Staats- und Reg.-Chef von Senegal. Bei der Verleihung in der Paulskirche kommt es zu heftigen Demonstrationen vor allem Jugendlicher
Edward Albee: „Box — Mao — Box" (nordam. Schauspiel), „Empfindliches Gleichgewicht" (dt. Erstauff.)
Donald Barthelme: „Schneewittchen" (dt. Übers. d. nordamer. erotisch-satirischen Romans)
Wolfgang Bauer (* 1941): „Magic Afternoon" (österr. Schauspiel)
John Bowen: „Nach der Flut" (engl. Schauspiel, Erstauff. in Frankfurt/M.)
Cathérine Breillat: „Der leichte Mann" (frz. erotischer Roman einer 16jährigen)
† *Max Brod*, dt. Schriftsteller, Prager jüd. Herkunft, Freund *F. Kafkas* (* 1884)
„Prix Goncourt" für *Bernard Clavel* für seinen Roman „Les fruits de l'hiver" („Früchte des Winters")
Hilde Domin (* 1912): „Wozu Lyrik heute? Dichtung und Leser in der gesteuerten Gesellschaft" (fordert Mut zum Sagen, zum Bekennen, zum Anrufen)
Tankred Dorst (* 1925): „Toller" (Schauspiel um bayr. Räterepublik)
Erica Maria Dürrenberger (* 1908): „Der Sizilische Garten" (schweiz. Sonetten-Zyklus)

Nobelpr. f. Wirtschaftswissensch. gestiftet
Angriffe radikaler Studenten gegen *Th. W. Adorno,* unter dessen Leitung seit 1950 das Frankfurter Institut für Sozialforschung zum Zentrum einer radikalen Kulturkritik wurde
† *Karl Barth*, schweiz. Begründer der dialektischen Theologie (* 1886)
† *Augustinus Bea*, Kurienkardinal am Vatikan, dt. Abstammung; seit 1960 Sekretär des Päpst. Sekr. f. d. Einigung des Christentums (* 1881)
Richard Behrendt: „Über die Gestaltbarkeit der Zukunft" (futurologische Soziologie, fordert für die dynamische Kulturphase den gesellschaftlich mündigen Menschen)
Bergmann, Dutschke, Lefevre, Rabehl: „Rebellion der Studenten oder Die neue Opposition"
Ernst Bloch: „Atheismus im Christentum"
L. v. Friedeburg, Jürgen Hörlemann, Peter Hübner, Ulf Kadritzke, Jürgen Ritsert, Wilhelm Schumm: „Freie Universität (Berlin) und politisches Potential der Studenten" (soziologische Studie, Ergebnis vgl. 1964 Ph)
Wilhelm Fucks: „Nach allen Regeln der Kunst" (quantitative Diagnosen über Literatur, Musik, bildende Kunst — die Werke, ihre Autoren und Schöpfer. Zeigt u. a., daß Streuung der Tonhöhen in Kompositionen um 1600 von 3,7 auf 10,8 in der 12-Ton-Technik steigt)

Fr. Ahlers-Hestermann: „Sirene" (Gem.) *Otmar Alt* (* 1940): „Der Stiefelspecht" (pop-artiges Gem.) *Horst Antes:* „Figur im Kasten" (Gem.) *Fernandez Armand* (* 1928, Frankr.): Durch Nummern gekennzeichnete Plexiglasplatten, in die gleichartige flache technische Konstruktionselemente in mehr oder weniger zufälliger Anordnung eingeschlossen sind *Heinrich Brummack* (* 1930): Spielplastik aus Kunststoff für eine Kindertagesstätte, Gropiusstadt, Berlin; „Blume" (pop-artige Polyesterplastik) „Astronautenstuhl" (Polyesterplastik) *Wassenaar Bonies* (* 1937): „Rot-Weiß-Blau 68" (niederl. abstr. Gem.) *Felix Candela, Antonio Peyri, Enrique Castañeda Tamborrel:* Sportpalast in Mexiko City (gilt als Höhepunkt d. olympischen Bauten) *Marc Chagall:* „Der Regenbogenhahn" (russ.-frz. Gem.) *Christo:* „Verpackte Luft" (70 m lange, 9 m breite, luftgefüllte Plastikhülle eines bulgar.-amer. Künstlers) als Wahrzeichen der „documenta IV" in Kassel *F. Clerici:* „Die 25. Stunde" (ital. surrealist. Gem.) *Curtis & Arthur Q.*	*Gilbert Amy* „Chant pour grand orchestre" (frz. Komp.) *Luigi Dallapiccola:* „Odysseus" (ital. Oper in Zwölftontechnik; Urauff. in Dt. Oper Berlin [West]) *Vinko Globokar* (* 1934): „Etude pour Folklore II" (jugosl.-dt. Komp. für Orch. u. Chor) *Erhard Grosskopf* und *Bernd Damke:* „Nexus" (akustische und optische Kompos. f. Flöte, Schlagzeug, Tonband und optische Elemente) *Hans Werner Henze:* „Das Floß der Medusa" (Oratorium, Text: *Ernst Schnabel,* Uraufführung in Hamburg, Konzert u. Rundfunkübertragung werden wegen Störungen abgebrochen) *Gerald Humel* (* 1931): „Flashes" (nordamer. Komp. für Kammerensemble) † *Joseph Keilberth* (am Pult während einer „Tristan"-Auff. i. München), dt. Dirigent (* 1908) *Thomas Kessler* (* 1937): „Revolutionsmusik für Ensemble und Tonbänder" (mit unterlegten Reportagen von Studentenunruhen 1967/1968) Berliner Musikpreis „Junge Generation" an *Thomas Kessler*	Nobelpreis für Physik an *Luis W. Alvarez* (* 1911, USA) für die Auswertung der Spuren von Elementarteilchen (Blasenkammer, Nachweis seltener Ereignisse) Nobelpreis für Chemie an *Lars Onsager* (* 1903, Norw.) für Entwicklung einer „irreversiblen Thermodynamik" (bes. wichtig für chemische Abläufe in Organismen) Nobelpreis für Medizin an *Robert W. Holley* (* 1922, USA), *H. Gobind Khorana* (* 1922, USA), *Marshall W. Nirenberg* (* 1927, USA) für die Entschlüsselung der chemischen Information der Erbsubstanz und ihrer Funktion bei der Eiweißsynthese *R. L. Armstrong* und andere stellen eine Eiszeit in der Antarktis vor ca. 2,7 Mill. Jahren fest *Christiaan N. Barnard* (* 1923) pflanzt in Kapstadt dem 58jährigen *Philip Blaiberg* (* 1910, † 1969, 595 Tage nach der Herzverpflanzung) ein fremdes Herz ein (bis zum Ende des Jahres gibt es 104 Herztransplantationen, davon 41 in den USA. Bei hoher Sterblichkeit überleben einige der Patienten zumindest die ersten Monate) US-Astronauten *Frank Borman* (* 1928), *James Lovell* (* 1928), *William Anders* (* 1933) umkreisen am 25. 12. im Raumschiff „Apollo 8" in 110 km Entfernung als erste Menschen zehnmal den Erdmond. Jede wichtige Phase dieses 147-Stunden-Fluges wird durch öffentliches (auch Farb-) Fernsehen weltweit sichtbar gemacht *Heinz Brücher* bezweifelt die Gen-Zentren-Theorie von *N. J. Wawilow,* wonach unsere Kulturpflanzen aus 8 geographischen Mannigfaltigkeitszentren stammen; vielmehr stamme Mannigfaltigkeit aus menschlichen Züchtungen *E. K. Fedorov* (USSR) hält künstliche Klimaänderung nicht vor 20 bis 30 Jahren möglich; fordert aber schon weltweite Zusammenarbeit in dieser Frage *O. K. Flechtheim* gibt Zeitschrift „Futurum" für Zukunftsfragen heraus † *Otto Hahn,* dt. Chemiker, erforschte und entdeckte vorzugs-	Als Protestdemonstration „Marsch der Armut" nach Washington (vor allem Neger) Japan ist im Begriff die BRD als drittgrößte Industrienation (hinter USA und USSR) zu überholen Spaltung d. Goldmarktes: USA und 6 europ. Mitgl. d. Goldpools (dar. BRD) anerkennen freie private Preise neben dem offiziellen Kurs von einer Unze Feingold pro 35 Dollar Beistandkredit v. 12 Ländern an Gr.-Brit. von 2 Mrd DM Währungskrise: Intern. Druck auf die BRD, die DM aufzuwerten. BRD weigert sich und nimmt statt dessen steuerliche Belastung des Exports und Entlastung d. Imports vor. Frankreich erhält 8 Mrd. DM zur Stützung des Franc, weigert sich aber, Franc abzuwerten Die von Bundeswirtschaftsminister *Karl Schiller* eingeleitete „konzertierte Aktion" der Wirtschafts- und Sozialpartner führt zur erwünschten Konjunkturbelebung in der BRD (niedr. Arbeitslosenquote 0,9%) Energieverbrauch in der BRD (in

(1968)

gericht in Berlin (West) gewaltsam an
Bundesaußenminister *W. Brandt* schlägt auf der Genfer Konferenz der nichtnuklearen Mächte weltweiten Gewaltverzicht vor. Konferenz billigt entspr. Resolution der BRD
Bundespräsident *Heinrich Lübke* kündigt für 1969 vorzeitigen Rücktritt an
Bundestagspräsident ruft Bundesversammlung zum 5. 3. 69 zur Wahl des Bundespräsidenten nach Berlin ein
Bundesparteitag der CDU in Berlin (West). Proteste der USSR und DDR
Walter Scheel (* 1919) wird Vorsitzender der FDP (gilt als liberaler als sein Vorgänger *Erich Mende*)
Bundesverfassungsgericht: Auch Splitterparteien ab nur 0,5% Stimmenanteil erhalten pauschalierte Wahlkampfkosten erstattet
Landtagswahlen in Baden-Württemberg ergeben folg. Mandatsverteilung (Vgl. 1964): CDU 60 (59), SPD 37 (47), FDP/DVP 18 (14), NPD 12 (0). Koalition CDU/SPD wird unter Min.-Präs. *Filbinger* (CDU) fortgesetzt
„Deutsche Kommunistische Partei" (DKP) in der BRD gegründet unter Zusammenfassung mehrerer linksradikaler Gruppen
Linksradikale Partei „Aktion demokratischer Fortschritt" in der BRD gegründet
Selbstmorde hoher Beamter der BRD lösen Spionageverdacht aus
Freispruch in der BRD für einen Beisitzer am ehem. NS-Volksgerichtshof; findet heftige Kritik.
Todesurteil in der DDR für ehem. Gestapoaufseher
Neue Verfassung der DDR tritt in Kraft („Volksentscheid" ergab 94,5% Ja-Stimmen)
DDR beschließt Paß- und Visumpflicht zwischen beiden Teilen Deutschlands und bei Durchreise nach Berlin (West) durch die DDR
DDR sperrt ihr Gebiet für Berlinreisen leitender Politiker der BRD (so dem Reg. Bürgerm. v. Berlin als Bundesratsvorsitzenden)

Charles Dyer: „Unter der Treppe" (dt. Erstauff. d. brit. Bühnenstücks)
Günter Eich: „Maulwürfe" (Prosastücke)
† *Jürgen Fehling,* dt. Regisseur, vorzugsweise in Berlin, seit 1955 schwer erkrankt (* 1885)
Günter Bruno Fuchs (* 1928): „Bericht eines Bremer Stadtmusikanten" (Roman)
Marzotto-Preis für *Natalia Ginzburg* (* 1916) für Schauspiel „L'Inserzione" („Das Inserat")
Fontane-Preis d. Landes Berlin an *Günter Grass*
Max von der Grün (* 1926): „Zwei Briefe an Pospischiel" (gesellschaftskrit. Roman)
Michael Hatry: „Notstandsübung" (linksradikal. agitator. Bühnenstück)
Václav Havel (* 1936): „Erschwerte Möglichkeit d. Konzentration" (tschechoslowak. satir. Bühnenstück)
John Hopkins: „Diese Geschichte von Ihnen" (engl. Bühnenstück)
Urs Jaeggi (* 1931): „Ein Mann geht vorbei" (schweiz. Roman)
Jewgenij Jewtuschenko (* 1933): „Gedichte u. Poeme" (russ. Dichtung ein. Antistalinisten)
Siegfried Lenz (* 1926): „Deutschstunde" (Roman um den Maler E. Nolde)
Berliner Kunstpreis für darstellende Kunst an *Hans Lietzau*
Norman Mailer: „Marsch auf das Pentagon" (nordamer. Darstellung einer Anti-Vietnam-Demonstration, bei der der Autor verhaftet wurde. Pulitzer-Preis)

Liga f. Menschenrechte, Berlin, verleiht Carl v. Ossietzky-Medaille an *Günter Grass* und *Kai Hermann*
Heinrich Grüber (* 1891): „Erinnerungen aus sieben Jahrzehnten" (Autobiogr. d. evangel. Theologen und NS-Widerstandskämpfers)
† *Romano Guardini,* kathol. Philosoph, führend in der Kathol. Jugendbewegung und in der dt. Liturgischen Bewegung (* 1885)
Jürgen Habermas (* 1929): „Technik und Wissenschaft als ‚Ideologie'" (aus dem Frankfurter Institut f. Soziologie)
Hans von Hentig: „Der jugendliche Vandalismus" (führt Zerstörungswut auf die „Auflösung der Familie" u. „Zerstörung des Vaterbildes" zurück)
Arthur R. Jensen (USA) behauptet bei Negern einen erheblich geringeren Intelligenzquotienten (IQ) festgestellt zu haben als bei Weißen. (Dagegen wenden sich Forscher, die der Umwelt größeren Einfluß a. d. Intell. einräumen)
† *Helen Keller,* nordam. blinde und taubstumme Philanthropin, absolvierte Universitätsausbildung, Inspektorin für Taubstummen- u. Blindenanstalten in den USA (* 1880)
Waldemar Knoeringen: „Geplante Zukunft? Aufgabe von Politik u. Wissenschaft" (Referate aus der Sicht der SPD)
Kardinal *König* (Wien) kündigt auf der 18. Nobelpreisträgertagung in Lindau Überprüfung d. *Galilei*-Prozesses an

Davis u. *Franz Mokken:* Univ.-Klinikum i. Berlin-Steglitz (für 1426 Betten; 300 Mill. DM Baukosten; 25 Kliniken u. Institute; im Bau seit 1959)

Paul Uwe Dreyer (* 1939): „Seitenwand, aufklappbar, frontal" (Gem.)

Max Ernst: „Humanae Vitae I" (Collage, phototechn. auf Leinw. übertr.

Helen Frankenthaler: „Klangformen" (nordamer. Acrylgemälde)

Günter Fruhtrunk (* 1923): „Rote Vibration" (abstr. Gemälde)

Ausstellung d. Werke von *Xaver Fuhr* (* 1898) in Berlin (West) (seine Bilder sind undatiert)

Vic Gentils (* 1919): „Brasil" (engl.-belg. Gem. mit Holzreliefs)

Manfred Gräf (* 1928): „Mandala 2" (Konstruktivist. Tuschmalerei)

HAP Grieshaber (* 1909), Graphiker, erhält Kulturpreis d. DGB

† *Will Grohmann,* dt. Kunsthistoriker u. -kritiker, schrieb Monographien über *Klee, Schmidt-Rottluff, Kirchner, Kandinsky, Baumeister* (* 1887)

† *John Heartfield,* „Vater der künstlerischen Fotomontage", zuletzt in der DDR (* 1891)

Bernhard Heiliger: „Montana" (abstr. Bronze)

Rudolf Komorous (* 1931): „Düstere Anmut"(tschechoslowak. Komp. f. Kammerensemble)

Marek Kopelent (* 1931): „Stilleben" (tschechoslowak. Kompos. f. Solobratsche u. Kammerensemble)

† *Harald Kreutzberg,* dt. Ausdruckstänzer (* 1902)

Ladislav Kupkovič (* 1936): „Vor-Mit-Nach f. Streicher, Holzbläser u. ein Tasteninstrument" (tschechoslowak. pop-art. Komposition)

György Ligeti: „Continuum" (ung. Komp. für Cembalo)

Nikos Mamangakis (* 1929): „Tetraktys" (griech. mathem.-abstr. Komposition f. Streichquartett)

Gian-Carlo Menotti: „Wer hat Angst vor Globolinks" (nordamer.-ital. Kinderoper, Uraufführung in Hamburg)

† *Elly Ney,* dt. Pianistin, interpretierte insbes. *Beethoven* (* 1882)

Carl Orff: „Prometheus" (Vertonung d. *Aschylos*-Dramas in griech. Originalsprache; mit europ., asiatischen und afrikanischen Instrum.

Hans Otte (* 1926): „Buch für Orchester" (Kompos. f. Orchester und Klavier)

weise radioaktive Elemente, eröffnete 1938 mit der Entdeckung der Urankernspaltung technische Auswertung der Kernenergie, Nobelpreis 1945, 1948—60 Präsident der Max-Planck-Gesellschaft (* 1879)

Gerhard Heberer gibt aufgrund neuerer Funde für die Abstammung des Menschen folgende Daten: Verzweigung Mensch-Affenzweig vor ca. 25 Mill., Tier-Mensch-Übergangsfeld vor ca. 10—2 Mill., humane Phase seit ca. 2 Mill. Jahren

W. Heine: „Gnotobiologie" (Zucht und Haltung keimfreier Versuchstiere für die praktische Medizin)

Horst Jatzkewitz (* 1912): „Biochemische Aspekte in der Psychiatrie" (körperliche, insbes. genetische Ursachen von Geisteskrankheiten werden deutlicher)

Shinsuke Kawasaki: Fernsehen mittels Neutronen (kann Wasserströmung in Metallrohren sichtbar machen)

Massenprod. von Asparaginase mit E. coli-Zellen in der BRD gestattet Großversuche zur Leukämiebekämpfung (diese Wirkung wurde 1963 von *J. G. Kidd* entd.)

† *Lew Landau,* russ. Physiker, erforschte besonders Supraleitung, Nobelpreis 1962 (* 1908)

Benjamin Masar (Hebräische Univ.) entdeckt Fundamente des im Jahr 70 zerstörten Tempels von König *Herodes*

US-Tiefbohrforschungsschiff „Glomar Challenger" unter wiss. Leitung von *A. E. Maxwell* und *R. P. von Heezen* findet Auseinanderdrift des Atlantikbodens um ca. 4 cm im Jahr (bestätigt Kontinentalverschiebung)

† *Lise Meitner,* österr. Atomphysikerin, 1908—38 Mitarbeiterin *Otto Hahns,* zuletzt i. Cambridge (* 1879)

Helmut Metzner: Gewinnung von Sauerstoff und Wasserstoff aus Wasser, Chlorophyll und Sonnenstrahlen (Lichtquantenenergie)

Hans Muxfeldt (* 1927) berichtet in den USA über Synthese des Antibiotikums Terramycin (1949 entd., 1950 isoliert, 1952 chemischer Aufbau geklärt)

Mill. t Steinkohleneinheiten):

Steinkohle	98,2
Braunkohle	28,3
Heizöl	76,1
sonstiges Öl	65,4
Naturgas	9,3
Wasserkraft	7,4
Kernkraft	0,8
Holz, Torf u. ä.	1,4
insgesamt	286,9

Abnahmetendenz bei Kohle, Zunahmetendenz bei Öl und Kernkraft

Zahlreiche Zechen der BRD finden sich in der Ruhrkohlen-AG zusammen, um Krise des Kohlenbergbaus zu überwinden

In Angleichung an d. weiteren EWG-Bereich führt BRD die Mehrwertsteuer (11%) statt der Umsatzsteuer ein

Durchschnittliche Baulandpreise in der BRD pro m² in Orten

Einw.	DM
unter 2000	13,40
2—5000	20,50
5—20000	31,90
20—50000	37,10
50—200000	48,90
200—500000	53,90
über 500000	87,60

Im Gesamtdurchschnitt DM 30,10 (1961: DM 13,60)

Zunehmende Diskussion über ein sozial vertretbares Bodenrecht

Interzonenhandel wird ausgeweitet (betrug 1957 1752, 1967 2745 Mill. Verechnungseinh.)

(1968)

DDR verbietet NPD-Mitgliedern Durchreise nach und von Berlin
Volkskammer der DDR verabschiedet neues Strafrecht
Schweizer Regierung bekennt sich in den „Richtlinien für die Regierungspolitik 1968—71" unverändert zur Neutralität (kann als 1. Reg.-Programm in der Schweizer Geschichte gelten)
Brit. Regierung verkündet erneut machtpolitischen Rückzug aus den Gebieten „östlich von Suez" bis 1971 und ein weiteres Sparprogramm
Brit. Außenmin. *George A. Brown* (* 1914) tritt zurück. Nachfolger: *Michael Stewart* (* 1906)
Gr.-Brit. beschränkt Einwanderung von Farbigen
Niederlage der brit. Labour Party bei den Kommunalwahlen
Schwere Unruhen in Paris, ausgehend von Studentenaktionen. Solidarisierung mit der Arbeiterschaft gelingt nur eingeschränkt. Franz. Wirtschaft erleidet starke Einbußen durch Streikbewegung
Polizei räumt die seit einem Monat von Studenten besetzte Pariser Universität
Staatsbesuch des franz. Staatspräsidenten *de Gaulle* in Rumänien: fordert Entspannung auf der Grundlage der Souveränität aller Staaten
Franz. Staatspräsident *de Gaulle* begibt sich während der Maiunruhen fluchtartig für einen Tag von Paris nach Baden-Baden, wo er mit General *Massu* spricht
Franz. Staatspräsident *de Gaulle* schreibt Parlamentsneuwahlen aus: Gaullisten erzielen absolute Mehrheit in der Nationalversammlung. Anstelle v. *Pompidou* wird *M. Couve de Murville* (* 1907) franz. Min.-Präs.
Streikwelle in ganz Italien
Parlamentswahlen in Italien bringen Gewinne für Christliche Demokraten und Kommunisten, Verluste für Sozialisten
Regierung der „linken Mitte" unter *Mariano Rumor* (* 1915) in Italien
† *Trygve Lie*, bis Kriegsende norwegischer Exilminister, 1946—53 erster Generalsekretär der UNO (* 1896)

Büchner-Preis der Dt. Akad. Darmstadt an *Golo Mann*
Gabriel Marcel erhält gr. Literaturpreis v. Paris
Egon Monk, Intendant des Hamburger Schauspielhauses (seine avantgardistischen, scharf kritisierten Inszenierungen, u. a. *Schillers* „Räuber", führen zur vorzeitigen Lösung seines Vertrages)
Helga Novak (* 1935) erhält Bremer Literaturpreis
Arthur Maria Rabenalt: „Theatron eroticon" mit erotisch und sexuell betonten Aufführungen in München
Christa Reinig: „Aquarium"; erh. Kriegsblinden-Hörspielpreis
Gerlind Reinshagen (* 1926): „Doppelkopf" (satir. Bühnenstück um einen Betriebsausflug)
Felix Rexhausen: „Die Sache. 21 Variationen" (erotische Darstellungen)
Hubert Selby: „Letzte Ausfahrt Brooklyn" (nordamer. Roman)
† *Upton Sinclair*, nordamer. Schriftsteller vorwiegend sozialkrit. Romane (* 1878)
Alexander Solschenizyn (* 1918): „Der erste Kreis der Hölle", „Krebsstation" (russ. Romane in dt. Übers.)
† *John E. Steinbeck*, nordamer. Schriftsteller, Nobelpreis 1962 (* 1902)
Fritz Usinger (* 1895): „Gedichte"
Peter Weiss: „Vietnam-Diskurs" (polit. agitatorisches Bühnenstück gegen USA-Politik)
Peter Zadek: „Maß für Maß" — Phantasie (freie popartige Interpret. d. *Shakespeare*-Stückes)

G. Konopka: „Soziale Gruppenarbeit, ein helfender Prozeß" (Eingliederungshilfe für gefährdete Jugendliche)
Herbert Marcuse: „Psychoanalyse und Politik" (dt.-amer. Philosophie unter Berücksichtigung der Lehren von *Marx* und *Freud*)
Desmond Morris: „Der nackte Affe" (der Mensch im Lichte der Abstammung von den übrigen Primaten, Übersetzung aus dem Engl.)
Papst *Paul VI.* untersagt in seiner Enzyklika „Humanae Vitae" jede künstliche Geburtenkontrolle für Katholiken (ruft starke Kritik auch in kathol. Kreisen hervor)
Papst *Paul VI.* anerkennt Knochenfunde aus dem Marmorgrab G unter dem Petersdom als echte Petrus-Reliquie (seit 1953 von der Frühhistorikerin *Margherita Guarducci* (* 1900) untersucht)
Reimut Reiche: „Sexualität und Klassenkampf" (monogame „Zwangsehe" wird als Anpassung an kapitalist. Herrschaft gewertet)
Lutz Röhrich: „Adam und Eva" (volkskundliche und kunsthistorische Monographie)
Erwin K. Scheuch (u. a.): „Die Wiedertäufer der Wohlstandsgesellschaft. Eine kritische Untersuchung der ‚Neuen Linken' und ihrer Dogmen"
Günther Schiwy: „Der französische Strukturalismus — Mode, Methode, Ideologie" (krit. Darstellung einer auf Zerlegung und Aus-

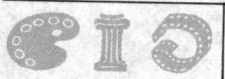 

Otto Hellmeier (* 1908): „Winter am Weißensee" (natural. Gem.)

Hannah Höch (* 1889): „Die Sonne" (Gem.)

Gerhard Hoehme (* 1920): „Himmelfahrt" (Leinen, Holz, Wachstuch, Eisen gespritzt u. gemalt)

Wolf Hoffmann: „Wetterfahne" (ornamental-geometr. Radierung)

Hans Jaenisch (* 1907): „29 — 6 — 68" (Gem.)

Wolf Kahlen (* 1940): „Vermont Heights" (2 geometr. Raumsegmente)

Horst Egon Kalinowski (* 1924): „La carillon muet" (Caisson, Leder auf Holz)

Heinrich Kirchner (* 1902): „Moses" (Bronze)

Oskar Kokoschka: „Die Frau des Matrosen" (Gem.)

Rainer Küchenmeister (* 1926): „Nov/Dez. 66 / März/April 68" (Gem.)

Arnold Leißler: „Frau im Lehnstuhl" (geometr. stilisierendes Gem.)

Helmut Lortz (* 1920): 6 Fotowände im Univ.-Klinikum, Berlin-Steglitz

Heinrich Graf von Luckner: „Drei Vögel" (Gem.)

Heinz Mack (* 1931): „Lichtraum für Berlin" (aus teilweise kinetischen Objekten, Scheinwerfern, Elektromotoren

G. Marcks: „Wan-

Krzysztof Penderecki: „Capriccio per Siegfried Palm" (poln. Kompos. f. Solo-Cello)

Zoltán Peskó: „Bildnis einer Heiligen" (für Sopran, Kinderstimmen u. Kammerensemble)

Tona Scherchen (* 1938): „WAI" (Kompos. f. Stimme, Streichquartett u. Schlagzeug. WAI [chines.] = anderswohin)

Vladimir Sramek (* 1923): „Kaleidoskop" (tschechoslowak. Komp. für Streichtrio, durch die Spieler selbständig angeordnete „Klangsplitter")

Edward Staempfli (* 1908): „Wenn der Tag leer wird..." (schwz. Oratorium f. Soloquartett, gemischten Chor und Orchester nach Gedichten von *Nelly Sachs*)

Joseph Stein u. *Jerry Bock:* „Anatevka" (dt. Erstauff. des nordam. Musicals „Fiddler on the Roof")

Karlheinz Stockhausen: „Stimmung" (Komp. f. 6 Solostimmen mit eingebauten Geschichten, Uraufführung im Pariser Funkhaus)

Werner Thärichen (* 1921): 139. Psalm f. Orchester, Alt-Solo, Chor u. Elektronik

Zbynek Vostřák (* 1920): „Pendel

Rainer Otto und Mitarbeiter (Züricher Univ.-Klin.) zeigen, daß Radio-Indium sich bevorzugt in Krebszellen ablagert (wichtig für Krebsdiagnose)

Asko H. S. Parpola und Mitarbeitern gelingt in Kopenhagen mit Computerhilfe Entzifferung der Schrift der Induskultur anhand der Steinsiegel von Harappa (Blütezeit —2. Jtsd.)

Franz Schötz: „Vererbung außerhalb des Zellkerns" (Zusammenfassung, welche Wahrscheinlichkeit der Plastidenvererbung betont)

Ithiel de Sola Prol (MTT, USA): „Der Computer in der sozialwissenschaftlichen Forschung" (betont die zu verarbeitende große Datenmenge in diesem Bereich)

C. H. Townes u. *A. C. Cheung* entd. i. USA i. d. Milchstraße Dunkelwolken, welche die Mikrowellen des Ammoniak-Moleküls (1,3 cm) ausstrahlen

J. Weber (USA) versucht Gravitationswellen durch kleinste Deformation nachzuweisen (Erfolg noch zweifelhaft)

Georges Ungar (USA): Hinweise, daß Ratten durch Hirnextrakt von dressierten Artgenossen die Dressurleistung deutlich übernehmen

Joseph Weber (USA) weist durch an verschiedenen Orten extrem störungsfrei aufgehängten tonnenschweren Zylindern gleichzeitige Schwingungen nach, die er auf kosmische Gravitationswellen zurückführt (werden von der Relativitätstheorie gefordert)

Etwa 200 subatomare Elementarteilchen und Antiteilchen sind bekannt, meist sehr kurzlebig. Bei fortschreitender Systematik steht die Theorie noch in den Anfängen

Die besten Bestimmungen der Entfernungen kosmischer Objekte und ihrer durch spektrale Rotverschiebung gekennzeichneten Fluchtgeschwindigkeiten ergeben eine Hubble-Konstante, die einem Weltalter von 13 Mrd. Jahren zugeordnet ist (dieser Wert ist widerspruchsfrei gegenüber anderen Altersbestimmungen, z. B. der Erde und der Sonne. Vgl. 1931)

Verbrauch v. Tiefkühlprodukten in der BRD bei über 0,5 Mill. t, USA ca. 6 Mill. t (Temperaturen um minus 20° C notwendig)

Assuan-Staudamm in Ägypten vollendet (600 km langer Stausee mit 135 Mrd. m³ Wasser)

„Photokina" (Int. Photo- und Kinoausstell.) in Köln

Auf der Erde gibt es ca. 450 Mill. Hörfunkteilnehmer, 200 Mill. Fernsehteilnehmer, 210 Mill. Fernsprechteilnehmer, davon jeweils die Mehrzahl in den USA

Leipziger Universitätskirche wird trotz Protestes abgebrochen (Anf. aus dem 13. Jh., um 1500 umgeb.)

US-Präsidentenwitwe *Jacqueline Kennedy* (* 1929) heir. griechischen Großunternehmer *Aristoteles Onassis* (* 1906, † 1975)

Fahrpreiserhöhungen in Bremen führen zu heftigen Demonstrationen vor allem Jugendlicher

Schwere Rassenunruhen i. Detroit

Bummelstreik von Beamten der BRD zur Erlangung höheren Weihnachtsgeldes

(1968)

Spanien schließt Landweg nach Gibraltar außer für die dort beschäftigten span. Arbeitnehmer

Nach schwerer Erkrankung von *A. O. Salazar*, portug. Reg.-Chef seit 1932, wird *M. Caetano* (* 1906) port. Min.-Präs. (reg. bis 1974)

† *Georgios Papandreou*, griech. liberaler Politiker (seine Beisetzung wird eine Demonstration gegen die herrschende Militärdiktatur; * 1888) Neue griech. Verfassung hebt wichtige Grundrechte auf

Zusammenstöße zwischen Studenten und Polizei in Belgrad. Staatspräsident *Tito* setzt sich für Hochschulreform ein

Im Zuge des liberalen Reformkurses in der CSSR löst *Alexander Dubcek* (* 1921) *Antonin Novotny* als Generalsekretär der KP ab. Letzterer tritt auch als Staatspräsident (seit 1957) zurück.

Ludvik Svoboda (* 1895) wird Staatspräsident der CSSR

Ostblock-Gipfelkonferenz in Dresden ohne Rumänien

Neue Regierung der CSSR unter Min.-Präs. *Oldrich Cernik* (* 1921) *Josef Smrkovsky* (* 1911) wird Parlamentspräsident der CSSR

Warschauer Pakt unternimmt Manöver in der CSSR, die sich später als Vorphase der Besetzung erweisen

Warschau-Konferenz der Ostblockstaaten fordert KP der CSSR auf, der „Konterrevolution" entgegenzutreten. Antwort der CSSR bekräftigt Reformkurs, BRD verlegt geplantes Manöver von der Grenze der CSSR in den SW-Raum der BRD

Verhandlungen in Cierna (Schwarzau an der Theiß) zwischen USSR sowie später weiteren Ostblockstaaten und CSSR um deren Reformkurs (CSSR sieht sich zu Zugeständnissen genötigt)

Jugoslaw. Präsident *Tito* besucht CSSR, um Sympathie mit Reformkurs zu bezeugen (wird begeistert empfangen). SED-Chef *Ulbricht* verhandelt in Karlsbad mit CSSR (kühler Empfang)

† *Arnold Zweig*, dt. sozialkrit. Schriftsteller, ging 1933 nach Palästina, 1948 nach Berlin (Ost), 1950—53 Präs. d. Akad. d. Künste in der DDR (* 1887)

„Tintenfisch 1" (Jahrbuch für Literatur. Hgg. von *Michael Krüger* und *Klaus Wagenbach*)

In der BRD werden ca. 450000 Buchtitel angeboten, davon ca. 150000 ausländische. 19 Mill. Einwohner der BRD sind Buchleser

Auf dem Höhepunkt der Mai-Unruhen besetzen Studenten in Paris das Odéon-Theater. Sein Direktor *Jean-Louis Barrault* beugt sich der Besetzung und wird von der Reg. diszipliniert

Eine starke Politisierung des Theaters in der BRD ist von abnehmenden Besucherzahlen begleitet

Auf einigen Bühnen der BRD werden v. Schauspielern und Studenten Proteste gegen die Verabschiedung der Notstandsgesetze verlesen

Abschaffung der Theaterzensur in Gr.-Brit. (bestand seit 1737 in gesetzl. Form)

„Literarni Listy", lit. Wochenzeitung, neues Verbandsorgan der tschechoslowakischen Schriftsteller (mit liberalisierender Tendenz)

Eduard Goldstücker, Vorsitzender des CSSR-Schriftstellerverbandes (geht nach der Besetzung durch die USSR ins westl. Ausland)

Moskauer Literaten *Juri Galanskow, Alexander Ginsburg, Alexej Dobrowolski* erhalten 2 bis 7

tauschbarkeit beruhenden Ästhetik von *Claude Lévi-Strauß*)

Karl Steinbuch: „Falsch programmiert. Über das Versagen unserer Gesellschaft in der Gegenwart und vor der Zukunft und was eigentlich geschehen müßte." (Fordert eine Umstellung d. geistigen Haltung der Deutschen im Sinne stärkerer Rationalität)

Carl F. v. Weizsäcker: „Über die Kunst der Prognose" (naturwiss.-philosoph. Betrachtung; betont Probleme der Kernenergie, Computertechnik, Welternährung, Auswirkungen der Biologie, Waffenentwicklung, Einheit Europas u. des Weltfriedens)

4. Vollversammlung des Ökumenischen Rates d. Kirchen in Uppsala, Schweden, unter dem Motto „Siehe, ich mache alles neu" (bekennt sich zu weltweiter Verantwortung)

70 Persönlichkeiten der CSSR, bes. aus dem kulturellen Bereich, veröffentl. „Aufruf der 2000 Worte", der für die Liberalisierung eintritt

Philosophenkongreß in Wien

≈ In der Philosophie gibt es die Hauptströmungen Phänomenologie, Existenzphilosophie, Neopositivismus, Marxismus

„Futurum" (Zeitschr. f. Zukunftsforschung, Hg. *Ossip K. Flechtheim*)

„Ausblick auf die Zukunft" (Aufsätze von *M. Born, W. Heisenberg, O. Hahn* u. a.)

derer, Hut in der Hand" (Bronze)
Marino Marini: „Porträt Mies van der Rohe" (Bronze)
Brigitte Meier-Denninghoff (* 1923): „Brasa III" (Messing-Zinn-Plastik)
Mies van der Rohe: Neue Nationalgalerie, Berlin (West) (seit 1963); Toronto Dominion Centre, Kanada (zwei Stahlskeletthochhäuser m. 56 bzw. 46 Stockwerken, seit 1963)
Joan Miró: „Der mühsame Gang hinter dem Flammenvogel der Wüste" (frz. Gem., 2 m mal 4 m)
Henry Moore: „Interlocking" (engl. Zweiteilskulptur Nr. 10)
Otto Nagel (* 1844, † 1967): „Heinrich Zille" (Biographie aus verwandtem Künstlertum)
E. W. Nay: „Weiß-Schwarz-Gelb" (sein letztes Gem.)
† *Ernst Wilhelm Nay*, dt. abstrakter Maler (* 1902)
Rolf Nesch (* 1893): „Bernadette" (Metalldruck)
Richard Oelze (* 1900): „Ornithologisches Bildnis" (Gem.)
Georg-Karl Pfahler (* 1926): „B/RB II" (abstr. Gem.)
Paul Pfarr (* 1938): „Skulptur" (Bronze)
Peter Phillips (* 1939): „Pneumatik" (engl. popartige farbige Lithographie)

der Zeit" (tschechoslowak. Komp. f. Solo-Cello, vier Spielergruppen u. elektron. Orgel)
Robert Wittinger (* 1945): „Irreversibilitazione" (Op. 10 f. Cello u. Orchester)
Isang Yun (* 1917): „Träume" (südkoreanische Oper, vollendet in polit. Gefangenschaft, Urauff. 1969 in Nürnberg)
Donaueschinger Musiktage stehen im Zeichen mod. Musik aus d. CSSR (erweisen auch, daß Virtuosentum zum Impuls der Komposition geworden ist)
„Internationale Woche f. experimentelle Musik" von der Akad. d. Künste u. d. Techn. Univ. Berlin (West) über Raum Musik, Visuelle Musik, Medien Musik, Wort Musik, Elektronik Musik, Computer Musik
Mailänder Scala eröffnet Saison unter starkem Polizeischutz
„Hair", Hippie-Musical mit Aktszenen in München
„Delilah" (engl. Spitzenschlager)
~ Pop-Musik: Psychedelic-Underground (Elektro-Pop mit harten Klang- und Lichteffekten)

Radioastronomen entdecken kosmisches Objekt mit rasch pulsierender Radiostrahlung: „Pulsar" (bald erweist sich Zentralstern im Krebsnebel, Supernova vom Jahr 1054, ein mit ca. 1000 Umdrehungen pro Sekunde rotierender Neutronenstern, ebenfalls als Pulsar)
US-Ballonteleskop „Stratoscope II" (8 Stunden in 24000 m Höhe, Aufnahmen von 3 astronomischen Nebeln)
Erfolgreich gestartete Raumflugzeuge (bis 22. 10. 68):

	USA	USSR	Zus.
für Erdumlauf	529	272	801
Mond getroffen	12	6	18
Mondumlauf	6	5	11
Venus getroffen	—	2	2
Sonnenumlauf	11	8	19
Insges.	558	293	851
Sonstige Staaten			14
			865

Bemannte Raumflüge (12. 4. 61 bis 22. 10. 68)

	USA	USSR	Zus.
Flüge	15	9	24
Erdumkreis.	840	310	1150
Piloten	27	12	39
Pilotenstunden im Raum	2773	533	3306

(China startet 1. Erdsatell. 1970
„Apollo 6" unternimmt Testflug eines kompletten (unbemannten) Mondlandefahrzeuges
USSR startet unbemanntes Raumfahrzeug „Luna 14", das Mondumlaufbahn erreicht
Koppelung zweier „Kosmos"-Erdsatelliten der USSR in einer Erdumlaufbahn
Unbemannte „Sonde 5" der USSR umrundet Mond und kehrt zur Erde zurück
Auswertung von Registrierungen der USSR-Venussonde ergibt für die Venus-Atmosphäre die Zusammensetzung: Kohlendioxyd ca. 90%, Sauerstoff ca. 1%, Stickstoff ca. 2%, Wasser ca. 5 mg pro Liter (diese Zusammens. ergibt aufheizenden „Treibhauseffekt")
UN-Konferenz über die Erforschung und friedliche Nutzung des Weltraums (erörtert auch Nachwuchsprobleme)

In Wien wird (nach US-Vorbild) Polizeicomputer zur Auswertung einer Verbrecherkartei errichtet (1. Ausbaustufe bis 1969)
Toni Hiebeler (* 1930) bezwingt in 3 Tagen und 2 Nächten mit einer dt.-ital. Viererseilschaft erstmals die Nordost-Route d. Eigernordwand
Olympische Winterspiele in Grenoble: Norwegen mit 6 Goldmed. bes. erfolgreich; BRD erringt 2 Gold-, 2 Silber-, 3 Bronzemed. Spiele werden durch Farbfernsehen wirkungsvoll weltweit verbreitet
Schwere Studentenunruhen vor d. Olympischen Spielen in Mexiko
Weltweite Farbfernsehübertragung mit Hilfe v. Nachrichten-Satelliten zeigt d. Kommunikationskraft dieses Mediums
1. FC Nürnberg zum 9. Mal dt. Fußballmeister
61 Sporttauchklubs mit ca. 3000 Mitgliedern in der BRD (daneben zahlreiche nichtorganisierte Amateure). In den USA sind einige Millionen Sporttauchgeräte im Gebrauch
Von den Frauen schützen sich vor der Empfängnis mit spezifischem Mittel („Pille") in Austral. ca. 23%,

(1968)	Rumäniens Staats- und Parteichef *Ceausescu* unterzeichnet in der CSSR Freundschafts- und Beistandspakt Truppen der USSR, Polens, Bulgariens und der DDR besetzen die CSSR, um Reformkurs zu beenden. Verhaftung maßgeblicher Politiker der CSSR. Heftige Demonstrationen der Bevölkerung. Proteste in aller Welt. Starker Rückschlag für die westliche Verständigungspolitik mit dem Osten. Versuch der USSR, orthodox-kommunistische Regierung einzusetzen, mißlingt zunächst Verhandlungen zwischen USSR u. CSSR in Moskau: CSSR verpflichtet sich, Interessen des Sozialismus zu wahren, USSR sagt Abzug ihrer Truppen nach „Normalisierung" zu Zahlreiche kommunistische Parteien (z. B. in Frankreich, Italien, China) verurteilen die Intervention der USSR in der CSSR Einschränkung der Presse- und Koalitionsfreiheit in der CSSR. Die Reformpolitiker haben weiterhin das Vertrauen der Bevölkerung Albanien verläßt den Warschauer Pakt KP-Weltkonferenz kommt wegen CSSR-Besetzung nicht zustande CSSR stimmt einer Stationierung von Truppen d. Warschauer Paktes auf ihrem Gebiet zu, bis eine „Normalisierung" stattgefunden habe USSR behält sich jedes Interventionsrecht vor, wenn die Lebensinteressen des Sozialismus verletzt und Übergriffe auf die Unantastbarkeit der Grenzen der sozialist. Gemeinschaft vorgenommen werden (diese „*Breschnew*-Doktrin" wird auch in kommunist. Kreisen stark kritisiert) NATO verstärkt Kampfkraft in Europa gegenüber militär. Expansion der USSR in der CSSR und im Mittelmeer Nationalversammlung der CSSR verabschiedet Föderalisierungs- u. Nationalitätengesetz (ab 1. 1. 69 wird CSSR eine Föderation aus Tschechei und Slowakei) Im Zuge der Umwandlung in einen	Jahre verschärftes Arbeitslager, *Vera Laschkowa* 1 Jahr Freiheitsentzug; Intern. PEN-Club protestiert *Walter Lingenberg:* „Computereinsatz in Bibliotheken der Bundesrepublik Deutschland" „Anti-Theater" in München (bringt Schauspiele in verfremdeter, provozierender Form)	Kultusmin.-Konf. und Wissenschaftsrat empfehlen weitgehende Hochschulreform: Präsidentenverfassung, Fachbereiche statt Fakultäten, Berufung durch Ausschreibung, Erleichterung der Habilitation, stärkere Mitwirkung v. Mittelbau u. Studenten. Radikale Studenten fordern „herrschaftsfreie Räume" durch Lehr- u. Forschungsveranstaltungen in alleiniger Verantwortung der Studenten und Assistenten Godesberger Erklärung der Westdt. Rektorenkonferenz zur Hochschulreform: Freiheit f. Forschung und Lehre, Hochschulautonomie, Differenzierung der Hochschulfunktionen, korporative Selbstkontrolle, Neuordnung der Mitverantwortung aller Mitglieder Senat u. Abgeordnetenhaus von Westberlin ermöglichen gesetzlich Institutsreformen an den Universitäten ohne Zustimmung des akademischen Senats und erlassen neue Hausordnung gegen Störer des Universitätsbetriebes Universität Würzburg wegen student. Störungen zeitw. geschlossen Die Erwartung, daß in den nächsten 10 Jahren die Zahl der Abiturienten sich mindestens verdoppeln wird, führt zu Überlegungen u. Maßnahmen, den tertiären Bildungsbereich zu Gesamthochschulbereichen zu koordinieren und integrieren (*Dahrendorf*-Plan [FDP], *Evers*-Plan [SPD], *Martin*-Plan [CDU])

Lil Picard: Verbrannte Vinylkrawatte (Collage, Produkt der „Destruction Art" in USA)
Pablo Picasso: 347 Gravüren (Radierungen, Aquatinta, Kupferstich) datierte Folge mit dem erotisch betonten Hauptthema d. Frau
Erich F. Reuter (* 1911): Wandrelief für Europa-Haus, Berlin-Kreuzberg
Frantisek Ronovsky (* 1929): „Der Tod des Professors" (tschechosl. Gem. eines zeitkrit. Realismus)
Heinz Rose (* 1902): „Weiße Reiter II" (Gem.)
Nicolas Schöffer (* 1912): „Prisma mit 7 Effekten" (ungar.-frz. Objekt aus Spiegelglas, verschiedenen Materialien und elektr. Licht)
Michael Schoenholtz: „Torso" (Plastik)
Rudolf Schoofs (* 1932): „Mädchen" (Bleistift u. Aquarell)
Emil Schumacher (* 1921): „Alpha 1—4" (Acryl auf Papier u. Leinwand)
Hein Sinken (* 1914): Aerokinetische Plastik für das Hauptgebäude der Techn. Univ. Berlin-Charlottenburg
Peter Sorge (* 1937): „Does sex cause cancer?" (Zeichn.)
Toni Stadler (* 1888): „Knabentorso", „Mädchenfigur" (Bronzen)
Laszlo Szabo (* 1917): „Die Unzertrennlichen" (ungarisch-frz. Bronze abstrakt-organischer Form)
Rolf Szymanski (* 1928): „Die öffentliche Rose" (Metallplastik)
Dorothea Tanning (Frau von *Max Ernst*): „Sturz in die Straße" (nordamer.-frz. Gem.)
Göta Tellesch (* 1932): „Bewegliches Objekt" (popartige farbige Plastik)
Heinz Trökes: „Tarnkappe" (Gem.)
Hans Uhlmann: „Säule" (dreifarbige Stahlplastik)
Elyane Varian zeigt „Destruction Show" im Finch College Museum, New York, mit Kunstprodukten aus zerstörten Materialien
Stella Waitzkin: Skulptur aus zerstörtem Glas (Produkt der „Destruction Art" in USA)
Woty Werner (* 1903): „Von Anbeginn" (Webbild aus Wolle u. Baumwolle)
Wilhelm Wessel (* 1904): „n-Tor" (abstr. Gem.)
Hans Wimmer (* 1907): „Großes gesatteltes Pferd" (Bronze)
Fritz Winter: „Schwarz-Weiß vor Blau" (Gem.)
Derrick Woodham (* 1940): „5 Zylinder mit geteilter dreieckiger Basis" (engl.

Der 1960 gestartete US-Ballonsatellit „Echo 1", der nachts mit bloßem Auge sichtbar war, stürzt ab und verglüht

12097 seit 1947 in den USA registrierte nichtidentifizierte fliegende Objekte (Ufos) haben sich schließlich zu 90% als irdische Objekte erwiesen. Für den Rest ergab sich kein überzeugender Nachweis außerirdischer Herkunft

In der USSR wird Element 105 durch Beschießen von Element Americium mit Neon-Ionen künstlich erzeugt

Max-Planck-Institut für Plasmaphysik gibt auf internationaler Tagung bekannt, daß es langlebige Modellplasmen aus Alkalien und Erdalkalien erzielte (wichtige Voraussetzung f. Kernverschmelzungsreaktoren)

Versuchsreaktor mit Uran 233 als Brennstoff in Oak Ridge Lab., USA

Drei Leistungsreaktoren in der BRD: Grundremmingen (240 MW), Obrigheim (300 MW), Lingen (240 MW); Baubeginn weiterer Reaktoren in Würgassen (612 MW) und Stade (660 MW) (1 MW = 1000 kW)

Konferenz über Computer in der Klinischen Medizin in New York unter *E. R. Gabrieli*

Anfang einer Neutrino-Astronomie i. USA (vgl. 1975)

Intern. Kybernetik-Kongreß in München mit 700 Teilnehmern

Europäische Physikalische Gesellschaft in Genf gegründet

Ribonuklease A mit 124 Aminosäuren in USA als erstes Enzym vollständig synthetisiert

Verzweigungspunkte des Stammbaums der Evolution aufgrund der Ähnlichkeit von Enzymen und ihre Veränderung durch Mutationen im Laufe der Lebensentwicklung.

Gemeinsame Vorfahren von	lebten vor Mill. Jahren
Mensch—Affe	30
Mensch—Huhn	280
Mensch—Fische	490
Mensch—Insekten	750

i. d. USA ca. 20%, Schweden 19%, BRD ca. 13%; (BRD 1964: ca. 2%; Mittel seit 1962 in dt. Apotheken auf Rezept erhältlich)

Der Hosenanzug verbreitet sich in der dt. Frauenmode, auch als Abendkleidung
Mini-Rock läßt sich durch Versuch einer Maxi-Mode nicht verdrängen
Damenkleidung mit durchsichtigen Oberteilen als extravagante sexbetonende Mode

Vorzugsweise von Skandinavien her finden pornographische Schriften in der BRD Verbreitung

Für die BRD werden ca. 1,5 Mill. private Aktfotos geschätzt

In den USA haben ca. 20 Mill. Einwohner alle Zähne verloren, bei weiteren 91 Mill. findet man durchschnittlich 18 faule, fehlende od. plombierte Zähne. Fluor ist als bestes Mittel erkannt, Karies einzudämmen.

Ca. 400 Mill. Menschen sind ständig mit Wurmkrankheiten infiziert

Prozeß gegen die Hersteller des Schlafmittels Contergan, das im Verdacht steht, durch Anwendung bei Schwangeren Mißgeburten hervor-

(1968)	Bundesstaat tritt Regierung der CSSR zurück. Staatspräsident *Smrkovsky* betraut bisherigen Min.-Präs. *Cernik* mit Bildung der Bundesregierung	Volksentscheid in Bay. ergibt Mehrheit für christl. Gemeinschaftsschule (gegenüber der bisherigen Konfessionsschule)	geometr. Plastik aus farbigem Kunststoff und Fiberglas) *Mac Zimmermann* (* 1912:) „Familie des Schmetterlingssammlers" (surrealist. Gem.)
	Studenten demonstrieren in Warschau und anderen poln. Städten gegen Unterdrückung geistiger Freiheit. Polizei geht hart dagegen vor. Amtsenthebung von Hochschullehrern. Kathol. Klerus unterstützt Studenten	Internationale Lehrmittelschau in Hannover (steht im Zeichen audiovisueller Hilfsmittel und von Lernmaschinen)	*Guy Brett:* „Kinetic Art: the language of movement" (Betracht. zur kinet. Kunst.
	Poln. Staatsoberhaupt (seit 1964) *Edward Ochab* (* 1906) tritt zurück. Nachfolger: *Marian Spychalski* (* 1906)	47. Dt. Juristentag in Nürnberg fordert Liberalisierung des Sexualstrafrechts (Anfänge 1969 durch Novellierung im Bundestag)	„Reiche des Phantastischen" (Kunstausstellung von *Thomas Grochowiak* für die Ruhrfestspiele Recklinghausen)
	Poln. Außenminister *Rapacki* wird durch *Jedrychowski* abgelöst	Auswertung von 10000 Krankenbogen durch d. Ärztliche Lebensmüdenbetreuung, Berlin: 52% depressiv, 23% neurotisch, 2,8% körperlich krank. Ehe-, Liebes- u. Sexualkonflikte machen 53% der psychologischen Motive der Selbstmordgefährdung aus	Eröffnung d. Neuen Nationalgalerie der Stiftung Preuß. Kulturbesitz in Berlin (West) (Direktor: *Werner Haftmann*) (* 1912)
	USSR beansprucht unter Berufung auf „Feindstaaten"-Artikel der UNO-Charta Interventionsrecht gegenüber der BRD		
	Clark Clifford (* 1906) neuer Verteidigungsminister der USA (sein Vorgänger *McNamara* wurde Weltbankpräsident)		† *René d' Harnoncourt*, seit 1944 Direktor des Museum of modern art, New York (* 1901)
	US-Aufklärungsschiff „Pueblo" v. Nordkorea aufgebracht und der Spionage beschuldigt. Besatzung wird nach 11 Monaten freigelassen	Keine Hinrichtung in den USA (1967: 1, 1966: 6. Tendenz: Todesstrafen in lebenslängliches Zuchthaus umzuwandeln)	Gemäldegalerie des Louvre, Paris, wird unter der Leitung eines neuen, eigenen Direktors, *André Parrot*, neu gestaltet (zunächst die Sammlung frz. Kunst)
	Vietkong besetzen nach Großoffensive in Südvietnam zeitweise Teile Saigons und Hué		
	USA erhöhen ihre Truppenstärke in Vietnam um 10500 auf 510500. In diesem Jahr fallen ca. 14500 US-Soldaten in Vietnam (seit 1962 ca. 30000)	In USA wird durchschnittlich alle 3 Tage ein Museum gegründet (im Gegensatz zur kritischen Diskussion über die Bedeutung dieser Institution)	12 „Environments" (pop-artige Kunstform, die einen Raum mit Licht, Klang, Farbe füllt) in der Kunsthalle Bern (Dir.: *Harald Szeemann*)
	US-Präsident *Johnson* gibt Bombardierungsstop in Vietnam nördlich des 20. Breitengrades und Verzicht auf eine erneute Kandidatur für sein Amt bekannt (gilt als Wende). Friedensvorgespräche zwischen USA und Nordvietnam stoßen auf starke Schwierigkeiten und kommen zunächst nicht voran	Amerikanische Gesellschaft zur Erforschung des Selbstmordes gegründet (in über 100 Städten der USA bestehen Selbstmord-Verhütungszentren)	
		Ehescheidungen auf 100000 Bürger: USA 290, USSR 280, Ägypten 184, DDR 170, Österr. 120, BRD 108, Frankr. 75, Gr.-Brit. 72, Norwegen 71, Holland 55 (Deutschland 1905: 18,5)	Zille-Stiftung Hannover-Berlin (gegründet 1966) vergibt erstmals Preise für kritische Graphik an *Rudolf Schoofs* (* 1932), *Friedel Deventer* (* 1947), *Peter Neugebauer*
	† *Robert Kennedy* (durch Attentat), Senator der USA, aussichtsreicher demokratischer Bewerber um die Präsidentenschaft (* 1926)		
	† *Martin Luther King* (ermordet), US-Negerführer (* 1929) Geistlicher u. Friedensnobelpreisträger (Attentäter 1969 zu 99 Jahren Freiheitsstrafe verurteilt)		

(* 1929), *Kurt Halbritter* (* 1924), *W. P. Eberhard Eggers* (* 1939), *Arwed Gorella* (* 1937), *Joachim Palm* (* 1937)

Baseler Kunstmuseum kauft Picasso-Bilder für 8 Mill. Franken (Volksabstimmung billigt diesen Kauf)

„documenta IV" in Kassel zeigt zeitgen. Kunstwerke von 148 Künstlern aus 17 Ländern (bevorzugt USA)

„Erotische Kunst" (schwed. Ausstellung mit Überblick über die klassischen Werke aller Zeiten und Völker)

„Cybernetic Serendipity" (Ausstellung kybernet. Kunst in London)

„Kunst aus dem Computer" (Ausstellung anläßlich d. Kongresses „Der Computer in der Universität" in der Techn. Univ. Berlin)

Eröffnung der Mailänder Triennale (Kunstausstell.) verzögert sich infolge Besetzung durch links-oppositionelle Kräfte

34. Biennale Venedigs der bildenden Kunst kurzzeitig wegen Störungen geschlossen

1. Plakatmuseum, i. Warschau

Die provokative „Antikunst" dringt auch in öffentliche Museen ein (z. B. Bern, Amsterdam) u. wird im Katalog registriert

„Lebenszeichen" (Film von *Werner Herzog*)

„Goldener Löwe v. St. Markus" der Filmfestspiele von Venedig an „Artisten in der Zirkuskuppel: ratlos" von *Alexander Kluge*

„Liebe und so weiter" (Film von *George Moorse*)

„Quartett im Bett" (satir. Film um Berlin von *Ulrich Schamoni*)

„Chronik der Anna Magdalena Bach" Film v. *Jean-Marie Straub*)

„La Chinoise" (frz. Film von *Jean-Luc Godard*)

„Die Braut trug Schwarz" (frz. Film von *François Truffaut*)

„Raus mit Dir" (schwed. Film von *Jan Troll*)

„Biotaxia" (span. Film von *José Maria Nunes*)

„Rosemarys Baby" (poln.-nordam. Film von *Roman Polanski*)

„Oscar" an „In der Hitze der Nacht" als bestem Film

Großer Preis der Kurzfilmtage in Oberhausen a. CSSR und Jugoslawien

Filmfestspiele i. Cannes fallen den inneren Unruhen in Frankr. zum Opfer und werden abgebrochen (finden 1969 wieder statt)

„Liebe und so weiter" (Film von *Gorge Moorse* mit *Vera Tschechowa*, *Vadim Glowna*)

„Die Liebe eines

USSR entwickelt als erstes Land Überschall-Verkehrsflugzeug TU-144 (2500 kmh, 6500 km Reichweite, Flughöhe 20000 m. 1. Probeflug 1. 1. 69)

US-Tiefseebohrschiff „Glomar Challenger" beg. seine aufschlußreichen Tiefseebohrungen

Britische Luftkissen-Kanalfähre SRN IV für 800 Personen und 120 km/h

Züricher Univ.-Klinik gibt wirkungsvollere Krebsbestrahlung in Sauerstoff-Überdruckkammer bekannt

Universitäts-Klinikum in Berlin-Steglitz wird als modernstes Univ.-Krankenhaus Europas der Freien Universität Berlin übergeben (Baukosten ca. 300 Mill. DM)

4 psychiatrische Tageskliniken in der BRD (erste 1934 in der USSR, 1945 erste westliche in Montreal)

Antarktischer Eisschild in Dicke von 2164 m durchbohrt

Orientierung der Zugvögel gilt noch immer als ungeklärt

Funde endeiszeitlicher Reliefzeichnungen auf Schieferplatten bei Neuwied am Rhein. Darstellungen von Wildpferd, Wisent, Auerochs, Bär, Mammut (Alter ca. 15000 Jahre)

Auf dem Hügel Tell Kamid el Loz (Libanon) wurden seit 1963 45 Bauschichten aus der Zeit —1600 bis —1300 ausgegraben (vermutlich Hauptstadt der ägypt. Provinz Upe in Vorderasien)

Täglich erscheinen ca. 7000 neue wiss. Abhandlungen, jährlich ca. 2,5 Mill. (die Zahl nimmt pro Jahr um etwa 6% zu)

Sommers" (nordam. Film von *Paul Newman* mit *Joanne Woodward*, *James Olson*)

„Adam" (Zeichentrickfilm, Regie: *Jan Lenica*)

gerufen zu haben (macht die Problematik pharmazeutischer Entwicklung deutlich)

In den USA jährlich 22000 Selbstmorde (11 pro 10000Einwohner), in der BRD 12000 (20 pro 10000 Einwohner)

Verkehrstote auf 1 Mill. Einwohner:
Australien 283
Österreich 280
BRD 279
USA 271
Kanada 270
Frankreich 249

Dt. Kernkraftschiff „Otto Hahn"

US-Atom-U-Boot „Scorpion" mit 99 Mann gesunken (wird erst nach längeren Suchaktionen gefunden)

Israel. U-Boot „Dakar" und frz. U-Boot „Minerve" gehen verloren (69 bzw. 52 Tote)

US-Bomber stürzt mit 4 Atombomben über Grönland ab

Erdbeben auf Sizilien fordert etwa 500 Tote

Erdbeben im Iran fordert 15000 Todesopfer

68 Tote bei einer Panik im Fußballstadion in Buenos Aires

(1968)

Nach der Ermordung *M. L. Kings* schwere Unruhen in den USA mit 46 Toten

US-Präsident *Johnson* verkündet Einstellung aller Luftangriffe gegen Nordvietnam und Teilnahme von Südvietnam und des Vietkong an Pariser Friedensgesprächen

Zwei US-Zerstörer fahren trotz Protest der USSR in das Schwarze Meer

Richard M. Nixon (* 1913, Parteirepublikaner) mit knapper Mehrheit vor *Hubert H. Humphrey* (* 1911, Parteidemokrat) zum Präsidenten der USA gewählt. *George C. Wallace* (* 1920, rechtsextrem) gewinnt 13% der Stimmen (Amtsantritt von *Nixon* 20. 1. 69)

Lester Bowles Pearson, seit 1963 Premier von Kanada, tritt zurück. Nachfolger *Pierre Elliot Trudeau* (* 1921), beide Liberale Partei

Blutige Studentenunruhen in Mexiko-City unmittelbar vor den Olympischen Spielen. Universität wird militär. besetzt

Araber entführen israelisches Verkehrsflugzeug nach Algerien

Arabische Terrorakte u. israelische Vergeltungsmaßnahmen gipfeln im Angriff auf eine israelische Verkehrsmaschine in Athen u. Vernichtung von 13 arabischen Verkehrsflugzeugen in Beirut. Weltsicherheitsrat verurteilt Israel

Arabischer Bombenanschlag in Jerusalem: 12 Tote, 52 Verletzte

Im Irak wird durch Staatsstreich Präsident *Aref* gestürzt. Nachfolger *Al Bakr* (rechter Flügel d. Baath-Partei)

Rhodesien richtet 3 Neger hin trotz Gnadenerweises der brit. Königin

Schwere Hungersnot in Biafra, der abgefallenen Ostregion Nigerias, bringt Massensterben vor allem der Kinder. Internationale Hilfsaktionen werden von den Politikern und Militärs beider Bürgerkriegsparteien behindert

Studentendemonstrationen in Pakistan (Beginn einer innenpolitischen Krise, die im Frühjahr 1969 zum Rücktritt des Präsidenten *Ayub Khan* und zur Machtübernahme der Armee unter General *Yahya Khan* führt

Aus der BRD entführte Südkoreaner erhalten hohe Strafen wegen Spionage (ein Todesurteil, 10 Jahre Zuchthaus für Komponisten *Isang Yun,* der 1969 in die BRD zurückkehren kann)

Liu Schao-tschi, chines. Staatsoberhaupt, wird nach langer Zeit der Polemik aus der KP ausgeschlossen und aus den Ämtern entfernt

Volksrep. China macht am Jahresende 8. Atombombentest

In Japan bildet sich ,,Rote Armee" u. beginnt Terrorakte

Bevölkerung und Sozialprodukt in politischen Bereichen:

	Bevölkerung		Brutto-Sozialprod.	
westl. Industriel.	631 Mill.	18%	1683 Mrd. $	65%
kommun. Länder	1115 Mill.	32%	560 Mrd. $	22%
Entwicklungsl.	1734 Mill.	50%	350 Mrd. $	13%
insgesamt	3480 Mill.	100%	2593 Mrd. $	100%

G. Myrdal: „Das asiatische Drama" (Unters. ü. d. Armut d. Völker)

Sozialprodukt der BRD und seine Verwendung in jeweiligen Preisen (in Mrd. DM):

		%
Priv. Verbrauch	298,0	56,1
staatl. Verbrauch	82,9	15,7
Investitionen	122,4	23,1
dav. Bauten	63,9	
Ausrüstung	58,5	
Vorräte +	8,2	1,6
Außenbeitrag +	18,5	3,5
aus Ausfuhr	125,9	
und Einfuhr	107,4	
Brutto-Sozialprod.	530,0	100,0

Medaillenspiegel der Olympischen Spiele in Mexiko und Punktewert. (G = 3, S = 2, B = 1 Punkt):

	G	S	B	P	
1. USA	45	28	34	225	1,12
2. USSR	29	32	30	181	0,76
3. Ungarn	10	10	12	62	6,1
4. Japan	11	7	7	54	0,53
5. DDR	9	8	7	50	3.15
6. BRD	5	11	10	47	0,78
7. Frankreich	7	3	5	32	0,64
8. CSSR	7	2	4	29	2,0

(letzte Spalte: Pkt. pro Mill. Einw.)

Brutto-Sozialprod. der BRD (in Mrd. DM):

Land- und Forstwirtsch.	20,5
Energie, Bergbau	21,0
Industrie	195,5
Handwerk	18,2
Baugewerbe	36,2
Einzelhandel	31,4
Großhandel	38,0
Verkehr, Nachrichten	31,1
Kreditinst., Versich.-Ges.	19,7
Wohnungsvermietung	23,4
Staat	48,8
Sonstige Dienste	46,4
Einkommen v. Ausland	—0,2
Brutto-Sozialprod.	530,0
(1967: 485,1)	

Jährlicher privater Verbrauch (in DM umgerechnet):

BRD	4700
CSSR	2800
Ungarn	2420
Bulgarien	2110
Polen	1815
USSR	1700
Rumänien	1560

Zuwachsrate (%) des realen Brutto-Sozialproduktes in der BRD zeigt 4- bis 5jährigen Zyklus mit abflachender Tendenz

	Max.	Min.
1950	12,8	
1954		7,2
1955	12,0	
1958		3,3
1960	8,8	
1963		3,5
1964	6,6	
1967		0,0
1968	6,2	

Brutto-Sozialprodukt (BSP) in Mrd. US-Dollar u. sein reales Wachstum i. Zeitraum 1958 bis 1968 in %:

	BSP	%
USA	883	58
Japan	134	179
BRD	132	64
Frankr.	118	63
Gr.-Brit.	103	40
Italien	72	71
Kanada	62	57

Bei Berücksichtigung d. Ostblockstaaten wäre die USSR hinter den USA an 2., die DDR hinter Gr.-Brit. an 7. Stelle einzufügen

Jährl. Pro-Kopf-Einkommen (nach dem Brutto-Sozialprodukt) in US-Dollar:

USA	3520
Schweiz	2250
Frankreich	1730
BRD	1700
Gr.-Brit.	1620
DDR	1220
Italien	1030
CSSR	1010
USSR	890
Ungarn	800
Polen	730
Rumänien	650
Jugoslawien	510
VR China	ca. 100

Beg. weltweiter Inflation (vgl. 1974/75)

1969

Friedensnobelpreis an Intern. Arbeitsorganisation (ILO), Genf
Jährlicher Rüstungsaufwand der Erde wird auf 650 Mrd. DM geschätzt
Eugen Gerstenmaier tritt als Präsident des Dt. Bundestages wegen öffentlicher Kritik zurück
Kai Uwe von Hassel (* 1913, CDU) wird Bundestagspräsident
Brit. Premier *Wilson* besucht BRD einschließlich Berlin (West)
USSR und DDR versuchen mit Drohungen Wahl des Bundespräsidenten durch die Bundesversammlung in Berlin zu verhindern. Diese findet ordnungsgemäß statt.
Bundesversammlung in Berlin (West) wählt mit Stimmen der SPD und FDP *Gustav Heinemann* (* 1899, † 1976) (SPD) zum Bundespräsidenten. Der Gegenkandidat *Gerhard Schröder* (CDU) unterliegt mit den Stimmen von CDU/CSU und NPD knapp
FDP schlägt im Bundestag Staatsvertrag mit der DDR vor (wird von der großen Koalition abgelehnt)
In der BRD bildet sich Dt. Kommunistische Partei (DKP) (1956 war die KPD verboten worden)
Bundesregierung übergibt Botschafter der USSR in Bonn ein Papier zum Thema Gewaltverzicht
Gegen Ende ihrer Amtszeit wird die große Koalition CDU/CSU—SPD in der BRD zunehmend durch innere Konflikte belastet. Besonderer Streitpunkt Aufwertung der D-Mark, die von *Schiller* befürwortet und von *Strauß* und *Kiesinger* abgelehnt wird
Ergebnis der Wahl zum Dt. Bundestag:

	Zweitstimmen %		Sitze (+Berlin)	
	1969	1965	1969	1965
CDU/CSU	46,1	47,6	242+8	245+6
SPD	42,7	39,3	224+13	202+15
FDP	5,8	9,5	30+1	49+1
NPD	4,3	2,0	0	0
sonst.	1,1	1,6	0	0

Bundestag wählt mit knapper Mehrheit *Willy Brandt* (SPD) zum Bundeskanzler. SPD-FDP-Koalition m. *Walter Scheel* (FDP) als Vizekanzler

Nobelpreis f. Literatur an *Samuel Beckett* (* 1906 in Dublin, lebt in Paris)
Friedenspreis des Dt. Buchhandels an den Mediziner und Psychologen *Alexander Mitscherlich* (* 1908)
Wolfgang Bauer (* 1942): „Magic Afternoon", „Change", „Party for six" (3 Bühnenstücke)
Ulrich Becher (* 1910): „Murmeljagd" (Roman)
Manfred Bieler: „Maria Morzek oder Das Kaninchen bin ich" (Roman)
Bremer Literaturpreis an *Horst Bienek* (* 1930)
Manfred von Conta (* 1931): „Der Totmacher" (Roman)
† *Ernst Deutsch*, dt. Schauspieler, bis 1933 bes. in Berlin, dann in USA; trat nach seiner Rückkehr bes. in der Rolle des „Nathan" hervor (* 1890)
Dürrenmatt: „Play Strindberg" („Komödie über die bürgerlichen Ehetragödien" nach dem „Totentanz" v. *Strindberg*, Urauff. Basel)
Christian Enzensberger: „Größerer Versuch über den Schmutz" (sozialkritische Betrachtungen)
Ota Filip (* 1930): „Ein Narr für jede Stadt" (tschechischer Roman, dt. Übers. F. wird 1970 in der CSSR inhaftiert)
Wolfgang Georg Fischer: „Wohnungen" (Roman)
Günter Grass: „Davor", „Örtlich betäubt" (Bühnenstück und Roman um den Protest der Jugend)
Max von der Grün: „Notstand oder Das Straßen-

† *Theodor W. Adorno*, dt. Soziologe, dt. Philosoph, Musiktheoretiker und Komponist. Begründete die an Hegel, Marx und Freud orientierte Frankfurter Schule mit Kritik an der modernen Industriegesellschaft (* 1903)
Wolf Graf Baudissin: „Soldat für den Frieden. Entwürfe für eine zeitgemäße Bundeswehr" (Vom Urheber des Begriffes des Soldaten als „Bürger in Uniform")
Hellmut Becker (* 1913): „Bildungsforschung, Bildungsplanung, Bildungspolitik" (weist auf die Notwendigkeit langfristiger Reformprozesse im Bildungswesen hin)
Hedwig und Max Born: „Der Luxus des Gewissens" (Erlebnisse und Einsichten im Atomzeitalter)
Ernst Fischer (* 1899, † 1972): „Erinnerungen und Reflexionen" (selbstkrit. Memoiren des österr. aus der KPÖ ausgeschlossenen Kommunisten)
Peter Gorsen: „Das Prinzip Obszön" (Kunst, Pornographie, Gesellschaft)
Jürgen Habermas: (* 1929): „Protestbewegung und Hochschulreform" (tritt für Demokratisierung der Hochschule ein)
Martin Heidegger: „Zur Sache des Denkens"
† *Karl Jaspers*, dt. Philosoph, bes. Existenzphil., setzte sich insbes. mit aktuellen polit. Fragen auseinander (* 1883)
Mit *Rolf Kreibich* (* 1938) wird erstmalig ein Assistent i. d. BRD Univ.-Präsident (an d. FU Bln.)

Gerhard Altenbourg (*1926): „Hier lebte, starb und litt Herr Blumentritt" (Aquarell u. chin. Tusche)

Dorothee Bachem (*1945): „Ohne Titel II" (Pulverfarben)

Bernhard Boes (*1931): „Zweiteiliges Eckbild" (Gem.)

Alexander Camaro: „Tauros" (Gem.)

Jean Dewasne (*1921): „Essai pour la longue marche" (frz., Email auf Platte)

† *Otto Dix*, dt. Maler der Neuen Sachlichkeit, sozialkrit. (*1891)

Karl Gerstner (*1930): „janus relief" (schweiz. mixed media)

Camille Graeser (*1892): „translokation" (schweiz., Acryl auf Leinwand)

Gerhard von Graevenitz (*1934): „Kinetischer Raum" (Motor, Holz, Eisen, Lampen)

† *Walter Gropius*, dt. Architekt, begründete das „Bauhaus", lebte zuletzt in USA (*1883)

Werner Hilsig (*1938): „Lucie in the Sky with Diamonds" (Gem.)

Ronald B. Kitaj (*1932): „In unserer Zeit" (nordamer.- engl. popartige Siebdruckfolge)

Jan Kubiček (*1927): „Vertikalsysteme" (CSSR, Acryl auf Leinwand)

Henning Kürschner (*1941): „Barrikade" (Kunstharz-Bild)

Luciano Berio (*1925): „Traces" (ital. Komp.)

Boris Blacher: „Collage" (Komp. für großes Orchester, Urauff. in Wien), „200000 Taler" (Oper um das Leben des zarist. Judentums, Urauff. in der Dt. Oper Berlin)

Benjamin Britten: „Kinderkreuzzug" (engl. Ballade für Kinderstimmen u. Orchester, Urauff. in der St. Paul's Cathedral in London anläßlich des 50. Jahrestages des Kinderhilfs-Fonds)

Jan Cikker (*1911): „Das Spiel von Liebe und Tod" (tschechoslowak. Oper, Urauff. in München)

Paul Dessau: „Lanzelot" (Oper, Urauff. an der Dt. Staatsoper in Berlin [Ost])

Werner Egk: „Zweite Sonate f. Orchester" (Urauff. in Ludwigshafen), „Casanova in London" (Urauff. in der Staatsoper München)

Wolfgang Fortner: „Triplum" (Komposition f. Orchester, Ballett. Urauff. in München)

Lukas Foss (*1922): „Untitled" (dt.- amer. Komp. für einen Prinzipaldirigenten, vier Subdirigenten u. großes Orchester, Urauff. in Hamburg)

Cristóbal Halffter (*1930): „Yes

Nobelpreis für Physik an *Murray Gell-Mann* (*1929, USA) für grundlegende Theorie der Elementarteilchen („Achtfach-Weg-Modell" 1961, das als eine Art Urteilchen das „Quark" mit $^2/_3$ Elementarladung voraussetzt)

Nobelpreis für Chemie an *Odd Hassel* (*1897, Norw.) und *Derek H. R. Barton* (*1918, Gr.-Brit.) für Konformationsanalyse organischer Moleküle

Nobelpreis für Medizin an *Max Delbrück* (*1906, Dtl., lebt in USA), *Alfred D. Hershey* (*1908, USA), *Salvador E. Luria* (*1912, Ital., lebt in USA) für Erforschung der Bakteriophagen mit grundl. Einsichten in die molekularbiolog. Lebensprozesse

D. Buhl u. Mitarb. entd. mit Radioteleskop Green Bank (USA) Mikrowellenstrahlung des Molekülkomplexes Formaldehyd aus d. Milchstraße (vgl. 1963, 68).

M. Calvin: „Molekulare Paläontologie" (Nachw. v. Molekülen aus ältesten Lebensprozessen)

US-Raketenflug „Apollo 11" gelingt in 195 Stunden, 18 Min. und 22 Sekunden planmäßig Mondlande- Unternehmen:

Am 21. Juli, 3 Uhr 56 MEZ, betritt *Neil Armstrong* (*1931) als erster Mensch den Mond mit den Worten: „Das ist ein kleiner Schritt für einen Menschen — aber ein großer für die Menschheit". Ihm folgt *Edwin Aldrin* (*1930), während *Michael Collins* (*1931) im Mutterschiff um den Mond kreist und auf die Rückkehr der Landefähre wartet. Alle Phasen des Unternehmens werden durch Fernsehen weltweit übertragen.

Im „Apollo 12"-Unternehmen landen die US-Astronauten *Charles Conrad* und *Alan Bean* auf dem Mond, errichten Beobachtungsinstrumentarium, bergen Teile einer 1967 gelandeten US-Sonde und kehren zum Mutterschiff, gesteuert von *Richard Gordon*, zurück (diese zweite Mondlandung findet schon nicht mehr das starke öffentliche Interesse wie die erste im gleichen Jahr)

Max-Planck-Institut für Astrono-

Heinz-Oskar Vetter (*1917) aus der IG Bergbau wird als Nachfolger von *Ludwig Rosenberg* Vors. des DGB

Bundeshaushalt f. 1969 beläuft sich auf 83,3 Mrd. DM (+5,4% gegenüber 1968)

Aktienindex in der BRD am Jahresanfang 132,7 (1966 = 100) 1970 starke Kursrückgänge

Im Außenhandel sind die wichtigsten Handelspartner der BRD: Frankreich, USA, Niederlande, Italien, Belgien-Luxemburg, Gr.-Brit. (bzw. Schweiz f. d. Ausfuhr) mit insgesamt 55% des Volumens

Verhandlungen m. der USSR über Erdgaslieferungen in die BRD (ab 1973) und dt. Röhrenlieferungen z. Leitungsbau

Ruhrkohle AG als Einheitsgesellschaft des Ruhrbergbaus gegrdt., um durch Staatsbürgschaft Zechen zu sanieren

Zentralbankrat d. BRD erhöht Diskontsatz zur Konjunkturdämpfung von 3 auf 4,5 und 6% (1970 auf 7,5%). In Frankreich steigt der Diskontsatz von 6 auf 8%

Lohnfortzahlung für Arbeiter im Krankheitsfall in Analogie zum Angestelltenrecht in der BRD

(1969)

und Außenmin., *Hans-Dietrich Genscher* (FDP) als Innenmin., *Helmut Schmidt* (SPD) als Verteidigungsmin., *Alexander Möller* (SPD) als Finanzmin., *Hans Leussink* (parteilos) als Min. f. Bildung und Wissenschaft, *Horst Ehmke* (SPD) Min. f. d. Kanzleramt

Bundeskanzler *Brandt* kündigt in seiner Regierungserklärung innere Reformen mit „mehr Demokratie" und eine Außenpolitik der Verständigung mit West und Ost an. Spricht von zwei deutschen Staaten, die füreinander aber nicht Ausland sind. Als Opposition greift die CDU/CSU die beabsichtigte Deutschland- und Ostpolitik heftig an.

Bundesregierung wertet DM um 8,5 % auf: 1 US-Dollar = 3,66 DM

Bundespräsident *Heinemann* macht Staatsbesuch in den Niederlanden (verbessert das politische Klima)

BRD und VR Polen einigen sich über die Aufnahme von politischen Gesprächen zur Verbesserung der Beziehungen

Der Vorsitzende des Staatsrates der DDR *Ulbricht* schlägt in einem Brief an Bundespräsident *Heinemann* Beziehungen zwischen beiden deutschen Staaten einschließlich diplomatischer vor. *Heinemann* beantwortet mit Hinweis auf Zuständigkeit der Bundesregierung und unterstreicht Einheit der Nation. (1970 kommt es zu ersten Gesprächen zwischen Bundeskanzler *Brandt* u. Min.-Präs. *Stoph* in Erfurt und Kassel)

BRD und USSR beginnen in Moskau Gespräche über Gewaltverzichtserklärungen

Westmächte schlagen USSR Gespräche über Berlin vor (beginnen 1970)

NATO-Ministerrat unterstützt die auf Entspannung zielende Ostpolitik der neuen Bundesregierung

Reg. Bürgermeister von Berlin, *Klaus Schütz*, besucht Polen als ein Zeichen guten Willens

Berlins Reg. Bürgermeister *Klaus Schütz* tritt für eine Politik der Anerkennung der „Realitäten" im West-Ost-Verhältnis ein (führt zur

theater kommt" (Bühnenstück)

Hans Habe (* 1911): „Das Netz" (Roman)

Peter Hacks (* 1928): „Margarete von Aix" (Bühnenstück, Urauff. in Basel; veröff. 1967)

Peter Handke: „Quodlibet" (Bühnenstück; Urauff. Basel 1970)

Peter Härtling (* 1933): „Das Familienfest" (Roman)

Willi Heinrich (* 1920): „Schmetterlinge weinen nicht" (Roman)

Günter Herburger: „Die Messe" (Roman)

Hörspielpreis d. Kriegsblinden an *Ernst Jandl* u. *Friederike Mayröcker* für „Fünf Mann Menschen"

Nina Keller: „Der Schritt" (Roman)

† *Hilde Körber*, dt. Schauspielerin u. Schauspiellehrerin (* 1906)

Schriftsteller *Anatoli Kusnezow* (USSR) erhält Asyl in Gr.-Brit.

Reinhard Lettau: „Feinde" (Erz.)

Pulitzerpreis an *Norman Mailer* für „Armies of the night" (Bericht über Protest gegen Vietnamkrieg)

Angelika Mechtel (* 1943): „Die feinen Totengräber" (13 Erzählungen)

Anna Seghers: „Das Vertrauen" (DDR-konformistischer Roman)

Alexander Solschenizyn (* 1918) wird wegen zensurfeindlicher Haltung aus dem sowjetischen Schriftstellerverband ausgeschlossen (führt zu weltweitem Protest)

Dominik Steiger (* 1940): „Wunderpost für Co-

(Widerstand d. Professoren)

Rudolf Walter Leonhardt: „Wer wirft den ersten Stein?" (über „Minoritäten in einer züchtigen Gesellschaft")

Siegfried Maser: „Numerische Ästhetik — Neue mathematische Verfahren zur Beschreibung und Bewertung ästhetischer Zustände"

Herbert Marcuse: „Versuch über die Befreiung" (gesellschaftskrit. Philosophie)

G. Meineke: „Psychohygiene des Daseinsgenusses" (Beitrag zur angewandten Hygiene)

Alex. Mitscherlich: „Die Idee des Friedens und die menschliche Aggressivität"

Georg Picht: „Mut zur Utopie. Die großen Zukunftsaufgaben" (zwölf Vorträge)

Helmut Schmidt: „Strategie des Gleichgewichts. Deutsche Friedenspolitik und die Weltmächte" (Wehr- als Friedenspolitik)

Dieter Wellershoff: „Literatur u. Veränderung" (Versuche zu einer Metakritik der Literatur)

† *Leopold v. Wiese*, dt. Soziologe und Volkswirtschaftler, entwickelt Soziolog. als Lehre von den zwischenmenschl. Beziehungen (* 1876)

Karlspreis der Stadt Aachen an die Kommission der Europäischen Gemeinschaften

Einweihung des Bibliothekgebäudes des Israel-Museums, Jerusalem (gespendet von d. *Axel-Springer*-Stiftung)

Papst *Paul VI.* ernennt 35 Kardinäle

Papst besucht Welt-

† *Ludwig Mies van der Rohe,* dt. Architekt aus dem „Bauhaus"-Kreis, seit 1934 in Chikago (* 1886)

Roberto Matta (* 1911): „Erimau – Stunde d. Wahrheit" (monumental. chil. surrealist. Wandbild um die Hinrichtung des span. Kommunisten *Erimau)*

Leonardo Mosso (* 1926): Modelle für eine programmierte Stadt (ital. Architekturentwurf)

Willy Müller-Brittnau (* 1938): „no. 1/69" (schweiz. Ölbild)

Bernhard Pfau (* 1902) Schauspielhaus in Düsseldorf (1970 eröffnet)

George Rickey (* 1907): „Zwei Rechtecke vertikal rotierend" (nordam. bewegl. Skulptur)

Joachim Schmettau (* 1937): „Weibl. Figur sich den Strumpf anziehend" (Plastik)

K. Schmidt-Rottluff: „Wintermelancholie" (Tusche und Aquarell)

Wolfgang Schmidt (* 1929): „Serie 25" (audiovisuelles Spektakel, Dias u. Tonband)

Nicolas Schöffer (* 1912 Ungarn, lebt in Paris) entwirft kybernetische Stadt der Zukunft mit über 300 m hohem Lichtturm, der Informationen über das Leben in Paris in Lichtsignale umsetzt, 450 m hohe turmartige Arbeits-

Speak Out Yes" (span. Kantate im Auftrag der UNO, Urauff. in New York), „Don Quichote"(span. Oper, Urauff. an der Dt. Oper am Rhein)

Werner Heider (* 1930): Musik zu Versen *Picasso's* (Klavier, Klarinette, Geige, Singstimme)

Hans Werner Henze: „Being Beauteous" (Balletturauff. i. Köln), „6. Sinfonie" (Urauff. in Havanna)

Milko Kelemen (* 1924): „Belagerungszustand" (finn. Oper nach *Camus* mit starken elektroakust. Elementen. Uraufführung 1970 in Hamburg)

Rudolf Kelterborn (* 1931): „Tres Cantiones sacrae" (schweiz. Komp. für siebenstimmigen gemischten Chor, Urauff. in Kassel), „Fünf Madrigale f. großes Orchester und zwei Solostimmen" (Urauff. in Luzern)

Giselher Klebe: „Concerto f. Beat-Band u. Sinfonie-Orchester" (Urauff. in Gelsenkirchen), „Märchen von der schönen Lilie" (Urauff. der Dt. Oper am Rhein)

Joseph Kosma (* 1905, † 1969): „Die Husaren"

mie in Heidelberg nimmt unter *Hans Elsässer* seine Arbeit auf

Forti und Mitarbeiter entd. Ruinen von Sybaris in Unteritalien (diese griech. Stadt der sprichwörtlichen Lebensfreude wurde – 510 durch Krieg zerstört, später verlegt)

Thor Heyerdahl versucht mit Papyrus-Floß altägypt. Bauweise den Atlantik zu überqueren, muß es aber mit der Mannschaft in stürmischer See verlassen (neuer Versuch 1970)

R. Huber, O. Epp, H. Fomanek: „Aufklärung der Molekülstruktur des Insektenhämoglobins" (Röntgenstrukturanalyse eines Eiweißmoleküls mit dem Molekulargewicht 16000 aus einigen tausend Atomen)

Hans Kleinwächter und Mitarbeiter konstruieren „Synchron-Telemanipulator" zur Fernübertragung der Bewegungen eines Menschen auf einen Roboter

Charles McCusker und *I. Cairns* veröffentlichen Nebelkammeraufnahmen von Höhenstrahlung, auf denen sie Spuren von „Quark"-Teilchen mit $2/3$ Elementarladung vermuten (dieses soll nach *Gell-Mann* Urbaustein der Materie sein)

Minsky u. Mitarbeiter (Mass. Inst. of Technology, Boston, USA) untersuchen Probleme der Hand-Auge-Koordination für einen Roboter (Fernsehkamera = Auge, mechan. Manipulator = Hand)

M. H. Rassem (* 1922): „Seelische Störungen" (mit kultursoziologischen Aspekten des Abnormalen; kennzeichnet ideologischen Konformismus als pathologisch)

A. Visser: „Werkstoffbearbeitung mit Photonenstrahlen" (kennzeichnend für den Fortschritt der Technik mit Laserstrahlen, z. B. Mikroschweißung)

Vorbereitung zur Mondlandung: Im „Apollo 9"-Unternehmen wird Mondlandefähre in einer Erdumlaufbahn erprobt

„Apollo 10"-Unternehmen übt wichtige Manöver einer Mondlandung, so Ab- und Ankoppelung der Mondlandefähre in einer Mondumlaufbahn

Wirtsch.-*Nobel*pr. vgl. 1970

Mansholt-Plan f. EG-Landwirtsch.

Zwei Bürger der DDR zwingen polnisches Verkehrsflugzeug in Berlin (W) zu landen, um aus der DDR zu fliehen (von einem frz. Gericht verurteilt, da Frankr. f. d. Flughafen Tegel zustdg.)

Lebensstandard in der DDR wird auf ca. $2/3$ des der BRD geschätzt

Neun Bewohner der DDR flüchten mit einer Werkslokomotive in die BRD

Arbeitsmarkt der BRD erreicht Rekord mit 861000 offenen Stellen, über 1,5 Mill. Gastarbeitern u. 0,5 % Arbeitslosigkeit

Starke Konjunktur ruft Befürchtung einer „Überhitzung" hervor

Preis- und Lohnwelle in der BRD (wird auf verspätete Aufwertung und übersteigerte Konjunktur zurückgeführt. Setzt sich Anfang 1970 fort)

Wilde Streiks in der BRD führen zu Lohnerhöhungen in Industrie u. im öffentl. Dienst

Kurzzeitige Schließung der Devisenbörsen in der BRD vor der Bundestagswahl, um Spekulationen mit der erwarteten DM-Aufwertung zu un-

(1969)

Kritik insbes. der CDU-Opposition)
Demonstrationen Jugendlicher in Berlin (West) gegen Ausfliegung von Bundeswehrdeserteuren nach Westdeutschland
Nach Rücktritt von *Georg August Zinn* (* 1901, SPD) wird *Albert Osswald* (SPD) Min.-Präs. von Hessen
Helmut Kohl (* 1930, CDU) wird als Nachfolger von *Peter Altmeier* (* 1899, CDU) Min.-Präs. von Rheinland-Pfalz
Italien. Behörden ermitteln gegen Münchner Weihbischof und früheren Hauptmann *Defregger* wegen vermuteter Verantwortlichkeit für Geiselerschießungen während des 2. Weltkrieges; Kardinal *Döpfner* deckt ihn
Der Nürnberger Photokaufmann *Hannsheinz Porst* wird wegen landesverräterischer Beziehungen zur DDR zu 33 Monaten Gefängnis und 10000 DM Geldstrafe verurteilt
BRD und Jugoslawien schließen Wirtschaftsabkommen
Kenneth Rush (* 1910, US-Industrieller) wird Botschafter in der BRD
Rolf Pauls Botschafter der BRD in USA (vorher in Israel)
BRD unterzeichnet in Washington, London und Moskau den Atomsperrvertrag
Gerald Götting (* 1923), Ost-CDU, wird Präsident der Volkskammer der DDR
Die DDR wird von folgenden arabischen Staaten nacheinander anerkannt: Irak, Sudan, Syrien, Südjemen, Ägypten
Kambodscha anerkennt die DDR
BRD beschließt Beziehungen zu Kambodscha „einzufrieren". Darauf bricht Kambodscha die Beziehungen ab
SED fordert BRD solle Pariser Verträge mit NATO-Zugehörigkeit kündigen (wird von den Bundestagsparteien einmütig abgelehnt)
Im Gegensatz zur BRD feiert die DDR mit militärischer Parade und vielen Feierlichkeiten ihren 20. Jahrestag

Piloten" (Erzählungen im Stil des sprachspielerischen „Nonsense")
John Updike (* 1932): „Ehepaare" (dt. Übers. d. nordamer. Romans von 1968 um den Partnertausch)
„Lesebuch. Deutsche Literatur der sechziger Jahre" (Herausg. *Klaus Wagenbach*, bringt folgende Autoren: *Ilse Aichinger* (* 1921, Wien), *H. C. Artmann* (* 1921, Österr.), *Ingeborg Bachmann* (* 1926, Klagenfurt), *Konrad Bayer* (* 1932, Wien), *Jürgen Becker* (* 1932, Köln), *Peter Bichsel* (* 1935, Luzern), *Manfred Bieler* (* 1934, Zerbst), *Wolf Biermann* (1936, Hamburg), *Johannes Bubrowski* (* 1917, Tilsit), *Heinrich Böll* (* 1917, Köln), *Nicolas Born* (* 1937, Duisburg), *Paul Celan* (* 1920, Czernowitz), *P. C. Delius* (* 1943, Rom), *Friedrich Dürrenmatt* (* 1921, bei Bern), *Günter Eich* (* 1907, Lebus/Oder), *Hans Magnus Enzensberger* (* 1929, Kaufbeuren), *Hubert Fichte* (* 1935, Perleberg), *Erich Fried* (* 1921, Wien), *Max Frisch* (* 1911, Zürich), *Günter Bruno Fuchs* (* 1928, Berlin), *Franz Fühmann* (* 1922, Rochlitz/Riesengeb.), *Günter Grass* (* 1927, Danzig), *Peter Handke* (* 1942, Kärnten), *Rolf Haufs* (* 1935, Düsseldorf), *Helmut Heissenbüttel* (* 1921, Wilhelmshaven), *Stephan Hermlin* (* 1915, Chemnitz), *Wolfgang Hildesheimer* (* 1916, Hamburg), *Walter Höllerer* (* 1922, Sulzbach-Rosenberg), *Peter Huchel* (* 1903, Berlin), *Ernst*

kirchenrat in Genf und afrikan. Staat Uganda. Es gelingt ihm nicht, im Konflikt um Biafra zu vermitteln
Wegen ernster Gefährdung stellt das Intern. Rote Kreuz Hilfsflüge nach Biafra ein
Jean-Marie Villot (* 1905), seit 1965 Erzbischof von Lyon, wird Staatssekr. des Vatikans
Kardinal *Joseph Frings*, seit 1942 Erzbischof von Köln, legt sein Amt aus Altersgründen nieder. Sein Nachfolger wird *Joseph Höffner* (* 1906), 1962—68 Bischof von Münster
Hans Otto Wölber (* 1913), Bischof der Landeskirche Hamburg, wird Leitender Bischof der Vereinigten Ev.-Luther. Kirche Deutschlands, nachdem *Hanns Lilje* zurücktrat
Thüringische Landeskirche kündigt Mitarbeit in der Evangelischen Kirche Deutschlands (DDR-Regierung drängt immer mehr auf Teilung der Kirche in beiden Teilen Deutschl.)
In der BRD wird stärkeres Anwachsen der Austritte aus den Kirchen verzeichnet
„Theologiestudenten 1969" (Dokumente einer revolutionären Generation auch in der Kirche)
Durch Grundgesetzänderung erhält die dt. Bundesreg. Zuständigkeit für Bildungsplanung und Hochschulbau zusammen mit den Bundesländern (ab 1970 gemeinsame Planungsausschüsse)
Hamburg und Berlin verabschieden Universitätsgesetze, die auf Ko-

stadt und Freizeitzentrum mit erotisch sensibilisierenden Farb- und Duftprogrammen

Jan J. Schoonhoven (* 1914): „R 69, 1—19" (niederl., Papier auf Paneel)

Hans-Peter Sprinz (* 1941): „Kirchspiel" (Holz, Farbe, Blattgold, Kunstst.)

Henryk Stazewski (* 1894): „Blaues Relief" (poln., bemaltes Holz)

George Sugarman (* 1912): „Rote und gelbe Spirale" (nordamer. polychrome Holzskulptur)

Slavko Tihec (* 1928): „Aquamobil" (jugoslaw., Polyester)

Peter Umlauf (* 1938): „Fisch und Schwein" (dreifarb. Radierung)

„Konstruktive Kunst: Elemente und Prinzipien" (intern. Ausstellung in Nürnberg)

„Konzeption" (Ausstellung der „Conceptual Art", die Werke mehr gedanklich konzipiert als materiell realisiert)

„Liebe — kälter als der Tod" (Film von *Rainer Werner Faßbinder*

„Jagdszenen aus Niederbayern" (Film von *Peter Fleischmann* mit *Michael Strixner*)

„Die Artisten in der Zirkuskuppel: Ratlos" (Film von *Alexander Kluge*)

(frz. Oper, Urauff. in Lyon)

Ernst Krenek: „Deutsche Messe" (Urauff. in Luzern)

Helmut Lachenmann: „tem A" (Kompos. f. Mezzosopran, Flöte, Cello)

György Ligeti (* 1920): „Zehn Stücke für Bläserquintett" (Urauff. in Stockholm), „Etude Nr. 2" (ungar.-österr. Komp. für Orgel, Urauff. in Graz)

Gian Francesco Malipiero: „Die Helden des Bonaventura" (ital. Oper, Urauff. in Mailand)

Frank Martin (* 1890): „Maria-Tryptichon" (schweiz. Komp. f. Sopran, Violine und Orchester, Urauff. i. Rotterdam)

Olivier Messiaen: „La Transfiguration" (frz. Komp., Urauff. beim XIII. Gulbenkian Musikfestival in Lissabon)

Diether de la Motte: „Der Aufsichtsrat" (Oper, Text: *Rolf Schneider*, Urauff. Hannover 1970)

Luigi Nono: „Suite da Concerto" aus „Intolleranza 1960" (ital. Komp. für Sopran, Chor [Tonband] und Orch. Urauff. in Edinburgh)

Luis de Pablo: Versionen über „Ein Wort" von *Gottfr. Benn* (Kompos. f. Sopran und Ensemble)

US-Mars-Sonden „Mariner" 6 und 7 passieren nach ca. fünfmonatigem Flug den Planeten, senden Fernsehbilder und Meßdaten

USSR startet Venussonden „Venus" 5 und 6, die nach ca. 4 Monaten Flug und weicher Landung Meßdaten vom Planeten senden

USSR startet kurz nacheinander bemannte Raumschiffe „Sojus" 4 und 5; Koppelungsmanöver und Umstieg zweier Astronauten

USSR startet kurz hintereinander drei Raumschiffe („Sojus" 6, 7, 8) mit insgesamt 7 Astronauten, die u. a. Schweißtechniken unter Weltraumbedingungen erproben (die erwartete Koppelung zu einer Raumstation bleibt aus)

Raumfahrtstatistik:

	USA	USSR
Anzahl bemannter Flüge	22	15
Astronauten	44	24
Astronauten a. d. Mond	4	0
i. Raum verbr. Stunden	6834	1699
Ausstiege aus dem Raumschiff	14	3
Koppelungsmanöver	10	4
Sonden zu Nachbarplaneten	7	18

Am Lick-Observatorium (USA) wird der Zentralstern des Crabnebels als ein Pulsar erkannt (P.e als kurzzeitig pulsierende Radioquellen 1968 entdeckt)

Ablenkung kosmischer Radiowellen durch d. Schwerkraft d. Sonne in guter Übereinst. mit allgem. Relativitätstheorie (USA-Messungen)

Ca. 700 infrarote Sterne seit 1966 entdeckt (mit Temperaturen bis herab zu —200° C, möglicherweise Frühstadien einer Sternentwicklung). Nachweis mit Strahlenempfängern, die bis nahe dem absoluten Nullpunkt gekühlt werden

Frei schwenkbares Spiegelteleskop mit 100 m Durchmesser für kosmische Radiostrahlung bis herab zu 2 cm Wellenlänge in Effelsberg bei Bonn (Kosten: 28 Mill. DM, Inbetriebnahme 1970)

Europäische Sternwarte für den südlichen Himmel in den chilenischen Anden eröffnet

Erste Mondgloben im dt. Handel

Zur Vermeidung von Luftverunterbinden (nach d. Wahl wird der Kurs freigegeben)

Frankreich wertet den Franc um 21,5% ab

US-Tanker „SS Manhattan" erschließt mit der Nordwest-Passage durch das nördliche Eismeer einen neuen Seeweg nach Alaska. Alaska gewinnt durch Erdölfunde seit 1968 zunehmend wirtschaftliche Bedeutung

Durch Verwaltungsreform in Nordrhein-Westfalen entstehen neue Großgemeinden

Bonn wird mit Bad Godesberg, Beuel und anderen Gemeinden z. Gr.-Bonn vereinigt

„Teenage Fair 69" in Düsseldorf wendet sich mit popartiger Werbung an eine Jugend, die in der BRD pro Jahr eine Kaufkraft von 20 Mrd. DM repräsentiert (davon 3,0 Mrd. f. Kleidung, 0,75 f. Kosmetik, 0,3 für Süßwaren, 0,25 f. Lektüre, 0,26 für Freizeit, 0,9 f. Tabak, 0,44 f. Alkohol, 2,0 für Auto, 2,6 für Sport und Reise)

Überlange Maxi-Mäntel mit Stiefeln kontrastieren zum Mini-Rock in d. Mode der weibl. Jugend

Die Tendenz zu längeren Röcken

(1969)

Wahlen in Wien ergeben für den Landtag:
SPÖ 63 Sitze (1964: 60), ÖVP 30 (35), FPÖ 4 (3), Demokrat. Fortschrittl. Partei (*Franz Olah,* früher SPÖ) 3 (0), KPÖ 0 (2) (in der Bundeswahl zum Nationalrat 1970 wird SPÖ stärkste Partei)

Regelung der Südtirolfrage auf der Grundlage stärkerer Autonomie findet die mehrheitliche Zustimmung der Südtiroler, im ital. Parlament sowie Österreichs

Österr. Altkommunist *Ernst Fischer* aus der KPÖ ausgeschlossen wegen Kritik an Besetzung d. CSSR durch Ostblockstaaten

11. Kongreß der Sozialistischen Internationale in Eastbourne (Gr.-Brit.) mit 134 Delegierten und Gästen aus 40 Ländern. Präsidium: *Bruno Pittermann* (Österr.), *Willy Brandt* (BRD), *Tage Erlander* (Schweden), *Harold Wilson* (Gr.-Brit.)

Regierungschefs der EWG-Staaten einigen sich auf Vorbereitungen für Beitrittsgespräche mit Gr.-Brit. (dieses maßgebl. von Bundeskanzler *Brandt* erzielte Ergebnis gilt als Wendepunkt der frz. Haltung)

Gr.-Brit. erklärt Abbruch diplomatischer Beziehungen zu Rhodesien

Bürgerkriegsartige Kämpfe zwischen der unterprivilegierten katholischen Minderheit und Protestanten in Nordirland. Engl. Reg. entsendet Truppen

Schweden anerkennt als erster westlicher Staat Regierung in Nordvietnam

Tage Erlander, Sozialdemokr. Min.-Präs. Schwedens seit 1946, tritt zurück. Nachfolger wird der bisherige Kultusmin. *Sven Olof Palme* (* 1927)

Frankreich stoppt Rüstungslieferungen an Israel

Studentenunruhen in Paris

Generalstreik in Frankreich

Charles de Gaulle tritt als frz. Staatspräsident (seit 1958) zurück, weil ein von ihm vertretenes Referendum über Regierungs- und Ver-

Jandl (* 1925, Wien), *Bernd Jentzsch* (* 1940, Plauen), *Uwe Johnson* (* 1934, Cammin), *Yaak Karsunke* (* 1934, Berlin), *Marie Luise Kaschnitz* (* 1901, Karlsruhe), *Alexander Kluge* (* 1932, Halberstadt), *Wolfgang Koeppen* (* 1906, Greifswald), *Karl Krolow* (* 1915, Hannover), *Günter Kunert* (* 1929, Berlin), *Siegfried Lenz* (* 1926, Masuren), *Reinhard Lettau* (* 1929, Erfurt), *Kakov Lind* (*1927, Wien), *Christoph Meckel* (* 1935, Berlin), *Karl Mickel* (* 1935, Dresden), *Franz Mon* (* 1926, Frankfurt/M.), *Helga M. Novak* (* 1935, Berlin), *Christa Reinig* (* 1926, Berlin), *Hans Werner Richter* (* 1908, Bansin), *Peter Rühmkorf* (* 1929, Dortmund), *Arno Schmidt* (* 1914, Hamburg), *Robert Wolfgang Schnell* (* 1916, Barmen), *Wolfdietrich Schnurre* (* 1920, Frankfurt/M.), *Anna Seghers* (* 1900, Mainz), *Vagelis Tsakiridis* (* 1936, Athen), *Volker von Törne* (* 1934, Quedlinburg), *H. Günter Wallraff* (* 1942, Köln), *Martin Walser* (* 1927, Wasserburg/Bodensee), *Peter Weiss* (* 1916, Nowawes/Berlin)

Dieter Weltershoff (* 1925): „Die Schattengrenze" (Roman)

Intern. Buchmesse in Frankfurt/M. wird von einem Messerat einschließlich der linken „Literaturproduzenten" geleitet. Stand der Südafrikanischen Union wird gestürmt, Hauptversammlung des Börsenvereins gesprengt

operation von Hochschullehrern, Assistenten, Studenten und Arbeitnehmern beruhen. Auflösung der Fakultäten zugunsten kleinerer Fachbereiche. In beiden Ländern wird von den Wahlgremien ein Assistent zum Univ.-Präsidenten gewählt

Der nur aus Mitgliedern des linksradikalen SDS bestehende Vorstand des VDS tritt zurück (bedeutet ernste Krise des student. Dachverbandes; SDS löst sich 1970 auf)

Studentenunruhen a. d. Universität Frankfurt

Jugendkongreß d. SPD in Bad Godesberg mit lebhaften Auseinandersetzungen

Volksbegehren in Österreich fordert Nichteinführung des 9. Schuljahres. Unterrichtsmin. *Theodor Piffl-Perčevic* (* 1911, ÖVP) tritt zur.

Abschaffung der Todesstrafe in Gr.-Brit.

Dt. Bundestag hebt Verjährung von Völkermord auf und verlängert sie für Mord von 20 auf 30 Jahre

Strafrechtsreform in der BRD: Homosexualität und Ehebruch nicht mehr strafbar (ab 1970 keine Zuchthausstrafen)

Die Stellung des unehelichen Kindes wird in der BRD durch Gesetz verbessert

Italien schafft Strafe für Ehebruch ab (die sich praktisch nur auf die Frau auswirkte). Um die staatliche Ehescheidung gibt es starke Auseinandersetzungen zwischen konservativen u. progressiven Kräften

„Michael Kohlhaas" (Film von *Volker Schlöndorff*)

„Ich bin ein Elefant, Madame" (Film von *Peter Zadek* mit *Wolfgang Schneider, Günther Lüders, Heinz Baumann, Margot Trooger*)

„Three into two won't go" („2 durch 3 geht nicht", brit. Film von *Rod Steiger* mit *Claire Bloom*)

„If" (brit. Film)

Luis Buñuel (* 1900): „La Voie lactée" (frz. Film)

„Le Gai Savoir" („Die fröhliche Wissenschaft", frz. gesellschaftskrit. Film von *Jean-Luc Godard*)

„Made in Sweden" (schwedischer gesellschaftskrit. Film von *Johan Bergenstrahle* mit *Lena Granhagen, Per Myrberg*)

„Rani Radovi" („Frühe Werke", jugoslaw. Film von *Zelimir Zilnik*). Erhält Goldenen Bären der Intern. Filmfestspiele Berlin (West)

Oscar-Verleihung an *Barbra Streisand* in „Funny Girl", an *Katherine Hepburn* in „The Lion in Winter", an *Cliff Robertson* in „Charley", an *Carol Reed* als Regisseur von „Oliver", für den fremdsprachigen Film „Krieg u. Frieden" (USSR)

„Greetings" (nordamer. Film v. *Brian de Palma*)

„Brasilien Anno 2000" (brasil. Film von *Walter Lima, jr.*)

Krzysztof Penderecki (* 1933): „Die Teufel von Loudun" (poln. Oper, Urauff. in Hamburg), „Lukaspassion" (szenische Urauff. in Düsseldorf)

Goffredo Petrassi (* 1904): „Der Wahnsinn des Orlando" (Urauff. d. ital. Tanzspiels in Nürnberg)

Aribert Reimann (* 1936): „Loqui" (Komp. f. großes Orchester)

Dieter Schnebel: „MO-NO. Musik zum Lesen" („Versuch neuer Denkanstrengungen zw. den Künsten")

Dimitri Schostakowitsch: „14. Sinfonie" (russische Komp., Urauff. in Moskau)

Wilhelm Dieter Siebert (* 1931): „James-Bond-Oratorium. Akustisch-optische Meditation über die Lust und die Herrlichkeit zu töten" (pazifist. Komp.)

Stockhausen: „Kurzwellen mit Beethoven" (elektron. Musik mit Einblendung *B.*'scher Musik)

Michael Tippett (* 1905): „Knot Garden" (engl. Oper, Urauff. an der Covent Garden Opera in London)

Alexander Tscherepnin (* 1899): „Klavierkonzert Nr. 5" (russ.-frz. Komp.)

reinigungen wird in den USA neben dem Elektromotor der Dampfmotor für Kraftwagen diskutiert

Wissenschaftler der USSR geben die Entdeckung des Elements 108 bekannt (ist ein Alpha-Strahler mit 400 Mill. Jahren Halbwertszeit, also relativ stabil)

US-Forscherteam an der Havard Medical School in Boston gelingt die Isolierung eines einzelnen Gens (Erbfaktor) und seine elektronenoptische Sichtbarmachung (gilt als Schlüsselexperiment)

Systematische Forschung in China ergibt Rekonstruktion eines Riesenaffen (Gigantopithecus) von 3 m Höhe und 300 kg Gewicht, der vor ca. 500000 bis 750000 Jahren lebte (kein Menschenvorfahre, erste Funde seiner Riesenzähne in chines. Apotheken von *G. v. Königswald* seit 1935)

In USA erste kombinierte Herz-Lungen-Transplantation (Patient stirbt nach einigen Tagen)

In USA wird erstmalig ein künstliches Herz aus Plastik einem Menschen eingepflanzt (Patient stirbt nach 3 Tagen)

Atlantische Expedition der Forschungsschiffe „Meteor" (BRD), „Planet" (BRD), „Discoverer" (USA), „Hydra" (Gr.-Brit.) insbes. zur Erforschung der Passatwinde

Ungewöhnlich hoher Luftdruck von 1083,8 mb (normal 1013 mb) in Sibirien beobachtet

Entwicklung des Boeing 747 (Jumbo-Jet) Langstreckenflugzeuges für 362 Passagiere abgeschlossen (nimmt 1970 Linienflüge zwischen USA und Europa auf)

Erfolgreicher Probeflug des frz.-brit. Überschall-Verkehrsflugzeuges „Concorde" (diese Entwicklung des Luftverkehrs stößt wegen der Lärm- und Sicherheitsprobleme auf Kritik)

Passagierluftfahrt nähert sich der Allwetterlandung (Blindlandung); nächste Stufe: Bodensicht aus 30 m Höhe und 400 m Landebahnsicht

Verdoppelung des Wissens wurde erreicht zwischen den Jahren: 1800 und 1900, 1900 und 1950, 1950 und 1960, 1960 und 1969.

setzt sich nur zögernd durch Jugendliche demonstr. in Hannover erfolgreich gegen Fahrpreiserhöhungen d. Nahverkehrsmittel (organisieren „Rote-Punkt-Aktion" d. Beförderung durch sympathisierende Privatfahrer)

Ca. eine halbe Million Beat-Fans feiert California-Rock-Festival bei San Franzisko

Bühnenstück „Oh, Calcutta" in New York bringt Höhepunkt an Sex-Darstellung (wird in anderen Ländern verboten)

Rauschgiftmißbrauch unter der Jugend breitet sich in vielen Ländern aus

Geburt von Sechslingen in London

Robin Knox-Johnston erreicht nach 312 Tagen alleinigen Segelns um die Erde wieder England

† *Rocky Marciano* (Flugzeugunglück), Boxweltmeister im Schwergewicht (* 1924)

Brasilianischer Fußballspieler *Pelé* schießt sein 1000. Tor als Nationalspieler

Liesel Westermann (BRD) verbessert Diskusweltrekord für Frauen auf 63,96 m

Manfred Wolf (DDR) stellt auf der Skiflugschanze von Planica (Ju-

(1969)

waltungsreform mit 52,4% gegen 47,6% negativ entschieden wurde. Sein Nachfolger wird *Georges Pompidou* (* 1911), 1962—68 Min.-Präs. Frz. Parlamentswahlen ergeben Erfolg der Gaullisten

Neue frz. Reg.: Min.-Präs.: *Jacques Chaban-Delmas* (* 1915), Äußeres: *Maurice Schumann* (* 1911)

In Italien Streikwelle, erneute Spaltung der Sozialistischen Partei, Rücktritt der Regierung der Mitte-Links-Koalition, bisheriger Min.-Präs. *Rumor* bildet Minderheitsreg. der Christdemokraten (1970 wieder Reg. einer Mitte-Links-Koalition)

Generalstreik u. schwere Unruhen in der ital. Provinz Caserta wegen sozialer Not

Bombenanschläge in Mailand und Rom kosten 15 Menschen das Leben

Streikwelle gegen neofaschist. Terror i. Ital.

Wegen politischer Unruhen Pressezensur und dreimonatiger Ausnahmezustand in Spanien. Schließung der Universitäten Madrid und Barcelona

Span. Staatschef *Franco* benennt Prinz *Juan Carlos von Bourbon* als seinen Nachfolger und künftigen König von Spanien

Michael Stassinopoulos wird als Präsident des griech. Staatsrates mit unwahrer Begründung entlassen. 10 weitere Mitglieder des Staatsrates treten zurück

Griechenland kommt mit einem Austritt aus dem Europarat seinem Ausschluß wegen undemokratischer Zustände zuvor

Verfassungsänderung in der Türkei gibt früheren Ministern und Abgeordneten der ehemaligen Demokratischen Partei ihre politischen Rechte zurück

Jugoslaw. Staatspräsident *Tito* lehnt *Breschnew*-Doktrin von der begrenzten Souveränität der Warschauer-Pakt-Staaten ab und verurteilt Intervention in der CSSR

„Budapester Konferenz" der Warschauer-Pakt-Staaten fordert gesamteuropäische Sicherheitskonferenz

1. nackte Darsteller auf Bühnen d. BRD

„Josefine Mutzenbacher" (Wiener Dirnenerzählung, angebl. von *Felix Salten*, * 1869, † 1945), gilt als Porno-Bestseller

44% d. Erdbevölkerung über 15 Jahre sind Analphabeten (d. h. mehr als 1 Mrd. Menschen); davon in Afrika 80 bis 85%, in Asien 60 bis 65%, in Lateinamerika 41–43%, in Ozeanien 10–11%, in Europa 7–9%, in Nordamerika 3–4% (das letzte Jahrzehnt brachte trotz aller Bemühungen keine wesentliche Besserung)

Joseph Lortz (* 1887, † 1975): „Kleine Reformationsgeschichte" (schrieb 39/40 maßg. Darstellung d. Reformation aus kathol. Sicht)

Kultusmin. d. BRD vereinb. Schulversuche mit d. Gesamtschule (wird i. einig. Ländern Regelschule, löst das traditionelle 3zweigige Schulsystem ab)

A. R. Jensen (USA): Intelligenz ist zu 80% erblich fixiert (führt zu heftigen Kontroversen mit Anhängern d. „kompensatorischen Erziehung")

Isang Yun (* 1917): „Träume" (koreanische Oper, Urauff. mit dem 2. Teil „Die Witwe d. Schmetterlings" in Nürnberg)

Bernd Alois Zimmermann (* 1918): „Photoptosis" (Prelude f. großes Orchester; Urauff. in Gelsenkirchen)

1. Internationaler Dirigentenwettbewerb der *Herbert-von-Karajan*-Stiftung in Berlin (W), 1. Preis *Okko Kamu*, Finnland)

„Sechs Tage Musik" der Gruppe Neue Musik in Berlin (West)

1. Treffen von Jugend-Orchestern aus aller Welt in St. Moritz

„Sugar, sugar" (nordam. Spitzenschlager)

~ Pop-Musik: Rock-Renaissance (vgl. 1954)

Musikal. Pop-Festival b. Woodstock (USA) mit 400 000 Teilnehmern, die mehrere Tage im Freien verbringen (gekennzeichn. durch unkonventionelle Lebensformen der Jugend, z. B. Rauschgiftgebrauch)

goslaw.) mit 165 m Weite einen Weltrekord auf

Offizielle Grundsteinlegung für die Bauten der XX. Olympischen Spiele 1972 auf dem Münchner Oberwiesenfeld (vermutete Baukosten 1,15 Mrd. DM)

Bayern München Fußballmeister der BRD

Brutalität v. Spielern und Publikum nimmt im Berufsfußball weltweit zu Fußballspiel löst bewaffneten Konflikt zw. Honduras und El Salvador aus: über 1000 Tote

Boris W. Spasski (USSR, * 1937) wird Schachweltmeister (bis 1972)

Es werden jährlich ca. 5 Mill. Selbstmordversuche auf der Erde geschätzt, von denen 10% erfolgreich sind (in der BRD gibt es etwa soviel Selbstmorde wie Verkehrstote). Erforschung der Gründe und Vorbeugungsmaßnahmen nehmen zu

Starke Grippewelle breitet sich von Süd- nach Nordeuropa aus, verursacht zahlreiche Todesfälle u. lähmt empfindlich das öffentliche Leben

Ostpakistanische Hauptstadt Dacca von Wirbelsturm betroffen: 518 Tote, ca. 100000 Obdachlose

Durch Überschwemmungen kommen in Tunesien ca. 500 Menschen ums Leben

Hurrikan „Camille" kostet mehr als 300 Menschen an d. amerikanischen Golfküste das Leben

Bisher schwerstes Flugzeugunglück m. 150 Toten beim Absturz über Maracaibo/Venezuela; über 100 Menschen werden i. d. Stadt schwer verletzt

145 Bergleute kommen durch Explosion in Neu-Mexiko um

Luftwaffe der BRD verliert den 100. Starfighter (bei diesen Verlusten wurden 53 Piloten getötet; die Luftwaffe will die Hauptschwierigk. überwunden haben)

Beim SEATO-Flottenmanöver durchschneidet austral. Flugzeugträger US-Kriegsschiff: 77 Tote

Bei einer Explosion auf dem US-Flugzeugträger „Enterprise" kommen 25 Besatzungsmitglieder ums Leben

Bei Explosion eines Munitionsgüterwagens bei Hannover kommen 12 Menschen ums Leben

350000 t großer Tanker japan. Herkunft zerbricht u. sinkt

Edward Kennedy, Präsidentschaftskandidat der US-Demokraten, verursacht nach einer Party Autounfall, bei dem seine Begleiterin ertrinkt (erhält wegen Fahrerflucht 2 Monate Freiheitsstrafe mit Bewährungsfrist u. verliert an politischer Geltung)

Sharon Tate, Gattin des Filmregisseurs *Roman Polanski,* wird i. ihrem Haus bei Los Angeles mit 4 Gästen von ein. „Hippie-Kommune" ermordet. Diese Gruppe wird bald darauf verhaftet. Sie steht unter dem Einfluß eines jungen Mannes („Satan"), der durch rituelle Morde die Reichen „strafen" und die Gesellschaft „reinigen" will

Der Jordanier *Sirhan Bishara* wegen Mordes an *Robert Kennedy* in USA zum Tode verurteilt

James Earl Ray wegen Mordes an *Martin Luther King* zu 99 Jahren Zuchthaus verurteilt

Sprengstoff-Attentat arabischer Terroristen in einem Jerusalemer Supermarkt fordert 2 Tote und 10 Verletzte

Desertierter US-Marinesoldat entführt ein Verkehrsflugzeug von Los Angeles nach Rom trotz Zwischenlandungen in USA u. Wechsel der Besatzung

Wiederholt werden Verkehrsflugzeuge durch Gewaltandrohung zur Kursänderung gezwungen

Fernsehturm in Ost-Berlin (am Alexanderpl.) beherrscht mit 365 m Gesamthöhe das Stadtbild

Europas Anteil am Welthandel geht auf 50,1 % zurück (1900: 66 %). Volumenmäßig stieg d. Welthandel v. 1900–1969 um das Siebenfache

Schätzungen der Bevölkerung in Mill. u. d. Bruttosozialproduktes pro Kopf in US-Dollar (Wert von 1965):

	1965 Bev.	BSP/K	1975 Bev.	BSP/K	2000 Bev.	BSP/K
Afrika	311	141	398	174	779	277
Asien	1889	152	2343	214	3701	577
Europa u. USSR.	675	1369	732	1976	886	5055
Ozeanien........	14	2000	16	2510	25	4310
Nordamerika	294	2632	354	3403	578	6225
Lateinamerika ...	166	375	221	413	420	695
Erde	3349	632	4064	825	6389	1700

(1969)

Kommunistische Weltkonferenz in Moskau von 73 Delegationen mit scharfen Angriffen gegen VR China (nicht anwesend u. a. China, Jugoslawien, Albanien, Nordkorea, Nordvietnam, Japan, Niederlande)

Warschauer-Pakt-Staaten sprechen sich in Moskau für bessere Beziehungen zur BRD aus, erwarten Anerkennung der Oder-Neiße-Grenze und der DDR

CSSR wird Bundesstaat (tschechischer und slowakischer Teil)

Auf dem Prager Wenzelsplatz verbrennt sich der Student *Jan Palach* aus Protest gegen politische Entwicklung nach dem Einmarsch der Truppen d. Warschauer Paktes (Todesstelle und Grab werden Orte von Demonstrationen aus gleicher Gesinnung)

Antisowjetische Demonstrationen nach dem Eishockeysieg der CSSR über die USSR rufen schwierige Situation hervor

In der CSSR wird KP-Parteichef *Dubček* durch *Gustav Husak* (*1913) abgelöst, der den Reformkurs fortzusetzen verspricht. *Dubček* wird Präsident der Bundesversammlung

Dubček wird aus dem KP-Präsidium der CSSR ausgeschlossen, 27 weitere Reformpolitiker verlieren Mitgliedschaft im ZK

Umfassende „Säuberungen" in der CSSR kosten den Reformkommunisten *Dubček* und *Smrkovsky* ihre Ämter als Präsidenten der Bundesversammlung bzw. der Volkskammer

Josef Smrkovsky legt mit anderen Abgeordneten sein Mandat im Parlament der CSSR nieder

A. Dubček wird Botschafter der CSSR in der Türkei (1970 wird ein Parteiausschlußverfahren angestrengt)

Ca. 50.000 Bürger der CSSR kehren in diesem Jahr von Auslandsreisen nicht in ihr Land zurück

Finnische KP spaltet sich in einen stalinistischen und einen revisionistischen Flügel (erleidet 1970 Wahlniederlage)

Peru nimmt diplomatische Beziehungen zur USSR auf

Blutige Grenzzwischenfälle zwischen VR China und USSR am vereisten Ussuri-Fluß (später folgen Verhandlungen)

Demonstrationen gegen USSR in Peking

Vergleich zwischen den Streitkräften der USSR und der VR China:

	USSR	VR China
Soldaten (Mill.)	3,3	3,6
Raketen:		
Langstrecken	1150	—
Mittelstrecken	700	200
Panzer	45 000	3 500
Flugzeuge	10 500	2 800
Kreuzer	29	—
Zerstörer	99	4
Schnellboote	525	466
U-Boote	364	33

9. Parteitag der chines. KP verabschiedet neues Parteistatut, das die Lehre Maos festigt. Verteidigungsminister *Lin Piao* (* 1908) wird offiziell zum Nachfolger des Parteivorsitzenden *Mao Tse-tung* proklamiert

An d. Waffenstillstandslinien Israels zu den arabischen Nachbarstaaten kommt es häufig zu Kampfhandlungen

Araber unternehmen Anschlag auf israelische Verkehrsmaschine in Zürich (Täter erhalten langjährige Gefängnisstrafen)

Israel antwortet mit Gegenmaßnahmen in den arabischen Nachbarstaaten

Ölleitung bei Haifa von arabischen Guerillas gesprengt

Brandstiftung in der Al-Aksa-Moschee in Jerusalem führt zu heftiger anti-israelischer Kampagne in den arabischen Staaten. Der Australier *Michael Rohan* wird nach einem Prozeß in eine Heilanstalt überführt

Arabische Terroristen verübten Anschläge auf israelische Auslandsvertretungen. Israel greift arabische Truppen am Golf von Suez an

Israel entführt fünf in Frankreich bestellte Schnellboote, die wegen des Waffenembargos nicht ausgeliefert werden sollten

In New York bemühen sich USA, USSR, Gr.-Brit. und Frankreich um eine Lösung des Nahost-Konfliktes

Golda Meir (* 1898) Ministerpräsidentin von Israel

König *Idris* (* 1890) von Libyen durch linksrevolutionäre Offiziere abgesetzt (im Amt 1950/51)

Verteidigungsrat der Arabischen Liga hält politische Lösung des Konfliktes mit Israel nicht für möglich und fordert Weg der Gewalt

Arabische Gipfelkonferenz in Rabat endet in Uneinigkeit über das Vorgehen gegen Israel

Univ. in Ägypten wieder geöffnet (waren wegen schwerer Unruhen mit 19 Toten geschlossen worden)

Im Irak werden 14 Spione öffentlich erhängt (weitere öffentliche Hinrichtungen folgen)

Von der Armee gestützter Revolutionsrat übernimmt nach Staatsstreich die Macht im Sudan. Reg.-Chef wird *Abu Bakr Awadallah,* der „sozialistisch-demokratischen" Kurs ankündigt

Bürgerkrieg Nigeria—Biafra setzt sich unter schrecklichen Umständen wie Ausrottungen, Hungersnot fort (wird 1970 durch Niederlage Biafras beendet)

Staatschef von Ghana *Joseph Ankrah* (* 1916) gestürzt (im Amt seit 1966)

Die regierende Kongreßpartei in Indien spaltet sich in einen linken Flügel unter der Ministerpräsidentin *Indira Gandhi* und einen rechten unter Parteichef *Nijalingappa*

Vietcong gibt Bildung einer „Provisorischen Regierung der Republik Vietnam" bekannt

† *Ho Tschi Minh,* Präsident von Nordvietnam seit 1954, gründete 1930 Kommunist. Partei Indochinas, besiegte 1954 frz. Kolonialmacht. Wurde zum Symbol einer revolutionären 3. Welt, sein Name wurde zum Schlachtruf einer kritischen Jugend auch in USA und Europa (* ~ 1890). Sein Nachfolger wird *Ton Duc Than*

Unruhen in Pakistan gegen Präsidenten *Ayub Khan,* seit 1958 im Amt, der darauf zurücktritt

Soka Gakkai, japan. buddhistische Laienbewegung, kann durch ihre politische Organisation Komeito ihre Sitze im Parlament von 25 auf 47 vermehren (vertritt Trennung von Politik und Religion)

Parlamentswahlen in Japan, Wahlbeteiligung 69%

Liberaldemokraten	288
Sozialisten	90
Komeito	47
Kommunisten	14
Unabhängige	16

Starker Verlust der Sozialisten

Richard Nixon (* 1913, Parteirepublikaner) tritt sein Amt als Präsident der USA an; Vizepräsident: *Spiro Th. Agnew* (* 1918), Außenminister: *William P. Rogers* (* 1913), Verteidigungsminister: *Melvin R. Laird* (* 1922)

Nach langem Streit um die Prozedur (z. B. Tischform) beginnen in Paris Vietnam-Verhandlungen zwischen USA und Südvietnam einerseits, Nordvietnam und Vietcong andererseits (erzielen in diesem Jahr keine Ergebnisse)

Europareise von Präsident *Nixon,* besucht BRD einschließlich Berlin (West)

US-Präsident *Nixon* trifft sich mit südvietnames. Staatschef *Thieu* auf Midway, um amerikanischen Truppenabzug zu besprechen

US-Präsident *Nixon* und der südvietnamesische Staatschef *Thieu* geben Abzug von 25 000 US-Soldaten aus Südvietnam bekannt (bis Jahresende folgen noch einmal 35 000, insgesamt ca. 10% des Bestandes)

Für die Tötung eines Gegners wurden aufgewendet:
In den Kriegen Cäsars 0,75 Dollar, Napoleons 3000 Dollar, im 1. Weltkrieg 21 000 Dollar, im 2. Weltkrieg 50 000 Dollar und im Vietnamkrieg 100 000—300 000 Dollar

US-Präsident *Nixon* besucht auf einer Weltreise 5 asiatische Länder, England und Rumänien (der Besuch in einem Ostblockland findet besondere Beachtung)

Seit 1961 fielen in Vietnam 40 800 US-Soldaten und wurden über 200 000 verwundet

In USA demonstrieren mehrere Millionen Menschen gegen den Vietnam-Krieg

(1969)

Rassen- und Studentenunruhen beunruhigen die USA

USA beginnen ein Massaker zu untersuchen, bei dem 1968 US-Soldaten i. d. südvietnamesischen Dorf My Lay über 100 Zivilisten getötet haben sollen

USA und USSR beginnen in Helsinki Vorbesprechungen über eine Begrenzung des Raketen-Wettrüstens, insbesondere zur Vermeidung kostspieliger Anti-Raketensysteme, die das atomare Patt gefährlich aufheben würden. Einigen sich auf weitere Gespräche in Wien 1970

USA und USSR ratifizieren Atomsperrvertrag (gilt als wesentlicher Schritt zur Entspannung zwischen den beiden Weltmächten)

† *Dwight D. Eisenhower*, Militär und Politiker der USA, leitete 1944/45 alliierte Invasion gegen NS-Streitkräfte, war 1953—1961 Präsident der USA (* 1890)

Artur da Costa e Silva, Präsident von Brasilien, erleidet Schlaganfall. Regierungsgewalt wird militärputschartig von den Oberbefehlshabern der Streitkräfte übernommen

US-Botschafter in Rio entführt und nach Entlassung 15 politischer Häftlinge durch die brasilianische Regierung wieder freigelassen

Atomwaffenpotential (1975 geschätzt):

	USA		USSR	
Sprengköpfe f. Träger:	1969	1975	1969	1975
Langstreckenbomber	2144	2144	600	600
Globalraketen	1054	3000	1350	4050
U-Boote	656	5120	205	1645
Insgesamt	3854	10264	2155	6295
Overkill Rate*	14	40	7	24

* (mal mehr als zur völligen Vernichtung notwendig)

Militärausgaben (in Mrd. Dollar):
USA   79,8
USSR   42,1
NATO   105,1
Warsch. P.   49,2
Erde   180,1 (außer VR China)

Ausgaben stiegen von 1966–68 um ca. 30%

| |  |  | |

1970

Friedens*nobel*preis an *Norman E. Borlaug* (* 1914, USA) für die Züchtung von „Wunderweizen" mit über 3fachem Ertrag

Atomwaffensperrvertrag tritt nach Ratifizierung durch 43 Staaten in Kraft

10. Kernwaffenversuch (i. d. Atmosphäre) der VR China

USA und USSR setzen in Wien Gespräch über die Begrenzung strategischer Raketenwaffen (SALT = strategic arms limitation talk) fort

3. Runde der SALT-Gespräche zw. USA u. USSR in Helsinki

† *Heinrich Brüning*, dt. Reichskanzler in der Krisenzeit 1930–32 (* 1885)

Reg. d. BRD beg. eine eig. konsequente Entspannungspolitik gegenüb. d. Ostblockstaaten i. Rahmen des atlant. Bündnisses

Bundespräsident *Heinemann* stattet Staatsbesuche in Dänemark, Schweden und Norwegen ab

Niedersächsischer Landtag beschließt Selbstauflösung, da SPD/CDU-Regierung keine sichere Mehrheit hat

Landtagswahlen (% Wähler)

	SPD	CDU/CSU	FDP
Bad. Württ.**	37,6	52,9	8,9
Bayern	40,8	47,8	4,4
Berlin*	50,4	38,2	8,5
Bremen*	55,3	31,6	7,1
Hamburg	55,3	32,8	7,1
Hessen	45,9	39,7	10,1
Nieders.	46,3	45,7	4,4
NR.-W.	46,1	46,3	5,5
Saarl.	40,8	47,8	4,4
Schl.-Holst.*	41,0	51,9	3,8
Rheinl.-Pf.*	40,5	50,0	5,9

* Wahl 1971 ** Wahl 1972

Wahlen erg. nur gering. Verschieb.: FDP tritt i. Hessen u. Hamburg i. d. Landreg. ein, scheidet i. Berlin u. Bremen aus, bleibt in NR.-W. CDU scheidet i. Nieders. aus, SPD i. Bad. W.

Im Bundesrat behalten CDU/CSU-Länder d. Mehrheit, weil Berliner Stimmen nicht mitzählen

(Vgl. Min.-Präs. u. Regier.-Part. 1973 P)

Min.-Präsid. *Alfons Goppel* (* 1905, CSU), bildet erneut CSU-Reg. in Bayern

Im Bericht zur Lage der Nation spricht d. dt. Bundeskanzler *Brandt* von 2 Staaten auf dt. Boden und schlägt der DDR Gewaltverzichtserklärungen vor

Erstes innerdeutsches Gipfelgespräch zwischen Bundeskanzler *Willi Brandt* und Min.-Präs. *W. Stoph* (DDR) in Erfurt (es kommt zu starken Sympathiebekundungen der Bevölkerung f. *W. B.*)

Literatur*nobel*pr. an *Alex. Solschenizyn* (* 1918, USSR), der zur Entgegennahme nicht nach Stockholm reisen kann

† *Arthur Adamov* (Freitod), frz.-russ. Dramatiker (* 1908)

† *Jossef Agnon*, israel. Schriftsteller, *Nobel*preis 1966 (* 1888)

† *Stefan Andres* dt. Schriftsteller (* 1906)

Jürgen Becker (* 1932): „Umgebungen" (Verschmelz. v. Lyrik u. Prosa)

Josef Breitbach (* 1903): „Genosse Veygond" (Schauspiel)

† *Tadeusz Breza*, poln. Schriftsteller (* 1905)

† *John Dos Passos*, nordam. Schriftsteller (* 1896)

Tilla Durrieux wird zu ihrem 90. Geb. in der BRD und der DDR geehrt

Dürrenmatt: „Der Mitmacher" (schweizer. Bühnenstück, Urauff. i. Zürich)

† *Edward M. Forster*, engl. Schriftsteller, bahnbr. f. Roman u. Erz. (* 1879)

Lars Gustafsson (* 1936): „Nächtliche Huldigung" (schwed. Schauspiel v. 1966. Uraufführung in Zürich)

„Bund Freiheit d. Wissenschaft" gegrdt. (wendet sich gegen die Tendenz neuer Ges. zur Univ.-Reform)

Klaus Allersbeck: „Soziale Bedingungen f. student. Radikalismus" (gibt vorw. polit. Gründe an)

Simone de Beauvoir: „Das Alter" (frz. autobiogr. Betrachtg.)

Osw. Nell-Breuning (* 1911): „Aktuelle Fragen d. Gesellschaftspolitik" (Teilsammlung, aus kath. Sicht)

John Dollard u. and.: „Frustration u. Aggression« („A. ist immer die Folge einer F.")

Der Berliner Senator für das Schulwesen, *Carl-Heinz Evers*, tritt wegen s. E. unzureichender mittelfrist. Finanzplanung zurück

Ossip K. Flechtheim (* 1909): „Futurologie" (Der Kampf um die Zukunft)

Gershon Legman: „Der unanständige Witz" (Übers. aus d. Engl.)

Frankf. Goethepreis an *György Lukács* (ungar. marxist. Literaturwiss., * 1885)

H. Nachtsheim: „Geburtenkontrolle! Eine wichtige Entwicklungs-

Von den Altmeistern der modern. Malerei wirken:
Marc Chagall (* 1889)
Giorgio de Chirico (* 1888)
Salvador Dali (* 1904)
F. Ahlers Hestermann (* 1883, † 1973)
Oskar Kokoschka (* 1886)
Joan Miro (* 1893)
Pablo Picasso (* 1881, † 1973)
Karl Schmidt-Rottluff (* 1884)
Luichi Armbruster (* 1940); „Und die Kuppel war ein plumpes fremdartiges Ding" (Acryl)
Joseph Beuys (* 1921): „Ofen" (realist. Objekt)
M. Chagall: Glasfenster i. Frauenmünster Zürich
Giorgio de Chirico: „Piazza d'Italia" (ital. Litho)
Peter Collien (* 1938): „Akt April 1970" (Gem.)
Catharina Cosin (* 1940): „Mannequin" (Gem.)
Bernhard Dörries (* 1898): „Gedeckter Tisch" (realist. Gem.)
† *Egon Eiermann*, dt. Architekt (Neue Kaiser-Wilh.-Ged.-Kirche, Berlin) (* 1904)
Naum Gabo (* 1890, Rußl.): „Lineare Konstruktion Nr. 4" (russ.-nordamer. Plastik aus Aluminium und Stahl)
Fritz Gerkinger (* 1934): „Der Bomber mit dem großen

Beethoven wird anl. seines 200. Geburtstages weltweit gefeiert
† *John Barbirolli* (* 1899), engl. Dirigent ital. Abst.
Sylvano Bussoti: „Ultima rara" (ital. Komp.)
Friedrich Cerha: „Catalogue des objets trouvés"
Hans Chemin-Petit: „Die Komödianten" (Oper, Urauff. in Coburg)
Jan Cikker: „Hommage à Beethoven" (slowak. Kompos.)
Dietr. Fischer-Dieskau (* 1923), Bariton und berühmter Liedersänger, wird Ehrenmitgl. d. Royal Acad. of Music, London
Wolfgang Fortner: „Terzinen" (f. Männerstimme u. Klavier)
Wolfg. Fortner: „Zyklus" (Komp. f. Cello, Bläser, Harfe u. Schlagzeug)
Harald Genzmer: „Konzert f. Trompete u. Streicher"
† *Jimi Hendrix*, brit. exzentrischer Pop-Music-Star (* 1946)
K. H. Füssl (* 1924): „Dybuk" (österr. Oper)
Hans Werner Henze: „L'Usignolo" (Komp. f. 3 Schlagzeugspieler, Klavier, Celesta u. Flöte)

*Nobel*preis f. Physik an *Hannes Alfvén* (* 1908, Schweden) f. Beiträge zur Plasmaphysik, insbes. Magnetohydrodynamik
*Nobel*pr. f. Physik an *Louis Néel* (* 1904, Frankr.) f. Erforsch. d. Antiferromagnetismus
*Nobel*pr. f. Chemie an *Luis Leloir* (* 1906, Argent.) f. Erforschg. v. Enzymen d. Biosynthese
Medizin-*Nobel*pr. an *Ulf Swante Euler Chelpin* (* 1905, Schweden) u. *B. Katz* (* 1911, Dtl.) u. *Jul. Axelrod* (* 1912, USA) f. Erforsch. d. Nerven-Muskelübertragung
David Baltimore, Howard Temin, Satoshi Mizitani entd. in USA Enzym Revertase, das in Umkehrung des Informationsflusses eine RNS-Struktur auf ein DNS-Molekül (Gen) überträgt (erklärt z. B. Zellinfektionen durch RNS-Viren)
Thomas Barthel beginnt Inka-Schrift zu entziffern, indem er ca. 400 rechteckigen farbigen ornamentalen Zeichen Wort- (Silben-)Zeichen zuordnet.
† *Max Born*, dt. Physiker, entw. in Göttingen maßgeblich Quantenphysik; Nobelpreis 1954 (* 1882)
Robert Dietz u. *John Holden* (USA) entwerfen mit Compu-

Wirtschafts*nobel*pr. an *P. A. Samuelson* (* 1915, USA), schrieb 1948 ein maßgebl. Lehrb. d. mathemat. Volkswirtschaftslehre (dt. ab 1952), und an *S. S. Kuznets* (* 1901, Rußl., lebt i. USA). Dieser *Nobel*pr. wurde erstmal. 1969 an *Jan Tinbergen* (* 1903, Niederl.) f. Ökonometr. Modell d. Wirtschaft u. an *Ragnar Frisch* (* 1895, Norw.) als einer d. Begr. d. Ökonometrie verg.
† (Flugzeugabsturz) *Walter Reuther*, Führer der US-Automobilarbeiter-Gewerkschaft (* 1907)
Bruttoprodukt der USA in Preisen von 1970 in Mrd. Dollar:
1960 642, 1962 671, 1964 784, 1966 888, 1968 954, 1970 977; (1971 1010) geschätzt
Prognose d. real. Bruttosozialprod. i. Dollar/Einw. im J. 1980 (Preise 1970):
Welt 1360, USA 6700, OECD-Länd. 3800, europ. Comecon-Länd. 3200, Entw.-Länd.: a) nicht kommun. 350, b) kommunist. 200
Bruttosozialprodukt in Mrd. Dollar:
USA 1010, Japan 196, BRD 186, Frankr. 145, Gr.-Brit. 118, China 75, Ital. 93, Niederl. 31, Schweiz 30, Belg./Lux. 26, Österr. 14 (in Japan geschätzt)
Preisanstieg in %: Japan 7,8, Schweden 6,9, Gr.-Brit. 6,4, USA 5,9, Frankr. 5,3, Ital. 4,9, Niederl. 4,4, Belg. 3,9, BRD 3,8
47000 brit. Hafenarbeiter legen durch 15tägigen Streik alle Häfen des Landes lahm
DGB-Delegation unter *Heinz Vetter* in Warschau
Wilde Streiks um Lohnerhöhungen in der BRD
Die Maikundgebungen in der BRD werden kämpferischer in ihren gesellschaftspolitischen Forderungen um Mitbestimmung, Vermögensbildung etc.
In der BRD empfiehlt eine Expertenkommission erweiterte, aber nicht paritätische Mitbestimmung der Arbeitnehmer (Mitbestimmung bleibt i. d. n. Jahren Streit-

(1970)

2. Treffen (i. Kassel) zw. *W. Brandt* (* 1913) u. *W. Stoph* (* 1914). *Brandt* schlägt 20 Punkte f. d. Regelung gleichberecht. Bezieh. zw. BRD u. DDR vor (Treffen wird d. Demonstrationen gestört, führt zu einer »Denkpause« im gesamtdt. Dialog)

D. Frankf. Kaufhausbrandstifter *Baader* wird mit Schußwaffengebr. in Berlin aus d. Haft befreit. Nach monatelanger Fahndung werden er u. and. Mitgl. d. *Baader-Meinhof*-Gruppe verhaftet u. wegen vieler strafb. Handlungen v. Gericht gestellt

In Berlin beg. Prozeß gegen linksradikalen Rechtsanw. *Horst Mahler* (unter starken Sicherheitsvorkehrungen folgen weitere Prozesse geg. Mitgl. d. *Baader-Meinhof*-Gruppe)

Schwere Zusammenstöße zwischen Demonstranten und Polizei in Berlin (West)

SPD-FDP-Koalition i. d. BRD beschließt Amnestie f. Demonstrationstäter u. liberale Reform d. Demonstrationsrechts

Sowj. Soldat am sowj. Ehrenmal i. Berlin (W) angeschossen

Die DDR stört mehrfach Zufahrtswege nach Berlin (West) mit der Begründung unzulässiger Präsenz der BRD in Berlin

Beginn der Berlin-Gespräche zwischen den 4 Botschaften der 4 Siegermächte (USSR wird durch ihren Botschafter in Ost-Berlin vertreten); führt zum Berlin-Abkommen 1972

Gespräche zw. d. Staatssekretären *E. Bahr* (BRD) u. *M. Kohl* (DDR) üb. einen Grundvertrag zw. beiden dt. Staaten (wird 1973 ratifiziert)

81,9 % stimmen für Verbleib Badens im Bundesland Baden-Württemberg (seit 1946 vereinigt)

Nach Vorverhandlungen durch Staatssekr. *Egon Bahr* (* 1922) und Außenmin. *Scheel* unterzeichnen Bundeskanzler *Brandt* und Min.-Präs. *Kossygin* Gewaltverzichtsvertrag zwischen BRD und USSR (BRD macht Ratifizierung von Fortschritten in der Berlinfrage abhängig)

Scharfe Polarisierung zwischen Koalition und Opposition in der BRD hinsichtl. Innen- und Außenpolitik, bes. Deutschland- u. Berlinfrage

Mehrere Bundestagsmitgl. d. FDP gehen zur CDU/CSU. FDP wird i. d. Koalition mit der SPD stärker zu einer »linken« Partei (vorher eher konserv. »Unternehmer«-Partei)

Von der FDP sondert sich die „National-liberale Aktion" als rechter Flügel ab (vermag keinen entscheidenden Einfluß zu gewinnen)

3 FDP-Bundest.-Abgeordn. treten z. CDU/

Heinrich Henkel „Eisenwichser" (Schauspiel)

Rolf Hochhut: „Guerillas" (polit. Schauspiel)

Hildegard Knef: (* 1925) „Der geschenkte Gaul" (Schausp.-Autobiographie)

† *John (Hermann) Knittel*, schweizer. Schriftsteller (* 1891)

† *Fritz Kortner*, dt. Regisseur und Schauspieler (* 1892)

† *François Mauriac*, frz. Schriftsteller (* 1885)

David Mercer (* 1928): „Flint" (engl. satir. Schauspiel)

Yukio Mishima (* 1925, † 1970): „Der Seemann, der die See verriet" (dt. Übers. d. japan. Romans v. 1963; begeht Harakiri, um f. d. nationale Idee zu demonstrieren)

„Vom Winde verweht", Roman v. *M. Mitchell* (1936) erzielte in 26 Sprachen eine Auflage von mehr als 15 Mill. Film von 1939 mehr als 300 Mill. Zuschauer (vgl. M.)

† *John O'Hara*, nordam. Schriftsteller (* 1905)

† *Erich-Maria Remarque*, dt. Schriftsteller (* 1898)

Curt Riess: „Theaterdämmerung oder das Klo auf

hilfe" (a. d. Sicht d. Genetikers)

J. Monod: „Zufall u. Notwendigkeit" (frz. Philos. d. mod. Biologie)

Papst *Paul VI.* reist nach Asien und Australien (Attentatsvers. in Manila)

† *Bertrand Russel*, brit. Wissenschaftler, Philosoph, militanter Pazifist u. Sozialist, erklärte Lebensziele: Erkennen, Helfen, Lieben Nobelpr. f. Lit. 1950 (* 1872)

Nobelpr. f. Wirtschaft an *P. A. Samuelson* (* 1915, USA) f. wirtschaftswiss. Theorie

U. Weinreich: „Erkundungen zur Theorie der Semantik" (a. d. Amer.)

UN-Vollversammlung erklärt 1970 z. Erziehungsjahr

Univ. Augsburg eröffn.

Bundesinst. f. Sportwissenschaft i. Köln gegr.

Max-Planck-Inst. zur Erforschg. d. Lebensbedingungen d. wissenschaftl.-technischen Welt in Starnberg gegr. (Dir. C. F. v. Weizsäcker, * 1912)

Neue Approbationsordnung i. d. BRD bedingt Neuordnung d. Medizinstudiums (z. B. stärkere Ausb. am Krankenbett)

Schuh" (iron. Fußballerplastik)
HAP Grieshaber: „Selbstporträt (Litho)"
† *Erich Heckel*, dt. express. Maler aus der „Brücke"-Gruppe (* 1883)
Rolf Iselli (* 1934): „Einfaches Stockhorn" (schweiz. farb. Druckgraphik)
Albrecht Joachim (* 1913): „Alu-Relief"
O. Kokoschka: Kinderbildnis (Sohn v. S. Loren u. C. Ponti)
O. Kokoschka: Radierungen zu „Penthesilea" v. H. Kleist
Joseph Lonas (* 1925): „Gedenkstätte f. Kurt Schumacher" (1. Vors. d. SPD n. d. Kriege) in Berlin-Reinickendorf
Adolf Luther: „Spiegelobjekt 1970"
Giacomo Manzu (* 1908): „Umarmung" (ital. Radierg.)
Frans Masereel (* 1889, †1972): „Visage du Port" (belg. Holzschnitt)
† *Ernst May*, Stadtplaner in vielen dt. Städten (* 1886)
Peter Nagel (* 1941) „Junge mit gestreiftem Tuch" (farb. Druckgraphik)
P. Picasso (* 1881, † 1973): „Femme au Fauteuil" (span.-franz. Gem.)
Das Werk von *Pablo Picasso* (* 1881, † 1973) 1969/70 (Ausst. i. Avignon)
Christian Rickert (* 1940): „Gärtner Trio"

Jugendorchestertreffen der H.-v.-Karajan-Stiftung in Berlin (West)
Milko Kelemen: „Der Belagerungszustand" (jugosl. Oper nach Camus, Urauff. i. Hamburg)
Ernst Krenek: „Das kommt davon" (Oper)
Ernst Krenek: „Doppelt beflügeltes Band" (Komp. f. 2 Klaviere u. Tonband)
Ernst Krenek: „Verschränkung" (Komp.)
György Ligeti (* 1923, Siebenbürgen): Kammerkonzert f. 13 Spieler
Yehudi Menuhin erhält ind. Musikpreis f. intern. Verständigung
Manfred Niehaus: „Maldoror" (Oper)
Krzysztof Penderecki: (* 1933): „Zweites Streichkonzert" (poln. Komp.)
Penderecki: „Kosmogonia" (Komp. f. Chor u. Orchester)
Aribert Reimann: „Die Vogelscheuchen" (Ballett m. Text v. G. Grass)
Hermann Reutter: „Phyllis u. Philander" (Vertonung v. 6 Gedichten)
„Vom Winde verweht" als Musical in Japan aufgeführt (Musik von *Rome* [* 1908],

ter-Hilfe Drift der Kontinente über 225 Mill. Jahre
Das nordamerikan.-finnische Forscherteam *A. Ghiorso, J. Harris, Matti Nurmin, Kari A. Y. Eskola u. Pirkko Eskola* erzeugt transuranisches Element 105 („Hahnium") mit Atomgewicht 260 und 1,6 Sek. mittlerer Zerfallszeit
Thor Heyerdahl überquert mit Papyrusboot „Ra 2" Atlantik (will damit Seetüchtigkeit der altägypt. Boote beweisen)
Gohiad Khorana synthetisiert in den USA erstmals ein Gen (Erbfaktor) der Hefe
Lucie Jane King (USA) faßt die bisherige Chemotherapie der Depressionen zusammen
Spyridon Marinátos, griech. Archäologe, findet bei Grabungen (seit 1967) auf der Insel Santorin eine um −1500 durch Naturkatastrophe zerstörte minoische Stadt mit hochstehender Wandmalerei: Boxende Knaben, Antilopen, Lilien und Schwalben
Alexander Marshack (USA) weist in Ritzzeichnungen auf Knochen Mondkalender des Cro-Magnon-Menschen vor ca. 30 000 Jahren nach
† *Otto H. Warburg*, dt. Physiologe. Nobelpreis 1931 (* 1883)

punkt in u. unter d. polit. Parteien)
Die 10 größten Unternehmen in der BRD

	Umsatz Mio. DM	Beschäft. in Tsd.
VW-Werk	15 791	190,3
Siemens	11 763	301,1
Farbw. Hoechst	11 591	139,5
Farbw. Bayer	11 129	135,8
Daimler Benz	11 054	144,4
Thyssen Hütte	10 881	97,5
BASF	10 520	106,8
AEG-Telef.	8 543	178,0
Klöckner-Gr.	8 300	178,0
Veba	8 060	53,7
Dt. Bundespost	14 470	484,1
Dt. Bundesb.	11 729	401,3
Lufthansa	2 019	−

In Frankfurt/M. demonstrieren 4500 Polizeibeamte für bessere Berufsbedingungen
8 % Lohn- und Gehaltserhöhungen im öffentlichen Dienst der BRD, 7,5 % Erhöhung im Bauhauptgewerbe, 12,5 % i. d. Bekleidungsindustrie. Immer mehr Ausg. d. öff. Hand fließen in den Personalsektor
Lohnerhöhung in der Eisenindustrie der BRD um 10–13,5 % (allg. steigen d. Löhne schneller als die Preise)
Haushalt der BRD mit 91 Mrd. DM verabschiedet
Verbesserung der gesetzlichen Krankenversicherung und d. Kindergeldes i. d. BRD
Zur Konjunkturdämpfung erhöht Zentralbankrat der BRD Diskontsatz auf 7,5 % (wird später im Jahr auf 6 % gesenkt)
Krise des Investmentfonds IOS
Eine Neugliederung des Bundesgebietes wird gefordert und diskutiert (etwa Verringerung der Zahl der Länder von 11 auf 7; wird vielfach f. kaum durchführbar gehalten)
Welthandelsflotte 227,5 Mill. BRT (1939: 68,5 Mill., 1951: 87,2 Mill. BRT)
Entwicklungshilfe der westl. Industrieländer (DAC): 14,8 Mrd.

(1970)

CSU-Fraktion über, Mehrheit d. SPD-FDP-Koalition vermind. sich auf 6 Stimmen (Hintergr. d. Übertritte werd. polemisch diskutiert)
In Würzburg grdt. sich die rechtsgerichtete „Aktion Widerstand" unter heftigen Gegendemonstrationen
DDR wird von zahlr. Staaten anerk.
EWG beg. Beitrittsverhandlungen mit Gr.-Brit., Irland, Dänemark u. Norwegen (spaltet d. Öffentlichkeit dieser Länder)
EWG steuert eine Endphase an, in der bis 1980 volle polit. u. währungspolit. Gemeinsch. erreicht werden soll
Europarat verurteilt griech. Militärregierung wegen Verletzung der Menschenrechtskonvention
† *Charles de Gaulle*, frz. Staatspräsid. s. 1958, Politiker eines autoritär. Reg.-Stils, sicherte Frankr. i. 2. Weltkr. d. Pl. a. d. Seite d. Siegermächte, beend. d. Algerienkrieg, förd. d. Aussöhn. m. Dtl., erstrebte Einigung Westeuropas u. ein „Europa d. Vaterländer", trat 1969 zurück (* 1890)
An der Totenfeier für *de Gaulle* in Notre Dame nehmen ca. 80 Staats- und Regierungschefs teil
† *Edouard Daladier*, frz. Politiker, Radikalsozialist, zw. 1933–40 mehrf. Min.-Präsid., unterzeichn. Münchner Abkommen (* 1884)
Frz. Staatspräsident (s. 1969) *G. Pompidou* (* 1911) macht Staatsbesuch in der USSR
Überraschender Wahlsieg der Konservativen in Gr.-Brit. führt zur Reg. unter Premiermin. *Edward Heath* (* 1916) (Konserv. 330 Sitze, Labour 287, Liberale und andere 12 Sitze) (bis 1974)
Bürgerkriegsartige Zusammenstöße zwischen Protestanten und unterprivilegierten Katholiken in Nordirland dauern Jahre an
Rhodesien erklärt sich zur Republik und löst sich damit endgültig von Gr.-Brit.
Parlamentswahlen führen in Österreich zu einer Minderheitsregierung der SPÖ unter Bundeskanzler *Bruno Kreisky* (* 1911) (ÖVP u. FPÖ in der Opposition)
Sozialdemokraten erhalten in Schweden knappe Mehrheit: *Olof Palme* (* 1927) bleibt Min.-Präs., s. Minderheitsreg. ist auf kommunistische Unterst. angewiesen
† *Halvard Lange*, sozialdemokrat. norw. Außenmin. von 1946 bis 1965 (* 1902)
Reichstagswahlen in Finnland ergeben Stärkung der Konservativen. Sozialdemokraten bleiben trotz Verlusten stärkste Partei. Koalitionsreg. unter *Ahti Karjalainen* (* 1923)

der Bühne" (krit. Pamphlet)
Luise Rinser (* 1911): „Eine Art Tagebuch 1967–70
† *Nelly Sachs*, jüd. Dichterin dt. Herkunft, seit 1940 in Stockholm, Nobelpreis 1966 (* 1891)
Arno Schmidt (* 1914): „Zettels Traum" (überdimensionale romanhafte Darstellung in eigenwilliger Schreibweise als faksimiliertes Typoskript)
† *Viktor Otto Stomps*, dt. Verleger junger Autoren (in Berlin-W.), grdte. Verlag Neue Rabenpresse s. 1967 (* 1897)
In der BRD bieten ca. 170 öff. finanzierte Theater pro Jahr ca. 30 Mill. Plätze an, von denen ca. 17,6 Mill. benützt werden. Subventionen ca. 450 Mill. DM, Kasseneinnahmen ca. 148 Mill. DM
Besucherzahl von Theatern i. d. BRD zeigt Rückgang: 1951 15 402 000 (ohne Saarl. u. Berlin), 1960 19 878 000, 1970 17 655 000 (vgl. 1973)
„Living Theatre" aus New York löst sich nach Mißerfolgen in Berlin (West) auf
Neue Büchertitel in der BRD: 1950 14 094, 1960 22 524, 1970 47 096

Sozialist. Student.-Verein (SDS) löst sich auf
BRD und USSR vereinbaren Austausch v. Wissenschaftlern
CDU/CSU lehnt i. Bundesrat wichtige Teile der Sexualstrafrechtsreform ab (z. B. Freigabe d. Pornographie)
Mehrere Verurteilungen i. d. USSR wegen „Verleumdungen" d. Staates (wachsende Verfolgung d. „Dissidenten" ruft intern. Proteste hervor)
In der BRD wird das aktive Wahlalter von 21 auf 18 Jahre herabgesetzt
8320 männl. Selbstmorde u. Selbstbeschädigungen i. d. BRD (4816 weibl.)
Seit 1950 wurden in Frankr., Spanien, Portugal, Italien, USSR 27 Höhlen mit eiszeitlichen Malereien entd. (insges. sind 131 Höhlen bekannt)
Neuere Funde seit 1950 erg. folg. Entw. d. Eiszeitmalerei: Aurignacien ($\approx$ −25 000) linear. Stil d. einfachen Umrißzeichnung; Solutréen ($\approx$ −15 000) Übergangsstil; mittl. Magdalénien ($\approx$ −12 000) malerischer Stil (Altamira); spät. Magdal. ($\approx$ −9000) entw. linearen Stil

Anselm Riedl: „George Rickey – Kinetische Objekte"
Diter Rot (* 1930): „Gewürzfenster" (abstr. Kompos. aus organ. Materialien)
† Mark Rothko (Freitod), nordamer. abstr. Maler (* 1903)
Matthias Schäfer (* 1944): „Watte-Objekt"
Eva Scankmajerova: „Besuch des frühen Picasso bei van Gogh in Arles" (tschech. Gem. mit parodist. Kombination zweier Bilder der beiden Maler)
Jean Tinguely, Luginbühl u. N. de Saint Phalle beg. Bau einer begehbaren Riesenplastik „Monstre" b. Paris
Stefan Wewerka (* 1928): „Der rote Stuhl" (neodadaist. Objektkunst in Form eines zerbrochenen Stuhles)

„The end of the road" (amer. Film v. *Aram Avakian*)
„The touch" (amerik. Film v. *Ingmar Bergman*, * 1918)
„Die Feuerzangenbowle" (dt. Film v. *Helmut Käutner*, * 1908)
„Ryans Tochter" (amer. Film v. *David Lean*, * 1908, Engl.)
„König Lear" (russ. Film v. *Grigori Michailowitsch Kosinzew*, *1905)
„Gesellschaft mit beschr. Haftung" (ind. Film v. *Satyajit Ray*, * 1921)

Text *Horton Foote* n. d. Roman v. *M. Mitchell*; europ. Erstauff. in London 1972) (vgl. D)
† *George Szell*, nordam. Dirigent österr.-ung. Abst. (* 1897)
Bernd Alois Zimmermann: „Ich wandte mich und sah an alles Unrecht, das geschah unter der Sonne" (Kantate f. 2 Sprecher, Baß-Solo und Orchester)
† *Bernd Alois Zimmermann*, dt. Komponist (* 1918)
Häufigste Aufführungen der deutschsprachigen Opernbühnen 1969/70:
„Zauberflöte" 282 ×; „Hochzeit des Figaro" 281 ×; „Die Entführung aus dem Serail" 259 ×; „Hoffmanns Erzählungen" 236 ×; „Zar und Zimmermann" 213 ×; „Carmen" 201 ×; „Der Rosenkavalier" 191 ×; „Cosi fan tutte" 179 ×; „Rigoletto" 178 ×; „La Traviata" 171 ×
Arbeitstage f. Musik i. Berlin (West) (Ensemble-Improvisationen u. musikal. Werkbegriffe)
Herb. v. Karajan: Plattenaufn. d. Tripelkonz. v. Beethoven i. Berlin (W) m. d. Berl. Philharmonikern (russ. Solisten:

US-Raumschiff „Apollo 13" auf dem Mondflug durch Explosion zum Verzicht auf Mondlandung gezwungen. Mondlandefähre wird zum „Rettungsboot" und bringt Astronauten *Lovell, Swigert, Haise* gesund zurück
Unbemannte sowj. Sonde „Luna 16" landet auf dem Mond, sammelt Bodenproben und kehrt zur Erde zurück
USSR läßt die unbemannte Mondsonde „Luna 17" das erste Mondfahrzeug „Lunachod 1" absetzen, das wochenlang von der Erde gesteuert wird und Daten von der Mondoberfläche vermittelt
USSR startet die Raumsonde „Venus 7"
USSR-Raumschiff „Sojus 9" mit den Kosmonauten *Nikolajew* u. *Sewiastianow* stellt mit 17 Tagen u. 17 Stunden Erdumkreisung neuen Zeitrekord auf (wird 1973 von USA mit Skylab mit 59 und 1973/74 mit 85 Tagen übertroffen)
Am Serpukow-Protonen-Synchroton (USSR) werden schwere Wasserstoffkerne der Antimaterie erzeugt (Anti-Deuterium-Kerne)
VR China startet ersten Weltraum-Satelliten „Tung Fang Hung"

Dollar, davon 6,8 Mrd. Dollar aus d. öff. Hand (entspr. 0,74 bzw. 0,34 % d. Bruttosozialprodukts)
Entwickl. d. Weltexports (ohne Ostblock und VR China) in Mrd. Doll.: 1960 113, 1964 152, 1968 212, 1970 279

Anteil 1970 (i. %)
USA	15,5	Ital.	4,7
BRD	12,3	Niederl.	4,2
Gr.-Brit.	6,9	Belg.	4,2
Japan	6,9	Schwed.	2,4
Frankr.	6,4	Schweiz	1,8
Kanada	5,8	Austr.	1,7
		Österr.	1,0

EWG-Beschlüsse in Brüssel zur Vollendung des Gemeinsamen Marktes (pol. Einheit soll b. 1980 err. werden)
BRD und Frankr. einigen sich, Verhandlungen mit Gr.-Brit. über Eintritt in die EWG zu ermöglichen
EWG nimmt Beitrittsverhandlungen mit Gr.-Brit., Irland, Dänemark u. Norwegen auf
BRD und USSR unterzeichnen Verträge über Lieferung russischen Erdgases (wird ab 1973 geliefert) und dt. Großröhren
Konjunkturdämpfungsprogramm in der BRD mit Steuervorauszahlungen
Entw. des Anteils d. Energiequellen d. Welt (in %):

	Nat.-gas	Öl	feste Kern St.	Sonst.
1960	–	13	35	46	6
1970	–	17	45	21	17
1985	8	16	47	24	13

(geschätzt)
(bedeut. wachsende Macht d. Ölstaaten)
Wirtschaftswachstum in % 1960–70:

	real. Soz.-Prod.	Industrie-prod.
Japan	185	269
Frankr.	76	76
Ital.	73	97
BRD	59	74
USA	52	55
Gr.-Brit.	30	32

(zeigt Spitzenstellung Japans, das drittgrößte Industriemacht wird)

(1970)	*Emilio Colombo* (* 1920) (Christdemokrat) bildet neue ital. Mitte-Links-Regierung (Ital. bleibt ein Land starker sozialer Spannungen)	Alkoholmißbrauch i. BRD greift auf Schüler über	„Abgeschnittene Köpfe" (brasil. Film v. *Glauber Rocha,* * 1938)
	Schwere Unruhen im ital. Reggio di Calabria um die Wahl der Regionalhauptstadt	*R. Kottje* u. *B. Moeller:* „Ökumenische Kirchengeschichte (2 Bde. eines ev. u. eines kathol. Autors)	„Erste Liebe" (Film v. *Maximilian Schell,* * 1930)
	†*Antonio O. Salazar,* portug. Staatspräsid. u. Diktator seit 1932 (* 1889)		„Hund u. Menschen" (tschech. Film v. *Evald Schorm,* * 1931, Prag)
	Putsch in Guinea scheitert. Portugal wird der Beteiligung bezichtigt		
	Schwere Unruhen in Spanien, Baskenprozeß mit Todesstrafen, die in Freiheitsstrafen umgew. werden	*D. Wyss:* „Die tiefenpsychologischen Schulen v. d. Anfängen (um 1893) bis zur Gegenwart (Zusammenfassung i. d. Zeit ihrer Verschmelzung)	„Liebesfilm" (ungar. Film v. *István Szabó,* * 1938)
	Warschauer-Pakt-Staaten begrüßen Gewaltverzichtsvertrag zw. USSR u. BRD u. setzen sich f. eine gesamteurop. Sicherheitskonferenz ein		„D. Privatleben v. Sherlock Holmes" (engl. Film v. *Billy Wilder,* * 1906)
	NATO-Ministerrat in Rom ist mit der Vorbereitung einer gesamteuropäischen Sicherheitskonferenz einverstanden		
	†*Adam Rapacki,* poln. Außenmin. (1956–68) (* 1909) für ost-westl. Verständigung	*Hans Frhr. v. Kress* (* 1902): „Klinische Aspekte d. Sterbens" (Üb. d. Funktion d. Arztes am Sterbelager)	*N. W. Tomski:* Lenin-Denkmal i. Ost-Berlin (russ. Skulptur z. Leninjahr)
	Lebenslange Freiheitsstrafe für den ehemaligen Kommandanten des Vernichtungslagers Treblinka (b. Warschau), wo wenigstens 400000 Juden umgebracht wurden		Straßenkunst-Aktion i. Hannover
	Loubomir Strougal löst als Min.-Präs. der ČSSR *Cernik*, einen letzten Reformpolitiker, ab.	Dt. Gesellsch. f. Friedens- u. Konfliktforschung unter d. Protektorat d. Bundespräsid. gegr.	Malergruppe „KWARZ" i. Berlin (W) gegr. (gehör. z. d. Berliner Realisten)
	Im neuen Freundschafts- und Beistandspakt zwischen USSR und ČSSR wird die Verteidigung des Sozialismus als eine gemeinsame internationale Pflicht der sozialistischen Länder erklärt (diese „*Breschnew*-Doktrin" rechtfertigt die militärische Intervention der USSR von 1968)	*Klaus Weltner:* „Informationstheorie und Erziehungswissensch."	
	Nach kurzer Zeit als Botschafter der ČSSR in der Türkei verliert *Dubcek* alle übrigen Funktionen in Partei und Staat	Durch Hochschulbauförderungsgesetz beteiligt sich Bund zu 50 % am Hochschulbau d. Bundesländer i. gemeins. Planung	
	Nach Vorverhandlungen durch Staatssekr. *Duckwitz* und Außenmin. *W. Scheel* unterzeichnen Bundeskanzler *Brandt* und Min.-Präs. *Cyrankiewicz* den dt.-poln. Vertrag, der die faktische Anerkennung der Oder-Neiße-Grenze bedeutet		*David Oistrach* (Violine, * 1908, † 1974), *Svjatoslav Richter* (Piano, * 1915) und *Mstislaw Rostropowitsch* (Cello, 1927). (Es kommt aus pol. Gründen zu keiner öff. Konzertveranstalt.)
	Wirtschaftl. bedingt. Arbeiteraufstand an d. Ostseeküste Polens erzwingt Wechsel i. d. polit. Führung. Parteichef *Gomulka* wird durch *Gierek*, Min.-Präs. *Cyrankiewicz* durch *Jaroszewicz*, Präs. d. Staatsrats *Spychalski* durch *Cyrankiewicz* ersetzt	Das Bild vom „Raumschiff Erde" kommt auf (verdeutl. die Erschöpfbarkeit aller Reserven)	Schlager: „A Banda"
	†*Alexander Kerenski* (* 1881) i. d. USA, russ. Politiker, 1917 Min.-Präs. vor der bolschew. Revolution		
	†*Semjon K. Timoschenko,* maßgebl. sowj. Marschall i. 2. Weltkrieg (* 1895)		

Japan startet erstmals einen Satelliten durch eigene Trägerrakete

Mit dem 5atomigen Molekül Cyanoacethylen sind 20 anorg. u. organ. Moleküle i. Weltraum nachgewiesen (früher nur Atome vermutet)

Tiefseebohr-Forschungsschiff „Glomar-Challenger" erforscht Nordatlantik

In der BRD sind ca. 6000 größere elektronische Rechenanlagen vorhanden (entspricht ca. 400 Mill. menschlichen Rechnern). Seit 1950 wurden elektr. Rechner per Rechenleistung etwa 500mal billiger

Ein schallplattenartiger Träger für Fernsehaufzeichnungen wird in Berlin (West) v. Telefunken vorgeführt (aus dünner Kunststoffolie bestehend, gestattet dieser Träger billige, rasche und vielfache Reproduktion)

Gesetz von 1969 über Einheiten im Meßwesen tritt in Kraft: die wissenschaftlich, vorzugsweise atomphysikalisch, neu definierten Grundeinheiten Meter, Kilogramm, Sekunde, Grad Kelvin, Ampère, Candela werden allgemeinverbindlich (unterscheiden sich prakt. nicht von den bisherigen Definitionen)

Die Kurzzeitmessung i. d. Physik erreicht die billionstel Sekunde

Weltausstellung „Expo 70" in Osaka/Japan

Hausmüllanfall i. d. BRD (Mill. cbm): 1948 20, 1960 45, 1970 80 (vgl. Aufglied. d. Abfälle), 1975 105 (Müllbeseitigung: Verbrennung, Ablagerung, Kompostierung wird ein dringl. Problem)

Hausmüll u. and. Abfälle i. d. BRD (i. Mill. cbm): Hausmüll 80, Sondermüll (gift., explos.) 2,0, Bauschutt 2,5, Abf. a. Bergb. u. Stahlerz. 10,0, Autowracks 12,0, sonst. Gewerbe 16,0, insges. rd. 125

Die Erkenntnis der hohen Bedeutung eines wirksamen Umweltschutzes breitet sich nach langer Vernachlässigung rasch aus

Sofortprogramm in der BRD zur Reinhaltung von Luft und Wasser sowie zur Lärmbekämpfung (wirkt sich nur langsam aus)

Zahl der Computer in
           BRD   USA
1960   200   3000
1970   5000   200000

Fernsehgenehmigungen in der BRD:
1960   4637000
1970   16669000

251000 Kinos auf der Erde (140000 i. d. USSR; 3500 i.d. BRD, 85 i. d. DDR)

Zahl d. Zeitungen i. d. BRD vermindert sich von 1065 auf 998 (davon 686 selbst.)

· ≈ Die rasche Zunahme des Individualverkehrs (Pkw) und dessen Probleme regt die Entwicklung neuer Nahverkehrsmittel an (von der U-Bahn bis zum Transportverbund)

Erster dt. Nationalpark im bayr. Wald eröffn.

Verstärkung der Telefon- und Fernschreibverbindungen zwischen BRD und DDR (innerhalb Berlins werden zunächst nur die Fernschreibverbindungen vermehrt)

Weltfremdenverkehr (ohne China): 1950 25 Mill., 1960 70 Mill., 1970 167 Mill. Auslandsreisen (davon entf. ca. 80 % auf OECD-Länder)

Erster Nordatlantik-Passagierflug der Boeing 747 („Jumbo Jet")

Erster Tunnel durch d. Pyrenäen (3 km lang)

19123 Verkehrstote i. d. BRD (+15 % gegenüb. Vorjahr)

In den USA wird geschätzt die Wahrscheinlichkeit innerhalb eines Jahres einen Schaden zu erleiden durch

alle Krankheiten	zu 1 : 100
Automobile	zu 1 : 100
Zigaretten	zu 1 : 2000
Luftverschmutzung	zu 1 : 10000
Schußwaffen	zu 1 : 50000
elektr. Strom	zu 1 : 50000
Wärmekraftwerke	zu 1 : 250000
Naturkatastrophen	zu 1 : 1500000
Strahlung von 1 m rem	zu 1 : 10000000 (ca. 1/15000 der Toleranzdosis)

Lawinenkatastrophe in St. Gervais i. d. frz. Alpen fordert 71 Todesopfer

Hochwasserkatastrophe in Rumänien fordert ca. 200 Tote

Wirbelstürme u. Flutwellen fordern in Ostpakistan 150000–300000 Tote u. ca. 1 Mill. Obdachlose (eine d. schwersten Naturkatastrophen)

Flutkatastrophe a. d. Ostküste Brasiliens macht ca. 200000 Menschen obdachlos

2 Taifune fordern auf d. Philippinen insges. mehr als 1000 Todesopfer

Erdbeben in Nord-Peru fordert etwa 50000 Todesopfer

Erdbeben in Gediz (Türkei) fordert 1100 Todesopfer

Zahlreiche Flugzeugentführungen aus polit. Gründen führen zu Sicherheitsmaßnahmen und Erschwerungen des Flugverkehrs

Schweizer Flugzeug nach Tel Aviv stürzt durch Sprengstoffattentat ab (47 Tote); weitere Anschläge

(1970) Außenmin. d. USSR *Gromyko* besucht Vatikanstaat

Neuer Freundschaftsvertrag zwischen USSR und Rumänien

Wegen versuchter Flugzeugentführung werden in Leningrad u. a. zwei jüdische Sowjetbürger zum Tode verurteilt. Weltweiter Protest auch in KP-Kreisen. Moskauer Berufungsgericht wandelt die Todesstrafe in 15 Jahre Arbeitslager um

US-Präs. *R. Nixon* kündigt weitere Verringerung d. US-Truppen in Vietnam an

Politische Erpressungen durch Bedrohung Unschuldiger mittels Geiselnahme. Verschleppungen oder (vorzugsw. Flugzeug-)Entführungen nehmen zu (wiederholt führt das z. Befreiung polit. Gefangener od. Erlangung hohen Lösegeldes) (vgl. 1973 P)

Arab. Terroristen entführen 4 Verkehrsflugzeuge, 409 Passagiere werden üb. 1 Woche i. d. jordan. Wüste festgehalten, die Flugz. schließl. gesprengt

Kämpfe der jordanischen Armee gegen palästinensische Guerillas enden mit deren Niederlage und der Festigung der Position Kg. *Husseins*, der mit Guerilla-Chef *Arafat* Waffenstillstand schließt

† *Graf v. Spreti*, Botschafter der BRD in Guatemala, von seinen Entführern als Geisel ermordet

Botschafter der BRD in Brasilien, *Ehrenfried v. Holleben*, von linken Guerillas entführt und gegen 40 politische Häftlinge freigelassen

Schweiz. Botsch. *Bucher* in Rio entführt (wird gegen 70 polit. Häftlinge freigelassen)

In Uruguay werden d. brasilian. Generalkonsul und ein US-Sicherheitsbeamter entführt; letzterer wird ermordet aufgefunden

Extremisten der frz. Minderheit in Kanada entführen brit. Handelsattaché *Cross* und kanad. Min. *Laporte*; letzterer wurde ermordet, *Cross* gegen freies Geleit für die Entführer freigelassen

USSR hilft Ägypten beim Ausbau von Raketenstellungen gegen Israel (kommt im Krieg 1973 zu starker Wirkung)

Dreimonatige Waffenruhe am Suezkanal, um Friedensgespräche mit dem UN-Beauftragten *Jarring* zu ermöglichen. Israel beschuldigt Ägypten der Verletzung des Waffenstillstandes und verweigert Teilnahme an Gesprächen

Waffenruhe am Suezkanal um 3 Monate verlängert (wird schl. 1973 d. ägypt. Angriff beendet)

Ägypt. Staatspräs. *Nasser* verhandelt in Moskau über Nahost-Konflikt und wird zu einer polit. Lösung bestimmt

† *Gamal Abd el Nasser*, ägypt. Staatspräs. (s. 1954) herausrag. Führer d. arab. Bewegung (* 1918). Seine Beisetzung wird zu einer einmal. Massendemonstration

Anwar as Sadat (* 1918) Kampfgef. *Nassers*, wird Staatspräs. v. Ägypten

Palästinensische Guerillas bekämpfen zunehmend Israel, das Gegenschläge führt

Sudanes. Reg. verstaatlicht alle ausländ. Unternehmen

Libyen zwingt durch Beschlagnahmung 21 000 Italiener zur Rückwanderung

Im Irak werden 44 Menschen, vorwiegend Offiziere, wegen Verschwörung gegen die Regierung hingerichtet

Blutiger Bürgerkrieg in Nigeria durch bedingungslose Kapitulation der Region Biafra beendet

In der UN-Vollversammlung ergibt sich eine knappe Mehrheit für die Aufnahme der VR China (jedoch nicht die erforderliche ²/₃-Mehrheit) (wird 1973 aufgenommen)

Diplomatische Beziehungen zwischen VR China und Kanada sowie Italien

US-Präs. *Nixon* verzichtet auf Giftstoffe als offensive Kriegswaffen

US-Präs. *Nixon* unternimmt Europareise (Mittelmeerflotte, Italien, Jugoslawien, Spanien, Gr.-Brit., Irland)

Kongreß- und Gouverneurswahlen in USA lassen *Nixon* ohne republikanische Mehrheit und bringen den Demokraten mehrere Gouverneursämter

Einsatz von US-Truppen i. Kambodscha, um Basen d. Vietkong zu vernichten (führt zu weltweiten Protesten)

Salvador Allende (* 1908) wird in Chile zum Staatspräsid. gewählt. Vers. geg. bürgerl. Widerstand parlamentar.-demokratischen Sozialismus zu realisieren (stirbt 1973 bei einem Militärputsch)

Prinz *N. Sihanouk* (* 1922) von Kambodscha abgesetzt (betrieb eine antiamerikanische Politik); nimmt Asyl i. Peking

Wahlsieg der linken „Freiheitspartei" auf Ceylon; Frau *Bandaranaike* (* 1916) bildet neue Regierung unter Einschluß der Kommunisten

Oberbefehlshaber der Streitkräfte setzen in Argentinien Staatspräs. *Ongania* ab; General *Roberto M. Levingston* wird sein Nachfolger

† *Sukarno*, indones. Politiker, leitete 1945–67 d. Politik d. unabh. Rep. Indonesien (* 1901)

Neugew. japan. Parlament bestätigt. Min.-Präs. *Eisaku Sato* (* 1901), seit 1964 i. Amt (tritt 1972 zurück)

Patrick Moore u. a.: ,,Atlas of the universe" (,,Weltraum-Atlas", kennz. f. d. zunehmende Erforsch. d. Weltraums mit Teleskopen u. Raumsonden)

US-Satellit entd. 160 kosmische Röntgenquellen (100 i. unserer Milchstraße) als Ursache versch. Neutronensterne: oder ,,Schwarze Löcher" vermutet

4. Saturnring entd.

Erste opt. Sichtung eines Quasars (Radiostern)

2 Röntgenpulsare entd. (waren urspr. als Radiosterne gef. worden)

Für CERN, Genf, wird ein 400-Mrd.-e-Volt-Beschleuniger beschlossen

Transuran. Element 106 erz., erh. d. Namen ,,Bohrium"

Video-Cassettenrekorder Bild-Ton-Platte (ab 1973 auch farbig)

Mit Förderung von Manganknollen vom Meeresboden beg. ein Tiefseebergbau

Nachrichtenübermittlg. mit Laserstrahlen durch Glasfaseroptik

Theorie d. Plattentektonik i. d. Geologie vermittelt ein neues Bild d. Erde (vgl. 1927)

Aufbau des Fieberstoffes (Endotoxin) wird geklärt (*O. Westphal* u. and.)

und verstärkte Sicherheitsmaßnahmen im Flugverkehr

Absturz eines brit. Urlauberflugzeuges bei Barcelona fordert 122 Tote

1 Toter und 11 Verletzte durch Anschlag palästinensischer Guerillas auf dem Flughafen München

20 Pockenkranke durch Einschleppung der Erreger aus Pakistan in die BRD (4 Todesfälle)

Cholera-Epidemie dringt von Südostasien in den Nahen Osten vor

Nach 2½jähriger Dauer wird Prozeß gegen die Hersteller von Contergan, das Mißbildungen erzeugte, eingestellt (Fa. hatte 114 Mill. DM zur Entschädigung bereitgestellt)

DDR gewinnt in Stockholm vor USSR und BRD Europapokal der Leichtathleten

† *Jochen Rindt* beim Training zum ,,Gr. Automobil-Preis von Italien" (* 1942) (wird nach seinem Tode zum Weltmeister erklärt)

† *Otto Peltzer*, dt. Rekordläufer über Mittelstrecken (* 1900)

Borussia Mönchengladbach Fußballmeister der BRD

Brasilien zum 3. Male Fußballweltmeister (vor Italien u. BRD)

Cassius Clay erreicht sein Comeback durch Sieg über *Jerry Quarry* durch technischen k. o.

Krokodile durch extensive Jagd vom Aussterben bedroht

Japan. Schwarzschnabelstorch als natürliche Population erloschen

Rohstahlprod. d. Erde 592 Mill. t, davon (i. 1000 t): USA 131 175, USSR 110 315, Japan 82 166, BRD 45 316, DDR 5 180, Gr.-Brit. 26 846, Frankr. 22 510, Ital. 16 428

Weltenergieverbr. d. Erde (in Mrd. t SKE; 1 kg SKE entspr. ca. 8 kWh):

Jahr	1960	1970	1980	2000
Kohle	2,1	2,6	3,2	4,0
Erdöl	1,5	3,0	4,8	10,0
Erdgas	0,6	1,3	2,0	3,6
Kern	0,3	0,4	2,0	4,5
Sonst.	0,3	0,4	0,6	0,9
	4,8	7,7	12,6	23,0

(Zahlen berücksichtigen noch nicht d. Ölkrise ab 1973)

Energieverbrauch d. Menschheit bis 2000 wahrsch. größer als insges. seit Beg. d. Zeitrechn.

Elektr. Energieerz. i. d. öff. E-Werken d. BRD (in Mrd. kWh) mit

Wasser 1,26 = 1,5 %, Steink. 39,9 = 54,5 %, Braunk. 4,5 = 6,0 %, Öl 15,3 = 20,0 %, Gas 12,3 = 16,0 %, Sonst. 1,4 = 2,0 %, insges. 74,5

Erdölförd. d. Erde 2,5 Mrd. t, davon (i. %): Naher Osten 30,5; Nordamer. 26; Ostblock 16,8; Afrika 11,7; Lateinamer. 11,4; Ferner Osten 3,0; Westeuropa 0,7

Textilfaserproduktion der Welt (in Mill. t bzw. %):

	Baumwolle		Wolle		Chemiefaser	
1900	3,2	81 %	0,7	19 %	–	0 %
1950	6,6	71 %	1,1	11 %	1,7	18 %
1970	11,6	54 %	1,6	7 %	8,4	39 %
1980*	12,0	39 %	1,6	5 %	17,1	56 %

* geschätzt

1971	Friedens*nobel*preis an *W. Brandt* (* 1913) f. seine Friedens- und Entspannungspolitik insbes. gegenüb. d. Ostblockstaaten (vgl. 1972)	Literatur-*Nobel*preis a. *Pablo Neruda* (* 1904, Chile, † 1973), schrieb 1950 „El canto general" (sozialist. Dichtung über die Entw. Chiles)	*Th. W. Adorno* (* 1903, † 1969): „Ästhetische Theorie" (postum)

Streitkräfte der NATO / des Warschauer Paktes

	in Tsd.	in Tsd.
Heer	3183	2762
Marine	986	530
Luftwaffe	1342	721
Spezialwaff.	502	878
insges.	6013	4891

Erstes US-U-Boot mit Poseidon-(Kernwaffen-)Raketen
USA, USSR u. Gr.-Brit. unterzeichn. Vertrag über Verbot von Kernwaffen auf dem Meeresgrund
USA u. USSR unternehmen unterirdische Kernwaffenversuche
Frankr. untern. Kernwaffenversuche im Pazifik (darunter auch eine Wasserstoffbombe; Proteste bes. v. Japan)
Frankr. stellt 3 Atom-U-Boote i. Dienst
Ernst Benda (* 1925) wird Präs. d. Bundesverfassungsgerichts i. Karlsruhe
† *Wald. v. Knoeringen*, dt. Politiker, insbes. Bildungspol. (SPD) (* 1906)
Bundesfinanzmin. *Alex Möller* tritt zurück (Nachf. wird *K. Schiller*, d. 1972 zurücktritt)
Karl Schiller (* 1911) wird Bundesmin. f. Wirtschaft u. Finanzen (tritt 1972 zurück u. aus d. SPD aus)
In Bremen löst n. Wahlsieg d. SPD SPD-Senat unt. Sen.-Präs. *Koschnick* (* 1929, SPD) SPD/FDP-Koalition ab
Peter Schulz (* 1930, SPD) wird Bürgerm. v. Hamburg; bild. SPD/FDP-Senat
Gerh. Stoltenberg (* 1928, CDU) wird Min.-Präsid. einer CDU-Reg. i. Schleswig-Holstein
Bombenanschläge d. linksradikal. *Baader-Meinhof*-Gruppe i. d. BRD
In der BRD werden vom Verfassungsschutz 555 Terror- und Gewaltakte registriert
SPD grenzt sich gegen Linke ab (insbes. geg. Aktionen mit Kommunisten u. d. Programm d. Jungsozialisten)
Die 4 Siegermächte schließen Berlin-Abkommen, das d. dt. Verh. üb. Transitverkehr u. Reisen i. d. DDR ergänzt

Friedenspr. d. dt. Buchhand. an *Marion Gräfin Dönhoff* (* 1909, Ostpr.)
Louis Aragon (* 1897): „Henri Matisse" (frz. biogr. Roman)
H. C. Artmann (* 1921, Österr.): „How much, Schatzi?" (10. Erz.)
Ing. Bachmann: „Malina" (österr. Roman)
Heinr. Böll: „Gruppenbild mit Dame" (Roman a. d. 2. Weltkrieg)
Jos. Breitbach (* 1903): „Requiem f. d. Kirche" (Komödie, Urauff. i. Augsb.)
Hans Magnus Enzensberger: „Gedichte 1955–70"
Rainer Werner Fassbinder: „Bremer Freiheit, ein bürgerl. Trauerspiel" (um eine 1831 hinger. Giftmischerin)
J. Fernau (* 1909): „Cäsar läßt grüßen" (histor. Betrachtung)
Dieter Forte (* 1935): „Martin Luther & Thomas Münzer oder Die Einführung der Buchhaltung" (dt. Erstauff., Urauff. 1970 in Basel) (Bühnenstück, das M. L. als Marionette Fuggers darstellt)
Paul Goma (* 1935), „Ostinato" (russ. Roman, erscheint i. d. BRD)
Graham Greene (* 1904) „A sort of Life" (engl. Autobiographie)
Peter Handke (* 1942, Österr.): „Der Ritt über d. Bodensee" (Schauspiel mit Sprachspielen)
W. Hildesheimer (* 1916): „Mary Stuart" (Schauspiel)

Carl Andersen (* 1904): „Die Kirchen der alten Christenheit" (dän. Kirchengeschichte)
J. Apresjan: „Ideen u. Methoden d. modernen strukturellen Linguistik" (Sprachwissenschaft aus d. Russ.)
Karl-Barth-Stiftung in Basel gegr. zur Pflege seines theolog. Werkes
Marion Gräfin Dönhoff (* 1909, Ostpr.) erhält Friedenspreis des dt. Buchhandels
Carl-Heinz Evers (* 1922) u. and.: „Versäumen unsere Schulen d. Zukunft (krit. Analyse eines d. Väter d. Gesamtschule)
Basel gibt d. Herderpreis an *Jiří Kolař* (* 1914), Schriftst. i. d. ČSSR
R. Lettau (* 1929): „Der tägl. Faschismus" (Kritik a. d. US-Presse)
E. Künzel: „Jugendkriminalität u. Verwahrlosung"
Golo Mann (* 1909) „Wallenstein" (histor. Roman)
† *Ludwig Marcuse*, dt. Philosoph (* 1894)
Ehemal. ung. Kardinal *Mindszenty* (* 1892), seit 1956

Alvar Aalto (* 1898): „Finlandia" (Konzerthaus i. Helsinki)
Bele Bachem: „Magischer Stillstand"
Rosemarie Blank (* 1931): „Fußbank" (Polyester)
Manfred Bluth (* 1926): „Bäreninsel mit schiffbrüchigem Weib"
M. Chagall „Zirkus mit Jongleuren", „Erinnerung an das Dorf" (russ.-frz. Gouachen)
Ingrid Dahn (* 1939): „Von innen nach außen IV" (Plexiglasplastik)
Jonas Dangschat (* 1931): „Emanzipation II" (Gem.)
Roland Dörfler (* 1926): „Karton II" (Gem.)
Gr. Dürerausst. in Nürnberg
„Dürers Glanz u. Gloria" (Ausst. i. Berlin [West], ironisiert im Dürerjahr den Nachruhm als typisch „deutscher" Künstler bes. i. 19. Jh.)
Uwe Hässler (* 1938): „Stehende" (3-Farben-Radierg.)
Hrdlicka: „The Rakes Progress" (österr. Radierzyklus)
HAP Grieshaber (* 1909): „Hommage à Dürer" (Holzschnitt)
B. Heiliger: „Flugmotiv" (Alu-Plastik)
Albert Hermann (* 1937): „Spiegel Nr. 5"
Utz Kampmann (* 1935): „Maschinenplastiken" (aus Acrylglas, Formica, Holz)
† *Frans Masereel*, belg. Graphiker, Holzschnittmeister, führend im Holzschnitt (* 1889)
Peter Nagel (* 1941): „Nägel im Kies"
Oscar Niemeyer: Partei-

† *Louis Armstrong* (Uncle Satchmo), US-Neger, weltbekannter Jazzmusiker u. Trompeter (* 1900)
L. Bernstein (* 1918): „Messe" (Kompos. f. d. Einweihung d. John F. Kennedy-Kulturzentrums i. Washington, vgl. Spalte K)
Cesar Bresgens: „Der Wolkensteiner" (österr. Oper)
John Cranko: „Carmen" (Ballett mit Musik von *W. Fortner* i. Stuttgart)
G. v. Einem (* 1918): „Besuch der alten Dame" (Oper n. *Dürrenmatt*)
H. W. Henze (* 1926): „Der langwierige Weg in die Wohnung der Natascha Ungeheuer" (Komp. f. klass. Quintett, Jazz-Kombo, Blechbläser, Schlagzeug, menschl. Stimme. Gegen sozialist. Utopien einer bürgerlichen Linken) Text v. *Salvatore*
Mauricio Kagel (* 1931): „Staatstheater" (parod. Oper ohne Orchester, Urauff. i. Hamburg)
György Ligeti: „Lontano" (Ballett)
H. v. Karajan grdt. Orchester-Akad. in Berlin (West)

*Nobel*pr. f. Physik an *Dennis Gabor* (* 1900, Ungarn) f. Erf. d. Holographie (opt. Abbildungsverf., bei dem die Objekte vollst. aus den Wellenfeldern rekonstruiert werden)
*Nobel*preis f. Chemie an *Gerhard Herzberg* (Kanada, * 1904 i. Dtl.) f. spektrosk. Erforschung des Molekülbaus
Medizin-*Nobel*pr. an *Earl Wilbur Sutherland* (* 1915, USA) f. d. Entd., daß Adenosinmonophosphat durch die Zellwand hindurch d. Neubildung von Glukose enzymatisch katalysiert (veröff. 1957); bed. neues Prinzip ein. Hormonwirkung
† *W. L. Bragg*, brit. Physiker, Bahnbrecher d. Röntgenanalyse v. Kristallen, *Nobel*preis 1915 (* 1890)
Darleane Hoffmann u. and. (USA) entd. transuran. Plutonium 244 mit 80 Mill. Jahren Halbwertsz. in ird. Mineral (Nachweis d. 1. Transurans i. d. Natur)
† *B. A. Houssay*, argent. Physiologe u. *Nobel*preisträger 1947 (* 1887)
† *A. W. K. Tiselius*, schwed. Biophysiker, *Nobel*preisträger 1948 (* 1902)
Angebl. 10. Planet zw. Sonne u. Merkur während einer Sonnenfinsternis entd.
Max-Planck-Ges. nimmt Radioteleskop (100 m Durchm.) i. d. Eifel i. Betr.
Bei d. Explosion eines

Gewerkschaftsgesetz gegen „unfaire" Handlungen in Gr.-Brit. (wird v. d. Gewerksch. bekämpft)
Rolls-Royce, brit. Auto- u. Flugzeug-Fabrik, erklärt Konkurs (gegr. 1906)
930 000 (0,9 %) Arbeitslose in Gr.-Brit.
4,6 Mill. Arbeitslose in USA (6 %)
Weltwährungskrise durch Dollarschwäche (verstärkt sich in den nächsten Jahren)
Elektr. Energ. i. d. BRD stammt aus (in Mrd. kWh):

	1971	1980 (gesch.)
Steink.	108,0	62,0
Braunk.	61,6	108,0
Öl	36,8	63,3
Erdg.	19,2	65,0
Wasser	14,0	19,0
Kern	5,8	144,0
Sonst.	14,2	23,0
insges.	162,4	484,3

EWG muß 62,8 % der Energie einführen (1960 30 %) (macht sich in der Ölkrise 1973 stark bemerkbar)
Mit 12 Turbinen größtes Wasserkraftwerk der Erde mit 6 000 000 kW Leistung bei Krasnojarsk/Jenissei in USSR fertiggestellt
Kunststofferzeugung (i. 1000 t):
USA 8186, Japan 5100, BRD 4824, USSR 1860, Frankr. 1765, DDR 420
Ausfuhr der BRD 135 992 Mill. DM, davon Frankr. 12,5 %, Niederl. 10,7 %, USA 9,7 %, Belg., Lux. 8,5 %, Ital. 8,4 %, Schweiz 5,9 %, Österr. 4,7 %, Gr.-Brit. 4,0 %.
EWG 40,1 %, EFTA 22,4 %, westl. Industrieländer 83,5 %, Entwickl.-L. 12,0 %, Staatshandelsl. 4,3 %

(1971)

wird (danach ist Berlin [W] kein konstitutiver Teil d. BRD, aber s. Bindungen sollen erhalten u. entwickelt werden; tritt 1972 n. Ratifizierung d. Ostverträge i. Kraft)
Walter Ulbricht (* 1893, † 1973) tritt als 1. Sekr. d. ZK d. SED (seit 1950) zurück (bed. Ende s. polit. Einfl.) Nachfolger 1973 *E. Honecker* (* 1912) (vgl. 1973)
DDR betont die Notwendigkeit, sich von d. BRD „abzugrenzen"
Störungen des Verkehrs BRD–Berlin (W) durch d. DDR
Frankr. beschließt 6. Modernisierungs- und Ausrüstungsplan (1971–75) mit Leitlinien f. d. Wirtschaft
Walentin Falin, Botsch. d. USSR i. d. BRD
† *Lin Piao*, Politiker u. Armeechef der VR China, desig. Nachfolger *Maos*, durch Absturz auf einem Flug i. d. USSR, nachdem, wie erst 1972 verlautet, er einen Putsch u. einen Mordanschlag gegen Mao versucht haben soll (* 1907)
Das chin. orientierte Albanien verurteilt Gewaltverzichtsvertrag BRD–USSR
Wahlen in Indien bringen der reg. Kongreßpartei u. *Indira Gandhi* im Unterhaus ²/₃-Mehrheit (gefolgt v. d. Kommunistischen Parteien)
Die asiat. Staaten liegen im ideol. Spannungsfeld zw. Moskau u. Peking
Freundschaftsvertrag zwischen USSR und Ägypten (verschleiert Meinungsverschiedenheiten über Lösung der Nahostfrage)
Ägypten, Libyen und Syrien grd. „Union Arabischer Republiken" (im übrigen bleibt das arab. Lager zerstritten)
99,98 % Stimmen f. neue ägypt. Verfassung
Diplomat. Beziehungen zw. Äthiopien und VR China
Aufn. diplomat. Bez. zwischen Iran u. VR China (trotz Verfolg. d. iran. Mao-Anhänger)
† *Dean Acheson*, Politiker d. USA (* 1893, 1949–53 Außenmin.)
In USA gibt es heftige Auseinandersetzungen über Vietnam-Krieg
Stimmengewinne der Sozialdemokr. in Dänemark

U. Johnson: „Jahrestage, Aus d. Leben der Gesine Cresspahl" (2. Bd. einer Romantrilogie)
Georg-Büchner-Preis an *Uwe Johnson* (* 1934)
Walter Kempowski (* 1929, Rostock): „Tadellöser & Wolff". Ein bürgerlicher Roman (Roman um Krieg u. Nachkrieg i. Rostock in einem faktenregistrierenden Stil. Forts. mit „Uns geht's ja noch gold" 1972)
Werner Koch: „Seelenleben I" (Roman)
Franz Xaver Kroetz (* 1946): „Stallerhof" (Schauspiel) u. „Männersache" (gesellschaftskrit. bayr.-mundartliches Schauspiel)
Dieter Kühn: „Ausflüge im Fesselballon" (Roman)
Siegfr. Melchinger: „Geschichte d. polit. Theaters"
Harold Pinter (* 1930): „Alte Zeiten" (engl. Schauspiel)
J. M. Simmel (* 1924): „Der Stoff, aus dem die Träume sind" (österr. Rom.)
„Phonetische Poesie" (Schallpl. mit Entw. d. Lautgeschichte im 20. Jh.)
Schaubühne am Hallerschen Ufer i. Berlin (W) beg. unter dem Regisseur *Peter Stein* Erfolgsserie, die sie mit „Peer Gynt" u. and. Inszen. i. d. nächsten Jahren an die Spitze des deutschsprachigen Theaters führt (vgl. 1973)

in der Botsch. d. USA in Budapest, erhält Ausreiseerlaubnis nach Rom (wird 1974 v. Papst abgesetzt)
Jacques Monod (* 1910): „Zufall u. Notwendigkeit" (philos. Fragen d. modernen Biologie)
A. Pointner: „Schule zwischen Repression und Revolution" (kennzeichnet die von der Hochschule auf die Schulen übergreifende Unruhe)
Joach. Ritter: (* 1903, † 1974) „Histor. Wörterb. d. Philosophie" (1. v. 8 Bänden)
Karl Steinbuch: „Mensch, Technik, Zukunft" (Probleme von Morgen, hält sie für rational lösbar)
K. E. Zimen kommt zu dem Schluß, daß sich zwischen 2000 und 2100 eine gleichbleibende Bevölkerungszahl mit gleichbleibender Energieversorgung und Wohlstand einstellt
2. Allg. Bischofssynode mit den Themen „Der priesterl. Dienst" u. „Gerechtigkeit i. d. Welt"
„9 Thesen gegen Mißbrauch der Demokratie" des ZK der dt. Katholiken (fordern „Partizipation" statt „Demokratisierung")

haus für die KP Frankreichs in Paris (mit geschwungener Glasfassade, betont unorthodoxer Baustil)

Silvia Quandt: „Allegorie des Abschieds" (Gem.)

George Rickey (* 1907): „Drei rotierende Quadrate" (amer. kinet. Skulptur f. d. Univ. Heidelb.)

Wolfgang Rohloff (* 1939): „Topfblumen II" (Stoffmontage)

Ludwig Scharl (* 1929): „Fun for Men" (Gem.)

K. Schmidt-Rottluff: (* 1884) „Das schwarze Haus" (Gem.)

Emil Schumacher (* 1912): „B-99/1971" (Gouache)

Toni Stadler: „Torso" (Bronzepl.)

Edward D. Stone: John F. Kennedy-Kulturzentrum in Washington (DC) mit Konzertsaal, Oper, Theater u. Versammlungssaal (beg. 1966) (vgl. Sp. M)

Hann Trier: „Lauschen II" (Acryl-Gem.)

Heinz Trökes: „Vogelparadies" (Gem.)

Paul Wunderlich: „Daniela verhüllt" (Gem.)

Ausgrabungen eines Palastes mit Fresken in Kiew (gilt als erstes Denkmal russ. Steinbaukunst, vermutl. a. d. 10. Jh.)

Kunstausst. i. Berlin (W) unterteilt sich in Gruppen, die in eigener Verantw. ausstellen (bewährt sich als Organisationsform f. d. pluralistische Kunstgeschehen)

Heinz Zander (* 1939): „Der gr. Dt. Bauernkrieg" (Gem. i. DDR)

Frank Martin (* 1891): „Trois Danses" (schweiz. Komp. f. Orchester, Oboe, Harfe u. Streichquintett)

Darius Milhaud (* 1892) erhält frz. Nationalpreis f. Musik

Aribert Reimann (* 1936): „Melusine" (Oper)

Peter Sandloff: „Traum unter dem Galgen" (Oper über François Villon)

Dimitrij Schostakowitsch (* 1906): Sinfonie Nr. 15, A-Dur (russ. Orchestermus.)

Stockhausen (* 1928): „Sternklang" (Freiluftmusik auf 5 Podesten im Tiergarten Berlin aufgef. „Musik für die Vorbereitung auf Wesen von anderen Sternen und ihre Ankunft")

† *Igor Strawinsky,* russ.-amer. Komponist, maßgbl. Schöpfer der modernen rhythmisch betonten Musik (* 1882)

Michael Tippett: „The Knot Garden" (engl. Oper psychoanalyt. Prägung)

Isang Yun (* 1917): „Geisterliebe" (korean. Auftrags-Oper f. „Kinder-Woche") „Song of joy" (Schlußchor a. d. Freude aus d. 9. Sinf. v. Beethoven als Pop-Schlager)

Quasars (Radiostern) werden mit Radioteleskopen anschein. Überlichtgeschwindigkeiten beobachtet

Mikrowellen-Radiostrahlung von Molekülen (OH) auch außerhalb d. Milchstraße nachgewiesen (vgl. 1963)

L. E. Snyder u. *D. Buhl* (USA) finden mit Radioteleskop von Kitt Peak Strahlung des siebenatomigen Moleküls CH_3C_2H in der Milchstraße

Es gelingt, aus künstl. Marsatmosphäre Formaldehyd (HCHO) zu erz. (spricht f. d. Möglichk. einer molekularbiolog. Entw.)

US-Astronomen entd. 2 Sternensysteme i. d. Nähe d. Milchstr.: Maffei 1 u. 2, die durch Staubwolk. opt. Beob. entzogen sind

3. US-Mondlandung mit Apollo 14

Apollo-15-Untern. gelingt 4. Mondlandung der USA mit *D. R. Scott, A. M. Worden* u. *J. B. Irwin.* Lunare Meßstation mit 24 Experimenten und erstm. Ausflüge mit bemanntem Mondauto

Sojus II nimmt SU-Raumstation Salut I i. Betr.

VR China startet 2. Satelliten.

Start der Europa-II-Rakete mißlingt

Größter kommerz. Nachrichtensatellit „Intelsat IV" gestartet (f. gleichz. 6000 Ferngespr. od. 4 Fernsehprogr.) Nachrichtenübertr.

Bruttosozialprod. i. d. BRD 756,1 Mrd. DM

Müllanfall in der BRD 350 Mill. cbm. Davon (i. Mill. cbm): Landw. Abfälle 191, Hausmüll 114, Autowracks 18, Bauschutt 2,5, Autoreifen 1,0, Sonstiges 23,5

Ca. 1,1 Mill. Schrottautos in BRD (in USA ca. 7 Mill.)

DDT-Anw. i. d. BRD verboten

Ges. zur Vermind. d. Bleigeh. im Benzin

Ges. üb. künstl. Besamung b. Tieren i. d. BRD

US-Kongreß verweigert Mittel für Überschallflugzeug aus Gründen des Umweltschutzes (wirft diese Entw. auch in Europa stark zurück)

63 Tote b. einem Flugzeugabsturz auf der Strecke London–Salzburg

Notlandung eines Flugzeuges der Pan-International auf der Autobahn Hamburg–Kiel fordert zahlreiche Menschenopfer (führt zu einer Krise der Fluggesellschaft)

Dt. Bundesbahn eröffnet Intercity-Verkehr zwischen 33 dt. Großstädten

Abriß der Pariser Markthallen von 1864 (waren frühmorgendl. Treffpunkt der Nachtbummler)

Ausbruchsperiode des Ätna

Erdbeben in Südkalifornien: 52 Tote

Wirbelsturm an der Ostküste Indiens tötet mehr als 10000 Menschen

Ca. 100 Tote bei Überschwemmung in Westbengalen

88 Tote bei Wirbelsturm in Südvietnam

(1971)	Europarat schließt Griechenland aus (das vorher s. Austritt erklärt) Comecon verabsch. ein 20-Jahres-Programm f. stärkere Integration Die „Organisation f. d. Einheit Afrikas" kommt zu keinen entscheidenden Ergebnissen f. d. polit. zersplitterten Kontinent Aufstand d. linksrad. Volksbefreiungsfront in Ceylon niedergeschlagen (USA, USSR u. VR China unterst. d. Reg.) Kuba verbietet das Ausfliegen v. Emigranten n. USA (s. 1965 246000 ausgefl.) In Argentinien setzen militär. Oberbefehlshaber Präs. General *R. M. Levingston* (seit 1970) ab. *Alejandro Agustin Lanusse* (* 1918) wird von der Junta als Staatspräs. eingesetzt Schwere wirtschaftl. Krise in Bolivien führt zu blutigen Auseinanders. zw. Links u. Rechts Chile verstaatlicht Bergbau einschl. US-Kupferminen VR China Mitgl. d. UN ≈ Die Situation in Lateinamerika ist gekennzeichnet d. d. Konfrontation sozialreform. Kräfte (Arbeiter, Gewerksch., Intellektuelle) gegen konservat. Kräfte (Kapital, Militär, Kirche) auf d. Hintergrund gr. Armut Ein Vertreter der Urbevölkerung wird Mitgl. d. austral. Parlaments Konvention zur Verhinderung verbrech. Terrorakte d. Org. Amer. Staaten (N- u. S-Am.)		Bundesausbildungsförderungsges. i. d. BRD (verbessertes Stipendienwesen) Institut f. Begabungs- und Testforschung i. d. BRD Kultusmin. d. BRD geb. Empfehlungen f. d. Unterricht v. Gastarbeiterkindern Graduiertenförderungsgesetz f. d. wiss. Nachwuchs i. d. BRD Reformuniv. Bremen eröffnet (wird von den SPD-Bundesländern finanziert) Aktion „Brot für die Welt" der dt. Ev. Kirche zum 13. Mal eröffnet 34,2 % Analphabeten auf d. Erde (Afrika 73,7 %, i. Südamerika 23,6 %), über 50 % aller Kinder können keine Elementarschule besuchen

„Die Rolle meiner Familie in der Weltrevolution" (jugosl. Film von *Bata Cengič*) auf der 32. Biennale in Venedig Oscar an „French Connection" (amer. Film v. *William Friedkin*). Sonder-Oscar an *Charlie Chaplin* (* 1889, n. 20 Jahren wieder in USA) „Die bitteren Tränen d. Petra v. Kant" (Film v. *R. W. Fassbinder*, * 1946) „Warum läuft Herr R. Amok?" (Film v. *R. W. Fassbinder*) „Roma" (ital. Film v. *Federico Fellini*, * 1920) „Mio" (japan.-frz. Film v. *Susumo Hani*, * 1928) „Frenzy" (engl. Film v. *Alfred Hitchcock*, * 1899) „Fat City" (engl.-amer. Film v. *John Huston*, * 1906) „Die Besucher" (amer. Film v. *Elia Kazan*, * 1909, Türkei) „Der große Verhau" (Film v. *Alex. Kluge*, * 1932) Intern. Filmfestspiele i. Cannes: Goldene Palme f. „The Go between", brit. Film v. *Joseph Losey* „Liebe", ung. Film v. *Károly Makk*, erhält kathol. Filmpreis „Uhrwerk Orange" (engl. Film v. *Stanley Kubrick*, * 1928, USA) „Decamerone" (ital. Film v. *Pier Paolo Pasolini*, * 1922) „Tolldreiste Geschichten" (ital.-frz.-dt. Film v. *Pier Paolo Pasolini*) „W(ilhelm) R(eich)-Mysterien des Organismus" (jugosl. Film von *Dusan Makavejew*) „Der Fall Mattei" (ital. Film v. *Francesco Rosi*, * 1922)	über Hohlleiter mit Mikrowellen (mm od. cm Wellenlänge) Überschallflugzeug „Concorde" (frz.-brit.) u. TU 144 (USSR) auf d. Pariser Flugzeugausst. US-Senat sagt Bau eines Überschall-Verkehrsflugz. ab (schwerer Rückschlag f. diese umstrittene Entw.) Transuranelement 112 möglicherw. entd. In d. Kernforsch.-Anlage Jülich gelingt es i. einem Plasma f. eine Millionstel Sek. eine Temperatur von ca. 100 Mill. Grad zu erzeugen (wichtig f. Energieerz. aus Kernverschmelzung; im Innern d. Sonne herrschen ca. 20 Mill. Grad) Protonenbeschleuniger bis zu 1000 Mrd. elektr. Volt für CERN beschlossen (bes. wichtig f. Physik der Elementarteilchen) „Gargamelle", größte Blasenkammer d. Welt (Nachweis v. Elementarteilchen) i. Betr. Elektronenmikrosk. Nachweis d. Virus Doppelhelix (diese Doppelspiralstruktur kennz. d. Nukleinsäure-Erbsubstanz) Es gelingt, d. Entw. von unbefrucht. Mäuseizellen außerhalb d. Organismus bis zur Herzfunktionstüchtigkeit zu züchten Es gelingt, immer mehr Lebenserscheinungen auf molekulare Strukturen zurückzuführen („Molekulare Biologie") (vgl. 1953 *Watson* u. *Crick* u. ff. Daten)	Schlagwetterexplosion auf Formosa (Taiwan) tötet 35 Bergleute Grubenunglück b. Recklinghausen fordert 7 Menschenopfer Haldenrutsch in Rumänien tötet 51 Menschen Hotelbrand in Seoul (Südkorea) fordert mehr als 160 Menschenopfer Zwei Bergsteiger aus der ČSSR besteigen Nanga Parbat (8125 m) im westl. Himalaja *Ilona Gusenbauer* (Österr., * 1948): Hochsprungweltrekord f. Damen mit 1,92 m (*Yolanda Balas* sprang 1960 1,91 m) Korruptions-Skandal i. d. dt. Fußball-Bundesliga (abstieggefährdete Vereine kaufen sich Spielgewinne) Borussia Mönchengladb. Fußballmeister d. BRD Volkszählung erg. f. Indien ca. 547 Mill. Einw. (stieg im letzten Jahrzehnt um 24,6 %) (Nach VR China mit ca. 800 720 000 der zweitgrößte Staat) Sehr gutes Weinjahr 2–8 Mill. ostpakist. Flüchtl. i. Indien Wirtschaftskrise auf Kuba (schlechte Zuckerrohrernte u. sinkende Arbeitsmoral) Geburt von Neunlingen i. Australien: 2 tot, 7 lebensschwach Prozeß i. USA geg. US-Soldat wegen eines Massakers von *My Lai* (Vietnam) *K. Buchwald* schätzt Kosten für Umweltschutz i. d. BRD in der Zeit 1971–80 auf ca. 84,5 Mrd. DM (davon Kläranlagen u. Kanalisation 40, lfde. Sanierung von Luft u. Wasser 30, Forschung 10) (Bildungsausgaben bis 1985 ca. 90 Mrd. DM)

(1971)

"Patton" (amer. Film v. *Franklin J. Schaffner*, erhält Oscar als bester Film)
"Die Gärten d. Finzi Contini" (Film v. *Vitt. de Sica*, * 1902)
"Herzbube" (dt.-amer. Film v. *Jerzy Skolimoski*, * 1938, Polen)
"Großalarm f. d. Davidswache" (Film v. *Wolfgang Staudte*, * 1906)
"Trafic" (frz. Film von u. mit *Jacques Tati*, * 1908)
"Goya" (dt.-russ. Film v. *Konrad Wolf*, * 1925, Dtl.)
"Der Weg zum Tode des alten Reales" (argent. Film v. *Gerardo Vallejo*) auf d. 20. Intern. Filmwoche Mannheim
"Der Tod in Venedig" (ital. Film v. *Luchino Visconti*, * 1906)
VR China zeigt in Venedig auf der 32. Biennale den Film "Die rote Frauenkompagnie"
Internationale Filmfestspiele Berlin werden zweigeteilt in "A-Festival" (n. Regeln der FIAPF) u. "Intern. Forum des jungen Films" (vorw. sozialkrit.)
Int. Filmfestsp. Berlin (West): Goldener Bär f. "Die Gärten der Finzi Contini", ital. Film von *de Sica*. Silb. Bär f. "Decamerone", ital. Film v. *Pier Paolo Pasolini*
† *Harold Lloyd*, US-Filmkomiker (* 1893)

W. W. Dergatschew: "Mechanismen des Gedächtnisses" (russ. Darstellung d. 1966 aufg. Theorie, wonach ein molekularer Mechanismus [DNS-Molek.] d. G. zugrunde liegt)
W. Rotzach u. and.: "Molekularbiologie d. Alterns (einschl. einer mathem. Theorie, kennz. f. eine sich entw. biolog. medizin. Theorie d. Alterns, das als ein multiformer Prozeß d. Veränderung v. enzymat. wirkenden Makromolekülen begriff. wird)
Max-Planck-Inst. f. molekulare Genetik in Berlin (West)-Dahlem eingeweiht
William Schopf, Dorothy Z. Oehler, Keith A. Kvenvolden entd. in 3,3 Mrd. alten Gesteinen Kohlenstoff, den sie auf pflanzl. Photosynthese zurückführen
Assuan-Staudamm z. Nilregulierung eingew. (staut 5,5 Mrd. m³, späteres Kraftwerk vorges.)
Es gelingt Kunststofferz. mit Molekülgerüst auf Stickstoffbasis
1. Elektrospeicherbus i. Linienverk.
Internationale Funkausstellung Berlin (bringt den Start verschiedener Audiovisions-Verfahren [Bildplatten, Kassettenfernsehen etc.] (vgl. 1973), Quadrophonie
Auf der Zugspitze wird ein markanter Einbruch stratosphärischer Luft zur Erdoberfläche registriert

Driftende sowjet. Nordpolexped. passiert als erste driftende Station 85° n. Br. (Polentfernung rd. 555 km)
Bisher größter Mammut-Kadaver im Dauerfrostboden der sibir. Taiga gefunden (vgl. 1799)
Hans Georg Wunderlich: "Das Geheimnis der minoischen Paläste Alt-Kretas" (deutet sie als Stätten der Totenbestattung und Totenverehrung)
Farbige weibl. Steinfigur (1,5 m hoch) in Baza/Granada entd. ("Dame von Baza" aus altphöniz. Kulturepoche ≈ -2500)
Bronzefunde in NO-Thailand erweisen Exist. v. Bronzeguß schon ≈ -5000
Becher u. *Röseler:* Röntgenunters. peruanischer Mumien (Paläontomedizin)
Ausgrabung d. Stadt Thera auf Santorin (mit gr. Fresken)
Wirtschaft d. BRD wendet 8,7 Mrd. DM f. wiss. Forschung auf (d. öff. Hand 13,6 Mrd. DM)
Quarz-Armbanduhren höchster Ganggenauigkeit

G. Goldhaber find. unter 500 000 Blasenkammeraufnahmen eine Spur d. s. 1969 vorhergesagten posit. gelad. Omega-Teilchens (negat. O.-T. wurde 1969 gef.)
Charles Manson wird wegen Mordes a. d. Schauspielerin *Sharon Tate* verurteilt

Sozialprodukt der BRD (Mrd. DM jeweilige Preise):

	1960	1971	
Bruttosozialprod.	302,3	752,0	
Volkseinkommen	235,7	579,9	
je Einw.	4252 DM	9332 DM	

Verwendung:
Priv. Verbrauch	172,4	410,2	54,0 %
Staatsverbrauch	41,4	128,8	17,0 %
Investitionen	72,7	202,2	26,8 %
Außenbeitrag	7,4	10,4	1,4 %
		752	100 %

Öffent. Ausgaben (Mill. DM):

	1950*	1961	1971
Bund	15 438	51 645	104 627
Länder	10 843	37 720	85 084
Gemeinden	7 485	24 627	68 151

* ohne Saargeb. u. Berlin

Verkehrsdaten der BRD:

Beförderte Personen

	1960	1971
Eisenbahn	1399 Mill.	1 067 Mill.
Nahverkehr	6418 Mill.	6 354 Mill.
Luftverkehr	4885 Tsd.	24 808 Tsd.

Straßenverkehrsunfälle
Tote	14 406	18 727
Verletzte	454 960	517 953

1972	Kein Friedens*nobel*pr. verliehen. *W. Brandt* nimmt ihn f. 1971 entgegen. Sondermin. *Egon Bahr* (* 1922) begl. ihn n. Stockholm, der mit sein. Rede vor d. Akad. in Tutzing „Wandlung durch Annäherung" 1963 d. neue Ostpolitik einleitete Bundeskanzler *Willy Brandt* wird Ehrenbürger seiner Geburtsstadt Lübeck und von Berlin, wo er 1957–66 Reg. Bgm. war *Kurt Waldheim* (* 1918, Österr.) Generalsekretär der UN *Sicco Mansholt* (* 1908), wird Präsident der Europäischen Kommission in Brüssel (hatte 1968 den umstrittenen *M*-Plan zur Agrarreform i. d. EWG vorgelegt) UN nimmt VR China auf, wird anstelle Taiwans Mitgl. d. Weltsicherheitsrates USA, Gr.-Brit., USSR u. 75 andere Staaten unterzeichnen Konvention über Verbot bakteriologischer Waffen USA und USSR unterzeichnen SALT-Abkommen zur Begrenzung strategischer Waffen Intern. Meeresbodenvertrag verbietet Lagerung nuklearer und anderer Massenvernichtungswaffen auf dem Grund der Ozeane Gr.-Brit., Irland und Dänemark werden neue Mitglieder der Europ. Wirtschaftsgemeinschaft (EWG od. EG) (der beabsichtigte Beitritt Norwegens wird durch Volksabstimmung verhindert). Gemeinschaft umfaßt nun 9 Mitgliedsstaaten mit rd. 250 Mill. Einw. und stellt nach den USA das stärkste Wirtschaftsgebiet dar Karlspreis der Stadt Aachen an *Roy Harris Jenkins* (* 1920), der als führendes Mitgl. d. Labour-Party für EWG-Beitritt Gr.-Brit.s eintrat Dt. Bundesregierung veröff. Materalien zur „Lage der Nation" mit Vergleichen der Verhältnisse in der DDR und BRD (von der Opposition als „unkritisch" abgelehnt) Westberliner können nach längerer Zeit zu Ostern und Pfingsten Ostberlin und DDR besuchen Bundeskanzler u. Min.-Präs. d. Bundesländer erklären, daß Angehörige des öffentl. Dienstes auf dem Boden der freiheitl.-demokratischen Grundordnung stehen müssen (wird als „Radikalenbeschluß" teilw. heftig kritisiert) Der Kern der *Baader-Meinhof*-Gruppe, welche die Gesellschaftsordnung auch mit Gewalt ändern will, wird verhaftet und	Literatur-*Nobel*preis an *Heinrich Böll* (* 1917, Dtl.) *Thomas Bernhard* (* 1931): „Der Ignorant u. d. Wahnsinnige" (Schauspiel um die inhumane Funktion v. Wissenschaft und Kunst. Urauff. in Salzb.) Regie *Claus Peymann* (* 1937) *Ingeb. Bachmann* (* 1926, † 1973): „Simultan" (österr. Erzählung) *Jean-Louis Barrault* (* 1910) wird Direktor d. Théâtre des Nations, Paris *S. Beckett* (* 1906): „Mercier u. Camier" (dt. Übers. d. frz. Romans, geschr. 1946, veröff. 1970) *Wolf Biermann* (* 1936): „Für meine Genossen" (Hetzlieder, Balladen, Gedichte a. d. DDR) *Jossif Brodskij* (* 1940), i. d. USSR verfolgter Dichter, emigriert *Wladimir Bukowski*, Schriftsteller i. d. USSR, wegen „antisowjetischer Tätigkeit" zu 12 Jahren Haft und Verbannung verurteilt *H. M. Enzensberger* (* 1929): „Der kurze Sommer d. Anarchie" *Frederick Forsyth*: „Der Schakal" (Roman) *Max Frisch* (* 1911): „Tagebuch 1966 bis 71" *Walter Helmut Fritz* (* 1929): „Aus der Nähe" (Ged.) (arb.	*Rudolf Augstein* (* 1923): „Jesus Menschensohn" (wird v. Theolog. kritisiert, umstrittene Darstellung eines theolog. Laien mit der Frage, mit welchem Recht sich Kirchen auf einen Jesus berufen, der nie gelebt hat) *J. Beuys* wird aus d. Kunst-Akad. Düsseldorf wegen unges. Verhaltens entlassen (Klage wird gerichtl. abgewiesen) *H. E. Brekle*: „Semantik" (Zeichentheorie als Sprachwissenschaft) *C. W. Ceram*: „Der erste Amerikaner" (Ur- und Entdeckungsgeschichte der amerikan. Einwohner) *Amleto Giovanni Ciorgnani* wird Dekan d. Kardinals-Kollegiums der kathol. Kirche als Nachfolger d. Kardinals *Eugéne Tisserant* *Klaus v. Dohnanyi* (* 1928) wird Bundesm. f. Bildung u. Wiss. (vgl. P) *Vladimir I. Georgiew* (* 1908, Bulgar.) erkennt Etruskisch als Spätform eines west-hethitischen Dialekts, also als indogerm. Sprache, und vermutet in den Etruskern die Nachfolger der Trojaner, die im –9. Jh. von Kleinasien nach Italien einwanderten *Roy H. Jenkins* (* 1920), brit. Labour-Abgeordn., erhält Karlspreis der Stadt

„documenta 5", Kunstausstellung i. Kassel unter d. Titel „Befragung der Realität-Bildwelten heute" unter Leitung v. *Harald Szeemann* (* 1933) vers. eine Theorie d. heutigen Bildwelten einschl. Werbung, Propaganda, Zeitschriften, Kitsch aller Art, Bildnerei d. Geisteskranken u. a., bes. treten figürl. panoptikumartige Darstellungen u. Szenen hervor mit Hilfe sehr realist. bemalter Polyesterharz-Plastiken (USSR u. VR China beteil. sich nicht, so daß d. sozialist. Realismus fehlt). Löst neben Anerkennung Kritik und Proteste aus

† *Rudolf Belling*, dt. Bildhauer, um 1919 Vork. f. abstr. Plastik (* 1886)

Christo: Gr. Talvorhang in Colorado, USA (extremes Beispiel der Land Art)

Gene Davis (USA) produziert das „größte Gemälde", indem er den 2900 m² großen Parkplatz des Museums in Philadelphia mit farbigen Streifen bemalt

Hans Haacke (* 1936) „Kreislauf 1972" (verzweigtes Leitungsnetz)

Dane Hanson: „Bowery" (panoptikumsart. Sze-

Rudolf Bing (* 1902) scheidet als Gen.-Dir. der Metropolitan Opera, New York, aus (war es seit 1950), Nachf. *Göran Gentele* u. *Sch. Chapin*

Boris Blacher: „Yvonne, Prinzessin von Burgund" (Oper nach W. Gombrowicz); „Blues und Rumba philharmonica" (Kompos. f. 12 Celli soli)

Boris Blacher: Konzert f. Klarinette u. Kammerorchester

Luigi Dallapiccola: „Tempus destruendi"

Mc Dermont: „Die zwei Herren aus Verona" (Musical)

Luc Ferrari (* 1929): „Hier spricht die Erde" (frz. Orchesterkomp. mit Projektion von 2500 Dias aus 40 Bildwerfern)

Wolfgang Fortner: „Elisabeth Tudor" (Oper, Buch von *Matthias Braun*. Urauff. i. d. Dt. Oper Berlin [West])

Heinz Geese/Walter Schmidt Binge: „Kollisionen für Jazz u. Beatgruppe, Elektronik u. Orchester"

Klaus Jungk (* 1916): „Musik im technischen Zeitalter" (von der Edison-Walze zur Bildplatte; über die Wechselwirkung Technik-Kunst)

*Nobel*pr. f. Physik an *John Bardeen* (* 1908, USA), *Leon L. Cooper* (* 1930, USA) u. *J. R. Schrieffer* (* 1931, USA) f. quantenmechan. (sog. BCS-) Theorie d. Supra-Leitung

*Nobel*pr. f. Chemie an die in USA arb. Biochemiker: *Christian B. Anfinsen* (* 1916, USA), *Stanford Moore* u. *William H. Stein* f. Erf. von Bau u. Wirkungsweise d. Enzyms Ribonuklease (insbes. d. exakten Abfolge d. 124 Aminosäuren i. d. Proteinkette) (vorhergeg. war im 1950 die Herstellung von 1 kg reinen Enzyms)

*Nobel*pr. f. Medizin an *Rodney R. Porter* (* 1917, Engl.) u. *Gerald M. Edelman* (* 1929, USA) f. Erforsch. d. Struktur der Antikörper, insbes. die die Spezifizität bedingende Abfolge d. Aminosäuren

Die Biochemie hat in den letzten Jahrzehnten die Eigenschaften der Proteine weitgeh. auf ihren Aufbau aus Aminosäuren zurückgeführt (einem Gen-Code der Vererbung steht ein Proteincode der Lebensfunktionen gegenüber). Damit ist eine gewisse Erfüllung des Pro-

Wirtschafts-*Nobel*pr. an *John Richard Hicks* (* 1904, Gr.-Brit.) f. Beitr. z. Konjunktur- u. Wachstumstheorie u. an *K. J. Arrow* (* 1923, USA), bek. durch „Social Choice and individual values" (1951)

US-Investitionen i. Kanada stiegen seit 1965 v. 1,3 auf 25,8 Mrd. US-Dollar

Intern. Gerichtshof untersagt Island 50-Meilen-Zone gegen fremden Fischfang (Versuch, sie durchzusetzen führt zu Zwischenfällen)

Eugen Loderer (* 1920) Vors. der IG-Metall (führ. Gewerkschaft i. d. BRD)

Neues Betriebsverf.-Ges. d. BRD, berücks. nicht d. Mitbestimmungswünsche d. Gewerkschaften

Verwaltungsreform i. d. Flächenstaaten d. BRD verringert die Zahl d. Gebietskörpersch. (z.B. i. Bayern 71 statt 143 Landkreise)

Bergarbeiterstreik in Gr.-Brit. führt zu 20%iger Lohnerhöhung (1974: 30%)

In der BRD erreicht Diskontsatz im Februar mit 3% tiefsten Stand, steigt bis Jahresende auf 4,5%

Anstieg der Verbraucherpreise inf. weltweiter Inflation. Preisanstieg gegenüber Vorjahr: Niederl. +7,9, Gr.-Brit. +7,1, Frankr. +5,9, BRD +5,8, Kanada +4,8, USA +3,3, Schweiz +6,7%

In der BRD werden die Kriegsopferrenten um 9,5% erhöht

Tagelange Demonstrationen in Hannover gegen Fahrpreiserhöhungen im Nahverkehr (häufig wird für den Nahverkehr der „Nulltarif" gefordert)

UN-Umweltschutzkonferenz in Stockholm (aus d. Ostblock nur Rumänien)

Bundesreg. erhält zentrale Kompetenz f. d. Umweltschutz

Umweltfreundliches Abfallbeseitigungsges. i. d. BRD

Gesetz zur Verminderung des Bleigehaltes im Benzin f. d. BRD in Kraft

Konrad Lorenz: „Ökologisches Manifest" (für funktionsfähige Landschaften, gegen unbegrenzt wirtschaftl. Wachstum)

Neues Tierschutzges. i. d. BRD

(1972) kommt vor Gericht (bei der Fahndung gibt es Tote auf seiten der Polizei u. d. Gruppe)

Zahlreiche Bombenanschläge in der BRD (u. a. US-Hauptquartier Heidelberg, Springer-Hochhaus Hamburg) (vgl. Baader-Meinhof-Gr.)

Präsident des Bundesamtes für Verfassungsschutz muß sein Amt wegen Kritik an seiner NS-Vergangenheit aufgeben

Offizieller Besuch Bundeskanzlers *Willy Brandt* im Iran (wird von Gegnern der Politik des Schahs kritisiert)

Iran feiert 2500-Jahres-Feier des pers. Kaiserreiches i. Persepolis (Iran) unter Teiln. zahlr. Staatsoberhäupter (der Prunk findet vielfach Kritik)

Schah von Persien schließt in Moskau Vertrag über wirtsch. u. techn. Zusammenarbeit

USSR unterrichtet Obersten Sowjet über den „Brief zur deutschen Einheit" der Bundesregierung, worin diese feststellt, daß der Moskauer Gewaltverzichtsvertrag nicht im Widerspruch zu einer Wiedervereinigung unter Anwendung des Selbstbestimmungsrechtes steht. USSR nimmt ohne Widerspruch Kenntnis

Gewaltverzichtsverträge mit USSR und Polen (1970 unterzeichnet) sind im dt. Bundestag heftig umstritten, wurden schließlich mit den Stimmen der SPD und FDP bei Stimmenthaltung und einigen Gegenstimmen der CDU/CSU ratifiziert. Einer Resolution zu den Verträgen wird fast einstimmig zugestimmt

Wehrdienstzeit in der BRD von 18 auf 15 Monate verkürzt

USA, USSR, Gr.-Brit. u. Frankr. unterzeichnen in Berlin (West) Viermächteabkommen über Berlin. Sichert die gewachsenen Bindungen Westberlins an die BRD, ermöglicht den Einwohnern Reisen in die DDR und erleichtert den Transitverkehr Berlin–BRD (diese Unterzeichnung war mit der Ratifizierung der Ostverträge gekoppelt)

Durch Übertritt einiger SPD- und FDP-Bundestagsabgeordneter zur CDU/CSU verliert die SPD-FDP-Koalition ihre Mehrheit im Bundestag (Motive u. Form der Übertritte werden heftig diskutiert)

Nach Rücktritt von Minister *Hans Leussink* wird *Klaus von Dohnanyi* (* 1928), Bundesmin. f. Bildung u. Wissenschaft

Bundeswirtschafts- und -finanzminister

a. d. Roman „Ohne Nachricht")

BBC-Fernsehfassung der Forsyte-Saga v. *J. Galsworthy* wird ein weltweiter Erfolg

G. Grass (* 1927): „D. Tagebuch einer Schnecke" (autobiogr. Rückblick a. d. Bundestagswahlkampf d. SPD)

Julien Green (* 1900): „Der Andere" (dt. Übers. d. frz. Romans)

Literaturpreis d. dt. Kritiker an DDR-Dramatiker *Peter Hacks* (* 1928)

Peter Handke (* 1942): „Der kurze Brief zum langen Abschied" (Roman)

Peter Handke: „Wunschloses Unglück" (Erz.)

Rolf Hochhuth: „Die Hebamme" (satir. Komödie)

Peter Huchel (* 1903): „Gezählte Tage" (Lyrik a. d. DDR) (ging 1971 n. Italien)

† *Kurt Ihlenfeld*, Literaturkritiker u. Schriftsteller (* 1901)

E. Ionesco: „Macbeth" (frz. Bühnenstück)

Hermann Kant (* 1946): „Das Impressum" (Roman aus d. DDR)

W. Kempowski: „Uns geht's ja noch gold" (Roman einer Rostocker Familie 1945-48) (vgl. 1971)

H. D. Kroppach: „Sportberichterstattung d. Presse." Un-

Aachen (ist im Gegensatz zur Mehrheit s. Partei f. d. EWG-Beitritt Gr.-Brit.s) (vgl. P)

Dennis Meadows u. and. Mitarb. d. MIT, Boston: „Die Grenzen des Wachstums" (Bericht d. „Club of Rome" zur Lage d. Menschheit; warnt vor unkontrolliertem Wachstum) (vgl. 1973)

Alfred Müller Armack (* 1901) (zus. mit *Rolf Hasse*, *Volker Merx* u. *Joachim Starbatty*): „Stabilität in Europa. Strategien u. Institutionen f. eine europ. Stabilitätsgemeinschaft"

Oswald von Nell-Breuning (* 1890) erhält *Guardini*-Preis der kath. Akademie in Bayern

Andrej Sacharow (* 1921), hochdekorierter Physiker d. USSR, fordert Annäherung des Sozialismus und Kapitalismus

Hans Sachsse: „Technik u. Verantwortung" (Problem d. Ethik i. techn. Zeitalter)

Herbert Selg u. a.: „Zur Aggression verdammt? Ansätze einer Friedensforschung" (mit Kritik an der Annahme eines naturgegebenen Aggressionstriebes)

Carola Stern erhält in Berlin (West) *Carl v. Ossietzky*-Medaille v. d. Liga f. Menschenrechte für ihre Verdienste um Amnesty International (vgl. 1961 Ph)

ne a. d. New Yorker Elendsmilieu)
Edward Kienholz (* 1927): „Five Car Stud" (amerikan. panoptikumsartig-realist. Szene einer Negerkastration)
Waldemar Otto (* 1929): „Mann aus der Enge heraustretend" (Bronze-Plastik)
William Pareira: Pyramidenförmiges Hochhaus in San Francisco (48 Stock, 260 m Höhe)
† *Hans B. Scharoun*, dt. Architekt, baute Neue Berl. Philharmonie (vgl. 1963) (* 1893)
Bauhaus-Archiv von Darmstadt (dort 1960 gegr.) nach Berlin (West) verlegt
„Constructivist Tendencies" (amer. Ausst. konstruktivist. Kunst)
Michelangelos „Pieta" im Petersdom von einem religiös Wahnsinnigen mit Hammerschlägen schwer beschädigt
Schongauers „Maria i. Rosenhag" aus d. Stiftskirche Colmar gestohlen (1973 wiedergef.) (solche Kirchendiebst. mehren sich)

„Der letzte Tango in Paris" (frz.-ital. Film v. *Bernardo Bertolucci*, * 1941)

H. W. Henze: „Heliogabalus" (Allegoria per Musica)
H. v. Karajan-Stiftung veranst. Treffen d. Jugendorch. in Berlin (W)
Dieter Kaufmann: „Concertomobil" (Komp. f. Violine u. Orchester)
Milko Kelemen (* 1924): „Passionato für Flöte u. Chor" (kroat. Kompos.)
R. Kelterborn: „Miroirs" (Ballett)
Ernst Křenek: „Kitharaulos" (f. Harfe, Oboe u. Kammerorchester)
André Laporte: „La vita non è sogno" (ital. Oratorium)
Ivo Maler: „Les Collectioneurs" (Ballett, Choreograph. v. *J. Charrat*)
Robert Moran: „Der Wendepunkt" (Ballett)
N. Nabokov: „Loves Labours Lost" (amer. Oper, Text v. *W. H. Auden*, Urauff. i. Brüssel i. Anw. *W. Brandts*)
Maurice Ohana: „Etudes choregraphiques" (Ballett) Choreogr. v. *Michel Descombey* (* 1930, Frankr.)
K. Penderecki (* 1933): „Canticum canticorum Salomonis" (f. 16stimmigen Kammerchor)

gramms der Molekularbiologie erreicht (vgl. 1971)
D. B. Burkitt (* 1911, Engl.) u. *J. Waldenström* erh. Paul Ehrlich-Preis f. Erforsch. menschl. Viren u. Krebserkrankungen
US-Forscherteam synthetisierte in USA mit RNS, dem Enzym Revertase und entsprechenden Priern (Kristallisationskernen) einen Molekülstrang des Gens für roten Blutfarbstoff (vgl. 1970)
Es verdoppeln sich: alle 10 Jahre die Chemieliteratur, alle 20 Jahre die Zahl der wichtigsten Entd., alle 5 Jahre das Wissen über Molekularbiologie, alle 5 Wochen Kapaz. d. EDV-Anlagen
E. Bahke: „Transportsysteme heute und morgen" (behandelt Auswege aus der bestehenden und anwachsenden Krise der Verkehrsmittel, z. B. Fahr- statt Gehsteige, Rohrtransport-Systeme etc.)
Wernher v. Braun (* 1912), amer. Raketening. aus Dtl., geht v. d. NASA i. d. Industrie (kennz. abnehm. Bed. d. Raumfahrtbehörde. (1973 beenden d. USA zunächst d.

Ind.-Prod., Energieverbrauch, Lebensstandard in Ost u. West

Primärenergieverbrauch der Erde pro Einwohner (in t Steinkohleneinheiten – 1 t StKE ∼ 8000 kWh) 1961: 1,5; 1972: 2,0; 1985 (gesch.): 3,2

Anteil an d. Weltstahlerz. (rd. 625 Mill. t): EG (9) 22%, USSR 20%, USA 19%, Jap. 16%, Übrige 23%, VR China ca. 3,5%

Wirtschaftsentw. Industrieprod. (1963 = 100): Nordamer. 155, EWG (6) 173, EFTA 147, Europ. Comecon 240, Industrieländer (ohne Comecon) 171

Bruttosozialprodukt (i. Dollar pro Einwohner):

EG		Comecon	
Irland	1850	Bulgarien	840
Italien	2170	Rumänien	1130
England	2870	Polen	1550
Niederl.	3350	Ungarn	1800
Luxemburg	3530	USSR	1930
Frankreich	3810	ČSSR	2440
Dänemark	4050	DDR	2730
BRD	4170		

Bruttomonatslohn-Kaufkraft in DM: USA 1760, Dän. 1540, Schweden 1520, BRD 1165, Ndl. 1100, Gr.-Brit. 1060, Belg. 1000, Frankr. 870, Österr. 760, DDR 692, Ital. 690, Japan 640, ČSSR 560, Jugosl. 515, USSR 460, Polen 450, Ungarn 405, Spanien 400, Bulgarien 330, Rumän. 260, Portugal 260

Primärenergieverbrauch der Erde: 1960 4,6 Mrd. t StKE; 1972 8,1 Mrd. t StKE; 1975 9,5 Mrd. t StKE (geschätzt); 1985 15,9 Mrd. t StKE (geschätzt)

Wasserkraftwerk Eisernes Tor (11,4 Mrd. kWh/Jahr) als jugosl.-rumän. Gemeinschaftsarbeit eröffnet

Größtes kanad. Wasserkraftwerk an den Churchill Falls eröffnet (wird mit 7 Mill. PS das sechstgrößte der Erde)

Elektrische Energieerz. (in Mrd. kWh): USA 1853,4; USSR 858; BRD 274,8; DDR 72,8; Japan 414,3; Gr.-Brit. 260; VR China 80–85

Weltweite Vorräte an fossilen Brennstoffen auf 4070 Mrd. t StKE geschätzt (davon 2890 Kohle, 360 Öl u. Erdgas;

(1972)

Karl Schiller tritt zurück (verläßt später die SPD, tritt 1974 i. d. CDU ein). Sein Nachfolger wird *Helmut Schmidt*, *Georg Leber* wird Verteidigungsminister

Hans Joachim Vogel (* 1926), seit 12 Jahren Ob.-Bgm. v. München, legt das Amt nach Auseinandersetzung mit d. Jusos nieder; wird Vors. d. bayr. SPD u. n. d. Bundestagswahl Bundesminister f. Städtebau u. Raumordnung. *Georg Kronawitter* (SPD) wird Ob.-Bgm. v. München

Landtagswahlen in Baden-Württemberg (vgl. 1968): CDU 53,0 % (44,2), SPD 37,5 (29,0), FDP 8,9 (14,4) *Hans Filbinger* bleibt Min.-Präs., löst die Koalition mit der SPD und bildet reine CDU-Landesregierung. (Dadurch verschlechtert sich die Situation der SPD/FDP-Bundesreg. im Bundesrat, wo CDU-Länder nun eindeutige Mehrheit, wegen der Sonderbehandlung der Berliner Stimmen, besitzen)

Haushalt des Bundeskanzleramtes im Bundestag mit 247 zu 247 Stimmen abgelehnt (kennzeichnet Patt-Situation nach Fraktionswechsel von SPD/FDP-Abgeordneten). Der Bundeshaushalt für 1972 wird erst n. Neuwahlen am Jahresende verabschiedet

Konstruktives Mißtrauensvotum der CDU/CSU im Bundestag gegen Bundeskanzler *Brandt* scheitert: *Barzel* erreicht nicht die erforderliche Mehrheit (vgl. *Steiner*affäre 1973)

Bundeskanzler *Brandt* stellt Vertrauensfrage im Bundestag. Durch Stimmenthaltung der Kabinettsmitglieder kommt es zur kalkulierten Niederlage. Bundespräsident löst Bundestag auf und schreibt Neuwahlen aus

† *Karl Theodor Freih. v. u. z. Guttenberg*, CDU-Politiker, 1967–69 Staatssekr. Kritiker der Ostpolitik d. SPD/FDP (* 1921)

Nach Aufl. d. Bundestages erg. Neuwahlen (vgl. 1969): SPD 45,8 % (42,7), CDU/CSU 44,9 %, (46,1), FDP 8,4 % (5,8) *Willy Brandt* bildet neue SPD/FDP-Regierung. Vizekanzler u. Außenminister *W. Scheel* (FDP), Innenmin. *H. D. Genscher* (FDP), Finanzmin. *Helmut Schmidt* (SPD), Verteid. *G. Leber* (SPD), Wirtschaft *H. Friderichs* (FDP), Städtebau *H. J. Vogel* (SPD), Sondermin. *E. Bahr* (SPD)

Grundvertrag zw. BRD u. DDR (ermöglicht Reisen in einem Gebietsstreifen beiderseits d. Grenze u. Reisen v. DDR-Bürgern in dringenden Angelegenheiten. Es werden auch gegenseitige ständige Vertretungen vereinbart)

ters. zum Wortschatz u. zur Syntax
† *J. Kawabata*, japan. Lit.-Nobelpreisträger 1968 (* 1899)
Robert Lucas (* 1904): „Frieda v. Richthofen" (ihr Leben mit D. H. Lawrence)
Kulturpreis des DGB an *Hans Werner Richter* (* 1908)
Gerhard Roth: „Die Autobiographie des Albert Einstein" (österr. Roman)
Arno Schmidt (* 1914): „Die Schule der Atheisten" (als Typoskript)
Ernst Herhaus Schröder: „Siegfried" (Autobiogr. eines Porno-Verlegers)
A. I. Solschenizyn (* 1918): „August 1914" (zwei dt. Übers. d. russ. Romans führten zum Streit über Urheberrechte)
H. Wouk (* 1915): „Der Feuersturm" (dt. Übers. d. amer. Romans a. d. 2. Weltkrieg)
Gerhard Zwerenz (* 1925): „Bericht a. d. Landesinneren"
Vielfacher Intendantenwechsel in der BRD: Berliner Staatsth. *Hans Lietzau* statt *Boleslav Barlog* (s. 1945); Dt. Oper Berlin *E. Seefehlner* statt *G. R. Sellner* (s. 1961); Stuttg. Staatsth. *Hans Peter Doll* statt *Walter Erich Schäfer* (s. 1949); Bochumer Schauspielhaus *Peter*

Leopold Szondi (* 1893, Ung.): „Lehrb. d. exper. Triebdiagnostik"
Nikolaas Tinbergen (* 1907, Ndl.): „Functional Ethology and the human sciences" (Darst. ein. Zoologen; Nobelpr. 1973)
US-Gericht spricht die marxistische Negerin *Angela Davis* von der Anklage frei, Terroristen Tatwaffen besorgt zu haben (weltweite Proteste gegen eine Verurteilung gingen voraus)
Vatikan ernennt polnische Bischöfe f. d. ehemals dt. Gebiete und bestätigt damit die Oder-Neiße-Grenze
Verhand. Vatikan-Ungarn führt zur Weihe 4 neuer ungar. Bischöfe
Kathol. Kirche gibt bekannt, daß 1964–70 13 440 Priester ihr Amt niederlegten. Diskussion um Zölibat d. Priester
Ev. Bischofsamt in Berlin-Brandenburg wird durch Beschlüsse beider Teilsynoden geteilt: Bischof *Scharf* zuständig f. Berlin (West), Bischof *A. Schönherr* (* 1911) f. d. östl. Teil (unveränderte Zusammengehörigkeit wird unterstrichen)
Hochschulrahmengesetz d. Bundes scheitert an kontroversen Auffassungen zw. SPD/FDP-CDU/CSU (neuer Entwurf 1973)

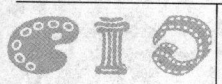 

„La vieille Fille" (frz. Film v. *Pierre Blanc*)

„Der diskrete Charme der Bourgeoisie" (frz. Film v. *Luis Buñuel*, * 1900)

„Husbands" (amer. Film v. *John Cassavetes*, * 1929)

† *Maurice Chevalier*, frz. Chansonier u. Filmschauspieler, galt als Typ des Charmeurs (* 1888)

„Alles geht gut" (frz.-ital. Film v. *Jean Luc Godard*, * 1930)

„Die Eigenart d. Lebens" (frz. Film v. *Louis Malle*, * 1932)

„Cabaret" (amer. Film v. *Bob Fosse* mit *Liza Minelli*) erhält 8 Oscars

„Was?" (ital.-frz.-dt. Film v. *Roman Polanski*, * 1933, Frankr.)

„Wer ist Beta?" (brasil. Film v. *Nelson Pereira dos Santos*, * 1928)

26. Filmfestspiele in Cannes geben „Goldene Palme" an „Affaire Mattei" (ital. Film v. *Francesco Rosi*) u.

„Die Arbeiterklasse geht ins Paradies" (ital. Film v. *Elio Petri*)

„Trotta" (Film v. *Joh. Schaaf*)

„Geschichtsunterricht" (Film v. *Jean Marie Straub*, * 1933, Frankr.)

Alfred Peschek: „Dimensionen zwischen Pop u. Klassik" (schweiz. Komp. f. Kammerorch. u. Popgruppe)

Ca. 100 Mill. Schallplatten i. d. BRD verk. mit etwa 1 Mrd. DM Umsatz (überholt allm. Buchumsatz)

Dieter Schnebel: „Maulwerke" (Komp. f. mehrere elektr. Reproduktionsgeräte)

D. Schostakowitsch (* 1906): 15. Symphonie (russ. Komp. Erstauff. in urspr. Besetzung in Berlin [West])

S. Prokowjef: „Dyade" (Ballett, Choreogr. v. *Janine Charrat* [* 1924])

Gerhard Wimberger: „Lebensregeln" (Katechismus mit Musik)

Intern. Sommerakad. d. Tanzes i. Köln mit üb. 500 Tanzpädagogen

Schlager: „How Do You Do", „Mamy Blue", „Popcorn"

Schlager: „Pour un flirt avec toi"

bemannte Raumfahrt)

† *Richard Courant*, dt. Mathematiker, seit 1934 i. USA, schrieb klassische Lehrbücher d. Differential- u. Integralrechnung, u. a. „Was ist Mathematik?" 1941 (dt. 1962) (* 1888)

† *Maria Goeppert-Mayer*, dt.-amer. Physikerin, *Nobel*preisträgerin von 1969, entw. Schalenmodell d. Atomkerns (* 1906 i. Kattowitz)

† *E. C. Kendall*, amerik. Biochemiker, *Nobel*preisträger 1950 (* 1886)

Edwin H. Land (* 1909) demonstriert neue elektron.-automatische Photokamera für farbige Sofortbilder

Großbeschleuniger f. Protonen in Batavia b. Chikago (USA, Ill.) für 200 Milliarden Elektronenvolt i. Betrieb genommen (die erzeugte Protonenenergie ist einer Massenerzeugung von 100 Protonen äquivalent)

Versuche, überschwere Transurane herzustellen (z. B. Element 112), stoßen auf gr. Schwierigkeiten (man vermutet überschwere quasistabile Elemente)

Amerikanische u. japanische Astronomen analysieren ringförmige Materiewolke im Zen-

dagegen Vorräte an Kernbrennstoffen ca. 133 000 Mrd. t StKE) (1 kg StKE = 8 kWh)

Ölreserve d. Erde auf 90,3 Mrd. t geschätzt (ca. 60 % in Vorderasien) (jährl. Verbrauch 2,5 Mrd. t)

Vergl. d. Hauptgegner im Nahost-Konflikt:

	Einw. (Mill.)	Soz.-Prod. (Doll./Kopf)
Israel	3,1	2200
Ägypten	34,8	230

Vgl. asiat. Staaten–BRD:

	Ind.	Pak.	Bangl. D.	BRD
a)	570	65	75	61
b)	139	142	259	24
c)	110	130	70	4170
d)	9759	1361	681	38490

a) Bev. (Mill.)
b) Säuglingssterbl. (pro 1000 Geb.)
c) Soz.-Prod. (Doll./Kopf)
d) Haushalt (Mill. Doll.)

Welthandel i. d. letzten 10 Jahren verdreif. (realer Zuwachs + 120 %)

Es gibt 108 Seefahrt-Nationen (von Liberia mit 2151 Seeschiffen, 41,5 Mill. BRT, bis Bangla Desh mit 1 Frachtschiff, 9150 BRT)

3. Welthandelskonferenz d. UN findet in Santiago/Chile statt (Bangla Desh 142. Mitgl.)

EWG unterzeichnet mit den restlichen EFTA-Ländern Freihandelsabkommen

Entg. d. klassischen Volkswirtschaftslehre tritt Erscheinung u. Begriff d. „Stagflation" auf (d. h. Inflation trotz stagnier. Wirtschaft, z. B. i. Gr.-Brit.)

Sieben afrikan. Länder unterzeichnen Gründungsurkunde der „Westafrikanischen Wirtschaftsgemeinschaft" (CEAO)

UNO-Konferenz für Welthandel und Entwicklung in Lima (den rd. 25 Mrd. Dollar Entwicklungshilfe der westl. Industriestaaten werden ihre Ausgaben von 200 Mrd. Dollar für Rüstung, 35 Mrd. für alkohol. Getränke, 15 Mrd. f. Nikotin gegenübergestellt)

Handelsabkommen BRD–USSR (Röhren gegen Erdgas)

198 Mill. Grenzüberschr. v. Reisenden (Welt-Tourismus steigt gegenüb.

(1972)

Dt. Bundestag stimmt Verkehrsvertrag zw. BRD u. DDR zu (erleichtert Reiseverkehr u. Transporte). DDR-Flüchtlinge werden ausgebürgert u. bleiben straffrei

Staatsrat der DDR beschließt Amnestie u. erlaubt Freigelassenen Ausreise i. d. BRD

Gerhard Schröder (CDU) besucht als Vors. d. Auswärtigen Ausschusses des Bundestages die VR China; regt Aufn. diplomatischer Bez. an

Besuch des Bundesaußenmin. W. *Scheel* in der VR China führt zur Aufn. diplomat. Beziehungen

Henryk Jablonsky (* 1909) wird als Staatsratsvors. neues Staatsoberhaupt der VR Polen (löst *Josef Cyrankiewicz*, * 1911, ab)

Handelsvert. BRD–VR China (mit Berlinklausel)

BRD nimmt mit der VR Polen diplomatische Beziehungen auf

DDR, Polen, ČSSR schaffen gegenseitige Visapflicht ab (der einsetzende starke Reiseverkehr in d. DDR führt zu Schwierigkeiten und Zahlungsmittelbegrenzung)

Giulio Andreotti (* 1919), Christdemokrat, bildet neue ital. Regierung einer linken Mitte (1974 neue Mitte-Links-Reg. unter *Rumor*)

Indien und zahlr. andere Staaten anerkennen die DDR (insbes. n. Unterzeichn. d. Grundvertrages)

Anker Jørgensen (* 1922) Min. ein. dän. sozialdem. Regierung (1973 Neuwahlen, wegen Fraktionszersplitt.)

† *Frederik IX.*, Kg. v. Dänemark seit 1947 (* 1899); seine Tochter wird als Margarete II. Nachfolgerin (* 1940)

Pierre Messmer (* 1916) frz. Min.-Präsid.

† *Paul Henri Spaak*, belg. sozialist. Politiker, Mitbegr. d. EWG (* 1899)

US-Präsident *Nixon* macht Staatsbesuch in der VR China und trifft *Mao Tse-tung* (gilt als Herstellung einer neuen weltpolitischen Situation im Dreieck USA-USSR-VR China)

R. *Nixon* besucht als 1. US-Präsident USSR; Abschluß mehrerer zweiseitiger Abkommen. Anschließend Besuch in der VR Polen

USA beschl. 1973 Wehrpflicht abzuschaffen

† *J. F. Byrnes*, USA-Politiker, 1945–48 Außenminister (* 1879)

Der Berater des US-Präsidenten *Nixon*, *Henry A. Kissinger* (* 1923), führt umfang-

Zadek statt *Hans Schalla* (s. 1949); Düsseldorf: *Ulrich Brecht* statt *Karl Heinz Stroux* (s. 1955); Münchner Kammerspiele *R. Müller* statt *Aug. Everding*; Hamburger Oper *Aug. Everding* statt *Rolf Liebermann* (s. 1959, geht n. Paris), Hbg. Theater *Ivan Nagel* statt *H. Lietzau*, Residenztheater München *Kurt Meisel* statt *H. Henrichs*

„Peer Gynt"-Auff. d. Berl. Schaubühne a. Hall. Ufer (Arenabühne, Regie *Peter Stein* (* 1937), findet weithin Beachtung und Anerkennung

1972 wird von der UNESCO zum internat. Jahr des Buches erklärt

Christa Wolf (* 1929) lebt i. d. DDR, lehnt Wilh.-Raabe-Preis d. Stadt Braunschweig ab

Verteidigungsmin. beschließt eigene Bundeswehrhochschulen zu errichten (findet Kritik)

Krise um die Reformuniv. Konstanz. Rektor *Hess* tritt zurück (Kultusmin. beanst. Reformsatzung)

DDR Mitglied der UNESCO (BRD seit 1951)

Heftige Diskussion um die Aufhebung d. § 218 (Abtreibungsverbot; Fristenlösung gegen erweiterte Indikation)

DDR-Volkskammer beschließt Fristenlösung f. Schwangerschaftsunterbrechung, wonach diese in den ersten 3 Monaten generell zulässig

Ev. und kath. Kirche in der BRD sind gegen „Fristenlösung" f. d. Schwangerschaftsunterbrech.

US-Bundesgericht erklärt Todesstrafe für verfassungswidrig

US-Magazin „Life" stellt Erscheinen ein (gegr. 1926)

Neuer Soka-Gakkai-Tempel Sho-Hondo am Berg Fudschi in Japan eingeweiht (einer militanten nationalistischen Sekte, gegr. 1946)

Ägypt. Tempelinsel Philae wird auf Kosten d. UNESCO versetzt

„Anna u. d. Wölfe" (span. Film v. *Carlos Saura*, * 1932)

„Ludwig II." (dt.-ital. Film v. *Luchino Visconti*, * 1906)

„Die Hochzeit" (poln. Film v. *Andrzej Wajda*, * 1926)

„Der Schakal" (frz.-engl. Film v. *Fred Zinnemann*, * 1907, Österr.)

Jugoslawien erlangt auf d. 18. Kurzfilmtagen in Oberhausen die meisten (20) Auszeichnungen

~ Mit „Schulmädchen-, Hausfrauen-, Schwestern- etc. Report" findet die Sex- und Pornowelle im Film eine pseudowiss. Form

trum der Milchstraße mit ca. 1000 Lichtjahren Durchmesser, die sich mit etwa 40 km/Sek. ausdehnt und aus einer gewaltigen Explosion vor wenigen Millionen Jahren zu stammen scheint

Brit.-nordamer. Astronomen entd. Radiostrahlung eines kosmischen Objektes in ca. 10 Mrd. Lichtjahren Entfernung (bisher größte analys. kosmische Entfernung)

Raumschiff „Apollo 16" mit Mondfähre „Orion" startet zum Mond; *J. W. Young, T. K. Mattingly, C. M. Duke* führen 5. Mondlandung der USA einschl. Rundfahrten mit einem Mondauto erfolgreich durch. Rückkehr nach 11 Tagen

USA-Satellit ERTS-1 umkreist Erde in 890 km Entferng. u. sendet wöchentl. ca. 9000 Funkbilder. Bevorzugung bestimmter Spektralbereiche gestattet Analysen f. d. Umweltschutz u. and. (vgl. 1973)

Raumsonde „Venus 8" der USSR setzt weich auf dem Planet Venus auf. Das Wissen üb. Planeten u. and. Himmelskörper nimmt durch

Vorjahr um +9 %). Ausgaben i. Reiseverk. ca. 25 Mrd. DM

In den ersten 11 Monaten kamen ca. 1 Mill. Bürger der DDR i. d. BRD, umgekehrt 5,8 Mill. Besuche (davon 2,8 aus Berlin (West)

Selbstwähl-Fernsprechverkehr zw. Berlin (West) u. DDR eröffnet

VW-Produktion überschreitet mit über 15 Mill. die seinerzeitige des Ford-Modell T (vgl. 1927 u. 74)

In der BRD Geschwindigkeitsbegrenzung von 100 km auf allen einfachen Bundes- u. Landstraßen

Mehrere Charterfluggesellschaften in der BRD beenden ihre Tätigkeit (kennzeichnet starke Konkurrenz i. d. neuen Form des Massentourismus)

Lufthansa nimmt Linienverkehr Frankfurt/Main–Moskau auf (nach 30jähriger Unterbrechung)

Neues Flughafengebäude des Rhein-Main-Flughafen in Frankfurt/Main eröffnet (Baukosten 1,1 Mrd. DM), für 7,30 Mill. Passagiere jährl.

Flugzeugentführungen (meist mit Geiselnahme in erpresserischer Absicht:)

	erfolgreich	vereitelt
1968	33	5
1969	70	12
1970	46	26
1971	21	30
1972	20	15
(1. Halbj.)		

Bis Mitte d. J. 32 Tote (7 Flugpersonal, 4 Passagiere, 19 Luftpiraten, 2 Sonstige)

Eintägig. Intern. Streik von 40 000 Piloten gegen Luftpiraterie

Drei japan. Terroristen töten im arab. Auftrag auf dem israel. Flughafen Tel Aviv 26 Menschen und verletzen über 70

Drei brit. Techniker und neun Terroristen, die sie als Geiseln entführten, kommen in der Türkei bei dem Versuch der Geiselbefreiung um

Arabische Terroristen entführen Jumbo-Jet d. Lufthansa nach Aden. Geben ihn für 16 Mill. DM frei

Bei Flucht von elf Bürgern der ČSSR nach Bayern erschießt ein Entführer

(1972) reiche Verhandlungen um einen Waffenstillstand in Vietnam. Nach der Wiederwahl *Nixons* läßt sich das Verhandlungsergebnis nicht realisieren. Unter weltweitem Protest folgen schwerste Luftangriffe der USA auf Nordvietnam, die Anfang 1973 durch eine neue Verhandlungsrunde abgelöst werden

Nordvietnam und Vietkong beantworten den Abzug der US-Truppen mit einer militärischen Großoffensive gegen Südvietnam, die erheblich Boden gewinnt, aber keine Entscheidung herbeiführt.

USA antworten mit starken Bombenangriffen auf Nordvietnam (Waffenstillst. 1973)

USA verminen alle Häfen Nord-Vietnams

Bombenabwürfe der USA: 2. Weltkrieg 2 Mill. t, Koreakrieg 1 Mill. t, Vietnamkrieg (b. Mitte 72) 6,9 Mill. t (am Jahresende noch bes. schwere Angriffe

Republikaner greifen in USA in illegaler Weise i. d. Wahlkampf der Demokraten ein (daraus entw. sich die „Watergate-Affäre", vgl. 1973)

R. Nixon (Republ. Partei) wird mit großer Mehrheit zum 2. Mal zum Präsidenten der USA gewählt. Auch *Sp. Agnew* bleibt Vizepräsid. (tritt 1973 zurück). Der Parteidemokrat *George McGovern*, Gegner d. Vietnampolitik, unterliegt

Streik gegen sozialist. Politik i. Chile. Präsid. *S. Allende* verh. Ausnahmezustand u. bildet neue Regierung (wird 1973 gestürzt)

Bei Bombenanschlägen und anderen Gewalttaten in Nordirland gibt es zahlreiche Tote und Verletzte

Bei bürgerkriegsähnl. Unruhen werden in Londonderry/Nordirland an einem „Blutsonntag" (30. 1.) 13 Menschen getötet

Brit. Reg. übernimmt direkte u. volle Regierungsgewalt in Nordirland. *William Whitelaw* sucht im neugeschaffenen Amt eines Staatssekretärs f. Nordirland nach einer politischen Lösung im erbitterten Bürgerkrieg zwischen protestantischer und katholischer Partei

Malta erzwingt verbessertes Stützpunktabkommen mit Gr.-Brit.

Bundespräs. *G. Heinemann* stattet Gr.-Brit. Staatsbesuch ab

Gr.-Brit. und VR China beschließen Austausch v. Botschaftern

Nord- und Südkorea schließen Gewaltverzichtsabkommen und beabs. Beziehungen zu entwickeln

Scheich *Muhibur Rahman* (* 1919) wird Min.-Präs. des neuen Staates Bangla Desh (ca. 62 Mill. Einw., vorher Ost-Pakistan)

Pakistan tritt aus dem Commonwealth aus

Pakistan tritt aus der SEATO aus u. anerkennt die DDR; wird Mitgl. d. UN

Tschiang Kai-schek für weitere 6 Jahre Staatspräsident von Nationalchina (Taiwan)

Annäherung USA–VR China führt zum Rücktritt d. japan. Min.-Präsid. *Eisaku Sato*; *Kakuei Tanaka* (* 1918), Liberaldemokrat, wird japan. Min.-Präsid. mit dem Ziel, die Beziehungen zur VR China zu normalisieren

VR China und Japan nehmen diplomat. Beziehungen auf (beend. Kriegszustand seit 1937). Taiwan (Nat.-China) bricht sie ab

Georgios Papadopoulos (* 1919) nach d. Gegenputsch d. Königs Min.-Präs. v. Griechenland u. Staatsoberh. (1973 gestürzt)

5. Afroasiat. Konferenz i. Kairo verurteilt Nahostpolitik d. USA, das Israel unterstützt

Wiederaufnahme diplomat. Beziehungen zwischen BRD und Libanon

Wiederaufnahme diplomat. Beziehungen zwischen BRD und Ägypten

Arab. Terroristen brechen olymp. Frieden u. bringen in München 11 Mitgl. d. Mannschaft Israels trotz allen Gegenmaßnahmen um. Israel bombardiert nach dem Terrorakt von München Lager paläst. Freischärler i. Libanon und Syrien (vgl. V)

Verfass. d. Verein. arab. Republik (VAR) (Ägypt., Libyen, Syrien) i. Kraft (vorerst geringe Realisierung d. Union)

Nach Attentatsversuch auf Kg. *Hassan II.* von Marokko begeht sein Verteidigungsmin. Selbstmord

Stammes-Bürgerkrieg in Burundi/Ostafrika fordert etwa 50000 Tote

Erfolgr. Militärputsch in Ghana

Ägypten verlangt den Abzug aller sowjet. Militärberater (wegen zu geringer Hilfe gegen Israel)

Studentenunruhen in Ägypten (es wird eine stärkere Politik gegen Israel gefordert)

Anti-israelische arabische Vereinigungen Al Fatah u. „Schwarzer September" schicken Sprengstoff-Pakete und -Briefe an Juden in- und außerhalb Israels

Satell.-Forschung sprunghaft zu USSR landet mit „Luna 20" zweites, erdgesteuertes Mondauto (Lunochod 2, „L 1" 1970)

8 Mill. Grad heißes Plasma für 5 Hundertstelsek. (in Moskau)

100 km langes Förderband in Spanisch-Sahara

Vers.-Anst. f. Wasser- u. Schiffsbau in Berlin (W) erh. größte Umlaufkanalanlage

Erste unbemannte Meeresraupenfahrzeuge (bis 100 m Tiefe)

Laserstrahlen gestatten genaueste Entf.-Best. (etwa auf 25 mm bei 2 km)

Physikal.-Techn. Bundesanstalt der BRD realisiert hydraulisches Kraftnormal von ca. 1 500 000 kp = 1500 Tonnen Gewicht

Europ. längste Brücke (6070 m, Schweden–Öland)

Japan baut weltgrößtes Schiff mit 477 000 BRT

Quastenflosser lebend geborgen (gilt als „lebendes Fossil" aus d. Devon)

Bisher 20 sowjet. Eisschollenstationen z. Erf. der Arktis (vgl. 1971)

Mit 28 Ex. gilt das Java-Nashorn als seltenstes Säugetier

den Piloten (wird von einem dt. Gericht abgeurteilt)

Weltluftverkehr verzeichnet 20 Totalschäden mit ca. 1500 Toten

Flugzeugabsturz auf der Strecke Valencia–Ibiza fordert 104 Menschenopfer

Flugzeugabsturz bei Ost-Berlin fordert 156 Tote

Flugzeugabsturz b. Moskau: 176 Tote

Flugzeugabsturz auf der Strecke Ceylon–Kopenhagen fordert 112 Menschenopfer

Auf der Strecke Singapur–Hongkong kommen 82 Menschen bei einer Flugzeugexplosion ums Leben

107 Tote bei einem Eisenbahnzusammenstoß in Tunnel b. Paris

Eisenbahnungl. mit üb. 200 Toten u. 1000 Verl. in Mexiko

Schlagwetter-Katastrophe in Rhodesien fordert mehr als 400 Tote (meist Neger)

Orkanartiger Novembersturm über Mitteleuropa (30 Tote i. d. BRD, 18 i. d. DDR)

Erdbeben im Iran (Prov. Fars) zerstört 58 Dörfer u. tötet mit ca. 5000 Menschen ein Viertel der Bevölkerung

Flutkatastrophe in Rapid City, USA, fordert ca. 280 Tote

Mißernte in der USSR (Notkäufe verteuern Futtergetreide und Fleisch)

119 Tote bei einem Kaufhausbrand in Osaka, Japan

„Queen Elisabeth", größtes Passagierschiff d. Welt, brennt im Hafen von Hongkong aus (sollte als Hochschule ausgeb. werden)

Schwere Pockenepidemie in Südserbien (Jugoslawien), Pockenalarm in Hannover

Intern. Betäubungsmittel-Konvention geg. Rauschgiftmißbrauch zur Abänderung der internat. Bestimmungen von 1961

Erhöhung der Kriminalität i. d. BRD geg. Vorjahr um 5,4 %

Olymp. Jahr 1972 (XX. Spiele)

Olympische Winterspiele in Sapporo (Japan). Der österr. Skiläufer *Karl Schranz* wird wegen Verletzung der Amateurregeln ausgeschlossen (wird vielfach als willkürlich kritisiert) USSR mit 16 Medaillen erfolgreichster Teilnehmer

Oberwiesenfeld in München unter der Bauleitung von *Merz* durch Bauten neuartiger Konstruktion (zeltartige Dächer aus Acrylfolie) zum Zentrum der Olympischen Spiele 1972 ausgebaut (insges. kosten der Vorbereit. d. Spiele ca. 2 Mrd. DM)

Einweihung des Olympiastadions in München, BRD schlägt USSR im Fußball 4:1

München erhält mit Fußgängerzone i. d. City sowie mit U- und S-Bahn-Nahverkehr wesentlich neue Züge als rasch wachsende Millionenstadt

Rhodesische Olympiamannschaft wird wegen ang. Rassendiskr. in Rhod. auf Drängen der 3. Welt von den Spielen ausgeschlossen

Bundespräs. *Heinemann* eröffnet in München die XX. Olympischen Spiele

Arab. Terroristen überfallen israel. Quartier im Olympischen Dorf und nehmen Geiseln. Beim Versuch, ihren erzwungenen Flug ins Ausland zu verhindern, kommen 11 Israelis, 5 Terroristen u. 1 Polizeibeamter ums Leben. 3 Terroristen werden verhaftet (später unter Druck neuer Geiselnahme freigelassen). Die Spiele werden nach einer Trauerfeier fortgesetzt

Arab. Luftpiraten befreien durch Entführung einer Lufthansamaschine mit Geiseln die überlebenden Terroristen, die in München 11 Israelis töteten

Lord *Killanin* (* 1914, Irland) wird als IOC-Präsident des Intern. Olymp. Komitees Nachfolger von *Avery Brundage* (* 1887, USA, war Präsid. seit 1952)

Olympische Spiele in München – Medaillenspiegel:

	Gold	Silber	Bronze
USSR	50	27	22
USA	33	31	30
DDR	20	23	23
BRD	13	11	16
Japan	13	8	16
Australien	8	7	2
Polen	7	5	9
Ungarn	6	13	16
Bulgarien	6	10	5
Italien	5	3	10

(1972) Drei südl. Provinzen Sudans erhalten Autonomie-Status (beendigt 17jährigen Bürgerkrieg)

Uganda (Afrika) weist Asiaten mit brit. Pässen aus

Stimmengewinn linker Parteien i. Japan. Liberaldemokrat *Tanaka* (* 1918) Min.-Präs.; nimmt diplomat. Bez. z. USSR auf, tritt 1974 zurück

~ Dieses Jahr ist durch erdweiten polit. Terror gekennzeichnet: Palästinens. PLO, japan. „Rote Armee", ir. IRA, ital. Neofaschismus, dt. „Rote Armee-Fraktion" (RAF) u. and.

„Sport in unserer Welt – Chancen und Probleme" (wiss. Kongreß anl. der Olymp. Spiele i. München)

Intern. Stockholmer Konf. f. Umweltschutz (vgl. V)

USA verbieten DDT-Anwendung (wegen Umweltgefahr)

Herzinfarktdiagnose d. Myoglobinnachweis

Hochwirksamer Krebshemmstoff Maytansin

Vollsynthese d. ACTH-Hormons

Totalsynthese von Vitamin B12

Erste hochsterile Operationskabine i. d. BRD

Glasfaseroptik gestattet vollst. Magen-Darm-Besichtigung

Fund eines mittelsteinzeitlichen Grabes mit einem 17jähr. weibl. Skelett, im Arm ein dreijähriges Kind, bei Altessing im Altmühltal entd. (stammt aus dem 5. Jtsd. v. Chr. und widerlegt die These, der Mensch der Jungsteinzeit nach −4000 sei n. Europa eingewandert)

Am 4. 8. besonders starke Radio-, Ultraviolett- und Röntgenstrahlung durch eine Sonnenfleckengruppe: 1/200stel d. Sonnenfläche strahlt für Minuten 50mal stärker als die ganze Sonne (bisher stärkster bekannter Ausbruch)

Die hohe Ganggenauigkeit mod. Uhren macht in unregelm. Abständen „Schaltsekunden" zur Angl. a. d. astronom. Zeit notwendig

Hohe Beschl.-Energien gestatten es, Atomkerne zu verschmelzen u. sog. „Kernmoleküle" kurzzeit. zu bilden

2 Forschergruppen i. USA u. Schweiz gelingt i. 12 Jahren Synthese d. Vitamins B12 (Struktur s. 1956 bek.)

Land: Elektron. Kamera SX 70 f. Sofortbilder

Es gelingt Industrieforschern i. BRD d. beiden Aminosäureketten d. Insulins d. Schwefelbrücken zu verbinden (wichtiger Schritt z. techn. Synthese) (vgl. 1973)

R. W. Kaplan: „Der Ursprung d. Lebens" (Theorie der chemischen Evolution, d. keine übernatürl. Faktoren anerk.)

Bezieht man die Medaillen auf d. Einw.-Zahl d. Landes, so ergibt sich ein sehr verschiedenes Bild (so müßte man die Med. d. BRD durch 3,5 dividieren, um sie mit der DDR zu vergleichen [vgl. 1968])

H. Lenk: „Leistungssport, Ideologie oder Mythos?"

Mark Spitz (* 1950, USA) gew. im Schwimmen 7 olymp. Goldmedaillen, schwamm insges. 34 Weltrekorde

Ruotsalainen (Finnl.) erreicht im Skiflug auf d. Schanze bei Planica (Jugoslawien) 162 m. 1936 spr. *Sepp Bradl* (Österr.) erst runde 100 m

Im Fußball-Länderspiel schlägt BRD Gr.-Brit. in London 3:1 (1. dt. Sieg auf engl. Boden)

BRD gewinnt mit 3:1 geg. USSR Europameisterschaft im Fußball

ČSSR wird Eishockey-Weltmeister durch Sieg über den 11fachen Weltmeister USSR (der Jubel gewinnt polit. Bedeutung)

Bayern München bundesdt. Fußballmeister mit 5:1 gegen Schalke 04

Eddy Merckx, Belgien, gewinnt zum 3. Mal nacheinander Tour de France (Radfernfahrt)

Weltmeisterschaft in Golf (in Melbourne/Australien): 1. Taiwan, 2. Japan, 3. Südafrika, 4. USA (6. Gr.-Brit., 17. BRD)

Tischtennismannschaft der VR China besucht USA (erster Sportaustausch seit 25 Jahren)

Donald Cameron (* 1939, Schottland) und *Mark Barry* (* 1940, USA) überqueren mit Heißluftballon die Alpen über das Monte-Rosa-Massiv (ca. 5000 m)

Bobby Fischer (* 1943, USA) wird geg. *Boris Spasskij* (* 1937, USSR) Schachweltmeister (*Sp.* war WM s. 1969). Dieser Kampf macht Schach populär

~ Es verbreiten sich gr. Einkaufszentren a. d. Peripherie gr. Städte (erstes i. BRD 1964)

Berlin (West) tauscht mit d. DDR gegen 31 Mill. DM ein 8,5 ha gr. Gelände am Potsdamer Platz wegen seiner Bedeutung für die Stadtplanung

† *Emilio Schuberth*, ital. Modeschöpfer (* 1905) (Konkurrent gegen die Extravaganz d. Pariser Häuser)

Computergesteuerte Schnellbahn i. San Franzisko (BART)

Mißernte i. USSR gefährdet durch Getreidekäufe Welternährung

Schwerer Novembersturm a. 13. 11. über Mitteleuropa (verurs. Tote u. schwere Forstschäden, vgl. 1872)

globale Sozialstruktur (vgl. 1950 und 1977)
globale Zahlen: Bevölkerung 3800 Mill. Einw.
Brutto-Sozialprodukt 4680 Mrd. $
BSP/Einw. 1231 $

%-Anteil	Amerika N	Europa W	Europa O	Sowjet-union	Asien China VR	Asien Japan
Ew.	6,0	9,5	2,8	6,5	21,0	2,7
BSP	30,7	25,2	5,5	14,5	3,5	7,3
BSP/Ew.	511,0	265,0	223,0	223,0	16,0	270,0

	Amerika Lat.	Afrika	Asien Vord.	Asien SO
Ew.	8,0	9,6	3,9	29,6
BSP	5,0	2,0	1,5	3,5
BSP/Ew.	62,5	21,0	38,0	12,0

BSP ist ein Maß für wirtschaftliche (und politische) Macht.
BSP/Ew. ein Maß für (möglichen) Wohlstand.
Das N-S- und W-O-Gefälle treten deutlich hervor.

1973	Friedens*nobel*preis an *H. A. Kissinger*, USA (* 1923, geb. i. Dtl.), und *Le Duc Tho* (* 1912, Nord-Vietnam) f. ihre Verhandlungen zur Beend. d. Vietnamkrieges (wird polit. kritisiert) *Le Duc Tho* lehnt Friedens*nobel*preis ab Generalkonsulat der USSR in Berlin (W) gemäß Berlin-Vereinbarung Dt. Konsul in Nordirland v. d. IRA entführt Der Transitverkehr n. u. v. Berlin durch d. DDR verläuft weitgehend reibungslos. Allerd. führt Fluchthelfertätigkeit zu Prozessen i. d. DDR mit hohen Freiheitsstrafen DDR verdoppelt Zwangsumtausch b. Aufenth. i. d. DDR (verstößt n. westl. Ansicht gegen d. Berlin-Abkommen. Besuchszahl geht etwa auf 50 % zurück) Parlamentswahlen in Israel (während d. Friedenskonf. in Genf) bringen der sozialdemokr. Arbeiterpartei *Golda Meirs* Verluste (bleibt aber stärkste Partei) Neuer griech. Präs. Generalleutn. *Gisikis* *W. Scheel* bes. Ägypten, Jordanien u. Libanon DDR hat im innerdt. Handel Rekorddefizit v. 1,8 Mrd. ,,Verrechnungseinheiten'' Ehemal. Reichsleiter der NSDAP *Martin Bormann* f. tot erklärt (* 1900) US-Präs. lehnt einseitige Truppenverminderung in Europa ab Diplom. Bez. zw. Finnland u. BRD sowie DDR Ägypt. Überraschungsangr. am höchsten jüd. Feiertag (Jom Kippur) verwick. Israel in Zweifrontenkrieg am Suezkanal u. b. d. Golanhöhen (geg. Syrien). Nach wechselvollen Kämpfen u. hohen Verlusten wird d. 3. ägypt. Armee b. Suez eingeschl. USSR u. USA setzen i. d. UNO Waffenstillstand u. Friedenskonf. durch. Araber verl. d. Räumung aller v. Israel s. 1967 besetzten Geb., Israel ford. sichere Grenzen u. Anerk. s. staatl. Existenz u. d. Lösung d. Problems d. seit 1948 geflücht. 820000 Palästinenser Androhung ein. arab. Raketenangriffs auf Flugplätze i. d. BRD führt z. höchsten Alarm- u. Sicherungsmaßn. USA erklären sich enttäuscht üb. d. Beziehungen Westeuropa–USA	Literatur*nobel*pr. an *Patrick White* (* 1912, Austral.) Friedenspreis d. dt. Buchhandels an *Dennis Meadows* Für d. Veröff. d. Club of Rome: ,,Die Grenzen des Wachstums.'' Zur Lage d. Menschheit (weist auf die Gefahr d. raschen Erschöpfung d. Lebensmöglichkeiten hin) *Edward Bond* (* 1934): ,,Die See'' (engl. Schauspiel, dt. Erstauff. i. Hamb.) † *W. H. Auden*, amer. Schriftsteller (* 1907) † *Ingeborg Bachmann* (Unfall), österr. Lyrikerin, Mitgl. d. Gruppe 47 (* 1926) Internat. *Beckett*-Colloquium in Berlin (W) † *Willi Birgel*, dt. Schauspieler (* 1891) *H. Böll* verz. auf Vorsitz i. Intern. PEN-Club *H. Ch. Buch*: Literaturmagazin 1 (f. eine neue Lit. geg. spätbürg. ,,Literaturbetrieb'') *Lothar Günter Buchheim* (* 1918) ,,Das Boot'' (U-Boot-Roman d. 2. Weltkrieges eines Kriegsber., Künstlers und Kunstsammlers) *Michail Djemin*: ,,Die Tätowierten'' (üb. d. russ. Unterwelt, dt. Übers.) *Tankred Dorst* (* 1925): ,,Die Eiszeit'' (Schauspiel) *Dürrenmatt*: ,,Der Mitmacher'' (schweizer. Bühnenstück, Urauff. i. Zürich) *Gisela Elsner*: ,,Herr	*Hans Bender* (* 1907): ,,Verborgene Wirklichkeiten'' (Traumtheorie aus parapsycholog. Sicht) *Winfr. Böll* u. and. (dar. Mitgl. d. Bundesreg.): ,,Die Zukunft d. Wachstums'' (krit. Antworten zum Bericht des ,,Club of Rome'', vgl. 1972) *Vincent Cronin*: ,,Napoleon'' (engl. Biogr. mit Betonung d. Privatlebens) (man schätzt d. Zahl der N.-Biogr. auf ca. 24000) *Joach. C. Fest*: ,,Hitler'' (Biogr.) *Bernt Engelmann* (* 1921): ,,Wir Untertanen'' (ein dt. Anti-Geschichtsbuch) *Ed. Fuchs*: ,,Sozialgeschichte der Frau'' (sozialkrit. Fassung d. Sittengeschichte d. Autors) Geheimes Tagebuch *J. Göbbels* kommt von der DDR i. d. BRD *J. Habermas* (* 1929): ,,Legitimationsprobleme i. Spätkapitalismus'' (a. d. Frankf. Soziologenschule) Im Schatten d. Ölkrise mahnt am Jahresende Bundespräsid. *G. Heinemann*, von der Verschwendungswirtsch. zur Bewährungswirtsch. zu gelangen *Werner Heisenberg* erhält *Guardini*-Preis der Katholischen Akademie in Bayern *Arthur Janov*: ,,Der Urschrei'', ein neuer Weg der Psychotherapie (dt. Übers. der amer. Ausg. 1970) *Rob. Jungk*: ,,Der

F. Ahlers-Hestermann: „Avallon" (Gem.)

† Friedr. Ahlers-Hestermann, dt. Maler, seit 1955 i. Berlin (* 1883)

Max Ackermann (* 1887): „Ohne Titel" (abstr. Gem.)

Paul Berger-Bergner (* 1904): „Kind im Raum" (Gem.)

Christa (* 1940) u. Karlheinz (* 1934) Biederbick: panoptikumsartige lebensgr. Plastiken n. Gipsabg. aus Polyesteter (s. 1969)

Fritz Bornemann, Berlin, erhält Auftrag, Oper in Kairo zu bauen

Chagall-Ausstellung in Moskau (Ch. kehrt kurzzeitig von Paris i. d. USSR zurück)

Joachim Dunkel (* 1925): „Pferd" (Bronze)

Herbert W. Franke (* 1927): „Apparative Kunst", „Vom Kaleidoskop zum Computer"

Gunter Freyse (* 1937): „Einzelheiten unbekannt" (Acrylgem.)

† Xaver Fuhr, dt. Maler d. „Neuen Sachlichkeit" (* 1898)

Karl Gauting (* 1897): „Blessierter Flügelstier" (Linolschnitt)

Hans Geisberger (* 1906): „Karambolage"

Rudolf W. Groeschel (* 1891): „Spätherbst am See"

Wilh. Höck (* 1928): „Kunst als Suche nach Freiheit" (Entwürfe einer ästhetischen Gesellschaft von der Romantik bis zur Modernen)

Fritz Hundertwasser (* 1928): „Regentage"

Wolfg. Inanger (* 1936): „Der Puppenmörder" (Temp.-Gem.)

L. Bernstein: „Dybouk" (amerik. Ballett)

Joachim E. Behrendt (* 1922): „Das Jazzbuch – Von Rag bis Rock" (4. Bd. seit 1953)

R. Bing (* 1902): „5000 Abende i. d. Oper" (Geschichte d. Metr. Opera New York a. d. Feder ihrer Intendanten, 1950–72)

B. Blacher (* 1903): „Yvonne" (Oper nach W. Gombrowicz)

B. Britten (* 1913): „Der Tod in Venedig" (engl. Oper n. Th. Mann)

† Pablo Casals, span. Cellist, verl. 1937 Spanien, zuletzt in Südfrankr. (* 1876)

John Cage, Merce Cunningham, Jos. Johns: „Un jour ou deux" (Ballett, Urauff. i. Paris)

† John Cranko, brit. Ballettmeister u. Choreograph, gab seit 1960 dem Stuttgarter Ballett eine intern. Spitzenposition (* 1927)

H. W. Henze: „Streik bei Mannesmann" (sozialkritische Oper zu den XX. Weltjugendfestspielen in Berlin [Ost])

Klaus Huber (* 1924): „Kontrafaktur nach Perotin" (schweiz. Komp.)

M. Kagel (* 1931): „Variationen ohne

Nobelpr. f. Physik an Ivar Glaever (* 1929, Norw.), Leo Asaki (* 1925, Jap.) u. Brian Josephson (* 1940, Gr.-Brit.) f. Erforschg. d. Tunneleffektes bei d. elektr. Supra-Leitung (gew. prakt. Bed.)

Nobelpr. f. Chemie an Ernst Fischer (* 1918, Dtl.) u. G. Wilkinson (* 1921, Gr.-Br.)

Medizin-Nobelpr. an d. Verhaltensforscher Karl v. Frisch (* 1886, Österr.), Konrad Lorenz (* 1903, Österr.) u. d. Ethologen Nikolaas Tinbergen (* 1907, Niederl.)

Manfred v. Ardenne (* 1907): „Ein glückliches Leben f. Technik u. Forschung" (v. d. Rundfunktechnik zur Krebstherapie. Autobiogr.)

Erich Bahke: „Stadtverkehr d. Zukunft", schildert mod. öff. Verkehrsmittel unter d. Aspekt, daß im Jahr 2000 80 % d. Weltbev. in Städten wohnt

594 Tage n. Herztransplantation stirbt Barnard-Patient Philip Blaiberg

Brandenburg u. Zahn (TH Aachen) gelingt Insulinsynthese i. klinisch brauchbarer Menge

Erhard Hornbogen (* 1930): „Werkstoffe nach Maß" (wird d. elektronenmikrosk. Analyse ermöglicht)

Dieter Janz: „Denkschrift Epilepsie" (5 % der Bev. d. BRD leiden daran)

Walter Klingmüller: „Therapie mit Genen"

Nach Schätzung d. Weltbank leben rd. 800 Mill. Menschen (ca. 25 % d. Menschheit) unter elenden Lebensverhältnissen)

Dürrekatastrophe und Hungersnot am Südrand d. Sahara (Sahelzone)

Dollarkurs sinkt auf 2,832 DM

Gruppenfloating gegenüb. US-Dollar senkt seinen Kurs (verh. Aufwertung d. DM)

Hochofen i. Duisburg f. 3,5 Mill. t Roheisen/Jahr (bish. größter d. Welt)

Durch d. Ölkrise erh. der Bau v. Kernkraftwerken wachsend. Bedtg. (d. beste Weg techn. Erschl. ist noch umstritten)

DDR nimmt 2. Kernkraftwerk i. Betr. (b. Rostock, 1. b. Rheinsberg; s. 1966)

Frankr. nimmt Schnellbrüterreaktor (auf Plutoniumbasis) als Kernkraftwerk f. 250000 kW i. Betr. (USSR ging i. d. Hinsicht voraus)

Rückschläge i. d. Bauwirtschaft d. BRD

Konkurse in der BRD: 1950: 4235, 1960: 2689, 1965: 2928, 1970: 3943, 1973: 5277

Jubiläumsfunkausstellung in Berlin (1923–1973) mit tragbaren Farbfernsehgeräten, audiovisueller Farbbildplatte, Quadrophonie, Video-Cassetten-Recorder etc.

Benzin- u. Heizölknappheit inf. arab. Ölboykotts beeinfl. d. tägl. Leben i. d. BRD u. Westeuropa

Japan. Reg. ruft Notstand wegen Ölkrise aus

Niederl. geb. mit Sonntagsfahrverbot infolge arab. Ölboykott (and. Länder, einschl. BRD, folgen)

(1973)

Erweiterung der EWG um Gr.-Brit., Irland u. Dänemark in Kraft

Europ. Konf. über Sicherheit u. Zusammenarbeit in Helsinki unter Teiln. west- u. osteurop. Staaten einschl. BRD u. DDR

W. *Brandt* unterz. in Prag Normalisierungsvertrag mit d. ČSSR, der das Münchner Abk. v. 1938 für nichtig erklärt. BRD err. diplomat. Bez. mit Ungarn u. Bulgarien

Israel-Reise d. Bundeskanzlers *Willy Brandt* unterstreicht wohlwollende Neutralität der BRD im Nahostkonflikt

Ölboykott d. OPEC führt zu einem Energiesicherungsges. i. d. BRD (Reg. erhält Verordnungsvollm.; zeitw. Pkw-Fahrverb. i. westeurop. Ländern

Erdölexportländer gr. OPEC (vgl. 1973 P, 1975 V)

UN-Gen.-Sekr. *K. Waldheim* eröffn. die v. USA u. USSR geford. Nahost-Friedenskonf. m. Israel u. arab. Nachbarstaaten in Genf

Außenminister d. BRD, *W. Scheel*, u. d. DDR, *O. Winzer*, sprechen vor d. UNO nach d. Aufn. beider dt. Staaten. *Scheel* unterstreicht das Recht auf Wiedervereinigung

Bundeskanzler *W. Brandt* spricht vor d. UNO über d. Politik d. BRD

BRD vertr. d. Interessen W.-Berlins i. d. UNO

Bundespräsid. *G. Heinemann* lehnt 2. Amtsperiode ab. *W. Scheel* (FDP) entw. s. zum Favorit als Nachfolger

Bund.-Verf.-Ger. erklärt d. Grundvertrag mit d. DDR als verfassungskonform (betont Beachtung d. Wiedervereinigungsgebotes des Grundvertr.)

Chef d. KPdSU, *Breschnew*, besucht BRD (ist sich m. W. Brandt üb. d. Bedeut. d. Erfüllung d. Berlin-Abkommens einig)

Auch n. d. Berlin-Abkommen wehren sich d. Ostblockstaaten geg. d. Einbeziehung v. Berlin (W) in Abmachungen mit d. BRD (führt zu erneuten Spannungen u. Diskussionen über den Wert der Ostpolitik)

Reichstagswahlen in Schweden ergeben gleiche Stärke der Sozialisten-Kommunisten u. d. bürgerl. Parteien. *Palme* (Sozialdemokrat) bleibt Min.-Präs.

Trotz SPD/FDP-Mehrheit im Bundestag haben die CDU/CSU-Länder im

Leiselheimer u. weiterer Versuch, die Wirkl. zu bewältigen" (Rom.)

Werner Finck (* 1902): "Alter Narr, was nun?" (Autobiogr. d. Kabarettisten)

Manfred Franke: "Mordverläufe 9./10. 11. 1938" (Roman der Judenverfolgung in d. "Kristallnacht")

Hans Frick (* 1930): "Tagebuch einer Entziehung" (Memoiren ein. Trinkers)

† *Henry Greene*, engl. Romanschriftsteller (* 1904)

Wolfgang Hildesheimer (* 1916): "Masante" (autobiogr. Erz.)

Walter Höllerer (* 1922): "Die Elephantenuhr" (Roman)

Kurt Hübner (* 1916) wird Intendant des Theaters der Freien Volksbühne Berlin (W) (war 1962–72 Intendant der Bremer Bühnen)

Rainer Kunze (* 1933): "Zimmerlautstärke" (Ged. aus d. DDR, R. K. wurde zeitw. i. d. DDR nicht gedr.)

Dieter Lattmann (* 1926) u. and.: "Die Literatur d. BRD s. 1945" (Prosa, Lyrik, Dramatik)

S. Lenz: "Das Vorbild" (Roman)

Jakov Lind (* 1927): "Der Ofen" (eine Erz. u. 7 Legenden) (dt. Übers. a. d. Engl.)

Norman Mailer: "Marilyn Monroe" (amer. Biogr. d. US-Filmstars, * 1926, † 1962)

Christoph Meckel (*

Jahrtausendmensch" (mit optimist. Zukunftsperspektive)

Werner Keller (* 1909): "Was gestern noch als Wunder galt. Die Entd. geheimnisvoller Kräfte des Menschen" (Kennz. f. einen sich ausbreitenden Okkultismus)

Marie E. P. König: "Am Anfang d. Kultur. Zeichensprache d. frühen Menschen" (weist Kalendersystem d. Eiszeitmenschen [vor ≈−10000] nach)

Claude Lévi-Strauss (* 1908, Belg.) erh. Erasmuspreis f. "strukturale Anthropologie"

Konrad Lorenz: "Ökologisches Manifest" (f. d. Erhaltung u. Wiederherst. gesunder, funktionsfäh. Landschaften)

Konr. Lorenz: "Die Rückseite d. Spiegels" (erstrebt eine auf biolog. Kenntnis d. Menschen beruhend. Kulturtherapie)

Paul Moor: "Die Freiheit zum Tode". Ein Plädoyer für das Recht auf menschenwürdiges Sterben (Thema erg. s. aus sinnloser Lebensverlängerung d. ärztlichen Kunst)

Adriaan v. Müller (* 1928): "Berlins Urgeschichte" u. "Berlin vor 800 Jahren" (Berichte d. Bodendenkmalpfleger aufgrund vermehrter Grabungstätigkeit i. Berlin)

Heinz Ohff: "Antikunst" (ein gr. Teil d. gegenw. Kunst ist Antikunst)

Papst *Paul VI.* empfängt israel. Min.-Präs. *G. Meir*

Arne Jacobsen (* 1902, Dän., † 1971), Rathaus i. Mainz (streng funktionalistisch)

Privatmuseum *F. Léger* vom franz. Staat übernommen

Gerh. Marcks (* 1884): „Sitzender alter Mann" (Bronze)

Marino Marini (* 1901) schenkt Mailand 150 seiner Werke (die in einer Ausst. gezeigt werden)

Max Pfaller (* 1937): „Bauerwartungsland" (Gem.)

† *Pablo Picasso* (span.-frz. Maler span. Herkunft, gilt als der führende Maler d. 20. Jh., * 1881)

Graphik-Ausst. i. d. Nationalgalerie Berlin (W)., „Hommage á Picasso", bietet repräsentativ. Querschnitt d. d. zeitgen. künstl. Schaffen mit Werken von *Shusaku Arakawa* (* 1936, Jap.), *Enrico Baj* (* 1925, Ital.), *Joseph Beuys* (* 1921, Dtl.), *Max Bill* (* 1908, Schweiz), *Pol Bury* (* 1922, Belg.), *Jorge Castillo* (* 1933, Span.), *Lynn Chadwick* (* 1914, Engl.), *Eduardo Chillida* (* 1924, Span.), *Christo* (* 1935, Bulgar.), *Corneille* (* 1922, Bulg.), *Alan Davie* (* 1920, Schottl.), *HAP Grieshaber* (* 1909, Dtl.), *Richard Hamilton* (* 1922, Engl.), *Alfred Hrdlicka* (* 1928, Österr.), *R. B. Kitaj* (* 1932, USA), *Jirí Kolař* (* 1914, ČSSR), *Nicholas Krushenick* (* 1929, USA), *Wilfredo Lam* (* 1902, Kuba), *Roy Lichtenstein* (* 1923, USA), *Jacques Lipchitz* (* 1891, Lit.), *Heinz Mack* (* 1931, Dtl.), *Giacomo Manzù* (* 1908, Ital.), *André Masson* (* 1896, Frankr.), *Roberto Matta* (* 1911, Chile),

Fuge" (argent. sinfon. Komp.)

Herb. v. Karajan wird Ehrenbürger v. Berlin (W), dessen Philharmon. Orch. er s. 1955 leitet

Rudolf Kelterborn (* 1931): „Dies unus" (schweiz. Komp.)

E. Křenek: „Statisch und ekstatisch" (Komp. f. Kammerorchester)

Frank Martin: „Requiem" (schweiz. Komp.)

Pariser Oper unter *Liebermann* (vorher in Hamburg) neu eröffnet

R. Liebermann beg. seine Pariser Intendantentätigk. mit einer Gala-Auff. d. „Figaro" in Versailles

† *Bruno Maderna*, ital. Komp., bes. elektron. Musik (* 1920)

C. Orff: „De temporum fine comoedia" (Oper, Urauff. i. Salzburg unter *H. v. Karajan*)

Artur Rubinstein (* 1886): „Erinnerungen" (Autobiogr. d. poln. Pianisten)

Walter Steffens: „Unter dem Milchwald" (Oper n. *D. Thomas*)

Karl Thieme (* 1909): „Hoffnung" (Kantate nach Texten von *Nelly Sachs*)

Michael Tippett (* 1905): „Mitsom-

(insbes. Heilung von Erbkrankheiten d. Gentherapie)

Lubos Kohoutek entd. frühz. Kometen, der ab 1974 auf d. Erde sichtbar werden soll

Zweite Skylab-Besatzung bleibt trotz anfängl. Schwierigkeiten, die ein Rettungsmanöv. nahelegen, die geplanten 59 Tage i. Weltraum, photogr. u. a. gr. Sonnenprotuberanzen. Dritte Skylab-Besatzung startet zu einem 85-Tage-Flug (gilt als vorl. Abschluß der bemannten US-Raumfahrt)

In Skylab 2 bauen Spinnen auch schwerefrei normale Netze; im Weltraum geb. Fische schwimmen normal

„Raum-Krankheit" als Spezialthema d. 21. Intern. Kongresses f. Luft- u. Raumfahrtmedizin i. München

USA starten zwei Jupiter-Sonden, Pionier 10 u. 11 (erf. u. a. Magnetfeld). USSR startet in einem Monat 4 Marssonden

USSR landen Mondauto Lunochod auf dem Mond

USSR startet „Sojus 13" mit 2 Kosmonauten in eine Erdbahn, gleich danach mit einer Trägerrakete 8 Satelliten d. Kosmos-Serie

Radioastronom. Aufnahme der Venusoberfläche in USA ergibt viele Krater von 10–100 km Durchmesser

Marsgloben (1,2 bis 1,8 m Durchm.) aufgr. von 7300 Aufn. d. US-Sonde Mariner 9

BRD stoppt wegen Energiekrise Vermittlung ausl. Gastarbeiter (z. Zt. sind ca. 2,6 Mill. i. d. BRD tätig, davon ca. 0,5 Mill. Türken)

Am Jahresende liegt das Preisniveau 7,4 % über dem des Vorjahres (Gew. fordern Lohnerhöhungen um mehr als 10 %)

SPD-Aktion „gelber Punkt" gegen Preistreiberei (wird v. Handel kritisiert)

Mit 100 Tochterges. im Ausland erzielt Siemens dort mit 6 Mrd. DM ca. 40 % d. Umsätze (kennz. f. intern. Verflechtung d. Konzerne)

In Brüssel wird Europ. Gewerksch.-Bund gegr.

Zahlreiche Streiks richten sich gegen die Arbeitsbedingungen am Fließband

Generalstreik i. Italien

Schwed. Gewerksch. erstreben bis 1984 d. 30stündige Arbeitswoche

Arab. Terroristen setzen in Rom mit Sprengkörpern PanAm-Maschine in Brand (31 Passagiere verbrennen). Mehrere Geiseln überl. anschl. Entf. einer Lufthansamaschine (Entf. täuschen ihre Ermordung vor)

Arab. Terrorakt in Khartum/Sudan

Überschwemmungen in Südspanien fordern ca. 300 Todesopfer

Vulkanausbruch auf Island gefährdet Fischereihafen

Bewaffnete Bankräuber erbeuten in Frankf./M. 2 Mill. DM

Hans Werner Hamacher: „Tatort Deutschland" (sagt von 1970–80 Verdoppelung bis Verdreifachung der Kriminalität voraus)

(1973)

Bundesrat eine Mehrheit, da wegen alliierten Vorbehalts d. Stimmen Berlins nicht mitgezählt werden (führt zu parteipolit. Spannungen b. d. Gesetzgebung)

Parlament. Untersuchungsausschuß soll klären, ob d. ehemal. CDU-Abg. *Steiner* 1972 beim konstrukt. Mißtrauensvotum *Barzel* geg. *Brandt* durch Bestechung von *Wienand* (SPD) zugunsten *Brandts* stimmte (erg. keine Klärung)

Barzel tritt als Parteivors. d. CDU u. Fraktionsvors. d. CDU/CSU zurück

Helmut Kohl (* 1930), Min.-Präs. v. Rheinl.-Pfalz, wird Bund.-Vors. d. CDU

K. Carstens (* 1914) wird Vors. d. CDU/CSU-Fraktion im Bundestag

† *Walter Ulbricht*, dt. kommunist. Politiker, grdt. mit der DDR kommunist. Staat auf dt. Boden; zuletzt Staatsratsvorsitzender, i. d. Spaltung Dtlds. der Gegenspieler Adenauers (* 1893)

Nach d. Tode von *W. Ulbricht* wird *Honecker* Gen.-Sekr. des ZK d. SED, *Stoph* Vors. d. Staatsrats, *Sindermann* Vors. d. Min.-Rats

Dän. Parlam.-Wahlen bringen den tradit. Parteien (einschl. Sozialdemokr.) Verluste

† Kg. *Gustav VI. Adolf* von Schweden (seit 1950, sein Nachfolger Carl Gustav muß auf politische Macht verzichten) (* 1892)

Engl. Prinzessin *Anne* heiratet in London *Mark Philips* (500 Mill. sehen üb. Fernsehen d. Zeremonie)

Reg. aus Protest. u. Katholiken in Nordirland löst ab 1974 engl. Staatskommiss. ab

Min.-Präsid. u. Reg.-Parteien i. d. Ländern d. BRD:

Bad.-Württ.	*Filbinger*	(* 1913)	CDU
Bayern	*Goppel*	(* 1905)	CSU
Berlin	*Schütz*	(* 1926)	SPD
Bremen	*Koschnick*	(* 1929)	SPD
Hamburg	*Schulz*	(* 1930)	SPD/FDP
Hessen	*Osswald*	(* 1919)	SPD
Nieders.	*Kubel*	(* 1909)	SPD
NRW	*Kühn*	(* 1912)	SPD/FDP
Rh.-Pfalz	*Kohl*	(* 1930)	CDU
Saarland	*Röder*	(* 1909)	CDU
Schlesw.-Holst.	*Stoltenberg*	(* 1928)	CDU

1935): ,,Bockshorn" (Roman über jugendl. Herumtreiber)

Bernard Malamud (* 1914): ,,Die Mieter" (dt. Übers. d. amer. Romans über das Verh. v. Weißen und Schwarzen)

Henry de Montherlant: ,,Ein Mörder ist mein Herr u. Meister"

† *Pablo Neruda*, chil. Dichter, Sozialist, Freund S. Allendes (1950: ,,Canto general") (* 1904)

Ulrich Plenzdorf (* 1934): ,,Die neuen Leiden des jungen W." (Theatererfolg i. d. DDR u. BRD)

Gottfried Reinhardt: ,,Der Liebhaber" (Biogr. üb. *Max Reinhardt* v. s. Sohn)

Gerhard Roth (* 1942): ,,Lichtenberg" (österr. Schauspiel)

Arno Schmidt (* 1914): ,,Nachrichten von Büchern u. Menschen" (Zur Lit. d. 18. u. 19. Jh.s)

Goethepreis d. Stadt Frankfurt/M. an *Arno Schmidt*

Anna Seghers: ,,Sonderbare Begegnungen" (Erz.)

J. M. Simmel (* 1924): ,,Die Antwort kennt nur der Wind" (Rom.)

E. v. Salomon (* 1902, † 1972) ,,Der tote Preuße" (postum)

Helmut Schelsky: ,,Systemüberwindung, Demokratisierung u. Gewaltenteilung" (soziolog. Analyse)

Dragoslav Srejovič: ,,Lepenski Vir" (Entd. einer Steinzeitkommune a. d. Donau [Eisern. Tor] m. monumentalen Sandsteinskulpturen v. ≈–5000)

Steinbuch: ,,Kurskorrektur" (warnt vor Linksradikalismus)

Leopold Szondi: ,,Moses, Antwort auf Kain" (Deutung s. Persönl. aus schuldbewußter Gewalttätigkeit)

Karl Erik Zimen (* 1912): ,,Strukturen d. Natur" (Das atomare Weltbild a. d. Sicht ein. Kernchemikers)

Bundesreg. legt den v. Bund u. Ländern aufg. Bildungsgesamtplan bis 1985 vor (mit insges. 91,1 Mrd. DM Kosten)

Min.-Präs. d. BRD-Länder beschließen gemeinsame Finanz. d. Stiftung Preußischer Kulturbesitz

Bundesverfassungsgericht erkennt den Professoren maßgebl. Einfluß auf Forschung, Lehre und Berufungen zu u. korrigiert damit teilw. Hochschulreformges.

BRD u. Gr.-Brit. grden. dt.-brit. Stiftung zum Studium d. Industriegesellsch.

Inst. f. Bevölk.-Forschung i. Wiesb. gegr.

In der BRD wird eine Reform d. Lehrerbil-

Joan Miró (* 1893, Span.), *Robert Motherwell* (* 1915, USA), *Eduardo Paolozzi* (* 1924, Schottl.), *Edouard Pignon* (* 1905, Frankr.), *Robert Rauschenberg* (* 1925, USA), *Niki de Saint Phalle* (* 1930, Frankr.), *Antoni Tàpies* (* 1923, Span.), *Hervé Télémaque* (* 1937, Haiti), *Joe Tilson* (* 1928, Engl.), *Walasse Ting* (* 1929, China), *Jean Tinguely* (* 1925, Schweiz), *Cy Twombly* (* 1929, USA), *Jan Voss* (* 1936, Dtl.), *Stefan Wewerka* (* 1928, Dtl.) *Fritz Wotruba* (* 1907, Österr.)

Weitere Zusagen zu dies. Ausst. von *Jim Dine* (* 1935, USA), *Willem de Kooning* (* 1904, Niederl.), *Marino Marini* (* 1901, Ital.), *Henry Moore* (* 1898, Engl.), *Andy Warhol* (* 1930, USA)

G. Rickey (* 1907): „Vier schräge Rechtecke" (amer. konstruktivist. Plastik)

H. Scharoun: Theater i. Wolfsburg (Eröffn.)

Richtfest f. d. Staatsbibliothek Preuß. Kulturbesitz in Berlin (W) von *Hans Scharoun* († 1972) als größte Bibl. d. BRD (Fertigst. 1977 gepl.)

Horst Schmidt-Brümmer (* 1940): „Die bemalte Stadt" (Initiativen zur Veränd. d. Straßen i. USA; dokumentiert anwachs. Fassadenmalerei u. Bemalung i. d. gr. US-Städten, hat teilw. d. Charakter polit. Protestes)

Werner Scholz (* 1888): „Rote Haare" (Gem.)

Peter Schubert (* 1929): „Alte Mechanik" (Gem.)

Sears-Tower i. Chikago mit 443 m Höhe höchstes Geb. d. Erde

mernachtshochzeit" (dt. Erstauff. d. engl. Oper v. 1955)

† *Mary Wigman*, Gründerin einer wegweisenden Ballettschule des Ausdruckstanzes (* 1886)

Grdg. einer Musikhochschule in Würzburg

Grdg. einer Richard Wagner-Stiftung mit Festspielhaus u. Archiv in Bayreuth

3. Intern. Dirigentenwettbewerb d. *H. v. Karajan*-Stiftung in Berlin (W) mit 65 Teiln.; die beiden Sieger kommen aus USSR u. Japan

10. Jazz-Tage in Berlin (W) erweisen Erneuerung d. Jazz u. maßgebl. Rolle d. Stadt

Schlager: „Jetzt geht die Party richtig los"

Schlager: „Ein Festival d. Liebe"

Mit 25 Mill. Langspielplatten ist *James Last* erfolgreichster Unterhaltungsmusiker (z. B. „Non Stop Dancing" od. „Ännchen v. Tharau bittet zum Tanz")

32. Fahrt d. dt. Forschungsschiffes „Meteor" üb. d. Atlantik (spez. Messung v. Spurenstoffen)

Magn. Vermessung d. Ind. Ozeans erweist Entst. d. Ozeans und Indiens vor 75 Mill. Jahren durch Zerbr. d. Gondwana-Kontinents d. Südhalbkugel

Je ca. 100 Pulsare (rasch rotierende Radiosterne, entd. seit 1967) u. Quasare (qusi punktförmige Radioobjekte, entd. 1965) bekannt

Frz.-amer. Tauchboot „Archiméde" holt Gestein aus d. 3000 m tiefen Bruchstelle zw. europ.-afr. u. amer. Kontinentalblock

Holger Heuseler: „Deutschland aus dem All", mehrfarbige Multispektral-Aufn. d. Satelliten ERTS-1 (solche Aufn. erl. zun. auch wirtsch. Bedeutung) (Satelliten-Erderkdg. beg. 1960)

US-Wettersatellit Nimbus 5 (gestart. 1972) analys. m. sog. „Falschfarbaufn." Klimafaktoren d. Antarktis

Abk. üb. europ. Zentrum f. mittelfrist. Wettervorhers. i. Brüssel unterz.

Die in d. Vorjahren angebl. nachgewiesenen Gravitationswellen werden d. weitere Versuche in Frage gestellt

In der BRD wird ein Bundesmin. f. Forschung u. Technologie begr. Min. *Horst Ehmke* (* 1927)

Mehr als 0,8 ‰ Alkoholgeh. (i. Blut) am Steuer wird i. BRD bestraft

Anzeichen f. eine Abn. d. Mißbrauchs v. Rauschgiften (insbes. v. Heroin i. USA)

58 Staaten beschließen auf einer UNO-Konferenz in London Konvention zur Reinhaltung der Meere

Internat. Tierschutzvertrag f. 375 Tierarten

Umweltskandal i. Hessen führt z. Rücktr. d. verantw. Min. (unkontroll. Ablagerung von ca. 15 000 Tonnen Giftmüll)

Cholerafälle bei Neapel (verbreiten sich durch mangelhafte Hygiene; über 20 Tote)

† *Paavo Nurmi*, finn. Langstreckenläufer mit 9 olymp. Goldmedaillen u. 29 Weltrekorden (* 1897)

Bayern München Fußballm. d. BRD

USSR erringt i. d. Eiskunstlauf-Weltmeistersch. f. Paare 1. u. 2. Platz

Allwetterzoo in Münster m. gedecktem Rundgang

Nationalpark Mt. Everest i. Nepal gegr.

E-Lok der E 103 der dt. Bundesbahn fährt 250 km/h im Probebetrieb

Bau eines Eisenbahntunnels Frankr.–Engl. bis 1980 gepl.

3 km lange Brücke üb. d. Bosporus zum 50. Jahrestag d. Grdg. d. mod. Türkei (verb. Europa mit Asien)

Aquaplaning (Schleudergefahr auf nassen Straßen) als Gefahr f. Kfz erkannt

12 Männer überqueren mit d. Floß in 175 Tagen den Pazifik u. landen i. Australien

(1973)	Gegen Jahresende fordern zahlreiche Sprengstoffanschläge der IRA in London zahlr. Verletzte	*Solschenizyn* (USSR) gibt sein Buch „Archipel GULAG" üb. sowj. Terror zur Veröff. i. Westen frei. Wird 1974 ausgebürgert	dung u. -besoldung i. Sinne d. Ausb. von Stufenlehrern in Angr. genommen (Einzelh. bleiben zw. SPD- u. CDU-Ländern kontrovers)

Nordirl. entsch. sich in einer Volksabst. f. d. Verbleib bei Gr.-Brit. Es kommt zur Bildg. eines Gesamtirischen Rates

Wahl der Nationalvers. in Frankr.:
Fraktion der Union
der Demokraten   183 Sitze
Fraktion der unabhängigen
Republikaner   55 Sitze
Fraktion der zentristischen
Union   30 Sitze
Fraktion der sozialdemokr.
Reformatoren   34 Sitze
Fraktion der Sozialisten u.
Linksradikalen   102 Sitze
Fraktion der Kommunisten   73 Sitze
Fraktions- u. Parteilose   10 Sitze
insges.   477 Sitze
254 Abg. wählen *Pierre Messmer* zum Min.-Präs.

† *Carero Blanco*, span. Admiral, 1972 v. Franco zum Min.-Präs. ernannt (durch Sprengstoffattentat am Vorabend eines polit. Prozesses geg. einen Priester) (* 1903)

Mitte-Links-Reg. in Ital. unter Min.-Präs. *M. Rumor* (* 1915, Christdemokrat), 1974 erneuert

Schwere Studentenunruhen lösen in Griechenland die Ausrufung d. Kriegsrechts aus

Erste Zivilreg. i. Griechenland n. d. Militärputsch 1967

Neuer Militärputsch in Griechenland setzt Zivilreg. wieder ab u. verspricht Normalisierung

† *Ismet Inönü:* 1923 1. Min.-Präs. d. Neuen Türkei, förd. Reformen i. Staat u. Gesellsch., mehrmals Staatspräs. (* 1884)

Linksliberal. Wahlsieg i. d. Türkei. Min.-Präs. *Demirel* (Gerechtigkeitspart.) tritt zurück

US-Präsid. *Nixon* beg. s. 2. Amtsperiode (vgl. 1972)

Mit Präs.-Berater *Henry Kissinger* (* 1923 in Fürth) wird ein geb. Dt. Außenminister d. USA. Mit häufigen erdumspannenden Reisen, die vorwiegend der Friedenssicherung dienen, spielt er eine dominierende Rolle i. d. Weltpolitik

Watergate-Skandal um unsaubere Wahlkampfpraktiken belastet Präs. Ni-

E. Strittmatter (* 1912): „Der Wundertäter" (Roman, Bestseller i. d. DDR 2. Bd. 1974)

John Updike (* 1932): „Unter dem Astronautenmond" (dt. Übers. d. amer. Romans)

Martin Walser: „Der Sturz" (Roman)

Dieter Wellershoff: „Literatur und Lustprinzip" (Essays)

G. Zwerenz: „Die Erde ist unbewohnbar wie der Mond" (Roman)

„Theater heute" (Zeitschr., Red. *H. Rischbieter*) diagnostiziert Ende d. Krise durch steig. Besucherzahlen, räumt d. Schaubühne a. Hallschen Ufer i. Berlin (W) unt. *Peter Stein* (dort seit 1970) absolute Spitzenstellung i. deutschspr. Theater ein

Erstes audiovisuelles Buch (z. B. mit Bildplatten oder Video-Kassetten)

Reiner Kunze (* 1933, DDR) erhält Literaturpreis der Bayerischen Akademie der Schönen Künste

Gesamtschule als Regelschule in Berlin (W) und Hessen (wird v. d. CDU abgel.)

Generelle Kleinschreibung wird als Rechtschreibereform in der BRD kontrovers diskutiert

„Kunst unter Mikroskop u. Sonde", Ausst. i. Berlin (W) kennzeichnet verbreitete Anw. d. Naturwissensch. zur Prüfung von Alter u. Echtheit b. Kunstwerken

Neue Funde zeigen, daß Spandau b. Berlin schon i. 9. Jh. bestand

89 *Nobel*preistr. protestieren geg. „Dissidentenverfolgung" i. d. USSR

Weltweiter Protest gegen die Verfolgung politischer Dissidenten in der USSR (z. B. gegen den Physiker *Sacharow* und Schriftsteller *Solschenizyn*) (vgl. D)

Das politische u. soziale Klima ist weithin durch rücksichtsloses Durchsetzen von Interessen u. Meinungen gekennzeichnet unter Anwend. v. Gewalt u. anderer illegaler Mittel

F. Th. Schütt: ,,Drei Puppen" (Gem.)

William Tarr: Denkmal f. Martin Luther King i. New York (Metallkubus mit Aussprüchen d. ermord. Friedensnobelpreisträgers)

Hann Trier (* 1915) malt das Deckengemälde im weißen Saal des Schlosses Berlin-Charlottenburg (anstelle der verlorenen Gem. v. Pesne)

Jörn Utzon (* 1918, Dänem.): Oper in Sidney eröffn. (eigenwill. Konzeption a. d. J. 1957)

Victor de Vasarely (* 1908): ,,Farbwelt"

Rudolf Wachter (* 1923): ,,Reliquie eines Waldes" (Plastik aus Aluminium-Zylindern)

Kölner Dombaumeister Wolff weist auf Gefahren der Zerstörung des Domes (bes. durch Industrieabgase) hin. (Derzeitige Ausgaben für Restaurierung reichen nicht aus)

Ausstellung ,,Der Kubismus" i. Paris (i. Rückbl. auf s. Entwickl. 1908–23)

,,Realität, Realismus, Realität", Kunstausst. in d. BRD (mit Dauchamp, Warhol, Beuys, reflektiert den modernen Realismus in der bild. Kunst)

Gr. Kunstausstellung in München zeigt in einer Abteilung ,,Das neue Bild der Landschaft" (zwischen Photo-Realismus u. Sozialkritik)

Dieses Jahr gilt mit Rekordpreisen als die erfolgreichste Kunsthandelssaison s. 1945

Staatl. Museum Marc Chagall in Nizza (Frankr.) eröffnet

Weltgrößte biomedizin. Datenbank i. d. BRD

Es gelingen Nervenzellenkulturen in vitro

Einw. d. Neubaus d. Instituts f. Biochemie d. Max-Planck-Ges. i. München

Vertrag über ein europäisches Labor f. molekulare Biologie (wahrsch. i. Heidelberg)

Es gelingt im Labor, aus Formaldehyd Zucker zu bilden (gilt als erster Evolutionsschritt präbiologischer ,,Bioide")

Strukturaufklärung d. Proteine macht rasche Fortschritte (beg. 1953 m. Sanger)

Weltgrößter gepulster Supraleitermagnet in Karlsruhe

Überreste eines 200 Mill. Jahre alten Säugetieres gef.

Audiovisuelle Unterhaltungselektronik zeigt auf d. Funkausstellung i. Berlin (W) gr. Fortschritte (vgl. Spalte V)

Versuchszug d. dt. Bundesbahn err. über 250 km/h (1972 ein frz. Zug 318 km/h. Höhere Geschwind. sollen Flugzeugkonkurrenz mindern)

4. Atomprogramm d. BRD 1973–76 f. 6,1 Mrd. DM (gew. durch Ölkrise wachs. Bedeutung)

Die Häufigkeit v. Riesenmeteoren (üb. 10 Mrd. t) wird berechnet: Erde wird durchschnittl. 1mal in 1 Mill. Jahren getroffen (vgl. 1908) (f. d. Mond gelten analoge Werte). Krater (Ries) b. Nördlingen entst. v. ca. 25 Mill. Jahren

261 000-t-Tanker ,,Golar Patricia" sinkt (größter bekannter Schiffsverlust)

Taucherexped. sucht vergebl. n. Ungeheuer von Loch Ness

Im Zuge der ,,Trimm-Dich-Bewegung" entw. sich Wandern zum Volkssport

Kothurnartige Schuhe i. d. Damenmode; weiche, feminine Welle i. d. Damenmode

In d. BRD werden erstmals pro Jahr mehr Damenhosen als Röcke verkauft

Flugzeugabsturz b. Tanger fordert zu Weihnachten über 100 Tote

Alle 109 Passagiere überl. Bruchlandung einer LH-Maschine b. Delhi

Flugzeugungl. in Nord-Nigeria fordert 180 Todesopfer

Schwerer Vulkanausbruch b. Island

Kältewelle in Indien (bis –15°C) ford. mehr als 300 Tote

1973/74 wärmster Winter i. d. Schweiz seit 58 Jahren

Gr.-Brit. führt weg. Wirtschafts- u. Energiekrise 3-Tage-Arbeitswoche ein (1974 aufgeh.)

Letzte Gaslaterne in Nürnberg erlischt. 1847 dort eingef.

B. Grzimek (* 1909), tritt als Beauftr. d. Bundesreg. f. Naturschutz zurück

SPD u. FDP suchen gemeinsame Haltung i. d. Mitbestimmungsfrage (Diff. üb. Beteiligung d. leitenden Angest.). CDU-Parteitag verabsch. geg. Stimmen d. Sozial-Ausschüsse u. Jung. Union Mitbestimmungsmodell ohne echte Parität

(1973)

xon u. seine Mitarbeiter schwer (*Nixon* weigert sich, zurückzutreten). Vizepräs. *Agnew* tritt wegen anderer Beschuldigungen zurück. Nachfolger *Gerald Ford*

Nixon u. *Breschnew* schließen Abk. über Vermeidung von Atomkriegen (VR China verkündet danach Zündung einer H-Bombe)

Spannung zw. W-Europa u. USA weg. mangelhafter Unterst. d. amer. Nahostpolitik (verschärft sich 1974)

In Paris wird Waffenstillstand f. Vietnam zw. d. Beteiligten abgeschlossen

USA stellt Kampfhandl. geg. Nordvietnam ein

US-Soldaten verlassen Südvietnam (Kämpfe zw. N.- u. S.-Vietnam schwelen weiter)

USA u. N.-Vietnam beschuld. sich gegens. d. Waffenstillstandsverletzung

Trotz Waffenstillstands fordern Kampfhandlungen i. d. J. noch ca. 50000 Tote in Vietnam

Vietkong läßt 2 dt. Malteserhelfer nach läng. Gefangenschaft frei

Libyen verlangt durch einen Marsch auf Kairo d. staatliche Vereinig. mit Ägypten (Entsch. wird vertagt)

† *David Ben Gurion* (* 1886, Polen): 1948–53 u. 55–63 1. Min.-Präs. des neu gegründeten Staates Israel

Nach ägypt. Überraschungs-Angriff auf Israel ergibt sich ein schwerer Nahostkrieg. Nach wechselvollen Kämpfen setzen USA und USSR Waffenstillstand u. Friedenskonf. durch

Im Nahostkrieg erweisen sich Panzer und Flugzeuge hochentw. Raketen unterlegen (führt zu großen Verlusten beider Seiten – gilt als Wende milit. Überl. auch in der NATO)

Wahl in Israel bringt Reg. *Golda Meir* i. Minderheit (s. 1969) (1974 folgt *Y. Rabin* ohne Verteid.-Min. *M. Dajan*)

Araber erzw. d. Geiselnahme Schließung des jüd. Auswandererlagers b. Wien

Arab. Staaten erk. *Arafats* (* 1929) paläst. Befreiungsorg. (PLO, gegr. 1963) als alleinige Vertretung der Palästinenser an (beabsichtigt Exilregierung)

Araber kündigen Bau von Atombomben an (weil Israel dazu i. d. Lage ist)

Notstand in Japan wegen Energiekrise ausgerufen

Die Bahamas werden v. Gr.-Brit. unabh. u. damit 134. unabh. Staat d. Erde

Bei 22 Geiselentf. in Lateinamerika seit 1969 wurden 16 Geiseln freigelassen, 2 befreit, 3 getötet

Mit 61 % Wählerstimmen wird *Peron* (* 1895) in Argentinien zum Staatspräsid. gew. (seine Frau wird Vizepräsidentin)

Das Jahr endet für W-Europa u. USA mit einer schweren Öl- und Treibstoffkrise, weil die arab. Lieferländer einen Lieferstopp einführen als polit. Waffe im Nahostkonflikt

† *Salvador Allende* bei Militärputsch, demokrat. Sozialist i. Chile, s. 1970 Präsid. (* 1908). Die Verfolg. s. Anhänger w. weltweit verurteilt

Kommunisten dringen am Jahresende kämpfend auf Saigon (Südvietnam) vor

Kloster Chorin (DDR) zur 700-Jahr-Feier restauriert

Brucknerhaus als Kulturzentrum i. Linz eröffn.

---

† *Willy Birgel*, dt. Schauspieler (z. B. „Reitet f. Dtl.", Film 1941 (* 1891)

† *Willy Fritsch*, dt. Filmschauspieler, Partner v. *Lilian Harvey* (* 1901)

† *Victor de Kowa*, dt. Schauspieler (bes. Film) (* 1904)

„Der Erbe" (frz. Film v. *Philippe Labro*)

„Die rote Hochzeitsnacht" (frz. Film v. *Claude Chabrol*, * 1930)

„Plus-minus ein Tag" (ungar. Film v. *Zoltán Fábri*, * 1917)

„Roma" (ital. Film v. *F. Fellini*)

„Canterbury Tales" (ital.-brit. Film v. *P. Pasolini*)

„Das große Fressen" (ital.-frz. Film v. *Marco Ferreri*)

„Traumstadt" (Film v. *Joh. Schaaf*) n. d. Roman v. *Alfr. Kubin* „Die andere Seite" (1909)

„Der Fußgänger" (Film v. *Max. Schell*)

„Der Reigen" (Film v. *Otto Schenk* n. *A. Schnitzler*)

G. *Schlemmer*: „Avantguard. Film 1951–71." Theorie

„Ich liebe Dich, ich hasse Dich" (frz.-ital. Film v. *François Truffaut*, * 1932)

Schüler der Berliner Film- u. Fernsehakademie dominieren mit sozialkrit. Filmen auf d. 22. Intern. Mannheimer Filmwoche

---

Mike Harker (* 1947, USA) fliegt mit Drachengleiter v. d. Zugspitze n. Ehrwald (Drachengleitersport breitet sich schnell aus)

Ca. 6 Monate dauert „Dienst nach Vorschrift" d. Fluglotsen i. d. BRD (lähmt den Flugverkehr und verursacht hohen Schaden von ca. 477 Mill. DM)

Es entwickelt s. ein rechtl. Datenschutz geg. Mißbrauch v. EDV-Anlagen

Mehr als 100 000 schwere Verbrechen i. Detroit (USA) dar. 751 Morde

In Texas (USA) wird Massenmord an 37 jung. Männern entd.

Kaufhausbrand in Japan fordert 100 Tote

Weihnachtsfeier d. Skylab-Besatzung wird v. Fernsehen übertragen

Arab. Erdöl-Lieferanten verdoppeln Ölpreis (beeinfl. empfindl. Energie- u. and. Kosten i. d. Industrieländern)

Erpresser verl. v. Bischof v. Münster 1,5 Mill. DM (andernfalls er ein beliebig. Kind zu töten droht)

Am Jahresende brennen die Bürger der BRD für 100 Mill. DM Feuerwerk ab

I. BRD 0,8 ‰ Blutalkoholgrenze f. Kfz-Führer

13. Monatsgehalt i. öff. Dienst

Wilde Streiks erzwingen vielfach Teuerungszulagen

Reiseausgaben:
a) Ausl. i. d. BRD
b) BDt. i. Ausl.
(in Mrd. DM)

	a)	b)
1969	3,6	7,5
1970	4,9	10,2
1971	5,3	12,3
1972	6,0	14,5
1973	5,8	17,3

D. Weltwährungssystem v. Bretton Woods (1944 mit festen Wechselkursen begr.) wird d. weltweites Floaten (freie Kursgestaltung) abgelöst (weltweite Inflation seit 1968)

Volksvermögen d. BRD auf 3700 Mrd. DM geschätzt (etwa 60 000 DM/Kopf) (59 % privat, 37 % öff. Hand)

Durch Zusammenlegung verringert s. d. Zahl d. Gemeinden i. BRD von 24 182 (1968) auf 14 928 (1973)

Es kommt dabei zum Streit um Änderung v. Autokennzeichen

1974	Friedens*nobel*pr. an *S. Mac Bride* (* 1904, Ire) (Gr.-Br.) 1961–74 Präsident v. Amnesty International u. *E. Sato* (* 1901, Japan) 1964–72 jap. Min.-Präs. Nach 25 Jahren NATO neue atlant. Deklaration v. Ottawa (v. USA u. EG i. Brüssel feierl. unterz.) Das Jahr ist gekennz. d. polit. Führungswechsel i. USA, Gr.-Brit., Frankr., BRD, Kriege auf Zypern u. i. Nah-Ost. Umsturz i. Portugal, Griechenland, Äthiopien. Reg.-Krise i. Ital. Bürgerkrieg i. Vietnam. Weltweite Inflation, Ölkrise, Hungersnöte. Terrorakte u. a. i. Irland u. Palästina Intens. Friedens- u. Entspannungsbemühungen Krise d. EG durch eigene Währungspol. Frankreichs, neue Forderungen Gr.-Brit. u. ital. Einfuhrbeschränkungen *Walter Scheel* (FDP *1919) v. d. Bundesversammlung i. Bonn zum Bundespräsidenten gewählt (erstmals find. die Wahl des Bu.-Präs. nicht in Berlin (W) statt) *H. D. Genscher* wird Bundesvors. d. FDP BRD ratifiziert Atomsperrvertrag Normalisierungs-Vertrag BRD–CSSR i. Kraft (Münchner Abk. v. 1938 damit endg. nichtig) Veröff. ein. Dokumentat. über Vertreibung v. Deutschen s. 1945 v. Bund.-Reg. abgelehnt BRD verlängert zinslosen (Swing-)Kredit f. d. DDR z. Ausgl. d. Handelsbilanz. DDR bietet Verh. über Verbess. hins. Berlin (W) an BRD u. DDR begehen ihr 25jähriges Bestehen (BRD schlicht, DDR volksfestartig) Seit 1961 verl. 155 000 Bürger d. DDR. 34 000 flüchteten unt. Lebensgefahr DDR tilgt d. Begriff „deutsche Nation" aus ihrer Verfassung BRD u. DDR tauschen „ständige Vertreter" unterh. d. Botschafterstatus aus (*G. Gaus* in Berlin (O), *M. Kohl* i. Bonn) BRD u. DDR legen genauen Grenzverlauf i. d. Lübecker Bucht fest Ost-West-Streit wegen Err. d. Umweltbundesamtes i. Berlin (W). DDR	*Nobel*pr. f. Lit. an *Eyvind Johnson* (* 1900, Schweden) u. *Harry Martinson* (* 1904, Schweden) † *M. A. Asturia*, Schriftst. aus Guatemala. *Nobel*pr. 1967 (* 1897) Friedenspreis d. dt. Buchhandels an Prior *Roger Schutz* (Ökumen. Bruderschaft Burgund). Demonstranten stören Verleihung *Peter Bamm:* „Am Rande der Schöpfung" *Simone de Beauvoir* (* 1908): „Alles in allem" (frz. Memoiren) *Thomas Bernhard* (* 1931): „Die Jagdgesellschaft" (Schausp.) *Thomas Bernhard:* „Die Macht der Gewohnheit" (Komödie, Urauff. i. Salzburg) *H. Böll:* „Katharina Blum" (krit. Schlüsselroman geg. Rufmord d. Sensationspresse) *Tibor Déry* (* 1894): „Erfundener Bericht" (ungar. Roman) *Tankred Dorst* (* 1925): „Eiszeit" (Schauspiel um Hamsun) † *Marieluise Fleissner*, dt. Schriftstellerin (* 1901) *Frederick Forsyth:* „Die Hunde d. Krieges" (Roman) *Simon Gray* (* 1936): „Butley" (dt. Erstauff., engl. Urauff. 1971) *Peter Härtling* (* 1933): „Eine Frau" (dt. Zeitroman) *R. Hochhuth:* „Lysi-	† *Adolf Arndt*, Verfassungsjurist u. Kulturpolitiker, trat als geistvoller Redner hervor (* 1904) † *Charlotte Bühler*, Psychologin maßg. Mitgl. d. Wiener Schule d. Jugendpsychologie (* 1893) † *Carl Jacob Burckhardt*, schweiz. Historiker, Schriftsteller u. Diplomat (* 1891) *S. Dali:* „Unabhängigkeitserklärung d. Phantasie u. Erklärung d. Rechte d. Menschen auf s. Verrücktheit (ges. Schriften d. span. surrealist. Malers) *Rudi Dutschke* (* 1940): „Versuch, Lenin auf die Beine zu stellen" (geg. L's Revolution „von oben") *Ernst Fraenkel* (* 1898, † 1975): „Der Doppelstaat" (Faschismusforschung, dt. Übers. d. amerikan. Ausg. v. 1938) *Erich Fromm* (* 1900): „Anatomie menschlicher Destruktivität" (Aggressions-Theorie) † *Jekatarina Furzewa*, Kultusmin. d. USSR seit 1960 (* 1910) *A. W. Gouldner:* „Die westliche Soziologie in der Krise" (dt. Übers. d. amerikan. Ausg. 1970) *M. Heidegger:* Ges.-Ausg. beg. zu erscheinen (auf 70 Bde. veranschl.) † *A. Hundhammer*, bayr. Politiker konserv. Prägung. 1946–50 bayr. Kultusminister (* 1900) † *Lewi Pethrus*, schwed. Grd. d. „Pfingstbewegung",

	🎵	🦉	
Bele Bachem (* 1916): „Nachtgesang d. Mütter" (Federzeichn.)	*B. Blacher* (* 1903, † 1975): „Pentagramm" (f. 16 Streicher)	*Nobel*pr. f. Physik an *Martin Ryle* (* 1918, Gr.-Br.) f. Verbess. d. Radioteleskope, u. *Antony Hewish* (* 1924, Gr.-Brit.) f. Entd. d. Pulsare (senden Radioimpulse)	*Nobel*preis f. Wirtschaft an *Gunnar Myrdal* (* 1898, Schwed.)
S. Dali (vgl. Ph)	*P. Dessau* (* 1894): „Einstein" (Oper, Urauff. i. Berlin (Ost)		Weltbevölk.-Konf. i. Bukarest verabsch. Programm, d. b. 1985 eine Senkung d. Zuwachsrate von 2 auf 1,7 % vorsieht (keine Einigkeit üb. d. Problem d. Übervölkerung)
H. Fehling u. *Gogel*: Max-Planck-Inst. f. Bildungsforschung i. Berlin (W) (funktionalist. Bau a. d. *Scharoun*-Schule)			
Dane Hanson (* 1925 i. USA): „Drogenbenutzer" (Kunst eines panoptikumsartigen radikalen Realismus)	*Werner Egk* (* 1901): „Cinque incontri" (f. 5 Bläser)	*Nobel*pr. f. Chemie an *Paul L. Flory* (* 1910, USA) f. Chemie d. Makromoleküle)	
	† *Duke Ellington*, US-Jazz-Musiker (* 1899)	*Nobel*pr. f. Medizin an *Albert Claudeo* (* 1899, Lux.), *G. E. Palade* (* 1912, Rumän.) u. *Christian René de Duve* (* 1917, Gr.-Brit.) f. Zellforschung, Anw. v. Elektronenmikroskop u. Ultra-(Gradienten-)Zentrifuge	Man schätzt, daß i. d. Entw.-Ländern jährl. 15 Mill. Kinder verhungern
B. Heiliger: „Großes Pendel" (Bronzeplastik)			
Jubiläums-Ausstellung f. *C. D. Friedrich* (* 1774) i. Hamburg u. Dresden hat gr. Zulauf (i. Hbg. 220 000 Besucher)	*Carlisle Floyd* (* 1925): „Von Mäusen u. Menschen" (amer. Oper n. *Steinbeck*)		Es entst. d. wirtschaftspol. Begriff d. „4. Welt" f. d. Länder, die weder Industrie noch Rohstoffe haben
	H. W. Henze: „Stimmen" (Lieder f. 2 Sänger u. 15 Spieler)		2. Club-of-Rome-Bericht, 3-Stufen-Energieprogramm: a) Öl, b) Kohle, c) Sonne (statt Kernenergie)
Ernst Fuchs (* 1928): „Der Tanz" (Radierung)			
M. v. Gerkan (* 1935 u. *Volkwin Marg* (* 1936): Großflughafen Berlin-Tegel (Flugh. d. „kurzen Wege" f. 5 Mill. Pass. jährl.)	*Mauricio Kagel*: „Mirum f. Tuba" (Kompos.)	*Barnard* gelingt Implantation eines 2. Herzens u. d. Verbindung mit d. ursprünglichen	F. d. Zukunft wird Rohstoffknappheit (bes. NE-Metalle) kritischer eingeschätzt als Energieknappheit
	G. Klebe: „Ein wahrer Held" (Oper)	*E. S. Bücherl, K. Affeld* u. and.: „Der Totalersatz d. Herzens mit künstl. Blutpumpen (Zus. d. Vers. i. Berlin (W), die 1973 z. Überleben eines Kalbes um 123 Stunden führten) (vgl. 1966)	Zustand d. EG durch negative Zahlungsbilanzen u. Preisanstiege gekennz. (posit. H.-Bilanz i. BRD u. Niederl.)
Werner Glich (* 1927): „Dolomitenlandschaft" (Gem.)	*György Ligeti* (* 1923): San Francisco Polyphony (f. Orch.)		
G. Graßmann (* 1900): „Café am See" (Mischtechn.)	† *Frank Martin*, Schweizer Komponist, von *A. Schönberg* beeinfl. (* 1890)		Importbeschränk. i. Italien stört Wirtschaftspol. d. EG
Egon Jux (* 1927): Köhlbrandbrücke über Hamburger Hafen (formschöne Hängebrücke mit 172 m Spannweite)		† *James Chadwick* (* 1891), engl. Physiker, entd. 1932 d. Neutron, *Nobel*pr. 1935	Regionalfonds d. EG f. notl. Mitgl. (insbes. Ital. u. Gr.-Brit.)
Max Kaminski (* 1938): „Blick auf Meer" (Kohle, Kreide, Pastell)	† *Darius Milhaud*, frz. Komp. Mitgl. d. Groupe des six (vgl. 1920) (* 1892)	*Annie Chang* u. *S. N. Cohen* gelingt übertrag. v. Erbfaktoren (Genen) auf Coli-Bakterien (Promin. Forscher warnen v. solchen biotechn. Experimenten wegen unabs. Folgen)	EG-Rat beschl. Programm f. Wissenschafts- u. Technologie-Politik
O. Kokoschka: „Bückendes Mädchen" (Tuschzeichn.)	† *David Oistrach*, führ. russ. Geigenvirtuose (* 1908)		Bauernunruhen i. Frankr. u. and. EG-Ländern um höhere Einkünfte
Anton Lamprecht: „Voralpenlandschaft" (Zeichn.)			
Max Pfaller (* 1937): „Die Noblesse der Einsamkeit" (Acryl)	*D. Schostakowitsch*: 14. Sinfonie i. 11 Sätzen f. Orch., Sopran u. Baß (russ. Komp.)		EG stoppt Rindfleischeinf., um hohe Vorräte abzubauen
		J. D. Watson u. 11 andere namh. US-Wissenschaftler warnen vor modern. Biotechnik (z. B. Erbmanipulation)	Vertrag über Erdgasliefer. von Iran üb. USSR i. BRD
N. Sagrekow (* 1897): „Berlinerin 1974"			
Jubiläums-Ausst. f. *Karl Schmidt-Rottluff* (* 1884)	*Karlheinz Stockhausen* (* 1928): „Herbstmusik"		Verstromungsgesetz d. BRD fördert Kohle als Energiequelle

(1974) beh. Transitverkehr. 3 Westmächte protestieren i. Moskau. Amt wird errricht.

DDR nimmt erhöhten Zwangsumtausch f. Einreisende weitgeh. zurück

DDR meld. i. kurz. Zeit demonstrat. 31 strenge Urteile geg. „Fluchthelfer" (sog. „staatsfeindl. Menschenhandel")

Pers. Referent d. Bundeskanzlers W. Brandt wird als Spion f. d. DDR entlarvt. W. B. tritt zurück

Helmut Schmidt bild. eine neue SPD-FDP-Koalitionsreg. FDP: Genscher (Äußeres u. stellvertr. Kanzler) Maihofer (Inneres) Friderichs (Wirtschaft) J. Ertl (Ernährung) SPD d. anderen Ressorts dar. H. Apel (Finanz.) O. Leber (Verteidigung) Katharina Focke (Fam., Gesundh., Sport) H. J. Vogel (Justiz) H. Rohde (Bildung u. Wissensch.)

Entw.-Min. Eppler (SPD) tritt zurück, Nachf. wird Egon Bahr

Bund.-Kanzler Schmidt u. Außenmin. Genscher verhandeln in Moskau üb. konsequente Anwendung u. strikte Einhaltung d. Viermächte-Abk. bzgl. Berlin. Seine Einbez. i. ein Abk. üb. Atomstrom wird vereinbart

Straßenschlachten in Frankfurt/M. wegen poliz. Räumung besetzter Häuser i. Westend

Landtagswahlen i. Hamburg, Hessen u. Bayern bringen d. SPD Verluste (Unionsparteien gew. Mehrheit i. München u. Frankfurt)

SPD-FDP-Reg. i. Hamburg unt. P. Schulz, nach dessen Rücktritt wegen Finanzschwierigkeiten, H. U. Klose

Rommel (Sohn d. Feldmarschalls) wird als Kand. d. CDU Oberbgm. v. Stuttgart

CSU-Reg. i. Bayern unt. A. Goppel, SPD-FDP-Landesreg. i. Hessen unt. A. Osswald u. Niedersachsen unt. A. Kubel

Terroristen erschießen i. Berlin (W) Kammergerichtspräs. v. Drenkmann (*1910). Löst Maßn. z. Bekämpfung linker Anarchisten aus

Hungerstreik inhaftierter Mitgl. d. kriminellen Baader-Meinhof-Gruppe. Ein Häftling stirbt (wird 1975 abgebrochen)

Verschärfung d. Prozeßordnung gegen Mißbrauch durch Rechtsanwälte

U. Meinhof u. RA H. Mahler wegen Be-

strata oder die NATO" (Zeitkrit. Schauspiel)

Huchel (DDR) erh. Andreas-Gryphius-Preis d. BRD

† Marie Luise Kaschnitz, dt. Schriftstellerin bes. Lyrik (* 1901)

† Erich Kästner, dt. Schriftst. (* 1899)

Katja Mann: „Meine ungeschriebenen Memoiren" (v. d. Frau v. Th. Mann)

Erh. Riemann: „Preussisches Wörterbuch" (4 Bde. über ost- u. westpreußische Mundarten s. 1952)

Schaubühne a. Hall. Ufer, Berlin (W): „Sommergäste" v. Gorkij (stark beacht. Insz. v. P. Stein)

Solschenizyn wird aus d. USSR ausgewiesen, geht i. d. BRD u. Schweiz, veröff. 2 Bd. v. „Archipel Gulag"

Solschenizyn erneuert Zweifel an Scholochows Autorenschaft am „Stillen Don"

Erwin Strittmatter (* 1912): „Der Wundertäter" (2. Bd. Bestseller i. d. DDR)

G. Zwerenz: „Der Widerspruch" (autobiogr. Betrachtung ein. Linken)

Erfolgreichste Theaterstücke 1973/4:
1. Bethencourt: „Der Tag, an dem der Papst gekidnappt wurde"
2. Rayburn: „Früher oder später"
3. Plenzdorf: „Die neuen Leiden des jungen W."
8. „Was ihr wollt"

einer freikirchl. Erweckungsbeweg. (* 1884)

H. W. Richter (* 1908): „Briefe an einen jungen Sozialisten" (m. Kritik am Linksradikalismus)

C. F. v. Weizsäcker: „Die Einheit der Natur" (Studien z. Weltbild d. Physik)

Swyadoschch: „Sexuelle Probleme d. Frau" (erscheint i. USSR u. find. starke Beachtg.)

BRD senkt Volljährigk. v. 21 auf 18 Jahre (mit d. 1. 1. 1975 werden 2,5 Mill. Bürger volljährig)

Kriegsdienstverweigerer i. BRD
1968: 11 952
1973: 35 192
Bund.-Reg. erwägt fr. Wahl d. Zivil-Ersatzdienstes

Club of Rome-Tagung i. Berlin (W): „Menschheit am Wendepunkt" (Abkehr v. radikaler Wachstumskritik. Ford. organischen Wachstums)

Im polit. u. geistigen Leben d. BRD wird eine konservative „Tendenzwende" festgestellt

Wirtschaftl. u. finanzielle Schwierigkeiten verurs. Reformmüdigkeit (z. B. i. d. Bildungspolitik)

Erzbischof v. Canterbury (s. 1961) A. M. Ramsey (* 1904) tritt zurück; trat f. d. ökumenische Bewegung ein, reiste zuletzt i. d. DDR

FDP fordert in einem umstrittenen „Kirchenpapier" stärkere

u. a. in Berlin (W) und Karl-Marx-Stadt, deren Ehrenbürger er ist.

Heikki Siren (Finne): Brucknerhaus i. Linz

Jürgen Tenz (* 1942): „Negativer Aufruhr d. Maschinen" (Federzeichn.)

Neubauten d. Univ. Paris (spiegeln Dezentralisierungsges. v. 1968)

„Hommage à Schönberg" (Der Blaue Reiter u. d. Musikalische i. d. Malerei) (damit verabsch. s. W. Haftmann v. d. Nationalgal. Berlin (W)

Auf d. Gr. Kunstausstellung i. München ist d. realist. u. naturalist. Darstellung stark vertreten

„Landschaft – Gegenpol oder Fluchtraum?" Ausst. i. Leverkusen u. Berlin (W), unterstreicht neue Bedeutung d. Landschaftsmalerei

Gr. Ausst. d. Abtei Gladbach, die 974–1802 bestand

Wieland Schmied (* 1929): „malerei nach 1945" (in Deutschland, Österreich, Schweiz)

UN-City in Wien gegr. als modern. Kongreß-Zentrum (Bauzeitplanung 1974–78)

Die Kinowochenschau i. BRD fast gänzlich d. Fernsehen verdrängt

—

„Szenen einer Ehe" (schwed. Film v. I. Bergman)

„Unmoralische Geschichten" (frz. Film v. Walerian Borowczyk)

„Das Gespenst der Freiheit" (span.-frz. Film v. L. Buñuel, * 1900)

„Der Nachtportier" (ital. Film v. Liliana Carani über Waffen-SS)

James Whitman: „The Dance of Shiva" (elektron. Kompos.)

Fr. Zehm: „Schwierigkeiten & Unfälle mit 1 Choral"

Hans Zender (* 1936): „Zeitströme" (f. Orch.)

Beliebteste Musiktheaterstücke 73/4: „Fledermaus", „Zauberflöte", „Zigeunerbaron"

Erneute Finanzkrise d. Metropolitan Opera, New York

Schönberg-Jahr wird weltweit begangen

H. H. Stuckenschmidt (* 1901): „Schönberg. Leben, Umwelt, Werk" (Biogr.)

H. H. Stuckenschmidt: „Schöpfer d. neuen Musik", nennt: Debussy (* 1862, † 1918), Busoni (* 1866, † 1924), Schönberg (* 1874, † 1951), Ravel (* 1875, † 1937), de Falla (* 1876, † 1946), Bartók (* 1881, † 1945), Strawinsky (* 1882, † 1971), v. Webern (* 1883, † 1945), Berg (* 1885, † 1935), Prokofieff (* 1891, † 1953), Milhaud (* 1892, † 1974), Hindemith (* 1895, † 1963), Dallapiccola (* 1904, † 1975), Schostakowitsch (* 1906, † 1975), Messiaens (* 1908,

Dt.-frz. Nachrichtensatellit „Symphonie" mit US-Trägerrakete gestartet

3. Skylab-Besatzung landet n. 84 Tagen

2 Sowj. Kosmonauten besetzen 15 Tage Raumstation Saljut 3 (f. 1975 ist gemeins. Kopplungsmanöver USA-USSR geplant)

Größter Forschungsreaktor d. Ostblocks i. Polen i. Betr.

Doppelringspeicher DORIS d. Elektronensynchrotrons DESY b. Hamburg eingeweiht (gestattet energiereiche Elektronen-Kollisionen)

SU-Forscher finden instabiles Transuran v. d. Ordnungs-(Ladungs-)Zahl 106 als 14. Transuran. Es werden relativ stabile Transurane mit d. Ordn.-Zahl 114 u. 164 vermutet u. z. erzeugen versucht

Um die Entd. d. transuran. Elementes 106 entst. Prioritätsstreit zw. USA u. USSR

6-m-Spiegelteleskop i. USSR (Kaukasus) i. Bau

USA planen 3-m-Weltraum-Spiegelteleskop f. astron. Beobachtungen außerhalb d. Atmosphäre (wegen d. Kosten v. 200–300 Mill. Dollar umstritten)

US-Raumsonde Mariner 10 funkt 2000 Aufn. v. Merkur (kraterübersäte Oberfläche, Magnetfeld u. dünne Atmosphäre

US-Raumsonde erkund. Jupiter

Steinkohlenabs. a) u. Haldenbestände b)

	Mill. t	Mrd. t
1974	a) 109,5	b) 1,5
1973	99,4	14,8
1972	95,5	16,2
1971	101,6	9,5
1970	113,3	1,3

Weltweite Inflation. Preisanstieg geg. Vorjahr

Japan	24,2 %
Italien	15,5 %
Großbritannien	14,4 %
Dänemark	14,3 %
Frankreich	12,4 %
USA	10,3 %
Belgien	10,0 %
Schweiz	9,9 %
Schweden	9,3 %
Österreich	9,2 %
Niederlande	9,1 %
BRD	7,2 %

Prognose f. d. reale Wirtschaftswachstum nach d. Ölkrise

BRD	+2,5 %
USA	+0,5 %
Schweden	+4,0 %
Kanada	+5,0 %
Großbrit.	−1,0 %

Industrieprod. Japans geht um 2 % zurück

BRD senkt Diskontsatz

Konjunktur-Sonderprogramm üb. 950 Mill. DM i. BRD

318 Firmenfusionen in BRD (Max. seit 1966)

Im 1. Halbj. steigen i. d. BRD d. Tariflöhne f. 15 Mill. Arbeitn. um ca. 12 %

Mit 2,5 % Arbeitslosen i. d. BRD wird s. 14 Jahren Höchststand erreicht. I. Winter 74/75 werden bis 5 % = 1 Mill. Arbeitslose erreicht (in USA 6 % Arbeitslose)

Schwerpunktstreiks d. ÖTV i. d. BRD um Besoldungserh. i. öffentlichen Dienst (diese Aktion schwächt d. Stellung d. Bundesreg.)

(1974)	freiung d. Brandstifters Baader zu hohen Freiheitsstrafen verurteilt † *Franz Jonas* (SPÖ) österr. Bundespräs. s. 1965 (* 1899) *R. Kirchschläger* (* 1915, parteilos) wird österr. Bundespräs. In österr. Regionalwahlen siegt ÖVP üb. SPÖ † *Georges Pompidou*, frz. Staatspräs. s. 1969 (* 1911). Nachf. *Giscard d'Estaing* (* 1926) *Giscard d'Estaing* (* 1926) z. frz. Staatspräs. gewählt (erhält gegenüb. d. Kandidaten d. Linken *Mitterand* mit 50,9 % knappe Mehrheit Annäher. Frank.–USA i. d. Energiefrage Schwere innenpol. Krise i. Italien, Mitte-Links-Reg. *Rumor* tritt zurück. *A. Moro* (* 1916) bild. neue Koal.-Reg. (38. Nachkriegsreg.) 2 Unterhauswahlen i. Gr.-Brit.: i. d. 1. wird Labour stärkste Partei, i. d. 2. gew. s. abs. Mehrheit Reg. unter *H. Wilson* Reg. *Wilson* legt i. Gr.-Brit. Konflikt mit Gewerkschaften d. starke Lohnerhöhungen bei Bombenterror d. IRA i. Irland u. England ford. zahlr. Tote u. Verletzte. Engl. Reg. verschärft Gesetze. Einf. d. Todesstrafe wird gefordert IRA-Bombenattentat in Birmingham fordert 19 Tote u. 220 Verletzte IRA wird in Gr.-Brit. verboten Terroranschläge (Autobomben) töten an einem Tag in Dublin (Irland) 28 Menschen u. verl. 150 † *Georgios Grivas*, griech. General auf Zypern (* 1898) Griech. Offiziere stürzen auf Zypern Präsid. Erzbischof *Makarios*, der d. Insel zeitweise verläßt Im Zuge d. Zypernkrise tritt griech. Militärjunta zurück. Es wird eine Zivilreg. gebildet, Min.-Präs. *K. Karamanlis* (* 1907). Verk. Amnestie u. läßt pol. Häftlinge frei (war 1963 weg. Diff. m. d. Kg. als Min.-Präsid. zurückgetreten) Griech. Volksabst. entsch. geg. Monarchie *Kissinger* err. israel.-arab. Abk. über Truppentrennung am Suezkanal u. auf d. Golanhöhen, UN-Truppen überwachen d. Trennung. Suezkanal wird wieder schiffbar gemacht	Volksabst. üb. Subventionierung d. neuerb. Stadt-Theaters i. Basel (halbiert d. vorges. Haushalt)	Trennung v. Kirche u. Staat Volksabst. i. Ital. erg. Mehrheit (59 %) f. Ehescheidungsmöglichkeit (Niederl. f. Christdemokraten u. Kirche) Dt. Bildungsrat empfiehlt Versuche m. d. Gesamtschule (christdemokr. Bundesländer stellen Existenz d. Rates in Frage) Pädagog. Ausstellung „Didacta" i. Brüssel Berlin (W) novelliert das Univ.-Reformges. v. 1969 (stärkerer Staatseinfl.) Hochschulentwicklungsplan i. Berlin (W) sieht 1975–78 10 000 neue Studienpl. vor Bewerber pro Studienplatz i. d. BRD: Chemie 1, Biologie 4, Zahnmedizin 6, Medizin 6, Pharmazie 6, Psychologie 7. Die Zulassung z. Studium erschwert sich. Es droht ein allg. Numerus clausus (Zulassungsstopp) Argentinien säubert seine Universitäten von linken Revolutionären (ERP = „Volksheer") Bundestag beschl. Fristenlösung (3 Monate) f. legale Abtreibung. Christdemokr. rufen Verfassungsger. an, das diese Lösung verwirft Frz. Parlament beschl. Fristenlösung (10 Wochen) f. leg. Schwangerschaftsabbruch Papst enth. Kardinal *Mindszenty* (* 1892) s. Amtes als Primas v. Ungarn (war es s. 1945)

"Der Hochzeitstag" (frz. Film v. *Claude Carrière*)
"Une Partie de Plaisir" (frz. Ehefilm v. *Claude Chabrol*)
Chaplin-Renaissance i. Film
"Le Train" (frz.-ital. Film v. *Pierre Grania Deferre*)
"Effi Briest" n. "Angst essen Seele auf" (dt. Filme v. *R. W. Fassbinder*)
"Der Exorzist" (US-Film v. *William Friedkin*; teilw. heftige Reaktionen d. Publikums)
"*Jesus Christ* Superstar" (US-Film v. *Norman Jewison*)
"Besitzbürgerin Jahrgang 1908" (dt. Film v. *Alexander Kluge*)
"Ein ganzes Leben" (frz. Film v. *C. Lelouch*)
"Lacombe Lucien" (frz. Film v. *Louis Malle*, * 1932)
"Chinatown" (US-Film v. *R. Polanski*)
"Stoppt die Todesfahrt der U-Bahn 123" (US-Film v. *Joseph Sargent*)
"Chapeau Claque" (dt. Film v. *U. Schamoni*)
"Der Fußgänger" (Film v. *Maximilian Schell*) erh. Bundesfilmpr.
"Gewalt und Leidenschaft" (ital. Film v. *L. Visconti*)
"Ein Mann sieht rot" (US-Film v. *M. Winner*)
"Fußballschlachten d. Jahrhunderts" (Dokumentarfilm)
Am dt. Spielfilm hat Pornographie starken Anteil. Kinokette f. "harte" Pornofilme nützt Gesetzeslücke i. BRD
Bes. beliebte Filme vgl. 1975
"Jakob der Lügner" (DDR-Film von *Frank Beyer* um KZ-Schicksale)

), *Britten* (* 1913,),
Henze (* 1926).
Ergänzend ist zu nennen *Stockhausen* (* 1926)
In USA wird ältest. Lied d. Erde rekonstr. (babylon. Liebeslied f. Sänger u. Lyra v. ca. −1800)
Krysztof Penderecki (* 1933): "Le Song de Jakob" (f. Orch.)
Schlager: "Waterloo", "Theo, wir fahren nach Lodz!", "Wir zwei fahren irgendwohin"

Mt.-Palomar-Teleskop ent. 13. Jupitermond
USA u. BRD starten Spezialraumsonde Helios A zur Erkundung d. Sonnenumgebung
Möglichkeit u. Grenzen einer Astronomie m. d. schwer beobachtbaren Gravitationswellen werden diskutiert (vgl. 1970)
In USA wird i. 503 Tagen eine Rekordtiefe v. 9600 m erbohrt
Ca. 1500 erbl. bedingte Krankheiten bekannt (beansp. 26 % d. Krankenhausbetten)
Biomedizin. Datenbank i. BRD (wertete ab 1969 jährl. 4000 Zeitschr. aus. Datenschatz ca. 2 Mill. Wörter)
Herzzentrum f. schwierige Operationen i. München gegr.
Raster-Elektronenmikroskopie entw. s. mit bis zu 40 000facher Vergrößerung z. verbreiteten Forschungsinstrument
Schwimmende Forschungsplatten "Nordsee" für 14 Wissenschaftl. wird v. Helgoland stationiert
Intern. Geologenkongr. i. Zürich stellt allg. Erdkrustenbewegung fest: Europa–N.-Amerika nähern sich mit 12 cm/Jahr, Alpen heben sich ca. 10 mm/Jahr. Genaueste Messungen durch Mond-Laser-Reflektoren
Messung. ergeben Senkung d. Rheingrabens um ½ mm pro Jahr

130 km/h Richtgeschwindigkeit f. Autobahnen i. d. BRD (Teilerprobungsstrecken mit 130 km/h Höchstgeschwindigkeit)
VW-Werk i. Wolfsburg stellt Prod. d. "Käfers" ein (wird i. Ausl., auch Übersee, fortges.)
Produkt. v. Elektroautos (City cars) i. d. BRD: 100 km Reichw. 60 km/h Geschw. Vorläufer umweltfrdl. PKWs
Island besteht weiter auf einer Fischereizone v. 50 Meilen (führt zu Konflikten)
Wirtsch. Hintergrund d. portug. Staatskrise: Hohe Militärausg., niedrig. Lebensstandard, Inflation, Handelsdefizit
Portugal verw. mehr als 50 % s. Staatshaushaltes f. d. Überseeprovinzen
Iran beteiligt sich mit 25 % bei Krupp, Essen, Kuwait b. Mercedes (Ölländer suchen rentable Anlagen ihrer Mehreinnahmen)
Massenstreik i. Japan (ca. 6 Mill. Streikende) lähmt öffentl. Leben
Indisches Sozialprod. steigt langsamer als Bevölkerg.
Indien wird d. d. unterird. Erprobung einer Atombombe nach USA, USSR, Gr.-Brit., Frkr. u. VR China 6. Atommacht (dies. polit. Ehrgeiz w. heftig kritis.)
Autofirma Volvo (Schwed.) ersetzt Fließband durch weniger monotone Gruppenarbeit
I. d. BRD steigt Beamtenbesoldung um 11 % u. schwächt Position d. Bundesreg. unter *W. Brandt*
40-Stunden-Woche i. Öff. Dienst d. BRD
Sozialwahlen i. BRD brin-

(1974)	Die Lage i. Nah-Ost spitzt sich zu Palästinenser stürmen in Maalot israel. Schule, israel. Gegenstoß: 30 Tote, 89 Verletzte *Golda Meir*, israel. Min.-Präs. s. 1969 (* 1898) tritt zurück, Nachf. *Yitzhak Rabin* (* 1922, Arb. Partei) Arab. Staaten gestehen d. terroristischen PLO *Arafats* Alleinvertretung d. Palästinenser zu. *Arafat* spricht vor der UN Kolonialkrieg Portugals belastet Wirtschaft u. Sozialpol. General *A. Spinola* (* 1910) stürzt Min.-Präs. *Caetano* i. Portugal (beend. d. faschist. Diktatur n. 40 Jahren [vgl. 1934], Übersee-Prov. erhalten Selbständigkeit) Die eingeleitete Unabh. d. portug. Überseeprovinzen bed. Ende d. 500jährigen europ. Kolonialpolitik (vgl. 1446 W, 1462 W, 1458 P) Portug. Staatspräs. *Spinola* ernennt nach Reg.-Krise neue Reg. aus Militärs u. linken Parteien Portugal anerk. d. Unabh. v. Guinea-Bissau. Aufstand d. weißen Siedler i. portug. Moçambique bricht zusammen I. Spanien überg. d. erkrankte *Franco* Reg. kurzz. an Prinz *Carlos Juan* Demokrat. Wahlen i. Griechenl. bringen d. Partei v. *Karamanlis* (* 1907) absol. Mehrheit *Bülent Ecevit* (* 1925) bild. türk. Koalitionsregierung d. linken Mitte In Jugoslawien werden stalinist. Moskau-Anhänger verhaftet u. verurteilt US-Präsid. *Nixon* bes. Nahostländer, Brüssel (EG) u. USSR (wird vielf. als Flucht vor inneren Schwierigkeiten ged.) 4 Mitarbeiter *Nixons* wegen Watergate-Affäre verurteilt US-Präs. *R. Nixon* entg. Amtsenthebungsverfahren (Impeachment) weg. Watergate-Skandal d. Rücktritt *Gerald Rudolph Ford* (* 1913, Parteirepublikan.) wird Nachfolger v. Präs. *Nixon*, d. er von Strafverfolgung freistellt Vize-Präs. *N. A. Rockefeller* (* 1908) N. d. Watergate-Skandal erl. US-Republikaner b. d. Zwischenwahlen gr. Verluste. US-Präsid. verl. Sperrminorität i. Kongreß	Kritik a. Vatikan weg. opportunist. Politik gegenüb. Kommunismus Tagung d. Zentralausschusses d. Ökumenischen Rates d. evangel. Kirche i. Berlin (W) (Anti-Rassismus-Programm weg. antiwestl. Tendenzen umstritten). Richtungsstreit i. d. ev. Kirche Berlins um d. Politik v. Bischof *Scharf* Bibel i. 6 Comic-Heften i. England Weltkongr. d. Blinden i. Berlin (W) behand. Ausbildungsfragen Computergesteuerte Analyse d. Entst. d. Frühneuhochdeutschen i. Mittel-Dtl. zw. 1350–1700 (Höhepunkt i. d. *Luther*zeit) Stiftung Preuß. Kulturbesitz i. Berlin (W) wird vom Bund u. allen Bundesländern finanz. (bisher nur v. Bund u. 4 Bundesl.) Ausgrab. d. 1. askan. Burg b. d. Spandauer Zitadelle (erb. ca. 1200) Wertvolle Funde aus der Han-Zeit i. d. VR China (Manuskripte versch. Art)	Erforschung d. Meeresbodens mit ferngesteuert. Unterwasserfahrzeug (TV-Kontrolle) Univ. Gießen entw. Ionentriebwerk f. Raumfahrzeuge (geringes Treibstoffgewicht) Isotopenhäufigkeit in einem 1500 m langen, auf Grönland erbohrten Eiskern erg. regelm. Klimaschwankungen i. 63-Jahre-Zyklus Parallel zur Sonnenfleckenaktivität In Kalifornien wird ein ca. 50 000 Jahre alter Indianerschädel gefunden Menschl. Werkzeuge i. südafrikan. Höhlen erweisen sich als 2,5–3 Mill. Jahre alt 6000 Jahre alte Zypresse als ältester Baum auf Taiwan entd.

gen Niederlage f. d. Gewerkschaften

Konkursverluste i. BRD ca. 3mal höher als i. Vorjahr

Rücktrittsrecht f. Abzahlungskäufer i. BRD

Bankhaus *Herstatt* i. Köln wird insolvent (geh. z. *Gerling*-Konzern)

Hamburg eröffn. Köhlbrandbrücke i. Freihafen (mit 520 m Länge zweitgrößte Brücke i. Europa nach d. Europa-Brücke [800 m] b. Innsbruck)

3 km Autobahn-Elbtunnel i. Hamburg nach 6jährig. Bauzeit für 500 Mill. DM fertiggest. Wird Anfang 1975 d. Verkehr übergeben

1. elektron. Fernsprechvermittlungsstelle i. BRD

Durch Eingemeindungen (Porz, Wesseling) wird Köln 4. Millionenstadt d. BRD (n. Berlin, Hamburg u. München)

I. d. BRD stehen ca. 250 000 Wohnungen i. Werte von 50 Mrd. DM leer

Straßenunr. i. Frankfurt/Main weg. Tariferh. i. Nahverkehr

Nahverkehrssysteme erfordern hohe Zuschüsse, z. B. Berlin. Verkehrsbetriebe (Autobus u. U-Bahn) 244 Mill. DM

Schuldenstand d. Bundespost
  1974 44,0 Mrd. DM
  1972 30,1 Mrd. DM
  1970 20,1 Mrd. DM
  1966 12,9 Mrd. DM

Erhöhung d. Postgebühren i. BRD

Bombenanschlag im Tower, London, tötet mehrere Touristen (vermutl. IRA)

Terroristen nehmen i. Nicaragua 17 Geiseln. Nach Erfüllung ihrer Forderungen (Gefangenenbefreiung) können sie im freien Geleit n. Kuba fliegen

In Ital. s. 1960 332 Menschen entführt, dabei 19 Mrd. Lire erpreßt (8 ermordet, 2 verschollen, 322 unversehrt freigel.)

Papierpreis steigt geg. Vorjahr um 80 %

Pressekonzentration i. BRD: selbst. Zeitungsredaktionen 124 (1969: 149); Anteil d. Gebiete mit nur einer Zeitung stieg um 6,5 %

Kabelfernsehversuche i. 7 frz. Städten, i. Nürnberg u. Hamburg (Die Verkabelung d. BRD wird auf ca. 20 Mrd. DM geschätzt)

Munitionsräumer fanden s. 1945 i. NRW 140 000 Bomben u. 10 Mill. Granaten, 97 verungl. tödl. Bei Kosten v. 40 Mill. DM jährl. rechnet man mit weiteren 50 Jahren Räumungsarbeit

Bundes-Umweltamt i. Berlin (W) errichtet (SU u. DDR protestieren)

Der 1973 v. d. DDR willkürlich erhöhte Zwangsumtausch f. Einreisende wird weitgeh. wieder herabges.

† *Charles Lindbergh*, überquerte 1927 erstmals i. Alleinflug d. Atlantik v. W. n. O. i. 33,5 St.

US-Düsenflugzeug SR 71 fliegt USA–Gr.-Brit. i. 1 : 56 (Brit. Flugz. flog 1969 i. 4 : 46 üb. d. Atlantik)

Pariser Großflughafen „Charles de Gaulle" (f. jährl. 10 Mill. Passagiere) In Berlin löst d. Flughafen Tegel den Flugh. Tempelhof ab (best. s. 1922)

VR China untern. Versuchspassagierflüge i. d. USA

Mittelstreckenflugz. Airbus A 300 B 2 im Dienst (erb. v. BRD, Frankr., Gr.-Brit. u. Niederl.)

Bau einer neuen Strecke d. transsibir. Eisenbahn (3200 km Länge). I. Afrika wird die Uhuru-Bahn v. Daressalam i. d. Kupferzentrum Sambia gebaut (1850 km)

Zugunglück i. Zagreb: 147 Tote

1. Absturz eines Großraum-Flugzeuges (DC 10 b. Paris): alle 346 Insassen tot

1. Absturz eines Jumbo Jet (b. Nairobi): 59 Tote, 98 überleben

Flugzeugabsturz b. Leningrad fordert 118 Tote

Zivilluftfahrt hat mit 20 Unfällen und mehr als 1500 Toten bisher verlustreichstes Jahr ihrer Geschichte

Mit etwa 0,24 Todesfällen auf 100 Mill. Passagier-km besteht ein hoher Sicherheitsstandard im Luftverkehr

I. BRD wird mehrf. Giftmüllablagerung gefunden (z. B. radioakt. Abfälle)

Beim 1. japan. Atomkraftschiff „Mutsu" wird Reaktor undicht (lief trotz Proteste aus)

Hochhausbrand i. Sao Paulo ford. üb. 200 Tote (Hochhäuser erw. s. oft als Sicherheitsproblem)

Explosion einer chem. Fabrik in Flixborough/Engl. fordert 28 Tote

Grubenunglück i. Polen fordert 32 Tote

Unwetterkatastrophe i. Oberbayern (schwere Sach- u. Viehverluste)

Wirbelsturm fordert i. Honduras 7000–10 000 Tote

(1974)

US-Präs. *Ford* besucht Japan (heftige Protestdemonstrationen)

Kakuei Tanaka, japan. Min.-Präs. seit 72 tritt unter Korruptionsverdacht zurück

US-Präs. *Ford* u. KPSU-Sekr. *Breschnew* vereinb. i. Wladiwostok konstruktive Forts. d. SALT-Gespräche (jede Seite soll 2500 atomare Sprengköpfe haben)

P. E. Trudeau (Liberale Partei, * 1919) gew. i. Kanada n. Scheitern s. Minderheitsreg. absolute Mehrheit

† *Juan Peron,* argent. Staatspräs. 1946–55 u. 73–74 vers. Ausgleich zw. Militär u. Gewerkschaften (* 1895)

Neu gewählter Oberster Sowjet bestätigt Führungs-Spitze d. SU: *L. Breschnew* (Gen.-Sekr. d. KPSU s. 1964), *Podgorny* (Staatsoberh. s. 1965) u. *Kossygin* (Reg.-Chef s. 1964)

† *G. Schukow,* sowj. Marschall (D. „Sieger v. Berlin" 1945) (* 1896)

Grabdenkmal f. *N. Chruschtschow* am 3. Jahrestag s. Todes

Reformfreudige Militärs entmachten i. Äthiopien Kaiser *Haile Selassie.* 60 führ. Persönlichkeiten werden erschossen, d. Kaiser inhaftiert (reg. s. 1930)

Staatsstreich in Niger: Armee stürzt Präs. *Hamani Diori* (s. 1960) (25. Staatsstr. seit 1963 i. Afrika)

Somalia wird 20. Mitgl. d. Arab. Liga

Mit unterird. Atomtest wird Indien nach USA, USSR, Gr.-Brit., Frankr. u. VR China 6. Atommacht (will sich auf friedl. Nutzung beschränken)

Indien annektiert Kgr. Sikkim (seit 1950 Protektorat m. ca. 200 000 Einw.)

Pakistan anerk. Bangla Desch (vorher Ost-Pakistan)

Auch n. d. Waffenstillstand 1973 dringen d. Kommunisten i. S.-Vietnam kämpfend auf Saigon vor

Ernesto Geisel (* 1908), Staatspräsident in Brasilien, schlägt liberalen Kurs ein

Tornado i. USA u. Kanada: 237 Tote u. mehr als 2000 Schwerverletzte

Überschwemmungskatastrophe i. Brasilien: 2000–5000 Tote, ca. 200 000 Obdachlose

Überschwemmungskatastrophen i. Indien und Bangla Desch (Millionen Obdachlose)

Hungerkatastrophe in Bangla Desch (mehr als 200 000 Opfer)

Schwere Tornados i. USA fordern 350 Tote, mehrere tausend Verletzte u. verurs. 1,5 Mrd. Doll. Schaden

Wirbelsturm zerstört Darwin i. N-Austral. völlig. 20 000 Obdachlose u. 80 Tote

Erdbeben i. China (Szetschuan) fordert mehr als 20 000 Tote

Erdbeben i. Pakistan fordert ca. 5000 Tote

3-kg-Steinmeteor durchschlägt Schuldach i. Iran (niemand verletzt)

Die Bundesärztekammer sieht 15 % d. Verkehrsunfälle d. Arzneimittel verursacht

Opposition jüngerer Krankenhausärzte geg. d. ärztliche Standesvertrtg. auf d. Ärztetag i. Berlin (W)

I. BRD erkranken jährl. ca. 500 000 am Herzinfarkt (ca. 50 % tödlich)

In USA stirbt ein Herzempfänger 6¼ Jahre n. d. Transplantation, in denen er fast normal lebte

Ca. 400 Typhus-Fälle i. BRD

Pockenepidemie i. ind. Staat Bihar fordert 25 000 Tote

Elektron. Datenerf. d. Bürger erf. Datenschutzgesetze geg. Mißbrauch

Fußball-WM 74 i. d. BRD: 1. BRD, 2. Niederl., 3. Polen, 4. Brasilien (bisher WM) erbr. 75 Mill. DM Einnahmen

Weltweite Teiln. d. Fernsehen: Ca. 1 Mrd. Zuschauer

Im Rahmen d. WM 74 spielen BRD geg. DDR 0 : 1 i. Hamburg

Sportabkommen zw. BRD u. DDR

Cassius Clay (Muhammad Ali, * 1942) gew. Box-Schwergewichts-WM geg. *George Foreman* (Titel war ihm 1967 aberk. worden)

Hochsprungweltrekord f. Frauen mit 1,95 m v. *Rosemarie Witschas* (DDR)

In d. Damenmode wadenlange schwingende Röcke u. hohe Stiefel

In der Herrenmode verdrängt das bunte das s. 1955 dominierende weiße Oberhemd

† *Jacques Esterel*, frz. Modeschöpfer (* 1917)

Letzte europ. Zylinderhutfabrik schließt

Fernsehturm (550 m hoch) i. Toronto (Kanada) i. Bau

Japan. Soldat d. 2. Weltkriegs ergibt sich nach 29 Jahren Verborgenheit

Winter 73/74 i. d. Schweiz d. mildeste seit 58 Jahren

Niederschlagreichster Oktober s. 1875 i. Mitteleuropa (in Berlin 136 l/m² statt normal 44 l/m²)

Frühlingshaftes Weihnachtswetter

Wirtschaftlicher Aufstieg in Japan flacht ab: Bruttosozialprod. nimmt um 2 % ab

I. d. BRD überwiegt b. d. Frauen erstmals d. Lungenkrebs d. Gebärmutterkrebs (Folge d. seit d. Kriege verstärkten Nikotingenusses)

23,9 Mill. Bürger d. BRD verreisen:
mit Auto 58,4 %
mit Bahn 20,0 %
mit Flugzeug 12,3 %
mit Bus od. Schiff 9,3 %

Ölförderung d. OPEC-Länder (gegr. 1960 = Org. d. Öl(Petrol)export. Länder) in Mill. t

Saudi-Arabien	412
Iran	301
Venezuela	156
Kuwait	112
Nigeria	112
Irak	95
Libyen	77
Abu Dhabi	68
Indonesien	72
Algerien	49
Katar	25
Gabun	10
Ecuador	10

646 m hoher Funkmast i. Polen (höchstes Bauwerk d. Erde)

Arab. Staat Kuwait beteiligt sich finanz. b. Mercedes

1975

Friedens*nobel*preis an den russ. Physiker u. Systemkritiker *A. D. Sacharow* (* 1921) (Protest d. USSR)
Wettrüsten zw. Warschauer Pakt, NATO, VR China hält an (Die militär. Ausgaben sind von gleicher Größenordnung wie die Kosten f. d. Ernährung d. Menschheit, etwa 200 Mrd. Dollar, ca. 5,5 % des BSP der Erde)
Zahl d. UN-Mitgl. steigt um 3 auf 141 (Schweiz bisher kein Mitgl.)
UN-Seerechtskonferenz i. Genf
Sondervollversamml. d. UN zur Lösung des Konfliktes zw. Industrie- u. Entwicklungs-Ländern („Nord-Süd-Konflikt")
Nord-Süd-Dialog i. Paris. Konferenz zw. 27 Ländern zur Regelung d. Beziehungen zw. Industrie- u. Entw.-Ländern (Ausschüsse f. Energie, Rohstoffe, Entw.-Hilfe u. Finanzfragen)
Gipfeltreffen zur Weltwirtschaftslage in Rambouillet (USA, Gr.-Brit., BRD, Japan, Frankr., Ital.)
Es tagen gleichz. (i. Juli) KSZE, OAU (Org. f. afrikan. Einheit) u. OAS (Org. d. amer. Staaten)
USSR bestreitet Rechte d. Westmächte i. Berlin (O)
Im Widerspruch z. USSR bekräftigen Außenmin. v. USA, GB, Frankr. u. BRD Viermächtestatus f. ganz Berlin
Vertrag BRD–Polen, wonach für 2,3 Mrd. DM Kredit Polen 120 000 Deutsche ausreisen lassen will
Es wird bekannt, daß n. d. 2. Weltkrieg ca. 600 000 Deutsche durch Vertreibung und Verfolgung umkamen
Der CDU-Vors. *Peter Lorenz* wird in Berlin entführt und gegen Freilassung v. 5 rechtskräftig verurteilten Anarchisten freigekauft
B. d. Wahlen z. Berliner Abgeordnetenhaus verliert SPD absolute Mehrheit Reg. Bgm. *K. Schütz* (SPD) bildet soziallib erale Senatskoalition
H. Kohl (* 1930, CDU) gewinnt Wahl in Rheinland-Pfalz und bildet neue Landesreg; wird Kanzlerkandidat d. CDU/CSU f. 1976
Berlin (W) sagt nach Brüskierung durch die Sowjetunion „Sibirische Wochen" ab
F. J. Strauß (CSU) besucht VR China u. wird betont freundl. empfangen

*Nobel*pr. f. Lit. an *Eugenio Montale*, ital. Lyriker, schrieb 1925 „Ossi di seppia" (Tintenfischknochen) (* 1896)
Friedenspr. d. dt. Buchhandels an *A. Grosser* (* 1928, lebt in Paris)
† *Peter Bamm* (Al. *Curt Emmerich*) dt. Schriftsteller u. Arzt (* 1897)
S. Beckett inszen. mit „Warten auf Godot" sein 4. Schauspiel in Berlin (W)
Th. Bernhard: „Der Präsident" (Schauspiel)
Lodewijk de Boer (* 1937): „The Family" (dt. Erstauff. d. niederl. Schauspiels in 4 Teilen, Urauff. i. Amsterdam 1972)
H. Böll, vgl. K (Film)
Edward Bond (* 1934): „The Fool" (engl. Schauspiel, Urauff. i. London)
R. W. Faßbinder verläßt das Theater am Turm (TAT) i. Frankfurt/M.
† *Therese Giehse*, dt. Schauspielerin, nach 1933 i. Zürich die erste „Mutter Courage" (* 1898)
P. Handke: „Die Stunde der wahren Empfindung" (Prosadichtung)
Heinr. Henkel „Die Betriebsschließung" (sozialkrit. Schauspiel, Urauff. i. Basel)
E. Ionesco: „L'homme aux valises" (frz. Schauspiel)
W. Kempowski: „Ein Kapitel für sich" (3. Roman einer dt. Fami-

UN erklärt 1975 zum „Jahr d. Frau"
Im „Jahr der Frau" werden Mängel d. err. Emanzipation kritisiert
*Nobel*preisträger fordern neue Wirtschaftsordnung f. d. westl. Welt (Kritik am Profitstreben)
Europ. Denkmalschutzjahr. Modellstädte i. BRD Berlin (W), Trier, Rothenburg o. d. T.
Weltkirchenrat tagt in Nairobi (Kenia)
† *Hannah Arendt*, dt. Philosophin u. Soziologin, ab 1940 i. USA (* 1906)
† *Josephine Baker*, amer.-frz. Varieté-Künstlerin („Die schwarze Venus") half Kindern aus aller Welt (* 1906)
Hellmut Becker (* 1913): „Weiterbildung" (Beiträge zu ein. zentralen Thema d. Bildungspolitik)
† *M. Boveri*, dt. Journalistin (* 1900), schrieb „Der Verrat im 20. Jahrhundert" (4 Bände 1956–60)
R. Dutschke u. *M. Wilke:* „Die Sowjetunion, Solschenizyn u. d. westl. Linke" (polit. Studie)
Bernt Engelmann (* 1921): „Einig gegen Recht und Freiheit" (krit. Zeitgeschichte n. 1918)
† *Heinrich Grüber*, Propst i. Berlin, evang. Philanthrop (* 1891)
† *Julian Huxley*, brit. Zoologe, 1946–48 Generalsekr. d. UNESCO (* 1887)

Eva Böddinghaus (* 1911): „Stillebenrequisiten" (Gem.)

Reinhard Buddeweg (* 1924): „Alter Mann" (Gem.)

Grünewald-Altar v. 1520 i. Stockholm wiederentd. (war 1631 v. d. Schweden in Mainz erbeutet)

Joh. Grützke (* 1937): „Der Dichter" (Gem.)

B. Heiliger (* 1915): „Berg und Kugel" (Bronze)

Reinh. Hoffmann (* 1943): „Kwarzorama II" (Gem. aus der Berliner Kwarz-Gruppe)

E. Kienholz (* 1927, USA): Zufall-Schießmaschine (gefährdet angebl. Betrachter durch einen Schuß zu zufallsbedingter Zeit)

Kollektiv Kreuzberg: „Jugendarbeitslosigkeit" (Environment v. 10 Autoren)

G. Manzu (* 1908): „Große Falten i. Wind" (ital. Kunststoff-Plastik)

H. Moore: „Gefallener Krieger" (Engl. Bronze)

Curt Mühlenhaupt (* 1921): „Ich male Schnee f. m. Kinder" (Gem.)

Klaus Müller-Rabe (* 1910): „In Gedanken"

† Rolf Nesch, dt. Maler d. Expressionismus, kompon. auch Materialbilder (* 1893)

† Karl Otto, dt. Architekt, baute Martin-Luther-King-Kirche in Berlin-Buckow, wurde 1955 Direkt. d. Staatl. Kunsthochschule (* 1905)

Friedr. Schröder-Sonnenstern (* 1892):

† Boris Blacher, dt. Komponist, Direktor d. Staatl. Musikhochschule i. Berlin (W) 1953–70, schrieb u. a. „Preußisches Märchen" (Ballett, 1950), „Yvonne, Prinzessin v. Burgund" (Oper, 1972), (* 1903)

B. Blacher: „Das Geheimnis d. entwendeten Briefes" (Kl. Oper z. Eröffn. d. Theatersaales d. Musikhochschule)

B. Blacher: „Pentagramm f. 16 Streicher z. Ehren Scharouns (postum i. d. v. Sch. erb. Philharmonie Berlin)

† Luigi Dallapiccola, ital. Komp., wandte sich 1936 d. Zwölftontechnik zu, schrieb Oper „Odysseus" (1968), (* 1904)

† W. Felsenstein, Intendant, leitet (ab 47) Komische Oper in Berlin (O), erneuerte die Oper aus der Partitur, z. B. „Carmen", „Orpheus i. d. Unterwelt", „Figaros Hochzeit", (* 1901)

Brian Ferneyhough (* 1943): „Time and motion study III" (Kompos. f. Sänger, Verstärker, Transformer u. Schlagzeuge)

Wolfg. Fortner: „Prismen" (Kompos., Urauff. i. Basel)

H. W. Henze:

Physik-Nobelpr. an Aage Bohr (* 1922 als Sohn v. N. Bohr), Benjamin Mottelsen (* 1926, USA) u. James Rainwater (* 1917, USA) f. Berechnung d. Energiezustände von Atomkernen

Chemie-Nobelpr. an Warcup Cornforth (* 1917 i. Austral.) u. Vladimir Prelog (* 1906, Jugoslaw.) f. Stereochemie d. Enzyme

Medizin-Nobelpr. f. Krebs-Virus-Forschung an David Baltimore (* 1938, USA), Howard Temin (* 1935, USA) u. Renato Dulbecco (* 1914 i. Ital., forscht i. USA)

M. S. Brown u. J. L. Goldstein entd. i. USA den Bluteiweißkörper, der Arteriosklerose und Herzinfarkt verursacht

C. Creutz u. N. Sutin (USA) spalten mit Ruthenium-Pyridin u. Licht Wasser in Wasser- und Sauerstoff (Energie- und Brennstoff-Erzeugung)

† T. Dobzhansky, russ.-amer. Genetiker („Darwin des 20. Jh.") (* 1900)

† Gustav Hertz, dt. Physiker, zuletzt i. d. DDR, Nobelpr. 1925 (* 1887)

Arbeitsgruppe um H. Koester (BRD) gelingt Synthese eines Gens, das Hormonproduktion steuert

P. B. Price (* 1933, USA) will magnetische Ladung (Monopol) entd. haben (ist umstritten)

Entd. neuer Elementarteilchen (Psi) mit

Nobelpr. f. Wirtschaftswissenschaft an Leonid Kantorowitsch (* 1912, USSR) u. Tjalling Koopmans (* 1910 i. Niederl., lebt i. USA)

UN-Konferenz i. Lima über industrielle Entw. (UNIDO)

EG (9) schließt mit 46 Entw.-Ländern umfass. Handelsabkommen („Vertrag von Lomé") m. ein. Finanz.-Fond v. 10 Mrd. DM

Pressefoto aus afrikan. Hungergebiet „Leidet, kleine Kinder" preisgekrönt

Weltenergiekonferenz wird vorbereitet

Der Energiebedarf d. Menschheit liegt b. 8 Mrd. t Steinkohleneinheiten = 65 000 Mrd. kWh = 16 000 kWh/Kopf (das entspricht etwa dem 80fachen menschlicher Arbeitskraft)

Von der Erdölförderung 74/75 v. 2900 Mill. t liefern (i. Mill. t)

Saudi Arab.	412	(14,2 %)
Iran	301	(10,4 %)
Venezuela	156	(5,4 %)
Nigeria	112	(3,9 %)
Andere	450	(15,5 %)
	1431	(49,3 %)
verbrauchen		
USA	818	(28,2 %)
Japan	244	(8,4 %)
BRD	150	(5,2 %)
Gr.-Brit.	114	(4,0 %)
Ital.	108	(3,7 %)
	1434	(49,4 %)

Importe d. ölexport. Staaten steigen von 73 zu 74 v. 13,4 auf 23,9 Mrd. Dollar

Brit. Nordseeöl-Pipeline eröffnet

Kernkraftwerke liefern i. BRD 4 %, in USA 8 % d. elektr. Energie (Entw. durch Ölkrise gefördert)

BRD plant bis 1980 28 %, bis 1985 45 % d. elektr. Energie aus Kernenergie zu erz.

2 Todesopfer bei konventioneller Reparatur i. ein. Kernkraftwerk d. BRD

(1975) SPD-Parteitag i. Mannheim verabschiedet i. gr. Geschlossenheit „Orientierungsrahmen 85", der an d. Godesberger Progr. anschließt (wählt *Brandt, Schmidt* u. *Koschnik* als Vors.)

Prozeß gegen Kern d. kriminellen *Baader-Meinhof*-Gruppe beg. i. Stuttgart (extreme Sicherheitsmaßn., Verteidigung nutzt alle Mittel d. Verzögerung)

Bundestag d. BRD verabsch. Ges. gegen Extremisten im öffentl. Dienst gegen Opposition d. Unionsparteien, denen das Ges. nicht weit genug geht

Von 109 i. BRD strafrechtl. gesuchten Anarchisten befinden sich 85 in Haft

In der BRD werden ca. 100 entschlossene polit. Gewalttäter vermutet

Die Zahl d. polit. Gefangenen i. DDR wird auf 6500 geschätzt

Neues Zivilges.-Buch i. DDR (s. 1958 i. Arbeit, beend. dt. Rechtseinheit)

† *Otto Winzer*, 1965–75 Außenmin. d. DDR (* 1902)

DDR veranstaltet als einziges Ostblockland z. 1. Mai Militärparade in Berlin (O)

DDR begeht ihren Verfassungstag (7. 10.) als Nationalfeiertag

Verkehrsvereinbarung BRD–DDR über Autobahnbau und erhöhte Transitpauschale zugunsten d. Berlinverkehrs.

Wahlsieg d. SPÖ, *B. Kreisky* (* 1911) bleibt österr. Bundeskanzler

Parlamentswahlen in der Schweiz bestätigen Regierungskoalition Sozialdemokraten, Freisinnige, Christdemokraten u. Volkspartei (Bauern-, Gewerbe-, Bürgerpartei) Wahlbeteiligung bei 50 %

Anarchisten besetzen Botschaft d. BRD in Stockholm, töten 2 Geiseln u. sprengen Gebäude, Bund.-Reg. lehnt Freilassung inhaftierter Anarchisten ab

Ital. u. frz. KP betonen Recht auf autonome Politik

Niederl. Fabrikdirektor *Herrema* überlebt 36 Tage Geiselhaft i. Irland

Margaret Thatcher (* 1926) wird Vorsitzende d. brit. Konservativen

† *Eamon De Valera* („Vater d. irischen Republik"), ir. Min.-Präs. 32–48, 51–54 u. 57–59, Staatspräs. 59–73 (* 1882)

In den nordir. Unruhen kamen seit 1970 ca. 1170 Menschen um

lienchronik aus Rostock)

H. Knef (* 1925: „Das Urteil" (autobiogr. Bericht einer Krebskranken)

O. Kokoschka: „Comenius" (Schauspiel, 1935 geschrieb., Urauff. i. ZDF)

Xaver Kroetz: „Das Nest" (Schauspiel)

Hartmut Lange: „Jenseits v. Gut und Böse oder Die letzten Stunden der Reichskanzlei" (Schauspiel um *Hitler*)

S. Lenz: „Der Geist der Miralbelle" („Geschichten aus Bollerup")

† *Luigi Malipiero*, ital. Theater-Künstler (* 1901)

Thom.-Mann-Gedenkjahr (* 1875)

Tagebücher v. *Th. Mann* (* 1875, † 1955) werden geöffnet

P. de Mendelssohn: „Der Zauberer" (Thom.-Mann-Biographie)

Otto Mühl (* 1923): „Siebenschläfer" (Roman)

† *Saint John Perse*, frz. Dichter, Nobelpr. 1960 (* 1887)

† *Konrad Swinarski*, poln. Regisseur, insz. 1964 i. Berlin (W) „Tod d. Marat" v. *P. Weiß* (* 1929)

† *Elsa Wagner*, Berliner Staatsschauspielerin, seit 1921 i. Berlin (* 1880)

M. Walser: „Sauspiel" (Schauspiel um Wiedertäufer in Nürnberg

Peter Weiß: „Der Prozeß" (Schauspiel n. *Kafka*)

US-Futurologe *Herman Kahn* (* 1922) veröff. Studie, die entgegen dem vorherrschenden Pessimismus für d. nächsten 50 Jahre positive Entwickl. vorhersagt

N. Nabokov: „2 rechte Schuhe im Gepäck" (Erinnerungen eines russischen Weltbürgers; Kulturberater i. Berlin [W])

H. Schelsky: „Die Arbeit tun die anderen. Klassenkampf und Priesterherrschaft d. Intellektuellen" (zeitkrit. Betrachtung)

K. Steinbuch: „Ja zur Wirklichkeit" („Buch zur Tendenzwende")

† *Arnold J. Toynbee*, brit. Historiker und Philosoph (* 1889)

† *Wilhelm Weischedel*, Philosoph im „Schatten des Nihilismus"; schrieb zuletzt „Skeptische Ethik" (* 1905)

Peter Weiß: „Ästhetik d. Widerstandes"

Fristenlösung f. Schwangerschaftsabbruch vom Bund.-Verf.-Ger. verworfen. Sozialliberale Koalition legt umfassende Indikationslösung vor

BRD ändert Ehemenrecht i. Sinne d. Gleichberechtigung (DDR hat analoge Regelung)

„Das neue Bild der alten Welt" (umfass. archäolog. Ausstellung i. Köln über Funde nach 1945)

Ausgrabung v. Segobriga i. Spanien (gegr. ca. –179)

Fund 30 000 Jahre alter Höhlenmalerei i. SW-Afrika

"Spuckecirkelinchen oder die monmoraloische Eva" (aus d. Kreis d. Berliner Malerpoeten)

Eva Schwimmer (* 1901): „Berliner Gastarbeiter" (Zeichnung)

Peter Sorge: „Kinder" (Zeichnung)

Hans Trier (* 1915): „Lettern" (Druck)

Heinz Trökes (* 1913): „Ferne Erinnerung" (Gem.)

† Hans Uhlmann, dt. Bildhauer, vorzugsweise abstrakte Metallskulpturen (* 1900)

† Fritz Wotruba, österr. Bildhauer eines blockhaften Stils (* 1907)

Folgende „Rangliste" lebender Maler wird angegeben: 1. R. Rauschenberg (* 1925, USA), 2. C. Oldenburg (* 1929, Schweden), 3. J. Johns (* 1930, USA), 4. J. Tinguely (* 1925, Schweiz), 5. J. Beuys (* 1921, Dtl.), 6. A. Warhol (* 1930, USA), 7. J. Klein (* 1924, Dtl.), 8. R. Lichtenstein (* 1923, USA), 9. F. Stella (* 1936, USA), 10. Arman (* 1928, Frankr.), 11. Christo (* 1935, Bulgar.), 12. J. Dine (* 1935, USA)

Zur Pop-Art rechnen 1, 2, 3, 6, 8, 12

Verwaltungsgebäude Bahlsen, Hannover

Grundstein f. neue Pinakothek i. München

Neue Funde v. Mosaik-Gemälden i. Paestum (1968 Fund eines Gem. v. −430; inzw. ca. 500 Grabfresken)

„The River" (Oper, Urauff. i. London)

† Leonid Jakobson, Choreograph am Moskauer Bolschoi- u. Leningrader Kirow-Theater (* 1904)

M. Kagel: „Mare Nostrum" (Mittelmeer als Kulturmittelp., Auftragskomp. d. Berliner Festwochen)

Volker David Kirchner (* 1942): „Die Trauung" (Oper n. Gombrowicz, Urauff. i. Wiesbaden)

Luigie Nono (* 1924): „Al gran sole" (ital. Oper sozialist. Gesinnung, Urauff. i. Mailänder Scala)

† D. D. Schostakowitsch, russ. Komponist, schrieb 15 Sinfonien u. 13 Streichquartette. Wurde 1936 westl. Dekadenz beschuldigt (* 1906)

Kurt Schwertsik: „Der Lange Weg zur Großen Mauer" (österr. Oper, Urauff. i. Ulm)

† Robert Stolz, 1905–38 u. ab 1950 in Wien, österr. Operettenkomponist, schrieb 60 Operetten u. Singspiele (* 1880)

Viktor Ullmann: „Der Kaiser von Atlantis" Kammeroper, die 1944 im KZ Theresienstadt entstand; Text v. Peter Kien,

3,1–3,7 Protonenmasse. Ihnen wird eine neue Eigenschaft, „Charm" genannt, zugeschrieben

Internat. Forscherteam entd. i. USSR das h-Meson, Elementarteilchen mit doppelter Protonenmasse

2 SU-Kosmonauten umkreisen 60 Tage d. Erde

Russ. Rakete bringt 1. ind. wissensch. Satelliten in Erdumlauf

USA u. USSR koppeln zwei bemannte Raumschiffe (Apollo u. Sojus). Besatzungen machen gemeinsame Experimente

USA unterbrechen die bemannte Raumfahrt b. 1980

USA stellen Laser-Blendung ihrer Frühwarnung-Aufklärungs-Satelliten durch d. Sowjetunion fest

USA starten 2 Mars-Sonden Typ Viking, die 1976 dort weich landen

2 Venus-Sonden d. USSR senden Bilder einer nicht vermuteten Gebirgslandschaft

US-Forscher entd. radioastronom. Äthylalkohol i. Weltraum (als 33. Molekülart i. Raum)

US-Radio-Astronomen können allg. Relativitätstheorie durch Messung d. Ablenkung d. Strahlen im Gravitationsfeld d. Sonne bestätigen

US-Radio-Astronomen entd. Schwingungen des Sonnenballs

Neutrinofluß der Sonne mit nur 10 % d. theoret. Sollwerte

Demonstranten besetzen Kernkraftwerk-Bauplatz Wyhl (Oberrhein)

Kernkraftgetriebener US-Flugzeugträger „Nimitz" mit 91 000 t Verdrängung und 6100 Mann Besatzung (größtes Kriegsschiff d. Erde) besucht Europa

Versuchssprengungen mit Kernenergie i. USSR beim Bau eines Kanals zum Kaspischen Meer

Kaufkraftverlust 1969–74 (i. %)

BRD	24
USA	26
Österr.	27
Schweiz	29
Frankr.	30
Niederl.	30
Schweden	30
Ital.	34
Gr.-Brit.	37
Japan	40

4,27fache Preiserhöhung s. d. Vorjahr i. Chile

Reg. d. BRD hat 94 Mrd. DM Schulden (höchster Stand s. 1949)

I. d. BRD wird 15 % d. Einkommens gespart

Diskont i. BRD sinkt auf 5 %

Steuerreform d. BRD ruft trotz 14 Mrd. DM Steuerverzicht zunächst Enttäuschung u. Kritik hervor

Reallohn i. BRD gegenüb. 1969 um 22 % gestiegen

Reg. d. BRD berichtet über 50 Mrd. DM Subventionen

Wegen Finanzkrise erwägt Bundesbahn Strecken-Netz von 29 000 auf 10–15 000 km zu reduzieren

Autoindustrie d. BRD überwindet Krise

Elektroind. setzt Geräte um, die zu 50 % jünger als 5 Jahre sind

Spielbank i. Berlin (W)

BRD-Industrie-Ausstellung in Moskau

In USSR 5. Mißernte i. 13 Jahren

(1975)		
	Franco läßt 5 militärgerichtlich verhängte Todesurteile vollstrecken	*Morris L. West* (* 1916): „Der Harlekin" (austral. Roman um die Macht der Computer)
	† *F. Franco*, span. General u. faschist. Diktator, errichtete durch Bürgerkrieg 1936–39 mit Hilfe *Hitlers* und *Mussolinis* faschist. Diktatur i. Spanien (32 Ärzte verlängern Agonie auf 35 Tage) (* 1892)	† *Thornton Wilder*, US-Schriftsteller (* 1897)
	Prinz *Juan Carlos* (* 1938), von *Franco* 1969 vorbestimmter Nachfolger als Kg. *Juan Carlos I.* gekrönt (Spanien war bis 1931 Monarchie)	*T. Williams:* „The red Devil Battery Sign" (nordamer. Schauspiel, dt. Urauff. i. Wien).
	Wahlen in Portugal erg. klare Mehrheit d. nichtkommunist. Parteien (nur 12,7 % f. Kommunisten). Die Beweg. d. Streitkräfte begünstigt Kommunisten	*T. Williams* (* 1911): „Erinnerungen" (Autobiogr.)
	Putsch rechter Militärs i. Portugal, *Spinola* muß das Land verlassen. Mehrheitsparteien wehren sich gegen kommunist. Einfluß	*C. Zuckmayer* (* 1896): „Der Rattenfänger" (Schausp., Urauff. i. Zürich)
	Moçambique wird n. 477 Jahren portugies. Kolonialherrschaft selbständig (wurde 1498 v. *Vasco da Gama* erreicht)	Staatstheat. i. Karlsruhe eingew.
	Schwere Kämpfe d. rivalisierenden Freiheitsbewegungen i. Portug. Angola kurz vor der zugesagten Unabh.	Theaterbesuch i. BRD hat seit 73/74 steigende Tendenz
	Unruhen auf Korsika geg. frz. Zentral-Reg.	Buchmesse Frankfurt/M. zeigt 250 000 Titel
	Regionalwahlen i. Ital. schwächen Christdemokr. u. stärken Kommunisten (einige Industriestädte erh. kommunist. Verwaltung)	
	Parteivors. d. DC i. Ital. *A. Fanfani* (* 1908) tritt zurück	
	Marokko beansprucht Spanisch-Sahara (mit wicht. Phosphatlagern)	
	Griech.-türk. Zypernkrise bewirkt Militärhilfekonflikt USA–Türkei, der bald beigelegt wird	
	Innerhalb weniger Tage werden d. türkischen Botschafter i. Wien u. Paris ermordet (man vermutet d. Täter i. griech., armenischen oder kurdischen Kreisen)	
	Bombe d. PLO i. Jerusalem tötet 14 Menschen u. verletzt 60	
	PLO-Terroristen sprengen n. Geiselnahme Hotel i. Tel Aviv: 9 Zivilisten, 7 Terroristen u. 3 israel. Soldaten werden getötet	
	Suezkanal wird n. 8 Jahren Schließung geöffn. (erfaßte 1966 14 % d. seegehend. Welthandels)	
	Libyen strebt n. Atommacht	
	US-Min. *Kissinger* deutet Möglichkeit	

Etwa 6 % der Schulkinder i. BRD sind sonderschulbedürftig

79 % d. Abiturienten d. BRD wollen studieren (1971/72 90 %)

Vergebl. Warnstreik d. Professoren i. Österr. geg. beabs. Universitätsgesetz

8 jugoslaw. Professoren aus d. „Praxis"-Kreis (jugoslaw. Zeitschr. f. demokratischen Sozialismus) erhalten Lehrverbot

Bundesreg. erstattet Bericht über die Lage d. Künstler i. BRD

Einheitsgesangbuch f. deutschsprachige Katholiken

26 Bischofsgräber aus d. 9.–14. Jh. u. alte Fundamente i. Bremer Dom entd.

Gebeine d. Sachsenherzogs *Widukind* b. Herford vermutl. gefunden und erneut beigesetzt

BRD hebt Pornographieverbot auf (verboten bleibt „harte" P.)

In USA wird ein angeblich realer Lustmord im Film gezeigt (vermutl. i. Argentin. gedreht)

Man schätzt i. USSR doppelt so hohen Verbrauch harten Alkohols wie in USA u. W-Europa

Schloß i. Bruchsal u. Kirche i. Neresheim (beide v. *B. Neumann*) restauriert

———

Bes. beliebte Filme 74/75: ,,Der Clou'', ,,Der Exorzist'', ,,Zwei wie Pech und Schwefel'', ,,Robin Hood'', ,,Ein Mann sieht rot'', ,,Zwei Missionare''

Oscar-Verleihung: 6 Oscars an ,,Der Pate II'' (amer. Film von *Francis Ford Coppola*) (* 1939), weitere an ,,Armarcord'' (ital. Film v. *F. Fellini*) (* 1920)

† *P. P. Pasolini* (ermordet), ital. Schriftsteller und ab 1961 Filmregisseur (* 1922)

Pasolinis letzter Film i. Ital. wegen ,,perverser Szenen'' verboten

,,Die Unschuldigen mit den schmutzigen Händen'' (frz. Film v. *Claude Chabrol* [* 1910] läuft i. BRD)

,,Faustrecht der Freiheit'' (Film v. *R. W. Faßbinder*)

,,Lotte in Weimar'' (DDR-Film n. *Th. Mann* v. *Egon Günther*)

,,John Glückstadt'' (dt. Film n. *Storm* v. *Ulf Miehe*)

,,Die verlorene Ehre der Katharina Blum'' (dt. Film v. *V. Schlöndorff* n. d. zeitkrit. Roman von *H. Böll*)

,,Falsche Bewegung'' (Film v. *Wim Wenders* n. *P. Handke*)

,,L'Histoire d'O'' (frz. erot. Film, umstritten u. teilw. beschlagnahmt)

Urauff. i. Amsterdam)

Udo Zimmermann ,,Levins Mühle'' (Oper, Premiere i. BRD, Urauff. 1973 i. Dresden)

In BRD werden mehr Band-Kassetten als Schallplatten verkauft

Schlager: ,,Paloma blanca''

nachgewiesen (wird als Abnahme der Solaren Energieprod. gedeutet, die sich erst in Mill. Jahren a. d. Oberfläche bemerkbar macht)

14. Jupitermond entd. (1974 d. 13.)

100-m-Radioteleskop i. d. Eifel entd. das Molekül d. Ameisensäure i. zentralen Regionen d. Milchstraße

Messung kosmischer Mikrowellen mit einer Ballonsonde (i. 39 km Höhe) bestätigt d. allseitige Hintergrund-Strahlung, die als Folge eines ,,Urknalls'' vor 17 Mrd. Jahren angesehen wird

In USA werden 30 kW Gleichstrom durch Mikrowellen drahtlos übertragen (wichtiger Schritt für Satelliten-Solarkraftwerk)

Sorgfältige Auswertung d. Spiralnebelflucht führt zu einem Weltalter (seit dem ,,Urknall'') von ca. 17 Mrd. Jahren ± 15 % (10mal größer als vor 40 Jahren)

Weitere Menschenfunde i. d. südafrikan. Oldoway-Schlucht erweisen sich als 3,75 Mill. Jahre alt (bisher älteste Funde)

Kultur d. Jungsteinzeit i. Merzbachtal (rhein. Braunkohlengeb.) freigelegt

5000 Jahre alte Stadtkultur i. Ekuador b. Real Aalto entd. (hatte ca. 1000 Einw.)

Sahara als Ursprungsgebiet d. Landpflanzen vermutet (nach Funden aus der Zeit vor −350 Mill. Jahren)

In Texas werden Rie-

New York droht mit 28 Mrd. Dollar Schulden finanzieller Bankrott

Alle 30 Sekunden geschieht in New York ein schweres Verbrechen (ca. 1 Mill. pro Jahr)

† *Aristoteles Onassis*, griech. Großunternehmer, führte zuerst Supertanker ein (* 1906)

Massenstreik in Japan lähmt öff. Leben

Reg. d. BRD beschl. Ges. geg. anwachs. Wirtschaftskriminalität

Abtlg. T (Terror) i. Bundeskriminalamt

I. d. BRD ereignen sich in 6 Monaten 6 Unfälle im Bereich d. Eisenbahn mit insges. 79 Toten

Im Sommer 200 Bergtote i. d. Alpen

Man schätzt erdweit über 250 000 Verkehrstote

Passagierschiff brennt b. Köln aus: 16 Tote

Bundeswehrmaschine stürzt über Kreta ab: 40 Tote

5 Kinder verbrennen a. 23. 12. i. einem Kinderladen i. Berlin (W)

16 Jugendl. verbrennen zu Silvester i. einer südbelg. Bar

Über 372 Bergleute in Indien verschüttet (genaue Zahl nicht veröffentlicht). Selbstverbrennung einer Witwe

Heißer Sommer führt zu gr. Waldbränden i. Niedersachsen, fordert 5 Tote u. schweren Sachschaden

Erdbeben i. Türkei (b. Lice) fordert mehr als 2000 Tote (seit 1939 6 gr. türk. Beben mit ca. 45 000 Toten)

Starkes Erdbeben i. Griechenland

Flugzeugabsturz b. Agadir fordert 188 Tote

US-Flugzeug mit Kriegswaisen aus S-Vietnam stürzt bei Saigon ab: 150 Kinder tot

USA heben verunglücktes Atom-U-Boot d. USSR aus

(1975)	militär. Intervention geg. arab. Ölländer an		Paris veranstaltet erstmalig Filmfestspiele
	USSR kündigt Handelsabk. mit USA, weil diese auf freie Auswanderung d. Juden drängen		Gesetzeslücke ermöglicht Auff. „harter" Pornofilme (teure Getränke mit „Gratisfilm")
	US-Min. *Kissinger* trifft *Gromyko* i. Wien, besucht BRD und Berlin (W), dessen Schutz er bekräftigt		Filme d. BRD finden im Ausland Anerkennung (*Faßbinder, Herzog, Kluge, Schlöndorff, Wenders*)
	† *N. A. Bulganin*, 1955–58 Min.-Präs. d. USSR (* 1895)		
	Schwere Bürgerkriegsartige Kämpfe zw. Moslems u. Christen i. Libanon		
	Militärputsch im Sudan mißlingt		
	Eritrea kämpft geg. Äthiopien um s. Unabh. (verlor 1962 s. Autonomie)		
	† *Haile Selassie*, Kaiser v. Äthiopien, s. 1930, in der Haft s. innenpolit. Gegner (* 1892)		
	In Äthiopien endet 3000 Jahre alte Monarchie.		
	Mit Volksrepublik in Laos endet 622 Jahre alte Monarchie		
	† *Feisal* (ermord.) Kg. v. Saudi-Arabien s. 1964, verfolgte antikommunist. Politik (* 1905)		
	Grenzvertrag Iran–Irak. Iran stellt Unterst. d. Kurden ein		
	Indira Ghandi läßt ihre Gegner verhaften u. schränkt Rechtsstaatlichkeit Indiens ein, nachdem ein regionales Gericht sie wegen Korruption verurteilte		
	Kommunisten überrennen trotz Waffenstillstand 50 % v. Südvietnam. 2 Mill. Flüchtlinge verursachen Chaos		
	Kommunisten nehmen Saigon i. S-Vietnam ein und geben ihr den Namen Ho-Tschi-Minh-Stadt		
	Pnom Penh, Hauptstadt Kambodschas (700 000 Ew.) kapituliert vor d. kommunist. Khmer		
	Staatspräsident *Lon Nol* (* 1913) verl. Kambodscha und geht i. d. USA		
	USA erobern v. Kambodscha Handelsschiff zurück		
	Die Kämpfe in Vietnam währen s. 30 Jahren. Verluste d. USA: 56 000 Gefallene und 150 Mrd. Dollar Kriegskosten		
	USA verläßt ILO (internat. Arbeitsamt) aus polit. Gründen		
	Nach Ende d. Vietnamkrieges löst sich d. Südostasien-Pakt (SEATO) auf		
	Veto d. USA gegen Aufn. beider Vietnam-Staaten i. d. UN		

senflugsaurier mit 11–21 m Spannweite gefunden

50 000 Jahre alter Menschenschädel i. Kalifornien gefunden (bisher ältester Menschenfund i. Amerika)

Es gelingt antike röm. Siedlungen mit Magnet-Sonde nachzuweisen

1. europ. Kongreß f. Neurowissenschaften (i. München)

„Grenzen der Medizin" (Ärztekongreß i. Davos)

Schwerpunktprogramm Alternsforschung d. DFG auf molekularer u. Zellbiolog. Grundlage

In einem Bakterium werden 1100 verschiedene Eiweißstoffe analysiert

US-Verhaltensforscher analysieren „Sprache" der Grisly-Bären

Bundesbank entw. ein ökonometrisches Modell mit 96 Gleichungen zur Wirtschafts-Prognose

Kernkraftwerk i. Biblis b. Darmstadt mit 1,2 Mill. kW (bisher größtes d. Erde, weitere Stufen geplant)

USA entw. Pacer Projekt: durch unterird. Wasserstoff-(Kernverschmelzungs-)Bomben-Explosion Wasserdampf f. Kraftwerk zu erzeugen (wird bald aufgegeben)

USSR erbohrt 7263 m Tiefe

Sprengungen zur Seismometrischen Erkundung d. Alpen-Untergrundes

Verbundwerkstoff Siliziumkarbid mit Sil. als Füllstoff (bis 1400° C temperaturfest)

Kamera mit automatischer Scharfeinstellung entwickelt (USA)

USA bereiten Übern. d. metrischen Systems vor

*Nobel*preise 1945–75

	Ph	Ch	M	W	L	F	
USA	24	17	37	4	3	10	95
Gr.Br.	7	12	10	1	2	4	36
Frankr.	2	0	3	0	4	1	10
Dtl.	4	5	3	0	3**	(2)*	17
SU	5	1	0	1	3	1	11
andere	14	11	16	4	16	12	73
zus.	56	46	69	10	31	30	242

Preis f. F. nicht vergeben: 48, 55, 56, 66, 67, 72.
* einschl. *Albert Schweitzer* ** einschl. *N. Sachs*
(Ph = Physik, Ch = Chemie, M = Medizin, W = Wirtschaft, L = Literatur, F = Frieden)

5000 m Tiefe mit 70 Toten (1963–72 sanken 3 US- u. 3 USSR-Atom-U-Boote)

Reste einer US-Weltraumrakete stürzen auf die Erde, ohne daß Schaden entst. (es gibt zahlr. solcher vagabundierender Teile)

Bus stürzt b. Grenoble i. d. Fluß: 27 Tote

U-Bahn-Unglück in London: 45 Tote

U-Bahn-Unglück i. Mexiko-City: 29 Tote

Tokio glaubt Vorzeichen eines schweren Erdbebens zu erkennen

Invasion v. Feuerameisen vom Amazonas i. d. USA

Mildester Januar seit 1794 i. Mitteleuropa

Japanerin *Junko Tabei* (* 1940) besteigt als 1. Frau d. Mt. Everest (seit d. Erstbest. 1953 best. ihn 35 Männer)

Extrem kaltes und schneereiches Osterfest i. Mitteleuropa

Später Winter fordert i. d. Alpen 40 Lawinentote i. April

Wachstum d. Alpengletscher nachweisbar

Wohnhaus mit Energieversorgung aus Sonnenstrahlung (Versuch i. BRD)

Märkisches Viertel, Satellitenstadt i. Berlin-Reinickendorf, mit 16 943 Wohnungen, 46 922 Einw., 307 Schulklassen, 15 Kindertagesstätten, 227 Kinderspielplätze, Sportplatz erbaut s. 1963

W-Berliner Zivil-Luftfahrt zieht von Tempelhof n. Tegel um

Bonn erhält U-Bahn

Schwere Unruhen wegen Fahrpreiserhöhungen i. Heidelberg

Kanaltunnelprojekt zw. Gr.-Brit. u. Frankr. zunächst aufgegeben

Genfer Konferenz beschließt neuen Rundfunkwellenplan

Elektron. Digital-Quarz-Armbanduhren

(1975)

UN-Vollversammlung verurteilt bei zahlr. Enthaltungen den „Zionismus" als „Rassismus" (ruft zahlr. Proteste und eine Krise d. UN hervor)

UN-Sicherheitsrat verlängert Mandat d. UN-Friedenstruppe auf den Golanhöhen (plant Nahost-Sondersitzung)

Bangladesh ersetzt parlamentar. Demokratie durch Einheitspartei. Diktator *Muhibur Rahman* wird in einem Putsch mit antikommunist. Tendenz erschossen (* 1920). Nachfolger wird *Ahmed*

† *E. Sato*, japan. Politiker eines konsequenten pro USA-Kurses 1964–72 Min.-Präs. (* 1901)

Neuer Militärputsch in Bangladesh scheitert (wird als ind. Gegenputsch gedeutet)

† *Tschiang Kai-schek*, nationalchines. Politiker, unterst. chines. Revolution von 1911. Herrscht als Gegner *Maos* ab 1949 auf Taiwan (* 1887)

Peking entl. d. „Kriegsverbrecher" d. 1949 beend. Bürgerkrieges u. stellt Ausreise nach Taiwan frei

Argent. Reg. bekämpft Revolutionäre Volksarmee (ERP) i. Dschungelgebieten d. Landes

Konflikt d. argentin. Gewerkschaften mit Staatspräsidentin *Peron*

Verdoppl. d. Zivilisten in der Reg. Chiles in schwerer Wirtschaftskrise

Portug. Angola wird unabh. Kampf d. von Moskau bzw. v. Westen abhängigen Freiheitsbewegungen.

Durch Staatsstreich wird Gen. *F. M. Bermudez* Staatspräs. v. Peru

Putsch i. Ecuador

Surinam (Niederl. Guyana) wird unabh. (144. Mitgl. d. UN)

10 000 polit. Häftlinge i. USSR vermutet

In USA beg. Veranstaltungen zum 200jähr. Bestehen 1976

Kommunist. Machtstreben (b. 12 % Wählerstimmen) führt i. Portugal zur Dauerkrise. Linksradikaler Militärputsch scheitert

Bombenattentate auf vorn. Restaurants i. London fordern Todesopfer

Politik d. Härte in Moskau, der westliche KPs reserviert gegenüberstehen

Terroristen aus d. Südmolukken nehmen über lange Zeit 50 Geiseln i. d. Niederlanden (erschießen 3 in einem Zug, der 12 Tage besetzt wurde)

Terroristen („Arm d. arab. Revolution") überfallen in Wien OPEC-Konferenz, töten 3 Menschen, nehmen 11 Minister als Geiseln, erhalten freien Abflug n. Algerien

Bombenanschlag auf Flughafen La Guardia, New York: 11 Tote, über 100 Verletzte

Militärputsch gegen Präsidentin *Peron* i. Argentinien scheitert. Anschließend Straßenkämpfe mit über 150 Toten

VR China läßt 3 Hubschrauberpiloten d. Sowjetunion nach 20 Monaten Haft frei

VR China warnt westliche Welt vor der Politik d. Sowjetunion

BRD unterstützt Griechenland beim Bestreben, Vollmitglied d. EG zu werden

Diplomat. Bez. zw. BRD und Kuba (ruhten 12 Jahre)

Staatschef v. Madagaskar ermordet

NATO bietet f. Europa Abzug von Kernwaffen gegen Abzug sowjetischer Panzer an

Drastisches staatl. Sparprogramm i. BRD

Israel. Min.-Präs. *Rabin* besucht BRD und Berlin (West)

Wahlniederlagen f. Labour i. Neuseeland u. Australien

Frauenmode: gr. weite Formen („Schlabberlook"), Overdress, Zweiteiler, Zeltmäntel

T-Silhouette i. d. Damenmode

Der Wunsch d. Nichtraucher (i. Sitzungen etc.) wird stärker respektiert

Bundesgartenschau i. Mannheim

Muhammad Ali (Cassius Clay) vert. erfolgr. i. hartem 14-Runden-Kampf Box-WM-Titel gegen *Frazier*, der durch techn. K.o. verliert

Michel Dujan verunglückt tödlich bei Test-Skiabfahrt i. Val d'Isère (* 1956)

Bobby Fischer (USA) verliert s. Schachweltmeisterschaft geg. *Karpow* (USSR), da er Herausford. ablehnt

Die Tiroler *R. Messner* u. *P. Habeler* besteigen NW-Wand des Hidden Peak (8068 m) i. Zweierseilschaft ohne Träger-Expedition (gilt als ein Markstein d. Alpinismus)

† *Graham Hill* (Flugzeugunfall), brit. Automobilweltmeister (* 1929)

J. Montgomery (USA) krault 100 m in 50,59 Sek.

John van Reenen erz. m. 68,48 m Weltrekord i. Diskuswurf

Karl Hans Riehm (BRD) Weltrekord i. Hammerwurf mit 78,50 m

Dave Roberts (* 1952, USA) erz. mit 5,65 m Weltrekord im Stabhochsprung

Drachenflug-Weltmeistersch. i. Österr. (Weltrekord 8 Stunden 20 Min.)

Tödlicher Absturz eines Drachenfliegers i. Allgäu

Motorrad-Rekord mit 481,9 km/h

R. Messner u. *P. Habeler* (Tirol) besteigen als Zweierseilschaft ohne Träger den Hidden Peak (8068 m) (gilt als neuer alpinist. Stil)

Langfristige Entwicklung des realen Pro-Kopf-Einkommens (USA 1973 = 100).

	1870	1973
USA	12	100
Gr.-Brit.	11	50
Dtl. (BRD)	10	BRD: 70
Japan	1,7	45
Rußl. (SU)	(1890:) 3,5	35
Indien	(1950:) 1,3	1,8

Für Dtl. bed. das eine Steigerung von rd. 20 % pro Jahrzehnt

Globaler Energieverbrauch: Einheit 1 Q = 300 000 Mrd. kWh
Die globale Elektrizitätserzeugung war 1972 1,7 % v. Q
Der gesamte glob. Energiebrauch betrug 1975 17 % v. Q
Man schätzt den globalen Energieverbrauch
  bis 1860   auf 6–9 Q
  1860–1950   auf 4 Q
  1970–2030   auf 90 Q
Die Sonne strahlt jährlich der Erde 5000 Q zu, wovon ca. 50 % die Erdoberfläche erreichen

Pro Kopf der Erdbevölkerung entfallen pro Jahr rund dreißigtausendmal mehr zugestrahlte Sonnenenergie als der technisch-wirtschaftliche Verbrauch von 2 t Steinkohleneinheiten

1976

Kein Friedens*nobel*preis verliehen, obwohl 50 Vorschläge eingingen

Frauenfriedensbewegung gegen Terror in Nordirland

USA und USSR vereinbaren Begrenzung unterirdischer Kernexplosionen für friedliche Zwecke auf 150 kt TNT mit örtlichen Inspektionen

21. Kernwaffenversuch in VR China liegt im Mill.-t-TNT-Bereich

Polnischer KP-Chef *Gierek* besucht BRD zu Wirtschaftsverhandlungen

Bundestag und Bundesrat stimmen Vertrag BRD–Polen zu, wonach gegen finanzielle Leistungen der BRD 125 000 deutschstämmige Polen ausr. dürfen

Gesetz zur Abwehr von Verfassungsfeinden scheitert im Bundesrat an Differenzen SPD/FDP–CDU/CSU

Anti-Terrorismus-Gesetz in BRD gegen Bedenken der CDU/CSU, die es verschärfen wollen

Anarchistischer Bombenanschlag auf US-Hauptquartier in Frankfurt/M. fordert 16 Verletzte

† *Ulrike Meinhof* (Selbstmord) während des Prozesses gegen terroristische *Bader-Meinhof*-Gruppe (* 1934)

Nach Flucht von 4 Anarchistinnen aus Berliner Gefängnis tritt Justizsenator *Oxfort* (FDP) zurück

Bundestagswahlen bringen trotz Stimmenverlust SPD-FDP-Koalition knappe Mehrheit *H. Schmidt* erneut Kanzler, *H. D. Genscher* Außenminister, Gesundheitsminister *K. Focke* und Sozialminister *W. Arendt* scheiden aus. Rentensanierung erweist sich als dringend und schwierig

CSU kündigt 27jährige Fraktionsgemeinschaft mit der CDU (Kreuther Konferenz). Wird nach Verhandlungen wiederhergestellt. *H. Kohl* übernimmt Vorsitz

K. Carstens (* 1914, CDU) löst *A. Renger* (SPD) als Bundestags-Präsident ab

CDU erreicht 690 000 Mitglieder

CDU erhält in Landtagswahlen Baden-Württemberg stärkere absolute Mehrheit

In Niedersachsen tritt Min.-Präs. *A. Kubel* (SPD) zurück. Landtag wählt trotz SPD-FDP-Mehrheit *E. Albrecht* (CDU) zum Min.-Präs., der später mit FDP Koalition bildet

Literatur*nobel*preis an *Saul Bellow* (* 1915, USA) schrieb u. a. 1964 „Herzog" (Roman einer jüdischen Lebenskrise)

Friedenspreis des deutschen Buchhandels an *M. Frisch* (* 1911, Schweiz)

Wolfgang Bächler (* 1925): „Gedichte aus 30 Jahren" (von einem Mitbegründer der Gruppe 47, die ab 67 ihren Zusammenhang verlor)

Th. Bernhard: „Die Berühmten" und „Minetti" (österr. Schauspiele)

† *Agatha Christie,* engl. Autorin von Kriminalromanen u. Bühnenstücken (* 1891)

A. Hailey: „Die Bankiers" (dt. Übersetzung des US-Romans)

† *Eywind Johnson,* schwedischer Schriftsteller, *Nobel*preis 1974 (* 1900)

Erica Jong (* 1942): „Angst vorm Fliegen" (dt. Übersetzung des US-Romans „Fear of Flying")

† *Alexander Lernet-Holenia,* österr. Dichter (* 1897)

† *André Malraux,* frz. Dichter, 1958–69 frz. Staatsminister für kulturelle Angelegenheiten (* 1901)

Heiner Müller (* 1929): „Die Bauern" (kritisches Schauspiel um die Kollektivierung der Landwirtschaft in der DDR, verzögerte Uraufführung in Berlin [O])

U. Plenzdorf (* 1934): „Buridans Esel" (Schauspiel)

DDR bürgert kritischen „Liedermacher" *W. Biermann* (* 1936) aus, der in die BRD geht

Selbstverbrennung des Pfarrers *O. Brüsewitz* in Zeitz (DDR) wegen staatlicher Behinderung der Arbeit der Kirche

† *Hans Bürger-Prinz,* maßgeblicher Psychiater und Sexualforscher, seit 1937 in Hamburg (* 1897)

† Kardinal *Döpfner* 1957–61 Erzbischof von Berlin, dann von München, Leiter der Bischofskonferenz (* 1913)

† *Arnold Gehlen,* dt. Philosoph und Soziologe. Seine Anthropologie begreift den Menschen als „Mängelwesen", das institutioneller Hilfe bedarf

H. Gruhl (CDU-MdB): „Ein Planet wird geplündert" (die Schreckensbilanz unserer Politik als kritische Futurologie)

† *Hans Rothfels,* dt. Historiker, insbesondere Zeitgeschichte. Schrieb 1949 „Die dt. Opposition gegen Hitler" (* 1891)

† *Martin Heidegger* dt. Philosoph, führender Vertreter der Existenzphilosophie „als Fundamentalontologie" (* 1889)

† *Max Tau,* Pazifist und Philanthrop jüd.-dt. Herkunft, ging 1938 nach Norwegen, schrieb 1948 „Glaube an den Menschen" (* 1897)

† *R. v. Thadden-Trieglaff,* Kirchenpoli-

† *A. Aalto*, finnischer Architekt, baute 1962–71 Konzert- und Kongreßhaus in Helsinki (* 1898)

† *Josef Albers*, Maler und Farbtheoretiker, 1922–33 am Bauhaus später in USA. Begründer einer „Logik des Sehens" (* 1888)

Hermann Albert (* 1937): „Bauer hinter Bäumen" (kritisch realist. Gem.)

Jan Balet (* 1913): „Hommage à Godard" (Gem.)

A. Brandt (* 1935): „Gelb-Gelb" (abstr. Gem. senkrechter Streifen)

Bodo Buhl (* 1951): „Rolltreppe I" (realist. Gem.)

† *Alexander Calder*, US-Künstler, Schöpfer der Mobiles und Stabiles (* 1898)

Christo: „Running Fence", 40 km langer Zaun aus Nylon-Tüchern in Kalifornien, der nach 14 Tagen demontiert wird

Ernst Fuchs (* 1930): „Daphne in Eva Mystica" (Farbradierung)

J. Grützke (* 1937): „Bach von seinen Kindern gestört" (Gem.)

R. Hausner (* 1914): „Adam maßstäblich" (Gem. des phantastischen Realismus)

R. W. Huth: „Doppelporträt" (Selbstbildnis mit Gattin)

O. Kokoschka (* 1886) porträtiert Bundeskanzler *H. Schmidt*

Dieter Kraemer (* 1937): „Altenburgerstr. 169" (realistisches Gem. mit VW-Motiv)

† *B. Britten*, brit. Komponist (* 1913)

Götz Friedrich (* 1930) Leitender Regisseur an der Covent Opera London

H. W. Henze: „We come to the river" („Wir kommen zum Fluß" Oper, Uraufführung in London)

G. Klebe: „Das Mädchen aus Domrémy" (Oper um Jean d'Arc)

† *Lotte Lehmann*, dt. Opernsängerin, zuletzt in USA (* 1888)

Mayuzumi: „Der Tempelbrand" (japan. Oper, Uraufführung in Berlin [W])

Detlev Müller-Siemens (* 1957): „Nocturne für Violine und Klavier" (auf den 28. internationalen Ferienkursen in Darmstadt)

Siegfried Palm (* 1927), bekannt als Violincellist wird Generalintendant der Deutschen Oper Berlin (W). Sein Vorgänger *E. Seefehlner* wird Direktor der Wiener Oper

Josef Tal (* 1910): „Die Versuchung" (israel. Oper)

Alle verliehenen *Nobel*preise gehen in die USA (vgl. 1975)

Physik*nobel*preis an *Samuel C. C. Ting* (* 1936) und *Burton Richter* (* 1931) in USA für die Entdeckung neuer Elementarteilchen (Psi-Teilchen) mit der neuen Qualität „Charm"

Chemie*nobel*preis an *W. N. Lipscomb* (* 1919) in USA für Erforschung der Borane

*Nobel*preis für Medizin und Physiologie an *Baruch S. Blumberg* (* 1925) und *Charleton Gajdusek* (* 1923) in USA für Virusforschung (Erreger der Hepatitis bzw. Kuru-Krankheit)

E. S. Bücherl und Mitarbeiter setzen Entwicklung eines künstlichen Herzens fort. Ein Kalb lebt mit dieser gewebeverträglichen Kunststoffpumpe 4 Monate

Juri Chorosow entziffert Maya Hieroglyphen

† *W. Heisenberg*, dt. Physiker, Begründer der Quantenmechanik mit Unbestimmtheitsrelation. *Nobel*preis 1932 (* 1901)

† *T. Lyssenko*, sowjetischer Biologe, dessen ideologische Erblehre von *Stalin* gefördert wurde und dann scheiterte (* 1898)

† *Jaques Monod*, frz. Mikrobiologe und Naturphilosoph. *Nobel*preis 1965 (* 1910)

† *Lars Onsager*, US-Chemiker norwegischer Herkunft. *Nobel*preis 1968 (* 1903)

*Nobel*preis für Wirtschaftswissenschaft an *Milton Friedmann* (* 1912, USA). Schrieb „Kapitalismus und Freiheit" (1962), „Die optimale Geldmenge" (1970). Vertreter des Monetarismus

Das Bruttosozialprodukt der Erde liegt bei 5800 Mrd. $ (+ 5 % jährlich) bei einer Erdbevölkerung von 4,1 Mrd. (+ 2 % jährlich). Pro Kopf entfallen durchschnittlich 1420 $ (+ 3 %jährlich)

Die erdweite Elektrizitätserzeugung (ohne VR China) liegt bei 6500 Mrd. kWh (1975: 6250). Die Produktion der VR China liegt bei 250 Mrd. kWh

Das Risiko der Nutzung der Kernenergie wird Gegenstand heftiger Diskussionen und Auseinandersetzungen. Der Bau von Kernkraftwerken in Whyl und Brokdorf wird von Bürgerinitiativen und linksradikalen Kräften behindert

Erdweite Erdölförderung 2844 Mill. t (2,5fache Steigerung seit 1961, d. h. + 6 % jährlich). Davon in %: Sowjetunion 18,3, Saudi-Arabien 15,1, USA 14,2, Iran 10,3, Venezuela 4,1, Kuwait 3,8, Irak 3,7, Nigeria 3,6, VR China 3,0, andere 23,9

Preispolitik der OPEC-Staaten spaltet sich: Saudi-Arabien und VAE erhöhen um 5 % (andere um 10–15 %)

414 m langer Supertanker für 677 000 t Öl

Frankreich verläßt westeuropäischen Währungsverbund („Währungsschlange")

Pfund Sterling sinkt zeitweise unter 4 DM

Großbritannien erhält umfangreiche Kredite

Pfundschwäche löst ausländische Käuferinvasion in London aus

Gesetz über paritätische Mitbestimmung in Großbetrieben in BRD

(1976) In Hessen löst *Börner* (SPD) *A. Osswald* (SPD) als Min.-Präs. ab

† *August Zinn*, SPD-Politiker, 1950–69 Min.-Präs. von Hessen

Im Saarland verhandeln CDU und FDP über Koalition

Bürgerblockmehrheit beendet in Schweden 44 Jahre sozialdemokratische Regierung. *T. Fälldin* (* 1926, Zentrum) löst *Palme* als Min.-Präs. ab

EG beschließt allgemeine Wahl zum europäischen Parlament 1978 (410 Sitze)

W. Brandt wird Vorsitzender der sozialdemokratischen Internationale als Nachfolger von *Kreisky*

KP-Gipfeltreffen' in Ost-Berlin anerkennt verschiedene Wege auch des „Euro-Kommunismus" (KPI, KPF)

SED-Chef *Honecker* stärkt seine Position

25. Parteitag der KPdSU bestätigt *Breschnew* als KP-Chef. Dieser wird Feldmarschall

Polnische Regierung nimmt Preissteigerungen nach Widerstand der Bevölkerung zurück

DDR weist Korrespondenten der ARD aus

Französischer Min.-Präs. *Chirac* (Gaullist) tritt zurück. Präsident *Giscard D'Estaing* beruft *R. Barre* (parteilos)

Britischer Min.-Präs. *H. Wilson* tritt zurück, Nachfolger wird *J. Callaghan* (* 1912)

Gr.-Brit. gibt nach 157 Jahren Stützpunkt Singapur auf. 86 Seychellen-Inseln im Indischen Ozean mit 482 qkm und 58 000 Einw. erlangen nach 182 Jahren britischer Herrschaft Unabhängigkeit

† *Montgomery*, britischer Feldmarschall, schlug 1942 Deutsches Afrika-Korps unter *Rommel*

In Italien tritt Regierung *Moro* (DC) zurück. Wahlen führen zur Minderheitsregierung *Andreotti* (DC), welche Duldung der KPI benötigt

Wahlen in Portugal: Sozialistische Partei erreicht 35 %, KP 14,6 %, keine Partei die absolute Mehrheit. Staatspräsident wird *R. Eanes* (* 1934), der den Sozialisten *Mario Soares* (* 1924) zum Reg.-Chef ernennt

Spanischer König entläßt Reg.-Chef

† *Eugen Roth*, humorvoller Schriftsteller, Verfasser der „Ein Mensch . . .."-Gedichte (* 1895)

† *Fritz Schreyvogel*, österr. Schriftsteller, 1954–59 Vizedirektor des Burgtheaters (* 1899)

Über 100 deutsche Dichter und Schriftsteller durch Literaturpreise und anders ausgezeichnet

Über 100 Buchverlage in BRD haben einen Umsatz größer als 8 Mill. DM.

Seit 1951 erschienen in BRD ca. 1 Mill. Titel, davon 80 % Erstauflagen, 20 % Neuauflagen

Anteil der Taschenbücher 1965/74 in %: Schöne Literatur 15,7/28,8, Philosophie, Psychologie 6,4/19,5, Jugendschriften 4,6/15,0. Die größten Taschenbuchverlage haben 30 Mill. DM und mehr Umsatz

Bd. 1 des Großen Wörterbuchs der deutschen Sprache erscheint

tiker, ab 1934 führende Position im Kirchenkampf gegen NS-Regime. Ab 1949 Präsident und Ehrenpräsident des Dt. evang. Kirchentages, den er begründete (* 1891)

Neues Eherecht in BRD (gültig ab 77). Ehescheidung basiert auf Zerrüttungs- statt auf Schuld-Prinzip

Papst bekräftigt strenge katholische Sexualethik (erhöht Spannung zur sozialen Realität)

Grabungsfund in Athen wird als Gefängniszelle des *Sokrates* gedeutet, der –399 dort durch Gift hingerichtet wurde

Grundriß des Sonnentempels von *Echnaton* bei Theben in Ägypten gefunden (Dieser Pharao führte um –1350 den Sonnenkult als monotheistische Religion ein)

Echnaton-Ausstellung in München, Berlin und Hildesheim (allein in München 322 000 Besucher)

Ausstellung *Ramses II.* in Paris. Seine Mumie wird mit militärischen Ehren empfangen und fachmännisch konserviert

Ursyrisches mächtiges Königreich Ebla um –2300 aus 15 000 Schrifttafeln in Rom erschlossen

Institut für wirtschaftliche Zukunftsforschung in Tübingen gegründet

Mitte-Links-Gruppierung des Konzils wählt Prof. *Lämmert* als

Marwan (* 1934 in Damaskus): „Kopf Nr. 177" (Gem. mit expressiver Gesichtslandschaft)

W. Mühlenhaupt: „Eisenbahn" (Collage aus der Gruppe der Berliner „Malerpoeten")

Max Pfaller (* 1937): „Unrentable (Bahn-) Strecke" (realistisches Gem.)

† *Man Ray*, Maler und Photograph in USA und Frankreich (* 1890)

† *Karl Schmidt-Rottluff*, dt. expressionistischer Maler, Gründungsmitglied der „Brücke" 1905, Ehrenbürger von Berlin (W) und Karl-Marx-Stadt (* 1884)

Ruth Speidel (* 1916): „Slalom" (Bronze)

F. Schröder - Sonnenstern: „Die Waage des Weltgerichts" (Zeichnung)

† *Mark Tobey*, US-Maler. Seine ostasiatisch beeinflußte Malweise um 1936 gilt als Vorläufer von *Pollock*

Hann Trier: „Phoenix" (abstr. Gem.)

Hans Vogelsang (* 1945): „Ohne Titel" (in einer Reihe Arbeits-Aspekte des künstlerischen Prozesses)

W. Vostell (* 1932): Straßenhappening in Berlin (W)

† *Fritz Winter*, abstrakter Maler, 1927–30 am Bauhaus (* 1905)

6. Freie Berliner Kunstausstellung mit rd. 1300 Künstlern in 61 Gruppen

Cosima Wagner (* 1837, † 1930): Tagebücher 1869–77

Robert Wilson (* 1943): „Einstein on the Beach" (US-Oper)

100 Jahre *Wagner*-Festspielhaus Bayreuth: Stark umstrittene „Ring"-Inszenierung von *Patrice Chéreau* (* 1945), unter Stabführung von *P. Boulez* (* 1925). *Peter Stein* inszeniert „Rheingold"

17. Chorfest des Dt. Sängerbundes in Berlin (W)

Schlager: „Ein Bett im Kornfeld", „Girls, Girls, Girls", „Fernando", „Silver Bird", „Schmidtchen Schleicher"

† *R. W. Pohl*, dt. Physiker (Kristallphysik). Begründete moderne Vorlesungstechnik der Experimentalphysik. (* 1884)

† *Walter Schottky*, Physiker schweizerischer Herkunft, Pionier der Rundfunkröhrentechnik (* 1886)

Schwer-Ionenbeschleuniger in Darmstadt liefert Uran-Ionen mit 1,57 Mrd. Elektronenvolt Energie

Super-Protonen-Synchrotron b. CERN, Genf erreicht 400 Mrd. Elektronenvolt (400 GeV)

Weitere Experimente sichern Existenz einer neuen Quantenzahl „Charm", die ein 4. Quarkteilchen mit dieser Qualität erfordert. Damit erreicht die Theorie der Elementarteilchen eine als entscheidend angesehene Erweiterung von ähnlicher Tragweite wie die Entdeckung der „Fremdheit" (Strangeness) um 1950

US-Forscher finden neues Elementarteilchen (Energieresonanz) mit 6 Protonenmassen als bisher schwerstes

Wissenschaftler der Sowjetunion geben Entdeckung des Transurans 107 bekannt, das 2/1000 Sekunden Lebensdauer hat. Im Bereich der Entdeckung neuer Transurane gibt es eine Prioritätskonkurrenz zwischen USA und Sowjetunion

Der angebliche Nach-

Die größten Chemie-Konzerne sind

Umsatz (Mrd. DM)
1. Hoechst, BRD 8520
2. BASF, BRD 8208
3. Bayer, BRD 7273
4. Du Pont, USA 7222

Bemühungen der Bundesregierung um Rentenstabilisierung und Kostendämpfung im Gesundheitswesen führten zu politischer Unruhe (1977 kommt es zu „Streiks" von Ärzten)

Druckerstreik in BRD lähmt zeitweise Zeitungsherstellung und -vertrieb

Elbeseitenkanal eröffnet, der den Schiffsweg Hamburg–Ruhr um 250 km verkürzt. Ein Dammbruch legt ihn schon im 1. Jahr zeitweise still

EG errichtet 200-Meilen-Zone für Fischfang

Deutsche Antarktis-Expedition stellt ca. 200 Mt jährlich Zuwachs an Krill (Krebsart) fest. Diese Eiweißquelle ist mit dem erdweiten Fischfang zu vergleichen, der 1970 70 Mt erbrachte

Eisenbahnlinie Belgrad–Bar mit 237 Brücken

Baikal-Amur-Magistrale (BAM) als zusätzliche transsibirische Bahn im Bau (hält größeren Abstand von chinesischer Grenze)

UHURU-Bahnlinie Tansania–Sambia eröffnet (1850 km, von VR China erbaut)

Bundesbahn legt letzte Dampflokomotiven still

12 500 t schwere Rheinbrücke in Düsseldorf wird um 50 m verschoben

In der Internationalen Zivilluftfahrt-Organisation liegt die Verkehrsleistung bei 630 Mrd. Passagier-km (1975: 569) bei der durchschnittlichen Unfallrate von einem Toten pro 400 Mill. Passagier-km sind etwa 1580 Todesopfer zu erwarten

Fluglotsenfehler verursacht Zusammenstoß zweier Verkehrsflugzeuge über Zagreb, wobei alle 176 Insassen getötet werden

(1976)	*A. Navarro*, der als Anhänger der *Franco*-Politik gilt, ernennt *A. Suarez Gonzales* (* 1932), der Demokratisierung beginnt Spanische Ständekammer Cortes löst sich auf, um Parlamentswahlen zu ermöglichen. Nach Aufhebung des Waffenembargos schließt Türkei neues Stützpunkt- und Hilfs-Abkommen mit USA Bestechungsskandal der US-Flugzeugfirma Lockheed belastet führende Politiker in US-Bündnis Präsidentenwahl in USA: *J. E. Carter* (* 1924, Demokrat) siegt knapp mit 48 % über *G. F. Ford* (* 1913, Republikaner) Amtszeit ab 1977. Vizepräsident *W. F. Mondale* (* 1928), Außenminister *Vance* (* 1917) Präsidentin *I. Peron* in Argentinien nach 21 Monaten Reg. durch Staatsstreich abgesetzt und inhaftiert. Generalstabschef *J. R. Videla* (* 1925) Staatspräsident † *J. Kubitschek*, brasilianischer Staatspräsident 1956–61 (* 1902) Militärputsch in Uruguay Ägyptischer Staatschef *Sadat* kritisiert libyschen Staatschef *Gaddafi*, der als Vertreter des linken Extremismus gilt Israelisches Kommando befreit im Handstreich auf dem Flugplatz Entebbe/Uganda über 100 israelische Geiseln, mit denen die Freilassung von 53 Anarchisten auch von der BRD erpreßt werden sollte OAU-Konferenz in Addis Abeba findet keine Lösung für den Bürgerkrieg in Angola, in dem die Kommunisten (MPLA) 1975 die Macht gewannen *H. Kissinger* vermittelt im Rhodesienkonflikt im Sinne einer Mehrheitsregierung der Neger. Rhodesienkonferenz unter britischer Leitung in Genf scheitert 1977 Schwere Rassenunruhen in Südafrika fordern viele Opfer *E. Sarkis* (* 1922, Bankfachmann) Staatspräsident des Libanon Nach 14 Monaten blutigen Bürgerkriegs im Libanon trennen syrische Truppen die kämpfenden Parteien. Das Land droht in je einen Staat der Moslems und Christen zu zerfallen		Nachfolger von *R. Kreibich* zum Präsidenten der FU, Berlin Studentenunruhen in Frankreich wegen staatlicher Studienreform, die Praxisnähe anstrebt New York City-University (270 000 Studenten, 12 000 Professoren und Dozenten) zeitweise zahlungsunfähig Futurologische Betrachtungen werden im Gegensatz zu früheren Untersuchungsprophezeiungen optimistischer (z. B. *H. Kahn* [* 1922, USA], der erdweite Verbesserung der Lebensbedingungen vorhersagt)

Internationaler Kunstmarkt in Düsseldorf mit 170 Galerien und rd. 500 Künstlern (*Baumeister, Beuys, Christo, Dali, Trökes, Vostell, Wols, Wunderlich* u. a.)

Umfassende Ausstellung des Werkes von W. *Kandinsky* (* 1866, † 1944) in München

Kunstausstellung von 12 Nonkonformisten in Moskau erweist die Ausbreitung inoffizieller Kunst in der Sowjetunion (1977 wird inoffizielle sowjetische Kunst in London gezeigt)

„Euro-Bau 76", Ausstellung von mehr als 110 Musterhäusern in Hamburg

Akropolis Athen durch Umweltschäden bedroht

André Bazin († 1958): „Was ist Kino?" (dt. Übersetzung der frz. Ausgabe 1958–62)

† *Jean Gabin*, frz. Filmschauspieler (z. B. 1959: „Im Kittchen ist kein Zimmer frei") (* 1904)

† *Fritz Lang*, dt. Filmregisseur („Die Nibelungen" u. a.), schuf expressionistischen Filmstil, nach 1933 in USA (* 1890)

† *Carol Reed* brit. Filmregisseur (z. B. 1949 „Der Dritte Mann") (* 1906)

† *L. Visconti* (ermordet), ital. Filmregisseur (z. B. 1970: „Der Tod in Venedig") (* 1906)

weis superschwerer Elemente (über 110) erweist sich als Irrtum

Optisches 6-m-Spiegelteleskop der Sowjetunion im Kaukasus (Zelenchuckskaja), ist bisher größtes Instrument dieser Art

Radioteleskop aus 900 Einzelspiegeln auf Kreis von 600 m Durchmesser der Sowjetunion im Nordkaukasus

US-Radarteleskop entdeckt Hochfläche („Maxwell") auf der Venus

Max Planck-Institut für Astronomie in Heidelberg. Arbeiter mit 1,2-, 2,2- und 3,5-m-Spiegelteleskopen auf dem Calar Alto in Spanien. Mit Infrarot-Bildwandler-Teleskop gelingen Aufnahmen junger Sterne, die sonst durch Staubwolken verdeckt sind

Infrarot-Bildwandler-Teleskop auf dem Calar Alto entdeckt Nachbargalaxie der Milchstraße

3,6-m-Spiegel-Teleskop für europäische Südsternwarte in Chile im Bau

US-Marssonden Viking 1 und 2 liefern zahlreiche Bilder und Informationen: Wassereis an den Polen, von Wasser geformte Oberfläche, keine Spuren von Leben

Ein Signal der Marssonde Viking 1 eröffnet US-Raumfahrtmuseum

Erfolgreiche intravenöse Impfung gegen Geflügeltumor als

Flugzeugabsturz in Türkei mit 154 Toten, bei Bombay mit 95 Toten

Absturz eines US-Transporters auf Santa Cruz (Bolivien) verursacht ca. 130 Tote, darunter zahlreiche Kinder

Frz. Flugzeug mit 257 Insassen entführt. Es wird die Freilassung von 53 Terroristen auch von BRD gefordert. Die nach Entebbe, Uganda, entführten Israelis werden durch ein israelisches Kommando in einer unwahrscheinlich kühnen Aktion handstreichartig befreit

Absturz einer Seilbahngondel bei Cavalese (Trient) fordert 42 Tote

Von einer Schweizer Fabrik in Seveso (N-Italien) verbreiten sich Giftstoffe, wodurch Sperre und Evakuierung notwendig werden

45 Tote bei der Explosion in einer finnischen Munitionsfabrik

16 Tote und 60 Verletzte bei Explosion auf einer Hamburger Werft

Reichsbrücke in Wien stürzt ein

„Jahr der Erdbeben": 45 bedeutende Beben (davon 11 schwere und 3 sehr schwere) fordern in NO-Italien, Türkei, bei Peking, auf den Philippinen, in Guatemala an die 150 000 Tote. Zahl der Toten in China weitgehend unbekannt

Dammbruch in USA (Idaho) verursacht 35 000 Obdachlose

Mit 10 Vulkanausbrüchen auf der Erde (1975: 25) handelt es sich um ein „ruhiges" Vulkanjahr

Orkan und Nordseesturmflut fordern 40 Tote

Grippewelle in DDR

Extrem heißer und trockener Sommer in Mittel- und W-Europa (wie noch nie seit 100 Jahren). Wasserrationierung in England

Wirbelsturm zerstört in Mexiko La Paz: über 1000 Tote und 40 000 Obdachlose

(1976)

Arabische Liga beschließt Aufstellung einer Friedenstruppe

Friedensbereitschaft der Gegner im Nahostkonflikt wächst

† *Tschu En-lai*, chinesischer Min.-Präs. seit 1949, vertrat gemäßigten Kurs (* 1898)

Nachfolger wird *Hua Kuo feng* (* 1921), der bald Nachfolger von *Mao* wird

Politische (Wandzeitungs-)Kampagne gegen *Teng Hsiao ping*, der *Tschu En-lai* vertrat spiegelt Machtkampf kurz vor *Maos* Tod in China

In Peking kommt es zu Demonstrationen für *Tschu En lai*

† *Mao Tse tung*, Begründer der VR China und des „Maoismus" (* 1893) Nachfolger wird *Hua Kou feng* (* 1921)

Linke Vierergruppe mit *Mao*-Witwe *Tschiang Tsching* (* 1912) wird scharf bekämpft

USA räumen letzte Militärbasen in Thailand

USA-freundliche, konservative Mehrheit bei Wahl in Thailand

Regierung in Kambodscha gibt 1 Million Tote durch Krieg und Bürgerkrieg an (bei ca. 8 Millionen Einw.)

Kommunistisch beherrschte Nationalversammlung beschließt Vereinigung von N- und S-Vietnam zu einem sozialistischen Staat (45 Mill. Einw.)

Japan schließt mit insgesamt 1,51 Mrd. $ Reparationen für Kriegsschäden ab

Sowjetisches Kampfflugzeug MIG 25 flüchtet nach Japan. Pilot erhält in USA Asyl

Fortschritt intensiver Krebsforschung

In USA gelingt Embryo-Transplantation beim Pavian

Versuche in Israel Erdöl aus Algen in besonnten Teichen zu gewinnen

1 Mrd. Jahre alte Tierspuren als bisher älteste entdeckt (älteste Mikroorganismen über 3 Mrd. Jahre)

Auf Spitzbergen Fund bisher ältesten Wirbeltiers (500 Mill. Jahre altes Ur-Neunauge)

Alter eines Pekingmenschen-Fundes in Afrika wird zu 1,5 Mill. Jahre bestimmt. Lebte zusammen mit Australopithecinen (ursprünglich bestimmte man das Alter des Pekingmenschen zu 0,5 Mill. Jahre)

5500 Jahre alte Bronzefunde in Thailand erweisen sehr frühen Gebrauch dieses Metalls (etwa 1000 Jahre älter als bisher angenommen)

US-Elektronenmikrospektroskopie identifiziert Mumie als Pharaonin *Teje* an Haarproben (Vergleich mit Haaren einer Grabbeigabe, deren Herkunft erkennbar war)

Sowjetunion erprobt Kfz. mit Wasserstoffverbrennungsantrieb

Max Planck-Institut für Festkörperphysik in Stuttgart eröffnet

Computer löst Vierfarbenhypothese der Landkartentheorie (4 Farben reichen aus, um Grenzen zu vermeiden, an denen gleiche Farben zusammentreffen)

Von den 1901–76 verliehenen 309 *Nobel*preisen für Physik, Chemie und Physiologie entfielen in %: USA 35, Großbritannien 19, Deutschland 17, Frankreich 7, Schweden 3, Schweiz 3, Rußland (SU) 3, Dänemark 2, Niederlande 2, Österreich 2, 16 andere 7 (vgl. 1975)

† *A. Zukor*, Pionier der US-Filmindustrie, Gründer der Paramount 1917, deren Präsident bis 1933 (* 1873)

„Casanova" (ital. Film von *F. Fellini*)

„Einer flog übers Kuckucksnest" (US-Film von *Milos Forman* [* 1932] erhält zahlreiche Oscars)

„Numéro deux" (frz. Film von *J.-L. Godard* [* 1930])

„Die Unbestechlichen" (US-Film um die Watergate-Affäre von *Alan Jack Pakula*)

„Der Fangschuß" (dt. Film von *V. Schlöndorff* [* 1939])

„Jeder stirbt für sich allein" (dt. Film nach *H. Fallada* von *A. Vohren*)

„Sommergäste" (Film von *Peter Stein* seiner *Gorki*-Inszenierung in der Schaubühne Berlin)

12. Olympische Winterspiele in Innsbruck.

Medaillen	G/S/B
Sowjetunion	13/6/8
DDR	7/5/7
USA	3/3/4
BRD	2/5/3
Österreich	2/2/2

An 1380 Sportlern aus 37 Ländern werden 111 Medaillen vergeben

Populäre Skiabfahrtssieger sind *Rosi Mittermayer* (* 1950, BRD) und *Franz Klammer* (* 1953, Österreich)

Rosi Mittermayer gewinnt Ski-Weltpokal nach 2 Olympischen Goldmedaillen

Toni Innauer (* 1958, Österreich) springt auf der Skiflugschanze Oberstdorf mit 176 m Weltrekord

Polen schlägt Sowjetunion 6:4 bei der Eishockey-Weltmeisterschaft

Rangfolge in der Europa-Fußballmeisterschaft: ČSSR, BRD, Niederlande, Jugoslawien

† *Gottfried v. Cramm*, dt. Tennismeister (* 1909)

Weltrekord im Stabhochsprung von *Dave Roberts* (USA) mit 5,70 m

3 Drachenflieger aus der BRD fliegen vom Kilimandscharo in 50 Min. 5500 m tief in die Ebene

Transatlantik-Segelregatta nach USA aus Anlaß ihrer 200-Jahr-Feier

Karl Thomas (USA) scheitert beim Versuch, Atlantik im Ballon zu überfliegen (19 andere Versuche scheitern zuvor)

Hamburger SV gewinnt Pokal der DFB Fußballmeisterschaft

Boxweltmeister *Muhamad Ali* (*Cassius Clay*) tritt ungeschlagen vom Titel zurück, den er 1964 erstmals gewann

Hunt wird im Formel-I-Autorennen in Fuji (Japan) Weltmeister gegen *N. Lauda*, der wenige Wochen nach einem schweren Unfall wegen schlechter Rennstrecke aufgibt

Hochhausneubauten verändern einschneidend die Skyline von Frankfurt/Main (Manhattanisierung ähnlich wie in Paris)

Photokina in Köln im Zeichen der Pockett- und Sofortbildkamera

Sohn eines Industriellen in BRD entführt und für 21 Mill. DM freigekauft

Ein Mann gesteht den Mord an 8 Frauen im Ruhrgebiet

Energieverbrauch in BRD
Anteil der Prämienenergie in %

	1966	1976
Erdöl	46	53
Erdgas	1,5	14
Steinkohle	38	19
Braunkohle	11	10
Kernenergie	0,04	2
Wasser u. a.	3,5	2
Mill. t SKE ges.	266,7	370,7
t SKE/Kopf	4,6	6,0

1977 Friedensnobelpreis an Amnesty International (1961 gegr. Organisation, die sich für politische Gefangene einsetzt). Für 1976 wird der Preis nachträglich an die Friedensbewegung nordirischer Frauen (*Petty Williams* und *Mairead Corrigan*) verliehen	Literaturnobelpreis an den spanischen Lyriker *Vicent Alexandre* (* 1898)	*B. Bettelheim:* „Kinder brauchen Märchen" (dt. Übersetzung der US-Fassung)

Als die Friedenstat des Jahres gilt weithin die Reise des ägypt. Präsidenten *Sadat* nach Israel, um Frieden anzubieten

Mit der Aufnahme von Vietnam und Djibuti umfaßt UN 149 Mitglieder (zwischen 149 Staaten bestehen 22 052 Beziehungen [Botschafter])

KSZE-Folgekonferenz in Belgrad führt zu einer West-Ost-Debatte über Menschenrechte

J. Carter (* 1924, Parteidemokrat) als 39. Präsident der USA im Amt. Tritt für Bürgerrechte in der Sowjetunion ein

US-Präsident *Carter* kämpft um Energiesparprogramm gegen Ölindustrie und ihre Lobby

C. R. Vance (* 1917) Außenmin. d. USA als Nachfolger von *H. Kissinger* (* 1923)

Die Bemühungen der USA um Wiedereinberufung der Genfer Nahostkonferenz kreisen um die Beteiligung der PLO

Edward Koch (* 1925, Parteidemokrat) wird ObBgm. von New York

Schah-Besuch in USA führt zu schweren Tumulten vor dem Weißen Haus

Carter unternimmt am Jahresende Weltreise in 6 Länder (Polen, Indien, Saudi-Arabien, Iran etc.)

Bundesverfassungsgericht rügt werbende Regierungsinformationen in Wahlzeiten

Bundesverfassungsgericht suspendiert auf Antrag d. CDU/CSU Wehrpflichtnovelle, welche Gewissensprüfung aufhob

Das politische Klima der Bundesrepublik Deutschland wird von schweren terroristischen Verbrechen beeinflußt (Morde an *S. Buback*, *J. Ponto*, *H.-M. Schleyer* u. a.)

Im *Baader-Meinhof*-Prozeß werden *Baader*, *Enslin* u. *Raspe* wegen 4 Morden und 23 Mordversuchen zu lebenslänglicher Freiheitsstrafe verurteilt (begehen noch in diesem Jahr Selbstmord) (Prozeßkosten ca. 18 Mill. DM)

Telefonabhör-Affären b. d. Terroristenbekämpfung gefährden Position des Innenmin. Maihofer (FDP). Justizmin. *Bender* (CDU) i. Baden-Württemberg tritt wegen Selbstmord dreier Terroristen im Gefängnis Stammheim zurück. Nachfolger wird *Palm* (CDU)

Bundestag beschließt im Eilverfahren fallweises Kontaktverbot für Terroristen

Generalbundesanwalt *S. Buback* u. 2 Begleiter von Terroristen i. Karlsruhe ermordet (* 1920)

Friedenspreis d. dt. Buchhandels an den polnischen Philosophen *Leszek Kolakowski* (* 1927), der den Marxismus kritisch betrachtet und 1966 aus der polnischen Arbeiterpartei ausgeschlossen wurde

Friedrich Beissner (* 1905, † 1977): *Hölderlin*-Ausgabe (8 Bde. in neuer Editionstechnik seit 1943)

W. Biermann (* 1936), *R. Kunze* (* 1933) und 7 andere zur Opposition neigende Künstler wechseln aus der DDR in die Bundesrepublik

Didier Decoin (* 1945, Frankr.) erhält Prix Goncourt für den Roman „John L'Enfer"

† *Tibor Déry*, ungar. Schriftsteller, der nach dem Aufstand 1956 fünf Jahre im Gefängnis saß (* 1894)

F. Dürrenmatt: „Die Frist" (schweiz. Schauspiel)

† *K. A. Fedin*, russ. Schriftsteller (* 1892). Wurde 1959

† *Ernst Bloch*, dt. Philosoph eines dialektischen Materialismus, der zu einer „Philosophie der Hoffnung" gelangt. Kommt 1957 aus der DDR in die Bundesrepublik (* 1885)

Carsten Bresch (* 1921): „Zwischenstufe Leben, Evolution ohne Ziel?" (vertritt eine dreiteilige Evolution der Materie, des Lebendigen u. des Geistigen)

J. Goebbels Tagebücher werden veröffentlicht (erweisen ihn als politisch wenig urteilsfähig)

Robert Jungk: „Der Atomstaat" (Warnung vor Entw. der Kernenergie)

M. Kruse (* 1929) wird in Berlin (W) als ev. Bischof Nachfolger von *K. Scharf* (* 1902)

† *Joh. Lilje*, seit 1947 ev. Landesbischof von Niedersachsen, gr. 1952 Ev. Akademie in Loccum (* 1899)

Golo Mann: Terrorismus schafft bürger-

Joseph Beuys (* 1921): „Honigpumpe am Arbeitsplatz" (weitläufiger Kreislauf einer Fettmasse auf der documenta 6) † *Arnold Bode*, Schöpfer der Kunstausstellung documanta i. Kassel (* 1900) *Christo* plant die „Verpackung" des Reichstagsgebäudes in Berlin. Bundestagspräsident lehnt ab. Skizzen auf der documenta 6 *Jean Dubuffet:* „La ronde des images" (frz. Gem.) *Klaus Fussmann* (* 1938): „Grunewald" (Farbradierung) † *Naum Gabo*, Bildhauer russ. Herkunft. Arbeitete in Dtl., England, USA (* 1890) *Jochen Gerz* (* 1940): „Der Transsibirien-Prospekt" (Fußabdrücke als Spuren einer 16-Tage-Reise durch Sibirien mit abgedeckten Fenstern auf der documenta 6) *HAP Grieshaber* (* 1909): Mahnbilder für Freiheit u. Menschenrechte. Ausstellung von Holzschnitten i. Athen *Horst Hirsig* (* 1929): „Kämpfende Doppelfigur" (Zeichnung) † *Willy Robert Huth*, dt. expressionist. Maler (* 1890)	*L. Bernstein:* „Songfest" (Vertonungszyklus von 13 Gedichten) Musik-Institut von *P. Boulez* (* 1925) i. Pariser Kulturzentrum G. Pompidou † *Maria Callas*, griech. Sopranistin mit Weltruhm! Ihr eigenwilliges Auftreten förderte ihre Popularität (* 1923) † *Johann Nepomuk David*, dt.-österr. Komponist von Kirchenmusik (* 1895) † *Georges Derveaux*, frz. Musiker, schrieb zahlreiche Filmmusiken (* 1901) *Paul Dessau:* Vier 8stimmige Chöre auf Brieftexte *van Goghs* *W. Fortner:* „That Time" (Oper nach S. Beckett) † *Errol Garner*, US-Neger-Jazz-Pianist (* 1921) *H. W. Henze:* „Wir kommen zum Fluß" (Oper). Henze legt musikalische Leitung der Mozartoper „Zauberflöte" nieder *W. Hildesheimer* (* 1916): „Mozart" (Biographie)	Physik-Nobelpreise f. Entwicklung der Festkörperphysik an *P. W. Anderson* (* 1923, USA), *N. F. Mott* (* 1905, USA) und *H. van Vleck* (* 1899, USA); Chemie-Nobelpreis an *I. Prigogine* (* 1917, Sowjetunion) f. d. Theorie irreversibler Prozesse, die auch biologisch bedeutsam sind; Medizin-Nobelpreis an *Rosalyn Yalow* (* 1921, USA), *Roger Guillemin* (* 1924, USA) und *Andrew Schally* (* 1926, USA) für Peptid-Hormonforschung und Radioimmuntest † *Franz Baur*, dt. Meteorologe, gilt als Begr. d. langfristigen Wetterprognose (* 1887) *M. Bookman* vom MIT, USA, zeigt durch Versuche, daß Vögel ein magnetisches Feld erkennen *Herbert Boyer* gelingt in USA, durch Gen-Übertragung vom Säugetier auf Bakterium das Wachstum regulierende Hormon Somatostatin, Bakterienkulturen zu erzeugen (gilt als ein Durchbruch der Gen-Chirurgie) † *Wernher von Braun*, dt. Raketenforscher, leitet nach 1945 maßgeblich das Raumfahrtprogramm d. USA (* 1912)	Nobelpreis f. Volkswirtschaftslehre an *B. Ohlin* (* 1899, Schweden) u. *J. Meade* (Großbrit.) für Theorie des internationalen Handels Nord-Süd-Dialog in Paris endet mit unvollständigen Ergebnissen für den sozialen Ausgleich zwischen Industrie- und Entwicklungsländern. Rohstoffonds zur Stabilisierung der Rohstoffpreise prinzipiell vereinbart. Erdölfrage bleibt offen. *W. Brandt* wird Vorsitzender einer Kommission für diesen Dialog UN-Wasserkonferenz in Mar del Plata (Argentinien). Für eine Verbesserung der Wasserversorgung werden in den nächsten 20 Jahren ca. 220 Mrd. $ (Dollar) benötigt. (Nur 25–28 % der Bevölkerung der Entwicklungsländer waren 1970 mit Wasser und Abwässerung versorgt.) USA verlassen UN-Organisation ILO, weil antiamerikanische Mehrheit das Internationale Arbeitsamt beherrscht. Führt zu scharfen Sparmaßnahmen Wirtschaftsgipfel in London mit den Regierungschefs von USA, Kanada, BRD, Großbritannien, Frankreich, Japan, Italien u. EG-Vertretung Preissteigerungen gegen Vorjahr i. BRD +3,9 % (1975: +6,0 %, 1974: +7,0 %) Dollarschwäche. Kurs sinkt bis auf 2,10 DM RGW-Verschuldung an OECD liegt zwischen 30–50 Mrd. Dollar Zeitweiser Uran-Lieferstopp v. USA und Kanada erschwert Kernenergie-Politik in BRD. SPD und FDP finden auf ihren Parteitagen eine flexible Einstellung zur notwendigen Kernenergie Kernkraftgegner besetzen das Baugelände bei Whyl in Baden-Württemberg. Demonstrationen gegen das geplante Kernkraftwerk bei Brockdorf führen zu schweren Zusammenstößen mit der Polizei Bürgerinitiativen und einige Gerichtsurteile behindern die Entwicklung der Kernkraftenergie. Parteitage von SPD und FDP respektieren ihre Notwendigkeit durch Beschlüsse mit Kompromißcharakter

(1977) Terroristen ermorden in seinem Haus den Sprecher der Dresdner Bank *J. Ponto*, wahrscheinlich bei mißglückter Geiselnahme Arbeitgeberpräsident *Hanns-Martin Schleyer* wird als Geisel verschleppt, nachdem sein Fahrer und 3 Bewacher ermordet wurden. Als nach 6 Wochen Verhandlungen die Bundesregierung die Forderung auf Freilassung von 11 inhaftierten Terroristen nicht erfüllt hat und auch die 86 Geiseln einer Flugzeugentführung durch ein Grenzschutzkommando in Somalia befreit werden, wird Präsident *Schleyer* ermordet aufgefunden (* 1915). Ein weiteres Todesopfer des Terrorismus ist der Pilot der Lufthansamaschine *Schumann*. 3 Terroristen in Stammheim begehen Selbstmord. Heftige, oft kontroverse Diskussion über Ursachen und Bekämpfung des Terrorismus Sondertrupp (GSG 9) befreit in Mogadischu (Somalia) aus gekaperter Lufthansamaschine 86 Geiseln (3 der 4 Entführer finden den Tod) 4 verurteilte Terroristen verüben i. Gefängnissen d. BRD Selbstmord (hat Kampagne linker Kreise gegen den Staat zur Folge) Rechtsanwalt *Croissant* mit starken Beziehungen zur Terroristenszene flieht nach Frankreich, das ihn an die BRD ausliefert Bundeskanzler *H. Schmidt* reist nach Polen, Italien u. Ägypten Schwerer Spionagefall für DDR i. Bundesverteidigungsministerium (Agentin *Lutze*) Terroristen erpressen mit 2 Geiselentführungen von Wiener Industriekreisen über 6 Mill. DM. Dazu kommen 2 Mill. DM aus Banküberfällen i. Berlin (W) Dt. Terrorist in den Niederlanden nach kurzem Prozeß zur höchsten Freiheitsstrafe von 20 Jahren verurteilt 2 dt. Terroristen nach Schußwechsel i. d. Schweiz verhaftet † *Ludwig Erhard*, Wirtschaftspolitiker und -minister d. CDU 1949–63. „Vater der Marktwirtschaft" und des „Wirtschaftswunders". Bundeskanzler 1963–66 (* 1897) Nach Rücktritt von Bundeswirtschaftsmin. *H. Friderichs* (* 1931, FDP), der in den Vorstand der Dresdner Bank geht, wird *O. Lambsdorff* (* 1926, FDP) sein Nachfolger Kieler Parteitag der FDP bekennt sich zur Marktwirtschaft und stimmt gegen Baustopp von Kernkraftwerken Parteitag d. SPD i. Hamburg *W. Brandt* übernimmt im Auftrag der Weltbank Vorsitz i. d. Nord-Süd-Kommission für den Dialog zwischen Industrie- und Entwicklungsländern (vgl. Spalte V Ende)	1. Sekretär des sowjetischen Schriftstellerverbandes † *René Goscinny* (* 1926, Frankr.), Autor der weitverbreiteten Asterix-Comics *G. Grass:* „Der Butt" (Roman um die Frauenemanzipation) *Alex Haley* (* 1921): „Roots" („Wurzeln", US-Roman um Geschichte der Neger) Schaubühne am Halleschen Ufer spielt *Hölderlins* „Hyperion" im Olympiastadion, Berlin (Regie *M. Grüber*) † *Hans Habe*, dt. Journalist und Schriftsteller (* 1911) Ausstellung über *H. Hesse* (* 1877) in Marbach *R. Hochmuth:* „Der Tod des Jägers" (Schauspiel um den Freitod *Hemingways*, Urauff. in Salzburg) *W. Höllerer* grdt. Archiv f. dt. Nachkriegsliteratur in Sulzbach-Rosenberg (Oberpfalz) † *H. Ihering*, dt. Theaterkritiker, schrieb ab 1919 in der „Schaubühne" (später „Weltbühne"), (* 1888)	kriegsartige Zustände und erfordert harte Sofortmaßnahmen (Teil einer umfangreichen Terrorismus-Debatte) † *Jan Patocka*, Philosoph in ČSSR (Phänomenologie), schrieb Kommentar zur „Charta 77" f. d. Menschenrechte (* 1907) *J. Ratzinger* (* 1927), Theologie-Professor, wird als Nachfolger von Döpfner Erzbischof von München *Sacharow*-Hearring in Rom enthüllt Verletzung der Menschenrechte in der Sowjetunion Regimekritiker veröffentlichen „Charta 77", die für Bürgerrechte eintritt und sich auf KSZE beruft i. Prag. Führt zu ihrer Verfolgung Studentische Unruhe (mit Vorlesungsboykott) um die Anpassung der Landesgesetze an das Hochschulrahmengesetz des Bundes, das Einfluß der Hochschullehrer verstärkt VR Polen ratifiziert Menschenrechtskonvention der UN von 1966

Bukichi Inoue (* 1930, Japan): ,,Kartons, Kartons, Kartons" Skulptur aus Verpackungsmaterial als Werk seiner ,,Box-Art" *Max Kaminski* (* 1938): ,,Großes Grabmal" (Gem.) *E. Kienholz:* ,,The Art Show" (Environment des US-Künstlers mit 19 puppenhaft nachgebildeten Persönlichkeiten der internationalen Kunstszene, die Tonbänder über Kunst hören lassen) *Matthias Koeppel* (* 1937): ,,Grenzgebiet" (Berliner Stadtlandschaft aus der Realisten-Schule der ,,Neuen Prächtigkeit") *Siegfried Kühl* (* 1929): ,,Bestürzte Stadt" (Gem.) *Walter De Maria* (* 1935, USA): ,,Der vertikale Erdkilometer" (1000 m tiefes Bohrloch mit Röhre auf der documenta 6 i. Kassel) *Klaus Müller-Klug* (* 1938): ,,Große Liebe" (Eichenskulptur) *Peter Schubert* (* 1929): Deckengem. i. d. Orangerie im Schloß Berlin-Charlottenburg Ausstellung d. engl. Bildhauers *Tim Scott* (* 1937) i. Hamburg *Kenneth Snelson* (* 1927, USA): ,,Neue Dimensionen" (monumentale	*M. Kagel:* ,,Kantrimusik" (Ein-Mann-Oper) *H. v. Karajan* dirigiert wieder i. d. Wiener Oper, die er als Direktor 1964 verließ *R. Kelterborn* (* 1931): ,,Ein Engel kommt nach Babylon" (schweizer. Oper) † *Elvis Presley*, weltberühmter US-Rock 'n' Roll-Musiker (* 1935) *W. Rihm:* ,,Faust und Yorik" (Kammeroper) *Luise Rinser:* ,,Der verwundete Drache – Dialog über Leben und Werk des (Komponisten) Isang Yun" (der koreanische Komponist I. Y. (* 1917) lebt in Berlin (W) † *Leopold Stokowski*, brit. Dirigent polnischer Herkunft, berühmt vor allem als Leiter des Philadelphia Symphonie-Orchesters 1912–34 i. USA (* 1882) *Josef Tal:* ,,Die Versuchung" (Oper) *Michael Tippett* (* 1905): ,,Der Eisgang" (engl. Oper) 14. Musik-Festival von Royan	† *G. I. Budker*, Physiker der Sowjetunion, förderte Entw. der Teilchenbeschleuniger (* 1918) † *Pehr Edman*, schwed. Chemiker, entwickelte 1950 automatische Sequenzanalyse der Aminosäuren in Eiweißmolekülen (* 1916) Objekt *Kowal* als eine Art Miniplanet zwischen Saturn- und Uranusbahn i. USA entd. (erhält Namen ,,Chiron") *F. Sanger* und Mitarbeiter bestimmen die Folge von 5375 DNS-Bausteinen (Nukleotiden) in der ringförmigen Erbsubstanz eines ,,kleinen Bakteriophagen" u. finden dabei neues, raumsparendes Prinzip der Erbinformation Sowjetunion startet (seit 1957) 1000 Erdsatelliten (USA seither 680 Erdsatelliten und Raumsonden) Sowjetunion startet zum 20. Jahrestag des Sputnikstarts Raumflugkörper mit 2 Kosmonauten, der nach mißglücktem Kopplungsmanöver abgebrochen wird. USA starten Satellit als Observatorium f. d. Röntgenstrahlung kosmischer Objekte. Es gelingt die Röntgenstrahlung eines Neutronensternes zu analysieren: Die Strahlung kommt von ei-	US-Präsident *Carter* kritisiert Kernenergiepolitik des schnellen Brüters und der Wiederaufbereitungsanlagen wegen Verbreitung von Kernwaffentechnologie Energieprogramm der Bundesregierung gibt Steinkohle Vorrang vor Kernenergie, ohne auf diese zu verzichten 14 Kernkraftwerke mit 7400 MW liefern i. BRD 10 % der elektr. Energie Geologen entdecken große Uranlager im türkischen Teil des Schwarzen Meeres DDR stellt wegen Erschöpfung der Lager Steinkohlenförderung ein Ruhrkohlehalden (mit 33 Mt ca. 35 % der jährl. Kapazität) erfordern staatl. Subvention Auslaufender Fischereivertrag mit Island führt zur Fischverknappung i. BRD Alaska-Pipeline für ca. 60 Mill. t Erdöl jährlich in Betrieb. Bau seit 1975 (Länge 1277 km, Kosten über 18 Mrd. DM = 14 Mill. DM pro km) Großer Erdölausbruch beim norwegischen Ölfeld Ekofisk verursacht ca. 500 km² großen Ölteppich, der sich ohne größere Schäden auflöst OPEC kann sich in Caracas auf Ölpreiserhöhung nicht einigen † *L. Rosenberg*, Vorsitzender des DGB 1962–69 (* 1903) Arbeitskonflikt im Druckgewerbe wegen Einführung elektronischer Satzverfahren, wodurch Arbeitsplätze bedroht werden Krise der Textilindustrie durch Konkurrenz der Entw.-Länder, wodurch Produktion seit 1973/74 weniger rasch wächst EG verhängt Schutzzölle gegen billigen Stahl Krise der saarländischen Stahlindustrie Sanierung der Rentenversicherung i. BRD durch heftig kritisierte Maßnahmen (wird bald als unzureichend angesehen) Ärzte i. BRD bekämpfen das Sparprogramm der Bundesregierung im Gesundheitswesen. Es kommt zu ,,Streik"-Aktionen

(1977)	SPD-Parteitag in Hamburg beschließt Kompromiß in der Frage der Kernenergie: Vorrang der Kohle, Kernenergie soweit notwendig. *W. Brandt, H. Schmidt* u. *H. Koschnick* erneut zu Vorsitzenden gewählt	† *James Jones*, US-Schriftsteller (* 1921), schrieb 1951 „From here to eternity" („Verdammt in alle Ewigkeit")
	Jungsozialisten i. BRD wählen marxistischen Stamokap-Anhänger zum Vorsitzenden, der später aus der SPD ausgeschlossen wird	*Hermann Kant:* „Der Aufenthalt" (Roman)
	CDU schlägt SPD in hessischen Kommunalwahlen. *H. Börner* ersetzt *A. Osswald* als Min.-Präs. d. SPD	*Franz Xaver Kroetz:* (* 1946) „Agnes Bernauer" (Schauspiel, Urauff. in Leipzig)
	R. Arndt tritt nach Wahlniederlagen d. SPD als ObBgm. v. Frankfurt/Main zurück. Nachfolger *W. Wallmann* (CDU)	*Thomas Mann* († 1955): Tagebücher (ab 1933) beginnen zu erscheinen. Herausgeber *Peter de Mendelssohn* (* 1908)
	SPD verliert durch Austritte Mehrheit im Stadtparlament Münchens	
	Klaus Schütz (* 1926, SPD) tritt als Reg. Bürgermeister von Berlin (seit 1967) zurück. Nachfolger wird *D. Stobbe* (* 1938, SPD). *K. Schütz* wird Botschafter in Israel	*Colleen McCullough:* „Dornenvögel" (dt. Übersetzung d. US-Familienromans)
	Unruhen Jugendlicher am Alexanderplatz i. Berlin (O), (DDR dementiert Todesopfer)	† *Vladimir Nabokov*, US-Schriftsteller russischer Herkunft (* 1899), schrieb „Lolita" 1955
	Am Jahresende wird die anonyme Schrift eines „Bundes demokratischer Kommunisten Deutschlands" i. DDR bekannt, die echte Demokratie und Wiedervereinigung fordert (ihre reale Bedeutung bleibt vorerst unklar)	† *Hans Erich Nossack*, dt. Schriftsteller (* 1901)
	Frz. Sozialisten unter *Mitterand* und Kommunisten unter *Marchais* gewinnen in den Gemeindewahlen Mehrheit in den größeren Städten. Ihr politisches Bündnis wird durch Uneinigkeit über ein Wahlprogramm f. d. Parlamentswahlen 1978 belastet und gefährdet	† *Terence Rattigan*, engl. Bühnenschriftsteller (u. a. „Tiefe blaue See" 1952), (* 1911)
	Erster seit 1871 gewählter Bürgermeister von Paris wird *J. R. Chirac* (Gaullist), (vorher setzte Reg. Bgm. ein)	*Hans Werner Richter* leitet letztes offizielles Treffen der „Gruppe 47" i. Saulgau
	Insgesamt 549 Sprengstoffanschläge i. Frankr. (zahlr. i. Paris)	
	Konferenz der 43 Staaten des Commonwealth zum 25. Kronjubiläum v. Königin Elisabeth II.	
	† *Anthony Eden*, brit. Politiker der konservativen Partei. 1935–38, 40–45, 51–57 Außenmin., 55–57 Premiermin. (* 1897)	
	† *A. Crosland*, brit. Außenminister (Labour) (* 1918). Nachfolger *D. Owen* (* 1938)	
	Durch Bündnis mit Liberalen wendet brit. Labour-Regierung Sturz durch Mißtrauen ab („Lib-Lab-Koalition")	
	Durch Ablehnung der Verhältniswahl verzögert brit. Parlament die 1. Wahl i. d. EG	
	Wahlsieg der Christdemokraten in Belgien. *L. Tindemanns* (* 1922) bleibt Min.-Präs.	
	Niederländ. Fünfparteienreg. unter d. Sozialdemokraten *den Uyl* zerbricht an der Frage der Bo-	*Wolfdietrich Schnurre* (* 1920): „Er-

USA treten auf der KSZE-Nachfolgekonferenz in Belgrad für Beachtung der Menschenrechte in der Sowjetunion und anderen Ländern ein. Ruft kommunistische Proteste hervor

Diskussion in BRD, ob Anarchisten im Hungerstreik zwangsernährt werden sollen (Mehrheit ist dagegen)

CDU-Kongreß zur wissenschaftlichen Analyse des Terrorismus

Bundesverfassungsgericht erklärt lebenslange Haftstrafe für Mord als verfassungsgemäß, fordert aber gesetzliche Regelung der Gnadenpraxis

Brasilien führt trotz kirchlichen Widerstandes die Eheschließung ab

Schweizer lehnen im Referendum Fristenlösung f. legale Schwangerschaftsunterbrechung ab

110 Staaten unterzeichnen Neufassung der Genfer Konvention von 1949 zum Schutz der Zivilbevölkerung bei Kampfhandlungen;

Raumkompositionen aus Metallrohren und Drähten als Gleichgewichtsfiguren) 15. Europarats-Ausstellung „Tendenzen der 20er Jahre" findet in Berlin (W) lebhaften Besuch documenta 6 in Kassel über das Thema „Kunst und Medien" mit den Abteilungen Malerei, Skulptur, Environment, Handzeichnungen, Video, Film, utopisches Design. Eine neue Konzeption ist die „Spurensicherung". Insgesamt 350 000 Besucher Auf der documenta 6 sind erstmalig DDR-Künstler vertreten: Bildhauer *Fritz Cremer* (* 1906), Berlin, Maler *Willi Sitte* (* 1921), Halle, *Werner Tuebke* (* 1929), Leipzig, Graphiker *B. Heisig* (* 1925), Leipzig, Maler *W. Mattheuer* (* 1927), Leipzig „Kunstübermittlungsformen". Ausstellung i. Berlin (W). Vom Tafelbild bis zum Happening. Die Medien der bildenden Kunst (Tafelbild, Plastik, Grafik, Ready made u. Objet trouvé, Collage und Fotomontage, Kinetik und Lichtkunst, Fotografie, Film, Video, Environment, Happening, Konzeptkunst, Land	(Südfrankr.) mit Kompositionen von *Dittrich, Huber, Lenot, Rihm* u. a. „Musik der Zeit", Zyklus im westd. Rundfunk um die Trends „Neue Einfachheit" und „Neoromantische Expressivität" mit Minimal-Art-Kompositionen von *J. Cage* u. a. 2000 Tanzvorführungen i. New York erweisen diese Stadt als Metropole des Balletts „100 Jahre Tonträger". Veranstaltung zur Erinnerung an den Phonographen von *Edison* 1877 (1976 wurden i. BRD 136 Mill. Schallplatten und Kassetten verkauft)	nem heißen Fleck mit 100 Mill. Grad. Der Stern hat ein Magnetfeld 10 000 Mrd.mal stärker als das der Erde USA starten europäischen Wettersatellit „Meteosat", der zu einem erdweiten Beobachtungssystem der WOM gehört (beteiligt sind USA, Europa, Sowjetunion, Japan) USA starten Raumsonden Voyager 1 und 2 zur Erforschung der Planeten Jupiter und Saturn, die sie 1979 u. 1981 erreichen sollen. Danach verlassen sie das Sonnensystem. An Bord befindet sich eine bilderschriftartige Information über die Menschheit („kosmische Flaschenpost") Erfolgreiche Probelandungen des US-Space-Shuttle-Raumtransporters Japan startet seinen ersten geostationären Satelliten US-Astronomen entd. einen ca. 1000 Jahre alten „Scheibenstern", den sie als entstehendes Planetensystem deuten Langfristige Schwankungen der Sonnenaktivität gelten als gesichert (möglicherweise ist die „Kleine Eiszeit" 1645–1715 auf solche an den Sonnenflecken ablesbaren Schwankungen zurückzuführen)	Extreme Kältewelle in USA am Jahresanfang fordert Todesopfer Kühlfeuchter Sommer in Mitteleuropa Orkan bei Temperaturen bis +16° C am 24. 12. über dem nördlichen Mitteleuropa Neue Sahel-Dürre (wie 1972–74) droht Nach einem Wirbelsturm im östlichen Indien werden bis zu 50 000 Tote und ein Mehrfaches an Obdachlosen und Verwundeten befürchtet Erdbeben verursacht schwere Zerstörungen in und um Bukarest mit über 1500 Toten. (Schwerstes Beben in Europa seit dem von Basel 1356.) Erdbeben höchster Stärke bei Bali registriert Erdbeben in Argentinien: 70 Tote Schweres Beben in Zentral-Iran: 545 Tote Auf Hawaii bricht der Vulkan Kilauea aus Der Welttourismus zeigt 1960–76 eine Steigerung von im Mittel +7,6 % jährlich, d. h. mehr als eine Verdreifachung Bundesbahn rangiert die letzten Dampflokomotiven aus (damit geht eine Epoche von 145 Jahren zu Ende) Überschall-Linienflüge Paris– u. London–New York mit der „Concorde" eröffnet (Flugdauer 3½ Stunden, etwa 10mal schneller als vor 50 Jahren) Sowjetunion nimmt Überschallflugverkehr mit TU-144 auf Von unbekannten Tätern entführtes Verkehrsflugzeug explodiert bei Singapur in der Luft: 100 Tote Mißglückte Landung einer Verkehrsmaschine auf Madeira fordert 130 Tote Auf Teneriffa stoßen zwei Großraumflugzeuge beim Start zusammen. Mit 575 Toten ergibt sich die bisher größte Flugzeugkatastrophe 54 Tote beim Absturz eines israelischen militärischen Hubschraubers 66 Tote beim Absturz einer sowjetischen Verkehrsmaschine über Kuba

(1977)			
	denreform. Trotz Wahlerfolg hat *den Uyl* große Schwierigkeiten eine neue Regierung zu bilden. Nach Fehlschlägen bei der Reg.-Bildung kommt es zur Koalition Christdemokraten-Rechtsliberale mit Min.-Präs. *Dries van Agt* (* 1931)	zählungen 1945–65" *Neil Simon* (* 1937): „Chapter Two" (amerikan. autobiograph. Bühnenstück, Urauff. in New York)	17. Evangel. Kirchentag in Berlin (W) mit über 50 000 Gästen (Motto: Jeder trage des anderen Last)
	Prinzgemahl *Bernhard* wird in die Bestechungsaffäre der US-Flugzeugfirma Lockheed verwickelt		„Der Mensch um 1500" (Kunstausstellung z. Kirchentag in Berlin)
	Bei militär. Geiselbefreiung i. d. Niederlanden kommen 2 Geiseln und 6 Terroristen ums Leben		
	Wahlsieg der niederländ. Regierung *den Uyl* (Sozialdemokrat) im Schatten des Geiseldramas	*Botho Strauß*: „Trilogie des Wiedersehens" (Schauspiel, Urauff. in Hamburg)	Neubau des Museums für ostasiatische Kunst in Köln eröffnet
	Regierung Christdemokraten-Liberale unter Min.-Präs. *van Agt* i. d. Niederlanden		
	Knapper Wahlsieg der sozialdemokratischen Arbeiterpartei Norwegens unter *Nordli* (* 1928)		15. Didacta in Hannover zeigt eine gewisse Korrektur gegenüber der starken Betonung des Programmierten Unterrichts 1968
	Unruhen in Polen gegen Preispolitik der Regierung	† *Frank Thieß*, dt. Schriftsteller (* 1890)	
	An der Spitze des Eurokommunismus, der ein Mehrparteiensystem bejaht, stehen: KPF unter *G. Marchais* (* 1920), KPI unter *E. Berlinguer* (* 1922) u. span. KP unter *Carillo Solares* (* 1915)	† *Carl Zuckmayer*, dt.-österr. Schriftsteller und Theaterdichter (* 1896)	
	Neue finnische Regierung aus 5 Parteien einschl. KP unter Min.-Präs. *K. Sorsa* (Sozialdemokrat) (* 1930)		Unversehrtes Grab von *Philipp II.*, König von Mazedonien, Vater *Alexander d. Gr.*, i. Griechenland entd., der –336 ermordet wurde
	In der neuen Verfassung der Sowjetunion bleibt trotz Übergang zum „Volksstaat" die Vormacht der KP erhalten	Krise in BRD-Sektion des PEN-Clubs wegen Aufnahme des Trotzkisten *Mandel* (führt zu Austritten)	
	Bei den Feiern des 60. Jahrestages der Oktoberrevolution i. USSR werden Spannungen im kommunist. Lager deutlich		
	Tito besucht Peking und Moskau (*Mao* verurteilte Titoismus)		
	Terror erschwert in Spanien die vom König erstrebte Demokratisierung		Frauenhaus in Berlin (W) für Frauen in Bedrängnis wird stark frequentiert
	Freie Wahlen nach Francos Tod führen in Spanien zur Festigung der Demokratie. 31 % Demokratisches Zentrum (*Suarez*), 28,6 % Sozialist. Arbeiterpartei (*Gonzales*), 9,4 % Kommunisten und Katalanen, 8,5 % Alianza Popular (Francisten), *Suarez* bleibt Min.-Präs., Diplomat. Beziehungen zur USSR		
	Kommunisten u. bürgerl. Parteien stürzen Regierung des Sozialisten *Soares* i. Portugal, der neue Reg. bildet		Chinesischer Atlas in phonetischer Schrift (lateinisches Alphabet)
	Ital. Minderheitsregierung unter *G. Andreotti* (* 1919, Christdemokrat) benötigt Tolerierung durch KPI		Amnesty International: zunehmende Menschenrechtsverletzungen in mehr als 100 Staaten
	Die Befreiung des schwerkranken dt. Kriegsverbrechers *Kappler* durch seine Frau aus ital. Haft führt zu heftigen antideutschen Reaktionen		
	Schwere Studentenunruhen in Italien		
	Wahlen in Griechenland bestätigen trotz Verluste Mehrheit der Konservativen unter *Karamanlis*. Die Linkssozialisten unter *Papandreou* verzeichnen stärkere Gewinne		

Art, Körpersprache) „D-Realismus" (Realistische Kunst in der Bundesrepublik Deutschland). Ausstellung in Kassel mit Werken von *M. Bluth* (* 1926), *H. J. Diehl* (* 1940), *H. Duwe* (* 1926), *J. Goertz* (* 1939), *J. Grützke* (* 1937), *D. Kraemer* (* 1937), *P. Nagel* (* 1941), *W. Petrick* (* 1939), *P. Sorge* (* 1937), *J. P. Tripp* (* 1945), *K. Vogelsang* (* 1945), *J. Waller* (* 1939). Diese gesellschaftskritische Richtung entwickelt sich vorwiegend in Berlin (W) „Malerei und Photographie im Dialog", Ausstellung in Zürich „Die Zeit der Staufer" (umfassende Ausstellung der Zeit 1138–1254 i. Stuttgart) Kulturzentrum *Georges Pompidou* i. Paris eröffnet (Museum f. moderne Kunst und Musik-Institut) Ausstellung „inoffizieller" sowjetischer Künstler i. London zeigt 241 Bilder von 40 Künstlern Kunstglas-Ausstellung der Veste Coburg *Mao*-Mausoleum i. Peking i. antiken Säulenstil	US-Mars-Sonde registr. starke Stürme Nahaufnahme des Marsmondes „Deimos" aus 23 km von US-Sonde zeigt sandartiges Oberflächenmaterial Sowjet-Astronomen vermuten sonnenartige Energieproduktion beim Planeten Jupiter US-Astronomen entdecken bei einer Sternbedeckung saturnartige Ringe beim Uranus 100-m-Radioteleskop i. d. Eifel entd. Wasser in einer Materiewolke in 2,2 Mill. Lichtjahren Entfernung (erstmaliger Nachweis extragalaktischen Wassers) Sowjetforscher entd. in 2,5 Mrd. Jahren alten Gesteinen Moleküle organischen Ursprungs (Aminosäuren) (bestätigt Alter irdischen Lebens von ca. 3 Mrd. Jahren) Methan erzeugende Bakterien werden als sehr früher Zweig des Lebens analysiert, der vor ca. 3,5 Mrd. Jahren entstand Untersuchung eines Säugetierskeletts aus dem Jura Portugals (ca. 150 Mill. Jahre alt) erweist es als ein baumlebendes, insektenfressendes Beuteltier mit noch teilweise reptilienartigen Merkmalen Alter eines Fischfossils in Australien	Man zählt i. d. Zivilluftfahrt 8 Unfälle mit 1136 Toten (das sind 1 Toter auf 625 Mill. Passagier-km) Eisenbahnunglück i. DDR fordert 29 Tote 24 Tote bei Hotelbrand in Moskau Brand in einem Nachtclub in Kentucky/USA mit Platz für 4000 Personen fordert 200 Tote Absturz einer Seilbahngondel mit Skifahrern b. Cavalese nahe Trient: 42 Tote Die Zahl der Toten durch Heroin-Mißbrauch in der Bundesrepublik nimmt stark zu. Allein in Berlin (W) alle 5 Tage ein Toter. In der Bundesrepublik werden 5000 Rauschgiftabhängige vermutet Stromausfall in New York stürzt die Stadt in Chaos, über 3300 Plünderer werden verhaftet *Rosemarie Ackermann* (* 1953, DDR) überspringt als erste Frau 2 m (1960 stand der Rekord auf 1,85 m) † *W. v. Gronau*, dt. Flugpionier, unternahm 1932 60 000 km Weltrundflug † *Josef (Sepp) Herberger*, 1936–64 dt. Fußballtrainer (* 1897) Plazierung in der Tour de France: 1. *B. Thevenet* (Frankreich), 2. *D. Thurau* (* 1955, BRD), 3. *E. Merckx* (* 1945, Belgien) Dt. Alpenverein veröffentlicht Alpenschutzprogramm gegen Auswüchse des Tourismus Doping im Leistungssport hält an und wird inoffiziell zunehmend toleriert FC Liverpool gewinnt gegen Mönchengladbach Fußball-Europa-Pokal 1. FC Köln gewinnt dt. Fußballpokal gegen Hertha BSC Berlin In der Eishockey-WM schlägt Sowjetunion Kanada 11 : 1 3 dt. Drachenflieger fliegen vom Kilimandscharo in Afrika (5050 m) i. d. Ebene Amerikaner ersteigt die 412 m hohe Fassade des World Trade Centers in New York Bankraub in Nizza durch unterirdischen Tunnel bringt 27 Mill. DM Beute

(1977)	Wahlsieg der sozialdemokratischen Volkspartei unter *Ecevit* i. d. Türkei. Die parlamentarische Mehrheit erlangt eine Koalition unter *Demirel*. Cypernkonflikt bleibt ohne Lösung		
	Opposition unter *Ecevit* (* 1925, Republ. Volkspartei) stürzt türkische Regierung *Demirel* (* 1924, Gerechtigkeitspartei)		
	† *Makarios III.*, Staatspräs. von Zypern seit 1959 (* 1913)		
	Nach der Wahlniederlage der sozialdemokratischen Arbeiterpartei wird *M. Begin* (* 1913, konservativ) Min.-Präs. von Israel, dessen Politik einen Ausgleich mit den arabischen Staaten, aber auch mit USA erschwert. Sein Außenmin. wird *M. Dayan*, der früher die Arbeiterpartei unterstützte		
	Ägypten und Israel (*Sadat* und *Begin*) bieten sich öffentlich Friedensgespräche an		
	Begin unterbreitet US-Präsident *Carter* u. ägypt. Präs. *Sadat* Friedensplan. Trotz Uneinigkeit in der Palästinenserfrage werden für 1978 weitere Verhandlungen vorgesehen, um den Nahostkonflikt beizulegen		
	Unruhen in Kairo mit 65 Toten werden Kommunisten zugeschoben		
	Blutiger Putsch mit „Hinrichtungen" begleitet Wechsel der militär. Machthaber im Revolutionsrat Äthiopiens. Neues Staatsoberhaupt wird *Mengistu Haile Mariam*		
	Ägypt. Staatspräsident *Sadat* besucht Knesseth in Jerusalem. Verzichtet mit *Begin* auf kriegerische Mittel im Nahostkonflikt. Die meisten arab. Staaten verurteilen diese Reise		
	Ägypten löst diplomat. Beziehungen zur Sowjetunion, zu Algerien, Irak, Südjemen und Syrien, die auf einer Konferenz in Tripolis die Friedenspolitik *Sadats* verurteilten		
	Ägypten weist Konsulate und Kultureinrichtungen der Sowjetunion und anderer RGW-Staaten aus		
	Ägypten, Israel, USA und UN halten Nahostkonferenz in Kairo ab. Andere arab. Staaten bleiben fern. *Begin* kündigt Besuche in Ägypten an.		
	† (ermordet) *Kamal Dschumblat*, libanesischer Drusenführer (* 1917)		
	Djibuti mit 20 000 Ew. wird unabhängiger Staat (49. in Afrika)		
	Äthiopien schließt Einrichtungen d. USA und weist US-Bürger aus		
	Frankreich, Marokko, Ägypten, Südafrika u. VR China unterstützen Zaire gegen Angriff des kommunist. beherrschten Angola auf die Kupferprovinz Katanga		
	Dem Regime von *Idi Amin* in Uganda (Afrika), seit 1970, werden ca. 100 000 Tote durch Ausrottungskampagnen angelastet		

† *Charlie Chaplin* (eig. *Charles Spencer*), weltberühmter Filmschauspieler und -regisseur brit. Herkunft. Filmt seit 1914 i. USA, die ihm 1952–62 Einreise verweigern. 1975 geadelt (* 1889)

† *Bing Crosby*, amerikan. Filmschauspieler u. Sänger (* 1904)

Oscar f. d. besten Film „Rocky" von *John Avildsen*. Mehrere Oscars an „Network" (Film von *Sidney Lumet*)

„Das Schlangenei" (Film von *I. Bergmann*)

„Cet obscur objet du désir" (frz. Film von *L. Buñuel*)

„Hitler, Eine Karriere" (Film des Hitler-Biographen *J. C. F. Fest*), (* 1926)

„Heinrich" (dt. Film um *Heinrich v. Kleist* von *Helma Sanders*)

„Padre Padrone" (ital. Film von *P. u. V. Taviani* erhält goldene Palme von Cannes)

† *Roberto Rosselini*, ital. Filmregisseur, Mitbegr. d. Neorealismus (* 1906)

„L'Innocente" (ital. Film von *L. Visconti*) (* 1906, † 1976)

Der US-Fernsehfilm „Roots" n. *A. Haley* (vgl. D) bringt Rekord an Zuschauern

wird auf 480 Mill. Jahre datiert

Schädelfund von Petralona/Griechenland erweist sich mit rd. 700 000 Jahren als bisher „ältester Europäer", der wahrscheinlich Werkzeug- und Feuergebrauch kannte

2. Urpferdfund i. d. Ölschiefergrube Messel, deren Verwendung als Mülldeponie stark umstritten ist (insgesamt werden in d. J. 15 300 Fossilien gefunden)

Berichte über erfolgreiche „Kopftransplantation" bei Affen durch *R. J. White* (USA). (Es handelt sich um Verbindung eines abgetrennten Affenkopfes mit dem Blutkreislauf eines anderen Körpers, ohne daß ein Gesamtorganismus entsteht.)

Operation eines Blutgerinsels i. USA mit einer Ganzkörperunterkühlung auf 14° C

Keramik-Metall-Hüftprothese aus gesintertem Aluminiumoxyd

In Japan wird Armprothese entwickelt, die von einem Mikrocomputer gesteuert wird

USA und Schweden bereiten Verbot von Spraydosen vor, um die Ozonschicht der Erde nicht zu gefährden

Mord an der Familie eines Bankdirektors bei Braunschweig nach Erpressung von 165 000 DM gilt als größtes Kapitalverbrechen in der Geschichte der Bundesrepublik. Täter wird gefaßt

Hinrichtung in USA nach 10 Jahren Aussetzung (1976) waren in USA 65 % für, 28 % gegen Todesstrafe. Unter dem Eindruck des Terrorismus nehmen in der BRD Anhänger der Todesstrafe zu

Die Berechtigung des Todesurteils gegen Sacco und Vanzetti 1927 wird in USA bezweifelt. Die Verurteilten und Hingerichteten erscheinen weitgehend rehabilitiert

Schwere Zusammenstöße Jugendlicher mit Polizei um neuen Flughafen in Tokio

Jean Loret (* 1918, Frankreich) behauptet, ein unehelicher Sohn *Adolf Hitlers* aus seiner Soldatenzeit im 1. Weltkrieg zu sein. Erbgutachter bezweifeln dies

Sowjetunion schreibt einem ihrer Bürger ein Alter von 142 Jahren zu. (Die angebliche Existenz vieler über Hundertjähriger in der Sowjetunion erweckt Zweifel.)

Motorisierung in der Bundesrepublik. Pkw auf 1000 Einw. Mrd. l Benzinverbr.

1957	53	4,6
1977	326	29,0

Bei 20,2 Mill. Pkw sind das 1977 1435 l/Pkw oder bei 10 l/100 km ca. 14 350 km Jahr = 40 km/Tag

VW-Werk schließt Lieferungsvertrag mit DDR über Lieferung von 10 000 Wagen Typ Golf, die 30 000 DM (O) kosten sollen

Die Bundesrepublik hat 21,1 Mill. Fernsprechstellen mit ca. 440 Gesprächen je Hauptanschluß monatl. (Auf der Erde gibt es ca. 400 Mill. Fernsprecher.)

Internat. Funkausstellung in Berlin. Die dort gezeigte „Bildschirmzeitung" löst Diskussion aus, ob sie Zeitung oder Rundfunk ist

Bundesgartenschau in Stuttgart

Drehorgelfabrik, die seit 1875 in Berlin arbeitete, schließt

Sektverbrauch in BRD vervierfacht sich seit 1957 auf mehr als 3,5 l/Kopf

(1977) *Bokassa* krönt sich mit unzeitgemäßem Pomp zum Kaiser der früheren (bis 1976) Zentralafrikanischen Republik

In Südafrika wird der Neger-Studentenführer *Biko* von der Polizei getötet, wie nachträglich ein Gericht feststellt

Wähler der weißen Minderheit (18 % d. Bev.) in Südafrika verhelfen der Nationalpartei des Min.-Präs. *Vorster* zu 81 % der Parlamentssitze. Bedeutet Fortsetzung der Apartheid-Politik

† *F. A. Ahmed,* ind. Staatspräsident seit 1974 (* 1905)

Wahlniederlage der Kongreßpartei beendet ihre 30jährige Regierung in Indien. *Indira Gandhi,* Min.-Präs. seit 1966, folgt *M. Desai* (* 1896, Janata-Partei) als Reg.-Chef

Neue Regierung in Indien verzichtet auf Kernwaffen

Indira Gandhi wird wegen Korruption verhaftet, aber bald freigelassen

Wahlerfolg der Opposition auf Sri Lanka (Ceylon) gegen *S. Bandaranaike,* Reg.-Chef seit 1970. Neuer Min.-Präs. *Jagewardene* (* 1906, Vereinigte Nationalpartei)

Militärputsch stürzt Regierung *Bhutto* in Pakistan, der Wahlfälschung vorgeworfen wird

Militärputsch in Thailand

Linksorientierte „Viererbande" um Maos Witwe ausgeschaltet, der von ihr verurteilte *Teng* rehabilitiert

Radikale Autonomisten aus den Süd-Molukken (Amboneser) nehmen zahlreiche Geiseln in einem Zug und einer Schule der Niederlande, die schließlich durch Militäreinsatz befreit werden

Konservative Koalition schlägt Labour bei Parlamentswahlen in Australien

Militärjunta in Chile uneins über eine von Staatschef *A. Pinochet* (* 1915) angeordnete Volksabstimmung

Die militärischen Ausgaben aller Staaten liegen bei 5,5 % ihres Sozialprodukts (BSP). Der Betrag von rund 330 Mrd. Dollar reicht zur Ernährung der Erdbevölkerung. Das Vernichtungspotential dieser Rüstung beträgt 15 t TNT/Kopf d. Erdbev.

Erreger der Legionärskrankheit als bisher unbekanntes Bakterium identifiziert

Künstliches Herz außerhalb d. Körpers (Pumpe aus Kunststoff) nach Herzoperation erstmals erfolgreich (i. Zürich) angewandt

Erste Erfolge einer Kernfusion durch Laserstrahlen i. USA

JET-Anlage für Kernfusion der EG kommt nach Großbritannien und erhält Physiker aus BRD als Leiter

USA kündigen Bau einer Neutronenbombe an, die bei relativ geringem Sachschaden vor allem durch Strahlen tödlich wirkt (Proteste der Sowjetunion u. a.)

Versuche in USA zeigen, daß aus Reaktoren gewonnenes Plutonium ein wirksamer Kernsprengstoff ist (erhöht die Furcht vor Mißbrauch des anfallenden Plutoniums)

Am DESY-Beschleuniger b. Hamburg wird Elementarteilchen („F-Meson") gefunden, das gleichzeitig die Eigenschaften „Charme" und „Fremdheit" („Strangeness") aufweist. (Stützt die 4-Quark-Theorie der Elementarteilchen.)

Es mehren sich Hinweise auf die Existenz eines superschweren Elektrons (ca. 3800 Elektronenmassen), dessen theoretische Einordnung offen ist

In Heidelberg werden unerwartet stabile Zustände benachbarter Antimaterie entdeckt

In CERN, Genf, wird die Uhrenverlangsamung nahe der Lichtgeschwindigkeit gemäß der Relativitätstheorie am Zerfall von Elementarteilchen mit einer Genauigkeit von 0,1 % nachgewiesen

US-Wissenschaftler zweifeln i. einer Studie an der Notwendigkeit, den schnellen Brüter zu entwickeln

Frankreich demonstriert neues Verfahren zur Anreicherung spaltbaren Urans für Reaktoren, das für Kernwaffen nicht geeignet ist

,,Y-Teilchen" mit 10facher Protonenmasse i. USA gefunden (wirft die Frage nach weiteren noch unbekannten Eigenschaften der Elementarteilchen auf)

Mikroanalyse von Spurenelementen i. Keramik ergibt Hinweise auf Überseehandel i. Mittelmeerraum im –6. Jtsd.

Internationaler Kongreß f. Nutzung der Sonnenenergie in Hamburg (Sonne liefert jährlich 30 000mal die von der Menschheit verbrauchte Energie) (vgl. 1975 V)

Finnische Physiker erreichen Temperatur von 4/10 000° über dem absoluten Nullpunkt (bei –273,2° C) als neuen Kälterekord

Antarktisforscher d. USA durchbohren mit flammenwerferartigem Bohrgerät 420 m dickes Eis des Roßmeeres

Sowjetischer Eisbrecher ,,Arktika" erreicht mit Kernkraftantrieb den Nordpol als erstes Überwasserschiff

Superplastische Verformung des Titan bei 925° C i. USA erschließt technische Anwendung des spröden Metalls, das bei 1668° C schmilzt und korrosionsfest ist

Vorführung eines Sofortentwicklungsfilms für Schmalfilmkameras

Pfennigabsatz kehrt in die Damenschuhmode zurück (trat zuerst 1970 auf)

WHO proklamiert ,,Jahr der Rheumakrankheiten", an denen 33 % der Bev. der westl. Welt leiden

Neben der Ost-West-Spannung beherrscht der soziale Nord-Süd-Gegensatz die Weltpolitik. Ein globales Bruttosozialprodukt von rd. 6030 Mrd. $ verteilt sich wie folgt auf eine Erdbevölkerung von 4125 Mill.:

	% Einw.	% BSP	$ BSP/Einw.
a) Industriestaaten			
westl. (OECD)	19,7	66,1	4907
östl. (RGW)	9,2	15,5	2463
b) Entw.-Länder	71,1	18,4	378
dav. VR China	21,0	4,4	306
Erde	100	100	1462

Zur Erreichung des globalen Mittelwertes von BSP/Ew (Gleichverteilung) fehlen den Entw.-Ländern 53 % des globalen BSP = 3200 Mrd. $. In der Nähe des globalen Mittels liegen Portugal und Jugoslawien (vgl. 1972 V).

DAS LEBEN IN ZAHLEN
(vgl. auch synoptische Darstellung)

GEBURT · KRANKHEIT · TOD

Wachstum der Erdbevölkerung

—20000	ca. 0,5	Mill.
— 5000	ca. 5	Mill.
— 3500	ca. 20	Mill.
— 750	ca. 100	Mill.
400	ca. 200	Mill.
1650	ca. 500	Mill.
1850	ca. 1200	Mill.
1950	ca. 2500	Mill.
1962	ca. 3100	Mill.
1968	ca. 3550	Mill.
1975	ca. 4000	Mill.

Zunahme 1969: jährl. ca. 70 Mill., etwa 2,2 pro Sek. bei 3,9 Geburten u. 1,7 Todesfällen pro Sekunde

Entwicklung der Weltbevölkerung (in Mill.)

	1900	1962	2000
Welt	1550	3104	6270
Nordamerika	81	205	312
Europa u. USSR	423	653	947
Asien	857	1749	3870
Lateinamerika	63	216	595
Afrika	120	265	517
Australien, Ozeanien	6	16	29

Altersverteilung um 1950 in %

	unter 15	15–59	über 60
Welt	34	58	8
Nordamerika	27	61	12
Europa	24	61	15
Asien	37	56	7

Von der deutschen Bevölkerung wohnten in

	Großstädten über 100000 Einwohner	Gemeinden unter 2000 Einwohner
1871	4,8%	62,5%
1900	16,2%	44,0%
1933	30,4%	32,0%
1950 (BRD)	27,0%	28,9%
1967 (BRD)	32,5%	20,7%
1967 (DDR)	21,9%	26,9%

In Deutschland kommen auf 1000 der Bevölk.

	Ehe-schl.	Leb.-geb.	Tot-geb.	Todes-fälle	Unehel. Geb. (%)
1841	8,2	36,4	1,5	26,2	10,6
1875	9,1	40,6	1,7	27,6	8,6
1900	8,5	35,6	1,2	22,1	8,7
1925	7,7	20,8	0,7	11,9	11,9
1938	9,4	19,7	0,5	11,7	7,7
1950 (BRD)	10,6	16,2	0,4	10,4	9,5
1967 (BRD)	8,1	17,0	0,19	11,5	4,61
1967 (DDR)	7,1	15,8	0,20	13,3	10,0

Geburten- u. Sterbeziffern (ohne Totgeb.) auf 100 d. Bevölk.:

	1923		1961	
	Geb.	Gest.	Geb.	Gest.
Gr.Brit. (1925)	19,2	12,7	17,8	12,0
USA	22,4	12,4	23,4	9,3
Indien	36,1	25,0	27,9	12,2
Ägypten	43,0	25,7	48,5	16,1
USSR (1925)	43,1	21,0	23,8	7,2

In Deutschland sterben von 100000 Einw. an

	1875	1912	1924	1961
angebor. Fehlern		104	76	11,4
Altersschwäche		164	142	73,7
Scharlach	46	8	1	0,03
Masern	31	14	3	0,13
Diphtherie	159	21	6	0,1
Typhus	74	3	3	0,1
Tuberkulose	323	151	120	14,2
Ruhr	31		0	0,02
Lungenentzündung		128	190	27,6
Grippe		10	24	3,5
Herzerkrankungen		161	177	228
Krebs		71	98	209
durch Selbstmord	16		23	18,7
Unfälle				57,6

Im ersten Lebensjahr Gestorbene auf 100 Lebendgeborene in

	1871–80	1925	1961
Deutschland (BRD)	23,5	10,5	3,2
Frankreich	16,6	8,9	2,6
England	14,5	7,5	2,2
		1923	
Schweden	13,0	5,6	1,6
USA		7,7	2,5
Chile		28,3	11,6
Neuseeland		4,4	1,9

Mittlere Lebenserwartung eines Neugeborenen in Jahren

	1885	1910	1932
in Deutschland, männl.	37,2	47,4	59,9
weibl.	38,5	50,7	62,8
	1816/40		1936
in Neuseeland			67,0
in Schweden	41,4		64,9
			1925
in Indien			32,0

Jährliche Todesfälle durch Krankheiten in der
USA-Armee in den Kriegen

1846/48 .... 10,0%
1861/65 .... 7,2%
1898 .... 1,6%
1917/18 .... 1,3%
1941/45 .... 0,6%
des Mannschaftsbestandes

GEISTIGES LEBEN

Weltreligionen (1960)

Christen .... ca. 890 Mill.
davon
 römisch-katholisch .... ca. 538 Mill.
 protestantisch u. anglikanisch ca. 215 Mill.
 morgenländisch .... ca. 120 Mill.
Buddhismus .... ca. 200 Mill.
Chinesische Volksreligion ..... ca. 400 Mill.
Hinduismus .... ca. 365 Mill.
Islam .... ca. 430 Mill.
Shintoismus .... ca. 51 Mill.
Mosaisch .... ca. 13 Mill.
primitive Religionen .... ca. 120 Mill.

Auf der Erde werden 2796 Sprachen gesprochen, davon 120 in Europa (3964 Sprachen sind ausgestorben; vgl. 1960)

Schulwesen in der BRD 1966

Volksschulen
 Schüler 5 378 002
 Klassen 155 962
 Lehrer 155 205
Sonderschulen
 Schüler 198 833
 Klassen 10 934
 Lehrer 10 834
Realschulen
 Schüler 552 767
 Klassen 16 755
 Lehrer 21 410
Gymnasien
 Schüler 963 182
 Klassen 33 897
 Lehrer 48 418
Neuorganische Schulen
 Schüler 432 467
 Klassen 14 260
 Lehrer 17 979

Universitäten in Deutschland (BRD)

	1914	1929	1967
Anzahl	21	23	21
Studenten	59 295	93 090	153 496
Studentinnen	4 069	14 329	59 515

Technische Hochschulen in Deutschland (BRD)

	1914	1924	1967
Anzahl	10	10	9
Studenten	15 784	28 013	51 475

1967 in der BRD 4 weitere Hochschulen im Univ.-Rang mit 4490 Studierenden
Für die DDR werden 1966 44 Hochschulen mit 74 777 Direktstudierenden angegeben (davon 32,3% weiblich)

In der BRD gibt es 1965 1262 Volks- und Einheitsbüchereien mit insges. 10,2 Mill. Bänden; dazu 31 Hochschulbüchereien mit ca. 17 Mill. Bänden

Auf der Erde gibt es 96 Bibliotheken mit je mehr als 1 Mill. Bänden (in Moskau mit 22, in Washington mit 14 Mill.)

In der BRD gibt es 1967 534 Zeitungen mit 24,7 Mill. und 812 Zeitschriften mit 80,5 Mill. Druckauflage
Auflage der Tageszeitungen je 1000 Einwohner (1954/5): Gr.-Brit. 570, USA 339, BRD 330, Frankreich 246, USSR 205, Italien 107, Spanien 85, Indien 8

In Deutschland erscheinen 1925 31 595 neue Bücher (ca. 30 Mill. Titel seit der Erfindung der Buchdruckerkunst in allen Ländern)
1964: BRD 25 204; DDR 5594

Einwohner pro Kinoplatz (1950) in

Europa.. 30,5 USA.... 14,0 Afrika... 215
Deutschl. 28,5 Asien... 300 Erde.... 52

In der BRD (1967) 175 Theater mit jährlich 19,8 Mill. Besuchern

Von 1000 Eheschließenden in Preußen konnten nicht ihren Namen schreiben

	Männer	Frauen
1883	35,4	53,9
1914	1,6	2,6

1950 ist jeder zweite Mensch über 10 Jahre Analphabet; in %		Rundfunkteilnehmer (in Mill.)			
			1925	1940	1961
Afrika	75–85%	USA	4,5	28,7	171
Asien (ohne USSR)	60–75%	Deutschland (BRD)	1,2	13,7	16,
Südamerika	40–50%	Großbritannien	1,9	9,2	15,3
Nordamerika	10–25%	Frankreich	0,5	5,2	13,2
Ozeanien	10–15%	Japan	—	4,0	10
Europa	5–10%	Welt	ca. 85		über 350
1961: ca. 44% der 1,6 Mrd. Erwachsenen					

KRIMINALITÄT UND STRAFEN

Verurteilungen auf 100000 Strafmündige in Deutschland („Kriminalitätsziffer")

Jahr	Ziffer
1890	1049
1900	1164
1910	1184
1930	1187
1960 (BRD)	1326
1966 (BRD)	1303

Hinrichtungen in Hamburg

15. Jahrhundert	395 (davon 6 Frauen)
16. Jahrhundert	412 (davon 40 Frauen)
17. Jahrhundert	208 (davon 43 Frauen)
18. Jahrhundert	182 (davon 55 Frauen)
19. Jahrhundert	62 (davon 6 Frauen)
1901–07	7 (davon 1 Frau)
1918–33	alle begnadigt
1933–45	533 (davon 23 Frauen)
1949	Aufhebung der Todesstrafe

Prozentuale Verteilung der Verurteilungen in Deutschland (BRD)

	1882	1902	1925	1961
Mord, Totschlag	0,1	0,06	0,1	0,05
Raub	0,12	0,12	0,15	0,29
Körperverletzung	16,6	24,3	6,9	5,2
Unzucht	0,9	0,9	1,0	2,45
Beleidigung	11,8	11,3	8,2	1,6
Brandstiftung	0,2	0,09	0,07	0,28
Hausfriedensbruch	4,2	4,0	1,35	1,1
Sachbeschädigung	3,5	3,9	1,35	1,5
Diebstahl	31,4	20,2	19,0	13,5
Unterschlagung	4,4	4,3	5,3	2,9
Betrug	3,7	5,2	7,5	7,6
Urkundenfälschung	0,9	1,1	1,8	0,55
Gewalt geg. Beamte	3,6	3,3	3,4	0,73
Sonstiges	18,1	20,2	43,5	41,5
Straßenverkehrsdelikte				20,5

GÜTERPRODUKTION, GRUNDLAGE VON WOHLSTAND UND SICHERHEIT

Vergleichszahlen für USA und USSR (i. allg. in Mill. bzw. Mill. t)

	USA		USSR	
	1950	1967	1950	1967
Bevölkerung	151,5	199,3	204,0	234,0
Erwerbstätige	58,4	81,0	71	107,0
Rinderbestand	80,3	108,6	57,2	96,7
Getreideernte	135,9	185,0	75,1	170,0
Kohlenförderung	504,8	510,0	262,0	600
Erdölproduktion	266,7	433,0	37,9	290
Elektr. i. Mrd. kWh	329	1314	86,7	589
Rohstahl	87,7	118	17,6	102
Aluminium	0,65	3	0,2	1,3
Zement	38,0	84,8	10,4	69
Prod. von LKW (in 1000)	1337	1539	370	477
Prod. von PKW (in 1000)	666	7437	28	251
Wollgewebe in Mill. qm		316		547
Baumwollgarne		1,9		1,4
Kunststoffe		6,6		1,1
Kühlschränke (1000)		4397		2700

Welterzeugung von Gütern und Diensten beträgt 1960 ca. 1400 Mrd. Dollar, davon westl. Industrieländer 70% mit 20% d. Erdbev. Ostblockstaaten 20% mit 30% d. Erdbev. Entwicklungsländer 10% mit 50% d. Erdbev. Industrielle Welterzeugung hat sich seit 1938 etwa verdreifacht

Wirtschaftsentwickl. i. USA	1850	1900	1950
Volkseink. in Mrd. Dollar*	4,8	30	110
Arbeitsstunden (Mrd.)	29	88	125
Beschäftigte (Mill.)	7,5	27	57
Nettoprod. pro St. (Cents)	17	38	87
Wochenstunden	70	60	40

* in Preisen v. 1940

Index der industr. Produktion (1950=100)

	1938	1966
BRD	107	335
DDR	107	411
Gr.Brit.	75	163
Österr.	69	258
USSR	45	507
USA	43	208

China (463 Mill. Einw.) hat um 1934 folgende Anteile an der Weltproduktion

Reis	50,5 Mill. t	= 33%
Soja	9,9 Mill. t	= 80%
Raps	2,5 Mill. t	= 65%
Sesam	0,9 Mill. t	= 55%
Antimon	15400 t	= 66%
Wolframerz	3800 t	= 37%

Seine Steinkohlenvorräte werden auf 440 Mrd. t bei 21 Mill. t Jahresförderung geschätzt, seine ausbaufähigen Wasserkräfte auf 20 Mill. PS, davon fast nichts ausgebaut

Produktion der Volksrepublik China

	1952	1959	
Reis	68,5	80	Mill. t
Fischfang	1,7	5,0	Mill. t
Rohstahl	1,4	12	Mill. t
Steinkohle	66,5	335	Mill. t
Elektrizität	7,3	40	Mrd. kWh
Schwefelsäure	0,2	1,1	Mill. t
Traktoren		3000	Stück
Einwohner ca.	520	660	Mill.

Industrieerzeugnisse pro Einwohner 1957

	USA	EWG	EFTA	China	USSR	
Rohstahl	510	430	360	9	270	kg
Steinkohle	2150	1375	2200	215	2100	kg
Kraftfahrzeuge je 1000	43	25	21	0,01	2,5	
Elektrizität (in kWh)	4600	1600	2600	32	1100	

Wirtschaftszahlen für Indien pro 1000 der Bevölkerung im Vergleich zu USA 1948

	USA	Indien	
Strom in 1000 kWh	2296	13	
Kohlenverbrauch	3473	80	t
Stahlverbrauch	364	3,8	t
Zementverbrauch	229	7,2	t
Beförderte Bahngüter	556	10	t
Feste Straßen	3,5	0,5	km
Telephonapparate	261	0,4	St.

Roheisenerzeugung in Mill. t in

	1865	1905	1932	1937	1961	1965
Deutschland (bzw. BRD)	1,0	10,9	5,2	15,9	25,4	27,0
Frankreich	1,3	3,0	5,5	7,9	14,8	15,8
Gr.-Brit.	4,9	9,8	3,6	8,6	15,0	17,7
USA	0,8	23,4	8,9	37,7	59,2	80,6
Erde	10	54	40	104	266,5	324,7

Der Metallhunger des 20. Jahrhunderts

Verhüttet wurden an:	1901	1960	
Roheisen	50	255,5	Mill. t
Aluminium	0,018	4,5	Mill. t
Kupfer	0,69	4,2	Mill. t
Zink	0,67	3,1	Mill. t

Stahl- und Kohleproduktion der „Schumanplanländer" 1950 in Mill. t

	Stahl	Kohle
Deutsche Bundesrepublik	12,1	110,7
Frankreich u. Saar	10,5	52,5
Belgien	3,8	27,1
Niederlande	0,4	12,3
Luxemburg	2,3	0
Italien	2,3	1,0

Der Preis für eine Tonne Stabstahl sinkt von 1850 bis 1939 von ca. 500 auf 100 Mark

Das Wachstum der chemischen Industrie
Weltproduktion an Schwefelsäure

1913	6	Mill. t
1929	10,5	Mill. t
1936	13	Mill. t
1960	48,8	Mill. t
1968	ca. 70	Mill. t

Weltproduktion an Soda

1866	0,4	Mill. t
1886	0,8	Mill. t
1900	1,5	Mill. t
1913	2,8	Mill. t
1935	4,8	Mill. t
1960	ca. 10	Mill. t
1968	ca. 15	Mill. t

Im Zeitalter des Papiers
Weltpapiererzeugung

1900	rd. 5	Mill. t
1913	rd. 10	Mill. t
1937	rd. 30	Mill. t
1960	69	Mill. t
1967	ca. 106	Mill. t

(davon 18,3 Mill. t Zeitungspapier)

Jährliche Weltspinnstoffversorgung

	1934/38	1948/49	
Insgesamt	11,92	11,06	Mill. t
davon in %			
Baumwolle	55,8	56,7	(vgl.
Wolle	7,9	8,6	1960 V)
Jute	15,7	12,5	
Flachs	6,6	4,1	
Hanf	3,8	3,1	
Hartfasern	4,4	4,4	
Naturseide	0,5	0,1	
Kunstseide	3,7	6,4	
Zellulose	1,6	3,8	
Nylon	0,0	0,3	

Baumwollverbrauch in 1000 t	1950/1	1964/5
USA	2 279	2 002
USSR	856	1 485
VR China	705	1 344
Indien	683	1 198
BRD	228	286
Gr.-Brit.	463	233
Erde	7 612	10 828
Anteil an den Textilfasern (bis 1930 80%)	70%	62%

Industrie-Produktionsindex für Deutschland (1928 = 100)

	Höhepunkt	Tiefpunkt
1891	40	
1892		39
1900	63	63
1906	83	
1908		77
1913	98	
1913 Nachkriegsgebiet	89	
1923		46
1929	100	
1932		58
1938	122	

Industrielle Bruttoproduktion im Gebiet der DDR (1936 mit 15 Mrd. RM = 100)

	Insges.	Verbrauchsgüter
1939	136	120
1944	134	88
1946	42	40
1949	70	65
1960	ca. 200	

Industrieller Produktionsindex im Gebiet der BRD (1936 = 100)

1946	38		1952	144
1948/49	75		1960	250
1949/50	100		1962	274

Indizes für Industrieproduktion, Lebenshaltungskosten, Wochenlöhne (1937 = 100) und Volkseinkommen (in Mill. Pfund) in Großbritannien

	Prod.	Kosten	Löhne	Einkommen
1938	94	101	104	4 640
1946	90	132	174	8 111
1949	116	146	195	10 226

DAS TÄGLICHE BROT

Ca. 12 000 Kulturpflanzen bekannt, davon etwa 3000 für Ernährung

Von 15 Mrd. ha fester Erdoberfläche sind ca. 50% Ödland, 25% Wald, 17% Wiese u. Weide, 8% Ackerland

Welternten (abgerundet)

	1930	1960
Reis	130	240 Mill. t
Weizen	125	244 Mill. t
Roggen	40	37 Mill. t
Hafer	65	55 Mill. t
Gerste	35	93 Mill. t
Mais	120	214 Mill. t
Kartoffeln	175	228 Mill. t

Die Mengen 1930 (1960) entsprechen einer Jahresnahrung für rund 1,7 Mrd. (2,7 Mrd.) Menschen (pro Kopf 3,3 dz Getreidewerte), bei einer Erdbevölkerung von 2 (3) Mrd.: Knappheit besonders in Asien

Vergleich zwischen USA und Indien 1948

	USA	Indien
Traktoren	2,5 Mill.	10 000
Kunstdünger	13 Mill. t	200 000 t
Hektarerträge f. Weizen	1 t	0,5 t
f. Baumw.	1,8 dz	0,36 dz

In Indien nur ca. 2000 Kalorien pro Kopf u. Tag

Stickstoffverbrauch d. deutschen Landwirtschaft zu Düngezwecken (in reinem Stickstoffgewicht)

1900	90 000 t
1938	650 000 t
1960	1 126 000 t

Auf 1000 ha landwirtschaftlich genutzter Fläche entfallen 1925 Rindvieheinheiten in

Dänemark	1312	bei 3,2 Mill. ha
Deutschland	951	bei 29,4 Mill. ha
Frankreich	676	bei 32,6 Mill. ha
		landw. genutzter Fläche

Prozentuale Bedeutung der Betriebsgrößen der deutschen Landwirtschaft 1939 (ca. 3,2 Millionen Betriebe)

	Zahl der Betriebe	Betriebsfläche
0,5 — 10 ha	73%	19%
10 — 100 ha	26%	43%
über 100 ha	1%	38%

(vgl. 1960 V)

In USA entfallen von ca. 6,5 Mill. landwirtschaftlichen Betrieben auf die Größen

	1925	1950
bis 20 ha	35 %	37%
20 — 200 ha	61,5%	57%
über 200 ha	3,5%	6%

Prozentualer Anteil der Betriebsgrößen an der landwirtschaftlichen Nutzfläche im Gebiet der DDR

	1939	1946
0,5 — 5 ha	9,2%	9,7%
5 — 50 ha	31,8%	53,4%
20 — 50 ha	22,4%	24,0%
50 — 100 ha	8,4%	7,7%
über 100 ha	28,2%	5,2%

DAS ENERGIEPROBLEM

Weltgewinnung an Energieträgern in Mill. t Steinkohleneinheiten

	1913	1929	1947
Steinkohle	1216	1325	1342
Braunkohle	46	81	90
Erdöl	77	295	584
Brennholz	300	250	300
Wasserkraft	40	103	146
Erdgas	24	74	180
Zusammen	1703	2128	2642

1961 2453   879   BRD : 125
                              DDR : 43

Bekannte Vorräte der Erde an Kohle (1960): ca. 6000 Mrd. t = 4500 Jahresförderungen 1950. Erdöl u. Erdgas: ca. 38 Mrd. t = 60 Jahresförderungen 1950

Geschätzte Kernbrennstofferzeugung 1950: ca. 5—10 kg pro Tag, entspricht pro Jahr ca. 100 Mrd. kWh oder 365 Atombomben
Die Zukunft der Energieerzeugung liegt wegen der Erschöpfbarkeit aller „Brennstoffe" vor allem in der Entwicklung und Ausnutzung der Atomkernenergie

Ausbaubare und ausgebaute Wasserkräfte in Mill. PS

	ausbaubare	ausgebaut 1935	ausgebaut 1945
Welt	667	55,3	77,8
Europa	73,9	24,3	30,1
Deutschland	4	2,8	(2,5)
Asien	150,6	5,0	8,7
Amerika	147,8	25,4	37,5
USA	33,5	16,1	24,2
Afrika	273,9	0,1	0,2
Australien und Ozeanien	20,2	0,5	1,3

Energie und Reallohn (1935) im Vergleich zu den USA

Land	Einw.-zahl	Energie je Kopf	Reallohn
USA	137 Mill.	(=100)	(=100)
Großbritannien	45 Mill.	73	77
USSR	162 Mill.	18	35
China u. Indien	760 Mill.	2(?)	11
Welt	2000 Mill.	16	25

Erzeugung elektrischer Energie in Mrd. kWh

	Welt	USA	Deutschland
1929	280	97	31
1937	400	280	49
1949	750	345	(1950: 61)

Die jährliche elektrische Energieerzeugung von 4900 kWh pro Kopf (USA 1961) entspricht, gemessen in menschlicher Arbeitskraft, etwa 40 „Energiesklaven" pro Kopf

DIE NAHE FERNE: HANDEL UND VERKEHR

Umfang des Welt- und Europahandels auf Preisbasis 1913 in Mrd. RM

	Welt	Europa
1840		11,8
1900	98,8	65,1
1913	160,2	98,1
1920	128,4	63,2
1929	208,1	110,5
1932	154,5	88,1
1937	196,7	102,5
1948	228,0	102,0
1962	480,0	230,0

Welthandelsflotte nach Stärke und Antriebsart

	Stärke
1914	49,1 Mill. BRT
1948	81,1 Mill. BRT
1968	187,3 Mill. BRT

	Kohle	Öl	Motor	Segel
1914	88,8	2,6	0,5	8,1 %
1948	22,5	56,0	21,35	0,15 %

Handelsflotten in Mill. BRT

	1939	1962
Großbritannien	21,2	21,7
USA	12,0	23,3
Japan	5,6	8,9
Norwegen	4,8	12,5
Deutschland	4,5	BRD : 4,9 DDR: 0,31
Italien	3,4	5,4
Frankreich	3,0	5,2
Niederlande	3,9	5,2
Griechenland	1,8	6,5
Schweden	1,6	4,2
USSR	1,3	4,7
Dänemark	1,2	2,4
Welt	69,4	140,0

Eisenbahnnetz der Erde

1850... 38 000 km   1910 rd. 1 000 000 km
1880... 371 000 km 1938... 1 329 400 km
1959... 1 584 000 km

Deutsche Reichsbahn 1939

Anlagekapital .... 40 Mrd. RM
Vollspur .... 60 000 km

Lokomotiven   24 000   Pers.-Wgn.   70 000
Güterwagen   650 000   Personal.... 847 000
Beförd. Pers. 2 Mrd.   Beförd. Güt. 547 Mill. t

Pers.-Verkehr in USA in Mrd. Pers.-km

	1913	1932	1949	1960
Eisenbahn	55,8	27,4	56,5	34,3
Flugzeug		0,24	14,18	62,5

Luftverkehr in Deutschland 1938
101,5 Mill. Personenkilometer
2,4 Mill. Luftpost-Tonnenkilometer

Personenkilometer BRD 1960
Flugzeug.. 3,7 Mrd.   Eisenbahn.. 38,4 Mrd.

Im deutschen Eisenbahnverkehr kamen 1933
1 Verwundeter auf 2,5 Mill. Reisende
1 tödlich Verunglückter auf 12 Mill. Reisende
Im Postkutschenverkehr um 1800 kamen
1 Verwundeter auf 30 000 Reisende
1 tödlich Verunglückter auf 335 000 Reisende

Kraftfahrzeugbestand in USA

	1913	1932	1961
Personenwagen	1,2	20,8	63,2 Mill.
Lastwagen	0,1	3,3	12,4 Mill.

Kraftwagenbestand in Millionen Stück

	Bestand				Einw. pro Pkw
	Pkw	Lkw	Pkw	Lkw	Pkw
	1938		1961		1961
USA	25,5	4,3	63,2	12,4	2,9
Großbritann.	1,9	0,49	6,0	1,5	8,8
Frankreich	1,7	0,49	6,8	1,8	6,8
Dtl. W.	1,3	0,38	6,3	0,76	8,9
O			0,16	0,16	111
Kanada	1,1	0,20	4,3	1,1	4,3
USSR	0,07	0,45	0,73	3,5	333

DAS SOZIALPRODUKT UND SEINE VERTEILUNG

Schätzung des deutschen Volksvermögens 1939 in Mrd. RM

Land- und Forstwirtschaft	110—120
Industrie und Handwerk..	120—150
Handel und Gastgewerbe	10
Verkehrswesen	45— 50
Öffentliche Bauten	35— 40
Wohngebäude	120—130
Privater Besitz	100—110
Auslandsanlagen	10
Gold und Devisen	0,1
Insgesamt	550—620
oder rund	9000 RM/Kopf

Verluste im zweiten Weltkrieg rund 50%

Schätzung des Volksvermögens in
USA (1928) .... rund 15 000 RM/Kopf

Deutsches Volkseinkommen, umgerechnet auf Kaufkraft 1928

1913	66,3 Mrd. RM	1162/Kopf
1928	75,4 Mrd. RM	1185/Kopf
1932	56,8 Mrd. RM	875/Kopf
1937	86,0 Mrd. RM	1268/Kopf
1950 (BRD)	54,8 Mrd. RM	1155/Kopf
1960 (BRD)	120 Mrd. DM	2220/Kopf

Sozialprodukt in West- und Ostdeutschland (in Mrd. RM bzw. DM)

	West-deutschland		Ost-deutschland	
	1947	1949	1947	1949
Verbrauchsgüter und Dienste	30	51	13	16
Investitionen	2	9	—	2
Öffentlicher Bedarf..	5	8,3	2,5	3,2
an Besatzung	6	4,7	4,5	4,3
abzüglich Besatzungskosten	6	4,7	4,5	4,3
zuzüglich Auslandshilfe	1	2	—	—
in Deutschland verfügbar	38	70,3	15,5	21,2
Nettosozialprodukt	43	73	20	25,5

Volkseinkommen in den USA (in Kaufkraft 1937)

1913	34,4	(41,0) Mrd. Dollar
1929	87,4	(73,5) Mrd. Dollar
1933	39,6	(44,0) Mrd. Dollar
1939	72,5	(74,8) Mrd. Dollar
1949	216,8	(131,3) Mrd. Dollar
1960	424	(175) Mrd. Dollar

Prozentuale Verwendung des deutschen Sozialproduktes für (BRD)

	1936	1950	1960
Privatverbrauch	62,2	61,2	59,2
Staatsverbrauch	16,7	15,4	13,0
Investitionen	21,1	22,5	26,8
Außenbeitrag		0,9	1,0

Volkseinkommen in Dollar je Kopf 1949

USA	1450	USSR	310
Großbritannien	775	Indien	55
Skandinavien	630	China	27
Westeuropa	375		

Prozentuale Berufsgliederung in Deutschland

	Selbständ.	Mithelf. Fam.-Ang.	Beamte Angest.	Arbeiter	Rentner Pension. Unterst.
1882	39,8	4,3	5,8	45,5	4,7
1925	20,9	8,9	16,3	44,8	9,1
1950 (BRD)	15,3	6,2	17,8	43,2	17,5
1961 (BRD)	10,0	8,0	21,5	36,5	20,5

Prozentuale Verteilung von 77,3 Mrd. DM Einkommen auf 22,5 Mill. Einkommensbezieher 1950 in der BRD

DM monatl.	% der Bezieher
0— 250	64 %
251— 550	28,5%
551—1000	5,3%
über 1000	2,2%

Familieneinkommen in den USA

	1929	1954
unter 3000 Dollar	63,3%	37,2%
4000—7500 Dollar	25,0%	35,0%
(in Kaufkraft 1953)		

Von 37 Mill. Familien in den USA hatten 1947 ein jährliches Einkommen

unter 1000 Dollar	11%
1000—2000 Dollar	16%
2000—3000 Dollar	22%
3000—6000 Dollar	40%
über 6000 Dollar	11%

Gewerkschaftsmitglieder in den USA

1900	0,86 Mill.
1910	2,14 Mill.
1920	5,05 Mill.
1930	3,39 Mill.
1933	2,97 Mill.
1940	8,10 Mill.
1950	14,03 Mill.
1960	18 Mill.

Streiks und Aussperrungen in Deutschland

		Zahl	Teiln. Mill.	Mill. Arb.-Tage
1890—1913 (Jahresdurchschn.)	Streiks	1885	0,4	5,3
	Aussp.	229	0,06	2,7
1922 (Höhepunkt)	Streiks	4338	2,2	23,4
	Aussp.	437	0,2	4,4
1960	Streiks	119	0,02	0,2

Tarifverträge in Deutschland

	1914	1926
Verträge	10 840	7 490
Betriebe	143 650	807 300
Beschäftigte	1,4 Mill.	11 Mill.

Index d. nominalen Wochenlöhne der Industriearbeiter und Lebenshaltungskosten-Index für Dtl. (BRD) (1938 = 100)

	Löhne	Kosten
1913	74	80
1929	102	123
1932	83	96
1938	100	100
1949	141	162
1955	200	170
1960	295	186
1962	360	197

Durchschnittliche Stundenverdienste (in Dollar) und Lebenshaltungskosten-Index (1937 = 100) in den USA

	Lohn	Kosten	Arbeitslose
1913	0,29	—	
1929	0,57	119	1,6 Mill.
1933	0,44	90	12,8 Mill.
1938	0,63	98	10,4 Mill.
1941	0,73	102	5,6 Mill.
1945	1,02	125	1,0 Mill.
1949	1,40	165	3,4 Mill.
1962	2,50	210	4,8 Mill.

Arbeitslosigkeit in Deutschland (in Tausend)

1925	646
1929	1899
1932	5575
1938	429
1950 (BRD)	2000
1961 (BRD)	160

Arbeitslosigkeit in Großbritannien (in Tausend)

1925	1300
1932	2900
1938	1900
1949	300
1961	292

Durchschnittsstundenlohn für Facharbeiter 1950 in

Westdeutschland	1,23 DM (West)
Ostdeutschland	1,12 DM (Ost)

(Kaufkraft der DM [Ost] etwa zweimal geringer als die der DM [West])

1961 wird das mittlere Realeinkommen in der DDR um ca. 20% niedriger geschätzt als in der BRD

Volkseinkommen und Rüstung in Ost und West 1949

	Volkseink. Mrd. Doll.	Einw. Mill.	Eink. je Kopf in Doll.	Rüstung in % des Volkseink.
Ostblock mit China	97	743	130	18,5%
ohne China	85	280	300	
Atlantikpaktländer und Westdeutschl.	332	380	874	5,4%
ohne Westdeutschl.	316	335		

Deutsche Spareinlagen, Steueraufkommen und Reichsschuld in Milliarden RM			
	Spareinl.	Steuern	Schuld
1913	19,7	1,6	4,8
1918	31,8		
1924	0,6	6,9	2,9
1932	11,5	6,7	11,5
1938	19,2	18,2	27,2
1944	83,8	37,5	275
1945			377
BRD: 1950	3,7	16,2	
1962	69,9	84,5	29,8

Staatsschuld der USA

1913	1,2 Mrd. Dollar
1920	24,3 Mrd. Dollar
1939	40,4 Mrd. Dollar
1945	258,7 Mrd. Dollar
1949	255,1 Mrd. Dollar
1962	296 Mrd. Dollar

Deutscher Sozialaufwand, prozentual zum Volkseinkommen

1913	4,3%
1925	9,2%
1930	15,8%
1944	17,5%
1962	18,5%

Die Einkommensteuer eines verheirateten Mannes mit zwei Kindern bei 5000 Dollar jährlichem Einkommen beträgt davon in

Israel	56 %
Deutschland	32,4%
Großbritannien	29 %
Frankreich	16,8%
USSR (je nach Beruf)	1–25%
USA	6,9%
Tahiti, Uruguay, Saudi-Arabien	0 %

Prozentsatz der Menschen in Ländern mit einem mittleren Jahreseinkommen (1969):

über 750 Dollar	25%	„sehr reich"
250—750 Dollar	11%	„reich"
100—250 Dollar	15%	„arm"
unter 100 Dollar	49%	„sehr arm"

(nach einer Klassifikation der Weltbank)

Ausblick auf die Entwicklung in einer sozial geteilten Welt („Nord-Süd-Differenz"). Bevölkerung in Mill., Bruttosozialprodukt in Mrd. US-Dollar (vgl. 1972 und 1977 V):

	1965		2000	
	Bev.	BSP	Bev.	BSP
Eur., N.-Amer., Ozeanien, Japan	1081	1810	1612	9259
	32%	85,5%	25%	85,5%
Afrika, S-Amer. Asien ohne Japan	2268	307	4777	1589
	68%	14,5%	75%	14,5%

(%-Sätze bezogen auf Erde = 100%.)

D. h. es besteht die Gefahr, daß die „relative Verarmung" in den Entwicklungsländern eher noch zunimmt

Nach einer Schätzung 1950 gab es seit 3865 Jahren 323 reine Friedensjahre und 8250 Friedensschlüsse

Weitere statistische Zahlen vgl. synoptische Darstellung, bes. ab 1951

Eine Ordnung der menschlichen Erkenntnis nach Lebensbereichen, Wissensgebieten, Gegenständen und Methoden

Diese Aufstellung, die nur *eine* mögliche Form der Gliederung ist, soll vor allem die Zusammengehörigkeit, ja Einheitlichkeit allen menschlichen Erkennens und Wissens unterstreichen. Die eingetragenen Linien dienen nur zur Erhöhung der Übersicht, keinesfalls sollen sie einer streng scheidenden Abgrenzung dienen. Vielmehr gibt es zwischen beliebigen benachbarten Begriffsfeldern stets fließende Übergänge, die allenfalls eine praktisch brauchbare, nie aber eine grundsätzliche Unterscheidung zulassen. Gerade in dieser Tatsache, daß es nicht gelingt, irgendwelche Teile unseres Wissens scharf abzugrenzen, kommt seine Unzerreißbarkeit zum Ausdruck. Das hat weitgehende Konsequenzen. Keine unübersteigbare Mauer trennt das Alltagsdenken von den subtilsten wissenschaftlichen Überlegungen, es gibt keine grundsätzliche Gegnerschaft zwischen Theorie und Praxis; Natur- und Geisteswissenschaften arbeiten, sich überschneidend, neben- und mit-, nicht gegeneinander, um nur einige sich aufdrängende Folgerungen zu nennen. Damit sei auch die praktisch so brauchbare Spalteneinteilung dieses Kulturfahrplanes hinreichend relativiert, um Mißverständnisse auszuschließen.

Den Kern der Darstellung bildet die Reihenfolge der Wissenschaften mit den sie verbindenden Gegenständen. Jede Wissenschaft steht zwischen zwei für sie kennzeichnenden Gegenständen, von denen der obere für sie „elementaren", der untere „ganzheitlichen" Charakter hat. Mit einer gewissen Vereinfachung kann man sagen, daß jede Wissenschaft versucht, aus Elementen ein Ganzes aufzubauen, um dies dann als Element der nächsten Wissenschaft zu überlassen. Von der Physik zweigt der kosmische Zweig der Astrophysik ab, der in der Geologie wieder zu den irdischen Wissenschaften stößt. Über die angewandten, „technischen" Wissenschaften sind die „reinen" Wissenschaften mit dem Berufs- und Alltagsleben fließend verbunden, von dem sie auch ihren Ausgang genommen haben. Die technischen Bereiche lassen sich weit weniger scharf abgrenzen als die Wissenschaften. Denn die komplexen Situationen der Anwendung erfordern zu ihrer Bewältigung stets eine Vielzahl von wissenschaftlichen Ergebnissen. Jedoch sind Angaben von Schwerpunkten möglich.

Die höchste Stufe der Abstraktion wird in der „Wissenschaft über die Wissenschaft", in der Wissenschafts- oder Erkenntnislehre erreicht. Auch sie ist nicht scharf von den Fachwissenschaften zu trennen, wie es z. B. die moderne Physik mit ihrer erkenntnistheoretisch so fruchtbaren Begriffsbildung gezeigt hat. Die Wissenschaft hat als gesellschaftliches Kulturprodukt auch einen soziologischen Aspekt, wodurch sie als Gegenstand eine Mittlerstellung zwischen der Einzelwissenschaft Soziologie und der Wissenschaftslehre einnimmt.

Man könnte die Gliederung noch verfeinern, jedoch dürfte der Übersichtlichkeit damit nicht gedient sein. Dem Benutzer des „Kulturfahrplanes" mag sie behilflich sein, Wissen zu ordnen, ohne die Zusammenhänge zu verlieren.

Eine Ordnung der menschlichen Erkenntnis nach

Erkenntnisbereiche	Außerberufliches tägliches Leben	Handwerk, Berufspraxis	Technik		
Methoden	naiv vorwissenschaftlich	pragmatisch		empirisch-	
Ausbildung durch	Elternhaus, Schule, Lektüre, Rundfunk	Lehre	Akademie · Hochschule		
Welt des Anorganischen	Technische Umwelt	Handwerk im engeren Sinne / Praxis der technischen Berufe	Technik im engeren Sinne		
Welt des Organischen	Krankenzimmer / Biologische Umwelt	Heilpraxis / Landwirtschaftliche Praxis	Medizin / Nutzung von Pflanzen und Tieren (Agrikultur, Tierzucht)		
Welt des Psychischen	Menschenkenntnis / Eltern- u. Vormundschaft	Suggestive Heilpraxis / Seelsorge / Erziehung und Unterricht	Techniken sozialer u. kultureller Berufe	Pädagogik	Psychiatrie
Welt des gesellschaftlichen Lebens	Soziale und kulturelle Umwelt	Verwaltung, Praxis kultureller Berufe	Verwaltungstechnik (Staatskunst)		

Lebensbereichen, Wissensgebieten, Gegenständen und Methoden

Einteilung	Wissenschaft		Wissenschaftslehre
	kennzeichnende Gegenstände		
logisch			erkenntniskritisch
	wissenschaftlich		„philosophisch"
	Universität		Universität
Physik, (Geophysik, Astrophysik)	Elementarteilchen		Gegenstände: Die Wissenschaften, ihre Methoden und Ergebnisse; darunter Analyse und Verschärfung der sprachlichen Mittel: Logik, Logistik, Mathematik, Kalküle usw.
Physikalische Chemie	Atom	Gegenstände der Astrophysik: Elementarteilchen Atome	
	Moleküle	Staub — Sterne Meteorite — Sternsysteme Planetoide — Sternhaufen Monde — Spiralnebel Planeten — Nebelhaufen Kosmos	
Anorganische und organische (Kohlenstoff-)Chemie		Die *Geologie* als Wissenschaft über den speziellen Planeten „Erde" bildet eine weitere Brücke zu den „irdischen" Wissenschaften	
Physiolog. Chemie	Makromoleküle		
Physiologie	Zellen		
Biologie	Organe		
Ökologie	Lebewesen		
	Lebewesen und Umgebung		
Tierpsychologie	Verhalten der Lebewesen		
Kinderpsychologie	Verhalten des Menschen		
Psychologie	Verhalten sprachbegabter Menschen		
Gruppenpsychologie	Zwischenmenschliche Beziehungen und Verhalten von Gruppen		
Soziologie (Gesellschaftslehre)			
	Dauerhafte Gemeinschaften und ihre Leistungen: Sprache, Technik, Wirtschaft, Recht, Politik, Kunst, Religion, Philosophie, Wissenschaft		

PERSONEN- UND SACHREGISTER

Die Seiten 8–15 und 1400 ff. sind nicht darin enthalten; ab 1900 verweisen Buchstaben auf die entsprechenden Spalten:

P =  D = 🕮🎭 Ph = 🦉 K = 🎨

M = 🎵 W = 🦉 V =

A

Aachen 50, 765, 790, 861, 81 P, 979, 1024, 1071, 1214, 1913 K, 44 P
–, Karlspreis 1961, 63 P
–, Münster 804, 1335
–, Pfalz 804, 81
–, Rathaus 1370
–, Reichstag 813
–, Stadtumwallung 1330
Aachener Friede 1748
Aalands-Inseln 1921, 34 P
Aalto, A. 1957, 61, 62, 71, 76 K
Aargau 1200, 1415
Aarhus, Dom 1479
Aarne 1918 V
Abacus v. Chr. 1050, um Chr. Geb., 10. Jh. W
Abaelard, Peter 1079, 1122, 1136, 42, 53, 60
»A Banda« 1970 M
Abano 1306
Abbadiden 1070
Abbas I. der Große 1623, 29
– II. von Persien 1586
Abbasiden 750, 836, 969, 1258, 61
Abbe 1866, 72, 73, 82, 86, 91, 1905 W
Abbeville, Schlacht bei 1346
Abbud, I. 1958 P
»ABC-Buch, Das« 1961 D
»ABC der Küche« 1934 Ph
ABC-Staaten 1927 P
»ABC zum Sprachkunstwerk« (Vom) 1941 D
Abd al Wahhab 1745
»Abd-el-Kader« 1930 D
Abd el Krim 1921, 26, 63 P
Abd el Rehim 1953 V
Abdera v. Chr. 485, 460, 360, 270
Abderhalden 1912, 14, 16, 50 W
»Abderiten« 1774
Abduh, Mohammed 1889
Abdullah 1557
– al Mamum 820
– Ibn el Hussein 1921 f, 51 P
Abel 1962 P
Abel, Adolf 1956 K
–, Alfred 1926 K
–, J. J. 1897, 1926 W
–, K. Fr. 1764
»– m. d. Mundharmonika« 1932 D
–, N. H. 1826
–, O. 1912 W
»– Sanchez« 1917 D
–, T. M. 1949 Ph
Abell, K. 1959, 61 D
Abelson 1940 W
»Abendbergwerk« 1920 D
»Abendlandschaft« 1855
»Abendlichen Besucher, Die« 1942 K
»Abendliche Häuser« 1913 K
Abendmahl v. Chr. 25; n. Chr. 100, 5. Jh., 500, 50, 783, 846, 10. Jh., 1088, 1205, 13. Jh., 1415, 74, 1529, 40, 51, 60, 1672
»Abendmahl« 1440, 1497, 1526, 1909, 20 K
»Abendmahls, D. Sakrament d.« 1955 K

»Abendmusiken« (Lübeck) 1641, 73, 1705
Abendroth, H. 1956 M
»Abendstunden eines Einsiedlers« 1780
»Abenteuer d. braven Soldaten Schwejk« 1921 D, 25 K
– des Denkens« 1933 Ph
– d. Flieg. v. Tsingtau« 1916 V
– e. jung. Herrn in Polen« 1931 D
– des Königs Pausole« 1930 M
– des Lazarillo von Tormes« 1586
– meiner Jugend« 1937 D
– des Telemach« (Die) 1699
– des Wesley Jackson« 1946 D
– in zwei Welten« 1952 D
»Abenteuerliche Herz« 1929 D
»Abenteurern v. Monte Carlo« 1921 K
»Aberglauben, Das neue Buch vom« 1964 Ph
Aberration 1728, 1959 W
Abessinien-Expedition 1861
»Abfahrt der Griechen v. Chr. 458
Abfallbeseitigung 1972 V
Abfälle 1970 V
Abfertigung d. griech. Gesandten, Die« 1578
Abgeordnetenhaus, Berlin 1954, 58 P
–, Preuß. 1852, 1917 P
»Abgeschn. Köpfe« 1970 K
Abgrenzungspolitik (d. DDR) 1971 P
»Abgrund« 1911 K
»Abhandl. z. amerik. Sprach- u. Altertumskunde« (Ges.) 1923 V
– über Arbeitssoziologie« 1916 Ph
– und Aufsätze« 1915 Ph
– über die Erziehung der Mädchen« 1687
– über die Kritik« 1711
– über den menschlichen Verstand« (Neue) 1704
– über die Prinzipien der menschlichen Erkenntnis« 1710
– über die Ungleichheit« 1754
– über die Wissenschaften und Künste« 1750
»Abhängigkeiten geometr. Gestalten, Entwickl. d.« 1832
»Abhidharmakosha« 443
Abitur 1788, 1882
Abiturienten, Zahl der 1968 Ph
»Abiturientenag, Der« 1928 D
Ablaß 1300, 89, 1454, 1506, 13, 14, 17
»Ablehnung d. Idealismus« 1903 Ph
»Ableitung u. Grundlehre« 1906 Ph
Ablenkung von Radiowellen 1969 W

Abortanlagen v. Chr. 3000, 1900; n. Chr. 330, 1821
»About the house« 1966 D
Abplattung der Erde 1673, 1737
Abraham bar Chyja 1136 W
– v. Chr. 1800, n. Chr. 323, 1422
– und heiliger Michael« 1199
»– und Isaac« 1964 M
»– Lincoln« 1930 K
»–, P. 1960 V
»– a Santa Clara 1644, 79, 83, 86, 1709
Abrassimow, P. 1966 P
»Abraxas« 1949 M
»Abrechnungen« 1924 D
»Abreise König Wilhelms I. zur Armee« 1871
»Abriß d. dt. Wortbildungslehre« 1913 D
– der Staatswissenschaft der europäischen Reiche« 1749
Abrüstung 1957, 59, 60, 62, 64 P
– od. Untergang« 1955 Ph
Abrüstungsbotschaft 1932 P
A-cappella-Chor 1903 M
A-cappella-Musik 1567, 1570
Abrüstungsgespräche 1957 P
Abrüstungskonferenz 1921, 22, 32 ff, 60 P
Abrüstungsverhandl., Londoner 1956 P
Abruzzen 54
»Absalom« 1936 D
Absalon 1150
»Abschied v. d. Eltern« 1961 D
– von gestern« 1966 K
– vom Paradies« 1927 D
»Abschiedssymphonie« 1772
Abschreckungstheorie 1801
»Absolutheit d. Christentums u. d. Religionsgesch.« 1092 Ph
Abstammung d. Menschen 1968 W
»Abstammung d. Menschen« 1871
Abstammungslehre v. Chr. 546, 465; n. Chr. 1809, 30, 31, 42, 55, 59, 63, 1908, 55 Ph, 60 W
»Abstammungs- u. Vererbungslehre« 1908 W
Abstimmspule 1901 W
Abstinenz v. Chr. 1120; n. Chr. 1877, 79, 95, 1919, 24, 33 V
Abstinenzliga, Katholische 1895
»Abstrakte Komposition« 1950 K
– Landschaft« 1951 K
– Malerei 1910, 36 K
»Absurda Comica« 1663
»Absurde Theater, Das« 1962 D
Abtreibung 1924, 36 V, 1974 Ph
– (§ 218) 1972 Ph
Abtreibungen 1965 V
Abu 1934 W
– Ali Muhammed ben el Hasan 965, 1038
– Bakr Awadallah 1969 P
– Bekr 573, 624, 32, 34
– Hassan 1811

»Abu Markub« 1926 D
– Ma'schar 886
– Nuwas 750, 811
– Simbel v. Chr. 1250
Abu-Simbel-Tempel 1964 Ph
Abu Tabari 900, 914
– Tamman 844
»– Telfan« 1868
Abukir 1578, 98
Abu'l Faradsch 950
– Feda 1273, 1331
– Wetâ 940, 70, 98
Abusch, A. 1961 P
Abusir v. Chr. 2400
– Sonnentempel 1955 W
Abwasserreinigung 1959 V
Abwerbung 1958 P
Abwertung (Franc) 1969 V
Abydos v. Chr. 1300, 1250
Abzahlungskauf (Rücktritt v.) 1974 V
Academia Leopoldina 1662
Académie Française 1635, 1806
Academy of ancient music 1732
»Acanda« 1958 K
A-cappella-Chor 1903 M
A-cappella-Musik 1567, 1570
Acapulco, 48 Stunden bis 1967 K
»Accademia antiquaria« 1498 Ph
– del Cimento 1657, 67
– della Crusa 1582
– dei Filomusi 1615
– dei Lincei 1603 Ph
– Platonica 1434, 70, 1521
– dei San Luca 1557, 77 Ph
Acetylen 1862, 1907 W
Acetylen-Chemie, mod. 1930 W
Achäer v. Chr. 1500, 1400, 1350, 338, 280, 221, 146
Achaia v. Chr. 27
Achämeniden v. Chr. 700, 620, 569
Achard 1780, 1801
»–, M. 1960 D
»Achatnen Kugeln, Die« 1970 K
Achenbach 1815, 1842, 1910 K
Achenwall 1749
Acheson, D. 1971 V
Achill v. Chr. 2. Jh.
»Achilles und die Schildkröte« v. Chr. 430
– Tatius 4. Jh.
»Achim, 3. Buch über« 1962 D
Achmatowa, A. A. 1961, 66 D
Achmed 1614, 1883
– Maher Pascha 1945 P
– Zogu 1925, 28 P
»Achorripsis« 1958 M
Achromatische Linsen 1757
»Achse Berlin–Rom« 1936 D
»Achsenzeit« 1949 Ph
Acht, R. 1957, 59 K
»Achteinhalb« 1963 K
Achterberg, G. 1961 D
Achtfach-Weg-Modell 1961 W
»Achtfach-Weg-Modell« 1969 W

»Acht Gesichter am Biwasee« 1911 D
»– Meister von Nanking« 1672
Achtstundentag 1918, 19, 21 V
»Ächtung d. Atombombe« 1950 P
»Achtung, Europa« 1938 D
»1848. Werk und Erbe« 1949 Ph
»18. II. 59 M« 1959 K
»Acker, Auf dem« 1883
Ackerbau v. Chr. 8000, 5000; n. Chr. 1954 D
Ackerbauchemie 1813, 40, 90
Ackermann, M. 1950, 73 K
–, R. 1977 V
»–, W. 1928 W
–, aus Böhmen« 1400
Acosta 1640
Acropole, L« 1966 K
Acrylfarben 1964 K
»Acta diurna« v. Chr. 59
»– eruditorum« 1682, 86
»– Sanctorum« 1634, 1702
»– senatus« v. Chr. 50
»Acté« 1903 M
ACTH-Hormon 1950 W
Actinomycin 1940 W
Action française 1926 Ph
»– Painting« 1956, 62 K
»Actualités« 1848
Ada 800
»Ada-Handschrift« 800
Ada-Schule 781
Adachi, C. 1966 W
Adad v. Chr. 1100
Adadhirari I. v. Chr. 1300
– II. v. Chr. 911
– III. v. Chr. 806, 787
»Adagia« 1500
»Adagio« 1923 K
Adalbert, M. 1931 K
– von Bremen 1056, 63
– von Mainz 1112
»Adam« 1200
»–, A. 1836
– von Bremen 11. Jh., 1085
»– und Eva« 1432, 91, 93, 1504, 07, 33, 1769, 1907, 27 D, 1968 Ph
–, K. 1924 Ph
– unterm Kreuz 973
»– maßstäbl.« 1976 K
»–, De nakte« 1959 D
–, R. 1728, 92
»– 2« 1968 K
»–, Zweiter« 973
Adami, V. 1966 K
Adamov, Arthur 1908, 53, 70 D
Adams 1914 W
–, J. A. 1825
Adamstil 1774
Adapa-Epos v. Chr. 2200
Adas v. Chr. 2000
Addams 1931 P
Addaura-Höhle (Sizil.) 1953 V
Addison, Jos. 1672, 1709, 11, 13, 19
–, Th. 1855
Adel v. Chr. 4000, 1350, 1000, 814, 682, 624, 600, 582, 550, 431, 429, 286, 256, 241, 201, 168, 146, 133, 125, 121, 119, 88, 87, 80, 78, 67, 66, 50, 49;

1492

n. Chr. 300, 561, 645, 864, 98, 900, 18, 54, 62, 1031, 58, 66, 71, 81, 1100, 08, 30, 38, 40, 72, 92, 1200, 15, 16, 19, 25, 40, 13. Jh., 1260, 64, 74, 75, 78, 82, 86, 97, 1300-02, 07, 26-29, 45, 46, 50, 55, 66, 71, 76, 82, 86, 92, 95, 99, 1403, 13, 14, 27, 33, 40, 50, 53-55, 76, 83, 85, 1520, 25, 26, 36, 40, 47, 55, 64, 72, 77, 84, 81, 1607, 24, 48, 50, 52, 53, 54, 61, 65, 67, 71, 1711, 25, 33, 65, 76, 1804
»– d. Geistes« 1945 D
»– im Untergang« 1947 D
Adelheid 931, 51, 83, 99
»– ...« 1937 D
Adélie-Land 1911 W
Adelsberger 1929, 33 W
– Tropfsteingrotten 1213
»Adelsnest« 1858
Adelsrepublik Polen 1574
Adelsschule v. Chr. 125
Adenauer, K. 1876, 1921, 46, 49, 51, 52, 53, 55 ff, 65, 66, 67 P
»–« 1956 K
Adenosinmonophosphat 1971 W
Adenylsäure 1935 W
Adermin 1938 W
ADGB 1919 V
»Adjutantenritte« 1883
Adler, A. 1870, 1907, 12, 14, 18, 30, 37 Ph
–, F. 1916, 22 P
–, M. 1908, 30 Ph
–, V. 1919 P
Adlerberg-Kultur v. Chr. 2000, 1950
Adlerbergfibel 500, 600, 1025
Adlerbergorden, Schwarzer 1701
»Admiral Graf Spee« 1939 P
»Adolescence Clémentine« 1532
Adolf II. v. Holstein 1140
– von Nassau 1250, 9
– Friedrich zu Mecklenburg 1908, 12 W
Adolph-Emil-Hütte 1909 V
»Adone« 1623
»Adonis« 1831
Adorno, Th. W. 1930 P, 47, 48, 49, 51, 52, 54, 64, 65, 68, 69, 71 Ph, 59, 62 M
Adoula, C. 1961 P
»Adrastera« 1801
Adrejewa 1948 V
Adrenalin 1901, 04 W
Adreßbuch, erstes 1691
Adria v. Chr. 33
»Adriaensschützen« 1633
»Adrialandschaft« 1955 K
Adrian, E. D. 1914, 32 W
–, W. 1948 W
Adrianopel 1326, 53, 61, 66, 1913 P
–, Friede zu 1829
–, Schlacht bei 323, 78
»Adriatische Rosemund« 1645
Adschanta-Höhlentempel 400, 5. Jh.
Adschubej, A. I. 1959, 61 P
Adsorptionsanalyse 1906 W
Adua 1896, 1913 P
»Advent« 1898, 99, 1960 V
Adventisten 1831
»Adventures of Peregrine Pickle, The« 1751
Ady 1906 D
AEG 1909, 15 V
Aelfric 1955, 1020
Aelius Aristeides 170
– Donatus 4. Jh.
Aemilianus 251
»Aeneas Silvius« 1958 M
»Aeneis« v. Chr. 30, 19
»Aeon« 1911 D
Aepinus, F. Th. 1754
Aernout 1250
Aerokinetische Plastik 1968 K

Aero Lloyd 1926 V
»Aesthetische Feldzüge« 1834
»Aeterna Dei« 1961 Ph
»Aeterne rerum conditor« 397
Aethelwold, Bischof 975
Aetion v. Chr. 328
Aëtius, Flavius 390, 425, 43, 51, 54
»Affair, The« 1960 D
»Affaire Blum« 1948 K
»– Mattei« 1972 K
»Affe u. d. Kind« 1933 W
»– als Maler« 1954 W
»–, Der nackte« 1968 Ph
»– u. Wesen« 1948 D
»– im Winter, Ein« 1962 K
Affeld, K. 1974 W
Affen, Zeichenversuche mit 1959 W
»Affenfries« 1911 K
Affenmensch 1892, 1927, 33, 37 W
»Affensprache« 1967 W
Affinität 1767, 1882
»Affray« 1951 V
AFL 1881, 90, 1900 V, 17 Ph, 44 P, 46, 50 V, 52 P, 55 V
»Africa« 1338
»– Addio« 1963, 66 K
»–, Poems from Black« 1963 D
»African Music, Studies in« 1959 M
»Africana« (L') 1928 D
Africanus, Constantinus 1087
–, Sextus Julius 200
Afrika 1971 P
»–« 1930 M
»– (Kulturgesch.) 1933 Ph
»– (Pflanzenwelt) 1921 W
»– (Völkerkunde) 1940 W
»– erzählt« 1963 D
»–, Umschiffung v. Chr. 1501, 1250, 595
»–, Wasserkraft 1955 V
Afrikaans 1921 Ph
»Afrikaflug« 1917, 27, 33 V
»Afrikanerin, Die« 1865
»Afrikan. Geschichten« 1938 Ph
»– Konferenz 1961 Ph
»– Spiele« 1936 D
»– Suite f. Klavier« 1912 M
Afro (Afro Basaldella) 1952, 53, 54, 55, 58 K
»Afro-Amerik. Symph.« 1930 M
Afroasiatische Gipfelkonferenz 1964, 72 P
»– Konferenz 1957 P
»After the Fall« 1964 D
»Aftonland« 1953 D
Agadir 1911 P, 60 V
Agahd 1903 Ph
Ägäische Wanderung v. Chr. 1150
Aga Khan 1957 Ph
»Agamemnon« v. Chr. 458
Agartz, V. 1957, 60 P
Agasias 1. Jh. v. Chr.
Agassiz, L. 1840
Agatharch 5. Jh. v. Chr.
Agathon v. Chr. 416
Agathokles v. Chr. 241
»Age of innocence« 1920 W
Agence Havas 1811
»Agententheorie« 1958 P
Agenzia Stefani 1854
Agesilaos II. v. Chr. 394
Agfa 1909, 26, 46 V
»Agfacolor« 1929, 32 W
Aggressions-Theorie 1974 Ph
AG-Gründung 1873 V
Agias v. Chr. 330
Ägidius Albornos 1357
– Romanus 1298
Agilolfinger 700
Agilulf 590, 615
Agis IV. v. Chr. 241
»Agist« 1642
»Agneau, L'« 1954 D
»Agnes Bernauer« 1852, 1977 D

Agnes von Poitou 1056, 77
Agneur, Sp. 1972, 73 P
Agnew, S. Th. 1969 P
Agnon, S. J. 1965, 66 D
Agnus Dei 4. Jh.
»Agon« 1957 M
Agorakritos v. Chr. 435
Agra 1629
Agram 1242, 1909, 28 P, 65, 66 V
Agrarmarkt, gemeins. d. EG 1966 V
Agrarpolitik d. EWG 1962 P
Agrarproduktion, engl. 1797
Agrarsubventionen, EWG 1965 P
Agrar-Union 1952 V
Agricola, Georg 1494, 1530, 46, 55
–, Joh. 1528
–, Martin 1528
–, Rudolf 1443, 68, 70, 84, 85
»Agricultura, De« 200
Agrigent v. Chr. 590, 5. Jh., 405; n. Chr. 1086
»Agrikulturchemie, Elemente der« 1813
»– und Physiologie, Die organ. Chemie in ihrer Anwendung auf« 1840
Agrippa v. Chr. 63, 38, 27, 12
– v. Chr. 38
– d. A. 14, 33
– d. J. 14, 33, 41, 54, 59
Agt, D. v. 1977 P
Aguillon 1621
Ägypten, Korruption in v. Chr. 1190
»Ägyptens, Beschreibung« 1813
»Ägyptische Finsternis« v. Chr. 1480
»– Gesch.« 1905 W
»– Helena« (Die) 1928 M
»– Impression« 1927 K
»Ägyptisches Institut« 1799
Ägyptische Landschaften 1914 K
– Museum, Kairo 1902 Ph
»Ägyptische Sprache, Wörterbuch der« 1926 D
Ägyptologie, Begründung der wissensch. 1813, 22, 46
Ahab v. Chr. 854
Ahas v. Chr. 721
Ahlers 1962 P
Ahlers-Hestermann, Fr. 1950, 64, 1941 Ph, 66, 68, 70, 73 K
Ahlsen, L. 1955, 64 D
Ahmed 1909, 24, 75 P
– Schah 1747, 73
– F. A. 1977 P
Ahmes v. Chr. 1800
»Ahnen« (Die) 1872
Ahnenkult v. Chr. 1. Jh.
»Ahnfrau, Die« 1817
Ähnlichkeitslehre, mathemat. v. Chr. 356
»Ahnung und Gegenwart« 1815
»Ährenleserinnen« 1857
Ahrens, J. 1950, 54 M
Aias 2. Jh. v. Chr.
Aichinger, I. 1965, 69 D
»Aïda« 1871
Aigospotamoi, Schlacht bei v. Chr. 405, 404
Aimara 500
Ainu v. Chr. 3000
»Aion, Unters. z. Symbolgeschichte« 1951 Ph
Airbus 1974 V
Aischa 973, 624, 34
Aist, Ditmar v. 1160
Aistulf 749
Aitken 1932 W
Aja, Frau 1808
Ajaccio 1769
Ajanta, Tschaitya-Halle v. Chr. 2. Jh.
Ajanta-Höhle 550
Ajmone, G. 1957 K

Ajuthia 14. Jh.
Akaba, Golf von 1967 P
Akademie, amerik. 1780
– d. Arbeit 1921 W
–, Berlin 1700, 11, 1945 K
–, Breslau 1947 K
–, dän. wissenschaftliche 1742 (Frühform) 1490, 94 Ph
–, Kabul 1928 Ph
–«, Karoling. 782
– d. Künste, Berlin 1960 K
– d. Künste, Preuß. 1920 K
– f. bild. Künste, München 1921, 37 K
– f. graph. Künste 1920 K
– i. Moskau 1681
– der Naturforscher, Halle 1652
– pädagogische 1922, 26 Ph
– päpstl. 1603 Ph
– Paris 1660, 66, 94, 1775
– Petersburg 1725, 58
– Platos v. Chr. 5. Jh., 394, 387, 367, 347, 339, 315, 267, 241, 16, 129, 110
– f. Sprache u. Dichtung, Dt.« 1954, 61 D
– (Übersetzer-) 830
–, schwed. wissenschaftl. 1739
– d. Wissensch., Heidelberg 1909 W
– f. d. Wissensch. d. Judent.« 1918 Ph
– d. Wissensch., Preuß. 1700, 11, 1900 Ph
– d. Wissenschaften, span. 1713
– z. wissenschaftl. Erforsch. u. Pflege d. Deutschtums 1925 W, s. a. Accademia
Akademieartige wissensch. Genossenschaften 1490
Akademien, chin. 750, 10. Jh., 961, 62, 1282, 1426, 88
»Akademisch gebild. Lehrer« (Vereinsverband) 1904 Ph
Akadem. Ferienkurse 1903 Ph
– Festouvertüre 1881
Akbar 1542, 56, 75, 1605
Aken, P. v. 1960 D
Akerhus 1299
Akithakis, A. 1967 K
Akiba, Ben Jos. 50, 135
Akkad v. Chr. 2525, 2500, 2420, 2350, 2270, 2226
Akkador v. Chr. 2600
Akkon 1187, 89, 98, 1291, 1305
Akkordeon 1940 K
»Akkumulation d. Kapitals ...« 1913 P
Akkumulator 1854, 59, 1901, 31 W
Aklavik 1956 V
Akragas, Heratempel – 460
»Akrobat und Pferd« 1954 K
»Akrobatin am Trapez« 1953 K
Akropolis, Athen, v. Chr. 575, 6. Jh., 600, 500, 485, 448, 440, 438, 435, 432, 420, 407, 405, 350, 330, 190; n. Chr. 1687, 1801, 85, 1976 K
»Akt« 1918, 42 K
»Akt April 1970« 1970 K
»– mit Katze« 1910 K
»–, Der rote« 1955 K
»– Treppe herabschr.« 1912 K
Aktdarstellung 1507 K
Aktfotos 1968 V
»Akten des Vogelsangs« 1896
Aktensprache 1547
Aktienbesitz, USA 1952 V
Aktiengesellschaften, dt. 1938, 48, 55, 61 V
–, erste 1284, 1600, 02
Aktiengesetz 1937, 60 V
Aktienindex 1965, 69 V
Aktienkurse 1960, 62 V
»Aktion« 1911 D

»Aktion demokratischer Fortschritt« 1968 P
– Widerstand 1970 P
Aktium, Schlacht bei v. Chr. 31
»Aktuale Idealismus« 1912 Ph
Aktualismus, geologische 1830
»aktuelle Stunde« 1965 P
»Aktuopaläontologie« 1927 W
Akueme 1952 Ph
Akustische Grundl. d. Musik 1701
»Akute und chronische Krankheiten« (Über) 150
Akzise-Ordnung 1667
Alabama 1937 Ph
–, Univ. 1956 Ph
Alacoque 1647, 90
Alain-Fournier 1912 D
Alanen 406, 09, 15
Alarcon y Mendoza 1581, 1639
Alarich I. 370, 95, 401, 08, 10
»Alarm« 1954 K
Alaska, erste Besiedlg. – 900
–, Kauf 1867
– -Pipeline 1977 V
– -Straße 1942 V, 47 P
»Alastor« 1816
Alaunbeizung v. Chr. 1000
Alba 1567, 68, 72, 80
Al Bakr 1968 P
Albany 1825
»Albatros« 1947 W
Al Battâni 920
Albee, E. 1964 D, 65 K, 66 D, 68 D
Alberich 1230
Albers, H. 1937, 43, 44, 60 K
–, J. 1954, 76 K
Albert I. (Bischof) 1201, 02, 07
– I. (Belgien) 1909 P
– I. (Monaco) 1903 Ph, 10 W
–, Eugen d' 1864, 1902, 03, 05 M, 10 D, 16, 19, 27, 28, 32 M
–, H. 1976 K
–, Heinrich 1604, 50, 51
»– Herring« 1947 M
– von Monaco 1910 W
– von Sachsen 1896
– von Sachsen-Coburg-Gotha 1819, 40, 61
– von Trient 1185
Alberti, Leon Battista 1404, 1193, 1241, 45, 50, 74, 80, 1348, 1955 K, 1964 Ph
– Pictor 1482
Albertino Mussato 1314
Albertus Magnus 12. Jh., 1193, 1241, 45, 50, 74, 80, 1348, 1955 K, 1964 Ph
– Pictor 1482
Albertz, H. 1966, 67 P
Albi 1282
Albigenser 1208, 15, 29, 50
»–, Die« 1842
Albigenserkriege 11. Jh., 1209, 25, 29, 53
Albiker 1923, 61 K
Albinus 1580
Albo 1413
Alboin 568
Albrecht 1270, 1837
– I. 1250, 82, 98, 1302, 08
– II. 1438
– III. 1379
– III. Achilles 1450, 70
– V. von Bayern 1550, 79
– der Bär 1100, 34, 36, 42, 57, 60, 70
– von Brandenburg 1553
»–« 1519
Albrecht, E. 1976 P
– der Großmütige 1550
– von Halberstadt 1210
– von Mecklenburg 1386, 89
– von Preußen 1544
– von Sachsen 1485
Albrechtsburg 1471
Albuin 568
»Album alter Gedichte« 1921 D

»Album mit 10 Landschafts-Ansichten« 1488
Alcantara-Orden 1171
Alcazar 1564
»Alceste« 1674, 1767, 73
»Alchemist, Der« 1610
Alchimie v. Chr. 201; n. Chr. 100, 4. Jh., 500, 750, 900, 1063, 1241, 60, 65, 1311, 1400, 1541, 46, 95, 98, 1603, 16, 44, 66, 69, 91, 1944 Ph
»Alchymie« 1595
Alcock 1919 W
Alcoforado 1669
»Alcools« 1913 D
Aldegonde 1539, 98
Alder, K. 1927, 50 W
Alderotti 1286
»Aldobrandinische Hochzeit« v. Chr. 310, 1605
Aldosteron, Synthese 1955 W
Aldrin, E. E. 1966, 69 W
Aldrovandi, Ulisse 1554, 99
Aldusdruck 1909 D
Aleatorische Kunst 1917 D
Aleksej, A. 1961 Ph
Aleksejewna 1712
Alemán 1547, 99, 1615
»Aleman. Ged.« 1803
Alemannen v. Chr. 72, 58; n. Chr. 200, 213, 56, 60, 69, 75, 83, 300, 50, 70, 380, 406, 43, 96, 507, 34, 700, 14, 16, 885, 12. Jh.
Alembert 1717, 43, 51, 83
»Alessandro Stradella« 1844
Alessi 1512, 72
Aleüten 1741, 1942 P
»Alexander« 1252
– (Sohn) v. Chr. 328, 319
– I. 1777, 1801, 25
– I. von Jugoslawien 1914, 21, 29, 34 P
– I. von Makedonien v. Chr. 493
– II. 1855, 81
– III. 1881, 94
– III. (Papst) 1159, 62, 67
– IV. 1254
– VI. 1475, 92, 93, 97, 98, 1507
– VII. 1655
– VIII. 1689
– von Aphrodisias 205
»– mit dem Blitz« v. Chr. 330
– von Griechenland 1917 P
– der Große v. Chr. 5. Jh., 356, 350, 343, 336–332, 331, 330, 328, 326, 325, 323, 319, 310, 300, 298, 280, 256, 3. Jh. n. Chr. 50, 1125, 78, 80, 1200, 02, 52, 55, 1325, 15. Jh., 1478, 1510, 29
»– – –« 1665, 68
– von Hales 1175, 1245
– Newskij 1240, 42
»– Newski« 1938 K
– Polyhistor v. Chr. 82
– von Serbien 1903 P
– , F. 1946, 62 Ph
– , S. 1920 Ph
Alexander-Fresken 1510
»Alexandergedicht« 1255
»Alexanderlied« 1125
»Alexanderschlacht« v. Chr. 300, 3. Jh.; n. Chr. 50, 1529
Alexandersen 1910 W
Alexandre de Bernay 1180
– , V. 1977 D
»Alexandreis« 1178, 1284
Alexandrette 1936, 39 P
Alexandria v. Chr. 1450, 332, 323, 315, 310, 300, 295, 286, 285, 280, 279, 275, 257, 250, 247, 240, 221, 217, 215, 202, 200, 181, 180, 145, 130, 103, 80, 47, 42; n. Chr. 45, 100, 20, 25, 78, 85, 90, 100, 42, 50, 95, 328, 4. Jh., 372, 400, 500, 25, 53, 641, 750, 10. Jh., 996, 1212

Alexandria Arius v. 325, 72
– , Heron von n. Chr. 98
– , Klemens von 190, 200
– , Pappos von 290
– , Philon von v. Chr. 25; n. Chr. 50
»– Quartett« 1960 D
– , Serapion von v. Chr. 220
– , Serapeion-Bibliothek 390
Alexandrien 1505
»Alexandrinisches Zeitalter« v. Chr. 323
Alexandrow 1928, 49 K
– , G. A. 1945 Ph
Alexei, Zar 1645, 54, 76
– , Zarewitsch 1718
Alexios Komnenos 1204
Alexis 1798, 1846, 71
»Alexis Sorbas« 1964 K
»Alexiuslied« 1050
Alfanus 1041
Alfeld, Faguswerk 1914 K
Alfieri, V. 1749, 1803
Alfons I. von Aragonien 1104
– I. von Portugal 1095, 1147
– III. 900
– V. von Aragonien 1416, 42
– VI. von Kastilien 1095
– IX. von León 1217
– X. 1226, 40, 11. Jh., 1252, 56, 57, 63, 70, 82, 84
– XI. 1340
– XII. 1874, 76
– XIII. 1885, 1906, 31 P
– der Eroberer s. Alfons I. von Portugal
– der Weise s. Alfons X.
»Alfonsinische Gesetzessammlung« 1446
– Tafeln« 1240
Alfonso V. 13. Jh., 1458, 71
– der Afrikaner s. Alfonso V.
»Alfred« 1738
– d. Gr. 849, 71, 78, 99
Alfvén, H. 1960 M, 70 W
Algarotti, F. 1732
Algarve 1251
Al Gazali 1059, 1111, 40
Algazel s. Al Gazali
»Algebra« 1766
– (Anfänge) v. Chr. 2600, 2000, 1800, 1750, 1700, 1200, 1000, 500, 212; n. Chr. 476, 810, 1484, 93
»– (L') 1572
Algebra, Boolesche 1854
– , Fundamentalsatz 1799
»– , Moderne« 1930 W
»– , Vollständige Anleitung zur« 1770
Algeciras 1344, 1906 P
Algen 1925, 34, 38, 53 W
Algen-Erdöl 1976 V
Algerien 1955, 58, 59, 60, 62 P
Algerien-Vollmachten 1957 P
Algerischer Aufstand 1956 P
»Algerischer Harem« 1834
»Algerisches Algerien« 1960 P
»– Mädchen, Liegendes« 1865
Algier 935, 1541
»Al gran sole« 1975 M
Al-Hakim 1009
Alhambra 1248, 1519
»Al-Hâvê« 923
Alhazen 965, 1038
Ali 660
Ali Amini 1961 P
»Ali Baba u. d. 40 Räuber« 1903 K
Alianus, Claudius 175, 235
»Alice im Wunderland« 1865
Aliger, M. J. 1958 D
Alighieri s. Dante
Ali, M. 1974, 75, 76 V
– Mohammed 1963 P
A-Linie in der Mode 1955 V
Aljechin 1927, 35, 37, 46 V
Alkajos v. Chr. 600
Alkali-Metalle 1807
Alkaloide 1947 W
– s. Chinin, Colchicin, Morphium
Alkamenes v. Chr. 435
»Alkestis« 1923 M

Alkestis-Legende 1955 D
Alkibiades v. Chr. 450, 415, 412 bis 410, 407, 404
Al Kindi 813, 70
Alkiphron 180
Alkmaion v. Chr. 534
Alkman v. Chr. 645
Alkmar 1487, 98
»Alkmene« 1961 M
Alkohol 1200, 1540, 1747, 1906, 09 W, 24, 26, 31, 59 V
– (0,8 ‰) 1973 V
Alkoholgenuß, Bekämpfung s. Abstinenz
Alkoholiker 1950 V
Alkoholismus 1955 V, 70 Ph
– (russ.) 1975 Ph
Alkoholverbot v. Chr. 1120; n. Chr. 1919, 33, 55 V
Alkoholverbrauch 1955 V
Alkuin 782, 90, 96
Allah 610
»Alldeutscher Verband« 1891
»Alle, die da fallen« 1966 D
»Allee von Middelharnis« 1689
»Alle gegen Alle« 1651
»Allegorie des Abschieds« 1971 K
»– Time has changed« 1966 K
»Allegorische Gestalten« (Vier) 1510
Allégret 1938 K
»Allegria« 1952 M
»Allegro barbaro« 1910 M
Alleinflug um die Erde 1964 V
»Alle Jahre wieder« 1967 K
– Kreter lügen« 1965 Ph
Allen, H. 1933 D
»– , J. 1962 W
– , van 1958 W
Allende, S. 1970, 72, 73 P, 73 D
»Allerdings« 1928 D
Allerheiligen 1857
»Allerheiligen-Maske« 1953 K
»Allerlei aus müßigen Stunden« 1330
– Geschichten« 160
Allerleuchtung 1666
»Allerschrecklichste und allerfreulichste ..., Das« 1683
»Aller Tage Abend« 1959 D
»– , Die Gefahren der« 1885
»Allerweckung« 1645
»Alles geht gut« 1972 V
– Gelingen ist Gnade« 1958 D
– in allem« 1974 D
»Alles-oder-Nichts-Prinzip« 1914 W
»Alles schwarz II« 1954 K
»Allgäu« 1923 K
»Allgemeinbildung und Spezialisierung« 1955 Ph
»Allgemeine Biologie« 1924 V
– dt. Bibliothek« 1765
– Ergebnisse unserer Hirnforschung« 1919 W
– Erkenntnislehre« 1918 Ph
– Erziehungslehre« 1924 Ph
– Konstitutionslehre« 1927 W
– luth. Konferez« 1868
– Metaphysica« 1887
– Naturgeschichte u. Theorie des Himmels« 1755
– prakt. Philosophie« 1808
– Psychologie« ... « 1935 Ph
– Psychopathologie« 1913 Ph
– relig. Friedenskonferenz« 1928 V
– Revis. d. ges. Schul- und Erziehungswesens« 1785
– Soziologie« 1955, 29 Ph
– Theorie d. Beschäftigung ...« 1936 V

»Allgemeine Verkehrsgeographie« 1913 V
– Volkswirtschaftslehre« 1928 V
– u. theoret. Volkswirtschaftslehre« 1901 V
»Allgemeiner Alster-Klub« 1844
– dt. Arbeiterverein« 1863
– Dt. Frauenverein« 1865, 95, 1902 Ph
– Dt. Waffenring 1919 Ph
– Postverein« 1874
– Spiegel d. Weltgeschichte« 1050
»Allianz für den Fortschritt« 1913 V
Alliierter Kontrollrat 1945 P
Allindischer Kongreß 1920, 32 P
– Kunstrat 1949 K
»All in Line« 1946 K
Allis-Chalmers-Traktor 1960 W
Allmannen s. Alemannen
Allmende 12. Jh.
Allongeperücke 1625, 73
»All or nothing« 1960 D
»Allotria« 1936 K
Alloway, L. 1956 K
Allport, F. H. 1955 Ph
– , G. W. 1961 Ph
»Allsieger« 1924 Ph
»Alltägliche Geschichte« 1847
Allwetterlandung 1969 W
Allwetterzoo 1973 V
Almagest 1461, 76
»– « 178, 827, 1187
Almagro 1537, 41
»Almaide« 1901 D
Al-Ma'mûn 786, 830, 33
Almansor 763, 754, 774
Almeria v. Chr. 3000; n. Chr. 1937 P
»Almira« 1705
Almohaden 1090, 1147, 75, 95, 1212
Almoraviden 1036, 62, 86, 90, 99, 1147
»Almtanz« 1954 K
Al Mukaddasi 1000
Alpach 1945 Ph
Alpen v. Chr. 587, 246, 218, 15; n. Chr. 526, 1729, 1869, 85, 1934 W
»– « 1729
– , Baugesch. d.« 1951 W
– im Eiszeitalter« 1909 W
»Alpenkönig u. Menschenfeind« 1828, 1903 M
»Alpensagen« 1958 D
Alpenschutzprogramm 1977 V
Alpenverein 1924 V
– , ältester 1857
– , Dt. 1977 V
»Alpha 1–4« 1968 K
»Alpha-Omega II« 1965 M
Alphastrahlen 1903, 55 W
Alpha- u. Betastrahlen 1899
Alpine Club 1857
– Skilauftechnik« 1903 V
Alpines Museum 1911 V
Alpinismus 132, 1311, 1511, 1786, 87, 1800, 04, 11, 20, 57, 61, 65, 69, 80, 81, 89, 90, 96, 98, 1900, 03, 11, 20, 21, 24, 33, 38, 50, 58, 62, 63, 71, 75 V
Alpirsbach, Kloster 1095
»Alptraum, Der« 1965 D
»Alraune« 1911, 13 K, 52 K
»Als Adam grub ... « 1380
Al Schîrasî 1275
»Als ich noch im Waldbauernbub war« 1902 D
»Als-Ob« (Philos. d.) 1911 Ph
»Also sprach Zarathustra« 1883, 96
Alt, O. 1966, 68 K
»Altaich« 1918 D
Altaivorgebirge, Kultur der Bevölkerung der« 1953 W

Altaku v. Chr. 701
Altar v. Chr. 2550, 850
»Altaraufsatz 11. Jh.«, 1225
»Altar mayor« 1926 D
»Altchristl. Literatur« 1904 Ph
Altdorfer, A. 1480, 1507, 10, 13, 18, 22, 23, 29, 30, 31, 38
»Alte Bäuerin« 1903 K
»– Garde« 1935 P
»– Gesetz« 1923 K
»– und neue Götter« 1930 Ph
»– Jungfer u. der Dieb« 1941 M
»– Kunst« s. »Ars antiqua«
»– Mann und das Kind, Der« 1966 K
»– Mann und das Meer, Der« 1952 D
»– Mensch i. unserer Zeit, Der« 1958 Ph
»– Museum 1828
»– Pflichten« 1723
»– Reich« 1934 D
»– Schule bei Nancy« 1901 Ph
»– Truhe« 1908 D
»– hoch- und niederdeutsche Volkslieder« 1844
Altenberg 1910 D
Altenbourg, G. 1969 K
Altenburger 1924 W
Altenburger Schloß 1455
Altenburgerstr. 169 1976 D
Altencampen 1098
Altenstetter 1602
»Alter, Das« 1970 Ph
– der Welt 1953 W
»– Mann« 1975 D
Altern, biologische Theorie 1971 W
»– und Krankheit« 1947 W
Alternsforschung 1975 W
Altern, Wissenschaft vom 61 V
Altersheim (für Handwerker) 1388
Altersmundart 1908 Ph
Alterspensionsgesetz 1908 V
Altersrenten 1923, 25, 35, 47 V
Altersversorgung 1905, 48, 61 V
»Altertümer der menschlichen und göttlichen Dinge« v. Chr. 27
– , mexikan. 1520
»Altertums- (Gesch. d.)« 1902 W
»– ..., Die Wiederbelebung d. klassischen« 1859
Altertumswissensch., Begründung 1825
»– des Heiligen Landes, Dt. ev. Instit. f.« 1919 Ph
»– , Realenzyklopädie d. klass.« 1839
»Altes und Neues« 1953 D
Testament, Früh. 722, 650, 620, 597, 550, 6. Jh., 400, 330, 300, 247, 181, 165, 105, 100, 50, 1. Jh., 42; n. Chr. 50, 138, 144, 155, 232, 25, 26 Ph, s. a. Bibel
»Älteste Urkunde des Menschengeschlechts« 1776
»Alte Zeiten« 1971 V
»Alt-Heidelberg« 1901 D
»Alt-Ithaka« 1927 W
Altkastilien 507
Altkatholiken 1870
Altlutheraner 1834
»Altmännerhaus in Amsterdam« 1881
Altmark 1134, 36, 70
»– « 1940 P
Altmeier, P. 1959, 63, 69 P
»Altmexikanische Kulturen« 1956 Ph
»Altneuland« 1903 D
Altolaguirre, M. 1959 D
»Alt-Olympia« 1935 W
Altpreußische Union 1959 Ph
Altrincham, Lord 1957 V
Altsparergesetz 1953 V

Altvenezianische Schule 1565
»Altweibersommer« 1909 D
Aluminium 1827, 54, 84, 1907 W, 17 V, 26 W
Aluminiumbau 1951, 53 W
Aluminiumproduktion 1957, 61 V
Aluminium-Wolkenkratzer 1953 W
»Alu-Relief« 1970 K
Alvarez 1520
—, L. W. 1956, 58, 68 W
Alvear 1922 P
Alverdes, F. 1925 Ph, 32, 52 W
—, P. 1929 D
Alyattes v. Chr. 617, 575
»Am Abgrund« 1964 M
Amadeus VI. 1362
»Amadis« 1300, 1508
Amalfi 1070
Amandus 1295, 1366
»amante anglaise, L'« 1967 D
Amanullah 1925, 28, 29, 60 P
»Amarakoscha« 650
Amarasimka 650
Amaravati 200, 850
Amarna v. Chr. 1385, 80, 70, 58, 55, 50, 20
Amar-Sin v. Chr. 2000
Amarsuena v. Chr. 2065
»Amaryllis« 1926 K
Amaseia v. Chr. 63; n. Chr. 20
Amasis II. v. Chr. 569
»Amateurboxen« 1919 V
Amateurfunk-Satellit 1965 W
Amati, Andrea 1527, 1600 1937 K
Amazja v. Chr. 790
Amazonas 1499, 1541, 1903 V
»Amazone, Verwundete« v. Chr. 420
Amazonen v. Chr. 1193
Amazonen-und-Kentauren-Kampf v. Chr. 413, 400
»Amazonenschlacht« v. Chr. 468; n. Chr. 1615
Amberger, Chr. 1543, 52, 54
Amboina 1942 P
Amboise, Schloß 1490
Amboten 1670
Ambros 1878
»Ambrosianischer Lobgesang« 400
Ambrosio 1908 K
Ambrosius 340, 75, 86, 90, 97
Ambrosius-Bank, Mailand 1593
»Ameisen, Das Leben der« 1930 Ph
»Ameisenbüchlein« 1806
»Amelia geht zum Ball« 1937 M
Amelungen-Roman 1920 D
Amen, W. van 1964 K
Amenemhêt I. v. Chr. 2000, 1985, 1950
— III. v. Chr. 2000, 1815
Amenemmês v. Chr. 2000
Amenophis I. v. Chr. 1555
— II. v. Chr. 1450
— III. v. Chr. 1420, 10, 1400, 1385
— IV. v. Chr. 1400, 1385, 1358, s. auch Echnaton
American Federation of Labor s. AFL
— Football« 1967 K
— Philosophical Society 1727
Americium 1946, 68 W
Amerigo Vespucci s. Vespucci
»Amerika« 1502, 07, 38 W
—« 1924 K, 27 D, 66 M
Amerika (Erste Entdeckungen) 1000, 1002
— entdeckte, Wie ich« 1926 D
—, Frühe Funde in v. Chr. 8000
»— Hurra« 1967 D
»—Amerikaner, D. erste« 1972 Ph
»— in Paris, Ein« 1928 M, 51 K
»Amerikanische Demokratie« 1948 P

»Amerikanische Dilemma, D.« 1944 Ph
»— Romanze« 1920 V
»— Sprache« 1919 D
»— Traditionen in der Außenpolitik, Die« 1955 Ph
»— Tragödie, Eine« 1925 D
»Amerikanischen Arbeiterschaft gewidmet, Der« 1951 K
»Amerikanischer Individualismus« 1922 Ph
— Journalismus« 1927 V
»Amerikanisches Bauen 1932 bis 44« 1944 K
»Amerikas, Einf. i. d. Bau 1940 W
Amerikasatire 1888
»Amers« 1959 D
»Amethyst« 1955 K
»Ameysz i. Fleische, Die« 1961 D
»Amfiparnasso, L'« 1597
»Am Gries in München« 1966 K
»— grünen Strand der Spree« 1955 D
Amhibur Rahman 1972 P
»Amida Buddha mit Begleitern« 941, 1053, 1150
»— hinter den Bergen« 1202
Amida-Buddhismus 2. Jh., 180, 650, 1017
Amiens 1802
—, Kathedrale 1218, 68
—, Peter von 1096
Amin, Idi 1977 P
Amino, L. 1954, 55 K
Aminosäuren 1902, 06, 51 W
»—...« (Untersuchungen über) 1906 W
—, künstl. Erzeugung 1953 W
Aminosäurensequenz 1972 W
»Aminta« 1573
Amir, Al Hakim 1967 P
Amman, Joh. Conr. 1692
—, Jost 1568
»Amme und Kind« 1630
Ammenhausen, Konrad von 1330
Ammenzeugung 1815
Ammer 1929 K
Ammers-Küller 1925 D
Ammoniak 1774, 1902, 13, 16, 18, 22, 34 W
Ammonios Sakkas 175, 242
Amnestie in der UdSSR 1955 V
Amnesty International 1961, 68, 72 Ph, 77 P, Ph
»Amok« 1923 D
Amon v. Chr. 1555, 1480, 1450, 1385, 58, 55, 50, 1300, 1190, 1090, 332, 300
»Amon, Gem. d.« v. Chr. 800
Amontons, G. 1702
Amoore 1966 W
»Amor Dei« 1908 D
Amor und Psyche 180
»— — — 1793, 1907 K
»— geraubte Hemd, Das von« 1765
»Amores« 18, 1502
Amoriter v. Chr. 1400
»Amorosa visione« 1342
»Amorphes Blau« 1951 K
Amos v. Chr. 8. Jh.
Amosis v. Chr. 663
— I. v. Chr. 1600, 1580, 1570
Ampère 1820, 22
Amphitheater 100
»Amphitryon« v. Chr. 184; n. Chr. 1668, 1957, 61 M
—« 38« 1930 D
»Am Rande der Barbarei« 1951 D
»— — — Wüste« 1963 D
»Amras« 1964 D
Amratien-Kultur v. Chr. 3900
Amrehn, F. 1962 P
Amritsar 1919 P
Amsberg, Claus von 1966 P

Amselfeld, Schlacht auf d. 1389, 1444, 48
Amsterdam 1300, 69, 77, 98, 1585, 95, 97, 1609, 17, 31, 38, 40, 88, 1853, 83, 1901 V, 03 K, 04 P, 10, 13, 28 W, 48 Ph
—, Kinderheim 1959 K
—, Rijksmuseum 1885
Amsterdam-Schiphol, Flughafen 1967 V
»Amsterdamer Gracht« 1913 K
Amtssprache, türk. 1277
»Amulett« 1872
Amun s. Amon
Amundsen 1872, 1906, 11, 12 W, 20 K, 26, 28 W
Amuntempel i. El Charge v. Chr. 496
Amur 1690
Amurbahn 1916, 17 V
Amurbecken, Erschließung 1956 P
Amurland 1855
Amurmündung 1644
Amurru v. Chr. 2600
Amy, G. 1957, 68 M
Amythis v. Chr. 575
»Anabasis« v. Chr. 401, 354
Anagni 1303
Anaklet II. 1130, 33, 39
Anakreon v. Chr. 580, 530, 495; n. Chr. 1739
»— 1746
Anakreontik 1748
»An allem ist Hütchen schuld« 1917 M
»Analogie« (Über) v. Chr. 180
Analphabeten v. Chr. 487; n. Chr. 1911, 21, 46, 50, 59, 61 ff, 71 Ph
Analphabetismus 1975, 1914 M
»Analyse v. Beethovens sämtl. Klaviersonaten« 1919 M
»— des Denkens« 1921 Ph
»— der Empfindungen ...« 1900 Ph
»— der Gesichtswahrnehmungen« 1909 Ph
»— der Materie« 1927 Ph
»—, Synth. u. Ganzh. in der Biologie« 1935 Ph
»Analytische Theorie der Wärme« 1822 W
»Analytischen Funktionen, Allg. Theorie der« 1861
Anämie 1926, 34, 46, 48 W
Ananas 1514
Anaphylaxie 1902, 13 W
»Anarchie, D. kurze Sommer d.« 1972 D
»— im Drama« 1921 D
»— mit Liebe« 1962 D
Anarchismus 1809, 40, 45, 65, 73, 79
— s. a. Nihilismus
»Anarchistische Moral« 1922 Ph
Anastasi, A. 1954 Ph
Anastigmat 1890
Anatahan 1951 M
»Anatevka« 1968 M
»Anatol« 1893
Anatolien v. Chr. 2450, 1750, 540; n. Chr. 1920 P, 39 V
Anatomie (frühe) 1. Jh., 205, 873, 1000, 1306, 20, 26, 50, 76, 1435, 1534, 36, 43, 60, 68, 1856
—, Lehrbuch der 1306, 26
—, pathologic. 1761
—, vergleich. 1799
— der Drüsen 1656
— des Embryos 1667
— d. Gehirns 1664
— der Melancholie« 1621
— d. Nerven 1664
— des Pferdes« 1598
— der Pflanzen« 1682
— u. Physiol. d. Nervensyst.« 1908 W
— der Schurkerei« 1950 Ph

»Anatomie der schwang. Gebärmutter« 1774
»— des Dr. Tulp« 1632
»Anatomie-Tafeln« 1552
Anatomie-Theater 1549
»Anatomische Beobachtungen« 1561
Anaxagoras v. Chr. 500, 450, 432, 428
Anaxarchos v. Chr. 270
Anaximander v. Chr. 611, 560, 50, 46, 26
Anaximenes v. Chr. 586, 50, 26
»Anbeginn, Von« 1968 K
»Anbeter d. einz. Gottes« 1195
»Anbetung« 1462, 76, 1521, 1903 K
— der Hl. Drei Könige 1426, 76, 90, 1504, 1619
— der Hirten bei Laternenschein« 1649
— im Walde« 1458
»Anbruch der Tage« 1930 D
And, E. M. 1957 K
Andachtsbild 1250, 1300, 1400
»Andenken« 1766
»Andere, Der« 1972 D
— Ich« 1941 K
— Seite, Die« 1908, 29 D, 73 K
Andernach 356
Anders 1940 D
—, H. 1967 K
—, P. 1954 M
—, W. 1968 W
Anderson, A. 1955, 60 K
»Anderseits« 1949 D
Andersen, H. 1951 M
—, H. C. 1805, 35, 40, 46, 75, 1914 M
—, L. 1941 D
Andersen-Nexö, M. 1910, 22, 31, 54 D
Anderson 1957 P
—, C. D. 1932, 36, 57 W
—, J. 1723
—, Marian 1938 M
—, Michael 1957 K
—, O. 1935 W
—, P. W. 1977 W
—, R. 1912, 18 W
—, Sh. 1920 D
Andersson, B. 1966 W
»Andorra« 1961 D
Andrade, P. d' 1920, 12 K
Andrassy, G. F. 1823, 67, 71, 90
Andre, C. 1966 K
André-Thomas, J. 1951 W
»Andrea Chénier« 1896
— Doria« 1956 V
Andreä, Joh. Val. 1619
Andreas II. 1224
»— od. d. Vereinigt.« 1932 D
Andreas-Salomé, L. 1894
Andreastragaltar 972
Andrée 1897
Andrée-Polar-Expedition 1930 W
Andrejew 1908, 10 D
Andreotti, G. 1972, 77 P
Andres, St. 1939, 43, 47, 48, 51, 59, 70 D
Andresen, C. 1971 Ph
Andrews, H. 1964 K
Andria 1246
Andrić, I. 1961, 62 D
Andrioli 1701
»Androklus u. d. Löwe« 1913 D
»Andromache« 1667
Andromedanebel 1612, 1924, 43 W
Androsteron 1931 W
Andrzejewsky, J. 1962 D
»Anecdota ex Ambrosianae bibliothecae codicibus« 1713
»Äneis« 1547
»Anemonen« 1956 K

Anerkennungsfrage (d. DDR) 1968 P
Aneroid-Barometer 1847
Änesidemos v. Chr. 80
Aneurin 1926, 35 W
»Anfänge dt. Geschichtsschr.« 1938 Ph
»— d. modernen Kapitalism.« 1916 V
»— der Musik« 1911 M
Anfinsen, Ch. B. 1972 W
»Angela Borgia« 1891
»Angelica« 1926 K
Angelico 1387, 1418, 33, 36, 45, 47, 55
»Angélique« 1962 M
»— und ihre Liebe« 1964 D
»— et son amour« 1961 D
Angell 1933 P
Angelo 1073
Angelsachsen 449, 500, 650, 700, 9. Jh., 11. Jh., 1066, 1100
Angelsächsische Kultur 8. Jh.
Angelsport 1577, 1653
Angestellte 1960, 62 V
»— zw. Arbeiterschaft u. Management« 1961 V
Angestellten ... i. öffentl. D., internat. Verein. v. 1923 V
»Angewandte Entomologie« 1914 W
»— Mathemat. u. Mechan.« 1921 W
»— Soziologie« 1908 Ph
Angkor, Tempel 889, 1099, 1907 W
Anglerhandbuch 1653
Anglikanische Kirche 1571
Anglo-Iranian Oil Company 1951 V
Anglo-Persian-Oil-Co. 1932 V
Angola 1885, 1961 P
»Angst, Der Begriff der« 1844
»— essen Seele auf« 1974 K
»— vorm Fliegen« 1976 D
Anhalt-Dessau-Zerbst, Prinzessin von 1729, 62
Aniakshak 1922 W
»Aniara« 1959 M
Anilin 1826, 34, 65
»—« 1936 D
Anilin-Konzern 1904, 25 V
»Animalibus, De« 1280
»Animalium, De differentiis« 1552
Animismus i. d. Med. 1706
Anjou 1154, 1261, 66, 68, 78, 82, 1308, 09, 11, 17, 42, 43, 70, 76, 86, 1442, 45, 81
Anjou-Plantagenet 1154
Ankara 1923, 39 P
Ankrah, J. 1969 P
»Anlagen in Hyeres« 1952 K
»Anlässe und Steingärten« 1339
»Anleitung z. vollkomm. Leben« 1339
»Anmarsch d. Pöbels« 1906 Ph
»Anna«
»— Boleyn« 1921 K
»— Christie« 1922 D, 30 K
»— v. Cleve« 1539
»— von England 1702, 14
»— von Österreich 1643
»— of the five towns« 1902 D
»— Karenina« 1873, 77, 1911, 27, 35, 67 K
»— d. Mädchen a. Dalarne« 1928 D
Anna, Rembrandts Mutter, als Prophetin 1631
»— selbdritt« 1473, 1512
»— und die Wölfe« 1972 K
Annabella 1931, 33 K
Annaberg 1483, 1509, 21, 61
»—, Annenkirche 1502
»Annalen« v. Chr. 169
— (ägypt.) v. Chr. 1480
»— (arab.) 914
»Annales« 116

Annales de Chimie 1778
Annapurna 1950 V
»Ännchen von Tharau« 1973 M
Anne, Prinzessin von Engl. 1973 P
Anner, G. 1955 W
Annesly, D. 1965 K
Anno II. von Köln 1056, 62, 1106
»Annolied« 1106, 50
»Annonciata« 1939 D
Annunziatenorden 1362
Annunzio, d' 1863, 1902, 16 D, 19 P, 38 D
»Ann Vickers« 1885, 1933 D
Anonymus v. Einsiedeln 9. Jh.
Anopheles-Mücke 1897
Anouilh 1932, 34, 42, 52, 55, 56, 59 ff D
Anquetil 1956 V
Ansanus-Altar 1333
Ansbach 1470
»Anschauungen ü. d. Tät. d. Zentralnervensyst.« 1940 W
Anschlagsäule 1854
Anschütz 1929 M
Anschütz-Kaempfe 1904 W
Anselm von Canterbury 1033, 1109
Ansgar 826, 31, 45
Ansgar-Kirche, Berlin 1957 K
Anshi-kao 147
»Ansichten vom Biwasee« 1830
– eines Clowns« 1963, 64 D
»– vom Hsiao-Hsiang« (Acht) 1269
»– der Natur« 1808
»Ansprache im Goethejahr 1949« 1949 D
»– der Seele an den Körper« 1600
Ansteckende Krankheiten 1303
Antalkidas v. Chr. 387
»Antalkidischer Friede« v. Chr. 379
Antara ibn Schaddad 600
Antarktis, Atlas der 1966 W
–, Entdeckung 1772, 1843, 95, 1902, 05, 08 P, 09, 11, 12, 22, 23, 28, 33, 35, 39, 42, 46, 55 W, 59, 60 W, 61 P, 77 W
– s. a. Südpol
Antarktis-Vertrag 1961 P
Antarktischer Eisschild 1968 W
Antef 1964 Ph
Antelami 1180
Antenne, Hoch- 1895
Antennenturm, höchster 1955 W
Antenor v. Chr. 510
Antependium aus Soest 1170
Antes, H. 1963, 65, 67, 68 K
Antheil 1930 M
Anthemius 450
»Anthologia palatina« 960
Anthologie 1. Jh.
»– der Negerdichtung« 1924 P
–, griech. 500
Anthozyane 1914 W
»Anthropogenie oder Entwicklungsgeschichte des Menschen« 1874
Anthropogeographie 1882
Anthropoiden 1917 W
Anthropologie 1794, 1954 Ph
–, strukturale 1973 Ph
–, Ges. für 1959 W
Anthropolog.-soziolog. Konf. 1949 Ph
»anthropologische Betrachtungsweise in der Pädagogik, Die« 1965 Ph
»Anthropology, Cultural« 1959 Ph
Anthropometrie 1862
»Anthropos« 1906 Ph

Anthroposophie 1901, 09, 12, 13, 16, 17, 19, 21, 25, 27 Ph s. a. Steiner
Anthroposoph. Gesell. 1932 Ph
Antibaby-Pille 1954 W, 62 V
»Antibarbarus philosophicus« 1553
Antibiotika 1940, 51, 53, 56 W
Antibiotikum 1947, 65 W
Antichrist 830, 1155, 1450, 1888, 97
Anti-Deuteronen 1965 W
»Antidotarum« 1098
Antiferromagnetismus 1970 W
Antifone« 1960 M
Anti-Geschichtsbuch 1973 Ph
»Antigonae« 1949 M
Antigone v. Chr. 1927 M
Antigoniden v. Chr. 280
Antigonos v. Chr. 323
– aus Karystos v. Chr. 260
»Anti-Goeze« 1778
Antigua 1940 P
Anti-Hyperon 1962 W
»Antike« 1925 W
– Aberglaube i. s. mod. Ausstrahl.« 1922 Ph
– Gesellsch. 517 P
– u. Humanismus« 1925 Ph
Antike Kunst (frühe Beachtung) 1151, 1435, 71
Antikominternpakt 1936, 39, 41 P
Antikörper 1972 W
Antikörperbildung 1967 W
Antikriegskonferenz 1915 P s. a. Friedenskonferenz
Antikunst 1900, 68, 73 Ph, 14 K
Antikythera v. Chr. 334
»Anti-Landschaft« 1967 K
Anzengruber 1839, 70, 71, 74, 85, 89
Antilopenart, neue 1910 W
»Antilopenfütterung« v. Chr. 2450
Antilopenjagd v. Chr. 1950
Antilynchgesetz 1926 V
»Antimachiavel« 1739
Antimaterie 1970 W
–, stabile 1977 W
Antimodernisteneid 1911 Ph
Antimon v. Chr. 2000
Antineutron 1956 W
Antinoopolis 130
Antinoos 130
»Anti-Objekt« 1966 K
Antiochenische Schule 546
Antiochia v. Chr. 300;
 n. Chr. 50, 272, 400, 538, 637, 969
Antiochos I. v. Chr. 38
– I. Soter v. Chr. 260
– II. Theos v. Chr. 260
– III. v. Chr. 221, 209, 195, 190, 189
– IV. v. Chr. 169
»Antipapa« 1942 K
Antipater v. Chr. 323
Antiphon v. Chr. 480
»Antiphonar« 600
Antiphone 400, 5. Jh.
Antiphonen 1453
– für Viola und Kleines Orchester 1965 M
Antiproton 1955, 59 W
Antipyrin 1884
Antiqua 800, 15. Jh., 1460, 72, 92
– (Behrens) 1908 K
– (Ehmcke) 1908 K
– (Koch) 1922 K
– (Weiß) 1908 K
»Antiquar« (Der) 1816
Anti-Raketensysteme 1969 P
Anti-Rassismus-Progr. 1974 P
Anti-Schwerwasserstoff 1964 W
Antisepsis, Karbol 1867
Antisthenes v. Chr. 444, 366
Antistreikgesetz 1943 P
»Anti-Theater« München 1968 D

Antitoxine 1889
Antitrustgesetz 1911, 14 V
Antium v. Chr. 338, 250
»Antlitz der Erde« 1909 W
»Antoin et Antoinette« 1947 K
Antoine, A. 1887, 1906 D
»Anton Reiser« 1790
Antonello da Messina 1430, 61, 73, 76, 77, 79
Antonescu 1940, 41, 44 P
»Antonio Adverso« 1933 D
Antonioni, M. 1960, 61, 66 K
Antonius, Marcus v. Chr. 43, 42, 40, 36, 35, 33, 31, 30
– d. Gr. 250, 356
–, Der heilige« 1870
– von Padua 1195, 1231, 1307
– Pius 138, 160
– und Cleopatra« 1608
»Antoniusfeuer« 857
Antwerpen 1291, 1300, 15, 70, 98, 1400, 50, 60, 1500, 10, 11, 31, 40, 85, 96, 98, 1609, 10, 16, 21, 32, 1894, 1920 V, 44 P
–, Augustiner-Kirche 1628
–, Dom 1614, 16
–, Jesuitenkirche 1620
–, Kathedrale 1352, 1488
–, Rathaus 1565
»Antwort auf Hiob« 1952 Ph
– kennt nur d. Wind, Die« 1973 D
Antylos 135
Anu v. Chr. 2000, 1100
Anubis v. Chr. 1250
Anuradhapura 200, 600
Anville 1749
Anweiler 1961 Ph
»Anwendung v. Mentoren....« 1939 W
– quantit. Methoden..., Die« 1960 W
Anyang v. Chr. 1331, 1300
»An Zinnen und Palisaden« 1966 K
Aoide v. Chr. 700
Äolien v. Chr. 700
»Äolsball« 98
Aosta v. Chr. 25
»Apachen« 1921 M
Apad 895
Apamea 387
»Apartheid« 1958, 60, 61, 77 P
»Ape and Essence« 1948 D
Apeiron v. Chr. 546
Apel, E. 1963, 65 P
–, H. 1974 P
Apennin v. Chr. 2450
»Aperzeptionstest« 1938 Ph
»Äpfel« 1953 K
– und Eva« 1925 D
»Apfelfall« 1967 K
Aphäa v. Chr. 480
Aphorismen 1766
– zur Kunst 1101
Aphrodisias um Chr. Geb.
–, Alexander von 205
Aphrodite v. Chr. 1000, 600, 425, 333, 3. Jh., um Chr. Geb.
– Anadyomene« v. Chr. 330
– von Knidos« v. Chr. 330
– medicéenne v. Chr. 305
– v. Melos v. Chr. 156
– von Taman« 1964 W
Apianus, P. 1524
– Ph. 1566
Apicius v. Chr. 1300, 300
Apis v. Chr. 1300, 300
– und Estee« 1933 D
Aplanat 1866
»Apokalypse« 1405, 98
»Apokalypt. Reiter« 1919 D
»Apoll« v. Chr. 600, 525;
 n. Chr. 1922 K
– und Hirten« 1834
Apollinaire, G. 1913 D
Apollo v. Chr. 1000, 750, 689, 650, 590, 549, 508, 500, 478, 450, 431, 413
»– v. Chr. 507

»Apollo 6« 1968 W
»– 8« 1968 W
»– 13« 1970 W
»– 14« 1971 W
»– 15« 1971 W
»– 16« 1972 W
– von Belvedere« v. Chr. 354
– und Daphne« 1623, 64
– m. d. Eidechse« v. Chr. 330
– i. d. Schmiede d. Vulkan« 1630
Apollobrunnen, Nürnberg 1532
Apollo-Programm 1969 W
Apollodor 5. Jh. v. Chr.
Apollodoros v. Chr. 140
– aus Damaskus 105, 13
»Apollon musagète« 1928 M
Apollonios aus Athen v. Chr. 100
– von Perga v. Chr. 265, 200, 170, 125
– der Rhodier v. Chr. 295, 280, 215
– von Tralles v. Chr. 150
– von Tyana um Chr. Geb., 100
– von Tyros 1300
»Apollons letzte Epiphanie« 1937 Ph
Apologetik, Christliche 160
»Apologie« v. Chr. 396, 47; n. Chr. 1530
– d. Christentum« 1905 Ph
»Apomnemoneumata« v. Chr. 354
»Apostel, Der« 1957 D
»– « 1526, 64
– der Deutschen« 673, 754
– der Dreizehnte 337
– der Friesen« 696
– Mährens« 863
– des Nordens« 826
– der Pommern« 1124
– der Preußen« 1009
Apostelbilder 1248
Apostelbrüder 1260, 1307
Apostelkonzil 48
»Apostellehre« 100
»Apostelspiel« 1923 D
»Apostolisch-katholische Kirche« 1822
»Apotheke« 1947 K
Apotheken erste 8. Jh., 1215, 10, 03, 1488
Apothekerbuch, erstes dt. 1477
»Apotheose Venedigs« 1585
»– des Prinzen Eugen« 1721
Appel, K. 1951, 53, 54, 55, 58 K
Appelles v. Chr. 330
»Appelschnurr« 1906 D
Appenzell 1206, 1405, 11, 81, 1513
Appius Claudius v. Chr. 305
– – Cäcus v. Chr. 308
Appleton, E. V. 1925, 47, 65 W
Approbationsordnung 1970 W
Apresjan, J. 1971 Ph
Apries v. Chr. 663, 587, 569
Aprikose 1291
A-priori-Erkenntnis 1781
Apulejus 117, 25, 80
Apulien 972, 1043, 47, 53, 59
»Aquae Mattiacae« v. Chr. 11
– Sextiae, Schlacht bei v. Chr. 101
»Aquamobil« 1969 K
Aquaplaning 1973 V
Aquarienkunde 1856
»Aquarium« 1968 D
–, Berlin 1869, 1913 W
–, Hamburg 1861
–, Seewasser- in London 1852
– d. z. Wasserleitg.
Äquator, Überquerung 1471
Äquer v. Chr. 496
Aquila 155
Aquileja 340, 400

Aquino, Thomas v. 1617, 1925 Ph
»Aquis submersus« 1876
Aquitanien 700, 817
–, Eleonore von 1137, 54
Ara Pacis v. Chr. 13
– Ubiorum v. Chr. 38
»Arabella« 1933 M
Araber 1487, 1888
»Arabesken« 900
Arabia 106
Arabian American Oil Company 1953 P
Arabien, Große Wüste 1930 W
»–, Reisebeschr. nach« 1767
Arabische Liga 1945, 52, 58, 63, 74 P
– Poesie, Buch über 889
– Schattenspiele « 1901 Ph
– Sprache 7. Jh.
»Arabischer Friedhof« 1919 K
Arachart 1925 W
Arados v. Chr. 350
Arafat, J. 1964, 70, 73, 74 P
Arago 1815, 21
Aragon, L. 1934, 58, 64, 67, 71 P
Aragonien, Ferdin. v. 1497, 1501
–, Katharina von 1509
Arakawa, S. 1973 K
Aramäer v. Chr. 1490, 950, 883, 859, 800
Arambourg, C. 1954 W
Aranyaka v. Chr. 600
Aräometer 410
Aratos v. Chr. 310, 245
»Arbeit« 1903 D
»–, Befreiung der« 1883
– und Leben« 1948 Ph
– im Rübenfeld« 1875
»Arbeit tun die anderen, D.« 1975 Ph
Arbeiten, wissenschaftl. 1960 W
»Arbeitenden Klasse in England, Lage d.« 1845
Arbeiter 1960 V
»Arbeiter z. Astronomen, Vom« 1919 W
»–, Bauern, Soldaten« 1925 D
»– auf dem Heimweg« 1916 K
»–, Herrsch. u. Gestalt« 1932 Ph
»– und Kultur« 1950 Ph
Arbeiter-Athletenbund 1906 V
Arbeiterbewegung, Anfänge der 1799, 1800, 12, 19, 24, 29, 33, 37, 38, 39, 42, 45, 54, 56, 62, 63, 64, 65, 66, 67, 68, 69, 71, 75, 78, 89, 90
»– (Gesch. d. revolutionären) 1924 P
Arbeiterbildungs-Verein 1840
Arbeiterbildungs-Vereinigung, engl. 1903, 28 Ph
–, dän. 1924 Ph
Arbeiter-Fortbildungskurse 1901 Ph
Arbeiterfrage und Christentum« 1864
»Arbeiterfrau mit schlaf. Jungen« 1927 K
Arbeiterhilfe, intern. 1921 V
Arbeiter-Hochschule 1910 Ph
»Arbeiterklasse geht ins Paradies, Die« 1972 K
»Arbeiterkopf« 1924 K
Arbeiterpartei, belg. 1885
–, span. 1879
Arbeiterpriester 1954 Ph
Arbeiterrat, zentr. ungar. 1956 P
Arbeiterschaftsverband, Allg. dt. 1868
Arbeiterschutz 1904, 14, 19 V
»Arbeiterseele« 1920 D
»Arbeiter-Turn- und Sportbund« 1892
»Arbeiterverbrüderung« 1848

Arbeiterverein, kath. 1909 P
Arbeitervereine 1854
Arbeiterwohlfahrt 1919 Ph
Arbeiterwohnungen 1837
Arbeitsamt, internat. 1901, 19, 24, 38, 77 V
Arbeitsbeschaffung 1935 V
Arbeitsbuch 1935 V
Arbeitsdienstgesetz 1935 V
Arbeitsdienstpflicht 1935, 39 P
Arbeitserziehungslager 1947 Ph
»Arbeitsfront« 1934 V
Arbeitsgemeinschaft, dt.-österr. 1925 P
»Arbeitsgemeinschaft d. freigeist. Verb.« 1921 Ph
»– d. Landesv. dt. Volkshochschulen« 1949 Ph
Arbeitsgericht 1904 V
Arbeitsgerichtsgesetz 1926 V
Arbeitsgesetz, engl. 1833
Arbeitsgesetzbuch d. DDR 1961 P
»Arbeitsintensität u. Achtstundentag« 1921 V
»Arbeitskampf u. Arbeitsfrieden« 1961 Ph
Arbeitskräfte 1961 V
Arbeitskreis f. Erneu. d. Erz. 1921 Ph
Arbeitsleistung, USA 1930 V
Arbeitslohn, Vergl. 1965 V
Arbeitslosenunterstützung 1932, 50 V
Arbeitslosenversicherung 1893, 96, 1911, 20, 23, 27 V, 30 P, 37 V
Arbeitslosigkeit 1932, 50, 55, 62, 63 V
»–« 1909 K, 38 V
Arbeitsmarkt der BRD 1969 V
Arbeitsordnungsgesetz 1934 V
»Arbeitsphysiologie« 1928 W
Arbeitsrecht 1927 P
–, intern. 1951 V
»Arbeitsrechts-« (Grundzüge d.) 1925 V
»Arbeitsschule« 1854, 1912, 32 Ph
Arbeitsschutz 1901, 26 V
Arbeitsschutzgesetz 1927 V
»Arbeitssoziologie« 1961 Ph
Arbeitstage f. Musik 1970 M
Arbeitsunterricht 1952 Ph
Arbeitsvertrag v. Chr. 8
»Arbeitswissenschaft, Handb. d.« 1927 Ph
Arbeitswoche, 45-Std.- 1956 V
Arbeitszeit 1802, 47, 48, 90, 91, 1903, 38, 51, 54, 60 ff., 73 V
Arbeitszeitverkürzung 1956 V
Arbiter 66
Arboga 1610
Arbusow, A. N. 1961 D
»Arcadia« 1480, 1502, 30
Arcadius 359, 97
Archagothos v. Chr. 219
»Archaischer Realismus« 1954 K
Archangelsk 1932 W
Archäologie 1975 Ph
»–, quantitative Methoden i. d.« 1960 W
Archäologische Luftaufnahmen 1924 V
Archäologisches Institut, Dt. 1829
Archäomagnetismus 1958 W
»Archäopteryx« 1861
»Arche« 1948, 51 D
Archelaos v. Chr. 413
»Archetyp« 1936 W
Archigenes 109
Archilochos v. Chr. 650
»Archiméde« 1973 V
Archimedes v. Chr. 285, 260, 250, 212; n. Chr. 1556
»Archipel Gulag« 1973, 74 D

Archipenko, A. 1887, 1912, 13, 64 K
»Archipoeta« 1164
»Architectura« (De) v. Chr. 15; n. Chr. 1594
»Architekten« (Bund Dt.) 1903 K
»Architektonisches Element« 1954 K
»Architektonisch-vegetativ« 1956 K
»Architektur« 1901, 56 K
–, »brutalist.« 1958 K
–, Entw.e.histor.« 1712, 21
»–, die nicht geb. wurde« 1925 D
Architekturausstellung, intern. 1932 K
»Architettura, Regola delle ...« 1562
Archiv f. exot. Musik 1935 M
»– f. Rassen- u. Gesellschaftsbiol.« 1904 W
»– für Rechts- u. Sozialphilos.« 1907 Ph
»– – – u. Wirtschaftsphilos.« 1907 Ph
Archytas v. Tarent v. Chr. 428, 05, 379, 65, 56
Arco 1901 W
Arco, Graf 1897
Arco-Valley 1919 P
Ardascher 235
Arden, E. 1966 V
–, J. 1965 D
»– muß sterben« 1967 M
Ardenne, M. v. 1940, 65, 73 W
Ardennenoffensive 1944 P
»Ardinghello« 1787
Aref 1968 P
Aref, A.S.M. 1963 P
Arelat 879, 88
Arelate v. Chr. 100
–, Favorinus v. 85, 160
Arendt, H. 1959, 61, 75 Ph
–, W. 1976 P
Arens 1947 W
Areopagita, Dionysius 500
Ares v. Chr. 1000
Aretino 1492, 1524, 37, 46, 56
Arezzo, Guido v. 995, 1026, 50
–, Pieve de S. Maria 1320
–, R. d' 1282
– , San Francesco 1464
Argelander, F. W. A. 1861
»Argenis« 1621
Argentoratum 357
Argon 1894, 1904, 19 W
»Argonauten, Rückkehr der« v. Chr. 468
»Argonautika« v. Chr. 215
Argos v. Chr. 471, 65, 20, 18, 4. Jh., 221
Argote 1561, 1627
Argoud 1963 P
Ari 1122
»Ariadne und Blaubart« 1907 M
»– auf Naxos« 1912 M
»– auf dem Panther« 1806
Ariadnekopf v. Chr. 330
»Ariane« 1957 K
Arianer 493
Arianismus 325, 40, 50, 72, 83, 94, 526, 87, 89
»Arianna« 1608
Arioli, R. 1960 K
Arion v. Chr. 620, 534
Ariosto, Ludov. 1474, 1508, 16, 18, 33
»Arische Religion« 1916 Ph
Ariovist v. Chr. 72, 58, 54 P
Aripat von Mailand 1036
Aristainetos 500
Aristarchos 178
– von Samos v. Chr. 270, 200, 150
– von Samothrake v. Chr. 217, 145, 130
Aristeides v. Chr. 100
Aristides v. Chr. 478; n. Chr. 138
Aristion v. Chr. 509

Aristippos v. Chr. 435, 355
Aristobul v. Chr. 181
Aristogeiton v. Chr. 514, 510
Aristokles v. Chr. 509
Aristophanes v. Chr. 450, 423, 421, 414, 411, 405, 400, 387
– von Byzantion v. Chr. 257, 180
Aristoteles v. Chr. 400, 384, 372, 367, 350, 343, 335, 334, 325, 323, 322, 320, 287, 286, 270, 240, 220, 86, 50; n. Chr. 1. Jh., 205, 524, 700, 08, 870, 980, 1037, 1126, 46, 50, 75, 93, 98, 1200, 41, 45, 64, 65, 73, 74, 80, 82, 1308, 09, 48, 1438, 86, 1524, 36, 70
»–« 1961 K
Aristotelismus 1624
Aristoxenos v. Chr. 300
»Arithmetica« 250
»– historica« 1625
»– integra« 1544
»– poetica« 1625
»Arithmeticae, Disquisitiones« 1801
Arithmetik (Anfänge) 45, 2. Jh. 250, 476, 500, 1083, 1202, 13. Jh. 1460, 89, 94, 1518, 44, 50, 80
– s. a. Arithmetica
Arius v. Alexandria 325, 35, 73
Arjabhata 476, 517
Arkadien v. Chr. 400, 149
Arkansas 1542
Arkasiden 224
Arkebuse 1400, 15. Jh.
Arkesilaos v. Chr. 315, 267, 241
Arkesilas-Schale v. Chr. 6. Jh.
Arkona 1168
»Arktika« 1977 W
Arktis v. Chr. 330; n. Chr. 1596, 1819, 98, 1906, 09, 12–14, 18, 20, 24, 26, 28, 29, 31, 33, 37, 45, 46, 48 W, 56 V
– s. a. Nordpol
–, Erforschung der 1971 W
Arktiserwärmung 1933 V
Arktis-Luftverkehr 1952 W
Arkwright 1769
Arland, M. 1960 D
Arlanza 1250
Arlate 400
Arlbergschule 1492, 26 V
Arlbergtunnel 1884
Arlecchino 1670, 1918 M
Arles v. Chr. 330, 100; n. Chr. 1100, 1264
–, Constance von 996
–, Kathedrale 600
–, St. Césaire 511
–, St. Trophim 606, 1150
»Arlésienne Suite, L'« 1872
Arlt, F. 1958 Ph
Armada 1588
Armagh 5. Jh.
Armagnaken 1444
Arman 1975 K
Armand, Fern. 1968 K
Armanen v. Chr. 2500
»Armarcord« 1975 K
Armbrust v. Chr. 400; n. Chr. 851, 1400, 27
Armbruster, L. 1970 K
»Arme Heinrich« 1215, 1895, 1901 D
»– kleine Reiche« 1917 V
»– Margaret« 1910 D
»– Matrose« 1926 M
»Armee hinter Stacheldraht« 1932 D
Ärmelkanal, Überfliegung 1785, 1909 W
»– Durchschwimmen 1876
»Arme Poet« 1839
»– Spielmann« 1848
»Armen« 1917, 25 D
»Armenanstalt« 1774

Armenbibel 1300, 1450
Armengesetz 1601
»Armen von Lyon« 1209
Armenpfleger 1438
Armenregister 1254
Armensteuer 1566
»Armer Konrad« 1514
»Armida« 1777, 1904 M
»Armies of the night« 1969 D
Armillarsphäre v. Chr. 150; n. Chr. 140
»Arminianer« 1619
Arminius 9, 17
Armitage, K. 1951, 52, 54, 55 K
Armory-Ausstellung 1911 K
»Armory-Show« 1913 K
Armprothese m. Computer 1977 W
Armstrong 1921 W
–, A. 1961 Ph
–, L. 1971 M
–, N. 1969 W
–, R. L. 1968 W
–, W. G. 1846, 47
»–'s last good night« 1965 D
Armstrong Jones, A. 1960 V
»Armut« 1914 D
»– (Probleme der) 1911 Ph
»– schändet nicht« 1854
»–, Reichtum, Schuld u. Buße der Gräfin Dolores« 1810
–, USA 1963 V
– d. Völker 1968 V
»– und Würde, Über« 1793
Arnaut Daniel 1186
Arndt, A. 1974 Ph
–, E. M. 1769, 1813, 18, 20, 21, 48, 55, 58, 60
–, Joh. 1606
–, R. 1977 P
Arnheim 1944 P
–, R. 1932 K
Arnim, A. von 1781, 1806, 08, 10, 11, 12, 17, 20, 31
–, Intern. 1951 W
–, B. v. 1785, 1840, 59
Arno v. Chr. 256; n. Chr. 1462
Arnold 1780
– von Brescia 1100, 55
– von Westfalen 1471
–, Gottfr. 1700
–, K. 1954, 56, 58 P
–, W. 1927 W
Arnoldi, E. W. 1821, 27
Arnoldson 1908 P
Arnolfini, Giov. 1434
Arnolfo 1769
Arnstädter, L. C. 1908 Ph
Arnstam 1941, 69, 70
»Arnsteiner Marienleich« 1150
Arnulf 612
– von Kärnten 850, 87, 99
Arnulfinger 612
Aronson, D. 1960 K
Arouet s. Voltaire
Arp, H. 1944, 50, 52, 53, 66 K
Arpaden 1301
Arpenkongreß, Welt- 1960 V
Arras 1303, 1479, 1917 P
–, Frieden v. 1482
–, Jean d' 1387
–, Valentin d' 1420
Arrhenius, S. 1859, 87, 1901, 03, 23, 27 W
Arrianus 130
Arrow, K. J. 1972 V
»Arrowsmith, Dr. med.« 1925 D
Arsakes v. Chr. 240
Arsakiden v. Chr. 240
»Ars amandi« 18
»– antiqua« 1100, 12. Jh., 13. Jh.
»– conjectandi« 1685, 1713
»– grammatica« 4. Jh.
»– magna Lulli« 1316
»– moriendi« 1450
»– nova« 1400, 1200, 29, 61, 77, 97
»– poetica« v. Chr. 13
»– veterinaria« 4. Jh.
Arschak, N. 1966 V
Arsen v. Chr. 2000; n. Chr. 1906 W

Arslan-Tasch v. Chr. 775
»Art de Dictier« 1392
– Informel, L'« 1962 K
Art Institute 1947 K
»Art poétique« 1674
»Art poétique, L'« 1955 D
»Art Show, The« 1977 K
»Artaserse« 1730, 41
»Artamène ou le grand Cyrus« 1648
Artaxerxes I. v. Chr. 465, 444
– II. v. Chr. 405, 401
– III. v. Chr. 338
»Arte combinatoria, De« 1666
Artemis v. Chr. 1000, 550, 356, 220
»– und Aktäon« 1559
»Artemise« 1720
Artemisia v. Chr. 353
Arten, Konstanz d. 1830
»Artevelden« 1913 D
Arthur, s. Artus
»–, König« 1691
Artillerie 1633 P
– (Anfänge) 1246, 59, 1406, 13, 53, 75
»Artisten« 1938 K
»– in der Zirkuskuppel: ratlos« 1968, 69 K
»Artistenleben« 1854
Artmann, H. C. 1964 D, 67 M, 69 D
Artois 1384, 1443, 1559, 1659
Artumwandlung bei Bakterien 1592
Artus 500, 1137, 68, 80, 1200, 04, 15, 20, 70, 1410, 90
»Artus, König« 1513
–, Tafelrunde d. Kgs. 1176
ART: USA: NOW 1962 K
Arwahi-Schlucht, Dschaina-Fels-Figuren i. d. 1450
Arzneibuch, 1477, 98
–, Intern. 1951 W
Arzneikunde, arab. 1248
Arzneimittel (frühe) v. Chr. 1550, 1500, 6. Jh., 320; n. Chr. 50, 300, 550, 1000, 1110, 1248, 1348, 1405, 77, 84, 1551
– u. Verkehr 1974 V
»– u. menschl. Verhalten« 1961 W
Arzneimittelmißbrauch 1962 V
Arzneitaxe 1905 V
Arzneiverschreibungen, BRD 1964 V
»Arzt« 1907
»– als Erzieher d. Kindes« 1919 W
»– Gion« 1931 D
»– u. Kranker« 1941 Ph
»– u. Patient i. d. Rechtsprechung« 1924 V
»– am Scheideweg« 1906 D
»– Seelsorger« 1925 Ph
Ärzte, homöopath. 1926 W
Ärztekongreß, Welt- 1960 V
Ärzte-Oppos. 1974 V
–Streik 1977 V
Ärztin, erste in Berlin 1876
»Ärztliche Seelsorger« 1946 Ph
»As« v. Chr. 269
Asaki, L. 1973 W
Asam, Cosmos Damian 1686, 1739
–, Egid Quirin 1692, 1715, 50
–, Gebr. 1733, 35
Asandivat v. Chr. 1150
Asanuma 1960 P
Asarhaddon v. Chr. 689, 681, 671, 670
Asch, Sch. 1957 D
Aschaffenburg 1517, 25, 1614
Ascham, R. 1570
»Asche und Diamant« 1958 K
»Aschenbrödel« 1845
»Aschermittwoch« 1930 D
Aschiaga-Shogun 1573
Äschines v. Chr. 336
Aschoka v. Chr. 320, 272, 260, 237; n. Chr. 330
Aschwagoscha 100

Äschylos v. Chr. 525, 484, 478, 472, 471, 458, 456, 405; n. Chr. 1919 D, 1968 M
Ascorbinsäure s. Vitamin C
Asculum, Schlacht bei v. Chr. 280
Asdingen 171
Asdod v. Chr. 1200
»Äsender Skytim« 1957 K
Aseniden 1194
Asepsis 1836, 47, 85, 1907 W
Asgrimsson 1350
Ashajew 1948 D
Ashikaga-Shogunat 1336, 96, 15. Jh., 1480
Asia v. Chr. 133
»Asiatische Banise, Die« 1689
»Asiat. Drama, D.« 1968 V
»Asie centrale« 1843
»Asino d'oro, L'« 1960 D
Askalon v. Chr. 1200
Askanier 1100, 34, 80, 81, 1260, 1308, 1423
»Asken Chitai« 1957 K
Asklepiades v. Chr. 90
Asklepieion v. Chr. 3. Jh., 241
Asklepios v. Chr. 600, 353, 290
Äskulap v. Chr. 2100, 400
»Asmodée« 1938 D
Asmodi, H. 1955, 64 D
»Asmus Semper« 1916 D
Äsop v. Chr. 550; n. Chr. 36, 200, 1350, 1461, 77, 1557
Asow 1699, 1711
Asparaginase 1968 W
Aspasia v. Chr. 450
Aspdin 1824
Aspen-Inst. 1949 Ph
»Asphodelos-Stilleben« 1907 K
Aspirin 1899
Asquith, A. 1938, 45, 59 K
–, H. 1908 P
Assam 1950 V
Asser 1901 V, 11 P
Assignaten 1790, 97
Assisi, Franz von 1182, 1924 M, 26 Ph
–, St.-Franziskus-Kirche 1252, 95
Assiut, ägypt. Grab in v. Chr. 1985
»Assja« 1857
»Assoc. of Americ. Paint. a. Sculpt.« 1911 K
Associated Press 1848
Assos v. Chr. 331, 232
Assoziationspycholog. 1711, 73, 1804
Assoziationstest 1949 Ph
Assuan v. Chr. 1995, 20, 200
Assuanstaudamm 1912 W, 56 P, 60 V, 62, 68, 71 V
Assur v. Chr. 2000, 1950, 1770, 50, 1501, 1360, 1260, 1140, 1100, 870, 614
Assurbanipal v. Chr. 669, 668, 650, 648, 637
Assurdan I. v. Chr. 1171
– II. v. Chr. 932
Assur-nadin-schum v. Chr. 699
Assurnasirpal I. v. Chr. 1002
– II. v. Chr. 883, 879, 859; n. Chr. 1951 D
Assur-uballit v. Chr. 1360
»Assyrer erstürmen eine ägyptische Festung« v. Chr. 668
Assyrisches Reich, 1. v. Chr. 1815
Astatine 1946 W
Asterix-Comics 1977 D
»Ästhetik« 1902, 07 Ph
»– u. allg. Kunstwissensch.« 1906 Ph
»–, Exkate« 1967 K
»– des Humanen, Möglichkeit« 1966 Ph
»–, Kongreß für« 1913 Ph

»Ästhetik, Krit. Philos. d. Stils« 1937 Ph
–, kybernet. 1967 W
–, Kybernet. Theorie d. 1963 W
»Ästhetik, Neue« 1907 M
»–, Psychol. d. Schönen ...« 1906 Ph
»– des reinen Gefühls« 1902 Ph
»–« (System) 1914 Ph
»– der Tonkunst« 1916 M
»– d. Widerstandes« 1975 Ph
»ästhetische Sphäre, Die« 1966 Ph
Aston, F. W. 1877, 1919, 22, 45 W
Astrachan 1557
»Astraea redux« 1660
»Astrée« 1607
Astrolab 9. Jh., 11. Jh.
Astrologie v. Chr. 2620, 650, 539, 6. Jh., 478, 400, 305, 269, 200, 7; n. Chr. 36, 178, 222, 600, 870, 86, 13. Jh., 14. Jh., 1453, 1503, 37, 55, 66, 75, 1601, 29, 34, 56, 97, 1701, 46, 1939, 47 V, 49 W
Astronaut 1962, 63 W
»Astronaut, Kleiner« 1967 K
»Astronautenmond, Unter d.« 1973 D
»Astronautenstuhl« 1968 K
Astronautische Ges., Internat. 1959 W
Astronautischer Kongr. 1953 W
»Astronomia nova ...« 1609
Astronomie v. Chr. 3000, 2850, 2620, 2500, 2000, 1200, 1090, 911, 775, 8. Jh., 650, 600, 585, 560, 6. Jh., 496, 493, 444, 438, 413, 384, 380, 365, 364, 356, 350, 4. Jh., 347, 322, 270, 245, 200, 190, 170, 150, 130, 125, 59, 7; um Chr. Geburt; n. Chr. 75, 120, 40, 78, 338, 95, 97, 400, 502, 17, 628, 750, 9. Jh., 827, 33, 929, 70, 98, 11. Jh., 1009, 54, 1187, 1232, 40, 13. Jh., 1256, 74, 79, 1316, 21, 22, 1407, 49, 61, 64, 72, 76, 1512, 43, 49, 69, 72, 74, 76, 84, 89, 96, 98, 1600, 01, 09, 10
–, Neutrino- 1962 W
–, vorteleskopische 1598 W
Astronomische Gesellschaft 1949 W
Astronomische Störungstheorie 1744
Astronomische Tafeln 929
Astronomischer Kongreß 1240
»Astronomisches Jahrbuch, Berliner« 1774
»– System« (Großes) 178, 827
Astrophysik 1921, 26, 58 W
Astruc, J. 1740
Asturias, M. A. 1967, 74 D
Asturien 711, 55, 900, 25, 1934 P
»Astutuli« 1953 M
Asuncion 1912 P
Atatürk 1921, 23, 27, 38 P
»Atelier des Malers« 1855
Atemlehre v. Chr. 1400, 275
Athabasca-See 1952 W
»Athalie« 1691
Athalja v. Chr. 841
Athanasiadis-Novas 1965 V
Athanasius 295, 325, 35, 38, 73 Ph
»–« 1838
Athaulf 410
»Atheismus im Christentum« 1968 Ph
»– u. s. Gesch. ...« 1923 Ph
»Atheisten, Evangelium f.« 1958 Ph
»–, Die Schule d.« 1972 D

Athen (antikes) v. Chr. 950, 750, 730, 682, 40, 24, 600, 594, 60, 50, 6. Jh., 597, 546, 34, 26, 25, 10, 09, 07, 500, 496, 90, 87, 83, 480–478, 75, 71–69, 62, 61, 60, 59, 58, 56, 54, 50, 5. Jh., 449, 48, 45, 43, 40, 38, 36, 35, 32, 31, 29–27, 21, 20, 18, 16, 15, 13–10, 07–03, 400, 399, 95, 94, 90, 88, 87, 80, 77, 71, 66, 62, 61, 57, 55, 50, 4. Jh., 42, 38, 35, 34, 30, 23, 22, 20, 10, 07, 06, 295, 90, 89, 86, 80, 70, 65, 64, 62, 45, 30, 20, 190, 78, 56, 40, 100, 86, 79, 52; n. Chr. 121, 205, 400, 11, 70, 85, 529
Athen, Akropolis s. Akropolis
–, Dionysos-Theater v. Chr. 493, 328
–, Ende der klass. Philosophie 476
–, Parthenon v. Chr. 448, 40, 38
–, Zeustempel v. Chr. 546
Athena s. Athene
»– und Marsyas« v. Chr. 475
Athenagoras I. Spyridon 1964 Ph
Athenaios von Naukratis 195
Athenaschale 1. Jh.
»Athenäum« 1798
– Rom 138
Athene v. Chr. 1000, 525, 440, 340, 200
»–« v. Chr. 435
– Parthenos« v. Chr. 438
»Athenia« 1939 P
Athenodoros v. Chr. 40
Äther (chem. Verb.) 1497
Ätherherstellung 1540
Ätherkrieg 1938, 43 V
Äthernarkose 1846
Ätherwellenmusik 1927 M
»Ätherwind« 1931 P
Äthiopien v. Chr. 2000, 1100, 950, 712, 688, 300, 1. Jh., 17. Jh., 1. Jh., 22, 25
»– (Kaiser v.) 1936 V
»Äthiopische Geschichten von Theagenes und Charikleia« 3. Jh.
»Athlet« v. Chr. 580, 330
Athos v. Chr. 480; n. Chr. 963, 1200, 1453
Atlanthropus 1954 W
»Atlantic Charta« 1941 P
»Atlantida« 1962 M
Atlantik 1684, 1866, 73, 95, 1924, 25 W, 27 V, 29 W, 36 V, 38, 44 W
–, Gebirge i. 1951 W
Atlantikexpedition 1925 W
Atlantikflug 1910, 19, 27, 28, 30, 33, 38, 39, 50 W, 19, 27 V
– (ein. Frau) 1932 V
–, Hubschrauber- 1952 W
– Überschall- 1974 V
Atlantikforschung 1973 W
Atlantikpakt s. NATO
Atlantikrat 1950, 56 P
Atlantikrennen 1935 V
Atlantikrundflug 1952 W
Atlantis v. Chr. 1200
»–« 1912 D, 53 K
»–, Das enträtselte« 1953 Ph
Atlantische Expedition 1969
– Gemeinschaft 1962, 63 P
– untermeer. Täler der USA« 1939 V
Atlantropa-Projekt 1928 W
»Atlas« 1595, 1817
– s. Landkarten
»Atlas of the universe« 1970 W
–, d. Vogelflugs« 1931 W
Atlas-Rakete 1957, 58 W
Atlassow 1697
Atmann v. Chr. 1000

»Atmosphären d. Erde und d. Planeten, Die« 1951 W
Atmung und Verbrennung 1777
Atmungsferment 1925 W
Ätna v. Chr. 430; n. Chr. 132, 1964, 71 V
Ätolien 219
Ätolischer Bund v. Chr. 221, 217, 197
»Atom and Psyche« 1954 Ph
Atoms, Sichtbarmachung des 1950 W
Atomantrieb 1954, 59 W
– für Schiffe 1956 W
Atomare Abrüstung 1960 P
»Atombau und Spektrallinien« 1919 W
Atombehörde, Welt- 1957 1958, 60 P
Atombewaffnung Dtlds. 1958, 60 P
Atombombe 1941, 42, 44, 45, 49, 50, 52, 53 W, 55, 56 P, 59 W, 60, 63 P
–, britische 1952 W, 63 P
–, 1. chin. 1964 V
–, radioaktiver Staub 1954 P
– schmutzige 1954 W
– und Wetter 1956 W
Atombombensicherheit 1950 V
Atombombenversuche, Einstellung 1957 P
Atomenergie 1954 P, 55 W, 56 W, 60 V, 61 W
»–, Friedl. Anw.« 1954, 55, 56 W
–, Ges. zur Nutzung der 1957
Atomenergiebehörde 1960 V
Atomforschung (Anfänge) 1637, 42, 1738, 1808, 11, 12, 24, 48, 56, 58, 81, 99
– 1955, 58 ff W
Atomgewicht 1961 W
Atomgranate 1953 W
»Atomisierung in der modernen Kunst, Die« 1954 K
Atomismus 1353
»Atomium« 1958 V
»Atomkerne praktisch nutzbar gemacht werden? Kann der Energiegehalt d.« 1939 W
Atomkernforschung 1951, 52, 53, 85, 59 W, 61 W
Atomkernverschmelzung 1961
Atomkonferenz 1958 W
Atomkontrolle 1945, 46, 63 P
Atomkraftschiff 1974 V
Atomkraftwerk 1953, 54, 61, 63 W
Atomkraftwerke 1964, 65, 66 W
Atomkrieg 1955 P, Ph
–, Vermeidung v. 1973 P
Atomlehre, philosoph. v. Chr. 465, 04, 360, 306, 271, 98, 90; n. Chr. 1353
Atommacht, multilat. 1963 P
Atommächte 1974 V
Atommodell, quantenphysikal. 1913, 22 W
»Atomphysik u. menschl. Erkenntnis« 1958 Ph
Atom-Pool 1953 P
Atompreis 1955 W
Atomprogramm i. BRD 1973 W
Atomschäden 1963 V
Atomsperrvertrag 1967, 69, 74 P
Atomspionage 1955 D
»Atomstaat, Der« 1977 Ph
Atomstrahlmethode 1934, 44 W
Atomstreitmacht NATO 1964 P
Atomtesstop 1958, 61, 63 P
Atomtod, Kampf dem 1958 P
Atom-U-Boot 1954, 57, 60 W, 63 V

»Atom-U-Boot« 1968 V
Atom-U-Boote, franz. 1971 P
Atomuhren 1965, 67 W
Atomversuch, China 1970 P
»Atomwaffe, Rußland, der Westen und die« 1957 P
Atomwaffen 1957 P, W, 58 P, 60 P, W, 63, 68 P
–, Sprengwirkung 1956, 58 P
Atomwaffen-Sperrvertrag 1968, 70 P
Atomwaffenversuche 1965 V
»Atomzeitalter, Die Verantwortung d. Wissenschaft im« 1957 W
»Atomzeitalters« (Beg. d.) 1942 W
Atomzentrum Dubna 1957 W
Aton v. Chr. 1385, 70, 58, 55
Atonalität, Beg. 1865
Atoxyl 1906 W
Atreus v. Chr. 1400
Atreya v. Chr. 500
»Atriden-Tetralogie« 1962 D
Atschinesen 1903 P
»Atta Troll« 1847
Attalos I. v. Chr. 233, 230, 202
Attar, Ferîd-ud-Dîn 1229
Attenborough, R. 1964 V
Atticismus v. Chr. 79
Atticus v. Chr. 49
»Attische Nächte« 156
Attischer Seebund v. Chr. 478, 377
»Atthis« v. Chr. 280
Attila 445, 48, 51–53
Attlee 1940, 45, 50, 55 P
Atum v. Chr. 3000
Atum Rê v. Chr. 2270
Auber 1782, 1828, 30, 71
»Aucassin et Nicolette« 1300
»Auch Einer« 1879
Auden, W. H. 1951, 66, 73 D, 51, 72 M
Auderbi, J. S. 1961, 65 D
Audion-Empfängerschaltung 1907
Audiovision 1971 W, 73 V
Audiovisuelles Buch 1973 D
Aue 1945 P
–, Hartmann von 1168, 90, 1215, 20
Auenbrugger 1761
Auer v. Welsbach 1885, 1900 W
Auerbach 1948 W
Auerochse 1626, 1932 W
Auerstedt 1806
»Auf dem Bahnsteig« 1954 K
– dem Balkon« 1953 K
– Sand gebaut« 1967 D
– der Suche nach der verlorenen Zeit« 1927, 53 D
– Wiedersehen, Franziska« 1941 K
»Aufbau d. Bewußtseins« 1930 Ph
– u. Entwickl. der Sterne« 1958 W
– d. geschichtl. Meth. i. d. Geisteswissensch.« 1910 Ph
– d. realen Welt« 1940 Ph
– d. Sprache, Der« 1952 D
– d. Wahrnehmungswelt ...« 1928 Ph
»Aufbruch« 1914, 15 D
– zur Jagd« 1652
– der Schützengilde« 1642
»Aufenthalt auf Erden« 1960 D
–, Der« 1977 D
»Auferstehung« 1600, 1898, 1916, 26 K, 62 M
– Christi 11. Jh.
– als Glaube ..., V. d.« 1794
– des Tammuz v. Chr. 2200
– der Toten« 1924 Ph
»Auferweckung des Lazarus« 1467, 1519
»Auffindung des hl. Sebastian« 1640
»Aufführung, Die« 1953 K
»Aufgabe uns. Zeit« 1925 Ph

»Aufgaben der Geistlichen« (Über die) 397
»Aufhebung v. Nazigesetzen« 1945 P
»Aufklärung, Dialektik d.« 1948 Ph
–», Was ist« 1784
»Aufklärungszeitalter, kathol. Beurteilg. d.« 1909 Ph
»Aufkommende Flut« 1953 K
»Auflösung des Marxismus« 1908 Ph
»Aufrichtige Lügnerin, Die« 1960 D
»Aufruf z. Sozialismus« 1911 P
»Aufruf der 2000 Worte« 1968 P
»Aufruhr« 1899
–» d. Maschinen, Negat.« 1974 K
»Aufschreibung aus Trient« 1965 D
»Aufsichtsrat, Der« 1969
»Aufstand« 1939 K
–» d. Fischer v. St. Barbara« 1928 D
–», D. lautlose« 1953 Ph
–» der Massen« 1930 Ph
–» in der Wüste« 1927 D
»Aufsteigende Frau« 1935 K
»Aufstieg u. Fall d. dritten R.« 1960 Ph
–» des Reiches ...« 1936 W
–» d. wiss. Philosophie« 1951 Ph
Auftrieb v. Chr. 250, 212
– von Schlachttieren –3500
»Aufzeichnungen aus einem Totenhaus« 1861
–» vom grünen Felsen« 1125
–» d. M. L. Brigge« 1610
–» eines Verrückten« 1836
Aufwertung der D-Mark 1969 P, 69 V
»Aufzieh. Gewitter« 1944 K
»Augen d. ewigen Bruders« 1925 D
Augenbewegungen u. Traum 1957 W
Augenchirurgie 1884, 1905 W
Augenheilkunde 1850
»Augeninneres« 1952 K
Augenspiegel 1850
»Augenvotiv II« 1967 K
»Augenzeuge, Der« 1957 D
Augsburg v. Chr. 15; n. Chr. 300, 6. Jh., 1024, 1155, 13. Jh., 1276, 1307, 31, 62, 67, 81, 89, 1401, 25, 39, 50, 60, 72, 73, 76, 1507, 09, 18, 23, 24, 28, 30, 31, 40, 48, 52, 55, 66, 80, 1602, 05, 07, 09, 20, 46, 48, 75
–, Augustusbrunnen 1594
–, David von 1272
–, Fuggerhaus 1515
–, gehar. Reichstag v. 1548
–, Herz-Jesu-Kirche 1907 K
–, Singschule 1905 M
–, Univ. 1970 Ph
Augsburger Dom 10. Jh., 1054, 65 K, 11. Jh., 1554
– Galerie 1507
– Interim« 1548, 52
– Konfession 1530, 1630
»– Religionsfrieden« 1555, 1648
Augstein, R. 1962 P, 72 Ph
August v. Chr. 27
August II. v. Polen s. August der Starke
– III. v. Polen s. Friedr. Aug. II. v. Sachsen
– III. v. Sachsen 1728, 33
– d. J. von Braunschweig-Wolfenbüttel 1616, 66
–» 1914« 1972 D
– v. Sachsen 1560, 86
– der Starke 1670, 94, 97, 1706, 10, 20, 22 Ph, 33
– Stanislaus II. 1798
–» Weltumsegler« 1933 D
Augusta v. Chr. 880

Augusta Praetoria v. Chr. 25
– Treverorum (s. a. Trier) v. Chr. 53, 15; n. Chr. 293
– Vindelicorum (s. a. Augsburg) v. Chr. 15
Augustiner-Barfüßer 1683
Augustinerorden 11. Jh., 1114, 21, 81, 1256, 85
Augustinus 354, 87, 95, 97, 411, 30, 851, 1146, 1200, 74, 1343
»– « 1640
–, Aur. 415
Augustus v. Chr. 246, 70, 63, 53, 45, 40, 38, 31, 27, 23, 22, 19, 15, 13, 12, 8, 7, 2; um Chr. Geb.; n. Chr. 4, 14
– von Primaporta v. Chr. 7
Auktionspr., Kunst- 1961 K, M
Aulos v. Chr. 689, 500
Aulus Gellius 156
Auni 1481
Aunjetitz-Leubinger-Kultur v. Chr. 2000, 1950
Aurangseb 1707
Aurelian 214, 70, 74, 75
Aurelius Prudentius Clemens 348, 406
Aureomycin 1948 W
Auric G. 1920, 51, 62, 64 M
Aurignacien 1953 W
Auriol, V. 1947, 50, 66 P
Aurispa, G. 1428
»Aurora« 1609, 12, 1965 K
– und Cephalus« 1822
»Aus dem Gesicht verlieren« 1967 K
– der Nähe« 1972 D
Ausbeutung 1867
Ausbildungsförd.-Ges. 1971 Ph
»Ausbreit. u. Verf. d. Romant.« 1902 D
Auschwitz 1942, 45, 60, 63 P
–, KZ-Prozeß 1965 P
Auschwitzprozeß 1965 D
Ausdehnung der Welt 1932 W
»Ausdruck der Sprechstimme, Der« 1952 Ph
»Ausdrucksbeweg. u. Gestaltungskraft« 1913 Ph
Ausdruckstanz 1919 M
»Ausdruckswelt« 1949 D
»Ausfahrt« 1915 D
»Ausflüge i. Fesselballon« 1971 D
»Ausführl. Arb. v. d. dt. Haubtsprache« 1663 D
Ausgabe für Forschung 1964 W
»Ausgebluteter Strom« 1967 K
»Ausgebrannter Fall, Ein« 1961 D
»Ausgeliehene Mädchen, Das« 1964 K
»Ausgerechnet Wolkenkratzer!« 1923 K
Ausgleichvertrag, dt.-österr. 1961 P
Auskultation 1819
Auslandskapital, dt. 1914 V
Auslandsreisen 1959 V
Auslandsschulden 1953, 60 V
Auslandsvermögen USA 1955 V
–, dt. 1951 V
»Auslese« 1927 V
Ausonius, Decimus Magnus 311, 70, 93
»Ausritt m. Prinz Wilhelm« 1836
»Ausruhender Satyr« v. Chr. 330
Aussatz 1230
Ausschuß f. d. Erzieh.- und Bildungswesen, Dt. 1959 Ph
»Ausschweif. Mensch« 1929 D
Außenhandel der BRD 1969 V

Außenministerkonf. 1947, 49, 59, 62 P
»Außenpolitik unter Lenin und Stalin« 1961 P
Außenrat 1945 P
»Außenseiter, Der« 1953 K
»Außer Atem« 1959 K
»Äußern und inneren Menschen Bildung ...« (Über d.) 1272
»Außergalaktische Sternsysteme ...« 1960 W
Aussperrung 1890, 1910 V
»Ausstell. f. Buchgewerbe ...« 1914 K
– kirchl. Kunst 1950 K
Austen, J. 1813, 1954 D
Austerlitz 1805
»Austern« 1953 K
»Austernprinzessin« 1919 K
Austin, J. L. 1960 Ph
Australien 1971 P
– (Entdeckung) 1605, 06, 42, 1768, 70, 71
»Australischer Totemismus« 1925 Ph
Australopithecus 1924 W
– africanus 1924, 36, 59, 62 W
Austrasien 561, 618, 29, 87
»Austromarxismus« 1920 P
»Auswahl aus früheren Versen« 1962 D
Auswanderer, überseeische 1731, 1824, 1923 V
– , i., deutsche n. Nordamerika 1683, 1852
Ausweiszwang 1731
Auszehrung 900
»Auszug aus Ägypten, Der« 1958 M
– guter und neuer dt. Liedlein« 1513
– d. Jenenser Studenten« 1793
Autant Lara 1942, 47 K
Authari 589
Autobahn 1921 W, 32 V, 33, 38 W, 39 V, 59, 62 V, 63 P
Autobahngebühren 1955 P
Autobahnring Moskau 1962 V
»Autobiographie« 1924 D, 36 M
Autobusbahnhof, Westberliner 1966 V
Autobusverkehr 1905 V
Autochrom-Platte 1904 W
Autodroschke 1907
Autogen. Schneiden 1901, 09 W
– Schweißen 1905 W
»Autogerechte Stadt, Die« 1959 W
Auto-Geschw.-Rekord 1952 V
»Autokönig« 1937 D
Automat 1354 W
Automaten v. Chr. 246; n. Chr. 98, 1581, 1752, 60, 83
– lernende 1960 W
– und Menschen« 1958 Ph
Automatic Control 1960 W
Automation 1951, 54 W, 55 Ph, 56 Ph, 59 W, 60 W, 62 V
– im Bankwesen« 1962 V
– d. Flugsicherung 1961 W
–, Probleme der 1959 V
Automatisierung 1956 Ph, 60 W
– der Verkehrsregelung 1965 V
Automobil s. a. PKW
Automobilausstellung 1924 V, 63 V
»Automobilkönig« 1947 V
Automotor 1883
Autopilot 1928 V
Autoreifen, schlauchloser 1955 V
Autorennen 1907, 55 V
–, I. internationales 1894

»Autorität und Familie« 1936 Ph
–», Über« 1965 Ph
Autosteuer 1906 P
Autosuggestion 1910, 23 Ph
Autostraße in Mexiko 1959 V
Autostraßentunnel St. Bernhard 1964, 67 V
Autotypie 1881
Autotypen, Zahl 1955 V
Autun, Kathedrale 1125, 12. Jh.
Auxin 1910, 33, 34 W
Ava 1127
Avakian, A. 1970 K
»Avallon« 1973 K
»Avare« (L') 1668
»Ave Maria stella« 9. Jh.
Avenarius 1843, 88, 96, 1902 K
Aventin v. Chr. 121
Aventius 1519, 23
»Aventure krone« 1215
»Aventure, A l'« 1958 D
Averescu 1920 P
»Averner« v. Chr. 52
Averroës 1126, 98, 1264
Averroismus 1264, 70, 1316
Aversa 1027, 47
Avery 1943, 44 W
»Avesta« 6. Jh.
Avianus 400
Avicenna 980, 1037
– u. d. Aristotel. Linke« 1952 Ph
Avignon 1303, 09, 16, 24, 38, 42, 47, 67, 77, 78, 1409, 17
–» 1970 K
–, Meister aus 1450
–, Papstschloß 1334
Avildsen, J. 1975 K
Avogadro 1811
Awaren 9, 250, 450, 550, 67, 70, 75, 600, 23, 26, 28, 796, 803
Awarische Mark 796
Axberg, E. 1966 K
»Axel Munthe« 1962 K
Axelrod, J. 1970 K
Axiomatische Methode 1664, 1899
Axiome, geometrische v. Chr. 325
Axmann 1940 P
Axt v. Chr. 1750, 1450
Aymé, M. 1960, 61 D
Ayres, G. 1964 K
Ayrton, M. 1943, 46 K
Ayub Khan 1962, 69 P
Azana 1931, 36 P
Azofarbstoff 1863
Azorin 1967 D
Azoren 1429
Azteken 14. Jh., 1427, 1521, 69
»Azulejos« 14. Jh.
Azyr 1784

B

Baade, F. 1960 W
–, W. 1920, 43, 44, 49, 53, 60 W
Baader 1970 P
Baader-Meinhof-Gruppe 1970, 71, 72, 74 P
Baader-Meinhof-Prozeß 1975, 76 P
Baal v. Chr. 900, 854, 9. Jh. 269; n. Chr. 260
– von Tyros v. Chr. 670
Baalbek 2. Jh.
Baalkult v. Chr. 841
Baarghorn 1966 W
Baath-Partei 1963 P
Bab, J. 1910, 11, 55 D
Babajewski, S. 1947 D
»Babitt« 1922 D
Babcock 1946 W
Babel, A. 1892
»– « 1901 D
»– « (Turm von) v. Chr. 2900
»– und Bibel« 1902 Ph

Babenberger 976, 85, 1138, 42, 80, 92, 1200, 10, 30, 46, 78
»Babette geht in den Krieg« 1959 K
Babeuf 1796
Babrios 200
Babur 1526
»Baby Doll« 1956 K
Babylon v. Chr. 3000, 2225, 2000, 1985, 55, 35, 1800, 1530, 1500, 1240, 1140, 16, 729, 689, 81, 50, 04, 600, 575, 6. Jh., 539, 01, 330, 23, 300, 269; n. Chr. 1802, 45, 1916 K, 18 D, W, 34 Ph
–, Dynastie v. Chr. 1900
–, Stadtmauer v. 1850
»Babylonische Gefangenschaft« v. Chr. 587, 50, 39, 16
– – der Kirche« 1309, 76
» – – –, Von der« 1520
»– Geschichten« 200
Babylonischer Talmud 1934 Ph
»– Turm« 1918 D, 58 K
»– «v. Chr. 2900, 681, 600, 539
»– « 1520
»Bacchantin« 1957 K
Bacchus v. Chr. 682, 186; n. Chr. 1486
– und Ariadne« 1523
»Bach ... gestört« 1976 K
Bach, A. 1927 W
–, Carl Phil. Em. 1714, 53, 63, 67, 88
–, Joh. Christian 1735, 82
–, Joh. Seb. 1635, 85, 1705, 07, 10, 14, 17, 20, 21, 22, 23, 29, 31, 33, 34, 35, 36, 39, 42, 44, 47, 49, 50, 64, 1829, 1914, 16, 17, 24, 27, 28, 50, 56 M
»–, J. S.« 1880
–, der Musiker-Poet, J. S.« 1905 M
–, O. 1961, 63 P
–, Wilh. Friedem. 1710, 84
Bach-Abel-Concerts 1764
Bach-Gesellschaft 1850
Bach-Jahr, internat. 1947, 50 M
»Bach-Kantate« 1921 K, 50 M
Bachem, B. 1973, 74 K
–, D. 1969 K
Bächler, W. 1976 D
Bachmann, I. 1947, 57, 61, 64, 69, 71, 72, 73 D, 57, 65 M, 64 K
Bachmayer, H. 1966 K
Bachofen, J. J. 1815, 61, 87
Bachrenaissance, 1829, 80
»Bachs Leben, Kunst u. Kunstwerke, Über J. S.« 1802
– Orgelwerke« 1914 M
Bächtold-Stäubli 1927 Ph
Backhaus, W. 1905 M
Bäcklin 1928 W
Backofen, Hans 1460, 1504, 19
Backsteingotik, Beginn d. norddtsch. 1251
»Baco bis Spinoza, Gesch. d. neuer. Philosophie v.« 1838
Bacon 1561, 97, 1600, 05, 20, 21, 23, 26, 40
–, F. 1967 K
–, F. T. 1959 W
–, Fr. 1952, 55, 59, 61, 64
–, Roger 1215, 42, 60, 94
»Bad, Das« 1733
– Grund 1931 Ph
Badami 600, 25
Badârî-Kultur v. Chr. 3900
Badekleidung 1932 V
Baden (Gesetzbuch) 1511
Baden-Baden 1859
Baden-Powell 1908 Ph

Baden-Württemberg 1951, 70 P
–, –, Wahlen 1956 P
»Badende« 1808, 89, 1947, 56 K
»– Inderin« 1913 K
»– Knaben« 1898
»– Leute« 1964 K
»–, Zwei« 1953 K
»Badender Mann« 1918 K
Bader, K. S. 1950 Ph
Bäderkunde 1907 V
Badewesen 200, 50, 300, 405, 790, 1489, 1601, 1793, 1802, 16
Badings, H. 1954 M
Badische Anilin 1865, 1904 V
Badoglio 1943 P
Baeck, L. 1956 Ph
Baedeker 1827, 42
Baekeland 1909 W
Baer 1960 P
–, K. E. v. 1820, 27
Baetica v. Chr. 15
Baeumler 1934 Ph
Baeyer 1878, 1905 W
Baez 1948 W
Baffin 1617
Baffin-Bay 1616
Baffinland 1576
Bagdad 8. Jh., 725, 50, 63, 65, 74, 86, 93, 807, 10, 30, 50, 70, 900, 35, 1037, 1258, 74, 1318, 80, 1623, 28, 1917, 40 P
»–, Babylon und Ninive« 1918 D
–, Hohe Schule 1065
–, Sternwarte 833, 970, 1009
Bagdadbahn 1914 P
Bagdad-Pakt 1955, 56 P
Bagger v. Chr. 230
–, Schaufelrad- 1955 W
Bahamainseln 1940 P
Bahamakonferenz 1962 P
Bahamas 1973 P
Bahke, E. 1972, 73 W
»Bahn, Berlin-Potsdamer« 1847
Bahngeschwind. 1973 W
»Bahnhof« 1907 K
»Bahnwärter Thiel« 1888
Bahr 1863, 1909, 34 D
–, E. 1970, 73, 74 P
Bähr 1666, 1738
Baier, J. 1957 K
Baikal-Amur-Bahn 1976 V
Baikal-See 1643
Bailey 1924 W
Bainville 1931 D
Baird 1923, 30 W
–, T. 1964 M
Baj, E. 1973 K
»Bajadere« 1921 M
Bajados
»Bajazzo« 1892
Bajer 1908 P
Bajesid I. 1402
Bajuwaren 500 s. auch Markomannen
Bakchiaden v. Chr. 748
Bakchylides v. Chr. 478, 50
Bakelit 1909 W
Bakema, J. B. 1957, 60 K
Baker, C. 1956 K
–, J. 1927 M, 75 Ph
Baker-Eddy 1866, 75
Bakey, M. De 1966 W
Bakocs 1507
Bakterien, Artumwandlung 1952 W
–, fossile 1962 W
–, Zellkerne 1951, 53 W
Bakterienfresser s. Bakteriophagen
Bakteriologie 1546, 1683, 1822, 43, 57, 76, 78, 80, 82, 84, 86, 90, 94, 95, 1900, 24, 25, 26, 28, 31, 37, 41, 42, 46 W
Bakteriophagen 1917, 41, 46, 52, 53, 69, 77 W
Baktrien v. Chr. 3500, 328, 250, 170
Baku 1722

Bakunin 1873
Baky 1943 K
BAL 1941 W
Bal Gangadhar Tilak 1908 P
Balanchine, G. 1925, 33, 48 M
Balata 1300
Balawat v. Chr. 850
Balbo 1933, 40 P
Balbulus, Notker 900, 12
Balbus, L. Cornelius v. Chr. 19
Balch 1946 P, 61 P
Balchin 1950 Ph
Baldass, L. v. 1943 K
Baldessari, L. 1957 K
Baldo, Camillo 1622
Baldovinetti 1480
Baldung, Hans 1480, 1512, 15, 16, 45
Baldwin, J. M. 1906 Ph
–, St. 1923, 24, 35, 36 P
Balearen 533, 1213, 29, 38
Balet, J. 1976 K
Balfour 1916, 17 P
Balkanbund 1913, 34 P
Balkankrieg 1912, 13 P
Balkanpakt 1954 P
Balke, S. 1953, 56, 57, 61 W, 64 V
»Balkon, Auf dem« 1953 K
»–, Der« 1959 D
»Balkonzimmer« 1845
Ball, erster frz. 1385
»– im Savoy« 1960 M
Balla 1910 K
»Ballade vom verschütteten Leben« 1952 D
»– – Soldaten« 1959 K
»Balladen u. Lieder« 1907, 26 D
»– u. ritterl. Lieder« 1908 D
»Balladenbuch« 1924 D
Balladenfolklore 1967 M
»Ballet blanc« 1958 M
»– comique de la Reine« 1581
»Ballets Russes« 1925 M
Ballett 1490, 1581, 1662, 71, 80, 81, 1740, 60, 99, 1801, 30, 70, 72, 76
»–« 1953 K
»–, Mechanisches« 1924 K
Ballettmetropole 1977 M
Ballettrock 1740
»Ballett-Variationen« 1959 M
Ballhäuser 1302
Ballinhaus 1923 K
Ballistik (Begr.) 1537
»–« 1910 W
»Ballkarte« 1937 K
Ballon 1783, 84, 1861, 73, 84, 97, 1901, 05, 12 W, 13, 14 V, 30, 32, 35, 42, 48, 50 W
–, Kanalüberquerung im 1785
Ballonaufstieg 1957 W
Ballonflug, Transatlantik- 1976 V
Ballonreifen 1922 V
Ballonsatellit »Echo I« 1968 V
Ballonteleskop 1964, 68 W
»Ballsaal« 1924 K
»Ballsouper« 1878
Ballspiel (Anfänge) v. Chr. 1900, 496, 300; n. Chr. 1302, 51
»Ballspieler« 1939 K
Ballungsgebiete BRD 1961 V
Balluseck, L. von 1966 Ph
Balmer 1885
Balneologie 1907 V
Balser, E. 1942, 54, 55 K
–, E. u. G. 1952 K
»Balthasar« 1958 D
Baltikum 1918, 19, 39, 40 P
Baltimore 1844
–, D. 1970, 72, 75 W
–, Lord 1632
Barbarossa s. Friedrich I.
Barbe, H. 1965 M
Baluschek, H. 1870, 1907, 35 K
Balzac 1631, 1799, 1829, 30, 31, 34, 50, 1911, 37 M, 42, 54, 55 D
»–« 1897, 1961 K

BAM 1976 V
Bamberg 1007, 65, 1220, 1337, 1808, 1923 V
–, Rathaus 1756
Bamberger Dom 1003, 1012, 1185, 92, 1230, 35, 37, 1513, 23
– Halsger.-Ordn. 1507
–, Otto von 1124
– Reiter 1237
»Bambi« 1923 D, 42 K
»Bambina« 1959 M
Bambusbär 1928 W
Bamm, P. 1952 D, 55 Ph, 62, 74 D, 75 P
Bana 7. Jh.
Banana-Boat-Song 1957 M
Banat 1920 P
»Ban-Ban-ca« 1955 K
»Banchetto musicale« 1617
Banchieri, A. 1615
»Bandainagon-Makimono« 1173
Bandaranaike, S. 1960, 64, 70, 77 P
Bandello, Matteo 1485, 1562
Bänder, Ton- 1975 M
Bandgenerator 1933 W
Bandinelli 1493, 1534, 60
Bandkeramik v. Chr. 2000
Bandkeramik-Kultur v. Chr. 4000, 2500, 2450
Bandung-Konferenz 1955 P
–, 2. 1965 P
Banerjee 1925 P
Bang, Herm. 1880, 1901, 04 D
Bangkok 1939 V
Bangla Desh 1972 P
Bank (St.-Georgs-) 1404
– von Amsterdam 1609
– v. England 1945 P
– v. Frankreich 1800, 1936, 45 V
– f. Intern. Zahlungsausgleich 1929 P
–, erste kirchl. 1362
–, f. Wiederaufbau 1944 P
Bankberaubungen 1964 V
»Bankfeiertag« 1938 K
»Bänkelsänger, Venezianische« 1879
»Bankiers, Die« 1976 D
Bankiertag 1902 V
Banknoten (erste) 1718
Bankwesen, babyl. v. Chr. 6. Jh.
–, griech. v. Chr. 4. Jh., 3. Jh.
–, röm. v. Chr. 3. Jh.
»Banlieu des Anges« 1958 K
»Banne d. Expressionismus, Im« 1925 D
Banning, W. 1953 Ph
Bannister, R. G. 1923, 54 V
Banting 1891, 1921, 23 W
Bantock 1868, 1908 M
Bantuneger 1952 P
Banz, Kloster 1070, 1698, 1710
Bao Dai 1955 P
Baptisten 1633
Bär, Junger« 1957 K
–, letzter dt. 1779
»Bara« 1962 K
»Barabbas« 1950, 52 D
»Baracken-Ballade« 1892
Bárány 1914 W
Baratelli, C. 1956 K
»Barbacane« 1959 K
»Barbara Blomberg« 1949 D
»– od. d. Frömmigkeit« 1929 D
Barbara-Thermen 147
Barbarelli 1478, 1500, 04, 10, 25
Barbaro 1568
»Barbe-Bleue, Raoul« 1789
Barbe, H. 1965 M
»Barbe-Bleue, Raoul« 1789
»Barberinischer Faun« v. Chr. 3. Jh.
Barberino 1431
»Barbier von Bagdad« 1858

»Barbier von Sevilla« 1775, 1816, 1904 K
Barbieri 1634
Barbirolli, J. 1955, 70 M
Barbizon 1846
Barbour, John 1375
Barbusse 1873, 1916, 35 D
Barbut v. Chr. 200
Barcelona 801, 900, 1035, 1137, 1435, 45, 1704, 1884, 88, 1902, 09, 21, 31 P
Bardeen, J. 1948, 56, 57, 72 W
Barden, J. A. 1960 K
Barden 609, 1200
Bardesanes 154, 222
Bardi 1345
– s. Donatello
Bardone, G. 1955 K
Bardossy, v. 1941 P
Bardot, B. 1959, 60 K
Bardtke, H. 1952 Ph
Bärenbrunnen 1904 K
»Bärenfuß«-Schuhe 1490
»Bärenhäuter, Der« 1953 D
Bäreninsel 1596
»–« 1971 K
Bären-Sprache 1975 W
Barents 1550, 97
Barett 1490, 1510, 29, 90
»Barfuß durch d. Hölle« 1960 K
»Barfüßle« 1908 M
Barger 1928 W
Bargheer 1949, 53, 54 K
Barghoorn, E. S. 1965 W
Bar-Hebräus 1226, 86
Barium 1807
»Barke, Die« 1874
Barken 1950 D
Barkla 1877, 1917 W
Bar Kochba 130
Bar-Kochba-Briefe 1951 Ph
»Barlaam und Josaphat« 634, 1230
Barlach 1870, 1909 K, 12 D, 19, 20 K, 22 D, 23, 26, 28, 30, 33, 38, 39 K
Barlach-Museum 1962 K
Barletta 375
Barlog 1907, 45, 51 D
Barlow 1676
Barmat 1925 V
»Barmer Synode« 1934 Ph
Barmherzigkeit, 8 Gemälde über die 1674
Barnack, O. 1913 V, 1925 W
Barnard, Ch. N. 1967, 68, 73, 74 W
Barnett 1925 W
Barnie, W. 1952 V
Barnowsky 1905, 13 D
Baroccio 1528, 69, 79, 91, 1612
Barock 1472, 1568 ff.
»– als Kunst d. Gegenreformation« 1921 Ph
Barockforschung 1888
»Barockplastik« 1933 K
Barometer 1643, 60, 1847
Baronius 1607
Barozzi s. Vignola
»Barraca« 1931 D
»Barrane« 1929 K
Barraud, M. 1961 M
Barrault, J.-L. 1945 K, 48, 49, 59, 68, 72 D
Barre, R. 1976 P
»Barrikade« 1969 K
»Barrikaden«-Prozeß 1961 P
Barron 1958 M
Barrow 1670
–, M. 1972 V
Barry, Ch. 1795, 1852, 60
–, L. 1932 K
Barrymore, J. 1926 K
Bart s. Haartracht
Bartel, K. 1964 K
Bartels, A. 1904 D
Barth, 6 Lieder von Emil 1966 M
–, H. 1945 Ph
Barth, Hch. 1850

Barth, Karl 1886, 1919, 24, 32, 34, 35, 48, 58, 59, 62, 66, 68, 71 Ph
–, W. 1957 K
Barthel, E. 1923 Ph
–, M. 1920 D
–, Th. S. 1955, 70 W, 58 Ph
Barthelme, D. 1968 D
Barthle, R. C. 1959 W
Bartholdy, Casa 1816
Bartholinus, E. 1669
–, Th. 1645
Bartholomäus-Nacht 1536
»– –« 1572
Bartholommeo s. Castagno, Andrea del
– s. Veneziano
Barthou 1913, 34 P
Bartning, O. 1883, 1919, 23, 30, 34, 53, 58, 59 K
Bartók, B. 1906, 08, 10, 11, 15, 23, 30, 38–40, 63, 74 M
Bartolommeo, Fra 1472, 1511, 16, 17
Bartolozzi 1727, 1815
Barton 1858
–, D. H. R. 1969 W
–, O. 1948 W
Bartsch, J. 1964 K
Baruch, B. 1965 V
Barzel, R. 1962, 72, 73 P
Basaldella 1958 K
Basedow, Joh. Bernh. 1723, 65, 70, 74, 84, 90, 1811
–, Karl 1840, 80
Basel 1024, 1356 K, 1435, 50, 56, 59, 81, 1500 Ph, 13, 27, 66, 1795, 1804, 15, 97, 1904 P, 10 K, 12 P, 27, 29, 44
–, Allerheiligenkirche 1951 K
– (Erdbeben) 1977 V
–, Kloster Klingenthal 1441
–, Konzil 1414, 31, 33, 34, 39, 40
–, Kunsthalle 1919 K
–, Münster 1019, 12. Jh., 1200
–, Stadttheater 1974 D
–, Universität 1460
Baseler Kunstmuseum 1968 K
Baselitz, G. 1963, 64, 67 K
»Basia«
Basic English 1932 D
Basil 1929, 51 M
Basile 1575, 1632
»Basilias« 370
Basilica Julia v. Chr. 46
Basilides 170
Basilika v. Chr. 250
Basilios I. 886
– II. 976
– v. Cäsarea 380
– d. Gr. 330, 70, 79, 1403
Basilius-Kathedrale, Moskau 1561
Basken v. Chr. 2500, 1490; n. Chr. 570, 778
Baskenprozeß 1970 P
Basoche 1303
Basra 637, 10. Jh.
»Baß (Falscher) 14. Jh.
Bassà v. Chr. 413, 400
Bassenheimer, J. 1426
Bassermann, A. 1899, 1922 K, 52 P
Bassi 1525
Bassow, N. G. 1964 W
»Bastardisierungsproblem beim Menschen« 1913 W
Bastarner v. Chr. 200
Bastelbücher 1924 W
»Bastien und Bastienne« 1767
Bastille 1369, 1718, 26, 89
Bata, Th. 1931 V
Bataille, H. 1405
Batalha, St. Maria de Victoria 1385
Bataver 70, 71, 400
Batavia 1602, 19
Bates, A. 1964 K
–, E. St. 1936 Ph
Bathory, Stefan 1575
»Bathseba« 1635

Bathyskaph 1954, 60 W
Batista 1933, 59 P
Batoni 1708, 49, 87
Batsheva Dance Comp. 1963 M
Battambang 1907 P
»Battono alla porta« 1963 M
Baty 1926 D
Batz, E. 1958 K
Bauakad. Berl. 1799
»Bauanatomie« 1928 K
»Bauarbeiten, Die« 1951 K
Bauausstellung 1931 K
»Bauch von Paris« 1874
Bauchant, A. 1955 K
Bauchspeicheldrüse 1869, 89, 1921, 26 W
Baudelaire 1821, 57, 67
Baudissin, W. 1833
–, W. Graf 1969 Ph
Baudouin 1923 Ph
Baudouin I. 1951, 60 P
Baudrier 1936 M
Bauen, organhaftes 1958 K
Bauer, A. 1946 Ph
–, C. H. 1924, 49 W
–, G. 1919 D
»– von der Garonne, Der« 1966 Ph
–, H. 1885
–, H. 1933 K
»– hinter Bäumen« 1976 K
–, H. P. 1962 V
–, J. M. 1941 D
–, K. H. 1928 W
–, O. 1920 P
»–, Schreitender« 1894
»– mit Sense« 1957 K
–, Wilh. 1850, 85
–, Wolfg. 1969 D
»Bauerwartungsland« 1973 K
»Bäuerin, Die« 1907 K
»Bauern« 1909 D, 35 K
»–, Bonzen, Bomben« 1930 D
»–, Die« 1976 D
»Bauern, Grabende« 1889
»Bauernadel« 1933 D
Bauernaufstand, sächs. 842
Bauernaufstände 23, 220, 1307, 81, 1431, 83, 93, 1502, 13, 17, 20, 24, 25, 1625, 26, 1702, 05, 75, 89, 1860 P, 1929
Bauernbefreiung 1300, 1788, 93, 1807, 11, 48, 61
»Bauernbrueghel« s. Brueghel, P., d. Ä.
»Bauernfamilie« 1643
»Bauernhaus« 1946 K
Bauernhochschulheime 1924 Ph
»Bauernhochzeit« 1568
»–, Die« 1672
»Bauernkirmes« 1643
Bauernkrieg 1500
»–« 1908, 71 K
»gr. dt. 1524, 25
Bauernkultur, frühe v. Chr. 8000, 6700, 5000, 4750, 4500
Bauernlegen v. Chr. 146; n. Chr. 1517, 40, 1601, 16, 1748, 64
»Bauernmädchen mit Kind« 1951 K
»– auf einem Stuhl« 1903 K
»Bauernpraktik« 1508
»Bauernpsalm« 1936 D
»Bauernschlägerei« 1631
»Bauernspiegel« 1857
Bauernstreik 1955 V
»Bauerntanz« 1568
Bauernunruhen 1974 V
Bauernverband, Dt. 1959 V
Bauersfeld 1923 W
Baugesetz, Bundes- 1960 V
Baugewerbe 1961, 62 W
Bauhaus 1919, 25, 26, 29, 40 K
Bauhaus-Archiv 1971, 72 K
»Bauhaustreppe« 1932 K
Bauhin 1605, 23
»Bauhütte« 1300, 73, 1731, 1925 Ph
»Bauhüttenbuch« 1235

Bauhymne, sumer. v. Chr. 2100
Baukeramik 1907 K
»Baukunst, Über die« um Chr. Geb.
»– der Alten, Über« 1762
»–, Bücher ü. die« 1541
Baulandpreise 1968 V
Baum (ältest.) 1974 W
»Baum, Einsamer« 1825
Baum, V. 1929 D, 32 K, 44, 60 D
»Baum am Walchensee« 1923 K
Baumann 1940 W
Baumann, Heinz 1969 K
Baumann, Hermann 1955 Ph
–, M. 1964 M
Baumeister, W. 1922, 44, 53, 54, 55 K
»– Adolf Loos« 1909 K
»– Solness« 1892
Bäume, älteste 1965 W
Bäumer, G. 1873, 1906, 10, 37 D, 39 Ph, 47 D, 54 Ph
Baumgarten, P. R. 1954, 59 K
»Baumgartner« 1543
Baumjahresring-Chronologie 1940 W
Bäumler, H. J. 1963 V
Baumwolle v. Chr. 2700, 1800, 1500, 700, 448; n. Chr. 827, 13. Jh., 1555, 1744, 1947, 61 V
Baumwollentkörner 1793
Baumwoll-Flügelspinnmaschine 1769
Baumwollwaren 1968 V
»Bauplatz mit Weiden« 1846
Baur, E. 1921, 28 W
–, F. 1977 W
–, F. Ch. 1792, 1853, 60
–, H. 1951 K
»Bausteine z. Geopolitik« 1928 V
Baustill, sowj. 1955 K
Bautzen 1310, 46
–, Friede von 1018
Bauwirtschaft 1973 V
Bau- u. Wohnungsgenossensch. 1928 V
»Baux, Les« 1952 K
Bauxitförderung 1961 V
»Bavaria« 1848
Bavink, B. 1914 Ph
Bayar 1950 P
Bayard 1512
Bayer, Fr. & Co. 1863, 1904 V
»– 505« 1923 W
–, H. 1961 V
–, J. 1888
–, Joh. 1603
–, K. 1969 D
»Bayer. Chronik« 1481
Bayern München 1973 V
Bayern, Welf von 1090
Bayeux, Teppich v. 1071
Bayle 1693, 95
Bayliss 1906 W
Bayreuth 1470, 1748, 1934 K, 1976 M
Bayreuther Festspiele 1876, 1901, 30, 63, 66 M
»Bayrische Chronik« 1519
»– Landesbühne GmbH« 1921 D
»– Landtafeln« 1566
Bayrischer Erbfolgekrieg 1778
Bayrisches Nationalmuseum 1867
»Baza, Dame von« 1971 W
Bazaine, J. 1952, 53, 55, 58 K
Bazillen s. Bakteriologie
Bazin, A. 1976 K
Baziotes, W. 1947, 53, 55, 59 K
Bazzi 1478, 1510, 49
BBC 1930 M, 36 W
BCG-Tuberkulose-Schutzimpfung 1933 V
BCS-Theorie 1972 W
Bea, A. 1960, 62, 68 Ph
–, Kardinal 1960 Ph

Beach 1947 W
Beaconsfield s. Disraeli
Beadle 1910 W
–, G. 1939, 58 W
Beamte, ägypt. v. Chr. 2850, 1550
–, Anzahl 1950
–, assyr. v. Chr. 883
–, babylon. v. Chr. 1728
–, chines. v. Chr. 200; u. Chr. Geb.; n. Chr. 960, 606
Beamtenbesoldung 1957, 63 W
Beamtengesetz 1907, 33, 37, 61 V
Bean, A. 1969 W
Beardsley, A. 1894
»Beata Beatrix« 1863
»Beat-Generation« 1958, 62 D
Beatles 1964, 64 M
Beatmusik 1964 M
Beatrice 1274, 95
Beatrix der Niederlande 1966, 67 P
– von Neapel 1490
Beatty, W. 1967 K
Beauchamp s. Mansfield
Beauchamps 1681
Beaudin, A. 1952, 59 W
Beaudouin, E. 1957 K
Beauharnais 1809
Beaujoyeux 1581
Beaumarchais 1775, 84, 1966 M
Beaumont, F. 1610
Beaune, Hospital 1449
Beauvais, Kathedrale 1247
–, Vinzenz v. 1250
Beauvoir, S. de 1951, 70 Ph, 53, 54, 58, 60, 66, 74 D
– der Blumen 1793
–, künstliche 1849
»Befruchtungskraft« 1786, 99
»Begabung, Prozeß d.« 1961 Ph
Begabungsforschung, Inst. f. 1971 Ph
Begabungsrückgang 1952 Ph
Begas, K. 1794, 1854
–, R. 1831, 1901, 02, 11 K
»Begegnung« 1971 W
»– v. Christus u. Thomas« (Die) 1926 K
»– d. Völker i. Märchen ...« 1961 Ph
»Begegnungen, Sonderb.« 1973 D
»Beggar's opera« (The) 1728
Begin, M. 1977 P
Beginenhöfe 12. Jh., 1300, 12
»Begleitmusik z. ein. Lichtspielszene« 1930 M
»Begrabene Gott, Der« 1905 D
»Begräbnis des Grafen Orgaz« 1586
Begräbnisbruderschaft Florenz 1224
Begram/Nordiran 257
»Begriff d. Arbeitsschule« 1912 Ph
»– d. Instinkthandlung« 1937 W
Begriffskombination 1666
Behaim, Martin 1459, 85, 92, 1507
– Parlier 1372
»Behälter des Weltalls, Der« 1964 K
Behan, B. 1959, 64 D
»Behavior« 1914 W
Behaviorismus 1878, 1914 W, 19 Ph, 25 W
»Behaviour therapy« 1960 Ph
Behbet el Hagar, äg. Tempel v. Chr. 360
Beheim-Schwarzbach, M. 1952, 55 D
»Behind the green curtains« 1961 Ph
Behlke, R. 1961 Ph
Behm 1913 W
Behn 1688
Behrendt, J. E. 1973 M
–, R. 1968 Ph
Behrens, B. 1907 D

»Bedeutung ... Verhaltensforschung« 1961 Ph
»Bedeutungslehre« 1923, 40 Ph
»Bedingt abwehrbereit« 1962 V
Bedingte Reflexe 1901, 26 W
Bednorz, R. 1930 K
»Bed-Time-Book« 1910 D
Beebe, W. 1934, 62 W
Beecham, Th. 1932, 61 M
Beecher-Stowe, H. 1852
Beek, J. B. van 1966 K
Beer 1722
Beer-Hofmann 1905 D
Beernaert 1909 P
Beethoven 1745, 70, 78, 83, 92, 95, 99, 1800, 01, 02, 03, 04, 05–09, 10, 12, 14, 19, 23, 24, 25, 27, 1919, 45, 61, 70 M
»–« 1823, 86, 1902 K, 07 D, 11 M
»–, Hommage á« 1970 M
Beethovendenkmal 1947 W
Beets 1966 W
»Befiehl du deine Wege« 1667
»Beflügeltes Band, doppelt« 1970 M
»Befreite« 1945, 63 K
»– Frankreich, Das« 1944 K
»– Jerusalem« (Das) 1581
»Befreiung der Andromeda« (Die) 1684
Befreiungskrieg 1813, 1906 W
Befruchtung 1799, 1841, 75, 96

Behrens, P. 1868, 1901, 02, 08, 09, 11, 13, 24, 40 K
Behring, E. v. 1854, 89, 93, 1901, 15, 17, W
»Bei uns auf dem Lande« 1907 K
Beichte 429
»–« 1879, 95
»– e. Kind. d. Zt.« 1836
Beidarmig Stoßen 1948, 50 V
»beiderlei geschlechts« 1963 K
Beil v. Chr. 3200, 3000, 2000, 1900, 1750, 2. Jt., 1450, 1200, 950
Beilstein 1918 W
»Being Beauteous« 1964, 69 M
Beinhorn, E. 1932, 33 V
Beinlinge 14. Jh., 1400, 75
Beinum, E. v. 1959 M
Beissner, F. 1977 D
»Beitrag z. Einl. i. d. Neue Test.« 1911 Ph
»– z. Phänomenolog. d. ästhet. Genusses« 1913 Ph
»Beiträge zur Optik« 1791
Beitz 1963 V
»Bekehrung des Paulus« 1617
– Sauli« 1601
Bekennende Kirche 1933–35, 37 Ph
»Bekenntnisse« 430, 1782
»– des Hochstaplers Felix Krull« 1923, 54 D
Békésy, G. v. 1961 W
Bekker, P. 1911, 16 M
»Bekleidete Aphrodite« v. Chr. 330
Bekleidungsindustrie 1960 V
Bekman, R. 1959 W
»Bel ami« 1885, 1939 K
»Bel canto« 1618
Béla III. 1173
– IV. 1239
Belafonte, H. 1956, 57 K
»Belagerte Szigeth, Das« 1664
»Belagerung von Corinth« 1816
Belagerungsmaschine v. Chr. 850, 306
»Belagerungszustand« 1949 D, 69, 70 M
»Belebung der Religionswissenschaften« 1111
Belgisch-Kongo 1885, 96, 1906, 08 P, 60 V
Belgrad 1064, 1456, 51, 1521, 1717, 1941, 44 P
Belgrad-Bar-Bahn 1976 V
Belgrader Konferenz 1961 P
Belisar 532, 35, 59, 62
Beljajew, P. 1965 W
Bell, A. G. 1876
Bell, G. 1958 Ph
Bell X-I A 1953 W
Bellarmin 1542, 92, 1603, 21
Bellay 1549
»Belle Jardinière« (La) 1507
»– Madame sans merci, La« 1426
»Bellegra« 1924 K
Bellers 1695
»belles images, Les« 1966 D
Bellevue, Schloß 1959 P
Belli 1831
»Belifortis« 1405
Belling, Rudolf 1886, 1919, 66, 72 K
Bellini, Gentile 1479
–, Giovanni 1428, 48, 65, 67, 70, 79, 85, 87, 1516
–, V. 1831
Bellmann 1740, 95
Bellmer, H. 1965 K
»Bello civili« (De) v. Chr. 47
»– Gallico« (De) v. Chr. 58
Belloni, G. B. 1817
Bellovesus v. Chr. 587
Bellow, S. 1959, 65, 76 D
Bellware 1966 W
Bell X-I A 1953 W
Belmondo, J.-P. 1959, 62, 66 K
Belon 1555

Belousowa-Protopopow 1967 V
»Belsazar« 1905 M
Belser, H. 1959 Ph
Belugawal im Rhein 1966 V
»Belustigungen des Verstandes« 1741
Belvalkar 1927 Ph
Belvedere, Prag 1558
—, Wien 1724
Bembo 1470, 1525, 47
Bemelmans, L. 1958 K
Ben Bella 1962, 65 P
Bender, T. 1977 P
Ben-Gavriël, M. Y. 1958, 65 D
Ben Gurion, D. 1948, 53, 63, 64, 65, 73 P
»Ben Hur« 1880, 1926, 59 K
— Joseph Akiba 50, 135
— Khedda 1961 f. P
Ben-Natan, A. 1965 P
Ben-Zwi I. 1952, 63 P
Benares 1. Jh., 75
Benatzky 1916, 21, 30, 57 M
Benavente, J. 1866, 1922, 54 L
Benda, E. 1968, 71 P
Bender, H. 1973 Ph
Benedek, L. 1954, 55 K
Benedetto da Majano 1489
Benedict 1934, 56 Ph
Benedictionale 975
Benedikt VIII. 1012
— IX. 1033, 46
— XIII. 1724
— XIV. 1740, 45, 58
— XV. 1914, 17 Ph
— von Nursia 480, 529, 43
Benediktbeuren 13. Jh.
Benediktinerorden 529, 43, 736, 63, 64, 77, 880, 900, 10, 55, 85, 1000, 20, 48, 1070, 11. Jh., 1098, 1100, 1200, 91, 99, 1400
»Beneficium« 1157
Benelux 1946, 50 P
Benenson, P. 1961, 72 Ph
Benesch, E. 1884, 1918, 21, 25, 35, 38, 40, 43, 45, 46, 48 P
—, K. 1955 D
Benevent 972
Beneventum, Schlacht bei — 275
Bengalen 1757, 1901 Ph, 05 P, 43 V
Bengsch, A. 1962, 67 Ph
Beni-Hasan v. Chr. 1950, 20
Benjamin, W. 1925 Ph
Benkard 1927 K
Benn »Ein Wort« 1969 M
—, G. 1886, 1917, 27, 28, 47, 49, 50, 51, 56 D
Bennent, H. 1966 K
Bennet, E. L. 1939 D
Bennett, A. 1902 D
—, J. G. 1835
—, R. R. 1964 M
Benoit-Lévy 1932 K
— de Sainte-More 1172
Benrath, F. 1963 K
—, H. 1935, 37, 40 D
Benson, E. T. 1953 P
Bentham 1748, 87, 89, 93, 1832
Bentheim, Lüder v. 1609
»—, Schloß« 1653
Benton, R. 1854
Bentzien, H. 1966 P
Bentzon, N. V. 1964, 65 M
»Benvenuto Cellini« 1838, 1913 K
Benz 1885
Benzenberg 1798
Benzin 1921, 25-27 W, 60 V
Benzinbleigesetz 1972 V
Benzinmotor 1876, 85
Benzol 1825, 65
»Beowulfsage« 800
Berber v. Chr. 2500; n. Chr. 1147, 95
»—, Tänzerin A.« 1925 K
Berberian, C. 1966 M
Berblinger 1811

Berceo, Gonzalo de 1195, 1264
Berchtesgaden 1938 P
Berckhemer 1933 W
Berdjajew 1948 Ph
»Bereitschaft« 1939 K
Beredsamkeit, Lehrb. d. — 43
Berendt, J. E. 1953 M
Berengar von Tours 1000, 88
»Berenice« 1670
Berenike v. Chr. 240
Berg 1824
—, A. 1910, 24-26, 34, 35, 74 M
—, Bengt 1924, 26, 30, 37 D
»Berg und Kugel« 1975 K
»— des Schicksals« 1924 K
Bergamo 1428
—, Dom 1350
Bergarbeiterlöhne 1955 V
Bergarbeiterstreik 1963 V
Bergbaukunde (Begrd.) 1530, 55
Bergbesteigung, frühe v. Chr. 181
»Bergbüchlein« 12. Jh.
»Berge in Kärnten« 1940 K
»—, Meere und Giganten« 1924 D
»— und Menschen« 1911 D
Bergen/Norwegen 1261
—, Marienkirche 12. Jh.
Bergengruen, W. 1935, 39, 40, 46, 62, 64 D
Bergenstrahle, J. 1969 K
Berger, H. 1929 W
—, L. 1953 D
—, N 1957 K
Bergerac 1619, 48, 55, 62
Berger-Bergner, P. 1973 K
Berggewerkschaft 1909 P, 41
Berggrav, E. 1953 D
Berginverfahren 1927 W
Bergius, F. 1884, 1913, 21, 30, 31, 49 W
—, R. 1953 Ph
Bergkristalle v. Chr. 30
Bergler, E. 1955 Ph
Bergmann, I. 1936, 46, 60, 63, 66, 70, 74 K, 65 Ph, 77 K
—, T. O. 1767
Bermann 1968 Ph
»—, E. v. 1836, 85, 99, 1907 W
—, G. v. 1925, 32 W
—, L. 1946 W
Bergner 1932 K
Bergordnung 1509, 17
—, Harzer 1271
—, Kuttenberger 1299
—, Tyroler 1185
Bergpredigt 28, 1525
»Bergreis, Schaschaplana« 1742
»Bergsee i. Riesengebirge« 1839
Bergson 1859, 89, 96, 1900, 07 Ph, 27 D, 41 Ph
»Bergspiegelung I« 1967 K
Bergsträsser, A. 1965 Ph
Bergtempel v. Chr. 3300
Bergversicherung 1924 V
Bergwacht 1920 V
Bergwerkkarren 1557
Bergwerksarbeit, Mindestalter 1953 Ph
»Bergwerksbuch« 1530
Beriberi 1911, 36 W
Beriberi-Schutzstoff 1895 s. a. Vitamin B
»Bericht f. eine Akademie« 1962 D
»— über d. Ausgrab. in Olympia VII« 1961 Ph
»— Bruno« 1972 D
»— eines Bremer Stadtmusikanten« 1968 D
»— aus ein. Tollhaus« 1912, 19 D
»Berichte üb. d. ges. Physiologie« 1920 W
Berija, L. P. 1938, 53, 55 P
Bering 1680, 1728, 34, 41, 43
Beringstraße 1648, 1728
Berio, L. 1964, 65, 69 M

Berke 1949, 53 K
Berkeley 1954 W
—, E. 1685, 1709, 10, 44, 53
—, L. 1954, 59 W
Berkelium 1950 W
Berlage, H. P. 1856, 1903, 34 K
Berlewi, H. 1924, 67 K
Berlichingen 1504
Berlin 1160, 1230, 36, 37, 44, 72, 86, 1307, 08, 25, 59, 73, 89, 93, 1409, 30, 32, 42, 47, 71, 88, 1538, 52, 78, 79, 1647, 48, 55, 71, 85, 96, 98, 1700, 03, 04, 09, 10, 11, 13, 38, 39, 42, 43, 44, 48, 51, 56, 57, 60, 63, 70, 78, 80, 86, 88, 91, 94, 99, 1807, 08, 10, 11, 14, 21, 24, 25, 28-30, 32, 37, 41, 42, 46, 53, 54, 58, 65, 66, 72, 74, 75, 81, 92, 94, 95, 1951, 52 P, 52 Ph, 55 V
»—« 1954 D
—, I. 1950 M
—, Abgeordnetenhaus 1954 P
—, Akademie d. Künste 1960 K
—, Alexanderplatz« 1929 D, 31 K
—, Aquarium 1913 W
—, Ausstellungshallen 1950 W
—, Bahnh. Friedrichstr. 1924 V
—, Bauakad. 1799
—, »Berl. Theater« 1962 D
—, Börsengebäude 1955 V
—, Botanischer Garten 1852
—, Briefpost 1800
—, Capitol 1925 K
—, Charlottenburg-Nord, Siedlg. 1961 K
—, Charlottenburg. Schloß 1704, 1973 K
—, Dt. Hochschule f. Politik 1920, 29 Ph
—, Dt. Oper 1961 M, K
—, Dt. Stadion 1913 K
»—, Dt. Theater« 1904-06, 10, 16, 24, 34, 43, 46 D, 48 K
—, Dom 1524, 1713, 1904 K
—, Duncanschule 1904 M
—, Ephraim-Palais 1766
—, Ermelerhaus 1759
—, Etagengroßgarage 1930 K
—, Fakultät für Architektur 1966 K
—, Flughafen Tegel 1960 V
—, — Tempelhof 1924 V
—, Freie Hochschule 1902 Ph
»—, — Stadt« 1958 P
—, — Universität 1948 Ph, 54 K, 55 P, 58 Ph, 63 P, 69 Ph
—, Frühgeschichte 1973 Ph
—, Gewerbe-Ausst. 1822
»—, Graues Kloster« 1574
—, Großes Schauspielhaus 1919 D, 30 M
—, Gust.-Adolf-Kirche 1934 K
—, Handelshochschule 1927 Ph
—, Hansaviertel 1957 K
—, Haus d. Rundfunks 1930 K
—, Hebbel-Theater 1907 K, 11 D
—, Hertha BSC 1977 V
—, Hochschule f. bild. Künste 1902, 07 K
—, Hochschule für Musik 1904 K, 31 M, 54 K
—, Hufeisensiedlung 1925 K
—, »Humboldt«-Universität 1948 Ph
—, Kaiser-Friedr.-Ged.-Kirche 1957 K
—, Kaiser-Friedrich-Museum 1904 K
—, Kaiser-Wilhelm-Ged.-Kirche 1924, 61 K
—, Kammerspiele 1906, 24 D, 48 K

Berlin, Kanzel d. Marienkirche 1703
—, Kirche am Lietzensee 1959 K
—, Kleines Haus 1906 D
—, — Theater 1905 D
—, Kleist-Denkmal 1928 K
—, Klinikum 1959 W
—, Komische Oper 1947 M
—, Kommandantur 1962 P
—, Komödie 1924 D
—, Kongreßhalle 1957 K
—, Königl. Oper 1901 M
—, Konserv. 1850
—, Konzertsaal 1954 K
—, Krematorium 1912
—, Kunstgewerbemuseum 1907, 09 K
—, Kurfürstl. Bibliothek 1661
—, Leipziger Straße 1879
—, Lessing-Hochschule 1910 Ph
—, Lessing-Theater 1904, 05, 13 D
—, Luftbrücke 1949 V
—, Luftkorridore nach 1959 P
—, Mauer 1961, 62 K, P, 63 P
—, Mein Weg n.« 1960 P
—, Metropoltheater 1904 M
—, Nationalgalerie 1909 K
—, Neubauwohn. 1961 V
—, Neue Nationalgal. 1968 K
—, — Wache 1918, 31 K
—, Olympiade 1936 V, 38 K
—, Omnibus 1846
—, Oper 1912 M
—, Passierscheine 1961, 63 P
—, Pergamon-Museum 1930 K
—, Philharmonie 1963 K
—, Philh. Orch. 1882, 95
—, Potsdamer Platz 1972 V
—, Reichskanzlei 1939 K, 45 P
—, Reichstagsgebäude 1901 K, 33, 63 P
—, Reimannschule 1902 K
—, Rotes-Kreuz-Verw.-Gebäude 1925 K
—, St. Hedwig 1747 K
—, Sankt-Hedwigs-Kathedrale 1963 K
—, Schaubühne a. Hallerschen Ufer 1971 D
—, Schiller-Theater 1907, 51 D
—, Schloß 1443
—, Schloß Bellevue 1959 P
—, Schloßstr. Charlb. 1819
—, Schloßpark-Theater 1945, 51 D
—, Siedlung Charlottenburg 1961 K
—, Siegesallee 1901 K
—, Siemensstadt 1928 K
—, Singakademie 1791, 1952 M
—, Spielbank 1975 V
—, Sportpalast 1910 V
—, Staatsbibliothek 1914, 64, 73 K
—, Staatsoper 1917, 25, 55 M
—, Staatstheater 1937 D
—, Staatstheatermuseum 1929 D
—, Stadtautobahn 1963 V
—, Stadtschloß 1699, 1950 K
—, Stalinallee 1961 V
—, Strandbad 1908, 30 V
—, Sternwarte 1705
»—, Symphonie einer Großstadt« 1927, 64 K
—, Technische Hochschule 1927 K
—, Teltowkanal 1900 V
—, Tempelh. Feld 1923 V
—, Theater a. Nollendorfpl. 1913 K
—, Ultimatum 1959 P
—, Universität 1810, 11, 18, 1902, 10 W, 15 K, 18 Ph, 23 D, 27, 48 Ph
—, Unter den Linden 1826
—, Urania 1962 Ph
—, Viermächtestatus 1958 P
—, Virchow-Denkmal 1910 K

Berlin, Volksbühne am Bülowplatz 1914, 15, 18, 32 D
—, Voxhaus 1923 W
—, Wahlen 1948, 50, 63 P
—, Waldbühne 1936 D
—, Warenh. Wertheim 1904 K
»—, wie es weint und lacht« 1935 M
»—, Wintergarten« 1887
—, Wohnungsbau 1958, 61 V
Berlin-Abkommen 1970, 71, 73, 74 P
Berlin-Buch, Fund von v. Chr. 1300
»Berliner Ballade« 1948 K
»— Blau« 1710
»— Destille« 1960 K
—, E. 1887
— Ensemble« 1949 D
— Film- und Fernsehakademie 1973 K
— Funkturm 1926 V, W
— Handelsgesellschaft 1933 V
— Konferenz 1954 P
— Kongreß 1878
— Kunstausstellung 1971, 76 K
— Künstler, Verein 1841
»— Luft« 1946 K
— Museen 1906, 45, 46 K
»— Phänomen 1952 W
— Philharm. Orchester 1946 M
»— Ruinenstraße« 1945 K
— Senat 1948, 50 P
— Stadtbahn 1929 V
»— Tageblatt« 1872, 1906 V, 48 D
»— Theater« 1962 D
— U-Bahn 1902 V
— Unwille« 1447
— Viermächteabkommen 1972 P
— Wochenzeitung, 1. 1617
— Zeitung« 1904 V
»Berlinerin '74« 1974 K
Berlin-Frankfurt a. M., Telegraph 1849
Berlingarantie 1958, 61 P
»Berlingske Tidende« 1749
Berlinguer, E. 1977 P
— Hilfe 1950 P, 52 V
»Berlinische Nachrichten von Staats- und gelehrten Sachen« 1740
Berlin—Potsdam, Eisenbahn 1839
Berlin-Spaltung 1948 P
»Berlins, Kultur- u. Sittengeschichte« 1910 Ph
Berlin-Tegel, Flugh. 1974 K
Berlinverkehr 1979 P
Berlioz 1803, 32, 38, 39, 44, 47, 54, 69 M
Bermudainseln 1522, 1934 W, 40 P
Bermuda-Konferenz 1953 P
Bermuda-Sturmtaucher 1951 V
Bermudez, F. M. 1975 P
—, J. 1522
Bern 1353, 1461, 1598, 1874, 1905 V, 10 P, 19, 23 V, 45 Ph
—, Kunsthalle 1968 K
Bernadette 1858
»— « 1968 K
Bernadotte 1804, 10, 18
—, F. 1948 P
Bernanos 1926, 35, 36, 38 D
Bernard, C. 1865
»Bernarda Albas Haus« 1936 D
Bernart von Ventadorn 1156
Bernatzik, A. 1937 K
Bernau 1232, 1325, 1432
Bernauer, R. 1955 D
»Bernauerin« 1947 M
Bernay, Alex. de 1180
Bernett 1848
»Bernhard, A.« 1954 K
— Th. 1964, 72, 74, 75, 76 D
— von Clairvaux 1091, 1115, 47, 53
— Lippe-Biesterfeld 1937 P

Bernhard d. Niederl., Prinz 1937, 77 P
– von Sachsen-Weimar 1633, 34, 38
Bernhardinerorden 1350
Bernhardt 1862, 1912 K
Bernina-Paß 1910 W
Bernini 1598, 1620, 23, 29, 33, 46, 61, 65, 80
Berno 1008
Bernoulli, Daniel 1738
–, Jakob 1654, 85, 1705, 13
–, Joh. 1690, 96, 98
Bernstein v. Chr. 2. Jt., 637, 621, 585; n. Chr. 1309, 85
–, E. 1899, 1903 P, 20 Ph
–, L. 1944, 50 M, 61, 65, 71, 73 K, 77 M
Bernsteinstraße 270
Bernstorff, A. P. v. 1770
Bernt 1902 W
Bernward 1015, 18
– v. Hildesh. 993, 1000
Berossos v. Chr. 269
Berrettini 1655
Berruguete 1480, 1561
Berry, Herzog von 1415
–, W. 1922, 23, 30, 32, 33 K
Berson 1901 W
Bertalanffy 1933, 40 W
Berté 1915 M
Bertelsmann GmbH 1955 D
Bertheim 1906 W
Berthelot, M. 1859
Berthold 1849, 1910 W
– der Schwarze« 1350
Berthollet, C. L. de 1784, 87
Bertillon, A. 1882
Bertold von Regensburg 1250
Bertolucci, B. 1972 K
»Bertolt Brecht« 1961 D
Bertram, Meister 1379, 1414
Bertran de Born 1140, 1215
»Beruf unserer Zeit für Gesetzgebung . . .« 1815
»Berufsbeamtentum« 1933 P
»Berufs-Interessen-Test« 1955 Ph
Berufskunde 1568
Berufsschule 1854, 1922, 32
Berufsverband, griech. v. Chr. 3. Jh.
Berufsverteilung 1882
»Berühmte Fälle« 1966 D
»– und interessante Kriminalfälle« 1734
»– Zeitgenossen« 1905 K
»Berühmten, Die« 1976 D
»Berühmtesten Bauwerke Frankreichs, Die« 1576
Beruni 973, 1048
Bervi, C. 1966 K
Berzelius 1779, 94, 1803, 06, 10, 12, 17, 28, 35, 48
Besamung, künstl. 1971 V
Besançon, Reichstag von 1157, 1535
Besatzungsstatut 1949, 50, 51 P
»Bescheidenheit« 1228
Beschleuniger s. Teilchenbeschleuniger
–, Teilchen– 1970 W
Beschneidungsverbot 130
»Beschreibung aller Stände« 1568
»Beschwörungen« 1955 D
»Besessene, Der« 1959 K
Besetzung der CSSR 1968 P
Besieger der Beduinen v. Chr. 3200
»Besitzbürgerin« 1974 K
»Besonnte Vergangenheit« 1921 P
Bessarabien v. Chr. 3000; n. Chr. 1367, 1812, 56, 1920, 26, 39 bis 41, 47 P
Bessel 1784, 1838, 41, 46
Bessemer Birne 1856
–, H. 1855
Bessemerstahl 1855
»Besserer Herr, Ein« 1927 D
Besson 1569, 75

Best 1921 W
Bestattung, christ. 1194 Ph
Bestattungssitten, ägypt. v. Chr. 3900
»Beste Mann, Der« 1960 D
»Beste Staatsform u. über die Insel Utopia, Über die« 1516
Bestelmeyer, G. 1874, 1942 K
»Besten Jahre unseres Lebens, Die« 1946 K
»Bestiaire« 1130
»Bestiarium d. Wälder« 1961 K
Bestiensäule, Freising 1225
»Bestimmung d. Menschen« 1800
– und Vererbung der Geschlechts . . .« 1907 W
Bestimmungsmensur 1858
Bestman 1972 D
»Besuch der alten Dame, Der« 1956 D, 71 M
»– auf einem kleinen Planeten« 1956 D
»– des Odysseus in der Unterwelt« v. Chr. 458
»Besucher, Die« 1971 K
Betancourt, R. 1958 P
Betastrahlen 1903 W
Betatron 1927, 35, 45, 49 W
Betäubung, örtl. 1645, 1894
Betäubungsmittel-Konvention, Internationale 1972 V
Beteigeuze 1920 W
»Betende« 1918 K
Betender Herrscher vor dem Sonnengott v. Chr. 2000
»Beter« 1934, 25 W
–, H. A. 1967 W
Bethe 1872
Bethencourt 1974 D
Bethge, H. 1907 D
Bethel v. Chr. 37; n. Chr. 405, 1228
–, Geburtskirche 330
»Bethlehemit. Kindermord« 1625, 35
Bethlen 1921 P
Bethmann-Hollweg 1909, 17 P
Béthune 1219
Betjeman, J. 1960 D
Betongußverfahren 1907 W
Betonspritzverfahren 1908 W
»Betracht. üb. d. gegenw. Welt« 1931 Ph
»Betrachtungen über die Göttliche Ordnung . . .« 1741
»– eines Unpolitischen« 1918 D
»– über die Unterschiede der Religion« 1687
Betriebsrätegesetz 1920 V
Betriebsratswahlen 1955 P
»Betriebsschließung, D.« 1975 D
Betriebsverfassungs-Gesetz 1972 V
Betriebsverfassungsgesetz 1952 P
»Betriebswirtschaft« 1908, 23, 28 W
»Betriebswirtschaftslehre« 1923 W
»Betriebswissenschaft« 1672
»Betrogene, Die« 1953 D
Betschuanaland 1885, 1902 P
Bett v. Chr. 3000, 399; n. Chr. 8. Jh., 1253, 1449
»Bettel sitzt der Hoffart auf der Schleppe, Der« 1531
Bettelheim, B. 1977 Ph
»Betteljungenbilder« (Vier)
Bettelorden 1216, 21, 26, 27, 13. Jh., 1252, 1300
»Bettelstudent« 1882
Bettelverbot 1360
Bettler 395

»Bettler« 1912 D
»– an der Haustür« 1648
»– von Syrakus« 1912 D
»Bettleroper« 1728, 1928, 48 M, 53 K, 64 D
Betto Bardi s. Donatello
Beumelburg, W. 1929, 30, 63 D
Beutler, E. 1960 D
Beuys, J. 1970 K, 72 Ph, 73, 75, 77 K
Bevan 1910 W
–, A. 1951, 52, 55, 60 P
–, O. 1967 K
Bevatron 1954, 55 W
Beveridge, W. 1942, 44 V, 63 P
Bevin 1945, 51 P
Bevölkerung s. a. Einwohner
–, Erd– 1976 V
–, europ. 1202 V
– in der USSR 1955 V
Bevölkerungsbewegung 1967 V
Bevölkerungsforschung, Inst. f. 1973 Ph
»Bevölkerungsvermehrung« 1949 Ph
»Bewachsenes Haus« 1902 K
»Bewaffnung u. Unsicherheit« 1960 W
Bewcastle, Kreuz 668
»Bewegliches Objekt« 1968 K
»Bewegte See n. d. Hurrikan« 1949 K
»Bewegung im Raum« 1955 K
»Beweinung« 1306, 1464, 70, 1525, 1950 K
»– Christi« 1410, 50, 1516, 1628, 30
»Bewußtsein des Ostens« 1900 Ph
Bey 1910 W
Beyer, F. 1974 K
Beyerlein 1903 D
Beyle s. Stendhal
»Beziehung zw. d. Ich u. d. Unbewußten« 1928 Ph
Bezirke in der DDR 1952 P
Bezold, v. 1901 K
»B für Larry« 1967 K
BGB 1883, 1900 V
»Bhagavad-Gita« 1830
Bhagavata-Religion v. Chr. 560
»Bhagawadgita« v. Chr. 2. Jh.
Bhakradamm 1963 V
Bharhut, Stupa v. Chr. 100
Bhartriharī 7. Jh.
Bhasa 300
Bhaskara 1114, 85
Bhawabhuti 8. Jh.
BHE 1953, 55, 61 P
Bhubanesvara, Tempel 600, 900, 1098, 1198
Bhutto 1977 P
Biafra-Konflikt 1967, 68, 69 P, Ph
Biafra-Krieg 1970 P
»Bianca Maria« 1924 D
Bias v. Chr. 6. Jh.
Bibbiena 1470, 1520
Bibel s. a. Altes u. Neues Testament v. Chr. 1100, 945, 715, 100; n. Chr. 155, 71, 232, 300, 50, 600, 700, 832, 1092, 1167, 73, 1250, 1300, 83, 1411, 40, 55, 66, 75, 78, 83, 1516, 17, 21, 22, 26, 1611, 1895, 1900, 02, 08, 10, 11, 19, 23–26, 31, 35, 47, 54, 60 Ph, 67 D
»– 1919 K
–, armen. 5. Jh.
»– in Bildern« 1862
–, Comic– 1974 Ph
–, engl. 1384, 1536, 1895
–, erste hochdt. 14. Jh.
–, gotische 350, 83, 500
»–, Die Geschichten der« 1952 D

»Bibel hat doch recht, Und die« 1955, 56 Ph
–, Illustr. z. 1865
–, koptische 4. Jh.
–, lateinische 195, 400, 05, 1546
–, Londoner 1653
–, luth. 1521, 22, 34
–, niederdt. 1478
–, Revidierte Standardausgabe 1937 Ph
»–, Revidierte Standard-Ausgabe« in den USA 1952 Ph
–, schwed.-luth. 1541
–, syrische 425
»Bibelforscher« 1852
–, Ernste 1879
Bibelgesellschaft 1804, 14, 23, 1925
Bibelhandschriften 1947 W
Bibelillustrationen 1948 K
Bibelkritik 1768, 74, 1835, 63 Ph
Bibelstilkritik, elektron. 1955 Ph
Bibelstunden 1686
Bibelübersetzung 1926, 62 Ph
Bibelverbot 1229
»Bibelwissenschaft« 1909 Ph
Biber, H. J. Franz v. 1644, 84, 1704
»Biberpelz« 1893
»Biblia naturae« 1669
Bibliographie, Deutsche 1966 D
»– d. Sozialismus . . .« 1909 P
»– d. Sozialwissensch.« 1905 Ph
»–, wissenschaftl. 1739
»– d. wissenschaftl. Sozialism.« 1923 Ph
»Bibliographien« (Weltbibliogr. f.) 1949 D
»Bibliographisches Institut« 1826
»Bibliotheca« 862
– Medicea Laurenziana« 1444
– universalis« 1549
Bibliothek 1753
– in Alexandria v. Chr. 286, 47
–, Dt. 1959, 61 D
– (Florenz) 1441
–, Jerusalem 1950
–, Katalog d. chin. Palast- v. Pergamon v. Chr. 202
»Bibliothek d. schön. Wissenschaften« 1757
Bibliotheken, öffentliche 1955 D
»–« (Preuß.) 1921 D
»Bibliothekskunde« 1920
Biblis, Kernkraftw. 1975 V
Bicci de Medici 1421
Bichsel, P. 1969 D
Bidault 1949, 46 P
»Bid me to live« 1960 D
Biederbick, Ch. u. K.-H. 1973 K
Biedermeier 1815
Biel, Gabriel 1485
Bieler, M. 1969 K
Bielschowski 1903 D
»Biene Maja« 1912 D
Bienek, H. 1969 D
Bienen 1901 Ph, 15 W
»Bienenfabel« 1714
Bienenfutter 1958 W
Biennale, Venedig 1962 K
Bier v. Chr. 3500, 3000, 1360, 1250; n. Chr. 8. Jh., 11. Jh., 1079, 1298, 1397, 1437
–, A. 1898, 1923 W, 39 Ph
–, untergärig. 1516
Bierbaum 1901, 08 D
»Bierbereitender Sklave« v. Chr. 2500
Biermann, M. 1965, 67, 69, 72 D, 76 Ph, 77 D
Bierut, B. 1947, 52 P
Bierzunski, J. H. 1967 K
Bietila 1948 V
»Big Lift« 1963 P

Bigordi 1449, 94
Bihar 600
Bijns, Anna 1493, 1567, 75
Bikila 1960 V
Biko 1977 P
Bilama v. Chr. 2200
–, Gesetz von v. Chr. 2200
Bilau 1920, 27 W
Bilbao, A. 1965 M
»Bild Nr. 3« 1964 K
»– 9« 1950 K
»– 31« 1950 K
Bilddruck 1881
»– einer Ausstellung« 1874
»Bilder« v. Chr. 27
»– aus der deutschen Vergangenheit« 1859
»– als Frageszeichen« 1962 K
»– aus dem Kaukasus« 1900 K
»– aus d. Vergangenheit« 1961 M
Bilderbibel 1300
»Bilderbuch meiner Jugend« 1922 Ph
»– ohne Bilder« 1840
Bilderhandschriften, altmex. 471, 14. Jh.
Bilderschrift v. Chr. 10 000, 3300, 3000, 2500, 2000, 1600, 1250, 790; n. Chr. 471, 14. Jh.
Bilderstreit 726, 30, 75, 94, 813, 43
Bilderstürmer 1521, 41, 67
Bilderverehrung 794
Bildfunk s. Bildtelegraphie
»Bildnerei d. Geisteskranken« 1922 K
»Bildnis« 1929 D
»– eines alten Mannes« 1939 K
– der Barbara Moreel 1480
– der Beatrice Cenci 1599
»– des Bürgermeisters Meyer« 1516
»– des Dorian Gray« 1891
»– eines engl. Gesandten« 1446
»– eines Geistlichen« 1520
»– einer Heiligen« 1968 M
»– des heiligen Ludwig von Toulouse« 1317
»– einer jungen Frau« 1437, 46
»– des jungen Herrn von Nieuwenhoven« 1487
»– eines jüngeren Mannes« 1541
»– des Kardinals Taverna« 1608
»– Otto Dix« 1948 K
»– d. Wien. Schneiders Ebenstein« 1908 K
Bildnisgruppe s. Töchter
Bildnisplatte 1970 W
Bildnis-Ton-Platte 1970 W
Bildschirmzeitung 1977 V
»Bildstelle . . .« 1919 Ph
»Bildtafel« 1958 K
Bildtelegraphie 1885, 1904, 07, 23, 27, 44 W
Bildteppiche 1050, 12. Jh., 1199, 1250, 1303, 1420, 15. Jh., 1454, 68
»Bildung« 1926 Ph
»Bildung ist Bürgerrecht« 1965 Ph
– (im Humanismus) 1494 Ph
»Bildungsforschung, Bildungsplanung, Bildungspolitik« 1969 Ph
–, Inst. f. 1974 Ph
Bildungsgesamtplan 1973 Ph
Bildungsnotstand 1965 Ph
Bildungsplanung 1969 Ph
Bildungsrat 1965 Ph
»Bildungsideal d. Gegenw. . . .« 1928 Ph
»Bildungskatastrophe, dt.« 1965 Ph
Bildungsökonomie 1963 Ph
Bildungsplanung 1961 ff. Ph
Bildungsrat 1966, 74 Ph
Bildungsreform 1957, 65 Ph
»Bildungssysteme der Kulturvölker« 1927 Ph

»Bildungswahn – Volkstod« 1932 Ph
Bildungsweg, Zweiter 1957ff., 62 Ph
»Bildungswerk, Das große« 1954 Ph
Bildungswesen, Verbesser. d. 1957 Ph
»Bildungswettlauf zw. West u. Ost« 1961 Ph
Bildwandler 1974 W
Bill, M. 1944, 51, 55, 73 K
»– of Rights« 1689
Billard 1550, 87, 1707
»– um halb zehn« 1959 D
Billetdoux, F. 1964 D
Billeter, J.-R. 1955 W
Billion 1484
Billroth, Th. 1863, 70, 73
»Billy Budd« 1951 M
»– the Kid« 1938 M
»Bim-Bam-Baby« 1953 M
Bimbisara v. Chr. 546
»Bin ich noch in meinem Haus?« 1953 D
Binchois 1400, 30, 60
Bindemäher 1877
Binder, G. 1961 Ph
Binding, K. 1919, 20 Ph
–, R. G. 1867, 1910–13, 19, 28, 32, 35, 38 G
Binet 1905 Ph
Bing, R. 1972, 73 M
Bingen, Hildegard von 1089, 1151, 55, 79
Bini 1969 W
Binomischer Satz 1664
Binswanger, L. 1928, 43, 66 Ph
Biochemie, Begründung der 1806
– (Kolloid-) 1947 W
– (Max-Planck-Inst.) 1973 W
– (Progr.) 1972 W
– der Viren« 1954 W
»Biochemische Aspekte in der Psychiatrie« 1968 W
– Genetik 1949 W
– Zeitschrift« 1906 W
Biogenetisches Grundges. 1872
»Biografie« 1968 D
»Biographie. Ein Spiel« 1967 D
»Biographische Denkmale« 1850
– Inschriften v. Chr. 2650
»Bioide« 1973 W
Biokatalysatoren 1940 W s. a. Enzyme, Hormone, Vitamine, Gen
Bioklimatologie 1907, 11 W
Biologie (Anfänge) v. Chr. 1555, 879, 700, 6. Jh., 546, 15, 465, 334, 22, 20, 287; n. Chr. 125, 200, 4. Jh., 1155, 1280, 82, 1302, 06, 33, 77, 1484, 1532, 34, 44, 46, 51 s. a. Botanik . . ., Heilkunde, Zoologie . . .
»–« (Allgemeine) 1924 W
»– (Ergebnisse) 1926 W
»– der Insektenstaaten« 1940 W
»– u. Metabiologie . . .« 1959 W
»–, molekulare 1953, 65 W
»– und Philosophie« 1925 Ph
»– (Theoretische) 1920, 33 W
»–« (Zweckgebundenheit . . .) 1941
»Biologische Verfahren . . .« 1905 W
»Biologischen Wirkungen ionisierender Strahlen, Die« 1956 W
» . . . biologischen Wissenschaft« 1905 W
Bion v. Chr. 100
Biophysik 1907, 24, 37, 38, 40, 48 W
»–, Mathem.« 1938 W
»Biophysikalische Anal. d. Mutationsvorg.« 1940 W

»Biophysikalische Lebenslehre« 1940 W
– Unters. d. Bakteriophagen 1946 W
Biopterin 1958 W
Biostratonomie 1931 W
Biot 1815
»Biotaxia« 1968 K
Biotechnik 1974 W
Biotin 1901, 32, 42 W
Bircher-Benner 1921 V
»Bird of Dawning« 1933 D
»Birds, The« 1963 W
Birgel, W. 1941, 42, 47, 65 K, 73 D
Birger Jarl 1250
Birgfeld, D. 1967 K
Birgitta 1303, 73
Birgittenorden 1372
Biringuccio 1540
Birkeland 1901, 03 W
Birmingham 1746, 1875
–, Autoparkhochhaus 1961 W
–, Universität 1908 W
Birnau, Klosterkirche 1750
Birolli, R. 1955, 56, 57, 58 K
Birren 1950 W
Bischof 1839
Bischoff 1922 Ph
–, F. 1936 D
Bischofsamt 105
Bischofssynode, 2. Allgem. 1971 Ph
»Bisexualität, Das Problem der« 1951 Ph
Bishara, S. 1969 W
»Bishops Bonfire, The« 1955 D
Bismarck 1815, 38, 48, 51, 59, 62, 64, 66, 67, 70, 71, 72, 73, 74, 75, 78, 79, 85, 87, 90, 91, 92, 98, 1901, 06 P, 15 W
»–« 1926 D, 40 K
»–, Otto v.« 1915 W
Bismarckarchipel 1942 P
Bismarckdenkmal 1901, 06 K
»Bismillah« 1929 M
Bissier, J. 1959 K
Bissière, R. 1952, 54, 58 K
»Bissulahlieder« 370
Bisutun, Dareios-Relief v. Chr. 520
bit 1948 W
Bitar, S. 1972 P
»Biterolf und Dietleib« 1254
Bithynien v. Chr. 334, 90, 64, 27; n. Chr. 130
Bitonto 1268
»Bitterer Reis« 1948 K
Bitterfeld 1915 W, 59 D
Bittner 1916 M
Bitzius 1797, 1854
BIZ 1929 P
Bizet 1838, 45, 63, 72, 75, 1956 K
Bjerknes 1922 W
Björnson 1832, 83, 1903, 06, 10, 17 D
Björnsson, S. 1944 P
Blaauw 1914 W
»Blacher« 1955 K
–, B. 1933, 43, 46, 48, 50, 51, 53, 55, 58, 60, 64, 65, 66, 69, 72, 74, 75 M
Black 1927 W
–, Jos. 1760, 68
»Blackboard Jungle« 1955 K
Blackett 1948 K
Blackton 1922 K
Blaiberg, Ph. 1968, 73 W
Blair, B. 1955 K
–, Ch. F. 1951 W
Blake, E. C. 1966 Ph
–, R. 1967 K
–, William 1757, 1820, 27
Blalock 1944 W
Blanc, L. 1839
–, P. 1972 K
Blanco, C. 1973 P
Blank, R. 1973 K
–, Th. 1953, 55, 56, 57 P
Blankenburg (Thür.) 1840
Blankers-Koen 1948 V
Blaschke, W. 1962 W

Blasco Ibáñez 1919 D
Blasebalg v. Chr. 1450; n. Chr. 1559
Blasenkammer 1952, 60, 62, 71 W
»Bläserquintett, Zehn Stücke für« 1969 M
Blasetti, A. 1960 K
»Blasorchester« 1945 K
Blasrohr v. Chr. 3700, 1450
»Blätter für Menschenrecht« 1923 Ph
»– und Steine« 1934 D
Blattern 923
Blattfarbstoff 1930, 40, 43 W
Blattlaus 1793, 1910 W
Blau 1924 W
–, M. 1937 W
»Blaubart« 1789
Blaubeuren 1494, 1502
»Blaubuch« 1908 D
»Blaue Band, Das« 1840, 62, 97, 1929, 30, 32, 36 W, 37 V, 52 W
»– Blume« 1802
»– Boll, Der« 1926 D
»– Division« 1941 P
»– Dorf, Das« 1967 K
»– Engel« 1930, 59 K
»– Expreß« 1929 K
»– Grotte« 1826
»– Hut, Der« 1944 K
»– Kleid, Das« 1952 K
»– Kreuz« 1877
»– Küste« 1931 V
»– Licht« 1932 K
»– Maste« 1952 K
»– Periode« 1901 K
»– Phantom, Das« 1951 K
»– Reiter« 1911, 12 K
»– Reiter u. d. Musikalische« 1974 K
»– Staub« 1953 K
»– Vier« 1924, 26 K
»– Vogel« 1909 D
»– Welt« 1949 K
»Blaues Baby« 1944 W
»– Klavier, Mein« 1943 D
»– Relief« 1969 K
»Blau-Grün-Stil« 730, 1182
Blaustrumpf 1752
»Blaustrümpfe« 1844
Blauzahn s. Harald Blaatand
Blavatsky 1875
Blažek, V. 1960 D
Blech, Ch. 1948 K
–, L. 1902, 03, 08 M
Blechen 1789, 1829, 30, 40
»Blechschmiede« 1901 D
»Blechtrommel, Die« 1959 D
Bleda 445
Bleeker 1924 K
Blegen 1932 W, 39 D
Blei v. Chr. 3000, 2000, 100; n. Chr. 1405, 1909 M
–, F. 1920, 27 D
Bleiakkumulator 1854, 59
Bleicher, K. 1967 W
Bleigehalt im Benzin 1971 W
Bleirohr 1540
Bleisalze 1912 W
Bleistift 1660
Blériot 1909 W
»Blick auf Meer« 1974 K
»– aufs blaue Meer« 1928 K
»– von der Brücke, Ein« 1955 D, 61 M
»– i. d. Unendlichkeit« 1916 W
»– zurück im Zorn« 1956 D
Blinddarmoperation 1848, 87
Blinde 1610, 28 Ph
»– Akkordeonspieler« 1945 K
»– Kuh« 1945 K
»–, Skulpt f.« 1924 K
»Blinden, Die« 1568, 1948 K
Blinden, Weltkongreß d. 1974 Ph
Blindenanstalt 1784, 1806
Blindengeräte 1940 W
Blindenpunktschrift 1825
Blindenschreibmaschine 1714
Blindenschulpflicht 1911 Ph

Blindenunterricht 1910 Ph
Blindlandung 1969 W
»Bliss« 1920 D
Blitz 1708
Blitzableiter 1752, 60, 69
Blitzstreckenflugverkehr 1934 V
Blixen-Finecke, K. 1960 V
Bloc, A. 1957 K
Bloch, Ernest 1953, 59 M
–, Ernst 1919, 52, 56, 64, 68, 77 Ph
–, F. 1946, 52 W
–, K. E. 1964 W
Block 1917 D
Blockade Berlins 1948, 49 P
Blockbuch 1398, 1450
Blöcker, G. 1957, 60, 61 D
Blockflöte 1400
»Blockpolitik« 1949 P
»Bloc-notes« 1961 D
Bloem, Walter 1911, 51 D
–, Wolf 1906 D
Blohm & Voß 1877, 1914, 27 W
Blois (Schloß) 1515
Blom 1910 W
Blomberg, v. 1933, 38 P
Blomdahl, K. B. 1950, 59, 65 M
Blon 1710
»Blonde, La« 1954 K
Blondel 850
–, David 1628
»Blondie«-Serie 1930 V
»Blood Moon« 1962 M
Bloom, C. 1952, 69 K
–, H. 1940, 45 K
»Blow up« 1966 K
Blücher 1742, 1815, 19
»–« 1940 D
–, Fr. 1952, 53 P
Bludenz 1386
»Blue Bird« 1955 V
»Blue bird II« 1964 V
»Blue moon« 1965 K
»Blue tango« 1952 K
»Blueberry Hill« 1951 M
»Blues u. Rumba . . .« 1972 M
»Blues, Too late« 1967 K
Blues-Renaissance 1967 M
»Blühender Apfelbaum« 1912 K
»– Kelch« 1920 K
Blüher, H. 1919 Ph
Bluhm, N. 1959 K
Blum, L. 1936, 50 P
–, R. 1807, 48
Blumberg, B. 1976 W
»Blume« 1968 K
»Blume von Hawaii« 1960 M
–, R. 1964 K
»Blumen« 1855
»–« 1942 W
»– blühen, Laßt« 1956 Ph
»– des Bösen« 1857
»– und Bäume« 1931 K
»– des Guten im Garten des Bösen, Die« 1965 K
»Blumen-Atlas« 1954 W
Blumenbach, J. F. 1794
»Blumenbuch« 1928 K
»Blumenbukett mit Liebespaar« 1965 K
»Blumengarten« 1915 K
Blumenmalerei, chin. 962
»Blumenschiff« 1921 D
»Blumenspiele« 1324
»Blumenstengel stößt an den Mond, Der« 1953 K
»Blumenstilleben« 1671, 1945 K
»Blumenstrauß« 1917 K
Blunck 1928, 33, 58, 61 D
Blut; s. a. Blut . . . 1900, 01, 05, 39, 40 W
»– und Gold« 1906 D
»–, Mühsal, Tränen und Schweiß« 1940 P
Blutalkoholgrenze 1973 V
Blutdruckmessungen 1726
»Blüten« 1951 K
Blütenfarbstoff 1914 W

»Blütezeit der Romantik« 1902 D
Blutfarbstoff 1912, 28, 30, 40 W
Blutgerinnung 1929, 39 W
Blutgruppen 1900, 10, 30 W
»Bluthochzeit« 1933 D, 64 M
»–« (Pariser) 1572
Blutkörperchen, rote 1658, 73
–, weiße 1884
Blutkrebs 1956 W
Blutkreislauf 1553, 83, 1618, 61, 95, 1920, 33, 42, 48 W
Blutpumpe (Herzers.) 1974 W
»Blutschutzgesetz« 1935 P
Bluterumtherapie 1917 W
Blutsonntag 1972 P
Blutübertragung, erste 1666, 67
Blutzerfall 1949 W
Bluth, M. 1953, 56, 71, 77 K
BMW 1942 W
»B-99/1971« 1971 K
Boas 1911, 42 W
Bobbio, Kloster 614
Bobek, H. 1962 Ph
Bobet, L. 1955
Böblingen 1929
Bobrowski, J. 1961, 65, 69 D
Boccaccio 1309, 13, 38, 42, 43, 53, 75, 78, 1486
»–« 1879
»– 70« 1961 K
Boccherini 1743, 87, 1805
Boccioni 1910, 12 K
Bochum 1915, 49 Ph
–, Christuskirche 1959 W
–, Fund bei v. Chr. 2500
–, Univ. 1962 Ph
Bock, J. 1968 M
»Bockelson« 1937 D
Böckh, A. 1825
Bockkran 98
Böckler, H. 1945, 49, 51 V
Böcklin 1827, 59, 72, 73, 74, 78, 79, 81, 82, 1901 K, 13 M
»Böcklinsuite« 1913 M
Bockman, M. 1977 M
»Bockshorn« 1973 D
Böddinghaus, E. 1964, 75 K
Bode, A. 1977 K
–, J. E. 1760, 74
Bode Titius-Reihe 1766
–, W. v. 1845, 1904, 05, 06, 13, 29
Bodel, Jean 1200, 05
Bodelschwingh 1831, 72
–, Fr. v. 1910, 1933 Ph
Bodelschwinghsche Anstalten 1967 Ph
»Boden u. Klima a. kleinstem Raum« 1911 W
Bodenbesitz, ind. 1962 V
Bodenerosion 1946
Bodenfräse 1970
Bodenreform 1879, 1917, 47 K, 48, 49, 60 f. P
»–« 1889
–, ägypt. 1961 V
–, ital. 1950 V
–, ostdt. 1948 P
–, pers. 1961 P
Bodensee 1240, 1430, 1942 W, 53 V, 59 V
Bodenstein, A. 1480, 1519, 21, 41
–, M. 1913
Bodensteiner, H. 1952 P
Bodh Gaya v. Chr. 250
Bodhisattva 650, 1150
Bodin 1576, 78, 80
Bodleyanische Bibliothek 1602
Bodmer, J. J. 1698, 1721, 40, 41, 58, 83
–, W. 1956, 58 K
»Boeing 707« 1958 W
»– 747« 1969 W
Boelcke 1916 P
Boendale 1330
Boer 1934 W
Boer, L. de 1975 V
Boerhaave 1710, 31, 32, 36

1504

Boes, B. 1969 K
Boethes v. Chr. 200
Boëtius 45, 480, 500, 24, 700, 871, 1000
Boeynants, P. V. 1966 P
Boffrand, G. 1735, 45
Bogart, H. 1954 K
Bogeng 1928 D
Bogenlicht 1879 s. a. Lichtbogen
Bogenschützen der Leibwache v. Chr. 500
Bogenwaffe v. Chr. 8000
Boghasköi v. Chr. 1300, n. Chr. 1906 W
Bogislaw X. 1478
Bogomilen 1225
»Bohème« 1851, 96, 97
Bohemen, Kees van 1967 K
Böhlen 1926 W
Böhm 1914 W
–, D., 1880, 1951, 53, 55 K
–, Hans 1476
–, J. 1520
–, Karl 1954 M, 67 K
Böhme, Jakob 1575, 1612, 19, 20, 23, 24
–, Martin 1618
Böhmer 1807
Böhmisch-Brod, Schlacht bei 1224
»Böhmische Brüdergemeinde« 1440, 57
– Malerschule 14. Jh.
»Böhn, M. v. 1925 V
Bohnen 64
Bohr, A. 1975 W
–, N. 1885, 1913, 22, 28, 58 Ph, 62, 75 W
Bohrer v. Chr. 4000, 3000
– f. Metall, Spiral 1822
–, Zahn- 1960 W
»Bohrium« 1970 W
Bohrmaschine 1500
Bohrtiefe 1975 W
–, Rekord- 1974 W
Bohrung, tiefste dt. 1957 W
Boieldieu 1775, 1800, 25, 34
Boileau, E. 1270
Boileau-Despréaux 1674
Boisserée 1783, 1832, 54
–, Gebrüder 1827
Boissieu 1736, 1810
Bojardo 1434, 72, 94
Bojaren 1547, 64, 84
Bojer v. Chr. 400, 191, 60; n. Chr. 1921 D
Bokassa 1977 P
Bolden 1914 M
»Bolero« 1928 M
Boleslaw 921
– I. der Tapfere 1018, 25
– III. von Polen 1138
Boleyn, Anna 1533, 36
Bolgary 9. Jh.
Bolingbroke 1710
Bolivar 1819, 22, 24, 25, 26, 27
»–« 1943 M
Bolivien 1538, 1825, 1928, 32, 35, 43, 71 P
Böll, H. 1947, 53, 59 D, 61 K, 63, 64, 66 D, 66 Ph, 69, 71, 72, 73, 74 D, 75 K
–, W. 1973 W
Bolland 1643
Bollnow, O. F. 1947, 58, 65, 66 Ph
Bollweg 1909 W
Bologna 1100, 50, 51, 1213, 61, 68, 86, 1302, 06, 26, 1400, 02, 1530, 1606, 12
–, G. da 1524, 63, 67, 83, 94, 1608
–, Rechtsschule 1400
–, San Petronio 1388, 1438
–, Univ. 1119, 1250
»Bologneser Steine« 1612
Bölsche 1903 Ph
»Bolschewiki« 1903 P
»Bolschewismus und Sozialdemokratie« 1920 P
Bolschoi-Theater, Moskau 1956 K
Bolte, A. 1959 Ph

Boltzmann, L. 1877, 79, 1906 W
Bolvary, G. v. 1939 K
Bolyai, I. 1832
Bolzano 1781, 1837, 48
Bombay v. Chr. 150; n. Chr. 1661, 1857, 1919, 29 P
–, Univ. 1857
Bombelli 1572
Bomben 1453
»– auf England« 1939 M
Bombenabwürfe d. USA 1972 P
»Bombenangriff« 1950 K
Bombenkrieg 1943 P
Bombenterror i. d. BRD 1972 P
»Bomber mit dem gr. Schuh« 1970 K
»Bomber über Berlin« 1941 K
Bonampak 1952 W
Bonannus v. Pisa 1180, 86
Bonaparte s. Napoleon
»–« 1926 D
Bonatz, P. 1877, 1912, 17, 24 K
Bonaventura 1221, 74
»–, Die Helden des« 1969 M
–, E. 1973, 75 D
Bondartschuk, S. 1965 K
Bondone s. Giotto di Bondone
Boner, Ulrich 1350, 1461
Bonet, I. P. 1620
»bonheur, Le« 1964 K
Bonheur, R. 1894
Bonhoeffer 1946 D
Bonies, W. 1968 K
Bonifatius 673, 715, 18, 25, 32, 36, 39, 41, 44, 45, 48, 54, 1966 Ph
– VIII. 1294, 1300, 02, 03, 06
– IX. 1389
»Bonjour tristesse« 1954 D
Bonn v. Chr. 55; n. Chr. 70, 356, 1818, 21, 76, 1926 Ph, 32 V, 49, 51 P
»–« 1951 K
Bonn, Gr.- 1969 V
–, Münster 1166
–, Reutersiedlung 1952 K
–, U-Bahn 1975 V
–, Universität 1818, 1934
Bonnard 1914, 47 K
Bonner 1939 W
»– Durchmusterung« 1861
–, Pietà« 1300
Bonnet 1720, 70, 93
»Bonnie und Clyde« 1967 K
Bonomi 1944 P
Bonomo, G. C. 1688
Bonsels, W. 1912, 16, 27, 52 P
Bontemps 1672
Boogie für Geigen 1954 M
Boogie-Woogie-Tanz 1948 M
»Book of Durrow« 700
– of Kells« 700
– of Lindisfarne« 700
Boole, G. 1854
Boor, W. de 1956 Ph
»Boot, Das« 1973 D
»Boote am Strand« 1952 K
Böotien v. Chr. 1400, 1000, 700, 6. Jh. 500, 335, 300
Booth, B. 1912 Ph
–, E. 1934 Ph
–, W. 1878
Bopp, Franz 1816, 39, 52
Bora, Kath. v. 1525
Borane 1976 W
Borazon 1955, 57 W
Borchardt, L. 1922 W
–, R. 1920 D
Borchert, W. 1947 D
Borchgrevink 1895
Bordeaux 369, 1309
–, H. 1962 D
Bordelle v. Chr. 560, 100; n. Chr. 330, 1306
Bordesholmer Altar 1521
»– Marienklage« 1475
Bordet 1919, 61 W
Bordoni, F. 1731

Boree 1930 D
Borel, J. 1965 D
Borelli 1655, 79
Bores, F. 1955 K
Borg, D. 1957 W
Borges, J. L. 1959 D
Borghese 1605, 15
»Borghesischer Fechter« v. Chr. 1. Jh.
»Borgia« 1928 D
–, Cesare 1475, 92, 93, 1507
–, Lucrezia 1475, 92
Borgnine, E. 1955 K
Borgo San Donnino 1180
Borgund, Stabkirche 1150
Borgward-Werke 1961 V
Boris I. von Bulgarien 864
– III. von Bulgarien 1918, 30 P
»– Godunow« 1825, 74
»Borislaw« 1910 D
Borlaug, N. E. 1970 P
Borman, F. 1965, 68 W
Bormann, M. 1944, 46, 73 P
Born, Bertran de 1140, 80, 1215
–, M. 1925, 26, 54 W, 1965, 68, 69 Ph
–« (Lehrbuch) 1903 Ph
–« (Philosophie) 1905 Ph
–, N. 1965, 69 D
–, St. 1848
–, W. 1970 W
Börne 1786, 1835, 37
Bornelh, Giraut de 1175
Bornemann, F. 1961, 63, 73 K
–, Hans 1470
Börner 1910 D
Börner, H. 1976 P
Borneo 1949 P
Bornholm 437
Bornhöved, Schlacht bei 1227
Bornitrid 1957 W
Borobudur 850, 1000
Borodin, Alex. 1887
Borowczyk, W. 1974 K
Borries, B. v. 1931, 49 W
–, S. 1912 M
»Borromäischer Bund« 1586
Borromäus 1538, 84
Borromäusenzyklika 1910 Ph
Borromini 1599, 1667
Borron, Robert de 1200
Borrough, St. 1553
Borsche, D. 1953 K
Börse 1685, 1738
–, Amsterdam 1617, 88
–, Antwerpen 1460, 1531
–, Augsburg 1540
–, Berlin 1739, 1805, 59
– von Bordeaux« 1924 K
–, Florenz 1366
–, Hamburg 1558
–, Japan 1697
–, London 1535, 67, 70, 1692
–, Nürnberg 1540
–, Paris 1724
–, Reval 1410
–, Toulouse 1546
Börsengesetz 1908 V
Börsenkrise 1920 V
Börsenkurse 1720, 1929 P
Börsenordnung 1739
Börsenverein d. deutschen Buchhändler 1825, 1911, 31 D
Borsig, A. 1837, 41, 1900 W, 35 V
Borstal, Jugendstrafvollzug 1902 Ph
Bortels, H. 1951 W
Borussia Dortmund 1956, 57, 63 V
Borzage 1932 K
Bosch, C. 1874
–, H. 1936
–, Hieronymus 1450, 90, 1514, 16
–« 1943, 59 M
–, Ausstellung 1936 K
–, K. 1913, 16, 31, 34, 40 W
–, R. 1902 W
Boscherville, St. Georges 1157
Bose, Subhas Chandra 1942 P
»Böse Tier« 1949 K
Boso 879

Bosporus v. Chr. 514, 480, 111, 104, 63, 47, 46; n. Chr. 451
Bosporusbrücke 1973 V
Boß, B. 1910 W
–, L. 1910 W
Bosshart 1910, 21 D
Bossi, A. 1744
Bossuet 1627, 81, 88, 1704
Boston 1630, 35, 1780, 1866, 1901 M
»–« 1928 D
Bostoner Symphonieorchester 1924 M
Boswell, J. 1791
Botanischer Garten v. Chr. 700; n. Chr. 1333, 1587, 1679
– –, Königsberg 1545, 1551
– –, Leipzig 1580
– –, München 1937 K
– –, Paris 1626
Botanik s. a. Biologie, Pflanzen ...
»–, Handbuch d. systemat.« 1908 W
»Botanologicon« 1534
Botenanstalten 1298, 1425
Botendienst 797
Botha 1906, 10 P
Bothe, W. 1954, 57 W
»Botschaft a. d. geist. Arbeiter« 1948 Ph
– u. Anruf« 1963 D
»Botschafter d. Angst« 1962 K
Botschaftern, Die« 1960 K
Böttcher 1934 D
Böttger, Joh. Fr. 1709, 10
–, R. 1848
Botticelli 1444, 69, 73, 75, 76, 78, 80, 84, 85, 91, 94, 1510
Bötticher 1883
Botwinnik 1946, 58, 61 W
Bötzke 1927 P
Bouchardon, E. 1739
»Bouche des sources, La« 1956 K
Boucher 1703, 30, 39, 40, 42, 45, 46, 49, 51, 58, 65, 70
Bougainville 1766, 1943 P
Bouguor 1748
Bouillon, Gottfried von 1099
Boulder-Talsperre 1935 W
»Boulevard, Der« 1909 K
»– Durand« 1960 D
»– Montmartre« 1897
Boulez, P. 1955, 57, 58, 60, 64, 76, 77 M
Bouller s. Vercors
Boulogne 1840, 1924 P
–, Jean s. Bologna, G. de
Boulting 1943 K
Boumedienne 1965 P
Bouquet, M. 1967 K
Bourbon-Parma 1917 P
Bourbonen 1589, 1738, 77, 1814, 20
Bourdeille 1540, 1614
Bourdillon 1932 W
Bourgeois, L. 1920 P
»–« 1913 Ph
Bourges, Kathedrale 1300, 24
Bourget, P. 1935 D
Bourgignon 1773
Bourgogne 1907
Bourne 1577
Boutroux 1908 Ph
Bouts 1410, 67, 75
Boveri, M. 1975 Ph
–, Th. 1884, 1903, 04 W
Bowden, E. 1936, 41, 44 K
Bowen, C. D. 1937 D
–, E. G. 1960 W
–, J. 1968 D
»Bowery« 1972 K
Box-Art 1977 K
Box-Kamera 1930 V
»Box – Mao – Box« 1968 D
Box-WM 1975 V
Boxer-Aufstand 1900 P

»Boxer«-Geheimbund 1900 P
Boxsport 1860, 1905, 08, 11, 19, 20, 26, 30, 32, 36–38, 48, 50, 52, 55, 59, 62 V
Boyd-Orr, J. 1949 P
Boyer, H. 1977 W
Boykow 1928 W
Boyle, K. 1960 D
–, Robert 1627, 61, 62, 66, 74, 91, 1738
–, R. W. 1922 W
Boyne-Fluß, Schlacht a. 1690
»Boyscouts« 1908 Ph
Boysen-Jensen 1910 W
Bozen 1237, 1475, 1919 P
Brabant 1247, 1300, 09, 40, 1419, 33, 43
–, Siger von 1270
»Brabanter Volk« 1928 D
»Brabantische Sappho« 1575
Bracciolini 1416
Bracelli 1624
Brachet 1944 W
Bracht 1932 V
–, E. 1901 K
»Brackwasser« 1928 D
Bracque s. Braque
Braddock 1937 V
Bradford on Avon, Kirche 680
Bradl, S. 1950, 72 V
Bradley 1728, 47, 1904 D
Bragança 1640
Bragg, W. H. 1890, 1913, 15, 42 W
–, W. L. 1913, 15, 71 W
Bragi 801
Brahe, Tycho 1546, 69, 72, 75, 77 W, 84, 89, 98, 1600, 01, 09
Brahm, O. 1889, 1904 D
Brahma v. Chr. 480, 3. Jh., 4. Jh., 889
»– Siddhanta« 628
Brahmagupta 628
Brahmana v. Chr. 600
Brahmanismus v. Chr. 1000, 790, 671, 480, 5. Jh.; n. Chr. 3. Jh., 500, 629, 973
Brahmaputra 1924, 50
Brahms 1833, 53, 59, 61, 68, 76, 77, 80, 81, 83, 85, 96, 97
Braid 1841
Braille, L. 1825
Braine, J. G. 1959 D
Brakteaten 1167
Bramah 1784, 95, 1805
Bramante 1444, 92, 1506, 09, 14, 1626
Brancacci-Kapelle 1427
Branco, C. 1965 P
Brancusi, C. 1876, 1912, 24, 40, 57 K
Brand 1669
»–« 1866
»– im Opernhaus« 1919 D
Brandenburg 1973 W
–, E. 1916 W
–, Markgraf v. 1142
– (Stadt) 928, 48, 12. Jh.
Brandenburger Tor 1791, 94
»Brandenburgische Konzerte« 1721
Brandes 1798, 1816
–, G. 1927 D
Brandgefahr 1225
Brando, M. 1951, 54, 59 K
Brandström 1914 Ph
Brandt, A. 1976 K
–, H. 1962 P
–, L. 1957 Ph
–, W. 1954, 55, 57, 59 ff., 64, 66 P, 66 V, 67, 68, 69, 70, 71, 72, 74 P, 74 V, 75, 76, 77 P, 77 V
Brangwyn 1904 K
Branly 1890
Brann 1917 D
Branntwein 1909 P, 18, 26 V
Branntweinsteuer 1628, 60
Brant, Isabella 1609, 26
–, Seb. 12. Jh., 1457, 90, 94, 1510, 19, 21
Branting 1920, 21 P

Brantôme 1540, 1614
Braque, G. 1882, 1908, 10, 11, 14, 17, 21, 24, 27, 28, 42, 44, 50, 51, 52, 53, 54, 55, 63 K
»Brasa III« 1968 K
»Brasil« 1968 K
Brasilia 1958 K, 60 K, P
»Brasilianische Sinfonietta« 1952 M
»Brasilien Anno 2000« 1969 K
Bratianu 1927 P
Bratschenkonzert (Fricker) 1952 M
– (Hartmann) 1954 M
Bratschensonate 1939 M
Brattain, W. H. 1948, 56 W
Brauchitsch, M. v. 1935 V
–, W. v. 1938, 41 P
Brauer 1906 W
Brauer, E. 1950, 64, 65 K
Brauer, M. 1957, 61 P
Brauer-Blanquet, J. 1928 W
Braun, A. 1958 D
–, E. 1945 P
–, H. 1947, 49, 53, 60 K
–, K. F. 1898, 1901, 09 W
–, L. 1908 D, 11 Ph
–, M. 1956 D, 72 M
–, O. 1920, 32, 57 P
–, W. v. 1932, 57, 72, 77 W
»Brauner Bomber« 1948 V
Brauner, V. 1958 K
Braunkohle 1961 K
Braunmühl, A. v. 1957 Ph
Braunsberg, Jesuitenkolleg. 1568
Braunschweig 1150, 74, 80, 98, 1208, 12, 18, 20, 35, 71, 1505, 1691, 1745, 1909, 32
»–, Annalen des abendlichen Reiches« 1715
–, Dom 1031, 1173, 95, 1218, 40
–, Löwe 1166
–, Luther von 1311
Braunschweig-Lüneburg 1235, 71
Braunschweig-Wolfenbüttel 1666
Braunschweiger Rathaus 1250
Brauordnung, bayr. 1155, 1516
Braurecht 975, 1143
Brausteuer 1906 P
»Braut« 1940 K
– des Lucullus 1920 M
»– von Messina, Die« 1803
–, trug Schwarz, Die« 1968 K
»Bräutl. Antlitz, Das« 1958 M
»Brautpaar mit Eiffelturm« 1939 K
»Brautwahl« 1912 M
Bravais 1848
»Bravo, beinah wie Caruso« 1953 M
Brazzaville 1960 P
Brazzi, R. 1964 V
»B/RB II« 1968 K
Brechova, H. 1965 V
Brecht, B. 1922, 27 D, 28 M, 32 K, 38, 40, 41, 42, 48, 49, 51 D, M, 56, 59 D, 61 W
»–, Tage mit« 1959 D
»–, The theatre of« 1959 D
»– u. d. Tradition« 1961 D
»Brechung d. Zinsknechtsch.« 1927 P
Brechungsgesetz 1601
Bredel, W. 1964 D
Bredero 1585, 1618
Bredow 1913, 19, 23 W
Breedlove, C. 1965 V
Brehm, A. E. 1869
–, B. 1933 D
Brehme, H. 1953, 54 M
Brehmer, H. 1854
Breillat, C. 1968 D
Breisach 1628
–, Hochaltar 1526
Breit 1926 W

Breitenfeld 1631, 42
Breitengrad 38. 1951 P
Breitenstrater 1920 V
Breitinger 1701, 21, 40, 58, 76
Breitner, B. 1951 Ph
–, G. 1923 K
Breitscheid 1944 P
Breitwandfilm 1953, 56 K
Breker, A. 1939 K
Brekle, H. E. 1972 Ph
Bremen 782, 88, 831, 45, 88, 965, 1032 V, 56, 63, 1190, 1201, 26, 1358, 1404, 1609, 18, 46, 48, 1715 P, 1875 V, 1905, 55 P
»–« 1929
»–, Adam von 11. Jh.«, 1085
»–, Böttcherstraße 1926 K
»–, Bürgerschaft 1955, 59, 63 P
»–, Dom 1975 Ph
Bremen–New York, Schifffahrtslinie 1847
»–, Rathaus 1409
»–, Stadttheater 1902 K
»–, Univ. 1971 Ph
»–, Wohnhochhaus 1961 K
Bremer Autobahn 1959 V
»– Beiträge« 1741
»– Freiheit« 1971 D
»– Plan« 1960 D
»– Presse« 1911 K, 62 D
»–, R. 1965 K
Bremerhaven 1909 K
Brengelmann, J. C. 1961 Ph
Brennabor 928
»Brennende Acker« 1922 K
»Brennendes Geheimnis« 1933 K
Brennerbahn 1867
Brennspiegel v. Chr. 212
Brennstoffelement 1955, 62 W
Brennstoffelemente 1965 W
Brennus v. Chr. 387
Brentano, B. 1785, 1811
–, –, v. 1962 D
–, C. 1778, 1806, 08, 18, 33, 38, 42, 47, 52, 59
–, F. 1911 Ph
–, H. v. 1951, 57 P
–, L. 1916 V
Brenz 1558
Brenze 1037
Bresch, C. 1977 Ph
Breschnew, L. I. 1960, 64, 65, 66, 67, 73, 74, 76 P
Breschnew-Doktrin 1968, 69, 70 P
Brescia, Arnold v. 1100, 55
–, 1423, 28
Bresgen, C. 1913, 51 M
Bresgens, C. 1971 M
Breslau 900, 1000, 1156, 63, 88, 1241, 61, 1310, 29, 68, 40, 1930, 47 K, 51, 63 P
–, Elisabeth-Kirche 1384, 1462
–, Jahrhunderthalle 1913 K
–, Konzerthaus 1925 Ph
–, Kunstakad. 1903, 18, 32 K
–, Kunstschule 1791
–, Rathaus 1400
–, Studenten 1961 Ph
–, Techn. Hochschule 1910 Ph
–, Universität 1811
–, Wiederaufbau 1963 P
Bressart, F. 1939 K
Bresson, R. 1962, 65 K
Brest-Litowsk 1918 P
Bretagne 500, 778, 1154, 68, 1208
Bretigny, Friede zu 1360
Breton, A. 1925 K, 28, 66 D
Brett, G. 1968 K
Bretton-Woods-Konferenz 1944
Brettspiele v. Chr. 2500, 300; s. a. Go, Schach
Breuer, H. 1909 M
–, J. 1895
–, S. 1943 K
Breughel s. Brueghel

Breuil 1901, 61 W
»Breviarium practicae medicinae« 1289
Brevier 1568
– von Belleville 1343
–, Reform des 1911 Ph
»Breviloquium« 1274
Brewster 1817, 33
Breysig 1905 Ph
Breza, T. 1960, 70 D
Brezina, E. 1955 Ph
Brezowsky, H. 1960 W
Brialy, J.-C. 1967 K
Briand 1862, 1906, 10, 15, 21, 22, 25, 26, 29, 30, 32 P
Bridge, F. 1937 M
Bridgeman, W. 1951 V
Bridges 1913, 23 W
Bridgespiel 1930, 35 V
Bridgman P. W. 1931, 46, 61 W
»Brief, der nie ankam, Ein« 1959 K
»–, Der Große« 1952 Ph
»–, der nie ankam, Ein« 1959 K
»– zur deutschen Einheit 1972 P
Briefe v. Chr. 2100, 1300, 4. Jh.«, 347, 300, 202, 43, 8
»– « 109, 1537, 1669, 71, 1901 D, 07 P
»– 1889–1936« 1961 D
»– 1902–24« 1958 D
»– an eine dt. Prinzessin« 1772
»– an einer Deutschfranzösin« 1916 D
»– aus der Frühromantik« 1807
»– aus dem Gefängnis« 1919 D
», gereimte 14. Jh.
»–, die ihn nicht erreichten« 1903 D
»– aus Insulinde« 1901 W
»– über Landschaftsmalerei« 1772, 1831
»–, die neueste Literatur betreffend« 1759
»– an einen Pfarrer i. d. DDR« 1958 Ph
»– und Schriften« 1908 M
»– vom Schwarzen Meer« 18
»– eines Verstorbenen« 1832
»Briefbüchlein« 1366
Briefkästen 1653
»Briefleserin« 1660
Briefmarken 1840
–, 1. dt. 1849
Briefmarkenkatalog 1910 V
Briefmarkensammler 1939, 50 V
Briefsprache 1448 Jh.
Brieftaube v. Chr. 449; n. Chr. 1572, 1849
»Briefwechsel ein. bayr. Landtagsabgeordneten« 1912 D
»– m. Hugo v. Hofmannsthal« 1926 M
Brig 1913 W
Briggs, S. 1624
»Brighton Rock« 1938 D
Brigida 493
Brille 1300, 1518, 50, 56
Brion 1770
Bristol 1950 W
Bristow, G. 1959 D
»Britannia« 1840
Britannica, Encyclopaedia 1768
Britannicus 55
»–« 1669
British Anti-Lewisit 1941 W
– Broadcasting Co. (BBC) 1930 M
»– Festivals« 1951 W
British-Guyana 1940 P
»Britisch-Indiens, Geschichte« 1818
British-Malaya 1950 P
Britisch-Ostafrika 1887, 1903 P
Britisch-Ostindien 1784
Britisch-Somaliland 1903, 40 P

Britisch-Südafrikanische Gesellschaft 1923 P
Britisches Museum 1753, 1801
Britten, B. 1913, 34, 37, 42, 45 bis 49, 51, 53, 54, 56, 58, 61, 62, 64, 66, 69, 73, 74, 76 M
Britting, G. 1932 D
Brixen 1450
–, Dom 1490
Broad Peak 1957 V
»Broadway Boogie-Woogie« 1940 K
»Broadway-Melodie« 1929, 36 K
Broch, H. 1931, 33, 46, 50, 51 D
Brock, R. C. 1948 W
Brockdorf 1977 V
Brockes 1716, 21, 24, 30
Brockhaus 1808, 1935 Ph
»–, Der Große« 1952 Ph
Brod, M. 1916, 21, 24, 52, 55, 58, 60, 68 D
Brodmann 1903 W
Brodskij, J. 1972 D
Broederlam, M. 1392
Broeck, J. H. v. d. 1957, 60 K
Brogle, P. 1967 K
Broglie, L. de 1892, 1924, 29 W
–, M. de 60 W
Brokdorf 1976 V
Bromfield 1926, 38, 51, 56 D
Broniewski, W. 1962 D
Bronk, v. 1911 W
Bronnen, A. 1920, 22, 59 D
Brönstedt 1921 W
Brontë 1847, 1954 D
Bronze v. Chr. 3000, 2500, 2450, 2000, 1750, 1550, 1490, 1450, 1350, 1250, 1200, 1050, 1000, 950, 800, 750, 8. Jh., 637, 500, 1. Jt., 473, 450, 406, 399, 269, 250, 221; unt Chr. Geb.; n. Chr. 25, 3. Jh., 1316, 1406
Bronzeguß v. Chr. 2500
Bronzezeit v. Chr. 2500, 2000, 1900, 1750, 1500, 2. Jt., 1385, 1360, 1350, 1200, 1105, 1100, 1000, 950, 900, 8. Jh., 705, 500, 250; um Chr. Geb.
Bronzezeitdorf Bln.-Lichterfer. 1959 W
Brook 1953 K
Brook, P. 1966 K
Brooklyn-Brücke 1883
Brooks, J. 1953, 54, 55, 58 K
–, R. 1967 K
Brosse 1620
Brost, G. 1966 K
Brot v. Chr. 3000, 800, 150; n. Chr. 13. Jh., 1272, 76
»–« 1924 K, 30 D
»– u. Blut« 1960 K
»– d. frühen Jahre, Das« 1961 K
»– und Spiele« v. Chr. 50; n. Chr. 1959 K
»– für die Welt« 1959, 71 Ph
»– und Wein« 1956 D
Brotbriefe 1247
Brotverbrauch i. Dtld. 1961 D
Brou, Grabmäler in 1532
»Brouce« 1375
Brouwer 1606, 31, 32, 37, 38
–, L. E. J. 1907 W
Brown & Boveri 1951 W
–, Carlyle 1952, 54, 55 K
–, Clarence 1927, 30, 35 K
–, E. 1964, 65 M
–, M. S. 1975 W
–, R. 1827, 30, 1905 W
Brown-Séquard 1856, 89
Brownell jr., H. 1953 P
–, G. A. 1964, 68 P
–, P. K. 1964 W
Browning, R. 1869
Brownsche Molekularbewegung 1827, 1905 W

Broz-Tito s. Tito
Bruce 1326
–, O. 1855, 1905, 31 W
Bruch, M. 1838, 1920 M
Bruchbehandlung 1950 W
Brüche 1931 W
Brücher, H. 1968 W
Bruchrechnung s. Arithmetik
Bruchsal, Schloß 1975 K
»Brücke« 1905, 13 K, 29 D, 59 K
»–« (Auf der) 1903 K
»– über d. Drina, Die« 1945, 61 D
»– am Kwai, Die« 1957 K
»–, Medway- 1963 V
»– von San Luis Rey« 1927 D
Brücke-Museum, Berlin 1967 K
Brücken, frühe Stein- 1133, 46, 1209 V
Brückenverschiebung 1976 V
Bruckner, A. 1824, 64, 66, 68, 71, 72, 73, 74, 76, 77, 79, 81, 84, 85, 92, 94, 96, 1903 M
–, F. 1929, 30, 37, 52, 58 D
Brückner 1909 W
»Brüder« v. Chr. 290, 159
»Bruder Benjamin« (Mein) 1919 V
»Brüder des gemeinsamen Lebens« 1336, 74, 80
»– Karamasow« 1879, 1954 D, 58 K
Bruder von Limburg 1415
»– Lustig« 1905 M
»Brüder des Ritterdienstes Christi« 1207 u. s. »Schwertbrüder«-Orden
»– Schellenberg« 1931 K
»– Straubinger« 1901 M
»Brüdergemeinde« 1760
»–, Herrnhuter« 1722, 37
»Brüderschaft der heiligen Ursula« 1490
Brügge 1196, 1300, 02, 70, 1400, 20, 60, 73, 88
–, Christophorus-Altar 1480
–, Johann von 1420
–, Johanneshospital 1479
–, Kaufhalle 1364
–, Rathaus 1387
Brüggemann, H. 1480, 1521, 40
Bruggencate, P. ten 1961 W
Brueghel, J., d. Ä. 1568, 1615, 25
–, P., d. Ä. 1520, 58, 59, 63, 65, 66, 67, 68, 69
Brugmann 1900 W, 07 D
Brugsch 1927 W
–, Papyrus v. Chr. 1400
Brugsch-Bey, E. 1881
Brühl, Graf 1741, 46
–, Schloß 1728
–, Schloß Falkenlust 1729
Brühl'sche Terrasse 1738 K
Brühne 1962 W
Brumel 1962 V
Brummack, H. 1968 K
Brun 1668
–, Rudolf 1336
– von Schönebeck 1276
Brundage, A. 1972 V
Brundisium v. Chr. 272
Brunelleschi, F. 1377, 1400, 18, 25, 28, 36, 46
Brunhild 629
Bruni s. Cavalli
–, Leonardo 1403, 38, 44
Brüning, H. 1930, 32, 70 P
–, P. 1964 K
Brunnen v. Chr. 680
»–, Der« 1967 K
»– des Lebens« 1519
»– mit drei Jünglingen« 1906 K
Brunner, E. 1924, 66 Ph
–, H. 1915 Ph
Brunngraber, R. 1960 D
Bruno 1548, 1600
»–« 1802
– I. 953

1506

Bruno von Egisheim 1048
- von Köln 1084
- von Querfurt 1009
Brunori, E. 1956 K
Brunot 1905 D
Brunschvicg 1927 Ph
Brunschwig, H. 1500
Brunsfeld 1532
Brussa 1326, 1421
-, Suleimān von 1422
Brüssel 1303, 98, 1450, 79, 1504, 77, 1619, 44, 1853, 73, 97, 1901 D, 03 P, 10 V, 46 P
-, Frieden zu 1515
-, Justizpalast 1866
-, Palais de Congrès 1961 K
-, Rathaus 1455
-, Saint Gudule 1220
-, Weltausstellung 1958 V, K
Brüsseler Abkommen 1910 V
- Konferenz 1950, 54 P
- Pakt 1945 P
- Verhandlungen 1963 P
- Vertrag 1948, 55 P
Brussilow 1916 W
Brussilow-Exped. 1914 W
»Brustbild, Weibliches« 1953 K
»Brustorgane« (Chirurgie der) 1920 W
»Brusttuch, Das« 1526
- (Haus) 1521 K
»Brütende Stadt, Die« 1953 K
Brüter, schneller 1977 W
Bruttier v. Chr. 272
Brutus, Lucius Junius v. Chr. 509
-, Marcus Junius v. Chr. 85, 44, 42
Bruun 1908 D
Bruyère 1688
Bruyn 1493, 1555
Bry, Theodor de 1590
Bryaxis v. Chr. 353, 305
Brygos v. Chr. 480
Brynner, Y. 1956, 58 K
BSP, Erd- 1976 V
Buback, S. 1977 P
Bubenik, G. 1965, 67 K
Buber, M. 1878, 1916, 25, 34, 48, 50 Ph, 51 D, 52 Ph, 53 D, 65 Ph
Buber-Neumann 1949 P
Bubikopf 1921, 24, 25 V
»Bubu vom Montparnasse« 1901 K
Buccero-Vase v. Chr. 550
»Buch der Abenteuer« 1490
-, ältestes v. Chr. 323
- des Betrachters« 1933 Ph
- von besonderer Gnade« 1299
- der Bilder« 1902 D
- der Chronik« v. Chr. 300
- Daniel« v. Chr. 165
- der einfachen Arzneikunde« 1248
- der Erinnerungen« 1946 D
- der Gesänge« 950
- der guten Leute« 1908 D
- des guten Liebens« 1343
- des guten Rates« 1229
- von guter Speise« 1352
- Habakuk« v. Chr. 330, 100, 42
-, H. Ch. 1973 D
- Hesekiel« v. Chr. 597
Hiob 600
- Jesaja« v. Chr. 100
- Leidenschaft« 1920 D
- der Leidenschaft« 1929 D
- Leopold v. 1834
- Liebe« 1918 D
- der Lieder« v. Chr. 479, 209; n. Chr. 1827
- der Makkabäer, Erstes« v. Chr. 105, 50
- der Medizin« 923
- der Natur« 1349, 74
- für Orchester« 1968 M
d. Permutation v. Chr. 1200
- v. persönl. Leben« 1936 Ph
- für Quartett« 1955 M
- von San Michele« 1929 D

»Buch der Schriften« v. Chr. 479, 209
»- von Tänzen für sechs Parteien« 1551
»- Treue« 1916 D
»- der Wandlungen« v. Chr. 479, 209
»- der Wege und Länder« 885
»- vom Wege des Menschen« v. Chr. 604
Buchara 1557
Bucharin 1929, 38 P
Buchberger, M. 1961 Ph
»Buchbinderei u. Zeichnen d. Buchb.« 1974 K
Buchbinderkunst 1921 K
Buchdruck (Anfänge) 600, 868, 11. Jh., 1083, 1398, 1403, 45, 50, 57, 61, 72, 76, 82, 84, 92, 1501, 64 (chines.) 870
Buchdruckergewerkschaft 1866
»Buchdruckerkunst« 1928 D
»Bucheinband« 1900 K
Buchenau 1925 Ph
Buchenland 1920, 40 P
Buchenwald 1944 P
Bucher 1970 P
Bücher, K. 1916 V
»- mit Geschichten eines wechselvollen Schicksals« (Vier) 1419
»- über die Kunst der Tierheilkunde (Vier)« 380
»- über die Landwirtschaft« (Drei) v. Chr. 27
- Mosis v. Chr. 550, 400
»Bücher-Dekameron« 1923 D
»Bücherei« 1913 D
-, Dt. 1961 D
»Büchergilde Gutenberg« 1924 D
Bücherkatalog, erster 1564, 94
Bücherl, E. S. 1955, 65, 74 K
-, W. S. 1976 W
»Bücherlexikon« 1911 D
Büchern, Besitz von 1957 Ph
Bücherliste (BRD) 1971 D
Bücherverbot v. Chr. 191
Bücherverbrennung v. Chr. 212; n. Chr. 1329, 1933 D
»Bücherverzeichnis« 1911 D
»Bücherwand, Vor der« 1961 D
Buches, intern. Jahr d. 1972 V
Buchführung, doppelte 1494
Buchgewerbe 1914, 20 K
Buchhandel 1955 D
Buchhändlerclub 1836
»Buchhändlerkunde, Deutsche« 1963 D
Buchheim, L. G. 1973 D
-, R. 1867
Buchheister, C. 1958, 61 K
Buchholz, E. 1922, 66 K
-, H. 1958, 62 K
Buchinger, O. 1935, 59 W
»Buchkunst« 1902 K
Buchkunstausstellung 1905 K
»Büchlein von der ewigen Weisheit« 1366
Buchmalerei 4. Jh., 5. Jh., 500, 86, 700, 80, 81, 800, 20, 70, 970, 93, 1000, 14, 1201, 25, 50, 1325, 90, 1450, 15. Jh., 1477
-, karoling. 850
Buchmann, F. 1939, 61 Ph
Büchmann, G. 1864
Buchner 1897, 1907 W
Büchner, G. 1813, 34, 35, 37, 1925 M
-, L. 1855 Ph
Büchner-Preis 1961 D
Buchproduktion 1955, 61 D
»Büchse der Pandora« 1904 D, 29 K
Buchstabenrechnung 1580, 91 W
Buchstabenschrift v. Chr. 1300
Buchtitel 1968 D
-, veröffentl. 1945, 64 D

Buchtitelveröffentlichung 1955 D
- (USA) 1953 D
Buchweizen 1291
Buck, P. S. 1892, 1931, 34, 35 D, 37 K, 38 D
»Buckau« 1924 W
Bückeburg 1917 M
-, Stadtkirche 1611
Buckel-Keramik v. Chr. 1300, 900
Bücken 1934 M
»Bückendes Mädchen« 1974 K
Buckingham-Palast 1703
Buckle, H. Th. 1857
»Bucolica« v. Chr. 40, 19
Budapest 1241, 1445, 38, 90, 1541, 1686, 1901 D, 23 M, 44, 45, 48 P
-, Aufstand in 1956 P
Budapester Hochsch. f. Musik 1906 M
»- Konferenz« 1969 P
»Buddenbrooks« 1901 D
Buddeweg, R. 1975 K
Buddha v. Chr. 550, 521, 514, 1. Jt., 480, 237, 2. Jh. 50; n. Chr. 100, 1. Jh., 180, 200, 5. Jh., 610, 710, 49, 56, 800, 23, 50, 1106, 65; s. a. Buddhismus
»- mit Sonnen- u. Mondgottheit« 717
- und zwei Begleiter 1209
Buddhagosa 5. Jh.
Buddha-Jünger 750
»Buddhas im Gespräch« (Zwei) 518
»Buddhascharita« 100
Buddha-Schüler 1431
Buddhismus v. Chr. 560, 272, 260, 19; n. Chr. 138, 5. Jh., 973, 1394, 14. Jh., 1891, 99 Ph, 1916 W, 21 Ph
- s. a. Amida-B., Chan-B., Zen-B.
Buddhistenverfolgung 466, 760, 844, 1963 Ph
Buddhistisch-taoist. Kanon 1607
Budjenny 1941 P
Budker, G. I. 1977 W
Buenos Aires 1535, 42, 1912 P, 16 W, 28 W, 36 P
Buffalo 1825
- Bill 1880
Buffet, B. 1955, 56, 57 K
Buffon 1749, 53, 78
»- « 1783
Buffo-Oper 1728, 33, 88
Buffostil 1800
Bug 1941 W
Bugenhagen 1529, 37
»Büglerin« 1903 K
Buhen, Festung v. Chr. 1955
Buhl, B. 1976 K
-, D. 1971 W
-, H. 1953, 57 V
Bühler, Ch. 1893, 1921, 22, 33, 74 Ph
-, K. 1879, 1907, 13, 18, 21 Ph
Bühne s. a. Theater
- (Hinter der) 1950 K
Bühnenstück-Statistik 1965 D
»Bühnenvolksbund« 1918 D
Bühnenreform, ital. 1750 D
Bühnenwerke, Archiv v. Chr. 338
Buick 1908 V
Buisson 1928 P
»-, Le« 1958 K
Bujidan-Dynastie 935, 946, 1037
Bujold, G. 1966 K
Bukarest, Fried. v. 1916, 18 P
- (Erdbeben) 1977 V
Bukowina 1947 P
Bukowski, W. 1972 P
Bulak 1902 Ph
Bulatović, M. 1960 D
Bulawin 1708

Bulganin, N. 1955, 56, 57, 58, 75 P
Bull, John 1563, 1628
Bullinger 1549
Bullock, A. 1953 Ph
-, W. 1860
Bülow, B. v. 1900, 07 P
-, C. v. 1857, 70
-, H. v. 1857, 82, 1908 M
-, Marie v. 1908 M
»Bulpington von Blup« 1933 D
Bultmann s. Jaspers-Bultmann
-, R. K. 1926, 61 Ph
Bulwer 1834
Bumke, E. 1929 P
-, O. 1932 W
Bumm 1925 W
»Bummel durch Europa« 1880
Bummelstreik 1968 V
»Buna« 1936 W
Bunche 1950 P
»Bund demokrat. Kommunist.« 1977 P
-, Dt. 1816, 66
»- Dt. Architekten« 1903 K
»- Frauenvereine« 1894, 1910 Ph
»- Gebrauchsgraphiker« 1919 K
-- Verkehrsvereine 1902 V
»- Freier Gewerksch. 1949 V
»- freirelig. Gemeinden« 1921 Ph
- d. Landwirte 1909 V
»- entschied. Schulref.« 1919 Ph
Bundesbahn, Dt. 1960, 62 V
Bundesbank (Krise) 1975 V
Bundesbaugesetz 1960 V
Bundesbeamtenrecht 1961 V
Bundesgartenschau 1977 V
»Bundesgenossenkrieg« v. Chr. 90
Bundesjugendplan 1963 Ph
Bundeskartellamt 1958 M
Bundesliga 1963 V
Bundespost 1963 V
Bundesrat 1903, 73 P
Bundesregierung 1953, 57 P
-, Kabinettsliste 1953 P
Bundesrepublik Dtl. 1949, 50
»-, Wohin treibt die« 1966 Ph
Bundestag 1850, 51
- i. Berlin 1963 P
- (Übertritte) 1970 P
Bundestagssitze 1953 P
Bundestagswahl, 3. dt. 1957, 61, 63, 69 P
-, Frauenstimmen 1953 P
-, Jugendstimmen 1953 P
Bundes-Umweltamt 1974 V
Bundesverfassungsgericht 1951, 52, 53, 54, 56 P
Bundesversammlung 1969, 74 P
- Berlin 1968 Ph
Bundeswehrhochschulen 1972 Ph
Bundhaube 1250
»Bundschuh« 1493, 1502
Bundschuhe 98, 1403
Bundy 1955 W
Bunin, J. 1870, 1910, 25, 30, 33, 53 D
Büning 1928, 30 K
Bunsen 1850, 59
Bunsenbrenner 1850
Bunshaft, G. 1960 K
»Bunte Beute« 1903 D
»- Geschichten« 235
- Schleier« 1925 D
- Steine« 1853
- Tierwelt« 1931 K
»Buntkarierten« 1949 K
»Buntschriftstellerei« 85, 160, 235
Buñuel, L. 1961, 66, 69, 72, 74, 77 K
Bunyan 1628, 75, 88
»Buona sera« 1959 M
Buonarroti, Michelangelo 1475
Buoninsegna 1255, 1311, 19

Burardo 1935 K
Burchard, Bischof 1026
Burchfield 1920 K
Burchiello 1404, 48
Burckhardt, C. J. 1937 P, 50 D, 52 Ph, 54, 56 D, 60, 74 Ph
-, J. 1818, 55, 60, 97, 1905 Ph
Burckhardt-Blum, E. 1957 K
»Burda« 1296
Burdach 1918 Ph
Buren 1660, 1842, 99
Burenkrieg 1902, 50 P
Burgdörfer 1929 V
Bürgel 1910, 19 W
Burger, E. 1959 W
»Bürger von Calais« 1888, 1914 D, 39 M
»- als Edelmann« 1670
-, Gottfr. Aug. 1747, 74, 86, 94
-, M. 1947 W
Burger, S. 1965 K
»Bürger Schippel« 1912 D
»- (Über den) 1642
»- in Uniform« 1969 Ph
Bürgerblock, schwed. 1976 P
»Bürgerin, Bildnis einer« 1769
»Bürgerkrieg, Der« 1965 D
»Bürgerkriege v. Granada« 1610
»Bürgerliche Baukunst« 1737
Bürgerliches Gesetzb. 1883, 1900 V
- Zeitalter 1852
Bürger-Prinz, H. 1976 Ph
»Bürgermeister Petersen« 1891
- von Weißenfels 1515
Bürgerrecht, röm. v. Chr. 90
Bürgerrechtsvorlage in den USA 1964 Ph
Bürgerschule 1800
»Bürgersteig« 1940 K
»Bürgertum u. Nationalsoz.« 1961 Ph
Burgess, G. F. de M. 1951 P
Burgfelden 1100
Burgfrieden, ideol. 1963 P
Bürgi, Jobst 1605 W, 20
Burgiba 1965 P
Burgkmair d. Ä., Hans 1473, 1507, 09, 28, 31
Burgos, 881, 1936 W
-, Kathedrale 1221
Bürgschaft, Die« 1798
Bürgstadt, St. Margareta 1961 K
»Burgtheater« 1936 K
-, Wien 1741, 76, 1814, 58, 73, 1955 D
Burgund, Maria von 1482, 90
Burgunder 380, 500
Buridan, Johann 1300, 56, 58
»Buridans Esel« 1356, 1976 D
Burke 1860 W
-, B. F. 1955 W
-, Edm. 1790
Burkhard, W. 1955 M
Burkitt, D. B. 1972 W
Burleigh 1558
Burnes, A. 1833
Burnet, F. M. 1960 W
Burnham 1906 W
-, J. 1940 Ph
»Burning bright« 1952 D
»- Fiery Furnace, The« 1966 M
Burns, R. 1759, 96
»Burnt-out case, A« 1961 D
Bürokratie, Wachstum 1958 Ph
Burr 1922 D
Burra 1927, 29, 32, 36, 37, 39, 42 K
Burri, A. 1951, 54, 55, 58 K
Burrmeister, O. 1966 D
Burrough, Stephen 1553
Burroughs, W. 1962 D
»Burrow, The« 1958 M
Burschenschaft 1817, 19, 36, 1902, 26 Ph
Burschenschaftsdenkmal 1902 K
Burse, van der 1460

Burssens, J. 1958 K
Burstyn 1911 W
Burte 1912, 26 D, 60 D
Burthe d'Annelet 1935 W
Burton 1967 V
Burton, Rich. 1953, 62, 65, 66, 67 K
–, Robert 1621
–, Roland 1953 V
Bury, P. 1973 K
Burzenland 1211
Bus, Elektrospeicher- 1971 W
Busch 1926 W
–, A. 1919, 33, 52 M
–, E. 1932 K
–, F. 1922, 33, 51 M
–, Fr. 1884 W
–, W. 1832, 58, 70, 73, 74, 79, 82, 83, 87, 1904, 08, 09 D
»–, W., der Pessimist« 1962 Ph
Buschan 1924 Ph
Buschor, E. 1960 K
Busenbaum, H. 1757
Busento 410
Bush, R. R. 1959 Ph
–, V. 1944 W
Bushby, F. H. 1967 W
»Business cycles« 1913 W
Busoni, F. 1866, 1901, 06, 07, 10, 12, 14, 16–18, 24, 74 M
Busse, H. H. 1896
–, Hermann Eris 1933 D
Bussotti, S. 1964, 70 M
Bussiri 1213, 96
Bußpsalmen, fünfstimmige 1570, 84, 92
Bustamente 1948 P
Bustelli 1763
Büstenhalter 1902 V
Butenandt, A. 1903, 29, 31, 34, 39, 54, 58 ff. W
Butler, N. M. 1931 P
–, Reg 1951, 52, 54, 55, 56 K
–, Richard A. 1951, 55 P
–, S. 1612, 64, 80, 1872
Butler-Act 1944 Ph
»Butley« 1974 D
Butor, M. 1960 D
Bütschli, O. 1876
»Butt, Der« 1977 D
»Buxheimer Christophor.« 1423
»– Orgelbuch« 1470
Buxtehude, Dietrich 1637, 41, 68, 73, 78, 83, 88, 1705, 07
Buys-Ballot 1857
Buzatti-Traverso, A. 1953 W
Buzzacchino, A. 1926 V
Buzzanca, L. 1965 K
»By a hair's breadth« 1959 K
Byblos v. Chr. 2650, 2000, 1750, 1490, 1300, 350
Bykow 1947 W
Bykowski, V. 1963 W
»Byllion« 1484
Byrd 1543, 1623
–, R. E. 1926, 29, 33, 39, 46, 57 W
Byrnes, J. F. 1946, 72 P
Byron 1788, 1812, 14, 16, 17, 19, 22, 23, 24
Byzantion, Aristophanes von v. Chr. 257, 180
Byzantische Kunst 432 ff.
»– Zeitschrift« 1892
»Byzanz« 1922 M
»– Kallinikos von 671
»– (Stadt) 196, 330, 725, 850; s. a. Konstantinopel
»B. Z. am Mittag« 1904 V

C

Ca d'Oro, Venedig 1420
»Cabala« 1926 D
»Caballero Cifar« 1300
»Cabaret« 1972 K
Cabochiens 1413
Caboto, John 1497
–, Sebastiano 1497
Cabral 1500

Cabrera 1911, 20 P
Caccia 1300
Caccini 1550, 1600, 01, 18
Cacoyannis, M. 1964 K
Cacus, Appius Claud. v. Chr. 308
Cadillac 1908 V
Cadiz v. Chr. 500; n. Chr. 1262
Caedmon 680, 671
Caen, Ste.-Etienne 1072, 1120
–, Ste. Trinité 1072, 1120
Caernarvon Castle 1283
»Caesar« 1929 D
Caesarea 303
Caetano, M. 1968, 74 P
»Café« 1932 K
»– Procope 1660
»– am See« 1974 K
Cage, J. 1958, 59, 73, 77 M
Cagliostro, A. v. 1786
»Cahier noir, Le« 1947 D
»Cahiers« 1952 K
»–, Les« 1912 Ph
Caillaux 1914, 18 P
Cailletet 1877
»Cain« 1822
Caine, M. 1966 K
»– war ihr Schicksal, Die« 1952 D, 54 K
Cairns, I. 1969 K
»Cake-walk« 1900 M
Calais 1347, 60, 1453, 1558, 1921 Ph
Calcium 1807
Calder, A. 1944, 53, 58, 65, 76 K
»– Hall 1953 W, 56 V
–, R. 1954 Ph
Calderini 1910 K
Calderon 1600, 29, 35, 36, 37, 44, 45, 51, 81, 1846, 1931 D
Caletti s. Cavalli
»California« 1945
»– Inst. of Techn., Bericht über d. Jahr 2050 1956 V
Californium 1950 W
Caligula 14, 33, 37, 38
»– 1944 D
»Calila e Dimna« 1251
Calinescu 1939 P
Cälius Aurelianus 406
»Call me Madam« 1950 M
Callaghan, J. 1964 P
Callas, M. 1947, 77 M
Calles 1924 P
Callizo 1924 W
Callot 1592, 1635
Calmette 1914 W
–, A. L. Ch. 1933 W
Calmine 13. Jh.
Calonne, J. 1965 M
Calotte 1590, 1633
Calutron 1941 W
Calvin 1509, 36, 38, 40, 41, 45, 49, 53, 55, 64, 67, 80, 1636
»–, M. 1961, 69 W
Calzabigi, R. 1762, 67, 69
Camao 1952 K
Camargo, M. A. del 1740
»–, Die Tänzerin« 1731
»Camargue IV« 1957 K
Camaro, A. 1946, 50, 53, 59, 67, 69 K
Cambert 1628, 71, 77
Cambio, Arnolfi di 1296, 1314
Cambrai 14. Jh., 1426, 50, 1529, 1917 P
»–, Liga von« 1508
Cambridge 1200, 29, 1372, 81, 1546, 1829, 70, 1955 Ph, W
»– History of Engl. Literature« 1927 D
»– King's Coll. 1448
»–, Univ. 1955 Ph
Cambridger Schule 1678
Camera obscura 1321, 1501, 1605, 71
Camerarius 1694
–, Joachim 1541
Cameron 1875
Cameron, D. 1972 V

Camillus v. Chr. 396, 387, 366, 365
»Camino Real« 1953 D
Cammin (Pommern) 1648
Camões 1524, 72, 80
»Camp di Maggio« 1931 D
Campanella 1568, 1620, 26, 39
Campani 1665
Campania v. Chr. 340
Campanini 1721, 99
Campbell 1903 W
–, D. 1955, 64, 67 V
–, M. 1933, 35 W, 38 V
Campbell-Bannerman, H. 1905 P
Camp-David-Gespräch 1959 P
Campe 1746, 79, 85, 1818
»Campiello« (II) 1936 M
Campigli 1929, 51, 53, 54 K
Campoformio 1797
Camus, A. 1913, 42, 44 Ph, 47, 49, 51 D, 57, 60, 62 D, 69, 70 M
–, M. 1959, 62 K
»Canal du Loing« 1897
»– du Midi 1684
Canaletto, Antonio 1697, 1768
–, Bernardo 1729, 80
»Canaris« 1954 K
Canberra 1927 P, 51 K
»–« 1938 W
»Canberra«-Flugzeuge 1955 W
Can-Can-Tänze 1959 V
»Cancionero de Bacua« 1400
Candela, F. 1968 K
»Candida« 1895
»Candide« 1759, 1956 M
Cangrande I. della Scala 1291, 1329
Canisius 1555
»Cannä« 1913 P
Cannabich 1745 M
Cannae, Schlacht bei v. Chr. 216
Cannizzaro 1858
Cannon 1901 W
Cannstatt 1904 V
Cano 1601, 67
»Canon medicinae« 1037
Canossa 1077
Canova, A. 1757, 79, 93, 1802, 07, 22
»Cantata« 1952 M
»– dei giorni pari« 1959 D
»– profana« 1930 M
Cantatore, D. 1957
Cantelli, G. 1956 M
Canterbury 1600, 81, 1118, 70, 1213, 1559, 1939, 60 Ph
–, Anselm von 1033, 1109
–, Bischof v. 1974 W
–, Kathedrale 1178, 1503
–, Konkordat von 1100, 07
–, St. Martin 7. Jh.
»– Tales« 1387, 1973 K
»Canti« 1824
»Canticle of the Rose« 1949 D
»Cantico dei Cantici« 1957 K
»– del Sole« 1226
Cantinflas 1957 K
»Cantiones sacrae« 1619, 25
»Canto general« 1973 D
»– d-Inverno« 1958 K
Canton, J. 1754
Cantor 1845, 83, 1918 W
Cantus firmus 13. Jh.
»Canzoni« 1824
»– alla francese« 1571
»Canzoniere« 1366
Cão, Diego 1484, 85
Capablanca 1921, 27 V
Capek, K. 1934, 38 D
Capet, Hugo 987
Capi 1516
Capitan 1901 W
»– Spavento, Il« 1963 M
Capitolin. Wölfin v. Chr. 449
Capitolinus, M. Manlius v. Chr. 384
Capogrossi, G. 1953, 54, 55, 58, 66 K

Capote, T. 1958 D
Capra 1934, 42, 48 K
Capri 1826 P
»Capriccio« 1942 M, 43 K, 65 M, 66 K
»– italien.« 1880
»– für Orchester« 1928 M
»– per Siegfried Palm« 1968 M
»Caprichos« 1798
Caprivi 1890, 92
Capua v. Chr. 272, 71; n. Chr. 400, 972
Cara 1490
Caracalla 176, 96, 211, 12, 16, 17
Caracciola R. 1935, 37, 59 V
Caraffa 1488
Caraka 1. Jh.
Carani, L. 1974 K
Caravaggio 1573, 90, 95, 1601, 10
»Carcel de amor« 1480
Cardano 1545
Cardenas 1934 P
»Cardenio und Celinde« 1648
Cardew, C. 1967 M
Cardiazol-Schock 1936 W
»Cardillac« 1926, 52 M
Cardinal, Peire 1225
–, d'Espagne, Le« 1960 D
»–, The« 1641
Carducci 1835, 89, 1906, 07 D
CARE-Gesellschaft 1946, 60 Ph
»Caricature« 1831
»Caricaturana« 1838
Carillo, Solares 1977 P
»carillon muet, La« 1918 D
Carissimi 1605, 74
Caritasverband 1897
Carli, De 1961 W
Carlos Hugo von Bourbon-Parma 1964 P
–, Juan, Prinz 1974 P
Carlowitz, H. C. von 1713
Carlsen, H. K. 1952 V
Carlyle, Th. 1795, 1837, 41, 58, 81
Carmagnola 1428
Carmassi, A. 1955 K
»Carmen« 1845, 75, 1909, 15, 16, 18 K, 71 M
–, Jones« 1956 K
»Carmen paschale« 450
»Carmina Burana« 13. Jh., 1937 M
Carmona 1926, 28, 51 P
Carnap 1922, 28, 29, 32, 34, 37, 42, 43, 51, 70 Ph
Carné, Marcel 1939, 42, 45, 47 K
Carnegie 1914 V
»–« 1905 P
Carnegie-Friedensstiftung 1910 Ph
Carnegie-Institution 1952 W
»Carnets 1935–42« 1962 D
Carnot (Phys.) 1824
– (Polit.) 1887
Caro 1898, 1916 W
Carol II. v. Rumänien 1927, 30, 38, 40 P
»Carolina« 1532
– (Kolonie) 1663
Carolineum-Gymnasium 804
»Carolus Stuardus« 1649
Caron, L. 1951, 52 K
Carossa, H. 1878, 1922, 24, 27, 31, 36, 41, 51, 55 D
Carotin 1931 W
Carpaccio 1490
Carpenter, M. S. 1962, 65 W
Carpini, Johann v. 1245
Carr, H. 1920 Ph
Carrà, C. 1910, 17, 21, 54, 66 K
Carracci, Agostino 1557, 97, 1602
– Annibale 1560, 90, 95, 97, 1605, 09
–, Lodovico 1555, 97, 1619
Carranza 1920 P
»Carrée« 1961 M
Carrel 1912 W
Carriera 1675, 1757

Carrière, C. 1974 K
–, M. 1965 K
Carroll 1865
»Carsten Curator« 1878
–, K. 1976 P
»Carta del lavoro« 1927 P
»Carte blanche« 1955 P
Carter, E. 1957 M
–, H. 1922 V
–, J. 1977 P, 77 V
–, J. E. 1976 P
–, T. C. 1956 W
»Cartesianische Philosophie, Prinzip. d.« 1664
Cartier, Jacques 1535, 41
Cartoons 1946 K
Cartwright 1786
Carus 276
– 1789, 1831, 46, 69
»Caruso« 1946 D
–, B. 1953 K
–, E. 1873, 92, 1900, 04, 21 M
–, Der gr.« 1959 M
Caruso, M. 1964 K
Carville 1941 W
»Carving Divided Oval Butterfly« 1967 K
Cary, J. 1955 D
»Casa giocosa« 1423
Casablanca-Konferenz 1943 P
»Casagrande« 725
Casals, P. 1930, 47, 63, 73 M
Casanova 1725, 56, 98, 1963 D
»–« 1976 K
»– in London« 1969 M
»Casanovas Heimfahrt« 1918 D
Casaque 1630
Cäsar v. Chr. 600, 250, 246, 150, 100, 95, 80, 72, 61–58, 56, 55, 54, 53, 52, 49–44, 42, 30, n. Chr. 14, 65, 130, 500, 1150, 1907, K, 20, 45, 48 Ph
»– und Cleopatra« 1901 D
»–, Gesch. s. Kindheit« 1898
»Cäsar läßt grüßen« 1971 D
Cäsarea Kappadokien 370
–/Palästina 314
Cäsarion v. Chr. 47, 30
Cäsarius von Heisterbach 1219
Cäsaropapismus 1721
Cascade-Basis-Tunnel 1929 W
Cascia, Giov. da 1270
Caseintechnik 1946 K
Casella, A. 1937, 47 M
Caserini 1914, 16 K
Caserta 1752
Cash- u. Carry-Klausel 1939 P
Casimir-Périer 1894
»Caspar Hauser« 1909 D, s. a. Hauser, Kaspar
–, Horst 1940, 52 D
–, K. 1950
Casparsson 1936 W
Caspers 1939 W
»Cass Timberlane« 1945 D
Cassavetes, J. 1961, 72 K
Cassel 1918, 33, 36 V
Casseler Handschrift 1453
Cassels, J. 1963 Ph
Cassetten-Fernsehbildrekorder 1970 W
Cassianus, Joh. 415
Cassinari, B. 1956, 58 K
Cassini 1625, 75, 1712
Cassiodorus 490, 583
Cassirer, Ernst 1874, 1910, 19, 29, 37, 45, 46 Ph
–, P. 1902 K
Cassius, Dio 155, 229
»–, Gajus v. Chr. 44, 42
Cassola, C. 1960 D
Castagno, Andrea del 1410, 32, 40, 45, 57
Castel del Monte 1246
Castelain, Georges 1405, 75
Casteleine, Matthijs de 1488
Castelfranco 1500, 04
–, Giorgione de 1478, 1500, 04, 10

Castelli 1613
Castelvetro, L. 1570
»Casti connubii« 1930 Ph
Castiglione, B. 1528
– (Jesuit) 1715
– d'Olona 1435
–, Villa 1572
Castillo, J. 1967, 73 K
Castillon, Schlacht bei 1453
»Castle of Otranto« 1764
»Castor und Pollux« 1737
Castorius 4. Jh.
Castra Regina 179
Castro (Diktator) 1908 P
–, F. 1959, 60, 63 P
–, R. 1614
»Casus Santi Galli« 1061
»Cat Ballou« 1966 K
Catal Hüyük v. Chr. 6700, 1961, 62 W
»Catalogue des objets trouvés« 1970 M
»Cathedral, The« 1922 D
Cather 1922, 23, 25, 27 D
»Cathérine Hessling« 1925 K
Catilina v. Chr. 108, 66, 63, 62, 51
»Catilinarische Verschwörung« v. Chr. 66, 63, 35
»Cato« 1713
– d. Ä. v. Chr. 234, 200, 197, 195, 184, 150, 149, 46
– d. J. v. Chr. 95, 85, 58, 46
Catrailhac 1921 W
Catull v. Chr. 87, 60, 54
– 1943, 53 M
»Catulli Carmina« 1943 M
Cauchy 1789, 1857
Caudron 1915 W
Caufield, P. 1967 K
»Causae et curae« 1155
Caux 1939 Ph
Cavaillé-Coll, A. Paris, St. Sulpice 1862
Cavalese, Seilbahnungl. 1976 V
Cavaliere 1590
Cavalieri, Francesco 1598, 1647
»Cavalkade« 1933 K
»Cavalleria rusticana« 1890
Cavalli 1602, 42, 49, 62, 76
Cavallieri, B. 1635
–, Emilio 1600
Cavallini 1291
»Cave, The« 1959 D
Cavendish, H. 1766, 81, 98
–, Th. 1588
Cavontou 1819
Cavour 1810, 61
>–« 1939 D
Caxton 1476, 92
Cayatte, A. 1950, 54 K
Cayrol, J. 1958, 66 D
CDU s. Chr.-Demokr. Union
CDU/CSU-Fraktion 1976 P
CEAO 1972 V
Ceausescu, N. 1965, 66, 68 P
Cefalù 12. Jh.
–, Dom 1189
Celan, P. 1959, 69 D
Celano, Thomas von 1226, 1320
Celebes 1903 W, 42 P
»Celestina« (La) 1499
»Celia Garth« 1959 D
Celibidache 1946 M
Céline, L.-F. 1960, 61 D
Cellini 1500, 43, 50, 71
– 1913 K
Cellokonzert (Fortner) 1951 K
Cellospieler« 1929 K
Cellulose 1932 W
Celsius 1742
Celsus 178
–, Aulus Cornelius 30
Celtis, Konrad 1459, 84, 87, 90, 1501, 02, 08
Cembalo 1360, 1500, 1603, 1700
Cendrars, B. 1958 D
Çengič, B. 1971 K
Centcelles, Kuppelgrab 1954 W

CENTO 1959 P
Centrobaryca 1641
»Century 21« 1962 W
Cer, Element 1803
Ceram, C. W. 1949, 72 Ph
»Ceres« 1801
Cerha, Fr. 1970 M
Cerignola 1503
Cerletti 1938 W
CERN 1953, 60, 70, 76 W
Cernan, E. 1966 W
Cernik, O. 1968, 70 P
Cervantes 1547, 1605, 15, 16, 21, 1931 D
Cerveteri v. Chr. 550
–, Etrusk. Grab 1836
Cervi, G. 1952 K
Cerwenka 1902 W
Cesalpino 1583
»Cesare Borgia« 1920 K
Cesti 1623, 63, 66, 69
»Cet obscur objet du désir« 1977 K
Ceulen 1596
Ceuta 1415
Ceylon 1795, 1960, 71 P
Cézanne 1839, 71, 73, 80, 83, 86, 87, 88, 89, 90, 1902, 05, 06, 10, 11, 29, 56 K
Chaban-Delmas, J. 1969 P
Chabarow 1650
Chabarowsk 1917 W
Chabrol, C. 1958, 59, 73, 74, 75 K
Cha-Cha-Cha 1958 M
Chacokrieg 1928, 32, 35 P
Chadatu v. Chr. 775
Chadwick, F. 1953 W
–, J. 1932, 35, 74 W
–, L. 1952, 54, 55, 73 K
Chaemhet v. Chr. 1400
Chaffee 1967 W
Chagall, M. 1887, 1907, 10, 11, 12, 14, 15, 22–25, 27, 28, 29, 31, 35, 39, 40, 43, 46, 48, 49, 50, 52, 55–60, 61, 64, 65, 66, 67, 68, 70, 71 K
Chagall-Ausstellung (Moskau) 1973 K
Chailly, J. 1953 M
Chain 1945 W
Chajjam, Omar 1007, 1123
Chalcedon v. Chr. 339
Chalcidius 321
Chaldäer v. Chr. 950, 45, 860, 626, 585, 6. Jh.
Chalder v. Chr. 2500, 1200, 1100, 860, 717, 585
Chalil v. Chr. 950
Chalkedon, Konzil zu 449, 51
Chalkidike v. Chr. 348
»Challenger«-Expedition 1872
»Challenger«-Tiefe 1951 W
Chalukya 625
Chamberlain, Au. 1863, 1924, 25, 37 P
–, H. St. 1899, 1918, 27 Ph
–, Nev. 1869, 1937, 38, 40 P
–, O. 1955, 59 W
Chamberlen 1665
Chamberlin 1933 V
Chambers 1728
Chambord, Schloß 1536
Chamisso, v. 1781, 1814, 15, 31, 38, 1907 K
Chamonix 1924 V
»Champ de Mars, Le« 1959 K
Champagne 12. Jh. 1361
–, Odo von der 1032
Champaigne 1602, 74
Champlain 1608
Champmol, Altar 1392
–, Chartreuse 1391
Champollion 1822
Ch'an-Buddhismus 500, 700, 1191
Chancel 1805
Chanceller 1553
Chanchan 1200
Chandigarh 1951, 57 K
Chang, A. 1974 W
Ch'ang-an 713, 25, 60
Chang Hsüan 713, 42

Chang Tse-tuan 1127
»Change« 1969 D
»Chanson et Romance« 1953 M
Chansons, frz. 1533, 76
»Chant pour grand orchestre« 1968 M
Chantal, Frau von 1610
»Chantecler« 1910 D
»Chantier« 1956 K
Chao Meng-fu 1254, 1322, 43
– Po-chü 1120, 82
»Chapeau Claque« 1974 K
Chaplin 1889, 1913, 14, 16, 17, 18, 21–23, 25, 28, 31, 36, 40, 47, 52, 58 K, 65 Ph, 67, 71 K
Chaplin-Renaissance 1974 K
Chapman 1611, 15
Chappe, C. 1792
»Chapter Two« 1977 D
»Chaque homme dans sa nuit« 1960 D
Char, R. 1962 D
Charaka v. Chr. 2. Jh.
»Charakter u. Analerotik« 1908 Ph
»–, Krisis u. Weltanschauung« 1929 Ph
»Charakteranalyse« 1933 Ph
»Charakterbegriff und -erzieh.« 1912 Ph
»Charaktere oder die Sitten in diesem Zeitalter« 1688
»Charakterologie« 1930 Ph
–, Jahrbuch 1924 Ph
–, (Prinzipien) 1910 Ph
Charcot, J.-M. 1873
Chardin 1699, 1779
Chardonnet 1885
Charell 1931 K
Chares von Lindos v. Chr. 285
Charité, Berlin 1579, 1710
–, Paris 1519, 1602
Chariton 100
»Charivari« 1831
Charkow 1925, 43 P
Charles 1950 V
–, Ray 1960 M
Charles-Roux, E. 1966 D
»Charleston« 1925 M
Charleton 1964 D
»Charley« 1976 D
»Charlie als Soldat« 1918 K
Charlière 1783
Charlot 1943 W
»Charlotte Löwensköld« 1925 D
Charlottenburg 1701, 43, 77 K
Charlottenhof, Schloß 1826
»Charm« 1975, 76, 77 W
Charm-Qualität 1976 W
»Charme der Bourgoisie, Der diskrete« 1972 K
Chäronea, Schlacht bei 338
Charrat, J. 1972 M
»Charta 77« 1977 Ph
Charterfluggesellschaft 1972 V
Chartier, Alain 1385, 1426, 50
Chartismus 1838, 48
Chartres 1155, 1550
–, Kathedrale 1020, 1150, 1220, 13. Jh., 1260
Chartum 1917 V
Chasaren 600, 650
Chase Manhattan Bank 1960 K
Chasosrah v. Chr. 950
»Chassidische Botschaft, Die« 1952 Ph
Chassidismus 1750
»Chat noir« 1881
»Château de ma mère, Le« 1958 D
Chateaubriand, F. R. 1768, 77, 1802, 48
Châtillon, Walther von 1178
Chatschaturian, A. 1948, 58 M
»Chatterton« 1863
Chaucer 1340, 87, 1400
Chauliac 1363, 67

Chaumette 1751
Chautemps 1937 P
Chávez, C. 1965 M
Chavin de Huanter 100
Chekiang 1430
Chelcicky 1440, 57
Chelwood 1937 P
Chemag-Hs., Frkf./M. 1952 K
»Chemi« 300
»Chemiae, Elementa« 1732
»Chemie, Annalen der« 1832
– (Beg. d. modernen) 1774; s. a. Alchemie
»– u. Biologie« 1947 W
–, Handschrift über die 8. Jh.
»–« (Philosophie) 1938 Ph
», physiolog. 1968 W
»– u. Technologie d. Kunstst.« 1939 W
»–, theoret.« 1893
–, Zahl der bekannten Elemente in der 1954 W
Chemiefaser 1939 W
Chemiker-Kongreß, I. Intern. 1860
Chemin-Petit, H. 1970 M
Chemische Annalen 1778
– Bindungskräfte 1812, 1913, 27 W
»– Briefe« 1844
»– Embryologie« 1944 W
– Ges., Dt. 1867
– Forsch. 1914 W
– Gesellschaft 1910 W
– Industrie 1960 W
– –, Umsatz 1966 W
– Kettenreaktion 1913 W
– Nomenklatur 1787
– Schulversuche I. 1819
– Stoffe 1953 W
»– Übertrag. d. Nervenwirk.« 1937 W
– Umsetzungen 1911 W
– Verbindungen, bek. 1945 W
Chemisches Zentralblatt 1839, 1939 W
Chemisch-techn. Reichsanstalt 1920 W
Chemnitz 1357, 1953 P
–, Streik in 1871 V
»Chemogenetik« 1948 W
Chemotherapie, Beginn d. mod. 1910, 61 W
– d. Depress. 1970 W
– des Krebses 1957 W
Chen Ning Yang 1957 W
Ch'eng-tsu-yai v. Chr. 2500
Chénier 1762, 94
Chenoboskion 220
Chenonceaux 1515
Cheops v. Chr. 2720, 2700
Cheopspyramide 1902 D, 54 W
Chephren v. Chr. 2720, 2650
Cherbury 1583, 1624, 48
Chéreau, P. 1976 M
»Chéri« 1920 D
»Cherrellchronik« 1933 D
Chertihotep v. Chr. 1900
Cherubini 1760, 1800, 42
»Cherubinischer Wandersmann« 1657
Chessman C. 1960 V
Chester Beatty Papyri 3. Jh.
Chesterton 1874, 1908, 15, 36 D
Cheung, A. C. 1968 V
Chevalier, M. 1929, 34, 57, 72 K
Chevrolet 1908 V
Chiavari, Gaetano 1738
Chicago 1883, 93, 1906, 10, 13, 17, 25, 34, 42, 47, 51 K
»–« 1953, 59 K
–, Hochhäuser 1951 K
Chichén Itzà 1191
Chichester, F. 1967 V
–, Kathedrale 1336
»– Psalms« 1965 M
Ch'ien Hsüan 1235, 1302
Chigine, A. 1957 K
Chikago, Brand v. 1871 V
–, Sears Tower 1973 K

Chikago, US-Courthouse 1964 K
Chi-k'ai 650, 70
Chikamatsu Monzaemon 1703
Child, I. L. 1954 Ph
Childerich I. 457, 81
– III. 751
Chilehaus Hamburg 1923 K
Chillida, E. 1973 K
Chillon, Burg 1100
Chilon v. Chr. 6. Jh.
Chimäre v. Chr. 454
Chimborasso 1802, 80, 1903 W
Chi-Meson 1962 P
Chimú 498, 1200, 1450
Ch'in v. Chr. 770, 256
Chin-Dynastie 280
Chin-Kiu Shao 1247
China 1955, 72 P
–, Bevölkerung 1796
–, Neuigkeiten aus 1697
–, Toleranz in 1692
–, Verbot d. Christent. 1724
–, Wirtschaftsreserven 1957 V
Chinaatlas 1655
Chinadiskussion 1761
Chinamode 1686, 1750
Chinapolitik d. BRD 1972 P
Chinarinde 1636, 1820
chines. Bücher 1683
– Dichtg., Goldene Zeit 8. Jh.
»– Flöte« 1907 W
– Garten 1770
»– u. jap. Malerei« 1959 K
»– Kultur, Gesch. d.« 1928 Ph
»– Kunst« 1929 K
– Malerei « 1403, 78
»– Mauer« v. Chr. 1356, 221; n. Chr. 1368, 1955 D
»– Schattenspiele« 1915 K
– Schrift 1958 D, 77 Ph
»– Sprachlehre 1674
»– Volksrepublik« 1949, 50, 62 P
chinesischen KP, 9. Parteitag der 1969 P
chinesischer Satellit 1970 W
Ching Hao 900
»Ching-ming-Fest« 1127
Chinin, Entd. 1636, 1819
»Chinoiserie« 1965 K
Chios v. Chr. 2. Jh.
–, Glaukos von v. Chr. 604
–, Hippokrates von – 5. Jh.
–, Nea Moni 1056
Chippendale, Th. 1754
Chirac, J.-R. 1976, 77 P
Chirico, G. de 1917, 24, 47, 55, 70 K
Chiron 1977 P
Chirurgie (Anfänge) v. Chr. 6000, 2000, 1600, 800, 500; n. Chr. 30, 109, 135, 634, 7. Jh. 1000, 1268, 1320, 63, 67, 89, 1500, 1563
»– der Brustorgane« 1920 W
»–, Deutsche Ges. f. 1872
–, Lehrstuhl f. 1927; W s. a. Kaiserschnitt
»–, Pathologie u. Therapie, Allg.« 1863
Chirurgie, plast. 1940 W
–, Sammelwerk der 1363
Chirurg. Univ.-Klinik 1815
Chiton v. Chr. 6. Jh., 500
Chitta Ranja, Das 1922 P
Ch'iu Ying 1492
Chladni, E. 1787
Chlodwig I. 466, 81, 86, 93, 96, 500, 07, 11, 58
Chlor 1774, 75, 84, 1823
Chloralhydrat 1869
Chloramphenicol 1947 W
Chlor-Kampfgas 1915 W
Chloroform 1831
Chloroform-Narkose 1847
Chloromycetin 1947 W
Chlorophyll 1862, 1915, 40, 43, 55 W
–, Wasserzerlegung mit 1968 W

Chloroplasten 1952 W
Chlorpromazin 1952 W
Chlorverflüssigung 1823
Chlotar I. 558, 61
– II. 618
Chlothilde 493
Chmelnizkij 1648
Chnemhotep v. Chr. 1920
Chnumtempel, Elephantine v. Chr. 360
Chochlowa, O. 1951 K
Chodowiecki 1726, 73, 1801
Chogolisa 1957 V
Choiseul 1769
Chola-Dynastie 1000
Cholera 1831, 48, 84, 92, 1903, 73 V
Chomsky, A. N. 1957 Ph
Chopin, F. 1810, 21, 30, 33, 39, 40, 49, 76
Chor, Erkscher 1852
Choral, protest. 1524
»–, Schwierigk. mit« 1974 M
Choralpassion 1250
Chorassan 1037
»Choreographie« 1926 M
Chorfest 1976 M
Chorin 1089
–, Kloster 1973 K
–, Klosterkirche 1344
Chorosow, J. 1976 W
Chorsabad v. Chr. 775, 705
Chosrau I. Anoscharwan 531
– II. 591, 600, 28
»– und Schîrîn« 1202
Choten 1916 W
Chotjewitz, P. O. 1965 D
Chou-Dynastie v. Chr. 1050, 1002, 950, 800, 771, 500, 406, 256, 200
Chovin-Kloster 1256, 1273 K
Chrétien de Troyes 1145, 68, 80, 90, 91, 1210
»Christ und Antichrist« 1905 D
»– à Bruxelles, L'entrée du« 1888
»– ist erstanden« 1200, 1962 M
»Christburg« 1619
Christea 1938 P
»Christen, Auf, auf, ihr« 1683
»– vor die Löwen« 1910 K
»Christengemeinschaft« 1922 Ph
Christenheit, Kirchen d. alten 1971 Ph
»–, Spaltung d.« 1962 Ph
»Christentum« (Apologie) 1905 Ph
»– u. d. christl. Kirche d. ersten 3 Jahrhunderte« 1853
»– « (Entstehung) 1904 Ph
»– u. Kultur« 1927 Ph
»– u. mod. Weltanschauung« 1914 Ph
»–, Neues« 1825
»–, neuplaton. 403
»– ohne Geheimnis« 1696
»–, paulin. 70
»– u. Sozialismus« 1892, 1929 Ph
»– u. Technik« 1959 Ph
»– (Ursprung . . .) 1908, 23 Ph
»– (Wesen) 1900 Ph
Christentums, kosmische Deutung d. 1922 Ph
Christenverfolgung 64, 112, 190, 250, 54, 57, 303, 05, 1637
»Christi, Das Leben« (Gem.) 1402
»–, Der Triumph« 1848
– Wiederkehr 1831
Christian I. 1448, 58, 60, 64
– II. v. Dänemark 1520
– II. v. Sachsen 1603
Christian IV. v. Dänemark 1616, 25, 26, 29
– X. v. Dänemark 1912 P
– J. 1740
– Ludwig v. Brandenburg 1721

Christian Science« 1866, 75
»– Wahnschaffe« 1919 D
»Christianisme dévoilé, Le« 1756
Christians 1929 K
Christie, A. 1976 D
–, J. 1965, 66 K
Christine de Pisan 1363, 1430
–, Königin« 1903 D, 33 K
– v. Schweden 1632, 49, 54, 73, 89
»Christkind« 1911 D
Christlich-Demokr. Union (CDU) 1946, 48, 49, 50, 52, 53, 56, 76 P
»Christl. Antwort« 1945 Ph
»– Dogmatik« 1925 Ph
»– Einheit, Dokum.« 1958 Ph
»– Gewerkschaften 1894, 1901, 08, 09, 21, 55 Ph
»– Glaube, Der« 1821
»– Glaube u. pol. Bind.« 1935 P
– Kirchen, Verein 1962 Ph
»– Leben i. d. DDR, Das« 1959 Ph
»– Lehre« (Über die) 397
»– Meynender« 1725
»– Ortskunde« 525
»– Realismus . . .« 1953 Ph
»– Religion« 1902 Ph
»– Religion, Üb. d. wahre« 1622
– Union, Die« 1962 Ph
»Christlichen Adel dt. Nation« (An den) 1520
Christlicher Verein Junger Männer 1844
»Christlich-soziale Arbeiterpartei« 1878
»Christlich-soziale Partei« 1909 P
»– –, Österreich 1897
»Christnacht« 1952 K
Christo 1968, 72, 73, 75, 76, 77 K
»Christo, Los nombres de« 1583
Christofori 1711
»Christoph Columbus« 1930 M
»Christophorus« 1434
Christophorus-Altar 1484
– –(Schlüsselfelder) 1442
»Christus« v. Chr. 7
»– « 1521
»– kam bis Eboli« 1945 D
»– i. Emmaus« 1654
»– m. d. gold. Haaren« 1301
»– mit Johannes« 1300
»– der König« 1952 K
»– am Kreuz« 1304, 1628
»–, das Kreuz tragend« 1400
»– mit Magdalena« 1902 K
»– Maria oder« 1954 Ph
»– auf dem Meere« 1902 K
Christus, Petrus 1420, 46, 49, 57, 73
»– und die Samariterin« 1634
»– und Thomas« 1483
»–, der Tote« 1521
»– trägt das Kreuz« 1920 K
»– in der Wildnis m. Füchsen« 1939 K
»– – – – m. Skorpionen« 1939 K
»– und 12 Apostel« 1199
Christusbilder, erste 2. Jh.
»Christusbotschaft u. histor. Jesus« 1961 Ph
»Christuslegenden« 1904 D
»Christusmappe« 1918 K
»Christusmythe« 1911 Ph
Christusorden 1319, 1885
»Christussäule« 1018
»Christusvision« 1955 Ph
»Chromatische Madrigale« 1544
Chromatographie, Papier 1952 W
Chromatographie. Absorptionsanalyse 1906 W
Chromosomen 1884, 1904, 13, 21, 23, 28, 33, 56, 59, 61 W

»Chronica, Zeitbuch und Geschichtsfibel« 1531
»– Bohemorum« 1125
»– terrae Prussiae« 1339
»Chronicon sive historia de duabus civitatibus« 1146
»Chronik« 235, 323
»– der Anna Magdalena Bach« 1968 K
»– der Ärzte« 1248
»–, chin. v. Chr. 101
»– oder Geschichte der beiden Reiche« 1146
»– von Grieshuus« 1884
»– von der Gründung der Stadt (Rom) bis zum Jahr 1054« 1054
»–, japanische 712
»– über Merseburg 1009
»–, mittellat. 1204, 83, 14. Jh.
»–, russische 1116
»– eines Sommers« 1960 K
»– der Sperlingsgasse« 1856
»Chronika« 583
»Chroniques de France . . .« 1410
»Chronographie« v. Chr. 195
Chronologie (Anfänge) v. Chr. 3372, 2025, 1000, 911, 841, 776, 750, 660, 200, 195, 163, 37, s. auch Kalender
»– v. Chr. 140
»–, Baumjahresring« 1940 W
»– der orientalischen Völker« 1048
Chronometer 1764
Chruschtschow, N. 1953 P, 55 K, 56ff P, D, V, 64, 74 P
Chrysantheme 1678
Chrysippos v. Chr. 278, 206
Chrysler 1925 V
– Corporation 1925, 35 V
Chrysoloras 1396
Chrysostomos, Joh. 380, 398
Chu Hsi 1130, 1200, 1368
Chü-jan 990
»Ch'un-Chiu« v. Chr. 479
Chung-Jen 1088
Chuquet 1484
Chur, Lucius-Krypta 540
Church of Scotland 1929 Ph
Churchill Falls (Kraftwerk) 1972 V
–, W. 1874, 1911, 15, 24, 39, 40, 41, 43–46, 48, 50, 51, 52, 53 Ph, 55, 65 P, 67 D
Churriguerra 1723
»Chute, La« 1959 K
Ch'ü Yüan v. Chr. 343, 277
Chu-Yüan-shung 1368
»Chymist, The sceptical« 1661
Ciano 1936 P
Ciba-Symposium 1964 W, 66 Ph
Cicellis, K. 1960 Ph
Cicero v. Chr. 106, 79, 66, 65, 63, 58, 57, 55, 50, 49, 43; n. Chr. 1265 Ph, 1528
»Cicerone« 1855
Cid 1045, 94, 99
»– (Der) 1805
»– « (Der) 1140, 1630, 36
Cierna, Verhandlungen 1968 P
Cierua, Konferenz v. 1968 P
Cierva, de la 1924 V
Cikker, J. 1962, 69, 70 M
Cilicia v. Chr. 64, 27
Cimabue 1240, 1272, 1295, 1299, 1302
Cimarosa, D. 1792
Cimbern v. Chr. 113, 103, 101
»–, Zug der« 1922 D
Cincinnatus, Luc. Quinctius v. Chr. 439
»Cindy, o Cindy . . .« 1958 M
Cinerama 1952 K
»–, This is« 1953 K
Cinna v. Chr. 88

»Cinna« 1640
»Cinq livres de chirurgie« 1563
»Cinq-Mars« 1863
»Cinque incontri« 1974 M
CIO-Gewerkschaft 1935, 41, 44, 46 V, 52 P, V, 55 V
Ciorgnani, A. G. 1972 Ph
»Circe« 1948 M
Circus Flaminius v. Chr. 220
Ciriaco von Ancona 1401
Ciske, ein Kind braucht Liebe« 1955 K
Cité radieuse 1951 K
Citeaux, Rob. von 1098
»Citizen Kane« 1941, 58 K
City Car 1974 V
»– Madam, The« 1629
»– of Rome« 1881
Ciulei, L. 1965 K
Civil Rights 1963 P
»Civitas Hippocratica« 12. Jh.
»– solis« 1620
»Civitate Dei, De« 430
»Civitates orbis terrarum« 1572
Clair 1924, 25, 30–34, 36, 42, 44, 47, 50
Clairaut 1731, 59
Clairvaux, Bernh. von 1091, 1115, 47, 53
Clara-Ziegler-Stift 1910 D
Claren, G. C. 1950 K
»Clarissa« 1748
Clark 1961 D
–, C. 1942 V
Clarke 1806
Cläsges 1962 V
Claten, A. 1961 D
Clauberg 1656
Claude 1910 W
Claudel, P. 1868, 1900, 10, 12, 19, 29 D, 35, 38 M, 51 D, 53 M, 55 D
Claude, A. 1974 W
Claudius v. Chr. 54, 46, 41, 14, 10
– Aelianus 175, 235
–, Appius v. Chr. 312
–, M. 1740, 71, 80, 82, 1812, 15
Claudius-Fraktur 1933 K
Claus, G. 1957 Ph
Clausewitz, K. v. 1816
Clausius 1850, 56, 65
Clausthaler Gespräche 1948 Ph
Clavel, B. 1968 D
Clavichord 1360
Clavicymbal 1360
»Clavierübung« 1731
»Clavigo« 1774
Clavis Sinica 1674 Ph
Clay, C. 1964, 65, 66, 67, 70, 74, 75, 76 V
Clay, L. D. 1961, 62 P
Clayton 1946 W
»Cleaning, In the« 1963 D
»Clef est blanche, La« 1958 K
»Clélie« 1654
Clémenceau 1917, 18, 29 P
Clemens, Aurelius Prudentius 348, 406
–, S. 1835, 1910 D
Clement 1680
Clément, R. 1946, 52, 59 K
Clementis 1950, 51, 52 P
Cleopatra s. Kleopatra
»– « 1661, 1948 D, 62 K
»Cléopâtre captive« 1552
Clerici, F. 1956, 66, 67, 68 K
»Clerk, Sir u. Lady« 1811
Clermont 946 K
–, Konzil von 1095
Clermont-Ferrand, Notre-Dame 1099
Cleve 1824, 1895
Cleveland 1885, 93
Clifford, C. 1968 P
Clift, M. 1953, 62 K
»Clique, Die« 1964 D
Clive 1757
»Clivia« 1929 K
Cloaca maxima – 509 W

Clodia v. Chr. 60
Cloos 1929 W
Clopinel de Meun 1237, 87
»Clou, D.« 1975 K
Clouet, Jean 1529, 40
–, François 1540, 62
Clouzot 1943, 49, 52, 60 K
»Clown in Chak-U-Kao« 1895
»– mit Spiegel und nackter Frau« 1954 K
»Club of Rome« 1972 D, Ph, 73, 74 Ph
Club of Rome-Ber., 2. 1974 V
»Club Voltaire« 1963 Ph
Cluniazensische Dichtung 1060
– Heilslehre 1060
– Kongregation 1048, 1122
Cluny 910, 62, 1048, 79, 89, 1122
–, Abteikirche 915
–, zweite Klosterkirche 980
Cluny-Reform 910, 1048, 56, 72
Clusius 1938 W
Cluver 1624
Cobb 1947 W, 52 V
–, L. J. 1957 K
–, S. 1967 W
Cobden-Sanderson 1921 K
»Cobra-Zentaur« 1952 K
Coburg 1331, 53, 60, 1549, 86, 1785, 1830, 60, 61
–, Hoftheat. 1826
–, Pieta 14. Jh.
–, Veste 1056, 1551
–, Zeughaus 1616
Coburger, L. C. 1908 Ph
– N. d. J. 1715, 90
Coca-Cola 1886
Coccioli, C. 1958 D
Cockcroft, J. D. 1932, 51 W
Cocktail 1860, 1905 V
»– Party« 1949, 51 D
Cocktailkleid 1947 V
Cocles, Horatius v. Chr. 508
Cocteau, J. 1920 K, 27 D, 29 D, 43, 46, 48, 50 K, 63 D
Code, biol. 1972 W
»– civil« 1804
»–, genetischer 1964 W
– Pénal 1810
»Codex argenteus« 500
– – aureus« 861, 70
– – v. Echternach 1031 W
– Echternacher 97
– Egberti 970, 89, 1000
– (Gero-) 970
– juris canonici« 1918, 34 Ph
– Sinaiticus« 4. Jh.
– Theodorianus« 438
– (Uta-) 1010
– Vaticanus« 4. Jh.
Codona, A. 1922 V
Codreanu 1927, 33, 38 P
Coello 1515, 90
»Cofermente« 1924 W
»Cogito, ergo sum« 1644
Cohen 1927 D
–, A. K. 1961 Ph
–, B. 1966 K
–, H. 1902 Ph
–, S. N. 1974 W
Cohn 1910 D
Coimbra 1147, 1200, 90, 1902 D
–, Kathedrale 1200
Coincy, Gautier de 12. Jh.
Coindet 1818
Coiter, Tolcher 1571
Col di Lana 1916 P
Colbert 1619, 64, 73, 74, 83
– 1932, 34 K
Colchicin 1938, 50 W
Coler 1591
Coleridge 1798
Coleridge-Taylor 1912 M
Cölestinerorden 1250, 1369
Colette 1919, 20, 28, 33, 45, 54 D
Coli-Bakterien 1886
Coligny 1572

Colin, Alexander 1558, 66, 81
»Collage« 1969 M
»Collection, The« 1962 D
»Collectioneurs, Les« 1972 M
»Collegia pietatis« 1670
»Collegium Germanicum« 1552
– illustre« 1589
– Romanum 1906 Ph
»– –« 1551
Colleoni 140, 75, 88
Collien, P. 1970 K
Collier, J. 1689
Collins, M. 1969 W
»Collioure« 1910 K
»Colloquia familiaria« 1518
Colmar, Stiftskirche 1475, 1972 K
»Colombe« 1942 D
Colombo 1559, 1656, 1891
–, E. 1970 P
Colomboplan 1950 V
Colonia Agrippinensis v. Chr. 38; n. Chr. 50
Colonna, Vitt. 1490, 1525, 38, 47
»Colosseum« 1954 K
Colt 1835
Columba-Altar 1462
Columbanus 550, 609, 12, 14, 15
Columbia-Universität 1754, 1928 W
Columbien 1811, 21, 61, 86
Columbus s. Kolumbus
»– –« 1923 W, 41, 51 M
Columella, Luc. Jun. Moderatur 64
»Combat, Le« 1941 D
Combes 1902 P
COMECON 1960, 63 V, 71 P
Comedia del arte 1917 M
»– de Calisto y Melibea« 1490
Comédie Française 1903 K
»– –« 1643, 80, 1717
»Comedy on the Bridge« 1951 M
Comencini, L. 1960 K
Comenius 1592, 1631, 45, 48, 54, 57, 66, 70
»– « 1975 D
»Comet« 1949 W
»– II« 1954 W
»– III« 1955 W
–, Boa 1950 V
»– -Düsenflugzeug« 1952 W, 53 V, W, 54 V
»Comic«-Hefte 1945 D
Comic strip, I. 1897
Comici, E. 1933 V
Comics 1957 Ph
Comisso, G. 1961 D
»Commedia divina« 1472
»Commentariolus« 1512
»Commers- u. Liederbuch, Neues dt. allg.« 1815
Commodianus 280
Commodus 180
»Common Prayer Book« 1549
»– sense« 1710, 64, 76, 96
Commons 1265, 1924 W
Commonwealth 1954, 57, 61, 62, 77 P
Commonwealth-Konferenz, brit. 1944 P
»Commedia de Christi Resurrectione« 1957 M
Compagnoni, A. 1954 V
Compiègne 1918, 40 P
»Complesso di tre Templi . . .« 1956 K
»Complete Angler, The« 1633
Complutenser, Polyglotte 1517
»Composer's World, A« 1953 M
»Compositeur, Je suis« 1951 M
»Composition (Diptychon)« 1967 K
»– en long« 1957 K
»Compositiones ad tinguenda« 8. Jh.
»Composizione« 1958 K

Compton, A. H. 1892, 1923, 27, 62 W
»Compton-Effekt« 1923 W
Computer 1955, 64 W, 65 V, 66 Ph
»– Art Contest« 1965, 67 K
»– in der sozialwissenschaftl. Forschung, Der« 1968 W
– in der Klinischen Medizin 1968 W
»–, Kunst aus dem« 1968 K
–, Polizei- 1968 V
– im Wetterdienst 1967 W
– (Zahl) 1970 V
»Computereinsatz in Bibliotheken . . .« 1968 D
Computer-Grafik 1965, 66 K
Computer-Musik 1968 W
Comte 1798, 1842, 52, 57
Conant, J. B. 1953 P
»Conceptos espirituales« 1600
»Conceptual Art« 1969 K
»Concertante Musik« 1903 M
Concertgebouw-Orchester 1951, 59 M
»Concerti grossi« 1680, 1702, 12, 34, 49
»– mit Oboen« (Sechs) 1738
»– – für Streichinstrumente« (Zwölf) 1739
»Concertino für Oboe u. Orch.« 1964 M
»Concerto für Beat-Band und Sinfonie-Orchester« 1969 M
»– for Jazzband« 1954 M
»– Gregoriano« 1928 M
»– Grosso D-dur 1950 M
»– – No. 2 1953 M
»– 1959« 1960 M
»– semiserio« 1963 M
»Concertomobil« 1972 M
»Concessionirte Berliner Omnibus Compagnie« 1846
»Concetto Spaciale« 1966 K
»– spaziale N. 2001« 1959 K
Conchon, G. 1964 D
»Concilium tridentinum« 1901 Ph
»Concordantia catholica« (De) 1434
»Concorde« 1969 W, 77 V
»Concorde – Die Nacht« 1953 K
Concordia v. Chr. 5. Jh., 366
Condillac 1715, 46, 80
»Conditio humana« 1946 Ph
»Condor« 1938 W
Condorcet 1743, 94
Condottiere 1428
Conductus 13. Jh.
»Confessiones« 430
»Confusion de confusiones . . .« 1688
»Confutatio« 1530
Congdon, W. 1954, 55 K
Congreve 1694
»Coniecturis, De« 1440
»Conjectura« 1959 K
»Connection, The« 1960 D
Connery, S. 1964 K
Connolly, C. 1958 D
Connstein 1902 W
Conques 979
Conrad, C. 1965, 66, 69 W
–, I. 1857, 96, 97, 1900, 03, 07, 14, 15, 17, 19, 23, 24 D
Conring 1643, 60
Considérant, V. 1844
Consilium 1551
Consolini 1948 V
Constable 1776, 1817, 26, 35, 37
Constance von Arles 996, 1264
Constans 337, 40
– II. 641, 650
Constantius II. 337, 51
– Chlorus 293, 306
»Constellation« 1960 V
»Constitutio de feudis« 1037
– de regalibus« 1158
Constitutum Usus 1161
Conta, M. v. 1969 D

Contamine, de la 1740
»Contemptu mundi, De« 1343
Contergan 1962 W, 68 V
Contergan-Prozeß 1968, 70 V
»Contes Barbares« 1902 K
»– de ma Mère l'Oye, Les« 1679
Conti, Niccolò dei 1419
»Continuity« 1957 K
»Contrat social« 1762
Contucci 1460, 1529
»Convenant« 1638
Conway Castle 1285
Conwentz, H. 1907 V
Coogan 1921 K
Cook 1768, 70, 71, 72, 76, 98, 1841
–, S. F. 1960 W
Cooke 1770
–, D. 1964 M
Cool-Jazz 1951 M
Coolen 1928 D
Cooley 1918 Ph
Coolidge, C. 1923 P
–, W. D. 1913 W
Coolidgetalsperre 1928 W
Cooper »O-36« 1936 D
Cooper 1825
– 1902 W
– 1957 W
–, Gary 1932, 41, 57, 61 K
–, Gordon 1963, 65 W
–, J. F. 1823, 41
–, L. L. 1972 W
Cooperative Alliance, International 1944 V
Copland, A. 1925, 38, 54 M
»Coplas de Manrique« 1476
Copley 1737, 69, 1815
»Coppelia« 1870
Coppi, F. 1952 V
Coppola, F. F. 1975 K
Copyright-Office 1950 D
»Corbacho« 1430
Corbie 846
Corbulo 58, 67
Corbusier, Le 1926, 27, 29, 48, 60 K
Cordoba 400, 755, 56, 929, 1031, 1195, 1217, 36, 62
–, Moschee 785, 96, 971, 90
Cordoba-Katalog 1932 W
Cordoba-Tapete 12. Jh.
Cordus, Euricius 1534
–, Valerius 1546
Corelli 1653, 80, 1700, 12, 13
Cori, C. F. 1947 W
–, G. T. 1947 W
Corinth, L. 1858, 95, 1903–05, 10–12, 14, 17–19, 21, 23–25, 39 K
»Coriolan« 1608
Coriolan-Ouverture« 1807
Coriolanus v. Chr. 493
Corioli v. Chr. 493
Cork 1956 W
–, C. G. 1953, 58 K
Corneille 1606, 30, 36, 40, 42, 60, 70, 71, 84
– 1973 K
Cornelisz van Haerlem 1603
Cornelius, Peter (Maler) 1783, 1810, 16, 38, 67
–, Peter (Musiker) 1824, 58, 74
Cornforth, W. 1975 W
Cornwallis, Richard von 1257, 84
Corot, C. 1796, 1833, 64, 65, 67, 71, 75
Corpora, A. 1953, 55, 57 K
Corporal-Rakete 1957 W
»Corporis humani fabrica, De« 1543
»Corps étrangers, Les« 1958 K
– tragique, Le« 1959 D
»Corpus Hippocraticum« v. Chr. 377
– inscriptionum etruscarum« 1902 W
»– Graecarum« 1825
»– latinarum« 1862
»– juris civilis« 527, 34
Correggio 1489, 1515, 23–26, 27–32, 34, 1612

»Corregidor« 1895
Correns 1900, 07 W
Corrigan, M. 1977 P
»Corroborree für 3 Klaviere« 1964 M
Cort, H. 1754, 84
»Cortegiano« 1528
Cortes, Aufl. 1976 P
Cortez 14. Jh., 1521
»–' Eroberung von Mexiko« 1917 K
Corticosteron 1935 W
Corticotropin-Synthese 1960 W
Cortison 1948, 50 W
Cortona, Pietro da 1655
Cortot, A. 1930, 62 M
Cottrell 1910 W
Corvey 885
–, Abtei 822
Corvinus s. Matthias I. Corvinus
Corvinus-Pokal 1462
Cosenza 410
»Cosi fan tutte« 1790
Cosimo I. 1569, 94
Cosin, C. 1970 W
Cosmas v. Prag 1125
»Cosmographia« 1524, 44
»–, Beschreibung aller Länder« 1544
»Cosmotheoros« 1698
»Cosmotron« 1953, 55 W
Cossa, Franc. 1435, 70, 77
»Cossist« 1544
Costa, L. 1958, 60 K
– e Silva, Artur da 1970 P
Costanzo 1910
Costello 1949 P
Coster, Ch. de 1827, 68, 79
–, D. 1922 W
–, S. 1579, 1617, 65
»Costume, Monument du« 1783
Cottafavi 1943 K
Cottbus 500
Cotte, Robert de 1736
Coty, R. 1953 P
Coubertin 1894
Coucy 1201
Coudenhove-Kalergi 1923 P
Coué 1901, 10, 23 Ph
Couffignal, L. 1955 W
Cougnac, Höhle 1953 W
Couldrette 1387
»Couleur et signification« 1959 K
Coulomb 1785
Couperin 1668, 1713, 33
Couperus 1901, 16 D
»Courage, Mutter« 1941 K
»Courasche, Lebensbeschr. d.« 1670
Courbet 1819, 49, 51, 55, 63, 65–67, 70–72, 77 K
»Courmajeur 1927« K
Cournand, A. 1956 W
Cournot, A. A. 1838
»Cours de Chimie« 1675
– de philos. positive« 1842
Courstens, K. 1973 P
Courtenay, T. 1964 K
Courths-Mahler 1867, 1912, 50 D
Cousin 1522, 94
–, V. 1835
»Cousins, Les« 1959 K
Cousteau, J.-Y. 1956 K
Coutaud, L. 1955 K
Couve de Murville, M. 1962, 68 P
Couvé 1925 W
Covent Opera 1976 M
Coventry 1962 K, 63 Ph
Coventry, Kathedrale 1130 K, 14. Jh., 1940 P, 62 K
Covilhão 1487
Cowley, A. 1643
Coypel, A. 1710
Cozumalhuapa 602
Cozzens, J. G. 1958 D
Crabb 1956 P
Crabnebel 1969 W
Craig, E. G. 1905, 08 P

Craigism 1905 D
Cramer, Fr. 1951 W
–, H. 1961 D
–, H. v. 1953 M
–, H. v. 1965 M
Cramm, g. v. 1976 V
Cranach d. Ä. 1472, 1502, 03, 04, 09, 15, 18, 20, 30, 33, 35, 46, 50, 53
–, Ludwig d. J. 1553
Crane 1952 W
–, St. 1898
–, W. 1900 K
Cranko, J. 1971, 73 M
Cranmer 1489, 1556
Cranz, C. 1910 W
–, H. 1919 W
Crassus, Marc. Lic. v. Chr. 115, 80, 70, 60, 56, 53, 48
Cravo jr., M. 1960 K
Crawford 1779
–, Cl. 1948 W
–, J. 1932 K
Crébillon, C. P. J. de 1742
Crecy, Schlacht bei 1346
Creditanstalt österr. 1931 V
»Credo« 1935 Ph
– ut intelligam« 1273
Creglingen, Marienaltar 1510, 1531
Creighton, A. 1958 D
Cremer, F. 1977 K
–, R. 1887, 1903 P
Cremona v. Chr. 222; n. Chr. 1600, 69, 1737
–, Dom 1129
–, Gerhard von 1114, 87
–, Glockenturm 1284
Cremonini, L. 1954 K
Crépy, Friede v. 1544
Crescendo, Orchester- 1745
Cresentius, Joh. 996
Creutz, C. 1975 W
–, G. 1954 K
Crewth 609
Crick, F. H. C. 1953, 62 W
Crippa, R. 1954 K
Cripps, St. 1940, 42, 47, 52 P
Crisp 1924 K
»Critic, The« 1779
»Critica musica« 1722
»Criticón, El«
»Critique de la raison dialectique« 1960 Ph
Crivelli 1487, 1563
Croce, B. 1902 Ph, 20 P, 36 D, 52 Ph
»Croci, Tre« 1914 K
Cro-Magnon-Mensch 1868
Crodel, C. 1967 K
Croissant 1977 P
Crompton, Samuel 1773
»Cromwell« 1926 D
–, Oliver 1599, 1641, 44, 49, 51, 53, 58
–, Richard 1658
Cronaca 1454, 89, 1509
»Cronica general« 1270
Cronin, A. J. 1935, 37 D, 38 M, 41, 52 D
–, V. 1973 Ph
Cronstedt, A. F. 1751
Crook, J. H. 1967 W
Crookes 1919 W
Crookshank, C. 1955 P
»Croquetpartie« 1873
Crosby, B. 1977 K
Crosland, A. 1977 P
Cross 1910 W
– 1970 P
Crossen 1308
Crossland 1926, 27 K
Crowther 1924 W
Cruz, J. de la 1563
–, Ramon de la 1731, 94
Cruze 1924 K
»Cryptogamen« 1961 D
Csokor, F. Th. 1955 D
ČSSR 1960 P
–, Reform u. Krise 1968 P
CSU 1961, 62 P
Csuri, Ch. 1965, 67 K
Cuban-Synthese 1964 W
Cube, J. v. 1485
Cûdraka 6. Jh.

Cudworth 1678
Cuénot 1941 Ph
Cuevas, M. de 1961 M
Cugnot 1769
»Cuius regio, cuius religio« 1555
Cukor 1933, 36 K
Cul 1900 V
– de Paris 1791
»Cul-De-Sac« 1965, 67 K
Cullough, C. Mc 1977 D
Cultismus 1627
»'Cultural Anthropology', Die amerikan.« 1959 Ph
Cumae v. Chr. 474
Cumberland 1837
–, E. A. 1913 P
Cummings, E. E. 1959 D
»Cumpoz, Li« 1119
Cunard 1840
– Line 1934 V
– White Star Line 1934 V
Cunningham, M. 1973 M
Cuno 1922 P
Curare 1957 W
Curie, I. 1933–35 W
–, M. 1867, 98, 1903, 04, 06, 11, 34 W
–, P. 1859, 83, 1903, 06 W
Curium 1946 W
»Curlew Riwer« 1964 M
Curriculumforschg. 1967 Ph
Curry, F. 1955 K
Curtis 1968 K
Curtius 1931 P
–, E. 1877
–, E. R. 1919 D
»Curtmantle« 1961 D
Curzon 1903, 05, 19 P
Curzon-Linie 1919 V
Cusanus s. Nikolaus von Kues
Cushing 1902 W
Cussin, R. 1967 W
Cuvelier 1940 M
Cuvier, G. 1769, 96, 99, 1812, 17, 31, 32
Cuvilliés, F. de 1729, 34, 50
Cuxhaven, Nordseebad 1816
Cuyp 1620, 91
Cuzko 1200
»Cyankali« 1929 D
»Cybernetic Serendipity« 1968 K
Cybulski, Z. 1964 K
»Cyclopaedia or universal dictionary« 1728
Cynewulf 725
Cypern s. Zypern
»Cypress and acacia« 1959 D
Cyprian 210, 48, 51, 58
Cyran, W. 1952 W
Cyrankiewicz, J. 1970, 73 P
»Cyrano de Bergerac« 1897
Cyriacus v. Ancona 1435
»Cyriakus« 1510
Cyrillos 863
Cyrillus von Jerusalem 315, 86
Cysat 1618
»Cytoplasma, Submikroskopische Struktur des« 1955
Czackes, J. S. 1965 D
Czajka, W. 1961 Ph
»Czardasfürstin« 1915 M
Czerny, A. 1919 W
–, M. 1929 W
Czinner 1932 K

D

Dach, S. 1639
»Dächer, Die« 1954 K
Dachstein-Unglück 1954 V
Dacien v. Chr. 246; n. Chr. 100, 07, 17, 235, 50, 70, 400, 50
Dacqué 1915, 21 W, 24, 35 Ph
»Dadaismus« 1916, 18, 23 K, 63 D
»Dädalos« 1946 K
Daddi 1333
Dado 1955 K
Daedalos v. Chr. 550; n. Chr. 1779
Daeves 1933, 48 W
Daffyd ab Gwilym 1320, 80
»Dafne« 1594, 1627
Dagobert I. 625, 26, 29, 1264
Dagover 1920, 21, 25, 37 K
Daguerre 1838, 39
Dahl, F. 1921 W
–, J. Chr. 1853
Dahlem, Fr. 1953 P
Dahlgrün, R. 1962, 65 P
Dahlien 1784, 1804
Dahlke 1943 K
Dahlmann, Fr. Chr. 1830, 35, 37
»Dahlmann-Waitz« 1931 W
Dahn, Fr. 1834, 76, 1911, 12 D
–, I. 1971 K
Dahomey 1960 P
Dahome 1894
Dahrendorf, R. 1956, 61, 65, 67 Ph
Dahrendorf-Plan 1968 Ph
»Daily Courant« 1702
– »Mail« 1896, 1922 V
»– -«-Preis 1919 W
»– News« 1846
»– Worker« 1948 W
Daimler 1883, 84, 85, 1922 W
Daimlerwerke 1901, 04 W
Dakar 1937 V
Daktyloskopie 1903 V
Daladier, E. 1933, 38, 70 P
Dalai Lama 1645, 1810, 1933, 50, 59 P
Dalberg, Cl. von 1490
d'Albert s. Albert, d'
Dalcroze 1911 M
Dale 1936 W
Dalén 1905, 12 W
Dali, S. 1904, 34, 51, 55, 70 K, 74 Ph
Dallapiccola, L. 1904, 44, 51, 55, 64, 68, 72, 74, 75 M
Dalman 1919 Ph
»Dalmatinisches Motiv« 1955 K
Dalton 1766, 1808, 44
Dam 1929, 43 W
Damaschke 1889, 1920 V
Damaskios 470
Damaskus v. Chr. 950, 850, 806, 787, 63, 45, 732, 64; n. Chr. 614, 35, 60, 1171, 1380, 1401, 1925 P
–, Apollodoros aus 105, 13
»–, Moschee 700, 1202
»–« (Nach) 1898
»Damaskuserlebnis« 33
»Dame im Armstuhl« 1938 K
»– mit blauem Schleier« 1923 K
»– ist nicht fürs Feuer, Die« 1949 D
»– in der Gondel« 1906 K
»– in Grün« 1958 K
»– Kobold« 1629
»–« 1916 M
»– m. d. Perle« 1871
»– aus Shanghai« 1948 K
»Damen am Fenster« 1928 K
»– und Herren« 1966 K
»Damenfriede« 1529
»Damenporträt« 1786
Damiani, Petrus 1007, 72
Damiette 1248
Damke, B. 1968 M
»Dammann, Porträt Anna« 1952 K
»Dämmerung« 1902 K
Damodar 1948 V
Damokles v. Chr. 400
»Dämon, Der« 1839
–, Laplacscher 1782
»Dämonen, Die« 1871, 1956 D
Damophon v. Chr. 149
Dampfbagger 1804
Dampfdynamo 1931 W
Dampfgleichrichter 1902 W
Dampfkraftwerk Golpa-Zschornewitz 1915 W
»Dampflokomotive der Gegenwart« 1907 W
– s. a. Lokomotive
Dampflokomotiven 1976, 77 V
Dampfmaschine v. Chr. 100; n. Chr. 1690, 1711, 15, 69, 70, 79, 82, 85, 86, 90, 98, 99, 1800, 30, 52, 93, 1900, 10, 28, 30 W
Dampfmotor 1969 W
Dampfpflug 1855
Dampfschiff 1781, 1807, 19, 38, 40, 55, 57, 62
–, Schrauben 1787
Dampfschiffahrt, Main- 1841
Dampfturbine v. Chr. 100; n. Chr. 1883, 84, 1901, 22, 26, 30 W
Dampfwagen, Straßen- 1769, 1804, 30
Dampier, W. 1697
»Damplatz zu Amsterdam« 1670
»Danae« 1526, 45, 1636, 1944 M
»–, Die Liebe der« 1952 M
»Danaide« 1890
Dandin 700
d'Andrade s. Andrade d'
Dandridge, D. 1956, 57 K
»Dandy« 1830
Dänemark 1971, 73 P
Dänengeld 1000
Danewerk 810
»Danger« 1924 D
Dangschan, J. 1971 K
Daniel v. Chr. 165
»–« 1335
»–, Arnaut 1186
»– vom blühenden Tal« 1220
–, Erzbischof 1325
»–, J. 1966 D
»– in der Löwengrube« 1950 K
– zwisch. Löwen 600, 50, 7. Jh.
»Daniela verhüllt« 1971 K
Daniell 1836
Danielsson 1902 W
Dänische wissenschaftl. Akademie 1742
Danklieder 1947 V
Dankspende d. dt. Volkes 1951 Ph
Danmark-Expedit. 1902, 06 W
Danne 1967 V
Dannecker, J. H. 1758, 94, 97, 1806, 41
Dannenberger, H. 1931, 1954 D
Danner 1925 W
d'Annunzio s. Annunzio, d'
»Danses Concertantes« 1941 M
Dante 12. Jh., 1240, 65, 74, 75, 87, 95, 1302, 05, 07, 09, 11, 21, 29, 1400, 58, 72, 83, 91, 1590, 1903 M
»–« 1960 K
»Dantes Traum« 1871
Danton 1759, 94
»Dantons Tod« 1835, 1947 M
Danylo 1253
Danzig 1170, 1309, 61, 1411, 66, 1502, 70, 75, 1793, 1809, 1919, 29, 33, 39, 45 P
–, Artushof 1481
–, Krantor 1443
–, Marienkirche 1400, 67, 70, 72
–, Rathaus 1382
»–, Reise nach« 1773
»Danziger Mission, Meine« 1960 Ph
»Daphne« 1938 M
»– i. Eva ...« 1976 M
»Daphnis« 1904 K
»– und Chloe« 3. Jh., 1824, 1912 M
Daponte, L. 1827
Daquin 1945 M
Daranyi 1936 P
»Darbringung« 1462
»– im Tempel« 1447
Darby, Abraham 1713
– (John) 1735, 79
Dardanellen 1841, 1915, 23, 36, 53 P
»Dardauss« 1739
»Dareikos« v. Chr. 521
Dareios I. v. Chr. 521, 520, 517, 514, 500, 490, 485
– II. v. Chr. 424, 405
– III. v. Chr. 333, 331, 330
»Dareios-Relief« v. Chr. 520
Daret, Jacques 1434
Dario 1450
Darlan 1941, 42 P
Darlehenskassenvereine, ländliche 1864
»Darling« 1966 K
Darmstadt 1920, 46 Ph
–, Ausstellungshaus 1907 K
–, Ferienkurse für Neue Musik 1951 M
–, Hochzeitsturm 1907 K
–, Rechenzentrum 1962 W
–, Schulbau 1951 K
–, Techn. Hochschule 1836
Darmstädter Bank 1914 V
»– Beitr. z. Neuen Musik« 1958 M
– Gespräch 1952 Ph, 55 D
– Künstlerkolonie 1901 K
Darmstädter u. Nationalbank 1922, 31 V
Darré 1933 P
Darrow, Simon 12. Jh.
Darssow-Madonna 1419
Darstellung, graphische 1371
Dart, A. R. 1959 W
Darwin 1809, 31, 35, 55, 59, 63, 71, 82, 1974 V
–, Ch. G. 1953 Ph
Darwinismus 1809, 1902 Ph, 05, 09, 35 Ph
– u. Lamarckismus« 1905 Ph
Das Chitta Ranjan 1922 P
»Das große Migof-Labyrinth« 1966 K
– Jahr 2000« 1967 W
– kommt davon« 1970 M
»Daschenka« 1934 D
»Daseinsanalyse« 1966 Ph
»Daß diese Worte: Das ist mein Leib, noch feststehen« 1527
Dassel, Rainald von 1156
Dassin, J. 1955, 59 K
Datenbank, biomedizin. 1973, 74 W
Datenschutz 1974 V
Datenverarbeitung 1966 D
»Datierung d. Vergangenheit« 1946 W
Dato e Iradier 1921 P
Dattelkultur v. Chr. 2500
Däubler 1910, 16, 23, 28, 34 D
Daucher 1460, 1518, 21, 23
Daudet, A. 1840, 82, 97
»Dauerwaldgedanke« 1922 V
Dauerwellen 1909, 26, 30 V
Daumier, H. 1808, 33, 38, 41, 44, 48, 55, 65, 69, 79
»Dauphin« 1439
Dauphiné 1349, 1439
Dauthendey 1867, 1911, 12, 16, 18 D
David v. Chr. 1028, 1000, 960, 917
»–« 1433, 65, 1503
– von Augsburg 1272
– Copperfield« 1849, 1935 K, 54 D
– mit d. Haupte des Goliath« 1470
–, H. P. 1961 Ph
–, J. L. 1748, 87, 88, 93, 94, 99, 1800, 25
–, J. N. 1895, 1952, 55, 56, 65, 77 M
–, König« 1950 K
»Davids, 30 Psalmen« 1538
Davie, A. 1973 K
Daviel 1753
Davis, Ang. 1972 Ph
Davis, Arthur Q. 1968 K
–, G. 1972 K
–, John 1585, 92
–, John 1948, 50 V
–, St. 1945, 64 K
Davis-Pokal 1900 V
Davison 1913 P
Davisson 1927, 37 W
Davits 1920 W
»Davor« 1969 D
Davos 1902 W
–, phys.-meteor. Stat. 1907, 11 W
Davy 1807, 13, 15
Dawes, Ch. G. 1865, 1919, 24, 25, 29, 37, 51 P
Dawesplan 1919, 24, 29 P
Dawson Scott 1922 D
Day 1885
Dayan, M. 1967, 73, 77 P
Dazzi 1907 K
DDR-Anerkennung 1969, 70 P
DDR-Flucht 1974 P
DDT 1939, 45, 48 W
DDT-Verbot 1971 V, 72 K
Dean, J. 1955 K
Dearnley, R. 1965 W
»Deaths and Entrances« 1946, 53 D
Debain 1840
Debes 1914 W
Debora-Lied v. Chr. 1100
Debré, M. 1959, 62 P
Debucourt 1755, 1832
Debussy, C. 1862, 87, 90, 93, 94, 1902, 18, 71 M
»–, Erinn. an Cl.« 1952 K
Debye, P. 1884, 1912, 16, 23, 36, 66 W
»Decameron« 1353, 78
»Decamerone« 1971 K
Decamps 1803, 60
DeCarli 1961 W
»Dechant von Gottesbüren« 1917 D
Decius 249, 50, 51, 53
Decoin, D. 1977 D
Décolleté 1852
»Decorated Style« 1250
Dedekind, F. 1549
–, R. 1872, 87
Deeping 1925 D
Defant, A. 1925, 61 W
»Defensio fidei« 1613
Deferre, P. G. 1974 K
»Defilé-Entracte-Révérance« 1964 K
De Filippo, E. 1959 D
Deflation 1923 V
Defoe 1659, 98, 1704, 09, 19, 31, 1950 Ph
Defregger 1835, 1921 K, 69 P
Degas, E. 1834, 68, 80, 91, 99, 1900, 17 K
Degener 1905 V
Degrelle 1935 P
»Degrés« 1960 D
»De harmonica institutione« 889
Dehio 1850, 1901, 05, 12, 24, 32 K
Dehler, Th. 1955, 57, 60, 61 P
Dehmel 1863, 1903, 13, 17, 19, 20 D
Dehnkamp, W. 1965 P
»Dehnt sich d. Weltall aus?« 1933 W
Deimann 1789
Deimos 1977 W
»Deines Lichtes Glanz« 1967 M
»De institutione musica« 500
Deir-el-Bahari v. Chr. 2050, 1490
Deißmann 1908, 11, 27, 37 Ph
Deitrick 1953 K
Dejberg v. Chr. 354
Dekabristen 1825
Dekartellierungsgesetz 1947 V
Dekkan v. Chr. 1600
–, Tempel 400
Dekkanstil 7. Jh., 12. Jh.
Dekker, E. D. 1860

Dekker, Th. 1620
Delacroix 1798, 1828, 31, 34, 38, 50, 63, 89, 1955 K
De Lamater, E. D. 1951 W
Delaney, S. 1958, 61 D
Delannoy 1943, 46 K
–, M. 1962 M
De la Roche, M. 1934, 58 D
Delaunay, R. 1885, 1910, 20, 41 K
–, S. 1952 K
Delavenay, E. u. K. 1960 W
Delay 1952 W
Delbrück, B. 1900 W, 01 Ph
–, H. 1848, 1907 P, 28, 29 W
–, M. 1946 M
–, M. 1969 M
Deledda 1875, 1913, 21, 26, 36 D
Delft 1450, 1585, 1700
–, van s. Vermeer van Delft
Delhi v. Chr. 1. Jh., 1150; n. Chr. 1050, 1206, 1398, 1526, 1739, 1911 P, 24 Ph, 45 P, 61 V
Delibes 1836, 70, 73, 91
–, M. 1959 D
»Delilah« 1968 M
Delisle 1725
Delitzschi 1902 Ph
Delius 1863, 1905, 07, 34 M
–, F. C. 1969 D
Dellepiane, G. 1961 Ph
Dello Joio, N. 1951, 62 M
Deloney 1543, 97, 1607
Delorme, Philibert 1548
Delos v. Chr. 167
Delphi v. Chr. 750, 682, 650, 582, 479, 78, 58, 47, 356
–, Syphnierschatzhaus v. Chr. 525
»Delphine« 1802
Delphisches Orakel v. Chr. 689, 590, 547, 479, 415, 346, 219; n. Chr. 120
Delta-Cepheiden-Methode 1912 W
Deltgen, R. 1953 K
»Deluge, Le« 1966 D
Delvaux, P. 1966 K
Demag 1914 W
Demagogen 1819
Demaillet 1740
Dement, W. 1957 W
Demeter v. Chr. 1000, 540, 30, 430
–« 1964 M
Demetrios von Phaleron v. Chr. 286
– Poliorketes v. Chr. 307, 06
Demetrius 1591
–, falscher 1605
– Iwanowitsch Donskoi 1363, 80
»Demian« 1919 D
Demick, I. 1966 K
Demiklov, V. P. 1959 W
De Mille, C. B. 1959 K
Demirel 1973, 77 P
Democrazia Cristiana 1953, 54 P
»Demoiselles d'Avignon« 1906 K
»Demokratenspiegel« 1926 V
»Demokratie, Dich singe ich« 1965 D
»– und Erziehung« 1915 Ph
»– höheren Typs« 1936 P
»–, Mißbrauch der« 1971 Ph
»– u. Reaktion« 1904 Ph
»Demokratische Frauenföderation« 1945 P
Demokratische Partei, Dt. 1930, 33, 50 P
– –, Freie (FDP) 1949 P
– – Türkei 1954 P
– – USA 1825, 26, 1954 P
»Demokratischen Sozialismus, Ziele des« 1951 P
»Demokratischer Block« 1947 P
»Demokratisierung der Gesellschaft« 1904 Ph
Demokrit v. Chr. 465, 460, 360, 271, 270, 240

»De monarchia« 1329
Demonstrationen 1970 P
Demonstrationsrecht 1970 P
Demontagen 1945, 47–49 P
Demoskopie s. Meinungsforschung
–, Inst. für 1955 K
Demosthenes v. Chr. 384, 347, 336, 322
Dempsey 1919, 26 V
Demuth 1927 K
»Denarius« v. Chr. 269
Dendera v. Chr. 100, 80
Den Haag, Kongreßgeb. 1963 K
Denifle 1904 Ph
Deniker 1952 W
Denikin 1919, 20 P
Denis 1667
»Denken« 1935 Ph
»–« (Analyse) 1921 Ph
»– und Glauben« 1965 Ph
»–, Produktives« 1957 Ph
»– und Raten« 1928 V
»Denker« 1880, 1918 K
»Denkformen« 1928 Ph
Denkmal der Arbeit 1905 K
Denkmal, Künstler- 1830
Denkmalschutz 398, 1119, 1534, 1902 Ph
Denkmalschutzjahr 1975 D
Denkmalschutzgesetz 1902 V
»Denkmaschinen« 1955 W
Denkpsychologie 1905 Ph
»Denksportaufgaben« 1925, 28 V
»Denkwürdigkeiten« v. Chr. 240
»Denn die einen sind im Dunkeln« 1959 D
– Du kannst weinen« 1951 D
Denner 1690
Dennis, N. 1964, 66 D
Denny, R. 1966 K
Dent, E. J. 1913 M
–, H. C. 1943 Ph
– du Midi« 1908 K
Denti di Pirajno, A. 1961 D
»Deo legislatore..., De« 1613
Deogarh 500
Department-System an der TH München 1964 Ph
Depositen v. Chr. 4. Jh.; n. Chr. 1318
Deppe, H. 1929 D, 50, 51 K
»Der nie verlor« 1948 D
Derain 1880, 1905, 25, 54 K
»De ratione studii« 1512
Derby 1913 V
–, Hamburg 1916 V
»De regime principum« 1298
»Der eindimensionale Mensch« 1964 Ph
»– neue Mieter« 1964 M
»– Schakal« 1972 K
»– Seemann, der die See verriet« 1970 D
»– Stoff, aus dem die Träume sind« 1971 D
»– Sturz« 1973 D
»– zweite Atem« 1966 K
Dergatschew, W. W. 1971 W
Derveaux, G. 1977 W
Derwische, tanzende 1273
Déry, T. 1942, 74, 77 D
Desai, M. 1977 P
Desargues 1639
Descartes 1583, 96, 1637, 39, 41, 44, 49, 50, 55, 56, 63, 71, 78
»– u. d. Philosophie« 1937 Ph
Deschamps 1346, 60, 92, 1406
Deschnew 1648
Descombey, M. 1972 K
Desegregation 1954, 56 P, 56, 57 Ph
Deserto tentato, Il« 1937 M
de Sica 1971 K
Desiderius 774
Design, Utopisches 1977 K
Desinfektion 1377, 1775
»Desintegrierter S-Typus« 1929, 38 Ph

»Désirée« 1951 D
»Desolacion« 1922 D
Despoina v. Chr. 149
»Despot« 1925 D
Desprez 1450, 80, 86, 95, 1500, 21
Dessau 1774, 89, 1925, 26 K
–, Bauhaus 1926 K
–, P. 1940, 51, 61, 65, 66, 69, 74, 77 M
Dessauer Brücke 1626
»–, Der alte« 1698
–, Fr. 1924, 63 W
– Theater 1937 K
Dessauges, G. 1956 K
Dessi, G. 1961 D
Dessoir 1906, 07, 13, 17, 23, 25, 40, 46, 47 Ph
– Gestalten« 1947 Ph
– Gewerbeschau 1922 V
– Glocke« 1923 W
Destillation, chem. 200, 1648
»Destillieren, D. Buch d. Kunst zu« 1500
»Destruction Art« 1968 K
»Destruction-Show« 1968 K
»Destruktivität, Anatomie menschl.« 1974 Ph
DESY 1959, 65, 74, 77 W
Deszendenztheorie v. Chr. 1909 W
Deterding 1907 V
Determinismus 1782
»– und Indeterminismus in der Physik...« 1937
Detroit 1908 V
–, Reynolds Metals Building 1959 K
»Deux ex machina« v. Chr. 410
Deußen 1909, 11 Ph
Deutero-Jesaias v. Chr. 547
»Deuteronomium« 1966 M
»deutsch« 786, 1100, 12. Jh.
Deutsch, E. 1916 D, 23 K, 69 D
–, M. 1951 W
Deutsch-franz. Freundschaftsvertrag 1963 W
Deutsch-Französ. Krieg 1870, 71
Deutsch-Luxemburg. Bergwerks- u. Hütten-AG 1907 V
»Deutsche Arbeiterpartei« 1919 P
»– – v. 1807–1871/78« 1936 W
»– – v. Ausgabe d. Mittelalt.« 1910 Ph
»– – (Jahresberichte)« 1927 W
»– – (Quellenkunde)« 1931 W
»– – im 19. Jahrhundert« 1879, 1937 W
»– – – u. 20. Jh.« 1958 Ph
»– – – im Zeitalter d. Gegenreformation...« 1908 W
»– – – der Reformation« 1847
»– Arbeitsfront« 1934 V
»– Arien« 1710
»– Art und Kunst, Von« 1773
»– Bank 1870, 1914, 29 V
»– Bank u. Discontoges. 1929 V
»– Barockplastik« 1933 K
»– Benzin- u. Petroleum GmbH 1926 V
»– Bibliotheken« 1902 D
»– Bildungsideal..., Das« 1928 Ph
»– Bücherei« 1913 D
»– Buchhändlerschule 1963 D
»– Burschenschaft 1902 Ph
»– Chem. Gesellschaft 1910 W
»– Christen 1913, 23, 29, 33, 35 Ph
»– Daseinsverfehlung« 1948 Ph
»– Demokratische Partei 1930, 33 P
»– Republik« 1949, 50 P
»–, Der« 1921 V
»– Dome des Mittelalters 1910 K
»– Drama d. 19. Jahrhunderts, Das« 1903 D

Deutsche Edisongesellschaft 1915 V
– Einheitskurzschrift 1914 V
– Fordgesellschaft 1925 V
»– und frz. Orgelbaukunst...« 1906 M
– freisinnige Partei 1884
– Friedensges.« 1892
– Friedensunion 1960 P
– Funkausstellung 1961 V
– Gartenstadt-Gesellschaft« 1902 V
»– Genossenschaftsrecht« 1913 V
»– Geschichte« 1505, 1909 W
»– Gesellsch. z. Bekämpf. d. Geschlechtskr.« 1902 V
»– Gestalten« 1947 Ph
»– Gewerbeschau 1922 V
»– Glocke« 1923 W
»– Goethe-Gesellschaft« 1885
»– Gotterkenntnis 1937 Ph
»– Grammatik« 1819
»––« 1920 D
»– Heldensage« 1829
»– Hörer« 1945 D
– Industrieproduktion 1848, 61, 83, 95
»– Kaisergeschichte...« 1909 W
»– Katastrophe« 1947 Ph
– Kolonialpolitik (Beg.) 1884
– Kommunistische Partei 1968 P
– Kultur i. Leb. d. Völk.« 1925 Ph
– Kulturpolitik i. indopaz. Raum« 1939 P
– Kunst« (Gesch.) 1924 K
– Kunstgewerbeausstellg. 1906 K
– Kunsthistoriker« 1924 K
– Landerziehungsheime 1917 Ph
– Landsmannschaften« 1908 Ph
– Lieder« 1657
– Literatur« (Über die) 1780
– Literatur...« (Gesch.) 1935 D
– Lufthansa 1926, 32, 36–38 V
– Matisse, Der« 1947 K
– Messe« 1969 M
– Münzen« 1922 W
– Musik (Gesch.)- 1924 M
– Musikgeschichte« 1934 M
– Musikleben, Das« 1916 M
– Musik-Phonothek 1961 M
– Mystiker« 1908 Ph
– Nationalbibliographie« 1931 D
– Nationaloper 1678, 1773
– Nationalversammlung 1848
– Niederlage vor Moskau« 1942 V
– Orgelmesse« 1739
– Partei 1952, 53, 56, 60, 61 P
– Passion« 1932 D
– Philosoph. Gesellsch. 1917 Ph
– Plastik...« 1928 K
– Presse, Die« 1954 V
– Rechtsgeschichte« 1949 Ph
– Reich und die Vorgesch. des Weltkrieges, Das« 1933 W
– Reichsbahn 1920, 24 V, 25 W
– Republik« 1923 D
– Rohstahlgemeinsch. 1924 V
– Rundschau« 1874
– Sagen« 1816
– Schaubühne nach den Regeln...« 1745
– Schrift 1910 M
– Schrifttafeln d. 9. bis 16. Jahrh.« 1907 W
– Seele« 1921 M
– Skatordnung« 1903 V
– Sportbehörde für Leichtathletik« 1898
– Sprache 786
»–, Institut für 1964 D
– Sprachkunst« 1748
– Sprichwörter« 1528

Deutsche Staatspartei 1920, 30, 33 P
– Städte, Monographien 1911 V
– Städteausstellg. 1905 P
– Studentenschaft 1919, 31 Ph
»– Tänze« 1824
– Turnerschaft 1895
»– Turnkunst zur Einrichtung der Turnplätze« 1816
»– Vaterlandspartei« 1917 P
– Versuchsanst. f. Luftf. 1912 W
– Vierteljahresschr. f. Literaturwissenschaft...« 1923 D
– Volkskammer 1950 P
– Volkswirtsch. i. 19. Jahrh.« 1903 V
– Wählergesellschaft 1946 P
»– Werbegraphik« 1927 K
»– Werkstätten« 1907 K
»– Wirtschaftskommission« 1947 P
»– Wirtschaftspolitik« 1962 V
– Woolworth-Gesellschaft 1926 V
»Deutschen, Die« 1910 Ph
»–, Die großen« 1956 D
– Juden, Verb. d. 1904 Ph
»– Kunst, Haus d.«, München 1937 K
»– Liedes- (Geschichte d.) 1912 M
»– Poeterey, Buch von der« 1624
»–, Schriften für u. an seine lieben« 1855
»– Spießers Wunderhorn, Des« 1913 D
»– Sprache, Beiträge zur kritischen Historie der« 1744
»–, Geschichte der« 1848
»– Sprachkunst, Grundleg. e.« 1748
»– Vaterland, Das ist des« 1957 D
»Deutscher Adel um 1900« 1901 D
– Bund 1816, 48, 50, 66
– Bundestag 1949 P
– Freidenkerbund 1921 Ph
– Gewerkschaftsbund 1949, 50 V, 51, 53, 55 P, 56, 58, 69 V
»– Glauben« 1913 Ph
»– Gott« 1923 Ph
– Gymnasialverein« 1890
– Krieg 1866
»– Künstlerbund 1902, 04, 36, 50 K
– Monistenbund 1904, 06 Ph
»– ohne Deutschland« 1931 D
– Orden 1190, 98, 1207, 10, 11, 19, 25, 26, 30, 31, 37, 58, 1300, 09, 11, 33, 46, 51, 80, 98, 1402, 10, 11, 40, 54, 55, 57, 66, 1561
»– Philologenverband« 1902 V
»– Schulverein« 1908 P
»– Skiverband« 1905 V
»– Sozialismus 1934 V
»– Sprachatlas 1935 D
»– Städtetag« 1905, 10 P
»– Tennisbund« 1902 V
»– Turnerbund« 1849
– Verbd. d. Sozialbeamtinnen« 1916 V
»– Volkskongreß« 1947 P
»– Volksrat« 1949 P
»– Volkssturm« 1944 P
»– Volkswirt« 1926 V
»– Werkbund« 1907 K
»– Wortschatz n. Sachgr.« 1934 D
»Deutsches Bücherverzeichnis« 1911 D
– Hygiene-Museum 1912, 30 V
– Institut für Filmkunde 1953 K
– Museum 1855, 1903 W, 13 K, 25, 34 W
»– Programm« 1952 P

»Deutsches Requiem« 1868
»— Schicksal« 1932 D
– Stadion Berlin-Grunew. 1913
– Theater 1858, 99
– Tierschutzgesetz 1933 Ph
– Tonbild Syndikat AG 1928 K
»– Volksliedarchiv« 1914 M
»– Wörterbuch« 1852, 1961 D
»Deutschenspiegel« 1250, 75
»Deutschgesinnte Genossenschaft« 1667
»Deutschland« 1810, 1901 W, 24 K
»– (Fährschiff) 1953 V
»– aus dem All« 1973 W
»– u. d. Deutschen« 1945 D
»–, – über alles« 1929 D
»– u. England« 1912 P
»– im Jahre Null« 1948 K
»– so oder so« 1932 P
»– in seiner tiefen Erniedrigung« 1806
»–, ein Wintermärchen« 1844
»–, Das zweite« 1964 D
Deutschlandfrage 1963 P
Deutschlandfunk 1960 V
»Deutschlandlied« 1797, 1922, 52 P
»Deutschlandpolitik, Reform der« 1966 Ph
Deutschlands Teilung 1970 P
Deutschlandvertrag 1951, 52, 53 P
Deutsch-Neuguinea 1906 P
Deutschnoten 1952 P
Deutschordensliteratur 1335
Deutsch-Ostafrika 1884, 88, 90, 1905, 06, 12–14, 17 P
»Deutsch-Österr. Alpenverein« 1869
»Deutschrömer« 1947 K
Deutsch-Samoa 1906 P
»Deutschstunde« 1968 D
Deutsch-Südwestafrika 1884, 97, 1904, 06, 07 P
Deutschtums, Pflege des 1925 K
Deutschvölkische Partei 1914 P
Deutz 1938 V
Deventer, F. 1968 K
»Devin du village« 1752
Devisenbörsen, Schließung der 1969 V
Devisenhilfe 1961 V
Devisenverordnung 1930 V
Devolutionskrieg 1668
Devon 1960 W
»Devonshire, Herzogin von« 1786
Devrient, Eduard 1852, 74
– Ludwig 1784, 1832
Dewar 1898
Dewasne, J. 1969 K
Dewey, I. 1859, 82, 1915, 22, 52 Ph
– Th. 1948 P
Dexter, J. 1965 K
Dezimalbruchrechnung 1460, 1576, 85
Dezimales Zahlensystem v. Chr. 1700; n. Chr. 175, 814, 1501
Dezimeterwellentechnik 1941 W
DGB s. Dt. Gewerkschaftsbund
Dharmashastra v. Chr. 3. Jh.
Dharmasutra v. Chr. 6. Jh.
Dhaulagiri 1960 V
d'Hérelle 1917 W
Diabekr v. Chr. 2255
»Diabolospieler« 1954 K
Diadochen v. Chr. 360, 323, 286, 280, 256
»Diadumenos« v. Chr. 420
Diaghilew 1872, 1909, 25, 29 M
Diagnose 1964 W
– serologische 1919 W
Diagnostik (frühe) v. Chr. 1550, 340, 275; n. Chr. 300

Diakonissen-Mutterhaus 1836
Diakonissen-Mutterhäuser 1916 Ph
Dialect Dictionary 1905 D
»Dialekte« (Die indoeurop.) 1908 W
Dialektik v. Chr. 431
»– der Aufklärung« 1947 Ph
Dialektischer Idealismus 1807, 44
– Materialismus 1844, 78
»– –« 1895
Dialektische Theologie 1919, 24, 27, 28, 35, 48, 66 Ph
»Dialog« 1955 K
»– für Flöte, Violine, Klavier und Streichorchester« 1951 M
»Dialoge« 600
»– ü. natürl. Religion« 1779
»Dialoghi I« 1586
»Dialogo« 1632
»Dialogues des morts« 1683
Diamanten 1648, 1867
–, künstl. 1955, 56, 57, 61 W
»Diana« 1559
»–, Bad der« 1870
»– im Bade« 1742
»– und Kallisto« 1954 K
»–, Ruhende« 1555
»– of the uplands« 1904 K
»Diane« 1783
»Diatessaron« 170, 833
Diätetik 1908 Ph
Diathermie 1929 W
Diaz 1927, 28 P
–, Barth. 1450, 88, 1500
»– Ordaz, G. 1964 P
»–, P. 1911 P
»– Rodrigo 1045, 99
Dibelius, O. 1952, 60, 61, 66, 67 Ph
Dibon v. Chr. 900
»Dich Gott loben wir« 400
»– hab' ich geliebt« 1929 K
»Dichter Apollinaire und die Muse« 1908 K
»–, Der« 1975 W
»– u. Dichtung« 1958 D
»– aus deutschem Volkstum« 1934 V
»Dichter, Über die« 130
Dichterkrönung I. 1314, 1487
Dichtung, dt. ritterl. 1167
»– und Dichter der Zeit« 1911, 25, 34, 62 D
»Dichtung und Gesellschaft« 1965 Ph
»– und Wahrheit« 1811
Dicke, R. H. 1966 W
Dickel 1938 W
Dickens 1812, 36, 37, 46, 47, 49, 56, 57, 59, 70, 1954 D
Dickinson 1940 K
Dick-Read, G. 1959 W
»Dictatus papae« 1075
»Dictionaire« 1694
»Dictionarius, Ein Teutscher« 1571
»Didacta« 1974, 77 Ph
»Didaktik a. Bildungsl.« 1882
»Didaktische Ketzereien« 1904 Ph
Diderot, D. 1713, 51, 57, 70, 84
Didius Julianus 193
Didot Stereotyp-Ausgabe 1909 P
Didymos v. Chr. 38
»Die Braut trug Schwarz« 1967 K
»– Chinesin« 1967 K
»– Clownin . . .« 1895
»– 25. Stunde« 1968 K
»– Generallinie« 1964 K
»– Keuschheit und die Versuchung . . .« 1964 K
»– Sache. 21 Variationen« 1968 D
»– Dieb von Bagdad« 1924 K
»– – Paris, Der« 1966 K
Diebold 1921 D
Diederichs, E. 1896
–, G. 1963, 65 P
–, L. 1926 D

Diefenbaker, J. G. 1958, 63 P
Diego Cão 1485
Diehl, H. J. 1977 K
–, K. 1906 Ph, 16, 21 V
–, K. L. 1939, 55 K
Diels 1927, 50 W
Diem, C. 1912, 24, 60, 62 V
–, Ngo Dinh 1963 P
Diemen, Galerie van 1922 K
Dien Bien Phu 1954 P
Dienst, R. G. 1967 K
»Dienstboten-Madonna« 1330
Diën-Synthese 1927, 50 W
Dientzenhofer, Christoph 1655, 1710, 11, 22
–, Kilian 1689, 1704, 11, 42, 51
Dieppe 1942 P
»Dies irae« 1320, 1918, 46 D
»– unus« 1973 M
Diesbach 1710
»Diesel« 1942 K
–, R. 1858, 1913 W
Diesellokomotive 1940, 53, 55 W
Diesel-Motor 1893, 1910, 13, 17, 23, 27, 29, 34, 36 W, 37 V, 62 W
»Diesseits v. Idealismus u. Realismus« 1924 Ph
»Diesseits u. Jenseits« 1935 K
»Diesseits der Seele« 1923 Ph
Diesterweg 1790, 1832, 66
Dieterle 1935, 37 K, 61 D
Dietrich 1930, 32 W
– v. Altenburg 1335
»– von Bern« 489, 526, 750, 1200, 13. Jh.
–, B. 1965 K
– von Freiberg 1304
–, M. 1961 K
»Dietrich-Eckart-Freilichtbühne« 1936 D
Dietrichsage 1201
Dietterlin, W. 1594
Dietz, R. 1970 W
Differentialgleichung d. Mechanik 1782
Differentialrechnung 1629, 70, 77, 99, 1705, 1897
»Differentielle Psychologie« 1911 Ph
»Digenis Akritas« 1100
Digital-Armbanduhren 1975 V
Digitalrechner 1941 W
Dijon, Mosesbrunnen 1400
–, Notre-Dame-Kirche 1445
–, St. Bénigne 1017
Dikaiarchos v. Chr. 310
»Diktator« 1927, 40 K
»Diktatur der Vernunft« 1923 V
Dikterion v. Chr. 560
Dilbaum, S. 1597
Dillinger 1934 V
Dilthey, W. 1833, 83, 94, 1905, 10, 11, 13 Ph
Dilu v. Chr. 1. Jh.
Dilwara 13. Jh.
»Dimensionen, Neue« 1977 K
– zw. Pop u. Klassik« 1972 M
Dimitrow 1945, 46 P
DIN 1917 V, 25 W, 30 V; s. a. Normen
Dinant 1250
Dine, J. 1973, 75 K
Dingler 1921 Ph
»Dingo« 1967 D
Diniz 1279, 89, 90, 1319
– Fernandes 1446
– der Gerechte s. Diniz
Dinkelsbühl, St. Georg 1499
Dinosaurier 1906 W
Dinter 1918 D
Dio Cassius 155, 229
Diodor v. Chr. 290
Diodorus aus Sizilien um Chr. Geb.
Diogenes, Antonios 75
– der Babylonier v. Chr. 156
– (Laertius) 225
– von Sinope v. Chr. 412, 323

Diokles von Karystos v. Chr. 320, 295
Diokletian 284, 93, 300, 01, 03, 05, 95
–, Palast d. 1956 W
Dion aus Prusa 98
Dionne 1934 V
»Dionysiaka« 397, 3. Jh.
Dionysien v. Chr. 560
Dionysios 250
– I. v. Chr. 406, 400
– Exiguus 525
– von Halikarnass v. Chr. 30
– Thrax v. Chr. 130
Dionysius s. auch Diniz
–, Abt v. Chr. 37
– Areopagita 500
Dionysos v. Chr. 689, 682, 544, 540, 534, 500, 400, 330, 328, 220; n. Chr. 156
Dionysos-Mosaik, Köln 1941 K
»Diophantische Gleichg.« 250
Diophantos 250
»Dioptrice« 1611
Dior, Chr. 1952, 53, 54, 57 V
»Diorama SS 2« 1967 K
Diori, H. 1974 V
Dioskuren v. Chr. 484
Dioskuren-Standbild 1. Jh.
Dioskurides 50, 379, 550
Diphtherie 1854, 84, 93, 1901, 17, 51 W
»Diplomomente« 1912 W
Diptychen 350
Dipylonstil v. Chr. 900
Dirac, P. 1928, 30, 33, 65, 66 W
Direktorium, frz. 1795, 99
Dirigentenwettbewerb 1969, 73 M
»Dirigo Island« 1951 K
Dirks, R. 1897
»Dirne Elisa« 1878
Discantus 13. Jh., 1309, 14. Jh.
»Disciplina clericalis« 1204
»Disciplinae« v. Chr. 27
Disconto-Gesellschaft 1914, 29 V
»Discorsi . . .« 1638
»Discours de la Méthode« 1637
»Discours der Mahlern« 1721
»Discovery«-Expedition 1902 W
Disdéri 1862
Diskant 1100
Diskonterhöhung 1955, 56 V
Diskontsatz 1969, 72 V
»Diskurs über das Geld« 1582
»Diskuswerfer« v. Chr. 475
Diskusvorf 1948, 49 V
»Dislozierte Elemente« 1955 K
Disney 1928, 29, 31, 33, 38, 40, 42, 53, 54, 56 K
»Disputationes de controversiis christianae fidei« 1592
»– metaphysicae« 1597
Disputation in Tortosa 1413
Disraeli 1804, 67, 81
Dissidenten (i. USSR) 1970 Ph
Dissidentenverfolgung i. d. USSR 1973 Ph
Dissoziation 1859, 87, 1901, 03 W
»Distel und die Rose« 1503, 29
»Disteln und Schmetterlinge« 1955 K
Distler, H. 1908, 42 M
»Dit des quatre offices . . .« 1360
Dithmarschen 1227
Dithyrambus v. Chr. 534
Ditmar von Aist 1160
Ditter von Dittersdorf 1739, 86, 99
Dittrich 1977 M
Ditzen s. Fallada
Dividende i. d. BRD 1959 V
»Divina Commedia« 1307
»– praedestinatione, De« 851

»Divisions« 1966 M
Diwan 1492
»–« 600, 74, 965, 1258, 73, 83
»–, Westöstlicher« 1389, 1814
Dix, A. 1925 W
–, O. 1891, 1920, 25, 28, 29, 31, 48, 50, 51, 52, 53, 54, 55, 57, 67, 69 K
Djemdet-Nasr-Epoche v. Chr. 3200, 2900
Djemin, M. 1973 D
Djilas, M. 1957 Ph, 62 P
Djoser v. Chr. 2780, 2770
Djuric, M. 1955 K
DKP 1969 P
DM-Abwertung 1961 V
Dmytryk 1943, 44, 54, 59 K
Dnjepr 1116, 1224
Dnjepr-Bug-Kanal 1940 W
Dnjeprkraftwerk 1932 W
DNS 1943 W
Doberan 1098, 1792
–, Klosterkirche 1295, 1316, 68
Döbereiner 1823, 28
Döblin 1916, 24, 29 D, 40 Ph, 49, 57 D
Dobrowolski, A. 1968 D
Dobrudscha 251, 1940, 47 P
Dobzhansky, T. 1975 W
Dodeigne, E. 1964 K
Doderer, H. v. 1951, 56, 59, 62, 63, 64, 67 D
Dodgson, Ch. L. s. Carroll
»Dodona« v. Chr. 415, 219
Doebbelin, K. Th. 1756
Doehring 1888
–, B. 1961 Ph
Doerr 1939 W
Doermer, Ch. 1965 K
»Does sex cause cancer?« 1968 K
Döffingen, Schlacht bei 1388
»Doge Mocenigo, Der« 1577
Dogenpalast 1590
»Dogmatik« (Christl.) 1925 Ph
»– im Grundriß« 1948 Ph
»– (Kirchl.) 1927, 59 Ph
»–, Zentralfragen 1910 Ph
»Dogmatische Briefe« 451
»– Komposition« 1918 D
»Dogmengesch., Lb. d.« 1886
Dohnányi, E. v. 1954, 60 M
Dohnányi, Kl. v. 1972 P, Ph
Dohrn, A. 1870
Doisy 1929, 43 W
»Doktor und Apotheker« 1786
– med. Hiob Prätorius« 1932 D
»– Schiwago« 1958, 60 D
Doktorwürde 1787
Dokumentation 1950 M, 60, 62 W
Dolce stil nuove (Schule des) 1240
»– vita, La« 1959 K
Dolch v. Chr. 1900, 1750; n. Chr. 1250, 14. Jh., 1475
–, H. 1951 Ph
»Dolchstoß«-Legende 1927 P
Dolcino 1307
Dolichenus 161, 138
»Dolittle und seine Tiere, Dr.« 1920 D
Dolivo-Dobrowolski 1889, 91 W
Dollar 1792
Dollard, J. 1970 Ph
Dollarkurs 1973 V
»Dollarprinzessin« 1907 M

Dollarschwäche 1977 V
Dollart 1277, 1377
Dollfuß 1932–34 P
Dollond, J. 1757
Dolmen-Grab 290
Dolomiten 1881, 1916 P
»Dolomitenlandsch.« 1974 K
Dom, Kölner 550
Domagk, G. 1932, 39, 57, 64 W
Domänen, röm. 195
Dombrowska, M. 1961 D
Dombrowski, H. J. 1962 W
»Dome of Discovery« 1951 W
Domela 1944 K
Domenichino 1581, 1610, 14, 17, 41
»Domesdaybook« 1086
»Domherren, Die« 1871
Domin, H. 1968 D
Dominici, G. 1953 V
Dominika 1493
Dominikanerorden 1173, 1216, 27, 32, 33, 34, 41, 43, 1309, 80, 85, 1418, 28, 55, 84, 1506, 09, 10, 1600
Dominikan. Freistaat 1907 P
Dominikus 1216
Dominion Centre, Toronto 1968 K
Dominosteine v. Chr. 400
Domitian 51, 81, 84, 95, 96, 130
Domitius Ahenobarbus v. Chr. 100
Domnick, H. 1953 K
»Doms v. Köln, Geschichte u. Beschr. des« 1832
Domschalen 500, 700, 800, 10. Jh.
»Don Camillo . . .« 1952 D,
– Carlos 1543, 68
»– «. 1787, 1867
»– Gil von den grünen Hosen« 1648
»– Giovanni« 1787, 1827, 1964 M
»– Juan« 1630, 48, 65, 1787, 1819, 43, 89, 1926 K, 55, 58 D
– – Carlos v. Spanien 1962 P
»– und Faust« 1829, 1923 K, 50 M
»– oder die Liebe zur Geometrie« 1953 D
»– Juans letztes Abenteuer« 1914 M
»– Pasquale« 1843
»– Quichotte« 1863, 1910 M
»– Quichotte 1965, 66, 69 M
»– und Sancho Pansa« 1865, 1905 Ph
»– Quijote« 1605, 15, 21, 1905 Ph
»– Ranudo« 1919 M
Don, Schlacht am 1380
»–, Der stille« 1974 D
»Donadieu« 1953 D
Donar 98
Donars-Eiche 725
Donat, J. 1956 V
Donatello 1386, 1415, 19, 33, 40, 53, 66
Donath 1926 W
Donatus d. Gr. 395
Donau v. Chr. 1250, 776, 336, 246, 15, 12; n. Chr. 9, 80, 100, 05, 66, 79, 270, 300, 335, 70, 78, 95, 406, 500, 50, 679, 796, 803, 969, 71, 1141, 46, 1246, 1931, 34 P
Donaueschingen 1921, 55 M
–, Musikw. 1950 M
Donaueschinger Musiktage 1957, 68 M
»Donaulandschaft« 1530
»Donausagen« 1958 D
Donaustaaten 1774
Donauwörth 1607
Dönhoff, M. Gräf. v. 1971, 73 Ph
Dönitz 1945, 46 P

Dönitzregierung 1945 P
Donizetti 1797, 1832, 35, 40, 43, 48
Don-Kosaken 1671, 1708
»Donna Diana« 1654
Donne, John 1633
Donner, R. 1693, 1732, 39, 41
Donnerkeil 1953 W
Donskoi, Dem. Iwan. 1363, 80
– 1938 K
Doolittle, H. 1960 D
Doorn 1941 P
»Doors of Perception, The« 1954 D
»–« 1923 D
Döpfner 1960, 63 Ph, 69 P, 76 Ph
Doping 1977 V
Dopolavoro 1925 P
Doppeladler 1433, 1472
»Doppelfigur, kämpfende« 1977 K
»Doppelgänger« 1846, 1960 D
Doppelhelix (Nachweis) 1971 W
Doppelkolbenmotor 1907, 13 W
»Doppelkopf« 1968 D
»Doppelköpfige Nymphe« 1920 D
»Doppelleben« 1950 D
»Doppelporträt« 1922 K
»Doppelstaat, Der« 1974 Ph
Doppelstern 1. 1650
Doppelsternkatalog 1906, 32 W
Doppel-T-Anker 1854
»Doppelte Betrüger« v. Chr. 290
Doppelzonenabkommen 1947 P
Doppler 1842, 68
Dopsch 1913 W, 20 Ph
»Dor und der September« 1930 D
»Dorado« 1546, 1617
Doré 1832, 63, 65, 83
Dorer v. Chr. 1500, 1150, 1100, 1000, 9. Jh., 911, 800, 600, 405, 355
»Dorf« 1910 D
»– ohne Glocken« 1919 M
Dörfer, älteste 1965 W
»Dorfschulze« v. Chr. 2500
Dorgelès 1919 D
»Dori« (La) 1663
Doria 1529, 47
Döring, W. 1963 P
DORIS-Speicher 1974 W
Dorische Wanderung v. Chr. 1150
Dorischer Stil v. Chr. 700, 680, 600, 530, 496
Dorland, Peter 1495
Dorléac, F. 1965 K
Dornach 1913 Ph
»Dornausziehen« v. Chr. 1. Jh.
»Dornenhaupt« 1951 K
»Dornenkrönung« 1571
»Dornenvögel« 1977 D
Dornier 1938 W
Dornier-Wal 1926 V, 30 W, 33 W
Dorno, C. 1907, 11 W
»Dornröschen« 1889, 1902 M
Dornseiff 1934 D
»Dorotea« 1632
»Dorothea Angermann« 1926 D
Dorp, van 1907 W
Dorpat 1030, 1224
–, Universität 1802
Dörpfeld, F. W. 1860, 1902, 27, 33 W
Dörries, B. 1970 K
Dorsch, K. 1957 D
Dorst, T. 1964, 68, 73, 74 D
Dortmund 899, 1024, 1926 V
–, Borussia- 1956, 57 V
–, Evang. Kirchentag 1963 Ph
–, Petri-Nikolai-Kirche 1930 K

Dortmund, Rathaus 1244
–, Westfalenhalle 1925 K
–, Westfalen-Hochhaus 1929 K
Dortmund-Ems-Kanal 1911 W
Dorville 1661
Dörzbach, O. 1953 K
Dos Passos, J. 1921, 25, 38, 58, 70 D
Dosjenko 1958 K
Dossi 1483, 1542
Dostojewskij 1821, 46, 49, 61, 66, 68, 71, 79, 81, 1954 D
»–« 1923 D
Douglas DC 8-Flugzeug 1955 W
–, G. N. 1952 D
–, K. 1961 K
Douglass 1940 W
Doumer 1931 P
Doumergue 1924, 34 P
Dova, G. 1957 K
Dove, H. W. 1835, 37, 57
Dovifat 1924, 27 V
Dowland, J. 1605
Downing 1926 W
Dowschenko 1948 K
Do X 1929 W
Doyle 1874 D
DP s. Dt. Partei
»Drache, Der verwundete« 1977 M
Drachenaufstieg 1901 W
Drachenflug 1975, 76 V
– v. Kilimandscharo 1977 V
Drachengleiter 1973 V
Drachentöter 12. Jh.
Drachenversuche 1899
»Drachenzähne« 1942 D
Drachmann 1908 D
Drachme v. Chr. 597
Dracontius v. Karthago 490
Draesske, F. 1905 M
Drahn 1923 Ph
Drähte, dünnste 1963 W
»Drahtharfe, Die« 1965 D
Drahtlose Telegraphie s. Funk
»–« 1907 W
Drahtseilbahn 1861, 1926 Ph
Drahtziehen 1370, 1420
Drais(ine) 1817
Drake 1577, 81, 88
– 1920 Ph
Drakon v. Chr. 624
»Drama« 1904 K
Dramas, Anfänge d. dt. 1250
–, d. span. 1490
– Formen d. mod.« 1961 D
Dramaturgie, Ind. Handb. d. 250
»Drapierte Liegende« 1959 K
»Draußen im Grünen« 1912 D
– vor der Tür« 1947 D
Drawidenstil 7. Jh.
Drayton 1613
»Dreadnought« 1906 W
Drebbel 1885
»Dreckapotheke« v. Chr. 1500
Dreh dich noch einmal um!« 1952 M
Drehbank v. Chr. 550, 257; n. Chr. 1400, 1575, 1955 W
–, Support- 1800
Drehbühne 1896
Drehkolbenmotor 1957 W
Drehkondensator 1902 W
Drehkran 1914 W
Drehleier 1000
Drehrostgenerator 1906 W
Drehstrommotor 1887, 89
Drehwähler 1908 W
»Drei« 1921 Ph
– alte Schachteln« 1917 M
– Frauen in der Dorfkirche 1882
– Freiwillige« 1937 D
– Gesänge« 1921 D
– Jahrh. amerik. Kunst« 1938 K
– kleine Schweinchen« 1933 K

»Drei Lebensalter« (Die) 1515
»– Mann in einem Boot« 1889
»– Männer auf einem Bummel« 1900 D
»– Matrosen auf Urlaub« 1944 M
»– Menschen« 1900 D
»– Millionen drei, Von« 1931 D
»– Münzen im Brunnen« 1954 D
»– Musketiere« (Die) 1844
»– Prinzipien des göttlichen Wesens« (Von den) 1619
»– Reiherfedern« 1899
»– Scheiben« 1960 K
»– Schwestern« 1902 D
»– Soldaten« 1921 D
»– Sprünge des Wang-lun« (Die) 1916 D
»– Städte« (Die) 1894
»– stehende Männer« 1966 K
»– von der Tankstelle« (Die) 1930 K
»– Zimmer in Manhattan« 1965 D
»Dreiäugige Figur . . .« 1965 K
Dreibund 1882, 1902, 12 P
Drei-D-Klang 1954 W
Dreideckerschiffe 1637
»Dreieckige Marktplatz, Der« 1935 D
»Dreieinigkeit« 1428
– ägypt. Götter v. Chr. 1350
»– « (Über die) 367
Dreieinigkeitslehre 325, 81, 5. Jh., 1669
Dreierbündnis 1667
»Dreifachen Leben des Menschen, Vom« 1620
Dreifaltigkeitsaltar 1511
Dreifarbendruck 1711
»Dreifarbenphotographie nach d. Natur« 1908 W
Dreifarbentheorie 1856, 66
Dreifelderwirtschaft 600, 813
»Dreifuß-Kultur v. Chr. 2000
Dreifußstraße v. Chr. 334
»Dreigroschenoper« 1928 M, 31, 62 K
Dreijahresplan 1947 P
Drei-Kaiser-Bündnis 1873, 78
Dreikapitelstreit 546
»Dreiklang« 1919 D, K
Dreiklassenwahlrecht, preuß. 1850, 1908 D
Drei-Komponenten-Theorie 1964 W
»Dreikönigsaltar« 1440, 79
Dreikönigsreliquien 1167
Dreikönigsschrein 1200
Dreimächtepakt 1940, 41 P
»Dreimäderlhaus« 1915 M
»Dreiprismenobjekt« 1966 K
Dreisatzrechnung 476, 628
Dreiser, Th. 1871, 1900, 11, 14, 25, 45, 47 D
Dreispitz 1749
»–, Der« 1919 M
Dreißigjähriger Krieg 1602, 18, 23, 25, 48, 52, 68, 1908 W, 10, 14, 41 D
»Dreißigste Jahr, Das« 1961 D
Dreistufenbombe 1954 W
»Dreizehn Bücher d. dt. Seele« 1922 Ph
»Dreizehnjähriger Krieg« 1466
Drenkmann, G. v. 1974 P
Dreschmaschine 1670
Dresden 1216, 1450, 1501, 60, 1603, 26, 67, 1711, 22, 31, 32, 38, 45, 1814, 73, 1901, 02, 05, 06, 09, 11, 12, 16, 22, 23, 26, 28, 30, 34, 36, 45
–, Albertinum 1904 K
–, Brühl'sche Terrasse 1738
–, Dt. Hygiene-Museum 1912 W, 30 W
–, Frauenkirche 1738
–, Gem.-Galerie 1722

Dresden, Hofkirche 1738
–, Kugelhaus 1928 K
–, Kunstausstellung 1962 K
–, Kupferstichkabinett 1720
–, Landtagsgebäude 1907 K
–, Palais 1680
–, Schauspielhaus 1914 K
–, Staatsoper 1922 M
–, Zwinger 1926 K
Dresden-Hellerau 1906 V, 11 M
Dresden–Leipzig, Eisenb. 1839
»Dresden-Neustadt« 1921 K
Dresdner Bank 1914, 22 V
– Knaben-Kreuzchor 1220
– Samml. v. Heldenepen 1472
Dreser 1899
Dreßler, A. W. 1950 K
–, M. 1930, 33 K
Dressurzirkus 1875
Drews, A. 1906, 11 Ph
–, B. 1955 M
Dreyer 1958 K
–, P. U. 1967, 68 K
Dreyfus 1894, 95, 1906 P
»–, Affaire« 1929 D
Dreyse 1836
Driesch 1901, 05, 09, 12, 17, 32 Ph
Driessler, Joh. 1953 M
»Drifters« 1964 K
»Dritte Blick, Der« 1956 D
»– Buch ü. Achim, D.« 1962 D
»– Herbst, Der« 1961 D
»– Kranz, Der« 1962 D
»– Mann, Der« 1949 K
»– oder d. vierte Mensch, D.« 1953 Ph
»– Pathetique, Die« 1958 D
»– Programm« 1946 Ph
»– Reich, Das« 1923 Ph
»– Schlag, Der« 1948 K
»– Stand?, Was ist der« 1788
»Dritten Reiches, Aufstieg u. Fall d.« 1960 Ph
»3. April 1954« 1954 K
»Drogenbenutzer« 1974 K
Drontheim, Dom 11. Jh.
»Dropping Zone« 1967 K
Drosophila melanogaster s. Taufliege
Drosophila-Genetik 1953 W
Droste v. Vischering 1837
Droste-Hülshoff 1797, 1838, 42, 48, 52
Droste-Hülshoff-Preis 1957 /
Drouhin 1925 W
Drouot, J. C. 1964 K
DRP 1965 P
Druck, osmotischer 1901 W
Drücke, Höchst- 1961 W
Druckerstreik 1976 V
Druckknopf 1885
Druckpumpe v. Chr. 3. Jh.
Druckverfahren 1977 V
Druckwerk, erstes dt. techn. 1476
Drudenfuß v. Chr. 3000
Drugulin 1903 K
Druiden v. Chr. 400
Drummond 1935 V
»Drum Taps« 1865
»Drums of Father Ned« 1958 D
Drury, A. 1959 D
Drüsen, Anatomie 1656
Drusus v. Chr. 38, 13, 12; n. Chr. 9, 31
Dryander 1914 Ph
Dryden 1631, 58, 60, 66, 87, 1700
Drygalski, E. v. 1902 W
Dschaina 1921 Ph
Dschainismus v. Chr. 500, 477
Dschadewa 1100
Dschâmi 1414, 1492
Dschehol 1933 P
Dschelal ed Din Rumi 1207, 73
Dschingis Khan 1155, 1206, 15, 19, 20, 24, 27, 80

1515

»Dschingis Khan« 1949 K
Dschumblat, K. 1977 P
»Dschungelbuch« 1894
Dschurdschen 1123
dtv 1960 D
»Du« 1914 D
»– und die Literatur« 1951 D
»– sollst nicht töten« 1955 D
Duarte, A. 1961 K
Dubarry 1743, 69, 93
»–« (Gräfin) 1879
Dubček, A. 1968, 69, 70 Ph
Dubislav 1933 Ph
Dublin 820, 1742
Dubna 1957 W
Dubois 1892
Du Bois-Reymond 1848, 72, 80, 99
Du Bois, W. E. B. 1903 D
Dubsky 1830, 1916 D
Dubuffet, J. 1953, 54, 55, 64, 66, 77 K
»–, J.« 1959 K
Duca 1933 P
Ducale, Palazzo 1467
Duccio s. Buoninsegna
»Duce del Fascismo« 1926 P, 45
Ducerceau 1576
Duchamp, M. 1912, 14 K
Duchamp-Villon, R. 1914 K
Duchenne du Boulogne 1748, 1848
Duckwitz 1970 P
Ducommun 1902 P
Ducpétiaux, E. 1855
Dudelsack 10. Jh.
Duden 1880
Dudevant 1876
Dudinzew, W. 1956, 60 D
Dudley 1619
Dudow 1932 K
»Due Canti« 1957 M
»Duenna« 1947 M
Dufay, C. F. 1733
–, G. 1399, 1418, 27, 30, 50, 74
Dufhues, J. H. 1962 P
Dufour, B. 1958 K
»Duft von Blumen, Ein« 1964 D
»Duftgarten« 1283
Dufy, R. 1877, 1923, 37, 38, 52, 53 K
Duhamel 1918 Ph, 20, 30, 32 D
Duhm 1916 Ph
»Dühring, Anti-« 1878
»Duineser Elegien« 1923 D
Duisberg, G. 1904, 25 V
Duisburg 1651, 1924 V
Duisburg-Hamborn 1929 V
Dujan, M. 1975 V
Dukas, P. 1865, 97, 1907, 35 M
Dukaten 1252, 99, 1566
Duke, C. M. 1972 W
Dulbecco, R. 1975 W
Dulles, J. F. 1953, 54, 56, 58, 59 P
Dullin 1926 D
Dumas (Sohn) 1824, 48, 55, 95
– (Vater) 1802, 44, 45, 49, 70
Dumbaase 1948 W
Dumitriu, P. 1961 D
»Dumme Herz, Das« 1914 M
»Dummheit, Über die« 1954 Ph
Dumont, L. 1904 D
–, S. 1902 W
»Dumpfe Trommel u. berauschtes Gong« 1916 D
Dumuzin v. Chr. 2500
Dunant, H. 1828, 59, 64
–, W. 1901 P, 10 Ph
Dunaway, F. 1967 K
Dunbar 1460, 1503, 29
– , P. L. 1906 D
Duncan 1904 M
Duncker 1869
Dünger 64, 79
–, Indien 1962 V
–, künstl. 1840, 61, 90, 98, 1916 W, 33, 62 V
Duni 1709, 55, 75
Dunkel, J. 1973 V

»Dunkel ist licht genug, Das« 1954 D
»Dunkelheit u. Licht, Zw.« 1943 K
»Dunkelmänner-Briefe« 1517
Dunkelwolken, kosm. 1923, 68 W
Dunkinfield 1652
Dünkirchen 1662, 1940 P
»Dunkle Reich, Das« 1930 M
– Wasser« 1962 M
»Dunkles Jh.« 10. Jh.
Dunlop, J. B. 1890
Dunstable 1369, 1453
Dupin 1876
Dupont 1923, 25 K
Düppeler Schanzen 1864
Dupré 1811, 89
Duquesnoy 1619
Duralumin 1907 W
Durance 1349
Durandus 1209
Durant, W. J. 1961 Ph
Duras, M. 1959 K, 1967 D
Durchfahrt, nordwestliche 1576, 85, 1617
Dürer 1459, 62, 71, 84, 86, 90, 94, 95, 97–1500, 02–07, 11, 13, 14, 15, 18, 19, 20, 23, 24, 25–28, 1830
Dürerausstellung 1971 K
Dürerbund 1902 K
»Dürers Gloria« 1971 K
Durey 1920 M
Durham, Kathedrale 1143
Durieux, T. 1923 D, 14 K, 28, 54 D K, 65 K, 70 D
Düringer, Hans 1470
Durkin, M. 1953 P
Dur-Kurigalzu v. Chr. 1360
Dürnberg 1959 W
Dürnstein, Klosterkirche 1728
Dürr, E. W. 1954 Ph
Durrel 1948, 58, 60 D
Dürrenmatt, F. 1952, 53, 56 D, 61 D K, 62 f, 66 D, 69, 71 M, 73, 77 D
Dur-Rimusch v. Chr. 1850
Dur-Scharukin v. Chr. 775
Durtain, L. 1959 D
Dur-Tonart 9. Jh., 1066
Dur-Untasch (Untashi) v. Chr. 1200; n. Chr. 1953 W
Duschan, Stephan 1346, 49, 53
Duse, F. 1859, 1909, 24, 38 D
Düsendampfer 1950 W
Düsenflugzeug 1938, 43, 44, 47, 48, 49, 50, 51, 54, 55, 57, 58 W
– TU 134, Überschallflugzeug 1964 W
Düsenjäger, USA- 1957 W
Düsenverkehrsflugzeug 1952, 53 W
Düsseldorf 1288, 1904, 07, 26, 29 V
–, Ausstellungsgebäude 1926 K
–, Großgarage 1953 K
–, Mannesmannhaus 1911 K
–, Rheinbrücke 1951 W
–, Schauspielhaus 1904 D, 69 K
–, Städt. Bühnen 1947 D
–, Stummhaus 1924 K
–, Theater 1955 D
–, Thyssenhochhaus 1960 K
–, Warenhaus Tietz 1907 K
–, Wilhelm-Marx-Haus 1924 K
Dussik 1949 W
»Düstere Anmut« 1968 M
Dustin 1938 W
Dutra 1946 P
Dutschke, R. 1968 P, 68, 74, 75 Ph
Duttenhofer 1885
Düttmann, W. 1960, 67 K
Dutton 1901 W
Duttweiler, G. 1962 V
Duun 1923, 27, 38 D
Duvivier 1937, 39, 51, 52 K
Duwe, H. 1977 K

Dvořák, A. 1841, 75, 83, 93, 1901, 04 M
–, M. 1904 K
Dwan 1923 K
Dwina-Mdg. 1553
Dwinger 1932 P
Dyck, van 1599, 1615, 17, 20, 21, 24, 27–30, 32, 33, 36, 37, 41
Dygat, S. 1958 D
Dyke 1936 K
»Dynamische Bilanz« 1919 V
– Rente 1959 V
»– Soziologie« 1946 Ph
Dynamisierung 1856
Dynamit 1867
Dynamo, elektr. 1831, 32, 67
Dynamoelektrisches Prinzip 1867
»Dyade« 1972 M
Dybouk 1973 M
»Dybuk« 1970 M
Dyer, Ch. 1968 D
»Dynastien« 1908 D
»Dziady« 1855
Dzigan 1936 K

E

»E-1953« 1953 K
Ea v. Chr. 2000
Eanes, R. 1976 P
Eannadu v. Chr. 2500
Earhart, A. 1932 W
»Early Bird« 1965 W
»– English« 1215
East River 1910, 17 W
»– –« 1954 D
– Suffolk 1939 W
Eastman 1884
Eau de Cologne 1766
»Ebbe« 1946 K
Ebbe u. Flut s. Gezeiten
Eberhard I. 1279
– V. im Bart 1459, 77, 82, 88
– der Erlauchte s. Eberhard I.
– von Gandersheim 1216
– der Greiner 1388
– von Grumbach 1487
Ebermayer 1924 V
Ebers, Papyrus v. Chr. 1550
Eberswalde, Fund v. Chr. 950
Ebert 1932 W
–, Carl 1953 M
–, Fr. (Arch.) 1961 K
–, Fr. (Ostberl.) 1948 P
–, Fr. (Reichspräs.) 1871, 1913, 18, 19, 22, 25 P
Eberth 1880
Ebner-Eschenbach 1830, 87, 1906, 09, 16 D
Eboracum 79
Ebrach 1098
Ebro v. Chr. 211
Ebstorfer Weltkarte 1252
ECA-Abkommen 1950 P
»Ecbasis captivi« 940
»Ecbatane« 1966 K
Eccard 1553, 1611
»Ecce Homo« 1543, 67, 1636, 1889, 1925, 43 K
Eccles, J. C. 1963 W
»Ecclesia« 1235, 1411
»Ecclesiam suam« 1964 Ph
Ecdyson 1954 W
Ecevit, B. 1974, 77 P
Echegaray 1904, 16 D
Echnaton v. Chr. 1400, 1385, 1370, 1358; n. Chr. 1976 Ph
– küßt seine Tochter« v. Chr. 1370
»– und Nofretete spielen mit ihren Kindern . . .« v. Chr. 1370
»Echo« 1950 K
Echo-I-Satellit 1960 W
Echolot 1913, 26, 39, 46, 51 W
»Echos« 1958 D
»Echten Sedemunds, Die« 1920 D
Echterdingen 1908 V

Echternach 698
Echternacher Codex 972, 1031 K
– Springprozession 8. Jh.
Eck, Johann 1486, 1519, 43
Eckardt, F. v. 1962 P
Eckart, Meister 1260, 1327, 61, 66
Eckener 1924, 29, 54 W
»Eckenlied« 1201
Eckermann, J. P. 1836, 59
Eckert, G. 1951 Ph
»Ecole d'Humanité« 1961 Ph
– Militaire 1752
»Econometrica« 1933 W
»Economic Model of the US, An« 1955 W
»Economics, Principles of« 1911 V
Economist, The« 1843
Economo v. Chr. 1929 W
»Ecrasez l'infame« 1759
Ecuador 1822, 30, 80
Edda 10. Jh., 1225, 41, 13. Jh.
Edding, F. 1962, 63 Ph
Eddington 1920, 24, 26 W, 31 Ph, 38 W
Eddystone-Leuchtturm 1760
»Edeka« 1971 V
Edelgase 1868, 94, 95; s. a. Neon
Edelknabe 1037
Edelmann 1900 W
–, G. M. 1972 W
»Edelstein« 1350, 1461
Eden, A. 1897, 1935, 38, 40, 43, 44, 51, 54, 55, 56, 57, 77 P
Eder, G. 1965 W
–, H. 1963, 65 M
Ederle 1926 V
Edessa v. Chr. 775; n. Chr. 215, 387, 489, 1144, 47
–, Jakob von 640, 708
Edfu v. Chr. 230
Edikt von Mailand 313
– von Nantes 1598, 1685
–, Wormser 1529, 32
Edinburgh 1910 Ph, 23
Edinger 1929 W
Edison, E. A. 1847, 77, 79, 82, 1901, 07, 31, 77 W
Edisongesellschaft 1915 V
Editha 1247
Edman, P. 1977 W
Edomiter v. Chr. 500, 126
Edschmid, K. 1890, 1920, 23, 31 bis 33, 37, 47, 66 D
Eduard I. 1272, 74, 83, 95, 1328
– II. 1284, 1307, 27
– III. 1327, 30, 39, 40, 50, 60, 77
– IV. 1445, 61, 70
– V. 1483
– VI. 1547
– VII. 1841, 1901, 09, 10 P
– VIII. 1936 P
– der Bekenner 1002, 42, 66
»Education sentimentale« 1869
»– intellectual . . .« 1861
EDV-Anlagen (i. BRD) 1970 V
Eeden, F. van 1906 D
Effel, J. 1960 K
»Effi Briest« 1895, 1939, 74 K
Effretikon 1961 K
EFTA 1959, 60, 72 V
Egas 1523
Egbert von Trier 993
– von Wessex 824
– von York 735
Egbert-Codex 970, 93, 1000
Eger 1310, 15, 1450, 90
–, Landfriede zu 1331, 89
Egge 64, 5. Jh.
Egger-Lienz 1909 K
Eggers, W. P. E. 1968 K
Egill Skallagrimsson 948
Egisheim, Bruno von 1048
Egk, W. 1901, 35, 36, 38, 39, 41, 48, 49, 51, 52, 53, 55, 57, 58, 63, 69, 74 M

»Eglantine« 1927 D
Egmont 1559, 65, 68
»–« 1788, 1810
»Egoist«, Der« 1879
»Egoisten, Die« 1959 D
»Egon und Emilie« 1928 M
Egtved, Fund von v. Chr. 2000
Eguiguren 1936 P
»Ehe, Die heimliche« 1792
– d. Herrn Mississippi, D.« 1952, 61 D, K
»– der Luise Rohrbach« 1916 K
»– nach der Mode« 1745
»– und Moral« 1929 Ph
»– im Schatten« 1947 K
»–, Szenen einer« 1974 K
Ehebruch 1969 Ph
»Ehebüchlein« 1472
»Eheliches Leben« (Vom) 1522
Ehen 1960 Ph
–, gemischte 1837
»– im roten Sturm« 1932 D
Ehenamenrecht 1975 Ph
»Ehepaar« 1627
»– Sisley, Das« 1868
»Ehepaare« 1969 D
Eherecht, türk. 1926 V
»Eherne Tor, Das« 1960 D
»Ehernes Lohngesetz« 1863
– Zeitalter v. Chr. 700, 117
Ehescheidung i. Ital. 1974 Ph
– i. Brasilien 1977 Ph
Ehescheidungen 1921, 51 V, 60, 68 Ph
Eheschließungen 1960 Ph
Eheschließungsrecht 1907 Ph
»Ehespiegel« 1406
Ehestatistik 1951 V
Eheverbot v. Chr. 440
Ehlers, H. 1950, 52, 54 Ph
Ehmcke 1908, 12 K, 25 D
Ehmer 1936 D
Ehmke, H. 1969, 73 P
»Ehrbare Dirne, Die« 1620, 1946 D
»Ehre« 1889
»– der Nation« 1927
Ehrenburg, I. G. 1941, 48, 55, 61, 67 D
Ehrencron-Kidde, A. 1960 D
Ehrenfels, v. 1932 Ph
»Ehrenkreuz d. dt. Mutter« 1938 V
Ehrenlegion 1802, 1894
Ehrenreich 1905 Ph
Ehrenstein 1912, 19 D
»Ehrfurcht« 1947 K
Ehrhardt 1902, 35 Ph
Ehrismann 1935 D
Ehrlich 1947 P
–, J. 1962 Ph
–, P. 1854, 1906, 08, 09, 15, 16, 57 W
»Ehrlich-Hata 606« 1909 W
»Ehrung an d. Viereck« 1954 K
Ehrwald 1926 W
Ehzuchtbüchlein 1578
»Ei, Das« 1976 D
–, Säugetier- 1827
»– Seeigel- 1875, 96, 1901 W
Eich, G. 1958, 66, 68, 69 D
Eichberg 1937 K
»Eiche und Angora« 1962 D
Eichele, E. 1962 Ph
»Eichen« (Unter d.) 1933 D
Eichendorff 1788, 1815, 26, 30, 33, 37, 41, 46, 47, 57, 88, 1922, 43 M
Eichengrün 1909 Ph
»Eichenwald am See« 1659
Eichmann, A. 1960, 62 P
Eichstätt 1405
–, Hochstift 1198
Eickstedt, E. v. 1954 Ph
Eid, hippokratischer 401
Eidetik 1923, 40 Ph
»– u. d. typolog. Forschungsmeth.« 1925 Ph
Eiermann, E. 1953, 54, 58, 61, 64 K
Eierstock 1662

Eifel 369
- 1904 W, 08 D, 27 V
Eifelwasserleitung, röm. 100
Eiffelturm 1889, 1902 W, 10 K
Eigen, M. 1967 W
»Eigenart des Lebens, Die« 1972 K
»Eigengeist der Volksschule, Der« 1955 Ph
»Eigenkünste« 1453
»Eigenschaften, Wissenschaften u. Bezeigen rechtschaffener Schulleute« 1768
- in soz. Verantw.« 1962 Ph
»Eigentum, Was ist« 1840
Eigernordwand 1938, 57 V
-: Direttissima 1966 V
»Eignungsprüfungen« 1925 V
Eijkman 1895, 1929 W
Eike von Repkow 1235
»Eiko-Woche« 1914 K
Eilbertus 1155
Eildermann 1950 Ph
Eilhard von Oberge 1180
»Ein Mörder ist mein Herr und Meister« 1973 D
»- Schiff wird kommen« 1961 M
»- Sommernachtstraum« 1961 M
»- Wort weiter« 1965 D
Einäscherungen 1924 Ph
Einaudi, L. 1961 P
»Einäugige Kreatur« 1931 K
Einbaum v. Chr. 5000, 2205
»Eine Hand voll Brombeeren« 1952 D
»- Tür steht offen« 1954 D
»Eineck-Stil« 1086
Einem, G. v. 1947, 52-54, 58, 71 M
»- andern Land, In« 1929 D, 32 K
»Einer, Keiner, Hunderttausend« 1926 D
»Eines langen Tages Reise in die Nacht« 1952 D, 1961 K
»Einfache« 425
»- Leben, Das« 1939 D
»Einfaches Stockhorn« 1970 K
»Einfachheit, Neue« 1977 M
»Einfalt, stille Größe, Edle« 1766
Einfärbetechnik (Malerei) 1951 K
»Einfluß der Schwerkraft . . .« 1911 W
»Einführung i. d. Bau Amerikas« 1940 W
»- in die Bedeutungslehre« 1923 Ph
»- i. d. Chemie d. Silikone« 1947 V
»- des Christentums und der Künste in Dtl.« 1830
»- i. d. Gesamtgeb. d. Okkult.« 1923 Ph
»- i. d. Kommunalwissensch.« 1940 V
»- i. d. Pollenanalyse« 1943 W
»- i. d. Psychologie« 1911 Ph
»- i. d. Rechtswissenschaft« 1910 V
»- i. d. Religionsgesch.« 1920 Ph
»- i. d. Religionssoziol.« 1931 Ph
»- i. d. Semantik« 1942 Ph
»- i. d. Vererbungswissensch.« 1913 W
»- i. d. Wesen der Mythologie« 1941 Ph
Einfuhrverbot 1443
»Eingebildete Kranke, Der« 1673
Eingemeindung 1925
»Eingeschlossenen, Die« 1960 D, 62 K, M
Einhard 770, 831, 40
»Einhart, der Lächler« 1907 D

»Einheit d. Kirche . . .« 1962 Ph
»- der Wissenschaft« 1934 W
- von Ort, Zeit und Handlung 1579, 1630, 35
Einheitskurzschrift 1924 V
Einheitsschule 1946 Ph
- -, differenzierte 1951 Ph
Einheitswissenschaft 1931, 32, 34, 37, 48
»Einhorn, Das« 1966 D
»Einig geg. Recht u. Freiheit« 1975 Ph
»Einigkeit d. Christen 1960 Ph
»Einigung d. Christenheit« 1923 Ph
Einkaufszentren 1972 V
Einkaufszentrum 1964 V
Einkommen 1901, 56, 61 V
-, Pro-Kopf- 1968 V
-, Real- 1975 V
- (Vergl.) 1968 V
Einkommensschichtung in der BRD 1956 V
Einkommensteuer 1798, 1913 V, 17, 20, 63 V
-, gemeinsame 1957 V
Einkommensunterschiede, internationale 1955, 61 V
Einkommensverteilung BRD 1966 V
»Einladung, Die« 1967 D
»Einleitung i. d. experiment. Morphologie . . .« 1908 V
- i. d. Geisteswissenschaften« 1883
»- i. d. Musiksoziologie« 1962 M
»- i. d. Philosophie« 1901 Ph
Einmann, E. 1970 K
»Einmütigkeit« 1913 K
»Einsam« 1954 K
»- Frau, Die« 1965 K
»- Masse, Die« 1956 Ph
»- Menschen« 1891
»- Nietzsche« 1914 Ph
»Einsames Haus« 1950 K
»- Leben« 1354
»Einsamkeit u. Freiheit« 1963 Ph
Einschienenbahn 1888, 1952 W, 64 V
»Einschiffung nach der Insel Cythera« 1717
Einsiedeln, Kloster 1000, 1704
-, Stiftskirche 1735
»Einstein« 1974 M
Einstein, Albert 1879, 1902, 05, 10-12, 15, 17, 19-21 W, 23 Ph, 29 K, 31 P, 30, 33 Ph, 38 W, 44 K, 48-50, 55 Ph, 60, 66 W
»- -« 1944 K, 49 Ph
-, Alfr. 1925, 29, 52 M
-, D. Autobiographie d. A.« 1972 Z
»Einstein on the Beach« 1976 M
Einsteinium 1954, 55 W
Einstein-Russell-Appell 1962 V
»Einsteinturm« 1925 W
»Einteilung der Natur« (Über die) 870, 77
Einthoven 1903, 24 W
»Eintracht Frkft.« 1959 P
Einwanderung i. USA 1855 V
Einwanderungsgesetz 1924 P
Einwohner, Antiochia 50
-, Antwerpen 1450
-, Arabien 1932 P
-, Asien 1960 V
-, Athen v. Chr. 443
-, Augsburg 1450
-, Basel 1450
-, Berlin 1648
-, Breslau 1450
-, Brüssel 1450
-, China v. Chr. 2255; n. Chr. 335, 700, 1796
-, dt. Kolonien 1912 V

Einwohner, Deutschland 1806, 71, 1961 V
-, Dresden 1450, 1501
-, Eger 1450
-, England 1086, 1690
-, der Erde v. Chr. 3900, 750; n. Chr. 1650, 1950, 60 V
-, Florenz 1450
-, Frankfurt a. M. 1450
-, Gallien (Frankreich) v. Chr. 52
-, Genua 1450
-, Granada 1350
-, Griechenland v. Chr. 431, 4. Jh.
-, Hamburg 1450
-, Heidelberg 1450
-, Italien v. Chr. 201
-, Japan 1960 V
-, Karthago v. Chr. 146
-, Köln 1575
-, Leipzig 1450
-, London 1575
-, Mailand 1450
-, Mainz 1450
-, Messina 1908 V
-, Moskau 1947 V
-, New York 1800, 1950
-, Nürnberg 1450
-, Pakistan 1947 V
-, Palermo 1450
-, Paris 1200, 1575, 1800
-, Pfalz 1648
-, Pompeji 79
-, Preußen 1733
-, Rom 100
-, Röm. Reich v. Chr. 256, 7; n. Chr. 1. Jh., 212
-, Rostock 1450
-, Sizilien v. Chr. 104
- in Städten 1966 V
-, Straßburg 1450
-, Südostasien 1950 V
-, Ulm 1450
-, USA 1850
-, Venedig 1450
-, Ypern 1450
-, Zürich 1450
Einzelhandel, dt. 1927, 60 V
»Einzelheiten« 1962 D
»- unbekannt« 1973 K
Einzeltischen, An« 1954 D
»Einzige u. s. Eigentum« 1845
»Einzug der ersten Han-Kaisers in Kuan-chung« 1182
Eipper 1928, 29, 39 D
»Eirene« v. Chr. 370
Eireifung 1842
Eirik 1121
Eis, Speise- 1671
Eisen v. Chr. 3900, 2029, 1958, 1686, 1200, 1000, 960, 950, 860, 750, 730, 8. Jh., 604, 585, 500, 400, 4. Jh., 221, 1. Jh., 88, 16; n. Chr. 25, 100, 251, 12. Jh., 1246, 13. Jh., 1314, 20, 30, 77, 98, 1413, 22, 30, 15. Jh., 1480, 1501, 44, 65, 1603, 19, 41, 1720, 30, 33, 35, 39, 44, 75, 79, 1837, 57, 65, 79, 1904, 09, 10, 17, 23, 29-31, 38, 39, 45, 48, 50, 58, 60 V
-, s. a. Stahl
Eisenach 1320, 1852, 69, 1923 Ph
-, Burschenschaftsdenkmal 1902 K
»Eisenacher Programm« 1869
Eisenbahn 1795, 1803, 14, 25, 29, 30, 33, 35, 37, 38, 42, 46, 51, 56, 69, 72, 79, 80, 88, 1920, 63 V, 76 K, s. a. Lokomotive
-, Transatlantische 1960 V
Eisenbahnausstellung 1924 W
- II. 990
- IV. 980, 1061
»Eisenbahnfernstr. 1839 V
Eisenbahnkupplung 1906 W
Eisenbahnlinien 1912 W
Eisenbahnräder 1853

»Eisenbahnsystem als Grundlage eines allgemeinen dt. Eisenbahnsystems« (Über ein sächs.) 1833
»Eisenbahner« 1956 K
Eisenbahnunglück 1952, 53, 54, 57 V
»Eisenbart, Dr.« 1922 M
Eisenbeton 1926, 30, 31
Eisenbetonbau 1867
Eisenbrücke 1779
Eisendampfschiff 1857
Eisenerdkernhypothese 1941 W
Eisenerz 1904, 09, 38 V
Eisenerzeugung 1776, 1865, 1960 V
Eisengießerei Berlin 1804
Eisenhammer 1320
Eisenhower, D. D. 1942, 48, 50, 52, 53, 54, 55, 56, 57, 59, 60, 70 P
»Eisenhower-Doktrin« 1957 P
»Eisenhut« 13. Jh.
Eisenhüttenstadt 1961 V
Eisen-Kohle-Kombinat 1930 V
Eisen-Nickel-Akkumulator 1901, 31 W
Eisenproduktion 1966 V
Eisenreich, H. 1965 D
Eisenstein, S. 1926, 28, 29, 38, 45, 58, 64 K
Eisenvorräte 1963 V
»Eisenwalzwerk« 1875
»Eisenwichser« 1970 D
Eisenzeit v. Chr. 1350, 1200, 900, 750, 637, 500, 450
»Eiserne Brücken« 1953 K
- Ferse« 1907 D
- Front« 1931 P
- Garde« 1927, 33, 38-40 P
- Jahr, Das« 1911 D
- Strom, Der« 1924 D
»Eisernes Sparen« 1941 V
-, Kraftwerk 1972 V
-, Zeitalter v. Chr. 700
»Eisgang, Der« 1977 D
»Eisheiligentag« 1950 K
Eishockey 1972 V
-, Weltmeisterschaft 1954, 55, 77 V
Eiskunstlauf 1963, 73 V
Eisleben, Kloster Helfta 1299
Eisler, H. 1962 M
Eismeer 1847, 1934, 44 W
»Eismitte« 1930 W
Eisner 1919 P
Eisschollenstation 1972 W
-, driftende 1971 V
Eisschollenstationen 1955 W
Eissler, F. 1830
Eiszeit v. Chr. 4000; n. Chr. 1836, 40, 64, 75, 1901, 09, 21, 41, 46 W
»- 1973, 74 D
-, Kleine 1977 W
-, Malerei der« 1921 K
Eiszeitmalerei 1970 Ph
Eiszeittheorie 1964 W
Eiweiß 1902, 03, 05, 06, 10, 19, 20, 35, 37, 49 W
Eiweißforschung 1951 W
Eiweißmolekül 1969 W
Eiweißquelle 1976 V
Eiweißsynthese, zellfreie 1961 V
Eiximenis, Fr. 1392 Ph
Eje v. Chr. 1350
Ejjubiden 1171, 1252
Ekel, Der« 1938 D
EKG 1887 W
Ekhof, K. 1740
Ekkehard 1260
Ekkehart I. 925
»Eklektizismus« v. Chr. 66
»Ekliptik« 1090
Ekofisk-Ölfeld 1977 V

Ekron v. Chr. 1200
»El desdén con el desdén« 1654
- Fatah 1972 P
- Glaoui 1955 P
»- Hakim« 1936 D
- Haram«, Medina 1487
»- Transito«, Toledo 1366
Elagabalus 218
Elamiter v. Chr. 3000, 2600, 2187, 2057, 2000, 1950, 55, 1770, 1700, 1501, 1200, 1150, 700, 656, 655, 650, 640, 520
»Elan vital« 1859
»Elastizität« 1912 K
-, Grundges. d. 1679
»Elath«-Versenkung 1967 P
Elba 1284, 1814, 15
Elbe v. Chr. 9, um Chr. Geb.; n. Chr. 5, 9, 100, 300, 450, 804, 929, 83, 1018, 1220, 15. Jh., 1905 V, 11 W, 45 P
Elbe-Havel-Kanal 1742
Elbeseitenkanal 1976 V
Elbe-Trave-Kanal 1394
Elbflorenz 1711
Elbing 1926 Ph
»Elbsegen« 1958 D
Elbtunnel 1911 W
Elche, Frauenbüste v. - 280
Elea v. Chr. 490, 480, 430
Eleatenschule v. Chr. 540, 515, 490, 480, 430, 395
»Electra« 1901 D
»Electre v. Chr. . . .« 1954 D
»Electrica, vis« 1600
»Electrola« 1926 K
»Elegie« 1923, 46 M
-, altengl. 10. Jh.
»- f. Bratsche und kleines Orchester« 1953 M
»- f. junge Liebende« 1961 M
»Elegien« 1920 D
»Elektra« v. Chr. 406; n. Chr. 1903 D, 09 M, 37 D
Elektrifizierung 1951 W
Elektrifizierungsplan 1920
elektrische Beleuchtung s. Glühlampe
-, Wellen 1865, 88; s. a. Fernsehen, Radio, Rundfunk
Elektrisiermaschine 1663, 1744, 67, 1831
Elektrizität (Entdeck.) v. Chr. 585; n. Chr. 1600
- durch Infrarot 1753
- aus Meereswärme 1953 W
- (»Reibungs«-) 1672
- (Thermo-) 1821
-, 2 Arten 1733, 79
Elektrizitätserzeugung 1960, 61, 76 W
Elektrizitätswerk 1882
Elektroauto 1974 V
»Elektrochemie« (Lehrbuch) 1903 W
Elektroindustrieprod. 1961 V
Elektrokardiographie 1903 W
Elektrolyse 1800, 34, 53, 59, 87, 1923 W
Elektrolytgleichrichter 1901 W
Elektromagnet 1820, 25
Elektromagnetismus 1844, 65, 88
Elektromontan-Trust 1920 V
Elektromotor 1821, 34, 82
Elektron 1952, 53, 55 W
-, posit. 1930, 32 W
-, schweres (Meson) 1935, 37 W
-, superschweres 1977 W
-, Zitterbewegung 1955 W
Elektronen 1858, 69, 88, 89, 90, 95, 97, 1935 W
Elektronenhülle 1911 W
Elektronenladung 1917, 23 W
Elektronenmikroskop 1926, 31, 39-41, 43, 45, 47, 49, 50, 55, 56 W
»Elektronenmikroskopie« 1949 W

Elektronenmikroskopie (Raster-) 1974 W
Elektronenoptik 1926 W
Elektronenrechnen 1957 W
Elektronenröhre 1904, 11 W
Elektronenschleuder 1935, 45, 49 W
Elektronen-Spin 1925 W
Elektronenstoß 1914, 25, 27 W
Elektronenstrahlen der Sonne 1901 W
»Elektronen-Übermikroskopie« 1940 W
Elektronen-Verstärkerröhre 1906 W
Elektronenwellen 1937 W
Elektronik 1950, 59, 60 W
–, Unterhaltungs- 1973 W
»Elektronische Klangerzeug.« 1960 M
– Musik 1951, 60, 68 M
– Rechenanlagen 1961 W, 62 V
– Rechenmaschine 1953, 54, 62, 63 W
»– Studie I« 1953 M
Elektron-Positron-Paar 1933, 34 W
Elektron-Synchroton 1959 W
Elektrophor 1775
Elektrophotographie 1961 W
Elektro-Pop-Musik 1968 M
Elektroschmelzofen 1887
Elektrospeicherbus 1971 W
Elektroschock 1938 W
Elektrostahl 1880, 1901 W
Elektrotechnik, Anfang der 1867
Elektrotherapie 1748, 1848
Elektrotraktor 1960 W
Elektrum v. Chr. 700
Element 101, 1955 W
Element 105, 1968 W
– 108, 1969 W
–, chem. 1637, 61, 91, 1702, 1815, 69
–, elektr. 1791, 1800, 68
»– der Geometrie« v. Chr. 325
Element (philos.) v. Chr. 550, 544, 526, 430, 400, 322, 308, 305
»Élément vertical« 1957 K
Elementaranalyse 1831
Elementarladung 1868, 81
»Elementarmathematik« 1909 W
Elementarschulbildung 1961 Ph
Elementarteilchen 1961, 64, 67, 68, 71, 75, 76, 77 W
»–, Einf. i. d. Feldtheorie d.« 1967 W
–, Theorie der 1957 W
Elementarteilforschung 1960 W
»Elemente« 774
– 99 und 100 1954 W
»– der Harmonik« v. Chr. 300
»– der Psychophysik« 1860
»– d. Völkerpsychologie« 1912 Ph
–, Zahl der bekannten chemischen 1954 W
»Elend des Krieges« 1633
»– der Philosophie« 1846
»– unserer Jugendliteratur« 1896
»Elenden« 1862
»Elendsviertel von Berlin« 1925 K
Eleonore von Aquitanien 1137, 54
Elephanta-Insel 900
»Elephanten-Boy« 1937 K
Elephantenuhr, Die« 1973 K
Elephantine v. Chr. 360
Eleusis v. Chr. 540, 430
»Elf Scharfrichter« 1901 K
Elfenbein v. Chr. 1600, 1250, 1200, 775, 438, 420; n. Chr. 6. Jh., 726, 97
Elfenbein-Altäre, zweiflügl. 350, 14. Jh.
Elfenbeinkunst 350, 90

Elfenbeinküste 1960 P
»Elfte Jahr« 1928 K
Elgar 1857, 1900, 34 M
Elgin, Th. 1801
Elias v. Chr. 854
»–« 1846
– bar Schinaja 1049
»Elieser wirbt um Rebekka« 1648
Eliot, T. S. 1888, 1909, 17, 22, 30, 35, 39, 48, 49, 51, 53, 54, 58 D, M, 59 D
Elis v. Chr. 400
–, Pyrrhon von v. Chr. 376, 270, 230
Elisa v. Chr. 841
Elisabeth I. von England 1533, 58, 59, 68, 71, 77, 84, 87, 1601, 03
– II. v. England 1952, 53, 57, 60, 77 P
»– von England« 1930 D
»Elisabeth, Legende v. d. hl.« 1862
– von Nassau-Saarbrücken 1436, 56
Elisabeth, N. J. (USA) 1952 V
– von Rumänien 1908 D
– von Rußland 1709, 41, 55, 62
– von Thüringen 1207, 17, 25, 27, 28, 31, 83
»– Tudor« 1972 K
Elisabethanisches Zeitalter 1603
Elisabethbau, Heidelberg 1618
»Elixiere des Teufels« 1816
»Eliza, Eliza« 1965 D
– von Valois 1559
Elizabeth II. 1965 P
Elle 1101
»–« 1898
Ellington, D. 1974 M
»Ellipse« v. Chr. 170
Ellipt. Funktionen« 1825
Ellison, J. W. 1955 Ph
Ellora 700, 70, 850, 900
Ellsworth 1935 W
»Elmer Gantry« 1927 D
El-Obeid-Kultur v. Chr. 3372
Eloesser 1930 D
Elsaesser, M. 1928 K
Elsaß v. Chr. 58; n. Chr. 443, 925, 1175, 1273, 1354, 1450, 75, 93, 1528, 1640
Elsässer, H. 1969 W
Elsaß-Lothringen 1871, 79, 1911, 19, 27 P, 31 P
E-Lok 1973 V
Elsheimer 1578, 1605, 09, 10
Elsner, G. 1973 D
Elsner, J. X. 1821, 37 M
Elsschot, W. 1959 D
–, A. 1928 V
Elster 1893, 99, 1904 W
Elßler, Fanny 1830
Elteke v. Chr. 701
Eltern, Meine« 1806
Eltz, Burg 1350
Eltz-Rübenach, v. 1933 P
Eluard 1942, 52 D
Elvira, Konzil von 305
Ely 1083
»Elysium« 1905 D
Elzevir 1583, 1626, 1909 D
Emailmalerei 972, 11. Jh., 13. Jh., 15. Jh., 1528
Emailtechnik v. Chr. 1600
Emanationslehre 140
Emanuel I. 1495, 97
– II. 1910 P
Emanuelstil 1501
»Emanzipation II« 1971 K
Embden 1925 W
Embryologie (Anfänge) 1559, 1600, 51, 62, 67, 72
»–« 1944 W
Embryonalentwickl. 1936 W
Embryonen (Vitrozüchtung) 1971 W
Embryo-Transplantation 1976 W
Emde 1907 W
Emden 1901 V

Emerson 1803, 36, 42, 71, 82
Emesa 500
–, Heliodorus von 3. Jh.
Emge 1921 Ph
Emigration 1933 V
»Emil und die Detektive« 1929 D, 31 K
»Emile« 1762
Emilia 1860
»– Galotti« 1772
Emin Pascha 1876, 87
»Emmer« v. Chr. 3500, 3000
Emmeram 650
Emmerich, A. K. 1833
»Emotionales Denken« 1908 Ph
Empedokles v. Chr. 490, 465, 430, 400
»Empfängl. Landschaft« 1964 K
»Empfängnis Mariä« 1635
–, unbefleckte 1854
Empfängnisverhütung 1934 W, 58, 68 V
»Empire City, The« 1959 D
Empire-Konferenz 1923 P
Empirestil 1762, 64, 1802
Empiriokritizismus 1889
»–« 1843, 96, 1909 Ph
Empirische Sozialforschung 1952 Ph
»Empirische Soziolog.« 1931 Ph
»Empirismus« (Log.) 1928, 29, 32, 33, 51 Ph
»Empirist. Wissenschaftsauffassung« 1940 Ph
»Emporsteigender Jüngling« 1913 K
»Empörung d. abtrünnigen Engel« 1842
»– des Ideals« 1908 Ph
Emrich, W. 1965 Ph
Ems, Rudolf von 1230, 52
– 1911 V
»Emser Depesche« 1870
Ena von Spanien 1906 P
»Enamorada« 1946 K
Encheiridion« 2. Jh., 138
»Enchiridion« 1502
Encina 1469
»Encyclopaedia Americana« 1947 Ph
»– Britannica« 1768, 71, 1935 Ph
»– Judaica« 1928 Ph
»Encyclopédie de la musique« 1931 M
»End of the Road« 1955 K
»– – –, The« 1970 K
End-Capsien-Kultur v. Chr. 4800, 4300
»Ende, Das« 1923 D
»– einer Affäre« 1951 D
»– einer Dienstfahrt« 1966 D
»– der Armut« 1935 D
»–, E.« 1946, 54, 65 K
»– aller Dinge« 1930 Ph
»–, gut, alles gut« 1596
»– des Herbstes« 1952 K
»– des Impressionismus« 1916 Ph
»– des Laissez-Faire« 1926 V
»– der Nacht« 1953 D
»– der philosophischen Pädagogik« 1971 Ph
»– von Pimeänpirtti« 1902 D
»– der Zeiten« 1973 M
Endell, A. 1908, 18 K
»– Gruß« 1978
Ender 1930 P
Enders, J. F. 1954 W
»Endlose Straße« 1926 D
Endo, J. 1964 V
»Endokrinol. Psychiatrie« 1954 Ph
Endotoxin 1970 W
»Endspiel« 1957 D
»Endspurt« 1962 D
»Endstation Sehnsucht« 1951 K
»Eneide« 1183
»Energetik« 1901 Ph
»Energetische Gundl. d. Kulturwissensch.« 1909 Ph

»Energie, Befreite« 1953 W
–, Definition d. 1853
–, elektrische 1955 W, 72 V
Energiebedarf d. Erde 1970, 75 V
Energieerhaltungssatz 1594, 1673, 1842, 47, 94, 1934 W
Energieerzeugung 1870, 91, 1925, 28, 30, 31, 36, 49, 60 W, 70 V
–, Anteil a. d. 1966 V
–, Welt- 1965 V
»Energieinh. d. Atomkerne« 1939 W
Energiekonf., Welt- 1975 V
Energiekosten 1973 V
Energiemessung 1958 W
Energieproduktion 1951, 52, 76 V
Energieprogramm 1974 V
Energiequellen 1180, 1970, 71 V
Energiereserven 1955 V
Energiesicherungsgesetz 1973 V
Energiestoffwechsel 1951 W
Energieträger 1966 V
Energieübertrag. drahtl. 1975 V
Energieverbrauch 1951, 59 W, 60, 70, 72 V
– der BRD 1968, 76 V
–, europäischer 1954 V
–, globaler 1975 V
– im Jahr 2050 1956 W
Energievorrat 1972 V
»Energiezentren, Sechs« 1951 K
Enescu, G. 1958 M
»Enfants du Pirée« 1961 M
»– terribles« 1929 D
Engel i. d. bild. Kunst 1000
»– kommt nach Babylon, Ein« 1953 D, 77 M
»– Buch üb. d.« 1392
»–, E.« 1935, 48, 52 K
»– der Passion« 1954 K
»– mit der Posaune« 1949 K
»– Sibiriens« 1914 Ph
Engelbrekt Engelbrektson 1435
»Engelgasse« 1930 D
Engelmann, B. 1973, 75 Ph
–, H. U. 1951, 56, 65 M
Engels, Fr. 1820, 45, 78, 83, 84, 85, 88, 91, 93, 95
Engelsburg 130, 38
Engelverehrung 1392
Engl 1922 D
»Engländer, Franzosen, Spanier« 1954 Ph
»Englands, D. Geschichte« 1337
Engler, A. 1900, 15, 21 W
–, K. 1927 W
»Englische Fräuleins« 1609
»– Geliebte, Die« 1967 D
»– Geschichte« 1848, 59
»– Goethe-Gesellschaft« 1886
»– Hudsonbay-Handels-Kompagnie« 1670
– Krankheit 1650
»– Reise« 1934 D
»– Stickerei« 11. Jh.
»– Südsee-Gesellschaft« 1711
»– Westafrika-Kompagnie« 1618
Englischer Garten 1715, 50, 65, 89
»– Gruß« 1518
– Wirtschaftskrieg 1676
Englisches Kollegium 1250
– Wörterbuch 1755, 1884, 1928
Englisch-französ. Kolonialkrieg 1756
Englisch-Ostind. Handelskompagnie 1600, 61, 90, 93, 1773, 84
»English Dictionary« 1928 D
»Engramm XXVI/66« 1966 K
ENIAC 1942, 46 W
Enikel, Jansen 1277
Enkaustik v. Chr. 5. Jh., 350

Enkidu v. Chr. 3000
Enlil v. Chr. 2000
Ennius v. Chr. 329, 169
»Enoch Arden« 1936 M
Enrico-Fermi-Medaille 1963 W
Enriques 1912 Ph
»Ensemble« 1967 M
Ensinger 1399
Ensor, J. 1860, 1949 K
»Entartete Kunst« 1937, 62 K
Entdeckung der Erde (fortschreitende) 15. Jh.
– in Mexiko« 1946 D
»Entdeckung . . . v. kl. Nebelflecken . . .« 1901 W
Entdeckungszeitalter 15. Jh., 1588
Entebbe 1976 P, V
Enteignungsgesetz 1908 P
Entelechie v. Chr. 334
Entemena v. Chr. 2500
»Entente cordiale« 1904 P
Enterbrücken v. Chr. 260
Enterkampf 1340
»Enterprise« Flugzeugträger 1969 V
»Entertainer, The« 1957 D
»Entfaltung des Lebens, Die« 1965 W
Entfernung extrem kosmische 1965 W
–, größte kosmische 1972 W
– von Mond und Sonne v. Chr. 130
»– von der Truppe« 1964 D
Entfernungen, astron. 1953 W
Entfernungsbest., astron. 1698, 1883, 1920, 24 W
Entfernungsmessung (präzise) 1972 W
Entfernungs-»Schrumpfung« 1953 V
»Entfesselte Prometheus, Der« 1820
»– Theater, Das« 1919 D
»Entführung XI« 1961 K
»– Psyches durch Zephir« 1807
»– aus dem Serail« 1781
Entführungen i. Ital. 1974 V
»Enthauptung Johannes des Täufers« 1479
»Entkleidung Christi« 1579
Entladungsrohr, elektr. 1854
Entmilitarisierungsges. 1950 P
Entmythologisierung d. NT 1961 Ph
»Entnazifizierungsges.« 1946 P
»Entomologie« 1929 W
–, Zeitschrift 1914 W
»Entpersönlichung« 1921 Ph
»Enträtselte Atlantis, Das« 1953 Ph
Entropie 1865, 77
Entschädig. d. Kriegsgefang. 1963 V
Entscheidungstheorie 1950 W
»Entstalinisierung« 1956, 61 P
Entstaubung, elektr. 1910 W
»Entstehen und Vergehen« 322
»Entstehende Verbind.« 1923 K
»Entstehung d. Arten durch natürl. Zuchtwahl« 1859
»– des Christentums« 1904 Ph
»– der christlichen Theologie. . .« 1927 Ph
»– d. Doktor Faustus« 1949 D
»– des germanischen Rechts« 1643
»– d. Historismus« 1936 Ph
»– d. Kontinente u. Ozeane« 1915 W
»– u. Krise d. mod. Romans« 1960 D
»– d. Lebens a. d. Erde« 1949 W
»– d. Menschen« 1912 K
»–, die Natur, das Recht und die Veränderungen des Geldes« 1382

»Entstehung d. Quantentheorie« 1920 W
»Enttäuschten, Die« 1958 K
»Entwarnungsfrisur« 1942 V
»Entweder-Oder« 1843
Entwicklung, biolog. 1864, 66, 72
»— der deutschen Volkswirtschaftslehre« 1908 V
»— der Geschichtswissenschaft . . .« 1919 W
»— d. Lebens« 1907 Ph
»— d. Physik« 1938 W
»— des Sozialismus von der Utopie zur Wissenschaft« 1891
»Entwicklung, Theorie der 1936 W
»— d. wissenschaftl. Betriebswirtschaftslehre« 1923 W
—, wissenschaftl.-technische 1964 W
»Entwicklungsgedanken« (Kampf um d.) 1905 Ph
»Entwicklungsgeschichte« (Handatlas) 1907 W
»— der mod. Kunst« 1904 K
Entwicklungshilfe 1960 Ph, V, 61, 64, 70 V
Entwicklungskonferenz, UN- 1963 V
Entwicklungslehre, biolog. 1918 Ph
»Entwicklungsmechanik . . .« 1905, 35 W
»Entwicklungsphysiolog. Untersuchung a. Tritonei« 1901 W
Entwicklungsprognosen 1964 W
»Entwicklungspsychologie . . .« 1915, 55 Ph
»— des Grundschulkindes« 1929 Ph
»Entwurf für ein Fresko« 1929 K
»— einer neuen Ästhetik der Tonkunst« 1916 M
»Environments« 1968 K
Enzensberger, Chr. 1969 D
—, H. M. 1947, 60, 62 D, 64 Ph, 65, 69, 71, 72 Ph
Enzyklika, päpstliche 1745, 1864, 91, 1903, 07, 10, 28, 31, 35, 36, 50, 55, 59, 61 Ph
Enzyklopädie s. a. Encyclopädia
Enzyklopädie v. Chr. 339, 27; n. Chr. 30, 583, 600, 856, 70, 77, 89, 959, 83, 1250, 65 Ph, 1322, 1728, 1751; s. a. Konversationslexikon, Lexikon, Wörterbuch
»— der Kriminalistik« 1900 Ph
»— der Leibesübungen« 1794
»— der philosophischen Wissenschaften im Grundrisse« 1817
Enzym, Oxydations- 1955 W
Enzyme s. Fermente
Enzym-Synthese 1968 W
Eolithen 1948 W
Eosander 1670, 1701, 04. 11, 13, 29
Eötvös, v. 1909 W
Epaminondas v. Chr. 420, 379, 371, 362
Ephemeriden 1476
»Ephesische Geschichten von Antheia und Abrokomes« 100
Ephesos v. Chr. 1000, 600, 550, 544, 483, 400, 356, 285; n. Chr. 55, 150
—, Konzil zu 411, 31
—, Synode zu 449
—, Xenophon von 50
Ephialtes v. Chr. 480
Ephod v. Chr. 1000
Ephoros von Kyrene v. Chr. 353
Ephräm der Syrer 305, 67, 73
Epicharmos v. Chr. 507

»Epicuri, De vita moribus et doctrina« 1647
Epidauros v. Chr. 600, 4. Jh., 399, 353
Epigenese 1759
»Epigonen« 1836
Epiktet 50, 95, 138
Epikur v. Chr. 341, 306, 300, 285, 271, 222, 98, 55; n. Chr. 1431, 1637, 55
Epilepsie (Denkschrift) 1973 W
Epileptiker 1872
»Epilogue« 1940 D
Epiphanias-Spiel 1147
Epiros v. Chr. 415, 281, 280, 275, 219
Epirus 1913 P
»Epische Gedichte« 1907 D
»Epistelbüchlein für Leute mittelmäßigen Standes« 1565
»Epistola Petri Peregrini Maricurtensis de Magnete« 1269
»Epistula dogmatica« 451
»Epistulae ex Ponto« 18
»Epitaph for G. Dillon« 1958 D
—, für E. Galois« 1965 M
»Epitaph auf F. Garcia Lorca« 1953 M
»Epitome« 1461
»Epizyklen der Natur« 1778
Epizyklen-Theorie v. Chr. 200, 170, 125; n. Chr. 1240
Epp, O. 1969 W
Eppler 1974 P
Epoxyharze 1958 W
Epstein, J. 1905, 59 K
Erard 1823
Erasistratos v. Chr. 275, 250
»Erasmus« 1521 Ph, 23, 26
»— und Mauritius« 1525
— von Rotterdam 1465, 1500, 02, 09, 12, 16, 18, 24, 28, 36
Erasmus-Preis 1960 K
Erato v. Chr. 700
Eratosthenes v. Chr. 310, 275, 200, 195, 195, 125
Erb 1877, 1958 W
Erbänderungen, strahlungsausgelöste 1951, 56, 57 W
»Erbarmen m. d. Frauen« 1957 D
»Erbauer« 1907 K
»Erbauliche Gedanken eines Tabakrauchers« 1723
»Erbe, Der« 1973 K
»— d. Artamonows, D.« 1925 D
— von Björndal« 1933 D
— am Rhein« 1931 D
Erbfaktoren (Übertr. v.) 1974 W
»Erbförster« 1850
»Erbgut, Atomenergie und« 1957 W
Erbhofgesetz 1933 P
Erbkrankheiten 1973, 74 W
»Erblichkeitslehre und Rassenhygiene« 1921 W
Erbmanipulation 1974 W
Erbrecht (frühes) v. Chr. 1955, 1360; n. Chr. 500
Erbschäden 1956 W
Erbschaftssteuer 8, 1906, 09 P
Erbse, H. 1955, 56 M
Erbsubstanz 1933, 43, 44, 53, 57, 62, 64 W
—, »Code« der 1965 W
Erbuntertänigkeit in Preußen, Aufhebung der 1807
Erceldoune, Thomas von 1290
»Ercole amante« 1662
Erdabplattung 1673, 1737
Erdachse v. Chr. 1090; n. Chr. 1907 W
Erdalter 1969 W
»Erdarbeit« 1916 W
Erdatmosphäre 1951 W
Erdbeben v. Chr. 1700, 465; n. Chr. 1572, 1755, 1891, 1906, 08, 20, 23, 31, 39, 50, 53, 54, 60, 62, 63 V
—, Jahr d.« 1976 V
Erdbeobachtung durch Satelliten 1972 W
Erdbeschreibung v. Chr. s. Geographie
Erdbevölkerung v. Chr. 3900, 750; n. Chr. 1650, 1964, 66 V
— —, gesamte v. Chr. 3900
Erdbewegung v. Chr. 322
Erdbild v. Chr. 1950, 424; n. Chr. 1166
— —, geopolit. 1946 W
Erdbohrung 1958 W
Erddichte 1798
Erddrehung v. Chr. 350; n. Chr. 1464, 1933 W
Erddurchmesser 1966 W
»Erde« 1908 D, 58 K
—, zur Atmosphäre der 1965 W
»—, Die ausgeplünderte« 1948 V
— bebt« 1948 K
— (Element) v. Chr. 430, 322, 308
—, Fernseh-Farbbild der 1967 W
—, Kern u. Mantel der 1941, 48 W
— zum Mond« (Von der) 1866
—, neues Bild d. 1970 W
— (Planet) v. Chr. 560, 550, 496, 365, 356, 347, 322, 270, 200; n. Chr. 1798, 1841, 46
—, »plastische Kraft« 1482
—, rächt sich« 1950 W
—, Schrumpfung der 1924 W
— ist unbewohnbar wie der Mond, D.« 1973 D
»Erdexpansion, Z. Problem d.« 1961 W
Erdgas 1948 W, 1960 V
Erdgaslieferung der USSR 1969 V
Ergasversorgung 1972 V
»Erdgeist« 1895
Erdgeschichte der Sauerstoffatmosphäre 1965 W
Erdgestalt v. Chr. 200
Erdglobus, erster 1492
Erdgröße, neuzeitl. Best. 1617
Erdkarte d. Anaximander – 560
Erdkrümmung v. Chr. 356
Erdkrustenbeweg. 1974 W
Erdkunde s. Geographie
—, Ges. f. 1827, 28
— i. Verhältnis zur Natur u. z. Gesch. d. Menschen, Die« 1818
Erdmagnetismus 1492, 1600, 1836, 40, 1905, 26 W
»— —, Atlas des« 1840
—, Umkehr 1966 W
Erdmann 1920 Ph
Erdmannsdorf 1736, 1800
Erdmessung v. Chr. 356, 200; n. Chr. 827, 1621, 70, 1737, 1841, 1919 W
Erdmuttergottheit v. Chr. 4000, 3372, 3000, 2500, 2300, 2290, 2000, 1700, 1300, 800, 204, siehe auch Demeter
Erdöl, s. Öl
»—« 1925 W
— aus Algen 1976 V
Erdölausbruch 1977 V
Erdölförderung 1970, 75, 76 V
Erdölfunde in Alaska 1969 V
Erdölproduktion 1965 V
Erdradius, Zunahme des 1965 V
Erdrotation, Verlangsamung der 1965 W
Erdsatellit, künstl. 1953, 57, 62 V
Erdtmann 1943 V

Erduhr 1967 W
Erdumfang v. Chr. 80; n. Chr. 820
Erdumsegelung 1969 V
Erechtheion v. Chr. 407
Erechtheus v. Chr. 1200
»Ereignis, Das außerordentl.« 1961 D
»Erek« 1190
— und Enite« 1191
Eremitage 1958 K
Eremitenvereinigung 1155
»Erfahrungen mit Gott« 1959 D
»Erfolg« 1930 D
»Erforschung der Wahrheit« 1678
»Erfundener Bericht« 1974 D
Erfurt 1392, 1456, 1501, 1758
—, Augustinerkirche 1360
—, Treffen 1970 P
—, Ursulinerinnen-Kloster 1350
Erfurter Parlament 1850
— Programm 1891
»Ergebnisse der Biologie« 1926 W
— d. exakten Naturwissenschaft« 1919 W
— unserer Hirnforsch.« 1919 W
— u. Probleme d. Naturwissenschaften« 1914 Ph
Ergosterin 1931 W
Ergotimos v. Chr. 560
»Erhabene, üb. d.« 1793
Erhard, Ludwig 1950, 53, 57 P, 59 K, 60 P, 61 P, V, 62 P, V, 63, 65, 66, 67, 77 P
»Erhebung« 1951 P
»Erhebungen von Wirtschaftsrechnungen . . .« 1909 V
Erich XIII. 1397
— der Heilige 1150
— der Pommer 1397
Erie-Kanal 1825
Erik der Rote 984, 1000
Eriksen, E. 1953 P
Erikson (Bischof) 1121
—, Leif 1965 V
»Erinnerung, Ferne« 1975 K
»Erinnerungen« 1855, 1946 D, 63 Ph, 75 D
— an ein Dorf« 1971 K
— an Igorrotes« 1954 K
— eines Malers« 1953 K
— einer Nacht« 1912 K
— und Reflexionen« 1969 Ph
— aus sieben Jahrzehnten« 1968 Ph
— an Sokrates v. Chr. 354
— an den Tod« 1160
Eritrea v. Chr. 500; n. Chr. 1881, 1941 Ph
Eriugena, Joh. Scotus 810, 50, 51, 70, 77
Erk, L. 1852
»Erkenntnis und Irrtum« 1905 Ph
»—, Ursprung menschl.« 1746
»Erkenntnislehre v. Chr. 347, n. Chr. 1918 Ph
Erkenntnisproblem i. d. Philosophie u. Wissenschaft . . .« 1919 Ph
»Erkenntnistheorie in psychologischer Grundlage« 1913 Ph
Erkennung, elektron. 1965 W
»Erkiesen und Fryheit der Spysen« (Vom) 1522
Erkner, Lazarus 1574
Erlach s. Fischer von Erlach
Erlander, T. 1946, 69 P
Erlangen 1742, 1815, 1949 W
Erlanger Programm 1872
»Erläuterungen z. Neuen Test.« 1910 Ph
— zu den Worten d. Herrn« 140
»Erleben, Erkennen, Metaphysik« 1926 Ph

»Erlebnis u. d. Dichtung« 1905 Ph
»Erlebte Erdteile« 1929 W
»Erlebtes u. Gedachtes« 1867
»— Leben« 1928 D
Erler, F. 1963, 64, 66, 67 P
»Erlkönig« 1782, 1814, 1818
»Erlösung« 1872, 1919 D
Ermächtigungsgesetz 1932, 33 P
»Ermahnungsrede an die Hellenen« 190
Erman, A. 1926 D
Ermanrich 350, 1200
Ermelerhaus 1759
Ermisch 1926 K
»Ermittlung, Die« 1965 D
Ermland 1678
»Ermordung Cäsars, Die« 1959 M
— des Herzogs von Guise« 1903 K
Ermler 1935 K
»Ernährung« 1928, 64 V
— der Erdbevölkerung 1965 V
»— (Grundl.) 1916 W, 21 V
— um 1960 1955 V
Ernährungsfähigkeit der Erde 1949 V
»Ernani« 1844
»Erneuerung an Haupt und Gliedern« 1414
»— d. Erziehung 1927 Ph
»— des römischen Reichs« 983
»Erniedrigte Vater, Der« 1919 D
Ernst I. von Schwaben 1016
— II. von Mansfeld 1626
— II. von Schwaben 1026, 1180
— August v. Cumberland 1837, 1913 P
»— Barlach« 1930 K
— der Fromme 1642
— von Sachsen 1485
»—, Herzog v. Schwaben« 1818
—, J. 1952, 55 K
—, M. 1926, 42, 53, 54, 58, 67, 68 K
—, O. 1862, 1901, 06, 16, 26 D
—, P. 1903, 06, 15, 28, 30 D
»Ernste Antworten a. Kinderfragen« 1920 W
»— Bibelforscher« 1852, 1916, 50 Ph
»— Gesänge, Vier« 1896
Ernst-Heinkel-Flugzeugwerke 1922 V
Ernst-Rowohlt-Verlag 1946 D
»Ernte a. 8. Jh. dt. Lyrik« 1906 D
Ernteertrag 1890
Erntefest« 270
Erntemaschine 1834
Ernteschäden 1950 W
»Eroberung des Lebens« 1928 W
— des Südpols« 1911 V
»Eröffnung der Vatikanischen Bibliothek durch Papst Sixtus IV.« 1477
»Eroica« 1804
Eroica-Trauermarsch 1945 M
Eros v. Chr. 388, 387
—, geflügelter 300
— und Zivilisation« 1955 Ph
»Erotik« 1901 D
— i. d. männl. Ges.« 1919 K
Erotische Kunst« 1968 K
Erotischer Roman (Anfänge) 100, 200
»Erotisierte Pflanzen« 1964 K
»Erotokritos« 1600
ERP 1947-49 P, 74 Ph, 75 P
»Erreichbarkeit der Himmelskörper« 1926 W
»Errettung Thebens, Die« 1963 M
»Erschaffung Evas, Die« 1960 K
— d. Menschen, Die« 1958 K
»Erscheinung d. Christkindes v. d. hl. Antonius« 1656

»Erschießung« 1913 K
»- Kaiser Maximilians« 1869
»- spanischer Freiheitskämpfer« 1809
»Erschwerte Möglichkeit der Konzentration« 1968 D
Erskine 1925, 27, 51 D
»Erste und letzte Dinge« 1908 Ph
- Hilfe, Leitfaden 1911 V
»- Klasse« 1910 D
»- Kreis der Hölle, Der« 1968 D
»- Liebe« 1860, 1970 K
»- Mensch auf dem Mond, Der« 1969 V
»- Versuche ein. Schlittschuhläufers« 1907 K
»Erstes Erlebnis« 1911 D
Erstgeburtsrecht 1356
Erstickungsgefahr 1944 W
Ertl, H. 1953 K
-, J. 1974 P
ERTS-1 (Satellit) 1973 W
»Erwachender Frühling« 1954 W
»Erwachsenenbildung« 1813, 27, 40, 41, 44, 48, 50, 52, 66, 70, 78, 99, 1901, 03, 05, 08, 09, 10, 14, 17, 20, 21, 24, 26, 28, 29, 31, 41, 45, 48, 49, 50, 62 Ph
»Erwählte, Der« 1951 D
»Erwartung« 1909, 24 M
Erwin v. Steinbach 1276, 84, 1318
Erya v. Chr. 197
»Erythräische Sybille, Die« 1564
»Erzählung v. Leben« 1962 D
»Erzählungen« 1885, 1934 D
»-. v. Engeln, Geistern u. Dämonen« 1934 K
»- und Novellen« 1762
»- - - Versen« 1674
Erzberger 1875, 1917, 21, 24 P
Erze v. Chr. 1580, 600, 322; n. Chr. 1037, 1548, 80, 1602
»Erzengel Michael besiegt den Satan« 1630
»Erzeugung v. Diamanten . . .« 1961 W
»- der Tiere« (Über die) 1651
Erzgebirge 1290, 1483, 1602, 20, 1935, 45 P
Erzguß v. Chr. 550, 551; n. Chr. 1250
»Erziehenden Unterr., Grundlegung z. Lehre vom« 1865
Erziehervereinigung 1923 Ph
Erziehung s. a. Pädagogik
»- f. Erzieher« 1809 Ph
»- i. Gemeinschaftsgeist« 1921 Ph
»- des Herzens« 1869
»-, kompensatorische« 1969 Ph
»- d. Menschengeschl.« 1780
»-, Ökonomie d. . . .« 1962 Ph
»-, Philosophie der« 1922 Ph
»-, Revision der« 1952 Ph
»-, ritterl. 13. Jh.
»-, Totalitäre« 1954 Ph
»- im Übergang . . .« 1943 Ph
»- zum Ungehorsam« 1967 D, Ph
»-, Ziele d. europ.« 1962 Ph
»Erziehungsbriefe . . .« 1920 Ph
Erziehungsjahr 1970 Ph
»Erziehungskunst« 1873
»Erziehungslehre« 1924 Ph
»Erziehungspsychologie« 1902, 03 Ph
»Erzketzer« 1911 D
»Es« 1965 K
»- begann i. ein. Mittsommernacht« 1937 D
»- führt kein Weg zurück« 1940 D

»Es geschah i. e. Nacht« 1934 K
»- -a. hellichten Tag« 1958 D
»- - morgen« 1944 K
»- gibt kein Zurück« 1951 D
»- grünen frisch die Wiesen . . .« 1302
»- ist alles Wahrheit« 1943 K
»- kann nicht hier geschehen« 1935 D
»- läuten die Glocken« 1912 Ph
»- stand die schmerzensreiche Mutter (am Kreuz)« 1306
»- war eine rauschende Ballnacht« 1939 K
»- war einmal« 908 D
»- waren ihrer sechs« 1944 D
Es Sebûa v. Chr. 1250
Esau 1925, 29 W
Esche, E. 1964 K
Eschelsbach 1929 W
Eschenbach, Ulrich von 1284
-, Wolfram von s. Wolfram von Eschenbach
Eschenburg, Th. 1965 Ph
Escherich, G. 1920 P
-, K. 1886, 1900, 01, 51 W
Eschkol, L. 1963, 67 P
Eschunna v. Chr. 2200
Escorial 1563, 86
»Esel der Berge« v. Chr. 1700
»-, d. goldene« 1960 M
Eshin 942, 1017, 1150
Eshleman, V. R. 1959 W
»Eskalation, Über« 1965 W
Eskimo 1419, 1902 D, 12, 24 W
Eskola, K. u. P. 1970 W
»Esop« 1477
»Esopus« 1490, 1540
Esperanto 1907, 28, 47, 50 D
Espina de la Serna, C. 1926 D
»Esprit« 1932 Ph, 58 D
»-, De l'« 1758
»- des lois, De l'« 1748
Esra v. Chr. 429
Essäer v. Chr. 100, 1. Jh.
»Essai pour la longue marche« 1969 K
»Essais« 1580, 88, 1918 D
»Essay on Man« 1733
»- über die gegenwärtigen und zukünftigen Frieden in Europa« 1693
»- über Sitten und Geist der Völker« 1756
»Essays« 1597, 1842, 71
»- über krit. Realismus« 1920 Ph
»- zur Kulturkritik« 1954 Ph
»- über Realismus« 1938 Ph
Essen 1003, 11. Jh. 1555, 1811, 1909 V, 32 M
»-, Folkwangmuseum 1902 K
»-, Münster 853
»-, Rundkirche 1930 K
Essener v. Chr. 146
Essex, Robert 1601
Eßgabeln 1589
Essighaus 1618
Essigsäure 1907 W
Esslin, M. 1962 Ph
»Esso Deutschland« 1963 W
Este 1070, 1135, 1452, 71
Ester, K. d' 1924, 60 V
Esterel, J. 1974 K
Esterer, W. 1967 K
Esterhazy, Fürst 1761, 1804
Estes, W. K. 1959 Ph
Estève, M. 1952 K
Esther 15. Jh.
»-« 1689, 1720
»- von Ahasverus« 1528
Estournelles de Constant 1909 P
Esra v. Chr. 458, 444
Etana v. Chr. 2200
Etat der BRD 1956 V
»Ethan Frome« 1911 D
Ethelher, Kg. 645
Ethelwolf v. Essex 855
Etheridge, G. 1676

»Ethica« 1665
Ethik v. Chr. 347, 339, 322, 305, 79
»-« 1886, 1902, 25 Ph
»- . . .« (Formalismus) 1916 Ph
»- (Fragen d.) 1930 Ph
»- nach der geometrischen Methode« 1677
»-, hedonist. 1908 Ph
»- als Kritik d. Weltgesch.« 1914 Ph
»-, Prinzipien d.« 1879
»- . . .« (protestant.) 1901 Ph
»- des reinen Willens« 1902 Ph
»-, Skeptische« 1975 Ph
»- i. techn. Zeitalter 1972 Ph
»-, Vorlesungen über die Grundlagen der« 1917 Ph
»- als Wissenschaft« 1925 Ph
»Ethische Charaktere« v. Chr. 287
Ethnologie s. Völkerkunde
»-« 1911 Ph
»Ethology, Functional« 1972 Ph
»Etienne Chevalier und der hl. Stephanus« 1451
»Etlicher Unterricht zur Befestigung der Schloß und Flecken« 1527
»Etikette« 1923 V
Eton 1831, 69
- College 1382, 1441
»Être et le Néant, L'« 1943 Ph
Etrusker v. Chr. 2450, 800, 776, 8. Jh., 700, 650, 7. Jh., 675, 600, 587, 550, 6. Jh., 540, 510, 508, 500, 496, 477, 474, 468, 454, 450, 5. Jh., 400, 399, 396, 365, 364, 309, 298, 295, 280, 200, 180, 87, 79, 70; n. Chr. 1828, 1902, 22 Ph, K, 29 W, 39 D, 47, 72 Ph
»-« 1828
»-, Die« 1955 Ph
Etruskerkunde - 46 W
»Etruskische Gottesdienst, Der« 1947 Ph
»- Grabbilder« 1922 K
Etruskisches Fürst.-Grab 1836
»Etschmiadsin-Evangeliar« 586
Ettal 1330, 1752
-, Kloster 1769
»Etude Nr. 2« 1969 M
»- pour Folklore II« 1968 M
»Etüden, 12« 1833
»Etudes choreographiques« 1972 M
Etzel 1200
»-, Andergast« 1931 D
»-, Fr. 1957 P
Etzeldorf-Buch (Goldkegel) 1953 W
Euböa v. Chr. 295; n. Chr. 1470
Eucharistischer Kongreß 1960 Ph
»- Weltkongreß in Bombay 1964 Ph
Eucken, R. 1846, 78, 88, 96, 1901 Ph, 08 D, Ph, 11, 18, 26 Ph
»-, W. 1934, 54 Ph
Eudoxos von Knidos v. Chr. 410, 380, 356, 322, 200
Eugen IV. 1431, 37
»-, Prinz 1663, 97, 1704, 06, 08, 14, 16, 17, 21, 36
»Eugène« 1552
Eugenie, Kaiserin 1879
Eugenik 1883, 1956, 62, 64 W
Euhemeros v. Chr. 305
Eukleides v. Chr. 30
Euklid v. Chr. 496, 325, 300; n. Chr. 4. Jh., 774, 1556
- von Megara 395
»Eulalialied« 882, 900

Eulenberg 1910, 11 D
Eulenbild v. Chr. 597
Eulenburg 1892, 1906 P
»Eulenspiegel« 1483; s. a. Till E.
-, Till 1350
»-, der lachende Rebell, Till« 1957 K
Euler, L. 1707, 27, 36, 38, 41, 44, 46, 66, 70, 72, 73
Euler-Chelpin, H. v. 1873, 1929, 31, 64 W
- -, U. S. 1970 W
Eumenes I. v. Chr. 263
»- II.« v. Chr. 160, 159
Eunapios 405
»Eunuche« v. Chr. 159
Eunuchen, chin. 2. Jh.
Eupalinos v. Chr. 600
- oder d. Architect« 1924 D
Eupen 1919, 20, 40 P
Euphrat v. Chr. 2900, 2000, 1450, 1300, 605, 575, 325, 240; n. Chr. 117, 929, 1258
»Euphues the anatomy of wit« 1580
Eupolis v. Chr. 411
Euphuismus 1580
Eupompos v. Chr. 350
»Eurasischer Tierstil« v. Chr. 7. Jh., 406
Euratom 1956 V, 57 P, 62 Ph
»Eurhythmie« 1927 Ph
Eurich 466
»Euridice« 1600
Euripides v. Chr. 484, 435, 431, 430, 415, 410, 407, 406, 405, 399, 300; n. Chr. 1953 M
»Euro-Bau« 1976 K
Eurokommunismus 1976, 77 P
»Europa« 1930 W, 60 V
»-, europäisches« 1964 P
»-, Integration von 1954 P
»-, Junges« 1832
»- der Vaterländer« 1970 P
Europabrücke 1959 V
»Europäer, ältester« 1977 W
»Europäische Armee« 1950, 51 P
»- Bilanz« 1951 Ph
»- Drama, Das« 1956 Ph
»- Geistesgeschichte« 1953 Ph
»- Gemeinschaft 1951, 53, 70 P
»- - für Kohle und Stahl 1952 P, V
»- Gemeinschaften 1969 P
»- Gesittung« 1961 Ph
»- Gespräche 1951, 52 Ph
»- Kommission 1972 P
»- Pflanzenschutzorganisation« 1950 W
»- Union 1962, 63 P
»- Verfassung 1952 P
»- Verteidigungs-Gemeinschaft 1952, 53, 54 P
Europäisches Gespräch 1950 Ph
»- Gleichgewicht 1702, 1878
»- Parlament 1958, 63 P
Europapokal 1977 V
Europarakete 1971 W
Europarat 1949, 50, 51, 63 P
»- Ausstellung«, 15. 1977 K
Europas Anteil am Welthandel, 1969 V
»Europas, Die Geburt« 1959 Ph
Eurotel 1959 V
»Euryalus und Lukretia« 1444
»Euryanthe« 1823
Eurymedon, Schlacht am v. Chr. 466
Eusebius 260, 314, 23, 37, 40, 439
»Eustace and Hilda« 1947 D
Eustacchio 1524, 74
Euterpe v. Chr. 700
»-« 1963 M
Euthanasie 1920 Ph
Euthanasieprobl. 1973 Ph
Euthymenes v. Chr. 530
Euwe 1935, 37 V

Evangeliar der Äbtissin Ada 800
- - - Uta 1014
- (Etschmiadsin-) 586
- (Godescalc-) 781
- Karls des Großen 800
- Kahlen 850, 70
- Ottos III. 970, 1000
- (»Rabula-«) 586
Evangeliarharmonie 170, 830, 68
»Evangelimann« 1895
»Evangeline« 1948 M
»Evangelische Allianz« 1846
- Diaspora« 1919 Ph
- Katholizität« 1926 Ph
- Kirche i. d. DDR 1963 Ph
- - i. Österr. 1961 Ph
- -, Synode i. Berlin 1960 ff. Ph
- Kirchenmusik« 1926 M
- Reden in schwer. Zeit« 1914 Ph
- Wochen 1935 Ph
Evangelischer Bund 1887
- Kirchentag, II. 1962, 63 Ph
»Evangelisches Gebetbuch« 1549
Evangelisch-sozialer Kongreß 1890, 1925 Ph
Evangelistenbilder 800
»Evangelium Marci, Matthäi, Lucä, Johannis« 1908 Ph
- f. Atheisten« 1958 Ph
Evans, A. 1900 W
-, H. M. 1920, 22 W
- Oliver 1800, 04
Evanston, Weltkirchenkonferenz 1954 Ph
Evaporographie 1929 W
»Evasion, L'« 1952 K
Everaerts 1511, 36
Everest, F. K. 1953 W
Evergood 1950 K
Evers, C. H. 1970, 71 Ph
Eversplan 1968 Ph
»Every Man in His Humour« 1598
Eveux 1960 K
EVG. s. Europ. Verteidigungs-Gemeinschaft
Evian 1961, 62 P
»Evidenz in d. metaphysischen Wissenschaften, Abh. über die« 1764
»Evocation d'une forme humaine« 1961 K
Evolution 1973 W
- der Hominide 1950 W
Evolutionsphilosophie 1862
Evora, Dom 1204
Ewald 1837
-, J. 1769
Ewan 1949 W
Ewers, H. H. 1911, 13, 52 K
EWG 1958 P, 60 ff V, P, 70 V
- (Energieabhängigk.) 1971 P
-, Gr.-Brit. Eintritt 1967 V, 69 P
-, Vergrößerung der 1970 P
»Ewige im Aufruhr« 1920 D
»Ewige Liebe, Das« 1927 K
- Licht, Das« 1896
- Maske, Die« 1935 K
- Richtung« (Die) 1474
- Stadt« 1952 D
- Tag, Der« 1911 D
- Wiederkehr, Die« 1943 K
»Ewigen Frieden« (Zum) 1795
- Juden, Die Sage vom« 1223
- im Menschen, Vom« 1921 Ph
»Ewiger Landfriede« 1495
- Schöpfer der Dinge« 397
»Ewiges Bündnis« 1273, 91, 1315, 53
- Dasein« 1943 D
»Ewigkeit, Du Donnerwort« 1914 K
EWS 1974 V
»Examen rerum publicarum« 1660
»Except the Lord« 1955 D
Exekias v. Chr. 530

»Exemplar« 1366, 1913 D
»Exercitia spiritualia« 1521, 48, 1904 Ph
Exeter, Kathedrale 1369
Exhaustionsmethode v. Chr. 362
Exiguns 525
»Existential foundations of psychology« 1967 Ph
Existential-Philosophie 1843, 44, 54, 83, 89, 1922, 27, 32, 35, 38, 43, 50 Ph
»Existenzanalyse« 1946 Ph
»Existenzphilosophie« 1938 Ph
Exlibris 1470
»Exodus« 1958 D
Exorzist, D.« 1974, 75 K
Expansion der Erde 1965, 66 W
– des Weltalls 1965 W
Expansionsalter d. Welt 1931 W
»Experimenta nova« 1672
»Experimentalphysik« 1931 W
»Experimentalpsychologie« 1832
»Experimente in Aerodynamik« 1891
»Experimentelle Beiträge zu einer Theorie der Entwicklung« 1936 W
»– z. Typenkunde« 1934 Ph
»– Musik, Die« 1960 M
»– Mutationsforsch. i. d. Vererbungslehre« 1937 W
– Musik 1968 M
»– Pädagogik« 1907 Ph
»– Paläontologie« 1915 W
»– Psychologie« 1948 Ph
»Experimenten« 1958 D
Explorer 1957, 58, 59 W
Explosionsmotor (Vorläufer) 1673
Explosions-Verbrennungs-Kraftmaschine 1905 W
»Expo« 1970 V
Export 1970 V
Expressionismus 1910, 20 D, 21 Ph
»Expressionismus« 1919 K
»–, Im Banne d.« 1925 D
– (Beginn) 1903, 07 K, D; s. a. Munch, v. Gogh
»–, Der« 1919 K
»–, Dichter d.« 1961 D
»– i. Lit. u. Kunst« 1960 D
»–, Überwindung d.« 1927 D
expressionistisches Theater 1919 D
Externsteine/Teutoburger Wald 1115
Extremisten-Ges. 1975 P
extrovert. Typ 1921 Ph
»Exzelsior« 1909 D
»Exzesse« 1922 D
Eyb, Albr. v. 1472
Eyck, A. v. 1959 K
–, Brüder van 1904 K
–, Ch. H. 1969 K
–, Hubert van 1370, 92, 1420, 26, 32, 41
–, Jan van 1390, 92, 1420, 26, 32–34, 36, 38, 39, 41
Eyde 1903 W
Eysenck, H. J. 1953, 60 Ph
Eysler 1901, 06 M
Eyth, M. 1855, 99, 1902 D
Eyvind Skaldaspillir 961
Ezzo 1065

F

Fab 1600
»Fabel vom Orpheus« (Die) 1471
Fabeln v. Chr. 550; n. Chr. 36, 1477
»– 200, 400, 1557, 1668, 1759
»– und Erzählungen« 1746
»– –, Versuch in poetisch.« 1738

»Fabian« 1931 D
»Fabian-Essays« 1889
Fabian-Gesellschaft 1883, 1908, 11, 23, 28, 47 Ph
Fabier v. Chr. 477
Fabiola 1960 P
Fabius, Pictor v. Chr. 197
»Fable, A« 1955 D
»Fabliaux« 1200
Fábri, Z. 1973 K
Fabriano, Gentile da 1370, 1427
Fabricius, D. 1596
–, J. 1610
Fabrik, 1. moderne 1769
»– am Ebro« 1909 K
»– des neuen Menschen« 1935 D
Fabry 1901 W
»Facetten« 1950 M
Facettenschliff 1648
Facharbeiter, Anteil der 1956 Ph
Fächer 1099, 1590, 1749
Fachwerkhaus A. Bade 1612
Fachzeitschriften, Generalkatalog der 1961 V
»Fackel, Die« 1899
»Fackelzug, Studenten-« 1859
Fadejew, A. 1927, 45, 56 D
»Fadenkonstruktion, Nr. 55« 1953 K
Fadenkreuz 1663
Faenza 1474, 1500
Faesi, E. 1956 K
Fagerholm 1948 P
Faget 1941 W
Fahlberg 1879
»Fahles Rot« 1958 K
Fahnenwagen 1103
»Fähnrich Stals Erzählungen« 1860
»Fährboot-Annie« 1933 K
»Fahrenden Gesellen, Lieder eines« 1884
»Fahrendes Volk« 1938 K
Fahrenheit 1714
»– 451« 1966 K
Fahrkartensteuer 1906 P
Fahrpreiserhöhung 1969 V
Fahrrad 1817, 53, 69, 75
»Fahrraddiebe« 1948, 58 K
Fährschiff, Hochsee- 1953 V
»Fahrt in den Abend, Die« 1955 D
»– zum Leuchtturm« 1927 D
»– d. sieben Ordensbrüder« 1933 D
Fahrverbot für Pkw 1973 P
Fairbanks 1915, 23, 24 K
Faisal 1971 P
– II. 1939, 53 P
»Faith-healer« 1909 D
»Faktorenanalyse, Einführung in die« 1954 Ph
Falangisten-Beweg. 1933 P
»Falbalas« 1945 K
Falconet, E. M. 1763, 67
Falieri 1355
Falin, W. 1971 P
Falk, Ehepaar 1952 V
–, J. D. 1803, 13
–, W. 1961 D
Falkenhausen v. 1940 P
Falkenhayn 1916 P
Falkenjagd, Buch über 1232
Falkenstele v. Chr. 3000
Falklandinseln 1592, 1914 P
»Fall Deruga« 1917 D
»– eines Engels« 1838
–, L. 1907, 11, 22, 25 M
– Mauritius« 1928 D
»– von Paris« 1941 K
Falla, M. de 1876, 1905, 13, 15, 19, 23, 46, 62, 74 M
Fallada 1930, 32, 34, 37, 48 D
–, H. 1976 D
Fälldin, T. 1976 P
»Fallender Mann« 1950 K
»Fallendes Wasser« 1936 K
Fallgesetze 1590, 1602, 09, 45
Fallières 1906 P
Falloppio, G. 1561
Fallschirm 1781, 1912 V

»Falsch programmiert« 1968 Ph
»Falsche Bewegung« 1975 K
»– Nero« 1936 D
»– Propheten« 1958 Ph
»falschen Augenwimpern, Die« 1967 K
Falschfarbaufnahmen 1973 W
»Falschmünzer« 1926 D
Falsifikation 1945 Ph
»Falstaff« 1892
»Falten im Wind« 1975 K
Faltengebirge 1960 W
Faltstühle 1246
Falun 1284
»Familial« 1957 K
»Familie« 1946, 50 K
»– Balogh, Die Gesch. d.« 1960 D
»– des Schmetterlingssammlers« 1968 K
»–, Volk, Staat« 1936 Ph
»–, Wandlungen der dt.« 1953 Ph
Familiendorf, Grafenau 1964 V
Familieneinkommen 1963 V
»Familienfest, Das« 1964 K
»Familiengruppe« 1947 K
»Familienleben« 1954 K
Familienname 1031
Familienrecht (frühes) v. Chr. 2650, 1955, 136
»Familienspaziergang« 1951 K
»Familientag« 1939 D
Familienzusammenführung 1963 P
»Family of Man« 1955 K
»–, The« 1975 D
»fanal bleu, Le« 1949 D
»Fanatismus« 1912 K
Fancelli 1519
»Fancies für Viola« 1610
Fanck, A. 1919, 24, 29, 32, 33 K
»Fancy Free« 1944 M
Fanfani, A. 1960, 63, 75 P
»Fänger i. Roggen, Der« 1962 D
»Fangschuß, Der« 1976 K
Fano 1610
»Fantasia« 1940 K
– concertante« 1959 M
– contrappuntistica« 1910 M
»Fantasie e Ricercari« 1549
Fantin-Latour 1867, 1904 K
Fantl, Th. 1964 K
Farabi 870, 950
Faraday 1791, 1821, 23, 25, 31, 32, 34, 35, 43, 44, 45, 47
Farah Diba 1959 P
»Farbatlas« 1918
Farbaufnahmen, astronomische 1965 W
Farbendruck 1832, 90
»Farbenkugel« 1810
Farbenlehre 1940 W
»–« 1810, 1918 W
»– der Gegenwart«, Grundriß der 1940 W
»– (Newtons) 1704
Farbenphotographie 1873 W, 1902, 04, 08, 29, 32, 35, 39, 63 W
Farbensehen 1940 W
Farbensinn 1913, 15 W
»– u. Formensinn d. Biene« 1915 W
»Farbe-Ton-Problem« 1929 K
Farbfernsehen 1951, 63, 67, 68 V
Farbfernsehkonferenz 1965 V
Farblichtklavier 1913, 15, 25 M
»Farblichtmusik« 1925 M
Farbmessung 1940 W
»Farbpsychologie u. Farbtherapie« 1950 W
»Farbskulptur« 1965 K
»Farbtonreihen, 30 system.« 1955 K
»Farbwege« 1965 K

»Farbwege 67/9« 1967 K
»Farbwelt« 1973 K
»Farewell to arms« 1932 K
Farigoule 1908 D
Farina 1709, 66
»Farm i. Tal, Die« 1835
Farman 1907–10 W
»Farman-Goliath 1922 W
»Farmer« 1300
Farmereinkommen 1960 V
Farnese 1580, 97, 1605
Farnesina 1510
»Farnesischer Stier« v. Chr. 150
Farnsworth 1933 W
– bei Chicago, Haus 1951 K
Färöer 800
»Farrebique« 1964 K
Farrell 1944 P
Farrow, M. 1964, 67 K
Faruk 1936, 52 P
Fasch, K. 1791
Faschismus 1922, 25, 27, 36, 37, 38, 43 P; s. a. Mussolini
»– in seiner Epoche, Der« 1963 Ph
»–, Der tägliche« 1971 Ph
Faser, synthetische 1925 V
Fasernproduktion 1965 V
Faserstoff 1961 V
Fassadenkletterer 1977 V
Fassadenmalerei 1675 K
Fassbender, J. 1955, 59 K
Fassbinder, R. W. 1969 K, 71 D, K, 74, 75, 75 D
»Fast ein Poet« 1952 D
»Fastens, Biologie d.« 1959 W
Fastensynode, Rom 1074
»Fasti« 18
Fastnacht 1303, 49
Fastnachtspiele 1303, 1420, 44, 1517
»Fat City« 1971 K
»Fatah« 1967 P
Fatalismus 634
Fath, J. 1955 V
»Father's comedy, The« 1961 D
Fatima 606, 32, 910, 1487
Fatimiden 632, 910, 69
Fauchard 1728
»Faule Mette« 1413
Faulhaber 1915, 17, 33, 34, 52 Ph
Faulkner, W. 1931, 32, 36, 49, 51, 55, 59, 62 D
»Faun, Flötenblas.« 1946 K
»–, Legierne« 1956 K
»–, E. 1952, 55, 56 P
Faure, F. 1895
»Faust« 1587, 88, 1617, 48, 1725, 59, 73, 1808, 16, 28, 32, 36, 54, 59, 60, 67, 85, 1908, 10, 22, 26–28, 30, 50 K, 61 D
»– 3 op. 144« 1964 M
»– u. d. Faustische« 1962 Ph
»–, ein Fragment« 1790
»–, Georg 1480
»–, Dr. Johannes« 1936 M
»–, Kommentar zu Goethes« 1959 D
»– d. Mittelalters« 1280, 1400
»– im Nacken, Die« 1954 K
»– und Yorik« 1977 M
Faustina 160
Faustkämpfer v. Chr. 334
– –, Verband dt. 1919 V
»Faustrecht der Freiheit« 1975 K
»Fausts Verdammnis« 1847
»Faust-Sinfonie« 1855
Faustus, Dr. 1480
Fauth 1923 Ph, 36 W
»Fauvismus« 1905, 07, 54, 58 K
»Faux bourdon« 1200, 14. Jh., 1453
Favorinus von Arelate 85, 160
Fayence v. Chr. 3900, 2000; n. Chr. 13. Jh., 14. Jh., 1402, 05, 1500, 85, 1700

Fayette 1634, 78, 93
Fayum v. Chr. 2150, 1875, 1850, 1800
F. C. Nürnberg, 1. 1920, 61 V
FDGB 1945 V
FDJ 1946 P
FDP s. Freie Demokr. Partei
FDP 1970 P
FDP-Spaltung 1970 P
»Februar 1959« 1959 K
»–, Der vierundzwanzigste« 1810
»– 2 Uhr nachm.« 1936 K
»Februarklänge« 1848
Februarrevolution (Paris) 1848
»–« (Rußland) 1917 P
Fechner, G. Th. 1801, 34, 36, 48, 60, 87, 92
Fechter, P. 1919 K
–, Peter 1962 P
Fechtmeister 1487
Feddersen 1858
Feder, G. 1927 P
»Federball, Der« 1951 D
Federer 1911 D
»Federgemälde« 500
Federmann, E. 1956 D
Federseemoor, Fund aus dem v. Chr. 5000
Federuhrwerk 1435
Fedier, F. 1957 K
Fedin, K. A. 1977 D
Fedorov, E. K. 1968 W
Fedorow, E. 1937 W
»Feenkönigin« 1590, 1693, 1813, 22
Fegefeuer 600
»Fehlendes Schwarz« 1956 K
Fehling, H. 1974 K
–, J. 1920, 48, 68 D
Fehrbellin 1675
Fehrenbach 1920 P
Fehrs 1907 D
Feichtmayr, Joh. Mich. 1709, 72
Feick 1925 V
»Feierstunde« 1901 K
Feige v. Chr. 700
»Feiglinge, Die« 1958 D
Feilenhauer 1419
»Feind, Der« 1955 D
Feindstaaten-Artikel der UNO 1968 P
Feininger 1871, 1910, 12, 19, 20, 24, 25, 29, 31, 36, 39, 44, 46–48, 51, 56, 61 K
Feisal II. 1958 P
–, Emir 1960 P
–, Kg. 1975 P
Feito, L. 1959 K
Fejes, E. 1966 D
Felber-Tauern-Str. 1962 V
Felbiger 1768
Feldartillerie 1633 V
»Feldbestellung« v. Chr. 1400
»Feldblumen« 1914 K
»Feldelektronenmikroskop« 1950 W
Feldgraswirtschaft 98, 600
Feldhaus, F. M. 1914, 30 W, 54 Ph
Feldionen-Mikroskop 1951 W
Feldmann, E. 1961 Ph
Feldtheorie, allg. physikalische 1929, 50 W
»– . . ., Einführung i. die einheitl.« 1967 W
»Feldzug gegen die Armut« 1964 P
Felix V. 1439
– der Kater« 1927 M
– von Valois 1198
Felixmüller, C. 1967 K
Fellini, F. 1954, 59, 61, 63, 65, 71, 72, 73, 75, 76 K
Fels, E. 1954 W
Felsbilder v. Chr. 10 000, 8000; n. Chr. 1959 W
– Europas« 1952 W
»Felsen (Auf den) 1933 D
»– bei Cap Martin« 1944 K
Felsenstein, W. 1947, 66, 75 M

Felsko, E. M. 1954 W
Feltre, Vittorino da 1423
Feme 1300, 15. Jh., 1923, 32 P
»Femelbetrieb« 1301
»feminae christianae, De institutione« 1523
»Femme« 1958 K
– au Fauteuil« 1970 K
»Femmes« 1959 K
– savantes« 1672
Fénelon 1687, 95, 99
Fengt'ien v. Chr. 3000
Fenriswolf 1241
»Fenster zum Hof« 1955 K
Fensterwaschmaschine 1952 W
Feodor I. 1591, 98
– III. 1676, 82
Feokstitow, K. 1964 W
Ferber, H. 1953, 54, 55 K
Ferdinand I. 1521, 26, 56, 64, 81
– I. v. Bulgarien 1908, 18 P
– I. von Kastilien 1035
– I. von Neapel 1458
– I. von Österr. 1830, 35, 48
– I. von Rumänien 1914, 27 P
– II. 1583, 1619, 29, 37
– III. 1637, 57
– V. (II.) von Aragonien 1469, 74, 76, 79, 97, 1501
– VII. 1814, 20
»Fergemannen« 1952 D
Ferid-ud-Din-Attar 1119, 1229
»Ferien vom Ich« 1915 D
Ferienkurse, akadem. 1903 Ph
Fermat 1601, 29, 37, 54, 58, 65
Ferment (Begr. Bild.) 1644
Fermente 1644, 1897, 1902, 05, 06, 12, 14, 24, 26, 29, 30, 31, 33, 37, 46, 48 W
»Fermentforschung« (Zeitschr. für) 1914 W
Fermi 1901, 34, 35, 38, 42, 54 W
Fermium 1954 W
»Fern von Moskau« 1948 D
»Fernan Gonzales« 1250
Fernandel 1952 K
Fernandez 1945, 46 K
Fernando Poo 1942 W
Fernau, J. 1971 D
»Ferne Klang, Der« 1912 M
– Stadt« 1943 D
»Fernen Welten, Aus« 1910 W
Ferngasleitung 1948 W
Ferngeschütz 1918 W
Fernhandel (Anfänge) 11. Jh.
Fernheizwerk 1901, 11, 22 W
Fernmeldesatelliten 1964 V
Fernrakete 1957 W
Fernrohr 1600, 08, 10, 11, 45, 63, 65, 82, 84, 1729, 38, 58, 1822, 52, 96, 1903, 09, 13, 23, 30, 48 W
Fernschreiber 1928 W
Fernsehen 1885, 1923, 25, 28, 29, 30, 33, 35, 36–40 W, 45 V, 48, 50 W, 52, 54 V, 73 P
– – i. d. BRD 1970 V
– – farbiges 1911, 63 W
– – und Film 1953 K
– –, Unterwasser– 1951 W
– – (USA) 1954 V, 62 W
– – 2. dt. 1961, 63 V
Fernseh-GmbH, Dtl. 1960 P
Fernseh-Mikroskop 1951 W
Fernsehprogramm, 3. 1964 Ph
Fernseh-Relais-Kette 1951 V
Fernsehroman 1959 K
Fernsehteilnehmer 1968 V
Fernsehturm (Ost-Berlin) 1969 W
– –, Stuttgart 1955 W
Fernsprechdrehwähler 1898
Fernsprecher 1861, 76, 80, 81, 1961 V
Fernsprech-Selbstanschluß-amt 1908, 22 W
Fernsprechteilnehmer 1968 V

Fernsprechvermittl., elektron. 1974 V
Fernstrom 1891, 1907 W, 18 V, 26 W
Ferneyhough, B. 1975 M
Ferrara 1134, 35, 1435, 52, 71, 75, 77, 1518, 65, 97
–, Palazzo Schifanoja 1470
Ferrara-Florenzer Konzil 1431, 38
Ferrari 1545
–, L. 1972 M
Ferrer, J. 1952, 54 K
–, M. 1952, 56 K
Ferreri, M. 1973 K
»Ferrex und Porrex« 1565
»Ferro« 1958 K
–, Scipione dal 1520, 45
Ferromagnetismus 1929 W
Fertigteilbauten 1962 W
Fes 868, 1926 V
Fessan v. Chr. 19
Fesselballon 1942 W
»Fest, Für das« 1952 K
–, J. C. 1973 Ph, 77 K
»–, Das große« 1951 D
– – auf Solhaug« 1856
»Feste Burg« (Ein) 1527
Festival, brit. 1950
– Hall, London 1951 K
– der Liebe, Ein« 1973 K
Festivals of Britain 1951 Ph
Festkörperphysik 1976 W
Festkörper-Tagung 1937 W
»Festmahl der Offiziere der Georgsgilde« 1627
Festpreise 301, 1272
Festtreibstoff 1961 W
»Fetisch« 1955 K
»Fetonte« 1768
Fette, Chr. 1952 P, V
Fetthärtung 1902 W
Fettspaltung 1902 W
Fettverbrauch 1932 V
»Feu« 1916 K
Feuchtigkeitsmesser 1626, 1783
Feuchtmayer, J. M. 1740
Feuchtwanger 1925, 30, 36 D
Feudaladel 1075 F
»Feuer« 1915 K, 16 D
– (Element) v. Chr. 430, 322
– – und Schwert« 1884
Feuerameise 1975 W
Feuerbach, A. 1829, 61, 62, 66, 69, 71, 73, 80
–, Ludwig 1804, 30, 38, 41, 72
–, –, u. d. Ausgang d. dt. Philosophie« 1888
– P. J. A. 1775, 1801, 27, 33
Feuerbestattung 1905, 1964 Ph
Feuerbestattungen 1878
Feuerbringer« 1904 D
Feuerbüchse 55
Feuerkreuzverband 1928 P
Feuerland 1520
Feuerlöschordnung 1348, 1522, 1596
»Feuerluft« 1771
»Feuersäule« 1953 K
»Feuersnot« 1901 M
Feuerspritze v. Chr. 100; n. Chr. 1439, 1655
Feuerstein 1908 K
Feuersteinschloß 1610
Feuerstellen, älteste 1964 W
»Feuersturm, D.« 1972 K
Feuerversicherung, Gothaer 1821
»Feuervogel« 1910 M
Feuerwaffen 1350, 1400, 27, 1543
Feuerwehr, Berl. Berufs– 1851
Feuerwehrleiter 1761
Feuerwehrschläuche 1673
»Feuerwerk« 1954 K
»Feuerwerksbuch« 1422
»Feuerwerksmusik« 1749
»Feuerzangenbowle« 1933 D, 70 K
Feuerzeichen 147
Feuerzeug von Döbereiner 1823
Feuillade 1911 K

Feyder 1934, 38 K
Feynman, R. P. 1965 W
Fiaker 1650
»Fiametta« 1343
»Fianna Fail« 1926 P
»Fiat z« 1965 K
Fibel v. Chr. 1550, 1450, 1200, 1105, 950, 8. Jh., 650, 621
–, Ulfila– 700
Fibiger 1926 W
Fibonacci 1202
Fichera 1905 W
Fichte, H. 1965, 69 D
–, J. G. 1762, 92, 94, 96, 98, 99, 1800, 07, 10, 11, 12, 13, 14, 1920 Ph
– redez. dt. Nation« 1915 W
Fichte-Fraktur 1935 K
Fichtenblattwespe 1940 W
Ficinus 1470
Ficker, H. v. 1920, 23 W
»Fiddler on the Roof« 1968 M
Fideikommiß 1654, 1725, 1939 V
»Fidele Bauer« 1907 M
»Fidelio« 1805, 14
Fides, hl. 979
Fidschi-Inseln 1643, 1874
Fieber v. Chr. 399, 275; n. Chr. 1626, 36, 60, 1731, 36, 56, 1820, 84, 1917, 27 W
»Fiebernde Zeit« 1935 D
Fieberstoff 1970 W
Fieberthermometer 1756
Fiedel 10. Jh., 1215
Fiedler, A. 1950 K
–, L. 1963 D
Field, Cyrus 1858
–, J. 1782, 1837
Fielding 1742, 49, 1954 D
Fieravante, A. 1479
Fiesco 1547
»Fiesko, Die Verschwörung des« 1783
Fiesole 1418
–, Giovanni da s. Angelico
»Fiesta« 1926 D
»Figaro« 1914 P
»–« 1973 M
– läßt sich scheiden« 1963 M
»Figaros Hochzeit« 1784, 86, 1827
»Fights, games and debates« 1960 Ph
Figl, L. 1945, 49, 65 P
Figulus, Nigidius v. Chr. 98, 45
»Figur auf d. Achse« 1959 K
– mit blauem Arm« 1968 K
– unter Glasglocke« 1938 K
– Gr. kniende« 1952 K
– im Kasten« 1968 K
– der Schneidenden« (Über die) 1009
– Sitzende« 1954 K
»Figuren in Beziehung« 1954 K
»–, 3 stehende« (Chadwick) 1955 K
»–, –« (Moore) 1953 K
– im Garten, 3 stehende« 1952 K
– von Montroig« 1952 K
»Figures, Doubles, Prismes« 1964 M
– in a Room, Two« 1959 K
»Figürliche Ballung« 1964 K
Filatow 1933 W
Filbinger, H. K. 1966, 68, 73 P
Filchner 1905, 12, 26, 51, 57 W
Filelfo, F. 1427
Filetstickerei 1350
Filip, O. 1969 D
Filipepi 1510
»Filippo Strozzi« 1480
Filipovsky, F. 1904 K
»Fille, la vieille« 1972 K
Film (Anfänge) 1884, 95, 96
–, Avantgard.« 1973 K
– als Kunst« 1932 K

Film- und Fernsehakademie in Berlin, Dt. 1966, 73 K
»–, seine Mittel, seine Ziele« 1921 K
–, plastischer 1953 K
– ohne Titel« 1948 K
– Theatre, National« 1951 K
–, Ton– 1922 W, 23, 27, 28, 29 K
Film-Adreß-Kalender 1912 K
Film-Club 1946 K
»Filme, eine psycholog. Studie« 1950 Ph
–, Die 12 besten 1958 K
– –, Zweiteilung der 1971 K
–, Pariser 1975 K
Filmförderungsgesetz 1967 K
Filmkrise 1962 V
Filmkunde, Institut für 1953 K
Filmologie, Institut der 1953 K
Filmproduktion 1951, 58 K, 62 V, 66 K
Filmstar (Bez.) 1909 K
Filmtheater, Zahl der 1951, 56 K
Filmtheaterplätze 1961 V
Filmwissenschaftl. Ges. 1953 K
Filmzwischentitel 1907 K
»Filostrato« 1338
Filzhut 1619, 1860
Fimmen 1921 W
Finanzausgleich 1963 V
»Finanzkapital« 1910 V
»Finanzwissenschaften« 1901 V
Finck, Heinrich 1480, 1520, 36
–, W. 1929, 31, 38, 46, 73 D
Finckh, L. 1906, 64 D
Findelhäuser 787, 1198
»Findling« 1922 K
»Finestrat« 1956 K
Fingerhut 1389, 1696
Finkenstein Bund 1924 M
Finkenzeller 1939, 55 K
»Finlandia« 1900 M, 71 K
Finlay, F. 1965 K
»Finnegans Wake« 1939 D
Finnen 2. Jh.
Finnisches Heldenepos 12. Jh.
Finnland 1973 V
–, Außenhandel 1960 V
– b. z. Schwarz. Meer« (Von) 1939 M
Finsen, N. R. 1895, 1903 W
»Finsternis bed. d. Erde« 1962 D
– der Sonnenblume« 1945 K
Finsternisse v. Chr. 2500, 911, 775, 585, 493, 413, um Chr. Geb.
»–« 1937 D
»finta pazza, La« 1645
Fiorarone 1467, 79
Fiore 1189
Fiorelli 1860
Fiorentino 1378, 1494, 1541
»Fiori musicali...« 1635
Fiorini da Urbino s. Baroccio
»Fips der Affe« 1879
Firdausi 939, 1020
»Fire in the Ashes« 1953 K
Firestone-Gummies. 1925 P
Firmenschild v. Gersaint« 1720
Firth-of-Forth-Brücke 1890
»Fisch« 1952 K
– und Schatten« 1954 D
– und Schwein« 1969 K
Fischart 1547, 76, 78, 80, 90
Fischbeck, Stiftskirche 1301
»Fische« 1952 K
– mit rotem Streifen« 1954 K
Fischer von Erlach 1656, 94, 1702, 04 f, 07, 1716, 21, 23
– und syner Fru« 1930 M
Fischer, A. 1913 V, 14 Ph
–, B. 1972, 75 V
–, Edwin 1931, 60 M

Fischer, Emil 1852, 90, 1902, 06, 19, W
–, Ernst 1969 P, Ph, 73 W
–, Eugen 1913, 21 W
–, F. 1917, 25 W
–, H. 1912, 28, 30, 40 W
–, J. B. 1712 Ph
–, J. F. 1963 M
–, Joh. Mich. 1691, 1740, 66
–, Karl 1901 Ph
–, Kuno 1852
–, L. 1963 K
–, Louis 1950 Ph
–, O. W. 1954, 58, 62 K
–, Ph. M. 1853
–, Renate 1951 K
–, R. J. 1957 V
–, Ruth 1948 P, 58 Ph, 61 P
–, S. 1886 D
–, Th. 1902, 12 K
–, W. 1903 V, 1949 W
–, W. G. 1969 D
»Fischerboote am Strand« 1888
Fischer-Dieskau, D. 1970 M
Fischereivertrag m. Island 1977 V
Fischereizone 1974 V
– der EG 1976 V
Fischerinseln 1894
»Fischernetze bei Chioggia« 1956 K
Fischfang 1960 f, 66, 76 V
»–« 1954 K
Fischfossil, austral. 1977 W
»Fischkasten« 1482
Fischmehl-Erzeugung 1965 V
»Fischzug Petri« 1444
Fisher, G. 1961 Ph
–, I. 1916 V
Fitch, I. 1787
Fiteau 1724
Fitting 1909 W
Fitzgerald, C. 1964 K
–, F. S. 1925, 34 P
Fitzmaurice 1928 V
Fitz-Roy 1863
Fiume 1471, 1919 P
»Five Car Stud« 1972 K
Fixsterne s. a. Astron., Sterne
–, Durchmesser 1960 W
–, Eigenbewegung 1718
Fixsternentfernung I. 1698, 1838
Fixsterntemperaturen 1909 W
Fizeau 1849
»Fjordinsel« 1900 K
Flaccus, Persius 34, 62
»Flache Wandskulptur« 1953 K
Flächenbestimmung 1670
Flachglas 1906 W
Flachs v. Chr. 3500, 3000; n. Chr. 64
»Flachsacker« 1907 D
»Flachsmann als Erzieher« 1901 D
»Flachsscheuer« 1887
Flacius 1575
Flade, H. J. 1960 P
Flagellanten 1260, 1348, 50
Flaggenfrage 1925, 26, 59 P
Flagstadt, K. 1958 M
Flaherty 1922, 37, 48, 51 K
Flaiano, E. 1961 D
Flak 1942, 43 P
Flake, O. 1917, 30 D, 61 Ph
Flamen 1517
Flaminius, G. v. Chr. 232, 220
Flamsteed 1729
Flandin 1934, 45 P
Flaschenblasmaschine 1961 W
Flaschenglasmaschine 1905 W
Flaschenpost 1493
»–« 1936 D
»–, kosmische« 1977 W
Flaschenzug v. Chr. 260, 212
Flasherry, R. 1964 K
»Flashes« 1968 M
Flaska von Pardubitz, Smil 1349, 1403
»Flatford Mill« 1817
Flaubert 1821, 57, 62, 69, 74, 77, 80, 1954 D
»Flauto solo« 1905 M

Flavier 69
Flavin, D. 1966 K
Flavius Josephus 37, 66, 97
— Magnus 350 P
Flechtheim, A. 1920 Ph, 21 D
—, O. K. 1943 W, 65 Ph, 67 W, 68 Ph, 68 W, 70 Ph
Fleck, Konrad 1220
Fleckaktivität d. Sonne 1946 W; siehe auch Sonnenflecken
Fleckenzyklus der Sonne 1949 W
Fleckfieber 1567, 1909, 10, 13, 50 W
»Fledermaus« 1874
»Flegeljahre« 1805
»Flehende, Die« 1940, 44 W
»Fleisch u. d. Teufel, D.« 1927 K
Fleischbeschau 1877
Fleischextrakt 1847
Fleischkarte 1916 V
Fleischmann, P. 1967, 69 K
Fleischverbrauch 1960 V
Fleißner, M. 1974 D
Flémalle, Meister von 1428, 30, 38, 44
Fleming 1939 K
—, A. 1928, 29, 42, 45, 55 W
—, P. 1609, 32, 33, 40, 42
Flemming, H. Fr. v. 1719
—, J. A. 1904 W
—, K. 1965 W
—, W. 1885
Flerow 1964 W
Flesch 1901 W
Fletcher, H. 1919 V
—, J. 1610
Flettner, A. 1920, 24, 61 W
Fleuron 1914, 18, 24 D
»Fleuropt« 1927 V
Flex, H. 1887, 1917 D
Flibustiere 1630
Fliedner 1836
»Fliegekunst, Der Vogelflug als Grundlage der« 1889
»Fliegen« 1943 D
»—, Die« 1948 D
»Fliegende Blätter« 1901 K
»— Holländer« 1843
»— Klassenzimmer« 1946 D
»— Mutter« 1948 V
»— Schläfer« 1943 K
»— Untertassen« 1957 Ph
»Flieger, Der« 1967 K
Fließband 1913, 73, 74 V
—, I. 1869 V
»Fließende Licht der Gottheit, Das« 1250
Fließkunde 1929, 51 W
»Flint« 1970 D
—, F. S. 1960 V
—, O. 1919 V
Flirt avec toi, Pour un« 1972 M
Flitner, W. A. 1961 Ph
»LN 1962 V
»loaten (Währungs-) 1973 V
Flohpelze 1551
Flora« 1628
— und Bellona« 1918 D
»—, Das Reich der« 1637
— sibirica« 1737
Flore und Blancheflor« 1220
loren 1252
Florentin« 1801
Florentinische Novellen« 1890
lorentinus, Thaddeus 1286
lorenz 1212, 24, 40, 50, 52, 82, 1302, 04, 08, 10, 12, 13, 15, 33, 38, 39, 45, 77, 78, 88, 89, 96, 97, 99, 1400, 01, 05, 06, 10, 21, 28, 29, 33, 34, 36, 44, 45, 49, 50, 52, 57, 59, 61, 64, 65, 69, 70, 78, 79, 82, 84, 86, 88, 92, 94, 98, 1504, 12, 21, 29, 30, 31, 34, 42, 53, 82, 83, 94, 1861, 1913, 34 M, 44 P
Baptisterium 1148, 1225, 1336, 1424, 52, 55, 60, 77

Florenz, Bargello 1333, 1486
—, Bildh.-Schule 1490 Ph
—, Dom 1296, 1334, 87, 1418, 19, 34, 36, 37, 46, 68
—, Findelhaus 1466
—, Neptunsbrunnen 1576
—, Or San Michele 1359, 60, 1483
—, Palazzo Pitti 1459
—, Ricardi-Medici 1434, 44, 60
—, Strozzi 1489, 1507
—, Vecchio 1314, 1472
—, San Anunziata 1462
—, —, Lorenzo 1425, 46
—, — Marco 1436, 41, 72
—, — Miniato 1100, 1468
—, — Santa Apollonia 1440
—, — Croce 1295, 1317, 1428, 42
—, — Maria del Carmine 1427
—, — — Novella 1283, 1357, 1428, 56, 90
—, — Trinità 1456, 84
—, — Santo Spirito 1446
—, — Uffizien 1560
—, Università 1321
Florenzer Konzil 1431, 38, 39
Florey 1942, 45 W
»Florian Geyer« 1895, 1912 K
Florian-Altar, St. 1518
Florida 1513, 1763, 83, 1819, 1940
Floris 1514, 65, 75
Flory, P. L. 1974 W
»Floß der Medusa« 1819, 1968 M
Floßfahrt über Pazifik 1973 V
Flöte v. Chr. 3000, 689, 364, um Chr. Geb., n. Chr. 725, 1741
— i. Lärm« 1961 D
»Flöten und Dolche« 1905 D
»Flötenkonz. i. Sanssouci« 1747
»Flotte Bursche« 1863
Flottenabkommen 1934 P
Flottengesetz 1900, 08, 12 P
»Flötner« 1485, 1528, 46
Flotow 1812, 44, 47, 83
Floyd, C. 1974 M
»Fluch u. Segen d. Wirtschaft« 1931 Ph
»Flucht nach Ägypten« 1510, 1647, 1952 K
»— vor dem Engel« 1955 D
»— der Gefangenen« 940
»— vor Gott« 1934 Ph
»— des großen Pferdes« 1935 D
»Fluchtburg« 1955 D
»Flüchtige Tochter der Niobe« v. Chr. 330
Fluchthelferprozesse 1974 V
»Flüchtlinge aus der DDR 1952, 53, 60, 61, 63 P
—, europ. 1945 V
—, ungar. 1956 P
»Flüchtlingskinder« 1919 K
Flüchtlingsorg. d. UN 1954 P
»Fluchtpunkt« 1962 D
»Flug um den Erdball« 1925 K
»— des Vogels im Mondschein« 1967 K
Flugabwehr 1942, 43 P, W
Flugboot 1922 V, 28, 29, 38 W
Flügelaltar 14. Jh.
»Flügelskulptur« 1964 K
»Flügelstier, Blessierter« 1973 K
Fluggäste 1963 V
Flügge 1939, 55 W
Fluggeschwindigkeit 1953, 55, 60 W
Flughafen Berlin-Tegel 1974 V
—, »Ch. de Gaulle« 1974 V
Flughöhenweltrekord 1955 W
»Fluglandschaft« 1958 K
Fluglotsenstreik 1973 V
Flugmaschine (Entwurf) 1492
»Flugmotiv« 1971 D
Flugpassagiere 1963 V
Flugschriften 1547

Flugsehnsucht v. Chr. 550; n. Chr. 1000, 1200, 1492
Flugsicherung 1961 W
Flugunfälle 1965, 76 V
Flugverkehr 1972 V
Flugwarnnetz 1942 W
Flugwoche, erste 1909 V
Flugzeug (Anfänge) 1891, 96, 97, 99, 1903, 04, 08, 09 W
—, Großraum- 1974 V
—, Langstrecken- 1955 W
»—, Die Psychologie im« 1954 Ph
Flugzeugentführungen 1968 P, 69 V, 70 P, V, 72 V
Flugzeuggeschwindigkeit 1960 W
Flugzeugmodell 1897
Flugzeugträger 1956 W
—, US- 1967 V
Flugzeugunfall 1958 V
Fluorbehandlung 1960 W
»Fluorescences« 1962 M
Fluoreszenz 1612, 46
Fluor-Isolierung 1906 W
Fluormikroskop 1953 W
»Flush« 1933 D
»Fluß und in die Wälder« (Über den) 1950 D
»Flußdampfer a. d. Yakon« 1944 K
Flüssigkeiten, 1644, 1738
»Flußlandschaft, Flache« 1658
»Flußpiraten des Mississippi« 1848
»Flüsternde Wände« 1966 K
Flut s. Gezeiten
»—« 1946 M
»— in Hamburg« 1962 V
Flutmühle 1438
»Fluxions, A Treatise on« 1742
»Fluxionsrechnung« 1670
»Flying Enterprise« 1952 V
»— Thought ...« 1959 V
Foch 1918 P
Fock 1913 D
Focke 1937, 38 W
—, K. 1974, 76 P
Focqu, N. 1751 s. Defoe
Foe s. Defoe
Foenhus 1919
Foerster, K. 1936 V
Fohr, K. P. 1810, 17
Fokker 1922 W
Folengo 1517
»Folgen der großen Bevölkerungsvermehrung ...« 1949 Ph
Folketing 1960 P
Folkunger 1210
Folkwangmuseum 1902, 29 K
Follikel-Hormon 1929 W
Folsäure 1946 W
Folter 1252, 1399, 1507, 32, 1638, 1718, 42, 40, 76, 81
Folz, Hans 1500
»Foma Gordejew« 1899
Fomanek, H. 1969 K
Fonci 1808
Fonda, H. 1956, 57 K
Fontainebleau 1541, 47, 48, 1846
»—, Am Waldrand von« 1855
Fontaine 1621, 68, 95
—, P. 1762, 1853
»Fontamara« 1933 D
Fontana 1420
—, Dom 1586
—, Domenico 1543, 1607
—, Felice 1787
—, L. 1959, 66 K
—, N. vgl. Tartaglia
»Fontane di Roma« 1917 M
—, Th. 1819, 62, 78, 88, 95, 98, 1908 D, 39 K
Fontange 1690
Fontenelle, B. 1683
Fonville 1856
»Food for Centaurs« 1960 D
»Fool, The« 1975 D
Föppl 1925 W
Forbes 1920 P
—, B. 1964, 66 K

Forbes-Mosse 1924 D
Forbush 1946 W
»Force de l'âge, La« 1960 P
— de frappe« 1960, 63 P
Ford 1948 V
—, A. 1960 K
—, G. R. 1973, 74 P
—, H. 1863, 1903, 09, 13 V, 23, 24 W, 35, 41, 47 V
—, John (Dramatiker) 1586, 1633, 1640
—, — (Regisseur) 1934, 40, 41 K
Ford-Automobil-Gesellschaft 1903 V, 24, 25 V
Förderband (100 km) 1972 W
Förderklassen 1895
»Forderung des Tages« 1930 Ph
Förderung d. geist. Kontaktes ... 1905 Ph
— d. Volks- u. Jugendlektüre 1905 Ph
»Fordismus« 1941 V
Fordstiftung 1955 W
Forel, A. 1910 W, 24 V
—, F. A. 1892, 1901 W
»Forellenquintett« 1819
Foreman, G. 1974 V
Forest, Lee de 1907, 61 W
Forester 1936 D
Forkel, J. N. 1802
Forlanini 1906 W
Forli, Melozzo 1477, 78
»Formalisierung d. Logik« 1943 Ph
»Formalismus, bürgerl.« 1963 K
— in der Ethik ...« 1916 Ph
Formalisten 1963 K
Formalstufen 1865
Forman, M. 1965, 76 K
»Formando studio, De« 1470
Formationen, geologische 1762
Formel-I-Rennen 1976 V
»Formeln zur Macht« 1965 V
»Formen d. mod. Dramas ...« 1961 V
— des Unbekannten« 1960 V
»Formenkunde der fossil. nied. Tiere« 1921 W
Forment 1480, 1541
Formis 1073
Formosa 1683, 1894, 1949, 55 P
»Formprobleme d. Gotik« 1911 K
Formularbücher 11. Jh.
Förnbacher, H. 1965 K
»Forrestal« 1967 V
Forschung, Aufwendungen für 1951, 64 W
— — zusätzl. 1955 W
— in China 1965 V
»Forschungen über radioakt. Subst. ...« 1904 W
Forschungsausgaben (BRD) 1971 V
Forschungsgemeinschaft, dt. 1964 W
»Forschungsinstitut für langfrist. Witterungsvorhersagen« 1929 W
Forschungsschiff 1875 W
Forssmann 1929, 56 W
Forst, P. 1960 V
—, W. 1933 ff, 39 f K
Forster 1873
—, E. M. 1970 D
—, Georg 1556
—, Joh. Reinhold 1729, 98
—, R. 1931, 32, 64 K
Förster, O. 1926 W
Förster-Nietzsche 1904, 07, 14, 53 Ph
»Försterchristel« 1907 M
»Forstinsekten Mitteleuropas« 1931 W
Forstwissenschaft, Anfänge der 1713
»Forsyte-Saga« 1922, 72 D
Forsyth, F. 1972, 74 D
»Fortbildungsverein für Buchdrucker« 1862
Forte, D. 1971 D

Forth Road Bridge 1965 V
Forti 1969 W
Fortner, W. 1907, 51, 53, 54, 57, 58, 62, 63, 67, 69, 70, 71, 72, 75, 77 M
»Fortschritt und Armut« 1879
— und soziale Entwickl. 1926 Ph
— des Wissens in der abendl. Philosophie« 1927 Ph
»Fortschritt im Völkerrecht« 1912 V
Fortschrittl. Volkspartei 1910 P
Fortschrittspartei 1902
»—, Deutsche« 1861, 66
»Fortunat und seine Söhne« 1509
Fortunatus Venantius 535
»Forum, Das« 1914 D
Forzano 1931 D
Fort Worth 1961 K
Foscari 1423
Foss, L. 1951, 69 M
Fossay, B. 1952 K
Fosse, B. 1972 K
Fossile Mikroben 1965 W
»Fossilen Gehirne, Die« 1929 W
Fossilien v. Chr. 515, 322; n. Chr. 1282, 1517, 46, 55, 80, 1726, 96, 97, 1915, 21, 28, 31, 43 W
—, lebende 1952 W
»Fossilium, De natura« 1546
Foto, 1. Kriegs- 1854
— aus Ballon 1858
»Fotomontage, Vater der« 1968 K
Fotowände im Univ.-Klinikum, Steglitz 1968 K
Foucault 1848, 50, 62
— 1905 W
»—« 1929 D
Fouqué 1777, 1811, 13, 43
Fouquet, Jean 1420, 51, 72, 77, 80
»four seasons, The« 1966 D
— and Six No. 5« 1967 K
Fourastié, J. 1922 Ph
Fourcault 1906 W
Fourier, F. M. Ch. 1822, 44
Fourment 1630
Fournier, A. 1889
—, J. B. 1768, 1822, 30
Fowler 1855
Fox, Charles James 1749, 1806
—, George 1692
—, S. W. 1965 W
Foyn, S. 1864
»Fra Diavolo« 1830
Fracastoro 1517, 1530, 46
»Frachtdampfer im Hafen von Algier« 1913 K
»Frachter, Der schwarze« 1952 K
Frachturkundensteuer 1906 P
Frack 1766, 81, 90, 1852
Fraenkel, E. 1974 Ph
»Frage der Entmythologisierung, Die« 1954 Ph
»— der norddeutschen Eolithen« 1948 W
»Fragen der Ethik« 1930 Ph
»— von der Seele, 40« 1620
»Fragezeichen, Bilder a.« 1960 K
»Fragmente« 1951
Fragonard 1732, 65, 66, 76, 1806
Frahm 1910 W
Fraipont 1915 W
»Fraktur« 1250
— (Ehmcke) 1912 K
— (Weiß) 1909 K
»Fram« 1893
Franc-Abwertung 1958, 60 V
Françaix, J. 1957, 65 M
France, A. 1844, 1900, 09, 12, 18, 21, 24 D
Francesca, Piero della 1420, 65, 69, 74, 92
— da Rimini 1275
»—— « 1902 D

Franceschi 1475
Francien 922, 36
Francis 1849
— 1932 K
»Francisco d'Andrade«
   1912 K
»Francisco-Polyphon.«
   1974 M
Francium 1946 W
Franck 1905 W
—, C. 1822, 46, 58, 72, 79, 88, 90
—, J. 1914, 25, 64 W
—, J. P. 1779
—, Sebastian 1499, 1531, 34, 41, 43
—, W. 1961 D
Francke, Aug. Herm. 1663, 86, 98, 1705, 27
—, P. 1608
Francken, R. 1963 K
Franco 1936, 39–41, 45, 47, 49, 69, 73, 74, 75 P
François, Charles 1717, 57
– Villon 1971 M
François-Poncet 1931 P
François-Vase v. Chr. 560
Franju, G. 1958, 61 K
Frank, Adolf 1898, 1916 W
—, Anne 1955, 56 D
—, B. 1915, 21, 26, 27, 30 D
—, C. 1862, 81
—, H. 1939, 46 P
—, – 1962 Ph
—, – 1966 W
—, H. G. 1964, 66 Ph
—, I. M. 1958 W
—, K. H. 1945 P
—, L. 1914, 15, 19, 27, 31, 52, 61 D
—, Ph. 1929, 32, 49 Ph
—, S. 1538
Franke, H. W. 1967 W, 73 K
—, M. 1973 D
Fränkel 1897
Fränkel-Conrat, H. L. 1955, 56 W
Franken v. Chr. 118; n. Chr. 256, 57, 74, 90, 300, 56, 93, 400, 06, 43, 55, 57, 66, 81, 86, 93, 96, 500, 07, 10, 11, 31, 34, 36, 58, 61, 94, 618, 23, 29, 42, 7. Jh., 687, 700, 14, 32, 41, 42, 51, 56, 59, 60, 66, 68, 70, 72, 74, 77, 78, 82, 95, 96, 800, 01, 04, 14, 17, 33, 37, 40, 42, 43, 50, 58, 70, 76, 79, 85, 87, 88, 900, 11, 1024, 1100, 27, 12. Jh., 1476
—, R. 1963 K
»Frankenburger Würfelspiel« 1625
Frankengrab an der Erft 1955 W
»Frankenstein« 1931
Frankenthaler, H. 1951, 59, 68 K
Frankfurt am Main 745, 93, 1156, 1240, 44, 1356, 72, 1425, 38, 50, 1564, 73, 83, 87, 1749, 1816, 33, 48, 50, 66, 71, 91, 1901, 02 V, 06 W, 12 V, 14 Ph, 21 M, W, 25 Ph, 27 D, 28 K, Ph, 49 D, 50 Ph, 51 K, 76 V
—, Chemag-Haus 1952 K
—, Dt. Bibliothek 1959 D
—, Dt. Buchhändlerschule 1963 D
—, Dom 1470
—, Festhalle 1907 K
—, Friede zu 1142
—, Goethe-Haus 1949 D
—, Großmarkthalle 1928 K
—, Komödienhaus 1903 D
—, Messe 1240, 1333
—, Max-Planck-Inst. 1960 W
—, Oper 1880, 1921 M
—, Reichsbank 1932 W
—, Römer 1413
—, Universität 1914, 21 Ph
—, Verwaltungsgebäude 1931 K

Frankfurt a. O. 1253, 1390
—, Universität 1506
»Frankfurter Allgemeine Zeitung« 1949 V
»— Hefte« 1946 Ph
—, Philipp 1473
»—« aus Sachsenhausen 1400
— Synode 794
»— Zeitung« 1856, 1911 M, 43, 49 V
Fränkische Generalsynode 745
— Gräber 1963 Ph
— Kultur 5. Jh., 550
— Schule 1490
Frankl 1946 Ph
Franklin, A. 1966 K
—, Benjamin 1706, 42, 47, 52, 59, 78, 90
—, John 1786, 1847
—, K. L. 1955 W
—, S. 1937 K
Frankreich 517 P
— und Deutschland« 1932 P
»—, Ursprünge des heutigen« 1876
»Frankreichlied« 1939 M
»Frankreichs, Kl. Gesch.« 1953 D
»— Kultur und Sprache« 1913 D
»— Uhren gehen anders« 1954 Ph
Franz I. von Frankreich 1492, 94, 1515, 16, 19, 25, 26, 29, 37, 38, 43, 44, 47, 61
— — —, König« 1537
— I. von Lothringen 1736, 45, 65, 80
— I. von Österreich 1804, 10, 35
— II. 1768, 92, 1804, 06
— II. Rakoczi 1711
— Abbe« 1912 K
— von Assisi 1182, 1209, 1217, 19, 21, 23, 24, 26, 28, 1924 M, 26 Ph
— Ferdinand 1914 P
— Joseph I. 1830, 48, 67, 1916 P
—, Rob. 1843
— Stephan v. Lothr. 1737
— Sternbalds Wanderungen« 1798
Franzen, E. 1961 D
»Franziska« 1912 D
Franziskaner-Geschichte, 11 Gem. aus der 1646
Franziskanerorden 1100, 82, 1216, 21, 23, 26, 41, 45, 74, 77, 79, 88, 1306, 1484, 17, 25
»Franziskus« 1932 D
»— (Heiliger) 1228
»— und Hieronymus« 1507
Franziskuslegende 1420
Franz-Joseph-Land 1873
Franzos, K. E. 1877
»Franzosentid« 1859
Franzosen, Nachahm. d. 1687
Französisch-Äquatorialafrika 1879, 1910 P
»Französisch-deutsche Annäherung« 1909 P
»Französische Geschichte« 1852
— Gesellschaft für Ostind. Handel« 1604
»— Guinea-Kompagnie« 1702
»— Literatur« 1165
»— Malerei i. d. Eremitage« 1958 K
— Revolution« 1837
— Nationalversammlung 1973 P
— Suite n. Rameau« 1949 M
»Französisches etymolog. Wörterbuch« 1928 D
Französisch-Indochina 1907, 40, 41, 45 P
Französisch-Kongo 1913 Ph
»Französisch-Ostindische Kompagnie« 1664, 1770
Französisch-Somaliland 1940 P

Französisch-Westafrika 1884
Französisch-Westafrikan. Handels-Komp. 1626
»Französisch-Westindische Kompagnie« 1734
»Frasquita« 1922 M
Fraterherren 1336, 74, 80
»Frau« 1873, 93
— im 18. Jahrhundert« 1862
— beim Apfelschälen« 1658
— mit Anthuriumblüte« 1939 K
»Frau i. Bade« 1966 K
— im Bademantel« 1944 K
— Beate und ihr Sohn« 1913 D
— ohne Bedeutung« 1894
— in Blau« 1912 K
— von 30 Jahren« 1831
— in den Dünen« 1966 K
— Eine« 1974 D
— und Fahrrad« 1953 K
— am Fenster« 1818
— mit Handspiegel« 1952 K
— Jahr d.« 1975 Ph
— mit Krug« 1959 K
—, Kulturgeschichte der dt.« 1860
— im Lehnstuhl« 1968 K
— Loos« 1910 K
— Luna« 1946 M
— mit Magd im Hof« 1665
— und (alter) Mann« 1954 K
— der Matrosen, Die« 1968 K
— vom Meere« 1888
— im Mond« 1928 K
—, Die natürliche Überlegenheit der« 1955 Ph
— ohne Schatten« 1919 D
— mit Schlange« 1907 K
—, Situation der« 1966 Ph
— Sixta« 1926 D
— Sorge« 1887
—, Sozialgeschichte d.« 1973 Ph
— und der Sozialismus« 1883
— am Strand« 1914 K
— Thomas Olsen« 1932 K
— und Tod« 1515
— Warrens Gewerbe« 1892
— mit Ziegen« 1890
— im Zwielicht« 1923 D
»Frauen« 1911, 23 K
— in Algier« 1955 K
—, berufstät. 1961 V
— sind doch bessere Diplomaten« 1947 V
— der Coornvelts« 1925 D
— in der Dorfkirche« 1878
— mit Lautenspieler« 1930 K
— am Meer« 1914, 40, 47, 54 K
— und Mönche« 1928 K
— im Pfarramt« 1958 Ph
— im Weltkrieg« 1918 Ph
»Frauenakt« 1865, 1913, 52 K
»Frauenarzt Dr. Prätorius« 1950 K
»Frauenbad, Türkisches« 1860
Frauenbewegung u. Stellung d. Frau v. Chr. 730, 600, 350, 4. Jh., 325; n. Chr. 4. Jh., 1110, 55, 1202, 1348, 89, 1484, 89, 93, 1522, 1787, 92, 1839, 48, 49, 61–66, 71, 79, 83, 89, 91, 93–95, 98, 1902 P, 06, 09, 10 Ph, 13, 14 P, 17, 18, 28 P, 30, 35 Ph, 36 P
»—« 1906, 09, 28 Ph
—, nordir. 1976 P
»Frauenbildnis« 1902 K
»Frauenbuch« 1257
»Frauendienst« 1255
—, W. 1961 Ph
Frauenhaus 1977 Ph
Frauenhochschule, Leipzig 1911 Ph
Frauenkirche, Dresden 1738
»Frauenkopf« 1952 K
»Frauenliebe und Leben« 1831, 56
Frauenliga f. Frieden u. Freiheit 1915 Ph

Frauenlob von Meißen, Heinrich 1250, 1318
Frauenlöhne 1951 Ph
—, westdt. 1956 V
Frauenwoche s. Kleidung
»Frauenraub« 1904 K, 27 D
Frauenrechte v. Chr. 2650
Frauenschule, koloniale 1926 Ph
Frauenseminar 1911 Ph
»Frauenstandpunkt« 1919 Ph
Frauenstimmen, Bundestagsw. 1953 P
Frauenstimmrecht 1902, 08, 11, 18–21, 27, 28, 34 P, 47 Ph; s. a. Frauenbewegung
»Frauenstrophen« 1152
Frauenstudium 1787, 1871, 76, 79, 98, 1901, 08 Ph
Frauenturnen 1895
Frauenverdienstkreuz 1907 V
»Frauenverein« (Allgem. dt.) 1902 Ph
Frauenvereine (Bd. dt.) 1910 Ph
Frauenwahlrecht s. Frauenstimmrecht
Frauenwerk, dt. 1925 V
»Frauenzeitung« 1848
»Frauenzimmer« 1950 K
»Frauenzimmer-Gesprächsspiele« 1649
»Fräulein, Das« 1945, 61 f D
— Else« 1924 D
— vom See« 1810
Fraunhofer 1814, 55
Frazer 1910, 11, 53 W
Frazier 1975 V
Fredegar 641
— Scholasticus 642
Frederik IX. 1972 P
Fredriksborg 1625
»Free cinema« 1960 K
Freeman 1939 Ph
Frege 1893
Frei 1969 P
Freiballon s. Ballon
Freiberg, Heinrich von 1210
— in Sachsen 1172, 1703
Freiberger Dom 1235, 1501, 1714
»Freibeuter« 1923 D
Freiburg/Br. 1120, 1369, 86, 1513, 16, 1703, 1914, 21 M
—, Ludwigskirche 1952 K
—, Münster 1122, 1202, 1320, 1513
Freiburg (Schweiz) 1481
Freidank 1228
»Freidenkerbund« 1921 Ph
Freidenkerverband, Dt. 1905 Ph
»Freideutsche Jugend« 1913 Ph
Freie Arbeiterunion 1919 P
»— Bühne« 1889
— Demokr. Partei 1952, 53, 70 P
— Dt. Jugend« 1946 P
— Hochschule, Berlin 1902 Ph
— Künste 397
»— —« 1231, 13. Jh., 1350
— Meer, Das« 1609
— Schulgemeinde Wickersdorf« 1906 Ph
— Schulgemeinden, Bund für 1909 Ph
— Universität, Berlin 1948 Ph, 54 K, 55, 63 P
— Universität u. politisches Potential der Studenten« 1968 Ph
— Volksbühne« 1920, 62 D, 63 K
— Volkspartei 1955, 56 P
— Wissenschaft und freie Lehre« 1878
— Freien Willen, Üb. d.« 1524
»Freier« 1833
»Freies Deutschland« 1943, 45 P
— Geleit«, Gesetz über 1966 P

»Freigabe der Vernicht. lebensunwert. Leb.« 1920 Ph
»Freigeist« 1749
Freihandel 1846, 1960 V
»Freiheit eines Christenmenschen« (Von der) 1520
— in Deutschland« 1946 Ph
— u. Dienst d. Kirche« 1963 Ph
— der Gefangenen, Die« 1951 D
— u. Gesellschaft« 1961 Ph
—, Gnade und Schicksal« 1948 Ph
— Hoffnung – Prophetie« 1964 Ph
—, Philosophie der« 1894
— als philosophisch-theologisches Grenzproblem« 1964 Ph
»— (Zum Problem der)« 1948 Ph
— und Organisation« 1934 Ph
— oder Tod« 1954 D
—, Üb. d.« 1859
— führt das Volk« 1831
— d. Wissensch., Bund 1970 Ph
— z. Tode« 1973 Ph
Freiheiten, Vier 1941 P
»Freiheitskämpferbewegung« 1934 P
»Freiheitsmarsch« 1965 Ph
Freiligrath 1810, 39, 46, 48, 49, 76
Freiluft-Schaltanlage 1926 W
Freimann 1917 D
Freimark 1907 Ph
»Freimaurer, Gespräch für, Ernst und Falk« 1780
Freimaurerei 1300, 1717, 23, 28, 30, 31, 37, 38, 70, 98, 1813, 23, 1922, 26, 27 Ph, P
Freireligiöse Gemeinde 1846
»Freireligiöser Gemeinden (Bund)« 1921 Ph
»Freisasse, Der« 1955 D
»Freischütz« 1821
Freising 725, 39, 97, 816, 1000, 1163
—, Otto von 1146
»Freisinger Denkmäler« 1000
— Dom 1225
Freisinnige, Schweizer 1918 P
»— Vereinigung« 1903 P
Freisler 1945 P
»Freistatt« 1931 D
»— persönl. Lebens« 1903 Ph
Freitag, W. 1952 V, 58 P
»Freitagabend um 8 Uhr« 1933 P
Freiwilligengesetz 1955 P
»Freizeitgestaltung« 1925 P
»Fremden Federn« (Mit) 1927 P
»— Leuten« (Unter) 1917 D
Fremdenlegion 1831
Fremdenverkehr, dt. 1937 V
»Fremdheit« 1977 W
»Fremdling, Der« 1942 D
»— unter Fremden« 1958 D
Fremdsprachenkurse, programmierte 1966 Ph
»French Connection« 1971 K
Frenkel 1904 W
Frenssen 1863, 96, 1901, 06, 07, 21, 33, 45 D
Frenzel 1923 K
—, A. 1960 P
»Frenzy« 1971 K
Frequenzformel 1853
Frescobaldi 1583, 1635, 1643
»Fresken in der zoologischer Station Neapel« 1874
Fresnel 1678, 1816
»Freß- und Sauflieder« 1904 D
»Fressen, Das große« 1973 K
»Freud« 1962 K
Freud, S. 1856, 95, 1900, 04, 08, 10, 13, 17, 23, 24, 27, 30, 33, 39, 55, 57, 58, 61, 68 Ph

»Freud, s. Sendung, S.« 1959 Ph
»Freude« (An die) 1823
Freudenstadt 1600
Freudenthal, H. 1960 W
»Freudlose Gasse« 1925 K
»Freund Hein« 1902 D
»Freunde« 1918 K
– aus Davids Geschlecht, Meine« 1951 D
»Freundinnen, Die beiden« 1941 K
Freundlich, O. 1943 D
»Freundschaft« 1949 K
Freundschaftsvertrag, dt.-frz. 1963 Ph, P
Frey, A. M. 1914 D
–, E. 1920 W
Freyer 1923, 38 Ph
Freyse, G. 1973 K
Freystedt 1935 W
Freytag 1816, 54, 55, 59, 64, 72, 95
Frey-Wyssling, A. 1955 W
Frick 1930, 33, 46 P
–, H. 1973 D
Fricker, P. R. 1951, 52, 53 M
»Frickesche Gebete« 1930 Ph
Fricsay, F. 1963 M
Frida 1907 D
Friderich, M. 1972 P
Friderichs, H. 1974, 77 P
Fridericus 1165
»– Rex« 1923 K
Fridthiofs-Saga 14. Jh.
»– –« 1914 D
Fridtjof-Nansen-Land 1873
Fried 1911 P, 13 Ph
–, E. 1969 D
»Friede, Der« 1952 K
– von Bautzen 1018
– von Brest-Litowsk 1918 P
– zu Bretigny 1360
– zu Cambrai 1529
– zu Dresden 1745
– zu Frankfurt 1142, 1871
– zu Füssen 1745
– zu Hubertusburg 1763
»– mit Israel« 1951 Ph
– von Karlowitz 1699
– von Konstanz 1183
– zu Nikias v. Chr. 421
– zu Nijmwegen 1678
– von Nystad 1721
– zu Oliva 1660
– zu Paris 1763, 1814, 15
– zu Prag 1866
– zu Rijswyk 1697
– zu Stralsund 1370
– , 1. Thorner 1411
– , 2. Thorner 1454, 66
– Utrechter 1469
– v. Versailles 1783, 1919 D
»– , Westfälischer 1648
»– wünschende Teutschld., Das« 1647
Friedeburg, L. v. 1964, 68 Ph
»Friedemann Bach« 1931 M, 41 K
»Frieden den Hütten . . .« 1834
»– leben« (In) 1947 K
»– « (Über den) 1944 D
»– der Welt« 1953 Ph
»– Friedensaltar« v. Chr. 13
»Friedensbewegung« 1913 Ph
Friedensbrief 1891, 1910 P
»Friedensengel« 1926 M
»Friedensfest« 1890
Friedensforschung 1965 P, 72 Ph
–, Dt. Ges. f. 1970 Ph
»Friedensgesellschaft« 1892
Friedensinstitut 1903 Ph
Friedenskartell 1921 P
Friedenskonferenz 1945 P
»– « (Allgem.-religiöse) 1928 Ph
– –, Christl. 1958 Ph
– –, interamerik. 1936 P
– –, Interparlamentarischer 1887
– –, Paris 1946 P
Friedenskonflikt, Nahost 1973 P

Friedenskorps 1961 V
Friedensnobelpreis 1901 ff P
Friedenspreis d. dt. Buchhandels 1958 ff
– dt. Verleger 1948, 50 D
Friedensrichter 1350
– – in Preußen 1827
Friedensstiftung 1910 Ph
Friedenstag« 1938 M
Friedensvertrag, dt. 1959, 61 P
– – von San Franzisko 1951 P
– – USA–Japan 1951 P
»Friedensvertrags« (Revis. des) 1922 W
»– –« (Wirtschaftl. Folgen d.) 1919 V
Friedenthal, R. 1963 D, 67 Ph
»Friederike« 1928 M
–, Königin von Griechenland 1956 P
Friedkin, W. 1971, 74 K
Friedland 1583, 1634
Friedländer, M. J. 1958 K
– , Sal. 1910 Ph
Friedmann, G. 1959 W, 61 Ph
–, M. 1976 V
Friedrich I. (Kaiser) 1074, 1122, 52, 55, 56, 59, 62, 65, 67, 76, 80, 81, 83, 84, 86, 89, 90, 94, 1250
– I. von Brandenburg 1372, 1414, 17, 40
– I. von Preußen 1688, 1701, 09, 13
– II. (Kaiser) 1140, 94, 1210, 12–15, 17, 18, 20, 24, 27–29, 31, 32, 35–37, 40, 41, 43, 45–47, 50
– II. von Brandenburg 1413, 40, 42, 55, 71
– II. von Dänemark 1227, 1376
»– II. als Kronprinz« 1739
– II. von Österreich 1246
– II. von Preußen (d. Große) 1712, 30, 34, 37, 38, 39, 40, 41, 44, 46, 47, 51, 56, 59, 62, 63, 78, 80, 85, 86, 99, 1840, 1933 P
– II. von Sizilien 1311
– II. von Thüringen 1334, 45
– III. (Kaiser) 1406, 15, 40, 47, 52, 53, 57, 59, 64, 71, 80, 87, 90
– III. (Kaiser) 1859, 88, 1901 P
– III. von Brandenburg s. Friedrich I. von Preußen
– III. von Habsburg 1493
– V. v. d. Pfalz 1619
– VI. von Nürnberg s. Friedrich I. von Brandenburg
– VIII. v. Dänemark 1906, 1912 P
– IX. v. Dänemark 1947 P
– August I. von Sachsen s. August der Starke
– – II. von Sachsen 1733, 34
– Barbarossa, »Kaiser« 1829
– der Eiserne s. Friedrich II. von Brandenburg
– der Ernsthafte s. Friedrich II. von Thüringen
– der Freidige 1320
– der Große« 1851, 58
»– – « , König« 1893
»– – in Lissa« 1858
»– – u. d. Windspiele« 1821
– von Hausen 1190
»– Naumann« 1937 P
– von Nürnberg s. Friedrich I. von Brandenburg
– von Sachsen 1087
– der Schöne 1286, 1314, 22, 25, 30, 47
– Schiller« 1940 K
– der Siegreiche 1460
– der Weise 1502, 19, 21, 27
»– – « 1448, 1523
– von Wettin 12. Jh.
– Wilhelm I. von Preußen 1688, 1713, 19, 32, 40, 1937
– – II. 1770, 86, 97
– – II. 1770, 97, 1840

»Friedrich Wilhelm III.« 1823
– – IV. 1795, 1840, 49, 57, 61
– – IV. »Pour le mérite«, Friedensklasse 1842
– – von Brandenburg 1620, 40, 55, 57, 68, 75, 88, 1703, 21 Kurfürst
– C. D. 1774, 1808, 09, 11, 15, 18, 22–24, 30, 35, 40, 1974 K
– , G. 1769 M
– , Kardinal 1510
– , W. 1912, 68 W
Friedrich-Freksa, H. 1959 W
Friedrich-List-Gesellschaft 1925 V
Friedrichsbau, Heidelberg 1607
Friedrichshafen 1924, 28 W
Friedrich-Wilhelm-Kanal 1668
Friedstand, Nürnberger 1532
Friel, B. 1964, 67 D
Frielan, B. 1966 Ph
»Frierende Venus, Die« 1613
Fries, H. 1958 Ph
– , J. F. 1806, 1917 Ph
Friesack 1414
Friesen 400, 696, 714, 18, 54, 9. Jh., 1256
Friesland 28
Frigg 98
Frings, J. 1946, 53, 69 Ph
Frisch, A. 1955 Ph
– , K. v. 1913, 15, 73 W
– , M. 1953, 55, 57, 61, 64, 67, 68, 69, 72, 76 D
»– , Max« 1967 W
– , O. R. 1933, 39 W
– , R. 1970 V
»Frische Clavierfrüchte oder sieben Suonaten« 1696
Frischeisen-Köhler 1930 Ph
Frischzellentherapie 1954, 60 W
»Friseur« 1911 K
»Frist, Die« 1977 D
Fristenlösung (f. Abtreibung) 1972, 74, 75, 77 Ph
»Frithjofs-Sage« 1825
Fritsch, B. 1967 W
– , Th. 1962 K
– , Werner v. 1938, 39 P
– , Willy 1929–31, 41, 73 K
Fritter 1890
Fritz, B. 1955 D
– , Josz 1502
– , R. 1967 K
– , W. H. 1972 D
Fritzlar, Herbort von 1210
– , Hermann von 1345
Fritz-Niggli, H. 1974 W
Fritzsche 1946 P
Fritz-Thyssen-Stiftg. 1960 W
Fröbe, G. 1958 K
Fröbel 1782, 1826, 40, 44, 52
Frobenius 1873, 1904, 25 Ph, 29 W, 33, 38 Ph
Frobenius-Institut 1951 W
Froberger 1616, 67
Frobisher, M. 1576
Froboess, C. 1967 K
Froelich, C. 1922, 31, 33, 36, 39, 53 K, 77 D
Froese 1961 V
Fröhlich 1907 W
– , G. 1926 K
»Fröhliche Weinberg, Der« 1925, 52 K
– »Wissenschaft« 1882
»– – , Die« 1969 K
Froissart, Jean 1337, 1410
»Frölich 1929 Ph
»From Here to Eternity« 1951 D, 53 K, 77 D
Froment, N. 1461
Fromm (General) 1944 P
– , E. 1936, 41, 55, 59, 74 Ph
»Fromme Spanierin« 1950 K
Frommel, K. F. 1820
»Fronde« 1648, 53
Frondienste v. Chr. 1450; n. Chr. 1200, 1300, 1811; s. a. Bauernaufstände

Frondizi, A. 1958 P
Fronleichnam 1261, 64, 1311
Fronleichnam-Sequenz 1274
Fronleichnamspiel 1490
»Fronte nuove delle arti« 1947 K
Frontinus 48
»Frösche« v. Chr. 405
Froschmann Crabb 1956 P
»Frosch-Mäuse-Krieg« v. Chr. 5. Jh.
»– –« 1595
»Froschmeuseler« 1595
Froschschenkelversuch 1791
Frost, R. L. 1963 D
»Frostiger Morgen« 1814
Frottola 1490
»Fruchtbarkeit« 1903 D
Fruchtbarkeitsidole v. Chr. 6700
»Fruchtbringende Gesellsch.« 1617
»Früchte des Winters« 1968 D
– des Zorns« 1939 D, 40 K
»Früchtekorb« 1943 K
Fruchter, B. 1966 Ph
»Früchteschalen« 1923 K
»Fruchtschale« v. Chr. 12
»Früh vollendet« 1910 D
»Frühe Stätten der Christenheit« 1955 Ph
»– Werke« 1969 K
»Früher Herbst« 1926 D
»– oder später« 1974 D
Frühklassik, griech. v. Chr. 485
»Frühling« 1901 K
»– und Herbst« v. Chr. 479
»– auf Montisola« 1967 K
»– in der Schweiz . . .« 1938 D
»– am Wannsee« 1913 K
»Frühlingserwachen« 1891
Frühlingsfest v. Chr. 2600, 2029, 1700, 1450
Frühlingsfraktur 1917 K
»Frühlingsnacht« 1908 M
Frühlingsopfer v. Chr. 217
»Frühlingsregen« 1455
»Frühlingssymphonie« 1841
»Frühlingsweide« 1896
»Frühlingswogen« 1871
Frühneuhochdeutsch, Entst. 1974 Ph
»Frühstück« 1739, 1869
»– im Grünen« 1863
»– b. Tiffany« 1958 D, 60 K
»Frühstücksbild« 1693
»Frühstücks-Stilleben« 1664
»Frühstückstisch« (Am) 1879
Fruhtrunk, G. 1968 K
»fruits de l'hiver, Les« 1968 D
»– d'or, Les« 1964 D
»Frustration und Aggression« 1970 Ph
Fry, Chr. 1949, 50, 51, 54, 61 D
–, E. 1962 W
FT-Züge 1953 W
FU, Berlin 1976 Ph
Fuad I. 1922 P
Fuad-Universität 1908 Ph
Fuchai v. Chr. 474
Fuchs, B. 1969 D
–, Eduard 1912, 73 Ph
Fuchs, Ernst 1950, 64, 65, 74, 1975
–, G. B. 1968 D
–, I. 1950 V
–, K. 1950 P
–, L. 1542
–, V. 1958 W
Füchsel, Georg Chr. 1762
Fuchsie 1788
Fucino-See 54
Fucks, W. 1965 V, 68 Ph
Fuentes 1963 P
Fuge, Anfänge der 1549
– B-Dur 1825
–, Kunst d. 1749
Fugger 1367, 1401, 73, 99, 1512, 14, 19, 46, 63
–, Jacob 1459, 1506, 08, 09, 14, 18, 25

Fugger von Kirchberg 1578
»Fuggerei« 1519
Fugger-Haus 1515
Fuggerkapelle 1518
Fühmann, F. 1969 D
Fuhr, X. 1968, 73 K
»Führer der Unschlüssigen« 1204
»Führerprinzip« 1934 V
»Fuhrmann Henschel« 1898
»– des Todes« 1912 D
Fujiwara 895, 966, 1124, 29, 1202
– Mitsunaga 1173
– Takanobu 1195
Fujiwara-Zeit 895, 1017, 53, 1162, 92, 95
Fukien 1927 P
Fulbert 1142
Fulbransson, O. 1873, 1958 K
Fulc-Este 1135
Fulda 744, 50, 841, 56, 68, 10. Jh., 1704
–, Dom 792, 819, 1712
–, kath. Kirchentag 1954 Ph
– , Michaeliskirche 822
Fuller, R. 1961 D
– , S. 1953 K
– , Th. 1662
Füllfederhalter 1780, 1908 W
Fulton 1807, 85
Fultonrede 1946 P
»Fun for Men« 1971 K
»Fundament der Volkswirtschaftslehre« 1918 Ph
»Fundamentalismus« 1918 Ph
»Fundamentum organisandi« 1452
»Fünf Mann Menschen« 1969 D
»– PS, Mit« 1928 D
»– Schätze« 1202
– Sinne, die 1875
Fünfjahresplan 1927 P, 28 V, 34 P, 37 V, 46 P, 50 V
– , chin. 1958 P
– , ind. 1961 V
– , pakist. 1960 V
– , poln. 1958 V
– d. UdSSR 1966 V
Fünflinge 1934 V
Fünf-Tage-Schule 1957, 58 Ph
Fünf-Tage-Woche 1957, 59 V
»Fünfte Rep.« 1958 P
25-Punkte-Programm 1920 P
»25. Stunde, Die« 1968 K
45-Stunden-Woche 1957 V
»50 Jahre Ontologie i. Dt.« 1949 W
»Stufen z. Gerechtigkeit« 1961 K
Funhof, Hinrik 1483
Funk, C. 1911 W
–, W. 1937, 39, 46 P
Funkausstellung 1924, 61 V
»Funke, Der« 1901 P
Funkecho-Methode 1946 W
Funken, oszillierende 1858
Funkeninduktor 1851
Funksprechverbindungen, überseeische 1927, 28 W
Funktelegraphenvertrag 1906 V
Funktelegraphie, Erf. 1897
Funktionentheorie kompl. 1857
Funkturm Berlin 1926 V
Funkverkehr, Vertrag 1932 V
Funkwirtschaftsdienst 1921 V
»Funny Girl« 1969 K
»Für L. W. D.« 1967 V
»– meine Genossen« 1972 D
»– uns die Freiheit« 1932 K
»Furcht u. Elend d. 3. Reiches« 1938 D
»– vor der Freiheit« 1945 Ph
»– und Mitleid« v. Chr. 334
»– und Zittern« 1844
»Furie« 1936 K
Furse 1904 D
»Fürst« 1514, 32, 1739
»– « 1927 V
»– Bülow« 1913 K
»– Igor« 1887
Fürstenberg 1933 V

Fürstenberg/Oder 1961 V
»Fürstenbuch von Österreich« 1277
Fürstenbund 1785
Fürstenenteignung 1926 P
Fürstenschulen 1543
»Fürstenspiegel« 1699
»Fürstin« 1915 D
»Fürstl. Schatz und Rent-Cammer nebst seinem Tractat vom Goldmachen« 1680
»Furt« 1801
Fürth 1835
Furtwängler 1886, 1911, 20, 22, 48, 54 M
Furzewa, J. 1960, 74 P
Fusion, Firmen- 1974 V
Fußball 1250, 1831, 1900, 03, 20, 34, 37 V
–, Berufs- 1969 K
– (Europameisterschaft) 1972 V
Fußball-Association 1862
Fußballbund, Dt. 1952 V
Fußballbundesliga 1963 V
Fußballmeister 1972 V
–, Europ. 1976 V
Fußballmeisterschaft, Dt. 1951, 55, 58, 60 ff V
Fußballpokal, Dt. 1977 V
–, Europa- 1977 V
»Fußballschlachten« 1974 K
Fußballtoto 1954 V
Fußballverein 1878
Fußballweltmeisterschaft 1954, 62, 74 V
»Fußbank« 1971 K
Füssen 1547, 1745
Fußgänger, Der« 1973, 74 V
»– d. Luft« 1962 D
Füssl, K. H. 1970 M
Füssli, J. H. 1782
Fussmann, K. 1977 K
Fust 1450, 57, 1925 Ph
Fütterer, H. 1954 V
Futtermittel 1930, 45 W
Futura, A. 1964 K
»Futurismus u. Faschismus« 1924 D
»Futuristengefahr« 1917 M
»Futuristisches Manifest« 1909 P
Futurologie 1943, 65, 67, 68 W, 70, 75, 76 Ph
Futurologische Soziologie 1968 Ph
»Futurum« 1968 Ph, 68 W
Fux 1660, 1725, 41
FVP s. Freie Volkspartei

G

»G I/1966« 1966 K
Gää v. Chr. 1000
Gaag, Ch. v. d. 1952 K
Gabeln 1475, 1589
Gabelsberger 1834
»Gabenbringer« v. Chr. 1950, 1490
Gabet 1844
Gabin, J. 1976 K
Gabir ibn Haiyan 900
Gabirol 1021, 70
Gable 1931, 34–36, 39, 60 K
Gabo, N. 1917, 44, 70, 77 K
Gabor, D. 1948, 71 W
»Gabriel Schillings Flucht« 1912 D
»Gabriele Alweyden« 1924 D
Gabrieli, A. 1571, 80
–, E. R. 1968 V
–, G. 1557, 80, 93, 1612
Gabun 1960 P
Gad 1911, 12, 14, 21 K
Gadara v. Chr. 250
Gaddafi 1976 P
Gaddi, T. 1345 W
Gaddis, W. 1962 D
Gadolin 1794
Gaede 1905, 08, 15 W
Gaedheal 1922 P
Gaffky, G. Th. A. 1880, 84, 1904 W

Gagarin, J. 1961 W
Gagern 1927, 39 D
Gagliano, 1575, 1614, 19, 24, 28, 42
»Gai Savoir, Le« 1969 K
Gaillard 1957, 58 P
Gaine 1938 W
Gainsborough 1727, 71, 76, 80, 84, 88, 99
Gaiser, G. 1958 D
Gaismair, Michael 1524
Gaitskell, H. T. 1955, 63 P
»Gajaneh« 1958 M
Gajdusek, Ch. 1976 W
Gajus 161
– Asinius Pollio 10
Galalith 1897
Galanskow, J. 1968 D
»Galante Feste« 1869
»– u. melanch. Gesch.« 1903 D
Galapagosinseln 1835, 1925 V, 41 P
Galater v. Chr. 284, 233, 230
Galaterbrief 1516
»– « 50
Galathea-Expedition 1952, v. Chr. 30, 25
»Galathee, Die schöne« 1865
Galatien v. Chr. 284, 50, 25
Galba 69
Galbraith, J. K. 1958 Ph
Galdós 1901 D
Galeazzi, R. 1932 W
»Galeere« 1913 D
Gälen v. Chr. 375
Galen 1946 Ph
Galen(os) v. Chr. 377; n. Chr. 130, 178, 200, 05, 354, 529, 850, 73, 900, 23, 1543
Galerius, Gajus 293, 305, 06
»Galgenlieder« 1905 D
Galiläa v. Chr. 734; n. Chr. 28, 66, 70
»Galilei« 1905 W
–, Galileo v. Chr. 1564, 325; n. Chr. 534, 1579, 81, 83, 86, 89, 90, 92, 94, 95, 1600, 02, 09, 10, 11, 13, 15, 16, 24, 32, 33, 38, 47, 50, 57
»–, Leben des« 1942 D
–, Vincenzo 1590
Galilei-Prozeß, Überprüfung 1968 Ph
Galizien 6. Jh., 1333, 40, 86, 1795
Galla Placidia 410, 17, 25, 50, 550
»– –, Kaiserin« 1937 D
Gallagher, P. B. 1959 W
Galland, Antoine 1704
Galle 1846
Gallegly, M. E. 1951 W
Gallensäuren 1927 W
Gallia Cisalpina v. Chr. 4. Jh., 222, 191, 146, 88
»Gallicanus« 970
Gallienus 253, 260
Gallier v. Chr. 600, 500, 387, 367, 4. Jh., 300, 284, 246, 222, 146, 72, 60, 59, 58, 56, 53, 52, 49, 46, 27, 22; n. Chr. 68, 70, 71, 100, 256, 74, 79, 80, 306, 17, 30, 75, 410, 15, 5. Jh., 451, 66, 86
»Galliergruppen« v. Chr. 230
»Gallikanische Freiheiten« 1438
Gallipoli 1355, 1916 P
»Gallischer Krieg« v. Chr. 58
Gallisches Kollegium 1250
Gallium 1871
Gallo 1507
Gallusporte, Basel 1200
Gallus 612
Galsworthy 1867, 1922, 24, 26, 28, 32, 33, 72 D
Galton, F. 1865, 69, 83, 89
Galtonpfeife 1900
Galtonsche Regel 1869
Galvani 1791

Galvanismus 1806
Galvanometer (Saiten-) 1903 W
»Galvanoplastik« 1840
Gama, Vasco da 1469, 98, 1504, 24, 1975 P
Gambia 1416
»Gambit« 1966 K
Gammastrahlen 1903, 56, 61 W
»Gammler, Zen u. hohe Berge« 1958 D
Gamow 1928, 65 W
Gan, P. 1961 D
Gance 1917 ff. K
Gandersheim 853
–, Eberhard von 1216
–, Roswitha von 935, 1000, 1501
Gandhara v. Chr. 2. Jh., 50
Gandhi, Indira 1969, 66, 71, 75, 77 P
–, Mahatma 1869, 1914, 20, 22 Ph, 24 Ph, 30 ff P, 35 Ph, 42 P, 47, 48 P, Ph, 62 K
»Gang zum Weiher« 1926 D
Ganges v. Chr. 300, 280; n. Chr. 1808
Ganghofer 1855, 95, 99, 1904, 08, 10, 20 D
Gangster 1934 V
»–, Der« 1959 Ph
»Ganovenehre« 1966 K
Gänseheb 13. Jh.
»Gänsemännchen« 1915 D
»Gänserupferinnen« 1847, 74
»Ganymed« v. Chr. 354
»Ganz Flandern« 1911 D
– Paris träumt von der Liebe 1955 M
»Ganzheit in der Biologie« 1935 Ph
Ganzheitsbetrachtung v. Chr. 334
Ganzheitslehre 1924, 26, 37 Ph
»Ganzheitsproblem i. d. Biologie« 1933 Ph
»Ganzheitspsychologie und Strukturtheorie« 1955 Ph
Ganzmetallflugzeug 1915 W
Ganzmetall-Rundfunkröhre 1935 W
Ganztagsschule 1957 Ph
Garage, Groß- (Düsseldorf) 1953 K
–, unterirdische 1953 V
Garamond 1545
Garbe 1907 W
Garbes, R. 1894
Garbo 1903, 23, 25, 27, 30, 33, 35, 39 K
Garcia, M. 1855
Garcia Lorca, F. 1899, 1928, 31, 33, 36 D, 53, 55 M
»Garcia-Lorca-Kantate« 1957 M
»Garçon«-Stil 1928 V
»Gardanne« 1886
»Gardejäger zu Pferde« 1812
»Garden of Anna« 1966 K
Gardner 1948 W
–, A. 1967 W
–, B. 1967 W
Gardthausen 1920 W
Gareis 1921 P
»Garel vom blühenden Tal« 1270
Gargamelle 1971 W
»Gargantua und Pantagruel« 1532
Garibald I. 554, 89
Garibaldi 1849, 59, 62, 67, 1958 D
Gariopontus 1050
Garizim v. Chr. 400, 330
Garmisch, Pfarrkirche 1407
Garner, E. 1977 M
Garnett 1932 K
Garnier, Ch. 1861, 62
Garonne 507
Garrick 1741
Garrod 1954 W
Garros 1911, 13 W

Garson 1942 K
»Garten in Arles«, 1888
»– Eden« 1960 K
»– der Finzi Contini, Der« 1971 K
»– d. irdischen Lüste« 1514
»– m. Mauern u. Bänken« 1963 K
»– des Vergnügens« 1175
»Gärten, Menschen, Spiele« 1960 K
»– (Neue) 1905 K
»– u. Straßen« 1942 D
Gartenaere, Wernher der 1290
Gartenbauaust. 1907 K
»Gartenfest« 1922 D
Gartenkunst v. Chr. 575; n. Chr. 130, 1400, 86, 1653, 1715; s. a. engl. Gärten
»Gartenlaube« 1853
»Gartenplan« 1918 K
Gartenschau 1955, 75 V
Gartenstadt 1904 V
Gartenstadtbewegung 1896, 1902 K
»Gartenstädte v. Morgen« 1902 K
»Gartenstadt-Gesellschaft« 1902 V
Gartenszene mit Speiseträgerinnen u. Musikantinnen v. Chr. 650
Gärtner 1792, 1847
–, E. 1833
–, v. Toulouse« 1938 D
»Gärtnerei« 1964 K
»Gärtnerin aus Liebe« 1775
»–, Schöne« 1967 K
Gärung 1815, 57, 62
Gary, R. 1955 D
»Gas« 1920 D
»–, entgift. 1958 f. W
Gasa v. Chr. 332; n. Chr. 635
Gasangriff 1241, 1915 P
Gasanstalt 1816
Gasbeleuchtung 1786, 92, 1807, 14, 26, 1902 W
– (Ende) 1973 V
Gascogne 1154
Gascoyne, D. 1943, 58 D
Gase 1618, 44, 62, 82, 91, 1738, 1903, 04, 06, 08, 10, 13 W, 15, 16, 17 W, 21 Ph, 26, 38, 43, 48 W; s. a. Gas . . .
Gaseigenschaften 1857
Gasentladung, Anf. 1854
Gasentladungslampen 1932, 40 W
Gasfernleitung 1904 W
Gasfeuerung 1839
Gaskraftmaschine, atmosphärische 1867
»Gaskugeln« 1907 W
»Gaslicht« 1940 K
Gasmaske 1916 P
Gasmotor 1860, 67, 1922 W
Gasperi, A. De 1945, 51, 53, 54 P
–, P. 1934 Ph
Gasselbstzünder 1905 W
Gassendi 1592, 1621, 24, 47, 55
Gasser 1944 W
Gastarbeiter 1971 Ph, 73 V
»–« 1975 K
Gastheorie, molekulare 1856, 60
»Gastmahl« v. Chr. 387
»– v. Chr. 416, 347, 330, 1309
»– des Plato« 1873
Gastroenterologie 1962 W
Gasturbine 1905, 26 W
Gasturbinenlokomotive 1941, 51 W
Gasverflüssigung 1823, 77, 95 W
Gath, v. Chr. 1200
GATT 1963 V
Gattamelata 1453
»Gatter, Das« 1964 D, 65 K
Gattner, K. D. 1965 W
»Gaudeamus« 1868

Gaudi y Cornet, A. 1884
Gaudig 1904 Ph
Gaugamela v. Chr. 331
Gauguin, P. 1848, 75, 87, 88, 89, 91, 94, 1900, 02, 03, 11, 29 K
»–, Huldigung an« 1956 K
»Gaukler, Gr.« 1954 K
»– uns. lieben Frau« 1902 M
»Gauklerfamilie« 1954 K
»– – mit dem Affen« 1905 K
Gaul, A. 1869, 1901, 04, 10, 21 K
»–, D. geschenkte« 1970 D
»–, W. 1959, 65 K
Gaula 1508
Gaulle, Ch. de 1940, 44, 45, 47, 54, 57 ff, 64, 65,66, 67, 68, 69, 70 P
Gaullist. Union 1958 P
Gaunersprache 1397
Gaus, G. 1974 P
Gauß 1777, 99, 1801, 09, 11, 16, 23, 32, 33, 36, 40, 55
»–« 1902 W
Gautier 1959 W
– de Coincy 12. Jh.
Gauting, K. 1973 K
»Gawan« 1902 D
Gay 1728
Gay-Lussac 1815
Gay-Lussacsches Gesetz 1702
Gaza v. Chr. 1200
Gazaria 1316
Gaze 1961 M
»Gazelle« 1910 K
»Gazetten sollen nicht geniret werden« 1740
Gdingen 1929 P
GDP 1961 P
»Geächteten, Die« 1930 K
Geb v. Chr. 3000, 2270
»Gebändigte Kräfte« 1951 K
Gebärmutterkrebs 1943 W
Gebäude, höchstes 1973 K
Gebäudesteuer 1346
»Geber« 900
Gebetbuch Kaiser Maximilians 1515
Gebetsbücher 1390, 1450, 77, 90
Gebhardt, E. v. 1881
Gebietsreform 1973 V
»Gebirge, Vgl. Baugesch. d.« 1951 W
–, Künstl. 1929 W
Gebirgsbildung 1740, 1830, 1909, 24, 60 W; s. a. Geologie
»– der Gegenwart i. Mittelmeerraum« 1967 W
Gebläse 1519
»Gebrauchsgraphik« 1923 K
»Gebrauchsgraphiker« (Bund dt.) 1919 K
Gebühr 1923, 54 K
»Geburt« 1937 D
– der Athene . . . v. Chr. 440
»– Christi« 1462, 1513
»– Europas« 1959 Ph
»– Gottes in der Seele« 1327
»– der Königin« v. Chr. 1900
»– einer Konstellation, Die« 1967 K
»– Mariae« 1655
»– einer Nation« 1915 K
»– der Odyssee« 1930 D
»–, schmerzarme 1959 W
»– der Tragödie aus d. Geist d. Musik« 1871
»– der Venus« 1480, 84, 1909 D
Geburten 1798, 1930 Ph, 50 K, 1951 Ph, 60 V, 61 Ph
Geburtenkontrolle 1966, 68, 70 Ph
»Geburtenrückgang u. s. Bekämpf.« 1929 V
Geburts- und Todesrate in den USSR 1955 V
Geburtshilfe v. Chr. 275; n. Chr. 150, 1110, 1500, 1547, 1665, 1721, 1877, 1905, 48 W

»Geburtsschrei einer neuen Zeit« 1937 K
»Geburtstag« 1915 K
»Geburtstagsfeier, Die« 1961 D
Geburtszange 1665, 1721
Ged 1729
Gedächtnis, Deutung d. 1959 W
– (molek. Theorie) 1971 W
–, stoffl. Grundlage 1965, 67, 68 W
»Gedächtniskirche Berlin« 1957 K
»Gedächtnisses, Mechanismen des« 1967 W
»Gedämpftes Saitenspiel« 1909 D
»Gedanke« 1886
»Gedanken von einem guten Brief« 1742
»– und Erinnerungen« 1898
»– über die Erziehung« (Einige) 1693
– über die Nachahmung der griechischen Kunstwerke 1755
»– über die Religion« 1670
»– eines Soldaten« 1928 P
»Gedankenlesen u. Kritik d. rein. Vernunft« 1902 Ph
Gedankenlesen 1921 Ph
»Gedicht und sein Autor, Ein« 1967 D
»– vom Weltgericht« 1445
»Gedichte, 25« (Thomas) 1953 D
»– aus 30. J.« 1976 D
»– 1930–1950 (Goes) 1951 D
»– 1955–70« 1971 D
»–, Gesammelte« (Eliot) 1951 D
»– eines Juden« 1958 D
»aus d. Kerker« 1785
»–, Neueste« 1750
»– um Pan« 1928 D
»– in Prosa« 1882
Gedimin 1316
»Gedruckte Schaltungen« 1961 W
Gedser-Fähre 1963 V
Geertgen tot Sint Jans 1484
Geese, H. 1972 M
Geesthacht, Pumpwerk 1958 V
»Gefährliche Alter, Das« 1910 R
»– Freundschaft« 1958 D
»– Liebschaften« 1782, 1959 K
»Gefallen« 1921 K
»– Gefallene Idol« 1947 D
»Gefallenen« 248, 51
»–, Rede auf die« v. Chr. 439
Gefallenenehrenmal 1931 K
»Gefangene, Der« 1932 D, 44, 59 M
»– aus Kanaan vor König Haremheb ...« v. Chr. 1350
»– hören Musik« 1925 K
»– bei Stalin und Hitler, Als« 1949 P
– Gefangennahme Christi 1467
»Gefängnisarzt« 1932 D
Gefängnisreform 1946 Ph
»Gefesselte Hölle, Die« 1958 D
»Gefiederte Meistersänger« 1922 Ph
»Gefilde der Seligen« 1878
»Geflecht« 1956 K
»Geflügel« 1686
»Geflügelte Erde« 1916 D
»– Worte« 1864
Geflügelter Dämon entführt eine Verstorbene v. Chr. 5. Jh.
»Geflügeltes Insekt« 1954 K
»Geflügelverkäufer« 1662
»Geformte Bilder eines Lebens« 1952 K
Gefüge der Welt« 1906 Ph
»Gegen den Strom« 1907 D

»Gegenerde« v. Chr. 496, 347
»Gegenreformation« 1908 W
»Gegenständl. Strukturen« 1962 K
»Gegenständlichkeit und Freiheit« 1966 Ph
»Gegenstandstheorie u. Psychologie« 1904 Ph
»Gegentypus« 1938 Ph
»Gegenwart, Die« 1945 Ph
»Gegenwärtige Stand der Geisteswissensch. ...« 1975 Ph
Gegenwartskunde 1945 Ph
»Gehängten, Die« 1431
»Geharnischte Sonette« 1814
Geheeb, P. 1961 Ph
»Geheimagent« 1907, 39 D
»Geheimes Kinderspielbuch« 1924 D
»– Königreich« 1927 M
»Geheimkulte, D. Melanes.« 1958 Ph
»Geheimlehre des Veda« 1909 Ph
»Geheimnis« 1921 D
»– d. entw. Briefes« 1975 M
»– Kierkegaards« 1918 Ph
»– des Totem« 1905 Ph
»– des Weltbaues« 1596
»Geheimnisses des reifen Lebens« 1936 D
»– der Seele« 1927 Ph
»– einer Seele« 1926 K
»Geheimnisvolle Arabien« 1917
»– Mann« 1919 K
Geheimpolizei, russ. 1881
»Gehemmte Mensch« 1940 Ph
»Gehenkten, Gesch. v. d. 7« 1908 Ph
Gehirn 1568, 1710, 1903, 04, 07, 15, 19, 26, 29, 33, 35, 38, 47–50, 53 W; s. a. Hirn
»– (Künstl.) 1949 W
»Gehirne (Fossile) 1929 W
Gehirnfunktion (Theorie) 1881 W
Gehirnkarte 1926 W
Gehirnoperation 1885 W
Gehirntumor 1950 W
Gehlen, A. 1956, 76 Ph
Gehler, J. S. F. 1795
»Gehorsams, Geschichte d. passiven« 1689
Gehrcke, E. 1901 W
Gehrock 1852
»Geht spazieren« 1957 K
Geibel 1815, 48, 71, 84
»Geierstele« v. Chr. 2450
Geige 1215, 1320
»– « 1911 K
Geiger, H. 1911, 13, 29 W
Geiger, Hermann 1966 V
–, M. 1913 Ph
–, Rupprecht 1927, 59, 65 K, 65 W
–, W. 1964 K
Geilenkirchen 1951 K
Geiler von Kaisersberg 1510 –, K. 1949 P
Geisa von Ungarn 972
Geisberger, H. 1973 Ph
»Geisel, Die« 1959 D
–, E. 1974 P
Geiselnahmen 1973 P
Geiseltal 1931 W
Geiserich 429, 39, 55
»Geisha« 1896
»Geishas des Cpt. Fisby, Die« 1952 D
Geißelbrüder 1260, 1348, 50
»Geißelung« 1469
Geißendörfer, R. 1966 W
Geißler 1854
–, H. W. 1928 D
»Geist des Christentums« 1798
»– d. Codex juris canonici« 1918 Ph
»– am Ende s. Möglichkeiten« 1945 Ph
»– im Exil« 1959 D

»Geist der Gesetze« 1748
»– der Gotik« 1917 K
»– des Judentums« (Vom) 1916 Ph
»– u. Kultur i. d. Sprache« 1925 D
»– der Liturgie« 1918 Ph
»– der Massen« 1946 Ph
»– u. Materie« 1959 Ph
»Geist d. Mirabelle, D.« 1975 Z
»– der mittelalt. Philos.« 1932 Ph
»– der Revolutionen« 1919 Ph
»– in den Sinnen behaust« 1951 D
»– meines Vaters« 1912 D
»– u. Welt d. Dialektik« 1929 Ph
»– und Widergeist« 1965 Ph
»– als Widersacher der Seele« 1932, 56 Ph
»– der Zeit« 1818
»Geiste der Ebräischen Poesie« (Vom) 1782
»Geister werfen keine Schatten« 1955 D
»Geisterliebe« 1971 M
»Geisterseher« 1789, 1934 D
»Geistesfreiheit« 1921 Ph
»Geistesgeschichte, Europ.« 1953 Ph
»Geisteskämpfer, Der« 1928 K
»Geisteskranken, Zeichnungen ... der« 1956 Ph
Geisteskrankheit 1570, 1751, 1864, 1922 K, 24 V, 26 Ph, 35 W, 36, 40 V
»Geisteskrankheiten« (Handb.) 1932 W
»– d. Kindesalters« 1917 Ph
»Geisteslebens im Bewußtsein u. Tat der Menschheit, Die Einheit des« 1888
»Geisteswissenschaften« (Aufbau ...) 1910, 19 Ph
»– (Logik u. Systematik) 1926 Ph
»– und die Schule« 1922 Ph
»Geistige Aufstieg d. Menschheit« 1940 W
»– Entwicklg. d. Kindes« 1918 Ph
»– Epidemien« 1907 Ph
»– in der Kunst, Üb.« 1912 Ph
»– Situation der Zeit« 1931 Ph
»– Zusammenarbeit« 1925 Ph
»Geistliche Andachten« 1667
»– Chormusiken« 1648
»– Gesänge« (Zwölf) 1657
»– Jahr« 1852
»– Konzerte« 1652
»– Lieder, Drei« 1924 M
»– Lieder« s. o. 1586
»– Oden u. Lieder« 1757
»– Übungen« 1548, 1904 Ph
»– u. weltl. teutsche Gesänge« 1566
»Geistliches Blumengärtlein inniger Seelen« 1729
»Geistreiche Sinn- und Schlußreime« 1617
»Geistvolle Gesellschaft im Westgarten« 1087
»Geistzeit« 1189
Geitel, H. 1893, 99, 1904 W
Geitner 1823
»Geizhals« (Der) 1668
Gela v. Chr. 480
»Gelächter von außen ...« 1966 D
Gelasius I. 493
»Gelb-Gelb« 1976 K
»– u. Purpur« 1959 K
»– in Schwarz« 1954 K
»– mit schwarzen Tropfen« 1966 K
»Gelbe Lagune« 1955 D
Gelber Fluß 1852
–, Jack 1960 D
»Gelber Punkt« 1973 V

»Gelbes Zimmer« 1950 K
Gelbfieber 1903, 30, 42, 51 W
Gelbfiebervirus, neues 1967 W
Gelbkörperhormon 1934 W
Gelbkreuz-Gas 1916 P
Geld s. a. Münzen, Papiergeld
»– « v. Chr. 5000
»– « 1891, 1913 Ph
»–, Banken, Börse« 1939 V
–, Buch über 1382
»– und Geist« 1843
»Gelde« (Vom) 1930 V
»Geldes« (Philosophie d.) 1900 Ph
»– « (Staatl. Theorie d.) 1905 V
»–, Versuch einer neuen Theorie des« 1816
Geldlotterie 1530, 74, 1610
»Geldmenge, Die optimale« 1976 V
Geldumtausch i. d. DDR 1957 V
»Geldwechsler« 1627
»– und seine Frau, Der« 1517
»Gelehrten Frauen, Die« 1672
»Gelehrtenkalender« 1925 W
Gelehrtenschule 800
»Geliebt, gejagt u. unvergessen« 1955 D
»Geliebte Freundin« 1937 D
Gell-Mann, M. 1961, 64, 69 W
Gellert 1715, 42, 46, 47, 57, 69
Gellius, Aulus 170
Gellner, E. 1962 Ph
Gelon v. Chr. 480
Gemara 400, 500
Gemeindekind« 1887
Gemeineigentum 1959 Ph
»Gemeiner Pfennig« 1427, 1551
»Gemeines Teutsch« 1464
Gemeinsamer Markt 1953 V, 57 P, 59, 70 V
»Gemeinschaft u. freies Menschentum ...« 1919 Ph
Gemeinschaftsschule 1963 Ph
–, christliche 1968 Ph
Gemeinwirtschaft 1963 P
»Gemetzel von Chios« 1834
Gemini G T 4 1965 W
– 9 1966 W
– 11 1966 W
Geminos v. Chr. 70
Gemmingen-Hornberg 1782
Gen s. a. Genetik, Vererbung
»– « (Theorie d.) 1928 W
Gen-Chirurgie 1977 W
Gendre 1652
Gene 1952 W
»Genealogie der menschlichen Bewußtseins« 1966 Ph
»– der Moral« (Zur) 1887
»Genealogisch-etymologisches Hdb.« 904
»– General« 1936 D
– Electric Company 1892
– Motors 1908, 28, 35, 48, 54 V
– Quijote« 1959 D
Generalbaß 1662, 03, 27, 1720
»Generalbaurat« 1935 K
Generaldirektorium in Preußen 1723
Generallandschulreglement 1763
»Generallinie« 1929 K
»Generalstaaten« 1650
Generalstände 1302, 1614, 1789
Generalstreik, ungar. 1956 P
Generalsynode, fränkische 745
–, reform. 1559
Generalvertrag 1951 P
»Generation without farewell« 1960 D
Generationswechsel, Entdeckung 1815
– d. Pflanzen 1849
Generin 1663
»Genesende« 1913 K

Genesis, altsächs. 825
Genesius 304
Genet, J. 1959 ff D
»Genetic Logic« 1906 Ph
Genetik s. a. Vererbung
– 1903, 06 W
–, biochem. 1949 W
– (Begründ.) 1865, 1900, 10 W
–, experimentelle 1928 W
–, Institut für molekulare 1971 W
–, Lehrb. d. allg. Human-« 1961 W
–, moderne 1933 W
–, molekulare 1953 W
– (Physiolog.) 1938 W
–, Theoretische« 1955 W
Genetische Information 1970 W
Genetischer Code 1964, 66 W
»Geneva« 1938 D
»Geneviève« 1929, 36 D
Genezareth, See 1955 P
Genf 1300, 1538, 45, 55, 1863, 1908, 12, 15 Ph, 17 P, 19 V, 26 P, 27 V, 32 P
–, Grand Théâtre 1963 M
–, Völkerbundpalast 1933 K
Genfer Abkommen 1906 Ph
– Abrüstungskonferenz 1960 P
– Altar 1444
– Asienkonferenz 1954 P
– Außenministerkonf. 1959 P
– Konferenz 1955 P
– – über Atomenergie 1955 W
– – über Laos 1961 ff P
– – der nichtnuklearen Mächte 1968 P
– Konvention 1864, 1906, 29, 77 Ph
– Protokoll 1925 P
– See 1444
»Geniale Menschen« 1929 Ph
»Genie und Irrsinn« 1864
»–, Irrsinn u. Ruhm« 1928 56 Ph
Gen-Isolierung 1969 W
»Genitalien der Venus, Die ...« 1965 K
»Genius d. Krieges u. d. dt. Krieg« 1915 Ph
»Genji-monogatari«, 1000, 1147
»Genji-Rollen« 1147
»Genosse Veygond« 1970 D
Genossenschaft 1822, 37, 39, 42, 50, 58, 68, 92, 1961 V; s. a. Konsumgenossenschaften
Genossenschaften, landwirtsch. 1930, 61 V
Genossenschaftsrecht 1913 W
»Genoveva« 1841, 48
»–, Leben und Tod der heiligen« 1800
Genroku Epoche 1688
Genscher, H. D. 1969, 72, 74 P
Gensfleisch s. Gutenberg
Gensynthese 1970, 72, 75 W
Gent 1196, 1300, 98, 1904 P
–, Belfried 1339
–, Schloß 1180, 1200
–, Tuchhalle 1325
Gentele, G. 1972 M
»Genter Altar« 1432
Gentherapie 1973 W
Gentile 1710, 23 Ph
Gentils, V. 1968 K
»Gentle Craft, The« 1597
Gentzen, G. 1936 W
Genua 1020, 1196, 1261, 70, 84, 91, 98, 1300, 16, 24, 25, 81, 1404, 21, 28, 45, 50, 51, 64, 1506, 29, 47, 1768, 1922
–, Palazza Doria 1529
– San Lorenzo 1118
Gen-Übertragung 1974 W
Genzentrentheorie 1925 W
Genzmer, H. 1940, 53, 59, 62, 70 M
Geochronologie 1946 W
»Geöffnet nach Weiß« 1955 K

1527

Geoffrey of Monmouth 1137
Geoffroy Saint Hilaire 1831
–, St. F. 1700
– Willehardouin 1204
»Geograph, Der« 1669
»Geographia generalis« 1650
Geographie (Anfänge) v. Chr. 3000, 1250, 1200, 560, 424, 379, 365, 330, 323, 310, 300, 200, 195, 2. Jh., 20, 63, 50; n. Chr. 20, 98, 105, 170, 4. Jh., 525, 800, 85, 900, 84, 1000, 1166, 95, 1212, 45, 52, 53, 71, 84, 92, 98, 1310, 18, 19, 25, 51, 52, 64, 77, 1416, 19, 28, 15. Jh., 1457, 60, 62, 64, 70, 71, 74, 82, 83, 84, 85, 87, 88, 92, 1650, 1852; s. a. Länderentdeckung, Landkarten, Seekarten
–«v. Chr. 195, 125; n. Chr. 20, 170
»Geographie...« 1927 W
»–, Wissenschaftlichkeit d. polit.« 1961 Ph
Geographie, vgl. 1650, 1852
»Geograph. Zeitschrift« 1927 W
Geologie 1970 W
Geologie (ältere) 1544, 46, 55, 80, 1624, 50, 69, 1701, 26, 40, 80, 85, 97, 98, 1804, 30, 32, 40, 41, 75; s. a. Erd-, Gebirge, Geophysik
–, Begr. der wissenschaftl. 1818
»–, Einleitung zur allg. vergl.« 1852
Geologische Zeitskala, relative 1779
Geometrie v. Chr. 2225, 2000, 1800, 1105, 1000, 585, 544, 496, 5. Jh., 325, 212, 200, 170, 100; n. Chr. 100, 290, 476, 628, 774, 929, 970, 998, 1009, 1476, 94, 1525, 1637, 39, 41, 70, 98, 1759, 98, 1821
»–« 1525
»–, Grundlagen« 1899
–, mehrdimensionale 1844, 99
–, Nichteuklidische 1816, 26, 32, 54
–, synthet. 1832
–, Systematik der 1872
»Geometrodynamics« 1962 W
Geoökonomie...« 1925 W
Geophysik 1937 W
»–, Zeitschrift für 1924 W
Geophysikalisches Jahr, Internat. 1957, 58 W
»Geophysische Erscheinungen« 1911 Ph
Geopolitik 1927, 32 P
»–« (Bausteine zur) 1928 V
»– des Pazif. Ozeans« 1925 V
»–« (Zeitschrift) 1924 P
Georg I. 1714, 27
– I. von Griechenland 1913 P
– II. 1727, 60
– II. v. Griechenland 1922, 35, 46 P
– III. 1760, 1813, 20
– IV. 1820
– V. 1865, 1910, 36, 53 P
Georg-V.-Land 1911 W
– VI. 1895, 1936, 51, 52 P
– von Dänemark 1862
– Heilige 1378
– von Podiebrad 1458
»George« 1920 D
–, Henry 1879
–, Heinrich 1922 D, 26, 33, 40, 45 K
–, St. 1868, 80, 90, 97, 99, 1903, 07, 17, 20, 21, 27, 28, 33 D
–, W. L. 1917 Ph
–, W. R. 1910 W

George-Washington-Brücke 1932 W
»Georgica« v. Chr. 37, 19
Georgien 1380, 1629, 1924 P
Georgiew, V. I. 1972 Ph
Georgius Pisides 632
»Georgslied« 10. Jh.
»Georgy Girl« 1966 K
Geotropismus 1806
Gepiden 250, 450, 67
Gerard 1926 W
Gérard F. P. S. 1770, 89, 97, 1802, 24, 37
Gerassimow 1948, 58 K
Gerathewohl, S. J. 1954 Ph
»Geraubte Eimer, Der« 1622
Gerbert von Reims 999
»Gerechtigkeit i. d. Welt« 1971 Ph
Gerhaert von Leyen, N. 1464
Gerhard 1947 M
– von Cremona 1114, 87
– von Minden 1370
–, H. 1592, 94
–, Meister 1248
Gerhardt 1607, 67, 76
Geriatrie 1947 W
Géricault 1791, 1812, 24
»Gericht, D. Jüngste« 1298 K
»Gerichtliche Medizin (Handbuch)« 1906 W
– – 1302
– u. Verwaltungs-Meteorologie« 1921 W
Gerichtshof v. Chr. 80
–, internat. 1920 P
–, Oberster 1935 V
»Gerichtstag« 1974 K
Gerkan, M. v. 1974 K
Gerkinger, F. 1970 K
Gerlach, F. 1967 K
–, H. v. 1934 D
–, W. 1924 W, 37
»Germane« v. Chr. 80
– (frühest. bekannter) v. Chr. 54 F
Germanen v. Chr. 4000, 1300, 1000, 500, 5. Jh., 4. Jh., 330, 3. Jh., 200, 104, 100, 72, 55, 38, 27, 12; n. Chr. 14, 84, 90, 98, 100, 38, 61, 71, 80, 235, 3. Jh., 279, 300, 50, 400, 50, 55, 57, 76, 8. Jh., 1115, 1911, 20, 28 W, 33 Ph
»Germania« 98, 116, 1450
»Germania-Judica« 1917 D
Germania-Werft 1867
Germanicus 14, 17, 33
Germanien, röm. Provinz v. Chr. 7
Germanin 1923 W
Germanische Siedl. östl. d. Elbe 1220
– Urgesch. in Tacitus' ›Germania‹« 1920 W
Germanische Sprachdenkmal, Älteste v. Chr. 202
Germanistik, Reform 1966 Ph
Germanium 1871, 1948 W
Germer, Edmund 1926 W
Germer, L. H. 1927 W
»Germania« 1885
»Germinie Lacerteux« 1864
Gernrode, Heiliges Grab 1120
– Stiftskirche 961, 1120
Gero 940, 55, 60, 63, 65
– Codex 970
Gerö, E. 1956 P
Gerok K. v. 1857
»Gerokreuz« 970
Gerontologie 1958 Ph
Gerontologie, Kongreß 1954 W
Gershwin 1924, 28, 35, 37 M, 45, 51 K
Gerstäcker 1848
Gerste v. Chr. 3500, 3000, 1927, 700; n. Chr. 64
»Gerstenharke« 1952 K
Gerstenmaier, E. 1954, 57, 61, 69 P
Gerster, O. 1936 M
Gerstner, K. 1956, 69 K

Gert, V. 1965 K
Gerthsen, Chr. 1956 W
Gertrud« 1910 D
Geruches, Theorie des 1966 W
Gerusalemme 1601
»Gerüste« 1955 K
Gervinus 1837
Gerz, J. 1977 K
Gerzeen-Kultur v. Chr. 3900
»Gesammelte Anekdoten« 1929 D
– Aufsätze z. Religionssoziologie« 1921 Ph
– z. Sozial- u. Wirtschaftspolitik« 1924 Ph
– z. Soziologie...« 1924 Ph
– Bühnenwerke (C. Goetz) 1952 D
– dramat. Werke 1917, 32 D
– Gedichte 1912, 19, 27, 62 D
– Hörspiele 1961 D
– Prosa 1917 D
– Schriften« 1924 Ph
– Werke« 1902 D, 13 P, 20 D, 22 Ph
Gesamtausgabe der Balladen u. Lieder 1926 D
Gesamtdeutsche Partei 1961 P
– Volkspartei 1952 P
Gesamtdeutscher Block 1961 P
»Gesamte Virusforschung« 1939 W
Gesamthochschulbereiche 1968 Ph
Gesamthochschule 1967 Ph
»Gesamtkatalog d. Preuß. Bibl.« 1921 P
– der Wiegendrucke 1925 D
»Gesamtkunstwerk« 1883
Gesamtschule 1963, 65, 69, 71, 73 Ph
Gesamtschule (Versuche), I. europ. 1876
Gesamtschule 1974 Ph
»Gesandte« 1533
»Gesandtenfestmahl« 1648
»Gesang des Erhabenen« v. Chr. 2. Jh.
– im Feuerofen« 1950 D, 66 M
– des Grafen Ugolino« 1590
– an die Hoffnung« 1953 M
–, um nicht zu sterben« 1956 W
– von den Wundern Christi« 1265
»Gesangbuch« 1524, 44, 1650, 67
–, Katholisches 1975 Ph
–, evangel. 1627
–, Leipzig 1697
»Gesänge d. Seeräubers...« 1958 M
»Geschäftige Leben, D.« 1953 K
»Geschah am hellichten Tage, Es« 1958 M
– »20. Juli, Es« 1955 K
»Geschehen u. Wirklichkeit...« 1929 Ph
Geschichte s. a. Histor...
– des Abfalls der vereinigten Niederlande« 1788
– des Agathon« 1766
– Ägyptens« 1907
– Alexanders des Großen« 1668
– der altchristl. Literatur« 1904 Ph
– der alten und neuen Literatur« 1815
– des Altertums« 1902 W
– der Arbeiter unter dem Industriekapitalismus« 1948 V
– der Baukunst« 1856
– vom braven Kasperl« 1818
– der Buchdruckerkunst« 1928 D
– des Bürgerkrieges« v. Chr. 47

»Geschichte des Chevalier des Grieux und der Manon Lescaut« 1731
–, chin. (I. gesch. Datum) v. Chr. 775
– Christi« 450
– der Deutschen« 1962 Ph
– der dt. Kunst« 1924 K
– der dt. Literatur« 1935 D
– der dt. Musik« 1924 M
– des dt. Reiches« 1815
– der dt. Schauspielkunst« 1874
– des Dreißigjährigen Krieges« 1791
– der Elektrizität« 1937 K
– Fam. Balogh. D.« 1960 D
– der frz. Sprache« 1905 D
– der Freiheit in Deutschland« 1946 Ph
– Friedrichs des Großen« 1840
– des Gallischen Krieges« v. Chr. 58
– der Gegenwart« 1900 D
– der Goten« 551
– und Gott« 1928 Ph
– von Groß-Britannien« 1763
– von Ihnen, Diese« 1968 D
– Indiens« 1048
– des Jüdischen Kriegs« 66
– und der jungen Renate Fuchs« 1900 D
– Karls XII. 1731
– u. Klassenbew.« 1923 Ph
– der Könige der Briten« 1137
– des Krieges 1914–1918« 1921 W
– der Kriegskunst...« 1907 P
– der kommunist. Partei der Sowjetunion...« 1938 P
– der KPdSU« 1959 Ph
– d. Kunst« 1961 W
– der Kunst des Altertums« 1764
– eines Lebens« 1962 D
– des Materialismus« 1866
– der Mathematik v. Chr. 350, 70
– der Medizin« 1905 W
– meiner Flucht« 1756
– meiner Zeit« 1746
– meines Lebens« 1880
– des Menschen« 1960 W
– der Metaphysik« 1900 Ph
– der Mongolen« 1245
– der Musik« 1878
– der nationalsozialist. Zeit« 1947 W
– der Natur« 1948 Ph
– des Neuen Bundes« 1127
– des neueren dt. Liedes« 1912 M
– der neueren Philosophie« 1880
– einer Nonne« 1959 K
– d. norw. Könige 1220, 41
– Quellenk, d. dt.« 1830
– der Oper« 1919 M
– der Päpste...« 1928 Ph
– der Paulinischen Forschung« 1911 Ph
– der Perser-Reiches« 1020
– der Pflanzen« v. Chr. 287
– der poetischen Literatur Deutschlands« 1857
–, Preuß.« 1847
– des Römischen Reiches« 378
– des Schiffbrüchigen« v. Chr. 2000
– einer Seele« 1938 D
– als Sinngeb. d. Sinnlosen« 1919 Ph
– vom Soldaten« 1918 M
– des Soldaten Joe« 1945 M
– des Sozialismus u. Kommunismus in Frankreich« 1850
– zweier Städte« 1859
– der Technik 1930 W

»Geschichte des Teufels« 1906 Ph
– der Tiere« 1551
– der Universität zu Berlin« 1918 Ph
–», Ursprung und Ziel 1949 Ph
– der Veränderung der protestantischen Kirchen« 1688
– meiner Versuche mit der Wahrheit« 1948 Ph
– des Vitalismus« 1905 Ph
– der westeurop. Philosophie« 1945 Ph
– im Zeitalter d. Reformation, dt.« 1847
»Geschichten aus Altpreußen« 1926 D
– v. Garibaldi« 1907 D
– vom lieben Gott« 1900 D
– ohne Moral« 1943 D
»Geschichtsauffassung« 1930 Ph
»Geschichtsphilosophie« 1905 Ph
»Geschichtsschreibers, Aufz. d.« v. Chr. 101
Geschichtsschreibung, chin. (Anfänge) v. Chr. 841, 479, 209, 101
–, deutscher« (Anfänge) 1938 Ph
–, griech. (Anfänge) v. Chr. 500, 445, 354
–, röm. (Anfänge) v. Chr. 201, 165, 120, 58, 47, 35, 30
Geschichtsunterricht 1945 Ph
– 1972 K
–, dt.-frz. Vereinbarung 1951 Ph
Geschichtswerk, erstes dt. 1230
»Geschichtswissenschaft...« (Entwickl.) 1919 W
– « (Grundriß) 1906 W
»Geschlagene« 1920 D
»Geschlecht« 1916 D
–, Das andere« 1951 Ph
– und Charakter« 1903 Ph
– das doppelte« 1955 Ph
– und Gesellschaft« 1905 V
– u. Geschlechtsbeste...« 1939 W
– als Mittler des Übersinnl.« 1907 Ph
– der Schelme« 1914 D
– und Temperament...« 1935 V
»Geschlechtliche Betätigung d. Mannes« 1948 Ph
Geschlechtsbestimmung 1912 W
»Geschlechtskunde« 1924 W
–, Über« v. 1740
»Geschlechtsregister« 1325
Geschlechtsvererbung 1913 W
Geschlechtsverhältnis, Verschiebung 1954 W
»Geschöpf aus der Tiefe« 1954 K
»Geschrei« 1895
– ohne Echo« 1958 K
– der Sonne, Das« 1954 K
Geschütze (Wurfmaschine) v. Chr. 760, 400; n. Chr. 1259, 1314, 30, 14. Jh., 1377, 1406, 13, 22, 53, 75, 99, 1500, 12, 15, 19, 40, 72, 1901, 06, 09, 10, 18, 42 W
Geschützrohre, Gußstahl- 1860
Geschwindigkeitsbegrenzung 1957 W
Geschwindigkeitsrekord
–, Flug- 1956 W
»Geschwister von Neapel« 1931 D

Geschwisterehe v. Chr. 278
»Geschworen, Die 12« 1957 K
Geschwülste 1924, 43, 47, 49, 50, 61 W
»Gesegnete Jahr« 1948 M
Gesell, A. 1961 Ph
Gesellenverband 1571
Gesellenverein (Kolping) 1846
Gesellenwandern 1385
»Gesellschaft m. beschr. Haftg.« 1970 K
»– deutscher Naturf. u. Ärzte« 1912 W
»– und Demokratie in Deutschland« 1965 Ph
– für drahtlose Telegr. 1903 V
»– u. ihre Feinde, Offene« 1945 Ph
»– z. Förd. d. Guten u. Gemeinnützigen« Basel 1777
– z. Förd. d. inn. Kolonis. 1905 V
»– z. Förd. d. Wissensch. d. Judentums« 1903 V
»– freier Menschen« 1943 Ph
– der Freunde 1652, 1947 P
– der Heilpädagogik 1922 W
– für moderne Medizin 1949 W
– Jesu« s. Jesuiten
»– für Lebensphilosophie« 1923 Ph
– für Musikwissenschaft 1927 W
»–, Eine neue Ansicht von der« 1812
– für Neue Musik« 1922, 34 M
– für öffentl. Arbeiten 1930 V
– im Park« 1720
»– zur Pflege des Kunstliedes« 1744
– für Rheumabekämpfung 1927 W
– für Vererbungsforschung 1921 W
»– für Wehrpolitik . . . 1933 V
»– und Wirtschaft« 1930 V
»– – vor- und frühgeschichtlicher Völker« 1939 Ph
– der Wissenschaften zu Göttingen« 1751
»Gesellschaftlichen Grundlagen d. Erziehung, Die« 1948 Ph
»– Wirtschaft« (Theor. d.) 1914 Ph
Gesellschafts- und Wirtschaftskunde 1926 V
Gesellschaftsbildung v. Chr. 8000, 4750, 4500, 4000, 3900
Gesellschaftsinseln 1771
»Gesellschaftskrise d. Gegenwart« 1942 Ph
»Gesellschaftslehre« 1914, 22 Ph
»– und Philosophie« 1934 Ph
»Gesellschaftsphilosophie« 1934 Ph
Gesellschaftspolitik (kath.) 1970 Ph
Gesellschaftsreise, I. verbilligte 1841, 63
»Gesellschaftsstruktur bei Primaten« 1967 V
»Gesetz« 1944 D
»– der Arbeit« 1950 V
»– in dir« 1931 D
– über Jugendwohlfahrt 1961 Ph
– Kraftfahrzeugverk. 1909 V
– den Ministerrat 1963 P
– d. Verbreitg. jugendgefährd. Schriften 1961 Ph
»– zum Schutze der arbeit. Jug.« 1960 V
»– – d. Friedens« 1950 P
– gegen den unlauteren Wettbewerb 1909 V
»– zur Verhütung erbkranken Nachwuchses« 1933 V

Gesetz zur Vermögensbildg. d. Arbeiter 1961 V
– gegen Verunstaltung von Ortschaften . . . 1907 V
Gesetzessäule König Hammurapis v. Chr. 1728
Gesetzestafel 1947 W
Gesetzgebung (frühe) v. Chr. 2200, 2100, 1728, 1480, 1230, 1116, 750, 670, 624, 594, 475, 450
Gesetzl. Arbeitsschutz 1901, 04 V
»Gesicht der herrschenden Klasse« 1917 K
Gesichtsmaske 1952 W
Gesichtspunkte u. Tatsachen d. psychol. Methodik 1904 Ph
Gesichtsurne, etrusk. v. Chr. 650, 625
»Gesichtswahrnehmungen« 1909 Ph
Gesindeordnung 1918 V
Gesner, J. M. 1734
–, Konrad v. Chr. 322; n. Chr. 1516, 49, 51, 55, 65
Gesolei 1926 V
»Gespenst« v. Chr. 262
– der Freiheit, D.« 1974 K
»– von Moulin Rouge« 1925 K
»– zu verkaufen« 1936 K
»– verschwindet« 1931 K
»Gespenster« 1881, 89
»Gespenstersonate« 1907 K
»Gespräch« 1913 K
»– m. d. Adler« 1963 K
»Gespräche« 1632, 1961 M
»– des Dr. O'Grady« 1922 D
»– mit Goethe« 1836
»– über Musik« 1948 M
»– m. Stalin« 1962 P
»– der Vögel« 1229
»Gesprächsbüchlein« 1521
Geßler 1947 W
–, O. 1928 P
Geßner s. Gesner
Gessner, S. 1756, 72
»Gesta Danorum« 1220
– Frankorum« 594
– Hungarorum« 1310
– Karoli Magni« 900
»Gestalt u. Gestalttheorie« 1929 Ph
»– und Wandel« 1939 Ph
»Gestalten« 1962 D
»Gestaltlehre« 1933 Ph
»Gestaltprobleme u. -theorie« 1913 Ph
Gestaltpsychologie 1879, 1913, 20, 21, 22, 25, 29 Ph
»Gestaltqualitäten« 1922 Ph
Gestalttheorie 1922 Ph
»Gestaltungen des Faust« 1928 D
»– des Unbewußten« 1950 Ph
»Gestaltwahrnehmungen« 1913 Ph
»Gestaltwandel der Götter« 1963 W
Gestapo 1934 P, 45, 46 D
Gesteine, Altersbestimmung der 1963 W
»–« (Über die) v. Chr. 287
»Gestreifte Kleid« 1939 K
»Gestürzte Idol« 1948 K
»Gesù, Il« 1568
Gesualdo 1601
»Gesundbeter« 1866
»Gesunden Menschenverstands, Philosophie des« 1764
Gesundheitsdienst, britisch nationaler 1948 V
Gesundheitslehre, engl. 1848
»Gesundheitslehre« v. Chr. 1700
Gesundheitspflege, Ausstellung 1926 V
Gete 211, 12
»Geteilte Haus, Das« 1935 D
»– Himmel, Der« 1963 D, 64 K

»Geteilte Welt« 1948 K
Gething 1938 W
Gethsemane 1936 K
Getränkesteuer 1542, 1643
Getreide v. Chr. 3500, 3000, 2000, 1850, 1250, 750, 700; n. Chr. 64, 98, 500, 857, 1947, 50, 60, 62 V
Getreidebörse 1366
Getreidedarlehen v. Chr. 1850
Getreidemühle v. Chr. 88
Getreidevorrat v. Chr. 4500
»Getrennt v. Tisch u. Bett« 1958 K
»Getreue Schäfer« 1585
»Getting Married« 1908 D
Getto 13. Jh., 1943 P
Geulincx 1625, 65, 99
»Gewalt« 1908 Ph
Gewaltenteilung 1748
Gewaltverzicht 1968, 69 P
–, korean. 1972 P
Gewaltverzichtsvertrag 1972 P
»Gewand, Das« 1953 K
Gewandhauskonzerte 1743, 1922 M
»Geweb aus Erde« 1938 D
Gewebe, Körperfremde 1960 W
Gewebekultur 1945 W
»Gewebesammlungen . . .« 1909 W
»Gewebetherapie« 1933 W
Gewebezüchtung 1898
Gewehr s. Handfeuerwaffe
Gewerbeaufsicht, Gesetz über 1853
Gewerbeaufsichtsamt 1919 V
Gewerbeausstellung, erste 1763
Gewerbefreiheit in England 1813
– –, österr. 1859 V
– – in Preußen 1810
Gewerbegericht 1904 V
Gewerbehygiene 1913 V
Gewerbeordnung, norddt. 1869
Gewerbeschau 1922 V
Gewerkschaft (Buchdruck) 1866 V
Gewerkschaften 1799, 1824, 29, 33, 54, 58, 63, 65, 68, 69, 71, 81, 90, 91, 94, 95, 99, 1900, 01, 03, 08, V, 09 P, 13 V, 17 P, 19–21 V, 24 D, 27, 28, 31 P, 35, 41, 42 V, 44 P, 45–50 V, 55 P, 60 V, 62 P
– (USA) 1952 P
–, christl. 1894, 1901, 03, 08 V, 09 P, 21 V, 59 V
– im Staat« 1950, 52 Ph
Gewerkschaftsbund, Allg. Dt. 1919 V, 31 P, 49, 50 V, 63 P
–, Europäischer 1973 V
»–, Freier Dt.« 1945, 49 V
»–«, intern. 1901, 13 V, 17 P, 19 V
»Gewerkschafts-Genossensch.« 1868
Gewerkschaftsgesetz 1927 P
– (engl.) 1971 V
Gewerkschaftsinternationale 1921 V
Gewerkschaftsmitglied., USA 1953 V
Gewerkschafts-Vereinigung 1955 V
Gewerkverein 1858, 63, 65, 68 V
Gewerkvereine, Verband d. Dt. 1868
Gewichtheben 1896 V
Gewichtsordnung (Kreta) v. Chr. 1700
Gewinnbeteiligung 1889, 91
»gewisse Kniff, Der« 1965 K
»Gewissens d. Zeno« 1923 D
»Gewissens, Der Luxus des« 1969 Ph
»Gewitter« 1860, 1966 K

Gewitterflug 1926 V
Gewitterforschung 1742, 1946 W
Gewürze 105, 1291, 1527
»Gewürzfenster« 1970 K
Geyer, Florian 1524
–, H. 1954 W
»Geystl. Gesangk.-Buchleyn« 1524
Géza II. 1141
»Gezählte Tage« 1972 D
»Gezeichneten, Die« 1918 M
Gezeiten« 1959 K
Gezeitenmühle 1438
Gezeitentheorie v. Chr. 50; n. Chr. 1609
Ghana 1954, 60 P
Ghandi, I. 1975 P
Ghasi 1933 P
Gheorghiu-Dej, G. 1965 P
Ghibellinen 1250, 60, 82, 1310, 29
Ghiberti, Lorenzo 1378, 1424, 52, 55
Ghini 1544
Ghiorso, A. 1970 W
Ghirlandajo 1449, 69, 74, 81, 84, 90, 91, 94
Ghisi 1520, 82
Gian Galeazzo 1351, 87, 95, 1402
Gianetti, A. 1964 K
»Gianni Schicchi« 1920 M
Giauque, W. F. 1933, 49 W
Gibb, W. F. 1953 W
Gibbons 1583, 1610, 25
– 1939 W
Gibbs 1875
Gibraltar v. Chr. 620; n. Chr. 1462, 1704, 13, 79, 1928 W, 40, 67, 68 P
Gide 1869, 1901, 02, 14, 21, 23, 26, 29, 36, 39, 47 D, 50 Ph, 51 D, 52 Ph
Giefer, A. 1951 K
Giehse, Th. 1941 D, 55 K, 75 D
»Gier« 1924 K
»– unter Ulmen« 1924 D
Gierer 1958 W
Gierek 1970 P
Gierke 1913 V
Gies 1950 K
Giese 1925 W, 26 Ph
–, H. 1966 Ph
Gieseking, W. 1956 M
Gieseler, W. 1959 M
Gießen 1607, 1824
Gießler 1935 K
Gietz, 1958, 62 M
Giffard 1852
Giftmüll 1974 V
Gigantenkampf v. Chr. 6. Jh.
Gigantopithecus 1969 W
Gigantosaurus 1906 W
Gigli 1914, 57 M
»Gil Blas« 1735
Gilbert 1540, 1600, 03
–, Jean 1910, 20, 22, 23 M
– John 1925, 27 K
–, Y. 1926 K
Gilbert-Inseln 1943 P
»Gilda« 1946 K
Gildas der Weise 542
Gildemeister 1939 W
Gilette 1901 V
Gilgamesch v. Chr. 2750
Gilgamesch-Epos v. Chr. 3000, 1200, 650
Gill 1882
Gillen 1901 W
Giller, W. 1959 K
»Gilles« 1718
»– u. Jeanne« 1923 D
–, W. 1946, 50, 54, 55, 58, 61 K
Gillet, R. E. 1959 K
Gilot, F. 1951 K
Gilson 1925, 32 Ph
»Gingacz« 1970 K
Ginsberg, A. 1961 D
Ginsburg, A. 1968 D
Gintajali« 1910 D
Ginzburg, N. 1968, 69 D
»Gioconda, La« 1876

Giolitti 1903, 20 P
Giono 1929–32, 34 D
Giordano 1632, 1705
»– Bruno« 1903 D
–, U. 1896
»Giorgione« 1908 K
– da Castelfranco 1478, 99, 1500, 04, 08, 10
Giotto di Bondone 1266, 1306, 07, 15, 17, 37 K
»Giovanni Arnolfini und seine Frau« 1434
Giovanoli 1926 Ph
»Gipfel der Welt« 1936 D
Gipfelgespräch, dt. 1970 P
Gipfelkonferenz, Afroasiatische 1965 P
–, 3. arab. 1965 P
Gipfelkonferenzen 1959, 60 P
Giraffe 1220, 1559, 1901 W
Girardot, A. 1964, 65 K
Giraud 1942 P
Giraudoux, J. 1882, 1927, 30, 35, 37 D
Giraut de Bornelh 1175
Girgensohn 1921 Ph
Giro 1318, 1587, 1600, 09, 19, 1906
Gironella, J. M. 1961 D
Girondisten 1793, 94
Giscard d'Estaing, V. 1974 P
Gisel, E. 1961 K
Gisela 911
– (Kaiserin) 1016, 25
Gisikis 1973 P
»Gismus Jägares saga« 1959 D
»Gitagowinda« 1100
Gitarre v. Chr. 1450
»–« 1953 D
»Gitarrenspieler« 1914 K
»Gitarrist« 1903 K
»Giuditta« 1934 M
Giulio Romano 1535
Giustiniani 1388, 1446
Gizeh v. Chr. 2700, 2650, 2620, 1430; n. Chr. 1922 W
Gjedser-Großenbrode 1953 V
Gjellerup 1906, 09, 17 D
Gladbach 1974 K
Gladiatoren v. Chr. 265, 71; n. Chr. 65, 80
Gladkow 1926 D
Gladstone, W. E. 1809, 65, 68, 98
Glaeser, E. 1928, 63 D
Glaever, I. 1973 W
Glagoliza 863
Glanvill, J. 1661
»Glanz« 1275, 1558
»– u. Elend Südamerikas« 1931 D
»– – – ber. Frauen« 1927 D
Glareanus 1547
Glarner, F. 1954 K
Glarus 1353
Glas v. Chr. 4000, 3200, 1501, 1490, 621 um Chr. Geb.; n. Chr. 1. Jh., 70, 79, 100, 300, 5. Jh., 591, 674, 900, 10. Jh., 1100, 80, 1202, 91, 1300, 14. Jh., 1405, 53, 1500, 07, 50, 94, 1665, 80, 88, 97, 1845, 82, 1903–06, 09, 25 W, 31 K, 48 K
»– u. Früchte« 1927 K
»Glas Wasser, Das« 1842, 1960 K
–, U. 1967 K
»Glasarchitektur« 1914 K
Glasbau 1930, 48 K
Glasco, J. 1955 K
Glaser, D. A. 1952, 60 W
»Gläserne Frau« 1924 D
– Mensch 1930 W
»Gläserner Garten« 1958 K
Glasfaseroptik 1970, 72 W
Glasgow 1450
Glasindustrie 13. Jh.
»Glaskrug und Früchte« 1938 K
Glasmalerei 1000, 65 K, 11. Jh., 1070, 12. Jh., 1248, 50, 13. Jh., 1260,

1529

75, 90, 1320, 45, 50, 15. Jh., 1550, 1909, 16 K
Glas negativ 1848, 71
Glaspalast, München 1854, 1931 K
Glasperlen v. Chr. 4000
»Glasperlenspiel, Das« 1943 D
Glasröhren-Ziehmaschine 1925 W
Glasunow, A. 1887, 98
Glaswolkenkratzer 1922 K
Glatz 1742
»Glaube, D. alte u. d. neue« 1872
– und Heimat« 1910 D
– u. Kirchenverfassg., Konferenz f. 1927 Ph
– a. d. Menschen« 1976 Ph
»Glauben, Danken, Dienen« 1962 Ph
– a. d. Menschen« 1948 D
– durch vernünftige Erkenntnis« 1273
– und Wissen« 1967 M
Glaubensbekenntnis,
»apostolisches« 5. Jh.
– –, »Athanasianisches« 372, 5. Jh.
– –, Mein« 1846
– –, nicänisches 381
– –, nicänisch-konstantinopolitanisches 325, 81, 800
Glaubenslehre, Lehrbuch der 1160
Glauber 1604, 48, 68
Glaukos von Chios v. Chr. 604
Glauning 1930 D
»Glazialkosmogonie« 1925 Ph
Gleichberechtigung v. Chr. 338; n. Chr. 1951 P, 53 Ph
Gleichberechtigungsgesetz 1957, 58 Ph
Gleichdruck-Gasturbine 1926 W
Gleiche, K. 1907 W
Gleichen-Rußwurm 1914, 28 D
Gleichgewicht 1237
»– von Ebenen« (Über das) v. Chr. 212
»– heterogener Substanzen« (Über das) 1875
»Gleichheit, Die« 1933 P
»Gleichnisse, Critische Abhandlung von der Natur, den Absichten und dem Gebrauch der« 1740
Gleichrichter 1901, 02 W
Gleichschritt 1698
Gleichstromdampfmaschine 1910 W
Gleichstrom-Übertragung 1953 W
Gleichungen v. Chr. 1000, 212; n. Chr. 250, 476, 810, 1515, 44, 45, 1826
Gleim 1719, 39, 44, 1803
Gleisberg 1960 P
»Gleisdreieck« 1960 D
Gleitflug 1891, 96
Gleizes, A. 1953 K
Glenn, J. H. 1962 W
Glenville, P. 1967 K
Gletscherforschung 1830, 40
Gletscherschwund 1956 V, 58 W
»Gletscherstudien« 1840
Gletscherwachstum 1975 V
Glich, W. 1974 K
Glidden 1867
Glinka 1804, 36, 42, 57
Glisson 1650, 72
Globemaster 1953 V
Globe-Theater 1597, 1613
Globokar, V. 1968 M
Globus v. Chr. 364, 149; n. Chr. 1515, 1946 W
»Glöckchen des Eremiten, Das« 1856
Glocke 725
»–, Die« 1857

Glocken v. Chr. 250; n. Chr. 7. Jh.
»– v. Basel« 1934 D
Glockenbecher-Kultur v. Chr. 4000, 3000, 2000
Glockenguß 1100
Glockenrock 1590, 1836, 1953 V
Glockenspiel 10. Jh.
Glockner, H. 1931, 47, 66 Ph
Glockshuber 1967 V
Glogau 1253, 1518
»Glomar Challenger« 1968, 70 W
»Gloriana« 1953 M
Glorie 4. Jh.
»Glorreiche Abenteuer« 1922 K
»Glossa ordinaria« 842
Glossar v. Freising 765
Glotz, P. 1965 Ph
Gloucester, Kathedrale, 1377
Glowna, K. 1455
Glubb Pascha 1956 P
Gluck 1714, 41, 62, 67, 69, 74, 76, 77, 79, 87, 1800, 25, 1913 M
»Glück d. Andernachs« 1948 D
»Glückhaft Schiff zu Zürich« 1576, 90
»Glückliche Hand, Die« 1927 M
»– Inseln« 1312
»– Leben, Üb. d.« 58
»– Menschen« 1931 D
»– Reise« 1783
»– Tage« 1961, 62 D
»– Zigeuner« 1967 K
»Glücksfischer, Der« 1962 M
»Glücksritter« 1841
»–, K. E. 1731
»– als Repräsent. des bürgerlichen Zeitalters« 1932 D
»– Sein Leben und seine Zeit« 1967 Ph
»– u. Tolstoi« 1922 D
»– u. seine Welt« 1932 D
»–, W. W. 1818, 85
»Glücksspiel 1207
Glückstadt 1616
»Glückstöpfe« 1494
Glueck 1949 W
Glühelektronen-Emission 1901, 28 W
Glühfadenlampen 1940 W
Glühkathoden 1904 W
Glühlampe 1854, 79, 1900, 05, 13 W, 19 V, 31, 40, 50 W
Glykogen-Katalyse 1947 W
Glyptothek 1816
Gmeiner, H. 1949 Ph
Gmelin 1734, 37
Gmünd 1330, 72, 99
»–, Heinrich von 1351
»Gnade durch Bußkampf« 1738, 39, 91
Gnadenlehre 415, 30
Gnadenpraxis 1977 Ph
»Gnadenwahl, Von der« 1623
Gneisenau 1759, 60, 1807, 31
»–« 1925 D
Gneist, R. 1869
Gnesen 1000, 1278, 95, 1300
Gnomon v. Chr. 1090, 600, 444; n. Chr. 1009
»Gnosis« 1924 Ph
Gnostizismus 125, 30, 40, 93, 203, 42, 50
»Gnotobiologie« 1968 W
»Go between, The« 1966, 71 K
Goa 1961 P
Gobat 1902 P
Göbel 1908 W
Gobelin 1601, 67, 85, 1766
Göbersdorf 1854
Gobi 1923
Gobineau 1816, 55, 77, 82
»–« 1916 D
Gockel 1912 W
»–, Hinkel und Gackeleia« 1838
»God that failed, The« 1950 Ph
»Godard, Hommage à« J.-L. 1959, 62, 65, 66, 68, 69, 72, 76 K
Godden, Rumer 1958 D
Gödel, K. 1931 W
Godesberg 1938 P
–, Christus-Kirche 1953 K

Godesberger Erklärung 1968 Ph
– Progr. 1959 P
Godescalc-Evangeliar 781, 800
Godfred von Dänemark 810
Godo y Alcayaga s. G. Mistral
Godolphin 1702
Godunow 1589, 91, 98
Goebbels, J. 1926, 33, 45 P
– (geheim. Tagebuch) 1973, 77 Ph
Goebel, H. 1854
Goedeke, K. 1881
Goehr, A. 1967 M
Goeppert-Mayer, M. 1963, 72 W
Goerdeler 1931, 44 P
Goering 1917, 20 D
Goertz, J. 1977 K
Goes 1440, 76, 80, 82
–, A. 1951 D
»Goethe« 1821, 26, 1901, 03, 14, 16, 63 D
–, A. v. 1789, 1830
– i. d. Campagna« 1787
– u. d. Demokratie« 1949 D
–, Elis. 1808
–, Geschichte e. Mensch.« 1920 D
–, J. W. v. 1389, 1571, 1717, 49, 51, 58, 68, 70, 73, 74, 75, 76, 77, 79, 1807, 17, 43, 40; n. Chr. 5. Jh., 6. Jh., 1885 87, 88–91, 92, 94, 95, 97, 99, 1801, 03, 04, 06, 07, 08 bis 11, 12, 14, 15, 16, 21, 22, 23, 24, 25, 27, 28, 29, 30, 31, 32, 33, 36, 58, 67, 78, 82, 85, 86, 89, 1907 K, 11, 14, 20, 32, 39, 49 D
–, K. E. 1731
– als Repräsent. des bürgerlichen Zeitalters« 1932 D
– Sein Leben und seine Zeit« 1967 Ph
– u. Tolstoi« 1922 D
– u. seine Welt« 1932 D
–, W. W. 1818, 85
»Goetheanum« 1913, 25 Ph
Goetheausgaben 1789, 1831, 1920, 49 D
Goethegesellschaft 1885; 86, 1914, 50 D
Goethehaus 1949, 60 D
Goethejahr 1932, 49 D
Goethejahrbuch 1914 D
»Goethelieder« 1889
Goethemedaille f. Wissensch. u. Kunst 1932 D
Goethepreis 1927 D, 28 Ph, 49, 52 D
»Goethes Briefwechsel mit einem Kinde« 1835
»– Liebesleben« 1913 D
Goethesammlung 1950 D
Goetsch 1940, 41 W
Goetz, C. 1920, 21, 26, 32, 46, 47 D, 50, 51 K, 52, –, K. O. 1943, 61 K
–, Wg. 1925, 51, 55 D
Goetze, W. 1961 M
Gogarten 1928 Ph
Gogh, V. van 1853, 82–90, 1905, 07, 10, 11, 29 K, 77 M
»–, Vincent van« 1907 K
Gogel 1974 K
Gogol 1809, 35, 36, 40, 52, 1927
Golanhöhen 1974 P
Gold v. Chr. 3700, 3000, 2750, 2420, 2000, 1501, 2. Jh., 1250, 1200, 950, 750, 700, 6. Jh., 521, 500, 336, 45, 16; n. Chr. 100, 07, 325, 500, 50, 600, 1150, 1252, 86, 99, 1308, 41, 86, 1470, 1546, 60, 82, 89, 98, 1601, 13, 17, 80, 1848, 50, 1910, 60, 61 V
– im Azur« 1967 K
Golda Meïr 1970 P
Goldberg, Lateinsch. 1550 Ph

»Goldberg-Variationen« (Dreißig) 1742
Goldberger, A. S. 1955 W
Goldbrunner 1949 Ph
Golden Gate Bridge 1937 V
»Goldene Apfel« (Der) 1666
»goldene Bock, Der« 1964 M
»– Bulle« 1250, 1356
»– Fisch, D.« 1925 K
»– Garten, Der« 1953 K
»– Hahn, Der« 1907 M
»– Halle« 585, 710, 1124
»– Harfen« (Die 24) 1428
»– Haus, Das« 1360
»– Horde« 1242, 1391, 1480
»– Pforte« 1220
»– Regel der Mechanik« 1594
»– Schlösser« 1936 D
»– Stadt« 1942 K
»Goldenen Esel, Vom« 180
Goldener Freibrief 1224
»– Pfeil« 1919 D
»– Schnitt v. Chr. 356, 347
»– Tempel« 1455
»– Spiegel« 1772
»Goldenes Buch 870
»– Kalb« 1951 K
»– Kreuz« 1010
»– Salzfaß« 1543
»– Vlies« 1429
»–« 1822
»– Zeitalter« v. Chr. 4000, 700, 217, 43, 40; n. Chr. 5. Jh., 6. Jh., 1885
Goldene-Tor-Brücke 1937 V
Golderzeugung 1966 V
»Goldfaden« 1557
Goldhaber, G. 1971 W
Goldkegel von Etzelsdorf-Buch 1953 W
Goldküste 1470, 1954 P
Goldmark, K. 1915 M
Goldmark, Spaltung d. 1968 V
Goldmann 1252, 99, 1341, 86, 1910 W
Goldoni 1707, 48, 50, 53, 93
Goldparität 1931 P
»Goldrausch« 1925, 58 K
Goldschmidt, H. 1911 Ph
–, H. L. 1957 Ph
–, R. 1913, 27, 31, 38, 55, 58 W
Goldsmith 1766
Goldspekulationen 1967 V
Goldstein 1886
–, J. L. 1975 W
–, M. 1963 W
Goldstickerei 1502
Goldstücker, E. 1968 D
Goldwährung, dt. 1873
»Golem« 1915 D, 20 K, 27 M
Golfmeisterschaft 1972 V
Golfregel 1744
»Golgatha« 1919 D
Golgi 1906 W
Goliath v. Chr. 960
Goll, Iwan 1958 M
Gollancz, V. 1945 V, 60 D, 67 Ph
Goller, B. 1967 K
Gollwitzer, H. 1951 D, 65 Ph
Golon, A. 1961, 64 D
Golpa-Zschornewitz 1915 W
Goltz, Fr. 1873 W
Goma, P. 1971 D
Gömbös 1932 P
Gombrowicz, W. 1972, 73, 75 M
Gomez 1908 P
– de la Serna, R. 1963 D
Gomulka 1956, 70 P
Goncourt, E. 1822, 62, 64, 69, 78, 87, 96
–, J. 1830, 62, 64, 69, 70, 87
Gondēšāpūr 489
Gondwana-Kontinent 1973 W
Gong 725
– als Mond, Ein« 1953 K
Gongora y Argote 1561, 1627
Gonokokken 1879, 1928 W
Gonorrhöe 1937, 50 W
Gontard, Karl v. 1790

Gontscharow 1812, 47, 59, 91, 1946 Ph
Gonzalo de Berceo 1195, 1246
»Good Bye, My Fancy« 1891
Goodley, R. 1885 W
Goodman, B. 1938 M
–, P. 1959 D
Goodnough, R. 1961 K
Goodrich, Fr. 1956 D
Goodwin 1884
Goodyear 1839
Goossens, E. 1925 M
Göpel 1. Jh., 1527, 1551, 1925
Goppel, A. 1962, 70, 73, 74 P
Gorbach, A. 1961, 63, 64 P
»Gorboduc« 1565
Gordianus 244
Gordimer, N. 1958 D
Gordin, S. 1951, 55 K
Gordion 1951 W
»Gordische Knoten, D.« 1953 V
Gordon, Bernhard von 1303
–, R. F. 1966, 69 W
–, T. J. 1964 Ph, 64 W
Gordon-Walker, P. 1964 P
Gorella, A. 1968 K
Goretta, C. 1974 K
»Gorgias« v. Chr. 347
– von Leontini v. Chr. 427, 380
Gorilla 1959 W
Göring 1933 P, 35 V–37 P, 40, 45, 46 P
Gorki 1868, 85, 99, 1900, 03, 07, 13, 17 D, 20 K, 21, 25 D, 26 K, 30, 34, 36, 74 D
»Gorkis Jugend« 1938 K
Görland 1906, 11, 14, 22, 37, 52 Ph
Görlitz 1310, 46, 1537
–, Rathaustreppe 1553
»– Tabulaturbuch« 1654
Gorm der Alte 950
Görres, J. 1776, 1807, 08, 14, 16, 38, 42, 48
»Görres-Gesellschaft« 1876
Gorsen, P. 1969 Ph
Gort 1939 P
Gortyn, Recht von v. Chr. 475
Gosbert 816
Göschen 1931 Ph
Goscinny, R. 1977 D
Goslar 922, 68, 1009, 24, 50, 56, 1200, 31, 1477, 1521, 26
–, Gildehaus 1494
–, Rathaus 1494
Gossaert, G. 1958 D
Goßler 1882
Gossnert, G. 1958 D
Gößweinstein 1730
»Gösta Berling« 1891, 1923 K
Goten v. Chr. 330, um Chr. Geb.; n. Chr. 150, 242, 49, 51, 3. Jh., 257, 69, 70, 75, 300, 25, 536, 46, 51, 62, 67
Gotenburg 1907 V
Gotha 1740, 1875
Gothaer Lebensvers.-Bank 1827
Göthe, von s. Eosander
Gotik 1911, 17 K, 50
»Gotische Schrift 1250, 15. Jh., 1492, 1936 K
»– Zimmer« 1904 D
Gotland 1184
Gotlandium 1960 W
»Gott« 1787
»– in Christo« 1693
»– in Frankreich?« 1929 D
»– lebt« 1952 Ph
»–, Der letzte« 1961 Ph
»– hat versagt« 1950 Ph
»– zwischen Götzen u. Gen.« 1958 Ph
»Gottbekenntnisse moderner Naturforscher« 1952 Ph
»Götter dürsten« 1912 D
»– Gräber u. Gelehrte« 1949 Ph

Götterdämmerung 98
»–« 1854, 74
»Göttergatte« 1904 M
»Gotterkenntnis« (Dt.) 1937 Ph
Götter-und-Giganten-Kampf v. Chr. 525, 159
Götterwelt, ägyptische v. Chr. 3000, 2772, 2270, 1385, 1355, 1250
–, babylonische v. Chr. 2600, 2000, 1728
– griechische v. Chr. 1000, 689, 450
– kretische v. Chr. 2500, 1700
– römische v. Chr. 600, 217, 200, 27
– sumerische v. Chr. 3000, 2300, 2065, 2000
»Gottes Geigen« 1918 D
»– Namen fahren wir, In« 1200
»– Rücken« (Hinter) 1911 D
»– Vollkommenheit . . . « 1727
Gottesbeweis 1109, 1641, 1763, 1785
»Gottesdienstes, Ordnung d.« 1523
»Gottesfinsternis« 1952 Ph
»Gottesfreund aus dem Oberland« (Großer) 1382
»Gottesfreunde« 1361, 82
»Gottesfriede« 1040, 85
Gottesgeißel 1449 V
»Gottesidee, Ursprung der« 1935 Ph
»Gottesstaat« (Über den) 430
Gottesurteile 750, 1215, 26, 1328
Gottfried V. von Anjou 1154
– von Bouillon 1099
– von Neifen 1234
– von Straßburg 1210, 35
Gottfried, G. 1831 V
»Gottgelobte Herz, D.« 1938 D
Gotthard-Straße 1201, 1830
Gotthard-Tunnel 1881
Gotthelf 1797, 1837, 41, 43, 49, 54, 1949 M
Göttin m. Mauerkrone v. Chr. 1000
Götting, G. 1969 P
Göttingen 953, 1737, 51, 87
–, Univ. 1955 Ph
Göttinger Appell 1957 P
– Dichterbund 1772
»– Sieben« 1837
»Göttingische Zeitungen von gelehrten Sachen« 1739
»Göttinnen od. d. drei Romane d. Herzogin v. Assy« 1903 D
Gottkönig v. Chr. 2900
»Göttliche Besucher im Atelier« 1955 K
»– Dulder« 1920 D
»– Komödie« 1275, 1307, 1472, 91
Gottlieb, A. 1952, 55, 60 K
»Gottlose Mädchen« 1929 K
Gottlosigkeit, Gesetz gegen v. Chr. 432
Gottl-Ottilienfeld 1931 V
»Gott-Natur« 1914 Ph
Gottschalk 805, 68
Gottschied 1700, 01, 25, 28, 30, 32, 37, 41, 44, 45, 48, 50, 66, 76, 83
»Gottsucher« 1883, 1949 D
Gottwald 1946, 48, 53 P
Götz v. Berlichingen 1504
»– –« 1773, 74, 1925 K
–, H. 1874
–, J. N. 1739, 46
–, K. O. 1965 K
Götze 1963 M
»–« 1917 K
»Götzendämmerung« 1889
»Gouache/Karton« 1965 K
Goudsmit 1925 W
Goujon, Jean 1555
Goulart, J. 1961, 63 P

Gould, L. M. 1958 W
Gouldner, A. W. 1974 Ph
»Goulue, La« 1891
Gounod 1818, 59, 93
»Gouverneur, Der« 1954 D
Gowann, J. 1958 K
Gower, J. 1382
»Goya« 1971 K
–, Ch. 1965 K, 67 M
Goya, F. 1746, 66, 86, 96, 98, 1800, 01, 08, 09, 15, 18, 28
–, H. 1959 M
Goyaz 1946 P
Goyen 1596, 1656
Goytisolo, L. 1959 D
Gozzi 1748
Gozzoli 1460, 85
GPU 1922, 34 P
Graaf 1662
Graaff, R. J. van de 1933, 67 W
»Grab d. unbek. Soldaten« 1924 D
Grabbe 1801, 27, 29, 31, 36, 1917 D
Grabbeigaben 7. Jh.
Grabbilder, etrusk. v. Chr. 521
»Grablegung« 1508
»Grabmal d. Hindu« 1920 K
»–, Das indische« 1917 D
»–, Großes« 1977 K
Grabmalerei, theb. v. Chr. 410
Grabower Altar 1379
Grabräuber v. Chr. 1002
Gracchen v. Chr. 133, 121, 82
–, Cajus Sempronius v. Chr. 153, 121
–, Tiberius v. Chr. 162, 133
Gracián 1647, 57
Grade, H. 1909 V
Graduiertenförderungsgesetz 1971 Ph
»Gradus ad Parnassum« 1725
Graebner 1911, 23 Ph
Graefe, A. 1850 W
Graener 1872, 1914, 20, 22, 27, 31, 44 M
Graeser, C. 1955, 69 K
Graevenitz, G. v. 1969 K
Graf 750
»– u. Bärbel« 1464
»– v. Charolais« 1905 D
»– v. Gleichen« 1508
»– v. Habsburg und der Priester« 1810
»– Lucanor« 1348
»– Luna, Der« 1955 D
»– v. Luxemburg« 1909 M
»– v. Monte Christo« 1845
»– Ory« 1828
»– Zeppelin« 1929, 31 W
Gräf, M. 1968 K
Graf, O. M. 1927, 46, 66, 67 D
»–, Urs« 1513
Grafenberg, Wirnt von 1204
Grafenfehde, dänische 1536
–, thür. 1345
Graff, A. 1736, 71, 86, 93, 1813
»–, S. 1926 D
»Gräfin von Hongkong, Die« 1967 K
»– Mariza« 1924 M
Graham, B. 1954 Ph
»–, George 1715, 20
»–, M. 1963 M
»–, Thomas 1860
»Gral« 1902 D
»Gralssage« 1180, 1210, 20, 1490
»Grammatica celtica« 1853
Grammaticus, Saxo 1150, 1220
Grammatik, deutsche 814, 1819, 1920 D
»– (Dt.) 1819, 1920 D
»– griech., v. Chr. 130
»– (Indogerm.) 1900, 37 D
»–, Vergleichende« 1852
Gramme 1869

Grammophon 1887, 1904 V
»–« 1944 K
»Gran conquista de Ultramar, La« 1290
– (Dom) 1507
–, Daniel 1694, 1757
Gran (Kloster) 1000
Granada 8. Jh., 1238, 46, 62, 1350, 1476, 92, 1515, 28, 1610
–, Alhambra 1248, 1350
–, Kathedrale 1523
–, L. de 1563
Granata, R. 1960 M
Granaten 1453
»–, Platzende« 1871
Grand Cañon 1542
Grande Chartreuse, La 1084
»– Illusion, La« 1958 K
Grandma Moses 1961 K
»Graner Festmesse« 1855
Grange 1736
Granger, St. 1961 K
Granhagen, L. 1969 M
Granit, R. 1967 W
Grant, U. 1868
»–, D. 1912, 25, 38, 42 K
»–, Graphik, Materialbilder, Plastik« 1960 K
»Graphologie« 1917, 32 Ph
»–, Kritik der« 1955 Ph
»–, System der« 1875
»Graphologische Gesellsch. Dt.« 1896
Grapow, H. 1926 D, 62 W
»Grasende Stute« 1937 K
»Grasendes Fohlen« 1929 K
Gräser 1927 M
»Grashalme« 1855
»Graskopfkissen« 1916 D
Grass, G. 1947, 59, 60, 63, 64, 65, 66, 68 D, 68 Ph, 69 D, 70 M, 72, 77 D
Grasser 1480
Grassi, P. 1947 D
Graßmann, G. 1974 K
Grassmann, H. 1844
Gratian 375, 79, 82, 93
»Gratulanten, Die« 1817 K
Grätz 1901 M
Graubünden v. Chr. 15; n. Chr. 534, 1395
»Graue Eminenz« 1909 P
»– Bund, Der« 1395
»– Haus, Das« 1901 D
»– Regenbogen, Der« 1959 D
»– Scheibe« 1959 K
Graun 1742
Graunt 1662
Graupner, E. 1955 K
Gravelot, H. F. 1773
Gravenstein, Schloß 1200
Graves 1943 K
»–, R. von Ranke« 1960, 61 D
Gravitation 1683, 87, 1798, 1915, 29, 50, 61 W
Gravitationstheorie 1966 W
Gravitationswellen 1968, 73 W
Gravitationswellen-Astronomie 1974 W
Gray 1729
»–, S. 1974 D
»Grayed Rainbow« 1953 K
Grayson, R. 1966 K
Graz 1904 W, 15 Ph, 63 M
Graziani 1936, 40, 41 P
»Grazien, Drei« 1639
»– schmücken Hymen« 1773
»Great Gatsby, The« 1925 D
»Greatest Show on Earth« 1952 K
Greco, El 1541, 79, 86, 1600, 08, 11, 14
»–, E. 1954, 56 K
»Greed« 1958 K
Green Bank 1962 W
»– Girl« 1964 K
»–, J. 1929, 32, 34, 53, 55, 60, 72 K
Greene, E. B. 1941 Ph
–, G. 1936, 38–40, 43, 47, 49, 51, 59, 61, 71 D
–, H. 1973 D

Greene, Rob. 1560, 88, 92
–, St. 1953, 55 K
Greenwich 1675, 76, 1925 V
»Greetings« 1969 K
Gregh 1917 D
Gregor I. 590, 600, 04, 1100
– II. 715, 26
– III. 732
– IV. 828
– V. 996
– VI. 1046
– VII. 1072–77, 80, 84
– IX. 1227, 28, 32, 41
– XI. 1370, 76
– XIII. 1572
– XIV. 1590
– XV. 1621
– XVI. 1831
– von Armenien 320
– u. Heinrich« 1934 D
– von Nazienz 380
– von Tours 540, 91, 94
–, J. 1952 M
Gregorianischer Gesang 600, 8. Jh., 11. Jh., 1250
– Kalender 1582, 1700, 1917, 23 V
»– Kirche« 300
»Gregorius« 1951 D
– auf dem Steine« 1215
Gregoriusfest 828
»Gregorius-Messe« 1470
Greifswald 1456, 1927 W
»–, Hafen von« 1811
»–, Wiesen b.« 1830
Grémillon 1943, 44 K
Grenier, Pasquier 15. Jh.
Grenoble 1084, 1339
–, Olympische Winterspiele 1968 V
»Grenzen« 1927 P
»– d. Arbeitsteilung« 1959 V
»– der naturwissenschaftlichen Begriffsbildung« 1896, 1902 Ph
»– d. Rationalisierung« 1927 V
»– der Verfassungsgesetzgebg.« 1931 V
»– des Wachstums, D.« 1972 Ph, 73 D
»– der Wirksamkeit d. Staates« 1835
»Grenzerbuch« 1927 D
»Grenzfragen d. Seelenlebens« 1926 Ph
»Grenzgebiet« 1977 K
Grenzi 1625, 90
Grenznutzenlehre 1914 Ph
»Grenzwald, Der« 1967 D
Grenzzonenverordnung, poln. 1927 P
»Gretchen am Spinnrad« 1814
Gretschaninoff, A. 1956 M
Gretschko, A. 1967 P
Greuze 1725, 65, 77, 1805
Greveraden-Altar 1491
Grévy 1879
Grew 1682
Grewe 1935 W
Grey 1947 W
»–, E. 1905 P
»Griebnitzsee b. Erkner« 1904 K
»Grieche sucht Griechin« 1966 K
Griechenland 1971, 73 P
–, Touristen in 1960 V
»Griechische Feuer, Das« 671, 72, 941
»– Grammatik, I. v. Chr. 130
»– Inschrift, ält. v. Chr. 725
»– Kulturgeschichte« 1897
»– Lit. d. Altertums« 1906 D
»– Passion« 1951 D
»– Tracht 1799
»– »griechischen Kaiser, Die« 1959 Ph
»Griechisches Gebet« 1952 K
Grieg, E. 1843, 76, 78, 79, 88, 1907 M
Grien 1480, 1512, 15, 19, 45
Grieninger 1515
Grierson, J. 1964 K

»Gries i. München, Am« 1966 K
–, Pfarrkirche 1475
Griese 1927 D
Grieshaber 1949 K
–, HAP 1968, 70, 71, 73, 77 K
Griess, P. 1863
Griffin, J. 1957 D
Griffith, F. 1928 W
–, D. W. 1909 ff, 15, 16, 21, 24, 30, 48, 58 K
Grignard 1912 W
Grijalva 1518
Grillparzer 1791, 1817, 18, 22, 25, 34, 40, 48, 72, 1955 D
Grimaldi 1645
Grimaldi 1665
Grimau 1963 P
Grimm, Gebr. 1812, 16, 52, 1930 M, 61 D
–, Hans 1918, 26, 30 D
–, Herman 1860, 1901 Ph
–, Jacob 1785, 1812, 16, 19, 35, 37, 48, 52, 63, 1930 M
–, Wilhelm 1786, 1812, 16, 29, 37, 52, 59, 1930 M
Grimmelshausen 1625, 69, 70, 72, 76
Grindel-Wohnhochh. 1949 K
Grindelberg 1950 K
Grini, L. 1967 V
Grippe 1173, 1890, 1918, 57 V
Grippewelle 1969 V
Gripsholm, Schloß 1490, 1537
Gris 1918 K
»–« 1958 K
Grisar 1926 Ph
»Griselda« 1970 D
Grissom, V. I. 1961, 65, 67 W
Grisson 1901 W
Grivas, G. 1974 P
»Grobianus« 1549
Grochowiak, Th. 1968 K
Grock (Clown) 1930, 54, 59 Ph
Groener 1928 P
Groeschel, R. W. 1973 K
Groethuysen 1928 Ph
Grohmann, P. 1879
»–, W. 1968 K
Gromaire, M. 1925, 53 K
Gromyko 1949, 65, 70, 75 P
Gronau, W. 1977 V
Grönland 900, 84, 96, 1000, 1121, 1262, 1419, 1576, 85, 1721, 1870, 88, 1902, 06, 13, 28, 30 W, 31 P, 37 W, 40, 48, 60 P
Groote, Geert 1374
Gropius 1914, 19, 26 K, 56 D, K, 57 K, 62, 69 K
Gross, L. 1956 W
–, R. E. 1938 W
–, W. 1955 D
Groß, H. 1900, 05, 15 Ph
»Großalarm für die Davidswache« 1971 K
Groß-Berlin 1920 V
Großbetrieb in Deutschland 1883
Großbild Fernsehen 1930 W
»Groß-Britannien« 1603
»Große Astronomie« 1537
»– Bestiarium d. dt. Literatur, Das« 1920 D
»– Brockhaus, Der« 1935 Ph
»– Eisenbahnüberfall, Der« 1903 K
»Größe und Entfernung von Sonne u. Mond« v. Chr. 270
»Große Freiheit Nr. 7« 1944 K
»– Feuerblume« 1965 K
»– Geschäft, Das« 1963 D
»– Grauen in den Bergen, Das« 1925 D
»– Hallelujah, Das« 1959 D
»– Haus, Das« 1930 K
»– Herde, Die« 1937 K
»– Illusion« 1937 K
»– Kalender, Der« 1932 M
»– Kamerad, Der« 1912 K
»– Kompositionslehre« 1913 M

»Große Kreuzigung« 1491
»Krieg in Deutschland, Der« 1914 D
»— kult. Traditionen« 1941 Ph
»— Landesloge der Freimaurer von Deutschland« 1770
»Landstraße« 1909 D
»— Liebe« 1977 K
»— Liebende« 1950 D
»— Lullische Kunst« 1316
»— Mauer« v. Chr. 356
»— Maya« 1943 K
»— Metaphysiker« 1924 K
»— Mutter« v. Chr. 204 s. auch Demeter, Erdmutter, Muttergöttin
»— Nacht im Eimer« 1963 K
»— Netz, Das« 1952 D
»— Oden« (Fünf) 1910 D
»— Ohr, Das« 1967 K
»— Oper, Paris 1862
»— Palindrom«, Das 1949 D
»— Parade« 1925 K
»— Pierrot, Der« 1949 K
»— Pieta« 1930 K
»— Plastik 1962« 1962 K
»— Politik d. europ. Kabinette« 1927 P
»— Rätsel, Das« 1921 Ph
»— Regen, Der« 1937, 56 D
»— Reisen« 1590
»— Sinnende« 1914 K
»— Sitzende« 1929 K
»— Frauenfigur . . .« 1958 K
»— Sommerlandschaft« 1932 K
»— Spiel, Das« 1934 K
»— Studie in Bronze« 1964 K
»— Testament, Das« 1431
»— Torso, Der« 1950 K
»Größe u. Tragik eines Sieges« 1929 P
»Große Vaterländ. Krieg, Der« 1943 Ph
»Große Wissenschaft« v. Chr. 164
»— Wundarznei« 1536
»— Zille-Album« 1927 K
»Großen Friedhöfe unter d. Mond, Die« 1938 D
»— Tage, Die« 1958 D
Grosser, A. 1975 P
»Großer Blumenstrauß« 1964 K
»— Fahrt, Auf« 1929 D
»— Glanz« 701
»— Harlekin« 1924 K
»— Kurfürst« s. Friedrich Wilhelm v. Brandenburg
»— Montaru« 1953 D
»— Plan« v. Chr. 8. Jh.
»— Ring« 1965 K
»Größerer Versuch über den Schmutz« 1969 D
»Großes Berliner Theater« 1962 D
»— Blau u. roter Zweig« 1951 K
»— Dreikopfbild II« 1967 K
»— Fahrzeug« v. Chr. 19
»— Geheimnis« 1623
»— gesatteltes Pferd« 1968 K
»— Mosaik« 1966 M
»— Pendel« 1979 K
»Großeinkaufsges. dt. Konsumvereine« 1928 V
Großgasmotor 1922 K
Großglockner 1800, 1934, 50 W
Großhandels (Beginn des) 13. Jh.
Großheim 1902 K
»Großhirnrinde« 1929 W
»— und die inneren Organe« 1947 W
Grossi 1564, 1602, 27
Groß-Industrie 1791
»Großinquisitor« 1879, 1903, 66 M
Großkopf, E. 1966, 68 M
»Großkophta, Der« 1791
»Großmutter u. Mannerheim, Meine« 1962 D
Großraumflugzeug 1977 V
Großrechenmaschine 1936, 42 W

»Großstadt« 1928 K, 32 M
»Großsteingräber v. Chr. 2000; n. Chr. 290
Großsteingräber-Kultur v. Chr. 4000, 3000, 2000
»Großtyrann und das Gericht« 1935 D
»Großwetterlage« 1926, 29 W
»Großzahlforschg.« (Prakt.) 1933 W
»— und Häufigkeitsanalyse« 1948 W
Grosz, G. 1893, 1917, 20, 30, 32, 38, 55 K, 59 K
Grote 1949 K
Grotefend 1802
»Groteskes Mysterium« 1918 D
Grotewohl, O. 1949, 50, 51, 63, 64 P
Groth 1819, 52, 55, 99
Grotian 1939, 54 W
»Grotte, La« 1961 D
»Groupe des Six« 1920 M
Groza 1945, 46, 52 P
Gruber 1818
»— 1949 W
Grüber, H. 1968, 75 Ph
»—, M. 1977 D
Grueber 1661
Gruhl, H. 1976 Ph
Grumbach, Eberhard von 1487
Grün 1831
»— ist die Heide« 1951 K
»—, M. v. d. 1963, 68, 80 Ph
»Grundbegriff d. Kunstwissenschaft« 1905 K
Grundbuch v. Chr. 2225; n. Chr. 1086, 1375
»Gründerjahre« 1873
»Grundform d. menschl. Seins« 1929 Ph
»Grundformen und Erkenntnis menschl. Daseins« 1943 Ph
»Grundfragen d. Sprachforschg. . . .« 1901 Ph
»— d. vergl. Tektonik« 1924 W
Gründungen, G. 1935 K, 37 D, 38, 39, 41 K, 47, 53, 55, 59 D, 60 K, 61 D, 62 K, 63 D
»Grundgesetz der Marxschen Gesellschaftslehre« 1903 Ph
»Grundlage u. Funktion d. Romans« 1959 D
»— des Naturrechts und Prinzipien d. Wissenschaftslehre« 1799
»— — der gesamten Wissenschaftslehre« 1794
»Grundlagen der Charakterologie« 1930 Ph
»— unserer Ernährung« 1916 W, 21 V
»— e. Industriepädagogik« 1961 Ph
»— des linearen Kontrapunktes« 1917 M
»— der Landschaftskunde« 1920 W
»— d. Mathem., Über die« 1907 W
»— ein allgem. Mannigfaltigkeitsl.« 1883
»— u. Methoden der Paläogeographie« 1915 W
»— e. stochast. Musik« 1961 M
»— des Naturrechts« 1705
»— des 19. Jahrhunderts« 1899
»— d. Photogrammetrie aus Luftfahrzeugen« 1919 W
»— e. allg. Psychologie« 1940 Ph
»— d. Religionspsychologie« 1928 Ph
»— d. Theorie d. Med.« 1934 W

»Grundlagen e. ökolog. Tiergeographie« 1921 W
»Grundlegung d. Ethik als Wissenschaft« 1925 Ph
»— d. Ontologie« 1935 Ph
»— z. e. Strukturtheorie d. Rechts« 1961 Ph
»— d. Wissenschaft vom Ausdruck« 1936 Ph
»Grundlinien der Philosophie des Rechts« 1821
»— der Weltgeschichte« 1920 Ph
»— e. Weltgesch. d. Kunst« 1947 K
»Grundlose Verachtung der Volksmeinung« (Über die) v. Chr. 222
»Grundprobleme der Ethik« (Die beiden) 1841
»Grundreformen d. menschl. Seins« 1929 Ph
»Grundriß der Farbenlehre der Gegenw.« 1940 W
»— d. Geschichtswissenschaft« 1906 W
»— d. vergl. Gramm. d. indogerm. Sprache« 1900 W
»— d. Kolloidchemie« 1909 W
»— d. Medizin d. alten Ägypter« 1962 W
»— d. Musikwissensch.« 1908 M
»— d. allg. Volkswirtschaftslehre« 1904 V
»— d. soz. Hygiene« 1913 W
»Grundsätze der rationellen Landwirtschaft« 1809
»— f. d. Umgestalt. d. Rechtspflege« 1945 P
»— d. Volksherrschaft« 1924 P
»— d. Volkswirtschaftslehre« 1917 Ph
»— d. Wehrwirtschaftslehre« 1936 P
Grundschule 1805, 1920, 37 Ph
Grundsteuer 301, 1346
Grundtwig 1844
»Gründung von Deutsch-Ostafrika« 1906 P
Grundvertrag 1970, 72 P
»— BRD-DDR 1973 P
»Grundwahrheiten d. christ. Relig.« 1902 Ph
»Grundzüge des Arbeiterrechts« 1917, 29, 45
»— einer neuen Wissenschaft über die gemeinschaftl. Natur der Völker« 1725
»— d. theor. Logik« 1928 W
»— — e. Metaphysik d. Erkenntnis« 1921 Ph
»— e. allg. Ökologie« 1939 W
»— der Zanderschen Gymnastikmethode . . .« 1901 W
»Grüne Heinrich« (D.) 1854, 79
»— Jude, Der« 1914 K
»— Kleid, Das« 1943 K
»— Konsole« 1914 K
»— Nacht, Die« 1952 K
»— Pferd, Das« 1956 K
»— Skulptur II« 1954 K
»— Stele« v. Chr. 800
»— Tisch, Der« 1932 M
»— Welle« 1953 V
»— Woche« 1926 V
»Grüner Baum« 1956 K
»— Kopf« v. Chr. 500
»— Plan« 1962 V
»Grünes Gewölbe« 1958 K
Grünewald 1465, 1503, 05, 10, 17, 22, 25, 28, 1934, 38 M, 75 K
»— u.« 1977 K
Grunewald, Jagdschloß 1543
Grünhagen, W. 1956 W
»Grünhemden« 1932 P

Grünhut 1929 Ph
»Grünland« 984
Grünwedel 1902 W
»Gruppe 47« 1947, 55, 66, 67, 76, 77 D
»— 49« 1964 W
»— Bosemüller« 1930 D
»— u. d. Individuum i. funktionaler Analyse« 1939 Ph
»Gruppenarbeit, Soziale . . .« 1968 P
»Gruppenbehandlung in der Psychotherapie« 1954 Ph
»Gruppenbild m. Dame« 1971 D
»Gruppendynamik« 1957 Ph
Gruppenfloating 1973 V
»Gruppenprobleme der Quantenmechanik« 1931 W
»Gruß an Scharoun« 1955 K
Grützke, J. 1975, 76, 77 K
Gryphius, Andreas 1616, 48 ff, 63, 64
Grzesinski 1926 P
Grzimek, B. 1954 Ph, 56 K, 67, 73 K
»—, Günther« 1967 K
GSG 9 1977 D
Gsovsky, T. 1928 M
Guadalajara 1480
Guam 1942 P
Guardi 1712, 93
»Guardian« 1959 V
Guardini, R. 1918, 33, 48 Ph, 50 D, 51 Ph, 52 D, Ph, 68 Ph
Guardini-Preis 1972, 73 Ph
Guarducci, M. 1968 Ph
Guareschi, G. 1952 D, K
Guarini, G. B. 1538, 85, 1612
»—, Guarino 1624, 83, 1737
Guatemala 1911, 20, 36, 63 P
Guazzoni 1910, 20 K
Gublitische Schrift v. Chr. 2000, 1600
Gudea v. Chr. 2100
Guderian 1938 P
Gudmundsson 1928, 31, 35 D
Gudrun-Roman 1918 D
»Gudula« 1979 D
»Gudrunsage« 800, 1209
Guelfen 1236, 40, 1309, 10
Guericke 1602, 49, 54, 60, 63, 72, 86
»Guerillas« 1970 D
Guérin, P. N. 1822
»Guernica« 1937 K
»guerre civile, La« 1965 D
Guevara 1480, 1529, 45
»—, 'Che' Ernesto 1967 P
—, Velez de 1641
Gugel 14. Jh.
Guggenheim-Museum 1953, 59 K
Guicciardani 1534
Guidi, Simone s. Masaccio
Guido v. Arezzo 995, 1026, 50
Guillaume 1970 W
— de Lorris 1237, 87
Guillemin, R. 1977 W
Guillén, J. 1965 D
Guillermin, J. 1964 K
Guinea v. Chr. 530, n. Chr. 1683, 1702, 1958, 70 P
Guineaküste 1717
Guinizelli 1240
Guinness, A. 1955, 57, 62 K
Guire 1952 W
Guiscard, Robert 1053, 59, 72, 84, 85
»Guitarrist« 1965 K
Guitry 1935 D, 36 K, 38 D, 57 K
Gulbranssen 1933 D
Gulbransson, O. 1873, 1902, 05, 62 K
Guldberg 1867
Gulden 1522, 1386
Guldin, Paul 1641
»Guldinsche Regel« 290, 1641
»Güldnes Tugendbuch« 1649
Gullberg, H. 1961 D
»Gullivers Reisen« 1726
Gullstrand 1911 W

Gullvaag, O. 1937, 59, 61 D
Gumbel 1932 P
Gummi 1925 P, 36 W, 42 P, 47 W; s. auch Kautschuk
Gumppenberg 1901 D
Gundebald 490
Gündel 1950 D
»Günderode, Die« 1840
—, K. v. 1780, 1860
Gundestrup v. Chr. 323
Gundobad 500
Gundolf 1880, 1911, 14, 16, 20, 24, 28, 31 D, 38 Ph
Gunnarsson 1914 D
Gunter, Edmund 1620
Gunther von Bamberg 1065
»Günther v. Schwarzburg« 1776
Günther, A. 1913 D
—, E. 1975 K
—, H. 1922 D
—, Ignatz 1725, 75
—, I. v. 1913, 20
—, Joh. Christ. 1695, 1723
Gunzenhäuser, R. 1963 W, 66 Ph
Gupta 320, 30, 75, 380, 400, 500
Gurk, Paul 1921, 53 D
Gurlitt 1920 K
»Gurrelieder« 1903 M
Gürsel, C. 1960, 61 P
Gürtelrose 1950 W
Gürtner 1933 P
Gußstahl v. Krupp 1812, 47
— s. a. Eisen, Stahl
Gustafsson, L. 1970 D
Gustav I. 1520, 23, 60
— III. 1772, 82
— V. v. Schwed. 1907, 50 P
— VI. Adolf 1950 P
— VI., König 1973 P
— — Adolf« 1900 D
— — II. 1594, 1611, 30, 31, 32, 89
»— —, Königisches Klagelied« 1633
— Adolfs Page« 1882
Gustav-Adolf-Verein 1832, 1919 Ph
— Wasa« 1899
Gustloff 1929 P
Guston, Ph. 1958 K
»Gut geschnittene Ecke« 1915 D
Gutachten z. westdt. Wirtschaftspol. 1950 V
Gutäer v. Chr. 2065, 2200
Gutberlet 1905 Ph
Gutbrod, R. 1956 K
»Gute Erde« 1931 D, 37 K
— Recht, Das« 1947 D
— ist das Schöne, Das« 1713
Gutehoffnungshütte 1930 V
»Guten Morgen, Amerika« 1928 D
— Willens sind«, Die 1930, 46 K
Gutenberg 1397, 1445, 50, 54, 55, 57, 68, 1501, 1925 Ph
Gutenberg-Bibel 1455
»Gutenberggesellschaft« 1901 Ph
Gutenbergmuseum 1901, 62 P
»Guter Hirt« 260
— Letzt« (Zu) 1904 D
Gutermann 1731, 1807
Gutermuth 1874 W
Gütersloh, A. P. 1962 D
Güterverkehr, BRD 1961, 63 V
Güterversorgung, dt. 1950 V
Guthnick 1913 W
Guts Muths 1759, 92, 96, 98, 1839
»Gutshof« 1911 K
Guttenberg, K. Th. v. 1972 P
Guttuso 1948, 50, 53 K
Gutzkow 1811, 35, 78
Guayana 1940 P
Guyenne 1154
»Guy-Fawkes-Day« 1605
Guys 1805, 92
Guzana v. Chr. 850

Guzman 1430
Gwalior 1450
Gwathmey 1950 K
Gwilym, Daffyd ab 1320, 80
»G'wissenswurm« 1874
Gyges v. Chr. 682
»– und sein Ring« 1856
»Gylfaginning« 1241
Gymnadenia« 1929 D
Gymnasiale Oberstufe 1960 Ph
Gymnasium (mod.) 1812, 37, 90, 1902, 38 Ph
–, Straßburg 1538
Gymnastik siehe Leibesübungen
»–« (Tanz u.) 1926 M
»– für die Jugend« 1793
»–, schwedische 1813
»– der weiblichen Jugend« 1834
Gynäkologenkongreß 1949 W
Gynäkologie s. a. Geburtshilfe
Gyogi 668, 749
György, L. 1970, 71 M
»Gysbrecht van Aemstel« 1637
Gysi, K. 1966 P

H

Haack, W. 1961 W
Haacke, W. 1962 Ph
Haag 1908, 20 P, 24 V, 27 P, 50 Ph
Haager Abkommen 1902, 05, 25 V
– Friedenskonferenz 1899, 1907 P
– Gerichtshof 1931 P
– Konferenz 1930 P
Haake, H. 1972 K
Haakon V. 1319
– VI. Magnusson 1339, 43, 80
– VII. 1905, 40, 57 P
– der Alte 1217
– der Gute 1275
Haakon-Halle, Bergen 1261
Haan 1934, 40 W
Haarbeutel 1710, 60
»Haarige Affe, Der« 1922 D
Haarlem 1467, 84
»–« 1670
Haarmann 1924 V
Haarnetz 1590
Haartracht v. Chr. 3000, 2600, 2000, 1800, 1700, 1400, 1000, 879, 50, 460, 300; n. Chr. 109, 1199, 1250, 14. Jh., 15. Jh., 1590, 1625, 30, 48, 90, 1710, 13, 49, 60, 81, 90, 91, 95, 1921, 24, 25 V
Haas 1961 Ph
–, de 1933 W
–, J. 1937, 57, 60 M
–, O. 1933 W
–, R. v. 1925 Ph
–, W. (Botsch.) 1955, 56 P
–, W. (Dichter) 1962 D
Haasse, H. S. 1962 D
Haavelmo 1944 V
Hába, A. 1927 M
Habakuk v. Chr. 330, 100, 42
Habakuk-Kommentar 1947 W
Habe, H. 1960, 69, 77 D
»Habeascorpusakte« 1679
Habeler, P. 1975 V
»Haben und Nichthaben« 1937 D
Haber 1868, 1913, 16, 18, 34 W
Haber-Bosch-Verfahren 1916, 34 W
Häberlein 1912 Ph
Habermas, J. 1968, 69, 73 Ph
»Habima« 1928 D
Häbler 1939 W
Habrecht 1550, 74
Habsburg, Otto von 1966 P

Habsburger 1921, 37 P
Hacha 1938 P
Hackbrett 10. Jh.
Hackeborn, Mechthild von 1241, 99
Hackett, A. 1956 D
Hacks, P. 1958, 64, 65, 69, 72 D
Hadad v. Chr. 790
Hadamar von Laber 1340
Hadamovsky 1933 V
Hadelinus-Reliquiar 1140 K
Hadewijch 1250, 1336
Hadjidakis 1961 M
Hadju, E. 1953, 54, 55 K
Hadlaub 1302, 40
Hadley 1731, 35
Hadrian v. Chr. 27; n. Chr. 76, 117, 21, 25, 30, 32, 35, 38, 60
– I. 772
– IV. 1154
– VI. 1522
Hadrian-Roman 1951 D
Hadrianswall 122, 38
Hadschi Mohammed ben-Abdullah 1903 P
Hadwig von Schwaben 990
Haeckel, E. 1834, 62, 63, 66, 68, 72, 74, 78, 82, 92, 94, 99, 1901 W, 04-06, 09, 14, 17, 19 Ph
Haecker 1913, 27, 31, 33, 47 Ph
Haeggqvist 1950 W
Haemmerling, K. 1938 D
Haensel 1929 D
Haese, R. 1967 K
»Hafen« 1944 N
»–, Im« 1882
»– v. Lübeck« 1907 K
Hafenarbeiterstreik 1970 V
Hafeniten 751
»Hafenorgel, Die kleine« 1948 V
»Haffner-Serenade« 1776
Hafis 1320, 89
»– am Brunnen« 1866
Hafnium 1922 W
Hafraba 1962 V
Haftmann, W. 1968, 74 K
»Hagar, Landschaft mit Vertreibung der« 1668
Hagedorn 1738
Hagelstange 1946, 52, 53 D
Hagen 1902 K
–, E. 1939 W
–, T. 1960 W
Hagenau 1447
Hagenbeck 1875, 90, 1907 W
»Hagens-Klage« 1811
Hagesandros v. Chr. 40
Hägg 1923 V
Haggard, H. R. 1887
Hagia Sophia 537, 1930 K
– Triada v. Chr. 1450
»Hahn« 1951, 54 K
–, H. 1929 Ph
–, K. v. 1900 W
»– u. Messer« 1947 K
–, L. A. 1963 V
–, O. 1879, 1907, 18, 38, 39, 44, 46 W, 55 P, W, 66, 67 W, 68 Ph, 67 W
–, Ph. M. 1770
Hahne 1922 W
Hahnemann, S. 1810
Hahnium 1970 W
Hahn-Meitner-Institut 1959 W
»Hai«, U-Boot 1966 V
Haid 1922 K
»Haidbilder« 1906 D
»Haidegänger, Der« 1890
Haile Selassie 1930, 54, 74, 75 P
Hailey, A. 1976 D
»Hain« 1772
Hainisch, Marianne 1839, 1936 P
–, Michael 1839, 58, 1920, 36, 40 P
»Hair« 1968 M
Haise 1970 W

Haithabu – 802 P, 1050, 1953 W
Haïti 1492, 1630, 1766, 1915, 34 P
Hajek, O. H. 1962, 63, 65, 67 K
Hakenkreuz v. Chr. 3300, 3000, 2000
Hakenkreuzflagge 1935 P
»Hakimitische Tafeln« 1009
Hakon 961
»Hakonarmal« 961
Hakuin 1749
Halbe 1865, 93, 97, 1904, 44 D
–, Albrecht von 1210
–, Dom 11. Jh., 1199, 1220, 1492
–, Liebfrauenkirche 1175, 1220
–, Rathaus 1430
Hadrian-Roman 1951 D
»Halbgerettete Seele« 1920 D
Halbleiterschaltungen 1964
Halbleitertheorie 1932 W
Halbritter, K. 1968 K
»Halbstarken«-Problem 1956
»Halbwegs auf dem Baum« 1963 D
»Halbwelt« (Die) 1855
»Halbzeit« 1960 D
Halden 1950 Ph
Halder 1938, 42 P
Hale, 1848
–, Adam de la 1238, 62, 87
–, G. E. 1908, 26 W
Halebid, Tempel 12. Jh.
Hales, Alex. von 1175, 1245
–, Stephen 1726
Halevi, Jehuda 1140
Halévy, D. 1962 D
–, J. F. 1835
Haley, A. 1977 D
Halffer, C. 1969 M
Halicz 1253
Halifax 1926, 37, 38, 40 P
Halikarnass, Dionysios von v. Chr. 30
Halikarnassos v. Chr. 353, 340
Hall 1918, 55 W
–, As. 1877
–, Charles M. 1884
–, Chester M. 1757
–, D. 1967 K
–, M. R. 1928 D
Hall/Tirol 1488
»Halla« (Stute) 1960 V
Hallauer 1977
Halle 807, 1087, 1156, 88, 1652, 94, 98, 1712, 40, 1920 Ph, 31 W
Hallein 956
»Hallelujah« 390, 1743, 1929 K
»–, D. große« 1959 D
Hallen (Paris) 1852 K
Haller, Albrecht v. 1708, 29, 39, 57, 77
–, H. 1910 K
–, J. 1903, 39 Ph
–, K. L. v. 1816
Halley 1742, 76, 1531, 1656, 82, 86, 90, 93, 1700, 01, 05, 18, 42, 1835, 1910 W
Hallstatt-Kultur, Entd. 1846
Hallstatt-Zeit v. Chr. 750, 8. Jh., 637, 625, 621
Hallstein, W. 1961 P
»Hallstein-Doktrin« 1955 V
Hallwachs 1888
Hals, Frans 1580, 1616, 23, 24, 25, 27, 29, 30, 33, 37, 64, 66, 85
»Halsband der Königin« 1849
Halsprozeß 1785
Halsgerichtsordnung, Bambergische 1507
Halskrause 1617
Halsted, W. St. 1885 W
Halstuch 1682, 1790
Halys v. Chr. 585, 547

Ham Common 1958 K
Hamacher, H. W. 1973 V
Hamagutschi 1930 P
Hamann, J. G. 1730, 62, 88
–, R. 1961 K
»Hamâsa« 844
»Hambacher Fest« 1832
Hamborn 1924 V
Hamburg 831, 45, 1063, 1104, 1226, 41, 1401, 50, 97, 1510, 58, 67, 1610, 15, 19, 63, 78, 79, 98, 1705, 24, 37, 70-77, 1904, 33, 39, 42, 48, 69, 71, 77, 1901, 02, 05, 08, 10, 11, 15, 19-23, 34, 43, 45, 49, 50
–, Ballinhaus 1923 K
–, Barlach-Museum 1962 K
–, Bismarck-Denkmal 1906 K
–, Bürgerschaft 1961 P
–, Bürgerschaftswahl 1957 P
–, Chilehaus 1923 K
–, Dt. Schauspielhaus 1961 D
–, Elbtunnel 1974 V
–, Finanzgebäude 1926 K
–, Gartenbau-Ausst. 1963 V
–, Handelsschule 1768
–, Hauptbahnhof 1906 V
–, St. Jakobi 1921 M
–, Jakobikirche 1769
–, Johanneum 1529
–, Jungfernstieg 1970 V
–, Köhlbrandbrücke 1974 K, V
–, Oper 1721, 40
–, Schauspielhaus 1968 D
–, Sprinkenhof 1929 K
–, Staatsoper 1956 K, 59 M
–, Streik in 1954 V
–, Theater 1955 D
–, U-Bahn 1912 V
–, Universität 1919 Ph
Hamburg-Amerika-Linie 1847, 55, 1926 V
Hamburg-Bahrenfeld 1910 V
Hamburg-Bergedorf 1955 V
Hamburger Petrialtar 1379
– Seewarte 1876, 1935 W
– Sternwarte 1936 W
– SV 1960, 76 V
»Hamburgische Dramaturgie« 1767
»– Kirchengeschichte« 1085
»Hamburgische Correspondent« 1792
Hamburg-Stellingen 1907 W
Hameln 1602
Hamer s. Kennicott
Hamilton, Alex. 1757, 1804, 26
–, Lady 1803
–, R. 1964, 73 K
–, W. R. 1805, 65
Hämin 1912 W
Hamlet 300
»–« 1601, 26, 1777, 1910 K, 48, 63 D
– in Wittenberg« 1934 D
Hammarskjöld, D. 1953, 56, 57, 61 P
Hammerklavier 15. Jh., 1711
Hämmerling 1934 V
Hammerschmidt 1612, 52, 75
»Hammerschmied« 1886
Hammerstein, O. 1943 M
»Hammerträger« 1382
Hammerwerk 1104, 1320
Hammerwurf 1949 V
Hammestweit 1950 V
Hammond, E. C. 1954 W
Hammondorgel 1935 M
Hammurapi v. Chr. 2100, 1770, 1728, 1700, 1686; n. Chr. 1947 W
Hämoglobin 1928, 62 W
–, Insekten- 1969 W
Hampe 1909, 32 W
Hampton Court, Schloß 1515
»Hamsey Church« 1929 V
Hamsun 1859, 88, 90, 92-94, 98, 1905, 06, 09, 10, 12, 13, 15, 17, 20, 23, 33, 36, 45, 46, 52, 74 D
Han Jo-Cho 1103
– Jü 786, 824

Han kan 751
Hanbury 1728
Hancock 1824, 48
Hand, künstliche 1966 W
»– u. Persönlichkeit« 1930 Ph
»Handatlas d. Entwicklungsgeschichte« 1907 W
Handball 1919, 55 V
»Handbuch« der antiken Verskunde 2. Jh.
»– der Arbeitswissensch.« 1927 Ph
»– des christl. Streiters« 1502
»– d. deutschen Kunstdenkmäler« 1905, 12 K
»– des deutschen Patentrechts« 1904 V
»– d. Entomologie« 1929 W
»– d. Experimentalphysik« 1931 W
»– d. Frauenbewegung« 1906 Ph
»– d. Friedensbewegung« 1913 Ph
»– d. Geisteskrankheiten« 1932 W
»– d. gerichtl. Medizin« 1906 W
»– d. Geschichte« 889
»– d. Gesch. d. Med.« 1905 W
»– d. Kunstgesch.« 1906 K
»– d. Leibesübungen« 1923 V
»– d. Massenpsychologie« 1946 Ph
»– d. med. Statistik« 1906 W
»– d. Musikgesch.« 1904 M
»– d. Musikwissensch.« 1934 M
»– d. norm. u. pathol. Physiologie« 1925 W
»– d. organ. Chemie 1918 W
»– d. Paläobotanik« 1927 W
»– d. Physik« 1929 W
»– psychotechn. Eignungsprüfungen« 1919 W
»– d. Seenkunde« 1901 W
»– d. Soziologie« 1923 Ph
»– d. Spektroskopie« 1932 W
»– d. Städtebaus« 1920 K
»– d. system. Botanik« 1908 W
»– d. Vererbungswissensch.« 1928 W
»– d. vergl. Psychologie« 1922 Ph
»– d. Virusforsch.« 1939 W
»– d. Viruskrankheiten« 1939 W
»– d. Völkerrechts« 1929 V
»– d. wissensch. Bibliothekskunde« 1920 W
»– d. wissensch. und prakt. Pharmazie« 1928 W
»– d. Zoologie« 1923 W
Händel 1685, 1705, 08, 10, 12, 13, 14, 16, 19, 20, 24, 34, 38, 39, 42, 43, 44, 46, 48, 49, 51, 59
Handel, europ. Fern- 11. Jh., 13. Jh.
–, sumer. v. Chr. 2025
–, Welt- 1852, 1960 V
Handel-Mazzetti 1906, 10 D
»Handelsatlas zur Verkehrs- u. Wirtschaftsgeographie« 1907 V
Handelsbilanz 1381
Handelsbilanz-Theorie 1664
Handelsbuch 1201, 1320
Handelsflotte, dt. 1957 V
Handelsflotten 1965 V
Handelsgesellschaft, Offene 1673
––, russisch-englische 1554
Handelshochschule, Berlin 1906 Ph
––, Leipzig 1923 W, 24 V
––, Mannheim 1908 Ph
––, Prag 1919 Ph
––, Stockholm 1909 Ph
Handelskammer (erste) 1599
––, internationale 1919 V
Handelskongreß, internationaler 1906 V
Handelsorganisation 1948 V

Handelsrecht 1161, 1316
Handelsschule, erste dt. 1768
Handelsschutz- und Rabattsparvereine 1902 V
Handelsvertretungen i. Ostblock 1963 V
»Handelswissenschaftliche Forschung« 1906 V
»Handelswissenschaft u. Handelspraxis« 1908 V
Handfeuerwaffen 14. Jh., 1400, 21, 27, 30, 1560, 67, 1602, 98, 1751, 1835, 1944 W
Handgranate 1561
Handke, P. 1966, 67, 69, 71, 72, 75 D, 75 K
Handlungsbücher 13. Jh.
Handmann 1904 Ph
»Handorakel« 1647
»Handrohr« 14. Jh., 1400
»Handschrift und Charakter« 1917 Ph
Handschriften-Bibliothek 1666
Handschriftenfabrik 1447
Handschriftenhandel 1300, 50, 1447
Handschuh 1100, 12. Jh., 1590, 1610
Handstrickerei 1254
Handwerk 1815
»Handwerker, Der« 1954 K
»— im Haus« 1935 K
Handwerkeraufstand 1348
Handwerkerpflichtversicherung 1938 V
Handwerkskammer 1900 V
Handwerks- u. Gewerbekammer 1926 V
Handwerksordnung 1785
»Handwörterbuch der Betriebswirtschaft« 1928 V
»— d. deutschen Aberglaubens« 1927 Ph
»— d. Kaufmanns« 1927 V
»— d. Naturwissenschaften« 1915 W
»— d. Rechtswissenschaft« 1928 V
»— d. Sexualwissensch.« 1926 Ph
»— d. Sozialwissensch.« 1953 P
»— d. Soziologie« 1930 Ph
Han-Dynastie v. Chr. 206, 02, 200, um Chr. Geb.; n. Chr. 9, 23, 80, 98, 220, 400, 627
Hanf 64
Han-Fei v. Chr. 234
Hängebrücke 1962 W
—, Verrazano-Narrows- 1964 W
Hängedach 1953 W
»Hängenden Gärten der Semiramis, Die« v. Chr. 575
»Hanging Form« 1959 K
Hangö 1940 P
Hang-tschou 1127, 90, 1282, 1320
Hang-tschou-Akademie 1127
Hani, S. 1971 K
Hanisch, O. 1902 V
Hanko, H. 1967 K
Hankou 1938 P
Hanlin-Akademie 750
Hann 1901 W
»Hanneles Himmelfahrt« 1894, 1927 M
Hannibal v. Chr. 246, 219-216, 212, 211, 207, 202, 195, 183, 182
Hanno v. Chr. 530
Hannover 1652, 90, 92, 1714, 15, 27, 60, 1810, 13, 20, 37, 66, 78, 1924 V, 25 P, 36 W
— 96 (Fußball) 1974
—, Industrie-Messe 1962 V
—, Landestheater 1852
—, Landtag 1962 K
—, Rathaus 1913 K
—, Tierärztl. Hochschule 1778
—, Verwalt. Bahlsen 1975 K

Hanoi 1945 P
Hanomag-Kleinwagen 1924 W
»Hans Alienus« 1892, 1940 D
— im Glück« 1905 D
»— Heiling« 1833
»— Huckebein« 1873
— Marées« 1910 K
— der Träumer« 1903 D
Hansa-Bund 1909 V
Hanse 12. Jh., 1160, 86, 1219, 21, 31, 41, 42, 50, 13. Jh., 1278, 80, 82, 94, 95, 1300, 15, 40, 42, 14. Jh., 1358, 59-61, 67, 69, 70, 77, 89, 98, 1400, 10, 20, 35, 47, 48, 69, 73, 77, 94, 1536, 67, 98, 1669
Hanse-Kogge (Fund) 1962 W
»Hänsel und Gretel« 1893
Hansen, A. 1871
—, E. 1956 K
—, G. A. 1881
—, H. Chr. 1960 P
Hanslick 1904 M
Hanson, D. 1972, 74 K
Hanson, Lars 1923 K
Hansson 1932 P
Hanswurst 1519, 1710, 37
Han-Zeit-Funde 1974 Ph
H A P 1968 K
»Happening, Fluxus, Pop-Art, Nouveau Réalisme« 1965 Ph
—, Straßen- 1976 K
»Happy Days are here again« 1930 M
Harald II. von England 1066
— Blaatand 950
— von Dänemark 826
— Haarfagr 872, 88, 933, 1240, 1319
»Haralds-mal« 888
Harappa v. Chr. 2000
Harbig 1939 V
Harbitay 1951 W
Harbou 1917 D, 26 K, 54 D
Harden, A. 1906, 29 W
—, M. 1861, 89, 92, 1906 P, 27 D
Hardenberg, K. A. v. 1750, 59, 72, 1800-02, 04, 10, 11, 12, 22
Harding 1921 P
Hardouin-Mansart 1645, 78, 86, 88, 1706, 08
Hardt 1908 D
Hardy 1965 W
—, Th. 1908, 19 D
Hare, D. 1951, 55 K
Harem v. Chr. 925
— Bilquis v. Chr. 8. Jh.
Haremheb v. Chr. 1355, 50, 40, 20
»Haremsgarten, Der« 1967 K
Harfe v. Chr. 3000, 1400, 1370, 960, 950; n. Chr. 11. Jh.
»Harfenspielerin« 1954 K
Hargreaves 1767
Hari 1917 P
Harich, W. 1957 P
Häring 1798, 1871
—, H. 1958 K
Haringer 1920 K
Harker, M. 1973 V
Harlan 1937, 40, 42, 45 K
Harlekin 1670
—, D.« 1975 D
»Harlem« 1936 K
»Harlequin« 1909 K
Harlow 1933 K
Harmel 1966 P
Harmodios v. Chr. 514, 510
»Harmonice mundi« 1619
»Harmonie, prästabilisierte« 1714
»— der Welt« 1950, 57 W
Harmonielehre 1722, 64
»— « 1557, 1911 M
»—. . .« (Neue) 1927 M
»Harmonik, Handbuch d.« 2. Jh.
Harmonisten 1804
Harmonium 1840

Harms 1910 W
— 1931 W
—, B. 1912 V
Harmsen, H. 1954 W
Harnack, A. 1851, 86, 90, 1900, 03, 04 Ph, 10 W, 11, 27, 30 Ph
Harnoncourt, R. -d' 1968 K
Harnschau 1900, 87, 1300
Harnstoff 1828, 1916 W
Harpunenkanone 1864
Harrer, H. 1952 D
Harrington 1928 W
Harriot, Th. 1601 W
Harris, J. 1970 W
—, Julie 1955 K
—, R. 1933, 51 M
Harrison 1764
Harrow 1571
»Harry-Lime-Thema« 1949 K
Harsdörfer 1643, 44, 53
Harsha 606
Hart, H. 1879, 89
—, J. 1879, 89
»Harte Geschlecht, Das« 1931 D
»— Worte« 1919 D
Hartenfels, Schloß 1544
»Harter Stil« 1450
»— « d. Gotik 1220 K
»Härtester Werkstoff« 1957 W
Harth 1950 K
Hartig, H. F. 1965 M
Hartigan, G. 1959 K
Hartl 1937, 49 K
Hartleben 1900 D
Hartley 1947 V
»—, L. P.« 1947 D
Hartline, J. K. 1967 W
Härtling, P. 1964, 69, 74 D
Hartmann von Aue 1165, 68, 90, 99, 1204, 15, 20, 1571 D
—, A. 1954, 64 K
—, Ed. v. 1842, 69, 96, 1900, 06, 09 Ph
—, Georg 1544
—, J. 1904, 10 W
—, K. A. 1951, 53, 54, 62 f, 66 M
—, M. 1924 W, 25 Ph, 28 W, 35, 37 Ph, 39, 62 W
—, C. 1858, 1905, 07, 12, 14, 21 D
—, Gerhart 1858, 62, 88, 89-96, 98, 1900, 01, 03, 05, 06, 09-12, 18, 21, 24, 24, 26-29, 32, 34, 36, 37, 41, 46, 52, 53, 62 D
»—, -« 1953 D
»— und sein Held, Der« 1953 D
»— von Köpenick, Der« 1906 P, 30 D, 31 K, 53 M, 56 K
»— Sorrell u. sein Sohn« 1925 D
Hauptmann-Preis 1920, 1955 P
»Hauptstraße, Die« 1920 D
»Haupttheorien d. Volkswirtschaftslehre« 1910 V
Hauron, D. 1868 W
Haus v. Chr. 6700, 4500, 4000
»— d. Atreus« 1939 D
»— Das« 1959 D
»— d. deutschen Kunst« 1936 K
»—, Für's« 1858
»— d. Grimani« 1917 D
»— in der Karpfengasse, Das« 1958 D, 64 K, 65 D
»— in Montevideo« 1947 D, 51 K
»— mit rotem Dach« 1907 K
»— des Rundfunks« 1930 K
»—, Das schwarze« 1971 K
»— in der Sonne« 1909 W
»— ohne Türen u. Fenster« 1914 K
»— in Vétheuil« 1881
Hausarbeitsgesetz, dt. 1911 V
Hausbesetzung 1974 P

»Hausbuch der Mendelschen Stiftung« 1388
Hauschild 1864
Hausen, Friedrich von 1190
—, J. 1956 W
Hauser, A. 1953 Ph
—, H. 1928 D
—, Kaspar 1828
—, K. (Tucholsky) 1935 D
Haushalt d. BRD 1967 V
—, westdt. Staats- 1950, 61, 63 V
—, USA- 1956 P
Haushaltsentwurf 57/8 1956 V
Haushaltsrechnungen der Arbeiterklassen in Belgien 1855
Haushofer, A. 1945 D
—, K. 1924 P, 25 V, 27 P, 28 V, 32, 39 P
Hauskonzert 1681
Hauskonzert 1681
»Hauslehrerschule« 1901 Ph
»Häusliche Kunstpflege« 1900 K
Hausmann, M. 1928, 30, 32 D
»Hausmeister, Der« 1959 D
Hausmüll 1970 V
Hausmusik, Tag der 1932 M
»Hauspostille« 1544, 1927, 51 D
»Haustierbuch« 1939 D
Haustiere v. Chr. 1927
»Hausvater, Der dt.« 1782
Hauswirtsch., Versuchsst. f. 1925 V
Hausner, R. 1950, 64, 65, 76 K
Hauswandmalerei 1967 K
Hautkrebs 1649, V
Hautzsch 1949, 55
Hauy, V. 1806
Havanna 1928 P
Havas 1811
Havel, V. 1968 D
Havelkähne in Mondbeleuchtung« 1903 K
Havelland 1136, 42, 57, 70
»—, Spree u. Oder« 1962 V
Havemann, R. 1963, 64 Ph, 66 W
Havilland, de 1949 W
Hawaii 1768, 76, 1815, 98, 1959 P
Haworth 1937 W
Hawthorne, N. 1850
Haydn, J. 1732, 45, 55, 59, 61, 71, 72, 81, 84, 86, 88, 91, 92, 94, 95, 97, 98, 1801, 04, 09, 1963 M
Haynes 1907 W
Hayworth, R. 1948, 58 K
H-Bombe 1952, 55 P
H-Bomben-Abwurf 1955 P
»He« 1964 V
Hearn 1904 Ph
Hearst 1863, 1930, 51 V
Heartfield, J. 1968 K
Heath, Ch. 1820
—, E. 1963, 65, 70 P
Heaviside 1902, 25 W
»Hebamme, Die« 1972 D
Hebbel, Fr. 1813, 40, 43, 44, 50, 55, 56, 62, 63, 1963 M
Hebbel-Theater 1907 K, 11 D
»Hebe« 1806
Hebel (techn.) v. Chr. 335, 250, 212; n. Chr. 290
—, J. P. 1760, 1803, 11, 26
Heberer, G. 1962, 68 W
Hebräer v. Chr. 2500, 1490, 6. Jh.
»Hebraicis, De rudimentis« 1506
»Hebräische Balladen« 1913 D
Hebriden, Die« 1830
»Hebriden-Symphonie« 1908 M
Hecht, G. 1955 V
Heckel, E. 1883, 1905, 13, 14, 16, 17, 23, 24, 30, 33, 35, 37, 39-41, 43, 45, 47, 48, 50, 70 K
Hecker 1848

Hecker, E. 1959 W
–, J. J. 1747
Heckmotor 1924 W
»Hedda Gabler« 1890, 1919 K
Hedenvind-Eriksson, G. 1959 D
Hedin 1894, 99, 1903 D, 04, 08 W, 10 D, 12 W, 15 V, 18 D, 22–24, 27–29, 32 D, W, 35, 36 D, 50 Ph, 52 D, W
Hedonismus v. Chr. 355
Hedschas 1916, 17, 24, 32 P
»Hedschra« 622, 44
Hedtoft, H. 1953 P
Hedwig von Polen 1386
Heelu, Jan van 1288
Heem 1606, 71, 87
Heemskerck, M. van 1564
Heemskerk 1596
– van Beest 1910 K
Heer, Anfänge zu einem stehenden 1445
»– u. Flotten d. Gegenw.« 1905 P
Heer, Fr. 1953 Ph
Heeresbücherei, dt. 1919 V
Heezen, R. P. von 1968 V
Hefe 1897, 1901, 06, 32, 42 W
Hegar 1927 M
Hege 1925, 33 K
Hegedüs 1956 P
Hegel 476, 1770, 1807, 16–18, 21, 31, 44, 55, 1902, 20, 29, 52 Ph
»–« 1931 Ph
Hegel-Forschung 1966 W
Hegenbarth, J. 1957 K
Hegesias von Magnesia v. Chr. 300
Hegeso mit Dienerin v. Chr. 4 Jh.
Heian 794, 890
–, Tempelburg 1150
Heian-Zeit 797, 800
Heiberg 1917 D
Heide 1227
Heidecke, R. 1919 W
Heidegger, M. 1889, 1927, 29, 49, 53, 69, 74, 76 Ph
»Heidegräber am Meer« 1955 K
Heidelberg 1196, 1300, 86, 1450, 56, 68, 85, 1547, 59, 63, 1607, 18, 21, 1906, 08, 09, 25, 29, 32
–, Carl-Schurz-Geb. 1931 Ph
–, Peterskirche 1902 K
–, Schloß 1558, 1689
–, Universität 1925 P, 31 Ph, 32 P
»– verloren, Ich hab' mein Herz i.« 1924 M
Heidelberger Faß 1751
– Festspiele 1934 D
»– Liederhandschrift« (Gr.) 1300
– Programm 1925 P
Heiden 1921 Ph
»–« 1918 K
»Heiland komm herzu, Der« 397
Heidenheim 750
Heidenstam 1859, 92, 1907, 16, 40 D
»Heidentum, Christentum, Judentum« 1921 Ph
Heider, W. 1969 M
»Heideröslein« 1815
»Heideschulmeister Uwe Karsten« 1909 D
»Heidis Lehr- und Wanderjahre« 1881
Heiji-Makimono 1236
Heiji-Zeit 1236
Heikkilä, L. 1961 D
»Heilapostel« 1921 Ph
Heilbronn 1550, 1633
»Heilbronner Höhenweg« 1898
– Vertrag 1633
»Heilen durch Musik« 1955 Ph
»Heilender Buddha« 750
Heiler, F. 1926, 67 Ph

»Heilfasten u. s. Hilfsmethoden, Das« 1935 W
Heilfieber 1917, 27 W
Heilgymnastik 1825, 1901 W
–, schwedische 1825
Heiligblutaltar 1586
»Heilige« 1917 Ph
»– Allianz« 1815
»– Ambrosius, Der« 1490
»– Augustinus und Johannes der Täufer, Der« 1487
»– Aufzeichnung v. Chr. 305
»– Berg, Der« 1914 M
»– von der Bleecker-Street, Die« 1954 M
»– Bonaventura, Der« 1629
»– Cäcilie« 1513, 99
»– Dreifaltigkeit« 1400
»– Eligius i. d. Werkstatt, Der« 1449
»– Experiment, Das« 1941 D
»– Familie« 1503, 18, 29
»– Georg, Der« 1415, 35
»– mit Drachen, Der« 1489
»– Hermandad« 1476
»– Hieronymus, Der« 1515
»– Hochzeit« v. Chr. 2050
»– Jahr, Das« 1950 Ph
»– Johanna« 1924 D
»– d. Schlachthöfe« 1932 D
»– Leben, Das« 1918 D
»– Liga 1684
»– Lukas malt die Madonna, Der« 1440
»– Nacht« 1531
»–« 1889
»– und the Narr, Die« 1913 D
»– Schrift, Die« siehe Bibel
»– Sebastian, Der« 1473, 76, 1620, 30
»– Seelenlust« 1657
»– und die Tiere, Der« 1905 D
»– Unterhaltung« 1457
»– Veronika« 1430
»Heiligen Apostel, Die 1641
»– Leben, Der« 1472
»– Quell dt. Kraft, Am« 1933 Ph
»– Schrift« (Sinn d.) 1919 Ph
Heiligenblut 1491
Heiligendamm 1793
»Heiligenhof« 1918 D
»Heiligenkreuz« 1187
Heiligenkult 600
»Heiligenleben« 1020
»–« 1345
Heiligenlegenden 1000, 1200, 70, 1300, 45, 1472, 1563
Heiligenschein 4. Jh.
»Heiligenstädter Testament« 1802
Heiliger, B. 1950, 52, 53, 54, 55, 56, 68, 71, 74, 75 K
»– Hain« 1882
»– Krieg« v. Chr. 346; n. Chr. 634
»–, 1. v. Chr. 590
»–, 2. v. Chr. 356
»– Martin mit Bettler« 13. Jh.
»– Michael« 1607
»– Wenzel« 1373
Heiliges Grab 1119
»– Offizium« 1542, 1908, 65 Ph
»– Römisches Reich Deutscher Nation« 962, 73, 1806
»Heiligsprechung« 1935 Ph
Heilkunde (u. Medizin, ältere) v. Chr. 6000, 3000, 2770, 2700, 2420, 2000, 1728, 1600, 1550, 1500, 1400, 1300, 790, 715, 650, 600, 534, 525, 460, 449, 444, 406, 400, 377, 340, 320, 295, 290, 275, 266, 250, 220, 219, 2. Jh., 90; n. Chr. 30, 35, 1. Jh., 79, 109, 50, 56, 250, 69, 3. Jh., 300, 54, 406, 500, 29, 50, 75, 634, 7. Jh., 750, 8. Jh., 765, 857, 73, 900, 23, 1000, 41, 50, 53, 87, 1100, 10, 37, 40, 50, 12. Jh., 1155, 79, 1200,

13, 15, 20, 24, 30, 48, 50, 61, 68, 89, 1300, 02, 03, 06, 11, 20, 26, 48, 50, 63, 67, 76, 77, 89, 95, 1400, 03, 05, 72, 77, 88, 98, 1500, 17, 20, 27, 29, 34, 36, 41, 43, 46, 47, 52, 53, 55, 56, 59, 60, 63, 68, 71, 73, 74, 79, 1600
»– des Geistes u. des Körpers« 1687
»Heilkunst« 1289
»– u. Kunstwerk« 1961 W
Heilmann 1828
»Heilmittel gegen die Liebe« 18
Heilpädagogik, Ges. f. 1922 W
Heilpflanzenbuch 1484
Heilpraktikergesetz 1939 V
Heilsarmee 1878, 1912, 21, 34, 54 Ph
Heilserum 1893
Heilsspiegelaltar 1435
Heim, J. 1967 V
»Heim und die Welt« 1915 D
Heimann 1908 D
Heimarbeit 1524, 1911 V
Heimatflak, dt. 1943 P
»Heimkehr, Die« 1964 D
Heimkunst 1904 D
Heim- u. Denkmalschutz 1902 V
Heimburg 1907 D
Heimesfurth, Konrad von 1198
»Heimkehr« 1939 D
»– vom Felde« 1640
»– der Rinder« 1564
»– des verlorenen Sohnes« 1668
Heimpel, H. 1956 D
»Heimskringla« 1220, 41
Heimstättenwesen 1920 V
»Heimsuchung« 1491
»Heimtückegesetz« 1934 P
»Heimwärts« 427
Heimwehr 1922, 29–31, 33, 36 P
Hein, A. 1929 D
Heine, H. 1797, 1824, 27, 31, 35, 39, 44, 47, 51, 56 D, 1955 M
–, Th. Th. 1896, 98, 1948 K
–, W. 1968 W
Heinemann, G. 1952 P, 68, 69, 70, 72 P, V, 73 P, Ph
Heinicke 1778
Heinkel 1917 V
Heinkel-Flugzeug He 70, 1934 V
Heino 1944 V
Heinrich 1220, 35
– I. (Kaiser) 876, 919, 22, 25, 28, 29, 33, 36
– I. von England 1100, 01, 07, 35
– I. von Frankreich 1031
– II. (Kaiser) 970, 73, 1000, 02, 04, 12, 14, 18, 19, 22, 24, 25, 1230, 1513
– II. von England 1137, 54, 70, 71, 80, 1215
– II. von Frankreich 1547, 59, 60, 73
– II. von Österreich 1141, 42
– II. von der Pfalz 1093
– III. (Kaiser) 1017, 33, 39, 42, 45–48, 50, 56, 77
– III. von England 1216, 64
– III. von Frankreich 1574, 85, 88, 89
– IV. (Kaiser) 1040, 50, 56, 61–63, 70, 73–77, 80, 84, 85, 93, 97, 1103, 04, 06
»– IV.« 1922 D
– IV. von England 1399, 1403
– IV. von Frankreich 1589, 93, 98, 1600, 01, 10
»– IV., Kaiser« 1844
– V. (Kaiser) 1075, 81, 97, 1104, 06, 11, 12, 15, 22, 25
»– V.« 1600, 1944 M
– V. von England 1413, 15, 20

Heinrich VI. (Kaiser) 1165, 86, 90, 94, 97
– VI.« 1600
– VI. von England 1422, 41, 45, 61, 70
– VII. (Kaiser) 1275, 96, 1308 bis 10, 12, 13
– VII. von England 1457, 85, 1509
– VII. von Schwaben 1234
»– VIII.« 1539, 1613, 48, 1933 K
– VIII. von England 1491, 1509, 33–36, 38, 42, 47, 58
– von Burgund 1095
– der Erlauchte 1221
– Frauenlob von Meißen 1250, 1318
– von Freiberg 1210, 97
– d. Fromme v. Sachsen 1539
– der Gleißner 1170
– von Gmünd 1351
– der Heilige s. Heinrich II. (Kaiser)
»– v. Kleist …« 1962 D
»–« (v. Kleist) 1977 K
– der Löwe 1129, 42, 43, 50, 56, 58, 59, 65, 67, 72, 73, 74, 79, 81, 95, 1240
– von Melk 1140, 60
– von Morungen 1218
– von Neustadt 1300
– von Ofterdingen 1260
– von Plauen 1410
– Raspe 1247
– der Seefahrer 1416
– der Stolze 1126
– von Türlin 1215
– von Veldeke 1167, 83
– von Wiek 1364
– von Wittenweiler 1400
– der Zänker 976
–, W. 1969 D
Heinroth, M. 1931 W
–, O. 1931, 36 W
Heinse 1787
Heinsius 1580, 1616, 55
Heintz, P. 1957 Ph
»Heiraten« 1908 D
Heiratsanzeige 1792
Heiratsentfernung 1951 V
Heiratsrate 1951 V
»Heiratsvermittlerin, Die« 1954 D
»Heiratsvertrag« 1670
Heise 1927 D
Heiseler, B. v. 1952 D
Heisenberg 1925, 28, 29, 32 W, 55 Ph, W, 57, 65, 67 W, 68, 73 Ph, 76 W
Heisig, B. 1977 K
Heiß, H. 1953, 55, 56, 57 M
Heißdampf-Lokomotive 1893, 1907 W
»Heiße Erde« 1957 K
»– Herz, Das« 1923 D
Heißenbüttel, H. 1964 D, 67 M, 69 D
»Heißer Draht« 1963 P
»– Sand« 1963 K
Heißluftballon 1972 V
Heißwasserbereiter 55
Heisterbach, Cäsarius von 1219
»Heiterethei« 1854
Heitler 1927, 54 W
Heitz 1933 W
Heizer, R. F. 1960 W
»–« 1913 W
Heizgas 1906 W
Heizölerzeug. i. d. BRD 1961 V
Heizung, Warmluft- v. Chr. 80; n. Chr. 1750, 55
Hekatäus von Milet v. Chr 500
Hekatompedon v. Chr. 560
»Held, Ein wahrer« 1974 M
Held, M. 1956, 59, 61, 62 K
– unserer Zeit 1840
»– Helden« 1958 K
»– u. Heldenverehrung« 1841
Heldenballade v. Chr. 604
»Heldenbriefe« 1663

Heldenepen, Dresdn. Sammlung 1472
»Heldenleben, Ein« 1899
Heldenlieder, germ. 830
Heldensagen-Sammlung 814, 1816
Heldt 1927 P
–, W. 1950, 52, 54 K
»Helena« v. Chr. 400
»–« 1950 D
»–, die schöne« 1864
»Helene, Die fromme« 1873
»– Fourment im Pelz« 1639
Helfferich 1872, 1915, 21, 24 P
Helgi 300
Helgoland 698, 1814, 15, 90, 1902 W, 45, 52 P, 53 Ph
–, Biologische Anstalt 1892
–, Meeresbiolog. Station 1959 W
»Helianth« 1920 D
»Heliand« 830
Helicon Hall 1906 P
Heliker, J. 1954, 55 K
Helikon v. Chr. 700
Heliodoros von Emesa 3. Jh.
Heliogabal 218
»–« 1910 K, 16 D
»Heliogabalus« 1972 M
– von Melk 1140, 60
Heliographie 1822
Heliometer 1748
Heliopolis v. Chr. 4200, 2270, 1950, 1450; n. Chr. 2. Jh. 280
»–« 1949 D
Helios v. Chr. 285
– A 1974 W
»– und Phaeton« 1634
Heliotrop v. Chr. 284
Heliotropismus 1910 W
Helium 1868, 95, 1903, 08, 26, 31, 38 W
–, superflüssiges 1941 W
»Hellas« 1935 P
Helldorf, v. 1944 P
»Hellenika« v. Chr. 354
Hellenismus (Anfänge) v. Chr. 341, 332
–, Neo- 64
Hellenist.-buddhist. Mischkultur 1916 W
Heller, J. 1962 D
–, O. 1930 V
–, R. 1962 K
Hellerau 1906 V, 11 M
– Festspielhaus 1913 K
Hellespont v. Chr. 480, 280
Helffrich, J. 1579
Helligkeitsmessung s. Photometrie
Hellman, L. 1960 D
Hellmeier, O. 1968 K
Hellmesberger 1907 M
Hellpach 1903, 07, 11, 39 Ph
Hellschreiber 1933 W
Hellwege, H. 1952, 53 P
Hellwig 701
Helm v. Chr. 1105, 850, 8. Jh., 637, 640; n. Chr. 5. Jh., 600, 450; 7. Jh., 13. Jh., 1260, 1450, 1916 P
»–« 1965 D
–, Brig. 1926, 29 K
Helmburgis (Plastik) 1301
Helmer, O. 1964 Ph, 64 W
Helmershausen, Rogerus von 1100
Helmholtz 1866, 1964 W
Helmholtz, Herm. v. 1821, 47, 50, 56, 63, 81, 82, 87, 94
Helmold 1125, 80
Helmont, J. B. van 1577, 1620, 44
Heloise 1136, 42
»– (Die neue) 1761
Heloten v. Chr. 456
Helsinki 1838, 1930 P, 52 V, 76 K
–, Konzerthaus 1971 K
–, Olympiade 1952 V
–, Sicherheitskonf. 1973 P
–, Universität 1827

»Helvetica Chimica Acta« 1918 W
Helvetier v. Chr. 113, 58
Helvetische Konfession 1566
– Konsensusformel 1675
– Republik 1798, 1814
– – s. Schweiz ...
Helvetius, C. A. 1715, 58, 71
Hemd v. Chr. 1800, 1600, 1200, 800, 6. Jh.; n. Chr. 500, 700, 900, 1100, 1302, 94, 15. Jh.
Hemingway, E. 1898, 1924, 26, 27, 29, 32, 37, 40, 50, 52, 53, 54, 61, 77 D
Hempel, Fr. 1955 M
Hemser 1901, 10 W
Hench 1948, 50 W
Henderson 1863, 1929, 31, 34, 35 K
»Hendrikje Stoffels« 1649, 58
Hendrix, J. 1970 M
Henie 1928 V
Henkel, H. 1970, 75 D
Henle 1840
Henlein, Konrad 1933, 35, 38, 45 P
–, Peter 1502
Henn, W. 1963 D
Henneberg, Berthold von 1442, 1504
–, R. 1868
–, W. 1961 P
Henneberger, B. 1964 V
Hennegau 1346, 1419, 33, 43
Hennequin de Bruges 1405
»Hennin« 1420, 75
Henning 1935 W
»Henno« 1498
Henoch-Buch 1947 W
»Henri Quatre« 1935 D
»Henriade« (La) 1723
»Henry Draper Catalogue« 1924 W
–, P. 1953, 57 M
–, Georg 1943 M
Henschel, G. Ch. K. 1810
Henschke, A. s. Klabund
Hensel 1923, 24 M
Henseling 1939 W
Hentig, H. von 1959, 68 Ph
Hentrich, H. 1960 K
Hentschel 1959 W
Hentzen 1917 V
Henze, H. W. 1951 ff., 56, 57, 59, 60–76, 77 M
Hepburn, A. 1953, 56, 57, 60 K
–, K. 1932, 59, 61, 69 K
Hephästion 2.
Hephästus v. Chr. 1000
»Hephatos« 1959 K
»Heptameron« 1558
Hepworth, B. 1952 K
Hera v. Chr. 1000, 700, 460, 50, 20, 200
»Herabkunft der Ganga (Ganges) auf die Erde« 750
Heraeus 1904 W
Heraklea v. Chr. 350
Herakleia, Schlacht b. v. Chr. 280
Herakleides v. Chr. 350
Herakleopolis v. Chr. 2200
Herakles v. Chr. 700, 5. Jh., 406, 400, 388, 23
»–« 1744, 1917 D
»– Farnese« v. Chr. 330
»– am Scheidewege« v. Chr. 435
Heraklios I. 610, 28
Heraklit v. Chr. 544, 483
Herapathit 1930 V
Hera-Tempel i. Olympia v. Chr. 700, 625
Herbarium 1544, 54
»Herbarius« 1484
Herbart 1776, 1806, 08, 24, 29, 41, 60
»Herberge« 1660
Herberger, J. 1964, 77 V
Herberstein, Siegmund von 1549
»Herbert Engelmann« 1952 D

Herbier, L' 1919, 23, 42 K
Herbig, F. A. 1821
–, G. 1902 W, 22 Ph
Herbin, A. 1958 K
Herborn 1621
Herbort von Fritzlar 1210
»Herbst« 1956 K
»–, Der« 1477
»– der Gämmler« 1967 K
»– des Lebens« 1909 D
»– d. Mittelalters« 1919 Ph
»Herbstastern« 1921 K
»Herbstblumen« 1880
»Herbstgesang« 1961 D
»Herbstlandschaft« 1374, 1672
»Herbstmusik« 1974 M
»Herbststernen« (Unter) 1906 D
Herbsttag« 1943 K
Herburger, G. 1969 D
Herculaneum 79; s. a. Pompeji
Hercules s. Herkules
Herder 1744, 70, 72, 73, 74, 76, 78, 82, 84, 87, 91, 93, 94, 97–99, 1801, 03, 05
»–, Der Gr.« 1952 Ph
Hérelle, d' 1917 D
Herero-Aufstand 1904, 07 P
»Hererofrau« 1956 K
Herrad von Landsberg 1175
Heresbach 1571
Hergesheimer 1930 D
Herholz, N. 1967 D
Herihor v. Chr. 1090
»Heringsfang« 1965 K
Heringsfischerei 1702
Herking, U. 1954 K
Herkomer, H. v. 1914 K
Herkulaneum 1715, 1860
Herkules v. Chr. 620; n. Chr. 180
»–« 1658
»– und Cacus« 1534
»– und der Stall des Augias« 1963, 66 D
»–, Taten des« 1648
Herkulesbrunnen, Augsburg 1602
Herkulessturm 100
Herkulestempel v. Chr. 146
»Herkunft der Etrusker« 1929 W
Herle, Wilh. v. 1378
Herligkoffer, K. M. 1953 V
Hermagoras v. Chr. 200
Hermann I. 1207
– der Cherusker 9
– von Fritzlar 1345
– der Lahme 1013, 54
– von Sachsenheim 1455
– von Salza 1210
Hermann, A. 1971 K
– und Dorothea« 1797
–, Georg 1908, 11 D
–, Gottfried 1801
–, K. 1968 Ph
Hermanns, E. 1965 K
»Hermannschlacht« 1821
Hermas 140
»Hermelin« 1932 K
Hermes v. Chr. 1000, 400, 2. Jh.
– Trismegistos v. Chr. 103
– mit dem Kind Dionysos« v. Chr. 330
Hermlin, St. 1969 D
Hermogenes von Tarsos v. Chr. 220, 200
Hermopolis v. Chr. 298
Hermunduren 400, 531
»Hernach« 1908 D
»Hernani« 1830
Herodes 1968 M
– Agrippa 41
– Antipas 4, 27
– d. Große v. Chr. 88o, 37, 3 P
– und Mariamne« 1850
»Herodiade« 1944 M
Herodias 4
Herodot v. Chr. 495, 448, 445, 424
»Heroides« 18
Heroin-Mißbrauch 1977 V

»Heroische Landschaft« 1654
»— m. Regenbogen« 1804
»— Leidenschaft« 1929 D
»— Stanzen« 1658
»— Zeitalter, Das v. Chr. 700
»Heroisches Motiv« 1955 K
»Heroldsrufe« 1871
Heron von Alexandria v. Chr. 3. Jh., 150, 103, 100; n. Chr. 100
Herondas v. Chr. 250
»Heronsball« v. Chr. 100
Herophilos v. Chr. 315, 277, 275, 250
Herostratos v. Chr. 550, 356
Héroult, P. T. 1884, 87, 1901 P
»Herr und Dame beim Wein« 1670
»– v. Hancken, Der« 1965 M
»– im Haus« 1954 K
»– und Hund« 1920 D
»– von Irland« 1171
»– Karl, Der« 1961 D
»– und Knecht« 1895
»– Kortüm« 1938 D
»– Leiselheimer« 1973 D
»– Puntila u. s. Knecht« 1948 D
»– der Tiere v. Chr. 2025
»– Tourel« 1962 D
Herre 1910 W
Herrema 1975 P
Herrenchiemsee 1885
»Herrenhofsage« 1899
Herrenschnitt 1929 V
Herrera 1530, 34, 86, 97
»Herrgottsfäden« 1901 D
»Herries Chronicle« 1933 D
Herriot 1924, 32, 36, 57 P
»Herrliche Zeiten« 1950 K
Herrmann, L. M. 1954 Ph
Herrnhut 1722, 37, 60
Herschel, F. W. 1738, 81, 83, 87, 89, 1800, 22
Hersey 1950 D
Hersfeld 736, 1100, 1450
–, Festspiele 1961 D
Hershey, A. D. 1969 W
Herta BSC 1965 V
Herter, Chr. 1959 P
Hertha BSC 1965 V
»Hertha-Kult« 1. Jh.
Hertling 1918 P
Hertogenbosch, St.-Jans-Kirche 1458
Hertwig, O. 1875, 84
–, R. 1896
Hertz, A. 1912 K
–, G. 1914, 25, 75 W
–, H. 1888
–, P. 1961 P
Hertzog 1924, 33 P
Hertzsprung 1913 W
Hertzsprung-Russell-Diagramm 1913 W
Heruler 500
Herwig 1921 D
Herz v. Chr. 275; n. Chr. 1663, 1903, 24, 33, 39, 42, 48–50 W; s. a. Herz ...
»– 1931 M
»–, aufglühe dein Blut« 1916 D
»– und eine Krone, Ein« 1953 K
»– (künstliches) 1939, 42, 48, 66, 76, 77 W
»– aus Plastik 1969 W
»– auf Taille« 1928 D
»–, W. 1951 V
»– ist wach, Das« 1934 D
Herzaktionsströme 1903, 24 W
Herzberg, G. 1971 W
»Herzbube« 1971 K
Herzchirurgie 1933, 48, 50 W
Herzegowina 1878, 1908 P
Herzen, A. I. 1857, 67
»– v. Asien« 1923 D
»– süße Not« 1932 D
»– im Schnee« 1964 K
»Herzensergießungen eines kunstliebenden Klosterbruders« 1797

Herzentzündung 1949, 50 W
Herzersatz 1974 W
»Herzhafter Unterricht« 1923 Ph
Herzinfarkt 1974 V, 75 W
– (Erf.) 1972 W
–, Ursachen 1966 W
Herz-Jesu-Brautmystik 1275
Herz-Jesu-Kult 1690
Herzkatheter 1929 W
Herzkatheterisierung 1956 W
Herzkrankheiten 1950, 54 W
Herzl 1896, 1903 D
»Herzlichkeit« (Neue) 1931 D
Herzlieb, M. 1809
Herz-Lungen-Maschine 1951, 55 W
Herz-Lungen-Transplantation 1969 W
Herzmuskel 1903 W
Herznaht 1896
»Herzog« 1965, 76 D
»– Blaubarts Burg« 1911, 63 M
»– Ernst« 1180
–, M. 1950 V
»– von Olivarez« 1635
–, R. 1869, 1903, 05, 17, 43 D
–, Werner 1968 K
–, Wilhelm 1911, 14, 29, 60 D
Herzoperation 1938 W
Herztransplantation 1965, 66, 67, 68, 74 W, 74 V
Herzübertragung 1973 W
Herz-Zentr. (München) 1974 W
Hesekiel v. Chr. 597
Hesiod v. Chr. 675 W, 700; n. Chr. 1954 W
Hesirê v. Chr. 2770
»Hesperiden« 1887
»Hesperus« 1795
Hess (Rektor) 1972 Ph
–, V. F. 1912, 36 W
Heß 1798, 1863
–, R. 1941, 46, 66 P
–, W. R. 1938, 49 W
Hesse, E. 1954 D
–, H. 1877, 1902, 04, 05, 10, 14, 15, 19, 22, 27, 30, 43, 46, 51 D, 55 D, Ph, 61, 62, 77 D
–, M. R. 1929, 33 D
–, R. 1924 W
Hessel 1830
Hessenberg, K. 1953 M
Hessen-Kolleg 1959 Ph
Hessischer Landbote 1834
Heston, Ch. 1959 K
Hesychios 550
Hetan II. 705
Hetäre v. Chr. 450, 350, 330
»Hetärengespräche« 180
Hethiter v. Chr. 2450, 2000, 1900, 1750, 1600, 1530, 1500, 1450, 1400, 1370, 55, 1300, 1295, 70, 50, 1200, 1190, 1000, 860, 50, 9. Jh., 800, 790, 30, 25, 17; n. Chr. 1906, 47 W
Hethitisch 1915 Ph
Hettner 1927 W
Heuberger, R. 1908, 14 M
Heubner, Fr. 1967 K
Heuglin 1861
»Heuke« 1375
»Heuschober« 1890
»Heuschreckenlied an den Mond« 1953 K
Heuschreckenplage 1968 V
Heuseler, H. 1973 W
Heuser, H. 1948, 54, 59, 64 K
Heusler 1921 D
Heuss 1884, 1920, 29 Ph, 37 P, 47, 49 Ph, 51 V, 52, 54, 56 P, 56 D, 58 P, 59, 61 D, 63 P, 77 Ph
»–, Theodor« 1950, 52 K
–, Bildnis« 1951 K
»Heuss-Preis, Th.-« 1967 D, 67 Ph
»Heute a. Morgen, Von« 1929 M
»Heuwagen« 1514

Hevel 1647
Hevesy 1912, 21, 22, 43 W
Hewish, A. 1967, 74 W
Hewitt 1902 W
»Hexameron«, 632
»Hexapla« 232
»Hexen, 4«, 1497
Hexenbulle 1484
»Hexenhammer« 1487, 89, 93
Hexen-Hinrichtung 1873
»Hexenjagd« 1953 D
»Hexenlied« 1902 W
Hexenverbrennung 1793
Hexenverfolgung 1330, 1431, 84, 89, 93, 1620, 31, 32, 1701, 12, 39, 50, 82, 93
»Hexer« 1926 D
Heyden, v. d. 1655
–, S. 1966 W
Heyden, H. 1959 W
Heydrich 1941, 42 P
Heye 1926 P
Heyerdahl, T. 1100, 1947, 69, 70 W
Heyking 1903 D
Heyl 1934 Ph
Heym, G. 1911 D
–, R. 1965 K
–, St. 1965 D
Heymanns 1938 W
Heyne, Chr. G. 1755
Heynicke 1918 D
Heyrovsky, J. 1922, 59 W
Heyse, H. 1935 Ph
–, P. 1830, 1907, 09, 10, 14 D
Heywood 1533, 81, 1602
»H H 82. Grau – Grün – Überlauf« 1966 K
»Hiawatha« 1855
Hicks, J. R. 1972 V
»Hidalgo« 1920 W
»Hidalla« 1904 D
Hidden Peak 1975 V
Hiddensee 1946 D
»Hiddenseer Goldschatz« 1000
Hiebeler, T. 1968 V
Hielscher, K. 1921, 24 K
–, M. 1962, 64 K
»Hier hast Du Dein Leben« 1966 K
»– lebte, starb und litt ...« 1969 K
»– spricht die Erde 1972 M
»– unter d. Nordstern« 1962 D
»– in der Zeit« 1949 D
Hierapolis, Papias von 140
Hierodulen v. Chr. 425
Hieroglyphen v. Chr. 3000, 2500, 2000, 1700, 1300, 675, 450, 197; n. Chr. 1822
»Hieroglyphentiere« 1950 K
Hieron I. v. Chr. 480, 478, 474
– II. v. Chr. 275
Hieronymus 195, 382, 405
»–« 1514
– Bosch: 1943, 59 K
Hieronymus-Bosch-Ausstellung 1936 K
»Hieronymus Holzschuher« 1526
– von Kardia v. Chr. 360, 256
– von Prag 1365, 1416
Highway, Panamerican 1960 V
Hilarius 315, 67
Hilbert, D. 1862, 99, 1928, 43 W
Hildebrand 1073
–, A. v. 1847, 93, 1900, 05, 21 K
–, Joh. Lukas v. 1668, 1713, 24, 27, 45
»Hildebrandslied« 750
Hildebrandt, F. L. 1950 W
Hildegaersberch, W. v. 1382
Hildegard von Bingen 1098, 1151, 55, 79
Hildesheim 815, 72, 1000, 15, 18, 24, 1220, 1508, 1908 W, 45 P

Hildesheim, Dom 872 K, 1052, 1220, 40
-, Godehardikirche 1190
-, St. Michael 993, 1033, 1151
Hildesheimer, A. 1955 Ph
»- Silberfund« 1. Jh., 1868
-, W. 1961, 63, 65, 66, 69, 71, 73 D, 77 M
Hildiko 453
Hilferding 1910 V, 29 P
Hilfsschule 1867
Hilfsschulklassen 1912 Ph
Hill, A. V. 1916, 22, 26 W
-, D. O. 1845
-, George 1930 K
-, Graham 1975 V
»hill, The« 1964 K
Hillary, E. P. 1921 W, 53 V, 57, 58 W
Hille 1906 D
»- Bobbe« 1637
Hiller, A. 1948 K
-, E. 1958 Ph
-, K. 1924 Ph
»-Hiller-Variationen« 1907 M
»Hilligenlei« 1906 D
Hilpert, H. 1932, 34, 67 D
Hilsing, W. 1966, 69 W
Hiltbrunner, H. 1958 D
Hilton, C. 1963 V
Hilton-Hotel, Berlin 1958 V
Himaition v. Chr. 500
Himalaja 775, 1278, 1936 D, 50 V, 60 W
Himeran, Schlacht bei v. Chr. 480, 479
»Himmel« (Über den) v. Chr. 322
»- v. Chr. 428
»- bin ich auserkoren« (Dem) 1935 D
»- und auf Erden« (Am) 1940 D
»- gehört dir, Der« 1944 W
»- u. Hölle« (Über) 1758
»- v. Paris, Unter d.« 1951 K
»- ohne Sterne« 1955 K
»- war unten, Der« 1951 D
»Himmelfahrt« 1445, 1968 K
- Christi« 855, 1881
- der Maria« 1198, 1518, 45, 90, 1715
- Mariä (Dogma) 1950 Ph
Himmelfahrtstafel, Münchner 401
»Himmelserscheinungen« v. Chr. 245
»Himmelsfragen« v. Chr. 277
»Himmelskleid« 1927 M
»Himmelskörper« 1926 W
»-, Theorie der Bewegung der« 1809
»Himmelsmechanik« 1825
»Himmelstor« 1944 K
Himmler 1929, 34, 36, 44, 45, 64 P
»Himmlische Arcana« 1749
»- und irdische Liebe« 1515
»- Zecher« 1909 D
»Himmlischen Propheten« (Wider die) 1524
»Hin und Her« 1935 D
Hinckelstein-Theiß-Kultur v. Chr. 4000
Hinckley, R. G. 1954 Ph
Hindemith, P. 1895, 1907, 21, 22, 26, 27, 29-31, 33-35, 37, 38-41, 43, 44, 47-49, 50, 52, 53, 55, 57, 58, 62, 63, 74 M
Hindenburg 1847, 1916, 25, 32-34 P, 50 P
»- 1948 D
Hindenburgdamm 1927 W
»Hindenburgprogramm« 1916 P
Hindu 7. Jh., 1916 P, 21, 24 Ph, 29, 47, 48 P
Hindukusch 1833
Hindustan 1380
»Hinkende Teufel« 1707
Hinrichs 1930 K
Hinrichtung, öff. 1831
»- des Stepan Rasin, Die« 1964 M

Hinshelwood, C. N. 1956 W
»Hinter der Bühne« 1950 K
»- Gottes Rücken« 1911 D
»- dem Horizont« 1920 D
»- Pflug und Schraubstock« 1899
»- verschlossenen Türen« 1944 D
Hintergrundstrahlung 1975 W
- -, kosmische 1965 W
»Hinterhaus und Hof« 1846
Hinterladergewehr 1751
Hinterzarten 1952 Ph
Hintze 1926 D
Hiob v. Chr. 1090
»-« 1335, 1930 D
»-, Antwort auf« 1952 Ph
»Hiobaltar« 1521
Hippalos v. Chr. 100
Hipparchos v. Chr. 526, 514, 190, 150, 130, 125
Hippias v. Chr. 526, 514, 510
- auf Elis v. Chr. 400
»Hippie-Kommune« 1969 V
Hippodamos v. Chr. 440, 407, 406
Hippokrates –399
»- 1928 W
- von Chios v. Chr. 5. Jh.
- von Kos v. Chr. 600, 460, 406, 400, 377, 353, 4. Jh., 295, 290, 3. Jh.; n. Chr. 205, 529, 850, 900, 23, 12. Jh.
Hippolytos 217, 235
»- v. Chr. 428
Hipponax v. Chr. 530
Hiraizumi, Grabkapelle 1124
Hirakud-Damm 1958 V
Hiram I. v. Chr. 950
Hirche, P. 1966 D
Hirmer 1927 K
Hirnaktivität, eingefrorene 1966 W
Hirnanatomie 1568
Hirnanhang 1935 W
Hirnanhangdrüse 1955 W
Hirnchirurgie 1899, 1907, 49 W
Hirnforschung 1915, 19 W
Hirnhautentzünd. 1948, 50, 53 W
Hirnkarte 1903, 26 W
»Hirnkrankheiten, Die chirurg. Behandlung von« 1899
Hirnsonde 1964 W
Hirohito 1912, 21, 26 P
Hiroshige 1797, 1830, 58, 87
Hiroshima 1945 P, 54 W
»- mon amour« 1959 K
Hirsau 1072, 1112
-, Peter-Pauls-Kirche 1091
-, Wilhelm von 1065
»Hirsauer Bauschule« 1091
»- Regel« 1072, 79
Hirsch, E. 1935 Ph
-, J. 1939 K
Hirsch-Dunckersche Gewerk-Vereine 1868
Hirschfeld, K. 1961, 64 D
-, M. 1914 Ph, 24 W
Hirschgottreich v. Chr. 2420
»Hirschkuh und Panther« 1687
Hirse v. Chr. 7000, 3000, 2000, 1927; n. Chr. 64, 98
Hirsig, H. 1957 K
Hirt, H. 1937 D
»- des Hermas« 140
»Hirtenknabe« 1955 K
Hirth, H. 1911 W
-, W. 1929, 31, 59 V
Hiskia v. Chr. 724, 721
Hispalis 400
Hispania ulterior v. Chr. 61
Histamin 1965 W
»Histoire ancienne« 1841
»- d'Alexandre« 1325
»- d'Henriette d'Angleterre« 1720
»- de Lusignan (L')« 1387
»- d'O, L'« 1975 K
»- de Saint-Louis« 1309

»Historia der fröhlichen Auferstehung Christi« 1623
»- calmitatum mearum« 1136
»- Danica« 1220
»- Francorum« 642
»- von der freuden- und gnadenreichen Geburt Gottes« 1664
»- Langobardorum« 797
»- d. Leidens u. Sterbens unseres Heilandes Jesu Christi« 1666
»- Mongolorum« 1245
»- Stirpium« 1542
»Historiae« 116
»-, Byzantinae scriptores« 1711
»- Philippicae« 9
»Historie van Pyramus en Thisbe« 1488
Historiker-Kongreß 1908 W
Historiographie 1922
»Historische Bibliothek« um Chr. Geb.
- Geographie« 1624
- Jesus ..., Der« 1960 Ph
- Literatur« 1931 W
- Miniatur« 1905 D
- Rechtsschule 1861
- Reichskommission 1928 W
- Relatio« 1597
»Historisches u. kritisches Wörterbuch« 1695
»Historismus« (Entsteh. des) 1936 W
»- u. s. Probleme« 1922 Ph
»- u. s. Überwindung« 1924 Ph
»History of the Worthies ...« 1662
Hita, Juan Ruiz v. 1343
-, Perez de 1545, 1610, 19
Hitchcock, A. 1936, 40, 41, 43, 44, 46, 55, 60, 63, 71 K
Hitler, A. 1889, 1919, 20, 23-26, 30-35, 37-45, 47, 49, 50, 51, 56 P, 77 V
»-« 1953 Ph
»- (Biogr.) 1973 Ph
»-, Die dt. Opposition geg.« 1976 Ph
»- als milit. Führer« 1962 Ph
»-, Eine Karriere« 1977 K
»- in uns selbst« 1945 Ph
Hitlerjugend 1926 P
»Hitlerjunge Quex« 1933 K
Hitterdal, Marienkirche 1250
Hittorf 1869
Hjort 1910 W
Hjortspring-Fund v. Chr. 202
H-Linie 1954 V
h-Meson 1975 W
»H-moll-Messe« 1733, 83
Ho Chi Minh 1945 P
HO (ostd. Handelsorganisation) 1948, 60 V
Hoangho 602, 1852, 1938 P
Hoare 1920 P
Hobbema 1638, 65, 89, 1709
Hobbes 1588, 1640, 42, 51, 55, 59, 79
Hobdy, Ch. J. 1952 W
Hobel, Metall 1751
Hobelmaschine 1776
Hobhouse 1904 Ph
Höch, H. 1920, 68 W
»Hochanden v. Ekuador« 1903 W
Hochbaum 1935 K
Hochdruck-Dampfturb. 1922 W
Hochdrucklampen 1932 W
Hochdrucklokomotive 1925, 27 W
Hoche 1970 P
Hocheindecker 1922 W
Höcherl, H. 1961, 65 P
Hochfrequenzverstärker 1911 W
Hochfrequenzmaschine 1907 W
»Hochgeb., Licht u. Luft d.« 1911 W
Hochhaus (Sicherheit) 1974 V

»Hochhäuser in Manhattan« 1948 K
Hochhuth, R. 1963, 64, 67, 70, 72, 74, 77 D
Hochkirche engl. 1547
»Hochland« 1903 Ph
»Hochmittelalter« 1932 W
»hochmolekularen organisch. Verbindungen Kautschuk und Zellulose, Die« 1932 W
Hochofen 15. Jh., 1713, 40, 1930 V
- (größter) 1973 V
Hochrein, M. 1958 Ph
Hochschulbau 1970 Ph
Hochschule, Demokratisierung der 1969 Ph
- f. Mus., Budapest 1906 M
- f. Polit. 1920, 29, 48 Ph
-, Techn. 1794
Hochschulen, Bundeswehr 1972 Ph
-, ... z. Gestaltung neuer 1962 Ph
Hochschulentwicklungsplan 1974 Ph
Hochschulgesetz Hessen 1966 Ph
Hochschulkonferenz i. Bad Honnef 1955 Ph
Hochschullehrer, Verband dt. 1920 Ph
Hochschullehrergesetz f. Berlin 1963 Ph
Hochschullehrern, Verband von 1899 Ph
Hochschulrahmengesetz 1972, 77 Ph
Hochschulreform 1948, 52, 68, 70 Ph
Hochspannungstransf. 1891
Hochspannungs-Gleichstrom-Übertragg. 1953 W
Hochspannungs-Glimmentladung 1904 W
Hochspannungs-Magnetzündung 1902 W
Hochspannungsschalter 1930 W
Hochsprache, dt. 1663
Hochsprung 1941, 49, 62, 77 V
»Höchstbegabung« 1953 Ph
Höchstdrucknormal 1972 W
Höchstdrucklampe 1970 W
»Höchste Nerventätigkeit von Tieren« 1926 W
Höchster Gefall.-Denkm. 1923 K
»Hochtourist i. d. Ostalpen« 1900 W
Hochvakuum-Radioröhren 1913 W
Hochvakuum-Technik 1905, 13, 15 W; s. a. Luftpumpe
Hochwälder, Fr. 1941, 53 D
»Hochzeit« 1904 K
»- Alexander d. Gr.« v. Chr. 328
»- des Bacchus u. d. Ariadne« 1605
»-, Die« 1972 K
»- d. Feinde« 1947 D
»- d. Gaudenz Orell« 1927 D
»-, Heilige« v. Chr. 2050
»- zu Kana« 1538, 61, 63
»- des Lammes« 1678
»- des Merkur und der Philologie« 1199
»- des Nils« v. Chr. 3900
»- von Orpheus u. Euridice« 1647
»Hochzeitern« 1928 K
»Hochzeitsmarsch« 1927 W
»Hochzeitsmorgen« 1847
»Hochzeitsnacht, Die rote« 1973 K
»Hochzeitsreise« 1862
»Hochzeitszug, Der« 1974 K
»Hochzeitstanz i. Freien« 1566
Höck, W. 1973 K

»Hockende« 1914 K
Hocking 1944 Ph
Hockney, D. 1965 K
Hodgkin, A. L. 1937, 63 W
Hodgkin, D. 1956, 64 W
Hodgkins 1908, 19, 22, 35, 41, 46 K
Hödicke, H. 1965 K
Hodler, F. 1853, 1900 ff., 07, 08 bis 10, 13, 16, 18 K
Hodscha 1935 P
Hoechst 1863
Hoechster Farbwerke 1924 K
Hoeflich, E. 1965 D
Hoefnagel, G. 1592
Hoehme, G. 1963, 65, 68 K
Hoensbroech 1902 Ph
Hoernes 1925 K
Hoetger 1926 K
Hoeydonck, P. van 1967 K
»Hof eines Hauses« 1658
»- des Schlosses, Der« 1954 W
-, russ. 1756
Hofbühne, Berliner 1786
Hofer, A. 1767, 1809, 10
-, H. 1960 W
-, K. 1878, 1913, 14, 19, 22, 23, 25-28, 30, 32, 34, 35, 38, 43-47, 48, 49, 50, 52, 53, 54, 55 K
»-, K.« 1950 K
-, W. 1957 W
-, van't 1852, 74, 1901, 11 W
Höffding 1918 Ph
Hoffmann, A. 1922 V
-, Arth. 1917 P
-, D. 1971 K
-, E. Th. A. 1776, 1808, 14, 16, 17, 19, 20, 21, 22
- von Fallersleben 1798, 1840, 74
-, Fr. 1718
-, Hch. 1847
-, J. 1955 P
-, K. 1954, 56, 58, 60, 61, 64, 67 K
-, K.-H. 1960 P
-, L. 1907 K
-, Reinh. 1975 K
-, Ruth 1951 D
-, W. 1967, 68 W
»Hoffmanns Erzählungen« 1881
Hoffmannstropfen 1718
Höffner, J. 1969 Ph
»Hoffnung« 1938 D, 73 M
»-, Das Prinzip« 1956 Ph
»Hoffnungslose Geschlechter« 1880
Hofhaimer 1459, 93, 1537
Hoflehner, R. 1966 K
Höflich, L. 1956 D
Hofmann, F. 1912 W
-, K. 1960 W
-, L. v. 1909 K
- von Hofmannswaldau 1617, 63, 79
»Hofmannsthal, der Freund« 1930 D
-, Hugo von 1874, 99, 1900 M, 01, 03 D, 09 M, 11, 12 D, 17 M, 19, 21-23, 25 D, 26, 28 M, 29, 32 D, 33 M, 56 D
Hofmeister, A. 1910 W
-, F. 1890
-, W. 1849
Hofnarren 1549
Hofstadter, R. 1961 W
Hofstätter, P. R. 1956, 57 Ph
Hofstede de Groot 1906 K
Hoftheater Meiningen 1874
- und National-Theater Mannheim 1777
»Hofzuchten« 13. Jh.
Hogarth 1697, 1735, 53, 58, 64
Hogenberg 1572
Höger 1877, 1923, 29 K
Hogg, J. 1814
»Hohe Lied, Das« v. Chr. 950; n. Chr. 1060, 1276, 1908 D
»- - II., Das« 1958 K

»Hohe Pforte« 1326
»— Schein, Der« 1904 D
Hohenasperg 1791
Hohenberg 1386
Hohenfurth, Meister von 14. Jh.
Hohenheim, Theophrast von s. Paracelsus
Höhenlinienkarte 1939 W
Hohenlohe 1894
Höhenrekord 1951 W
– (Düsenflugzeug) 1953 W
Hohensalzberg 1077
Hohenschwangau, Schloß 1547
Höhensonne 1904, 19 W
Hohenstaufen 1154
Höhenstrahlung 1912, 35 ff., 46–48 W
–, kosmische 1953 W
Hohenzollern (Burggr. v. Nürnberg) 1191
–, Haus 1951 P
»Höhepunkt d. Lebens« 1940 D
Hoher Meißner 1913 Ph
»Höhle, Die« 1962 K
Höhlenkult 1955 W
Höhlenmalerei 1901, 21, 40, 53 W, 70, 75 Ph
Hohlnoten 15. Jh.'
Hohlwelttheorie 1939 W
Hohmann, K. G. 1936 W
Hohoff, C. 1962 D
Hojeda, Alfonso de 1499
Hokusai 1760, 1825, 49
Holagu 1274
Holbach 1723, 56, 70, 89
Holbein d. Ä. 1465, 93, 1519, 24
–, d. J. 1497, 1516, 21–23, 25, 26, 27, 28, 32, 33, 36, 37, 38, 41, 43
Holberg, Ludwig 1722, 1919 M
Holden, J. 1970 W
–, W. 1957, 60 K
Hölderlin, F. 1770, 99, 1802, 26, 43, 1925 D, 49, 65, 66 M, 77 D
Hölderlin-Ausgabe 1977 D
»– -Fragmente, Drei« 1965 M
Holitscher 1924 D
Holl, Elias 1573, 1607, 20, 46
–, K. 1921 Ph
Holland, Wilhelm v. 1227, 47, 56
Holländisch-Ostindische Kompanie 1602, 38, 1787
»Holländisch-Westindische Kompagnie« 1621
»Holländische Nähstube« 1876
Holländischer Krieg 1672, 78
»Hollandweibchen« 1919 M
Hollar 1607, 40, 77
»Hölle, D. gepflasterte« 1958 D
»– der Vögel« 1937 K
»–, Weg, Erde« 1910 D
Holleben, E. v. 1970 P
»Höllenbrueghel« s. Brueghel P., d. J.
Höllenmaschine 1405, 1693
»Höllentor« 1910 K
Höller, K. 1951 M
Höllerer, H. 1961, 63, 65, 67, 69, 73, 77 D
Hollerith, H. 1886
Hollerius 1550
Holley, R. W. 1965, 68 W
»Höllisch Gold« 1916 K
Hollister 1913 K
Hollmann, W. 1954 Ph
»hollow hill, The« 1965 D
Hollywood 1931 K
»– 1946 D
Holm 1959 D
–, H. H. 1959 D
»Holofernes« 1923 M
Holographie 1948, 71 W
Holst 1907 D
–, E. v. 1937, 40, 50, 60, 62 W
–, G. 1934 W
Holstein, F. v. 1909 P

Holt 1912 Ph
Holt, Harold E. 1966 P
Holthusen 1949, 55 D
Hölty 1748, 76
Holtz 1864
Holub, M. 1961 D
»Holy Devil, The« 1958 M
– living« 1650
Holyk 1693
Holz, A. 1862, 63, 89, 99, 1901, 04, 08, 13, 25, 29 D
Holzbauer, I. 1745, 76
Hölzel 1900, 05 K
Holzer, J. E. 1739
»Hölzernen Kreuze, D.« 1919 D
»Holzfäller« 1910 K
Holzgeist 1922 W
Holzkirchen, Klosterkirche 1733
Holzknecht 1902, 24 W
Holzkonservierung 1902 W
Holzpapier 1765, 1843
Holzschienen 1430
Holzschnitt 1398, 15. Jh., 1450, 1872
Holzschuher, L. v. 1956 Ph
Holzverzuckerung 1930 W
Holzwarth 1905 W
»Holzwege« 1949 Ph
Homann 1702
–, W. 1926 W
Homburg v. d. Höh 1929 W
Home, D. 1965 P
–, Lord A. 1960, 69
»Home-coming« 1964 D
Homer v. Chr. 1300, 1193, 800, 7. Jh., 5. Jh., 560, 550, 500, 399, 350, 290, 285, 3. Jh., 230, 219, 217, 180, 170, 145; n. Chr. 20, 500, 1595, 1611, 15, 1725, 93, 95, 1827, 70, 1901, 21 D, 32 W
»–« v. Chr. 3. Jh.
–, W. 1836, 1910 K
»Homers Apotheose« 1827
»– Ilias« 1901 D
Homerule 1913 P
»Homiliae catholicae« 1020
»Homine, De« 1658
Hominiden 1950, 58, 62 W
»Hommage à Dürer« 1971 K
»– à Frantek« 1965 M
»– à Heinrich Schütz« 1965 M
»Homme aux valises, L'« 1975 D
»– Revolté, L'« 1951 D
»Homo Faber« 1957 D
»– ludens« 1939, 56 Ph
– sapiens, frühmongoloide 1958 W
Homöopathie 1810, 1926 W
Homosexualität 1957, 69 Ph
»– d. Mannes u. d. Weibes« 1914 Ph
»Homunculus« 1916 K
Honain ibn Iszhâk 873
Hondecoeter 1636, 80, 86, 95
Honecker, E. 1971, 73, 76 P
Honegger, A. 1920, 21, 24, 26 ff., 30, 35, 38, 45, 50, 51, 55 M
Hongkong 1840, 42, 1941 P
»Honigpumpe« 1977 K
Honnecourt, Villard de 1235
Honnef, Bad 1952 Ph
–, Hochschulkonferenz 1955 Ph
»Honnefer Modell« 1957 Ph
Honolulu, Universität 1920 Ph
Honorius 395, 97, 408
– I. 625
– III. 1216, 20
– IV. 1285, 86
Hooch 1629, 58, 65, 83
Hooft 1581, 1647
Hooke 1635, 64, 65, 67, 74, 79, 84, 1703
Hoorn 1568
Hoover, H. 1874, 1914, 22 Ph, 29, 31, 32, 64 P
–, J. E. 1934 V
Hoover-Moratorium 1931 P

»Hope mit Familie, H.« 1954 K
Hopfen 8. Jh., 1079, 1437
Höpker-Aschoff, H. 1954 P
Hopkins, F. G. 1861, 1903, 06, 29 W
–, J. 1968 D
Hoppe 1939, 41, 43 K
Hopper 1927, 31 K
»Hoppla, wir leben!« 1927 D
Hoppner 1758, 86, 1810
Hoquetus 13. Jh.
»Horace« 1640
Horatius Cocles v. Chr. 508
Horaz v. Chr. 65, 30, 13, 8
»Hörbigers Glazialkosmogonie« 1925 Ph
Horchrichter 1450
Horden-Bambus-Kultur 1937 W
»Horen« 1796
Hörens, Physiolog. d. 1961 W
Hörfunkteilnehmer 1968 V
»Hörigkeit der Frau« 1869
»Horizon« 1958 D
»Horizont« (Hinter d.) 1920 D
Horkheimer, M. 1930, 47, 48 Ph
Hörlemann, J. 1968 Ph
Hormon 1953, 55 W
–, Insekten- 1954 W
Hormone 1849, 56, 80, 89, 91, 94, 97, 1091, 04–06, 09, 10, 14, 20, 21, 26, 28, 29, 31–35, 39, 41, 42, 44, 47–50 W
– (Pflanzen-) 1909, 10, 33, 34 W
–, Sexual- 1873
Hormonforschung 1869
Hormonstruktur-Analyse 1966 W
Hormonsynthese 1955, 72 W
Hormonwirkung 1971 W
Horn (Musikinstr.) v. Chr. 950; n. Chr., 10. Jh., 1636
–, C. 1926, 29 K
–, D. 1954 W
–, Graf von 1632
Hornbach 714
Hornbogen, E. 1973 W
Hornbostel, v. 1935 M
Hörnerhaube 1420, 15. Jh.
Horney, K. 1937, 51 Ph
Hornhausen, Reiterstein v. 700
Hornhaut-Transplantation 1905 W
Hornig 1684
»Hornissen, Die« 1966 D
Hornsby 1907 W
»Horribilikribrifax« 1650
Horsely, J. G. 1846
Hörsing 1924 P
Horsley, W. 1887
Hörspiel 1924 D
»– …, Das« 1963 D
»Hörspiele, Ges.« 1961 D
Horst, K.-A. 1962 D
»– d. wilden Adler« 1933 K
Hortensie 1788
Horthy 1868, 1919, 20, 38, 44, 57 P
»Hortulus« 843
»Hortus deliciarum« 1175
– sanitatis …« 1485
Horus v. Chr. 2772, 2270, 1800, 230, 70
Horváth, v. 1935, 36
Hose (Aufkommen) v. Chr. 550, 300; n. Chr. 98
–, Die« 1911 D
»Hosen des Herrn von Bredow, Die« 1846
–, lange (Pantalons) 1794
Hosenbandorden 1350, 1953, 55 P
Hosenrock 1906 V
Hosenträger 1793
Hoskyns 1910 V
Hospital Florenz 1388
»Hospitalbrüder« 1113

Hotel (Vorläufer) v. Chr. 353
»– in Berlin« 1943 D
»– in Darlowo, Ein« 1962 D
Ho Tschi Minh 1969 P
Ho-Tschi-Minh-Stadt 1975 P
Hottentotten 1660
Hottentottenaufstand 1897, 1904 P
Houdon, J. H. 1741, 78, 83, 1828
Houot, G. 1954 W
House 1921 P
»house in order, A« 1966 D
Housman, L. 1959 D
Houssay, B. A. 1947, 71 W
Houwink 1939 W
Hovorka, v. 1909 W
»How high the Moon« 1951 M
– much, Schatzi« 1971 D
Howard Castle 1714
–, E. 1902 K
–, Henry 1516, 47
–, L. 1938 K
Howe 1846
Hoyer 1902 W
–, G. v. s. Rachmanowa
– Millar, Fr. 1953 P
Hoyland, J. 1967 K
Hoyle, F. 1960, 65 W
Hrabanus, M. 784, 841, 47, 56
Hradschin 1333, 56
Hrdlicka, A. 1971, 73 K
Hrkal 1947 Ph
Hromadka, J. 1958, 61 Ph
Hrozny, F. 1915 W
Hrubin, F. 1958 D
Hruodlandus 778
Hsia Kuei 1190, 1436
Hsia-Chang 1455
Hsia-Dynastie v. Chr. 2205, 1550
Hsu, F. L. K. 1949 Ph
Hsü Hsi 962
– Tschi Mo 1895, 1931 D
Hsüan Tsang 625, 29, 31
Hsüan-te 1426, 30
Hua Kuo-feng 1976 P
Huaina Kapach 1475
Huan v. Ts'i v. Chr. 670
Huang (Chian 962
– Kung-Wang 14. Jh.
Huangho v. Chr. 2205, 2000, 1331
Huang-ti v. Chr. 101
Hubalek, C. 1953 D
Hubble E. P. 1889, 1924, 26, 29, 31, 32, 53 W
Hubble-Konstante 1968 W
Huber, H. 1917 M
–, Klaus 1973 M
–, Kurt 1943 P
–, R. 1969 W
–, V. A. 1837
–, Wolfgang 1522
Huber, 1977 M
Hubermann, B. 1947, 62 M
»Hubert Morett« 1537
Hubertus 728
Hubertusburg 1763
»Hubertussage« 728
Hübner, Joh. 1704
–, K. 1973 D
–, P. 1968 Ph
Hubschrauber 1924, 37 W
–, Atlantikflug 1952 W
–, Doppel- 1952 W
–, Rucksack- 1951 W
Huc 1844
Huch, F. 1909 D
–, Ricarda 1864, 1901–04, 06–10, 14, 15, 17, 19, 21, 23, 26, 27, 30, 34, 37, 38, 47 D, 53 Ph
–, Rud. 1903, 27 D
Huchel, F. 1962, 69, 72, 74 D
Hückel 1923 W
»Huckleberry Finn« 1884
»Hudibras« 1664
Hudson 1523, 1609, 10, 1932 W
– Bay 1610, 70
Hué 1968 P
Huelsenbeck, R. 1918 K

Hufeisen v. Chr. 750
Hufeisenmagnet 1743
Hufeland 1796, 97
Hüftprothese 1977 W
Hüftwülste 1670
»Hug Schapler« 1436
»Hügel« 1908 K, 29 D, 50 K
Hügelgräber-Kultur v. Chr. 2000
Hugenberg 1865, 1917 K, 28, 31, 33, 51 P
Hugenotten 1562, 70, 72, 76, 85, 88, 93, 98, 1621, 28, 85, 1702
»–« 1836
Hugershoff 1919 W
Huggins, Ch. B. 1966 W
–, W. 1868
Hughes, D. E. 1855, 78
–, J. L. 1967 D
–, L. 1963 D
–, R. 1924 D
»Hughie« 1958 D
Hugi, Fr. J. 1830
Hugo Capet 987
– d. Große 936
– von Montfort 1357, 1423
– von Trimberg 1230, 1313
– von St. Viktor 1096, 1141
–, Victor 1802, 29, 30, 31, 62, 85, 1903 D
Huhn, Haus- v. Chr. 2350
Hühnefeld, v. 1928 V
»Hühnerdiebbrunnen« 1913 K
»Hühnerhof« 1680
Huitfeld 1903 V
Hui-tsung 1101, 07, 27, 11
Huitzilipochtli 14. Jh.
Huizinga 1919, 39, 56 Ph
Huks 1946, 50 P
»Huldigende Fremdvölker« v. Chr. 1490
Huldschinsky 1919 W
Hull, A. 1921 W
–, C. 1933, 43, 45, 55 P
Hülsenfrüchte v. Chr. 700; n. Chr. 98
Hulst, van de 1952 W
»Humanae Vitae« 1968 Ph
»– –« 1968 K
»Humani generis« 1950 Ph
Humanismus 1427, 53
»– 1911 Ph
– (Anfänge) 14. Jh., 1400, 50, 91
»–, erster« v. Chr. 2. Jh.
Humanistenschrift 15. Jh., 1472, 92
Humanistenschule 1423
Humanistisches Gymnasium s. Gymnasium
– Studium, Beginn d. dt. 1470
»Humanität« v. Chr. 110
–, Briefe zur Beförderung der 1793
»… Humanitätsidee« 1909 D
»Humanité, L'« 1902 P
Humason, M. L. 1931 W
Humbert I. 1900 P
Humboldt, Alex. v. 1769, 99, 1802, 04, 08, 11, 14, 27, 29, 35, 43, 45, 49
»–, Gabriele von« 1812
–, Wilh. v. 1767, 1809, 10, 22, 35, 36, 1909 Ph
Humboldt-Akademie, Berlin 1878
Humboldt-Deutz-Motoren AG. 1938 V
»Humboldt«-Universität 1948 Ph
Hume 1710, 11, 39, 48, 51, 57, 63, 76, 79
Humel, G. 1965, 68 W
Humford, Graf 1789
Humiliaten 1201
Humlum 1947 W
Hummel, J. N. 1804
»Humor als Lebensgefühl« 1918 Ph
»Humoristischer Hausschatz« 1887
»Humpelröcke« 1911 V

Humperdinck 1854, 93, 1902, 10, 21 M, 29
Humphrey, G. M. 1953, 57 P
–, H. H. 1964, 68 P
»Hund« 1951, 52 K
– im Schilf« 1951 K
»Hunde d. Krieges« 1974 D
– u. Menschen« 1970 K
»Hundegespräche« v. Chr. 380
»Hundejahre« 1963, 64 D
»Hundeleben« 1918 K
»100 %« 1920 D
»Hundert Jahre Jalna« 1958 D
»– Tage« 1931 D
»Hundertguldenblatt« 1649
Hundertjährige 1977 V
Hundertjähriger Kalender 1634, 1701
»– Krieg« (England–Frankreich) 1339, 1415, 29, 31, 53
– –« (Venedig–Genua) 1256, 1381
Hundertmeterlauf 1960 V
»Hundertsäulenhalle« v. Chr. 5. Jh.
Hundertwasser, F. 1961, 66, 67, 73 K
Hungerstreik 1977 Ph
»Hundred selected Poems« 1959 D
Hundhammer, A. 1974 Ph
Hunefer v. Chr. 1250
»Hunger« 1890, 1946, 66 K
»– und Durst« 1964 D
»– !Hunger! Hunger!« 1921 K
»–, Kampf gegen d.« 1963 P
–, Todesfälle 1965 V
»Hungerkünstler« 1924 D
»Hungerpastor« 1864
Hungersnot 941, 1144, 96, 1932 P, 43, 45, 47, 50, 73 V
Hungerstreik 1977 Ph
Hungwu 1368
Hunnen v. Chr. 700, 356, 200; n. Chr. 9, 200, 50, 320, 50, 75, 78, 406, 37, 43, 45, 48, 50, 51–53, 500, 59
Hunt, J. 1976 V
–, W. H. 1910 K
Hunter, W. 1774
Huntsman 1735
Hunyadi 1448
»Huon de Bordeaux« 1221
Huong, T. V. 1964, 65 P
Hurtado de Mendoza 1503, 54, 75
Hus 1365, 69, 1410, 11, 14–16, 19, 75
Husak, G. 1969 P
»Husaren, Die« 1969 M
»Husbands« 1972 K
Hussein 632
– (König d. Jemen) 1917 P
– (König v. Jord.) 1952, 56, 70 P
Husserl 1859, 1900, 01, 13, 21, 38 Ph
Hussey, O. 1967 K
Hußfeier 1925 Ph
Hussiten 1433
Hussitenkriege 1396, 1419, 22, 24, 27, 28, 32, 33, 27
Huston, J. 1952, 60, 62, 71 K
Husum 1913 W
»Hut aus New York« 1912 W
Huth, A. 1952 Ph
–, W. R. 1951, 54, 55, 64, 76, 77 K
»Hütte, Die« 1671
Hütten Ing.-Taschenbuch 1856
Hutten 1488, 1517–19, 20, 21, 23
»Huttens letzte Tage« 1871
Hutter, W. 1950, 64, 65 K
Hutterock-Grab 1508
Huxley, A. 1925, 28, 32, 48, 54, 62 D
–, A. F. 1963 W
–, J. 1953, 75 Ph

Huygens, Chr. 1629, 56, 57, 73, 74, 78, 80, 90, 95, 98, 1815
Huysman 1443, 85
»Hvem Kalder« 1960 D
Hyatt 1869
Hyde, D. 1938, 48 P
»Hydrant I« 1954 K
Hydraulische Presse 1795
Hydrierung, katalysator. 1912 W
Hydrologische Dekade 1965 W
Hydrostatisches Paradoxon 1666
Hygiene (Begrdg. d. mod.) 1882
»–, Handbuch der« 1882
»–, Psychische« 1955 Ph
–, Verein für Volks- 1900 Ph
Hygiene-Ausstellung 1912 W
Hygiene-Museum, dt. 1912, 30 W
Hygien. Volksbelehrung 1926 Ph
Hygrometer, s. Feuchtigkeitsmesser
Hyksos v. Chr. 1700, 1600, 1580, 1570, 1555
Hymne 386
»– an Ital.« 1916 D
– a. d. Kirche« 1924 D
»Hymnen« 1890
»– an die Nacht« 1800
Hypatia 415
»Hyperbel« v. Chr. 170
»Hyperion« 1799
»–« 1977 D
Hyperon, Anti- 1962 W
Hyperonen 1955 W
Hypnose 1636, 1841, 1901 Ph
»–, Heilung durch« 1957 Ph
Hypokausten v. Chr. 80
Hypophyse 1905, 20, 35, 53, 55 W
»Hypothese« 1911 Ph
Hystaspes v. Chr. 521
»Hysterie, Studie über« 1895

I

»I bin I« 1965 K
IAA 1919 V
Ibáñez 1923, 27 P
Ibbisuen v. Chr. 2065
Ibbotson, D. 1957 V
Iberer v. Chr. 2500, 1490, 550, 27
Iberische Kultur v. Chr. 280
Ibert, J. 1962 M
IBFG 1949 V
Ibn al Baitar 1200, 48
– – Farid 1235
– – Kifti 1172, 1248
– – Battuta 1304, 52, 77
– – Chaldun 1332, 1406
– – Chordadhbeh 885
– – Doreid 904
– – Esra 1092, 1167
– – Faisal Saud 1964 P
– – Junis 1001, 1009
– – Koteiba 828, 89
– – Ruschd 1126, 98
– – Saud 1745, 1901, 24, 32, 53 P
– – Sina 980, 1037
Ibscher 1908 W
Ibsen 1828, 56, 66, 67, 76, 77, 79, 81, 82, 83, 84, 86, 88, 89, 90, 92, 94, 96, 1900, 02, 05, 06 D, 23 K
Ibykos v. Chr. 525
»Icarus Atlanticus« 1955 K
»Ich. Der Traum. Der Tod. Das« 1947 Ph
»– bin in Elefant, Madame« 1969 K
»– eine Katze« 1916 D
»– Zeuge« 1928 D
»– denke oft an Piroschka« 1956 K
»– und das Dorf« 1911 K
»– – Es« 1923 Ph
»– glaube, damit ich erkenne« 1273

»Ich hab' mein Herz . . . « 1924 M
»– – mich so an dich gewöhnt« 1951 M
»– hatt' einen Kameraden« 1809
»– laß dich nicht« 1912 D
»– lebe gern« 1930 Ph
»– liebe Dich, . . . « 1973 K
»– –, du liebst« 1960 K
»– male Hofer« 1964 K
»– wandte mich um . . . « 1970 M
»–, Das war« 1902 M
»– war Jack Mortimer« 1933 D, 35 K
»– weiß, wohin ich gehe« 1946 K
»– und die Welt« 1890
»– werfe meine Netze aus« 1967 D
»– zähmte die Wölfin« 1953 D
Ichikawa, K. 1959, 64 K
»Ichneumon auf Vogelfang« v. Chr. 2500
»Ida Elisabeth« 1932 D
»Idea of Christ . . . « 1946 Ph
»Ideale Buch, Das« 1921 K
– Heim, Das« 1926 D
»Idealismus« (Ablehnung d.) 1903 Ph
»– (Aktuale) 1912 Ph
»–, äsihonom. 1906 Ph
»–, Dialektischer« 1844
»– (Kampf gegen den) 1931 Ph
»– und Realismus« 1924 Ph
»–, teleologischer« 1817
»–, transzendentaler 1809
»Ideas clear, How to make our« 1878
»Idee und Existenz« 1935 Ph
– des Friedens, Die . . . « 1969 Ph
»– – – und des Pazifismus« 1931 Ph
»– der großen dt. Linken« 1911 Ph
»– der Staatsräson in der neueren Geschichte« 1924 Ph
»Ideen zur Begründung der Rechtsphilosophie nach . . . « 1921 Ph
»– über eine beschreibende und zergliedernde Psychologie« 1894
»– zur Philosophie . . . « 1784, 91
»– zu einer Philosophie der Natur« 1797
»– zu einer reinen Phänomenologie . . . « 1913 Ph
»– der Staats- und Kultursoziologie« 1927 Ph
»Ideen zu einer Theolog. d. Kultur« 1921 Ph
»– zu einem Versuch, die Grenzen d. Wirksamkeit d. Staates zu bestimmen« 1835
Ideenlehre v. Chr. 347, 334
»– –« 1903 Ph
»Iden des März« 1948 D
Idensen, Wandmalerei 1135
»Identität und Realität« 1670
Ideologie, dt. 1962 Ph
»– und Utopie« 1929 Ph
»Ideologische Horizonte d. Psychologie« 1962 Ph
»Idiot« 1868
»Idiote, L'« 1960 D
Idlewild 1958 K
»Ido« 1977 D
»Idomeneo« 1781
Idris, König von Libyen 1969 P
Idrisi 1100, 50, 66
»Idyllen« 1756, 72
»Idyllische Landschaft bei Abendbeleuchtung« 1676
Iffland 1759, 82, 1814, 15
Iffland-Ring 1959 D
»Igel als Bräutigam« 1951 M
Igelfrisur 1791

IG-Farben 1863, 65, 1904 V, 05 W, 25, 26 V, 31 K, 36 W
Iglau, Landtag in 1433
Ignatius von Antiochia 105
»Ignorabimus« 1872, 1913 D
»Ignorant u. d. Wahnsinnige, D.« 1972 D
Igorlied 1196
Iharoz, S. 1955 V
Ihering, H. 1977 D
–, R. v. 1858, 83
Ihlenfeld, K. 1952, 72 D
Ihmels 1910 Ph
Ihne 1904 K
»Ihre Hoheit die Tänzerin« 1961 M
»Ikarus« 1955 K
Ikarus-Sage v. Chr. 550
Ikeda, H. 1960 P
»I-king« v. Chr. 479
»Ikone, Geist u. Gestalt d.« 1961 K
Ikonenmalerei, russ. 1301
Ikonion 1277
Ikonographie 843, 12. Jh., 1295, 99, 1307, 1400, 1636, 1961 K
Ikor, R. 1957 D
»Iks-Haken, Der« 1962 D
»Il faut passer par les nuages« 1964 D
ILA 1909 V
»IIa« 1928 V
Ilarion 1050
»Ildefonso-Altar« 1632
»Il-Gésu«-Kirche 1568
»Ilias« v. Chr. 1300, 800, 5. Jh.; n. Chr. 1611, 1725, 93, 1901 D, 07 K
»Ilion« 1902 W
»Illegalen, Die« 1945 D
Illerfeld 1465
Iller-Unglück 1957 P
»Illuminationen« 1873
»Illusion des Fortschritts« 1908 Ph
»– des Geldes« 1916 V
Illustrierte Zeitungen 1964 V
»Illustrierte Zeitung, Berliner« 1898
Illyés, G. 1961 D
Illyrer v. Chr. 750
Illyricum v. Chr. 27; n. Chr. 330
ILO 1977 V
»Ilona« 1960 D
»Ilôt mauve, L'« 1958 K
Iloy, B. R. 1955 D
»Ilsebill« 1903 M
Ilsenburg a. H. 1898
Ilumqub-Tempel v. Chr. 8. Jh.
»Im Freien« 1965 K
»– Kreise der Natur« 1953 K
»imaginaire, L'« 1950 K
»Imaginäre Pflanze« 1958 K
– Zahlen« 1572, 1770, 1811
Imagisten 1960 D
»Imago« 1906 D, 13 Ph
Imbros v. Chr. 387
Imgur-Ellil s. Balawat
Imhotep v. Chr. 2770
»Imitation de Jesus-Christ« 1670
»Imitatione Christi« (De) 1471
»Immaculata« 1667
Immelmann 1916 P
»Immensee« 1852
Immermann 1796, 1822, 30, 32, 36, 38, 40 D
»Immoralist, Der« 1902 D
»Immortelle, L'« 1963 K
Immunität 1901, 08, 15, 17 W
– bei den Infektionskrankheiten« 1901 W
»Imperator« 1913 W
»Imperfekte Perfektion . . . , Die« 1961 P
Imperial Airways 1924 V
– Chemical Industries 1926 V
»Imperialismus . . . « 1916 P
»Impfgegner« 1923 V
Impfgesetz, dt. 1874

Impfschäden 1961 V
Impfzwang 1923 V
»Impression, soleil levant« 1874
»Impressionen« 1922 M
Impressionismus 1863, 67, 74, 86, 87, 90
»–« (Ende des) 1916 Ph
–, musikalischer 1894
»Impressum, Das« 1972 D
»Impromptus f. Orch.« 1957 M
»Improvisationen« 1912 K
»Improvisator« 1902 K
Impuls 1358
Impulsgesetz 1687
Imredy 1938 P
»In« 1967 K
»In 80 Tagen u. d. Welt« 1957 K
»In Gedanken« 1975 K
»In Grau« 1957 K
»In der Hitze der Nacht« 1966, 68 K
»In unserer Zeit« 1969 K
Inanger, W. 1973 K
Inanna 1952 M
Ince 1916 K
»Incendium amoris« 1339
»Incident« 1967 K
Indanthren 1901 W
Independisten 1653
Index, kirchl. 1501, 59, 63, 1616, 32, 63, 1897
»Translationum« 1954 D
–, Vatikan. 1952 Ph
»Indexlohn« 1948 V
Indianer v. Chr. 3000, 400; n. Chr. 900, 14. Jh., 1450, 1509, 67, 1608, 50, 82, 1841, 45, 61, 66, 1907 P, 34 M
–, Anden- 1953 V
»Indianerin mit Kind« 1964 K
Indianerkulturen 12. Jh.
»Indianische Fantasie« 1914 K
»Indienfahrt« 1916 D
Indigirka 1946 W
Indigo 1516, 1826, 78, 97, 1905
»Indika« v. Chr. 300
Indikationslösung 1975 Ph
Indikatoren, radioakt. 1912, 40, 43, 49 W
Indikopleustes, Kosmas 525
»Indische Bibliothek« 1830
»– Grabmal, Das« 1937 K
– Kultur i. SO-Asien 400
– Kunst 8. Jh.
– (alt) Philologie, Begr. 1927 Ph
»Indischen Philosophie, Geschichte der« 1927 Ph
Indischer Fürstenrat 1921 P
– Ozean v. Chr. 1600, 240, 100
– – (Entst.) 1973 W
– Rat 1950
Indium, Radio 1968 W
»Individualismus« 1922 Ph
»–« (Prinzip des) 1930 Ph
»Individualität« 1928 Ph
Individualpsychologie 1870, 1937 Ph
»– (Praxis u. Theorie) 1918 Ph
»– (Technik der) 1930 Ph
–, Zeitschr. 1914 Ph
Individualverkehr 1970 V
»Individuation . . . « 1949 Ph
»Individuum u. Gemeinschaft« 1919 D
Indochina-Konflikt 1954 P
Indoeuropäisch 1915 D
»Indoeurop. Dialekte« 1908 W
– Sprachen 1816, 39, 52, 1908, 37 D
»Indogerm. Grammatik« 1937 D
–, vergleichende 1816
Indoiraner v. Chr. 1600, 1200
Indologie 1818, 29, 30, 1916 Ph

Indonesien 13. Jh., 1949, 50, 59, 63 P
Indoskythen 75, 120
Induktionsgesetz 1831
Induktionsschluß 1748
Indus v. Chr. 3500, 2500, 2270, 517, 490, 405, 326, 325, 321, 320, 300, 240, 170; n. Chr. 531, 674, 1221
»Indusi« 1963 W
Induskultur v. Chr. 2500, 2025, 2000, 1950, 1600
–, Schrift der 1968 W
Indusland 1405
Industrie u. Handwerk 1951 V
– i. Paris 1961 V
Industrieausstellg., dt. 1950 V
Industriebelebungsgesetz 1933, 35 P
Industriegesellsch., Stud. d. 1973 Ph
»Industrie- u. Handelszeitung« 1920 V
Industriekonzentration 1960 V
Industrie- und Entwicklungsländer 1966 V
Industrielandschaft 1967 K
»Industriepädagogik, Grdl. einer« 1961 Ph
Industrieproduktion 1776, 91, 1806, 48, 54, 60, 64, 65, 70, 72, 74, 83, 91, 1921, 30, 35, 37, 39, 48, 49, 50, 55, 60 ff., 72 V
––, langfristige Entwicklung 1955 V
––, ungar. 1963 V
––, Welt- 1965 V
––, Zuwachs 1961 V
»Industrielle Revolution« 1689, 1884, 1955 Ph, 56 P, 57 Ph
– Psychologie, Nationalinstitut für 1921 Ph
»–– in Großbrit.« 1926 W
»– Psychotechnik« 1926 W
Industrieunternehmen 1965 V
Infanterie, span. 1550
»Infantin Margarethe« 1967 K
Infektionskrankheiten 1303
–, Institut für 1904 W
»–, Immunität bei den« 1901 W
Infeld, L. 1938 W
»Inferno« 1897
Infinitesimalrechnung s. Differential-, Integralrechnung
Inflation 65, 844, 1688, 1790, 1922, 23, 42, 48 P, 68, 75 V
– u. Deflation, 50 Jahre zw.« 1963 V
Influenz, elektrische 1754
Influenz-Maschine 1864, 1933 W
»Information, Computer und künstliche Intelligenz« 1967 W
Informationsspeichersystem, computergesteuertes 1967 W
Informationstheorie 1948 W
»– « 1956 Ph
»– u. Ästhetik« 1963 W
»– u. Erz.-Wissensch.« 1970 Ph
»– u. Psychologie« 1962 Ph
»Informatorium d. Mutterschul« 1631
»informierte Gesellschaft, Die« 1966 Ph
Infrarot-Teleskop 1976 W
Infusionstierchen 1675
Ingarden, R. 1931, 48 Ph
»Ingeborg« 1921 D
Ingelheim 790
Ingenieur-Ausbildung 1955, 61 Ph
Ingenieurbedarf 1956 Ph
Ingermanland 1582, 1617
Ingolstadt 1472, 1549

Ingres, J. A. D. 1780, 1808, 27, 60, 67
Injektion 1668
Injektionsspritze 1853
Inka 500, 1200, 01, 1400, 38, 50, 75, 1500, 01, 33
Inka-Schrift 1970 W
Inkommensurabilität v. Chr. 405
»Inkubation« v. Chr. 600
Inkunabeln s. Wiegendrucke
Innauer, T. 1976 V
Innerste-Expedition 1927 W
»Innere Aufbau d. Sterne« 1926 W
– Medizin, dt. Ges. f. 1949 W
– Mission 1808, 31, 33, 48, 1920 Ph
Innerkofler, J. 1881
–, M. 1879
–, S. 1890
»Innerste Afrika, Ins« 1908 W
Innichen 816, 1284
Innin v. Chr. 3000, 2300
»Innocente, L'« 1977 K
Innozenz II. 1130, 33, 39
– III. 1198, 1210, 12, 13, 15
– IV. 1243, 45, 53
– VIII. 1484
– X. 1644, 50
– XI. 1676, 84
– XII. 1691
– XIII. 1721
– und Franziskus« 1952 D
Innsbruck 1187, 1232, 1459, 93, 1503, 13, 63, 72, 1673
–, Hofkirche 1566, 80
»–, ich muß dich lassen« 1450, 1517
–, Olymp. Spiele 1963 V
–, Univ. 1677
Innsbrucker Osterspiel 14. Jh.
»Inntal« 1910 K
Inönü, I. 1938, 61, 63, 65, 73 P
Inoue, B. 1977 K
–, Y. 1959 K
»Input-output-analysis« 1953 Ph
Inquisition 851, 11. Jh., 1173, 1216, 27, 32, 34, 52, 53, 79, 1324, 26, 65, 69, 82, 1414–16, 20, 31, 52, 76, 81, 83, 84, 86, 89, 92, 93, 98, 1542, 70, 1613, 15, 23, 26, 33, 1728, 72, 83, 1808, 34, 59
»– « 1952 K
»Inquisitorium« 1965 D
»INRI« 1923 K
Inschriften, antike 1401; s. auch Corpus . .
»Insekten, Zahl der Arten« 1941 W
»– üb. Klondyke« 1959 K
Insektenbestäubung 1793
»Insektenbelustigungen« 1755
Insektengift 1939, 48 W
Insektenkrankheiten 1950 W
Insektenkunde (Begr. d.) 1680
»Insektenstaaten, vgl. Biologie der« 1940 W
»Insektizidresistenz« 1959 W
»Insel Felsenburg« 1743
– Matupi, Die« 1955 D
– der großen Mutter« 1924 D
– der Pinguine« 1908 D
– der Überraschungen« 1935 D
»Inselbauern« 1888
Inselbücherei 1912 D, 29 K
Insel-Verlag 1950, 62 D
»Inserat, Das« 1968 D
–, erstes Heirats- 1727
Inseratenwesen 1630
»Inserzione, L« 1968 D
»Inside out« 1936 Ph
Insolvenzen 1963 V
»Inspektor kommt« 1947 D
»Instauratio Magna« 1605
»Instinkt u. Gewohnheit« 1909 W
– für das Glück« 1934 D

Instinkte, Ordnung d. 1960 W
»– bei Tieren, Lernen und« 1956 Ph
»Instinkthandlung . . .« 1937 W
»Instinktlehre« 1951 W
Institoris, Heinrich 1489
»Institut de France« 1806
– f. Internationales Recht 1873
»Institutio oratoria« 95, 1416
– Religionis Christianae« 1536
»Institutionen« 161
»Institutiones divinarum et humanarum literarum« 583
»Instructiones« 280
»Instrumentalismus« 1952 Ph
»Instrumentation u. Orchestration, Abhandlung üb. mod.« 1844
»Insulaner« 1955 D
Insulin 1876, 1921, 23, 26, 35, 53 W
–, Strukturanalyse 1958 W
Insulinmolekül 1954 W
Insulinschock 1935, 37, 57 W
Insulin-Synthese 1964, 72, 73 W
»Insulinde« 1901 W
Intarsien 756, 1151, 1253, 1405, 1580
Integralisten 1932, 39 P
Integralrechnung v. Chr. 364, 1690, 1705, 1897
»Integrierter I-Typus« 1929, 38 Ph
Intelligenz (Erblichkeit) 1969 Ph
– der Blumen« 1907 Ph
– Erwachsener, Messung der« 1955 Ph
– d. Frau« 1917 Ph
– d. Kinder u. Jugendl.« 1912 Ph
»Intelligenzprüfung« (Methodensammlung) 1920 Ph
Intelligenzprüfungen 1905, 16–18, 20, 21, 39, 41, 49 Ph
»– an Anthropoiden« 1917 W
Intelligenzquotient 1916, 57, 68 Ph
»Intelligenztests . . . « 1939 Ph
»–, Standford–« 1957 Ph
– der Tiere« 1955 W
Intelsat 1971 W
Intendantenwechsel 1972 D
Interamerik. Konf. 1945 P
Interbau Berlin 1957 K
Intercity-Verkehr 1971 V
INTERDATA 1965 W
»Interférences« 1966 K
Interferenz d. Lichtes 1676, 78, 1801, 15, 16, 1927 W
Interferenz-Farbenphotogr. 1908 W
Interferenz-Spektroskop 1901 W
Interferometer 1907, 20 W
»Interieur« 1955 K
»Interlocking« 1968 K
»Intermezzo« 1924 M, 36 K
International Economic Integration« 1954 V
»Internationale« 1871, 1915 P
– Arbeitsorganisation 1969 P
–, 1. 1864, 69
–, 2. 1904, 26, 14, 19, 20, 22 P
–, 2 1/2. 1920, 22 P
–, 3. (Komm.) s. a. Komintern 1919, 22, 27, 40, 43 P
– Konf. d. drei 1922 P
– d. Kriegsdienstverweigerer, sozialist. 1951, 52 P
– Verständigung . . . « 1904 P
– Zeitschr. f. Praxis . . .« 1917 P
Internationaler Gerichtshof 1972 V
– Handel, die Handelspolitik u. dt. Zollverein« 1840

Internationaler Kunststil 1400
»Internationales Friedensbüro« 1891
»– Privatrecht« 1933 V
»– Recht« 1789
–, Rotes Kreuz« 1863
Interparlament. Union 1926 P
»Interplanetar. Ges., . . .« 1950 W
Interregnum 1257, 73
»Intersexualität« 1961 W
»Intervalle« 1964 K
Interventions-Doktrin d. USSR 1968 P
Interzonenhandel 1955 V, 60 P, 65 V
–––, Kredite 1962 V
Interzonen-Handelsabkommen 1949 V
Interzonenpässe 1953 P
»Intoleranz« 1916, 58 K
»Intolleranza« 1960 M
–– 1960– 1969 M
Intourist 1963 P
Introvertierte 1921 Ph
Inukai 1932 P
–, N. 1967 K
»Invalide« 1950 K
Invalidendom, Paris 1706
Invalidenpflichtversicherung 1889, 1911, 23 V
Invalidenrenten 1925 V
Invalidenversorgungsges. 1948 V
Invar 1920 W
Invasion 1952 K
Investitionen, Afrika 1960 V
–, Ostasien 1961 V
–, US- 1972 V
Investitionsrate 1958 V
Investitur 9. Jh., 1073, 75, 99, 1104, 07, 11, 19, 22
–, Laien- 1057
Investiturstreit 1075, 99, 1107, 19, 22
IOC 1972 V
Ionenbeschleuniger 1976 W
Ionentheorie 1887, 1923 W
Ionentriebwerk 1974 W
Ionesco, E. 1912, 50, 56, 59, 62, 64, D, 64 M, 72, 75 D
Ionier v. Chr. 2000, 1500, 1000, 800, 625, 600, 6. Jh., 540, 500, 494, 466
»Ionisation« 1931 M
Ionische Säule v. Chr. 604
Ionischer Stil v. Chr. 604, 496, 420, 413, 407, 400, 3. Jh.
Ionosphäre 1925, 26, 47, 52 W
IOS 1970 V
»Ipek« 1925 K
»Iphigenie« 1787, 1862, 71, 1941 D
– auf Aulis 1669
– in Aulis« v. Chr. 407, 06; n. Chr. 1675, 1751, 74
– bei den Tauriern« v. Chr. 406
– auf Tauris« 1779
Ipousteguy, J. 1966 K
»Ippolita« 1961 D
IRA 1973, 74 P
IRA-Terror 1974 P
Irazoqui, E. 1964 K
»Irdische u. Himml. Liebe« 1901 K
»Irdisches Vergnügen in Gott« 1721 D
Irene der Niederlande 1964 P
»Irgendwo i. Berlin« 1946 K
– i. Europa« 1948 K
Irigoyen 1916, 28 P
»Iris und Glockenblumen« 1967 K
»Irische Legende« 1955 M
– Melodien« 1834
»Irisches Blutbad« 1641
Irkutsk 1652
–, Univers. 1918 Ph
Irle, M. 1955 Ph
Irmensäule 772
»Irminsul« 772
Irnerius 1151
Iron 1972 P

»Irrationale i. d. öff. Finanzwirtsch.« 1960 Ph
»– Kräfte uns. Zeit« 1946 Ph
Irrationalzahlen v. Chr. 372; n. Chr. 1872
»Irre v. Chaillot, Die« 1944 D
Irrenhäuser 1533, 1752
Irrenrecht 1910 V
»Irrer Soldat« 1916 K
»Irreversibilitazione« 1968 M
»Irrfahrten« 1905 D
– des Odysseus, Die« 1965 M
»Irrgang der Ärzte« 1538
»Irrgarten d. Liebe« 1901 D
»–– herumtaumelnde Cavalier« (Der im) 1738
»Irrlicht u. Feuer« 1963 D
»Irrtum u. Wahrheit« 1782
»Irrungen, Wirrungen« 1888
Irtysch 1578, 81
Irvine 1924 W
Irving, E. 1822
Irwin 1926 P
–, J. B. 1971 W
I.S.A. 1928 V
Isaac 1923 W
Isaak, Heinrich 1450, 93, 1517, 55
»Isaaks Opferung« 1635
Isabella I. 1469, 74
– II. 1868
– von Ägypten« 1812
– von Bayern 1385
– von Kastilien 1497
– von Spanien 1497
Isabey 1767, 1855
Isang Yun 1962 M, 68 P
ISA-Passungen 1925 W
»Ischia« 1954 K
Ischibaschi 1957
»Ischl, Blick auf« 1838
Ischtar v. Chr. 2300, 2000, 1770, 1260, 859, 600
Ischtars Höllenfahrt v. Chr. 2150
Ischtar-Tammuz-Kult 1957
Ise v. Chr. 1. Jt.
Isel 1809
Iselli, R. 1957, 70 K
»Isemonogatari« 990
»Isenheimer Altar« 1515
»Isetta« 1955 V
Isfahan 1629
Ishvarakrishna 408
Isidorus 600
Isin v. Chr. 2029, 1935, 20, 1800, 1770
Isis v. Chr. 2270, 1250, 1171, 300, 70; n. Chr. 38, 100
»– « 1816
»–, den Horus säugend« v. Chr. 1800
»Iskender nâme« 1202
Islam, Lehre 634, 44, 751, 1745
–, modern 1889
»Island« 1962 D
»Isländerbuch« 1148
Isleib, G. 1967 K
»Ismael Friedmann« 1912 D
Ismailiten, schiitische 900
Isokrates v. Chr. 436, 390, 338
Isomerie, chem. 1825
Isonzoschlachten 1915, 17 P
Isorhythmie 1350
Isotope 1909, 13, 21, 22, 38, 40, 49 W
–, radioaktive 1953 W
Isotopen i. Grönlandeis 1974 V
Israel s. Judentum
Israel 1972 P
»– in Ägypten« 1738
»–, Friede mit« 1951 Ph
israelischer 6-Tage-Krieg 1967 P
Israels, J. 1824, 1903, 11 K
»– Propheten« 1916 Ph
»–, Der Vater« 1948 D
Issos v. Chr. 333
»Ist Mama nicht fabelhaft?« 1958 K
»Istituzioni harmoniche« 155

Istrien v. Chr. 178
»Iswestija« 1959, 61 P
Iswitzkaja, I. 1957 K
»Itala« 195
»Italia« 1928 V, M
Italie, J. C. van 1967 D
»Italien« 1937 D
Italienische Komödie (Porz. Figuren) 1763
»– Ouvertüre« 1715
»– Reise« 1816
»– Goethes 1786
»– Symphonie« 1833
Italienischer Befreiungskrieg 1859
»– Platz« 1955 K
»Italienisches Madrigal« 1611
Italienisch-Somaliland 1950 P
Italienzüge 899, 973, 1004, 14, 22, 24, 39, 56, 1179
Italiker v. Chr. 2000, 468
Ithaka 1867
»Itinerarium Hispaniae« 1637
Ito 1841, 1909, 10 P
–, Hirobumi 1886
I-tsing 671
Itten 1919 K, 61 Ph
Itzcoatl 1427
»Ivanhoe« 1820
Iver, L. M. 1952 K
Iversen, O. 1959 K
Ives, Ch. 1946, 53 M
–, H. I. 1938 W
Ivogün 1913 M
Iwan I. 1328
Iwan III. 1440, 62, 72, 77, 80, 97, 1505
– IV. 1533, 47, 52, 57, 64, 84, 1605
– V. 1682, 96
– VI. 1741
»– Maiski« 1943 K
»– d. Schreckl.« 1945 K
Iwanmoschee 1050
Iwaszkiewicz, J. 1959 D
Iwein 1168, 99
»–« 1204

J

»Ja u. Nein« 1926 D
»– zur Wirklichkeit« 1975 Ph
Jablonski, H. 1972 P
Jacchia, L. 1957 W
»J'accuse« 1898, 1919 K
Jachtmann 1937 V
Jacke 14. Jh., 1360, 1400
»–, Die« 1951 K
Jäckh, E. 1920, 59 Ph
Jackson, A. 1829
–, Ch. 1846
–, H. 1964 V
Jacob, E. 1953 K
–, F. 1965 W
–, G. 1963 Ph
– van Maerlant 1235, 95
Jacobi, F. 1934 M
–, M. H. 1834, 40
»Jacobowsky und der Oberst« 1965 M
»Jacobs Zimmer« 1922 D
Jacobsen, A. 1960, 73 K
–, J. P. 1880, 1903 M
Jacobsohn 1881, 1905, 26 D
Jacobson, M. 1960 W
Jacobsson, U. 1967 K
Jacoby 1932 Ph
Jacopetti 1966 K
Jacopo (Fra) 1225
Jacquard 1806
Jacquerie 1358
Jacques 1917, 21, 29, 39 D
Jacquet-Dalcroze 1911 M
Jacquet-Droz 1760
Jade v. Chr. 406
Jadebusen 1218
Jadwiga 1386
Jaeckel 1925 K
Jaederholm 1926 W
Jaeger, R. 1961 P
–, W. 1925, 34 Ph
Jaeggi, U. 1968 D
Jaenecke, Fr. 1957 K
Jaenisch, H. 1963, 68 K

Jaensch 1909, 23, 25, 29, 30, 38, 40 Ph
»Jagd« 1340
»– der Diana« 1617
»– nach dem Glück, Die« 1868
»Jagdbomber 1958 P
»Jagdbuch, Geheimes« 1508
»Jagdgesellschaft, Die« 1974 D
Jagdgesetz 1925 V
»Jagdszenen aus Niederbayern« 1969 K
Jagellonen 1386, 1401, 71, 90, 1572
»Jäger im Schnee« 1564
»–, Der vollkommene teutsche« 1719
Jagewardeme 1977 P
Jagiello 1386, 87, 1433
Jagoda 1938 P
Jagow, v. 1913 V
»Jagt ihn – ein Mensch« 1931 D
Jahn, F. L. 1811, 16, 19
–, J. 1963 D
Jahnn, H. H. 1957, 59, 61 D
»Jahr 1914 / 1918 D
»– der Frau« 1975 Ph
»– d. schön. Täuschungen« 1941 D
»– der Seele« 1897
»– u. Tag« (Nach) 1933 D
»Jahrbuch d. Charakterologie« 1924 Ph
– d. dt. Biblioth.« 1902 D
– – d. dt. Goethe-Ges. 1914 D
– – d. dt. Mus.-Organis.« 1931 M
– – f. prähist. u. ethnograph. Kunst« 1926
– – f. Soziologie« 1926 Ph
»– d. Völkerbundes 1927 P
»Jahresberichte f. dt. Gesch.« 1927 W
Jahresgelder 242
»Jahreslosung« v. Chr. 163
Jahresring 1867
»Jahrestage« 1971 D
»Jahreszeiten« 5. Jh. 1663, 1730, 86, 1801, 1954 D
»Jahrgang 1902« 1928 D
»Jahrhundert d. Dampfes« 1901 W
»– d. Elektriz.« 1901 W
»– d. Kindes« 1900 Ph
»Jahrmarkt der Eitelkeit« 1848
»Jahrtausendmensch, D.« 1973 Ph
Jahve v. Chr. 1130, 1123, 960, 900, 724, 638, 621, 197
Jainismus v. Chr. 560
Jakab, I. 1956 Ph
Jakob I. 1576, 1603, 05, 25
– I. von Aragonien 1213
– I. v. Schottland 1427, 37
– II. 1685, 88
– IV. v. Schottland 1503, 76
– von Edessa 640, 708
– der Lügner« 1974 K
– ringt mit dem Engel 1660
–, Le song de« 1974 K
»Jakobowsky u. d. Oberst« 1943 D, 58 K
»Jakobs Traum« 1966 K
»Jakobsen, Dr.« 1909 K
Jakobson, L. 1975 M
Jakobus 44, 62
Jakubowski 1962, 63 P
Jakutien 1946 W
»Jalkut« 12. Jh.
»Jalna, Die Leute auf« 1958 D
Jalta, Konf. v. 1945 P
Jalta-Dokumente 1955 P
Jam Zampol'sky, Friede zu 1582
Jamaika 1493, 1655, 1940 P
Jamblichos 200, 330
Jambus v. Chr. 650
James, W. 1842, 90, 97, 1902, 07, 09, 10 Ph
»James-Bond-Oratorium ...« 1969 M
Jammes 1901, 03 D

Jamnia 138
Jamnitzer 1508, 49, 85
Jan van Heelu 1288
»– d. Wunderb.« 1917 D
Jana, La 1937 K
Janáček, L. 1904 M
Jandl, E. 1969 D
Janequin, C. 1485, 1533, 59
Janiczek, J. 1923 M
»Janitscharen« 1329, 59, 1687
Jankuhn 1925 W
»Janna Ducœur« 1949 D
Jannings 1916, 18, 19, 24–26, 28, 30, 36, 37, 39 K, 50 D
Janov, A. 1973 Ph
Jans Heimweh« 1914 D
Jansen 1926 W
–, Cornelius 1640
– Enikel 1277
–, W. 1916, 18, 20 D
Jansenismus 1640, 1704, 13, 18
Jansky 1932, 39 W
Janssen, H. 1967 K
–, J. 1748
–, K. H. 1963 Ph
Janszen, Zacharias 1590
Janszoon 1605
»janus relief« 1969 K
»Januskopf« 1920 K
Januspresse 1907 V
Janz, D. 1973 W
Japan 1973 P
»–, Aus« 1903 K
»–, Kunstdüngerverbrauch 1962 V
»–, Versuch e. Deutung« 1904 Ph
Japanisch-chinesischer Krieg 1894, 1927, 37 P
Japanische Holzschnitte i. Europa 1862
– Kunst i. Europa 1885, 95
Japanmode 1867
»Jappe Nilssen« 1909 K
Jaray, T. 1966 K
Jarno 1907 M
Jaroslaw der Weise 1019
Jaroszewicz 1970 P
Jarrell, R. 1960 D
Jarres 1925 P
Jarring 1970 P
Jarry, A. 1896
»Jasager« 1930 M
Jašik, R. 1959 D
»Jasmin-Pflücker« 1954 K
Jasomirgott 1141, 42
»Jason« 1649
Jaspers 1883, 1913, 19, 31, 32, 35–38, 47–50, 53, 55, 57 Ph, 58 D, 60, 66, 69 Ph
Jaspers-Bultmann 1954 Ph
Jasset 1911 K
Jatzkewitz, H. 1968 W
Jauregg 1857
Jaurès 1859, 1902, 14 P
Java-Nashorn 1972 W
Javid, M. 1952 W
Jawlensky, A. v. 1864, 1924, 41 K
Jazz 1886, 1901, 14, 15, 17, 19, 20, 25–27, 38, 45, 50, 51, 53 M
»– 1917, 24 K, 26 M
»– Quartett, Modern« 1957 M
»– i. d. Schule« 1959 M
»Jazzband« 1927 K
»Jazzbuch, Das« 1953 M
»–, – « (4. Bd.) 1973 M
»Jazzsänger« 1927 K
»Jazztage 73 1973 M
»Je suis compositeur« 1951 M
Jean Bandol 1405
– Christophe« 1912 D
– d'Arras 1387
– de Meung 1237, 87
– Paul s. Paul
Jeanne d'Arc 1412, 29, 31, 1755
»–« 1906, 10 Ph, 51 M
»–, Der Prozeß der« 1962 K
Jeanneret s. Le Corbusier
Jeans, blue 1952 V

»Jeder stirbt für sich allein« 1948, 76 K
»Jedermann« 1495, 1911, 24, 32 D
Jedrychowski 1968 P
Jefferson 1743, 1801, 09, 26
Jeffries 1905 V
Jegorow, B. 1964 W
»Jehol, d. Kaiserstadt« 1932 D
Jehu v. Chr. 854
Jellicoe, A. 1964 D
Jellinek 1925, 31 V
Jelusich 1929, 40 D
Jemen 1917, 45, 62 P
Jena 840, 1558, 1789, 1806, 86, 1906, 09 Ph, 38 W
»– oder Sedan?« 1903 D
–, Univers. 1908 K, 32 Ph
»Jenaer Liederhandschrift« 1381
»Jenaplan e. fr. allg. Volksschule« 1924, 27 Ph
Jenkins, C. F. 1923 W
–, R. H. 1972 P, Ph
Jenks 1832
Jenner 1796
»Jennie Gerhardt« 1911 D
Jennings, E. J. 1960, 64 D
–, H. S. 1906 Ph
»Jenny O'Brien« 1760
Jens, W. 1947 D
»Jenseits v. Eden« 1952 D, 55 K
»Jenseits von Gut und Böse« 1886, 1975 D
»– d. Kapitalismus« 1946 Ph
»– vom Paradies« 1955 D
»– d. Seele« 1917 D
Jensen, A. R. 1968, 69 Ph
–, J. V. 1912, 21, 22, 44 D
Jentzsch, B. 1969 D
»Jenufa« 1904 M
»Jephta« 1751
»Jeremiae, Lamentationes« 1958 M
Jeremias v. Chr. 625, 587, 585
»– 1918, 19 D
Jericho v. Chr. 8000, 100; n. Chr. 1954, 59 W
Jermak 1581
Jerobeam I. v. Chr. 925
– II. v. Chr. 744
Jerome 1859, 89, 1900, 27 D
»Jerominkinder« 1947 D
Jerusalem v. Chr. 1000, 960, 945, 925, 841, 787, 60, 24, 699, 21, 597, 87, 16, 444, 43, 200, 169, 65, 41, 100, 50, 37; n. Chr. 33, 41, 48, 58, 62, 66, 67, 70, 81, 117, 30, 35, 400, 614, 29, 37, 1027, 70, 96, 99, 1119, 47, 87, 89, 92, 1228, 29, 44, 50, 52, 1917 P, 19, 28 Ph, 50 W
»– 1820, 1902 D
–, Cyrillus von 315, 86
–, Felsenmoschee 650
–, Heilige Grabeskirche 330
–, Israel-Museum 1969 Ph
–, Kaiserkult 39
– oder die religiöse Macht und Judentum« 1783
–, Tempel v. Chr. 538, 515; n. Chr. 70
–, Univers. 1923, 25 Ph
–, Wasserleitung v. Chr. 699
Jesaja-Rolle 1947 W
Jesajas v. Chr. 8. Jh., 724, 722, 715, 710, 100
Jesias v. Chr. 740
»Jesse u. Maria« 1906 M
Jessel 1917 M
Jessen 1902 V
Jessipow 1949 Ph
»Jesu, Üb. d. Prozeß« 1961 Ph
– Christi, Das bittere Leiden unseres Herrn« 1833
Jesuiten 1380, 1491, 1534, 35, 40–48, 52, 55, 72, 79, 83, 1600, 08, 09, 15, 21, 35, 37, 40, 43, 50,

55, 56, 61, 62, 70, 76, 1704, 19, 21, 57, 59, 67, 73, 1814, 20, 23, 31–47, 72, 73, 1902, 04, 06, 15, 17, 25 Ph
»–, Gott, Materie« 1957 Ph
»Jesuitenhütlein« 1580
Jesuiten-Kirche, Antwerpen 1621
Jesuitenorden 1957 Ph
Jesuitenstil 1628
Jesuitentheater 1570
»Jesus Christ Superstar« 1974 K
– Christus v. Chr. 37, 7, um Chr. Geb.; n. Chr. 27, 28, 30, 62, 100, 40, 70, 436, 634, 1904, 06, 11, 19, 25, 26 Ph; s. a. Christ ...
–, Christusbotschaft und histor. 1961 Ph
– (Geb.-Jahr) 1613
»– und Johannes« 1310
»– und seine Jünger« 1855
»– u. d. kerygmatische Christus« 1960 Ph
»– Menschensohn« 1972 Ph
»– der Nazarener« 1904 Ph
»– unter den Schriftgelehrten« 1879
– Sirach v. Chr. 200
»–, der sterbende« 1716
»Jesusbild 1955 Ph
»Jesuskind i. Fland.« 1917 D
JET 1977 W
»Jettchen Gebert« 1908 D
»Jeu de Robin et Marion« 1287
»Jeune France« 1936 M
»Jeunesse« 1948 K
»Jeunesses Musicales« 1940 M
Jewish Agency 1929 P
– Encyclopedia« 1906 D, 28 Ph
Jewison, N. 1966, 74 K
Jewtuschenko, J. 1963 D, 64 M
Jiménez, J. R. 1956 D
–, P. 1958 D
Jimmu Tenno v. Chr. 660
Jimmy 1924 D
»– Higgins« 1919 D
Jina v. Chr. 560
Jiu-Jitsu 1906 V
»Jo« 1527
Joachim (Mönch) 1189, 1215
– II. 1543, 1940 D
–, A. 1970 K
– v. Brandt« 1908 D
–, Joseph 1907 M
– v. Zarissa« 1939 M
»Joan v. Zarissa« 1939 M
Joas v. Chr. 787
Jobst 1926 M
Joch von Vinlez v. Chr. 2000
Jocho 1053
Jochum 1902, 34 M
Jockey-Klub Wien 1868
Jod 1818
Jöde 1919, 53 M
Jodel 1946 P
Jodelle 1552
Jodrell Bank, Radioteleskop 1959 W
Joël, K. 1928 W
Joest 1519
Joetsu 1403, 54
Joffe, A. F. 1960 W
Joffre 1911, 16 P
»Joghurt, dessen Wesen und Wert ...« 1912 V
Jogwan-Stil 794
Joh v. Chr. 3000
Johann I. von Portugal 1385, 1416
– II. 1458, 1539
– II. von Frankreich 1350, 63
– II. von Portugal 1482
– III. 1696
– III. Sobieski 1674
– VIII. v. Byzanz 1438
– X. 914
– von Brügge 1420
– von Carpini 1245
– Casimir 1586

Johann Friedrich von Sachsen 1547
– ohne Land 1167, 99, 1213, 15, 16, 1365
– v. Leyden 1534
– v. Luxemburg 1296, 1310, 46
– von Matha 1198
»–, der muntre Seifensieder« 1738
– von Neumarkt 1364
– von Österreich 1848
– von Saaz 1400
– von Salisbury 1120, 80
– Sigismund 1613
Johann-Wolfg.-Goethe-Univers. 1914 Ph
»Johanna u. Esther« 1933 D
–, Päpstin 1480
– a. d. Scheiterhaufen« 1935 M
– d. Wahnsinnige 1496
Johannes 44
»–« 1302
»–« (Ev.) 1419
– (Mönch) 634
– I. Tzimiskes 969
– XII. 955
– XXII. 1316, 24
– XXIII. 1958, 60 ff. M
– von Abessinien 1416
– von Damaskus 750
– Duns Scotus 1266, 1308
– von Kastl 1400
– von Montecorvino 1307
– von Nepomuk 1393
– Philoponos 534
– Scotus Eriugena 810, 50, 51, 70, 77
– der Täufer v. Chr. 4; n. Chr. 27, 1483
»––« 1484, 1635
– von Tilbury 1170
Johannesburg 1887
Johannes-Evangelium 100, 397, 5. Jh.
Johanneshymnus 1026
»Johannespassion« 1723
Johanni 1908 D
Johannisaltar, Brügge 1479
Johanniterorden 1070, 90, 1113, 87, 1310, 1522
Johannsson, I. 1959 V
–, L. 1638, 74, 75
John, A. E. 1961 K
»John Barleycorn« 1913 D
»– Bull« 1710
»––, Die Geschichte von« 1712
–, E. R. 1967 W
»– Gabriel Borkman« 1896
»– Glückstadt« 1975 K
»– L'Enfer« 1977 D
»–, O. 1954, 56 P
John-F.-Kennedy-Zentrum 1971 K
Johns, J. 1973 M, 75 K
Johnson, A. 1865
–, Ch. S. 1930 Ph
–, E. 1974, 76 D
–, E. V. 1966 W
»–, Harold 1962 V
»–, Hewlett 1939 Ph
»–, Jack 1905, 08 V
»–, James 1924 D, 25 M
»–, K. 1955 K
»–, Lyndon B. 1960, 61, 63, 64, 65, 67, 68 P
»–, Ph. 1958, 61, 62 K
»–, Samuel 1755, 58
»–, U. 1959, 62, 65, 69, 71 D
Johnson-Collection 1962 K
»Johnsons, Das Leben S.« 1791
Johnston, D. 1958 D
Johst 1917, 33, 35 D
Joinville, J. de 1309
Joio, Norman dello 1951, 62 M
Joliot 1933 ff. W, 50 P
Joliot-Curie, J. 1956 W
Jolivet 1936, 51, 67 M
Jolly, K. 1953 W
Jolson 1927, 28, 45 K
Jom(m)elli, N. 1768
Jomsburg 1098

Jonas 200
–, F. 1974 P
Jonasson, A. 1965 K
»Jonathan Swift« 1964 D
Jones, A. 1964 K
–, A. M. 1959 M
–, E. 1957, 58 Ph
–, I. 1615
–, J. 1951 D, 53 K, 58, 62, 77 D
–, P. 1966 K
–, S. 1869, 96, 1914 M
Jong, E. 1976 D
»Jongleur« 1951 K
»Jongleure« 1300
»Jonny spielt auf« 1927 M
Jonson, Benj. 1573, 98, 1605, 09, 10, 37, 1927 D
Joos 1932 M
– van Gent 1474
–, G. 1931 W
Joppe 1302
Jordaens 1593, 1678
Jordan v. Chr. 1130, 900
–, P. 1925, 38, 44, 61, 66 W
Jordanis 551
»Jörg Jenatsch« 1876
Jørgensen, A. 1972 M
»Jorinde« 1882
Jorn, A. 1958 K
»Jörn Uhl« 1901 D
Joschida 1953 P
»Josef und seine Brüder« 1943 D
– Kilian« 1964 K
»Josefine Mutzenbacher« 1969 D
Joseph 1020
»–« 1743
– I. 1705, 11
– II. 1765, 78, 80, 81, 90, 1855
»– Andrews« 1742
»– in Ägyptern« 1807
»– und seine Brüder« 1789
»– sucht die Freiheit« 1927 D
»– und Potiphars Frau« 1655
»Josephslegende« 1914 M
Josephson, B. 1973 W
Josephus, Flavius 37, 66, 97
Josia v. Chr. 638, 621
Josua v. Chr. 1200; n. Chr. 550
»Josuarolle« 550
Jotham v. Chr. 721
Jouffrey, de 1781
Jouhaux 1945, 51, 54 P
Joule 1843
Joule-Thomson-Effekt 1854
»Journal des Débats« 1789
»Journalismus« 1927 V
»Journalisten« 1854
Jouvenel, G. de 1914 V
Jouvet, L. 1926, 34, 51 D
Joyce 1882, 1922, 39, 41 D
Juan 1297
– Carlos von Bourbon 1969, 75 P
– Manuel 1348
Jüan Schi-k'ai 1912, 15, 16 P
»Juarez u. Maximilian« 1924 D
Jubeljahr 1300, 1475
»Jubel-Ouvertüre« 1818
»Jubilate« 1713
»Jud Süß« 1738, 1827, 1925 D, 40 K
Juda, A. 1953 Ph
– ha-Nasi 200
Judäa 8, 28, 36, 44
»Judas« 1955 D
»–, der Erzschelm« 1686
»– Makkabäus v. Chr. 167, 161
»––« 1746
Judd, D. 1966 K
Juden 1952 P
»–« 1769
»–, Gedichte eines« 1958 D
»–, Vom ewigen 1223
»– von Barnow« 1877
»– ..., Von den« 1543
»Judenbuche« 1842
Judenchristentum 70
»Judenfriedhof« 1675
»Judengasse« 1847

»Judengasse in Amsterdam« 1905 K
»Judenhochzeit« 1903 K
Judenkunig, H. 1523
»Judenstaat« 1896
Judenstil 1941 Ph
Judentum v. Chr. 1260, 1230, 1200, 1130, 1120, 1002, 1000, 960, 50, 25, 17, 900, 880, 54, 9. Jh., 841, 8. Jh., 744, 34, 24, 22, 21, 01, 692, 50, 38, 25, 21, 12, 597, 87, 85, 50, 39, 16, 1. Jt., 500, 478, 58, 5. Jh., 444, 43, 400, 200, 181, 67, 65, 61, 41, 26, 111, 82, 1. Jh., 37, 25, 7; n. Chr. 46, 36, 37, 48, 50, 58, 62, 64, 66, 70, 97, 100, 16, 35, 38, 200, 50, 321, 38, 4. Jh., 400, 5. Jh., 500, 600, 22, 27, 50, 711, 56, 9. Jh., 900, 29, 76, 1000, 01, 21, 70, 83, 92, 1103, 35, 40, 12. Jh., 1158, 67, 80, 1200, 04, 23, 33, 13. Jh., 1275, 90, 1306, 33, 50, 91, 1400, 13, 92, 97, 1511, 26, 33, 51, 58, 71, 1648, 58, 1729, 32, 43, 86, 1800, 12, 57, 81, 96, 97, 1901, 03, 04, 06, 07, 08, 16-18, 21, 25, 28, 29, 32, 33, 37-39, 42, 43, 45, 47, 48, 50 P, 62 M, 72 P
»–, Christentum, Germanentum« 1933 Ph
»–, An der Wende, Neue Reden über das« 1952 Ph
»Judentums, Das Vermächtnis des dt.« 1957 Ph
»–, Das Wesen des« 1956 Ph
Judenverfolgung 1348, 14. Jh., 1938 D
Judenvernichtung, dt. 1942, 43, 45 P
Judenvertreibung, Bayern 1551
– engl. 1290
– frz. 1306
– Portugal 1497
– Spanien 1492
– Ungarn 1526
»Jüdin« 1835
»Jüdische Archäologie« 66
– Gemeinde Berlin 1671
– Chronik« 1966 M
– Klassiker der Dt. Rechtswissensch.« 1938 Ph
»Jüdische Nationalfonds« 1901 P
Jüdisches Gemeindehaus, Berlin 1959 Ph
– Museum, Prag 1906 Ph
– Theater »Habima« 1928 D
»Judith« 1841, 1925, 26, 51 M
»–« (Zeitschr.) 1896
»–, Das Elend unserer« 1896
»–, Kriminelle« 1961 Ph
»–, ohne Gott« 1936 D
»–, Radikalisierung der 1960 V
»–, Schutz d. arbeitenden 1963 M
»Jugendarbeitslosigkeit« 1975 P
Jugendbewegung 1896, 1901 Ph
»Jugenderinnerungen« 1930 P
»–– eines alten Mannes« 1870
Jugendgefährd. Schriften 1953 P, 61 Ph
Jugendgerichte 1923 Ph
»Jugendgeschichte Jesu« 436
Jugendherbergen 1910 Ph
Jugendkongreß d. SPD 1969 Ph
Jugendkriminalität 1951, 71 Ph
»Jugendliche Zeugen in Sittlichkeitsprozessen« 1926 Ph

Jugendliteratur 1697 (Lieblingsautoren) 1950 Ph
Jugendorchestertreffen 1969, 70, 72 M
Jugendpflege 1911 Ph
Jugendplan, Bundes- 1963 V
Jugendprogramm der UN 1951 Ph
Jugendstil 1892, 96
»––« 1910 K
Jugendstil-Ausstellung 1952 K
Jugendstimmen, Bundestagsw. 1953 P
Jugendstrafvollzug 1902, 21 Ph
Jugendverbände, Reichsausschuß der 1926 Ph
Jugendverwahrlosung 1955 Ph
Jugendweihe 1955 Ph
»Jugend-Weltfriedenskongreß« 1948 P
Jugendwohlfahrt 1930 Ph, 61 Ph
Jugert 1948 K
Jugo 1935 K
Jugurtha v. Chr. 159, 111, 105, 104
»Jugurthinischer Krieg« v. Chr. 119, 105, 35
Juist 1925 D
»–, 26.« 1961 K
»Julia und die Geister« 1965 K
Julian Apostata 357, 61
»–« 1905 D
Juliana 354, 1909, 37, 48 P
»Julianischer Kalender« v. Chr. 46; n. Chr. 1923 V
Jülich 1613, 1824, 1971 P
Jülich-Clevescher Erbfolgestreit 1609, 14
Jülicher 1904 Ph
Julien, A. M. 1954 D
Julin 980
Juli-Revolution 1830
Julius II. 1503, 05, 11, 12, 67
– III. 1550, 54
– Cäsar« 1601, 1724, 1907 K
– Echter von Mespelbrunn 1573, 82
Juliusgrabmal 1512, 42, 45
Juliusspital, Würzburg 1579
»Jumbo« 1949 K
– Jet 1969 W, 70 V
Jumo 1939 W
Jung, C. G. 1875, 1912, 17, 21, 28, 31, 36, 41, 44, 49, 50, 51, 52, 53, 55, 57, 61 Ph
–, E. 1934 P
– (ius), Joachim 1642
»Jungdt. Orden« 1920 P
»Junge blonde Mädchen« 1951 K
– Französin« 1957 K
– Frau« 1929 K
»–– von 1914« 1931 D
– Garde« 1945 D, 48 K
– Gelehrte« 1748
– m. gestreiftem Tuch« 1970 K
»–, komm bald wieder« 1963 M
»– junge Lund, Der« 1957 M
»– Männer am Meer« 1943 M
»– mit Rohrflöte« 1950 K
»– Törless, Der« 1906 D
»– jungen Mädchen, Die« 1954 K
»Junger Bär« 1957 K
»– Mann mit roter Weste« 1888
Jünger, E. 1920, 22, 29, 31, 32, 33, 34, 36, 39, 42, 44, 49, 51, 53, 59 D
–, F. G. 1946, 54 Ph
»– in Emmaus« 1555
»jüngere Bruder, Der« 1958 D
»Jüngerer Titurel« 1270
»Junges Deutschland« 1786, 1806, 35
»– Indien« 1922 P

»Junges Italien« 1832
»– Mädchen« 1929, 31 K
»Jungfernreise« 1947 P
Jungfernzeugung 1703, 70, 93
Jungfrau (Berg) 1811, 1912, 31 W
– von Orléans 1412, 29, 31, 1755, 1887
»––« 1801
»Junggesellen« 1960 D
»Junggesellen-Party« 1957 K
Junggrammatische Schule 1907 Ph
Junghuhn, Fr. W. 1864
Jungius, J. 1623
Jungk, K. 1972 M
–, R. 1952, 73, 77 Ph
»Jüngling« 1913, 17 K
– mit Diener v. Chr. 4. Jh.
»–, die Siegesbüste umlegend v. Chr. 420
»– im Sternenmantel« 1947 D
– von Sunion v. Chr. 600
»Jünglingszeit d. Joh. Schattenhold« 1930 D
Jungner 1901 W
»Jungperser« 1921 P
Jungsiegfried 300
Jungsteinzeit v. Chr. 5000, 4300, 4000, 3200, 3000, 2500, 2000, 1600
»–––, Mensch der 1972 W
»Jüngstes Gericht« 1000, 12. Jh., 1307, 1447, 49, 67, 72, 1541, 1616, 20, 1838, 1947 M
Jung-Stilling 1777
Jungtürk. Komitee 1911 P
Juni, 17. 1953 P
»Junius-Broschüre« 1916 P
»Juniuslieder« 1848
Junker 1874
»– Harolds Pilgerfahrt« 1812
»– Jörg 1521
»– Ramp« 1623
Junkers 1902, 07, 10, 13, 15, 18, 20, 24 W, 28 V, 29, 36, 42 W
– Luftverkehr AG 1926 V
Juno v. Chr. 600, 200
– und Antiope« 1525, 60
– und Kallisto« 1613
– (Planet) v. Chr. 7; n. Chr. 1348, 1610, 76, 1712, 49, 54, 64, 77 W
Jupitermonde 1610, 75, 1914, 74, 75 W
Jupiter-Rakete 1957 W
Jupitersonde 1973, 77 W
»Jupiter-Symphonie« 1788
Jura 1960 V
»– et libertates silvanorum« 1271
Juramer, Temperatur 1953 W
Jürgens, C. 1954, 58, 62 K
Juri, D. 1966 D
Juristentag 1968 Ph
–, Dt. 1859
Juristische Fakultät, Paris 1231
Juryfreie Kunstausst. 1952 K
Juso 1971 P
Jusovors., Wahl 1977 P
Jussuf I. 1350
»Just walkin' in the rain« 1957 M
– wild about Harry« 1963 D
»Justaucorps« 1670
Justi, C. 1900 K
–, E. 1955, 62 W
–, L. 1908, 09, 46 K
Justinian I. 470, 83, 508, 27, 29, 32, 33, 34, 40, 46, 54, 6. Jh., 559, 62, 65, 1400
»– Englands« 1272
Justinus aus Neapolis-Sichem 160
Justizpalast 1897
Jute 1947 P
Jüten v. Chr. 330, 115, 113; n. Chr. 449, 1680, 1741
Jutkewitsch 1944, 56 K

Jutzi 1931 K
Juvara, F. 1714
Juvenalis 58, 138
»Juwikinger« 1923 D
Jux, E. 1974 K
»– will er sich machen, Einen«
 1842, 1954 D

K

K 2 (Mt. Godwin Austen)
 1954 V
»K 25/7/55« 1955 K
Kaaba 610, 30, 777
Kaam, A. van 1967 Ph
Kaas, L. 1928, 52 P
»Kabale u. Liebe« 1784,
 1922 K
Kabarett, erstes 1881
– d. Komiker 1924, 38 D
Kabbalismus 1200, 75, 1486,
 1533, 58, 72
Kabelfernsehen 1974 V
Kabelisolierung 1847
Kabelverbindung (transatl.)
 1858, 66
Kabinenroller 1953 W, 55 V
»Kabinett d. Dr. Caligari«
 1920, 58 K
Kabira v. Chr. 88
Kabiren v. Chr. 250
Kabūki-Schauspiel 1750
Kabūki-Spiel 1586
Kabul 1937 V
»–« 1964 K
–, Akademie 1928 Ph
»Kadambari« 7. Jh.
Kádár, J. 1956, 61, 64, 65 P
»Kaddish« 1961 D
»Kadetten« 1933 D
Kadritzke, U. 1968 Ph
Kadscharen-Dynastie 1925 P
Kaffee 1410, 50, 1517, 80,
 1928 P, 32, 47, 62 V
– Hag« 1926 K
Kaffeegärten 1751
Kaffeehaus 1640, 52, 79, 83,
 1707
»–« 1750
Kafka, F. 1883, 1913, 16, 20,
 24–27, 48 D, 53 M,
 58 D, 62 D, K, 66 M, 68,
 75 D
–, G. 1922 Ph
Kaftan v. Chr. 1000; n. Chr.
 1917
Kaganowitsch 1957, 61 P
Kage, D. 1958 K
Kagel, M. 1971, 73, 74, 75,
 77 M
»Kagi« 1959 K
Kahl 1906 Ph, 07 V
»Kahle Sängerin, Die« 1950 D
Kahlen, W. 1968 K
Kahlenberg/Wien 1473
–/Main, Kernkraftwerk
 1961 W
Kahn, E. 1930 V
–, H. 1965, 67 W, 75, 76 Ph
–, L. 1960 K
Kahnweiler, D.-H. 1907,
 20 K
Kahr, v. 1923 P
Kahun, Papyrus aus v. Chr.
 2000
K'ai-feng 1087, 90, 1101, 03,
 27, 1938 P
Kailai, G. 1965 P
Kailassa-Tempel 770
»Kain« 1920 D
– tötet Abel« 1017
»–, Zeitschrift ...« 1911 Ph
Kainz 1858, 99, 1910 D
Kairo 5. Jh., 642, 793, 900,
 72, 1204, 61, 15. Jh.,
 1517, 1902 Ph, 45, 63 P
–, Amr-Moschee 642
–, El Azhar-Moschee 970
–, Hakim-Moschee 1012
–, Hassan-Moschee 1362
–, Ibu-Tulun-Moschee 881
–, Industrieausst. 1957 V
–, Oper 1973 K
–, Universität 1170, 1908 Ph

Kairo, Zitadelle 1176
Kairo-Konferenz 1957 P
Kaisen, W. 1955, 59, 63, 65 P
– von Amerika« 1929 D
– von Atlantis« 1975 M
– von China« 1916 P
– ging, die Generale blieben,
 Der« 1932 D
– Heinrich IV.« 1844
– Jones« 1921 D
– Jovian« 1967 M
– v. Kalifornien« 1936 K
– noch König, Weder«,
 1933 D
– aller Reußen« 1721
Kaiser, G. 1878, 1914, 16,
 18–20, 23, 24, 26 D,
 28 M, 38, 45 D
–, H. 1943 M
–, J. 1953, 61 P
»Kaiserbuch« 1928 D
»Kaiserchronik« 1150
Kaiser-Franz-Joseph-Fjord
 1870
Kaiser-Friedr.-Ged.-Kirche,
 Berlin 1957 K
Kaiser-Friedrich-Museum
 1904 K
Kaisergeschichte 116
Kaiser-Kanal 1320
Kaiserkrone, dt. 11. Jh., 1602
Kaiserkrönung, letzte päpstl.
 1530
–– in Rom, letzte dt. 1452
Kaiserkult v. Chr. 12; n. Chr.
 39
»Kaiserliche Mußestunden«
 1212
»Kaisermanöver« 1960 D
»Kaiserquartett« 1797
»Kaiserreich« 1925 D
––– zur Republik, Vom«
 1924 P
Kaiserreich, Zentralafrikan.
 1977 P
»Kaisers Kulis, Des« 1929 D
– Nachtigall, Des« 1959 M
Kaiserschnitt 1500, 1877,
 1905 W
Kaiserslautern, 1. FC 1951,
 53 V
Kaiserswerth 1836, Pfalz 1184
Kaiserswerther Verbd.
 1916 Ph
Kaiser-Wilhelm-Gesellschaft
 1910, 37, 41 W
Kaiser-Wilhelm-Institut 1915,
 28, 34 W
Kaiser-Wilhelm-Kanal 1895,
 1914, 39 V
Kaiser-Wilhelm-II.-Land
 1902 W
»Kajütenbuch« 1841
Kakao 1519
Kakemono 535
Kalabrien 1053, 59
Kalach v. Chr. 1260, 870, 60,
 787, 32, 30
–/Nimrud v. Chr. 715, 05
Kalahari-Trockenbecken
 1903
»Kaland« 1250
Kaläos v. Chr. 620
Kalasiris v. Chr. 1230
Kalatosow, M. 1959 K
Kalb, Charl. v. 1784
Kalbträger« v. Chr. 575
Kalckreuth 1928 K
Kaledonia s. Schottland
Kaleidoskop 1817
Kaléko, M. 1933 D
Kalender v. Chr. 4221, 2850,
 2770, 2600, 2205, 2025,
 2000, 1000, 8. Jh., 650,
 550, 6. Jh., 440, 400, 238,
 200, 125, 46, um Chr.
 Geb.; n. Chr. 338, 95,
 471, 1000, 1119, 1123,
 1294, 1475, 76, 1582, 91,
 1634, 1700, 01, 1902, 17,
 1970
–, eiszeitl. 1970 W
»Kalendergeschichten«
 1949 D

Kalenderreform, röm. v. Chr.
 8
Kalendersystem, eiszeitl.
 1973 Ph
»Kalevala« 12. Jh.
Kalf, Willem 1622, 64, 93
Kali 1861, 1916 W, 21, 22 V
Kalidasa 5. Jh.
»Kalif von Bagdad« 1800
Kalifabrikation, Staßfurt 1861
Kalifat 920 / 1258
Kalifornien 1533
Kalifornisches Inst. f. Tech-
 nologie 1928 W
Kalinin 1923, 46 P
Kaliningrad 1945
Kalinowski, H. E. 1965,
 68 K
Kalium 1807
Kalixt I. 217
– II. 1119, 22, 23
– III. 1455
Kalkar, v. 1519
Kalkstickstoff 1898, 1916 W
Kalkutta 1690, 1857, 70,
 1911 P, 49 K
– liegt am Ganges« 1961 M
–, Universität 1857
»Kalla-Stilleben« 1914 K
Kalle u. Co. 1863
–, Fr. 1871
Kallimachos v. Chr. 310, 280,
 240, 215, 204
Kallinikow 1928 D
Kallinikos 671
Kallinos v. Chr. 670
Kallio 1937 P
Kalliope v. Chr. 700
Kallisthenes v. Chr. 330, 328
Kallmann, Ch. 1951 M
Kallmorgen, F. 1924 K
–, W. 1962 K
Kálmán 1915, 19, 21, 24, 53 M
Kalmarer Union 1387, 97,
 1523
Kalomiris, M. 1962 M
Kalorimetrie 1760
»Kaltblütig« 1967 K
»Kalte Licht, Das« 1955 D
Kältemaschine 1876
Kälteminimum 1960 W
Kaltenbrunner 1946 P
»Kalter Krieg« 1953 P
»Kälter als der Tod« 1969 K
Kälterekord 1977 W
»Kaltes Buffet« 1930 K
Kalthoff 1677 P
Kaltwasser-Heilanstalt 1826
»Kalvarienberg« 1912 K
Kalziumkarbid 1900 W
»Kalziumlinien« 1904 W
Kamakura-Zeit 1192, 1209,
 1336
Kamandaki 8. Jh.
Kamaresstil v. Chr. 1700
»Kamasutra« 5. Jh.
Kambodscha 631, 889, 1125
Kambrium 1960 W
Kambyses v. Chr. 529, 525,
 522
»Kamele trinken auch aus trü-
 ben Brunnen« 1965 D
»Kameliadamen« 1959 D
Kamelie 1739
»Kameliendame« 1848
»Kamelmarkt in Saudi-Arab.«
 1944 K
Kamenew 1907, 24 P
Kamenz 1346
Kamera, Photo- 1841
»Kameradschaftsehe«
 1929 D
Kameralismus 1689
Kamerlingh Onnes 1908, 11,
 13 W
Kamerun v. Chr. 530; n. Chr.
 1884
»Kamin« 1913 K
Kaminski, H. 1946 M
–, M. 1974, 77 K
»Kamisarden« 1702
»Kämmende« 1944 K
Kammer, K. 1962 D
Kammerer, J. Fr. 1832
»Kammerkonzert« 1924 M

Kammerkonzert für Horn,
 Klavier, Streicher
 1965 M
»Kammermusik« 1939 D
»Kammersänger« 1900 D
»Kammersonaten« 1667
Kampf, A. 1915 K
– zwischen Athene und Poseidon v. Chr. 440
– u. d. Cheopspyramide«
 1902 D
– mit dem Dämon« 1925 D
– um die Entwicklungs-
 gedanken« 1905 Ph
– als inneres Erlebnis«
 1922 D
– um d. Erwachsenenbil-
 dung« 1926 Ph
– um den Himalaya« 1937 K
– gegen den Idealismus«
 1931 Ph
– zwischen Kapital u. Ar-
 beit« 1910 V
– d. Kinder d. Lichts ...«
 v. Chr. 100; n. Chr.
 1947 W
– zw. Licht u. Finsternis v.
 Chr. 569
– ums Matterhorn« 1929 D
– mit Negern v. Chr. 1355
– um die Psychoanalyse«
 1920 Ph
– und Reife« 1939 D
– um Rom« 1876
– mit dem Satan« 1918 D
– der Teile im Organismus«
 1881
– d. Tertia« 1928 D
– von Tancredi u. Clorinde
 1624
»Kämpfe der Griechen und
 Trojaner« 1536
»Kämpfende Kräfte« 1905 D,
 15 K
Kämpfender Gallier v. Chr.
 230
Kämpfer, Engelbert 1712
Kampmann, U. 1971 K
Kamtschatka 1633, 97, 1738
Kamu, Okko 1969 M
»Kana« 850
Kanaaniter v. Chr. 2500,
 1350, 1200, 1130, 1123
Kanadische Fünflinge 1934 V
Kanadische Berufskraut 1655
Kanal Nil–Rotes Meer 80
– Saint Martin« 1956 K
Kanalbau v. Chr. 1850, 1250,
 517, 480, 260
Kanaldurchschwimmung
 1926, 50, 51, 53 V
Kanalisation v. Chr. 2000,
 1900
Kanalstrahlen 1886, 98,
 1900 W
Kanaltunnel 1907 W, 63, 73,
 75 V
Kanalüberfliegung 1785,
 1909 W
Kanarische Inseln v. Chr.
 1250; n. Chr. 1312, 1478
Kanauj 606
Kandahar-Rennen 1928 V
Kandahar-Skiclub 1924 V
Kandaules v. Chr. 682
Kandinsky, W. 1866, 1905,
 09, 10, 11, 12, 14 Ph, 19,
 23, 24, 39, 44, 62 K
Kändler, J. J. 1706, 41, 75
Kandys v. Chr. 550
Kane 1855
Kanesch v. Chr. 1875
Kang Teh 1932 P
Kang-hi 1662, 85, 1723
Kanin 1945 K
»Kaninchen bin ich, Das«
 1969 K
»Kaninchenbau, Der« 1958 M
Kaninchenseuche 1952 V
Kanishka 120, 138
Kannibalismus 1924 W, 66 Ph
Kano-Akademie 1662
Kano-Malerei 1702
Kanoldt 1881, 1920, 24, 27,
 29, 39 K

Kanon s. Bibel, Altes und
 Neues Testament
–, buddh.-taoist. 1607
–, Doppel- 1960 M
– d. Erdbestrahlg. ...«
 1941 W
– d. griech. Kunst v. Chr. 420
–, taoistischer 1445
»Kanone, Große« 1518
Kanonisches Recht 1912,
 34 Ph
Kansu-Kultur v. Chr. 3000
»Kant, Fichte, Hegel ...«
 1920 Ph
–, H. 1972, 77 D
–, I. 1672, 1724, 55, 63, 64, 70,
 81, 83, 84, 85, 88, 90, 93,
 95, 97, 99, 1804, 92, 1900,
 02, 11, 19, 20, 24, 29, 37,
 46 Ph
– u. Marx« 1911 Ph
– als Philosoph d. mod. Kul-
 tur« 1924 Ph
– und das Problem d. Meta-
 physik« 1929 Ph
Kant-Ausgabe 1955 Ph
Kant-Gesellschaft 1946 Ph
Kanton 1517, 1689, 1716, 57,
 1857, 1917, 21, 26, 31 P
Kantorowicz, A. 1957 D
Kantorowitsch, L. 1975 V
»Kantrimusik« 1977 M
»Kants Leben u. Lehre«
 1919 Ph
Kantschi 8. Jh.
Kantusche 1749
Kanun 1359
KANU-Partei 1963 P
Kanusport 1920 V
Kanzleisprache 1350, 55, 64,
 1464
Kao 1275, 1335
Kao-Ts'en 1672
Kap Blanco 1441
– Cross 1485
– de la Hague 1692
– der guten Hoffnung 1487,
 1500, 1685
– d. Stürme 1487
– Sunion, Poseidon-Tempel v.
 Chr. 440
– Verde 1446
Kapach, Huaina 1475
Kapellenkranz 946 K
»Kapellmeister, D. vollk.«
 1739
Kapetinger 888, 922, 87, 1314,
 22
»–, D.« 1954 K
Kapferer, C. 1952 Ph
Kapillarität 1655
»Kapital« 1845, 67, 85, 95,
 1913 P
– u. Arbeit« 1865
Kapitalismus, Früh- 13. Jh.,
 1277, 82, 1352, 1689
»–, Anf. d. mod.« 1916 V
–, –« 1770, 99; s. a. Arbeiter-
 bew., Industrieproduk-
 tion
– u. Freiheit« 1976 V
– u. gerechter Lohn« 1960 V
–, Jenseits des« 1946 Ph
– und Sozialismus vor dem
 Weltgericht« 1951 V
»Kapitaltheoretische Unter-
 suchungen« 1934 V
»Kapital für sich, Ein« 1975 D
Kapitol, Rom v. Chr. 449; n.
 Chr. 1547
»Kapitolinische Wölfin« v.
 Chr. 507, 449
Kaplan 1912, 72 W
Kapland 1602, 52, 1806, 15
Kapotthut 1836
Kappadokien 370
Kappeler Friede 1531
Kappeln, Schlacht von 1484
Kappler 1977 P
Kapp-Putsch 1920 P
Kap-Regiment 1787
Kaprun 1950 W
Kapselluftpumpe 1908 W
Kapstadt 1939
Kapuziner-Orden 1525

Kapverdische Inseln 1460
Karadjitsch, V. St. 1815
»Kara-e« 1403, 1559
»Karaffen u. Flaschen« 1956 K
Karajan, H. v. 1908, 55, 56, 67, 70, 71, 73, 77 M
Karajan-Stiftung 1969, 70, 72 M
Karakorum 1245, 53, 1854
Karamanlis, K. 1963, 74, 77 P
»Karamasow, D. Brüder« 1958 K
»Karambolage« 1973 K
Karame, R. 1958 P
Karatepe v. Chr. 8. Jh.
Karatschi 1935 Ph
Karbol-Antisepsis 1867
Karbon 1960 W
Kardia, Hieronymos von v. Chr. 360, 256
»Kardinal Bentivoglio« 1624
»—, Der« 1961 D, 63 K, 65 M
»—, Stehender« 1953 K
Kardinals-Ernennung 1953 Ph
Kardinalskongregation 1908 Ph
»Kardinaltugenden, Üb. d.« 1665
Kardiner 1945 Ph
Kardiologenkongreß, intern. 1950 W
»Karelia« 1893
Karelien 1617, 1743, 1940 P
Karer v. Chr. 4. Jh.
Karien v. Chr. 353
»Karikaturen des Heiligsten« 1821
Karim Prinz 1957 Ph
Karisches Meer 1580
Karjalainen, A. 1962, 70 P
Karkemisch v. Chr. 1300, 900, 605
Karl 855
– I. (d. Große) 568, 85, 742, 68, 70, 72, 74, 77, 78, 82, 85, 87, 88, 90, 94 ff., 800 ff., 04, 07, 10, 13, 14, 30, 40, 76, 85, 88, 99, 900, 1100, 65, 1200, 35, 75, 1920 Ph
– I. von England 1600, 25, 27, 29, 33, 37, 40, 41, 49
– I. v. Österr. 1916 P
– I. v. Portug. 1908, 10 P
– I. Robert 1308, 42
– I. von Spanien s. Karl V.
»– I. auf dem Wege z. Schafott« 1870
»– II.« 1939 D
– II. von England 1630, 60, 85
– II. von Frankreich 829, 33, 41–43, 70, 75
– II. von Neapel 1302
– II. von Spanien 1700
– III. (Kaiser) 839, 76, 81, 84, 85, 87, 88
– III. v. Frankreich 888, 98, 911, 22, 23
– III. von Spanien 1767, 75
– IV. (Kaiser) 1316, 34, 46–48, 50, 55, 56, 64, 68, 73, 78, 1410
»– IV.« 1393
– IV. von Frankreich 1314, 22
– IV. v. Ung. 1921
»– V.« 1933 M
– V. (Bildnis) 1548
– V. (Kaiser) 1500, 19, 1500, 16, 17, 19–21, 25, 26, 28–30, 32, 33, 35, 38, 41, 42, 44, 45, 47, 48, 52, 55, 56, 58, 64
– V. von Frankreich 1364, 69
– VI. (Kaiser) 1780
– VI. v. Bayern 1711, 13, 17, 40
– VI. von Frankreich 1380, 85, 92, 1420
– VII. Albrecht 1740, 45
– VII. von Frankreich 1422, 29, 33, 35, 36, 38, 42, 45, 53
– VIII. von Frankreich 1470, 83, 94, 98

Karl VIII. Knutsson 1448
– IX. v. Frankr. 1500, 66, 74
– IX. v. Schweden 1604
– X. v. Frankr. 1824, 30
– X., Kg.« 1825
– X. v. Schweden 1655
– XI. v. Schweden 1660
– XII.« 1902 D
– XII. v. Schweden 1700, 09, 18, 31
– XIII. v. Schweden 1809, 10
– XIV. v. Schweden 1818
– Albrecht von Sardinien 1849
– Alexander v. Württemberg 1738
– von Anjou 1261, 68, 82
»– u. Anna« 1927 D
– August von Sachsen-Weimar 1757, 1816, 28
– v. Dänemark 1905 P
– der Dicke s. Karl III. (Kaiser)
– der Einfältige s. Karl III. von Frankreich
– Eugen v. Württemberg 1737, 87
– der Große s. Karl I.
»– der Große« 1225
»– der Große und 4 Philosophen« 1199
– Gustav v. Schweden 1654
»– Heinr.« 1901 D
– von Hohenzollern 1866
– der Kahle s. Karl II. von Frankreich
– der Kühne 1433, 67, 75, 76, 77, 83
– Martell 714, 32
»– Marx' ökonom. Lehren ...« 1903 Ph
– von Orléans 1391, 1465
–, Erzh. v. Österr. 1704
– der Schöne s. Karl IV. von Frankreich
– Stauffers Lebensgang« 1912 D
– der Wahnsinnige s. Karl VI. von Frankreich
– der Weise s. Karl V. von Frankreich
Karlfeldt 1864, 1918, 31 D
Karli, Tschaitya-Halle v. Chr. 150
Karlistenkrieg 1834, 76
Karlmann 768, 876, 79, 82
Karl-Marx-Stadt 1953 P
Karl-May-Museum 1928 D
Karloff 1931 K
Karlowitz 1699
»Karlsbad. Beschlüsse« 1819, 48
Karlson 1954 W
Karlspreis 1959, 61, 63 P, 72 Ph
Karlsruhe 1766, 73, 1860, 1901, 16, 51, 54, 55 P
–, Hoftheater 1852
–, Schloß 1813
–, Schwarzwaldhalle 1953 K
–, Techn. Hochschule 1825
Karlsschule 1773
––, Hohe 1773
Karlstadt 1480, 1519, 21, 41
Karlstein, Burg 1356
Kármán, Th. 1963 W
Karmel 1155
Karmeliter-Bettelorden 1563
Karmeliterinnenkloster Vilsbiburg 1907 K
Karmeliterorden 1155, 1285, 1469
Karmen 1940 K
Karnak v. Chr. 1450, 1300, 1190
–, Amon-Tempel v. Chr. 1480
Karneades v. Chr. 214, 156, 129
Karneval 1341
»– i« 1921 K
– i. Köln 1824 V
Kärnten, Arnulf von 850, 87, 900
»Kärntner Mark« 10. Jh., 976
Karolinen 1885, 99, 1919 P

»Karolingische Renaissance« 800
Karolus 1923, 25 W
Karolus-Zelle 1923, 25 W
»Karos und grüne Scheiben« 1954 K
Karossensteuer 1698, 17
Karpaten 171, 1912 W, 27, 38, 39, 45 P
Karpato-Ukraine 1340, 1938, 39, 45 P
Karpokratianer 125
Karpow 1975 V
Karrasche 1103
Karrer 1931, 33, 37 ff. W
Karsch, W. 1962 D
Karsen, Fr. 1951 Ph
Karsunke, Y. 1969 D
»Kartause v. Parma, D.« 1839
Kartäuser-Einsiedler-Orden 1084
Kartellamt, Bundes- 1958 V
Kartelle, dt. 1900, 30, 59 V
»–. u. Trusts« 1905 V
Kartellgericht 1923 V
Kartellgesetz 1957 V
Kartellverordnung, dt. 1923 V
Kartenspiel 1501; s. a. Skat, Bridge
Kartenstecherei 1702
»Karthago v. Chr. 1150, 814, 6. Jh., 600, 540, 30, 500, 496, 80, 79, 24, 06, 05, 400, 396, 48, 275, 64, 60, 56, 46, 41, 38, 37, 15, 12, 02, 01, 195, 85, 82, 49, 46, 29, 110, 44, 27; n. Chr. 64, 200, 10, 48, 58, 400, 39, 55, 628, 97, 1087
Kartierung 1951 V
Kartoffel 813, 1000, 1553, 65, 84, 87, 1621, 40, 1747, 65, 1816, 48, 77, 90
Kartoffelernte 1961 V
»– « 1878
Kartoffelkäfer 1877
»Karton II« 1971 K
»Kartons« 1977 K
Karwendelbahn 1912 V
Karwoche, Die« 1958 D
Karyanda, Skylax von v. Chr. 517
Karyatiden v. Chr. 6. Jh.
Karystos, Diokles von v. Chr. 320, 295
Kasack 1918, 43, 47, 52, 54 D
Kasan 1552, 1826
Kasawubu, J. 1960, 65 P
Kaschmirgrenze 1962 P
Kaschmirkonflikt 1965 P
Kaschnitz, M. L. 1947, 52, 55, 65, 69, 74 D
Kasimir III. 1333, 35, 64, 68
– IV. 1447, 54, 66, 71, 77
»Kaspar« 1967 D
Kasperle-Theater 1340
Kaspisches Meer v. Chr. 800, 285, 240; n. Chr. 102, 618, 1731, 1938, 40 W
»Kassandra« 1904 M
Kassandreia v. Chr. 289
Kassel 1605, 1919 P, 55 K
–, Documenta 1959, 68 K
–, Gartenschau 1955 V
–, Schloß Wilhelmshöhe 1798
–, Treffen i. 1970 P
»Kasseler« Apollo v. Chr. 450
»– Glossar« 800
Kassem 1958, 59, 63 P
»Kassenarzt, Der« 1954 D
»Kassette« 1912 V
Kasside 600
»Kassierebriefe« 1608
Kassiten s. Kossäer
Kassner, C. 1921 P
–, R. 1959 Ph
Kastenwesen, ind. v. Chr. 3. Jh.
Kastl, Johannes von 1400
Kastler, A. 1966 W
Kästner, Erhart 1953 D
–, Erich 1928, 29, 31, 46, 50, 57, 74, 75 D

Kasuga-Makimono 1309
Katajew 1938, 60 D
Katakombe 200, 250
»–« 1929 D
»Katalane« 1925 K
Katalanien 15. Jh.
Katalaunische Felder, Schlacht 451
Katalyse 1853, 95, 1922, 32, 40, 49 W; s. a. Biokatalysatoren
»– u. Determinismus ...« 1938 Ph
»Katalytische Wirkungen d. lebend. Substanz« 1928 W
Katanga 1961 ff. P
Katanga-Bergbau-Union, belg. 1906 V
Katastrophendienst 1927 V
Katastrophentheorie, geol. 1778, 1830, 34
Katechetenschule 190
Katechismus, calvin. Heidelberger 1563
–, Genfer 1545
»– f. Industrielle« 1823
–, jesuit. Neuscholast. 1555
–, luth. 1529
»–, positivistischer« 1852
»Kategorienlehre« 1896
»Kategorischer Imperativ« 1788
»Kater, Der gestiefelte« 1797
»– Lampe« 1902 D
»– Murr« 1820
Kath, G. 1959 Ph
Katharer 11. Jh., 1209, 29
Katharina I. 1712, 25, 27
– II. 1729, 62, 67, 87, 91, 96, 98
– von Aragonien 1509, 34
»Katharina Blum, Die verlorene Ehre« 1974 D, 75 K
»– Knie« 1929 D
– von Medici 1560, 72
– von Siena 1347, 75, 80
Katharinen-Kloster 1950 W
»Katharoi« 251
»Kathasaritsagara« 11. Jh.
»Käthchen von Heilbronn« 1810, 1905 D
Kathedersozialismus 1872, 76, 1936 P
»Katheder- u. Staatssozialismus« 1912 V
»Kathedrale von Reims« 1955 K
Kathoden-Strahlen 1858, 69, 98, 1905 W; s. a. Elektron
Katholikentag, 1. dt. 1848
–, Dt. 1949, 52, 62 Ph
»Katholisch« 205
»Katholische Beurteilung des Aufklärungszeitalters« 1909 Ph
– Deutschland, Volksverein f. das« 1890
– Jungfrauenvereinigungen, Zentralverband de 1915 Ph
– Kinderhorte z. Kleinkinderanstalten, Zentralverbd. 1920 Ph
– Kirche i. Addis Abeba« 1941 K
»– Majestät« 1497
– Müttervereine 1916 Ph
– Verbände, Zentralbildungsausschuß d. 1919 Ph
»Katholischen Armen, Vereinigung der« 1209
»Katholizismus, D. Wesen d.« 1924 Ph
»– als Prinzip des Fortschritts« 1897
»Katholizität, evangel.« 1926, 67 Ph
Kathreiners 1889 V
»Katja d. Tänzerin« 1922 M
Kato Zakro, minoischer Palast 1964 W

Katona, G. 1951 Ph
Katte 1730
Kattun 1608
Katuwas (Kg.) v. Chr. 900
Katyn 1943 P
Katz, B. 1970 W
»– und Maus« 1967 K
»Katze, Die« 1933 D
»– auf dem heißen Blechdach, Die« 1955 D, 58 K
»– tötet einen Vogel« v. Chr. 2. Jh.
»Katzen« 1914 K
»Katzensteg« 1889
»Katzenjammer Kids, The« 1897
Katzmann, H. 1951, 55 K
Kaudinische Pässe v. Chr. 321
Käuferstreik 1955 V
Kauffmann, A. 1741, 1807
Kauffungen, Kunz von 1455
Kaufhaus 1852 V
Kaufkraft 1949 V
– der Jugend 1969 V
– – des Monatslohns 1972 M
»Kaufmann v. Chr. 184
Kaufmann, D. 1972 M
–, F. 1936 Ph
– Georg Gisze« 1532
–, O. 1907, 13, 14 K
– von Venedig« 1594
–, W. 1906 W
»Kaufmanns, Handwörterb. d.« 1927 V
Kaufmannsgerichte 1904 V
»Kaufshandlungen u. Wucher« (Von) 1524
Kaukasien 1855
Kaukasus v. Chr. 4800, 3000, 2500, 1800, 1200, 860; n. Chr. 1566, 1859, 1900 W, 00, 24 P, 25 V, 42 P
Kaulbach, Fr. A. 1882
–, W. v. 1849
Kaunitz, W. A. v. 1753
Kaus, M. 1926, 38–40, 42, 45, 47–49, 52, 62 K
Kausalgesetz 1616
»– u. Grenzen« 1932 Ph
Kausalität 1353, 1781
Kausalproblem, Stud. z.
Kauschke, R. 1963 V
Käutner, H. 1941, 43, 44, 50, 54 ff., 70 K
»Kautschbrevier« 1938 D
Kautschuk 1536, 1740, 1839, 76, 1912, 30, 32, 36 W, 61 V; s. a. Gummi
–, synthet. 1912, 36 W
Kautschukgewinnung 1961 V
Kautsky 1903, 08 Ph, 13, 14 P, 21 Ph
Kau-tsu 627
Kautsuing 1736, 96
Kautzsch 1902 K
Kawabata, Y. 1968 D
Kawalerowicz, J. 1959, 60 K
Kawasaki, S. 1968 W
Kawit v. Chr. 2025
Kaye, D. 1958 K
Kayser 1911 D
–, H. 1902 K, 32 W
–, R. 1923 D
–, W. 1960 D
Kayssler 1910, 17, 18, 45 D
Kazan, E. 1951, 54, 55, 56, 71 K
Kazantzakis, N. 1951, 52, 54 D
Keaton 1924 K
Keesom 1926, 31, 38 W
Kegel 1926 V
Kegelhaube 1475
Kegelschnitte v. Chr. 200, 170
Kegelspiel 1157, 1591
Keglerbund 1886
Kehlkopf-Exstirpation 1870
Kehlkopfkrebs, Operat. 1873 W
Kehlkopfspiegel 1855
Keil 290
Keilberth, J. 1968 M

Keilschrift v. Chr. 3500, 3000, 2420, 2225, 2100, 1750, 1500, 1360, 1350, 1300, 9. Jh., 800, 715, 700; n. Chr. 1620, 1802, 1906 W
—— d. Hethiter v. Chr. 1850
Keimdrüse 1849, 1913, 20, 25, 28, 34 W
»Kein Kreuz, keine Krone« 1669
»— Platz für wilde Tiere« 1954 Ph, 56 K
»Keine Maßstäbe« 1959 D
Keiser, Reinh. 1674, 1739
Keishoki 1478
Keitel 1938, 46 P
Kekkonen, U. 1953, 56, 59, 62, 63 P
Kekulé 1865
Kelemen, M. 1964, 65, 69, 70, 72 M
Keller, Fr. G. 1844
—, G. 1819, 54, 56, 77, 78, 79, 83, 90
—, Helen 1880, 1904, 68 Ph
—, M. 1961 Ph
—, N. 1969 D
—, P. 1902, 15 D
—, T. 1959 W
—, W. 1955, 73 Ph
Kellerer, H. 1952 Ph
»Kellerkinder, Wir« 1960 K
Kellermann 1913, 51 D
Kellett 1938 W
Kellgren, Joh. Henr. 1789
Kellner, L. 1840, 62
Kellog, L. A. 1933 W
—, W. N. 1933 W
Kellogg, F. 1856, 1928, 29, 37 P
—, W. 1930 Ph
Kellogg-Pakt 1928 P
»Kellog-Stiftung« 1930 Ph
Kelly, G. 1951, 55, 56, 58 K
Kelner, A. 1949 W
Kelten v. Chr. 2500, 2. Jt., 1490, 750, 587, 550, 500, 450, 5. Jh., 400, 375, 354, 4. Jh., 300, 284, 3. Jh., 191, 113, 100, 60, 52, 27, 16, 15, 9; n. Chr. 121, 449, 500, 604, 929, 11. Jh.
Keltengrab bei Reinheim 1954 W
Kelterborn, R. 1963, 67, 69, 72, 73, 77 M
Keltiberer v. Chr. 550, 133
Keltische Sprache 1839
Keltologie, Dt. 1853
Kelvin 1850, 53, 97, 1907 W
Kemal Pascha 1921, 23, 27, 38 P
Kemény, Z. 1958 K
Kemner, B. 1966 K
Kemose v. Chr. 1600
Kempen, Th. v. 1380, 1400, 71
Kemper, W. 1955 Ph
Kempff 1932 M
Kempinski 1862
Kempowski, W. 1971, 75 D
Kempski Rakoszyn, J. v. 1961 Ph
Kemritz, Lex 1951 P
Kendall, E. C. 1914, 35, 48, 50, 72 M
Kendrew, J. C. 1962 W
Kenia 1953, 63 P
Kenkel 1924 P
Kenko 1330
Kennan, G. F. 1957 f., 61 P
Kennedy, B. 1964 D
—, E. 1969 V
»—, Jackie« 1964 K
—, Jacqueline 1968 V
—, J. F. 1959 ff. P, 61 V, 62 P, 63 P
—, M. 1924 D
—, R. 1962 P
—, R. F. 1968 P, 69 V
Kennedy-Regierung 1962 Ph
Kennedy-Runde 1963 V
Kennicott 1934 D
Kennkartenpflicht 1938 V

»Kennzeichen d. Menschen, Sitten, Meinungen, Zeiten« 1711
Kent, William 1715
Kentaur v. Chr. 595
—, m. Dreizack 1946 K
»Kentaurenfamilie« v. Chr. 400
»Kentaurenkampf« v. Chr. 468, 413; n. Chr. 1873
Kenter, H. 1961 W
Kenyatta, J. 1963, 64 P
Kenyon, K. 1954 W
Keos v. Chr. 435
—, Simonides von v. Chr. 556, 468
Kephisodotos v. Chr. 370
Kepler 1571, 96, 97, 1600, 01, 09, 11, 13, 19, 20, 27, 28, 30, 87, 1957 M
»Kepler-Bund« 1907 Ph
Kerala 1959 P
Keramik (frühe) v. Chr. 4750, 4300, 4000, 3700, 3300, 3200, 3000, 2500, 2450, 2000, 1700, 1550, 1501, 2. Jt., 1300, 950, 900, 790, 650, 637, 600, 550, 500 1. Jt.; n. Chr. 471, 1200, 12, 1396
Kerbschnittkeramik v. Chr.
Kerenski, A. 1917, 70 P
»Kermesse tourangelle« 1955 K
Kern, W. 1955 K
—, Atom- 1904, 11, 12 W; s. a. Atom
—, Zell- 1830, 39, 85
Kernenergie 1950 W, 57 P, 65, 72 V
—, Widerstand geg. 1976 V
——, Ges. ü. friedl. Verwendg. 1959 V
Kerner 1829
Kernfusion 1956, 58, 77 W
——, kontroll. 1957 W
Kernkraftschiff, dt. 1968 V
Kernkraft-U-Boot 1958 W
Kernkraftwerk 1956, 77 W
——— Biblis 1975 W
Kernkraftwerkbau 1975 V
Kernkraftwerke 1961 W, 67, 75 V
———, Entwicklung 1973 V
Kernkühlung 1956 W
Kernmoleküle 1972 W
Kernphysik und Astronomie 1957 W
»Kernpunkte d. soz. Frage« 1919 Ph
Kernreaktor, erster dt. 1955, 56, 57, 62 W
— (Stromerz.) 1951 W
Kernspaltung 1939 W
Kernsprengstoff 1977 W
Kernteilung bei Bakt. 1951 W
Kernverschmelzung 1971 W
Kernwaffen, chines. 1976 W
—— f. Kanada 1963 P
Kernwaffen-Potential 1960, 62 P
Kernwaffenversuche 1961 ff., 71 P
———, Einstellung 1963 P
Kernwaffen-Versuchsstopp 1958 P, 59 V
Kerouac 1958 D
Kerpely, v. 1906 W
Kerr, A. 1918, 48 D
—, D. 1956 K
Kerrl 1935 Ph
Kerr-Zelle 1923, 25 W
Kerschensteiner 1854, 1901, 12, 16, 26, 32 Ph
Kerst 1939 W
Kersten 1909 K
Kersting, G. F. 1812
Kerzen 1818
Kerzenuhr 875, 1256
Kessel, M. 1951, 54 D
Kesselpauke 1460
Kesselring, A. 1951 P
Kesselwagen v. Chr. 1200
Kessler, Th. 1964, 68 M

Kesten, H. 1927, 29, 31, 39, 46 D
Kestenberg 1931 M
Ketteler, Wilhelm Emanuel 1848, 64
Kettenhaube 13. Jh.
Kettenreaktion 1913, 38, 42 W
Kettler 1561
Ketzer 1209
—, v. Soana« 1918 D
Keuchhusten 1950 W
Keuchhusten-Bakterium 1961 W
»Keusche Susanne« 1910 M
»Keuschheitslegende« 1919 D
Key 1849, 1900, 04, 18, 24, 26 Ph
Keyerling, E. v. 1913 D
—, H. 1880, 1906, 10, 19, 20, 22, 26, 28, 32, 36, 46 Ph
Kézai 1283
Khan, Ayub 1962 P
—, Yahya 1968 P
Khanh, N. 1964 P
Khedive 1801
Khmer 1099
Khorana, H. G. 1964, 68, 70 W
Kiaking 1796
Kiangsi 1927 P
Kiautschou 1898, 1919 P; s. a. Tsingtau
Kibia 1953 P
»Kickback« 1959 K
»Kid« 1921 K
Kidd, J. G. 1968 W
Kidenas v. Chr. 384
Kiel 1170, 1242, 1902 V, 14, 18 P, 26 Ph
—, Goetheschule 1950 K
—, Universität 1665, 1911 V
Kielboot 90
Kielklavier 15. Jh.
Kien, P. 1975 M
Kienböck 1902 W
Kienbusch, W. 1951, 55 K
Kienholz, E. 1972 K, 77 K
K'ien-lung 1736
Kienthal 1915 P
Kienzl, W. 1857, 95, 1911, 41 M
Kiepenhüte 1799
Kiepura, J. 1966 M
Kierkegaard 1813, 43, 44, 49, 55, 1913, 22, 29 Ph
—— u. d. Philosophie d. Sinnlichkeit« 1913 Ph
Kiesinger, G. 1966, 67, 68, 69 P
Kiesinger, K.-G. 1960 P
Kiew 879, 911, 80, 88, 1019, 25, 50, 11. Jh., 1100, 13, 12. Jh., 1224, 40, 1316, 20, 1414, 1943 P
—, Akademie 1589
—, Palast 1911 K
—, Sophienkathedrale 1037
Kilian 687
Kilikien v. Chr. 8. Jh., 57
Kilimandscharo 1889
Kilius, M. 1963 V
Killanin 1972 V
Killmayer, W. 1955, 57 M
»Kim« 1901 D
Kimba 1966 P
Kimmerier v. Chr. 700, 689, 675, 617
Kimon v. Chr. 466, 461, 449
Kin 916, 1123, 27
Kin-Dynastie 1234
Kinau 1913 D
»Kind, Lebenshilfe f. das geistig behinderte« 1958 Ph
—— a. d. Ghetto« 1910 K
»— von Paris« 1952 D
»— und Tier II« 1951 K
»— unserer Zeit« 1905 M
Kindbettfieber 1847, 61, 1950 M
»Kinde her, Unterricht vom« 1914 Ph

»Kinder« 1975 K
»—, Die« 1951 D
»— der Erde« 1935 D
»— mit Fehlbildungen« 1967 W
»— v. Guernica« 1939 D
»— Hitlers« 1943 K
»— Hülsenbeck« 1806
»— Karls I.« 1637
»— des Lichts« v. Chr. 100
»— d. Dr. Linde« 1902 K
»—, Mütter und ein General« 1954, 55 K
»— d. Olymp« 1945 K
»— sehen dich an« 1943 K
»— der Straße« 1958 K
»— ihrer Zeit« 1913 D
Kinderarbeit 1903 Ph
—— in Preußen 1839
Kinderasyl 1900 V
Kinderbewahranstalt 1779, 1813
Kinderdorf 1910, 44 Ph
——, SOS- 1949 Ph
Kinderfreunde, Arbeitsgem. d. 1924 M
Kindergarten 1840, 51
Kindergärtnerinnen 1911 Ph
Kindergeld 1959 V
Kinderheilkunde 1919 W
Kinderklinik, Erste 1779
»Kinderkreuzzug« 1212, 1969 M
Kinderlähmung 1910, 43, 54, 55 W, 64 V, 64 W
——, Impfung gegen 1955 W
Kinderlesehalle 1902, 10 Ph
»Kinder- u. Hausmärchen« 1812
»Kindermördern, Die« 1776
Kinderrepubl. 1910 Ph
Kinderschutzges. 1903 Ph
»Kinderspiele« 1558
Kinderspielzeug v. Chr. 1501; n. Chr. 1952 V
Kindersterblichkeit 1960, 61 V
»Kinderszenen« 1838
Kinderwohlfahrt 1930 Ph
»Kinderzimmer« 1950 K
»Kinderzug mit Früchtekranz« 1618
»Kindes Tanz u. Gymnastik, Des« 1926 M
»Kindesernährung« 1919 W
»Kindesmundart« 1908 Ph
»Kindheit« 1922 D
»Kinematische Scheibe« 1965 K
Kinematograph 1894; s. a. Film
Kinematographie 1833, 41
»Kinetic Art ...« 1968 K
»Kinetica ...« 1967 K
»Kinetik« 1931 K
»Kinetische Objekte« 1970 K
»— Theorie d. Flüssigk.« 1946 W
»Kinetischer Raum« 1969 K
»King« Cole, Nat 1965 M
— James' Bible 1611
—, J. L. 1970 W
—, M. L. 1964 P, 65 Ph, 68 P, 69 V, 73 K
—, Ph. 1966 K
»— Priam« 1962 M
»King, The hidden« 1957 D
»King-Kong« 1933 K
Kinnor v. Chr. 950
»Kino?, Was ist« 1976 K
Kinobesitzer, Selbstschutzorg. 1967 V
Kinobesuch 1955 V
Kinobesucher 1967 V
Kinos 1970 V
»Kinothek« 1912 M
Kinsey 1948, 1953 W, 56 Ph
»Kinsey-Report« 1948 Ph
Kinsky 1843, 1914 Ph
Kipling 1865, 92, 94, 1901, 07, 36 D
Kippenberg, A. 1905, 32, 50 D
Kipphardt, H. 1964 D
»Kipps« 1941 K

Kiptschak 1242
»Kira Georgijewna« 1962 D
»Kirbisch« 1927 D
Kirchberger 1948 K
»Kirche« 1920 K
»Kirche« (Über die) 1411
— als Ereignis« 1958 Ph
— und Gesellschaft, Weltkonferenz 1966 Ph
»— in der modernen Gesellschaft, Die« 1956 Ph
»— Jesu Christi der Heiligen d. letzten Tage« 1827
»—, poln. 1956 Ph
»—, Vom Raum d.« 1958 K
Kirchenaustritte 1968 Ph
Kirchenaustrittsbeweg. 1969 Ph
Kirchenaustrittsbeweg. 1920 Ph
Kirchenbau, allgemein 4. Jh., 700, 92, 820, 9. Jh., 900, 61, 1033, 60, 66, 75, 1100, 20, 25, 33, 37, 1200, 20, 34, 50, 77, 1300, 99, 1400, 71, 80
»—« 1960 K
»—, moderner 1961 Ph
»—« (V. neuen) 1919 K
Kirchendiebstahl 1972 K
Kirchengesang 379, 600, 790, 889, 1524, 45, 62, 86, 94, 1903 M
Kirchengeschichte 439
»—« 1286, 1607
»— der Angeln« 735
»— (Dt.) 1920 Ph
»— Ökumen.« 1970 Ph
»— (Vater der) 260, 340
»Kircheninneres« 1667
Kirchenkampf i. d. DDR 1957 Ph
Kirchenkonferenz, Welt- 1963 Ph
»Kirchenlieder Luthers« 1545
»Kirchenmusik« (Evgl.) 1926 M
Kirchenordnung 1529, 73
Kirchenpapier d. FDP 1974 Ph
Kirchenrecht 1100
»—« 1966 Ph
»Kirchenreform« 1903 Ph
Kirchenregierung 1852
Kirchenstaat 1441
Kirchenstreit, Kölner 1837, 38, 40
Kirchentag, 1. dt. ev. 1849
——, dt. ev. 1951, 52, 54, 57, 61 Ph
——, kathol. in Fulda 1954, 77 Ph
Kirchenväter 1521
Kirchenväteraltar 1490
Kircher, A. 1646, 50, 71
Kirchhoff 1847, 59, 74
»Kirchliche Baukunst des Abendlandes« 1901 K
»— Dogmatik« 1932, 59 Ph
»— Konzerte« (Hundert) 1602
»— Kunst, Ausstellg. 1950 K
»Kirchliches Handb. f. das kath. Dtschl.« 1908 Ph
Kirchmair 1540
Kirchner, H. 1901, 05, 11, 13, 24, 38, 68 K
—, V. D. 1975 M
Kirchschläger, R. 1974 P
»Kirchspiel« 1969 K
»Kirchweih, Heimkehr v. d.« 1860
Kirdorf 1909 V, 31 P
Kirk, H. 1958 D
Kirkpatrick, I. 1953 P
—, P. 1948 V
»Kirmes, Fläm.« 1636
Kirow 1934 P
Kirrha v. Chr. 590
Kirsche v. Chr. 79
»Kirschgarten« 1904 D
Kirst, H. H. 1955 D
Kirstein 1933 M
Kisch v. Chr. 2000
—, E. E. 1924, 27, 30, 46 ff. D
Kischi, N. 1960 P
Kishon, E. 1964 K
»Kiss me Kate« 1948 M

Kissinger, H. A. 1973, 75, 76, 77 P
Kitaj, R. B. 1956, 65, 69, 73 K
K'i-tan 916, 60, 1123
Kitano-tenjin-Makimono 1219
Kitasato 1894
Kitchener 1916 P
Kithara v. Chr. 689, 500
»Kitharaulos« 1972 M
Kition, Zeno von v. Chr. 336, 308, 264, 232, 206
Kito, K. 1966 W
»Kittchen ist kein Zimmer frei, Im« 1976 K
Kittel 1902 M
Kivi 1870
Kjökkenmöddingerzeit v. Chr. 4500
»Klabautermann-Brunnen« 1909 K
Klabund 1891, 1913, 15, 16, 19, 21, 23, 24, 26, 28 D
»Kladderadatsch« 1848
»Klage unter dem Kreuz« 1433, 77
»Klagegedichte« 1632
Klagelied auf den Tod des Hirtengottes Tammuz v. Chr. 3000
»Klagelieder Jeremiae« v. Chr. 587
–, sumer. v. Chr. 2025
»Klagendes Pferd« 1951 K
»Kläger« 1668
Klages, H. 1967 W
–, L. 1872, 96, 1910, 13, 17, 22, 26, 27, 32, 36, 56 Ph
Klaj 1644
Klammer, F. 1976 V
Klanganalyse 1863
––, elektroakust. 1935 W
»Klangfiguren« 1959 M
––, Chladnische 1787
»Klangformen« 1968 K
Klapheck, K. 1962, 65 K
Klaproth 1896
Klara, heilige 1212
»Klarer Himmel« 1960 K
Klarinette v. Chr. 3000; n. Chr. 1690
Klarissinnenorden 1212
»Klassenbegriffs, D. Bedeutung d.« 1961 Ph
Klassenlotterie 1610
»Klassifikation d. psych. Phänom.« 1911 Ph
»Klassischer Stil«, Begründung d. musikal. 1781
––, griech v. Chr. 45 ff.
Klaus d. Niederlande 1967 P
–, J. 1964, 66 P
Klausener 1934 P
Klavichord 12. Jh., 1500
Klavier 12. Jh., 1360, 15. Jh., 1500, 1711, 1823, 53, 1928 M
–, elektroakust. 1928 M
–, Hammer- 1711
»– zu spielen, Versuch über die wahre Art, das« 1753
»Klavierbüchlein v. Friedemann« 1720
»Klavierkonzert« 1735
–– (Beethoven) 1795, 1800, 05, 09
–– (Brehme) 1954 M
–– (Cage) 1958 M
–– (Chopin) 1833
–– (Foss) 1951 M
–– (Fricker) 1953 M
–– (Grieg) 1879
–– (Hartmann) 1953 M
–– (Henze) 1951 M
–– (Liszt) 1855, 57
–– (Mozart) 1785
»– Nr. 5« 1969 M
–– (Ravel) 1932 M
–– (Tschaikowski) 1875, 80, 92
»Klavierspiels, Kunst d.« 1713
»Klavierstücke« 1741 (Rameau), 1909 P (Schönberg)
Klazomenä v. Chr. 500

Kleanthes v. Chr. 331, 232
Klebe, G. 1951, 53, 55, 56, 57, 59, 61, 63, 64, 65, 67, 69, 74, 76 M
Klecksographie 1921 Ph
Klee 1879, 1911, 12, 18, 19, 22, 24, 25, 26, 31, 37, 40, 44 K
Kleiber, E. 1923, 55, 56 M
Kleiderlaus 1884, 1909, 10 W
Kleiderordnung 1661, 1706
Kleidung v. Chr. 3000, 2900, 2300, 2000, 1800, 1700, 1600, 1500, 1400, 1230, 1150, 1000, 850, 800, 621, 550, 6. Jh., 500, 400, 300, 200; n. Chr. 98, 100, 109, 200, 79, 540, 7. Jh., 700, 800, 900, 97, 1100, 1250, 90, 91, 1302, 05, 14. Jh., 1360, 75, 84, 1400, 03, 20, 15. Jh., 60, 74, 75, 90, 1503, 10, 20, 29, 51, 56, 59, 64, 90, 1600, 10, 17, 19, 30, 48, 61, 70, 82, 90, 97, 1706, 49, 60, 90, 94, 95, 99, 1807, 14, 20, 30, 36, 52, 56, 60, 70, 75, 80, 91, 95, 1900, 01, 05, 06, 10, 11, 22, 25, 26, 28, 34, 42, 47, 50, 53 V
»Klein Dorrit« 1857
»– Eyolf« 1894
–, F. 1849, 72, 1909, 25 W
–, H. 1962 Ph
»– Idas Blumen« 1916 M
–, J. 1975 K
–, L. R. 1955 V
–, Y. 1962 K
– Zaches« 1819
Kleinbildphotographie 1925 W
»Kleine Amerikanerin« 1917 K
»– Dämon, Der« 1905 D
»– Doktor, Der« 1901 K
»– Engel, Der« 1614 K
»– Entente« 1921, 32, 33 P
»– Frau, Eine« 1913 D
»– Groszmappe« 1920 K
»– Herr Friedemann, Der« 1898
»– Johannes, Der« 1906 D
»– Liebe zu Amerika« 1930 D
»– Marat, Der« 1921 M
»– Passion, Die« 1929 D
»– Peter, Der« 1918 D
»– Prinz, Der« 1946 D
»– Rosengarten, Der« 1911 D
»– Stadt, Die« 1909 D
»– Testament, Das« 1431
»– Welttheater, Das« 1903 D, 39 M
– Zinne 1881
Kleinempfänger 1938 V
»Kleiner Katechismus« 1603
»– Mann, was nun?« 1932 D
»Kleines Ja und ein großes Nein, Ein« 1955 D
– Lehrb. d. Positivismus« 1940 Ph
Klein-Glienicke, Schloß 1826
Kleinschreibung 1973 Ph
Kleinstaaten, dt. 1656
»Kleinstädter, Die deutschen« 1801
»Kleinstadtgeschichten« 1907 D
Klein-Trianon 1768
Kleinwächter, H. 1969 W
Kleist, E. v. 1749, 59
–, Ewald, J. v. 1745
–, H. v. 1534, 1777, 1806, 07, 08, 09, 10, 11, 21, 1905, 24 D, M, 25 D, 28 D, K, 37 K, 61 M, 70, 77 K
»–, H. v. ...« v. 1960 D
Kleistbiographie 1911 D
Kleist-Denkmal 1928 K
Kleist-Fraktur 1928 K
Kleistpreis 1911 ff., 16, 23 ff., 28, 31 D
Kleitarchos v. Chr. 300
Kleitmann, A. 1957 W

Kleitomachos v. Chr. 110
Klemens I. 95
– II. 1046
– III. 1084
– V. 1303, 05, 09, 12
– VII. 1378, 1523
– VIII. 1592
– IX. 1667
– X. 1670
– XI. 1700
– XII. 1730
– XIII. 1758
– XIV. 1769, 73
– von Alexandria 190, 200
Klemm 1919, 61 W
Klemperer 1948 M
Klenau v. Chr. 1916, 23, 33, 36 M
Klenz 1910 D
Klenze 1784, 1816, 28, 36, 37, 42, 47, 62, 64
Kleobulos v. Chr. 6. Jh.
Kleomedes 50
Kleomenes III. v. Chr. 221
Kleon v. Chr. 429, 425
Kleopatra v. Chr. 1450, 47, 42, 40, 36, 35, 33, 31, 30
Klepper 1937 D
Klepsydren v. Chr. 450
Kleve 1449, 1613
Kliemann, C. H. 1964 K
Klietsch 1891
»Klima d. bodennahen Luftschichten« 1927 W
– der Vorzeit, Das« 1961 W
»Klima – Wetter – Mensch« 1938 V
Klimaänderung 1954 V
Klimakunde, vergleichende, Begründung 1804
Klimaschwankung 14. Jh., 1625, 1933 W
Klimaschwankungen 1974 W
»Klimate der Erde« 1923 W
– d. geolog. Vorzt.« 1924 W
Klimatologie 1940 W
–, Vergleichende 1814
Klimsch 1870, 1901, 10, 38, 52, 60 K
Klimt 1903 K
Kline, Fr. 1954, 55, 62 K
Klingenberg 1915, 26 W
Klingenberg-Kraftwerk 1926 W
Klinger, F. M. v. 1776, 1802
–, Max 1857, 86, 87, 98, 1902, 04, 12, 20 K
»–, P. 1947 K
Klinger-Quartett 1905 M
Klingmüller, W. 1973 W
Klinikum in Berlin-Steglitz 1968 W, 68 K
»Klinisch Gestorbene« 1944
Klio v. Chr. 700
Klitias v. Chr. 560
Klöckner 1917 V
Klöckner-Werke 1917, 38 V
Klöpfer 1923, 25, 35, 40, 41 K, 50 D
Klopstock 1724, 48, 51, 71, 73, 1803
Klose, F. 1903 M
–, H. U. 1974 P
Kloss 1950 Ph
Kloster 380, 381
– Beuron 1912 W
– im Chiemsee« 1872
Klosterneuburg, Chorherrenstift 1114, 81
–, Stiftskirche 13. Jh., 15. Jh.
Klosterrade, Kloster 1113
Klosterschulen, 5. Jh., 500, 29, 700, 8. Jh., 795, 800, 42, 90, 10. Jh.
Klotz, L. 1957 K
Klub 1855
Kluge, A. 1966, 68 K, 69 D, 69, 71, 74 K
»–, Die« 1943 M
–, F. 1883, 1913 D
–, v. 1944 P
»Klugen und die törichten Jungfrauen, Die« 1837

Kluth 1950 K
Knab, A. 1948, 51 M
»Knabe mit Ball« 1927 K
»– in Blau« 1771
– mit Gans v. Chr. 200
»– mit dem Kreisel« 1953 K
»– mit Truthahn« 1954 K
»Knaben Wunderhorn, Des« 1806
»Knabenhandarb. i. d. heut. Erziehung« 1907 Ph
»Knabentorso« 1968 K
Knabenwallfahrten 1450
»Knack, The« 1965 K
Knallgas-Batterie 1959 W
Knapp, G. F. 1905 V
Knappe 1037
Knappertsbusch, H. 1965 M
Knappschaftskassen 1299
Knaths 1950 K
Knaus, H. 1934 W
–, L. 1855, 61, 1910 K
»Knecht Gottes Andreas Nyland« 1926 D
– Jan« 1902 D
Knef, H. 1948, 52, 62 K, 70, 75 D
Kneip 1904 D
Kneipp 1848, 89
Knickerbocker 1931 D, 32 K
Knidos, Eudoxos von v. Chr. 410, 380, 362, 356, 322, 206
–, Ktesias von v. Chr. 401
»Kniende« 1911 K
»– am Stein« 1914 K
Kniender Germane 100
Knigge 1788
Knight, Th. A. 1806, 07
Knipping, H. W. 1961 W
–, P. 1912 W
Kniprode, Winrich von 1351
Knipschild 1654
Knittel, J. 1930, 34, 36, 70 D
Knobelsdorff 1670, 99, 1737, 43, 44, 47, 53
Knöchelschuhe 1101 W
Knoeringen, W. v. 1968 Ph, 71 P
Knoll 1931 W
Knoller 1725, 69, 1804
Knorr, L. 1884, 1900 W
Knossos v. Chr. 2000, 1900, 1700, 1600, 1575, 1570
Knötel 1914 V
Knotenschrift v. Chr. 2205; n. Chr. 1475, 1501
»Knot garden, The« 1969, 71 W
Knox 1541
Knox-Johnston, R. 1969 V
»Knulp« 1915 D
Knut der Große 995, 1015, 17, 18, 26, 28, 35
Knuth, G. 1952 K
Koalitionskriege (gegen Napoleon) 1793, 98, 99, 1805, 13–15
Koalitionsrecht 1919, 1935 V
»– d. dt. Arbeiters, Das« 1899
Koalitionsverbot 1854
Kobalt 1951, 54 W
– 60 1954 W
Kobaltbombe 1955 P
»–, Gefahr oder Segen« 1955 W
Kobayashi, M. 1960 K
Koberger 1925 Ph
Koberling, B. 1967 K
Köbis 1917 P
Koblenz v. Chr. 9; n. Chr. 1830
Kobold« 1904 M
–, E. 1959 P
–, Erl. v. 1958 M
–, J. A. 1804, 11, 13, 34, 39
–, J. P. 1913 W
–, Robert 1843, 76, 80, 82, 84, 90, 1905, 06, 10 W
–, Rud. 1910, 17, 22, 29, 33 K
–, W. 1971 D
Kochanowski 1530, 78, 84

Kochba, Simon Bar 135
Kochbuch v. Chr. 169; n. Chr. 30, 4. Jh., 14. Jh.
Köchel, L. v. 1862
Kocher 1841, 1909, 17 W
Koch-Gotha 1926, 56 K
Koch-Grünberg 1903, 12 W
Koczian, J. v. 1958, 61 K
»Kodachrom« 1935 W
»Kodacolor« 1929 W
Kodak 1926, 32 W
Kodaly, Z. 1923 M
»Kodifikation d. intern. Privatrechts« 1901 V
Koedukation 1876
Koehler 1933 Ph, 35 W
Koelle 1927 D
Koenig, Fr. 1812, 14
–, Fritz 1957, 63, 67 K
Koenigswald, v. 1960 W
Koeppel, M. 1977 K
Koeppen, W. 1951, 53, 69 D
Koerbecke, J. 1457
Koessler, P. 1959 Ph
Koester, H. 1975 W
Koestler 1940, 45, 50 Ph
Koetsu, Honami 1558, 1637
Koexistenz 1959, 60, 64 P
–, aktive« 1956 P
Kögel 1914 W
Kogge 14. Jh.
Kogon 1946 Ph
Kohabitionsforschung 1966 W
Kohärer 1890
Kohl, H. 1969, 73, 75, 76 P
–, M. 1970, 74 P
Köhl 1928 V
Köhlbrandbrücke, Hbg. 1974 K
Kohle 9. Jh., 1113, 97, 1314, 1590, 1619, 82, 1792, 1870, 1904, 19, 21, 22, 24, 27, 30, 31 W, 35 P, 45–48 P, 50, 58, 61 V
Kohlebogen 1848
Kohledestillation 1917
Kohlehydrate 1943 W
Kohlekraftwerke, Ges. üb. 1974 V
Kohle/kWh 1955 V
Kohlemikrophon 1878
Kohlenbergbau-Krise 1968 V
Kohlenfaden 1966 V
Kohlenfadenlampe 1879
Kohlenoxyd 1922 W
Kohlensäure 1906, 40, 43 W
»Kohlensäureassimilation« 1920 W
Kohlenstaublokomotive 1927 W
Kohlenstoff 1949 W
––, radioakt. 1953, 61 W
Kohlenstoff-Isotop 1961 W
Kohleproduktion 1791, 1845, 72, 1952 V, 60 W
Kohler 1904 V
Köhler, E. 1948 P
–, F. 1966 K
–, O. 1943 W
–, W. 1913 Ph, 17 W, 20, 67 Ph
Kohleverbrauch 1776
Kohleverflüssigung 1913, 21, 34 W
Kohlevergasung 1934 W
Kohlevorräte 1951, 58 V
Kohlhase, Hans 1534
»Kohlhiesl's Töchter« 1920 K
Kohlhoff, J. 1961 W
Kohlrausch 1910 V
Kohlrübenwinter 1917 P
Kohlschütter 1914 W
Kohn, H. 1962 Ph
Kohoutek-Komet 1973 W
»Koine« v. Chr. 350
»Kojiki« 712
Kokain 1859, 84
Kokain-Narkose 1885
»Kokinshu« 905, 46
Kokken, Strepto- usw. 1880
Kokoschka, O. 1886, 1907 D, 08–10 K, 13, 14, 17, 18 K,

19 D, 21, 22, 24–27, 38, 43, 47, 49, 50, 51, 54, 55, 56, 59, 60, 62, 66, 67, 68, 70, 74 K, 75 D
Kokowzew 1911 P
Koks 1619, 1735
– im Erzgebirge 1713
Kolakowski, L. 1977 D
Kolar, J. 1971 Ph, 73 K
Kolb 1913, 16, 55 D
Kolbe 1877, 1902, 12, 23, 26 K, 27 D, 29, 30, 35, 44 ff. K
Kolbenblasmaschine 1950 W
Kolbenheyer, E. G. 1878, 1903, 08, 10, 25, 27, 29, 31, 34, 38, 62 D
Kolbenpumpe v. Chr. 254; n. Chr. 98
Kolberg, Marienkirche 1320, 1807
–« 1945 K
Kolchis v. Chr. 111
»–« 1957 K
Koldewey, R. 1870, 98
»Kollege Crampton« 1892
Kollektive Führung in der USSR 1953 P
Kollektivierung 1927, 29 P, 33 V, 37 V
– i. d. DDR 1960 P, 61 V
– i. Polen 1969 V
»Kollektivschuld«, dt. 1947 Ph
Kollektivverträge 1950 V
Koller, C. 1884
Kollett 1630
Kollf 1965 V
Kollias, K. 1967 P
Kölliker 1841, 44
Kollin, Bartholomäusk. 1399
»Kollisionen« 1972 M
Kollmann 1907 V
Köln 1230, 37, 1307, 1432, 47
Kollo 1913, 17, 35, 40 M
Kolloidchemie 1860, 1909, 15, 24–26, 47, 48 W
– –« (Grundr. d.) 1909 W
»– d. Protoplasmas« 1924 W
Kolloidtrennung 1948 W
Kollwitz 1867, 95, 99, 1900, 08–10, 16, 20, 21, 24, 25, 27, 29, 32, 37, 45 K
Kolmar 833
–, St.-Martins-Kirche 1366
Köln v. Chr. 38; 7; n. Chr. 50, 90, 100, 56, 250, 312, 21, 56, 785, 90, 861, 953, 75, 1056, 62, 1106, 56, 64, 80, 1228, 78, 88, 1308, 41, 56, 78, 88, 95, 96, 1425, 38, 45, 49, 15. Jh., 1475, 1505, 10, 42, 75, 82, 1701, 09, 1823, 40, 54, 1906 V, 08 V, 09 P, 19 P, 21 P, 28, 32 V, 33 P, 46 Ph, 74 V
–, Aufstand in 1513
–, Bruno v. 1084
–, 1. FC 1962, 77 V
–, Groß-St.-Martin 1240
–, Gürzenich 1444
–, Inst. f. Sportwiss. 1970 Ph
–, Jesuitenkirche 1627
–, Karnevalsumzug 1824
»– v. Messeturm, Stadt« 1956 K
–, Rathaus 1370, 78
–, St. Aposteln 1200
–, St.-Gereons-Kirche 590, 1070, 1221
–, St. Kunibert 1247, 13. Jh.
–, St. Maria 1054, 65, 1304
–, St. Maria im Kapitol 7. Jh., 11. Jh.
–, St. Pantaleon 980, 1165
–, Severins-Brücke 1959 V
–, Universität 1919 Ph
–, Wallraf-Richartz-Museum 1957 K
–, Wilhelm v. 1378
»Kölner Bibel« 1478
– Dom 970, 1200, 48, 1326, 22, 50, 78, 1440, 50, 1838, 42, 54, 80, 1923 W, 73 K

Kölner Dombaufest 1842
»– Kirchenstreit« 1837, 40
– Stadtrecht 1120
– Univ., Denkmal v. d. 1955 K
Kölnisch Wasser 1709
Köln-Mühlheim 1929, 50 W
Koloman 1095
Kolonialausstellg. 1931 V
Kolonialbesitz, dt. 1912 P
Koloniale Frauenschule 1926 Ph
Kolonialgesellschaft, Dt. 1884
Kolonialherrschaft, Ende d. 1958 bis 61 P
Kolonialinstitut, Amsterdam 1910 V
Kolonialkonferenz, frz. 1934 P
Kolonialkrieg, engl.-franz. 1755
Kolonialmächte 1900 P
Kolonialpolitik, dt. 1528, 46, 1683, 1717, 1884, 88, 90, 91, 98, 1900, 05, 06, 07, 08, 11, 12, 13, 14, 17 P
– –, Ende d. europ. 1974 P
Kolonialvölker, Emanzipation der 1955 P
Kolonisation, Ges. z. Förd. d. 1905 V
»Kolonne Hund« 1967 D
Kolophon v. Chr. 614, 330
»Koloß von Rhodos« v. Chr. 285
Kolping 1846
»Kolportage« 1924 D
Koltschak 1919, 20 P
Koltzoff 1927 W
Kolumbus 1451, 83, 92, 93, 98, 1500, 02, 06
»–« 1905 M
Komarow, W. 1964, 67 W
Kombinationslehre 1685
»Komedi i Hägerskog« 1959 D
Komeito 1969 P
Komet 1472, 76, 1531, 1618, 82, 1705, 44, 1910 W
–, Halleyscher 1911 V
– Kohoutek 1973 W
Kometen 1577
Kometenflugblätter 1577
Kometenwein 1911 V
»Komik u. Humor« 1901 Ph
»Kominform« 1947, 48, 50, 56 P
»Komintern« 1919, 35, 43, 47 P
Komische Oper, Ostberlin 1966 K
»Komitee d. nat. Befreiung« 1944 P
»Komm heiliger Geist« 1031
»–, Herr Jesu, sei unser Gast« 1885
Kommandogerät 1942 W
»Kommen und Gehen« 1966 D
»Kommende Baukunst« 1926 K
»Kommendes« 1954 K
»Kommentar z. Goethes Faust« 1959 D
»Kommune« 1871
»kommunalen Wissenschaft und Praxis, Handb. d.« 1957 V
Kommunalwahlen 1956 P
»Kommunalwirtschaft« 1911 V
»– u. Kommunalpolitik« 1911 V
»Kommunalwissensch.« 1940 V
»Kommunikation, Math. Theorie« 1948 W
»–, wissenschaftliche«, Symposium 1966 W
Kommunikationsarten 1960 V
»Kommunion des hl. Hieronymus« 1614

Kommunismus 64, 1526, 1796, 1818, 25, 48, 50, 71, 1959, 63, 77 P; s. a. Sozialismus
–, National- 1955 P
»– als pol.-soziale Weltreligion« 1953 Ph
–, Spaltung 1960 P
»Kommunistische Arbeitsgemeinschaft« 1921 P
– Partei Chinas 1921 P
» – – Deutschlands« 1918, 33, 51, 53, 54, 68 P
» – –, Verbot 1951, 56 P
» – – Marokkos 1960 P
» – – d. Sowjetunion« (Parteitage) 1903, 18, 52 P
» – Parteien 1960 P
» – Weltkonferenz 1969 P
»Kommunistisches Manifest« 1848, 1920 P
Komnenen 1081
Komödien (Terrakotten) v. Chr. 339
»–, Die« 1970 M
»Komödiantenroman« 1657
»Komödie der Irrungen« 1591, 1920 D
»–, Die menschliche 1829
»– d. Verführung« 1924 D
»– d. Worte« 1915 D
Komödienhaus, Dresden 1667
Komorous, R. 1968 M
»Kompagnie Soldaten, Eine« 1929 D
»Kompagny des Hauptm. Frans Banning Cocq« 1642
Kompaktaten, Prager 1433
Kompaß n. Chr. 3. Jh., 1124, 90, 95, 1351, 1492, 1904 W; s. a. Erdmagnetismus
»Komplementaritäts-Begriff« 1928 V
Komplementbindg. 1919 W
Komplexverbindungen 1919 W
»Komposition« 1911, 20, 30, 43, 45, 52, 54, 57, 60, 61, 67 K
»– BET« 1958 K
»– i. Blau-Gelb ...« 1958 K
»–, Gr.« 1953 K
»– Nemalos« 1961 K
»– Nr. 2« 1957 K
»– Nr. 198« 1953 K
»– i. Schwarz, Gelb u. Blau« 1950 K
»– in 2 Teilen« 1956 K
»– 57/15« 1957 K
»– 59/9« 1959 K
»Kompositionslehre« 1913 M
Kompowski, W. 1972 D
Kompressor 1922 W
Komsomolsk 1954 V
Konarak, Tempel 13. Jh.
Kondensator, elektr. Plattentyp 1748
Kondensator-Mikrophon 1917, 24 W
Kondor, B. 1966 K
Konduriotis 1924 P
Konemann, Pfaffe 1250
Konferenz der blockfreien Staaten 1964 P
Konfession, Augsburgische 1530, 1630
Konfessionsschule 1968 Ph
»Konflikt d. modernen Kultur« 1918 Ph
Konflikte nach Zahl und Art, politische 1967 P
»Konflikten leben, Mit« 1963 Ph
Konfliktforschung 1970 Ph
Konformismus, ideologischer 1969 W
Konfuzianische Ethik v. Chr. 2550
Konfuzianismus 1660
Konfuzius v. Chr. 8. Jh., 604, 551, 1. Jt., 479, 372, 4. Jh., 289, 209, 125, um

Chr. Geb.; n. Chr. 67, 2. Jh., 335, 85, 517, 732, 824, 1002, 86, 1130, 1394, 1528, 1826
Kongo 1960, 61, 63 P
–, Mittel- 1960 P
»– z. Niger u. Nil, Vom« 1912 W
Kongoakte 1885
Kongostaat 1885
»Kongregation Glaubenslehre« 1965 Ph
Kongreß, evang. sozialer 1903 Ph
»– f. kult. Freih.« 1950, 60 Ph
– –, Polen 1815
»– tanzt, Der« 1931 K
Kongreßpartei, Ind. 1969, 77 P
Konia 1071, 72, 1190, 1277
König 1926 P
»– abwärts – keiner, Vom« 1650
»– & Bauer 1914, 24 W
»– d. Bernina« 1900 D
»– David« 1921 M
»– Davids Traum« 1966 K
»– und seine Gemahlin im Palast v. Chr. 1355
»– Hirsch« 1963 M
»– und ich, Der« 1956 K
»– von Kandaules« 1901 D
»–, Kardinal 1968 Ph
»– Kohle« 1917 D
»– d. Könige« 1927 K
»– und Königin« 1953 K
»– – – auf Wildentenjagd v. Chr. 1355
»– Lear« 1606
»–, Leo von 1930 K
»–, M. E. P. 1973 Ph
»– Midas« 1917 D, 32 M
»– Nicolo ...« 1902 D
»– Ödipus« v. Chr. 406
»– Ottokar« 1825
»– in Preußen« 1688, 1701, 14
»–, R. 1959, 65 Ph
»– Rother« 1150
»– Saul« 1949 K
»– und der Tänzerin, Der« 1957 K
»– Tut-ench-Amun werden aus Asien Pferde gebracht v. Chr. 1320
»–, Der verborgene« 1957 D
»– von Yvetot« 1962 M
»Könige d. Germ.« 1911 W
König-Eduard-VII.-Land 1902 W
»Königen u. d. Krone« (V. d.) 1904 V
Königgrätz 1866
»Königin der Elegien« v. Chr. 31
»– Elisabeth« 1912 K
»– Hatschepsut als Sphinx v. Chr. 1490
»– v. Saba« 1915 M
»– St. Ursula« 1624
»Königliche privileg. Berlinische Ztg.« 1704
»– Hoheit« 1909 D, 53 K
»– Kingsblood, Der« 1947 D
»– preuß. Landesaufnahme 1919 V
»– Stadt« 1219
»Königreich d. Serben ...« 1918 P
»– Zion« 1534
»Königsberg« (Der aus) 1436
»–/Franken 1436
»–/Pr. 1255, 1457, 1551, 1906 V, 23, 24 W, 45 P
Königsberger Gelehrte Ges. 1924 P
Königsbildnis 200
»Königsbuch« 1020
Königsfelden 1320
»Königsgesetz« 1665
»Königsgräber von Ur v. Chr. 2550
»– – – 1927 W
»Königsidyllen« 1885
Königsinschriften (Lagasch) v. Chr. 2500

»Königskerze« 1941 K
»Königskinder« 1910 M
»Königsloge« 1929 K
Königslutter, Klosterkirche 1135
»Königsspiegel«, norw. 1250
»Königswald, G. v. 1937, 69 W
»Königtum Christi« 1925 Ph
Koninck 1616
Konjew, I. 1955, 62 P
Konjunktur, wirtschaftl. 1954 V
»Konjunkturforschung« 1925 V
Konjunkturlehre 1913 V
»–« 1928 V
Konjunkturzyklen 1815
Konjunkturzyklus 1968 V
Konkordat 1075, 1100, 06, 07, 15, 22, 23, 1289, 1319, 1417, 47, 1516, 1801, 55, 1910, 24, 26, 29, 33, 45 Ph
– von Canterbury 1100, 07
– Niedersachsen 1965 Ph
–, Reichs- 1957 Ph
–, Wormser 1075, 1106, 15, 22, 23
Konkordienbuch 1580
»Konkrete Kunst« 1944 K
Konkurse 1963 V
Konkursrecht 1925 V
»Können wir noch Christen sein?« 1911 Ph
Konnersreuth 1926 Ph
»–, Die Wahrheit über« 1954 Ph
»Konoide und Sphäroide« (Über) v. Chr. 212
Konon v. Chr. 394
Konopka, G. 1968 Ph
Konoye 1937, 40, 41 P
Konrad I. 911, 18
– II. 990, 1016, 24, 26, 32, 34, 36, 37, 39, 50, 1084
– III. 1093, 1127, 38, 47, 50, 52
– IV. 1228, 47, 50, 54, 68
– von Ammenhausen 1330
– von Heimesfurth 1198
»– Kiefer oder Anweisung zu einer vernünftigen Erzieh. der Kinder« 1796
– von Lothringen 1227
– von Marburg 1227
– von Masowien 1230
– von Megenberg 1309, 49, 74
– der Pfaffe 1130, 50
– von Soest 1204, 1404
– von Würzburg 1277, 87
Konradin 1268
»Konservative Partei, Dt.« 1876
»–, Revolut. i. Dt. ...« 1950 Ph
»Konservativer Sozialismus« 1930 Ph
Konservatorium, Sternsches 1850
Konservierung durch Luftabschluß 1756
Konsonantenschrift v. Chr. 1300
Konstantin I. 288, 306, 12, 13, 17, 23, 25, 30, 37, 40, 750
– I. von Griechenland 1913, 17, 20, 22 P
– II. 317, 37, 40
– IV. 668
– V. 775
– VII. 905, 12, 59
– XI. Paläologos 1453
– der Große 1457
– v. Griechenland 1964, 65, 67 P
Konstantinopel 330, 75, 80, 83, 95, 98, 400, 11, 25, 31, 51, 85, 532, 42, 59, 626, 68, 72, 710, 18, 25, 813, 63, 65, 70, 79, 917, 24, 41, 1081, 96, 1100, 70, 1200, 04, 28, 61, 1316, 18, 1414, 22, 37, 51, 53, 79, 1556, 89, 1614, 1888
–, Chorakirche 11. Jh.
–, Einnahme 1838

Konstantinopel, Erob. 1453
–, Hagia Sophia 532, 37, 6. Jh.
–, Konzil zu 381, 553, 680, 870, 79; s. a. Byzanz
Konstantinos Kephalos 960
»– Palaeologos« 1962 M
Konstantinus 863
Konstantius 417
Konstanz 525, 900, 1024, 1389, 1425
–, Friede von 1183
–, Konzilgebäude 1388
– Münster 11. Jh.
–, Univ. 1972 Ph
Konstanza 354
Konstanze 1186, 94
»–, Kaiserin« 1935 D
Konstanzer Konzil 1388, 1414, 17
– Meßbuch 1450
Konstitution von Krakau 1433
»Konstitutionslehre« 1927 W
»Konstruktion« 1955 K
»–, lineare« 1970 K
»Konstruktive Kunst ...« 1969 K
Konstruktivismus 1972 K
»Konsul« 1969 K
–, erster engl. 1485
Konsulativrat 1949 P
Konsulatswesen 1205
Konsumgenossenschaft 1844, 1902, 03, 28, 44, 48, 50, 60 V; s. a. Genossenschaft
»Kontakte« 1960 M
Kontaktverbot 1977 P
Kontikitheorie 1100
Kontinentalblöcke (Bruchzone) 1973 W
Kontinentaldrift 1961, 70 W
»Kontinentalsperre« 1806
Kontinentalverschiebung 1968 W
Kontinentalverschiebungstheorie 1915, 24 W
»Kontore« (Auslands-) 1294
»Kontrafaktur« 1973 M
Kontrapunkt 1100, 12. Jh., 13. Jh., 1309, 1430, 50, 15. Jh., 1480, 94, 1594, 1725
»– d. Lebens« 1928 D
–, linear. 1917 M
»Kontraste auf rotem Grund« 1952 K
»Kontrolle menschlicher Vererbung u. Entwicklung, Die« 1964 W
»Kontrollierte Wirtschaft« 1944 V
Konvent, frz. 1793
–, kath. 1940 Ph
Konvention geg. Terror 1971 P
»Konversation« 1955 K
Konversationslexikon 1808, 52, 1930 Ph; s. a. Enzyklopädie
Konvertierbarkeit, Währungs- 1958 V
Konvoi, Berlin- 1963 P
Konwitschny, F. 1955 M
Konzentration, Industrie- 1960, 61 V
»– des Kapitals« 1867
»Konzentrationsbewegung« 1922 V
Konzentrationslager 1908 D, 33 P, 35, 37 Ph, 42, 44, 45, 46, 49 P, 50 P
»– – (System d. dt.) 1946 Ph
»Konzeption« 1969 K
Konzeptismus 1600
Konzernverflechtung, Internationale 1973 V
»Konzert« 1717, 1880, 1909 D, 30, 34, 39, 40, 47 M
»– für Cello« 1967 M
»Konzertante Tänze« 1941 M
Konzerte, erste öffentl. 1725
»Konzertierte Aktion« 1967 P, 68 V
Konzertskandale 1913 M

»Konzessionen d. Himmels« 1961 D
Konzil zu Basel 1414, 31, 33, 34, 39, 40
– zu Chalkedon 449, 51
– zu Clermont 1095
– von Elvira 305
– zu Ephesos 411, 31
– zu Ferrara-Florenz 1431, 38, 39
– zu Konstantinopel 381, 553, 680, 870, 79
– zu Konstanz 1388, 1414, 17
– in London 1382
– zu Lyon 1245, 74
– zu Nicäa 305, 25, 81, 787, 843
– in Pisa 1409
– Tridentinisches 1031, 1320
– Vatikan- 1869, 1962, 63 Ph
–, 2. vatikan. 1965 Ph
– zu Vienne 1311
Kooning, W. de 1953, 55, 58, 73 K
Koopmans, T. 1975 V
Kopelent, M. 1965, 68 M
Kopenhagen 1367, 1445, 79, 1629, 1742, 58, 1801, 07, 1904 P, 29 Ph, 44 P, 47 M, 50 V
–, Christiansborg 1740
–, Hotel Air Terminal 1960 K
–, Neues Rathaus 1903 K
–, Theater 1722
–, Universität 1538
Kopenhagener Wellenpl. 1950 V
Kopernikanisches Weltbild vgl. Kopernikus
Kopernikus 1473, 91, 1503, 12, 40, 43, 49, 89, 97, 1613, 15, 16, 32, 33, 1822
»Kopf« 1907 K, 25 D
»– des Baumeisters« 1320
»– i. Ecknische« 1917 K
»– und Fisch« 1954 K
»– Ganga« 1953 K
»– d. Getöteten« 1917 K
»–, H. 1969, 61 P
»– I« 1958 K
»– 177« 1976 K
»– einer jungen Französin« 1957 K
»– einer lesenden Frau« 1953 K
»– nach links gewandt« 1952 K
»– ohne Gedächtnis« 1967 K
»– am Strand« 1953 K
Köpfe ägyptischer Prinzessinnen v. Chr. 1722
Kopfermann, H. 1963 W
»Kopf-Fetisch« 1967 K
»Kopfkissen-Skizzenhefte« 1000
Kopfplastik v. Chr. 8000, 2850
»Kopfstand Madame« 1966 K
Kopftransplantation 1977 W
Kopfübertragung, chirurg. 1959 W
Kopit, A. L. 1960 D
Köppen 1923, 24 W
Kopplung i. Weltraum 1975 W
Köpsel 1902 W
Kopulierung 1693
Korai-Dynast. 13. Jh.
»Koralle« 1918 D
»Korallen u. Haien, Unter« 1941 W
Korallen-Insel 1831
Koran 60, 7. Jh., 900, 1320, 59, 89
Korax v. Chr. 5. Jh.
»Korb m. Blumen« 1918, 50 K
Körber, H. 1969 D
Korbinian 725
Korczeniowski 1857
Korda, A. 1933, 56 K
–, Z. 1937 K
Kordilleren 1903 W
Korea 1960, 61 P

»Korea, Massaker in« 1951 K
–, Waffenstillstand 1953 P
Korea-Krise 1951 P
Korfes 1936 P
Korfu v. Chr. 550
Korinth v. Chr. 1000, 9. Jh., 748, 735, 700, 582, 549, 447, 425, 395, 387, 338, 337, 221, 146; n. Chr. 51, 54, 57, 59, 95
Korintherbrief 1924 Ph
»Korintherbriefe« 57
Korinthische Säule v. Chr. 413, 400, 334
Korinthischer Krieg v. Chr. 399, 395, 387
– Stil v. Chr. 413, 400, 4. Jh., 334, 3. Jh.
Körmendi 1904 W
Korn, A. 1904, 07, 23, 28, 45
Kornberg, A. 1957, 59 W
Korner, A. 1967 M
Körner, Gottfried 1815
–, H. 1960 D
–, Th. 1791, 1812, 14
–, Th. (österr. Bund.-Präs.) 1951, 57 P
»Kornfeld« 1826
»– mit Krähen« 1890
»– mit Mäher in der Sonne« 1889
Korngold 1897, 1908, 16, 20, 57 M
Kornhaus, Bremen 1591
»Kornpuppen« 1926 K
Korolenko, W. 1888
Koroneia, Schlacht bei v. Chr. 394
Koronograph 1930 W
»Körperbau u. Charakt.« 1921 Ph
Körperbehinderte 1919 V
»Körpergeschehen u. Neurose« 1932 Ph
Körpergröße von Schulkindern 1952 Ph
»Körperkultur« (Monatsschr.) 1901 V
– –, Reichsverbd. 1926 V
»Körperlich-seelische Wechselbezieh.« 1962 Ph
Körperschaften d. öff. Rechts 1910 V
Körperschaftssteuer 1963 W
»Korridor« 1919, 39 P
»Korsar« 1814
Korsett 1905 V
Kortner, F. 1919, 59, 70 D
Kortrijk, Schlacht bei 1302
Kos v. Chr. 460, 400, 377, 353, 340, 3. Jh., 250, 241, 220
Kosaken 1633
Koschnik, H. 1971, 73, 75, 77 P
Kosciuszko 1794
Kose no Kanaoka 890
Koser, R. 1893
Kosinzew, G. M. 1970 K
Koslow 1899
Kosma, J. 1969 M
Kosmetik 79, 549, 1110, 1950, 59, 61 V
»Kosmogenia« 1970 M
»Kosmogon« 1964 K
Kosmogonie 1755, 96, 1944 W
»Kosmogonischen Eros, Vom« 1922 Ph
Kosmologie s. a. Astronomie
–, chin. v. Chr. 120
»Kosmologischer Essay« 1929 Ph
»Kosmos« 1827, 45
»– Atheos« 1917 W
»– 54, 55, 56« 1965 W
»– -Satellit 1968 W
Kossäer v. Chr. 1700, 1600, 1550, 1450, 1240, 1171
Kossel, A. 1910 W
–, W. 1916 W
Kossina 1928 W
Kossuth 1802, 94

Kossygin, A. 1964, 65, 67, 70, 74 P
Koster, H. 1953 K
Kostoff, T. 1956 K
Kotchinchina 1945 P
Kothe, A. 1967 K
Köthen, Lehranstalt 1618
Kottabos-Gesellschaftsspiel v. Chr. 400
Kotthaus, E. 1955 K
Kottje, R. 1970 Ph
Kotzebue, Aug. v. 1761, 1801, 15, 19
–, O. v. 1815
Kou Chou King 1231, 1316
Kowa, V. de 1937, 47, 53, 54, 73 K
Kowal, Objekt 1977 W
Kowalewski 1904 Ph
Kowalski 1950, 57 K
KPD s. Kommunist. Partei Dtschlds.
KP-Gipfel 1976 P
KPSU (Parteitage) 1921 P
KP-Weltkonferenz 1968 P
Krabben-Nebel 1942 W
»Krach im Hinterhaus« 1934 D
»– um Jolanthe« 1930 D
Kraemer, D. 1976, 77 K
Kraepelin 1926 Ph
Krafft, Adam 1460, 90, 96, 1507, 08
Krafft-Ebing, R. 1886
»Kraft u. d. Herrlichkeit« 1940 D
»– u. Schönh.« 1901 V
»– und Stoff« 1855
»–, Über unsere« 1883
»Kräfte der unbelebten Natur, Bemerkungen über« 1842
Kraftfahrzeugbestand (s. a. PKW) 1954, 60 V
Kraftfahrzeugverkehr, intern. Abk. 1924 V
Kraftgesetz 1687
Kraftlinien, elektr. 1832
Kraftrad 1885
Kraftwagen 1885, 87; s. a. Automobil
Kraftwagenproduktion 1964 V
Kraftwerke, Kapazität d. 1960 V
Krag, J. O. 1962, 64, 66 P
»Krähengau« 1930 D
»Krähenfelder Geschichten« 1879
Krahl 1940, 41, 55, 60 K
Krakatau 1883
Krakau 1025, 1156, 1257, 1320, 64, 1430, 33, 45, 50, 77, 80, 90, 91, 1510, 33 13. Jh.
–, Dom 1366, 1477
–, Marienkirche 1226, 1477, 89
–, Tuchhaus 1390
Kramer, H. 1961 K
–, St. 1961 K
Krämer, I. 1964 V
Kran 1330, 1914 W
–, hydraulischer 1846
»Kranich, Hockender« 1954 K
»Kranke Mensch, Der« 1951 Ph
Krankenbett, Ausbildung am 1970 Ph
Krankengeld d. Arbeiter 1957 V
Krankengelder 1947 V
Krankenhaus v. Chr. 399; n. Chr. 370, 12. Jh., 1348, 77, 1403, 1579, 1602, 1710, 14, 1874, 85
Krankenkasse 1925 V
Krankenrenten 1925 V
Krankenversicherungspfl. 1883
Krankenüberwachung, automat. 1965 W
Krankenversicherung 1911 V
»Krankhafte Erbanl. d. Mannes« 1912 W

»Krankheit d. Jugend« 1929 D
»– zum Tode« 1849
»– u. Wetter 1960 W
Krankheitserreger 1873
–, arzneifeste 1956 W
Krankheitsversicherung 1911 V
»Kränze Petöffis, Die« 1966 K
Krasinski 1691
Krasnojarsk, Kraftwerk 1971 V, 72 W
Krassin 1922 P
»– 1928 V, 29 K
Kratinos v. Chr. 520, 421
Kratos v. Chr. 170, 168, 149
Krätze 1688
Kraus, E. 1951 K
–, G. 1911 W
–, K. 1899, 1919 D
Krause, E. 1961 Ph
Kraushaar 1961 K
Krauß, C. 1928, 54 M
–, W. 1913, 20, 22ff., 39, 40 K, 58, 59 D
Kräuterbuch 1349, 1485, 1500, 32
»– v. Chr. 320
»Kreatur« 1930 D
Krebs 1882
»– 1915 K
»–, Der« 1954 W
»–, H. A. 1953 W
»–, Konrad 1544
»– (Krankheit) 1906, 24, 37, 43, 47, 49, 50, 52, 54 W
–, Viren 1966 W
Krebsbestrahlung 1968 W
»Krebsbüchlein« 1780
Krebsdiagnose 1968 W
Krebsforschung 1966, 72, 76 W
Krebsforschungszentrum in Heidelberg 1964 W
Krebsfürsorge 1903 V
Krebsheilmittel 1957 W
Krebshemmstoff 1972 W
Krebspest 1872
»Krebsproblem, Das« 1949 W
»Krebsstation« 1968 W
Krebstheorie 1922
Krebstherapie 1951 W
»–, Mehrschritt-« 1965 W
Krebsvirus 1909, 56 W
Krebsvirusforschung 1975 W
Kredit, Swing- 1974 P
Kredit-Genossenschaft 1850, 88
Kreditvolumen 1962 V
Kreditwesen (Anfänge des) v. Chr. 2650; n. Chr. 13. Jh.
Krefeld 1936 W
Krefeld-Gellep 5. Jh., 1963 Ph
Kreibich, R. 1969 Ph
Kreide 1960 W
»Kreidekreis« 1350, 1924 D
Kreidemanier 1757
Kreis d. Fam.« 1932 D
–, W. 1873, 1902, 24, 26, 30 K
Kreis-auf-Kreis-Theorie 1240
Kreisberechnungen v. Chr. 2000, 212, 200, 170; n. Chr. 1596
Kreische 1932 K
»Kreise i. Kreis« 1923 K
»– der Natur, Im« 1953 K
Kreiselkompaß 1904 W
Kreisky, B. 1959, 70, 75, 76 P
»Kreislauf 1972« 1972 W
Kreisler, F. 1962 M
»... –, J.« 1820
»Kreismessung« v. Chr. 212
Kreisteilmaschine 1674
Kreiszahl Pi 6. Jh.
Krematorium 1878, 1912 Ph
Kremer 1512, 69, 94, 95
Kreml 1363, 92, 1922
Krempelmaschine 1762
Krems 1141
Kremser 1825
Kremsmünster 777, 83

Krenek, E. 1900, 19, 23, 26, 27, 29, 30, 33, 40, 41, 46, 49, 50, 51, 52, 54, 55, 58, 62, 64, 66, 67, 69, 70, 72, 73 M
Krenkel 1937 W
Krenn, H. 1967 K
Kresilas v. Chr. 439
Kress, H. v. 1970 Ph
»Kresse« 1940 K
Kreta, Herrschergrab 1965 W
Kretische Schrift, Entziff. 1951 W
Kretisch-Myken. Kult. 1921 W
Kretschmer 1921, 29, 45 Ph
Kretz, H. 1961 W
Kretzschmar, H. 1912, 19 M
—, J. 1921 Ph
Kreuder, E. 1953 D
—, P. 1935 K
Kreuer, W. 1957 K
Kreuger 1913, 32 V
Kreuger-Konzern 1917, 32 V
»Kreuterbuch, New« 1542
Kreutzberg, H. 1928, 68 M
Kreutzer, K. 1833, 34
»Kreutzersonate« 1805, 86, 1912, 37 K
Kreuz Christi 614, 28
»— im Gebirge« 1808, 09
— und Sonne 320
»— i. Venn« 1908 D
»Kreuzabnahme« 1115, 1442, 1569, 1614, 33
»Kreuze, Die 3« 1653
»Kreuzer« 1270
— 1566
—, H. 1966 Ph
»Kreuzerhöhung« 1610
Kreuzestod, Schuld am 1960 Ph
Kreuzfahrer 1071, 97, 1103, 51, 89, 99, 1200, 28, 34, 97, 1443; s. a. Kreuzzüge
»Kreuzigung« 740, 1225, 30, 1432, 61, 62, 81, 1502, 05, 12, 22, 30, 1617, 1932 K
»— Christi« 432
»— in Gelb« 1943 K
»— Petri« 1601
»Kreuzigungsgruppe« 1605
Kreuznach 1813
»Kreuzritter« 1960 K
»Kreuztragung« 1517
»Kreuzwegstationen« 1508, 1957 K
Kreuzworträtsel 1925 V
»Kreuzzeitung« 1848
Kreuzzug v. Chr. 325; n. Chr. 321, 7. Jh., 1065, 71, 88, 95-97, 99, 1147, 48, 12. Jh., 1153, 87, 89, 90, 94, 95, 97, 1204, 12, 17, 18, 28-30, 48, 13. Jh., 1255, 70, 90, 91, 1303, 90, 1444, 61
— — geg. Finnland 1150, 1250
»Kreuzzüge eines Philologen« 1762
Krickeberg, W. 1956, 61 Ph
Kriebelkrankheit 857
Krieck 1922, 27 Ph
»Krieg« 1894, 1917, 28 D
—, A. 1953 M
»—, Der« 1925, 43, 52 K
»—, Elend des« 1633
»— und Frieden« 1869, 1912 K, 47, 53 M, 54 D, 56, 65, 69 K
»— in Sicht«-Krise 1875
»—, Ein Tedeum« 1914 D
»Krieg ist vorbei, Der« 1965 K
»— d. Welten« 1938 V
»Kriege, Vom« 1816
—, Zahl der 1965 P
»Kriegen, Vermeidbarkeit v.« 1959, 60 P
»Krieger« 1953 K
—, Adam 1634, 57, 66
—, Arnold 1955 D
—, Fallener« 1957 K
—, Gefallener« 1975 K
—, Joh. Ph. 1649, 1725

»Krieger m. Schild« 1954 K
Kriegsächtungspakt 1856, 1928 P
»Kriegsbild« 1950 K
»Kriegsbüchlein des Friedens« 1538
Kriegsdienstverweigerer 1974 Ph
»Kriegserinnerungen« 1703
Kriegsernährungshilfswerk 1914 Ph
Kriegsgefangene 1948 P, 63 V
Kriegsgefangenen-Konferenz 1952 P
Kriegsgefangenen-Rückführung 1955 P
Kriegskosten, dt. 1918 V
——, ges. 1918 V
Kriegskredite, Verweig. 1915 P
»Kriegskunst...« (Gesch.) 1907 P
Kriegsschulden, Rückzahlg. 1960 V
Kriegsunfallversich. 1663
Kriegsverbrechen i. Frankr. 1963 P
»Kriegsverbrecher...« 1944 Ph
»Kriegsverbrechergesetz« 1945 P
Kriegsverbrecherprozeß 1946 P
Kriegszustand, Beend. 1951 P
Kriemhild 453, 13. Jh.
Kries 1901 Ph
Krijgelmans, C. 1962 D
Krill 1976 V
Krim v. Chr. 6. Jh., 480, 355, 111; n. Chr. 1204, 1316, 1450, 51, 72, 1774, 83, 1921, 44 P
»Kriminalgeschichten« 1841
Kriminalistik 1882
»— « 1900 Ph
Kriminalität 1951 Ph, 72 V
— in der BRD 1965 V
— in Städten 1964 V
— i. USA 1973 V
Kriminalmuseum 1915 Ph
Kriminalpolizei 1805
»Kriminalpsycholog.« 1905 Ph
»Kriminelle Jugend« 1961 Ph
Krimkrieg 1853, 54, 55, 56
Krinoline 1850, 70
»Krippe, Die« 1963 M
»— zum Kreuz, Von der« 1912 K
Krische 1897
»Krise der modernen Staatsgedankens...« 1925 Ph
»— und neuer Anfang« 1966 Ph
»— d. Psychoanalyse« 1928 Ph
»— d. Sozialdemok.« 1916 P
»— i. Weltgeldsystem« 1933 V
»— d. westl. Philosophie« 1963 Ph
Krisenforschung 1965 W
Krisenunterstützg. 1932 P
Krishnamishra 12. Jh.
»Krisis d. europ. Kult.« 1917 Ph
»Krist« 868
Kristalldetektor 1906
Kristalle 1611, 69, 1772, 1824, 30, 48, 62, 83, 1901, 06, 13 ff., 26, 30, 32, 33, 35, 48 W
Kristallgitter 1848
Kristallisierung von Viren 1955 W
Kristallisomorphie 1818
»Kristallnacht« 1938 P
Kristallpalast, London 1851
»Kristallseelen« 1917 Ph
Kristallstruktur 1913, 15 W
»Kristalluhr« 1933 W
Kristiania 1624, 1925 P
Kristin Lavranstochter« 1922 K
»Kritias« v. Chr. 347
Kritik d. Herzens« 1874
»— der Kritik« 1959 D

»Kritik d. künstl. Weltsprachen« 1907 D
»— d. öff. Meinung« 1922 Ph
»— der polit. Ökonomie« 1859
»— der prakt. Vernunft« 1788
»— der reinen Erfahrung« 1888
»— — Toleranz, Die« 1966 Ph
»— — Vernunft« 1781, 1902 Ph
»— — Metakritik zur« 1799
»— der Urteilskraft« 1790
»— der Vernunft, Neue« 1806
»— der Zeit, Zur« 1912 Ph
Kritios, Knabe d. v. Chr. 485
»Kritische Abhandlung über den Gebrauch des Wunderbaren in der Poesie« 1741
»— Studien...« 1906 Ph
»— Theorie« 1930 Ph
»Kritischer Führer der deutschen Literatur« 1962 D
»— Realismus« 1920 Ph
Kritolaos v. Chr. 156
Kriwet, R. 1965 K
Kroaten v. Chr. 640; n. Chr. 293, 7. Jh., 1095, 1242, 1918, 21, 25, 26, 28, 29, 39, 41, 45
Kroetz, F. X. 1971, 75, 77 D
Krögelgen 1870
Kroger 1844, 1908, 18 D
Krogh 1920 W
Kroh, O. 1929, 34, 52, 55 Ph
Kroisos v. Chr. 682, 561, 549, 547
Krokodiljagd 1970 V
Kroll, K. 1952, 53, 56, 69 D
Kronawitter, G. 1972 P
»Kronbraut« 1902 D, 19 M
»Kronenwächter« 1817
Kronherren 1603, 1869
Krönig, A. 1856
Kronstadt 1211, 1921 P
»Krönung, Die« 1964 D
»— Eduards VII.« 1902 K
»— der Popäa« 1642
»— Wilhelms I.« 1865
»Krönungskonzert« 1790
»Krönungsmesse, Ungar.« 1867
Kropf 1818
Kropfoperation 1917 W
Kropotkin 1922 Ph
Kroppach, H. D. 1972 D
Kröse 1590
Krossopterygier 1938, 54 W
Kroton v. Chr. 534
Krøyer 1909 K
»Krüderbrunnen« 1909 K
Krueger 1915, 24, 26 Ph
Krüger, Fr. 1836
—, H. 1963 P
—, J. Ph. s. Krieger
—, M. 1968 D
Kruif, P. de 1926 V
Krukenberg 1930 W
Krumbacher, K. 1892
Krummhorn 1400
Krupp 1811, 12, 47, 53, 60, 87, 1902, 09, 12 V, 19, 23, 24, 26 W, 63, 74 V
»— v. Bohlen u. Halbach 1909 V
»— —, A. 1967 V
»—, Firma F.« 1967 V
Krupp-Direktorium 1928 P
»Krüppel a. Meer« 1916 K
Kruse, K. 1910 K
—, 1977 Ph
Krushenik, N. 1966, 73 K
Kruzifix i. d. bild. Kunst 6. Jh.
—, Lutherkirche Berlin 1967 K
»Kruzifixus« 1473
KSZE 1975, 77 P, 77 Ph
Ktesias aus Knidos v. Chr. 401
Ktesibios v. Chr. 3. Jh.
Ktesiphon 226, 498
Ku K'ai-chi 334, 405
Ku Klux Klan 1865
Kuan-chung 1182
Kuang-sü 1875, 98
Kuba 1959 ff., 71 P
Kubel, A. 1973, 74, 76 P

Kubelik, R. 1964, 65 M
Kubicek, J. 1969 K
Kubilai Chan s. Kublai Khan
Kubin, A. 1877, 1902, 03 K, 08 D, 59, 73 K
»Kubinke« 1911 D
Kubismus 1907, 08, 63 K
»—, Der« (Ausst.) 1973 K
»—, Der Weg z.« 1920 K
Kubitschek, J. 1976 P
Kublai Khan 1259, 67, 74, 79, 80, 82, 94
Kubrick, St. 1971 K
Kuby, E. 1957 D
Küch 1904 W
Küchenmeister, R. 1968 K
»Kuckucksjahre« 1967 K
»Kuckucksnest, Einer flog übers« 1976 K
Kuckucksuhr 1738
Kuczynski 1931, 48 V
Kudara Kawanari 853
Kues, Nikolaus von s. Nikolaus von Kues
Kufra 1878, 1920 W, 31 P
»Kugel und Zylinder« v. Chr. 212
Kugelamphorengruppe v. Chr. 4000
Kugelhaufen 1944 W
Kugelstoßen 1948 ff., 62 V
Kugler 1840, 56
»Kuh, Die« 1959 D
»—, ihr Kalb säugend...« v. Chr. 1200
»— m. Sonnenschirm« 1946 K
»Kühe unter Bäumen« 1910 K
»Kuhle Wampe« 1932 K
»Kuhmäuler« 1490
Kuhn 1941 W
—, F. 1961 D
—, H. 1945, 46, 55, 57 K
—, R. 1931, 33, 38, 49 W
—, W. 1951 W
Kühn 1973 P
—, A. 1922, 41 W
—, D. 1971 D
—, Herbert 1921, 23, 25 K, 51 Ph, 52 K
—, Heinz 1966 P
—, Sophie 1795
Kuhnau 1696, 1700
Kühne 1914, 16 K
Kühnelt, W. 1952 W
Kuhnert 1911 K
»Kuhreigen« 1911 M
Kuhweide, W. 1964 V
Kuiper 1942, 48, 49, 51, 55 W
Kujau, K. v. Chr. 660
Kukenthal 1923 W
Kulenkampff 1948 M
Kulissen 1640
Kulm 1188, 1230, 31, 1466
Kulmbach 1569
Kulmerland 1243
Kulmisches Stadtrecht 1231
Kulp, J. L. 1953 W
Külpe 1905, 12, 22 Ph
»Kult d. höchsten Wesens« 1794
Kültepe v. Chr. 1875
Kulttanzbild, steinzeitl. W.
»Kultur, Am Anfang der« 1973 Ph
»— der Bevölkerung im Altai...« 1960 Ph
»— und Ethik« 1924 Ph
»— der Gegenwart« 1906 Ph
»— und Gesellschaft« 1965 Ph
»—, Kraft, Kunst« 1906 Ph
»— der Renaissance in Italien« 1860
»—, Urformen d.« 1956 Ph
Kulturabkommen, dt.-amer. 1953 Ph
»Kulturarbeiten« 1917 K
Kulturaustausch, dt.-frz. 1963 Ph
»kulturelle Hirtwort von Angst, Mißtrauen, Der...« 1965 K
»Kulturentwicklung, europ.« 1920 Ph

Kulturfilm in Dtschld. 1953 K
Kulturfilmkongreß 1949 K
Kulturfilmpflicht 1934 V
»Kulturgeograph. Atlas« 1947 W
»Kulturgeschichte Afrikas« 1933 Ph
—, griech. v. Chr. 310
»— als Kultursoziologie« 1935 Ph
»— d. Menschheit« 1961 Ph
»— u. Sittengesch. Berlins« 1910 Ph
»— u. Universalgesch., Inst. 1909 Ph
»Kulturideal d. Liberalismus« 1947 Ph
Kulturkampf 1872, 86, 87
Kulturkonferenz, SED- 1957 Ph
»Kulturkreise« 1873
Kulturkreislehre 1904, 11, 26, 38 Ph
Kulturkritik 1968 Ph
»Kulturlehre des Sozialismus« 1922 Ph
Kulturmorphologie 1904, 25 Ph
—, Forschungsinst. 1925 Ph
»Kulturmuster« 1934 Ph
»Kulturni Život« 1963 Ph
»Kulturphilosophie« (Probleme) 1937 Ph
»Kulturpolitik i. indopazif. Raum« 1939 Ph
»Kulturproblem des Minnesanges« 1913 Ph
»Kulturrevolution« 1966 P
»—, chin.« 1965, 67 P
»Kultursoziologie« 1927, 35 Ph
Kulturstatistik der USSR 1955 D
Kulturtherapie 1973 Ph
Kultur-Über-Ich 1930 Ph
»Kulturverordnung« 1949 Ph
»Kulturwissenschaft« 1909 Ph
Kumanen 450, 1239, 1386
Kumarajiva 385
Kümmel, O. 1911, 21, 29, 52 K
Kumram v. Chr. 146
Kun 1919 P
Kunad, R. 1964 M
Kunaxa, Schlacht bei v. Chr. 401
Kunckel, Joh. 1680
Kündigungsschutzgesetz 1927 V
»Kundschaften« 1731
Kunersdorf 1759
Kunert, G. 1958, 69 D
Kung-tse s. Konfuzius um Chr. Geb., n. Chr. 67, 385
Kunigunde die Heilige 1230
Kuniyoshi 1940 K
Künkel 1929 Ph
Künneke 1919, 21, 53 M
Künneth 1931 Ph
Kunst, aleatorische 1917 D
»— und Altertum« 1832
»—, apparative« 1973 K
»— Chinas...« 1929 K
»— aus dem Computer« 1967 K
»—, Erste Ausstellung zeitgenössischer K.«
»— der Etrusker« 1929 K
»— des Eudoxos« v. Chr. 200
»— d. Farbe,...« 1961 Ph
»— der Fuge« 1749, 1927 M
»—, informelle« 1962 K
»—, inoffizielle sowjet. 1976, 77 K
»— und Künstl.« 1906 K
»— — Licht – Kunst« 1966 K
»— und Literatur, Sozialgeschichte der« 1953 Ph
»— Medien« 1973 K
»— unter Mikroskop u. Sonde« 1973 Ph
»—, neueste Formen« 1965 Ph
»— der neuesten Zeit« 1906 K

»Kunst Ostasiens« 1921 K
»– d. Primitiven« 1923 K
»–, Psychologie der« 1950 Ph
»– und Rasse« 1928 K
»– der Rede« 1940 Ph
»– und Revolution« 1849
–, röm. v. Chr. 80
»– und das schöne Heim« 1901 K
»– des Sprechens« 1907 D
»– des Sterbens« 1450
»– ohne Stoff« 1050 K
»– als Suche nach Freiheit« 1973 K
»–, Weltgeschichte der« 1947 K
»– u. Wahrheit« 1958 Ph
»–?, Was ist« 1897
»– der Weltanschauung« 1911 Ph
»– des Wesentlichen, Eine« 1961 K
»–, die Wollust zu empfinden« 1751
Kunstakademie Berlin 1696
– – Breslau 1903, 18, 32 K
– – Paris 1648
Kunstausstellung in Berlin 1971 K
– –, 6. Freie Berliner 1976 K
»Kunstberichte« 1936 K
»Kunstdenkmäler« 1905, 12 K
Kunstdiebstähle 1959 K
»Künste« 1453
Kunsterziehungstag 1901 Ph
»Kunstformen der Natur« 1899, 1904 K
Kunstgas 1948 W
Kunstgenossenschaft 1902 K
– –, Allg. Dt. 1841
Kunstgeschichte 79, 170
»– « 1906 K
»Kunstgeschichtliche Grundbegriffe« 1915 K
Kunstgewerbe 1892
»– « (Europ.) 1902 K
»– – u. Arch.« 1907 K
»– in Japan« 1911 K
»– – (Renaissance i.) 1901 K
Kunstgewerbeausstellung, dt. 1906 K
– – –, internationale 1902, 25 K
»Kunstgewerbes, Vater des mod.« 1878
Kunstglas-Ausstellung, Coburg 1977 K
Kunsthandel 1973 K
– b. Dürer 1498
Kunsthandwerk, spätsassanid. 552
Kunstharz 1909, 43, 47 W
»Kunsthistoriker« (Dt.) 1924 K
Kunsthochschule, Nürnberg 1662
Kunstkammer 1550
–, Berliner 1688
–, Wiener 1563
Kunstleder 1824
Kunstlehrbuch 1100
»Künstler« 1789
–, Bericht zur Lage der 1975 Ph
»– und seine Frau, Der« (Huth) 1954 K
»– u. d. erdachte Landschaft, Der« 1965 K
»Künstlerblut« 1906 M
»Künstlerbund« 1902, 04, 06, 36, 50 K
Künstlerische Bühnenvorst. 1911 V
»Künstlers Erdenwallen« 1833
»Künstliche Intelligenz« 1965 K
»Künstliches Gehirn« 1949 W
»– Herz« 1939, 42, 48 W
»Kunstliebhaber, Der« 1962 K
»Kunstreiter, Die« 1931 K
Kunstseide 1885, 1910, 38 W, 40 V, 41 W, 47 V
Kunstschule Breslau 1791

Kunststoff 1824, 60, 69, 85, 1907, 09, 10, 12, 21, 30, 31, 32, 36, 38–41, 43, 47, 63 W
– –, temperaturbest. 1961 W
»Kunststoffe« 1939 W, 60 V, 61 W
Kunststofferzeugung 1971 V
– – – (neuart.) 1971 W
Kunststoffherz 1965 W
Kunststoffkarosserie 1953 W
Kunststoffplastik 1973 K
Kunststoffproduktion 1957, 60, 67 V
»Kunststofftechnik u. -anwendg.« 1931 V
»Kunstübermittlungsformen« 1977 K
Kunstverein 1814, 24, 28
– – (Nürnbg.) 1792
–, Zürcher 1787
Kunstur v. Chr. 85; n. Chr. 1202, 32, 1352, 61, 1407, 19, 70
»Kunstwerk« 1934 D
»– –, Heilkunst u.« 1961 W
»– der Zukunft« 1850
»Kunstwissenschaft« 1905 K
»Kunterbuntes Epos« 1904 D
Küntcher, G. 1950 W
Kunwalder Vereinigung 1457
Kunze, E. 1971 Ph
– , R. 1973, 77 D
Künzel, E. 1971 Ph
Kuo Mo Yo 1895
Kuomintang 1866, 93, 1912, 17, 23, 25, 27, 28, 40, 45 P
Kupetzki 1667, 1740
Kupfer v. Chr. 4000, 3900, 3700, 3000, 2500, 2225, 2000, 1750, 1580, 1501, 2. Jt., 1250, 401; n. Chr. 100, 968, 1100, 99, 1398, 1499, 1592, 1604, 1709, 1946 V
Kupferbaugesellsch., schwed. 1284
Kupferbergbau 1906 V
Kupfergewinnung auf Sinai v. Chr. 2780
Kupferstich, Datierung 1446, 97
Kupferstiche, erste erhaltene 1440, 15. Jh., 1459
Kupferstichkabinett, Dresden 1720
Kupferstichmeister 15. Jh.
Kupfertiefdruck 1891
Kupferzeit v. Chr. 4000, 3900, 3000, 2500, 1000, 1750
Kupkovič, L. 1968 M
»... Kuppel war ein plumpes Ding« 1970 K
Kuppelgrab, frühchristl. 1954 W
Kuppel-Reliquiar 1165
»Kupplerin« 1656, 1920 K
Kuratorium »Unteilbares Deutschland« 1954 P, 66 P
Kurbel v. Chr. 800, 230
Kurdenproblem 1975 P
Kurdistan v. Chr. 2525
Kütenberg, Der von 1157
Kurhessen 1866
Kurierdienst v. Chr. 550; n. Chr. 1298, 1425
Kurland 1237, 58, 161, 1884; s. a. Baltikum 1915 P
Kurosawa, A. 1950 K
»Kurpfalz« 1356
Kurpfuscherei 1477, 1580
»Kursachsen« 1356, 1423, 85
»Kursbuch« 1965 D
Kürschner 1925 W
– , H. 1969 K
– Literatur-Kalender 1879
»Kurskorrektur« 1973 Ph
Kürten 1929 K
Kurth, E. 1917 M
– , W. 1956 Ph
Kürti 1956 W

»Kurtz deudsche Musica« (Eyn) 1528
Kuru-Krankheit 1976 W
Kurus v. Chr. 4. Jh.
Kurverein v. Rhense 1337, 38, 46
Kurz, I. 1853, 89, 90, 1922, 25, 31, 39 D
– , M. 1907 K
»Kurze Begegnung« 1945 K
– Brief z. langen Abschied, D.« 1972 D
»Kurzes Leben, Ein« 1905 M
»– Straße, Die« 1936 D
»Kurzer Traktat über die Frage, wie man in einem Lande Reichtum an Gold und Silber erhalten kann, das keine Bergwerke besitzt« 1613
»Kurzgeschichten« 1947 D
Kurzschrift v. Chr. 350, 65; n. Chr. 1170, 1924 K
Kurzwellen 1919, 24–26, 28, 30, 32, 39, 42, 47, 49 W
»– – mit Beethoven« 1969 M
Kurzzeitmessung 1951, 70 W
Kusch, H. 1965 W
– , P. 1955 W
Kushana-Dynastie 75, 120
Kushana-Reich, nordind. 250
Kusnezk 1937 V
Kusnezow, A. 1969 D
»Kuß« 1886, 98, 1901, 21 K
»– der Fee« 1930 M
»– am Meer« 1903 K
»Küsse« 1536
Kussewitzky 1909, 24, 51 M
»Küste« 1923 K
»– von Monaco« 1884
»Küsten d. Lichtes, Die« 1960 K
Küstenfahrt« v. Chr. 325
Küster 1912 W
Kutschen 1704, 05
Kutscher, A. 1960 D
Kütschük, F. 1960 P
»Kuttel Daddeldu« 1923 D
Kuttenberg, Barbarakirche 1388, 99
Kuttenberger Bergordnung 1299
Kuzmin, A. D. 1959 W
Kuznet 1941 V
Kuznets, S. S. 1970 V
Kvenvolden, K. A. 1971 W
Kviesis 1930 P
»KWARZ« 1970 K
»Kwarzorama« 1975 K
Ky, Nguyen Cao 1965, 67 P
Kyaxares v. Chr. 625, 612
Kybele v. Chr. 820, 204; n. Chr. 138
Kyber 1912 D, 23 Ph
Kybernetik 1940 W, 52 Ph, 59 W, 60 Ph, W
»– « 1948, 60 W
»– u. Geisteswissenschaften« 1960 Ph
»– und Philosophie« 1966 Ph
Kybernetik-Kongreß in München 1968 W
»Kybernetische Grundl. d. Pädagogik« 1962 Ph
– Stadt 1969 W
Kyeser von Eichstädt 1405
Kyffhäuser, Höhlenkult 1955 W
Kykladen v. Chr. 2500
Kynikerschule v. Chr. 444, 412, 395, 366, 323, 308, 305
Kynosarges v. Chr. 5. Jh., 366
Kynoskephalae, Schlacht bei v. Chr. 197
Kyo, M. 1957 K
Kyoto 750, 94, 1053, 1202, 1336, 1403, 49, 1558
– , Katsura-Palast 1629
Kyrene, Ephoros von v. Chr. 355
–, Synesios von 40
»Kyrie eleison« 900, 1125
»Kyrillisches« Alphabet 863

Kyrillos 200
Kyrnos v. Chr. 540
»Kyropädie« v. Chr. 354
Kyros v. Chr. 401
– I. v. Chr. 620
– d. Ä. v. Chr. 354
– von Persien v. Chr. 550, 547, 546, 539, 538, 529, 515
Kyzikos, Schlacht bei v. Chr. 410

L

»La Chinoise« 1968 K
– Coruña 100
– Farge 1950 K
– Fontaine 1913 P
– Paz (Tornado) 1976 V
– Plata 1515, 1939 P
– –, Vizekönigr. 1776
– Roche, Sophie 1731, 83, 1807
– Rochelle 1628
– Sale, A. de 1459, 86
– Salle 1673, 84
– Tour, G. de 1640, 50
– Tourette 1960 K
– Trappe, Kloster 1140
Laabs, H. 1957 K
Laban, R. v. 1919, 20, 26, 32, 35, 58 M
Labé 1525, 66
Laber, Hadamar von 1340
Labienus v. Chr. 52, 45
Laboe, Marineehrenmal 1927 K
Laborit 1951 W
»Labour Code, The International« 1951 V
– Parteitag 1960 P
– Union, National« 1866
Labour-Party 1900, 06, 47, 52, 63 P
Labrador 1950 W
Labro, Ph. 1973 K
»Labyrinth, Besehbares Bild« 1966 K
»–, Das« 1961 K
»Labyrinthe« 1959 D, 66 K
»Labyrinthisches Interieur« 1967 K
Lacedelli, L. 1954 K
»Lache Bajazzo« 1953 M
»Lächeln der Auguren« v. Chr. 150
»– am Fuße der Leiter« 1965 K
»– der Penaten« 1927 D
»– u. das Lächeln« 1948 Ph
Lachenal 1954 V
»Lachende Kavalier, Der« 1624
Lachenmann, H. 1969 M
»Laches« v. Chr. 347
»Lachrymae« 1605
»Lachweiler Geschichten« 1911 D
Lackfilm 1936 W
Lackmalerei v. Chr. 1000; n. Chr. 1500
Laclos, P. de 1782
»Lacombe Lucien« 1974 K
Lactantius, Luc. Cäcilius 300
Lactoflavin 1933 W
»Laden in der Hauptstraße, Der« 1966 K
Ladestock 1698
Ladislaus I. 1095
– V. Posthumus 1457
Ladung, magnet. 1975 W
»Lady Chatterley« 1928, 60 D
»– Macbeth in Minsk« 1934 M
»– Windermeres Fächer« 1893, 1925 K
»Ladykillers« 1955 K
Laënnec, R. T. H. 1819
Laermans 1904 K
Laertius 225
Lafarge, F. 1965 K
Lafayette, de 1720
– , J. de 1757, 1833, 34
– , Marie Mad. de 1634, 78, 93
Lafiteau 1724

Lafontaine 1621, 68, 74, 95, 1762
Laforet, C. 1958 D
Lagarde 1827, 91
Lagasch v. Chr. 2500, 2450, 2400, 2100, 2029
»Lage d. dt. Industriearbeiters« 1931 V
– der Nation, Materialien zur 1972 P
Lagercrantz, O. 1961 D
Lagerkvist 1944, 50, 51, 52, 53 D
Lagerlöf 1858, 91, 97, 99, 1902, 04, 07, 12, 14, 18, 25, 28, 40 D
Lagrange 1736, 88, 1813
Lähner, A. 1827
Lahore 1929 P
Lahs, C. 1951 K
Laienbruderschaften 14. Jh.
Laienkelch (Hussiten) 1436
»Laienspiegel« 1509
Laika (Polarhündin) 1957 W
Laird, M. R. 1969 P
»Lais« 1167
»Laissez-Faire« 1926 V
»Lake Shore Drive Apartments« 1951 K
– Success 1946 P
Lakehurst 1924 W, 37 V
Lakeland, Southern College 1940 K
»Lakonia« 1963 V
Lam, W. 1973 K
Lamac 1925 K
Lamarck 1809, 82
Lamarckismus 1905 Ph
Lamartine 1790, 1830, 38, 69
»Lamb« 1915 K
– , W. E. 1955 W
Lambarene 1913 Ph, 53 P
Lamb-Bethe-Effekt 1955 W
Lambert, J. H. 1728, 59, 60, 63, 72, 77
– li Tors 1180
Lambertson 1956 W
Lambeth-Walk 1938 M
Lambsdorff, O. 1977 P
Lamettrie 1709, 45, 48, 49, 51
Lamington, Mt. 1951 V
Lamischer Krieg v. Chr. 322
»Lamm, Das« 1954 D
– Gottes« 4. Jh.
Lammasch 1912 V
Lämmert 1976 Ph
Lammeyer, F. 1962 K
Lamorisse, A. u. P. 1956, 60 K
»Lampe, Die« 1956 K
Lampedusa, G. T. v. 1958 D
Lampel 1929 D
»Lampenlicht« 1941 K
Lampersberg, G. 1967 M
»Lampioon küßt Mädchen ...« 1928 D
Lamprecht, A. 1974 K
– , G. 1925, 26, 31, 42, 46 K
– , K. 1909 Ph
– der Pfaffe 1125
Lampsakos, Straton von v. Chr. 240
Lancaster 1399, 1445, 55, 61, 70, 71, 85
– , B. 1953, 55, 61 f. K
– , J. 1805
»Lancelot« 1191
Lancret 1690, 1731, 45
Land Art 1972 K
– , E. H. 1963, 72 W
– nach Indien« (Zu) 1910 D
– des Lächelns« 1929 M
– der Versprechung« 1912 P
Landarbeiter, Rückgang d. Zahl 1967 V
Landarbeitsordnung 1919 V
»Landarzt« 1920 D, 53 M
Landau, L. D. 1941, 62, 68 W
»Landauer« 1704
– , G. 1901, 19 P
Landauerkapelle 1511
»Landbau« (Über den) 64
»Lande, zu Wasser, Zu« 1960 D

»Länderbeschreibungen« 1626
Länderentdeckung (frühe) v. Chr. 3000, 1501, 1250, 620, 595, 530, 517, 500, 424, 330, 325, 285, 2. Jh., 145, 100, 22, 19, 5; n. Chr. 20, 100, 05, 2. Jh., 525, 800, 85, 900, 1000, 1166, 1245, 53, 71, 92, 98, 1318, 24, 25, 41, 52, 64, 77, 1416, 19, 15. Jh., 51, 59, 60, 62, 69–71, 74, 80, 83, 85, 87, 88, 92; s. a. Geographie
Landerziehungsheim 1898, 1927
»Landerziehungsheime« (Dt.) 1917 Ph
Landesaufnahme, Reichsamt 1919 V, 25 W
»Landesinneren, Ber. a. d.« 1972 D
Landespfandbriefanstalt 1922 V
»Landessprache« 1960 D
Landfriede 1103, 1235, 54, 1488
– von Eger 1331, 89
»Landhaus in Bellevue« 1880
»– u. Garten« 1907 K
Landino 1325, 97
Landkarte v. Chr. 3000, 2420, 1250, 560, 170, 78; n. Chr. 4. Jh., 1150, 1284, 1319, 25, 1464, 71, 92, 1523, 38, 44, 54, 68, 69, 70, 95, 1617, 55, 1725, 49, 1817, 1946 W; s. a. Geographie
Landkartentheorie 1976 V
Landkirchenbauten 7. Jh.
Landkriegsordnung 1899
»Ländlicher Rhythmus« 1953 K
»Landmädchen« 1929 K
Landolt 1909 K
»Landpartie« 1953 K
Landpflanzen, Ursprung 1975 W
»Landprediger von Wakefield« 1766
Landrecht 1794
Landry 1925 W
Landsberg, Festung 1924 P
–, Herrad von 1175
»Landschaft« 1436, 1522, 1953, 54, 64 K
»– 2« 1963 K
»– m. 3 Bäumen« 1643
»– bei Aix« 1890
»– in der Brianza« 1955 K
»– m. Brücke« 1883
»– m. Diogenes« 1648
»– m. großer Fichte« 1523
»– m. Fig.« 1939 K
»–, Gegenpol od. Fluchtraum?« 1974 K
»– m. Häusern« 1909 K
»– i. Herbst« 1943 K
»– m. Kühen« 1626
»– d. Megalithe« 1935 K
»– m. Rädern« 1937 K
»– m. Regenbogen« 1809
»– m. Ruine« 1651
»– m. Schafherde« 1534
»– mit Spiegelungen« 1964 K
»– b. Tivoli« 1817
»– m. Wasserfall u. Bambushalle« 1343
»– mit Wassermühle« 1661
»– m. Zypresse« 1888
Landschaftsaquarelle (frühe) 1494 K
Landschaftsgemälde, 1. dt. 1530
»Landschaftskunde, Grundlagen der« 1920 W
Landschaftsmalerei 1973 W, Briefe über die 1772
Landschulreform 1772
Landschaftsschutz 1973 Ph
Landschulheim 1898, 1927 Ph
Landshut 1472, 1504
–, Spitalkirche 1387

»Landslagh« 1389
Landsmaal 1907 P
»Landsmannschaften« 1908 Ph
»Landstädte« 1400
»Landsteiner 1900, 30, 40 W
»Landstreicher« 1933 D
Landtag 1847, 1917
–, Bayrischer 1954 P
– in Iglau 1433
–, Nieders. 1970 P
–, Preßburg 1687
Landtagswahlen 1970 P
»Landung i. Australien« 1948 D
»Landungsbrücke i. Boulogne« 1870
Landverkaufsgesetz, schweiz. 1960 V
Landvermessung 1568, 1617, 98; s. a. Landkarten
Landwirtschaft i. d. Antike v. Chr. 7000, 5000, 4800, 4500, 4400, 3500, 3000, 2300, 2205, 2000, 1955, 1850, 1800, 2. Jt., 1400, 1300, 1200, 750, 700, 500, 450, 375, 350, 250, 201, 200, 146, 121, 27; n. Chr. 64, 79, 98, 3. Jh., 300, 4. Jh.
–, mittelalterl. 1294 V
Landwirtschaftliche Betriebe 1967 V
–, DDR 1961 V
––, Erwerbstätige i. d. 1956 V
––, Erzeug. d. Erde 1912 V
––, Kollekt. d. ungar. 1962 V
––, Mindestlöhne und Urlaub 1951 P
––, Polen 1960 V
––, USA 1951 V, W, 61, 62 V
––, USSR 1961 f., V
––, wissenschaftl. Begrdg. 1809, 10
–– Genossensch. 1930 V
– Maschinen Hch. Lanz 1925 V
Landwirtschaftlicher Überschuß der USA 1956 V
Landwirtschafts-Institut 1905 V
Lang, A. 1905 Ph
–, F. 1919, 21, 22, 24, 26, 28, 32, 33, 36, 76 K
–, H. 1937 V
–, W. 1956 V
– Shih-ning 1715
Langbehn 1890
Lange, B. 1930 W
–, Ch. L. 1921 P
–, F. A. 1828, 66, 75
–, Halvard 1970 P
Lange, Hartmut 1975 D
–, Helene 1848, 93, 1902, 06, 09, 30 Ph
–, Horst 1952 D
–, M. G. 1945, 55 Ph
»– Heimreise« 1940 K
»– Jule« 1912 D
»– Mauern« v. Chr. 460
»– Reise« 1921 D
»– Weg z. gr. Mauer, D.« 1975 M
»– Weihnachtsmahl« 1962 M
Länge, kleinste 1957 W
Lange-Eichbaum 1928, 56 Ph
Langen, A. 1894 D, 96, 1948 K
–, E. 1867
»– Tages Reise in d. Nacht, Eines« 1952 D, 61 K
Langenau, Domäne 1933 W
Langenbeck, B. v. 1872
Langenbucher, W. R. 1965 Ph
Langendorff, M. 1965 W
Langenfeld 1591, 1632, 35, 49
Langensalza 1761
Langer 1949 W
–, D. 1962 Ph
Langevin 1918 W
Langgässer 1924, 47, 51 D
Langhans, C. G. 1732, 91, 1808
–, P. 1869 W
Langhoff, W. 1946, 66 D

Langland, William 1362
Langleik 1000
Langley 1891
Langmuir 1913, 32, 57 W
Langobarden 5, 9, 250, 300, 25, 500, 46, 65, 67, 68, 89, 90, 600, 15, 44, 75, 712, 56, 74, 97, 856, 962, 1053
Lania, L. 1960 P
Laniel, J. 1953 P
Lanoux, A. 1965 D
Lanusse, A. 1971 P
Lanz, H. 1925 V
–, K. 1908 V, 11, 14 W
Lanza, M. 1959 M
»Lanzelot« 1969 M
Laokoon 1766
»–, Kleiner« 1964 K
»–, Sumerischer« v. Chr. 2025
Laokoon-Gruppe v. Chr. 40; n. Chr. 1506, 1905 K
Laon, Notre-Dame 1200
Laos 1953, 59 ff. P
Laos-Abkommen, Genfer 1963 P
Laos-Konferenz 1959, 60, 62, 63 P
Laos-Krise 1961 P
Lao-tse v. Chr. 604, 1. Jt., 400, 310; n. Chr. 67, 385
Laplace 1749, 82, 96, 1812, 14, 25, 27
Laporte, A. 1970 P, 72 M
Lappland 1935
Lattmann, D. 1973 D
Lattuada, A. 1962 K
Lappobewegung 1930 P
Laqueur 1935 W
Larbaud, V. 1957 D
Larceny Act 1916 V
Lardera, B. 1954 K
Laren v. Chr. 5. Jh., 7
»Larenopfer« 1896
Larissa, Philon von v. Chr. 110
Lärmbekämpfung 1930 W
»–, Grundlagen u. Übersicht« 1955 V
»Lärmprobleme d. Gegenwart« 1956 V
Larochefoucauld 1613, 65, 80
Larsa(m) v. Chr. 1985, 1935, 1920, 1800, 1700
Larson 1952 V
Larsson 1853, 1902, 07, 09, 19 K
»Larssons« 1902 K
»L'art pour l'art« 1835
Lartet 1864
Las Casas 1509
Lascaux 1940 K
Laschkowa, V. 1968 D
Lasdun, D. 1959 K
Laser 1960 W
–, Fusion mit 1977 W
Laserstrahlen 1969, 70 W
Laserstrahlung 1972 W
Lashio 1939 W
Lasker 1921 V
Lasker-Schüler 1876, 1902, 06, 07, 13, 14, 43, 45 D
Laski, Harold 1944 Ph, 48 P, 50 Ph
Lasky, M. J. 1948 Ph
Lassalle, F. 1825, 62, 63, 64, 65
»– 1904 W
Lassalleaner 1875
»Lassalles Reden u. Schriften« 1920 Ph
Lassen, I. 1953, 54, 55 K
Lassell, W. 1847, 48, 51, 52
Lassen 1926 W
»Lasset die Kindlein zu mir kommen« 1884
Lasso, O. 1532, 56, 60, 70, 84, 92, 94, 1604
Last, J. 1973 M
Lastenausgleich 1962 V
Lastenausgleichsges. 1952 P, V
»Lästerschule« 1779
Lastman 1623
»Lastträger« 1893

László 1925 M
Lataster, G. 1955, 59 K
»Late George Apley« 1937 D
»Lateinische Literatur ...« 1905 D
Lateinische Sprache v. Chr. 1. Jh.; n. Chr. 1845
– Sprache, Über die« v. Chr. 27
Lateinisches Kaiserreich 1204, 28, 61
Lateinschrift 1928 Ph
Lateinschule 1300, 82
Latène-Zeit v. Chr. 750, 637, 500, 450, 400, 354, 4. Jh., 3. Jh.
»–, Fund 1959, 62 W
»Later Poems« 1961 D
Lateran 1586, 1927, 29 Ph
Laterankonzil 1123
Lateransynode 1123, 39, 79, 1215
Laterna magica 1646, 64
Lateur s. Streuvels
Latifundien v. Chr. 201, 146, 121; n. Chr. 79, 3. Jh., 1200
Latiner v. Chr. 600
Latini, Br. 1265 Ph
Latinischer Bund v. Chr. 354, 338
Latium v. Chr. 340, 338, 145
Latour 1704, 88
Lattes 1947, 48 W
Lattmann, D. 1973 D
Lattuada, A. 1962 K
Latzko 1905 W
Lauban 1346
Laube 1806, 35, 84
»Laubenspiel« 1262
»Laubmann u. d. Rose, D.« 1947 K
Lauda, N. 1976 V
»– Sion salvatorem« 1274
»Lauden« 1250
»Laudes Dei« 490
»Laudi, Le« 1904 M
Laue 1879, 1912, 14, 21, 35, 60 W
Lauenburg 1180, 1260, 1356, 1815, 90
Laufen 1920, 23, 36, 39, 44, 47, 49, 50, 62 V
»Läufer im Ziel« 1966 K
»Läufergruppe« 1928 K
Lauffenburg 1386
Laufrad 1817
Läuger 1907, 52 K
Laughton 1933, 35, 54, 59 K, 62 D
Laura 1366
Laurana, Luciano di 1467
Lauremberg 1652
Laurens, H. 1954 K
Laurent 1948 P
»Laurentius« 1510
Laurion-Gebirge v. Chr. 483
Lausanne 590, 1932 P
–, Kathedrale 1275
Lausanner Abkommen 1923 P
»Lausbubengesch.« 1905 D
»Lauschen II« 1971 K
Lausitz 1963, 1002, 25, 33, 1136, 1303, 20, 46, 68, 73, 1458, 1648
Lausitzer Kultur v. Chr. 2000, 1300, 900, 600
Laute 100, 725, 14. Jh., 1375, 1512
Lautenbuch 1523
Lautensach 1928 V
Lautenschläger 1896
»Lautenschlägerin« 1882
Lauterbach, A. 1962 Ph
»Lautere Brüder« 10. Jh.
Lautingshausen 1747
»lautlose Aufst., D.« 1953 Ph
Lautschrift v. Chr. 600
Lautsprecher 1913, 19, 24 W
–, elektrodyn. 1930 W
Lautverschiebungen v. Chr. 250; n. Chr. 600
Laval, de 1883
–, P. 1931, 35, 40, 45 P

Lavard 1905 W
Lavater 1775
Lavater-Sloman, M. 1959 D
Lavergne 1634, 78, 93
»Lavinia« 1550, 1961 M
Lavoisier 1702, 43, 56, 74, 77, 87, 88, 94
Law, J. 1720
Lawinen 1951, 54 V
Lawinenforschung 1965 W
Lawler, R. 1955 D
»Lawrence of Arabia« 1962 K
–, D. H. 1913, 21, 28, 60, 72 D
–, E. 1930, 39 W
–, Th. 1769, 1814, 25, 30
–, Th. E. 1916 P, 26, 27, 55 D
Lawrencium 1961 W
Laxness, H. 1955 D
Layamon 1206
Layard, A. H. 1845, 53
Layens, Math. de 1463
Lazarillo de Tormes 1554, 86
»Lazaristen« 1624
»Lazarus, Auferweckung des« 1461
–, M. 1851
LD-Prozeß (Stahl) 1952 W
Le Bel 1874
– Blon 1710, 11
– Bon 1907, 21 Ph
– Clezio, J. M. 1966 D
– Corbusier 1922, 26, 27, 29, 34, 48, 51, 52, 53, 55, 57, 60, 65 K
– Duc Tho 1973 P
– Fort 1924, 28, 30, 31 D
– Gendre 1652
– Gros Clark 1950 W
– Havre, Aufbau 1955 K
– Maire de Belges 1473
– Maistre 1566
– Mans 1955 V
–, Kathedrale 1254
– Nôtre 1674
– Sage 1668, 1707, 35, 47
– Sueur 1645
– Witt, Sol 1966 K
»Lea« 1957 K
Leakey, L. B. 1965 W
Lean, D. 1945, 48, 54, 57, 62, 65, 70 K
–, E. 1943 W
Leander 1939 W
Lear, E. 1846
»Lear, König« 1970 K
Léaud, J. P. 1965 K
Leavitt 1912 W
Lebedew 1900 W
»Leben der Ameisen« 1930 Ph
–, Alter des 1977 W
»–, Ansichten und Aussprüche der berühmten Philosophen« 225
–, Älteste Spuren 1976 W
»– e. amerik. Feuerwehrmanns« 1902 K
»– der Bienen« 1901 Ph
»– Christi 1300, 1437
»– einer Dirne« 1735
»– Don Quijotes ...« 1905 Ph
»– a. d. Dorfe« 1923 K
»– d. Galilei« 1942 D
»– d. Grafen Fed. Confalonieri« 1970 D
»– des Guzman de Alfarache« 1599
»– des heiligen Bruno« 1645
»–– Franziskus« 1484
»–– und der beiden Johannes« 1317
»– Laurentius« 1435
»–– Stephanus 1435
»– der heiligen Ursula« 1490
»– des Herrn« 1935 M
»– Jesu« 1835, 39, 63
»–– i. Palästina ...« 1925 Ph
»– Johannes des Täufers« 1435
»– ist kurz, ... Das« v. Chr. 406
»– des Lazarillo de Tormes« 1554
»– u. Lüge« 1908 D
»– als Maler, Mein« 1958 K

»Leben einiger berühmter Maler, Bildhauer und Baumeister« 1550
- Mariä 1435, 37, 75
»- und Christi« 1307
»- der Maria und Johannes des Täufers« 1490
»-, Mein« 1967 Ph
»- des Menschen« 1910 D
»- Michelangelos« 1860, 1901 D
»- m. Mutter« 1946 D
»- Friedr. Nietzsches« 1904 Ph
»- d. Orest« 1930 M
»- d. Schmetterlinge« 1928 D
»- der schwedischen Gräfin G***« 1746
»- in der Sonne, Ein-« 1955 D
»- und Streben« 1924 V
»- eines Taugenichts, Aus dem« 1826
»- der Termiten« 1927 Ph
»- nach dem Tode, Vom« 1836
»- ein Traum« 1636, 81
»- ?, Was ist« 1944 W
»- und Werk« 1911 K
»-, wie es ist« 1911 K
»- eines Wüstlings« 1735
»- für den Zaren« 1836
»- Zolas« 1937 K
»-, Zwischenstufe« 1977 Ph
»Lebende Leichnam, Der« 1900 D
»Lebenden u. d. Toten, Die« 1959 D
Lebendes Fossil 1938, 44 W
»Lebendige Stunden« 1902 D
Leben-Jesu-Forschung 1906, 60, 61 Ph
»Lebens, Ursprung d.« 1972 W
»Lebensalter« 1878
Lebensbaum v. Chr. 2500
»Lebensbeichte« 1164
Lebensbilder spanischer Könige 1430
»Lebensborn« 1936 V
»Lebensdauer ...« (Probl. d.) 1908 V
Lebensentstehung, Modell der 1966 W
»Lebenserinnerungen« 1907 P
Lebenserwartung 1960, 61 V
»Lebensformen« 1914 Ph
»Lebensfreude« 1903, 57 K
»Lebensführung« (Gesunde) 1925 V
Lebenshaltungsausgaben 1955 V
Lebenshaltungskosten 1950, 61, 63, 67 V
»Lebenshilfe« 1958 Ph
»Lebensinhalt, Der Kampf um einen geistigen« 1896
»Lebenskunde« 1919 Ph
lebenslängliche Haftstrafe 1977 Ph
»Lebenslauf e. dicken Mannes ...« 1932 D
»- als psychol. Problem, Der menschliche« 1933 Ph
»- e. Optimisten« 1910 D
»Lebenslehre« 1930 Ph
-, biophysik. 1940 W
Lebensmittelgesetz 1927, 58 V
Lebensmittelkarten 1950, 58 V
»Lebensphilosophie« 1923 Ph
Lebensprozesse, älteste 1969 W
»Lebenspsychologie« 1916 Ph
»Lebensquell« 1070
Lebensrad 1833, 41
»Lebensregeln« 1972 M
Lebensrettungsges., Dt. 1913 V
»Lebensschicksale« 1826
Lebensspuren älteste 1964 W
Lebensstandard i. Asien 1960 V
-, Nahost 1954 V
- in der DDR 1969 V

»Lebenstag e. Menschenfreundes« 1915 D
Lebensversicherung 1706, 1910, 38 V
»-, 1. dt. 1827
Lebensweisheit ...« 1908 Ph
»Lebenswunder« 1904 Ph
»Lebenszeichen« 1967 K
Lebenszeit, J. 1959 K
Leber 1963 V
-, G. 1967 V, 72 P
Leberdiät 1926 W
»Leberecht Hühnchen« 1882
Leblanc 1791
Lebrun 1667, 68, 81, 84
- 1932 P
- s. Vigée-Lebrun
Lechfeld, Schlacht auf dem 955
Lechter 1902, 09 K
Lechthaler 1928 M
Leclanché 1868
Lecker, Ph. 1972 W
Lecouvreur, A. 1717
»Leda« 1532
- 65« 1965 K
- m. d. Schwan v. Chr. 4. Jh.
Leder v. Chr. 1400, 800, 8. Jh., 550, 500; n. Chr. 250, 12. Jh., 1350
Lederberg, J. 1952, 58, 64 W
Lederer, E. 1938 V
-, H. 1871, 1906, 07, 11, 28, 40 K
»Lederstrumpf« 1841, 1909 K
Ledesma 1600
Ledochowski 1915 Ph
Lee 1807, 70
-, Nathan 1653, 77, 92
-, W. 1589, 1685
Leeds 1841
-, B. 1910 W
Leeuwenhoek 1632, 73, 75, 77, 79, 83, 95, 1723
Lefebvre 1809
Lefèvre 1968 Ph
»Legenda aurea« 1270, 1300, 1472
- dell Ritorno, La« 1966 M
Legende, älteste dt. 10. Jh.
-, Eine« 1955 D
- vom hl. Nikolaus 347
- von den 11 000 Jungfrauen 1489
»Legenden v. Zarewez« 1910 D
- der Zeit« 1910 D
Legendensammlung, älteste dt. 1100
Legendärskrankheit 1977 W
»Legitimationsprobleme i. Spätkapitalismus« 1973 Ph
Legman, G. 1970 Ph
Legnano, Schlacht bei 1176
Legrain 1918 M
Legrenzi 1626, 90
»Legte Feuer an dies Haus, Und« 1960 D
Legueult, R. 1952 K
Leguia 1930 P
Lehár 1902, 04, 05, 09, 22, 25, 27-29, 34, 48 M
Lehen 1001
- (Begriff) 882
Lehmann 1937 V
-, H. U. 1967 M
-, K. 1955, 56 K
-, L. 1913, 76 M
-, W. 1935, 67 D
Lehmbruck 1881, 1910, 11, 13, 14, 17 ff. K
Lehmden, A. 1950, 64, 65 K
Lehndorff, H. v. 1961 D
Lehner, R. F. 1952 M
Lehnin 1098, 1180

Lehnsrecht 1100
»Lehrbuch d. Ballistik« 1910 W
»- d. Botanik« 1903 Ph
»- d. Dirigierens« 1929 M
»- d. Elektrochem.« 1901 W
»- allg. Humangenetik« 1961 W
»- d. industr. Psychotechn.« 1926 W
»- d. materialist. Geschichtsauffassung« 1930 Ph
»- d. Metallographie« 1913 W
»- d. Meteorologie« 1901 W
»- d. Nationalökon.« 1923 Ph
»- d. Physik«, erstes 1638
»- d. Positivismus ...« (Kl.) 1940 Ph
»- d. Psychologie« 1909 Ph
»- d. Zoolog.« 1903 Ph
»Lehrbücher« v. Chr. 600
»Lehre vom Körper« 1961 W
»- v. d. Produktion ...« 1908 V
»- v. richt. Recht« 1902 Ph
»- v. d. Versöhnung, Die« 1959 Ph
»Lehren des Hippokrates und Platon« (Über die) 205
- eines Vaters an seinen Sohn v. Chr. 2700
Lehrer und Erzieher, Weltkongreß 1957 Ph
Lehrerbildung, akadem. 1961 Ph
- (BRD) 1973 Ph
Lehrerin, erste, in Florenz 1304
»Lehrmaschinen ...« 1962 W, 64 Ph
»- in kybernetischer und pädagogischer Sicht« 1966 W
»- Thesen« 1919 Ph
Lehrmittelschau in Hannover, Internationale 1968 Ph
»Leib und Seele« 1951 D
Leibeigenschaft 1100, 1200, 1300, 15. Jh., 1649, 1719, 25, 75, 81, 88, 1800, 07, 89, 92, 94, 96, 98, 99, 1811, 16, 20, 29, 34, 36, 39, 44, 46, 49, 60, 62, 68, 74, 75, 78, 82, 85, 86, 92, 94-96, 98, 1900 ff. V
-, Ausstellung 1926 V
-, Handb. 1923 V
-, Reichsausst. 1924 V
»Leibhaftige Bosheit« 1913 D
»-, Der« 1924 D
Leibing, Fr. 1871
Leibl 1844, 76-78, 82, 1900 K
Leibniz 1533, 1646, 52, 66, 68, 69, 72, 73, 75, 77, 78, 83, 86, 88, 94, 97, 99, 1700, 04, 05, 10, 11, 14-16, 19, 25, 54, 59
»-« 1946 Ph
Leibowitz 1937 Ph
Leibrentenversich. 1653
Leica 1913, 25 V
»-« 1925 W
»Leichte Kavallerie« 1866
»- Mann, Der« 1968 D
Leichtflugzeug 1919 W
»Leid u. Verwandlung« 1961 V
Leiden 1527, 1631, 1910 Ph
»- an Deutschland« 1935 D
»- u. Größe d. Meister« 1936 D
»- d. jung. Werther« 1774
»--- W., Die neuen« 1973, 74 D
»-, Nikolaus Gerhaert van 1430, 73
»Leidenschaft« 1939 D
»Leidensweg« 1941 D
Leier v. Chr. 1450, 950, 500
- und Schwert« 1814
Leif Erikson 1000
Leigh 1939, 51 K

Leigh-Mallory 1924 W
»Leigh-Report« 1966 Ph
Leihhaus 1362, 1498
Leih-und-Pacht-Gesetz 1941 P, 45 V
»Leila und Medschnun« 1202
Leinberger, H. 1514
Leinen v. Chr. 3209, 1800, 1450; n. Chr. 1155, 1250, 1405
Leip, H. 1941 M, 48 D
Leipzig 1015, 1156, 1390, 1400, 09, 45, 50, 56, 85, 97, 1519, 41, 80, 94, 96, 1660, 82, 91, 1723, 78, 1813, 29, 53, 63-65, 79, 1901 D, 03 V, 05 K, 09 D, Ph, 13, 14 K, 16 V, 18 M, 20 K, 21 P, 22 M, 24 V, 25 K, 26 V, 40, 50 M
-, Börsenverein 1825
-, Dt. Bücherei 1961 D
-, Großes Konzert 1743
-, Frauenhochsch. 1911 Ph
-, Handelshochsch. 1923 W, 24 V
-, Hauptbahnhof 1916 K
-, ev. Kirchentag 1954 Ph
-, Konservator. 1843
-, Opernhaus 1960 M
-, Thomaskirche 1250, 1616, 1918 M
-, Univ.-Kirche 1968 V
-, Völkerschlachtdenkmal 1913 K
Leipzig-Dresden, Eisenbahn 1835, 37
Leipziger Druck 1909 D
- Mustermesse 1885
- Volkszeitung« 1894
- Zeitung« 1660
»Leise« 1200, 13. Jh.
Leisegang 1924, 28, 51 Ph
Leistikow, H. 1962 K
-, W. 1898, 1903, 04, 08 K
Leißler, A. 1968 K
Leistungsendröhre 1928 W
Leistungsreaktoren in der BRD 1968 W
»Leistungssport, ...« 1972 V
Leitfaden für erste Hilfe 1911 V
Leitformen d. Jungsteinzeit v. Chr. 4000
Leitfossilien 1797
Leithäuser, J. G. 1964 Ph
Lejeune 1959 W
-, F. 1960 K
»Leken Spiegel« 1330
»Lektüre, Die« 1865
Leloir, L. 1970 W
Lem, St. 1961 D
Lemaître 1925 W
-, G. 1966 W
Lemberg 1270, 1340, 1432
Lemcke, D. 1954 K
-, Hans 1932 K
Lemercier 1585, 1654
Lemery 1675
Lemke, H. 1963 P
-, K. 1967 K
Lemmer, E. 1956, 57, 61 ff. P
-, L. 1957 K
»Lemmy Caution gegen Alpha 60« 1965 K
Lemnitzer, L. 1962 P
Lemnos v. Chr. 387
Lena 1911 W
Lenain, L. 1643
Lenard, Ph. 1862, 89, 1902, 05, 20, 47 W
Lenau 1802, 32, 36, 37, 42, 43, 44, 50, 1923 M
Lenbach 1836, 1903, 04 K
Lenclos 1620, 1705, 1950 D
Lengede 1963 V
Lengefeld, Charlotte von 1790
Lenglen 1927 V
Leni 1924 K
Lenica, A. 1961 K
-, J. 1968 K
Lenin 1870, 1901, 02-05, 07, 09, 12, 16, 17, 19, 20,
24 P, 25, 30 Ph, 48 P, 58 D
»- auf d. Beine zu stellen, Versuch« 1974 Ph
-, Eisbrecher 1958 W
Lenin-Denkmal 1970 K
Leningrad s. a. Petersburg 1919 M, 34 P, 42 M, 43, 45 P
-, Universität 1960 Ph
Lenk, H. 1972 V
»Lennacker« 1938 D
Lenoir 1860
»Lenore« 1774
Lenot 1977 M
Lentini 1240
Lenz, F. 1912, 21 W, 56 Ph
»- oder die Freiheit« 1965 D
-, H. 1962 D
-, J. M. R. 1776, 1965 M
-, M. 1918 Ph
-, S. 1959, 61, 63, 68, 69, 73, 75 D
»Leo« 1967 K
»- I. (Papst) 445, 50 ff.
- I. von Byzanz 457
- III. (Papst) 795
- III. von Byzanz 717, 18, 26, 30, 843
- IV. 847
- V. von Byzanz 813
- IX. 1048, 53, 59
- X. 1475, 1513, 18
- XII. 1823
- XIII. 1878, 87, 1903 Ph
- der Armenier 813
- der Große s. Leo I. v. Byzanz oder Leo I. (Papst)
Leochares v. Chr. 353
»Leodegarlied« 1000
León 755, 900, 25, 39, 1026, 35, 1217, 30
-, Kathedrale 1241, 73
-, L. de 1563, 83
-, Moses de 1275
Leoncavallo 1858, 92, 97, 1904, 19 M
Leone, G. 1963 P
Leonhard 1924 D
-, W. 1955 Ph
Leonhardt, R. W. 1969 Ph
Leoni 1509, 90
Leonidas v. Chr. 480
Leoninus v. Chr. 12. Jh.
»Leonore« 1805, 14
- 40/45« 1956 M
Leonow, A. 1965 W
Leontini, Gorgias von v. Chr. 427, 380
Leontief, W. 1953 Ph
»Leopard, Der« 1958 D, 62 K
Leopardi 1824
Leopold I. (Herzog) 1315
- I. (Kaiser) 1658, 1705
- I. (Markgr.) 976, 85
- II. von Belgien 1885, 1908 P
- II. von Österreich 1790, 92
- III. v. Belg. 1934, 50, 51 P
- III. (Herzog) 1351, 65, 79, 86
- VI. 1200
- von Anhalt-Dessau 1698
- von Sachsen-Coburg 1830
Leopoldinisch-Carolinisch Deutsche Akademie d. Naturforscher 1652
Léopoldville 1882, 1963 P
Leostadt 1571
Leovigild 567, 85
Lepanto 1571
»Lepenski Vir« 1973 Ph
Lepeschkin 1924 W
Lepidus v. Chr. 43
Leppich, J. 1958 Ph
Lepra 1230, 1871, 1941 W
Lepsius, R. 1846
Leptis Magna 200
Lermontow 1814, 39, 40, 41
»Lernen u. Inst. b. Tieren« 1956 Ph
-, program. 1962 W
Lerner 1944 K
Lernet-Holenia 1931, 33, 55, 76 D
»Lernschule« 1912, 27 Ph

»Lerntheorie, Mathem.« 1959 Ph
Leroux, P. 1832
Lersch 1916 D
Lesbia v. Chr. 60
Lesbos v. Chr. 620, 600, 534, 372, 287, 240
–, Longos von 3. Jh.
Lescot 1546
»Lesebuch. Deutsche Literatur der sechziger Jahre« 1969 D
Lesegeräte 1944 W
»Lesende« 1933 K
»– Frau« 1939 K
»Lesenden Frau, Kopf einer« 1953 K
Leskien 1907 D
Leskow 1831, 65, 71, 95
Leslie 1941 K
Lespinasse 1913 W
Lesseps 1869, 1914 W
Lesseps-Denkmal 1956 P
Lessing, G. E. 1729, 48, 49, 51, 54, 55, 57, 59, 60, 66, 67, 69, 71, 72, 77, 78, 79, 80, 81, 1801
»– bis Mann, Von« 1959 D
–, Th. 1908, 19 Ph, 25 P
Lessinghochschule 1910 Ph
Lessingpreis 1959 Ph
Lesur 1663
Leszczynski 1733, 38
Letchworth 1904 V
Lettau, R. 1967, 69 D
Lette, W. A. 1866
»Lettern« 1975 K
Lette-Verein 1866
Lettow-Vorbeck 1913, 14, 17 P
»Lettres provinciales« 1656
»Let's have some poetry« 1960 V
»Letzte Advent, Der« 1949 D
– Ausfahrt Brooklyn« 1968 D
– Band, Das« 1959 D
»– Brücke, Die« 1954 K
»– Chance« 1945 K
»– Etappe« 1948 K
»– Freude« 1912 W
»– Gott, Der« 1961 Ph
»– Held von Marienburg, Der« 1830
»– Kapitel, Das« 1923 D
»– Mann, Der« 1924, 58 K
»– Millionär, Der« 1934 K
»– d. Mohikaner, Der« 1922 K
»– am Schafott« 1931 D
»– Schuß, Der« 1957 K
»– Sommer, Der« 1910 D
»– Ufer, Das« 1959 D
»– Versuchung, Die« 1952 D
»– Walzer, Der« 1919 M
»Letzten Tage d. Menschheit, Die« 1919 D
»– – v. Pompeji, Die« 1834, 1908, 26 K
»Der letzte Tag eines Verurteilten, Die« 1829
»Letztes Jahr i. Marienbad« 1960 K
Leubingen v. Chr. 1950
Leuchtröhre 1904 W
Leuchtschirm-Röhre 1898
Leuchtstofflampe 1940 W
–, Prinzip der 1926 W
Leuchtturm v. Chr. 279; n. Chr. 100, 1760
–, ältester dt. 1220
Leukämie 1968 W
–, Virus der 1956 W
Leukämiebekämpfung 1968 W
»Leukippe u. Kleitophon« 4. Jh.
Leukippos von Milet v. Chr. 465, 460, 360
Leuktra, Schlacht bei v. Chr. 379, 371
Leuna 1916, 27 W, 46 V
Leuning 1948 W
Leuppi, L. 1957 K
Leuschner 1928, 44 P

Leussink, H. 1969, 72 P
»Leutchen, die ich liebgewann, Von« 1905 D
»Leute auf Borg« 1914 D
– a. Jalna« 1934, 58 D
– von Seldwyla« 1856
Leuthen, Schlacht 1757
»Leutnant Gustl« 1901 D
»Leuwendalers« 1647
Leuwerik, R. 1953, 54 K
»Levana oder Erziehungslehre« 1807
Levau 1678, 88
Leverkusen, Bayer-Hochhaus 1963 K
Leverrier 1846
Levetzow 1822
Levi v. Chr. 1130
–, C. 1945 D, 57 K
– ben Gerson 1321
Lévi-Strauss, C. 1968, 73 Ph
»Leviathan« 1651, 1929 D
Levin 1814
Levine, J. 1947, 54, 62 K
Levingston, R. M. 1970, 71 P
»Levins Mühle« 1965 D, 75 M
Levy-Brühl, L. 1927 Ph
Lewanewski 1937 W
Lewis, C. S. 1960 D
–, G. N. 1916 W
–, J. 1957 M
–, J. L. 1941 P
–, M. 1806
–, M. L. 1956 W
–, S. 1885, 1920, 22, 25, 27, 29, 30, 33–35, 38, 45, 47, 49, 51 D
Lewittown 1948 K
Lex Hortensia v. Chr. 286
»– Maria« v. Chr. 119
– Quisquis 397
– Salica 500
Lexikon 1808, 1930 Ph; s. a. Konversationslexikon, Enzyklopädie u. Wörterbuch
–, engl. 1728
– grich. Schriftsteller 550
–, musikal. 1550, 1732
– d. Pädagog.« 1917, 52 Ph
»–, Reales Staats-, Zeitungsund Conversations-« 1704
– für Theologie und Kirche 1938 Ph
– aller Wissenschaften und Künste ...« 1742
Ley 1934 V, 45 P
Leyden, Joh. v. 1534
–, Lucas v. 1494, 1533
– Sternwarte 1632
–, Universität 1575
»Leydener Flasche« 1745
Leyen, v. d. 1931 D
Leyster 1629
Lhasa 632, 7. Jh., 1325, 1645, 61
–, Jokhang-Tempel 700
L'Herbier s. Herbier
Lhotzky, H. 1908 Ph
Li 1969 W
– Chao-tao 670, 730
– Dynastie 1394
– Hsing Tao 1350
– Lung-mien 1049, 87, 1106
– Ssu-hsün 651, 70, 716, 30
– T'ai-peh s. Li T'ai-po
– T'ai-po 701, 50, 62, 70
»–« 1210
– Yü 961
Liang K'ai 1140, 1210
Liang-ch'üan 1275, 1335
Liao-Dynastie 916, 37, 60, 1022, 1123
Liaquat Ali Khan 1949, 51 P
Libanesischer Bürgerkrieg 1976 V
Libanon v. Chr. 221; n. Chr. 1945 V
Libavius 1546, 95, 1616
Libby, W. F. 1949, 60 W
Libelle 1940 K

»Liber abaci« 1202
»– embadorum« 1136 W
»– Scivias« 1151
»– specialis gratiae« 1299
»– Tartarorum« 1245
»Libera nos« 1964 M
»Liberale Judentum, Vereinigung für das« 1907 Ph
– Partei, Japan 1953 P
Liberalismus 1954 Ph
»–« 1947 Ph
–, Begründung des 1776
Liberia 1822, 47, 1912, 25, 30, 35, 44 P
Liberia-Küste 1416, 62
»Liberty«-Schiffe 1943 W
»Libido« (Wandl. …) 1912 Ph
»Lib-Lab« 1977 P
Libysche Wüste 1868, 78
Licht v. Chr. 300; n. Chr. 50, 120, 1038, 1275, 1621, 53, 65, 67, 69, 72, 76, 78, 90, 95, 1704, 12, 27, 28, 79, 1800, 01, 08, 15, 16, 34, 42, 45, 49, 56, 62, 71, 88, 92, 95, 1900 ff.
»– i. August« 1932 D
»– Bewegung, Farbe« 1967 K
»– i. d. Laterne« 1924 D
»– leuchtet in der Finsternis« 1900 D
»– a. d. Osten« 1908 Ph
»–, polarisiertes 1808, 1930 W
»– d. Sommers« 1943 D
»– u. Wachstum« 1914 W
Lichtaberration 1728
Lichtablenkung 1911, 15, 19, 52 W
Lichtbild s. Photographie
Lichtbildvortrag, erster 1653
Lichtbogen, elektr. 1813, 1901 bis 05, 19 W
Lichtbogenofen 1901 W
Lichtbogensender 1902 W
Lichtbrechung 120
Lichtdruck 1900 W
Lichtdruckverfahren 1822
»Lichte i. d. Welt« (Zwei) 1929 Ph
»– Wolken überm Meer« 1951 K
»Lichtenberg« 1973 D
–, G. Chr. 1742, 66, 79, 93, 99
»Lichtenstein« 1826
»–, R. 1966, 73, 75 K
–, Ulrich von 1255, 57, 76
»Lichter d. Großstadt« 1931 K
Lichtgeschwindigk. 1675, 1849, 50, 62, 1905, 31, 44 W
Lichtkorpuskeln s. Lichtquant
Lichtmessung s. Photometrie
Lichtquant 1902, 05, 12, 21, 23, 24, 25 W
»Lichtraum für Berlin« 1968 K
»Lichtreaktionen i. d. fossilen Tierwelt« 1937 W
Lichtspielgesetz 1920 W
Lichttheorie 1038, 1672, 76, 78, 90, 1704, 46, 91, 1801, 10, 15, 16, 71, 1905 W
Lichttherapie 1895, 1903 W
Lichtwark, A. 1894 V, 1905 K
Licinius 306, 23
Lick-Observatorium 1958 W
Lidice 1942 P
»–« 1943 W
Li-Dynastie 1394
Lie, S. 1888
–, T. 1946, 50, 53, 68 P
Liebe 1888, 1916 D, 27, 57, 71 K
»– 1962« 1961 K
»–, allumfassende v. Chr. 445
»–, Augustin, Der« 1911 M
»– beherrscht, Von« 1958 D
»– einer Blondine, Die« 1965 K
»–, Brot d. Armen« 1938 D

»Liebe d. Danae« 1940, 52 M
»– u. Ehe« 1904 Ph
»– d. Erika Ewald« 1904 D
»– um Liebe« 1694
»–, du liebst, Ich« 1960 K
»– d. vier Obersten« 1950 D
»– z. d. drei Orangen« 1921 M
»– Pilgerfahrt« 1909 D
»– i. Schnee« 1916 M
»– und so weiter« 1968 K
»– eines Sommers« 1968 K
»– spielen, Die m. d.« 1960 K
»– u. Tod i. amerik. Roman« 1960 D
»–, Über die« 1822, 1933 Ph
»–, m. zwanzig Jahren« 1962 K
Liébeault 1901 Ph
»Liebelei« 1896
Lieben 1878, 1906, 13, 17 W
»– Sie Brahms ...« 1959 D, 60 K
»Liebende Frauen« 1921 D
»– Herkules, Der« 1662
»– a. Strand« 1946 K
»Liebenden, Die« 1958 K
»– v. Vence, Die« 1957 K
Liebeneiner 1937, 40, 41 K
Liebermann, M. 1847, 73, 74, 75, 76, 78, 79, 80, 81, 84, 87, 88, 90, 91, 92, 93, 94, 96, 98, 99, 1901, 03–06, 09, 11, 13, 16, 19, 20, 32, 35 K
–, R. 1952, 54, 55, 57, 64, 65, 73 M
–, A. 1914, 19, 29, 46 Ph
»Liebesbriefe« 1942 K
»Liebesengel« 1937 D
»Liebesfall« 1967 K
»Liebesfilm« 1970 K
»Liebesfrühling« 1823
»Liebesgarten« 1635
»Liebesgedanken« 1582
»Liebesgesch. e. Wildgans« 1930 D
»Liebesidyll« 1929 K
»Liebesidylle« 1923 K
»Liebeskerker« 1480
»Liebeskunst« 18
»Liebesleben i. d. Natur« 1903 Ph
»Liebeslieder« 1917 D
»Liebesnovelle« 1913 M
»Liebespaar« 1966 K
»Liebesparade« 1929 K
Liebesroman, Erst. griech. 100
Liebessonette 1566
»Liebestrank, Der« 1832
»Liebesvision« 1342
»Liebeszauber« 1915 M
»Liebhaber, D.« 1973 K
Liebhaber-Theater 1800
Liebig 1803, 24, 25, 31, 32, 40, 44, 47, 73
Liebknecht, K. 1871, 1900, 11, 14 bis 16, 18, 19 P
–, W. 1826, 69, 1900 P
»Lieblingsfrau d. Maharadscha« 1916 K
Liebreich, O. 1869
Lied (ältestes) 1974 M
»– v. Bernadette« 1941 D
»– der Debora« v. Chr. 950
»– v. d. Erde« 1911 M
»–– Glocke« 1800 D
»–– triumphierenden Liebe« 1881
»– der Welt« 1934 D
»– f. d. Volk« 1780
»Liederbuch« 1924 D
»– zu vier Stimmen« 1512
»Lieder-Edda« 13. Jh.
»Liedersammlung« 1544
Liedertafel 1809, 32
Liedtke 1618, 19, 28 K
Liefmann 1905 V, 17 Ph
»Liegende« 1950 K
»–, Drapierte« 1959 D
»– Figur 1950 K
»– Frau mit einer Katze spielend« 1964 K

»Liegende Frau am Meer« 1938 K
»Liegender Faun« 1956 K
»– Frauenakt« 1925 K
»– Tiger« 1967 K
»– Zecher« v. Chr. 521
Liegme, J.-F. 1957 K
Liegnitz 1241, 48
»Lienhard und Gertrud« 1781
»Liet von Troie« 1210
Lietz 1898, 1917 Ph
Lietzau, H. 1968 D
Lietzmann, H. 1900, 15 Ph
–, W. 1919 M
»Life« 1972 K
– studies« 1959 D
»Lifeboat« 1944 K
Lift-Slab-Methode 1961 W
Liga, kath. 1511, 76, 85, 88, 1609, 20
– f. Menschenrechte, dt. 1923 P
Ligeti, G. 1965, 68, 69, 70, 71, 74 M
Ligorio, P. 1549
Liguori 1696, 1732, 87
Liguro 1911 V
»Li-Ki« v. Chr. 2. Jh., 164
»Lilia« 1350
»Lilie der Medizin« 1303
»Lilien auf dem Felde« 1964 K
Liliencron 1844, 83, 90, 1903, 04, 08, 09 D
Lilienfein 1910 D
Lilienthal 1848, 89, 91, 96
»Lilienfelder Skilauftechn.« 1903 V
»Lilium medicinae« 1303
Lilje, H. 1952, 69 Ph
–, J. 1977 Ph
Lille 1668
»Lilli« 1952 K
Lillie 1923 W
»Lily Marleen« 1941 M
Lima 1542, 1938 P
–, A. 1935 W
–, W. 1969 K
Limburg 1410, 19, 33, 43
–, Brüder von 1415
– Dom 12, 23
–/Haardt, Stiftskirche 1025
»Limburger Flöte« 1929 D
»Limelight« 1952 K
Limerick 1822 V, 46 D
Limes 84, 117, 38, 47, 56, 83
Limnologie 1892, 1901 W
Limogemalerei 1528
Limoges 13. Jh.
–, Musikschule 1100
Lin Piao 1969 P
– Pu 965, 1026
Lincke 1946 M
Lincoln 1809, 60, 65
– Center 1964 K, 66 M
–, Kathedrale 1204
»LINCOS« 1960 V
Lind, J. 1973 D
–, K. 1969 D
Lindau/Bodensee 1955 W
–, Nobelpr.-Tag. 1968 Ph
Lindauer, Gebr. 1902 V
Lindbergh 1927, 32, 74 V
»Lindbergh-Flug« 1929 M
Linde 1876
–, C. v. 1895
–, H. 1952, 61 K
Linde-Fries 1903 K
Lindgren, E. 1963 D
Lindemann, F. 1882
–, G. 1904
Lindenberg, W. 1956 Ph
Linder 1905, 07, 12, 14 K
Lindgren, A. 1942 V
Lindisfarne 634, 700, 793
Lindner, A. 1887, 1915 D
–, Th. 1916 W
Lindos, Chares von v. Chr. 285
Lindrath, H. 1957 P
»Lindsay-Vorschläge« 1948 Ph
Lindsey 1928 Ph
Lindström AG 1904 V
Lindtberg 1945 K
Lindzey, G. 1954 Ph

Linearbeschleuniger in Stanford 1966 W
Linfert, C. 1919 K
Ling, P. H. 1778, 1813, 25
Lingen 1180
-, Th. 1939 K
Lingenberg, W. 1968 D
Linguistik 1967 D
-, Ideen und Methoden der modernen strukturellen 1971 Ph
-, theoret. 1957 Ph
»Linie u. Form« 1900 K
»Links, wo das Herz ist« 1952 D
»Linley, Miss« 1784
-, Viscount 1960 P
Linlithgow 1936, 52 P
Linna, V. 1962 V
Linné 1552, 1707, 35, 51, 68, 78
Linofilm-Setzmaschine 1954 W
Linoleum 1860
Linoleum-Industrie, dt. 1926 V
»Linolschnitte« 1962 K
Linse, W. 1952 P
Linsen, farbfehlerfreie 1758
Linz 1937 V
-, Brucknerhaus 1973, 74 K
-, Hochschule f. Sozialwissensch. 1963 Ph
-, Mariendom 1924 K
Lion, F. 1952 M
»- in Winter, The« 1969 K
»Lionardo als Philosoph« 1953 Ph
Lipchitz, J. 1891, 1941, 45, 73 K
Lipit Ischtar v. Chr. 1927; n. Chr. 1947 K
Lipmann, F. A. 1953 W
Lippe 1180
Lippe-Biesterfeld 1937 P
Lipperhey 1608, 10
Lippi, Filippino 1457, 80, 88
-, Filippo 1406, 14, 47, 57, 58, 65, 69
Lippmann, G. 1908 W
-, W. 1943, 55 Ph
Lippold, R. 1955 K
Lipps 1901, 06 Ph
Lipsanothek-Reliquiar 390
Lipscomb, W. N. 1976 W
Lipton, S. 1951, 54, 55 K
Lirisfluß 54
Lisieux 1382
L'Isle 1772
Lissabon 716, 1147, 1290, 1385, 1511, 1755
-, Alte Kathedrale 1380
-, Univers. 1911 Ph
»Lissy« 1957 K
List 1789, 1833, 40, 46, 1925 V, 31 D
Listenwissenschaft«, sumer. v. Chr. 2050
Lister 1867
Liston, S. 1964 V
Liszt, Cosima 1857
-, Fr. v. 1811, 54–57, 62, 65, 66, 67, 70, 86, 1930, 39 M
»Litauische Gesch.« 1917 D
»Literarische Kunstwerk, D.« 1931 Ph
»Literarischer Wegbereiter d. neuen Frankr.« 1919 D
»Literarisches Colloquium« 1963 D
-- Berlin 1967 D
»Literarni Listy« 1968 D
»Literarum ludis . . ., De« 1518
»Literatur der BRD, D.« 1973 D
-, ägypt. d. Mittl. Reiches v. Chr. 1800
-, Anf. d. frz. 882
»- bis z. Ausg. d. Mittelalters« 1935 D
-, babylon. v. Chr. 1400, 1116
»- d. Gegenwart, ... dt.« 1962 D
»- . . .« (Griech.) 1906 D

»Literatur, Grundriß z. Gesch. d. dt.« 1881
»- . . .« (Latein.) 1905 D
»- u. Lustprinzip« 1973 D
»-, Neue« 1923 D
»- u. öff. Meinung« 1962 D
»-, Schwarze« 1958 D
»-, sumer. v. Chr. 2025
»- z. Theorie d. Romans« 1960 D
»- Über die« 1800
»- und Veränderung« 1969 Ph
Literaturbetrieb, Spätbürgerl. 1973 D
»Literaturgeschichte« 1930 D
»- der deutschen Stämme und Landschaften« 1928 D
»-, engl. 1864, 1927 D
»- u. Literaturwissenschaft« 1923 D
»- als Wissensch.« 1914 D
Literatur-Kalender 1879, 1925 W
Literaturpreise 1976 D
»Literaturproduzenten« 1969 D
»Literaturwissensch. u. Geistesgesch.« 1923 D
Litfaß, E. 1854
Lithium, Entdeckung 1817
Lithographie 1797
Litt, Th. 1919, 26, 62 Ph
»Littérature allemande« 1780
Little, Malcolm 1965 P
»- Geste of Robin Hood« 1377, 15. Jh.
»- Rock 1957 Ph
Littmann 1901 Ph
Littoria 1932 P
»Liturgie, (V. Geist d.) 1918 Ph
Liturgie-Reform 1963 Ph
Litwinow 1930, 32, 39, 43, 46, 51 P
Liu Hsiang v. Chr. 31
- Pang v. Chr. 202
- Schao-tschi 1959, 68 P
- Tsung-ngüan 773, 819
Liu-chao-Zeit 386
Liudolf von Schwaben 953, 1180
Liukiang-Mensch 1958 W
Liutprand 712
Livendorf 1184
Liverpool 1830
Livia (Drusilla) v. Chr. 38
-, Villa v. Chr. 7
Living Theatre 1970 V
Livingstone 1849, 55, 67, 71
Livius Andronicus v. Chr. 238
-, Titus v. Chr. 59; n. Chr. 17
Livland 1184, 1201, 02, 07, 37, 1561, 82, 1629, 1884
»Livre des Métiers« 1270
Ljaptscher 1926 P
Ljungquist, W. 1958 D
Ljungström 1908 W
Llewellyn 1941 K
»Lloyd« 1696
-, F. 1933, 35 K
- George 1863, 1908, 09, 11, 16, 18, 45 P
-, H. 1922, 23, 25, 71 K
-, S. 1955 P
Loanda 1881
»Lob der Torheit« 1509
Lobatschewskij 1793, 1826, 32, 56
Löbau 1230, 1346
Lobbyismus 1961 V
Löbe, P. 1920, 67 P
»Lobet Jehova« 390
Lobgesang, »ambrosianischer« 400
»- auf den heiligen Gallus« 890
»Lobgesänge d. Claudian« 1914 D
Lobotomie 1935 W
»Lobrede auf Rom« 170
Lobsinger 1509
»Lobspruch auf Nürnberg« 1447
Locarno 1927 Ph
-, Konf. v. 1925 P

»Locarno-Politik« 1953 P
Loccum, Akad. 1977 Ph
Loch Ness 1973 V
»Lochheimer Liederbuch« 1348, 1455
Lochkamera 1321
Lochkarten 1886, 1960 W
Lochner, Stephan 1405, 40, 45, 47, 51
»Loci communes« 1521
Locke, A. 1925 W
-, J. 1632, 90, 93, 95, 98, 1704
- der Berenike« v. Chr. 240
»Lockenraub« 1712
Lockheed-Skandal 1976 P
»Lockruf d. Goldes« 1910 D
Loderer, E. 1972 V
Lodge, H. C. 1968 P
Lodwick 1652
Lodz 1957 P
Loeb, L. 1898
Loebe, P. 1954, 55 P
Loesser 1962 M
Loewe, Fr. 1961 M
-, K. 1796, 1818, 69
Loewi 1936, 37, 61 M
Loewig, R. 1967 K
Löffel 1475
Löffler 1884
»Löffler-Serum 1927 W
»Lofotfischer« 1921 D
»Lofter« 1956 D
Lofting 1920 D
Log 1577
Logarithmen 1605 W, 14, 20, 24
Logau 1604, 38, 54, 55
»Logbuch« 1917 D
»Loge, Die unsichtbare« 1793
Logen s. Freimaurerei
»Logic« 1906 Ph
Logien 1945 Ph
Logik (Antike) v. Chr. 390, 322, 308
»- « 524, 1902, 21 Ph
-, dreiwert. 1920, 42 Ph
-, Formalisierung d.« 1943 Ph
»- Logik d. Forschung« 1932 Ph
-, Grundzüge d. theoret.« 1928, 43 W
»- « (... kulturwissenschaftl.) 1906 Ph
- d. Mathematik 1913 Ph
-, mathematische 1854
-, mehrwertige 1920, 35, 42 Ph
»- Mystizismus u.« 1918 Ph
»- Philosophische« 1948 Ph
- der reinen Erkenntnis« 1902 Ph
- d. Sehens« 1976 K
- System d. deduktiven u. induktiven« 1843
- u. Systematik d. Geisteswissensch.« 1926 Ph
-, Transzendentale« 1812
-, zweiwertige 1920 Ph
»Logische Grundl. d. exakten Wissenschaften« 1910 Ph
- Syntax d. Sprache« 1934 Ph
- Untersuchungen« 1901 Ph
- Logischer Aufbau d. Welt« 1928 Ph
- Empirismus« 1928, 29, 32, 33 Ph
Logistik (Begr.) 1893
Logographen v. Chr. 500, 448
»Logos« v. Chr. 483
»Lohengrin« 1285, 15. Jh., 1850
Lohenstein 1635, 61, 83
Lohmann 1957 V
»Lohn der Angst« 1952 K
Lohn, Brutto-Wochen- 1955 V
-, Industr. 1956 V
-, Real- 1961 V
Lohner, E. 1961 D
Lohnerhöhung 1955 V
Lohnfortzahlung 1969 V
Lohnsteigerung 1963 V
Lohse, R. P. 1955, 63 K
Loire 507

Loire-Schlösser 1472
Lokalanästhesie 1894, 1905 W
»Lokalanzeiger, Berliner« 1883
»Lokalbahn« 1902 D
Lokomotive 1803, 10, 14, 38, 79, 93, 1907, 08, 24, 25, 27, 40, 41, 63 W
-, Gasturbinen- 1951 W
-, Stromlinien- 1935 W
Lokomotivtypen 1955 V
»Lolita« 1955, 59 D, 61 K, 77 D
»Lollharden« 1382, 1403, 13
Lollobrigida, G. 1959 K
»Lombardische Liga« 1167
Lombardischer Städtebund 1090, 93, 1226, 36, 37
Lombardo, P. 1488
Lombardus, Petrus 1160
Lombroso, C. 1864, 76
»Lomé, Vertrag v.« 1975 V
Lomonossow 1711, 55, 56, 65
Lomonossow-Universität 1953 Ph
Lon Nol 1975 P
Lonas, J. 1970 K
London v. Chr. 1450; n. Chr. 604, 50, 878, 1014, 1166, 1215, 80, 14. Jh., 1381, 1445, 72, 73, 76, 1526, 35, 43, 63, 67, 70, 75, 85, 94, 97, 98, 1628, 32, 52, 56, 62, 65, 66, 92, 1760, 89, 12, 17, 19, 32, 41, 44, 1807, 13, 46, 51–53, 62–64, 70, 78, 94, 1901–04, 06–09, 13–15, 17–19, 21–27, 29, 30, 35, 36, 38–43, 45–47, 50, 51 P
-, Akadem. d. Künste 1768
-, Außenministerkonferenz 1952 P
-, Bilder aus 1926 K
-, Britisches Museum 1753
-, Cluster Block 1959 K
-, »Dome of Discovery« 1951 W
-, Festival 1951 Ph
-, Hall 1951 W
London, Fritz 1927, 35, 54 W
»- Gazette, The« 1665
-, Ham Common Wohnhäuser 1958 K
-, Jack 1876, 1900, 03, 04, 07, 10, 13, 16 D
-, Mansion House 1967 K
-, Mithras-Tempel 1954 W
-, National Gallery 1824
-, Olympiade 1948 V
-, Parlamentsgebäude 1399, 1852
-, Philharmon. Gesellsch. 1813
-, Plan f. e. größeres« 1944 V
-, Rathaus 1431
-, St.-Bartholomäus-Kirche 1123
-, St. Paul's (Kathedrale) 1672, 1710
-, - (Schule) 1510
-, Seewasseraquarium 1852
-, School of Economics 1895, 1935, 47 Ph
-, Steinbrücke 1209 W
-, Symphony« 1914 M
-, Tate Gallery 1897
-, Temple Church 1240
-, Theatre 1705, 20
-, Tower 1078
-, Univers. 1828
-, Unterhaus 1950 K
-, US-Botschaft 1960 K
-, Westminsterabtei 1200, 45
-, Whitehall 1630
Londonderry, Blutsonntag 1972 V
Londoner Abkommen 1953 V
- Akademie 1703
- Akte 1948 V
- Konferenz 1931 P
- Konzil 1382
- Neunmächtekonf. 1954 P

Londoner Philharmon. Orchest. 1932 M
- Protokoll 1936 P
- Reparationsultimatum 1921 P
- Schuldenabkommen 1953 P
- Symphonien 1795
Long 1958 M
- 1962 V
Long Island 1946 P
Longfellow 1807, 55, 71, 82, 1948 M
Longhena 1656
Longhi, P. 1750
Longinus Cassius 213, 274
Longo, L. 1964 P
Longos von Lesbos 3. Jh.
Lonicerus 1573
Löns 1866, 1901, 06, 09–11, 14 D, 50 Ph
»Lontano« 1971 M
Loomis 1927 W
Loopings 1913 V
Loos 1941 W
-, A. 1899, 1908 K
Lope de Vega s. Vega
Lopes, F. C. 1951 P
Lopez de Ayala, P. 1400
-, R. 1957 P
»Loqui« 1969 M
Lorca 1964 M
»-, Mein Freund F. G.« 1965 D
Lorch 1937 W
»Lord Jim« 1900 D
- u. Lady Strafford« 1940 K
- Ribblesdale« 1900 K
Loren, S. 1970 K
»Lorengel« 15. Jh.
Lorentz, H. A. 1853, 95, 96, 1902, 28 W
-, J. 1704
Lorenz, K. 1937, 65 W, 72 V, 73 Ph, 19 W
-, P. 1975 P
Lorenzen 1926 W
Lorenzetti, A. 1319, 1330
-, P. 1320
Lorenz-Grabmal 1522
Lorenzkirche, Nürnberg 1507
Lorenz-Strom, St.- 1535, 41
Loret, J. 1977 V
Loreto 1478
L'Orme 1564
Lorrain, Cl. 1600, 27, 46, 47, 50, 53, 68, 74, 76, 82
Lorris, Guillaume de 1237, 87
Lorsch 763
Lortz, H. 1968 K
-, J. 1969 Ph
Lortzing 1801, 37, 42, 45, 46, 49 M
Los Angeles 1932 V, 48 M
- Caprichos« 1967 M
Löschfunken-Sender 1908 W
Loschmidt 1865
»Lösegeld, Das« 1961 D
Losey, J. 1971 K
»Loslösung« 1952 K
Lossow 1916 K
Lost 1916 P
Lotar 1966 D
Lothar I. 795, 817, 33, 37, 40 bis 43, 55
- II. 855, 58
- III. 1060, 1112, 25, 26, 27, 30, 33, 34, 37
- von Frankreich 954, 79
- von Italien 950
Lothar, M. 1962 M
Lotharingien 855
»Lots Töchter« 1923 K
Lötschbergbahn 1913 W
»Lotte i. Weimar« 1939 D, 75 K
Lotterie 1494, 1530, 74, 1610, 1911 V
Lotto 1959 V
Lötung v. Chr. 604
»Lotus« 1959 K
Lotze 1817, 56, 81
Loubet 1899
Louis 1936–38, 48, 50 V
»- Cronberg« 1950 K
- Ferdinand 1951 P

»Louis Ferdinand Prinz v. Preußen« 1913 D
– Philipp 1830, 48
Louisiana 1681, 1763, 1803
»– story« 1964 K
Louis-Seize-Stil 1774
Lourdes 1858, 1941 D
»– u. d. Illusion« 1955 Ph
Louvre 1546, 55, 1639, 65, 88, 1953, 68 K
»Love for Love« 1694
Lovell, J. 1965, 66, 68, 70 W
»Loves Labours Lost« 1972 M
Low, D. 1940 V, 63 K
»Löwe, Sterbender« 1818
– Amenophis' III. v. Chr. 1410
– in Chäronea v. Chr. 338
Lowell, P. 1855, 1916, 30 W
–, R. 1959 D
Löwen (Stadt) 899, 1300, 1426, 45
–, Peterskirche 1467
–, Rathaus 1463
–, St. Michael 1666
»Löwenbändiger« 1930 K
Löwenfeld 1907 D
»Löwenjagd« 1617, 1850
– mit Streitwagen v. Chr. 725
»Löwenritter« 1191
Löwenthal, G. 1956 W
»Löwentor« v. Chr. 1400
Lower 1666
Loy, N. 1965 K
Loyang 760
Loyola 1491, 1521, 34, 41, 48, 51, 56, 1904 Ph
LPG 1961 V
Lu v. Chr. 479
Lübbert 1926 K
Lübeck 1143, 59, 70, 84, 90, 1226, 41, 50, 60, 94, 1341, 85, 98, 1408, 30, 40, 79, 98, 1501, 33–36, 1705, 1901, 04 W, 42 M, 42 V
–, Dom 1173, 1491
–, Friede zu 1629
»– als geistige Lebensform« 1926 D
–, Heiliggeisthospital 1276
–, Holstentor 1477
–, Marienkirche 1201, 51, 61, 1316, 51, 1407, 19, 63, 70, 1508, 1648, 68, 1701
–, Oper 1911 M
–, Rathaus 1300, 15. Jh.
»Lübecker Abendmusiken« 1673
»– Rede« 1955 D
– Uhr 1407, 70
Lübisches Stadtrecht 980, 12. Jh., 1170, 1218, 42, 58, 66
Lubitsch 1918–22, 25, 26, 28, 29, 34, 39, 42 K
Lübke, H. 1953, 57, 59, 61–64, 67, 68 P
Lubliner Nationalrat 1943 P
Lucas 1908 D
– van Leyden 1509
–, R. 1972 D
Lucca, Dom 13. Jh.
–, San Frediano 1413
Lucca-Madonna 1433
Luchterhands Loseblatt-Lyrik 1966 D
»Lucia v. Lammermoor« 1819, 35
»Lucie in the Sky ...« 1969 K
Lucillius v. Chr. 146
Lucius Poblicius 1. Jh.
– Verus 161
Lücke, P. 1957, 65, 68 P
Lückert, H. 1957 Ph
Luckner 1921 D
–, H. v. 1964, 68 K
Lucullus v. Chr. 79, 1. Jh., 66
Lucy, A. 1956 Ph
Ludendorff, E. 1865, 1916, 17 P, 23, 27 P, 33 Ph, 35, 37 P
–, M. 1917, 33, 36, 37 Ph
Luder, Peter 1456
Lüder von Bentheim 1591, 1609

Lüderitz 1884
Ludern v. Braunschweig 1335
Lüders, G. 1969 K
–, M. E. 1966 P
Ludger der Heilige 802
Ludmilla 921
Ludovinger 1050, 1130, 1247
»Ludus Dianae« 1501
Ludwig I. 816
– I. (Kaiser) 778, 801, 13, 14, 17, 26, 29, 30, 33, 37, 40, 43
– I. von Anjou 1405
– I. von Bayern 1786, 1825, 27, 68
»– II.« 1954, 72 K
– II. (Kaiser) 855
– II. von Bayern 1845, 64, 86
– II. (Herzog) v. Bayern 1255
– II. von Frankreich 877
– II. von Thüringen 1140
– III. (d. J.) 876, 80
– III. (Kaiser) 901
– III. von Frankreich 879, 81, 82
– IV. (Kaiser) 1287, 1314, 19, 22, 24, 25, 27, 30, 47
– IV. (das Kind) 900
– IV. von Frankreich 936
– IV. von Thüringen 1207, 17, 31
– V. von Frankreich 986
– VI. von Frankreich 1108
– VII. von Frankreich 1137, 47
– VIII. von Frankreich 1223
– IX. von Bayern-Landshut 1472
– IX. von Frankreich 1214, 26, 29, 48, 50, 54, 68, 70, 1309
– X. von Frankreich 1314
– XI. von Frankreich 1423, 44, 61, 77, 81–83
– XII. von Frankreich 1462, 98, 1501, 15
– XIII. 1610, 24, 43
– XIV. 1635, 38, 43, 61, 72, 73, 83, 85, 1700, 01, 02, 15, 22
– XIV.« 1665
– XV. 1715, 43, 45, 64, 74, 93
– XVI. 1754, 55, 70, 74, 89, 93
– XVIII. 1814, 15
– der Ältere 1342
– von Anhalt 1618
– der Bayer s. Ludwig IV. (Kaiser)
– der Deutsche 804, 17, 33, 41–43, 70, 76
– der Dicke s. Ludwig VI. von Frankreich
– der Eiserne s. Ludwig II. von Thüringen
– der Faule s. Ludwig V. v. Frankr.
– der Fromme s. Ludwig I. (Kaiser)
– der Große von Anjou 1342, 70, 86
– der Heilige s. Ludwig IX. von Frankreich
– das Kind s. Ludwig IV.
– der Löwe s. Ludwig VIII. von Frankreich
– der Reiche s. Ludwig IX. von Bayern-Landshut
– der Springer 1087
– der Stammler s. Ludwig II. von Frankreich
– der Strenge s. Ludwig II. v. Bayern
– von Thüringen 1087
– von Toulouse 1317
– der »Überseeische« s. Ludwig IV. von Frankreich
– Wilhelm von Baden 1689
– der Zänker s. Ludwig X. v. Frankr.
–, E. 1913, 20, 25, 26 D, 28 Ph, 32, 37, 48 D
–, G. 1965 D
–, O. 1813, 50, 52, 54, 56, 65, 71
–, Psalter d. hl. 1261
–, W. 1965 V

Ludwigsburg, Schloß 1733
Ludwigshafen 1865
–, Friedenskirche 1932 K
Ludwigskirche, Freiburg 1952 K
»Ludwigslied« 881
Lueg, K. 1965 V
Lufft, Hans 1522
Luft (Element) v. Chr. 550, 526, 430, 322, 308
–, F. 1962 D
Luftbildvermessung 1923 W
Luftbrücke 1948, 49 V
Luftbüchse 1779
Luftdruck (Entd.) 1643
Luftdruckbremse 1872, 1900 W
Luftfahrt 1909, 63 V
–, Verluste 1974 V
–, Versuchsanstalt 1912 W
Luftfahrtausstellung 1928 V
Luftfrachter, größter 1955 W
Luftfernrohr 1665
Lufthansa, Dt. 1926, 32, 36–38, 55 W
Luftheizungsanlage 1750
Luftinspektion 1956, 57 P
Luftkissenfahrzeug 1959, 60 W
Luftkissen-Kanalfähre 1968 W
Luftkorridore n. Berlin 1959 P
Luftpiraterie 1972
Luftpost 1912, 17 V, 19 W, 37, 38 V
Luftpostwertzeichen 1917 V
Luftprivatrechtsabkommen 1929 V
Luftpumpe 1649, 72, 74, 1905, 08, 15 W
Luft- und Raumfahrtmedizin 1967 W
Luftraumverletzung 1963 P
Luftreifen 1890
Luftrennen n. Neuseeland 1953 V
Luftschiff 1671, 1852, 74, 82, 1900, 02, 06 W, 08 V, 10, 11, 14 W, 15 P, 17 W, V, 18, 19 V, 24, 26, 28–30 W, 32, 37 V, 42 W
– LZ 129, 1937 W
– SL 2 1914 W
– ZR III 1924 W
Luftschiffbau Zeppelin GmbH. 1908 V
Luftschichten 1901, 02, 25, 27, 46 W
Luftschutz i. Dtl. 1958 P
Luftschutzgesetz 1935 V
Luftstickstoff 1916, 34 W
Lufttanken 1923, 49, 50 W
Lufttransport, milit. 1963 V
Luftverbrennung 1902, 03, 05 W
Luftverflüssigung 1877, 95
Luftverkehr 1951, 65 V
Luftverschmutzung u. Sterblichkeit 1959 W
Luftverunreinigungen 1969 W
Luftwellen 1690
Luftzusammensetzung 1777
Lugalzaggisi v. Chr. 2400
»Lügenfeld«, Schlacht auf dem 833
Luginbühl 1970 K
»Lügner« v. Chr. 395; n. Chr. 1748
Luire, T. 1951 V
»Luise« 1910
– und Friederike v. Preußen« 1795
Millerin« 1922 K
– von Preußen 1776, 97, 1810, 15, 29
– von Sachsen 1907 V
Luitpold von Bayern 1886
Lukács, G. 1923 Ph, 38, 49 D, 70 Ph
Lukan 39, 65
Lukaner v. Chr. 298, 272

Lukas 80
»– Hochstrassers Haus« 1907 D
Lukasaltar 1484
Lukas-Evangelium 100
Lukasiewicz 1920 Ph
Lukas-Passion 1966, 69 M
Lukian v. Chr. 250; n. Chr. 120, 80
»Lukretia« 1594
Lukrez v. Chr. 98, 55
»Lukrezia Borgia« 1910, 22 K
Lullus, Raimundus 1235, 65, 1316
Lully 1632, 50, 53, 74, 87
»Lulu« 1935 M, 62 K
Lumbalanästhesie 1898
Lumet, S. 1957, 64, 77 K
Lumière, Auguste 1894, 1904 W
– affleurante« 1953 K
»– et Mouvement« 1967 K
Lummer 1899, 1901, 08 W
Lumumba 1960, 61 P
Luna 9 1966 W
»– 16« 1970 W
»– 17« 1970 W
»– 20« 1972 W
Lunar Orbiter I 1966 W
»Lunares« 1953 K
Lund 1060, 1104
–, Dom 1144
Lundborg 1928 V
Lundkvist, A. 1959 D
Lund-Quist, C. E. 1965 Ph
»Lune de mai, La« 1959 K
Lüneburg 956, 66, 1235, 71, 1330
–, Johanniskirche 1483
Lunéville 1801, 03
Lunge 1939 W
Lungenentzündung 1950 W
Lungenflügelstillegung 1906 W
Lungenheilstätte 1893
»Lungenresektion, Technik d.« 1949 W
Lungensanatorium 1855
»Lungentuberkulose u. psych. Situat.« 1954 W
Lunik II 1959 W
– III 1961 W
Lunin 1881
Lunochod 1973 W
– 1 1970 W
– 2 1972 W
Lupescu 1927 P
Lupine 1840, 1927 W
Lupold von Bebenburg 1337
Lupovici, M. 1955 K
»Lupowmündung« 1927 K
Luren v. Chr. 1200
Luria, S. E. 1946, 69 W
Lurja 1533, 72
»Lusiaden« 1572
»Lusiana Story« 1948 K
Lusignan 1191
»Lustgarten« 1602
Lusitaner v. Chr. 133
Lusitania v. Chr. 15
»– « 1907 W, 15 P
Lustig, A. 1958 D
»Lustige Witwe« 1905 M, 34 K
»Lustigen Weiber von Windsor« 1598, 1849
»Lustiger Zecher« 1637
Lustmordfilm 1975 Ph
Lutero, Giov. di 1483, 1542
Lüth, E. 1951 Ph
»Luther« 1917 D
–, A. 1970 K
– von Braunschweig 1311
»–, Der arme Mann« 1964 D
–, C. J. 1926 V
–, H. 1925, 26, 30 P
– und Luthertum ...« 1904 Ph
–, Martin 1466, 83, 86, 1501, 02, 05, 07, 08, 10, 12, 16, 17–25, 26, 27, 29, 34, 36, 40, 43–46, 52, 56, 57, 60, 64, 80, 86, 1650, 1925 Ph
»– Sein Leben und seine Zeit« 1967 Ph

Lutheraner 1817, 68, 75
»Lutherbildnis« 1520
Lutherdenkmal 1821
»Luthergesellschaft« 1918 Ph
»Luther-Historien« 1556
Lutherische Kirchenmusik 1524, 27, 45, 1942 M; s. a. Kirchengesang
»Lutherischen Narren, Von dem großen« 1522
Lutherischer Weltbund 1952, 65 Ph
– Weltkonvent 1923, 25, 29 Ph
Lutherjahrbuch 1918 Ph
Luther-Renaiss. 1921 Ph
»Luthers Leben u. s. Werk ...« 1926 Ph
– Theologie 1516
Lüthy, H. 1954 P
»Lütke« 1932 W
Lutoslawski, W. 1965 M
Lutter am Barenberg 1626
Lutterworth 1373, 84
Lüttich 728, 1197, 1444, 1906 V
Lutuhezi v. Chr. 52
Lutze 1977 P
Lützelburg 963
Lützen 1632
Luxembourg, Fr. Henri de 1732
–, Palais 1620, 25
»Luxemburg, Der Hertzog von« 1732
–, Rosa 1870, 1904, 06, 13–17, 19 P, 49 Ph
»–, -« 1967 Ph
Luxeuil 609
Luxor v. Chr. 1501, 1450, 1400, 1385
Luxus v. Chr. 182, 19
Luz 1955 P
Luzern 740, 1291, 1353, 1939, K
–, Kapellbrücke 1333 V
Luzzi 1275, 1306, 26
Lwoff, A. 1965 W
Lyell, Ch. 1830, 63
Lying 1963 P
Lykeon v. Chr. 5. Jh., 322
Lykien v. Chr. 510, 323; n. Chr. 43, 347
Lykische Schrift v. Chr. 149
Lykurg v. Chr. 338, 241
Lykurgos v. Chr. 750
Lyly 1554, 80, 1606
Lymphgefäße 1655
Lynch, J. 1955 K
Lynchfälle in den USA 1955 Ph
Lynchmorde 1926 V
Lynen, F. 1964 W
Lyon v. Chr. 43; n. Chr. 175, 1173, 1209, 74, 1300, 03, 07, 12, 20, 1526, 1831
–, Konzil zu 1245
–, Tierarzneischule 1762
Lyons 1954 W
Lyot 1930, 35 W
Lyra v. Chr. 3000, 681, 600, 500
Lyrik, Anf. griech. v. Chr. 600
»– heute, Wozu?« 1968 D
»–, Probleme der« 1951 D
»–, Theorie der modernen« 1965 D
»Lyriker, Schwedische« 1961 D
»Lyrische Balladen« 1798
»– Suite« 1926 M
»Lyrisches Stenogrammheft« 1933 D
Lysander v. Chr. 405, 404
Lysias v. Chr. 403
Lysikrates v. Chr. 334
Lysimachos v. Chr. 323, 286, 279
Lysippos von Sikyon v. Chr. 330, 325

»Lysistrata« v. Chr. 411, 387
—, od. d. NATO« 1974 D
»Lysistratas Hochzeit« 1959 D
Lysistratos v. Chr. 325
Lyssenko 1937, 48, 55, 76 W
Lytle, R. 1962 K
Lytton 1932 P
Lyzeum v. Chr. 5. Jh., 322; n. Chr. 1912 Ph

M

»M« 1932
»Ma mère l'Oye« 1908 M
— Tuan Lin 1322
— Yüan 1190
Maalot 1974 P
Mäander v. Chr. 500
Mäander-Urnen 100
Maas 1202
Maastricht, St. Servatius 6. Jh.
»Maastrichtsche Paasspel« 1350
Mabillon 1681, 1702
»Mabuse, Dr.« 1921 D, 22 K
»Macaronea« 1488
MacArthur 1942, 44, 50, 51 P
Macaulay, R. 1932 D
—, Th. B. 1800, 42, 59
Macbeth 1040
»—« 1606, 1847, 1910, 48 K, 72 D
MacBride 1974 P
Maccaronische Dichtung 1517
»Macchiavell, frz.« 1498
»Macchina amazzacaiva« 1949 K
MacClure 1850
MacCollum 1919 W
MacDonald, J. 1934, 36 K
—, —, J. R. 1866, 1911, 24, 29, 31, 37 P
MacDowell 1861
Mäcenas v. Chr. 70, 37, 19, 8
Mach 1838, 83, 1900, 05, 16, 29 Ph
Machado 1928 D
— de Morales 1933 P
Machaut 1300, 64, 77
Machen, E. 1965 V
Machiavelli 1469, 1507, 14, 24, 27, 32, 1739
»—« 1938 Ph
»— bis Lenin« 1925 Ph
»—, Macht, Die« 1951 Ph
»— der Finsternis« 1896
»— der Gewohnheit, D.« 1974 D
»— u. Mensch« 1919 D
»— u. Recht« 1959 D
»— u. Verblendung« 1963 Ph
»Machtverhältnis u. Machtmoral« 1916 Ph
Machu Picchu 1500
Macintosh, Ch. 1823
Mack, H. 1968, 73 K
Macke, A. 1912 ff. K
—, H. 1911 K
Mackendrick, A. 1955 K
Mackensen 1902 K
Mackenzie King 1935, 48, 50 P
»Mäckie-Boogie« 1953 M
McKinley 1897, 1901 P
Mäckler, H. 1951 K
MacLaine, S. 1957, 62, 66 K
Maclaurin C. 1525
MacLean, D. D. 1951 P
MacLeish, A. 1958 D
Macleod, J. J. R. 1876, 1923, 44 W
MacMahon 1873
MacMahon-Linie 1959 P
Macmillan, H. 1955, 57, 59, 62, 63 P
—, K. 1958 D
Mâcon, Synode von 585
Macpherson 1760
Macro 13
Macrobius Theodosius 398
Mädaba 6. Jh.
Madagaskar 1895, 1960 P

»Madame Bovary« 1857, 1954 D, 67 M
»— Butterfly« 1904 M
»— Dorothee« 1940 D
»— Dubarry« 1919 K
»— Gervaisais« 1869
»— Legros« 1913 D
»— Pompadour« 1922 M
»— X« 1955 K
»— Z.« 1954 K
»Mädchen« 1968 K
»— m. Bademantel« 1935 K
»— unter Bäumen« 1913 K
»— mit Blume« 1948 K
»— i. Blumen« 1928 K
»— mit Blumenstrauß« 1919 K
»— am Brückengeländer« 1889
»— aus der Cherry-Bar, Das« 1966 K
»— aus Domremy, Das« 1976 M
»— am Fenster« 1953 K
»— a. d. goldenen Westen« 1910 M
»— im Hemd« 1944 K
»—, Hemd ausziehend« 1954 K
»— mit Herbststrauß« 1954 K
»— und Knabe« 1951 K
»— — Mädchen« 1967 K
»— mit Orange« 1949 K
»— mit Puppe« 1902 K
»— Rosemarie, Das« 1958 K
»— im roten Ballkleid« 1935 K
»— mit den Scherben« 1925 D
»— auf dem Sofa« 1913 K
»— — sitzend« 1928 K
»— am Spinett, Das« 1669
»— auf Stachet« 1941 D
»— am Ufer« 1942 K
»— in Uniform« 1931 K
»Mädchenakt im Bett« 1895
»Mädchenbildnis« 1457, 1907, 66 K
»Mädchenfigur« 1968 K
»Mädchenhandel u. seine Bekämpfung« 1904 V
»—, s. Geschlechts u. sein Wesen« 1904 V
»Mädchenkopf« 1951 K
»Mädchenlied der Artemis« v. Chr. 645
»Mädchens Klage« v. Chr. 150
Mädchenschulreform 1908 Ph
Maddox 1871
»Made in Italy« 1965 K
»— in Sweden« 1969 K
Madeira 1420
Madeleine, La 1864
»Mademoiselle« 1965 K
Maderna, B. 1954 M
—, C. 1556, 96, 1603, 26, 29
—, M. 1973 M
—, Stefano 1599
Madersperger, J. 1830
—, Unitarierkirche 1950 K
Madison 1809
Madoera 1949 P
»Madonna« 1300, 03, 1450, 1504, 09, 18, 1916 K
»— mit acht singenden Engeln« 1478
»— mit dem Apfel . . .« 1487
»— mit dem Bäumchen« 1487
»— betet das Kind an« 1434
»— im Blumenkranz« 1618
»— am Brunnen« 1439
»— mit Engeln« 1477
»— mit Familie des Bürgermeisters Meyer« 1525
»— in der Felsengrotte« 1490
»— mit Fisch« 1512
»— in Foligno« 1512
»— in der Grotte« 1494
»— im Grünen« 1505, 06
»— des Hauses Pesaro« 1526
»— aus dem Hause Tempi« 1507
»— des heiligen Franz« 1515
»— mit dem heiligen Franziskus« 1295
»— mit heiligem Franziskus und Bischof« 1457
— mit Heiligen und Stiftern . . . 1474

»Madonna mit Johannesknaben« 1627
»— mit Kind und singenden Engeln« 1476
»— in der Kirche« 1433
»— d. Kanzlers Rollin« 1434
— purissima 1676
»— Racynski« 1478
»— im Rosenhag« 1445, 73
»— del Sacco« 1525
»—, Salting-« 1430
»— di San Francesco« 1517
»— mit dem Schutzheiligen von Perugia« 1496
»— della Sedia« 1516
»— mit singenden Engeln« 1485
»— von Solothurn« 1522
»— mit dem Stieglitz« 1506
»—, thronende« 1311
»— — m. Engeln« 1299, 1307
»— — — u. Heiligen« 1459
»—, Volks-« 1579
»— mit dem Zeisig« 1506
Madonnen 100, 1319, 50
»— (Schöne) 1468
Madonnenaltar mit Engelkonzert 1433
Madonnenbilder« 1504
Madonnenreliefs 1442
Madras 1639
—, Universität 1857
Madrid 939, 1083, 1561, 1901 D, 21, 36, 40 P
—, Prado 1818
»—, Turm von« 1959 W
—, Vertrag 1750
Madrigal 1300
»Madrigale f. großes Orchester, Fünf-« 1969 M
»Madrigalien« 1538, 1623
»— für eine Solostimme mit beziffertem Baß« 1602
»Madrigal-Society« 1744
Madschali 1960 P
Madura 1673
Maecenas v. Chr. 15
Maeda, J. 1965 K
Maerlant, Jacob van 1235, 88, 95
Maes 1632, 58, 93
»Maestà« 1311, 15, 30
Maeterlinck 1862, 1901 Ph, 02 D, 07 Ph, 09 D, 11 D, 13, 21, 27, 30, 36 Ph, 49 D
Maether, Chr. 1967 K
Maetzig 1947, 49 K
Maffei 1 und 2 1971 W
Mafra 1730
Magadha v. Chr. 450; n. Chr. 600
Magallanes 1480, 1519-21, 88, 1601
»Magd als Herrin« 1733
»— des Jürgen Doskocil« 1932 D
»— Magdalena« 1912 D
»—, Büßende« 1749
Magdalenenaltar 1431
Magdalénien 1953 W
Magdeburg 623, 804, 805, 968, 96, 1024, 1106, 21, 58, 88, 1235, 1350, 1505, 1631, 86
—, Mechthild von 1250
—, Protest. Gymnasium 1524
»Magdeburger Äsop« 1405
— Dom 12. Jh., 1209, 47, 63
— Halbkugeln 1654
— Marienstift 1121
— Zenturien« 1574
Magdeburgisches Stadtrecht 1156, 60, 88, 1243, 53, 57, 61, 1340, 50, 87
Magdeburgisch-Kulmisches Stadtrecht 1231
Magelone von Neapel 1457
Magen-Darm-Besichtigung 1972 W
Magen-Darm-Krankheiten 1962 W
Magendie, F. 1816
Mager 1927 M
»Magia naturalis« 1558

»Magic Afternoon« 1969 D
»Magicians, The« 1954 D
»Magie, Schwarze« 1200
»— der Seele« 1947 Ph
»—, Über« 180
»—, Weiße« 1200
»Maginobion« 1100
Maginot-Linie 1930 P
»Magische Esel, Der« 180
»— Quadrate« v. Chr. 1200
Magmaströmungen 1951 W
»Magna Charta« 1215, 64
»— Mater« v. Chr. 204
Magnabotti 1431
Magnani, Anna 1955, 66 K
»— —« 1957 K
Magnaten 1301
Magnelli, A. 1951 K
Magnesia v. Chr. 540, 220, ; n. Chr. 170
—, Hegesias von v. Chr. 300
Magnesium 1807
Magnetfeld der Erde 1964 W
—, Vögel erk. 1977 W
Magnetfeldkarte 1701
»Magnetischer Verein« 1836
Magnetismus v. Chr. 585; n. Chr. 1269, 1544, 1600, 03, 1701, 1822, 40, 1901, 02, 08, 24, 26, 46, 48 ff. W
— der Atomkerne 1946 W
— des Eisens 1929 W
—, fossiler 1955 W
—, tierischer 1815
—, Atlas des Erd- 1840
Magnetohydrodyn. 1970 W
Magnetophonband 1935, 38 W
Magnetron-Elektronenröhre 1921 W
Magnetzündung 1902 W
»Magnificat« 1671
»Magnificence« 1515
Magnitogorsk 1930 V
»Magnum Opus Musicum« 1604
Magnus I. 1275
— II. Eriksson 1319, 43, 87, 89
—, Albertus s. Albertus Magnus
— der Gute 1042, 42
— Lagaböte 1276
Mago v. Chr. 146, 64
Magritte, R. 1961, 65 K
Maguntiacum v. Chr. 15
»Magus des Nordens« 1788
Magyaren 895, 900
»Mahabharata« v. Chr. 4. Jh., 2. Jh.
Mahabodhi Society 1891
Mahabodhi-Tempel v. Chr. 250
»Mahagonny« 1929 M
»Mahatma Gandhi« 1923 Ph
Mahavira s. Vardhamana
Mahendra v. Nepal 1960 P
Mahinda v. Chr. 260
Mah-Jongg 1924 V
Mahl 1931 W
— d. Matrosen« 1946, 52 K
— bei Simon dem Pharisäer« 1570
Mahler, G. 1860, 84 f., 94, 95–97, 1901, 04, 07, 10, 11, 12, 24, 64 M
—, H. 1970, 74 P
»Mahnbilder . . .« 1977 M
»Mahnung der Christenheit wider die Türken« 1455
»Mahomet« 1742
Mahraun 1920 P
Mahrholz 1923 D
Mährisch-Trübau 1923 M
»Mährische Brüder« 1526
Mai, 1. 1889, 90, 1929, 33, 50 P
Maiano, Benedetto da 1441, 42, 80, 97, 1507
Mai-Aufstand, Dresdner 1849
Maidanek 1942 W
»Maid's Tragedy, The« 1610
Maier 1926 W
—, H. 1908, 35 Ph
—, R. 1957 P

Maifeier 1970 V
Maier-Form 1926 W
»Mahlzeiten« 1966 K
»Mai-Gesetze« 1873, 86
Maihofer 1974 P
Mailand v. Chr. 222; n. Chr. 256, 340, 75, 80, 86, 90, 97, 400, 787, 1036, 48, 56, 71, 75, 1130, 58, 62, 1201, 26, 40, 1351, 65, 87, 95, 1402, 03, 05, 06, 09, 12, 21, 23, 28, 50, 61, 64, 76, 97, 99, 1515, 26, 35, 38, 44, 84, 97, 1713, 1901 D, 19 P, 29 V, 53, 60 K
—, Edikt von 313
—, Malerschule 1494
—, Pirelli (Verwaltungsgebäude) 1960 K
—, S. Ambrogio 1130
—, S. Lorenzo 4. Jh.
—, S. Maria delle Grazie 1492
—, Scala 1778, 1867, 98, 1921, 68 M
—, Sforza-Kastell 1450
Mailänder Dom 1386, 1402
— Triennale 1968 K
Mailer, N. 1948, 51, 65, 68, 69, 73 D
Maillard 1856
Maillol 1861, 1910, 44 K
»Maillotins« 1382
Maimonides, M. 1135, 1204, 33
Main 9, 300, 400
Mainberg, Schloß 1903 Ph
Maine 1154, 1481
Mainz v. Chr. 13; n. Chr. 66, 90, 235, 748, 847, 56, 61, 900, 75, 83, 1085, 1112, 1235, 60, 79, 1356, 1442, 45, 50, 15. Jh., 1460, 62, 77, 1504, 19, 1631, 1864, 1945, 48, 78 Ph
—, Dom 980, 1081, 1137
—, Gutenberg-Museum 1962 D
—, Heiliggeisthospital 1237
—, Rathaus 1973 K
—, Röm.-germ. Zentralmuseum 1852
—, Synode in 813
Mainzer Pfingstfest 1184
— Reichssynode 1086
Maire de Belges 1473
Mairet 1630, 35
Mais 1000, 1291
Maisbastardzüchtg. 1949 W
»Maison Tellier« 1957 K
Maistre 1566
»Maître Pierre Pathelin« 1470
Maiunruhen in Paris 1968 D, 68 P
Maizière, U. de 1966 P
»Maja« 1900 K
»—, Die bekleidete« 1801
»—, Die nackte« 1801
Majakowski 1918, 26, 30 D
»Majestäten« 1960 D
»Majestätsbrief« 1609, 18
Majewski, H.-M. 1956 M
Majolika 1500, 28
»Major, Der« 1935 D
»— Barbara« 1905 D
»— H. L. Higginson« 1903 K
—, Joh. D. 1668
»— und die Stiere, Der« 1954 D
»Majoratsherren, Die« 1820
»Majorie Morningstar« 1958 K
»Majorin« 1934 D
Majorka 1500
Makarenko 1934 D
Makarij 1482, 1563, 64
Makarios 1956, 57, 59, 60, 74 P
Makarejew, D. 1967 K
Makart 1840, 68, 75, 84
Makavejew, D. 1971 K
Makedonische Dynastie 820
»— Renaissance« 11. Jh.
Makedonischer Krieg v. Chr. 215, 200, 197, 168
Makimono 1147

»Making of Americans« 1925 D
»— of English« 1904 D
»— a Living« 1914 K
Makk, H. 1971 K
Makkabäer v. Chr. 167, 161, 141, 105, 100, 50, 37, 35
»—« 1852
»Makrobiotik« 1796
»Makromolek. Chemie ...« 1947 W
Makromoleküle 1923, 47 W
»—«, künstl. 1951 W
Makron, v. Chr. 490
»Malade imaginaire, Le« 1673
Malaga 1487, 1538
Malaien v. Chr. 7000, 1. Jt., 300; n. Chr. 1160
Malaiischer Archipel 1950 P
Malakka 1100, 1160, 1641
Malamud, B. 1961, 73 D
Malan 1948 D
»Ma-Lang-fu« 1260
Malaparte, C. 1956, 57 D
Malaria 1636, 1857, 97, 1902, 17, 27, 45 W, 48 V, 59 W
»Mälarpiraten« 1911 D
Malatesta 1277
»Malatimadhava« 8. Jh.
Malawski, A. 1958 M
Malaya 1909, 50 P
Malaysia 1963 P
Malchin, Pfarrkirche 1430
»Maldoror« 1970 M
Malebranche 1638, 78, 1715
Malenkow, G. M. 1952, 53, 55, 56, 57, 61 P
Maler, I. 1972 M
»— Klecksel« 1883
»— und sein Modell, Der« 1964 K
»— Nolten« 1832
»— m. Puppe« 1922 K
»Malerei« 1951 K
—, Beurteilung der mod. 1955 K
»— nach« 1968 K, 1974 K
»— Nr. 2« 1954 K
—, polnische 1963 K
—, prähistor. 1959 W
—, röm. 64
»—, Über die« 1435
»Maler-Müller« 1775
»Malerpoeten« 1976 K
Malerschule Florenz 1563
Maleter, P. 1953 P
Malewitsch, K. 1913 K
Malherbe 1555, 1628
Mali 1960 P
Malik 1946, 49, 51, 53 P
Malikiten 751
»Malina« 1971 D
Malinowski 1929 W, 39 Ph
—, R. 1967 P
Malipiero, G. F. 1920, 22, 27, 31, 52, 53, 58, 60, 63, 64, 67, 69 M
—, L. 1975 D
—, R. 1952, 63 M
Mallarmé 1920 D
Malle, L. 1958, 66, 72, 74 K
»— Babbe« s. »Hille Bobbe«
Mallos v. Chr. 170
Malmedy 1919, 20, 40
Malory, Thomas 1470
Malotte 1590
Malpasset, Staudamm 1959 V
Malpighi 1661, 72
Malraux, A. 1933, 38 D, 46, 50 Ph, 67, 76 D
Malthus, Th. R. 1766, 98, 1820, 34
Malus, E. L. 1808
Mälzel, J. N. 1815
Malzkaffee 1889 V
Mamallapuram 635, 750
Mamelucken 1252, 91, 1771
»Mamma Roma« 1966 K
Mammut 1796, 99, 1864, 1901 W
Mammut-Fund 1971 W
Mamoulian 1935 K
MAN 1908 V, 17, 27 W
Man, H. de 1925, 51, 53 Ph
»— weiß nicht wie« 1935 D

»Man with the movie-camera, The« 1964 K
»Managers, Das Problem des« 1950, 51 Ph
Manasse v. Chr. 692
Manchester 1830, 52, 1923 P
— Guardian« 1821, 1959 V
—, Technische Hochschule 1966 Ph
—, Univers. 1880
»Mandala 2« 1968 K
»Mandarine von Paris, Die« 1954, 57 D
Mandel, E. 1977 D
Mander 1604
Mandeville, B. de 1714
Mandingo-Reich 1250
»Mandolinenspielerin« 1917 K
»Mandragola« 1524
»Mandrill« 1910 K
Mandschu 916, 1430, 1573, 1644, 1723, 36, 96, 1911, 32 P
Manén 1903 M
Manessi 1967 D
Manessier, A. 1951, 52, 55, 58 K
»Manessische Handschrift« 1300, 1758
Manet 1832, 63, 65, 72, 77, 79, 80, 82, 83
Manetho v. Chr. 280
»Manfred« 1817
Mangan v. Chr. 500; n. Chr. 1938 P
Mangangew. a. d. Meer 1970 W
»Mangeurs de pastèque« 1967 K
»Manhattan Transfer« 1925 D
Manhattanbrücke 1910 W
»—« (An der) 1927 K
Manhattanisierung 1976 V
»Manhattan«-Projekt 1942 W
Mani 215, 42, 76, 395
Manichäismus 144, 242, 76
»Manierismus« 1519, 94, 1603
»Manifest ü. d. Freiheiten« 1905 P
—, Kommunist.« 1848
—, geg. d. Krieg 1912 P
»— vom Menschen« 1965 M
—, musikal. 1936 M
»Manifeste Mystique« 1904, 51 K
Manila 1950 P
Maniu 1928, 30 P
Mankiewicz, J. L. 1959 K
»Mann v. Asteri, Der« 1939 D
»— m. Baskenmütze« 1948 K
Mann, D. 1955, 57 K
»—, d. Donnerstag war, Der« 1908 D
»— in den Dünen« 1896
—, E. 1961 D
»— ohne Eigenschaften« 1930 D
»—, aus der Enge heraustretend« 1972 K
»— und eine Frau, Ein« 1966 K
»— u. Frau« 1923 K, 48 Ph
»— gehen durch e. Krebsbaracke« 1917 D
—, G. 1958 Ph, 68 D, 71, 77 Ph
»— geht vorbei, Ein« 1968 D
»— im gestreiften Pyjama« 1952 K
»— mit dem Goldhelm« 1650
»— mit Hacke« 1862
»— Heinrich 1871, 1900, 03, 05, 07, 09, 10, 13, 17-19, 23-25, 27 D, 30 K, 35, 43, 47, 50 D, 51 K
»— zu jeder Jahreszeit, Ein« 1967 K
»—, K. 1942, 74 D
»— mit Laute« 1536
»— nach d. Mode, Der« 1676
»— und nackte Frau« 1953 K
»— Nackter« 1910 K
»—, ein Pferd fesselnd« 1954 K
»— im Schilf, Der« 1962 D
»—, schnellster« 1952 V

»Mann sei zu nehmen ein ehelich Weib oder nicht« (Ob einem) 1472
»—, d. Sherlock Holmes war« 1937 K
»Mann sieht rot, Ein« 1975 K
»—, Sitzender alter« 1973 K
»— mit Stock« 1920 K
»— aus dem Süden« 1945 K
»—, Thomas 1871, 75, 98, 1901, 03, 09, 13, 14, 18, 20, 22-24, 26, 27, 29, 30, 32, 35, 36, 38-40, 43-50, 51, 53 bis 55, 61 D, 64 K, 74, 75 D, 75 K, 77 D
»—« 1949 D
»— u. d. Krise der bürgerl. Kultur« 1946 Ph
»— zwischen Tierköpfen« 600
»— und Weib« 1954 D
»Mannequin« 1970 K
»Männer, denen ich begegnete, Große« 1952 D
»— ohne Frauen« 1927 D
»— und Mäuse« 1939 K
»— im Walde« 1945 K
»Männerapostolat« 1910 Ph
»Männerbund und Wissenschaft« 1934 Ph
Mannerheim 1941 P
Männermode s. Kleidung, Haartracht
»Männersache« 1971 K
»Männerstrophen« 1152
»Mannes Weg, Eines« 1932 D
Mannesmann 1886, 1907 V, 08 P, 11 K
Mannesmann-Röhrenwerke 1907 V
Mannheim 956, 1777, 82, 1950, 75 W
—, Handelshochschule 1908 Ph
—, K. 1929, 35 Ph
—, Nationaltheater 1779
—, Schloß 1729
—, Theater 1953 K
—, Trinitatiskirche 1959 K
Mannheimer Filmwoche, 22. 1973 K
— Gartenbauausstellung 1907 K
— Schule 1745, 57, 76, 89
— Schulsystem« 1895, 1904 Ph
Mannlicher 1878
Manni, E. 1965 K
Mannschaftsversorgungsgesetz 1906 V
»Mannus« 1909 W
Mannyng, R. 1337
»Manon« 1884, 1912 M, 49 K
— Lescaut« 1731, 1893
Manot 1534
Manrique, Gómez 1412, 90
—, Jorge 1476
Mansarde 1708
»—« 1935 K
Mansart, François 1598, 1666
—, J. Hardouin 1645, 1708, 10
Mansdränke 1634
Mansfeld 1199, 1626, 1921 P, 47 V
Mansfeld-Kupfer 1946 V
Mansfield, J. 1967 K
—, K. 1920, 22 D
Mansholt, S. 1972 P
Mansholt-Plan 1969 V
»Mansion, The« 1959 D
Manson, Ch. 1971 V
Mantegna 1506
Mantegna, Andrea 1431, 48, 59, 64, 74, 75, 85
»Mantel« 1840, 1920 M
Mantille 1529
Mantinea, Schlacht bei v. Chr. 418, 362
Mantua 1423, 74, 90, 1631, 1810
—, Palazzo del Te 1535
—, S. Andrea 1472
Mantuanische Gem.-Slg. 1627 K
Manuel I. 1180
—, J. 1282, 1348
—, R. 1908 W

»Manuel der Mexikaner« 1958 D
Manufaktur 1204, 1681, 1705, 1821, 25, 48
Manutius 1494, 1502
»Manyoshu« 760
Manzini 1912 K
Manzoni, A. 1785, 1825, 73, 74
Manzu, G. 1953, 56, 58, 70, 73, 75 K
Mao Tse-tung 1927, 44, 49, 54 P, 1956 Ph, 57, 58 P, 65 D, 66 P, 66 Ph, W, 67, 69, 72, 76, 77 P
»Mao-Bibel« 1967 D
— in China 1966 P
Mao-Mausoleum 1977 K
Mao-tun v. Chr. 200
Mapai-Partei 1953, 61 P
Mapam-Partei 1961 P
»Mara« 1960 D
Maracaibo-See, Brücke 1962 W
Márai, A. 1959 D
Marais, E. N. 1921, 37 Ph
Maramsin v. Chr. 2270
Marat 1744, 93
»—, Der ermordete« 1793
Marathon, Schlacht bei v. Chr. 490
»Marathonlauf« v. Chr. 490; n. Chr. 1936, 60 V
Marbach 1759, 1903 D
—, expression. Ausstellung 1960 D
Marbe 1926 Ph
Marbod v. Chr. 9; n. Chr. 9, 17
Marburg 1228, 1527, 29, 1916 Ph
—, Elisabethkirche 13. Jh., 1283, 1350
—, Konrad von 1227
Marburger Rede 1934 P
—, 19, 45 Ph
Marburger Schule 1902, 11, 19 Ph
Marc, Fr. 1880, 1909, 11, 14 ff. K
Marcabrun 1137
Marc-Aurel-Säule 1119
Marceau, F. 1956, 58 D
Marcel 1357
—, G. 1955, 64, 68 D
Marcelinus 378
Marcellus II. 1555
— — Empiricus 406
March, F. 1962 K
—, H. 1960 Ph
—, O. 1913 K
—, W. 1936 W
Marchais, C. 1891 P
Marchand, C. 1952 K
»Märchen« 1847
»—, Begegn. d. Völker im« 1961 D
»— und Geschichten« 1835
»—, Hauffs« 1826
»— vom Himmelsprinz« 1493
»—, Kinder brauchen« 1977 Ph
»— des Lebens« 1908 D
»— meines Lebens« 1846
»— von der schönen Lilie« 1969 M
»— vom verwunschenen Prinzen« v. Chr. 1500
»— v. Zar Saltan, Das« 1962 M
Märchenbuch, frz. 1697
»Märchensammlung« 1550
Marchettus von Padua 1309
Marchfeld, Schlacht auf dem 1278
Marchi 1535
Marciano, R. 1952, 69 V
Marcinelle, Grubenungl. 1956 V
Marcion 144
Marcius, Gnäus v. Chr. 493
Marcks, E. 1915 W, 23 P, 36 W
—, G. 1889, 1919, 23, 31, 34 bis 37, 42-44, 48, 52, 54, 55 bis 57, 63-68, 73 K
—, R. 1908 W

Marco Polo 1254, 71, 92, 98, 1324
Marco-Polo-Brücke 1937 P
Marconi 1874, 97, 1901, 02, 09, 37 W
Marcus Aurelius Claudius 269
—, S. 1875
Marcuse, H. 1941, 55, 64, 65, 66, 68 Ph
—, L. 1953, 62, 71 Ph
Mardersteig, G. 1960 K
Mardonios v. Chr. 479
Marduk v. Chr. 1850, 1728, 1140, 681, 600, 479
»Mare clausum« 1635
»— Nostrum« 1975 M
Marées 1837, 70, 73, 78, 81, 83, 85, 87
Marek, K. W. 1949 Ph
»Maren« 1907 D
Marengo 1800
Marenzio 1550, 99
Marg, V. 1974 K
Margaret, Prinzessin 1955, 60 P
»Margarete von Aix« 1969 D
— von Anjou 1445
— von Dänemark 1343, 80, 86, 87, 89, 97
— Maultasch 1342
— v. Navarra 1492, 1534, 49, 58
— von Valois 1628
»Margarethe« 1859
Margarine 1869, 1929, 32, 60 V
Marggraf 1747
Margites v. Chr. 7. Jh.
Mari v. Chr. 1800, 1770
Maria I. (d. Blutige) 1553, 54, 58
»— Aigyptiaca« 1912 K
— von Burgund 1477
»— Candelaria« 1945 K
»— oder Christus« 1954 Ph
»— u. Elisab.« 1929 K
— Golovin« 1958 M
»Mariä Himmelfahrt« 1530, 1950 Ph
»Maria als Himmelskönigin« 1315
— d. Katholische s. Maria I.
»— mit dem Kinde« 1430
»— im Kreise weiblicher Heiliger« 1425
— Laach 1093, 1156
»— Magdalena« 1844
— von Medici 1625
»— Morzek ...« 1969 D
»—, Mutter der Kirche« 1964 Ph
Maria (Nonne) 340
— v. Österr. 1570
— v. Portugal 1543
»— Regina Martyrum« 1963 Ph
— v. Rumänien 1914 P
— della Salute, Venedig 1656
— Schnee 1517
»— in der Strahlenglorie« 1430
— Stuart 1542, 61, 68, 87, 1625, 27
»—« 1800, 30
— Theresia 1717, 36, 40-42, 45, 48, 55, 63, 65, 68, 80, 90, 92
»— Vermählung« 1836
— verhaut den Menschensohn« 1926 K
»— und weibliche Heilige« 1747
»—, W. De 1977 K
Mariam, M. H. 1977 P
Marian, F. 1940, 43 K
Marianen 1899, 1919 P, 60 W
»Maria-Tryptichon« 1969 M
Maricourt, Pierre von 1269
Marie de France 1167
Marie-Antoinette 1755, 70, 93
»—« 1939 D
Marie-Louise 1810
Marienaltar 1434, 1510
— Augsburg 1554
»Marienbad, Letztes Jahr in« 1960 K
»Marienbader Elegie« 1823

Marienburg 1274, 1309, 98, 1457, 66, 1914
Marienfeld, Kloster 1457
Marienfiguren, erste 11. Jh.
»Mariengruppe« 1542
Marienhymnus 9. Jh.
Marienkirche, Danzig 1502
– –, Krakau 1533
»Marienklage« 1375
»Marienkrönung« 1418, 47
Marienkult 1202
Marienleben 1291
»– –« 1511
Marienlebens, Meister des 1475
»Marienlied« 1140
»Marienmirakel« 12. Jh.
Marienschrein, Tournai 1205
Marien-Sequenz 1306
»Marientrompete« 1350
Marienverehrung 1153
»Marienvesper« 1610
»Marienwunder« 1264
Marignano 1515
Marin 1922, 49 K
»Marina« 1960 M
Marinátos, S. 1970 W
»Mariner« 1969 W
– 9 (Sonde) 1973 W
– 10 1974 W
– i. Krieg, Als« 1928 D
Marinetti 1900 Ph, 09, 24 D
Marini, B. 1617
–, G. 1569, 1623, 25
–, M. 1901, 47, 51, 68, 73 K
Marinismus 1625
Marino, Jacopo 1422
– s. Marini, G.
Marinus von Tyrus 170
»Mario u. d. Tiere« 1927 D
Marionettentheater, München 1858
Mariotte 1662
Maritain, J. 1966 Ph
Marius, Gajus v. Chr. 156, 138, 119, 111, 105, 104, 101, 100, 88–86, 82
–, Simon 1612
»Mark« 1099
– Aurel v. Chr. 246; n. Chr. 121, 61, 66, 79, 80
–, Grafschaft 1180
– (Münze) 1386
– Twain s. Twain, Mark
»– IV« 1953 W
Marken 1860
Märkisch-Schles. Maschinenbau- u. Hüttenges. 1902 V
Märkisches Viertel (Berlin) 1975 V
»Marknagelung« 1950 W
Markomannen v. Chr. 9; n. Chr. 9, 17, 166, 80, 275, 500
Marks 1952 W
–, P. 1972 W
Markt, gemeinsamer 1953, 59 V
»Marktanalyse u. -beobachtg.« 1932 V
Marktforschung 1952 Ph
Markthalle, 1. deutsche 1879
»Marktkirche in Halle« 1931 K
»Marktmodell, Das psycholog.« 1961 Ph
»Marktplatz d. Sensationen« 1947 D
Marktrecht 1100, 58, 1248, 14. Jh.
Markus 80
»Markus-Evangelium« 70, 100
»Markuspassion« 1927 M
Marlborough 1650, 1702, 04, 06, 08, 10, 22
Marlik, Königsfriedh. 1961 V
Marlitt 1907 D
Marlowe 1564, 87, 88, 93
Marmor v. Chr. 146
»Marmorklippen, Auf d.« 1939 D
Marmoutier 372
Marnangakis, N. 1968 M

Marne v. Chr. 3. Jh.
Marneschlacht 1914, 16 P
Marni, M. 1973 K
Marnix v. St. Aldegonde 1539, 98
Marokko-Kongo-Abk. 1911 P
Marot 1496, 1532, 38, 43, 44
Marozia 904, 14
Marperger 1715
Marq, Ch. 1966 K
Marquand, J. P. 1937, 51 D
Marquer 1913 K
»Marquis v. Keith« 1901 D
»Marquise von O.« 1810
Marrakesch 1062, 1955 P
Marrison 1929, 33 W
Marryat 1792, 1841, 48
Mars v. Chr. 600, 400, 100, 46, 2; n. Chr. 1954 W
»–, Amor und Venus« 1634
– (biologische Entwicklung) 1971 W
–, Die Erforschg. d.« 1957 W
– (Planet) 1348, 1609, 1877, 1924, 49, 58, 76 W
»– und Venus« 1475
Marsatmosphäre 1971 W
Marsglobus 1973 W
Marssonden 1968, 73, 75 W
»Marsch der Armut« 1968 V
– auf das Pentagon« 1968 D
– auf Rom« 1922, 45 P
Marschall, J. 1961 D
Marschner 1795, 1833, 61
Marsden 1911, 13 W
Marseille v. Chr. 600, 5. Jh., 300, 125; n. Chr. 415, 850, 1214, 1599, 1934 D, 48 K
–, Cité radieuse 1951 K
Marseillaise, La 1792
Marshack, A. 1970 W
Marshall, E. G. 1957 K
–, G. C. 1953, 59 P
Marshall-Denkmal, Studie 1963 K
Marshall-Inseln 1815, 1919 P
Marshallplan 1947, 48, 52 V
Marsilius v. Padua 1329
Marsinvasion 1938 V
Marskanäle 1877
Marsmonde 1877
Marsstürme 1977 W
Martens 1922 V
–, V. v. 1950, 51 K
»Marter des heiligen Lorenz« 1565
»Martha« 1847
Marti, M. 1966 K
Martial 41, 100
Martin 372
– I. 650
– V. 1417
–, v. 1932 Ph
–, A. J. P. 1952 W
–, F. 1951, 53, 54, 58, 67, 69, 71, 73, 74 M
– du Gard 1937, 40 D
–, K. 1910 D
–, L. 1963 D
»– Luther« 1971 D
»Luthers Leben ...« 1926 Ph
– von Troppau 1278
Martinez de Toledo 1430
Martini (Jesuit) 1655
–, Simone 1284, 1315, 17, 28, 33, 42, 44
Martini-Cocktail 1860
Martinique 1902 V
»–, Landschaft auf« 1887
Martinon, J. 1961 M
Martin-Plan 1968 Ph
»Martins Lüge« 1964 M
Martinson, H. 1959 M, 74 D
Martinů, B. 1940, 51, 53, 54, 55, 59 M
Martius v. Chr. 118
Martotelli 15. Jh.
»Marty« 1955 V
Märtyrer 180, 3. Jh., 607
Märtyrerkult 203, 257
Maruyama-Schule 1795
Marvin, L. 1966 K

Marwan 1976 K
»Marx als Denker« 1908 Ph
»– und die Gegenwart« 1955 Ph
–, Karl 1818, 43, 44, 45, 46, 48, 49, 59, 64, 67, 73, 83, 85, 95, 1968 Ph
»–, -« 1918 P
»– ökonom. Lehren ...« 1903 Ph
»–, W. 1923 ff. P
Marxismus i. China 1920 P
–, Instit. z. Erforschg. d. 1961 Ph
– u. d. nationale Frage« 1913 P
–, Praxis u. Theorie« 1889, 1917 P, 48, 50
»Mary Poppins« 1964 P
–, Queen 1953 P
– Stuart« 1971 V
Maryland 1632
»März« 1929 K
»– 1955« 1955 Ph
»– 1959, 22.« 1959 K
»– Marziano a Roma, Un« 1961 D
»Märzgefallenen, Aufbahrung der« 1848
Märzrevolution 1848
MAS 1946 V
Masaccio 1401, 26, 28
»Masante« 1973 D
Masar, B. 1968 W
Masaryk, J. 1945, 46, 48 P
–, T. 1850, 95, 1918, 35, 37 P
Mascagni 1863, 90, 1921, 45 M
Mascherini, M. 1951, 53–57 K
»Maschine im Leben d. Völker, Die« 1954 Ph
Maschinen-Ausleihstationen 1946 V
Maschinenbau 1612
Maschinenbaubuch 1540
Maschinenbuch 1578
Maschinenfabrik Augsburg-Nürnberg AG 1908 V
Maschinengewehr 1883, 1942 W
»Maschinenplastiken« 1971 K
»Maschinenräume« 1918 K
»Maschinenrhythmen« 1923 D
Maschinensender 1910 W
»Maschinenstürmer« 1812, 1922 D
Maschinenunfallversich. 1903 V
Maschsee 1936 W
»Masculin-Féminin« 1965, 66 K
Masefield, J. 1902, 16, 24, 33, 67 D
Maser 1955, 64 W
–, S. 1969 Ph
Masereel 1919, 21, 24, 25, 48, 70, 71, 72 K
Masern 923
Masina, G. 1954, 65 K
»Mask, The« 1908 D
»Masken« 1919 D
»– ball, Ein« 1859
»– ball, Vor dem« 1922 K
»– tanz« 1932 K
»Maskerade« 1934, 41 K
Masochismus 1884
Mason, J. 1957, 61 K
–, R. 1958 D
Masowien 1230
»Maß für Maß« 1604
»– – -Phantasie 1968 D
»– und Mitte« v. Chr. 164
Massada 1966 W, 73 P
»Massaker in Korea« 1951 K
Massalia v. Chr. 600, 530, 330, 300
»Massaniello« 1682
Massary, F. 1904 M
»Masse, Die einsame« 1956 Ph
Maßeinheiten, atomphysikal. 1970 W
Masse-Leuchtkraft-Beziehung d. Sterne 1924 W

Massenerhaltungssatz 1620, 1756, 74, 1909 W
Massenerzeugung (Anf.) 1798, 1850
Massenet, J. E. F. 1884, 1902, 10, 12 M
Massenmedien 1960 Ph
»– ..., Theorie d. « 1962 Ph
»– u. Erziehungsarbeit« 1960 Ph
Massenmord 1973 V
Massenmörder 1924, 29 V
»Massenpsychologie« 1921 Ph
»– « (Handb.) 1946 Ph
Massenspeisung 1797
Massenspektrograph 1910, 19, 51 W
»Massenspektroskopie« 1910, 51 W
Massentourismus 1972 V
Massenverkehr 1970 V
Massenvernichtungswaffen 1961 Ph
Massenwirkungsgesetz 1867
»Maßhalte-Politik 1962 V
Massi, Giovanni 1370, 1427
Massimi, Palazzo 1551
»Massimilka Doni« 1937 M
Massinger, Ph. 1629
Massolle, J. 1922 W
Masson, A. 1958, 61, 63, 73 K
Maßsystem, absolutes physik. 1833
Massu, J. 1960, 68 P
Massys 1510, 17
Masters, W. H. 1966 W
Mastroianni, M. 1959 K
Masuccio von Salerno 1470
Masuren, Schlacht i. 1915 P
Matador-Rakete 1957 W
Mataré 1950, 58 K
Mateotti 1924 P
»Mater dolorosa« 1917 K
»– et magistra« 1961 Ph
»Materia medica, De« 50
»Materialismus, Dialektischer« 1844
»–, Die metaphysischen Annahmen des« 1882
»– u. Empiriokritizismus« 1909 Ph
»Materie« (Analyse d.) 1927 Ph
»– und Gedächtnis« 1896
»– und Geist, Untersuchung über« 1777
»Materielle Grundl. d. Bewußtseinsersch.« 1901 Ph
Materiewellen 1924, 27, 29 W
Materiezerstrahlung 1933, 34
»Maternelle« 1933 K
Maternus, Jul. Firmicus 300
Matha, Johann von 1198
Mathé, G. 1958 W
Mathematik 1591, 1899
– s. Algebra, Arithmetik, Differentialrechnung, Infinitesimalrechnung, Geometrie
– , babylon. v. Chr. 1700
– , Buch über v. Chr. 350
»– und Dichtung ...« 1966 W
–, Geschichte der v. Chr. 70
–, jüd.-span. 1136 W
»– ?, Was ist« 1972 W
–, Widerspruchsfreiheit der 1931 W
– , Zeitschr. f. angew. 1921 W
Mathematische Ähnlichkeitslehre v. Chr. 356
»– Grundlagen d. Naturphilosophie« 1687
»– Prinzipien einer Theorie des Reichtums, Untersuchungen über« 1838
»– Sozialtheorie 1960 Ph
»– Strukturlehre des Wirtschaftskreislaufes« 1954 W
»– Tafelwerke und Tabellen Index« 1955 W

»Mathematische Theorie« (Volkswirtschaftl.) 1961 Ph
»– menschlicher Beziehungen« 1947 Ph
Mathematischen Büchern, Druck v. 1083
»– Unterrichts, Methodik des 1919 Ph
»Mathematisches Wörterbuch« 1961 W
Mathesius 1556
Mathey 1675
Mathias v. Arras 1356
Mathieu, G. 1950, 54 K, 62 K
Mathilde 963, 1240
»–, An« 1955 D
»– von England 1135, 54
»– Möhring« 1908 D
»– von Toskana 1046, 80, 90, 1115, 39
Mathilde-Zimmer-Stiftung 1907 Ph
»Mathis d. Maler« 1934, 38 M
Mathura 1. Jh.
Mattheuer, W. 1977 K
Matisse, Henri 1869, 97, 1901, 03 bis 05, 07, 08, 10, 12, 14, 16, 20, 33, 41, 42, 44, 47, 50, 51, 52, 54 K
»–, « 1971 D
Mätressenwirtschaft 1698
»Matrosen v. Cattaro« 1930 D
– v. Kronstadt« 1936 K
Matschek 1929 P
Matscher, A. 1968 K
Matsuoka 1941 P
Matta, R. 1973 K
»Mattei, Der Fall« 1971 K
»Matten-Keramik« v. Chr. 2000, 1501
Matterhorn 1857, 65, 1931, 62 V
Matthaei 1961 W
Matthäus 1. Jh., 80, 1908 Ph
»– mit dem Engel« 1590
Matthäus-Evangelium 100
»– –, Das« 1964 K
Matthäus-Kirche, Pforzheim 1954 K
Matthäus-Passion 1505, 1729, 1829, 77
Mattheson 1716, 22, 39
Matthew 1951 K
Matthiae, K. 1960 Ph
Matthias 1619, 19, 1927 V
– I. Corvinus 1443, 56, 58, 80, 85, 90
Matthys 1534
Mattiaker (Chr. 11
Mattingly, T. K. 1972 K
Mattmüller, H. 1956 K
Matussek 1948 Ph
Mauchly 1942 W
»Maud« 1920 K
Maudslay, H. 1800
Mauer, Berliner 1961 ff. P, 63 V
»–, Die« 1962 K
»Mauerbild VIII ...« 1967 K
»Mauern, Dächer u. Blumen« 1941 K
Mauerquadrat 140
Mauersberger, E. 1961 M
Maugham, W. S. 1912, 25, 32, 45, 54, 65 D
Maul- u. Klauenseuche 1920 V, 27 W
Maulbertsch 1724, 1796
Maulbronn 1098, 1210
Maull 1928 V
»Maulwerke« 1972 M
»Maulwürfe« 1968 D
Mau-Mau 1952, 53, 55, 63 P
Maupassant, G. de 1885, 89, 91
Maupertsch, Franz Anton 1724
Maupertuis 1746, 50
Mauren 1118, 47, 1212, 13, 38, 62, 84, 1340, 1476, 1609
»Mauretania« 1907 W
Mauretanien v. Chr. 246; n. Chr. 43

Mauriac, F. 1912 Ph, 27, 28, 32, 38, 47, 51 D, 52 D, Ph, 53, 54, 61, 65, 70 D
Maurier 1940 K
Mauritius 1815
–, Briefmarke 1847
Mauro, Fra 1457
Maurois 1922, 32, 34 D
Maurolycus, Fr. 1556
Maurus, Hrabanus 784, 847, 56
»Mäusefest, Das« 1965 D
»Mäusen u. Menschen, Von« 1937 D, 74 M
»Mausoleum« v. Chr. 353, 340
Mausolos v. Chr. 353
Mauthner 1923 Ph
Mauvain 1856
»Mavra« 1922 M
Max v. Baden 1918 P
– als Ehemann« 1912 K
– als Empfangschef« 1914 K
–, G. 1915 K
– Havellar« 1860
– und Moritz« 1858
– als Verlobter« 1912 K
Maxentius 306, 12
Maxim 1883
Maxi-Mäntel 1969 V
Maxi-Mode 1968 V
Maximian 6. Jh.
Maximilianus Augustus 293, 305, 06
»Maximilian« 1932 M
– I. 1459, 77, 86, 88, 90, 93, 96, 1508, 11, 12, 15, 17, 19
»– I.« 1519
– I. v. Bayern 1597, 1609, 23, 51
– I. Joseph 1756, 1806, 25
– II. (Kaiser) 1564, 76
– II. Joseph 1848
– v. Mexiko 1863, 67, 69
Maximilian-Antiqua 1917 K
Maximiliansgrab, Innsbruck 1502, 13, 66, 72
Maximinus 235
Maximus, Quintus Fab. v. Chr. 217
Max-Planck-Gesellschaft 1960 W
Maxwell, A. E. 1968 W
–, C. 1831, 60, 65, 71, 88
May 1842
–, E. 1970 K
–, J. 1918, 20 K
–, K. 1910, 12, 28 D, 50 Ph
Maya v. Chr. 3200, n. Chr. 4, 164, 300, 28, 95, 471, 900, 64, 1000, 12. Jh., 1191, 92, 1452, 1524, 41, 1697, 1839
Maya-Hieroglyphen 1976 W
Maya-Kultur 1952 W
Mayapán 964
Maya-Stadt Tikal 1958 W
Maybach 1884, 1901 W, 09 V
Maybach-Motorenbau GmbH 1909 V
Mayekawa, K. 1958, 60 K
Mayer, H. 1959, 61 ff. D
–, J. R. 1814, 42, 43, 78
–, J. T. 1750
–, K. 1959 W
–, R. 1953, 57 P
»Mayflower« 1620
Mayow 1669
Mayr 1920 P
Mayröcker, F. 1969 D
Maytanisin 1972 W
Mayuzumi 1976 M
Mazarin 1602, 42, 45, 48, 53, 61
»Mazdaznan« 1908 Ph
Mazdaznan-Lehre 1902 V
»Mazedonisches Komitee« 1093 P
»Mäzen« v. Chr. 8
Mazet 1953 V
»Mazurka« 1935 K
Mazzini, G. 1832
Mazzola 1503, 40
Mc s. Mac

McBride 1926 M
McCarthy, J. 1954 P
–, Mary 1964 D
McCarthy-Ausschuß 1954 P
McCarthy 1944 W
McCloy 1953 P
McCormick 1834
McCullers, C. 1961 D
McCusker, Ch. 1969 W
McDermont 1972 M
McDivitt, J. A. 1965 W
McDongall 1933 W
McElroy 1957 P
McGovern, G. 1972 P
McKay, D. 1953 W
McMillan 1940, 45, 46, 51 W
McNamara, R. S. 1960, 67, 68 P
McTaggart 1921 Ph
McVeigh, I. 1952 W
McWood 1938 W
Mead 1935, 48, 50, 54 Ph
Meade, J. 1977 V
Meadows, D. 1972 Ph, 73 D
Mealletha, Narsai von 502
»Mechanica« 1736
Mechanics Institutes 1841
»Mechanik« v. Chr. 246
»–, Alte« 1973 K
»–, Analytische« 1788
»– in ihrer Entwicklung« 1883
»– (Techn.) 1925 W
»Mechanische Probleme« v. Chr. 335
»Mechanismus d. Mendelschen Vererbg.« 1923 W
Mechanofaktur 1924 K
Mecheln, Kathedrale 1487
Mechtel, A. 1969 D
Mechthild v. Hackeborn 1241, 99
– von Magdeburg 1250
Meckel, Ch. 1969, 73 D
Medaillen 2. Jh., 1390, 1441, 49, 50, 80
Medaillon 1000, 11. Jh.
Medawar, P. B. 1960 W
»Medea« v. Chr. 431, 406, n. Chr. 1866, 1940 M
Meder v. Chr. 900, 675, 645, 640, 626, 616, 614, 612, 609, 585, 575, 550, 520, 150; n. Chr. 628
»Media in vita« 1958, 62 M
»– vita in morte sumus« 912
Mediäval 1907, 13 K
»Medicamine faciei, De« 18
»Mediceische Venus« v. Chr. 3. Jh., 305
»Mediceischer Seeatlas« 1351
Medici 1351, 1400, 27, 44, 50, 58, 60, 69, 75, 94, 98, 1512, 13, 34, 59, 76
–, Cosimo de 1389, 1434, 41, 44, 59, 64, 1521
–, I. 1542
–, Giovanni di Bicci de 1421
–, Giuliano de 1475, 78, 80
–, Katharina v. 1560, 72
–, Lorenzo de 1449, 69, 78, 90 Ph, 92
–, Maria v. 1600, 25
»Medicina equorum, De« 1250
– mentis et corporis« 1687
– rational. systematica« 1718
– veterinaria« 64
Medien der bildenden Kunst 1977 K
– Musik 1968 M
Medikamentenmißbrauch 1960 V
Medina 622, 27, 32, 1487
Medinet el Fajum v. Chr. 2200
– Hâbu v. Chr. 1193
Mediolanum v. Chr. 222
»Meditationen« 1954 M
– über die Jagd« 1953 Ph
»Meditationes de Prima Philosophia« 1641
Medizin s. Heilkunde
–, der alten Ägypter« 1962
–, experimentelle 1865 W
»–, Grenzen d.« 1975 W

»Medizin« (Grundl. d. Theorie) 1934 W
»– « (Hdb. d. gerichtl.) 1906 W
»– « (Handb. d. Gesch.) 1905 W
»– « (Metaphys. Probl.) 1948 W
–, naturwiss. 1630
»– « (Physiko-chem.) 1939 W
–, psychosomat. 1925 Ph, 49
Medizinalgesetz, preuß. 1836 V
Medizinal-Ordnung 1231
–, älteste deutsche 1512
Medizinische Fakultät, Bologna 1213, 1306, 1400
– –, Köln 1395
– –, Montpellier 1220, 89
– –, Padua 1306
– –, Paris 1231
– –, Salerno 1140, 1224
– Hochschule Hannover 1965 Ph
– Physik 1990 W
»– Psychologie« 1945 Ph
– Schule, Alexandria v. Chr. 250
– –, Bologna 1150
– –, Montpellier 1137, 80
– –, Salerno 900, 1050, 87, 11. Jh., 12. Jh.
»– Polizei, System . . .« 1779
»– Statistik« 1906 W
Medizinisches Werkes, Erster Druck eines 1472
Medizinische Singapur 1905 Ph
Medizin-Studentinnen, Erste 1871
Medizinstudium 1970 Ph
»Medoro« 1619
»Medulla theologiae moralis« 1757
Meduna 1936 W
Medway-Brücke 1963 W
Meegeren 1945 K
Meer, organ. Substanz 1960 W
– als Quelle der Völkergröße« 1900 W
»Meere, 20 000 Meilen unter dem« 1869
–, Konferenz zur Reinhaltung der 1973 V
»Meeres und der Liebe Wellen, Des« 1840
Meeresbiologische Anst. 1959
Meeresbodenausbreitung 1966 W
Meeresbodenvertrag 1972 P
Meeresforschg. 1902 W
Meereskunde, Inst. f. 1902 W
»–, Veröffentl. d. Inst. f.« 1902 W
Meeresmücke 1939 W
Meeresraupenfahrzeug 1972 W
»Meeresstrand« 1914 K
Meeressubstanz, organ. 1960 W
Meerestiefe 1960 W
»Meereswellen« 1957 K
»Meermin, De« 1962 W
Meersalzgewinnung 1930 P
Meersch, M. v. d. 1951 D
Meerschweinchen 1907 W
»Meerwunder« 1934 D
Megalopolis v. Chr. 201, 120
Megara v. Chr. 550
– (Stadt) v. Chr. 559, 221; n. Chr. 1274
Megarer v. Chr. 660
Megarische Schule v. Chr. 395
Megaron v. Chr. 4000, 1400, 1300
Megasthenes v. Chr. 300
Megenberg, Konrad v. 1309, 74
Megerle, H. U. 1644, 83, 1709
Megiddo v. Chr. 1480, 1200
Meh Tih v. Chr. 390
Mehlmotte 1941 W

Mehnert, K. 1958, 62 Ph
»Mehr oder weniger Mensch« 1950 Ph
Mehrheitswahlrecht 1966 P
Mehring, v. 1889
–, F. 1910 Ph, 15, 17, 18 P
Mehrlader-Gewehr 1878
Mehrstimmigkeit 900, 1322, 1461
Mehrwert des Kapitals 1867
Mehrwertsteuer 1968 V
Méhul, E. N. 1807
Meichsner 1625
Meid 1919, 50 K
»Meier« 700
– Abdeli 1366
– Helmbrecht« 1290, 1928 D
–, J. 1914, 53 M
Meier-Denninghoff, B. 1967, 68 K
Meier-Graefe 1904, 07, 10 K
Meiffret 1962 V
Meiji Tenno 1869, 97, 1912 P
Meile, Lauf ü. eine 1962 V
Meillet 1908 V
»Mein blaues Buch« 1909 D
»– braunes Buch« 1906 D
»– goldenes Buch« 1901 D
»– grünes Buch« 1901 D
»– Kampf« 1924, 25 P
»– Leben« 1811 M, 30 P
»– – als Entdecker« 1928 W
»– – i. d. Kunst« 1924 D
»– – als Maler« 1958 K
»– – u. Streben« 1910 D
»– – u. Werk« 1923 W
»– Name sei Gantenbein« 1964 D
»– Onkel« 1958 K
»– Penatenwinkel« 1908 D
»– Sommer 1805« 1806 D
»– System« 1904 V
»– Vater« 1902 K
»– Vaterland« 1875
»– Weg« 1923 W
»– – als Deutscher u. Jude« 1921 D
»– Werden« 1928 M
»– – u. Jugend« 1935 D
»– Kinderjahre« 1906 D
»– Kindheit« 1913 D
»Meine Frau die Hexe« 1942 K
»Meine Lieder – meine Träume« 1966 K
»– Mutter« 1956 K
»– Pferde, m. Leben« 1961 V
»– sämtl. Werke« 1922 M
»– Suche n. Wahrheit« 1961 Ph
»– Zeit« 1950 D
Meinecke, Fr. 1862, 1906 W, 08, 24, 36, 47, 54 Ph
»Meineidbauer« 1871
»Meinem Leben, Aus« 1913 P
»– und Denken, Aus« 1931 Ph
Meinhard 1184
Meinhof, U. 1974, 76 P
Meiningen 828, 1874
Meininger Hoftheater 1887
»Meino, der Prahler« 1933 D
Meinong 1904 Ph
Meinrad, J. 1959 D
»Meinung, Werden . . . der öff.« 1956 Ph
Meinungsforschung 1810, 1935 V, 45, 52 Ph, 61 P
»Meinungsverteilung i. sozialen Feld, . . .« 1961 Ph
Meinwerk, Bischof 1009
Meir, G. 1969, 73 P, Ph, 74 P
Meisenbach 1881
Meißen 929, 68, 1089, 1136, 1200, 21, 47, 60, 64, 1316, 34, 1425, 87, 1775
–, Albrechtsburg 1471
–, Dom 1250
–, Heinrich Frauenlob von 1250, 1318
Meißer 1916 W

Meißner, A. 1913 W
–, O. 1919, 20, 50 P
– Porzellan« 1910 K
– Porzellan-Manufaktur 1706, 10, 41
Meiß-Teuffen 1946 V
Meister, A. 1906 W
»–, Der« 1952 D
– aus Avignon 1461
– Bertram 1379, 1414
»– 1367–1415« 1905 K
– der Darmstädter Passion 1438
– Eckart 1260, 1326, 27, 60
– E. S. 1432, 15. Jh., 1459, 67
– von Flémalle 1428, 30, 38, 44
– Floh« 1822
– Franke 1424
– Gerhard 1248
– H. L. 1526
– von Hohenfurth 14. Jh.
– I. A. M. 15. Jh.
– I. B. 15. Jh.
»Joachim Pausewang« 1910 D
– der drei Künste« 379
– des künstlichen Kontrapunktes« 1494
– L. C. Z. 15. Jh.
– L. Z. 15. Jh.
– Lampe« 1918 D
–, Lucius & Co. 1863
– des Marienlebens 1475
– vom Naumburger Dom 1260
– des Ortenberger Altars 1425
– des Paradiesgärtleins 1415
– Pedros Puppenspiel« 1923 M
»– d. Politik« 1923 P
– des Schöppinger Altars 1461
– der Spielkarten 1440
– der »Virgo inter virgines« 1465
– W. 15. Jh.
»– von 1473« 1473
»Meisterballaden« 1923 D
Meistermann 1950, 55, 57, 58 K
Meistersinger 1250, 60, 87, 1300, 18, 14. Jh., 15. Jh., 1494, 1500, 56, 57 Ph
»– – von Nürnberg, Die« 1868, 1963 M
Meisterstück 1272, 15. Jh.
Meit, C. 1532
Meitner, L. 1918, 39, 55, 66, 68 W
Mekka 570, 610, 22, 27, 30, 32, 34, 1916, 24 P
Mélac 1689
»Melancholie« 1514, 1957 K
Melanchthon 1497, 1518, 21, 26, 28, 30, 40, 44, 49, 52, 60
»– « 1526
»Melanesischen Geheimkulte, Die« 1958 Ph
Melartin 1937 W
Melba 1925 K
Melbourne 1880, 88
–, Olympiade in 1956 V
Melchinger, S. 1959, 62, 71 D
Meleagros 1. Jh.
Melete v. Chr. 700
»Méliador« 1410
Méliès 1900, 02, 04, 07 K
Melikschah 1072
Melissos v. Chr. 440
Melk 1726
–, Heinrich von 1140, 60
–, Stift 985, 1702, 36
Melkmaschine 1924
Mell, A. 1910 Ph
–, M. 1923, 32 D
Mellanby 1919 W
Melloni 1834
»Melodie d. Herzens« 1929 K
»– d. Welt« 1930 K
»Melodien u. Erinnerungen« 1925 M
Meloria, Schlacht bei 1284
Melpomene v. Chr. 700
Meltau 1848
»Melusine« 1833, 1971 M

Melusine, schöne 1387
Melville, H. 1851, 1954 D
Melville, J.-P. 1966 K
Memel 1170, 1258
Memelgebiet 1919, 20, 23, 26, 39 P
»Memento mori« 1050
Memling 1433, 67, 72, 79, 80, 82, 84, 87, 89, 91, 94, 1519
Memmi, Lippo 1333
Memmingen 1447
»Memnons-Kolosse« v. Chr. 1410
»Memoiren« 1628, 1948 P
— (Dapontes) 1827
— d. Peterhans v. Binningen« 1960 D
— des Satans, Mitteilungen aus den« 1826
— e. Sozialistin« 1911 Ph
— »Memorial« 1947 D
Memphis v. Chr. 3200, 1500, 1350, 40, 1300, 671; s. auch Sakkâra
»— 1967 K
Memrâ 400
Mena, Juan de 1411, 56
Menadier 1922 W
»Menagerie« 1920 D
Menander v. Chr. 159
Menandros v. Chr. 342, 290
Menas 296
Mencken 1919 D, 26 V
Mendana, Alvaro 1567
Mende, E. 1960, 63, 65, 67 P
Mendel, G. 1822, 65, 84, 1900, 13, 23, 48 W
—, Konrad 1388
Mendelejew 1834, 69, 71, 1907 W
Mendelevium 1955 W
Mendelsche Stiftung 1388
Mendelsohn, E. 1953 K
Mendelssohn, A. 1933 M
—, Moses 1729, 54, 59, 64, 67, 83, 84, 85, 86, 88, 1804, 09
—, P. de 1975, 77 D
Mendelssohn-Bartholdy, Alb. 1927 P
—, F. 1809, 22, 26, 29, 30, 33, 35, 43, 44, 46, 47, 1962 M
Menderes, A. 1960 P
Menderes-Regime 1961 P
Mendès-France, B. 1954, 55, 57, 59 P
Mendoza, H. de 1503, 54, 75
Menelaos 100
— mit der Leiche des Patroklos v. Chr. 2. Jh.
Menelik 1889, 1913 P
Menes v. Chr. 4500, 3200
»Ménétriers« 1330
Menge 1926 Ph
Mengelsberg, W. 1951 M
Mengenlehre 1883
Menges, G. 1961 Ph
Menghin 1925 K
Mengs 1728, 61, 79
Meng-tse v. Chr. 372, 289
»Menippische Satiren« v. Chr. 250
Menippos v. Chr. 250
Menjou 1932 K
Menna 1901 W
Menno Simons 1525
Mennoniten 1525
»Mennonitenprediger mit seiner Frau« 1641
Menotti, G. C. 1935, 37, 41, 50, 51, 54, 58, 64, 68 M
»Mensch a. d. Bühne« 1910 D
»—, Der« 1918 D
»— (Ein) 1935 D
—, Erschaffung v. Chr. 1770
»— und Fortschritt« 1957 K
»— u. Gesellschaft i. Zeitalter d. Umbaus« 1935 Ph
»— u. d. Glaube« 1933 Ph
»— ist gut, Der« 1919 D
»— u. Kollektiv« 1949 Ph
»—, Der kranke« 1951 Ph
»—, in der 2. Lebenshälfte, Der« 1955 Ph

»Mensch lebt nicht vom Brot allein, Der« 1956 D
— u. d. Mächte, Der« 1938 D
— eine Maschine, Der« 1748
— und Menschmaschine« 1952 Ph
»—, mittlerer« 1835 W
»— und die Natur, Der« 1953 Ph
»— eine Pflanze, Der« 1748
»— schreit, Der« 1916 D
»— als soziales Wesen, Der« 1963 Ph
»— v. d. Standgericht« 1949 D
»— u. d. Technik, Der« 1931, 52 Ph
»— und Tiere« 1953 K
»— u. Übermensch« 1903 D
»— i. Universum« 1948 Ph
»— u. Volk d. Großstadt« 1939 Ph
»— in seiner Welt, Der« 1952 Ph
»— um 1500, Der« 1977 Ph
»— und seine Welt, Der« 1967 K
»— und seine Zukunft, Der« 1964 W, 66, 67 Ph
Menschen, Alter des 1965 W
»—, Das Alter des« 1863
»—, gegen Dschungel« 1954 Ph
»—, eiszeitliche 1964 W
»—, Die Geschichte d.« 1905 K
»—, A. 1833, 65
Menzies 1949, 66 P
Meprobamate 1956 Ph
MER 1918 V
»Meir soleil« 1966 K
Meran 1919 P
Mercantile Marine Comp., Intern. 1903
Mercanton 1912 K
Mercator 1512, 38, 54, 69, 94, 95
»— 1540
Mercator-Karte 1538, 54, 69, 1946 W
Mercedes 1955 V
Mercedes-Büromasch.-Werke 1906 V
Mercedes-Daimler-Rennwagen 1922 W
»Mercedes«-Wagen 1901 W
— und Camier« 1972, 77 D
Mercier 1585, 1636, 54
Merck, D. 1970 D
»Mercks Wien« 1679
Merckx, E. 1972, 77 V
»Mercure galant« 1672
»mère coupable, La« 1966 K
Meredith, G. 1879
Merenptah v. Chr. 1230
Mereschkowskij 1865, 1902, 05 D, 06 Ph, 41 D
Mergenthaler 1884
Merian, Maria Sibylla 1705
—, d. Ä., Matthäus 1593, 1650, 77, 88
»Merigato« 1050
Merikare v. Chr. 2100
Merimde-Beni Salâme v. Chr. 4500
Mérimée, P. 1836, 45, 1922 M
Merkantilismus 13. Jh., 1381, 1550, 1613, 64, 67, 80, 83, 84, 85, 89, 95
Merkatz, H. J. v. 1956, 57, 60 P
Merkelscher Tafelaufsatz 1549
Merkle 1909 Ph
Merkl-Ged.-Exped. 1953 V
»Merkmale des chin. Charakters ...« 1949 Ph
Merkur 1915, 49, 63 W
»—, Dt.« 1773
Merkurerforschg. 1974 W
»Merkwürdigste Jahr meines Lebens, Das« 1801
Merlin 1817, 1200
»—« 1832
»Merlin-Roman« 1200, 1470
Mermnaden v. Chr. 682
Mérode-Altar 1428
Méros v. Chr. 300, 22
»—« 1906 D
»Mérope« 1743

»Menschliche Erblichkeitslehre ...« 1921 W
— Fähigkeiten« 1938 Ph
— Gesellsch.« 1931 Ph
— Komödie« 1942 D
— Natur« 1922 Ph
— Persönlichkeit« 1918 Ph
— Situation« 1964 K
— Stimme, Die« 1963 M
— Tragikomödie« 1874
— Zeitalter, Das v. Chr. 700
»Menschlichen Seins« (Grundformen d.) 1929 Ph
»Menschliches – Allzumenschliches« 1878
Menschlichkeit, Zeitschrift f. 1911 Ph
»Menschwerdung« 1949 Ph
Mensendieck, B. 1958 V
Mensuralnoten 13. Jh., 1298, 15. Jh.
Mentelin 1466, 71
Mentuhotep III. v. Chr. 2050
— IV. v. Chr. 2050
Menuett 1653, 1751
Menuhin, Y. 1916, 48, 70 M
Menzel 1815, 40, 45–48, 50, 52, 53, 56, 58, 59, 71, 75, 78, 1905 M

Merowinger 466, 81, 511, 34, 629, 751, 800
»— ..., Die« 1962 D
Merseburg 968, 1009
—, Ammoniakwerk 1916 W
—, Dom 1080
»Merseburger Zaubersprüche« 10. Jh.
Mersen, Vertrag von 870
Mersenne 1588, 1636, 40, 48
Mersmann 1923, 34 M
Merswin, Rulman 1307, 82
Mertens 1910 W
Mertzbacher 1904 W
Merville 1952 W
Merz, C. 1961 D
Merzbachtal, Kultur d. 1975 W
Mesa v. Chr. 900
Mes-anni-padda v. Chr. 2600
Mescalin 1954 D
Meselim-Stufe v. Chr. 2560
Mesmer 1734, 1815
»Mesnewi« 1273
Mesomedes 2. Jh.
Meson 1935, 37, 47 ff., 52, 64 W
—, F- 1977 W
—, neutrales 1949 W
Mesonen, künstliche 1953, 55 W
Mesonenkatalyse 1958 W
Mesoscaphe 1964 V
Mesothor 1907 W
Mespelbrunn, Julius Echter v.; s. Echter, Julius
Mesrop 5. Jh.
Messalina 41
»—« 1910 K
»Messalinen Wiens, Die« 1884
»Messana« v. Chr. 396
Meßbildanstalt 1921 K
Meßbrücke 1843
Meßbuch 450, 1450
Messe 12. Jh., 1240, 13. Jh., 1300, 90, 1400, 97, 1535, 64, 94, 1885, 1917, 20, 48
»— 1971 M
»—, Die« 1969 D
— in a-moll 1925 M
— Nr. 1, d-Moll 1864
»—« 2, e-Moll 1868
»—« 3, f-Moll 1872
»— des Lebens« 1905 M
»— solennelle« 1858
»— aus Tournai 1325
Messel 1904 K
—, Grube v. 1977 W
Messene v. Chr. 310, 149
Messenien v. Chr. 730, 612, 396, 387, 371, 362
Messenischer Krieg v. Chr. 612, 456
Messer 1475
—, A. 1926 Ph
Messers Schneide, Auf« 1945 Ph
Messerschmitt 1943
Messerschmitt-Flugzeugbau-Ges. 1923 V
Messerschmittjäger 1942 W
Meßgenauigkeit, astronom. 1901 W
Meß- u. Regelgeräte 1951 W
Messiaen, O. 1908, 35, 36, 50, 53, 69 M
Messiaens 1974 W
»Messias« u. Menschen« 1938 W
»Messias-Fragment« 1962 D
»Messianitäts- und Leidensgeheimnis« 1901 Ph
Messias v. Chr. 722, 42, 7
»—« 1648, 1742, 48, 73
— und Jesus 1926 Ph
Messina v. Chr. 735, 396; n. Chr. 1445, 1908 W
Messing v. Chr. 50; n. Chr. 1250
»Messingstadt« 1945 K
Messmer, P. 1972 P
Messner, R. 1975 V
Meßter, O. 1896, 1902, 07 K
»Messung menschl. Verhaltens« 1941 Ph
»Mestiere di vivere, Il« 1952 D

»Mesures illimitées« 1951 K
»Meta[-Physik] m. d. Hahn« 1952 K
»Metall« 1939 D
Metallarbeiterstreik 1956 V
Metallbearbeitung (Anfänge) v. Chr. 3900, 3700, 3000, 2500, 2000, 1450, 1250, 1200, 860, 637, 604, 500, 1. Jt., 450, 50, 1. Jh.; n. Chr. 1400, 1955 W; s. a. Metallurgie
Metalle, Quantenphysik d. 1928 W
Metall-Eindecker 1920, 24 W
Metallgewinnung (Anfänge) v. Chr. 5000, 1580, 1501, 1100, 483, 287, 103, 101, 16
Metallographie 1863
—, Lehrbuch 1913 W
Metallskier 1951 V
Metallspritzverfahren 1906 W
Metallurgie (Anfänge) 79, 100, 1260, 1530, 74; s. a. Metallbearbeitung
Metallzeit v. Chr. 3000
»Metalogicus« 1180
»Metamorphose« 1964 K
»— der Insekten in Suriname« 1705
»— der Pflanzen« 1790
»Métamorphose du 20. siècle« 1962 Ph
»Metamorphosen« 9, 18, 1210, 1945 M
»Metamorphoses« 180
»Metaphysik, Einführung i. d.« 1953 Ph
»— der Erkenntnis« 1921 Ph
»— als exakte Wissensch.« 1921 Ph
»— der Gegenwart« 1925 Ph
»—, Geschichte der« 1900 Ph
»— der Irrationalen« 1928 Ph
»— der Sitten« 1797
»—«, Grundl. z.« 1785
»—«, Überwindung der« 1934 Ph
»—«, Was ist« 1929 Ph
»— der Zeit« 1925 Ph
»Metaphysische« Dichterschule 1633
»— Malerei« 1917 K
»— Probleme d. Medizin« 1948 Ph
Metasequoia 1944 W
»Metastassis, Les« 1955 M
Metaurus, Schlacht bei v. Chr. 207
Metaxas 1936 P
Meteor 1908 W, 46, 50 W
»—«, 1927 W, 55 K, 73 W
»—«, Forschungsschiff 1964, 65 W
Meteorbeobachtung, erste wissenschaftliche 1798
Meteore 1957 W
—, Riesen- 1973 W
»Meteor-Expedition« 1925, 29 W
Meteoritenkrater 1919 W
Meteoritenschwärme 1946 W
»Meteorobiologie ...« 1960 W
»—«, Grundriß einer« 1952 W
Meteorologie 1337, 1699, 1701, 19, 1816, 30, 37, 48, 54, 57, 61, 63, 71, 1900, 01, 02, 05, 10, 20–23, 26, 27, 29, 35, 46, 48, 54 W
»—, globale 1977 W
»— v. Chr. 322
»—« (Lehrb.) 1901 W
»—«, Weltkongreß 1963 W
»Meteosat« 1977
Meterkonvention 1876
Metermaßsystem 1794
Methan 1932 W
»Methode d. Ethnologie« 1911 Ph
»—, mit zwölf Tönen zu komponieren« 1922 M

»Methodenbuch für Väter und Mütter der Familien und Völker« 1770
»Methodenlehre« v. Chr. 212
»– – der Sozialwissensch.« 1936 Ph
»Methodensammlung z. Intelligenzprüfg.« 1920 Ph
»Methodik d. mathemat. Unterrichts« 1919 Ph
Methodisten 1738, 91
Methodius 863
Methylalkohol 1922 W
Meton v. Chr. 444, 443
Metrisches System 1956 V, 75 W
Metronom 1815
»Metropolis« 1926 K
Metropolitan Area 1957 V
– Opera, New York 1966, 72, 74 M
Metschnikow 1845, 84, 1901, 08, 16 W
Metsu, Gabriel 1662
Mettel, H. 1955 K
Metternich 1773, 1809, 21, 31, 48, 59
»Metternich-Stele« v. Chr. 353
Mettrie 1709, 48
Metz 511, 61, 612, 790, 861, 70, 15. Jh., 1552, 1648, 1919 V
–, J. B. 1964 Ph
–, Odo von 804
Metzner, H. 1952, 68 W
Meumann 1907 Ph
Meun, Clopinel de 1237, 87
Meung, Jean de 1237, 87
Meunier 1831, 86, 92, 93, 1905 K
Meurisse, P. 1966 K
»Meurtres« 1941 D
»Meuterei auf der Bounty« 1935 K
Mewis, K. 1963 P
Mexikan. Altertümer 1520, 1615
Mexico City 1945 P
– –, Sportpalast 1968 K
–, Entdeckung 1518
–, indian. Kultur v. Chr. 600; n. Chr. 300
Meyer, C. F. 1825, 71, 72, 75, 76, 82, 91, 98
–, E. 1902 W, 11, 23 Ph
–, F. 1966 P
–, G. 1896
–, H. 1889, 1903 W
–, J. 1826, 40
–, L. 1869
Meyerbeer 1791, 1831, 36, 42, 49, 64, 65
Meyer-Eppler, W. 1960 M
Meyer-Förster 1901 D
Meyerhof 1884, 1921, 22, 51 M
Meyerhold 1920 D
Meyers, F. 1958, 62 P
– Lexikon 1852, 1930 Ph
Meyerson 1908, 31 Ph
Meyrink, G. 1907, 13, 15 D
»Mezzetin« 1716
Mi Fu 1107
Miag 1921 V
Miaskowskij 1948 M
Miasma 1775
Micha v. Chr. 721
»Michael« 1904 D
– IV. 1034
– VIII. Paläologus 1261
– v. Rumänien 1927, 30, 40, 44, 47 P
– v. Rußland 1613
»– Bakunin« 1923 D
–, Erzengel 12. Jh.
– Kohlhaas« 1534, 1810, 1933 M, 69 K
»– Kramer« 1900 D
»– Sars« 1910 W
»–, St.« 1592
Michaelis 1917 P
–, K. 1910, 25 D
–, P. 1953, 66 W
– de Vasconcellos 1902 P

Michal, K. 1961 D
Michaux 1967 V
Michel, K. 1944 W
– Briefm.-Kat. 1910 V
Michelangelo 1469, 75, 90, 96, 1500, 03, 05, 08, 12, 16, 21, 29, 34, 38, 41, 42, 45–47, 55, 60–62, 64, 67, 80, 90, 1860, 1972 K
»– « 1900 K, 01, 07 D, 40 K
Michelozzo 1396, 1444, 72
Michels, Godeke 1401
Michelsberger Gruppe v. Chr. 4000
Michelsen, H. G. 1965 D
Michelson 1852, 1907, 20, 31 W
Michelstadt, Rathaus 1484
Michener, J. A. 1966 D
Michinaga 966
Michizane, Sugawara no 1219
Michon, J. H. 1875
Mickel, K. 1969 D
Mickiewicz, A. B. 1798, 1855
Micky-Mouse-Film 1928, 29 K
»Micrographia« 1664
»Microphonie I« 1965 M
Midas v. Chr. 700
Middelburg, Altar 1450
Middelhauve 1952 P
Middendorf, Alex v. 1844
»Middle age of Mrs. Eliot« 1958 D
Midgardschlange 1241
»Midi minuit« 1966 V
»Midrasch« 12. Jh.
»Midraschim« 200
»Midsummer Marriage, The« 1955 M
Midway-Inseln 1942 P
Mieczyslaw I. 960, 66
– II. 1025, 33
Miegel, A. 1907, 16, 26, 27, 33, 51, 64 D
Miehe, U. 1975 K
Mies van der Rohe 1907, 22, 27, 32, 43, 51, 53, 58, 62, 64, 67, 68, 69 K
»– – – –, Porträt« 1968 K
Miescher, F. 1869
»Mieter, die« 1973 D
Mieterschutzges. 1942 V
Miethe 1902, 08, 16 W
Mifune, T. 1965 K
Mi Fu 1107
MIG-Jäger 1970 V
Mignard 1612, 95
»Mignon« 1866
»Migof Hierarchie« 1964 K
Mihailowitsch 1943 P
Mihajlov 1966 D
Mihalovici, M. 1951, 54, 58, 60, 63 M
Mihaly, D. v. 1928 W
»Mikado« 1885
Miklas 1872, 1928, 56 P
Mikojan, A. I. 1960, 62, 65 P
Mikolajczyk 1943, 45, 47 P
Mikon v. Chr. 468
Mikroanalyse, elektrochem. 1922 W
–, organ. 1923 W
–, quantitat. organ. 1917 W
»Mikroben« 1878
Mikrobengenetik 1958 W
»Mikrobenjäger« 1926 W
Mikrobiologie, intern. Kongreß f. 1950 W
Mikrocomputer 1977 W
Mikroklimatologie 1911, 27 W
»Mikrokosmos« 1856
Mikrometer 1622
Mikroorganismen 1873 W
Mikrophon 1931 W
Mikrophotographie 1940 V
Mikrophotometer, astronom. 1910 W
Mikroskop 1590, 92, 1661, 64, 73, 77, 83, 95, 1723, 1863, 66, 72, 1903, 16, 17, 24–26, 31, 32, 36, 39–41, 43, 44, 47, 48, 50 W
–, Elektronen- 1955 W

Mikroskop, Feldionen- 1951 W
–, Fernseh- 1951 W
–, Fluoreszenz- 1953 W
Mikro-Spektroskopie 1945 W
Mikrowellen, kosmische 1963, 68, 69 W
Milan 1882
Milankovitch 1941 W
Milchbildg. 1949 W
»Milchfrau i. Ottakring« 1933 D
Milchpreis 1963 V
Milchstraße 1054, 1572, 1610, 1755, 1918, 23, 26, 27, 29, 30, 39, 45, 47, 71 W; s. a. Nebel, kosmische
– –, Alter d. 1960 W
– –, fernste 1966 W
– –, Spiralstruktur 1952 W
– – (Zentrum) 1972 W
Milchstraßen 1953 W
–, kollidierende 1959 W
Milchstreik 1955 V
»Milchzug« 1940 K
Mildenberger, K. 1966 V
»Milesische Liebesg.« v. Chr. 100
Milestone 1930 K
Milet v. Chr. 1000, 7. Jh., 611, 586, 585, 561, 560, 550, 6. Jh., 546, 526, 494, 440, 164, 100
–, Hekatäus von v. Chr. 500
–, Leukippos von v. Chr. 500, 460, 360
–, Markttor von 160
–, Thales von v. Chr. 624, 585, 560, 6. Jh., 546, 544
Milhaud, D. 1920, 26, 27, 30, 32, 40, 43, 46, 51, 53, 54, 55, 61, 63, 64, 66, 71, 74 M
Milieutheorie 1876
militär. Ausgaben 1977 P
»Militarismus u. Antimilitarismus« 1907, 11 P
»–, Krieg u. Arbeiterklasse« 1914 P
Militärhilfeabkommen 1963 P
Militärregierung, griech. 1970 P
»Militär-Symphonie« 1794
Militärtechnik 1973 P
Mill, Henry 1670, 14
–, J. 1773, 1818, 21, 36
–, J. St. 1806, 43, 48, 59, 63, 69, 73
Millar, F. H. 1953 P
Mille, A. de 1940 M
–, C. B. de 1913, 15, 24, 27, 29, 32, 52, 59 K
Miller, A. 1953, 55, 61 D, 62 K, 64, 65, 67 D
–, H. 1934, 38, 60, 63 D, 65 M
–, J. C. P. 1951 W
–, O. v. 1855, 1903, 25, 34 W
–, St. L. 1953 W
–, W. 1831
Millerand 1920 P
Milles, C. 1955 K
Millet, J. F. 1814, 57, 62, 75, 89
Millikan 1868, 1917, 23, 53 W
»Million« 15. Jh. 1931 K
Millionenstädte 1800, 1957 V
Millöcker 1842, 79, 82, 99
»Millón de muertos, Un« 1961 D
Mills, J. 1954, 56 K
Millspaugh 1922 P
Milner 1917 P
Milo, S. 1965 K
Milon von Kroton« 1682
Miltiades v. Chr. 493, 490, 466, 449
Milton 1644, 50, 67, 71, 74
Milzbrand 1849, 76
Mimamsa v. Chr. 671
Mimasu, A. 1957 K
»Mimiamben« v. Chr. 250
Mimik v. Chr. 625
Mimus v. Chr. 450, 250, 1. Jh.
»Min u. Bill« 1930 K

Mincho 1352, 1431
Minden 1180, 1231, 95, 1648 –, Dom 10. Jh., 1064
–, Gerhard von 1370
»Minderwertigkeit v. Organen« 1907 Ph
»Minderwertigkeitskomplexe« 1918, 30 Ph
Mindszenty 1949 Ph, 56 P, 71, 74 Ph
Minelli, L. 1972 K
–, V. 1951 K
Minenwerfer 1910 W
»Mineralogie, De« 12. Jh.
Mineralogie (Vorläufer) v. Chr. 1580, 322, 287, 30; n. Chr. 79, 1037, 12. Jh., 1546, 55; s. a. Kristalle
Minerva v. Chr. 600, 200
»Minetti« 1976 D
–, H. P. 1957 K
Ming-Dynastie 1368, 1424, 26, 30, 36, 88, 1644
Ming-huang 713, 25, 42, 50, 56, 62
Minguzzi, L. 1951, 53–55 K
Miniaturbücher 1770
Miniaturen 1422, 1433
Miniaturmalerei v. Chr. 1500; n. Chr. 4. Jh., 936, 1300, 1410, 15 Ph., 1472
– –, ind. 1600
»Minima moralia« 1951 Ph
Minimal Art 1966 K
Minirock 1966, 68, 69 V
Ministerialen 1100, 1300
»Ministerium d. Schreckens« 1943 D
Ministerpräsidenten i. d. BRD 1973 P
Ministerpräsidenten-Beschluß 1972 P
Ministerrat 1963 P
»Minitaura« 1967 K
Minkine 1938 K
Minkowski, O. 1889
–, R. 1953 W
»Minna von Barnhelm« 1767
Minne, G. 1866, 1906, 41 K
Minnedienst 1202
»– –« 1000, 1180
Minnelieder, früheste dt. 1152
»Minnenloep« 1403
»Minnesang u. Christentum« 1913 Ph
Minnesänger 1157, 60, 70, 89, 90, 98, 1200, 05, 07, 10, 15, 18, 20, 21, 30, 34, 36, 38, 40, 55, 57, 60, 70, 76, 87, 1300, 02, 40, 1410, 55, 1758
Minoische Kultur v. Chr. 1700; n. Chr. 1900 W
– Paläste 1971 W
Mino-Owan 1891
Minorca 1713
Minos v. Chr. 1700
Minot 1926, 34 W
»Minotaurus, Der Tod des« 1967 K
Minsk 1101
Minsky 1969 W
Minstrels 1381
»Mint, The« 1955 D
Mintz, P. 1953 K
Minuskel, karolingische 800
»Minute des Negers, D.« 1953 P
Minyas v. Chr. 1400
»Mio« 1971 K
Mi-parti 1400
»Mira« 1755
Mirabeau, H. G. 1749, 91
–, v. de 1755
Mirabell, Schloß 1729
Miracle 1166
– de Théophile« 1280
Miranda, Sao de 1483, 1558
Mirandola 1463, 86, 94
Mirandolina 1469
»– « 1753
Miraval, Raïmon 1189
Mircea 1386
»Mirgorod« 1835
Mirko 1953, 54, 55 K

Miró, J. 1924, 25, 37, 52, 53, 66, 67, 68, 70, 73 K
Miroglio, F. 1965 M
»Mirroirs« 1972 M
»Mirum f. Tuba« 1974 M
»Misanthrope« 1666
»Miscellanies« 1727
Mischehe 1840, 1958 Ph
–, makedon.-pers. v. Chr. 325
Mischehendekret, kathol. 1965 Ph
Mischna 135, 200, 400, 500
»Mischna-Kommentar« 1204
»mise à mort, La« 1964 D
Misenum 79
»Miserere nobis« 1964 M
Mises, L. v. 1951 Ph
–, R. v. 1928, 37, 40, 53 Ph
Mishima, Y. 1970 D
»Miss Sara Sampson« 1755
»Missa papae Marcelli« 1555
»– sine nomine« 1950 D
»– Solemnis« 1824
Mißbildungen Neugeborener 1962 W
Mißernte (UdSSR) 1972 V
Mission 45, 48, 50, 51, 54, 55, 57, 1583, 1608, 24, 1815, 24, 28, 1910, 20, 22, 25, 28, 47 Ph
– in China 1697
– u. Völkerkunde, Museum f. 1927 Ph
Missions-Enzyklika 1959 Ph
Missionsgesellschaft, Baseler 1815
–, Rhein. 1828
Missionskonferenz, Welt- 1947 Ph
Missionsorden 1624
Missionsrat 1910, 28 Ph
Missionsvereine 1922 Ph
»Missis Dalloway« 1925 D
»– Minniver« 1942 K
»– Smith« 1951 D
»– Stone und ihr römischer Frühling« 1953 D
Mississippi 1519, 1673, 81
–, Univ. 1962 Ph
Missouri 1946 P
Mißtrauen, Konstruktives 1972 P
»Mister President« 1952 P
Misteries 1166
Mistral, F. 1830, 1904, 14 D
–, G. 1922, 45 D
»Mit brennender Sorge« 1935 Ph
»– d. Liebe spielen, Die« 1960 K
»– mir ist folgendes geschehen« 1963 D
Mitani v. Chr. 1400, 1370, 1360
Mitbestimmung 1951, 52 P, 70, 73 V
– d. Arbeiter 1949 V
–, betriebliche 1972 V
–, qualifizierte 1966 V
Mitchell, M. 1936 D, 39 K, 770 D, M
–, W. C. 1913 V
Mithradates s. Mithridates
Mithraismus 200, 361, 75
Mithras v. Chr. 450, 25; n. Chr. 138, 161, 180
»– Hymnus« 375
»Mithras«-Tempel, London 1954 Ph
Mithridates I. v. Chr. 140
– II. v. Chr. 110
– VI. Eupator v. Chr. 132, 111, 88, 86, 66, 64, 63
»Mithridatischer Krieg« v. Chr. 88, 63
Mi-ti 475
»Mitjas Liebe« 1925 D
»Mitmacher, Der« 1973 D
Mitosegift 1938, 47 W; s. a. Colchicin
Mitropa 1905 V
Mitropoulos, D. 1960 M
Mitscherlich, Alfred E. 1956 W
–, Alexander 1969 D, 69 Ph

Mitscherlich, E. 1818
Mitschurin 1875, 1935, 39 W
»–« 1948 K
»Mitsou« 1919 D
Mitsui 1673
Mitsunaga, Fujiwara 1173
»Mittag« 1653
»–, Bäume und Felsen« 1952 K
Mittasch 1938 Ph, 53 W
»Mitte des Lebens« 1930 D
Mitteis 1942 W, 49 Ph
Mittelalter 1905 D, 10, 12, 13, 19, 28, 32 Ph, 35 D, 42 W
Mitteldt. Braunkohlensyndikat GmbH 1919 V
– Stahlwerke AG 1926 V
»Mitteleuropa« 1915 V
Mitteleuropäische Schlaf- u. Speisew. AG 1919 V
Mitteleuropäischer Wirtschaftsverein 1906 V
Mitteleuropäisches Reisebüro 1918 V
Mittelholzer 1927 V
Mittellandkanal 1905 V
Mittelmärkischer Städtebund 1393
Mittelmeer v. Chr. 4300, 3000, 2650, 2500, 2000, 1950, 1700, 1650, 1500, 1200, 1000, 900, 470, 449, 400, 332, 201, 61; n. Chr. 100, 2. Jh., 395, 531, 859, 1205, 84, 1450, 87, 1684, 1913 W, 28 W, 37 P
»Mittelmeerlandschaft« 1953 K
Mittelschule 1937 Ph
Mittelstaedt 1950, 56 W, 61 Ph
Mittelstandsbd., intern. 1923 V
Mittelstandsverbd. 1909 V
»Mitten im Leben sind wir vom Tode umfangen« 912
Mittenecker, E. 1951 Ph
Mitterand, F. 1965, 74, 77 P
Mittermayer, R. 1976 V
»Mitternachtsmörder« 1961 K
Mittleres Reich in Ägypten v. Chr. 1750
»Mittsommernachtshochzeit« 1973 M
»Mittsommernachtstraum« 1596
»Mittwochsgesellschaft« Berlin 1824
Mixödem-Behandlung 1891
Mixtur-Trautonium 1949 M
»Mizar« 1650
Mizelle 1927 W
Mizitani, S. 1970 W
Mizoguchi, K. 1957 K
Mňačko, L. 1960 D
Mneme v. Chr. 700
Mnesarete v. Chr. 390
Mo Ti v. Chr. 445
Moa 1297
Moabiter v. Chr. 900
– Sonette« 1945 D
Mobile 1953, 58 K
– design« 1955 K
– für Idlewild 1958 K
Möbius 1880
Mobutu, J. D. 1960, 65, 66 P
»Moby Dick« 1851, 1954 D
Moçambique 1498, 1975 P
Moch, J. 1955 Ph
Mochica-Kultur 498
Mock, G. 1964 K
Mocken, F. 1968 K
Mode s. Kleidung, Haartracht usw.
– 1965 V
»–« 1305, 14. Jh.
»– ...« 1925 V
»–, Damen- 1964 V
»–– und Galanterie-Zeitung« 1758
»–, Papst zur 1957 Ph
Modena 1452
–, Dom 1125, 1184

»Moderne Bauformen« 1901 K
»– Faust, Der« 1935 K
»– Kapitalismus, Der« 1920 Ph
»– Komödie« 1922 D
»– Kunst (Beurteilung) 1955 K
»–– in deinem Leben« 1949 K
»–, 50 Jahre« 1958 K
»–, 40 000 Jahre« 1953 K
»– Maler« 1843
»– Sport, Der« 1923 V
»– Utopie« 1965 D
»– Zeiten« 1936 K
»Modernen Stil, Vom« 1907 K
»Modernismus« 1907, 35 Ph
–, spanischer 1972 K
Modersohn-Becker 1876, 1903, 07 K
Modigliani, A. 1884, 1917, 18, 20 K
Modio, Y. 1965 K
Modugno 1959, 60 M
»Modulor«-Maßeinheit 1952 K
Moede 1926 W
Moellendorff 1919 P, 30 Ph
Moeller van den Bruck 1876, 1910 Ph, 16 D, 23 Ph, 25 D
–, B. 1970 Ph
Moens, R. 1955 V
Moewus 1938 W
»Möglichkeiten u. Wirklichkeit« 1938 Ph
»Möglichkeiten u. Grenzen d. Pädagogik« 1926 Ph
»––– psycholog. Testverfahren« 1967 Ph
Mogulreich 1707
Mohammed 570, 73, 606, 10, 22, 24, 27, 30, 32, 34, 50, 60, 910, 1487
– I. 1413
– II. 1451, 53, 79, 81
– IV. 1687
– V. 1350
– V. 1909 P
–, V., Sidi 1953 P
–, Agha 1786
– Ali 1907 P
–– 1951, 53, 63 P
– ben Mulai Arafa 1953 P
– ibn Musa al Chwarazmi 810
– Pahlewi 1965 P
–, Risa Pählewi 1941 P
– Sahir Schah 1933 P
–, Schemseddin 1320, 86
Mohammedaner v. Chr. 332; n. Chr. 573, 634, 35, 42, 900, 07, 1206, 13. Jh., 1258, 1309, 98, 1921 Ph, 26 V, 29 P, 31 P, 47 P
Mohatsch 1526
Mohenjo-Daro v. Chr. 2500, 2000
Mohl, R. v. 1844, 1859
Mohler 1950 Ph
Mohn v. Chr. 960; n. Chr. 64, 1701
Mohole-Projekt 1961 W
Moholy-Nagy 1924, 29, 44 K
Mohr 1871
»– von Venedig, Der« 1901 M, 56 K
»Mohrenwäsche« 1964 D
Moimir 830
»Moiris-See« v. Chr. 1850
Moissac 1100
–, St. Pierre 1137
Moissan 1852, 1906, 07 W
Moissi 1880, 1905 D, 29 K, 32, 35 D
Mokka 1450
Mokuan 1345
Molander 1936 K
Moldau 1360, 67, 1460, 1861
– 1875
– (Fluß) 1393
»Molekül z. Organismenwelt, Vom« 1940 W
Molekularbewegung, Brownsche 1827, 1905 W

»Molekulare Biologie« 1943, 62, 65, 72 W
–– des Alterns 1971 W
––, europ. Labor für 1973 W
–– des Gedächtnisses 1971 W
– Gastheorie 1856
–– Kontrolle d. Zellgescheh.« 1962 W
Molekularspektroskopie 1930 W
Moleküle 1811, 27, 37, 60, 65, 1905, 06, 12, 16, 23, 27, 28, 30, 32, 35–41, 47, 50 W; s. a. Atome
–, kosmische 1963, 68, 69, 75 W
– i. Weltraum 1970 W
Molekülspektren 1971 W
–, kosm. 1971 W
Molekülstrahlung, kosmische 1971 W
Moles, A. 1960 M
Molfetta, Kathedrale 1204
Molière, J. B. 1622, 59, 62, 64, 65, 66, 68, 70, 72, 73, 1807, 1964 M
Molina, Luis 1535, 1600
–, Tirso de 1571, 1630, 48
Moll 1947 K
–, O. 1917, 30 K
Mollenhauer, K. 1959 Ph
Möller, Alexander 1969, 71 P
–, Alfred 1922 V
–. G. 1956 K
Mollet, G. 1956 P
Moll-Tonart 9. Jh.
Molnár, F. 1928, 52 D
Molo, W. v. 1880, 1916, 22, 31, 38, 58 D
»Moloch« 1906 M, 28 D
Molotow 1930, 39, 40, 42, 46, 49, 53, 54, 56, 57 P, 60 V, 61 P
»–...« 1936 D
Molukken 105, 1512
Molzahn, J. 1920 K
Mombert 1909, 11 D
»Momente 1965« 1965 M
»Momentetagebuch 7. 3. 67« 1967 K
»Moments musicaux« 1955 M, 64 Ph
Mommsen 1817, 54, 71, 1902, D, 03 Ph
Möpelgard 1397
Mon, F. 1969 D
»Mona Lisa« 1506, 1911 K, 15 M
Monaco 1903 Ph, 10, 13 W, 62 P
»Monadologie« 1714
Monarchianer 220, 69, 72
Monasterboice 922
»Monate über die kgl. Schlösser, Die« 1681
»Monatsbilder« (Zwölf) 1470
Monatsgehalt, 13. 1973 V
»Monatslektüren« 1363
»Monatsunterredungen« 1663
Monbijou, Schloß 1711
Moncada 1928 P
»Mönch am Meer« 1809
Mönchengladbach 1277
Mond v. Chr. 496, 478, 413, 400, 356, 347, 270, 200, 50; um Chr. Geb., n. Chr. 140, 325, 9. Jh., 1476, 1524, 1610, 47, 1914, 39, 46, 48, 50, 61, 63 W
»–« 1939 M
»– betrachtend, Zwei Männer, den« 1818
»–, Unser« 1936 W
Mondale, W. F. 1976 P
»Mondaufgang am Meer« 1822
»–– am Strande« 1823
»–– der Erkenntnis« 12. Jh.
Mondauto 1972 W
»Möndchen des Hippokrates« v. Chr. 5. Jh.
Mondelemente, Häufigkeit der 1967 W

»Monderuption, Eine« 1967 W
Mondes, Karte der Rückseite des 1967 W
Mondeville, Henri de 1260, 1320
Mondexpedition, Kosten 1963 W
»Mondfantasie« 1953 K
»Mondgewebe« 1951 K
Mondgloben 1969 W
Mondini di Luzzi s. Luzzi
»Mondische Welt« 1947 K
Mondjahr v. Chr. 2025, 1000, 550. 6. Jh., 440, 46; n. Chr. 644
Mondkarte 1750
Mondkrater, Gasausbr. 1959, 63 W
Mondlandung 1969, 71, 72, 73 W
––, 4. 1971 W
––, US- 1967 W
Mondlaserreflektoren 1974 W
»Mondnacht in Partenkirchen« 1836
»Mondnarbe« 1948 W
Mondrakete 1959, 62 W
– Saturn 5« 1967 W
»Mondreflekt« 1960 K
Mondrian, P. 1872, 1908, 12, 17, 20, 40, 44 K
Mondrückseite 1959, 67 W
––, Atlas d. 1961 W
»Mondscheinsonate« 1803
Mond-Sonnenjahr v. Chr. 2025, 440; n. Chr. 338
Mondumkreisung, 1. 1968 W
»Mondvögel, Die« 1961 D
Monet 1840, 66, 68, 74, 81, 84, 87, 90, 99, 1902, 03, 08, 26 K
Moneta 1907 P
Monetarismus 1976 V
Monets, Cl. 1966 K
Monforrealtar 1482
Monge 1798
Mongolen (Frühgeschichte) v. Chr. 9000, 7000, 2025, 481, 200; n. Chr. 1471
Mongolismus 1937, 59 W
Monier 1867
Monismus 1834, 99
»–« 1892, 1906, 07, 19 Ph
Monisten(verb.), dt. 1904, 06 Ph
»Monistische Jahrh., Das« 1912
»– Sonntagspred.« 1916 Ph
Monitoren-System 1805
Moniz 1935, 49 W
Monk, E. 1968 D
Monmouth, Geoffrey of 1137
»Monna Vanna« 1902 D
Monnet, J. 1952 P
Monnetplan 1950 V
Monnier 1936, 38, 39, 42, 47 D
»MO-NO ...« 1969 M
Monochord, v. Chr. 496; n. Chr. 10. Jh.
Monochromatie 1913 K
Monochromismus 1962 K
Monod, J. 1965 W, 70, 71 Ph
Monogatari 850, 950
»Monographien dt. Städte« 1911 V
»Monologe« 1800
»Monopartita« 1951 M
Monophysiten 449, 50, 5. Jh.
Monoplacophora-Gruppe 1954 W
Monopol 1765, 72, 1876, 1904 V, 75 W
»Monopolistischen Wettbewerbs, Theorie des« 1933 V
– Wirtschaftsreformen, Theorie der« 1932 V
Monotheismus (Entstehung) v. Chr. 1130, 480
Monotheken 650, 680
Monotobu, Kano 1569
Monreale 12. Jh.
–, Dom 1174, 86

Monroe, J. 1817, 23
–, M. 1955, 57, 60 ff. K, 64 D
»–, –« 1964 K, 73 D
»Monsieur Nicolas« 1794
»– de Pourceaugnac« 1964 M
– Verdoux« 1947 K
Monstranz 1311
»Monstre« 1970 K
Monsun v. Chr. 100
»Mont Martre« 1886
Montafon 1386
Montageband 1913 V
Montagne 1912 Ph
– Pelée 1902 V
Montagu, A. 1955 Ph
Montaigne 1533, 80, 89, 92
Montale, E. 1975 D
Montana 1923 V
»– « 1968 K
Montand, Y. 1965 K
Montanisten 156, 90
Montankonzern 1909 V
Montanunion 1950, 51–53 P, V. 56 V, 57 P
Montanus 156
Montbéliard 1397
Mont-Blanc 1786, 87
Mont-Blanc-Tunnel 1962, 65 V
Mont-Cenis-Tunnel 1871
Montchrestion 1615
Monte Carlo 1929 M
– Cassino 529, 43, 994, 1066, 1321, 1944 P
»–– 1949 D
–, Giovanni Battista da 1529
– Rosa 1511, 1820
Montes pietatis 1362
– profani 1362
Montebello-Inseln 1952 W
Montecuccoli 1703
Montefel(t)re von Urbino 1465, 74
Montemayor 1559
»Montes« 1147
Montesquieu 1689, 1721, 34, 48, 1755
Montesquieu-Rohan 1909 K
Montessori 1907, 19, 52 Ph
Monteverdi 1567, 1607, 08, 10, 13, 24, 28, 41–43
»Montezuma« 1964, 64 M
Montfaucon, B. de 1708
Montfort, Hugo von 1357, 1423
Montfort-Feldkirch 1386
Montgolfiere 1783
Montgomery 1948, 76 P
–, J. 1975 V
Montherlant, H. de 1926, 54, 57, 58, 60, 61, 65, 67, 73 D
Montini 1963 Ph
Montorsoli 1529
»Montparnasse 19« 1958 K
Montpellier 1137, 80, 1220, 33, 89, 1303, 20, 63, 76 V
Montreal 1642
–, Ausstellungspavillon 1967 K
–, Kirchenkonf. 1963 Ph
Montreux, Vertrag v. 1936 P
Mont-Saint-Michel 1061, 1200, 1450
Montserrat 880
»Monumenta Germaniae historica« 1823
Monumentalplastik, griech. v. Chr. 650
Monumentalstil 1840, 53
Monza 1925 K, 61 V
Moody 1904, 09 D
Moon, J. 1967 K
»Moonhead« 1964 K
Moor, P. 1973 Ph
Moore, G. E. 1903 Ph
–, George 1901 D
–, H. 1939–42, 44, 46, 47, 50, 51–53, 54, 56–59, 64, 66, 67, 68, 73, 75 K
–, J. 1681
–, M. F. 1904 W
–, P. 1970 W
–, St. 1972 W
–, Th. 1779, 1834, 1852

Moorse, G. 1967, 68 K
Moortgat, A. 1964 W
Moosbrugger, K. 1704, 35
Moosburg, Hochaltar 1514
Moose 1928 W
Mooy, J. 1964 K
»Moral« 1909 D
»–, Über die Grundlagen der« 1841
–, ohne Religion« 1955 Ph
Morales 1510, 86
»Moralia« 120
»Moralische Aufrüstg.« 1939, 61 Ph
– Wochenschrift 1713
Moralität, Erste frz. 1360
Moralkongreß, intern. 1908 Ph
Moran, R. 1972 M
Morandi, G. 1954, 56, 58, 64 K
»Morath schlägt sich durch« 1933 D
– verwirklicht e. Traum 1933 D
Moravia, A. 1960 D
»Mord im Dom« 1935, 58 D
– in der Rue Morgue« 1841
Morde, politische 1922 P
»Mörder« 1919 K
»–, Hoffnung d. Frauen« 1907 D, 21 K
– sind unter uns, Die« 1946 K
»Mordverläufe« 1973 D
Mordwinen 1221
»More Poems« 1961 D
–, Th. 1478, 1516, 35, 1935 Ph
»–« 1527
Morea 1453
»Moreau« 1915 D
–, J. 1965 K
–, J. M. 1741, 83, 1814
Moreel 1480
Morell, P. 1967 K
Moreni, M. 1954, 56 K
Moreno, J. L. 1954 Ph
Moreto y Cabaña, A. 1654
Morgagni 1761
Morgan, Ch. 1929, 32 D
–, C. L. 1909 W
–, J. P. 1837, 1901, 03, 07, 13 V
–, Th. H. 1866, 1910, 21, 23, 28, 33, 45, 48 W
Morgan-Snell 1966 K
Morgarten, Schlacht am 1315
»Morgen« 1962 M
»–, Der« 1808, 1965 K
»– des Lebens« 1928 D
»Morgenpost, Berliner« 1898
»Morgenröte« 1881
»Morgenrot ...« 1913 D
»Morgenröte« 1881
»Morgens bis Mitternachts, Von« 1916 D
Morgenstern, Chr. (Dichter) 1867, 71, 99, 1905, 14, 18, 19 D, 28, 44 M
–, Chr. (Maler) 1805, 36, 67
–, O. 1944 W
»Morgenstunde« 1858, 1944 K
»Morgenstunden« 1785
MPLA 1976 P
Morgenthau 1944 P
»Morgenthau-Plan« 1944 P
Móricz 1911 D
Mörike 1804, 32, 38, 56, 75, 88
Morin 1656
–, E. 1960 K
Moriskentänzer 1480
Moritz von Sachsen 1552, 53
–, K. Th. 1790
–, St. 1864
– Tassow« 1965 D
Moritzburg, Schloß 1546, 1722
Morland 1763, 1804
Morley 1557, 1603
Morlotti, E. 1953, 55, 56 K
Mormonen 1827, 47
»Morning« 1959 N
»– Glory« 1932 K
Moro 1740

Moro, A. 1966, 74 P
Moross, J. 1948 M
Morphin 1805
»Morphologie, Gener.« 1866
»–, Organ.« 1935 Ph
»–« (Physikochem. Grundl.) 1927 W
»– d. Pflanzen« 1908 W
– d. Weltgeschichte 1922 Ph
Morris 1936 V
–, D. 1968 Ph
–, R. 1966 K
–, W. 1878
Morrison, H. St. 1951 P
– Ph. 1962 W
Morse 1837, 40
– Staatsunivers. 1918 Ph
Morshead 1924 W
»Mortalium animos« 1928 Ph
»Mortefontaine, Erinnerungen an« 1864
Morton, W. T. G. 1846, 87
Morungen, Heinrich von 1218
Morveau, de 1775
Mosaik (älteres) v. Chr. 3000, 2500, 350, 3. Jh., 2. Jh., um Chr. Geb.; n. Chr. 50, 130, 56, 200, 300, 4. Jh., 354, 75, 98, 432, 36, 5. Jh., 600, 25, 49, 50, 6. Jh., 1080, 1128, 43, 12. Jh., 1174, 89, 1225, 91, 1302
Mosaik-Gem. 1975 K
Mosaik-Karte 6. Jh.
»– Standarte« v. Chr. 2500; n. Chr. 1927 D
Mosbacher, P. 1964 D
Moscherosch 1601, 43, 69
Moscicki 1926 P
»Moscovitarum commentarii, Rerum« 1549
Mosel v. Chr. 9; n. Chr. 280, 393, 455, 600, 1202
–, Großschiffahrtsstraße 1964 V
Moselbrücke 122 W
Moseley 1913 W
»Moselfahrt a. Liebeskummer« 1932 D
Moselkanal 1956 P
»Mosella« 393, 70
Moser, H. 1936 W, 64 D
–, H. J. 1924, 26 M
–, K. 1914 K
–, Lukas 1431
–, W. 1957 K
Möser, E. 1910 W
–, J. 1768, 74
Moses v. Chr. 1230, 550, 458, 400; n. Chr. 634, 825, 1948 D
»– 1516, 1919, 68 K
–, Antwort auf Kain« 1954
– und Aron« 1932, 59 M
– empfängt d. Gesetzestafeln« 1952 K
–, Grandma 1961 K
– de León 1275
– zerschmettert die Gesetzestafeln« 1659
»Moses-Mosaik« 432
Mösien v. Chr. 246; n. Chr. 341
Moskau 793, 1147, 1328, 63, 67, 80, 82, 1405, 14, 35, 45, 62, 77, 87, 1505, 61, 64, 76, 1612, 52, 1712, 55, 1812, 82, 88, 1910, 18, 20–22, 34–37, 41, 43–45, 47, 49, 50 P, 52 V
»–« 1952 D
– Akademie 1681
– Autobahnring 1962 V
– Fußballspiel 1955 V
– Ges. f. Lit. u. Kunst 1888
– Intern. Wirtschaftskonferenz 1952 V
– Jugendfestspiele 1957 V
– Kathedrale zu Mariä Verkündigung 1490
– Kirche des Erlösers im Walde 1330
– Kongreßhalle 1961 K

Moskau, Lomonossow- Univ. 1953 Ph
–, Maria-Himmelfahrts-Kirche 1479
»– u. Peking« 1962 Ph
–, Theater in 1672
–, Troiza-Sergius-Kloster 1400
–, Uspenskij-Kathedrale 1467
Moskauer Konferenz 1954 P
»– Künstler, Theater« 1898, 1903, 38 D
– künstl. akadem. Theater 1863
– Musikkonf. 1948 M
– Staatsunivers. 1918 Ph
– Universität 1755
– – f. Völkerfreundschaft 1960 Ph
– Vertrag 1972 P
– U-Bahn 1979 V
Moskau-Moskwa-Kanal 1937 V
Moskwa 1937 V, 40 W
Moskwa-Wolga-Kanal 1940 W
Moslem 1916 P, 24, 35 Ph
Mosley 1933 P
»Mosquito« 1941 W
Moß 1910 W
Mossadegh, M. 1951, 52, 53 P
Mössbauer, R. 1958, 60 f. W, 64 Ph
Mosse, R. 1872
Mosso, L. 1969 K
Mostar, G. H. 1965 Ph
Mossul v. Chr. 775
Motel 1925, 62 V
Motette 1350; s. a. Motetus
Motettenpassion 1475
Motetus 12. Jh., 13. Jh., 1300, 77
Motherwell, R. 1954, 55, 59, 73 K
Motor, Benzin- 1884
– Elektro- 1834
–, Düsen- 1955 V
Motorboot 1938 V, 50 W
Motorboot-Geschw.-Rekord 1952 V
Motorflug 1. dt. 1909 V
Motorgewicht 1956 V
Motorisierung i. d. BRD 1961 V
Motorpflug 1907 W
Motorrad-Rekord 1951 V
Motorroller 1919, 64 V
Motorschiffe 1912, 27 V
Motorschlepp 1973 V
»mots, Les« 1964 D
Mott 1865, 1946 P
–, N. F. 1977 W
Motta 1920 P
Motte, D. de la 1969 M
Motte-Fouqué, F. de la 1777, 1811, 13, 43
Mottelsen, B. 1975 W
Mottram 1927 D
»Motu cordis ..., De« 1618
Mouk, E. 1968 D
»Moulin Rouge« 1891, 92, 95, 1952 K
Mounier 1932 Ph
Mount Abu, Dschaina-Tempel 13. Jh.
– Everest 1921, 24, 33 W, 35, 75 V
»–« 1923 D
– Überfliegung 1933 W
– Hamilton-Sternwarte 1958 W
– Palomar-Sternwarte 1936, 48, 49, 60 W
– Wilson-Sternwarte 1909, 21, 43, 60 W
»Mouvements« 1954 M
»Movements« 1960 M
»Möwe« 1896, 1916 P
»Mozart« 1952 K
»–, L. 1756
– in Prag – Don Giovanni 67« 1967 K
– auf der Reise nach Prag« 1856

»Mozart und Salieri« 1832
–, W. A. 1745, 56, 63, 64, 68, 75, 76, 78, 81, 83, 85, 88, 90, 91, 1825, 27, 62, 77, 1920, 55 M, 77 M
»Mozarts Opern« 1913 M
Mozart-Variationen 1915 M
Mrožek, S. 1958, 66 D
Mu'allakāt 777
Muche, G. 1926 K
Mucius Scaevola v. Chr. 508
Muck, C. 1901 M
Muckermann, H. 1954 Ph, 62 W
»Müde Tod, Der« 1921 K
Mudejar-Mischstil 1366
Mudejar-Stil 1196
Müelich 1516, 73 D
Mueller, Fr. 1864, 72
Muet 1591, 1669
Muhammed s. Mohammed
Muhibur Rahman 1975 P
Mühl, O. 1975 Ph
Mühlberg 1547
Mühldorf/Inn, Schlacht bei 1322
»Mühle« 1647
»– i. d. Landsch.« 1943 K
Mühlen v. Chr. 400, 88; n. Chr. 43, 1. Jh., 546, 700
–, Wind- 1275 W
Mühlenbauind. AG 1921 V
Mühlenen, M. v. 1955 K
Mühlenhaupt, C. 1975 K
–, W. 1976 K
Mühlestein 1929 W
Mühlhausen 1354, 1525
Mühsam, E. 1911 Ph, 14 D, 19 P, 34 D
»mühsame Gang hinter dem Flammenvogel der Wüste, Der« 1968 K
Mu-hsi 1269, 1345
Muiredach-Kreuz 922
Mukden 1430
Mulde 300
»Mule-Jenny« 1773
Müllanfall i. d. BRD 1971 V
Muller, A. 1931 W
–, C. A. 1952 W
–, H. J. 1923, 27, 46, 64, 67 W
Müller, A. 1674
–, A. 1973 D
–, Adam H. 1810, 16, 1918 Ph
–, Artur 1959 D
–, E. 1951 W
–, E. W. 1950 W
–, Fr. 1775
–, Fr. Max 1874, 97
–, G. 1954 K
–, Gebh. 1956 P
–, G. E. 1904 Ph
–, H. 1976 D
–, Hermann 1920, 28, 30 P
–, J. 1903 Ph
–, J. v. 1808
–, J. H. 1780
–, J. H. J. 1856
–, J. P. 1904 V
–, Joh. 1801, 33, 58
–, Joh. (Regiomontanus) 1436
–, K. A. v. 1923 P
–, K. Ottfr. 1828
–, L. 1933 Ph
–, O. 1905, 30 K
–, P. 1939, 48 W
–, R. 1924 P
–, v. Sanssouci, Der« 1958 D
–, T. 1941 K
–, V. 1829, 71
–, Wilh. 1825, 27
Müller-Armack, A. 1959, 72 Ph
Müller-Brittnau, W. 1969 K
–, 17, 28, 36, 48 Ph
Müller-Ganghof, E. 1965 Ph
»Müllerin« 1904 V
»–, Die schöne« 1823
Müller-Klug, K. 1977 K
Müller-Lyer 1908, 14 Ph
Müller-Rabe, K. 1958, 75 K
Müller-Rehm, K. 1957 K
Müller-Siemens, D. 1976 M
Mulliken, R. S. 1966 W

Müllverbrennungsanlage 1929, 59 W
Multatuli 1860
Multilaterale Atommacht 1963 P
Multiple Faktorenanalyse 1955 Ph
»– splendeur« 1906 D
Multscher 1400, 37, 58, 67
»Mumie Ma« 1918 K
Mumien v. Chr. 2500, 1490, 1300, 5. Jh., 300
Mumienbinde, Agrama 1947 Ph
»Mümmelmann« 1909 D
Mumps 1950 W
Mun 1664
Munch 1863, 89, 93, 95, 1900, 02, 03, 05–07, 09, 13, 16, 18, 19, 21, 22, 24, 26, 28, 32, 35, 42, 44, 50 K
Munch-Ausstellg. 1950 K
Müncheberg (Mark) 1928 W
München 1100, 58, 1224, 1319, 24, 27, 47, 1445, 62, 66, 72, 1500, 12, 50, 56, 60, 79, 1632, 57, 63, 75, 1750, 89, 1816, 28, 36, 37, 47, 48, 55, 62, 74, 96, 97, 1901 K, 03 W, 04, 07 K, 10 D, 12 K, 17–19 Ph, P, 21–23 K, V, P, 25 W, 31 K, D, 34 W, 35–37, 42 K, 47 P, 55 K
–, Akadem. f. bild. Künste 1921, 37 K
–, – d. Wissensch. 1759
–, Altes Rathaus 1470, 80
–, Alpines Museum 1911 V
–, Armeemuseum 1904 K
–, Bauten Gärtners 1847
–, Botan. Garten 1937 K
–, Chin. Turm 1791
–, »Dt. Museum« 1913, 32 K, 34 W
–, Eucharist. Kongreß 1960 Ph
–, Frauenkirche 1488
–, Generalbaulinieplan 1962 V
–, Glaspalast 1854, 1931 K
–, »Haus der dt. Kunst« 1936 K
–, Heiliggeistkirche 15. Jh.
–, Isar-Tor 1314
–, Karls-Tor 1315
–, Kriegerdenkmal 1924 K
–, Ludwigsburg 1254
–, Max-Planck-Institut für Biochemie 1973 W
–, Michaelskirche 1588, 92
–, Nationaltheater 1825
–, Oberwiesenfeld 1972 V
–, Oktoberfest 1810
–, Olympiastadion 1972 V
–, Olympische Spiele 1972 V
–, Palais Preysing 1725
–, Peterskirche 12. Jh.
–, Pinakothek 1500, 1827, 36, 1957 K
–, Prinzregententheater 1901 K
–, Propyläen 1848
–, Reichskapelle 1010
–, Residenztheater 1750, 53
–, Salvatorkirche 15. Jh.
–, Sankt-Joh.-Nepomuk-K. 1733
–, Staatsschule für angewandte Kunst 1927 K
–, Stadtentwicklung 1972 V
–, Theatermuseum 1910 D
–, Univers. 1826, 1943 P
–, Wittelsbacher Brunnen 1894
München-Hellabrunn, Tierpark 1913 W
Münchener Abkommen 1938, 73, 74 P
– Biergarten« 1883
– Bürgerbräukeller 1939 P
– Hofbräuhaus 1928 P
– Künstlertheater« 1908 D
– Oper 1913 M
– Räteregierung 1919 P

Münchener Studentenrevolte 1943 P, 44 D
- Zoo 1932 W
»Münchhausen« 1838, 1943 M
–, B. v. 1908, 23, 24 D
–, Frhr. v. 1786
Mundartforschg. 1904 D
Mungenast 1939 D
Munggenast, J. 1728
Muni, P. 1937 W
Munitionsarbeiterstreik 1918 P
Munitionsräumung 1974 V
Munk, A. 1959, 60 K
–, K. 1967 W
Mürmerstadt 1490
–, Pfarrkirche 1492
Münnerstädter Altar 1492
Münster/W. 1180, 86, 1534, 1665, 1945 P, 46 K
–, Dom 1265
–, Kloster 802
–, Landesmuseum 1909 K
–, Liebfrauenkirche 1346
–, Rathaus 1335
–, Sankt-Lamberti-Kirche 1450
–, Seb. 1544
–, Univers. 1780, 1902 Ph
Münsterberg 1912 W, 14 Ph
Münstermann, L. 1635
Muntehe 98
Münter, G. 1948, 62 K
Munthe, A. 1929, 49 D
Münze v. Chr. 700, 7. Jh., 597, 549, 521, 500, 479, 415, 401, 350, 338, 336, 315, 269, 141, 45; n. Chr. 25, 5. Jh., 1099, 110, 41, 67, s. a. Münz..
Munzer 1927 K
»Münzer, Sebastian« 1552
–, Thomas 1489, 1520, 24, 25
»–, – 1921 D
Münzgesetz 1764
Münzinger, Fr. 1962 W
Münzkunde 1922 W
Münzordnung 1566
Münzrecht 888, 1158, 1248, 1341, 1433
Münzreform 810
Münzverein, Rhein. 1386
Münzvertrag 1240
Münzwesen v. Chr. 360
Murad I. 1361
– II. 1444
Muralt 1943 W
Murano 13. Jh., 1500
–, S. Maria e Donato 1224
Murat 1767, 1808, 15
Muratori, L. A. 1713
Murbach 714
Murch, W. 1953, 55 K
»Murder my Sweet« 1944 K
Murdock 1949 Ph
–, W. 1792
Murel, J. 1964 K
Murger, H. 1851
Muri 1200, 1310
Murillo 1617, 46, 55, 56, 67, 72, 74, 76, 80, 82
Muris, Johannes de 1289, 1320, 55
»Murmeljagd« 1969 D
Murnau 1920, 22, 24–26, 31, 58 K
Murner 1475, 1512, 22, 37
Murphy 1926, 34 W
Murray 1891
–, D. 1957 K
–, H. 1938 Ph
–, J. 1872, 1910 W
–, Ph. 1952 V
Mürren 1924 V
Murten, Schlacht bei 1476
Murtić, E. 1958 K
»Musa teutonica« 1634
»Musae Sioniae« 1610
Musaios 6. Jh.
Musante, T. 1967 K
Musäus 1786, 1842
Muschalek, H. 1952 PH
Muschatta 700

Muschelhaufen-Kultur v. Chr. 3000
»Muscheln u. Götzen« 1949 K
Muschg, W. 1961 D
Muschler 1924, 33, 36 D
Museen i. USA 1939 W
Museion v. Chr. 286
Muselli 1914, 19 D
»Musenalmanach« 1769, 97
Museum s. a. unter Städtenamen
–, Anfänge 1471
–, Kritik am 1968 Ph
– f. Miss. u. Völkerk. 1927 Ph
– of Modern Art 1929, 32, 35, 44, 49, 50, 55 K
–, techn. 1794
Museumsgründungen 1968 Ph
Museumskunde 1727, 1905 Ph
Musger 1907 W
Mushkin, S. J. 1962 Ph
Music, Antonio 1956 K
–, R. 1930 D
»Zoran 1955 K
»Musica enchiriadis« 900
– ex machina« 1960 M
– viva« 1963 M
»Musicae, De inventione ...« 1484
Musical 1927 M
»Musik« 1907, 21, 54 K
»–, Anfänge der« 1911 M
»– bei der Arbeit« 1942 M
»–, Briefe über frz.« 1753
»– d. Einsamen« 1915 D
»–, elektron. 1960 M
»–, u. Erziehung« 1919 M
»–, exot. 1935 M
»–, experimentelle 1958 M
»– d. Gegenwart« 1923 M
»–, Geschichte der« 1878, 1924 M
»– in Geschichte und Gegenwart« 1951 M
»– für ein Haus« 1968 M
»–, Heilen durch« 1955 Ph
»–, Intern. Dokumentationszentrum für« 1950 M
»–, Internationale Woche für experimentelle« 1968 M
»–, Konkrete 1958, 60 M
»–, Neue 1907, 58 M
»–, Philosophie d. Neuen« 1949 Ph
»– für Prag« 1966 M
»–, Schöpfer d. Neuen« 1958 M
»– im Technischen Zeitalter« 1972 M
»– in USA, Experimentelle 1959 M
»–, Vom Wesen der« 1943 M
»– der Zeit« 1977 M
»Musikalische Ereignisse« 1617
»– Inspiration« 1940 M
»– Jugend Dtschlds.« 1950 M
»– Temperatur« 1691
»– Theorien ..., Neue« 1906 M
»– Vorstellung einiger bibl. Historien ...« 1700
»Musikalischen Rhythmik u. Metrik, System der« 1903 M
Musikalisches Manifest 1936 M
»– Opfer« 1747, 1928 M
Musikakademie 1732
Musikantenzunft 1288, 1330, 1472
Musikforschung, Institut für 1917 M
»Musikgeschichte« (Dt.) 1934 M
»–, engl. 1934 M
»–, Handbuch der« 1904 M
Musikhochschule 1822, 1869
»–, Berliner 1902 M, 31 M, 54 K
»Musikinstrumente, Reallexikon der« 1913 M
»Musikleben« 1916 M

»Musiklehre« v. Chr. 496
Musiklexikon 1500, 1620, 1925, 29, 31 M
Musiknotendruck 1500, 25
»Musikorganisation« 1931 M
»Musikpädagogische Blätter« 1903 M
Musikpädagogischer Kongreß 1913 M
»– – Verband« 1903 M
»Musikpraktik« 1596
»Musiksoziologie, Einführung i. d.« 1962 M
Musiktag in Donaueschingen, Erster 1921 M
– – f. zeitgen. Tonkunst 1955 M
Musikübertragung 1904, 13, 19 W
Musikwissenschaft, Gesellschaft für 1904 M
»– –, Grundriß der 1908 M
»– –, Handbuch der 1934 M
»– –, vgl. 1935 M
Musil 1965 K
»–, R. 1930 D
Musique concrète 1948 M
»–, Encyclopédie de la« 1931 M
Muskat 1508
Muskatblüte 1430
Muskel 1663, 79, 1739, 57, 91, 1903, 16, 20–22, 35, 37 W
»Muskelbewegung, Über die elektr. Kräfte der« 1791
Muskel-Modell 1951 W
Muskete 1567 s. a. Gewehr
»Muspilli« 830
Mussert 1931 P
Musset, A. de 1810, 36, 57, 76
Mussolini, B. 1883, 1914, 19, 22, 25–27 P, 31 D, 34, 36, 37 P, 39 P, 43 P, 45 P
»–, Gespräche mit« 1932 D
Mussorgskij 1839, 74, 81
»Musurgia universalis« 1650
»Mut für den Alltag« 1966 K
»Mutabilität, Modellvorstellungen zur spontanen« 1956 W
Mutanabi 915, 65
Mutation (Pilz-) 1939, 49 W
– (Senfgas-) 1964 W
Mutationen, strahlungsausgelöste 1951, 56, 57 W
»Mutationsforschg. i. d. Vererbungslehre« 1937 W
Mutationsraten, hohe 1953 W
Mutationstheorie 1924 W
»–, Die« 1903 W
»Mutationsvorgang« (Biophys. Analyse) 1940 W
– s. a. Gen ..., Vererbung
Müthel, L. 1964 D
Muthesius 1906, 07 K
Mutina v. Chr. 222
Mutmaßungen üb. Jakob« 1959 D
Mutsuhito 1869, 1912 P
»Mutter« 1902 K, 05, 07 D, 20, 26, 32 K, 34 D, 58 K
»– Courage« 1975 D/M
»– u. ihre Kinder« 1941 D
»–, Die 1902 K, 07 D, 20, 26, 32 K, 34 D, 58 K
»– Dürers 1514
»– Erde« 1897
»–, Die tote« 1895
»– Johanna v. d. Engeln« 1960 K
»– m. Kind ...« 1916 K
»– Kind« 1917, 45, 53 K
»– – im Hause« 1658
»– Maria« 1927 D
»– und Koselieder« 1844
Mütterberatungsstelle 1905 V
Muttergöttin v. Chr. 2600, 2500
»Mutterhände« 1900 K
Mutter-Kind-Gruppe« 1950 K
Mutterkuchen 1667

Mutterrecht v. Chr. 5000, 4000, 1950, 1600, 1550, 1193, 600, 4. Jh., 458
»– – 1861
»– – und Urreligion« 1887
Mutters, T. 1958 Ph
Mutterschutz 1907 V
– –, Intern. 1952 Ph
»Mutterstaat« 950
Muttertag 1912, 23 V
Müttervereine, kath. 1916 Ph
Muxfeldt, H. 1968 W
Muzaffer ed Din 1907 P
»My Fair Lady« 1961 M
My Lai 1971 V
– –, Massaker 1969 P
Myers 1926 W
Mykale v. Chr. 479
Mykene 1952 W
Mykenische Kultur v. Chr. 2000, 1700, 1600, 1500, 1490, 1400, 1350, 1300, 1200, 1150; n. Chr. 1870, 76
Mykerinos v. Chr. 2720, 2620
Mylae v. Chr. 260
Mylius-Erichsen 1902, 06 W
Myra 347
Myrberg, P. 1969 K
Myrdal, G. 1968, 74 V
–, K. G. 1944 Ph
Myron v. Chr. 475
»Mystagogie d'Espace« 1965 K
Mysterien v. Chr. 800, 689, 6. Jh., 540, 496, 204, 186, 25; n. Chr. 50, 1892
– des Organismus« 1971 K
– des Apostels Paulus« 1930 Ph
–, Die christliche« 1842
– englische 1339
– (Herz-Jesu-Braut-)« 1275, 1375
–, Höhepunkt d. niederländ. 1250
– spanische 1563
– u. das Wort« 1924 Ph
»Mystiker« (Dt.) 1908 Ph
»Mystizismus u. Logik« 1929 Ph
Mystik v. Chr. 135, 104, 50, 45, um Chr. Geb.; n. Chr. 36, 125, 130, 193, 205, 270, 485, 500, 1153, 1272ff., 1440
»Mythen u. Legend. d. südamerik. Urvölker« 1905 Ph
Mythendichtung. sumer. v. Chr. 2025
»Mythologie« 1941 Ph
»–, Ausführliches Lexikon d. griech. u. röm.« 1884
»–, Deutsche« 1835
»–, vergl. 1897
»Mythos, Ein moderner« 1957 Ph
»– vom Sonnenauge« v. Chr. 1250
»– – Staat« 1946 Ph
»– des 20. Jh.« 1930 Ph
Mytilene/Lesbos v. Chr. 427
Myxin 1951 W
Myxomatose 1952 V

N

Naas, J. 1961 W
Nabl 1914 D
Nabla v. Chr. 950
Nabokov, N. 1958, 63, 65, 72 M, 75 Ph
–, V. 1955, 59, 61, 77 D
Nabopolassar v. Chr. 626, 612, 604

Nabu v. Chr. 787
»Nach dem Sündenfall« 1964 D
– der Flut« 1968 D
»Nachahmung, Die Gesetze d.« 1890
»Nachbarn« 1859
»Nachbarschaft« 1939 K
»Nachdenkende Frau« 1920 K
»Nachfolge Christi« (Von der) 1471
»Nachforschungen über den Gang der Natur« (Meine) 1797
»Nachgeborene« 1907 M
»Nachhilfeschule« 1867
»Nachkommen« 1933 D
»Nachkrieg« 1930 M
Nachkriegsliteratur, Archiv f. 1977 D
Nachkriegsschulden 1953 P
»Nachmittag eines Fauns« 1894
– der Kinder« 1884
»Nachmittagsstunden« 1905 D
»Nachmittagswolken« 1940 K
»Nachrichten von Büchern und Menschen« 1973 D
–, kosmische 1960 W
Nachrichtendienst v. Chr. 7. Jh., 550, 59, 47; n. Chr. 100, 7. Jh., 10. Jh., 1811, 49, 54, 57, 87, 1941, 47 V; s. a. Post, Zeitung
Nachrichtensatellit 1968 V, 71 K
Nachrichtenübermittlung 1970 W
»Nachsommer« 1857
»Nächsten Millionen Jahre, Die« 1953 Ph
»Nacht« v. Chr. 551; n. Chr. 1900, 23, 53, 56, 58 K
– im Eimer, Große« 1963 K
–, Grab des v. Chr. 1400
– ist mein Feind, Die« 1959 K
– u. Hoffnung« 1958 D
– und Nebel« 1964 K
»Nacht- u. Nebelerlaß« 1941
»Nacht von St. Jean de Luz, Die« 1955 K
Nachtarbeitsverbot 1906, 19 V
»Nachtasyl« 1903 D
Nachtbekleidung 1662
»Nachtblau mit weißer Kette« 1966 K
»Nachtblume« 1951 K
»Nächte von Fondi« 1922 D
»Nachtflug« 1931 D, 44 M
»Nachtgedanken« 1742
»Nachtgesang d. Mütter«
Nachtigal 1869
»Nachtigall, Die« 1914 M
– v. Wittenberg« 1903 Ph
Nachtkamisol 1662
»Nachtlager von Granada« 1834
»Nächtliche Begegnung« 1954 K
»– Huldigung« 1970 D
»Nächtlicher Fischfang« 1948 D
»– Hafen« 1946 K
»– Raum« 1954 K
»– Regen« 1952 K
»Nachtmahr« 1782
»Nachtmusik, Eine kl.« 1787
Nachtmütze 1662
»Nachtportier, D« 1974 K
»Nachtschwalbe« 1948 M
Nachtsheim, H. 1956, 57 W, 1970 Ph
»Nachtstück« 1963 D
»– – u. Arien« 1957 M
»Nachtwache« 1642, 1946, 49 K

»Nachtwache, Die« 1966 D
»Nachtwoge« 1928 K
»Nachtzug« 1959 K
»Nackten u. die Toten, Die« 1948 D
»Nackter Mann« 1963 K
Nadar, G. F. 1858 V
Nadel 1365, 70
»Nadeln d. Kleopatra« v. Chr. 1450
Nadeltelegraph 1833
»Nadja« 1928 D
Nadler 1884, 1928, 63 D
Naegeli 1927 W
Nagara-Stil 600, 7. Jh.
Nagasaki 1945 W
Nagel, O. 1924, 45, 68 K
–, P. 1690, 71, 77 K
»Nägel im Kies« 1971 K
Nagele 1960 K
Nagib 1936, 52–54 P
Nagurski 1914 W
Nagy, I. 1953, 56, 58 P
Nahas Pascha 1927, 28, 50 P
Nahir Chan 1929 P
Nähmaschine 1830, 46, 51
»–« 1953 K
Nähnadeln 1370
Nahostkonferenz 1977 P
Nahostkonflikt 1967, 69 P, 72 V, 73, 77 P
Nahostkrieg 1973 P
Nährstoffe, Algen als 1953 W
Nahrungsmittelverbrauch 1960 V
Nährtransferstraße 1961 W
Nahum v. Chr. 650
Nahverkehr 1974 V
»Naissance« 1958 K
»Naive und sentimentalische Dichtung« 1795
Nakao Noami 1449
Nake, F. 1965 K
»Naked Lunch, The« 1962 D
Namen v. Chr. 496; n. Chr. 1150, 1303
»– des Vaterlandes, Im« 1943 K
Namur 1419, 33, 43, 44
»Nana« 1877, 80, 1926 K
»– Risi« 1861
Nancy 1901, 10 Ph
–, Schlacht bei 1477
Nanga Parbat 1953, 71 V
»–« 1953 K
Nanga-Parbat-Exp. 1934 W
Nanking 1911, 1279, 1397, 1842, 53, 1927, 28, 36, 37, 40 P
– Akademie 990
– 8 Meister von 1672
»Nanna od. üb. d. Seelenleben d. Pflanz.« 1848
»Nanook of the North« 1964 K
»Nans, d. Hirt« 1942 D
Nansen, Fr. 1888, 93, 1906 W, 21 V, 22 P
»Nansen-Bund« 1945 Ph
Nansen-Hilfskomitee 1938 P
Nansenpaß 1922 P
Nantes 1598, 1685
–, Unité d'Habitation 1952 K
Nantes-Rézé 1963 K
»Nanuk, d. Eskimo« 1922 K
Naogeorg, Th. 1540
Napata v. Chr. 1500, 1450, 771
Naphtali, F. 1930 V
Napier 1614, 20, 1931 V
Napirasu v. Chr. 1200
»Napoleon« 1802, 89, 1925, 31, 37 D, 1973 Ph
– I. (Bonaparte) 1759, 67 ff, 77, 96, 98, 1801, 02, 04, 07, 10, 12–15, 19, 20, 21, 36, 48, 49
– II. s. Reichstadt
– III. Charles Louis 1808, 36, 40, 48, 51, 52, 69, 70, 73, 79, 1926 W
»– u. d. engl. Flotte« 1907 K
– oder die 100 Tage« 1831
»Napoleons, Das Leben« 1827
Nara 710, 17, 50, 55, 94, 1053

Nara, Horyuji-Tempel 585, 607, 23, 710
–, Kloster Chuguji 650
–, Tamamushi-Schrein 650
–, Tempel 900, 1209
–, Yakushi-Tempel 681
Naram-Sin v. Chr. 2270, 2255
Narasimhavarman I. 625
Nara-Zeit 750
Narbo v. Chr. 118
Narbonne v. Chr. 118; n. Chr. 720, 59
Narizzano, S. 1966 K
Narodna Odbrana 1908 P
Narodniki 1880
Narr 1202, 1350
– in Christo Emanuel Quint, Der« 1910 D
– für jede Stadt, Ein« 1969 D
»–, was nun? Alter« 1973 D
»Narren von Gestern, Wir« 1922 D
»Narrenbeedeker« 1924 D
»Narrenbeschwörung« 1512
Narrenfeste 633
»Narrenschiff, Das« 1494, 1510, 19, 1962 D, 66 K
»Narrenspiegel d. Statistik« 1935 V
Narsai von Mealletha 502
Narses 535, 52, 54
»Narzif« 1951 K
»– u. Goldmund« 1930 D
NASA 1972 W
Nash, N. R. 1955 D
–, O. 1962 D
–, P. 1889, 1911, 18, 23, 24, 29, 31, 35, 37, 41, 45, 46 K
–, Th. 1594
Nashorn 80 V, 1515 V
»Nashörner Die« 1959 D
Nasik, Tschaitya-Halle v. Chr. 1. Jh.
Nasir ed-din et-Tusi 1201, 74
Nasjonal Samling 1933 P
Naso 1936, 39, 50 D
Nassau 1806
–, Adolf von 1250, 92, 98
Nassau-Saarbrücken, Elisabeth von 1437, 56
Nasser, G. 1951, 54, 56, 58, 65, 67 P
»Nathan der Weise« 1779
»Nathanael Maechler« 1929 D
»Nation im Werden« 1925 P
National Broadcasting Co. 1919 V
»Nationalbibliographie« (Dt.) 1931 D
»Nationalbiographie« (Gr. jüd.) 1932 D
Nationalbuchdruckverein, Dt.« 1848
Nationale Befreiungsfront, algerische 1962 P
– Front« 1949, 50, 58, 63 P
– Heimstätte 1917 P
– Union« 1926, 30, 34 P
– Vorurteile« 1919 P
»Nationaleinkommen und ihre Zusammensetzung« 1941 V
Nationaler Verteidigungsrat 1940, 60 P
Nationalgalerie Berlin, Neue 1968 K
Nationalisierung, brit. 1951 P
Nationalkollegien 1231, 50
»Nationalkomitee, Freies Dt.« 1943, 45 P
Nationalkommunismus 1955 P
Nationalkonvent, franz. 1792
Nationalliberale Aktion 1970 P
– Partei« 1867
Nationalpark, 1. dt. 1970 V
»Nationalökonomie« (Theoret.) 1908, 16 V
»Nationalökonomien« (Drei) 1930 Ph
Nationalrat, österr. 1962 P

Nationalrat, Schweizer 1955 P
»Nationalsoziale Partei« 1903 P
»Nationalsozialer Verein« 1896
Nationalsozialismus 1932 ff; s. a. Hitler
»–« 1957 Ph
Nationaltheater, Brit. 1963 D
Nationalverein, Dt. 1859
Nationalversammlung, dt. 1848, 1919 P
–, franz. 1962 P
NATO 1952, 55, 56, 58 ff., 67, 74 P
»–, Ost–« 1955 P
NATO-Konferenz 1957, 62 P
– in Paris 1957 P
NATO-Luftmanöver 1955 P
Natoire, Ch. J. 1735
Natorp, P. 1854, 99, 1903, 09, 10, 20, 24, 25 Ph
Natrium 1807, 1932 W
Natrume s. Soseki
Natta, G. 1963 W
Nattier, J.-M. 1733
»Natur« 1836
»–, Buch der« 1374
»– und Geist« 1954 Ph
»– – – als Wunder . . .« 1914 Ph
»–, Geschichte der« 1948 Ph
»–, des Menschen i. d. Politik« 1908 Ph
»–, Über die« 500
»–, Philosophie d.« 1950 Ph
»–, Strukturen der« 1973 Ph
»–, Technik/Kunst« 1960 Ph
»–, über die« v. Chr. 483, 480, 430
»– und Ursachen des Volkswohlstandes« 1776
»– und Völkerrecht« (Über das) 1672
»Natura morta« 1958 K
»Naturalis historia« 79
»– sonoris, De« 1966 M
Naturalismus 1909 K
»–, Notiz über den« 1956 K
»Naturanschauung von Darwin, Goethe und Lamarck« 1882
»Naturdenkmalpflege, Beiträge zur« 1907 V
»Nature morte« 1941 K
»Naturerkenntnis« 1919 Ph
»–, Über die Grenzen der« 1872
Naturforscher u. Ärzte, Versammlung Dt. 1822, 92
»Naturgeschichte« 79
»– für alle Stände« 1841
»– der Tiere« v. Chr. 322; n. Chr. 1749
»– des Volkes« 1869
Naturheilkunde, 1. in Dt.
»–, Zeitschr. f.« 1928 W
Naturheilmethode 1934 W
Naturkatastrophe (schwerste) 1970 V
»Naturkind« 1767
»Natürliche Schöpfungsschichte« 1868
Pflanzenfamilien« 1915 W
»– Theologie . . .« 1913 Ph
»Natürlichen u. politischen Rechts, Elemente d.« 1640
Naturpark 1966 V
Naturphilosophie (antike) v. Chr. 624, 600, 586, 546, 544, 526, 483, 360, 347, 322, 271, 240, 55
»–« 1933 Ph
»Erster Entwurf eines Systems der« 1799
»–, Lehrbuch der« 1808
»–, Vorlesungen über« 1901 Ph
Naturschutzgesetz 1935 V
Naturtheater Wunsiedel 1903 D
Naturwissenschaft u. Kunst 1973 Ph

»Naturwissenschaft, Religion, Weltanschauung« 1948 Ph
»Naturwissenschaften« 1912 W, 19 Ph
»–, exakte 1922 W
»–, Ergebnisse u. Probleme der« 1914 Ph
»–, Handbuch der« 1915 W
»–, Pädagogik 1966 Ph
»Naturwissenschaftliche Aspekte philosophischer Probleme« 1963 Ph, 64 M
»– Begriffsbildung« 1902 Ph
»– Gesellschaft 1657
»– – Untersuchungen« 65
»Naturwissenschaftliches Zeitalter« 1886
»Naturwissenschaftserkenntnis u. ihre Methoden« 1937 Ph
»Natyashastra« 250
Nauen 1906, 18 W
Naukratis v. Chr. 600, 569
–, Athenaios von 195
Naumann, Fr. 1860, 96, 1903, 10 P, 15 V, 19, 37 P
Naumburg 1028, 1142, 1400
»Naumburg, Das steinerne Wunder« 1928 K
Naumburger Dom 1242, 60 M
»–« 1925 K
– Doms, Meister des 1260
»Nautilus« 1931, 54 W, 58 W
Navade-Stufe v. Chr. 4000
Navarino 1827
Navarra 900, 1001, 36, 1134, 1201, 53, 62, 1492, 1531, 93
Navarro, A. 1976 P
Navigation 1736
Navigationsakte 1392, 1651, 54
Navius, Gnäus v. Chr. 201
Navycerts 1941 P
Nawarino 1827
Nay, E. W. 1945, 51, 54, 55, 59, 64, 65, 66, 68 K
»Nazarener« 1789, 1810, 12, 16, 30 K, 1957 D
Nazareth v. Chr. 7, um Chr. Geb.; n. Chr. 30, 1228
Nazka-Kultur 500
NDP 1964 P
Neal, Fr. 1963 K
Neame, R. 1966 K
Neander-Schädel, Fund 1856
Neapel v. Chr. 326, 36; n. Chr. 536, 972, 1027, 47, 1130, 40, 1224, 66, 68, 78, 82, 1302, 03, 09, 17, 42, 43, 70, 86, 1442, 45, 58, 76, 90, 94, 95, 1501, 04, 16, 44, 60, 1647, 93, 1713, 14, 25, 31, 38, 52, 67, 98, 1821, 78
»– 1949 K
–, Castel Nuovo 13. Jh.
–, Dom 1323
–, Fresken in der Zoologischen Station 1570
–, St. Chiara 1311
–, Zoologische Station 1870
Neapolitanische Oper 1725
Nearchos v. Chr. 325
Nebel, G. 1951 Ph, 54 D
–, kosmischer 1612, 18, 1852, 1901, 12, 25, 26, 32, 43, 49 W
Nebelkammer 1912, 27 W
Nebelkern 1944 W
Nebenniere 1855, 56, 94, 1901, 1935, 44 W
Nebo v. Chr. 787
Nebukadnezar s. Nebukadrezzar
Nebukadrezzar I. v. Chr. 1140, 1123
– II. v. Chr. 609, 605, 604, 600, 597, 587, 575
Necho II. v. Chr. 663, 638, 609, 605, 604, 595
Neckar 380

Necker 1776
Nedsch 1924, 32 P
Needham 1667
Néel, L. 1970 W
Ne'eman 1961 W
Neer 1603, 77
Neferhotep I. v. Chr. 1770
Nefertari v. Chr. 1260
Nefretete s. Nofretete
Negade v. Chr. 3300
Neger 1250, 1441, 1509, 17, 1607, 1702, 27, 1822, 50, 52, 68, 71, 1903 D, 05 V, 06 D, 08 V, 14 M, 24 D, 25 M, Ph, 27 M, 29 K, 30 M, Ph, 36 P, 37 Ph, 38 M, 50 P, V
»– in der amerik. Zivilisation« 1930 Ph
Negerdichtung 1963 D
»Negerin mit Kind« 1955 K
Negerproblem 1944 Ph
Negersklaven 1885
Negerstimmrecht 1868, 1956 Ph
Negerstudenten 1962 Ph
Negerunruhen in USA 1965 P
Negerwahlrecht 1957 Ph
Neghaban, E. O. 1961 W
Negovski 1961 W
Negri, A. 1904 D
–, P. 1918, 19, 35 K
»Negro Spirituals« 1925 M
Nehemia v. Chr. 444
Neher, C. 1962 W
»Nehmt den Narr hinweg« 1954 D
Nehru, Pandit 1947, 52, 55, 56, 57, 60, 64 P
»Neid« 1960 D
Neidhart von Reuenthal 1236
Neifen, Gottfried von 1234
»Neige, Die« 1961 D
»Neigende, Sich« 1949 K
Neikel, C. F. 1727 Ph
Neiße 1200, 1945, 50 P
Neißer, A. 1879
»Nekrassow« 1955 D
Nele, E. R. 1964 K
Nell-Breuning, O. v. 1960 V, 70, 72 Ph
Nelson, H. 1758, 98, 1801, 02, 05
–, L. 1917 Ph
Nemanjiden 1217
Nemausus 121
Nemea v. Chr. 447
Nemesios 500, 1041
Nemorarius, Jordanus 1237
Nenni 1965 Ph
»Nenni«-Sozialisten 1946 P
Neo-Bechstein-Flügel 1928 M
Neodadaismus 1970 K
Neogotik 1759
»Neolatino« 1947 D
Neoliberalismus 1954 Ph
– i. d. BRD« 1961 Ph
Neon-Glimmlicht 1910 W
Neon-Isotope 1913 W
Neopositivismus 1937 Ph
»Neopsychoanalyse« 1950 Ph
Neorealismus i. Film 1977 K
»Neoromantische Expressivität« 1977 M
Neoslawistenkongreß 1908 P
Neoteben 1952 W
NEP 1921 P
Nepal 1769, 1960 P
»–« 1960 V
»Nepals, In der Fieberhölle« 1951 V
Neper 1614
Nephtys v. Chr. 2270, 1250
Nepomuk, Johannes von 1393
Nepos, Cornelius v. Chr. 100, 25
Neptun 1846, 1930 W
Neptunbrunnen 1567, 1937 K
Neptunismus 1669, 1740, 80
Neptunium 1940, 46 W
Neptunmond 1847, 1949 W
Nereiden-Monument v. Chr. 509

Neresheim 1792
-, Kirche 1975 K
-, Kloster 1745
Nernst, W. 1864, 93, 1906, 20 W, 28 M, 41 W
Nero 37, 54, 55, 58, 59, 62, 64 ff.
Nerthus 1. Jh.
Neruda, P. 1960, 71, 73 D
Nerva 96, 98
Nerven, Anatomie der 1664
Nerven, Entdeckung der v. Chr. 275
- (moderne Forsch.) 1902, 04, 06, 08, 14, 23, 26 W, 32 M, 34–37, 38, 40, 43, 44, 47, 50, 59 W; s. a. Hirn
Nervennaht 1902 W
Nervenphysiologie 1902, 08 W
»Nervensystems, Krankh. d.« 1873
»Nerventätigkeit v. Tieren, Höchste« 1926 W
Nervenzellkulturen 1973 W
»Nervösen Charakter« (Über d.) 1912 Ph
»Nervosität und Kultur« 1903 Ph
»Nerz, D.« 1958 D
Nesch, R. 1949, 54, 60, 64, 65, 68, 75 K
Nessauer Statuten 1454
Neßler, V. 1884
»Nest, Das« 1975 D
»Nestbau II« 1955 K
Nestorianer 431, 50, 89, 98, 600, 781
Nestorianische Hochschule 502
Nestorius 431
»Nestorsche Chronik« 1116
Nestriepke, S. 1964 D
Nestroy 1801, 42, 62, 1954, 59 D
Nettelbeck 1807
Nettesheim 1486, 1535
Nettl, P. 1967 Ph
»Network« 1977 K
»Netz, Das« 1969 D
»— des Glaubens« 1440
Netzanoden 1926 W
Netzanschlußradio 1927 W
Netzell 1950 V
»Netzflickerinnen« 1888
»Netzträger« 1954 K
»Neu Buch von bewehrten Roszartzeneyen« 1618
— entstehende Welt« 1926 Ph
Neu-Amsterdam 1614, 64
»Neubau« 1947 K
Neuber, J. »Neuberin« 1697, 1718, 27, 35, 37, 48, 50, 60
– 1885
Neubrandenburg 1396
Neuburger 1905 W
Neu-Delhi 1962 Ph
Neu-Dortmund 1258
»Neue« 1903 M
— Ära in Preußen« 1857
— Buchkunst« 1902 K
— deutsche geistliche Gesänge für die gemeinen Schulen« 1544
»— Literatur« 1923 D

»Neue Machiavelli, Der« 1911 D
— Musik« 1922, 34, 49 M
— —, Ferienkurse für 1951 M
— Neger« 1925 Ph
— ökonomische Politik« 1921 P
»Neue Prächtigkeit« 1977 K
— Realismus, Der« 1912 Ph
— Reich, Das« 1928 D
— Sachlichkeit 1910, 13, 20, 24, 27, 31, 39 K
— —« 1925, 64 K
— Schule« von Nancy 1901 Ph
— f. soziale Forschungen 1941 P
— Stil in Frankreich, Der« 1925 K
— Studien« 1948 D
— Türkei« 1927 P
— Versuche zur Thermodynamik« 1921 W
— Wache in Berlin« 1833
— Weg, Der« 1955 K
— Wege zum Drama« 1911 D
— Welle« 1958, 59 K
— Wohnung« 1924 K
— Zeit« 1919 K
»Neueinlauffende Nachricht . . .« 1660
»Neuen Musik, Schöpfer d.« 1974 K
— Welt, Aus d.« 1893
— —, Das Buch von der« 1820
— Wirklichkeiten, Die« 1961 D
Neu-England 1620
— —, Dominium 1643
»Neuer Kurs« 1953 P
»Neues deutsches Märchenbuch« 1856
— Organon« 1763
— vom Tage« 1929 M
— Testament 53, 54, 57, 70, 85, 95, 100, 2. Jh., 171, 3. Jh., 1516, 26, 1900, 08, 10, 11, 24–26, 56 Ph; s. a. Bibel
— —, Authentisches« 1954 Ph
— Werkzeug« 1620
— Neufrankreich« 1594
Neufundland 1713, 1919, 38 W, 40 P
Neugebauer, P. 1968 K
»Neugierigen Frauen, Die« 1963 M
Neugotik 1850
Neu-Guinea 1951 V, 1962 P
Neuhaus, H. 1952, 55 V
Neuilly 1919 P
Neujahr 6. Jh.
Neujahrsfest v. Chr. 2600
»Neujahrsmärchen, Ein« 1960 D
Neukaledonien 1912 W
Neukantianismus s. Marburger Schule
Neu-Karthago v. Chr. 237
Neukonfuzianismus 1200, 1368
Neuland 1876
— unterm Pflug« 1960 D
— der Seele« 1937 Ph
Neumagen 205
Neumann 1765
— A. 1925, 26, 44, 52 D
— B. 1975 K
— Balth. 1687, 1730 K, 43, 44, 45, 48, 53, 72, 92
— E. P. 1952 Ph
— F. 1967 P
— G. 1948, 50 K, 55 D
— J. B. 1733
— J. v. 1928, 44 W
— R. 1927, 62 D
— Th. 1926 Ph
Neumark 1260, 1402, 55
Neumark, Johann von 1364
Neumayer, Fr. 1953, 56 P
Neumen-Notenschrift 750, 900
»Neun Stunden z. Ewigkeit« 1962 K
— Tage eines Jahres« 1961 K

Neunfelderwirtschaft v. Chr. 2205, 350
Neunlinge 1971 V
Neunmächteabkommen 1922, 38 P
»1984« 1949 D
»Neunzigste Psalm, Der« 1965 M
Neurath. v. 1933, 39, 46, 54 P
—, O. 1929, 31, 37 Ph
Neurobiologie 1962 W
Neuronen 1922, 32 W
Neuropsychopharmakologie 1959 W
Neurose 1932 Ph, 38 W; s. a. Psychoanalyse, Freud, Adler, Jung
»Neurotische Persönlichkeit . . .« 1937 Ph
Neurowissenschaft 1975 W
Neuschottland 1000
Neuseeland (Entdeck.) 1643, 1768, 71
Neusilber 1823
Neuß 1241
—, R. 1916 K
—, W. 1960 K
Neuss, W. 1967 D
Neustadt, Heinrich von 1300
Neustrien 561, 618, 87
»Neutestamentliche Wissenschaft . . .« 1900 Ph
Neutralisierung 1952, 60 P
Neutralität, Schweizer 1968 P
Neutralitätsgesetz 1935 P
Neutralitätsrecht 1907 P
Neutralitätsvertrag 1881, 84
»Neutrino-Astronomie« 1962, 68 W
Neutrino-Nachweis 1956, 65 W
Neutrino-Teilchen 1934 W
Neutron 1932, 34, 35, 38, 44 W
Neutronen, Fernsehen 1968 W
Neutronenbombe 1977 W
Neutronenstern 1977 W
Neuwieder Möbelwerkst. 1785
Neuzeit 1492
Nevada 1923 V
Nevermann, P. 1961, 65 P
»New Deal« 1933 P
— Decade, The« 1955 K
— English Dictionary« 1928 D
— Harmony 1825
— Image« 1962 K
— life, A« 1961 D
— Look« 1947 V
— World of the Mind« 1953 Ph
— York v. Chr. 3000, 1450; n. Chr. 1614, 64, 1800, 75, 92, 99, 1901 M, 11–13 K, 17, 18 W, 22 M, 24 W, 29 P, 31 K, V, 32 P, K, 35 bis 39 K, V, W, 44, 48–50 K
— —, Börse 1929 P
— —, Brooklyn-Brücke 1885
— —, Chase Manh. Bank 1960 K
— —, Chrysler-Hochhaus 1930 K
— —, City-Ballett, 1948 M
— —, City University 1961 Ph
— —, Empire-State-Hochhaus 1931 K
— —, Flughafen 1962 K
— —, Freiheitsstatue 1886
— —, Guggenheim-Museum 1953 K
— —, Herald« 1835
— —, Lever Brothers-Haus 1952 K
— —, Lincoln Centre 1962 K
— —, Manhattan-Brücke 1910 W
— —, Metropolitan Opera 1883, 1907, 21 M
— —, Museum of modern art 1968 K
— —, Narrows-Brücke 1962 W

»New, York, Phantasie zur Silhouette von« 1953 K
— —, Seagram Building 1958 K
— —, Studio-Theater 1941 D
»— Times« 1851
—, Zeitungsstreik 1963 V
Newa 1240
Newby, P. H. 1965 D
Newcastle 1359
Newcomen, Th. 1711, 15
»Newe zeytung« 1502
»Newezeitung aus der Türkey . . .« 1578
New-Jersey 1950
Newman, P. 1968 K
Newmayr 1925 K
New-Orleans 1718, 1886, 1914, 17 M
»News of the World« 1950 P
Newski, Alexander 1240, 42
»New-Statesman« 1913 P
Newton, I. 1358, 1472, 1643, 64, 69, 70–72, 76, 77, 83, 87, 99, 1701, 03–05, 27, 1810
»Newtons Lehre f. d. Dame« 1732
Nexö s. Andersen
»Nexus« 1960 D, 68 M
Ney, E. 1968 M
—, H. 1955 P
Ngüan 1826
Ni Tsan 1374
Niagarafälle 1669, 1925 W
»Nibelungen« 1862, 1924 K
— Not, Der« 1843
»Nibelungenlied« 5. Jh., 1205
Nibelungenroman 1916 D
»Nibelungensage u. -lied« 1921 D
Nicäa v. Chr. 300; n. Chr. 1097, 1204, 28
—, Konzil zu 305, 25, 81, 787, 94, 843
»Nicänum« 325
»Niccolò da Uzzano« 1440
Niceta von Remesia 400
Nichol, M. 1965 K
Nichols, P. 1967 D
Nicholson 1921 W
—, B. 1953, 55, 59 K
—, N. 1948 D
—, W. 1782, 1920, 32, 35, 38 bis 40 K
Nicht gesellschaftsfähig 1960 K, 61 D
— d. Mörder, d. Ermordete ist schuldig« 1915 D
»Nichtarier« 1933 P
Nichteisenmetalle, Verbr. 1952 V
Nichteuklidische Geometries. Geometrie, nichteuklid.
Nichtraucher 1975 V
»Nichts in Sicht« 1955 D
»Nick Carter« 1911 K
Nickel v. Chr. 2000; n. Chr. 1751, 1804, 23, 1901, 31, 39 W
Nickelkombinat 1939 W
Nickellegierung 1823
Nicola, de 1946 P
Nicolai, Friedrich 1733, 57, 59, 65, 75, 80, 1811
—, Otto 1810, 49
Nicolaier 1884
Nicolaus von Autrecourt 1353
Nicolle 1884, 1909, 28, 36 W
Nicot 1560
Nider, Johann 1428
»Niderduitsche Academie« 1617
— Poemata« 1616
»Nie mehr arm« 1959 D
Niebelschütz, W. v. 1954 D
Niebuhr, B. G. 1811, 32
—, C. 1767
—, R. 1953 Ph
Niederalteich 742
Niederfinow 1930 W
»Niedergang d. kapitalist. Zivilisation« 1923 Ph
— der latein. Rasse« 1918 Ph

»Niedergebeugten« 1946 K
Niederlande, Wahl z. 2. Kammer 1963 P; s. a. Holland
Niederländische Schule d. Musik 1426, 30, 15. Jh., 1460, 75, 80, 1505
»Niederländisch-Ostindische Kompagnie« 1602, 19
Niederreuther 1950 K
»Niederrhein, Die vom« 1903 D
Niederrheinisch-westfälisches Institut f. Zeitungsforschung 1926 V
Niedersachsen 1200, 1948 Ph
Niederwildungen, Altar 1404
Nieger 1904 W
Niehans, P. 1954, 60 W
Niehaus, M. 1970 M
—, R. 1953 K
Niekisch, E. 1919 P, 48, 51, 53, 67 Ph
»Niels Lyhne« 1880
Nielsen, A. 1911, 19, 23, 25 K, 46 D
—, E. 1964 K
—, H. 1949 K
»Niemand wird lachen« 1965 K
»Niemandsland, Im« 1958 K
Niemann 1859
—, W. 1953 M
»Niembsch« 1964 D
Niemeyer, J. 1956 K
— Filho, O. 1957 K
—, O. 1960, 71 K
Niemöller 1937, 47, 52 Ph
Nienfei 1868
Niepce, N. 1822, 26, 38
— de St. Victor, Cl. 1847
Nietenhosen 1952
Nietzsche 1844, 65, 71, 73, 78, 81, 82, 83, 85, 87, 88, 89, 1900, 04 Ph, 05 M, 08, 14 Ph, 25 D, 26 Ph, 47 D, 53 Ph
»— 1904 K, 36 Ph, 47 D
— in seinen Werken, Fr.« 1894
»Nietzsche-Archiv« 1907 Ph
Nieuwenhoven 1487
Niger 1352, 1912 W
Niger-Expedition 1795, 1805
Nigeria 1886, 1960 P
Nigeria-Biafra, Bürgerkrieg 1969 P
»Nigger vom Narzissus« 1897
»Night Mail« 1964 K
— thoughts« 1958 D
Nigidius Figulus v. Chr. 98, 45
»Nigritude« 1939 Ph
Nihilismus 1865, 79, 1901 Ph
»— « 1862
»Nihilist« 1906
Nijalingappa 1969 P
Nijinski s. Nischinskij
Nikäa 1331
Nikaragua 1927 V, 28, 33 P
Nike v. Chr. 421, 420, 405
»— « 1956 V
Nikephoros I. 811
— II. 963
Nike-Rakete 1957 W
Nikias (Feldherr) v. Chr. 469, 429, 413
— (Maler) v. Chr. 325
—, Friede zu v. Chr. 421
Nikisch, A. 1895, 1922 M
»Nikkers, De« 1960 D
Nikki 850
Niklas, W. 1956 P
Nikolai-Bruderschaft 1288
Nikolajew 1962, 70 W
Nikolaus I. 1825, 55
— I. (Papst) 858, 63
— II. 1894, 1901, 05, 09, 10, 18 P
— II. (Papst) 1058
— III. 1277
— IV. 1288
— V. 1439, 47, 54
— von Damaskus 18

Nikolaus von Jeroschin 1339
– von Kues 1401, 34, 37, 40, 41, 50, 64
– von Myra 347
– von Pinara 347
– von Verdun 1181, 1200, 05
–, Donnus Germanus 1482
– Gerhaert van Leiden 1430, 73
»Nikolausfest, Das St.« 1679
Nikomachos 45, 500
– von Gerasa 2. Jh.
Nikomedien 300
Nikon von Moskau 1652
Nikongi 720
Nikopolis, Schlacht von 1396
Nikotinverbrauch 1955 V
Nikula 1963 V
Nil v. Chr. 4500, 3900, 1850, 1500, 1250, 600, 517, 260, 22; n. Chr. 525, 1858, 74, 92, 1912, 39 W
–, Vater und seine Kinder v. Chr. 17. Jh.
»Nilpferdjagd« v. Chr. 2500
Nilquelle 1858
Nilwasser-Vertrag 1929 P
»Nimbus I« 1964 W
Nimes v. Chr. 8; n. Chr. 121
»Nimitz« 1975 V
Nimrod v. Chr. 860
Nimrud v. Chr. 1260, 879, 860; s. a. Kalach
–/Kalach 1951 W
–/Ninive 1845
Nimwegen 10. Jh., 1024, 1678, 1944 P
»Ninette à la cour« 1755
Ninive v. Chr. 2270, 2000, 1360, 1260, 860, 859, 850, 705, 700, 680, 668, 660, 655, 650, 614, 612; n. Chr. 1845, 1918 D
»Niniveh and Babylon« 1853
»– u. and. Gedichte« 1906 D
Ninmach v. Chr. 2000
»Ninotschka« 1939 K
Ninurta v. Chr. 870
Niobe v. Chr. 330
»–« 1932 V
Nipkow, Paul 1885, 1925, 28 W
Nippur v. Chr. 2100, 650; n. Chr. 1947, 52 W
NIRA 1933, 35 P
Nirenberg, M. 1965, 68 W
Nirwana v. Chr. 480
Nisâmî 1141, 1202
Nischinskij 1919 M
Nisibis 498, 502
Nithart, Mathis Gotthard 1465, 1528
Nitribitt, R. 1958 K
Nitrierhärtung 1923 W
Nitroglyzerin 1847, 63
Nivardus 1151
Niven, D. 1957 K
Nixon, R. M. 1954, 56, 59, 60, 68, 69, 70, 72, 73, 74 P
Nizolius 1553
Nizza v. Chr. 300; n. Chr. 1859, 1950 D
Njaja v. Chr. 671
Nkrumah, K. 1960 P
NKWD 1920, 22, 34 P
»no. I/69« 1969 K
»Noah« 1667
»Noah's Flood« 1958 M
»Noa-Noa« 1900 K
Nobel 1833, 63, 67, 96
Nobelpreis für Wirtschaftswissenschaften 1968 Ph
Nobelpreis 1896, 1901–63 P, D, W, 75, 76 P
»Nobi« 1959 K
Nobile, Umberto 1926 W, 28 V, 29 K
»Nobilissima Visione« 1938 M
»Noblesse d. Einsamkeit« 1974 K
»Noctes Atticae« 170
»Nocturne« 1976 M
– symphonique« 1914 M
»Nocturnes« (Chopin) 1840

»Nocturnes, Deux« 1951 M
»–« (Field) 1837
Noddack, W. 1925 W
Noël, M. 1959 D
Noel-Baker, P. 1959 P
Nofret v. Chr. 1900
Nofretete v. Chr. 1370, 1365; n. Chr. 1912 K
»–« 1936 D
Nogaret 1303
»Noia, La« 1960 D
Nola 400
Nolde, E. 1867, 1900, 1902, 05, 09, 12, 15, 26, 40, 51, 56 K, 68 P
»–, Emil« 1947 K
»Noli me tangere« 1523
Nollet 1748
Nolte, E. 1963 Ph
Nomenklatur, botanische 1751
–, chemische 1788, 1848
Nominalismus 1290, 1300, 24, 49, 50, 58
»Nomoi« v. Chr. 347
»Nomos« 1966 M
Nonguet 1905 K
Nonius 1631
Nonnos 397
Nonnus 5. Jh.
Nono, L. 1951, 53–57, 60, 69, 75 M
»Nonsens, Book of« 1846 D
Nonstop-Flug 1950 W
–, Erd- 1957 W
Noort 1601
»Nora« 1879, 1923 K
Norbert 1121
»Nord« 1960 D
»Nordamerik. Trusts . . .« 1913 V
Nordatlantik-Forsch. 1970 W
Nordatlantikkabel 1866
Nordatlantikpakt 1949 P
Nordatlantikverkehr 1958 V
Norddeutsche Lloyd 1847, 57, 1930 W
– – Werft 1902 V
Norddeutscher Bund 1867, 70
Norden, E. 1905 D, 20 W
Nordenfelt 1885
Nordenskiöld 1878, 1919 W
»Nordfranzös. Dorf« 1923 K
Nordhausen 1225
Nordhoff, H. 1948 V
Nordirland 1970 P
nordirischer Frauen, Friedensbeweg. 1977 P
»Nordische Expedition, Große« 1734, 37, 38, 41, 42, 43
– Gesellschaft 1921 Ph
Nordischer Krieg 1700, 15, 21
– Siebenjähriger Krieg 1570
Nordkap 80, 1553
Nordli, O. 1977 P
»Nördliche Schule« 716
Nordlicht 1621, 1901 W
»–« 1910 D
Nördlingen 1215, 14. Jh., 1634
–, Ries b. 1973 W
Nordmark 976
»Nordmeer« 1950 K
Nordost-Passage 1878, 1914 W
Nordpol 1831, 56, 93, 97, 1906, 09, 18, 20, 24, 26–31, 33, 37, 43, 46, 48 W; s. a. Arktis
»–« 1955 W
– –, magnet. 1906 W
–, Schiff am 1977 W
Nordpolarexpedition 1893 bis 1896« (Norw.) 1906 W
Nordpolflug, I. Allein- 1951 W
Nordrhein-Westfalen 1947, 62 P
Nordschule, buddhist. 700
Nordsee 1115, 1908 P, 14 V, 34 W

»Nordsee« (Forschungsplattf.) 1974 W
Nordsee-Eismeer-Kanal 1934 W
Nordseeöl 1975 V
»Nordseesagen« 1958 D
Nordsee-Sturmflut 1953 V
Nord-Süd-Dialog 1975, 77 P, 77 W
Nord-Süd-Konflikt 1975 P
Nordwest-Passage 1576, 1847, 50, 1906, 44 W, 69 V
»–« 1937 D
»Norge« 1926 W
Noricum v. Chr. 113, 16
Norilsk 1939 W
»Norma« 1831
»Normalisierung« in der CSSR 1968 P
Norman, R. 1541
Normandie 1208, 1349, 64, 1439, 1944 P
»–« 1881, 1935 W, 37 V, 55 K
Normann 1902 W
Normannen 536, 793, 95, 800, 20, 31, 36, 45, 59, 61, 62, 65, 70, 79, 81, 85, 87, 99, 900, 11, 84, 93, 1000, 02, 14, 20, 27, 42, 43, 47, 11. Jh., 1053, 61, 66, 72, 80, 81, 85–88, 90, 1100, 21, 30, 54, 85, 86, 94
»Normannischer Bauernhof« 1953 K
Normannisches Kollegium 1250
Normen u. ihre Übertretung« 1919 Ph
Normenausschuß, dt. 1917 V, 22 W
Normen-Föderation, Internationale 1928 V
Normung 1955 V
Norris 1901 D
Norrish, G. W. 1967 W
Norstad, L. 1962 P
Northcliffe 1922 V
Northrop 1930, 46 W
Northumbrien, Oswald von 634, 1171
Norton 1924 W
»Norwegische Nordpolexpedition . . .« 1906 W
– Tänze« 1907 M
Norwegische Literatur, Begr. der neu- 1830
Norwich, Kathedrale 1096
No-Schauspiel, Jap. 1389, 1586, 1650
Nosek 1946 P
»Nosferatu« 1922 K
Noske 1919 P
Nô-Spiel 1964 M
Nossack, H. E. 1958, 61, 77 D
Nostradamus 1503, 55, 66, 75
»Not Honour more« 1955 D
Notburga 1265, 1313
»Noten zur Literatur« 1965 Ph
»Notenbüchlein für Anna Magdalena« 1722
Notendruck 1375, 1500, 25
Notenschlüssel 1026
Notenschrift 750, 900, 1026, 13. Jh., 1298, 14. Jh., 15. Jh.
Notenumlauf 1870
»Notes« 1681
»– intimes« 1959 D
Notgeld 1923 V
Notgemeinschaft der dt. Wissenschaft 1920 W
Notke 1440, 63, 70, 79, 84, 89, 90, 1508
Notker 1050
– III. Labeo 950, 1022
– Balbulus 900, 12
Notleistungsges., Flüchtlings- 1953 P
»Notopfer Berlin« 1956 D
»Notorious« 1946 K
Nôtre, Le 1674
Notre Dame, Antwerpen 1616

Notre Dame du Haut, Chapelle de 1955 K
»– – de Paris« 1831
– –, s. Paris, Notre Dame
– –, Versailles 1686
»Notstand oder Das Straßentheater kommt« 1969 D
Notstandsgesetze 1966 V, 68 P
Notstandsgesetzgebung 1962 P
»Notstandsübung« 1968 D
Notstandsverfassg. 1965, 68 P
Nottingham 1176, 1812
»Notturno« 1916 D
Notverordnung 1930, 32 P
Notzucht 1937 Ph
»Nous les Gosses« 1941 K
»Nouveaux Bloc-notes« 1961 D
– mémoires intérieurs« 1965 D
»Nova ars notaria« 1170
»– Atlantis« 1626
Novacain 1905 W
Novak, H. M. 1968, 69 D
Novalis 1772, 95, 1800–02
Novarro 1926 K
Novatian 251
»Novellen um Claudia« 1912 D
»–, 100 neue« 1486
»Novellino« 1476
»Novels and their Authors, 10« 1954 D
»November 1918« 1949 D
»November/Dezember 66 . . .« 1968 K
November-Revolution, dt. 1918 P
– –, russ. 1917 P
Novembersturm 1972 V
Noverre, J. G. 1760
Novotny, A. 1968 P
»Novum organum« 1620
Nowaja Semlja 1556, 97, 1914 W
Nowakowski, T. 1959 D
Nowgorod 862, 79, 1099, 12. Jh., 1221, 24, 1300, 23, 1477, 94
–, Dom 1160
–, Glockenturm 1436
–, Sophienkathedrale 1050
–, Verkündigungskirche 14. Jh.
Nowicki 1953 K
Nowosielski, J. 1961 K
NPD 1965, 67, 68 P
»Nr. I, 59« 1959 K
»– 10-1952/3« 1953 K
»– 24-1954« 1954 K
»– 113« 1959 K
NS-Altherrenbund 1935 Ph
NSDAP, Grdg. d. 1919, 25, 27 P; s. a. Hitler
–, Ende d. 1945
»–, Programm der« 1927 P
NSDStB 1931, 35 Ph
NS-Justiz, Gesetz g. 1962 P
»n-Tor« 1968 K
Nuber, M. 1878
Nubier v. Chr. 1850, 1501, 1500, 1450, 1250, 950, 771, 590; n. Chr. 6. Jh., 9. Jh.
Nucleinsäure s. Nukleinsäure
Nucleoproteide s. Nukleoproteide
»Nude« 1959 K
Nufer, Jakob 1500
»Nukleare Köpfe« 1963 K
Nukleinsäure 1869, 1936, 43, 53, 61, 65, 70 W
– u. Gedächtnis 1959 W
–, Synthese 1959 W
– Virus- 1958 W
Nukleoproteide 1957 W
Nukleotidsequenz 1977 W
Null (Zahl) 6. Jh., 814, 1000, 1185
»Null-acht-fünfzehn« 1955 D
Nullpunkt d. Temperatur, absol. 1702, 1906, 20, 31, 33, 35, 56, 77 W

Nulltarif 1972 V
Nullwachstum d. BSP 1967 V
Numa Pompilius v. Chr. 715
»Number 12« 1952 K
»Nr. 10« 1954 K
»Numerische Ästhetik« 1969 Ph
»Numéro deux« 1976 K
Numerus clausus 1974 Ph
Numidien v. Chr. 202, 159, 111, 105, 104, 46
»Nun danket alle Gott« 1630
– ruhen alle Wälder« 1667
Nunes, J. M. 1968 K
Nuñez, P. 1631
Nuove »musiche« 1601
»Nur f. int. Gebrauch« 1945 K
– einen Seufzer lang« 1964 D
Nürburgring 1927, 35, 36, 37 V
Nur-Flügel-Flugzeug 1910 W
Nuri es-Said 1958 P
Nurmi, P. 1920, 23, 73 V
Nurmin, M. 1970 W
Nürnberg 793, 1050, 1127, 50, 91, 1219, 56, 1300, 48, 49, 65, 70, 72, 81, 88–90, 94, 97, 1400, 01, 14, 17, 19, 20, 24, 27, 28, 30, 39, 40, 44, 45, 47, 49, 50, 52, 55, 60, 62, 71, 72, 76, 77, 79, 85, 90, 95, 98, 1501, 05, 07, 11, 19, 21, 22, 28, 29, 32, 33, 40, 46, 56, 75, 76, 79, 89, 99, 1621, 22, 44, 50, 60, 68, 1702, 52, 1806, 35, 74, 1904, 38 W, 46 P
–, Altes Rathaus 1340
–, 1. FC 1961 V
–, Frauenkirche 1355, 61, 1440
–, Germ. Nationalmus. 1852
–, Grafenburg 11. Jh.
–, Heilige-Geist-Kirche 1341
–, Kaiserburg 12. Jh.
–, Kreuzkirche 1490
–, Kunstverein 1792
–, Pellerhaus 1605
–, St.-Lorenz-Kirche 1300, 56, 1472, 96
–, »Schöner Brunnen« 1396
–, Sebalduskirche 1250, 1372, 1430, 42, 90, 1517
»Nürnberger Eier« 1575
»– Friedstand« 1532
»– Gesetze« 1935 P
– Gießhütte 1455
»– Madonna« 1525
– Meistersinger 1556
– Prozeß 1954 P
– Sternwarte 1472
Nursia, Benedikt v. 480, 529, 43
Nuschke, O. 1957 P
»Nusch-Nuschi, Das« 1921 M
»Nußknackersuite« 1891, 1940 K
»–, Neue« 1962 D
Nut v. Chr. 3000, 2270
Nutation 1747
»Nutzloses Dienen« 1935 D
Nuvolari, T. 1935 V
Nydam, Fund von 5. Jh.
Nylon 1938 W, 40 V, 41 W, 47 V
Nymphäum 203
Nymphe u. Satyr« 1925 K
»Nymphen, von Hermes geführt . . .« (Drei) v. Chr. 400
Nymphenburg 1716, 65
–, Amalienburg 1734
–, Schloß 1663
Nymphenburger Porz.-Manufaktur 1765
Nyrop 103
Nystad 1721

O

»O du fröhliche . . .« 1803
»– Haupt voll Blut und Wunden« 1667

»O Jahrhundert, O Wissenschaften! Es ist eine Lust zu leben!« 1518
»– mein Papa« 1952 M
»O. S.« (Oberschlesien) 1929 D
»O Vater, armer Vater . . .« 1960 D
OAS 1963, 64, 71 P
Ob 1581
Obeid-Zeit v. Chr. 3200
Obelisk v. Chr. 2550, 1950, 1450, 850; n. Chr. 1586
»Oben ohne« 1964 V
»– und unten« 1954 K
Oberammergau 1633, 34
»Oberbürgermeister Adickes« 1911 K
»Oberfläche Nr. 106« 1954 K
»– 290« 1958 K
Oberflächenverbrennung 1910 W
Oberge, Eilhart von 1180
Obergericht 1495
Oberhaus, engl. s. Parlament, engl.
Oberhausen 1930, 55 V
–, Kurzfilmtage 1966, 68 K
Oberhemd 1974 V
»Oberhof« 1838
Oberländer 1845, 1901, 23 K
»– – Album« 1901 K
–, –, Th. 1953, 55, 57, 60 P
Oberlin 1779
–, Ch. 1954 W
Obermeier, O. H. F. 1873
Oberon 1221
»–« 1780, 1826
Oberpfalz 1648
Oberrealschule 1849, 82
Oberrheinische Schule 1447
Oberschlesien 1919, 21 P, 29 D
Oberschule, dt. 1925, 38 Ph
»Oberst Chabert« 1911 M, 55 D
Oberstdorf 1888, 1950 V
Oberster Ger.-Hof d. USA 1954 Ph
Oberth 1923, 29 W
»Oberwelt u. Unterwelt« 1951 K
»Objektivismus i. d. Ästhetik« 1907 Ph
»Oblomow« 1859
Oboe v. Chr. 950, 500
Obervolta 1960 P
Obotriten 983, 1125, 67
Oboussier, R. 1957 M
Obrecht 1430, 60, 1505
Obregon 1920 P
Obrenović 1882
Obrenowitsch 1903 P
Obrigkeit, Schrift üb. d. 1960 Ph
»–, Von weltl.« 1523
Obst 1928 V
Obstbau 500, 787
»Obszön« 1962 Ph
»–, Das Prinzip« 1969 Ph
»Obszöne Buch, Das« 1966 Ph
O'Casey, S. 1926, 28, 55, 58, 61, 64 D
Occam, Wilh. v. 1290, 1324, 49
Occhialini 1947 N
Ochab, E. 1968 P
Ochoa, S. 1959 W
Ochrana 1881
Ockenheim 1430, 60, 61, 94
Ockham s. Occam
Octavia (Antonius' Frau) v. Chr. 40, 35
– (Neros Frau) 62
Octavian v. Chr. 35, 30
»Octavie Sennegon« 1833
»Octopus« 1901 D
Octroi 1323
Oda Nobunaga 1573
»Odaliske« 1920, 57 K
Odasi, Tifi degli 1488
»Odd man out« 1947 K
»Ode auf d. Ende d. Krieges« 1945 M

»Ode an Napoleon« 1949 M
»Oden« v. Chr. 30; n. Chr. 1550, 1771, 1920 D
»– und Gesänge« 1619
»– – Hymnen« 1906 D
Odenwaldschule 1961 Ph
Odeon 161, 1828
Odéon-Theater, Paris 1968 D
Oder v. Chr. 750; n. Chr. 3. Jh., 965, 1260, 1455
Oder-Neiße-Grenze 1967 P
Oder-Neiße-Linie 1945, 50, 60 P
Oder-Spree-Kanal 1668
Odessa 1793
Odeum 105
»Ödhof« 1914 D
»Odi Barbare III« 1889
Odilo 962, 1048
Odin 98, 644, 1241
Odo von der Champagne 1032
– von Metz 804
– von Paris 888, 98
Odoaker 433, 55, 76, 89, 93
Odorico di Pordenone 1318, 25
Odovakar s. Odoaker
Odria 1948 P
»Odyssée« v. Chr. 800, 238; n. Chr. 1615, 1725, 1793, 1833, 1911 K, 27 D
Odysseus v. Chr. 800, 458
»–« 1942, 68 M
»– und Kalypso« 1943 K
»Odysseus i. Kampf mit Skillla« 885
»– verhöhnt Polyphem« 1829
Odysseus-Epos 1920 D
OECD 1960 V
Oechelhäuser 1922 W
»Oedipus« v. Chr. 427, 406; n. Chr. 64, 1718, 1958 M
»– rex« 1927 M, 67 K
»– der Tyrann« 1959 M
OEEC 1959 P
Oehler, D. Z. 1971 W
Oehme, F. 1967 K
Oelze, R. 1964, 65, 68 K
Oersted 1820
Oertel, C. 1928, 40, 60 K
Oeser 1717
Oesterlen, D. 1959 K
Oestreich, P. 1919, 59 Ph
Œuvre poétique« 1953 D
Ofen (Stadt) 1490, 1541, 1686, 1923 M
»– 1944, 70 K
»–, D.« 1973 D
–, elektr. 1906 W
Ofenkacheln 1405
Offa 1930 V
Off-Broadway Theatre, I. 1916 D
Offenbach 1819, 58, 64, 80, 81
Offenbarung 1273
»–« 1950 K
»– Johannis« 85
»– – – –, Kritik aller« 1792
»Offenbarungen« 1373
»Offenen Meer, Am« 1890
»Öffentliche Meinung« 1923 K
»– Rose, Die« 1968 K
Öffentliche Lebensversicherungsanstalt, Verbd. der 1910 V
»Officers and Gentlemen« 1955 D
»Officiis clericorum, De« 397
»Offiziere« 1911 D
Offizierspensions-Gesetz 1906 V
»Öffnung nach links« 1960 P
Offsetdruck 1904, 07 W
Ofterdingen, Heinrich von 1260
»–« 1802
Ogai 1860, 1922 D
Ogamschrift 400
Ogata Korin 1702
»Ogier der Däne« 1200
Ogino, K. 1934 W
Öglin 1512
»Oh, Calcutta« 1969 V
»–, diese Frauen« 1912 K

Ohana, M. 1972 M
O'Hara, J. 1970 D
Ohff, H. 1973 Ph
Ohlenschläger 1850
Ohlin, B. 1977 V
Ohm 1827
»– Krüger« 1941 K
»Ohne andere Gesellschaft« 1965 K
»– Auswegg« 1865
»– Nachricht« 1972 D
»– Titel« 1954, 58, 59, 63-69, 73, 76
Ohnesorg, B. 1967 P
Ohrenbeichte 5. Jh.
»Oikonomikos« v. Chr. 375
Oistrach, D. 1970, 74 M
Ojukwu 1967 P
Okada, E. 1959 K
Okapi 1901 W
O'Keeffe 1928, 29 K
Oken, L. 1808, 16, 22, 41
Okertalsperre 1955 V
Okkasionalismus 1669, 78, 1715
Okkenheim, J. 1495
Okkultismus 1907, 23, 53, 73 Ph
–; s. a. Spiritismus
»–« (Zentralbl.) 1907 Ph
»– u. Grenzfragen d. Seelenlebens« (Zeitschr.) 1926 Ph
»– in Urkunden« 1925, 26 Ph
Oklahoma 1907 P, 55 W
»–« 1943 M, 1955 K
Ökologie, Grundzüge e. allgemeinen« 1939 V
»– u. Stammesgesch.« 1961 Ph
»Ökologisches Manifest« 1972 V, 73 Ph
Ökonometrie 1933 W, 42, 44 V, 55 W, 70 V, 75 W
»– 1961 Ph
»–, Internationale Gesellschaft für« 1931 Ph
Ökonomie d. Bildung 1963 Ph
»–, El. d. pol.« 1821
»–, Grundlage d. polit.« 1876
»–, Handb. d. pol.« 1793
»– d. höh. Erziehung« 1962 Ph
»–, Ber. üb. Ausgrab.« 1961 Ph
Olympiade v. Chr. 776, 560, 447; n. Chr. 165, 393, 1894, 96, 1900, 04, 08, 12, 20, 24, 28, 32, 36, 48, 52, 56, 60, 64 V
Olympias v. Chr. 319
Olympia-Stadion 1936 K
»Olympic« 1911 W
Olympio, S. 1961, 63 P
»Olympische Festmusik« 1936 M
»– Götter v. Chr. 7. Jh.
»– Spiele 1960, 63, 66 V
»– – d. Kirchen 1955 Ph
Okyo 1733, 67, 95
»Öl Jörgen« 1904 D
Öl v. Chr. 3000, 1250, 700, 600, 230; n. Chr. 1405, 1675, 1702, 1859, 60, 72, 1900, 01, 02, 07, 11 V, 17 W, 20 P, 21 V, 24 W, 26 P, V, 29 bis 32 P, W, 37 V, 38, 43, 44 P, 47 W, 59 ff., 63 V
»Öl' man River« 1927 M
Olaf I. Trygvesson 995, 1000
»– II. 1015, 28
»–, V. 1380, 87
– der Heilige s. Olaf II.
Olav V. 1957 P
»– Audunsson« 1927 D
Ölbaum v. Chr. 600
Ölbeleuchtung 1675, 1702
»Ölberge, Weinberge« 1953 D
Ölbohrung i. Meer 1947 V
»Ölboykott 1973 V
»– –, arabischer« 1973 V
Olbrich 1901, 05, 07 K
Olden, R. 1932, 46 Ph

Oldenburg 1165, 80, 1234, 1460, 64, 1909 P
–, C. 1975 K
Oldenburger Horn 1464
Oldoway-Mensch 1913, 75 W
»Oldoway-Schlucht als . . .« 1962 W
»Ole Bienkopp« 1963 D
Oleg 879, 911
Olerich 1914 W
Olescha, J. K. 1960 D
»Olevano . . .« 1964 K
Olex 1926 V
Olgierd 1377
Olias, L. 1963 M
Oliva 1098, 1660
Olive v. Chr. 700
Oliver 1894
»–« 1969 K
»– Twist« 1837, 1948 K
Olivier, L. 1944, 48, 55, 57 K, 63 D, 65 K
Ollenbach s. Ockenheim
Olleitung 1963 V
Ollenhauer, E. 1952, 56, 63, 1420, 73
Ollivier, A. P. 1931 K
Ölmalerei (Anfänge) 500, 1420, 73
Olmekenkultur 602
Olmütz 1063, 1850
–, Dom 1130
–, Rathaus 1419
Olof Skötkonung 994
Olpest 1967 V
Ölpreis 1977 V
Ölpreisspaltung 1976 V
Ölreserven 1972 V
Olson, C. B. 1955 V
Ölstreit in Iran 1951, 53, 54 P
»Ölsucher von Duala« 1918 D
Ölverschmutzung 1964 V
– d. Meere 1953 V
Olymp v. Chr. 1000, 700
Olympia v. Chr. 700, 507, 5. Jh., 465, 435, 334, 2. Jh.; n. Chr. 1877, 1935 W
»–« 1865, 1938 K
»–, Ber. üb. Ausgrab.« 1961 Ph
Olympiade v. Chr. 776, 560, 447; n. Chr. 165, 393, 1894, 96, 1900, 04, 08, 12, 20, 24, 28, 32, 36, 48, 52, 56, 60, 64 V
Olympias v. Chr. 319
Olympia-Stadion 1936 K
»Olympic« 1911 W
Olympio, S. 1961, 63 P
»Olympische Festmusik« 1936 M
»– Götter v. Chr. 7. Jh.
»– Spiele 1960, 63, 66 V
»– – – 1912 V
»– – 1971 1969, 72 V
»– – Mexiko 1968 V
»– – Tokio 1964 V
»– – Winterspiele 1924 V
»Olympischer Frühling« 1906 D
Olynthos v. Chr. 379
Olzewsky 1883
»Om mani padme hum« 1926 W, 64 M
Omajjaden 660, 750, 56, 1031
Oman, Sultan v. 1957 P
Omar 642
»–, I. 634, 41
»– ibn Abi Rabi'a 700
»Omar-Moschee« 650
»Omas Junge« 1922 K
Omdurman 1898
Omega-Elementarteilchen 1965 W
Omega-Teilchen 1971 W
Omnibus-Netz 1936 V
Ompteda 1901, 09 D
Onai 1950 P
Onassis, A. 1954, 68, 75 K
»Once there was a war« 1958 D

Oncken 1904 W, 12 P, 26, 33 W
»One of the founders« 1965 D
»– – ours« 1922 D
– way pendulum« 1959 D
O'Neill, E. 1888, 1916, 1920-22, 24, 28, 31, 33, 34, 36 D, 40 K, 52, 53, 58 D, 61 K
Ongania, J. C. 1966, 70 P
»Onibaba – Die Töterinnen« 1965 K
»Onkel Benjamin, Mein« 1843
»– Toms Hütte« 1852
»– Wanja« 1897 D
Onnos v. Chr. 2560
Ono Dofu 1210
Onosato, T. 1964 K
Onsager, L. 1968, 76 W
ONS-Synthese 1904 W
Ontologie 1641, 56, 1932, 35, 38 Ph, 49 W, 65 Ph
–, (Z. Grundleg. d.) 1935 Ph
»Ontosophia« 1656
Oort 1927, 52 W
Oosterschelde-Brücke 1965 V
Oparin 1949 W
OPEC 1973 P, 74, 75, 77 V
Opel 1908, 28 V, 54 W
–, A. 1862
Oper s. a. u. Stadtnamen
–, Bayreuth 1748
–, Berlin 1742, 43, 1955 M
–, Berlin-Charlottenburg 1912 M
»–, 5000 Abende i. d.« 1973 M
–, Geschichte der 1919 M
–, Hamburg 1678
–, London 1656, 1719
–, Paris 1645, 47, 71, 1776
– in Sidney 1973 K
–, Venedig 1637
–, Wien 1652
»Opéra comique« 1709, 75
»Opera didactica omnia« 1657
–, Norsk 1958 M
»Opéras minutes, 3« 1927 M
»Operation am Rücken« 1637
Operationskabine, hochsterile 1972 W
Operationsrisiko, sink. 1956 W
»Operette« (Vorform) v. Chr. 400
»–« 1940 K
Opernaufführungen, häufigste 1970 M
»Opernball« 1914 M, 39 K
Opernreform 1762, 67, 69, 74, 77, 79
Opern-Statistik 1965 M
Opernstreit, Paris 1776
»Opferndes Mädchen« v. Chr. 250
»Opfergang« 1912, 16 D
Ophüls, M. 1957 K
Opitz 1561, 97, 1616, 24, 25, 27, 33, 39
Opium 1100, 1729, 1805, 20, 40
»Opiumessers, Bek. eines« 1821
Opiumhandel 1773, 1842
Opiumkrieg 1838, 42, 60, 40, 42
Oppenheim, Katharinen-Kirche 1200 K
Oppenheimer 1738
–, F. 1903, 12, 27, 30 Ph
–, J. R. 1953, 54, 57, 63, 67 W
»–, In der Sache J. Robert« 1964 D
Opposition i. DDR 1977 D
»Optik« v. Chr. 300; n. Chr. 4. Jh., 1704
– (arab.) 750, 1038
– d. Auges 1619
»–, Hdb. d. physiol.« 1859
»Optimismus« 1905 Ph
Optische Aktivität 1815
»optisches Pumpen« 1966 W
»Opus maccaronicum« 1517
»– tripartitum« 1327
»Orakel« 1952 K
– von Delphi 120, 392
Oran 1940 P

»Orang Utan ...« 1699
»Orange et brun« 1956 K
Oranje-Freistaat 1842, 54, 1902 P
»Oratore, De« v. Chr. 55
»Orazio« 1546
Orbais 868
»Orbis sensualium pictus« 1654
Orcagna, Andrea 1308, 57, 59, 77
»Orchester, Das« 1868
–, New York Philh. 1842
»– von oben« 1926 D
»– Ornament« 1953 M
Orchesterschule 1971 M
»Orchesterstücke« 1912 M
Orchestrion« 1967 K
»Orchideen-Pavillon« 379
Orchomenos v. Chr. 1400
Orden, religiöse i. Deutschld. 1926 Ph
Ordensgenossenschaften 11. Jh.
Ordenshaus Temple, London 1572
Ordensstaat, preuß. 1525
»Ordnung, wie man sich halten soll über Meer ...« 1426
»– d. Wirtschaftsleb.« 1924 Ph
Ordo-Liberalismus 1954 Ph
Ordonnanz-Kompagnien 1445
Ordovicium 1960 W
Ordschonikidse, G. 1937 P
Oreibasios 354
Orellana 1541
»Orendel« 1192
Oreopithecus 1958 W
Oresmius 1323, 71, 82
»Orestes« v. Chr. 407, n. Chr. 1902 M
»Orestie« v. Chr. 458, 430; n. Chr. 1919 D, 63 M
»Orfeide« 1920 M
»Orfeo« 1954 K, s. a. Orpheus
»–, L'« 1607
»Orfeu negro« 1959 K
Orff, C. 1937, 39, 43, 47, 49, 52, 53, 57, 59, 68, 73 M
Orffyre, E. 1712
»Organis. Escherich« 1920 P
»Organisator d. Sieges« 1917 P
Organische Chemie, Begrdg. 1828
»– Morphol. u. Paläontol.« 1935 Ph
»– Regulationen« 1901 W
Organischen Chemie, Handb. d. 1918 W
––, Literaturreg. d. 1910 W
»Organismen, Strukturen, Maschinen« 1959 W
»Organüberpflanzung ...« 1925 W
Organüberpflanzungen 1912 W
Organum 900, 11. Jh., 1100, 12. Jh., 13. Jh., 1309
Orgel v. Chr. 3. Jh.; n. Chr. 8. Jh., 10. Jh., 1250, 1325, 15. Jh., 1603, 1714, 36, 1862, 1906, 13, 21, 25 M
–, elektronische 1952 M
– in Winchester 980
»Orgelbüchlein« 1717
»Orgelkonzerte« 1734
Orgelpedal 1325
Orgeltabulator 14. Jh., 1430
»Orgesch« 1920 P
Oriani 1908 Ph
Orientierungsrahmen 85 1975 P
Origenes 185, 200, 32, 53, 553
»Origine juris germanici, De« 1643
»–, natura, jure et mutationibus monetarum, De« 1382
»Origines« v. Chr. 200

Orinoko 1498, 1912 W
Orionnebel 1618, 56, 1964 W
Orissa v. Chr. 150; n. Chr. 600, 900, 1098, 13. Jh.
Orkan, November- 1872, 1972 V
»Orlando« 1928 D
– di Lasso s. Lasso, O.
Orléans 511, 61, 1309, 91, 92, 1429, 65, 72
–, Jungfrau von s. Jungfrau von Orléans
»–, La Pucelle d'« 1755
Orley, Barend van 1490, 1521, 42
Orlik, E. 1903, 26 K
Orlow 1737, 1808
Orman Quine, W. v. 1960 Ph
Orme 1564
»Ornament u. Verbrech.« 1908 K
»Ornamente« 1950 M
Ornamentstichwerk 1594
»Ornifle« 1955 D
»Ornithologia« 1599
»Ornithologisches Bildnis« 1968 K
»Orooniko or the royal slave« 1688
Orosius 419
Orötes v. Chr. 540
»Orphée« 1950 K
»– 53« 1953 M
Orpheus s. a. Orfeo
»–« 1607, 1927 D
»– u. Eurydice« 1762, 1869, 1913, 19 D, 26 M
»– in der Unterwelt« 1858
Orphische Mysterien v. Chr. 689, 6. Jh.
Orsenigo 1930 Ph
»Orte u. Wege Jesu« 1919 Ph
Ortega y Gasset 1925, 30, 33, 37, 49, 51, 53, 55, 56 Ph
Ortelius 1570
Ortenberger Altars, Meister des 1425
Orthodoxe Kirche 1964 Ph
Orthodoxie, relig. i. Ägypten v. Chr. 715
Orthographische Konferenz 1902 Ph
»Orthographisches Wörterbuch der deutschen Sprache« 1880
»Orthopäd. Technik« 1936 W
Ortler 1804
»Örtlich betäubt« 1969 D
Ortlieb, H. D. 1962 V
Orton, J. 1966 D
Ortner 1928 D
»Ortnit« 1230
Ortolf 1477
Ortsfernsprechnetz 1881
Orvieto v. Chr. 280
–, Dom 1285, 1310, 1508
Orwell 1949 D
Osborn, F. 1948 V
Osborn, M. 1906 K
Osborne, J. 1956, 57, 58, 59, 64 D
»Oscar« 1963 K
Oscarsson, P. 1966 K
Oseberg 900
Oser 1799
Osiander, Lucas 1586
Osidoris v. Monemwasia 1401
Osiris v. Chr. 2270, 1250, 1090, 305
»Osiris-Schrein« 1965 K
Oskar II. 1907 P
Osker v. Chr. 468
Oslo 793, 900, 1050, 1299, 1624, 1922, 25 P, 30 V
–, Universität 1811, 1911 K
Osman I. 1288, 1301, 26
Osmanen 1204, 25, 1326, 66
Osmium-Glühlampe 1900 W
Osmose 1748, 1877
Osnabrück 703, 804, 888, 1180
–, Carolineum 804
–, Dom 1277
»Osnabrückische Geschichte« 1768

Ospedale di Santo Spiritu 1198
Osram 1905 W, 19 V
»Ossi di seppia« 1975 D
»Ossian« 1760, 1958 D
Ossietzky, C. v. 1935 P
Ossietzky-Medaille 1968, 72 Ph
Osswald, A. 1969, 73, 74, 76 P
Ostade 1610, 71, 73, 85
Ostarrichi 996
Ostasiat. Kunst 1688
––, Museum f. 1977 Ph
Ostblockkonferenz 1960 P
Ostenso 1925 D
Osteraufstand 1916 P
»Osterbotschaft« 1917 P
Ostereier 700
Osterfest 325
Östergötland, Stein v. Rök 1000
Osterinsel v. Chr. 2000; n. Chr. 1533, 1722
Osterinsel-Schrift 1955 W, 58 Ph
»Ostern« 1901 D
»Osteroratorium« 1736
Österreich, Anna von 1643
–, Staatsvertrag 1955 P
»– über alles, wenn es nur will« 1684
Österreichischer Erbfolgekrieg 1741, 42, 48
Ostersequenz 1050
Osterspiel 925, 1325
––, Innsbrucker 14. Jh.
–– von Muri 1250
––, Redentiner 1464
––, Rheinisches 1460
Ostertafel 525
»Osteuropa, Avantgarde« 1967 K
Ostfriesland 1744
Ostgoten 9, 350, 75, 405, 53, 54, 56, 71, 89, 90, 93, 94, 510, 24, 26, 35, 36, 54, 65, 83
Osthaus 1902 K
Osthilfegesetz 1931 P
Ostia 45, 847, 1072
»Ostinato« 1971
Ostindiengesetz 1784
Ostindische Kompanie, Engl. 1600, 39, 1784, 1858
––, Niederl. 1602, 19
– östlich von Suez« 1968 P
– »östliche Rosen« 1822
Ost-Locarno« 1934 P
Ostmark, bayr. 996
»Ost-NATO« 1955 P
»Ostpreußisches Tagebuch« 1961 P
Ostrom 306, 23, 53, 75, 79, 82, 94, 95, 448, 76, 83, 89, 500, 27, 33, 35, 54, 59, 65, 610, 28, 42, 969, 1057
Ostrowski, A. 1823, 53, 54, 60, 71, 73, 75, 84, 86
Ostsee 375, 862, 11. Jh., 1115, 12. Jh., 1626, 1721, 31, 1908, 12 P, 14 V, 40 W
Ostsee-Wolga-Kanal 1940 W
Ostvertrag 1972 P
Ostwald, Hans 1906 D, 10 Ph
–, W. 1853, 95, 1901 Ph, 02 W, 09, 10 Ph, 18, 27
–, Wolfg. 1909, 15 W
Oswald der Heilige (v. Northumbrien) 634, 1171
– von Wolkenstein 1377, 1445
– Lee H. 1963 P, 64 V
–, Richard 1922, 31 K
»Oswald-Epos« 1171
»Oswolt Krel« 1499
Otakar I. 1373
– I. Przemysl 1180, 98
– II. Przemysl 1220, 51, 53, 55, 69, 78, 1373
Otavibahn 1906 V
Otfried von Weißenburg 868

»Othello« 1604, 1816, 87, 1965 K
Othman 1370
Otho 69
»Otia imperialia« 1212
Otowa, N. 1965 K
Ott, Joh. 1534, 44
–, K. P. 1949 D
Ottaviani, A. 1966 Ph
Ottawa 1800, 1932 P
–, Deklaration v. 1974 P
Otte, H. 1964, 65, 68 M
Otten, K. 1961 D
»Otterngezücht« 1932 D
Ott-Heinrichsbau, Schloß 1558, 59
Otto I. 912, 36, 51, 53–55, 62, 65, 68, 72, 99, 1180, 1235, 47
– I. von Brandenburg 1180
– II. 955, 72, 73, 75, 76, 79, 82, 83, 93, 1026
– III. 970, 80, 83, 96, 99, 1000, 1002, 1947 D
– IV. 1115, 74, 80, 98, 1208, 10, 12, 14, 17, 18
– von Bamberg 1124
– v. Bayern 1829, 62
– von Brandenburg 1278
– der Faule 1373
– von Freising 1146
– der Große s. Otto I.
– von St. Blasien 1146
Otto, B. 1901, 08 Ph
–, F. 1967 K
– Hahn« 1968 V
–, K. 1955, 59, 75 K
–, N. 1867, 77
– Rainer 1968 W
–, Rudolf 1917 Ph
»– Suhr« 1960 K
–, W. 1972 K
Ottobeuren 764, 1766
»– Otto-Hahn-Preis« 1974 V
Ottokar von Steiermark 1265, 1319
»Ottokars Glück und Ende, König« 1955 D
»Ottonische Renaissance« 936, 70
Otto-Peters 1819, 48, 65, 66, 95
Ou Yang Hsiu 1048
»Oublier Palerme« 1966 D
Ouborg, P. 1951 K
Oud, J. P. 1963 K
»Outsider, Der« 1956 D
Outwater 1467
»Ouvertüre« 1687
»– 1812« 1880
–, erste 1650
Overbeck, Fr. 1902 K
–, J.Fr. 1789, 1809, 10, 16, 36, 40, 69
Overberg, B. 1816 Ph
Overholt 1949 W
Overkilling 1960, 63, 68 P
Overzier 1961 W
Ovid v. Chr. 43; n. Chr. 9, 18, 925, 1210; 1663
Owen, B. 1771, 1812, 17, 20, 25, 37, 58
Owen, D. 1977 P
Owens 1905 W
–, J. 1936 W
Owings 1952 W
Oxenstjerna 1632, 33
Oxford 8. Jh., 1220, 1308, 37, 72, 74, 79, 84, 1416, 1546, 71, 1602, 1829, 78, 83, 99, 1910 Ph, 44 V
– u. d. Arbeiterbildung 1909 Ph
– Dictionary 1755, 1888
– History of Music« 1934 M
–, Kathedrale 1175
–, Universität 1214, 1957 K
–, Universitätskirche 1300
»Oxforder Bewegung« 1833
– Schule, phil. 1960 Ph
Oxford-Symphonie 1788
Oxfort, H. 1976 P
Oxus v. Chr. 404
Oxydation 1674
Oxydations-Enzym 1955 W

Oxytocin 1953 W
Oybin 1369
»Ozean der Ströme von Erzählungen, Der« 11. Jh.
»–, Vom« v. Chr. 330
Ozeanisches Schwellen 1927 W
Ozeanographie (Moderne) 1905, 10, 13, 15, 25, 47 W
–, Inst. f. 1910 W
»–, Physikal.« 1961 W
Ozeanographischer Kongreß 1959 W
Ozon 1842
Ozonschicht 1948 W, 77 V

P

»P 11« 1967 K
»Paar am Fenster« 1925 K
»– vor den Menschen« 1924 K
»– auf dem Ruhebett v. Chr. 550
»Paarungen« 1967 K
Paasikivi, J. K. 1945, 56 P
Pablo, L. de 1965, 69 M
Pabst, A. 1907 Ph
–, G. W. 1925, 26, 30, 31, 42, 55, 67 K
–, W. 1960 D
Pacassi 1694
Pacelli 1876, 1912, 20, 29, 30, 39 Ph; s. auch Pius XII.
»Pacem in terris« 1963 Ph, 64 M
Pacer-Projekt 1975 W
Pachacutec 1438
Pachelbel 1653, 1706
Pacher, Michael 1435, 75, 81, 90, 95, 98
Pachomius 320, 40
Pacht- u. Leihlieferungen 1941, 45, 46 P
»Pacific 231« 1924 M
Pacioli 1494
Paczensky, G. v. 1963 P
»Pädagog« 190
Pädagogik s. a. Erziehung, Schule
»–« 1909, 46 Ph
»–, Deskript.« 1914 Ph
»–, Ende der philosoph.« 1921 Ph
»–, experimentelle« 1907 Ph
»– d. Gegenwart« 1926 Ph
»–, Geschichte d. 1862 Ph
»–, Lexikon d. 1917, 52 Ph
»–, Möglichkeiten u. Grenzen der« 1926 Ph
»–, psychoanalytische« 1926 Ph
Pädagogische Akademien 1922, 26 Ph
– Fakultät 1949 Ph
– Konferenz 1925 Ph
»– Perspektiven« 1951 Ph
»– Psychologie ...« 1957 Ph
Pädagogisches Institut 1923 Ph
»– Skizzenbuch« 1925 K
Paddelsport 1920 V
Päderastie v. Chr. 6. Jh., 540, 525, 330
Paderborn 11. Jh., 1180, 1295, 1916, 30 Ph, 45 P
–, Dom 1009, 1100, 1275
–, Kaiserpfalz 1964 W
–, Rathaus 1616
–, Reichstag 777
Paderewski 1860, 1919, 41 P
»Padre Padrone« 1977 K
Padua 1222, 1306, 1402, 23, 1529, 45, 49
–, Antonius von 1195, 1231, 1307
–, Arenakapelle 1303, 07
–, Eremitani-Kirche 1448
–, Marchettus von 1309
–, Palazzo della Ragione 1219
–, St.-Antonio-Kirche 1307
Paele-Madonna 1436
Paestum 975 K
Paets, K. 1934 P
Paganini, N. 1782, 1840

»Paganini« 1925 M
Pagel 1905 W
Pagels 1909, 13 K
Pagnol, M. 1955, 58 D
Pagode 1397, 1411
»Paideia ...« 1934 P
Paine, Th. 1737, 76, 1807, 09
Painter 1933 W
Paionios v. Chr. 421
»Paisa« 1946 K
Païsiello 1788
Pakkala 1925 D
Pakula, A. J. 1976 K
Pala d'oro 1100
Palach, J. 1969 P
Palade, G. E. 1974 W
Paläethnomedizin 1971 W
Palagyi 1901 P
Palaiphatos v. Chr. 300
Palais Royal 1636
»Palaisgarten des Prinzen Albrecht« 1846
Palamas 1904 D
»Paläobiologie d. Wirbeltiere« 1912, 27 W
»Paläobotanik« 1927 W
Paläogeographie 1915 W
–, griech. 1708
Paläoklimatologie 1924 W
Paläologen 1261, 1453
»Paläologische Renaissance« 14. Jh.
Paläologos, Konstantin XI. 1453
Paläologus, Michael VII. 1261
Paläoneurologie 1929 W
Paläontologie, experimentelle« 1915 W
»–, molekulare« 1969 W
»– ohne Fossilien« 1943 W
»–, Organische Morphologie u.« 1935 Ph
»–, Wirbeltier- 1796, 1812, 32
»Paläontologische Einsichten ...« 1950 W
»Paläophotobiologie« 1931 W
Paläopsychologie 1928 W
Palästinenser 1972 P
Palästinensische Aktion 1970 P
»Palaststil« v. Chr. 1700
Palatinus 990
Palau-Inseln 1917, 50 K
Palazzo Massimi 1551
Palenque 1952 W
Palermo v. Chr. 254; n. Chr. 878, 1072, 1140, 1232, 40, 82 1450
–, Capella Palatina 1143
–, Dom 1185
–, Palazzo Reale 11. Jh.
–, San Cataldo 1161
–, San Giovanni degli Eremiti 1132
Palestrina 1525, 44, 51, 54, 55, 61, 65, 67, 70, 92, 94
»–« 1917 M
PAL-Fernsehen 1967 V
Palfyn 1721
Pali-Kanon v. Chr. 19
Palimpsest-Institut 1912 W
»Palimpsest-Photographie« 1914 W
»Palindrom« 1949 Ph
Palissy 1510, 80, 89
Palla v. Chr. 200; n. Chr. 109
»Palladianismus« 1518
Palladio 1508, 49, 80
»Pallas Athene« 1955 M
Pallava-Dynastie 625
Pallavicino 1667
Palazzo Marsimi 1551
»Pallieter« 1916 D
Palm 1806
–, J. 1968 K
–, S. 1976 M
–, 1977 P
Palma, B. de 1969 K
–, Kathedrale 1350
»– Kunkel« 1905 D
»Palmblätter« 1857
Palme, S. O. 1969, 70, 73, 76 P
Palmer, L. 1954, 67 K
Palmgren, P. F. 1876

»Palmström« 1905 D
Palmyra, Sonnentempel 260
Palmyrenisches Reich 274, 75
»Paloma blanca« 1975 M
»– schlafend« 1952 K
Palomar Mountain 1936, 48, 49 W
Palomar-Spiegelteleskop 1964 W
»Pamela« 1740
Pamir v. Chr. 50
»–« 1957 V
»–, d. Dach d. Welt« 1929 K
»Pammachius« 1540
Pamphilos v. Chr. 350
Pamphylien v. Chr. 323
Pan v. Chr. 490
»–« 1894, 1964 K
– Ku 80
– Munjon 1953 P
»– im Schilf« 1859
Panaitios v. Chr. 180, 110, 50
Panama-Kanal 1914 W, 27 V, 47 P, 61 P, V, 62 W, 64 P
Panama-American Highway 1960 V
Pan-Amerika 1826, 1910, 28, 38, 42 P
Panammu v. Chr. 790
Panathenäen-Fest v. Chr. 560, 50
Panchet-Hill-Damm 1959 V
Panchromat. Platte 1902 W
Pandawa v. Chr. 4. Jh.
Pandit Nehru 1945, 49, 50 P
»Pandosto« 1588
»Panegyricus« 100
»Panem et circenses« v. Chr. 50
Paneth, F. 1912, 58 W
Paneuropabewegung 1923, 26, 30 P, 47 M, 49, 50 P
Paneuropa-Denkschrift 1930 P
Paneuropa-Kongreß 1926 P
Pangalos 1926 P
Panferow, F. I. 1960 D
Panhellenismus v. Chr. 447
Panicale 1383, 1435, 47
Panini v. Chr. 400
Pan-International 1971 V
»Panik« 1808
Panisbriefe 1247
Pankhurst, E. 1928 Ph
–, S. 1913 P
Pan Munjon 1953 P
Pannwitz 1906, 17 Ph
»Panorama« 1963 P
Panowa, F. 1954, 58 M
Panslawismus 1827
Pantalons 1794
»Pantea« 1920 M
Panter, P. 1935 D
Pantheismus (antiker) v. Chr. 2200, 1600, 604, 480, 240, 181, 104, 27; s. a. Mystik, Spinoza
Pantheon v. Chr. 2200, 2025, 38, 27, 12; n. Chr. 125, 1764
»Panther« 1911 P
Pantoffeltierchen 1945 W
Pantograph 1631
»Pantschatantra« um Chr. Geb., 350
Panzer 1954 T
»– rollen in Afrika vor« 1939 M
Panzerfaust 1944 W
Panzerhemd 1302, 94
Panzerkreuzer A 1928 P
»– Potemkin« 1926, 58 K
Panzerplatten 1490
Panzerschreck 1944 W
Panzertaucher 1928 W
»Panzertruppe, Die« 1938 P
»Paolina Bonaparte als ruhende Venus« 1807
Paolozzi, E. 1973 K
»Papa Hamlet« 1889
Papadimitriou, J. 1952 W
Papadopoulos, G. 1967, 72 P
Papagos, A. 1952 P

Papandreou, G. 1965, 68, 77 P
Papanicolaou 1943 W
Papanianus, Ämilius 140, 200, 12
Papas, I. 1964, 66 K
Papen 1932–34, 39, 41, 46 P
Paphlagonien 1034, 1204
Papias 140
Papier 105, 2. Jh., 751, 93, 900, 1150, 1276, 1350, 14. Jh., 1390, 1494, 1564, 76, 1690, 98, 1765, 99, 1805, 44, 1961 W
Papierchromatographie 1943, 52, 53 W
»– –, Die« 1951 W
Papiererzeugung 1965 V
Papiergeld (Anfänge) 844, 1689, 1790
Papiermaschine 1799, 1805
Papierpreis 1974 V
»Papiervogel und Feder« 1966 W
Papillon 1698, 1776
»Papillons« 1831
Papin 1647, 74, 81, 90, 92, 1712, 15
Pappos von Alexandria 290
»Papst« 105, 178, 200, 343, 440
– aus dem Ghetto« 1930 D
»Päpste, Geschichte der 1928 Ph
– (Regierungsdauer) 1000
Papstliste 250
»Papsttum« 1939 Ph
»–u. Kirchenreform« 1903 Ph
»– in seiner sozial-kulturellen Wirksamkeit, Das« 1902 Ph
Papstwahlkonklave 1241
Papyrus v. Chr. 3300, 2000, 1500, 1250, 800, 5. Jh., 4. Jh., 200, 150, 80; n. Chr. 250, 7. Jh.
– Brugsch v. Chr. 1400
– Ebers v. Chr. 1550
– Edwin Smith v. Chr. 1600
– aus Kahun v. Chr. 2000
– des Ptahotep v. Chr. 2700
Papyrus-Ausstellung 1908 W
Papyrus-Floß 1969 W
»Papyrus-Rhind« v. Chr. 1800
»Parabel« v. Chr. 170; n. Chr. 1959 M
»– vom verlorenen Sohn« 1490
»Parabeln der Heilkunst« 1289
»Parabole medicationis« 1289
Paracelsus 1493, 1520, 25, 27, 36–38, 41
»–« 1925 D, 42 K
Paracelsus-Gesellschaft 1929 Ph
»Parade auf dem Opernplatz Berlin« 1836
Paradies 634
»–« 1590
»– Amerika« 1930 D
»– der Damen, Zum« 1883
»–, Das wiedergewonnene« 1671
»Paradiese, Die letzten« 1967 K
»Paradiesgärtlein« 1415
»Paradiesvogel, Der« 1962 K
»Paradise Lost« 1667
»Paradoxien des Unendlichen« 1848
»Paradoxographie« v. Chr. 204
Paraffin 1830
Parakrama Bahu 1165
Parallaxen, spektroskop. 1914
»Parallelen d. Liebe« 1925 D
»Parallèles des anciens ...« 1688
Parallelogramm, industrielles 1950 V
– der Kräfte 1585
Paralyse 1857, 1917, 27 W

Paramount 1976 K
– Pictures 1913 K
»Paraphrase des Hohen Liedes« 1060
Parapsychologie 1953, 60, 73 Ph
»–« 1932, 57, 62 Ph
–, Institut f. 1937 Ph
Paraskevopoulos 1967 P
Paratyphus 1950 W
Paray le Monial, Notre Dame 1133
Pardubitz, Smil Flaska von 1349, 1403
Paré 1547, 63
Pareira, W. 1972 K
Parenzo 542
»Parerga u. Paralipomena« 1850
Pareth, O. 1942 W
Pareto 1919 Ph
Parforcejagd 1719
Parikshit v. Chr. 1150
Paris v. Chr. 523; n. Chr. 250, 358, 486, 511, 61, 790, 810, 61, 77, 85, 87, 979, 1137, 50, 12. Jh., 1160, 1200, 1, 50, 54, 80, 90, 1302, 03, 08, 23, 27, 30, 48, 49, 14. Jh., 1357, 58, 64, 69, 80, 82, 1413, 11, 18, 36, 45, 69, 1546, 50, 59, 62, 64, 66, 72, 75, 79, 93, 1602, 04, 20, 22, 30, 36, 45, 50, 53, 54, 61, 63, 67, 70, 71, 75, 76, 80, 91, 99, 1706, 09, 24, 25, 63, 64, 75, 86, 93, 1800, 07, 11, 12, 14, 15, 30, 48, 55, 56, 62, 67, 71, 78, 89, 96, 1900, 01, 03 bis 07, 10, 11, 13–15, 17, 18, 21, 24, 25, 27, 29, 31, 34, 35, 37–40 K, P, 44–46 P, Ph, 48–50 D, K, P, V, 51 P, 55 K
»–« 1672, 1951 K
–, Akad. f. Musik 1669
–, Bastille 1369
–, Blindenanstalt 1784 Ph
–, Botanischer Garten 1626
–, Champs Elysées 1938 D
–, »Cimetière des Innocents« 1401
–, Ecole Militaire 1752
–, Eiffelturm 1902 W
– und Helena« 1769, 88
–, Hôtel de Soubise 1735
–, Louvre 1200, 1911, 53 K
–, Markthallen 1971 V
–, NATO-Konferenz 1957 P
–, Notre Dame 1163, 82, 1201, 20, 45, 57
–, –« 1956 K
–, Odéon-Theater 1906
–, Odo von 888, 98
–, Oper 1861, 1964, 73 M
–, Opernhaus 1669, 1874, 75
–, Sainte Chapelle 1248
–, St-Germain des Prés 1100
–, St-Roche 1736
–, St-Sulpice 1862
–, im Schnee« 1894
–, Sternwarte 1671
–, Théâtre Antoine 1906 D
–, de l'Athène 1934 D
–, Français 1782
–, U-Bahn 1900 V
–, Universität 1215
–, Universitätsbauten 1974 K
–, Zierbrunnen 1739
– 1900« 1948 K
»Pariser Abendkleid« 1930 K
– Abkommen 1910 V, 30 K
– Bilderhandschrift 1390
– Blutsonntag 1572
– Festspiele« 1954 D
– Konferenz 1951 P
– Leben« 1937 K
– Schule 13. Jh., 1377
– Symphonien« 1784
– Verträge 1954, 55 P
– Weltausstellung 1900, 37 V
Paris-Gütersloh, A. 1950 K
Parisia 358

»Parisurteil« v. Chr. 490; n. Chr. 1639, 1881, 87
Parität d. Landwirtsch. 1955 V
Paritätsprinzip 1957 W
Park, M. 1795, 1805
Parker 1796
–, C. 1956 K
–, Matthew 1559
Parkes 1869
Parkhochhaus 1961 W
Parkinson, C. N. 1958 Ph
Parkuhren 1935 V
Parlament, engl. 1264, 65, 1350, 1628, 45, 49, 53, 60, 73, 96, 1758, 1803, 32, 84, 1911, 45, 50
– der Heiligen« 1653
–, ital. 1963 P
–, norweg. 1961 P
»Parlamentsdebatten«, engl. 1803
Parlamentsreform in England 1832, 84, 1911 P
Parlaments-Veröffentlichungen 1696
»Parlamentswahlen, Die« 1758
Parlapanoff 1917 P
Parler, Peter 1330, 51, 56, 57, 60, 73, 80, 93, 99
Parlier, Heinrich Behaim 1372
Parma v. Chr. 183; n. Chr. 1180, 1524, 30, 1738
–, Baptisterium 1302
–, Dom 1058
Parmenides v. Chr. 515, 430
Parmiggianino 1503, 40
»Parnass« 1761
»Parodien, Die« 1962 D
»Parole en archipel, La« 1962 D
– di San Paola« 1964 M
Parpola, A. H. S. 1968 W
Parrhasios v. Chr. 400
Parrot, A. 1968 K
Parry 1819
Parsen 766, 1921 Ph
Parseval 1906, 42 W
»Parsifal« 1877, 82, 1934 K
Parsons 1884, 1901 W
Partei, Gesamtdt. 1961 P
Parteien, ital. 1963 P
Parteienfinanzierung i. d. BRD 1966, 68 P
Parteienstärke im 3. Bundestag 1957 P
Parteitag, XX. 1956, 59, 61 P
Parteitage der KPSU 1918, 52, 53, 59, 61 P
»Parteiwesen, Soziologie d.« 1926 Ph
Partels 1711
»Partenau« 1929 D
Partenkirchen, St. Anton 1739
Parthenogenese s. Jungfernzeugung
Partheon 1801
Parthenon-Tempel v. Chr. 448, 440, 438, 435
Parther v. Chr. 36
Parthien v. Chr. 240, 150, 53, 22; n. Chr. 120, 47, 61, 64, 224, 26
Parthogenese 1964 W
»Partie de Plaisir, Une« 1974 K
Partizipation 1971 Ph
»Partonopier und Meliur« 1277
»Party for six« 1969 D
– richtig los, Jetzt geht die« 1973 M
»Parufamet« 1926 K
Paryla 1950 K
»Parzival« 1191, 1210, 1477
Pascal 1623, 42, 54, 56, 62, 70
»Pascendi dominici gregis« 1907 Ph
Paschalis II. 1099, 1111, 13
Paschitsch 1846, 1904, 26 P
Pascoli 1906 D
»Paseo triste« 1953 K
Pasetti, P. 1964 K

Pasmore 1937, 39, 41, 44 K
Pasolini, P. P. 1959 D, 64, 66, 71, 73, 75 K
Pasquali 1911 K
»Passage 19« 1965 K
Passah-Fest 30
Passagadae v. Chr. 550, 526
Passarge 1920 W
Passatwinde 1735
–, Erforschung der 1969 W
Passau 623, 739, 999, 1225
–, Dom 1470, 1925 M
Passauer Vertrag 1552
»Passepartouts d. Teufels, Die« 1919 K
Paßgesetz, DDR 1957 P
Passierscheinaktion in Berlin 1965, 66 P
»Passio Domini Nostri ...« 1837 M
»Passion« 1716, 1912, 52 K
»–, Berliner« 1446
»– Christi« 1000, 1239, 60
»–, Große« 1511
»– unseres Herrn Jes. Chr.« 1902 K
»– u. Intellekt« 1961 D
»– de Jeanne d'Arc, La« 1958 K
»–, Kleine« 1511
»– eines Menschen« 1921 K; s. a. unter d. Namen d. Evangelisten
»Passional« 1300, 1472
»Passion op. 36« 1964 M
»Passionato« 1972 M
Passionsaltar 1342
Passionsgeschichte 1250, 60
Passionsmusik 1950 M
Passionsspiel 14. Jh., 1475, 1633
Paßpflicht zwischen beiden Teilen Deutschlands 1968 P
Passy 1901 P, 10 Ph
Pasternak, B. 1958, 60 D, 65, 66 K
Pasteur, L. 1822, 57, 78, 80, 81, 95
»–, Louis« 1935 K
Pasteur-Institut 1888, 1933 W
Pasti 1441
Pastor v. Campersfelden 1928 Ph
»– v. Poggsee« 1921 D
»Pastoralbriefe« 95
»– Symphony« 1921 W
»Pastorale« 1808, 1922 M, 40 K, 46 K
Pastrone 1915, 19 K
Pästum v. Chr. 530, 450
Patagonien 1916 W
Patarener 1056, 71
Pataria 1056
»Pate, Der« 1975 K
Patentgesetz 1967 V
Patentwesen 1623, 1790, 1877, 1904 V, 35 W
Paternoster 1566
Pathé 1896, 1907, 57 K
»Pathelin, Farce de l'advocat« 1480
»Pathétique« 1803, 93
»–, Die 3.« 1958 D
»Pathologie, Die funktionelle« 1932 W
»– u. Therapie innerer Erkr.« 1927 W
Pathologische Gesellschaft, Dt. 1949 W
»– Untersuchungen« 1840
»Pathosophie« 1956 Ph
»Patience« 1942 K
Patinier, Joachim von 1485, 1519, 24
Patocka, J. 1977 Ph
Patriarchat, russ. 1721
Patrick 430
–, J. 1954 D
»Patriot« 1724, 1925 D, 28 K
»– for Me, A« 1964 D
»Patriotische Gesellschaft« 1724
Patrokles v. Chr. 285
Patt, atomares 1960 P

Patt im Bundestag 1972 P
»Pattern and growth in personality« 1961 Ph
»Patterns of Culture« 1934 Ph
Patterson, F. 1959 V
»Patton« 1971 K
Pauke v. Chr. 3000, u. Chr. Geb.; 10. Jh.
Pauker, A. 1947, 52, 60 P
»– von Niklashausen« 1476
Paul I. 1964 P
– I. v. Griechenl. 1947, 56 P
– I. v. Rußland 1796, 1801
– III. 1468, 1534, 40, 42, 45
–, III., Papst« 1543
– IV. 1555, 64
– V. 1605, 11
– VI. 1963, 64, 65, 68, 69, 70, 73 Ph
– von Jugoslawien 1934, 41 P
–, B. 1907 K
»–, The faith of« 1952 Ph
–, H. 1920 D
–, Jean 1763, 89, 93, 95, 96, 1803, 04, 05, 07, 25
–, L. 1740
–, Vinzenz v. 1624
– et Virginie« 1787
Paulcke 1938 W
Pauleikhoff, B. 1967 Ph
Paulhan, J. 1962 K, 66 D
Pauli, J. 1522
–, K. 1902 W
–, W. 1925, 45, 57, 58 W
–, Hj. 1952, 54 W
Pauling, L. 1952, 54 W
Paulinus 735
Paulinzella 1112
Paulos v. Aigina 634
Pauls, R. 1965, 69 P
Paulsen, F. 1892, 1909 Ph
–, H. 1936 W
Paulskirche 1848
Paulus 33, 45, 48, 50, 51, 53–55, 57, 58, 61, 64, 67, 95, 144, 1550, 1911, 15, 30 Ph
»–« 1515, 1835, 1911 Ph
– Diaconus 450, 720, 97
– (General) 1942, 43 P
– u. Jesus« 1904 Ph
– von Samosata 272
Pauly, A. 1839, 1905 P
Paumann, Conrad 1452
Paumgartner, B. 1950 M
Pausanias v. Chr. 479, 170
Pausias v. Chr. 350
Pauson v. Chr. 400
Paustowskij, K. G. 1962 D
»Pauvre Bitoz« 1956 D
»Pavannes and divagations« 1958 D
Pavelitsch 1941 P
Pavese, C. 1952 D
Pavia 1354, 61, 65, 1525
–, San Michele 1117
Pawlow, J. P. 1849, 80, 1901, 04, 26, 36 W
Pawlowa 1885, 1931 M
Payer 1873
»Paysage« 1959 K
»– d'Amérique« 1958 K
Paz, O. 1958 D
»–« 1931 Ph
Pazifik 1827, 1922 P, 25 V, 42 P, 44, 48, 51 W
Pazifikflug, Nonstop- 1952 V
Pazifik-Überquerung 1973 V
Pazifismus v. Chr. 445; n. Chr. 1843, 52, 59, 73, 89, 91
–, Die Idee des Friedens und der« 1931 Ph
Pazyryk-Teppich v. Chr. 500 K
Pazzi 1478
Pazzi-Kapelle 1428
Peace Research Institute 1967 Ph
Peale, N. V. 1952 Ph
Pearl Harbour 1941 P
Pearson, L. B. 1957, 63, 65, 68 P
Peary 1856, 1909, 20 W
Pease 1920 W

Pechel, R. 1961 D
Pechstein 1881, 1903, 10, 16, 17, 22, 26, 27, 29, 36, 49, 50, 53, 55 K
Peck, G. 1953, 59 K
»Pecorone« 1378
Pedanios Dioskorides 50
Pedrell 1841, 1922 M
Pedro I. 1822
Peel 1937 P
Peele 1558, 98
Peels 1752
»Peer Gynt« 1867, 76, 78, 88, 1907, 38 M, 71, 72 D
Peerce, L. 1967 K
»Pegnesischer Blumenorden« 1644
Pégoud 1913 V
Péguy, Ch. 1910, 13 Ph
Peh Kü-jih 772, 846
»Peinliche Halsgerichtsordnung« 1399, 1532
»Peinture« 1920 K
»– aux bois de lit« 1967 K
»– Huile« 1961, 63 K
Peipussee 1242
Peirce 1878
Peire Cardenal 1221
– Vidal 1211
Peisistratos v. Chr. 560, 550, 546, 540, 526, 514
Peking v. Chr. 950; n. Chr. 630, 1215, 55, 71, 79, 1307, 16, 20, 68, 1426, 36, 88, 1860, 1905 W, 26, 28, 37 P
– Himmelstempel 1448
–, nach Moskau, Von« 1924 D
–, Museum z. Chin. Rev. 1961 Ph
–, Naturkunde-Museum 1959 Ph
Peking-Affenmensch 1927 W
Pekingmensch 1976 W
Péladan 1918 Ph
»Pelagianismus« 395, 411
Pelagius 395, 411
Pelagonius 4. Jh.
Pelargonien 1690
Pele 1969 V
Pélisson 1687
Pella 62, 1958 W
–, G. 1953 P
»Pelle der Eroberer« 1910 D
»Pelleas u. Melisande« 1902, 05 M
Pellegrini 1919 K
Pelletier 1819
Pelopisda v. Chr. 379
Peloponnes v. Chr. 680, 612, 500, 454, 431, 418, 410, 396, 219; n. Chr. 1718, 1939 D
Peloponnesischer Bund v. Chr. 549
– Krieg v. Chr. 449, 431, 421, 418, 413, 404, 395
Pelton 1884, 1902 W
Peltzer, O. 1970 V
Pemberton, J. S. 1886
»Penatenwinkel« 1908 D
Penck 1909 W
PEN-Club 1922, 35, 68, 73, 77 D
»Pendel der Zeit« 1968 M
Pendelgesetz 1583, 95, 96
Penduluhr 1470, 1673
Pendelversuch v. Foucault 1850
Penderecki, K. 1962, 66, 68–70, 72, 74 M
»Pendnâmeh« 1229
»Pendulationstheorie« 1907 W
»Pendule IV« 1966 K
»Penelope« 1954 M
Penicillin 1928, 29, 42, 44, 45, 50, 55 W
Penicillin-Synthese 1957, 59 W
Penn, A. 1967 K
–, W. 1669, 81, 82, 93
Pennsylvania 1682, 1740
»Pensées sur la religion« 1670

»Pensionat« 1860
»Pentagramm« 1974 M
»–« f. Scharoun 1975 M
»Pentamerone« 1632
»Pentateuch« v. Chr. 429, 400, 181
»Penthesilea« 1808, 1924 M, 28, 70 K
Pentode 1926 W
Pentzoldt 1836
Penzias 1965 W
Penzig 1920 Ph
Penzoldt 1930 D
»People, yes« 1936 D
Pepo, Cenni di s. Cimabuë
Pepping, E. 1934, 48, 56, 67 M
Pepsin 1836, 1930 W
»Per Antigenida« 1963 M
Pera 1316
Peragallo, M. 1953, 54 W
Percier 1764, 1838
»Perdre haleine, A« 1960 D
Peregrinus Proteus 165
Pereira dos Santos, N. 1972 K
Pereita 1946 K
»Perfektion d. Technik« 1946 Ph
»–, Die imperf.« 1961 W
Perga, Apollonios von v. Chr. 265, 200, 170
Pergamenisches Reich v. Chr. 279, 160
Pergament v. Chr. 1400, 2. Jh., 100, 80; n. Chr. 14. Jh., 1405
Pergamon v. Chr. 279, 263, 233, 230, 202, 190, 180, 178, 168, 160, 140, 133, 129, 80; n. Chr. 130, 205, 1957 W
»–« 1900 M
Pergamon-Museum 1930 K
Pergolesi 1710, 33, 36, 1920 M
Peri 1561, 94, 1600, 33
Periandros v. Chr. 6. Jh.
»Periegesis« v. Chr. 2. Jh.; n. Chr. 170
Périgueux, St. Font 1120
Perihelbeweg. d. Merkur 1915 W
»Perikleisches Zeitalter« v. Chr. 500, 443
Perikles v. Chr. 500, 462, 450, 448, 443, 440, 439, 435, 429
Perikopenbuch Heinrichs II. 970, 1000
Periodisches System 1869, 71, 1907, 25 W
»–« 1828
Peripatetische Schule v. Chr. 372, 334, 322, 300, 287, 240, 156
Perkin 1856
Perkins, A. 1960, 62 K
Perkussion 1761
Perl 1919 V
Perle, G. 1962 M
»Perlenfischer« 1863
Perlin, B. 1951, 54, 55 K
Perlon 1941 W
Perm 1960 W
Permoser 1651, 1703, 21, 22, 32
Permutation v. Chr. 1200
Pernambuco 1526, 1630
Pernau, F. A. v. 1716
Perniziöse Anämie 1878
Perón, Evita 1951, 52 P
–, Juanita 1975, 76 P
–, Juan D. 1944–46 P, 51, 55 P, Ph, 73, 74 P
Pérot 1901 W
Perotinus 13. Jh.
Perow, W. 1834, 82
»Perpendicular Style« 1350, 14. Jh., 15. Jh.
Perperna v. Chr. 80, 72
»Perpetua« 1926 D
Perpetuum mobile 1235, 1580, 1712, 13, 75, 1818, 78
Perrault, Charles 1628, 88, 97, 1703
–, Claude 1665

Perret, A. 1955 K
Perrier 1937 W
Perrin 1905, 26 W
Perry 1830
Persante 1309
Perse, S.-J. 1953 D; s. a. Saint-John Perse
Persephone v. Chr. 540
»–« 1933 M
Persepolis v. Chr. 517, 485, 477, 5. Jh., 330
»Perser« v. Chr. 472, 323
»Perserschutt« 1885
Perseus v. Chr. 168
»–« 1941 K
»– befreit Andromeda« 1618
»– u. Andromeda« 1947 K
Perseusstatue, Rom 1550
»Persische Briefe« 1721
Persischer Golf v. Chr. 2650, 721, 517; n. Chr. 117, 1917, 38 W
»Person v. Sache ...« 1906, 18, 24 Ph
»Persona« 1966 K
Personalgutachterausschuß 1955 P
Personalkosten 1970 V
Personalismus 1906
»Personality, Pattern ...« 1961 Ph
»Personalkurven« 1924 W
Personenkraftwagen s. PKW
Personenverkehr 1961 V
»Persönlichkeit« 1927 Ph
»– u. Körpererziehung« 1924 V
»–, Struktur der menschlichen« 1953 Ph
»Persönlichkeitsforschung, Persp. d.« 1961 Ph
Persönlichkeitskult 1956 P
Persönlichkeitstest 1951 P
Perspektive v. Chr. 5. Jh., 350; n. Chr. 1306, 1412, 28, 32, 35, 45, 56, 74, 75, 77, 78
– Buch über die 1475
–, Regeln der 1428
»Perspektiven« 1952 D
»– d. Persönlichkeitsforschung« 1961 Ph
Pertinax 193
Pertinet le Clerc 1418
Pertz 1823
Perücke v. Chr. 1800, 1400, 1000; n. Chr. 109, 1600, 25, 48, 73, 98; s. a. Haartracht
Perückensteuer 1698
Perugia v. Chr. 309; n. Chr. 1307, 1402, 96
–, Dom San Lorenzo 1273, 1490
–, Palazzo Comunale 1297
–, San Pietro 1000
Perugino 1446, 82, 96, 1524
Perusia v. Chr. 309
Perutz, M. 1962 W
Peruzzi 1345
–, Baldassare 1481, 1511, 36
Perwuchin, M. 1956, 58 P
Pescara 1490, 1547
Pesch 1923 Ph
Peschek, A. 1972 M
»Peschittho« 425
Peschkow s. Gorki
Peskó, Z. 1967, 68 M
Pesne 1683, 1711, 39, 57
»Pessaro-Madonna« 1529
»Pessimismus u. Optimismus ...« 1924 Ph
»Pessimismus. Stadium d. Reife« 1953 Ph
Pest v. Chr. 429; n. Chr. 164, 542, 900, 1151, 1348–50, 56, 77, 1400, 05, 22, 49, 1562, 1633, 65, 68, 1721, 32, 1894, 1903, 05 V
»–« 1947 D
– (Stadt) 1490, 1686, 1923 M
»– v. Venedig« 1868
Pestalozza 1922 Ph

Pestalozzi 1746, 74, 80, 81, 97, 1801, 04, 05, 26, 27, 1915 D, 25, 44 Ph
Pestschrift 1348, 1400, 05
Petacci 1945 P
Pétain 1916, 17, 25, 31, 40, 42, 45, 51 P
Peter I. 1672, 82, 89, 97, 98, 1700, 03, 09, 11–13, 18, 21, 25, 41, 62, 67, 1833, 1923 D
— I. Karageorgewitsch 1903, 14 P
— II. v. Jugoslawien 1934, 41 P
— II. v. Rußland 1727
— III. 1762, 1808
— III. von Aragonien 1282, 83
— von Amiens 1096
— v. Duisburg 1339
— von Paris 1310
— von Provence 1457
— von Ungarn 1045
— Camenzind« 1904 D
»— Grimes« 1945 M
— d. Große s. Peter I.
»— — —« 1910 K, 34 D, 37 K
»— — u. sein Sohn Alexei« 1905 D
Peter, H. 1954 W
»— Moors Fahrt nach Südwest« 1907 D
»— Schlemihl« 1814, 1907 K, 11 M
»— Squenz« 1663
Peterborough, Kathedrale 1231
»Peter-Hille-Buch« 1906 D
Peterhof, Schloß 1755
Peters, C. 1884, 1906 P
—, H. 1957 V
—, W. 1951 K
Petersburg 1323, 1703, 11, 12, 25, 27, 31, 41, 50, 55, 58, 62, 99, 1859, 1902, 12 P; s. a. Leningrad
—, Akademie 1725
Petersen, Jan 1934 D
—, Julius 1914 D
—, Peter 1919, 24, 27 Ph
—, — (Film) 1935; 37 K
Peterskirche, Rom 326, 1011, 1111, 1484, 1500, 06, 13, 14, 15, 46, 47, 51, 61, 64, 90, 1603, 26, 29, 33, 65, 72, 1710
»Peterspfennig« 855
Peterwardein 1716
Pethrus, L. 1974 Ph
»Petit Jehan de Saintré« 1459
»Petite fleur« 1960 M
»Petition of Right« 1628
Petöfi 1823, 46, 49
Petosiris, Grab d. v. Chr. 298
Petralona-Schädel 1977 W
Petrarca 1304, 09, 37, 38, 41, 43, 47, 50, 54, 57, 66, 74, 75, 1470, 75, 94, 1519, 25, 42, 47
Petrassi, G. 1953, 69 M
Petri, E. 1961, 66, 72 K
—, Laurentius 1499, 1541, 73
—, Olaus 1493, 1552
Petrick, W. 1977 K
Petrie 1905 W
Petrini, A. 1651, 1670
Petroleum s. Öl
»—« 1905 V, 27 D
»Petroleumkönig« 1937 V
Petroleumlampe 1859
Petronius Arbiter 66
Petrosjan 1963 V
Petrovic, A. 1967 K
—, St. 1954 V
Petrow 1937 K
Petrucci 1500
Petrus 48, 62, 67, 200
— Alphonsi 12. Jh.
—, Christus s. Christus, Petrus
»— empfängt den Schlüssel« 1487
— Lombardus 1160
»— u. Paulus in Rom« 1915 Ph
— Venerabilis 1122
— Waldus 1173, 1209
»Petrusbrief« 2. Jh.

»Petruschka« 1911 M
»Petrus-Evangelium« 150
Petrus-Reliquie 1968 Ph
Petschenegen 450, 895
Petschnigg, H. 1960 K
Pettenkofer, M. 1818, 82, 1901 W
»—« 1900 K
»Petting« 1948 Ph
Petty 1682
Petzet 1930 D
Petzold 1916 D
Petzval, J. 1840
Petzval-Objektiv 1841
Peucer, Fr. 1690
Peuckert 1929 Ph
Peymann, C. 1972 D
Peynet, R. 1961 K
Peyrefitte, R. P. 1962 D
Peyri, A. 1968 K
Peyrony 1901 W
Pezzi 1938 V
»Pfade in Utopia« 1950 Ph
»Pfadfinder« 1908 Ph
»Pfaff von Kalenberg« 1473
—, Ph. 1756
Pfahlbauten v. Chr. 2900, 600; n. Chr. 1942
Pfahlbrücke v. Chr. 55
Pfahler, G. K. 1965, 68 K
Pfaller, M. 1973, 74 K
»Pfälzer Krieg« 1460
Pfälzischer Erbfolgekrieg 1688
Pfänder 1927 Ph
Pfandleihe v. Chr. 4. Jh.
»Pfandleiher, Der« 1964 K
Pfarr, P. 1968 K
Pfarrer 400
— v. blüh. Weinberg« 1923 D
— von Kirchfeld« 1870
—, weibl. 1958 Ph
»Pfarrschulen« 810
Pfau, B. 1969 K
Pfauenthron 1629
Pfeffer 1291, 1877
Pfefferminze 1696
Pfeifer von Niklashausen 1476
»Pfeiferstube« 1929 D
»Pfeiffer« 1866
Pfeilflügel, verstellb. 1951 W
Pfeilspitzen Curare 1957 W
Pfemfert, Fr. 1911 D
Pfennig-Schuhabsatz 1977 V
»Pferd« 1914, 73 K
»— und Hund« 200
»— im Walde« 1863
»— in wildem Galopp« 1912 K
»Pferde, Mein Leben, Meine« 1961 V
»— i. d. Schwemme« 1938 K
Pferdeball, London 1861
Pferdebestand 1952, 59 V
Pferdeeisenbahn 1795
Pferdefleisch, Genuß v. 736
»Pferdeführer u. Nymphe« 1883
Pferdekopf v. Chr. 725
Pferdeomnibus 1825, 46
—, Motive der v. Chr. 300
»Pfiffige Magd, Die« 1939 M
»Pfingstbewegung« 1974 Ph
»Pfingsten« 1909 K
Pfingstfest, Mainzer 1184
Pfingst-Sequenz 1031
»Pfirsiche« 1882
Pfister 1920 Ph
Pfitzner, H. 1869, 95, 1901, 05, 08, 17, 18, 21, 25, 29–32, 35, 40, 49 M
Pfizer, J. N. 1725
—, P. A. 1831
Pflanzenarten 1941, 52 M
Pflanzenfarbstoffe 1915 W
Pflanzengeographie, Begründung 1804
Pflanzenhormon 1909, 10, 33, 34 W
»Pflanzenhybriden, Versuche über« 1865
»Pflanzenphilosophie, Lehrb. d.« 1808
Pflanzenphysiologie, Grundlage 1807

»Pflanzenreich« 1900 W
»Pflanzenschutz-Organisation« 1950 W
»— — —, Europ. 1951 V
»Pflanzensoziologie« 1928 W
Pflanzenviren 1939 W
»Pflanzenwelt« 1922 W
»— Afrikas« 1918 W
— — Sibiriens 1737
Pflanzenzüchtung 1875
— —, intern. Kongreß 1906 W
Pfleiderer, K. G. 1957 P
Pflichtkrankenkasse 1946 V
Pflichtversicherung 1911 V
Pflimlin, P. 1957, 58, 63 P
Pflug v. Chr. 4000, 3300, 2205, 2. Jtsd.; n. Chr. 59, 64, 1824
»— 1890
—, Brabanter oder Hohenheimer 1824
— u. d. Sterne, Der« 1926 D
»Pflüger« 1890
»Pflüger« 1916 W
Pflug-Harttung 1905 P, 10 W
Pforr, Franz« 1809
Pfort 1788, 1809, 10, 12
Pforta 1098
»Pforten der Wahrnehmung, Die« 1954 D
Pforzheim, Matthäus-Kirche 1953, 54 K
Pfundschwäche 1976 V
»Phäakische Inseln« 1954 V
»Phädon oder über die Unsterblichkeit der Seele« 1767
Phaedros 36
»Phaeton« 1955 K
Phagen s. Bakteriophagen 1941 W
»Phagifacetus« 12. Jh., 1490
Phagozyten 1884
»Phaidon« v. Chr. 379, 347
»Phaidros« v. Chr. 347
Phalanx v. Chr. 3000, 2600, 2450, 357
Phallischer Kult v. Chr. 682
Phänogenetik 1941 W
»Phänomen Kunst. Die naturwissenschaftlichen Grundlagen der Ästhetik« 1967 W
»Phänomen d. großen Medien« 1926 Ph
—, psych. 1911 Ph
Phänomenologie 1859, 1900, 38 Ph
»—« 1901 Ph
— d. ästhet. Genusses« 1913 Ph
— des Geistes« 1807
— u. Metaphysik d. Zeit« 1925
— der Sympathiegefühle« 1913 Ph
Phänomenologische Schule 1938 Ph
»Phantasie, Die« 1967 K
— in der Malerei« 1916 K
»Phantasien im Bremer Ratskeller« 1827
»Phantasiestücke in Callots Manier« 1814
»Phantastische Blume, Die« 1968 K
— Nacht« 1942 K
— Realisten« 1959 K
»Phantastischen, Reiche des« 1964 D
»Phantastischer Realismus« 1964 K
»Phantasus« 1816, 99
»Phantom« 1922 D
Pharao v. Chr. 2900
Pharisäer v. Chr. 111; n. Chr. 70
Pharmakologie 1867, 83
—, experim. 1920 W
»Pharmakologische Psychopathologie« 1956 Ph
Pharmakopsychiatrie 1951 W
»Pharmazie« 1928 W
Pharnakes II. v. Chr. 47
Pharos v. Chr. 279

»Pharsalia« 65
Pharsalus, Schlacht bei v. Chr. 48
»Phasen der Kultur« 1908 Ph
Phasenkontrast-Mikroskop 1932, 41, 44 W
Phasenregel 1875
»Phaseologie« 1908 Ph
Phästos v. Chr. 2000
»Phèdre« 1677
Phenol 1834
Phi tong luang 1937 W
Phidias v. Chr. 500, 448, 440, 438, 435
Phigalia v. Chr. 400
Philadelphia 1727, 30, 73, 92, 1804, 76, 60 K
—, here I come« 1964 D
— Symphony Orchestra 1912, 77 M
—, Universität 1740
Philae, Insel 1972 W
»Philanthropinum« 1774
»Philanthropismus« 1789
Philby 1917 W
»Philebos« v. Chr. 347
Philemon v. Chr. 361, 262
»— und Baucis« 1609
Philetairos v. Chr. 279
Philetas v. Chr. 280
Philharmonie, Berliner 1955 M, 56 K
— i. Israel 1962 M
Philharmonische Gesellschaft London 1813
— Konzerte 1922 M
Philharmonisches Orchester, Berlin 1946 M
Philinos v. Chr. 250, 220
Philipe 1964 D
—, G. 1959 K
Philipp I. von Frankreich 1060
— I. von Schwaben 1180, 98, 1208, 17, 18
— II. August von Frankreich 1165, 80, 89, 99, 1208, 14, 23
— II. von Makedonien v. Chr. 382, 359, 357, 356, 347, 346, 338–336, 322, 1977 Ph
— II. von Spanien 1527, 43, 54, 55, 56 P, 58, 59, 63, 64, 68, 70, 90, 98
— III. von Frankreich 1270
— III. von Spanien 1570, 98 P
— IV. von Frankreich 1268, 85, 98, 1302, 03, 12, 14
— IV. von Spanien 1621, 23, 55
— IV. auf der Saujagd« 1645
— V. von Frankreich 1314, 16
— V. von Makedonien v. Chr. 197, 191
— V. von Spanien 1700, 04, 13
— VI. von Frankreich 1328, 49
— der Gute von Burgund 1396, 1419, 29, 33, 35, 53, 60, 67
— von Hessen 1527, 34, 40
— der Kühne von Burgund 1363
— — s. Philipp III. von Frankreich
— der Lange s. Philipp V. von Frankreich
— der Schöne s. Philipp IV. von Frankreich
— — — v. Habsburg 1496
— de Thaon 1119, 30
— de Vitry 1329
Philippe, Ch.-F. 1957 K
—, Ch.-L. 1901 K
»Philipperbrief« 50
Philippi, Schlacht bei v. Chr. 42; n. Chr. 50
»Philippika« v. Chr. 347
Philippus Arabs 244
Philips, M. 1973 P
Philister v. Chr. 1200, 1002, 960, 332
Phillips, P. 1968 K
Philochoros v. Chr. 280
»Philologenverband« 1904 Ph
»Philomela und ihr Narr« 1927 M

Philon von Alexandria v. Chr. 25; n. Chr. 50
— von Byzanz v. Chr. 246
— von Larissa v. Chr. 110
»Philosoph« 1935 K
»Philosophe sans le savoir, Le« 1765
»Philosophen, Die großen« 1957 Ph
—, Biogr. über v. Chr. 260
Philosophenkopf v. Chr. 334
»Philosophiae naturalis principia mathematica« 1687
»Philosophica botanica« 1751
»Philosophical Transactions« 1665
»Philosophie« 1932 Ph
»— d. Abendlandes ...« 1943 Ph
»— d. Als Ob« 1911 Ph
»— analytique, La« 1962 Ph
»—, analytische 1972 Ph
»—, Aufstieg der wissenschaftlichen« 1951 Ph
»—, Biologie u.« 1925 Ph
»— d. Botanik« 1905 Ph
»— d. Chemie« 1938 Ph
»— dans le boudoir, La« 1793
»—, Einführung in die« 1951 Ph
»— (Einleit.)« 1901 Ph
»—, Einleitung in die« 1892
»— des Elends« 1846
»— d. emotional. Denkens« 1908 Ph
»— d. Erziehung« 1922 Ph
»— d. Geistes« 1902 Ph
»— d. Geldes« 1900 Ph
»— d. Geschichte« 1829
»— —, Auch eine« 1774
»— —, Geschichte d. neueren« 1852
»— als Grundwissenschaft« 1910 Ph
»—, Hauptströmungen« 1965 Ph
»—, Histor. Wörterb. d.« 1970 Ph
»— der Hoffnung« 1977 Ph
»—, indische« 1894
»— d. Kultur« 1923 Ph
»— als Kunst« 1920 Ph
»— d. Kunst« 1869
»— des Lebens« 1828
»—, Medizin u. Jurisprudenz« 1903 K
»— der Mythologie u. Offenbarung« 1842
»— d. Naturwissenschaften« 1937 Ph
»— d. neuen Musik« 1949 Ph
»— d. Organischen« 1909 Ph
»— u. Pädagogik« 1909 Ph
»—, Phänomenolog.« 1913 Ph
»—, Probleme der« 1912 Ph
»— d. Protestantismus« 1917 Ph
»— d. Raum-Zeit-Lehre« 1928 Ph
»— d. Sinnlichkeit« 1913 Ph
»— d. symbol. Formen« 1929 Ph
»—, System synth.« 1903 Ph
»— im tragischen Zeitalter d. Griechen« 1873
»— des Unbewußten« 1869
»— d. Wirklichkeit« 1935 Ph
»Philosophische Anthropologie« 1928 Ph
»— Brocken« 1844
»— Gesellsch.« (Dt.) 1917 Ph
»— Grenzgänge« 1967 Ph
»— Grundl. d. Quantenmech.« 1942 Ph
»— und mineralogische Werke« 1733
»— Logik« 1947 Ph
»— Pädagogik« 1921 Ph
»— Terminologie ...« 1906 Ph
»Philosophischer Kritizismus« 1887
»Philosophisches Wörterbuch« 1764
»Philosophy of Labor, A« 1951 Ph
Philoxenos v. Chr. 350

Phiobs II. v. Chr. 2420, 2350
Phlegon 125
Phlius, Timon v. v. Chr. 320, 230
Phlogiston-Hypothese 1702, 77
»Phlox« 1937 K
»Phoenix« 1976 K
»Phoinissen« v. Chr. 475
Phokäa v. Chr. 600
Phoker v. Chr. 356
Phokien v. Chr. 346, 338
»Phonetische Poesie« 1971 D
Phönix 1926 V
»Phönix-Halle« 1053
Phönizier v. Chr. 2000, 1600, 1365, 1350, 1300, 1200, 1100, 1000, 960, 900, 883, 870, 854, 814, 800, 775, 8. Jh., 732, 676, 595, 573, 538, 500, 470, 449, 400, 332, 300, 254; n. Chr. 200
Phonogrammarchiv Wien 1900 M
Phonograph 1877, 1977 M; s. a. Grammophon
Phonothek, Dt. Mus.- 1961 M
Phosphat 1937 W
Phosphor 1906, 1904 V, 40, 50 W
Photios 862, 63, 79
»Photo des Colonel, Das« 1964 M
Photoausstellung, 1. intern. 1893
»Photochemie« (Zeitschr.) 1903 W
– –, moderne 1912 W
Photoelement, Sperrschicht- 1930 W
»Photogrammetrie aus Luftfahrz.« 1919 W
– 1911 W
Photographie 1727, 1838, 39, 40, 45, 48, 56, 66, 71, 84, 98, 1961 W
– im Dialog, Malerei u. 1977 K
– –, erste 1826
»– f. alle« 1905 V
»–, als bild. Kunst« 1862
»–, Bedtg. d. Amateur-« 1894
– –, Farben- 1868
»– aus der Luft« 1916 W
»–« (Zeitschr.) 1903 W
»Photographische Industrie« 1902 V
– – Konferenz« 1950 W
Photographisches Raumbild 1911 W
»Photokina« 1968, 76 V
Photomechanisches Setz- u. Druckverfahren 1947 W
Photometer 1760, 1893, 1904, 10, 30 W
»Photometrische Durchmust.« 1907 W
»Photophysik« 1903 W
Photoplatten 1871
»Photoptosis« 1969 M
Photoreaktivierung 1949 W
Photosynthese 1862, 1948, 61, 65 W
Photozelle 1893, 1904, 30 W
Phrygier v. Chr. 1190, 800, 721, 689, 675, 617, 600, 323, 204; n. Chr. 140, 296
Phrygische Dynastie 820
Phryne v. Chr. 330
Phrynichos v. Chr. 475
»Phylet. Museum« 1909 Ph
»Phyllis u. Philander« 1970 M
»Physica« 1155
»– sacra« 1731
Physik (ältere) v. Chr. 585, 496, 365, 360, 335, 323, 322, 300, 250, 3. Jh., 246, 212, 98, 90, 50, 30; n. Chr. 1. Jh., 65, 79, 98, 120, 290, 4. Jh., 410, 534, 750, 870, 1038, 1237, 69, 75, 94, 1321, 50, 58, 71, 74, 1450, 1516, 58, 65, 83, 86, 90, 92, 94, 95, 1600; s. a. Atom ...

»Physik, Annalen der« 1799
– in China 1966 W
»–« (Entwickl.) 1938 W
»–, Handbuch der 1374, 1929, 55 W
»– d. Hochpolymere« 1952 W
»– hoher Drucke« 1931, 46 W
»– u. Hypothese« 1921 Ph
»– und ihre philosoph. Folgerungen, Die Welt der ungewohnten Dimensionen ...« 1955 Ph
»–, Theologie und« 1951 Ph
»–« (Weltbild) 1931 W
»–« (Zeitschr.) 1920 W
»Physikalische Berichte« 1936 W
– Chemie 1934 W
– Erkenntnis« 1933 Ph
– Forschg. (Kosten) 1955 W
– Gesellschaft 1845
– –, Europäische 1968 W
– Ozeanographie« 1961 W
– Phänomene« 1926 Ph
– Sprache als Universalspr.« 1932 W
»Physikalisches Weltbild« 1921 W
– Wörterbuch, 1. 1755
Physikalisch-Technische Reichsanstalt 1887
»Physiker« v. Chr. 240
»–, Die 1962 D
»Physiko-chemische Medizin« 1939 W
»Physikochemischen Grundlagen d. Morphologie, Die« 1927 W
»Physiognomik, Über« 1778
»Physiognomische Fragmente ...« 1775
»Physiokratie« 1768
Physiokratismus 1682, 94, 95, 1774
Physiologie s. a. Biologie, Heilkunde
»–« 1925 W
»– u. experim. Pharmakologie« 1920 W
»–, Handbuch der 1833
»– d. Hörens 1961 W
»–, Vorlesung 1831
»– d. Zeugung« 1934 W
»Physiologische Elemente« 1757
– Genetik« 1938 W
– Optik, Handbuch der« 1856, 66
Physiolog.-psycholog. Erforschg. d. Industrie 1918 Ph
»Physiologus« 125, 1085
»Physischen Gestalten in Ruhe ..., Die« 1920 Ph
»Pia desideria oder herzliches Verlangen nach gottgefälliger Besserung der wahren evang. Kirche ...« 1675
Piacenza 1738
–, Dom 1122
Piaf, E. 1963 M
»Piano, Am« 1859
Piao, Lin 1966, 71 P
Piasten 960, 66, 1000, 1163, 1248, 1300, 12, 20
Piave 1917 P
Piazza Armerina 300
»– d'Italia« 1970 K
Piazzi 1801
Pic du Midi 1930, 35 W
Picabia, Fr. 1953 K
Picard, Jean 1670, 82
–, L. 1968 K
–, M. 1916, 34, 45, 50 Ph, 54 K
Picardie 1419, 43
Picardisches Kollegium 1250
Picart 1723
Picasso, P. 1881, 1901, 03, 05–07, 09, 12, 13, 17, 19, 21, 23, 24, 37, 38, 41 D, K, 42 ff., 50 ff., 54, 55, 62–68, 70, 73 K

»Picasso, Besuch d.« 1970 K
–, Hommage à 1973 K
Picassos, Musik zu Versen 1969 M
Piccard, A. 1884, 1932, 34, 53, 62 W
–, J. 1934, 53, 60 W
Piccini, N. 1728, 76, 78, 1800
Piccioni 1956 W
Piccolo Teatro 1947 D
Piccolomini, Enea Silvio 1444, 58
Pichl 1926 Ph
Pichler, J. 1804
Picht, G. 1965 Ph
Pick 1923 K
Pickens, A. 1954, 55 K
Pickering 1898, 1901, 07 W
Pickford 1909, 17, 20 K
»Picknick d. Freiheit« 1959 D
»Pickwick Papers, The« 1952 K
»Pickwickier« 1836
Picten 370
Picter 1877
»Piddl Hundertmark« 1912 D
»Pièces de Clavecin« 1713
Pieck, W. 1945, 49, 60 P
»Piedra de sol« 1958 D
Piel, H. 1916, 63 K
Piemont 1297, 1418, 1821
Piene, O. 1965 K
Pierantoni 1910 W
»Pierre Cutte« 1562
»Pierres plantées« 1952 K
»Pierrot« 1919 K
»– lunaire« 1914 M
»Pietà« 1350, 60, 84, 1465, 98, 1500, 75, 1889, 1972 K
– Rondanini 1555
Pietismus 1663, 70, 75, 86, 98, 1721, 22, 27, 60, 1822
Pietisten 1907 Ph
Pietro d'Abano 1306
– Lombardie 1481
– Visconte 1319
Piffl-Perčevič, Th. 1969 Ph
Pigalle, I. B. 1748, 76
Pignon, E. 1953–55, 73 K
Pignoria, L. 1615
»Pilger Kamanita« 1906 D
»Pilgers Wanderschaft, Des« 1675
»Pilgerschritt– Walzverfahren 1886
»Pilgrim« 1923 K
Pille s. Antibaby-Pille
»–« 1968 V
Pilon, G. 1573
Piloty 1915 K
Pilsen 1445, 75
–, Brauerechte 1295
Pilsudski 1867, 1914, 17, 18, 20, 26, 30, 34, 35 P
Piltdown-Sussex 1911 W
Pinakothek, Neue 1975 K
–, u. Alte 1957 K
Pinara 347
Pinay 1952 P
Pincus, G. 1954 W
Pindar v. Chr. 520, 500, 478, 447
Pinder 1910, 25, 27, 28, 33 K
Pineau 1956 P
Pineda 1519
Pinget, R. 1965 D
»Pinguin mit Spielzeug 1966 K
»Pinie am Meer« 1921 K
»Pinien von Rom« 1924 M
Pinkus, M. 1937 D
»Pinocchio« 1911 K, 40
Pinsel v. Chr. 1000
Pinter, H. 1959, 61, 62, 64, 71 D
Pinto 1542
Pinto-Indianer v. Chr. 950
Pinturicchio 1508
Pintzka, W. 1959 D
Pioche 1634, 78, 93
Piombino v. Chr. 525
Piombo 1485, 1519, 40
Pion 1947 W
Pionier 10 1973 W
»Pioniere« 1933 D

»Piove« 1960 M
Pipeline, Alaska 1977 V
Piper, H. 1908 W
–, J. 1934, 36, 39, 42 K
–, R. 1923 K
Pipinelis, P. 1963 P
»Pippa tanzt« 1906 D
»Pippi Langstrumpf« 1942 D
Pippin 796, 817
– I. 612
– III. 481, 714, 41, 42, 45, 51, 56, 68
– der Kleine s. Pippin III.
– der Mittlere 687, 96
Pippinsburg 1957
»Pippinsche Schenkung« 756
»Pique-Dame« 1834, 90
Pirandello, F. 1952 K
–, L. 1867, 1904, 17, 20, 22, 25, 26, 34–36 D
Piranesi 1720, 56, 1778
Pirani 1906 W
Pirajno, A. Denti de 1961 D
»Piraths Insel« 1917 D
Piräus v. Chr. 460
Pire, D. G. 1958 P, 59 Ph
Pirie, G. 1955 V
Pirkheimer 1470, 99, 1506, 18, 24, 30
Pirminius 742
»Piroschka, Ich denke oft an« 1954 W
Pirquet 1907 W
Pisa v. Chr. 180; n. Chr. 850, 1020, 52, 1161, 96, 1284, 1300, 38, 1402, 06, 26, 29, 85, 1542, 89, 90
–, Campo Santo 1349, 1463, 85
–, Dom 1118, 80, 90, 1302, 1583
–, Konzil 1409
–, »Schiefer Turm« 1350
–, Taufkirche 1260
Pisan, Christine de 1363, 1430
Pisanello 1397, 1435, 41, 49, 50, 1441
Pisano, Andrea 1290, 1336, 49, 50
–, Giovanni 1245, 90, 1300, 01, 03, 20, 80
–, Niccolo 1220, 45, 60, 68, 73, 78
–, Nino 1350
Piscator, E. 1929, 41, 62, 63 D, K, 64, 66 D
Pisis, F. de 1919 K
»–, Ehrung für de« 1956 K
Pisonische Verschwörung 65
Pissarro 1830, 97, 1903 K
Pistoia, St. Andrea 1301
Piston 1948, 55 M
Pistoria, Schlacht bei v. Chr. 66, 62
Pitaval 1734
P.-I.-Test 1951 Ph
Pithecanthropus 1892, 1937 W
Pitoëff 1926 D
Pitt, d. Ältere 1708, 56, 78, 1806
– und Fox« 1909 D
–, d. Jüngere 1783, 84, 1806
Pittakos v. Chr. 6. Jh.
Pittermann, B. 1959, 69 P
Pitti 1459
Pittsburg 1921 V
– Harmony 1804 Ph
Pius II. 1444, 58, 59
– III. 1503
– IV. 1559, 60
– V. 1566
– VI. 1775, 79, 98
– VII. 1801, 09, 14
– VIII. 1829
– IX. 1846
– X. 1903, 07, 11, 54 Ph
– XI. 1922, 28, 31 Ph
– XII. 1876, 1939, 50, 58 Ph, 63 D
Pixii 1832
Pizzaro, Francisco 1475, 1533, 41, 48
–, Gonzalo 1548
Pizzetti, I. 1951, 53, 58, 62 M

Pizzo, P. 1964 K
Pizzolo, Nicc. 1448
»Pjotr« 1923 D
PKW 1960 f. V
–, Turbinen- 1964 W
–, umweltfrdl. 1974 V
Place 1749
Placentia v. Chr. 222
Plakatkunst 1901; s. a. Reklame
Plakatmuseum 1968 K
Plan, Fünfjahres- 1927 P, 28, 37, 50 V
Planck, E. 1944 P
–, M. 1858, 99, 1900, 05, 13, 17, 18, 20, 23, 25 W, 31, 33 Ph, 47 W
»Planck-Institut, Max-« 1960 W
»Planen u. Bauen f. d. Wochenende« 1928 K
Planer, M. 1836
Planet, 10. 1971 W
»– wird geplündert, Ein« 1976 Ph
Planetarium 1678, 1925 W
»–, Das« 1960 D
»Planeten, Die« 1954 K
»–, Entstehung der« 1955 W
–, radioastronomische 1973 W
Planeten-Atmosphären 1951 W
Planetenbuch 1450
Planetenentstehung 1755, 96, 1943 W
Planetenforschung 1972/73 W
Planetenstand v. Chr. 2500
Planetentafeln 1240, 74, 1476
Planetensystem, entstehendes 1977 W
»Planetenwinter« 1955 K
Planetoide (Entdeckung) 1801
Plankenschiffe v. Chr. 2500, 1800, 1790
Plantagenet 1154
Planté 1859
Planungsminist. der SU 1956 P
Plasma 1928, 34 W
–, Erbfaktor im 1926 W
Plasmaerhitzung 1972 W
Plasmaphysik 1965, 68 W
»Plasmatische Vererbung« 1945, 66 W
»– u. d. Zusammenwirken v. Genen u. Plasma« 1928 W
Plasmavererbung 1953 W
Plassenburg 1569
Plassey 1757
»Plastik 1962, Gr.« 1962 K
»– v. Ausgange d. Mittelalters ...« 1928 K
»– für Montreal 1966 K
»Plastische Kraft« der Erde v. Chr. 322; n. Chr. 1282, 1726
Plataä, Schlacht bei v. Chr. 479
–, Aug. Graf v. 1796, 1825, 35
Platen, Felix 1570
Platin 1748
Plato(n) v. Chr. 427, 416, 407, 405, 399, 396, 394, 387, 379, 372, 367, 350, 347, 339, 334, 330, 322, 315, 267, 241, 180, 135, 129, 110, 50; n. Chr. 36, 50, 120, 40, 78, 205, 321, 430, 950, 1078, 1428, 34, 70, 86, 1521
»Platonische Theologie« 476
»Platons Logik des Seins« 1909 Ph
»Platos Ideenlehre« 1903 Ph
»– Werke« 1810
Platschek, H. 1959, 60, 62 K
Platt 1952 K
Platten-Grammophon 1887
Plattentektonik 1927, 70 W
Plaue 1414
Plauen 1200, 1905 W
–, Heinrich von 1410

Plautus v. Chr. 289, 262, 250, 184; n. Chr. 1472
»Play Strindberg« 1969 D
»Playboy of the Western world, The« 1907 D
Pleasence, D. 1965 K
Plebejer v. Chr. 510, 494, 449, 445, 439, 384, 366, 236, 300, 289, 250, 150
–»proben den Aufstand, Die« 1966 D
Plechanow 1883, 1901 P
Pleier 1270
»Plejaden« 1549
Plenciz, M. A. 1762
Plenzdorf, U. 1973, 74, 76 D
Pleureuse 1852
Pleven, R. 1951, 52 P
»Plexus« 1960 D
Pleydenwurff 1462
»Pli selon pli« 1960 M
Plievier 1929, 32, 46, 52, 54, 55 D
Plinius der Ältere 24, 1. Jh., 79, 109
»–, Der deutsche« 1565
– der Jüngere 100, 09
»Plisch und Plum« 1882
Plisnier 1941 D
PLO 1973, 74, 75, 77 P
Ploner, G. 1879
»Plöner Musiktag« 1933 M
Plotin 205, 33, 42, 44, 70, 304, 330, 411, 85
»Plötzlich im letzten Sommer« 1959 K
Plücker 1854, 58
»Pluralist. Universum« 1909 Ph
»Plus/Minus« 1964 M
»Plus-minus ein Tag« 1973 K
Plüschow, G. 1916 V
–, W. 1929 K
Plutarch v. Chr. 4. Jh.; n. Chr. 46, 120
Pluto (Planet) 1930 W
Plutonium 1946 W, 55 P, 77 W
Plutonismus 1785
Plymouth 1199
»Pneumatik« 1968 K
Pneumenlehre v. Chr. 1400, 275
Pneumothorax 1906 W
Po, Überschwemmung 1951 V
Pocken 600, 900, 1350, 1923 V
Pockenepidemie 1972 V
Pockenimpfung 1717, 1874, 1923 V
»Pocket Books« 1946, 48 D
Podgorny, N. V. 1965, 67, 74 P
Podiebrad, Georg von 1458
Podolien 1333
Poe, E. A. 1809, 41, 49
Poelzig, H. 1869, 1903, 19, 25, 30, 31, 36 K
»Poèmes pour tous« 1952 D
»Poems« 1633
– 1937–42» 1943 D
»– and ballads« 1878
»– from Black Africa« 1963 D
»Poesias completas« 1928 D
»Poesie« 1936 D
»– d. Einsamkeit in Span.« 1940 D
»– und Wahrheit« 1942 D
»Poetica, De arte« 1527
»Poetik« 1561
–, Erste frz. 1392
»Poetis, De« 130
»Poetische u. relig. Harmonien« 1830
»Poetischer Trichter« 1653
»Poetry, Let's have some« 1960 D
Poggendorf 1799
»Poggfred« 1904 D
Pogodin, N. F. 1958 D
Pogonophoren 1964 W
Pohl, Anton 1419
–, G. 1937, 53, 55 D
–, R. W. 1976 W

Pohland, H. 1967 K
»Po-hu-t'ung« 1. Jh.
Poincaré, H. 1854, 1903, 05, 12 Ph
–, R. 1860, 1912–14, 22, 26, 28, 29, 34 P
Pointer, A. 1971 Ph
Poisson, J. A. s. Pompadour
–, S. D. 1837
Poitier, S. 1963, 64, 66 K
Poitiers 315, 67, 600, 732, 1100, 27, 1431
–, Kathedrale 1162
–, Notre-Dame-la-Grande 1125
–, St-Hilaire 1000, 1120
– St-Jean 675
Poitou 1154, 1223
–, Agnes von 1077
Pojarkow 1644
Pokorny, A. 1867
–, J. 1932 D
Pol s. Nord- u. Südpol, Arktis u. Antarktis, Magnetismus
– zu Pol, Von« 1912 D
Pola v. Chr. 178
Polaert, J. 1866
Polanski, R. 1965, 67, 68 K, 69 V, 72 K
Polarforschung, Archiv f. 1926 W
Polarfront-Theorie 1922 W
Polarisation des Lichtes 1678, 1808, 45
Polarisationsbrille 1936 W, 53 K
Polarisationsfilter 1930 W
Polaris-Rakete 1960 W
Polarjahr 1932 W
Polarographie 1922, 59 W
Polaroid 1963 W
»Polarregion, Die« 1958 W
Polar-Route 1954 W
Polarstation 1923 W
»Pole Poppenspäler« 1874
Polemon d. Periëget v. Chr. 190
Polen (Teilung) 1772, 93, 95 – (Unabh.) 1000
Polgar 1875, 1925, 26, 28, 29, 43, 49, 55 D
Polhöhe v. Chr. 330
Poliakoff, S. 1958 K
Poliklinik, Frauen– 1880
Polis v. Chr. 750
Politbüro 1952 P
»Politeia« v. Chr. 387, 347
»Politik als Beruf« 1919 Ph
»– d. europ. Kabinette« 1927 P
– der Stärke 1951, 57 P
»– und Verbrechen« 1964 Ph
»–, Wirtschaft, Weisheit« 1922 Ph
»Politische Geographie« 1891
»– Massenstreik, Der« 1914 P
»– Ökonomie« 1615, 1817, 1959 Ph
»– Parteien d. Staaten . . .« 1924 P
– Theater, Das« 1929 D
– Wissenschaft s. Staatswissenschaft
»Politischen Gefangenen, Denkmal f. d. unbek.« 1952 K
»– Ökonomie, Prinzipien der« 1848
»Politischer Diskurs von den eigentlichen Ursachen d. Auff- und Abnehmens der Städt, Länder und Republicken . . .« 1667
Politisierung des Theaters 1968 D
»Polizei, Die« 1958 D
–, Geheim– 1881
Polizeibildfunk 1928
Polizeiordnung 1530, 1547
Poliziano 1469, 71
Polka 1842
Polkarte 1946 W
Pollack 1901 K

Pollajuolo, Ant. del 1429, 70, 75, 84
Pollenanalyse 1916 W
»–, Eine Einführung in die« 1943 W
Pollender 1849
»Pollenhormon« 1909 W
Pollio, Gajus Asinius 10
–, Vitruvius v. Chr. 15, um Chr. Geb.
Pollock, F. 1956 V
–, J. 1936, 50, 52, 53, 55, 56, 76 K
Pollonaruwa 1165
»Polly« 1964 D
»Polnische Malerei« 1963 K
– Verwaltung 1960 V
– Wirtschaft« 1910 M
»Polnischen Musik, Vater d.« 1821 M
Polnischer Thronfolgekrieg 1733, 35, 38
Polnisch-Preußen 1629
Polo 549
–, Marco 1254, 71, 92, 98, 1307, 24
–, Nicolo 1255, 71
Polonaisen (Chopin) 1840
Polonium 1898, 1906, 11, 34 W
Polos v. Chr. 201
Polospiel 750
»–« 1903 K
»Polospieler« 1929 K
Poltawa 1709
Polwanderung 1955 W
»Polyanna« 1920 K
Polybios v. Chr. 201, 168, 145, 120
Polychord 12. Jh.
»Polycratius« 1180
Polydoros v. Chr. 40
Polyester-Plastik 1957 K
»Polyeucte« 1642
Polygamie 630, 1847, 1926 V
»Polyglotte« 1653
Polygnotos v. Chr. 468, 458
Polyhistor v. Chr. 82
Polyhymnia v. Chr. 700
Polyklet v. Chr. 465, 420
Polykrates v. Chr. 569, 540, 530, 525
Polynesier v. Chr. 1. Jt., 1722; n. Chr. 1947
»Polyolbion« 1613
Polypeptide 1906 W
Polyphonie, Vokal– 1570
Polystratos v. Chr. 222
Polytechnikum n. Chr. 98
»Polytechnische Bildung . . .« 1962 Ph
– Schule 1959 Ph
»Polytechnischer Unterricht« 1958 Ph
Polyterpene 1939 W
Pombal 1759
Pomerani 800
Pommer, E. 1966 K
Pommerellen 1295, 1309, 1466
»Pomone« 1671
Pompadour 1721, 45, 53, 64
»–« 1758
Pompeius v. Chr. 106, 80, 71, 70, 67, 66, 64, 61–59, 56, 55, 53, 50–47, 45
Pompeji v. Chr. 350, 325, 3. Jh., 204, 2. Jh., 100, 50 um Chr. Geb.; n. Chr. 31, 50, 55, 79, 1715, 64, 1808, 60
–, Wandbilder 70, 249
Pompidou, G. 1962, 60–70, 74 P
– -Kulturzentrum 1977 M, K
Pomponio Leto 1468
Ponce de Lón 1513
–, P. de 1620
Poncelet, J. V. 1821
Ponchielli, A. 1876
Pongiden 1958 W
Pongratz, L. J. 1961 Ph
Ponomarewa, N. 1956 V
Ponormus v. Chr. 254
Pons Aemilius v. Chr. 178
–, L. 1965 K

»Pont u. Anna« 1928 D
– neuf, Paris 1604
Ponte Vecchio 1345
Ponten 1918, 25, 27, 42 D
Ponti, C. 1970 K
–, G. 1960 K
Pontifex Maximus v. Chr. 12
»Pontinische Sümpfe« v. Chr. 312; n. Chr. 500, 1779, 1928 V, 32 P
Pontius Pilatus 36
Ponto, E. 1957 D
–, J. 1977 P
Pontoppidan 1857, 1905, 17, 43 D
Pontvik, A. 1955 Ph
»Poor white« 1920 D
»Pop, Graphik und Objekte« 1967 K
Pop-Art 1956, 64, 75 K
Pope, A. 1688, 1709, 11, 12, 25, 27, 33, 44
Pop-Festival 1969 M
Pop-Musik 1950, 64, 66, 67, 68, 69 M
Popow 1895
–, A. 1956 K
Popowitsch 1962 W
Poppäa Sabina 62
Poppe, H. 1962 P
Pöppelmann 1662, 1722, 36
Popper, K. R. 1932, 45, 58 Ph
Populärwissenschaft 1841
Poquelin s. Molière
Pordenone, Odorico di 1318, 25
»Porgy und Bess« 1935 M, 59 K
Porkkala 1955 P
Pornographie 1967 Ph, 68 V, 69, 70, 75 Ph
–, harte 1975 V
»Pornographisches Thema . . .« 1966 K
»Pornokratie« 914
Porphyrios aus Syrien 233, 304
Porro, E. 1877
Porsche, F. 1948 V
Porst, H. 1969 P
Port Arthur 1905 P
»– -Royal« 1954 D
»– Said 1956 P
Porta Giacomo della 1580, 90
–, Giambattista della 1558, 60
– nigra 200
»Portal« 1963 K
Portativ 1250
Porten, F. 1910 K
–, H. 1916, 20, 23, 30, 60 K
Porter, Cole 1948, 58 M
–, E. S. 1902 K
–, G. 1967 W
–, K. A. 1942, 62, 65 D
–, R. R. 1972 W
Porterbier 1722
Porticus Metelli v. Chr. 146
Portinari-Altar 1476
Portland 1937 K
Portland-Zement 1824
Portmann, A. 1960 K
Portoriko 1493
»Porträt, Das . . . i. 5. Jhrtsd.« 1960 K
»– d. Isabel Rowthorne« 1967 K
Porträtbildhauerei v. Chr. 260
Porträtkatalog 1903 K
Portsmouth 1495
Portugies.-Ostafrika 1917 P
Porzellan v. Chr. 1360; n. Chr. 620, 1350, 97, 1450, 1518, 76, 85, 94, 1706, 09, 18, 49, 50, 61, 63, 65, 75
»Porzellanturm« 1397
Posaune v. Chr. 950
Poseidippos v. Chr. 289
Poseidon v. Chr. 1000, 530, 450, 440
– von Melos v. Chr. 156
Poseidonios v. Chr. 135, 85, 80, 50
Poseidon-U-Boot 1971 P

Posen 966, 1253, 1814
–, Universität 1919 Ph
–, Zoo, Löwendenkmal 1910 K
Posener Aufstand 1956 P
»Positive Philosophie, Lehrgang über« 1842
»– Union« 1875
»Positivismus« (Kl. Lehrbuch) 1940 Ph
»– und reale Außenwelt« 1931 Ph
Positivistische Rechtssch. 1815
– Religion 1852
»Positron« 1930, 32–34, 36 W
Positronium 1951 W
Possart, E. 1907 D
Post v. Chr. 254; n. Chr. 885, 1500, 04, 16, 20, 97, 99, 1615, 15, 1750, 1800, 31, 40, 53, 65–67, 70, 74, 76, 78, 80, 97, 1909, 14, 17 V, 19 W, 29, 33, 37, 38 V
Post, E. 1923 V
–, L. von 1916 W
–, W. 1933 V
»Postillon von Lonjumeau, Der« 1836
Postkarte 1869, 70
»Postmeister, Der« 1940 K
– Fr. v. Taxis 1516
Postscheckgesetz 1914 V
Postscheckverkehr 1909 V
Postturm, London 1966 V
Potala 7. Jh. K
Potemkin 1739, 83, 91
»–« 1905 K
Potemkinsche Dörfer 1787
Potsdam v. Chr. 600; n. Chr. 1670, 85, 1747, 50, 53, 99, 1919 V, 33, 45 P
–, Marmorpalais 1790
–, Neues Palais 1769
–, Schauspielhaus 1795
–, Schloß Cäcilienhof 1917 K
–, Stadtschloß 1744, 55
–, Sternwarte 1903, 25 W
–, Universität 1948 Ph
Potsdamer Abkommen 1910, 45, 58 P
– Edikt 1685
– Konferenz 1945 P
»– Photometr. Durchmustersg.« 1907 W
Potter, Dirc 1403
–, Paulus 1647, 48, 52
Potteries 1768
Potworowski, P. 1960 K
Poujouly, G. 1952 K
Poulenc, F. 1920, 52, 57, 63 M
Poulsen, F. 1922 K
–, v. 1902 W
Pound, E. 1952, 54, 58 D
–, R. V. 1960 W
»Pour le mérite« 1740
–, Friedensklasse 1842
Pourfour du Petit 1710
Pousette-Dart, R. 1951, 55 K
Poussin 1593, 1630, 34–37, 39, 44, 48, 54, 63, 64, 65, 75
Powell, C. F. 1947, 50 W
–, M. 1946–48 V
–, P. 1920 K
–, W. 1932 K
»Powenzbande« 1930 D
»Power of positive Thinking, The« 1952 Ph
Powers, F. G. 1960, 62 P
Powys, J. C. 1929, 60 D
Prabhu, N. U. 1965 W
»Präbiologischer Systeme, Die Entstehung« 1965 W
Prack, R. 1951 K
Prädestinationslehre 430, 851, 68, 1536, 64, 1600, 19
»Praeceptor Germaniae« 856
Praetorius 1571, 1610, 20, 21
Präformationslehre 1770
Prag 975, 1330, 48, 64, 78, 99, 1409, 10, 16, 19, 22, 33, 36, 75, 1558, 1600, 18, 20, 35, 38, 41, 1866, 1905 D, 06 Ph, 08 P, 10 Ph, 45 P

Prag, Altstädter Turm 1357, 99
—, erzbischöfl. Palais 1675
—, Handelshochschule 1919 Ph
—, Hieronymus von 1365, 1416
—, Hradschin 1333, 56
—, Karlsbrücke 1357
—, Neustadt 1348
—, Pulverturm 1360
—, Schriftstellerkongreß 1967 D
—, St.-Nikolaus-Kleinseite 1711
—, St.-Veits-Dom 1344, 56, 73, 93, 99, 1929 K
—, Synagoge 1400
—, Waldstein-Pal. 1628
Prager Altstadt 1255
— Fenstersturz 1419
»—« 1618
— Friede 1635
— Hofburg 1333
— »Kompaktaten« 1433
— Mustermessen 1920 V
— Schauprozeß 1952 P
»Pragmatische Sanktion« 1713
»Pragmatismus...« 1907, 52 Ph
—, Begr. d. 1910 Ph
»Prähistorisch« 1952 K
Prähistorische Malerei 1953 K
— Zeitschr.« 1909 W
Präjustizienbuch 1906 V
»Praktische Großzahlforschung« 1933 W
»— Psychologie d. Unfälle...« 1926 Ph
»Prakt.-techn. Unterricht...« 1907 Ph
Prall-Luftschiff 1902, 06 W
Prambanan, Schiwa-Tempel 1000
Prämonstratenserorden 1121
Prandtauer 1660, 1702, 36
Prandtl 1904, 18, 53 W
Präneste 1300
Präraffaeliten 1848, 1909 D, 10 K
Prasad, R. 1962 P
»Präsident, D.« 1975 D
»prästigiis daemonum, De« 1563
»Praterlandschaft« 1850
Pratinas v. Chr. 500
Prato, Dom 1300, 1465
Pratolini, V. 1960 D
Prätorianer um Chr. Geb., 31, 132, 306
»Prätorisches Edikt« 132
»— Recht« v. Chr. 366
Prätorius 1921 M
Pratt, C. 1914 Ph
—, J. G. 1962 Ph
Pravaz 1853
»Prawda« 1912, 47 P
Praxagoras v. Chr. 340
Praxis-Kreis 1975 Ph
Praxiteles v. Chr. 400, 330, 2. Jh.
Präzession v. Chr. 384, 125
»Präzipitation« 1906 W
Präzisionsmessungen 1907, 31, 48 W
»Précieuses ridicules« 1659
Predigt 4. Jh.
»Predigten« 1952 Ph
Preetorius, E. 1907, 27 K
Pregl 1911, 23 W
Preisanstieg 1970, 72 V
Preiserhöhungen 1957 V
Preisindex, Brasilien 1962 V
— der USSR 1955 V
Preiskontrollgesetz 1942 P
Preisniveau 1973 V
Preisschere 1955 V
Preissteigerung 1977 V
Preisstopp 1936 V
Preistheorie, volkswirtschaftl. 1358
Preistreiberei 1973 V
Preisüberwachung 1931 P
Prelog, G. 1975 W
Preller, Fr. 1833
»Préludes« 1839, 54, 1939 M

Prem, H. 1963 K
Preminger, O. 1956, 59 K
Prenzlau, Marienkirche 1343
—, Schwanenapotheke 1303
Presber 1905, 16, 19 D
Prescher, H. G. 1961 V
»President, Mr.« 1952 V
»Presidential agent« 1944 D
Presley, E. 1954, 77 M
»Press« 1964 V
»Pressa« 1928 V
Preßburg 907, 1490, 1526, 1687
—, Dom St. Martin 1487
—, Rathaus 1288
—, Universität 1919 Ph
Preßburger 1946 V
Presse s. a. Zeitung
Presse, brit. 1941 V
»—, Die Dt.« 1954 V
Presseagentur United Press 1907 V
Presseausstellung 1928 V
Pressebüro 1811, 49, 53, 57, 87
Pressekonzentration 1974 V
Presserat 1963
Pressezensur 1830
Prestre de Vauban, Sébastien le 1695
Preuschen 1900 D
Preusker, V.-E. 1953 P
Preuß 1918, 19 P
Preußag 1923, 46 V
»Preuße, Der tote« 1973 W
»Preußen« 1902 V
»Preußengeist« 1915 D
»Preußentum und Sozialismus« 1920 Ph
Preußenwald 1933 P
Preußische Akademie der Wissenschaften 1700, 11
— Bergwerks- u. Hütten-AG 1923 V
— Elektrizitäts-AG 1927 V
»— Geschichte« 1847
»— Landesbühne GmbH« 1921 D
— Landespfandbriefanstalt 1922 V
»— Legende« 1939 D
»— Stil, Der« 1916 D
Preußischer Bund 1440
— Kulturbesitz 1962, 74 Ph
— —, Stiftung 1973 Ph
»Preußisches Märchen« 1953 M
»— Wörterbuch« 1974 D
Preußisch-Süddt. Klassenlott. 1911 V
Prevost, N. 1098
Prévost 1913 W
— d'Exiles 1731
Preysing 1935, 46, 50 Ph
Priamos v. Chr. 2225
—, Schatz des 1870
Pribislaw 1348
— von Mecklenburg 1167
Price, P. B. 1975 W
»—, The« 1967 D
Prieberg, F. K. 1960 M
Priegnitz 1136, 57
Prien, G. 1939 P
Prießnitz 1826
Priesteramt, Niederlegung 1972 Ph
Priesterbrevier 1568
Priesterin v. Chr. 2850
»Priesterleben« 1160
»Priesterliche Dienst, Der« 1971 Ph
»Priestertum« 398
Priestley, John B. 1930, 34, 43, 47, 51, 54, 55, 62 D
—, Joseph 1733, 71, 74, 75, 77, 1804
Prigogine, I. 1977 W
Prima Materia« 500, 1669
Primaporta, Augustus v. v. Chr. 7
»Primas« 975
Primat des »Papstes« 445, 1961 Ph, s. a. Papst
»Primavera« 1923 M, 64 K

»Primitiven, Die geistige Welt der« 1927 Ph
Primo, M. 1902, 23, 30 P
— de Rivera, J. A. 1933 P
Primogenitur 1356
Primzahl, elektron. errechnete 1964 V
»—, größte 1951, 63 W
»Prince, Le« 1631
»— of Wales« 1283
»Princeps Pastorum« 1959 Ph
»Princess Victoria« 1953 V
»Princesse de Clève, La« 1965 M
»— de Montesquieu-Rohan« 1909 K
Princeton, Univ. 1930 Ph
»Principe, Il« 1507, 14, 32, 1739, 1914
»Principia mathematica« 1913 Ph
»— Philosophiae« 1644
»Principles of Economics« 1911 V
»— of Scientific Management« 1912 Ph
Pringsheim 1899
»Printemps« 1887
»Prinz Friedrich von Homburg« 1821, 1960 M
»— Kuckuck« 1908 D
»— Ruprecht von der Pfalz« 1632
»— v. Theben« 1914 D
»Prinzen, v.« 1700
Prinzenraub, sächs. 1455
»Prinzessin« 1847
»— von Cleve« 1678
»— auf den Inseln Wak-Wak, Die« 1922 K
— Kawit wird frisiert v. Chr. 2025
Prinzhorn 1922 K
Prinzing 1906 W
Prinzip Cavalieris 1635
— der kleinsten Wirkung 1746, 50
»Prinzipien d. Charakterologie« 1910 Ph
Prinzregent-Luitpold-Land 1912 W
Priscus v. Chr. 600
»Prisma mit 7 Effekten« 1968 K
»Prismen« 1975 M
»Prisoner of Grace« 1955 D
»Privatleben d. schönen Helena« 1925 D
Privatrecht 527, 1804, 1900, 01, 02, 05, 07, 33 V; s. a. Recht
»—«, Internationales 1933 V
»Privatrechts, Kodifikation d. intern.« 1911 V
»Privatsekretär, Der« 1953 D
»Privileg« 1966 K
Privilegium von Saragossa 1283
»Probeehe« 1200
Probe-Flutkraftwerk 1913 W
»Probierbuch« 1574
»Problem, Das« 1954 Ph
— der Armut« 1911 Ph
— der Erdexpansion, Zum« 1961 W
»— d. Freiheit« 1948 Ph
»— beim Gastmahl« 120
»— d. Geltung« 1914 Ph
»— d. Generation« 1927 K
»— d. Geschichtsphil.« 1905 Ph
»— d. Individualität« 1928 Ph
»— d. Kulturphilosophie« 1937 Ph
»— d. Lebensdauer...« 1908 W
»— d. Monotonie und Langeweile...« 1930 V
»— d. Philosophie« 1912 Ph
»Problematik d. Erkennens, Zur« 1961 Ph
Probus 276, 80
»Processo alla città« 1952 K
Prochorow, A. M. 1964 W

Procopio, Café 1671
Proculeianer um Chr. Geb.
Prodikos v. Chr. 435
Produktion, BRD 1950, 55, 60, 61 V
—, Japan 1960 V
—, Ungarn 1962 V
—, USA 1951, 61 V
—, USSR 1955, 61, 67 V
—, Welt- 1960 f. V
Produktions-Beratungsausschüsse 1942 V
Produktionsverbote 1951 V
Produktionszahlen 1953 V
Produktionszuwachsrate 1961 V
Produktivitätsrat 1948 V
»Professor Bernhardi« 1912 Ph
»— Ed. Meyer« 1911 K
»— Mamlock« 1934 D, 38 K
»— Sauerbruch« 1932 K
»— Unrat« 1905 D, 30 K
Professoren, Hochschulreform 1973 Ph
—, Recht d. 1973 Ph
»Professorenkonvent« 1906 K
Profumo 1963 P
»Profundis, De« 1905, 46 D
Prognose 1984, 1964 Ph
»— Über die Kunst der« 1968 Ph
Programm der »Neuen Freiheit« 1973 P
— der NSDAP« 1927 P
Programmierte Stadt 1969 K
programmierter Unterricht 1977 Ph
»Programmiertes Lernen...« 1962 W
Programm-Musik 1832
Prohibition 1919, 33 V
Projektion, flächentreue 1772
Projektionen, geometrische 1759
Projektor 1933 V
Proklos 411, 76, 85
Prokofieff s. Prokowjew
Prokop der Große 1424
Prokopios 490, 562
Prokowjew, S. 1891, 1921, 32, 33, 45, 47, 48, 52, 53, 55 M, 56 K, 60, 72, 74 M
»Prolegomena ad Homerum« 1795
— zu einer jeden künftigen Metaphysik« 1783
»Proletarier« 1907 P
»Proletarischer Held« 1953 K
— Sozialismus« 1924 Ph
»Proletkult« 1917 K
»Promenade« 1951 K
Prometheus 1904 M
»— 1913 M, 42 K, 59, 68 M
»— d. Dulder« 1924 D
»— Gefesselter« 1948 K
»— Die Geschöpfe des« 1801
»— Ideen z. Philos. d. Kultur 1923 Ph
Promin 1941 V
Prontosil 1935 W
»Propaganda u. nation. Macht« 1933 V
»— als polit. Instrument« 1921 Ph
Propeller-Turbine 1912 W
Propellertriebwagen 1930 W
Properz v. Chr. 50, 31, 15, 8
»Prophet« 1542, 1849, 1953 K
Propheten, israel. v. Chr. 900, 854, 841, 8. Jh.
Prophetenbilder, Glas- 1065
Proportionalzirkel 1597
Proportionen d. Menschen, Über 1528
Propyläen v. Chr. 432; n. Chr. 1862
»Prosa, Späte« 1951 D
»Prose della volgar lingua« 1525
Prosen 13. Jh.
Proske, R. 1967 W
Proskriptionen v. Chr. 80
Prosperi 1966 K

Prostitution v. Chr. 2300, 560, 425, 350, 100; n. Chr. 350, 801, 1306
»— u. ihre Beziehungen zum Verbrechen« 1903 V
Protactinium 1918 W
»Protagonist« 1927 M
Protagonisten v. Chr. 471
Protagoras v. Chr. 485, 415
»—« v. Chr. 347
Protein 1890, 1906 W
—, Helix- 1952 W
—, künstliches 1966 W
Proteinforschung 1973 W
Protektionismus i. d. EG 1961 V
»Protektorat Böhmen und Mähren« 1939 P
»Protest« 1966, 67 K
»Protestanten« 1529
»Protestantenverein« 1863
»Protestantische Ethik...« 1901 Ph
»— Verkündigung...« 1962 Ph
»Protestantismus, Philosophie d.« 1917 Ph
»— als Prinzip des Individualismus« 1930 Ph
»—, Verband z. Verteidigung des« 1923 Ph
»—, Zeitalter des« 1948 Ph
»Protestbewegung und Hochschulreform« 1969 Ph
Proteus, Peregrinus 165
Prothese, myoelektr. 1966 W
Prothesen 1916 W
Prothesentechnik 1977 W
»Protogriechen« v. Chr. 1950
»Protokolle d. Weisen v. Zion« 1901 P
Proton 1932 W
—, negativ geladen 1955 W
Proton-Deuteron-Verschmelzung 1956 W
Protonenbeschleuniger 1972 W
— bei Serpuchow 1967 W
Protonenstrahlen 1953, 54 W
Protonen-Synchrotron 1960, 62 W
—, Super- 1976 W
Protons, Struktur des 1964 W
Protoplasma 1924 W
Protozoen 1907 W
— —, Entdeckung 1675
Protopopow 1967 V
Proudhon 1809, 40, 46, 65
Proust, M. 1927, 53 D
Prout 1815
Provence v. Chr. 118, 103, 101; n. Chr. 510, 26, 36, 855, 1001, 1142, 46, 1229, 13. Jh., 1324, 1481
»Provenzalischer Kirchplatz« 1939 K
»Provincetown Players« 1916 W
Provinzialstände 1847
»Provitamin« 1921 W
Prowazek 1910, 13 W
Proxima Centauri 1938 W
»Prozeß, Der« 1925, 48 D, 53 M, 62 K, 75 D
»— d. Begabung« 1961 Ph
Prozeßordnung, preuß. 1781
—, Straf- 1974 P
Prozeßrechner, I. 1959 V
Prudentius Cl., Autel. 348, 406
Prud'hon 1758, 1814, 23
Prüfeing 1110
Prüfungsordn., preuß. 1928 Ph
Prügelstrafe 1608, 1904 V, 51 Ph
Prüm 889
Prusa v. Chr. 90
»Prütske« 1922 D
Prschewalskij 1870
Prudhomme 1839
Przemysl s. Otakar
Przemyslaw II. 1295
Przemysliden 1290, 1306
Przybyszewski, St. 1903 D

Przywara 1929 Ph
»Psalm, 47.« 1958 M
»–, 90.« 1965 M
»–, 100.« 1909 M
»–, 119.« 1671
»–, 150.« 1892
– für Orchester 1968 M
Psalmen v. Chr. 1090, 960, 6. Jh.; n. Chr. 386, 1516
»–« 1543, 1619
»– Salomos« v. Chr. 50
»Psalmen-Symphonie« 1931 M
»Psalmus hungaricus« 1923 M
Psalter v. Chr. 6. Jh.
–, Folchart- 871
– d. hl. Elisabeth 1225
– d. hl. Ludwig 1261
– d. Robert de Lisle 1305
»Psalterium Moguntinum« 1457
Psammetich I. v. Chr. 663, 656
– II. v. Chr. 663
Psellos, M. 1078
»Pseudo-Isidorische Dekretalen« 850, 1628
Psi-Teilchen 1975 W
PS-Jahre 1891
»Psyche« 1846
»– der Lungenkranken« 1925 W
Psychedelic-Music 1968 M
Psychiatrische Tageskliniken 1968 W
»Psychiatrie, Beziehung z.« 1950 Ph
»Psychische Ganzheit« 1926 Ph
»– Hygiene« 1955 Ph
»– Phänomene« 1911 Ph
»– Reaktionen foss. Tiere« 1928 W
»– Therapie« 1964 Ph
»Psycho« 1960 K
Psychoanalyse s. a. Freud, Adler, Jung, Schulz-Hencke, Neurose
–, Begründg. 1895, 1959 Ph
»–, Einführung in die« 1913 Ph
»–, Internationale Zeitschr. für« 1913 Ph
»–, Kampf um die« 1920 Ph
»–, Die Krise der« 1928 Ph
»–, Neue Wege der« 1951 Ph
»– und Politik« 1968 Ph
»Psychoanalysis 1921–61, The scope of« 1962 Ph
»Psychoanalytische Pädagogik« 1926 Ph
Psychochirurgie 1935 W
»Psychodiagnostik« 1921 Ph
»Psychogymnastik« 1931 Ph
»Psychohygiene des Daseinsgenusses« 1969 Ph
»Psychological Analysis of Economic Behaviour« 1951 Ph
»Psychologie u. Alchimie« 1944 Ph
»– d. Denkvorgänge« 1907 Ph
»– u. Dichtung« 1955 Ph
»–, Einführung in die« 1911 Ph
»–, Entwicklungs-« 1955 Ph
»– d. Erziehung« 1902 Ph
»–, Experimentelle« 1874, 1920, 48 Ph
»– d. Forschung« 1905 Ph
»– d. frühen Kindheit« 1914 Ph
»–, Grundlagen e. allgemeinen« 1940 Ph
»–, Grundz. d. physiol.« 1874
»– unserer Haustiere« 1939 W
»–, Handbuch d. experiment.« 1951 Ph
»–, d. vergl.« 1922 Ph
»–, industrielle 1921 Ph, 26 W
»– d. industriellen Konflikte« 1956 Ph
»– d. Jugendalters« 1924 Ph
»– d. Kunst« 1950 Ph
»–, Lehrbuch d.« 1909 Ph
»– u. Medizin« 1925 Ph

»Psychologie, Medizinische« 1945 Ph
»– der Menschen im Flugzeug, Die« 1954 Ph
»– menschl. Konflikte« 1961 Ph
»– in method. Grundlagen« 1911 Ph
»– auf personalist. Grundlage« 1935 Ph
»– d. Pessimismus« 1904 Ph
»–, Prinzipien der« 1890
»– d. Reklame« 1921 Ph
»– u. Religion« 1944 Ph
»– d. Schönen ...« 1906 Ph
»– d. Sozialismus« 1925 Ph
»– v. Standp. e. Behavioristen« 1919 Ph
»–, Strukturbegr. d.« 1923
»– d. Unfälle« 1926 Ph
»–, Völker-« 1851, 1912, 20, 25 Ph; s. a. Völkerkunde
»–, Vorles. über« 1922 Ph
»– d. Weltanschauungen« 1919 Ph
»– u. Wirtschaftsleben« 1912 Ph
»– d. Wirtschaftslebens« 1962 Ph
»– als Wissenschaft« 1824
»– der Wissenschaft« 1936 Ph
»Psychologische Errungenschaften Nietzsches« 1926 Ph
»– Grenzen d. Gesellsch.« 1945 Ph
»–, Grundlagen d. geschichtl. u. soz. Entwickl.« 1947 Ph
»– der Werbung« 1956 Ph
»– Teste« 1954 Ph
»– Typen« 1921 Ph
»Psychomachia« 406
»Psychopathia sexualis« 1886
»Psychopathologie« 1913 Ph
»– d. Alltagslebens« 1920 Ph
»– i. Umbruch« 1967 Ph
Psychopharmaca 1961 W
Psychopharmakologie 1952 W
Psychophysik 1834, 60
»Psychophysio-Pathologie« 1950 Ph
»Psychophysische Methodik« 1904 Ph
Psychosomatik 1967 W
Psychosomatische Medizin 1687, 1925 Ph, 49 W, 51, 54 Ph
»–«, moderne 1912 W
»– « (Theorie) 1925 W
»– u. Betriebswissensch.« 1920 W
»– im Dienst d. Dt. Reichsbahn« 1925 W
»– in der Landwirtschaft« 1926 W
»– d. Verkaufs« 1926 W
»Psychosomatischen Medizin, Lehrbuch d. industriellen« 1926 W
»Psychotechn. Zeitschr.« 1927 W
Psychotherapie 1973 Ph
»–, Lehrbuch d.« 1951 Ph
»– u. Religion« 1960 Ph
»–, Über die« 1910 Ph
Ptah v. Chr. 1350
Ptahotep v. Chr. 2700
Ptoion v. Chr. 500
Ptolemäer v. Chr. 323, 322, 280, 181
»–« 1947 D
Ptolemaïs 403, 10
»Ptolemäus« 1953 Ph
– I. Lagi v. Chr. 323, 305, 300, 286
– II. Philadelphos v. Chr. 285, 278, 260, 247, 231, 221
– III. Euergetes v. Chr. 247, 231, 221
– IV. Philopator v. Chr. 221
– V. Epiphanes v. Chr. 205
– VI. v. Chr. 181

Ptolemäus VII. Physkon v. Chr. 181, 145
– VIII. v. Chr. 181
– IX. v. Chr. 88, 181
– X. v. Chr. 181
– XI. v. Chr. 181
– XII. v. Chr. 80, 181
– XIII. v. Chr. 181, 47
– XIV. v. Chr. 181
– XV. v. Chr. 181
– XVI. v. Chr. 181
– Claudius 100, 20, 40, 70, 78, 827, 1166, 87, 1200, 40, 13. Jh., 1449, 61, 76, 82, 1543, 1632
»Public Philosophy, The« 1955 Ph
»– School« 1382
»PUBLIT, poem painting 12« 1965 K
Publius Syrus v. Chr. 1. Jh.
»Publizistik, Elemente u. Probleme« 1962 Ph
Pucci, Ant. 1301, 90
Puccini 1858, 93, 96, 1900, 04, 10, 20, 24, 26 M
Pucelle, J. 1343
Pucholt, V. 1965 K
Pückler-Muskau 1832
Puddelstahl 1784
Pudowkin 1926, 28, 38, 58 K
»Pueblo« (Aufbringung der) 1968 P
Pufendorf 1667, 72
Pugatschew 1775
Puget 1682, 84
Pugliese, Giac. 1235
Pu-i 1932 P
Pulakesin II. 625
Pulcheria 450
Pulci 1483, 81, 84
»Pulcinella« 1920 M
Pulfrich 1911 W
Pulkava von Radenin 1380
Pullman-Wagen 1858, 64, 72
Puls v. Chr. 340, 275
Pulsar 1967, 68, 69, 73, 74 W
–, Röntgen- 1970 W
Pulslehre 1041, 87
»– –, Zusammenfass. d.« 1401
Pulver s. Schießpulver
–, L. 1956, 60 K
Pulvergeschütze 1259, 1314, 50
Pulvermaschine 1673
»Pulververschwörung« 1605
Pumpanlage 1909 W
Pumpe s. Luftpumpe
Punch 1841
Punischer Krieg v. Chr. 275, 264, 246, 241, 219, 211, 201, 149, 146
»Punkt X« 1966 K
»Punkte, o. v. 1970 P
»Punkt-Vier-Programm« 1950 P
Punt v. Chr. 2420, 1501, 1490
»Puntila« 1961 M
Pupin 1900 W
»Puppe, Die« 1965 K
»Puppen, Drei« 1973 K
»Puppenfee, Die« 1888
»Puppenmörder, Der« 1973 K
Puppentheater 1340
»–, Das« 1923 D
»Puppet on a string« 1967 M
Purbach 1423, 36, 54, 61, 76
Purcell 1659, 78, 83, 89, 91, 93, 95
–, E. M. 1946, 49, 52 W
Puri 12. Jh.
Puritaner 1560, 1620, 28, 42, 74, 80, 88
»–, Der letzte« 1933 Ph
»– und der Papst, Der« 1643
Purkinje, J. E. 1825
Purpurschnecke v. Chr. 1000
Purrmann, H. 1947, 55, 63, 66 K
»–« 1951 K
Purtscheller 1889, 1900 V
Puschkin, A. 1799, 1820, 25, 32, 33, 34, 37, 90, 1940 K

Puschkin (Außenminister) 1952 P
Puschmann 1905 W
Pusey, E. B. 1833
»Püsteriche« 1250
Putti 1922, 25 K
Puzzuoli v. Chr. 36
Pydna, Schlacht bei v. Chr. 168
Pygmäen v. Chr. 2350
»Pygmalion« 1912 D, 35, 38 K, 61 M
»– und Galathea« 1763
Pylos 1939 D
Pyramiden v. Chr. 2770, 2700, 2650, 2600, 2400, 2270, 2050, 1700, 1490, 300; n. Chr. 1191, 1901, 22 W
–, ägypt. 1579
»– im Meer« 1911 K
»Pyramidentexte« v. Chr. 2560, 1900, 1500
Pyramidon 1897
»Pyramus et Thisbe« 1617
Pyrenäenfriede 1659
Pyrenäen-Tunnel 1970 V
Pyrmont 1782
Pyrometer 1782
Pyrrhon von Elis v. Chr. 376, 270, 230
Pyrrhos v. Chr. 281, 280, 275
»Pyrrhus und Andromache« 1952 D
»Pyrrhus-Siege« v. Chr. 280 v. Chr. 580, 496, 428, 365, 347, 45; um Chr. Geb. 1596
Pythagoras (und Schule) v. Chr. 580, 496, 428, 365, 347, 45; um Chr. Geb. 1596
Pythagoreische Zahlen v. Chr. 1920, 1770
Pythagoreischer Lehrsatz v. Chr. 1920, 1750, 1105, 1000, 496
Pytheas v. Chr. 330
»Pythia« v. Chr. 590
Pythische Spiele v. Chr. 582
»Pythoness, The« 1949 D

Q

Q (Energieeinh.) 1975 V
»Quacksalber, Der« 1679
»Quadragesimo anno« 1931 Ph
»Quadrate, Drei rotierende« 1971 K
– d. Kreises v. Chr. 5. Jh.
»– –« 1882
»–, Methode der kleinsten« 1823
– der Parabel« v. Chr. 212
»Quadratische Figur« 1954 K
Quadrivium 13. Jh.
Quadrophonie 1971 W
Quadros, J. 1961 P
Quäker 1652, 69, 81, 82, 1727, 1947 P
»Quäkerhut« 1791
Qualat Jarmo v. Chr. 6700
Qualtinger, H. 1961 D
Quandt, S. 1971 K
Quantenchemie 1966 W
Quanten-Elektrodynamik 1965 W
Quantenmechanik« (Philos. Grundlagen d.) 1942 Ph
Quantenphysik 1899, 1900, 05, 12, 13, 22–33, 38, 42, 47, 62 W
»Quantentheorie« (Entsteh. u. bish. Entwicklung) 1920 W
»Quantität und Qualität« 1962 Ph
»Quantitative organ. Mikroanalyse« 1917 W
Quantz 1741
Quarantäne 1377, 1403
»Quarantänerede« 1936 P
»Quark« 1964 W
»– «-Teilchen 1969, 76 W
– -Theorie 1977 W
Quarry, J. 1970 V

Quartett a-Moll (Schubert) 1824
»– im Bett« 1968 K
– g-Moll, op. 25 (Brahms) 1861
Quartparallele 1100
Quarzarmbanduhren 1971 W
Quarzlampe 1904 W
Quarzuhr 1929, 33 W
Quasar 1970, 71, 73 W
»–« 1965 W
Quasi-Gleichgewicht 1940 W
Quasimodo, S. 1958, 59 D
Quastenflosser 1954, 72 W
Quat, Phan Huy 1965 P
Qudsi, N. 1961 P
Quebec 1608, 1917, W 44 P
Quebecakte 1774
Queckengras 1931 P
Quecksilber v. Chr. 1490, 287; n. Chr. 500, 1256, 60, 1557, 1642, 1902, 05, 15, 32, 36 W
Quecksilberdampfgleichrichter 1902 W
Quecksilber-Diffusionspumpe 1915 W
Quecksilber-Höchstdrucklampe 1936 W
Quecksilberpumpe 1905 W
Quedlinburg, Dom 1129
–, Frauenstift 936
–, Schloßkirche 1199
–, Wiperti-Krypta 936
»Quedlinburger Itala« 400
»Queen Elisabeth« 1972 V
»– Mary« 1936 W
Queen-Mary-Land 1911 W
Queen-Mary-Psalter 1321
Queensland 1914 P
»Quell« 1932 D
»– d. Einsamkeit« 1928 D
»Quelle, Die« 1911 K, 66 D
»– der Gnosis« 750
»Quellenkunde zur dt. Geschichte« 1931 W
»– d. dt. Reformationsgesch.« 1923
»– z. Weltgesch.« 1910 W
Quemoy 1958 P
Queneau, R. 1959 D
Quentin de Latour 1704, 88
Quercia 1371, 1413, 19, 30, 38
Querfurt, Bruno von 1009
Querpfeife 1250
»Querschnitt, Der« 1920 Ph, 21 D, 62 K
Quesnay 1694, 1768, 74
Quételet, A. 1835
Quetzalcouatl 1192
Queuille, H. 1951 P
»Quickborn« 1852
Quidde 1858, 1904, 20, 27, 41 P
Quietismus 1699
Quincey, Th. de 1821
Quinn, A. 1954, 64 K
»Quintessenz« v. Chr. 322; n. Chr. 500
Quintilian 35, 68, 95, 1416
Quintparallele 1000, 14. Jh.
Quintus Fabius Maximus v. Chr. 217
Quiring 1948 W
Quirinus v. Chr. 600, 7
Quisling 1933, 40 P, 42 Ph
Quitzow, Dietrich v. 1409, 14
Qumram v. Chr.
»Quo Vadis« 1896, 1901, 12 K
»Quodlibet« 1969 D

R

»R 69, 1–19« 1969 K
»Ra 2« 1970 W
Raab, J. 1953, 56, 59, 61, 64 P
Raabe, W. 1831, 56, 57, 64, 65, 68, 70, 79, 96, 1910, 31 D
»Rabbiner« 1645
»Rabe« 1943 K
Rabelais 1494, 1534, 53
Rabehl 1968 Ph

Rabenalt, A. M. 1941, 52 K, 68 D
Rabener, G. W. 1741
Rabenpresse, Neue 1970 D
»Rabenschlacht« 1200
»Rabensteinerin« 1907 D
Rabi 1934, 44 W
Rabin, Y. 1973, 74, 75 P
»Rabula-Evangelia« 586
»Rächer, Der« 1923, 66 K
Rachitis 1650, 1912, 19, 31, 32 W
Rachmaninow, Sergej 1873, 1919, 43 M
Rachmanina 1931–33, 35 D
Racine 1639, 65, 67, 68, 69, 70, 71, 75, 77, 85, 91, 99
»Racines du ciel, Les« 1956 D
Raczinsky 1912 W
Radar 1939, 41, 42, 43, 45, 46, 59, 60 W
Radarteleskop 1976 W
Radbruch 1910 V, 22 Ph
Radebeul 1928 D
Radenin, Pulkava von 1380
Räderuhr 1300, 1470
Radetzky 1848
»Radetzkymarsch« 1931 D
Radewike, Florent. 1374
Radfahrer 1962 V
»–, Der« 1955 K
Radfernfahrt 1880
Radhakrischnan, S. 1961 D, Ph, 62 P
Radic 1925, 26, 28 P
Radierung (Anfänge) 1513, 40
–, Eisen- 1518
»Radikalbeschluß« 1972 P
»Radikale u. Radikalsozialistische Partei« 1901 P
»Radikalismus ...« 1920 P
–, Bedingungen f. student. 1970 Ph
»Radikalsozialisten« 1960 P
Radio s. auch Rundfunk
– Corp. of America 1919 V
Radioactinium 1907 W
Radioaktive Schwaden 1954 W
– »Substanzen« (Forsch.) 1904 W
– Verseuchung 1954 W
Radioaktivität 1896, 98, 99, 1903, 04, 06, 07, 11, 12, 34, 35, 40, 43, 46, 49, 57 V, 61 P, W
– –, künstl. 1934, 35 W
Radioastronomie 1932, 39, 42, 49, 53, 55, 59, 63, 68, 69, 71 W
Radioastronom. Nachweis v. Wasser 1977 W
Radioempfänger (USA) 1954 W
Radio-Isotope 1953 W
Radiokarbonmethode 1960, 61 W
»Radiokrieg, europ.« 1943 V
»Radiolarien« 1862
Radioliteratur 1924 W
Radiologenkongreß 1925 W
Radiometer 1919 W
Radioquellen 1953 W
Radiosonden 1946, 48 W
Radiosondenballon 1965 W
Radio-Sonnenforschung 1942 W
Radiosterne 1973 W
Radiostrahlung 1952 W
– –, kosmische 1968, 71, 72 W
Radioteleskop 1955, 59, 62, 67, 71, 74, 76 W
– –, astron. 1949 W
– – in Green Bank 1965 W
Radium 1898; s. a. Radioaktivität
Radpflug 59
Radschputen 606
Radsport 1875, 92, 99, 1903 V, 33
– (Geschw.-Rekord) 1956 V
Radvanyi s. Seghers
Raeburn, H. 1756, 99, 1809, 11, 23
Raeder, E. 1946, 55, 60 P

»Rafaello« 1942 K
Raffael 1483, 1504, 05, 06–08, 10, 12, 13, 15–18, 20, 24
»Raffke« 1922 V
Ragon, M. 1959 K
Ragtime f. 11 Instrumente 1918 M
Ragusa 1170
»Rahel Varnhagen« 1960 Ph
»Rahmenplan f. d. dt. Schulw.« 1959 Ph
»Rahmenzeitplan für das 10-Monate-Studium« 1951 P
Raiffeisen, F. W. 1818, 64, 88
Raiffeisen-Verband 1930 V
Raïmon von Miraval 1189
Raimund, F. 1828
Raimundus Lullus 1235, 65, 1316
Rain am Lech 1632
Rainald v. Dassel 1167
Rainalter, E. H. 1935, 60 D
Raine 1949 D
Rainer 1937 K
Rainier von Monaco 1956 P
Rainwater, J. 1975 W
»Raison dialectique, Critique de la« 1960 Ph
Rajaraja 1000
Rajewsky, B. 1948 W
Rajk 1949, 56 P
»Rakan, Die 16« 1466
»Rake's Progress, The« 1951, 71 M
Rakete 1420, 1928 f., 44, 46, 49, 53, 54, 60 W, 62, 63 P
–, Fern- 1957 P
–, Flüssigkeits- 1932 W
–, interkontinentale 1957, 62, 63 W
–, Luftabwehr- 1957 W
–, Mond- 1959 W
–, z. d. Planetenräumen« 1923 W
–, Polaris- 1960 W
–, Ranger- 1962 W
–, m. Tieren 1959 W
Raketen, USA- 1957 W
Raketenaufstieg 1944, 46 W
Raketenfesttreibstoff 1961 W
Raketenflugzeug 1951 W
Raketenrennwagen 1928 W
Raketentechnik 1957 W
Raketentheorie 1929 W
Raketen-Wettrüsten, Begrenzung 1969 P
Rakoczi 1711
Rakosi, M. 1952, 53, 56 P
Raleigh 1552, 84, 1607, 14, 17, 19
–, (USA) 1953 K
»Ralph Royster Doyster« 1533
Rama VII. 1925 P
– VIII. 1935 P
»Ramajana« v. Chr. 298
Ramakrischna 1834, 86
Raman, 1928, 30 W
»Raman-Effekt« 1928 W
»Ramas Leben« v. Chr. 298
»Ramayana« 1829
Ramboldini 1423
Rambott, M. W. 1961 K
Rambouillet 1618
–, Gipfel 1975 P
Rameau 1683, 1722, 37, 39, 41, 64, 1949
Ramée, Pierre de la 1536, 57
Ramin 1918, 40, 56 M
Ramirez 1944 P
Ramme v. Chr. 732; n. Chr. 1707
Rammelsberg 968
Ramon 1927 W
»Ramona« 1910 K
Ramose v. Chr. 1390
»Rampenlicht« 1952 K
Ramsay 1852, 94, 95, 1903, 04, 16, 19 W
–, W. H. 1948 W
Ramses II. v. Chr. 1450, 1350, 1300, 1295, 1260, 1250

Ramses III. v. Chr. 1200, 1193, 1190, 1171
– IV. v. Chr. 1200, 1150
– V. v. Chr. 1200
– VI. v. Chr. 1200
– VII. v. Chr. 1200
– VIII. v. Chr. 1200
– IX. v. Chr. 1200
– X. v. Chr. 1200
– XI. v. Chr. 1200, 1090
Ramsey, A. M. 1966, 74 Ph
Ramus 1536
Ramuz 1925 D
Ranade 1927 Ph
»Rand geschr., An d.« 1925 D
»Rande d. Schöpfung, Am« 1974 D
– d. Wüste, Am« 1963 D
»Randglosse z. altport. Liederbuch« 1902 D
»Randstörungen« 1965 K
»Ranger 7« 1964 W
– 8 und 9 1965 W
Ranger-Rakete 1962 W
Rangoon 1953 P
Rangström 1919 M
Rangtabelle, russ. 1772
Rangun 1939 W
»Rani Radovi« 1969 K
Ranke, L. v. 1795, 1834, 47, 52, 59, 81, 86
–, Rob. v. s Graves
Rapacki, A. 1957, 68, 70 P
Rapallovertrag 1922 P
Raphael, G. 1954 M
Rapoport 1938 K
–, A. 1960 Ph
Rapp, G. 1804
Raritätenkabinett 1550
Ras Sharna v. Chr. 1350
Raschdorff 1904 K
Raschig 1930 Ph
Rascien 600
»Rasende Mänade« v. Chr. 340
»– Reporter, Der« 1924, 48 D
»– Roland, Der« 1516
»Rasenstück, Gr.« 1503 K
»–, N. 1938 V
»Rashomon« 1950 K
Rasierapparate 1901 V
»Rasiermesser des Occams« 1349
Rasin, Stepan 1671
Rasjamand-Staudamm v. Chr. 1686
Raskolniki 1652
»Raskolnikow« 1948 M
Rasmussen 1924 W
Rasputin 1871, 1907, 16 P, 50 Ph
»Rasse und Nation« 1918 Ph
»Rasselas, der Prinz v. Abessinien« 1758
Rassem, M. H. 1969 W
»Rassen, Versuch über d. Ungleichheit der« 1855
»–, Zwischen den« 1907 D
Rassen- u. Gesellschaftsbiologie 1904 W
– u. Gesellschaftshygiene 1904 W
Rassenhygiene 1921 W
Rassenideologie 1918, 27 Ph, 63 Ph, P
Rassenintegration 1962 Ph
Rassenkonflikt 1957, 62, 63 Ph, P
»Rassenkunde d. dt. Volkes« 1922 Ph
Rassentrennung 1954, 56 Ph
– –, Aufhebung d. 1964 Ph
Rassenunruhen in USA 1966, 67 P, 68 V
»Rast b. d. Ernte« 1835
»– d. Schnitter« 1919 K
Rastatt 1713
»Rastelbinder, Der« 1902 M
Rasterätzung 1881
Rastertiefdruck 1902 W
Rastislaw 863
Rastorgoneff 1937 V
Rastrelli, B. F. 1700, 36, 55, 62, 71

Rasumowsky-Streichquartette 1806
»Rat der gelehrten Gesellschaft, Amerikanischer« 1919 Ph
– der drei Weisen« 1956 P
– der Zehn 1310
Rätefreistaat d. Wolgadt. 1924 P
Räter 534
Räterepublik, dt. 1918 P
»Rathas« 635
»Rathaus v. Yvry« 1923 K
Rathenau, E. 1915 V
–, W. 1867, 1907 K, 12 Ph, 14 V, 18, 22 P, 30 D
»– –« 1907 K
Ratibor 1163
»Ratiociniis in ludo aleae, De« 1657
»Rationalisierung, Grenzen d.« 1927 P
»Rationalismus« (Wissensch. u.) 1912 Ph
»Ratione studii, De« 1512
»Rationeller Wohnungsbau« 1926 K
Rationierung 1954 V
Ratke 1571, 1612, 18, 35, 42
Ratpert 890
»Ratschläge f. Aufführung ...« 1928 M
Rätsel 1925, 28 V
»– der Gobi« 1932 D
– d. Kunst d. Brüder v. Eyck« 1904 K
– d. Philosophie« 1919 Ph
Rätselforschungen 1918 V
»Ratsherren aller Städte, daß sie Schulen aufrichten und halten sollten, An die« 1524
Ratshof 1906 V
»Ratten, Die« 1911 D
»Rattenfänger, Der« 1975 D
»Rattenfänger von Hameln« 1284
Rattenfängerhaus, Hameln 1602
Rattigan, T. M. 1954 D
–, T. 1977 D
Ratzel, Fr. 1891
Ratzinger, J. 1977 Ph
»Raub des Ganymed« 1527
– d. Lukrezia« 1946 M
– der Proserpina« 1620
– der Sabinerinnen« 1583
– der Töchter des Leukippos« 1618
»Räuber, Die« 1782, 1957 M, 68 D
»Räuberbande« 1914 D
»Räuberischen und mörderischen Rotten der Bauern« (Wider die) 1525
»Räubersynode« 449
»Raubmenschen« 1911 D
»Raubvogel« 1952 K
»Rauch« 1876
–, Chr. D. 1777, 1815, 21, 23, 30, 51, 57
– u. Stahl« 1920 D
Rauchen u. Sterblichkeit 1954 V
»Raucher, Der« 1953 K
»Raukes Haus« 1833
»Raum« 1922 Ph
– und Zeit« 1908 W
– – –« (Neue Theorie) 1901 Ph
–, Zeit u. Gottheit« 1920 Ph
–, –, Gravitation« 1920 W
Raumbild-Entfernungsmesser 1906 W
Raumfahrt 1926, 59 ff., 77 W
– I« 1966 W
Raumfahrtbehörde 1972 W
Raumfahrtmuseum i. USA 1976 W
Raumfahrtrekord 1970 W
Raumfahrt-Statistik 1968, 69 W
Raumfahrt-Unfälle 1967 W
Raumklang 1954 W

»Raumknoten« 1963 K
Raumkrankheit 1973 W
Raumkrümmung 1915, 17 W
Raumordnung 1961 V
Raumpilot 1961 W
Raumschach 1921 V
Raumschiff 1962 W
– Erde« 1970 Ph
»Raumschiffahrt« (Wege z.) 1929 W
Raumtransporter 1977 W
Raumzeitlehre 1901, 08, 28, 37
Raupenschlepper 1907 W
»Raus mit Dir« 1968 K
Rausch s. Benrath
»–« 1899
Rauschenberg, R. 1959, 64, 73, 75 K
Rauschenbusch 1917 Ph
Rauschgift 1973 V
Rauschgifte 1925 s. a. Opium
Rauschgiftmißbrauch 1969, 72 V
Rauschgift-Tote 1977 V
Rauschning 1933 P
Ravel, M. 1875, 1901, 07, 08, 11, 12, 22, 27, 28, 32, 37, 74 M
Ravenna 395, 403, 52, 5. Jh., 500, 26, 42, 6. Jh., 554, 65, 756, 1200, 75, 1441, 83, 1944 P
–, Baptisterium 500, 25
–, Dom 507
–, Grabkapelle 450
–, Maximilians-Kathedrale 550
–, San Apollinare 550
–, – – in Classe 549
–, – – nuovo 500
–, – Vitale 527, 6. Jh.
–, Synode zu 968
Ravensberg 1180
Ravensburger Handelsges. 1430
Raxach, E. 1965 M
Ray, C. D. 1964 V
–, James E. 1969 V
–, John 1693, 96
–, M. 1976 K
–, S. 1965, 70 K
Rayburn 1974 D
Rayleigh 1842, 94, 1904, 19 W
»Raymonda« 1898
Raynal, P. 1924 D
Razoumny 1920 K
Re v. Chr. 1350
– Cervo, Il« 1963 M
– diplomatica, De« 1681
– metallica, De« 1530
– – – – – De« 1555
Read, Sir H. E. 1960 V
»Reader's Digest« 1961 D
Reading 1921 P
»Ready made« 1914 W
Reafferenzprinzip 1950 W
Reaktionen, metallorgan. 1912 W
Reaktionsabläufe, chem. 1909 W
Reaktionskinetik 1901 W
Reaktor FR2 1962 W
Reaktorunfall 1955 V
Reaktoren, Kern- 1955, 56, 58 W
Real Aalto 1975 W
Realgymnasium 1765, 1859
»Reali di Francia« 1431
»Realisierung« 1912 Ph
»Realismus« 1350
–, Berliner« 1970 Ph
–, D-« 1977 K
–, Essays über den« 1920 Ph, 38 D
Realismus, gesellschaftskrit. 1977 K
–, Der neue« 1912 Ph
–, Phantastischer 1950 K
–, romant., exakter« 1962 V
–, sozialistischer 1956, 63 D
»Realität, Befrag. d.« 1972 K
–, Realismus 1973 K
»Reallexikon d. Musikinstrum.« 1913 M

»Reallexikon d. Vorgesch.« 1932 W
Reallohn 1951, 67 V
—, USA 1953 V
Reallöhne, dt. 1848, 1949 V
Realschule, Mechanische und mathematische 1708
»— —, Ökonomisch-mathematische« 1747
— —, preußische 1870
Realschulwesen 1708, 47, 1800, 22, 70, 79, 1902 Ph
Réaumur 1722, 30
»Rebecca« 1881, 1940, 52 K
»Rebell« 1933 K
Reber 1939 W
Rebhuhn, Paul 1538
Rebka, G. A. 1960 W
Reboux, P. 1963 D
Récamier 1777, 1811, 49
»—, Mme.« 1800, 02
Rechel-Mertens, E. 1953 D
Rechenanlage 1955 W
Rechenanlagen, elektron. 1961 W
Rechenbrett v. Chr. 1050, um Chr. Geb.; n. Chr. 10. Jh., 1250
Rechenbuch v. Chr. 1800, 1000; n. Chr. 1202, 1482, 89, 1550
Rechenmaschine 1623, 42, 73, 1770, 80, 1926, 36, 42, 49 W
—, elektronische 1953, 55, 57 W
— — LEO 1954 W
—, Relais- 1944 W
Rechenmeister 1300
Rechenpfennige 1250
»Rechenschaft und Ausblick« 1951 Ph
Rechenschieber 1597, 1620
Rechenschulen 13. Jh.
Rechenzentrum, Darmstadt 1966 W
—, Deutsches 1962 W
Rechner, elektron. 1946 W
»Rechnung auf d. Linihen« 1518
»— nach der Lenge ...« 1550
Recht v. Chr. 1729, um Chr. Geb.
— s. a. Gesetzgebung
— der Frau auf Erwerb« 1866
»— und Freiheiten der Waldwerke« 1271
—, kanonisches 1912, 34 Ph
— in Krieg und Frieden, Über das« 1625
—, römisches s. röm. Recht
»Rechte Schuhe im Gepäck, 2« 1975 Ph
»Rechtecke, Vier schräge« 1973 K
»Rechtfertigung des Guten« 1900 Ph
»Rechtfertigungsbuch« 1326
»Rechtliche Grundlag. d. Kapitalismus« 1924 V
»Rechts ..., Der Geist d. röm.« 1858
»— nach links, Von« 1934 V
—, Die Philosophie d.« 1830
»Rechts- u. Sozialphilosophie« 1907 V
»— u. Wirtschaftsphilosophie« 1907 Ph
Rechtsbuch Iwans III. 1497
Rechtschreibreform 1973 Ph
Rechtschreibung, dt. 1902 Ph
Rechtseinheit, dt. 1975 P
»Rechtsgeschichte« 1949 Ph
»Rechtspflege« 1945 P
»Rechtsphilosophie ...« 1921 Ph
Rechtsschule 1779, 1815
— —, Bologna 1100, 51, 1213
Rechtsschulen, röm. 200
»Rechtswissenschaft, Einführung in die« 1910 V
—, Handwörterbuch der« 1928 V
»— —, Jüd. Klassiker d. Dt.« 1938 Ph

»Recke im Tigerfell« 1200
Recklinghausen 1951, 52 Ph, 62 K
Reck-Malleczewen 1937 D
Recknitz, Schlacht an der 955
Reclam, A. A. 1828, 67, 1909, 42 D
»Recognitions, The« 1962 D
Reconquista 900
»Recoveries« 1964 D
»Récréation concertante« 1953 M
»Redakteur Lynge« 1893
»Rede an die deutsche Jugend« 1945 Ph
— auf die Gefallenen v. Chr. 439
»Redekamen« 1398, 1488
»Redekunst, Ausführliche« 1728
Redemptoristen-Orden 1732, 87
»Reden und Aufzeichnungen« 1952 Ph
— an eine gespaltene Stadt« 1961 Ph
— an die deutsche Nation 1807
Redendes Krokodil v. Chr. 1500
»Redentiner Osterspiel« 1464
Redi, F. 1649, 64
Reding, M. 1961 Ph
Redl, A. 1964 D
»Redner« 1944 K
Rednerautausch, zwischen SPD und SED 1966 P
»Reductione artium ad theologiam, De« 1274
Reed, C. 1938, 41, 45, 47–49, 69, 76 K
Reemtsma 1910 V
Reenen, J. v. 1975 V
»Referinen« 1567
Reflexe, bedingte 1880, 1901, 26 W
»—, Vollst. Modelldarst. d. bed...« 1975 W
»Réflexions ou sentences et maximes morales« 1665
Reflexionsgesetz v. Chr. 300; n. Chr. 4. Jh.
Reflexlehre, klass. 1950 W
Reformation, deutsche, Beginn 1517
— des Kaisers Siegmund« 1439
»—, Renaiss., Humanismus« 1918 Ph
»—, Zweite« 1625
Reformationsgeschichte 1923 W, 69 Ph
»Reformations-Symphonie« 1830
»Reformhaus ...« 1925 W
Reformierte 1875
Reformkommunismus (ČSSR) 1969 P
Reformkurs in der ČSSR 1968 P
Reformmüdigkeit 1974 Ph
»Reformpädagogik« 1936 Ph
Reformrealgymnasium 1879
Refraktion des Sternenlichtes 120
Regalien 1356
»Regatta« 1938 K
Regeldeltri v. Chr. 1000
Regelkreise 1933 W
Regelmäßige Körper v. Chr. 347
»Regeln f. d. deutsche Rechtschreibung ...« 1902 Ph
»— der Kunst, Nach allen« 1968 Ph
Regelprobleme, psycholog. 1959 W
Regelung, biolog. 1925 W
Regelungstechnik 1940, 60 W
Regelungstheorie 1961 Ph
»Regelungsvorgänge in der Biologie« 1956 W
Regelvorgänge, wirtschaftliche und technische 1955 W
Regen, künstlicher 1955 W

Regenbogen (Natursch.) 1275, 1304, 18, 1637
»—, Dampf u. Schnelligkeit« 1844
»—, Der staubige« 1961 D
»Regenbogenhahn, Der« 1968 K
Regener, E. 1955 W
Regeneration, biologische 1770
»— beim Menschen« 1923 W
Regenerativfeuerung 1856
»Regenkönig, Der« 1959 D
»Regenmacher, Der« 1955 D
Regenmessungen v. Chr. 4. Jh.
Regensburg 179, 529, 54, 700, 39, 972, 76, 1146, 1207, 45, 1300, 07, 09, 74, 1534, 41, 1608, 33, 54, 63, 1842
—, Abtei Obermünster 1015
—, Bertold von 1250
—, Burggraf von 1189
—, Dom 1275, 1480
—, Kloster 650
— Reichstag in 1156
—, Römling 1300
—, St. Emmeram 1010, 61
—, St. Jakob 1230
—, Walhalla 1842
Regensburger Schule 1014
»Regentage« 1973 K
Reger, E. 1931, 32, 54 D
—, M. 1873, 1907, 09, 13, 15, 16, 60 M
Reggio de Calabria 1970 P
»Regierung d. Burgfriedens« 1934 P
»Regimentstochter« 1840
Regino 889
Regiomontanus 1436, 60, 61, 72, 75, 76
Regionalfond (EG-) 1974 V
Regisseur-Theater 1943 D
Registrierballon 1905
»Regnum teutonicum« 920
»Regula del 4« 1964 K
— fidei 150
Regulation, kapillarmotor. 1920 W
»Rehabilitation« 1962 V
Rehabeam v. Chr. 917
Rehberg, H. 1963 V
»Rehe i. d. Dämmerung« 1909 K
»— im Walde« 1866
Rehfisch, H. J. 1924, 29, 54, 55, 59, 60 D
Rehm 1950 V
Rehmke 1910, 25 Ph
Rehn, J. 1955 D
—, L. 1896
»Rehobother Bastards ...« 1913 W
Rehwinkel, E. 1959 V
»Reich Cäsars u. d. Geistes« 1948 Ph
— d. Dämonen« 1941 D
— der niederen Dämonen, Das« 1953 Ph
—, P. 1963 K
— d. Seins« 1940 Ph
—, W. 1933 Ph, 71 K
Reiche, R. 1968 Ph
Reichel 1570, 1605, 07, 36
Reichenau 742, 842, 43, 1000, 08, 13, 54
Reichenauer Schule 970, 1000
Reichenau-Mittelzell, St. Maria 1048
Reichenau-Niederzell, Stiftskirche 1100
Reichenau-Oberzell, St. Georg 1000
Reichenbach 1830
—, H. 1928, 35, 37, 42, 51, 53 Ph
Reichenhall 956, 1158
Reichmann, W. 1967 K
Reichow, H. B. 1959 W
Reichpietsch 1917 P
Reichsadler 1195
Reichsapfel v. Chr. 149
Reichsamt f. Landesaufn. 1919 V, 25 W
Reichstage 1434

Reichsarbeitsblatt 1926 V
Reichsarbeitsgemeinschaft d. Kinderfreunde 1924 Ph
Reichsarbeitsgericht 1927 V
Reichsarchiv 1919 V
Reichsausschuß f. hygien. Volksbelehrung 1926 Ph
— d. Jugendverbde. 1926 Ph
— f. Leibesübungen 1924 V
— f. sozialist. Bildungsarb. 1931 Ph
Reichsbahn, dt. 1920, 24 V, 25 W
Reichsbank 1910 V, 22–24 P, V, 30 P, 33 V, P, 36, 37, 39 P
Reichsbanknoten 1923 V
»Reichsbanner Schwarz-Rot-Gold« 1924, 31 P
Reichsbeamtengesetz 1907 V
Reichsbrücke, Wien 1976 W
Reichsdeputationshauptschluß 1803
Reichsdeutscher Mittelstandsverband 1909 V
»Reichselternbund« 1922 Ph
Reichsfürsten 1150
Reichsgericht 1879, 1906 V, 21, 22 P, 27 V, 29, 30 P
Reichsgeschichte 1009, 1928 W
Reichsgesetz, erstes dt. 1235
Reichsgewerbegesetz 1731
Reichsgrundschulgesetz 1920 Ph
»Reichsgründung« 1916 W
Reichsheimstättengesetz 1920 V
Reichshofrat 1497
»Reichsjägermeister« 1935 V
Reichsjugendgerichtsgesetz 1923 Ph
Reichsjugendwohlfahrtsgesetz 1922 Ph
Reichskammergericht 1495, 97, 1693
Reichskleinodien 12. Jh., 1341, 1424
Reichsknappschaftsgesetz 1924, 26 V
Reichskommission, Hist. 1928 W
Reichskonferenz, brit. 1926 P
Reichskriegskonferenz, brit. 1917 P
Reichskulturkammergesetz 1933 Ph
Reichskuratorium f. Wirtschaftlichkeit ... 1921 V
Reichslandbund 1921 V
»Reichsmarschall des Großdt. Reiches« 1940 P
Reichsmietengesetz 1922 V
Reichsmuseum f. Gesellschafts- u. Wirtschaftskunde 1931 V
»Reichsnährstand« 1933 P
Reichsrechtsausschuß 1925 P
Reichsreform 1927, 34, 42 P
Reichsschrifttumskammer 1933, 35 D
Reichsschulkonferenz 1920 V
Reichsseuchengesetz 1900 V
Reichssportabzeichen 1913 V
Reichsstädte 1803
—, erste 1226
Reichsstädtebund 1910 P
Reichstadt (Herzog v.) 1811
Reichsstände 1434
Reichstag 1871
—, Aachen 813
—, Augsburg 1530
—, Berlin 1963 P
—, Besançon 1157
—, finnischer 1907
—, geharnischter« 1548
—, Köln 1512
—, Mainz 1235
—, Paderborn 777
—, Regensburg 1156, 1608, 54, 63
—, Speyer 1526, 29
—, Worms 1495, 1521
Reichstage 1434

Reichstagsbrand 1933 P
Reichstagsgebäude 1894
Reichstagswahlen 1933 P
Reichstein 1934, 35, 50 W
Reichsverbd. z. Bekämpfung d. Impfg. 1923 V
— d. deutschen Handwerks 1926 V
— der deutschen Industrie« 1919, 25 V
— d. deutschen Windhorstbünde 1920 Ph
— f. Körperkultur« 1926 V
— gegen d. Sozialdemokratie« 1904 P
Reichsvereinsgesetz 1908 P
»Reichsverfassung« 1919
Reichsversicherungsanstalt ... 1911 V
Reichsversicherungsordnung 1911, 12 V
Reichsviehseuchengesetz 1909 V
Reichswerke »Hermann Göring« 1935, 37 V
Reichswirtschaftsgericht 1923 V
Reichswirtschaftsrat 1920 P
»Reichszündholz-« 1904 V
»Reichtums, Entstehung u. Verteilung d.« 1769
Reid, Th. 1710, 64, 96
Reidy, E. A. 1963 K
Reifen, schlauchloser 1948 W
Reifenberg, B. 1956, 64 D
»Reifende Jugend« 1933 K
»Reifezeit, körperl.-seel. Bez.« 1962 V
»Reiflicher Überlegung, Nach« 1950 K
Reifrock 1610, 1749, 91, 1852
»Reigen« 1900, 1903 D, 50, 57 K
»—, Der 1973 K
Reihenanlage, elektr. 1962 V
Reihenentwicklg., math. 1715
Reihen-Rotationsmaschine 1924 W
Reimann 1902 K
—, A. 1965, 67, 69, 70, 71 M
Reimar, Freimund 1814
Reimarus 1694, 1768, 77
— bis Wrede, Von« 1906 Ph
Reimbibeln 11. Jh.
Reimchronik 1183, 1216, 1310
—, Steirische 1319
Reimers, H. 1954 V
Reim-Offizien 13. Jh.
Reims 496, 561, 850, 999, 1000, 1223, 1429
»—, Bei« 1867
—, Kathedrale 1212, 38, 95, 1300
—, St-Rémi 1211
Reimser Evangelienbuch 14. Jh.
— Schule 820
»Reimsprüche, 200 dt.« 1638
Reinach, A. 1917 Ph
»Reinaerde, Van den Vos« 1250, 1487
»Reinaerts Historie« 1375, 1487
Reine, K. 1965 D
»Reineke Fuchs« 641, 1794
»Reinen, Die« 251, 11. Jh.
Reines Gespräch 235
Reinhard, Anna 1524
Reinhardt, A. 1954, 55 K
—, G. 1973 D
—, M. 1873, 1903, 05, 06, 08, 15 D, 17 M, 19, 21, 24 D, 35 K, 43, 61, 73 D
Reinhart 1761, 1847
—, Fuchs« 1170
Reinheim, Keltengrab 1954 W
Reinig, C. 1968, 69 D
Reinke 1905, 11 Ph
— de Vos« 1375, 1498
Reinmar von Hagenau 1210
— von Zweter 1236, 52
Reinshagen, G. 1968 D
Reis v. Chr. 7000, 3000, 2300, 1550; n. Chr. 1291, 1895, 1914 V, 42 P, 43, 62 V

Reis, Ph. 1861
Reisbörse 1697
»Reise im Ballon« 1960 K
— ans Ende d. Nacht« 1961 D
» um die Erde in 80 Tagen« 1873
—, ins Glück, Eine« 1959 M
—, italienische 1786
—, z. Mittelpunkt d. Erde« 1864
— in den Mond« 1648
— zum Mond« 1902 K
— zur Sonne« 1662
— durch das Unmögl.« 1904 K
— um die Welt, Neue« 1697
— ohne Wiederkehr« 1932 K
Reisealtärchen 1433
»Reisebilder« 1831
»Reisebriefe eines Artisten« 1927 D
»Reisebuch aus d. österr. Alpen« 1929 M
— — e. Philosophen« 1919 Ph
Reisebüro, Berliner 1892
Reiseerlebnisse 629, 1245, 53, 98, 1321, 1419
Reiseführer 1426, 1632, 37, 66, 1827, 42
Reisegeschwindigkeit (Dt. B.-Bahn) 1962 V
Reisen, Auslands- 1959 V
Reisernte 1965 V
»Reisetagebuch einer Dame« 946
Reiseverkehr 1839, 63
Reiseversich.-Wetten 1570
Reisezeiten 1505
Reisinger, Sixtus 1476
Reis-Mikrophon 1925 W
Reißverschluß 1914 W
Reisz, F. K. 1960, 66, 67 K
»Reitender Jüngling« v. Chr. 2. Jh.
»Reiter« 1936, 47, 51 K
»—, d. Apokalypse« 1919 D
»—, Der eherne« 1833
»— auf d. Löwen« 1913 D
—, R. 1960 W
»— und Reiterin« 1893
»— am Strand« 1902 K
Reiterballspiele v. Chr. 1900
»Reitet für Deutschland« 1941 K
Reitsport 1868
Reitz, R. 1966 K
Reiwald, P. 1946 Ph
Reizkörperbehandl. 1920 W
Reizphysiologie 1914, 26 W
Rej 1505, 69
Reklame 1891, 1901, 03 K, 08 V, 21 Ph, 23, 25 K, 26 Ph, 27 K
»— 1908 V, 26 Ph
Reklamekunst 1903 K
»— aus zwei Jahrtsd.« 1925 K
»Reklamepsychologie« 1926, 56 Ph
Rekord, Düsenboot- 1955 W
— für Landfahrzeuge 1965 V
Rektorenkonferenz, europäische 1955, 64 Ph
— — westdeutsche 1968 Ph
»Relational Painting« 1954 K
Relativitätstheorie 1905, 06, 08, 11, 15, 19–21, 28, 31, 38, 50, 52, 55, 69, 77 W
—, Allg. 1975 W
»Relay 2« 1964 W
»Relief Figuration« 1963 K
Reliefzeichnungen, endeiszeitliche 1968 W
»Religion, A Historian's Approach to« 1956 Ph
»— d. Freimaurer, ein Weg z. dt. Aufbau« 1922 Ph
»— i. Gesch. u. Gegenwart« 1909 Ph
»— innerhalb der Grenzen der bloßen Vernunft« 1793
»— u. Kultur« 1924 Ph
»— u. Kultus d. Etrusker« 1922 Ph
»—, Naturgeschichte der 1757
»— ist Opium« 1843

»Religion u. Profit« 1918 D
»— als Selbstbewußtsein Gottes« 1906 Ph
»—, syr.-phön. v. Chr. 1350
»—, Über die« 1799
»—, Vernunft u. neuer Glauben« 1944 Ph
»— u. Wirtschaft« 1959 Ph
»Religionen des alten Amerika« 1961 Ph
»— d. Erde« 1905 Ph
»— müssen alle tolerieret werden, Die« 1740
»— in Ost u. West« 1961 Ph
Religionsfriede, Augsburg 1555
Religionsgeschichte v. Chr. 287
»—, . . .« 1902 Ph
»—, Allgemeine« 1913 Ph
»—, Bilderatlas z. 1925 Ph
»— (Einführ.) 1920 Ph
Religionsgespräch, Marburg 1529
»—, Regensburg 1541
»—, Worms 1541
Religionskongreß 1910 Ph
»Religionsphilosophie« 1922 Ph
»Religionspsychologie« (Grundl.) 1928 Ph
»Religionssoziologie« (Einführ.) 1931 Ph
»— (Ges. Aufsätze) 1921 Ph
Religionsvergehen« 1906 Ph
»Religionswissenschaft d. Gegenwart . . .« 1959 Ph
»—, vergleichende 1874
»Religiöse Erfahrungen . . .« 1902 Ph
»— Erneuerung« 1921 Ph
Religiöse Orden 1926 Ph
»Religiösen Gebräuche aller Völker, Über die« 1723
»— Grundlagen der sozialen Botschaft, Die« 1917 Ph
Reliquiar, frühes 1140
Reliquien 600, 9. Jh., 1215
»—« 1928 D
Remakes 1955 K
Remarque, E. M. 1929–31, 46, 57, 70 D
Rembold, H. 1958 W
Rembrandt 1606, 21, 23, 27, 28, 31, 32–36, 39–42, 43, 45, 46, 47–50, 51, 53, 54, 55, 56, 57, 58, 59, 60, 61, 68, 69, 93, 1961 K
»—« 1906, 42, 46 K
»— als Erzieher« 1890
»— van Rijn« 1936 M
»Remedia amoris« 18
»Remembrance on Blue« 1958 K
Remesia, Niceta von 400
Remigius 496
Remilitarisierung, Dt. 1950 P
Remington 1867
Remisow, A. M. 1910 D
Remsen 1879
Remus v. Chr. 507
»Renaissance« 1877
»— u. Barock« 1888
»— im Kunstgewerbe« 1901 K
Renaissancebau, erster 1428
Renan 1863
Renard 1882
»—, Roman der 1170
Renatus, P. Vegetius 380
»Rencontre« 1956 K
Rendezvous im Juli« 1949 K
»— im Weltraum« 1968 W
Rendsburg, Kolon. Frauensch. 1926 Ph
René de Duve, Ch. 1974 W
»Renée Sintenis« 1925 K
Renger, J. 1970 Ph
Reni 1575, 99, 1609, 30, 42
Renn, L. 1928, 30, 47 D
Renner, K. 1919, 31, 45, 51 P
»—« 1313
Renoir, A. 1962 K
»—, J. 1926, 35, 37–39, 45, 58, 62 K

Renoir, P. A. 1841, 68, 69, 79, 84, 89, 1913, 14, 19 K
Rente, dynamische 1956 V
Renten 1956, 57, 62 V
—, Kriegsopfer- 1944 Ph
Rentenmark 1923 P
Rentenstabilisierung 1976 V
Rentenversicherung (BRD) 1977 V
»Rentmeisterbriefe« 1552
Rentnerbesuche aus der DDR 1965 P
Reparationen 1953 P
—, finn. 1952 P
Reparationskonf. 1932, 45, 47 P
Reparationszahlung 1919 P
»Repertoire« 1960 D
»Repertorium librorum trium de omnium gentium ritibus« 1520
Repin, I. 1844, 1930 K
Repkow, Eike von 1235
Report (Sexfilme) 1972 K
Reppe, W. 1930 W
»Représentants représentés« 1848
Reprivatisierung 1957 V
—, brit. 1952 P
»Reproduktionspsychologie« 1920 Ph
»Republik, Über die« 1576
Republikanische Freiheitspartei (PRL), Frankreich 1953 P
— Partei USA 1825, 54, 60, 1954 P
»Republikanischer Schutzbund« 1934 P
Republikflucht 1958 P
Republikschutzgesetz 1922 P
»Requiem« 1791, 1874, 1909 D, 65, 73 M
— für die Kirche 1971 D
— für Lumumba« 1965 M
— f. Mann« 1934 M
— f. eine Nonne« 1951 D
»Rerum germanicarum libri tres« 1531
— natura, De« v. Chr. 55
—, naturis, De« 856
— novarum« 1891
»Res gestae saxonicae« 968
»Résistance« 1940, 43 P
Resnais, A. 1959, 60, 64, 65 K
Respighi, O. 1917, 22–24, 27, 29, 36 M
Responsorie 400, 5. Jh.
»Responsive Eye, The« 1965 K
Ressel, J. 1827, 29
»Restitutionsedikt« 1629, 30, 35
Rethel, A. 1816, 48, 59
Rétif de la Bretonne 1794
»Rettet Europa« 1945 V
»Rettung« 1937 D
Rettungsboot 1920 W
»—« 1898
Rettungsfloß 1908 W
Reuchlin, Johann 1455, 98, 1506, 10, 11, 17, 20, 22
Reuental, Neidhart von 1236
»Reunionen« 1681, 97
Reusch, H. 1955 V
Reuter (Agentur) 1941, 47 V
—, Chr. 1665, 96, 1703, 12
—, Ernst 1889, 1940 V, 48, 50, 51, 53 P
—« 1954 V
—, E. F. 1953, 62, 63, 68 K
—, Fritz 1810, 36, 59, 61, 64, 74
— P. J. v. 1849, 57
Reutersiedlung Bonn 1952 K
Reuther, W. 1952, 70 V
Reutter, H. 1932, 36, 42, 50, 52, 54, 56, 65, 70 M
Reval 1170, 1219, 1300, 1924 P
— Dom 1227
—, »Große Gilde« 1410
—, Nikolai-Kirche 1463
—, Rathaus 1300
—, Schloß 1227

»Réveil des oiseaux« 1953 M
Revermann, K. 1959 Ph
Revers, W. J. 1962 Ph
Revertase 1970 V
»Review« 1704
»Revision d. Friedensvertr.« 1922 V
— d. posit. peinl. Rechts« 1801
Revisionismus (SPD) 1899
—« 1903 P
»Revisor, Der« 1836
»Revolte im Erziehungshaus« 1929 D
— der Fünfzigjährigen« 1955 Ph
»Revolution« 1848
—, 2. 1955 W
—, Argentinien 1880
»Revolution, Demokr.« 1905 P
—, Deutschland 1525, 1848, 1918, 19 P
—, England 1641–53, 88, 89
—, entließ ihre Kinder, Die« 1955 Ph
—, Frankreich 1757, 89ff., 95, 96, 1830, 48
—, Industrielle 1770, 1950 W
—, d. Manager« 1940 Ph
—, Österreich 1848, 1918, 34 P
— der Roboter« 1956 W
—, Rußland 1905, 17 P
—, Spanien 1820
—, Ungarn 1848
—, d. Viaduktes« 1937 K
»Revolutionshochzeit« 1919 M
Revolutionäre Kunst, russ. 1922 K
»Revolutionibus orbium coelestium, De« 1543
»Revolutionsmusik für Ensemble und Tonbänder« 1968 M
Revolver 1835
Revueltas, S. 1959 M
»Rex« 1932 W
Rex-Bewegung 1935 P
Rexhausen, F. 1968 D
Reyes, A. 1959 D
Reymont, W. 1868, 1909, 18, 24, 25 D
Reynaud 1940 P
Reynolds, J. 1723, 60, 73, 86, 92, 99
»Rezente Wirbeltierleichen . . .« 1927 W
»Rezeption« 1400
Reznicek 1902, 11, 20, 23, 27, 30 M
Rhaeticus, G. J. 1540, 71
Rhapsoden v. Chr. 700, 689, 550
»Rhapsodie f. Violine u. Orch.« 1959 M
»Rhapsody in blue« 1924 M, 45 K
Rhases 850, 900, 23
Rhaw 1544
Rhee, S. 1952, 53, 55, 60 P
Rhein v. Chr. 72, 65, 55, 38, 9; n. Chr. 100, 13, 280, 290, 300, 50, 69, 70, 93, 405, 06, 37, 43, 51, 55, 600, 843, 1202, 88, 1400, 1905 V, 07 W, 18, 19, 36 P, W
»Rhein- und Moselreise« 393
Rheinarmee, Devisenausgleich 1966 V
Rheinbrücke 313, 1936 W
— — Düsseldorf 1951 V
Rheinbund 1806, 13
Rheingau 1972
»Rheingold« 1854, 69
Rheingraben-Senkung 1974 W
Rheinische Allianz 1658, 1767
— Stahlwerke 1926 V
»Rheinischer Merkur« 1814, 16
— Münzverein 1386

Rheinischer Städtebund 1231, 54, 56, 1388, 1450
»Rheinisches Osterspiel« 1460
Rheinisch-Westfälisches Kohlensyndikat 1931 P
— — Wirtschaftsarchiv 1906 V
Rheinlandräumung 1930 P
Rheinlandschaften 1924 K
Rhein-Main-Flughafen 1972 V
Rheinmetall-Borsig AG 1935 V
»Rheinpolitik Napoleons III. . . .« 1926 W
»Rheinsberg« 1912 D, 67 K
—, Schloß 1737
Rhein-Straßenbrücke 1929 W
Rheinzölle 1302
Rhenania-Ossag AG 1902 V
Rhenanus 1531
Rhenium 1925, 51 W
Rhense, Kurverein von 1338, 46
Rheologie 1929, 51 W
Rhesus-Faktor 1940, 49 W
»Rhetorik« v. Chr. 322
Rheuma 1948 W
Rheumabekämpfung, Dt. Gesellschaft f. 1927 W
»Rheumajahr« 1977 V
Rhine, J. B. 1937, 53, 62 Ph
»Rhinoceros« 1959
Rhode Island 1636
Rhoden 1950 V
Rhodes 1890, 1902, 23 P
Rhodesien unabh. 1970 P
Rhodesienkonferenz 1976 P
Rhoikos v. Chr. 551, 550
Rhön 1911, 12, 20, 22, 27, 37
Rhône 561, 843, 1349
Rhônekraftwerk 1952 V
Rhönrad 1925 V
Rhythm and Blues 1950 M
»Rhythmen« 1955 K
— u. Kürzel« 1964 K
— i. Purpur u. Grau« 1954 K
»Rhythmik u. Metrik, System der« 1903 M
»Rhythmische Gymnastik« 1911 M, 13 K
»Rialto« Bank 1587
RIAS s. Berlin 1946 V
Ribbentrop, J. v. 1938, 46 P
Ribémont, Vertrag von 880
Ribera 1591, 1635, 52
Ribonuklease 1972 W
Ribot 1902 Ph
Ricardo, D. 1817
Ricci 1583
—, Guid. di 1328
Riccioli 1645, 50
Rice, E. 1929 D
»Ricercari« 1610
Richard I. von England 1157, 67, 87, 89, 94, 99
— II. 1377, 99
— II.« 1594
— III. 1483, 85
— III.« 1594, 1741, 1955 K
— Cœur de Lion« v. Chr. 2. Jh.
— von Cornwallis 1257, 84
— von England 1199
— Löwenherz s. Richard I.
—« v. 13. Jh.
— Strauß« 1911 K
— Wagners Geisteswelt« 1908 Ph
Richards, D. W. 1956 W
—, Th. W. 1868, 1914 W
Richardson, L. F. 1922, 60 W
—, O. 1879, 1901, 28 W
—, Sam. 1740, 48
—, T. 1965 K
Richelieu 1585, 1624, 28, 35, 36, 39, 42, 74
Richert, E. 1964 Ph
—, H. 1925 Ph
Richet 1902, 13 W
Richier, G. 1952, 53, 55 K
»Richmodis v. Aducht« 1926 M
Richter, B. 1976 W
—, C. 1951 D

Richter, Eug. 1838, 1906 P
–, Franz X. 1709, 45, 89
–, G. 1965 K
–, H. 1946 K
Richter, H. W. 1947, 51, 55, 69, 72, 74 Ph, 74, 77 D
–, J. B. 1792, 1804
–, Jean P. Fr. s. Paul, Jean
–, Ludwig 1803, 35, 39, 41, 42, 44, 46, 56, 57, 58, 66, 84
–, M. 1940 W
–, R. 1928 W
–, S. 1970 M
–, Swj. 1915, 58 M
–, W. 1956, 59 V
»– i. d. Karu« 1930 D
»– v. Zalamea, Der« 1644, 81
Richtgeschwindigkeit 1974 V
Richthofen, F. v. 1868, 1917 V, 72 D
»Richtige Aussprache d. lateln. Sprache« (Über die) 1528
Richtlinien, Schul- 1925 Ph
Richtstrahl-Antenne 1930 W
Rickert, Ch. 1970 K
–, H. 1863, 96, 1902, 05, 24, 36 Ph
Rickes 1948 W
Ricketts 1910 W
Rickey, G. 1969, 70, 71, 73 K
»Riddarasgas« 1275
Ridgway, M. B. 1951, 52 P
Riedinger 1614
Riedl, A. 1970 K
Riefenstahl, L. 1932 K
Rieger, H. 1966 K
Riegger 1924 M
Riehl, A. 1844, 87, 1924 Ph
–, Hans 1907 K
–, W. H. v. 1823, 69, 97
Riehm, K. H. 1975 V
Riemann, B. 1826, 54, 66
–, E. 1974 D
–, Hugo 1907, 04, 08, 13, 19, 29 M
Riemek, R. 1960 P
Riemenschneider 1460, 71, 83, 87, 90, 91, 92, 93, 99, 1500, 06, 09, 10, 13, 22, 24, 25, 31
Riems 1907 W
»Rienzi« 1842
–, Cola di 1347
Riese, Adam 1518, 50
»– Morgante« 1481
Riesenaffen 1969 W
Riesenflugzeug 1913 W
»Riesengebirge, Morgen i.« 1811
Riesenmoleküle 1952 W
»Riesenspielzeug« 1934 D
Riesenstern 1939, 44 W
Riesman, D. 1956 Ph
Riess, C. 1970 D
Riezler, W. 1965 M
Rifbjerg, K. 1959 D
»Rififi« 1955 K
Rifkabylen 1921, 26, 63 P
Riga 1201, 82, 1575, 1919, 21 P
–, Dom 1226
Rigardo 1904 K
Rigaud 1701
Righi 1902 N
Rigi-Zahnradbahn 1870
»Rigoletto« 1851
»Rigweda« v. Chr. 2. Jtsd., 600
Rihm, W. 1977 M
Rijksmuseum 1885
Rijswyk 1697
Riksmaal 1907 D
Riley, B. 1964 K
Rilke 1566, 1669, 1875, 96, 97, 98, 99, 1900, 02, 03, 05, 08 bis 10, 23, 26 D
Rilla, W. 1955 K
»Rimado del Palacio« 1400
Rimbaud, J. A. 1873, 1964 D
Rimifon 1952 M
Rimini 1275, 1472
Rimpar 1487
Rim-Sin v. Chr. 1770, 1700

Rimskij-Korssakow 1844, 65, 81, 88, 1907, 08, 62 M
Rinaldi, G. 1964 V
Rinckart 1630
Rindt, J. 1970 V
»Ring« 1400
»– und das Buch« 1869
–, kath. dt. Burschensch. 1926 Ph
»– der Nibelungen« 1965 M
»– des Nibelungen« 1853, 54, 74, 76
»– schließt sich, Der« 1936 D
Ringanker 1869
Ringbahn, Berl. 1877
Ringelnatz 1883, 1923, 24, 27, 28, 34 D
Ringelstechen 1296
Ringger, P. 1957 Ph
Ringkugel 140
Ringmann, M. 1507
Ringoltingen, Thüring von 1456
Ringspinnmaschine 1832
Ringverbd., intern. 1911 V
Ringwechsel 1200
Rinnelt, T. 1964 V
»Rinnsteinsprache« 1906 D
Rinser, L. 1954 Ph, 70 D, 77 M
Rintala, P. 1962 D
Rinthon v. Chr. 300
Rinuccini, O. 1594
Rio Grande do Sul 1924 P
– de Janeiro 1902 P, 50 W
–––, Museum 1963 K
–––, Universität 1920 Ph
Riopelle, J. P. 1956 K
Rippert 1916 K
Risa Khan 1921, 23, 25, 41 P
– Pählewi s. Risa Khan
Rischbieter, H. 1962 D
Rischert, Chr. W. 1966 K
Rischkieter, H. 1973 D
Risorgimento 1749, 1847
Rist 1607, 34, 47, 63, 67
Ristoro d'Arezzo 1282
Ristow, H. 1960 Ph
Ritchey 1921 W
Ritschl 1822, 89
–, O. 1950, 57 K, 59, 60 K
Ritsert, J. 1968 Ph
»Ritt über d. Bodensee, Der« 1971 D
Rittelmeyer, F. 1922 Ph
Ritter 1925 V
–, J. 1970 Ph
–, J. W. 1801, 03
–, Karl 1818, 52
–, M. 1908, 19 W
»– Blaubart« 1920 M
»– d. goldenen Stern« 1947 D
»–, Tod und Teufel« 1513
»Ritterakademie« 1589, 1650
»Ritterfahrt des Johannes« 1297
»Ritterkreise« 1577
Ritterrüstung 1250, 13. Jh., 1302, 94, 1450, 1567, 1603
Ritterschlag 1037
»Rittersporn« 1940 D
Ritterturnier 1127, 13. Jh.
Rittmann 1941, 60 W
Ritualhandbücher, chin. v. Chr. 312
»Ritualismus« 1883
Riva, E. 1959 K
»Rival queens, The« 1677
»River, The« 1975 K
Rivera, D. 1957 K
–, J. de 1924 K
»Rivière endormie« 1954 M
RNS-Basensequenz 1965 W
»Rob Roy« 1818
Robbe-Grillet, A. 1957 D, 60 K, 62 D, 63 D, K
Robbia, Luca della 1399, 1427, 42, 46, 50, 56, 66, 68, 82
Robbins, F. C. 1954 W
–, J. 1945, 50 M, 61 K
Robe 1420, 75
Robert I. von Frankreich 922
– I. (Normandie) 911

Robert I. von Schottland 1306, 26
– II. 1264
– II. von Frankreich 996, 1031
– II. (Normandie) 1027
– von Anjou 1278, 1309, 43
– de Borron 1200
– von Citeaux 1098
– der Fromme s. Robert II. von Frankreich
»– « 1929 D
– Gerling« 1954 D
– Guiscard 1053, 59, 72, 84, 85
– Koch« 1939 K
Robert, L. 1799
– de Lisle, Psalter 1305
– der Teufel s. Robert II. (Normandie)
»–« 1831
– der Weise 1278, 1309, 43
Roberts 1907 W
–, D. 1975 V
–, F. 1951 W
–, K. L. 1937 D
Robertson, C. 1969 K
Robertson-Moses, A. M. 1961 K
Robespierre 1792, 94
Robin Hood 1377, 15. Jh.
»–« 1923, 75 K
Robinsohn, S. B. 1967 Ph
Robinson 1956 W
– 1787
– Crusoe« 1719, 20, 1910 K
–, H. M. 1961 D
»–, Miss« 1776
»–, Mrs.« 1780 f.
–, R. 1947 W
»–‚ Sugar« R. 1955 V
Robinsonleben 1925 V
Robinsoninsel 1709
Robitschek, K. 1942 D
Roboter 1969 W
Robson, M. 1962 K
Robusti 1518, 61, 90, 94
Rocha, G. 1970 K
Rochat, L. L. 1877
Rochdale 1844, 1944 V
Roche 1934 D, s. De la Roche
Rochefort, Ch. 1958 D
Rochefoucauld, François (de) La 1613, 65, 80
Rochelle 1628
Röchling 1910 V
Röchlingsche Eisen- u. Stahlw. 1910 V
Rochow 1947 W
–, Fr. E. v. 1772 Ph
»Rock around the clock« 1955 M
– and Roll 1954, 77 M
»– Face« 1948 D
–, J. 1954 W
Rockefeller, J. D. 1870, 1909 W, 37, 60 V
–, N. A. 1958 f, 74 P
Rockefeller-Stiftung 1963 W
»Rockett, The« 1829
Rock-Festival, California- 1969 V
Rock-Renaissance 1969 M
96, 97, 1910, 17 K, 39 M
»Rocky« 1977 K
Rodbertus, J. K. 1850
Rodenberg, D. 1874
Rodenwaldt, E. 1952 W
»Rodeo« 1940 M
Röder 1973 P
–, F. J. 1960 P
Roderich 711
Rodgers 1911 W
–, R. 1955 K
Rodin 1840, 77, 80, 86, 88, 90, 96, 97, 1910, 17 K, 39 M
Rodin-Museum 1917 K
Rodriguez 1932 P
Rodzinski, A. 1959 M
Roeckenschuss, Ch. 1966 K
Roeder, E. 1948, 51, 67 K
–, M. 1947 K
Roethe, G. 1904 D
Roger I. von Sizilien 1085
– II. von Sizilien 1101, 30, 39, 40, 46, 66
Rogers, W. P. 1969 P

Rogerus von Helmershausen 1100
Rogge, H. 1954 K
Roggen v. Chr. 2000, 750; n. Chr. 500, 1890
Roggeveen, Jakob 1722
Rohan 1909 K
–, M. 1969 P
Rohde, H. 1974 P
Rohe, Mies v. d. 1951, 53, 58, 62 K
Róheim, G. 1925 Ph
Roheisenproduktion 1820
Rohkost 1921 V
Rohlfs, Christian 1849, 1938 K
–, G. 1865, 68, 78, 1920 W
Rohloff, W. 1971 K
Röhm, E. 1934 P
Rohr, Klosterkirche 1715
Rohracher, H. 1959 Ph
Rohrbach-Flugzeugbau 1922 V, 28 W
Rohrbremse 1910 W
Röhren-Embargo 1963 P
Röhrensender 1917 W
Röhrich, L. 1968 Ph
Rohrpost 1853, 65, 67, 76
Rohrrücklauf 1901, 06 W
Rohstahl 1959 W
Rohstahlexportgemeinsch. 1933 V
Rohstahlgemeinschaft 1926 V
»Roi l'a dit, Le« 1873
Rojas, Fernando de 1490, 99
– Zorrilla, Francisco de 1650
Rök, Stein von 1000
Rökk, M. 1941 K
Rokoko 1720
Rokossowski 1949, 56 P
Rolamite 1966 W
Roland 778, 1248, 1481
»–« 1778
»– v. Berlin« 1904 M
– in Bremen 1404
»Rolandlied« 1100, 30
»Rolandsbogen« 11. Jh.
Rolandseck 11. Jh.
Rolduc 1113
Rolfs 1902, 10 W
Rolin 1449
Rolin-Madonna 1436
Rolland, R. 1866, 1907, 12, 15 D, 23 Ph, 33, 44 D
Rolle 290
»–« 1935 V
–, R. 1339
Rolleiflex-Kamera 1919 W
Rollenhagen 1542, 95, 1609
Roller 1934 K
–, A. 1911 M
Rollier, Ch. 1956 K
Rollo 911
Rollschuhe 1827, 78
Rolls-Royce 1904, 71 V
Rolltreppe 1900 V
»– I« 1976 K
»Rollwagenbüchlein« 1555
Roloff, E. 1917 Ph
–, E. H. 1961 Ph
–, H. 1956 V
Rom v. Chr. 753, 715, 600, 6. Jh., 534, 509, 496, 494, 450, 5. Jh., 449, 447, 445, 439, 431, 387, 377, 366, 364, 354, 347, 342, 312, 310, 305, 300, 286, 266, 263, 250, 233, 222, 219, 216, 215, 211, 206, 200, 182, 180, 170, 168, 167, 159, 156, 150, 129, 120, 110, 100, 90, 88, 86, 85, 82, 79, 71, 70, 63, 59, 58, 55, 52, 50, 47, 46, 30, 22, 13, 3; n. Chr. 17, 36, 45, 54, 58, 61, 64, 66, 68, 94–96, 100, 30, 38, 40, 44, 50, 2. Jh., 155, 89, 200, 03, 17, 29, 30, 53, 44, 48, 50, 57, 70, 75, 300, 03, 26, 30, 43, 50, 80, 4. Jh., 395, 400, 10, 40, 45, 83, 5. Jh., 452, 55, 93, 542, 46, 50, 6. Jh., 615, 30, 715, 40, 50, 56, 90, 844,

87, 904, 14, 62, 72, 96, 99, 1002, 14, 24, 46, 50, 54, 58, 74, 84, 1100, 30, 33, 39, 43, 55, 59, 67, 1248, 13. Jh., 1275, 1300, 03, 10, 27, 41, 43, 47, 14. Jh., 1355, 76–78, 80, 86, 90, 1400, 03, 10, 17, 45, 50, 52, 54, 68, 75, 76, 79, 86, 90, 96, 1505, 06, 09, 10, 12, 14, 21, 27, 34, 45, 47, 49, 51, 52, 61, 80, 86, 90, 97, 1606, 15, 26, 33, 65, 72, 1708, 61, 98, 1810, 29, 30, 47, 49, 61, 62, 67, 71, 1905, 13, 26, 27, 29, 30, 34, 36, 38, 40, 41, 44, 46, 47, 50, 53 K
–, Anfänge 1964 W
–, Apollo-Tempel v. Chr. 27
–, Athenäum 138
–, Ausgrabungen 1400
–, Basilica Porcia v. Chr. 184
–, Calixtus-Kapelle 200
–, Casa Bartholdy 1816
–, Cloaca max. v. Chr. 509
–, Divus Jul.-T. v. Chr. 27
–, Engelsburg 1084
–, Forum v. Chr. 575 K, 484; n. Chr. 160
–, »Goldenes Haus« 64
–, Gründung v. Chr. 600
–, »Il Gesù«-Kirche 1568
–, Isis-Tempel 38
–, Jesuitenkongregation 1957 Ph
–, Jupiter-Tempel v. Chr. 575
–, Justizpalast 1910 K
–, Kapitol v. Chr. 509; n. Chr. 81, 455, 1562
–, Kolosseum 80
–, Konstantin-Bogen 315
–, Kunstakademie 1557
–, Lateranbasilika 314
–, Marcellus-Theater v. Chr. 13
–, Markussäule 180
–, Marsfeld v. Chr. 400
–, d. Nordens« 4. Jh.
»–, offene Stadt« 1945 K
–, Olymp. Spiele 1960 V
–, Palazzo della Cancellaria 1486
–, –, Farnese 1580
–, –, Massimi 1536
–, –, Venezia 1456
–, Pantheon v. Chr. 27, 12; n. Chr. 130
–, Peterskirche s. Peterskirche Rom
–, Pinacoteca Vaticana 1477
–, Porticus Liviae v. Chr. 7
–, Priscilla-Katakombe 100
–, S. Agnese 637
–, San Clemente 855, 1128
–, St. Constanza 354
–, S. Cosma-Mosaik 526
–, Santi Giovanni e Paolo 348
–, San Luigi dei Francesi 1595
–, St. Maria Maggiore 375, 432, 36, 1291
–, St. Maria sopra Minerva 1280, 1488
–, S. Maria della Pace 1655
–, S. Maria in Trastevere 1291
–, San Paolo fuori le mura 386
–, St. Peter 1151
–, S. Prassede 822
–, St. Pudenziana 4. Jh., 398
–, St. Sabina 432
–, San Stefano Rotondo 483
–, S. Susanna 1596
–, Sixtinische Kapelle 1481, 82
–, Station Termini 1953 K
–, Steinbrücke, 1. v. Chr. 178
–, Synode in 1076
–, Tabularium v. Chr. 78
–, Teatro d'Arte 1925 P
–, Technikerschule 230
–, Thermen 64, 216
–, Titus-Bogen 81
–, Trajansäule 113
–, Trajans-Forum 113
–, Trevi-Brunnen 1735
–, Vesta-T. v. Chr. 12

Rom, Villa Albani 1761
-, -Farnesina 1478, 1511
Roma 130
»-« 1971, 72, 73 K
»Romain Rolland« 1920 D
Romains, J. 1908, 30, 46 D
Roman, absurder 1960 P
»- d'Alexandre« 1180
»-, Der experimentelle« 1880
»- de Brut« 1165, 1206
»- y Cajal 1906 W
»-, Entsteh. u. Krise d. mod.« 1960 D
»-, Grundl. ...« 1959 D
»-, Holiday« 1953 K
»-, Literatur z. Theorie d.« 1960 D
»- d. Marguerite Gauthier« 1936 K
»-, Neuer« 1960 D
»-, Le nouveau« 1958, 62, 63, 64, 67 D
»-, Nr. 7« 1963 D
»- de Renard« 1170
»- de la Rose« 1237
»-, Schauer-« 1764
»- e. Schwindlers« 1935 D, 36 K
»- de Troie« 1172
»-, Zeitungs- 1720
»Romancero general« 1600
Roman-Dynastie 1340
»Romane um Ruland« 1930 D
Romano s. Carducci
Romanos der Melode 500
Romanow 1613
»Romantik, Blütezeit d.« 1902 D
»Romantische Schule« 1836
»Romantischen Poesie in Dtl., Über die ethische und relig. Bedeutung der neueren« 1847
»Romanze in Moll« 1943 K
»Romanzement 1796
»Romanzen v. Rosenkranz« 1852
Romanzensammlg., span. 1600
»Romanzero« 1851
»Romar«-Flugboot 1928 W
Romeo und Julia 8. Jh., 1967 K
»-« 1562, 91, 1839, 70, 1939, 40, 43 M, 56 K
»-- auf d. Dorfe« 1877, 1907 M
»-- in Wien« 1954 D
»-, Julia u. d. Finsternis« 1963 M
»Romeo--Hochhaus 1956 K
Römer, Olaf 1675, 78
Römerbrief 1516
»-« 54, 1919 Ph
»Römermonate« 1521
»Römerschanze« v. Chr. 600
»Römische Archäologie« v. Chr. 30
- Bank, Brügge 1480
»- Bergziegen« 1948 K
»- Elegien« 1790, 1907 K
»- Feste« 1929 M
»- Fontänen« 1917 M
»- Geschichte v. Chr. 197; n. Chr. 17, 229
»-« 1811, 32, 54
»Römischen Päpste, D.« 1834
»- Rechts, Institut. d.« 1883
»Römischer Karneval« 1838
»Römisches Altertum« 1756
»- Recht v. Chr. 450, 100, u. Chr. Geb.; n. Chr. 200, 534, 1119, 1502, 1871, 58, 83
»- Reich« 1926 W
»-- dt. Nation« 1934 D
»-- Staatsrecht« 1871
Römisch-germ. Zentralmuseum 1852
Romm, M. 1961 K
Rommel 1941, 42, 44, 74, 76 P
Romney, G. 1734, 81, 1802
Rompe 1936 W
Rom-Relief 1964 K
Romulus v. Chr. 507

Romulus Augustulus 476
- u. Remus v. Chr. 449
Ronçalischer Hoftag 1158
Roncalli, A. G. 1958 Ph
Roncesvalles 778
Ronchamp, Pilgerkapelle 1953, 55 K, 61 Ph
»Ronde des images, La« 1977 K
Rondellus 13. Jh.
»Rondo für eine Stimme und Orchester« 1967 M
Ronovsky, F. 1968 K
Ronsard 1525, 49, 50, 85
Röntgen, W. 1845, 1901, 23 W
Röntgenastronomie 1977 W
Röntgenbestrahlung 1951 W
Röntgendiagnose 1956 W
Röntgendosismessung 1902 W
Röntgenkongreß 1905 W
Röntgenkrebs 1902 W
Röntgenröhre 1913 W
Röntgenspektroskopie 1922, 24, 25 W
Röntgenstrahlen 1895, 1901, 02, 05, 07, 12-15, 17, 22-25, 27, 28, 34, 46, 48 W
»-, Toleranzdosis 1954 W
Röntgenstrahlinterferenz 1914, 16 W
Röntgenstrahlmikroskop 1948 W
Röntgenstrahlmutation 1946 W
Röntgenstrahlung, kosmische 1964 W
»Röntgentherapie«, 1924, 54 W
Röntgenwellen 1913, 28 W
Ronzanoschwert v. Chr. 1105
Roon 1803, 79
»Roosevelt« 1937 D
-, E. 1962 P
-, Fr. D. 1882, 1932, 33, 36, 40, 41, 43-45 P
-, Th. 1858, 1901 P, 03 V, 06, 07, 19 P
Roosevelt-Botschaft 1939 P
Roosevelt-Talsperre 1908 W
Root 1912 P
»Roots« 1977 D
Röpke, W. 1942, 47 Ph, 66 V
Rops, F. 1833, 98
Rore 1516, 44, 65
Roritzer, Konrad 1472
-, Matthäus 1480
Rörmond 1275
»RoRoRo« 1946 D
Rorschach, H. 1921 Ph
Rorschachtest 1949 Ph
»Rosa bella, O« 1453
»- Dame« 1946 K
»- Luxemburg« 1949 Ph
»-, S. 1615, 73
»- Ursina« 1630
»Rosamunde« 1823
»- Floris« 1960 M
Roscher, W. 1884
Rose v. Chr. 550; n. Chr. 802, 1245, 50 W, 1332
»- Bernd« 1903 D
»-, C. 1966 K
»- Callahan und Kind« 1954 K
»- de 1959 M
»-, F. 1909 D
»- France« 1919 K
»-, H. 1968 K
»- v. Liebesgarten« 1901 M
»- u. d. Regenbogen, Die« 1958 D
Rosegger 1843, 75, 77, 83, 96, 1900, 02, 18 D
Rösel von Rosenhof 1755
Röseler 1971 W
Roselius 1926 K
»Rosemarys Baby« 1967, 68 K
Rosemeyer, B. 1936 V
»Rosen f. d. Staatsanwalt« 1959 K

Rosenarten 1845, 1950 W
Rosenberg 1913 W
»--, A. 1930, 41, 46 P
»--, H. 1960 D
Rosenberg, J. u. E. 1953 P
»--, L. 1962 P, 64, 66, 69 V
Rosenberg 1977 V
»Rosendoktor« 1906 D
»Rosengarten« 1258, 83
Rosengarten-Epos 13. Jh.
»Rosenkavalier, Der« 1911 M
Rosenkranz 1475
»Rosenkranzmadonna« 1524, 91, 1627
Rosenkreuzer 1619, 25, 91, 1627
Rosenkriege 1154, 1445, 55, 61, 70, 71, 83
Rosenmontag 1823
»--« 1900 D
Rosenmüller 1667
Rosenow 1902 D
Rosenplüt 1444, 47
»Rosenroman« 1237, 87
Rosenstock 1926 Ph
Rosi, F. 1971, 72 K
»Rosmersholm« 1886
Ross, J. 1831, 43
-, M. D. 1956 W
-, R. 1857, 97, 1902, 32 W
-, Rosse, Die« 1963 M
»Rosselenker« 1902 K
Rosselini, Renzo 1961, 63, 66 M
-, Roberto 1945, 46, 48, 49, 77 K
Rossellino, A. 1468
Rossen, R. 1957 K
Rossetti, D. G. 1828, 48, 50, 63, 71, 82
»Roßhalde« 1914 D
Rossi, Luigi 1647
-, Salomon 1613
Rossini 1792, 1816, 29, 41, 68
»Roß-Institut« 1913
Roßmeer 1923 P, 35, 42, 77 W
Rossmässler, E. A. 1856
Rosso, G. B. 1494, 1541
Rost, H. 1905 V, 30 Ph
Rostand, E. 1898, 1910 D
Rostock 1218, 1419, 50
-, Jungius-Akademie 1623
Rostovtzeff 1926 W
Rostow, W. W. 1961 V
Rostpendel 1715
Rostropowitsch, M. 1964, 70 M
Roswaenge, H. 1953 M
Roswitha von Gandersheim 935, 70, 1000
»Rot III« 1957 K
-, D. 1970 K
-, Simon 1571
»- und Sackleinen« 1954 K
»- und Schwarz« 1830, 1954 D, 64 K
Rotationsdruck 1860, 91, 1902, 14, 24, 27, 45 W, 46 D, 50 W
»Rotbart« 1965 K
Rotch 1901 W
»Rote Armee« 1917, 18, 40 P
»--« (japan.) 1968 P
»- Ballon, Der« 1956 K
»- Baum, D.« 1908 K
»- Buddha, Der« 1961 D
»-, Die« 1960 D
»- Felsen u. lieg. Figur« 1942 K
»- Frauenkompanie, Die« 1971 K
»- Garden«, chines. 1967 P
»- Hahn fliegt himmelwärts, Der« 1960 D
»- Handel droht, Der« 1931 D
»- lockt, Der« 1931 D
»- Haus, Das« 1926 K
»- Kaffeekanne« 1951 K
»- Kammer« 1954, 55 K
»- Kampfflieger« 1917 V
»- Kapelle« 1942 P
»- Koppel, Die« 1914 D
»- Kreuzigung« 1954 K

»Rote Lachen, Das« 1908 D
»- Landschaft« 1942 K
»- Mantel, Der« 1954 M
»- Pferde« 1911 K
»- und gelbe Spirale« 1969 K
»- Riese, Der« 1920 W
»- Scheibe« 1955 K
»-- in der Verfolgung der Lerche« 1953 K
»- Schuhe« 1948 K
»- Teppich, Der« 1954 K
»- Vibration« 1968 K
»- Welfe, Der« 1961 P
»- Zimmer, Das« 1879
Rote-Kreuz-Konvention 1939 P, 50 Ph
»Rote-Punkt-Aktion« 1969 V
»Roter Kreis i. Goldkreis« 1922 K
»- vertikaler Klang« 1965 K
Rotes Kreuz 1914 Ph, 17 P, 25 K, 44 P
»--« 1863
- Meer v. Chr. 1501, 1250, 595, 517, 260; n. Chr. 1917 W
»- Metallrelief« 1958 K
Roth, E. 1935 D
-, G. 1972, 73 D
-, H. 1957 Ph
-, J. 1932 D
Rötha 1943 K
Rothacker 1926, 38, 65, 66 Ph
Rothari 644
Rothe 1931 Ph
Rothenburg/Alchensee 1313
- o. d. Tauber 1172, 14. Jh.
---, Rathaus 1578
---, Jacobskirche 1398, 1471, 1506
»Rothenburger Blutaltar« 1531
Rothermere 1922 V, 30 P
Rothfels, H. 1976 D
Rothko, M. 1949, 54, 70 K
Rothschild 1901 V
Rotorschiff 1924 W
Rott a. Inn, Kirche 1759
Rotterdam 1299, 1585, 1936 K, 40 P
-, Erasmus von 1465
Röttger 1912 P
Rottmann 1798, 1850
»Rot-Weiß-Blau« 1968 K
»Rotwelsch« 1397
Rotzsch, W. 1971 W
Rouault 1871, 1952 K
Rouch, J. 1960 K
Rouelle 1745
Rouen 911
-, Justizpalast 1501
-, Kathedrale 1250
»-« 1899
»Rougon-Macquart« 1871
Round-Table-Konf. 1930 P
Rouquier, G. 1964 K
Rourkela 1959 f. V
Rous, F. P. 1909, 66 W
-, P. 1966 W
Rousilon 1659
Rousseau, H. 1844, 1904, 07-10, 14 K
-, J. J. 1712, 50, 51, 52, 53, 54, 61, 62, 78, 82, 1912 Ph
»- als Klassiker d. Sozialpädag.« 1906 D
-, Th. 1812, 46, 55, 67
»Rousseau-Institut, J.-J.-« 1912 Ph
Roussel 1928, 37 M
»- Route 6, Eastham« 1931 K
Routsalainen 1972 V
Roux, W. 1881, 84, 1905 W
Row, Nicholas 1710
Rowohlt, E. 1946, 60 D
Roxane v. Chr. 328, 319
Royal Exchange, London 1570
»- Hunt of the Sun, The« 1964 D
»- Oak« 1939 P
»- Palace« 1927 M
- Society 1662, 1703, 1919 W
-- of Art 1760

Royal-Dutch-Shell 1907 V
Royan-Festival 1977 M
RSFSR 1918 P
Ruark, R. Ch. 1959 D
»Rubaijat« 1123
Rubel 1950 P, 60 V
- 1904, 07 W
Ruben 1940 W
»Rubenisten« 1675, 95
Rubens, H. 1865, 1922 W
-, P. P. 1577, 96, 98, 1600, 01, 09, 10, 20, 24-26, 28, 29, 30, 32, 34, 35, 36, 39, 40, 75
Rubenzucker 1780, 1801
»Rübezahl« 1842
Rubianus 1517
Rubikon v. Chr. 49
Rubin 1921 Ph
Rubinglas 1500, 1680
Rubinstein, Anton 1829, 54, 62, 94
-, Artur 1973 M
-, H. 1965 V
-, S. L. 1940 Ph
Rubinsteinpreis 1905 M
Rubio 1929 P
Rublew, Andr. 1400
Rubljow 1408
Rubner, M. 1894, 1908 W
Rubruk, Wilh. v. 1253
Ruby, J. 1963 P, 64
Ruchlowo 1904, 17 V
Rückert 1788, 1814, 22, 23, 39, 44, 66
»Rückfall« 1922 M
»Rückführung der Wissenschaften auf die Theologie« 1274
Ruckhaberle, D. 1966 K
»Rückkehr der schönen Gärtnerin, Die« 1967 K
»-- des Odysseus« 1641
»-- des verlorenen Sohnes« 1636
Rückkopplung 1913 W
»Rückseite des Spiegels« 1973 W
Rückversicherungsverträge 1887, 90, 1902 P
»Rückzug d. Schweizer b. Marignano« 1900 K
Rúdagi 954
Rudder 1938, 52 W
Rudenko, S. I. 1949, 53 W, 60 Ph
Ruder v. Chr. 1501, 1150, 700, 540, 470; n. Chr. 900, 1200
»Ruderboot« 1922 K
Rüdersdorf (Berlin) 1875
Rudersport 1829, 36, 44
Rüdiger, J. A. 1704
Rudin, J. 1960 Ph
»-« 1855
Rudnik 1739
Rudniki, A. 1959 D
Rudolf I. 1218, 50, 73, 78, 82, 91
- II. von Burgund 923, 951
- II. (Kaiser) 1575, 76, 1609, 12
- IV. 1363, 65
»- von Ems 1230, 52
»-, Erzherzog v. Österreich« 1889
»- von Habsburg i. Basel, Einzug« 1809
»- von Österreich 1282
»- von Schwaben 1077, 80
Rudolph, P. 1890
-, W. 1959 D
»Ruf d. Wildgänse« 1925 D
»- d. Wildnis« 1903 D
»Rufer i. d. Wüste« 1921 D
Ruffini, E. 1967 Ph
Ruffus, Jordanus 1250
»Rugby« 1928 M
Rügenfestspiele 1959 D
»Ruggiero befreit Angelica« 1879
»Ruhe auf der Flucht« 1504, 15, 1806
»-, Über d. innre« 62
»Ruhekissen, Das« 1958 D

»Ruhelose Tänzerin« 1912 K
»Ruhende Schafe« 1901 K
»Ruhender Athlet« 1935 K
»Faustkämpfer« v. Chr. 100
»– Mann« 1957 K
»Ruhendes Mädchen« 1751
»Ruhland« 1937 D
»Ruhm des Daseins« 1953 D
Rühmann, H. 1930, 37, 56, 66 K
Ruhmer 1900 W
Rühmkorf, P. 1969 D
Rühmkorff 1851
»Ruhmredige Soldat, Der« v. Chr. 184
Ruhr 1905 V, 23 P
Ruhrbesetzung 1919, 23 P
Ruhrfestspiele 1951, 52 Ph, 66 D
– – – Recklinghausen 1965, 68 K
Ruhrkohle 1302
Ruhrkohlehalden 1977 V
Ruhrkohlen-AG 1968, 69 V
Ruhrort 1907 W
Ruhrstatut 1948 P, 51 V
Ruhruniversität 1962 Ph
»Ruinen am Meer« 1949 K
Ruini, Carlo 1598
Ruisbroek, Jan von 1336
Ruisdael 1628, 53, 60, 61, 70, 75, 82, 89
Ruiz 1881
– von Hita, Juan 1343
–, J. M. 1967 D
Rukop 1976 P
»Rule Britannia« 1738
Rulman Merswin 1307, 82
»Rumänische Bluse« 1942 K
»Rumänisches Tagebuch« 1924 D
Rumba 1935 M
Rumbenkarten 1310
Rumelien 1885
Rumford, Graf 1778
»Rumford«-Suppe 1797
Rumi, Dschelal ed Din 1207, 13
»Rummelplatz« 1933 K
Rumor, M. 1968, 69, 73, 74 P
Rumpler 1910, 15, 21 W
»Rumpler-Taube« 1910 W
Rundfunk 1921 W, V, 23, 24 Ph, 26 W, 33 V, 48 W; s. auch Radio
–, deutscher 1923 V
»– als polit. Führungsmittel« 1933 V
Rundfunkempfang 1951 V
Rundfunkgeräte 1958 V
Rundfunkhörermeinung 1951 V
Rundfunkreportage 1925 V
Rundfunktechnik 1926, 28 W
Rundfunkübertragung 1924 V
Rundfunkverbreitung 1968 V
Rundfunkwellenplan 1975 V
»Rundreise« v. Chr. 500
»– durch Griechenland« 170
Runeberg, J. L. 1860
Runen 3. Jh., 1000
Runenforschung, Begründung 1650
Runge, F. F. 1834
–, Ph. O. 1777, 1802, 04, 06, 07, 08, 10
Runkelstein 1237
»Running Fence« 1976 K
»Ruodlieb« 1025
Rupertus 700
Rüpingverfahren 1902 W
Ruppel, K. H. 1962 D
Ruprecht 700
– I. von der Pfalz 1386
– II. von der Pfalz 1388
– III. von der Pfalz 1400
Rurik 862, 79
Rush, K. 1969 P
Rusk, Dean 1960, 61 P
Ruska 1931 W
Ruskin, J. 1843
– College 1899
»Ruslan und Ludmila« 1820, 42
»Russalka« 1901 M

Russel, A. 1954, 55 K
–, W. L. 1951 W
Russell, B. 1872, 1912, 13, 18, 21, 22, 27, 28, 29, 34, 43, 50, 67, 70 Ph
–, C. T. 1852, 1916 Ph
–, H. N. 1913 W
Russell-Schule 1922 Ph
Russische Grammatik I. 1755
»– Hochzeit im 14. Jh.« 1909 K
»– Streichquartette« 1781
Russischer Musikverlag 1909 M
Russisch-orthodox. Kirche 1961 Ph
Russisch-türkischer Krieg 1768, 74, 87, 1812, 77
»Russkaja Prawda« 1019
Rußland, Bericht über 1549
»–, der Westen und die Atomwaffe« 1957 P
Russolo 1910, 12 K
Rust, H. H. 1952 M
Rusthweli 1200
Rüstow, A. 1963 Ph
Rüstungsaufwand 1969 P
Rüstungsausgaben 1953 P, 67 P, V
Rüstungsbegrenzung 1972 P
Rutebeuf 1280
Rutherford, D. 1772
–, E. 1871, 99, 1904, 08, 11, 19, 37 W
Rütlischwur 1307
Rutten, M. G. 1965 W
Rütting, B. 1954 K
Ruttmann, W. 1927, 30, 64 K
Ruud 1950 V
Ruysbroek, Jan van (Baumeister) 1455
Ruz, A. 1952 K
Ruzicka 1939 W
»Ryans Tochter« 1970 K
Rydz-Smigly 1935 P
»Rye Harbour« 1934 K
–, St. 1913, 14 K
Rykow 1924, 29, 38 P
Ryle, M. 1974 W
Rynold 1947 W
Ryti 1943 P

S

SA 1921, 25, 32, 34 P
Saadi 1184, 1258, 83
Saalburg 138
Saale 450, 804, 1087
Saale-Autobahnbrücke 1967 V
Saaletalsperre 1932 W
Saar 1952, 53, 55 P
–, Landtagswahlen 1955 P
Saarbrücken (Nassau) 1437, 56
Saarbrückener Vereinbarung 1960 Ph
Saargebiet 1429, 1919, 25, 35, 45, 46, 48, 50 P
– –, Rückgliederung 1956 P
Saarinen, E. 1960 ff. K
Saarstatut 1955 P
»Saat der Gewalt« 1955 K
Saatgut, jarovis. 1929 W
Saavedra Lamas 1936 P
Saaz, Johann von 1400
Sabatier 1912 W
Sabbat 30
»Sabbath Phantome« 1939 K
Sabellius 220
Sabiner v. Chr. 600, 496
»Sabinerinnen, Die« 1799
Sabinianer um Chr. Geb.
»Sabotage« 1936 K
Saburow 1956 P
Sacchariin 1879
Sacco u. Vanzetti 1927 P, 28 D, 77 V
»– –« 1932 V
Sachalin 1644, 1905, 25 P
Sacharow, A. D. 1972, 73 Ph, 75 P
– -Hearing 1977 Ph
– (Marschall) 1960 P

»Sachenrecht« 1910 V
Sacher-Masoch, L. v. 1884
Sachs, C. 1913 M
»–, H. 1494, 1517, 23, 48, 56 bis 58, 68, 76
–, J. 1862
Sachs, N. 1949, 65, 66, 68, 70 D, 73 M
Sachsenhausen 1400
Sachsenheim, Hermann von 1455
»Sachsenspiegel« 775, 1188, 1235, 50, 75
»Sächsische Landschaft« 1918 K
»– Weltchronik« 1230
Sachsse, H. 1972 Ph
»Säckingen, D. Rhein b.« 1873
»–, Der Trompeter von« 1884
Sacklinie in der Mode 1957 V
Sackville 1565
»Sacrae cantiones« 1533
Sacrati 1645
»Sacre Cœur« 1910 K
»– du printemps« 1913 M
Sadat, A. 1970, 76, 77 P
Sadduzäer v. Chr. 111; n. Chr. 70
Sade, de 1793
Sader, M. 1961 Ph
»Sadhana . . .« 1913 Ph
Sadismus 1793
Sadoveanu, M. 1961 D
Sadri, Dschaina-Tempel 1300
Safawiden-Dynastie 1629
Säftelehre v. Chr. 400, 377, 90; n. Chr. 200, 05, 1041, 1155
SAG 1946 V, 53 P
Sagan 1312
–, Fr. 1954, 59 D, 60 D, K, 66 D
–, L. 1931
Sagas, nordische 13. Jh.
Sage v. Chr. 3000, 2400, 1700, 1490, 1230, 1193, 860, 811, 800, 753, 715, 705, 660, 7. Jh., 600, 550,6. Jh., 534, 509–507, 477, 215, 200, 159, 101, 13; n. Chr. 98, 5. Jh., 489, 500, 26, 641, 728, 50, 800, 980, 1025, 11. Jh., 1098, 1100, 25, 37, 12. Jh., 1168, 71, 72, 78, 80, 96, 1200, 04, 05, 06, 07, 09, 10, 15, 20, 21, 23, 30, 41, 13. Jh., 1260, 70, 75, 85, 1307, 25, 14. Jh., 1374, 77, 87, 1410, 16, 15. Jh., 1456, 57, 80, 81, 90, 1668, 1707, 35, 47, 1816, 19, 25, 38, 1902, 21 D, 24 Ph
– vom »ewigen Juden« 1223
Säge v. Chr. 1490; n. Chr. 250
»Sagen des klassischen Altertums, Die schönsten« 1838
Sägewerk 43, 369, 1245, 1328, 1591
»Sagouin, Le« 1951 D
»Sagrada-familia«-Kathedr. 1884
Sagrekow, N. 1974 K
Sagunt v. Chr. 219
Saha 1921 W
Sahagún, B. de 1569
Sahara v. Chr. 19; n. Chr. 1352, 1850, 69, 1904, 12, 35 W, 59 V, 62 P, 75 W
Sahedürre 1977 V
Sahelzone 1973 V
Sahl, H. 1959 D
Said Pascha 1908 P
Saiko, G. 1962 D
»Sail along silvery moon« 1959 M
Sailer, A. 1966 K
–, J. M. 1809 Ph
Saint Andrews 1411
– Denis 625, 870, 1137, 1264
– –, Kathedrale 12. Jh.

Saint Edmund Hall 1220
–, E. M. 1954 K
– Germain 1583, 1919 P
– –« 1954 P
– – l'Auxerrois in Paris« 1866
– Gilles 1100, 25, 42
– Jouin de Marnes 1100
– Louis 1904 V
– Paul, U. v. 1960 W
– Paul's Cathedral, London 1672, 1700
– Phalle, N. de 1970, 73 K
– Thomas Aquin« 1925 Ph
Sainte-Claire Deville 1854
Sainte-More, Benoit de 1172
Saint-Exupéry, A. de 1900, 31, 39 D, 44 D, M, 46, 48 D
Saint-John Perse 1959, 60, 75 D
Saint-Pierre, J. H. 1787
– (Stadt) 1902 V
Saint-Saëns, C. 1835, 77, 86, 1921 M
Saint-Simon 1760, 1814, 23, 25
Sais, T. 1955 D
»Saiten« 1964 V
SAJ 1908 Ph
Sakel 1935 W
Sakkâra v. Chr. 2770, 2500, 2270, 2250, 1300, 300
Sakkas 175, 242
»Sakrament des Abendmahls, Das« 1955 K
Sakramentshäuschen 1496
Säkularisierung 1803
»Sakuntala« 5. Jh.
Sala 1940, 49 M
Salacrou, A. 1960 D
Saladin 1099, 1171, 87, 92
Salado, Schlacht bei 1340
»Salaire de la peur, Le« 1952 K
Salaka 1086
Salamanca 1217
–, Kathedrale 1514
–, Univers. 1405
»Salambo« 1862
Salamis v. Chr. 480, 459, 449, 306
Salandra 1914 P
»Salavins Leben u. Abenteuer« 1932 V
Salazar, A. O. 1928, 32, 37, 58, 61, 68, 70 P
»Salbenhändler« 1500
Salblöffel v. Chr. 1500
Saldanha-Schädel 1953 W
Salemme, A. 1952, 55 K
Saleph 1190
Salerno 900, 72, 1004, 22, 41, 50, 53, 84, 87, 1110, 40, 12. Jh., 1224, 1476
–, Dom 1080
–, mediz. Schule 11. Jh.
Sales 1610
Salesianerinnen 1610
Saliceto 1210
Salieri, A. 1750, 1825
Salinen 956
Salinger, J. D. 1962 V
Salis, R. 1881
Salisbury, Kathedrale 1258, 1350
–, Johann von 1120, 80
Salisches Gesetz 500
Salk, J. E. 1955 W
»Sallah – oder tausche Tochter gegen Wohnung« 1964 K
Sallal, A. 1962 P
Salle 1673
Sallust v. Chr. 86, 45, 35; n. Chr. 968
»Salman und Morolf« 1192
Salmanassar I. v. Chr. 1260
– III. v. Chr. 859, 854, 852, 850
–, Fort 1970
Salmasius, Cl. 1650
Salome v. Chr. 4
»–« 1893, 94, 1902 K, 05 M, 55 K
Salomo v. Chr. 960, 950, 925, 917, 700, 200, 50,1. Jh., n. Chr. 1192, 1276

»Salomo« 1748
Salomon, E. v. 1930, 33 D, 73 Ph
– ben Jehuda ibn 1021, 70
– u. d. Königin v. Saba« 1959 K
– Sprüche 1961 M
Salomon-Inseln 1567, 1766, 1942 P
»Salomonis, Canticum canticorum« 1972 M
Salomonovich, A. E. 1959 W
Salomos von Konstanz 900
»Salon d'Automne« 1903, 05 K
»– des Indépendants« 1901 K
Salona 300
Saloniki 390, 826, 1430, 1915, 26 P
Salpeter 1815
Salpeter 1806, 30, 1902, 03, 05 W, 17 V, 23 W, 29 P, 60 V
Salsano 1785
SALT 1970, 74 P
SALT-Abkommen 1972 P
Salt Lake City 1847
Salten, F. 1923, 69 D
Salting-Madonna 1430
Salto, dreifacher 1922 V
Salut I 1971 W
»Salutschuß« 1666
Salvarsan 1909, 10, 15 W
Salvatore 1971 M
»Salve Regina« 1100
Salvianus v. Trier 466
Salvius Julianus 132
Salz v. Chr. 206; n. Chr. 671, 956, 1037, 1100, 58, 1260, 1548, 1625, 66, 68, 94, 1727, 32, 45, 65, 1873, 1912 W, 22 V, 30 P
Salza, Hermann von 1210
Salzburg 739, 1270, 1480, 1628, 1729, 31, 32, 1814, 1922 M
–, Collegienkirche 1707
–, Dom 774, 1181, 1958 K
–, Dreifaltigkeitskirche 1702
–, Neues Festspielhaus 1962 K
–, Osterfestspiele 1967 M
–, Peterskloster 700
–, St. Peter 698
–, Stadtpfarrkirche 1495
–, Universität 1623, 1963 Ph
»Salzburger Dramaturgie« 1951 P
– Festspiele 1917 M, 24 D, 28 M, 30 D, 50, 55 M
»– Große Welttheater, Das« 1922 P
Salzfurth-Konzern 1922 V
Salzgitter 1937 V
Salzhandel 1158 V
Salzmann, C. G. 1744, 80, 84, 96, 1806, 1811
– (Salten), F. 1923 D
Salzsäure 1775
Salzsteuer 1548, 1694
Salzuflen, Bad 1617
»Salzwasserballaden« 1902 D
»Sam Dodsworth« 1929 D
»– i. Schnabelweide« 1931 D
Samal v. Chr. 790, 730, 670
Samaria v. Chr. 925, 880, 775, 725
Samariter v. Chr. 400
Samariter-Bund, Arbeiter 1889
Samaritisches Schisma v. Chr. 330
Samarkand 712, 51, 1220, 1370, 94, 1449
–, Bibi-Chanum-Moschee 1404
–, Mausoleum 1405
Samarra v. Chr. 3300, 836 n. Chr., 1907 W
Samba 1949 M
Sambesi 1677
Samborski, S. 1962 K
Samenfäden 1677
»Sammelbewegung d. frz. Volkes« 1947 P

»Sammelplatz der Wolfsjäger« 1200
»Sammlung deutscher Sprichwörter« 1541
— romantischer Dichtungen des Mittelalters« 1804
— des Wesens der 8 Teile der Medizin« 8. Jh.
Samniter v. Chr. 354, 343, 321, 305, 298, 290, 272, 87
Samo 623
Samoa-Inseln (Entdeckg.) 1722
Samos, Aristarchos von v. Chr. 270, 200, 150
Samosata, Paulus von 272
Samothrake v. Chr. 250, 185
—, Aristarchos von v. Chr. 217, 145, 130
Samsanow 1955 K
»Samson« 1743, 1961 K
»— u. Dalila« 1877
»Samstag nacht und Sonntag morgen« 1958 D, 60 K
Samsuiluna v. Chr. 1686
Samt 15. Jh.
»Samtbrueghel« 1568, 1625
Samudragupta 320, 30
Samuel, H. 1922 W
Samuelson, P. A. 1970 Ph, V
—, St. 1670 K
Sämund der Weise 1100
Samurai 1389, 1955 K
Samuramat v. Chr. 811
San Francisco 1906 V, 23 Ph, 36 K, 37 V, 39 K, 44 W, 45, 51 P
»—« 1939 K
— Giovanni, Parma 1524
— Lorenzo al Mare« 1954 K
— Marcos 1514
— Marino 885, 1944 P
— Miguel de Lino 850
— Pedro, Diego de 1480
— Salvador 1953 K
— Stefano 1878
Sanchi v. Chr. 100
Sancho III. (der Große) 1001, 35
»Sanctuary« 1951 D
Sand, G. 1804, 36, 46, 76
—, K. L. 1819
Sandalen v. Chr. 1000, 400; n. Chr. 7. Jh., 900, 1799
Sandalenlösende Nike v. Chr. 405
»Sandbank, Die« 1964 K
Sandberg 1949 K
Sandburg, C. 1878, 1920, 28, 36 D
Sander, U.1933 D
Sanders, H. 1977 K
»Sandgräfin« 1896
Sandloff, P. 1971 M
Sandart 1606, 48, 62, 79, 88
Sandrock, A. 1937 D
Sandschak Alexandrette 1936, 39 P
Sandstürme 1934, 48 V
Sanduhr 760
»—« 1936 Ph
»Sandwich«-Verbindungen 1973 W
»Sandwirt« 1935 D
»Sandzahl« v. Chr. 212
Sänfte 230, 1697
Sangallo, A. da 1580
Sanger, Fr. 1951, 53, 58, 77 W
»Sänger d'Andrade als Don Juan« 1902, 12 K
»Sängerin Marietta de Rigardo« 1904 K
Sängerkrieg 1207
»— auf der Wartburg« 1844
Sängerschaften 1906 Ph
Sanherib v. Chr. 705, 701, 700, 699, 689, 681
Sanhita v. Chr. 600
Sankhja v. Chr. 671
»Sankhyakarika« 408
»Sankhya-Philosophie« 1894
Sankt Aldegonde 1539, 98
— Anton, Arlberg 1922 V

Sankt Benoit s. Loire 1062
— Blasien, Otto von 1146
»— Blehk« 1934 D
— Denis 1573
— Gallen 612, 740, 90, 816, 20, 90, 900, 12, 25, 50, 90, 1022, 1206, 1353, 1405, 11, 16
— Gallener Passionsspiel 14. Jh.
— Germain 1583
»— — l'Auxerrois in Paris« 1866
— Gilles 1205, 42
— Gotthard« 1944 K
— Helena 1815, 21
— Leodegar 740
— Louis 1904 V
— Paul's Cathedral, London 1672, 1700
— Peter, Rom s. Peterskirche
— Quiricus 740
— Savin 1125
»— Sebastian vom Wedding« 1921 D
— Thomas 1917 D
— Ulrich, Augsburg 1605
— Wolfgang a. Abersee 1481, 98
»Sankta Susanna« 1922 M
Sankt-Georgs-Bank 1404
Sankt-Gereons-Kirche in Köln 590
Sankt-Kilians-Kirche, Schweinfurt 1953 K
Sankt-Lorenz-Strom 1917 W, 59 V
Sankt-Nikolai-Bruderschaft 1288
Sankt-Thomas-Insel 1671
Sannazaro 1458, 80, 1502, 30
Sansibar 10. Jh., 1881, 90
Sanskrit v. Chr. 2. Jt., 400, 2. Jh.; n. Chr. 100
Sansovino, Andr. 1460, 1529
—, Jacopo 1486, 1536, 70
Sanssouci, Schloß 1747, 48, 50, 53, 1800
»Santa Conversazione« 1485
— Cruz 1514
— Lucia 1940 P
»— Maria« 1492
— Maria Antiqua 740
— della Grazie, Mailand 1497
— del Popolo, Rom 1509
— Teresa« 1953 K
Santayana, G. 1906, 20, 33, 40, 46, 50, 52 Ph
Santi, Raffaelo, s. Raffael
Santiago 1541
—, Kathedrale 1128
—, Univers. 1743
Santillana 1389, 1458
»Santiniketan« 1901 Ph
Santis 1948 K
Santo Domingo 1630
Santomaso, G. 1955, 59 K
Santorin v. Chr. 1480; n. Chr. 1970 V
Santorio, St. 1611, 30
São Paulo 1924 P
Sappho v. Chr. 600; n. Chr. 1953 K
»—« 1818, 1908 M
Sapor I. 260
Sapporo, Winterspiele 1972 V
Sarafov 1903 P
Saragat, G. 1964 P
»Saragat«-Soz. 1946 P
Saragossa 1118, 1283, 1474
»Saraph« 1965 K
Sarasate, P. de 1908 M
Sarasin 1903, 12 W
Saratoga-Springs 1777
Sarazenen 982
Sarbiewski, Maciej 1623
»Sard Harker« 1924 D
Sardes 405
Sardika, Synode zu 343
Sargent, J. S. 1900, 03, 25 K
—, Joseph 1974 K
Sargon v. Chr. 2400, 2350
— II. v. Chr. 880, 700, 17
Sargonsburg v. Chr. 705
Sargtexte v. Chr. 1900, 1500

Sargur I. v. Chr. 9. Jh.
Sarkis, E. 1976 P
Sarmaten v. Chr. 401; n. Chr. 235
—, gotisch 350
Sarmatische Kultur 350
»— Zeit« 1961 D
Saros-Zyklus v. Chr. 493
Saroyan 1934,39,40,42,46 D
Sarraute, N. 1960, 64 D
Sarto 1486, 1517, 18, 25, 26, 29, 31
Sartorius v. Waltersh. 1939 Ph
Sartre, J. P. 1938, 43, 44, 46, 48, 51, 55 D, 60 D, Ph, 62 K, 64 D
Saskia 1633, 34, 35, 42
»—« 1633, 43
Sassaniden v. Chr. 569, 240; n. Chr. 224, 26, 50, 60, 486, 531, 49, 52, 91, 6. Jh., 600, 628, 41, 51
Satansaffe 1942 W
Satellit, chin. 1970 W
—, 2. chinesischer 1971 W
—, ERTS-1 1972 W
—, japan. 1970 W
Satelliten 1977 W
— Kosten 1967 W
—, künstliche 1957 ff., 62, 63 W
Satelliten-Erderkundung 1973 W
Satie, E. 1920 M
»Satiren« v. Chr. 146
Sato, E. 1970, 72, 74, 75 P
SATOR AREPO ... 1949 Ph
Satsuma 1877
»Satuala« 1927 M
»Saturae« 66
Saturn v. Chr. 484, 7; n. Chr. 1348, 1610, 59, 75, 1712, 89, 1848, 98
»Saturnalia« 398
Saturnalien v. Chr. 300, 217; n. Chr. 1341
Saturnring 1656
Saturnus v. Chr. 217
»Satyr, Der« 1590
»Säuberungen« in der ČSSR 1969 V
Sauckel 1942, 46 P
Saud, König 1960 P
— von Saudi-Arabien 1965 P
Saudi-Arabien 1901, 32, 45, 60, 63 Ph
»Saudisch-arabisches Königreich« 1932 V
Sauer 1975 D
—, G. 1961 K
Sauerbruch 1916, 20, 27 W, 32 K, 51 W
Sauerstoff 1771, 74, 77, 89, 1919, 43 W
Säugetiere (seltene) 1972 W
—, Sex. Verhalten d.« 1947 W
—, Stammesgesch. d.« 1960 W
Säuglingsfürsorge 1883
Säuglingsheim 1897
Säuglingsporträt 100
Säuglingssterblichkeit 1954, 65 V
Saugrohr v. Chr. 1360
Sauguet, H. 1954 M
Saul v. Chr. 1002, 960
»—« 1738
— und David« 1950 K
»Säule« 1968 K
Säulen des Herkules v. Chr. 620
Sault Ste. Marie 1950 W
Saulus s. Paulus
Saunders, J. 1964 D
Saura, C. 1972 K
»Sauspiel« 1975 D
Saussure, de 1783, 87
—, F. de 1967 D
Sauveur 1701
»Savannah« 1819
Savery 1748
Savigny, v. 1779, 1815, 61
Savonarola 1452, 84, 94, 97, 98
»— 1837

Savoyen, Eugen v. s. Eugen, Prinz
Sawtschenko 1948 K
Sax, A. 1841
Saxo Grammaticus 1220
Saxophon 1841
Scaevola, Mucius v. Chr. 508
Scala 1260, 1387
—, Mailand, Scala
—, Cangrande I. della 1291, 1329
—, regia, Vatikan 1661
Scaliger, J. C. 1548, 61
Scandino 1434, 94
Scankmajerova, E. 1970 K
Scapa Flow 1919, 39 P
Scarlatti, Alessandro 1659, 93, 1715, 25
—, Domenico 1685, 1708, 57
Scarron 1610, 57, 60
Scaruffi 1582
Scelba, M. 1954 P
»Scènes fugitives« 1963 M
»Scent of Flowers, A« 1964 D
Schaaf, J. 1967, 72, 73 K
»Schaber« v. Chr. 330
Schachmeister 1957, 63, 69 V
Schachspiel 549, 6. Jh., 9. Jh., 1020, 61, 12. Jh., 1284, 1330, 1474, 1921, 24, 27, 35, 37, 46 V
— oder Königspiel, Das« 1616
Schacht 1923, 30, 33, 34, 36, 37, 39, 46, 53 P, V
Schachweltmeister 1958, 61, 63 V
Schachweltmeisterschaft 1972, 75 V
»Schachzabelbuch« 1284
Schade 1939 W
Schädel, Der« 1956 W
—, H. 1953, 61 K
— von Steinheim 1933 W
Schädelfund 1856, 92, 1908, 11, 33, 36 W
Schädelkult, kelt. v. Chr. 400
Schädelmessung 1760
Schader, J. 1960 K
Schadewaldt, W. 1960 Ph
Schädlingsbekämpfung 1950, 59, 60 W
Schadow, J. G. 1764, 91, 94, 95, 1814 K, 21, 26, 50
—, W. v. 1810, 12, 16, 37
Schaeffer, A. 1918–20, 27, 37, 49 D
—, P. 1948 M
Schaeffers, W. 1938, 62 D
—, —« 1959 K
Schaerer 1912 P
Schäfer 1894
—, H. 1953, 56 P
—, M. 1970 W
—, W. 1912, 15 D, 22, 23 Ph, 29, 30, 52 D
Schäferdichtung 1480, 1559, 99, 1607, 45, 1709, 75
»Schäferdichtungen« 1709
»Schäferidyll« 1749
»Schäferin, Die eingeschlafene« 1745
»Schäferkalender« 1579
Schaffer, F. I. 1955 W
»Schäffer, Fr. 1953, 57 P
—, J. C. 1765
—, P. 1953, 57 W
Schaffhausen 1481, 1513
Schaffner, F. J. 1971 K
—, Jakob 1905, 17, 30, 39 D
»Schafft d. Narren fort« 1955 D
Schafi'iten 751
»Schafschur« 1775
Schafzucht 1792
Schahdschahan 1627
Schaibaniden 1557
»Schakal, Der« 1972 D
Schaljapin, F. 1873, 1928, 38 M
»Schalke 04« 1934 V, 58 V
Schall 1600, 36, 40, 90, 1924 W

Schallanalyse 1924 W
»—, Ziele ... d.« 1924 W
Schallgeschwindigkeit 1640
Schallplatte, elektr. Aufn. 1926 M
Schallplatten 1904 V, 26 W, 28, 32 M, 36 W, 55 V, 58 W, 61 M
Schallplattentechnik 1900 M
Schallplattenverkauf (BRD) 1972 M
Schally, A. 1977 W
Schalmei v. Chr. 1370
Schaltsekunde 1972 W
»Schaltungen, Gedruckte« 1961 W
Schamaiten 1380, 1411
Schamasch v. Chr. 2000, 1728
Schamoni, U. 1965, 67, 68, 74 K
Schangama 1951 W
Schanghai s. Shanghai
Schao-tschi, Liu 1968 P
Schaper 1949, 51, 53, 54 D
Schardt, Ch. v. 1788
Scharf, K. 1963, 66, 72, 74, 77 Ph
Schärf, A. 1957 P, 65 P
Scharfeinstellung, automat. 1975 W
Scharfenberg 1906 W
Scharfenberger 1961, 63 M
Scharff, E. 1947, 55 K
Scharfrichter 1255
Scharl, Josef 1944, 54 K
—, L. 1917 K
Scharlach 1950 W
»Scharlachrote Buchstabe, Der« 1850
Scharmann, Th. 1963 Ph
Scharnhorst 1755, 1813
Scharoun, H. 1951, 56, 57, 59, 61, 63–66, 72–74 K, 75 M
Scharrelmann, H. 1923 Ph
—, W. 1912 D
»Schatten d. Körpers d. Kutschers, Der« 1960 D
»—, Der strahlende« 1959 D
»— leben, Die« 1902 D
»— der Titanen, Im« 1908 D
»— wandern übers Gras« 1960 D
»— eines Zweifels« 1943 K
»Schattenbilder« 1910 D
»Schattengrenze, Die« 1969 D
»Schattenlinie« 1917 D
Schattenspiel 10. Jh.
Schatz 1944 W
»— v. Chr. 262
»— im Morgenbrotstal« 1926 D
»— des Priamos« v. Chr. 2225
»— d. Sierra Madre« 1927 D
»Schatzbehalter« 1491
»Schätze, Fünf« 1202
»Schatzhaus des Minyas« v. Chr. 1400
»Schatzinsel, Die« 1883
»Schatzkammer des Atreus« v. Chr. 1400
»— — der Geheimnisse« 1202
»Schatzkästlein« 1508
»— — des rheinischen Hausfreundes« 1811
»Schau heimwärts, Engel« 1929 D
Schaube 1400, 60, 90, 1510, 29, 90, 1630
»Schaubühne« 1905, 77 D
— Berlin 1972, 77 D
— am Halleschen Ufer 1971, 73 D
»— als moralische Anstalt, Die« 1785
Schaudinn 1905 W
»Schauender« 1950 K
Schaufelrad 527
Schaufelbagger 1955 W
»Schaukel« 1766
»Schaukelstuhl, Der« 1943 K
Schaumann 1932, 35 D
Schaumberg-Grabmal 1500
Schaumburg 1110, 1386, 1460
Schaumwein 1961 V

»Schauspiel m. Lebens« 1958 D
Schauspieler v. Chr. 471, 466
–, Berufs- 1545, 85
»Schauspielerin Berthe Bady, Die« 1897
Schauspielerinnen, erste dt. 1660
»Schauspielernotizen« 1910 D
Schauspielhäuser 1576
»Schauspielkunst in alle vier Jahreszeiten, Die Umstände der« 1735
Schdanow 1947 Ph, 53 P
Scheck 1606, 08, 81
Schecke 14. Jh., 1400; s. a. Jacke
Schedel 1493
»Schedula diversarum artium« 1100
Scheel 1929 W
–, W. 1967, 68, 69, 70, 72, 73, 74 P
Scheele, C. W. 1771, 74, 77
Scheffel 990, 1826, 54, 55, 68, 86
Scheffer 1921, 51 D
Scheffler, Johann 1624, 57, 77
–, K. 1906, 17, 47, 50 K, 51 Ph
»Scheherazade« 1888
Scheibe 1929, 33 W
–, E. 1966 K
–, Richard 1923, 40, 50, 54, 64 K
»Scheibenstern« 1977 W
Scheidemann 1918, 19 P
Scheidemünze 1503, 1604
Scheidt 1587, 1650, 54
Scheidungen, Ehe- 1960 Ph
Scheidungsrecht, frz. 1884
–, ital. 1974 Ph
Schein, Joh. Herm. 1586, 1616, 17, 27, 30
– und Sein« 1909 D
Scheiner 1909 W
–, Christoph 1575, 1610, 13, 19, 30, 31, 50
»Scheinprobleme in der Philosophie« 1928 Ph
»– d. Wissensch.« 1947 Ph
Scheithauer, L. J. 1959 D
Schelde 800, 43
Scheler 1901, 13, 15, 16, 21, 24, 26, 28, 31 Ph
Schell, H. 1897, 1905 Ph
–, Maria 1953, 54, 61, 62 K
–, Maximilian 1970, 73, 74 K
Scheller 1780
Schellhammer 1690
Schelling 1953 K
–, Fr. W. 1775, 97, 98, 99, 1800, 02, 03, 07, 09, 42, 54
–, Karoline 1807
»Schelmenzunft« 1512
»Schelmuffskys wahrhaftige ... Reisebeschreibung zu Wasser und zu Lande« 1696
Schelsky, H. 1953, 55, 57, 58, 61, 63, 73, 75 Ph
»Schelten-Wörterb.« 1910 D
Schem 1750
Schemann 1916 D
Schemel 1098
Scheng-tsu 1662, 85, 1723
Schenk 1902 W
–, O. 1973 K
Schenkelschutz 900
Schenker, H. 1906 M
»Schenkung Konstantins des Großen« 1457
Schensi 781
Schenzinger, A. 1936, 39, 50, 62 D
Schepilow 1956, 57 P
Scheerbart, P. 1914 K
Scherbengericht v. Chr. 487, 471
Scherchen, H. 1929, 43, 66 M
–, T. 1968 K
Schere v. Chr. 3. Jh.
Scherenberg-Grabmal 1499
Schering, A. 1909 M

Schering AG 1937 V
Scherl 1883
Schernberg, Dietrich 1480
Scherr, J. 1860, 74
Scherrer, P. 1916 W
»Scherz, Satire, Ironie und tiefere Bedeutung« 1827
»Scherzgedichte, Vier« 1652
»Scherzhafte Lieder« 1744
»Scherzo« 1920 K
Schesaplana 1742
Scheschonk I. v. Chr. 945, 925
Scheuch, E. K. 1968 Ph
Scheuchzer 1718, 26, 31
»Scheveningen, Strand bei« 1658
Scheyern 1115
Schiaparelli 1877
Schibler, A. 1958, 59, 60, 62 M
»Schichten d. Persönlichk.« 1938 Ph
Schickard, W. 1623
Schickele 1931, 39 D
Schickhardt, H. 1600
»Schicksale« 1928 D
Schidlof 1904 V
Schiedsgerichtshof, int. 1927 P
Schiefe Ebene 1585
– der Ekliptik v. Chr. 1090
– Turm, Der« 1350, 1942 D
Schienen-Propellertriebwagen 1930 W
Schießbaumwolle 1846
Schießbogen 1400
»Schießmaschine, Zufall« 1975 K
Schießpulver 12. Jh., 1242, 1314, 50, 1422, 1886
Schießsport 1907 V
Schiestl-Bentlage 1933, 38 D
»Schiff« 1912 D
»– m. Atomkraft« 1959 W
»– und Brücke« 1950 K
»– wird kommen, Ein« 1961 M
Schiffbau 1972 W
Schiffahrtsnachrichten 1696
Schiffahrtstrust 1903 V
»Schiffbruch« 1901 D
»Schiffbrüchiger, Dt. Gesellsch. zur Rettung« 1865
Schiffdocks 1495
»Schiffe im Hafen« 1910 K
Schiffer, E. 1919, 25 P
–, M. 1929 M
»Schiffsbau« 1941 K
––, Welt- 1955 V
»Schiffsbaumeister und Frau« 1633
Schiffsbrücke v. Chr. 514, 480
Schiffsgrab, angelsächs. 650, 1939 V
Schiffshebewerk 1911, 30 W
Schiffskreisel 1903 W
Schiffsladung in Punt 1490
Schiffsmühlen 546
Schiffsraum 1967 V
Schiffsschraube 1827
»Schiffssicherheitsvertr.« 1929 V
»Schi-ki« v. Chr. 101
Schikaneder, E. 1791
»Schild des Herakles« v. Chr. 700
»Schildbürger« 1598
Schilddrüse 1880, 91, 1909, 14, 17, 28 W
»Schilderboek« 1604
Schildkröte, mechan. 1961 W
»Schilfrohr im Winde« 1913 D
Schiller, Fr. v. 1307, 1572, 1759, 73, 82, 83, 84, 85, 87–91, 93, 94, 95 ff., 1800, 01, 03 bis 05, 15, 28, 76, 1911 W, 14, 16 D, 22 K, 39, 55 D
»–, -« 1786, 1914 D, 59 D
–, F. C. S. 1911 Ph
–, K. 1966 P, 67 P, 68 V, 69, 71, 72 P
Schillerbüste 1794

Schiller-Nationalmuseum 1903 V
Schillerpreis 1905, 08, 11, 20, 26 D
»Schiller-Roman« 1916 D
Schillerschädel 1911, 50 W
Schiller-Theater Berlin 1951 D
Schillings, M. v. 1868, 1902, 04, 06, 15, 33 M
Schiltberger 1428
»Schimmelreiter, Der« 1888
Schimpansen 1641, 1924, 33, 36 W; s. a. Menschenaffen
Schimper, K. F. 1836
»Schimpf (Scherz) und Ernst« 1522
Schinaja, Elias bar 1049
»Schindelmacher« 1899
»Schinderhannes« 1927 D
Schinkel 1781, 1805, 18, 19, 21, 26, 28, 37, 41, 1931 K
Schintoismus s. Shintoismus
»Schippeliana« 1917 K
Schirach 1940, 46, 66 P
Schirasi, Al 1275
Schirdewan, K. 1958 P
»Schirin und Gertraude« 1920 M
Schirm 1740
–, Stahlgestell 1852
Schirmalgen 1934 W
Schirmgitter-Verst. 1915 W
Schirra, W. 1962, 65 W
Schirschow 1937 V
Schischak v. Chr. 945, 920
Schisma 1378, 1409, 14, 17
Schiwa v. Chr. 2025, 480; n. Chr. 3. Jh., 4. Jh., 700, 8. Jh., 770, 1000, 02
»Schiwago, Dr.« 1958, 60 D, 65, 66 K
Schiwa-Tempel 1673
Schiwkowitsch 1929 P
Schiwy, G. 1968 Ph
Schizophrenie 1926, 35 W
»Schlacht um England« 1940 P
– v. S. Romano« 1456
»Schlächter« 1913 K
»Schlächterladen« 1905 K
Schlachtordnung, schiefe v. Chr. 371, 357
Schlachtschiffe 1957 V
Schlaf, J. 1862, 89, 1941 D
–, Gefangener, Ein« 1951 D
–, schneller, Genosse!« 1938 D
»Schlafende Heer, Das« 1904 D
»– Menschen« 1941 K
»Schlafender Satyr« v. Chr. 3. Jh.
»Schlafenszeitbuch« 1910 D
Schlafkrankheit 1901, 06, 23, 31 W
Schlafmittel 1916, 19 W
––, künstl. 1869
Schlafrock 1662
»Schlafschwämme« 1100, 1517
Schlaftabletten 1906 W
Schlafwagen 1864
»Schlafwandler« 1931 D
Schlafzimmer 1847
Schlager, populäre 1951–63 M
»Schlageter« 1923 P
»–« 1933 D
Schlagintweit 1854
»Schlagobers« 1924 M
Schlagwetter 1951, 62 V
»Schlampampe Krankheit und Tod, Der ehrlichen Frau« 1696
»Schlangenei, Das« 1977 K
Schlangengift 1664
Schlangensäule v. Chr. 479
»Schlaraffenland« 1567
»–, Im« 1900 D
Schlatter 1910 Ph
Schlegel, Aug. Wilh. 1767, 1801, 04, 07, 18, 29, 30, 33, 45

Schlegel, Dor. 1801, 04
–, Fr. 1772, 1804, 08–10, 15, 28, 29
–, Gebr. 1798
–, Karoline 1803
Schlegelbund 1366
Schleich, Ed. 1855
–, K. L. 1894, 1912, 21 D
Schleiden, J. M. 1838
Schleier 900, 1100
»–« 1931 D
»– der Berenice« 1901 D
Schleiermacher 1768, 99, 1800, 06, 10, 21, 34
»Schlemihl« 1911 M
Schlemmer, G. 1973 K
–, O. 1921, 23, 32, 37, 43 K
»Schleppdampfer, Der große« 1923 K
Schleppe 14. Jh., 1420, 75, 1529, 1600, 1909
Schleppversuchsanstalt 1915 V
Schlesier, E. 1958 Ph
Schlesinger, A. 1965 D
–, G. 1920 W
–, J. 1966 K
Schlesische Dichterschule 1679
Schlesischer Krieg 1740, 44
»Schlesisches Singbüchlein« 1555
Schleswig 1050
Schleudern v. Chr. 760
Schleuse v. Chr. 1850, 260; n. Chr. 1235
– im Tal« 1855
Schleussner, C. A. 1955 Ph
Schleyer, H.-M. 1977 P
Schlichter, R. 1955 K
Schlick, Arnolt 1512
–, M. 1908, 18, 26, 29, 30, 35 Ph
–, O. 1903 W
Schlieffen 1913 P
Schliemann 1822, 70, 76, 90, 1932 W
Schliephake, E. 1929, 35 W
Schlierseer Bauerntheater 1891
»Schließung des großen Rates« von Venedig 1297
Schlingentanzl 1910 W
Schlitten v. Chr. 1130, 800
»Schlittenfahrt« 1911 D
Schlöndorff, V. 1965, 69, 75, 76 K
»Schloß« 1926 D
»– Dürande, Das« 1837, 1943 M
»– Gripsholm« 1931 D
»– Hubertus« 1895
»– i. Schweden, Ein« 1960 D
»– Wetterstein« 1910 D
Schlosser 1857
Schloßkirche, Wittenberg 1517
Schloßpark-Theater Berlin 1951 D
Schlözer, D. v. 1787
»Schluck Erde, Ein« 1961 D
»– und Jau« 1900 D
Schlumberger, J. 1955 D
Schlusnus, H. 1917, 52 M
»Schlußball« 1958 D
Schlüssel v. Chr. 550
»–, Der« 1951 D
»– zum Abgrund, Der« 1955 D
»––– Königreich« 1941 D
Schlüsselburg 1323
»Schlüsselübergabe« 1524
»– an Petrus« 1482
Schlüter, Andr. 1664, 91, 94, 96, 98, 99, 1703, 13, 14
»–, L.« 1955 P
»Schmadribachfall« 1811
»Schmale Weg z. Glück, Der« 1903 D
Schmalenbach 1919 V
»Schmalkaldische Artikel« 1536
Schmalkaldischer Bund 1530, 46, 47

Schmalkaldischer Krieg 1546
Schmalstich, C. 1960 M
Schmarsow 1905 K
Schmeil 1903 Ph
Schmeling 1930, 32, 36, 38 V
Schmelzarbeit 500, 900, 1000, 10, 25, 11. Jh., 1100, 65, 81, 1202, 50, 1405, 15. Jh.
Schmelzkunst (Anfänge) v. Chr. 3900, 3700, 1450
»Schmerzenskrone« 1917 D
Schmerzensmann 1300, 04, 14. Jh.
Schmettau, J. 1969 K
»Schmetterlinge weinen nicht« 1969 D
Schmid, B. 1922, 39 W
–, C. 1956, 61, 63 P
–, Fr. u. T. 1931 V
–, H. L. 1961 W
–, J. »Papa« 1858
Schmidlin, J. 1955 W
Schmidt, Arno 1969, 70, 72, 73 D
–, Auguste 1833, 65, 1902 Ph
–, Georg Fr. 1712, 75
Schmidt, H. 1962 V
–, H. 1976 P
–, Helmut 1969 Ph, 72, 74, 75, 76, 77 P
–, Herm. 1940 W
–, J. 1932 N
–, Mart. Joh. 1718, 1801
–, O. 1932 W
–, Otto 1916 V
–, Otto Ernst 1862
–, P. 1928 W
–, W. 1927 V
–, Wilhelm 1893, 1907, 25 W
–, – 1926, 35 Ph
–, Wolfgang 1969 K
Schmidtbonn 1908, 20, 35 D
Schmidt-Brümmer, H. 1973 K
Schmidtmann 1906 W
Schmidt-Ott 1920 W
Schmidtrohr 1930 W
Schmidt-Rottluff, K. 1884, 1905, 14, 15, 18, 19, 24, 40, 50, 53, 67, 69–71, 74, 76 K
Schmidt-Spiegel 1930, 55 W
»Schmied von Gent« 1932 M
»– von Marienburg« 1924 M
–, W. 1974 K
Schmiedebleche 1728
Schmiedeberg 1867
–, O. 1883
Schminke 1648
Schmitt, Fl. 1958 M
Schmitz, K. 1957 Ph
–, S. 1947 K
Schmölders, G. 1960 Ph
Schmoller 1838, 1904, 17 V
»Schmuck der Madonna« 1908 M
Schmücker, K. 1963 P
»Schmunzelkolleg« 1946 D
Schmutz- u. Schundges. 1926 V
»Schmutzige Bomben« 1953
»Schmutzigen Hände, Die« 1948 D
»Schmutziger Krieg« 1962 P
Schmutzler (Studentenpfarrer) 1957 P
Schnabel, A. 1951 M
–, E. 1957 D, 68 M
–, F. 1937 W
–, J. G. 1738, 43
–, R. 1910 W
Schnabelschuhe 1290, 1420, 75, 90
Schnack, A. 1936 D
Schnallenschuhe 1749
Schnebel, D. 1966, 69, 72 M
»Schnee« 1912 D
»– i. Bretton Park« 1939 K
»– H. 1912 P
»– f. m. Kinder, Ich male« 1975 K

»Schnee- u. Lawinenkunde« 1938 W
»Schneearbeiter« 1910 K
Schneebilanz der Erde 1965 W
Schneefernerhaus 1930 W
–, Lawinenunglück 1965 V
»Schneeflöckchen« 1873
Schneekoppe 1900 W
»Schneemann« 1908 M
»Schneetreiben« 1914 K
»Schneewittchen« 1968 D
»– ...« 1938 K
Schneider, E. 1932 V, 61 Ph
–, G. 1954, 58 K
–, Hannes 1922, 28 V
–, Heinr. 1955 P
–, Herbert 1965 K
–, Herm. 1921 Ph
–, P. 1953 K
–, Reinhold 1952, 54, 56 D
–, Rolf 1969 M
–, Romy 1961 ff. K
»– von Ulm« 1811
–, W. 1969 K
Schneider-Creusot 1937 V
Schneider-Manzell, T. 1958 K
Schnell, R. W. 1969 D
Schnellanalyse 1943 W
Schnellbahn, elektr. 1903 W
–, Computer- 1972 V
Schnellbrüterreaktor 1973 V
Schnelldrehstahl 1906 W
Schnelldruckpresse 1812, 14
Schneller Brüter 1977 V, W
Schnellstähle 1907 W
Schnelltelegraph 1912 W
Schnepfenthal, Erziehungsanst. 1784
Schnitger 1921 M
»Schnitt m. d. Kuchenmesser« 1920 K
Schnittgeschwindigkeit 1955 W
Schnitzler, A. 1862, 93, 96, 1900 bis 03, 06, 08, 12, 13, 15, 18, 19, 24, 26, 27, 31 D, 50, 73 K
–, K. 1964 D
»Schnock« 1924 D
Schnorr v. Carolsfeld 1794, 1810, 17, 20, 43, 62, 72
Schnupftuch 1503, 90
Schnurkeramik-Kultur v. Chr. 4000, 3000
Schnürmieder 14. Jh., 1590, 1670, 1749
Schnurrbart 1630; s. a. Haartracht
Schnurre, W. 1953, 69, 77 D
Schnürschuh 1891
Schober 1921, 29–31 P
Schoch 1765
–, Joh. 1582, 1607
Schoeck, O. 1919, 22–24, 30, 37, 43, 46, 57 M
Schoenholtz, M. 1968 K
Schofar v. Chr. 950
»Schöffen« 775, 1100
»Schöffenrecht« 1350
Schöffer, N. 1968, 69 K
–, Peter 1450, 57
Schogun 1603
Schola cantorum 600, 790
»– ludus« 1654
Scholastik 524, 850, 1000, 1150, 1300, 1431, 1624
»–« 1926 Ph
–, Vater der« 1033, 1109
»Scholemaster, The« 1570
Scholer 1917 K
Scholl, H. 1943 P
–, S. 1943 P
Schollwer-Studie 1967 P
Scholochow, M. A. 1938, 53, 60, 65, 74 D
Scholtz-Klink 1934 P
Scholz, G. 1962, 64 V
–, H. 1955, 56, 62 D
–, Werner 1948, 49, 73 K
–, Wilh. v. 1902, 06 D, 08 Ph, 22, 24, 26, 34 D, 53 K
Schomburgk 1912 W
Schön 1538
–, M. 1948 W
»Schönbartlaufen« 1349

Schönberg, A. 1874, 1903, 09 bis 12, 14, 22, 24, 27, 29, 30, 32, 36, 40, 43, 45, 47, 49, 51, 54, 59, 74 M
»–, Hommage à« 1974 K
Schönbein 1842, 46
Schönborn, Fr. K. v. 1729
–, Joh. Phil. v. 1642
Schönbrunn, Menagerie 1752
–, Schloß 1694
»Schöne auserles. Lieder« 1536
–, Bellinda« 1917 M
»– und die Bestie« 1946 K
–, G. 1962 D
–, Gärtnerin« 1967 K
»– kommt, Die« v. Chr. 1365
»– Literatur« 1923 D
»– – u. öffentl. Meinung« 1962 D
»– Madonnen« 1380, 89
»– Müllerin, Die« 1788
»– und sein Schatten, Das« 1966 D
»– wilde Welt« 1913 D
Schönebeck, Brun von 1276
Schönemann, J. F. 1740, 50
–, Lili 1775
Schonen, Küste von 1370
»Schönen blauen Donau, An dere« 1867
»– u. Erhabenen, Üb. d. Gefühl d.« 1764
»– Melusine, Von der« 1456
Schöner, Johann 1515
»– Stil« v. Chr. 341
»– Tag, Ein« 1966 D
Schonfeld, H. J. 1954 Ph
Schongauer 1445, 59, 73, 75, 80, 91
»Schönheit, Analyse der«
»– d. großen Stadt D.« 1908 K
»– Homers« 1921 D
»– des Teufels« 1950 K
»Schönheitsfleckchen« 1936 K
Schönheitsmittel« 18
Schönheitspflästerchen 1648, D
Schönherr 1905 W
–, A. 1972 Ph
–, K. 1908, 10, 15 D
Schönkopf, Kätchen 1768
Schönlank 1919, 35 D
»Schönsten Sagen d. klassischen Altertums, Die« 1838
»Schonzeit für Füchse« 1964 D, 65 K
Schoofs, R. 1968 K
»School of Amer. Ballet« 1933 K
Schoonhoven, J. J. 1969 K
Schoop, M. U. 1906 W
Schopenhauer 1647, 1788, 1813, 19, 36, 41, 50, 60, 1908, 62 Ph
»– als Verbilder« 1910 Ph
»–, Wagner, Nietzsche« 1908 Ph
Schopenhauer-Gesellschaft 1911 Ph
Schopf, W. 1966, 71 W
»Schöpfer d. Neuen Musik« 1958 M
»Schöpferische Erkenntn.« 1922 Ph
»– Indifferenz« 1918 Ph
»Schöpferkraft d. Phantasie« 1902 Ph
»Schöpfung« 1798, 1924 K
»–, Die neue« 1789
»–, der Mensch und der Messias, Die« 1830
Schöpfungsgeschichte 814
–, ägypt. v. Chr. 3000
–, babylon. v. Chr. 2200, 1770
–, jüd. v. Chr. 550
Schöpfwerk v. Chr. 700
Schorm, E. 1966, 70 K
Schostakowitsch, D. 1927, 34, 36, 37, 39, 40, 42, 46, 48, 54, 55, 59, 61, 62, 64, 69, 71, 72, 74, 75 M

Schott, O. 1882, 86
Schottel, J. G. 1663 D
Schottenloher 1937 W
»Schottin« 1918 K
»Schottische Schule« 1710
Schottky 1915, 30, 76 W
Schöttle, E. 1961 P
Schötz, F. 1968 W
»Schräge Illusion« 1946 K
Schramm, G. 1954, 58 W
–, P. E. 1962 Ph
Schrammel 1877
Schrank, J. 1904 V
Schranz, K. 1972 V
Schraube 290
Schraubenschiff 1829
Schraubstock 1397, 1530
Schrebergarten 1864
»Schrecken des Krieges« 1818
»Schreckgespenster f. d. Alltag« 1961 D
»Schreckliche Eltern« 1948 K
»Schrei, Der« 1893
»–, geg. d. Mauer« 1958 K
»–, wenn du kannst« 1959 K
»Schreiber« v. Chr. 2500, 1350
–, Chr. 1930 Ph
–, W. 1953 P
Schreibfeder 50, 500, 1748, 1830
Schreibmaschine 1714, 1867
Schreibstift 1125, 1500
Schreibtelegraph 1837
Schreibthermometer 1782
»Schreitende Flora« 1910 K
»Schreitender« 1950 K
–, Krieger v. Chr. 400
»Schreitendes Pferd« 1618
Schreker, Fr. 1912, 18, 32 M
Schrempf 1922 Ph
Schreyer, L. 1953, 66 D
Schreyvogel, F. 1976 D
–, J. 1807, 14 D
Schrieber, L. G. 1957 K
Schriefer, J. R. 1972 W
Schrieffen 1957 V
Schrift v. Chr. 10 000, 3200, 3000, 2600, 2500, 2420, 2400, 2225, 2205, 2100, 2000, 1760, 1750, 1700, 1600, 1550, 1500, 2. Jt., 1490, 1360, 1350, 1331, 1300, 1250, 1200, 1050, 1000, 900, 800, 790, 8. Jh., 715, 675, 7. Jh., 4. Jh., 256, 2. Jh., um Chr. Geb.; n. Chr. 100, 3. Jh., 4. Jh., 5. Jh., 450, 71, 800, 50, 63, 1000, 13. Jh., 1300, 14. Jh., 15. Jh., 1460, 72, 92, 1500, 02, 13, 45, 59, 1708, 48, 1802, 22, 1901, 02, 05–10, 12, 13, 17, 22, 28, 29, 31, 33, 35, 36, 39
»–« 1925 D
–, chin. 1905, 58 Ph
»–, ihre Gestalt u. Entwickl.« 1925 D
»–, sumer. v. Chr. 3200
»Schriften z. Soziologie« 1924 Ph
»– des Waldschulmeisters, Die« 1875
Schriftrollen vom Toten Meer 1952 Ph
Schriftsprache 1492, 1694, 1928 Ph
Schriftstellerkongreß 1947 D
Schriftstellerverband, ČSSR 1968 D
–, ungar. 1959 D
Schrifttafeln, dt. 1930 D
»Schritt, Der« 1969 D
»– d. Jahrhundertmitte« 1958 D
»– vom Wege« 1939 K
»– vorwärts ...« 1904 P
Schröck-Vietor, W. 1954 W
Schröder 1920 W
– (Bankier) 1931, 33 P

Schröder, Chr. 1929 W
–, Ernst (Schauspieler) 1964 D
–, Ernst H. (Verleger) 1972 D
–, Fr. L. 1777, 81
–, G. 1953, 57, 61, 65, 68, 69, 72 P
–, L. 1957 P
–, R. A. 1904 f., 30, 31, 62 D
–, W. v. 1680
Schröder-Morgenstern, Fr. 1952 K
Schröder-Sonnenstern, Fr. 1964, 75, 76 K
Schrödinger, E. 1887, 1926, 33, 44, 59, 61 W
Schroeder, L. v. 1916 Ph
Schrotblätter 1475
Schröter, C. 1778
Schroth 1950, 56 K
»Schrottplatz« 1966 D
Schrottverwertung 1864
Schu v. Chr. 3000, 2270
Schubart, Chr. v. 1739, 85, 91
Schubbiluliuma v. Chr. 1400
Schubert, Fr. 1797, 1811, 14, 15, 18, 19, 22, 23, 24, 26–28, 1915 M
–, G. 1961 W
–, J. A. 1838
–, P. 1973, 77 K
Schuberth, E. 1972 V
»Schubladen d. Unbek., Die« 1960 D
Schuch, C. 1846, 1903 K
Schücking, W. 1926 Ph
»Schüdderump« 1870
Schuder, W. 1955 W
Schuh, O. F. 1951, 53 D
Schuhmacher, E. 1967 K
»Schuhmacherwerkstatt« 1880
Schu-king v. Chr. 8. Jh.
Schukow 1941, 45, 57, 74 P
Schulaufsicht, staatl. 1872
Schulausgaben 1956 Ph
Schulbesuch 1960 ff. Ph
Schulbrüder, Christl. 1684
»Schulbuch für Kinder unserer Landsleute, Versuch eines« 1772 Ph
Schulbuchinst. 1951 Ph
»Schuld d. Kirche ...« 1928 Ph
»– und Sühne« 1866
Schulden, BRD- 1975 V
Schuldenabk., Londoner 1953 P
»Schuldfrage« 1947 Ph
»Schuldlos schuldig« 1884
»Schuldlosen, Die« 1950 D
Schule für angewandte Kunst 1902 K
– der Frauen« 1662, 1929 D
–, 5-Tage- 1957 Ph
–, Ganztags- 1957 Ph
– Hellerau f. Rhythmus ...« 1911 M
– am Meer« 1925 D
– f. Kulturforsch. 1942 W
– die Zukunft?, Verräumen unsere« 1971 D
Schulenburg, E. von der 1965 K
Schulgesetz, Berlin 1962 Ph
–, engl. 1870, 1944 Ph
–, Hessen 1961 Ph
»Schulgemeinde« (Fr.) 1906 Ph
Schulgi v. Chr. 2065
Schuljahr-Umstellung 1965 Ph
Schulkinder, unterernährte 1949
Schuller, G. 1966 M
»Schulmeister« v. Chr. 250

»Schulmethodus« 1642
Schulordnung 1528, 64, 1608
Schulpflicht 1619, 42, 1717
–, ägypt. 1933 Ph
Schulpforta, Fürstenschule 1543
Schulraumnot 1957 Ph
Schulreform, dän. 1958 Ph
–, Dt. Bund f. 1916 Ph
–, moderne 1908, 09, 10, 16, 19, 21, 26, 38 Ph
–, preuß. 1908 Ph
Schulspeisung 1860, 1902 Ph
Schulspielturnen 1920 Ph
»Schulsystem, Das einheitliche deutsche« 1916 Ph
Schulte 1972 W
Schulterkragen v. Chr. 1500; n. Chr. 14. Jh.; 1490
Schultermantel 800, 1100
Schultze 1903 W
–, B. 1964, 65, 66, 67 K
Schultz-Hencke 1940, 50, 51 Ph
Schultz-Naumburg 1900, 17, 28 K
Schulverein, Dt.« 1908 P
–, evang.-luth. 1909 Ph
Schulversuche 1957 Ph
Schulwesen, DDR 1959 Ph
–, Österr. 1962 Ph
–, Plan 1960 Ph
Schulwoche 1958 Ph
Schulz, F. 1927 V
–, P. 1971, 73, 74 P
Schulzahnklinik 1902 V
Schulzahnpflege 1909 Ph
Schulze, J. H. 1727
–, N. 1936 W
–, W. (Wols) 1951 K
Schulze-Delitzsch 1850
Schulze-Westrum, E. 1964 K
Schulz-Koehn, D. 1959 M
Schumacher, E. 1950, 53, 54, 56, 59, 64, 65, 68, 71 K
–, F. 1869, 1926, 47 K
–, K. 1895, 1946, 49, 52 P
–, Gedenkstätte für K.« 1970 K
Schuman, E. 1955 K
–, R. 1952, 63 P
–, W. 1951 M
Schumann, Clara 1819, 96
–, E. 1952 M
–, G. 1952 M
–, M. 1969 P
–, R. 1810, 19, 30, 31, 38, 39, 40, 41, 46, 48, 50, 53, 54, 56
– 1977 P
Schumanplan 1950 P, 51, 52 V
Schumm, W. 1968 P
Schumpeter, A. 1908 V, 33 W
»Schundliteratur u. ihre Bekämpfung« 1910 P
Schurek, P. 1962 D
Schurman 1925 P
»Schurr-Murr« 1861
Schurz v. Chr. 1800, 1700, 1500, 1490, 1450, 1230, 1000
–, C. 1883, 1906, 07 P, 31 Ph
»Schürze 1490, 1529, 90, 1807
Schuschnigg 1934, 37, 38 P
»Schuß von der Kanzel« 1875
»Schüsse in Batasi« 1964 K
Schußwaffen s. Handfeuerwaffen
»Schuster« v. Chr. 250
»– bleib bei deinen Leisten« 1853
»Schusterjungen, Kartenspielende« 1861
Schusuen v. Chr. 2065
Schutenhüte 1820
Schütt, F. Th. 1973 K
Schütte, E. 1976 Ph
–, J. 1908, 11, 14 W
–, K. 1955 W
Schütz 1565
–, Heinrich 1585, 1611, 17, 19, 23, 25, 27 ff., 39, 45, 48, 57, 64, 66, 71, 72, 1909, 65 M

Schütz, K. 1969, 73, 75, 77 P
—, P. 1964 Ph
—, W. W. 1966 Ph
Schutz, R. 1974 D
»— d. Zivilbevölkerung ...«
  1956 Ph
»Schutze d. Friedens, Ges. z.«
  1950 P
»Schutzengelspiel« 1923 D
Schützengesellschaften 1347,
  1466, 1603
Schützengräben, erste 1904 V
»Schützenmahlzeit« 1616
»Schutzfermente d. tier. Organismus« 1912 W
Schutzimpfung 1923, 27, 30,
  42 W
—, Tollwut 1881
Schutz-Lanz-Ges. f. Luftschiffbau 1908 V
Schutzzölle 1840, 79, 90,
  1902, 09 V
Schüz 1931 W
Schwab, G. 1792, 1815, 26,
  38, 50
Schwabe 1741
Schwaben, Philipp von 1180,
  98
—, Rudolf von 1077, 80
»Schwabenkrieg« 1499
»Schwabenspiegel« 1275
Schwäbische Schule 1400, 67
Schwäbischer Bund 1488,
  1519, 34
— Städtebund 1331, 81
Schwäbisch-Gmünd, Kreuzkirche 1351
»Schwache Geschlecht, Das«
  1901 D
Schwachsinnige 1939 V
»Schwalbenbuch« 1923 D
Schwammspinner 1960 W
»Schwan« 1950 K
»Schwanda der Dudelsackpfeifer« 1927 M
»Schwanendreher« 1935 M
»Schwanengesang« 1928 D
»Schwanensee« 1876
»Schwanenteppich 15. Jh.
»Schwanenweiß« 1902 D,
  23 M
Schwangerschaftsunterbrechung 1936 V, 72 Ph
»Schwänke« 1557
Schwann 1836, 39
Schwanthaler 1802, 48
Schwartz 1931 W
—, D. 1959 D
»Schwarz bis 8 weiß, 1«
  1955 K
»— und Blau« 1954 K
»—, Grün, Rot« 1951 K
»—, H. 1921 Ph
»—, R. 1960 f. K
»— auf Weiß« 1929 D
Schwarzbach, M. 1961 W
Schwarze, D. 1967 K
»— Fahnen« 1907 K
»— Form auf weißem Grund«
  1955 K
»— Galeere« 1865
»— Lilien« 1928 K
»— Macht« 1954 Ph
»— Maske« 1926 K
»— Obelisk, Der« 1957 D
»— Orchidee« 1928 M
»— Reichswehr« 1923 P
»— Schwan, Der« 1964 D
»— Schwäne« 1932 K
»— Spinne« 1949 M
»— Stockrosen ...« 1929 K
»— Szenen« 1906 K
»— Tafel« 1957 K
»— Tod, Der« 1350
»— Zimmer, Das« 1934 K
»Schwarzen Hunde, Die«
  1967 D
»Schwarzer Akt« 1953 K
»— Frühling« 1934 D
»— Grat« 1958 K
»— Keil« 1959 D
»— Markt« 1945, 47 V
»— Narzissus« 1947 K
»— Peter« 1936 M
»— September« 1972 P

Schwarzes Meer v. Chr. 3000,
  1100, 800, 700, 7. Jh.,
  401, 200, 2. Jh., 64, 27;
  n. Chr. 18, 150, 3. Jh.,
  350, 75, 531, 862, 1227,
  1316, 1774, 1836, 1912 P,
  32, 40 W
»Schwarzhemden-Beweg.«
  1933 D
Schwarzrheindorf 1148
—, Doppelkapelle 1151
Schwarz-Rot-Gold 1817,
  1919 P
Schwarzschild, K. 1904 W
—, M. 1949, 58 W
»Schwarzschwanenreich«
  1918 M
Schwarzwald 1730, 1893
»Schwarzwaldmädchen« 1860
Schwarzwaldbahn 1856
Schwarzwaldhalle, Karlsruhe
  1953 K
»Schwarzwaldmädel«
  1917 M, 50 K
»Schwarz-Weiß vor Blau«
  1968 K
Schwarz-Weiß-Rot 1919 P
»Schwarz-weiß-rote Himmelbett, Das« 1962 K
Schwarz-Weiß-Stil 759
Schwebebahn 1903, 26 W; s.
  a. Seilschwebebahn
»Schwebendes Blau« 1957 K
Schwechten 1924 K
»Schweden« 1904 V
»Schwedengreuel« 1635
»Schwedenpunsch« 1925 D
Schwedische Kugellagerfabrik
  1907 V
»— Lyriker« 1961 D
Schwedische wissenschaftliche Akademie 1739
Schwedisch-Polnischer Krieg
  1621, 29
Schwedisch-Russischer Krieg
  1614, 17
Schwefel v. Chr. 1580; n. Chr.
  500, 671, 1260
Schwefeldioxyd 1792
Schwefelsäure 1540, 1616,
  1736, 46, 75, 1879, 91
Schwefelzündholz 1825
Schwehla 1922 P
»Schweigen, Das« 1963, 64 K
»— ist Gold« 1947 K
»— d. Meeres« 1942 D
»— im Walde« 1899
»Schweigende Welt« 1956 K
Schweiger 1820
»Schweigsame Frau, Die«
  1609, 1935 M
»Schwein, Trinkendes grünes« 1925 K
Schweinebucht 1961 P
Schweinfurt 1652
—, Kilians-K. 1953 K
Schweinfurth 1864, 69,
  1922 W
Schweißen, autogenes 1885
»Schweißfieber« 1943 K
»Schweißtuch der Veronika«
  1011, 1928 D
Schweitzer, Albert 1875,
  1901 Ph, 05 M, 06, 11,
  13 Ph, 14 M, 21, 23,
  24 Ph, 27 D, 28–31, 38,
  49 Ph, 50, 51 D, 52 P,
  M, 53 P, 54, 55 Ph, 57 P,
  65 Ph
—, Anton 1773
Schweizer Nationalbank
  1905 V
— Waldstätte 1273, 91, 1315
»Schweizerischen Eidgenossenschaft, Die Geschichte
  der« 1808
»Schweizerkrieg« 1499
»Schweizerlandes, Naturhistorie des« 1718
»Schwemme« 1909 K
Schweninger 1907 Ph
Schwenter 1636
Schwerdt, C. E. 1955 W
Schwereloser Zustand 1953
  W

Schwerer Wasserstoff 1932,
  34 W
»Schweres Wasser« 1932 W,
  43 P
»Schwergewicht ...« 1927 M
Schwerin 1165, 1348, 58, 1750
— v. Krosigk 1933 P
—, Schauspieler-Akad. 1753
»Schwermut« 1923 K
Schwernik 1946 P
Schwerpunkt v. Chr. 250
Schwert v. Chr. 1750, 2. Jt.,
  1450, 1105, 8. Jh., 637;
  n. Chr. 98, 7. Jh.
»— zw. uns, Ein« 1952 D
»Schwertbrüder«-Orden
  1202, 07, 24, 37, 42, 58
Schwerte, H. 1962 Ph
»Schwerter u. Spindeln«
  1939 D
Schwertsik, K. 1975 M
»Schwester Angelika« 1920 M
»— Carrie« 1900 D
»Schwestern, Die« 1916 K,
  19 D
Schwiebus 1308
»Schwiegermutter« v. Chr.
  159
»Schwierige, Der« 1921 D
»Schwimmende Häfen«
  1944 P
— Körper, Über« v. Chr. 212
Schwimmer, E. 1963, 75 K
Schwimmkran 1914 W
»Schwimmkunst zum Selbstunterricht, Lehrbuch der«
  1798
Schwimmsport 1874, 86,
  1926, 27, 48–50 V
Schwind 1804, 44, 47, 54, 57,
  58, 62, 71
»Schwindender Schnee«
  1953 K
»Schwinge, E.« 1955 K
Schwinger, J. S. 1965 W
Schwippert, H. 1957 K
Schwitters, K. 1919 K
Schwitzke, H. 1963 D
»Schwur d. Horatier« 1784
»Schwurgericht« 1950, 53 K
Schwyz 1231, 1315, 53, 1444
Schwyzer, R. 1960 W
Schyrl 1645
»Scialo, Lo« 1960 D
»Science fiction« 1967 K
»— and Health« 1875
»— and Human Behavior«
  1953 Ph
»Scientia chimae« 300
Scipio d. Ä. v. Chr. 233, 202,
  201, 185, 183, 182, 129
—, G. C. v. Chr. 211
—, d. J. v. Chr. 185, 129
—, P. C. v. Chr. 211
Scipionen v. Chr. 2. Jh.
»Sciuscia« 1946 K
Scobel 1907 D
Scofield, P. 1967 K
»Scontro di Situazioni«
  1958 K
»Scope of psychoanalysis
  1912–61, The« 1962 W
SCORE 1958 W
Scorel, J. v. 1530
»Scorpion« 1968 V
Scott, D. R. 1971 W
—, T. 1965, 77 K
Scriver 1675
»Scotia« 1862
Scott, G. 1952 D
—, R. F. 1902, 11, 12 W
—, Walter 1771, 1810, 14, 16,
  18, 20, 27, 32
—, William 1951, 54, 55 K
Scotus, Johannes Duns 1266,
  1308
Scribe 1791, 1842, 61
»Scrolls from the Dead Sea«
  1955 Ph
Scudéry, M. de 1648, 54
»Scuola di St. Orsola« 1490
»Sculpture« 1966 K
»Scythe and the sunset, The«
  1958 D
SDS 1969 Ph

Seaborg 1940, 51 W
Sealsfield, Ch. 1841
Searle, H. 1964 M
Sears Tower, Chikago 1973 K
SEATO 1975 P; s. a. Südostasien-Vertrag
SEATO-Konferenz 1965 P
Seattle 1960 K
Sebaldusgrab, Nürnberg
  1488, 1519
Sebaste v. Chr. 880, 775
SECAM-Fernsehen 1967 V
Secchi 1901 W
»Sechs Personen suchen e.
  Autor« 1920 D
»— Tage Musik« 1969 M
Sechsrollen-Rotationsmasch.
  1914 W
Sechsstädte, Bund der 1346
Sechstagerennen 1875, 91, 92,
  99, 1909, 65 V
»Sechstel d. Erde, Ein«
  1926 K, 39 Ph
»76 Jahre meines Lebens«
  1953 P
»26. Juli« 1961 K
»Secret Mandala, The« 1967 K
»Section Nr. ..« 1953 K
Secundus 1511, 36
SED s. Sozialist. Einheitspartei Deutschlands
Sédaine, M.-J. 1765
Sedan 1870
Seddin 1924 W
Sedgemoor 1685
Sedimentationsgleichgew.
  1926 W
Sedlmayr, H. 1948 K, 58 Ph
Sedow, L. I. 1959 W
Sedulius 450
»See, Der« 1948 K
»—, Die« 1973 D
»— und Gezeiten« 1952 K
»— im Glase, Der« 1856
Seeabkommen 1935 P
Seeabrüstungskonferenz
  1926, 30, 36 P
»Seebad, Warum hat Deutschland noch kein gr. öffentliches?« 1793
Seebäder, erste dt. 1793, 1802,
  16
Seebeben 1931 V
Seebeck 1821
Seeber, L. A. 1824, 48
Seeberg, R. 1902, 25, 28,
  35 Ph
Seebohm, F. 1953 P, 56 V,
  57, 60 P
Seebull 1926 K
Seebund v. Chr. 377
Seeckt 1920, 26, 28 P
Seedarlehen 1347
»Seefahrers Heimkehr«
  1922 K
»Seefahrt ist not« 1913 D
Seefehler, E. 1976 M
»Seehafen« 1646
»— — bei aufgehender Sonne«
  1674
Seehandel v. Chr. 3300, 2900
»Seehandlung« 1772
Seeigelei 1875, 96, 1901 W
Seekanal 1940 W
Seekarten 1310, 51, 1569,
  1700, 1833; s. a. Landkarten
Seekuh 1741
Seeland 1958 K
Seele v. Chr. 375
»—« 1888, 1939 Ph
»— d. Kinces« 1908 Ph
»—, Die Leiden der« 1649
»—, Naturgeschichte der« 1745
»—, Schöne« 1793
»—, Über die« v. Chr. 322
»— d. weißen Ameise« 1937 Ph
»— Wirken u. Gestalten, Der«
  1936 Ph
»Seelen d. schwarzen Volkes«
  1903 V
»Seelenbräu« 1947 D
»Seelenleben I« 1971 D
»— d. Jugendl.« 1921, 22,
  23 Ph

»Seelenparadies« 1510
»Seelenprobl. d. Gegenwart«
  1931 Ph
»Seelenrätsel« 1917 Ph
»Seelenschaft« 1675
Seelenwanderung v. Chr.
  1000, 671, 496, 480;
  n. Chr. 125
»Seelische Aufbau d. relig. Erlebens, Der« 1921 Ph
»— Störungen« 1969 W
»Seelöwe« 1940 P
»Seemann, deine Heimat ...«
  1961 M
»Seemarken« 1675
»Seeming to Presume, On«
  1948 D
Seenkunde 1895, 1901 W
»See-Novellen« 1931 D
Seeordnung 1505, 1681
Seeräuberei v. Chr. 228, 67;
  n. Chr. 800, 59, 62, 911,
  1389, 1401, 1535, 63, 77,
  81, 1621
Seerecht 1161, 1316, 1856
Seerechtskonf., Genfer
  1975 P
Seeschiffbau 1957 V
»Seeschlacht« 1917 D
»Seeteufel ...« 1921 D
»Seeufer, Am« 1910 K
Seeversicherung 1347, 1435,
  1701, 20, 90
»Seevölker« v. Chr. 1400,
  1200
Seewald, R. 1950 K
Seewarte, Hbg. 1876, 1935 W
»Seewolf« 1904 D
Seezeichen 1115
Seferis, G. 1963 D
Seffewidin-Dynastie 1505
Segal, G. 1964 K
Segantini 1858, 90, 92, 95, 96,
  99
»Segel am Horizont« 1924 D
»Segelboote« 1929 K
Segelflieger-Schule 1920 V
Segelflug 1891, 96, 1911, 12,
  20, 22, 26, 27, 31, 37, 38,
  60, 61 V
Segelflüge 1911 V
Segelregatta, Transatlantik
  1976 V
Segelschiff v. Chr. 1501;
  n. Chr. 900, 1200, 1902,
  32 V
Segelsport 1935, 46 V
Segelwagen 1596
»Segen d. Erde« 1917 D
Seghal, A. N. 1958, 63 K
Seghers, A. 1928, 37, 39,
  51 D, 53 Ph, 69, 73 D
»Segnender Christus« 1821
Segner 1750
Segni, A. 1960 P, 64 Ph
Segobriga 1975 Ph
Segovia um Chr. Geb.
Segré 1937, 55 W, 59 W
»Seherin von Prevorst« 1829
Sehfarbstoffe 1964 W
»Sei willkommen, Herre
  Christ« 11. Jh.
Seiber, M. 1953, 60 M
»Seid nett zu Mister Sloane«
  1966 D
Seide v. Chr. 2600, 1300,
  1240, 600, 114, 50, um
  Chr. Geb.; n. Chr. 102,
  200, 552, 553, 650, 941,
  1140, 50, 1291, 1304, 39,
  1405, 70, 1511, 58, 1625,
  61, 1748, 50, 1961 V; s.
  auch Kunstseide
»— plättende Damen« 742
Seidel, H. 1842, 82, 85,
  1906 D
»—« 1958 D
—, Ina 1885, 1918, 23, 30, 33,
  35, 38, 54 D
»Seidene Schuh, Der« 1929 D
Seidenstraße v. Chr. 114, 50
»— —« 1936 D
Seidl 1848, 1913 K
Seife 50, 79, 850, 1929

Seiffert, K. E. 1966 W
Seikilos 1. Jh.
Seilbahnabsturz 1977 V
Seilschwebebahn (Darstllg.) 1411; s. a. Schwebebahn
»Seilspringende Frau« 1954 K
»Seiltänzer i. d. Nacht« 1957 K
»Sein u. d. Nichts, Das« 1943 Ph
»– od. Nichtsein« 1942 K
»– und Sollen des Menschen, Vom« 1954 Ph
»– u. Zeit« 1927 Ph
Seine 911
»– b. St. Cloud« 1912 K
»– b. Suresnes« 1877
Seiner 1903 W
Seipel 1922, 24, 26 P
Seismograph 1906 V
Seismometer 1785
Seismometrie 1903 W
»Seitenwand, aufklappbar, frontal« 1968 K
Seitz 1919, 32 P
–, W. C. 1965 K
Sejanus 31
Sekel v. Chr. 3000
Sekine, Y. 1965 K
Sekunde, neue Definition der 1967 W
Sektenbuch 1947 W
Sektverbrauch 1977 V
Selbstbedienung 1961 V
Selbstbestimmung 1959 P
»Selbstbetrachtungen« 180
»Selbstbildnis« 1956, 57, 59 K
»Selbstdarstellung« 1929 Ph
»Selbsterzähltes Leben« 1928 D
Selbstfahrer 1420, 47
Selbsthilfebund d. Körperbeh. 1919 V
Selbstinduktion von Spulen 1835
Selbstmord 1968 Ph, 68 V, 69 V
»– eines Katers« 1912 D
»– als sozialistische Ersch.« 1905 V
»– Tatsachen, Probleme, Tabus, Praktiken« 1966 Ph
Selbstmorde in Deutschland 1957, 70 Ph
»Selbstpeiniger, Der« v. Chr. 159
»Selbstporträt« 1965 K
Selbstschutz-Organisation 1950 V
Selbststudium, Hdb. z. 1954 Ph
Selbstverbrennung 1963 Ph, 69 P
Selbstvergöttlichung v. Chr. 2029
Selbstverhütung 1968 Ph
»––, Handbuch der« 1964 Ph
»Selbstverteidigung« 1906 V
Selbstverwaltung lomb. Städte 1075
Selbstwähler-Fernamt 1923 W
Selby, H. 1968 D
Selden, J. 1635
Seldschuken 935, 1037, 71, 72, 81, 92, 97, 1171, 90, 1204, 25
Seldte 1918, 31, 33 P
»Selected Poems« 1959 D
Selektionstheorie 1855, 1913 W; s. a. Darwin
Selen, Entdeckung 1817
Selenus, Gustavus 1616
Seler 1923 W
Seleukia v. Chr. 300
–, Seleukos von v. Chr. 150
Seleukiden v. Chr. 322, 321, 280, 220, 197, 189, 161, 140, 100
Seleukos I. Nikator v. Chr. 358, 323, 321, 305, 303, 300, 286, 285, 280
– von Seleukia v. Chr. 150
Selg, H. 1972 Ph

»Selige Exzellenz« 1916 D
Seligmann 1931, 39 K
»Seligpreisungen« 1879
Selim I. 1467, 1512, 20
Selinko, A. 1951 D
Selinunt v. Chr. 496, 450
Selkirk, A. 1709
Sellner, G. R. 1959, 61 M, 62 D
»Seltsame Fall d. Dr. Jekyll u. Mr. Hyde, Der« 1886
»Seltsames Zwischenspiel« 1928 D
Selznick 1935 K
Sema Kuang 1009, 50, 86
Semantik 1960 Ph
»–« 1942, 72 Ph
–, Erkund. d. Theorie 1970 Ph
Semasiologie 1923 Ph
»Semele« 1743
Semempsās v. Chr. 3200
Semenow, N. N. 1956 W
Semiramis v. Chr. 811
Semjonow 1953 P
Semler, S. Chr. 1708
Semmelroth, O. 1954 Ph
Semmelweis 1847, 61
»–..« 1950 K
Sempach, Schlacht bei 1386
Semper 1803, 73, 79
Senanayake, D. 1964 P
»Senator O'Swald« 1905 K
»Sendbrieff v. Dolmetschen« 1530
»Sendlinger Mordweihnacht« 1750
Sendschirli s. Samal
Seneca v. Chr. 250, 3; n. Chr. 41, 58, 62, 1. Jh., 59, 64, 65, 1581
Senefelder 1797
Senf 64, 1910
Senfgas 1916 P, 48 W
Senfl, L. 1492, 1517, 43
Sengbusch 1927 W
Senghor, L. S. 1963, 68 D
Seni 1629
Senlis 1155
Senmut v. Chr. 1501, 1490
Sennert 1572, 1637
Sens, Kathedrale 1130
Sensualismus v. Chr. 366, 355, 271; n. Chr. 1715, 46, 71, 93
»Sentences et Maximes« 1746
Sententiae v. Chr. 308
»Sententiarum libri IV« 1160
»Sentimentaler Roman, Ein« 1958 D
Senussi 1931 P
Seoul 1394, 1951 P
–, Universität 1924
Separatisten-Reg. 1923 P
»Septett« 1953 M
– (Hindemith) 1952 M
Septimius Severus 193, 95, 203 n. Chr. 1517
Septuaginta v. Chr. 247; n. Chr. 1517
Sequenz 900, 12, 1031, 50, 1100, 1209, 74, 1306, 20
Sequenzanalyse i. Proteinen 1977 W
»Séquestrés d'Altona, Les« 1962 K
Serajemowitsch 1924 D
»Seram« 1964 K
Serapeion v. Chr. 300
– von Alexandria v. Chr. 220
»Séraphine...« 1960 M
»Serapionsbrüder« 1821
Ser-Apis v. Chr. 305, 300
Serben 600, 7. Jh.
»Serenade« 1937 K
Sererhard, N. 1742
Sererland 98
»Sergeant York« 1941 K
Sergius 1943 Ph
– III. 904
– Orata v. Chr. 80
»Serial Composition and Atonality« 1962 M
»Serie 25« 1969 K
»Seriegraphie« 1967 K
Serielle Musik 1960 M
Serienanfertigung 1798

Sering 1946 Ph
Serlins 1930 K
Serlio, S. 1541
Serra 1613
Sertorius, Quintus v. Chr. 80
Sertürner 1805
Serum 1893, 1901, 06, 15, 17, 19, 27, 30 W
»Serva Padrona« 1733
–, Franz 1450
–, Galeazzo, M. 1476
Servais, J. 1955 K
»Servatiuslegende« 1167
Serveto, Miguel 1511, 1553
Servianische Stadt v. Chr. 600
Servius Tullius v. Chr. 569
»Servo arbitrio, De« 1524
Sesostris I. v. Chr. 2000, 1985, 1955, 1950
– II. v. Chr. 1900
– III. v. Chr. 2000, 1850, 1770
Sesshu 1466, 89
Sessions, R. 1962, 64 M
»Sestina« 1958 M
Seth v. Chr. 2270
Sethe, P. 1957 P, 62 Ph
Sethnacht v. Chr. 1200
Sethos I. v. Chr. 1350, 1320, 1300; n. Chr. 1817
Seton 1950 Ph
Setzmaschine 1884
––, Licht- 1954 W
Seuchen-Atlas, Welt- 1952 W
Seuchengesetz 1900 V
Seume, J. G. 1806
Seurat 1859, 91, 1929 K
Seuren, G. 1964 D, 65 K
Seuse, Hch. 1295, 1366
Severing 1920, 26 P
Severini, G. 1909 f. K, 10, 12 K
Severus Alexander 222, 35
Sévigné 1651
Sevilla 600, 712, 1070, 1147, 1217, 48, 62, 84, 1517, 1783
–, Alkazar 1175
–, Kathedrale 1196, 1402
–, Munigua 1956 W
Sèvres 1750 P
Sewastopol 1855
Sewernaja Semlja 1913 W
Sewiastianow 1970 W
Sextparallele 14. Jh.
Sextus Empiricus 189
»Sexual Behaviour in the Human Female« 1953 W
Sexualduftstoff 1959 f. W
Sexualethik, kathol. 1976 Ph
Sexualforschung 1926 Ph, W
Sexualhormon 1929, 31, 34, 35, 39 W
»Sexualität der Frau« 1953 W
»– und Klassenkampf« 1968 Ph
–, d. Säugetiere 1947 W
»–, Soziologie der« 1955 Ph
–, Theorie d. 1938, 39 W
»–, Untersuchung über relativ« 1925 W
»Sexualleben v. Naturvölkern« 1929 W
Sexuallockstoff 1959 f. W
»Sexualordnung...« 1950 Ph
Sexualreform 1928 Ph
Sexualstrafrecht 1968 Ph
»Sexualwissenschaften« 1926 Ph
Sexualwissenschaftl. Arbeitstagung 1950 Ph
»Sexuelle Probleme d. Frau« 1974 Ph
»Sexuellen Zwischenstufen, Die« 1931 W
Sexuelles Gruppenverhalten 1966 Ph
»Sexus« 1960 D
Sex-Welle 1962 V
Seychelleninseln 1976 P
Seyffert, R. 1924 V
»Seymour Jane« 1536
Seyß-Inquart 1938, 40, 46 P
Sezession d. Allg. Dt. Kunstgenossenschaft 1902 K
–, Berliner 1898
–, Münchner 1892
–, Paris 1890

Sezession, Wien 1897
Sezessionskrieg s. Unabhängigkeitskrieg
Sezierung 1306, 26, 50, 76, 1560; s. a. Anatomie
Sferic-Kathodenstrahlpeiler 1965 W
Sforza, C. 1947, 52 P
Shaffer, J. 1965, 67 K
–, P. 1964 D
Shaftesbury 1671, 99, 1711, 13
Shahn 1932, 39, 42, 43, 46 K
Shaka v. Chr. 70
Shakespeare v. Chr. 289; n. Chr. 1564, 85, 88, 91, 92, 93, 94, 96, 97, 98, 99, 1600, 01, 02, 04, 06, 07, 08, 09, 11, 13, 16, 23, 78, 1710, 57, 66, 77, 1801, 26, 33, 43, 64, 1942, 43 M, 48 K, M, 52 M, 55 K
»– 1928 D
»– u. d. deutsche Geist« 1911 D
»– hieß, D. Mann, d.« 1938 D
»– i. deutscher Sprache« 1914 D
»–, Illustrationen zu 5 Dramen 1957 K
»–, ›Julius Cäsar‹ dichtend« 1907 K
Shakespearebühne 1601
Shakespeare-Filme 1957 K
»Shakespeare-Liga« 1902 D
Shakespeare-Studien« 1871
Shakespeare-Übersetzung, dt. 1766, 1801, 33
Shakleton 1909, 22 W
Shang Yang v. Chr. 338
Shang-Dynastie v. Chr. 2500, 1550, 1331, 1050, 800
Shanghai 14. Jh., 1411, 1932 K, 37 P
»Shanghai-Expreß« 1932 K
Shannon, C. E. 1948 W
Shansi v. Chr. 2205
Shan-tao 650
Shantung v. Chr. 2500, 479; n. Chr. 1150, 573, 350, 300, um Chr. Geb.; n. Chr 1. Jh.
»Shapes of sleep, The« 1962 D
Shapiro, K. 1958 D
Shapley 1918 W
Sharif, O. 1965 K
Sharkey 1930, 32 V
Sharrer, H. 1951, 54, 55 K
Shasar 1963 P
Shastri, L. B. 1966 P
Shaw, G. B. 1856, 83, 85, 89, 92, 94, 95, 1901, 03, 05, 06, 08, 12, 13, 21, 24, 25 D, 28 Ph, 29, 33, 35, 38, 39, 50 D, 61 M
Shdanow, J. 1956 K
»She« 1887
Sheehan, J. C. 1957 W
Sheeler, Ch. 1946, 57, 59 K
Sheen, M. 1967 K
Shell, P. 1964 V
Shelley 1792, 1813, 16, 20, 22
Shen Chou 1488, 92
Shepard, A. 1961 W
Sheridan, R. B. B. 1779
Sherlock Holmes 1930 D
––, D. Privatleben v.« 1970 K
Sheriff 1929 D
Sherrington 1932, 52 W
Sherwood, R. E. 1955 D
Shetland-Inseln v. Chr. 330
Shi huang-ti v. Chr. 256, 221, 209, 206
Shiga, K. 1957 W
»Shi-king« v. Chr. 479
Shindo, K. 1965 K
Shintoismus 668, 749, 97, 890, 1899
»Ship of fools« 1962 D
Shirakawa 1129
Shirer, W. L. 1960 Ph
»Shiva, Dance of« 1974 M
Shockley, W. 1956 W

Sho-Hondo-Sekte 1972 Ph
Sholes 1867
Shomu 756
Shonagon 1000
Shopping Center 1963 V
Shore 1711
Shotoku Taishi 552
»Showboat« 1927 M
Shrimpton, J. 1966 K
Shuang-tse v. Chr. 4. Jh.
Shubun 1420, 54
»Shu-king« v. Chr. 479
Shukowskij 1921 W
Shun-Dynastie v. Chr. 2300
Shute, N. 1958 D
Sibelius, J. 1865, 93, 99, 1900, 02, 03, 05, 09, 24, 57 M
Sibirien (beg. Erschließ.) v. Chr. 2025; n. Chr. 1099, 1278, 1578, 81, 84, 1633, 44, 1737, 1901 W, 58 V
»–, e. and. Amerika« 1930 V
»Sibirische Geschichten« 1888
»Sibirjakow« 1932 W
»Sibylle« 1542
»Sibyllinische Bücher« v. Chr. 510
Sica, V. de 1943, 44, 46, 48, 51, 53, 58, 62, 67, 71 K
»Sich Neigende« 1949 K
»– übergebender Zecher« v. Chr. 480
Sichel v. Chr. 3300
Sichem v. Chr. 1850, 925, 400
Sicherheit im Verkehr 1953 V
Sicherheitsgrubenlampe 1815
Sicherheitskonf., europ. 1970 P
Sicherheitsschloß 1784
Sicherheits-Zündhölzer 1848
»Sichtbare Zeit« 1967 D
Sickert 1906 K
Sickingen 1481, 1523
Sickinger, J. A. 1895, 1904 Ph
Siddharta s. Buddha
»–« 1922 D
»–, -« 1964
Siddons, Sara 1793
Sidi Mohammed V. 1953, 55 P
Sidney 1788, 1879, 88
–, Oper 1973 K
–, Philipp 1590
Sidon v. Chr. 1150, 573, 350, 300, um Chr. Geb.; n. Chr 1. Jh.
»Sie agitieren« 1965 K
»– nannten ihn King« 1964 K
»– werden sterben, Sire« 1964 D
Siebbestrahlung, Röntgen- 1954 W
»Sieben Brüder« 1870
»– Raben, Die« 1857
»– Säulen der Weisheit, Die« 1916 P, 26 D
»– Schönheiten« 1202
»– Tänze d. Lebens« 1921 M
»– gegen Theben« 1932 D
»– vor Verdun« 1930 D
»– Weisen« v. Chr.
»– Worte Christi...« 1645
»700 Jahre Berlin« 1937 V
Siebenjahresplan 1948 P
– DDR 1959 V
– Polen 1958 V
– USSR 1958 f. V
Siebenjähriger Krieg 1756
»Siebenkäs« 1796
»Siebenmal lockt das Weib« 1967 K
Siebenmännerbuch« 1926 Ph
»Sieben-Punkte-Programm« 1942 P
»Siebenschläfer« 1975 D
»Siebente Ring, Der« 1907 K
Siebert, I. 1951 D
–, W. D. 1965, 69 M
»Siebte Kreuz, Das« 1939 D
Sieburg, F. 1929 D, 53 Ph
17. Juni 1953 P
Siedentopf 1903 W
Siedlerstellen 1932 V
Siedlungen, vorgesch. 1937 W
»Siedlungsarchäologie« 1922 W

Siedlungsdichte v. Chr. 5000
Siedlungsnachweis (Magnetsonde) 1975 W
»Siedlungsnamen d. Taunusgebietes« 1927 W
»Sieg« 1915 D, 38 K
»– v. Berlin« 1945 K
»– in Frankreich« 1964 K
»– über Tod und Teufel, Der« 1953 D
»– i. d. Wüste« 1943 K
Siegbahn 1924, 28 W
Siegel v. Chr. 2025; n. Chr. 1350, 1403
Siegellack 1550
Siegelrollen, sumer. v. Chr. 3200
Siegen, L. v. 1642
Siegert, P. 1963 V
Siegfried 13. Jh.
»– « 1854, 1972 D
– von Luxemburg 963
Siegmann, G. 1957 K
Siegmund von Tirol 1450, 74
»Siegreicher Wagenlenker« v. Chr. 478
Siegringen, E. v. 1951 P
Siemens (Firma) 1847, 1903 V, 12 W, 28 K, 33 W, 45 V
–, F. 1856
–, H. W. 1924 W
– & Halske 1847
–, Werner v. 1816, 32, 47, 54, 67, 79, 81, 86, 87, 92, 1924 W
–, William 1880
Siemens-Martin-Stahl 1864
Siemens-Rhein-Elbe-Schuckert-Union 1920 V
Siemens-Schnelltelegraph 1912 W
Siemens-Schuckert-Werke 1903 V, 28 K
Siemsen, A. 1921, 32, 48, 51 Ph
Siena 13. Jh., 1255, 84, 1319, 44, 71, 1402, 22
– Dom 1229, 68, 90, 1311, 33, 80, 1508
–, Fonte Gaia 1419
–, Katharina von 1347, 80
–, Palazzo Pubblico 1309
–, Rathaus 1315, 28
–, San Francesco 1319
–, – Giovanni 1430
Sienkiewicz, H. 1846, 84, 86, 87, 96, 1905, 16 P
Sierra Leone 1961 P
Sievers 1924 W
Sievert, G. 1967 K
Siéyès 1788
Sif 98
Siger von Brabant 1270
Sigismund (Kaiser) 1368, 87, 96, 1410, 14, 17, 19, 22, 36–38, 43, 55
– II. 1548, 72
– III. 1566, 87, 92, 1604, 07, 32
»– Rüstig« 1841
Signac, P. 1912, 35 K
»Signale« 1966 K
–, Manifeste, Proteste im 20. Jahrhundert« 1965 K
– von toten Dingen« 1964 K
»Signalraum« 1965 K
Signorelli, Luca 1441, 1523
Signoret, S. 1958 K
»Sigurd-Saga, Die« 1959 D
Sihanouk, N. 1970 P
Sikh 1921 Ph
Sikorski 1940, 43 P
Sikorskij 1913 W
Sikyon, Lysippos von v. Chr. 330
Silber v. Chr. 3700, 3000, 2000, 1250, 700, 483, 336, 269, 103, 101; n. Chr. 100, 650, 810, 968, 11. Jh., 1099, 1166, 67, 72, 1240, 1334, 86, 88, 1405, 62, 83, 1500, 03, 48, 54, 57, 60, 80, 82, 1601, 13, 21, 1727

Silbergulden 1500
»Silberkondor üb. Feuerland« 1929 K
Silbermann 1683, 1714, 36, 53
»Silberne Saiten« 1901 D
»Silberner Löffel« 1926 D
»Silbernes Zeitalter« v. Chr. 700
»– « 14, 117
Silcher 1789, 1860
Silesius, A. 1624, 53, 57, 77
Silikone 1943, 47 W
Silingen 171
Silizium, Entdeckung 1810
Siliziumkarbid 1975 W
»Silja, die Magd« 1931 D
Sillanpää 1931, 32, 39, 64 D
»Sillen« v. Chr. 230
Sillitoe, A. 1958 D
Siloe 1500, 28, 38, 63
Silone 1900, 33, 36 D, 50 Ph, 52 D
Silos, Santo Domingo 1080
Silva s. Velazquez
»Silvanire« 1630
»Silvaplanersee« 1907 K
»Silver Tassie, The« 1928 D
»Silvester« 1954 K
Simeon von Bulgarien 917
Simmel, G. 1900, 08, 18 Ph
–, J. M. 1971, 73 D
Simmons, J. 1953 D
Simon 1956 W
– bar Kochba 135
–, C. 1960 D
– der Makkabäer v. Chr. 141
–, E. 1879
–, J. 1932 P
–, M. 1958, 66 K
–, N. 1977 D
–, S. 1938 K
Simonetta 1475
Simonidis von Keos v. Chr. 556, 468
Simonie 1048, 73
Simonow, K. 1946, 59 D
Simons, D. 1957 W
–, W. 1922 W, 25 P
»Simplicissimus« 1873, 96, 98, 99, 1902, 10, 48 K
»–, Der abenteuerliche« 1669
Simplon-Tunnel 1898, 1906 W
Simpson, N. F. 1959 D
–, Sir J. 1847
–, W. 1936 P
Simroth 1907 W
»Simson« 1914 D
»– und Delila« 1919 K
»Simsons Blendung« 1636
»Simulation konstruktiver Tätigkeiten, Über die Problematik der« 1965 W
»Simultan« 1972 D
Sin v. Chr. 2065, 2000
Sinai v. Chr. 3200, 1230; n. Chr. 1950
Sinan 1556
Sinanthropin 1959 W
»Sinanthropus« 1927 W
Sinatra, F. 1962 K
Sinclair, E. 1919 D
–, U. 1878, 1906, 09, 17–19, 20, 27–29, 31, 32, 35–37, 39, 40, 42, 44, 45 D, 49 Ph, 68 D
»Sincronie« 1964 M
»Sindbad« 1908 K
Sindermann 1973 P
»Sinfonie für 156 Büromaschinen« 1964 M
»–, 6.« 1969 K
»–, 14.« 1969 M
»– 1964« 1964 M
Sindh-Gebiet 250
Sinding, Chr. 1856, 1914, 41 M
–, St. 1903 K
Sinfonia 1600
»Sinfonie (Honegger) 1930 M
– D-dur (Mendelssohn) 1822
– Nr. 2 (Fricker) 1951 M
– Nr. 6 (Hartmann) 1953 M

Sinfonie Nr. 7 (Harris) 1951 M
–, 8., Es-dur (Mahler) 1910 M
–, 10. (Mahler) 1924 M
– opus 16 (Klebe) 1953 M
»Sinfonische Szenen« 1958 M
»Sinfonischer Prolog« 1959 M
Singakademie, Berl. 1791, 1829
Singapur 1160, 1819, 1926, 42, 63, 65, 76 P
–, Medizinschule 1905 Ph
Singen v. Chr. 1700
»Singender Knabe« 1625
»– Mann« 1928 K
»– Narr« 1928 K
Singer 1953 W
–, B. 1956 W
–, I. M. 1846, 1851
–, S. F. 1953 W
Singier, G. 1953, 54 K
Singschule, Augsburg 1905 M
Singschulen 14. Jh.
»Singwoche« 1923 M
Sinizyn 1942 W
Sinjawski, A. 1966 D
Sinjen, S. 1965 K
Sinken, H. 1968 K
»Sinn Fein« 1905, 06, 18, 22, 32 P
»– u. Form« 1962 D
»– d. Hl. Schrift« 1919 Ph
»– u. Wert d. Lebens« 1908 Ph
»Sinnende« 1967 K
»Sinnendes Mädchen« 1948, 56 K
»Sinn-Gedichte 3000, Dt.« 1654
»Sinnesleben d. Insekten« 1910 W
Sinnesphysiologie, exper. 1825, 56, 63, 1924
»–, Zeitschrift für« 1906 W
Sinope, Diogenes von v. Chr. 412, 323
Sinowjew 1907, 17, 19, 24, 27 P
Sinsteden 1854
Sint Jans, Geertgen tot 1484
Sintenis, R. 1888, 1910, 25, 29, 50, 57, 60, 65 K
Sintflut v. Chr. 3700, 1770, 550; n. Chr. 1282, 1517, 1726
»– « 1886, 1948, 51, 59 D, 63 M
»–, Die« 1966 D
Sinton, W. M. 1958 W
Sinzheimer 1925 W, 38 Ph
Siodmak, R. 1929, 33, 62 K
Siporin, M. 1962 K
Siqueiros 1937 K
Siren, H. 1974 K
»Sirene« 1968 K
Sirenpowet v. Chr. 1955
– (2.) v. Chr. 1920
»Siris« 1744
Sirius 1698
Sirmium 293
Siroky, V. 1953 P
Sironi, M. 1956, 61 K
Sisley, A. 1839, 77, 97, 99
Sitte, W. 1977 K
»Sittengeschichte v. Mittelalter . . .« 1912 Ph
»Sittenlehre, System der« 1812
Sitter 1917 W
Sittewald, Ph. v. 1601, 43, 69
Sittig, E. 1911 W
»Sittlichkeitsdelikte« 1950 Ph
»Situationsbericht 65« 1965 K
Sitwell 1949 D
»Sitzende« 1910 K
»– Frau« 1926 K
»– Frauenfigur auf Stufen« 1958 K
»– Gruppe, Musik hörend« 1952 K
»– vor gekr. Mauer« 1956 K
»Sitzender Buddha« 800
»–, Gr.« 1955 K
»– Jüngling« 1918 K
»Sitzendes Kind« 1952 K
Siwertz 1911 D

Six, J. 1782
»– of them« 1944 D
Sixtinische Kapelle 1508, 12, 23, 41
»– Madonna« 1516
Sixtus IV. 1471, 75, 77, 81, 84, V. 1585
Sizilianische Dichterschule 1240
– Vesper« 1282
»Sizilien diesseits der Meerenge« 1085
»Sizilische Gärten, Der« 1968 D
Skagerrak 1913 D, 16 P
Skalden 801, 88, 900, 48, 61, 10. Jh., 1225, 41
»Skaldskarpamal« 1241
Skallagrimssohn, Egill 948
Skanderberg 1461
Skansen 1891
Skat 1903 V
Skatspiel 1810, 99
Skatordnung 1928 V
Skelton, John 1515
»Skeptische Essays« 1928 Ph
»– Generation, Die« 1957, 58 Ph
Skeptizismus v. Chr. 376, 320, 315, 270, 267, 241, 230, 214, 129, 110, 80, 49; n. Chr. 189
Ski v. Chr. 1130; n. Chr. 1893, 96, 1903, 05, 24, 26, 30, 48, 50 V
Skibob 1951 V
Skiclub Arlberg 1901 V
Skiflug 1935, 49, 50, 51, 67, 69, 72 V
Skiflugrekord 1976 V
Skikurs Zürs 1906 V
Skilauf 1650
Skiläufer 1967 V
Skilift 1909 V
»Skilla im Kampf mit Odysseus« 885
Skinner, B. F. 1953 Ph
Skisport 1967 V
»Skizzenbuch« 1916, 45 K
Skladanowsky 1895
Sklaven, techn. 1956 V
–, Zwei« 1512
Sklaverei v. Chr. 3000, 1955, 1400, 1300, 1050, 8. Jh., 594, 560, 480, 443, 431, 350, 325, 322, 290, 266, 265, 256, 217, 201, 200, 168, 146, 132, 104, 71, 65, 31; n. Chr. 25, 1. Jh., 61, 79, 80, 138, 93, 550, 1198, 1212, 52, 1300, 14. Jh., 1441, 1509, 17, 35, 49, 1607, 19, 62, 83, 88, 1702, 13, 27, 1833, 50, 52, 54, 60, 65, 71, 85, 89, 1905, 10, 26 V, 30, 50 P, 63 Ph
Sklodowska-Curie s. Curie, M.
Skobetsewa, I. 1956 K
Skoda, J. 1805 Ph
–, E. v. 1869
Skolimoski, J. 1971 K
Skolion 1. Jh.
Skopas v. Chr. 420, 353, 340, 330
Skopje 1961 V
Skorbut 1743, 1907, 32 W
Skoten 370, 500, 844
Skötkonung, Olof 994
Skrjabin, A. 1913, 15 M
Skrobucha, H. 1961 K
Skrzynski 1925 P
»Skulptur« 1968 K
»– m. l. Dach« 1954 K
»– mit Loch« 1954 K
Skulpturen, Automobile 1961 K
–, Steinzeit- 1973 Ph
Skutezky, V. 1956 K
Škvorecký, J. 1958 D
Skylab 1973 V, W, 74 W
Skylax von Karyanda v. Chr. 517
»Skylla im Kampf mit Odysseus« 885 K

Skymnos v. Chr. 2. Jh.
»Skyrocket« 1951 W
Skyros v. Chr. 387
Skythen v. Chr. 7. Jh., 700, 625, 6. Jh., 514, 401, 336, 300, n. Chr. 1953 W
Skythische Gräber v. Chr. 500
Slaby, A. 1897, 1901 W
Slalom 1930 V
»– « 1976 K
Slansky, R. 1952 P
Slawen (Frühgeschichte) um Chr. Geb., 3. Jh., 450, 500, 6. Jh., 600, 23, 800, 04, 62, 87, 99, 928, 29, 55, 65, 68, 80, 83, 1007, 15, 1125, 67, 68, 1348
»Slawenchronik« 1180
Slawenkriege 1009
Slawische Landnahme v. Chr. 7. Jh.
Slawonien 526
Slavek 1930 P
Slevogt, M. 1868, 98, 1901–09, 12–14, 17, 20, 22, 27, 32 K
Slezak, L. 1901 M, 22 K
Sliesthorp 802
Slipher 1912 W
Slipyj, J. 1963 Ph
Slowacki, J. 1830
Slowaken 600
Slowenen 575, 1918 P
Slowfox 1927 M
Slugs, Schlacht bei 1340
Sluter, Cl. 1391, 1400
»Sly« 1927 M
Small 1905 Ph
Smeaton, I. 1778
Smekal 1928 W
Smetana 1824, 66, 75, 84
Smetona 1926 P
Smiles, S. 1841
Smirnow, A. 1955, 56, 60, 66 P
Smith 1948, 66 W
–, A. 1723, 76, 90
–, Edwin v. Chr. 1600
–, G. A. 1901 K
–, I. D. 1964, 65 P
–, Jessie W. 1910 D
–, Josef 1827
–, M. 1965 K
»–, Mr.« 1951 D
–, P. A. 1939 K
–, R. 1965 K
–, W. 1797
Smithson, R. 1966 K
Smoking 1880
Smolensk 1514, 1667
Smollett, T. 1751
Smriti v. Chr. 3. Jh.
Smrkovsky, J. 1968, 69 P
Smuts 1919, 24, 33, 39, 50 P
Smyrna v. Chr. 575, n. Chr. 1424, 1920 P
Sneider, W. 1952 D
Snell 1970 W
–, B. 1952 D, 65 Ph
Snellius 120, 1617, 21
Snelson, K. 1977 K
»Snob« 1913 D
Snofru v. Chr. 2720, 2700, 2650
Snorri-Edda 1241
– Sturluson 1178, 1220, 25, 41
Snow, Ch. P. 1959 Ph, 60 D
Snowden, Earl of 1960 P
Snyder, L. E. 1971 W
Snyders, F. 1579, 1615, 57
»So beginnt ein Leben« 1950 K
»– grün ist d. Tal« 1941 K
»– ist d. Leben« 1902 K
»– lebt d. Mensch« 1933 D
»– macht man Dollars« 1929 D
Soami 1486
Soares, M. 1976, 77 P
Sobieski, Johann III. 1696
Sobotka, F. H. 1954, 57 K
Sobrero, A. 1847
»Social choice and individual values« 1972 V
»Societas Jesu« s. Jesuiten

1588

Société d'Ethnologie 1839
»Society, The affluent« 1958 Ph
»Sociologus« 1925 Ph
Soda 1791, 1861, 64, 65
Sodafabrik 1863, 64
Sodalitates 1490
Soddy 1903, 04, 09, 21 W
Söderbaum 1940, 42, 45 K
Söderblom 1866, 1905, 09, 13, 14, 20, 23, 25 Ph, 30 P, 31 Ph
Sodhi, K. S. 1933 Ph
»Sodom u. Gomorrha« 1961 K
Sodoma 1478, 1510, 49
»Sodoms Ende« 1891
Soemmering 1809
Soergel, A. 1911, 25, 34, 58, 62 D
Soest 12. Jh., 1278, 13. Jh., 1400, 49, 61, 1938 K
–, Konrad von 1204, 1404
–, Nikolai-Kirche 1204
–, St. Maria zur Höhe 1230
–, St. Maria zur Wiese 1250, 1330, 1473
–, St.-Patroklus-Münster 1166
–, Walburgis-Kirche 1170
–, Wiesenkirche 1225
Soester Fehde 1449
– Stadtrecht 1170
Sofia 809, 1382, 1908, 25 P
»Sofonisba« 1524
Sofortbilder 1972 W
Sofortbildkamera 1976 V
Sofortentwicklungsfilm 1977 V
Sofortfilm 1955 V
»Sohar« 1275, 1558
Sohlennähmaschine 1858
Sohm, R. 1883, 1917 Ph
»Sohn, Der« 1914, 16 D
–, der Magd« 1886, 1909 D
»–, Der natürliche« 1757
–, Nikolaus« (Rubens) 1619
»–, Der verlorene« 1688
»– des Wolfs« 1900
»Söhne Abrahams, Die« 1957 D
»– d. Lichts, Die« 1962 D
»– u. Liebhaber« 1913 D
»– des Senators, Die« 1880
Söhnker 1941, 48 K
Sohnrey 1902 V, 12 D
»Sohnreys Bauernkalender« 1902 V
Soissons 486, 511, 58, 61, 790
–, Kathedrale 1200
–, St. Médard 553
»Sojus« 1969 W
»– 9« 1970 W
»– II 1971 W
»– 13 1973 W
Soka Gakkai 1969 P
Soka-Gakkai-Tempel 1972 Ph
Sokoloff 1935 W
Sokolowski 1949, 60 P
Sokrates v. Chr. 470, 435, 424, 407, 399, 396, 395, 366, 355, 354, 347, 308; n. Chr. 1976 Ph
– Scholasticus 439
»Sokratische Ironie« v. Chr. 424, 399
Sola Prol, I. de 1968 P
Solarkraftwerk 1975 W
»Soldat trinkt, Der« 1911 K
»– Suhren« 1927 D
»Soldaten« 1942, 53 K, 67 D
»–, Die« 1776, 1959, 65 M
– für den Frieden« 1969 Ph
»Soldatenkaiser« 193
»Soldatenkönig« s. Friedrich Wilh. I.
»Soldatenliebe« 1962 M
Soldaten-Studenten 1638
Soldatenverkäufe 1665
Soldatenwerbung 1714
Solferino 1859
»Solidarismus« 1923 Ph
»Solidaritätskonferenz« 1957 P
Solidus 325
Soliman s. Suleiman

Solis, Juan Diaz de 1515
»Soll und Haben« 1855
»Sollen u. Können als Grundlage ...« 1910 V
»Solmisation« 1026
»Solneman der Unsichtbare« 1914 V
Solnhofen 1861
Sologub 1905 D
Solon v. Chr. 640, 594, 560, 6. Jh.
Solothurn 1481
Solowjew 1900 Ph
Solschenizyn, A. 1962, 68–70, 72, 73 D, 73 Ph, 74 D
Solvay, E. 1861, 63
Somalien 1960 P
Sombart 1863, 1903 V, 13, 20, 24, 30 Ph, 34 V, 36, 38, 41 Ph
»Some came running« 1958 D
Somlo 1928, 29 V
Somme 1916, 17 P
»Sommer« 1872
–, extremer 1976 V
»–, Im« 1869
– am Meer« 1919 K
–, schönster 1955 V
»– der 17. Puppe, Der« 1955 D
Sommerfeld, A. 1919, 28, 51 W
»Sommergäste« 1974 D
»Sommerkanon« 1240
»Sommerlandschaft« 1932 K
»Sommernachtstraum« 1596, 1693, 1826, 43, 1905, 21 D, 52 M; s. a. »Mittsommernachtstraum«
»–, Ein« 1933 K
»Sommertag« 1887
»– bei Argenteuil« 1873
»–, Ein« 1934 K
Sommerzeit 1914 V
Son 1936 V
»Sonata concertante I« 1966 M
»Sonate C-dur op. I« (Brahms) 1853
»– für Orchester, Zweite« 1969 M
»Sonaten f. Clavier« 1763, 83
Sonatensatz, Entwicklung 1745
»Sonatine für Klavier« (Bartók) 1915 M
Sonderborg, K. R. H. 1958 K
Sonderbund-Ausst., Köln 1912 K
Sonderschule 1975 Ph
»Sonette« 1547, 1609
»– an Ead« 1913 D
»– und Gedichte« 1916 D
»– v. Leben u. Zeit« 1954 D
»– a. Orpheus« 1923 D
»– aus Venedig« 1825
»– v. e. Verstorb.« 1904 D
»Song of Joy« 1971 M
»Songfest« 1977 M
Songkhram 1938 P
Sonne v. Chr. 496, 478, 400, 356, 347, 270, 200, 125; s. a. Sonne...
»–« 1911 K
»–, Die« 1921, 68 K
»– 1968 W
»–, Fels u. Bäume« 1959 K
»– kam wieder« 1949 K
»– u. Mond« 1962 D
»–, die nicht aufgig, Die« 1959 D
»–, Radarecho 1959 W
»–, Röntgenbild 1960, 61 W
»– Rot« 1949 K
»– Satans« 1926 D
»– u. Spiraloide ü. d. Roten Meer« 1960 K
Sonnemann, L. 1856
Sonnenaktivität, Schwankung 1977 W
»Sonnenaufgang« 1955 K
»–, Vor« 1824, 89
»Sonnenaufgangsfeier« v. Chr. 1150
Sonnenausbruch 1972 W

Sonnenbahn 929
Sonnenbestrahlung 1902 W
»Sonnenblumen« 1888, 1920 K
Sonnenborn 1945 W
Sonnenenergie 1615, 1975 V
–, Kongreß f. 1977 V
Sonnenentfernung 1961 W
Sonneneruption 1952 W
Sonnenfinsternis v. Chr. 911, 775, 585; n. Chr. 1919, 54, 65 W
»–, künstliche« 1930 W
»Sonnenflammen« 1918 M
Sonnenflecken 1610, 13, 30, 1849, 1908, 46, 49, 72 W
»– u. Wetteränder.« 1946 W
Sonnenforschung spektrosk. 1925 W
»Sonnengesang« 1226
Sonnengott v. Chr. 2420
– Surya 13. Jh.
Sonnenheiligtum, ägypt. v. Chr. 2550
Sonnenhöhe v. Chr. 1090, 200
»Sonnenhymnus« 1924 M
Sonnenjahr v. Chr. 440, 238, 125, 46
Sonnenkönig s. Ludwig XIV.
Sonnenkorona 1930, 39, 42 W
Sonnenkult 218, 74, 1201, 1475, 1976 P
Sonnenlicht, ultraviol. 1926 W
Sonnenofen 1951 W
Sonnenprotuberanzen 1926, 35 W
Sonnenpyramide v. Chr. 1370
»Sonnenquartette« 1772
Sonnenrotation 1613
Sonnenscheinventil 1905, 12 W
Sonnenschiffe, ägypt. 1954 W
Sonnenschwingungen 1975 W
Sonnensonde 1974 W
Sonnenspektrum 1800, 68, 95, 1946 W
»Sonnenstaat« 1620
»Sonnenstadt« s. Heliopolis v. Chr.
Sonnenstand v. Chr. 1000, 200
Sonnensystem 178, 1543, 1632, 1783, 1949; s. a. Astronomie, Planetensystem
Sonnentafeln 1476
Sonnentag, mittl. 1925 V
Sonnentage v. Chr. 130
Sonnentempel, ältest. ägypt. 1955 W
»Sonnentor« 700
Sonnenuhr v. Chr. 1450, 547, 269, 262, 52, 25; n. Chr. 996
Sonnenumgebung 1903, 44 W
»Sonnenuntergang« 1922, 44, 57 K
»–, Vor« 1932 D
»Sonnenwagen von Trundholm« v. Chr. 1000
»Sonnenwende« 1956 K
Sonnino 1906 P
Sonntag 321, 6. Jh., 1680, 1891
»– 1954 K
»– i. August« 1958 D
»Sonntag nachmittag« 1952 K
»Sonntags nie« 1959 K
»Sonntagsblatt« (Wiener) 1807
»Sonntagsbund« 1919 V
Sonntagsfahrverbot 1973 V
Sonntagsruhe 1891
»Sonny Boy« 1928 M
Sonthofen 1935 K
»Sopha, Le« 1742
Sophia v. Byzanz« 1472
Sophie v. Griechenland 1962 P
– v. Österreich 1914 P
– v. Weimar 1920 D
»Sophistenmahl« 195

Sophistik v. Chr. 485, 470, 450, 435, 427, 424, 423, 415, 411, 406, 400, 399, 380, 347; n. Chr. 160
»–« (Zweite) 100, 20, 80, 200
Sophokles v. Chr. 496, 454, 466, 443, 435, 427, 406; n. Chr. 1949 M
»Sophonisbe« 1625
Sophron v. Chr. 450, 250
Soranus 150
Soraya, Kaiserin 1955 P, 58 V
Sorbon, Robert de 1226, 54
»Sorbonne« 1254
–, Paris 1654
Sorby, H. C. 1863
»Sorcellerie« 1958 K
Sorel, Agnes 1442
Sörensen, S. P. L. 1909 W
Sorge, K. O. 1919 V
–, P. 1967, 68, 75, 77 K
–, R. J. 1912 D
Sörgel, H. 1928 W
»Sorgende Frau« 1909 K
Sorin, V. 1955, 56 P
Sorrent 1970 D
»Sort of life, A« 1971 D
Sorsa, K. 1977 P
»SOS Eisberg« 1933 K
Soseki 1867, 1916 D
Sostratos v. Knidos v. Chr. 279
Sostschenko 1938 D
Soufflot 1713, 64, 80
Soul (Musik) 1966 M
Soulages, P. 1952, 54–56, 59 K
Soulé 1867
Soustelle, J. 1960 K
Southern College 1940 K
»Souvenir d'un peintre, En« 1955 K
»Souveränität« 1677
Søvensen, V. 1959 D
Sowjet-AG 1946 V
Sowjetbiologie« 1937, 48 W
»Sowjetgesellschaft, Umform. d.« 1958 Ph
»Sowjetmensch, Der« 1958 Ph
»Sowjetischer Kommunismus ...« 1934 Ph
»Sowjetpädagog.« 1936, 46 Ph
Sowjetrepublik 1917 P
»Sowjetunion, Solschenizyn u. westl. Linke« 1975 Ph
»Sozial- u. Wirtschaftsgesch.« 1924 Ph
Sozialbeamtinnen 1916 V
»Sozialdemokrat« 1864
Sozialdemokraten, Wahlstimmen d. 1877, 1903, 33 P
»Sozialdemokratie, Voraussetzung d. Sozialismus u. d. Aufgabe d.« 1899
Sozialdemokratische Arbeiterpartei 1869
»–« Arbeitspartei« 1932 D
– Partei, Deutschland 1890, 91, 1952, 53, 56, 57, 59, 61 P
– – –, Österreich 1889
– – –, Rußland 1898
– – –, Schweiz 1889
– – – Vereinigung, England 1881
»Soziale Anthropologie« 1954 P
»– Berufsarb.« 1921 V
– Bild der Studentenschaft..., Das« 1959 Ph
– Briefe« 1850
»– Frage u. d. Soz.« 1912 Ph
»– u. ökonomische Geschichte des Römischen Reiches, Die« 1926 Ph
»– Vorurteile« 1957 Ph
»Sozialen Frage, Kernpunkte d.« 1919 Ph
»– Hygiene, Grundr. d.« 1913 V
Sozialer Kongreß, evangelischer 1903 Ph

»Sozialer Optimismus« 1905 Ph
– Prozeß« 1918 Ph
»Soziales Verhalten bei Tieren« 1953 Ph
Sozialforschung, Empirische 1952 Ph
–, Frankfurter Institut für 1968 Ph
–, Prakt.« 1959 Ph
»Sozialgeschichte der Kunst ...« 1953 Ph
Sozialgesetzgebung 1935 V
Sozialhilfegesetz, Bundes- 1962 V
»Sozialidealismus« 1920 Ph
»Sozialisierung d. Nachfr.« 1944 V
– (Westdt.) 1948 P
Sozialisierungsgesetz 1919 P
Sozialisierungskommission, 1919 P
Sozialisierungsprogramm 1945 P
Sozialismus (früher) 1812, 20, 25, 32, 39, 40, 43, 44, 45, 46, 48, 50, 59, 62, 64, 66, 67, 68, 69; s. a. Arbeiterbewegung, Sozial...
»–, Aufruf zum« 1911 P
»–, Analyse des« 1951 Ph
»–, Deutscher« 1934 V
»– u. Kommunismus, Bibliographie d.« 1909 P
»–, Kommunismus u. Anarchismus« 1906 Ph
»–, Konservativer« 1930 Ph
»–, Kulturlehre des« 1922 Ph
»– u. d. Meuchelmord« 1878
»–, Ökonom. Probleme des« 1952 V
»–, Probleme des« 1952 P
»–, Psychologie des« 1925 Ph
»– u. soziale Bewegung« 1924 Ph
»– v. d. Utopie z. Wissensch., Die Entwicklung des« 1893
»–, Vorläufer des« 1921 Ph
»Sozialisten, Briefe a. e. jung.« 1974 Ph
Sozialistengesetz 1878, 90
Sozialistenmarsch 1880
»Sozialistische Arbeiterjug. Dt.« 1908 Ph
– Arbeiterpartei Deutschlds.« 1875, 90
– Einheitspartei Dt.« 1946, 53, 58, 61 P
– Internationale 1916, 69 P
– Konferenz in Rangoon 1953 P
– Partei, Frankreich 1880
– Reichspartei 1951, 52 P
– Republik« 1960 P
– Schule, 1.« 1825
Sozialistischer Kongreß 1912, 15 P
»– Realismus« 1953, 62 K
– Wettbewerb« 1929 P
»Sozialistisches Jh.« 1947 Ph
»Sozialehre d. christl. Kirchen ...« 1912 Ph
–, kathol. 1931, 61 Ph
Sozialleistungen, Schwedens 1960 V
Soziallexikon, Evangel. 1954 Ph
»Sozialökonomie« 1918 V
»Sozialpädagogik« 1899, 1925, 59 Ph
Sozialpädagogisches Frauenseminar 1911 Ph
»Sozialpaket« 1963 P
Sozialpfarrer 1924 Ph
»Sozialphysik« 1835
Sozialpolitik, portug. 1958 P
»–..., Strömungen in der« 1912 V
–, Verein f. 1936 V
Sozialprodukt 1970, 73 V
– – der BRD 1956, 62, 63, 67, 68, 71 V
– – pro Einwohner 1965 V
– – Israels 1962 V

Sozialprodukt, regionale Verteilung 1969, 70 V
– – Schwedens 1960 V
– – der USA, Brutto- 1955, 62 V
–, –, Wachstum 1960, 68 V
–, Welt- 1955, 58, 59, 60, 61, 68 V
–, Zuwachs 1968 V
»Sozialpsychologie« 1956 Ph
–, –, Hbd. der 1954 Ph
»Sozialpsychologische Erfahrungen . . . « 1946 Ph
Sozialreform 1942 V
Sozialrevolutionäre, russ. 1903 P
Sozialstruktur« 1949 Ph
–, globale 1972 V
Sozialunterstützung 1563
Sozialversicherung 1883, 84, 89, 1911, 23, 37, 47, 50 V
Sozialwahlen 1974 V
Sozialwissenschaft 1895, 1921 V, 50 Ph
»– –« (Bibliogr.) 1905 Ph
»– –, Hdwb. der« 1953, 61 Ph, s. a. Soziologie, Staatswissenschaft
– –, Meth. Lehre d.« 1936 Ph
»Sozialwissenschaftliche Arbeitsgem.« 1921 V
Soziologenschule Frankf. 1930, 48, 73 Ph
»Soziologie« 1838, 1936 Ph
– s. a. Gesellschaft . . .
»–, Allgemeine« 1905, 29 Ph
»–, Angewandte« 1908 Ph
»–, Dynamische« 1946 Ph
»–, Einf. i. d.« 1955 Ph
»–, Empirische« 1931 Ph
»– der Familie 1953 Ph
»–, Handbuch der« 1931 Ph
»–, Handwörterbuch der« 1930 Ph
»–, Industrie- u. Betriebs-« 1956 Ph
»–, Jahrbuch der« 1926 Ph
»– i. d. Krise, D. westl.« 1974 Ph
»– der Leiden« 1969
»– d. Parteiwesens« 1926 Ph
»– im Physikalismus« 1931 Ph
»– d. Renaissance« 1932 Ph
»–, Schriften zur« 1924 Ph
»– der Sexualität« 1955 Ph
»– u. Sozialpolitik« 1924 Ph
»–, System der« 1927 Ph
»–, Traktat über allgem.« 1919 Ph
»–, Unters. üb. d. Form d. Vergesellschaftung« 1908 Ph
»– d. Volksbildungswesens« 1921 Ph
»– u. Weltanschauungslehre« 1924 Ph
»–, 1. Weltkongreß für 1950 Ph
»–, Wesen der« 1907 Ph
Soziologiekurse 1940 Ph
Soziologische Gesellschaft 1940 Ph
»– Orientierungen« 1965 Ph
»Soziometrie, Grundl. der« 1954 Ph
»Sozusagen Liebesgeschichten« 1965 D
Spaak, P.-H. 1946, 52, 56, 61, 72 P
Space-Shuttle 1977 W
Spagnoletto 1591, 1635, 52
Spahi-Reiterei 1359
Spalato 300
Spalierobst 1652
Spallanzani 1729, 65, 86
Spandau 1160, 75, 94, 97, 8. Jh., 14. Jh., 1973, 74 Ph
Spangenberg 1948 K
»Spanien heute« 1961 K
Spanische Akademie der Wissenschaften 1713
– Mark 795, 801, 900
»– Pachthof, Der« 1927 D
»– Rhapsodie« 1907 M
»– Stunde« 1911 M

Spanischer Erbfolgekrieg 1701, 11, 13
Spann 1910 V, 14, 18, 28, 31, 34 Ph
Spannbeton 1888
Spannbetonbrücke 1962 W
»Spanne m. Lebens« 1950 Ph
Spannungen 1960 W
»– –« 1949, 52 K
Spanuth, J. 1953 Ph
Spareinlagen 1950, 55, 61 V
Spark, M. 1960 D
Sparkasse 1698
Sparprogramm 1975 P
– f. Gesundheitswesen 1977 V
Sparquote 1975 V
–, westd. 1956 V
Sparta v. Chr. 911, 8. Jh., 750, 730, 626, 612, 6. Jh., 549, 547, 526, 507, 480, 479, 465, 461, 456, 454, 449, 447, 445, 431, 418, 415, 412, 411, 405, 404, 399, 395, 394, 387, 379, 371, 362, 338, 337, 256, 241, 221, 197
»– –« 1923 D
Spartacus v. Chr. 71
»Spartacus« 1911, 59 K
Spartakusaufstand 1919 P
Spartakusbriefe 1916 P
Spartakusbund 1916, 18, 19 P
»Spasimo« (Lo) 1517
Spasskij, B. 1969, 72 V
»Späte Bestrafung durch die Gottheit« 120
– Gedichte« 1965 D
– Prosa« (Hesse) 1951 D
»Spätherbst am See« 1973 K
Spättäufer s. Wiedertäufer
»Spatz v. Paris« 1963 M
Spatzen 1852
»Spazialismo« 1959 K
»Spaziergang« 1949 K
»– d. d. Altstadt« 1959 K
»Spaziergänge eines Wiener Poeten« 1831
Spazierstock 1648
SPD s. Sozialdemokrat. Partei Dtschlds.
»Spectator« 1711
»Speculum« 1250
Spee von Langenfels 1591, 1629, 31, 35, 49
Speer, A. 1937, 39 K, 42, 45, 46, 66 P
»Speerträger« v. Chr. 420
Speerwurf 1949 V
Speeth, P. 1809
Speicheldrüsen 1933 W
Speichenräder v. Chr. 2400
Speidel, R. 1976 K
Effelsberg 1621, 76
Speiseeis 1621, 76
Speiseöl 1960 V
Speiser, W. 1959 K
Speisewagen 1872
Speke 1858
Spektralanalyse 1859, 96
Spektrallinien 1902, 13–15, 21, 25, 29, 38, 39 W
»Spektrochrometr. Inst.« 1950 W
»Spektroskopie, Handbuch d.« 1932 W
»– d. Röntgenstrahlen« 1924 W
–, theor. 1972 W
–, Wellen- 1945 W
»Spektrum Europas« 1928 Ph
»Spelunke« 1877
Spemann 1869, 1901, 35, 36, 41 W
Spence, B. 1962 K
Spencer 1901 W
–, H. 1820, 61, 62, 79, 1903 Ph
–, St. 1920, 26, 29, 35, 39 bis 41, 59 K
Spender 1950 Ph
Spener 1670, 75, 1702
Spengler, O. 1880, 1920, 22, 31, 36 Ph
–, W. 1952 W
Spenser 1552, 79, 90, 99
Sperandio 1441

Speranskij 1934 W
Sperber 1923 Ph
Sperl 1840, 1914 K
»Sperlinge i. reifen Reis« 1103
»Sperlingsgasse, Chronik d.« 1857
»Sperrfeuer um Deutschland« 1929 D
Sperrschicht-Photoelement 1930 W
Speusippos v. Chr. 394, 339
Speyer v. Chr. 30; n. Chr. 346, 1111, 27, 1298, 1351, 1526, 29, 1693
–, Dom 1060, 83, 1106
–, W. 1928, 48, 52 D
»Spezialisierung und Allgemeinbildung« 1955 Ph
Spezialisten i. d. USSR 1955 Ph
»Spezielle Pathologie . . .« 1927 W
Spezifisch pathogenfreie Versuchstiere 1967 W
Spezza, A. 1628
»Sphära« 1374
Sphärenharmonie v. Chr. 496, 1596
Sphärophon 1927 M
Sphinx v. Chr. 1490, 1430, 1410, 850, 550, 544
–, ägypt. 1579
– Amenemhêts III. v. Chr. 1815
– v. Gizeh v. Chr. 2650, 1430
Sphinx-Allee v. Chr. 1300, 1250, 360
Sphinx-Armreif 1954 W
»Sphinx-Kappe« v. Chr. 1500
Sphinxpaar v. Chr. 1250
Spiegel v. Chr. 2025, 1350, 500, 473, 450, 212; n. Chr. 756, 1100, 14. Jh., 1507, 1648, 64, 65
»– –« 1902, 19 D
–, B. 1961 Ph
»–, Der« 1962, 63 P, Ph
»–, Die« 1957 F
»– Nr. 5« 1971 K
»–, Der poetische« 1814
»–, Weltraum-« 1974 W
»–, d. Zukunft« 1930 D
Spiegelman, S. 1972 W
»Spiegelmensch ...« 1920 D
»Spiegelobjekt« 1970 K
Spiegelreflex-Kamera 1919 W
Spiegelsextant 1731
Spiegelteleskop 1671, 1781, 1852, 1909, 21, 48, 49, 58 W
–, 6-m- 1974, 76 W
– Effelsberg 1969 W
»Spiegelungen« 1952 M
Spiegelversuch v. Fresnel 1816
Spiegler, F. J. 1740
»Spiel« 1963 D
»– vom Antichrist« 1155
»– oder Ernst« 1930 M
»– von Frau Jutten, Ein schön« 1480
»– vom heiligen Nikolaus, Das« 1200
»– im Job« 1958 D
»– von den klugen und törichten Jungfrauen« 1100
»– von Liebe und Tod, Das« 1969 M
»– im Morgengrauen« 1927 D
»– im Schloß« 1928 D
»–, Tod, Ein« 1913 D
»– am Ufer« 1927 D
»– d. Zufalls« 1914 D
»– z. zweit« 1962 K
Spielbanken, bayr. 1955 V
»–, BRD 1960 V
»Spiele« 1927 D
»–, Einf. i. d. Theorie d.« 1959 W
»– im Schnee« 1951 K
»– zur Übung und Erholung« 1796
»Spielende Kinder« 1929 K
»Spielereien e. Kaiserin« 1911 D

»Spielerlaß« 1882
Spielhäuser 1207
Spielkarten 1291, 1377, 1501, 1903, 30, 35 V
Spielkartenmeister 1440
Spielkartensteuer, frz. 1583
Spielleute 1255
»Spielmann« 1673
Spielmannsdichtung 1173
Spielplastik 1968 K
»Spielraum« 1950 K
»Spielregel« 1939 K
Spieltheorie 1928, 44 W
Spielturnen 1920 Ph
Spielzeug (erstes) v. Chr. 1501
Spielzeugeisenbahn, elektr. 1900, 35 V
»Spiers, Mrs.« 1809
Spieß, J. 1587
–, P. 1846
Spiez 1913 K
Spillbeke 1822
Spils, M. 1967 K
Spinelli 1480
Spinett s. Cembalo
»Spinnen« 1919 K
»Spinnende Frau mit fächerndem Diener« v. Chr. 1501
»Spinnerinnen« 1884
Spinnmaschine 1738, 40, 67, 69, 73
– – »Jenny« 1767
Spinnrad 1298, 1300, 1480, 1530
Spinola, A. 1974, 75 P
Spinoza, B. 1632, 58, 64, 70, 77, 1785, 86, 1892, 1908 Ph
Spionage 1917, 23, 46, 50 P
Spionagegesetz 1914 P
Spira 1949, 52 K
Spiralbohrer 1770
Spirale v. Chr. 1385
»Spiralen, Über« v. Chr. 212
Spiralhebel 1912, 21, 26, 29, 43, 49; 53 W; s. a. Nebel, kosm.
Spiritismus 1848, 77, 1926 Ph; s. a. Parapsychologie u. Okkultismus
Spirochaeta pallida 1905 W
Spiroptera-Karzinom 1926 W
»Spital im Urwald« 1949 Ph
»Spitalgarten in Edam« 1904 K
Spitta, Ph. 1880
Spittaler 1397
–, C. 1845, 1906, 19, 24 D
Spitz, M. 1972 V
Spitzbergen (Entdckg.) 1596
»Spitzbuben, Die« 1962 D
Spitzen 15, 50, 60, 61
Spitzenjabot 1749
Spitzenklöppelei 1561
»Spitzenklöpplerin« 1669
Spitzenkragen 1619, 30, 82
Spitzweg 1808, 39, 44, 79, 85
»Splendid isolation« 1901 P
Split 1956 V
Spoerl 1933, 55 D
Spoerri, M. 1966 K
Spohr 1956 M
–, L. 1784, 1819, 59
Spoleto, Dom 1469
Spoliansky, M. 1957 M
»Sporenschlacht« 1302, 82
Sport (moderner) 1860, 78, 82, 92, 96, 98, 1900 ff. V (s. a. Leibesübungen)
»–, Fluch od. Segen« 1961 V
–, Leistungs- 1972 V
Sportabkommen, Dt. 1974 V
»Sportberichterstattung« 1972 V
Sportflug 1913, 29, 32, 33 V
Sportpalast Berlin 1910 V
»Sports, Weltgesch. d.« 1960 V
»Sportsmann« 1935 K
»Sportstudent« 1925 K
Sportverkehr, gesamtdeutscher 1965 V
Sportwissenschaft 1974 V
– –, Bundesinst. f. 1970 Ph

»Spott of my mad mother, The« 1964 D
»Spötter von Sevilla und der steinerne Gast« 1630, 48
Sprachatlas, dt. 1935 D
»Sprachbaus, Über die Verschiedenheit des menschlichen« 1836
Sprache s. a. Schrift
–, afghanische v. Chr., 1928 Ph
–, ägyptische 5. Jh.
–, akkadische v. Chr. 2500
–, altaiische v. Chr. 3500
–, amerikanische 1919 D
»–, Analyse d.« 1934 Ph
–, angelsächsische 12. Jh.
–, arabische 10. Jh.
–, aramäische v. Chr. 8. Jh., 500; n. Chr. 400, 500
–, attische v. Chr. 390, 350
»– der Blumen, Die« 1963 M
–, Buren- 1921 Ph
–, chinesische 600
–, dänische 850, 1526
–, deutsche 600, 750, 842, 1022, 11. Jh., 1195, 1350, 64, 1521, 71, 1612, 17, 33, 87, 89, 97, 1744, 48, 1819, 48, 52, 80
»–, Die« 1954 Ph
–, englische 2. Jh., 1384, 87, 1492, 1754, 55
–, Entstehung d. v. Chr. 10000
»– und Erziehung« 1966 Ph
–, Eskimo- 1902 D
–, französische 842, 1066, 1146, 13. Jh., 1400, 1549, 1905, 13 D
»–, Vom Geheimnis d.« 1956 Ph
–, germanische v. Chr. 250
–, griechische v. Chr. 350; n. Chr. 1396, 1400, 1801, 20
–, grönländische 850
–, hebräische v. Chr. 900, 6. Jh., 500
–, indische v. Chr. 2. Jtsd., 400; n. Chr. 1809
–, indoeuropäische (-german.) v. Chr. 3000, 2000, 1300, 496; n. Chr. 1816, 39, 52, 1900, 02, 08 W, 32 D
–, indoirainische v. Chr. 3000
–, indonesische 13. Jh.
–, isländische 850, 10. Jh.
–, italienische 1199, 1240, 1470, 1873
–, japhetische v. Chr. 2500
–, jiddische 9. Jh.
–, kaukasische v. Chr. 2500; n. Chr. 1924
–, d. Kindes, Die« 1903 Ph
–, koptische 2. Jh., 300
–, lateinische 190, 13. Jh.
–, lykische v. Chr. 510
–, malaiische 13. Jh.
–, neuhebräische 200, 400
–, niederdeutsche 1910 D
–, niederländische 10. Jh.
–, nordische 700, 850
–, norwegische 850, 1907 D
–, persische 10. Jh., 1928 Ph
–, phönizische v. Chr. 8. Jh.
»–, Die physikalische« 1932 Ph
–, polnische 1400
–, russische 1888
–, schwedische 850, 1372
–, semitische v. Chr. 2500, 1800, 1490, 650
–, slawische 1325
–, sumerische v. Chr. 650
»– i. technischen Zeitalter« 1961 D
»– d. Tiere« 1922 W
–, tocharische 1902 W
–, tschechische 1125, 1401, 15
»–, Über den Ursprung der« 1852
–, ungarische 1225
»– und Weisheit der Inder« 1808
»– und Wirklichkeit« 1939 Ph

Sprachen, häufigste 1961 D
»Sprachfamilien u. Sprachkreise ...« 1926 Ph
»Sprachforschung« 1901 Ph
Sprachgeschichte, engl. 1904 D
»Sprachgitter« 1959 D
Sprachheilschule 1912 Ph
Sprachkunde und Altertumskunde 1923 W
»Sprachlabor i. Unterricht, Das« 1966 Ph
»Sprachlaute« 1920 Ph
Sprachlicher Atlas v. Frankreich 1904 D
Sprachphysiognomik 1956 Ph
»Sprachpsychologie« 1901, 02 Ph
Sprachrohr v. Chr. 850
»Sprachstudium, Über das vergleichende« 1822
»Sprachunterricht, Lehrg. f. d. . . .« 1840
Sprachwissenschaft 1967 D
Spranger, E. 1882, 1909, 14, 22, 24, 28, 31, 34, 37, 41, 47, 51, 54, 55, 63 Ph
Spraydosen 1977 V
Sprechmaschine 1931 W; s. a. Grammophon, Phonograph
Sprechrohrleitung um Chr. Geb.
Sprechtrichter 1450
»Spree, Die frohlockende« 1703
»Spree-Athens schwimmender Garten« 1964 K
Sprengel, Chr. C. 1793
Sprenger, Jakob 1489
Sprengschiffe 1586, 1693
Sprengstoffbriefe 1972 P
Sprengstoffprozeß 1964 P
Spreti, Gr. v. 1970 P
»Sprichwörter, Die niederländischen« 1559
Sprichwörtersammlung 2. Jh., 1500
Springer 1906 K
–, A. 1969 Ph
–, R. 1956 K
Springer-Hochhaus 1966 K
Springer-Konzern 1968 P
Springflut 1960 V
Springprozession, Echternacher 8. Jh.
Springreiten 1955 V
Sprinz, H. P. 1969 K
»Sproke van Beatrijs« 1325
»Sprüche« v. Chr. 950, 200
–, 300, 7. Jh.
»– Salomos« v. Chr. 1193, 950, 700, 200
»Sprung über d. Schatten« 1923 M
»Spuckecirkelinchen ...« 1975 K
Spühler, W. 1963 P
»Spukschloß i. Spessart, Das« 1960 K
SPUR 1963 K
»Spurbau« 1963 K
»Spurensicherung« 1977 K
Spurenstoffe (Atlantik) 1973 W
Sputnik 1957 W
»Sputnik-Schock« 1957 Ph
Spychalski, M. 1968, 70 P
Spyri, J. 1881, 1901 D, 50 Ph
»Squaw Man« 1913 K
– Valley 1960 V
Sramek, W. 1968 M
Srejkovic, D. 1973 Ph
Sridhara 1000
SRP s. Sozialist. Reichspartei
SS 1925, 29, 32, 34 P, 36 V, 39, 41 P
»SS-Staat« 1946 Ph
Sse-ma Ts'ien v. Chr. 101
Ssu-ma Ch'ien v. Chr. 101
»Staalmeesters« 1661
»Staat und Anarchie« 1873
– d. hoh. Mittelalters« 1942 W
– und Revolution« 1919 P

»Staaten der Union« 1948 K
Staatenbund, dt. 1957 P
Staatliche Bildstelle ... 1921 K
»– Theorie d. Geldes« 1905 V
»Staatliches Bauhaus« 1919, 25 K
Staatsbürgerkunde 1945 Ph
»Staatsbürgerlehre« 1813
»Staatsbürgerliche Erziehung« 1901 Ph
»Staatsfeind Nr. 1« 1934 V
»Staatsführung u. Psychopathie« 1952 Ph
»Staatsgeheimnis« 1950 K
Staatshaushalt BRD 1970 V
»Staatsjugend« 1926 P
Staatskirche, russ. 1720
Staatsphilosophie v. Chr. 79
Staatsrat DDR 1960 P
»Staatssekretär unter Ebert ...« 1950 P
»Staatstheater« 1971 M
Staatstheatermuseum 1929 D
Staatsutopien 1620, 26, 99
Staatsvertrag mit DDR 1969 P
– –, österr. 1955 P
Staatswissenschaft v. Chr. 347, 322; n. Chr. 430, 1514, 1739, 48, 62, 1816, 44, 56, 59; s. a. Soziologie, Sozialismus
»– –, Restauration der« 1816
»– –, System der« 1856
»– –, Zeitschr. f. d. ges.« 1844
»Staatswissenschaften, Enzyklopädie der« 1844, 59
»Stabat mater« 1736, 1841, 83, 1928, 52 M
»– dolorosa« 1236
Stabhochsprung 1942, 49, 63 V
»Stabilität i. Europa« 1972 Ph
Stablo, Benedikt.-Abtei 651
»Stachanow-Bew.« 1935 V
Stack, E. M. 1966 Ph
Stackelberg, v. 1965 Ph
Stadler, E. 1883, 1914 D
–, T. 1951, 57, 63, 68, 71 K
»Stadt« 1925, 52, 54 K
»–, Die bemalte« 1973 K
»– d. Gegenwart« 1922 K
»– hinter dem Strom« 1947 D
»– ohne Mitleid« 1961 K
»– von morgen« 1959 K
»– Segelfoß« 1915 D
Stadtbevölkerung 10. Jh., 1400
Stadtbewohner 1960, 62 V
»Städte, geogr. betr.« 1907
–, Groß- 1957 V
–, größere 1456
–, größte 1504
»– Handbuch d. 1929 K
Städteausstell. 1905 P
Städtebau, früh. v. Chr. 4750
»– –« 1929 K
Städtebilder 1688
Städtebund, rheinischer 1381
– –, schwäbischer 1376
Städtekrieg, süddt. 1377
Stadtentwürfe der Zukunft 1969 K
Städteordnung 1808
Städtereform 1835
»Stadterweiterungsfr.« 1902 K
Städtesiegel 1150
Städtewappen 1350
Städtewesen, mittelalterl. 1000, 1456
»Stadtgespräch« 1963 D
Stadthagen 1620
Stadtkultur, frühe v. Chr. 6700, 3300
– –, frühz. 1975 W
»Stadtrand« 1961 P
Stadtschloß Potsdam 1670
Stadtverkehr der Zukunft 1973 W
Staedel, J. F. 1816
Staedel-Institut 1830
Staeding 1926 W
Staedtler 1660
Staël, Fr. v. 1800, 02, 04, 10

Staempfli, E. 1966, 68 M
Stafetten v. Chr. 47
Stafford, Th. 1965 W
Stagflation 1972 V
»Stagioni, Le mie« 1961 D
Stagner, R. 1956 Ph
Stahl v. Chr. 1200, 860, 500; n. Chr. 1830, 56, 64, 80, 1900, 04, 04 V, 06, 07 W, 10 V, 12 W, 14, 17, 24 bis 26 V, 31 W, 33, 36, 39, 45, 47 V, 48 P, K, 50 W, W; s. a. Eisen
–, F. J. 1830
–, G. E. 1660, 1702, 34
–, Massenerzeugung 1855
Stahldampfschiff 1857
»Stählerne Schrei, Der« 1916 D
Stahlerzeugung 1952 W, 65, 72 V
Stahlfeder 1748, 1830
»Stahlgewittern, In« 1920 P
Stahlhelm 1916 P
»– Der« 1951 P
»Stahlhelm«-Bund 1918, 31 P
Stahlhof 1598
Stahlindustrie 1933 V
Stahlindustriekrise 1977 W
»Stahlkönig« 1914 V
»Stahlplastik« 1955 K
Stahlproduktion 1952, 59, 60, 63, 67 V
Stahlquote, dt. 1947 V
Stahlrohrmöbel 1925 K
Stahlrundfunkröhren 1937 W
Stahlschreibfeder 1748, 1830
Stahlskelettbau 1872, 1950 W
Stahl-Skulptur 1951, 54 K
Stahlstich 1820
Stahltrust 1900, 01 V
Stahlwerksverb. 1904 V
Stahlzölle 1977 V
Staudinger, H. 1925, 32, 47, 53, 65 W
Stalin 1879, 1907, 12, 13, 17, 24, 25, 29, 31, 34 K, 34-38, 40, 41, 43, 45-49, 52, 53, 59 P, 62 D
»– « 1948 V
»–, Gespräche m.« 1962 P
»– u. d. dt. Komm.« 1948 P
Stalinallee 1952 K, 61 P, V
Stalinfriedenspreis 1955 P
Stalingrad 1942, 43, 45, 61 P
»– « 1943 K, 46 D
Stalinkult 1953, 55 K, 56 Ph, 58 K, 59 Ph, 61 P, D, 63 Ph
»Stalinsche Verf.« 1936 P
Stalinstadt 1961 P, V
Stecknadeln 1365
Stedinger Bauern 1234
Steele 1709, 11, 1947 W
Steen 1626, 65, 70, 72, 79
Steenbeck, W. 1927, 35 W
Steenbergen, R. v. 1965 W
Steers 1941 V
Stefan 1879
Stefani 1854
Stefanopoulos, St. 1965 P
Stefansson 1912, 18 W
»Steffel« 1433
Steffen, A. 1925 Ph
Steffens, H. 1821
–, W. 1973 M
Stegemann 1921 W, 27 D
Stegerwald, A. 1903 V, 29 P
Stegreifspiele 1545, 1604
»Stehende« 1971 K
»– Figur« 1956 K
»– im Kleid« 1967 K
»– mit Locken« 1965 K
»– mit Mädchen« 1947 K
»– mit Tuch« 1938 K
Stehkragen 1360, 1556
Stehr 1864, 99, 1905, 18, 27, 29, 33, 36, 40 D
Steichen 1905 W
Steiermark v. Chr. 16; n. Chr. 10. Jh., 1180, 92, 1251, 69, 82, 1357, 65, 79, 86, 1406, 23, 40, 1564, 98, 1931 P
– , Ottokar von 1265, 1319

Steiff, M. 1903 V
Steiger, D. 1969 D
–, R. 1964, 69 K
Stein, A. 1916 W
–, Ch. v. 1775, 88
–, E. 1911 V
–, G. 1902 Ph, 250
–, J. 1968 M
–, L. 1905 Ph
–, L. v. 1850, 56
–, L. W. 1916 D
–, P. 1971, 72, 73, 74 D, 76 K, M
–, Reichsfr. v. u. z. 1757, 59, 1804, 07, 08, 10, 31, 58, 59
– von Rök 1000
– von Rosette« v. Chr. 197; n. Chr. 1822
– unter Steinen« 1905 D
– der Weisen« 500, 1260, 1311
Steinach 1910 W
Steinbauten v. Chr. 650
Steinbeck, J. 1937 D, 39 D, K, 40 K, 45 D, 51 K, 52, 54 D, 55 K, 58, 62, 68 D, 74 M
Steinberg, S. 1946, 61, 65 K
»Steinbrecher« 1950 K
Stein/Bronzezeit v. Chr. 3900, 3000, 2500; um Chr. Geb.
Steinbrücke v. Chr. 600
Steinbuch, K. 1966 Ph, 67 W, 68, 73, 75 Ph
Steindl, M. 1728
Steindruck 1797
Steiner, J. 1832
–, K. M. 1967 V
–, M. 1966 K
–, R. 1861, 94, 1901, 09, 12, 14, 16, 17, 19, 25, 27 Ph
Steiner-Affäre 1973 P
»Steingarten, D.« 1936 V
Steingut 1768
Steinheil 1839, 55, 66, 1903 W
Steinheim 1933 W
Steinhoff, F. 1954, 56 P
–, H. 1938, 39, 41, 42 K
Steinhövel 1920 D
Steinhöwel 1477
Steinkohle v. Chr. 287; n. Chr. 1113, 1429, 1682; s. a. Kohle
– i. DDR 1977 W
– , dt. 1848
Steinkohlenförderung 1958, 60, 61, 64 V
Steinkohlenverbrauch je kWh 1955, 60 W, 62 V
Steinle, E. 1810, 38
Steinschleuder 1572
Steinwachs, F. 1962 Ph
Steinway and Sons 1853
Steinweg, H. 1853
Steinzeit v. Chr. 10 000, 8000, 3000, um Chr. Geb.; n. Chr. 1836, 1927, 40 W
Steinzeitkommune (Lepenski Vir) 1973 Ph
»Steirische Reimchronik« 1319
Stekelenburg, J. 1955 K
»Stele« 1955 K
»Stella« 1776
–, F. 1975 K
Stellenvermittlung 1910, 19 V
Steller, G. W. 1734, 38, 41
Stellinga 842
»Stellite« 1907 W
»Stellung d. Menschen im Kosmos« 1928 Ph
»Stellvertreter, Der« 1963, 64 D
Stemmle 1948 K
Stemplinger 1922 Ph
Sten Sture 1470, 77
Stendal 1160, 1188
Stendhal 1783, 1822, 30, 39, 42, 1954 D
Steno, N. 1669

Stenographie 1834; s. a. Kurzschrift
Stenographie-Schreibmaschine 1952 V
Stenonis 1663
Stenvert, C. 1964 V
Stephan 1831, 70, 74, 80, 97
– I. 972, 97, 1000, 01
– IX. 1057
– von Blois 1135, 38
– der Helige s. Stephan I.
»– Reuss« 1503
– Uros III. 1330
Stephansdom, Wien 1952 Ph
Stephanus 33, 1451
Stephens, J. L. 1839
–, R. 1966 K
Stephenson 1814, 25, 29
–, I. 1967 K
Stepinatsch 1946 Ph
Stepp 1909 W
»Steppa, La« 1962 K
Steppat, I. 1947 K
Steppenkultur v. Chr. 1927
»Sterbende Cato, Der« 1732
»– Schwan, Der« 1931 M
»Sterbender Gallier« v. Chr. 230
»– Krieger« v. Chr. 480
»–, Masken« 1696
»Sterbens, Aspekte d.« 1970 Ph
Sterbetafel 1662, 1693
Sterblichkeit 1871, 1960, 61 V
– u. Rauchen 1954 V
Sterblichkeitsziffer für Raucher 1964 V
Stereoautogr. 1911 W
Stereo-Chemie 1852, 74, 1911 W
Stereophonie 1958, 61 W
Stereoplanigr. 1923
Stereoschallplatten 1959 M
Stereoskop 1833
Stereotypie 1729
»Sterilisation aus eugenischer Indikation« 1956 W
Sterilisierung 1961 Ph
Sterine 1934 W
Sterkfontein 1936 W
Sterling, Ch. 1958 K
Stern s. a. Stern ... u. Astronomie
–, C. 1972 Ph
–, E. 1925 W, 55 Ph
–, erster Doppel- 1650
–, J. 1850
–, O. 1924, 43 W
»– d. Ungeborenen« 1946 D
»– u. Unstern ...« 1937 Ph
–, W. 1906, 11, 12, 14, 16, 18, 20, 24, 26, 35 Ph
Sternatlas 1603, 1729, 1861, s. a. Sternkatalog
Sternberg, B. 1963 V
Sternberger, D. 1946 P, 64 Z
–, Fr. 1951 V, 55 Ph
–, J. v. 1927, 30, 32 K
»Sternbild, Das« 1920 K
»Sterne, Aufbau u. Entw.« 1958 W
»– blicken herab, Die« 1935 D
»–, Energieerzeugung und Entwicklung der« 1957 W
»– im Großen Bär« 1965 W
»–, infrarote 1969 W
»–, D. innere Aufbau d.« 1926 W
»– d. Heimkehr« 1923 D
–, Lawrence 1713, 1768
–, veränderl. 1906, 1943 W
»–, Wahrscheinliche Entwicklung der« 1914 W
»Sternen verloren, In d.« 1950 M
Sternhaufen, kugelf. 1918 W
»Sternklang« 1971 M
Sternentstehungshypothese 1944 W
Sterngeschwindigkeit 1868
Sternheim 1911–13 D
»Sternkammer« 1485
Sternkatalog v. Chr. 125; n. Chr. 1274, 1584, 1861, 1907 W
Sternörter 140
Sternpopulationen I. u. II. 1944
Stern-Rubarth 1921 Ph
Sternspektrum 1868, 1921 W
»Sternstaub u. Sänfte« 1953 D
»Sternsteinhof« 1885
»Sternstunden d. Menschheit« 1928 D
Sternsysteme ... Außergalakt.« 1960
»Sterntagebücher d. Weltraumfahrers« 1961 D
Sterntypen, Ordnung d. 1913
»Sternverdunkelung« 1949 D
Sternwarte 1576, 1667, 75, 1939 W
– –, Bagdad 833, 970, 1009
– –, Bln.-Babelsb. 1913, 23 W
– –, Hbg. 1936 W
– –, Harvard- 1924 W
– –, Megara 1274
– –, Mt. Palomar 1948 W
– –, Mt.-Wilson- 1909, 21, 43 W
– –, Peking 1279, 1316
– –, Potsdam 1903, 25 W
– –, Samarkand 1449
– – für den südlichen Himmel, Europäische 1969 W
Sterzing 1458
Stesichoros v. Chr. 604
Stethaimer, H. 1387
Stethoskop 1819
Stettin 1100, 24, 1243, 95, 1360, 1478, 1648, 1720, 1914, 59 W
– –, Friede von 1570
– –, Schloßkirche 1577
Steuben 1730, 77, 94
Steuer v. Chr. 521, 168, 149; n. Chr. 301, 1000, 1377, 82, 1406, 35, 1710, 1930 V
Steueraufkommen 1942, 61, 63 V
Steuergesetz 1909 P
»Steuermann« 1924 K
Steuerpräferenzen in Berlin 1955 V, 62 P
Steuerreform i. BRD 1975 V
– –, kleine 1953 V
Steven 1935 W
Stevens, A. 1828, 1906 K
–, S. S. 1951 Ph
Stevenson, A. E. 1952, 56, 65 P
–, R. 1964 K
–, R. L. 1850, 83, 86, 94
Stevin 1585
Stewart, J. 1955 K
–, M. 1964, 68 P
Steyr, Otakar von 10. Jh.
Stichentscheid 1957 Ph
Stickerei, ält. mittelalterl. 997
»Stickerin« 1812
Stickmaschine 1828
Stickstoff 1916, 70 W
Stickstoffdünger 1960 V
Stickstoffgas 1772
»Stiefelspecht, Der« 1968 K
Stieler, Ad. 1817
– –, Jos. 1781, 1828, 58
– –, Kaspar von 1660, 91, 95
Stier 1 928, 29 V
»–, Der junge« 1647
»– und Kühe« 1648
»– v. Olivera« 1910 D
»– u. Toreros« 1962 K
»Stiergefechte« 1818
»Stierkampf« 1953, 63 K
Stiermenschen v. Chr. 860
Stiernhielm 1598, 1658, 72
Stifel, M. 1544
Stifter 1805, 44, 53, 57, 65, 68
Stiftmosaik, ältest. dt. 1017 K
Stigmatisation 1224
Stigmatisierung 1926 Ph
»Stijl, De« 1917 K
Stikker, D. 1961 P
Stil, absoluter 1866, 86, 87

»Stil erkennt man den Menschen, Am« 1753
–, jap. 1890
Stilicho 401, 08
»Stilistisches Handbuch« 899
Still, W. G. 1930 M
»Stille Don, Der« 1938, 53 D, 58 K
»–, H. 1924, 40 W
»– Leuchten, Das« 1946 M
»– Nacht, Heilige Nacht« 1818
»Stilleben« 1964 K, 68 M
»Stilleben« (Cézanne) 1871
»– « (Chirico) 1917 K
»– « (Grant) 1912 K
»– « (Hofer) 1927 K
»– « (Huth) 1955 K
»– « (Kanoldt) 1927 K
»– « (Kuhn) 1945 K
»– « (Morandi) 1954 K
»– « (Picasso) 1912 K
»– « (Scott) 1951 K
»– II« 1962 K
»– III« 1966 K
»– m. altem Schuh« 1937 K
»– mit Äpfeln« 1872
»– m. Atelierfenster« 1931 K
»– -Blumen u. Blätter« 1962 K
»– mit Früchten« 1955 K
»– m. Gitarre« 1921 K
»– m. grünen Gläsern« 1944 K
»– mit Kartoffeln« 1885
»– mit Kerze« 1944 K
»– m. Kerzen« 1949 K
»– m. Krug« 1928 K
»– m. Maske und Gitarre« 1948 K
»– b. offenem Fenster« 1950 K
»– m. Porzellanhund« 1907 K
»– mit Rose« 1965 K
»– m. Stierschädel« 1942 K
»– m. Zigarrenkiste« 1926 K
»Stillebenrequisiten« 1975 K
Stiller 1923 K
– Ozean v. Chr. 1600; n. Chr. 1513, 1806, 31, 74, 1932 W, 41 P; s. a. Pazifik
»Stilles Zeichen« 1953 K
»Stillings Jugend« 1777
»Stillstand, Magischer« 1971 K
Stillwell 1944 P
»Stilo concitato« 1624
»Stilwende« 1941 Ph
»– d. Musik« 1934 W
Stilwiederholungen 1850
»Stimme der Kritik« 1962 D
»Stimmen« 1953 K, 74 M
»– i. d. Dunkelheit – ...« 1943 V
»–, 7 Hörspiele« 1958 D
»– der Völker« 1778
Stimmgabel 1711
»Stimmung« 1968 M
»Stimmungslandschaften«, chin. 990
»Stine Menschenkind« 1922 D
Stinnes 1907, 20, 26 V
Stinneslinie 1074
Stinnes-Thyssen-Phönix 1926 V
Stipendienwesen 1971 Ph
Stirling, J. 1958 K
Stirner 1845
Stitny, Thomas von 1323, 1401
Stoa v. Chr. 336, 331, 308, 278, 271, 265, 264, 232, 206, 180, 170, 156, 149, 135, 129, 110, 50, 3; n. Chr. 64
Stobaios, J. 5. Jh.
Stobbe, D. 1977 P
Stochastische Musik 1961 M
Stöckelschuhe 1749
Stockhausen, K. 1953, 60, 61, 63, 64, 65, 67–69, 71, 74 M
Stockholm 1250, 1389, 1813, 1910 Ph, 15 P, 25 Ph
»– « 1956 V
»–, Handelshochsch. 1909 Ph

Stockholm, Olympiade 1912 V
»–, Theater 1667
»– Tidningen« 1966 V
»–, Univers. 1878
»Stockholmer Bewegung« 1927 Ph
– Blutbad 1520
Stöckl, R. 1955 K
Stoecker 1878, 90, 1909 Ph
Stoffels, H. 1649, 52
»Stoffliche Grundlagen d. Vererb.« 1921 W
Stoffwechsel 1894, 1920, 26, 32, 39, 40, 49 W
»– d. Tumoren« 1924 W
Stöhrer, W. 1964 K
Stoica, C. 1965 P
»Stoiker« 1947 K
Stoizismus 1431
Stojadinowitsch 1935, 39 P
Stokowski, L. 1912, 77 M
Stola 109
Stolberg, Gebr. 1825
Stoll 1940 W
Stoltenberg, G. 1971, 73 P
»Stoltenkamps u. ihre Frauen, Die« 1917 D
Stolypin 1906, 11 P
Stolz 1897, 1901, 04 W
–, Alban 1873
–, R. 1975 M
»– u. Vorurteil« 1813, 1954 D
»Stolze Tal, Das« 1940 K
Stomachion v. Chr. 212
Stomps, V. O. 1970 D
Stone, E. D. 1971 K
Stonehenge v. Chr. 1850
Stoney 1881, 90
Stook, R. 1907 W
Stoph, W. 1961, 64, 68–70, 73 P
Storch, A. 1953 P
–, K. 1967 D, 67 Ph
Storchschnabel 1631
»Storia d'Italia« 1534
»– italiana, Una« 1960 D
Storm, Th. 1817, 52, 73, 74, 76, 78, 80, 84, 88, 1975 D
Störtebecker 1401
Storz, G. 1959 D
Stoß, Veit 1450, 77, 89, 1518, 23, 33
Stoßgesetze 1680
Stoß-Lichtquanten-Materie 1923 W
Stoßwellen 1955 W
Stötzner, H. E. 1867
Strabo aus Amaseia 20
–, Walafried 842 f.
Strabon v. Chr. 63
Strada 1580
»–, La« 1954 K
Stradivari 1644, 69, 1737
Strafanstalt f. Frauen 1597
–, Hamburg 1615
Strafergänz.-Gesetz 1958 P
Strafgesetz 1907 P
–, österr. 1769
–, schweizer. 1937 Ph, 42 V
–, USSR 1958 Ph
Strafgesetzbuch, Dt. 1871, 1962 V
Strafkolonie 1718
Straflager in USSR 1950 V
Strafprozeßreform 1903 V
Strafrecht, Kritik 1764
–, neues der DDR 1968 P
Strafrechtliche Zurechnung 1910 V
Strafrechtsreform 1907, 09, 24 V, 69 Ph
Strafrechtsschule 1920 Ph
Straftaten in der BRD 1964 V
Strahlantrieb 1942 W, 42, 44 P
»Strahlenbiologie« 1959 W
»Strahlende Schatten, Der« 1959 D
»Strahlengefährdung des Menschen, Die« 1956 W
Strahlengenetik 1927, 40 W
Strahlenkrankheit 1958 W
Strahlenschutzsubstanz 1965 W

Strahlentherapie 1895, 1902, 49 W
Strahlenwirkung biolog. 1948 W
Strahltriebwerk 1930, 62 W
Strahlung schwarz. Körper 1879, 1900 W
»Strahlungen« 1949 D
Strahlungsdruck 1900 W
Strahlungsformel, Plancksche 1900, 17 W
Strahlungsgesetz 1900, 09, 17 W
Strahlungsgürtel 1958 W
–, künstl. 1959 W
Stralsund 1234, 1627
–, Friede zu 1370
–, Marienkirche 1382
–, Nikolaikirche 1276
–, Rathaus 1400
Stramm, A. 1914 D
Strand 1947 V
»– b. Honfleur« 1913 K
»– am Kattegatt« 1948 K
»Strandansicht« 1882
Strandbad 1908, 30 V
Strangeness 1976, 77 W
»Strangers and brothers« 1960 D
»– in the night« 1966 M
Stransky, E. 1952, 55 Ph
Straparola 1550
Straßburg 343, 57, 625, 1024, 1175, 1220, 62, 1307, 32, 54, 81, 87, 1425, 45, 50, 57, 71, 72, 76, 1515, 38, 49, 66, 74, 90, 1609, 97, 1836, 1908 M, 44, 49, 50, 51 P
–, Europ. Parlament 1958 P
–, Gottfried von 1210, 35
–, Neuer Bau 1582
–, Univers. 1621
Straßburger, E. 1884
»– Eide« 842
– Münster 1015, 1176, 1230, 35, 40, 50, 76, 84, 90, 1318, 45, 52, 54, 99, 1400, 39, 1539
»Straße« 1926 D
»– in Alt-Töplitz« 1950 K
»– nach Barcelona« 1935 K
»– i. Flandern, Die« 1960 D
»– in Kragerö« 1910 K
»– des Lebens« 1953 D
»– d. Liebe« 1938 D
»– d. Ölsardinen« 1945, 54 D
»– am Wedding« 1924 K
»Straßen d. Labyrinths« 1955 D
Straßenbahn 1881
–, Pferde- 1865
Straßenbau 1606, 1741
Straßenbaupl an 1957 V
»Straßenbild a. d. Fifth Avenue« 1917 K
Straßenkunst-Aktion 1970 K
Straßennetz, röm. 100, 117
Straßenverkehr, links 1967 V
Strasser 1932, 34 P
–, H. 1967 W
Strassmann, F. 1966 W
Straßmann 1938 f. W
»Strategie des Gleichgewichts« 1969 Ph
Stratford on Avon 1564
Stratigraphie, Begr. 1762
Straton von Lampsakos v. Chr. 240
Stratosphäre 1884, 1905, 20, 23, 32, 35 W
Stratosphärenaufstieg 1957 W
Stratosphärenballon 1935 W
Straub 1916 D
–, J. M. 1968, 72 K
Straube 1918, 27, 28, 50 M
Straubing, Jakobskirche 1475
–, Rathaus 1382
Straumann 1935 V
Strauss, O. 1907, 19, 54 W
Strauss, Rich. 1864, 89, 91, 93, 95, 96, 99, 1901, 05, 09, 11, 12, 14, 17, 19, 24, 26, 28, 33, 35, 38, 40, 42, 44, 45, 49, 52 M

»Strauss, Rich.« 1911 K
Strauß, B. 1977 D
–, Dav. Fr. 1835, 72
»–, Der« 1952 K
–, E. 1902, 19, 31, 34, 60 D
–, Fr.-J. 1953, 56, 60 ff., 66, 69, 75 P
–, Joh. (Sohn) 1825, 67, 74, 85, 99
–, Joh. (Vater) 1804, 49
– u. Torney, L. v. 1926 D
Strawberry Hill 1759
Strawinski, I. 1882, 1910, 11, 13, 14, 18, 20, 22, 24, 27, 28, 30–33, 36, 40, 45, 48, 51 bis 54, 56, 57, 58, 60, 61, 63, 64, 71, 74 M
»Street Art« 1967 K
»– Scene« 1929 D
»Streetcar named Desire, A« 1951 K
Strehle, H. 1956 Ph
Strehlenau 1802, 50
Strehler 1947 D
Streicher 1946 P
Streichhölzer s. Zündhölzer
Streichquartett Nr. 3 fis-moll (Tschaikowsky) 1880
– Nr. 5 1965 M
Streik 1919, 49, 51, 71, 78, 87, 89, 1802, 31, 65, 71, 75, 89, 90, 1903, 05, V, 06, 07, 09, 10, 14, 18, 19 P, 20 P, V, 21, 26 P, 28 Ph, 32, 34, 37, 43, 44 P, 47 V, 48, 49, 54 P, 55, 58 V
–, Ing.-Studenten 1957 Ph
Streik- u. Koal.-Recht, DDR 1961 P
»Streik b. Mannesmann« 1973 M
–, Metallarbeiter 1957, 59 V
– i. öffentl. Dienst 1974 V
–, Spanien 1960 P
–, Theben v. Chr. 1171
–, USA 1909, 52 V
Streiks, wilde 1970 V
Streikverbot 1926 P
Streikversicherung 1920 V
Streil 1954 V
»Streit des Bauches mit dem Kopf« v. Chr. 750
– u. d. Existenz d. Welt« 1948 Ph
– um d. Koedukat.« 1922 Ph
– u. d. Serg. Grischa« 1927 D
»Streitbares Leben« 1960 D
»Streitende Pferde« 1910 K
Streitkräfte Ost-West 1971 P
– USSR-China 1969 P
Streitwagen v. Chr. 1600, 404
»Strelitzen« 1698
Strempel, H. 1954, 56, 62 K
Streptomycin 1944, 48, 50, 51, 52 W
Stresemann 1878, 1923, 25, 26, 29 P
Streuvels, St. 1902, 07, 11, 22 D
»Strick des Henkers« 1846
Stricker 1220, 25
Striffler, H. 1959 K
Strindberg, A. 1849, 79, 86–88, 90, 97, 98, 99, 1900, 01, 05, 07–09, 12, D, 63, 65 M, 69 D
»Strip« 1967 M
»Stripsody« 1966 M
Strischenow, O. 1957 K
Strittmatter, E. 1963, 73, 74 D
Strixner, M. 1969 K
Strobel, H. 1952, 54 M
Stroh, H. 1967 P
Stroheim, E. v. 1919, 27, 52 K, 57 D, 58 K
Strom 1961 V
»– « 1904 D
»–, Gegen den« 1907 D
– d. Lebens« 1941 D
Stromausfall i. New York 1977 P
Stromlinienform 1921 W
Strommesser, elektr. 1820
»Stromtid, Ut mine« 1864

»Strömungen i. d. Sozialpolitik . . .« 1912 V
Stromverzweigung, Ges. d. 1847
Strong 1955 W
Strontium 1807
–, radioaktiv. 1957 V
Strophe v. Chr. 620
Strougal 1970 P
Stroux, K. H. 1957 K
Strowger 1898, 1908 W
Stroyberg, A. 1959 K
Strozzi 1357, 1480, 89
– d. A. 1480, 89
–, Bernardo 1581, 1644
–, Palast 1553
Strübe 1960 P
Strudlhofstiege« 1951 D
Struensee, J. Fr. v. 1770, 72
»Struktur d. Meinungsverteil. i. soz. Feld« 1961 Ph
»– der menschlichen Persönlichk., Die« 1953 Ph
»– u. Rhythmus d. Weltwirtschaft« 1931 V
»Strukturalismus . . ., Der französische« 1968 Ph
»Strukturbegriff i. d. Psychologie« 1924 Ph
»Strukturtheorie d. Rechts« 1961 Ph
Strümpfe 1559, 90
Strumpfwirkerei 1564, 89
Strupp 1926 P
»Struppige Taube« 1953 K
Struve, O. 1963 V
»Struwwelpeter« 1847
Strychnin 1896
Stuart (Haus) 1371, 1603, 49, 60, 1702, 10, 14
–, H. A. 1952 W
–, Maria 1542, 68, 87, 1625
Stuarthaube 1590
Stuartkragen 1617
Stubbins, H. A. 1957 K
Stübe 1910 W
Stuck, F. v. 1892, 94, 1928 K
–, H. 1935 W
»Stücke für Streichquartett, 4« 1964 M
Stucken, E. 1902, 18 D
Stuckenschmidt, H. H. 1958, 74 M
Stücklen, R. 1957 P
»Student v. Prag« 1913 K
»Studenten, Liebe, Tscheka u. Tod« 1931 D
– v. Lyon, Die« 1927 D
–, politisches Potential« 1964 Ph
»–, Rebellion der« 1968 Ph
Studenten-Corps 1858
Studentenförderung 1957 Ph
»Studentenleben« 1844
Studentenprotest 1947 Ph
Studentenschaft 1919 Ph
»–, Das soziale Bild d.« 1959 Ph
Studentenseelsorge 1920 Ph
Studentensport 1959 V
Studentenunruhen 1966 Ph, 67, 68 P, 69 V, 73 P
–, Berkeley Univ. 1964 Ph
– in der BRD 1967 P
Studentenverbindungen 1935 Ph
Studentenzahlen 1965 Ph
Studentinnen-Verbde. 1906 Ph
»Studie I« 1965 M
»– 1956« 1956 K
– eines Pavians« 1953 K
– z. Weltgesch.« 1939, 47 Ph
– zur wüsten Begebenheit« 1957 K
»Studien« 1844
– z. mathemat. Lerntheorie« 1959 Ph
– über mathematische Ökonomie . . .« 1942 V
– über die Minderwertigkeit . . .« 1907 Ph
– z. Psychologie d. Pessim.« 1904 Ph
Studienbewerber 1974 Ph

»Studies in African Music« 1959 M
»–– solitude« 1963 M
»Studii, De utilitate« 1403
»Studium Generale« 1948 Ph
Studnitz 1940 W
»Stufen . . .« 1918 D, 61 D
»Stufenbau u. d. Ges. d. Weltgesch.« 1905 Ph
Stuhl 1098
»–, D. rote« 1970 K
»Stühle, Die« 1956 D
Stulpenstiefel 1781
Stülpnagel 1940 P
»Stumme, Der redende« 1692
»– von Portici, Die« 1828
»– sprechen zu lehren, Die Kunst« 1620
Stummhaus, Düsseld. 1924 K
Stumpf, C. 1848, 90, 1911 M, 26 W, 36 Ph
–, J. 1910 W
»Stunde der Komödianten« 1967 K
»– d. wahren Empfindung, Die« 1975 D
»Stundenbuch« 1415, 1905 D
»––, Mein« 1919 D
Stundenbücher 1450
»Stundenglas« 1936 D
Stundenlohn 1965 V
Stupica, G. 1959 K
Stuppach 1517
Sturegon 1825
Stürgkh 1911, 16 P
Sturluson, S. 1178, 1220, 25, 41
»Sturm« 1611, 1910 D
»– über Asien« 1928 K
»– und Drang 1723, 48
»––– 1776
»–, H. 1963, 66 K
»–, J. 1538 Ph
»–, Vor dem« 1878
»– im Wasserglas« 1930 D
»Stürme, Das Gesetz der« 1857
Sturmabteilung 1919, 20, 23
Sturmi 1219, 67, 1362, 1634, 1825, 55, 1953, 62 V
»Sturmhöhe« 1954 D
»Stürmischer Tag« 1902 K
»Sturmvogel« 1954 K
Sturmwarnung 1861
Sturtevant 1923 W
»Sturz in die Straße« 1968 K
Stute, Sten 1470, 77
Stuttgart 1219, 60, 79, 1480, 1733, 1, 1877, 1904, 20, 46 P, 52 Ph, 53 V
–, Akad. 1905 K
–, Ballett 1973 M
–, Fernsehturm 1956 W
–, Gartenschau 1977 W
–, Hauptbhf. 1912, 17 K
–, Hochhäuser 1959 K
–, Karlsschule 1773
–, Kl. Haus 1962 D
–, Kunstgebäude 1912 K
–, Landtag 1961 K
–, Liederhalle 1956 K
–, Neckarhafen 1958 W
–, Parteitag der CDU 1956 P
–, Stadtkernumgestalt. 1902 K
–, Tagblatt-Turmbau 1928 K
–, VfB 1952 V
–, Waldorfschule 1919 Ph
–, Weißenhofsiedlung 1927 K
Stutz 1918 Ph
»Stützen der Gesellschaft« 1877, 90
Style flamboyant 1400, 1501
Styron, W. 1960 D
Su Han-ch'en 1127
– Tung-p'o 1036, 86, 1101
Suarez, Francisco 1548, 97, 1613, 17
–, Gonzales 1976 P
–, K. G. s. Svarez
Subartu v. Chr. 2600
Subeiran 1831
»Subsidienverträge« 1665
»Substanzbegriff u. Funktionsbegriff« 1910 Ph
»Suburb in Havanna« 1958 K

»Suchen nach dem gestrigen Tag . . ., Das« 1964 D
Sucker, W. 1965 Ph
Suckert, K. E. 1957 D
Suda, I. 1966 W
»Südamerikanische Meditationen« 1932 Ph
– Urvölker 1905 Ph
Sudanabkommen 1953 P
Süddeutscher Städtekrieg 1389
»Süden« 1953 D
Sudermann, H. 1857, 87, 89, 91, 92, 99, 1902, 05, 08, 12, 14, 15, 17, 22, 26, 28 D
Südflandern 1678
»Südfranz. Landsch.« 1913 K
»Südland« v. Chr. 200; n. Chr. 1515, 67, 1772
»Südliche Malschule« 716, 59
Südostasien-Vertrag (SEATO) 1954, 59 P
Südpol s. a. Antarktis 1872, 90, 1902, 05, 08, 09, 11, 12, 22, 23, 28, 29, 33, 35, 39, 42, 46, 58 W
Südpolarexpeditionen 1955, 57 W
»Südpolsinfonie« 1953 M
Südpolüberfliegung 1929 W
»Südreich« 1933 D
Südrhodesien v. Chr. 2029
Südschule, buddhist. 1485
Südsee 1768, 1902, 03 K, 12 W, 48 Ph
Südsternwarte, europ. 1976 W
»Südtibet« 1922 W
Südtirol 1919, 57 P, 60, 61, 63, 64 P
Südtirolfrage 1969 P
Südweststaat 1951 P
Sueben v. Chr. 113, 72, 58; n. Chr. 256, 409, 15
Sueß 1909 W
Sueton 70, 130
Sueur 1645
Suez, östlich von 1967 P
Suezkanal v. Chr. 604, 517; n. Chr. 1871, 75, 88, 1922 P, 27 V, 51, 54 P, 55 V, 74, 75 P
––, Drehbrücke 1965 V
Suezkanalbenutzer-Vereinig. 1956 P
Suezkonferenz 1956 P
Suezkrise 1956 P
Suffragetten 1913, 14 P, 18 Ph
Sufismus 700
Sugai, K. 1966 V
»Sugar, sugar« 1969 M
Sugarman, G. 1969 K
Suggestion 1901 Ph
»– u. Autosugg.« 1923 Ph
Suharto 1966, 67 P
Suhr, O. 1948, 53, 54, 57 P
»–, -« 1960 K
Suhrkamp, P. 1959 D
Suidas 950
Sui-Dynastie 589, 618
»Suite bergamasque« 1890
– da Concerto« 1969 M
– nach Rameau« 1949 M
Sukarno, A. 1950, 57, 59, 65–67, 70 P
Sulc 1910 W
»Suleika« 1814
Suleiman 1225
– II. 1495, 1520, 38, 44, 56, 66
– von Brussa 1422
– der Große s. Suleiman II.
Sulfonamide 1932, 35, 37, 39, 50 W
Sulfone 1941 W
Sulla v. Chr. 138, 88–86, 82, 80, 78, 70
Sullivan 1842, 85, 1900 M
Sully 1610
Sully-Prudhomme 1839, 1901, 07 Ph
Sulpicia v. Chr. 23
Sulpicius Severus 411
Sultan-Achmed-Moschee 1614
Sultanat 1924 Ph

Sulzbach-Archiv 1977 D
Sumatra v. Chr. 1200; n. Chr. 7. Jh., 13. Jh., 1864, 1949 Ph
Sumbawa 1815
»Sumer is icumen in« 1240
Sumerer v. Chr. 3300, 3200, 3000, 2750, 2700, 2650, 2620, 2600, 2550, 2525, 2500, 2450, 2420, 2300, 2290, 2187, 2000, 9. Jh., 787, 650; n. Chr. 1934 W
»Summa de arithmetica, geometria . . .« 1494
– contra gentiles« 1264
– doctrinae christianae« 1555
– theologica« 1273
– universae theologiae« 1245
»Summer Knowledge« 1959 M
Summerfield, A. E. 1953 P
Summers, B. 1965 V
»Summoned by bells« 1960 D
Sumner 1926, 46 W
»Sumpf« 1906 D
»Sumpfwald« 1216
Sun Yat-sen 1866, 1907, 11, 12, 17, 21, 23–25 P
Sunda-Inseln 1292, 1318, 1419, 1596
»Sünde wider d. Blut« 1918 D
»– Lohn, Der« 1920 D
– u. Kreuz 973
Sündenfall 1485
Sündflut s. Sintflut
Sundgau 1648
Sund-Insel 1576
Sund-Zoll 1429
Sung-Akademie 995, 1190, 1282, 1403, 26, 80, 88
Sung-Dynastie 907, 60, 95, 1100, 20, 27, 82, 1254, 1322
Sung-Malerei 1335
Sung-Zeit 960, 1106, 12. Jh., 1202, 35, 1403, 26, 36, 54, 89, 1660
Sunion v. Chr. 600
Sunlicht-Seife 1929 W
Sunniten 751
Sün-tsi v. Chr. 233
Superfestungen 1945 P
»Superficie« 1958 K
»– 570« 1966 V
Superflüssigkeit 1938 W
»Superhet« 1921, 33 W
»Supermann, Der« 1962 K
Super-Market 1963 V
Supernova 1054, 1572, 1936, 42, 44 W
Supernova-Sterne, Inst. 1936 W
Supertanker 1976 V
Supervielle, J. 1959 f. D
»Supervolttherapie, D.« 1961 W
Suppé, Fr. v. 1819, 60, 63, 65, 66, 79
»Supraleitung« 1911, 35, 57, 72, 73 W
Supra-Leitermagnet 1973 W
»Supranationalismus« 1952 P
Suprematismus 1913 K
»Suprematsakte« 1534
Süring 1901 W
»Surrealismus« 1925, 51 K
»–, phant.« 1962 K
»Surrealistische Revolution« 1924 D
»Surrealistisches Manifest« 1925 K
Surrey 1516, 47
Surveyor I 1966 W
»Surya Siddhanta« 400
Susa v. Chr. 2525, 2000, 1501, 1150, 655, 640, 576, 500, 444, 400, 330
»Susanne im Bade« 1647
»–, Die schlaue« 1952 M
»Susannens Geheimnis« 1909 M
Sushruta 300
Süskind 1941 D
Susrata v. Chr. 500
»Süße Leben, Das« 1959 K

Süßlupine 1927 W
Süßmilch 1741
Suter 1924 M
Sutermeister, H. 1910, 39f.,
    42, 48, 49, 54, 58, 60, 62,
    67 M
Sutherland, G. 1903, 41, 42,
    44, 51, 52, 54, 59, 62 K
–, W. 1971 W
Sutin, N. 1975 W
Sutter, S. 1937 K
Sütterlin 1902, 15 Ph
Suttner, B. v. 1843, 89,
    1905 P, 14 Ph
Sutton Hoo 645, 1939 W
Sutri, Synode zu 1046
Suwagaro no Michizane 1219
»Suzie Wong« 1958 D
Svanberg, M. W. 1964 K
Svarez 1794
Svedberg 1923, 26 W
Sven von Dänemark 1002
– Hedin 1952 W
Sverdrup 1898
Svevo, I. 1923 D
Svinhufvud 1931 V
Svoboda, L. 1968 P
Svolder, Schlacht bei 1000
Swammerdam, J. 1637, 58, 69,
    80
Swanenburg, J. I. 1623
Swanson, H. 1951 M
Swantewit 1168
Swaradsch-Partei 1922 P
Swatopluk 894
»Sweden« 1959 K
Swedenborg 1688, 1722, 33,
    40, 44, 49, 58, 72
Sweelinck, J. P. 1562, 80,
    1619, 21
»Sweelinck-Variationen«
    1951 M
Sweet, W. H. 1952 W
Swetlana 1967 P
»Swienskomödi« 1930 K
Swieten G. van 1745
Swift 1648, 67, 1726, 27, 45
Swigert 1970 W
Swinarski, K. 1964, 75 D
Swinburne 1878, 1909 D
Swing 1937 M
Swyadoschch 1974 Ph
Syagrius 486
Sybaris 1969 W
Sydenham 1660
Sydney 1932, 39
Sylt 1927 W
Sylva 1908 D
Sylvanus, E. 1961, 63 D
»Sylvester« 1923 K
– II. 999, 1000, 01
– III. 1046
»Sylvette« 1954 K
»Sylvicultura oeconomica«
    1713
Sylvius 1663
Symbiose 1900, 10 W
»Symbolismus i. d. Literatur,
    Die Bewegung des« 1899
Symmachus 500
Symmer 1759
Symons, A. 1913
»Symphoniae sacrae« 1629
»Symphonie« 1600
– (Satellit) 1974 W
»– in e-moll« 1899
»– fantastique« 1830
»– liturgique« 1945 M
– pastorale, La 1944 K
»– mit dem Paukenschlag«
    1791
»– d. Tausend« 1910 M
»– in Weiß, 4« 1867
»– für 42 Streicher« 1951 M
»Symphonie-Ouverture«
    1648
»Symphonische Elegie . . .«
    1946 M
»Symphony, Short« 1951 M
»Symposion« v. Chr. 416,
    388, 387, 347, 330
Synagoge 1959 Ph
»–« 1235, 1940 K
»– Jerusalem, Inneres der«
    1931 K

Synagogen, Schändung 1938,
    59 P
»Synchron-Telemanipulator«
    1969 W
Synchroton 1945, 59 W
Syndikalismus 1895
Synesios von Kyrene 403,
    2 cesny
Synge, J. M. 1907 D
–, R. L. M. 1952 W
Synod, Heiliger 1721
Synode, Barmer 1934 Ph
– d. dionysischen Künstler«
    v. Chr. 3. Jh.
– zu Ephesos 449
– d. evangelischen Kirche
    1960 ff. Ph
– von Mâcon 585
– in Mainz 813
– zu Ravenna 968
– zu Rom 1076
– zu Sardika 343
– zu Surri 1046
–, Trullanische 692
– zu Worms 1076
»Syntagma musicum« 1620,
    21
»Syntaktische Strukturen«
    1957 Ph
»Syntax d. Sprache« (Log.)
    1934 Ph
Synthese biologischer Struk-
    turen 1955 W
– organischer Verbind. 1859
»Synthetische Landschaft«
    1961 K
»– Synthetischen Philosophie,
    System der« 1862,
    1903 Ph
Syphilis 1797, 1306, 1489, 95,
    1530, 1601, 1905, 06, 09,
    10, 17 W, 48 V
Syrakus v. Chr. 735, 5. Jh.,
    480 bis 478, 474, 450,
    415, 413, 406, 400, 395,
    347, 275, 270, 246, 215,
    212; n. Chr. 400
Syratal 1905 W
Syria v. Chr. 61
Syrische Dynastie 820
Syrlin d. Ä. 1465, 74, 82
– d. J. 1482
»Sys willekommen heirre
    kerst« 11. Jh.
»System d. Ästhetik« 1914 Ph
»– d. musikal. Rhythmik und
    Metrik« 1903 M
»– der Natur« 1770
»– der Sittenlehre nach Prinzi-
    pien der Wissenschafts-
    lehre, Das« 1798
»– d. Soziologie« 1927 Ph
»– synthet. Philosophie«
    1903 Ph
»– d. transcendentalen Idea-
    lismus« 1800
»Systema naturae« 1735, 68
»Systematische Phylogenie«
    1894
»– Theologie« 1923, 25 Ph
»Systemüberwindung, Demo-
    kratisierung u. Gewalten-
    teilung« 1973 Ph
Szabó, I. 1970 K
–, L. 1968 K
Szakasits 1948 P
Szczesny, G. 1963 Ph
Szent-Györgyi 1932, 33,
    37 M
Szeemann, H. 1968, 72 K
Szell, G. 1970 M
Szenès, A. 1959 K
Szigeti 1566
Szintillationszähler 1951 W
Szokolay, S. 1964 M
Szondi, L. 1972, 73 Ph
Szymanski, R. 1967, 68 K

T

T 43 (Panzer) 1954 W
T 54 (Panzer) 1954 W
»T 55-10« 1955 K
»T-1954« 1954 K

Tabak 1497, 1560, 61, 86,
    1607, 20, 25, 30, 35, 70,
    1705, 1959 V
»Tabakarbeiterverein, Deut-
    scher« 1865
Tabakmosaikkrankh. 1935,
    37 W
Tabakverbrauch 1963 V
Tabei, J. 1975 V
Tabenese 320
»Tableaux vivants avant la
    Passion selon Sade«
    1964 M
Tabletten, Beruhigungs-
    1956 Ph
Taboriten 1422, 24, 33
Täbris 1912 P
»Tabu« 1965 M
– u. d. Gef. d. Seele« 1911 Ph
»Tabuco« 1965 M
Tabula smaragdina« v. Chr.
    103
»Tabulae Rudolphinae« 1627
»Tabulatura nova« 1654
»Tabulaturbuch hundert
    geistl. Lieder und Psal-
    men Herrn Doctoris
    Martini Lutheri . . .«
    1650
»Tabus, Wider die dt.«
    1962 D
Tachenius 1666
»Tachisme, Au-delà du«
    1962 K
Tachismus 1952 K
Tacitus 50, 98, 116, 1450
Tacke-Noddack 1925 W
Tacna 1929 P
Tacquet 1653
»Tadellöser & Wolff« 1971 D
Tadsch Mahal 1629
Taessert 1779
Tafel, A. 1905 W
–, P. 1913 V
Tafelbild, ältest. dt. 1170
Tafelmalerei 1422, 33
–, Anfänge 1225
»Tafelrunde in Sanssouci«
    1850
Taft, R. A. 1953 P
–, W. H. 1909 P, 47 V
Taft-Hartley-Gesetz 1947 V
»Tag endet, Der« 1939 K
»– d. Hausmusik« 1932 M
»– d. jungen Arztes« 1955 D
»– i. Leben d. I. Denisso-
    witsch, Ein« 1962 D
»Tag- u. Nachtbücher . . .«
    1947 Ph
»Tag i. d. Neuen Welt«
    1940 K
»–, an dem der Papst gekid-
    nappt wurde, Der«
    1974 D
»– v. Potsdam« 1933 P
»– im Tode von Joe Egg, Ein«
    1967 D
»– des Zornes« 1320
»Tage mit Brecht« 1959 D
»– ohne Ende« 1934 D
»– u. Nächte« 1946 D
»– u. Tanten« 1903 D
»Tagebuch André Gides . . .«
    1939 D
»– d. Anne Frank« 1956,
    57 D
»–, Eine Art« 1970 D
»– eines Diebes« 1961 D
»– einer Eintagsfliege« 1000
»– einer Entziehung«
    1973 D
»– des Falschmünzers«
    1927 D
»– eines Jungen« 1852
»– eines Landpfarrers«
    1936 D
»– einer Schnecke, D.«
    1972 D
»– eines Überflüssigen«
    1850
»– 1966–71« 1972 D
»Tagebücher« (C. Wagner)
    1976 M
»– 1930–44« 1961 D
»Tagelied« 1160

»Tagesanbruch« 1928 D
»Tagesanfang« 1939 K
»Tagesspiegel, Der« 1954 D
»Tageszeiten« 1948 M
Tageszeiten-Bilder 1650
Tageszeitung, erste engl. 1702
–, erste dt. Lpz. 1660
»Tagewerke« v. Chr. 700
Tagliacozzo, Schlacht bei 1268
»Tägliche Brot, Das« 1901 D
Tagore 1861, 1901 Ph, 10 D,
    13 Ph, 15, 41 D
Taharka v. Chr. 688, 670
»Tahiti, Aus« 1902 K
Tai Scheng v. Chr. 164
– Te v. Chr. 164
Taifun 1952 V
»–« v. 1903 D, 51 K
Taiga 1939 W
»Taijet« 1235
Tajiri, S. 1966 K
»Taikwa«-Reform 645
Taine, H. 1864, 69, 76
Taiping-Aufstand 1835
Taischet 1954 V
Tairow 1919 D
Tai-tsung 627, 50, 705, 995
Tai-Völker v. Chr. 7000
Tai-Wen-chin 1436
Takakane 1309
Takamine 1901, 04 W
Takanobu, Fujiwara 1195
Takashina Takakane 1309
Takauji 1336
»Take the Fool away« 1954 D
»Taktiken in d. demokr. Re-
    volution« 1905 P
Taktvorzeichnung 14. Jh.
Tal, J. 1958, 76, 77 M
»– der Könige« v. Chr. 1501;
    n. Chr. 1817, 81
»– – Königinnen« v. Chr. 1260
»–, M. 1960 V
Talal 1952 P
Talbot 1842 P
–, W. H. F. 1839, 45
Tal-Coat, P. 1953 K
Taler 1519, 66
Talleyrand 1754, 97, 1814, 30,
    38
Tallis 1505, 85
Talmud 135, 200, 400, 500,
    1200, 1934 Ph
Talsperren, Kongr. für
    1951 W
Talvio 1902 D
»Talvorhang« 1972 K
Tam, R. 1960 K
Tamayo, R. 1959 K
Tamborrel 1891 W
Tambourin v. Chr. 1450
Tambroni 1960 P
»Tamburlaine« 1587
Tamm, I. E. 1958 W
Tammann 1913 W
Tammuz v. Chr. 3000, 2200
Tamo 501
Tanagra v. Chr., 6. Jh., 335,
    300
Tanaka (General) 1927 P
–, K. 1972, 74 P
Tandareis und Floridibel«
    1270
Tandberg 1950 V
Tanganjika-See 1858
T'ang-Dynastie 600, 18, 44,
    74, 713, 32, 1048
Tariflohnsteigerung 1974 V
Tange, K. 1958 K
Tangenstafeln 970
»Tangenten, Tagebuch . . .«
    1964 D
Tangentenprobleme 1629, 70
Tangermünde, Rathaus 1450
»Tango« 1966 D
»–, Der letzte« 1972 K
Tanguten 1226
Tanguy, Y. 1955 K
T'ang-Yin 1492
T'ang-Zeit 450, 519, 750, 56,
    60, 825, 44, 941, 60,
    12. Jh., 1210
Tanis v. Chr. 360, 1830
Tanizaki, J. 1961 D

Tanjore, Tempel 1002
Tank 1907, 11, 14 W, 17 P,
    42, 44 P, W
»Tanka« 760, 905
Tanken in der Luft 1952 W
Tanker »Esso Dtl.« 1963 W
–, größter 1954 V
–, japanischer 1966 V
Tanker-Verlust 1973 V
»Tanne« 1914 K
Tannenbaum, F. 1951, 55 Ph
Tannenberg, Denkmal 1927 P
–, Schlacht bei 1410, 1914 P
Tanner, A. 1958 K
Tannhäuser 1205, 70
»–« 1845, 61, 70
Tanning, D. 1965, 68 K
Tansman, A. 1940 M
»Tante Frieda« 1905 D
»Tantris d. Narr« 1908 D
»Tantrismus« 147
»Tanz, Der« 1912, 33, 50,
    74 K
»– u. Gymnastik« 1926 M
»– u. Musik« 1910 K
»– a. d. Vulkan« 1938 K
»Tanze mit mir i. d. Morgen«
    1963 M
»Tanzende Figuren, 2«
    1954 K
»– u. Harfe spielende Frauen«
    v. Chr. 1400
»– Matrosen« 1930 K
»Tanzende Schwestern«
    1934 K
»Tanzender Kommissar«
    1961 K
»Tänzerin« 1912 K
»– mit Blumenstrauß« 1880
»– mit Clown« 1955 K
»– m. gekreuzten Beinen«
    1931 K
»– Mara« 1793
»Tänzerinnen« 1953 K
»– im blauen Rock« 1891
Tanzes, Sommerakad. d.
    1972 M
»Tanzkunst, Briefe ü. d.«
    1760
Tanzmasken 755
Tanzpreis v. Chr. 725
»Tanzrhapsodie« 1958 M
»Tanzsuite f. Orch.« 1923 M
Tanzwettkämpfe 1420
Tanzwut 1021, 1278, 84, 1375,
    1418
T'ao Yüan-ming 365, 427
Taoismus v. Chr. 604, 4. Jh.,
    310; n. Chr. 235, 762,
    1002, 1200, 1445
»Taoteking« v. Chr. 604, 310
T'ao-t'ieh v. Chr. 1250, 406
Tàpies, A. 1967, 73 K
Tappert 14. Jh., 1400
Tapete 1515, 1705, 20
Tapetendruck 1750
Taranczewski, W. 1962 K
Tarde, G. 1890
Tardenoisien v. Chr. 10 000
Tardieu 1929, 31 P
Tarent v. Chr. 8. Jh., 450,
    300, 282, 281, 272, 212;
    n. Chr. 675, 856, 1940 P
–, Archytas von v. Chr. 428,
    379, 365, 356
Targum 1517
Tarifverträge 1944, 63 V
Tariflohnsteigerung 1974 V
Tarik 711
»Tarnkappe« 1968 K
»Taropflanzen, Beim« 1950 K
Tarpejischer Felsen v. Chr.
    384
»Tarquin« 1941 M
Tarquinier v. Chr. 6. Jh., 509
Tarquinius Priscus v. Chr. 600
– Superbus v. Chr. 525
Tarr, W. 1973 K
Tarragona, Kathedrale 1200
Tarsis, W. J. 1966 D
Tarski 1935 Ph
Tarsos, Hermogenes von 200
Tartaglia 1537, 56
Tartaren s. Tataren
»Tartarin de Tarascon« 1882

Tartini 1692, 1770
»Tartiniana« 1951 M
»Tartüff« 1925 K
»Tartuffe« 1664
Tasa-Kultur v. Chr. 3900
Taschenbücher 1953, 57, 60, 76 D
Taschentuch 1503, 90
Taschenuhren 1502, 75, 1676, 1720, 1845
Taschkent, Friedenskonferenz 1966 P
Tasman 1642, 43
Tasmanien 1642
Tassaert 1788
Tassilo III. 777, 83, 88
»Tassilo-Kelch« 783
Tasso 1544, 65, 81, 86, 95
Tassoni 1565, 1622, 35
»Taste of honey, A« 1958 D
TAT 1975 D
Tataren 550, 803, 10. Jh., 1377, 80, 94, 1449, 51, 62, 72, 80, 1505, 57
Tataren-Buch 1245
Tatarescu 1936, 39, 46, 47 P
Tate, Sh. 1969, 71 V
»Taten der Franken« 594
»– Karls des Großen« 900
Tati, J. 1958 V, 71
Tatian 170
Tatius, Achilles 4. Jh.
»Tatjana« 1947 D
»Tatler« 1709
»Tatort Deutschland« 1973 V
»Tätowierte Rose, Die« 1951 D, 55 K
»Tätowierten, Die« 1973 D
»Tätowierung« 1967 K
»Tatsachen u. Probl. z. Psychol. d. Denkvorgänge« 1907 Ph
Tatti 1486, 1570
Tatum 1939, 58 W
Tau, M. 1948, 50 D, 76 Ph
Taube 1935 W
»– auf Pfirsichzweig« 1107
»Tauben« 1946 K
»– im Gras« 1951 D
Taubenmosaik 130
»Taubenschlag II« 1959 K
Tauber, R. 1948 M
Taubstummenanstalt 1778
Taubstummen-Blinden-Fürsorge 1888
Taubstummenunterricht 1620, 1778, 1904, 11 Ph
Tauchboot 1850, 85, 1960 V
– »Trieste II« 1965 W
Tauch-Dichtemesser 410
Tauchen, Sport- 1968 V
»Taucher, Der« 1797
Taucheranzug 1915 V
Tauchgerät 1932 W
Tauchglocke 1535, 1664, 1778
Tauchglocken 1200
Tauchkugel 1934, 48 W
Tauchrekord 1953 W
Tauchschiff 1962, 1954 W
Tauern-Kraftwerk 1950 W
Taufe v. Chr. 25; n. Chr. 300, 500, 13. Jh.; s. a. Baptisten, Wiedertäufer
»– Christi« 1460, 1519
Taufliege 1910, 27, 28, 53 W
Tauler, Joh. 1300, 61
Taunus 138, 380, 1927 W
»– u. Main« 1901 K
»Taunuslandschaft« 1890
Tauriskos von Tralles v. Chr. 100
Tauroggen 1812
»Tauros« 1969 K
Taurus v. Chr. 190
»Tausend Jahre dt. Theater« 1962 D
»– Kindern, Die mit den« 1929 D
»Tausendjahrfeier« 1965 D
– d. Dt. Reiches 1843
»Tausendjährige Straße« 1939 D
»Tausendundeine Nacht« 900
»– –« 1687, 1704
Tau-Ssagis 1930 W

Taussig 1911 V.
Taut, B. 1924, 25, 27 K
»–, M. 1952, 54, 57, 67 K
Tautologie v. Chr. 366
»Tauwetter« 1906 K, 55, 60 D, 87 Ph
»– im Februar« 1920 K
»Tauwetter-Stimmung« 1957 Ph
Tavastland 1150
Taverna 1608
Taviani, P. u. V. 1977 K
Tavistock-Institut 1948
Taxis 1615
–, Franz 1504
–, Joh. Baptista 1516
Tayasal 1697
»Taygetos« 1958 K
Taylor 1856, 1900, 06 W, 12, 15 Ph
–, B. 1755
–, E. 1958 f., 62, 65–67 K
–, J. 1650
–, J. E. 1821
»Taylorismus« 1912, 15 Ph
Taze-Russel, Ch. 1879
»Te Deum« 1854
»– – laudamus« 400
»Teahouse of the August Moon, The« 1954 D
Teasdale 1917 D
»Teatro comico, Il« 1750
»TB 48« 1963 K
Tebaldi, R. 1944 M
Tebessa, Minerva-Tempel 211
Tecchi, B. 1959 D
Technetium 1937, 46 W
Technik, Gesch. 1930 W
»– d. Individualpsychol.« 1930 Ph
–, Philos. der 1952 Ph
»–, Perfektion der« 1946 Ph
»– u. Verantw.« 1972 Ph
»– d. Vorzeit . . .« 1914 W
»–, Das Weltreich der« 1927 W
»– und Wissenschaft als ›Ideologie‹« 1968 Ph
Techniker, arab. 1267
Technikerschule, Rom 230
Technische Bilderhandschrift 1422
– Hochschule s. Ortsnamen
– – Aachen 1966 Ph
– –, Absolventen 1957 Ph
– Lehranstalt, Braunschweig 1745
»– Nothilfe« 1919 V
»– Physik« 1920 W
»– Stadt« 1928 K
»Technischen Zeitalter, Künste im« 1954 Ph
»– Werkes, Erster Druck eines« 1472
»Technischer Fortschr. u. Arbeitslosigkeit« 1938 V
Technisches Museum 1852
»Technocratie . . . la Mission de la« 1955 Ph
»Technokratie« 1930, 33 W
Teddybär 1903 V
»Tedeum, Dettinger« 1743
Tee 500, 793, 1191, 1350
»Teehaus, Das kleine« 1954 D
»Teenage Fair 69« 1969 V
Teer 1917 W
Teerfarbstoff 1856
Teeröl 1902 W
»Teffir« 900
Tefnut v. Chr. 3000, 2270
Tegea v. Chr. 340
Tegernsee 10. Jh., 1000, 25
Tegnér 1825
Teheran 1921 P, 38 W
–, Universität 1935 Ph
Teheran-Konferenz 1943 P
Teichrosenblüte 1945 K
»Teil m. Welt« 1938 K
Teilchenbeschleuniger 1950, 57, 60, 71 W
Teilchen-Welle-Dualismus 1924, 27, 28 W
»Teile der Mathematik, Neun« 1247
– der Tiere« v. Chr. 322

Teilhard de Chardin 1955 Ph
Teilung der Kirche 1969 Ph
– leben, Mit der« 1965 Ph
Teilzahlung 1962 V
Teisias v. Chr. 5. Jh.
Teja 552
Teje v. Chr. 1400, 1385; n. Chr. 1976 W
»Tektonik, Grundfragen der vergl.« 1924 W
Tel Aviv 1908 P
Tele-Kolleg 1967 Ph
Telefon, interkontinent. 1964 V
Telefunken 1903 V, 25 W
Telegraphie v. Chr. 5. Jh., 2. Jh.; n. Chr. 1633, 84, 1792, 1800, 30, 33, 37, 40, 44, 47, 48, 49, 55, 58, 66, 70, 97, 1900, 02, 04, 06, 09, 10, 18, 27 W; s. a. Bildtelegr.
–, Mehrfach- 1927 W
»Telegraphist v. Lonedale« 1911 K
Téleki 1939 P
Telemann, G. Ph. 1681, 1721, 23, 67
Télémaque, H. 1973 K
Telepathie 1960 Ph
»–, Erforsch. d.« 1960 Ph
»– u. Hellsehen« 1921 Ph
Telephon 1861, 76
–, elektrodyn. 1924 W
Telephonkabel 1956 W, 63 V
Telephonseelsorge 1961 Ph
Telephonüberwachung 1963 P
Telephos v. Chr. 159
Telesio 1565
Teleskop 1632
Tell 1477
– Asman 1934 W
– Chuéra 1964 W
– Halaf v. Chr. 3300, 850
Teller, E. 1952 W
Tell-Halaf-Stufe v. Chr. 3700
Tellesch, G. 1968 K
Telstar 1962, 63 W
»tem A« 1969 M
»Téméraire, Der« 1838
Temin, H. 1970, 75 W
Temnos v. Chr. 200
»Tempel d. Inschriften« 1952 W
– in Jerusalem 1968 W
»– d. roten Stele« 1958 W
»Tempelbrand, Der« 1976 M
Tempelherren 1240
Tempelhof, Flughafen 1975 V
Tempel-Klassiker 1909 K
Temperamalerei 1473
»Temperatur, Begriff der« 1760
–, höchste 1971 W
Temperaturen, tiefste 1702, 1911, 13, 20, 33, 38, 49 W
Temperaturskala, absol. 1907 W
Temple 1932 K
–, William 1667
Templerorden 1119, 87, 1312
Templum solis 274
»Temporum fine comedia, De« 1973 M
»Tempus destruendi« 1972 M
»Temt-Migof« 1965 W
Tendrjakow, W. F. 1961 D
Tenea v. Chr. 600
»Tendenzen der 20er Jahre« 1977 K
Teng 1977 P
Tengler 1509
Teniers, d. Ä. 1582, 1649
–, d. J. 1610, 43, 44, 47, 90
Tenkterer v. Chr. 55
Tennessee 1933 V
Tennis 1351, 1900, 02, 20, 27 V
»–« 1927 V
»Tennisbund« 1902 V
Tennyson 1809, 47, 85, 92
Tenochtitlan 1370
Ténor 1100

Tensing 1921 W, 53 V
»Tensions« 1967 M
Tenz, J. 1974 K
»Teodora« 1693
Teodorico Borgogni 1268
Teos v. Chr. 220
Teotihuacan v. Chr. 1370, 300; n. Chr. 6. Jh.
Teppich v. Chr. 800, 355; n. Chr. 1474; s. a. Bildteppiche
– d. Lebens, D.« 1899
–, Pazyryk- v. Chr. 500
–, skyth. Knüpf- 1949 W
»Teppiche« 190
–, Filzwand- 1953 W
Teppichkunst 552
»Teppichwirkerinnen« 1657
Teragiani 1469
Terbois, P. 1956 K
Terborch 1617, 81
Terboven 1940 P
Terell, E. 1965 V
Terenz v. Chr. 290, 195, 159
Teresa de Jesús 1515, 63, 82
Tereschkowa, V. 1963 W
Terk, S. 1952 K
Termiten 1921, 27, 37 Ph, 45 W
Ternifine-Kiefer 1954 W
Terpandros v. Chr. 681
Terpsichore v. Chr. 700
»Terra ferma« 1429
– impareggiabile, La« 1958 D
–, incognita« v. Chr. 200
–, ein Symbol« 1933 D
Terramycin, Synthese 1968 W
»Terramyzin« 1950 W
»Terrasse« 1927, 50 K
– in Richmond« 1926 K
»Terrestral« 1965 W
Terror 1968 P
Terror i. d. BRD 1971 P
–, polit. 1972 P
Terrorbekämpfung 1975 V
Terrorismus 1977 Ph
– Debatte 1977 Ph
– -Gesetz, Anti- 1976 V
Terson, P. 1967 D
Tersteegen 1697, 1729, 69
Tertiär 1924, 36, 37, 48, 60 W
Tertullianus 190
Teruuchi 1911 W
»Terzett d. Sterne« 1919 D
»Terzinen« 1970 M
Terz-Parallele 1100, 14. Jh.
Teschener Friede 1779
– Land 1938 P
Teshigahara, H. 1966 K
Teske 1936 Ph
Tessenow 1913, 31 K
Tessin 1516
– i. Frühling« 1947 K
»Tessiner Wintersonne« 1956 K
Test 1921, 38, 49, 61 Ph; s. a. Intelligenzprüfung
»–, Berufs-Interessen-« 1955 Ph
»–, P-I-« 1951 Ph
»Testa di Donna« 1956 K
»Testakte« 1673
Testament, Neues; s. Neues Testament
»–, Ein« 1957 K
»–, Das große« 1461
»–, Das kleine« 1456
»– d. Dr. Mabuse« 1933 K
»– der Sterne« 1957 Ph
Testori, G. 1961 D
Testosteron 1935 W
Teststopp, Kern- 1976 P
Tetanus 1917 W
Teternikow s. Sologub
»Têtes mortes« 1967 D
»– et Queue« 1965 K
»Tetrabiblos« 178
»Tetraktys« 1968 M
Tetzel 1506, 17
Teuber, H. 1949 K
»Teuerdank« 1517
Teuerung, Getreide- v. Chr. 1140
Teuerungszulagen 1973 V

»Teufel, Der« 1926 D
»–, Die« 1961 D
»– geholt, Vom« 1910 D
»–, Der hinkende« 1641
»– im Leib« 1947 K
»– u. d. liebe Gott, Der« 1951 D
»– von Loudun, Die« 1969 M
»Teufels General, Des« 1946 D, 54 K
»– Papieren, Auswahl aus des« 1789
»Teufelsbeschwörungen« 1605
Teufelsinsel 1894, 1906 P
»Teufelssumpf« 1846
Teufelstal 1938 W
Teutoburger Wald 1115
Teutonen v. Chr. 113, 103, 101
Teutonicus 950, 1022
»Teutsche Academie der edlen Bau-, Bild- und Malereykünste« 1679
»–, Dichterroß, Das« 1901 D
»–, Lieder für« 1813
»– Poemata« 1624, 42
»Teutschen Sprache Stammbaum und Fortwachs, Der« 1691
»Teutsch-übende Gesellschaft« 1724
Tewkesbury, Kathedrale 1123
Texas 1948 V
»Texte und Zeichen« 1955 D
Textilfasern 1962 V
Textilfaserproduktion 1970 V
Textilkrise 1977 V
Textilwaren 1750, 1885, 1961 V
»Textkritik u. Editionstechnik . . .« 1924 D
Textor, K. E. 1731, 1808
»Textur« 1492
Thackeray 1848
Thadden, A. v. 1967 P
Thadden-Trieglaff 1935, 76 Ph
Thaddeus Florentinus 1261, 86
Thaer, A. 1806, 09, 10
Thales von Milet v. Chr. 624, 585, 560, 6. Jh., 546, 544
Thalia v. Chr. 700
Thalidomid 1962 W
Thalium 1919 W
Thälmann, E. 1925, 32, 44 P
Thams 1950 V
Thant, U 1961 ff. P
Thapsus, Schlacht bei v. Chr. 46
Thärichen, W. 1968 M
Thatcher, M. 1975 P
Theaitetos v. Chr. 372
Theater (Antike) v. Chr. 534, 500, 479, 458, 456, 450, 430, 406, 400, 4. Jh., 364, 360, 338, 328, 262, 150, 2. Jh., 100, 55, 22, um Chr. Geb.; n. Chr. 80, 100, 121, 290
»–, Das absurde« 1959, 62 D
–, absurdes 1967 D
–, amerikanisches 1716
–, Amsterdam 1638
–, Braunschweig 1691
–, engagiertes 1962 V
–, episches« 1949 D
–, expressionistisches 1920 D
–, griechisches v. Chr. 544
»–, Großes Berliner« 1962 V
–, Hannover 1690
–, heute« 1973 D
–, Kassel 1605
– am Kurfürstendamm 1953 D
–, mechanisches 1961 K
»– meines Lebens, Das« 1955 D
–, München 1657
– als ein Nationalinstitut betrachtet« 1825
»– d. Nationen« 1954 D
–, Nürnberg 1668
–, Portugal 1536

Theater, Rom 1549
– d. Totalität« 1924 K
–, Venedig 1637
»–, Welt« 1962 D
»–, 1000 Jahre dt.« 1962 D
Theateraufführungsverbot 1642
Theaterbesuche (BRD) 1970 D
»Theaterdämmerung« 1970 D
Theatergespräch, Darmstädter 1955 D
Theaterkrise 1973 D
Theaterplätze (BRD) 1970 D
»Theaters, Geschichte d. politischen« 1971 D
»–, die Kunst d.« 1905 D
Theatersubventionen 1967 D
Theaterwissenschaft 1920 D
– –, Int. Tagung für 1955 D
Theaterwissenschaftl. Institut 1923 D
Theaterzensur in Großbritannien 1968 D
Theaterzettel 1466
»Theätet« v. Chr. 347
Theatinerkirche, München 1675
»Theatralische Landschaft« 1962 D
Theatre, His Majesty's 1705
–, Old Haymarket 1720
Théâtre de France 1959 D
»– du Gymnase« 1856
»– Illustre« 1643
»– libre« 1887
– Marigny 1949 D
– des Nations 1972 D
»– panique« 1967 D
»Theatron eroticon« 1968 D
»Theatrum anatomicum« 1605
»– instrumentorum« 1569
»– orbis terrarum« 1570
Theben/Ägypt. v. Chr. 2100, 1600, 1570, 1500, 1450, 1410, 1400, 1390, 1380, 1375, 1358, 1355, 1340, 1150, 1090, 945, 800
– –/Griechenld. v. Chr. 550, 6. Jh. 420, 395, 379, 371, 362, 338, 335, 300
–, Weigand von 1473
Theiler, M. 1930, 51 W
Theiß 171, 1290, 796, 1239, 59
Thelen, A. V. 1954 D
»Thema in Moll« 1956 M
»Thermatischer Aperzeptionstest« 1938 Ph
Themistokles v. Chr. 525, 483, 480, 478, 471, 459
»–« v. Chr. 483
Theobald von Mailand 1075
Theodelinde 589
Theoderich (Westgoten) 418, 451
»–« 1513
– II. (Westgoten) 466
– der Große 456, 71, 89, 90, 93; 524, 26, 1200
»Theodicée« 1710
Theodizee 10
»Theodor Heuss« 1950 K
– von Tarsus 681
Theodora 508, 27, 40, 48, 6. Jh., 843, 914
Theodoros v. Chr. 550, 405
– Laskaris 1204
– v. Mopsuhestia 401
Theodorus Priscianus 406
Theodosius I. v. Chr. 776; n. Chr. 347, 79, 82, 90, 91–95, 410
– II. 408, 38, 50
Theognis v. Chr. 550, 540
»Theogonie« v. Chr. 700; n. Chr. 1954 K
Theokrit v. Chr. 270
Theologenschule, Alexandria 200
– –, Paris 1254
»Theologie u. allgemeine Religionsgesch.« 1913 Ph
»– u. Kirche, Lexikon für« 1938, 61 Ph

»Theologie und Physik« 1951 Ph
»– nach religionspsychol. Methode, Systematische 1925 Ph
»–, Zeitschrift f. systematische« 1923 Ph
»Theologiestudenten 1969« 1969 Ph
Theologinnen, Dt. 1925 Ph
»Theologische Bedenken« 1702
– Fakultät, Paris 1231, 54
»Theolgisch-politischer Traktat« 1670
Theon 4. Jh., 415
Theophano 963, 72, 83
»–, Kaiserin« 1940 D
Theophilus 970, 1100
»–« 1280, 1400
Theophrast(os) v. Chr. 404, 372, 287, 286, 240, 86
Theorell, H. 1955 W
»Theoretische Biologie« 1920, 33 W
– Nationalökonomie« 1916 V
– Sozialökonomie« 1918 V
»Theoretisches System der gesunden Vernunft« 1765
»Theoricae novae planetarum« 1461
»Theorie d. Beschäftigung . . .« 1936 V
– d. Bildung« 1926 Ph
– d. Entwicklung« 1936 W
– d. Gens« 1928 W
– d. gesellsch. Wirtsch.« 1914 Ph
– d. Ionosphäre 1926 W
– d. Kohlensäureassimilation« 1920 W
– d. Massenmedien 1961 Ph
– d. Materiewellen 1924 W
– d. monopolist. Wettbewerbs« 1933 V
– d. Psychotechnik« 1925 W
– d. Raumes« 1901 Ph
– d. Schauspielkunst« 1815
– des Sehens, Eine neue« 1709
– d. Sexualität 1938 W
– d. Vollbeschäftigung« 1944 V
Theosophie 1625, 1749, 72, 1875, 1901, 09 Ph
Theotocopuli 1541, 86, 1608, 14
Thera (Santorin) 1971 W
Therapie, psychische 1964 W
Theremin 1927 M
»Thérèse Desqueyroux« 1927 D
»– Raquin« 1867
Thermen (Trier) 330
Thermodynamik s. Wärme, Temperatur
– – d. Muskelkontraktion« 1921 W
Thermoelektrizität 1821
Thermometer 1592, 1620, 26, 41, 1702, 14, 30, 36, 42
Thermopylä v. Chr. 480
»Thermopylae« 1955 K
Thermoskop 1592, 1611
»Thesaurus Temporum« 1606
Theseion v. Chr. 450
Thesen (95) 1517
Theseus v. Chr. 544, 450
Thespis v. Chr. 534
Thessalonike 390
Theuriet 1903 D
Thevenet, B. 1977 V
Theyß 1538, 43
»They were defeated« 1932 V
Thibaud 1933, 34 W
»–, J. 1930 M
»Thibaults, Les« 1940 D
Thibaut IV. 1201, 53
»Thidreks-Saga« 1260
Thiedemann, F. 1961 V
Thiele 1931–33, 64, 66, 67 K
Thieler, F. 1963, 65 K
Thielicke, H. 1951 W
Thiemann 1950 K

Thienemann, A. 1896, 1939 W
Thienen, Jacques van 1455
Thiers 1797, 1871, 77
Thiersch 1852, 97, 1907, 21 K
Thieß, Fr. 1890, 1921, 22, 24, 26, 27, 31, 33, 36, 41, 46, 55 D, 59 Ph, 77 D
Thietmar von Merseburg 1009
Thieu 1969 P
Thilo v. Kulm 1335
Thimme 1927 P
»Thin red line, The« 1962 D
Thinae 98
»This old house« 1955 M
Thjodolf 888
Tho, N. 1963 P
Thoma, G. 1966 V
–, H. 1839, 60, 63, 73, 90, 1902 K, 09, 17, 19 D, 24 K
–, L. 1867, 99, 1902, 05, 07, 09, 10, 12, 21 D
Thomas von Aquino 1225, 43, 64, 73, 74, 80, 98, 1309, 1617; s. a. Thomismus
– von Celano 1226, 1320
– von Erceldoune 1290
– von Kempen 1380, 1400, 71
– von Stitny 1323, 1401
Thomas Ambr. 1866
– Aquin, Saint« 1925 Ph
–, B. 1930 W
– Chatterton« 1957 D
– Dylan 1946, 53 D, 73 M
»–, –, In Memoriam« 1954 M
–, K. 1964 Ph
–, K. 1976 V
– Kurt 1925, 27 M
– Mann« 1949 D
– – u. d. Krise d. bürgerl. Kultur« 1946 Ph
– More« 1527
– Münzer« 1921 D
– »der Reimer« 1290
Thomasaltar 1424
Thomas-Evangelium 1945 Ph
Thomasin von Zerklaere 1213
Thomasius 1655, 87, 88, 1701, 05, 28
Thomaskantor 1618, 1723, 1918, 27, 28, 40, 50, 61 M
Thomaskirche 1829
Thomas-Stahl 1879
Thomismus 1243, 1323, 1401, 1932; s. a. Thomas v. Aq.
Thompson 1918 W
–, B. 1778
–, D. 1961 D
Thoms 1928 W
Thomson, G. P. 1927, 37 W
–, J. 1730, 38
–, J. J. 1906, 10, 13 W
–, W. 1824, 50, 53, 54, 72, 97, 1907 W
Thor 98, 1241
Thora v. Chr. 443
Thorak, J. 1928, 37, 52 K
Thorbjorn 888
Thorez, M. 1949, 64 P
Thorium 1828
Thorn 1231, 1454, 73
–, Johanneskirche 1250
–, Rathaus 1393
Thorndike 1903 Ph
Thorner Friede 1411, 54, 66
Thorpe, John 1580
–, W. H. 1956 Ph
Thorwaldsen, B. 1768, 1806, 18, 21, 31, 44
Thot v. Chr. 2770, 103
Thouret 1936 V
Thrax, Dionysios v. Chr. 130
»Three into two wont go« 1969 K
– Voices of Poetry, The« 1953 D
»Threni« 1958 M
Thronende Göttin v. Chr. 480
»– Madonna« 1311
»– – mit Engeln« 1299, 1307
»– – – und Heiligen« 1459
»– Maria mit den beiden Johannes« 1485

»Thronender Christus« 1125
»– Mann« v. Chr. 1900
»– Zeus« v. Chr. 400
Thukydides v. Chr. 460, 395
»Thule« v. Chr. 330
Thulin, I. 1965 K
Thumelikus 17
Thurau, D. 1977 V
Thurber, J. 1961 K
Thurgau 1264, 1415, 60
–, Werner von 1026
Thüring von Ringoltingen 1456
»Thüringische Kirchen« 1948 K
Thurios v. Chr. 440
Thurn und Taxis 1516, 20, 1615
Thurnwald 1931, 40 W
Thurstone, L. L. 1938, 55 Ph
Thusnelda 17
Thutmosis I. v. Chr. 1530, 1501
– II. v. Chr. 1530
– III. v. Chr. 1501, 1480, 1450
– IV. v. Chr. 1430
– (Bildhauer) v. Chr. 1385
Thymin 1946 W
Thyroxin 1914, 28 W
»Thyrrenika« v. Chr. 46
Thyrrhenien 1939 W
Thyssen 1926 V, 31 P, 60 W
Thyssenhochhaus 1960 K
Ti v. Chr. 2500
Tiahuanaco 500, 1000
Tiahuanaco-Kultur 700
Tiara 1964 Ph
Tibaldi 1527, 97
Tiberius v. Chr. 38, 17, 15, 9; n. Chr. 4, 5, 14, 33, 36
– Claudius Nero v. Chr. 38
– Gracchus v. Chr. 162, 133
»– Tibet, 7 Jahre in« 1952 D
»–« 1755
Tibur 130, 38
Tiburtius, F. 1876
–, J. 1967 D
Ticino 1354
Tieck, Dorothea 1833
–, L. 1773, 96, 97, 98, 1800, 16, 21, 33, 36, 53
Tiedtke, J. 1960 D
»Tief in den Bergen 1690
Tiefbohrung 1958, 61 W
Tiefdecker-Flugzeug 1918 W
»Tiefe, Die« 1953 K
– blaue See« 1977 D
Tiefenbrunn, Magdalenenaltar 1431
Tiefenpsychologie 1908, 23, 47, 49, 62 Ph; s. a. Psychoanalyse
»Tiefenpsychologische Schulen« 1970 Ph
»Tiefland« 1903 M
Tiefsee 1860, 72, 88, 1910, 34, 41, 46, 47, 52 W
– und ihr Leben, Die« 1888
Tiefseebergbau 1970 W
Tiefseebohr-Forschungsschiff 1970 W
Tiefseebohrungen 1968 W
Tiefseeforschung 1954, 60 W
Tiefseetauchboot 1973 W
»Tiefstich« v. Chr. 4000
Tiefsttemperaturen 1956 W
Tieftauchboot 1953 W
Tiegel-Stahl 1735
Tiemann 1907, 20, 28, 35, 51 K
Tien-Kultur 1964 W
Tienschan-Gebiet 1904 W
Tientsin 1937 P
Tiepolo 1696, 1740, 47, 51, 70 K
»Tier im Menschen« 1938 K
– a. d. Tiefe« 1948 D
Tierarten, bekannte 1758, 1932, 41, 50, 58 W
Tierärztliche Hochschule, erste dt. 1778
– – bei Paris 1766
Tieraufnahmen 1952 W
»Tierbilder« 1911 K
»Tierbuch« 125

»Tierbuch, Allgem.« 1551
»Tierchemie, Vorlesung ü.« 1806
»Tiere, Geograph. Verteilung d.« 1876
– sehen dich an« 1928 D
»–, Über die« 1280
»Tieren, Unter« 1912 D
Tierflug 1940 W
Tiergarten v. Chr. 859, 700; n. Chr. 1752, 1841, 1907 W, 10 K, 13, 32 W
Tiergeographie 1280, 1876, 1921, 24 W
»– –, Ökologische« 1921 W
»– – auf ökologischer Grundlage« 1924 W
»Tiergeschichte« 235
Tierheilkunde (Anfänge) 64, 380, 401, 1250, 1578, 98, 1618, 1762, 66, 78
»Tierische Elektrizität, Über« 1848
– Instinkte . . .« 1940 W
»Tierkinder« 1929 D
»Tierkopf« 1951 K
Tierkreis v. Chr. 2500
Tierkult v. Chr. 850
»Tierleben« 1869
»Tiermenschen« 1926 D
»Tiernamen als Schimpfw.« 1910 D
Tierpsychologie, Begr. 1816
»– –« (Zeitschr.) 1937 W
Tierpsychologie 1716, 1955
»– – in ihren Beziehungen . . .« 1932 W
»Tierpsychologische Forschung« 1934 W
»Tierreich« 1817
– –, zeitliche Entwicklung 1966, 68 W
Tierschutz 1824
– –, Weltbund für 1950 Ph
Tierschutzgesetz 1933 Ph, 72 V
Tierschutztag 1931 V
»Tiersoziologie« 1925 Ph
Tiersperren, älteste 1976 W
Tierstil 350
»Tierversuch in der Medizin . . .« 1901 W
Tierversuche 1967 W
Tiervertrag, Internationaler 1973 V
Tietjen, H. 1959 M, 67 D
Tietz 1907 K
Tifi degli Odasi 1488
Tiflis 1907 P
»Tiger« 1917 P, 29 P
»– Bay« 1958 K
»– von Eschnapur« 1937 K
»– Rag« 1917 M
»–, Th.« 1935 D
Tiglatpileser I. v. Chr. 1116, 1100, 1090
– III. v. Chr. 745, 732, 730, 729
Tigris v. Chr. 2900, 640; n. Chr. 226, 969
Tiguely, J. 1975 K
Tihec, S. 1969 K
Tikal 1958 W
Tilak 1908 P
Tilbury, Gervasius von 1212
–, Johann von 1170
Tilden, W. T. 1920, 53 V
Tildy 1946 P
Tilho 1908, 12 W
»Till Damaskus III.« 1904 D
»– Eulenspiegel« 1515, 1895, 1902 M, 28 D
Tiller, N. 1958 K
Tiller-Girls 1908 V
Tillich, P. 1921, 45, 48, 52 Ph, 62 Ph, 65 Ph
Tillien, C. 1843
Tillmanns, R. 1953, 55 P
Tilly 1559, 1620, 21, 23, 26, 27, 31, 32
Tilsit 1807
Tilson, J. 1973 K
»Timaios« v. Chr. 347; n. Chr. 321

Timaios (Sizilien) v. Chr. 271
Timbuktu 11. Jh., 1250, 1352
»Time and motion study III« 1975 M
»Time/Life Screen« 1952 K
»Time, That« 1977 M
»Times, The« 1785, 1814, 1966 V
Timgad 100
Timmermans, F. 1916, 17, 23, 24, 32, 36 D
Timoféeff-Ressovsky 1937, 40 W
»Timon von Athen« 1607, 78
– von Phlius v. Chr. 320, 230
Timor 1942 P
Timoschenko, S. K. 1941, 70 P
Timotheus v. Chr. 353
– von Milet v. Chr. 323
Timotheus 95
Timpson, M. S. 1967 W
Timur 1206, 1336, 60, 70, 80, 91, 98, 1402, 05, 13, 51
Tinbergen, N. 1951 W, 53, 72 Ph, 73 W
Tinberger, J. 1954, 70 V
Tinctoris, J. 1484, 1500
Tindale 1483
Tindemanns, L. 1977 P
Ting, C. C. 1976 W
–, W. 1973 K
Tingleff 1905 Ph
Tinguely, J. 1970, 73 K
»Tintenfisch I« 1968 D
Tintoretto 1518, 45, 61, 65, 77, 90, 94
»Tiny Alice« 1964 D
»Tipitaka« v. Chr. 19
»Tipitipitipso« 1958 M
Tippett, M. 1905, 55, 62, 65, 69, 71, 73, 77 M
Tirana 1926 P
»Tirant lo Blanch« 15. Jh.
Tiridates 58
Tiriolo v. Chr. 186
Tiro v. Chr. 65
»Tironische Noten« v. Chr. 65
»Tiros I.« 1960 W
»– VI.« 1962 W
Tirpitz 1908, 11, 17 P
»Tiruwaschagam« 9. Jh.
Tiryns v. Chr. 1985, 1700, 1300
Tisch 15. Jh.
»– mit Flaschen und Landschaft« 1952 K
» –, gedeckter« 1970 K
»– mit Stilleben« 1951 K
Tischbein, Fr. A. 1750, 1812
–, Joh. Hch. 1722, 87, 89
–, J. H. W. 1751, 1829
Tischendorf, F. v. 1956 V
Tischer, B. 1965 K
»Tischgesellschaft« 1923 K
–, Christl. dt. 1810
Tischgespräche v. Chr. 38; n. Chr. 398
»– – Hitlers« 1947 W
»Tischlermeister, Der junge« 1836
Tischner 1921 Ph
»Tischreden« Luthers 1536
Tischtennisbund, Deutscher 1925 V
Tischtennisverband, Internat. 1926 V
»Tischzucht« 12. Jh., 1204, 13. Jh., 1490
Tiselius, A. W. K. 1943, 48, 71 W
Tiso 1938, 39, 45 P
Tisserand, E. 1972 Ph
Tisza 1913 P
Titan 1942, 51, 77 W
»– 1803, 1914 D
»– II« 1963 V
Titanen v. Chr. 1000
Titania 1221 W
»Titanic« 1911–13 V
Titanproduktion 1950 V, 55 W
Titchener 1909 Ph
Titius 1766

Tito 1943–46, 48, 49, 53, 56, 63, 65, 68, 69, 77 P
»Titoismus« 1949 P, 57 Ph
Titow, G. 1961 V
Titulescu 1932, 36 P
»Titurel« 1220, 70, 1477
»– « 1791
»– Feuerfuchs« 1958 M
–, Sohn Rembrandts 1657
Tituskopf 1790
Tivoli v. Chr. 3. Jh.; n. Chr. 130, 38
–, Villa d'Este 1549
Tizian 1477, 1502, 08, 15, 16, 18, 20, 23, 27, 29, 33, 34, 37, 43, 45, 46, 48, 50, 52, 54, 55, 59, 60, 65, 67, 71, 75, 76
Tkotsch, P. 1963 Ph
T-Linie i. d. Mode 1975 V
»Tobias Wunderlich« 1937 M
Tobis 1928 K
Tobruk 1941 P
Toccata (Gabrieli) 1593
– (Piston) 1948 M
Toch, E. 1928, 40, 52 M
»Tochter Ida a. Fenster« 1924 K
»– der Kathedrale« 1939 D
»Tod« 1937 K
»– von Basel« 1441
»– Buddhas« 760, 1391
»– des Empedokles, Der« 1965 M
»– von Falern« 1921 D
»– gebildet, Wie die Alten den« 1769
»– des Grigori Rasputin, Der« 1959 M
»– heißt Engelchen, Der« 1960 D
»– als Herzenskünder« 1703
»– des Jägers, Der« 1977 D
»– kommt z. Erzbischof, Der« 1927 D
»– König Arthurs« 1470
»– und das Mädchen« 1826, 1962 K
»– des Marat« 1975 D
»– Mariä (Gem.) 1315
»– der Maria« 1480
»– des Minotaurus, Der« 1967 K
»– zum Morgen, Vom« 1936 W
»– am Nachmittag« 1932 D
»– des Präsidenten« 1966 D
»– des Professors, Der« 1968 K
»– von Reval« 1939 D
»– u. Unsterblichkeit, Gedanken üb.« 1830
»– in Venedig, Der« 1913 D, 71 K, 73 M
»– d. Vergil« 1946 D
»– und Verklärung« 1889
–, Weiterleben nach dem v. Chr. 3900
Todd, A. R. 1955, 57 f. W
–, Mike 1957 K
»Todd-AO-Verf.« 1958 K
»Tode, Vom« 1898, 1913 Ph
»Todesfahrt der U-Bahn« 1974 K
»Todeskampf im Garten« 1960 K
Todesstrafe v. Chr. 1800, 1728; n. Chr. 1353, 1481, 1712, 1902, 18, 19 Ph, 27 P, 32 V, 37, 42, 47, 49 Ph, 50 P, 55 Ph, 65 V, 69 Ph, 74 P, 77 V
–, Abschaffung 1964 Ph
–, DDR 1961, 62 Ph
–, Spanien 1960 P
–, Ungarn 1961 Ph
–, USA 1968, 72 Ph
–, USSR 1954, 61 Ph
Todi, Jacopone da 1230, 1306
–, S. Maria della Consolazione 1508

»Tödlichen Wünsche, Die« 1959 M
Todt, F. 1940 P
Toerngren, R. 1954 P
Tof v. Chr. 950
Toga v. Chr. 200
Togliatti, P. 1944, 48, 49, 64 P
Togo 1960, 63 P
»Toilette« 1907 K
»– der Venus« 1565, 1746
»Toilettentisch a. Fenster« 1942 K
Tojo 1941, 44 P
Tokio 1603, 88, 1923 V, 36 P, 38 W
–, Fernsehturm 1960 V
–, Imperial-Hotel 1916 K
–, Konzerthalle 1960 K
–, Kunstmuseum 1957 K
–, Rathaus 1958 K
–, Wohnhochhaus 1958 K
»– 1964« 1964 K
Tokugawa 1603
Toland 1696
Tolbiacum 250
Toledo 534, 1085, 1147, 1240; 1343
–, Alfonso Martinez de 1430
»– im Gewitter« 1611
–, J. B. de 1586
–, Kathedrale 1227
–, Synagoge 13. Jh., 1366
–, Religiöse 1740
»–, repressive« 1966 Ph
Toleranzakte 1689
Toleranzdosis für Röntgenstrahlen 1954 W
Toleranzedikt 260
»Tolldreiste Geschichten« 1830, 1971 K
»Tolle Bomberg, Der« 1921, 23 D
»– Professor, Der« 1926 D
»Toller« 1968 D
»–, E. 1919 P, D, 22, 23, 27, 39 D
»Tollkühne Jüngling ..., Der« 1934 D
Tollwut 900, 1881
Tolnaes 1916 K
»Tolosanisches Reich« 418
»Tolstoi« 1965 D
»–, A. N. 1934, 41 D
»–, L. 1828, 69, 73, 77, 79, 86, 95, 97 Ph, 98, 1900, 01, 10, 22 D, 37 K, 53 M, 54 D, 56 K, 58 D
Toltekten 6. Jh., 12. Jh., 1191, 92, 1452
»Tom Jones« 1749, 1954 D, 63 K
»– Sawyer« 1876
Toman, W. 1951 Ph
Tomás, A. 1958 P
Tomasi, H. 1956 M
Tomaso Bigordi 1494
Tombaugh, C. 1930 W
Tomlin, B. W. 1953, 55 K
Tomonaga, S. I. 1965 W
Tompion 1695
Ton Duc Than 1969 P
»– und Wort« 1954 M
Tonarten v. Chr. 500
Tonband 1959 M
»Tonempfindungen, Die Lehre von den« 1863
Tongking 100, 2. Jh., 1885, 1945 P
»Toni« 1935 K
»Tonio Kröger« 1914 D
Tonleiter v. Chr. 1000
Tönnies 1906, 07, 22, 26 Ph
»Topfblumen II« 1971 K
Tonphotographie 1900 W
»Tonpsychologie« 1890
Tontafeln v. Chr. 3500, 3000, 2225, 1700, 1370, 1350, 1300, 800, 650
Tonti 1653
»Tonträger, 100 Jahre« 1977 K
»Tonwägelchen« 6. Jh.
»Too late blues« 1961 K
Tooker, G. 1954, 55 K

Töpferscheibe v. Chr. 4000, 3200
Topfhüte 1925 V
Töpler 1864
»Topographia Germaniae« 1688
Topographische Grundkarte 1925 W
»Tor des Glaubens« 1958 K
»– der Hoffnung« 1958 K
»– zur Hölle« 1955 K
»– der Liebe« 1958 K
»– und der Tod, Der« 1899
»– zur Welt, Das« 1926 D
Torcello 1008
»Tore der Nacht« 1947 K
Torell, O. M. 1875
Torelli 1649, 98, 1702, 08
Torf 1405, 1924 W
Torgau 1544, 1627, 1945 P
»Torgauer Sippenaltar« 1509
Tori 623
Tories 1685, 1710, 1881
Torkret-Verf. 1908 W
Tornado 1953 V
Törne, V. v. 1969 D
Toronto, Fernsehturm 1974 V
–, Rathaus 1966 W
Torpedo 1210, 1866
»Torquato Tasso« 1789
Torquemada 1420, 83, 92, 98
Torre, Pagano della 1240
Torres 1606
Torricelli 1608, 43, 44, 47
Tors, Lamberti li 1180
»Torso« 1968, 71 K
»–, männlicher« 1954 K
»–, weiblicher« 1953 K
Torsteuer 1323
Tortosa 1413
»Torturm« 1925 K
Tosa Hirokata 1443
»Tosca« 1900 M
Toscana 1950 K
Toscanini, A. 1867, 1921, 29, 30, 54, 56, 57 M
Toselli, E. 1907 V
Toshiro 1227
Tosi, A. 1956 K
Toskana v. Chr. 800; n. Chr. 1429, 70, 1736, 37
»–, Mathilde von 1046, 80, 90, 1115, 39
Toskanische Sprache 1873
»Totale Krieg, Der« 1935 P
»– Mobilmachung« 1931 D
»Tote« 1904 K
»– Christus, Der« 1521
»– Köpfe« 1967 D
»– Stadt, Die« 1920 M
»– Tag, Der« 1912 D
»– Tante, Die« 1926 D
»Totem« 1905 Ph
»– und Tabu« 1913 Ph
Totemismus v. Chr. 3200; n. Chr. 725 Ph
»– und Fremdheirat« 1910 Ph
»Toten Augen, Die« 1916 M
»– Meer, die Handschriftenfunde am« 1952 Ph
»– –, Die Schriftrollen vom« 1955 Ph
»– Seelen, Die« 1842, 1927 M
»– singen nicht, Die« 1959 D
»Totenbraut« v. Chr. 2000
Totenbücher 400
»– « v. Chr. 1900, 1500, 1250
Totendienst v. Chr. 1985
Totenfeier v. Chr. 1350; n. Chr. 150
»Totengräber, Die feinen« 1969 D
»Toteninsel« 1881
»Totenklage um Adonis« v. Chr. 100
»Totenmacher, Der« 1969 D
Totenmaske v. Chr. 1600; n. Chr. 1377, 1402, 1927 K
Totenmesse 1320
»Totenschiff, Das« 1926 D

Totenstadt Thebens v. Chr. 1550
Totentanz 14. Jh., 1401, 41, 50, 63, 75
»– « 1499, 1526, 1701, 1901, 06 D, 12 K, 38 M
»– , Auch ein« 1848
»Totenwolf« 1924 D
»Toter Reiter im Schnee« 1950 K
»– Stern« 1957 K
Totes Meer v. Chr. 100
»– Wild« 1714
Totila 542, 46, 50, 52
»Totmacher, Der« 1969 D
Toto, Fußball- 1954 V
Toto-Umsatz 1955 V
»Touch, The« 1970 K
Toul 940, 1552, 1648
Toulon 1942 P
Toulouse 418, 861, 1100, 1216, 29, 71, 1324, 1546
–, Konzil 1229
–, Ludwig von 1317
–, St. Sernin 1096, 1128
Toulouse-Lautrec 1864, 91, 92, 95, 97, 98, 1901, 52 K
Tour 1704
»– de France« 1903, 52, 55, 72, 77 V
Touraine 1154
Tourismus 1960, 70, 72 V
»–, Welt- 1977 V
Tournai 457, 81, 1303, 15. Jh.
–, Kathedrale 1200, 05
Tourneur 1922 K
Tournus 1007
Tours 1273, 561, 796, 1470
–, Berengar von 1000, 88
–, Gregor von 540, 91, 94
–, St. Martin 997
– u. Poitiers, Schlacht bei 732
Tower 1422
»Towerbridge in London« 1925 K
Towerbrücke 1894
Townes 1955, 64, 68 W
Townsend, P. 1955 P
Toxikosen 1949 W
Toynbee, A. 1884
»Toys in the attic, The« 1960 K
»Tracer« 1964 K
»Traces« 1969 M
Trachtenbuch 1640, 98
»Tractatus logico-philosophicus« 1922 Ph
Tracy, S. 1936, 61 K
Trade Unions 1829, 71, 1961 V, s. a. Gewerksch.
»Tradition of the new, The« 1960 D
»Tränen der Petra von Kant, Die bitteren« 1971 K
Trafalgar 1758, 1805
»Trafic« 1971 K
»Tragédie de Salomé« 1958 M
Tragflächentheorie 1904, 18, 21 W
Trägheitsgesetz 534, 1600, 87
»Tragical History of Dr. Faustus« 1588
»Tragisches Lebensgefühl« 1913 Ph
Tragödie, Neudeutung der gr. 1951 Ph
»Train, Le« 1974 K
Trajan 53, 84, 96, 100, 06, 07, 09, 12, 17
Trajans-Säule 1119
Trajectum ad Rhenum 696
Trakehnen 1732
Trakl, G. 1915, 61 D
»– zu Brecht, Von« 1961 D
»Traktat, wie man aus einem Brief« 1622
»– über allgemeine Soziologie« 1919 Ph
»– – d. menschl. Natur« 1739
»– – Währungsref.« 1923 V
Traktoren 1951, 52, 60 W
Tralles, Alexander von 575
–, Apollonios von v. Chr. 100
–, Tauriskos von v. Chr. 100

»Trancespieler« 1908 K
Tranquilizer 1956 Ph
Tranquille s. Silone
Transandenbahn 1948 V
Transasiatische Eisenbahn 1960 V
»Transatlantic« 1930 M
Transatlantikflug i. 3,5 St. 1977 V
Transatlantikflüge 1873, 1919, 24 W, 27, 28 V, 39 V
Transatlantisches Kabel 1858
Transbaikalbahn 1904 V
Transduktion 1928, 52 W
»Transfiguration, La« 1969 M
Transformation 1944 W
»Transformationsgruppen, Theorie d.« 1888
Transformator 1891
»Transhimalaja« 1912 W
»Transhimalaja-Gebirge« 1908 W
Transiranische Bahn 1938 W
Transistor 1932, 48, 55, 56 W
Transitpauschale 1975 P
Transitverkehr (DDR) 1973 P
Transjordanien 1921, 22, 45 P
Transkontinentalflug, Nordamer. 1954 V
»Translations« 1952 D
»Translatzen oder Teutschungen« 1478
»translokation« 1969 K
Transmutationslehre 1809
Transplantate 1933 W
»Transplantation von Organen« 1966 W
»Transportsysteme ...« 1972 W
»Transsibirien-Prospekt« 1977 K
Transsibirische Eisenbahn 1917, 61, 74 V
Transsubstantiationslehre 1215, 1415
Transuran 1951, 61, 64, 68, 70, 71, 72, 74, 76 W
—, natürlich 1971 W
Transuranchemie 1940, 46, 50 W
Transuranisches Element 1970 W
Transvaal 1852, 77, 1901, 06 P, 36 W
»Transzendentale ... Methode« 1901 Ph
»Trapez« 1923 K
Trapezunt v. Chr. 700; n. Chr. 1204, 1451, 61
Trappisten 1140, 1662
Trasimenischer See 1572
—, Schlacht v. Chr. 217
Trasyllos 36
»Trauen Sie Alfredo einen Mord zu?« 1961 K
»Trauer muß Elektra tragen« 1931 D
»Trauernde Maria« 1400
»Trauernder Eros« 1935 K
»Trauerspiels, Ursprung d. dt.« 1925 Ph
»Traum u. Augenbewegung« 1957 W
»— und seine Bedeutung, Der« 1955 Ph
»— unter d. Galgen« 1971 M
»— d. Gerontius« 1900 M
»— ein Leben, Der« 1834
»— des Liu-Tung, Der« 1965 M
»— v. Reich« 1940 D
»Traumdeutung« v. Chr. 1300; n. Chr. 1900, 28 Ph
»Träume« 1968, 69 M
»—, die man sich kaufen kann« 1946 K
»Träumender Mund« 1932 K
»Träumer« 1932 D
»Träumereien an preuß. Kaminen« 1920 D
»Träumerische Improvisation« 1919 K
Traumforschung 1965 W
»Traumgekrönt« 1897

»Traumhalle« 585
»Traumlandschaft« 1937 K
»Traummeile« 1923, 54, 57 V
»Traumspiel« 1902 D
»— —, Ein« 1965 M
»Traumstadt« 1973 K
»Traumstraße« 1921 K
Traumtheorie 1973 Ph
»Traumulus« 1904 D, 36 K
»Traumvogel, rumän.« 1912 K
»Traumvögel« 1919 K
Trautonium 1930, 40, 49 M
Trautonium-Konzert (Genzmer) 1953 M
Trautwein 1930 M
»Trauung, Die« 1975 M
»Travaux et les Jeux, Les« 1914 D
Travemünde 1220, 1802, 1904 W
Traven 1926, 27 D
»Traviata, La« 1853
»Tre Croci« 1914 K
»Treatise« 1967 W
Treblinka 1970 P
Trebonianus Gallus 251
»Treffen an der Elbe« 1949 K
»Trefferprinzip« 1924 W
»Treffpunkt Jüngstes Gericht« 1961 K
Treibarbeit 972, 1010, 11. Jh.
»Treibgut« 1932 D
»Treibhaus, Das« 1953 D
Treibhäuser 1710
Treibstoff, fester 1961 W
Treitschke, H. v. 1834, 78, 79, 96
Treitzsauerwein 1512
»Trenck« 1926 D
Trendelenburg 1935 W
Trenker 1924, 33, 36 K
Trennrohrverf. 1938 W
»Treppe, Auf der« 1897
»Tres Cantiones sacrae« 1969 M
»Très riches heures« 1415
»Tresher« 1963 V
»Trésor, Livres dou« 1265 Ph
Tretrad v. Chr. 256, 230; n. Chr. 98, 1330, 1551
Trettner, H. 1966 P
»Treue Nymphe« 1924 V
»Treueschwur, Der« 1965 D
Treverer v. Chr. 53, 15
Trevithick, R. 1798, 1803
Triadenlehre 1828
»Triadisches Ballett« 1921 K
Trianon 1920, 30 P
Trias 1960 W
Trichloräthylen 1948 W
»Trichter, Nürnberger« 1653
Tridentisches Eherecht 1907 Ph
— Konzil 1031, 1320, 1545, 46, 51, 62, 64, 73
Triebdiagnostik, Lb. d. 1972 Ph
»Triebe, Vom Wirkungsgefüge d.« 1960 W
Trient 1185
Trienwald 1716
Trier v. Chr. 53, 15; n. Chr. 200, 70, 75, 84, 93, 4. Jh., 330, 50, 75, 400, Karol., 75, 93, 1161, 92, 1356, 1473
—, Amphitheater 100
—, Apotheke 1292
—, Barbara-Thermen 147
—, Brücke 122
—, Dom 4. Jh., 1091, 1196
Trier, H. 1955, 59, 64, 65, 66, 67, 71, 73, 75, 76 K
—, Liebfrauenkirche 1244
—, Porta Nigra 200
—, St. Matthias 1127
—, St. Maximin 972
Trieren v. Chr. 700, 470
»Triergon« 1922 W, 23 K
Triest 1213, 1382, 86, 1719, 1945, 46, 53, 54 P
—, Dom 1343

»Trieste« (Tauchboot) 1953 W
Trigonometrie v. Chr. 125; n. Chr. 628, 929, 70, 98, 1009, 1476, 1550; s. a. Geometrie
Triller, V. 1555
»Trilogie des Wiedersehens« 1977 D
Trimberg, Hugo von 1230, 1300
»Trimm-Dich-Beweg.« 1973 V
»Trimurti« 3. Jh.
Trinidad 1940 P
Trinitarierorden 1198
Trinitate, De« 367
Trinitätslehre Joachims 1189, 1215
Trinity College 1546
»Trinkendes Paar« 1679
»Trinker« 1629, 1943 K
»—, Der fröhliche« 1629
Trinker-Asyl 1851
Trinkgelage 1397
— des Königs v. Chr. 3500
»Trionfi di Afrodite« 1953 M
»Triosonaten« 1700
Tripelentente 1907 P
»Triplum« 1967, 69 M
Tripolis v. Chr. 88, 19; n. Chr. 200, 1146, 1911
Tripolje v. Chr. 3700
Tripp, J. P. 1977 K
Tripper-Erreger 1879
Trips, W. B. v. 1961 V
»Triptychon 63« 1963 K
Trissino 1514
»Tristan« 1120, 35, 1903 D, 26, 63 M
»— und Isolde« 1484, 1859, 1965 M
—, Ur- 1125
»Tristant« 1180
»Tristia« 18
»Tristram Shandy« 1768
»Triton« 1960 W
— und Nereide« 1874
Tritonei 1901 W
Trittwebstuhl 1300, 81
»Triumph d. Amors« 1802
»— der Amphitrite« 1740
»— der Flora« 1630
»— der Galatea« 1510, 1740
»— der Liebe« 1931 M
»— der Religion« 1840
»— of St. Joan« 1951 M
»— des Todes« 1349
»Triumphbogen« 1946 D
»Triumphe« 1357
»Triumphgasse« 1901 D
Triumphkreuzgruppe, Halberstadt 1220
Trivium 13. Jh.
Trockenbatterie 1868
Trockendock 1495
Trockenplatte 1871
Trockenschwimmen 1874
Trocnow, Zizka von 1422, 24
Troell, J. 1966 K
Troeltsch, E. 1902, 12, 22–24 Ph
»Troerinnen, Die« v. Chr. 415, 1956 D
Trogus 9
»Troilus u. Cressida« 1602
»Trois Danses« 1971 M
Troizkij, W. S. 1961 V
Troja v. Chr. 2850, 2225, 2000, 2. Jt., 1300, 1200, 1193, 1000, 800, 550, 458, 140; n. Chr. 1172, 1210, 1870, 1932, 58 W
— VI. v. Chr. 1193
»— und Ilion« 1902 W
Trojan, F. 1952 Ph
Trojaner 1972 Ph
»Trojanischer Krieg, Der« 1287
»— — findet nicht statt, Der« 1935 D
Trojanischer Krieg v. Chr. 1193

Trökes, H. 1945, 54, 55, 57, 58, 63, 64, 66, 68, 71, 75 K
Troll, J. 1968 K
Tromboncino 1490
Trommel v. Chr. 950; n. Chr. 725
»Trommeln i. d. Nacht« 1922 D
Trompete v. Chr. 1450, 950; n. Chr. 10. Jh.
»Trompeter von Säckingen« 1854, 84
Trooger, M. 1969 K
Troost 1936 K
»Tropen« 900
Tropfen-Auto 1921 W
Tropfsteingrotten 1213
»Tropisch« 1952 D
Tropische Krankheiten 1923 W
Troppau, Martin von 1278
Tropsch 1925 W
Trossingen, Intern. Inst. für Volksmusik 1953 M
»Trost der Philosophie« 524
»Trösteinsamkeit« 1808
»Trostgedicht in Widerwärtigkeiten des Krieges« 1633
»Trostspiegel« 1519
»— in Glück u. Unglück« 1366
Trostwijk 1789
Trota 1110
»Trotta« 1972 K
Trotzendorff, V. 1350
Trotzki, L. 1902, 17, 18, 24, 25, 27, 29, 30, 36, 40 P
Troubadour 1127, 37, 40, 46, 50, 56, 75, 80, 86, 89, 1200, 11, 15, 21, 25, 29, 87, 1324
Troubadour-Musik 1125
Trouvères-Musik 1125
Trowe, G. 1948 K
Troyat, H. 1965 D
Troyes, Chrétien de 1145, 68, 80, 90, 91, 1210
»Trübe Stunde« 1892
Trübner 1851, 72, 1909, 17 K
Trudeau, P. E. 1968, 74 P
»True love« 1958 M
Truffaut, F. 1962, 66–68, 73 K
Trujillo, R. 1961 P
Trullanische Synode 692
Truman, H. S. 1944, 45, 47–50, 51, 52 P
»Trümmer d. Gewissens« 1961 D
»Trümmerfrauen« 1963 K
»Trümmern, Auf den« 1938 D
Trump, G. 1960 K
Trümpler 1930 W
Trumscheit 10. Jh., 1350
Trundholm v. Chr. 1200
»Trunkene Flut« 1949 D
»Trunkenheit, Vom Laster der« 1528
Trunksucht 1617, 49, 1950 W
Truppenverminderung 1973 P
Truste 1837, 1900 V
Trustgesetz, Anti- 1911 V
»Trusts, Die nordam.« 1913 V
Truthahn 1524
»Trutz-Nachtigall« 1629
Trypsin 1930 W
Tryptophan 1903 W
Ts'ai Lun 105
Tsakiridis, V. 1969 D
Tsaldaris 1932 P
Tsangpo 1924 W
Tsau Tsau 155, 220
Tschad 1960 P
Tschadsee 105, 1901 P, 08, 12 W
Tschaikowskij 1840, 67, 70, 72, 75 ff., 88 f., 90 ff., 1937 D, 59 M
Tschandragupta v. Chr. 450, 320, 303, 300
— I. 320
— II. 375, 380
Tschang-kai-schek s. Tschiang Kai-schek

Tschang-K'ien v. Chr. 138 (China)
Tschardinine 1911, 12 K
»Tschau, tschau, Bambina« 1960 M
Tschechen 500, 600
»Tschechische Frage, Die« 1895
Tschechoslowakei s. ČSSR 1968 P
Tschechow 1860, 96, 97, 1901, 04 D
Tschechowa 1939 K
Tscheka 1922 P
Tscheljabinsk 1917 V
Tscheljuskin 1742
Tschenstochau, Jahrtausendfeier 1966 Ph
Tscherenkow, P. A. 1958 W
Tscherepnin, A. 1963, 69 M
Tschermak, E. v. 1900, 62 W
Tschertomlyk v. Chr. 300
Tschiang Kai-schek 1888, 1911, 25–28, 31, 34, 36, 37, 48, 49, 60, 72, 75 P
— Tschih 192, 232
— Tsching 1976 P
Tschirnhaus 1687, 94, 1709, 1803
Tschkalow 1917 W
Tschombé, M. 1960, 61 f., 63, 67 P
Tschorny 1408
Tschu En-lai 1949, 60, 65, 76 P
— Te 1927 P
Tschuchnowski 1928 V
Tschuchrai, G. 1957, 59 f. K
Tschudi 1905 K
—, Aegidius 1572
Tschuikow 1949, 53 P
Tschunking 1937 P, 39 W, 44 P
Tse-Hi 1875, 98, 1900 P
Ts'i v. Chr. 670
Tsinan 1937 P
Tsin-Dynastie v. Chr. 221
Ts'ing-Dynastie 1644
Tsingtau 1914 P, 16 V, 28, 38 P; s. a. Kiautschou
Tsiranana, Ph. 1960 P
Tsong-kha-pa 1378, 1419
Tsung Dao Lee 1957 V
Tsun-Hien 1848, 1905 D
Tsuraguki 884, 905, 46
»Tsushima« 1936 D
Tsutsumi-Higashi 1906 V
Tswett 1906 W
Tu Fu 712, 50, 70
TU-104 1954, 57 W
TU-110 1957 W
TU-144 1977 V
Tuaillon 1902 K
Tubelis 1929 P
Tuberkulin 1890
Tuberkulin-Reaktion 1907 W
Tuberkulose 1843, 54, 82, 90, 1905, 07, 10, 33, 52, 60 W
—, Sterblichkeit 1905, 60 W
Tuberkulosefürsorge 1899 V
Tübingen 1477, 85, 1589, 1829
—, Med. Klinik 1961 W
—, Rathaus 1435
Tübinger Schule 1792
— Einleitung in die Philosophie« 1964 Ph
Tuch 1282, 1300, 04, 13, 25, 39, 70, 90, 1405, 43, 1625, 81, 1703
Tuchatschewski 1937 P
Tucheraltar 1440
Tucholsky, K. 1890, 1912, 20, 28, 29, 31, 35 D, 67 K
Tucker, G. 1919 K
—, W. 1967 K
Tuckermann, G. 1960 K
Tuckey, J. W. 1948 V
Tudor 15. Jh., 1455, 57, 85, 1509
Tügel 1934 D
Tugendbrunnen, Nürnberg 1589
»Tugenden, Wesen u. Wandel d.« 1958 Ph
Tuilerien 1564, 1792

1599

Tukulti-Ninurta v. Chr. 1240
»Tulifäntchen« 1830
Tullius, Servius v. Chr. 534
Tulp 1641
Tulpen 1561, 1637
Tulpenlinie 1953 V
»Tulpenstilleben« 1935 K
Tuluniden 868, 935
Tumler, F. 1965 D
Tumor s. Krebs
Tumoroperation 1885, 87
Tundra 1918 W
Tung Chung-shu v. Chr. 120
»– Fang Hung« 1970 W
– Yüan 990
Tungusen v. Chr. 7000;
n. Chr. 960, 1127, 1227
Tun-huang 535
Tunika v. Chr. 200; n. Chr.
500, 7. Jh., 800, 1100,
1799
Tunis 1146, 1270, 1535, 1881,
1913, 42, 43, 52 P
Tunnel v. Chr. 1000, 600,
575, 36; n. Chr. 1871, 81,
84, 1906 W
–, Ärmelkanal- 1963 V
»–, Der« 1913 D
»– unter d. Kanal« 1907 K
– 28« 1962 K
Tunnelbau 1951 W
Tunnelflucht i. Berlin 1962 P
Tunney 1926 W
Tuomioja, S. S. 1953 P
Tupolev, A. N. 1957 W
Tuppy, H. 1951 P
»Tür, In d.« 1947 K
»– fällt ins Schloß, Eine«
1928 D
Turandot 1202
»–« 1763, 1917, 26, 28 M
»Turangalila-Symph.«
1950 M
Turbine 1430
–, Dampf- 1884
–, Wasser- 1510, 1750, 1849,
84
Turbinenschiff 1905 W
Turbinen-Strahltriebwerk
1942 W
Turbolokomotive 1908, 24 W
Turbostrahlantrieb 1944 W
Turenne 1674
Turgenjew 1818, 52, 55, 57,
58, 60, 62, 71, 76, 81–83
Turgot 1769, 76
Türkheim, Ulrich v. 1210, 35,
43
Turicum 929
Turin v. Chr. 1250; n. Chr.
1404, 82, 1706, 14, 1902
–, Kathedrale 1491
–, V. 1964 K
Türkenkrieg 1683, 1714, 18,
36
»Türkenlouis« 1689
Turkestan.-sibir. Eisenb.
1930 V
Turkmenien 1924 P
Turksib 1930 V
»–« 1929, 64 K
Turkvolk 1239, 1386
Türlin, Heinrich von 1215
»Turm« 1925, 61, 62 K
»– von Babel« s. Babylonischer Turm
»– d. blauen Pferde« 1914 K
»– und gr. Rad« 1951 K
»– der Winde« v. Chr. 52
Turmayr, J. 1523
»Turmbau zu Babel« 1563
Turmtempel v. Chr. 2900,
2065, 1728; n. Chr.
1953 W; s. a. Babylonischer Turm
Turmuhr 1364, 68
Turn- u. Sportabz. 1913 V
»Turnbuch für Schulen« 1846
Turnen 1813, 19; s. a. Leibesübungen
Turner, L. W. 1775, 1801, 14,
19, 29, 38, 44, 51
»–, R. 1941 Ph
»Turngedichte« 1923 D
Turnhallen 1523

Turnier 1101, 1235, 41, 1559
Turnierverbot 1313
Turnüre 1875
Turpin 1959 V
Turriano 1568
Tusar 1919 P
»Tuschespiel« 1086
Tuschmalerei, japan. 14. Jh.
Túshka 1962 V
Tuspa v. Chr. 835
Tut-ench-Amun v. Chr.
1358, 1355, 1350, 1320;
n. Chr. 1922, 25 W
Tutilo 900
Tutzingrede (v. Bahr) 1972 P
Tuve 1926 W
TVA 1933 P
Twain, Mark 1835, 76, 80, 84,
1910, 24 D, 50 Ph
Twer 1477
Twisttanz 1961 M
»Two Figures in a Room«
1959 K
»– Rivulets« 1877
Twombly, C. 1973 K
Tyana, Apollonios um Chr.
Geb.; n. Chr. 100
Tycho Brahe s. Brahe
»– Brahes Weg zu Gott«
1916 D
Tyler, Wat 1381
»Tyll Ulenspiegel« 1868; s. a.
Till Eulenspiegel
Tyndale, W. 1526
»Tynset« 1965 D
Typen, Christusbild 372
Typenkunde« 1934 Ph
Typhus 1928, 47, 50 W
Typhus-Erreger 1884 W
Typhus-Therapie 1947 W
»Tyrann Banderas« 1926 D
»Tyrannei, Ein Wort üb. d.«
1961 D
Tyrannenmord 1400
Tyrannis v. Chr. 7. Jh., 547
Tyrmand, L. 1962 P
»Tyroler Bergordnung«
1185
Tyros v. Chr. 1100, 1000,
950, 870, 814, 670, 573,
350, 332
Tyrrhener v. Chr. 2450
Tyrsener v. Chr. 675
Tyrtaios v. Chr. 626
Tyrus, Marinus von 170
Tyson, E. 1699
Tzara, T. 1917, 63 D

U

Uaxaktun 175
Ubac, R. 1956 K
U-Bahn 1863, 96, 1900, 02,
04, 12, 35 V
»Über Arbeitskampf«
1961 Ph
»– d. Fluß u. i. d. Wälder«
1950 D
»– Freiheit ...« 1963 Ph
»– die Götter« v. Chr. 140
»– den Prozeß Jesu« 1961 Ph
»– unsere Kraft« 1883
Überbevölkerung 1950 W;
s. a. Malthus
»Überbrettl« 1901 D
Überdruck-Dampfturbine
1884
Überdruck-Kochtopf 1681
Überfahrt a. Schreckenst.«
1835
Überfall a. e. Mission in China« 1900 K
»Überflußgesellschaft«
1958 Ph
»Übergabe, Bedingungslose«
1961 Ph
»– von Breda« 1637
Überlagerungsempfänger
1933 V
»Überlebende v. Warschau,
Der« 1949 M

»Überlebender aus Warschau,
Ein« 1947 M
Überlichtgeschwindigk.
1971 V
»Übermensch« 1883
»Übermikroskopie« 1949 W
Überpflanzung, Gewebe-
1960 W
Überschallflug 1977 V
Überschallflugverkehr 1977 V
Überschallflugzeug 1968 W,
71 V, M
»Überschallgeschwindigkeit«
1953 W
Überschall-Verkehrsflugzeug
1969 W
Überschwemmungen 1951,
54, 62 V
Übersetzung, elektron.
Sprach- 1954 D
Übersetzungen, Zahl von
1954 P
Übersetzungsmaschine 1954,
60 W
»Übersicht d. zerstört.
Kunstdenkmäler«
1950 K
»Überstaatl. Mächte im letzten Jahre d. Weltkr.«
1927 P
»Überwachsenen Pfaden,
Auf« 1946 D
»Überwundene Alter ...«
1928 W
Ubier v. Chr. 38
U-Boot 1850, 85, 1911, 14, 15,
17 P, 18 V, 30 P, 31 W,
36, 39, 43 P, 51 V, 60 W,
62 P
–, Atom- 1968, 75 W
»– S 4« 1928 D
–, Touristen- 1964 V
»Ubu, der König« 1896 D
Ucello, P. 1456
Ucicky 1937, 40 K
Udaipur 1300
Udall, N. 1553
Udayagiri v. Chr. 150;
n. Chr. 400
Udbaid v. Chr. 3700
Udet 1939 P, 46 D
Uexküll, Th. v. 1953 Ph
Ufa 1917, 18, 26, 28 K, 62 V
»Uferlandschaft« 1088
»Ufern der Marne, An den«
1923 K
Ufos 1968 W
Ugarit v. Chr. 1350, 1954 W
Ugarit-Schrift v. Chr. 1350
Ügedei 1241
Uhde, Fr. v. 1848, 84, 85, 89,
92, 1911 K
–, W. 1914 W
Uhland, L. 1787, 1809, 15, 18,
22, 26, 29, 44, 62
Uhlenbeck 1925 W
Uhlenhuth 1901, 05 W
Uhlmann, H. 1951, 54, 55, 64,
66–68, 75 K
Uhnert, G. 1963 V
Uhr (m. Gewicht) 966
»– der Fürsten« 1529
»– ohne Zeiger« 1961 D
»– schlägt eins, Die« 1961 D
Uhren v. Chr. 1300, 547, 450,
269, 263, 3. Jh., 159, 85,
52, 25, 15; n. Chr. 490,
760, 807, 75, 996, 1202,
12, 56, 1300, 52, 61, 64,
68, 1407, 19, 35, 70, 1502,
45, 52, 74, 75, 1656, 74,
76, 80, 95, 1738, 1839, 45,
1929, 33, 38 W
Uhrenparadoxon 1960 W
Uhrenverlangsamung 1977 W
»Uhrwerk Orange« 1971 K
»Uhu ein Reh anschneidend«
1871
Uhuru-Bahn 1974, 76 V
Uji 1053
Ukiyoe Malerei 1550
UKW-Rundfunk 1948 W
Ulanowa, G. 1956 K
Ulbricht, W. 1960, 63, 65, 68,
69, 71, 73 P

Ulfilas s. Wulfila
»Uli der Knecht« 1841
»–– Pächter« 1849
Ullmann, v. 1975 M
–, L. 1966 K
–, R. 1961 D
Ullrich, L. 1937, 49, 58 K
Ullstein 1898, 1904, 13 V
Ulm 854, 1155, 1241, 1307,
31, 1450, 77, 82, 89, 94
–, Kaiserpfalz 1356
–, Münster 1377, 99, 1474, 82,
1909 K
–, Rathaus 14. Jh.
Ulmanis 1934 P
»Ulmer Tuch« 1949 K
Ulpianus 200
Ulrich 1890
– von Eschenbach 1284
– v. Lichtenstein 1255, 57, 76
»––« 1939 D
– von Türheim 1210, 35, 43
– von Württemberg 1241,
1514, 19, 34
Ulster 1922 P
»Ultima rara« 1970 M
Ultrafilter 1907, 17 W
Ultrakurze Wellen 1921, 48,
53, 54 W
Ultramikroskop 1903 W
Ultrarotfilm 1952 W
Ultrarot-Strahlung 1800, 34,
1922, 29, 34, 45, 50 W
Ultrarotwellen, längste
1954 W
Ultraschall 1900 W, 12 V, 18,
22, 27, 35, 44, 49, 50,
53 W
Ultraviolettstrahlung 1801,
56, 95, 1903, 04, 26, 31,
36, 46 W
Ultra-Viren 1947 W
Ultrazentrifuge 1923, 26 W
Ulug-Beg 1394, 1449
»Ulysses« 1922 D
»Umarmung« 1970 K
Umberto I. 1878
»Umformung d. Sowjetgesellsch., Die« 1959 Ph
»Umgang m. Menschen, Über
den« 1788
Umgangssprache Philosophie
d. 1953 Ph
»Umgebungen« 1970 D
»Umgestaltung der
Museen ...« 1919 Ph
Umlauf, P. 1969 K
»Umläufe der Himmelskörper, Über die« 1543
Umlaufkanalanlage 1972 W
Umrüstung 1955, 56, 60 P
Umschiffung Afrikas v. Chr.
1501, 1250, 595
»– Europas« v. Chr. 2. Jh.
»– des Schwarzen Meeres«
v. Chr. 2. Jh.
»Umschlungene Paare, Zwei«
v. Chr. 150
Umsiedlung v. Chr. 1355
»Umstrittenes Weltbild«
1939 W
»Umsturz d. Werte« 1915 Ph
»Umwelt u. Innenwelt d. Tiere« 1909 W
Umweltamt, Bundes- 1974 P,
74 P
Umweltschutz 1970, 71, 72,
73 W
Umweltschutzkonf., Stockholm 1972 V, W
»Umwertung aller Werte«
1888
UN 1944–50, 60 ff., 72, 77 P;
s. a. United Nations und
Vereinte Nationen
UN-City, Wien 1974 K
»Un jour ou deux« 1973 M
UN, Jugendprogramm
1951 Ph
–, techn. Hilfsprogr. 1956 V
»Unabhängige Arbeiterpartei«, England 1893, 1900
Unabhängigkeit v. d. Kolonialherrsch. 1958 ff. P
–, nationale 1966 P

Unabhängigkeitserklärung,
indische 1947 P
– –, USA 1776, 83
Unabhängigkeitskrieg, nordamerik. 1775–83
»Unam-sanctam«-Bulle
1302
Unamuno 1905, 13, 17, 18,
36 Ph
»Unanimismus« 1908 D
Unas v. Chr. 2560
»Unaufhörliche, Das« 1931 M
»Unauslöschliche Siegel, Das«
1947 D
Unbefleckte Empfängnis Mariä 1484, 1854
»Unbehagen i. d. Kultur«
1930 Ph
»Unbehauste Mensch, Der«
1955 D
»Unbekannte, Die« 1933 D
– Gott, Der« 1954 Ph
– Größe, Die« 1933 D
– in der Kunst, Das« 1955 K
– Spanien, Das« 1921 K
»Unbestechliche, Der«
1923 D
»Unbestechlichen, Die«
1976 K
Unbestimmtheitsbeziehung
1928 W
»Unbetretenen Wegen in
Ägypt., Auf« 1922 W
»Unbewußte i. norm. u.
krank. Seelenleben, Das«
1957 Ph
»Unbewußtes« 1704
»Unconditional surrender«
1961 Ph
»Und die Bibel hat doch
recht« 1955 Ph
– ewig singen die Wälder«
1933 D
– führen, wohin du nicht
willst« 1951 D
– legte Feuer a. d. Haus«
1960 D
– sagte kein einziges Wort«
1953 D
»Under Mars« 1958 K
Underground-Musik 1968 M
»Underweysung der messung
mit dem zirckel und
richtscheyt in linien ebnen und gantzen corporen« 1525
»Undine« 1811, 16, 45,
1958 M
Undset, S. 1882, 1919 Ph, 22,
27–29, 32, 40, 49 D
»Unehelichen, Die« 1926 K
Unehelichenrecht 1969 Ph
UNESCO 1945, 46 Ph,
50 W, 51 Ph, 53 V,
54 P, 58 K, 72 Ph
UNESCO-Hauptquartier
1957 K
Unfälle in USA 1965 V
Unfall-Pflichtversicherung
1884
Unfallrate, tödl. 1953, 60 V
Unfallwahrscheinlichkeit
1970 V
Unfallverhütung 1913 V
–, Weltkongreß für 1955 V
Unfallversicherung 1903, 06,
11, 23 V
»Unfreien Willen, Über den«
1524
Unfruchtbare Tage 1911 Ph
»Ungarische Rhapsodien«
1856
– Tänze 1880
Ungarneinfälle 900 P
»Ungegebene, Das« 1921 Ph
»Ungeheuer, D. langwierige
Weg i. d. Wohnung d.
Natascha« 1971 M
Unger 1926 M
»Ungeschriebenen Memoiren,
Meine« 1974 D
»Unglaubliche, Über das«
v. Chr. 300
»Ungleiche Paar, Das« 1877
»– Welten« 1951 D

1598

»Unglückliche Wanderer, Der« 1594
UNICEF 1965 P
UNIDO 1975 V
»Uniformitätsakte« 1662
»Uniformkunde« 1914 V
»Unigenitus« 1713
Unilever-Konzern 1929 V
»Union« 1834
- Acamémique Internationale 1964 Ph
- arabischer Republiken 1971 P
»- d. festen Hand« 1931 D
»-« d. Luth. u. Ref. 1817
-, Polen-Litauen 1401, 13, 35
»-«, protestant. 1608, 09, 20
- f. Schießsport 1907 V
-, Westeurop. (WEU) 1955 V
Unionisten 1912 V
Unisono-Gesang v. Chr. 950
United Free Church 1929 Ph
- Fruit-Konzern 1954 P
- Nations 1951, 55, 56 P; s. a. UN und Vereinte Nationen
- Press 1907 V
»- States« 1951, 52 W
»-˗ Steel Corporation« 1901 V
Universalbibliothek 1942 D
»Universalgeschichte« 1681, 1789
»Universalien« 1142
Universalien-Streit 850
Universalsprache 1605, 52, 1932 D
Universiade 1959 V
»Universitas Litterarum« 1955 W
Universität, Alcala de Henares 1508
-, Augsburg 1970 Ph
-, Basel 1459, 1527, 1934 Ph
-, Bayreuth 1742
-, bayerische 1952 Ph
-, Berlin 1810, 11, 45 Ph, 56 W, 1902, 10 W, 15 K, 18, 23, 48 Ph
--, Freie 1948 Ph, 54 K, 89 Ph
-, Bern 1574
-, Birmingham 1908 M
-, Bochum 1965 Ph
-, Bologna 1119, 1250
-, Bombay 1857
-, Bonn 1818, 1934 Ph
-, Bremen 1971 Ph
-, Breslau 1506, 1811
-, Bristol 1909 Ph
-, Cambridge 1200, 29, 1381
-, Coimbra 1290, 1902 D
-, Columbia- 1754, 1928 W
-, Dillingen 1554
-, Düsseldorf 1966 Ph
-, Edinburgh 1582
-, Erfurt 1392
-, Erlangen 1742
-, Florenz 1321
-, Frankfurt a. M. 1914, 21 Ph
-, Frankfurt/Oder 1506
-, Gießen 1607
-, Glasgow 1450
-, Göttingen 1737, 55, 1955 V
-, Graz 1585
-, Greifswald 1456
-, Grenoble 1339
-, Halle 1694
-, Hamburg 1919 Ph
-, Harvard- 1635, 1917 V, 38 Ph
-, Heidelberg 1386, 1485, 1925 P, 31 Ph, 32 P
-, Helmstedt 1576
-, Helsinki 1827
-, Honolulu 1920 Ph
-, Ingolstadt 1472, 1549
-, Innsbruck 1673, 77
-, Irkutsk 1918 Ph
-, Jena 1558, 1908 K, 32 Ph
-, Jerusalem 1925 Ph
-, Kairo 972, 1908 Ph
-, Kalkutta 1857
-, Kiel 1665, 1911 V

Universität, Köln 1388, 1919 Ph
-, Königsberg 1544
-, Konstanz 1967 Ph
-, Kopenhagen 1479, 1538
-, Krakau 1364
-, Landshut 1472
-, Leipzig 1409, 1541
-, Leyden 1575
-, Lima 1551
-, Lissabon 1290, 1911 Ph
-, London 1828
-, Löwen 1426
-, Madras 1857
-, Madrid 1508
-, Mainz 1477
-, Manchester 1880
-, Marburg 1527
-, Montpellier 1220, 89, 1376
-, Moskau 1755, 1918, 53 Ph
-, München 1472, 1826, 74, 1943 P
-, Münster/W. 1780, 1902 Ph
-, Neapel 1224
-, Orléans 1309
-, Oslo 1811, 1911 K
-, Oxford 8. Jh., 1220
-, Padua 1222
-, päpstliche 1551
-, Paris 1150, 1200, 31, 50, 54, 80, 1348, 1671
-, Pavia 1361
-, Perugia 1307
-, Philadelphia 1740
-, Pisa 1338, 1543
-, Poitiers 1431
-, Posen 1919 Ph
-, Potsdam 1948 Ph
-, Prag 1348, 1409
-, Preßburg 1490, 1919 Ph
-, Regensburg 1967 Ph
-, Rio d. Janeiro 1920 Ph
-, Rom 138, 1303, 1551
-, Rostock 1419
-, Saint Andrews 1411
-, Salamanca 1217
-, Salzburg 1623, 1963, 64 Ph
-, Santiago 1743
-, Saragossa 1474
-, Seoul 1932 Ph
-, Siena 13. Jh.
-, Stockholm 1878
-, Straßburg 1621
-, Teheran 1935 Ph
-, Toulouse 1229
-, Trier 1473
-, Tübingen 1477
-, Turin 1404
-, Upsala 1477
-, Utrecht 1634
-, Valencia 1500
-, Valladolid 1346
-, f. Völkerfreundschaft 1960 Ph
-, Warschau 1576
-, Wien 1365, 1903 K
-, Wittenberg 1502
-, Würzburg 1401 Ph, 1582, 1968 Ph
-, Yale- 1701
-, Zürich 1701, 1914 K
Universitäten, Neue dt. 1960 Ph
»Universitäts- u. Volkshochsch.« 1929 Ph
Universitätsgesetz, österr. 1975 Ph
Universitätsgesetze 1966, 69 Ph
Universitätskirche, Leipzig 1968 V
-, Würzburg 1591
Universitätsreform 1963, 66, 74 Ph
Universitätsverfassung 1923 Ph
Universitätsvorlesung, erste dt. 1687
»University Extension« 1850, 70, 1908 Ph
- of New York 1961 Ph
Universum-Film AG s. Ufa
Unkei 1209
»Unmoral ... d. engl. Bühne« 1698

»Unmoralische Geschichten« 1974 K
UNO, Deutschland in der 1973 P
Unold, M. 1885, 1950, 64 K
»Unordnung u. frühes Leid« 1926 D
»Unparteyische Kirchen- und Ketzerhistorie« 1700
»Unpolitische Lieder« 1840
»Unpopuläre Essays« 1950 Ph
UNRRA 1943 Ph
Unruh, Fr. v. 1911, 13, 14, 16, 20, 26, 48 D
- (Uhr) 1720
Unruhen, nordirische 1970 P
-, studentische 1967 P
»Unruhige Nacht« 1951 D
»Uns geht's ja noch gold« 1971, 72 D
»- nährt die Erde« 1921 D
»Unschuldigen m. schmutz. Händen, D.« 1975 K
»Unser täglich Brot« 1866
»Unsere kleine Stadt« 1938 D
-, Straße« 1934 D
-, Träume« 1943 K
-, Zeit« 1924 D
»Unsichtbare Flagge, Die« 1952 D
Unsöld, A. 1957 W
»Unsterblicher Geist in der Natur« 1938 Ph
»Unsterblichkeit der Seele« v. Chr. 379, 347
Unstrut, Schlacht an der 933
»Unteilbares Dtschl.« 1954 P
»Unter den Brücken« 1950 K
»- d. Dächern v. Paris« 1930 K
»- den Eichen« 1933 D
»- fremden Leuten« 1917 D
»- Herbststernen« 1906 D
»- den Linden« 1647
»- dem Milchwald« 1953 D, 73 M
»- der Treppe« 1968 D
»- Tieren« 1912 D
Unterentwickelte Länder 1956 V
Unterernährung 1947, 50, 63 V; s. a. Hungersnot
»Untergang des Abendlandes« 1922 D
»--- Dampfers ›Präsident‹« 1842, 1910 K
»- d. Welt« 1519
»Unterhaltung« 1908 K
»- der Heiligen« 1485
Unterhaltungsmusik 1973 M
Unterhaus 1350, 1414, 1951 P
»Unterholz« 1955 K
Unterkühlung b. Operation 1977 W
»Unterm Rad« 1905 D
Unternehmen, größte der BRD 1967 V
Unternehmerverbände 1920 V
»Unternehmungsspiele« 1962 Ph
»Unterredungen« 138
Unterrichtsgespräch 1816 Ph
»Unterstützung der Armen, Über« 1525
»Untersuchung über Aminosäuren ...« 1906 W
»- z. Gegenstandstheorie ...« 1904 Ph
»- und mathematische Demonstrationen über 2 neue Wissenschaften, die Mechanik u. die Fallgesetze betreffend« 1638
»- über den menschlichen Verstand« 1748
»- über die Prinzipien der Moral« 1751
»------ Naturerkenntnisse« 1919 Ph
»- über relative Sexualität« 1925 W
»- a. Schulzeugnissen v. Zwillingen« 1930 Ph
»- über die Tugend« 1699

»Untersuchung über das Wesen der menschl. Freiheit« 1809
Untersuchungsgefangene 1963 Ph
Untertan, Der« 1918, 25 D, 51 K
»Untertanen, Wir« 1973 Ph
»Untertassen, Fliegende« 1947 V
Unterteilung d. einheitl. Wissenschaft« 1937 Ph
Untertürkheim 1904 V
Unterwalden 1315, 53
Unterwasserfahrzeuge (ferngest.) 1974 V
Unterwasser-Ölleitung 1944 P
»Unterweisung i. Tonsatz« 1937 M
»Unterweissung der proportzion« 1538
»Unterwelt« 1927 K
»Untitled« 1969 M
UN-Truppe 1956 P
Unverdorben 1825
»Unvergleichliche Land, Das« 1958 D
»Unverwesliche Erbe, Das« 1954 D
»Unvollendete« 1822
- Satz, Der« 1962 D
»Unvorgreifliche Gedanken, betreffend die Ausübung und Verbesserung der deutschen Sprache« 1697
»Unwandelbares Leben« 1904 D
»Unzeitgemäße Betracht.« 1873
»Unzertrennlichen, Die« 1968 K
UP 1907 V
Upanischaden v. Chr. 7. Jh., 671, 600
Updike, J. 1969, 73 D
Upe, Hauptstadt der ägypt. Provinz 1908 W
»Upright Form Knife Edge« 1966 K
Upsala 1100, 1477, 1573, 1866, 1914 Ph, 24 W, 31 Ph
-, Dom 1260
-, Universität 1767
Ur v. Chr. 3500, 2900, 2750, 2600, 2550, 2100, 2065, 2050, 2000, 1955, 1950; n. Chr. 1626, 1918, 27 W
Urach 1241
Ural v. Chr. 2450, 8. Jh.; n. Chr. 1920 P, 30 V, 58 V
Uran 1879, 96, 1945 P, 48 V, 52 W, 55 P
Urananreicherung 1977 W
Uranberg 1952 V, 60 P
Uranbrenner 1944, 49 W
Uranförderung 1948, 60 V
Urania v. Chr. 700; s. a. Berlin
Uranlager, Entd. 1977 V
»Uranometrie« 1603
Uranos v. Chr. 1000
»Uran-Schlüssel zum Nachweis des Kleinsten« 1967 W
Uranspaltung 1938, 42, 44 W
Uranus 1781, 87, 1851, 1948 W
-, Ringe des 1977 W
Urartu v. Chr. 9. Jh., 800, 725, 717, 600
Urban II. 1088, 95, 96
- IV. 1261
- V. 1362, 65
- VI. 1378
- VIII. 1623, 24, 26
-, M. W. 1939 Ph
Urbantschitsch 1929 Ph
Urbarmachung 950 V
Urbino 1474, 1528
-, Palazzo Ducale 1467
-, S. Bernardino 1474
Urbs vetus v. Chr. 280

Urchan 1326, 59
Urchristentum 33, 41, 44, 45, 48, 50, 51, 54, 55, 57, 62, 64, 67, 80, 85, 95, 100, 1853, 1900, 04, 23, 25, 37 Ph
Urease 1926 W
Urey 1932, 34 W
Urfa v. Chr. 770
»Urfaust« 1773, 1887
Urfé 1607
Urft-Talsperre 1904 W
»Urgeschichte d. bildenden Kunst ...« 1925 K
»Urgesellschaft ...« 1950 Ph
Ürgüplü, Suat H. 1965 P
Urheberrecht 1902 M, 07
Urheberrechts, Reform d. 1965 Ph
Uri 1231, 1315, 53
Urin, Eiweiß i. 1770
Urinschmecken 1676
Uris, L. 1958 D
Urkan, Burg 1168
»Urkirche u. Frühkatholizismus« 1935 Ph
Urknall 1975 W
Urkunde, mittelalterl. 634
Urkundenforschung, Begründ. der 1702
Urkundenwesen, Anfänge d. 13. Jh.
Urlaub, bezahlter 1944 V
Urlaubshilfe 1961 V
»Urmeister« 1911 D
»Urmensch« 1954 W
»- und Spätkultur« 1956 Ph
»Urmonotheismus, Das Probl. des« 1951 Ph
Urnammu v. Chr. 2065
Urnes, Stabkirche 1060
Ur-Nina v. Chr. 2500
Urningirsus v. Chr. 2029
»Urpflanze« 1793
Urpferdfund 1977 W
»Ursache, Die« 1915 D
»- u. Behandlung v. Krankheiten« 1155
»- d. Größe u. d. Verfalls der Römer 1717
»Ursatz« (musikal.) 1906 M
»Urschichten d. Wirklichkeitsbewußtseins« 1934 Ph
»Urschrei, Der« 1973 Ph
Urso 12. Jh.
»Ursprung u. Anf. d. Christentums« 1923 Ph
»- d. Christentums« 1908 Ph
»- der Familie, des Privatgentums u. des Staates« 1884
»- der Gottesidee« 1935 Ph
»- der Menschheit« 1932 V
»- d. Sozialpädag. ...« 1959 Ph
»- der Sprache« 1772
»- u. Verbreitung d. Germanen ...« 1928 V
»- u. Ziel d. Gesch.« 1949 Ph
»Urstende« 1198
Ursula 1964 K
- oder das unwerte Leben« 1966 K
»Ursulaschrein« 1489
Urteer 1917 W
»Urteil, Das« 1975 D
»- v. Nürnberg, Das« 1961 K
»- des Paris, Das« 1632, 1913 M
Uruk v. Chr. 3200, 3000, 2780, 2750, 2700, 2650, 2100, 2065; n. Chr. 1952 W
»Urvätersaga« 1928 D
Urvogel 1861
»Urwaldstimmung« 1909 K
»Urwelt, Sage u. Menschh.« 1924 Ph
Ury, E. 1950 Ph
-, L. 1913, 24, 26 K
Urzeugung 1649, 1786, 1953
»- ... Virusarten u.« 1959 W
Urzidil, J. 1959 D

USA-Europahilfe 1947 P, 48 V
»USA-Trilogie« 1938 D
Usedom 1648
US-Einwanderung 1855 V
Usia v. Chr. 760
»Usignolo, L'« 1970 M
Usinger, F. 1968 D
USPD 1917, 22 P
USSR (Grdg.) 1917, 22 P
Ussuri-Grenzzwischenfälle 1969 P
Ust Kut 1954 V
»Ustascha«-Bewegung 1941 P
Ustinov, P. A. 1950, 62, 66 D
»Ut mine Festungstid« 1861
Uta 1014, 1260
Utacodex 1010
Utah 1906 P
Utamaro 1753, 1806
U-Thant 1961 ff., 66 P
Utilitarismus 1659, 79, 1793, 1832, 63
Utitz, E. 1927 D
Utrecht 696, 1445, 1505, 79, 1713, 18, 1908 V
–, Universität 1634
Utrechter Friede 1469, 1713
– Psalter 820, 50
»– Tedeum« 1713
»– Union« 1579
Utrillo 1883, 1907, 14, 23, 55 K
Uttmann, Barbara 1561
Uvioglas 1903 W
Uxküll 1909, 20 W, 30, 38, 40 Ph
Uyhlenburch 1633, 34, 35, 42
Uyl, den 1977 P
Uz 1739, 46
Uzton, J. 1973 K
U 2-Fernaufklärung 1960, 62 P
Uzzano 1440

V

Vaast. St. Marienaltar 1434
Vacano, O.-W. v. 1955 Ph
Vacchi, S. 1956 K
Vadim, R. 1959 K
»Vagabund, Der« 1954 K
Vagbatha d. Ä. 7. Jh.
– d. J. 8. Jh.
Vaihinger 1852, 1911, 24, 33 Ph
Vaiont-Stausee 1963 V
Vakuum 1643
Vakuummeter 1906 W
Vakuumpumpe 1953 W
Vakuumröntgenröhre 1913 W
Vakuumtechnik 1905, 08 W
Valci Tran v. Chr. 560
Valdivia 1541
Valencia v. Chr. 138; n. Chr. 1099, 1213, 38, 1402, 45, 1500, 1926
–, Kathedrale 1482
Valens 364, 75, 78
Valentia Edetanorum v. Chr. 138
Valentich 1923 V
Valentin d'Arras 1420
Valentiner 1919 Ph
Valentinian I. 321, 64, 75
– II. 375
– III. 390, 419, 25, 45, 54, 55
Valentino, R. 1926 K
Valentinus 140
Valenzelektronen 1916 W
Valera, E. de 1922, 26, 32, 38, 75 P
Valerian 257, 60
Valerianus 253
Valéry, P. 1871, 1920, 21, 23, 24 D, 26, 31 Ph, 45 D
Valla, Lorenzo 750, 1406, 31, 57
Valladolid 1346, 1608
Valle-Inclán, R. del 1926 D
Vallejo, G. 1971 K
Valloton, F. 1913 K
Valmier 1920 K
Valmy, Kanonade 1792

Valois 987, 1328, 39, 1589
–, Felix von 1198
–, Marg. von 1628
»Valori Plastici« 1956 K
Valot, Th. u. G. 1955 Ph
»Valse op. 42« 1840
Valturio 1472, 76
Valvulotomie 1948 W
»Vampir« 1913 K
»Vanadis« 1931 D
Vanadium-Edelstahl 1906 W
Vanbrugh 1664, 1714, 26
Vance, C. R. 1976, 77 P
Vandalen s. Wandalen
»Vandalismus, Der jugendliche« 1968 Ph
Vandenberg, G. 1965 K
Vandervelde 1925, 26 P
Vandervoort, P. O. 1964 W
Vanguard-Rakete 1957 W
Vanini 1584, 1619
»Vanitas« 1525
»Vanity of dogmatizing, The« 1661
»– Fair« 1848
»– of Vanities« 1908 M
Vansee v. Chr. 800
Vantongerloo 1944 K
Vanucchi 1486
Vanvitelli 1752
Vanzetti s. Sacco u. Vanzetti
VAR 1958, 72 P
Varda 1964 K
Vardhamana v. Chr. 500, 477
Varenius 1650
Varèse 1931 M
Varga, F. 1957 K
Vargas 1930, 37, 45, 50, 54 P
»Variable Metren« 1950 M
Varian, E. 1968 K
»Varianti« 1957 M
»Variation« 1960 M
»Variationen einer Elegie« 1965 M
»– ohne Fuge« 1973 M
Variationsrechnung 1696, 1705, 38, 60
Varieté 1887
»–« 1925 K
»Varityper« 1947 V
Varlanow 1943 K
Varnhagen v. Ense 1814, 30
»–, R.« 1961 Ph
Varolio 1568
Varro v. Chr. 250, 116, 27
Varus 9, 1868
VAS 1906 Ph
»Vasantasena« 6. Jh.
Vasallentum 1001 V
Vasarely, V. de 1953, 73 K
Vasari 1511, 50, 63 K, 74
»Vase mit Blumen« 1953 K
»– mit Gladiole« 1954 K
»– – Grüner Grund 1966 K
»– mit Künstlern« 1954 K
Vasenbilder, griech. v. Chr. 544, 530
Vasenfund, griech. 1885
Vass 1908 K
Vasubandhu 443
Vatel 1676
»Vater« 1887, 1937 D
»– Goriot« 1834, 1954 D
»– der Landwirtschaft« 64
»– Lathuille, Bei« 1879
»– Sohn und Geist« 1909 Ph
»– unser« 1856
»– des Vaterlandes v. Chr. 2
»– Väter und Söhne« 1862
»Vaterbildes, Zerstörung des« 1968 Ph
»Väterbuch« 1300
»Vaterländische Front« 1934, 45 P
»– Hilfsdienstpflicht« 1916 P
»Väterliche Fluch, Der« 1765
»Vatermord« 1920 D
Vatermörder 1830
Vaterrecht v. Chr. 1950
Vater-Rhein-Brunnen 1921 K
Vatikan 500, 847, 1378, 1508, 85, 1661, 1869, 1904, 10, 20, 25, 29, 52 Ph, 58 D, 62 P, 63 Ph
–, Belvedere 1490

Vatikan, Nikolauskapelle 1445
Vatikanische Bibliothek 1447, 77, 1585
Vatikanisches Konzil 1870
––, II. 1964 Ph
Vatter 1925, 62 Ph
Vauban 1695
Vaucanson 1752
Vaudeville 1715
Vaughan Williams, R. 1910, 14, 21, 35, 43, 48, 58 M
Vauvenargues 1746
Vavilow 1925 V
»Vaya con Dios« 1954 M
VDA 1908 P
VDI 1856, 1928 W
VDS 1969 Ph
VEB 1946 P, 53, 61 V
VEBA Privatisierung 1965 V
Vecchi, Orazio 1597
Vecchio 1314, 1472
–, Palma 1480, 1521, 28
Vecelli 1477
Veda 1909 Ph
Vedova, E. 1952, 53, 58, 61 K
Védrès 1948 K
Védrines 1913 W
Vega, Joseph de la 1688
»Végétal rouge« 1957 K
Vegetative Blockade 1951 W
»– Form« 1946 K
Vegetius 401
Veidt, C. 1920, 24, 31 K
– Ph. 1810, 30
Veitstanz 8. Jh., 1021, 1278, 1375, 1418
Veji v. Chr. 507, 477, 396
–, Kampf um v. Chr. 483
Veksler 1945 W
Velazquez 1599, 1619, 23, 28, 29, 30, 35, 37, 43, 50, 57, 59, 60
Velde, Geer van 1951 K
–, Adrian v. d. 1658, 71
–, D. v. d. 1955 K
–, H.- v. d. 1892, 1901, 07, 25, 57 K
–, Th. H. v. d. 1928 Ph
–, W. v. d. 1666
Veldeke, Heinrich von 1167, 83
Velickovic, V. 1966 K
Velociped 1867
Venantius Fortunatus 600
Venatier, H. 1954 D
Vence 1950 K
–, Kapelle 1951 K
Venedig 452, 607, 996, 1000, 85, 12. Jh., 1170, 72, 87, 91, 96, 1204, 28, 52, 1613, 71, 91, 92, 97, 99, 1303, 09, 10, 18, 25, 33, 42, 55, 66, 77, 81, 87, 96, 1403, 05, 06, 10, 19, 20, 23, 28, 36, 41, 45, 50, 53, 61, 69, 70, 79, 80, 88–90, 94, 1500, 02, 05, 07, 11, 16, 62, 70, 71, 76, 80, 87, 90, 94, 1613, 21, 37, 40, 45, 56, 69, 76, 90, 96, 1717, 18, 56, 70, 97, 1861, 66, 68 K, 34 P
»–« 1924, 52 K
»– I« 1967 K
–, Biennale 1962, 68 K
–, Bleikammern 1756
–, Ca' d'Oro 1360
–, Dogenpalast 814, 1309, 1438
–, Einfahrt in« 1819
–, Fondaco dei Tedeschi 1300
–, de'Turchi 13. Jh.
–, Goldenes Haus 1436
–, Marcusbibliothek 1536
–, Palazzo Dario 1450
–, Venramin Calergia 1481
–, Sala del gran Consiglio 1585
–, San Giovanni e Paolo 1430
–, Marco 976, 11. Jh., 1094, 1100, 12. Jh.

Venedig, Santa Maria, dei Miracoli 1488
–, Scuola di S. Rocco 1565
Venerabilis, Beda 672, 735
–, Petrus 1122
Veneto Bartolomeo 1514
»Veneziana III« 1962 K
Venezianische Oper 1645, 69, 76, 90
– Schule 1485, 1527, 62, 76
– Stoffe 1500
»Venezianisches Credo« 1946 D
Veneziano, Domenico 1457
Venezuela 1526, 46, 1811, 19, 21, 1902, 08 P, 21 V, 30, 37, 60 P, 62 V
»Veni redemptor gentium« 397
»– sancte spiritus« 1031
Venizelos 1864, 1910, 11, 17, 20, 24, 28, 32, 36 P
Ventadorn, Bernart von 1156
Ventilator 1711
Ventura, L. 1966 K
Venus v. Chr. 3. Jh., 295, 217, 46; n. Chr. 100, 30, 1959, 61, 62 W; s. a. »Venus ...«
»–« 1509, 27, 46, 1748, 1922 M
»– und Adonis« 1554, 93, 95
»– und Amor« 1530, 46, 1662
»– und Cupido« 1643
»– von Esquilin« 100
»–, Die gehärnischte« 1660
»– im Licht« 1939
»–, Merkur und Amor« 1742
»– von Milo v. Chr. 3. Jh.
»– mit d. Orgelspieler« 1546
»–, Planet 1610, 1949, 64, 76 W
»–, Schlafende, von Hirten belauscht« 1633
»–, Schlummernde« 1508
»– vor dem Spiegel« 1615
»– von Urbino« 1516, 1527
»– 4« 1967 W
»– 7« 1970 W
»– 8« (Sonde) 1972 W
Venus-Atmosphäre 1968 W
»Venusfest« 1518, 1632
Venuslandung 1967 W
Venussonden 1969, 75 W
Ver sacrum v. Chr. 217
»–« 1943 V
»Veranda, Auf d.« 1950 K
»Veränderung d. Sexualordnung ...« 1950 Ph
»Verantwortung d. Naturwissenschaftlers, V. d.« 1965 Ph
– der Wissenschaft im Atomzeitalter« 1957 V
Verazzano, Giovanni 1523
»Verband der deutschen Film-Clubs« 1946 V
–––– Juden« 1904 Ph
Verband deutscher Faustkämpfer 1919 V
–– Hochschulen 1920 Ph
–– Volksbühnenvereine 1920 P
–– Waren- u. Kaufhäuser 1903 V
– evangelischer Theologinnen 1925 Ph
– d. Handelsschutz- u. Rabattsparvereine 1902 V
– zur Klärung d. Wünschelrutenfrage 1911 V
– f. kulturelle Zusammenarbeit 1922 Ph
– öffentlicher Lebensvers.-Anstalten 1910 V
– d. Sozialbeamtinnen 1916 V
– z. Verteidigung d. Protestantismus 1923 Ph
»Verbindliche Liebhaber, Der« 1959 D
»Verborgene Schatz, Der« 1945 K
»Verbotene Spiele« 1951, 52 K
»Verbrannte Erde« 1943, 45 P
– Vinylkrawatte« 1968 K
»Verbranntes Papier« 1941 K

Verbrauch, privater 1960, 68 V
Verbrauchergenossenschaft 1842, 1941, 44 V
»Verbrechen« 1807, 1935 D
»–, Merkwürdige« 1827
»– u. Strafen, Von d.« 1764
– in USA 1964 V
»Verbrecher« 1876, 1929 D
»Verbrennt d. Musen« 1900 Ph
»Verbrennung, Kalte« 1959, 60, 62 W
– von Kohle, kalte 1955 W
Verbundwerkstoff 1975 W
Vercellae, Schlacht bei v. Chr. 101
Vercingetorix v. Chr. 52
Vercors 1942 D, 50 Ph
»Verdacht« 1941 K
»Verdammt in alle Ewigkeit« 1951 D, 53 K, 77 D
»Verdammte der Inseln« 1891
»Verdammten, Die« 1922 D
»Verdammung Dr. Faust's, Die« 1904 K
Verdauungsdrüsen 1663, 1880
Verdelot 1538
Verden 782, 1280, 1648, 1715
Verdi 1813, 44, 47, 51, 53, 55, 59, 62, 67, 71, 74, 87, 92, 1901 M
»–« 1923 D
Verdiensterden 1951 V
»Verdienter Staatsmann, Ein« 1959 D
»Verdorrte Sonnenblumen« 1945 K
Verdun 634, 1552, 1648, 1916 P
–, Nikolaus v. 1181, 1200, 05
–, Vertrag von 841, 43
Verduner Altar 1181
Verdun-Roman 1929 D
»Verehrung und Liebe Gottes« 1740
»Verein f. d. Deutschen im Ausland« 1908 P
– Ernst Mach« 1929 Ph
– f. Sozialpolitik 1872, 1936 P
Vereinigte Aluminium-Werke AG 1917 V
– Arab. Republik 1957 f. P
– Elektrizitäts- u. Bergwerks-AG 1929 V
– Industrie-Unternehmungen AG 1923 V
– Stahlwerke AG 1926, 36 V
Vereinigung v. Angestellten 1923 V
– d. demokratischen Parteien 1924 P
– f. gesetzlichen Arbeitsschutz 1901, 04 V
– künstlerischer Bühnenvorstände 1911 V
– f. d. liberale Judentum 1907 Ph
– wissenschaftlicher Arbeiter 1937 W
Vereinsverband akademisch gebild. Lehrer 1904 Ph
Vereinte Nationen 1953 P; s. a. United Nations u. UN
Verelendung d. Menschen 1973 V
Vererbung 1809, 22, 65, 66, 84, 1900, 26 W; s. a. Gen ..., Erb ...
»– außerhalb des Zellkerns« 1968 W
»– v. Begabung ...« 1865
»– d. Geschlechts« 1907 W
»–, Mendelsche 1923 W
»–, Mütterliche« 1928 W
»–, Natürliche« 1889
»–, Physiologische Theorie der« 1927 W
»–, »plasmatische« 1948 W
»–, Die stofflichen Grundlagen der« 1921 W
Vererbungsforschung, experimentelle 1910 W
–, Dt. Gesellschaft f. 1921 W
–, Kongreß f. 1911 W
–, moderne 1906 W

»Vererbungslehre« 1903, 37 W
—, sowjetische 1955 W
»Vererbungswissenschaft, Einführung in die« 1913 W
»—, Handbuch d.« 1928 W
Veres, P. 1960 D
»Verfall u. Triumph« 1914 D
»— u. Wiederaufbau d. Kultur« 1923 Ph
»Verfängliche Glück, Das« 1960 K
Verfassung, Baden 1818
—, Bayern 1818
—, Belgien 1830
—, Bolivien 1825
—, Brasilien 1822, 89
—, Columbien 1861, 86
— d. DDR, neue 1968 P
—, Deutschland 1816, 48, 71, 1918, 19, 30, 49 P
—, Ecuador 1830
—, England 1832, 67
—, Frankreich 1791, 95, 1871
—, Griechenland 1829
—, neue griechische 1968 P
—, Guatemala 1839
—, Hannover 1837
—, Holland 1806
—, Japan 1841, 61, 89
—, Kanada 1840
—, Kuba 1899
—, Liberia 1847
—, Mexiko 1823, 67
—, Österreich 1861
—, Preußen 1850
—, Sachsen 1831, 96
—, Schweiz 1814, 30, 48
—, Spanien 1814, 34, 73, 76
—, Uruguay 1828
—, USA 1757, 88
»— u. Verwaltung d. Reiches ...« 1925 V
»—, Vom Wesen der« 1862
Verfassungsfeinde, Abwehr 1976 P
»Verfassungsgesetzgebung« 1931 V
Verfassungsschutz 1963, 71 P
Verfassungsstreit, preußischer 1862
»Verflixte 7. Jahr, D.« 1955 K
»Verfluchten Toskaner, Diese« 1956 D
»Verfolgung u. Angst ...« 1960 P
»— und Ermordung Jean Paul Marats, Die« 1964 D, 66 K
»Verfremdungen« 1964 Ph
»Vergangenheit, ... jüngste dt.« 1961 Ph
Vergeltung, nukleare 1967 P
»Vergessene Helden« 1965 K
Vergil v. Chr. 70, 40, 37, 30, 19, 8; n. Chr. 4. Jh., 12. Jh., 1547, 1909 D
»—, Vater d. Abendlandes« 1931 Ph
»Vergilii Aeneis« 1958 M
»Vergleichende Biologie d. Insektenstaaten« 1940 W
— biologische Formenkunde ...« 1921 W
—, Darstellung d. dt. u. ausl. Strafrechts« 1909 V
—, Rätselforschungen« 1918 V
»Vergleichendes Wörterbuch d. indogermanischen Sprache« 1932 D
Vergne 1634, 78, 93
Vergnügungssteuer 1915 V
Vergrößerungsglas 1294
Verhaecht, Tobias 1596
Verhaeren, E. 1905, 06, 11 D
»Verhalten d. niederen Organismen« 1906 Ph
»— d. Physischen z. Psychischen« 1900 Ph
»Verhaltensanalyse, Die Regelungstheorie ...« 1961 Ph
Verhaltensforschung 1943, 73 W
»— — ... (u.) ökonom. Theorie« 1961 Ph
—, tierpsychologische 1716

»Verhaltens«-Psychologie 1914 W, 19 Ph, 25 W
Verhaltenstherapie 1967 Ph
»Verhaltensweisen, Ökol. ...« 1966 W
Verhau, Der große 1971 K
»Verheiratete Frau« 1966 K
Verhoeven, M. 1967 K
»Verhör des Lucullus« 1940 D
Verhulst 1904 D
Verismus 1920 K
»Veritas vincit« 1918 K
»Veritate, De« 1624
Verjährung 1969 Ph
— für NS-Morde 1965 Ph
— von NS-Mordtaten 1965 P
Verjüngung 1913, 20, 25, 28, 34 W
Verkaufszeiten 1960 V
»Verkaufte Braut, Die« 1866
Verkehr, Güter- 1961 V
—, Personen- 1961 V
—, vorehelicher 1948 Ph
Verkehrs, Weltausstellung des 1965 V
»Verkehrsbeschränkungen« 1949 P
Verkehrsdaten d. BRD 1971 V
Verkehrsflugzeug 1962 W
— —, Überschall- 1968 V
»Verkehrsgeographie« 1913 V
Verkehrsluftfahrt 1958 V
Verkehrsmittel 1961 V
— —, Krise der 1972 W
Verkehrsopfer 1956, 57, 61, 63 V
Verkehrspolizei 1924 V
Verkehrsrechner 1965 V
Verkehrsrecht u. 1. 1899
Verkehrstote 1970, 75 V
Verkehrsunfall 1902 V
Verkehrsunfälle 1968 V
Verkehrsvereine 1902 V
Verkehrsvertrag 1972 V
»Verklärung Christi« 1520, 1923 D, 46 K
»Verkündigung« 1333, 1428, 50, 62, 82, 1820, 50, 1912, 25, 50
Verlag, Diederichs- 1896 D
— Fischer- 1886 D
—, Insel- 1905 D
—, Langen- 1894 D
Verlagsumsatz 1976 D
Verlagsverzeichnis, ältestes 1471
Verlagswesen (älteres) v. Chr. 2. Jh., 49; n. Chr. 13. Jh., 1280, 1339, 67, 70, 1471, 75, 1583, 1626, 50
»— —« 1524
Verlaine, P. 1844, 69, 73, 88, 95, 96
»Verlassen« 1947 K
Verleger 1962 W
»Verleger-Drucker« 1651
Verlegerkongreß 1970 D
»Verleugnung Petri« 1650
»Verliebte, I Gewinner. II Verlierer« 1967 D
—, Löwe, Der« 1961 D
—, Roland, Der« 1472, 94
—, Welt« 1961 K
»Verliese d. Vatikans« 1914 D
»Verlöbnis, Das« 1963 M
»Verlobten, Die« 1825, 1938 D
»Verlobung d. heiligen Katharina, Die« 1511
—, in San Domingo, Die« 1963 M
»Verlorene Handschrift, D.« 1864
—, Liebesmüh« 1592
—, Paradies, Das« 1667, 1937 D
—, Patrouille« 1934 K
—, Sohn, Der« 1892, 1949 K, 61 D
—, Wochenende, Das« 1945 K
—, Verlust d. Mitte« 1948 P
Verluste, Kriegs-, ges. 1918, 45 V
—, Seekriegs- 1918 V
—, U-Boot- 1917, 43 P

»Vermassung u. Kulturverfall« 1951 Ph
Vermeer van Delft 1632, 56, 60, 69, 70, 75
»Vermittler« 1966 K
»— der Abweichungen zu den Problemen der Philosophie und besonders der Ärzte« 1306
Vermögensbildung 1961 V
Vermögensfreigabe in den USA, die 1955 V
Vermögenssteuer 1346, 1454, 1576
»Vermont I« 1965 K
»— Heights« 1968 K
Verne, J. 1828, 64, 66, 69, 73, 1905 D
Vernet, H. 1845
Verneuil, L. 1952 D
»Vernichtung« 1927 D
— d. Freimaurerei ...« 1927 P
Vernichtungspotential 1977 P
Vernichtungswaffen 1953 Ph
Vernier 2 1813
»Vernunft u. Existenz« 1935 Ph
—, Lobrede auf die« 1775
— u. menschlicher Fortschritt« 1906 Ph
— und Revolution« 1941 Ph
— u. Widervernunft ...« 1950 Ph
— u. Wunder« 1905 Ph
—, Zeitalter d.« 1961 Ph
»Vernunftgemäßheit d. Christentums, Die« 1695
»Vernünftige Gedanken von Gott, der Welt und der Seele des Menschen, auch allen Dingen überhaupt« 1719
— — den Kräften d. menschlichen Verstandes« 1712
— — des Menschen Tun und Lassen« 1720
— — den Teilen d. Menschen, Tiere u. Pflanzen« 1725
— — den Wirkungen der Natur« 1723
»Vernünftigen Tadlerinnen, Die« 1725
»Vernünftler, Der« 1713
»Vernunftstaat« 1813
»Veröffentlichungen d. Inst. f. Meereskunde« 1902 W
Verona um Chr. Geb.; n. Chr. 489, 526, 976, 1093, 1107, 1260, 91, 1329, 87, 97, 1402, 06, 35, 50, 72
—, Amphitheater 290
—, Dom 1187
—, Palazzo della Ragione 1195
—, Sant' Anastasia 1481
—, Santa Maria in Organo 6. Jh., 1481
—, St. Zeno 1138, 1459
»—, Die zwei Herren aus« 1972 M
Veronal 1919 W
Veronese 1528, 63, 70, 85, 88
Verpackung, Reichstags- 1977 K
»Verpackte Luft« 1968 K
Verpuffungsstrahlrohr 1944 W
»Verrà la morte« 1967 M
Verocchio 1436, 61, 65, 79, 83, 88
»Verrohung i. d. Theaterkritik« 1902 D
»Verrückte Ferdinand, Der« 1937 D
»Verrücktheit, Recht auf« 1974 P
»Verrufenen, Die« 1925 K
Versailles 1662, 74, 86, 88, 97, 1710, 33, 62, 83, 1871
—, Schloß 1678
—, Spiegelsaal 1684
Versailler Vertrag 1919, 21 P
»Versäumte Lektionen, Entwurf eines Lebensbuchs« 1965 Ph
Verschaewe 1913 D
»Verschiedene Sonaten« 1613

»Verschlossene Türen« 1944 D
»Verschollenes« 1951 K
»Verschränkung« 1970 M
»Verschwörung d. Gleichen« 1796
»Versen, Auswahl aus früheren« 1962 D
Vershofen 1904 D, 27 V, 60 D
»Versi« 1824
Versicherung, genossenschaftl. 12. Jh.
»Versiegelt« 1908 M
»Versöhnung« 1952 D
»—, D. Lehre d.« 1959 Ph
Versöhnungsappell, Bischöfe Polens 1965 Ph
»Verspätung, Die« 1961 D
»Verspottung Christi« 1503
»Versprich mir nichts« 1937 K
Verstädterung 1853, 72
»Verstand der Urmenschen« 1911 Ph
»Verständigung üb. Beschränk. d. Rüstungen« 1904 Ph
Verstärkerröhre 1906, 15, 26 W
Verstärkertheorie, biolog. 1938 W
»Verstehen« 1910, 11 Ph
Versteinerungen 1517, 55, 80, 1726; s. a. Fossilien
Versteppung 1934 V, 46 W
Verstromungsgesetz 1974 V
»Versuch einer Anweisung, die Flöte traversière zu spielen« 1741
»— — krit. Dichtkunst für die Deutschen« 1730
»— über die Ungleichheit der Rassen« 1855
»Versuche über den menschl. Verstand« 1690
Versuchsanstalt f. Luftfahrt 1912 W
Versuchsstelle f. Hauswirtschaft 1925 V
»Versuchung, Die« 1976, 77 M
»— des heiligen Antonius« 1475, 1647, 1874, 1946 K
»— i. Budapest« 1932 D
»Versunkene Glocke, Die« 1896, 1927 M
»Vertauschten Köpfe, Die« 1940 D
Verteidigung 1961 P
»— und Beschreibung d. frz. Sprache« 1549
»— der Dichtkunst« 1590
»— des engl. Volkes« 1650
»— d. Kultur« 1935 D
»— d. Protestantismus 1923 Ph
»— der Rechte der Frau« 1792
»— Roms« 1906 D
Verteidigungsbeitrag 1951 P
Verteidigungsrat 1960 P
»Vertelln« 1855
»vertikale Erdkilometer, Der« 1855
»Vertikalsysteme« 1969 K
Vertow 1926, 28 K
Vertrag von Mersen 870
— — Verdun 841, 43
— — Versailles s. Versailler Vertrag
»Vertrauen, Das« 1969 D
»Vertrauenssache« 1962 M
Vertreibung d. Deutschen 1975 P
— aus dem Paradies« 1427
»Vertreter d. Menschheit« 1842
Vertriebene 1945, 60 V, 63 P
»Vertriebenen, Die Lage der« 1965 P
»Vertrocknete Insel« 1963 K
Verulam s. Bacon
»Verunreinigung der Luft, Die« 1964 V
»Verurteilung des Lukullus« 1951 V
Verwaltungsakademie 1919 V
Verwaltungsgericht, preuß. 1883
Verwaltungsgerichtsbarkeit 1863, 69
Verwaltungsreform 1969, 72 V

»Verwandlung, Die« 1916, 58 D
»Verwandlungen e. Jugend« 1941 D
»Verwandlungssagen« 18
»Verwandtschaften«, chemische 1700
»Verwehte Träume« 1958 D
Verwey 1912 D
»Verwirklichung d. Geistes im Staat« 1924 Ph
»Verwirrung d. Gefühle« 1926 D
Verwoerd, H. 1958, 60, 66 P
»Verwundete Amazone« v. Chr. 420
»Verwundeter Vogel« 1935 K
»Verwundetes Europa« 1950 K
Verzár 1944 W
»Verzauberte Seele« 1933 D
»Verzückung der heiligen Therese« 1646
— des Paulus« 1648
Vesaas, T. 1966 D
Vesalius 1514, 36, 43, 64
Vesely, H. 1961 K
Veskow 1910 K
Vespa 1946 V
Vespasian 69–71, 79, 80
Vesper 1960 D, 13 M, 23, 31 D
—, E. 1962 Ph
Vesperbild 1300, 50, 60
Vespignani, L. 1952 K
Vespucci, Amerigo 1451, 76, 99, 1502, 07, 12
»Vestalin« 1956 K
Vestalinnen 382
»Vesuv« 1924 D
Vesuvausbruch 79, 1631, 1906 V
Veteranenversorgung 8
Veterinärmedizin s. Tierheilkunde
Veterinäroffizierskorps 1908 V
Veterinärstudium 1902 Ph
»Vetter aus Dingsda, Der« 1921 M
—, H. O. 1969, 70 V
Vettersfelde, Fund von v. Chr. 6. Jh.
Vézelay, Ste. Madeleine 1130
VfB Leipzig 1903 V
Via Appia v. Chr. 312, 272
— Domitia v. Chr. 125
— Flaminia v. Chr. 7, 220
— mala« 1934 D
Viadana 1564, 1602, 10, 27
VIAG 1923 V
Viani, A. 1952 K
Viau 1617
Vicelin 1125
Vicente 1470, 1502, 36
Vicenza 1549, 80
Vichy 1940, 42 P
Vickers Armstrong Ltd. 1927 V
Vickrey, R. 1953, 55 K
Vico 1725
»Victimae paschali laudes« 1050
Victor-Hugo-Museum 1903 D
»Victoria« 1898
— von England 1819, 37, 40, 61, 76, 1901 P
— regia 1801, 1852
Victoriafälle 1855
Victorialand 1923
Victorianisches Zeitalter 1809
Victoria-See 1858
Vicus-Kultur v. Chr. 280
Vida, M. G. 1527
Vidal, G. 1956, 60 D
—, H. 1959 D
Videla, J. R. 1976 P
Vidi 1847
Vidigoia 300
Vidor, Ch. 1946 K
—, K. 1925, 29, 38, 56, 59 K
»Vie unanime« 1908 D
Viebig, C. 1860, 1901, 02, 04, 08, 10, 29, 52 D
»Viehhändler, Der« 1912 K
Viehzucht v. Chr. 8000, 5000
Vieille 1886
Vieira da Silva 1953–55 K

»Viel Getue um Nichts« 1901 M
»— Lärm um Nichts« 1599
Vienne 1311
Vienni 1030
»Vier II« 1967 K
»— Apostel« 1526
»— Bücher vom wahren Christentum« 1606
»— Dialoge für Oboe und Kammerorchester« 1964 M
»— Evangelien« 1903 D
»— Freiheiten« 1941 P
»— Grobiane, Die« 1906 M
»— Säfte, Über die« 1041
»— Schläfer« 1345
»— Tageszeiten« 1806
Viereck, G. S. 1906 D
Vierelementenlehre v. Chr. 430, 400, 325, 322, 308, 305; s. a. Elemente
»Viererbande« 1977 P
Viererpakt 1933 P
Viergesichtige Göttin v. Chr. 1850
Vierjahresplan 1936 P
Vierkandt 1916, 22, 31, 36, 53 Ph
Viermächteabkommen 1922, 62 P
——— über Berlin 1972 P
Viermächtekonferenz 1951, 54 P
——— in Paris 1951 P
Viermächtestatus v. Berlin 1975 P
Viersäftelehre v. Chr. 400, 377, 90; n. Chr. 200, 05, 1041, 1155
Viertaktmotor 1876
Vierte Welt 1974 V
»Vierteljahreszeitschr. f. exper. Psychol.« 1948 Ph
»Vierteljahreshefte z. Konjunkturforschung« 1925 V
Vierzehnheiligen 1743, 72
»Vierzehn-Punkte-Programm« 1918 P
»14. Juli« 1933 K
»Vierzig Tage d. Musa Dagh, Die« 1933 D
Vierzig-Stunden-Woche 1936 P, 60 f. V
Vieta 1460, 1576, 80, 91
Vietcong 1960 P
Vieth 1794
Vietminh 1945, 50 P
Vietnam 1960, 63, 73 P
—, Luftkrieg 1965, 66 P
—, US-Abzug 1969 P
»Vietnam-Diskurs« 1968 D
Vietnamkrieg 1964 P
——, Wende des 1968 P
Vietnam-Verhandlungen, Paris 1969 P
Vietnam-Waffenstillstand 1973 P
Vietta 1949 D
Vigée-Lebrun 1755, 1842
Vigilius 537, 46
Vigna, Pier della 1240
Vigneaud, V. du 1953, 55 W
Vignola, G. da 1562, 68
Vigny 1797, 1863
Viking-Sonden 1976 W
Viktor I. 189
— IV. 1159
— Emanuel II. 1849, 61
— Emanuel III. 1900, 36, 46 P
»Viktoria« M
— v. Deutschland 1901 P
— v. Großbritannien s. Victoria
»— u. ihr Husar« 1960 M
— Luise 1913 P
Vilcabamba 1964 W
Villa d'Este 1550
Villain 1914 P
Villa-Lobos, H. 1959 M
Villani 1339
Villanova-Kultur v. Chr. 776
Villanovanus 1238, 89, 1311
Villard de Honnecourt 1235
»Ville dont le prince est un enfant, La« 1967 D

Villers-Cotterêts 1918 P
Villius v. Chr. 180
Villon, François 1431, 56, 61, 63
—, J. 1953 K
Villot, J. M. 1969 Ph
Vilsbiburg 1907 K
Vimalakirti 750, 1106
Vina v. Chr. 510
»Vincent van Gogh« 1907 K
Vinci, Leonardo da 1440, 52, 61, 90, 92, 94, 97, 98, 1501, 06, 10 ff., 16, 19, 1911 K
»—, —« 1902, 05 D
Vindobona 180
»Vindrosen« 1959 D
Vineta-Sage 980, 1098
»Vinland« 1000, 1121
Vinlez v. Chr. 2000
»Viola tricolor« 1873
»Violanta« 1916 M
»Violett, Schwarz ... auf Weiß u. Rot« 1949 K
Violine, moderne 1553
»—, Die rosa« 1952 K
»Violinist« 1900 K
»Violinschule« 1756
»Violinsonaten« 1720
»Violons galantes« 1955 D
Virchow, R. 1821, 58, 61, 1902 W
Virchow-Denkmal 1910 K
Viren, menschl. 1972 W
Virgil 774; s. a. Vergil
»Virginalbuch« 1625
Virginalmusik 1628
Virginia 1584, 86, 90, 1607, 19, 76
Virginia-Dwan-Galerie 1966 K
»Virgo inter virgines«, Meister der 1465
»Viridiana« 1961 K
Virtanen 1945 W
Virus 1930, 35, 37, 39, 41, 43, 46, 47, 50, 54, 58, 61 W
— der Leukämie 1956 W
»Virusforschung« 1939 W
»Viruskrankheiten« 1939, 61 W
Virusnucleinsäure 1958 W
Virus-Synthese 1955 W
Virus-Zerlegung 1956 W
»Visage Nuptial, Le« 1958 M
— du Port« 1970 K
Vischer, Caspar 1569
—, Fr. Th. 1807, 57, 79, 87
—, Hans 1524
— d. Ä., Hermann 1455
— d. Ä., Peter 1455ff 88, 1510, 13, 15, 25, 29
Visconti 1365, 1423, 50
—, Filippo Maria 1412
—, Gian Galeazzo 1351, 87, 95, 1402
—— Maria 1412
—, L. 1948, 62, 65, 71, 72, 76, 77 K
Visier 1450, 75
»Vision des heiligen Augustin« 1965 M
»—— Bernhard« 1480
»Visionen Peters des Pflügers« 1362
»Visitation« 1966 M
Visitenkarten 1560
Viskose-Kunstseide 1910 W
Viskuskultur, peruan. 1956 Ph
Visser, A. 1969 W
Visuelle Musik 1968 M
»Vita Caroli Magni« 831, 40
»— Caesarum, De« 130
»— ipsa« 1918 D
»— non è sogno, La« 1972 M
»— S. Martini« 411
»— somnium breve« 1902 D
»— violenta, Una« 1959 D
»Vitae parallelae« 120
Vitalienbrüder 1389, 1401
»Vitalismus« 1905 Ph
»Vitalità furiosa« 1963 M

Vitamin 1873, 81, 95, 1906, 09, 11, 19, 22, 26, 28, 29, 31-39, 41-43, 45, 47, 48 W
— A 1931, 45, 47 W
— B 1911, 26, 33, 35, 36, 38, 48, 55 W
— B 12 1956 W
— C 1932, 34 W
— D 1919, 28, 31, 32 W
— E 1922, 38 W
— H 1932, 42 W
— K 1929, 39, 43 W
— T 1945 W
»Vitamine u. Hormone« 1941 W
Vitaminforschung, Zeitschr. f. 1932 W
Vitaminsynthese 1972 W
Vitellius 69
Viten 1955 W
Vitö 1930 W
Vitruvius Pollio v. Chr., um Chr. Geb.
Vitry, Phil. de 1290, 1320, 61
»Viva Zapata« 1951 K
Vivaldi 1680, 1714, 43
Vivarini 1473
Vivarium 583
Vives, J. L. 1523, 25
»Vivre sa vie« 1962 K
Vizeköng, ind. 1858
Vlad, R. 1965 M
Vlaminck, M. de 1907, 23, 58 K
Vleck, H.v. 1977 W
Vlieger 1601, 53
»Voces intimae« 1909 M
»Vodi« 1959 D
Voegeli 1936 W
Vogel 1890
—, Fr. 1956, 61 W
Vogel, Hans Joachim 1972, 74 P
—, H. K. 1901 W
—, H. W. 1873
—, Heinrich 1951 Ph
—, Henriette 1811
—, W. 1952 M
»— Zeitvorbei« 1922 D
»Vögel« v. Chr. 414; n. Chr. 1950, 54, 63 K
»—, Drei« 1968 K
»—, Geschichte u. Natur der« 1555
»— Mitteleuropas« 1931 W
»— in der Nacht, Die« 1967 W
Vogelflug 1940 W
»— 1930, 31 W
»Vogelfluglinie« 1963 V
»Vogelgesang« 1943 K
Vogelgesang, Dialekte i. 1964 W
»Vogelhändler, Der« 1891
»Vogelparadies« 1971 K
»Vogelnest, Das wunderbarliche« 1672
Vogelorientierung 1977 W
Vogelsang, K. 1976, 77 K
»Vogelscheuchen, Die« 1970 M
»Vogelschlinge« 1964 K
Vogelweide, Walther von der s. Walther v. d. V.
Vogelzug 1896
Vogler, K. A. 1967 K
Vögler 1936 V, 41 W
Vogt, C. 1766
»—, C.« 1919 W
»—, H.« 1922, 60 W
»—, Karl 1854
»—, O.« 1903, 19, 59 W
»—, W.« 1950 W
Vogtland 1200, 1485
Vohren, A. 1976 V
»Voie lactée, La« 1969 K
Voigt, E. 1936 W
»—, G.« 1859
»—, W.« 1906 P
Voigt-Diederichs, H. 1961 D
Voigtländer, Fr. 1841
Voisier 1702
Vokale v. Chr. 1000
Volants 1749

»Volare« 1959 M
Volchok, H. L. 1953 W
Voldemaras 1926, 29 P
Volk, H. 1962 Ph
»— u. Menschheit, Zwischen« 1919 D
»— ohne Raum« 1926 D
»— wacht auf, Ein« 1922 D
»— in Waffen« 1915 V
»— auf d. Wege« 1942 D
Volkelt 1914, 25, 28 Ph
Völkerbund 1920, 33, 35 P
»— u. Demokratie« 1920 P
»— u. Friedensbew.« 1926 P
——, Jahrbuch 1927 P
Völkerkunde 1520, 1711, 24, 1839, 51, 61, 1906, 11, 12, 20, 25, 34, 35, 37, 42, 48, 50
»— v. Afrika ...« 1940 V
—, Zeitschrift für 1906 Ph
Völkermord 1969 Ph
»Völkerpsychologie« 1920 Ph; s. a. Psychologie
»—, Elemente der« 1912 Ph
»— u. Soziologie« 1925 Ph
»— Über die Begründung u. d. Möglichk. einer« 1851
Völkerrecht 1961 V
»—, Neue Fortschritte im« 1912 V
»Völkerrechts, Handbuch des« 1929 V
»—, Wörterbuch des« 1926 V
Völkerschlacht Leipzig 1813
Völkerschlachtdenkmal 1913 K
Völkerwanderung, 1. germ. 310
—, große 375
Völkerwanderungen v. Chr. 5000, 3000, 2000, 1490, 1400, 1200, 1150, 1116, 1000, 355, 200; n. Chr. 98, 150, 311, 75, 406, 30, 50, 500, 600, 700, 800, 1204, 05, 1453, 1916, 39 P, 45 V, P
»Völkischer Beobachter« 1923 P
Volks- u. Jugendlektüre 1905 D
Volksarmee 1956, 62 P
Volksaktien 1957 V
Volksbibliotheken, Gesellschaft zur Verbreitung von 1871
Volksbildung 1813, 40, 50, 70, 78, 99, 1917, 21 Ph; s. a. Erwachsenenbildung, Schul...
Volksbildungsarbeit 1945 Ph
Volksbildungsarchiv 1909 Ph
Volksbildungsausschuß 1920 Ph
»Volksbildungswesens, Zentralblatt f.« 1901 Ph
»Volksbildungswesens, Soziologie des« 1974 Ph
»Volksbuch von Dr. Faust« 1587
»Volksbücher, Die deutschen« 1807
Volksbücherei 1848, 50, 52
Volksbühne Berlin 1920, 33, 62 D, 63 K
»—, Freie« 1890
Volksbühnenvereine 1920 D
Volksbund z. Bekämpfung ... 1910 Ph
»— f. Geistesfreiheit« 1921 Ph
»Volkseigene Betriebe« 1946, 53 P, 61 V
Volkseinkommen 1912 P, 27, 48-50, 60, 65 V
—, indisches 1960 V
—, japanisches 1961 V
—, USA 1948, 53 V
»Volksfeind, Ein« 1882
»Volksfront« 1935-58 P
Volksgerichtshof 1934, 45 P
»Volksherrschaft, Drei Grundsätze d.« 1924 P

Volkshochschule 1901, 02, 10, 14, 19, 29, 41, 48-50, 62 Ph; s. a. Erwachsenenbildung
———, 1. 1844
Volkshochschulheim 1905, 24, 29 Ph
Volkshochschultag 1928 Ph
Volkshochschultagung 1931 Ph
»Volkskaiser« 1517
Volkskammer 1950, 52, 58, 63 P
Volkskommunen 1958 P
»Volkskongreß« 1947 P
Volkslieder 1778, 1846
——, neugriechische 1825
——, ungarische 1906 M
»Volksliederarchiv, Deutsches« 1914 M
»Volksmadonna« 1579
»Volksmärchen« 1797
»—— der Deutschen« 1786
»Volksmedizin« 1936 M
»Volksmusik« 1936 M
——, Intern. Inst. f. Jugend und 1953 M
Volkspension 1961 V
»Volksrat« 1949 P
Volks-Schillerpreis 1905, 08, 11 D
Volksschule 1881, 1905 Ph
»——, Der Eigengeist der« 1955 Ph
Volksschulgesetz 1906 Ph
Volksschullehrerbildungsgesetz 1923 Ph
»Volkssozialisten« 1906 P
Volkssportschule 1924 V
»Volkssprache, Von der« 1305
Volkstänze 12. Jh., 1300
Volkstheaters, Freunde des 1953 K
Volkstrauertag 1926 V
Volkstümliches Büchereiwesen 1914 Ph
Volksvermögen 1973 V
——, britisches 1971 V
Volkswagen 1946, 72 V
Volkswagenproduktion 1955, 74 V
Volkswagenstiftung 1961 V
Volkswagenwerk 1955, 60, 61 V
———, Reprivatisierung 1957 V
»Volkswahl« 1954 P
»Volkswirt« 1957 V
»Volkswirtschaft i. 19. Jh.« 1903 V
»—— u. Weltwirtschaft« 1912 V
»Volkswirtschaftslehre, Allgem.« 1928 V
»——, — u. theoretische« 1901 V
»——, Begründung d. Liberalen 1776
»——, — d. physiokratischen 1774
»——, — d. sozialistischen 1859, 67
»——, Entwicklung d. dt.« 1908 V
»——, Fundament d.« 1918 Ph
»——, Grundriß d. allgem.« 1904 V
»——, Grundsätze d.« 1917 Ph
»——, Haupttheorien d.« 1910 V
»——, merkantilistische 1613, 64, 67, 80, 89, 95
Vollbeschäftigung, BRD 1959 V
»— i. e. freien Gesellschaft« 1944 V
»Vollkommene Ehe, Die« 1928 Ph
— Intimität« 1965 K
Vollplastik, älteste 1964 W
»Vollständige Modelldarstellg. d. bedingt. Reflexes« 1961 W
Volonte, G. M. 1966 K

»Volpone« 1605, 1927 D
Volsinii v. Chr. 280
Volsker v. Chr. 496, 493, 338
Volta 1775, 1800
Voltaire 1694, 1704, 17, 18, 20, 23, 26, 31, 32, 40, 42, 43, 48, 50, 51, 55, 56, 59, 64, 67, 75, 78, 1956, 65 M
»—« 1776, 78
»—, Club« 1963 Ph
Voltastaudamm 1965 V
Voltera v. Chr. 79
»Voluntarismus, pessimistischer« 1860
»Völuspa« 13. Jh.
»Vom Raum d. Kirche« 1958 K
»— unendlichen All und den Welten« 1584
»— Winde verweht« 1970 D
»— Wirkungsgefüge der Triebe« 1960 W
Vondel J. v. d. 1587, 1637, 47, 67, 79
»Von Geist u. Gestalt d. Ikone« 1961 K
»— dem großen lutherischen Narren« 1572
»— innen nach außen« 1971 K
»— langlebigen Menschen« 125
»— Liebe beherrscht« 1958 D
»— nahen und fernen Dingen« 1953 D
»— Trakl zu Brecht« 1961 D
»— wunderbaren Dingen« 125
»— den Wurzeln des Bewußtseins« 1953 Ph
»— der Ursache, dem Prinzip und dem ›Einen‹« 1584
»— Wahrheit« 1947 Ph
»Vor der Bücherwand« 1961 D
»— Sonnenaufgang« 1889
»Vorabend, Am« 1860
Voragine, Jacobus de 1270
»Voralpenlandschaft« 1522, 1974 K
»Vorbild, Das« 1973 D
Vordemberge-Gildewart, F. 1953 K
Vordermann 1895
Vorgeschichte, Lehrst. f. 1923 W
»— —, Reallexikon d.« 1932 W
Vorgeschichtsforschung, wissenschaftl. 1836
Vorhersage wiss. Fortschritts 1960 W
Vorländer 1911, 20, 25 Ph
»Vorläufer des Sozialismus« 1921 Ph
»Vorlesungen zur Einführung in die experimentelle Pädagogik« 1907 Ph
»— — — — Psychoanalyse« 1917 Ph
»— über Naturphilosophie« 1901 Ph
»— — Psychologie« 1922 Ph
»— — technische Mechanik« 1925 W
»Vormilitärische Schulerziehung« 1936 Ph
»Vor-Mit-Nach« 1968 K
Voronoff 1925, 28, 34 W
»Vorposten, Auf« 1932 V
Vorrechte, väterl. 1959 Ph
Vorsatzpapier 1600
»Vorschlag zur Vernunft« 1926 Ph
»Vorschule der Ästhetik« 1804
»Vorsokratiker« v. Chr. 600
»Vorstadtlandschaft« 1907 K
»Vorstadtstraße« 1914 K
»Vorsteher des Altmännerhauses, Die« 1664
Vorster, B. J. 1966, 77 P
»Vorträge üb. Deszendenztheorie« 1902 W
Vorzeichen, relig. v. Chr. 1400
»Vos Reinaerde« (Van den) 1250, 1487
Voss, J. 1973 K

Voß, J. H. 1751, 93, 95, 1826
—, R. 1911, 17 D
»Vossische Zeitung« 1751, 1913 V
Voßler 1913, 25, 40 D
Vostell, W. 1965 Ph, 76 K
Vostřák, Z. 1968 M
»Vox clamantis« 1382
Vox-Haus 1923 W
Voyager-Sonden 1977 W
V-Raketen 1944 P
Vrchlický 1907 D
Vreden 1488
Vries, Adrian de 1560, 1602, 18, 20, 27
—, Hugo de 1848, 1900, 03, 35 W
—, Hendrik de 1962 D
Vring, G. v. d. 1927 D
Vulgata 195, 405, 14. Jh., 1384, 1478, 1517, 46
Vulkan v. Chr. 1480; n. Chr. 79, 1631, 1740, 1804, 15, 34, 83, 1902, 06 W, 22 W, 43 V
— Kilauea 1977 V
Vulkanausbrüche 1976 V
Vulpius, Christiane 1788, 89, 1806, 16, 30
VV Cephei 1939 W
VW (Golf) f. DDR 1977 V

W

Waage, hydrostatische 1586
—, medizinische 1630
—, P. 1867
—, Versuch mit d. 1450
— d. Weltgerichts« 1976 K
»Waagen, G. F.« 1855
Waals, J. D. v. d. 1837, 1910, 23 W
Wace 1100, 65, 83, 1206
Wach 1931 Ph
»Wachsame Hähnchen, D.« 1932 D
»Wachsfigurenkabinett« 1907 D, 24 K
Wachstafeln v. Chr. 150
Wachstum des Keims 1844
»— 2« 1954 K
»Wachstums, Zukunft d.« 1973 Ph
Wachstumshormon 1901, 32, 42 W
Wachstumskritik 1974 Ph
Wachstumsvitamin A 1931, 45, 47 W
»Wacht am Rhein« 1902 V
— auf, Verdammte dieser Erde« 1871
»Wachtendonksen Psalmen« 10. Jh.
Wachter, R. 1973 K
»Wachtturm« 1879
Wackenroder, W. H. 1797
»Wackere neue Welt« 1932 D
Wackerle, J. 1937, 59 K
Wackernagel, Ch. 1967 K
Wadenstrümpfe 7. Jh.
Wadsworth 1930 K
Waerden 1930 W
Waetzold 1924 K
Wafd-Partei 1923, 27, 28, 38, 50 P
»Waffe zu verkaufen« 1936 D
»Waffen d. Lichtes« 1915 Ph
— nieder, Die« 1889
Waffenausfuhrverbot 1935 P
»Waffenschmied« 1846
Waffenstillstand 1945 P
— — v. Compiègne 1918, 40 P
Wag 1972 M
Wagemann 1925, 28, 31, 35, 40, 53 W
Wagen v. Chr. 3300, 2500, 2400, 1750, 1700, 1600, 1300, 1250
— III« 1955 V
Wagenbach, K. 1968, 69 D
Wagenburgen 400
Wagenlenker v. Chr. 478
Wagenrad, hölzernes v. Chr. 2900

Waggerl, K. H. 1930 D
Wagner 1944 P
—, A. 1876, 90, 1901, 12 V
—, Cos. 1857, 1930, 76 M
—, E. 1975 D
—, Heinrich Leopold 1776
—, Hilde 1933 K
—, K. 1961 D
—, O. 1904 K
—, R. 1925 W
—, Richard 1481, 1523, 1813, 36, 42, 43, 45, 49, 50, 51, 53, 54, 57, 59, 61, 68–70, 71, 73, 74, 76, 77, 82, 83, 1904 M, 08 Ph, 11 M, 27 Ph, 30, 63 M
—, Rudolf 1854
—, Siegfr. 1869, 1904, 05, 17, 18, 24, 26, 30 M
—, U. 1482
—, Wieland 1963, 65, 66 M
—, Winifred 1930 M
— od. d. Entzauberten« 1913 D
— v. Jauregg 1917, 27, 33, 40 W
—, Nietzsche contra« 1888
Wagner-Act 1935 V
»Wagners Geisteswelt, Aus Richard« 1908 Ph
Wagner-Stiftung 1973 M
Wagrien 983, 1125
Wagrier 1140
Wahhabiten 1745, 1924 P
Wahl, H. 1932 D
Wahlalter 1970 Ph
Wahlen in Dtschld., Freie 1952 P
Wahlergebnisse i. 20. Jh., Berliner 1946, 48, 50 P
—, britische 1922, 29, 50 P
—, deutsche 1903, 25, 32, 33, 49 P
—, finnische 1945, 48 P
—, französische 1946 P
—, italienische 1922, 46, 48 P
—, nordamerikanische 1965 P
—, österreichische 1945, 49 P
—, rumänische 1946 P
—, Westberliner 1948, 50 P
Wahlgesetz 1901, 27 P
Wahlkampfkosten 1968 P
Wahlkönigtum 911, 1257, 1438
»Wahlnacht« 1954 K
Wahlrecht 1832, 49, 50, 67, 96, 1902, 04, 07–09, 11–13, 15, 17, 18–21, 23, 25, 27, 28, 34, 36, 46, 47 P; s. a. Frauenwahlrecht
— —, Die Sozialdemokratie u. d. allgemeine 1895
Wahlrechtsreform 1968 P
»Wählt das Leben« 1952 Ph
»Wahlverwandtschaften« 1809
»— —, chemische 1767
»Wahnsinn des Orlando, Der« 1969 M
»Wahre und falsche Religion, Über die« 1525
— geistige System des Universums, Das« 1678
— Mensch, Der« 1960 M
— Ruhm« 1945 K
— Seeschlange« 1905 K
— Worte« 1778
Wahren, K. H. 1966 M
»Wahrheit« 1902 K, 03 D, 60 K
— u. Ideologie« 1945 Ph
— u. Offenbarung« 1948 Ph
— —, Von der« 1948 Ph
»Wahrheitsbegriff i. d. formalist. Sprachen« 1935 Ph
»Wahrheitsgehalt d. Religion« 1901 Ph
»Wahrnehmung, Über die« v. Chr. 322
Wahrnehmungstheorie 1955 Ph

Wahrsager 1947 V
»Wahrsagerinnen« 1929 K
Wahrscheinlichkeit v. Chr. 149; n. Chr. 1906
»—, Logische Begründung der« 1951 Ph
»— —, Philosophischer Essai üb. die« 1814
»— —, Statistik und Wahrheit« 1928 Ph
»Wahrscheinlichkeitsgedanke i. d. Ökonometrie« 1944 V
»Wahrscheinlichkeitslehre« 1837, 1935 Ph
»— — u. mehrwertige Logik« 1935 Ph
Wahrscheinlichkeitsrechnung 1654, 57, 71, 1705, 13, 1812, 37; s. a. Statistik
—, internationale 1968 V
Währungskrise 1968 V
Währungsreform 1923 P, 41, 47, 48, 50, 60 V
»—, Ein Traktat über« 1923 V
Währungssystem Bretton Woods 1973 V
»WAI« 1968 M
Waischeschika v. Chr. 671
Waisen 1490, 1698, 1833, 1925, 50 V
»Waisenhaus, Das« 1965 D
»— in Amsterdam« 1881
Waitz 1931 W
Waitzkin, St. 1968 K
Wajda, A. 1958, 61, 72 K
Wake 1942 P
Waksman, S. 1940, 44, 52 W
Walafried Strabo 842, 843
Walchensee 1924 K
Walchensee-Kraftwerk 1925 W
»Walchenseelandschaft« 1919, 24 K
Walcott 1948, 50, 52 V
»Wald« 1871, 72, 1922 D, 53 M
—, A. 1950
»— der Gehenkten, Der« 1965 K
—, G. 1964, 67 W
»— Heide« 1909 D
Waldanpflanzungsplan 1950 W
»Waldbilder« 1937 K
»Waldbücher« v. Chr. 600
Walde 1932 D
Waldemar I. 1168
— II. v. Dänemark 1227
— IV. Atterdag 1340, 46, 70
— von Brandenburg 1308, 47
— (Falscher) von Brandenburg 1347
— von Schweden 1250
— der Sieger s. Waldemar II. von Dänemark
Walden, H. 1910 D, 14 K
—, P. 1957 W
Waldenser 1173, 1209, 29
Waldenström, J. 1972 W
»Wälder u. Menschen« 1936 W
Waldersbach 1779
»Waldes, Reliquie eines« 1973 K
Waldfläche 1955 V
»Waldgang, Der« 1951 D
Waldheim, K. 1972, 73 P
»Waldheimat« 1877
Waldhorn 1664
Waldis, Burkhard 1490, 1548, 56
Waldmüller, F. G. 1793, 1823, 38, 50, 54, 59, 60, 61, 64, 65
Waldorfschule 1919 Ph
Waldow 1936 K
»Waldrausch« 1908 D
Waldseemüller, M. 1507
Waldteufel 1837, 1915 M
Waldus, Petrus 1173, 1209
»Waldweg im Schwarzwald« 1936 W
»Waldwerke« 1271

»Waldwinter« 1902 D
Wales 1480, 1100, 1283, 1320, 1400, 89
Walfang 1864
Walhall 98
Walhalla 1842, 48
Walker 1932 P
—, John 1827
Walkmühle 1300
»Walküre« 1854, 70, 1908 K
Wall 1708
»—, Der« 1950 D
Wallace, A. R. 1855, 76, 1913 W
—, E. 1926 D
—, G. C. 1968 P
—, L. 1880, 1905 D
Wallach 1910 W
Wallas 1908 Ph
Wallenstein 1583, 1626, 27–29, 30, 32, 34
»—« 1793, 0, 71 Ph
»Wallensteiner« 1630
Wallensteintrilogie 1800
Waller, A. D. 1887 W
—, F. 1952 D
—, J. 1977 K
Wallfahrten 1300
Wallia 415
Wallis 1475
Wallmann, W. 1977 P
Wallonien 1579
Wallot, P. 1841, 94, 1907, 12 K
Wallraff, G. 1969 D
Wallraf-Richartz-Mus. 1957 K
»Wally, die Zweiflerin« 1835
Walmiki v. Chr. 298
Walpole, Horace 1759, 64
—, Hugh 1913, 19, 22, 33 D
—, R. 1721
Walser, M. 1947, 60ff., 64, 66, 67, 69, 73, 75 D
Walsh 1924 K
— 1967 V
—, D. 1960 M
»Wälsungenblut« 1964 K
Walter, Bruno 1876, 1913, 25, 33, 62 M
—, E. J. 1947 Ph
—, O. F. 1962 D
»— Rathenau« 1907 K
Wälterlin, O. 1951 M
Walters, Ch. 1952 K
Waltershausen 1911, 54 M
»Waltharilied« 925
Walther von Aquitanien 749
—, Bernhard 1472
— von Châtillon 1178
—, Joh. 1524
—, Joh. Gottfr. 1732
— von der Vogelweide 1170, 98, 1210, 15, 17, 30, 60
»— — — — 1822
Walther-Büel, H. 1951 W
Walton 1860
—, E. T. S. 1932, 51 W
—, I. 1577, 1663
—, W. 1957 M
Walzer 1814
»— der Toreros« 1952 D
»Walzertraum, Ein« 1907 M, 25 K
Walzwerk 1728, 54, 90
Wambacher 1937 W
Wams 1302, 1475, 76
Wandalen v. Chr. 238, 44; n. Chr. 171, 218, 75, 325, 406, 08, 09, 15, 29, 39, 54–58, 533, 62, 65
»Wandalismus« 455
»Wände überall« 1960 D
»Wandel d. Annäherung« 1972 P
»Wanderer« 1912 D
»— und die Heimat, Der« 1931 D
»—, Hut in der Hand« 1968 K
»—, Rastende« 1671
»— zwischen beiden Welten« 1917
»Wanderers Nachtlied« 1815
Wanderkino 1910 V
Wandersport 1973 V

»Wanderungen durch die Mark Brandenburg« 1862
– und Wandlungen mit dem Reichsfreiherrn vom Stein« (Meine) 1858
»Wandervogel« 1901 Ph, 09 M, 13, 19 Ph
»Wanderzirkus« 1948 K
»Wandlung« 1919 D, 45 Ph
– d. Paulina Goya« 1958 D
– d. Weltanschauung 1928 Ph
»Wandlungen i. d. Auffass. d. Traumes ...« 1928 Ph
»– der deutschen Familie« 1953 Ph
»– d. Matta Pascal, Die« 1904 D
»– u. Symbole d. Libido« 1912 Ph
Wandmalerei (Idensen) 1135
Wandrelief, Europa-Haus Kreuzberg 1968 K
»Wandsbecker Bote« 1771, 1812
»Wandskulptur, Flache« 1953 K
Wandteppich 1479; s. a. Bildteppich
Wang An-shih 1021, 86
– Hai 1663, 90
– Hsi-chi 321, 79
– Mang 9, 25
– Meng 1343, 14. Jh.
– Shi-min 1663
– Tsching-wei 1940 P
– Tsch'ung 25, 98
– Wei 698, 759
– Yang-ming 1528
– Yüan-ch'i 1663
Wang-Ch'ien 1663
Wang-Dynastie 935
Wangel, H. 1961 D
Wangerooge, Alt- 1855
Wankel, F. 1957 W
Wan-li 1579
Wappen 1150, 95, 1260, 1426, 73
Wappers, G. 1870
Waräger 862, 79, 10. Jh.
Waran, Riesen- 1912 V
Warburg, A. 1902 Ph
–, O. H. 1883, 1920, 22, 24, 28, 31, 43, 48, 70 W
–, W. v. 1928 D
Ward 1736
– 1924 W
–, M. 1609
Warden, J. 1957 K
Wardenberg, Bürgermeister 1373
Wards 1908 Ph
Waren- u. Kaufhäuser Vbd. dt. 1903 V
Warenhaus 1852, 55, 80
Warenlotterie 1494
Warentest 1963 V
Warhol, A. 1964, 73, 75 K
Wärme 1568, 1760, 1822, 24, 43, 50, 64
–, latente 1768
Wärmelehre 1906 W
Wärmemessung an Tieren 1779
Warmerdam 1942 V
Wärmeregulation, tier. 1947 W
Wärmestrahlen 1800
Wärmestrahlung 1911 W
Wärmeleitfden 1626, 1702
Warmluftdrachen 1405
Warmwasserheizung 1716
Warna, Schlacht bei 1444
Warnemünde 1922 V
Warner, D. 1966 K
Warren, E. 1953 P
–, R. P. 1959 D
»Warren-Bericht« 1964 P
»War-Requiem« 1962 M
Warschau 1224, 1480, 1576, 1691, 1795, 1807, 1920 P, 29 V, 39, 44, 47 P
–, Ghetto 1943 P, 50 D
–, Nationalmuseum 1963 K
Warschauer Pakt 1955, 68 P
– Vertrag 1972 P

Wartburg 1180, 1207, 16, 31, 1521
Wartburgfest 1815, 17
»Wartburgkrieg« 1260
»Warten auf Godot« 1952, 75 D
Wartenberg 1902 W
»Wartende Frauen« 1946 K
»Warteschlangen-Theorie« 1965 W
»Warum wir kämpfen« 1942 K
– »Krieg?« 1933 Ph
– »läuft Herr R. Amok?« 1971 K
– »soll man d. Alkohol meiden?« 1924 V
– »Was?« 1972 V
– »gestern noch als Wundergalt« 1973 Ph
– »ist Leben?« 1944 W
– »– d. Mensch?« 1933 Ph
– »– Metaphysik?« 1929 Ph
– »tun?« 1902 W
– »wirklich i. Paris geschah« 1921 P
Wasa 1520, 23, 60, 87
Wäscher, A. 1961 D
»Wäscherinnen« 1776
»Waschlappen« 1965 K
»Wasserträger« 1800
Waser 1922 D
Washington (Stadt) 1790, 91, 1844, 1910 P, 18 W, 19 V, 20, 21 P, 27 V, 34, 37, 41 P, 43 Ph, 49 P
–, Botschaftsgebäude der BRD 1964 K
–, Bundesbibliothek 1950 D
–, George 1732, 77, 81, 89, 94, 99, 1932 W
–, Konferenz 1951 P
–, Kulturzentrum 1971 K
–, Sozialvers.-Gebäude 1942 K
Washingtoner Abkommen 1921 P
– Abrüstungskonferenz 1922, 34 P
– Negerdemonstration 1963 P
– Wellenplan 1929 V
Washington-Pakt 1942 P
Washkansky, L. 1967 W
Wasmann 1904 Ph
Wasow 1910, 17, 21 D
Wasser (Element) v. Chr. 544, 430, 322, 308
–, anomale Wärmeausdehnung 1776
»–, Das« 1952 K
Wasser, extragalaktisches 1977 W
–, schweres« 1932 W, 43 P
– u. Urwald« 1921 Ph
Wasserdichte Stoffe 1823
»Wasserfall in Niedzica« 1960 K
»– b. St. Blasien« 1863
Wassergas 1780, 1922 W
Wasserhebwerk 1568
Wasserheilverfahren 1848
Wasserklosett 1660
–1876
Wasserkraftwerk 1972 W
–– Krasnojarsk 1971 V
Wasserkonferenz, UN- 1977 V
Wasserkraftwerke 1955 V
Wasserkunstuhr 1202
Wasserkuppe 1912 V
»Wasserkur u. natürl. Immunität« 1917 W
Wasserleitung v. Chr. 1000, 689, 600, 546, 305, 2. Jh., 15, 12, 8, um Chr. Geb.; n. Chr. 48, 100, 21, 375
– – Bodensee-Stuttgart 1953 V
Wassermann, A. 1906 W
–, J. 1900, 09, 15, 19, 21, 22, 28, 30, 31, 34 D
Wassermühle 1085, 1200, 86, 1430
»Wassermusik« 1714
Wasserorgel v. Chr. 3. Jh.; n. Chr. 8. Jh., 10. Jh.

Wasserrad v. Chr. 1700, 230, 88; n. Chr. 43, 369, 546, 700, 1235, 1320, 89, 90, 1438, 80
– –, horizontal 1510
– –, Reaktions- 1750
Wasserschnecke v. Chr. 250
Wasserspaltung 1975 W
Wasserspeier 1277
»Wasserspiele« 1901 M
Wasserspritze v. Chr. 100
Wasserstoff 1766, 81, 83, 89, 1815, 58, 83, 85, 98, 1909, 13, 22, 32, 34, 37, 41, 43, 48, 50 W
– – (21-cm-Linie) 1949 W
– –, Radiostrahl. 1949 W
– –, schwerer 1932, 34 W
Wasserstoff-Antrieb 1976 W
Wasserstoff-Atomspektrum 1955 W
Wasserstoffbombe 1950 V, 52 P, W, 53 P, W, 54 W, 56, 57 P, 75 W
– –, I. chines. 1967 V
»Wasserstoffübertragende Fermente« 1948 W
Wasserstraßenbenutzungsgebühr 1958 P
»Wasserträger« 1800
Wasserturbine 1510, 1750, 1849, 84
Wasseruhr v. Chr. 1300, 945, 640, 450, 3. Jh., 159, 52; n. Chr. 490, 807, 1256
Wasserverbrauch 1951 V
Wasserversorgung, zentrale 1848
Wasserwaage v. Chr. 550
Wasserwerk 1570
Wasserzerlegung 1968 W
Wassilij III. 1514
»Waste Land« 1922 D
»Waterfront, On the« 1954 K
Watergate-Affäre 1974 P, 76 K
Watergate-Skandal 1973 P
Waterloo 1815
»Waterloobrücke i. London« 1902 K
Watkins, P. 1966 K
–, V. P. 1959 D
Watson, J. B. 1878, 1914 W, 19 Ph, 25 W
–, J. 1736, 65, 69, 76, 82, 86, 1819
Watt, H. 1964 W
–, J. 1736, 65, 69, 76, 82, 86, 1819
Watteau, A. 1684, 1702, 13, 16, 17, 18, 19, 20, 21
»Wattenmeer« 1953 K
»Watte-Objekte« 1970 K
Wätzoldt, St. 1962 Ph
Waugh 1872, 1950, 55 D
»Waverley« 1814
Wawilow, N. J. 1968 W
»Way to Colonos, ...« 1960 Ph
WEA 1903, 28 Ph
Weaver, W. 1948 W
Webb 1808
–, B. 1911 Ph, 13 P, 34, 47 Ph
–, S. 1911 Ph, 13 P, 23, 34, 47 Ph
Webeordnung 1298
Weber, Ad. 1910, 28, 39, 63 Ph
–, Alfr. 1868, 90, 1909 V, 12, 25, 27, 35, 53, 55 Ph, 56 V
–, C. A. 1916 W
–, C. M. v. 1786, 1811, 16, 18, 21, 23, 26, 33
»–, Die« 1892
–, F. H. 1834
–, G. 1969 K
–, H. 1962 P
–, J. 1968 W
–, Max (Maler) 1945 K
–, (Soziologe) 1864, 1901, 06, 19–22, 24 Ph
–, Wilh. 1833, 37
Weber-Aufstand 1844
»– – «1895

Weberei v. Chr. 3500, 3000, 2025, 1240, 1000, 800, 700, 600, um Chr. Geb.; n. Chr. 471, 500, 650, 900, 1100, 40, 55, 1300, 09, 67, 70, 81, 15. Jh., 1475, 1786, 1806
Weber-Fechner-Gesetz 1834
Webern, A. v. 1883, 1924, 45, 46, 74 M
Webster 1612
WC 1861
Wechsel 12. Jh., 1535, 67, 1694
Wechselburger Schloßkirche 1230
Wechselkurs (DM) 1961 V
Wechselkurse 1973 V
»Wechselspiele f. Kammerorchester« 1966 M
Wechselstrommotor 1887
Wechsler, D. 1955 Ph
Wechzler, E. 1913 Ph
Weckamine 1951 W
Weckherlin, G. R. 1619
Wedanga v. Chr. 600
Wedanta v. Chr. 671, 600
Weddellmeer 1908 P, 12 W, 35 W
Weddingen 1914 P
Wedding (Berlin) 1251
Wedekind, Fr. 1864, 91, 95, 1900–02, 04, 06, 07, 10, 12, 14, 17, 18 D, 35 M
Weden v. Chr. 2. Jt., 790, 600
»Weder Kaiser noch König« 1933 D
Wedgwood 1768, 82
Wedische Epoche v. Chr. 1000
»Weekend« 1967 K
Weeks, S. 1953 P
Weenix 1640, 1714, 19
Weert, Jan de 1351
»Weg zw. Baumgruppen« 1665
– d. Denkens« 1931 Ph
– allen Fleisches, Der« 1872
– z. Form« 1906 D
– ins Freie« 1908 D
»– – Leben« 1934 D
– nach oben, Der« 1958 K
– zur Reinheit, Der« 5. Jh.
– z. d. Sternen« 1945 K
– zum Tod des alten Reales, Der« 1971 K
– ohne Umkehr« 1953 K
– z. Vollendung« 1913 Ph
– zur Vollkommenheit« 1582
– ohne Wahl« 1933 D
– des Wanderers« 1966 M
– zurück« v. Chr. 401;
  n. Chr. 1931 D, 60 K
»Wege z. Drama, Neue« 1911 D
– zur Freiheit, Auf dem« 1946 D
– u. Irrwege« 1962 Ph
– z. Kraft u. Schönheit« 1925 K
– z. physikal. Erkenntnis« 1933 Ph
– z. Raumschiffahrt« 1929 W
– ohne Ziel« 1959 P
Wegeley 1763
Wegener, A. 1913, 15, 24, 30 W
–, P. 1905 D, 13, 20 K, 48 D
Wegscheider, H. 1953 Ph
»Wegweiser f. d. intell. Frau ...« 1928 D
»Weh dem, der lügt« 1840
Wehnelt 1904 W
Wehner 1930 D
–, H. 1969 P
Wehrbeauftragter 1959, 61 P
Wehrdienst 1961 P
Wehrdienstzeit 1972 P
Wehrergänzung z. Grundges. 1956 P
»Wehr-Geopolitik« 1932 P
Wehrgutachten 1952 P
Wehrpflicht 1814, 1906, 11, 13, 16, 29, 35, 36, 39, 40, 56, 62, 72 P

Wehrpflichtgesetz 1956 P
Wehrpflichtnovelle 1977 P
Wehrpolitik u. Wehrwiss. 1956 P
Wehrrecht 1248
»Wehrwirtschaftslehre« 1936 P
»Weib u. s. Bestimmung, Das« 1917 Ph
– d. Pharao« 1922 K
– im Purpur« 1923 M
– soll in der Kirche schweigen, Das« 4. Jh.
– i. Spiegel d. Völkerk. 1924 Ph
– auf dem Tiere, Das« 1924 Ph
»Weibersatire« 138
»Weiberversammlung« v. Chr. 387
»Weibliche Geschlecht, Verein zur Förderung d. Erwerbsfähigkeit für das« 1866
»Weiblicher Akt« 1965 K
»– – und Flötist« 1967 K
– Torso« 1910, 23 K
»Weiblichkeitswahn, Der« 1966 Ph
»Weicher Stil« 1450
Weichmann, H. 1965, 66 P
Weichsel v. Chr. 1130, 750; um Chr. Geb.; n. Chr. 567, 1259, 1944 P
Weickmann 1938 W
Weidenmann, A. 1954 K
Weidnitz 1519
Wei-Dynastie 386, 476
Weierstraß, K. 1815, 61, 97
Weigand von Theben 1473
Weigel, Chr. 1698
–, H. 1949 D
»–, Die Schauspielerin H.« 1959 D
Weigelt 1927, 31 W
Weigold 1931 W
»Weihe a. myst. Quell« 1902 K
Weihe-Depots v. Chr. 202
Weihenstephan 11. Jh., 1143
»Weiher bei Sonnenuntergang« 1495
»Weiherhaus, Das« 1494
Weihnachten 390, 1178
»Weihnachtsabend, Ein allzu reichl.« 1960 D
Weihnachtsbaum 1539, 1780, 1851
»Weihnachtsfeier« 1806
Weihnachtsfest 354, 6. Jh., 813
Weihnachtsgeld 1968 V
»Weihnachtsgeschichten« 1847
Weihnachtskarte, erste illustrierte 1846
Weihnachtslied, ält. dt. 11. Jh.
»Weihnachtsoratorium« 1664, 1734, 1909 M
Weihrauch 500
»Weihrauchland Punt« v. Chr. 1501
Weil, H. 1931 W
Weilheim 1923 W
Weill, K. 1900, 27–30 M, 32 K, 40, 50 M, 56 D
Weimar 975, 1250, 1617, 1757, 75, 99, 1813, 28, 32, 64, 1901, 04 K, 11 W, 18 P, 19 P, V, 20 D, 25 K, 49 D
– Bauhaus 1919
–, Hoftheater 1791
–, Kunstgewerbeschule 1901 K
–, Nationaltheater 1948 K
Weimarer Goethe-Ausgabe 1920 D
– Nationalversammlung 1919 P
– Republik 1918, 19, 30, 33 P
– –, ... Verfassung« 1959 Ph

Wein v. Chr. 2. Jt., 1250, 700, 500, 400; n. Chr. 280, 1397, 1437
»– u. Blut« 1947 D
Weinberger, J. 1927 M
Weinbrenner, F. 1766, 1813, 26
»Weinende Frau« 1923 K
Weinert 1932, 40 W
Weingarten 1493, 1722, 23
Weingartner, F. 1863, 1902, 16, 28 M, 33 D, 42 M
– Liederhandschrift« 1410
»Weingeist« 1200
Weinheber, J. 1939 D
Weininger, O. 1903 Ph
Weinreich, U. 1970 Ph
Weinstock, H. 1960 Ph
Weisbach, W. 1921 Ph
Weischedel, H. 1965 Ph
–, W. 1965, 67 Ph, 73 D
Weise, Christian 1642, 72, 82, 1708
»– v. Liebe u. Tod ...« 1899, 1923 M
»Weisen von Zion, Protokolle der« 1897
Weisenborn, G. 1928, 45, 47 D, 53 Ph, 56 D
»Weisheit der Brahmanen« 1839
»– Salomos« v. Chr. 1. Jh.
»Weisheitsbuch der Amenemope« v. Chr. 1193
»Weisheitslehre« v. Chr. 2450, 2100, 1985
Weiskopf, F. C. 1957 K
Weisman, A. 1902 W
–, J. 1923, 39 M
Weismantel 1919 D
Weiss, P. 1960 ff., 64, 65 D, 66 W, 68, 69, 75 D, 75 Ph
Weiß, E. 1913, 32 D
–, E. R. 1907, 09, 25, 31, 36 K
»– u. Rot, Zwischen« 1932 D
Weißblech 1620
»Weiße Affe, Der« 1924 D
– Armee 1919, 20 P
– Dame, Die« 1825
– Geheimnis, Das« 1929 K
– Götter« 1918 D
– Haus, Das« 1901 D
– Heiland, Der« 1928 D
– Hölle vom Piz Palü, Die« 1929 K
– Kleid, Das« 1944 D
– Pferd, Das« 1923 K
– Quadrat ...« 1913 K
– Reiter II« 1968 K
– Rose« 1943 P
– Rößl, Das« 1930, 57 M
– Stadt« 1930, 53 K
– Teufel, Der« 1612
Weißen Berge, Schlacht am 1620
Weißenberg 1921 Ph
Weißenborn 1578
Weißenburg, Otfried von 868
»Weißer Kaminzug mit Punkten« 1955 K
Weißes Meer 1300
Weißhorn 1861
»Weißkunig« 1512
Weißmüller, J. 1927 V
»Weiß-Schwarz-Gelb« 1968 K
»Weiterbildung« 1975 Ph
Weitling, W. 1838
Weitsprung 1949 V
Weitz, H. 1962 Ph
Weizen v. Chr. 7000, 3300, 3000, 2000, 1927, 1501, 700; n. Chr. 64, 1931 W, 63 V
Weizenernte 1965, 67 V
Weizmann 1923, 48, 52 P
Weizsäcker, C. F. v. 1936, 43 W, 48 Ph, 55, 57, 63 D, 64, 70, 74 Ph
–, R. F. v. 1968 D
–, V. v. 1932, 41, 51, 54, 56, 57 Ph
Welch 1947 D
Welf von Bayern 1090

Welfen 1070, 1125, 29, 38, 42, 74, 80, 81, 94, 95, 98, 1208, 12, 14, 18, 35, 36
Welfenkreuz 1048
Welfenschatz 1165, 1218
– –, Kuppelreliquiar 1175
Welfesholz, Schlacht am 1115
Welhaven 1830
Welid I. 710
»Welle« 1870
Wellek, A. 1955 Ph
Wellen, elektr. 1865, 88, 90
–, Licht- 1665, 78, 1801, 15; s. a. Lichttheorie
Wellenmechanik 1926, 28, 33 W
Wellenplan 1929, 50 V
– –, Genfer 1926 V
Weller, Th. H. 1954 W
Wellershoff, D. 1966 D, 69 D, 69 Ph, 73 D
Welles, O. 1938 V, 41, 43, 48, 49, 58, 62 K
–, S. 1933, 40 P
Wellesz, E. 1923 M
Welle-Teilchen-Dualismus 1924, 27, 28 W
Wellhausen 1908 Ph
»Welliges Land« 1936 K
Wellington 1808, 15
Wellmann 1945 W
Wellrad 290
Wells, H. G. 1866, 95, 1901, 05 D, 08 Ph, 11 D, 20 Ph, 26, 33 D, 38 V, 45 Ph, 46 D
–, Kathedrale 1174
Wels, O. 1920, 33, 39 P
Welsbach s. Auer
»Welsche Gast, Der« 1213
Welser 1528, 46
–, Paul 1601
– Philippine 1581
»Welt im Drama« 1918 D
– v. gestern« 1944 D
– ist zu gewinnen, Eine« 1945 D
– –, klein, Die« 1946 K
»Welt- u. Lebensanschauungen i. 19. Jh.« 1914 Ph
»Welt letzte Nacht, Der« 1960 D
– von morgen« 1953 V
– d. offenen Herzens« 1959 Ph
– d. Paul Slickey, Die« 1959 D
– voller Rätsel, Eine« 1956 K
– d. Schweigens« 1950 Ph
– der Suzie Wong, Die« 1960 K
– d. Tänzers« 1920 M
– im Einfluß« 1943 K
– der ungewohnten Dimensionen, die« 1955 Ph
– d. vernachlässigt. Dimensionen« 1915 W
– als Wille und Vorstellung, Die« 1819
– William Clissolds, Die« 1926 D
Weltalter 1968, 75 W
»Weltanfang« 1924 K
»Weltangst u. Götterzorn« 1951 Ph
»Weltanschauung u. Analyse d. Menschen ...« 1951 Ph
–, Meine« 1951 Ph
»Weltanschauungen, Psychologie der« 1919 Ph
»Weltanschauungslehre« 1924 V
Weltarbeitslosigkeit 1932 V
Weltatombehörde 1957 V
Weltausdehnung 1932; s. a. Nebel, kosm.
Weltausstellung 1851, 55, 62, 67, 73, 76, 78, 79, 80, 82, 83, 88, 89, 93, 94, 97, 1900, 04, 10, 37, 58 K, – – Montreal 1967 V
Weltbank 1952 V
»Weltbeschreibung« 1150

Weltbevölkerungskonferenz 1974 V
Weltbevölkerungskongreß 1927 V
»Weltbibliogr. d. Bibliogr.« 1949 D
Weltbild, astronomisches 1933 V
– –, atomares 1973 Ph
– – d. Physik« 1931 Ph
– – d. Primitiven 1923 Ph
– –, Umstrittenes« 1939 W
»Weltbuch« 1534
»Weltbühne« 1881, 1905, 26 D
Weltbund d. Demokr. Jugend« 1945 P
– der Erziehervereinig. 1923 Ph
– f. Frauenstimmrecht 1904 P
– –, Lutherischer 1952 Ph
– – für Sexualreform 1928 Ph
– – Tierschutz 1950 Ph
Weltburg 1721
»Weltbürgertum u. Nationalstaat« 1908 Ph
»Weltchronik« 1230, 52, 70, 77, 1493
Welteisenbahnnetz 1880
Welteislehre 1939 W
»Welten, Die vollkommenste aller« 1710
Weltentstehungslehre v. Chr. 2200, 700; n. Chr. 1200, 1944 W; s. a. Schöpfungsgeschichte
»Weltenwächter« 1162
»– –« (Vier) 750
Welternährung 1972 V
Weltesperantobund 1950 D
Weltflug 1932 V, 33, 47, 49 W
Weltformel 1957 W
»Weltfriedenskongreß« 1949 P
»Weltfrömmigkeit« 1941 Ph
Welt-Funkkonferenz 1927 V
»Weltgeldsystem, Krise im« 1933 V
»Weltgericht« 1100
Weltgeschichte v. Chr. 355, 140, 120; um Chr. Geb.; n. Chr. 9, 18, 66, 200, 583, 1050, 1106, 1286, 1406
– – 1614, 1881, 1910, 28 W
– in Anekdoten« 1928 D
– für das deutsche Volk« 1857
– –, Grundlinien der« 1920 Ph
– – d. Kunst« 1947 K
– –, Liebe, Klatsch u.« 1965 Ph
– –, Morphologie der« 1922 Ph
– –, Quellenkunde 1910 W
– –, Studie zur« 1939, 47 Ph
– –, Stufenbau der« 1916 W
– – seit der Völkerwanderg. 1916 W
»Weltgeschichtl. Betrachtungen« 1905 Ph
Weltgesundheitsorganisation 1948, 51 V, 59 M
Weltgewerkschaftsbund 1947 V, 49 P
Weltgewerkschaftskongreß 1949 V
Welthandel 1852, 1967, 69, 72 V
»Welthandelsatlas« 1927 V
»Weltharmonik« 1619
Welthilfsverband 1927 V
Weltindustrieproduktion 1948 V
»Weltinnigkeit« 1918 D
Weltinseln 1924, 26 W; s. a. Nebel, kosmische
Weltjugendfestspiele 1951 P
– – in Moskau 1957 V
Weltkarte aus Basel 1965 W
Weltkirchenkonferenz 1925, 48, 54 Ph

Weltkirchenrat 1955, 63, 75 Ph
Weltkommunismus i. Wandel« 1965 Ph
Weltkonferenz 1930 P, 64 V –, 3. 1972 V
Weltkongreß f. Soziologie 1950 Ph
Weltkraftkonferenz 1924 W
– – in Tokio 1966 V
»Weltkreis« 1220
Weltkrieg I. 1914–18
– – II. 1939–45 P
– –, Der 2.« 1953 P
»Weltlicht« 1955 D
– Märchen d.«1931 D
Weltluftverkehr 1951 V
Weltmarktpreise 1950 V
Weltmissionskonferenz 1910 Ph
Welt-Musik- u. Sangesbund 1927 M
Weltnachrichtenvertrag 1932 V
Weltner, K. 1970 Ph
»Weltpolitik u. Weltwirtschaft« 1925 V
– als Wissenschaft« 1965 Ph
»Weltpost u. Luftschiffahrt« 1874
Weltpostkongreß 1929 V
Weltpostverein 1878
Weltproduktion, Entwicklung der industriellen 1955 V
»Weltprotestantismus der Gegenwart, Vom« 1925 Ph
»Welträtsel« 1899
»– –, Die sieben« 1880
Weltraum, gekrümmt 1917 W
– –, Moleküle im 1970 W
Weltraumatlas 1970 W
»Weltraumfahrt« 1950 V
Weltraumflug 1950 V
Weltraumschiffahrt 1923 V
»Weltreich d. Technik« 1927 V
Weltreichskonferenz 1932 V
Weltreichspartei 1930 P
Weltregierung 1948 P
– – Gottes, Von d.« 466
Weltrekorde, leichtathl. 1957 V
»Weltrevolution« 1925 V
– –, Die Rolle meiner Familie in der« 1971 K
Weltrundfunkverein 1925 V
»Weltschach« 1742, 1824
Weltschachbund 1924 V
»Weltschmerz« 1742, 1824 Ph
Weltschöpfungs-Epos v. Chr. 2150, 1400
Weltschriftstellerkongreß 1935 D
»Weltseele, Von der« 1798
Weltsicherheitsrat 1956 V
»Welttheater« 1962 V
– –, Das große« 1645
Welttierschutztag 1931 V
Weltumflug 1929 V
Weltumsegelung 1967 V
Weltuntergang 830, 1000, 1241, 1949 V
»Weltverachtung, Über die« 1343
Weltvolkszählung 1950 V
Weltwährungskrise 1971 V
»Weltwanderer« 1925 V
»Weltwirtschaft« 1910 V
– –, Struktur u. Rhythmus der« 1931 V
– – u. Seeverkehr« 1911 V
– –, Institut f. 1961 V
– –, Theorie eine 1954 V
»Weltwirtschaftsarchiv« 1908, 13 V
Weltwirtschaftsinstitut 1924 V
Weltwirtschaftskonferenz 1927, 27 V
Weltwirtschaftskrise, erste 1857
– – –, zweite 1929–33 P

»Weltwirtschaftslehre« 1912 V
Weltwunder, sieben v. Chr. 2650, 575, 550, 435, 356, 353, 285, 279
»Weltzeit« 1925 V
Weltzensus 1960 V
»Wem gehört die Welt?« 1932 V
»– d. Stunde schlägt« 1940 D
Wen-Chong-ming 1492
Wende 1932 V
»Wendekreis« 1922 D
– – d. Krebses« 1934 D
– – d. Lammes« 1924 D
– – d. Steinbocks« 1938 D
Wendel 1939 W
–, J. 1952, 60 Ph
Wenden 800, 940, 1121, 36, 68, 1227
»Wendepunkt, Der« 1942 D, 72 M
Wenders, W. 1975 K
Wendland, G. 1966 K
–, H. D. 1956 Ph
»Wendriner« 1928 D
Wendt, Fr. W. 1963 K
–, I. 1956 D
Wenephés-Ezôjet v. Chr. 3000
»Wenigen u. d. Vielen, Die« 1959 D
Weniger, E. 1961 Ph
»Wenn d. junge Wein blüht« 1909 D
– Katelbach kommt« 1965 K
»– d. Kraniche ziehen« 1958 K
– das Meer zurückweicht« 1965 D
– die Mondwinden blühen« 1964 D
– der Tag leer wird« 1968 M
– wir Toten erwachen« 1900 D
Wenrich 1959 M
Went 1933 V
Wente 1917 W
Wentorf, R. H. 1955, 57 W
Wenz 1914 D
Wenzel I. 921
– I. von Böhmen 1230, 36
– II. von Böhmen 1278, 84, 97, 1300
– III. 1306
– IV. von Böhmen s. Wenzel IV., dt. König
– IV., deutscher König 1378, 89, 93, 1400, 10, 19
– 1956 V
–, J. 1953 Ph
»Wepchis Tkaosani« 1200
»Wer hat Angst vor Globolinks« 1968 M
– – Virginia Woolf?« 1965 K
– ist Beta?« 1972 K
– einmal a. d. Blechnapf frißt« 1934 D
– ist's?« 1905 V
– weint um Juckenack?« 1924 D
– wirft den ersten Stein?« 1969 Ph
»Werbegraphik« 1927 K
»Werbelehre, Allgemeine« 1924 V
Werbung s. a. Reklame
– –, Psychologische Grundlagen der« 1956 Ph
Werbungsausgaben 1960 V
Werckmeister, A. 1691
»Werden des Gottesglaubens, Das« 1914 Ph
– Krüzifix 1059
– Sein u. Vergehen« 1895
Werfel 1890, 1915, 19, 20, 23, 24, 26, 28, 29, 31, 33, 41, 43, 45, 46 D
Wergeland 1830, 45
»Werk« 1925 D
– d. Artamonows, D.« 1925 D
– u. Erbe« (1848) 1949 Ph
– u. Wiedergabe« 1929 M
Werkbund 1929 K

Werkbundausstellung 1914 K
»Werke und Tage« v. Chr. 700
»Werkleute auf Haus Nyland« 1904 D
Werkstoff 1940 V, 43 W; s. a. Kunststoffe
Werkstoffanalyse, Elektronenmikroskopische 1973 V
»Werkstoffbearbeitung mit Photonenstrahlen« 1969 V
»Werkstoffe nach Maß« 1973 W
Werkstoffprüfung 1935 W
»Werkstoffschau« 1927 V
Werkunterricht 1922 Ph
Werkvereine, gelbe 1899
Werkzeuge (älteste) 1974 W
Werkzeugmaschinen 1958 V
Werla 920
Werl-Altar 1438
Werner von Thurgau 1026
–, A. G. 1780
–, Alfr. 1866, 1913, 19 W
–, Anton v. 1843, 1915 K
–, B. 1964 V
–, I. 1939, 44 K
–, J. A. L. 1834
–, O. 1966 W
–, Th. 1950, 51, 52, 54, 55, 59, 66 K
–, W. 1968 K
–, Z. 1768, 1810, 23
Wernher der Gartenaere 1290
Wernz 1906 Ph
Werra 300
»Wert d. Wissenschaft« 1905 Ph
Wertethik 1916 Ph
Wertheim/Main 1244
– (Warenhaus) 1904 K
Wertheimer 1925, 57 Ph
»Werther, Die Leiden ...« 1774
Werthertracht 1778
Werther-Parodie 1775
Wertow, D. 1964 V
»Werwolf, Der« 1910 D
Wesel, Rathaus 1396
»Wesen des Christentums, Das« 1841, 1900 Ph
»– d. Demokratie« 1929 Ph
»– d. Existenz« 1921 Ph
»– u. Hauptinhalt d. theor. Nationalökon.« 1908 V
»– des Judentums, Das« 1956 Ph
»– d. Musik« 1943 M
»– d. Ordnung ...« 1937 W
»– d. sprachlichen Gebilde, Das« 1902 Ph
»– d. Soziologie« 1907 Ph
Wesendonk, M. 1851
»Wesenseinheit« 325, 381
»Wesensgleichheit« 381
»Wesensschau« 1913 Ph
»Wesentlichen, Eine Kunst des« 1961 K
Weser, Ausbau d. Mittel- 1960 V
Weserkef v. Chr. 2560
»Weser-Renaissance« 1552
Wesker, A. 1966 D
Wesley, Ch. 1738
–, J. 1703, 38, 91
Wespe 1940 W
Wessel, Helene 1952 P
–, W. 1968 K
Wessely, Paula 1930 D, 34, 49 K
»Wessen das Land, dessen die Religion« 1555
Wessex 824, 49, 71
»Wessobrunner Gebet« 814
West, Benj. 1738, 1820
–, M. L. 1975 D
»– Side Story« 1961 K
Westafrikanische Wirtschaftsgemeinschaft 1972 V
Westdeutsche Bundesrepublik 1949, 50 P
»Westen nichts Neues, Im« 1929 D, 30 K

Westermann 1940 W
–, G. v. 1963 M
–, L. 1969 V
Westeuropäische Union 1955, 63 P
Westfalen 1947 P
»–« 1933 V
–, Arnold von 1471
Westfälische Malerei 1400
Westfälischer Friede 1648
»Westfront 1918« 1930 K
Westgarten-Kreis 1086, 87, 1101, 07
Westgoten 300, 35, 41, 70, 78, 82, 83, 95, 401, 09, 10, 15, 18, 51, 66, 507, 34, 67, 85, 87, 618, 711
Westindien, Entdeckung 1492, 93
Westinghouse 1872
»Westlandsaga« 1952 D
»Westöstlicher Diwan« 1814
Westphal, O. 1970 W
–, W. H. 1954 Ph
Westphalen, Jenny v. 1843
Westrom 284, 306, 75, 95, 403, 15, 19, 25, 33, 51, 54, 55, 76, 86
Wettach, A. 1930, 54, 59 Ph
Wetter u. Atombombe 1956 W
– und Gesundheit 1952 W
Wetterballon 1966 W
Wetterbeeinflussung 1955 W
Wettereinfluß 1952 W
»Wetterfahne« 1968 K
Wettergott v. Chr. 2420
Wetterkarte, 1. Zeitungs- 1875
Wetterkunde s. Meteorologie
»Wetterphase u. Organism.« 1960 W
Wetterprognose m. Computer 1967 W
–, elektron. 1957 W
Wettersatellit 1960, 62, 66, 73 W
Wettervorhersage, mittelfristige 1973 W
– – – durch numerischen Prozeß« 1922 W
»Wetterwart« 1905 D
Wetterweltzentrale 1967 W
Wettin 1200, 47, 64, 1345, 1423, 85
–, Friedrich von 12. Jh.
Wettiner 929, 1089, 1136, 1200
»Wettlauf z. Jahre 2000« 1960 W
»– m. d. Schatten« 1922 D
»Wettrennen zum Mond« 1969 W
Wettstein, A. 1955 W
–, F. v. 1926, 28 W
–, R. v. 1908 W
Wetzlar 1693
– Dom 1350
Wewerka, St. 1970, 73 K
Wewetzer, K.-H. 1961 Ph
Weyden, Rogier v. d. 1400, 37, 40, 42, 44, 49, 50, 62, 64
Weyer, Johannes 1563
Weyprecht 1873
Weyrauch, W. 1953, 56 D
Whale 1931 K
Wharton, E. 1911, 20 D
–, Th. 1656
»What kind of a bird ...?« 1958 K
Wheatstone 1833, 43, 67
Wheeler, D. J. 1951 W
–, J. A. 1962 W
Whigs 1685, 1709, 21
Whipple, F. 1957 W
–, G. 1878, 1934 W
Whistler, J. 1834, 59, 67, 85, 1903 K
White 1906 W
–, H. 1965, 67 W
–, P. 1912 D
»– Star Line 1934 V
–, Th. H. 1953 D

Whitefield, George 1738
Whitehead 1866
–, A. N. 1861, 1913, 19, 29, 33, 47 Ph
Whitelaw, W. 1972 P
Whiteman, P. 1926 M
Whitford 1945, 47 W
Whiting, J. 1961 D
–, L. 1967 K
Whitman 1819, 55, 65, 77, 91, 92, 1910 M
Whitmann, J. 1974 M
Whitney 1793, 98
Whittemore 1930 K
Whitten-Brown, A. 1919 V, W
WHO 1959 V
»Whore, 'tis pity she's a« 1633
»Who's who?« 1849, 1905 V
»– – in Literature« 1906 V
»Why not Cabinet Gift Wrapped Dr. Cagliari I« 1965, 67 K
Whyl 1976, 77 V
Whymper 1865, 80
Wiazemsky, A. 1965, 67 K
Wichern, J. 1808, 33, 48, 49, 81
Wichmann von Magdeburg 1188
»Wickelkind« 1466
Wickersdorf 1906 Ph
Wicki, B. 1954, 55, 59, 61 K
Wickler, W. 1961 Ph
Wickram 1555, 57
Wiclif 1328, 65, 70, 74, 82, 83, 84, 1403, 13, 15, 16
»Widder auf d. Blütenstaude« v. Chr. 2500
»Wider das Papsttum in Rom« 1545
Wideröe, R. 1927 W
»Widerspenstigen Zähmung, Der« 1594, 95, 1874, 1948 M, 66 K
»Widerspruch, Der« 1974 D
»Widerspruchsvolle Welt« 1944 K
Widerstandsbewegung, deutsche 1953 P
– –, französische 1941 D
Widia-Hartmetall 1926 W
Widmann, Johann 1489
–, Joseph V. 1900 D
Widor, Ch. 1914 M
Widukind 772, 85, 1975 Ph
– v. Corvey 968
»Wie auch wir vergeben« 1907 V
»– einst im Mai« 1913 M
»– erlangt man Kenntnis d. höheren Welten?« 1909 Ph
»– es Euch gefällt« 1599
»– finanziert man d. Krieg?« 1940 V
»– ist d. fortgesetzte Demokratisierung ... zu beurteilen?« 1904 Ph
»– Gertrud ihre Kinder lehrte« 1801
»d. Herr befehlen« 1959 D
»– herrlich, jung zu sein« 1956 K
»– ist kritische Philosophie überh. möglich?« 1919 Ph
»– liest man den Handelsteil e. Tageszeitung?« 1930 V
»– in einem Spiegel« 1960 K
»– ist die Welt so weit?« 1951 D
»– wohl ist mir, o Freund d. Seele« 1916 M
Wiechert, Emil 1897, 1903 W
–, Ernst 1887, 1922, 24, 26, 29, 32, 36, 39, 45 Ph, 47, 50 D
Wieck, D. 1931 K
–, Klara 1819, 30, 40 Ph
Wied, Gustav 1901, 07, 13 D
–, Hermann von 1542
Wiederbewaffnung, dt. 1957 P

Wiedergutmachungsabkommen 1952 P
»Wiederkehrende Christus, Der« 1926 V
Wiedertäufer 1489, 1520, 24–26, 54, 1955 Ph
»– der Wohlstandsgesellschaft, Die« 1968 Ph
Wiedervereinigung 1951, 52 P, 60 Ph
– –, Memorandum zur 1956 P
»– ist verspielt, Die« 1965 Ph
Wiedervereinigungsverbot 1973 P
Wied-Neuwied, Prinzessin von 1908 D
Wiegand, Ch. 1955 W
–, Charmion von 1967 K
–, Th. 1930 W
–, W. 1911 K
Wiegendrucke 1445, 70, 75, 1925 D
Wiegner 1940 W
»Wiehernder Hengst« 749
Wiek, Heinrich von 1364
Wieland 300
–, Chr. M. 1733, 66, 72, 74, 77, 87, 1813
–, Hch. 1877, 1927, 55 W
Wieman, M. 1935, 41, 53 K
Wien 180, 1030, 1141, 1200, 10, 21, 77, 88, 1365, 1423, 36, 45, 54, 56, 58, 61, 73, 76, 80, 85, 93, 1502, 04, 29, 85, 1651, 52, 83, 94, 1703, 10, 18, 25, 76, 1809, 14, 31, 48, 58, 68, 73, 77, 97, 1901, 04 M, 06 V, 07, 08 M, 11 P, M, 12 P, 14 M, 22 Ph, 23 V, 27 P, M, W, 32 P, 33 M, 34 P, W, 40 P, 45 P, 49 P
–, Café Museum 1899 K
–, Internationale Gartenschau 1964 V
–, Hofburg 1200, 1449
–, Hofoper 1901, 11 M
–, Justizpalast 1927 P
–, Karlskirche 1716
–, Landesheilanstalt 1904 K
–, M. 1908 W
–, Maria am Gestade 1427
–, Museum d. 20. Jh. 1962 K
–, Neumarkt-Brunnen 1739
–, Palais Kinsky 1713
–, Philosophen-Kongreß 1968 Ph
–, Ruprechtskirche 1100
–, Sezession 1897
–, Stadthalle 1958 K
–, Stephansdom 1225, 1304, 30, 59, 1433, 86, 1952 Ph
–, Sternwarte 1756
–, Techn. Hochschule 1815
–, Theater i. d. Josefstadt 1924, 30 D
–, Universität 1903 K
–, Volkshochschule 1901 W
–, Vorfriede zu 1735
–, W. 1962 D
–, Weltatombehörde 1957 W
–, Wilh. 1864, 97, 98, 1900, 11, 28, 31 W
Wienbarg 1834
Wiene, R. 1920, 23, 58 K
Wiener, A. J. 1967 W
»– Bilderchronik« 14. Jh.
»– Burgtheater 1776, 1806, 58, 73, 99, 1910, 55 D
»– Gedichte« 1926 D
»– Genesis« 5. Jh.
»– Klassik« 1781, 1809, 27
»– Kongreß 1814
»– Konkordat 1447
»– Kreis« 1918, 29–31, 34, 37, 45 Ph
»– Med. Schule« 1745
»– Methode 1930 V
»– Neustadt 1462
»– Norbert 1948 W, 52 Ph, 64 W
»– Oper 1977 M
»– Operette, Anfang der 1860

Wiener Orgelschule 1459
– Porzellanmanufaktur 1718
»– Protokoll« 1931 P
»– Schiedsspruch« 1938, 40 P
»– Schule« 1950 K
»– des phantastischen Realismus« 1965 K
– Sezession 1901 K
– Stadtbank 1703
»– Wald, Vorfrühling i.« 1864
»– Waldlandschaft« 1854
»Wierchy« 1958 M
Wies, Kirche 1746
Wiesbaden v. Chr. 11; n. Chr. 1242
–, Kurhaus 1907
–, Rhein-Main-Halle 1957 K
Wiese, L. v. 1908, 21, 29, 49, 52, 69 Ph
–, W. 1932 W
Wieser 1914 Ph
–, W. 1959 W
»Wigalois oder der Ritter mit dem Rad« 1204
Wigman, M. 1919, 21, 49, 73 M
Wigner, E. 1963 W
Wikinger 793, 800, 802, 900, 80, 95, 1000, 50, 11. Jh., 1908, 1953 W
Wilamowitz-Moellendorff, U. v. 1906 D
Wildberger, J. 1965 M
»Wilde, Die« 1934 D
»– Flamme, Die« 1952 D
–, H. 1946 Ph
»– Leute« 1408
–, O. 1819, 56, 91, 93, 94, 98, 1900, 05 D
Wildenbruch, E. v. 1902 M, 07, 09 D
»Wildente« 1884
»Wildentenjagd« 1943 K
Wilder, B. 1945, 55, 57, 70 K
–, Th. N. 1926, 27, 35, 38, 42, 48, 54, 55, 57, 75 D
»Wildes Pferd« 1974 V
Wildgans, A. 1881, 1913, 14, 16, 18, 20, 26–28, 32 D
»Wildgänse, Einfallende« 1767
»Wildgans-Pagode« 652
Wildiers 1901 W
»Wildnis braust, Die« 1919 W
»–!, O« 1933 D
»Wildschütz« 1842
Wildt 1932 W
Wildwestschau 1880
Wilhelm I
– (Kronprinz) 1918, 23 P
– I. von England 1027, 66, 72, 87 P, 1100, 35
– I. v. Oranien (König) 1815
– – – – (Statth.) 1533, 65, 72, 79, 81, 84
– I. v. Preußen 1797, 1857, 61, 71, 88
– II. 1858, 59, 61, 88, 90, 92, 1904 M, 05, 06 P, 12 V, 16–18, 41 P
»–« 1925 D
– II. v. Oranien 1650
– II. Rufus 1087
– III. v. Oranien 1674, 88, 1702
– IV. 1830, 37
– IV. v. Bayern 1549
– VII. von Poitiers 1127
– von Auxerre 1225
– von England 1191
– der Eroberer s. Wilhelm I. von England
– von Hirsau 1065
– von Holland 1227, 47, 56
– von Köln 1378
– d. Niederlande 1967 V
– von Preußen 1951 P
»– Bode« 1904 K
»– v. Humboldt ...« 1909 Ph
»– Meisters Lehrjahre« 1795
»– Wanderjahre« 1821
–, R. 1928 Ph
»– Tell« 1307, 1572, 1804, 29, 1934 K
»– Wundt« 1912 K

Wilhelmina v. Holland 1880, 90, 1948 P
Wilke 1754, 75
—, M. 1975 Ph
Wilkes, D. 1966 W
Wilkins, H. 1928, 31, 37
—, M. 1962 W
Wilkinson, G. 1973 W
Wilkitzki 1913, 14 W
Willaert 1485, 1527, 49, 62, 71
Willard 1919 V
Wille 1902 Ph
»— zum Glauben« 1897
—, Johann Georg 1715, 1808
»— zur Macht« 1888
Willegis von Mainz 983
Willehalm« 1218, 43
»Willehalm« 1218, 43
Willem 1250
— von Hildegaersberch 1382
Willemer, M. v. 1814
Willems, P. 1953 D
»Willen in der Natur, Über den« 1836
»Willens, Über die Freiheit d. menschlichen« 1841
»Willensfreiheit« 1947 Ph
»—, Über« 1904 Ph
Willett, J. 1959 D
»William Lovell« 1796
Williams 1925 W
—, G. 1844
—, P. 1977 P
—, R. 1955 W
—, R. C. 1953 W
—, R. V. 1922, 35, 53, 55, 58 M
—, T. 1951, 53, 55 D, 56, 58 K, 75 D
—, W. 1930 M
Williamson 1900, 05 K
Willibald 750
Willibrord 696, 98
Willingdon 1931 P
Williram 1060
Willis, Th. 1664, 70
Willm, P. 1954 W
Willmann, Michael 1306, 1706
—, O. 1882
Willoughby 1553
Wills 1860
Willstätter 1914, 15, 40 W
»Willy the Weeper« 1948 M
Wilm, A. 1907 W
Wilna 10. Jh., 1323, 87, 1920, 22, 38 P
Wilser 1931 W
Wilsing 1909 K
Wilson, A. 1958 D
—, A. H. 1932 W
—, A. T. 1964, 65 W
—, C. 1952 D
—, Ch. E. 1953, 57 P
—, C. T. 1869, 1912, 27 W
—, E. 1955 Ph
—, H. 1963, 64, 69, 74 P
—, R. 1976 M
—, S. 1967 W
—, W. 1856, 1913, 18, 19, 24 P
Wilsonkammer 1912
Wimberger, G. 1952, 57, 72 M
Wimbledon 1920 V
Wimmer, H. 1968 K
Wimpfeling 1450, 1505, 28
Wimpfen, Kaiserpfalz 1200
Winchester 1382, 96
—, Kathedrale 11. Jh.
—, Kloster 975, 80
Winckelmann, J. J. 1717, 55, 62, 64, 66, 68
Winckler 1904, 21, 23 D
»Wind, Sand u. Sterne« 1939 D
Wind-Ablenkungsgesetz 1835
Windaus 1928, 31, 32, 35 W
Windbüchse v. Chr. 3. Jh.
»Winde verweht, Vom« 1936 D, 39 K
Windelband 1848, 80, 1904, 15 Ph
Windfahne v. Chr. 52
Windgesetz 1857
Windhorstbünde 1920 Ph
Windkarte 1686
Windkessel v. Chr. 254

»Windkraft i. Theorie u. Praxis« 1927 W
Windmotor 1920 W
Windmühlen 1390, 1430, 1550, 91; s. a. Mühlen
»— b. Rotterdam« 1913 K
Windorgel 8. Jh., 10. Jh.
Windradwagen 1472
Windsbach von 1214
»Windsbraut« 1914 K
Windsheimer Zwölfboten-Altar 1509
Windsor, Andrew v. 1960 P
— Castle 1350, 1481
»— —« 1942 K
—, Herzog von 1936 P
—, Schloß 1824
Windthorst 1812, 90, 91
Winfridbund 1920 Ph
Wininger 1932 V
»Winkelkorrelationsmeßgerät« 1966 K
Winkelmaß v. Chr. 550
Winkler 1879
—, H. G. 1955, 60 V
»Winnetou« 1910 D
Winrich von Kniprode 1351
»Winsbecke« 1214
Winsel 1962 M
»Winter« 1927 D, 56 K
»—, Der« 1966 K
»— i. d. Bergen« 1948 V
—, F. 1928, 51, 54, 55, 57, 58, 65, 68, 76 K
»— in Flammen« 1966 K
»— i. Grunewald« 1917 K
»— d. Lebens« 1919 D
»—, P. 1961 Ph
»— am Weißensee« 1968 K
»Winterbild« 1930 K
Winterfeld, M. 1910 M
»Wintergarten« 1887, 95
»—, Im« 1879
»Winterhilfswerk« 1940 V
»Winterkönig« 1620
»Winterlandschaft« 1646, 1853, 1941 K
»Winterliche Landschaft« 1950 K
»Wintermärchen« 1588, 1611
»Wintermelancholie« 1969 K
»Wintermorgen« 1944 V
Winternitz 1917 W
Winterpalast 1762
»Winterregen« 1957 K
»Winterreise« 1827
Wintersaison 1864 V
»Winterschlaf, künstl.« 1951 V
Wintershall AG 1921, 46 V
Winterstein, E. v. 1961 D
Wintertemperatur 1933 V
Winterthur 1462
»—, Dr. Reinhart« 1947 K
»Winterwind« 1960 D
Wintrich, J. 1954 P
Winzer, O. 1965 M 73, 75 P
»Winzige Alice« 1964 D
»Winziger Punkt« 1966 K
Wipo 1050
»Wir bauen eine neue Welt« 1918 K
»— und mein Bruder« 1807
»— drei« 1904 D
»— fahren geg. Engeland« 1939 M
»— fanden e. Pfad« 1914 V
»— fordern Reims z. Übergabe auf« 1935 D
»— hängen unsere Wäsche ...« 1941 M
»— Kellerkinder« 1960 K
»— kommen zum Fluß« 1976, 77 M
»— machen eine Oper« 1949 M
»— Narren von gestern« 1922 D
»— rufen Deutschland« 1932 D
»— schalten um auf Hollywood« 1931 K
»— sind Gefangene« 1927 D
»— — vom gleichen Stoff, ...« 1953 D
»— — noch einmal davongekommen« 1942 D

»Wir sind Utopia« 1943 D
»— werden durch Atome leben« 1956 V
»Wunderkinder« 1958 K
»Wirbel der Berufung, Im« 1936 D
»Wirbelsturm v. Sion« 1947 K
Wirbeltheorie des Schädelbaus 1824
Wirbeltier, ältestes 1976 W
»Wirbeltierleichen ...« 1927 K
»Wirklichkeit des Theaters« 1953 D
»Wirklichkeiten, Die neuen« 1957, 61 D
»—, Verborgene« 1973 Ph
»Wirklichkeitslehre« 1917 Ph
Wirkstofforschung (Zeitschr.) 1941 W
Wirkstuhl 1589
»Wirkung, Prinzip der kleinsten« 1746, 1750
Wirkungsquantum 1900, 05, 13, 18, 23, 25 W; s. a. Quanten ...
Wirnt von Grafenberg 1204
Wirth, G. 1967 V
—, J. 1921, 22, 25, 55 P
Wirtschaft s. a. Volkswirtschaft
»— BRD 1955 V
»— u. Gesellschaft« 1922 Ph
»— Kontrollierte« 1944 V
»— Lehre von der« 1930 Ph
»— u. Statistik« 1921 V
»— u. Wissenschaft« 1931 V
»— v. 1960« 1942 V
»Wirtschaftende Mensch als Gestalter der Erde, Der« 1954 V
»Wirtschaftliche Folgen d. Friedensvertrages« 1919 V
»— Selbstverwaltung« 1919 P
»— u. soziale Grundl. d. europ. Kulturentw. ...« 1920 Ph
»Wirtschaftlichkeit in der Industrie« 1976 V
Wirtschaftsarchiv 1906 V
Wirtschaftsbeobachtung, Inst. f. 1932 V
Wirtschaftsdarstellung, USA 1955 W
Wirtschaftsentwicklung d. DDR 1955 V
»— d. Karolingerzeit« 1913 W
Wirtschaftsforschung, Inst. f. 1917 V
Wirtschaftsgemeinschaft, atlant. 1962 V
»Wirtschaftsgeographie« 1907
Wirtschaftsgipfel 1977 V
Wirtschaftshilfe f. Lateinamerika 1961 P
Wirtschaftsingenieur Berlin, Techn. Hochschule f. 1927 V
»Wirtschaftskommission« 1947 P
Wirtschaftskonferenz, Intern. 1952 V
Wirtschaftskraft Japans 1967 V
»Wirtschaftskreislaufes, Mathem. Strukturlehre des« 1954 W
Wirtschaftskriminalität 1975 V
Wirtschaftskrise 1815, 57, 73, 92
— — in den USA 1957 V
»Wirtschaftslebens, Ordnung des« 1924 Ph
Wirtschaftsordnung 1975 Ph
Wirtschaftspartei d. dt. Mittelstandes 1921 P
Wirtschaftsplan, französischer 1962 V
»Wirtschaftspolitik, Deutsche« 1962 V
Wirtschaftspotential der USA 1954 V

Wirtschaftsprognose 1975 W
Wirtschaftsrat 1948 P
Wirtschaftsreserven Chinas 1957 V
»Wirtschaftswunder« 1976 V
»Wirtschaftswunders, Das Ende d.« 1962 V
Wirtschaftszahlen, BRD und DDR 1966 V
— — f. Erde, EWG, BRD 1966, 68 V
»Wirtshausgarten« 1665
Wirtz, C. 1921 W
Wisby 1361, 13. Jh.
Wischnu v. Chr. 480; n. Chr. 3. Jh., 4. Jh., 400, 500, 635, 1198
Wisconsin 1936 K
Wise 1910 V
—, J. 1873
—, K. A. J. 1964 W
—, R. 1966 V
Wisent 1755, 1925 W
»Wiskottens, Die« 1905 D
Wismar 1167, 70, 1266, 1648, 1903 P
—, Fürstenhof 1554
—, Marienkirche 1339
—, Nikolaikirche 1381
Wiss 1905 W
Wissel, R. 1919, 62 P
»Wissen u. Glauben, Über« 1854
»— ist Macht« 1626
»—, Über das noch nicht bewußte« 1979 Ph
Wissens, Verdoppelung d. 1969
—, Vermehrung des 1972 W
Wissenschaft, Aufwand für 1951 W, 59 V
»— vom Ausdruck« 1936 Ph
»— als Beruf« 1919 Ph
»—, Freiheit d. 1970 Ph
»— u. Hypothese« 1903 Ph
»— u. d. Idee v. Gott« 1944 Ph
»— der Logik« 1816
»— u. Philosophie« 1912 Ph
»—, politische 1444
»—, Psychologie d.« 1936 Ph
»— u. Rationalismus« 1912 Ph
»— u. Religion ...« 1908 Ph
»—, Scheinprobleme d.« 1947 Ph
»—, sumerische Listen- v. Chr. 2050
»— im totalitären Staat« 1955 W
Wissenschaften, Entw. 1960 W
Wissenschaftliche Arbeiten 1950 W
»— Bibliothekskunde« 1920 W
»— Ergebnisse einer Reise i. Zentralasien« 1904 W
»— Gesellschaft, Neapel 1560
— —, Philadelphia 1727
»— Illustration« 1919
»— Photographie ...« 1903 W
»— Produktion 1913 W
»— Revolution, Zwei Bildungsarten ...« 1959 Ph
»— Veröffentlichungen 1960 V
Wissenschaftlichen Abhandlungen, Carl der 1968 W
Wissenschaftlicher Arbeiter, Vereinigung 1937 V
Wissenschaftlich-techn. Welt, IInstitut z. Erforsch. d. 1970 Ph
Wissenschaftskunde, Handb. d.« 1955 W
»Wissenschaftslehre« 1922 Ph
»— — in ihrem ganzen Umfang« 1810
Wissenschaftsrat 1957 W, 60, 62 Ph
»Wissensformen u. d. Gesellschaft« 1926 Ph
Wissensvermehrung, Tempo d. 1969 W
Wissmann 1881, 88
Witboi 1904 V
Witeche 300
»Witiko« 1865

Witkin, I. 1965 K
Witkowski 1903, 24 D
Witschas, R. 1974 V
Witt 1671
—, H. T. 1965 W
Witte, Emanuel de 1667
—, S. 1905 P
Wittelsbach 1115, 1214, 1323, 46, 47, 56, 73
Witten, H. 1498
Wittenberg 1180, 81, 1260, 1356, 1423, 85, 94, 1502–04, 08, 17, 18, 20, 21, 22, 23, 27, 1821, 49
—, Schloß 1490
»Wittenbergisch Nachtigall« 1523
Wittenweiler, Heinrich von 1400
»Witterungsablauf, physik.-chem. Reaktionen ... Beziehungen zwischen« 1951 W
Wittgenstein, L. 1922, 51 Ph
Wittig 1925 Ph
Wittingau 14. Jh.
Wittinger R. 1968 M
Wittmack 1954 P
Wittstock 1636
Witu 1890
»Witwe des Schmetterlings, Die« 1969 M
Witwen 1975, 1920, 50 V
Withworth-Gewinde 1841
Witz, Konrad 1395, 1433–35, 44, 47
»—, Der unanständige« 1970 Ph
Witzlaw von Rügen 1302
Witzleben 1944 P
Wladimir 1224
— II. Monomachos 1113
—, Demetrius-Kathedrale 1198
—, der Heilige 980, 88
—, Kathedrale 1408
—, Mariä Himmelfahrts-Kathedrale 1198
Wladislaw I. Lokietek 1320
— II. von Böhmen 1471, 90
— II. Jagiello 1386, 87, 1433
— III. (I.) 1444
—, von Anjou 1386
Wladiwostok 1911 W, 17 V
Wlassow (General) 1942, 45 P
—, J. 1962 V
»Wo kommt das viele Geld her?« 1940 V
Wobbermin 1925 Ph
»Woche« 1883
»Wochenend u. Sonnenschein« 1930 M
Wochenende 1910 V
»—« 1927 V, 30 K
Wochenschau 1909 K
»—, erste deutsche 1896
»—, Interesse an der 1957 K
»—, Kino- 1974 K
Wochenzeitung, erste dt. 1609
Woeringen, Schlacht vor 1288
»Wofür wir kämpfen« 1943 K
»Woge« 1825, 1944 K
»Wogen« 1921 K
Wohlbrück 1950 K
Wöhler 1825, 27, 28, 62
Wohlfahrt 98, 138, 370, 79, 548, 787, 814, 44, 1198, 1247, 54, 88, 1388, 1490, 1522, 63, 1601, 66, 1795, 97, 1800, 83, 1919 Ph, 21 V, 32 P; s. a. Sozial ...
»Wohltemperierte Klavier, Das« 1722, 44
»Wohnhaus« 1927 K
Wohnraum 1872, 1950 V
Wohnraum-Geschmack 1955 K
»Wohnung« 1925 K
»— und Werkraum« 1929 K
»Wohnungen« 1969 K
»—, leere 1974 V
— der Menschheit 1953 V
Wohnungsbau 1961 V
»—, rationeller« 1926 V
—, sozialer 1956 K

»Wohnungsgesetz« 1945 P
»Wohnungsprobleme Europas ...« 1924 V
»Wohnungswesen« (Zeitschr.) 1902 K
Wohnungswirtschaft 1966 V
Wohnungszwangswirtschaft 1960 V
Wölber, H. O. 1969 Ph
Wolde 1911 K
Wolf, Ch. 1963 D
–, Fr. 1795
–, Fr. 1927, 29, 30, 34 D
–, G. 1923 W
–, Hugo 1860, 88, 89, 95, 1903 M
–, Karl Anton 1958 K
–, Konrad 1957, 64, 71 K
–, Manfred 1969 V
–, Max 1901, 23 W
–, R. 1849
»– Solent« 1929 D
»– unter Wölfen« 1937 D
Wolfe, Th. 1900, 29, 35, 36, 38, 40, 41 D
»Wölfe und Schafe« 1875
Wolfenbüttel 1608, 66
»Wolfenbütteler Fragmente« 1777
»Wolfenbütteler Äsop« 1370
Wolfenstein, M. 1950 Ph
Wolff (Nürnb. Baumeister) 1622
Wolff (Kölner Baumeister) 1973 K
–, Christian 1679, 1712, 19, 20, 23, 25, 27, 40, 54
–, K. Fr. 1759
–, M. 1910, 33 V
–, Theodor 1889, 1906 V
–, W. 1966 W
Wolf-Ferrari, E. 1876, 1903, 06, 08, 09, 27, 36, 48 M
Wolffsches Telegraphenbüro 1849
Wölfflin 1888, 1915 K
Wolfgang (Bischof) 972
Wolfram 1900, 05 W, 44 P
– von Eschenbach 1170, 1210, 18, 20, 43, 60, 70
»Wolfsblut« 1900 D
Wolfsburg 1962 K
–, Theater 1973 K
Wolga 375, 9. Jh., 1764, 75, 99, 1940 W, 42 P
Wolgakolonie, deutsche 1764, 1924, 41 P
Wolgast 1168, 1295, 1325, 1478
–, H. 1896
Wolgemut, Michael 1434, 75, 86, 90, 91, 1519
Wolgograd 1961 P
Wolhynien 1333, 40
»Wolken, Die« v. Chr. 423
»– vor Bergen« 1941 K
»– üb. Murnau« 1948 K
»– ziehen sich zusammen« 1967 K
»Wolkenbote« 5. Jh.
Wolkenkratzer 1883
– aus Aluminium 1953 W
Wolkenstein, Oswald von 1377, 1445
»Wolkensteiner, Der« 1971 M
Wölker, H. 1961 Ph
»Wolladen, Im« 1940 K
Wollaton-Castle 1580
Wolle v. Chr. 1150, 600, 585; n. Chr. 1050, 1212, 1300, 09, 13, 39, 67, 71, 1511, 1961 V
Wollhandkrabbe 1905 V
Wollin 980, 1098, 1648
Wollstonecraft, M. 1792
»Wollust d. Anständigkeit, D.« 1917 D
»Wolodyjowski, Herr« 1887
Wols 1951 K
Wolzogen, E. v. 1901, 11, 19 D
–, H. v. 1908, 13 Ph
WOM 1977 W
»Woman killed with kindness, A« 1603

»Woman at Washington Zoo, The« 1960 D
Wong, A. M. 1961 K
»Wonniger Donnerstag« 1954 D
Wood 1927 W
–, Chr. 1967 D
Woodham, D. 1968 K
Woodruff 1940 W
Woodstock-Festival 1969 M
Woodward, J. 1968 K
–, R. B. 1965 W
»Woody's Wunder« 1964 K
Woolf, V. 1915, 22, 25, 27, 28, 33, 41 D
Woolley 1918, 27, 47 W
Woolworth-Gesellschaft 1912, 26 V
Worcester 1633
Worden, A. M. 1971 W
Wordsworth, W. 1770, 98, 1850
Wörishofen 1848
Wörlitz 1765
–, Schloß 1800
Worm, Ole 1650
Wormit, H. G. 1962 Ph
Worms 406, 37, 861, 1000, 24, 1106, 1200, 1388, 1431, 90, 95, 1521, 41, 1612 V
–, Dom 1026, 1170, 81, 1234
–, Paulskirche 1016
–, Synode u 1076
–, Synagoge 12. Jh., 13. Jh.
Wormser Edikt 1529, 32
– Konkordat 1075, 1106, 15, 22, 23
Woroschilow 1925, 41 P
»Worpswede« 1903 D
Worpsweder Künstlerkolonie 1902 K
– Malerschule 1902 K
Worringer 1911 K
Wörrishöfer 1950 Ph
»Wort und Bekenntnis« 1954 K
»– Gottes u. d. Theologie« 1924 Ph
»– u. Objekt« 1960 Ph
»–– Spiel« 1960 Ph
»– über die Tyrannei, Ein« 1961 D
»Wortbildungslehre« 1913 D
»Wortbruch« 1922 M
»Worte des Herrn« 1. Jh.
»– eines Rebellen« 1922 Ph
»Wörter, Die« 1964 D
»Wörterbuch, Deutsches« 1852, 1961 D
»– d. deutschen Sprache, Etymologisches« 1883
»– –, Französ. etymologisches« 1928 D
»– d. indogermanischen Sprachen« 1932 D
»– –, Serbisches« 1815
»– – d. Völkerrechts« 1926 P
»–, –« 1912 K
Wortmann, A. 1701
»Wortphilologen« 1801
Woschod 1964, 65 W
Wosnik, J. 1956 Ph
»Wostok I« 1961 W
»– V u. VI« 1963 W
Wotan 98
»–« 1936 Ph
Wotruba, F. 1956, 73, 75 K
Wotton, E. 1552
Wouk, H. 1952 D, 54 K, 72 P
Wouverman, Philipp 1619, 68 W
»Woyzeck« 1837
»Wozzek« 1925 M
Wrangel 1921 P
–, F. H. E. v. 1784, 1877
–, F. P. v. 1823
Wratislaw I. 1124, 81
– II. 1092
Wrede 1906 Ph
Wren 1632, 66, 72, 76, 1710, 23
Wright, B. 1964 K
–, Fr. L. 1869, 1910, 16, 36, 40, 50 K, 53, 57, 59 K
–, O. 1899, 1903, 04 W

Wright, R. 1950 Ph, 53, 54 Ph, 60 D
–, R. H. 1966 W
–, W. 1899, 1903, 04, 08 W
Wrobel, I. 1935 D
Wrotizlav 900
Wrubel 1856, 1910 K
Wu v. Chr. 474
– Peifu 1928 P
– Tao-tse 700, 60
Wu-Chen 14. Jh.
Wucher 1362, 1524, 30
»Wuchers, Verteidigung des« 1787
Wuermeling, Fr.-J. 1953, 57 P
Wu-hou 705
Wulf 1912 W
–, Focke- 1938 W
Wulfila 311, 341, 50, 83, 500
Wullenwever, J. 1533, 34
Wüllner 1938 D
»Wunder des Anti-Christ« 1897
»– als apolog.-theol. Problem« 1931 Ph
»– Christi« 1000
»– v. Mailand« 1951 K
»– d. Malachias, Das« 1961 K
»– der Prärie« 1954 K
»– d. Schneeschuhs« 1919 K
»– jenseits Thule« 75
»– a. d. Weichsel« 1920 P
»Wunderbare Jahr, Das« 1666
»– Reise d. kl. Nils Holgersson ...« 1907 D
»– Reisen ... des Frhrn. v. Münchhausen« 1786
»Wunderbaren i. d. Poesie, Crit. Abhandlungen v. d.« 1740
»Wunderbare oder die Verzauberten, Das« 1932 Ph
»Wunderdoktor« 1929 V
»Wundergeschichten« 1219
»Wunderkinder, Wir« 1957 D, 58 K
Wunderlehre 1951 Ph
Wunderlich, H. G. 1967, 71 W
»– P. 1965, 71 K
»Wunderliche und wahrhaftige Gesichte des Philanders von Sittewald« 1643
»Wunderpost für Co-Piloten« 1969 D
»Wunderschiff, D. nüchterne« 1959 D
»Wundertäter« 1932 Ph, 73, 74 K
»Wundertätige Magus, Der« 1637
»Wunderweizen« 1970 P
Wundstarrkrampf 1884
Wundt, Wilhelm 1832, 74, 86, 92, 1901, 02, 11, 12, 20 Ph
»–, –« 1912 K
»Wunsch beim Schwanz ergriffen, Der« 1941 D
Wünsche von Ph
Wünschelrute 1911 V
»Wunschkind« 1930 D
Wunschkonzert 1939 M
»Wunschloses Unglück« 1972 D
Wünsdorf 1924 V
Wunsiedel, Naturtheater 1903 D
»Wupper, Die« 1908 D
Wuppertal 1901 M
»Würde und Mehrung der Wissenschaften« 1623
Würfel v. Chr. 400, 300; n. Chr. 1377, 1654
»Würfelhocker« v. Chr. 1850, 1800, 1490, 850
Wurfmaschinen v. Chr. 760, 1. Jh.
»Würgeengel« 1966 K
Wurmkrankheiten 1918 V
»Württemberg« 1901 Ph
Wurzacher-Altar 1437
Wurzbacher, G. 1963 Ph

Würzburg 689, 705, 741, 1106, 28, 1253, 1400 P, 76, 83, 91, 1531, 73, 79, 82, 91, 1744, 48, 53, 1945 P
–, alte Universität 1401 Ph, 1591
–, Burg Marienberg 1201 K
–, Dom 1034, 11. Jh., 1187, 1201, 1522
–, Frauengefängnis 1809
–, Kloster 1670
–, Konrad v. 1277, 87
–, Mainbrücke 1543 V
–, Marienkapelle 1450, 1500
–, Musikhochschule 1973 M
–, Neumünster 11. Jh., 1493
–, Schule« 1905, 12 Ph
–, Stadttheater 1976 D
–, Universität 1968 Ph
»– Wurzel des Satzes v. zureichenden Grunde, Über die vierfache« 1813
Wurzelbaur 1519
Wurzelrechnung v. Chr. 2600, 1000, 212
»Wurzeln des Himmels, Die« 1956 D
»Wüste, Krater, Wolken« 1914 V
»– lebt, Die« 1953 K
»Wüstling, Der« 1951 M
»Wuthering Heights« 1847
Wu-Ti v. Chr. 140
– 517
»Wuz, Schulmeisterlein« 1793
Wyatt 1503, 42, 1738, 1930 V
Wyatteville, J. 1824
Wyckoff, R. 1937, 49 W
Wyhl 1975 V
Wyle, Nik. v. 1478
Wyler, W. 1942, 46, 53, 59 K
Wyneken, E. F. 1904 Ph
–, G. 1906 Ph
Wynter, B. 1958 K
Wyschinski 1940, 49, 54 P
Wyss, D. 1970 Ph
Wyszynski 1956 Ph
Wyttenbach, J. 1966 M

X

Xanten 356, 1228, 1555
–, St.-Viktor-Dom 1213
–, Vertrag zu 1614
Xanthos v. Chr. 448
Xaver, Franz 1549
»Xcs/63« 1963 K
Xenakis, Y. 1955, 58, 61, 66 M
»Xenien« 1797
Xenokrates v. Chr. 404, 339
Xenophanes v. Chr. 570, 540, 480
– von Kolophon v. Chr. 514
Xenophon v. Chr. 430, 401, 375, 354
– von Ephesos 100
Xeres de la Frontera, Schlacht bei 711
Xerxes I. v. Chr. 519, 519, 485, 480, 479, 477, 465
– II. v. Chr. 424
»–« 1738
»X-Haken, Der« s. »Iks-Haken«
Xi-Hyperom 1962 W
Ximenes 1517
»X-Strahlen« s. Röntgenstrahlen
Xylophon 725

Y

Yagin, Y. 1966 W
Yagu 1783
Yakub Beg 1864
Yale 1701
Yalow, R. 1977 W
Yamasaki, M. 1959 f. K

Yamato v. Chr. 1. Jh.
»Yamato-e« 1054, 1200, 1443, 1702
Yamazaki, T. 1959 K
Yang 589
– Kuei-fei 750, 56
Yang-Mao 1424
Yangshao v. Chr. 3000
Yao-Dynastie v. Chr. 2420
Yarim-Lim v. Chr. 2000; n. Chr. 1947 W
Yazgard III. 651
Yeager 1947, 53 W
»Yeah! Yeah! Yeah!« 1964 K
»Yeats, W. B. 1865, 1923, 39 D, 55 M
»Yellow and Green Brushstroke« 1966 K
Yelü Ch'u-tsai 1227
Yen Wen-Kuei 995
Ye-nan 1936 P
»Yenidje« 1965 K
Yersin 1894
»Yes Speak Out Yes« 1969 M
»– tonight, Josephine« 1957 K
Yin (Stadt) v. Chr. 1331
Yin-Dynastie v. Chr. 1331, 1300, 1250, 1050, 950, 800
YMCA 1844
»Ynglingatal« 888
Yoga v. Chr. 671, 408, 5. Jh.
»Yogi u. d. Kommissar, Der« 1945 Ph
Yokai Yagu 1702
Yorck von Wartenburg, L. 1768
»Yoricks sentimentale Reise d. Frankreich u. Italien« 1768
Yoritomo 1156, 92, 95, 13. Jh.
York (Haus) 1154, 1455, 61, 70, 71, 83, 85
– (Stadt) 79, 306, 735, 1943 Ph
–, Kathedrale 1070, 1291, 1324, 15. Jh.
Yoschida 1949, 52 P
Yoshihito 1912, 26 P
Yoshimasa 1480, 86
Yoshimitsu 1396, 99, 1480
Yoshimura, J. 1965 V
Yorktown 1781
Young, B. 1847
–, Ed. 1742
–, J. W. 1964, 65, 72 W
–, Th. 1801
Youngerman, Y. 1961 K
Youngplan 1919, 23, 29, 30, 32 P
Yourcenar, M. 1953, 54 D
Ypern 1300, 02, 13, 51, 98, 1405
–, Tuchhalle 1304
Ypsilantis, Th. 1955 W
»Ysengrinus« 1151
Y-Teilchen 1977 W
Yü v. Chr. 2205
Yüan-Dynastie 1254, 80, 82, 94, 1322, 43, 68, 14. Jh., 1488
Yüan-wu 1125
Yucatán 900, 1191, 92, 1452, 1541, 1697
Yüe-Tschi v. Chr. 250
Yün-kang 476
Yun I. 1964, 65, 68 M, 68 P, 69, 71, 77 M
Yung-Tschong 1723
Yunglo 1403, 24
Yukawa 1935, 37, 49 W
»Yvain« 1191
Yverdon 1804
»Yvonne« 1973 M
»–, Prinzessin ...« 1972 M

Z

Zacconi 1596
Zacher, R. 1967 K
Zadek, P. 1968 D, 69 K
»Zadig« 1748
Zaferatos 1948 V

Zagreb, Flugzeugkatastrophe 1976 V
Zahedi 1953 P
Zahlen s. a. Arithmetik
—, »arabische« 876
—, imaginäre 1572
»—?, Was sind und was wollen die« 1887
Zahlenebene, komplexe 1811
»Zahlenmystik . . .« 1922 W
Zahlensystem v. Chr. 1950
Zahlentheorie, Widerspruchsfreiheit 1936 W
Zähler f. Radioaktivität 1913
»Zahltag« 1922 K
Zahlungsbilanzkrise 1961 V
Zählversuche (b. Vögeln) 1943 W
Zahn 1973 V
—, E. 1901, 07, 26, 27, 39 D
Zahnbohrer 1960 W
»Zahnbrecher, Der« 1750
»Zähne i. Gefahr« 1936 W
—, künstliche 1808, 1957 W
»Zähnen, Abhandlung v. d.« 1756
Zahnfäule 1950 W
Zahnheilkunde 1728, 1836
Zahn-Harnack 1928 Ph
Zahnklinik, 1. Univ.- 1884
Zahnkrankheiten 1968 V
Zahnpflege 1909 Ph
Zahnrad v. Chr. 3. Jh.
Zahnradbahn, Erste 1867
— —, Rigi 1870
Zähringen 1120
Zaimis 1929 P
Zainer 1472
Zaire 1732
Zakonik« 1349
Zalenkos v. Chr. 670
Zama, Schlacht bei v. Chr. 202
Zamora 1931 P
Zampa 1947, 52 K
Zampieri s. Domenichino
Zander, H. 1971 K
Zandersche Gymnastik 1901 W
Zankow 1923 P
»Zantens glückliche Zeit, Van« 1908 D
Zapotocky, A. 1953 P
»Zar läßt sich photographieren, Der« 1928 M
»— und Zimmermann« 1837
Zarapkin, S. 1966 P
Zarathustra v. Chr. 569, 1. Jh.; n. Chr. 235, 6. Jh., 641, 1908 Ph
»—, Also sprach« 1883
Zarathustrismus 600
»Zaren, Popen, Bolschewiken« 1927 D
»Zarewitsch, Der« 1927 M
Zariku v. Chr. 2000
Zarkhi, A. 1967 K
Zarlino 1558
Zarskoje Selo, Schloß 1744
»Zärtlich ist die Nacht« 1934 D
»Zärtliche Liebe« 1912 K
Zary, S. 1959 D
Zaschwitz, Junker 1534
Zasius, Ulrich 1511
Zatopek 1950, 52, 54, 55 V
»Zauberberg, Der« 1924 D
»Zauberbett, Das« 1958 M
»Zauberer, Der« 1975 D
»—, Die« 1954 D
»— Muzot« 1939 D
»Zauberflöte« 1791, 1920, 55 K, 77 K
»Zaubergeige« 1935 W
»Zauberinsel« 1942 M
»Zauberlehrling« 1897
»Zauberring« 1813
»Zauderer« v. Chr. 217
»Zaumzeuge« 1955 K
Zaunert 1931 D
»Zazie« 1959 D, K
»— i. d. Metro« 1959 D
Zbinden, J.-F. 1959 M
Zdarski 1903 V

Zebaoth v. Chr. 1123
Zebrastreifen 1964 V
Zecca 1901, 02 K
Zech 1919 D
Zecher mit Flötenspielerinnen v. Chr. 480
»—, Sich übergebender« v. Chr. 480
Zechine 1252
Zechsingen 14. Jh.
Zeeland 1935, 49 P
Zeeman 1896, 1902 W
»Zeeman-Effekt« 1902 W
Zeesen 1930 W
Zefirelli, F. 1966, 67 K
Zehlendorf (Berlin) 1220 P
Zehm, F. 1974 M
Zehn Gebote v. Chr. 1230
»— —« 1924 D, 44 D
»Zehnjungfrauenspiel« 1320
Zehnkampf 1936 V
Zehnkampfmann« 1935 K
Zehn-Städte-Bund 1534
Zehn-Stunden-Tag 1905 V
10 000-m-Lauf 1944 V
Zehnte Symphonie« 1918 K
»10. Oktober 1952« 1952 K
Zehren, E. 1957 Ph
»Zeichen d. Kreuzes« 1932 K
»— mit rotem Punkt« 1957 K
»— der Welt, Die« 1952 D
Zeichensprache d. fr. Menschen 1973 Ph
»—, wissenschaftliche 1678
»Zeichner« 1948 K
»— und Modell« 1954 K
Zeigner 1923 P
Zeileis 1929 V
Zeiller 1637, 66
—, J. J. 1752
Zeiss 1864, 66, 1905 W
Zeiss-Fernrohr 1913 W
Zeiss-Feldstecher 1897
Zeiss-Ikon AG 1926 V
Zeiss-Planetarium 1924, 25 W
Zeiss-Stiftung 1891
»Zeit, Die« 1963 P
»— u. Dauer d. kret.-myken. Kultur« 1921 W
»— deines Lebens« 1939 D
»— u. Ewigkeit unsicher flatternde Seele, Die zwischen« 1917 D
»— und Freiheit« 1889
»— ohne Mythos« 1923 D
»— der Schuldlosen, Die« 1961 D, 64 K
»— u. Strom, Von« 1935 D
»— bei Thomas Mann, Der Begriff der« 1952 Ph
»Zeitalter d. Angst« 1950 M, 51 D
»— wird besichtigt, Ein« 1947 D
»—, Das eherne« 1885
»— der deutschen Erhebung« 1906 V
»— d. Glaubensspaltung« 1937 Ph
»— der Kreuzzüge u. Reformation« 1849
»— des Protestantismus« 1948 Ph
»— der streitenden Reiche« 1480
»— d. Umbaus« 1935 Ph
»— d. Vernunft« 1961 Ph
Zeitaltern, Lehre von d. drei 1189
»Zeitgedichte, Neuere politische u. soziale« 1849
»Zeitgenossen, Berühmte« 1905 K
»— der Vernunft« 1807
»Zeitgenossenlexikon« 1905 V
Zeitgenössische Kunst 1760
»Zeitgeschichte, Lebendige« 1961 Ph
Zeitlupe 1907 W
»Zeitmaschine, Die« 1895
»Zeitmauer, An der« 1959 D
Zeitrafferfilm 1935, 44 W
Zeitrechnung s. a. Kalender
— —, assyrische v. Chr. 911

Zeitrechnung, chinesische v. Chr. 2025, 841, 165
— —, christliche v. Chr. 37; n. Chr. 525, 735, 1691
— —, germanische v. Chr. 4. Jh., 200
— —, griechische v. Chr. 776
— —, indische v. Chr. 1000
— —, jüdische v. Chr. 660
— — d. Maya v. Chr. 3372
— —, mohammedanische 622, 34; 44
— —, römische v. Chr. 46
Zeitschrift, erste deutsche 1578, 1663
— —, — wissenschaftliche deutsche 1682, 88
— —, — englische 1665
— —, — französische 1666
»Zeitströme« 1974 M
Zeitung 1502, 83, 99, 1617, 60, 1848 ff.
»— « 1321
»—, Berlinische« 1704
»— der Einsiedler« 1808
»—, erste regelmäßig i. Berlin 1655
— — —, i. Europa 1609
— —, englische Nordamerikas 1704
»— Monats 1597
»— russische 1703
»— Neue Preußische« 1848
»— Rheinische« 1848
Zeitungen, beste 1963 V
— in der BRD 1954, 62, 70 V
—, USA 1954 V
»Zeitungs Lust u. Nutz« 1695
»Zeitungsberichte« 1690
Zeitungsforschung, Institut f. 1926 V
Zeitungskunde, Inst. 1916, 24 V
Zeitungsroman 1720
Zeitungsrotationspresse 1950 W
Zeitungsstreik 1963 V
Zeitungswissenschaft 1924, 26 V
»Zeitvertreib« 1958 K
Zeitz 968, 1028
Zela, Schlacht bei v. Chr. 47
Zellabstrichmethode 1943 W
Zelle, M. 1917 P
Zelleweb« 1970 W
Zellentwicklung in vitro 1971 W
Zeller, K. 1891
Zellforschung 1667, 1838, 39, 58, 73, 76, 83, 85, 1902, 03, 74 W
Zellkern s. Kern, Zell-
Zellon 1909 W
»Zellsubstanz, Kern u. Zellteilung« 1885
»Zellteilung, Studien über die« 1876
Zellularpathologie 1858, 1902 W
Zellular-Therapie 1960 W
»—, Die« 1954 W
Zelluloid 1869
Zellulose 1961 V
Zellulose-Synthese 1964 W
Zellvermehrung 1873
Zellwolle 1921 W
Zeloten 50
Zelten 1822
Zelter, K. F. 1758, 1809, 22, 32
Zeltmäntel 1975 V
»Zement« 1926 D
Zementbau 1951
Zen-Buddhismus 500, 1121, 14. Jh., 1749; s. a. Ch'an Buddhismus
Zender, H. 1974 M
Zenit-Kamera 1904 W
Zeno aus Elea v. Chr. 490, 431, 430
— von Kition v. Chr. 336, 308, 264, 232, 206
Zenobia 274
Zenodotos v. Chr. 285
Zenon 476, 89, 93

Zensur 1529, 1797
—, brit. Theater- 1968 D
Zensus v. Chr. 7
Zenta 1697
Zentauren- und Gigantenkampf v. Chr. 440
Zentralafrikanische Republik 1960 P
Zentralbildungsausschuß deutscher Unternehmerverbände 1920 V
— — d. katholischen Verbände 1919 Ph
»Zentralfeuer« v. Chr. 496, 347
»Zentralfragen d. Dogmatik . . .« 1910 Ph
Zentralinstitut f. Erziehung u. Unterricht 1915, 19 Ph
Zentralheizung, römische v. Chr. 80
»Zentralnervensystem« 1937, 40, 50; s. a. Hirn, Nerven
Zentralnotenbank (engl.) 1694
Zentralperspektive 1412
Zentralsibirische Eisenbahn 1958 V
Zentralverband Innerer Mission 1920 Ph
— — d. kath. Jungfrauenvereinigungen 1915 Ph
— — kath. Kinderhorte 1920 Ph
Zentrifugalkraft 1675
Zentrifugalregulator 1786
Zentrifuge 1836; s. a. Ultrazentrifuge
»Zentrumspartei« 1870, 91, 1928, 29, 33, 53 P
»Zephir auf Baumästen schaukelnd« 1814
Zeppelin 1900 W, 08, 09 V, 17, 24, 29, 31 W, 37 V; s. a. Luftschiff
Zerbe, K. 1961 K
»Zerbrochene Krug, Der« 1777, 1806, 1937 K
Zereisen 1908 W
Zerklaere, Thomasin von 1213
Zernike, F. 1932, 41, 53 W
Zeromski 1918 D
»Zerstörung Kathagos« 1914 K
»— Trojas« v. Chr. 458
Zesen 1619, 45, 89
Zeta 600
»Zeta«-Gerät 1957 W
Zetkin, C. 1933 P
»Zettels Traum« 1970 D
Zetterström 1925 P
Zettler 1909 K
Zeugdruck, erster 1524
Zeugenpsychologie 1926 Ph
Zeugnisverweigerungsrecht 1963 V
»Zeugungs- und Entstehungsgeschichte der Tiere« v. Chr. 322
Zeuner 1943, 46 W
Zeus v. Chr. 1000, 546, 507, 465, 450, 5. Jh., 440, 415, 400, 219, 200, 197, 180
— von Olympia« v. Chr. 435
Zeuskopf v. Chr. 50
Zeuss, K. 1853
Zeuxippos v. Chr. 400
Zeuxis v. Chr. 400
Zevi 1648
»Zicke-Zacke« 1967 D
»Ziege« 1951 K
Ziegel v. Chr. 79
Ziegelmaschine 1950 W
»Ziegenschädel« 1953 K
— Flasche u. Kerze« 1952 K
Ziegler, C. 1910 V
—, K. 1963 W
—, L. 1920, 37, 49, 58 Ph
— u. Kliphausen, H. A. v. 1689
Ziehbrunnen v. Chr. 680
Ziehen, Th. 1913, 17, 23, 28, 30 Ph
Ziehrer, K. M. 1842
»Ziele . . . d. Schallanalyse 1924 W
Ziem, J. 1967 D

Ziemann, S. 1950, 51 K
»Zierde der geistlichen Hochzeit« 1336
Ziernssen 1882
Ziffernschulen, russ. 1726
Zigaretten 1910, 47 V, 54 W
Zigarettenmaschine 1950 W
Zigaretten-Produktion 1965 V
Zigarettensteuer 1906 P
Zigarettenverbrauch 1961 V
Zigeuner 1407, 17, 97
»Zigeunerbaron« 1885
»Zigeuner-Madonna« 1502, 1680
»Zigeunerromanzen« 1928 D
Ziggurat 1953 P
»Zigomar« 1911 K
Zikkurat v. Chr. 1360
Zilcher 1913, 22 M
Zille, Heinrich 1858, 1927, 29 K
»—, —« 1968 K
»Zille-Album« 1927 K
Ziller, T. 1865
Zille-Stiftung 1968 K
Zillig, W. 1963 M
Zilnik, Z. 1969 K
Zimen, K. E. 1973 Ph
Zimmer 1907 Ph
—, H.-P. 1963, 66 K
Zimmermann, B. A. 1952–55, 59, 65, 69, 70 M
—, Dominikus 1685, 1746, 66
—, M. 1954, 58 K
—, Mac 1968 K
—, U. 1975 M
Zimmerwald 1915 P
Zinder, N. D. 1952 W
Zink 1743
Zinn v. Chr. 2780, 2000, 1750, 510, 100; n. Chr. 100, 1485, 1942 W
—, G. A. 1958, 69, 76 P
Zinnemann, F. 1953, 59, 67, 72 K
Zinnen, Drei 1869, 79, 90, 1933, 58, 63 V
Zins v. Chr. 1780, 650, 380, 47, 42; n. Chr. 410, 900, 1147
»Zinsgroschen« 1427, 1515
Zinzendorf 1700, 22, 37, 60
»Zion lobe den Heiland« 1274
Zionismus 1878, 96, 97, 1901, 03, 08, 17, 20, 23, 29, 48, 75 P
Zionisten 1953 P
Zionistenkongreß 1901, 03 P
Zionistische Weltorganisation 1923 P
Zips 1141
Zirkulation, atmosph. 1922 W
»Zirkus« 1928, 30, 50, 55 K
»— mit Jongleuren« 1971 K
»Zirkuswagen, Der« 1940 K
Zischka, A. 1953 W
Zisterziensetorden 1098, 1140, 53, 87, 1210, 1368
»Zitadelle, Die« 1937 D, 38 K, 48 D
Zither v. Chr. 960; n. Chr. 725, 1000, 1949 K
Zitrone 1291
Zittau 1346, 69
Zitterbewegung des Elektrons 1955 W
»Zivilbevölkerung . . ., Schutz der« 1956, 77 Ph
Zivildienstreform 1883
Zivilehe 1792, 1874
Zivilersatzdienst 1974 Ph
Zivilgesetzgebung, Schweizer 1907 V, 26
Zivilrecht d. DDR 1975 P
— —, türkisches 1926 V
»Zivilisation« 1916 K, 18 Ph
»— in England, Geschichte d. 1857
»—, Niedergang d. kapitalist. 1923 Ph
Zivilprozeßrecht 1905 V
Zivilrecht 1100, 1910 V

Zizka von Trocnow 1422, 24
Znaim, H. 1949 P
Zobelitz 1914 D
Zodiakallicht 1712
Zoe 1034
Zogu I. s. a. Achmed Zogu 1925, 28, 61 P
Zoilos v. Chr. 350
Zola, E. 1840, 67, 71, 74, 77, 80, 83, 85, 91, 94, 98, 1902, 03 D
»–« 1944 K
»–, Emile« 1868
Zölibat 305, 30, 1048, 73, 74, 1972 Ph
Zoll 888, 1158, 1200, 35, 48, 88, 1400, 1511, 21, 76, 83, 1664, 69, 81, 1703, 16, 21, 1804, 28, 46, 54, 1902, 09 V, 19, 21, 25, 30–32, 36, 44, 48, 49 P, 60, 62, 63 V
Zöllner, J. C. F. 1877
–, K. 1480
Zollparlament 1867
Zolltarif 1902 V
Zolltarifsenkung 1957 V
Zollunion 1921, 25, 31, 44, 49 P
Zollverein 1828, 34, 40
»Zombor« 1953 K
»Zoologie, Handbuch d.« 1923 W
»–, Lehrbuch d.« 1903
»–, Grundriß d. allgem.« 1922 W
Zoologischer Garten s. Tiergarten
»–« 1912 K
Zoon politikon v. Chr. 342
Zopf 1199, 1250, 15. Jh., 1713, 49, 90, 1912 V
Zopfstil 1774
Zoppoter Waldoper 1903, 09 D
Zorn, A. 1897, 1900, 02, 07, 20 K
»–, Über d.« 41
Zoroaster s. Zarathustra
Zoroastrier 224, 486, 766
Zosimos 481
Zossen 1903 W
Zriny 1620, 64
»–« 1812
Zrinyi 1566
Zschimmer 1903 W
Zsigmondy, E. 1885
–, R. 1903, 25 W
Zsolnay, P. v. 1961 D
»Zu lieben« 1964 K
Zuchthaus, Erstes 1595
»– – zu Reading, Ballade vom« 1898
Zuchthausstrafen 1969 Ph

Züchtungsforschung, Inst. f. 1928 W
Zucker v. Chr. 352; n. Chr. 300, 996, 1291, 1555, 1675, 1747, 1801, 15, 1902, 06, 19 W
–, synthetischer 1890
»Zuckerdose« 1924 K
Zuckerkrankheit 1670, 76, 1889, 1921 W
– –, Tabletten gegen 1956 W
»Zuckerpuppe a. d. Bauchtanzgruppe, D.« 1962 M
Zuckmayer, C. 1896, 1925, 27, 29, 31, 46, 47, 49, 50 D, 52 D, K, 55 D, 56 K, 61, 75, 77 D
»Zufall u. Notwendigkeit« 1970, 71 Ph
Zug/Schweiz 1353
–, d. Cimbern« 1922 D
»– des Dionysos nach Indien« 5. Jh.
»– d. Hlg. Drei Könige« 1460
»– der KZ-Häftlinge« 1965 K
Zugbeeinflussung 1963 W
Zugfolgeregelung, vollautomatische 1964 W
Zugfunk-Telefon 1926 W
Zugspitze 1820, 1900, 26, 31 W
Zugspitzbahn 1930 W, 62 V
»Zugvögel der Liebe« 1936 D
– –, Orientierung der 1968 W
»Zugvögeln n. Afrika, Mit den« 1924 D
Zuidersee 1170
–, Trockenlegung 1923 V
Zuihitsu 850
Zukor, A. 1976 K
»Zukunft, Ausblick auf die« 1968 Ph
»–, Die« 1892, 1927
»–? Geplante« 1968 Ph
»–, Über die Gestaltbarkeit der« 1968 Ph
»– hat schon begonnen, Die« 1952 Ph
»– einer Illusion« 1927 Ph
»–, Der Mensch u. seine« 1962 W
»– der Menschheit, Die nahe« 1967 Ph
Zukunftsforschung 1943, 67, 68 W; s. a. Futurologie
–, wirtsch. 1976 Ph
Zukunftsfragen, Gesellschaft für 1967 W
–, Institut für 1967 Ph
Züllichau 1308
Zülpich 250
»Zum Beispiel Balthasar« 1965 K
»– Schauen bestellt« 1953 D

Zündhölzer 1805, 25, 27, 32, 48, 1904, 09 V
Zündholzkonzern 1913, 17, 32 V
Zündnadelgewehr 1836, 40
Zünfte 814, 1079, 1106, 28, 58, 1212, 55, 72, 82, 88, 1306, 07, 30, 32, 36, 48, 49, 53, 78, 85, 89, 96, 1400, 02, 18, 33, 72, 87, 98, 1562, 91, 1669, 73, 80, 1712, 31, 1811
Zunfthaus der Londoner Kürschner 1904 K
Zunftkämpfe 1307; s. a. Zünfte
Zunftwesen 1072
Zungenstimmen (Orgel) 15. Jh.
Zungul, Z. 1954 K
»Zupfgeigenhansl« 1909 M
»Zur Sache des Denkens« 1969 Ph
»–, Schätzchen« 1967 K
– Westen 1925 K
Zurbarán, Franc. de 1598, 1629, 48, 64
Zurbonsen 1908 Ph
Zürich 929, 1300, 02, 36, 53, 1444, 50, 62, 1519, 23, 49, 1747, 62, 1851, 55, 71, 1900 K, 11 D, 16 K, 18 D, 29, 37 W, 50 Ph, 62 V
–, Frauenmünster 1970 K
–, Jugendstil-Ausstellung 1952 K
–, Kantonschule 1960 K
–, Landesmuseum 1900 K
–, Rathaus 1916 K
–, Schauspielhaus 1961 D
–, Univ.-Gebäude 1914 K
»Züricher Konsens« 1549
»– Novellen« 1878
»Zurück, Es gibt kein« 1951 D
»– z. Methusalem« 1921 D
»– zur Natur« 1750
»– a. d. USSR« 1936 P
Zurückgebliebene Gebiete 1955 Ph
»Zusammenbruch d. Goldwährung« 1936 V
Zusammenfassung der Pulslehre« 1041
»– – der acht Teile der Medizin« 7. Jh.
»Zusammenstoß« 1954 K
Zusatzstoffe 1958 V
Zuse, K. 1936, 41 W
Zwangsarbeitslager 1955 V
Zwangsernährung 1977 Ph
Zwangskollektivierung 1928 V

Zwangsumtausch 1973 P, 74 V
»Zwanzig Jahre später« 1845
Zwanzigjahresplan, USSR 1961 V
»Zwanzigsten Juli, Es geschah am« 1955 K
»20. Juli« 1944 P
»Zweck erlaubt ist, sind auch die Mittel erlaubt, Wenn der« 1757
»– im Recht« 1885
»Zweckgebundenheit u. Erfindung i. d. Biologie« 1941 Ph
»Zweckgedicht« 600
Zweckverband Groß-Berlin 1911 V
»Zwei Ansichten« 1965 D
»– Bildungsarten...« 1959 W
»– Briefe an Pospischiel« 1968 D
»– kleine Italiener« 1962 M
»– Lichte i. d. Welt« 1929 Ph
»– Menschen« 1903, 11 D
»– wie Pech und Schwefel« 1975 K
»– Porträts« 1908
»– Rechtecke...« 1969 K
»– Särge a. Bestellung« 1966 K
»– sitzende Frauen« 1940 K
»– Taktiken...« 1905 P
»– Welten, Zwischen« 1940 D
»2 × 2 = 5« 1907 D
Zweideckerschiffe 1512
Zweifrontenkrieg 1913 P
Zweig, A. 1912, 27, 28, 31, 52, 68 D
–, G. 1964 W
–, St. 1881, 1901, 04, 11, 18, 20, 23, 25–29 D, 35 M, 42, 44 D
»200 000 Taler« 1969 M
Zweijahresplan 1946 P
Zweikampf 1202, 1328, 99, 1858
»Zweimal Oliver« 1926 D
– Rot« 1965 K
»Zweite Gesicht, D.« 1911 D
– Internationale« 1889
– Tag, Der« 1965 D
»Zweiteiliges Eckbild« 1969 K
»2. August 1914« 1914 K
Zweiter Bildungsweg 1957 Ph
»Zweites Buch d. Makkabäer« v. Chr. 50
»22. März 1959« 1959 K
»42. Breitengrad« 1938 D
Zwerenz, G. 1962, 72–74 D
»Zwerg« 1944 D
Zwergflußpferde 1912 W
Zweter, Reinmar von 1236, 52
Zwetkowitsch 1939 P

»Zwickauer Thesen« 1908 Ph
»Zwickel-Erlaß« 1932 V
Zwickmaschine 1901 W
Zwiefalten, Klosterkirche 1740
»Zwielicht« 1952 K
»Zwillinge« v. Chr. 289, 184; n. Chr. 1930 Ph, 63 M
»– von Nürnberg« 1946 D
»Zwillingspathologie« 1924 W
Zwinger, Dresden 1722
Zwingli, U. 1484, 1519, 22–25, 27, 29, 31, 49, 64
– Bonn und Moskau« 1957 P
– Gestern u. Morgen« 1947 K
»– Himmel und Erde« 1856
»– d. Rassen« 1907 D
»– Stein und Staub« 1953 D
»– Volk u. Menschheit« 1919 D
»– Weiß u. Rot« 1932 D
»– Zeit u. Ewigkeit...« 1917 D
»– zwei Welten« 1940 D
»Zwischenakt« 1924 K
»Zwischenfall in Vichy« 1964 D
»Zwischenfälle bei einer Notlandung« 1965 M
»Zwischenhirn u. d. Regulation..., Das« 1938 W
Zwischenhirnforschung 1949 W
Zwischenkiefer 1784
»Zwischenräume i. d. Landschaft« 1961 K
»Zwischenspiel« 1906 D, 45 M
»Zwitschermaschine, Die« 1922 K
»Zwölf, Die« 1917 D
Zwölfstämmeverband v. Chr. 1200
Zwölftafelgesetze v. Chr. 450, 449
»Zwölftausend« 1927 D
Zwölfton-Technik 1922, 23, 24 M, 45 M, 49 Ph
Zworykin, V. 1933 W
Zyklische Dichter« v. Chr. 550
Zyklotron 1930, 39, 48, 49 W
»Zyklus« 1970 M
– der sieben Sakramente 1644
Zylinder 1791, 1852, 1974 V
»– mit geteilter Basis« 1968 K
Zymase 1897, 1907 W
»Zynismus« v. Chr. 366; s. a. Kynikerschule
Zypern 1570, 1955, 59, 60 P
Zypernkonflikt 1964, 67 P

Für eigene Notizen

Für eigene Notizen

Für eigene Notizen

Für eigene Notizen

Für eigene Notizen